Küchenbibel

Enzyklopädie der Kulinaristik

Küchenbibel

Enzyklopädie der Kulinaristik

Tre Torri

Empfohlen von:

GERMAN ACADEMY FOR CULINARY STUDIES
DEUTSCHE AKADEMIE FÜR KULINARISTIK

Küchenbibel
Enzyklopädie der Kulinaristik
von Hans-Joachim Rose, Altötting/Kastl

Herausgeber: Ralf Frenzel

www.tretorri.de

Konzeption und Umsetzung:
CPA! Communications- und Projektagentur GmbH, Wiesbaden
www.cpagmbh.de
Die CPA! ist Mitglied der Deutschen Akademie für Kulinaristik und fördert Slow Food Deutschland e.V.

Redaktion & Lektorat: Angelika Brecht-Levy M.A., Hofheim am Taunus
Gestaltung: Guido Bittner, Wiesbaden
Umbruch und Korrektur: Buch-Werkstatt GmbH, Bad Aibling

Printed in Spain

ISBN 978-3-937963-41-9

Vorwort

Es gibt Kochbücher zu bestimmten Themen und ganz allgemeine. Es gibt gute und weniger gute, mit Glossar und ohne. Was es bislang nicht gab: ein Nachschlagewerk, das alle Fragen rund um Küche und Keller kurz, klar und kompetent beantwortet. Und unterhaltend dazu. Mit der Küchenbibel, dem Buch der (Küchen-) Bücher, legen wir eine Enzyklopädie vor, die auch für den versiertesten Hobbykoch keine Fragen offen lässt. Und nicht nur das: Das stattliche Werk ist so umfangreich und umfassend, dass es sogar für die Ausbildung angehender Meisterköche taugt, ohne ein trockenes Fachbuch zu sein. Einen festen Platz wird es sich in den Familien erobern, weil es auch die abwegigsten (Kinder-)Fragen beantwortet. „Wo kommen die Löcher im Käse her?" fragte Kurt Tucholsky 1928 in einer seiner berühmtesten Satiren. Auch er hätte seine Freude daran gehabt, dieses Rätsel zu lüften.

Als Mitglied der Deutschen Akademie für Kulinaristik haben wir uns der Aufklärung in Sachen Essen und Trinken verschrieben. Dies ist einer unserer wichtigsten Beiträge dazu.

Doch: Achtung vor dem Festlesen! Dieses umfangreiche Werk schlägt man nämlich leichter auf als zu.

Tre Torri Verlag

Einige Texte basieren auf Informationen
- der Universität Hohenheim
- der freien Enzyklopädie „Wikipedia"
- des Forums „Ernährung Heute"
- des Deutschen Wellness Verbands
- der Löwen Apotheke, Ch. Schäfer, D-56766 Ulmen
- der Nutrifors AG, Luisenstr. 86, D-40215 Düsseldorf
- der „Gesellschaft für optimierte Ernährung", Büro Linden
- der GEHE Pharma Handel GmbH, Hauptverwaltung, Neckartalstraße 155, D-70376 Stuttgart
- der BSMO Business Solutions Medicine Online GmbH, Johannisberger Straße 74, D-14302 Berlin
- der Deutschen Gesellschaft für Ernährung (DGE)
- der „Verbraucher Initiative e. V."

Einleitung

Wir alle müssen täglich essen, um zu (über-)leben.
Dank der großen Auswahl an erschwinglichen Lebensmitteln in den Industrieländern muss niemand mehr unterernährt sein. Ganz im Gegenteil: Durch ein Überangebot ist unsere Gesundheit bedroht. Zu viel Fett, Zucker, Salz, künstliche Lebensmittelzusatzstoffe und zu wenige Ballaststoffe machen uns krank.
Wie wird man gründlich über gesunde Ernährung, Lebensmittel, Speisen, deren Zusammensetzung informiert? Nur wer sich auskennt, kann sich für Wohlbefinden und gesundes Leben entscheiden.
Das wird uns nicht leicht gemacht. Wir müssen uns durch einen Dschungel von Ratgebern, Koch- und Fachbüchern, Zeitschriften und Internetseiten zu Küche, Gastronomie, Ernährung, Wellness und Lebensmitteln kämpfen, um Antworten auf unsere Fragen zu erhalten. „Es fehlt ein Küchenlexikon, ein Nachschlagewerk für jedermann", dachte ich oft; eines, das die Fragen von Fachleuten, Hausfrauen und Hobbyköchen beantwortet und Fachbegriffe erklärt.

Als Koch und Gastronom erfuhr ich in über 40 Jahren Berufsleben viel über Vitamine, Mineralstoffe, Speisen und Getränke, Küche und Lagerhaltung von Lebensmitteln. So wurde ich im Laufe der Zeit Anlaufstelle für Fragen rund um die Ernährung. Da ich aber kein „Küchen-Einstein" bin, begann ich Antworten zu sammeln. In den vergangenen vier Jahren habe ich 15 000 Begriffe zusammengetragen und aufgeschrieben.
Daraus ist eine kompakte Enzyklopädie geworden, ein Lexikon, in dem „alles drinnen steht, was drinnen steckt". In unserem Essen und im Essen in aller Welt. Ich habe das Werk „Küchenbibel" genannt.
Sie soll den Lesern, den Wiss- und Essbegierigen, bei der Wahl der Lebensmittel helfen, damit sie kritischer und selbstbewusster entscheiden und bei der Zubereitung der Speisen ihre Gesundheit nicht aus dem Blick verlieren.

Alphabetisch geordnet findet man Ratschläge und Erklärungen aus über vierzig Untergruppen. Übersetzungen von Speise- und Getränkekarten aus beliebten Urlaubsländern sowie 1000 Grund- und Spezialitätenrezepte (R), 1000 Anregungen, Kochanleitungen und Ideen (A) sowie 2000 Allgemeintipps (T) aus Gesundheit, Gastronomie, Haushalt, Ernährung, Beschreibungen und Erklärungen über fast alle Rebsorten, Weinbaugebiete sowie bekannte Spirituosen und Cocktails. Zu kulinarischen Schlagwörtern gibt es Tipps für die Zubereitung, die klassischen Gewürze, Kräuter und Würzkombinationen. In über 1000 bekannten Gerichten, Backwaren, Fleisch, Fisch, Käse, Gemüse und Obstsorten sind Kalorien- und Joulemenge sowie die wichtigsten Inhaltsstoffe aufgeführt. Maße und Gewichte, die in anderen Ländern üblich sind, werden mit unseren Maßen und Gewichten erklärt. Saisontabellen informieren, wann Gemüse, Obst, Fleisch und Fisch am besten schmecken und am günstigsten im Einkauf sind. Auch, wie Gemüse, Obst, Fleisch und Fisch vorbereitet und verarbeitet werden.
Wann hat Wild Schonzeit, welches sind die köstlichsten Wald- und Zuchtpilze? Wie behandele ich große Bratenstücke, und wie heißen die einzelnen Fleischteile? Wie erklärt man einem oberbayerischen Landmetzger, was eine Grützwurst, und einem Dorfschlachter aus Mecklenburg-Vorpommern, was eine Kaminwurz'n ist? Wie wird mein Fleisch garantiert zart? Muss eine Auster noch leben, wenn ich sie verspeise? Was ist ein Karfiol, was ein Kalbsvögerl? Welches Gewürz gehört in die Paella? Ist E 122 schädlich? Was bedeuten so seltsame Namen wie „Wiener Art", „à la Chipolata", „Rossini" oder „à la Wellington" auf den Speisekarten? Was bedeutet „koschere Küche", warum soll man im Winter weniger Salat essen, und isst man beim „Zuckerfest" kandierte Blumenblüten?

Fragen über Fragen, die ich in diesem Buch beantworte.

Abschließend möchte ich meinen Agenten, Sue und Frank Diederichs, VIAS PROJECTS München danken, deren beständiger Glaube an mein Werk nun zu der Veröffentlichung maßgeblich beigetragen hat, und meinen ganz besonderen Dank an meine Frau Monika, die mir unermüdlich zur Seite stand und mit ihrer Engelsgeduld das Gelingen der Küchenbibel ermöglichte.

Hans-Joachim Rose

Die Ausführungen im Buch geben die Meinung des Verfassers wieder. Die Tabellen sind sorgfältig recherchiert.

A

% Vol. [*Fachkunde*] Angabe zum Alkoholgehalt in ↑**Wein**, ↑**Bier**, ↑**Spirituosen** usw. in Volumenprozenten

℔ Pfund [*Fachkunde*] In Deutschland übliche, aber veraltete Bezeichnung für die Gewichtseinheit von 500 g

à blanc [*Franz. Speisekarte*] Brot-, Teigkruste, ohne Zutaten gebacken

à bon marché [*Franz. Speisekarte*] Billig, günstig

à cheval [*Franz. Speisekarte*] Gegrilltes ↑Rinder**steak** mit ↑**Spiegelei**

à choix [*Franz. Speisekarte*] Auswahl, zum Beispiel für ↑**Käse**, ↑**Früchte** oder ↑**Hors d'œuvre**

à discrétion [*Franz. Speisekarte*] Nach Belieben, so viel man will

à emporter [*Franz. Speisekarte*] Verkauf über die Straße, zum Mitnehmen

à feu vif [*Franz. Fachwort*] Bei starker Hitze

à gogo [*Franz. Speisekarte*] Jede Menge, in Hülle und Fülle; so viel man will, so viel man kann

à la [*Franz. Speisekarte*] **T** Bezeichnung für Zubereitungsart oder Hinweis auf wesentliche Bestandteile eines Rezeptnamens, eines Gerichts oder seiner ↑**Garnitur**. Z. B. „à la Jardinière" heißt: „nach Art der Gärtnerin", und bedeutet immer, dass verschiedene bunte ↑**Gemüse**, fein abgeschmeckt, in einzelnen Buketts und ggf. Sc. ↑**Hollandaise** dabei sind.

à la broche [*Franz. Speisekarte*] Am Spieß gebraten

à la carte [*Franz. Fachwort*] Bestellung nach der Speisekarte/Speisenauswahl

à la casserole [*Franz. Speisekarte*] Aus dem Schmortopf

à la crème [*Franz. Speisekarte*] … in Rahmsauce

à la façon de … [*Franz. Speisekarte*] Nach Art von …

à la gueuse [*Intern. Länderküche*] … in Biersauce: häufige Garnitur in Belgien

à la minute [*Unsere Küche*] Die Gerichte werden unmittelbar nach der Bestellung (auf Abruf) frisch zubereitet.

à la mode de… [*Franz. Speisekarte*] nach Art von …

à la nage [*Franz. Speisekarte*] **A** Meereskrebse im eigenen ↑Würzsud oder mit ↑**Crème fraîche**

à la sauvage [*Franz. Speisekarte*] naturbelassen

à l'ail [*Franz. Speisekarte*] mit ↑**Knoblauch** oder -↑**Sauce**

à l'huile [*Franz. Speisekarte*] als Salat

à ma façon [*Franz. Speisekarte*] auf meine Art

à part [*Franz. Fachwort*] einzeln, separat, gesondert, extra serviert

à point [*Franz. Fachwort*] Heißt „auf den Punkt gebraten" (bei kurzgebratenem oder gegrilltem ↑**Fleisch**) und bedeutet, dass es „medium", also außen braun und knusprig, innen rosa und saftig ist.

à volonté [*Franz. Fachwort*] Nach Belieben, so viel man will

A.C. [*Weinkunde*] Bezeichnung für französische Weine, deren Herkunft und Qualität amtlichen Vorschriften unterliegen: „Appellation Contrôlée". Ursprung und kontrollierter Anbau werden garantiert.

A.O.C. [*Weinkunde*] ↑**Appellation d' Origine Contrôlée**

A.P.Nr. [*Weinkunde*] Abkürzung für die amtliche Prüfungsnummer der deutschen Qualitätsweine

A.S. [*Weinkunde*] Französische Weine werden in 3 Kategorien eingeteilt: Rang 1 – A.O.C.; Rang 2 – V.D.Q.S.; Rang 3 – A.S. (simple). A.S. weist auch auf die geografische Herkunft französischer Weine hin.

Aachener Printen [*Backstube*] Dauerbackware, ähnlich dem ↑**Lebkuchen.** ↑**Printen**

Aachener Printengewürz [*Gewürze & Kräuter*] **R** Diese Gewürzmischung wird von den Konditoren geheim gehalten und individuell hergestellt. Sie besteht größtenteils aus ↑**Zimt**, ↑**Piment**, ↑**Kardamom**, ↑**Anissamen**, ↑**Ingwer**, ↑**Koriander**, ↑**Sternanis** und ↑Gewürz**nelken.** Kann im Gewürzhandel fertig gemischt gekauft werden.

Aal [*Fisch*] **T Englisch:** eel; **Französisch:** anguille; **Italienisch:** anguilla; **Spanisch:** anguila. Aale sind Süßwasserfische. Sie leben in flachen Küstengewässern, sind schlangenförmig und haben eine schleimige Haut mit winzigen Schuppen. **Man unterscheidet zwei Aalarten, die sich unterschiedlich ernähren. 1.** Den Spitzkopfaal, er ernährt sich von wirbellosen Tieren, und **2.** den Breitkopfaal, er lebt von Fischen und anderen kleinen Wirbeltieren. Die meisten Arten werden nicht länger als einen Meter. Süßwasseraale verlassen zum Laichen die Binnengewässer und wandern ins Meer. Wanderung und Fortpflanzung der Süßwasseraale blieben bis Mitte des 20. Jahrhunderts ein Geheimnis. Zwischenzeitlich hat man in der Sargasso-See zwischen den Bermudas und Puerto Rico ihre Laichplätze in tiefem Wasser entdeckt. Ein Weibchen legt dort bis zu 20 Millionen Eier, die frei im Wasser treiben. Mit dem Golfstrom gelangen die Larven innerhalb von drei Jahren nach Europa. Zum Heranwachsen ziehen die jungen Aale in die Flüsse, um später zur Fortpflanzung wieder ins Meer zurückzukehren. Als Süßwasserfische haben Aale keinen bedeutenden Jodgehalt, jedoch ist ihr Fleisch sehr fettreich (Fettanteil bis zu 25 %). **Vorbereitung:** Zum Häuten werden die Aale an einen Haken gehängt.

Weil die Haut „aalglatt" ist, reibt man sie mit grobem Salz ein, damit bekommt man sie besser in den Griff. Zuerst werden die Flossen abgeschnitten, dann schneidet man die Haut hinter dem Kopf quer ein. Sie wird rundherum glatt vom Fleisch gelöst und mit den Händen abgezogen. **Achtung! Aalblut enthält das Nervengift Ichthyotoxin, deshalb sollte man darauf achten, bei der Verarbeitung von rohem Aal keine Wunde an den Händen zu haben. Der Kontakt kann zu Entzündungen führen.** Das Gift wird durch Zubereitung (Kochen oder Räuchern) zerstört. Aalfleisch wird wegen seines zarten, feinen Geschmacks sehr geschätzt. Das Fleisch kann gegrillt, gekocht, gedünstet, geräuchert oder aber in ↑**Pasteten**, ↑**Ragouts** und ↑**Gelees** verarbeitet werden. ↑**Beifuß** und ↑**Fenchel** erzielen die besten Würzergebnisse neben den üblichen Gewürzen. ↑**Würztabelle.** In Frankreich gilt Aal als Delikatesse, die in vielen volkstümlichen Rezepten verarbeitet wird, z. B als „↑**Matelote**", ein beliebter ↑**Eintopf.** Aal ist sehr teuer, die Vorbereitung sehr arbeitsaufwändig. Im privaten Haushalt sollte frischer, enthäuteter Aal portioniert gekauft werden. **Inhaltsstoffe:** 100 g frischer Aal enthält ⌀ 278 kcal/1163 kJ, 15 g Eiweiß, 24,5 g Fett, 0,4 µg Jod, 0,98 mg Vitamin A, 8 mg Vitamin E, 20 µg Vitamin D, 1 µg Vitamin B_{12} und 142 mg Cholesterin.

Aalbricken *[Fisch]* Kleine gebratene Aale ohne Kopf, in Würzessig mariniert; ↑**Bratfischwaren**

Aalbutt *[Fisch]* Bezeichnung für Rotzunge (Familie der Schollen)

Aalquappe, Aalrutte *[Fisch]* ↑**Quappe**

Aalrauch *[Fleischprodukte]* Kaltrauch mit dem Ziel, Fleischerzeugnisse goldgelb zu räuchern

Aalrauchwurst *[Fleischprodukte]* Rauchige ↑**Streichmettwurst** aus dem ↑**Aalrauch**

Aalsuppe *[Regionale Spezialität]* **R** Die **Aalsuppe** ist eine Hamburger Spezialität mit vielen norddeutschen und holländischen Varianten. Die Grundlage bildet eine ↑**Brühe**, gekocht aus ↑**Schinken**knochen, die mit ↑**Wurzelgemüse** und vor allem ↑**Backobst** (plattdeutsch: Backbeern) verfeinert wird. In Verbindung mit ↑**Essig** ergibt sich der typisch süßsaure Geschmack. Als Einlage verwendet man kleine ↑**Mehlklößchen** (Klüten genannt) und ↑**Aal.** Der kann frisch, aber auch zum Teil geräuchert sein. Für den spezifischen Geschmack sorgt das so genannte „Aalkruut", eine Mischung aus verschiedenen Kräutern, deren Zusammensetzung regional variiert. **Wichtig sind:** ↑**Beifuß**, ↑**Thymian**, ↑**Dill**, ↑**Majoran**, ↑**Petersilie**, ↑**Sellerieblätter**, ↑**Salbei**, ↑**Bohnenkraut** und ↑**Zitronenschale.**

Aba tilles *[Franz. Speisekarte]* Reines, stilles ↑**Mineralwasser**

Abacatebirne *[Obst]* ↑**Avocado**

Abaisse *[Franz. Speisekarte]* Ausgerollter Teig-, Kuchen-, Pastetenboden

Abalone *[Fisch]* **R Englisch:** abalone; **Französisch:** ormeau; **Italienisch:** orecchia marina; **Spanisch:** oreja de mar. Abalonen, auch Ohrschnecken oder Meerohren genannt, werden vor den Küsten Kaliforniens und Mexikos gefangen. Die meisten stammen jedoch aus Zuchtanlagen in Tasmanien (Insel südöstlich von Australien). Der Fuß (Saugmuskel) gilt besonders in Ostasien als Delikatesse und wird kurz angebraten in chinesischen und orientalischen Gerichten, aber auch roh in der japanischen Küche (für ↑**Sushi**) verwendet. Da die Abalone in Asien als Potenzmittel angesehen wird, zählt sie inzwischen zu den gefährdeten Arten, sodass der kommerzielle Fang stark limitiert wird. Sie zählt zu den teuersten Meeresdelikatessen der Welt. Ein Kilo frische Schnecken kostet mehrere hundert Euro. **In der Küche:** Vor dem Garen muss das frische Abalonefleisch weich geklopft werden, um dann in dünnen Scheiben mit einer Mischung aus ↑**Weißwein**, ↑**Zitronensaft**, ↑**Knoblauch**, ↑**Kräutern** und ↑**Olivenöl** mariniert zu werden. **Rezeptvorschlag:** Scheiben in ↑**Gemüsebrühe** dünsten. Die ↑**Sauce** mit Speisestärke binden, mit ↑**Noilly Prat**, Weißwein, ↑**Sherry**, ↑**Sahne** und frischen Kräutern vollenden.

Abäschern *[Unsere Küche]* Schleimige Fische mit Holzasche entschleimen

Abat (t) sis *[Franz. Fachwort]* Sammelbegriff für ↑**Innereien** der ↑**Schlachttiere.** ↑**Geflügelklein:** Kopf, Hals, Leber, Magen und Kamm

Abate Fetel *[Obst]* **T Lateinisch:** Pyrus communis var. sativa. **Allgemeines:** Abate Fetel, Abbate Fetel oder Abbé Fétel ist eine große bis sehr große Birnensorte mit typisch ausgeprägter flaschenförmiger und länglich gekrümmter Fruchtform, grünlich-gelblicher bis gelber Schalenfarbe sowie sortentypischer, feinschuppiger und netzartig verteilter, bräunlicher Berostung und zahlreichen großen ↑**Lentizellen. Ursprung und Geschichte:** Abate Fetel ist eine Züchtung aus Frankreich und wurde 1866 nach ihrem Züchter, einem Mönch namens „Abbé Fétel", benannt. Abate Fetel ist heute vor allem in und aus Italien beliebt und verbreitet. **Herkunft und Verfügbarkeit:** Abate Fetel werden in Mitteleuropa Ende August geerntet und dann aus inländischer, später hauptsächlich italienischer Produktion bis etwa Ende März des nächsten Jahres aus ↑**Kühllagern** und ↑**CA-Lagern** vermarktet. In den Sommermonaten gibt es fallweise kleinere Angebote aus Australien oder Neuseeland. **Geschmack:** Das weiß gefärbte, saftige und sehr süße Fruchtfleisch hat ein ausgeprägtes und hervorragendes, trotzdem angenehm mildes und schmelzendes, sehr fruchtiges Aroma. ↑**Birne**

Abbacken *[Unsere Küche]* **T** In viel heißem ↑**Speisefett** schwimmend backen (frittieren). Diese Garmethode ist vor allem für mürbe Teige und ↑**Backteig** geeignet, da sich rasch ein fester Überzug bildet, der das Ganze zusammenhält. Das Fett gut abtropfen lassen.

Abbaisser *[Franz. Fachwort]* Ausrollen

Abbeeren *[Weinkunde]* Das Abbeeren wird auch Entrappen genannt. Beim Abbeeren werden die Beeren von den Stielen getrennt. Dieses Verfahren ist vor allem bei der Rotweinbereitung üblich. Der bei der Maischegärung entstehende Alkohol kann sehr schnell Gerbstoffe aus den Stielgerüsten lösen. Das sind Bitterstoffe, die den Geschmack des Weines negativ beeinflussen. Der Traubenmost alleine hat kaum die Fähigkeit, diese Stoffe auszulaugen, daher wird bei Weißwein meist auf das Abbeeren verzichtet.

Abbinden *[Unsere Küche]* **T 1.** Frisch zubereitete Massen sollten vor einer weiteren Verarbeitung einige Zeit kühlgestellt ruhen, damit sich die Bestandteile miteinander verbinden. **2.** Räucher- und kochfestes Verschließen von Wursthüllen mit Wurstgarn.

Abbissini *[Ital. Speisekarte]* Auch **„cocciolette"**: muschelförmige, außen gerillte Nudel; ↑**Pasta**

Abbocato *[Weinkunde]* Italienisch für halbtrocken: Im Wein ist noch viel unvergorener Zucker

Abbrennen *[Unsere Küche]* **T** Dient zur Entfernung überschüssiger Flüssigkeiten in Teigen: z. B. ↑**Brandteig.** Die Masse wird in einem Topf auf dem Herd bei mittlerer Temperatur so lange mit dem Kochlöffel bearbeitet, bis sich ein glatter Kloß und auf dem Topfboden ein weißer Belag gebildet hat. Fertig ist der Teig, wenn sich der Teigkloß vom Topf löst.

Abbröseln *[Österr. Küche]* ↑**Butter** und ↑**Mehl** mit den Fingern auf dem Nudelbrett verreiben, bis beides zu kleinen Bröseln verbunden ist.

Abbrühen *[Unsere Küche]* **T** Etwas mit kochendem Wasser übergießen, z. B. ↑**Geflügel** vor dem Rupfen

Abbydale *[Käse]* ↑**Gloucester**

Abdämpfen *[Unsere Küche]* **T** Gegarte ↑**Gemüse**, ↑**Kartoffeln**, ↑**Reis** oder ↑**Teigwaren** werden nach dem Abgießen bzw. Abtropfen über starker Hitze zum Trocknen geschwenkt, bis alles überschüssige Kochwasser verdampft ist.

Abdrehen *[Unsere Küche]* ↑**Tournieren**

Abeille *[Franz. Fachwort]* Honigbiene

Abendessen *[Übersetzer]* **Englisch:** dinner, supper; **Französisch:** dîner, super; **Italienisch:** cena; **Spanisch:** cena

Aberdeen Angus *[Fachkunde]* ↑**Angus-Rind**

Abernmauke *[Regionale Spezialität]* ↑**Kartoffelpüree**

Abertamer Käse *[Käse]* **Herkunft:** Tschechien/Karlovy-Vary (früher Karlsbad); **Käsesorte:** ↑**Hartkäse** 45 % ↑**Fett i. Tr.**; **Milch:** vollfette ↑**Schafsmilch**; **Form:** Kugel; **Geschmack:** intensiv; **Info:** dünne Rinde, Gewicht: 500 g, Reifung: 2 Monate

Abfetten *[Österr. Küche]* Suppe oder ↑**Sauce** von ↑**Fett** befreien

Abflämmen *[Unsere Küche]* **T 1.** Entfernen von Stoppel- und Federresten mittels einer Flamme. **2.** Kurzzeitiges Backen oder Überbacken bei starker Oberhitze auch mit offener Flamme (Gasbrenner)

Abfrischen *[Österr. Küche]* Abschrecken

Abfüllreife *[Weinkunde]* Abfüllreife bezieht sich auf die Entwicklung des Weines im Behälter. Bei Holzfässern liegt der Termin für die Abfüllreife früher, da sich der Wein schneller entwickelt. Auch der Sortentyp des Weines und die Technik des Ausbaues spielen eine große Rolle. Es sind das Fingerspitzengefühl und die Erfahrung des Kellermeisters, die optimale Füllreife zu erreichen, um damit die höchstmögliche Qualität in die Flaschen zu bringen.

Abfüllung *[Weinkunde]* Unter Abfüllung versteht man die notwendigen Maßnahmen, die unmittelbar vor der Füllung des Weines in Flaschen anfallen, sowie den technischen Vorgang der Abfüllung. Es dürfen keine störenden Stoffe mehr vorhanden sein, die Trübungen bilden oder sogar Fehler hervorrufen könnten.

Abgang *[Weinkunde]* Nachgeschmack des Weines nach dem Schlucken. Wertvoller Indikator für die Bewertung eines Weines. Gehaltvolle Weine (reich an ↑**Tannin**, Säure) sind nachhaltiger. Kleine, arme Weine kürzen den Abgang, d. h. der Geschmackseindruck auf der Zuge verschwindet schneller.

Abgebaut *[Weinkunde]* Entwicklungszustand eines Weines, der seinen Höhepunkt überschritten und seine Frische verloren hat. Alte Weine sind meist schal im Geschmack.

Abgedeckter Rücken *[Unsere Küche]* Beim ↑**Ochsen** das an das Halsstück anschließende Rückenstück, es wird vor allem für ↑**Gulasch**, ↑**Ragout**, ↑**Suppenfleisch** und ↑**Schmorbraten** verwendet.

Abgekommen *[Unsere Küche]* Abgemagert (beim ↑**Wildbret**)

Abgelagert *[Weinkunde]* Bezeichnung für den Zustand eines Weines, zwischen „reif" und „gealtert".

Abgerundet *[Weinkunde]* Wein ohne störenden Neben- und Fehlgeschmack wirkt in sich sehr harmonisch. Die vorhandene Säure wird durch die Extraktstoffe in das gesamte Geschmacksbild des Weines eingebunden. Keine Geschmackskomponente drängt sich in den Vordergrund.

Abgespritzt *[Hausbar]* ↑**Abspritzen**

Abhängen von Fleisch *[Fachkunde]* **T** Mit dem Begriff Abhängen ist ein chemischer Vorgang gemeint, der vor allem mit ↑**Rindfleisch**, ↑**Wild** und ↑**Wildgeflügel** in Verbindung gebracht wird. Um das Fleisch zarter zu machen, muss es einige Zeit gut gekühlt nachreifen. Dabei spricht man vom Abhängen. Unmittelbar nach dem Schlachten wird Glykogen (tierisches Reservekohlenhydrat) zu ↑**Milchsäure** umgewandelt. Die weiche Muskulatur der geschlachteten Tiere beginnt sich schon nach kurzer Zeit zu verhärten, die Totenstarre tritt ein. Das Fleisch verliert dadurch die Fähigkeit, Wasser zu binden, beim Braten wird es zäh und verliert beim Kochen fast alle Flüssigkeit, was das Fleisch hart macht. Wenn es allerdings einige Zeit abhängt, bewirkt die weitere biochemische Veränderung eine verbesserte Wasserbindung. Die Milchsäurebakterien spalten die großen ↑**Eiweiß**moleküle und lockern so feinste Muskelfasern auf. Das Fleisch wird für der Zubereitung mürbe, zarter und geschmackvoller. Ein Nachteil ist allerdings, dass durch diese Veränderung das Fleisch auch ein guter Nährboden für Bakterien aller Art wird. Deswegen ist Hygiene während des Reifeprozesses von größter Wichtigkeit. Der Ort zum Abhängen sollte kühl, luftig und trocken sein. Der fortschreitende Abbau der Eiweißmoleküle durch die Milchsäurebakterien würde das Fleisch innerhalb kürzester Zeit ungenießbar machen. Durch starkes Herunterkühlen wird der fortschreitende Abbau der Eiweißmoleküle verlangsamt und so der Reifungsprozess gesteuert. Das Fleisch verliert beim Abhängen nicht nur an Gewicht, (↑**Unten**) es verändert auch seine Farbe (von hell leuchtend rot zu fast rotbraun, matt) und den Geruch (das „Hautgôut", franz. „Krone des Geruchs"). Um dies zu verhindern, nützt man heute die schonendere Methode, das Reifen ohne Luftaustausch unter Vakuum. Dies garantiert beste Fleischqualität. Rindfleisch muss wegen seiner größeren Muskelfaserstruktur vor der Verwendung abgehängt werden. ↑**Schweinefleisch** soll im Gegensatz zu Rindfleisch am besten frisch verwendet werden. Ab dem dritten Tag nach dem Schlachten ist der Geschmack von Schweinefleisch am besten, gleiches gilt für ↑**Lammfleisch**. ↑Haus**geflügel** und ↑**Kaninchen** haben nach einigen Stunden und ↑**Kalbfleisch** nach ca. einer Woche den optimalen Geschmack erreicht. **Fleischreifung von Rindfleisch**: Am Stück – bei 0–2° C bis 3 Wochen; Am Knochen – bei 0–2° C 9 Tage bis 2 Wochen; Im Vakuum – bei 0–2° C 9 Tage bis 3 Wochen; Reifeverlust in den ersten 24 Stunden ca. 1 % vom Grundgewicht. Für jeden weiteren Tag ca. 1/2 % vom Gewicht. **Durch die anhaltende BSE-Gefährdung werden in Deutschland kaum noch Rinder geschlachtet, die über 24 Monate alt sind. Da Fleisch von jungen Tieren eine kürzere Reifezeit benötigt, hat sich die Rindfleischqualität in den vergangenen Jahren deutlich verbessert. Trotzdem sollte beim Einkauf auf Farbe, Geruch und Faserstruktur geachtet werden**

Abignades [*Franz. Speisekarte*] ↑**Gänseklein** (Hals, ↑**Innereien** und Blut)

Abiu [*Exotische Früchte*] **Englisch:** abiu; **Französisch:** abiu, abi. Die Abiu ist eine Frucht aus der Familie der Sapotaceae. Bei der unreifen, noch sehr grünen Frucht tritt ein klebriger Milchsaft aus, in der reifen Form entwickelt sich ein süßer Geschmack wie bei den Sapotillen. ↑**Sapotilla**

Abklären von Butter [*Unsere Küche*] **T** Frische ↑**Butter** bei leichtem Feuer langsam kochen, bis die Butter durchsichtig ist. Vom Feuer nehmen, kurze Zeit ruhen lassen, abschäumen und ohne Bodensatz (↑**Molke**) in ein anderes Gefäß umfüllen.

Ablassen [*Unsere Küche*] Das Trennen des rohen ↑**Eiklares** vom ↑**Eidotter**.

Ablette [*Franz. Speisekarte*] **T** Laube, Ukelei, Süßwasserfisch. ↑**Weißfisch** mit feinem, aber grätenreichem Fleisch, wird meist frittiert.

Abliegen [*Österr. Küche*] ↑**Fleisch** mürbe werden lassen. ↑**Abhängen**

Ablöschen [*Unsere Küche*] **T** Auch „deglacieren" genannt. Beim Braten von ↑**Fleisch**, ↑**Geflügel**, ↑**Fisch** usw. setzt sich am Boden des Bratgeschirrs der Bratensaft ab und wird braun. Nach dem Entfernen von überschüssigem Fett wird der Bratensatz mit Wasser, ↑**Wein**, ↑**Spirituosen**, ↑**Brühe**, ↑**Fond** oder ↑**Sahne** vorsichtig abgelöscht, um eine ↑**Soße** zu gewinnen. ↑**Alkohol** zuerst abflambieren – (abbrennen). **Vorsicht, Verletzungsgefahr! Beim Flambieren niemals direkt von oben auf das Bratgut schauen!** Unter ständigem Rühren den Bratenfond vom Boden lösen und einkochen lassen, bevor weitere Flüssigkeit zugeführt wird. Löscht man den Bratensatz öfter ab, entwickelt sich eine kräftige, farbintensivere Soße. Zu dunkel oder schwarz gewordenen Bratensatz nicht verwenden, die Soße wird bitter. **Das Bratfett vor dem Ablöschen immer entfernen, es enthält Bitterstoffe und ist schwer verdaulich.**

Abocado [*Weinkunde*] (Spanisch) Wein halbsüß

Abondance [*Käse*] **T Herkunft:** Frankreich/Savoyen (Rhône-Alpes-Gebiet). **Käsesorte:** ↑**Hartkäse** 48 % ↑**Fett i. Tr.; Milch:** rohe Kuhmilch; **Teig:** fest, kompakt; **Geschmack:** fruchtig, nussartig, aromareich. Der aus der Sommermilch hergestellte ↑**Käse**, den man vom Herbst an in den Geschäften findet, brilliert mit einem ganz besonders feinen Aroma. **Info:** Käselaibe, 7–12 Kilo, ganz jung erhältlich. Seinen Namen erhielt der Rohmilchkäse vom Abondance-Tal in der Haute-Savoie, wo er von den Mönchen der gleichnamigen Abtei im 5. Jahrhundert „erfunden" wurde. **Weinempfehlung:** leichte Weine, speziell aus Savoyen.

Abouriou [*Weinkunde*] Man nimmt an, dass diese Rebsorte ein Sämling alter französischer Reben ist. Hauptsächlich in Südwestfrankreich angebaut, werden aus ihr süffige Tischweine gekeltert. Die Abouriou ist sehr widerstandsfähig gegen Falschen und Echten Mehltau, treibt früh aus und hat einen starken Wuchs.

Abouriou Noir [*Weinkunde*] Rotweinrebe von der Côtes-du-Marmadais

Abrebeln [*Österr. Küche*] Begriff aus der österreichischen Küchenkultur. Es ist die Bezeichnung für das Abpflücken z. B. von ↑**Johannisbeeren**. Rebeln bedeutet: Man streift alle Beeren auf einmal vom Stiel ab.

Abreibewurst [*Fleischprodukte*] Alte Bezeichnung für ↑**Brühwurst**

Abricot [*Franz. Fachwort*] ↑**Aprikose**

Abrösten [*Unsere Küche*] **T** ↑**Mandeln** oder ↑**Haselnüsse** in einer trockenen Pfanne oder auf dem Backblech so lange rösten, bis sie sich färben, dann durch

Reiben in einem Tuch von den Schalenhäuten befreien.

Abrotea [*Span. Speisekarte*] ↑Gabel**dorsch**

Abrühren [*Unsere Küche*] **T 1.** Eine Crème oder einen Teig rühren, bis alle Zutaten gründlich miteinander verbunden sind. **2.** Flüssige Mischungen bis kurz vor dem Aufkochen rühren, z. B. ↑**Vanillesoße. 3.** ↑**Hackfleisch** nur mit so viel Flüssigkeit durcharbeiten, dass die Masse ihre Bindung nicht verliert. **4.** Teig bis zur gewünschten Beschaffenheit rühren.

Abschäumen [*Unsere Küche*] **T** Methode zum ↑**Klären** von Suppen und ↑**Saucen.** Das aufsteigende Fett und der Schaum werden abgeschöpft, um eine Trübung zu vermeiden.

Abschiedslackerl [*Österr. Küche*] Letztes Glas ↑**Wein** vor dem Aufbruch

Abschleudern [*Unsere Küche*] Vorgang bei der Zuckererzeugung, trennt ↑**Sirup** von den Zuckerkristallen in einer Zentrifuge

Abschmälzen [*Österr. Küche*] Abschmalzen mit ↑**Schweinefett.** Fertig zubereitete ↑**Teigwaren** in (leicht gebräunter) ↑**Butter** schwenken bzw. damit übergießen. Früher nahm man dazu häufig ↑**Schmalz,** daher die Bezeichnung.

Abschmecken [*Unsere Küche*] **T** (Franz. goûter) Am Ende des Kochvorganges dem Gericht die noch benötigten ↑**Kräuter** und ↑**Gewürze** zufügen, um den Geschmack in die gewünschte Richtung zu bringen und zu vollenden.

Abschnitte [*Unsere Küche*] **T** Bezeichnung für Fleischstücke, die beim Zuschneiden von Frischfleischteilstücken anfallen und für ↑**Gulasch** oder ↑**Hackfleisch** Verwendung finden.

Abschrecken [*Unsere Küche*] **T 1.** Gekochtes oder kurz Pochiertes aus dem Kochwasser direkt in Eiswasser geben, um den Kochvorgang schockartig zu stoppen und die Temperatur schnell herabzusetzen. Blanchiertes ↑**Gemüse** behält dadurch eine intensivere Farbe; ↑**Nudeln** kleben nicht zusammen; ↑**Eier** lassen sich leichter pellen. **2.** Fette Bratensorten wie ↑**Schweinebraten,** ↑**Enten** und ↑**Gänse** erhalten kurz vor Beendigung der Bratzeit einen kalten Guss, damit die Haut knusprig wird.

Abschuppen [*Unsere Küche*] **T** Entfernen von Fischschuppen mit einem scharfen Messer oder einem speziellen Schupper. **Es wird dabei vom Schwanzende in Richtung Kopf geschuppt.**

Abschwarten [*Unsere Küche*] Abziehen der ↑**Schwarte** vom ↑**Speck**

Abseihen [*Hausbar*] Unter Abseihen wird das Abgießen einer Flüssigkeit aus dem ↑**Shaker** oder dem ↑**Rührglas** durch ein ↑**Barsieb** verstanden. Hierdurch wird verhindert, dass Fruchtstückchen oder Eiswürfel in das Glas gelangen.

Absengen [*Unsere Küche*] ↑**Geflügel** vor dem Waschen und Ausnehmen über einer offenen Flamme hin und her schwenken, um die kleinen Haarfedern abzusengen.

Absinth [*Hausbar*] ↑**Likör** oder Branntweindestillat aus ↑**Wermut** (Artemisia absinthum) mit charakteristischer grüner Farbe. Die ↑**Ätherischen Öle** enthalten als Hauptbestandteil ↑**Thujon** (25–70 % Vol.), das bei regelmäßigem Genuss zu körperlichen und psychischen Schäden führt. Der bittere Geschmack ist auf den Gehalt des Glycosids Absinthin zurückzuführen. Im 18. und 19. Jahrhundert war Absinth sehr beliebt, insbesondere in Künstlerkreisen (van Gogh, Picasso u. a.). Viele waren stark abhängig und ruinierten sich körperlich, geistig und finanziell. Die Herstellung wurde 1923 in Deutschland und in den meisten europäischen Staaten verboten. Seit 1998 ist Absinth in der EU mit maximal 10 mg/kg Thujon bei über 25 % Vol. zugelassen.

Absorption [*Verdauung*] Die Aufnahme der ↑**Nährstoffe** im Verdauungstrakt (Magen, Dünndarm, Dickdarm)

Abspritzen [*Hausbar*] **T** Ein ↑**Cocktail** wird abgespritzt, indem man ein Stück Schale einer Zitrusfrucht (↑**Orange,** ↑**Zitrone,** ↑**Limette**) direkt über dem Glas ausdrückt und auf diese Weise die in der Schale enthaltenen ↑**Ätherischen Öle** in das Glas gelangen. Danach kann die Schale dem Getränk zugegeben werden. Hilfsmittel kann auch ein ↑**Zestenreißer** sein. **Achtung: Nur ungespritzte Früchte nehmen.**

Absprudeln [*Österr. Küche*] Verrühren, verquirlen

Abstechen [*Unsere Küche*] Aus einer Masse mit einem Löffel Klößchen oder ↑**Nocken** stechen; z. B. ↑**Kalbfleischnocken,** ↑**Grießnocken,** ↑**Mousse** usw.

Absteifen [*Unsere Küche*] **T** ↑**Fleisch,** ↑**Fisch** oder ↑**Austern** werden in wenig Fett oder siedender Flüssigkeit gewendet bzw. kurz angebraten, damit sich die Poren schließen. So bleibt der Saft im Gewebe.

Abstoppen [*Weinkunde*] Das Unterbrechen der Gärung. Bei der Likörwein-Herstellung wird durch die Zugabe von Alkohol der Zuckergehalt im Most bewahrt.

Abstreifen [*Österr. Küche*] Haut von ↑**Wild** abziehen

Abtreiben [*Österr. Küche*] ↑**Fett** (z. B. ↑**Butter**) abrühren, schaumig rühren; ergibt den Abtrieb.

Abtropfen [*Unsere Küche*] Gewaschene oder in Wasser gegarte Nahrungsmittel zum Trocknen in einen Durchschlag, ein Sieb oder auf ein Küchentuch legen.

Abwellen [*Unsere Küche*] ↑**Blanchieren**

Abziehen [*Unsere Küche*] **T 1.** Saucen und Suppen mit einem Bindemittel sämig machen. Man verwendet klumpenfrei in Wasser angerührtes ↑**Mehl** oder ↑**Speisestärke,** das unter die kochende Flüssigkeit gerührt wird. **Unbedingt noch einmal aufkochen lassen** (bei Mehl einige Min.). Sämig werden Saucen und Suppen auch durch das Zufügen von ↑**Sahne.** Sie verliert durch längeres Köcheln Flüssigkeit und dickt somit nach (sehr kalorienreich). Zum Binden dienen auch ↑**Eigelb** und ↑**Saure Sahne,** die mit einem Schneebesen eingerührt werden, sowie eiskalte ↑**Butterflocken,** die mit dem „↑**Zauberstab**" in die kochende Flüssigkeit eingearbeitet werden. **Das Kochgut darf hierbei nicht mehr aufkochen. 2.** Von ↑**Gemüse** oder ↑**Nüssen** die Haut abziehen. Das geht im rohen Zustand kaum, darum werden z. B. ↑**Tomaten** und **Nüsse** kurz in kochendes Wasser gelegt. Nach dem ↑**Abschrecken** lässt sich die Haut ganz leicht ablösen. ↑**Paprikaschoten** kommen in den Backofen. **3.** Entfernen des Fells bei ↑**Wild. 4.** Entfernen der Fischhaut (↑**Aal**)

Abziehen mit Stärke [*Österr. Küche*] Mit ↑**Speisestärke** binden

Abziehstein [*Unsere Küche*] Naturstein aus feinkörnigem Schiefer zum Schleifen oder Abziehen von Messern. Als Gleitflüssigkeit wird Öl oder Wasser verwendet. Abziehsteine werden auch aus Kunststeinen angefertigt.

Acajounuss [*Allgem. Nährmittel*] ↑**Cashewnuss**

Acappella [*Kartoffelsorte*] **Kochtyp:** ↑**Vorwiegend festkochende Kartoffeln. Herkunft:** Deutschland; **Jahr der Zulassung:** 2000; **Schale:** gelb; **Fleisch:** gelb; **Knolle:** oval; **Reifezeit:** sehr früh

Acarajé [*Intern. Länderküche*] Acarajé, in der brasilianischen Küchenkultur Pastetchen aus in ↑**Dendê-Öl** frittierten ↑**Bohnen** gefüllt mit ↑**Vatapá,** getrockneten ↑**Garnelen** und ↑**Pfefferschoten.** ↑**Brasilianische Küche**

Accent [*Kartoffelsorte*] **Kochtyp:** ↑**Vorwiegend festkochende Kartoffeln**

Acciuga [*Ital. Speisekarte*] Sardelle (auch: „alice")

Acciugata [*Ital. Speisekarte*] **R** Gekochte, abgetropfte Lebensmittel (↑**Gemüse,** ↑**Nudeln** oder ↑**Reis)** werden mit ↑**Butter,** süßem ↑**Rahm** und ↑**Parmesan** gebunden und mit gehackten ↑**Sardellenfilets** vermischt.

Accolade [*Franz. Fachwort*] Ein Paar (↑**Wildgeflügel**)

Accras [*Intern. Länderküche*] **A** Auch Amarinades genannt, in der kreolischen Küchenkultur kleine frittierte ↑**Kroketten** aus ↑**Stockfisch,** ↑**Zwiebeln,** ↑**Knoblauch** und ↑**Kräutern**

Accunicciatu [*Franz. Speisekarte*] **A** Korsisches Schmorgericht aus ↑**Hammel-,** ↑**Lamm-** und/oder ↑**Pferdefleisch** und ↑**Kartoffeln**

Aceitunas negras [*Span. Speisekarte*] Schwarze ↑**Oliven**

Aceitunas rellenas [*Span. Speisekarte*] Gefüllte ↑**Oliven**

Aceitunas verdes [*Span. Speisekarte*] Grüne ↑**Oliven**

Acelgas [*Span. Speisekarte*] ↑**Mangold**

Acerbe [*Franz. Fachwort*] Bitter, herb

Acesulfam-K [*Fachkunde*] Süßstoff, Zuckerersatz mit einer Süßkraft, die 120- bis 200-mal stärker ist als jene von Kristallzucker (Saccharose)

Aceto [*Ital. Speisekarte*] ↑**Essig**

Aceto asso [*Allgem. Nährmittel*] Der italienische ↑**Weinessig** mit dem besten Aroma. Nur mit Qualitätsweinen hergestellt. ↑**Essig**

Aceto balsamico [*Allgem. Nährmittel*] **T** Auch Balsamico genannt, wird aus dem eingekochten ↑**Most** süßer, weißer ↑**Trebbiano-Trauben** hergestellt, der auf natürliche Art, also ohne Zusatz von ↑**Hefe,** vergärt und sich in einem jahrelangen Prozess in Essig umwandelt. Eine der edelsten Essig-Spezialitäten, die aus Italien (Modena in der Provinz Reggio Emilia) stammt; hergestellt nach streng gehüteten Rezepturen. Er reift mindestens zwölf Jahre (manche sogar über 20 Jahre) in verschiedenen Holzfässern. Reihenfolge: Eiche, Kastanie, Kirsche, Esche und Maulbeere. Das Aroma ist süß-säuerlich, intensiv, kräftig und gehaltvoll, seine Farbe dunkelbraun. In seiner Heimat wird er auch als ↑**Aperitif** pur genossen. **Verwendung in der Küche:** Zum Verfeinern von ↑**Carpaccio,** ↑**Mozzarella** mit ↑**Tomaten,** Salaten, ↑**Fleisch,** ↑**Fisch,** ↑**Geflügel,** ↑**Gemüse** und ↑**Nudeln.** Der Begriff Aceto balsamico ist gesetzlich nicht geschützt. Deshalb gibt es Essigsorten, die Aceto balsamico genannt werden, in Wirklichkeit aber gefärbte Tafelessige mit ↑**Kräutern** sind. Echter Balsamico ist sehr teuer. 0,1 l Balsamico enthält nur 26 kcal/109 kJ. ↑**Essig**

Aceto dolce [*Ital. Speisekarte*] Süß-sauer eingelegtes ↑**Gemüse** und ↑**Früchte**

Acetyliertes Distärkeadipat [*Fachkunde*] ↑**E 1422**

Acetyliertes Distärkephosphat [*Fachkunde*] ↑**E 1414**

Achaia [*Weinkunde*] Griechische Provinz im Norden des Peleponnes an der Südküste des Golfs von Korinth (Patras), Zentrum des Weinanbaus

Achards [*Franz. Fachwort*] Pikante indische Mischung aus gehacktem ↑**Gemüse** und ↑**Früchten,** in ↑**Essig** eingelegt

Achatinüsse [*Allgem. Nährmittel*] ↑**Erdnüsse**

Achatschnecken [*Allgem. Nährmittel*] **Lateinisch:** Achatina Fulica. Zur Familie der Achatschnecken gehören die größten Landschnecken der Welt, sie haben ein gestreckteres Gehäuse als ↑**Weinbergschnecken.** Im Vergleich zu einer zwanzig bis dreißig Zentimeter großen Achatschnecke erscheint die europäische Weinbergschnecke mit höchstens zehn Zentimeter Körpergröße klein. In Afrika und der Karibik werden sie als eiweißreiche Nahrung gesammelt und gezüchtet. Seitdem Weinbergschnecken in Europa selten geworden sind, werden im Handel häufig Achatschnecken von ähnlicher Größe angeboten, oft küchenfertig vorbereitet und gefroren mit ↑**Kräuterbutter,** aber in Gehäusen von Weinbergschnecken. **Zubereitung:** wie Weinbergschnecken

Achia oder Achtia [*Asiatische Küche*] In Indien und Iran hergestellte Gemüsekonserve, in China sehr beliebt. Dafür wird grünes, zartes Bambusrohr mit scharfem Kokosessig und Gewürzen in Gläsern eingemacht.

Achiote [*Mexicofood*] Spezielle Würzpaste: in Deutschland nur in Spezialgeschäften zu bekommen

Achterl [*Österr. Küche*] Achtelliter

Achtfuß [*Fisch*] ↑**Oktopus.** Oktopus kommt von „octo = acht" und „pus = Fuß", also übersetzt der „Achtfuss".

Aci Biber Chili [*Gewürze & Kräuter*] **T Schärfe 5 = 10000–15000** ↑**Scoville Einheiten**; zu bekommen im türkischen Gemüseladen: eine Cayenne-Art, die auch grün angeboten wird. ↑**Chili**

Acidé [*Franz. Fachwort*] sauer, z. B. Früchte oder Saft

Acidität [*Fachkunde*] Säuregrad; Maß für den Säuregehalt einer Flüssigkeit; Maß für die Konzentration der freien Ionen, „↑**pH**"

Acidulé, acidifié [*Franz. Speisekarte*] Leicht säuerlich, pikant; mit ↑**Essig** oder ↑**Zitrone** gesäuert

Ackerhellerkraut [*Wildkräuter, -blüten & -früchte*] **Lateinisch:** Thlaspi arvense. **Info:** gehört zur Familie der Kreuzblütler und enthält Senföle. Die Pflanze heißt „Ackerhellerkraut", weil die flachen, runden Fruchtstände an Geldstücke erinnern. **Standort:** Die Pflanze liebt nährstoffreiche, lockere Lehmböden und ist häufig auf Hackfrucht- und Getreideäckern zu finden. **Geschmack:** Die Blätter und Blüten schmecken scharfwürzig, kresseähnlich. **Verwendung in der Küche:** Junge Pflänzchen, wie sie im Frühjahr und Herbst zu finden sind, eignen sich, so lange sie noch zart sind, für Salate, ↑**Dips**, Kräuterquark oder Wildkräutersuppen.

Ackerminze [*Wildkräuter, -blüten & -früchte*] **Lateinisch:** Mentha arvensis. **Info:** Ackerminze hat unter optimalen Standortbedingungen einen hohen Mentholgehalt. **Standort:** sonnig bis halbschattig, sumpfige oder feuchte Stellen an Wegrändern, Gräben, auf Waldlichtungen, auf sumpfigen Wiesen. **Geschmack:** Die Pflanze riecht aromatisch, je nach Standortbedingungen, und Typ kann das Aroma von minzig bis fruchtig (wie Ananas oder Banane) variieren. Der Geschmack der Blätter ist leicht bitter. **Verwendung in der Küche:** Bei Obstsalaten oder Süßspeisen setzt man interessante Akzente. Die weiß-rosa Blüten eignen sich zur Dekoration von Salaten und Desserts. **Wirkung in der Volksmedizin:** Zu medizinischen Zwecken wird das Öl genutzt, es ist als „Japanisches Heilpflanzenöl" im Handel und wird gegen Erkältungskrankheiten oder Magen-Darm-Beschwerden verwendet. **Wichtig:** Babys und Kleinkinder dürfen mentholhaltige Mittel noch nicht bekommen, weil Menthol bei ihnen Atemlähmungen hervorrufen kann.

Ackersalat [*Gemüse*] Feldsalat, ↑**Blattsalate**

Ackersegen [*Kartoffelsorte*] **Kochtyp:** ↑**Mehlig kochende Kartoffeln,** „Mehlige" oder „Runde" genannt

Ackerstiefmütterchen [*Wildkräuter, -blüten & -früchte*] **Lateinisch:** Viola tricolor. **Info:** Die Blüten des Ackerstiefmütterchens sind essbar. **Standort:** Auf Bergwiesen, Sandtrockenrasen und als Getreideunkraut vorkommend, liebt die Pflanze leicht saure Böden; **Geschmack:** kampferähnlich; **Verwendung in der Küche:** Sie können als Zutat und Dekoration für Salate, Suppen, Getränke oder Desserts verwendet werden. **Wirkungsweise in der Volksmedizin:** Das Kraut wird bei entzündlichen Hauterkrankungen innerlich und äußerlich angewendet und ist auch ein traditionelles Heilmittel bei Erkältungen und Husten. **Wichtig!!! Mehr Information:** ↑**Essbare Blüten**

Acorda [*Span. Speisekarte*] Brot- und ↑**Knoblauch**-Suppe

Acorn [*U.S. Kitchen*] Winterkürbisart. Acorn-↑**Kürbis** ist zackig gelb bis grün. Er hat ein hervorragendes, mild-nussig schmeckendes Fleisch.

Acorn squash [*U.S. Kitchen*] Amerikanisches Herbst- und Wintergemüse

Acosta, Ferrán Adrià [*Berühmte Köche*] **Ferrán Adrià** oder Ferran Adrià Acosta – *1962 in Santa Eulàlia, einem Ortsteil von L'Hospitalet de Llobregat in der Provinz Barcelona, Spanien – ist ein weltbekannter Koch und Gastronom, der als Tellerwäscher begann. Adrià betreibt seit 1984 das Restaurant El Bulli an der Costa Brava. Bekannt geworden durch viele Publikationen, seine TV Sendung „10-minute Cooking" und die Mitentwicklung eines neuen Stils der Haute Cuisine, die so genannte „↑**Molekulargastronomie**". Frankreichs Altmeister Paul ↑**Bocuse**: „Ferran Adrià macht die aufregendsten Dinge in unserem Beruf."

Acqua cotta [*Ital. Speisekarte*] (Gekochtes Wasser) Gemüsesuppe, ursprünglich aus der Maremma

Acre, azedo [*Span. Speisekarte*] Sauer

Acrylamid [*Gesundheit*] **T** Im Frühjahr 2002 machten Wissenschaftler erstmalig auf ein bislang nicht bekanntes Risiko aufmerksam: In Lebensmitteln waren zum Teil hohe Mengen von Acrylamid nachgewiesen worden. Acrylamid bildet sich auf natürliche Weise bei der starken Erhitzung kohlehydratreicher Lebensmittel. Besonders betroffen sind stärkehaltige Lebensmittel wie ↑**Kartoffeln** und ↑**Getreide.** Die Substanz entsteht beim ↑**Backen**, ↑**Rösten**, ↑**Braten** und ↑**Frittieren.** Bei „nass" gegarten (gedämpften) bzw. in Wasser gekochten Lebensmitteln und in ↑**Rohkost** ist Acrylamid nicht nachweisbar. **Acrylamid ist in hohen Dosen giftig**, wobei es das Nervensystem (neurotoxisch) und die Fruchtbarkeit schädigt. Das Bundesamt für Gesundheit stuft Acrylamid derzeit als „wahrscheinlich krebserregend" ein. Verlässliche Langzeitstudien liegen noch nicht vor. Bei aktuellen Beobachtungen konnte keine Häufung bösartiger Tumore festgestellt werden. **Vorbeugung:** Eine acrylamidfreie Ernährung ist nicht möglich, da sich geringe Mengen in vielen Lebensmitteln befinden. Wer sein persönliches Risiko reduzieren möchte, kann stark belastete Produkte meiden. Bei großer Hitze gebratene Kartoffelprodukte: ↑**Chips,** ↑**Pommes frites,** ↑**Bratkartoffeln**

und ↑**Rösti**, sollten nicht aus roher Ware hergestellt werden. Lebensmittel sollten nicht übermäßig, also zu lange und bei zu hoher Temperatur erhitzt werden. Je dunkler Chips oder Pommes frites sind, desto höher ist ihr Gehalt an Acrylamid. **Das Bundesinstitut für Risikobewertung in Berlin empfiehlt:** Toastbrot sollte möglichst hell und gleichmäßig geröstet weden. Es reicht nicht aus, dunkle Stellen nur abzukratzen. Generell gilt: „Vergolden statt verkohlen".

Actimel [*Milchprodukte*] ↑**Probiotika – Lactobacillus acidophilus** oder **Lactobacillus casei**

Acucar [*Span. Speisekarte*] ↑**Zucker**

Adacayi [*Orientalische Küche*] In der Türkei beliebter Kräutertee, der aus ↑**Salbeiblättern** oder auch mit Blütenständen des ↑**Andorn** aufgebrüht wird

Adamsäpfel [*Obst*] ↑**Pampelmusen**

Adamsfeigen [*Obst*] ↑**Bananen**

Adana kebap yogurtlu [*Orientalische Küche*] **A** In der türkischen Küchenkultur pikant gewürzte ↑**Lammhackfleischspieße** serviert auf geröstetem Brot mit Tomaten und ↑**Jogurtsauce.** ↑**Türkische Küche**

Adanakebap [*Orientalische Küche*] Stammt aus der gleichnamigen türkischen Stadt, ein scharf gewürzter ↑**Hackfleisch**-**Spieß.** ↑**Türkische Küche**

Adaption [*Fachkunde*] Unter Adaption versteht man die Abnahme der Sensitivität des Nervensystems gegenüber einem über längere Zeit konstanten Stimulus, z. B. „Gewöhnung" an einen intensiven Geruch.

Additionner [*Franz. Fachwort*] Hinzufügen

Adega [*Weinkunde*] Weinhandlung oder Weinkeller (überirdisch) in Portugal

Adelost [*Käse*] **Herkunft:** Schweden; **Käsesorte:** Blauschimmelkäse mit Naturrinde; **Milch:** pasteurisierte Kuhmilch; **Geschmack:** scharf; **Info:** In den Handel kommt er in Form eines Zylinders von 18 cm Durchmesser und 10 cm Höhe, in Silberfolie verpackt. Er hat ein Gewicht von 2,5 kg und eine Reifezeit von 2–3 Monaten hinter sich.

Adenosintriphosphat ATP [*Fachkunde*] Adenosintriphosphat (ATP) ist ein körpereigenes, energiereiches ↑**Phosphat** und dient im Stoffwechsel als wichtiger Überträger kleiner Energiemengen (sofort verfügbar, aber schnell aufgebraucht). Jede muskuläre Bewegung ist erst durch ATP möglich.

Aderspritzverfahren [*Unsere Küche*] Pökelverfahren, bei dem die ↑**Lake** durch die natürlichen (Blut-)Gefäße in die Muskulatur gespritzt wird. Ziel: gleichmäßige und schnelle Durchpökelung.

Adgikan oder Adschika [*Gewürze & Kräuter*] **A** In der russischen Küchenkultur: scharfe Gewürzpaste. Sie stammt aus der kaukasischen Küche, ist auf Basis von rotem ↑**Pfeffer** mit ↑**Knoblauch,** ↑**Zwiebel** und anderen Gewürzen zubereitet. Kann zum Kochen und als Gewürz zu ↑**Fleisch** verwendet werden.

Adipinsäure [*Fachkunde*] ↑**E 355**

Adipositas [*Gesundheit*] Als **Adipositas** bzw. **Fettleibigkeit** (umgangssprachlich **Ess-/Fresssucht oder Fettsucht**) wird schweres ↑**Übergewicht** oder eine Gesundheitsstörung bezeichnet, bei der der Betroffene zu viel Fettgewebe besitzt. Das liegt vor allem daran, dass der Mensch über einen längeren Zeitraum mehr isst, als er verbraucht. Hier sind die Folgen bald nicht mehr zu übersehen. Etwa jeder dritte erwachsene Bundesbürger ist deutlich übergewichtig und sollte aus medizinischen Gründen abnehmen. Auch bei Kindern und Jugendlichen steigen die Zahlen unaufhaltsam. ↑**Kinderernährung.** Knapp 5 % aller Gesundheitsausgaben in den Industrieländern werden für die Behandlung der Adipositas und ihrer Folgen aufgewendet. Die Adipositas ist mit- und hauptverantwortlich für viele Zivilisationskrankheiten. Sie erhöht das Risiko für Bluthochdruck (Hypertonie), Altersdiabetes, ↑**Zuckerkrankheit** (Diabetes mellitus Typ 2), Herzinfarkte, Schlaganfälle, Brustkrebs, Gallenblasenerkrankungen und ↑**Gicht.** Die gefährliche Venenschwäche (Venenthrombose) ist ebenfalls durch Übergewicht bedingt. Die Adipositas stellt weltweit ein derart wachsendes Problem dar, dass die WHO inzwischen von einer globalen Epidemie bzw. Pandemie spricht, gefährlich wie jede zum Tode führende Infektionskrankheit. Da Fettleibigkeit in unserer Gesellschaft nicht toleriert wird, treten oft psychische und sogar wirtschaftliche Schäden für die Betroffenen auf. Eine amerikanische Statistik besagt, dass Übergewichtige im Durchschnitt weniger verdienen und geringere Chancen haben, einen Partner zu finden. **Verschiedene Gründe für Fettleibigkeit: 1.** Fehlernährung bzw. Überernährung; **2.** Bewegungsmangel; **3.** Essen als Ersatz für emotionale und persönliche Zuwendung; **4.** Fresssucht; **5.** Kompensation persönlicher Frustrationen und Minderwertigkeitsgefühle; **6.** Langeweile bzw. Stress; **7.** Antihaltung zu einer gesellschaftlichen Idealvorstellung; **8.** Mangelnde Selbstdisziplin; **9.** Schlafstörungen; **10.** Psychische Störungen; **11.** Genetische Faktoren (Vererbung, „familiäre Disposition"); **12.** Endokrine Erkrankungen wie Schilddrüsen-Unterfunktion, Cushing-Syndrom oder eine Leptinresistenz; **13.** Medikamente (z. B. Psychopharmaka)

ADI-Wert [*Gesundheit*] ADI-Wert, englische Abkürzung für acceptable daily intake: duldbare tägliche Aufnahme. Der ADI-Wert bezieht sich auf Rückstände von Pflanzenschutz- und Schädlingsbekämpfungsmitteln oder andere Zusätze in Lebensmitteln. Er bezeichnet die Menge eines Stoffes, die bei lebenslanger täglicher Einnahme zu keinem erkennbaren Gesundheitsrisiko führt. Die Einheit für den ADI-Wert ist Milligramm pro Kilogramm (mg/kg) Körpergewicht. ↑**E-Nummern Tabelle oder Höchstmengen**

Adlon [*Speisegarnitur*] **A** Nach dem gleichnamigen Berliner Hotel benanntes ↑**Seezungen**filet in Weißwein mit ↑**Champignons,** ↑**Scampi,** ↑**Trüffeln** und ↑**Sauce Choron**

Admiral [*Hausbar*] **R** Before Dinner Cocktail: von Benny Goodman erfundener Standardcocktail aus 3 cl ↑**Bourbon**, 6 cl trockenem ↑**Vermouth**, Zitronensaft und -schale

Adobo [*Mexicofood*] **A** Mexikanische rauchige Chilisoße. Besteht aus gerösteten ↑**Chilischoten**, ↑**Essig** und ↑**Gewürzen**, wird häufig als ↑**Marinade** verwendet

Adora [*Kartoffelsorte*] **Kochtyp:** ↑**Vorwiegend festkochende Kartoffeln.** Frühreifende Sorte

Adoucier [*Franz. Fachwort*] Versüßen

Adretta [*Kartoffelsorte*] **Kochtyp:** ↑**Mehlig kochende Kartoffeln** – „Mehlige" oder „Runde" genannt. **Herkunft:** Deutschland; **Jahr der Zulassung:** 1975; **Schale:** ocker; **Fleisch:** hellgelb; **Knolle:** rundoval; **Reifezeit:** mittelfrüh

Adrià Ferrán [*Berühmte Köche*] ↑**Acosta,** ↑**Ferrán Adrià**

Adstringierend [*Weinkunde*] Zusammenziehend. Ein adstringierender Geschmack beim Wein ergibt ein trockenes Gefühl im Mund. Ein Merkmal bestimmter Gerbstoffe in unreifem oder säurehaltigem Wein, die aber auch sehr appetitanregend wirken können.

Aerobe Keime [*Fachkunde*] Bakterien, die sich nur bei Anwesenheit von Sauerstoff entwickeln können

Affenthaler, blauer [*Weinkunde*] Zurückgehende württembergische Rotweinsorte, auch „Säuerlicher Burgunder" oder „Kleiner Trollinger" genannt. Der blaue Affenthaler ergibt säuerlich-herbe Weine.

Affettato [*Ital. Speisekarte*] Aufschnitt

Affinieren [*Franz. Fachwort*] Erster Schritt zur Raffination, einfaches Säubern von Rohzucker durch Waschen in einer Zuckerlösung

Affinity [*Hausbar*] **R** Before Dinner Cocktail – „Klassiker" aus gleichen Teilen ↑**Scotch**, süßem und trockenem ↑**Vermouth** sowie zwei Spritzern ↑**Angostura Bitter** – ↑**Manhattan**

Affogato [*Kaffee*] **R** Über eine große Kugel Vanille-Eis gießt man einen heißen ↑**Espresso**. Dieser originale Vorläufer des deutschen Eiskaffees ist in Italien sehr populär und eignet sich hervorragend als ↑**Dessert** nach einem ausgiebigen Essen.

Affumicato [*Ital. Speisekarte*] Geräuchert

Affûter [*Franz. Fachwort*] Schärfen

Aflatoxine [*Gesundheit*] **T Aflatoxine sind giftige Stoffwechselprodukte von Schimmelpilzen**, insbesondere der Schimmelpilzart „Aspergillus flavus". Aflatoxine können sich unter anderem auf ↑**Nüssen**, z. B. ↑**Erd-**, ↑**Hasel-**, ↑**Para** – und ↑**Walnüssen**, ↑**Pistazien**, ↑**Getreide** und deren Erzeugnissen bei falscher Lagerung (feucht und nicht belüftet) bilden. **Aflatoxine sind krebserregend und giftig für die Leber.** ↑**Schimmel**

Afra [*Kartoffelsorte*] **Kochtyp:** ↑**Mehlig kochende Kartoffeln** – „Mehlige" oder „Runde" genannt. **Herkunft:** Deutschland; **Jahr der Zulassung:** 1990; **Schale:** gelb; **Fleisch:** gelb; **Knolle:** oval; **Reifezeit:** mittelfrüh

Africaine, à l' [*Speisegarnitur*] Auf afrikanische Art

Afrikanische Küche [*Intern. Länderküche*] Vier große kulinarische Regionen: **1.** ↑**Arabische & Marokkanische Küche** (Maghrebinische Küche) nördlich der Sahara; **2.** ↑**Äthiopische Küche** (mit Eritrea); **3.** ↑**Schwarzafrikanische Küche** mit Ost-, Zentral- und Westafrika; **4.** ↑**Südafrikanische Küche** mit asiatischen und europäischen Einflüssen

Afternoon tea [*Engl. Speisekarte*] Der „afternoon tea" oder „↑**Tea Time**" wird in Deutschland immer beliebter. In Amerika jedoch hat sich Tee trotz des englischen Erbes nie so richtig durchsetzen können. Allerdings wird dort sehr viel ungesüßter ↑**Eistee** getrunken.

Afus Ali [*Weinkunde*] Die Afus Ali ist die weltweit bedeutendste Tafeltraube nach der Sultanina. Mit 150 000 ha Anbaufläche steht sie weltweit an 7. Stelle in der Verbreitung. Die Afus Ali stammt aus dem Orient und wurde 1883 von einem Seidenhändler von Beirut nach Frankreich mitgebracht. Daher ist sie auch unter dem Namen „Datte de Beyrouth" bekannt – nicht zuletzt wegen ihrer großen dattelförmigen Beeren.

Agar-Agar [*Fachkunde*] Agar wird aus den Zellwänden einiger Algenarten (vor allem Rotalgen) oder Seegräsern, hauptsächlich aus Ostasien, hergestellt. Andere Bezeichnungen sind „Agartang", „Japanischer Fischleim", „Chinesische" bzw. „Japanische Gelatine". Agar-Agar ist geschmacksneutral, unverdaulich und ein sehr gutes Geliermittel. Schon eine Konzentration von 1 %, aufgelöst in heißem Wasser, reicht für ein gutes Gel, ein halber TL entspricht somit ca. 4 Blatt ↑**Gelatine**. In der Lebensmitteltechnik wird Agar-Agar als ↑**Verdickungsmittel** ↑**E 406**, z. B. in Suppen, für Süßwaren und industriell gefertigte Eiscrème eingesetzt, jedoch recht selten, da der Preis sehr hoch ist. Im Haushalt kann man es als vegetarischen Ersatz für Gelatine verwenden. In dieser Form wird es in Japan seit dem 17. Jahrhundert eingesetzt.

Agaric champêtre [*Franz. Speisekarte*] ↑Wiesen**champignon**

Agaric des bois, des forêts [*Franz. Speisekarte*] Kl. ↑Wald**champignon**, ausgezeichnet, aber wenig ergiebig; auch roh genießbar. **Saison:** Juni bis Oktober

Agartang [*Unsere Küche*] ↑**Agar-Agar** oder ↑**E 406**

Agatha [*Kartoffelsorte*] **Kochtyp:** ↑**Festkochende Kartoffeln** – „Speckige Kartoffel" genannt. Sehr früh reifende Sorte

Agave [*Fachkunde*] Eine in Mittelamerika beheimatete, Wasser speichernde Wüstenpflanze. Der Saft einiger Agaven wird gegoren, um daraus einen klaren ↑**Branntwein**, den ↑**Meskal** bzw. ↑**Tequila**, zu destillieren.

Agavenbranntwein [*Hausbar*] ↑**Tequila**

Agavensaft [*Hausbar*] Wird zum mexikanischen Nationalgetränk ↑**Pulque** vergoren

Agavenwurm [*Mexicofood*] „Gusanos de maguey“: was auf dem Boden von Mezcal-Flaschen schwimmt

Agila [*Kartoffelsorte*] **Kochtyp:** ↑**Festkochende Kartoffeln** – „Speckige Kartoffel“ genannt. **Herkunft:** Deutschland; **Jahr der Zulassung:** 2006; **Schale:** gelb; **Fleisch:** hellgelb; **Knolle:** langoval; **Reifezeit:** früh

Agiter avant de s'en servir [*Franz. Fachwort*] Vor Gebrauch schütteln

Aglianico [*Weinkunde*] Süditalienische Rebsorte für Weißweine aus Kampanien (Taurasi) und der Basilicata (Aglianico del Vulture). Es wird vermutet, dass Aglianico ursprünglich aus Griechenland stammt. Das italienische Wort Elenico bedeutet „Griechisch“. Zudem war das südliche Italien in der Antike eine Kolonie Griechenlands, die „Magna Graeca“.

Aglio [*Ital. Speisekarte*] ↑**Knoblauch**

Agneau [*Franz. Speisekarte*] Noch kein Jahr altes ↑**Lamm** (männlich, weiblich „agnelle“), bester Geschmack Dezember bis Juli

Agneau blanc, laiton [*Franz. Speisekarte*] 3–4 Monate altes, noch gestilltes ↑**Lamm**. Das Fleisch ist besonders zart.

Agneau de lait, Agnelet de Pâques [*Franz. Speisekarte*] 4–6 Wochen altes Milch-, Osterlamm, gebraten oder gegrillt; zart, aber noch nicht würzig

Agneau de pré-salé [*Franz. Speisekarte*] Salzwiesenlamm

Agneau gris [*Franz. Speisekarte*] 4–9 Monate altes ↑**Lamm**; festes, ausgeprägt würziges ↑**Fleisch**

Agnello [*Ital. Speisekarte*] ↑**Lamm**

Agnès Sorel, à la [*Speisegarnitur*] **A** 1. (1415–1450), Geliebte Karls VII. von Frankreich, geistreiche Frau und Wohltäterin; 2. Speisegarnitur für **Hühnerbrust:** Feines weißes ↑**Ragout** von der ↑Pökel**zunge** mit ↑**Trüffeln**, in kleinen Reisförmchen; **Sauce:** ↑**Bratenfond** mit ↑**Madeira** und ↑**Demi-glace** vollenden

Agnolini [*Ital. Speisekarte*] **R** Kleine Nudelteigtaschen (zwei bis drei cm Kantenlänge) mit gezackten Rändern. Eine Spezialität aus der Gegend von Mantua und Parma in der Emilia Romagna. Die Füllung besteht meist aus einem ↑**Sugo** aus geschmorten Bratenresten, ↑Eiern und ↑**Parmesan**. Sie werden teilweise nur in ↑**Butter** mit ↑**Salbei** geschwenkt zubereitet oder als Suppeneinlage verwendet.

Agnolotti verdi [*Ital. Speisekarte*] **R** Viereckige Nudelteigtaschen aus einem mit püriertem ↑**Spinat** gefärbten Teig. Ähnlich wie „agnolini“, nur mit glatten Rändern und größer (drei bis vier 4 cm Kantenlänge). Eine Spezialität aus dem Aostatal. Sie werden mit dem leicht schmelzenden ↑**Fontinakäse** gefüllt und in ↑**Butter** mit ↑**Salbei** geschwenkt. In der ↑**Trüffel**zeit kommen auch frisch gehobelte Trüffelscheiben darüber. Es gibt „agnolotti verdi“ auch in der Gegend von Genua in Ligurien. Diese werden aber aus hellem Teig gemacht und haben eine grüne Füllung aus Spinat, ↑**Kräutern** und ↑**Kalbfleischfarce**.

Agoni [*Schweizer Küche*] Fischart im Luganer See

Agraffe [*Hausbar*] Französische Bezeichnung für die Drahtkörbchen um Sekt- oder Champagnerflaschenkorken

Agrasel [*Österr. Küche*] ↑**Stachelbeere**

Agrest [*Franz. Fachwort*] Unreifer, geklärter Traubensaft, gewonnen aus grünen Weinbeeren

Agria [*Kartoffelsorte*] **Kochtyp:** ↑**Mehlig kochende Kartoffeln** – „Mehlige“ oder „Runde“ genannt. **Herkunft:** Deutschland; **Jahr der Zulassung:** 1985; **Schale:** gelb; **Fleisch:** gelb; **Knolle:** langoval; **Reifezeit:** mittelfrüh

Agriochortosalata [*Griechische Speisekarte*] **A** In der griechischen Küchenkultur ein Salat aus verschiedenen Wildgemüsen (z. B. ↑**Löwenzahn**, ↑**Brennnessel**, ↑**Sauerampfer**, ↑**Kresse**, ↑**Gänseblümchen**)

Agrume(s) [*Franz. Speisekarte*] 1. ↑**Zitrusfrüchte**; 2. Pflaumensorte, aus der man Backpflaumen macht

Agua de … [*Mexicofood*] Erfrischungsgetränk

Agua mineral com/sem gas [*Span. Speisekarte*] ↑**Mineralwasser** mit/ohne ↑**Kohlensäure**

Aguacate [*Span. Speisekarte*] ↑**Avocado**

Aguardente [*Span. Speisekarte*] ↑**Trester**schnaps

Aguardente de figos [*Span. Speisekarte*] Feigenschnaps

Aguardiente [*Weinkunde*] Auch Aguardente (portugiesisch): aus Wein erzeugter Branntwein

Aguti [*Intern. Länderküche*] **T** Kleinsäuger aus der Familie der Meerschweinchen, der nur von Anfang September bis Ende Februar auf den karibischen Antillen bejagt werden darf. Sehr wohlschmeckendes ↑**Fleisch**

Ahlbeeren [*Schweizer Küche*] Schwarze ↑**Johannisbeeren**

Ahle worschd [*Regionale Spezialität*] ↑**Rohwurst**spezialität aus dem Kasseler Raum mit dürrer Rinde

Ahornsirup [*Unsere Küche*] **T** **Englisch:** „Maple sirup“, wird aus dem eingedickten Saft junger Ahornbäume (Zuckerahorn) gewonnen, mit karamellartigem Geschmack, ein relativ teurer Genuss. In Kanada und im Norden der USA würzt er glacierte süße ↑**Kartoffeln** und ↑**Karotten**, kommt auf ↑**Crêpes** oder ↑**Pfannkuchen**. In Drinks, Obstsalaten, als Brotaufstrich. Ein Qualitätskriterium ist die Farbe: Im Frühjahr, zu Beginn der Saison, ist er bernsteinfarben, mild im Geschmack und entspricht dem „Grad A“. Ist der Sirup älter, viel dunkler und süßer im Geschmack, handelt es sich um „Grad C“.

Ahr [*Weinkunde*] Kleiner Fluss, der zwischen Koblenz und Bonn in den Rhein mündet. Nach Sachsen, Saale-Unstrut und der Hessischen Bergstraße das viertkleinste deutsche Weinanbaugebiet mit 506 ha Ertragsrebfläche. Durch den starken Anteil an Rotweinreben hat die Ahr eine Sonderrolle im Weißweinland Deutschland. Zu den besten Weinen gehört der blaue Spätburgunder. Auf den steilen Schieferhängen im mittleren und unteren Ahrtal – einer der nördlichsten Anbaubereiche Deutschlands – werden zu

80 % rote Rebsorten angepflanzt, vor allem Spätburgunder (263 ha) und Portugieser (95 ha). Unter den weißen Sorten dominieren Riesling (48 ha) und Müller-Thurgau (42 ha). Die Rotweine, wenn auch mitunter schlank im Körper und relativ hoch in der Säure, können fruchtig und charaktervoll sein und zu den Besten ihrer Art in Deutschland zählen. Die bedeutendsten Weinbauorte: Ahrweiler, Dernau, Heimersheim, Marienthal, Mayschoß und Walporzheim, Letzteres der Name für den Bereich, während Klosterberg der Großlagenname ist.

Ährengetreide [*Fachkunde*] ↑**Weizen**, ↑**Roggen** und ↑**Gerste** zählen zur Gruppe der Ährengetreide. Andere Getreidearten reifen in Rispen (↑**Reis**, ↑**Hafer**, ↑**Hirse**) und in Kolben (weibliche Blüten von Hirse und ↑**Mais**).

Ahtapot salatasi [*Orientalische Küche*] **T** In der türkischen Küchenkultur ↑**Oktopus**-Salat. ↑**Türkische Küche**

Ai ferri [*Ital. Speisekarte*] Gegrillt

Aide [*Franz. Fachwort*] Helfer; … de cuisine: Hilfskoch; … de salle: Saalkellner

AIDS und Ernährung [*Gesundheit*] Die Erkrankung AIDS (acquired immune(o) deficiency syndrome) ist eine Immunschwäche, die durch HIV-Viren ausgelöst wird. Laut Deutscher Gesellschaft für Ernährung (DGE) gibt es keine Ernährungsform, die die Infektion mit HIV verhindern, die Entstehung von AIDS unterdrücken oder AIDS heilen kann. Es existiert keine „Anti-AIDS-Diät" oder „Anti-HIV-Diät". Andererseits muss davon ausgegangen werden, dass eine Ernährung, die nicht vollwertig ist, also dem Körper nicht alle notwendigen Nährstoffe bietet, die natürlichen Abwehrkräfte des Körpers schwächt. Der Verlauf der Krankheit kann dadurch ungünstig beeinflusst werden. Deshalb ist es laut DGE wichtig, mit einer abwechslungsreichen, vielseitigen und vollwertigen Ernährung das Immunsystem und die biologische Abwehr des AIDS-Patienten zu stärken. Mit einer Ernährungsweise, die fettarm ist (maximal 30 % der Tagesenergiezufuhr durch ↑**Fett**), ausreichend ↑**Vitamine**, ↑**Mineralstoffe** und ↑**Spurenelemente** sowie genügend ↑**Eiweiß** und ↑**Ballaststoffe** enthält, wird der Organismus widerstandsfähiger. AIDS-Patienten leiden häufig unter Appetitlosigkeit, die durch Fieber, Durchfall oder Schmerzen ausgelöst wird. Im Laufe der Erkrankung vermindert sich dadurch und durch andere Gründe – wie Erkrankungen der Mundhöhle, Einfluss von Medikamenten und Motivationsstörungen – die Nahrungsaufnahme. Außerdem tragen Durchfall, gestörte Nahrungsaufnahme im Darm (Malabsorption) und Verwertungsstörungen im Stoffwechsel des AIDS-Patienten zu einer Unterversorgung mit ↑**Energie** und ↑**Nährstoffen** bei. Die Ernährung von AIDS-Patienten sollte individuell geplant und zwischen Arzt, Patient und Ernährungsberater abgestimmt werden.

Aiglefin [*Franz. Speisekarte*] ↑**Schellfisch**

Aigre [*Franz. Fachwort*] Säuerlich; auch bei Wein

Aiguillat [*Franz. Speisekarte*] ↑**Dornhai**

Aiguillette [*Franz. Fachwort*] Lang und dünn geschnittene Fleischstreifen aus der Geflügelbrust, z. B. ↑**Flugente**

Aiguillette baronne, de cœur [*Franz. Speisekarte*] ↑**Tafelspitz**

Ail [*Franz. Fachwort*] ↑**Knoblauch**

Ail des ours [*Franz. Speisekarte*] ↑**Bärlauch**

Ail doux [*Franz. Speisekarte*] Junger, milder ↑**Knoblauch**, auch als ↑**Gemüse** verwendbar

Aile de raie [*Franz. Speisekarte*] ↑**Rochen**flügel

Aile, aileron [*Franz. Fachwort*] Flügel, Flügelspitze, Flosse

Aileron de requin [*Franz. Speisekarte*] ↑**Haifisch**flosse

Aillade [*Franz. Speisekarte*] **A** Mit ↑**Knoblauch** zubereitete Speise, z. B. Salatsauce, mit Knoblauch eingeriebene Weißbrotscheibe, ↑Knoblauch**mayonnaise** usw.

Aillé [*Franz. Speisekarte*] Mit ↑**Knoblauch** gewürzt, eingerieben, gespickt, zubereitet, garniert

Aïoli, pommade [*Franz. Speisekarte*] **A** ↑Knoblauch**mayonnaise**. Typische südfranzösische kalte Knoblauchsauce, in der provenzalischen Küche ein Muss. Sie wird aus ↑**Olivenöl**, ↑**Senf**, zerdrückten ↑**Knoblauch**zehen, ↑**Zitronensaft**, hart gekochtem ↑**Eigelb**, ↑**Salz** und ↑**Pfeffer** zubereitet und wie eine ↑**Mayonnaise** hergestellt. Diese Knoblauchcrème ist ideal als Dip oder Sauce zu kaltem ↑**Fleisch** und gekochtem ↑**Fisch**. Sehr empfehlenswert auch zu würzigen Fleischgerichten, gegrilltem Fleisch, Fisch, ↑**Schalentieren**, gekochtem und rohem ↑**Gemüse** und Salaten.

Airelle noire [*Franz. Speisekarte*] ↑**Heidelbeere**

Airelle rouge [*Franz. Speisekarte*] ↑**Preiselbeere**

Airén [*Weinkunde*] Auch Lairen (spanisch). Meistangebaute andalusische Weißweinrebe in Albacete, Ciudad Real, Cuenca, Murcia, Madrid und Toledo. Liefert durchschnittliche Weine, früher oft schwer und alkoholreich. Mit modernen Methoden vinifiziert, ist er frischer, fruchtiger und insgesamt ansprechender.

Aisne [*Weinkunde*] Nördlich und südlich des Flusses Marne gelegenes Departement, gehört teilweise zum Gebiet der Champagne

Aisy (Cendré), cendré d' [*Käse*] **Herkunft:** Frankreich/Burgund; **Käsesorte:** ↑**Weichkäse** 45 % ↑**Fett i. Tr.**; **Milch:** rohe Kuhmilch; **Teig:** geschmeidig, bei voller Reife fast flüssig; **Geschmack:** fruchtig-erdig, leicht salzig. **Info:** Die 200–250 g kleinen Käselaibe des Aisy Cendré reifen wie Olivet Cendré und Riceys Cendré einen Monat unter Rebenholzasche, trotzdem ist die Rinde essbar. Diese Herstellung stammt aus jener Zeit, in der man Käse in mit Asche gefüllten Holztruhen konservierte. **Beste Zeit:** Oktober bis Juni

Aji no mato [*Asiatische Küche*] Japanisches Würzsalz

mit ↑**Glutamat** und kleinen, sehr scharfen ↑**Chilischoten**

Ajo [*Mexicofood*] ↑**Knoblauch**

Ajouter [*Franz. Fachwort*] Hinzufügen

Ajvar [*Gewürze & Kräuter*] **R** Serbische Spezialität aus roten Paprikaschoten. Die pikante Gemüsepaste wird als kalte Vorspeise oder zum Würzen von Fleisch-, Fisch- und Reisgerichten verwendet. **Grundrezept:** Entkernte und abgezogene ↑**Paprikaschoten** durch den Fleischwolf drehen und bei starker Hitze einkochen lassen. Mit ↑**Olivenöl** zu einer geschmeidigen Paste rühren, mit ↑**Salz**, ↑**Knoblauch**, ggf. ↑**Chili** und ↑**Essig** würzen.

Akazienhonig [*Allgem. Nährmittel*] Dieser überwiegend aus dem ↑**Nektar** der Scheinakazie gewonnene Honig hat einen lieblichen, fein-süßen Geschmack und eine zartgelbe Farbe. Durch seinen hohen Gehalt an ↑**Fruchtzucker** bleibt er lange dickflüssig und kristallisiert nur langsam aus. ↑**Honig**

Akipflaume [*Exotische Früchte*] **T Englisch:** akee – **Französisch:** aki. Beheimatet ist die Aki (Sapindaceae) in Westafrika und wird heute auch in Brasilien, auf Jamaika und in Südflorida angebaut. Die wie ↑**Paprika** geformten Früchte sind 4–8 cm lang und 2–4 cm breit. Die ledrig-glatte, orangegelbe und rot gefleckte Schale springt bei Reife in 3 Fächer auf. Die Samen sind von einem Fleischmantel umgeben, der aromatisch-nussartig schmeckt. **Gefährlich ist der Genuss von unreifen oder überreifen Früchten**, die ein Gift enthalten, das Bauchschmerzen verursacht. Deshalb werden Akis als Beigaben zu Fischgerichten gekocht oder gebraten.

Akne [*Gesundheit*] Erkrankung der Haut (Talgdrüsenentzündung), die meist in der Pubertät wegen der hormonellen Umstellung auftritt. Sie ist in den Industrienationen die häufigste Hauterkrankung. Die entzündlichen Hautveränderungen zeigen sich als hässliche Mitesser bis hin zum großflächigen Furunkel und Karbunkel. Sie führen zu kosmetischen Problemen und hinterlassen nicht selten lebenslange Narben. Im Alter zwischen zwölf und 18 Jahren hat beinahe jeder Jugendliche mit Akne zu kämpfen. Immer wieder werden einzelne Lebensmittel wie ↑**Schweinefleisch** oder ↑**Schokolade** als Mitverursacher der Akne genannt. **Nach allgemeinen Erkenntnissen besteht kein eindeutiger Zusammenhang zwischen dem Verzehr einzelner Lebensmittel und der Entstehung von Akne.** Bei Akne steht die ärztliche Behandlung und nicht die Ernährung im Vordergrund. Bei unreiner Haut dagegen kann eine abwechslungsreiche und ↑**Vollwertige Ernährung** mit reichlich ↑**Obst** und ↑**Gemüse** – am besten 5-mal täglich – unterstützend als „Hautpflege von innen" wirken. **Das Erbgut des Akne-Erregers ist entschlüsselt.** Deutschen Wissenschaftlern aus Göttingen und Ulm gelang Anfang August 2004 die vollständige Entschlüsselung des Gens jenes Bakteriums, das bei Millionen zumeist junger Menschen die Akne „blühen" lässt. Das Wissen um das Erbgut des Erregers und um die Mechanismen, durch die es die z. T. extremen Entzündungsprozesse der Haut in Gang setzt, eröffnet aus vorbeugender und heilender Sicht neue Perspektiven.

Aktivkohle [*Weinkunde*] Schönungsmittel, das bei Farb- und Geschmacksfehlern im Wein angewandt wird

Akzeptieren Sie Kreditkarten? [*Übersetzer*] **Im Hotel Englisch:** Do you accept credit cards? **Französisch:** Acceptez-vous les cartes de crédit? **Italienisch:** Posso pagare con carta di credito? **Spanisch:** Que tarjetas de crédito aceptan?

Al dente [*Ital. Speisekarte*] **T** Bissfest, mit „Kern" im Inneren, nicht zerkocht. ↑**Reis**, ↑**Teigwaren**, aber auch ↑**Gemüse** sollten al dente gekocht sein. Kochzeiten auf den Verpackungen daher genau beachten, am besten immer wieder probieren. Teigwaren rechtzeitig abgießen und sofort auf den Tisch bringen.

Al forno [*Ital. Speisekarte*] Überbacken

Al gratin, gratinato, -a [*Ital. Speisekarte*] **A** Im Ofen überbacken: z. B. ↑**Makkaroni**, mit wenig leichter ↑**Bechamel** gebunden, in gefettete Auflaufform gefüllt, mit geriebenem ↑**Parmesan** bestreut, mit ↑**Butter** betropft, im Ofen gratiniert

Alameda [*Weinkunde*] Verwaltungsbezirk im Norden Kaliforniens, Weinberge bestockt mit Sauvignon, Semillon, Chardonnay

Alanin [*Fachkunde*] ↑**Aminosäure**

Alarije [*Weinkunde*] Alarije, auch Cañamero: Weißweinrebe aus der Extremadura (Südspanien)

Albacore [*Fisch*] Zwar nicht der größte, aber der feinste aller Tunfische. Er hat besonders schmackhaftes Fleisch und lässt sich gut braten und grillen.

Albalonga [*Weinkunde*] Deutsche Weißwein-Neuzüchtung. Sie wurde 1951 in Würzburg aus Riesling und Silvaner gekreuzt und erhielt 1971 Sortenschutz. In Lage und Boden sehr anspruchsvoll, neigt zur Beerenbotrytis: gute Voraussetzung für Auslesen. Sie reift mittelfrüh, bringt aber nur geringe Erträge, ist extrakt- und säurereich, ergibt fruchtige, elegante Weine und edelsüße Auslesen.

Albana [*Weinkunde*] Italienische Rebe aus der Romagna, liefert trockene und halbtrockene Weiße sowie Perlweine

Albanello [*Weinkunde*] Süßer oder trockener Weißwein aus Sizilien aus der Provinz Syrakus

Albaöl [*Fette*] **T Rein pflanzliches** Produkt aus Schweden, cholesterinfreie Butteralternative, obwohl es **keine Milchbestandteile** enthält (wichtig bei Lakto-Allergien). Albaöl macht es möglich, ↑**Butter zu ersetzen**, ohne auf den Buttergeschmack verzichten zu müssen. Gewonnen wird es aus kaltgepresstem ↑**Rapsöl** mit Zusatz von ↑**Lecithin**, ↑**Betacarotin**, ↑**Butteraroma** und ↑**Zitronensäure.** Da Albaöl sehr hitzestabil ist

(Rauchpunkt 220° C), eignet es sich sowohl für die kalte als auch die warme Küche. Die Haltbarkeit ab Abfülldatum beträgt ein Jahr. Bei Albaöl beträgt der Anteil ↑**Linolensäure** 10,6 %.

Brennwert 100 g Albaöl	∅ 3700 kJ (900 kcal) enthält ∅
↑gesättigte Fettsäuren	7 g
↑einfach ungesättigte Fettsäuren	61 g
↑mehrfach ungesättigte Fettsäuren	32 g
davon ↑Omega-3-Fettsäure	12 g
↑Omega-6-Fettsäure	20 g
↑Carotinoide	3 mg
↑Vitamin E	23 mg
↑Vitamin K	0,15 mg
↑Cholesterin	0 mg

Albaöl hat einen um 10 % höheren Anteil an mehrfach ungesättigten Fettsäuren (32 g anstatt 29 g pro 100 g Öl) als gewöhnliches Rapsöl. Der hohe Anteil an wertvoller Linolensäure (Omega-3-Fettsäuren) beruht auf dem Anbau im nordisch-maritimen Klima Südschwedens; je weiter nördlich das Anbaugebiet, desto höher der Anteil an Linolensäure. Dies gilt nicht nur für Rapsöl, sondern auch für andere Ölsämereien und -früchte sowie Meeresfische. **Lagerung:** Wie jedes andere Speiseöl sollte Albaöl dunkel und kühl gelagert werden. Wird nicht raffiniertes Rapsöl (Rapsöl erster Pressung und kaltgepresstes Rapsöl) unter 7° C gelagert, kommt es zu Ausflockungen, die die Qualität jedoch nicht beeinflussen.

Albarello [*Weinkunde*] Weiße Rebe aus Ribera del Ulla (Spanien), sehr selten. Keine Ähnlichkeit mit der Albariño-Rebe.

Albaricoque [*Span. Speisekarte*] ↑**Aprikose**

Albariño [*Weinkunde*] Weiße Rebsorte, die im Nordwesten Spaniens, in Galicien und unter dem Namen Alvarinho im angrenzenden Vinho-Verde-Gebiet im Norden Portugals angebaut wird. Die Rebsorte steht auf beiden Seiten der Landesgrenze für hochwertige und nicht gerade günstige, aromatische Weine. Sie (das Bukett erinnert häufig an Pfirsich) sind oft alkoholreich und verfügen über eine erfrischende Säure. In Spanien werden diese Weine auch unter Angabe ihres Rebsortennamens als Albariño oder unter DO Rias Baixas angeboten. Auf der portugiesischen Seite der Grenze spielt sie im Monção, dem nördlichsten Teilgebiet der Vinho-Verde-Region, die Hauptrolle.

Albicocca [*Ital. Speisekarte*] ↑**Aprikose**

Albigeoise, à l' [*Speisegarnitur*] **A** Mit gewürfeltem ↑**Schinken** gefüllte ↑**Tomaten**, ↑**Kartoffelkroketten**

Albillo [*Weinkunde*] Relativ neutrale Weißweinrebe aus Avila, Galicien und Madrid mit hohem Glyceringehalt

Albóndigas [*Span. Speisekarte*] Fleischbällchen

Albran [*Franz. Speisekarte*] Junge wilde ↑**Ente**

Albuféra [*Speisegarnitur*] **A** Marschall Suchet wurde von Napoleon nach einer siegreichen Schlacht am gleichnamigen spanischen See zum Herzog von Albuféra ernannt. Ihm zu Ehren wurde die ↑**Poularde** mit ↑**Risotto**-, ↑**Trüffel**- und ↑**Gänseleber**fülle kreiert, die mit ↑**Champignons**, ↑**Rinderzunge**, ↑**Hahnenkämmen** und ↑**Supreme** serviert wird.

Albumin [*Gesundheit*] Gehören zu einer Gruppe von wasserlöslichen Eiweißen, die im menschlichen Körper wichtige Aufgaben erfüllen. Sie regulieren den inneren Druck im Körper und dienen im Blut als „Transporter" für nicht wasserlösliche Stoffe (z. B. freie ↑**Fettsäuren**). Zu den Albuminen zählen auch das Ovoalbumin im ↑**Hühnereiweiß** und das Lactalbumin in der ↑**Milch**. Albumin ist auch in ↑**Fleisch**, ↑**Fisch** und ↑**Gemüse** enthalten und gerinnt bei 70° C.

Alcachofas [*Span. Speisekarte*] ↑**Artischocken**

Alcañon [*Weinkunde*] Basiswein für leichte Weißweine aus Somontano (Spanien)

Alcobaça Geschützte Herkunftsbezeichnung [*Käse*] **Herkunft:** Portugal; **Käsesorte:** Bergkäse aus Schafsmilch, manchmal ist Kuhmilch beigemischt.

Alcool blanc [*Franz. Speisekarte*] Klarer ↑**Branntwein** (↑**Eau-de-vie blanche**)

Aldehyde [*Weinkunde*] Durch die Oxidation des Weins entstehen Aldehyde, die bei jungen Weinen unerwünscht, bei Sherry aber erwünscht sind. Dadurch entsteht je nach Alter und Art des Weines ein anderes Aroma.

Ale [*Bier*] Helles obergäriges Bier aus England

Aleatico [*Weinkunde*] Muskatellertraube, ergibt alkoholreiche, meist süße Weine

Alella [*Weinkunde*] Kleines Anbaugebiet mit rund 400 ha Rebfläche und eigener Denominación de Origen nördlich von Barcelona an der Mittelmeerküste. Es werden Weißweine aus Xarel-Lo, Pansa Blanca und Garnacha Blanca sowie einige leichte Rotweine aus Garnacha Negra (Grenache) und Tempranillo produziert. Führende Erzeuger sind Alta Alella, Jaime Serra und Alella Vinicola.

Alentejo Geschützte Herkunftsbezeichnung [*Käse*] **Herkunft:** Portugal/Beja, bergige Region östlich des Alentejo-Gebiets; **Käsesorte:** Bergkäse ähnlich dem ↑**Sera**, auch in Größe und Konsistenz. Allerdings fetter, strenger im Geruch und pikanter; **Milch:** ↑**Schafsmilch**

Aleuronschicht [*Fachkunde*] Die Aleuronschicht umgibt den Mehlkern eines ↑**Getreide**korns. Sie ist sehr reich an ↑**Ballaststoffen**, ↑**Vitaminen** und ↑**Mineralstoffen**. Bei der Herstellung von ↑**Auszugsmehl** wird die Aleuronschicht zusammen mit dem Keimling als ↑**Kleie** entfernt.

Alexander Lukas [*Obst*] **T Lateinisch:** Pyrus communis var. sativa; **Allgemeines:** Alexander Lukas oder Lukas ist eine große bis sehr große, stumpf kegelförmige und bauchig-klobig wirkende Birnensorte mit kurzem Stiel und glatter, fettig glänzender, grüner oder graugrüner, bei Reife gelblicher Schale, die selten sonnenseitig ein wenig gerötet ist und zahlreiche ↑**Lentizellen** aufweist. **Ursprung und Geschichte:** Die Herkunft dieser alten Birnensorte für den Hausgarten wird in Deutschland oder Frankreich vermutet. Sie wurde 1874 erstmals als „Alexander Lucas" von einer Baumschule in Orléans, Frankreich, verbreitet. **Herkunft und Verfügbarkeit:** Alexander Lukas werden zwar Ende September geerntet, erreichen ihre Genussreife erst im November. Von Anfang November bis Anfang Februar werden Alexander Lukas – ausschließlich aus inländischer Produktion – auf den Märkten angeboten. **Geschmack:** Das weiße, grobkörnige und bröckelige Fruchtfleisch ist saftig, süß-säuerlich und nicht besonders aromatisch, wird jedoch für ↑**Kompotte** verwendet. ↑**Birne**

Alfabeto [*Ital. Speisekarte*] ↑**Lettre.** Buchstabennudeln als Suppeneinlage

Alfalfa [*Fachkunde*] **T** Kleesamen, der auch Luzerne genannt wird. Man kann daraus Sprossen ziehen, die jeden Salat verfeinern, oder Crème- und Gemüsesuppen vollenden. Es sind haarfeine Keimlinge, die 4–6 cm lang sind und jeweils zwei kleine grüne Blättchen haben. Sie schmecken frisch, ohne ausgeprägten Eigengeschmack. Man bevorzugt sie als Brotbelag, für Salate ↑**Kartoffelsalat**, Eierspeisen, ↑**Kräuterbutter** und pikanten ↑**Quark**. Kurz erhitzt in Suppen, Eintöpfen und Pfannengerichten. Alfalfasprossen sind für Babys nach der Muttermilch die beste erste grüne Nahrung; dabei wird das Kraut mit dem Kartoffelbrei vermengt. Alfalfasprossen enthalten rund 40 % ↑**Eiweiß** und wenig ↑**Fett**, zudem sind sie reich an ↑**Vitamin C**, ↑**Mineralstoffen** und lebenswichtigen ↑**Aminosäuren**. Alfalfa reguliert den ↑**Säuren-Basen**-Haushalt (entgiftet Leber), hilft bei Darmverstimmung, Blutarmut, Diabetes, Geschwüren, Arthritis und gegen Pilzbefall. ↑**Sprossen**

Alfrocheiro [*Weinkunde*] Einfache portugiesische Rebsorte aus den Regionen Alentejo, Bairrada, Ribatejo und Dão. Durch ihre kräftige Farbe wird sie sehr geschätzt, um Rotweine oder auch Portweine intensiver werden zu lassen.

Algen [*Fachkunde*] **T** Algen kommen im Süßwasser, im Meer und an feuchten Orten vor. Diese niedere, meist frei schwebende Wasserpflanze gehört einer Pflanzengruppe an, die wie alle grünen Pflanzen photosynthetisch aktiv ist. Das heißt, sie können Licht mit Hilfe von ↑**Chlorophyll** (Blattgrün) in chemische ↑**Energie** umwandeln. Algen wurden früher als gesundes Nahrungsmittel genutzt, so wie heute noch in Japan, China und an den Küsten Nord-, Mittel- und Südamerikas. Doch auch in Europa gewinnt das Meeresgemüse wieder an Bedeutung. Vor allem in Frankreich und Irland werden verschiedene Algenarten als kulinarische Spezialitäten wieder hoch geschätzt. Der hohe Gesundheitswert der Speisealgen macht sie aber auch für verschiedene Bedarfssituationen in der Ernährung immer interessanter. Für die Ernährung wichtige Arten sind: Rot- und Blaualgen, die vor allem der Herstellung von Quell- und Gelierstoffen (z. B. ↑**Agar-Agar**) dienen. Algen sind auch als ↑**Seetang** bekannt und sehr mineralstoffreich, sie zeichnen sich durch ihren hohen Gehalt an biologisch hochwertigem ↑**Eiweiß**, ↑**Vitaminen** und ↑**Jod** aus. Außerdem enthalten sie Glutamat- und Alginsäure. 100 g frische Algen enthalten ∅ 37 kcal/153 kJ, 2,1 g Kohlenhydrate, 5,9 g Eiweiß, 90,5 g Wasser, 0,4 mg Betacarotin und 0,9 mg Vitamin C. Besonders hoch ist der Jodgehalt in den Algen

Algenart	Jodgehalt ∅ mg/100 g getrocknete Algen
↑Nori	5–8
↑Dulse	8
↑Meeressalat	25
↑Wakame	10–20
↑Hijiki	30–50
↑Arame	60–80
↑Kombu	100–500

Vor allem in der makrobiotischen Küche Japans sind Algen sehr beliebt. In Japan, China und Korea werden Rot-, Grün- und Braunalgen blanchiert und als ↑**Gemüse** oder Salat verzehrt. Sie dienen außerdem zum Würzen von Suppen und Gebäck. Einige Blaualgen können ↑**Cobalamin** (↑**Vitamin B_{12}**) bilden, das sonst nur in tierischen Organismen und Lebensmitteln tierischen Ursprungs vorkommt. Sie sollten in Verbindung mit ↑**Getreide** und Gemüse zubereitet werden. **Gesundheitlicher Wert:** Einige Speisealgen sind in den Blickpunkt westlicher pharmazeutischer und medizinischer Forschung gerückt. In der traditionellen chinesischen Medizin werden Speisealgen schon seit 5000 Jahren verwendet. Man kann blutdrucksenkende, blutreinigende, magen- und darmschützende, antivirale, antibakterielle und antikanzerogene Wirkungen nachweisen. Bemerkenswert ist die sehr niedrige Brustkrebsrate bei Frauen aus Japan, dem Land mit dem höchsten Algenkonsum.

Algèrienne, à la Algerische Art [*Speisegarnitur*] **A Speisegarnitur** für **große Braten** und **Geflügel:** ↑**Kartoffelkroketten** (orig. panierte ↑**Süßkartoffeln**), in ↑**Öl** gedünstete, knoblauchgewürzte ↑**Kirschtomaten** oder Tomatenstücke und ↑**Auberginen; Sauce:** ↑**Bratenfond** tomatisieren, evtl. mit ↑Kalbs**fond** vollenden

Alginat [*Fachkunde*] Verdickungsmittel in verschiedenen Formen (↑**E 400**–↑**E 405**) und mit vielfältigen Einsatzmöglichkeiten. **Vorkommen:** In den Zellwänden aller Braunalgen. Gewonnen wird Alginat, indem es mit Hilfe von Alkali aus den Braunalgen extrahiert wird. Aus dem erhaltenen Extrakt wird Calciumsalz ↑**E 404** oder Alginsäure ↑**E 400** ausgefällt. Alginate sind sehr wirksame ↑**Verdickungsmittel** und ↑**Stabilisatoren.** In Konzentrationen von 0,25–0,5 % verbessern sie die Stabilität von Füllungen für Backwaren und stabilisieren Salatsaucen, Schokoladenmilch und ↑**Speiseeis.** Bei Letzterem wird während der Lagerung zudem die Bildung großer Eiskristalle vermieden. Alginate dienen auch zur Herstellung von verschiedenen Gelees (Kaltpudding, Geleefrüchte, Dessertgelee) sowie zur Stabilisierung von Fruchtsäften und von Bierschaum.

Alginsäure [*Fachkunde*] ↑**E 400**

Alho [*Span. Speisekarte*] ↑**Knoblauch**

Aliatico [*Weinkunde*] ↑**Aleatico**

Alicante [*Weinkunde*] (Rotweinrebe) Ergibt einen kräftigen, alkoholreichen Rotwein mittlerer Qualität und Lagerfähigkeit, der in Nordafrika, Nord- und Südamerika, Spanien und Frankreich angebaut wird.

Alicante Bouchet [*Weinkunde*] Rebsorte für Rotweine aus dem französischen Coteaux-Varois

Alice [*Ital. Speisekarte*] ↑**Sardelle**

Alicot [*Franz. Speisekarte*] **A** Rustikales ↑**Ragout** aus ↑**Geflügelklein,** meist von ↑**Truthahn** oder ↑**Gans,** mit ↑**Knoblauch,** ↑**Karotten** und ↑**Kartoffeln**

Aligot [*Franz. Speisekarte*] **A** **1.** Kartoffelauflauf aus zerstampften ↑**Kartoffeln** und (Cantal-) ↑**Käse** mit ↑**Knoblauch; 2.** auch süß (ohne Knoblauch) mit flambiertem ↑**Rum**

Aligoté [*Weinkunde*] Zweite, weniger hochwertige Weißweinrebe im Burgund, muss immer jung getrunken werden. Weitere Anbaugebiete in Russland, wo es die zweithäufigst angebaute weiße Rebsorte ist und wegen ihrer hohen Säure zur Schaumweinherstellung verwendet wird, sowie Bulgarien. Aligoté, mit schwarzem Johannisbeerlikör gemischt, ergibt das Getränk Kir.

Aliment [*Franz. Fachwort*] Nahrungsmittel

Alkaloide [*Gesundheit*] Gruppe von Substanzen, die in Pflanzen vorkommen. Zu den Alkaloiden zählen z. B. ↑**Coffein,** Chinin, Codein, Cocain, Heroin, Nicotin und Morphin. Einige werden als Heilmittel eingesetzt, die aber bei Überdosierung giftig (toxisch) sein können. **Andere wirken euphorisierend und auf Gehirnregionen dämpfend, bei ihnen besteht starke Suchtgefahr.**

Alkohol [*Gesundheit*] Alkohol ist im allgemeinen Sprachgebrauch die übliche Bezeichnung für eine chemische Verbindung in Getränken, wie ↑**Wein,** ↑**Bier** und ↑**Spirituosen,** die für den berauschenden Effekt (und die Kopfschmerzen nach übermäßigem Genuss) sowie die Konservierung des Getränks sorgt. Der vom Menschen konsumierte Alkohol ist der Äthylalkohol (Ethanol), er entsteht durch die alkoholische ↑**Gärung** von zucker- und stärkereichem ↑**Getreide,** ↑**Weintrauben,** ↑**Obst** oder auch ↑**Kartoffeln** u. Ä. (mit altem eingeweichten Brot geht es auch), wobei bestimmte ↑**Hefepilze** helfen. Jahrtausendelang waren alkoholische Getränke das tägliche Hauptgetränk des Menschen. Sie dienten als Durstlöscher (auch für Kinder) und wegen ihres hohen Kaloriengehalts oft auch als Nahrungsmittel. Ihre Bedeutung als wichtigste Flüssigkeitsquelle für den Menschen erklärt sich auch durch eine Umwelt, in der die Menschen nur schwer Zugang zu sauberem Trinkwasser hatten. Aus dieser Schlüsselrolle für die Ernährung der Menschen sind alkoholische Getränke erst spät durch ↑**Kakao,** ↑**Kaffee,** ↑**Tee** und dann auch durch Säfte sowie die Aufbereitung von Trinkwasser verdrängt worden. In der Natur kommt es auch ohne Zutun des Menschen zum Vergären von zucker- und stärkehaltigen Früchten und Samen. Das erledigen Hefepilze, die es überall in der Luft gibt. Das erklärt die Tatsache, dass seit Menschengedenken Wein oder Bier hergestellt werden konnten. Der enzymatische Abbau von ↑**Zucker** und ↑**Stärke** produziert als Nebenprodukt (CO_2) ↑**Kohlensäure** und (Ethanol) Alkohol. Letzterer wird rasch über die Verdauungsorgane (Magen-Darm-Trakt) aufgenommen. Der Stoffwechsel findet in der Leber statt. 1 g Alkohol enthält 7,1 kcal/30 kJ. In größeren Mengen trägt Alkohol zur Entstehung von Fettsucht (↑**Adipositas**), erhöhten Blutfettwerten (↑**Cholesterin**), ↑**Gicht,** ↑**Zuckerkrankheit** (Diabetes mellitus) und Organschäden (z. B. ↑**Leberzirrhose**) bei. **Bei Alkohol besteht Suchtgefahr.** Weiterhin steigert Alkohol den Blutdruck und erhöht den Bedarf an zahlreichen lebensnotwendigen ↑**Nährstoffen. Von regelmäßigem und hohem Alkoholkonsum ist dringend abzuraten.** Aus medizinischer Sicht sind jedoch etwa 20 g Alkohol für Männer und 10 g Alkohol pro Tag für Frauen unbedenklich. Das entspricht einem Glas Bier (0,33 l = 13 g Alkohol) oder einem Glas Wein (0,1 l = 8,8 g Alkohol, 0,2 l = 17,6 g Alkohol). Viele Tiere und der Mensch verfügen über ein Enzym, das Alkohol abbaut. ↑**Weingeist**

Alkohol im Wein [*Weinkunde*] Bezeichnung für eine chemische Verbindung im Wein, die für den berauschenden Effekt (und die Kopfschmerzen nach übermäßigem Genuss) sowie die Konservierung des Getränks sorgt. Es gibt viele unterschiedliche Gruppen von Alkoholen, wobei der Alkohol im ↑**Wein** das Ergebnis eines biochemischen Prozesses, der ↑**Gärung,** ist. Dabei setzt die ↑**Hefe,** ein Mikroorganismus, den ↑**Zucker** des Beerensaftes in Alkohol und ↑**Kohlensäure** um. Die Gärung ist eigentlich eine Folge des Stoffwechselprozesses der Hefe: um überleben und sich fortpflanzen zu können, braucht die Hefe Nahrung. Diese Nahrung (↑**Vitamine,** ↑**Mineralien,** Stickstoff und Zucker) befindet sich im Rebsaft. Den Zucker benutzt die Hefe als Energiequelle für ihr

Wachstum. Dabei wird der Zucker in einer komplexen Reihe von chemischen Reaktionen in Alkohol und Kohlensäure umgewandelt. Alkohol ist geruchs- und geschmacksneutral. Ein Übermaß an Alkohol in einem Wein verursacht ein brennendes Gefühl im Hals, was mit dem Fachbegriff „alkoholisch" angedeutet wird. Dabei spielt der tatsächliche Alkoholgehalt keine Rolle, vielmehr hat es mit dem Gleichgewicht des Weines, bestehend aus Frucht, ↑**Säure**, ↑**Tannin** (überwiegend bei Rotweinen), Extrakt und Alkohol, zu tun. Alkohol kann auf der Zunge den Eindruck von Fülle, auch Körper genannt, mitbestimmen. Zugleich ist er ein althergebrachtes Konservierungsmittel, das dem Wein eine nahezu unbeschränkte Haltbarkeit gibt. Die Mehrzahl aller auf der Welt produzierten Weine sind allerdings für sofortigen Genuss vorgesehen. Eine längere Flaschenlagerung ergibt dabei keine geschmackliche oder aromatische Entfaltung, ganz im Gegenteil: Der Wein verliert dabei meistens nur an Frucht. Jedoch ist die Auffassung weit verbreitet, dass reife, gealterte Weine gegenüber jungen zu bevorzugen sind.

Alkohol in der Küche [*Unsere Küche*] **T** Von großer geschmacklicher Bedeutung: Viele ↑**Soßen** ↑**Dressings**, ↑**Desserts** und Gebäcke bekommen erst durch Zusatz von passenden aromatischen Spirituosen den entscheidenden Geschmack. **Würzbeispiele:** ↑**Rum** – verfeinert das Aroma und steigert den Eigengeschmack von Kuchenteigen; ↑**Cognac** – unterstreicht Schokoladengeschmack und setzt (abflambiert) gewissen Soßen die Krone auf. Das Gleiche gilt auch für ↑**Whiskys**, ↑**Anis**- und ↑**Vermouth**-Erzeugnisse; ↑**Liköre** und ↑**Edelbrände** zum Tränken von ↑**Biskuits**, Verfeinern und Parfümieren von Obstsalaten. Weißweine, ↑**Rotweine**, ↑**Sherry** und ↑**Madeira** sind aus der Küche gar nicht mehr wegzudenken, genau wie kräftiges (dunkles) ↑**Bier** zur Verfeinerung von Suppen und Soßen.

Alkoholfreier Wein [*Weinkunde*] Als alkoholfrei gelten Weine, denen der Alkohol durch Extraktion entzogen wurde. Nur dieses Produkt darf laut Weingesetz als „Alkoholfreier Wein" bezeichnet werden. Auf dem Etikett gibt es laut Weinverordnung keine Angaben zu Herkunft, Rebsorten und Jahrgang.

Alkoholfreies Bier [*Bier*] Alkoholfreies Bier ist nicht frei von Alkohol, es darf einen Alkoholgehalt von maximal 0,5 % aufweisen. Bei der alkoholischen Gärung kommen nicht vergärungsfähige Zuckerstoffe (Oligosaccharide und Dextrine) zum Einsatz. Zudem wird die Gärung durch Pasteurisation unterbrochen. Resultat ist der niedrige Alkoholgehalt. Eine Flasche alkoholfreies Bier (0,33 l) liefert etwa 85 kcal/355 kJ. Diabetiker sollten beim Genuss von alkoholfreiem Bier den Gehalt an Kohlenhydraten beachten, der in einer Flasche 18 g (1,5 BE) beträgt.

Alkoholfreies Getränk [*Übersetzer*] **Englisch:** soft drink; **Französisch:** boisson sans alcool; **Italienisch:** bevanda analcolica; **Spanisch:** bebidas sin alcohol

Alkoholgehalt [*Weinkunde*] Ausdruck der Traubenreife. Um dem Verbraucher eine Gütegarantie zu geben, wurde ein Mindest-Alkoholgehalt festgesetzt. Wenn der Wein einen zu geringen Alkoholgehalt aufweist, kann dieser angereichert werden. **Durch die Anreicherung wird der spätere Alkoholgehalt erhöht, wenn der Most nicht selbst ausreichend Zucker enthält. In Deutschland ist diese Anreicherung nur bei Tafelweinen und Qualitätsweinen zulässig. Kabinett, Spätlese, Auslese, Beerenauslese, Trockenbeerenauslese und Eiswein dürfen niemals angereichert werden.** Es ist eine Obergrenze für den Gesamtalkohol festgelegt, die auch den Zusatz von Zucker beinhaltet. Um diese weingesetzlichen Grenzwerte nicht zu überschreiten, muss man erst das Produkt sorgfältig überprüfen. Der tatsächlich vorhandene Alkoholgehalt muss in Volumenprozenten (Vol. %) auf dem Etikett der Weinflasche angegeben werden.

Alkoholgehalt beim Bier [*Bier*] Wird von der Konzentration der in der Sudpfanne entstandenen Würze bestimmt. Etwa ein Drittel der ↑**Stammwürze** wird bei der Gärung in Alkohol umgewandelt.

Alkoholisch [*Weinkunde*] Bezeichnet das Gefühl, dass der Wein überproportional viel ↑**Alkohol** enthält.

Alkopop [*Hausbar*] Alkopops (engl. umgangssprachlich pop, „Brause") sind Mischgetränke diverser Hersteller aus ↑**Likör** bzw. ↑**Schnaps** und ↑**Limonade**, manchmal in Anlehnung an bekannte Longdrinks wie ↑**Wodka-Lemon**, aber wesentlich süßer als diese. Alkopops sind ein beliebtes Rauschmittel für Jugendliche, da man den ↑**Alkohol** durch den süßen Zusatz von Limonade kaum schmeckt. Der Alkoholgehalt liegt mit ∅ 5,5 % über dem der meisten Bier-Sorten. In einem Alkopop stecken zwei Schnäpse oder etwa 12 g reiner Alkohol. **Diese Mischgetränke lassen sich hauptsächlich in folgende Gruppen einteilen: 1.** Mischgetränke aus destilliertem bzw. hochprozentigem Alkohol und Limonade; **2.** Mischgetränke aus Alkohol, so genannte ↑**Energy Drinks,** mit Aufputschmitteln, wie z. B. ↑**Koffein**, ↑**Taurin**; **3.** ↑**Bier**-↑**Spirituosen**-Limonade-Mischgetränke

All'amatriciana [*Ital. Speisekarte*] Gericht mit würzigem ↑**Ragout**

All'arrabbiata [*Ital. Speisekarte*] Gericht (meist Pasta) mit scharfer Sauce

Alla [*Ital. Speisekarte*] Bedeutung wie „à la"

Alla calabrese [*Ital. Speisekarte*] **R** ↑**Makkaroni**, vermischt mit gewürfelten, in ↑**Olivenöl** gedünsteten ↑**Artischockenböden** und ↑**Pecorino**

Alla carbonara [*Ital. Speisekarte*] **R** ↑**Makkaroni** mit ↑**Butter**, geriebenem ↑**Parmesan** und geschlagenen ↑**Eiern** gebunden, mit ↑**Schinken**würfeln und gehackten ↑**Sardellen**filets vermischt

Alla gricia [*Ital. Speisekarte*] Gericht mit Schweinebacke

Alla griglia [*Ital. Speisekarte*] Fleisch, Fisch, Gemüse gegrillt

Alla nicoreto [*Ital. Speisekarte*] **R** ↑**Makkaroni** in Stücke gebrochen, gekocht, abgetropft, mit ↑**Butter**, geriebenem ↑**Parmesan** und ↑**Madeirasauce**, vermischt mit ↑Rinder**haschee** gebunden

Alla pancetta [*Ital. Speisekarte*] Gericht mit ↑**Speck** zubereitet, z. B. ↑**Dicke Bohnen** mit gewürfeltem ↑**Speck** und ↑**Zwiebeln**

Alla sivigliana [*Ital. Speisekarte*] Gericht mit ↑**Gemüse**

Allemande [*Unsere Küche*] **A** Die Grundlage dieser weißen, mit ↑**Butter** und ↑**Mehl** gebundenen ↑**Grundsauce** ist der ↑**Kalbsfond**, der mit ↑**Röstgemüse** und ↑**Champignon**sud veredelt wird. Zum Schluss mit ↑**Eigelb** und ↑**Sahne** abziehen und mit ↑**Zitronensaft** abschmecken. Die Sauce Allemande gilt als kleine weiße Grundsauce in der internationalen Küche.

Allergen [*Gesundheit*] Ein Allergen ist ein Stoff, der in den Körper eingedrungen ist, vom menschlichen Organismus als körperfremd identifiziert oder erkannt wird und Allergien auslöst. Zu den Allergenen gehören z. B. Pollen, Federstaub, tierische Gifte (z. B. von Quallen, Wespen), Eiweiße in Nahrungsmitteln (z. B. ↑**Apfel**, ↑**Walnuss**) und Medikamente (z. B. Penicilline). ↑**Lebensmittelallergie**

Allergene [*Fachkunde*] ↑**Eiweiß**-Substanzen, die bei empfindlichen Personen eine ↑**Allergie** (Überreaktion des Körpers) mit Bildung von Abwehrstoffen bewirken können. Nahrungsmittel bzw. Nahrungsmittelbestandteile machen etwa 10 % aller Allergene aus.

Allergene Nahrungsmittel [*Gesundheit*] **T Haut, Atemwege und/oder Verdauungssystem können allergisch reagieren.** Viele Menschen reagieren allergisch auf bestimmte Lebensmittel. Allergene befinden sich sowohl in naturbelassenen Lebensmitteln, als auch in Zusätzen, die immer häufiger in Nahrungsmitteln enthalten sind. Manchmal tritt die Reaktion schon bei der Verarbeitung der Lebensmittel auf, wenn z. B. Augen beim Zwiebelschneiden tränen. Frische Gewürze werden über die Atemwege aufgenommen und können Nasenschleimhäute und Bronchien reizen. In den meisten Fällen aber kommt es erst zu einer allergischen Reaktion, wenn die Nahrung gegessen wird. Der gesamte Verdauungstrakt, vom Mund bis zum After, kann betroffen sein. Allergene können auch durch die Darmwand aufgenommen und über den Blutweg im Organismus verteilt werden. **Typische Reaktionen sind zu erwarten:** Typische Reaktionen bei Nahrungsmitteln sind neben den Schwellungen und Reizungen im Mund- und Rachenbereich asthmatische Beschwerden, Hautreaktionen wie Nesselsucht, Quincke-Ödem und Neurodermitis. Außerdem können bei Unverträglichkeiten gegen bestimmte Nahrungsmittel lebenslange Erkrankungen auftreten, z. B. die ↑**Zöliakie**, bei der der Stoff ↑**Gluten**, der in ↑**Getreide** zu finden ist, nicht vertragen wird. **Kinder sind besonders oft betroffen:** In den ersten Lebensjahren ist ihr Immunsystem noch nicht voll ausgebildet. Zwar verschwinden die Allergien häufig bis zum dritten Lebensjahr, sie können aber in späteren Jahren wieder auftreten. **Gentechnik kann Auswirkungen auf allergische Reaktionen haben.** Häufig sind heute schon gentechnisch veränderte Pflanzen, ↑**Bakterien**, Hefen und andere Mikroorganismen in Lebensmitteln enthalten. Inwieweit sie die allergischen Reaktionen auf Nahrungsmittel verändern, ist bisher noch weitestgehend unklar. Möglich ist sowohl eine Erweiterung der allergenen Reaktionen auf Nahrungsmittel, die vorher gut vertragen wurden, als auch eine Verbesserung der allergenen Reaktionen. **Die Deklaration der Inhalts- und Zusatzstoffe ist unklar und unvollständig:** Grundproblem im Bereich der Nahrungsmittel ist die Deklaration der Inhaltsstoffe. Was in Nahrungsmitteln an Inhaltsstoffen und Zusatzstoffen enthalten ist, wird nicht immer vollständig angegeben. Auch gentechnisch veränderte Bestandteile sind nicht überall aufgeführt. Das liegt daran, dass die gesetzlichen Vorschriften große Lücken aufweisen. Es müssen nicht alle Inhaltsstoffe aufgeführt werden. Das ist besonders bei Fertiggerichten problematisch. Oft findet man Hinweise wie „Gewürzmischung". Welche ↑**Gewürze** verwandt wurden, wird aber nicht einzeln aufgeführt. **Hier die Nahrungsmittel, die am häufigsten eine Allergie auslösen: 1. Gewürze und Kräuter** (↑**jeweils darunter**) – Anis, Basilikum, Beifuß, Chili, Dill, Fenchel, Kamille, Koriander, Knoblauch, Kümmel, Kurkuma, Liebstöckel, Lorbeer, Oregano, Pfeffer, Pfefferminze, Thymian, Salbei, Schnittlauch, Senf, Sojasauce, Zitronenmelisse, Zwiebel; **2. Gemüse** (↑**jeweils darunter**) – Fenchel, Hülsenfrüchte, Karotten, Paprika, Sellerie, Soja, Tomate; **3. Nüsse und Samen** (↑**jeweils darunter**) – Erdnüsse, Getreide, Haselnüsse, Mandeln, Mohn, Paranüsse, Sesam, Sonnenblumenkerne, Walnüsse; **4. Stein- und Kernobst** (↑**jeweils darunter**) – Äpfel, Kirschen, Kiwi, Mango, Melone, Nektarinen, Papaya, Pfirsiche; **5. Tierprodukte** (↑**jeweils darunter**) – **Fleisch:** häufig Rind, Schwein, Hammel, Wild, Geflügelfleisch, Gelatine (selten), Eier, Kuhmilch und Produkte daraus, Ziegenmilch, Schafsmilch; **Fisch:** Fisch, häufig Salzwasserfisch, Schalentiere; **Mikroorganismen:** ↑**Hefe**, ↑**Schimmelpilze. Lebensmittelzusatzstoffe und Aromen gibt es mittlerweile in unübersehbarer Zahl. Sie werden mit den so genannten E-Nummern abgekürzt, die sich in der Liste der Inhaltsstoffe auf vielen Produkten wiederfinden. In der nachfolgenden Liste werden die E-Nummern genannt, die für allergische Reaktionen bekannt sind.** Alle 327 Zusatzstoffe finden sich im Kapitel **E-Nummern**-↑**Tabelle**

Farbstoffe		
Name	E-Nummer	Verwendung
Kurkumin	E 100	Currybestandteil, Senf
Tartrazin	E 102	Spirituosen
Chinolingelb	E 104	Brausen, Pudding, Speiseeis, Arzneimittel
Gelborange	E 110	Lachsersatz, Süßwaren
Cochenille-Rot	E 120	Spirituosen
Azorubin	E 122	Puddingmischungen, Süßwaren
Amarath	E 123	Pudding, Likör
Cochenille-Rot A (Ponceau 4R)	E 124	Brause, Süßwaren, Fruchtgelee, Lachsersatz
Erythrosin	E 127	Eis, kandierte Kirschen, Konservenfrüchte
Patentblau V	E 131	Süßwaren, Getränke, Glasuren
Indigotin I	E 132	Süßwaren, Getränke, Glasuren
Brillantschwarz	E 151	Deutscher Kaviar, Süßwaren, Lakritze
Rubinpigment	E 180	Dessertspeisen, Süßwaren

Konservierungsstoffe		
Name	E-Nummer	Verwendung
Sorbinsäure	E 200	Fischerzeugnisse, Fruchtjogurt, Schnittbrot
Benzoesäure und Benzoate	E 210–E 213	Fischmarinaden, Kaviar, Garnelen, Mayonnaise, Halbfettmargarine, Süßwaren, Fruchtjogurt
Parahyrocibenzoesäure ethyl/-Ester (PHB-Ester)	E 214–E 219	Fischmarinaden, Kaviar, Garnelen, Mayonnaise, Salatsoßen, Süßwaren
Schwefeldioxid und Sulfite	E 220–E 227	Trockenfrüchte, glasierte, kandierte Früchte, Meerrettich, Kartoffelerzeugnisse, Wein, Bier (nicht nach deutschem Reinheitsgebot gebraut)
Biphenyl (Diphenyl) Orthophenylphenol und Natriumsalz	E 230–E 232	Zitrusfrüchte
Thiabendazol	E 233	Zitrusfrüchte, Bananen

Antioxidantien		
Name	E-Nummer	Verwendung
Gallate	E 310–E 312	Trockensuppen und -soßen, Instant-Kartoffelerzeugnisse, Knabbererzeugnisse auf Getreidebasis, Süßwaren
Butylhydrodyanisol (BHA)	E 320	Trockensuppen und -soßen, Instant-Kartoffelerzeugnisse, Knabbererzeugnisse auf Getreidebasis, Süßwaren, Walnusskerne
Butylhydroxytoluol	E 321	Kaugummi

Verdickungs- und Geliermittel		
Name	E-Nummer	Verwendung
Carrageen	E 407	Pudding, Eis, Milcherzeugnisse
Johannisbrotkernmehl	E 410	Fertiggerichte, Backwaren, Eis
Guarkernmehl	E 412	Fertiggerichte, Backwaren, Eis
Gummi arabicum	E 414	Konditoreierzeugnisse
Pektin	E 440a	Gelees, Milcherzeugnisse

Geschmacksverstärker		
Name	E-Nummer	Verwendung
Glutaminsäure und Glutamate	E 621	Fertigsuppen und -gerichte, Soßen aus Soja

Trenn- und Überzugsmittel, Mittel für Transportfähigkeit		
Name	**E-Nummer**	**Verwendung**
Bienenwachs	E 901	Glasiermittel für Kaffeebohnen
Schellack	E 904	Überzug für Zitrusfrüchte, Zuckerwaren, gefärbte Eier
Benzoeharz	E 906	Süßwaren
Kolophonester	E 915	Überzug für Zitrusfrüchte oder Käse

Aromastoffe		
Name	**E-Nummer**	**Verwendung**
Hydroxicitronellae		Künstliche Heiß- und Kaltgetränke, Brause und Brausepulver, Cremespeisen, Puddinge, Eis, Backwaren, Kaugummi
Chininsulfat, Chininhydrochlorid		Alkoholfreie Erfrischungsgetränke, z. B. Bitter Lemon, Trinkbranntwein

Allergie [*Fachkunde*] Überempfindlichkeit des körpereigenen Abwehrsystems nach vorausgegangener Sensibilisierung, die auf Antigen/Antikörper-Reaktion beruht

Allgäuer Bergkäse Geschützte Ursprungsbezeichnung [*Käse*] **Herkunft:** Deutschland; **Käsesorte:** ↑**Hartkäse** 48 % ↑**Fett i.Tr.**; **Milch:** rohe Kuhmilch; **Teig:** fest bis mittelfest, geschmeidig; **Geschmack:** je nach Alter pikant bis kräftig würzig, nusskernartig

Allgäuer Emmentaler Geschützte Ursprungsbezeichnung [*Käse*] **Herkunft:** Deutschland; **Käsesorte:** ↑**Hartkäse** 45 % ↑**Fett i.Tr.**; **Milch:** rohe Kuhmilch; **Teig:** geschmeidig und elastisch, schnittfest; **Geschmack:** mild-aromatisch, nusskernartig; je älter, desto kräftiger

Alliereiche [*Weinkunde*] Eiche, die wegen ihres Vanille-Geschmacks für den Fassbau verwendet wird. Hauptsächlich Barriquefässer (225 l)

Alligatorbirnen [*Obst*] ↑**Avocado**

Allonger [*Franz. Fachwort*] Verdünnen

Alloro [*Ital. Speisekarte*] ↑**Lorbeer**

All-purpose-flour [*U.S. Kitchen*] Normales Mehl. Zum Kuchenbacken wird oft auch self-rising flour (↑**Mehl** schon gemischt mit ↑**Backpulver**) benutzt.

Allspice [*U.S. Kitchen*] ↑**Piment**

All-you-can-eat [*U.S. Kitchen*] Wörtlich: Alles, was du essen kannst. Pauschalpreis, den viele Restaurants in den USA für ihre Salat- oder sonstigen Buffets anbieten. Man bezahlt nur einmal und füllt den Teller nach, so oft man will.

Allumette(s) [*Franz. Speisekarte*] **1.** Streichholz(hölzer); 2. Schnittform für ↑**Kartoffeln**, pommes-allumette; 3. ↑**Blätterteiggebäck** (Stange/Stäbchen)

Allura rot ac [*Fachkunde*] ↑**E 129**

Almejas [*Span. Speisekarte*] ↑**Venusmuscheln**

Almendra [*Span. Speisekarte*] ↑**Mandel**

Almkönig [*Käse*] **Herkunft:** Österreich; **Käsesorte:** ↑**Schnittkäse** 45 % ↑**Fett i.Tr.**; **Milch:** pasteurisierte Kuhmilch; **Teig:** halbfest, geschmeidig; **Geschmack:** angenehm mild, leicht süßlich

Almoco [*Span. Speisekarte*] Mittagessen

Almonds [*U.S. Kitchen*] ↑**Mandeln**

Aloe [*Gesundheit*] **T Lateinisch:** Aloe **arborescens** (Baum-Aloe), Liliengewächs. Nur diese Aloe ist als Heilpflanze zugelassen, andere Arten wie **Aloe vera nur zu kosmetischen Zwecken.** In ihrem Saft lagern mehr als 270 Wirkstoffe, z. B.: ↑**Vitamin A, $B_{1,2,6,12}$**, **E**, ↑**Biotin**, ↑**Folsäure**, Cholin, Inositol; ↑**Eisen**, ↑**Kalium**, ↑**Kalzium**, ↑**Magnesium**, ↑**Mangan**, ↑**Zink**; Acemannan, ↑**Ätherische Öle**, Aloiside, ↑**Aminosäuren**, ↑**Enzyme**, essenzielle ↑**Fettsäuren**, ↑**Flavonoide**, ↑**Gerbstoffe**, Polysaccharide, Saponine. Die Wirkungen sind entzündungshemmend, antioxidativ, entgiftend. Eine abführende Wirkung entsteht durch Wirkstoffe in der Schale. In den Pflanzensäften, die aus den Blattfilets gewonnen werden, sind diese Stoffe nicht zu finden.

Alose (vraie), grande –, finte, poisson de mai [*Franz. Speisekarte*] ↑**Alse**

Alouette sans tête [*Franz. Speisekarte*] ↑Fleisch**roulade**

Alox-Corton [*Weinkunde*] Bekannter Weinort der Côte de Beaune. Berühmtester Wein ist der Corton, gefolgt vom Corton-Charlemagne.

Aloyau [*Franz. Speisekarte*] Delikates Nierenstück (↑**Roastbeef**) des ↑**Rinds**, enthält das ↑**Filet** sowie das ↑**Rumpsteak**

Alpen Tilsiter Switzerland [*Käse*] **Herkunft:** Schweiz; **Käsesorte:** ↑**Schnittkäse** mind. 45 % ↑**Fett i.Tr.**; **Milch:** Rohmilch von Kühen, die ohne Silage gefüttert werden; **Teig:** elfenbeinfarbig bis hellgelb, kleine sparsame Rundlochung, weichschnittig; **Geschmack:** fein würzig-delikat; **Info:** Verwendung von Zusatzstoffen ist in der Käseherstellung verboten.

Alpenkübler [*Regionale Spezialität*] ↑**Rohwurst**erzeugnis

Alpha-Carotin [*Fachkunde*] ↑**E 160a**

Alpzirler [*Käse*] **Herkunft:** Österreich; **Käsesorte:** ↑**Schnittkäse** 50 % ↑**Fett i.Tr.**; **Milch:** pasteurisierte Kuhmilch; **Teig:** geschmeidig, hellgelb; **Geschmack:** kräftig würzig

Alsacienne, à l' choucroute garnie [*Speisegarnitur*] **A** Elsässer Art. Opulente Schlachtplatte mit gepökeltem ↑**Schweinefleisch**, ↑**Schinken**, geräuchertem ↑**Bauchspeck**, Würsten usw. auf mit ↑**Weißwein** abgeschmecktem ↑**Sauerkraut**

Alse [*Schweizer Küche*] Auch ↑**Maifisch**, gehört zur Familie der ↑**Heringe**

Altbier [*Bier*] Obergäriges Vollbier mit ∅4,8 % Alkohol. Hopfenbetont und von dunkler Bernsteinfarbe. Wird hauptsächlich in Düsseldorf und am Niederrhein getrunken, aber auch in andere Landesteile „exportiert". Der Name stammt von der alten obergärigen Brauart und bedeutet nicht, dass das Bier alt ist. Das Bier wird bei 15–20° C vergoren – einer Temperatur, die es möglich macht, dieses Bier bei höheren Außentemperaturen ohne Kühlung zu brauen. Zum Alt gehören die kurzen 0,2-l-Gläser. Trinktemperatur 8–10° C.

Alte Art [*Speisegarnitur*] **A Speisegarnitur** für **gekochten Fisch** bzw. **Geflügel:** Fertiges ↑**Fleisch** wird mit ↑**Champignons** und ↑**Perlzwiebeln** bedeckt, mit Weißweinsoße übergossen, mit ↑**Petersilie** garniert serviert.

Altenburger Ziegenkäse Geschützte Ursprungsbezeichnung [*Käse*] **Herkunft:** Deutschland; **Käsesorte:** ↑**Weichkäse** mind. 30 % ↑**Fett i.Tr.**; **Milch:** Kuhmilch und ↑**Ziegenmilch**; **Teig:** weich, cremiger, zarter Schmelz; **Geschmack:** Geschmack mild, dezent nach Ziege, mit Kümmel

Altenernährung [*Gesundheit*] Die Weltgesundheitsorganisation (WHO) teilt ältere und alte Menschen folgendermaßen ein: 51–60 Jahre = alternde Menschen, 61–75 Jahre = ältere Menschen, 76–90 Jahre = alte Menschen, 91–100 Jahre = sehr alte Menschen und über 100 Jahre = langlebige Menschen. Im Alter nimmt der Energieverbrauch des Körpers ab, aber der Bedarf an allen lebenswichtigen Nährstoffen bleibt unverändert oder ist sogar erhöht. Bestimmte Bedingungen, wie z. B. Verschleiß und Krankheiten, schränken die Bewegungsmöglichkeit ein bzw. reduzieren die Aktivität. Die Nahrung muss deshalb weniger Energie enthalten, aber mit genügend Nährstoffen versehen sein. Das bedeutet, dass bei einem geringeren Energiebedarf eiweißreiche, vitamin- und mineralstoffreiche Lebensmittel – also Lebensmittel mit einer höheren Nährstoffdichte – ausgewählt werden sollten. Außerdem sollten fettarme Lebensmittel und Gartechniken, die keinen oder nur einen geringen Fettzusatz benötigen, bevorzugt werden. **Im Alter ist der Flüssigkeitsbedarf nicht gesenkt. Jedoch lässt bei älteren Menschen oft das Durstgefühl nach, sodass auf eine ausreichende Trinkmenge geachtet werden sollte.**

Altern [*Weinkunde*] Alte Weine weisen oft sehr ausgeprägte Charakterzüge auf, sind sehr reif und gut ausgebaut. Jedoch eignen sich nicht alle Weine zum Lagern. Weine mit geringer ↑**Säure** und wenig ↑**Alkohol**, die im Geschmack durch Frische und Duft überzeugen, haben kaum Alterungspotenzial. Rieslingweine der Spitzenklasse sind auch gereift hervorragende Weine. Oft machen sie nach einigen Jahren Lager sogar noch mehr Freude.

Alternative Ernährungsformen [*Gesundheit*] Alternative Ernährungsformen basieren häufig auf religiös-ethischen Überlegungen. Sie verstehen sich als Teil einer Weltanschauung. Daneben spielen auch ökonomisch-ökologische Gründe eine bedeutende Rolle. **Zu den alternativen Ernährungsformen zählen:** ↑**Vegetarismus**, ↑**Vollwerternährung**, ↑**Trennkost** und ↑**Fasten.**

Alternative Lebensmittel [*Gesundheit*] Als alternative Lebensmittel werden diejenigen bezeichnet, die mittels kontrolliert-ökologischen bzw. kontrolliert-biologischen Methoden (alternativer Landbau) erzeugt werden. Bei Untersuchungen wurde festgestellt, dass Lebensmittel aus konventionellem Anbau gegenüber den alternativen Lebensmitteln kaum Unterschiede aufweisen. Verunreinigungen aus der Umwelt gelangen aus der Luft in den Boden, ins Wasser und so in jede Pflanze und jedes Tier. **Fazit:** Verunreinigungen sind somit in allen Lebensmitteln gleichermaßen enthalten. Allerdings ist der ↑**Nitrat**gehalt in alternativ erzeugten pflanzlichen Lebensmitteln in der Regel niedriger als in konventionell erzeugten. Grund hierfür ist die organische Düngung. Auch wurden zum Teil weniger Rückstände von Pflanzenschutzmitteln im kontrolliert-ökologischen Landbau festgestellt. Höchstmengenüberschreitungen sind jedoch auch bei konventionell erzeugten Lebensmitteln äußerst selten. Gravierende Unterschiede im Nährstoffgehalt bestehen nicht. Unterschiede sind weniger auf die Anbaumethode als auf die Sorte, den Standort, die Witterung und die Bodenbeschaffenheit zurückzuführen. Folglich sind Lebensmittel aus alternativem Anbau grundsätzlich weder schadstofffrei noch gesünder. Unbestritten ist jedoch der positive Einfluss kontrolliert-ökologischer Landbaumethoden auf die Umwelt, auf Boden und Gewässer sowie auf die Erhaltung kleinbäuerlicher Strukturen und Betriebswege.

Alterner [*Franz. Fachwort*] Abwechseln

Altesse [*Weinkunde*] Synonym für die weiße Rebsorte Roussette, die hauptsächlich in Savoyen (Ostfrankreich) angebaut wird. Ideal als Rebe für einen leichten, neutralen Sommersekt. Als Weißwein Alternative zum Sancerre.

Altöttinger Semmelspätzle [*Regionale Spezialität*] ↑**Semmelspätzle**

Altschneider [*Fachkunde*] Männliches Schwein (Eber), das nach Ausscheiden aus der Zucht kastriert wurde

Altweiberschmecken [*Gewürze & Kräuter*] ↑**Salbei**

Alufolie [*Fachkunde*] **T** Glänzende Seite nach außen, schirmt die Hitze ab. Matte Seite nach außen, lässt die Hitze durch. **Tipps: 1.** Wird Gebratenes an der Unterseite zu braun, ist aber noch nicht durch, legt man Alufolie unter das Bratgut (zwischen ↑**Fleisch** und Grill). Die Folie hält nun die untere oder seitliche Hitzeeinwirkung in Grenzen. Die silberglänzende Seite zur Glut drehen, denn sie hemmt die Wärmezufuhr. **2.** Alufolien auf den Grillrost legen, wenn über Holzkohle offen gegrillt wird, damit das ↑**Fett** vom Grillgut nicht in die heiße Glut tropft. Dies verhindert Alufolie, deren matte Seite zur Glut ausgerichtet ist. **3.** Braten in Alufolie: ein sehr schonender Garungsvorgang, bei dem das Fleisch nicht bräunt. Ideal-Gartemperatur beträgt 160–180° C. Auch hier die matte Seite zur Hitzequelle ausrichten. **4.** Servierplatten aus Metall (Silber, Messing usw.) sollten auf keinen Fall mit Alufolie abgedeckt werden (um die Speise frisch zu halten). Hierbei entstehen chemische Verbindungen, die den Speisen darauf einen metallischen Geschmack geben. Hier sind Frischhaltefolien angesagt.

Aluminium (Abk. Al) [*Fachkunde*] Chemisches Element; silberweißes, dehnbares Metall aus der Gruppe der Erdmetalle, wichtigstes Leichtmetall. Reinstes metallisches Aluminium ist mit einer dichten, harten, durchsichtigen und fest haftenden, wasserunlöslichen Oxidschicht überzogen, wodurch es sehr korrosionsbeständig gegen viele Stoffe, z. B. ↑**Alkohol**, ↑**Essigsäure**, ↑**Glycerin**, ↑**Fette**, unverdünnte Säuren, angegriffen (z. T. sehr langsam) von ↑**Chlor**, Alkalien, konzentrierten Säuren u. a. wird; daher bestens geeignet für Arbeitstische in Fachbetrieben ↑**E 173**

Aluminiumfolie [*Fachkunde*] Verpackungsmaterial aus dünn ausgewalztem Aluminium, ca. 0,007 mm stark

Aluminiumlack [*Fachkunde*] ↑**E 180**

Alvarinho [*Weinkunde*] Portugiesische Bezeichnung für die ebenfalls in Spanien angebaute weiße Rebsorte ↑**Albariño (bei Vinho Verde).** Die Alvarinho-Rebe wird als Grundlage für schwere Weißweine in Galicien angebaut.

Amabile [*Weinkunde*] Italienisch: lieblich

Amadeus [*Käse*] **Herkunft:** Österreich; **Käsesorte:** ↑**Schnittkäse** 50 % ↑**Fett i. Tr.**; **Milch:** pasteurisierte Kuhmilch; **Teig:** geschmeidig, rahmig-vollmundig; **Geschmack:** mild.

Amador, Juan [*Berühmte Köche*] **Juan Amador** – * 1968 in Waiblingen, D – Ausgezeichnet als bester Spanier in Deutschland. Er ist praktizierender Verfechter der so genannten „↑**Molekulargastronomie**", sein Motto: „Moderne spanische Küche mit ihren neuen Techniken auf Basis der Tradition". Bekannt wurde Amador durch seine Mitwirkung am 1. Kochbuch der jungen Wilden, seine Sterne und die Publikation „Tapas", die Perfektionierung der spanischen Kulthäppchen.

Amande [*Franz. Speisekarte*] ↑**Mandel**

Amande de mer [*Franz. Speisekarte*] **T** Samtmuschel mit recht zähem Fleisch. ↑**Muscheln.** Lässt sich roh mit ↑**Zitrone**, besser aber gefüllt und überbacken essen.

Amandine [*Franz. Speisekarte*] Weiches Mandelgebäck, oft mit ↑**Aprikosenguss**

Amaranth [*Exotische Früchte*] ↑**Blattgemüse**, das in Südamerika, Afrika und Asien (z. B. Indien, Taiwan, China) kultiviert wird. Die Pflanze wird bis zu 1 Meter hoch und hat meist gefurchte Stängel mit fleischigen grünen, manchmal auch roten Blättern. Die Blätter der Amaranthpflanze können wie ↑**Spinat** als Gemüse zubereitet werden. Der Geschmack ist markig und kräftig. Die Samenkörnchen von Amaranth werden wie ↑**Getreide** zu Brot- und Backwaren verarbeitet, gepoppt oder geröstet. Es gibt sie hierzulande als ganze Körner oder in Flockenform. ↑**E 123**

Amarellen [*Schweizer Küche*] Sauerkirschart

Amarena [*Ital. Speisekarte*] ↑Sauer**kirsche**

Amaretti [*Ital. Speisekarte*] Kleine ↑Mandel**makronen**

Amaretto [*Hausbar*] **T** Ein in Italien (Saronno/Lombardei) hergestellter, fruchtig-süßer ↑**Likör** aus ↑**Bittermandeln**, ↑**Kräuter**, ↑**Vanille** und ↑**Gewürze** mit 20–28 % Vol. Den wohl bekanntesten Likör Italiens gibt es in unterschiedlichen Marken, die bekannteste ist „Amaretto di Saronno", er wird pur oder ↑**On the rocks** getrunken und ist als Zutat in ↑**Cocktails** sehr beliebt. Wegen seines kräftigen Mandelaromas mit feinem Vanillegeschmack eignet er sich ausgezeichnet in oder zu Desserts, ↑**Kaffee** oder ↑**Espresso.**

Amaro [*Hausbar*] **T** Erfunden wurde dieser dunkelbraune Bitterlikör 1815 aus 33 verschiedenen Kräutern. Unverdünnt gehört er mit seinen 32 % Vol. wohl eher – zur besseren Verdauung – an den Schluss eines Menüs. Als klassischer ↑**Aperitif** wirkt er, mit Wasser oder Eis serviert, sehr appetitanregend.

Amarone [*Weinkunde*] Bezeichnung für die aus teilgetrockneten oder rosinierten Beeren hergestellten Weine aus dem Nordwesten Italiens, dem Veneto. Die Weine werden auf die gleiche Weise wie die Recioto-Weine produziert, sind jedoch völlig trocken, da während der Gärung der gesamte ↑**Zucker** in ↑**Alkohol** umgesetzt wird und der spätere Wein keine Restsüße aufweist, ein Grund, warum diese Weine früher als „misslungene" Reciotoweine gering geschätzt wurden. Die Amaroneweine weisen immer einen relativ hohen Alkoholgehalt auf (mehr als 15 % sind keine Ausnahmen) und werden selten früher als fünf Jahre nach der Ernte auf den Markt gebracht.

Ambarella [*Exotische Früchte*] **Englisch:** ambarella, golden apple; **Französisch:** prune de cythère, pomme de cythère. Die in Büscheln wachsenden Ambarellas gehören zur botanischen Familie der Anacardiaceae (wie Mangos, ↑**Cashews** u. a.). Die 10–25 m hohen Bäume sind auf Polynesien beheimatet und werden heute vor allem in Südostasien, in der Karibik und in Florida angebaut. Die gelbe bis orangefarbene Schale ähnelt in Konsistenz und Form der ↑**Mango.** Ambarellas sind bis zu 10 cm im Durchmesser groß, rundlich und enthalten blassgelbes, faseriges, saftiges Fruchtfleisch, das bei Reife intensiv nach süßer ↑**Ananas** riecht und schmeckt. Eine Rolle spielt die Frucht meist nur auf den lokalen Märkten ab Spätsommer für einige Monate. Ambarellas unterscheiden sich stark von Baum zu Baum und haben nicht immer dieselbe Qualität. **Inhaltstoffe:** 100 g Ambarella enthält ∅ 157 kcal/658 kJ – und ist mit 40 mg reich an ↑**Vitamin C.**

Ambassadeur [*Speisegarnitur*] **A** Mit reicher Garnitur: aus ↑**Geflügel-**, ↑**Gänseleber**mousse, mit Champignonpüree (↑**Duxelles**) in ↑**Artischockenböden**, ↑**Herzoginkartoffeln**, geriebenem ↑**Meerrettich**

Ambo [*Kartoffelsorte*] **Kochtyp:** ↑**Vorwiegend festkochende Kartoffeln. Herkunft:** Irland; **Jahr der Zulassung:** 1993; **Schale:** weiß; **Fleisch:** gelb; **Knolle:** rundoval; **Reifezeit:** mittelfrüh. **Anmerkungen:** Mehrzwecksorte mit auffälligen, teilweise roten, großen Knollen

Amchoor [*Asiatische Küche*] (Auch Amchur) Getrocknete, gemahlene ↑**Mango**, Mangopulver

Ameijoas ao natural [*Span. Speisekarte*] ↑**Herzmuscheln** natur

Ameijoas com limao [*Span. Speisekarte*] Herzmuscheln mit Zitrone

Ameisensäure [*Fachkunde*] ↑**E 236**

Amellonades [*Franz. Speisekarte*] ↑**Brioche** mit Mandeln

Amer [*Franz. Fachwort*] Bitter herb; (Magen-)Bitter; Wein: zuviel ↑**Gerbsäure**, unangenehmer Nachgeschmack

Amer Picon [*Hausbar*] **T** Erfrischender französischer, bittersüßer ↑**Aperitif** (30 % Vol.) mit starkem Orangengeschmack. Wird auf der Basis von ↑**Wein**, Weindestillat, ↑**Chinarinde**, Orangenschalen und ↑**Kräutern** (vorw. Enzian) hergestellt. Er dient als Grundlage zahlreicher ↑**Pre-Dinner-Cocktails** (z. B. Picon Orange, Picon Bière oder Picon ↑**Soda**) und lässt sich auf Eis oder zusammen mit etwas Fruchtsirup servieren. Amer Picon wird auch in den Farben Rot und Gelb angeboten.

Americaine [*Speisegarnitur*] **A 1.** Diese zum einen aus gebratenen Speckscheiben und Grilltomaten zubereitete Beilagengarnitur reicht man zu ↑**Geflügel** und ↑**Fleisch. 2. „A l'Américaine“** kann auch eine ↑**Sauce** aus ↑**Mayonnaise** und ↑**Chilisauce** heißen, die zu ↑**Hummer**schwänzen und ↑**Fisch** gereicht wird.

American viticultural area, USA (AVA) [*Weinkunde*] Bezeichnung für amerikanisches Weinbaugebiet, Amerikas Antwort auf das französische System der garantierten Herkunftsbezeichnung Appellation d'Origine Contrôllée. Die AVAs sind Weinbaugebiete, deren Grenzen geografisch und klimatologisch festgelegt sind. Die Anforderungen an Weine, die aus einem AVA stammen, sind jedoch erstaunlich lasch. Die Bezeichnung garantiert letztlich, dass 85 % der Reben, die für die Weinproduktion verwendet wurden, auch tatsächlich aus dem AVA-Gebiet stammen. Betrifft es einen Wein, der aus einer einzigen Rebsorte (z. B. Cabernet Sauvignon) gekeltert wurde, so müssen nur noch 75 % der Reben aus dem AVA stammen. Auch bei der Rebsortenwahl gibt es keinerlei gesetzliche Einschränkungen. Die Bezeichnung ist deswegen nicht als Qualitätsgarantie aufzufassen. Die amerikanische Weinbaugeschichte ist jedoch im Vergleich zur europäischen relativ jung, weshalb eine Experimentierphase notwendig ist, in der man festzustellen versucht, welche Rebsorten in welchen Gebieten am besten gedeihen. Beschränkungen würden diesen Prozess möglicherweise hemmen und das Potenzial bestimmter Anbaugebiete nicht ans Licht bringen.

Americano [*Hausbar*] **R** Before Dinner Cocktail: 3 cl ↑**Campari**, 3 cl roter ↑**Vermouth**, mit ↑**Soda** aufgefüllt und mit Eiswürfeln in einem mittleren ↑**Tumbler** serviert

Amerikaner [*Backstube*] **R** Ein **Amerikaner** ist ein handtellergroßes, stumpf-kegelförmiges Backwerk mit Zitronenzuckerguss/Glasur auf einer Seite und hellem, süßem Teig. Häufig ist das Gebäck auch mit bunten Schokoladentalern oder ↑**Schokolade** verziert. **Grundrezept:** 125 g ↑**Butter**; 160 g ↑**Zucker**; Prise ↑**Salz**; 3 ↑**Eier**; 1 unbehandelte ↑**Zitrone**; 500 g ↑**Mehl**; 1 Pk. ↑**Backpulver**; 1/4 l ↑**Milch**; **Zuckerguss:** 250 g ↑**Puderzucker**; 1 EL. ↑**Zitronensaft**; 3 EL. Wasser; **Zubereitung:** Butter, Zucker und Salz schaumig rühren. Eier und abgeriebene Zitronenschale nacheinander zugeben. Mehl mit Backpulver mischen, wechselweise mit Milch unterrühren. Der Teig soll nicht zu fest sein. – Auf ein gefettetes Blech mit einem EL Teighäufchen geben. Abwarten, bis sie sich gesetzt haben, dann 20 Min. bei 200° C goldbraun backen. „Amerikaner“ vom Blech lösen, die glatte Unterseite mit heißem Zuckerguss oder warmer Schokolade bestreichen.

Amerikanerreben [*Weinkunde*] Alle Reben amerikanischen Ursprungs bzw. Kreuzung. In Europa dienen diese widerstandsfähigen Reben der Veredelung, um z. B. dem Reblausbefall vorzubeugen.

Amerikanische Küche [*U.S. Kitchen*] Die Küchentraditionen der amerikanischen Kontinente unterscheiden sich regional sehr stark. Allen gemeinsam ist, dass hier traditionelle Elemente der europäischen Küchentraditionen, die Regional- und Länderküchen der Einwanderer mit amerikanischen Nahrungsmitteln und den Zubereitungsarten der indigenen Völkern vermischt wurden, sodass eine Vielzahl neuer Geschmacksvarianten entstand. Folgend die grobe Gliederung der amerikanischen Küchentraditionen: ↑**US-amerikanische Küche;** ↑**Cajun-Food;** ↑**Soul-Food;** ↑**Südstaatenküche;** ↑**Tex-Mex-Küche;** ↑**Mexikanische Küche – Karibische Küche** (↑**Kreolische Küche**); ↑**Südamerikanische Küche;** ↑**Brasilianische Küche;** ↑**Argentinische Küche**

Amidiertes Pektin [*Fachkunde*] ↑**E 440b**

Amidon [*Franz. Fachwort*] ↑**Stärke**

Amine, biogene [*Fachkunde*] **T Amine sind stickstoffhaltige Ab- und Umbauprodukte von Aminosäuren** (↑**Eiweiß**). Biogene Amine können in vielen Lebensmitteln aus den dort vorkommenden Substanzen gebildet werden. **In größeren Mengen aufgenommen, können biogene Amine schwere Vergiftungen auslösen.** Sie führen zu einem erhöhten Blutdruck und damit zu gesundheitlichen Beeinträchtigungen. Amine sind eine Vorstufe zur Bildung von ↑**Nitrosaminen**. Einige biogene Amine wie z. B. ↑**Serotonin**, Tyamin oder ↑**Histamin** sind an der Auslösung von **Migräne** beteiligt. Reich an biogenen Aminen sind besonders ↑**Südfrüchte**, ↑**Tomaten**, ↑**Walnüsse**, ↑**Himbeeren**, ↑**Pflaumen**, ↑**Spinat** und vor allem mikrobiell erzeugte Produkte wie ↑**Käse** oder **Sauerkraut**. In erhöhter Form sind sie vor allem in verdorbenem ↑**Fleisch** oder ↑**Fisch** vorhanden.

Aminosäuren [*Gesundheit*] Aminosäuren sind die Bausteine der ↑**Eiweiße**. Sie werden in essenzielle (lebensnotwendige) und nichtessenzielle Aminosäuren eingeteilt. Die essenziellen Aminosäuren kann der Mensch selbst nicht bilden, sie müssen daher mit der Nahrung zugeführt werden. Benötigte, nichtessenzielle Aminosäuren produziert der Körper. Durch das Überangebot an Lebensmitteln in Europa ist ein Mangel an Aminosäuren nicht zu befürchten. Das ↑**Milcheiweiß** liefert einen entscheidenden Beitrag an lebenswichtigen Aminosäuren für die menschliche Ernährung. Im ↑**Käse** kommen mehr als 10 verschiedene Aminosäuren vor.

Amiral, à l' [*Speisegarnitur*] **A Speisegarnitur** für **Fisch** und **Krustentiere**: mit geb. ↑**Austern**, ↑**Miesmuscheln**, ↑**Champignon**- und ↑**Trüffel**scheiben an ↑**Nantuasauce**

Ammenstück [*Fleischprodukte*] Regionale Bezeichnung für den Schweinebauch

Ammerländer Schinken [*Regionale Spezialität*] **T** Europaweit Geschützte Herkunftsbezeichnung für haltbar gemachte Schweinskeulen aus dem Landkreis Ammerland in Niedersachsen, zwischen Weser und Ems. Nur hier geräucherter oder luftgetrockneter Schinken darf als solcher bezeichnet werden. Ammerländer Schinken werden zunächst trocken gepökelt und reifen etwa 12 Wochen. Nach weiteren zwei Wochen erfolgt die Räucherung. Die relativ hohe Luftfeuchtigkeit in der Räucherkammer bewahrt den Schinken während des Räuchervorgangs mit Buchenholz vor dem Austrocknen. Anschließend reift der Schinken nach, bis er sein sanftwürziges, fein-mildes Aroma entfaltet hat. Ammerländer Schinken wird auch in luftgetrockneter Form angeboten. Der Ammerländer Schinken ist im Vergleich zum Schwarzwälder deutlich milder geräuchert, mürber und saftiger. **Inhaltstoffe:** 100 g Ammerländer Schinken enthält ∅ 239 kcal/997 kJ, ca. 10 % Fett und 26 % Eiweiß.

Ammonium [*Fachkunde*] Ammoniumkarbonat; ↑**Hirschhornsalz**

Ammonium phosphatide [*Fachkunde*] ↑**E 442**

Ammonium-Alginat [*Fachkunde*] ↑**E 403**

Ammonium-Carbonat [*Fachkunde*] ↑**E 503**

Amontillado [*Hausbar*] Dunkle, bernsteinfarbene Sherryart mit 15,5–18 % Vol. und trockenem, nussigem Aroma

Amontillado [*Weinkunde*] Spanischer Begriff für einen der vier Sherrystile, neben Fino, Manzanilla und Oloroso. Diese Namen sind den Weinbergen in der Nähe der Städte Montilla und Moriles im südlichen Spanien entlehnt. Es handelt sich eigentlich um einen Fino, der durch Alkoholzugabe auf 16 % verstärkt wird. Diese Alkoholsteigerung tötet eine besondere Hefe, Flor genannt, die wie eine Decke auf dem Sherry im Fass liegt, den Wein bis zu diesem Moment vor Oxidation schützt und ihm einen bestimmten Geschmack verleiht. Ohne die schützende Wirkung der Flordecke tritt ein gewissses Maß an Oxidation auf, der Wein wird bernsteinfarbig und bekommt einen gehaltvolleren, fast nussigen Geschmack. Ursprünglich hat man Fino Sherry durch Aufspriten mit Sauerstoff in Berührung gebracht, um eine Alterung im Fass zu erreichen.

Amorini, amorossi [*Ital. Speisekarte*] **A** Gerillte, spiralig gedrehte Hohlnudeln (Korkenzieher) unterschiedlichen Durchmessers. Werden oft mit Käsesaucen (z. B. ↑**Gorgonzola**) und sahnigen Pilzsaucen zubereitet.

Amoroso [*Käse*] **Herkunft:** Deutschland/Bayern. Milder, weicher Blauschimmelkäse in Form eines halben Zylinders, erst 2001 von der Käserei Bergader in Waging am See auf den Markt gebracht. Milder Charakter durch die Zugabe von ↑**Jogurt**kulturen.

Amoroso [*Weinkunde*] Leichter Dessert-Sherry

Amorph [*Fachkunde*] Griechisch = ohne Gestalt: der Gegensatz von kristallin und im mikroskopischen Bereich die gestaltlose Anordnung der Moleküle. ↑**Zuckerwatte**

Amourettes [*Franz. Speisekarte*] ↑**Rückenmark** von ↑**Lamm**, ↑**Rind** oder (am feinsten) ↑**Kalb.** ↑**BSE**

Ampelographie [*Weinkunde*] Lehre von den Rebsorten

Amphitryon [*Franz. Fachwort*] Gastgeber

Amrein, Armin [*Berühmte Köche*] **Armin Amrein**, Küchendirektor im Restaurant „Le Club" vom Bürgenstock, dem schönsten Hoteldorf der Schweiz, 450 Meter über dem Vierwaldstätter See bei Luzern. Er gilt in der Schweiz wegen seiner Auszeichnungen als eine Art Küchenguru und ist bekannt wie ein Popstar. Armin Amrein war lange Jahre als TV-Koch für die Sendung „Coop Studio" tätig.

Amtliche Prüfnummer (AP-Nummer) [*Weinkunde*] Diese ist in Deutschland Pflicht für alle Qualitätsweine. Im Rahmen einer dreiteiligen Prüfung wird diese Nummer dem entsprechenden Wein zugeteilt. Ohne diese Amtliche Prüfnummer ist kein Verkauf zulässig. 1.Teil ist die Prüfung der Kellerbücher. Darin müssen Ernte und Weinbehandlung belegt werden. 2.Teil ist die Prüfung mittels einer Analyse. In einem anerkannten Labor wird der Wein untersucht und analytisch auf seine Qualität geprüft. 3.Teil ist die organoleptische Prüfung. Im Rahmen einer verdeckten Verkostung wird der Wein von einem speziell geschulten Testerkreis geprüft. Nur wenn alle drei Prüfungsteile erfolgreich bestanden werden, darf der Wein verkauft werden.

Amtliche Weinkontrolle [*Weinkunde*] Ein in Deutschland vorhandenes System der staatlichen Weinkontrolle. Bundesweit gibt es Weinkontrolleure, die für alle Weine in- und ausländischer Herkunft zuständig sind. Kontrolliert werden Winzer, aber auch Händler und Importeure.

Amuse-bouche [*Franz. Speisekarte*] Appetithäppchen

Amuse-gueules [*Unsere Küche*] **T** „Die kleinen Gaumenfreuden“: Diese „Gaumenkitzler“ sind eine Art Appetitanreger und werden in gehobeneren Lokalen als kostenlose Aufmerksamkeit des Hauses vorab serviert.

Amylasen [*Verdauung*] Gruppe von ↑**Enzymen**, die ↑**Stärke** und Glykogen (tierische Stärke) spalten. Bei der Spaltung entstehen ↑**Malzzucker** (Maltose) und ↑**Traubenzucker** (Glucose), die von Organismen unter anderem zur Energiegewinnung genutzt werden. Amylasen kommen z. B. in ↑**Malz**, Speichel und pflanzlichen Samen vor.

Amylopektin [*Fachkunde*] Bestandteil der ↑**Stärke**; wasserunlöslich, verkleistert mit heißem Wasser (↑**Amylose**)

Amylose [*Fachkunde*] Bestandteil der ↑**Stärke**; wasserlöslich, ohne zu verkleistern (↑**Amylopektin**)

Anabolika [*Gesundheit*] Unter Anabolika versteht man eine Gruppe natürlicher Sexualhormone (z. B. Östrogene) sowie deren künstlich hergestellte Verwandten, die vor allem den Muskelaufbau im Körper fördern. Sie werden auch missbräuchlich zum Muskelaufbau von Sportlern (Bodybuildern) verwendet („Doping“). Bei der Tiermast kann ein verbesserter Fleischansatz erzielt werden (bis zu 20 %). Jedoch ist der Einsatz von Anabolika in der Tiermast Deutschlands verboten. Trotz dieses Verbots wurden sie in der Kälbermast wiederholt illegal eingesetzt. In anderen Ländern sind sie teilweise zugelassen. In Deutschland dürfen sie nur in Ausnahmefällen (zur Wehenhemmung bei Kühen) eingesetzt werden.

Anacini, Aranzin [*Österr. Küche*] Orangenschalenstreifen, in Zucker konserviert

Anaerobe Keime [*Fachkunde*] Bakterien, die sich ohne Sauerstoff entwickeln können

Anaheim/New Mexican [*Gewürze & Kräuter*] **T Schärfe 1 = 500–1500** ↑**Scoville-Einheiten. Hauptverbreitungsgebiet:** „Anaheim“ (Vorstadt von Los Angeles, Kalifornien) – New Mexico. Von dort kommen ähnliche Züchtungen. Die Chilischoten sind ca. 15 cm lang und 4 cm breit. (manche Züchtungen bis zu 25 cm lang). Von der Form her länglich, abgeflacht, mit der breitesten Stelle im vorderen Drittel der Frucht. In reifem Zustand rot. Die Vorfahren waren vermutlich ↑**Pasillas.** Wegen der typischen sanften Schärfe sind Anaheim-Chilis sehr gut zum Füllen, für ↑**Chili rellenos**, Suppen, Eintöpfe, Aufläufe, Soßen, gebraten, als Garnitur.

Anämie [*Gesundheit*] (**Griechisch:** Blutarmut), reduzierter eisenhaltiger Blutfarbstoffs durch Verminderung der roten Blutkörperchen. Die Blutbildung erfolgt im Knochenmark und ist von bestimmten ↑**Enzymen** sowie ↑**Vitaminen** (↑**B_2**, ↑**B_6**, ↑**B_{12}**, ↑**Folsäure**) abhängig. Mangel an Vitamin B_{12} führt zu krankhafter Anämie.

Ananas [*Obst*] **T 1. Ananas:** Alter, nur noch selten gebrauchter österreichischer bzw. Wiener Ausdruck für Garten- oder ↑Feld**erdbeere**. Der Name „Hawaii-Ananas“ steht für die exotische Frucht. **2. Ananas (Südfrucht); Lateinisch:** Ananas comosus; **Englisch:** pineapple; **Französisch:** ananas; **Italienisch:** ananas; **Spanisch:** piña. **Ursprung und Geschichte:** Die Ananas, auch „Königin der Früchte“ genannt, gehört zur Familie der Bromeliengewächse. Die walzenähnliche Beeren-Scheinfrucht ist 15–20 cm lang und 12–15 cm dick, kann bis zu 5 kg wiegen und trägt an ihrer Spitze einen ↑**Bürzel** aus kleinen Blättern, die Krone. Die Frucht hat eine hellbraune bis orange, raue und schuppige Oberfläche, darunter ein gelbliches oder rötliches und sehr saftiges Fruchtfleisch. Im Inneren steckt der holzige Mittelstrunk, der nicht mitgegessen werden kann. Die ursprünglich aus dem Gebiet des heutigen Paraguay stammende Ananas wurde 1493 von Christoph Kolumbus auf Guadeloupe (Westindische Inseln) entdeckt. Lange vor der Entdeckung Amerikas verwendeten die Indianern Süd- und Mittelamerikas die Ananas als Nahrungsmittel, Heilmittel und zur Weinerzeugung. Die Portugiesen nannten die köstliche Frucht „ananaz“, wahrscheinlich von der indianischen Bezeichnung „nana“ abgeleitet. Die Spanier bezeichneten sie wegen ihrer Ähnlichkeit mit Pinienzapfen als „piña“, woraus sich wiederum das englische „pineapple“ ableitete. Während portugiesische Seefahrer die neu entdeckten Früchte schon einige Jahrzehnte später in Afrika (Madagaskar) und Indien verbreiteten, musste Europa – wegen der schlechten Transportfähigkeit der Früchte – noch etwa 150 Jahre mit Beschreibungen vorlieb nehmen. Erst um 1650 wurden die ersten europäischen Ananas in Treibhäusern geerntet und waren eine extravagante Frucht auf den Tafeln des französischen Hofs. Im 18. Jahrhundert gelangte sie auch in die Häuser wohlhabender Bürger und behielt bis in die Mitte des 20. Jahrhunderts ihren Nimbus der Exklusivität. Ebenfalls sehr spät kam die Frucht nach Hawaii, sie erreichte die Inseln erst 1886 über den Umweg Australien. Damit begann auch ihre industrielle Verarbeitung. Ananas in Dosen traten einen Siegeszug um die ganze Welt an, denn endlich konnte jeder die Frucht genießen. **Allgemeines:** Arten und Sorten – Obwohl es in den Anbauländern viele lokale Sorten gibt, haben sich im Handel nur drei Sorten (Gruppen) etabliert: **Cayenne** – ist die wirtschaftlich bedeutendste Gruppe: sehr große Früchte mit hellgelbem, aromatischem Fruchtfleisch und dem höchsten Zucker- und Säuregehalt, was sie zur Hauptsorte für die Konservenindustrie gemacht hat. **Queen** – etwas kleiner, gold- bis tiefgelbes Fruchtfleisch. Schmeckt sehr aromatisch und süß. **Spanish** – mittelgroß und dick, fahlgelbes, sehr faseriges Fruchtfleisch, angenehm säuerliches Aroma; **Herkunft und Verfügbarkeit:** Ananas werden das ganze Jahr über in gleicher Menge angeboten. Die wichtigsten Lieferanten sind die mittelamerikanischen Länder Costa Rica und Honduras, die Dominikanische Republik sowie in Afrika die Elfenbeinküste, Ghana und Kenia. **Reife:** Ein Hinweis auf die ideale Reife ist der „Zupftest": Dabei sollten sich die Blättchen an der Blattkrone leicht herauszupfen lassen. Der Duft ist intensiv, und die Schale gibt auf Fingerdruck nach. Eine Ananas mit grünen Stellen und einem eher scharfen, sauren Geruch ist noch unreif und sollte nicht gekauft werden – sie kann nicht nachreifen. Im Handel wird daher die „Flugananas", die auf der Pflanze ausreifen konnte, als eigener Qualitätsstandard geführt. Die Schalen vor allem der helleren Sorten haben hin und wieder braune, eingesunkene Flecken. Diese sind allerdings nur oberflächlich und ohne Auswirkung auf den Geschmack des Fruchtfleisches. Es handelt sich um „Dehydrierungsflecken", die entstehen, wenn nach einem tropischen Regenguss das Wasser auf der schuppigen Schale stehen bleibt, verdunstet und die Linsenwirkung des Wassertropfens einen „Sonnenbrand" verursacht. Ananas verträgt weder Druck noch große Kälte; wie alle Südfrüchte gehört sie zur Lagerung nicht in den Kühlschrank, sondern sollte schnell verzehrt werden. **Inhaltsstoffe:** 100 g Ananas weisen einen Brennwert von ⌀ 48 kcal/200 kJ auf und enthalten 85 g Wasser, 0,4 g Eiweiß, 0,4 g Fett, 12,4 g Kohlenhydrate und 1,2 g Ballaststoffe. An ↑**Mineralstoffen**, ↑**Spurenelementen** und ↑**Vitaminen** sind ⌀ 7 mg Kalzium, 0,4 mg Eisen, 1 mg Natrium, 2,3 mg Vitamin A (RE) und 15,4 mg Vitamin C enthalten. Frische Ananas enthalten ein Gemisch aus drei eiweißspaltenden Enzymen, Bromelain, Ananase und Etranase, und können demnach eine wichtige Rolle bei der Eiweißverwertung im Körper spielen. Das Bromelain scheint überhaupt ein „Superenzym" zu sein: Es hemmt die Blutgerinnung, verbessert die Durchblutung und wirkt damit gegen ↑**Arteriosklerose**. Des Weiteren kann ein mit Ananassaft getränkter Wattebausch Altersflecken aufhellen oder ganz entfernen. Ananas sind gut für straffe Haut, für festes Bindegewebe und wirken vorbeugend gegen frühzeitige Faltenbildung. In der Kosmetik wird Ananassaft gegen Cellulitis verwendet. **Verwendung in der Küche:** Mariniert man Fleisch mit Ananas, wird es durch das Bromelain zarter und leichter verdaulich, ↑**Obst** in Fruchtsalaten wird weich. **Achtung:** ↑**Milchprodukte**, die man mit frischer Ananas vermischt, werden bitter, und ↑**Gelatine** wird nicht fest. Allerdings gilt das nur für frische Früchte, da die verantwortlichen Enzyme bei der Konservierung von Dosenananas zerstört werden. In der Küche werden Ananas häufig zu süß-sauren Gerichten wie ↑**Ente** oder ↑**Schwein** verwendet, passen aber auch vorzüglich zu Salaten mit ↑**Huhn** oder ↑**Crevetten** und allen Arten von ↑**Curry**-Gerichten. Außerdem können sie gebraten oder gegrillt zu ↑**Fleisch**, ↑**Schinken**, ↑**Geflügel** und ↑**Fisch** gereicht werden. Soll die Ananas nicht gefüllt werden, schält man die ganze Frucht. Zuerst beide Enden abschneiden. Nach dem Schälen die „Augen" mit einem spitzen Messer herausstechen. Dann in Viertel schneiden, den harten Strunk heraustrennen. Wer Ananas in Ringen will, schneidet die Frucht in Scheiben, dann die Schale rundherum ab und sticht die holzige Mitte aus. Im Gemüsefach des Kühlschranks aufbewahren. Innerhalb von 24 Stunden verzehren.

Ananas-Guave [*Exotische Früchte*] ↑**Feijola**

Ananassirup [*Hausbar*] **T** Ananassirup wird von allen größeren Siruphersteller angeboten und wie alle Fruchtsirups aus ↑**Fruchtmark**, Saft, Wasser und ↑**Zucker** hergestellt. Neben der starken Süße ist ein säuerlicher Nachgeschmack charakteristisch für die ↑**Ananas**, die jedem Drink ihre eigene tropische Note verleiht. Ist kein Ananassirup zur Hand, so kann man sich auch mit Ananassaft behelfen, dessen Geschmack aber nicht so intensiv ist.

Ananasso [*Ital. Speisekarte*] ↑**Ananas**

Anatra, anitra [*Ital. Speisekarte*] ↑**Ente**

Anbaugebiet [*Weinkunde*] In Deutschland gesetzlich festgelegtes Gebiet, in dem Wein angebaut werden darf. Das deutsche Weingesetz teilt die deutschen Weinbauregionen in 13 geografisch bestimmte Anbaugebiete ein. Sie setzen sich aus verschiedenen kleineren Teilgebieten zusammen, den Bereichen. Dieser wiederum besteht aus einer oder mehreren Großlagen. Eine Großlage umfasst eine oder mehrere Einzellagen. Ein Wein darf nur als Qualitätswein bestimmter Anbaugebiete (QbA) in den Verkehr gebracht werden, wenn er ausschließlich aus einem einzigen Anbaugebiet von gesetzlich zugelassenen Rebsorten kommt. Das Lesegut muss dabei einen Mindestreifegrad, ausgedrückt in Mostgewicht, erreicht haben. Im Gegensatz zu Frankreich, wo die geografische Herkunft (↑AOC) die Qualitätsstufe eines Weines bestimmt, wird die Qualität eines deutschen Weines nach Reife und dem danach ausgerichteten Erntemoment eingestuft. Abgesehen von Land- und Tafelweinen, bilden die Qualitätsweine bestimmter Anbaugebiete die unterste Stufe mit der niedrigsten Reifegradforderung. Die nächsthöhere Stufe sind Qualitätsweine mit Prädikat (QmP), die, wiederum nach zunehmendem Reifegrad, in Kabinett, Spätlese, Auslese, Beerenauslese (BA) und Trockenbeerenauslese (TBA) eingeordnet sind. **Die 13 bestimmten Anbaugebiete sind: ↑Ahr, ↑Mittelrhein, ↑Mosel-Saar-Ruwer, ↑Nahe, ↑Rheingau, ↑Rheinhessen, ↑Pfalz, ↑Hessische Bergstraße, ↑Franken, ↑Württemberg, ↑Baden, ↑Saale-Unstrut und ↑Sachsen.**

Anbraten [*Unsere Küche*] **T** 1. Die erste Phase beim Schmoren, die Poren des Fleisches schließen sich sehr schnell, eine schöne Kruste entsteht und verhindert, dass der Saft austritt. 2. **↑Fleisch, ↑Zwiebeln** usw. bei starker Hitze in Fett rasch Farbe annehmen lassen. Nie frische **↑Butter** (wird schwarz) und **↑Olivenöl** (zu starker Eigengeschmack), sondern neutrales **↑Pflanzenöl** verwenden.

Anbräunen [*Unsere Küche*] Speisen in **↑Butter, ↑Öl** oder anderen Fetten Farbe annehmen lassen, bevor man sie gart

Anbrühen [*Unsere Küche*] Kurzes Erhitzen von Lebensmitteln in Flüssigkeit

Anchellini [*Ital. Speisekarte*] **T** Sehr kurz geschnittene Nudeln, kleine walzenförmige Scheiben, die vorwiegend als Suppeneinlage dienen

Ancho Chili [*Gewürze & Kräuter*] **T Schärfe 2 = 2000–2500 ↑Scoville-Einheiten.** Die getrocknete Version des **↑Poblano Chili** ist zwölf Zentimeter lang, mit dunkelroter, runzliger Haut und einem rauchigen Geschmack. Einer Sauce beigegeben, rundet er das feine Aroma leicht ab. Die Schärfe dieser Sorte variiert, deshalb sehr sparsam würzen. **↑Chili**

Anchosen [*Fisch*] **T** Anchosen haben ihren Namen von der spanischen Bezeichnung für **↑Sardellen** (**↑Anchovis**). Sie werden aus **↑Sprotten, ↑Sardinen** und Heringen hergestellt. **Die Herstellung:** Kleine **↑Heringe**, Sardellen oder Sprotten reifen in einer Mischung aus **↑Salz** (auch mit Salpeter), **↑Zucker** und **↑Gewürzen.** Sie werden mit Aufgüssen, Tunken, Crèmes oder Öl zu verschiedenen pikanten oder süßsauren Produkten verarbeitet. Durch die Reifung (**↑Eiweißabbau**) und die Gewürze erhält der **↑Fisch** besonders zartes Fleisch und ein würziges Aroma. Anchosen sind nur begrenzt haltbar und müssen zwischen 2 und 8° C gelagert werden.

Anchovis [*Fisch*] **Englisch:** anchovis; **Französisch:** anchovis/sprats; **Italienisch:** acciuga; **Spanisch:** anchoas. Kleinfische (**↑Sprotten**) aus der Heringsfamilie, häufig in **↑Salz** und **↑Öl** eingelegt, meist ohne Kopf und Schwanz oder als Paste verarbeitet. Der Name Anchovis wird unterschiedlich verwendet, in südlichen Ländern generell für sardellenartige Fische, in Deutschland für kräutergesalzene Sprotten oder auch für **↑Sardellen.** Gesalzene Sardellen kommen hauptsächlich aus Holland, Portugal und Spanien. Die Filets der Sprotten sind als **↑„Appetitsild"** bekannt.

Anchoyade [*Franz. Speisekarte*] **A ↑Sardellenpaste** mit **↑Knoblauch, ↑Olivenöl** und einem Schuss **↑Essig.** In der Provence beliebt als Vorspeise oder auf Brot überbacken.

Ancienne, à l' [*Speisegarnitur*] **A** Nach alter, überlieferter Art zubereitet und garniert; mit fein gewürfelten Zwiebeln und Champignons

Ancini di pepe [*Ital. Speisekarte*] Auf Deutsch: **↑Pfefferkörner.** Sehr kleine körnerförmige Suppennudeln. Werden auch als **„peperini"** bezeichnet.

Andalouse, à l' Historischer Speisename [*Speisegarnitur*] **A** 1. Andalusien, südspanische Provinz; 2. Speisegarnitur mit **↑Auberginen**scheiben, **↑Paprikaschoten, ↑Tomaten**hälften und **↑**Paprika**risotto** oder **↑Pilaw; 3. ↑Sauce andalouse**

Andante [*Kartoffelsorte*] **Kochtyp: ↑Festkochende Kartoffeln** – „Speckige Kartoffel" genannt. **Herkunft:** Deutschland; **Jahr der Zulassung:** 2003; **Schale:** gelb; **Fleisch:** gelb; **Knolle:** langoval; **Reifezeit:** mittelfrüh

Andarini [*Ital. Speisekarte*] Nudelart in Form großer **↑Linsen**

Anderson Valley [*Weinkunde*] Region im Weinanbaugebiet Mendocino County (Nordwestküste der USA). In dem relativ kühlen Klima werden die besten Schaumweine der USA, gute Pinots und Gewürztraminer produziert.

Andorn [*Wildkräuter, -blüten & -früchte*] **Lateinisch:** Marrubium vulgare. Aus der Familie der Lippenblütengewächse. Der Weiße Andorn ist ein ausdauerndes, 40–60 cm hoch wachsendes Kraut mit einem stumpfvierkantigen Stängel. Blätter und Stängel sind behaart, die weißen Blüten stehen in dichten, nahezu kugeligen Scheinquirlen in den Achseln der Blätter. Verwendung finden die zur Blütezeit gesammelten und getrockneten oberirdischen Pflanzenteile als **↑Teezusatz** oder Presssaft aus der frischen Pflanze.

Andouilette [*Franz. Speisekarte*] **↑Blutwurst**

Andrágassy Gulasch [*Österr. Küche*] **A** Rindergulasch mit **↑Speck** und **↑Haluschka. ↑Gulasch**

Âne, ânon [*Franz. Speisekarte*] Esel, Eselfohlen; ihr **↑Fleisch** wird in Frankreich geschätzt, vor allem in Pasteten und Würsten.

Anejo [*Käse*] **Herkunft:** Mexiko; **Käsesorte: ↑Knetkäse; Milch:** entrahmte **↑Ziegenmilch** (manchmal auch Kuhmilch); **Info:** wiegt etwa 5 kg und wird in Leinenbeuteln verkauft

Anejo, Anejado [*Weinkunde*] Span. Wein, gealtert durch Überlagerung

Aneletti [*Ital. Speisekarte*] Teigringe

Anelli, anellini [*Ital. Speisekarte*] Teigwaren, in dünne

Ringe geschnittene ↑**Makkaroni**, aber auch ringförmige ↑**Pasta** unterschiedlicher Größe

Anelloni [*Ital. Speisekarte*] **A** Kurze Röhrennudeln aus Neapel. Werden mit einer Sauce aus ↑**Speck**, ↑**Knoblauch**, ↑**Peperoncini**, Schwartenmagenstücken und ↑**Pecorino** (↑**Schafkäse**) gegessen.

Anenzephalie [*Fachkunde*] Krankheitsbild beim Säugling, bei Mangel an ↑**Folsäure** während der Schwangerschaft

Aneth [*Franz. Speisekarte*] ↑**Dill**

Aneto [*Ital. Speisekarte*] ↑**Dill**

Ange de mer [*Franz. Speisekarte*] „Meerengel", Engelhai, festes weißes Fleisch, ganz oder gehäutet auf dem Markt. ↑**Haifisch**

Angehen lassen [*Unsere Küche*] Beginnende Garung in Pfanne oder Topf, entweder als Vorbereitung für eine weitere Verarbeitung oder für das eigentliche Garen

Angel food cake [*U.S. Kitchen*] Wörtlich „Engelskuchen": wird aus einem sehr luftigen Eiweißteig hergestellt und in einer speziellen Form, ähnlich der des Frankfurter Kranzes, gebacken

Angel hair pasta [*U.S. Kitchen*] Sehr dünne Nudelsorte, superdünne Spaghetti

Angélique, herbe aux anges [*Franz. Speisekarte*] ↑**Engelwurz**

Angießen [*Unsere Küche*] **T** Wärend des Bratens etwas Wasser oder ↑**Fond** neben und nicht über das Bratgut gießen und dadurch ablösen, was sich am Bräterboden angelegt hat. ↑**Ablöschen**

Anginares me Arni [*Griechische Speisekarte*] In der griechischen Küchenkultur ein Topfgericht aus ↑**Lammfleisch** mit ↑**Artischocken**

Angkak [*Asiatische Küche*] **T** Schimmelpilz der Gattung Monascus. **Synonym:** Hóng qü. Toxikologisch unbedenklicher, natürlicher (nicht synthetischer) roter Farb- und Geschmacksstoff aus fermentiertem ↑**Reis.** Hierbei wird angefeuchteter Reis mit diesen Schimmelpilzstämmen geimpft und zwei bis vier Wochen fermentiert, danach wird der erhaltene, rot fermentierte Reis getrocknet, gemahlen und als rotes Mehl auf dem Markt angeboten. In China und Japan sowie anderen asiatischen Ländern ist rot fermentierter Reis seit Jahrhunderten ein Bestandteil von bestimmten Lebensmitteln (rotem ↑**Tofu**, ↑**Hoisin-Saucen**, ↑**Misopaste**, ↑**Sake**, ↑**Wein**, chinesischen Wurstwaren etc.). Erzeugnisse der asiatischen Küche, die rot fermentierten Reis enthalten, sind auch in der EU, insbesondere in Deutschland, auf dem Markt und brauchen nicht gekennzeichnet zu werden. Für den guten Geschmack von Angkak sind die von Monascus gebildeten ↑**Enzyme** und Stoffwechselprodukte verantwortlich. Angkak ist mit bestimmten ↑**Gewürzen** wie ↑**Paprika**, ↑**Gelbwurz**, ↑**Curry**, ↑**Safran** vergleichbar, da nicht nur das Aussehen, sondern auch Geruch und Geschmack von Lebensmitteln positiv beeinflusst werden. Bei der Herstellung von Fleischereierzeugnissen ist Angkak anderen Rötungsstoffen (Nitrit-↑**Pökelsalz**) vorzuziehen. Im Gegensatz zu ↑**Nitrit** kann Angkak verschiedenen Untersuchungen zufolge als toxikologisch unbedenklich eingestuft werden.

Anglais [*Franz. Speisekarte*] ↑**Garpunkte** beim Fleischbraten: Das Fleisch ist innen durchgehend rosa.

Anglaise, à l' [*Speisegarnitur*] **A** Auf englische Art. **Speisegarnitur** für **Kurzgebratenes** (↑**Lamm**koteletts, ↑**Filets** vom ↑**Schwein**, ↑**Kalb** usw) oder ↑**Nudeln.** Die Zutaten werden in einer Auflaufform mit glasierten Zwiebel- und Schinkenwürfeln in verquirltem Ei übergossen und mit Käse (Chester) überbacken.

Angler [*Fisch*] ↑**Seeteufel**

Angola amboim 2bb [*Kaffee*] Ungewaschener Robusta, der wegen seiner neutralen Eigenschaften als Füllkaffee sehr geschätzt wird. ↑**Kaffee & Kaffee arabica**

Angostura [*Hausbar*] **T** In Trinidad wird dieser Aromastoff mit 40 % Vol. aus der Rinde des im nördlichen Südamerika und auf den Westindischen Inseln beheimateten Angosturabaumes gewonnen. Der Auszug aus der Angosturarinde enthält das sehr bittere Angosturin und ist nach der südamerikanischen Stadt Angostura am Orinoco benannt. Das Originalrezept, nach dem der Bitter noch heute hergestellt wird, stammt von einem abenteuerlustigen Deutschen aus Heidelberg, Dr. J. Siegert, der Angostura in der ersten Hälfte des 19. Jahrhunderts auf der Suche nach einem Malariamittel kreierte. Heute wird Angostura, um genießbar zu sein, mit Orangenschalen, ↑**Zimt**, ↑**Kardamom**, ↑**Muskatnuss**, ↑**Chinarinde** sowie ↑Gewürz**nelken** aromatisiert. Pur getrunken wird Angostura Bitter nie, man verwendet ihn tropfenweise in ↑**Speiseeis**, Obstsalat und zahllosen ↑**Cocktails**.

Anguila [*Span. Speisekarte*] ↑**Aal**

Anguille [*Franz. Speisekarte*] ↑**Aal**

Anguille au vert [*Franz. Speisekarte*] ↑„**Aal** grün" mit Kräutern, aus dem Kräutersud

Anguille fumée [*Franz. Speisekarte*] ↑Räucher**aal**

Angula [*Franz. Speisekarte*] ↑**Glasaal**, sehr junger, durchsichtiger ↑**Aal**

Angurien [*Obst*] ↑**Wassermelonen**

Angus-Rind [*Fachkunde*] Die Rinderrasse Angus hat ihren Ursprung in den Weidegebieten Schottlands, wo es um 1870 als Aberdeen Angus gezüchtet wurde. Hohe Fleischfülle durch volle Schulter, langen, breiten Rücken und tief reichende Keulenbemuskelung sind ein Markenzeichen der Angusrinder, die wegen genetisch gefestigter Veranlagung zur Bildung feinfasrigen Fleisches mit guter Marmorierung äußerst gefragt sind. Diese Masttiere sind schwarz gefärbt und hornlos. Sie sind relativ kurzbeinig (kleinrahmig) und sehr schnellwüchsig. Auf dem amerikanischen Kontinent ist diese Rasse heute besonders beliebt und gehört dort zu den häufigsten Hausrindern.

Anice [*Ital. Speisekarte*] ↑**Anis**

Animalisch [*Weinkunde*] Bezeichnung für die Geruchsnote von manchen Rotweinen (Cabernet, Merlot), die an den (von vielen als ekelerregend empfundenen) Geruch von abgehangenem Wild erinnert. Die Geschmäcker sind hier sehr verschieden. In den USA und in Australien gelten Weine mit animalischer Note als fehlerhaft.

Animella [*Ital. Speisekarte*] ↑**Bries**

Animelles [*Franz. Speisekarte*] Hoden von Stier und Widder. In Deutschland dürfen Drüsen (außer ↑**Bries**) nicht verkauft werden.

Anis [*Gewürze & Kräuter*] **T Lateinisch:** Anisi fructus, aber auch Pimpinella anisum; **Synonym:** Anis-Bibernelle, Änis, Brotsamen, Runder Fenchel, Taubenanis; **Englisch:** aniseed; **Französisch:** anis; **Italienisch:** anice; **Spanisch:** anis. **Ursprung:** Ursprünglich aus Ägypten und Kleinasien, heute in fast allen Ländern angebaut, vor allem in Spanien. **Info:** Der hier erhältliche Anis kommt vorwiegend aus der Türkei, bessere Qualitäten aus Spanien. **Geschmack:** Würzig-süßlich (wie Lakritz). **Erhältlich als:** getrocknete Samenkörner, ganz und gemahlen. **Anbau:** Anis liebt einen sonnigen, vor Wind geschützten Standort. Am besten gedeiht er auf einem lockeren, warmen, kalkhaltigen und nährstoffreichen Boden, verträgt jedoch keinen frischen Stallmist. Die Aussaat kann von Anfang bis Ende April direkt im Freiland erfolgen. Reihenabstand 25 cm, Aussaatmenge 40 Korn pro laufendem Meter, Aussaattiefe 0,5 cm. Die Keimzeit beträgt 25–30 Tage. Nach dem Aufgehen vereinzelt man die Pflanzen auf 15 cm in der Reihe. Geerntet wird der Samen Anfang August bis Ende September, wenn die Stängel gelb werden und die Dolde eine braune Farbe bekommt. **Verwendung in der Küche:** ↑**Würztabelle. Konservierung:** Der Samen wird durch Trocknen konserviert und in einem geschlossenen Behälter aufbewahrt. **Wirkung in der Volksmedizin:** Es ist eines der ältesten bekannten Gewürze der Welt. Im Mittelalter schrieb man dem Anis potenzfördernde Wirkung zu. Anis enthält magenberuhigende, krampfstillende Öle, die die Gallenproduktion anregen. Ein Teeaufguss aus 2–4 g Samen pro Tasse wirkt krampflösend, schleimlösend, hustenlindernd, gegen Blähungen, Appetitlosigkeit und wird bei Magen- und Darminfektionen eingesetzt. Anistee ist gut verträglich, mild im Geschmack und wird gern zur Behandlung von Beschwerden bei Kindern genommen. Schon bei Säuglingen hilft warmer Anistee gegen Schluckauf. **Verwendung in der Kosmetik:** Dampfbäder oder Kompressen sowie das Waschen mit einem Aufguss aus Anis sind gut gegen fettige und unreine Haut.

Anisakiasis [*Gesundheit*] Larven von ↑**Nematoden** (Fadenwürmern) verursachen die als Anisakiasis bezeichnete Krankheit. Sie werden durch den Verzehr von rohem Seefisch auf den Menschen übertragen. Die Anisakiasis kommt insbesondere in den Ländern vor, in denen der Verzehr von rohem ↑**Fisch** Tradition hat, wie Japan, Niederlande, USA, Kanada, Neuseeland und auf den pazifischen Inseln. Typische Ansteckungsquellen sind ↑**Sushi**, ↑**Sashimi** und ↑**Matjes-Heringe**. Eine Übertragung von Mensch zu Mensch ist nicht möglich. Jährlich werden nur wenige Hundert Erkrankungsfälle nachgewiesen. Allerdings dürfte die Dunkelziffer erheblich sein. Neueste Erhebungen gehen davon aus, dass weltweit jährlich über 100 000 Menschen an dem Befall dieser Parasiten sterben. Übertragen werden die Fadenwürmer nicht nur durch den Verzehr von rohem, sondern auch von ungenügend erhitztem Fisch. Die Erkrankung beginnt in manchen Fällen bereits nach einer Stunde bis 5 Tage nach dem Verzehr larvenhaltigen Fisches mit starken Bauchschmerzen, Schwindelgefühl, Erbrechen und zum Teil heftigen Durchfällen. Als sicherste Vorsorge gilt es, den Verzehr von rohem Fisch zu vermeiden, sofern dieser nicht mindestens 24 Stunden bei -20° C eingefroren war. Auch das Konservieren in Salzlauge tötet die Larven von Fadenwürmern ab. Wichtig: Beim Kauf von rohem Fisch darauf achten, dass er nach dem Fang schockgefroren worden ist. ↑**Fischvergiftungen** & ↑**Lebensmittelvergiftungen**

Anisette [*Hausbar*] **T** Beliebter französischer, zart-feuriger, erfrischender ↑**Likör** aus ↑**Anis**, ↑**Sternanis**, ↑**Süßholz**saft und verschiedenen anderen Würzkräutern, meist verdünnt getrunken

Anisliköre [*Hausbar*] Bekannte Anisliköre sind z. B.: ↑**Pernod** aus Frankreich; ↑**Anisados** aus Spanien; ↑**Sambuca** aus Italien; ↑**Ouzo** aus Griechenland; ↑**Küstennebel** aus Deutschland und ↑**Raki** aus der Türkei. Das zur Herstellung benötigte Anisöl wird aus dem grünen ↑**Anis**, einem Doldengewächs, gewonnen. Die Heilkräfte dieser Doldengewächse sind schon seit langer Zeit bekannt. Die Ägypter benutzten sie bereits vor 3500 Jahren zu medizinischen Zwecken. Im 18. Jahrhundert wurden die ersten Anisliköre hergestellt. Die ersten Liköre waren jedoch oft stark verunreinigt und giftig, sodass sie in vielen Ländern verboten wurden. ↑**Absinth:** Heute wird der typische Anisgeschmack anders erzeugt als damals, die Giftstoffe werden entfernt, und Absinth darf wieder verkauft werden.

Anitra [*Ital. Speisekarte*] ↑**Ente**

Anitra selvatica [*Ital. Speisekarte*] ↑**Wildente**

Anjou [*Obst*] **T Lateinisch:** Pyrus communis var. sativa. **Allgemeines:** Die Anjou oder D'Anjou ist eine mittelgroße Birnensorte mit einer charakteristischen Eiform, kurzem Stiel und Rücken. Die zarte Schale ist dunkelgrün oder intensiv weinrot gefärbt, kann sonnenseitig leicht gerötet sein und zeigt nur bei Reife Flecken mit gelblichem Stich. **Ursprung und Geschichte:** Die Herkunft der wahrscheinlich im 17. Jahrhundert als Zufallssämling entstandenen Anjou ist nicht eindeutig geklärt. Erstmals erwähnt wurden die „Buerré d'Anjou" und die „Buerré rouge d'Anjou" jedenfalls im Jahre 1823 in Belgien. **Geschmack:** Das saftige und süßliche Fruchtfleisch weist einen angenehmen, würzigen, zartbitteren, ausgeprägten Birnengeschmack auf. **Herkunft und Verfügbarkeit:** Diese in den USA nach ↑**Williams Christ** zweitwichtigste Sorte wird auf den europäischen Märkten in der Zeit von Ende November bis Ende Februar – fast ausschließlich aus Produktionsgebieten in den USA – angeboten. Anjou haben hervorragende Lagereigenschaften und können im ↑**CA-Lager** von Oktober bis in den Juni des Folgejahres gelagert werden. ↑**Birne**

Anken [*Schweizer Küche*] Schweizer Bezeichnung für ↑**Butter**

Anlaufen lassen [*Österr. Küche*] ↑**Zwiebel**, ↑**Gemüse** oder ↑**Mehl** bei schwacher Hitze, ohne Farbe nehmen zu lassen, erhitzen

Annata [*Weinkunde*] Italienisch für Jahrgang, mit dem die Weinproduktion einer Ernte aus einem einzigen Jahr gemeint ist. Eine Jahrgangsangabe auf einem Etikett garantiert, dass der Wein nur aus diesem Jahr stammt.

Annatto [*Fachkunde*] Annatto wird aus dem Samen des karibischen Oleanderbaumes (Brixa orellana) gewonnen. Der darin enthaltene gelbrote Pflanzenfarbstoff heißt Bixin und ist mit dem Carotin eng verwandt. Mit ihm färbt man den ↑**Chester-Käse.** ↑**E 160b**

Anneau [*Franz. Speisekarte*] Ring

Annoncieren [*Unsere Küche*] Eine Sache ausrufen, laut und hörbar bestellen. Eine Bon-Bestellung am Küchenschalter ausrufen, dem Koch ankündigen. Die fertige Speise durch An- und Aufruf am Pass zum Abholen ankündigen.

Anolini [*Ital. Speisekarte*] Kleine gefüllte Pastataschen ähnlich den ↑**Tortellini**. Eine Spezialität der Stadt Parma. Sie sind so klein, dass sie nur mit Hand gemacht werden können. Man benötigt dazu den dünnsten ↑**Pastateig**. Die Füllung besteht aus ↑**Hühnerfleisch**, ↑**Parmesan**. Gewürzt wird mit ↑**Muskat.**

Anôn [*Franz. Speisekarte*] ↑**Schellfisch**

Anonas [*Exotische Früchte*] Gehört zur gleichen Pflanzengattung wie die ↑**Cherimoyas**

Anone [*Exotische Früchte*] ↑**Cherimoya**

Anorganisch [*Fachkunde*] Nicht gleichzusetzen mit „synthetisch"

Anregend [*Weinkunde*] Anregende Weine zeichnen sich durch feine und belebende Säure aus, sind süffig und nicht schwer.

Anreichern [*Weinkunde*] Legale und übliche Verfahrensweise bei der Weinbereitung, wobei vor oder während der ↑**Gärung** ↑**Zucker** (Saccharose) dem Most zugegeben darf, um einen höheren Alkoholgehalt im Endprodukt zu erreichen. Dieses Verfahren ist nur erlaubt, wenn das Lesegut nicht reif genug ist, um einen bestimmten Alkoholgrad zu gewährleisten. Anreicherung ist der Allgemeinbegriff für verschiedene alkoholsteigernde Methoden. In Anbetracht des enormen Weinsees bevorzugt die EU statt Saccharose die Zugabe konzentrierten Traubensaftes, auch rektifiziertes Mostkonzentrat genannt. Sowohl die hohen Kosten, die diese Methode mit sich bringt, als auch eine Änderung des Weingeschmacks werden als Nachteile betrachtet. Angereicherte Weine schmecken nicht süß, verfügen aber über mehr ↑**Körper**, eine bessere Balance und mehr ↑**Alkohol.** Obwohl Anreichern dazu dienen sollte, Wein nur in schlechteren Jahren zu verbessern, ist das Verfahren, unabhängig von den Jahrgangsumständen, bei vielen Weinen üblich. In Deutschland dürfen nur ↑**Tafelweine** und Qualitätsweine bestimmter Anbaugebiete (QbA) angereichert werden, das deutsche Weingesetz verbietet dies jedoch für Qualitätsweine mit Prädikat (QmP).

Anrichten [*Unsere Küche*] (Französisch préparer) Zusammenstellen von Speisen zum Verzehr auf Tafelgeschirr

Ansäuern [*Unsere Küche*] Mit ↑**Zitronensaft** oder ↑**Essig** würzen.

Anschwenken [*Unsere Küche*] Schwenken in der Pfanne; kurzzeitiges Anbraten

Anschwitzen [*Unsere Küche*] Speisen in ↑**Fett** anrösten, ohne dass sie Farbe annehmen

Ansprechend [*Weinkunde*] Bezeichnung für einen gefälligen Wein. Bei teuren Weinen eine gewisse Einschränkung, bei einfacheren Weinen ein Lob.

Anstäuben [*Unsere Küche*] Zugabe von ↑**Mehl** direkt an wasserarmes Gargut, zum Mitrösten, für spätere Bindung der ↑**Sauce**

Ansteifen, Steifmachen [*Österr. Küche*] Anbraten

Antazida [*Gesundheit*] Antazida sind säurebindende Medikamente. Sie neutralisieren bzw. binden die Magensalzsäure. Dadurch wird der pH-Wert angehoben. Weil bei der Entstehung von Magengeschwüren der pH-Wert unter 3 sein muss, soll durch die Gabe von Antazida ein pH-Wert auf über 3 gebracht werden. Neben Magen-Darmgeschwüren kommen Antazida auch bei ↑**Sodbrennen** und säurebedingten Magenbeschwerden zu Anwendung. Antazida sind vielfach frei verkäuflich und daher ohne Rezept in der Apotheke erhältlich. Sie können in der Regel auch während der Schwangerschaft eingenommen werden. Allerdings sollten diese Arzneimittel niemals länger als drei Wochen ohne ärztlichen Rat angewandt werden. Halten die Beschwerden an, ist ein Arztbesuch zu empfehlen.

Antep Ezme [*Orientalische Küche*] **A** In der türkischen Küchenkultur pürierte ↑**Tomaten**, ↑**Zwiebeln** und ↑**Paprika**, scharf abgeschmeckt. ↑**Türkische Küche**

Anthocyane [*Fachkunde*] ↑**E 163**

Anthotiro [*Käse*] **Herkunft:** Griechenland/Kreta; **Käsesorte:** Vollfetter ↑**Weichkäse** aus ↑**Schafsmilch,** der wie ein ↑**Mitzithira** im Freien getrocknet wird. 100 g Anthotiro hat einen Brennwert von ∅ 300 kcal/1256 kJ.

Anthozyane [*Weinkunde*] Farbstoffe, die sich in der Haut der Trauben/Beeren befinden

Anthropozoonose [*Fachkunde*] ↑**Zoonose**

Anti-Aging mit Ernährung [*Gesundheit*] **T** Neudeutsches Wort aus dem Englischen. Wörtlich übersetzt: **gegen das Altern**. Anti-Aging zeigt Mittel und Wege, den Alterungsprozess des Menschen zu verzögern. Wichtig ist neben allen Aktivitäten eine gesunde und ausgewogene Ernährung, Schlagwörter wie „Sich gegen das Alter essen" sind dabei durchaus realistisch. Die Normalisierung des Körpergewichtes ist erstrangig anzustreben, da laut Statistik nur 15 % der stark Übergewichtigen eine normale Lebenserwartung haben. Die nächsten Punkte zeigen Richtlinien der Anti-Aging-Ernährung. **1. Täglich viel** ↑**Obst und** ↑**Gemüse** – Die darin enthaltenen ↑**Antioxidantien,** ↑**Sekundären Pflanzenstoffe** und ↑**Bioaktiven Substanzen** helfen dem Körper, die täglichen Angriffe von Giftstoffen in der Luft abzuwehren. Sie stärken das Immunsystem. **2. Weniger Fleisch** – Die Beilage sollte zum Hauptgericht werden. Aus Gemüse, ↑**Kartoffeln,** ↑**Nudeln** und ↑**Reis** lassen sich auch ohne viel ↑**Fleisch** gesunde Gerichte zaubern. **3.Gesunde Fette** – Verzicht auf die so genannte **„Gute Butter"**. In ihr stecken zu viel ↑**Gesättigte Fettsäuren** und gehärtete Fette, mit den gesundheitsschädlichen ↑**Trans-Fettsäuren.** Die ↑**Ungesättigten Fettsäuren** halten den Körper schlank und gesund. Sie sind in ↑**Lachs,** ↑**Hering,** ↑**Makrele** und allen pflanzlichen, ungehärteten Fetten und Pflanzenölen, wie in ↑**Raps**-, ↑**Sonnenblumen**- oder ↑**Olivenöl** zu finden. Wer auf seinen Brotaufstrich mit ↑**Fett** nicht verzichten möchte, kann hochwertige ↑**Margarine** benutzen. Den Buttergeschmack beim Kochen bekommt man gesund und ohne überflüssiges ↑**Cholesterin** mit ↑**Albaöl. 4. Viel trinken** – Täglich 2–3 l sollten es sein. Empfehlenswert ist ↑**Mineralwasser** mit einem hohen Anteil an ↑**Kalzium**, das schützt vor Knochenschwund (↑**Osteoporose**). In kleinen Mengen ist ↑**Alkohol** (ein Glas ↑Rotwein, ab und an ein ↑**Bier**) nicht gesundheitsschädlich.

Antibiotika [*Fachkunde*] Antibiotika werden gegen Infektionskrankheiten eingesetzt (Penicilline, Tetracycline, Chloramphenicol). Wegen der positiven Wirkung der Antibiotika (optimale Futterverwertung, verbessertes Wachstum, verbesserte Haltbarkeit des Fleisches) besteht die Gefahr, dass sie bei der Mast präventiv eingesetzt und auch gesunden Tieren verabreicht werden. Dieses Vorgehen ist wegen der Gefahr von Resistenzbildung äußerst umstritten. Außerdem besteht bei Nichteinhaltung der vorgeschriebenen Wartezeiten die Gefahr, dass Reste von Antibiotika über das ↑Schlacht**fleisch** in die menschliche Nahrung gelangen. Bei empfindlichen Personen kann dies zu ↑**Allergien** führen. Außerdem kann es bei der Verwendung von Antibiotika bei Milchvieh zu Störungen bei der Säuerung von ↑**Milch** sowie bei der ↑**Jogurt**- und ↑**Käse**herstellung kommen.

Antiboise, à l' [*Speisegarnitur*] **A Speisegarnitur mit verschiedenen Erscheinungsformen an der Franz. Riviera; 1.** mit kleinen ↑**Weißfischen,** ↑**Knoblauch,** ↑**Petersilie** und ↑**Spiegeleiern; 2.** mit ↑**Zucchini**- und ↑**Tomaten**schichten gratinierte ↑**Rühreier; 3.** gegrillte Tomaten mit ↑**Sardellenfilets,** ↑**Tunfisch**stücken und Brotkrumen; **4.** kalt gefüllte Tomaten

Antiklumpmittel [*Fachkunde*] ↑**Lebensmittelzusatzstoff:** Natürlich vorkommende oder künstlich hergestellte Substanz, welche die Rieselfähigkeit eines Lebensmittels erhöht, indem sie das Zusammenballen und Verkleben der Teilchen verhindert und gleichzeitig ihre Fließfähigkeit gewährleistet. ↑**E-Nummern/Trennmittel**

Antillais [*Hausbar*] **T** In Frankreich „↑**Rum** und ↑**Cola**"

Antillenkirsche Acerola [*Exotische Früchte*] **Englisch:** Barbados cherry; **Französisch:** acérola, cerise des Antilles. Der Strauch der Acerola wächst in Mexiko, in Südamerika und in der Karibik. Die gelborangen bis roten Früchte sind etwa kirschgroß, aber nicht mit der ↑**Kirsche** verwandt. Das Fruchtfleisch ist saftig und sehr sauer und deshalb für den Frischverzehr kaum geeignet. **Wichtig!** Acerola enthält ∅ 1700 mg/100 g ↑**Vitamin C**, also 30-mal mehr als in ↑**Zitronen.** Die Früchte dienen zur Vitaminanreicherung von Getränken und Lebensmitteln.

Antilopenfleisch [*Fleischprodukte*] **T** Auf den afrikanischen Farmen mit oft mehr als 20 000 ha Fläche gibt es mehr Wild in natürlichen Beständen, als jemals im eigenen Land verzehrt wird. Deshalb werden Antilopen nicht gezüchtet, sondern in freier Wildbahn gejagt. Die Wildjagd und Fleischverarbeitung im südlichen Afrika unterliegt strengen Vorschriften und Kontrollen, vergleichbar der Rot- und Schwarzwildjagd in Deutschland. Zu den Antilopenarten, die erlegt und nach Europa exportiert werden, gehören: ↑**Blesbock,** ↑**Gnu,** ↑**Impala,** ↑**Kudu,** ↑**Orix** und ↑**Springbock. Eigenschaften des Fleisches:** Durch die weiten Strecken, die die Antilopen in der kargen Vegetation der Savannen zurücklegen müssen, bleiben sie sehr schlank. Das Fleisch ist sehr fettarm, qualitativ hochwertig, cholesterinarm, frei von Arzneimittelrückständen und schmeckt ähnlich wie das Damwildfleisch, etwas süßlich. 100 g Antilopenfleisch weisen einen Brennwert von ∅ 100 kcal/419 kJ auf. **Verwendung in der Küche:** Kurz gebraten oder als Geschnetzeltes

Antioxidans [*Fachkunde*] Natürlicher Nahrungsmittelbestandteil (z. B. in ↑**Früchten,** ↑**Gemüse**). Wird auch als Zusatzstoff verwendet. Wirkt dem Verderb von Nahrungsmitteln durch Luftsauerstoff, Licht und Metallspuren entgegen. (↑**Antioxidantien** verhindern das Ranzigwerden von ↑**Fett**).

Antioxidantien [*Gesundheit*] Behindern Reaktion von Sauerstoff und anderen radikalen Gasen in der Atemluft mit Lebensmittelinhaltsstoffen. Sie verzögern damit den Verderb und werden auch als Schutznährstoffe bezeichnet. Wenn Lebensmittel industriell hergestellt werden, nimmt man statt ↑**Zitronensaft** ↑**Vitamin C**. – Es heißt ↑**Ascorbinsäure** und wird im Labor hergestellt. In diesem Fall ist es dem Körper egal, ob er Vitamin C aus der ↑**Zitrone** und aus der Retorte bekommt. Ascorbinsäure als Zusatzstoff für Lebensmittel ist harmlos. Bei Kartoffelerzeugnissen und anderen pflanzlichen Produkten verhindert es die Verfärbungen. – Wenn man einige ↑**Äpfel** schält (z. B für ↑**Apfelstrudel**), werden die Äpfel in etwas Wasser mit ein paar Spritzern Zitrone gelegt. Antioxidantien hemmen auch die Oxidation von Fetten und bewahren daher fetthaltige Nahrungsmittel vor dem Ranzigwerden durch Zusatz von ↑**Vitamin E** im Fertigprodukt. Es wird im Labor dem natürlichen Stoff nachgebaut und gilt ebenfalls als unbedenklich. Antioxidantien werden unter Nennung des einzelnen verwendeten Stoffes und der E-Nummer deklariert. ↑**E-Nummern oder E-Nummerntabelle. In welchen industriell gefertigten Lebensmitteln verstecken sich Antioxidantien? – In:** Suppen, ↑**Brühen**, ↑**Soßen** (jeweils in getrockneter Form), Kartoffeltrockenerzeugnissen, Knabbererzeugnissen, ↑**Kaugummi**, ↑**Walnusskernen**, ↑**Marzipan**- und ↑**Nougat**masse, ↑**Speiseeis**, Margarine, Ölen, Backwaren usw. ↑**E-Nummern 300-309.** In Kaugummi, Marzipan, Knabbereien aus ↑**Getreide.** ↑**E-Nummern 310-321.** Künstlich hergestelltes Antioxidationsmittel, das ursprünglich aus den gerbstoffreichen Galläpfeln gewonnen wird, kann Allergien auslösen. **Asthmatiker sollten vorsichtig sein. Nicht nur Konservierungs- und Antioxidationsmittel, sondern auch Säureregulatoren, Stabilisatoren, Emulgatoren und der Rieselstoff Phosphat können in höheren Dosen die Aufnahme von ↑Calcium, ↑Magnesium und ↑Eisen behindern und stehen im Verdacht, Auslöser von Hyperaktivität (Zappelphilipp-Syndrom) bei Kindern zu sein.** In den Bereichen Konservierungsmittel, Antioxidantien, Säuerungsmittel, Stabilisatoren ist oft keine klare Trennung der Anwendungsbereiche möglich. **Die Vitamine C und E werden als Antioxidantien verwendet. Sie erhöhen den Nährwert des Lebensmittels, dem sie zugesetzt werden. Tatsächlich liegen Beweise vor, dass synthetische Antioxidantien, die in der Lebensmittelherstellung verwendet werden, ebenfalls eine nützliche antioxidierende Wirkung im Körper haben, also körpereigene Stoffe vor der Umwandlung oder Zerstörung durch Sauerstoff und andere Radikale schützen. Antioxidantien, die Lebensmitteln zugesetzt werden:** Ascorbinsäure (Vitamin C, ↑**E 300**); Natrium-L-Ascorbat (↑**E 301**); Calcium-L-Ascorbat (↑**E 302**); Ascorbylpalmitat (↑**E 304**); Butylhydroxyanisol (↑**E 320**); Butylhydroxytoluol (↑**E 321**); Calcium-Dinatrium-EDTA (↑**E 385**); ↑**Gallat:** Propylgallat (↑**E 310**); Octylgallat (↑**E 311**); Dodecylgallat (Laurylgallat) (↑**E 312**); Isoascorbinsäure (↑**E 315**); Natriumisoascorbat (↑**E 316**); Lecithin (↑**E 322**); Milchsäure (↑**E 270**); **Mehrfach-Phosphate:** Diphosphate (↑**E 450**); Triphosphate (↑**E 451**); Polyphosphate (↑**E 452**); Schwefeldioxid (↑**E 220**); Natriumsulfit (↑**E 221**); Natriumbisulfit (↑**E 222**); Natriumdisulfit (↑**E 223**); Kaliumsulfit (↑**E 224**); Calciumsulfit (↑**E 226**); Calciumhydrogensulfit (↑**E 227**); Kaliumbisulfit (↑**E 228**); ↑**Selen**, Tocopherol (↑**Vitamin E**, ↑**E 306**); Alpha-Tocopherol (↑**E 307**); Gamma-Tocopherol (↑**E 308**); Delta-Tocopherol (↑**E 309**); Zinn-II-Chlorid (↑**E 512**); Zitronensäure (↑**E 330**); Natriumcitrat (↑**E 331**); Kaliumcitrat (↑**E 332**). Diese Inhaltsstoffe sind in ↑**Knoblauch**, ↑**Kohl**, ↑**Broccoli**, ↑**Süßholz**, ↑**Ingwer**, ↑**Tee**, ↑**Karotten**, ↑**Kerbel**, ↑**Petersilie**, ↑**Zwiebel**, ↑**Zitrusfrüchten**, ↑**Leinsamen**, ↑**Vollreis**, ↑**Tomaten**, ↑**Rosmarin**, ↑**Minze**, ↑**Gurke**, ↑**Basilikum** enthalten und werden in der Lebensmitteltechnik als Lebensmittelzusatzstoffe eingesetzt.

Antioxidationsmittel [*Gesundheit*] ↑**Antioxidantien**

Antipasto [*Ital. Speisekarte*] **R** Vorspeise aus gegarten und rohen Gemüsesorten wie ↑**Artischockenherzen**, gebratenen ↑**Auberginen**scheiben, ↑**Fenchel**, ↑**Oliven**, roten ↑**Paprikaschoten**, marinierten ↑**Pilzen** und ↑**Zwiebeln.** Aber auch ↑**Anchovis** und ↑**Meeresfrüchte** wie ↑**Garnelen**, ↑**Muscheln**, ↑**Tintenfisch** und ↑**Tunfisch**, hauchdünn geschnittene ↑**Salami**scheiben, ↑**Mortadella** und ↑**Schinken.** Gegartes ↑**Gemüse** ist meist in ↑**Essig**, ↑**Olivenöl** und ↑**Kräutern** eingelegt. Das Restgemüse von Hauptgerichten kann als Antipasto eingelegt werden (**vorausgesetzt, es hat noch Biss**). Die Marinade besteht aus ↑**Zitronensaft**, ↑**Olivenöl**, ↑**Pfeffer**, ↑**Salz**, gehackter, frischer oder tiefgekühlter ↑**Petersilie**, ggf. etwas ↑**Knoblauch** (↑**süß-saure Marinade**).

Antojitos [*Intern. Länderküche*] **T** Antojitos sind kleine gefüllte Tortillaröllchen, die in Mexiko als Snacks auf der Straße verkauft werden. Sie können pikant oder süß sein, bei den Füllungen sind der Fantasie keine Grenzen gesetzt. Serviert als Vorspeise, nennt man sie **Entremezes**, und zu Getränken heißen sie **Botanas**.

Antonkraut [*Gewürze & Kräuter*] ↑**Rosmarin**

Anuschka [*Kartoffelsorte*] **Kochtyp:** ↑**Festkochende Kartoffeln** – „Speckige Kartoffel" genannt. **Herkunft:** Deutschland; **Jahr der Zulassung:** 2004; **Fleisch:** gelb; **Knolle:** oval, mittelgroß; **Reifezeit:** sehr früh

Anversoise, à la [*Speisegarnitur*] **A Speisegarnitur** für **große** und **kleine Bratenstücke** und **Geflügel** – Hopfensprossen in ↑**Sahne** und ↑**Butter** gedünstet oder kleine, mit Butter gedünstete ↑**Hopfensprossen** in ↑**Artischockenböden** gefüllt; Sauce: ↑**Braten**- oder **Fond** leicht gebunden

Ao Chinesische Garmethode [*Asiatische Küche*] **T** Komprimierte Art von ↑**Pien**. Man beginnt damit, die ↑**Gemüse** in einer kleinen Menge ↑**Pflanzenöl** zu braten, gibt aber noch ↑**Gewürze** und andere Zutaten dazu. Sobald alles von einem dünnen Ölfilm überzogen und halb gar ist, gießt man mit Wasser oder ↑**Brühe** auf. Nun wird das Gericht fertig gestellt durch Stark-Kochen oder Stark-Braten, einen Vorgang, den man teils als Braten, teils als Dämpfen bezeichnen könnte. Der Dampf, der sich dabei entwickelt, ist stark aromatisch und hat besondere Eigenschaften. So ist Ao eine Garmethode, bei der rasch angebraten und dann auf höchster Hitze kurz gekocht beziehungsweise gedämpft wird. Man bereitet auf diese Weise häufig ↑**Schalentiere** zu, die durch den hoch aromatischen Dampf, dem sie ausgesetzt waren, unvergleichlich gut schmecken. ↑**Kochen im Wok** oder ↑**Asiatisch Kochen**

AOC [*Fachkunde*] Abkürzung für Appellation d'Origine Contrôlée, Französisch für garantierte Herkunftsbezeichnung und das gesetzliche System, das die französischen Weinbaugebiete und deren Produktion kontrolliert. AOC ist also ein Schutzsiegel für bestimmte landwirtschaftliche Produkte aus Frankreich, aber auch der Schweiz, wie ↑**Wein**, ↑**Calvados**, ↑**Butter**, ↑**Käse**, ↑**Dijonsenf**, ↑**Olivenöl** und andere. Die Ursprünge des AOC-Siegels reichen bis ins 15. Jahrhundert zurück, als die Erzeugung von ↑**Roquefort** durch ein Parlamentsdekret geregelt wurde. So sind nur 42 der 1000 Käsesorten in Frankreich AOC-Käse.

Apathogen [*Fachkunde*] Nicht krankheitserregend; Gegenteil: pathogen = krankheitserregend

Aperitif [*Hausbar*] **T** Ein mittlerweile fester Bestandteil der abendländischen Esskultur, denn Aperitife sollen den Hunger anregen. – Es gibt fruchtige, trockene oder bitteraromatische Aperitifs. – Am besten wirkt ↑**Muscatwein**, danach ↑**Champagner**, weißer ↑**Portwein**, ↑**Martini**. – Aperitifs werden nach der klassischen Getränkekunde ohne Trinkhalm und auch meist ohne Eiswürfel serviert. Verwendet werden für diese Drinks Südweingläser oder kleine Bechergläser, so genannte Tumbler.

Aperogebäck [*Schweizer Küche*] Apero = Schweizer Kurzform für ↑**Aperitif**. Dazu kann man kleine Knabbereien reichen, die aber nicht sättigen, wie Mohn-, Käse-, Paprika- oder Kümmelgebäck.

Aperol [*Hausbar*] **T** Hellroter Kräuterbitter aus Padua in Italien (17 % Vol.), schmeckt ähnlich wie ↑**Campari**. Die orangerote Färbung beruht auf der Mischung aus ↑**Rhabarber**, ↑**Enzian**, ↑**Bitterorangen**, ↑**Chinarinde** und ↑**Kräuter**. Aperol wird pur, auf Eis, mit ↑**Soda** oder Limettensaft als ↑**Aperitif** getrunken.

Apfel [*Obst*] **T** **Lateinisch:** Malus domestica. **Englisch:** apple; **Französisch:** pomme; **Italienisch:** mela; **Spanisch:** manzana. **Info:** Der Apfel gehört zur Familie der Rosengewächse. Er ist wohl der unbestrittene König unter den Früchten dieser Welt und gehört zu den am meisten angebauten frostunempfindlichen Obstarten sowie zu dem meistverspeisten Tafelobst Europas. Dieses wichtigste Obst der Welt ist über den ganzen Erdball – die Tropen ausgenommen – verbreitet. **Ursprung und Geschichte:** Die ursprüngliche Herkunft der Apfelbäume ist nicht vollständig geklärt. Man nimmt aber an, dass die Gattung aus der Region zwischen Kaspischem und Schwarzem Meer stammt, vermutlich Kasachstan mit „Alma-Ata", was so viel heißt wie „Stadt des Apfels". Er ist die älteste von der Menschheit kultivierte Frucht überhaupt. In Mitteleuropa stammen die ältesten verkohlten Samen und getrockneten Überreste von Wildäpfeln aus der Jungsteinzeit. Aus den wahrscheinlichen Urformen des heutigen Kulturapfels, dem Zwergapfel (Malus pumila) und dem Holzapfel (Malus sylvestris), züchteten die Perser die ersten Kultursorten. Über die berühmte Seidenstraße fanden vermutlich die ersten Apfelbäume ihren Weg über Griechenland ins Römische Reich. Durch Auslese und Veredelung der wild wachsenden Arten wurden immer bessere Sorten gezüchtet. So hat Plinius der Ältere um die Zeit Christi Geburt bereits 25 Apfelsorten beschrieben. Das Wissen um den optimierbaren Apfelbaum, die Kunst des Veredelns durch Pfropfen oder Okulation hinterließen die Römer den Mitteleuropäern. Ein Obstbaumverzeichnis aus dem Jahre 813 zeigt, dass Karl der Große auf seinen Gütern mit Vorliebe Apfelbäume anpflanzen ließ. Im Mittelalter haben dann vor allem die Klöster und Stifte zur weiteren Auslese der Äpfel beigetragen und sie durch neue Züchtungen veredelt. So wurden im 18. und 19. Jahrhundert in Europa schon mehr als 4000 verschiedene Sorten kultiviert, von deren Ursprung es heute allerdings nur noch ein Drittel gibt. Dementsprechend bedeutend ist die Rolle des Apfels in der Mythologie und Religionen, in Ritualen, in der Kunst und in der Medizin. Als Kulturpflanze begleitet uns er Apfel schon sehr lange. Von der Vertreibung aus dem Paradies bis Wilhelm Tell ranken sich tausende Geschichten um ihn. Als Symbol für politische und weltliche Macht spielte er jahrhundertelang als Reichsapfel eine Rolle, da ein Pentagramm sichtbar wurde, wenn man ihn halbierte. Die Zahl der verschiedenen Apfelsorten wird weltweit auf über 20 000 geschätzt; allein in Europa sind heute noch etwa 1600 verschiedene Sorten beheimatet. Etwa die Hälfte dieser Apfelsorten sind seit mehr als 100 Jahren bekannt und daher „alte Sorten", die meist aus Zufallssämlingen im 19. Jahrhundert gezielt weitervermehrt wurden. Diese Sortenbasis wurde durch moderne und intelligente Züchtungen zu einer reichhaltigeren und vor allem qualitativ besseren, modernen Palette an Apfelsorten ausgebaut. Allerdings hat sich im Obstbau ein extremer Wandel vollzogen. Vom Anbau auf den typisch knorrigen, charaktervollen Bäumen, den Hochstämmen, auf traditionellen Obstwiesen oder am Wegesrand ist kaum noch die Rede. Ertragsorientierte Plantagenwirtschaft mit kleinsten Bäumen am Spalier und Tafelobstsorten, die einheitlich große Früchte bringen, leicht zu ernten sind und alle gleich gut schmecken sollen, werden heute gefördert. Da bleiben individuelle Unterschiede der einzelnen Sorten auf der Strecke. Weil sie nicht die EU-Normen für Mindestgröße und makelloses Aussehen erfüllen, dürfen zahlreiche alte Apfelsorten nicht vermarktet werden. **Die bekanntesten Apfelsorten: Golden Delicious** – ist nunmehr seit Jahrzehnten der unangefochtene Spitzenreiter unter den Apfelsorten und hat weltweit einen Anteil von etwa einem Drittel an der gesamten Apfelproduktion. In einem weiteren Drittel, jedoch auf dem absteigenden Ast, besteht die Hälfte aus alten Sorten mit weltweiter Bedeutung wie **Roter Delicious** oder **Granny Smith**, die andere Hälfte aus alten Sorten mit regionaler Bedeutung wie **Boskop** in Europa oder **Cox Orange** speziell in Nordwesteuropa. Auch unter den jüngeren Apfelsorten gibt es solche mit weltweiter Verbreitung, wie **Jonagold** oder **Braeburn. Herkunft, Saison und Lagerung:** Die führenden europäischen Apfelproduzenten sind Frankreich, Deutschland und Italien. Äpfel aus inländischer oder europäischer Produktion werden das ganze Jahr über angeboten. Es überschneiden sich meist die Saisons für die ersten Sommeräpfel mit dem Ausverkauf der letzten Lageräpfel aus der Vorsaison. Im Frühjahr werden zusätzlich frisch geerntete Äpfel aus der südlichen Hemisphäre angeboten, es gibt dann Angebote aus südamerikanischer, südafrikanischer und australischer oder neuseeländischer Produktion. **Lagerung von Äpfeln:** Bei der Lagerung von Äpfeln (und Birnen) unterscheidet man drei bis vier verschiedene Lagerstufen: ↑**Naturlager**, ↑**Kühllager** und ↑**CA-Lager** sowie eventuell die ↑**ULO-Lager**ung als eigenständige Lagerform. Dazu werden die Äpfel mit ↑**Wachs** oder Harz sowie mit Paraffin (↑**E 905**) behandelt. So bleiben die Äpfel monatelang frisch. Erst im Handel, wenn sie wieder normalen Temperatur- und Sauerstoffbedingungen ausgesetzt sind, reifen sie weiter. Jeder Apfel sollte vor dem Verzehr gründlich gewaschen und abgerieben werden, um alle Rückstände von Schädlingsbekämpfungsmitteln zu entfernen. Einen Apfel schält man nicht; weil sich direkt unter der Schale die meisten ↑**Vitamine** befinden. **Inhaltsstoffe:** 100 g Äpfel weisen einen Brennwert von Ø 48 kcal/200 kJ auf und enthalten etwa 78 g Wasser; 0,3 g Eiweiß; 0,4 g Fett; 10,5 g Kohlenhydrate, 1,8 g Ballaststoffe und 0,2 g ungesättigte Fettsäuren. An ↑**Mineralstoffen**, ↑**Spurenelementen** und ↑**Vitaminen** sind Ø 6 mg Kalzium; 0,4 mg Eisen; 3 mg Natrium; 132 mg Kalium; 6 mg Magnesium; 10 mg Phosphor; 0,1 mg Zink; 11 mg Vitamin C; 0,5 mg Vitamin E; 7 µg Vitamin A; 4 µg Folsäure enthalten. Wissenschaftlich vielfach belegt ist, dass Äpfel zu den gesündesten Früchten überhaupt gehören und der Spruch **„an apple a day keeps the doctor away"** keineswegs eine leere Formel ist. Wenn auch der Gehalt an Vitaminen nicht außerordentlich ist, sind es die in und knapp unter der Schale reichlich vorhandenen ↑**Sekundären Pflanzenstoffe**, die in der modernen Ernährungswissenschaft als besonders wertvoll angesehen werden. Vorteilhaft für die Gesundheit ist auch der relativ hohe ↑**Pektin**gehalt – ↑**E 905**, das im Darm die ursprünglich aus ↑**Cholesterin** gebildeten Gallensäuren sowie giftige Schwermetalle bindet und so den Cholesterinspiegel senkt. Eingeteilt werden Äpfel in Tafeläpfel, Wirtschaftsäpfel und Mostäpfel. **Hier die wichtigsten Handelssorten:** ↑**Arlet**, ↑**Boskop**, ↑**Braeburn**, ↑**Cox Orange**, ↑**Delbarestivale**, ↑**Elstar**, ↑**Fuji**, ↑**Gala**, ↑**Gloster**, ↑**Golden Delicious**, ↑**Granny Smith**, ↑**Gravensteiner**, ↑**Idared**, ↑**Jonagold**, ↑**McIntosh**, ↑**Mutsu**, ↑**Pink Lady**, ↑**Roter Delicious**, ↑**Rubinette**, ↑**Summerred. Zubereitung und Tipps:** Äpfel werden naturgemäß weitgehend frisch verzehrt und sind wegen ihrer sättigenden Wirkung und des schnell ins Blut übergehenden hohen Fruchtzuckeranteils eine ideale Zwischenmahlzeit für Schule, Büro und unterwegs. Neben dem Frischverzehr bietet sich für Äpfel eine Vielzahl von Verwendungsmöglichkeiten. Sie werden als Obst**konserven**, ↑**Chutney**, ↑**Konfitüre**, ↑**Püree**, ↑**Saft**, ↑**Apfelwein** und ↑**Essig** angeboten. Im Haushalt verwendet man Äpfel zum Backen, Dünsten, Braten und Kochen. Ungezählte Rezepte bringen Äpfel in Salate, ↑**Strudel**, ↑**Auflauf**, ↑**Kompott**e. Ein einfacher ↑**Bratapfel**, gefüllt mit ↑**Butter**, ↑**Mandeln**, ↑**Rosinen** und mit ↑**Calvados** aromatisiert, kann entzücken. **Tipps:** Bei angeschnittenen Äpfeln wird etwas ↑**Zitronensaft** auf die Schnittstelle geträufelt, er verhindert, dass der Sauerstoff der Luft die Äpfel braun färbt. Das Trocknen ist die älteste Methode, Äpfel zu konservieren. Im Mittelalter wurden die Apfelringe mit Schnüren an die Dachbalken gehängt, heute dagegen werden die Apfelscheiben zuerst behandelt, damit sie nicht braun werden, und anschließend auf Drahtgestellen getrocknet. Zwar geht dabei der Saft verloren, doch die Zuckerkonzentration steigt an. Getrocknete Äpfel liefern ↑**Kohlenhydrate**, enthalten viele ↑**Ballaststoffe** und auch ↑**Eisen**. Das ↑**Vitamin C** geht bei dieser Konservierungsart verloren. Allerdings ist der Anteil an Energie sechsmal so hoch wie bei der gleichen Menge Frischobst. **Frankreich** ist der führende Hersteller von Apfelbranntwein wie dem berühmten Calvados. Der größte Teil der Ernte wird zu ↑**Apfelwein** (in Südwestdeutschland „Äppelwoi", „Ebbelwei" oder „Moscht" genannt, in Großbritannien „Cider") oder zu Branntwein verarbeitet. Im Rhein-Main-Gebiet und in Teilen Hessens ist die Apfelweinproduktion von großer wirtschaftlicher Bedeutung.

Apfel im Schlafrock [*Unsere Küche*] **R** Delikate Süßspeise. **Hier die drei interessantesten Variationen: 1.** Die geschälten, ausgestochenen ↑**Äpfel** in 1 cm dicke Scheiben schneiden. Die Apfelscheiben in ↑**Mehl** wenden, in ↑**Backteig** tauchen und frittieren. Mit ↑**Zimt-Zucker** bestreut noch warm servieren. **2.** Die geschälten, ausgestochenen Äpfel mit Rumrosinen (für Kinder die Rosinen in Fruchtsaft einweichen) und ↑**Marzipan** füllen, in einen ausrollfähigen ↑**Hefeteig** einschlagen, im Ofen ca. 45 Min. backen, in ↑**Vanillesoße** gelegt noch warm servieren. **3.** Die geschälten, ausgestochenen Äpfel mit ↑**Johannisbeergelee** und ↑**Mandeln** füllen, in ↑**Blätterteig** einschlagen und ca. 45 Min. backen. Mit ↑**Puderzucker** bestreut noch warm servieren.

Apfelauflauf [*Übersetzer*] **Englisch:** apple brown betty; **Französisch:** soufflé de pommes; **Spanisch:** alboroto de manzana

Apfelessig [*Gesundheit*] **T** Apfelessig ist nicht nur ein wohlschmeckendes Würzmittel, sondern auch durch den hohen Gehalt an ↑**Kalium**, ↑**Mineralstoffen** und ↑**Spurenelementen** sehr gesund. Apfelessig wird im Körper schnell abgebaut und tritt nicht in den Harn über. Dadurch verbessert sich die Nierenleistung, außerdem hat er einen günstigen Einfluss auf die Darmflora (hemmt oder tötet Fäulnisbakterien ab). ↑**Essig. Tipp:** 2 TL Apfelessig in 1 Glas Wasser als Getränk auf nüchternem Magen, löscht nicht nur den Durst, sondern senkt nachweislich den ↑**Cholesterin**spiegel

Apfelkompott [*Regionale Spezialität*] **R Englisch:** apple sauce; **Französisch:** marmelade de pommes; **Italienisch:** Composta, purea di mele; **Spanisch:** compota de manzana. Eine Stange ↑**Zimt**, ↑**Zucker**, ↑**Zitronensaft** und Wasser miteinander aufkochen. ↑**Äpfel** schälen, vierteln, entkernen und in Spalten schneiden. Die Apfelspalten etwa 5 Min. in dem heißen Zuckersirup köcheln lassen. In ein Sieb gießen und den Saft auffangen. – Apfelschalen und Kerngehäuse ebenfalls ca. 5 Min. in diesem ↑**Fond** kochen. – Die gekochten Apfelspalten in eine Schüssel geben. Den durch die Kerngehäuse und Schalen sehr aromatisch gewordenen Saft durch ein feines Sieb darübergießen.

Apfelkraut [*Unsere Küche*] **R** Spezialität aus dem Rheinland. – Apfelkraut (↑**Sirup** auch Kraut genannt) ist ein süß-fruchtiger, dunkelbrauner Brotaufstrich, den die Germanen schon kannten und der durch stundenlanges Einkochen von Apfelsaft entsteht. Da der Zuckergehalt von ↑**Äpfeln** alleine nicht ausreicht, ist ein geringer Anteil an ↑**Birnen** erlaubt, auch um das Apfelkraut haltbarer zu machen. Das Lebensmittelgesetz erlaubt zudem die Zugabe von ↑**Zucker** und fordert auf 100 g Apfelkraut mindestens 270 g Äpfel und Birnen sowie einen Mindestanteil von 210 g ↑**Pektin** (zur Gelierung). Apfelkraut wurde bis zur Erfindung der industriellen Zuckerherstellung im 18. Jahrhundert als universelles Süßmittel genutzt und wird auch heute noch beim Backen (veganer Honigersatz), zum Dunkelfärben von ↑**Brotteig**, zum Verfeinern von ↑**Saucen** oder Bestreichen von ↑**Pfannkuchen** verwendet. 100 g Apfelkraut: 275 kcal/1151 kJ, und ist in jedem Fall im Reformhaus erhältlich.

Apfelkren [*Österr. Küche*] **R Grundrezept für zwei Varianten: Variante 1:** 400 g Äpfel (geschält; Kerngehäuse entfernt; in Stücke geschnitten); 1 EL Zitronensaft; 1 TL Zucker; Wasser; 15–20 g frisch geriebener Meerrettich; Salz. Für den Apfelkren die Apfelstücke in mit ↑**Zitronensaft** und ↑**Zucker** gewürztem Wasser zugedeckt weichdünsten. Anschließend die ↑**Äpfel** ↑**passieren**, das Ganze erkalten lassen und mit ↑**Meerrettich** vollenden, evtl. salzen. **Variante 2:** Die Äpfel schälen und fein reiben. Sofort mit dem Zitronensaft marinieren, damit die Äpfel nicht braun werden. Mit Essig und Zucker verrühren. Zuletzt den Meerrettich dazugeben und gut durchmischen. Ideale Beilage zum gekochten ↑**Tafelspitz**

Apfelkuchen [*Übersetzer*] **Englisch:** apple pie; **Französisch:** tarte aux pommes; **Italienisch:** torta di mele; **Spanisch:** tarta de manzana

Apfelmeerrettich/Kren [*Unsere Küche*] **R** Apfelmeerrettich, eine schnell zubereitete Spezialität, ursprünglich aus Österreich. Passt hervorragend zu gekochtem ↑**Rindfleisch** (↑**Tafelspitz**). **Grundrezept:** Ein mit roh geriebenem ↑**Apfel** oder ↑**Apfelmus** vermischter ↑**Meerrettich** wird mit ↑**Zucker**, Prise ↑**Salz** und einer Spur ↑**Essig** oder ↑**Zitronensaft** abgeschmeckt.

Apfelmus [*Österr. Küche*] Brei aus geschälten und gekochten ↑**Äpfeln**

Apfelsäure [*Fachkunde*] **1.** ↑**E 296**; **2.** Ein natürlicher Bestandteil frischer Weißweine. Bei ↑**Barrique**ausbauten und Rotweinen unerwünscht.

Apfelsine oder Orange [*Obst*] **T Lateinisch:** Citrus sinesis; **Englisch:** orange; **Französisch:** orange; **Italienisch:** arancia; **Spanisch:** naranja. **Info:** Orangen gehören zur Familie der Rautengewächse. Die kugelförmigen bis leicht ovalen Früchte haben einen Durchmesser von 6–10 cm und eine glatte, bei einigen Sorten leicht raue oder knubbelige Oberfläche. Schale und Fruchtfleisch sind orange gefärbt, die Schale haftet – ausgenommen bei Navel-Orangen – stark am Fruchtfleisch. Orangen aus gleichmäßig warmen Gebieten sind gelblich, zum Teil sogar mit grünlichen Einflüssen. Orangen aus Gebieten mit größeren Temperaturschwankungen (kühle Nächte) haben eine intensiv orange bis rötliche Farbe. Botanisch gesehen handelt es sich bei der Orangenfrucht um eine Beere. Weltweit gibt es mittlerweile ca. 400 verschiedene Sorten. Man unterscheidet bittere (Pomeranzen) und süße Orangensorten. Die süßen Orangensorten unterteilt man hauptsächlich in Speise-, Saft- und Blutorangen. Orangen haben eine sehr lange Reifeperiode von 7–8 Monaten und erreichen in den Mittelmeerländern ihre Reife zwischen September und März. Orangen können ohne Qualitätsverlust „am Baum" gelagert werden und verlängern so die Saison noch zusätzlich. Nicht selten kann man auf einem Baum die „gelagerten“ Früchte der letzten Saison und die Blüten für die kommende Ernte nebeneinander sehen. Das Fruchtfleisch ist in 6–12 Segmente unterteilt und hat einen fruchtigen, je nach Sorte süßlichen bis bitteren Geschmack. Die meisten heute im Handel befindlichen Speiseorangen werden als „kernlos“ bezeichnet, weil sie nur 0–6 Samen pro Frucht enthalten. Saftorangen dagegen enthalten bis zu 20 Samen pro Frucht. Orangen zählen zu den weltweit am meisten verbreiteten Obstarten; die wichtigsten Anbauländer sind Brasilien, die USA, Mexiko, China und Spanien. **Ursprung und Geschichte:** Die Orange ist eine Citrusfrucht, stammt ursprünglich aus Südostasien und wurde vor etwa 4000 Jahren in China kultiviert. Orangen und Apfelsinen sind identisch. Orange ist eine Bezeichnung der Frucht, die ursprünglich aus China kommt, und Apfelsine bedeutet übersetzt nichts anderes als „Apfel aus China“. Sie kam mit Alexander dem Großen in den Mittelmeerraum und war dort auch schon den Römern bekannt. Danach geriet die Orange in Europa in Vergessenheit und erst im 13. Jahrhundert brachten spanische Seefahrer bittere Früchte mit dem arabischen Namen „narandsch“ hierher. Die ersten süßen Orangen wurden im 15. Jahrhundert durch portugiesische Seefahrer in die europäischen Mittelmeerländer eingeführt. Von dort brachten sie sie – angeblich war es Christoph Kolumbus selbst – nach Amerika. In Florida wurden bereits um 1550 die ersten Pflanzungen angelegt. Im Europa dagegen wurde es im Laufe des 16. Jahrhunderts Mode, kleinere Orangenbäume zu züchten und sich am Anblick der Blüten im Frühjahr und Sommer zu erfreuen. Zum Überwintern der frostempfindlichen Pflanzen integrierte man in der Barock- und Renaissancezeit in viele Schlossarchitekturen eine „Orangerie“. Die ersten Orangenplantagen im heutigen Sinn gab es erst im 19. Jahrhundert in der Nähe von Valencia in Spanien. **Die bei uns üblichen Sorten aus den Mittelmeerländern werden in drei Reifekategorien eingeteilt: 1.** Früh reifende Sorten mit Marktreife bis Dezember sind Hamlin, Newhall und die Navel-Orangen. **2.** Mittelspät reifende Orangen im Zeitraum Dezember bis März sind die Sorten Queen, Pineapple, Salustiano und die meisten Blutorangen. **3.** Spätorangen, vor allem Valencia, kommen etwa ab März auf den Markt. In den Wintermonaten von November bis April stammen die bei uns angebotenen Orangen aus den Mittelmeerländern, vor allem Spanien, Italien, Israel, Griechenland und Zypern. In der übrigen Zeit aus der südlichen Hemisphäre, vor allem aus Südafrika und Brasilien. Als typisches Winterobst schenken sie uns zahlreiche ↑**Spurenelemente** und viel ↑**Vitamin C. Bekannte Orangensorten: 1. Speiseorangen:** Speiseorangen sind nicht zum Auspressen geeignet. Denn sie enthalten den Bitterstoff Limonin, der beim Auspressen freigesetzt und dann unangenehm bitter hervorschmecken würde. Dafür lassen sich Speiseorangen gut schälen, haben in der Regel keine oder nur sehr wenig Kerne und schmecken herrlich süß, weil sie nur wenig Säure haben. **Navellinas** sind mittelgroße ovale bis runde Orangen, die in der Regel zwischen Oktober und Januar angeboten werden. Diese Orangensorte wird früh geerntet. Dadurch hat sie einen geringen Fruchtzuckeranteil, schmeckt also leicht säuerlich und ist dabei aber süß. Navellinas haben eine lockere Schale, sind darum gut zu pellen und haben keine/nur sehr wenig Kerne. **Lane Late Orangen** gehören zu den späten Sorten, d. h. sie werden erst ab Februar angeboten. Diese Früchte haben also lange Zeit, am Baum zu reifen, und werden sehr süß. Allerdings sind Lane Late Orangen nicht so intensiv im Geschmack wie Navellinas, dafür haben sie einen hohen Saftanteil. Sie haben keine Kerne und eine lockere Schale, die sich gut entfernen lässt. **Navel Late** kann man beim Einkauf ganz leicht erkennen, sie haben nämlich eine weitere kleine Frucht innerhalb der Hauptfrucht. Diese kleine Zweitfrucht zeigt sich meist durch eine nabelartige Öffnung („Navel“ englisch für Nabel) oder Ausbuchtung am Ende der Hauptfrucht. Navel Late Orangen sind mittelgroß mit fester Schale und lassen sich deshalb schwerer schälen als die anderen Navel-Orangen. Doch ist die Schale gelöst, wird man belohnt. Denn diese Orange hat ein sehr feines Fruchtfleisch und einen hohen Zuckeranteil. Deshalb schmeckt sie nur leicht säuerlich und sehr süß. Außerdem hat sie so gut wie keine Kerne und einen höheren Saftanteil als die anderen Navel-Orangen. Navel Late Orangen kommen – wie der Name schon sagt – spät auf den Markt. Sie brauchen sehr lange, um zu reifen, und schmecken deshalb am besten im Februar, März und April. **2. Saftorangen:** Saftorangen haben einen sehr großen Saftanteil und weniger störende Bitterstoffe. Außerdem haben sie viele Kerne und sind weniger zum Verzehr geeignet als Speiseorangen. Die Früchte sind rundlich bis länglich oval und mit etwa 6–9 cm Durchmesser mittelgroß. Schale und Fruchtfleisch sind anfangs orange, spätere Ernten sind wieder leicht grünlich. Typische Saftorangen sind Valencia Late und Salustiana. Die **Valencia Late**-Orange ist mittelgroß und lässt sich sehr gut pressen. Sie schmeckt weniger süß und hat einen erfrischenden, leicht säuerlichen Geschmack. Valencia Late Orangen gibt es in der Regel ab Februar zu kaufen. Bereits ab Dezember findet man **Salustianas** in den Geschäften. Bei Salustiana-Orangen ist der Saftgehalt noch größer. Hier reichen oft schon 2 Orangen, um ein Glas mit Saft zu füllen. Der Geschmack dieser Sorte ist weniger säuerlich und leicht süß. **3. Blutorangen:** Blutorangen sind meist rundliche, mit 6–9 cm Durchmesser mittelgroße Orangen mit rötlich gefärbtem Fruchtfleisch. Die Färbung wird durch das so genannte Anthocyane ausgelöst. Das ist ein Farbstoff, der bei niedrigen Temperaturen zusammen mit der Fruchtsäure eine rote Färbung des Fruchtfleisches hervorruft. Je nachdem, wie niedrig die Temperaturen während der Reifung der Blutorange waren, desto röter wird die Farbe. Blutorangen eignen sich besser zum Verzehr als zum Pressen, da sie einen geringeren Saftanteil haben. Ihr Geschmack ist häufig etwas bitterer als bei herkömmlichen Orangen. Der Grund: Blutorangen besitzen ein herbes, würziges Aroma und erinnern an den Geschmack von Beeren. Die bekanntesten Blutorangensorten sind Moro und Tarocco. **Moro-Orangen** sind so genannte Vollblutorangen, d. h., sie haben sowohl ein rotes Fruchtfleisch als auch eine rot gefärbte Schale. Diese Sorte wird allerdings eher selten verkauft, da die Moro Orange sehr viel Säure hat und bitter schmeckt. Deutlich milder im Geschmack ist die **Tarocco Orange**. Diese Sorte gehört zu den Halbblutorangen: Sie haben zwar rötlich gefärbtes Fruchtfleisch, ihre Schale aber ist orange. Tarocco Blutorangen haben ein volles Aroma und nur wenig Bitterstoffe, sind also milder als Moro Vollblutorangen. **Inhaltsstoffe:** 100 g Orangen weisen einen Brennwert von ∅ 49 kcal/205 kJ auf und enthalten etwa 84 g Wasser; 1 g Eiweiß; 0,3 g Fett; 11,9 g Kohlenhydrate und 2,5 g Ballaststoffe. An ↑**Mineralstoffen**, ↑**Spurenelementen** und ↑**Vitaminen** sind ∅ 40 mg Kalzium; 0,1 mg Eisen; 23 mg Vitamin A (RE) und 50 mg Vitamin C enthalten. Außerdem sind Orangen reich an ↑**Karotin** und ↑**B-Vitaminen**. Die Früchte sind sehr leicht verdaulich, wirken belebend und harntreibend, stärken die Abwehrkräfte, wirken gegen Frühjahrsmüdigkeit und haben einen hohen Anteil an Ballaststoffen. Eine Orange enthält so viel ↑**Vitamin C**, dass der Tagesbedarf eines Erwachsenen abgedeckt werden kann. Täglich ausgepresst getrunken oder gegessen ist sie ein sehr guter Schutz vor Erkältung. **Konservierungsstoffe:** Orangen werden für den Export nach der Ernte meist gewaschen und verlieren ihren natürlichen Schutz, ihre Wachsschicht. Deshalb wird die Schale mit Konservierungsstoffen behandelt, die zwar die Früchte vor Austrocknung, ↑**Schimmel** und Infektionen schützen, für den menschlichen Genuss aber schädlich sind und sogar im Verdacht stehen, Krebs auszulösen. ↑**E 230**, ↑**E 231**, ↑**E 232**, ↑**E 233**, ↑**E 912** und ↑**E 914**. Untersuchungen haben ergeben, dass bei dem Pressvorgang bis zu 1 % der ↑**Konservierungsstoffe**, mit denen Orangen meist behandelt werden, in den Saft übergehen. Keine Rolle spielt dabei die Art und Weise des Pressens. Trotzdem kann man dafür sorgen, dass sich der Anteil der Konservierungsstoffe möglichst gering hält: **1.** Man verwendet möglichst unbehandelte Orangen. **2.** Behandelte Orangen sollten man vorher gründlich mit warmem Wasser abspülen und anschließend gut abtrocknen. **3.** Wird beim Saftpressen die Frucht mit der Hand festgehalten, werden am meisten Konservierungsstoffe übertragen. Darum sollte man Papierküchentücher zum Festhalten benutzen. **4.** In Bars und Restaurants nachfragen, ob man mit unbehandelten Früchten arbeitet. Für die industrielle Herstellung von Orangensaft dürfen nur unbehandelte Früchte verwendet werden, die man direkt nach der Ernte verarbeitet. Behandelte Orangen müssen für den Verbraucher auf der Verpackung gekennzeichnet sein. Bei „unbehandelten" Orangen ist zwar die Schale zum Verzehr geeignet, allerdings sind sie wesentlich weniger gut haltbar. **Zubereitung und Tipps:** Nur in frisch gepresstem Orangensaft finden sich noch alle Vitamine. Je länger der Saft dann steht, desto weniger ↑**Spurenelemente** befinden sich noch im Saft. Orangen eignen sich zum Kochen und Würzen von Speisen und zum Zubereiten von Torten, Gebäck, ↑**Omelettes**, ↑**Crèmes**, ↑**Soßen**, Suppen, Salaten und passen gut zu ↑**Geflügel**. Die Schale unbehandelter Früchte dient zum Aromatisieren z. B. von ↑**Desserts** und Gebäck. Ungefähr 20 % der Gesamternte werden als ganze Früchte verkauft. Die übrigen werden in der Industrie zu Orangensaft, ↑**Extrakten**, ↑**Marmelade**, ↑**Konfitüre**, Fruchtpulver und ↑**Orangeat** verarbeitet.

Apfelstrudel [*Unsere Küche*] **R Englisch:** apple strudel; **Französisch:** strudel aux pommes; **Italienisch:** strudel di mele. Ist eine ursprünglich aus der Türkei stammende Süßspeise. (↑**Baklava**) Sie wurde nach der Belagerung Wiens im Jahr 1683 von Wiener Hausfrauen übernommen und nach ihrem Geschmack kreiert. Hierfür wird eine Teigrolle aus ↑**Strudelteig** oder ↑**Blätterteig** gefüllt. Die Füllung besteht aus geschälten, klein geschnittenen ↑**Äpfeln**, ↑**Zucker**, ↑**Zimt**, ↑**Rosinen**, ↑**Mandelsplitter**, ↑**Semmelbröseln** und nach Belieben süßer oder ↑**Saurer Sahne**. Die Zutaten werden vermischt, auf dem ausgezogenen oder ausgerollten Teig verteilt, der vorher mit lauwarmer Butter beträufelt wurde. Mit Hilfe einer großen Stoffserviette wird der Strudel zusammengerollt und bei mittlerer Hitze gebacken. Warm oder kalt serviert, passt besonders gut ↑**Vanillesauce** oder ↑**Vanilleeis** dazu. Man kann einen ↑**Strudel** mit verschiedenem ↑**Obst**, aber auch ↑**Gemüse** (↑**Blanchiert**) und ↑**Hackfleisch** füllen.

Apfelwein [*Weinkunde*] **T Englisch:** cider; **Französisch:** cidre; **Italienisch:** sidro; **Spanisch:** sidra. Regional **Apfelmost** oder **Viez**, in Hessen meist **„Stöffche"** genannt. **Geschichte:** Schon die Hebräer und Phönizier tranken sauren, eher essigähnlichen Apfelwein aus gepressten Äpfeln, den sie Shekar nannten. Die Griechen genossen ihren Sikera vor über 3000 Jahren, später folgten Römer, Germanen. Karl der Große ließ um 800 n. Chr. in seinen Landgüter Apfelwein herstellen. **Der Apfelwein heute:** Der „Ebbelwei", wie die Frankfurter ihr Nationalgetränk nennen, ist in der Mainmetropole urkundlich seit dem 16. Jahrhundert bekannt. Rund 70 % der deutschen Apfelweinproduktion werden alleine in Hessen verkauft. Dabei ist die Mainmetropole unbestritten die „Ebbelwei"-Hauptstadt. Alleine 40 Millionen Liter werden hier gekeltert. Bekannte Namen für Apfelwein: **Äppelwoi – Äppler** (Neudeutsch) – **Appelwein – Ebbelwei – Ebbelwoi – Schoppe – Stöffche. Info:** Der Apfelwein ist, richtig gekeltert, ein reines Naturprodukt und enthält 5–6 % Alkohol. Optimale Trinktemperatur 11–14° C. Der typische Apfelwein wird im Großraum Frankfurt hergestellt und besteht nur aus Äpfeln, ohne Zusatz von Birnen oder anderem Obst, was seinen frischen, herben Geschmack begründet. **Nicht alle Apfelsorten sind geeignet** – Ein Weinapfel braucht einen außergewöhnlich hohen Säure- und Zuckergehalt. – Edle Tafelobstsorten können allenfalls im Verschnitt gekeltert werden, und Frühobst besitzt nur einen geringen Zucker-, Säure- und Extraktgehalt. Ausnahmen sind z. B. ↑**Cox** und Ontario, sie sind durchaus gut brauchbar, aber viel zu teuer. **Bevorzugte Apfelsorten sind u. a.:** „Schafsnase", „Trierer Weinapfel", „Rheinischer Bohnapfel", „Kaiser Wilhelm", „Bittenfelder" (der beste), „Brettacher" oder „Roter ↑**Boskop**". Drei Zentner Äpfel ergeben rund 100 l Apfelwein. **Fruchtzusätze:** Um dem gewöhnlichen handelsüblichen Apfelwein feinere Nuancen zu geben, wird er seit alters her mit anderen Früchten versetzt. Zum Beispiel mit der ↑**Mispel.** Die herzhafte Frucht gibt dem Apfelwein ein feinwürziges Aroma bei einem ausfüllend-kompakten Abklang und macht ihn wuchtiger. – Dieser „barocke" Apfelwein eignet sich auch zum Kochen. Leichte Wildgerichte bekommen damit eine besonders pikante Geschmacksnote. Die ↑**Eberesche** – Ein mit Ebereschenfrüchten gekelterter Apfelwein schmeckt leicht säuerlich mit einem kräftigen, eigenen Abgang und gibt ihm eine wilde, derbe Note. Er eignet sich als Begleitung zu kräftigen Wildgerichten und schmeckt vor allem zum Wildschwein. Die ↑**Quitte** – Der Quittenebbelwei beschert mit seiner enormen Fruchtfülle opulente feine Duftnuancen. Dieses Geschmacksbild macht ihn zum passenden Begleiter für die hessische Küche. Getrunken zu Hausmacher Wurst, Bauernbrot, sauren Gurken und scharfem Senf, kann der Quittenapfelwein Fett und Gewürze neutralisieren. Die ↑**Schlehe** – Sie gibt dem Apfelwein Tannine und Gerbstoffe, die sich im Geschmack als fruchtig-frische, fast durstlöschende Note auf der Zunge zeigen. Im Geschmack ist dieser Ebbelwei weiniger. Er schmeckt zu gegrilltem oder gekochtem Fisch und auch zu allen frischen, leichten Sommergerichten. Der ↑**Speierling** – Der sehr gesunde Saft wird manchmal in geringen Mengen (1–3 %) statt Schwefel dem Apfelwein zugefügt, um diesen haltbarer zu machen. Außerdem entwickelt er einen feinen, an ↑**Bratäpfel** erinnernden Geschmack. **Apfelwein in anderen Ländern:** Nicht nur die Hessen haben den Apfelwein für sich entdeckt. Schmackhafte Varianten sind auch in Frankreich (Cidre), Großbritannien, USA (Cider), Spanien (Sidra), Slowenien (Jablocnik) und Finnland (Siideri) bekannt. Ein ähnliches alkoholisches Getränk, das aus Äpfeln und Birnen hergestellt wird, trägt in Süddeutschland, der Schweiz und Österreich den Namen ↑**Most. Inhaltsstoffe:** 0,25 l handelsüblicher Apfelwein enthält 85 kcal/356 kJ. **Zum Vergleich:** In derselben Menge Weißwein sind 152 kcal/636 kJ, in Exportbier 112 kcal/469 kJ, in Apfelsaft 120 kcal/502 kJ, in Rotwein 173 kcal/724 kJ und in Sekt 226 kcal/946 kJ enthalten. Der Apfelwein gilt als ein Getränk, das nicht müde macht, sondern den Kreislauf und das Nervensystem anregt.

Aphrodisiakum [*Gesundheit*] Mittel zur Anregung und Steigerung der sexuellen Erregung oder Potenz. Wissenschaftlich umstritten, seit Menschengedenken eingesetzt. Der Name Aphrodisiakum ist zurückzuführen auf die Göttin Aphrodite, die in der griechischen Mythologie als Göttin der Liebe und der Schönheit gilt. Impotenz bei Männern ist häufig auf Stress, Überarbeitung, zu viel ↑**Alkohol** oder zu viel ↑**Koffein** zurückzuführen. Es gibt allerdings auch eine Reihe von organischen Ursachen, die zu einem schwachen Sexualtrieb führen können. **Sexuelle Unzulänglichkeiten** (Frigidität, Sterilität, Impotenz oder vorzeitiger Samenerguss) können eine ansonsten vorbildliche Beziehung zum Scheitern bringen. Bestimmte Heilpflanzen, Lebensmittel und eine vernünftige ↑**Ernährung** können jedoch anregend wirken: ↑**Artischocken**; ↑**Austern**; ↑**Erdkastanien** (Bunium bulbocastanum); ↑**Kakao**; ↑**Kaviar**; ↑**Pomeranzen**; ↑**Sellerie**; ↑**Vanille**

Apicus [*Fachkunde*] Autor lateinischer Kochbücher: „10 Bücher des Apicus über die Kochkunst", im 3. oder 4. Jahrhundert v. Chr. veröffentlicht

Apio [*Span. Speisekarte*] ↑**Sellerie**

AP-Nummer [*Weinkunde*] ↑**Amtliche Prüfnummer**

Appam [*Intern. Länderküche*] Oder Idiappam sind Begriffe aus der indischen Küche für schalenförmige ↑**Pfannkuchen** aus Reisteig.

Appareil [*Franz. Fachwort*] (Apparat) Grundzubereitung wie Masse, ↑**Farce**, Mischung zur Weiterverarbeitung, auch das Gerät zur Zubereitung

Appellation d'Origine contrôlée [*Weinkunde*] Abgekürzt A.O.C. Französische Weine werden in 3 Kategorien eingeteilt: Rang 1 – A.O.C.; Rang 2 – V.D.Q.S.; Rang 3 – A.S. (simple). Weist auch auf die geografische Herkunft französischer Weine hin. Das französische Weingesetz garantiert Wein nach Herkunft, wobei der bestimmende Faktor der Boden ist, auf dem die Rebstöcke wachsen. Während das deutsche Weingesetz nach Reifegrad des Leseguts Weine in verschiedene Qualitäten einteilt, definiert das französische Gesetz Weinqualität nach geografisch bestimmten Hierarchien. Der Boden formt nicht nur den Standort, in dem sich die Pflanze verankern kann, er ist auch die Quelle der Nährstoffe, die das Gedeihen der Reben und damit die Qualität des späteren Weins beinflusst. In der langen Geschichte des französischen Weinbaus hat sich herausgestellt, dass bestimmte Weinberge oder Lagen qualitativ hochwertigere Weine hervorbringen als andere. Vor allem in Jahren mit ungünstigen Wetterbedingungen zeigen diese Lagen eine Beständigkeit in Qualität, während benachbarte, augenscheinlich ähnliche Weinberge eine wesentlich niedrigere Qualität ergeben. Die Erklärung schienen immer wieder die (unterschiedlichen) Eigenschaften der Böden zu sein. Zugleich wurde deutlich, dass nicht allein diese geografische Bestimmung über Weinqualität entscheidet, sondern dass dies rebsortenabhängig ist. Bestimmte Rebsorten ergeben auf einem bestimmten Boden bessere Ergebnisse als andere. Die Verschiedenheit der Böden und die unterschiedlichen Bedürfnisse der verschiedenen Rebsorten fand man durch langes Ausprobieren. Mit Hilfe optimaler Abstimmung sollten gebietstypische Weine entstehen, Weine als direktes Ergebnis des Zusammenspiels von Boden und Pflanzen. Die Auffassung, dass verschiedene Gebiete oder Böden unterschiedliche Weine hervorbringen, selbst wenn es dieselbe Rebsorte ist, wurde Basis das französischen Weingesetzes. Deshalb werden die meisten französischen Weine nach dem Gebiet benannt, von dem sie stammen. Seltener nach den Rebsorten, mit denen sie produziert wurden. In der Qualitätshierarchie bilden die Weine mit einer Appellation Contrôllée-Bezeichnung (immer in Verbindung mit einem Gebietsnamen) die höchste Stufe. Die Appellations unterliegen bestimmten gesetzlichen Auflagen. Die Grenzen eines AC-Gebietes werden auf der Basis der Bodenbeschaffenheit festgelegt. Innerhalb dieses Gebietes sind nur lokale, althergebrachte Rebsorten für die Weinproduktion zugelassen. Die Anbaumethoden sind genau umschrieben sowie die maximale Ertragshöhe per ha. Der Alkoholgehalt dieser Weine darf, anders als bei deutschen Weinen, auf diese höchste Qualitätsstufe durch Anreicherung erhöht werden. Es gibt gesetzlich bestimmte minimale Reifegrade, die das Lesegut vor der Behandlung aufweisen muss. Die Appellations selbst können wieder hierarchisch unterteilt sein, in immer kleinere Gebiete, wobei gilt, das, je kleiner und spezifischer das Gebiet, desto strikter die Regeln, was erlaubte Rebsorten, Anbau- und Weinbereitungsmethoden und die maximal zugelassenen Erträge per ha betrifft. Eine Appellation kann regional festgelegt sein. Innerhalb kann es ein kleineres Teilgebiet geben, ein bestimmtes Dorf, das einen Appellationnamen trägt. In dieser Appellation kann wiederum ein Weinberg eine eigene Appellation sein, und sogar innerhalb eines Weinberges kann eine Parzelle eine eigene Appellation darstellen. Obwohl das System der Appellation Contrôlée als eins der zuverlässigsten in der Welt erscheint, kann es nicht als absolute Qualitätsgarantie aufgefasst werden. Die Weinproduktion in Frankreich wird von zwei Institutionen überwacht. Das „Institut National des Appellations d'Origine" (INAO) ist für die Administration und Anerkennung der Appellations zuständig, während die „Service de Repression des Fraudes" für das Nachleben der komplizierten Gesetzgebung zuständig ist. Vom Moment der Ernte an muss jede Phase der Weinproduktion dokumentarisch belegt sein. Dabei wird aber nur stichprobenweise kontrolliert. Dieses System erschwert Experimente mit neuen Weinen. Die Versuche werden nicht anerkannt, sprengen die Regulierung. Aus diesem Grund werden viele Qualitätsweine unter der niedrigsten Stufe als „Vin de Table" auf den Markt gebracht, was nicht im Sinne der Qualitätsgarantie sein kann. Gleichzeitig ist es schwer vorstellbar, dass jeder Wein, der unter einer Appellation produziert wird, seine Herkunft in Geruch und Geschmack unwiderleglich zeigt. (Text auszugsweise aus dem französischen Originaltext übersetzt.)

Appenzeller classic Switzerland [*Käse*] **Herkunft:** Schweiz; **Käsesorte:** ↑**Schnittkäse** mind. 48 % ↑**Fett i. Tr.**; **Milch:** Rohmilch von Kühen, die ohne Silage gefüttert werden; **Teig:** elfenbeinfarbig bis hellgelb; wenige, etwa erbsengroße Löcher (3–6 mm), regelmäßig verteilt; zart und weichschnittig; **Geschmack:** vollwürzig-fein. **Info:** Verwendung von Zusatzstoffen ist in der Käseherstellung verboten.

Appenzeller surchoix Switzerland [*Käse*] **Herkunft:** Schweiz; **Käsesorte:** ↑**Schnittkäse** mind. 48 % ↑**Fett i. Tr.**; **Milch:** Rohmilch von Kühen, die ohne Silage gefüttert werden. **Teig:** elfenbeinfarbig bis hellgelb; wenige, etwa erbsengroße Löcher (3–6 mm), regelmäßig verteilt; **Geschmack:** vollwürzig-fein. **Info:** Verwendung von Zusatzstoffen ist in der Käseherstellung verboten.

Appenzeller extra Switzerland [*Käse*] **Herkunft:** Schweiz; **Käsesorte:** ↑**Schnittkäse**, mind. 48 % ↑**Fett i. Tr.**; **Milch:** Rohmilch von Kühen, die ohne Silage gefüttert werden; **Teig:** elfenbeinfarbig bis hellgelb; wenige, etwa erbsengroße Löcher (3–6 mm), regelmäßig verteilt; zart und weichschnittig; **Geschmack:** extra würzig, klassisch. **Info:** Verwendung von Zusatzstoffen ist in der Käseherstellung verboten.

Appenzeller Siedewurst [*Schweizer Küche*] Schweizer Würstchenart im Schweinedarm, Kal. 28/32.

Appert, François Nicolas [*Berühmte Köche*] Der französische Koch **François Nicolas Appert** erfand 1790 das Einwecken von Lebensmitteln und erhielt dafür 12 000 Goldfrancs von Napoléon Bonaparte. Der nutzte diese Erfindung, um seine Truppen auf Kriegszügen besser versorgen zu können.

Appetit [*Gesundheit*] Appetit ist ein Empfinden, das den Menschen zur Nahrungsaufnahme veranlasst, aber nicht mit Hunger gleichzusetzen ist. Appetit kann durch äußere Einflüsse angeregt (Tischdekoration, Duft einer Speise oder einen ↑**Aperitif**) oder gehemmt werden (Krankheit, abstoßender Geruch im Raum oder Unappetitliches wie ein Haar in der Suppe).

Appetithäppchen [*Übersetzer*] **Englisch** savouries; **Französisch:** amuse-gueule, -bouche; **Italienisch:** antipastini, stuzzichini; **Spanisch:** tapas; ↑**Canapées**

Appétits [*Franz. Speisekarte*] **A** ↑**Zwiebelgemüse** mit ↑**Perlzwiebeln** und ↑**Schnittlauch** vollendet, zum Würzen von Salaten

Appetitsild [*Fisch*] Ausgenommene, parallel zur Rückengräte geteilte ↑**Anchovis**, die enthäutet und so weit wie technisch möglich entgrätet sind. ↑**Anchosen**

Appetitzügler [*Gesundheit*] **T** Appetithemmende synthetische Substanzen, die vor allem zur Gewichtsreduktion angewandt werden. Sie wirken auf das Zentralnervensystem (ZNS) und beeinflussen kurzfristig (2–4 Wochen) das Hunger- und Sättigungszentrum im Gehirn. Appetitzügler sind kein Ersatz für eine Umstellung der Essgewohnheiten, die einzige Chance für eine dauerhafte Gewichtskontrolle. **Über längere Zeit können Appetitzügler schwere Gesundheitsschäden hervorrufen. Ein Glas Wasser oder Gemüsesaft, direkt vor der Mahlzeit getrunken, oder ein Salat als Vorspeise wirken wie ein natürlicher Appetitzügler.**

Appetizers [*Schweizer Küche*] Vorspeisen

Apple cider [*U.S. Kitchen*] Frisch gepresster, naturtrüber Apfelsaft, der nicht alkoholisch ist.

Apples [*U.S. Kitchen*] ↑**Äpfel**

Apprenti [*Franz. Fachwort*] Lehrling

Âpre [*Franz. Fachwort*] Bezeichnung für herb, streng. Bei ↑**Wein:** tanninhaltig, rau

Apricot Brandy [*Hausbar*] **T** Aprikosenlikör mit mindestens 24 % Vol. aus Aprikosensaft, Aprikosenbranntwein, ↑**Zucker**, ↑**Glucose**, hochprozentigem ↑**Alkohol** und Wasser, Bestandteil vieler ↑**Cocktails**

Aprikose [*Obst*] **T Lateinisch:** Prunus armeniaca; **Synonym:** Marille, Barille; **Englisch:** apricot; **Französisch:** abricot; **Italienisch:** albicocca; **Spanisch:** albaricoque. **Info:** Aprikosen gehören zur Familie der Rosengewächse. Die 4–8 cm großen, kugeligen bis eiförmigen Steinfrüchte haben eine dünne, samtartige oder seltener glatte, hellgelbe bis orangegelbe Haut sowie und eine vom Stiel bis zum Stempel verlaufende, die Frucht in zwei Hälften teilende Naht. Die Sonnenseite der Aprikose ist oft gerötet, das Fruchtfleisch gelb, weiß oder orange und sehr aromatisch. Es lässt sich leicht vom harten Steinkern lösen, in dem sich ein weicher mandelartiger Samen befindet, der roh allerdings **giftig** ist. Er enthält das Mandelsäurenitril, das im Magen zu Benzaldehyd und Blausäure umgewandelt wird. Blausäure ist zwar sehr giftig und kann Krämpfe, Lähmungen, Speicheln sowie den Tod durch Atemlähmung hervorrufen, jedoch sind ernstliche Vergiftungen sehr selten; bei Kindern sollte man vorsichtig sein. Durch einfaches Erhitzen (Rösten) kann das gesamte Mandelsäurenitril sofort zerstört werden. **Ursprung und Geschichte:** Die ursprünglich aus dem nördlichen China oder der Mongolei stammenden Aprikosen werden in ihrer Heimat bereits seit mehr als 4000 Jahren kultiviert und kommen heute wild wachsend vom Kaukasus bis Japan vor. Im 4. Jahrhundert v. Chr. brachte Alexander der Große die Aprikosen in den Mittelmeerraum und die Römer im 1. Jahrhundert n. Chr. über die Alpen nach Mitteleuropa. Im 18. Jahrhundert wurden Aprikosen von den Spaniern auf dem amerikanischen Kontinent verbreitet. Das älteste Aprikosenanbaugebiet nördlich der Alpen ist die Wachau (Österreich), hier werden die Marillen (Aprikosen) seit etwa 2000 Jahren angebaut, die daraus entstehenden Erzeugnisse sind weltbekannt. **Arten und Sorten:** Weltweit baut man mehr als 20 verschiedene Sorten an. In Deutschland sind die Sorten **Bergeron** und **Mombacher Frühe** bekannt. Die bekannteste Sorte aus der Wachau wird **Klosterneuburger** oder **Ungarische Beste** genannt, sie hat eine große und rundliche, leuchtend gelbe, gut steinlösende Frucht mit süßem, fein säuerlichem und würzigem Geschmack. Die französische Sorte **Nancy** ist eine sehr große, gut steinlösende, gelbe und rotbackige Frucht mit sehr saftigem Fruchtfleisch. Ebenfalls aus Frankreich stammen die spät reifende, sehr farbenprächtige **Rouge de Roussillon** und die Sorte **Sortilège** mit ihrer typischen rosafarbenen Schale und dem konzentrierten Geschmack. Eine besonders interessante neuere Sorte ist die **Orangered** mit ihrer sehr großen, ovalen, glattschaligen, leuchtend gold-orange-rot gefärbten Frucht und festem, sehr saftigem, süßem und aromatischem Fruchtfleisch. **Herkunft und Saison:** Heimische Aprikosen werden von Juni bis Mitte August angeboten. Die Saison für Aprikosen im Handel beginnt allerdings bereits Ende Mai mit den ersten Importen aus Marokko und Spanien, hat ihren Höhepunkt im Juni und Juli mit Importen aus der Türkei, Österreich, Italien, Spanien sowie Griechenland und endet im September meist mit spät reifenden Sorten aus Frankreich. In den Wintermonaten werden Aprikosen aus Südafrika und Chile importiert. **Geschmack:** Reife, aromatische Früchte sind an ihrem angenehmen Duft und dem süßen, fein säuerlichen und würzigen Geschmack zu erkennen. Nicht an der Farbe, denn sie sagt über die Qualität nichts aus. **Inhaltsstoffe:** 100 g Aprikosen weisen einen Brennwert von ∅ 48 kcal/200 kJ auf und enthalten etwa 84 g Wasser; 1,4 g Eiweiß; 0,4 g Fett;

11,1 g Kohlenhydrate und 2,4 g Ballaststoffe. An ↑**Mineralstoffen**, ↑**Spurenelementen** und ↑**Vitaminen** sind ∅ 14 mg Kalzium; 0,5 mg Eisen; 1 mg Natrium; 261,2 RE Vitamin A sowie 10 mg Vitamin C enthalten. Von allen Obstsorten haben Aprikosen den höchsten ↑**Carotin**gehalt, bereits – je nach Größe – 1–3 Früchte sind ausreichend, um den entsprechenden Tagesbedarf zu decken. **Zubereitung und Tipps:** Aprikosen eignen sich ideal zum Verzehr als Frischobst und entfalten bei Vollreife ein sehr schmackhaftes Aroma; unreife Früchte weisen meist einen mehligen, wenig aromatischen Geschmack auf. – **Aprikosen können nach der Ernte nicht nachreifen**, so sind Früchte mit kürzeren Transportwegen, die länger am Baum reifen konnten, zu bevorzugen. Nur Früchte, die ausreichend Sonne – erkennbar an der rötlichen Verfärbung – abbekommen haben und reif geerntet wurden, entwickeln das volle Aroma. Sie schmecken bei Raumtemperatur am besten. Lange lassen sich Aprikosen nicht lagern, sie verlieren schnell an Aroma, und die Haut wird schrumplig. Aprikosen eignen sich für Süßspeisen, ↑**Chutneys** und exotische Gerichte wie ↑**Currys** und ↑**Pilaws**. Weitere Verwendung finden sie auch als ↑**Konserven**, ↑**Konfitüre**, ↑**Nektar**, ↑**Likör**, und ↑**Dörrobst**, auch als ↑**Edelbrand** sind sie sehr beliebt. Die Aprikosenkerne werden zur Herstellung von Likör, und ↑**Persipan** (marzipanähnliche Paste) genutzt. Aprikosen werden aber auch gerne zu wohlschmeckenden ↑**Marmelade**n, Aufläufen, Desserts und Torten verarbeitet. Da sie beim Erhitzen ihre natürliche Süße verlieren, sollte man bei der Marmeladeherstellung aus diesem Grund ausreichend ↑**Zucker** zugeben. Die süß aromatischen, kräftig orangegelben Früchte werden in Deutschland überwiegend in den Gebieten Rheinland, Rhein-Main, Pfalz und Baden angebaut. Diese Gebiete haben ein verhältnismäßig mildes Klima, das für den Gedeih der wärmeliebenden Aprikosen erforderlich ist.

Aprikosenkernöl [*Fette*] **T Lateinisch:** Prunus armeniaca. Aprikosenkernöl ist ein aus Aprikosenkernen durch Kaltpressung gewonnenes Pflanzenöl. Es ist reich an essenziellen ↑**Fettsäuren** und ↑**Vitamin E**. Aufgrund der hohen Anteile von ↑**Ungesättigter Fettsäure** ist Aprikosenkernöl für die Ernährung sehr wertvoll. Da es schnell ranzig wird, kommen nur kleine Mengen des mild fruchtigen Öls auf den Markt, die schnell verbraucht oder absolut dunkel und kühl aufbewahrt werden sollten.Verwendung findet es in der kalten Feinschmeckerküche für erfrischende Sommersalate. ↑**Speiseöl** & **Öl**

Aprikotieren [*Unsere Küche*] Backwerk oder ↑**Palatschinken** mit heißer passierter ↑Aprikosen**marmelade** dünn bestreichen

Apthenseuche [*Fachkunde*] ↑**Maul- und Klauenseuche**

Aquavit [*Hausbar*] Der Name stammt vom lat. „aqua vitae" (Lebenswasser). Mit ↑**Kümmel** aromatisierter, oft unter Zusatz von anderen ↑**Kräutern** und ↑**Gewürzen** wie z. B. ↑**Dill**, ↑**Koriander**, ↑**Nelken**, ↑**Zimt** oder ↑**Fenchel** hergestellter ↑**Branntwein** aus ↑**Getreide** oder ↑**Kartoffeln**, speziell aus den nordeuropäischen Ländern, insbesondere Dänemark. Alkoholgehalt 35–42 % Vol. Die Qualität wird durch Lagerung in ↑**Sherry**- oder ↑**Portwein**fässern erhöht. – Besonders nach fetten, schweren Gerichten fördert Aquavit die Verdauung.

Ara sicaklar [*Orientalische Küche*] In der türkischen Küchenkultur warme Vorspeisen. ↑**Türkische Küche**

Arabica [*Kaffee*] ↑**Kaffee** & **Kaffee arabica**

Arabische Küche [*Orientalische Küche*] **A** Die Arabische bzw. nordafrikanische Küche zeichnet sich durch eine enorme kulinarische, von verführerischen, aromatischen Gewürzen verfeinerte Vielfalt aus. Arabisch gekocht wird ursprünglich im Nord-Osten (Maghreb) des großen Kontinents, insbesondere in Marokko, Algerien und Tunesien. Für die nordafrikanische Küche typische Lebensmittel sind ↑**Fische**, ↑**Meeresfrüchte**, ↑**Schaf**- und ↑**Lammfleisch**, ↑**Datteln**, ↑**Mandeln**, ↑**Oliven**, vielerlei ↑**Gemüse**, ↑**Trauben** und ↑**Obst** sowie die allgegenwärtigen ↑**Kichererbsen. Zu Tisch in arabischen Ländern sollte man einige Punkte beachten. 1.** ↑**Tee** sollte als Zeichen des Willkommens und der Freundschaft nicht abgelehnt werden. **2.** Wichtig ist der Händewaschritus am Tisch, vor und nach dem Essen. **3.** Anstelle von „Guten Appetit" sagt der Muslim „Bismi'llah" („im Namen Allahs"). **4.** Traditionell werden viele Gerichte mit den Fingern gegessen (z. B. Couscous). Dazu benutzt man **nie die linke Hand**: Sie gilt als unrein. Drei Finger (Daumen, Zeige-, Mittelfinger) ersetzen das Besteck. Auf herkömmliche Art wird ↑**Reis** oder ↑**Hirse** zu Kügelchen gerollt und mit drei Fingern zum Mund geführt, was einige Übung erfordert. **5.** Zu den Hauptgerichten werden ↑**Fladenbrote** gereicht, die ursprünglich das Besteck ersetzten. Es werden für Schmorgerichte kleine Brocken aus den Broten gebrochen, in die Speise getaucht, eine Einlage herausgefischt und mit den „drei Fingern" gegessen. **In großen Restaurants wird Besteck gereicht. 6.** Gespräche beim Essen sind unüblich, verfügt doch der Koran in Sure 33, Vers 53: „Und geht wieder eurer Wege, wenn ihr gegessen habt, ohne zum Zweck der Unterhaltung auf Geselligkeit aus zu sein." **Die Vielfalt der Arabischen Küche:** Zahlreiche Vorspeisen der Arabischen Küche (**Mezze**) stammen ursprünglich aus der Türkei und dem Libanon. Salate wie z. B. ↑**Taboulé** sind typisch. Als Hauptgericht der Landesküche folgen meistens Schmorgerichte wie beispielsweise ↑**Tajines** oder **Tagine** (sprich: Taschinn), jeweils in ihren spezifischen Zusammenstellungen. Sie bestehen aus ↑**Hühner**-, ↑**Kalb**-, ↑**Lamm**-, ↑**Puten**-, ↑**Taubenfleisch** oder ↑**Hirn**, ↑**Leber** und ↑**Nie-**

ren, geschmort mit ↑**Artischocken**, ↑**Erbsen**, grünen ↑**Oliven**, ↑**Karotten**, ↑**Kichererbsen**, ↑**Kürbis**, ↑**Topinambur**, ↑**Zwiebeln** und anderem frischen ↑**Gemüse** je nach Jahreszeit. Es gibt sie auch süßsauer mit ↑**Birnen**, ↑**Datteln**, ↑**Quitten**, ↑**Rosinen**, ↑**Süßkartoffeln**, ↑**Trockenpflaumen**, ↑**Zitronen** oder besonders erlesen mit gerösteten ↑**Mandeln**, ↑**Ingwer**, ↑**Koriander**, ↑**Paprika**, ↑**Safran** und ↑**Zitronensaft**. Die süßen Mischungen werden mit ↑**Honig** und ↑**Zimt** abenteuerlich gewürzt. Eine arabische Tafel ohne ↑**Schisch Kebab** (Spiesschen), Gemüsebällchen (↑**Falafel**) oder Fleischbällchen aus ↑**Lamm**- oder ↑**Rindfleisch (kefta)** ist undenkbar. Das bekannteste nordafrikanische Gericht ist sicherlich ↑**Couscous**. Das Nationalgericht gibt es auf jeden Fall freitags zum Mittagessen, wenn die Gläubigen aus der Moschee nach Hause kommen. Er wird als Zeichen der Freundschaft, des Wohlwollens, des Willkommens, der geschäftlichen Übereinkunft gegessen. Alle nordafrikanischen und arabischen Gerichte sind stark mit ↑**Kreuzkümmel**, ↑**Muskat**, ↑**Zimt**, und ↑**Safran** gewürzt. Frische ↑**Pfefferminze**, ↑**Petersilie** oder ↑**Koriander** kommen dazu. Beliebt sind Gewürzmischungen wie ↑**Ras el-Hanout**, ↑**Baharat** und die sehr scharfe ↑**Chilipaste** ↑**Harissa**. Zum Abschluss einer arabischen Mahlzeit werden süße, honiggetränkte Süßspeisen serviert. In den nordafrikanischen Ländern trinkt man während des Essens Wasser, ↑**Mineralwasser** oder ↑**Fruchtsaft**. Aus religiösen Gründen kommen ↑**Bier** und ↑**Wein** selten als Getränk auf den Tisch. Der für die Region typische Tee mit ↑**Pfefferminze** oder ein süßer, orientalischer ↑**Mokka** wird zum ↑**Dessert** gereicht. ↑**Marokkanische** & ↑**Tunesische Küche**

Arabisches Gummi [*Fachkunde*] ↑**E 414**

Arachisöl [*Fette*] ↑**Erdnussöl**

Aracini [*Ital. Speisekarte*] In Scheiben geschnittene kleine, unreife und gezuckerte ↑**Pomeranzen**

Aragosta [*Ital. Speisekarte*] ↑**Languste**

Araignée de mer, (crabe) maia [*Franz. Speisekarte*] **T** ↑**Seespinne**, Teufelskrabbe, Meereskrebs, eines der empfindlichsten, aber feinsten ↑**Krustentiere** mit hummerähnlichem Fleisch. Am besten schmecken die weiblichen, nicht zu großen ↑**Krabben**. Saison von Mai bis Herbst an den französischen Küsten.

Arame [*Gemüse*] **T** Ist eine Alge, die in getrockneten, schwarzen Streifen im Reformhaus oder in gut sortiertem Fachhandel erhältlich ist. Eingeweicht kann man sie würzen und in Salat oder unter ↑**Nudeln** mischen, aber auch in ↑**Gemüse**-, ↑**Tofu**- oder ↑**Tempeh**gerichten kochen. Arame passt besonders gut zu süßlichem Gemüse und ist eine wertvolle, gesunde Bereicherung des Speiseplanes.

Arancia [*Ital. Speisekarte*] ↑**Orange**

Arancia amara [*Ital. Speisekarte*] ↑**Pomeranze**

Arancini [*Ital. Speisekarte*] Überzuckerte gekochte Orangenschalen

Arancino di riso [*Ital. Speisekarte*] Reisbällchen mit ↑**Hackfleisch**

Arangia [*Ital. Speisekarte*] ↑**Hering**

Aranzini [*Gewürze & Kräuter*] Aranzini ist die kandierte Schale der Bitterorange oder ↑**Pomeranze**. Aranzini bekommt man im Handel meist als Würfel oder in Schalenstücken, teilweise auch glasiert.

Arare [*Intern. Länderküche*] Arare oder **Senbei** sind verschiedene Formen von japanischen Reiscrackern. Sie bestehen aus ↑**Reis**, ↑**Weizenmehl**, ↑**Erdnüssen**, ↑**Sojasoße**, ↑**Zucker**, ↑**Sesam** und ↑**Seetang** (in kleinen Flittern). Der verwendete Reis ist eine spezielle Reissorte (süßer Klebreis), die nur in Japan angebaut wird. Reisgebäck und Reiscracker sind in Japan seit dem 8. Jahrhundert bekannt und werden als Knabberei zu ↑**Tee**, aber auch zu ↑**Wein** und ↑**Bier** verwendet.

Arbroath smokies [*Intern. Länderküche*] In der schottischen Küchenkultur geräucherter, mit gesalzener ↑**Butter** gefüllter ↑**Schellfisch**

Arbusen [*Obst*] ↑**Wassermelonen**

Arbutusbeeren [*Exotische Früchte*] **Lateinisch:** arbutus unedo. Immergrüne früchtetragende Kübelpflanze mit lorbeerähnlichen Blättern; aus China. **Früchte:** dunkelrote kirschgroße, süßsäuerliche Früchte, reif erdbeerähnlich, aber wenig geschmackvoll, werden meist zu ↑**Marmelade** verarbeitet.

Arche de Noé [*Franz. Speisekarte*] **T** „Arche Noah“, Archenmuschel: wird meist roh gegessen. ↑**Muscheln**

Ardennaise, à l' [*Speisegarnitur*] (↑**Wild**, ↑**Geflügel** usw.) mit ↑**Wacholderbeeren** oder -schnaps vollendet

Arekanüsse [*Allgem. Nährmittel*] ↑**Betelnuss**

Arenque [*Span. Speisekarte*] ↑**Hering**

Arête [*Franz. Fachwort*] Fischgräte

Arganöl [*Fette*] **A** Das Arganöl ist das seltenste, exklusivste und teuerste Speiseöl der Welt. **Arganbaum. Lateinisch:** Argania spinoza; **Synonym:** Ziegenbaum, Eisenholzbaum, Baum des Lebens. Einer der ältesten Bäume der Welt. Er wächst auf der Erde seit über 80 Millionen Jahren und ist nur noch im südwestlichen Marokko zwischen Essaouira und Agadir zu finden. Ein Gebiet, das seit 1998 von der UNESCO als Biosphärenreservat (Biosphärenreservat Arganeraie RBA) anerkannt ist. Aus den pflaumen- oder olivenähnlichen Früchten, die nicht verzehrt werden können, gewinnen die Berber-Frauen in mühsamer Handarbeit das außergewöhnliche Arganöl. Für 1 l Arganöl braucht es 20 kg Früchte und einen Tag Arbeit. Bis jetzt kann keine Maschine die Handarbeit ersetzen. Die Herstellung von Arganöl ist 100 % biologisch, es wird kein chemisches Mittel zugesetzt. **Gesundheitlicher Wert von Arganöl:** Arganöl besteht zu über 80 % aus ↑**Ungesättigten Fettsäuren** und der Anteil an ↑**Linolsäure** und ↑**Ölsäure** ist wesentlich höher als beim ↑**Olivenöl**. Mit seinem hohen Gehalt an natürlichen ↑**Antioxidantien** schützt es den menschlichen Zellorganismus, indem es die schädlichen „↑**Freien Radikalen**" vernichtet, dazu kommt der sehr positive Einfluss auf den ↑**Cholesterin**spiegel und das Herz-Kreislauf-System. **Arganöl in der Küche:** Man verwendet es wegen seines unvergleichlichen Haselnussgeschmacks meist in der gehobenen Gastronomie. Das besondere nussige Aroma von Arganöl harmoniert optimal mit ↑**Blattsalaten**, ↑**Rohkost** und ↑**Teigwaren**. Es verfeinert den Geschmack von ↑**Fleisch**gerichten, ↑**Fisch** und ↑**Schalentieren**. Kurz vor dem Servieren zugefügt, verleiht es eine raffinierte, exotische Note. Ein besonderes Geschmackserlebnis ist ↑**Weißbrot** oder ↑**Fladenbrot** mit diesem ↑**Öl**. Wegen seiner Ergiebigkeit kann Arganöl sparsam verwendet werden. Auch zum Erhitzen ist Arganöl geeignet, ohne dass die Fettsäuren zerstört werden. Dies verringert jedoch den gesundheitlichen Wert des Öles. ↑**Speiseöl**

Argent, argenterie [*Franz. Fachwort*] Silber, Silbergeschirr, Silberbesteck

Argenteuil, à l' [*Speisegarnitur*] **A** Zarte Spargelköpfe als Garnitur zu kurz gebratenen Fleischgerichten (Argenteuil = Name einer alten Benediktinerabtei in Paris)

Argentinische Küche [*Intern. Länderküche*] **T** Ein ↑**Asado** ist eine Grillmahlzeit und vielleicht das argentinischste aller Essen. Es wird häufig, oft wöchentlich veranstaltet, ein Grillen, das Stunden dauert und als gesellschaftliches Kleinereignis in der Familie oder im Freundeskreis anzusehen ist. Jeder Asador („Grillmeister") hat seine eigene Art, seinen Grill zu bereiten, aber die Zutaten bestehen immer aus allem, was man vom ↑**Rind**, ↑**Schaf** oder ↑**Schwein** zum Grillen verwenden kann. Die klassischen Zutaten im Raum Buenos Aires sind: Blutwürstchen – **morcillas** –, verschiedene Innereien, wie z. B. ↑**Kutteln** – **chinchulines**, ↑**Nieren** – **riñones**, ↑**Bries** – **molleja**, kleine Grillwürste – **chorizos**, eine Art Schweinebauch – **catambre de cerdo**, flache Rippe – **tira de asado** oder ↑**Rumpsteak** – **bife de chorizo** und Lende – **lomo.** Als Beilagen gibt es meist nur leichte Salate, Weißbrot und Rotwein. Zu diesen üppigen Grillorgien wird ↑**Chimichurri** gereicht, eine würzig scharfe Kräutersauce, die in ganz Süd- und Mittelamerika zubereitet wird. In **Patagonien** wird statt ↑**Rindfleisch** meist ↑**Lammfleisch** verwendet, das dort viel billiger ist. In Argentinien wird eine eigene Variante der Sandwiches amerikanischer Machart angeboten: **choripan**, ein Brot mit einem Würstchen (**chorizo**), **lomito**, ein Sandwich mit einer dünnen Lendenfleisch-Scheibe, sowie das **sandwich de milanesa**, ein Schnitzelbrötchen. Auch Hamburger und Hot Dogs (genannt **pancho**) sind sehr beliebt, die richten sich aber nach den Vorgaben aus den USA. In Argentinien wird eine eigenständige Variante der ↑**Pizza** hergestellt. Sie hat einen größeren Umfang als das Original, der Teig ist höher, sie ist dicker belegt mit Beilagen und ↑**Käse.**

Arginin [*Fachkunde*] ↑**Aminosäure**

Argon [*Fachkunde*] ↑**E 938**

Arguinano, Karlos [*Berühmte Köche*] **Karlos Arguiñano** ist nicht nur bekannt durch seine Sterne, sondern auch wegen seinen Kochkünste im spanischen Fernsehen. In diesen Kochsendungen präsentiert er die „Neue Baskische Küche" sehr locker, bietet traditionelle, aber einfache und schmackhafte Gerichte zum Nachkochen.

Arista [*Ital. Speisekarte*] ↑**Schweinekarree**

Arlésienne, à l' [*Speisegarnitur*] **A Speisegarnitur** mit knoblauchgewürzten ↑**Tomaten**, frittierten ↑**Auberginen**scheiben und ↑**Zwiebelringen**, auch gedünsteten ↑**Zucchini.** ↑**Salade arlésienne**

Arlet [*Obst*] **T Lateinisch:** Malus domestica. **Allgemeines:** Mittelgroße Apfelsorte mit hochgebauter oder länglich-walzenartiger Form sowie langem, dünnem Stiel. Die glatte Schale ist in der Grundfarbe gelblich bis strohgelb und in der Deckfarbe sonnenseitig oder ganzflächig leuchtend erdbeerrot geflammt. Sortentypisch in der Kelchpartie leicht berostet. **Ursprung und Geschichte:** Arlet ist als Sämling aus einer Kreuzung zwischen ↑**Golden Delicious** und ↑**Idared** in der Eidgenössischen Forschungsanstalt Wädenswil, Schweiz, entstanden und wurde 1984 erstmalig in Verkehr gebracht. **Herkunft und Verfügbarkeit:** Arlet wird in Mitteleuropa etwa Anfang bis Mitte September geerntet und ist im Kühllager bis etwa Ende Februar, im ↑**CA-Lager** bis etwa Ende Mai sehr gut haltbar. Der Beginn der Genussreife liegt etwa einen Monat nach dem Erntetermin. **Geschmack:** Das gelbliche, außergewöhnlich feste und knackige Fruchtfleisch weist bei einem hohen Zuckergehalt und angenehmer Säure einen angenehm aromatischen Geschmack auf. ↑**Apfel**

Arm pot-roast [*Engl. Speisekarte*] **Englisch:** Schulterbraten wie gewachsen

Arm pot-roast boneless [*Engl. Speisekarte*] **Englisch:** Schulterbraten ohne Knochen

Armagnac [*Hausbar*] **T** Ein aus dem Südwesten Frankreichs stammender Qualitätsweinbrand, der ausschließlich aus dem ↑**Wein** der französischen Gascogne stammen muss und aus ihm gebrannt wird. Er hat einen unverwechselbaren, typischen Geschmack und unterscheidet sich von ↑**Cognac** durch den Brennwein und das Brennverfahren. Er reift in Fässern aus altem Kastanien- oder Eichenholz und erhält so zahlreiche Duft- und Aromastoffe. Der Alkoholgehalt des Destillats beträgt mindestens 38 %Vol., max. 53 %Vol. Armagnac wird aus Bränden mehrerer Jahrgänge verschnitten, es gibt aber auch Jahrgangsbrände. Sein milder Geschmack eignet sich in der Küche zum Verfeinern von ↑**Saucen** und ↑**Desserts** sowie hervorragend zum ↑**Flambieren.**

Armer Ritter [*Regionale Spezialität*] **R** Ausgebackene Weißbrotscheiben oder Brötchen mit pikanter oder süßer Füllung. In der bekanntesten Variante werden Weißbrotscheiben in einer Mischung aus ↑**Milch**, ↑**Zucker** und ↑**Eigelb** eingeweicht, anschließend mit ↑**Pflaumenmus** oder ↑**Aprikosen**marmelade dick bestrichen und mit einer zweiten Scheibe belegt. Die beiden zusammengeklappten Brotscheiben werden in einer Pfanne gebraten, mit ↑**Puderzucker** bestäubt und als Nachspeise serviert. In manchen Varianten ohne Füllung werden nur einzelne Brotscheiben gebraten. Eine weitere Variante ist die **„Versoffene Jungfrau"**. Anstelle von Milch wird gewürzter ↑**Rotwein** zum Einweichen der Brotscheiben verwendet. Für den **„Rostigen Ritter"** wird die Kruste eines altbackenen Milchbrötchens abgerieben, das Brötchen in Milch eingeweicht, leicht ausgedrückt und in Ei und Semmelbrösel paniert. Nach dem Braten wird er großzügig mit einer Zimt-Zucker-Mischung bestreut, was sein rostiges Aussehen erzeugt. „Armer Ritter" lässt sich nicht nur schnell und einfach zubereiten, sondern ist auch bei Kindern sehr beliebt. Das erklärt die weltweite Verbreitung und die vielen unterschiedlichen Bezeichnungen für dieses Gericht, z. B. **French Toast**, **Fotzelschnitten** oder auch ↑**Pofesen**

Armillaire [*Franz. Speisekarte*] ↑**Hallimasch**

Armoise [*Franz. Speisekarte*] ↑**Beifuß**

Armonie [*Ital. Speisekarte*] Auch „Stortini": Kurz geschnittene wellenförmige Nudeln. Der Name leitet sich ab von der Form der Ziehharmonika.

Armoricaine, à l' [*Speisegarnitur*] **A** Irrtümliche Schreibweise für die Zubereitungsart ↑**Américaine**. Der Name geht auf einen Teil der Bretagne zurück, der früher Armorika genant wurde. Bekannt für reiche Hummergründe.

Arnavut cigeri [*Orientalische Küche*] **A** In der türkischen Küchenkultur gewürfelte und gebratene ↑**Kalbsleber.** ↑**Türkische Küche**

Arneis [*Weinkunde*] Weiße Rebsorte, die vor allem in Piemont, dem Nord-Westen Italiens, angebaut wird und relativ neutrale Weine hervorbringt, denen es manchmal an Säure fehlt. Als Verschnittpartner (bis zu 5 %) mit der roten Nebbiolotraube in Roero (sowohl Ortschaft als Name des Rotweins) vom DOC-Gesetz erlaubt, spielte sie kaum mehr eine Rolle, doch die zunehmende Nachfrage nach piemontesischen Weißweinen Ende der 80er-Jahre führte zu Neuanpflanzungen. Die Arneisweine sollten jung getrunken werden, da nur wenige lagerfähig sind.

Arni me Spanaki [*Griechische Speisekarte*] **A** In der griechischen Küchenkultur Topfgericht mit ↑**Lammfleisch** und ↑**Spinat**.

Aroma [*Fachkunde*] Wohlgeruch, meist bewirkt durch flüchtige ↑**Ätherische Öle**, die aus den Drüsen vieler Pflanzen ausgeschieden werden

Aromahefen [*Weinkunde*] Spezielle Hefestämme, die dem Most hinzugefügt werden, führen zu Aromen wie Cassis oder Stachelbeere, Himbeere etc. im Wein.

Aromastoffe [*Weinkunde*] Wein erhält seine Aromastoffe aus der Traube. Aber auch bei der Gärung entstehen verschiedene Aromastoffe, die typischen Weinaromen. Diese Substanzen bilden im Wein die Geschmacks- und Duftstoffe. Aromastoffe kommen nur in sehr geringen Mengen im Wein vor. Es gibt ca. 400 Aromastoffe, die in Weinen nachgewiesen wurden, wobei unser Geschmackssinn einige im Bereich von mg/l wahrnimmt (das entspricht 1 Teil auf 1 Million Teile). Unterschiedlicher Geschmack hängt also von Minimengen ätherischer Öle, höherer Alkohole und Säuren ab.

Aromastoffe in Lebensmittel [*Fachkunde*] Lebensmittelzusatzstoffe, die natürlich vorkommen, naturidentisch oder synthetisch hergestellt werden. Bisher sind 6000 verschiedene Aromastoffe bekannt. Hierzu zählen Süßstoffe, natürliche Extrakte aus ↑**Früchten**, ↑**Kräutern** und ↑**Gewürzen** sowie synthetische Verbindungen, die den Lebensmitteln Geruch und Geschmack geben. **Einsatzgebiete:** Erfrischungsgetränke, ↑**Puddinge**, Crème- und ↑**Gelee**speisen, ↑**Speiseeis**, Backwaren, Teigmassen und deren Füllungen, ↑**Milchprodukte**, Süßigkeiten, ↑**Kaugummi**, Fertiggerichte, ↑**Instant**produkte, ↑**Tees**, ↑**Liköre**, ↑**Schokolade**, ↑**Fleisch**- und ↑**Wurst**waren. Um einen bestimmten Geschmack zu erzeugen, z. B. Erdbeeraroma, sind die künstlich hergestellten Stoffe für die Industrie billiger als Naturprodukte. Für die einzelnen Aromastoffe besteht keine Kennzeichnungspflicht, sie haben deshalb keine ↑**E-Nummern.** Aromastoffe werden Gruppen zugeordnet und dann auf der Verpackung folgendermaßen vermerkt: **Natürliche Aromastoffe** – werden aus natürlichen Ausgangsstoffen gewonnen, z. B. ↑**Vanille**extrakt, ↑**Orange**nessenz, konzentrierter ↑**Erdbeer**saft. **Naturidentische Aromastoffe** – sind den natürlichen Ausgangsstoffen chemisch gleich, werden aber künstlich hergestellt, z. B. Menthol, Eukalyptol, Zitral. **Künstliche Aromastoffe** – werden künstlich hergestellt, z. B. Äthylvanillin, Resorcindimethyläther, Chininsulfat. Wer Wert auf naturbelassene, unverfälschte Lebensmittel legt, sollte möglichst auf aromatisierte Lebensmittel, gerade wenn es sich um künstliche Aromastoffe handelt, verzichten. Alle Arten von Aromastoffen gelten als unbedenklich. Für Kinder sind Produkte mit natürlichem Aroma sicherer.

Aromat [*Gewürze & Kräuter*] Pflanzliches oder tierisches Produkt mit geschmackshebenden Eigenschaften

Aromata [*Gewürze & Kräuter*] **A** Diese Basilikumsorte vereint Zitronen- und Basilikumgeschmack. ↑**Basilikum**

Aromate [*Franz. Fachwort*] Würzende Substanz, meistens auf ↑**Kräuter**- oder Gewürzbasis, in frischer, getrockneter, eingelegter oder flüssiger Form erhältlich

Aromaten [*Österr. Küche*] Die meisten Küchenkräuter,

aber auch Wurzeln, die zum Dünsten verwendet werden, bezeichnet man als Aromaten: ↑**Gewürze**, ↑**Kräuter**, rohes ↑**Suppengrün**

Aromates, aux [*Franz. Speisekarte*] Speise, die mit aromatischen, frischen ↑**Kräutern** gewürzt ist

Aromatisierte Tees [*Tee*] Wie der Tee selbst, so hat auch der Prozess des Aromatisierens seinen Ursprung in China. Seit rund 800 Jahren trinken Chinesen Jasmin- oder Rosentee. Schon vorher fügten sie ihrem Tee Gewürze zu. In Europa hat erst Earl Grey aromatisierten Tee salonfähig gemacht. Um 1830 brachte der 2. Earl Grey von seiner diplomatischen Reise nach China folgendes Wissen mit: Um den Geschmack des Tees zu verändern, kann man das Blatt mit Bergamotte-Öl, das aus der Schale dieser Zitrusfrucht gewonnen wird, beträufeln. Dieser Geschmack setzte sich im englischen Adel durch und trat seinen Siegeszug durch Europa an. Heute kann der Verbraucher auf rund 120 verschiedene Tees zurückgreifen – schwarze und grüne. Aromatisierte Tees in großer Geschmacksvielfalt sind heute aus der modernen Küche nicht mehr wegzudenken. Ausschlaggebend für den Geschmack ist die Qualität der in aromatisierten Tees verwendeten Produkte wie ↑**Blüten**, ↑**Kandierte Früchte** oder natürliche ↑**Ätherische Öle** und ↑**Aromen**. Damit der aromatische Duft und Geschmack möglichst lange erhalten bleiben, sollten die angegebenen Ziehzeiten eingehalten werden.

Arôme [*Franz. Fachwort*] Aroma, Duft, wohlriechender Stoff

Aromen [*Fachkunde*] Diese Gruppe der Zusatzstoffe umfasst Aromastoffe, Aromaextrakte, Reaktionsaromen, Raucharomen sowie deren Mischungen

Aroniabeeren [*Obst*] **T** Die Aronia (auch Kahle Apfelbeere, Schwarze Eberesche). **Botanisch:** Aronia arbutifolia und Aronia melanocarpa, ist eine ursprünglich aus dem Osten Nordamerikas stammende Beerenfrucht aus der Familie der Rosengewächse (Rosaceae). Der Wuchs ist eher strauch-, buschartig. Interessant ist, dass der Strauch für keine bekannten Krankheiten anfällig ist. Mit der obstbaulichen Nutzung begann allerdings Russland zu Beginn des 20. Jahrhunderts. Die erbsengroßen, schwarzen, häufig wachsartig überzogenen Früchte, die ab Mitte August bis Oktober geerntet werden können, schmecken süß-säuerlich-herb, heidelbeerähnlich. Die Beeren werden entweder getrocknet (wie ↑**Rosinen**) oder nach Dampfentsaften als Saft getrunken. Wegen des hohen ↑**Flavonoid**-, ↑**Vitamin-K**- und ↑**Vitamin-C**-Gehalts zählte die Aronia sowohl in Polen als auch in Russland zu den Heilpflanzen. Die Aronia wird wegen ihrer kräftigen roten Farbe ferner als Ersatz für ↑**Lebensmittelfarben** (vor allem statt **Cochenille-Rot A** ↑**E-124**) verwendet. In Mitteleuropa ist diese Pflanze unbekannt.

Arrak [*Hausbar*] Edelbranntwein, der aus Reis oder aus Toddy, dem zuckerhaltigen Pflanzensaft der Kokos- und Dattelpalme, destilliert wird. Alkoholgehalt zwischen 38 und 45 %Vol.

Arran Victory [*Kartoffelsorte*] **Kochtyp:** ↑**Mehlig kochende Kartoffeln** – „Mehlige" oder „Runde" genannt. **Herkunft:** Schottland; **Jahr der Zulassung:** 1912; **Schale:** violett; **Fleisch:** weiß; **Knolle:** rund; **Reifezeit:** sehr spät

Arrangement [*Franz. Fachwort*] Abmachung

Arranger [*Franz. Fachwort*] Ordnen

Arrivage, selon [*Franz. Speisekarte*] Abhängig von Anlieferung oder Eintreffen des Fanges

Arròs brut [*Intern. Länderküche*] **A** Katalanisch: in der mallorquinischen Küchenkultur „Schmutziger Reis", ein Resteessen. Dazu werden Bratenreste vom ↑**Schwein**, ↑**Huhn** oder ↑**Kaninchen** und den Jahreszeiten entsprechendem Gemüse verarbeitet, als würzige Beilage wird „↑**Meerfenchel**" verwendet. Etliche Restaurants im Landesinneren verwenden statt der Reste ausgewählte Stücke und geben zum ↑**Reis** nicht ↑**Farbstoff** (span. colorante), sondern ↑**Safran** und veredeln dieses Gericht mit ↑**Wild**, ↑**Wachtel**- oder ↑**Taubenfleisch**.

Arrosieren, arroser [*Franz. Fachwort*] Bedeutet „begießen", z. B. einen ↑**Braten** im Ofen mit Brühe übergießen

Arrosto [*Ital. Speisekarte*] ↑**Braten**

Arrowhead [*Exotische Früchte*] **„Wildkartoffel"**: Kartoffelähnlicher Geschmack mit leichtem Moschusaroma, geschält und in dicke Stücke geschnitten im ↑**Eintopf**

Arrow-Wurzel [*Unsere Küche*] ↑**Maniok**, auch Aru-Root oder Pfeilwurz

Arroz [*Span. Speisekarte*] ↑**Reis**

Arroz a la marinera [*Intern. Länderküche*] **A** Spanien: In der mallorquinischen Küchenkultur ↑**Reis** mit ↑**Fisch** und ↑**Meeresfrüchten**

Arroz con leche – arroz doce [*Span. Speisekarte*] ↑**Milchreis**

Arsella [*Ital. Speisekarte*] ↑Archen**muschel**

Arsen ↑**Mineralien und Spurenelemente** [*Fachkunde*] Zählt zu den ↑**Spurenelementen** (Mineralien). Die eigentlichen Aufgaben von Arsen im Stoffwechsel konnten noch nicht eindeutig geklärt werden. Es ist noch nicht einmal geklärt, ob es sich bei Arsen um ein essenzielles, also unverzichtbares, Spurenelement handelt. In der Literatur wird Arsen meist nur als toxisches (giftiges) Spurenelement bezeichnet. In jedem Fall schützt Arsen aber wegen der chemischen Verwandtschaft vor einer Selenvergiftung. ↑**Selen.** Arsen ist in Spuren in allen Nahrungsmitteln und Getränken enthalten. **Mangelerscheinungen:** In Tierexperimenten wurden bei Arsenmangel Wachstumsstörungen und Veränderungen im Herzmuskel beobachtet.

Arteriosklerose [*Gesundheit*] **T Arterienverkalkung** – Der mit zunehmendem Alter fortschreitende degenerative Prozess in den Arterien, der je nach Ausmaß zu schweren Erkrankungen bis hin zum Herzinfarkt und zum Schlaganfall führen kann. Bei der Arteriosklerose kommt es zu Veränderungen der Blutgefäßwände; sie verlieren ihre Elastizität, und es kommt zu Verdickungen. ↑**Fettsäuren**, Calciumsalze und ↑**Cholesterin** sammeln sich an. Dadurch wird der Blutdurchfluss mehr und mehr behindert, was zu einer Mangeldurchblutung von Organen führt. Außerdem können an der veränderten Gefäßwand Gerinnungsprozesse auftreten, sodass ein Blutpfropfen entsteht, der eine Arterie vollständig verschließen kann. **Risikofaktoren sind:** Zuckerkrankheit (↑**Diabetes mellitus**), sowohl Typ 1 als auch Typ 2; Rauchen; Erhöhter Blutdruck (Hypertonie); Erhöhter Cholesterinspiegel; Erbliche Veranlagung zu Arterienverkalkung; Angeborene Stoffwechselstörungen; Übergewicht; Bewegungsmangel; Negativer Stress; Männer tragen ein höheres Erkrankungsrisiko als Frauen. **Symptome der Arteriosklerose – Je nachdem, an welchen Gefäßen die Veränderungen auftreten, kann es zu folgenden Symptomen kommen: 1.** Im Gehirn führt Arterienverkalkung möglicherweise zu Schlaganfällen (Apoplexien). Mögliche Folgen: halbseitige Lähmung, im schlimmsten Fall der Tod; **2.** Am Herzen zeigt sich Arterienverkalkung in Form von Herzenge (Angina pectoris) bis hin zu Herzinfarkt oder Herzschwäche (Herzinsuffizienz); **3.** Arterienverkalkung in den Nierengefäßen verursacht in der Regel zu hohen Blutdruck mit all seinen Symptomen bis zum Nierenversagen; **4.** Arterienverkalkung in den Beinen führt zu Schmerzen, erst nur in Verbindung mit größeren Belastungen, später auch beim Gehen kurzer Strecken (Claudicatio intermittens bzw. „Raucherbein" oder „Schaufensterkrankheit"); **5.** Eine Arterienverkalkung in den Beckenarterien kann bei Männern zur Impotenz führen. **Die wichtigsten vorbeugenden Maßnahmen sind: 1.** Schluss mit dem Rauchen; **2.** Gesunde, gemüsereiche, fettarme und abwechslungsreiche Ernährung; **3.** Keine ↑**Gesättigten Fettsäuren**, besonders in tierischem Fett, und kein Cholesterin, z. B. in ↑**Fett**, ↑**Fleisch**, ↑**Ei**; **4.** Weg mit dem Übergewicht; **5.** Regelmäßige Bewegung, Ausdauersport. Auch ein täglicher halbstündiger Spaziergang ist besser als gar kein Schritt vor die Tür! **6.** Bestehende ↑**Zuckerkrankheit** (Diabetes mellitus), erhöhter Blutdruck und/oder ein erhöhter Cholesterinspiegel müssen behandelt werden.

Artichaut [*Franz. Speisekarte*] ↑**Artischocke**

Artichauts à la barigoule [*Franz. Speisekarte*] **R** ↑**Artischocken** mit einer Mischung aus geschnittenen ↑**Champignons** und ↑**Schinken** gefüllt und in ↑**Weißwein** mit ↑**Olivenöl**, ↑**Thymian**, gehackter ↑**Zwiebel**, ↑**Karotte**, ↑**Lorbeerblatt**, ↑**Zitronensaft**, ↑**Salz**, ↑**Pfeffer** und ↑**Knoblauch** gekocht

Artificial sweetener [*U.S. Kitchen*] ↑**Süßstoff**

Artischocken [*Gemüse*] **T Lateinisch:** Cynara scolymus; **Englisch:** artichoke, globe artichoke; **Französisch:** artichaut; **Italienisch:** carciofo; **Spanisch:** alcachofa. **Info:** Artischocken gehören zur Familie der Korbblütengewächse und sind zu Delikatessen veredelte Distelblüten mit faustgroßen Blütenköpfen einer nordafrikanischen Distelart, ihre Urform ist unbekannt. Die Blütenköpfe sind zylindrisch, etwa 5–15 cm groß, wiegen zwischen 200–500 g. Auf dem dicken, fleischigen Boden sitzen röhrenförmige blauviolette Blüten, die von zahlreichen, dachziegelartig übereinander liegenden, grün oder violett gefärbten Blütenblättern umgeben sind. **Ursprung und Geschichte:** Artischocken waren schon den Ägyptern bekannt und galten bei den Römern als eine Delikatesse für Reiche. Danach verschwanden Artischocken aus Europa. Die Araber brachten sie im 15. Jahrhundert zurück. Dann verbreiteten sie sich über Spanien bis nach Frankreich und England. Von dort gelangten sie im 18. Jahrhundert auch nach Amerika. Artischocken werden seit dem 16./17. Jahrhundert in allen Mittelmeerländern angebaut. Die grünen, noch unreifen Blütenknospen werden als Gemüse geerntet, gelten als Aphrodisiakum und sind ein Leckerbissen mit hohem Gehalt an ↑**Vitamin A** und ↑**B** sowie den ↑**Mineralstoffen** ↑**Calcium** und ↑**Eisen**. Durch den Bitterstoff Cynarin und das ↑**Kohlenhydrat** Inulin sind Artischocken sehr magenfreundlich und regen nicht nur die Verdauung, sondern auch die Leber- und Gallenfunktionen an. Außerdem wirken sie harntreibend, blutreinigend und senken den ↑**Cholesterin**spiegel. **Herkunft und Saison:** Die in Europa angebotenen Artischocken kommen aus Italien, Frankreich, Spanien und Ägypten. Es gibt sie das ganze Jahr über, wenn auch verstärkt im Spätherbst oder im späteren Frühjahr. Artischocken können nur frisch verwendet werden, man kann sie nicht lange lagern. **Inhaltsstoffe:** 100 g (gekochte) Artischocken haben einen Brennwert von ∅ 58 kcal/210 kJ und enthalten etwa 79 g Wasser, 3,5 g Eiweiß, 0,2 g Fett, 11,2 g Kohlenhydrate, 5,4 g Ballaststoffe. An ↑**Mineralstoffen**, ↑**Spurenelementen** und ↑**Vitaminen** sind ∅ 45 mg Kalzium, 1 mg Eisen, 95 mg Natrium, 17,7 mg Vitamin A (RE) und 10 mg Vitamin C enthalten. **Zubereitung und Tipps:** Im Handel werden überwiegend zwei Sorten angeboten: die in der Bretagne angebaute große, runde, grüne Art mit fleischigen Böden und die kleine violette Sorte mit spitzen Blättern, die vorwiegend aus südlicheren Gefilden importiert werden. Artischocken sollten beim Kauf möglichst schwer in der Hand liegen und sich saftig und nicht trocken oder gar strohig anfühlen. Die Blütenblätter müssen den Kopf fest umschließen und dürfen keine schwarzen Stellen aufweisen. Lagerung im Gemüsefach: 3 Tage. **Verwendung in der Küche:** Zum Garen im Ganzen schneidet man das Strunkende ab, kürzt die Blätter um etwa 1/3 ihrer Länge und gart sie dann je nach Rezeptvorschrift. Für Gerichte mit Artischockenherzen kürzt man das Strunkende, bricht die äußeren Blätter ab und schneidet die Abbruchstellen glatt. Benötigt man nur die Artischockenböden, verfährt man ebenso, kürzt jedoch die inneren Blätter auf 1/3 ihrer Länge, schält das Äußere des Artischockenbodens und schneidet die verbleibenden dunkelgrünen Blattenden ab, um die Herzblätter freizulegen. Dann entfernt man das so genannte „Heu", die inneren Staubfäden der Blüte, oder man blanchiert die Artischockenböden und löst dann das „Heu" heraus. Die zarten, frischen Stiele ergeben sowohl in geschälter als auch in gekochter Form einen vorzüglichen Salat, ein leckeres Gemüse. Der Artischockengeschmack ist feinherb bis zartbitter. Roh können sie nicht gegessen werden. Sie werden in kochendem Salz-Zitronen-Wasser gegart und sollten dabei vollständig eingetaucht bleiben, da sie an der Luft schwarz werden. Ebenso führt die Zubereitung in Aluminium- oder Eisentöpfen zu einer grau-schwarzen Färbung. Von der Artischocke wird meistens nur der Blütenboden und der fleischige untere Teil der Blätter gegessen, die von den gegarten Artischocken abgezupft und dann ausgelutscht werden. Das sind etwa nur 20 % der Blütenknospe. Artischocken werden warm oder kalt mit ↑**Vinaigrette**, Sauce ↑**Hollandaise**, Sauce ↑**Béarnaise** oder ↑**Mayonnaise** mit Kräutern, in die man die Blätter stippt, serviert. ↑**Würztabelle.** Die Herzen sind ein ↑**Gemüse**, das in der Regel in Wasser oder über Dampf gegart wird. Als Gemüse oder als Salat zubereitet zusammen mit ↑**Tomaten** und ↑**Paprika**, passen beide Variationen als Beilage zu kurz gebratenem ↑**Fleisch**. Gefüllte Artischocken oder Artischockenböden können als Vorspeise zu einem festlichen Menü, als Garnitur zu einer klassischen Speise oder als kleines, feines Abendessen serviert werden.

Artischockenherzen [*Übersetzer*] **Englisch:** artichoke hearts; **Französisch:** cœurs d'artichaut; **Italienisch:** cuori di carciofo; **Spanisch:** fondos de alcachofas.

Artois, d' [*Speisegarnitur*] **A** Garnitur aus mit ↑**Erbsen** hergestellten ↑**Kartoffelkroketten** an ↑**Madeirasauce**

Arugula [*U.S. Kitchen*] Rauke, ↑**Rucola**

Arvine [*Weinkunde*] Schweizer (Wallis) nervig-trockener weißer Aperitif- und Dessertwein, ab 2–3 Jahren sehr kühl zu trinken

Arzak, Juan-Mari [*Berühmte Köche*] **Juan-Mari Arzak** – *1942 Alza, San Sebastian, Spanien – Berühmt für seine Sterne sowie die Laborküche mit über 1000 verschiedenen Produkten und Zutaten, in der er die „Neue Baskische Küche" praktiziert.

Arzilla [*Ital. Speisekarte*] ↑**Rochen**

Asadero [*Käse*] **Herkunft:** Mexiko; **Käsesorte:** ↑**Knetkäse**, 45 % ↑**Fett i.Tr.**; **Milch:** vollfette Kuhmilch. **Info:** Gewicht zwischen 250 g und 2 kg, ist strohfarben, kugelförmig und eine der beliebtesten mexikanischen Käsesorten

Asado [*Intern. Länderküche*] **T** Argentinien ist für seine Grillfeste, die „Asados", berühmt. ↑**Rind-** und ↑**Schaffleisch** stehen ganz oben auf dem Speisezettel. Ganze Schafe oder ganze Rinderviertel werden auf riesigen Grillspießen gebraten. Die leckersten Stücke werden in den Restaurants zusammen mit Papas fritas, papas cocidas (frittierte und gekochte Kartoffeln), ↑**Chimichurri** und Peperonistreifen serviert.

Asado [*Span. Speisekarte*] Gebraten

Asado de cordero [*Span. Speisekarte*] ↑**Hammelbraten**

Asador [*Intern. Länderküche*] Argentinischer Grillmeister. ↑**Argentinische Küche**

Aschanti [*Österr. Küche*] ↑**Erdnüsse**

Aschanti-Pfeffer [*Gewürze & Kräuter*] Pfefferähnliches Gewürz; als Pfefferersatz verwendbar; geringe Qualität

Äsche [*Fisch*] **Lateinisch:** Thymallus thymallus. Standfisch mit unregelmäßig verteilten Flecken auf dem meist grau-grünen Rücken und den silbrig-weißen bis messinggelben Körperseiten, wird über 50 cm lang und über 2 kg schwer. Der Süßwasserfisch wird wie ↑**Forelle** oder ↑**Lachsforelle** zubereitet. Das gut schmeckende Qualitätsfleisch duftet frisch nach ↑**Thymian.**

Aschebraten [*Unsere Küche*] In dicht verschlossener Alufolie eingeschlagener Braten, der in Kohleglut oder Holzglut gegart werden kann

Aschenbecher [*Übersetzer*] **Englisch:** ash-tray; **Französisch:** cendrier; **Italienisch:** portacenere; **Spanisch:** cenicero

Aschlauch [*Gemüse*] ↑**Schalotte**

Asco [*Käse*] **T Herkunft:** Korsika; **Käsesorte:** ↑**Weichkäse** 45 % ↑**Fett i.Tr.**; **Milch:** aus reiner ↑**Schafsmilch** oder mit ↑**Ziegenmilch** vermischt; **Geschmack:** pikant nach zartem Gras, mit kräftigem Aroma; **Beste Zeit:** Juni bis November

Ascorbinsäure ↑**Vitamin C** [*Gesundheit*] **T** Chemischer Name für Vitamin C. ↑**E 300** und „↑**Vitamine**". Im Laufe der Evolution ist den Menschen ein für die Biosynthese wichtiges Enzym verloren gegangen. Vitamin C ist „in die Bresche gesprungen". In früheren Jahrhunderten litten Schiffsmannschaften auf langen Reisen, bei denen die Seeleute kaum frisches ↑**Gemüse** und ↑**Obst** bekamen, an Vitamin-C-Mangelerscheinungen bis hin zum ↑**Skorbut.** Kapitän James Cook war im 18. Jahrhundert einer der Ersten, der seiner Mannschaft Gemüsesuppen und ↑**Sauerkraut** gab und bei seiner Weltumsegelung auf Inseln nicht nur Süßwasser, sondern auch Grünpflanzen mit an Bord nahm. Seine Mannschaft blieb daher vor schlimmeren Mangelerscheinungen verschont. **Funktion im Körper:** Neben seiner Wirkung als Coenzym bei der Produktion von Bestandteilen des Bindegewebes, von Zähnen, Zahnfleisch, Blut, Knochen und der Gallensäuren unterstützt Ascorbinsäure das Immunsystem bei der Abwehr von Infekten. Sie hilft außerdem bei der Eisenverwertung im Körper. Die Hauptfunktion ist die antioxidative Wirkung, die Vitamin C mit den ↑**Vitaminen A** und ↑**E** gemeinsam hat. Vitamin C hemmt neben anderen schädlichen Stoffen die krebserregenden ↑**Nitrosamine**. Wie diese Antioxidation vor sich geht, ist am Beispiel der ↑**Carotinoide** kurz erläutert. **Vitamin-C-Mangel:** Ein Mangel an Vitamin C äußert sich in Bindegewebsschäden, Blutungen im Zahnfleisch und der Muskulatur sowie Zahnausfall. Diese als Skorbut gefürchtete Krankheit tritt heute in der westlichen Welt kaum noch auf. Dazu muss die Vitamin-C-Aufnahme über einen längeren Zeitraum unter 10 mg pro Tag sinken. Bei einem leichteren Mangel, besonders bei älteren Menschen, kommt es zu Schwächen des Immunsystems, zu Erkältungen, Müdigkeit, Konzentrationsstörungen und verzögerter Wundheilung. **Vitamin-C-Lieferanten:** Vitamin C kommt vor allem in frischem Obst und Gemüse vor. Es ist licht- und sauerstoffempfindlich und sollte vor zu langen Gar- und Lagerungszeiten geschützt werden. Da es aus dem Gemüse schnell ins Kochwasser übertritt, sollte dieses als ↑**Sauce** oder ↑**Brühe** mitverwendet werden. Da die meisten Vitamine in und direkt unter der Schale sitzen, lohnt es sich, diese mitzuessen oder nur ganz dünn abzuschälen. ↑**Fleisch** und ↑**Fisch** enthalten kaum Vitamin C, höchstens die Innereien wie ↑**Leber** und ↑**Nieren**. Da in unseren Breiten viel ↑**Kartoffeln** gegessen werden, nehmen wir über dieses Gemüse besonders viel Vitamin C auf. Am Vitamin-C-haltigsten aber ist ↑**Sanddorn**; 100 g davon enthalten 450 mg des Vitamins. Die schwarze ↑**Johannisbeere** folgt mit 180 mg pro 100 g, dicht gefolgt von ↑**Petersilie, Paprika**, ↑**Broccoli** und ↑**Weißkohl**. Auch der Gehalt von ↑**Kiwis** und ↑**Zitrusfrüchten** kann sich sehen lassen. **Um den ∅ Tagesbedarf an Vitamin C zu decken, reichen folgende Mengen der betreffenden Lebensmittel:** 150 g ↑**Erdbeeren**; 150 g Kiwi; 150 g Broccoli; 200 g ↑**Orangen**; 70 g ↑**Gemüsepaprika. Täglicher Bedarf:** Vitamin C muss dem Körper ständig zugeführt werden, da er es nicht speichern kann. 100 mg pro Tag gilt als Richtwert für den gesunden Erwachsenen und kann die Wahrscheinlichkeit, eine Erkältung zu bekommen oder an Krebs zu erkranken, herabsetzen. Bei einer ausgewogenen Ernährung wird dieser Bedarf über die Nahrung gedeckt. Bei Schwangeren, Stillenden, Alkoholikern und Rauchern besteht ein erhöhter Bedarf von 150 mg täglich. Auch Menschen, die Stress ausgesetzt sind, und Sportler brauchen mehr Vitamin C. Normalerweise ist ein Zuviel an Vitamin C unschädlich, da es über die Nieren ausgeschieden wird. Allerdings können bei entsprechender Veranlagung zu hohe Dosen die Nierensteinbildung fördern. Außerdem kann Vitamin C das ↑**Vitamin B_{12}** aus der Nahrung zerstören sowie abführende Wirkung haben. Die amerikanische „Academy of Sciences" empfiehlt, über längere Zeit nicht mehr als 2000 mg, also 2 g, pro Tag zu sich zu nehmen.

Ascorbinsäure-6-Palmitoyl-l [*Fachkunde*] ↑E 304

Asem [*Gewürze & Kräuter*] Fruchtmus der ↑**Tamarinde**, Würzmittel der indonesischen Küche

Aseptisch [*Fachkunde*] Keimfrei

Asiago, Dialekt „Pegorin" Geschützte Herkunftsbezeichnung [*Käse*] **T Herkunft:** Italien/Padova, Trient, Treviso, Vicenza; **Käsesorte:** ↑**Schnittkäse** / ↑**Hartkäse**, 34–42 % ↑**Fett i. Tr.**; **Milch:** Vollmilch/teilentrahmte Kuhmilch; **Teig:** Jung: strohgelb, mit verstreuten kleinen und mittleren Löchern. Alt: härter und kompakter. Der Asiago hat eine glatte, dünne, elastische Rinde; **Geschmack:** Der Käse schmeckt jung angenehm mild-würzig, mit nussigem, cremigsüßlichem und leicht zitronigem Aroma. Mittelalt entschieden würziger bis ausgesprochen kräftig. Im Alter leicht säuerlich im Aroma. **Info:** Es gibt zwei unterschiedliche Haupttypen: **A)** Der handwerklich hergestellte Asagio d'Allevo (stagionato) aus Rohmilch hat den kleineren, aber begehrteren Anteil an der Gesamtproduktion (ca. 25 %). Nach Reifungszeit teilt man ihn in drei Stufen: **1.** Mezzano (min. 6 Monate); **2.** Vecchio (über ein Jahr) und **3.** Stravecchio (über zwei Jahre). **B)** Asiago pressato (fresco), auch kurz Pressato, macht 75 % der Produktion aus und ist eine handelsübliche Form aus Großkäsereien in Venetien, die viel exportiert wird. Aus pasteurisierter Vollmilch, mit höherem Fettgehalt. Er wird gepresst, um die Reifung zu beschleunigen. Bereits nach etwa vier Wochen marktreif. Er hat einen weichen Teig und schmeckt mild, womit er mehr die Liebhaber junger Käse anspricht. **Weinempfehlung:** Alle Rotweine aus den Gegenden um Trient und Vicenza passen hervorragend zum Asiago. Besonders empfehlenswert zum jungen Käse sind leichtere Weine, wie Colli Berici, roter Tocai, roter Breganze, Trentino Marzemino. Zum reiferen passen stärkere und körperhaltigere Weine wie ↑**Cabernet**, ↑**Pinot Nero. Verwendung:** Jüngeren Asiago serviert man mit italienischem ↑**Brot** als kleine Mahlzeit. Älteren Asiago reibt man zum Würzen über Suppen, ↑**Pasta** oder ↑**Polenta**, oder man rührt ihn unter ↑**Risotti**. Er eignet sich auch zum Überbacken von Aufläufen.

Asiatisch essen [*Asiatische Küche*] **T** Wie isst man in Asien oder im asiatischen Restaurant? **Reis:** Man nimmt die Reisschale in eine Hand und die Essstäbchen in die andere. Keine fertigen Speisen oder Saucen über den gekochten, weißen Reis geben. **Nudeln:** Die Nudeln mit Stäbchen Schritt für Schritt in den Mund führen. Schale in die Hand nehmen, den Abstand zur Schale möglichst klein halten. Dabei kann geschlürft werden. **Suppe:** Wird getrunken, indem man die Schale an den Mund nimmt. Feste Suppenzutaten fischt man mit den Stäbchen heraus. Die selben Anweisungen gelten für Nudelsuppen (z. B. ↑**Ramen**). Manchmal steht auch ein Keramiklöffel zur Verfügung, mit dem die Suppe ausgelöffelt werden kann. ↑**Sushi** (Nigiri, Maki): Hierzu gibt man etwas ↑**Sojasauce** in ein kleines Tellerchen. Sushirollen (Makisushi) und die meisten Nigirisushi werden kurz in die Sauce getaucht und gegessen. Korrekterweise sollten Nigirisushi mit der Fischseite nach unten in die Sojasauce getaucht werden. In der Regel wird ein Sushistück in einem Bissen verzehrt. Sushistücke können von Hand oder mit Stäbchen gegessen werden. ↑**Sashimi:** Hierzu gibt man etwas Sojasauce in ein kleines Tellerchen und mischt grünen ↑**Wasabi** dazu. Die Sashimistücke werden jeweils kurz in die Sauce getaucht. **Große Stücke** (z. B. Tempuracrevette, Futomaki, ↑**Tofu**): Entweder man durchtrennt das Stück mit den Stäbchen oder man nimmt es zum Mund, beißt einen Teil ab und legt den Rest auf den eigenen Teller zurück.

Asiatisch kochen [*Asiatische Küche*] **T** „Küche der Köstlichkeiten" wird die asiatische Küche genannt. Doch sie ist mehr – nämlich gesünder als jede europäische. **Beweis:** Nach aktuellen Erhebungen haben die Japaner weltweit die höchste Lebenserwartung (Frauen 82,8 Jahre, Männer 76,4 Jahre); in China gibt es zwei Drittel weniger Krebs- und Herz-Kreislauf-Erkrankungen als in der übrigen Welt. Ernährungsforscher wissen inzwischen, warum exotische Gaumenfreuden so bekömmlich sind: Weil viel ↑**Gemüse**, fettarme Zubereitung und kurze, vitaminschonende Garmethoden die Hauptrolle spielen. Aber auch die typischen Zutaten der Asia-Küche haben es in sich. ↑**Reis** mit seinen ↑**Vitaminen** und ↑**Mineralstoffen** wird eine lebensverlängernde Wirkung nachgesagt. Und Produkte aus ↑**Sojabohnen** wie ↑**Sprossen**, Sojaquark und -soße enthalten alle wichtigen Mineralstoffe, ↑**B-Vitamine** und hochwertiges ↑**Eiweiß**. Asiatische ↑**Pilze** senken schädliche Blutfettwerte, stärken die Immunabwehr und gelten gar als Zell- und Krebsschutz. Wie bei jeder Kochart, so hat auch die asiatische ihre Regeln, hier die 5 wichtigsten: **1) Asiatisch schneiden:** Asiatische Köche zerkleinern Gemüse, ↑**Fisch** und ↑**Fleisch** blitzschnell mit einem scharfen Küchenbeil. So bleiben Geschmacksstoffe und ätherische Öle optimal erhalten. **2) Asiatisch garen:** Am besten geeignet ist der ↑**Wok**. Fett sparsam verwenden und nicht zu hoch erhitzen. Die Zutaten möglichst gleichmäßig schneiden und unter ständigem Rühren garen. Das dauert nur wenige Min. **3) Asiatisch Reis kochen:** Reis knapp mit Wasser bedecken, Topfdeckel in ein Küchentuch wickeln. Es saugt den Wasserdampf auf. Der Reis wird schön trocken, ohne anzubrennen. Nicht umrühren! **4) Asiatisch Pilze vorbereiten:** Getrocknete Pilze, z. B. ↑**Mu-eer**, ↑**Shiitake usw.**, in lauwarmem Wasser einweichen. Harte Stiele vorher entfernen. Das Einweichwasser für die ↑**Sauce** aufheben. Es liefert zusätzliches Aroma. **5) Asiatisch würzen:** ↑**Sesamöl**, ein Würzöl, sehr sparsam verwenden und nur an fertige Gerichte geben. ↑**Reisessig** (aus Reiswein) hebt den Eigengeschmack der Speisen. Ein kleiner Schuss genügt. ↑**Austernsauce** schmeckt nicht nach Fisch, sondern leicht süßlich. Passt zu allem fertig Gegarten, verdünnt mit etwas Öl als Dip für Gemüse, ↑**Geflügel**, Fleisch. ↑**Chinesische Garmethoden**

Asiatische Küche [*Asiatische Küche*] Mit **Asiatischer Küche** wird die Speisenzubereitung nach einer der asiatischen Landestraditionen bezeichnet. Ein gemeinsamer Nenner außer der kontinentalen Zugehörigkeit ist schwer zu definieren. Häufig wird die Bezeichnung auch verwendet, wenn sich verschiedene Kochstile vermischen oder wenn ein Restaurant kulinarische Spezialitäten mehrerer Länder anbietet. **In der Küchenbibel sind von den asiatischen Küchen folgende beschrieben:** ↑**Chinesische Küche;** ↑**Indische Küche;** ↑**Indonesische Küche;** ↑**Japanische Küche;** ↑**Thailändische Küche;** ↑**Vietnamesische Küche**

Askalonzwiebel [*Gemüse*] ↑**Schalotte**

Asparagin [*Fachkunde*] ↑**Aminosäure**

Asparago [*Ital. Speisekarte*] ↑**Spargel**

Asparagus [*U.S. Kitchen*] ↑**Spargel.** In den USA ist Bleichspargel wenig verbreitet, es wird viel Grünspargel gegessen.

Aspartam [*Fachkunde*] Süßstoff, der als Zuckerersatz dient, mit einer Süßkraft, die 200-mal intensiver ist als jene von Kristallzucker (↑**Saccharose**).↑**E 951**

Asperge [*Franz. Speisekarte*] ↑Stangen**spargel**

Asperge blanche [*Franz. Speisekarte*] Weißer ↑**Spargel**

Asperge précoce [*Franz. Speisekarte*] Grünlicher Frühspargel

Asperge sauvage [*Franz. Speisekarte*] Wilder ↑**Spargel**, sehr dünn und grün, zart bitter

Asperge verte [*Franz. Speisekarte*] ↑**Grüner Spargel**

Asperge vinaigrette [*Franz. Speisekarte*] Spargelsalat

Asperge violette [*Franz. Speisekarte*] Violetter ↑**Spargel** (würziger als der reinweiße)

Asperges à la flamande↑ [*Franz. Speisekarte*] **R** ↑**Spargel** mit zerlassener ↑**Butter**, gehacktem ↑**Ei**, ↑**Petersilie**, ↑**Salz** und ↑**Pfeffer**

Asperges à la Fontenelle [*Franz. Speisekarte*] **R** ↑**Spargel** mit ↑**Eiern** und zerlassener, gepfefferter ↑**Butter**

Asperges à la milanaise [*Franz. Speisekarte*] **R** ↑**Spargel** mit geriebenem ↑**Käse** überbacken

Asperges à la polonaise [*Franz. Speisekarte*] **R** ↑**Spargel** mit gehacktem ↑**Eigelb**, ↑**Petersilie** oder anderen frischen ↑**Kräutern** und in ↑**Butter** gerösteten ↑**Semmelbröseln**

Aspérule (odorante) [*Franz. Speisekarte*] ↑**Waldmeister**

Aspik [*Unsere Küche*] **T** Geleeart , die man für die Herstellung von ↑**Sülzen** verwendet. Man kann sie mit ↑**Essig**, ↑**Kräutern** oder anderen ↑**Gewürzen** beliebig abschmecken. Außerdem bezeichnet man mit diesem Namen Gerichte, die in ↑**Gelee** eingesetzt sind, z. B. ↑**Eisbein** in Aspik, Sulzgericht, ↑**Fleisch** oder ↑**Gemüse** in Gelee. ↑**Gelatine**

Aspikdekoration [*Unsere Küche*] Darstellung von Figuren und Rauten aus erkaltetem ↑**Aspik**

Aspikware [*Fleischprodukte*] Fleischerzeugnis, das mit geleeartiger Masse (↑**Aspik**) gebunden ist

Assaisonner [*Franz. Fachwort*] Würzen

Assam-Tee [*Tee*] Aus dem Norden Indiens, mit dunklen Blättern. Enthält viele helle Spitzen. Im Geschmack ist er würzig und kräftig. Dunkle Farbe beim Aufbrühen. Die „Orthodoxe Teeproduktion" in Assam liefert jede gewünschte Blattsortierung durch Aussiebung: ↑**Blatt-Tee**, ↑**Broken**, ↑**Fannings**, ↑**Dust**. ↑**Tee**

Assemblage [*Weinkunde*] Französisch für „Zusammenstellen", das sich hier auf das Verschneiden oder Mischen von Weinen bezieht, ein im Prinzip legales Verfahren. Das Verfahren wird bei der Erzeugung von Weinen, die Jahr für Jahr die gleiche Qualität aufweisen sollen und ohne Jahrgangsangabe auf dem Markt erscheinen, angewandt. Dies ist bei der Produktion von Sherry, aber auch bei Schaumweinen wie Champagner der Fall. Dazu werden unterschiedliche Grundweine aus verschiedenen Jahrgängen und Rebsorten ausselektiert, die notwendig sind, um diesen „Hausstil" zu konstruieren. Das Verfahren findet auch Anwendung bei der Produktion vieler Rot- und mancher Weißweine. Hierbei werden die besten Grundweine, diesmal aus einem Jahrgang, aber oft von verschiedenen Rebsorten, ausgewählt und zu einem Wein verarbeitet. Die Produktion von Weinen, die das Ergebnis einer Assemblage verschiedener Rebsorten sind, bedeutet nicht zuletzt eine Risikoverringerung. Die klimatologischen Umstände sind jedes Jahr anders, und jede Rebsorte reagiert anders auf bestimmte Wetterbedingungen, ist früh- oder spätreifend, mehr oder weniger krankheitsanfällig. Auf diese Weise ist sich der Winzer immer einer gewissen Produktion sicher und kann durch Auswahl und Verschnitt der Grundweine einen trinkbaren Wein herstellen.

Assez cuit [*Franz. Speisekarte*] Gar gekocht, durchgebraten

Assiette à l'anglaise [*Franz. Speisekarte*] Kalte Platte mit aufgeschnittenem ↑**Roastbeef**, kaltem ↑**Fleisch** oder ↑**Schinken**

Assiette assortie [*Franz. Speisekarte*] Kalter gemischter Vorspeisenteller

Assiette creuse [*Franz. Fachwort*] Tiefer (Suppen-) Teller

Assiette de charcuterie [*Franz. Speisekarte*] Kalte Platte mit ↑**Wurst** bzw. Aufschnitt

Assietten-Essen [*DDR-Küche*] Kantinenessen aus der Aluschale

Assortiment [*Franz. Fachwort*] **1.** Auswahl, Zusammenstellung; **2.** gemischte Platte; **3.** Lager

Assyrtiko [*Weinkunde*] Weiße Rebsorte griechischen Ursprungs, die traditionell auf der kykladischen Insel Santorini angebaut wird. Assyrtiko hat ein hohes Maß an Säure, was in Anbaugebieten mit einem heißen Klima als eine Tugend betrachtet wird, weshalb sie sich in ganz Griechenland zunehmender Popularität erfreut. Deshalb wird Assyrtiko häufig als Verschnittpartner anderer weißer Rebsorten, denen es an Säure fehlt, eingesetzt. Sie wird auch für die Kelterung süßer Weine genutzt.

Astakos [*Griechi. Speisekarte*] Begriff aus der griechischen Küchenkultur für ↑**Hummer**

Asterix [*Kartoffelsorte*] **Kochtyp:** ↑**Mehlig kochende Kartoffeln** – „Mehlige" oder „Runde" genannt

Asti Spumante [*Weinkunde*] Goldgelber, muskatellerwürziger Schaumwein aus Piemont/Italien

Astice, astaco [*Ital. Speisekarte*] ↑**Hummer**

Astiwein [*Weinkunde*] Wein aus der Gegend um Asti/Italien

Astoria [*Kartoffelsorte*] **Kochtyp:** ↑**Festkochende Kartoffeln** – „Speckige Kartoffel" genannt. **Herkunft:** Deutschland; **Jahr der Zulassung:** 1997; **Schale:** gelb; **Fleisch:** tiefgelbe Farbe und feste Konsistenz, hervorragender Geschmack; **Knolle:** oval; **Reifezeit:** sehr früh

Astri [*Ital. Speisekarte*] Kleine sternchenförmige Suppennudeln ähnlich den „Stelle"

Astronautenkost [*Fachkunde*] **T** Synthetisch hergestellte Kost, die sehr lange haltbar ist und alle lebenswichtigen ↑**Nährstoffe** (außer ↑**Ballaststoffen**) beinhaltet, die der menschliche Organismus zum Überleben benötigt. Die Zeiten, in denen sich Astronauten aus Tuben ernähren mussten, sind schon lange vorbei. Heute wird das Astronautenessen teilweise vorher schockgefrostet und in Mikrowellenherden an Bord des Shuttles zubereitet. Hierbei wird besonderer Wert auf die Zusammensetzung der ↑**Nahrung** gelegt. Der österreichische Schauspieler und kalifornische Gouverneur Arnold Schwarzenegger beriet in den 70er-Jahren, als er Mister Universum war, nicht nur das Militär, sondern auch die NASA bei Ernährungsfragen. Er arbeitete an der Entwicklung von Speisen und Getränke mit, die später auf dem Speiseplan der Shuttle-Besatzungen standen. Astronautenkost wird mittlerweile auch auf der Erde als flüssige Sonderernährung verabreicht. **Astronautenkost unterstützt die Heilung bei chronischen Darmentzündungen und Krebs.** Bei aktiven Krankheitsphasen ist eine proteinreiche Ernährung ohne Ballaststoffe zur Entlastung des Darmes wichtig. Weil die Nahrung bei heftigen Durchfällen zu schlecht „verwertet" werden kann, sind zusätzliche Gaben an ↑**Vitaminen** und ↑**Mineralstoffen** notwendig, damit es nicht zu Gewichtsabnahme oder Mangelerscheinungen kommt. Sollte eine normale, proteinreiche Ernährung keine Verbesserung des Ernährungszustandes bewirken, ist auch eine weitgehende Ruhigstellung des Darmes durch Astronautenkost möglich. Die Nährstoffe werden hierbei sehr schnell aufgenommen (resorbiert). Die Astronautenkost gibt es inzwischen als Trinknahrung mit unterschiedlichen Geschmacksrichtungen, als Suppe, ↑**Pudding** oder als neutrale Sondennahrung, die bei Schluckbeschwerden und nach Operationen über einen dünnen Schlauch (Sonde) direkt in den Magen und Zwölffingerdarm verabreicht (infundiert) wird. **Astronautenkost spielt auch in der Krankenernährung alter Menschen eine Rolle.** Senioren essen langsamer, verzehren kleinere Mahlzeiten, weniger Zwischenmahlzeiten und sind schneller satt. Soziale Faktoren wie Armut und Einsamkeit, psychologische Faktoren wie Depressionen, physische Faktoren wie Einschränkung beim Einkaufen und Zubereiten der Mahlzeiten sowie medizinische Faktoren wie Probleme beim Kauen und Schlucken, Medikamenteneinnahme und Verdauungsschwierigkeiten durch Bewegungsmangel führen dazu, dass Senioren zu wenig essen und immer weiter abnehmen. Der Körper wird schwächer, der Appetit geht weiter zurück. Ihr Speiseplan besteht oft nur noch aus Milchsuppe, Pudding, zerkochtem ↑**Gemüse** und in Kaffee eingeweichtem ↑**Zwieback**. Diese Ernährungsweise zeichnet sich durch einen hohen Anteil an ↑**Zucker**, wenig ↑**Protein** und Vitamin- und Mineralstoffarmut aus. Vitaminpräparate können Letzterem entgegenwirken, dringend benötigte ↑**Kalorien** und Proteine liefern sie jedoch nicht. Um aus diesem Teufelskreis der Mangelernährung zu entkommen, ist der Einsatz von Astronautenkost zu empfehlen. Rücksprache mit der zuständigen Krankenkasse ist notwendig, da sich die Kassen oft weigern, diese wichtige, aber teure Zusatznahrung zu finanzieren.

Asure [*Orientalische Küche*] Der Asuretag ist am 10. Tag des ersten islamischen Monats Muharrem. Dieser Monat ist im Islam sehr wichtig, weil viele Ereignisse stattgefunden haben wie: **1.** Noah und seine Arche wurden vor der großen Regenflut gerettet; **2.** Der Prophet Jakob bekam seinen Sohn Yussuf; **3.** Moses rettet sein Volk, die Israeliten, vor dem Pharao; **4.** Der Prophet Mohammed ist im 1. Monat von Mekka nach Medina übergesiedelt. Im türkischen Volk wird Asure als das Fest der Rettung durch die Arche Noah gefeiert. An Bord der Arche sollen sich 40 verschiedene Getreidearten und Früchte befunden haben. Aus diesen 40 Zutaten werden an Asure Süßspeisen zubereitet, die an Freunde, Nachbarn und Verwandte verteilt werden.

Atemoya [*Exotische Früchte*] **Englisch:** atemoya; **Französisch:** atemoya. Bei der Atemoya handelt es sich um eine Kreuzung aus Cherimoya und ↑**Zimtapfel**. Sie ist etwa so groß wie eine ↑**Cherimoya** und geschuppt wie ein Zimtapfel und im Geschmack sehr süß. Hauptanbaugebiete: in den Subtropen Australiens, in den USA, in Israel und Südafrika.

Äthanol [*Fachkunde*] Alte Bezeichnung für gewöhnlichen Alkohol (Äthylalkohol, Ethanol, C^2H^5OH)

Atherina [*Griechische Speisekarte*] Begriff aus der griechischen Küchenkultur für ganz kleine Fische, die mit Gräten verzehrt werden können

Athérine [*Franz. Speisekarte*] Ährenfisch, kleiner, zarter durchsichtiger Schwarmfisch aus dem Meer oder Süßwasser, meist frittiert

Ätherische Öle [*Fachkunde*] **T** Mit der Zunge kann man schmecken, ob etwas sauer, salzig, süß, scharf oder bitter ist. Die Nase nimmt das Aroma der Speisen wahr. Ätherische Öle sind wohl duftende, aromatische, stets natürliche Essenzen aus ↑**Kräutern**, ↑**Gewürzen** und ↑**Früchten**. Sie werden aus verschiedenen Pflanzenteilen gewonnen, sind hoch konzentriert, sehr intensiv. Es genügen wenige Tropfen, um einem Gericht den gewünschten aromatischen Geschmack zu verleihen. Damit sich das Aroma ätherischer Öle entfalten kann und die gesamte Speise durchzieht, sind ↑**Emulgatoren** notwendig, in denen die Öle gelöst werden: ↑**Eigelb**, ↑**Speiseöl**, ↑**Butter**, ↑**Jogurt**, ↑**Mayonnaise**, ↑**Senf**, ↑**Zucker**, ↑**Salz**, ↑**Essig**, ↑**Alkohol**

Äthiopische Küche [*Intern. Länderküche*] **T** Die Äthiopische Küche (wie auch die Küche Eritreas) unterscheidet sich stark von den Essgewohnheiten sowohl Schwarzafrikas als auch des orientalischen Raums. Grundnahrungsmittel bildet ein saurer Fladenbrotteig namens ↑**Injera**, hergestellt aus dem am Horn von Afrika endemischen Getreide ↑**Teff**. Dazu werden vegetarische oder fleischige Saucengerichte serviert, „Wot" genannt. ↑**Doro Wot**. Man reißt kleine Teile des Fladens ab, ergreift damit ein Stück der Fleisch- oder Gemüsebeilage und isst. Nachtisch ist oft ein süßes Erdnussmuss

Äthylalkohol [*Fachkunde*] (↑**Äthanol**) Besonders hochwertige Form des ↑**Alkohols**

Atica [*Kartoffelsorte*] **Kochtyp:** ↑**Vorwiegend festkochende Kartoffeln. Herkunft:** Deutschland; **Jahr der Zulassung:** 1971; **Schale:** gelb; **Fleisch:** hellgelb; **Knolle:** langoval; **Reifezeit:** sehr früh

Atlas [*Fachkunde*] Erster Halswirbel

Atlasgelenk [*Fachkunde*] Gelenk des ersten Halswirbels

Atmen [*Weinkunde*] Durch Dekantieren und offenes Stehenlassen wird ein Wein eine gewisse Zeit der Berührung mit Luft ausgesetzt, dadurch entwickeln sich in kurzer Zeit alle Aromastoffe und sein sortentypischer Charakter. Wird der Wein dem Sauerstoff zu lange ausgesetzt, ist er nicht mehr trinkbar.

ATP [*Fachkunde*] Abkürzung für ↑**Adenosintriphosphat**

Atta/Chapatimehl [*Asiatische Küche*] **T** Dieses sehr fein gemahlene ↑**Vollkornmehl** bekommt man vor allem in indischen Lebensmittelgeschäften. Es wird für ↑**Chapatis**, ↑**Rotis** und andere indische ↑**Fladenbrote** verwendet.

Attachieren [*Franz. Fachwort*] Befestigung von Garnierungselementen mittels ↑**Gelee** oder ↑**Aspik**

Attereau [*Franz. Speisekarte*] Spieß mit panierten ↑**Fleisch**-, ↑**Fisch**-, ↑**Innereien**- oder ↑**Gemüsestücken**

Attereaux [*Franz. Speisekarte*] Spießchen

Attriau, adrio [*Franz. Speisekarte*] **R** ↑**Frikadelle** aus gehackter ↑**Schweineleber**, ↑**Kalbfleisch**, ↑**Kräutern** und ↑**Zwiebeln** im ↑**Schweinenetz.** Spezialität in Savoyen und der Westschweiz

Atum, Atún [*Span. Speisekarte*] ↑**Tunfisch**

Au [*Franz. Speisekarte*] Mit, mit dem

Au beurre [*Franz. Speisekarte*] Mit ↑**Butter**, in Butter geschwenkt

Au blanc [*Franz. Speisekarte*] In ↑**Sud** aus Wasser und ↑**Mehl** oder in heller ↑Grund**brühe** gekocht

Au choix [*Franz. Speisekarte*] Nach Wahl, nach Wunsch

Au fenouil [*Franz. Speisekarte*] ↑**Fisch** wird über getrocknetem ↑**Fenchel** gegrillt oder flambiert

Au four [*Franz. Speisekarte*] Im Ofen gebacken oder überbacken oder aus dem Backofen

Au gratin [*Franz. Speisekarte*] **A** Fertiges Gericht mit ↑**Semmelbrösel**, ↑**Käse** oder einer ↑**Sauce** bedecken und im Ofen überbacken (gratinieren)

Au jus [*Franz. Speisekarte*] Im Braten- oder Fleischsaft

Au madère [*Franz. Speisekarte*] Mit ↑**Madeira**

Au plat [*Franz. Speisekarte*] In der Pfanne gebraten

Au sang [*Franz. Speisekarte*] Im eigenen Blut

Au sel [*Franz. Speisekarte*] In der Salzkruste

Au Vert-Pré [*Speisegarnitur*] **A Speisegarnitur** für **Kurzgebratenes** – ↑**Strohkartoffeln** und ↑**Kresse**, eventuell ↑**grüne Bohnen**, ↑**Kräuter**- oder ↑**Maître d'Hotel**-↑**Butter**

Auber [*Speisegarnitur*] **A** Der gleichnamige Komponist Daniel François Auber (1782–1871) wurde mit einer Oper namens „Die Stumme von Portici" berühmt. **Speisegarnitur** für nach ihm benannte **Lammnüsschen:** Mit Hühnerpüree gefüllte ↑**Artischockenböden** auf ↑**Madeirasauce**

Auberginenkebab [*Orientalische Küche*] Türkische Spezialität: ↑**Hackfleisch**-Spieße mit ↑**Auberginen** werden auf dem Feuer gegrillt

Aubergines à la provençale↑ [*Franz. Speisekarte*] **R** Gebackene ↑**Auberginen**scheiben mit gedünsteten ↑**Tomaten** bedecken, mit ↑**Petersilie** und gehacktem ↑**Knoblauch** bestreuen, mit ↑**Öl** begießen und in einer feuerfesten Pfanne im Rohr überbacken

Aubergines en beignets [*Franz. Speisekarte*] **A** ↑**Auberginen**scheiben, in ↑**Backteig** gewendet und frittiert

Aubi [*DDR-Küche*] Autofahrerbier

Auf den Punkt braten [*Unsere Küche*] ↑**A point** beim Steak, z. B. rosa = medium, in der Mitte nur leicht warm – blue = englisch, in der Mitte noch kühl. ↑**Garpunkte**

Auf Wiedersehen! [*Übersetzer*] Im Hotel **Englisch:** Bye-bye; **Französisch:** Au revoir!; **Italienisch:** Arrivederci!; **Spanisch:** Hasta la vista!

Aufbessern [*Weinkunde*] Österreichischer Begriff, beschönigende Bezeichnung für Anreichern. Anreichern ist eine legale und übliche Verfahrensweise bei der Weinbereitung, wobei nur vor oder während der Gärung Zucker (Saccharose) an den Most zugegeben werden darf, um einen höheren Alkoholgehalt im Wein zu erreichen. Diese Methode unterliegt strenger gesetzlicher Kontrolle, und die erlaubte Menge Zucker wird, je nach Jahrgang und Alkoholgehalt, genau festgelegt. In Österreich und Deutschland dürfen Weine ab dem Prädikat Kabinett nicht mehr angereichert werden.

Aufbrechen [*Unsere Küche*] Ausweiden von ↑**Schalenwild**

Aufbürsten [*Unsere Küche*] Aufschneiden des Brustbeinknorpels.

Aufgeschlagene Grundsoße [*Unsere Küche*] **R** Es gibt warm und kalt aufgeschlagene ↑Grund**soße. Die kalt aufgeschlagene Grundsoße ist die** ↑**Mayonnaise.** Mit dem Schneebesen werden ↑**Eigelb**, etwas ↑**Zitronensaft** oder ↑**Essig** kalt schaumig aufgeschlagen, Pflanzenöl erst tropfenweise, dann im feinen Strahl untergerührt. Alle Zutaten sollten die gleiche Temperatur haben. Die Konsistenz sollte schnittfest sein. Verfeinert mit ↑**Gewürzen**, ↑**Kräutern** und anderen Zutaten, ergeben sich Variationen wie ↑**Remoulade**, ↑**Sauce Tartare** usw. **Die warm aufgeschlagene Grundsoße ist die** ↑**Hollandaise.** Mit dem Schneebesen werden Eigelb, etwas ↑**Weißwein**, Zitronensaft oder Essig im heißen Wasserbad warm schaumig aufgeschlagen, warme, geklärte Butter untergerührt. Eine Hollandaise wird neutral mit Salz und Cayennepfeffer abgeschmeckt. Verfeinert mit Gewürzen, ↑**Würzsoßen** und Kräutern ergeben sich Variationen wie Sc. ↑**Béarnaise**, ↑**Sauce Choron** usw.

Aufgießen [*Unsere Küche*] **T** Nach dem Anbraten bzw. Anrösten noch Flüssigkeit zugeben. **1.** Zum fertigen ↑**Dünsten; 2.** Zum Verlängern von Suppen und ↑**Soßen; 3.** Mit Flüssigkeit halb oder ganz bedecken bzw. auffüllen bei ↑**Saucen. 4. Fleischspieße** (↑**Schaschlik**) gießt man mit kaltem Wasser auf, damit das Fett an die Oberfläche steigt und abgeschöpft werden kann. 5. ↑**Schweinebraten** gießt man mit dunklem ↑**Bier** auf. **6.** ↑**Wild**- und ↑**Rinderbraten** gießt man mit der ↑**Beize**, ↑Rotwein, ↑**Portwein** oder ↑**Sherry** auf. 7. ↑**Burgunderbraten** gießt man mit Rotwein auf. **8.** ↑**Geflügel** gießt man mit Weißwein auf.

Auflauf [*Unsere Küche*] **T 1. Oberbegriff** für pikante bis süße Speisen, die aus mehreren Zutaten bestehen und im Ofen überbacken werden. **Gratin:** Gericht, das bei starker Oberhitze im Rohr überbacken wird, bei meist kurzer Garzeit. Besteht oft nur aus einer Schicht, die nicht lange garen muss (außer ↑**Kartof-**

felgratin). – Gratinformen sind großflächig mit niederem Rand. **Tipp:** Um das Auswässern von ↑**Gemüse-Gratins** (↑**Auberginen**, ↑**Zucchini**, ↑**Kürbis** etc.) zu vermeiden, das Gemüse vor dem Überbacken in ↑**Olivenöl** kurz anbraten, würzen. Danach zieht es beim Gratinieren kaum noch Wasser und erhält dadurch einen besseren Geschmack. Gemüse nicht im Wasser blanchieren, dabei gehen zu viele wertvolle Nährstoffe verloren. **Soufflés:** Sind besonders luftig durch den hohen Anteil an steif geschlagenem ↑**Eiklar**. **Tipp:** Bei einer Speise, deren Grundmasse mit steifem Eischnee vermischt und im Ofen gebacken wird, darf wärend der Backzeit das Ofenrohr nicht geöffnet werden, da das Backgut durch den Luftzug zusammenfallen kann. Die Masse läuft während des Backens auf, geht hoch und wird dadurch schaumig und locker. Darum haben Soufflee-Formen einen hohen Rand. Süßspeisen immer sehr vorsichtig und mit einer Prise ↑**Salz** würzen! ↑**Würztabelle**. **2. Begriff** aus der ↑**Österreichischen Küche** – Dem ↑**Pudding** ähnliche Masse, wird meist in einem Wasserbad eingesetzt und im Ofen gegart; nicht zu verwechseln mit dem französischen ↑**Soufflé**.

Aufmixen [*Unsere Küche*] Auch ↑**montieren**: heiße Flüssigkeiten, z. B. ↑**Soßen**, mit eiskalten ↑**Butter**flocken binden

Aufmontieren [*Unsere Küche*] **Französisch:** monter = aufsteigen. Mit dem Schneebesen oder Zauberstab schnell einrühren.

Aufschärfen [*Unsere Küche*] Aufschneiden (↑**Wild**)

Aufschäumen der Butter [*Unsere Küche*] **T** Wenn ↑**Butter** erhitzt wird, gerinnt das ↑**Milcheiweiß** und steigt in Form von Schaum an die Oberfläche. Braten in aufschäumender Butter geschieht bei geringer Hitze und schonend. Wenn der Schaum nicht entfernt wird und man die Hitze erhöht, besteht die Gefahr, dass das geronnene ↑**Eiweiß** schwarz und das Bratengut bitter wird. Soll die Butter geklärt werden (**Butterschmalz**), müssen der Eiweißschaum und die eingekochte ↑**Molke** entfernt werden, bevor sie braun werden.

Aufschlagen [*Unsere Küche*] Mit einem Schneebesen Luft unter ↑**Saucen** oder ↑**Crèmes** schlagen, damit sie eine lockere, luftige Konsistenz bekommen

Aufschlossen [*Unsere Küche*] Durchtrennen der Schambeinfuge zwischen den beiden Beckenknochen

Aufschnitt [*Fleischprodukte*] **Englisch:** cold meats; **Französisch:** charcuterie assortie; **Italienisch:** affettato; **Spanisch:** surtido de fiambres. In Scheiben geschnittene Wurst- und Fleischerzeugnisse

Aufstocken, aufwallen [*Österr. Küche*] Breiartige Masse wird bis zum Siedepunkt erhitzt, aber nicht anhaltend gekocht

Aufstoßen [*Unsere Küche*] Kurzzeitiges Kochen

Aufwallen [*Österr. Küche*] Bei jeder Flüssigkeit kurz vor dem Siedepunkt auf der Oberfläche sich einstellende Bewegung

Aufwellen [*Österr. Küche*] Kurzzeitiges Aufkochen

Aufwerten [*Unsere Küche*] Anreichern mit Gewürzen oder Würzstoffen, z. B. Kräutern, Wein

Aufziehen [*Unsere Küche*] **T** Feines Püree mit ↑**Butter** und ↑**Sahne** verrühren

Auge [*Fleischprodukte*] Zentraler Muskel des Kotelettstranges

Augsburger [*Regionale Spezialität*] Würstchensorte (↑**Brühwurst**)

Augusta [*Kartoffelsorte*] **Kochtyp:** ↑**Mehlig kochende Kartoffeln** – „Mehlige“ oder „Runde“ genannt. **Herkunft:** Deutschland; **Jahr der Zulassung:** 2004; **Schale:** gelb, rote Augen; **Fleisch:** hellgelb; **Knolle:** rundoval; **Reifezeit:** früh

Aula [*Kartoffelsorte*] **Kochtyp:** ↑**Mehlig kochende Kartoffeln** – „Mehlige“ oder „Runde“ genannt

Aurore [*Speisegarnitur*] **A** „Morgenröte“, zartrosa Sauce aus ↑**Weißer Grundsauce**, gefärbt mit ↑**Tomaten**, vollendet mit ↑**Butter** und ↑**Cayennepfeffer**. ↑**Sauce aurore**

Ausbacken [*Unsere Küche*] Speisen in reichlich erhitztem (160–200° C) Fett (Öl) schwimmend goldbraun backen, (frittieren) z. B. **Krapfen**↑

Ausbackteig [*Unsere Küche*] ↑**Backteig**

Ausbau [*Weinkunde*] Der Allgemeinbegriff für die weitere Behandlung, die einem Wein nach der Gärung zukommt und im Französischen mit Élevage angedeutet wird. Der Ausbau bezieht sich u. a. auf die Ausscheidung des Weinsteins oder auf den biologischen Säureabbau. Es sind aber auch die Verfahren, die von außen eingesetzt werden, um laufende Prozesse zu fördern oder zu unterbinden. Die jeweiligen Eigenarten der Rebsorten müssen durch die Behandlung während des Ausbaus gefördert und hervorgehoben werden. In Deutschland üblich ist der reduktive Ausbau. Dabei erzielt man eine höhere Menge an Kohlensäure und Bukett-betontere Weine. Unter reduktivem Ausbau versteht man die Vermeidung jeglichen Sauerstoffkontaktes. Durch schonende Behandlungsmaßnahmen wird dies weitestgehend sichergestellt. Das Gegenteil ist der oxidative Ausbau, wobei mit halbvollen Fässern, warmer Lagerung und starkem Luftkontakt gearbeitet wird.

Ausbeinen [*Unsere Küche*] **T** ↑**Fleisch**, ↑**Geflügel** oder ↑**Wild** von Knochen/↑**Karkassen** befreien, ohne die Trennhaut und Fasern der Fleischstücke zu verletzen oder zu zerstören. Dies geschieht mit dem „Ausbeiner“, einem schmalen, kurzen, sehr scharfen Messer.

Ausbrechen [*Unsere Küche*] Knacken der Schalen von ↑**Krustentieren** (z. B. ↑**Hummer**) und Herauslösen des Fleisches

Ausbruch [*Weinkunde*] Beerenlese (Österreich und Ungarn). Nach dem österreichischen Weingesetz ein Prädikatswein, der aus ausschließlich edelfaulen Beeren stammt und dessen Most mindestens 138° Öchsle aufweist.

Ausbuttern [*Unsere Küche*] Backformen einfetten

Ausfehen [*Österr. Küche*] Alte Bezeichnung für „mit ↑**Mehl** stäuben", eine Form bemehlen, auch Ausdruck für das Sieben

Ausfuttern [*Unsere Küche*] **T** So nennt man das Auskleiden einer Backform (mit Teig, Speck, o. Ä.), so dass die Form nicht mit der Füllung in Berührung kommt (bei ↑**Pasteten**).

Ausgeschweißt [*Unsere Küche*] Ausgeblutet (beim ↑**Wild**)

Ausgewogenheit [*Weinkunde*] Beschreibung: Der Wein enthält alle wünschenswerten Elemente (Säure, Alkohol, Geschmacksstoffe usw.) in gut abgestimmtem, erfreulichem Verhältnis.

Aushacken [*Österr. Küche*] Geschlachtetes Tier zerlegen

Auskehlen [*Unsere Küche*] ↑**Fische** nach einem Kehlschnitt ausnehmen. ↑**Kehlen**

Auskleiden [*Unsere Küche*] ↑**Ausfuttern**

Auskühlverlust [*Unsere Küche*] Gewichtsverlust, der beim Auskühlen von ↑**Fleisch** und Fleischerzeugnissen entsteht. ↑**Abhängen von Fleisch**

Auslassen [*Unsere Küche*] Erhitzen von fetthaltigen, zerkleinerten Lebensmitteln (z. B. ↑**Grüner Speck**) zur Fettgewinnung und zur Herstellung von ↑**Schmalz**

Auslegen [*Unsere Küche*] **T** Bedecken eines Bleches mit Teig. Formen werden meist nur dann mit Teig ausgelegt, wenn die Fülle nicht selbst stehen kann und den Halt des Teigmantels braucht. ↑**Ausfuttern**

Auslegeteig [*Unsere Küche*] ↑**Pastetenteig**

Auslese [*Weinkunde*] Qualitätsstufe innerhalb der QmP-Hierarchie (Qualitätsweine mit Prädikat). Um dieses Prädikat auf dem Etikett tragen zu können, dürfen die Ausleseweine nur aus vollreifen, ausgewählten Beeren bestehen. Der Mindestreifegrad muss, je nach Anbaugebiet, zwischen 83 und 105° Öchsle liegen. Dabei kann ein Teil des Leseguts von Edelfäule oder Botrytis befallen sein. Obwohl der Trend in die Richtung völlig trockener Weine geht, weisen die Auslese-Weine meist ein Maß an Restsüße auf.

Auslösen [*Unsere Küche*] Zerlegen von ↑**Schlachttieren** nach fachlichen Richtlinien

Ausnehmen [*Unsere Küche*] Entfernen der Eingeweide. ↑**Ausweiden**

Ausputz [*Österr. Küche*] Restfleisch von beputzten Knochen

Ausrollen [*Unsere Küche*] Teig mit einem Nudelholz gleichmäßig dünn aus- und glattrollen

Ausscheider [*Fachkunde*] An ↑**Salmonellen** erkrankte und wieder genesene Personen werden als **„Ausscheider"** oder **„Dauerausscheider"** bezeichnet. **„Ausscheider" gefährden die Gesundheit der Bevölkerung, da von ihnen vereinzelte Ansteckungen und auch Epidemien ausgehen können.** Diese Personen stellen für Lebensmittelbetriebe, in Gastronomie oder Gemeinschaftsverpflegung ein ständiges Risiko dar. **Deshalb sind Salmonellosen nach dem Bundesseuchengesetz beim Gesundheitsamt meldepflichtig.**

Ausschieben [*Unsere Küche*] Enthäuten von ↑**Hammel**

Ausschlagen [*Unsere Küche*] **T** In den steifen ↑**Eischnee** ↑**Zucker** oder dickes, heißes Zuckerwasser nach und nach einschlagen, bis der Schnee dick, schaumig und glänzend ist

Ausschneiden [*Unsere Küche*] ↑**Fleisch** ausschneiden; Fleisch von Fett und Sehnen befreien

Außerhausverpflegung [*Fachkunde*] Die Außer-Haus-Verpflegung ist ein Oberbegriff für die Individualverpflegung in der Gastronomie und die Gemeinschaftsverpflegung, z. B. in Kantinen, Altenheimen usw.

Ausstechen [*Unsere Küche*] **A** Das Würzfleisch (↑**Ragout** oder ↑**Fricassée**) wird zum Ablaufen der ↑**Sauce** auf einen Durchschlag geschüttet. Fleischstücke werden mit der Gabel herausgenommen und warm gestellt. Die noch nicht garen Stücke werden gesondert fertig gegart. Beim „Ausstechen" sind gleichzeitig die Rückstände von Röstgemüse (↑**Mirepoix**), Gewürzkörnern, Lorbeerblättern, Kräutersträußchen usw. zu entfernen. Die fertig abgeschmeckte und gebundene Soße wird durch ein feines Sieb über das Fleisch geseiht.

Ausstoßen [*Unsere Küche*] Herauslösen von Röhrenknochen aus der Keule, ohne die Fleischoberfläche zu zerschneiden. ↑**Hohl auslösen**

Ausstreichen [*Unsere Küche*] Das Ausstreichen einer Form mit ↑**Butter** oder ↑**Öl** ist nötig, um nach der Garzeit Form und Inhalt leicht voneinander trennen zu können.

Ausstreuen, bestäuben [*Unsere Küche*] **T** Mit Butter ausgestrichene Formen werden mit ↑**Mehl**, ↑**Semmelbrösel**, ↑**Zucker**, gehackten ↑**Mandeln** o. Ä. bestreut bzw. bestäubt. Überschüssiges Streugut durch Wenden der Form und Abklopfen entfernen. Was immer in die so ausgestreute Form gefüllt wird, ist nach dem Stürzen mit einer „Glasur" versehen.

Austern [*Fisch*] **T Englisch:** oyster; **Französisch:** huître; **Italienisch:** ostrica; **Spanisch:** ostras. Kulinarisch gesehen ist die Auster das wichtigste Schalentier der Luxusfeinkost. Sie gehört zu den bevorzugten Delikatessen. Je frischer, desto delikater ist ihr Aroma. Austern werden hauptsächlich roh genossen, aber auch gebraten, gebacken, gratiniert, mit Sauce gebunden, pochiert oder geräuchert im Handel angeboten. **Info:** Austern kommen weltweit in den Küstengewässern warmer und mäßig warmer Meere vor. Es gibt mehr als 100 Arten. Sie werden 7–12 cm groß und haben die unterschiedlichsten Formen. Für den Handel haben aber nur die in 1–9 m Tiefe auf Austernbänken gezüchteten Austern eine Bedeutung. Solche Anlagen finden sich in Europa hauptsächlich an der französischen, niederländischen und englischen Küste in

Meerwasser mit niedrigem Salzgehalt bzw. in Mündungsgebieten von Flüssen. Die erste Austernzucht in der Nähe von Neapel wurde um 110 v. Chr. von den Römern angelegt. Und die ersten Zuchtparks der Neuzeit wurden im 19. Jahrhundert in Frankreich errichtet. Austernzuchtparks sind abgesteckte, durch Gitter geschützte Parzellen in der Gezeitenzone, durch die planktonreiches Wasser fließt. Die Austern werden dort in Drahtkästen oder Plastiknetzen 50 cm über dem Meeresboden ausgelegt. Die Austernzucht ist sehr aufwändig, denn bevor die Schalentiere verkauft werden können, sind 2–5 Jahre sorgsamste Pflege notwendig. Das Verfeinern und Mästen erfolgt danach in mit Meerwasser gefüllten Klärbecken, den „Claires". Nach zwei bis vier Monaten erreichen sie dort ihr optimales Aroma. **Austern sind überaus nährstoffreich.** Sie bestehen aus ∅ 80 % Wasser, 9 % Eiweiß, 1,2 % Fett und 4,8 % Kohlenhydrate. An ↑**Vitaminen**, ↑**Spurenelementen** und ↑**Mineralstoffen** sind besonders Vitamin A, B_1, B_2, B_{12}, Calcium, Eisen, Magnesium, Zink, Niacin, ein hoher Natriumgehalt und Phosphor hervorzuheben. Mit ∅ 260 mg pro 100 g enthalten sie zwar viel ↑**Cholesterin**, sind dafür aber arm an ↑**Gesättigten Fettsäuren**. Außerdem: 100 g Austern haben einen Brennwert von ∅ 63 kcal/264 kJ. **Erkennung:** Die europäische Auster hat eine flache, fast runde Form. Ihre Schale ist hellgrau oder grünlich bis sandfarben. Das Fleisch ist grauweiß, zart, weich und leicht verdaulich, der Geschmack wird stark von der Umgebung beeinflusst. Sie wird nach ihren Herkunftsgebieten, Größe und Qualität oder nach den Zuchtmethoden benannt. Trotz der Sortenvielfalt werden nur zwei Haupttypen von Austern unterschieden: die flache und die weltweit dominierende tiefe Auster. Exemplare aus kühleren Gewässern sind delikater als die wesentlich größeren pazifischen oder portugiesischen Austern. Wilde Austern sind schmackhafter als Zuchtexemplare von Austernbänken, Austernparks oder Floßkulturen, sind aber im Handel nicht zu finden. Die früher in der Nordsee vorhandenen deutschen Austernbänke wurden u. a. durch Überfischung zerstört. Erste sehr gute Zuchtergebnisse kommen von der Insel Sylt, es ist die „Sylter Royal", die langsam an Bedeutung gewinnt und sehr schmackhaft ist. **Aus Frankreich kommen:** Marennes, Bouzigue, Gravettes d'Arcachon und Belon-Austern, diese sind ziemlich groß, relativ dunkel und haben im Geschmack eine stark fleischige Note. Weil sie sehr selten sind und ganz besondere Wasserqualitäten benötigen, sind sie die teuersten Austern. „Fines de Claires" sind wesentlich günstiger und werden von Kennern sogar bevorzugt, weil ihr Geschmack frischer und klarer ist. **Aus Holland:** Imperial- und Zeeland-Auster; **Aus Belgien:** Ostender Auster; **Aus Dänemark:** Limfjordauster; **Englands beste Sorten** sind „native oysters", vor allem Colchesters und Whitstables. **Aus Irland:** Galways, Cork; **Qualität:** Die flache, milde Auster behauptet mit den Sorten Belon und Colchester weiterhin die Spitze – wenn auch recht viele Feinschmecker die herben, nach Nüssen schmeckenden „Claires" vorziehen. **Weitere Austernarten: Portugiesische Felsenauster** – Sie hat eine längliche, tiefe Form, mit einer schiefergrauen oder bräunlichen Schale. Die besten Portugiesischen Austern werden in Frankreich in Austernteichen um Marennes-Oleron, in den „Claires", gezüchtet. Sie ernähren sich von einer bestimmten Kieselalge, die ihr Fleisch zart grünlich färbt. Diese Austern werden als „fine de claire" oder „spéciale de claire" bezeichnet. Bekannteste Beckenauster ist die „claire de Marenne", die einen leicht nussigen Geschmack hat. **Die größten Austern werden vor Ostende und Cancale gezüchtet. Pazifische Felsenaustern: Japanische Auster** – Sie wird in japanischen und chinesischen Gewässern gezüchtet. In der Form ist sie der Portugiesischen Auster ähnlich, jedoch stärker gewölbt. Sie kann eine Länge von 30 cm erreichen, und deshalb bezeichnet man sie auch als Riesenauster. **Amerikanische Auster:** Sie hat eine runde Form, ist der europäischen Auster sehr ähnlich und wird an der gesamten Atlantikküste der USA gezüchtet. Die Namen verraten ihre genaue Herkunft: Cape Cod, Chatam, Box oyster, Atlantic oyster, Kent Island. Blue Point, Long Island hat eine ähnliche Fleischfarbe wie die europäische Auster. Ihr Fleischgewicht ist größer, doch erreicht sie nicht dieselbe Qualität. **Größen der europäischen Austern im Handel – Frankreich** (Europa): „**P**": Petit (klein); „**M**": Moyen (mittlere Größe); „**G**": Grand (groß); „**TG**": Très Grand (sehr groß)

Nummer	4	3	2	1	0	00
Abk.	P	M	M	M	G	TG
Gewicht	40 g	50 g	60 g	75 g	90 g	100 g

Besonders große europäische Austern: „000" = 110 g, „0000" = 120 g, „00000" = 150 g und mehr. Je kleiner die Austernschale, desto größer ist der in ihr enthaltene Körper im Verhältnis zur Schale. **Es ist also ratsam, nicht die schwersten Austern zu kaufen.** Austern sollten nur bei zuverlässigen Händlern gekauft werden. Es sind nur lebende, frische Austern aus den Originalkörben mit fest verschlossener Schale zu kaufen. **Austern mit auch nur wenig geöffneten Schalen sind wegzuwerfen, da sonst schlimmste Vergiftungen drohen.** ↑**Lebensmittelvergiftungen. In der Küche:** Austernsaison (↑**Muscheln**) ist von September bis April, also in dem Monaten mit „**r**". Tiefgefrorene Austern und Dosenware sind immer im Handel. Getrocknete Austern für pikante Suppen und ↑**Saucen** sowie Austerketchup sind in Asialäden zu haben. **Austern sollten möglichst frisch verzehrt werden:** Zur Lagerung im Kühlschrank sind die Austern mit der gewölbten Schale nach unten in eine Schüssel zu schichten und mit einem feuchten Tuch oder ↑**Seetang** abzudecken. Niemals dürfen sie mit Wasser bedeckt werden, denn sind nur ein oder zwei verdorbene Austern dabei, so können alle anderen ebenfalls angesteckt werden. Man rechnet mindestens 6 Stück pro Person: frisch auf Eis, mit ↑**Zitrone**, ↑**Pfeffer** und frischem ↑**Toast** serviert. Auch als warmes Gericht sind Austern zu empfehlen: geröstet, gebacken, gedämpft, gekocht, gebacken oder geräuchert, als Suppe und ↑**Ragout**. Zum Überbacken öffnet man die Auster wie unten beschrieben und entfernt den größten Teil des Austernwassers, legt die halbierte Auster mit Schale auf ein Backblech, belegt sie mit etwas ↑**Knoblauch**- oder ↑**Kräuterbutter** und einigen frischen ↑**Parmesan**spänen. Im vorgeheizten Backofen mit Oberhitze braun überbacken. So ist in wenigen Minuten eine Überraschungsvorspeise für alle Austernfreunde fertig. **Wichtig! Austern dürfen nicht zu lange der Hitze ausgesetzt werden, da sie sonst hart und trocken werden.** Um eine Auster zu öffnen, benötigt man einen Austernbrecher. Das Messer am „Scharnier", dem spitzen Ende der Auster, mit der Klingenseite ansetzen und zwischen die Schalenhälften schieben. Mit der Klinge den Rand der flachen Schale entlangfahren und den Schließmuskel durchtrennen. Die obere Schale abnehmen und darauf achten, dass das Austernwasser (Meerwasser) nicht verschüttet wird. Nun mit dem Messer unter dem Muschelfleisch durchfahren und es von der Schale lösen. Den milden, nussigen Geschmack der Auster runden sehr trockener ↑**Weißwein**, ↑**Rosé** und ↑**Champagner** am besten ab. **Tipp:** Sensationell schmeckt ein süßer ↑**Sherry** zur Auster. Wer sich die Hoffnung machen sollte, eine Perle in einer gewöhnlichen Pazifischen Felsenauster zu finden, der sollte wissen, dass Austern mehr als drei bis fünf Jahre brauchen, um eine Perle zu bilden, und in diesem Alter sind die Luxusmuscheln meist schon gegessen.

Austern-Cocktail [*Übersetzer*] **Englisch:** oyster cocktail; **Französisch:** cocktail d'huîtres; **Italienisch:** cocktail d'ostriche; **Spanisch:** coctel de ostras

Austernfisch [*Fisch*] ↑**Seewolf**

Austernpilze [*Speisepilze*] **T Lateinisch:** Pleurotus ostreatus. ↑**Zuchtpilze. Synonym:** Austernseitling, Kalbfleischpilz, Pleurotons, Muschelpilze. **Info:** Die zur Familie der Porlingsartigen gehörenden Austernpilze haben einen kurzen, nach oben verdickten Stiel und einen am Rand muschelförmig eingerollten, 8–25 cm großen, aschgrauen, bläulichgrauen oder grünlichbräunlichen Hut mit weißen Lamellen an der Unterseite. Die Austernpilze wachsen nicht einzeln, sondern dachschindel- oder büschelartig übereinander angeordnet in Traubenform, sie sind sehr gute Speisepilze von feinem Geschmack und als Zuchtpilz ganzjährig auf dem Markt. Austernpilze sind eigentlich Winterpilze, sie benötigen Frost, um Fruchtkörper zu bilden. In der warmen Jahreszeit wird oft der praktisch gleich schmeckende Löffelförmige Seitling als Sommertyp des Austernpilzes angeboten. **Ursprung und Geschichte:** Austernpilze stammen wahrscheinlich aus Südostasien und kommen wild wachsend als holzbewohnende Pilze auf Bäumen vor. In der zweiten Hälfte des 20. Jahrhunderts gelang die Kultivierung der Austernpilze auf holzigen Substraten, meist besonders vorbereiteten Strohballen. Sie gehören damit zu den wenigen Pilzarten, deren Kultivierung bisher gelungen ist, und haben sich mittlerweile weltweit verbreitet. Zu seinem Namen ist der Pilz gekommen, da er wie Austernbänke im Meer in schichtartig gefächerten Pilztrauben wächst und auch in Aussehen, Farbe und Größe an die edlen Meeresbewohner erinnert. **Geschmack:** Austernpilze sind sehr weichfleischig und liegen geschmacklich irgendwo zwischen Pfifferlingen und Champignons. Wegen ihrer fleischigen Konsistenz bezeichnet man sie auch als Kalbfleischpilze. Die silbergrauen, maximal handtellergroßen Pilze schmecken am besten. **Herkunft und Saison:** Austernpilze aus inländischen oder benachbarten europäischen Zuchtbetrieben werden das ganze Jahr über in gleich bleibenden Mengen und guten Qualitäten angeboten. **Inhaltsstoffe:** 100 g Austernpilze weisen einen ∅ Brennwert von lediglich 11 kcal/45 kJ auf und zeichnen sich durch einen hohen Gehalt an Vitaminen der B-Gruppe (B_2, Niacin) sowie Vitamin D aus. **Zubereitung und Tipps:** Austernpilze sind einfach zuzubereiten: Sie müssen nicht lange geputzt werden, es werden nur Strohreste am Stielende entfernt und die Pilze in Streifen oder Würfel geschnitten. Da sie einen ausgeprägten Eigengeschmack besitzen, sollten sie nicht mit allzu vielen Zutaten kombiniert werden. Man kann sie braten, grillen, gratinieren, frittieren (mit tollen ↑**Dips** und ↑**Zitrone**) oder schmoren. Sie passen gut zu ↑**Reis**, Eierspeisen, ↑**Nudeln**, ↑**Geflügel** oder ↑**Tofu**.

Austernseitling [*Speisepilze*] ↑**Austernpilz**

Austernsoße [*Gewürze & Kräuter*] **T** Chinesische Würzsoße, wird aus fermentierten ↑**Austern**, ↑**Sojasoße** und verschiedenen Gewürzen hergestellt. Austernsoße ist dunkelbraun, dickflüssig und von intensiv salzigem Geschmack. Die Würzkraft entwickelt sich erst beim Erhitzen und soll einen Hauch von Meer verleihen. Man benutzt sie zum Würzen von pfannengerührten Gemüse- und Fleischgerichten. **Nach Anbruch im Kühlschrank noch monatelang haltbar.**

Australienne, á l', Australische Art [*Speisegarnitur*] **A Speisegarnitur zu kurzgebratenem Fleisch** – ↑**Morcheln** in Sahnesauce, gefüllte ↑**Tomaten**, gebratene ↑**Bananen** und ↑**Herzoginkartoffeln**

Auswalken, auswellen [*Österr. Küche*] **T** Ausrollen: Teig wird mit Nudelholz (Nudelwalker) auf bemehlter Arbeitsfläche flach gerollt (wenn kein Nudelholz vorhanden ist, tut es auch eine Flasche).

Ausweiden [*Unsere Küche*] Jägersprache: Ausnehmen der ↑**Innereien** aus erlegtem ↑**Wild**

Ausweinen [*Unsere Küche*] **T** Bestimmte ↑**Gemüse** werden vor der weiteren Verarbeitung eingesalzen, damit sie überschüssigen oder unerwünschten Saft absondern. ↑**Auberginen,** ↑**Gurken,** ↑**Rettich**

Auswerfen [*Unsere Küche*] Ausnehmen der Eingeweide bei ↑**Hasen** und ↑**Wildkaninchen**

Auszog'ne oder Bauernkrapfen [*Backstube*] **R** Diese Spezialität ist in Bayern und in Österreich auch unter den Namen „Kiachl, Kücherl, Kniekücherl, Fensterkücherl oder Schmalznudeln" bekannt und beliebt. **Verwendungshinweise:** Die Auszog'nen schmecken besonders gut zum ↑**Kaffee**, als süßes Hauptgericht mit ↑**Kompott** oder ↑**Früchten**, im Biergarten, bei kleinen und großen Feiern, besonders zur ↑**Kirchweih** und fast zu jedem Anlass. **Grundrezept für ca. 24 Stück:** 1 kg ↑**Mehl**, 2 kräftige Prisen ↑**Salz**, 1 1/2 Würfel ↑**Hefe**, 2 TL ↑**Zucker**, 200 g ↑**Korinthen**, 1/4 l ↑**Sahne**, abgeriebene Schale von einer unbehandelten ↑**Zitrone**, Mehl für das Tuch, ↑**Fett** zum Ausbacken, ↑**Puderzucker** zum Bestäuben. **1.** Das Mehl und das Salz in eine Schüssel geben und in der Mitte eine Mulde hineindrücken. Die Hefe hineinbröckeln und mit dem Zucker und etwas lauwarmem Wasser verrühren. Die Schüssel zudecken und diesen Vorteig an einem warmen Ort etwa 20 Min. gehen lassen. **2.** Korinthen waschen und gut abtrocknen. **3.** Die Sahne, Zitronenschale und Korinthen zum Mehl geben und alles vorsichtig mischen. Bei Bedarf noch etwas lauwarmes Wasser zugeben. Den Teig zugedeckt bis zur doppelten Menge etwa 60 Min. aufgehen lassen. **4.** Teig einmal durchkneten. Mit einem EL Ballen abstechen, auf ein bemehltes Tuch legen, mit Fett bestreichen und zudecken. Kurz gehen lassen. **5.** Mit gefetteten Fingern den Teigballen ausziehen, indem man den Teigrand durch die Hand gleiten lässt, sodass innen ein dünnes Fenster entsteht. **6.** Die Auszog'nen in das auf 175° C erhitzte Fett legen und 1-bis 2-mal mit heißen Fett übergießen damit sie auflaufen. **7.** Wenn sie goldbraun sind, vorsichtig wenden, so dass kein Fett in die Mitte des Küchleins kommt und fertig backen. Sie müssen innen ein weißes Fenster haben. **8.** Auf Küchenkrepp abtropfen lassen und mit Puderzucker bestäuben. Pro Stück: ∅ 200 kcal/837 kJ

Auszug [*Fachkunde*] ↑**Extrakt**

Auszugsmehl [*Allgem. Nährmittel*] Bei der Herstellung der handelsüblichen Auszugsmehle (in der Regel Type 405 oder 610) werden der Keim und die Randschichten des Getreidekorns vor dem Mahlvorgang entfernt, und das Mehl besteht nur noch aus dem Mehlkörper, der kaum Vitamine, Mineralstoffe und Ballaststoffe enthält. Durch diese Behandlung ist das Mehl weiß und länger haltbar. Da sich früher nur Wohlhabende weißes Mehl leisten konnten, wurde es zu einem Indiz für Reichtum. Sogar Ernährungswissenschaftler unterstützten diesen Trend zeitweise, da sie der Meinung waren, dass die Randschichten des Korns überflüssiger Ballast seien. Heute weiß man, dass der Verzehr von Feinmehl dem Menschen ernährungsphysiologisch wichtige Nährstoffe vorenthält. ↑**Vollkornmehle**, die aus dem ganzen Korn bestehen, enthalten im Vergleich zu Auszugsmehlen mehr ↑**B-Vitamine**, die ↑**Vitamine E, A,** ↑**Niacin** und die ↑**Mineralstoffe** ↑**Kalium,** ↑**Calcium,** ↑**Phosphor,** ↑**Magnesium** und ↑**Eisen.**

Autoklav [*Unsere Küche*] Druckgefäß für die Sterilisation von Gegenständen oder Lebensmitteln bei Temperaturen über 100° C sowie bei erhöhtem Druck.

Auvergnate, à l' [*Speisegarnitur*] **A Speisegarnitur mit Produkten der Auvergne** wie Pökelfleisch, Speck, ↑**Schinken** und ↑**Kohl,** mit ↑**Blauschimmel**- oder ↑**Cantalkäse** überbacken

Aux [*Franz. Speisekarte*] Mit

Aux fines herbes [*Franz. Speisekarte*] Speise mit fein gehackten ↑**Kräutern** gewürzt oder vollendet

Auxerrois [*Weinkunde*] Weiße Rebsorte, die vornehmlich im Elsass angebaut wird, deren Namen man jedoch selten auf Weinetiketten antrifft. Die Rebsorte wird vor allem als Verschnittpartner geschätzt, weil sich die von ihr produzierten Weine durch einen niedrigen Säuregehalt auszeichnen und so säurebetonte Weine (oft aus unreifem Lesegut) abrunden. Auxerrois Gris ist ein Synonym für ↑**Pinot Gris,** während ↑**Malbec** im Cahors verwirrenderweise auch als Auxerrois bekannt ist.

AVA [*Weinkunde*] Neues amerikanisches System der Herkunftsbezeichnung, mit dem der Bundesstaat – nicht die Einzelstaaten – in der Verantwortung des Federal Bureau of Alcohol, Tobacco and Firearms genau abgegrenzte Weinbaubereiche festlegt, ohne allerdings Bestimmungen über Rebsorten oder Anpflanz- und Ausbaumethoden nach dem Modell der französischen Appellation d'Origine Contrôlée zu erlassen. Jedoch müssen die Weine, die unter der Bezeichnung einer AVA in den Handel kommen, zumindest zu 75 % aus diesem Bereich stammen. In Kalifornien allein sind derzeit an die 60 AVAs festgelegt, davon 5 in Napa Valley. ↑**American Viticultural Area**

Avellana [*Span. Speisekarte*] ↑**Haselnuss**

Avemarie [*Ital. Speisekarte*] Kurze Hohlnudeln. Der Name leitet sich ab vom katholischen Rosenkranz, mit dem das Avemaria gebetet wird. Die Nudeln erinnern an die Perlen des Rosenkranzes.

Avena [*Ital. Speisekarte*] Hafer: sehr kleine Suppennudel in einer Form, die an ↑**Hafer**körner erinnert

Aves [*Span. Speisekarte*] ↑**Geflügel**

Avgolemono [*Griechi. Speisekarte*] **A** Begriff aus der griechischen Küchenkultur für ↑**Hühnerbrühe** mit ↑**Reis,** ↑**Ei** und ↑**Zitronensaft.** Dazu gekochtes Hähnchenfleisch servieren.

Avinieren [*Weinkunde*] Der Weingourmet „spült" das Weinglas mit einer kleinen Menge des danach zu verkostenden Weins, um Gerüche früherer Weine, des

Glases oder Spülmittels zu neutralisieren und zu entfernen.

Avitaminose [*Gesundheit*] Durch Vitaminmangel hervorgerufene Krankheit. Eine auf ↑**Vitamin-D**-Mangel zurückgehende Avitaminose ist die ↑**Rachitis**, fehlt ↑**Vitamin C**, entsteht ↑**Skorbut**. ↑**Beri-Beri** ist die Folge von ↑**Vitamin** B_1-Mangel.

Avocado [*Obst*] **T Lateinisch:** Persea americana. **Info:** Die exotischen Früchte gehören zur Familie der Lorbeergewächse. Aus den sehr kleinen, gelblichen bis grünlichen Blüten entwickeln sich birnenförmige, ovale oder rundliche, 8–30 cm große Beerenfrüchte (keine Steinfrucht, weil der Samen ohne weitere Schutzhülle im Fruchtfleisch liegt). Die Oberfläche ist hellgrün bis sehr dunkelgrün (fast schwarz), glatt oder gerippt, meist dünn und manchmal mit kleinen gelben Punkten gesprenkelt. Im Durchschnitt wiegt eine Avocado zwischen 200 und 400 g. Der einzelne Samen ist rund oder konisch, 5–6 cm groß, sehr hart und schwer, dunkel glänzend und von zwei sehr dünnen Samenhüllen umgeben, aus denen er sich leicht herauslösen lässt. **Ursprung und Geschichte:** Die aus dem Gebiet des südlichen Mexiko stammende Avocado wurde vor der Entdeckung Amerikas von den Indianern Mittel- und Südamerikas bereits tausende Jahre zwischen Peru und Mexiko kultiviert. Die Azteken nannten die Frucht **aoacatl**, sie wird in manchen Gebieten Mexikos noch heute **ahuacatl** genannt. Bäume heißen **quahuitl** und Avocadobäume daher **ahuacaquahuitl.** Spanische und portugiesische Seefahrer brachten die neu entdeckte Frucht zuerst auf die Westindischen Inseln, dann weiter nach Mauritius und Indien (wo sie sich aber wegen der lokalen Vorliebe für süße Früchte nicht durchsetzte) bis auf die Philippinen, Malaysia und Singapur. In die heute bedeutenden Anbauländer Israel und Südafrika kamen Avocados allerdings erst zu Beginn des 20. Jahrhunderts. Seit wenigen Jahren gibt es auch in Neuseeland ein groß angelegtes Förderprogramm für den Anbau von Avocados mit dem Ziel, einer der Hauptlieferanten dieser Frucht zu werden. **Herkunft und Saison:** Avocados wachsen in tropischen und subtropischen Gebieten, Mexiko, USA, Brasilien, Chile, Israel, Spanien, Portugal und Südafrika und werden ganzjährig angeboten. **Arten und Sorten:** Die über 1000 verschiedenen Avocadosorten werden in drei Gruppen unterteilt: **Westindische Avocados** blühen im Frühling, reifen im Sommer desselben Jahres und haben eine dünne und glatte Oberfläche. **Guatemaltekische Avocados** mit den bekannten Sorten „Hass", „Pinkerton" und „Reed" blühen im Frühling, reifen im Sommer des folgenden Jahres und haben eine dickere und rauere Oberfläche. **Mexikanische Avocados** blühen im Winter, reifen im Sommer des folgenden Jahres, haben eine dünne, glatte Oberfläche und riechen nach ↑**Anis.** Die weltweit wichtigste Sorte „Fuerte" ist ein guatemaltekisch-mexikanischer Hybrid. **Inhaltsstoffe:** 100 g Avocados weisen einen Brennwert von ∅ 339 kcal/1420 kJ auf und enthalten etwa 58 g Wasser; 4,8 g Eiweiß; 27 g Fett; 8,6 g Kohlenhydrate und 1,1 g Ballaststoffe. An ↑**Mineralstoffen,** ↑**Spurenelementen** und ↑**Vitaminen** sind ∅ 19 mg Kalzium, 2 mg Eisen, 21 mg Natrium, 105 mg Vitamin A (RE) und 24 mg Vitamin C enthalten. Für eine Obstsorte enthält Avocado viel ↑**Fett** und damit auch reichlich ↑**Kalorien.** Der Ölgehalt beträgt 10–20 %, zudem ist der Anteil an ↑**Eiweiß** sehr hoch. **Reife:** Die Schale gibt auf leichten Druck nach, das Fruchtfleisch lässt sich wie Butter verstreichen, der Kern leicht herausheben. Reife Avocados lassen sich sehr leicht schälen, überreife werden matschig weich. **Geschmack:** Das gelb-grüne Fruchtfleisch schmeckt nussig mild und süßlich, butterartig. **Zubereitung und Tipps:** Den Reifezustand der Avocado kann man an der Farbe nicht erkennen. Früchte der Länge nach um den Samen herum durchschneiden, den Samen herausnehmen und die Frucht mit der Schnittfläche nach unten hinlegen. Dann mit einem Messer vom dünneren Ende her beginnend die Schale entfernen. Das Fruchtfleisch muss sofort mit Zitronensaft oder Essig beträufelt werden, da es sich sonst sehr schnell verfärbt. Avocados werden frisch verzehrt, indem man die Fruchthälfte auslöffelt oder das Fruchtfleisch in Streifen schneidet und als Salat oder Vorspeise zubereitet. Oft werden sie gefüllt. Dazu halbiert man die Frucht und höhlt sie aus, um sie mit Shrimps, verschiedenen Gemüsen oder Geflügelsalaten und dem Fruchtfleisch zu servieren. Das Fruchtfleisch kann man mit einer ↑**Sauce** aus ↑**Saurer Sahne** oder einer ↑**Vinaigrette** anmachen und als Salat, ↑**Cocktail**, Vorspeise oder püriert als ↑**Dip** genießen. Auch als Suppeneinlage ist die Avocado mit ↑**Hühnerbrühe,** ↑**Weißwein** und ↑**Sahne** zu empfehlen. Avocados dürfen nicht gekocht werden, da sie dann bitter werden. Als gesunden Brotaufstrich höhlt man eine Avocado aus, zerdrückt das Fruchtfleisch und würzt es kräftig mit ↑**Salz,** ↑**Pfeffer** und gehackter ↑**Zwiebel.** In ihrer Heimat werden die Avocados einfach in der Mitte auseinandergebrochen, gesalzen und mit ↑**Tortillas** gegessen, dazu passt eine Tasse ↑**Kaffee.** Mexikanische „↑**Guacamole**": Avocados mit ↑**Tomaten,** ↑**Knoblauch,** Zwiebeln, ↑**Chili** und Salz pürieren, fertig. Auf Java wird ein Dessert aus gezuckertem Avocadofleisch mit starkem, schwarzem Kaffee vermischt. **Tipp:** Unreife Avocados sind noch hart und müssen einige Tage bei Zimmertemperatur gelagert werden (am besten in einem Mantel aus Zeitungspapier), um reif und birnenweich zu werden. An einem kühlen Ort (nicht im Kühlschrank) bei 10–15° C aufbewahrt, halten sie sich ca. 1 Woche frisch.

Avocadoöl [*Fette*] **T** Avocadoöl ist das aus dem Fruchtfleisch von Persea americana Miller (Lauraceae) gewonnene, hochwertige ↑**Öl.** Davon enthalten die reifen Früchte bis zu 25 %. ↑**Avocado. Man unter-**

scheidet drei Arten der Ölgewinnung: 1. durch Extrahieren der nicht entkernten harten Früchte; **2.** durch Zerkleinern und Zentrifugieren bei 90° C der entkernten, weichen Früchte; **3.** wie unter 2., aber ohne Erwärmung (enzymatische Zerstörung der Zellwände). Das auf diesem Weg erhaltene Avocadoöl (rohes Avocadoöl) ist grün bis dunkelgrün, besitzt einen schwachen, charakteristischen Geruch mit mildem Geschmack und wird, damit es länger haltbar ist, in der Regel raffiniert. Das raffinierte Öl ist eine klare, gelbe bis schwach gelbgrüne, niedrigviskose fette Flüssigkeit mit schwachem Geruch und mildem Geschmack. Avocadoöl besteht bis zu 85 % aus ↑**Ungesättigten Fettsäuren**, hauptsächlich Palmitin-, ↑**Öl-** und ↑**Linolsäure** (Ölsäure dreimal mehr als Palmitinsäure); **Verwendung in der Küche:** Von der Fülle der handelsüblichen Pflanzenöle hebt sich das kaltgepresste **Avocadoöl** deutlich ab. Mit seinem milden und nussigen Aroma unterstützt es den natürlichen Geschmack von frischem oder gekochtem ↑**Gemüse**, ↑**Blattsalaten** und ↑**Pastagerichten**. Raffiniertes Avocadoöl kann bis zu 255° C erhitzt werden, ohne dass es verbrennt oder sich zersetzt. Es eignet sich daher zum Dünsten, Schmoren und Braten. **In der Hausmedizin:** Kaltgepresstes Avocadoöl wird in den Ursprungsländern schon immer benutzt, um die Haut vor dem Austrocknen zu schützen. In der Literatur wird auf eine günstige Wirkung bei trockener und schuppender Haut hingewiesen. ↑**Speiseöl**

Avocat [*Franz. Speisekarte*] ↑**Avocado**

Avoine [*Franz. Speisekarte*] ↑**Hafer**

Aw-Wert (aw) [*Fachkunde*] **Wasseraktivität:** Maß für die Verfügbarkeit von Wasser in Lebensmitteln. Die Wasseraktivität ist in Bezug auf die mikrobiologische Haltbarkeit von großer Bedeutung. Sie ist ein Maß für die Verfügbarkeit des Wassers und dabei unabhängig vom effektiven Wassergehalt. Die Entwicklung von Mikroben ist stark abhängig von der jeweiligen lokalen Wasseraktivität in einem Produkt. Unterhalb eines bestimmten Wertes ist kein weiteres Wachstum möglich. Die Wasseraktivität nimmt auch Einfluss auf das chemische Verhalten von Lebensmitteln.

Axonge [*Franz. Speisekarte*] ↑**Schweinefett**

Ayran [*Orientalische Küche*] **R** Türkisches Jogurt-Getränk, das zu zwei Dritteln aus gekühltem ↑**Jogurt** und zu einem Drittel aus kaltem Wasser besteht. Es wird mit einer Prise ↑**Salz** gewürzt, mit dem Schneebesen aufgeschlagen und gekühlt serviert. Sehr gut gegen den Durst an heißen Tagen.

Azeite [*Span. Speisekarte*] ↑**Olivenöl**

Azeitonas [*Span. Speisekarte*] ↑**Oliven**

Azidifizieren [*Weinkunde*] In einigen südlichen Ländern, den USA und Australien ist es nicht ungewöhnlich, dass dem Wein Säure (Apfelsäure, Zitronensäure, Essigsäure, Weinsäure usw.) zugegeben wird, um Kraft und seine Süße zu betonen.

Azidose [*Gesundheit*] ↑**Übersäuerung**

Azienda [*Weinkunde*] Italienisch für (Wein-)Gut. Eine Differenzierung ergibt sich durch folgende Begriffe: **Azienda Agricola:** ein Betrieb, der ausschließlich selbst angebaute Weintrauben für die Weinproduktion verwendet. Der Begriff stimmt mit der deutschen Erzeugerabfüllung überein. **Azienda Vinicola:** ein Betrieb, oft ein sehr großes Unternehmen, der ausschließlich Weine aus gekauften Weintrauben herstellt. **Azienda Vitivinicola:** ein Betrieb, der sowohl Weintrauben aus eigenen Weinbergen als auch zugekaufte Weintrauben zur Weinproduktion verwendet.

Azofarbstoffe [*Fachkunde*] **Azofarbstoffe bilden die größte und wichtigste Gruppe der zugelassenen** ↑**Lebensmittelfarbstoffe:** Sie werden chemisch-synthetisch hergestellt, früher auf Basis von Steinkohleteer, heute von Erdöl. Ihr Name leitet sich aus einer bestimmten Bindung zweier Stickstoff-Atome (Azogruppe) ab, die für diese Farbstoffe charakteristisch ist. Azofarbstoffe sind farbstabil, lichtecht und lassen sich vielfältig mischen. Gewünschte Farbnuancen können sehr genau eingestellt werden. **Mit den Azofarbstoffen begann Ende des 19. Jahrhunderts der Aufstieg der deutschen Farben- und Chemieindustrie** von kleinen Hinterhofbetrieben zu weltumspannenden Unternehmen. Sie färbten vor allem Textilien und lösten dort die traditionellen Pflanzenfarben ab. „Nebenbei" wurden die Azofarbstoffe auch in Lebensmitteln verwendet. Erst viel später entdeckte man, dass **viele Azofarbstoffe gesundheitsgefährdend und sogar krebsauslösend** waren – und noch länger dauerte es, bis ihr weitgehend ungezügelter Einsatz als Lebensmittelfarbstoffe eingedämmt wurde. Ein bekannter Fall ist das Buttergelb: Um 1930 wurde offenkundig, dass es hochgradig krebsauslösend ist, aber noch in den 1950er-Jahren färbte es Butter und Margarine gelb. **Heute sind die meisten der damaligen Azofarbstoffe für Lebensmittel nicht mehr zugelassen.** Diejenigen, die heute noch Süßigkeiten färben dürfen, gelten als vergleichsweise harmlos. Viele von ihnen sind wasserlöslich und werden nach dem Verzehr schnell aus dem menschlichen Körper ausgeschieden. Dennoch haben viele Azofarbstoffe noch immer einen schlechten Ruf. Sie stehen im Verdacht, ↑**Allergien**, Pseudoallergien und das hyperkinetische Syndrom (Zappelphilipp) auszulösen. ↑**E 102**, ↑**E 110**, ↑**E 122**, ↑**E 123**, ↑**E 124 – Kennziffern heute zugelassener Lebensmittelfarben:** ↑**Tartrazin**, ↑**Gelborange G**, ↑**Azorubin**, ↑**Amaranth**, Cochenille-Rot A ↑**E 124; alle aus der Gruppe der Azofarbstoffe.**

Azorubin [*Fachkunde*] ↑**E 122**

Azucar [*Span. Speisekarte*] ↑**Zucker**

Azukibohnen [*Allgem. Nährmittel*] **T** Kleine rote ↑**Sojabohnen**, leicht verdaulich, mit hohem Anteil an wertvollem ↑**Eiweiß**

B

B & B *[Hausbar]* **T** „Bénédictine and Brandy“, feinherbe Spirituose aus $^{2}/_{3}$ ↑**Bénédictine** und $^{1}/_{3}$ ↑**Cognac**, kommt aus der Normandie und wird kühl getrunken

B 52 *[Hausbar]* **R** Der B 52 ist ein bekannter Cocktail (↑**Shooter**), dessen Reiz weniger im Farbenspiel oder im exotischen Aussehen liegt, sondern eher in der Art, wie er getrunken wird. **Zubereitung:** In einem kleinen, feuerfesten Glas (ca. 8 cl). **Zutaten:** 2 cl Kaffee-Likör (↑**Tia Maria** oder ↑**Kahlua**); 2 cl ↑**Bailey's**; 1 cl dunkler ↑**Rum** 73 % Vol. Zuerst den Kaffeelikör einfüllen. Über einen Löffel hinweg vorsichtig den Bailey's darübergeben; wobei darauf zu achten ist, dass sich die beiden Liköre möglichst nicht vermischen. Zum Schluss ebenso vorsichtig den Rum hinzufügen. Kurz vor dem Servieren entzündet der Barkeeper den Rum. Getrunken wird er vom Glasboden weg, **mit einem Trinkhalm**, in einem Zug. **Achtung: Ohne Trinkhalm kann man sich Lippen und Gesicht verbrennen.**

Baaz *[Österr. Küche]* Österreichischer Ausdruck für „Pampe“ oder ↑**Püree**

Babà *[Ital. Speisekarte]* **A 1.** In ↑**Rum** eingelegte Eierteigkugeln oder Ringe aus ↑**Weizenmehl**, ↑**Eier**, ↑**Butter**, ↑**Hefe**, ↑**Zucker**, ↑**Salz**, ↑**Zitronenschale. 2.** Hoher Napfkuchen aus Russland und Polen.

Babaco *[Exotische Früchte]* **T Lateinisch:** Carica pentagona; **Synonym:** Bergpapaya. **Info:** Babaco gehören zur Familie der Melonenbaumgewächse. Die grüne, samenlose, 25 cm lange und 10 cm dicke, 300–1200 g schwere Beerenfrucht hat eine fünfeckige, zum Stängel hin abgerundete und nach oben zugespitzte Form. Mit zunehmender Reife werden die gelblichen Flecken größer, bis die ganze Frucht gelb ist. **Ursprung und Geschichte:** Babacos sind wahrscheinlich als Zufallshybrid in den Gebirgsregionen Ecuadors entstanden. Sie wurden dort schon Jahrhunderte vor der Entdeckung Amerikas von den Indios in wärmeren Andentälern und trockeneren Küstenregionen kultiviert. Bei einer Studienreise entdeckten neuseeländische Produzenten 1973 die Babaco als interessante Frucht für den Frischmarkt und begannen, sie für den kommerziellen Anbau in Gewächshäusern zu kultivieren. Heute werden Babaco – in geringen Mengen – in Neuseeland, Israel und Spanien angebaut. Von Fachleuten wird der Babaco eine große Zukunft auf den europäischen Obstmärkten vorausgesagt. **Herkunft und Saison:** Babaco werden das ganze Jahr über aus Israel oder Neuseeland angeboten. Erste Zuchtversuche in Italien verlaufen positiv. **Geschmack:** Das sehr saftige Fruchtfleisch ist crèmefarben und schmeckt bei geringer Säure sehr süß, weist aber trotzdem einen niedrigen Zuckergehalt auf. Der Geschmack erinnert an eine Mischung aus ↑**Erdbeeren**, ↑**Apfelsinen**, ↑**Ananas** und ↑**Papayas. Reife:** Reife Früchte erkennt man an der gelben Schale. **Inhaltsstoffe:** 100 g Babaco weisen einen Brennwert von ⌀ 8 kcal/35 kJ auf und enthalten etwa 93 g Wasser, 0,9 g Eiweiß, 0,2 g Fett, 6 g Kohlenhydrate und 0,7 g Ballaststoffe. Die Früchte besitzen einen sehr hohen Gehalt an ↑**Vitamin C**, der sogar die Bräunung einer angeschnittenen Frucht verhindert. Aber Babacos haben noch mehr zu bieten als ihren Vitaminreichtum; sie sind darüber hinaus ein anerkanntes Heilmittel. Zu den Inhaltsstoffen der Babaco zählt das wertvolle ↑**Papain**, ein eiweißverdauendes (↑**Fleisch**, ↑**Fisch**, ↑**Milch** usw.) Ferment, das wegen seiner großen Ähnlichkeit mit Pepsin, dem verdauungsfördernden Ferment des Magensaftes, auch pflanzliches ↑**Pepsin** genannt wird. Papain entlastet die Drüsen, die Verdauungssäfte liefern. Neutralisierend bei zu viel Magensäure und Verdauungsproblemen. **Zubereitung und Tipps:** Babaco werden üblicherweise roh mit der Schale verzehrt, indem man sie längs in Scheiben oder quer in Streifen schneidet. Seltener werden sie zu Saft gepresst oder zu ↑**Marmeladen**, ↑**Sorbets** oder Ähnlichem verarbeitet. Die Haltbarkeit der Babaco ist äußerst gut. Auch ohne Kühlung ist sie bis zu 4 Wochen haltbar. Sogar beschädigte Früchte sind noch lange haltbar, da die gesunden Teile nicht angegriffen werden.

Babeurre *[Franz. Speisekarte]* ↑**Buttermilch**

Babi Guling *[Intern. Länderküche]* **A** Begriff der balinesischen Küchenkultur für ein speziell zubereitetes ↑**Spanferkel.** Im Gegensatz zu anderen moslemischen Inseln Indonesiens wird ↑**Schwein** auf ↑**Bali** gegessen. Spanferkel darf bei keinem Festessen fehlen, es wird am Spieß gebraten und mit ↑**Chili**, ↑**Knoblauch**, ↑**Ingwer** und anderen Zutaten gefüllt. ↑**Indonesische Küche**

Babikhju gai *[Asiatische Küche]* Begriff der thailändischen Küchenkultur für Hühnchenteile vom Grill

Bableves *[Ungarische Küche]* Begriff der ungarischen Küchenkultur für Bohnensuppe

Babo *[Weinkunde]* Italienische Maßeinheit für das Mostgewicht, entsprechend der „Kloster-Neuburger-Mostwaage“. ↑**Öchsle**

Baby Gouda Français *[Käse]* ↑**Mimolette**

Baby sole *[Franz. Speisekarte]* Kleine ↑**Seezunge**

Babyananas *[Obst]* **T Lateinisch:** Ananas comosus. **Ursprung und Geschichte:** Babyananas sind eine in der

Karibik auf Kleinfrüchtigkeit gezüchtete Ananasart mit besonders ausgeprägtem, köstlichem Geschmack. Die Früchte sind rundlicher als die der „normalen" Ananas und haben einen Durchmesser von 5–8 cm. Die Schale ist bei den Babyananas meist goldgelb gefärbt. Die wichtigsten Anbaugebiete sind heute Südafrika und Mauritius. **Herkunft und Verfügbarkeit:** Babyananas werden das ganze Jahr über in konstanten Mengen aus Südafrika angeboten. **Verwendung:** Babyananas werden zwar auch oft nur aus dekorativen Gründen gekauft, schmecken jedoch noch süßer und aromatischer als die großen Ananas. Das dürfte aber auch darauf zurückzuführen sein, dass sie immer als Flugware transportiert und daher reif geerntet werden können. Außerdem haben sie keinen verholzten Strunk, sodass das ganze Fruchtinnere verzehrt werden kann.

Babybeef [*Fleischprodukte*] Fleisch von jungen Mastrindern, meist männl. Geschlechts; Alter 15–20 Monate, Gewicht zw. 350 und 420 kg lebend

Babybel [*Käse*] **T** Kleinere Variante der Marke ↑**Bonbel** des gleichen Konzerns, wird in kleinen runden Laiben mit Paraffinüberzug verkauft. **Herkunft:** Frankreich/Käserei „Fromageries Bel"; **Käsesorte:** halbfester ↑**Schnittkäse**, 45 % ↑**Fett i. Tr.**; **Milch:** Kuhmilch; **Teig:** bei Zimmertemperatur relativ weich; **Geschmack:** mild; **Info:** Es gibt mehrere Arten von **Babybel**, die sich durch Größe, Fettgehalt und Geschmack unterscheiden. Die wohl verbreitetste Form ist der **Mini Babybel**, als Gebinde im Kunststoffnetz mit 6 x 20 g im Handel. Größere Variante mit nur einem ↑**Käse** pro Verpackung und 50 % Fett i.Tr., die Light-Versionen mit jeweils 25 % und 27 % Fett i. Tr. Der **Mini Babybel-Gold Yellow** mit 44 % Fett i. Tr. und leicht würzigem Geschmack wird in Deutschland nicht angeboten. **Weinempfehlung:** trockener Rotwein wie ↑**Beaujolais**

Babykost [*Gesundheit*] **T** Ab dem fünften Monat ist eine vollwertige Ernährung des Säuglings allein mit Muttermilch nicht mehr gewährleistet, sodass zusätzlich Nahrung gegeben werden muss. Die Babykost dient der Ergänzung der Milchnahrung mit ↑**Vitaminen**, besonders ↑**Vitamin A**, ↑**Vitamin C**, ↑**B-Vitaminen** und ↑**Mineralstoffen**, vor allem ↑**Eisen**. Babykost kann selbst hergestellt oder industriell gefertigt sein. Es sind die von der Industrie angebotenen Gemüse-, Fleisch- oder Gemüsegerichte und Obstbreie wegen der geringeren Schadstoffgehalte denen aus eigener Herstellung vorzuziehen. Außerdem wird industriell gefertigte Babykost ständig untersucht, und die Rohstoffe müssen den strengsten Anforderungen gerecht werden. ↑**Nitrat**

Babymais [*Gemüse*] **T Lateinisch:** Zea mays. **Info:** Unreif geernteter Mais spezieller kleinfrüchtiger Sorten. Die 5–10 cm langen Kolben sind in der chinesischen und thailändischen Küche beliebte Zutat. In Europa werden sie hauptsächlich süß-sauer oder in ↑**Mixed Pickles** eingelegt. **Herkunft und Saison:** Stammt vorwiegend aus Israel, Frankreich und Spanien. Babymais kann nicht lange gelagert werden und ist zum alsbaldigen Verbrauch bestimmt. **Zubereitung und Tipps:** Geschmacklich unterscheidet sich Babymais von reifem ↑**Mais** durch die fehlende Süße. Nach dem Waschen einfach dünsten oder kurz braten. Die kleinen Kolben ergänzen Salate und Gemüsegerichte.

Babypute [*Fleischprodukte*] Sehr junge ↑**Pute**; Gewicht ca. 1,5–2 kg

Babysteinbutt [*Fisch*] Für den Fang des Steinbutts gilt international, dass er mindestens 30 Zentimeter groß sein muss. Dann wird er als „Babysteinbutt" gehandelt. Üblich ist jedoch eine Handelsgröße von 45–50 Zentimetern. ↑**Steinbutt**

Bacalao [*Span. Speisekarte*] ↑**Kabeljau**

Bacalao fresco [*Mexicofood*] Fangfrischer ↑**Kabeljau**

Bacalao seco [*Mexicofood*] Getrockneter, gesalzener ↑**Kabeljau**

Bacalhau [*Intern. Länderküche*] (sprich: „bakaljau") Der portugiesische Ausdruck für ↑**Stockfisch** oder Klippfisch, ein luftgetrockneter oder durch Salzen getrockneter ↑**Kabeljau**, der hauptsächlich aus Norwegen kommt. Auf Spanisch heißt er **Bacalao**. In Portugal und Brasilien wird Bacalhau traditionell zu einer Vielzahl verschiedener kulinarischer Gerichte verarbeitet. Angeblich existieren 365 verschiedene Rezepte, also für jeden Tag des Jahres eines. Am bekanntesten sind: **bolinhos de bacalhau** (kleine frittierte Laibchen, ähnlich Fischfrikadellen); **bacalhau com natas** (Stockfisch mit Sahne); **bacalhau ab** (im Ofen gegart). Bacalhau ist sowohl in Portugal als auch in Brasilien (dort neben der ↑**Feijoada**) Nationalgericht. ↑**Brasilianische** oder ↑**Portugiesische Küche**

Bacalhau com todos [*Span. Speisekarte*] ↑**Stockfisch**, garniert

Bacardi [*Hausbar*] Die Firma Bacardi stammt ursprünglich aus Santiago de Cuba (Insel Kuba), wo sie seit 1862 ↑**Rum** produziert. Durch die sozialistische Revolution im Jahre 1951 und den damit verbundenen Enteignungen wanderte der Betrieb nach Bermuda aus. Don Facundo, der den Rum kreierte, wählte die Fledermaus zu seinem Markenzeichen: Sie war eine Untermieterin in seiner ersten Destille.

Bacca [*Ital. Speisekarte*] Beere

Baccalà [*Ital. Speisekarte*] ↑**Stock**-, Klippfisch

Baccalà mantecato [*Ital. Speisekarte*] ↑**Stockfisch**-püree

Baccello [*Ital. Speisekarte*] Schote; ↑Sau**bohnen**

Bacchus [*Weinkunde*] Römischer Gott des Weines, aber auch eine weiße Rebsorte, die das Ergebnis einer Kreuzung aus ↑**Silvaner** und ↑**Riesling** mit ↑**Müller-Thurgau** ist. Sie wird vor allem in Deutschland, aber auch in England angebaut. Bacchus verdankt ihre Popularität unter Winzern der Tatsache, dass sie, im Gegensatz zum Riesling, eine frühreifende Rebsorte ist, die zugleich sehr hohe Reifegrade – ausgedrückt in Grad ↑**Öchsle** – erreicht. Sie kann in Weinbergslagen angebaut werden, die für Riesling ungeeignet sind. Die Bacchus-Weine sind oft aromatisch und fruchtig, aber nur, wenn das Lesegut völlig reif ist. Ein Nachteil ist, dass es diesen Weinen dann oft an Säure fehlt.

Bach, Henri [*Berühmte Köche*] **Henri Bach** – *1956 in Boppard, D – seit 1983 Chef de cuisine im Hotel-Restaurant Résidence in Essen. Bekannt durch seine Sterne sowie für seine Roulade von Zander & Jakobsmuscheln im Zucchinimantel und die Mitwirkung an dem Buch „Große Köche kochen für kleine Genießer".

Bacher-Wagner, Lisa [*Berühmte Köche*] **Lisa Wagner-Bacher** vom Landhaus Bacher in Mautern an der Donau, Niederösterreich. Die mit drei Kochhauben ausgezeichnete Köchin ist als Vollblutgastronomin weit über die Grenzen des Landes bekannt und präsentiert mit Johanna ↑**Maier** aus Filsmoos die Frauenpower in der modernen ↑**Österreichischen Küche**. Ihre berühmten Gerichte aus frischen Produkten der Region spiegeln die traditionellen Speisen der Wachau auf originelle und feine Weise wider.

Bachforelle [*Fisch*] **Englisch:** river trout; **Französisch:** truite de rivière; **Italienisch:** trota di fiume; **Spanisch:** trucha de río. Stein- oder Schwarzforelle, Süßwasserfisch, Gebirgsbachspezialist, mit roten und schwarzen Punkten an den Seiten, bis zu 40 cm lang und 3 kg schwer. Bachforellen wachsen sehr langsam und haben daher ein festes, sehr schmackhaftes Fleisch. Heute sind sie eine Rarität.↑**Forellen**

Bachsaibling [*Fisch*] Lachsverwandter Süßwasserfisch, dunkel-olivfarbener Rücken, in Größe und Geschmack der Bachforelle ähnlich. ↑**Forellen**

Backaromen [*Backstube*] **T** (Backöle) sind konzentrierte Zubereitungen von natürlichen, naturidentischen oder künstlichen Geruchs- und Geschmacksstoffen. Wegen der Haltbarkeit werden sie meist mit Trägerstoffen (↑**Öl**, ↑**Zucker**, ↑**Stärke** oder ↑**Alkohol**, der beim Backen verdampft) vermischt. Backaromen gibt es in Kleinstfläschchen, manche auch in Alubeutelchen, in den Geschmacksrichtungen: ↑**Arrak**, ↑**Vanille**, ↑**Bittermandel**, ↑**Zitrone**, ↑**Rum**. Backaromen sollten nur tropfenweise zum Aromatisieren von Gebäck, ↑**Desserts**, süßen Saucen, ↑**Pralinen**, ↑**Schlagsahne** oder selbst zubereitetem ↑**Speiseeis** verwendet werden, da zu viel den Eigengeschmack der Speisen überdecken würde.

Bäckchen [*Fleischprodukte*] Magere Muskulatur des Unterkiefers von Schlachttierköpfen

Backe [*Fleischprodukte*] Fettbacke des Schweins

Backen [*Unsere Küche*] **T 1.** Bei beständiger Hitze Backgut in heißem ↑**Fett** oder Öl schwimmend garen, ↑**Frittieren** genannt. Hierbei ist unbedingt wichtig, dass die Temperatur (160–180° C) nicht fällt, da sonst zu viel Fett vom Backgut aufgenommen wird. Frittiert wird z. B. Wiener ↑**Back(-hendl)huhn**, ↑**Pommes frites** usw. **2.** In einer Pfanne, deren Boden von Öl oder Fett bedeckt ist, kann man bei mittlerer Hitze z. B. ↑**Schnitzel**, ↑**Cordon bleu**, ↑**Backfisch** goldbraun backen. Backen im Fett ist die geeignete, aber kalorienreiche Garmethode für paniertes oder in **Backteig** gehülltes Fleisch, Geflügel, Fisch, Gemüse, Pilze, Käse, Frühlingsrollen usw., aber auch für Hefe- und Brandteiggebäck wie Krapfen, Windbeutel u.v.m. **3.** Unter Backen wird auch das kalorienarme Garen und Bräunen in heißer, trockener Luft im Backofen verstanden. Geeignet hierfür sind große Bratenstücke, ganze Geflügel und Fische sowie Teige, Kuchen und Aufläufe.

Bäcker [*Backstube*] **Lateinisch:** pistoris; **Englisch:** baker; **Französisch:** boulanger; **Italienisch:** fornaio, panettiere; **Spanisch:** tahonero. Berufsbezeichnung für einen Menschen, der seinen Lebensunterhalt durch Backen von ↑**Brot**, Brötchen etc. verdient. Man kann diesen Handwerksberuf nicht so kurz fassen, denn es werden ca. 400 Brotsorten und rund 1200 Arten Feingebäck in deutschen Bäckereien hergestellt. Auch der ↑**Konditor** (Zuckerbäcker) wird umgangssprachlich Bäcker genannt.

Backerbsen [*Österr. Küche*] Erbsengroße Suppeneinlage aus ↑**Brandteig**

Bäckerei [*Österr. Küche*] Kleingebäck

Bäckerin Art [*Speisegarnitur*] **A** Zubereitungsart, die sich vor allem für Hammel-, Lamm- und Schweinefleisch eignet. Hierzu werden rohe, speckige Kartoffelscheiben mit Zwiebeln im Bratensaft des Fleisches geschmort. Nach dem Passieren hat die Sauce einen kräftigeren Geschmack.

Backfisch [*Unsere Küche*] Mit ↑**Semmelbrösel** paniertes, goldbraun, knusprig ↑**gebackenes** Stück ↑**Fischfilet**

Backformen [*Backstube*] **T** Ränder von Backformen (Kasten-, Torten-, Gugelhupfformen etc.) nie befetten und bemehlen! Sonst zieht sich die Teigmasse zurück, und das Backgut bekommt ungleichmäßige Ränder. Die Backform immer auf den Rost, nie auf das Backblech stellen. Hat man mehrere Backformen zugleich im Rohr, so sollten sie nicht aneinander oder an die Rohrwände stoßen. Es würde ein Hitzestau entstehen, wodurch die Kuchen an der Stelle, an der sie zusammenstoßen, verbrennen.

Backformen fetten [*Backstube*] **T** Backform mit Fett auspinseln und mit ↑**Semmelbrösel** oder ↑**Mandelsplitter** bestreuen

Backhendl, Backhuhn [*Österr. Küche*] **R Englisch:** fried chicken; **Französisch:** poulet rôti; **Italienisch:** pollo fritto; **Spanisch:** pollo frito. Roh in Achtel geteiltes, mit ↑**Pfeffer**, ↑**Salz**, ↑**Paprika** gewürztes, in ↑**Ei** und ↑**Semmelbrösel** paniertes junges ↑**Hähnchen**, in 160° C knusprig braun frittiert und mit Zitronenecken serviert. Dazu passt ein einfacher **Kartoffelsalat.** ↑**Würztabelle/Kartoffelgewürze**

Backmischung [*Backstube*] **A** Die einfachste Art, Kuchen zu backen, ist die Verwendung einer Backmischung. Alle Zutaten sind im richtigen Verhältnis aufeinander abgestimmt und brauchen, je nach Mischung, nur mit wenigen Zutaten wie ↑**Fett**, ↑**Eier** oder Wasser ergänzt werden. Wer sich an die genau angegebenen Backzeiten hält, geht kein Risiko ein. Der Kuchen gelingt.

Backobst [*Allgem. Nährmittel*] ↑**Trockenfrüchte**

Backpflaumen [*Allgem. Nährmittel*] **T** Auch Trockenpflaumen genannt, sind in der Sonne oder künstlich getrocknete ↑**Pflaumen.** Beim Trocknen verdunstet lediglich das Wasser, während ↑**Fruchtzucker**gehalt, ↑**Mineralstoffe** und weitgehend auch die ↑**Vitamine** erhalten bleiben. Je nach Rezept werden die Backpflaumen vor der Verwendung 10–20 Min. in Wasser oder ↑**Alkohol** eingeweicht. Wegen ihres hohen Anteils an ↑**Ballaststoffen** wirken sie gegen Darmträgheit.

Backpulver [*Backstube*] **T Teiglockerungsmittel:** Es besteht aus einer Mischung mehrerer Stoffe, die unter Einfluss von Feuchtigkeit, Säure und Wärme Gas (Kohlendioxid) freisetzen kann, was den Teig lockert und aufgehen lässt. Backpulver setzt sich aus Natriumhydrogencarbonat (Komponente, die während des Backvorgangs Kohlendioxid abspaltet), einer Säure wie Wein- oder Citronensäure (Komponente, die Säure abspaltet), anorganischen Verbindungen (Aluminiumsulfat, Calciumacetat, Dinatriumhydrogenphosphat) und einem ↑**Trennmittel** (z. B. ↑**Kartoffelstärke** und ↑**Weizenmehl**) zusammen. Backpulver eignet sich für fast alle Teige, lässt sich leicht untermischen, ist lange haltbar und in der Regel geschmacksneutral. Wird „überdosiert", schmeckt das Gebäck leicht seifig und fällt nach dem Backen zusammen. Immer auf genaue Mengenangabe achten. Ein Backpulverpäckchen enthält ca. 16 g Pulver, ausreichend für 500 g ↑**Mehl. Lagerung:** kühl, trocken, nicht mit stark duftenden ↑**Gewürzen** aufbewahren

Backs and necks [*Englische Speisekarte*] Rücken- und Halsstücke von ↑**Geflügel**, ↑**Geflügelklein**

Backteig [*Unsere Küche*] **A** Zähflüssige Panade (Pfannkuchenteig ähnlich), um ↑**Obst-**, ↑**Gemüse**stücke, ↑**Fisch**, ↑**Meeresfrüchte** oder ↑**Fleisch** zu umhüllen und zu ↑**Frittieren.** Der Backteig besteht je nach Gargut aus ↑**Milch**, ↑**Wein** oder ↑**Bier**, ↑**Salz**, ↑**Mehl**, etwas ↑**Backpulver**, evtl. ↑**Gewürzen** und ↑**Öl.** Die Zutaten werden gut verquirlt und passiert, zuletzt hebt man vorsichtig sehr steifen ↑**Eischnee** darunter.

Backtriebmittel [*Backstube*] Teige (z. B. Kuchenteige) gehen nur auf, wenn ihnen ein Treibmittel zugesetzt wird. Je nach Teigart kann das ein biologisches wie ↑**Hefe** und ↑**Sauerteig** oder ein chemisches wie ↑**Backpulver**, ↑**Hirschhornsalz**, ↑**Pottasche**, ↑**Natron** sein. Immer setzen die Triebmittel beim Backen mit Hilfe von Feuchtigkeit und Wärme Kohlendioxid frei. Die aufsteigenden Gasbläschen lockern den Teig und machen ihn leicht verdaulich.

Backzucker [*Backstube*] ↑**Zucker** in spezieller Körnung für alle feinen ↑**Mehlspeisen** und Kuchen. Besonders leicht löslich (auch in ↑**Tee**, ↑**Kaffee**, kühlen Getränken) und gut vermischbar.

Bacon [*Fleischprodukte*] **T 1.** In Deutschland fälschlicherweise oft auch Schinkenspeck genannt, in der englischsprachigen Welt der Überbegriff für ein Stück vom ↑**Schwein**, bei dem es sich von ↑**Schinken** bis ↑**Speck** um alles handeln kann. In der englischen Küche ist Bacon ein wichtiger Bestandteil des Frühstücks. Bacon besteht meist aus Schulter oder Keule. Er wird leicht gepökelt und geräuchert, in feine Scheiben geschnitten und vor dem Verzehr gebraten oder gegrillt. **In Großbritannien** ist Bacon in vielen verschiedenen Geschmacksvarianten erhältlich: Gepökelter Bacon wird als „green" (grün), „pale" (blass) oder „plain" (einfach) angeboten. Bacon, der als „sweet" (süß), „mild" (mild) oder „tender" (zart) angeboten wird, ist mit Zucker gepökelt worden (z. B. Bradham-Schinken, Suffolk-Schinken, Cumberland-Schinken, Belfaster Schinken, Honig-Schinken). **Baconsorten:** Bei dem in Deutschland bekannten Schinkenspeck handelt es sich um **ham bacon.** Bei dem in der Schweiz unter dem Namen Bacon verkauften Fleisch handelt es sich meist um ungeräucherten, in Scheiben geschnittenen Speck. Der am weitesten verbreitete Bacon ist der so genannte **back bacon** oder **short back bacon.** Derselbe Bacon heißt in Nordamerika **canadian bacon.** Das Fleisch stammt vom Schweinefilet, was zwar zart und teuer, aber nicht saftig und für Bacon zu mager ist. Der so genannte **middle bacon**, der aus Stücken vom Hals oder Rippenfleisch des Schweins hergestellt wird, ist fetter als der **back bacon** und deshalb zum Grillen besser geeignet. **Streaky bacon** entspricht deutschem Speck und wird vom Bauch des Schweins genommen. Im englischen Wiltshire wird ein Bacon namens **gammon** gepökelt und anschließend in Zigarrenform gerollt. Er wird gekocht oder gebacken. Diese so genannten **rashers** gehören in Irland zum traditionellen Frühstück. **2.** Bacon ist auch eine Schlachttierhälfte ohne Kopf und Füße. Es wird als ganze Hälfte oder in Teilstücken gepökelt und teilweise geräuchert und/oder gegart. Geräuchert wird mit Eichenholzsägemehl. **3.** Bacon ist auch eine englische Schweinerasse mit niedrigem Speckgehalt.

Bacon and eggs [*U.S. Kitchen*] Gebratene dünne ↑**Schweinefleisch**scheiben und ↑**Eier**

Badekraut [*Gewürze & Kräuter*] ↑**Liebstöckel**

Baden [*Weinkunde*] Ausgedehntestes und vielseitigstes deutsches Weinanbaugebiet, das sich auf rund 400 km Länge vom Bodensee rheinabwärts über den unteren Neckar bis in das untere Taubertal erstreckt und heute mit einer Ertragsrebfläche von 16 141 ha das drittgrößte deutsche Weinbaugebiet ist. **Es ist in neun Bereiche mit jeweils ausgeprägtem Eigencharakter unterteilt: Bodensee – Markgräflerland – Kaiserstuhl –Tuniberg – Breisgau – Ortenau – Badische Bergstraße – Kraichgau und Tauberfranken.** Sein südwestlicher, dem Elsass gegenüberliegender Teil zwischen Basel und Baden-Baden ist das wärmste deutsche Anbaugebiet am Fuß des schützenden Schwarzwaldes. Es ist das Einzige in Deutschland, das zur Weinbauzone B der EG gehört und daher die höchsten Mindestanforderungen an den Qualitätsweinbau im gesamten Bundesgebiet stellt. So müssen Kabinettweine ein Mindestmostgewicht von 76° Öchsle (Riesling) bis 85° Öchsle (Grauer Burgunder, Traminer, Spätburgunder) aufweisen, während für Spätlesen jeweils 10° Öchsle mehr vorgeschrieben sind (in den Bereichen Bodensee und Tauberfranken 85–91° Öchsle). Entsprechend zählen die durchschnittlichen Hektarerträge zu den niedrigsten im deutschen Weinbau. Es werden immer mehr Rotweine erzeugt, der Weißweinanteil macht heute nur noch 70 % aus. Über 85 % der Rebfläche sind mit den fünf dominierenden Rebsorten bestockt: Müller-Thurgau (5340 ha); Spätburgunder (4251 ha); Grauer Burgunder (1519 ha); Riesling (1347 ha) und Gutedel (1334 ha). Weitere 1450 ha entfallen auf die drei Traditionssorten Weißer Burgunder, Silvaner und Traminer, während Neuzüchtungen (abgesehen vom Müller-Thurgau) nicht ins Gewicht fallen. Die regionalen Unterschiede sind innerhalb Badens von erheblicher Bedeutung. So ist der Bodensee für seine vollen und milden Seeweine aus Spätburgunder (auch als Weißherbst) und Müller-Thurgau bekannt, während der Gutedel mit gut der Hälfte des Weins nahezu ausschließlich im Markgräflerland anzutreffen ist. Zu knapp 85 % bestehen die meist säurearmen Weine des Breisgaus aus Müller-Thurgau, Spätburgunder und Grauem Burgunder, während im Kraichgau und an der Badischen Bergstraße Müller-Thurgau, Riesling, Grauer und Weißer Burgunder dominieren und nahezu zwei von drei Weinen von Tauberfranken aus Müller-Thurgau bestehen. Als die beiden qualitativ herausragendsten Bereiche zählen hingegen die Ortenau mit ihren gehaltvollen Spätburgundern und den charakteristischen Rieslingen, insbesondere aus Durbach und der Gegend zwischen Baden-Baden und Bühl, und der Kaiserstuhl, jene Vulkaninsel in der Oberrheinischen Tiefebene, von dem fast ein Drittel des badischen Spätburgunders und über die Hälfte des Grauen Burgunders kommen. Weine, die heute zu den Besten ihrer Art in Deutschland zählen. Der badische Weinbau hat innerhalb der vergangenen fünfzehn Jahre eine einzigartige Aufwärtsentwicklung erlebt. Dazu haben sowohl die Winzergenossenschaften beigetragen als auch etablierte Weingüter und eine Vielzahl junger und engagierter Weinbauern. Zu den wichtigsten Weinbauorten zählen Achkarren, Blankenhornsberg, Bickensohl, Bischoffingen, Bühl, Burkheim, Durbach, Fremersberg, Ihringen, Istein, Jechtingen, Laufen, Michelfeld, Müllheim, Neuweier, Oberbergen, Oberrotweil, Ortenberg, Tiefenbach, Waldulm.

Badener Chräbeli [*Schweizer Küche*] ↑**Anis**

Badener Landjäger [*Regionale Spezialität*] ↑**Landjäger**

Badescony [*Weinkunde*] Bereich des Weinanbaugebietes Balaton in Ungarn

Badiane [*Franz. Speisekarte*] ↑**Sternanis**

Badisch Rotgold [*Weinkunde*] Bezeichnung für einen Rotling. Der Wein wird aus einer Mischung der Rebsorten ↑**Grauburgunder** und ↑**Spätburgunder** gewonnen. Die Bezeichnung „Badisch Rotgold" ist ausschließlich in Baden zugelassen. Es handelt sich hierbei um Qualitätsweine mit und ohne Prädikat.

Badisches Gütezeichen [*Weinkunde*] Bekommen ausschließlich badische Qualitätsweine. Dieses Gütezeichen erhalten die Weine, bei denen die Punktzahl über den vorgeschriebenen Mindestwerten liegt.

Baeckeoffe [*Franz. Speisekarte*] **R** Elsässischer ↑**Fleischeintopf** aus gewürfeltem ↑**Schweine**-, ↑**Lamm**- und ↑**Rindfleisch**, jeweils aus der Schulter; ↑**Kartoffel**-, ↑**Zwiebel**-, ↑**Karotten**scheiben, ↑**Knoblauch** und ↑**Lauch**, ↑**Pinot blanc** oder ↑**Riesling**; ↑**Petersilie**, ↑**Thymian**, ↑**Lorbeer**, ↑**Salz**, ↑**Pfeffer. Vorbereitung:** Das Fleisch in Stücke wie für Schmorfleisch zerschneiden, 24 Stunden mit Wein, einigen Zwiebeln, Knoblauch, Gewürzsträußchen, Salz und Pfeffer marinieren. In einem Steingutschmortopf eine Schicht in dünne Scheiben geschnittene Kartoffeln anordnen, darüber das Fleisch, die in Scheiben geschnittenen Zwiebeln, dann eine neue Lage Kartoffeln, Fleisch und Zwiebeln; Weißwein zugeben; die Terrine schließen und im Ofen 2–2 1/2 Stunden backen lassen. Im Topf servieren. Dazu reicht man einen Salat. **Weinempfehlung:** Pinot Blanc ↑**Tokay**, ↑**Pinot Gris** oder ein ↑**Pinot Noir**

Bael [*Exotische Früchte*] **Französisch:** bael. Die ursprünglich aus Indien stammende Frucht ist nur in Südostasien verbreitet. Die grüne Schale ist auch im reifen Zustand so hart wie Holz. Innen verbirgt sich orange-ockerfarbenes, cremiges Fruchtfleisch, das wie Mandarineneis schmeckt und reich an ↑**Kohlenhydraten** (34 %), ↑**Provitamin A** und ↑**Vitamin** C ist. Bael taucht selten auf einem hiesigen Markt auf. Weil niemand weiß, wann die Frucht reif ist. Die Schale bleibt immer hart und verändert ihre Farbe nicht. Ein ausströmender Duft ist nicht wahrzunehmen. Nur beim Öffnen erkennt man die unreife Frucht, die dann klebrig und ungenießbar ist.

Bagaco [*Span. Speisekarte*] ↑**Trester**schnaps

Bagel [*Jüdische Küche*] **R** Aus der jüdischen Esstradition, in Amerika populär geworden. Die aufwändige

Produktion erklärt sich aus den jüdischen Feiertagsgebräuchen und -geboten: Am siebten Tage sollst du ruhen. Am Schabbat (Sabbat) sollst du nicht arbeiten. Bagels sind das ideale Schabbat-Brot, weil Hefegärung und Backen nicht am selben Tag stattfinden müssen. Ein Bagel ist ein kreisrundes Gebäck mit einem Loch in der Mitte; weich, zäh und knusprig zugleich. Im Unterschied zum Brötchen quillt der Belag beim Zubeißen nicht (so sehr) heraus. Der Klassiker ist „bagel with lox and cream-cheese", also mit ↑**Frischkäse**, ↑**Blattsalat** und ↑**Lachs**. Eine einfachere Variante verzichtet auf den Lachs. Dieser Belag respektiert eine Regel ↑**Koscher**en Essens, das den gleichzeitigen Verzehr von Milchprodukten und ↑**Fleisch** verbietet. Die Füllungen können auch süß sein (Schokolade oder Beerenfrüchte). Der Bagel wird nicht so leicht matschig, hat eine lange Standzeit und eignet sich als ↑**Finger-Food**. Der Teig für den Bagel wird aus ↑**Mehl**, ↑**Hefe**, ↑**Milch**, ↑**Butter**, Wasser, einer Prise ↑**Salz** und ↑**Zucker** (bzw. ↑**Honig**) zubereitet, geteilt und zu kleinen Kringeln geformt, die man aufgehen lässt. Ein bis zwei Tage werden sie bei 2 °C gekühlt (die bageltypische Haut bildet sich), in kochendes Wasser (oder Honigwasser) getaucht (oder mit Wasserdampf behandelt) und im Ofen gebacken. Man unterscheidet folgende Zubereitungsvariationen: den gekochten und gewendeten **„new york bagel"**, den gekochten **„chicago bagel"**, den bedampften **„california bagel"**. Bagels sollen 1683 von einem jüdischen Bäcker in Wien erfunden worden sein, als persönliches Dankeschön an den polnischen König Jan III. Sobieski. Andere sehen seinen Ursprung im polnischen Bialystok. Eine Hygieneverordnung habe verboten, das Gebäck anzufassen, weswegen es an Stöcken angeboten worden sei.

Bagna caôda [*Franz. Speisekarte*] **A** Provenzalisches Fondue, wird traditionell bei festlichen Anlässen zwischen dem gekochten Fleisch und dem Braten serviert. Rohes Gemüse wird in heiße Knoblauch-Sardellen-Olivenöl-Emulsion gedippt.

Bagna cauda [*Ital. Speisekarte*] **A** Auch **Bagna caôda** (heißes Bad), eine Art Fondue aus Piemont und/oder Provence (Frankreich). Dazu stippt man rohes Gemüse (z. B. ↑**Karotten**, ↑**Staudensellerie**, ↑**Fenchel**, ↑**Paprika**, ↑**Frühlingszwiebeln**, ↑**Champignons** usw.) in eine heiße Soße aus ↑**Olivenöl**, ↑**Sardellen** und ↑**Knoblauch**, manchmal auch ↑**Trüffeln**. Die Soße wird während des Essens auf einem Réchaud heiß gehalten. Bagna cauda ist sowohl Vorspeise als auch Hauptgericht.

Bagnes [*Käse*] **T Herkunft:** Schweiz/Wallis; **Käsesorte:** Elastischer Halbhartkäse/↑**Schnittkäse**, 52 % ↑**Fett i. Tr.**; **Milch:** Kuhmilch. **Info:** ↑**Raclette**-Käse. **Beste Zeit:** Juli bis Februar

Bagoss [*Käse*] **T Herkunft:** Italien/Bagolino (Bergdorf in 800 Meter Höhe im Valle del Caffaro beim Gardasee); **Käsesorte:** ↑**Hartkäse**; **Milch:** entrahmte Kuhmilch. Benötigt eine exzellente Milchqualität: Herden ernähren sich auf den an Blumen und aromatischen Gräsern reichen Sommerweiden. **Teig:** Hat ganz kleine oder keine Löcher und anfangs eine strohgelbe Farbe, die mit zunehmendem Alter dazu neigt, Bernsteintöne mit zarten grünlichen Äderungen anzunehmen. **Geschmack:** aromatisch mit kräftigem Geruch. **Info:** Einzigartiges Aroma. Die zylindrischen Formen sind zirka 15 Zentimeter hoch und haben einen Durchmesser von zirka 20 Zentimetern. Das Gewicht schwankt zwischen 12 und 15 Kilo. Die Reifezeit dauert mindestens drei Monate, maximal zwei Jahre. **Verwendung:** Jung: klassischer Tafelkäse, besonders zu leichten Rotweinen. Gereift: ausgezeichnet zu ↑**Polenta** oder in Scheiben geschnitten und ein paar Minuten auf den Grill gelegt. Ein ausgezeichneter Reibekäse mit sehr starkem Geschmack.

Bagration [*Speisegarnitur*] **A** Die Witwe des Fürsten Bagration wurde vom großen Küchengenie ↑**Carême** bekocht. Ihr widmete er unter anderem seine mit Fischfarce gefüllte ↑**Seezunge** Bagration, die mit ↑**Krebsbutter**, Krebsschwänzen, Weißweinsauce und Champignonpüree (↑**Duxelles**) serviert wird.

Baguette [*Franz. Speisekarte*] **T** Langes, dünnes französisches ↑**Weißbrot** (Stangenweißbrot) mit knuspriger Kruste. Es ist das „tägliche Brot" der Franzosen und wird zu allen Tageszeiten, aber mit verschiedenen Belägen gegessen. **Achtung:** Die Knusperfrische hält nur Stunden!

Baguette Laonnaise [*Käse*] ↑**Maroilles** und ↑**Stinker-Käse**

Baharat [*Gewürze & Kräuter*] **R** Die Baharat-Mischung wird in den Ländern am Persischen Golf zum Würzen von Lammfleisch oder anderen Fleisch- und Fischgerichten reichlich verwendet. Jede Hausfrau und jeder Koch hat seine eigene, oft schon über Generationen durch die Familie weitergegebene Rezeptur. Baharat gehört mit ↑**Ras el-Hanout** zu den wichtigsten arabischen Würzmischungen: 6 TL ↑**Paprikapulver**; 6 TL frischer schwarzer ↑**Pfeffer**; 3 TL ↑**Zimt**; 3 TL ↑**Koriander**; 2 TL ↑**Kreuzkümmel** (auch Kumin oder Cumin); 1 TL ↑**Muskatnuss**; 1 TL ↑**Nelkenpulver**; 1 Msp ↑**Kardamom**. **Zubereitung:** Alle Gewürze gründlich miteinander vermischen, wenn möglich, frische Zutaten verwenden. Diese im ↑**Mörser** zerkleinern und vor der Anwendung kurz in heißer ↑**Butter** anbraten.

Bähen [*Österr. Küche*] Semmeln oder ↑**Weißbrot**, geschnitten, in wenig oder ohne Fett im Ofen trocknen bzw. leicht bräunen

Bai horapah, Bai graprau, Bai mangluk [*Asiatische Küche*] Thailändisches ↑**Basilikum**, nur in Asia-Läden. Nicht mit dem hiesigen Basilikum vergleichbar. **Drei Arten:** In den meisten Gerichten wird die Sorte „Bai Horapah" eingesetzt (thailändisches Basilikum). „Bai Mangluk" wird als ↑**Zitronenbasilikum** bezeichnet und der „Bai Graprau" hat rötliche Blätter. Thailändisches Basilikum kann man ebenso wie europäisches im Topf ziehen.

Baie [*Franz. Speisekarte*] Beere

Baies roses [*Franz. Speisekarte*] Rosa ↑**Pfeffer**

Bailey's Irish Cream [*Hausbar*] **T** Irischer ↑**Emulsions**likör mit 17 %Vol. aus Dublin mit ↑**Whisky**, ↑**Schokolade** und ↑**Sahne** hergestellt. **Achtung!** Bailey's hat wegen der frischen Sahne ein ↑**Mindesthaltbarkeitsdatum**, außerdem gerinnt er, wenn man ihn mit citrushaltigen Getränken vermischt.

Bain-marie [*Franz. Fachwort*] **T Wasserbad** – Um fertige Gerichte und empfindliche ↑**Saucen** warm zu halten, ohne dass sie anbrennen, kochen oder gerinnen, wird ein Wasserbad mit durchlöchertem Einsatz verwendet. Darin kann man auch Saucen (↑**Hollandaise**) und Desserts (↑**Zabaglione**) aufschlagen.

Bain-marie Kasserollen [*Franz. Fachwort*] Die zum Warmhalten im Bain-marie gehörenden, aus Edelstahl hergestellten Kasserollen. Sie sind durch und durch rostfrei und unempfindlich gegen Säuren und Geschmacksbeeinflussungen.

Bairrada [*Weinkunde*] Portugiesische Region mit eigener Região Demarcada, zwischen Atlantikküste und dem Dão-Gebiet gelegen. Meist werden volle, rassige Weißweine aus der lokalen Maria Gomes erzeugt. Außerdem wird viel Schaumwein produziert. Vorwiegend aus der roten Baga werden einige feinfruchtige, charaktervolle, sehr ausgeglichene und lagerfähige Weine produziert, die den außerhalb Portugals wesentlich bekannteren Dão-Weinen in nichts nachstehen.

Baiser [*Backstube*] **R** (Kuss) Schaumgebäck. **Grundrezept:** 4 (ca. 130 g) frisches ↑**Eiweiß**, mit 200 g feinen ↑**Zuckers** und einem Spritzer ↑**Zitrone** sehr steif geschlagen und auf ein Blech mit Backpapier in der gewünschten Form spritzen. – Sofort in vorgewärmten Ofen bei 90–100° C ca. 4 Stunden trocknen. – Die Baisers müssen weiß bleiben. – Sollen die Baisers gefüllt werden, nach halber Trocknungszeit halbmondförmige Mulden hineindrücken. ↑**Meringue**

Bake [*Intern. Länderküche*] **T** Wer in der Karibik wie die Einheimischen frühstücken möchte, geht in eine Bäckerei und bestellt sich Bake, ein beliebtes einheimisches Gebäck mit einer Füllung nach seinem Geschmack. Zur Auswahl stehen Salzfisch (**Bake and Saltfish**) – Käse (**Bake and Cheese**) – Hai (**Bake and Shark**), sogar Soja (**Bake and Soya**). Preiswert, machen stundenlang satt. ↑**Kreolische Küche**

Bake [*U.S. Kitchen*] Backen

Baked Alaska [*U.S. Kitchen*] **A** Ein amerikanischer Nachtisch aus Kuchenteig, Eis- und einer ↑**Baiser**schicht, die im Ofen schnell bei großer Hitze überbacken wird, ähnlich dem „↑**Omelette surprise**"

Baked Beans [*Englische Speisekarte*] **R** Traditionelles englisches Gericht aus ↑**Weißen Bohnen**, die mit ↑**Tomatensauce** oder ↑**Ketchup** im Ofen gebacken werden. Sie sind fester Bestandteil des traditionellen englischen Frühstücks. Getrocknete weiße Bohnen werden über einige Stunden gewässert, mit Tomatensauce und gehackten ↑**Zwiebeln** vermischt sowie mit ↑**Worcester**, ↑**Salz**, ↑**Pfeffer**, ↑**Senf** und ↑**Melasse** oder ↑**Braunem Zucker** gewürzt. ↑**Würztabelle.** Anschließend werden die Bohnen in eine feuerfeste Form gegeben, eventuell mit einigen Scheiben Bacon bedeckt und im fest verschlossenen Gefäß bei mittlerer Hitze über drei bis vier Stunden im Ofen gebacken. Baked Beans sind auch als Dosenware im Handel erhältlich.

Baked potatoes [*Unsere Küche*] **R** Für diese beliebte Beilage werden große mehlige ↑**Kartoffeln** mit Schale gewaschen, fest in Alufolie gewickelt, im Backofen ca. 1–1 $^1/_2$ Stunden gegart, danach längs bis zur Hälfte aufgeschnitten und mit „↑**Saurer Sahne**-↑**Schnittlauch**-↑**Dip**" gefüllt. Baked-Potatoes serviert man zu ↑**Steaks**, kurzgebratenem ↑**Fleisch** oder als Hauptgericht für ↑**Vegetarier.**

Baki [*Hausbar*] **R** Nichtalkoholisches Getränk, das zu $^1/_3$ aus Kirschsaft und zu $^2/_3$ aus ↑Bananen**nektar** besteht. Um den optischen Eindruck des Mixgetränkes zu erreichen, sollten sich die verschiedenfarbigen Säfte nicht vollständig vermischen. Dies erreicht man, indem man den Kirschsaft an einem Trinkhalm in den Bananensaft laufen lässt oder den Saft direkt auf Eiswürfel gießt (sofern vorhanden), um so zwei horizontale Schichten entstehen zu lassen.

Baking pan [*U.S. Kitchen*] Backform

Baking powder [*U.S. Kitchen*] ↑**Backpulver**

Baking powder, double active [*U.S. Kitchen*] Doppelt-aktives ↑**Backpulver**, enthält neben „normalem" Backpulver auch noch ↑**Natron.**

Baking soda [*U.S. Kitchen*] **T** Natriumkarbonat, Back-Natron: Braucht man häufig für US-Gebäcke, wirkt nur in Verbindung mit einer Säure wie ↑**Sauerteig** oder ↑**Buttermilch.**

Baklava [*Orientalische Küche*] **T** Baklava ist eine süße Spezialität aus dem Orient, ähnlich einem ↑**Strudel.** Ein Gebäck aus ↑**Blätter**- bzw. ↑**Filoteig** und gehackten ↑**Walnüssen**, ↑**Mandeln** oder ↑**Pistazien.** Solange es noch heiß ist, wird es in ↑**Sirup** eingelegt, der aus ↑**Honig**, ↑**Zucker**, ↑**Gewürzen** und ↑**Rosenwasser** besteht, und dann in Rautenform geschnitten. Klassischer Begleiter eines Baklava-↑**Desserts** ist starker, schwarzer ↑**Mokka**, da seine Bitterkeit wohltuend mit der heftigen Süße der Nachspeise harmoniert. Baklava ist eine typische Süßspeise der türkischen Küche und war bereits zur Zeit der Osmanen im 14. Jahrhundert im orientalischen Raum beliebt. Ähnliche Süßigkeiten lassen sich im gesamten Nahen Osten und dem Balkan finden. Die Armenier behaupten, dass ihre Baklava bis auf das 10. Jahrhundert zurückgeht und sie somit die Erschaffer der ursprünglichen

Variante seien. Das Wort leitet sich nach ihrer Auffassung von „bakh", dem armenischen Wort für Fastenzeit, und von „Halva" ab, das in vielen Sprachen für „süß" steht.

Bakterien [*Gesundheit*] Bakterien sind kleinste einzellige Mikroorganismen (Prokaryonten). Sie vermehren sich durch einfache Zellteilung bzw. Spaltung. Bakterien sind kugelig, stäbchenförmig oder spiralförmig (Kokken bzw. Spirillen). Einige Bakterien werden bei der Lebensmittelherstellung, z. B. bei ↑**Sauerkraut** und ↑**Jogurt**, eingesetzt. Andere Bakterien sind krankheitserregend und bilden Gifte (Toxine). Sie können Krankheiten wie z. B ↑**Salmonellose** auslösen.

Bakterienflora [*Fachkunde*] Anwesenheit von Bakterien auf einer Oberfläche

Balance [*Weinkunde*] Ein in Qualität und Geschmack harmonischer, ausgewogener Wein ist „ausbalanciert" oder „in der Balance".

Baldino [*Ital. Speisekarte*] Fladen aus ↑**Kastanien**mehl

Bali Küche [*Intern. Länderküche*] ↑**Indonesische Küche**

Balik corbasi [*Orientalische Küche*] Begriff aus der türkischen Küchenkultur für Fischsuppe mit Einlagen. ↑**Türkische Küche**

Baliklar [*Orientalische Küche*] Begriff aus der türkischen Küchenkultur für verschiedene Fischgerichte. ↑**Türkische Küche**

Baliste [*Franz. Speisekarte*] ↑**Drückerfisch**, Meeresfisch mit tunfischartigem Fleisch. **Achtung:** Der Drückerfisch kann ↑**Ciguatera** (↑**Fischvergiftung**) auslösen.

Balkanküche [*Intern. Länderküche*] **T** Der kulinarische Balkan erstreckt sich von Ungarn über Rumänien, Bulgarien, das ehemalige Jugoslawien bis nach Albanien. So vielfältig diese Länder sind, so vielfältig ist auch die Balkanküche. Die Küche des Balkans kennt italienische, türkische, ungarische und österreichische Einflüsse. Wie die Landschaft ist auch die Küche im Hinterland eher karg, an der Küste jedoch reich. Je weiter östlich man kommt, desto größer ist der orientalische Einfluss. So wichtig wie das, was auf den Tisch kommt, ist auch die Gastlichkeit der Menschen. Gastfreundschaft und die gemeinsame Mahlzeiten spielen eine wichtige Rolle für den gesellschaftlichen Zusammenhalt. Sind Gäste angesagt, wird schon Tage vorher die Mahlzeit vorbereitet. **Speisefolge – Menü beginnt mit vielen Vorspeisen** (↑**Meze** oder ↑**Antipasti**) als Appetitanreger: Dazu können ↑**Oliven**, ↑**Nüsse**, Pršut (eine Art ↑Roh**schinken**), ↑**Salami**, angemachter, pikant gewürzter ↑**Frisch**- oder ↑**Weichkäse** und in ↑**Olivenöl** oder ↑**Essig** eingelegtes ↑**Gemüse** gehören. Komplexere Vorspeisen sind ↑**Pasteten** aus ↑**Käse**, ↑**Fleisch** oder Gemüse, gebackene ↑**Auberginen**, Eierspeisen und gefüllte ↑**Weinblätter**. Auch Suppen gelten als Vorspeise, und dem Hauptgang geht oft eine klare ↑**Brühe** voraus. **Zum Hauptgang:** wird je nach Region ↑**Fisch**, ↑**Fleisch** und Gemüse gereicht. Die Balkanküche kennt viele Grillrezepte, beispielsweise die Grillspießchen ↑**Ražnjići** und ↑**Ćevapčići.** Diese werden vor allem in Bosnien meist mit einem Schlag Kajmak, einer Art ↑**Sauerrahm**, genossen. Dazu gibt es Salate und frisches ↑**Brot**, das bei keiner Mahlzeit fehlen darf. Zu ↑**Ragouts** und anderen Pfannengerichten werden Beilagen wie ↑**Mais**, ↑**Knödel**, ↑**Eiergraupen** oder ↑**Djuvečreis** serviert. Im ungarischen Raum sind auch die Kesselgerichte sehr beliebt. Sie werden besonders zu Festtagen und zu geselligen Anlässen und für größere Gruppen in einem Kessel über offenem Feuer zubereitet. Dazu gehören: **čobanac**, dem Gulasch ähnlich – **grah**, hier als serbische Bohnensuppe bekannt, und als Krönung – **fiš-paprikaš** oder **riblji paprikaš**, eine Suppe auf Basis von ↑**Karpfen** und viel ↑**Paprika.** Dazu werden traditionell hausgemachte ↑**Nudeln** serviert. ↑**Ungarische Küche.** In Bosnien kennt man den ↑**Bosanski Lonac** (Bosnischen Topf), ein traditionelles Schmorgericht aus Fleisch und Gemüse. Als Abschluss wird ↑**Käse** und frisches ↑**Obst** aufgetischt, dazu süßes Kleingebäck und türkischer ↑**Mokka**, der in einem konischen Kupferpfännchen (der Dzezwa) zubereitet wird. Die Balkanküche verwendet sehr viel ↑**Fett** und ↑**Öl**. Gerade in bäuerlichen Gegenden wird mit ↑**Schmalz** und ausgelassenem Fett von ↑**Gänsen** und ↑**Hühnern** gekocht. Im Süden der dalmatinischen Küste ist das aus mittelgroßen, schwarzen Oliven gewonnene Öl allgegenwärtig. Gewürzt wird mit ↑**Paprikapulver** und ↑**Knoblauch**. Ganz oben auf der Beliebtheitsskala stehen diverse Sorten ↑**Gemüsepaprika**, kleine, scharfe ↑**Gewürzpaprika** und ↑**Peperoncini**. Die Schoten werden als Salate, Gemüse, in Öl oder Essig eingelegt zu ↑**Antipasti** verarbeitet oder auch mit ↑**Reis** und Fleisch gefüllt verwendet. Getrocknet und gemahlen mischt man sie gerne mit verschiedenen Pulvergewürzen. Im mediterranen Bereich werden auch Gewürzkräuter wie ↑**Majoran**, ↑**Basilikum**, ↑**Salbei**, ↑**Thymian**, ↑**Rosmarin** und ↑**Dill** großzügig verwendet. Viele dieser Kräuter wachsen die Küste entlang wild und haben ein intensiveres Aroma als gezüchtete Varianten. Im Gebäck werden die verschiedensten Schalen- und ↑**Trockenfrüchte** verwendet. ↑**Mandel**, Nüsse, ↑**Feigen** und ↑**Rosinen** sind allgegenwärtig. Die Gebäckteilchen sind oft in ↑**Rosen**-, ↑**Orangenblütenwasser** oder ↑**Honig** getränkt und verraten damit ihren orientalischen Ursprung.

Ballaststoffe [*Gesundheit*] **T** Ballaststoffe zählen zu den ↑**Kohlehydraten**, sie werden in lösliche und nicht lösliche Ballaststoffe unterteilt. Zu den löslichen Ballaststoffen zählen die ↑**Pektine**, zu den nicht löslichen die ↑**Zellulose**. Diese ist vom Körper nicht verwertbar, quillt im Magen bei gleichzeitiger Zufuhr von genügend Flüssigkeit auf und bewirkt, dass sich der Magen nur langsam entleert, wodurch eine lang anhaltende Sättigung entsteht. Zudem ist Zellulose durch ihre Volumenzunahme verdauungsfördernd, da sie an den Darm die Reize weitergibt, welche die Verdauung in Gang setzen. Die Ballaststoffe werden von den Verdauungsenzymen nicht oder nur unvollständig abgebaut und erst im Dickdarm von der dort vorhandenen Mikroflora ganz oder zumindest teilweise verstoffwechselt. Dabei werden kurzkettige ↑**Fettsäuren** (SCFA) und keine ↑**Glukose** freigesetzt (prebiotischer Effekt). Dieser Fermentationsprozess kann bis zu zehn Stunden in Anspruch nehmen. Dadurch kommt es zu einer länger anhaltenden Sättigung und einem niedrigeren Blutzuckerspiegel (im Vergleich zu ballaststoffarmen Lebensmitteln). Es wird weniger ↑**Insulin** benötigt, um die Glucose in die Körperzellen zu schleusen. Dies ist eine günstige Stoffwechselsituation zur Gewichtsabnahme. Auch ↑**Diabetiker** profitieren davon. Unlösliche Ballaststoffe sorgen für einen geregelten Stuhlgang, wenn sie mit genügend Flüssigkeit zu sich genommen werden. Sie quellen auch im Darm noch weiter und sorgen für einen ausreichenden „Füllungsdruck", der den Speisebrei weiterschiebt. 50 g unlösliche Ballaststoffe können 200–300 g Wasser binden, deshalb ist es wichtig, zu ballaststoffreicher Kost genug zu trinken. Sie ist eines der wenigen „Abführmittel", das nicht zur Gewöhnung führt. Trinkt man allerdings nicht genug dazu, kann es zum gegenteiligen Effekt kommen. Manche Ballaststoffe können auch Blähungen verursachen, weshalb ↑**Kohl**gemüse und ↑**Hülsenfrüchte** sowie ↑**Vollkorn**produkte von älteren Menschen eher gemieden werden. Besser verträglich für Senioren sind lösliche Ballaststoffe wie Pektine, Oligofructose und Dextrine, aus ↑**Obst** und ↑**Blattgemüse**. Eine ausreichende Ballaststoffzufuhr hilft, das Darmkrebsrisiko zu vermindern. Pro Tag sollte man 30–40 g Ballaststoffe zu sich nehmen – am besten über Vollkornprodukte, ↑**Gemüse**, frisches oder getrocknetes Obst und ↑**Nüsse**. Bei allzu rascher Ernährungsumstellung kann es zu schweren Blähungen kommen. Zu empfehlen ist also eine langsame Steigerung des Ballaststoffkonsums. Durch die Fasern muss man länger kauen und scheuert so die Bakterienbeläge auf den Zähnen ab. Außerdem fördert es die Speichelbildung und schützt vor Karies.

Ballaststoffreiche Nahrungsmittel [*Gesundheit*] **T**
∅ Ballaststoffgehalt von Lebensmitteln je 100 g essbarer Anteil in Gramm (g) angegeben

Getreideprodukte nach Alphabet	
Cornflakes	11 g
Graupen, roh	6,5 g
Graupen, gegart	2,2 g
Haferflocken	7,0 g
Mischbrot	4,6 g
Reis, poliert, roh	2,4 g
Reis, poliert, gegart	0,8 g
Roggenbrot	8,1 g
Roggenbrötchen, frisch	0,8 g
Roggenbrötchen, altbacken	5,9 g
Roggenknäckebrot	11,7 g
Roggenmehl	7,5 g
Semmelbrösel aus Roggenbrötchen	5,9 g
Semmelbrösel aus Weizenbrötchen	3,1 g
Sojamehl, teilfett	14,3 g
Sojamehl, vollfett	11,9 g
Teigwaren	5,1 g
Toastbrot	2,8 g
Vollkornbrot	8,5 g
Wasserbiskuit	3,2 g
Weißbrot	2,7 g
Weizenbrötchen, frisch	2,9 g
Weizenbrötchen, altbacken	3,1 g
Weizengrieß	3,0 g
Weizenkleie	44,0 g
Weizenmehl	3,0 g
Gemüse nach Alphabet	
Artischocken	2,7 g
Auberginen	2,6 g
Blumenkohl, roh	2,1 g
Blumenkohl, gegart	1,8 g
Chicorée	1,3 g
Champignon, roh	2,5 g
Endivien	2,2 g
Erbsen, grün; roh	5,2 g
Erbsen, grün; tiefgefroren	7,8 g
Erbsen, grün; gegart	5,2 g
Erbsen, in Dosen	6,3 g
Oliven, eingelegt; ohne Stein	4,4 g
Oliven, eingelegt; mit Stein	3,5 g
Feldsalat	1,5 g
Gartenkresse	3,7 g
Gurken	0,4 g
Karotten, roh	2,9 g
Karotten, gegart	3,1 g
Kartoffeln, alt; roh	2,1 g
Kartoffeln, alt; gegart	1,0 g
Kartoffeln, neu; gegart	2,0 g
Kartoffelpüreepulver	16,5 g
Kohlrabi, roh	2,7 g
Kohlrabi, gegart	2,8 g
Kopfsalat	1,5 g
Kürbis	0,5 g
Lauch, roh	3,1 g
Lauch, gegart	3,9 g
Meerrettich	8,3 g
Petersilie	9,1 g
Radieschen	1,0 g
Rettich	1,0 g

Gemüse nach Alphabet	
Rotkohl (Blaukraut)	3,4 g
Rosenkohl, roh	4,2 g
Rosenkohl, gegart	2,9 g
Spargel in Dosen	1,5 g
Sellerie, roh	1,8 g
Sellerie, gegart	2,2 g
Spinat, gegart	6,3 g
Tomaten, roh	1,5 g
Tomaten in Dosen	0,9 g
Weißkohl, Weißkraut	2,7 g
Winterkohl, roh	3,4 g
Winterkohl, gegart	2,8 g
Wirsing, roh	3,1 g
Wirsing gegart	2,5 g
Zwiebeln	1,3 g
Hülsenfrüchte nach Alphabeth	
Bohnenkerne, rot; roh	25,0 g
Bohnen, weiß; roh	25,4 g
Bohnenkerne, weiß; gegart	7,4 g
Erbsen, ganz; roh	16,7 g
Erbsen, ganz; gegart	4,8 g
Erbsen, gespalten; gegart	5,1 g
Linsen, roh	11,7 g
Linsen, gegart	3,7 g
Obst nach Alphabet	
Ananas, ohne Schale	1,2 g
Ananas, in Dosen	0,9 g
Apfel zum Essen, ohne Schale	2,0 g
Apfel zum Kochen, ohne Schale	2,4 g
Apfelkompott, ohne Zucker	2,1 g
Apfelkompott, mit Zucker	1,9 g
Aprikosen, ohne Stein	2,1 g
Aprikosen, mit Stein	2,1 g
Aprikosen, in Dosen; ohne Zucker	1,7 g
Aprikosen, in Dosen; mit Zucker	1,6 g
Avocado	2,0 g
Banane, ohne Schale	3,4 g
Banane, mit Schale	2,0 g
Birnen, ohne Schale	2,3 g
Birnen, mit Schale	1,7 g
Brombeeren, roh	7,3 g
Brombeeren in Dosen, ohne Zucker	6,3 g
Brombeeren in Dosen, mit Zucker	6,7 g
Erdbeeren, frisch	2,2 g
Erdbeeren in Dosen	1,0 g
Grapefruit, ohne Schale	0,6 g
Himbeeren, roh	7,4 g
Himbeeren, in Dosen ohne Zucker	7,8 g
Himbeeren, in Dosen mit Zucker	7,0 g
Honigmelone	0,9 g
Johannisbeeren, rot	8,2 g

Obst nach Alphabet	
Johannisbeeren, rot; in Dosen, mit Zucker	6,4 g
Johannisbeeren, schwarz, roh	8,7 g
Johannisbeeren, schwarz; in Dosen, mit Zucker	6,8 g
Johannisbeeren, weiß, roh	6,8 g
Johannisbeeren, weiß, in Dosen; mit Zucker	5,3 g
Kirschen, roh	1,7 g
Kirschen in Dosen; ohne Zucker	1,4 g
Kirschen in Dosen; mit Zucker	1,2 g
Mandarinen	1,9 g
Mandarinen, in Dosen	0,3 g
Nektarinen	2,4 g
Orangen	1,5 g
Pfirsich	1,4 g
Pfirsich, in Dosen	1,0 g
Pflaumen	2,5 g
Pflaumen, in Dosen; mit Zucker	1,9 g
Preiselbeeren, roh	4,2 g
Quitten, roh	6,4 g
Rhabarber	2,6 g
Reneclauden, ohne Stein	2,6 g
Reneclauden, in Dosen; ohne Zucker	2,2 g
Reneclauden, in Dosen; mit Zucker	2,1 g
Stachelbeeren, roh	3,5 g
Stachelbeeren, in Dosen; mit Zucker	2,5 g
Weintrauben, rot	0,4 g
Weintrauben, weiß	0,9 g
Trockenfrüchte nach Alphabeth	
Aprikosen, getrocknet	24 g
Datteln, getrocknet	8,7 g
Feigen, getrocknet	18,5 g
Korinthen	6,5 g
Pfirsiche, getrocknet	14,3 g
Pflaumen, getrocknet; mit Stein	13,4 g
Pflaumen, getrocknet; ohne Stein	16,1 g
Rosinen	6,8 g
Nüsse nach Alphabet	
Erdnusskerne	8,1 g
Kokosnuss	13,6 g
Haselnusskerne	6,1 g
Mandeln	14,3 g
Walnusskerne	5,2 g
Sonstiges	
Erdnussbutter	7,6 g
Marmelade, im Durchschnitt	0,7 g

Weitere Ballaststoffwerte sind in der Nährstofftabelle aufgeführt.

Ballenwild *[Fleischprodukte]* ↑**Feldhasen**, ↑**Wildkaninchen**

Ballerine *[Ital. Speisekarte]* Auch „Campanelle“: Kleine, tütenförmig zusammengedrehte Nudeln, deren gekräuselter Rand an das Tutu von Balletttänzerinnen erinnert

Ballero *[Ital. Speisekarte]* ↑**Blaubarsch**

Ballon, (verre) *[Franz. Fachwort]* **Frankreich: 1.** Tulpenglas, insbes. Elsässer Weißweinglas mit grünem Stiel; **2.** Glas Bier; **3.** 1dl Rotwein. **Westschweiz: 4.** knuspriges rundes Brötchen; **5.** kl. Glas mit 1dl Inhalt

Ballotte *[Ital. Speisekarte]* Gekochte ↑**Kastanien**

Ballottine *[Franz. Speisekarte]* **A** Kleine ↑**Galantinen** aus entbeintem ↑**Wild**-, ↑**Geflügel**- oder ↑**Fischfleisch** in ↑**Fond** pochiert

Ballottine *[Ital. Speisekarte]* Kleine, schnittfeste ↑**Roulade**

Ballydague *[Käse]* ↑**Irischer Käse**

Baloney *[U.S. Kitchen]* US-amerikanische Fleischwurst, umgangssprachlich für „Quatsch“

Balsamic vinegar *[U.S. Kitchen]* ↑**Balsamico**-↑**Essig**

Balsamico *[Ital. Speisekarte]* ↑**Aceto Balsamico**

Balsamineblüten *[Wildkräuter, -blüten & -früchte]* **T Lateinisch:** Impatiens balsamina. Früher bereitete man aus dieser Pflanze einen Wundbalsam, daher der Name Balsamine. Heute bereichert man mit den aromatisch duftenden und pikant würzig schmeckenden Blüten knackige ↑**Blattsalate. Wichtig!!! – Mehr Information:** ↑**Essbare Blüten**

Balthasar *[Weinkunde]* Bezeichnung für eine besonders große Champagnerflasche, die den Inhalt von 16 herkömmlichen Flaschen, also 12l, fasst.

Balti *[Intern. Länderküche]* Gericht aus der indischen Küchenkultur, das in einer wokähnlichen Pfanne (↑**Karahi**) zubereitet wird wie Tikka Balti (Hühnergericht)

Bamberger Hörnchen *[Kartoffelsorte]* **Kochtyp:** ↑**Festkochende Kartoffeln** – „Speckige Kartoffel“ genannt; **Herkunft:** Deutschland; **Jahr der Zulassung:** ca. 1870; **Schale:** gelb-rosa; **Fleisch:** gelb, sehr würziger Geschmack; **Knolle:** hörnchenförmig; **Reifezeit:** spät

Bambino *[Kartoffelsorte]* **Kochtyp:** ↑**Festkochende Kartoffeln** – „Speckige Kartoffel“ genannt; **Herkunft:** Großbritannien; **Jahr der Zulassung:** unbek.; **Fleisch:** hellgelb; **Knolle:** rund; **Reifezeit:** mittelfrüh; **Anmerkungen:** sehr gute Salatkartoffel

Bambou *[Franz. Speisekarte]* ↑**Bambus**

Bambussprossen *[Gemüse]* **T Lateinisch:** Bambusa vulgaris, Bambusa arundinaceae, Phyllostachys pubescens; **Englisch:** bamboo shoots, bamboo sprouts; **Französisch:** pousses de bambou; **Italienisch:** germogli di bambù; **Spanisch:** brotes de bambú. **Synonym:** Bambusschößlinge. **Info:** Die hellgelblich gefärbten Bambussprossen sind gestauchte, unterirdisch wachsende Sprossachsen (Rhizome), die von spitzen, hellbraunen, eiförmigen Blättern schuppenförmig umgeben sind und – ähnlich dem Spargel – vor ihrem Heraustreten an die Oberfläche der Erde gestochen werden. Sie haben einen Durchmesser von 6–8 cm, sind 20–30 cm lang, kegelförmig und wiegen 150–200 g. Bambussprossen stammen von Bambusarten in Ostasien, Brasilien und den USA. **Ursprung und Geschichte:** Die Heimat der Bambusgräser liegt in den tropischen Gebieten Südostasiens, wo sie seit Jahrhunderten eine große wirtschaftliche Rolle spielen. **Herkunft und Saison:** Frische Bambussprossen werden ganzjährig – allerdings nur in sehr kleinen Mengen – zumeist aus Brasilien importiert. **Geschmack:** Die nach ↑**Spargel** schmeckenden jungen Triebe werden als Gemüse verzehrt. **Inhaltsstoffe:** 100 g (gekochte) Bambussprossen weisen einen Brennwert von ∅ 12 kcal/50 kJ auf und enthalten etwa 95 g Wasser, 1,5 g Eiweiß, 0,2 g Fett, 1,9 g Kohlenhydrate und 1 g Ballaststoffe. 12 mg Kalzium, 0,2 mg Eisen und 4 mg Natrium. In jungen, frischen Bambussprossen findet sich reichlich pflanzlich gebundenes Silizium („Kieselerde“), das in der Natur zwar häufig, in der modernen Ernährung allerdings viel zu wenig vorkommt. Silizium ist ein wichtiger Baustoff für Haut, Haare, Nägel sowie Knochen und wirkt bei leichten Depressionen. **Zubereitung und Tipps:** Hier sind Bambussprossen überwiegend gegart in Dosen erhältlich und werden zu unzähligen Gerichten der ↑**Asiatischen Küche** verwendet. **Frische Bambussprossen:** Rohe Bambussprossen enthalten einen Stoff, aus dem sich im Verdauungstrakt Blausäure entwickeln kann, der aber durch Kochen unschädlich wird. Vor dem Kochen werden die Bambussprossen roh zerteilt, die Hülle der Sprossen abgeschält, die Niederblätter entfernt, die Spitze abgeschnitten und die Blätter entlang der Sprossachse aufgeritzt. Nach einer Kochzeit von etwa 40 Min. in leicht gesalzenem Wasser sind die Bambussprossen für die weitere Verarbeitung fertig. Reste von Bambussprossen halten sich zugedeckt 10 Tage im Kühlschrank. Man sollte das Wasser täglich erneuern. **Spezialität aus Bambus:** Sehr beliebt ist in Asien das in Indien oder im Iran hergestellte **„achia“** oder **„achtia“**: Grünes, zartes Bambusrohr wird mit scharfem Kokosessig und Gewürzen eingemacht.

Bamia *[Gemüse]* ↑**Okra**

Bamie *[Asiatische Küche]* Thailändische Eiernudeln, dünne gelbliche ↑**Nudeln** aus ↑**Weizenmehl** und ↑**Ei**. Sie werden für Suppen und gebratene Nudelgerichte verwendet. Bamienudeln sind ↑**Instantnudeln.**

Bamie nam prik *[Asiatische Küche]* Begriff aus der thailändischen Küchenkultur für scharfe gebratene ↑**Nudeln**

Bamie pad *[Asiatische Küche]* Begriff aus der thailändischen Küchenkultur für gebratene ↑**Nudeln** mit ↑**Broccoli** und ↑**Paprika** oder mit ↑**Sojasprossen**

Bamie pad gai *[Asiatische Küche]* Begriff aus der thailändischen Küchenkultur für gebratene ↑**Nudeln** mit ↑**Putenbrust** und ↑**Paprika**

Bamies jachni [*Griech. Speisekarte*] **A** Begriff aus der griechischen Küchenkultur für ein herzhaftes Eintopfgericht mit ↑**Okraschoten** oder mit ↑**Kartoffeln** in ↑**Tomatensoße**

Bami-goreng oder Bakmi-goreng [*Intern. Länderküche*] **R Malaiisch-indonesisch:** menggoreng: braten. Indonesisches Nudelgericht mit Fleisch- und Gemüseeinlagen. Bami-goreng ist eine indonesische Variante eines ursprünglich aus China stammenden Gerichts auf der Grundlage von Eiernudeln (**bami**). Ähnlich wie für ↑**Nasi-goreng** können ↑**Fleisch** und ↑**Gemüse** nach Wahl und Verfügbarkeit verwendet werden. Bevorzugt werden ↑**Huhn**, ↑**Rind** oder ↑**Garnelen** sowie ↑**Chinakohl**, ↑**Karotten**, ↑**Sojakeimlinge**, ↑**Zwiebeln**, ↑**Knoblauch** und frische ↑**Lauchzwiebeln.** Gewürzt wird mit ↑**Salz** und süßer Sojasoße (↑**Kecap manis**). Zunächst wird das in ↑**Sojasoße** marinierte Fleisch und Gemüse im ↑**Wok** (**wajan**) angebraten bzw. gedünstet, bevor die ↑**Nudeln** mitgebraten werden. Als Beilagen empfehlen sich ↑**Omelette**streifen und Krabbenbrot (↑**Kroepoek**). Im Gegensatz zu Nasi-goreng zählt Bami-goreng in Indonesien eigentlich nicht als vollwertige Mahlzeit, sondern eher als Beilage zum Reis oder als Zwischenmahlzeit.

Bamya [*Franz. Speisekarte*] ↑**Okra**

Banana [*Ital. Speisekarte*] ↑**Banane**

Banana Bakes [*Intern. Länderküche*] **R** Spezialität von der Karibikinsel Tobago. Dazu werden ↑**Bananen** längs in Scheiben geschnitten, in einen süßen ↑**Backteig** mit ↑**Vanille** und ↑**Kokosflocken** getaucht, frittiert und mit Kokosflocken, ↑**Rohrzucker** und ↑**Kakao** bestreut serviert.

Banana bread [*Intern. Länderküche*] In der Karibik wird zum Frühstück unter anderem das dunkelbraune, schwere Bananenbrot gereicht, das pur, aber auch mit ↑**Konfitüre**, ↑**Butter** oder ↑**Honig** schmeckt. ↑**Kreolische Küche**

Bananen [*Obst*] **T Lateinisch:** Musa sapientium; **Englisch:** banana; **Französisch:** banane; **Italienisch:** banana; **Spanisch:** plátano. **Info:** Die Banane gehört zur Familie der Bananengewächse, eine 5–9 m hohe Staude mit bis zu 4 m langen und 1 m breiten Blättern. Die charakteristische leichte Krümmung entsteht dadurch, dass die Banane zuerst nach unten wächst und sich innerhalb weniger Tage nach außen und dann nach oben zum Licht dreht. Ein Fruchtstand, „Büschel" genannt, wird bis zu 40 kg schwer und umfasst 5–20 „Hände" mit je 10–15 Fingern. Eine geteilte Hand mit 5–7 Fingern wird als „Cluster" bezeichnet. Die einzelne samenlose Beerenfrucht ist bis zu 20 cm lang und 4 cm dick, gekrümmt, grünlich und weist unter der bis zu 8 mm dicken Schale ein crèmefarbenes Fruchtfleisch („Pulpe") auf. Die Früchte werden übrigens immer grün geerntet – auch für den Inlandsmarkt –, da sie mehlig statt süß schmecken, wenn sie an der Staude ausreifen und aufplatzen. **Ursprung und Geschichte:** Bananen gehören zu den ältesten Kulturpflanzen der Menschheit überhaupt und werden in ihrer südostasiatischen Heimat schon seit tausenden Jahren angebaut. Die ersten Aufzeichnungen über Bananen gab es in Indien vor etwa 2600 Jahren. Alexander der Große verzehrte sie bereits auf seinem Feldzug, und die ersten Plantagen in China gab vor etwa 2200 Jahren. Arabische Händler brachten die Banane in den Nahen Osten und verbreiteten sie auf dem afrikanischen Kontinent. Zu Beginn des 15. Jahr hunderts brachten portugiesische Seefahrer sie auf die Kanarischen Inseln. Von dort nahmen die Spanier sie 100 Jahre später in die Dominikanische Republik mit und weiter in den gesamten mittel- und südamerikanischen Raum. Jahrhundertelang waren die süßen gelben Früchte allerdings den Anbauländern vorbehalten, erst gegen Ende des 19. Jahrhunderts ergaben sich geeignete Transportmittel für die schnell reifende Frucht. Um 1880 wurden die ersten kanarischen Bananen in Großbritannien angeboten und um 1890 in Mitteleuropa. Seit der Mitte des 20. Jahrhunderts gehören Bananen hier zu den kommerziell wichtigsten Obstarten. Die Bezeichnung Banane leitet sich vom arabischen Wort für Finger („banan") ab. **Herkunft und Saison:** Der Anbau heute erstreckt sich auf den „Bananen-Gürtel", eine Zone um den Äquator, die sich beiderseits jeweils bis zum 30. Breitengrad erstreckt. In den meisten Anbaugebieten werden Bananen zeitlich gestaffelt ausgepflanzt und abgeerntet. Sie stehen daher das ganze Jahr über in gleich bleibender Qualität zur Verfügung. **Arten und Sorten:** 80 % der Weltproduktion sind ↑**Kochbananen**, die in ihren Anbauländern wie hier die ↑**Kartoffeln** verwendet werden. Die bekannten Obstbananen machen etwa 20 % Anteil an der Weltproduktion aus und werden in zwei große Gruppen eingeteilt: Bananen der **Gros-Michel-Gruppe** waren bis in die Mitte des 20. Jahrhunderts die wichtigsten Exportbananen Lateinamerikas. In der zweiten Hälfte des 20. Jahrhunderts wurden sie aber fast gänzlich von der **Cavendish-Gruppe** verdrängt, vor allem, weil diese auf kleineren Stauden wachsen, somit leichter zu ernten und weniger windempfindlich sind. Zu dieser Gruppe gehören auch die köstlichen kleineren Bananen, die auf den Kanarischen Inseln angebaut werden, die kleinere **Dwarf Cavendish** ebenso wie die in Mittelamerika wichtigste Sorte **Giant Cavendish** oder die in Lateinamerika wichtigste Exportsorte **Grand Naine. Inhaltsstoffe:** 100 g Bananen weisen einen Brennwert von ⌀ 91 kcal/380 kJ auf und enthalten etwa 72 g Wasser, 1 g Eiweiß, 0,5 g Fett, 23,4 g Kohlenhydrate und 2,4 g Ballaststoffe. An ↑**Mineralstoffen**, ↑**Spurenelementen** und ↑**Vitaminen** sind ⌀ 6 mg Kalzium, 0,3 mg Eisen, 1 mg Natrium, 8,1 mg Vitamin A (RE) und 9,1 mg Vitamin C enthalten. Bananen sind schnelle Energielieferanten, weil ein Teil der enthaltenen ↑**Kohlenhydrate** in Form von ↑**Rübenzucker,** ↑**Traubenzucker** und ↑**Fruchtzucker** vorliegt. Außerdem enthalten sie das „Glückshormon" ↑**Serotonin.** Die noch grün geernteten Früchte enthalten ↑**Stärke,** die sich während des Reifeprozesses beim Transport in ↑**Zucker** umwandelt. Deshalb sind reife Bananen leicht verdaulich, lösen selten allergische Reaktionen aus und eignen sich als feste Beikost für Babys und Kleinkinder sowie als Roh- und Diätkost. Laut wissenschaftlichen Abhandlungen ist und bleibt die Banane trotz Energie- und Müsli-Riegeln immer noch der beste Nährstofflieferant als schneller Energiespender. Bananen sind gesund und sättigend, sie sind von Natur aus eingepackt und haben einen natürlichen Reißverschluss. Sie lassen sich problemlos als Zwischenmahlzeit mitnehmen. **Zubereitung und Tipps:** Süße Bananen werden meist roh gegessen, eignen sich aber auch zum Schmoren, Überbacken, Kochen, Braten und Frittieren. ↑**Bananensplit** ist der Klassiker unter den Speiseeis-Zubereitungen. Gourmets schätzen sie im ↑**Omelette,** in ↑**Butter** und ↑**Honig** gebraten oder als Bananenkuchen. Ob als Salat, Speiseeis, Püree, ↑**Milchshakes** und als Zutat in ↑**Curry**gerichten sowie als Beilage für Fleischspeisen, immer sind sie gut. Man kann sie kurz backen, mit ↑**Rum** oder ↑**Likör** flambieren, aber auch mit ↑**Schokolade** überziehen. **Weitere Produkte aus Bananen:** Bananenmehl, -stärke, -flocken, -pulver, -chips, -sirup, -likör, Bananenwein und ↑**Branntwein.** Weniger bekannt sind die exotischen Arten wie Baby- oder Lemon-Zitronenbanane vom Nil, sie versüßen hauptsächlich Desserts. Apfel- und rote Bananen sind bestens zum Flambieren geeignet. – Als kleine Partyhappen werden rohe Bananen mit Zitrone beträufelt, damit sie nicht braun werden. Bananen sind sehr kälteempfindlich, man lagert sie am besten bei einer Temperatur von 13° C (**niemals im Kühlschrank!**). In den Anbaugebieten werden Bananenblätter zum Einwickeln und Garen von Speisen verwendet, und die Blütenherzen lassen sich als Gemüse zubereiten.

Bananenblätter [*Exotische Früchte*] werden nicht gegessen, sondern dienen zum Einpacken von ↑**Fleisch,** ↑**Gemüse,** ↑**Reis** und ↑**Fisch** beim Kochen und Dämpfen bzw. als Unterlage und Dekoration

Bananenblüten [*Exotische Früchte*] Bananenblüten haben einen leicht bitteren Geschmack. Die geschlossenen Kolben werden als Gemüse gekocht, gegrillt oder gebraten und lassen sich gekühlt längere Zeit aufbewahren. ↑**Kochbananen**

Bananenchips [*Allgem. Nährmittel*] **T** Scheiben unreifer ↑**Bananen,** mit ↑**Zucker** oder ↑**Honig** versetzt und in ↑**Kokosfett** frittiert. Bestandteil von Fertig**müsli**↑ oder ↑**Trockenfrüchten.**

Bananenflocken [*Allgem. Nährmittel*] Durch Walzentrocknung industriell gefertigtes Produkt zum Anreichern von Müsli, Schokoriegel, Diäterzeugnissen, Süßspeisen, Puddingpulver. Besteht aus Bananen**pulpe**↑, ↑**Zucker** und ↑**Maisstärke.**

Bananensplit [*Unsere Küche*] **R Zutaten für den Eisklassiker. 1.** Banane schälen, längs in zwei Hälften schneiden und auf einem Teller nebeneinander anrichten. **2.** In die Mitte 2–3 Kugeln ↑**Vanilleeis** geben. **3.** Schlagsahne mit einer Sterntülle auf das Eis drapieren. **4.** Nach Geschmack ↑**Schokoladensoße** oder Erdbeersirup in dekorativen Streifen über die Sahne und Banane gießen, mit gerösteten ↑**Mandel**blättern bestreut und einer Sommergarnitur servieren.

Bandırma Mihaliç Peyniri [*Käse*] Wird im türkischen ↑**Balıkesir**-Bursa-Gebiet aus vollfetter ↑**Schafsmilch** erzeugt. Dieser feste Käse hat eine weiße Farbe, runde Löcher, eine harte Rinde und ist lange lagerungsfähig. Gerieben schmeckt er genau wie der italienische ↑**Parmesan.**

Bandol [*Weinkunde*] Gehört zu den renommiertesten Weinanbaugebieten Südfrankreichs (Mittelmeer-Küste östlich von Toulon). Es ist vor allem für seine kräftigen Rotweine bekannt. Der Namen stammt von dem Hafen, von dem die Weine früher mit einem „B" auf den Fässern in alle Welt verschifft wurden. Schon im 11. Jahrhundert waren die Weine von Bandol als Vins de Cadière (Nachbargemeinde) bekannt. Das Klima ist das sonnenreichste der Côte d'Azur. Der als bester der Provence geltende Rotwein wird aus 50–80 % ↑**Mourvèdre** sowie ↑**Grenache,** ↑**Cinsaut** und anderen Sorten gekeltert und reift mindestens 18 Monate im Fass. Die Weine sind tiefrot, robust und gerbstoffreich. Beliebt ist auch der ↑**Rosé** und der nur in kleinen Mengen erzeugte Weißwein, der aus 60 % ↑**Clairette,** ↑**Sauvignon Blanc,** ↑**Ugni Blanc** und ↑**Bourboulenc** produziert wird.

Bandwürmer [*Gesundheit*] Der Mensch kann als Endwirt für verschiedene Bandwurmarten dienen. Eine Infektion erfolgt durch den Verzehr von rohem oder ungenügend gekochtem Fleisch, das Bandwurmfinnen enthält. Die zwei wichtigsten Bandwurmarten, für die der Mensch Endwirt ist, sind der Schweine- und Rinderbandwurm. Die Larven dieser Bandwürmer befinden sich entweder in ↑**Rind**ern oder in ↑**Schweinen.** Die Tiere nehmen deren Eier mit der Nahrung auf. Auch der **Hundebandwurm** oder Blasenwurm kann für den Menschen gefährlich sein, er ist weltweit verbreitet. Die geschlechtsreifen Bandwürmer dieser Art leben vorwiegend im Darm von Hunden. Ländliche Gebiete sind stärker betroffen, ebenso Menschen, die eng mit Hunden zusammenleben. Als Zwischenwirte dienen Wiederkäuer wie Schafe, Ziegen und Rinder. Tiere und Menschen infizieren sich mit Bandwurmeiern durch den Verzehr von Kotpartikeln der Endwirte, die beispielsweise bei Hunden ins Fell (jeder Hund schüttelt sich) und so in die menschliche Nahrungskette gelangen.

Banks Beer [*Bier*] Karibisches Bier von der Insel Barbados

Banon Geschützte Herkunftsbezeichnung [*Käse*] **T Herkunft:** Frankreich/Provence; **Käsesorte:** ↑**Weichkäse**, 45 % ↑**Fett i.Tr.**; **Milch:** im Winter Rohmilch aus ↑**Schafsmilch**, im Sommer ↑**Ziegenmilch**; **Geschmack:** aromatisch, leicht säuerlich, mit dem Aroma des Kastanienblattes; **Info:** Der Käse wird in ↑**Schnaps** getränkt und in Blätter von ↑**Edelkastanien** gewickelt. Die gelbe Haut mit ↑**Edelschimmel**flecken ist nicht essbar, also abschaben. Der **Banon au Poivre d'Ane** ist mit ↑**Bohnenkraut** (Eselspfeffer) verfeinert. **Weinempfehlung:** Spritzige, fruchtige Weißweine oder leichte Rotweine zum jungen Banon, zum gereiften natürliche Süßweine wie ↑**Muscat** de Beaumes de Venise oder gehaltvolle Rotweine.

Banquet [*Franz. Speisekarte*] Festmahl

Banquière, à la [*Speisegarnitur*] **A** Speisegarnitur mit ↑**Geflügelklößchen**, ↑**Champignons**, ↑**Trüffel**scheiben an einer Geflügelrahmsauce mit ↑**Madeira**

Banyuls [*Weinkunde*] Bernsteinfarbener, portweinähnlicher ↑**Likörwein** aus dem französischen Roussillon, am besten 6–15 und mehr Jahre alt. Wird kühl als ↑**Aperitif** oder zum ↑**Dessert** getrunken. Der Ort Banyuls ist ein malerischer Fischerort nahe der spanischen Grenze.

Bar [*Franz. Speisekarte*] **T** Seebarsch, ↑**Wolfsbarsch**, sehr wohlschmeckender Meerfisch, wird am Mittelmeer meist als ↑**Loup de mer**, an der Atlantikküste oft als **loubine** angeboten; festes aromatisches Fleisch, sollte nicht zu groß sein und abgeschuppt werden; je einfacher zubereitet, desto besser; am besten (aber immer seltener) aus dem Mittelmeer

Barack palinka [*Hausbar*] Ungarischer ↑**Branntwein** aus ↑**Aprikosen**

Baranki [*Intern. Länderküche*] Ein Begriff aus der russischen Küchenkultur für Hefegebäckringe, sie gelten als traditionelle russische Nascherei, sind mit ↑**Mohn**, ↑**Rosinen** und „naturell" zu bekommen.

Barba di frate [*Ital. Speisekarte*] ↑**Salzkraut**

Barbabietola [*Ital. Speisekarte*] ↑**Rote Beete**

Barbadine [*Exotische Früchte*] **Englisch:** giant granadilla; **Französisch:** barbadine. Diese Passionsfrüchte werden 20–30 cm lang, 10–16 cm breit und können bis zu 1 kg schwer sein. Sie sehen aus wie Melonengewächse, von denen die Samen in Gelee und das dicke Fruchtfleisch am Rand verzehrt werden können. Im Geschmack sind Barbadines aber fader als andere Passionsfrüchte. In ihrer Heimat Südamerika wird die Frucht zu ↑**Kompott** verarbeitet oder wie ↑**Gemüse** zubereitet.

Barbanconne, à la [*Speisegarnitur*] **A Speisegarnitur für große Fleischstücke** – Gedünsteter ↑**Chicorée**, Schmelzkartoffeln, ↑**Rosenkohl. Sauce:** Eingekochter ↑**Fond**

Barbarakraut [*Wildkräuter, -blüten & -früchte*] **T Lateinisch:** Barbarea vulgaris. **Info:** Ein vitamin- und mineralstoffreiches Frühgemüse mit stoffwechselanregender Wirkung; **Standort:** Die Pflanze liebt es sonnig bis halbschattig, feuchte bis nasse, humose und nährstoffreiche Böden. **Geschmack:** Barbarakraut schmeckt ähnlich wie Kresse, würzig, scharf, leicht bitter. **Verwendung in der Küche:** Roh in Salaten, Kräuterquark, -käse und -dips oder gekocht mit ↑**Spinat** ist es als erstes frisches Grün eine leckere Abwechslung nach dem Winter.

Barbarie Ente [*Fleischprodukte*] Die Barbarie ↑**Ente** ist eine besondere Kreuzung zwischen Hausente und wildem Erpel, heute meist in Freiheit gezüchtet, festes, eher mageres Fleisch, süßlicher und kräftiger als das der Hausente.

Barbe [*Fisch*] Die Barbe oder Flussbarbe ist ein Süßwasserfisch aus der Familie der Karpfen, lebt in klaren Flüssen Mitteleuropas, wird bis 80 cm lang und 5 kg schwer und hat vier Bartfäden an der Oberlippe. Sie hat sehr schmackhaftes Fleisch, ist aber sehr grätenreich. Zur Laichzeit (Mai bis Juni) ist der Rogen giftig und verursacht eine choleraähnliche Erkrankung.

Barbeau [*Franz. Speisekarte*] ↑**Barbe**

Barbecue [*U.S. Kitchen*] **T** (amerik.) Grillen im Freien oder: Auf dem Rost gebratenes ↑**Fleisch**, das mit einer besonders scharfen Sauce serviert wird

Barbecuesoße [*U.S. Kitchen*] **R** Es gibt mindestens 1000 verschiedene Rezepte für Barbecuesoße. Darum hier nur eine kurze Anleitung: ↑**Tomatenketschup**, ↑**Pflaumenmus**, ↑**Essig**, ↑**Cola**, ↑**Rauchsalz**, ↑**Chili**, ↑**Sojasoße**, feinst gehackte ↑**Zwiebeln** und ↑**Knoblauch** angeröstet unterrühren.

Barbe-de-capucin [*Franz. Speisekarte*] **1.** Wilde Zichorie, Blattsprossen, mild-bitterliche Art. ↑**Chicorée**; **2.** Name für gebleichten ↑**Löwenzahn**

Barbera [*Weinkunde*] Rote Rebsorte, die unter der Herkunftsbezeichnung Barbera d'Alba (kraftvoller) und Barbera d'Asti (fruchtiger) am bekanntesten ist. Sie ist aber auch in zahllosen anderen Rotweinen ein fester, oft anonymer Bestandteil, weil sie Italiens am häufigsten angebaute rote Rebsorte ist. Bei den Qualitätsweinen einer der wichtigsten Weine des Piemont. Die Ergebnisse sind oft tieffarbig und fruchtbetont. Sogar Barriqueausbau wird praktiziert, und etliche Exemplare können eine längere Periode der Flaschenlagerung nicht nur überstehen, sondern verbessern sich sogar.

Barbine [*Ital. Speisekarte*] Lange, sehr dünne ↑**Suppennudel**n. Werden meist „a nido", als rundes Nest, angeboten.

Barbouni [*Griech. Speisekarte*] Begriff aus der griechischen Küchenkultur für ↑**Rotbarbe**

Barbue [*Franz. Speisekarte*] ↑**Glattbutt**, preisgünstiger und deshalb geschätzter Verwandter des ↑**Steinbutts**

Barbun [*Orientalische Küche*] Begriff aus der türkischen

Küchenkultur für ↑**Rotbarben**, meist aus dem Backofen. ↑**Türkische Küche**

Barbunya [*Orientalische Küche*] Begriff aus der türkischen Küchenkultur für ↑**Wachtelbohnen** mit ↑**Olivenöl.** ↑**Türkische Küche**

Barches [*Jüdische Küche*] Jüdisches Sabbatbrot, aus reinem ↑**Weizenmehl** (ohne ↑**Sauerteig**) gebacken

Barde [*Franz. Speisekarte*] **T** Dünne, fette ↑**Speck**scheibe zum Umwickeln oder Belegen von ↑**Fleisch**stücken, ↑**Geflügel** und ↑**Fisch**, damit sie beim Braten nicht austrocknen

Bardelle [*Ital. Speisekarte*] Kurze, breite ↑**Bandnudel**

Bardieren [*Franz. Fachwort*] **T** Umhüllen von mageren kleineren Fleischstücken und hauptsächlich ↑**Wildgeflügel** mit dünnen Speckscheiben (Barde), damit das ↑**Fleisch** nicht austrocknet

Bardolino [*Weinkunde*] Wein aus Trauben, die am Ostufer des Gardasees wachsen und einen leichten und hellen Rotwein abgeben. Mit seinem frischen Duft, fruchtigen Aromen ist er sehr delikat. Dieser Klassiker vom Gardasee kann leicht gekühlt serviert werden.

Bärendreck [*Unsere Küche*] Süddeutsche Bezeichnung für ↑**Lakritze**

Bärenfang [*Hausbar*] **R** Dieser traditionelle ↑**Likör** wurde früher in preußischen Haushalten hergestellt. Er besteht aus ↑**Honig**, der mit ↑**Wodka** vermischt wird und einige Tage mit einer ↑**Zimtstange** und unbehandelter ↑**Zitronenschale** zieht. Der Likör wird bei Raumtemperatur gelagert und getrunken.

Bärenschinken [*Fleischprodukte*] Schinken aus Bärenfleisch

Bärentatzen [*Backstube*] **R** Schokoladen-Kleingebäck – **Grundrezept:** 3 ↑**Eiweiß** steif schlagen; 200 g ↑**Honig** unter ständigem Schlagen nach und nach hinzufügen und so lange schlagen, bis die Masse glänzend ist; 80 g ↑**Haferflocken** fein gemahlen und 250 g gemahlene ↑**Mandeln** dazugeben und schaumig rühren. **Als weitere Einlage:** 100 g Zartbitter-↑**Schokolade** fein gehackt, 1/4 TL **Zimt**, gemahlen, 1/4 TL ↑**Nelken**, gemahlen; unbehandelte, abgeriebene Schale einer ↑**Zitrone**. Alles gut vermischen, Bärentatzen-Formen ausbuttern, mit Haferflocken ausstreuen, Teig einfüllen, bei 200° C/Gas Stufe 3/Umluft 150° C 15–20 Min. backen, aus den Förmchen klopfen und abkühlen lassen. Die Bärentatzen können zur Verzierung nach dem Auskühlen in aufgelöste Zartbitter-↑**Kuvertüre** getaucht werden.

Barfi badam [*Intern. Länderküche*] Auch Burfi badam, indisches Mandel-Milchkonfekt aus eingekochter ↑**Milch**, ↑**Koah**

Barglas [*Hausbar*] Das Rührglas zum Vorbereiten von ↑**Cocktails**

Barigoule, à la [*Speisegarnitur*] **A** Speisegarnitur mit gehackten ↑**Pilzen** und ↑**Artischocken**, die mit ↑**Schinken** gefüllt sind (Provence)

Bärlauch [*Wildkräuter, -blüten & -früchte*] **T Lateinisch:** Allii ursini herba, aber auch Allium ursinum; **Englisch:** wild garlic; **Französisch:** ail sauvage; **Italienisch:** aglio salvatico; **Spanisch:** ajo de oso. **Synonym:** Bärenlauch, Hexenzwiebel, Judenzwiebel, Waldknoblauch, Wurmlauch, Zigeunerlauch. **Info:** Sein Duft führt den Sammler im Frühling und Frühsommer zu den Fundorten. **Beim Ernten den Geruch prüfen, da er im Blatt Ähnlichkeit mit dem giftigen Maiglöckchen hat. Geschmack:** Bärlauch ist ein intensiv nach ↑**Knoblauch** riechendes Wildgemüse. Es wird 20–30 cm hoch. Alle Teile duften stark nach Knoblauch. **Anbau:** Bärlauch lässt sich selten kultivieren, er wächst in fast ganz Europa in der freien Natur, hauptsächlich in Auwäldern, Laub- und Mischwäldern, Parkanlagen sowie in Gebüschen. Er liebt nährstoffreichen, humosen, feuchten Boden. Geerntet werden pro Pflanze nur einige zarte junge Blätter, damit der Bärlauch noch genügend Nährstoffe für das nächste Jahr ansammeln kann. Je nach Gebiet und Witterungsverlauf beginnt der Laubaustrieb bei älteren Pflanzen Ende Februar bis Mitte März. Ende Juni beginnt die Samenreife. Die beste Erntezeit ist Ende März bis Mitte Juni. **Verwendung in der Küche:** ↑**Würztabelle.** Geschmacklich besonders reizvoll sind die Blüten des Bärlauchs. **Wirkung in der Volksmedizin:** Die Bärlauchblätter bestimmter Regionen weisen die höchsten Konzentrationen an Schwefelverbindungen, Magnesium, Mangan und Adenosin auf, die bisher in pflanzlichem Gewebe festgestellt werden konnten. Auch das für den menschlichen Körper wichtige Mineral Eisen ist reichlich in Bärlauch vorhanden. Bärlauchsaft wird aus dem frischen, blühenden Bärlauchkraut gewonnen, er fördert in Verbindung mit entsprechender Ernährung die Durchblutung und kann die Drüsentätigkeit von Magen und Darm anregen. **Wichtig!!! – Mehr Information:** ↑**Essbare Blüten**

Barley-sugar [*Englische Speisekarte*] Englische Süßware

Barlöffel [*Hausbar*] **T** Besonders langstieliger Löffel, der zum Verrühren von Cocktailzutaten im Rührglas und als Maßeinheit für Zutaten dient. Der Barlöffel fasst etwa 1/2 cl und kann daher für das genaue Abmessen von Zutaten verwendet werden.

Barmesser [*Hausbar*] Zur Bearbeitung der Früchte verwendet man das Barmesser, mit denen die ↑**Cocktails** dekoriert werden. Ein Barmesser sollte eine Säge aufweisen und nach vorne spitz zulaufen, damit kleinere Früchte gut aufspießt werden können.

Bärmutter [*Gewürze & Kräuter*] ↑**Liebstöckel**

Barolo [*Weinkunde*] **1.** Der berühmteste Wein aus dem Piemont. Kräftig, aber dabei weich und angenehm fruchtig. Der Barolo zählt unter Weinkennern neben dem ↑**Brunello** zu den besten Rotweinen Italiens. Im Gegensatz zu vielen anderen großen italienischen Rotweinen ist der Barolo kein ↑**Cuvée**, sondern wird zu 100 % aus der ↑**Nebbiolorebe** hergestellt. **2.** Kleines

Städtchen in der Langhe (Nordwestitalien), Namensgeber des berühmten Weines

Baron [*Franz. Speisekarte*] Bezeichnung für den Rücken eines Tieres, der im Ganzen gebraten und serviert wird. **baron of beef (baron de bœuf):** der ganze Rinderrücken mit ↑**Lende** und ↑**Filet; baron de mouton:** ganzer Hammelrücken, einschließlich Keulen; **baron d'agneau:** Lammrücken mit Keulen.

Baron Philipp [*Käse*] **Herkunft:** Österreich; **Käsesorte:** ↑**Weichkäse,** 60 % ↑**Fett i.Tr.; Milch:** pasteurisierte Kuhmilch; **Geschmack:** fein pikant, typisch nach ↑**Gelbschmiere; Info:** hergestellt in Handarbeit

Baroque [*Weinkunde*] Weiße Rebe aus Südwestfrankreich

Barquette [*Franz. Speisekarte*] Ovales Blätter- oder Mürbteigschiffchen zum Füllen, für Speisegarnituren oder Vorspeisen. Pikant für Vorspeisen und Hauptgerichte, süß für Nachspeisen.

Barramundi [*Fisch*] **A Lateinisch:** Lates calcarifer; **Synonym:** Barra, Giant Perch, Palmer Perch; **Englisch:** silver Barramundi; **Französisch:** Barramundi; **Italienisch:** Barramundi; **Spanisch:** Barramundi. **Info:** Der Barramundi gehört zu den Riesenbarschen und ist ein silbergrauer, länglicher, hochrückiger Fisch mit ausgeprägter, hochstrahliger Rückenflosse. Sein Lebensraum erstreckt sich von der nördlichen Küste Australiens über Indonesien bis nach Indien und Japan. Seine Hauptnahrung sind Frösche, Garnelen und Heringe. Ein Barramundi kann bis zu 2 Meter Länge erreichen, bei einem Gewicht von 60 kg. Eine biologische Besonderheit des Barramundi besteht in der ausschließlichen Geburt von Männchen. Mit 2–5 Jahren entwickelt sich dann ein Teil der Fische zu Weibchen. **Herkunft und Verfügbarkeit:** Der Barramundi besitzt das Renommee, einer von Australiens feinsten Speisefischen zu sein. In jüngster Zeit wird er wegen steigender Nachfrage von Touristen, die ihn im Urlaub kennengelernt haben, auch zunehmend auf dem deutschen Markt angeboten. Er besitzt ein weißes, festes, feinkörniges Fleisch. Qualität und Geschmack sind einzigartig. Dies trifft aber nur auf Fische zu, die aus klarem Wasser kommen. Da der Barramundi auch in trübem, schlammigem Wasser anzutreffen ist, kann er unangenehm riechen und schmecken, darum den Fisch vor dem Kauf genau prüfen. Die hier frisch angebotenen Fische oder Filets kommen meist aus Sri Lanka und Vietnam. **Verwendung in der Küche:** Barramundi kann als ganzer Fisch im Ofen zubereitet, gegrillt oder gebraten werden. Die Filetstücke sind praktisch grätenfrei. Nach der Zubereitung hat das fettarme Fleisch eine weiße Farbe, es ist saftig und zart, dabei aber von fester Konsistenz.

Barramundiwein [*Weinkunde*] Der Weinname Barramundi wurde von dem oben beschriebenen schillernd bunten, australischen Fisch abgeleitet und steht für zwei modern ausgebaute Weine. **1. Barramundi-Semillon-Chardonnay.** Ein trockener, frischer, fruchtiger Weißwein mit den typischen Fruchtaromen des Semillon, in Verbindung mit der markanten Art des Chardonnay. Als frischer Sommerwein ein idealer Essensbegleiter zu einem rustikalen Grillabend, aber auch zu Fischgerichten, Krabben, Garnelen oder solo zu genießen. **2. Barramundi-Shiraz/Merlot.** Ein kräftig, fruchtiger, harmonischer Rotwein. In ihm wurden zwei im Charakter sehr unterschiedliche Rebsorten zu einem Wein vereint. Die Kraft und Frucht des Shiraz mit der Geschmeidigkeit und dem Gehalt der Merlot-Traube harmonieren zu Fleischgerichten mit kräftigen Soßen, Wildpasteten oder Wildgeflügel.

Barrel [*Fachkunde*] Englische Bezeichnung für ein Holzfass, entsprechend dem französischen ↑**Barrique** mit 225 l Fassungsvermögen

Barrel Cheese [*Käse*] **Herkunft:** USA/Idaho. Der imposante Barrel Cheese wird in Fässern verkauft und kann über 200 kg wiegen, ist jedoch auch in kleineren Formaten erhältlich. Er ist mit dem US ↑**Colby**-Käse identisch.

Barril de Roble [*Weinkunde*] In Spanien das Eichenholzfass für den Weinausbau

Barrique [*Weinkunde*] Französischer Begriff für ein Holzfass, ursprünglich aus dem Bordeauxgebiet, mit einem Fassungsvermögen von 225 l, was 300 Flaschen entspricht. Findet jetzt weltweit bei der Produktion von Spitzenweinen Einsatz. Der Ausbau in Barrique wird nur für hochwertige Weine angewandt, die länger lagern können. Diese Weine müssen über viel Frucht, Tannine und Säure verfügen, um eine lange Reifezeit auf Flaschen nicht nur zu überleben, sondern zugleich an Qualität zu gewinnen. Tannine und Säure sind dabei als Konservierungsmittel aufzufassen, zugleich sind sie geruchs- und geschmacksbildende Komponenten, die durch chemische Prozesse unter Ausschluss von Sauerstoff in der Flasche entstehen. Beim Ausbau im Fass gibt neues Holz ein Teil seiner Holztannine an den Wein ab, rundet Ecken und Kanten und fügt dem Wein Geschmack und Aromen (Holznoten, Aromen von Rauch und vor allem Vanille) zu. Diese Wirkung nimmt mit dem Alter des Fasses ab, darum werden diese Fässer nur 2- bis 3-mal benutzt. Das Holz- und Vanillearoma, sowohl in Rot- als auch in Weißweinen, wird heutzutage hochgeschätzt und als Qualitätsmerkmal angesehen. Da die Barriques teuer sind und nur hochwertiges Lesegut Barriqueausbau rechtfertigt, macht sich das im Preis des späteren Weins bemerkbar. Es gibt jedoch Billigalternativen, z. B. die Zugabe von Vanille- und Holzessenzen, oder der Einsatz von so genannten Oak Chips (Holzspäne), die während der Gärung zugesetzt werden und dem Wein das Aroma des Holzes verleihen. Geschmacklich sind diese Weine meist ihren kostspieligeren Vorbildern unterlegen, da die Vanille- oder Holznote den Wein zu sehr dominiert.

Unter Umständen ist das Zusetzen von Holzspänen in Europa erlaubt (z. B. in Cognac), die Zugabe von Essenzen jedoch nicht. Die meisten roten Spitzenweine der Welt werden im Barrique ausgebaut. Auch in Deutschland werden zunehmend gute Barrique-Weine angeboten.

Barro [*Weinkunde*] Spanisch für Lehmboden

Bars [*U.S. Kitchen*] Schnitten: Gebackene oder auch nur gekühlte Schnitten aus Teig, Schoko- oder ↑**Erdnussbutter**masse sind als kleiner ↑**Snack** sehr beliebt.

Barsch – Seefisch [*Fisch*] **A** **Englisch:** perch; **Französisch:** perche; **Italienisch:** persico; **Spanisch:** perca. Im Atlantik und bei Grönland wird der Barsch gefangen. Rot- und Seebarsch sind die häufigsten in der Küche verwendeten Arten. Die Schuppen sind sehr hart, das Fleisch ist leicht rosa. Er eignet sich sehr gut zum Dünsten, Braten in Butter, Garen in der Folie oder für Aufläufe. Der „↑**Loup de mer**", eine Seebarschart mit festem, weißem, sehr aromatischem Fleisch, ist ein teurer Verwandter des Rotbarschs. Man kann ihn mit Schuppen garen.

Barsch – Süßwasserfisch [*Fisch*] ↑**Flussbarsch**

Barschaufel [*Hausbar*] Damit füllt man Eiswürfel oder gestoßenes Eis (↑**Crushed Ice**) aus ihren Vorratsboxen in den ↑**Shaker** oder in Gläser um. Das ist **1.** hygienischer und sieht **2.** besser aus.

Barsieb [*Hausbar*] Eisstücke oder Würfel, Früchte oder Kerne werden damit beim Ausgießen des ↑**Cocktails** aus dem ↑**Shaker** oder dem ↑**Rührglas** zurückgehalten. Eine Spiralfeder aus Edelstahl bildet den Rand des Barsiebs.

Barspoon [*Hausbar*] Engl. ↑**Barlöffel**

Barszcz [*Intern. Länderküche*] **A** Begriff aus der polnischen Küchenkultur für eine Rote-Beete-Suppe, die dem russischen ↑**Borschtsch** ähnlich ist. Der Eintopf besteht aus ↑**Roter Beete**, ↑**Weißkohl**, ↑**Karotten**, ↑**Kartoffeln**, ↑**Zwiebeln**, gewürfeltem ↑**Schweinefleisch**, ↑**Tomatenmark** sowie ↑**Gewürzen**

Bartavelle [*Franz. Speisekarte*] Steinhuhn. **Lateinisch:** Alectoris graeca. Steinhühner sind von Griechenland bis in die südlichen Alpen verbreitet, in der Größe sowie Gestalt dem ↑**Rebhuhn** sehr ähnlich. Sie werden in der Küche genauso zubereitet.

Bartender [*Hausbar*] Engl. Pächter einer Bar, eigentlich Barkeeper

Bartgrundelfisch [*Fisch*] ↑**Schmerlen**

Bartlett [*Obst*] ↑**Williams Christbirne**

Barzange [*Hausbar*] Kleine Edelstahlzange, die zum Öffnen von fest sitzenden Korken und Flaschenverschlüssen (z. B. bei zuckerhaltigen Getränken) verwendet wird

Basen [*Gesundheit*] ↑**Säuren und Basen im menschlichen Körper**

Basil [*U.S. Kitchen*] ↑**Basilikum**

Basilic [*Franz. Speisekarte*] ↑**Basilikum**

Basilico [*Ital. Speisekarte*] ↑**Basilikum**

Basilikum [*Gewürze & Kräuter*] **T** **Lateinisch:** Ocimum basilicum, auch Basilici herba; **Synonym:** Braunsilge, Deutscher Pfeffer, Königskraut, Basilienkraut, Königsbalsam, Josefskräutlein, Hirnkraut, Pfefferkraut, Basil und Suppenbasil; **Englisch:** sweet basil; **Französisch:** basilic; **Italienisch:** basilico; **Spanisch:** albamaca. **Ursprung:** Das Basilikum stammt vermutlich aus Indien, wird im ganzen Mittelmeergebiet angebaut. **Info:** Es gibt mittlerweile viele Varianten dieser Art: unterschiedliche Blattwuchsformen, rotblättrige Sorten, mit zitronigem oder anisähnlichen Aromen. Vielseitig in der Küche. Das Kleinblättrige Basilikum ist als Gartenpflanze weniger bekannt, weist jedoch ein noch stärkeres Aroma auf, das vollkommen dem des Mittelmeertyps entspricht. Wer selbst gerne südostasiatisch kocht, sollte bedenken, dass thailändisches Basilikum ganz anders schmeckt als der hauptsächlich erhältliche Mittelmeertyp. **Geschmack:** Basilikum verfügt über sehr aromatische zartgrüne Blätter mit süßlich-pfeffriger Note, das sich mit keinem anderen Gewürz vergleichen lässt, dadurch verleiht es den Speisen ein frisches, appetitanregendes Aroma. **Erhältlich als:** Töpfchen meist im Supermärkten, in italienischen, türkischen und asiatischen Gemüseläden auch als Bund. **Anbau:** Basilikum liebt einen nährstoffreichen, sandig-humosen Lehmboden in sonnigen Lagen. Frischer Stallmist sollte nicht gegeben werden. Gesät wird Basilikum ab Mitte April im Gewächshaus oder Frühbeetkasten, am besten mit je 20 Korn in einen 8 cm großen Topf. Den Samen nicht mit Erde abdecken, da Basilikum ein Lichtkeimer ist. Gepflanzt wird ab Ende Mai je ein Topf im Abstand von 25 x 25 cm im Freiland. Ab Mitte Mai kann direkt im Freiland ausgesät werden. Reihenabstand 25 cm, Aussaatmenge 50 Korn pro laufenden Meter, Keimzeit 14–21 Tage, letzte Aussaat Ende Juni. Geerntet werden die jungen Blätter kurz vor Beginn der Blüte, da zu diesem Zeitpunkt die Würzkraft am stärksten ist. Am aromatischsten ist die Pflanze früh morgens im Sommer. Blüht Basilikum, so ist es eine wunderschöne Bienenweide und Duftpflanze. Basilikum ist frostempfindlich, deshalb ggf. in einen Topf umquartieren und auf einer hellen Fensterbank bei 15–20° C nach Rückschnitt weitertreibend. Basilikum hält Schädlinge von Tomaten fern, Fliegen und Mücken von der Wohnung ab, wenn man ihn in Tür- und Fensternähe aufstellt. **Verwendung in der Küche:** ↑**Würztabelle. Konservierung:** Kräuter werden üblicherweise getrocknet, um sie haltbar zu machen. Basilikumkraut zu trocknen ist möglich, allerdings verliert es dabei viel an Aroma. Zum Trocknen wird das Kraut in kleinen Sträußen kopfüber an einem trockenen, luftigen und schattigen Platz aufgehängt. Die trockenen Blätter können in einem verschließbaren Behälter, geschützt vor Feuchtigkeit und Licht, einige Monate an einem kühlen Ort aufbewahrt werden. Besser: Die frisch geernteten Basilikumblätter (kleingeschnitten) in Eiswürfelformen einfrieren, dabei wird das Aroma sogar noch verstärkt. Basilikumkraut kann in Öl oder Essig eingelegt werden. Basilikum ist eine wichtige Zutat für italienisches ↑**Pesto**. **Wirkung in der Volksmedizin:** Stärkendes, wärmendes, aromatisches Kraut, das krampflösend, fiebersenkend, besonders bei Erkältungen und Grippe, wirkt. In heißem Wasser aufgebrüht, beruhigt es die Nerven, ist gut gegen Schlaflosigkeit, wirkt schmerzstillend und verdauungsforderd. Es hilft gegen bakterielle Infektionen und Darmparasiten, schlechte Verdauung, Übelkeit, Krämpfe im Unterleib, Magen-Darm-Katarrh, Migräne, gedrückte Stimmung und Erschöpfung. Bei stillenden Müttern fördert es die Milchbildung. Basilikum äußerlich angewendet lindert Akne, Insektenstiche und Infektionen der Haut. **Verwendung in der Kosmetik:** Ein Mundwasser aus Basilikumblättern hilft gegen Mundgeruch. Über eine Handvoll Blätter gießt man 1/4 l kochendes Wasser und lässt es 15 Min. ziehen. Anschließend wird der Aufguss gefiltert und der Mund gut ausgespült. Basilikumwasser kann auch als Parfüm verwendet werden.

Basilikum opal [*Gewürze & Kräuter*] **A** Rotblättrig, für ↑**Auberginen**, ↑**Erbsen**, ↑**Salate**, ↑**Spaghetti**, ↑**Tomaten**. Geschmack leicht süßlich, pfeffrig. ↑**Basilikum**

Basilikumbutter [*Unsere Küche*] **R** **Französisch:** Beurre au basilic – Die Butter wird mit fein gehacktem ↑**Basilikum** vermischt, ↑**Salz** und ↑**Pfeffer** sowie ↑**Zitronensaft** runden den Geschmack ab.

Basmatireis [*Allgem. Nährmittel*] **A** Lockerer, langkörniger ↑**Reis** aus Indien, der in den höheren Regionen des Himalaya angebaut wird. Basmatireis gehört mit seinem sehr angenehmen Aroma zur Kategorie „Duftreis". Basmati bedeutet Duft. Gute Qualitäten kleben nicht, und die Körner sind nahezu gleich lang. Die beste Garmethode für Basmatireis ist die Wasser-Garung, wobei die doppelte Menge Flüssigkeit empfehlenswert ist. Bei kleineren Mengen (1 Kaffeebecher voll Reis) sollte das Wasser ca. 2 cm über dem Reis stehen. Die Garzeit beträgt 15–20 Min. Das Wasser sollte vom Reis aufgenommen sein. Basmatireis passt zu pikanten Gerichten.

Basquaise, basque, à la [*Speisegarnitur*] **A** **Speisegarnitur. 1.** mit ↑**Paprikaschoten**, ↑**Tomaten**, ↑**Knoblauch**, oft auch ↑**Schinken**, in Bayonne; **2.** mit sautierten ↑**Steinpilzen**, ↑**Annakartoffeln** und ebenfalls Schinken im Baskenland

Bas-Rhin [*Weinkunde*] Das nördliche der beiden Elsässer Anbaugebiete

Bass [*U.S. Kitchen*] ↑**Barsch**

Bastella [*Speisegarnitur*] **A** Mit ↑**Fleisch** und ↑**Gemüsen** gefüllte Brot- oder ↑**Blätterteig**tasche (Korsika)

Batatas [*Span. Speisekarte*] ↑**Kartoffeln**

Batatas fritas [*Span. Speisekarte*] ↑**Pommes frites**

Batate [*Gemüse*] **T** **Lateinisch:** Ipomoea batatas; **Synonym:** Knollenwinde, Süßkartoffel, Weiße Kartoffel; **Englisch:** sweet potato, Spanish potato; **Französisch:** batate, patate douce, artichaut des indes; **Italienisch:** patata americane, patata dolce; **Spanisch:** batata.**Info:** Die zur Familie der Windengewächse gehörende Süßkartoffel ist ein einjähriges, buschiges Kraut, das an seiner kriechenden, bis zu 3 m langen Sprosse Wurzeln entwickelt, die durch sekundäres Dickenwachstum zu 10–20 cm langen und bis zu 3 kg schweren, purpurroten, bräunlichen, gelblichen bis weißlichen, von zahlreichen Milchröhren durchzogenen Knollen mit dicker Schale anschwellen. Süßkartoffeln sind botanisch gesehen nicht mit den ↑**Kartoffeln** und auch nicht mit den ↑**Yams** verwandt. **Ursprung und Geschichte:** Süßkartoffeln stammen ursprünglich aus Südamerika und wurden schon von den präkolumbianischen Inkakulturen angebaut. Im Laufe des 16. Jahrhunderts wurden die von den Indianern „Batate" genannten Süßkartoffeln nach Europa gebracht und von hier aus bis in den südostasiatischen Raum verbreitet. Heute werden Süßkartoffeln weltweit in tropischen und subtropischen Gebieten Amerikas, Afrikas und Asiens angebaut und zählen zu den wichtigsten Grundnahrungsmitteln der Menschheit. **Herkunft und Saison:** Die im Herbst auf dem Markt erhältlichen Bataten werden in Spanien und Portugal kultiviert. Sonst werden kleinere Mengen, vorwiegend aus Brasilien und Israel, angeboten. **Inhaltsstoffe:** 100 g Süßkartoffeln weisen einen Brennwert von ∅ 136 kcal/570 kJ auf und enthalten etwa 60 g Wasser, 2,1 g Eiweiß, 0,4 g Fett, 31,6 g Kohlenhydrate und 3,9 g Ballaststoffe. An ↑**Mineralstoffen**, ↑**Spurenelementen** und ↑**Vitaminen** sind ∅ 28,6 mg Kalzium, 0,8 mg Eisen, 16,9 mg Natrium, 2610(!) mg Vitamin A (RE) und 29,5 mg Vitamin C enthalten. Die Batate ist reich an Stärke. **Zubereitung und Tipps:** Die Batate hat ein leicht mehliges, helles, süßlich schmeckendes und etwas schleimiges Fruchtfleisch. Sie kann wie Kartoffeln gekocht, gebacken, frittiert oder überbacken werden, eignet sich aber weniger zum Braten, da sie relativ schnell zerfällt. Bataten gart man wie ↑**Folienkartoffeln** im Ofen. Dazu werden sie geschält, rundherum mit einer Gabel eingestochen, mit Öl eingerieben und in Folie gewickelt. In der ↑**Kreolischen Küche** sind sie besonders beliebt, hier reicht man sie zusammen mit ↑**Äpfeln**, zum ↑**Schinken**, verarbeitet sie zu Kuchen oder ↑**Pudding**. Die Knollen sind trocken und kühl zu lagern, da sie leicht verderben.

Bataviasalat [*Gemüse*] **T** Seine Herkunft ist Frankreich. Optisch hat er Ähnlichkeit mit dem Kopfsalat, schmeckt aber würziger und ist knackiger. Seine Farbe ist von verschiedenen Grün- und Rottönen geprägt. Seine Haltbarkeit bei 0° C ist länger als die des Kopfsalats. ↑**Blattsalate**

Batida [*Hausbar*] **R** Portugiesisch-brasilianische Bezeichnung für ↑**Cocktail**. Das Wort leitet sich von portugiesisch **bater** (schlagen) ab. Ein **Batida** besteht immer aus ↑**Cachaça** (weißem Zuckerrohrschnaps), Fruchtsaft oder -mark, ↑**Rohrzucker** und meist auch Wasser. Eisgekühlt dient er als ↑**Aperitif**, er wird zur Begrüßung in guten südamerikanischen Restaurants in großen Karaffen angeboten. Während in Europa meist nur der **Batida de Coco**, ein industriell hergestellter Likör aus Cachaça, ↑**Kokosnusscrème**, ↑**Sahne** und ↑**Zucker** bekannt ist, werden Batidas in Brasilien typischerweise frisch zubereitet. Häufige Varianten sind: **batida de coco** – wie oben, nur meist mit ↑**Kondensmilch** statt Sahne hergestellt; **batida de maracujá** – mit dem Saft der ↑**Passionsfrucht; batida de limão** – mit ↑**Limone**, auch **batida paulista** nach der Stadt São Paulo genannt, der fruchtfleischlose Prototyp der in Europa bekannteren ↑**Caipirinha; batida de mel** – mit ↑**Limettensaft** und ↑**Honig; batida de manga** – mit pürierter ↑**Mango; batida de cajú** – mit der holzig schmeckenden Frucht des Cashew-Apfels. ↑**Cashewkerne**. Die so angenehm trinkbare Mischung des pur sehr starken Cachaça wurde einst als **vacina de pobre** – „Impfstoff der Armen" bezeichnet.

Batido liquado [*Mexicofood*] Milchgetränk

Bâton au crabe [*Franz. Speisekarte*] ↑**Surimi**

Bâton glacé [*Franz. Speisekarte*] ↑**Eis am Stiel**

Bâton(net) [*Schweizer Küche*] Trockenes ↑**Blätter**- oder ↑Mandel**teigstäbchen**

Batterie [*Franz. Fachwort*] Küchengeschirr

Battre [*Franz. Fachwort*] Zu Schaum schlagen

Batzenstück [*Fleischprodukte*] Regionale Bezeichnung für die Nuss von ↑**Rind**, ↑**Kalb** und ↑**Schwein**

Batzerlgugelhupf [*Österr. Küche*] Napfkuchen, gefüllt mit ↑**Mohn**, ↑**Nuss** oder ↑**Quark**

Bau, Christian [*Berühmte Köche*] **Christian Bau** – *1971 in Offenbach, D – Seit 1998 Küchenchef im Hotel-Restaurant Schloss Berg, Nennig an der Mosel. Bekannt für seine Sterne – die leicht und zeitgemäß präsentierte „klassisch französische Küche" sowie als Autor des Buches – Christian Bau – „Innovation durch Tradition", 2004.

Bauchfett [*Fette*] Flomen. ↑**Tierfette & Tieröle**

Bauchfilz [*Österr. Küche*] ↑**Schweinespeck**

Bauchfleisch [*Österr. Küche*] Bauch, ↑**Bauchspeck**

Bauchlappen [*Fleischprodukte*] Flankenstück vom ↑**Schwein**. Auch regionale Bezeichnung für die Flankenstücke anderer Fleischarten; Dünnung, Bauch.

Bauchlapperl [*Österr. Küche*] ↑**Dünnung**, Flankenstück

Bauchrolle [*Fleischprodukte*] Rollbraten vom Schweinebauch; küchenfertig zubereitetes Frischfleischerzeugnis, z. B. der ↑**Zigeunerbraten**

Bauchspeck, gekocht [*Fleischprodukte*] Auch als ↑**Wellfleisch** bekannt. Wird aus Schweinebrust, von Rippen und Brustknochen befreit, aber noch Knorpel und Schwarten enthaltend, einschließlich magerer Bauchanteile, hergestellt

Bauchspeicheldrüsenentzündung [*Gesundheit*] ↑**Diät bei Erkrankung der Bauchspeicheldrüse**

Bauchspeicheldrüse [*Verdauung*] Die Bauchspeicheldrüse (Pankreas) spielt eine wichtige Rolle bei der Verdauung. Sie produziert Bauchspeichel (Pankreassaft), der Verdauungsenzyme enthält. Die ↑**Enzyme** können ↑**Fette**, ↑**Kohlenhydrate** und ↑**Eiweiße** spalten. Der Ausführungsgang der Drüse mündet in den Zwölffingerdarm, sodass der basische Bauchspeichel den sauren Magensaft im Darm neutralisieren kann. In einem anderen Teil der Bauchspeicheldrüse (Langerhans'sche Inseln) werden die Hormone ↑**Insulin** und Glucagon produziert. Sie werden – anders als die Enzyme – ins Blut abgegeben und spielen bei der Regulierung des Blutzuckers eine große Rolle.

Baudroie [*Franz. Speisekarte*] ↑**Seeteufel**

Bauernbrot [*Backstube*] **R** Reine Sauerteigbrote von würzigem Geschmack und längerer Haltbarkeit als Hefeteigbrote. Mit einer einfachen Küchenmaschine, die das Kneten besorgt, kann man sein eigenes Brot herstellen. **Grundrezept:** 1250 g ↑**Roggenmehl Type 1150**; 250 g ↑**Weizenmehl Type 550**; 800 g ↑**Sauerteig:** ca. 600 ml lauwarmes Wasser; 1 EL ↑**Zucker**; 50 g ↑**Salz. Nach Geschmack:** Schwarzen ↑**Pfeffer** aus der Mühle; 1 EL grob gehackten ↑**Kümmel**; 1/2 TL grob gehackten ↑**Koriander** oder ↑**Anis**. Mehlsorten miteinander vermischen und sieben, eine große Mulde hineindrücken, den Sauerteig hineingießen und durchmischen. Je nach Konsistenz lauwarmes Wasser dazugeben (Teig darf nicht zu weich und nicht zu streng werden), salzen, würzen, zuckern und kneten, bis er sich vom Schüsselrand löst. Den Teig aus der Rührschüssel heben; mit bemehlten Händen anfassen; auf einem bemehlten Backbrett kräftig durchkneten (der Teig darf nicht an den Fingern kleben bleiben) und ca. 4–5 Stunden zugedeckt an einem warmen, nicht zugigen Ort gehen lassen. Teig nochmals durchkneten, zu einem länglichen, hohen Laib formen und zugedeckt eine weitere Stunde gehen lassen. **Backofen auf 225° C vorheizen.** Das Brot auf ein bemehltes Backblech legen, mehrmals mit einer dickeren Nadel einstechen. Einen kleinen flachen Topf mit heißem Wasser auf den Backofenboden stellen und das Brot auf mittlerer Schiene etwa 90 Min. backen. Danach den noch heißen Brotlaib mit Wasser bepinseln.

Bauerngulasch [*Österr. Küche*] Rindergulasch, serviert mit kleinen ↑**Semmelknödeln.** ↑**Gulasch**

Bauernhandkäse [*Käse*] **Herkunft:** Deutschland/ Harz; **Käsesorte:** ↑**Sauermilchkäse**, 10 % ↑**Fett i. Tr.**; **Milch:** entrahmte ↑**Milch; Teig:** geschmeidig bis fest; **Geschmack:** mild-würzig, aromatisch bis leicht pikant mit kräftiger Duftnote; **Info:** oft mit ↑**Edelschimmel** und ↑**Kümmel** hergestellt

Bauernseufzer [*Regionale Spezialität*] Grob gekörnte rohe Würstchen, können aber auch ein ↑**Brühwurst**erzeugnis sein

Bauernstumpen [*Regionale Spezialität*] Kleine rohe Würstchen

Baumé [*Weinkunde*] Die in Australien und Frankreich verwendete °Be-Maßeinheit dient zum Messen zuckerhaltiger Lösungen. ↑**Öchsle.** Das Mostgewicht, der Zuckergehalt der Trauben, wird wie folgt bestimmt: 12,5 Baumé = 12,5 % Vol. Alc.

Baumerdbeeren [*Exotische Früchte*] Der **Westliche Erdbeerbaum (arbutus unedo)** ist eine Pflanzenart, die zu den Heidekrautgewächsen gehört. Er ist ein typisches Gewächs des Mittelmeerraumes und kommt in immergrünen Wäldern der Region um das Mittelmeer und an der Atlantikküste bis nach Irland vor. Die Früchte werden bis zu 2,5 cm groß, sind orange bis rot gefärbt und erinnern an ↑**Erdbeeren,** daher rührt auch der deutsche Name der Pflanze. Im Innern sind die Früchte gelborange und von fleischiger bis mehliger Konsistenz. Die Früchte sind zwar genießbar, schmecken aber roh nicht besonders. Sie werden zu Marmeladen und an der spanischen Algarve zum klaren ↑**Schnaps Medronho** verarbeitet.

Baumkelter [*Weinkunde*] Der Baumkelter wird auch als „Torkel" bezeichnet. Baumkelter stammen aus der Römerzeit und wurden überwiegend im Mittelalter eingesetzt. Die Baumkelter wurden aus Eichenstämmen gebaut und konnten wegen ihrer Größe nur in großen Schuppen oder im Freien aufgestellt werden.

Baumkuchen [*Backstube*] Delikatesse aus ↑**Biskuitteig,** der sich auf Walzen in vielen Schichten am offenen Feuer ständig dreht und so gebacken wird. Dieser in vielen aufwändigen Schritten hergestellte Kuchen wird entweder mit ↑**Schokolade** überzogen und in Blöcke geteilt oder frisch in Stücke geschnitten.

Baumnüsse [*Allgem. Nährmittel*] ↑**Walnüsse**

Baumstammkirsche [*Exotische Früchte*] ↑**Jaboticaba**

Baumtomate [*Exotische Früchte*] ↑**Tamarillo**

Baumweichsel [*Obst*] ↑**Kirschen**

Baumwollsaatöl [*Fette*] ↑**Samenfette**

Baunzerl [*Österr. Küche*] Milchbrötchen; ein in der Mitte geteiltes Kleingebäck

Bavaria blu [*Käse*] **T Herkunft:** Deutschland/Bayern (Waging am See). **Käsesorte:** ↑**Weichkäse** mit Weiß- und ↑**Blauschimmel,** Doppelrahmstufe, 70 % ↑**Fett i. Tr.**; **Milch:** Kuhmilch; **Teig:** natürlich-cremig; **Geschmack:** cremig-zart und charaktervoll mit feiner Blauschimmelnote; **Info:** Die Kombination von feinem Blauschimmel innen und edlem Weißschimmel außen prägen das fein-aromatische Genusserlebnis. **Weinempfehlung:** trockener Rotwein, z. B. ↑**Dornfelder. Verwendung:** Zum Frühstück oder zur deftigen Brotzeit. Für die Zubereitung von warmen Gerichten wie ↑**Gratins** oder zur Verfeinerung von ↑**Saucen** geeignet.

Bavaroise à la crème [*Franz. Speisekarte*] ↑**Bayerische Crème**

Bavese [*Österr. Küche*] **R** Je zwei Semmel- oder Weißbrotschnitten, gefüllt mit ↑**Pflaumenmus** oder ↑Aprikosen**marmelade,** in verquirltes ↑**Ei** getaucht und in ↑**Fett** gebacken. Mit ↑**Zimt** und ↑**Zucker** bestreut.

Bavett(in)e [*Ital. Speisekarte*] Dünne Nudeln

Bavette, flanchet [*Franz. Speisekarte*] **T** Zartes, saftiges Stück aus der ↑**Dünnung,** unterhalb des Nierenstücks vom ↑**Rind,** zum ↑**Grillen,** Kurzbraten und Kochen

Bay leaves [*U.S. Kitchen*] ↑**Lorbeerblatt**

Bayerisch Kraut [*Unsere Küche*] **R** Feine ↑**Räucherspeck-** und ↑**Zwiebel**würfel in ↑**Butter** andünsten, gewürfeltes ↑**Weißkraut** (2 cm) dazugeben, mit ↑**Puderzucker** bestäuben und hellgelb karamellisieren lassen. Mit ↑Weiß**wein** ablöschen und auffüllen. Gewürzt mit ↑**Salz,** ↑**Pfeffer,** ↑**Kümmel,** ↑**Muskat,** ↑**Beifuß** und leicht gebunden mit in Wasser aufgerührter ↑**Speisestärke,** ist „Bayerisch Kraut" die ideale Beilage zu warmem, gebratenem oder geschmortem ↑**Schweinefleisch,** natur, gepökelt oder geräuchert. Als Gewürze passen auch ↑**Anis,** ↑**Essig,** ↑**Honig** statt Zucker, ↑**Knoblauch,** ↑**Liebstöckel** fein geschnitten und ↑**Piment.**

Bayerische Crème [*Unsere Küche*] **R** Eine kalte Süßspeise, die in der Menüfolge gern zwischen ↑**Fisch** und ↑**Fleisch,** vor allem aber als feine Nachspeise gereicht wird. Es ist eine geschlagene ↑**Crème** aus ↑**Milch** oder ↑**Sahne,** ↑**Zucker,** einer Prise ↑**Salz,** ↑**Eigelb** und ↑**Gelatine,** die nach dem Erkalten mit ↑**Schlagsahne** vermischt auf Eis gestockt und gestürzt wird. Geschmacksvarianten sind: ↑**Haselnuss,** ↑**Maraschino,** ↑**Mokka** und ↑**Apfel. Grundrezept:** Eine ↑**Vanilleschote** der Länge nach aufschneiden, das Mark herausschaben und beides in einem halben Liter ↑**Vollmilch** aufkochen. 4 Eigelb und 100 g Zucker schaumig schlagen. Die Vanillestangen aus der Milch nehmen und die heiße Vanillemilch unter ständigem Rühren zur Eigelb-Zucker-Masse geben. Alles in den Topf zurückgießen und unter ständigem Rühren so lange erhitzen, bis sich eine Rose abziehen lässt. **(↑Zur Rose abziehen)** Nicht kochen, sonst gerinnt das ↑**Ei.** Fünf Blatt Gelatine einweichen, ausgedrückte weiche Gelatine in der heißen Masse auflösen. Die Crème durch ein feines Sieb gießen und unter Rühren auf Eis abkühlen. Wenn die Crème zu gelieren beginnt, einen halben Liter steif geschlagener, ungezuckerter Sahne und die Würzmittel unterheben.

Bayerische Küche [*Unsere Küche*] **A** Bodenständige, in den Ursprüngen bäuerliche Küche. Charakteristisch für sie sind die zahlreichen Fleisch-, Braten- und Knödelgerichte sowie ↑**Mehlspeisen.** Die (alt-)bayerische Küche ist nicht nur durch die familiären Beziehungen der Wittelsbacher und der Habsburger nah verwandt mit der ↑**Böhmischen** und ↑**Österreichischen Küche** (einschließlich der Tiroler und Salzburger Küche). Schon in frühester Zeit stand Altbayern durch die nahe sprachliche, kulturelle und politische Verwandtschaft zu Österreich in regem Austausch mit den Nachbarn, auch in kulinarischer Hinsicht. Beim Küchencharakter lässt sich auch eine gewisse Verwandtschaft mit der fränkischen sowie der schwäbischen Küche nicht verleugnen. Von einfacheren, deftigen bis zu aufwändigeren, nuancierten Gerichten hat die ursprüngliche Bayerische Küche alles zu bieten, was der Mensch braucht, der viel im Freien ist und schwer arbeitet. Z. B. ↑**Rohrnudeln**, ↑**Kaiserschmarrn**, ↑**O'badzter**, ↑**Leberknödel**suppe, ↑**Semmelnknödel**, ↑**Schweinsbraten**, Schweins- und Kalbshaxen, ↑**Tellerfleisch**, ↑**Saures Lüngerl**, ↑**Weißwürste**, ↑**Leberkäs**, Braten von der ↑**Gans** und vom ↑**Wildschwein**, ↑**Kartoffelknödel** usw. Heutzutage sind diese Gerichte nur noch Randerscheinungen des täglichen Speiseplanes, weil sich die Bayerische Küche genau wie die „↑**Deutsche Küche**" im Umbruch befindet. Der Tradition treu bleibend, werden althergebrachte regionaltypische Speisen und Spezialitäten nach den heutigen Prinzipien der Ernährung verändert. Viele namhafte Köche gehen mit gutem Beispiel voran, nutzen Qualität und Vielfalt heimischer Produkte und demonstrieren Leichtigkeit und Ausgewogenheit mit ehemals schweren Gerichten. Dabei spielen Speisenangebote im Rhythmus der Jahreszeiten eine große Rolle, z. B. Wild- und Fischgerichte bzw. Spezialitäten nach regionalen Rezepten. Bayerische Biere und fränkische Weine überwiegen auf den Speisekarten der traditionsbewussten Gastronomien.

Baylough [*Käse*] ↑**Irischer Käse**

Bayonne Historischer Speisename [*Speisegarnitur*] **A 1.** Hauptstadt des französischen Départements Basses Pyrénées; **2.** Bayonner Art oder à la bayonnaise – Speisegarnitur für **breite Bandnudeln** oder **Makkaroni;** die gekochten, abgetropften ↑**Teigwaren** werden mit gehacktem ↑**Schinken** vermischt und ↑**Demi glace** gebunden, geriebenen ↑**Parmesan** dazu reichen (↑**a part**). **3. Bayonneschinken** – Der Schinken von Bayonne ist der feinste, der in Frankreich hergestellt wird, er ist dem spanischen ↑**Serrano-Schinken**, dem ↑**Parma**- oder ↑**Westfälischen Schinken** ebenbürtig.

Bazillus [*Fachkunde*] Bakteriengattung, Sporenbildner

Bbq [*U.S. Kitchen*] Internationale Abkürzung für ↑**Barbecue**

BE [*Fachkunde*] ↑**Broteinheit**

Bean sprouts [*U.S. Kitchen*] ↑**Sojabohnenkeime**

Beans [*U.S. Kitchen*] ↑**Bohnen**

Béarnaise [*Unsere Küche*] **R** Die Sauce Béarnaise gehört ebenso wie die Sauce ↑**Hollandaise** zu den warm aufgeschlagenen Saucen. Aus ↑Estragon**essig**, ↑**Weißwein**, ↑**Schalotten**, ↑**Kerbel** und ↑**Pfefferkörnern** wird eine ↑**Reduktion** gemacht, mit der das ↑**Eigelb** im heißen Wasserbad schaumig aufgeschlagen wird. Nach dem Unterrühren der warmen, geklärten ↑**Butter** wird die Sauce mit gehackten ↑**Estragon**blättern und ↑**Zitronensaft** verfeinert und mit Salz und Cayennepfeffer abgeschmeckt. In der Gastronomie wird zum Abschmecken „↑**Herbadox**" verwendet.

Beaten [*U.S. Kitchen*] Geschlagen

Béatrix [*Speisegarnitur*] **A Frühlingsgarnitur. 1.** aus gedünsteten frischen ↑**Morcheln**, glacierten ↑**Karotten**, ↑**Artischockenböden** u. neuen ↑**Kartoffeln**; **2.** Salat aus Hühnerbrüstchen, ↑**Spargel**spitzen und Kartoffeln an leichter ↑Senf**mayonnaise**

Beaufort [*Käse*] **T Herkunft:** Frankreich/Savoyen (Rhône-Alpes-Gebiet); **Käsesorte:** ↑**Hartkäse**, mind. 48 % ↑**Fett i. Tr.**; **Milch:** Beaufort muss aus roher Kuhmilch hergestellt werden von einer mahagonibraunen Rasse, die Tarine oder Tarentais genannt wird. Die aromatischste ↑**Milch** geben die Kühe von Juni bis September, wenn sie auf saftigen Bergweiden grasen können. **Teig:** fest, glatt, gelegentlich feine Schlitzlochung. Aus Sommermilch hellgelber, aus Wintermilch weißer Teig; **Geschmack:** aromareich, fruchtig, pflanzlich; **Info:** Typisch ist die klebrige Rinde mit dem leicht nach innen gewölbten Rand. Zwischen 20 und 70 Kilo wiegt ein Beaufort. Nach etwa fünf bis sechs Monaten Reifezeit kommen die ↑**Käse** aus Sommermilch in den Handel. **Beste Zeit:** November bis März. **Weinempfehlung:** Fruchtige Weiß- und ↑**Roséweine**; **Verwendung:** Pur oder als Verfeinerung in einem ↑**Käsefondue**, aber auch überbacken bei ↑**Quiches**, ↑**Aufläufen** und ↑**Kartoffelgratin**

Beauharnaise, à la [*Speisegarnitur*] **A 1.** Alexandre, Vicomte de (1760–1794), Feldwebel; **2. Speisegarnitur** für **Kurzgebratenes** – Mit gefüllten, überbackenen ↑**Champignons** und gedünsteten ↑**Artischocken**vierteln; wachsweichen ↑**Eiern** auf Artischockenböden angerichtet; **3.** Süßspeise mit ↑**Bananen** und ↑**Rum**

Beaujolais [*Weinkunde*] Weinbaugebiet zwischen Burgund und Rhône im Osten Frankreichs und zugleich der Name eines der bekanntesten Weine der Welt. Die roten Beaujolaisweine werden ausschließlich aus der Gamaytraube gekeltert, während eine viel kleinere Menge Weißwein aus ↑**Chardonnay** und ↑**Aligoté** als Beaujolais Blanc auf den Markt kommt. Beaujolais ist der Prototyp des fruchtbetonten, unkomplizierten Rotweins. Der Verkauf als Beaujolais Nouveau bezieht sich ausschließlich auf diese Merkmale und lässt vergessen, dass ↑**Gamay** durchaus vielseitiger ist. Bei Ertragsbeschränkung und richtiger Weinbergslage sind die Weine sogar lagerfähig, und manch ein reiferes Exemplar ähnelt einem ↑**Pinot Noir** aus dem ↑**Burgund**. Jedoch ist der Verkauf von ↑**Beaujolais Nouveau** so lukrativ, dass heutzutage mehr als die Hälfte der ganzen Produktion dieser Region als Beaujolais Nouveau auf den Markt kommt.

Beaume de Venise [*Weinkunde*] Süßer französischer Dessertwein aus dem Vaucluse. Für ihn werden nur weiße Trauben von der ↑**Muscat**rebe genommen.

Beau-villers [*Franz. Speisekarte*] Schwerer, gut haltbarer Kuchen aus ↑**Mandeln**, ↑**Zucker**, ↑**Butter**, ↑**Eiern** und viel ↑**Mehl**

Beauvilliers, Antonie [*Berühmte Köche*] **Antoine Beauvilliers** (1754–1817) gilt als Vordenker der modernen Gastronomie und eröffnete das erste echte Restaurant „Grande Taverne de Londres" in der Rue de Richelieu in Paris. Auch ein Restaurant unter eigenem Namen, das „Beauvilliers", konnte sich trotz der Revolutionswirren behaupten. 1814 veröffentlichte er „L'art de cuisiner" ein Standardwerk französischer Kochkunst.

Beauvoorde [*Käse*] **Herkunft:** Belgien; **Käsesorte:** ↑**Schnittkäse**; **Info:** nach einem flämischen Dorf nahe der Stadt Passendale benannt; **Teig:** feste Konsistenz mit unregelmäßigen, großen Löchern; **Form:** sechseckig; **Gewicht:** ca. 3 kg

Bebe [*Gemüse*] ↑**Kürbis**

Bebek tutu [*Intern. Länderküche*] **A** Bebek Tutu ist ein Begriff aus der indonesischen Küchenkultur für eine speziell gegarte ↑**Ente**. Dazu wird die ganze Ente kräftig gewürzt und in Palmblätter gewickelt acht bis zehn Stunden in warmer Asche gegart. ↑**Indonesische Küche**

Bebele [*Intern. Länderküche*] Ein Gericht aus der kreolischen Küchenkultur (Guadeloupe) aus einheimischen Früchten, ↑**Kutteln** und grünen ↑**Bananen**

Bebidas [*Span. Speisekarte*] Getränke

Bécassine [*Franz. Speisekarte*] ↑**Schnepfe**, Moor-, Sumpfschnepfe, kleiner und feiner als die Waldschnepfe. Da Schnepfen inzwischen in Europa auf der Artenschutzliste stehen, ist ihr Verzehr strafbar.

Beccaccia; beccafico [*Ital. Speisekarte*] ↑**Waldschnepfe**

Béchamel, Historischer Speisename [*Speisegarnitur*] **A** 1. Marquis de Nointel (1630–1703), (eigentlich Louis de Béchamel), Oberhofmeister Ludwigs XIV. 2. ↑**Béchamelsauce** – Grundsauce aus ↑**Butter**, ↑**Mehl**, (↑**Roux**), ↑**Milch** und ↑**Gewürzen**, die in zahlreichen Ableitungen immer wieder variiert wird, z. B. mit ↑**Käse** verfeinert als ↑**Sc. Mornay**. Passende Gewürze: ↑**Wacholderbeeren**, ↑**Lorbeerblatt**, ↑**Nelke**, weißer ↑**Pfeffer**, ↑**Muskat** oder ↑**Muskatblüte**, ↑**Zwiebeln** und ↑**Knoblauch**. Nach dem Passieren mit ↑**Sahne**, Käse, ↑**Tomaten** usw. verfeinern. **Tipp:** Mehlgebundene Saucen sind nicht mehr zeitgemäß, da schwer verdaulich und kalorienlastig. Am besten bei der Béchamel auf Butter und Mehl verzichten, nach dem Passieren mit in Wasser aufgerührter Speisestärke binden.

Becherovka [*Hausbar*] Als **Karlsbader Becherbitter** wird ein aus Tschechien stammender, grünlich-gelber Kräuterbitterschnaps bezeichnet. Seit 1807 produziert die Firma Jan Bechers dieses Getränk. Um Becherovka herzustellen, wird eine Kräutermischung in Stoffsäcke gefüllt und eine Woche lang in einen Tank mit ↑**Alkohol** getaucht. Danach mischt man den Extrakt mit Wasser und ↑**Zucker** und füllt ihn in Eichenfässer. Dort reift der Becherovka 2 Monate lang. Danach wird er in die typischen grünen, abgeflachten Flaschen abgefüllt.

Becherpasteten [*Unsere Küche*] ↑**Timbale**

Beck, Heinz [*Berühmte Köche*] **Heinz Beck** – geb. in Altötting, D – Schüler von Eckart ↑**Witzigmann** und Heinz ↑**Winkler**. Erkochte 3 Sterne im „La Pergola" im Rome Cavalieri Hilton. In Italiens Hauptstadt ist Heinz Beck die Nummer eins unter den Köchen. Mit raffinierter Mittelmeerküche machte er „La Pergola" zu einem der Top-Restaurants Italiens.

Beda [*Käse*] **Herkunft:** Ägypten. Die ägyptische Käsetradition reicht zurück bis in die Zeit der Pharaonen. **Milch:** Magermilch von Kühen; **Info:** Beda-Käse lässt man in der ↑**Molke** ziehen.

Beef [*U.S. Kitchen*] Engl. Bezeichnung für ↑**Rindfleisch**. Die US-Bürger sind die Weltmeister (gefolgt von den Polen) im Fleischverzehr: Mehr als 90 Kilo pro Jahr pro Kopf, davon sind 30 Kilo Rindfleisch.

Beef and Potato Pie [*Engl. Speisekarte*] Englische ↑**Rindfleisch**- und Kartoffelpastetchen

Beef cubed steak [*U.S. Kitchen*] Dünnes, fettarmes ↑**Steak**, Minute Steak. Werden durch Maschinenbehandlung zart gemacht.

Beef Jerky [*U.S. Kitchen*] In den USA. sehr beliebtes ↑**Dörrfleisch**, das dort traditionell nicht nur aus ↑**Rindfleisch**, sondern auch aus ↑**Puten**fleisch (Turkey) angeboten wird.

Beef ribs [*Intern. Länderküche*] Gegrillte Rippen vom ↑**Rind** sind in ganz Amerika (Nord, Mittel, Süd) beliebt.

Beef stock [*U.S. Kitchen*] ↑**Fleischbrühe**

Beefburger [*U.S. Kitchen*] Extra fleischiger ↑**Hamburger**

Beefsteak [*Engl. Speisekarte*] Angelsächsische Bezeichnung für ↑**Steak**. Eine Scheibe aus dem ↑**Filet**, aber auch aus dem flachen ↑**Roastbeef**, der ↑**Hüfte** oder ↑**Kluft**

Beefsteakhack [*Fleischprodukte*] ↑**Tatar**

Beefsteak-Tatar [*Fleischprodukte*] Erzeugnis im Fleischwolf oder ähnlich zerkleinertem, fettfreiem ↑**Rindfleisch**

Beeftea [*Engl. Speisekarte*] **R Englische Kraftbrühe:** Mageres Rindfleische ohne ↑**Fett** und Sehnen in kleine Würfel schneiden, in doppelter Menge kalten Wassers zum Kochen bringen. Abschäumen und nach ca. 2 Stunden leichtem Köcheln mit gehackten ↑**Zwiebeln**, ↑**Pfeffer**, ↑**Salz** und ↑**Muskatblüte** würzen. Nochmal ca. 1 Std. leicht köcheln lassen, dann vorsichtig durch ein sauberes Tuch passieren. Nach Geschmack mit ↑**Madaira** oder ↑**Sherry** vollenden.

Beer [*Bier*] Wird in den USA immer eiskalt ausgeschenkt, „coldest beer in town" ist ein beliebter Werbespruch. Es ist meist dünner als europäisches Bier. Die „Light"-Sorten sind noch alkoholärmer.

Beer on the tap [*Hausbar*] Fassbier

Beeren [*Obst*] **T Beerenobst ist der radikalste Bakterien- und Virenkiller unter den Obstsorten. ↑Erdbeeren; ↑Heidelbeeren; ↑Himbeeren; ↑Brombeeren; ↑Johannisbeeren; ↑Stachelbeeren; ↑Preiselbeeren; ↑Moosbeeren; ↑Moltebeeren.** Die deutsche Beeren-Saison beginnt Anfang Juni, wenn von Mitte Mai an Sonnenschein und Wärme dominieren. Zu kaufen gibt es Beeren bereits im frühen Frühjahr, aber sie sind selten schmackhaft, auf jeden Fall mit Pestiziden und/oder Fungiziden behandelt. Besser ist es, auf die Saison zu warten oder auf Tiefkühlprodukte zurückzugreifen. Die reifen Früchte sind aromatisch, reich an **↑Vitamin C, ↑Eisen, ↑Folsäure, ↑Calcium** und **Kalium.** Damit regen sie Stoffwechsel und Verdauung an, entschlacken und stärken die Abwehr. Die **↑Sekundären Pflanzeninhaltsstoffe** machen Viren und Bakterien den Garaus, hemmen die Tumorbildung, stärken das Herz und senken das **↑Cholesterin.** Natürliche **↑Farbstoffe** schützen vor freien Radikalen, wirken gegen Fältchen und sorgen für eine frische Gesichtsfarbe. **Wichtig!** Beim Kauf von Beeren darauf achten, dass der Behälter oder das Körbchen am Boden trocken ist. Eventuell sind die unteren Beeren angestoßen oder sogar faul und müssen sofort aussortiert werden. Die empfindlichen Beeren nicht lange liegen lassen – sofort genießen.

Beerenauslese [*Weinkunde*] Eine der höchsten Qualitätsstufen der QmP-Hierarchie (Qualitätsweine mit Prädikat). Die Beerenauslese ist ein Wein, der durch seinen hohen Öchsle-Grad auffällt (in Deutschland 110–128 ° Öchsle, in Österreich 138 ° Öchsle) und aus überreifen Beeren gewonnen wird. Maschinelles Ernten ist auf dieser Qualitätsstufe nicht erlaubt, aber auch nicht machbar, da die Trauben sorgfältigst per Hand ausgewählt, gelesen und Beere für Beere aussortiert werden, wobei nur sehr kleine Mengen übrig bleiben. 100 l pro ha sind eher die Regel als die Ausnahme. Beerenauslesen sind seltene, hochwertige Prädikatsweine und eine Steigerung der Auslese. Wenn diese Beeren außerdem noch eingetrocknet sind, also fast Rosinen, dann entsteht die Trockenbeerenauslese. Durch die edelfaulen Trauben erhält der Wein das unverkennbare Aroma der Auslesen. Die Weine zeichnen sich durch ihre reife Süße, Würze und Fülle aus. Beerenauslesen sind sehr lange haltbar, meist sogar über 100 Jahre. Da wegen des Klimas in Deutschland selten solche reifen Beeren geerntet werden, sind Beerenauslesen Raritäten und teuer. Auf Weinversteigerungen werden die kostbaren Weine aus alten Jahrgängen von 1000 € bis über 5000 € gehandelt. Die Mindestanforderungen für die Beerenauslese sind im deutschen Weingesetz genau festgelegt. Der natürliche Mindestalkoholgehalt muss 16,5 % Vol. aufweisen. Während der Gärung wird nur ein Teil des im Most vorhandenen Zuckers in Alkohol umgesetzt, sodass der Wein eine Restsüße behält, weshalb sie oft Süßweine genannt werden.

Beerenreife [*Weinkunde*] Maß für die Reife der Beeren und die Entscheidung zur Ernte. Der Gehalt an Zucker im Beerensaft ist dabei das wichtigste (jedoch nicht das einzige) Kriterium bei der Beurteilung der Reife und wird in **↑Mostgewicht** ausgedrückt. Da Zucker während der **↑Gärung** in **↑Alkohol** umgesetzt wird, kann man am Mostgewicht den zu erwartenden Alkoholgehalt (potenzieller Alkohol genannt) des späteren Weins messen. Dabei gilt als Richtlinie: je höher der Zuckergehalt, desto höher der Alkoholgehalt im späteren Wein. Die unterschiedlichen Weingesetzgebungen innerhalb Europas verordnen, abhängig von Rebsorte, klimatologischen Umständen und Weinbaugebiet, für fast alle Weine einen bestimmten Alkoholgehalt, der als Qualitätsmaßstab angewandt wird. In kühleren Weinbaugebieten wie Deutschland wird zusätzlich das Maß an Säure im Beerensaft als Kriterium herangezogen. Da bei Beerenreife nicht nur der Zucker zunimmt, sondern zugleich der Gehalt an Säure abnimmt, werden vom Weingesetz bestimmte untere Grenzwerte für Säuregehalt vorgeschrieben, mit denen die Reife der Beeren ausgedrückt wird.

Beerenwein [*Weinkunde*] **↑Fruchtwein**

Beet root [*U.S. Kitchen*] **↑Rote Beete**

Beete [*Gemüse*] **↑Rote Beete**

Beetenrot [*Fachkunde*] **↑E 162**

Before Dinner Cocktails [*Hausbar*] Auch: Pre-Dinner-**↑Cocktails** vor dem Essen sind i. d. R. trocken und werden mit **↑Whisky, ↑Gin, ↑Wodka, ↑Cognac, ↑Rum** sowie **↑Vermouth** und Fruchtsäften zubereitet. **↑Aperitif**

Begonienblüten [*Wildkräuter, -blüten & -früchte*] **Lateinisch:** Begonia. Begonien bieten eine richtig knackige Säure und schmecken leicht scharf. Sie passen in den Salat genauso gut wie in Kombination mit süßer Schlagsahne. **WICHTIG!!! – Mehr Information: ↑Essbare Blüten**

Bei magrud [*Gewürze & Kräuter*] **T** Begriff aus der Thai-Küchenkultur für Zitronenblätter von der Kaffier-Limette, die vor dem Essen wieder entfernt werden, wenn sie in großen Stücken mitgekocht wurden. In kleine Stücken geschnitten kann man sie mitessen. Die Blätter können lange Zeit im Gefrierfach aufbewahrt werden. Ersatzweise kann man auch den Saft einer Limettenschale verwenden.

Beifuß [*Gewürze & Kräuter*] **T Lateinisch:** Artemisia vulgaris, auch Artemisiae Herba; **Synonym:** Buckele, Gänsekraut, Johanniskraut, Jungfernkraut und wilder Wermut; **Englisch:** mugwort; **Französisch:** armoise; **Italienisch:** artemisia; **Spanisch:** artemisa. **Ursprung:** Beifuß ist eine europäische Wildpflanze. Sie hat in Europa eine lange Tradition als heilige Pflanze und Zauberpflanze. **Geschmack:** Balsamischer Geruch, herb aromatisch-bitterlicher Geschmack; **Erhältlich als:** frisches Kraut oder getrocknet; **Anbau:** Beifuß stellt keine besonderen Ansprüche. Am besten gedeiht er in sonnigen Lagen auf trockenen, kalkhaltigen Böden. Zu viel Dünger bekommt ihm nicht. Die Aussaat erfolgt ab Mitte April im Frühbeetkasten. Der Samen darf nicht mit Erde abgedeckt werden, da Beifuß ein Lichtkeimer ist. Ab Mitte Mai kann er im Abstand von 50 x 20 cm im Freiland gepflanzt werden. Freilandaussaaten sind ab dem 10. Mai möglich. Die Keimzeit beträgt 14–24 Tage. Letzte Aussaat Mitte Mai. **Wichtig: Beifuß sollte sich nicht selbst aussäen, da er sonst zur Plage werden kann! Verwendungen der Küche:** ↑**Würztabelle. Konservierung:** Kurz vor dem Aufblühen erntet man die Blütenrispen und hängt sie gebündelt zum Trocknen auf. Sie lassen sich dann gut in Öl oder Salz einlegen. Werden sie frisch mitgekocht, sollte man sehr sparsam damit umgehen, da der frische Beifuß eine besonders starke Würzkraft hat. Getrocknet wird er in pulverisierter Form zugegeben. Getrocknete Blätter ergeben einen gesunden Tee. Sie werden getrennt von den Blütenrispen aufbewahrt. **Wirkung in der Volksmedizin:** Beifuß enthält Bitterstoffe, die die Bildung von Magensaft und Gallenflüssigkeit fördern. Mit Beifuß als Gewürz kann die Verdaulichkeit üppiger Mahlzeiten verbessert werden. Beifuß ist ein traditionelles Frauenkraut. Er hat eine wärmende und entkrampfende Wirkung auf die Gebärmutter und den gesamten Unterleib, und er fördert die Menstruation. 1–2 g der getrockneten Blätter benötigt man zur Teeherstellung. Eine Tasse Tee schluckweise getrunken ist ausreichend. Beifußtee hilft gegen Menstruationsschmerzen. Mit dem Trinken sollte 5–8 Tage vor Periodenbeginn begonnen werden. Außerdem hat die Pflanze eine äußerst positive Wirkung auf die Füße. Der Aufguss aus Beifußkraut kann als Fußbad verwendet werden, Beifußöl eignet sich hervorragend zur Fußmassage nach einem anstrengenden Tag. Schmerzende Füße werden warm und entspannt.

Beigel [*Österr. Küche*] Flügel und Schenkel von einem (Back-)↑**Hendl**

Beigli [*Ungarische Küche*] Typisch ungarisches Weihnachtsgebäck – Hefeteigrollen mit raffinierter Walnuss- oder Mohnfüllung

Beignet [*Franz. Speisekarte*] **A** ↑**Gemüse** oder ↑**Obst** im ↑**Brand**- oder ↑**Backteig** frittiert, die sich sehr gut als Vorspeisen bzw. Nachspeisen eignen. Zu den Vorspeisen reicht man ↑**Jogurt**-Dip oder eine leichte ↑**Mayonnaise.** Zu den Nachspeisen passen ↑**Speiseeis,** ↑**Vanille-,** ↑**Frucht**- oder ↑**Beerensoße.** Als ↑**Dessert** sind Apfelbeignets (↑**Apfelküchерl**) sehr beliebt.

Beignet soufflé [*Franz. Speisekarte*] Spritzkuchen, kleine gefüllte ↑**Brandteigkrapfen**

Beignets d'aubergines [*Franz. Speisekarte*] ↑**Auberginenscheiben** im ↑**Backteig**

Beignets de pomme [*Franz. Speisekarte*] ↑**Apfelringe** im ↑**Backteig**

Beijus [*Intern. Länderküche*] Begriff aus der brasilianischen Küchenkultur für eine schneeweiße ↑**Tortilla** aus ↑**Tapioka** (die Stärke, die beim Mahlen der ↑**Maniokwurzel** austritt), gefüllt mit ↑**Kokosflocken.** ↑**Brasilianische Küche**

Beikost [*Gesundheit*] ↑**Babykost**

Beilage [*Unsere Küche*] **T** Die Beilage wird zu einer Mahlzeit (z. B. mit ↑**Fleisch,** ↑**Fisch,** ↑**Geflügel**) gereicht und so ausgewählt, dass sie geschmacklich passt. Häufige Beilagen sind z. B. ↑**Reis,** ↑**Kartoffeln,** ↑**Pommes frites,** ↑**Nudeln,** ↑**Spätzle,** ↑**Bratkartoffeln,** ↑**Knödel,** ↑**Kartoffelpüree,** ↑**Gemüse** in jeder Form und Salate. Der Begriff Beilage ist in seiner klassischen Verwendung veraltet. Entsprechend heutiger Ernährungsempfehlungen sollte Fleisch die Beilage und Kartoffeln, Reis, Gemüse usw. mengenmäßig die Hauptkomponente einer Mahlzeit sein.

Beinfleisch [*Fleischprodukte*] **A 1.** Fleisch der Wadenpartie vom ↑**Rind,** ↑**Kalb,** ↑**Schwein** oder ↑**Lamm** mit Knochen. **2.** In Österreich der vordere Teil der vorderen Rippen. Dieses Stück vom Rind teilt man quer in 10 cm breite Streifen, die im Stück als ↑**Suppenfleisch** verwendet werden.

Beinscheibe [*Fleischprodukte*] **A** In der Regel vom Rind. Beinfleischscheibe mit eingewachsenem ↑**Markknochen** wird auch als Markpfeife oder Suppenscheibe bezeichnet und ergibt gekocht oder geschmort ein deftiges Gericht. In der feinen Küche sind die Beinscheiben vom ↑**Kalb** beliebt für ↑**Osso Buco.**

Beinscherzel [*Österr. Küche*] Unterschale, Teilstück aus der Keule von ↑**Rind** oder ↑**Kalb**

Beinschnitzel [*Österr. Küche*] ↑**Beinfleisch.**

Beinwellblüten [*Wildkräuter, -blüten & -früchte*] **Lateinisch:** Symphytum spp.; Beinwell (Comfrey) ist zum Kandieren geeignet. ↑**Kandieren von Blüten.** Beinwell enthält ↑**Pyrrolizidinalkaloide,** die unter Verdacht stehen, in größeren Mengen leberschädigend und krebserregend zu sein. **Mehr Information:** ↑**Essbare Blüten**

Beinwurst [*Schweizer Küche*] Harte Schweizer ↑**Rohwurstsorte.** Bein ist ein altes Wort für Knochen, also bein- oder knochenhart.

Beiried [*Österr. Küche*] Regionale Bezeichnung für ↑**Roastbeef,** seltener auch für das ↑**Filet**

Beisl [*Österr. Küche*] Kleine Gaststätte

Beißelstück [*Österr. Küche*] Nuss, Teilstück aus der Keule von ↑**Rind** oder ↑**Kalb**

Beißkohl [*Gemüse*] ↑**Mangold**

Beizen [*Unsere Küche*] **T 1.** Das Einlegen von rohem ↑**Fleisch** in eine Mischung aus ↑**Essig,** ↑**Rotwein** oder ↑**Buttermilch** mit ↑**Kräutern** und ↑**Gewürzen,** um es mürbe zu machen oder ihm einen bestimmten Geschmack zu geben, beispielsweise ↑**Wild** oder dem ↑**Sauerbraten.** Das Fleisch einlegen, abdecken und den Deckel beschweren, damit es untergetaucht ist. Eine Beize wird im Gegensatz zur ↑**Marinade** nie mitserviert, sondern zur Herstellung der ↑**Soße** mit verwendet. Nur grobfaseriges ↑**Wildbret,** ↑**Wildge-**

flügel, ↑**Rindfleisch** wird gebeizt. Beize macht das Fleisch zwar mürbe, doch werden ihm wertvolle Extrakte entzogen. Daher wäre es schade, junges Fleisch zu beizen. **2.** ↑**Rotkohl** wird einen Tag vor dem Zubereiten in Rotwein, ↑**Obstessig**, mit ↑**Äpfeln** und Gewürzen eingebeizt. **3.** ↑**Lachs** oder andere Seefische werden für den Rohverzehr oder zur Vorbereitung des ↑**Räucherns** mit verschiedenen Kräutern und Gewürzen eingebeizt. ↑**Graved Lachs**

Bel Paese [*Käse*] **T Herkunft:** Italien/Lombardei; **Käsesorte:** halbfester ↑**Schnittkäse**, 50 % ↑**Fett i.Tr.**; **Milch:** Kuhmilch; **Teig:** cremig-elastisch, ohne Löcher. Dieser weiche ↑**Butterkäse** fließt leicht. **Geschmack:** mild, leicht säuerlich; **Info:** dünne, strohgelbe Rinde; **Verwendung:** Am besten mit einfachem ↑**Weißbrot**, ↑**Gewürzen** und ↑**Oliven** zu einem nicht zu säurebetonten Weißwein.

Belana [*Kartoffelsorte*] **Kochtyp:** ↑**Festkochende Kartoffeln** – „Speckige Kartoffel" genannt. **Herkunft:** Deutschland; **Jahr der Zulassung:** 2000; **Schale:** gelb; **Fleisch:** gelb; **Knolle:** oval; **Reifezeit:** früh

Belegfrüchte [*Unsere Küche*] Diese in konzentrierte Zuckerlösung eingelegten ↑**Kandierten Früchte** verwendet man zur Verzierung von ↑**Kuchen**, Törtchen oder Süßspeisen.

Belegte Brote [*Übersetzer*] **Englisch:** sandwiches; **Französisch:** canapés; **Italienisch:** panini imbottiti; **Spanisch:** bocadillos

Belfaster Schinken [*Fleischprodukte*] Spezialität, über Torffeuer geräuchert

Beljaschi [*Intern. Länderküche*] Begriff aus der russischen Küchenkultur für runde Brötchen mit ↑**Hackfleischfüllung**, mit viel ↑**Fett** in der Pfanne gebraten

Bell pepper [*U.S. Kitchen*] ↑**Gemüsepaprika**

Bellavista, in [*Ital. Speisekarte*] In ↑**Geleehülle**

Belle de Fontenay [*Kartoffelsorte*] **Kochtyp:** ↑**Festkochende Kartoffeln** – „Speckige Kartoffel" genannt. **Herkunft:** Frankreich; **Jahr der Zulassung:** 1885; **Schale:** gelb; **Fleisch:** hellgelb; **Knolle:** lang, hörnchenförmig; **Reifezeit:** sehr früh. **Anmerkung:** französische Feinschmeckersorte

Belle-Hélène [*Speisegarnitur*] **A Verschiedene Garnituren. 1.** Kressesträußchen, mit ↑**Béarnaise** gefüllte ↑**Artischockenböden**, ↑**Spargel**spitzen, gegrillte ↑**Champignons** und ↑**Tomaten**, frische ↑**Grüne Erbsen**, glacierte ↑**Karotten** usw. Meist aber als Süßspeise; **2.** Ein Schüler des Pariser Meisterkochs ↑**Escoffier** – Jules Gouffé – kredenzte zur Uraufführung von Offenbachs „Schöner Helena" erstmals die berühmte Birnenkomposition aus in Sirup pochierten ↑**Birnen** auf ↑**Vanilleeis** mit heißer ↑**Schokoladensauce**.

Bellevue, en [*Franz. Speisekarte*] Kalte ↑**Krustentiere**, ↑**Fische** und ↑**Geflügel** in glänzender ↑**Aspikhülle**

Bellini [*Hausbar*] **A** Before Dinner ↑**Cocktail**-Spezialität aus „Harry's Bar" in Venedig: ↑**Champagner** mit pürierten ↑**Pfirsichen** und ↑**Zuckersirup**

Belon [*Franz. Speisekarte*] Die besten, aber auch teuersten ↑**Austern** aus der Bretagne

Beluga [*Fisch*] Der durch seinen ↑**Rogen** bekannte größte Fisch der Störfamilie. Sein Rogen wird zu ↑**Kaviar** verarbeitet, und sein Fleisch ist geräuchert eine Delikatesse. Man findet ihn in der Donaumündung, im Schwarzen und im Kaspischen Meer.

Belugalinsen [*Allgem. Nährmittel*] ↑**Linsen**

Beluga-Malossol [*Fisch*] Kaviar „↑**Malossol**" bedeutet, dass dieser Kaviar ganz wenig gesalzen und daher eine echte Delikatesse, aber auch sehr leicht verderblich ist.

Bem passado [*Span. Speisekarte*] Gut durch: einer der ↑**Garpunkte** bei ↑**Steaks**

Bemme [*DDR-Küche*] Belegtes Brot

Benay Balls [*Intern. Länderküche*] Aus ↑**Zucker**, ↑**Sesam** und ↑**Melasse** stellt man in der Karibik „Benay Balls" her. Die kleinen, harten Kugeln sind dunkelbraun, süß und lecker. ↑**Kreolische Küche**

Bendajola [*Ital. Speisekarte*] Geräucherter ↑**Schweinekamm**

Bénédictine [*Hausbar*] **T** Französischer hellgrüner Edellikör aus 27 jodhaltigen Kräutern von den normannischen Steilküsten und Gewürzen aus dem Orient, seit 1510 in Fécamp (einst von Mönchen) hergestellt; trinkt sich gekühlt oder auf Eiswürfel am besten. Der Bénédictine D.O.M. (Deo Optimo Maximo) enthält 43 %Vol. ↑**Alkohol**.

Benediktenkraut [*Wildkräuter, -blüten, & -früchte*] **T Lateinisch:** Cnicus benedictus L.; **Synonym:** Bitterdistel, Heildistel, Spinnendistel; **Info:** Die distelartige, einjährige Pflanze aus der Familie der Korbblütengewächse wird bis zu 50 cm hoch. Ihre blassgelben Blüten sind von stacheligen Hochblättern umgeben. Die länglichen Blätter sind dornig gezähnt und die Stängel behaart. **Verwendung in der Küche:** Wegen des typisch bitteren Geschmacks kann man es nicht pur verwenden. Es wird Würzmischungen wie (↑**Khmeli-suneli**) für ↑**Hammel**, ↑**Lammfleisch** und kräftige Saucen beigemischt. Geschmacksauszüge aus Benediktenkraut bereichern Kräuterliköre. **In der Volksmedizin:** Medizinisch verwendet werden die Blätter und die blühenden Zweigspitzen bei Mundtrockenheit und allgemeinen Verdauungsstörungen (Dyspepsie).

Benediktiner Art [*Speisegarnitur*] **A 1. Speisegarnitur für Fisch.** Der in der Kruste gebackene ↑**Fisch** wird mit Rahmsauce auf ↑**Stockfisch**mus angerichtet. **2.** Berühmtes Kuttelgericht aus der Toskana (↑**Trippa all'olivetana**) ↑**Kutteln** nach Benediktiner-Art

Bengali sweets [*Intern. Länderküche*] **Bengali sweets** sind gemischte kleine indische Backwaren.

Benoile [*Franz. Speisekarte*] ↑**Nonnenfürzchen**

Bento [*Intern. Länderküche*] Das Bento ist eine in Japan weit verbreitete Servierform von Speisen (keine bestimmte Mahlzeit), bei der in einem speziellen Karton mehrere Speisen durch Schieber voneinander getrennt sind. Den Karton zusammen mit den Speisen nennt man ebenfalls Bento. Außer den verschüttbaren Suppen wird heute in Japan praktisch jede Speise auch als Bento angeboten, bis hin zu Hamburger-Bentos, Spaghetti-Bentos und Schnitzel-Curry-Bentos. Alle Speisen, die als Bento verpackt werden, isst man sowohl warm als auch kalt (nach dem Abkühlen). Viele Bento-Verpackungen sind darüber hinaus mikrowellengeeignet, damit das Bento bei Bedarf erwärmt werden kann. In den meisten Geschäften stehen sogar Mikrowellen-Geräte bereit, mit denen die Kunden ihr dem Kühlfach entnommenes Bento selbst erhitzen können. Traditionell besteht ein Bento aus den Hauptbestandteilen der japanischen Küche, also aus ↑**Reis**, ↑**Fisch**- oder ↑**Fleisch**stücken und eingelegten oder gekochten Beilagen wie verschiedenen ↑**Gemüse**arten, ↑**Pilzen** etc. Da neben der Auswahl der Bestandteile und der Zubereitung auch das optische Arrangement und die Art der Verpackung von Bedeutung sind, können Bentos regelrechte Kunstwerke sein.

Bentonit [*Weinkunde*] Auch „Geisenheimer Erde" genannt, eine Tonerde, die als Schönungsmittel für die Ausfällung von störendem Eiweiß in Wein verwendet wird. ↑E 558

Benzoesäure [*Fachkunde*] Synthetisches Konservierungsmittel ↑**E 210**

Berasategui, Martín [*Berühmte Köche*] **Martín Berasategui**, – *1960 in Donostia, San Sebastian, Baskenland, E – Seit 1993 im Restaurant „Martín Berasategui" im spanischen Lasarte-Oria. Bekannt für seine Sterne, – das „Mosaik von Jakobsmuscheln und Austern mit Anis-Gelatine" und die Publikationen – „El mercado en el plato" – „La joven cocina vasca" – „El calendario de nuestra cocina tradicional" – sowie „La dieta de Martín Berasategui"

Berber [*Kartoffelsorte*] **Kochtyp:** ↑**Vorwiegend festkochende Kartoffeln.** Frühreifende Sorte

Berberé [*Gewürze & Kräuter*] **R** Hoch aromatische und sehr scharfe Gewürzmischung (Äthiopien) mit arabischen und indischen Zutaten. **Grundzutaten sind:** ↑**Rote Chilis**, ↑**Salz**, ↑**Knoblauch**, ↑**Wermut**, ↑**Ingwer**, ↑**Schwarzkümmel**, ↑**Basilikum**, brauner ↑**Kardamom**, ↑**Zwiebeln** und ↑**Piment**

Berberechos [*Span. Speisekarte*] ↑**Herzmuscheln**

Bercy Historischer Speisename [*Speisegarnitur*] **A** 1. Vorort von Paris; **2. à la Bercy, Speisegarnitur** für **Fleisch** oder **Fisch. Fisch:** Aus Fischfond und gehackten ↑**Schalotten** bereitet man eine Weißweinsauce und mischt ↑**Butter** und ↑**Petersilie** darunter. **Fleisch:** Zum Fleisch wird ↑**Beurre Bercy** gereicht: Feingehackte ↑**Schalotten** und ↑**Rindermark** geben dieser Butter den typischen Geschmack, als Beilage: Kartoffelstäbchen; **3. Sauce „Bercy" – Sauce** aus ↑**Wein** und ↑**Schalottenbutter**

Bereich [*Weinkunde*] **Deutschland** – Teilgebiet eines Anbaugebietes. Ein Bereich setzt sich wiederum aus mehreren Großlagen zusammen. Eine Großlage umfasst mehrere Einzellagen. Das deutsche Weingesetz besagt, dass ein Bereich eine Zusammenfassung mehrerer Lagen ist, „aus deren Erträgen Weine gleichartiger Geschmacksrichtung hergestellt werden". Diese Aussage ist aber nicht eindeutig zu verstehen. Einerseits kann sie so aufgefasst werden, dass ein Bereich gebietsspezifische, unverwechselbare Weine hervorbringt. So könnte man denken, dass eine Herkunftsbezeichnung wie Bereich eine bestimmte Weinqualität garantiert. Andererseits könnte man die Aussage so verstehen, dass Weine aus einem bestimmten Bereich immer einer vorgegebenen Geschmacksrichtung, wie trocken, halbtrocken, lieblich, entsprechen, was aber nicht der Fall ist. Da das deutsche Weingesetz Weinqualität an erster Stelle vom Reifegrad des Leseguts und dem danach ausgerichteten Erntemoment abhängig macht, spielt eine geografische Herkunftsbezeichnung als Qualitätskriterium eine untergeordnete Rolle. Die Angabe eines Bereichsnamens auf dem Weinetikett gibt keinen Hinweis über die Güte des Weins. ↑**Qualitätsweine mit Prädikat**

Berenjenas [*Span. Speisekarte*] ↑**Auberginen**

Berg Alm [*Käse*] **Herkunft:** Österreich; **Käsesorte:** ↑**Schnittkäse**, 45 % ↑**Fett i. Tr.**; **Milch:** pasteurisierte Kuhmilch; **Teig:** hellgelb bis goldgelb, geschmeidige Konsistenz; **Geschmack:** würzig-kräftig

Bergamotte [*Obst*] **T Lateinisch:** Citrus bergamia. **Info:** Bergamotten sind eine Unterart der Bitterorangen, auch ↑**Pomeranzen** genannt. Die Früchte haben einen Durchmesser von 5–7 cm, sind gelblich gefärbt und haben ein grünliches Fruchtfleisch. Sie erinnern an eine Kreuzung von kleinen ↑**Orangen** und ↑**Zitronen**. – Die Früchte werden vor allem wegen ihrer ätherischen Öle angebaut. Das Bergamotte-Öl ist die Grundlage vieler Parfüms, wird in Eau de Cologne und Erfrischungstüchern verwendet und verleiht dem berühmten „↑**Earl-Grey**"-**Tee** oder auch verschiedenen „↑**Curaçao**"-Likören das unverwechselbare Aroma. **Ursprung und Geschichte:** Bergamotten sind wahrscheinlich ein Hybrid aus Pomeranzen und ↑**Limetten**, möglicherweise aber auch aus Pomeranzen und ↑**Zitronatzitronen**. Sie sind aber eine der ältesten erwähnten Zitrusarten und werden als eigene Art geführt. Ihren Namen erhielten sie von der italienischen Stadt Bergamo in der Lombardei. Heute werden Bergamotten überwiegend auf den wenigen fruchtbaren Flecken im süditalienischen Kalabrien angebaut. **Herkunft und Saison:** Die Bedeutung von Bergamotten auf dem Frischmarkt ist sehr gering. Wenn überhaupt, dann gibt es in der Zeit von November bis Februar vereinzelt Angebote aus Italien. **Zubereitung und Tipps:** Das grünliche Fruchtfleisch von Bergamotten ist zu sauer und bitter, um roh verzehrt zu werden. Es wird zum Aromatisieren von Feingebäck und ↑**Pralinen** weiterverarbeitet, aus der Schale gewinnt man durch Kaltpressung das Bergamotte-Öl.

Bergbaron [*Käse*] **Herkunft:** Österreich, **Käsesorte:** ↑**Schnittkäse** 45 % ↑**Fett i. Tr.**; **Milch:** pasteurisierte Milch; **Teig:** hellgelb, schnittfest, geschmeidig; **Geschmack:** mild-fein

Bergblütenhonig [*Allgem. Nährmittel*] Stammt aus Gebirgsregionen. – Im Geschmack fein blumig, aromatisch, je nach Herkunft kristallin bis dickflüssig. – Farbe: hellgelb über goldgelb bis goldbraun. ↑**Honig**

Bergische Kaffeetafel [*Regionale Spezialität*] Die Bergische Kaffeetafel ist Ausdruck einer traditionellen Gastfreundschaft und zugleich die bekannteste kulinarische Spezialität des Bergischen Landes. Unter dem Motto: „Koffiedrenken mit allem dröm on dran" wird alles aufgetischt, was diese deutsche Gegend an Gaumenfreuden zu bieten hat. Wobei nicht nur ↑**Kuchen** und Gebäck, sondern auch verschiedene Brotsorten, ↑**Apfel**- oder ↑**Rübenkraut**, ↑**Butter**, ↑**Quark**, ↑**Käse**, ↑**Wurst** und ↑**Schinken**, ja sogar ↑**Milchreis** mit ↑**Zucker** und ↑**Zimt** aufgetischt werden. Der wichtigste Bestandteil ist der ↑**Kaffee.** Er wird traditionell in der „Dröppelminna" serviert, einer ↑**Samowar**-ähnlichen Kanne. Das Kaffeepulver wird auf deren Boden gegeben. Der Satz wird mit heißem Wasser aufgebrüht und über einen kleinen Hahn in die Tassen gefüllt.

Bergkäse [*Käse*] **Herkunft:** Deutschland; **Käsesorte:** ↑**Hartkäse**, 45 % ↑**Fett i. Tr.**; **Milch:** rohe Kuhmilch; **Teig:** feste, mürbe Konsistenz; **Geschmack:** herzhaft, kräftig, würzig

Bergpapaya [*Exotische Früchte*] ↑**Babacos**

Bergwurst [*Fleischprodukte*] Im ganzen Alpengebiet verbreitete, luftgetrocknete ↑**Rohwurst**, hauptsächlich aus ↑**Schweinefleisch**; in Österreich nach Art der ↑**Jägerwurst**

Beri-Beri [*Gesundheit*] Typische Mangelkrankheit wegen Fehlens von Vitamin B_1 aufgrund einseitiger Ernährung. Die ↑**Vitamin-B_1**-Mangelerkrankung Beri-Beri trat auf, als man den ↑**Reis** zu polieren begann und dadurch die vitaminreiche Schale entfernte. Besonders in Ländern wie China und Japan, wo Reis Hauptnahrungsmittel ist. Bei uns tauchte sie auf, als Mehl so fein gemahlen wurde, dass der vitaminreiche ↑**Weizenkeim** verschwand und über das Brot kein Vitamin B_1 mehr aufgenommen werden konnte. ↑**Thiamin**

Beringelas fritas [*Span. Speisekarte*] Gebratene ↑**Aubergines**

Berliner [*Regionale Spezialität*] Kotelettstrang

Berliner Pfannkuchen [*Backstube*] **T Berliner Pfannkuchen**, **Berliner Ballen** oder **Faschingskrapfen** sind schwimmend in Fett ausgebackene, faustgroße ↑**Krapfen** aus süßem ↑**Hefeteig**, die mit ↑**Aprikosen**- oder ↑**Hagebutten**marmelade, verschiedenen ↑**Konfitüren** oder ↑**Pflaumenmus** gefüllt und mit Zuckerguss bestrichen oder mit ↑**Puderzucker** bestreut werden. Heute werden Berliner Pfannkuchen auch mit Füllungen aus Schokoladen- und Mokkacrème oder ↑**Eierlikör** angeboten. Gefüllt werden sie nach dem Backen mit einer großen Spritze. Berliner Pfannkuchen sind ein traditionelles Gebäck zu Silvester und den Karnevalstagen. Dann ist es scherzhafte Sitte, einzelne Exemplare mit ↑**Senf** statt Konfitüre zu füllen. In Berlin, Brandenburg und Sachsen nennt man sie nur **Pfannkuchen** (was im allgemeinen Sprachgebrauch als Pfannkuchen bezeichnet wird, heißt dort **Eierkuchen**). Die hessische Bezeichnung ist **Kreppel**, die oberbayerische **Schmalznudeln.** In Teilen Süddeutschlands und Österreichs werden sie Faschingskrapfen oder kurz Krapfen genannt.

Berliner Rolle [*Regionale Spezialität*] Wurstspezialität

Berliner Weiße [*Bier*] Ein obergäriges Schankbier. Spritzig, leicht trüb und säuerlich. Hauptverbreitung in Berlin und Umgebung. Die Berliner Weiße hat ca. 2,8 % Vol. ↑**Alkohol** und wird aus ↑**Gersten** und ↑Weizen**malz** gebraut. Die ideale Trinktemperatur liegt bei 8–10° C. Wird auch in Pokalen mit einem kräftigen Schuss ↑**Himbeer**- oder ↑**Waldmeister**sirup angeboten. Köstlich erfrischend im Sommer.

Berlingozzo [*Ital. Speisekarte*] Süßer Kringel

Bermuda-Zwiebeln [*Gemüse*] Große Gemüse-↑**Zwiebeln**

Bernadette [*Kartoffelsorte*] **Kochtyp:** ↑**Festkochende Kartoffeln** – „Speckige Kartoffel" genannt. **Herkunft:** Deutschland; **Jahr der Zulassung:** 2002; **Schale:** glatt, blank; **Fleisch:** gelb; **Knolle:** langoval; **Reifezeit:** früh bis mittelfrüh. **Anmerkungen:** gute Salatsorte mit angenehmem Geschmack

Bernard, Emile [*Berühmte Köche*] **Emile Bernard** – Küchenmeister Kaiser Wilhelms I., Mitarbeiter an der berühmten Publikation „La cuisine classique"

Bernard l'(h)ermite, pagure [*Franz. Speisekarte*] **T** Bernhardskrebs, Meereskrebs aus der Familie der Einsiedlerkrebse. Das feine Fleisch wird wie ↑**Garnelen** zubereitet.

Berner Rösti [*Unsere Küche*] **R** Zur ↑**Schweizer Küche** gehören Rösti. Röstirezepte füllen ganze Bücher. **Grundrezept:** Vorwiegend festkochende ↑**Kartoffeln** als ↑**Pellkartoffeln** am Vortag kochen. Die kalten Kartoffeln schälen, an einer Röstiraffel reiben, leicht salzen, sorgfältig mischen, nicht kneten. Etwas Butterschmalz in einer Teflon- oder nicht klebenden Gusspfanne erhitzen, die Kartoffeln hineingeben und mit der Bratschaufel zu einem flachen, pfannengroßen Kuchen formen. Die Rösti mit einem Teller in der Größe der Pfanne oder einem gut sitzenden Deckel zudecken. Ideal ist, wenn der Hohlraum zwischen Rösti und Deckel so klein wie möglich ist. Sobald die Kartoffeln zu braten anfangen, die Hitze ganz klein stellen und gut 20–30 Min. braten lassen. In dieser Zeit bildet sich die berühmte goldbraune Kruste. Zum Servieren die Rösti auf eine Platte stürzen, mit der Kruste nach oben. **Zwei wichtige Rösti-Varianten** – Die Berner Rösti dienen als Grundrezept für folgende Abwandlungen: **Rösti mit Zwiebeln und Speck:** ↑**Zwiebeln** in dünne Ringe und magere ↑**Speck**scheiben in feine Streifen schneiden. Beides mit den geraffelten Kartoffeln mischen und nach dem Grundrezept zubereiten. **Vorsicht: Der Speck ist salzig. Käse-Rösti:** 250 g Appenzeller Käse, Raclette-Käse oder einen Bergkäse an der Röstiraffel reiben oder von Hand in feine Würfel schneiden. Mit den Kartoffeln mischen und nach dem Grundrezept zubereiten.

Bernicle, bernique [*Franz. Speisekarte*] Napfschnecke. ↑**Meeresschnecke** von der Atlantikküste

Bernitschken [*Wildkräuter, -blüten & -früchte*] ↑**Preiselbeeren**

Bernsteinsäure [*Weinkunde*] Form der Fruchtsäure, die sich neben Wein- und Apfelsäure in jedem Wein befindet. ↑**E 363**

Berny [*Speisegarnitur*] **A** François Bernies (1715–1794), französischer Staatsmann und Dichter ... à la Berny – **Speisegarnitur** für **kleine** und **große Wildstücke** – ↑**Kartoffelkroketten** mit ↑**Trüffeln**, ↑**Linsenmus** in Törtchen gefüllt, ↑**Pfeffersauce**

Berrichonne, à la [*Speisegarnitur*] **A Speisegarnitur** mit geschmortem ↑**Grünkohl**, ↑**Edelkastanien**, glacierten ↑**Perlzwiebeln** und magerem ↑**Speck**

Bertram [*Österr. Küche*] ↑**Estragon**

Beschbarmak [*Intern. Länderküche*] **A** ↑**Hammelfleisch**eintopf mit ↑**Kartoffeln** oder flachen Stücken aus ↑**Nudelteig** und ↑**Zwiebeln** zubereitet. ↑**Kasachische Küche**

Besenwirtschaft [*Weinkunde*] ↑**Straußwirtschaft**

Besinge [*Wildkräuter, -blüten & -früchte*] ↑**Waldheidelbeeren**

Besteck [*Übersetzer*] **Englisch:** cutlery; **Französisch:** couvert; **Italienisch:** posate; **Spanisch:** cubierto

Bestellung [*Übersetzer*] **Englisch:** order; **Französisch:** commande; **Italienisch:** ordinazione; **Spanisch:** encargar

Besugo [*Span. Speisekarte*] ↑**Meerbrasse**

Betacarotin [*Gesundheit*] **T Synonym:** Beta Carotin, Provitamin A, β-Karotin – gehört zur Gruppe der ↑**Carotinoide** (↑**E 160a–160f**) und ist ein in Pflanzen gebildeter Farbstoff (gelb-orange). Das fettlösliche Betacarotin kann im menschlichen Körper nicht gebildet werden und muss mit der Nahrung zugeführt werden. Es wird im ↑**Dünndarm** aufgenommen und in Fettgewebe und Leber gespeichert und in Dünndarm, Leber, Lunge und Muskulatur in ↑**Vitamin A** (Retinol) umgewandelt. Neben seiner Eigenschaft als Provitamin A ist Betacarotin ein ↑**Antioxidans**, das beim Abbau von ↑**Radikale**n und ähnlich aggressiven Stoffen wirksam ist. Es kommt in grünen Pflanzenteilen in unterschiedlichen Mengen vor. In tierischen Lebensmitteln ist es in Fettgewebe, ↑**Eiern** und ↑**Milch** enthalten. **Empfohlene tägliche Zufuhr: 2 mg Betacarotin** (Erwachsene). In 100 g Lebensmittel sind folgende Betacarotinwerte enthalten: ↑**Karotten** (∅ 7,8 mg); ↑**Mangold** (∅ 3,5 mg); ↑**Broccoli** (∅ 0,84 mg); ↑**Grünkohl** ∅ (5,17 mg); ↑**Spinat** (∅ 4,2 mg); ↑**Feldsalat** (∅ 3,9 mg); ↑**Petersilie** (∅ 5,4 mg) und ↑**Aprikosen** (∅ 1,8 mg). Betacarotin wird auch zum Färben von Lebensmitteln verwendet, z. B. in ↑**Margarine**, ↑**Käse** und ↑**Fruchtsäften**. Überdosierung von Betacarotin verursacht bei Rauchern Lungenkrebs, darum sollten sie unbedingt auf Betacarotinpräparate verzichten.

Beta-apo-8- carotinal [*Fachkunde*] ↑**E 160e**

Beta-apo-8-carotinsäure etylester [*Fachkunde*] ↑**E 160f**

Beta-cyclodexdrin [*Fachkunde*] ↑**E 459**

Bête fauve [*Franz. Speisekarte*] ↑**Rotwild**

Bête noire [*Franz. Speisekarte*] ↑**Schwarzwild**

Bête rouge [*Franz. Speisekarte*] ↑**Rotwild**

Betelpfeffer, -nuss, -palme, -bissen [*Fachkunde*] **T Lateinisch:** Areca catechu, Areca cathechu, Areca guavaia; **Englisch:** piper betle, betel nut, arecanutpalm. **Synonym:** Betelnusspalme, Arecapalme, Pinangpalme, Catechupalme; **Betelpfeffer:** kommt aus Indien, wird heute in ganz Südostasien angebaut. Man verwendet nicht die Früchte, sondern die grünen, herzförmigen und im Unterschied zu den anderen **Piperaceen** glänzenden Blätter, sie werden entweder frisch gekaut oder als ↑**Tee** aufgebrüht. Die medizinischen Wirkungen des Betelpfeffers stützen die Gesundheit auf vielfältige Weise. International zählen Betelblätter zu den Lebensmitteln und unterliegen nicht den Arzneimittelgesetzen. **Betelnüsse:** In der Volksmedizin wird die Betelnuss bei Problemen der Verdauungsorgane als Tonikum und zur Behandlung von Bandwürmern verwendet, außerdem gegen Ruhr und Malaria. Sie stimuliert die Wahrnehmung und das Immunsystem, erhöht die Speichelbildung, wirkt harntreibend und abführend, allgemein anregend, unterdrückt das Hungergefühl und wirkt gegen Parasiten im Verdauungstrakt. Die Betelnuss gilt auch als kräftigendes ↑**Aphrodisiakum**. Die Zahl der Konsumenten liegt bei rund 500 Millionen. **Betelbissen:** Enthält neben einem unversehrten frischen Betelpfefferblatt eine Betelnuss (die Frucht der Betelpalme) und gelöschten Kalk. Der Betelbissen wirkt anregend bis euphorisierend, mild berauschend und stimuliert das gesamte Nervensystem. Dabei verfärben sich Speichel und – bei häufigem Konsum – auch die Zähne rot. Übermäßiger Genuss kann Magenbeschwerden und Übelkeit verursachen und steht im Verdacht, krebserregend zu sein. Höchste Einzeldosis: 4 g der getrockneten Samen. Bei Einnahme von 8–10 g sind schon ernste gesundheitliche Komplikationen möglich.

Bêtes [*Franz. Speisekarte*] Jagdbares ↑**Wild**

Bette [*Franz. Speisekarte*] ↑**Mangold**

Bette [*Franz. Speisekarte*] ↑**Mangold**
Betterave [*Franz. Speisekarte*] ↑**Rübe**
Betterave rouge [*Franz. Speisekarte*] ↑**Rote Beete**
Betteraves à la crème [*Franz. Speisekarte*] ↑**Rote Beete** mit Sahnesoße
Beugel [*Österr. Küche*] Hörnchen. ↑**Hefeteiggebäck**, meist mit Nussfüllung
Beurre [*Franz. Speisekarte*] ↑**Butter**
Beurré [*Franz. Speisekarte*] Gebuttert, mit ↑**Butter** bestrichen (im franz. Volksmund: wenn jemand **„betrunken"** ist)
Beurre au basilic [*Franz. Speisekarte*] ↑**Basilikumbutter**
Beurre Bercy [*Franz. Speisekarte*] **R** ↑**Schalottenbutter**
Beurre blanc [*Franz. Speisekarte*] **R** Zarte pikante Buttersauce mit gehackten ↑**Schalotten**, ↑Weiß**wein**(↑**Essig**) und/oder ↑**Fischfond** und ↑**Gewürzen**. Alle Zutaten werden nach und nach in weiche, schaumig geschlagene ↑**Butter** eingerührt.
Beurre café de Paris [*Franz. Speisekarte*] ↑**Pariser Butter**
Beurre clair, clarifié [*Franz. Speisekarte*] Flüssige, geklärte ↑**Butter**
Beurre composé [*Franz. Speisekarte*] Aromatische, würzige Buttermischung
Beurre cru [*Franz. Speisekarte*] ↑**Butter** aus nicht pasteurisierter ↑**Milch**
Beurre d'anchois [*Franz. Speisekarte*] ↑**Sardellenbutter**
Beurre de caviar [*Franz. Speisekarte*] ↑**Kaviarbutter**
Beurre de cuisine [*Franz. Speisekarte*] Kochbutter
Beurre d'escargot [*Franz. Speisekarte*] ↑**Schalottenbutter** für ↑**Weinbergschnecken**
Beurre d'intervention [*Franz. Fachwort*] Tiefgekühlte ↑**Butter** aus Überschussbeständen; nicht lange haltbar
Beurre fermier [*Franz. Speisekarte*] Bauern-, Landbutter aus roher ↑**Milch**; vorzüglich, nicht lange haltbar
Beurre fondu [*Franz. Speisekarte*] Geschmolzene, zerlassene ↑**Butter**
Beurre laitier, de table [*Franz. Speisekarte*] Tafelbutter aus pasteurisierter ↑**Milch**; industriell hergestellt
Beurre maître d'hôtel [*Franz. Speisekarte*] **R** Diese klassische ↑**Kräuterbutter** wird nur mit ↑**Petersilie** gewürzt und abgeschmeckt mit ↑**Zitronensaft**, ↑**Pfeffer** und ↑**Salz**.
Beurre manié [*Franz. Fachwort*] **A** Mit **Mehl** verknetete ↑**Butter** (im gleichen Gewichtsverhältnis) zum Andicken, Binden von ↑**Gemüse**, Suppen und ↑**Saucen**
Beurre noisette [*Franz. Speisekarte*] Haselnussbraune erhitzte, geklärte ↑**Butter**
Beurrée [*Franz. Speisekarte*] Butterbrot
Beurrer [*Franz. Fachwort*] (Aus-)Buttern, mit ↑**Butter** bestreichen
Beursaude [*Franz. Speisekarte*] ↑**Grieben**, angebratene Schweinespeckwürfel
Beuscherl [*Österr. Küche*] Bezeichnung für sauer abgeschmeckte Lunge und andere ↑**Innereien** vom ↑**Kalb**. ↑**Lüngerl, saures**
Beuteln [*Österr. Küche*] Einen Gegenstand schütteln
Beyaz Penir [*Käse*] ↑**Weißkäse** mit Löchern in ↑**Linsen**größe, der in der Türkei sehr beliebt ist. Es gibt vollfette, halbfette oder fettarme Sorten. Wird – je nach Herkunft – auf unterschiedliche Art hergestellt. Die Weißkäsesorten, die in Trakya (Westtürkei) und im Marmara-Gebiet aus ↑**Schafsmilch** produziert werden, besitzen die höchste Qualität.
Beyaz peynir pane [*Orientalische Küche*] Begriff aus der türkischen Küchenkultur für panierten, gebackenen ↑**Schafskäse**. ↑**Türkische Küche**
Beyti [*Orientalische Küche*] Begriff aus der türkischen Küchenkultur für ↑**Lamm**hackfleischspieß in ↑**Pide** mit ↑**Tomatensauce** und ↑**Jogurt** überbacken. ↑**Türkische Küche**
BF 15 [*Kartoffelsorte*] **Kochtyp:** ↑**Festkochende Kartoffeln** – „Speckige Kartoffel" genannt; **Herkunft:** Frankreich; **Jahr der Zulassung:** 1947; **Schale:** gelb; **Fleisch:** dunkelgelb, ausgezeichneter Geschmack; **Knolle:** sehr lang; **Reifezeit:** mittelfrüh. **Anmerkungen:** BF 15 ist eine Kreuzung der Sorten Belle de Fontenay und Flava.
Bianco [*Weinkunde*] Italienisch für Weiß. Es gibt zusätzlich eine Reihe von italienischen Weißweinen – vini bianchi –, die unter einer DOC-Bezeichung als „Bianco di …", meistens gefolgt von einem Gebietsnamen, auf den Markt gebracht werden. Der Wein ist oft ein Verschnitt verschiedener lokal angebauter Rebsorten, die nur manchmal auf der Flasche erwähnt werden, da das europäische Gesetz die Angabe von mehr als zwei Rebsorten verbietet.
Bianco di Custoza [*Weinkunde*] ↑**Cortese**
Biancomangiare [*Ital. Speisekarte*] Pudding aus ↑**Milch** oder ↑Mandel**milch**, ↑**Mehl** und ↑**Zucker**
Bibbeleskäs [*Käse*] Regionale Bezeichnung aus Baden für ↑**Quark**
Bibernell [*Gewürze & Kräuter*] ↑**Pimpernell**
Bibimbab [*Intern. Länderküche*] Begriff aus der koreanischen Küchenkultur für ein Gericht aus ↑**Reis** mit ↑**Rindfleisch**, ↑**Gemüse** und ↑**Spiegelei**
Bibrust [*Regionale Spezialität*] Brustkern, Brust vom Rind
Bica [*Span. Speisekarte*] Schwarzer ↑**Kaffee**
Bicarbonate de soude [*Franz. Fachwort*] ↑**Natron**
Bickbeeren [*Obst*] ↑**Heidelbeeren**
Bidon [*Franz. Fachwort*] Große Kanne
Biedermeier [*Kaffee*] **T Österr. Kaffeespezialität:** Großer Mokka mit ↑Marillen**likör** und ↑**Schlagsahne** (Schlagobers)
Biegel [*Österr. Küche*] Keule, speziell vom ↑**Geflügel**
Bielersee [*Weinkunde*] Westschweizer Anbaugebiet der Chasselasrebe (Gutedel)
Bien cuit [*Franz. Speisekarte*] ↑**Garstufe** bei dunklem,

kurzgebratenem oder gegrilltem ↑**Fleisch.** Auch als „durch" oder „well done" bekannt. Wünscht man sein Fleisch durchgebraten, bestellt man es mit diesem Zusatz. Die Schnittfläche ist grau, und der austretende Fleischsaft ist hell und klar.

Bienenhonig [*Allgem. Nährmittel*] ↑**Honig**

Bienenkraut [*Gewürze & Kräuter*] ↑**Ysop** und **Zitronenmelisse**

Bienenwachs [*Fachkunde*] ↑**E 901**

Bier [*Bier*] Der Ursprung des Wortes Bier ist unsicher. Vermutlich stammt es vom lateinischen Wort „biber" (dt. „Trank"), damit verbunden die Zusammenziehung der lateinischen Wörter „bibere cervisia" (bibere = trinken, cervisia = (Braugetränk der Römer, abgeleitet von Ceres = röm. Göttin der Feldfrüchte). **Bier ist** ein alkohol- und kohlensäurehaltiges Getränk, das durch Gärung auf Basis von verzuckerter Stärke hergestellt wurde, ohne dass dabei ein Destillationsverfahren angewandt wurde. Der Unterschied zu Wein besteht darin, dass für Weine Zucker aus pflanzlichen (Fruchtzucker) oder tierischen Quellen (z. B. Honig) verwendet werden, während der Ausgangsstoff für Bier immer Stärke ist. In der Regel wird der Zucker aus der Stärke von Getreide gewonnen, gelegentlich aber auch aus Kartoffeln und sogar Erbsen. Das Gros der Biere wird aus zu Malz verarbeiteter Gerste hergestellt und mit Hopfen gewürzt. In Deutschland gebrautes Bier unterliegt dem ↑**Reinheitsgebot.** Es darf ausschließlich aus Gerstenmalz, Hopfen, Hefe und Wasser gebraut werden. In Japan, China und Korea wird Reis für die Herstellung verwendet (es wird dort Sake, Samshu oder Suk genannt), in Afrika sind es Hirse und Mohrenhirse (Sorghum). Der russische Kwass wird aus vergorenem Roggenbrot und Früchten hergestellt. **Bier in seiner Vielfalt:** Wer in Bayern ein Bier bestellt, bekommt ein Helles, in Düsseldorf ein Alt und in Köln ein Kölsch. Im Rest der Republik wird höchstwahrscheinlich ein Pils auf die Theke gestellt. In Englands Pubs ist es ein Ale, in der übrigen Welt meist ein Lager. **Was ist das Stärkste?** Bis vor kurzem kamen die stärksten Biere der Welt aus den USA. Den alten Weltrekord von 1993 hielt mit 24,5 % eine amerikanische Brauerei von der Ostküste, die Boston Brew Company. Mit einem Alkoholgehalt von 17,5 % wird der Samuel Adams Triple Bock seit 1991 in Boston (USA) gebraut. Der hohe Alkoholgehalt wird durch Zugabe von Ahornsirup zum Gärprozess erzielt. Das nach einer Mischung aus Bitterschokolade und süßem Sherry schmeckende Gebräu wird zur Reifung in gebrauchten Whisky-Fässern gelagert. Stärkstes, aber wohl kaum das wohlschmeckendste Bier Europas ist das Samichlaus (Santa Claus Bier). Es wird in der Brauerei „Schloss Eggenberg" in Österreich gebraut und hat einen Alkoholgehalt von 14 % und eine Stammwürze von 32 %. Das stärkste Bier Deutschlands war der „Donnerbock", eine Doppelbockspezialität (Eis-Bock) aus der Brauerei Schorschbräu in Gunzenhausen: Es hat einen Alkoholgehalt von 13 % (Stammwürze: 25 %) und löste das aus Kulmbach stammende EKU 28 der Brauerei Kulmbach ab. Letzteres galt für lange Jahre als das stärkste Bier der Welt. Mittlerweile haben sich die Bayern den Weltmeister-Titel zurückerobert. **Das stärkste Bier der Welt kommt aus dem oberbayerischen Herrsching am Ammersee.** Der Braumeister des Mühlfelder Brauhauses „Harald Schneider" hat sein Bier nach dem deutschen **Reinheitsgebot** gebraut. Es erreicht bei zwölfwöchiger Gärung den Rekordalkoholwert von 25,4 %. Dieses reichlich gehopfte Bier schmeckt nach Sherry und Malz. Es ist so stark, dass schon 0,2 l von diesem Gebräu „ein gestandenes Mannsbild" umhauen können. Die Deutschen gehören weltweit mit zu den Spitzenreitern im Bierkonsum. Statistisch gesehen trinkt jeder Deutsche rund 125 l jährlich, lediglich übertrumpft von den Tschechen. **Was steckt in 1 l Bier?** ⌀ 150 kcal/628 kJ (zwei Drittel Anteil Alkohol); 0 g Fett; 0 mg ↑**Cholesterin**; 25 mg ↑**Natrium**; 13,6 g ↑**Kohlenhydrate**; 1,1 g **Eiweiß.** Hoher Anteil von Spurenelementen: ↑**Kalzium**, ↑**Kalium** und ↑**Phosphor** sowie viele ↑**B-Vitamine.** Für den reichen Vitamingehalt des Bieres sorgen ↑**Hefe** und ↑**Malz.** Bier enthält über 30 ↑**Mineralstoffe** und ↑**Spurenelemente.** 1 l Bier deckt fast die Hälfte des Tagesbedarfs eines Erwachsenen an ↑**Magnesium**, 65 % an ↑**Niacin** und etwa 20 % des täglichen Kaliumbedarfs. Zudem ist Bier reich an ↑**Vitaminen** und vitaminähnlichen Verbindungen. **Aber im Bier steckt auch ein chemisches Element, das zu Gesundheitsproblemen und zur Sucht führen kann und auf das soziale Umfeld eines Menschen starken Einfluss nimmt:** ↑**Alkohol.**

Bierbauch [*Gesundheit*] Woher kommt der Bierbauch? Nicht vom ↑**Bier**! Denn Bier ist ein vergleichsweise kalorienarmes Getränk. – 100 g Vollbier enthalten ⌀ nur 47 kcal/197 kJ. Wenn man also nicht jeden Tag literweise Gerstensaft trinkt, kann kaum ein Bierbauch entstehen. **Im Vergleich:** ↑**Wein:** ⌀ 70 kcal/293 kJ; ↑**Weinbrand:** ⌀ 240 kcal/1005 kJ; ↑**Eierlikör:** ⌀ 170 kcal/712 kJ; ↑**Traubensaft:** ⌀ 74 kcal/ 310 kJ. Nur ↑**Mineralwasser**, ↑**Kaffee** und ↑**Tee** ohne ↑**Milch** und ↑**Zucker** sind kalorienärmer als Bier. Diese Nachricht mag überraschen, denn die Angst vor dem Bierbauch hat sich in vielen Köpfen festgesetzt. **Bier ist – in Maßen – gesund:** Studien belegen eine günstige Wirkung auf den Fett- und Zuckerstoffwechsel, die Blutgerinnung und die Blutdruckregulation. So nehmen zum Beispiel die arteriosklerosefördernden Cholesterinanteile (↑**LDL**) im Blut ab, während die schützend wirkenden Cholesterinanteile (↑**HDL**) zunehmen. Nachgewiesen wurde auch, dass das Körpergewicht durch mäßigen Biergenuss vermindert werden kann. Voraussetzung ist jedoch, dass man nicht mehr als gewöhnlich isst.

Bière [*Franz. Speisekarte*] ↑**Bier**

Bière à la pression [*Franz. Speisekarte*] ↑**Bier** vom Fass

Biergarten [*Bier*] München, die bayerische Landeshauptstadt, ist Wiege und Metropole der Biergärten. Hier laden die ältesten und größten von ihnen ein. Der größte Biergarten der Welt ist der „Hirschgarten". Dort könnte ein ganzer Ort mit 8000 Einwohnern Platz nehmen. Die Entstehung des Biergartens ist dem bayerischen König Ludwig I. und einem Zufall zu verdanken. Die bayerische Brauordnung aus dem Jahre 1539 legte fest, dass nur zwischen dem Festtag des Heiligen Michael am 29. September und dem Ehrentag des Heiligen Georg am 23. April gebraut werden durfte, weil im Sommer die Brandgefahr durch das Sieden zu groß war. Deshalb musste für die heißen Tage ein Biervorrat angelegt werden, der wegen der Haltbarkeit immer stärker eingebraut wurde. Um dieses so genannte ↑**Märzen** den Sommer über verkaufen zu können, ohne dass es schlecht wurde, musste es kühl gehalten werden. Doch wo? Die Kellerräume der Braustätten waren meist durch die Produktion belegt. Die Lösung fand sich im Bau von separaten Bierkellern, die meist direkt neben dem Brauhaus entstanden. Durch den hohen Grundwasserspiegel in München konnten diese Keller jedoch nicht tief genug angelegt werden. Also sägten die Brauer im Winter Eis aus den umliegenden Seen, um so das Bier bis in den Spätsommer kühl halten zu können. Obendrein schützten sie es gegen die heiße Sommersonne, indem sie die Flächen über den Lagerkellern mit weißem Kiesel bedeckten und Kastanien pflanzten. Diese einheimische Baumart mit den größten schattenspendende Blättern entwickelte sich zum Dach für die unterirdischen Gewölbe und somit zum traditionellen Biergartenbaum. Weil die Brauer ihr Bier direkt an die Bevölkerung verkaufen wollten, stellten sie Tische und Bänke unter die Kastanienbäume und boten ihr kühles Bier an. Münchens Wirte waren wütend. Sie argumentierten, die Brauer sollten die Wirte beliefern und nicht ihr Bier direkt an die Endverbraucher verkaufen. Um eine Bierrebellion zu verhindern, reagierte Ludwig I.: **1.** Er genehmigte den Bierausschank über den Kellern. **2.** Er verfügte, dass die Brauer kein Essen verkaufen durften. **3.** Wer seine Maß Bier im Schatten der Kastanienbäume genießen wollte, musste seine Brotzeit selbst mitbringen. Dabei ist es in vielen süddeutschen Biergärten bis heute geblieben. Viele Gäste pflegen dieses Ritual, sie packen bei sommerlichen Temperaturen ihre Schmankerl in einen Picknickkorb und ziehen damit in die Biergärten. Das wird zwar von den Betreibern nicht gerne gesehen, aber **noch** geduldet. Mittlerweile werden in allen Biergärten Mahlzeiten am Brotzeitstand verkauft oder bei der Bedienung bestellt.

Biergartenverordnung, Bayerische [*Bier*] **Bayerische Biergartenverordnung vom 20. April 1999 (GVBl. S. 142). Begründung:** Auf Grund des § 23 Abs. 2 Satz 1 des Bundes-Immissionsschutzgesetzes in der Fassung der Bekanntmachung vom 14. Mai 1990 (BGBl. I S. 880), zuletzt geändert durch Art. 1 des Gesetzes vom 19. Oktober 1998 (BGBl. I S. 3178), erlässt die Bayerische Staatsregierung folgende Verordnung: **§ 1 Anwendungsbereich:** Diese Verordnung regelt die zum Schutz der Allgemeinheit und der Nachbarschaft vor schädlichen Umwelteinwirkungen durch Geräusche erforderlichen Anforderungen für Biergärten in der Nachbarschaft von Wohnbebauung, soweit nicht weitergehende Regelungen als nach § 2 Abs. 2 bestehen. **§ 2 Anforderungen:** (1) Für Biergärten wird als Tageszeit die Zeit von 7.00–23.00 Uhr festgelegt. In Misch-, Kern- und Dorfgebieten gilt tags ein Immissionsrichtwert von 65 dB(A). In allgemeinen Wohngebieten und Kleinsiedlungsgebieten gilt tags ein Immissionsrichtwert von 60 dB(A). In reinen Wohngebieten gilt tags ein Richtwert von 55 dB(A). Als Grundlage für die Ermittlung und Beurteilung der von Biergärten ausgehenden Geräusche nach dieser Verordnung sind die Bestimmungen der Technischen Anleitung zum Schutz gegen Lärm (TA Lärm) vom 26. August 1998 (GMBl. S. 503) sinngemäß heranzuziehen. Ein Zuschlag für Tageszeiten mit erhöhter Empfindlichkeit (Nummer 6.5 TA Lärm) erfolgt nicht. (2) Um sicherzustellen, dass der Biergarten die Immissionsrichtwerte nach Absatz 1 und die Nachtruhe ab 23.00 Uhr einhält, sind spätestens um 22.00 Uhr Musikdarbietungen zu beenden, ist spätestens um 22.30 Uhr die Verabreichung von Getränken und Speisen zu beenden und ist die Betriebszeit so zu beenden, dass der zurechenbare Straßenverkehr bis 23.00 Uhr abgewickelt ist. (3) Soweit besondere Umstände vorliegen, insbesondere solche, die zu einer nicht nur gelegentlichen Überschreitung der Immissionsrichtwerte nach Absatz 1 führen, bleibt die Befugnis der zuständigen Behörde, andere oder von den Absätzen 1 und 2 abweichende Regelungen zur Vermeidung schädlicher Umwelteinwirkungen zu treffen, unberührt. **§ 3 In-Kraft-Treten:** Diese Verordnung tritt am 1. Mai 1999 in Kraft.

Biergenuss und Straßenverkehr [*Gesundheit*] Wie viel Bier darf man trinken, bevor man sich ans Steuer setzt? Am besten gar keines, das ist am sichersten. In den vergangenen Jahren legte man das Körpergewicht zugrunde und sah einen Verzehr von 1 g Alkohol pro kg Körpergewicht pro Tag als oberste Grenze für einen gesunden Erwachsenen an. Allerdings schwanken diese Werte beträchtlich, sie sind abhängig von Geschlecht und Gewicht, aber auch von der persönlichen Konstitution. Neuerdings wird ein täglicher Verzehr von 30 ml entsprechend 25 g Alkohol als sichere obere Grenze angesehen. Diese Alkoholmenge ist in ∅ 0,7 l Vollbier oder 1 l Leichtbier enthalten.

Biergeschichte [*Bier*] Bier wird seit 10 000 Jahren hergestellt. Das älteste (mit ↑**Mohrenhirse** hergestellte)

Bier der Welt aus dem achten Jahrtausend vor Christus fanden Wissenschaftler im Sudan. Es lässt sich aber nicht genau sagen, wo zuerst Bier gebraut wurde. Es gilt als sehr wahrscheinlich, dass nass gewordenes Brot, das zu gären begann, der Auslöser für den bewussten Beginn des Gärungsprozesses war und sich wahrscheinlich mehrfach in der Geschichte der Menschheit zutrug. Nach der ägyptischen Mythologie lehrte Osiris, der Gott der Landwirtschaft, die Menschen die Kunst des Bierbrauens. Für das ägyptische Bier wurde Gerste in Töpfen angekeimt und die Malzmaische vergoren. Die ältesten Überreste von Bier, die aus einer Zeit von 3500–2900 v. Chr. stammen, wurden in Godin Tepe im alten Mesopotamien (heute im West-Iran) entdeckt. Ähnlich alt (aus der Zeit von 3500–3400 v. Chr.) sind Funde aus Hieraconpolis in Oberägypten. Es gibt Abbildungen biertrinkender Sumerer aus der Zeit um 3000 v. Chr. Der Codex Hammurapi enthält die älteste überlieferte Schankordnung der Welt. Dieses babylonische Gesetzeswerk in Keilschrift stammt aus der Zeit um 1700 v. Chr. Bier war zu dieser Zeit auch in Ägypten Grundnahrungsmittel aller Bevölkerungsschichten, einschließlich des Königshauses. Es wurde **„Hek“** genannt. Die meisten Biere schmeckten süßlich, manche wurden mit Gewürzen wie Safran oder Anis aromatisiert und mit Alraune vermischt. Hopfen wird seit dem 7. Jahrhundert v. Chr. verwendet. Bei den Römern hieß das Bier Cervisia, nach der Göttin der Feldfrüchte, Ceres. So versorgte schon Julius Caesar seine Truppen mit einer ausreichenden Menge Bier. Nach dem Untergang des römischen Weltreichs etabliert sich Bier in ganz Europa, besonders im 350 Jahre besetzten Britannien. Als Karl der Große im Jahre 800 n. Chr. deutscher Kaiser wurde, gab es alleine in Bayern 300 Klöster, von denen einige schon seit 150 Jahren Bier brauten. Klosterbrauereien führten im Mittelalter zu einem geregelten Braubetrieb. Der Bierverbrauch in den Klöstern nahm recht erstaunliche Ausmaße an: Immerhin war es jedem Mönch erlaubt, 51 Bier am Tag zu trinken. Im Mittelalter galt Bier auch als geeignetes Getränk für Kinder. Zum einen hatte es einen geringeren Alkoholgehalt als heute, zum anderen war Bier durch die Gärung weitgehend keimfrei, was man vom Wasser damals nicht behaupten konnte. Außerdem hatte es wegen seines hohen Kaloriengehaltes einen wichtigen Nährwert. Während der Fastenzeit wurde ein besonders starkes Bier mit hohem Alkoholgehalt (Starkbier, Bockbier) gebraut. Später braute man Starkbiere auch zu anderen Feiertagen. Die Verwendung von Hopfen für die Herstellung von Bier war lange Zeit bitter umkämpft, denn es wurde „Grut“ verwendet, gekoppelt mit dem so genannten „Grutrecht“. Letzteres erlaubte einer Brauerei die Herstellung von Grut, stellte die rechtliche Basis jeder Brauerei dar und sicherte den Braumeistern eine „Monopol“-Stellung. Die Grut war ein Gemisch aus allerlei Kräutern, die zum Würzen des Bieres verwendet wurden und deren Zusammensetzung aus heutiger Sicht unzumutbar war. So wanderten unter anderen Wacholder, Gagel, Schlehe, Eichenrinde, Wermut, Kümmel, Anis, Lorbeer, Schafgarbe, Stechapfel, Enzian, Rosmarin, Rainfarn, Johanniskraut, Fichtenspäne, Kiefernwurzel, vor allem aber Bilsenkraut ins Bier des Mittelalters. Manche Kräuter waren giftig, andere erzeugten Halluzinationen beim Biertrinker. Aus dem Bilsenkraut beispielsweise entwickeln sich halluzinogene Alkaloide während des Brauprozesses. Mit ein Grund dafür, dass der Aberglaube eine große Rolle rund ums Brauen spielte. Da beim Bierbrauen häufig etwas danebenging, was man sich damals aber nicht immer erklären konnte, suchte man die Schuld im Bereich des Mystischen. Viele wundertätige Kräutlein und kultische Gegenstände wurden auch noch im späteren Mittelalter um den Sudkessel herumgelegt, um böse Geister fern zu halten. Dieser Aberglaube ging so weit, fehlgeschlagene Brauversuche den „Brauhexen“ oder „Bierhexen“ zuzuschreiben. Die letzte „Brauhexe“ wurde im Jahre 1591 verbrannt. Das Ende des Aberglaubens kam, als sich der Hopfen durchsetzte. Das Bier wurde haltbarer und der Brauprozess stabiler. Es ging weniger schief, die Schuldfrage erübrigte sich. Mit der Verwendung des Hopfens erhielt das Bier seinen „klaren Charakter“. Das damalige Bier glich somit fast den heute bekannten Biersorten, sowohl geschmacklich als auch im Aussehen. Um Beständigkeit zu erzielen und die Qualität der Brauereiergebnisse konstant zu halten, erließ am 23. April 1516 der damalige bayerische Herzog Wilhelm IV. das so genannte ↑**Reinheitsgebot**. Unter der Regentschaft von Friedrich Wilhelm I. (1688–1740) wurde Bier „hoffähig“. Sein legendäres „Tabakskollegium“ war im Prinzip nichts anderes als der erste Stammtisch. Sein Sohn, der spätere Friedrich der Große (1712–1786), erlernte das Brauhandwerk schon in jungen Jahren. Die industrielle Entwicklung zu Beginn des 19. Jahrhunderts ging auch an den Bierbrauern nicht spurlos vorüber. Inspiriert durch die Möglichkeiten der neu erfundenen Kältemaschinen, machten sich die besten europäischen Brauer auf die Suche nach einer neuen Art der Bierhefe, die auch bei geringeren Temperaturen gärt. 1883 wurden sie fündig. Die Brauer verwendeten reine Bierhefen, bei jedem Brauprozess die gleichen Kulturen, und erzielten bei verschiedenen Biermarken einen fast gleichbleibenden Geschmack. In Deutschland wird Bier bis heute nach dem Reinheitsgebot von 1516 gebraut, das heißt nur aus Wasser, Hopfen, Malz und Hefe. Mittlerweile haben europäische Richtlinien auch Herstellung und Vertrieb von Bier mit Zusätzen wie in anderen Ländern erlaubt. Obwohl die Tschechen einen höheren Pro-Kopf-Verbrauch haben und das meiste Bier in den USA und China gebraut wird, ist Bier heute vor allem als Volksgetränk in Bayern berühmt, dem ersten Land, das in der heutigen Form mit untergärigen Hefen braute. Bier wird in Bayern als Nahrungsmittel betrachtet, hier existieren auch heute noch besonders viele Biersorten und die größte Vielfalt an Brauereien auf kleinstem Raum (Oberpfalz und Franken). Aus Bayern kommen auch verschiedene Traditionen rund ums Bier und das stärkste Bier der Welt.

Bierhefe [*Bier*] Ob ein Bier obergärig oder untergärig ist, wird durch die Art der verwendeten Hefe bestimmt. Früher bestimmte der Zufall über das Vergären des Biersuds. Heute wird die Hefe in Reinkulturen gezüchtet, man vermehrt gezielt also nur die Stämme, die für den Gärprozess erwünscht sind. Nicht zu den Bier-Kulturhefen gehörende Stämme werden als „wilde Hefen“ bezeichnet. Sie können im Bier unerwünschte Trübungen oder Geschmacksveränderungen hervorrufen. Die Reinzucht von Bierhefe ist eine vergleichsweise junge Erfindung der Forscher Louis Pasteur (1822–1895) und Emil Christian Hansen (1842–1909), der 1881 die erste Bierhefe-Reinkultur züchtete. **Obergärig oder untergärig?** Man unterscheidet zwei große Gruppen von Bierhefen: die obergärigen (saccharomyces cerevisiae) und die untergärigen (saccharomyces carlsbergensis) Bierhefen. Während die obergärigen Bierhefen bei Temperaturen von 15–21° C vergären, arbeiten die untergärigen Hefen bei Temperaturen von 5–2° C. Für den Namen verantwortlich zeichnet der Verlauf des Gärungsprozesses: Die obergärigen Hefen bilden Sprossverbände und steigen an die Oberfläche des Jungbieres im Gärgefäß auf, während die untergärigen Hefen sich am Ende der Gärung auf dem Gefäßboden absetzen. Zu den untergärigen zählen helles und dunkles Lager, Export, Pils oder Märzen. Bekannteste Vertreter des obergärigen Bieres sind Weiß- oder Weizenbiere sowie die regionalen Sorten Kölsch oder Altbier. Auch Roggen- oder Dinkelbier werden obergärig gebraut.

Bierherstellung [*Bier*] Der Brauprozess für Bier besteht aus folgenden Schritten: **Grünmalzherstellung:** Gersten- oder (bei Weißbier) Weizenkörner werden unter Zugabe von Wasser zum Keimen gebracht. Der Keimprozess sorgt dafür, dass die zur Stärkeaufspaltung notwendigen Enzyme im Korn gebildet und angereichert werden. **Darren:** Der Keimvorgang wird durch Erhitzen von Grünmalz auf 85–100° C unterbrochen, das Malz getrocknet. **Schroten:** Das Malz wird mit einer Schrotmühle (definiert) zerkleinert. **Maischen:** Das Malz wird im Maischbottich mit Wasser vermischt (Einmaischen). Danach wird die Temperatur der Maische in mehreren Stufen erhöht. Die in der Maische enthaltenen Enzyme spalten die Stärke im Malz in Malzzucker auf. Auch das im Korn vorhandene Eiweiß wird dabei in Aminosäuren zerlegt. Mit dem Jodtest wird festgestellt, ob die Stärke vollends verzuckert wurde. Der Maischprozess dauert zwei bis vier Stunden. **Läutern:** Die Maische wird unter Zugabe von Wasser in einer Art Filter, dem Läuterbottich, geklärt. Alle Feststoffe aus der Maische scheiden sich als so genannter Treber ab, der meist als Viehfutter endet. Das klare Endprodukt aus dem Läuterprozess heißt Würze. Sie wird entweder als „Vorderwürze“ oder als Nachguss gewonnen. **Würze:** In der Würzepfanne oder auch Sudpfanne wird die Würze gekocht, dabei wird Hopfen (meist in Form von Extrakt) zugegeben und mitgekocht. Durch das Kochen wird die Würze auf die für jede Sorte spezifische Stammwürze konzentriert. Dann erfolgt die Bestimmung der Stammwürze mit einer Spindel (Saccharometer). Vor der Erfindung der Sudpfanne erfolgte das Erhitzen durch Einlegen heißer Steine in die Würze. ↑**Steinbier. Ausschlagen:** Anschließend werden die nicht gelösten Hopfenbestandteile und ausgefallenes Eiweiß ausgefiltert. Dies geschieht im „Whirlpool“, in dem die Flüssigkeit im Kreis gerührt wird. Durch den dabei auftretenden „Teetasseneffekt“ setzt sich in der Mitte ein Kegel mit den Trübstoffen ab. **Abkühlen:** In einem Wärmetauscher wird die klare Würze auf 5–10° C heruntergekühlt. **Gären:** Der eigentliche Gärprozess folgt: In großen Gärtanks wird der Zucker in der Würze innerhalb von fünf bis acht Tagen zu Alkohol vergoren. Etwa 60–70 % des Malzzuckers werden auf diese Weise umgesetzt. Das dabei entstehende Kohlendioxid wird in der Regel abgesaugt, um dem Bier am Ende des Brauprozesses (bzw. beim Zapfen) wieder zugesetzt zu werden. Die Bierhefe wird zugesetzt, je nach Hefesorte ergibt sich untergäriges oder obergäriges Bier. Früher hat man die Gärung dem Schicksal überlassen (die Hefesporen kamen aus der Luft), gut gelungene Chargen waren nicht die Regel und wurden besonders geschätzt und gefeiert. Wenn die Arbeit misslang, musste sie weggegossen werden. Erfolgreiche Brauer wurden beneidet und auch voll Misstrauen beäugt. Sie wurden als Hexer verbrannt oder als Könner von Gottes Gnaden verehrt. Die belgischen Flaschenbiere werden teilweise heute noch ohne Hefezugabe gebraut. **Lagerung:** Das Bier wird anschließend in Lagertanks umgepumpt. Hier wird nachvergoren: Der noch vorhandene Zucker wird in Alkohol umgesetzt. Die Lagertanks stehen in der Regel unter Druck, sodass das entstehende Kohlendioxid nicht mehr entweicht, sondern als Kohlensäure im Bier bleibt. Die Nachgärung kann – je nach Biersorte – drei Wochen bis drei Monate dauern. Durch die Lagerung erhält das Bier seine Reife und den endgültigen Geschmack. **Filtrieren:** Bei der Mehrzahl der Biere wird das Bier nach der Lagerung erneut gefiltert. Bei naturtrüben Bieren entfällt dieser Schritt. **Abfüllen:** Anschließend wird das Bier in Flaschen oder Fässer abgefüllt. **Flaschengärung:** Bei einigen Biersorten (zum Beispiel Weißbier) kommt es in der Flasche noch mal zu einem letzten Gärprozess. Da die Lagerung beendet wird, bevor aller Zucker vergoren ist, verbleibt auch ein Rest Hefe im Bier. Die meisten Sorten enthalten 3,5–5 % ↑**Alkohol**, die Spanne bewegt sich allerdings zwischen 2 und 14 %.

Bierkäse mild [*Käse*] **Herkunft:** Österreich; **Käsesorte:** ↑**Schnittkäse** 15 % ↑**Fett i. Tr.**; **Milch:** pasteurisierte Kuhmilch; **Teig:** schnittfest, blassgelb; **Geschmack:** aromatisch mild

Biermaße [*Bier*] Je nach Gegend haben sich verschiedene Glasgrößen aus den alten Maßeinheiten erhalten:

Biermaße			
Halber	0,4 bis 0,5 l	im Bierseidel	Hamburg, Schleswig-Holstein
Henkel	0,4 bis 0,5 l	im Bierseidel	Berlin
Kugel	0,3 bis 0,4 l	in der Bierkugel	Berlin
Kanne	1,85 l		(studentische Maßeinheit)
Maß	1,07 l	im Bierkrug	Bayern
Krügel	0,50 l		Ostösterreich
Großes	0,50 l		Westösterreich und Deutschschweiz
Halbe	0,50 l		Bayern und Württemberg, Oberösterreich
Seidla	0,50 l		Franken
Seid(e)l	0,30 l		Ostösterreich
Kleines	0,30 l		Westösterreich und Deutschschweiz
Stange, Becher oder Chübeli	0,30 l		Deutschschweiz (der Gebrauch hängt von der Gegend und von der Form des Glases ab)
Chübel	0,4 l o. 0,5 l		Deutschschweiz
Kölner Stange	0,20 l		Köln und Umgebung, Deutschland
Stößchen	0,10 l		Köln und Umgebung, Deutschland
Pfiff	0,20 l		München, Oberbayern, Ostösterreich
Herrgöttli	0,20 l		Deutschschweiz
Pint	0,568 l		Großbritannien
Half Pint	0,284 l		Großbritannien
une pression	0,40 l	im Bierseidel	Frankreich
una jarra	0,40 l	im Bierseidel	Spanien
um choppe	0,66 l		Brasilien
Stiefel	2,00 l		Bayern, Österreich

Biermischgetränke [*Bier*] Leicht alkoholische Getränke, die auch in größeren Mengen getrunken werden können. Dabei wird das Bier im Verhältnis 1:1 mit einem Erfrischungsgetränk wie ↑**Limonade** oder ↑**Cola** verdünnt. Ursprünglich nur frisch zusammengemischt, werden Biermischgetränke seit 2002 auch zunehmend fertig gemischt von einigen großen Brauereien angeboten. Die bekanntesten sind „Radler" (aus Exportbier und Limonade), in der Schweiz und im Saarland auch Panaché (französisch: mischen) genannt, „Alsterwasser" (aus Pils und Limonade) und das „Krefelder" (aus Altbier und Cola). Weiterhin existieren Mischgetränke aus Weizenbier mit Limonade und Fruchtsäften, wie das Bananen- oder Kirschweizen, der „Russe" (Weizen und Zitronenlimonade) und der „Neger" (Weizen mit Cola).

Bierrettich [*Gemüse*] **T Lateinisch:** Raphanus sativus var. Longipinnatus; **Synonym:** Weißer Rettich, Daikon-Rettich, Sommerrettich; **Info:** Der zur Familie der Kreuzblütengewächse gehörende weiße Rettich ist eine bis zu 1 m hohe, krautige Pflanze mit aufrechtem Stiel. „Daikon-Rettich" oder „Japanischer Rettich" hat eine besonders große, lange und fast zylindrisch geformte Wurzel und weißes Fleisch mit mildem, pfeffrigem Geschmack. Seine Enzyme sollen beim Abbau der im Reis enthaltenen Stärke wirken und damit bei der Verdauung helfen. Die Sprossen des Daikon-Rettichs, die „Daikonkresse", verwendet man in der japanischen Küche zum Würzen von Suppen und als Garnitur. **Ursprung und Geschichte:** Rettich stammt wahrscheinlich von dem im östlichen Mittelmeergebiet vorkommenden Strandrettich (**raphanus maritimus**) ab, der bereits eine verdickte Wurzel aufweist. Der Rettich war auch schon für die Ägypter vor 4000 Jahren eine wichtige Kulturpflanze, die auf Abbildungen in Tempeln und Grabstätten verewigt wurde. Die Pyramidenbauer sollen ihn, zusammen mit Knoblauch und Zwiebeln, regelmäßig gegessen haben. Mutationen und Kreuzungen ließen eine große Vielfalt an Kulturformen entstehen. **Herkunft und Saison:** Weißer Rettich wird den ganzen Sommer über aus heimischem Anbau auf den Märkten angeboten. Jeweils zu Beginn und Ende der Saison gibt es vereinzelte zusätzliche Angebote aus italienischer Produktion. **Inhaltsstoffe:** 100 g Rettich haben einen Brennwert von ⌀ 14 kcal/59 kJ. Er zeichnet sich durch einen relativ hohen Gehalt an ↑**Mineralstoffen** und ↑**Vitaminen** aus. Eine Rübe deckt mühelos den Tagesbedarf eines Erwachsenen an ↑**Vitamin C**. Außerdem enthält sie reichlich ↑**Kalzium**, fördert stabile Knochen und gesunde Zähne, das enthaltene ↑**Eisen** ist für die Bildung der Blutkörperchen nötig. Rettich wirkt generell harntreibend, bei Menschen mit sensiblem Magen kann er leichtes Sodbrennen verursachen. **Geschmack:** Den charakteristischen scharfen Geschmack verdankt der Rettich den enthaltenen Senfölen, wobei jüngere Wurzeln einen deutlich milderen Geschmack aufweisen. **Zubereitung und Tipps:** Weißer Rettich wird traditionell roh, gerieben, fein in Scheiben oder spiralig geschnitten und gesalzen als „Bierrettich" zur Brotzeit gegessen. Heute wird der „Daikon-Rettich" als fein geschnittene oder dekorativ geschnitzte Beilage in asiatischen Restaurants geschätzt.

Bierschinken [*Fleischprodukte*] ↑**Echter Bierschinken**

Biersorten [*Bier*] In Europa gibt es eine ungeheure Vielfalt an Farben, Geschmacksrichtungen und Stärken. Ungeachtet dessen stellen die milderen untergärigen Biere heute weltweit den überwiegenden Biertyp dar, während Biersorten mit kräftigerem Geschmack kleinere Marktanteile besitzen. **Die bekanntesten Bierarten sind in der Küchenbibel in alphabetischer Folge aufgeführt.**

Bife a portuguesa [*Span. Speisekarte*] ↑**Rindersteak** portugiesische Art. ↑**Portugaise, à la**

Bife de cebolada [*Span. Speisekarte*] ↑Zwiebel**steak**

Bife de peru [*Span. Speisekarte*] ↑**Truthahn**steak

Bifidobacterium bifidum [*Gesundheit*] **Synonym:** Bacillus bifidus; Bifidobacterium bifidum ist eine Bakterienart der Gattung „Bifidobacterium" (unregelmäßig geformte, grampositive Stäbchen). B. bifidum ist ein stark sauerstoffempfindliches Milchsäurebakterium, das sich aus ↑**Milchzucker**, ↑**Essigsäure** und ↑**Milchsäure** bildet. Deshalb wird es bei der Herstellung von Sauermilcherzeugnissen (z. B. ↑**Jogurt**) nach der Eiweißausfällung (Fermentation) eingesetzt. B. bifidum ist Bestandteil der Darmflora – beim gestillten Säugling sogar der überwiegende Teil. B. bifidum ist auch in Frauenmilch ↑**Bifidus-Flora** enthalten. Bifidus-Milchprodukte enthalten nur den probiotischen Bifidus-Stamm.

Bifidus-Flora [*Gesundheit*] Ein mit Muttermilch gestillter Säugling hat im Darm eine Schicht bzw. Flora, die sich überwiegend aus Bifidobakterien, aber auch aus Colibakterien und Enterokokken zusammensetzt. Diese Flora schützt den Säugling vor Darmerkrankungen und hemmt die Vermehrung von Fäulnisbakterien, da die Bifidobakterien Säure bilden, die andere ↑**Bakterien** abtötet.

Bifteck, biftèque [*Franz. Speisekarte*] Gebratene oder gegrillte Scheibe ↑**Fleisch**

Bifteki [*Griech. Speisekarte*] **A** Begriff aus der griechischen Küchenkultur für größere, gut gewürzte, gebratene ↑**Frikadellen**, die sehr oft mit ↑**Schafskäse** (**kephalotiri**) gefüllt sind

Bigar(r)ade [*Franz. Speisekarte*] Bitterorange (orange amère), ↑**Pomeranze**

Bigarrieren [*Franz. Fachwort*] Einbringen (↑**Spicken**) von ↑**Speck**stücken, ↑**Knoblauch**, ↑**Trüffel** in die Oberfläche von ↑**Fleisch** (Braten)

Bignè [*Ital. Speisekarte*] ↑**Krapfen**

Bigo(l)i [*Ital. Speisekarte*] Dicke ↑**Spaghetti**

Bigorneau [*Franz. Speisekarte*] **T** Strandschnecke vom Atlantik. Die sehr kleine ↑**Meeresschnecke** wird auch gezüchtet. Das Fleisch wird mit einem Spießchen herausgeholt, schmeckt roh oder gekocht vorzüglich.

Bigosch oder Bigos [*Intern. Länderküche*] **R** Oberschlesisch-polnisches Eintopfgericht. Für das polnische Nationalgericht gibt es kein einheitliches Rezept. Je nach der Gegend wird es mit ↑**Weiß**- oder auch ↑**Sauerkraut** und reichlicher Fleischbeigabe als ↑**Eintopf** bereitet. Das ↑**Schweinefleisch** kann man durch ↑**Geflügel**- oder ↑**Wildfleisch** ersetzen. Teilweise dünstet man auch noch ↑**Kartoffeln** und ↑**Äpfel** mit. Bigosch ist auch Vorspeise. Dann isst man nicht vom Teller, sondern direkt aus dem Topf. **Grundrezept:** ↑**Speck** und Schweinefleisch in kleine Würfel schneiden, zusammen mit gehackten ↑**Zwiebeln** kräftig anbraten. In Scheiben geschnittene Wurst und grob geschnittenes Weißkraut dazugeben. Kurz mitdünsten. Dann getrocknete ↑**Pilze**, ↑**Tomatenmark**, zerdrückte ↑**Knoblauch**zehen, ↑**Kümmel**, ↑**Paprikapulver**, ↑**Lorbeerblatt**, ↑Weiß**wein**, ↑**Majoran** und ↑**Salz** zufügen und mit so viel Wasser auffüllen, bis die gut vermischten Zutaten knapp bedeckt sind. Im verschlossenen Topf ohne Umrühren im Ofen garen. Heiß oder lauwarm mit ↑**Brot** servieren.

Bigoudens [*Franz. Speisekarte*] Kleines Mandelgebäck aus der Bretagne

Bihunsuppe [*Intern. Länderküche*] **R** Sehr scharfe indonesische Glasnudelsuppe mit ↑**Geflügel**fleisch und ↑**Gemüse**. Meist kann man die Bihunsuppe in der Dose erhalten. Hier das Grundrezept für ca. 6 l: 500 g ↑**Hühner**- oder ↑**Puten**brust; 1 reife ↑**Papaya**; 1/2 Knolle ↑**Knoblauch**; ↑**Sonnenblumenöl**; ↑**Sesamöl**; 3–4 ↑**Zwiebeln** in 1 cm große Würfel; 3 l ↑**Geflügelfond**; 1/2 l trockener ↑**Weißwein**; ↑**Ingwer** frisch, 1 Stück ca. 4 cm (geschält); 300 g ↑**Bambussprossen** in Stifte; 300 g ↑**Champignons** in Scheiben; 300 g frische ↑**Mungobohnensprossen** (keine Dosenware); 200 g ↑**Erbsen**; 2 ↑**Paprika** rot und gelb in Streifen; 10 g ↑**Mu-err** (getrocknete asiatische Baumpilze) über Nacht in Wasser einweichen, dann gut waschen und in ca. 1 cm große Stücke rupfen oder schneiden (die holzigen Stängel nicht verwenden); ↑**Sojasoße**; ↑**Cur-**

rypaste; ↑**Salz**; ↑**Ve-tsin** oder ersatzweise ↑**Glutamat**; ↑**Sambal Manis**; ↑**Sambal Goreng**; Chili-Knoblauch-Soße (Asialaden); ↑**Glasnudeln** pro Person ca. 5 g; ↑**Frühlingszwiebeln** in Röllchen. Das Geflügelfleisch in mundgerechte Stücke schneiden und in folgender Marinade über Nacht einlegen: Pürierte Papaya, Sonnenblumenöl, Sesamöl, Sojasoße, etwas Weißwein, Knoblauch in feinen Scheiben. **Zubereitung:** Zwiebelwürfel anbraten, das eingelegte Geflügelfleisch dazugeben, mit Weißwein ablöschen und mit dem Geflügelfond (wenn nicht vorhanden, mit Wasser) auffüllen. Würzen mit Salz, Ingwer, Sojasoße, Sambal Manis, Sambal Goreng, Currypaste, Chili-Soße und Ve-tsin. – Nach dem Aufkochen das Gemüse und die Mu-eer-Pilze dazugeben und noch einmal kräftig aufkochen lassen, zum Durchziehen vom Feuer nehmen. Ingwerstück in der Suppe lassen, aber nicht mitessen. – Vor dem Anrichten die Glasnudeln kurz in lauwarmem Wasser einweichen, ausdrücken und mit der Schere in 4–5 cm Länge schneiden. Die gewünschte Menge Bihunsuppe in einem Topf mit den Glasnudeln aufkochen und evtl. mit etwas Salz nachwürzen. Die fein geschnittenen Röllchen der Frühlingszwiebeln in die Suppentassen geben, die Suppe einfüllen.

Bildircin [*Orientalische Küche*] Begriff aus der türkischen Küchenkultur für gebratene ↑**Wachteln.** ↑**Türkische Küche**

Bilibi, billy by [*Franz. Speisekarte*] **A** Mit ↑**Crème fraîche** gebundene Muschelsuppe, meist warm, im Sommer auch kalt, in Tassen serviert

Bilimbi [*Exotische Früchte*] **Englisch:** blimbing, Cucumber tree fruit; **Französisch:** bilimbi. Bilimbis gehören botanisch zur gleichen Familie wie die Karambolen, sind aber deutlich kleiner, nur leicht gerippt. Heimat: Südostasien. Die gelben, durchscheinenden Früchte erinnern an ↑**Gurken**. Bilimbis sind im Geschmack sehr erfrischend, herb-säuerlich. In Asien werden sie zu ↑**Chutneys**, ↑**Konfitüren** und Säften verarbeitet.

Billen [*Intern. Länderküche*] (Niederl.) Rollschinken aus der ↑**Ober-** und ↑**Unterschale** der ↑**Schweinekeule**

Binätsch [*Schweizer Küche*] Schweizer Bezeichnung für ↑**Spinat**

Bindemittel [*Fachkunde*] Bindemittel in Lebensmitteln gelten als ↑**Lebensmittelzusatzstoffe** und haben die Aufgabe, Speisen die gewünschte Konsistenz zu geben. Gelier- und Bindemittel werden sowohl in der Küche bzw. Haushalt als auch in der Lebensmittelindustrie verwendet. Sie müssen geschmacklich neutral oder der zu bindenden Speise angepasst sein. **Die in der Küche üblichen Gelier- und Bindemittel sind:** ↑**Ei**, ↑**Mehlschwitze**, ↑**Mehlbutter**, ↑**Stärke** in Soßen, ↑**Mayonnaise** bei angemachten Salaten (Fleischsalat, Geflügelsalat, Eiersalat). **Die in der Industrie üblichen Gelier- und Bindemittel sind:** ↑**Gluten** als Bestandteil des ↑**Mehls** bei Back- und ↑**Teigwaren**, ↑**Zucker** und ↑**Pektin** (beispielsweise in ↑**Gelierzucker**) sowie ↑**Aspik** in Süßwaren (Gummibärchen), ↑**Gelatine** bei Fleisch- und Wurstwaren, ↑**Agar-Agar** (↑**E 406**). ↑**Verdickungsmittel**

Binden [*Unsere Küche*] **T 1.** Suppen, ↑**Soßen** und Gemüsegerichte durch ↑**Mehl** oder ↑**Speisestärke** (Mondamin) sämig machen. **Tipp:** Mehl oder Stärke mit kaltem Wasser, ↑**Wein** usw. anrühren und in die kochende Flüssigkeit einrühren. **Achtung:** Anbrennegefahr! **2.** Zum Binden für gerolltes ↑**Fleisch** (↑**Rouladen**, ↑**Rollbraten**, ↑**Kalbsbrust** usw.) keinen Zwirn (der schneidet beim Braten das sich etwas ausdehnende Fleisch ein), sondern Küchenspagat (Naturspagat) verwenden.

Binderspalt [*Fleischprodukte*] Regionale Bezeichnung für die Oberschale. Teilstück aus der Keule vom ↑**Rind** oder ↑**Kalb**

Bindsalat [*Gemüse*] ↑**Blattsalate**

Binge eating [*Gesundheit*] Essstörung, bei der unkontrollierbare Fressattacken auftreten, besonders bei Menschen, die ihr Essen zwanghaft kontrollieren. ↑**Bulimie**

Binner [*Fleischprodukte*] Regionale Bezeichnung für die Oberschale. Teilstück aus der Keule vom ↑**Rind** oder ↑**Kalb**

Bintje [*Kartoffelsorte*] **Kochtyp:** ↑**Vorwiegend festkochende Kartoffel, aber leicht mehlig. Herkunft:** Niederlande; **Jahr der Zulassung:** 1910; **Schale:** gelb; **Fleisch:** hellgelb; **Knolle:** rundoval; **Reifezeit:** mittelfrüh

Bioaktive Substanzen [*Gesundheit*] **T** Bioaktive Substanzen sind gesundheitsfördernde Stoffe in Lebensmitteln, von denen über 5000 identifiziert wurden. Zu den bekanntesten bioaktiven Substanzen zählen die ↑**Carotinoide** (z. B. in ↑**Karotten**, ↑**Tomaten**, rotem ↑**Paprika**). Sie sind allerdings keine ↑**Nährstoffe** oder Inhaltsstoffe, die Energie liefern und am Aufbau von körpereigenen Stoffen beteiligt sind. Sie sind für den Menschen auch nicht essenziell (lebensnotwendig) wie ↑**Vitamine** und ↑**Mineralstoffe**. Längerfristig betrachtet sind bioaktive Substanzen jedoch für die Gesundheit unverzichtbar. Zu ihnen gehören: ↑**Ballaststoffe**, ↑**Sekundäre Pflanzenstoffe**; ↑**Sulfide** sowie Inhaltsstoffe aus milchsauer vergorenen Erzeugnissen, wie ↑**Sauerkraut** und ↑**Jogurt**. Schon länger sind bioaktive Substanzen und sekundäre Pflanzenstoffe keine Fremdworte mehr. Noch weiß man nicht genau, wie sie im Körper wirken. **Bioaktive Substanzen sind:** verdauungsfördernd; antimikrobiell; entzündungshemmend; antioxidativ; krebshemmend; antithrombotisch (hemmt die Blutgerinnung); entgiftend; immunmodulierend (beeinflusst das Immunsystem); beeinflusst Blutdruck und Blutzuckerspiegel positiv; senkt den Cholesterinspiegel. Bioaktive Substanzen aus den meisten ↑**Obst-** und ↑**Gemüsesorten** wirken basisch. ↑**Säure-Basen-Haushalt**

Biofleisch [*Fachkunde*] Auch Ökofleisch oder alternatives ↑**Fleisch.** Besondere Haltungs- und Fütterungsbedingungen sowie das Verbot von Zusatzstoffen im Futtermittel sind vorgeschrieben. Die Erzeuger stellen bei der Vermarktung eine naturnahe, umweltfreundliche Produktion heraus, doch sind die jeweiligen Angaben schwer kontrollierbar.

Biogene Amine [*Fachkunde*] **T** Biogene Amine sind stickstoffhaltige organische Substanzen. Sie werden im menschlichen und tierischen Organismus sowie in Pflanzen gebildet. Biogene Amine sind ein Hinweis (Indikator) für die Frische von Lebensmitteln. Je mehr in einem Lebensmittel enthalten sind, desto weniger frisch ist es. In größeren Mengen finden sich biogene Amine wie ↑**Histamin,** ↑**Serotonin** und ↑**Tyramin** auch in frischen Lebensmitteln, z. B. in ↑**Ananas,** ↑**Avocados,** ↑**Bananen,** ↑**Tomaten,** ↑**Walnüssen,** ↑**Himbeeren,** ↑**Pflaumen** und ↑**Spinat** sowie in ↑**Fleisch** und ↑**Fisch.** Biogene Amine sind an Lebensmittelintoleranzen im Körper beteiligt. Dabei können bereits nach dem ersten Kontakt mit dem Auslöser (z. B. Histamin in ↑**Sauerkraut** und ↑**Wein,** Serotonin in ↑**Bananen** sowie Tyramin in Käsesorten wie ↑**Camembert,** ↑**Gouda,** ↑**Gruyère,** ↑**Parmesan** und ↑**Emmentaler** und ↑**Schokolade**) pseudoallergische Krankheitserscheinungen (Symptome) auftreten. Das Auftreten und der Schweregrad der Erkrankung hängen stark von der aufgenommenen Menge an biogenen Aminen ab. Reagieren biogene Amine mit ↑**Nitrit,** so bilden sich krebserregende Substanzen, die ↑**Nitrosamine.**

Biolek, Alfred [*Berühmte Köche*] Der Moderator **Alfred Biolek,** *1939, ist zwar kein gelernter Koch, jedoch durch seine Kochsendung **„Alfredissimo"** bei einem Millionenpublikum sehr populär. Seit 1994 wird seine Sendung vom WDR produziert, in der er und ein prominenter Gast jeweils ein einfaches Gericht zubereiten. Markenzeichen der Sendung ist die Weinprobe während des Kochens. Alfred Biolek ist auch Autor einiger sehr erfolgreicher Kochbücher. Die Kritik nennt Alfred Biolek **„Die Mutter aller Fernsehköche".**

Biologische Wertigkeit [*Gesundheit*] **T** Die biologische Wertigkeit gibt an, wie viel Körpereiweiß durch ↑**Eiweiß,** das mit einem Nahrungsmittel aufgenommen wird, aufgebaut werden kann. Sie ist abhängig vom Gehalt an lebensnotwendigen (essenziellen) ↑**Aminosäuren** im Nahrungseiweiß. Für den Menschen hat z. B. das Eiweiß der ↑**Milch** eine biologische Wertigkeit von 92–100, ist also wertvoll, wohingegen ↑**Maiseiweiß** mit einer Wertigkeit von 24–54 weniger wertvoll ist. Die biologische Wertigkeit von Eiweiß aus der Nahrung lässt sich durch Kombination von Lebensmitteln erhöhen, deren Eiweiße sich gut ergänzen, z. B. ↑**Kartoffel** mit ↑**Ei** oder ↑**Mais** mit ↑**Bohnen.**

Biologische Wertigkeit eines Proteins [*Fachkunde*] Wert, der vom „Profil" der Aminosäuren abhängig ist. Die Bildung von körpereigenen ↑**Eiweißen** (Proteinen) wird durch den Mangel an einer oder mehreren essenziellen ↑**Aminosäuren** limitiert.

Biologischer Anbau [*Gesundheit*] **T Einzuhaltende Kriterien sind: 1.** Saatgut darf nicht chemisch behandelt sein. **2.** Nur Nährstoffe für den Boden aus dem natürl. Kreislauf (Viehdung, Gesteinsmehle, Gründüngung). **Absolut tabu:** Pestizide und chem.-synthetische Düngemittel. **3.** Die Unkrautbekämpfung hat durch Jäten zu erfolgen. **4.** Äcker dürfen keinen schädlichen Umwelteinflüssen ausgesetzt sein (Straßen mit hoher Verkehrsdichte). Bodenanalysen geben Aufschluss über langlebige Schadstoffe. **5.** Glashäuser und Folientunnel dürfen ausschließlich der Anzucht dienen und werden nicht durch techn. erzeugte Energie beheizt. **6.** Der Tierbestand ist der landwirtschaftlichen Nutzfläche anzupassen (keine Massentierhaltung). Das Futter hat aus biologischem Anbau zu erfolgen. **7.** Es gelten strengere ↑**Nitratgrenzwerte. Biologisch angebaut ist nicht…** – „Aus kontrolliertem Anbau" – „Aus chemiefreier Landwirtschaft" – „Aus naturnahem Anbau" – „umweltgeprüfte Qualität/Landwirtschaft". ↑**Demeter-Gemüse**

Biologischer Säureabbau (BSA) [*Weinkunde*] Begriff, mit dem ein biologischer Vorgang in der Weinbereitung bezeichnet wird. Dabei wird die im Wein vorhandene, bissige Apfelsäure in weichere Milchsäure umgesetzt. Für diesen Prozess wird auch häufig der Begriff **malolaktische oder zweite Gärung** (Malum = Apfel, Laktis = Milch) angewandt. Beide Begriffe sind strikt genommen nicht korrekt, da die Gärung eine Aktivität der Hefe ist, während der biologische Säureabbau von einer Bakterienart verursacht wird. Dieser Vorgang wurde lange Zeit nicht richtig verstanden, weshalb man ihn nicht bestimmen oder lenken konnte. Er schien nach der Gärung von selbst zu beginnen (oder nicht), und weil beim biologischen Säureabbau (BSA) Kohlendioxid produziert wird, ähnelt der Prozess einer „zweiten Gärung". Der BSA mildert die Säure im Wein, zugleich entstehen geschmackliche Komponenten, die den Wein komplexer, interessanter machen. BSA kann sowohl bei Rot- als auch bei Weißweinen angewandt werden. Vor allem bei Rotweinen aus gemäßigten Klimazonen ist der BSA Standard. Die geschmackliche Verwandlung wird aber bei bestimmten Weiß- und Rotweinen als unerwünscht angesehen. So wird man den BSA selten bei Rieslingweinen anwenden, obwohl gerade sie sehr säurebetont sind. Die laktischen Bakterien können nämlich nur in nicht allzu säurereichen Umgebungen ihre Arbeit verrichten, zugleich würde BSA zu sehr die Typizität der Weine verändern. Die Säure mancher Rieslinge versucht man mit einer Restsüße abzumildern. Auch bei leichten Rotweinen wie Beaujolais, wo Frucht und Frische die wichtigsten Eigenschaften sind, wird auf BSA verzichtet.

Biomehl [*Allgem. Nährmittel*] Aus biologisch angebautem ↑**Getreide** (ohne künstliche Düngemittel und ohne Pestizide angebaut). Bio-**Mehl**↑ war früher ↑**Vollkornmehl**, heute gibt es auch andere ↑**Typen** aus biologischem Getreide.

Bionta [*Kartoffelsorte*] **Kochtyp:** ↑**Vorwiegend festkochende Kartoffeln**

Bio-Produkte [*Fachkunde*] Unter Bio-Produkten versteht man Lebensmittel, die aus Rohstoffen hergestellt wurden, zu deren Produktion keine künstlichen Zusatzstoffe und Hilfsmittel benutzt wurden. Schädlingsbekämpfungsmittel und Kunstdünger sind grundsätzlich nicht erlaubt.

Biotechnologie im Ernährungsbereich [*Gesundheit*] Biotechnologie ist die Anwendung von Methoden der Biochemie, Molekularbiologie, Mikrobiologie und Verfahrenstechnik in der Lebensmittelindustrie. Es werden Mikroorganismen, pflanzliche und tierische Zellen sowie Gewebe als Hilfsmittel zur Produktion von Lebensmitteln eingesetzt. Im Lebensmittelbereich dienen biotechnologische Verfahren dazu, qualitativ hochwertige Lebensmittel unter kostengünstigen und umweltschonenden Bedingungen zu gewinnen. Sie werden seit Jahrtausenden zur Veränderung, Veredelung und Konservierung von Lebensmitteln angewendet. Gärung (Fermentation) ist die älteste Form der Lebensmittelverarbeitung bzw. -konservierung und der Vorläufer der modernen Biotechnologie. Biotechnologische Verfahren zur Herstellung von Lebensmitteln aus pflanzlichen Rohstoffen haben lange Tradition, so bei der Herstellung von alkoholischen Getränken (↑**Bier**, ↑**Wein**, ↑**Spirituosen**), ↑**Essig**, Backwaren, ↑**Sauergemüse**, ↑**Tee** und ↑**Kaffee.** Biotechnologisch hergestellte Lebensmittel tierischen Ursprungs sind Produkte, die unter Verwendung von Mikroorganismen und ↑**Enzymen** aus ↑**Milch** (↑**Käse**, ↑**Quark**, ↑**Jogurt**, ↑**Butter**) oder ↑**Fleisch** (↑**Rohwurst**, Pökelware) produziert werden. Wurden zu Anfang Lebensmittel durch unbewusste Nutzung der Gärprozesse erzeugt, bestimmen heute gezielt eingesetzte Mikroorganismen (Starterkulturen) und Techniken die Herstellung von Lebensmitteln, aber auch von Lebensmittelzusätzen (z. B. Geschmacks- und ↑**Aromastoffen**, Frucht- und ↑**Aminosäuren**, ↑**Geliermittel**, ↑**Konservierungsstoffen**, Enzymen, ↑**Starterkulturen**).

Biotin ↑**Vitamin** B_7 [*Gesundheit*] **T Biotin gehört zu den Vitaminen der B-Gruppe.** Dieses Vitamin kann in der Darmflora gebildet und über die Nahrung aufgenommen werden. Es kommt im menschlichen Körper in verschiedenen Organen und Geweben vor. **Funktion im Körper:** Das Biotin spielt eine wichtige Rolle bei Stoffwechselprozessen, wie die anderen ↑**B-Vitamine** auch. Es hilft bei der Glukosesynthese und begünstigt reibungsloses Zellwachstum und -teilung, unterstützt den Abbau von ↑**Amino-** und ↑**Fettsäuren. Vitamin-**B_7**-Mangel:** Zu einem Biotinmangel kommt es sehr selten, da es auch von der Darmflora gebildet wird und nach der Verarbeitung „recycelt" werden kann. Isst man aber täglich mehrere rohe Eiweiße, kann das Biotin nicht mehr verwertet werden, weil es sich an einen Stoff im ↑**Eiklar** bindet. Bei schwerem Mangel treten Hautprobleme, Magersucht, Taubheitsgefühl und Schmerzen in Armen und Beinen, Angstzustände und Depressionen auf. Es gibt auch eine angeborene Erbkrankheit, bei der ein für die Freisetzung von Biotin aus Lebensmitteln wichtiges Enzym, die Biotinidase, fehlt. Sie führt schon bei Babys zu einem Mangel und muss ein Leben lang durch zusätzliche Biotingaben behandelt werden. **Vitamin-**B_7**-Lieferanten:** ↑**Hefe**produkte, ↑**Nieren**, ↑**Leber**, ↑**Hülsenfrüchte** und ↑**Nüsse.** Auch ↑**Sojabohnen**, ↑**Vollkorn**produkte und ↑**Milch**produkte enthalten Biotin. Bei der Aufnahme muss das Vitamin erst aus Proteinverbindungen gelöst werden, um verwertet werden zu können. **Der Tagesbedarf an Biotin beträgt nach Schätzungen zwischen 3 und 6 µg.** Generell treten in den Industrieländern kaum Mangelerscheinungen auf, es sei denn bei extremer Fehlernährung oder Alkoholismus. Raucher, Sportler, Schwangere und Stillende sowie Menschen mit Biotinidase-Mangel sind angewiesen, auf ausreichende Biotinzufuhr zu achten. **Um den ∅ Tagesbedarf an Biotin zu decken, reichen folgende Mengen der betreffenden Lebensmittel:** 250 g ↑**Rührei**; 220 g ↑**Haferflocken**; 70 g ↑**Erdnussbutter**; 50 g getrocknete ↑**Steinpilze**; ↑**B-Vitamine**

Biowein [*Weinkunde*] Weine, die ohne chemische Spritz- und Düngemittel angebaut werden. Es werden nur natürliche Stoffe verwendet: Pflanzenextrakte, Mineralien (Kupfer, Schwefel), Steinmehle und organische Dünger. Im Labor lassen sich kaum Unterschiede zu „normal" erzeugten Weinen aufweisen. Beim Einkauf von solchen Bioweinen sollte man auf die Verbandssiegel der Öko-Anbauverbände achten.

Biphenyl [*Fachkunde*] ↑**E 230**

Bircher Müsli [*Gesundheit*] ↑**Bircher-Benner-Kost**

Bircher-Benner-Kost [*Gesundheit*] **T** Eine vom Schweizer Diätarzt Dr. Bircher-Benner (1867–1939) erfundene ↑**Rohkost**mischung. ↑**Getreideflocken** (↑**Roggen**, ↑**Hafer**, ↑**Weizen**, ↑**Reis**), kaltgepresste ↑**Pflanzenöle**, ↑**Müsli**, geriebene ↑**Äpfel**, ↑**Nüsse**, ↑**Honig**, ↑**Rosinen** und Rohsäfte↑ dienen als Basisernährung. Diese Basis kann durch ↑**Milch** und magere ↑**Milchprodukte**, schonend gegarte Getreide-, ↑**Gemüse**-, und ↑**Kartoffel**speisen sowie ↑**Blattsalate** erweitert werden. Die Lebensmittel stammen alle aus kontrolliert-ökologischem Anbau.

Bireweck, pain de fruits [*Franz. Speisekarte*] ↑**Birnenbrot**

Birke [*Wildkräuter, -blüten & -früchte*] ↑**Blätter essen**

Birkenpilz [*Speisepilze*] **T Lateinisch:** Leccinum scabrum. ↑**Waldpilze**; **Synonym:** Birkenröhrling, Kapuzinerröhrling, Kapuzinerpilz; **Kurzbeschreibung:** mittelgroßer bis großer Röhrenpilz mit bräunlichem, feinfilzigem Hut, deutlich schwarzschuppigem Stiel und weißem Fleisch unter Birken. **Hut:** bräunlich in verschiedenen Varianten, gelbbraun, rotbraun oder graubraun, anfangs halbkugelig, dann polsterförmig, 3–15 cm breit, glatt, kahl, feinfilzig, trocken matt, feucht leicht schmierig, recht dickfleischig, Huthaut kaum abziehbar. **Röhren:** anfangs weißlich, dann zunehmend schmutzig-weiß bis grau, 1–3 cm lang, am Stiel niedergedrückt und durch eine Ringfurche scharf abgegrenzt, leicht ablösbar, bei Druck bräunlich verfärbend, Mündungen eng, klein und rund. **Stiel:** bis 15 cm lang und bis 3 cm breit, voll, schlank, nach oben verjüngt, etwas brüchig, im Alter strähnig und holzig zäh. Stielbasis ocker oder rötlich verfärbend, mit deutlichen, faserigen, schwärzlichen oder grauen Schuppen, die im oberen Teil auch längsstreifig angeordnet sein können. **Fleisch:** jung fest, später schwammig und bei Regen oft sehr wässrig, erst weiß, dann grauweiß, im Schnitt oder an Bruchstellen nicht verfärbend; **Geruch:** angenehm, Geschmack mild; **Sporenstaub:** oliv-bräunlich; **Vorkommen:** Juni – Oktober unter Birken in Wäldern, Parks usw., besonders auf neutralen Böden, verbreitet und häufig vom Flachland bis zur Waldgrenze. **Verwechslungsmöglichkeiten:** mit einigen verwandten Arten, von denen sich der Birkenpilz jedoch durch das weiße und unveränderliche (nicht verfärbende), relativ feste Fleisch und eine nicht blaugrün, sondern ocker oder rötlich verfärbende Stielbasis unterscheidet. **In der Küche:** gut und schmackhaft, solange jung und fest, ältere Exemplare sind sehr schwammig und oft auch wässrig und darum – wenn überhaupt – nur als Mischpilz genießbar, ältere Stiele sind zäh und holzig und zum Verzehr nicht geeignet. Junge Pilze lassen sich gut trocknen und schmoren, das Fleisch wird beim Schmoren allerdings grau bis schwärzlich und schleimig.

Birkenröhrling [*Speisepilze*] ↑**Birkenpilz**

Birkhahn, Birkhuhn [*Übersetzer*] **Englisch:** heart cock, heart hen; **Französisch:** petit coq de bruyère; **Italienisch:** fagiano, a di monte; **Spanisch:** grigallo

Birne [*Fleischprodukte*] Regionale Bezeichnung für die Rindernuss. Teilstück aus der Keule vom ↑**Rind**

Birne [*Obst*] **T Lateinisch:** Pyrus communis var. sativa; **Englisch:** pear; **Französisch:** poire; **Italienisch:** pera; **Spanisch:** pera. **Info:** Die Birnen gehören zur Familie der Rosengewächse und werden wie ↑**Äpfel**, ↑**Quitten**, ↑**Mispeln**, ↑**Hagebutten** und ↑**Weißdorn** zum ↑**Kernobst** gezählt, sind also Scheinfrüchte, in denen einige kleine, braun gefärbte Samenkerne in fünf Fächern liegen, die mit einer dünnen, pergamentartigen Wand ausgekleidet sind und das Kerngehäuse bilden. **Ursprung und Geschichte:** Birnen sind eine uralte Obstart und stammen ursprünglich wahrscheinlich aus dem Kaukasus, Transkaukasien oder Anatolien. Die ersten Kulturbirnen kamen vor 4000 Jahren aus Persien nach Europa und spielten bereits auf antiken Märkten eine wichtige Rolle. Der römische Schriftsteller Plinius kannte bereits viele Sorten, und die Römer waren es auch, die die Birnen bis nach Mittel- und Westeuropa verbreiteten. Im 18. und 19. Jahrhundert erlebte die Kultivierung und Züchtung von Birnen in Mitteleuropa – insbesondere in Frankreich und Belgien – eine Blüte, es wurden damals etwa 2500 Birnensorten beschrieben. Die meisten der heute wirtschaftlich wichtigen und weltweit in gemäßigten Klimazonen angebauten Birnensorten haben ihre Ursprünge in dieser Epoche. Die Birne zählt heute neben dem Apfel zu den wichtigsten Kernobstsorten und weltweit in den gemäßigten Klimaregionen zu den bedeutendsten Obstarten überhaupt. **Herkunft und Saison:** Birnen werden das ganze Jahr über in ausreichenden Mengen auf den Märkten angeboten. Die Saison beginnt mit den ersten Frühsorten aus Spanien und Italien im Juli, die heimischen Frühsorten werden im August und September geerntet, spätere und meist sehr gut lagerfähige Sorten folgen ab September. Der Markt wird den ganzen Winter über bis Ende Februar aus Lagerbeständen versorgt. Im Dezember und Januar gibt es meist zusätzliche Angebote von ↑**Anjou** aus nordamerikanischer Produktion. Die Saison für Überseeware beginnt Ende Januar mit den ersten Lieferungen aus Chile und Argentinien und geht dann bis in den Hochsommer hinein mit später reifenden Sorten aus Südafrika, Australien und Neuseeland. **Lagerung von Birnen:** Bei der Lagerung von Birnen (und Äpfeln) unterscheidet man drei bis vier verschiedene Lagerstufen: ↑**Naturlager**, ↑**Kühllager** und ↑**CA-Lager** sowie eventuell die ↑**ULO-Lagerung** als eigenständige Lagerform. **Arten und Sorten:** In einer Einteilung der Birnensorten nach ihrem Geschmack unterscheidet man Butterbirnen mit saftigem und Schmelzbirnen mit schmelzendem Fruchtfleisch. Nach der Fruchtform unterscheidet man die typisch länglich geformten Flaschenbirnen, die unregelmäßig geformten Apothekerbirnen und die rundlichen Bergamottbirnen. Die wichtigste Birnensorte weltweit gesehen ist mit etwa 30 % der gesamten Produktion die Williams Christ, die in Amerika und Australien Bartlett genannt wird. Nach der Sorte richtet sich, wann die Birnen reif zum Verzehr sind. Manche erreichen diese Genussreife früh im Jahr und werden vollreif geerntet, andere erntet man hart, dann müssen sie zunächst bis in den Winter gelagert werden, bevor sie richtig zart schmecken. Birnen werden meist vor ihrer vollständigen Reife gepflückt und erreichen diese erst im Lagerraum. Kälte verlangsamt dabei den Reifeprozess, Wärme beschleunigt ihn. Weltweit sind über 1500 verschiedene Sorten bekannt. **Zu den wich-**

tigsten Sorten in Deutschland zählen: ↑**Abate Fetel**; ↑**Alexander Lukas**; **Anjou**; **Clapps Liebling**; **Conférence**; **Forelle**; **Gute Luise**; **Guyot**; ↑**Kaiser Alexander**; ↑**Packham's Triumph**; ↑**Rote Williams**; ↑**Santa Maria**; ↑**Triumph de Vienne**; ↑**Williams Christ**. **Geschmack:** Der durch fehlende Säure sowie hohen Zuckergehalt gekennzeichnete Birnengeschmack wird meist als zart und edel empfunden und weist in den verschiedenen Sorten eine große Vielfalt auf. Das Fruchtfleisch schmeckt sehr süß und aromatisch, doch bei jeder Sorte anders. Junge, noch unreife Gartenbirnen enthalten in ihrem Fruchtfleisch viele harte Zellen, so genannte Steinzellen. Manchmal bleiben diese auch bei erntereifen Gartenbirnen erhalten und verschlechtern den Geschmack, wobei es auf die Sorte ankommt. **Inhaltsstoffe:** 100 g Birnen weisen einen Brennwert von ∅ 50 kcal/210 kJ auf und enthalten etwa 77 g Wasser, 0,5 g Eiweiß, 0,3 g Fett, 11,5 g Kohlenhydrate, 2,6 g Ballaststoffe und 0,1 g ungesättigte Fettsäuren. An ↑**Mineralstoffen**, ↑**Spurenelementen** und ↑**Vitaminen** sind ∅ 8 mg Kalzium, 0,2 mg Eisen, 2 mg Natrium, 116 mg Kalium, 7 mg Magnesium, 14 mg Phosphor, 0,2 mg Zink, 4,7 mg Vitamin C, 0,4 mg Vitamin E, 3 µg Vitamin A und 6 µg Folsäure enthalten. Birnen weisen einen hohen ernährungsphysiologischen Wert auf und sind nicht wesentlich kalorienreicher als Äpfel; wegen ihres geringen Säuregehaltes erscheinen Birnen im Geschmack jedoch süßer. Lediglich der entwässernd wirkende hohe Kaliumgehalt und der relativ hohe Gehalt an ↑**Folsäure** unterscheiden Birnen ein wenig von den Äpfeln. **Zubereitung und Tipps:** Birnen werden wegen der hohen Druckempfindlichkeit reifer Früchte nicht genussreif, sondern marktreif angeboten und sollten daher vor dem Verbrauch noch etwas nachreifen. – Reife und saftige Birnen mit ihrem süß-aromatischen Geschmack sind als Tafelfrüchte begehrt und werden roh verzehrt oder als würzige Beilage zu Salaten, ↑**Käse** und ↑**Nüssen**. Sie können aber auch in ↑**Wein** gedünstet, als Beilage für ↑**Wild**gerichte gereicht werden, mit ↑**Speiseeis** oder ↑**Crème** gefüllt oder mit ↑**Schokolade** überzogen sein. Birnen eignen sich zur Herstellung von ↑**Konserven**, ↑**Saft**, ↑**Nektaren** und ↑**Trockenobst**. Sie werden aber auch zu ↑**Kompotten**, ↑**Desserts**, ↑**Gelees**, ↑**Konfitüren**, ↑**Fruchteis** oder Kuchenbelag und zu sortenreinen Destillaten (bevorzugte Sorte „Williams Christ") verarbeitet. Für die ↑**Mosterzeugung** verwendet man nur kleinfrüchtige, weniger hochwertige Sorten, die „Mostbirnen". **Tipp:** Beim Einkauf auf den Duft achten, der sollte bei reifen und fachgerecht gelagerten Birnen aromatisch und frisch sein. Dagegen ist die Farbe kein Hinweis auf die Qualität und den Reifegrad, sie ist von der Sorte abhängig. Die Früchte sollten noch ein wenig fest sein. Vollreife Früchte nur kaufen, wenn sie noch am gleichen Tag gegessen werden sollen. Da Birnen sehr druckempfindlich sind, gehören sie im Einkaufskorb ganz nach oben. – Noch nicht ganz reife Birnen können bei Raumtemperatur einige Tage aufbewahrt werden. – Reife Früchte sofort essen oder ins Gemüsefach des Kühlschrankes legen, dort sind sie bis zu einer Woche haltbar. Rohe Birnen lassen sich nicht einfrieren.

Birne Helene [*Unsere Küche*] ↑**Poire Belle Hélène**

Birnen in Rotwein [*Unsere Küche*] **R** ↑Rotwein mit ↑**Ingwer**, ↑**Zimt**, ↑**Nelke**, ↑**Piment**, ↑**Zucker**, Prise ↑**Salz**. ↑**Würztabelle**

Birnen in Weißwein [*Unsere Küche*] **R** ↑Weiß**wein** mit ↑**Ingwer**, ↑**Muskatnuss**, ↑**Piment**, ↑**Vanille**, ↑**Zitronenschale**, ↑**Zucker**, Prise ↑**Salz**. ↑**Würztabelle**

Birnenbrot [*Backstube*] Hefebrot mit in Obstbrand eingelegtem ↑**Backobst**, eine Spezialität aus dem Elsass

Birnengeist [*Hausbar*] Klarer ↑**Schnaps**, auch ↑Birnen**branntwein** genannt, wird aus unvergorenen ↑**Birnen** und ↑**Alkohol** hergestellt. Die teuersten Birnengeistsorten sind jene, bei denen die ganze Frucht in der Flasche gewachsen ist und dann mit ↑**Geist** aufgegossen wurde.

Birnenkompott [*Unsere Küche*] Mit ↑**Ingwer**, ↑**Nelke**, ↑**Piment**, ↑**Zitronensaft**, ↑**Zucker**, Prise ↑**Salz** würzen

Birnenkürbis [*Gemüse*] **T Lateinisch:** Cucurbita moschata; **Synonym:** Moschuskürbis. **Info:** Die glatten, beigefarbenen, birnenförmigen Früchte werden etwa 30 cm lang und 1–3 kg schwer. Das Fruchtfleisch ist orange, buttrig weich, wohlschmeckend und hat einen sahnigen, süßen Geschmack. **Herkunft und Saison:** Birnenkürbisse sind sehr gut haltbar und können bis zu einem Jahr bei zunehmender Qualität gelagert werden. Dabei nimmt die Intensität der Farbe und des Geschmacks noch zu. Inländische Produkte tauchen erst im Spätsommer auf dem Markt auf, danach werden sie – meist aus Italien – bis in das Frühjahr hinein angeboten. **Zubereitung und Tipps:** Da die Schale nicht besonders hart ist, lässt sich der Kürbis leicht öffnen. Er hat nur ein sehr kleines Kernhaus und besteht vollständig aus Fruchtfleisch. Deshalb kann man gut Scheiben für „Kürbisschnitzel" aus ihm schneiden. ↑**Kürbis**

Biroldo [*Ital. Speisekarte*] ↑**Blutwurst**

Birra [*Ital. Speisekarte*] ↑**Bier**

Birria [*Mexicofood*] Mexikanisches Fleischgericht, das dem ↑Lamm**gulasch** ähnelt

Bis, pain [*Franz. Speisekarte*] Graubrot

Bischofsmütze [*Unsere Küche*] Weißer ↑**Kürbis** (nicht der Speisepilz)

Biscott(in)o [*Ital. Speisekarte*] Keks, ↑**Biskuit**

Biscotte [*Franz. Speisekarte*] ↑**Zwieback**

Biscuit [*Franz. Speisekarte*] **A** ↑**Biskuit**; **1.** feine Backware aus ↑**Mehl**, ↑**Eiern** und ↑**Zucker**; 2 x gebacken; **2.** luftig-leichte Biskuittorte

Biscuit [*Ital. Speisekarte*] ↑**Eissoufflé**, Halbgefrorenes

Biscuit à la cuiller [*Franz. Speisekarte*] ↑**Löffelbiskuit,** fein und zart

Biscuit glacé [*Franz. Speisekarte*] Eistorte

Biscuit roulé [*Franz. Speisekarte*] Biskuitrolle

Biscuit sec [*Franz. Speisekarte*] Trockenkeks

Biscuits [*U.S. Kitchen*] Brötchen als Beilage

Biskotten [*Österr. Küche*] ↑**Löffelbiskuits**

Biskuitkuchen [*Übersetzer*] **Englisch:** angel food cake; **Französisch:** biscuit de Savoie; **Italienisch:** pan di Spagna; **Spanisch:** tarta de bizcocho

Biskuitteig [*Backstube*] **R** Eine besonders lockere und zarte Teigmischung, die sich vor allem für Biskuitrollen oder luftige Tortenböden eignet. **Grundrezept:** Für den Genueser Biskuit braucht man 5 ↑**Eier** und 150 g ↑**Zucker,** die im Wasserbad schaumig geschlagen werden. Danach wird die Eiermasse kalt geschlagen und vorsichtig 75 g gesiebtes ↑**Mehl** und 75 g gesiebtes ↑**Stärkemehl** untergezogen. Zum Schluss gibt man noch 50 g flüssige, lauwarme ↑**Butter** dazu. Für die Biskuitroulade den dünnen Biskuit sofort nach dem Backen aus dem Rohr nehmen, mit Zucker bestreuen und in Backpapier einrollen. So trocknet sie weder aus, noch bricht sie. Biskuitmasse vor dem Backen mit ↑**Früchten** belegen; damit diese nicht einsinken, taucht man sie vorher kurz in Mehl.

Bismarckheringe [*Fisch*] **R Englisch:** Bismarck herring; **Französisch:** hareng de la Baltique; **Italienisch:** aringa marinata; **Spanisch:** arenque marinado. Sie werden unter der Bezeichnung „↑**Marinaden**" geführt. Darunter versteht man gesäuerte Fische. Der Bismarckhering ist ein filetierter roher ↑**Hering** (Heringsdoppelfilets mit Haut, ohne Gräten und Kopf), der zunächst für 4–6 Tage zum Garen in ein kaltes ↑**Essig**-Salzbad gelegt wird. Durch das ↑**Salz** wird das ↑Fisch**eiweiß** „denaturiert", das heißt, vom rohen in den genussfertigen Zustand gebracht. Während das Salz dem Fleisch Wasser entzieht und es fester macht, hat die Essigsäure einen entgegengesetzten Effekt: Sie macht das Fischfleisch zarter. Abschließend kommt der Hering in ein neues Garbad , mit einer Feinmarinade aus Essig, ↑**Zucker,** ↑**Zwiebeln,** ↑**Senfkörnern** und ↑**Lorbeerblättern.** Die Lebensmittelindustrie benannte diese Heringe nach Otto von Bismarck.

Bisonfleisch [*Fleischprodukte*] **T Herkunft und Verfügbarkeit:** Nachdem der Bison Anfang des 20. Jahrhunderts so gut wie ausgerottet war, wurde er in den 70er-Jahren von Feinschmeckern neu entdeckt. Heute leben Bisons in den USA und Kanada wieder frei und werden wegen der wachsenden Nachfrage auch in Wildgehegen gezüchtet. Bisonfleisch ist von höchster Qualität, mit edlem Geschmack und positiv wirkenden Inhaltsstoffen. Das bei uns angebotene Fleisch stammt überwiegend aus Nordamerika und Kanada, wo Tiere und Fleisch strikten Qualitätskontrollen unterliegen und nur natürliches Futter bekommen, ohne Zusätze künstlicher Wachstumshormone, Antibiotika oder chemischer Produkte. Wegen der steigenden Nachfrage nimmt auch in Europa die Zahl und Größe der Herden seit Beginn der 90er-Jahre zu. Nennenswerte Züchtungen gibt es in Belgien und Frankreich. Auch in Deutschland wachsen die Bestände, obwohl der Bison im deutschen Tierzuchtgesetz bislang noch nicht als landwirtschaftliches Nutztier anerkannt wird. **Eigenschaften des Fleisches:** Das dunkelrote Bisonfleisch ist mit außergewöhnlich gutem Rindfleisch vergleichbar. Jedoch wesentlich magerer und durch die kurzen Fleischfasern sehr zart. Es hat einen sehr hohen Anteil wertvoller, leicht aufspaltbarer ↑**Eiweiße**, sodass es leicht abgebaut und schnell verdaut werden kann. Durch den geringen Fettanteil wird auch bei empfindlichen Personen kein Völlegefühl ausgelöst. **Geschmack:** Das Fleisch hat einen einzigartigen, intensiven und würzigen Geschmack, der nicht wie üblich vom Fett getragen wird. **Verwendung in der Küche:** Die Fleischstücke sehen aus wie ↑**Rindfleisch** und werden auch so bezeichnet: Halsgrat, Rippe, Lende, Lendenstück, Filet usw. Bisonfleisch wird in der Küche wie Rindfleisch verwendet. Nur in der Zubereitung ist die unterschiedliche Garzeit zu berücksichtigen. Fett wirkt hitzeisolierend, deshalb gart das marmorierte Rindfleisch länger und bei höheren Temperaturen als das fettarme Bisonfleisch, das für eine Vielzahl von Gerichten verwendet werden kann, die intensiv im Geschmack sind. Der geringe Wasseranteil wirkt sich auch beim Braten positiv aus; das Fleisch schrumpft nicht. Beim Würzen sollte man den Eigengeschmack nicht überdecken. Bisonfleisch eignet sich wegen seines besonders hohen Eiweiß- und sehr geringen Wassergehaltes sehr gut zum Einfrieren, ohne Einbußen an Qualität. **Inhaltsstoffe:** Die sehr günstige Nährwert-Zusammensetzung von Bisonfleisch gegenüber anderen Fleischarten macht es zu einem gesunden und wertvollen Lebensmittel. **Das Bisonfleisch im Vergleich mit anderen Fleischarten:** 100 g zubereitetes Fleisch enthält ∅

Nährstoffe	**Bisonhüfte**	**Rinderhüfte**	**Hähnchenbrust**
Cholesterin	40 mg	65 mg	66 mg
Fett	3 g	14 g	7 g
kcal/kJ	120/502	210/877	167/699
Nährstoffe	**Schweinenuss**	**Kalbfleisch**	**Lammkeule**
Cholesterin	70 mg	73 mg	87 mg
Fett	11 g	7 g	8 g
kcal/kJ	177/741	137/573	180/753

Daneben enthält Bisonfleisch viele ↑**Vitamine**, insbesondere Thiamin (↑**Vitamin** B_1) und ↑**Mineralstoffe** wie ↑**Eisen,** ↑**Zink** und vor allem ↑**Selen**, sowie essenzielle ↑**Aminosäuren**. Die dunklere rote Farbe wird durch die vom Rindfleisch abweichende Zusammensetzung an Mineralien, insbesondere dem höheren Gehalt an ↑**Eisen**, verursacht. Aufgrund dieser positiven Zusammensetzung wird das nährstoffreiche und gesunde Fleisch in Krebskliniken der USA zur Therapie in der Vorsorge eingesetzt. Die weltweit anerkannte „American Heart Association" empfiehlt herzkranken Menschen den Verzehr von Bisonfleisch.

Bisque d'homard/d'écrevisses/de crevettes [*Franz. Speisekarte*] **R** Crèmesuppe aus pürierten ↑**Krustentieren** mit ↑Weißwein, ↑**Cognac** und ↑**Crème fraîche** gebunden. Die „Bisque de crevettes", die Krevettensuppe, die „Bisque d'écrevisses", die Krebssuppe, und die „Bisque d'homard", die Hummersuppe, zählen zu den „Potages speciaux" oder auch „Potages riches", da ihre Zutaten besonders kostspielig sind. Die Krustentiere werden mit ↑**Mirepoix** rot gedämpft, abgezogene und entkernte ↑**Tomaten** zugegeben, weitergedämpft, mit Cognac flambiert, Weißwein abgelöscht und reduziert. Mit ↑**Fischfond** auffüllen, 10 Min. kochen lassen. Die Krustentiere zerstoßen (ohne Schwanz- und Scherenfleisch) und weiter mitkochen. Die Bisque passieren, mit ↑**Reismehl** binden, mit ↑**Eigelb** und Crème fraîche verfeinern, das in Würfel geschnittene Schwanz- und Scherenfleisch dazugeben. Die Bisque dekorativ mit Sahnetupfen und ↑**Dill**sträußchen anrichten.

Bisquick [*U.S. Kitchen*] Fertigmix für Gebäck. Aus Bisquick lassen sich ↑**Muffins**, ↑**Pfannkuchen**, ↑**Bisquits** und ↑**Coffee Cakes** herstellen.

Biss [*Weinkunde*] Der erste Eindruck, den der Wein auf der Zunge macht. Er sollte positiv sein, braucht aber nicht übermäßig kräftig auszufallen. Fehlt der Biss ganz, dann ist ein Wein schwach oder flach.

Bistec [*Span. Speisekarte*] ↑**Beefsteak**

Bistecca [*Ital. Speisekarte*] ↑**Steak**

Bistorte [*Franz. Speisekarte*] ↑**Schlangenknöterichblätter**

Bistouille [*Kaffee*] **T** In Nordfrankreich beliebter ↑**Kaffee** mit einem ↑**Schnaps**

Bistro [*Franz. Speisekarte*] Kleine Kneipe oder Gaststätte mit einfachem, aber oft gutem Essen

Bitkis [*Intern. Länderküche*] **A** Russische Fleischklößchen oder ↑**Klopse**, die mit einer Gabel länglich rechteckig platt gedrückt werden. Stückgewicht ca. 15 g, für eine Portion ca. 14–15 Bitkis.

Bitoke [*Franz. Speisekarte*] ↑**Klopse** aus magerem ↑**Rinderhackfleisch**

Bitte [*Übersetzer*] **Im Hotel** **Englisch:** Please; **Französisch:** S'il vous plaît; **Italienisch:** Per favore; **Spanisch:** Por favor

Bitter [*Weinkunde*] **Englisch:** bitter; **Französisch:** amer, amère; **Italienisch:** amaro; **Spanisch:** amargo. Durch Verarbeitungsfehler können zu viel Gerbstoffe in den Wein gelangen und ihm einen unangenehmen Geschmackston verleihen. Diese Fehler entstehen, wenn beim Pressen der Trauben Kerne oder grüne Traubenstängel beschädigt werden und so Gerbstoffe in den Wein gelangen.

Bitter Lemon [*Hausbar*] Mit ↑**Chinin** versetzte Limettenlimonade, die als alkoholfreier ↑**Aperitif** pur getrunken werden kann und Bestandteil zahlreicher ↑**Longdrinks** ist.

Bitterfenchel [*Gewürze & Kräuter*] ↑**Fenchel**

Bitterkeit [*Weinkunde*] Geschmacksnuance der Gerbstoffe, meist bei noch nicht voll ausgereiften Trauben. In Norditalien hoch geschätzt, in den meisten anderen Weinbauregionen eher abgelehnt.

Bitterkresse [*Wildkräuter, -blüten & -früchte*] ↑**Löffelkraut**

Bittermandeln [*Unsere Küche*] **T Vorsicht beim Umgang mit Bittermandeln.** Für Kinder unzugänglich aufzubewahren. Bittermandeln, die gerade weihnachtlichem Gebäck die typische Note verleihen, enthalten größere Mengen Blausäure. **Schon der Genuss von nur drei Mandeln kann bei Kindern zu schweren Vergiftungserscheinungen führen.** Die ↑**Mandeln** unterscheiden sich äußerlich nicht von süßen Mandelkernen. Bittermandeln werden in Packungen zu 20–50 g angeboten. Die Packungen sind mit einem Warnhinweis versehen. Um ganz sicherzugehen, sollte man nur mit Bittermandelöl arbeiten.

Bittermandelöl [*Fachkunde*] Bittermandelöl wird aus der Steinfrucht des Bittermandelbaumes gewonnen. Die Kerne der Bittermandel enthalten Amygdalin, das aus ↑**Traubenzucker**, Bittermandelöl und Blausäure besteht. Beim Zerkleinern der Mandel erhält man durch enzymatische Spaltung das Bittermandelöl. Die enthaltene Blausäure wird entfernt. Bittermandelöl wird wegen seines typischen Geschmacks und Geruchs als Aromastoff für ↑**Likör**, Süß- und Backwaren eingesetzt. Industriell hergestelltes Bittermandelöl wird aus den billigeren, entfetteten ↑**Pfirsich**- und ↑**Aprikosen**kernen gewonnen. Es gibt auch künstlich hergestelltes Bittermandelöl, das durch Lösen von Benzaldehyd in Rohöl gewonnen wird. Es kann wie Bittermandelöl verwendet werden und lässt sich durch die üblichen chemischen Untersuchungsmethoden von dem natürlichen Öl nicht unterscheiden.

Bittermelonen [*Exotische Früchte*] Vitaminreiches asiatisches Kürbisgewächs; zubereiten wie ↑**Zucchini**, mit ↑**Knoblauch**, geschnitten oder gefüllt, für Pfannen-Rührgerichte (↑**Stir-fries**)

Bitterorangen [*Exotische Früchte*] ↑**Pomeranzen**

Bixin [*Fachkunde*] ↑**E 160b**

Biza [*Käse*] ↑**Meira**

Bjalo [*Käse*] **Herkunft:** Bulgarien; **Käsesorte:** ↑**Frischkäse**

Black beans [*U.S. Kitchen*] ↑**Schwarze Bohnen**

Black Pudding [*Intern. Länderküche*] Herzhafte ↑**Blutwurst** britischer Herkunft

Black Russian [*Hausbar*] ↑**White Russian**

Blackberries [*U.S. Kitchen*] ↑**Brombeeren**

Black-eyed peas [*U.S. Kitchen*] Schwarzaugenbohnen

Blackforest cake [*U.S. Kitchen*] ↑**Schwarzwälder Kirschtorte**

Blähkraut [*Gewürze & Kräuter*] ↑**Dill**

Blähungen [*Verdauung*] **T** Übermäßige Gasbildung im Darm. Ursachen von Blähungen sind hastiges Essen, Trinken von kohlensäurehaltigen Getränken, vermehrtes Luftschlucken, z. B. beim Kauen von ↑**Kaugummi**, häufiges Luftschlucken mit leerem Mund und Verzehr von fetten, frittierten und blähenden Speisen (↑**Bohnen**, ↑**Zwiebeln**, ↑**Kraut**, ↑**Kohl**). Beim Verzehr von blähenden Lebensmitteln gelangen schwer verdauliche Bestandteile (z. B. ↑**Inulin**) in die unteren Darmabschnitte, wo sie von Darmbakterien unter Gasbildung abgebaut werden. Beim Verzehr fetter Speisen können durch eine verzögerte Magenentleerung (die Entleerungszeit kann 4 Stunden und mehr betragen) verstärkt Gase auftreten. Daneben können Blähungen auch durch Angst, Depressionen und Hysterie verursacht werden. Eine Behandlung bzw. Linderung kann durch den Verzicht auf blähende Lebensmittel und kohlensäurehaltige Getränke, durch langsames Essen und gründliches Kauen erfolgen. ↑**Gärung**

Blair's 16 Million Reserve [*Gewürze & Kräuter*] Das schärfste Gewürz der Welt. Steht im Guinness Buch der Rekorde. Der Hersteller Blair Lazard erreichte mit diesem Produkt erstmals die Schärfe-Schallmauer von 16 Millionen ↑**Scoville**, die den höchsten Wert der Scoville-Skala darstellt. Eine Flasche enthält 1 ml reine Capsaicinkristalle. Das Produkt soll nur 999-mal verkauft werden und ist auf dem US-Markt für 200 Dollar erhältlich. Dieser Extrakt ist so außerordentlich scharf, dass er zum Verzehr kaum noch geeignet ist – der Hersteller empfiehlt die Verwendung zu Versuchszwecken, rät zu Schutzhandschuhen und Augenschutz. Durch die Herstellung des wohl schärfstmöglichen Produkts überhaupt (es ist noch kein schärferer Stoff als ↑**Capsaicin** gefunden worden) wird Blair Lazard in Kreisen, die Schärfe schätzen, als Guru verehrt.

Blanc [*Franz. Speisekarte*] **1.** weiß; **2.** ↑**Frischkäse**

Blanc de Blancs [*Weinkunde*] Französischer Begriff für einen Wein, der ausschließlich aus weißen Weintrauben gemacht worden ist. Die wörtliche Übersetzung des Begriffes ist „weiß aus weißen" und bezieht sich traditionell auf Schaumwein, vor allem Champagner. Die andere Variante ist ein „Blanc de Noirs", ein Weißwein, der nur aus roten Rebsorten gekeltert wird. Da bei der Kelterung nur der Saft ohne Schalen (die den Wein rot färben) verwendet wird, entsteht ein Weißwein.

Blanc de Noir [*Weinkunde*] Aus roten Trauben gekelterter ↑**Weißwein**. Dabei wird der Most direkt nach der Ernte wie Weißwein sofort gepresst. Die Gärung mit den Traubenhäuten und Kernen entfällt. Verfahren vor allem bei ↑**Champagner**.

Blanc de poisson [*Franz. Speisekarte*] Fischfilet

Blanc de volaille [*Franz. Speisekarte*] Weiße Geflügelbrust

Blanc d'œuf [*Franz. Speisekarte*] ↑**Eiklar**

Blanc manger [*Franz. Speisekarte*] „Weißes Essen", süße ↑**Geleespeise** aus ↑**Mandelmilch**

Blanchaille [*Franz. Speisekarte*] **T** Kleine ↑**Weißfische** aus Meer- oder Süßwasser, meist als Ganzes frittiert

Blanche aux câpres [*Franz. Speisekarte*] Weiße Buttersauce mit ↑**Kapern**

Blanchieren [*Unsere Küche*] **A** ↑**Gemüse** und ↑**Obst** werden vor dem Tiefkühlen blanchiert. Dabei wird kurzfristig (2–4 Min.) das rohe Lebensmittel in kochendem Wasser oder im heißen Wasserdampf behandelt. Enzyme auf der Oberfläche werden zerstört, sodass diese keine Veränderungen mehr hervorrufen können. Außerdem werden auf diese Art Mikroorganismen abgetötet, die ebenfalls zum schnellen Verderb der Lebensmittel führen würden. Das Blanchieren verhindert Farbveränderungen und Vitaminverluste. Abbrühen einzelner Gemüse, speziell Kohlarten, reduziert die Blähwirkung. ↑**Nüsse**, ↑**Kastanien**, ↑**Steinobst**, ↑**Paprika** und ↑**Tomaten** kann man danach leicht abziehen. **Wichtig:** Nach dem Blanchieren die Lebensmittel sofort in Eiswasser abschrecken, damit sie ihre frische Farbe behalten und eingekühlt werden können.

Blanchir [*Franz. Fachwort*] ↑**Blanchieren**, weiß machen, abbrühen

Blancmanger [*Österr. Küche*] Gesülzte ↑**Mandelmilch**

Blanco [*Weinkunde*] Spanisch für weiß, „vino blanco" heißt Weißwein.

Blank [*Weinkunde*] Ausdruck für einen Wein, der klar im Glas steht

Blanquette [*Franz. Speisekarte*] **A** ↑**Ragout**, ↑**Geschnetzeltes** aus weißem ↑**Fleisch**, ↑**Fisch** oder ↑**Gemüse** in mit ↑**Eigelb** gebundener Rahmsauce (↑**Velouté**). Das Fleisch wird nicht angebraten, nur gedünstet.

Blanquette de Limoux oder Limoux nature [*Weinkunde*] **1.** Der älteste Schaumwein Frankreichs aus dem Languedoc, duftig fein und liebenswürdig; **2.** Trockener, stiller Weißwein, vor dem Verkauf 3–5 Jahre gelagert

Blasenschinken [*Fleischprodukte*] In Kunstdärme (früher: Blasen) eingezogene rohe Schinkenarten

Blasenwurst [*Fleischprodukte*] In Blasen gefüllte Wursterzeugnisse, in der Regel eine ↑**Brühwurst**

Blass [*Weinkunde*] Schwache, ausdruckslose Weine sind oft in der Farbe sehr hell und besitzen keinen Charakter

Blatt [*Fleischprodukte*] Regionale Bezeichnung für die Schulter. Teilstück von Schlachttieren und beim ↑**Wild**

Blattdeckel [*Fleischprodukte*] Regionale Bezeichnung für die Schulterdecke. Teilstück der Schulter.

Blatte [*Gemüse*] ↑**Mangold**

Blätter essen [*Unsere Küche*] **T Sehr junge Blätter** von Birke, Buche, Apfel, Kirsche, Linde und Eiche sind essbar und verfeinern im Frühjahr so manchen Salat

Blätterkohl [*Gemüse*] Alle Kohlsorten, die keinen Kopf bilden, z. B. ↑**Grünkohl**

Blätterteig [*Backstube*] **R** Den Namen hat der Blätterteig von der lockeren und blättrigen Beschaffenheit der Gebäcke. Es gibt deutschen, französischen und holländischen Blätterteig. Im Grundteig wird Ziehmargarine oder Butter schichtweise eingerollt. Anteile an Ziehfett und Weizenmehl sind gleich. Der Grundteig enthält noch etwas Fett, Eigelb und Zucker. Beim deutschen Blätterteig ist der Grundteig außen und das Ziehfett nach innen gelegt. Bei dem französischen ist es umgekehrt, da wird das Ziehfett außen und der Grundteig nach innen gelegt und dann eingetourt. Bei der holländischen Version befindet sich das Ziehfett in kleine Würfel geschnitten im Grundteig. Der deutsche und französische Blätterteig ist geeignet für alle Blätterteiggebäcke, da sie gut aufgehen. Der holländische Blätterteig hingegen ist nur für flache Gebäcke geeignet, da der Blätterteig nicht gut aufgeht, aber schnell zu verarbeiten ist. Der sehr aufwändige und zeitintensive Teig eignet sich für süßes und pikantes Gebäck. Er besteht zu gleichen Teilen aus ↑**Mehl** und ↑**Butter** oder ↑**Margarine** (nicht eiskalt, aber kühl), wenig ↑**Salz**, einigen Tropfen ↑**Essig** und Wasser. Kneten, bis der Teig zäh ist, dann mindestens 2 Stunden nicht zu warm ruhen lassen. Das Blättrigwerden des Gebäcks entsteht durch die schichtweise Einarbeitung des Fetts (Touren). Am besten sind 3 doppelte und 2 einfache Touren. Für den Grundteig verwendet man am besten glattes Mehl und für die Fettziegel griffiges. Heute ist fertiger Blätterteig in jedem Lebensmittelgeschäft tiefgekühlt zu haben. ↑**Fleurons**

Blätterteiggebäck [*Übersetzer*] **Englisch:** Danish pastry; **Französisch:** vol-au-vent; **Italienisch:** vol-au-vent; **Spanisch:** hojaldre pasteles

Blätterteigpastete mit Ragout fin [*Übersetzer*] **Englisch:** vol-au-vent financière; **Französisch:** vol-au-vent à la financière; **Italienisch:** vol-au-vent alla finanziera; **Spanisch:** vovolán a la financiera

Blattgemüse [*Gemüse*] **T** Sammelbegriff für Gemüsesorten wie ↑**Chinakohl**, ↑**Endivie**, ↑**Feldsalat**, ↑**Grünkohl**, ↑**Grüner Salat**, ↑**Mangold**, ↑**Petersilienblatt** und ↑**Spinat**. Sie sind kalorienarm, schmackhaft und – in der richtigen Jahreszeit eingekauft – sehr gesund. Einige Sorten (z. B. ↑**Eisbergsalat**, Feldsalat, Mangold, Spinat) reichern von Natur aus ↑**Nitrat** an. Durch bewussten Einkauf (Gemüse der Saison), richtige Lagerung und Zubereitung kann ein hoher Nitratgehalt vermieden werden. **In der lichtarmen Jahreszeit auf gedüngte Treibhausware verzichten.**

Blattgrün [*Fachkunde*] ↑**Chlorophyll**

Blattrippe [*Fleischprodukte*] Regionale Bezeichnung für den mit Rippenknochen durchzogenen Teil der Rinderwand

Blattsalate [*Gemüse*] **T** Unter Salat im engeren Sinne versteht man ↑**Gemüse**, insbesondere ↑**Blattgemüse**, das in frischem Zustand unerhitzt gegessen wird. **Welche verschiedenen Blattsalate gibt es?** Botanisch lassen sich die wichtigsten Blattsalate in zwei Gruppen einteilen: **1. Lattich-Gruppe:** Diese Salate sondern beim Anschnitt eine milchige Flüssigkeit ab. Sie enthalten nur einen geringen Anteil an Bitterstoffen. **Typische Lattichgewächse sind:** Kopfsalat, Eissalat, Bataviasalat, Romanasalat sowie Schnitt- bzw. Pflücksalatarten. **2. Zichorien-Gruppe:** Diese Salatarten enthalten ebenfalls Milchsaft und zusätzlich Bitterstoffe in unterschiedlichen Mengen. Der Vitamin- und Mineralstoffgehalt ist im Mittel höher als bei Lattichsalaten. **Zur Zichorien-Gruppe gehören u. a.** Endivien, Chicorée, Blattzichorie und Radicchio. **Die wichtigsten Salatarten auf dem Markt: Kopfsalat.** Kopfsalat besitzt die größte Bedeutung unter den Blattsalaten. Von Mai bis Oktober steht überwiegend Freilandsalat aus heimischer Produktion zu Verfügung, in den anderen Zeiten kommt er aus dem Gewächshaus. **Roter Kopfsalat:** (enthält den Pflanzenfarbstoff Anthozyan) ist zarter als grüner Salat, frei von Bitterstoffen, allerdings weniger gut haltbar. Für die Zubereitung werden die äußeren harten Blätter entfernt und der Salat nach dem Waschen in mundgerechte Stücke gezupft. Sehr kräftige Rippen nicht mitverwenden. Da Kopfsalat keinen ausgeprägten Eigengeschmack hat, lässt er sich süß und herzhaft anrichten, mit Sahne-, Jogurtdressings oder mit der klassischen Essig-Öl-Marinade. **Eissalat:** auch **Eisberg-**, **Rupf-**, **Knack- oder Krachsalat** genannt, ist eine Variante unseres Kopfsalates. Er besitzt einen kohlartigen Kopf und knackige, feste Blätter. Ein Eissalat entspricht vom Gewicht her zwei Kopfsalatköpfen und wird nahezu das ganze Jahr angeboten. Der herzhafte, frische Geschmack des Eissalates kommt am besten im rohen Zustand zur Geltung. Der Kopf wird in Hälften oder Viertel geteilt und dann in mundgerechte Stücke geschnitten. Er lässt sich auch gegart zubereiten, zum Beispiel als Eintopf oder als Auflauf. Wird Eissalat mit den gekräuselten Umblättern angeboten, bezeichnet man ihn als **Crispsalat**. Im Geschmack und bei den Verwendungsmöglichkeiten bestehen keine Unterschiede zum Eissalat. **Bataviasalat:** Variante des Eissalates mit lockerem Kopf, kräftigen, leicht gekrausten, dickfleischigen Blättern mit rötlich gefärbten Rändern. Von Mai bis Oktober gibt es ihn aus einheimischem Freilandanbau. Bataviasalat fällt nicht so schnell zusammen wie Kopfsalat, im Geschmack ist er würziger und herzhafter. Größenmäßig liegt er zwischen Kopfsalat und Eissalat. **Romana- oder Römischer Salat:** wird auch als **Bindesalat** bezeichnet, weil er früher zusammengebunden wurde, damit sein Herz gelb blieb. Bei den heutigen Sorten ist das nicht mehr nötig. Von Juni bis Oktober kommt er aus einheimischer Ernte, von November bis Mai wird er aus Italien und Frankreich importiert. Römischer Salat hat einen länglichen, lockeren Kopf. Die Blätter weisen eine Struktur auf, die an Wirsing erinnert. Gewöhnlich ist er dunkelgrün mit helleren Innenblättern, es gibt aber auch rote Sorten. **„Little Gem“:** Romanasalat, der ohne Umblätter, d. h. als Salatherz, angeboten wird. Die Blätter sind dicker, fester und saftiger als beim Kopfsalat und schmecken angenehm mild-süß. Der Salat ist praktisch küchenfertig und kann ohne Abfälle zubereitet werden. Romana ist herzhafter als Kopfsalat und lässt sich gut pikant würzen, zum Beispiel mit einem ↑**Roquefort**-↑**Dressing**. Als Wintergemüse lässt er sich wie ↑**Wirsing** zubereiten. Beim Putzen werden äußere, unansehnliche Blätter entfernt und nach dem Waschen ohne harte Blattrippen in mundgerechte Stücke geschnitten. **Pflücksalate:** Die Erntemöglichkeit gab den Pflücksalaten (Schnittsalaten) den Namen: man schneidet einfach so viel ab, wie für die Mahlzeit benötigt wird. Der Schnitt erfolgt oberhalb der Herzblätter, der Salat wächst nach und kann noch zweimal nachgeschnitten werden. Pflücksalate werden kaum im Lebensmittelhandel angeboten, eher auf Wochenmärkten. Pflücksalat ist aber auch ein Oberbegriff für Salate, die keinen Kopf, sondern eine dichte, kugelige Blattrosette bilden. **Dazu gehören bekannte Blattsalate wie: Lollo Rosso – Lollo Bionda – roter oder grüner Eichblattsalat.** Diese stark gekrausten Blattsalattypen zeichnen sich durch gute Haltbarkeit und intensiven Geschmack aus. Sie fallen nicht so schnell zusammen und eignen sich fein geschnitten gut für Salatmischungen. **Eichblattsalat** hingegen ist durch seine weichen Blätter überaus empfindlich. **Kraussalat ist ein Sammelbegriff für verschiedene Kreuzungen**, z. B. Kopfsalat mit Blattsalat (**Novita**), Kopfsalat mit Romana (**Frisby**), Eichblatt mit Batavia (**Raisa**). **Frillice** (sprich: Frill-Eis) ist eine verhältnismäßig junge Salatsorte aus Holland. Sie vereint die Knackigkeit des Eissalates und das dekorative Aussehen eines Kraussalates. **Endiviensalat:** gibt es das ganze Jahr über. In den Wintermonaten wird er aus Frankreich, Spanien und Italien importiert. Im Frühjahr kommen Treibhausendivien auf den Markt. ↑**Nitrat.** Ab Mitte Mai bis Dezember stehen heimische Sorten zu Verfügung. **Im Angebot sind folgende Sorten: Eskariol**, auch glatte Endivie genannt, ist grün, relativ grob, mit nur leicht gekrausten, breiten Blättern. **Frisée** hat fein gekrauste, zarte Blätter, er ist heller und milder als Winter-Endivie. Allen Endivien-Sorten ist der leicht bittere Geschmack eigen, der sie für Salatmischungen so attraktiv macht, zum Beispiel mit ↑**Apfel**-,↑**Orangen**stücken oder mit Radicchio. Dazu wird die Endivie in Streifen geschnitten. Der Strunk enthält die meisten Bitterstoffe und kann entfernt werden. **Achtung beim Einkauf!** Einige braune Blattspitzen an den Rändern sind unbedeutend, da diese Blattteile ohnehin keine Verwendung finden. Herz- oder Kranzfäule beeinträchtigt die Verwertungsfähigkeit beträchtlich. **Chicorée:** Chicorée-Salat sind die Triebe der Zichorien-Wurzel, die völlig im Dunkeln gezogen werden. Chicorée ist ein typischer Wintersalat, auch wenn er das ganze Jahr über angeboten wird. Die Hochsaison dauert von Oktober bis April. In frischem Zustand sind Chicoréestangen geschlossen, die Blätter sind weiß, die Spitzen gelb. Es gibt auch Chicoréesorten mit roten Spitzen. **Für beide Sorten gilt:** Je grüner, desto bitterer. Der Bittergeschmack verstärkt sich durch Lichteinwirkung. Chicorée eignet sich roh als Salat und gedünstet als Warmgemüse. Zum Anrichten äußere, unansehnliche Blätter entfernen. Den Salat waschen, in feine Streifen schneiden oder ganze Blätter abzupfen und mit ↑**Dip** servieren bzw. als schmackhafte Garnitur verwenden. Die heute angebauten Sorten sind nicht mehr so bitter wie früher. Der in der Mitte befindliche Kegel wird im Salat nicht mitgegessen und sollte für die Gemüsezubereitung herausgeschnitten werden. **Blattzichorie:** wird auch **Catalogna** (sprich: catalonia) genannt. Dieser Salat sieht wie eine sehr große ↑**Löwenzahn**pflanze aus und schmeckt wie alle Zichorien leicht bitter. Zur Salatzubereitung sind die inneren Blätter am besten geeignet. Beliebt ist bei Kennern der innere Spross, also der sich entwickelnde Blütenstängel. Gedünstet ist er zarter und milder als die Blätter. **Radicchio:** ist ganzjährig im Angebot. Einheimischer Radicchio wird nur im Spätsommer geerntet. Er sieht aus wie ein zu klein geratener ↑**Rotkohl**, ist mit dem Chicorée verwandt und daher im Geschmack ebenfalls kräftig und herbbitter. Die meisten Bitterstoffe befinden sich in den Hüllblättern. Daher wird auf dem Markt nur der kleine, feste Innenkopf verkauft. Radicchio enthält von den Zichoriensalaten die meisten Bitterstoffe. Daher wird er gerne mit anderen Salaten, zum Beispiel Eissalat oder Endivie, ↑**Gemüse** oder ↑**Obst** gemischt. **Radicchio di Treviso** oder **Rote Salatzichorie** ist eine weitere Form mit länglich schmalen Blättern. Dieser Salat bildet keine geschlossenen Köpfe, sondern lockere, fast an Chicorée erinnernde Kolben und schmeckt bitterer. **Feldsalat – Ackersalat – Rapunzel-Nüsslisalat:** ist ein typischer Wintersalat mit einem angenehmen Nussaroma. Es gibt großblättrige und kleinblättrige Sorten, wobei die geschmacklich besseren kleinblättrigen im Angebot überwiegen. Feldsalat ist reich an ↑**Mineralstoffen**, besonders ↑**Eisen**. Bei großblättrigen Sorten, die auf Sand gezogen sind, die Blätter von der Rosette abschneiden, da sich der Sand sonst kaum vollständig entfernen lässt. Feldsalat muss öfters in viel Wasser schwimmend gewaschen werden, damit er nicht gequetscht wird. Denn er ist erst sauber, wenn in der Waschschüssel kein Sandkorn mehr zu sehen ist. **Mischsalate:** Andere Bezeichnung **„Schnittsalate", „Rohkostsalate", „Fertigsalate", „Frischkostsalate"**, küchenfertige Salatmischungen, meist im Folienbeutel angeboten. Diese Halbfertigerzeugnisse sind bereits geputzt und vorbereitet, werden aber ohne würzende/bindende Soße angeboten. Die Zutaten sind nach Saison unterschiedlich, z. B.: Endivien, Eisbergsalat, Bataviasalat, Frisée, Radicchio, ↑**Chinakohl**, ↑**Weißkraut**, ↑**Blaukraut**, grüner ↑**Paprika**, ↑**Karotten**, ↑**Zuckermais**, ↑**Sojasprossen**. Zubereitungen, die nur aus einer einzigen Sorte bestehen (z. B. gestiftelte Karotten, geschnittener Weißkohl), werden häufig als **„Monosalate"** bezeichnet. Mischsalate sind ein mikrobiologisch sensibles Produkt, besonders, wenn sie leicht verderbliche Zutaten wie ↑**Keimlinge** oder ↑**Surimi** enthalten. Sie müssen möglichst kühl lagern – bei maximal 6° C im Kühlschrank – und rasch verbraucht werden. Die Ware sollte optisch und geruchlich einwandfrei sein. Der Folienbeutel muss locker gefüllt sein. Ein praller, aufgeblähter Beutel deutet auf Gärungsgase hin und darf nicht mehr verwendet werden. **Aufbewahren:** Blattsalate halten 2 Tage, wenn man die Köpfe oder Pflanzen mit kaltem Wasser abbraust, schlechte Blätter entfernt und im luftdichten Gefäß im Kühlschrank lagert. ↑**Würztabelle/Blattsalat & Rohkost.** In der lichtarmen Jahreszeit auf gedüngte Treibhausware verzichten. ↑**Nitrat**

Blattspinat [*Unsere Küche*] **R** Vorschlag: In einer kleinen, hohen Pfanne kleine ↑**Speckwürfel** mit etwas Butter auslassen und darin sehr feine ↑**Zwiebelwürfel** glasig andünsten. Den blanchierten, sehr gut ausgedrückten Blattspinat auseinander gepflückt dazugeben. Mit ↑**Pfeffer**, ↑**Salz**, einem Hauch ↑**Knoblauch** und ↑**Muskat** würzen und ggf. etwas geschlagener, ungesüßter ↑**Sahne** vollenden. In der lichtarmen Jahreszeit auf gedüngte Treibhausware verzichten und ein Tiefkühlprodukt verwenden. ↑**Nitrat & Spinat**

Blatttauhonig [*Allgem. Nährmittel*] Zuckerhaltige Ausscheidung pflanzensaugender Insekten von Blättern und Nadeln. Da der so entstandene Honig mehrere Mägen passiert hat, ist er besonders enzymreich. Er hat eine dunkle Farbe, ein malziges, rauchiges, herbes Aroma und meist eine flüssige Konsistenz. ↑**Honig**

Blatt-Tee [*Tee*] Ganze Blätter vom sechsten Blatt. Dieser Tee ist mild und aromatisch. ↑**Tee**

Blattzichorie [*Gemüse*] ↑**Blattsalate**

Blauaal [*Fisch*] ↑**Leng**

Blaubeere [*Wildkräuter, -blüten & -früchte*] Waldheidelbeeren. ↑**Heidelbeere**

Blaue Zipfel [*Unsere Küche*] ↑**Blaukochen**

Bläuen [*Unsere Küche*] ↑**Blaukochen**

Blauer Limberger [*Weinkunde*] Bekannter als ↑**Blaufränkisch** (in Österreich) oder ↑**Lemberger** (USA und Deutschland). In Norditalien Frankonia, in Ungarn Kekfrankos. Das erste Mal wurde die Sorte im 18. Jahrhundert in Österreich erwähnt. Später tauchte sie dann auch in Deutschland auf, wo sie heute vor allem in Württemberg angebaut wird. **Farbe:** tief- bis schwarzrot; **Geschmack:** Die Weine haben einen fruchtigen und kräftigen Geschmack, kraftvolle Säure mit reichlich ↑**Tannin** und Aromen von ↑**Sauerkirschen**, ↑**Beeren**, ↑**Pflaumen**, grünem ↑**Paprika** und grünen ↑**Bohnen**.

Blauer Schwede [*Kartoffelsorte*] **Kochtyp**: ↑Vorwiegend festkochende Kartoffeln; **Herkunft**: unbek.; **Jahr der Zulassung:** unbek.; **Schale**: dunkelblau; **Fleisch**: blau/violett, cremiger Geschmack; **Knolle**: rundoval; **Reifezeit**: mittelfrüh. **Anmerkungen:** auch Idahoe Blue oder Blue Congo genannt, behält nach dem Kochen die blaue Farbe

Blauer Spätburgunder [*Weinkunde*] Rote Rebsorte, verantwortlich für die besten Qualitäten bei deutschen Rotweinen. Sie schmecken samtig-mild, vollmundig. Junge Weine erinnern an Brombeeren, ältere an Bittermandel. Kräftige Burgunder sind sehr gut für den Ausbau im ↑**Barrique** geeignet. Es entstehen voluminöse, kräftige, gerbstoffbetonte Rotweine von internationalem Format.

Blauer Wildbacher [*Weinkunde*] Alte rote Rebsorte, die bereits von den Kelten (400 v. Chr.) im Gebiet der heutigen Steiermark genutzt wurde. Urkundlich nachweisbar ist sie aber erst seit dem 16. Jahrhundert. Auch heute noch wird sie hauptsächlich in der Steiermark (Österreich) angebaut. Aus ihr keltert man den sehr trockenen ↑**Schilcher**, einen Roséwein. **Synonyme sind**: Blauer Gräutler, Blauer Kracher, Blauer Kräutler, Frühblaue, Große Mauserl, Gutblaue, Kleinblaue, Mauserl, Melbertraube, Mali Zherni, Pticnik Crni, Schilchertraube, Schlehenbeeriger, Tizhnik, Vranek und Wildbacher.

Blauer Zweigelt [*Weinkunde*] ↑**Zweigelt**

Blaufelchen [*Fisch*] Renken

Blaufisch [*Fisch*] Bezeichnung für Köhler, Familie der Dorsche

Blaufränkisch [*Weinkunde*] Rote Rebsorte, die ihre Heimat im österreichischen Burgenland hat, jedoch in ganz Mitteleuropa anzutreffen ist. Die Farbe ist tiefrot bis schwarzrot. Die Rebsorte ist nicht sehr anspruchsvoll, sie verlangt jedoch relativ viel Wärme, da sie frühaustreibend und spätreifend ist. Die von ihr gekelterten Weine sind tieffarbig und fruchtbetont, kraftvoll mit viel Tannin und einem mittleren Körper. **Aromen**: Sauerkirsche, Pflaume. Zudem verfügen die Weine über ein relativ hohes Maß an Säure. Dass Blaufränkisch in Österreich als hochwertige Rebsorte betrachtet wird, zeigen neuerdings die in ↑**Barrique** ausgebauten Exemplare. In Deutschland ist die Rebsorte als Lemberger bekannt. Sie wird vornehmlich in Württemberg angebaut, wo aus ihr, häufig im Verschnitt mit ↑**Trollinger**, blassrote, leichte Rotweine gekeltert werden.

Blaukabis [*Gemüse*] ↑**Rotkohl**

Blaukochen, blausieden [*Unsere Küche*] **R 1. Zubereitungsart für Fisch,** der nicht geschuppt, sondern nur gewaschen wird. Der Hautschleim darf nicht verletzt sein. Der frische Fisch wird leicht ↑**ziseliert,** ggf. ↑**bridiert** und in kochend heißem ↑**Würzsud** (↑**Würztabelle**) mit Essig zum Garen gelegt. Ein blauer Überzug, der sich bildet, begründet den Ausdruck „bläuen". Wenn der Fisch nicht im Sud serviert werden soll, muss er sofort nach dem Herausnehmen aus dem ↑**Fond** mit zerlassener ↑**Butter** bestrichen werden, sonst wird der Überzug schwarz. ↑**Forellen,** ↑**Saiblinge** und ↑**Karpfen** werden so zubereitet. **2. Zubereitungsart für Fränkische Rostbratwürste, Blaue** oder **Saure Zipfel** genannt. Hier werden die rohen ↑**Bratwürste** in Würzsud mit ↑**Essig,** viel ↑**Karotten**- und ↑**Sellerie**streifen und ↑**Zwiebel**scheiben gegart und mit dem ↑**Gemüse** angerichtet.

Blaukraut kochen [*Unsere Küche*] **R** Gut mit ↑**Apfel**stücken, ↑**Obstessig,** ↑**Rotwein,** ↑**Salz,** ↑**Zucker** und gem. ↑**Ingwer.** Kochen mit: ↑**Gänseschmalz,** darin angedünstete ↑**Zwiebel**würfel, Gewürzsäckchen mit ↑**Nelken,** ↑**Pfeffer,** ↑**Piment,** ↑**Koriander.** Binden mit ↑**Kartoffelstärke,** abschmecken mit: ↑**Preiselbeeren.** ↑**Würztabelle** & ↑**Rotkohl**

Blauleng – Seefisch [*Fisch*] **T** Zählt zu den Magerfischen (∅ 0,6 % ↑**Fett,** ∅ 19 % ↑**Eiweiß**) und wird vor den Färöer-Inseln und vor der norwegischen Küste gefangen. Der schlanke Fisch kommt in Deutschland nur als Filet, frisch oder tiefgefroren, in den Handel und wird wegen seines festen, weißen Fleisches geschätzt.

Blauschimmelkäse Halbfester Schnittkäse [*Käse*] Kennzeichen sind eine weiße, pelzige oder klebrige Rinde und eine blaue Äderung. Es gibt vom ↑**Brie** ähnliche Sorten von cremiger, weicher Konsistenz und mildem Aroma, aber auch feste, dichte Sorten mit intensivem, pikantem und würzigem Geschmack. Bei der Herstellung dieser Käsesorten wird der Pilz (↑**Penicillium roqueforti**) entweder bereits der ↑**Milch** zugesetzt oder (wie bei den Brie-ähnlichen Sorten) in den jungen ↑**Käse** injiziert. Um sicherzustellen, dass sich der ↑**Edelschimmel** gleichmäßig im Käse verteilt, wird dieser mit Stäbchen aus rostfreiem Stahl durchbohrt, sodass die Belüftung auch innen gleichmäßig ist. Dadurch bildet sich der blaue Schimmel, der dem Käse seine typische Maserung verleiht. Beispiele sind: Bavaria Blu (Deutschland), Gippsland Blue (Australien), Danablue (Dänemark), Bresse Bleu (Frankreich), St. Agur (Frankreich), Roquefort (Frankreich), Blue Stilton (Großbritannien), Cashel Blue (Irland), Gorgonzola (Italien), Dolcelatte (Italien), Kikorangi (Neuseeland), Cabrales (Spanien).

Blauschönung [*Weinkunde*] Ein in der modernen Kellerwirtschaft nicht mehr notwendiges Verfahren, das Metalltrübungen aus dem Wein entfernt. Der Einsatz von Kunststoff und Edelstahl hat den Metallgehalt der Weine stark verringert. Früher wurden Stahlbütten, Stahlkörbe, Messing- und Kupfergeräte beim Keltern benutzt. Durch gelbes Blutlaugensalz werden Schwermetallsalze aus dem Wein entfernt. In Most oder Wein waren oft lösliche Eisenverbindungen enthalten. Das Verfahren der Blauschönung wandelt die löslichen Eisenverbindungen in eine unlösliche, blaue Substanz, die sich am Boden absetzen kann.

Blausucht [*Gesundheit*] Als Methämoglobinämie bezeichnet man einen Sauerstoffmangel im Blut. Der Mangel kann durch große Mengen von ↑**Nitrit** oder Autoabgasen (Kohlenmonoxid-Vergiftung) verursacht werden. Dies bewirkt, dass das Hämoglobin oxidiert und kein Sauerstoff mehr im Blut transportiert wird. Der Sauerstoffmangel führt zu Verfärbungen von Haut und Schleimhäuten (blaurot), dann zu Übelkeit, Schwindel, Unruhe, Kopfschmerz, Beschleunigung der Herztätigkeit, Atemnot und schließlich zum Erstickungstod. Besonders Säuglinge sind gefährdet.

Blausud [*Unsere Küche*] ↑**Blaukochen**

Blé [*Franz. Speisekarte*] ↑**Getreide,** Korn, ↑**Weizen**

Blé d'Espagne [*Franz. Speisekarte*] ↑**Mais**

Blèche [*Franz. Fachwort*] **Bei Obst:** mehlig, weich, überreif, teigig

Blechstück [*Fleischprodukte*] Regionale Bezeichnung für die ↑**Rinderbrust**

Blecs [*Ital. Speisekarte*] **A** Teigflecken (↑**Nudelteig**) ähnlich den ↑**Maltagliati.** Eine Spezialität aus dem Friaul, Venezia Giulia und Triest, vor allem in der Gegend von Gorizia an der slowenischen Grenze zu Hause. Wird meist mit deftigen ↑**Ragouts** vom ↑**Hasen** oder der ↑**Gans** gegessen, aber auch mit ↑**Hahnenkämmen,** ↑**Kürbis** und geräuchertem ↑**Ricotta**käse.

Blei [*Fisch*] **T** Brasse, Brachsen (Abramais brama), gehört zur Familie der ↑**Karpfen.** Der Blei wird 40–60 cm lang und 4–6 kg schwer, ist auf dem Oberkopf und Rücken schwärzlich, an den beiden Seiten silberglänzend, am Bauch weiß mit blaugrauen Flossen, lebt gesellig in Flüssen und tiefen Seen Europas bis zu den Alpen. Das Fleisch ist wohlschmeckend, jedoch bei jüngeren Fischen grätig. Der Blei wird auch geräuchert verzehrt. Hauptfangzeit: Herbst und Winter (Eisfischerei).

Bleichsellerie [*Gemüse*] ↑**Staudensellerie**

Blended [*U.S. Kitchen*] Mit Eis schaumig geschlagen

Blended de Luxe [*Hausbar*] Ist der Anteil älterer ↑**Malt-Whiskys** bei den „↑**Blended**"-**Whiskys** höher, sind diese ↑**Whiskys** „de Luxe".

Blended Whisky/ey [*Hausbar*] **Die Schreibweise macht's.** Ein Verschnitt aus amerikanischem oder irischem ↑**Whisk(e)y.** An die 50 verschiedene ↑**Malt-** und ↑**Grain Whiskys** werden oftmal zu einem „Blended Whisky" vermischt. Beim „Blended" muss das jüngste Destillat mindestens 3 Jahre im Fass gelagert worden sein. Der Alkoholgehalt liegt im Allgemeinen bei 40 %Vol.

Blender [*Hausbar*] **T** Ein Blender ist ein elektrischer Mixer. Auf die Umdrehungszahl und verschiedene Geschwindigkeitsstufen achten. Einen guten Mixer erkennt man daran, dass er ohne Probleme Eiswürfel in Eiswasser verwandeln kann, ohne Schaden zu nehmen.

Blessbock [*Fleischprodukte*] **T** **Lateinisch:** damaliscus phillips; **Herkunft und Verfügbarkeit:** Blessböcke sind wilde Tiere und leben in Zentral-Afrika, im Norden von Botswana, Simbabwe und Moçambique. Diese Herdentiere sind nach ↑**Orix** und ↑**Kudu** eine der häufigsten Antilopenarten. Ein ausgewachsener Blessbock hat eine Schulterhöhe von 90–100 cm und ein Gewicht von 40–50 kg. Die Tiere haben fast keine Feinde, sind Grasfresser und leben meist in offenen Landschaften. In Deutschland findet man inzwischen hochwertiges, frisch vakuumiertes Blessbockfleisch (Filet, Lende und 4er-Schnitt aus der Keule und auch ↑**Gulasch**) in den gut sortierten Fleischabteilungen großer Kaufhäuser und Delikatessengeschäfte. **Jagdzeit:** In den meisten Gebieten fängt die Jagd Anfang April an und dauert bis Ende August. **Blessbockfleisch in der Küche:** Das Fleisch ist sehr zart, hat einen wunderbaren Geschmack und sollte so natürlich wie möglich zubereiten werden. Nicht nur der Rücken, sondern auch die Teile aus der Keule ergeben sehr zarte ↑**Steaks.** ↑**Antilopenfleisch**

Bletz [*Fleischprodukte*] Regionale Bezeichnung für ↑**Kutteln**

Bleu [*Franz. Speisekarte*] **A** So bestellt man sein Grillfleisch oder ↑**Steaks**, wenn es roh oder „rare" sein soll. Das ↑**Fleisch** wird sehr scharf angebraten und ist von einer nur wenige Millimeter dicken, knusprigen Garschicht umgeben. Es tritt beim Anschneiden kein Fleischsaft aus, weil die Fleischzellen noch geschlossen sind. Der Mittelpunkt des Steaks ist nur lauwarm und nimmt darum eine blaurote Farbe an. ↑**Garpunkte**

Bleu au bleu [*Franz. Speisekarte*] **1.** Fast roh gebraten, mit lauwarmem Mittelpunkt bei kurzgebratenem oder gegrilltem ↑**Fleisch** und ↑**Steaks.** ↑**Garpunkte;** **2.** ↑**Blauschimmelkäse; 3.** ↑**Sud** für ↑**Fisch** blau (↑**Forelle**). ↑**Blau kochen**

Bleu d'Auvergne des Causses Geschützte Herkunftsbezeichnung [*Käse*] **T** **Herkunft:** Frankreich; **Käsesorte:** halbfester ↑**Schnittkäse** mit blauem ↑**Edelschimmel**, 50 % ↑**Fett i.Tr.; Milch:** Kuhmilch; **Teig:** weicher, geschmeidiger, auf der Zunge schmelzender Teig mit kräftiger Bruchlochung; **Geschmack:** kräftig-würzig, nussartig; **Info:** auch unter der Marke Président erhältlich; **Weinempfehlung:** kräftige Rotweine wie Cahors und ↑**Côtes du Rhône**, aber auch Süßweine wie ↑**Sauternes** harmonieren sehr gut. **Verwendung:** Fein geschnitten in ↑Salat**dressings** passt er vor allem zu ↑**Chicorée,** ↑**Nüssen** und rohen ↑**Champignons,** oder mit ↑**Butter** verrührt auf ↑**Canapés.**

Bleu de Bresse, Bresse Bleu [*Käse*] **T** **Herkunft:** Frankreich/Burgund; **Käsesorte:** ↑**Weichkäse** mit weißem und blauem ↑**Edelschimmel,** 70 % ↑**Fett i.Tr.; Milch:** pasteurisierte Kuhmilch; **Teig:** geschmeidig, fast streichfähig; **Geschmack:** ähnlich wie ↑**Gorgonzola,** je nach Alter mild bis kräftig pilzig; **Info:** ohne Rinde essen

Bleu de Gex oder Bleu du Haut-Jura Geschützte Herkunftsbezeichnung [*Käse*] **T** **Herkunft:** Frankreich/Franche-Comté; **Käsesorte:** Halbfester ↑**Schnittkäse,** mit blauem ↑**Edelschimmel,** 50 % ↑**Fett i.Tr.; Milch:** Bleu de Gex muss aus Rohmilch der Montbéliard-Kühe hergestellt werden, die auf saftigen Weiden grasen. **Teig:** leicht körniger, zarter Teig mit wenig Bruchlochung; **Geschmack:** mild, leicht haselnussartig; **Weinempfehlung:** Rot- und Roséweine, z. B. ↑**Bordeaux** oder ↑**Côtes du Rhône; Verwendung:** In der Pfanne schmelzen lassen und ↑**Pellkartoffeln** oder frisches ↑**Brot** dazu servieren.

Bleu des Causses [*Käse*] **T** **Herkunft:** Frankreich/Languedoc-Roussillon; **Käsesorte:** halbfester ↑**Schnittkäse** mit blauem ↑**Edelschimmel** 45 % ↑**Fett i.Tr.; Milch:** Kuhmilch; **Teig:** zartschmelzend, leicht bröckelig, aber schnittfähig; **Geschmack:** herzhaft-pikant, nussartig, intensiv; **Info:** Form: rund, 20 cm Durchmesser, 8–10 cm hoch, wiegt ca. 2,5 kg. Wie schon seit Jahrhunderten reift er ca. 5 Monate in kühlen, feuchten Höhlen. **Beste Zeit:** Optimale Reife erreicht der „Bleu des Causses" (gesprochen: blöh de koss) im Herbst, da er aus Frühlingsmilch hergestellt wird. **Verwendung:** warm als Füllung für ↑**Omelettes** oder ↑**Crêpes;** zu ↑**Nudeln,** ↑**Kartoffeln,** gegrilltem ↑**Fleisch,** in ↑**Saucen**

Bleu du Vercors-Sassenage Geschützte Herkunftsbezeichnung [*Käse*] **T** **Herkunft:** Frankreich/Hochebene des Vercors-Massifs im Rhône-Alpes-Gebiet; **Käsesorte:** halbfester ↑**Schnittkäse** mit blauem ↑**Edelschimmel** mind. 48 % ↑**Fett i.Tr.; Milch:** Kuhmilch; **Teig:** geschmeidig, cremig; **Geschmack:** mild, nussig; **Weinempfehlung:** Rotweine: z. B. ↑**Beaujolais Village,** ↑**Côtes du Rhône**-Weißweine; ↑**Süßweine; Verwendung:** Der vielseitige Käse eignet sich zum Verfeinern von ↑**Saucen,** als ↑**Raclette**-Käse (da beim Schmelzen wenig Fett austritt). Man serviert ihn auch mit ↑**Baguette** oder mit ↑Nuss**brot.**

Blind [*Weinkunde*] Der Wein hat einen Schleier oder eine Trübung.

Blind abbacken [*Unsere Küche*] **A** Ein Verfahren, um die Form von Pasteten zu erhalten. Man füllt sie mit ↑**Erbsen** oder ↑**Reis,** bäckt sie und entfernt dann den Inhalt. Die eigentliche Füllung (sie sollte der Hitze nicht ausgesetzt sein) kann jetzt hineingegeben werden.

Blinder Käse [*Käse*] Bezeichnung für ↑**Käse,** dem die üblichen Löcher fehlen

Blind-Huhn [*Regionale Spezialität*] **A** Westfälisches Bohnenеintopfgericht mit ↑**Weißen** und ↑**Grünen Bohnen**, ↑**Äpfel**, ↑**Birnen** und ↑**Speck**

Blindverkostung [*Weinkunde*] Weinprobe, bei der die Weine dem Verkoster unbekannt sind, entweder weil das Flaschenetikett verhüllt ist, oder aber die Verkoster nur ein oder mehrere Gläser vor sich haben, da schon die Form der Flasche oft einen Hinweis auf die Herkunft des Weines gibt. Das Ziel einer Blindverkostung ist häufig das Identifizieren des Weins, der Rebsorte, der Herkunft und des Jahres, in dem er produziert wurde. Eine Blindverkostung gewinnt an Gewicht, wenn es um ungetrübtes Beurteilen der Weine geht. Wenn ein Verkoster vorher nichts über den Wein weiß, wird er gezwungen sein, die Qualität festzustellen, ohne beeinflusst zu werden von Preisschild, Renommee oder Bekanntheit des Winzers. Sogar von Verkostern als hässlich befundene Flaschenetiketten können einen Einfluss auf das Urteil ausüben.

Blinis [*Intern. Länderküche*] **R** Begriff aus der russischen Küchenkultur für kleine ↑**Pfannkuchen** oder ↑**Crêpes**. Sie werden mit verschiedenen Zutaten wie ↑**Quark**, ↑**Gemüse**, ↑**Fleisch**, ↑**Honig**, ↑**Kaviar** und ↑**Sauerrahm** zubereitet. Werden als Hauptgericht an der russischen Fastnacht gegessen. **Grundrezept:** Dünnen Pfannkuchenteig halb ↑**Weizen**- und halb ↑**Buchweizenmehl** mit Prise ↑**Salz**, ↑**Hefe** (20 g auf 500 g Mehl), lauwarme ↑**Butter**, ↑**Milch** und ↑**Eigelb** zubereiten. An einem warmen Ort gehen lassen und vor dem Backen sehr steif geschlagenen ↑**Eischnee** unter die Masse heben.

Blinsen [*Unsere Küche*] ↑**Plinsen**

Blintz [*U.S. Kitchen*] **A** ↑**Pfannkuchen** aus ↑**Weizen**- oder ↑**Buchweizenmehl.** Blintzes werden süß (↑**Früchte**, ↑**Marmeladen**) oder pikant gefüllt (↑**Käse**, ↑**Kartoffeln**, ↑**Zwiebeln**, ↑**Leber**) und mit ↑**Saurer Sahne** serviert.

Blitz [*Unsere Küche*] oder Kutter ist eine Maschine, in der ↑**Fleisch** zur Herstellung von ↑**Wurst**, ↑**Farce** oder Füllungen feinst zerkleinert wird.

Blitzkuchen [*Backstube*] **R Grundrezept: 200 g** ↑**Butter;150 g** ↑**Zucker; 4** ↑**Eier; 250 g** ↑**Mehl; 1 TL** ↑**Backpulver; 1 Prise** ↑**Salz; 1 TL** ↑**Vanillezucker;** etwas abgeriebene unbehandelte ↑**Zitronenschale.** Rührteig herstellen und auf gefettetes Blech streichen. 50 g Zucker; 1 TL ↑**Zimt**; 50 g Butter; 50 g ↑**Mandelstifte. Zubereitung:** Butter schaumig rühren, löffelweise den Zucker und nacheinander die Eier unterrühren. Mehl mit Backpulver vermischt und mit den Geschmackszutaten unter den Teig kneten. – Backblech fetten und Teig mit einer Teigkarte etwa 1 cm dick aufstreichen. – Gestiftete Mandeln und Zimtzucker drüberstreuen. – Butterflöckchen aufsetzen und 15–20 Min. im vorgeheizten Backofen (200° C) backen. Den heißen Kuchen sofort aufteilen.

Bloater [*Franz. Speisekarte*] Frischer, leicht gesalzener, kaltgeräucherter ↑**Hering**

Bloc de foie [*Franz. Speisekarte*] ↑**Gänse**- (50 %) oder ↑**Enten**- (35 %) ↑**Leber** von ↑**Farce** od. ↑**Speck** umhüllt

Blond de veau [*Unsere Küche*] Heller Kalbssaft (Bratensaft)

Blonde Mehlschwitze (roux) [*Unsere Küche*] **R Zubereitung:** 2 Teile Fett (↑**Butterschmalz**) werden erhitzt, 1 Teil ↑**Mehl** hinzugefügt, angeröstet (anschwitzen), mit wenig kalter Flüssigkeit (oder ↑**Mineralwasser**) abgelöscht und glattgerührt. Bei blonder Roux die Mischung kurz weiterrösten, ohne dass sie Farbe nimmt, dann vom Feuer nehmen. **Regel: Heiße Roux mit kalter, kalte Roux mit heißer Flüssigkeit auffüllen und mit Schneebesen kräftig durchschlagen. Das verhindert die Klumpenbildung in der ↑Soße. Um den Mehlgeschmack aus einer mit ↑Mehlschwitze gebundenen Speise zu entfernen, muss sie gut durchkochen (20 Min.).**

Blondieren [*Unsere Küche*] Leichtes Anbräunen von ↑**Zwiebel**- oder ↑**Knoblauch**stücken

Bloody Mary [*Hausbar*] **R** Klassischer ↑**Longdrink** (↑**Cocktail**), der auch als ↑**Aperitif** geeignet ist. – Er besteht aus 1 Teil ↑**Wodka** (ca. 4 cl) und 4–5 Teilen Tomatensaft, abgerundet wird er je nach Geschmack mit ↑**Salz** (bevorzugt ↑**Selleriesalz**), ↑**Pfeffer**, ↑**Zitrone**, ↑**Tabasco** und ↑**Worcester-Sauce. Zubereitung:** Man gibt einige Eiswürfel in ein Longdrinkglas, dazu den Wodka, Tomatensaft, Pfeffer, Salz, Zitronensaft, einige Spritzer Tabasco und Worcester-Sauce. Anschließend verrührt man langsam von unten nach oben. Garnitur: eine an den Glasrand gesteckte Zitronenscheibe. Der Bloody Mary wird nachgesagt, sie wirke gegen „↑**Kater**". Dazu sollte der Wodka-Anteil reduziert werden. Seinen Namen bekam der rote Drink zur Erinnerung an die englische Königin Maria I. Tudor und deren blutige Protestantenverfolgung im 16. Jahrhundert.

BLT [*U.S. Kitchen*] **A** Abkürzung für ein typisch amerikanisches ↑**Sandwich** mit ↑**Speck**, ↑**Blattsalat** und ↑**Tomaten**

Blue cheese [*Käse*] Amerikanischer ↑**Blauschimmelkäse**

Blue cheese dressing [*U.S. Kitchen*] **A** Pikante Salatsoße mit ↑**Blauschimmelkäse**

Blue Cheshire [*Käse*] ↑**Cheshire** und ↑**Gorgonzola**

Blue corn [*U.S. Kitchen*] Spezielle blaue ↑**Maissorte**

Blue Curaçao [*Hausbar*] **T** Curaçao ist der Name einer Orangenart (↑**Pomeranze**), die auf der gleichnamigen Karibikinsel beheimatet ist. Die Schalen dieser ↑**Orange** werden für den ↑**Likör** in ↑**Weingeist** oder ↑**Cognac** eingelegt. Die Orange selber ist ungenießbar, die in der Schale enthaltenen ↑**Ätherischen Öle** geben das Aroma. Die Färbung ist auf die Behandlung des Destillats mit bestimmten Gewürzen und Kräutern zurückzuführen. Blue Curaçao hat einen Alkoholgehalt von 24 %Vol. und gibt vielen Cocktails die unverwechselbare blaue oder, mit Orangensaft vermischt, grüne Farbe. Es gibt den Orangenlikör auch in den Farben „white" und „orange" und für Antialkoholiker Blue Curaçao ohne ↑**Alkohol**. Der Weiße Curacao ist mit dem ↑**Triple sec** fast identisch.

Blue Salad Potato [*Kartoffelsorte*] **Kochtyp:** ↑**Vorwiegend festkochende Kartoffeln; Herkunft:** Schottland; **Jahr der Zulassung:** unbek.; **Schale:** blau; **Fleisch:** blau; **Knolle:** rundoval; **Reifezeit:** mittelfrüh

Blue Stilton Geschützte Herkunftsbezeichnung [*Käse*] Blue Stilton, ein ↑**Blauschimmelkäse** in Form großer Zylinder, ist von cremiger Konsistenz und gelblicher Farbe, gleichmäßig von den blaugrünen Adern des ↑**Penicillium roqueforti** durchzogen.↑**Stilton**

Blueberries [*U.S. Kitchen*] ↑**Blaubeeren** stammen – genau wie ↑**Preiselbeeren** – vom amerikanischen Kontinent und wurden von den Spaniern mit nach Europa gebracht.

Bluecrème [*Käse*] Bluecrème ist ein dänischer ↑**Blauschimmelkäse** mit zusätzlicher ↑**Sahne**; er ist weicher und cremiger als ↑**Danablu** und wird zu 4-kg-Laiben geformt.

Bluepoints [*Fisch*] Amerikanische ↑**Austern**

Blümchen [*Fleischprodukte*] Regionale Bezeichnung für die ↑**Kalbsnuss**: Teilstück aus der Keule vom ↑**Kalb**

Blume [*Fachkunde*] **1.** Regionale Bezeichnung für die Nuss, aber auch ↑**Hüfte**. Teilstücke der Keule von ↑**Rind** oder ↑**Kalb**; **2.** Angenehmer Duft eines ↑**Weines**. Es handelt sich dabei um den Geruchseindruck, der sich im Glas entfaltet, auch ↑**Bukett** genannt.

Blumen essen [*Wildkräuter, -blüten & -früchte*] ↑**Essbare Blüten**

Blumen-Tee [*Tee*] Bereits in der Ming-Dynastie wurden Tees mit frischen Blüten natürlich aromatisiert. Der angenehme Duft sowie das sanfte Aroma machen Blumentees bis heute zu Wegbereitern von Hochgenuss. Vor Sonnenaufgang werden die noch geschlossenen Blüten von den Pflanzen gepflückt und in den fertigen Tee gegeben. Gemeinsam wird das Produkt erwärmt. Dieser Prozess ist sehr sensibel und erfordert viel Erfahrung und Wissen um das richtige Mischungsverhältnis. Durch die Wärme öffnen sich die Blütenknospen und geben so ihr volles Aroma an den Tee ab. Je hochwertiger der Tee, desto öfter wird dieser Vorgang wiederholt. Die feinen Jasmintees werden so bis zu 8-mal aromatisiert. Die gebrauchten Blüten werden nach jedem Vorgang aussortiert.

Blumenkohl [*Gemüse*] **T Lateinisch:** Brassica oleracea var. Botrytis; **Englisch:** cauliflower; **Französisch:** chou-fleur; **Italienisch:** cavolfiore; **Spanisch:** coliflor; **Österreichisch:** Karfiol. **Info:** Gehört zur Familie der Kreuzblütengewächse und hat einen 10–15 cm großen Blütenstand. Im Gegensatz zu seinem Verwandten, dem ↑**Broccoli**, sind die Knospen noch nicht voll entwickelt. Die meisten bei uns angebotenen Sorten haben einen weißlichen bis sehr leicht gelblichen Blütenkopf, der durch seine äußeren und großen Hüllblätter vor Sonnenlicht geschützt war und deshalb seine Farbe behielt. Beim Blumenkohl wird die Blüte oder der Blütenstand, die Röschen, gegessen. Sie sind mangels ↑**Chlorophyll** weiß, aber keineswegs von Natur aus. Die Pflanze wurde so gezüchtet, dass die Blätter über den Blüten zusammenwachsen und sie somit keinen Farbstoff bilden können. Blumenkohl wird heute weltweit angebaut, obwohl seine Hauptverbreitungsgebiete in Europa und Asien liegen. In Italien und Frankreich sind farbige, meist violette oder grüne Sorten sehr beliebt. Auch bei uns werden diese „↑**Romanesco**" genannten Sorten immer beliebter. **Ursprung und Geschichte:** Die Ursprünge des Blumenkohls sind zwar in Kleinasien oder Nahen Osten zu finden, er wird aber seit über 500 Jahren auch im nördlichen Europa angebaut und kultiviert. **Herkunft und Saison:** Inländischer Blumenkohl wird den ganzen Sommer über von Mitte Mai bis Ende Oktober angeboten. In den Wintermonaten wird er aus Italien, manchmal aus Frankreich importiert. **Inhaltsstoffe:** 100 g Blumenkohl weisen einen Brennwert von ∅ 25 kcal/105 kJ auf und enthalten 90 g Wasser, 2 g Eiweiß, 0,2 g Fett, 5,2 g Kohlenhydrate und 2,5 g Ballaststoffe. An ↑**Mineralstoffen**, ↑**Spurenelementen** und ↑**Vitaminen** sind ∅ 22 mg Kalzium, 0,4 mg Eisen, 30 mg Natrium, 1,9 mg Vitamin A (RE) und 46,4 mg Vitamin C enthalten. Blumenkohl liefert viel ↑**Vitamin C**. Selbst in gekochter Form decken 100 g noch immer mehr als die Hälfte des Tagesbedarfs. Blumenkohl zählt zu den am leichtesten verdaulichen Gemüsesorten und eignet sich daher gut als ↑**Schonkost**. Ihm wird eine vorbeugende Wirkung gegen Krebs zugeschrieben. **Zubereitung und Tipps:** Vor der Zubereitung im Ganzen sollte der Blumenkohl in leicht gesalzenes Wasser gelegt werden, um Ungeziefer aus den Röschen zu entfernen. Blumenkohl kann zwar roh, zerkleinert als Salat zubereitet werden, jedoch wird er fast immer gekocht. Dazu werden die äußeren Blätter entfernt, der Kopf gewaschen, zerteilt und in Salzwasser mit ↑**Zitrone** gekocht oder gedämpft. Der Garpunkt muss öfters überprüft werden, da er relativ schnell zerfällt. Bissfest gegart wird der gekochte Blumenkohl oft weiter zubereitet, z. B. zu ↑**Auflauf**, ↑**Gratin**, ↑**Bratlingen** und Suppe. Als Salat, in einer köstlichen ↑**Vinaigrette** mariniert oder gedünstet mit geschmolzener ↑**Butter**, ist Blumenkohl eine ideale Beilage zu Fleischgerichten. Er kann aber auch mit Sauce ↑**Hollandaise** oder einer hellen ↑**Sauce** und ↑**Käse** überbacken serviert werden. Weißer Blumenkohl zeichnet sich durch sein dezentes, typisches Kohlaroma aus, wogegen farbiger Blumenkohl einen intensiveren Geschmack hat. Das ballaststoffreiche Gemüse ist noch leichter verdaulich, wenn es mit Gewürzen wie ↑**Knoblauch**, ↑**Kümmel**, ↑**Koriander** oder mit ↑**Kräutern** wie ↑**Estragon**, ↑**Lorbeer** und ↑**Fenchel** zubereitet wird. ↑**Würztabelle. Einkauf:** Die Frische und gute Qualität erkennt man an den fest geschlossenen Röschen und einem frischen Duft. **Lagerung:** Im Gemüsefach 3–5 Tage. Blumenkohl wird von der Industrie zu Tiefkühlkost und Konserven verarbeitet. Tiefgekühltes Gemüse ist vorblanchiert und kann bei der Zubereitung sehr schnell zu weich werden und zerfallen.

Blumenstück [*Fleischprodukte*] Regionale Bezeichnung für die Nuss: Teilstück aus der Keule vom ↑**Rind** oder ↑**Kalb**

Blumenziemen [*Fleischprodukte*] Regionale Bezeichnung für die Nuss: Teilstück aus der Keule vom ↑**Rind** oder ↑**Kalb**

Blumig [*Weinkunde*] Wird oft als gleichbedeutend mit „fruchtig" gebraucht, soll aber eigentlich auf Anklänge von Blumendüften hinweisen. Gelegentlich ist von Rosen, Veilchen usw. die Rede

Blunze [*Fleischprodukte*] Stark gewürzte österreichische ↑**Blutwurst** mit ↑**Schwarten**, auch Plunze genannt

Blush [*Weinkunde*] Billige Rosé-Weine werden in Nordamerika „Blush" genannt.

Blutalkoholgehalt [*Gesundheit*] Der Blutalkoholgehalt wird in Promille (1 Promille = 1 g ↑**Alkohol** in 1 l Blut) angegeben. Er ist abhängig von der zugeführten Alkoholmenge, dem Verhältnis von Körpergewicht zu Blutmenge und der Trinkgeschwindigkeit. Bei einem Alkoholgehalt von 0,2 bis 0,99 Promille im Blut wird die Wahrnehmung beeinträchtigt, die Bewegungen sind unkoordiniert. Die Stimmung bzw. das Verhalten eines Menschen ändern sich. Steigt der Blutalkoholgehalt auf 1–1,99 Promille, torkelt man, und die Reaktionszeit ist verlängert. Bei 2–2,99 Promille treten Übelkeit, Erbrechen und Doppelsehen auf. Bei 3–3,99 Promille ist das Sprechen erschwert, es kommt zu Gedächtnislücken und Kurzatmigkeit. In diesem Stadium besteht **„Lebensgefahr"**.

Blüten essen [*Wildkräuter, -blüten & -früchte*] ↑**Essbare Blüten**

Blütenhonig [*Allgem. Nährmittel*] Blütenhonig wird aus dem Pflanzennektar am Blütengrund gewonnen. Hell bis braun, riecht duftig, hoch aromatisch. ↑**Honig**

Blutig [*Unsere Küche*] Die Bezeichnung **„blutig"** für die Garstufe eines kurzgebratenen ↑**Steaks** ist unlogisch, weil Fleisch von geschlachteten Tieren nicht blutet. Sie ist außerdem unappetitlich. ↑**Garpunkte**

Blutknochen [*Österr. Küche*] Alle Knochen (z. B. Rückgratknochen) mit Ausnahme der Röhren- oder Markknochen

Blutpudding [*Regionale Spezialität*] Blutwursterzeugnis mit ↑**Zerealien**anteil

Blutschwartenmasse [*Unsere Küche*] **A** Die Schnittfestigkeit von Blutwürsten wird durch erstarrte Blutschwartenmasse und geronnenes Bluteiweiß erreicht. Als Blutschwartenmasse bezeichnet man eine Bindemasse, die sich aus ↑**Schwarten**, Kesselbrühe (Sud, in dem die Schwarten gekocht werden) mit ↑**Zwiebeln** und Blut zusammensetzt. Ihr Gelingen ist die Grundlage einer guten Konsistenz der ↑**Blutwurst**. Die Schwarten müssen so lange gebrüht werden, bis man sie mit den Fingern gut durchgreifen kann. Werden sie zu lange gekocht, geht zuviel ↑**Kollagen** verloren, was die Schnittfestigkeit herabsetzt. Zu kurzes Brühen dagegen führt umgekehrt zu einer harten, trockenen und bröseligen Konsistenz des Wurstguts. ↑**Presssack**

Blutorangen [*Obst*] ↑**Apfelsinen**

Blutwäsche [*Fachkunde*] ↑**Dialyse**

Blutwurst [*Fleischprodukte*] ↑**Kochwurster**zeugnis. **Englisch:** black pudding; **Französisch:** boudin noir; **Italienisch:** sanguinaccio; **Spanisch:** morcilla. **Blutwurst der Spitzenqualität** enthält überwiegend sehnenarmes Fleisch und entschwarteten Speck sowie die erforderliche ↑**Blutschwartenmasse**, nicht jedoch Brätwürfel und ↑**Innereien** mit Ausnahme von Leber. **Blutwurst mittlerer Qualität** enthält Fleisch wie gewachsen oder entschwarteten Speck oder beides sowie Blutschwartenmasse, fein zerkleinerte Innereien, Leber und Herz, auch in Würfelform. Schweineschultern und -backen können mit anhaftenden Schwarten verarbeitet werden. **Blutwurst einfacher Qualität** enthält Fleisch wie gewachsen oder Speck sowie Blutschwartenmasse. ↑**Brät.** Innereien können, auch in Würfelform, verarbeitet werden.

Blutwürze [*Gewürze & Kräuter*] ↑**Majoran**

Blutzucker [*Fachkunde*] **T** Gehalt an Zucker im Blut. Dieser ↑**Zucker** stammt aus der Nahrung oder wird vom Körper selbst hergestellt. Das Hormon ↑**Insulin** bringt ihn aus dem Blut in die Muskelzellen, wo er als Energielieferant verbrannt wird, und reguliert so die Höhe des Blutzuckerspiegels. **Beispiel:** Direkt nach dem Aufstehen hat man einen niedrigen Blutzuckerspiegel und fühlt sich müde und schwach. Ein ausgewogenes Frühstück schafft dem Abhilfe und liefert ↑**Energie**.

BMI – Body-Mass-Index [*Gesundheit*] Der Body-Mass-Index beschreibt das Verhältnis zwischen Körpergewicht (in Kilogramm) und Quadrat der Körpergröße (in Meter) und dient zur Beurteilung des Körpergewichts. Für die Beurteilung des Erkrankungsrisikos wird außerdem der Bauchumfang gemessen. Bei Frauen sollte er unter 80 Zentimetern, bei Männern unter 100 Zentimetern liegen. **Beispiel:** Für eine 70 Kilogramm schwere und 1,70 m große Person wird das Körpergewicht durch das Quadrat von 1,70 m geteilt: **70 : 1,70²** (1,70 x 1,70 = 2,89); 70 : 2,89 = 24,22; **BMI = 24,22; Idealgewicht:** Bei Frauen ein BMI von 22, bei Männern ein BMI von 24. Als Kenngrößen dienen folgende Bezeichnungen: **Untergewicht:** Ein BMI unter 18,5. **Normalgewicht:** Ein BMI zwischen 18,5 und 24,9. **Prä-Adipositas (Übergewicht):** ein BMI von 25–29,9. **Adipositas Grad 1:** BMI von 30–34,9: **Adipositas Grad 2:** BMI von 35–39,9; **Adipositas Grad 3:** Ein BMI von 40 und höher. Der „wünschenswerte"

BMI hängt auch vom Alter ab. Als Übergewicht wird eine über das normale Maß hinausgehende Vermehrung des Körperfettes verstanden. Folgende Tabelle zeigt BMI-Werte für verschiedene Altersgruppen:

Alter	BMI
19–24 Jahre	19–24
25–34 Jahre	20–25
35–44 Jahre	21–26
45–54 Jahre	22–27
55–64 Jahre	23–28
>64 Jahre	24–29

BMI-Klassifikation

Klassifikation	m	w
Untergewicht	<20	<19
Normalgewicht	20-25	19-24
Übergewicht	25-30	24-30
Adipositas	30-40	30-40
massive Adipositas	>40	>40

Bobal [*Weinkunde*] Die Rotweinrebe, auch Tinto de Requena oder Valenciana Tinta genannt, erzeugt in Albacete, Alicante, Cuenca, Utiel-Requena und Valencia gute Roséweine.

Bobby Burns [*Hausbar*] ↑**Manhattan**

Bobó de Camarão [*Intern. Länderküche*] Begriff aus der brasilianischen Küchenkultur für gekochten und pürierten ↑**Maniok** mit ↑**Garnelen,** ↑**Dendê-Öl,** ↑**Kokosnussmilch** & ↑**Brasilianische Küche**

Bocadillo [*Span. Speisekarte*] Belegtes Brötchen

Bocal [*Franz. Fachwort*] Einmachglas

Bocconcino, -i [*Ital. Speisekarte*] Happen, kleines Bällchen. ↑**Mozzarella,** ↑**Gulasch,** ↑**Ragout**

Bocconotto [*Ital. Speisekarte*] ↑**Mürbeteiggebäck**

Bock [*Fachkunde*] Unkastriertes männliches ↑**Schaf,** ↑**Ziege**

Bockbier [*Bier*] Vollmundiges Starkbier mit rund 7 % ↑**Alkohol.** Die Farbpalette reicht von goldfarben über goldbraun bis braun. Die Heimat der Bockbiere soll die Stadt Einbeck sein: Das Bier „einpockischer" Art wurde durch die Abwerbung eines Braumeisters in Bayern populär und zum Bockbier. Im süddeutschen Raum sind besonders die dunkleren Bockbiere, im Norden die hellen Bockbiere vertreten. Das Bockbier ist ein Saisonprodukt, dessen Herstellung an bestimmte Jahreszeiten oder Anlässe gekoppelt ist. Daher Namen wie Maibock oder Festbock (Weihnachten).

Bockerl [*Österr. Küche*] Altwiener Bezeichnung für den ↑**Truthahn**

Bocksbeutel [*Weinkunde*] Die kugelförmigen und bauchigen Bocksbeutel-Flaschen stammen aus ↑**Franken** und werden für Frankenwein verwendet. Die erste Flasche in dieser Form stammt aus der Zeit um 1400 v. Chr. und wurde in Franken gefunden. Heute ist der Bocksbeutel ein in Europa geschütztes Markenzeichen für Qualitäts- und Prädikatsweine aus Franken. In die Bocksbeutelflaschen dürfen nur Qualitätsweine aus dem Anbaugebiet Franken und vereinzelt auch Weine aus Teilen des Anbaugebietes ↑**Baden** abgefüllt werden. Woher kommt der Name? Eine recht einfache Erklärung: Wegen seiner Ähnlichkeit mit dem Hodensack eines Ziegenbocks kam der Bocksbeutel laut Volksmund zu seinem Namen. Die Verwandtschaft vom Bock zum Wein liegt nahe – der griechische Weingott Dionysos wurde bereits in der Antike oft mit einem Bock als Begleiter dargestellt.

Bockshornklee [*Gewürze & Kräuter*] **T Lateinisch:** Trigonella foenum graecum. Der Bockshornklee stammt aus dem Orient. In Kleinasien, Ägypten und Vorderindien ist er eine Kulturpflanze. Dort wird er seit vielen Jahrhunderten angebaut, wie seine verschiedenen uralten Namen besagen. Schon im alten Ägypten wurden Samen und das grüne Kraut mit Milch zu Speisen verarbeitet, die Samen geröstet und gegessen. **Verwendung in der Küche:** Heute dienen die Samen dieser Hülsenfrucht als aromatisches Basisgewürz der indischen Küche. Ideal zum Würzen von Gemüse- und Reisgerichten, Fisch, Salaten, Quarkzubereitungen, verschiedenen Käsesorten (**Wichtiges Gewürz im** ↑**Curry**). Dazu werden die Samen geröstet oder gekocht, wobei sich der unangenehme Geruch verflüchtigt und in ein angenehmes Aroma umwandelt. **Wirkung in der Volksmedizin:** Bockshornklee galt im klassischen Altertum als sehr heilkräftig – besonders bei Wunden und Entzündungen. Der medizinische Gebrauch bestand bis zur Neuzeit vorwiegend in äußerlichen Anwendungen: gegen Milben und Kopfschuppen, zur Behandlung von Geschwüren. Heute benutzt man Bockshornklee-Samen (die im August geerntet werden) vor allem in einem heißen Breiumschlag zum Erweichen von Furunkeln und Karbunkeln. Dafür werden 100 g grob gemahlene Samen mit wenig heißem Wasser zu einem Brei vermischt. Den streicht man auf einen Leinenlappen, der dann auf die zu erweichende Stelle gelegt wird. Innere Anwendung: in Mittelmeerländern als Tee gegen chronischen Husten, als Stärkungsmittel nach Krankheiten, zur Anregung der Muttermilch und zur Senkung des Blutzuckerspiegels empfohlen. Die orientalischen Frauen aßen Bockshornkleesamen zum Erreichen einer schönen, fülligen Figur. Schon die Griechinnen der Antike bereiteten sich Gesichtsmasken aus den zerstoßenen Samen, um ihre Haut rein zu halten.

Bockwurst [*Fleischprodukte*] Deutsches Fleischprodukt. Sie wurde ursprünglich zum Bockbier serviert und angeblich 1893 vom Berliner Gastwirt R. Scholtz erfunden. Bockwürste müssen zu 85 % aus Fein-↑**Mett** bestehen. Als Basisgewürze sind ↑**Salz,** ↑**Paprika** und weißer ↑**Pfeffer** vorgesehen. Typisch für alle

Bockwürste ist der Naturdarm. Er stammt meist vom ↑**Schaf** oder ↑**Schwein.** Die Bockwurst ist eine ↑**Brühwurst** und wird nach dem Garen geräuchert. Dadurch erhält sie eine meist braune, bronzeähnliche Farbe. Bockwürste gibt es in Deutschland auch unter den Bezeichnungen **Knobländer** oder **Brühpolnische.**

Bocuse, Paul [*Berühmte Köche*] **Paul Bocuse** – * 1926 in Collonges-au-Mont-d'Or bei Lyon – französischer Meisterkoch der ↑**Nouvelle Cuisine,** Gastronom sowie Kochbuchautor und Betreiber eines Restaurants in Lyon, das nach ihm benannt ist. Paul Bocuse, der mit unzähligen großen Auszeichnungen geehrt wurde, gilt als einer der bekanntesten Vertreter der „neuen ↑**Französischen Küche**" und ist mit Joël ↑**Robuchon,** Frédy **Girardet** sowie seinem Schüler Eckart ↑**Witzigmann** zum besten Koch des Jahrhunderts gekürt worden. Als Schüler von François ↑**Point** legt Bocuse Wert auf erstklassige, frische Zutaten und eine kreative Zubereitung, die den Eigengeschmack der Speisen möglichst erhalten soll. Paul Bocuse hatte viele Schüler, die selber hoch dotierte, bekannte Köche wurden.

Bodega [*Weinkunde*] Spanischer Begriff für Weinkeller, Weinkellerei und Weinschenke. Auf dem Etikett einer Weinflasche bezeichnet es das Gut, wo der Wein gekeltert wurde, was jedoch nicht bedeutet, dass es sich um gutseigene Weintrauben handelt.

Bödele [*Fleischprodukte*] Regionale Bezeichnung für den ↑**Schweinebauch**

Bödemle [*Fleischprodukte*] Regionale Bezeichnung für die ↑**Rindernuss**

Boden [*Weinkunde*] Der Charakter eines Weines ist von der jeweiligen Bodenart geprägt (körperreich oder leicht, feingliedrig oder plump). Die verschiedenen Bodenarten, z. B. Kalk-, Lehm- oder Tonböden, prägen den Wein im Geschmack, da die Rebwurzeln im Boden mit Mineralstoffen versorgt werden.

Bodenkohlraben [*Gemüse*] ↑**Steckrüben**

Bodensatz [*Weinkunde*] ↑„**Depot**"

Bodenschlegel [*Fleischprodukte*] Regionale Bezeichnung für die ↑**Unterschale:** Teilstück aus der Keule vom ↑**Rind** oder ↑**Kalb**

Boer Jonnie [*Berühmte Köche*] **Jonnie Boer** aus Giethoorn in den Niederlanden betreibt in Zwolle das Restaurant „De Librije" („Die Bibliothek"). Jonnie, wie er hauptsächlich genannt wird, hat sich ganz frech, aber sehr engagiert und mit großem Erfolg der regionalen Küche verschrieben. Lohn für die Mühe: **Er ist der einzige Dreisternekoch in den Niederlanden.**

Bœuf [*Franz. Speisekarte*] ↑**Ochse,** ↑**Rind,** ↑**Rindfleisch**

Bœuf à la ficelle [*Franz. Speisekarte*] Eingeschnürtes ↑Rinderfilet

Bœuf à la mode [*Unsere Küche*] **A** Gespickter ↑**Rinderschmorbraten** mit zerkleinerten Kalbsfüßen, ↑**Karotten** und ↑**Zwiebeln** in ↑**Rotwein** geschmort

Bœuf bouilli [*Franz. Speisekarte*] Gekochtes ↑**Rindfleisch.** ↑**Suppenfleisch,** ↑**Tafelspitz**

Bœuf bourguignon [*Franz. Speisekarte*] **R** Rindfleisch in 3 cm große Würfel schneiden, in einem Topf scharf anbraten und wieder herausnehmen. Im selben Topf ↑**Speck**- und ↑**Zwiebel**würfel anbraten, das Fleisch wieder zugeben, mit ↑**Burgunder** aufgießen und zum Würzen ↑**Lorbeerblätter,** ↑**Salz** und ↑**Pfeffer** verwenden. Zugedeckt zwei Stunden (bis das Fleisch weich ist) schmoren lassen. Erst in der letzten halben Stunde ↑**Kartoffel**- und ↑**Karotten**scheiben sowie ↑**Champignons** dazugeben. ↑**Sauce** leicht binden.

Bœuf braisé [*Franz. Speisekarte*] ↑**Rinderschmorbraten**

Bœuf miroton [*Franz. Speisekarte*] Gekochtes ↑**Rindfleisch.** ↑**Suppenfleisch,** ↑**Tafelspitz**

Bœuf Stroganoff [*Intern. Länderküche*] **A** Russische Spezialität aus in Streifen geschnittenem ↑**Rinderfilet,** ↑**Zwiebeln,** ↑**Gewürzgurke,** ↑**Champignons,** ↑**Tomatenwürfel,** ↑**Senf,** ↑**Weinbrand** und ↑**Saurer Sahne.** ↑**Stroganoff**

Bœuf vinaigrette [*Franz. Speisekarte*] ↑**Rindfleischsalat**

Böfflamott [*Regionale Spezialität*] **R** Das Böfflamott ist ein Gericht aus der napoleonischen Zeit, in der die ↑**Französische Küche** versuchte, die Bayern zu erobern. Aus dem ↑**Bœuf à la mode** wurde Böfflamot. **Grundrezept – Für die Marinade:** 1 EL ↑**Puderzucker;** 0,7 l Rotwein (↑**Burgunder**). **Für den Braten:** 1,5 kg flache ↑**Rinder**schulter; 1 kleine ↑Knollensel**lerie;** 4 mittelgroße ↑**Zwiebeln;** 3–4 ↑**Karotten;** neutrales ↑**Pflanzenöl;** 1 EL ↑**Tomatenmark;** 4 cl ↑**Weinbrand;** 1/2 l ↑**Brühe;** 1/2 TL schwarze ↑**Pfeffer**körner; 1/2 TL ↑**Piment**körner; 1 cm ↑**Zimt**rinde; 2 Zacken ↑**Sternanis;** 1 ↑**Lorbeer**blatt; 5 angedrückte ↑**Wacholder**beeren; 1 Stück frischer ↑**Ingwer;** unbehandelte ↑**Orangen**schale; etwas unbehandelte **Zitronenschale;** 1 ↑**Knoblauch**zehe. **Für die Sauce:** 2 TL Puderzucker; 50 ml ↑Rotweinessig; 40 g kalte ↑**Butter;** ↑**Salz;** 1 Prise ↑**Zucker;** 1 Prise ↑**Cayennepfeffer. Zubereitung:** Den Puderzucker in einem Topf bei milder Hitze hell karamellisieren lassen, mit Rotwein ablöschen, einmal aufkochen und auskühlen lassen. Die Rinderschulter von der Marinade bedeckt 3 Tage im Kühlschrank einlegen. **Für das Gericht:** Gemüse schälen und grob würfeln. Rinderschulter aus der Marinade nehmen, mit Küchenkrepp trocknen und in einem Topf bei mittlerer Hitze in Öl von allen Seiten anbraten. Zwischenzeitlich die Marinade auf ein Drittel einkochen und dabei den aufsteigenden Schaum abschöpfen. – Die Rinderschulter aus dem Topf nehmen, Tomatenmark kurz darin anschwitzen, mit Cognac ablöschen, Marinade und Brühe dazugeben, aufkochen lassen, Fleisch und Gemüse zufügen. Bei geschlossenem Deckel ca. 3 Stunden knapp unter dem Siedepunkt ziehen lassen. Alle Gewürze etwa 30 Min. vor Ende der Garzeit dazugeben. Rinderschulter aus der Sauce nehmen, Sauce mit dem Gemüse durch ein

Spitzsieb passieren und etwas ↑**Reduzieren** lassen. Puderzucker bei mittlerer Hitze in einer Pfanne karamellisieren, mit Essig ablöschen und sirupartig eindicken lassen. Pfanne vom Feuer nehmen und die kalte Butter unterrühren. – Die Sauce mit dieser Essigreduktion, Salz, Zucker und Cayennepfeffer abschmecken, nicht mehr kochen lassen – Das Böfflamott in Scheiben schneiden und mit der ↑**Sauce** servieren. Dazu passen ↑**Semmel**- oder ↑**Serviettenknödel**, ↑**Spätzle** und ↑**Blaukraut** oder gemischter Salatteller.

Bog [*Fleischprodukte*] Regionale Bezeichnung für die Schulter

Bogavante [*Span. Speisekarte*] ↑**Hummer**

Bogue [*Franz. Speisekarte*] **T** Kleine ↑**Meerbrasse**

Bohémienne, à la Böhmische Art [*Speisegarnitur*] **A** Kurzgebratenes an einer Gemüsemischung aus ↑**Fenchel**, ↑**Paprikaschoten**, ↑**Tomaten**, ↑**Knoblauch**, ↑**Zwiebeln** und ↑**Reis** mit ↑**Béchamel** angerichtet

Böhmische Knödel [*Intern. Länderküche*] **R** Böhmische Knödel („**knedlíky**") sind ↑**Semmelknödel** in Laibform, ca. 20 x 10 cm, die in Scheiben geschnitten serviert werden. **Grundrezept:** Altbackene Semmel in kleine Würfel schneiden und mit ↑**Butter**, feinen ↑**Zwiebel**würfeln und gehackter ↑**Petersilie** leicht anrösten. Nach dem Abkühlen mit ↑**Pfannkuchenteig** übergießen, gut ziehen lassen, verkneten und den Knödellaib formen. In Salzwasser halb zugedeckt 40 Min. leicht köchelnd garen.

Böhmische Küche [*Intern. Länderküche*] **A** Mit der ↑**Deutschen** und ↑**Österreichischen Küche** verwandt. Wurde vom Mikroklima des Landes beeinflusst. In Böhmen, das von einem Gebirgskranz eingeschlossen ist, war das Angebot an Feldfrüchten, ↑**Obst**, ↑**Gemüse**, ↑**Beeren**, ↑**Pilzen**, ↑**Fischen** und ↑**Wild** schon immer vielfältig. Dementsprechend bunt entwickelte sich auch der Speisezettel. Bei den Hauptgerichten dominieren Fleischgerichte, besonders aus ↑**Schweinefleisch.** In der „Böhmischen Küche" wird viel ↑**Mohn** sowie ↑**Powidl** (Pflaumenmus) verwendet. Ob es nun die tschechische Bevölkerung oder die deutsch sprechenden Sudetendeutschen des Landes waren: In der Art des Kochens und in der Vielfalt der Rezepte unterschied sich keine der beiden Bevölkerungsgruppen. Als nach 1945 die sudetendeutsche Bevölkerung aus Tschechien ausgesiedelt wurde, brachten die Flüchtlinge, von denen die meisten in Bayern blieben, auch die Rezepte der Böhmischen Küche mit, die in die ↑**Bayerische Küche** einsickerten. In Böhmen wird seit alters her Weinbau betrieben, es gibt hervorragende regionale Weine. An Obst gedeihen vor allem in wärmeren Landstrichen auch ↑**Pfirsiche** und ↑**Aprikosen.** Der berühmte tschechische ↑**Karpfen** wird wegen seiner hohen Qualität ins Ausland exportiert. **Tschechisches Bier:** Geschmacklich harmoniert zur abwechslungsreichen böhmischen Küche das böhmische ↑**Bier**, das weltbekannt ist und auf eine lange Brautradition zurückschauen kann. Am bekanntesten ist das Budweiser Budvar (**tschechisch:** budějovický budvar), das aus České Budějovice kommt, sowie das Pilsener Urquell aus Pilsen. Letzteres wurde im Jahr 1842 von einem niederbayerischen Braumeister namens Josef Groll kreiert. Dieses herbe Bier (Pils) war zunächst in Deutschland sehr wenig gefragt, was sich jedoch inzwischen grundlegend änderte.

Bohnen [*Gemüse*] **T** Die Bohne ist eines der am meisten verbreiteten Lebensmittel der Erde. Von ihr gibt es unzählige Arten und Sorten. Ihre eindeutige Herkunft ist ungeklärt. Die wichtigsten Bohnensorten sind: **Gartenbohne oder grüne Bohne (bot. Phaseolus vulgaris ssp. vulgaris). Stangen- oder Kletterbohne (bot. Phaseolus vulgaris ssp.vulgaris var vulgaris). Dicke Bohne oder Puffbohne (bot. Vicia faba ssp. faba var. faba); 1. Gartenbohnen. Englisch:** french beans; **Französisch:** haricots verts; **Italienisch:** fagioli; **Spanisch:** judias; **Österreichisch:** Fisolen. Aus botanischer Sicht ist die Gartenbohne bzw. die „↑**Grüne Bohne**" ein Vertreter der Gattung der Schmetterlingsblütler. Man unterscheidet zwischen Buschbohnen und Stangenbohnen. Grüne Bohnen werden in großer Vielfalt im Handel angeboten. **2. Stangenbohnen:** Bereits seit über 600 Jahren gehören getrocknete Bohnen zu den wichtigsten Nahrungsmitteln der Menschen. Aus der ursprünglich wild wachsenden Bohne wurden mehr als 500 verschiedene Sorten gezüchtet. Sie wachsen als Busch- oder Kletterbohnen und werden als Gemüse- oder Trockenbohnen verwendet. Mit ihrem hohen Gehalt an ↑**Eiweiß** und ↑**Ballaststoffen** stellen sie in der feinen Küche einen vorzüglichen Ausgleich dar. Diese ↑**Hülsenfrüchte** lassen sich gut mit ↑**Mehlprodukten**, ↑**Mais** oder ↑**Nüssen** kombinieren. Dadurch erhöht sich die Eiweißwertigkeit der jeweiligen Speisen. **3. Dicke Bohne:** Sie gehört trotz ihres Namens botanisch nicht zu den Bohnen, sondern zu den Wicken. Sie ist eine an einem kräftigen Stängel bis 100 cm hoch wachsende Hülsenfrucht. Die Samen sind weißlich, grünlich, bräunlich oder auch rot und violettschwarz. ↑**Dicke Bohnen.** Man kann zahlreiche Bohnensorten frisch verzehren, viele Sorten werden zur längeren Aufbewahrung getrocknet. ↑**Würztabelle.** Bohnen bzw. Hülsenfrüchte sollten nur gekocht oder blanchiert gegessen werden. Besonders in (Soja-)Bohnen finden sich giftige Eiweißkörper wie „Hämagglutinine" und „Trypsininhibitoren", die das Blut verklumpen oder die Freisetzung verschiedener Aminosäuren (z. B. Trypsin) blockieren und so die Eiweiß- und Stärkeverdauung behindern. Limabohnen enthalten die giftige Substanz Phaseolunatin, aus der Blausäure freigesetzt werden kann. Erst durch Erhitzen werden giftige Substanzen abgetötet oder unschädlich gemacht.

Bohnen, rote [*Allgem. Nährmittel*] ↑**Kidneybohnen**

Bohnen, schwarze [*Allgem. Nährmittel*] **T** Kleine nierenförmige ↑**Bohnen,** süßlich und würzig. Sie eignen sich gut für ↑**Currys** und andere Gerichte mit exotischen ↑**Gewürzen.** ↑**Hülsenfrüchte**

Bohnen, schwarzgefleckte [*Allgem. Nährmittel*] Kleine, beigefarbene ↑**Bohnen** mit schwarzem Fleck und rauchigem Geschmack. ↑**Hülsenfrüchte**

Bohnenblüten (Gartenbohnen) [*Wildkräuter, -blüten & -früchte*] **Lateinisch:** Phaseolus vulgaris. Blüten von Gartenbohnen sind zum Kandieren geeignet. ↑**Kandieren von Blüten – Wichtig!!! – Mehr Information:** ↑**Essbare Blüten**

Bohnenkaffee [*Kaffee*] ↑**Kaffee**

Bohnenkerne [*Allgem. Nährmittel*] **T** Getrocknete oder frische reife Bohnen ohne Hülse. **Dazu gehören:** ↑**Lima-Bohnen:** Sehr klein, geeignet für Salate und Gemüse. ↑**Feuerbohnen:** Große Kerne. Zerfallen beim Kochen, für Suppen und Mus ideal. ↑**Weiße Bohnen:** Sehr beliebte Abart der schwarzen Bohne. Für Suppen, Salate und als Gemüse. ↑**Wachtelbohnen:** Größe und Form wie Wachteleier. Sehr dekorativ für Suppe und Salat. ↑**Schwarze Bohnen:** Kräftiger Geschmack. Passen gut zur ↑**Tex-Mex-Küche. Schwarze-Augen-Bohnen:** In Griechenland beliebt. Hauptsächlich für Salate verwendet. **Rote Bohnen** ↑**Kidney-Bohnen:** Für die Tex-Mex-Küche, ↑**Baked Beans,** ↑**Chili con carne** usw. Getrocknete Bohnenkerne sollten über Nacht in kaltem Wasser eingeweicht werden. ↑**Bohnen** & ↑**Hülsenfrüchte**

Bohnenkrankheit [*Gesundheit*] ↑**Favismus**

Bohnenkraut [*Gewürze & Kräuter*] **T Lateinisch:** Satureja hortensis – Labiatae; **Synonym:** Pfefferkraut, Kölle; **Englisch:** savory; **Französisch:** sarriette; **Italienisch:** santoreggia; **Spanisch:** ajedrea. **Ursprung:** Das ursprünglich aus dem Schwarzmeergebiet oder östlichen Mittelmeergebiet und Zentralasien stammende Bohnenkraut wurde bereits von den Römern verwendet. Es soll im 9. Jahrhundert von Benediktiner-Mönchen über die Alpen gebracht worden sein. **Geschmack:** Bohnenkraut schmeckt kräftig, würzig, herzhaft pfeffrig, herber als der verwandte Oregano. Frisches Kraut schmeckt runder, getrocknetes intensiver und schärfer. Es weist einen stark aromatischen Geruch auf, der an Thymian erinnert. **Erhältlich als:** Frisches Kraut ab Juli auf Märkten und in Gemüseläden; getrocknetes Kraut (ganz oder gerebelte Blätter) gibt es ganzjährig. **Anbau / Standort:** Bohnenkraut liebt einen lockeren, humosen Boden in möglichst sonniger und warmer Lage. Frischen Mist verträgt es nicht. Aussaaten im Gewächshaus oder Frühbeetkasten erfolgen ab Anfang April. Direktaussaaten im Freiland sind nicht vor Anfang Mai möglich, da das einjährige Bohnenkraut sehr frostempfindlich ist. Empfohlener Reihenabstand 25 – 30 cm, Aussaatmenge 50 Korn pro laufenden Meter. Den Samen nicht mit Erde abdecken, da Bohnenkraut ein Lichtkeimer ist. Die Keimzeit beträgt 14 – 21 Tage. Nach dem Auflaufen vereinzelt man die Pflanzen auf 15 cm in der Reihe. Letzte Aussaat Anfang Juni. Geerntet wird das Laub kurz vor dem Aufbrechen der Blüten. Zu diesem Zeitpunkt besitzt das Kraut die stärkste Würzkraft. Aber auch das junge Kraut kann schon zum Würzen verwendet werden. Nicht geerntetes Kraut dient als Bienenweide. **Verwendung in der Küche:** ↑**Würztabelle. Konservierung:** Bohnenkraut behält getrocknet seine Würzkraft. Besonders stark ist sie, wenn man das Kraut nach dem Trocknen vom Stängel entfernt. Wird es in Öl eingelegt, so findet eine gute Aromaübertragung statt. Bohnenkraut lässt sich auch gut einfrieren. **Wirkung in der Volksmedizin:** Bohnenkraut wirkt gegen Durchfall mit Gärungserscheinungen, Koliken und Störungen im Verdauungstrakt. Es fördert die Bildung von Magensaft, ist blähungstreibend, antiseptisch und auswurffördernd. Bohnenkrauttee sollte mehrmals täglich getrunken werden, er ist appetitanregend und magenstärkend. Zur Herstellung wird 1 TL der Blätter mit 1/4 l Wasser überbrüht. Die Blätter müssen 15 Min. ziehen. Nimmt man statt 2 g/1 dl – 4 g/1 dl, bekommt man ein Gurgelmittel gegen Halsschmerzen und wunde Schleimhäute im Rachenraum.

Bohnensauce [*Gewürze & Kräuter*] **T** Die salzige Paste ist im asiatischen Raum verbreitet und sehr beliebt, es gibt sie in Gelb und Schwarz. **Gelbe Bohnensauce:** ↑**Miso** oder Bohnenpaste genannt, ist aus fermentierten ↑**Sojabohnen** hergestellt, schmeckt salzig und dient als Grundlage für ↑**Gemüse** und ↑**Fischgerichte. Schwarze Bohnensauce:** Es gibt sie hauptsächlich in 2 Ausführungen. Als Grundlage dienen die fermentierten, stark gesalzenen, mit ↑**Ingwer** vermischten schwarzen ↑**Bohnen.** Die so behandelten Bohnen werden entweder getrocknet in Tüten abgepackt oder mit ↑**Knoblauch** zusammen püriert und im Glas als Paste konserviert. Schwarze Bohnenpaste passt gut zu gedämpftem ↑**Fisch,** ↑**Hähnchen** oder auch ↑**Rindfleisch.**

Bohnensuppe [*Übersetzer*] **Englisch:** bean-soup; **Französisch:** potage aux haricots; **Italienisch:** zuppa di fagioli; **Spanisch:** sopa de judías, potaje

Boiled [*U.S. Kitchen*] Gekocht

Boiled egg [*U.S. Kitchen*] Gekochtes ↑**Ei**

Boiled potatoes [*U.S. Kitchen*] ↑**Salzkartoffeln**

Bois [*Franz. Speisekarte*] Holzofen

Boisson [*Franz. Speisekarte*] Getränk

Boîte [*Franz. Fachwort*] Büchse; Tabakdose

Boîte de nuit [*Franz. Fachwort*] Nachtlokal

Bolet, cèpe [*Franz. Speisekarte*] Verschiedene (Röhrlinge) gute, fleischige Speisepilze wie ↑**Steinpilze,** ↑**Maronenpilze** usw.

Bolillo [*Mexicofood*] Brötchen

Bölleflade [*Schweizer Küche*] Schweizerisch ↑**Zwiebelkuchen**

Bollen [*Unsere Küche*] **1.** Keule; **2.** Zwiebel

Böllen [*Schweizer Küche*] Schweizer Bezeichnung für ↑**Zwiebeln**

Bollito [*Ital. Speisekarte*] ↑**Eintopf** aus ↑**Fleisch**

Bollito misto [*Ital. Speisekarte*] Gemischter Fleischeintopf

Bolo de aipim [*Intern. Länderküche*] Bolo de aipim: Begriff aus der brasilianischen Küchenkultur für ein Gericht, das mehr ein ↑**Pudding** als ein Kuchen ist und aus geriebenen Wurzeln und Kokosnuss zubereitet wird. ↑**Brasilianische Küche**

Bologna [*U.S. Kitchen*] Fleischwurst

Bolognese, alla [*Ital. Speisekarte*] **A** Auch „ragù" – Nudelgericht mit kräftiger Hackfleischsauce aus ↑**Rindfleisch**, ↑**Tomaten** und ↑**Wurzelgemüse.** ↑**Würztabelle**

Bolten [*Fleischprodukte*] Regionale Bezeichnung für die Keule: Teilstück von Schlachttieren

Bomba di riso [*Ital. Speisekarte*] Reisbombe

Bombage [*Fachkunde*] **1. Bakteriell:** Wölbung von Konservendosendeckeln, hervorgerufen durch Gasbildung in der Dose. Hervorgerufen von Bakterien infolge unsachgemäßer Herstellung der ↑**Konserve. 2. Physikalisch:** Hervorgerufen durch in der Größe unpassenden Deckel: Flatterbombage; **3. Chemisch:** hervorgerufen durch Gasbildung infolge chemischer Vorgänge

Bombe glacée [*Franz. Speisekarte*] ↑**Eisbombe**

Bombolone [*Ital. Speisekarte*] ↑**Pfannkuchen**, Berliner, Krapfen

Bon marché [*Franz. Speisekarte*] Billig

Bonarda [*Weinkunde*] Rebsorte aus den Novara-Bergen im Nord-Piemont. Dort gibt es sie reinsortig oder als Verschnitt mit anderen Weinen, z. B. Fara. Wird auch im Oltrepò Pavese (Lombardei) angebaut und heißt dort Croatina. Ein leichter, angenehmer Alltagsrotwein.

Bonbel [*Käse*] **T Herkunft:** Frankreich/Lothringen; **Käsesorte:** halbfester (↑**Butterkäse**) ↑**Schnittkäse**, 50 % ↑**Fett i. Tr.**; **Milch:** Kuhmilch; **Teig:** butterzarte Konsistenz; **Geschmack:** mild und buttrig; **Info:** Bonbel wird aus Frühlingsmilch hergestellt und ist ab November für 6–8 Wochen erhältlich. Bonbel Primeur: gibt es nur für zwei Monate, Mai und Juni. **Weinempfehlung:** leichte, spritzige Rotweine, z. B. ↑**Beaujolais**, oder fruchtige ↑**Roséweine**; **Verwendung:** ↑**Sonnenblumenkerne** auf Käsescheiben ergibt eine nussige Note.

Bonbon acidulé [*Franz. Speisekarte*] Saurer (Frucht-) Drop

Bonbons [*Süßwaren*] Harte oder weiche, gefüllte oder ungefüllte Süß- bzw. Zuckerwaren. Die Grundmasse wird durch Einkochen von wässrigen Zuckerlösungen hergestellt und je nach Sorte mit Zusätzen versetzt. Zusätze für die Grundmasse und für die Füllung können z. B. ↑**Schokolade**, ↑**Kakaopulver**, ↑**Milch**, ↑**Sahne**, ↑**Butter**, ↑**Nüsse**, ↑**Krokant**, ↑**Honig**, ↑**Kaffee** und ↑**Eier** sein. Bonbons gibt es auch als diätetische Lebensmittel, die zu 98 % aus ↑**Sorbit** bestehen.

Bonchester [*Käse*] **Herkunft:** Schottland/Borders; **Käsesorte:** Farmhouse-Weißschimmel-↑**Weichkäse**, 44 % ↑**Fett i. Tr.**; **Milch:** rohe Kuhmilch; **Teig:** anfänglich noch sehr hell, später tiefgelbe Färbung; **Geschmack:** mild, nach ↑**Butter**, betont sahnig; **Info:** Bonchester wird nur von Ende März/Anfang April bis Dezember produziert. Während der Reifezeit von 8–10 Wochen entwickeln die kleinen ↑**Camembert**-ähnlichen Laibe einen gelblich-weißen bis gelb-bräunlichen ↑**Edelschimmel**belag auf ihrer Oberfläche. Die Highlands und Inseln Schottlands produzieren andere milde Farmhouse-Käse, z. B. Orkney – Weichkäse mit Naturrinde, **Islay** – von den Hebriden, **Lanark Blue** – ein ↑**Schafsmilch**käse, **Dunsyre Blue** – aus der Milch von Ayrshire-Kühen

Bondelle [*Franz. Speisekarte*] ↑**Renke**

Bondon oder Bondart [*Käse*] **T Herkunft:** Frankreich/Normandie; **Käsesorte:** ↑**Weichkäse**, 60 % ↑**Fett i. Tr.**; **Milch:** Kuhmilch; **Teig:** sahnig; **Geschmack:** salzig-fruchtig; **Beste Zeit:** Juli bis Februar

Bone [*Engl. Speisekarte*] Knochen

Boneless [*Engl. Speisekarte*] Ausgelöst

Boneless shoulder [*Engl. Speisekarte*] Ausgebeinte Schulter

Boneless top loin steak [*Engl. Speisekarte*] ↑**Rumpsteak** ohne Knochen

Bonet [*Ital. Speisekarte*] ↑Mandel**pudding**

Bonfile [*Orientalische Küche*] Begriff aus der türkischen Küchenkultur für ein gegrilltes Rinderfilet. ↑**Rindfleisch & Türkische Küche**

Boning [*Engl. Speisekarte*] Auslösen, ausbeinen

Bonite [*Franz. Speisekarte*] Echter ↑**Bonito** (kleiner, schmackhafter ↑**Tunfisch**)

Bonito [*Fisch*] **Deutsch:** kleiner Tunfisch; **Englisch:** skijack; **Französisch:** bonité à ventre rayé; **Italienisch:** tonnete striato; **Spanisch:** listado. Gestreifter kleiner ↑**Tunfisch**, bis 4,5 Kilogramm, dunkles, rotes Fleisch

Bonne-Femme, à la [*Speisegarnitur*] **A** Einfach, nach Hausfrauenart zubereitete **Speisegarnitur**, oft im Kochgeschirr serviert; **für Geflügel:** in der ↑**Kokotte** mit dem ↑**Geflügel** dünsten. Klein gewürfelte ↑**Kartoffeln**, ↑**Zwiebeln**, ↑**Schinken** oder mageren ↑**Speck** und ↑**Champignons. Für Fisch:** Dünsten von ↑**Fisch** in ↑**Weißwein** und klein geschnittenen Champignons

Bontemps [*Weinkunde*] Schöpfkelle aus Holz (Bordeaux)

Bootleggers [*Hausbar*] Während der Prohibition (1919–1934) in den USA versteckten Schmuggler Whiskeyflaschen oft in den Stiefelschäften (bootlegs): Name für Whiskey-Schmuggler.

Booze [*U.S. Kitchen*] Umgangssprachlich für ↑**Alkohol**

BOP [*Tee*] Abkürzung für „Broken Orange Pekoe". Hauptsächlich für Tee aus Java, Ceylon, Südindien, China

Boquerones [*Span. Speisekarte*] ↑**Sardellen**

Bor [*Gesundheit*] **T Hat eine Reihe von lebenswichtigen Funktionen bei Pflanzen und Tieren. Ob dies auch für den Menschen gilt, ist bis heute noch nicht geklärt.** Die Produktion von Hormonen wie Östrogen und Testosteron wird unterstützt. Borverbindungen scheinen auch den Proteinabbau zu hemmen, also Proteine im Zellplasma zu stabilisieren. So kann auch die positive Wirkung einer Einnahme von Bor beim Krankheitsbild Osteoporose erklärt werden, weil dort im Knochen der Abbau von Proteinen, aus denen das Zellskelett unter anderem besteht, gebremst werden kann. Auch für das Immunsystem spielt Bor wahrscheinlich eine Rolle, möglicherweise, weil es die Stabilität oder Bildung von Antikörpern fördert. **Täglicher Bedarf:** Für den empfohlenen Tagesbedarf an Bor gibt es bisher keine verbindlichen Angaben, geschätzt werden aber 1–7 mg pro Tag bei Erwachsenen. **Hauptvorkommen:** Bor kommt in ↑**Milch**, ↑**Milchprodukten**, im Trinkwasser sowie in ↑**Obst**, ↑**Nüssen** und ↑**Gemüse** vor. Bei einer normalen Ernährung werden täglich etwa 1–3 mg Bor aufgenommen. **Mangelerscheinungen:** Es gibt Daten darüber, dass in Bormangelgebieten gehäuft Arthritis auftritt. **Überdosierung/Vergiftung:** Eine Überdosierung von Bor kann zu Vergiftungen führen, wobei zwischen einer akuten und einer chronischen Vergiftung unterschieden wird. Die Symptome einer akuten Borvergiftung sind Krämpfe, Erbrechen (Emesis), Hirnhautentzündung (Meningitis), Durchfälle und Kollaps. Eine chronische Borvergiftung führt zu Magenschleimhautentzündungen, Leber- und Nierenschäden, Lungenblutungen, Lungenödem, Wassereinlagerungen im gesamten Körper, Benommenheit, Verwirrtheit und Depressionen. Außerdem hat sie eine juckende Dermatitis (Hautentzündung) zur Folge.

Bor(r)agine [*Ital. Speisekarte*] ↑**Borretsch**

Borax [*Fachkunde*] ↑E 285

Borba [*Weinkunde*] **1.** Ertragreiche Weißweinrebsorte für einfache Tafelweine, wird vor allem in der spanischen Extremadura angebaut. **2.** Stadt in der Region Alentejo. Rebsorten: Aragonez, Moreto, Periquita, Perrum, Rabo de Ovelha, Roupeiro, Tamarez und Trincadeira

Bordeaux [*Weinkunde*] Berühmte französische Rot- und Weißweine

Bordelaise [*Speisegarnitur*] **A 1.** Französische Landschaft mit Hauptstadt Bordeaux. Berühmte Rotweinsauce aus Bordeaux-Wein mit ↑**Rindermark**scheiben **à la Bordelaise; 2. Speisegarnitur** für **große Bratenstücke;** ↑**Schlosskartoffeln** und ↑**Champignons** in sehr heißem ↑**Öl**, mit fein gehackten ↑**Zwiebeln,** Markscheiben und ↑**Knoblauch** schwenken. Mit ↑**Pfeffer,** ↑**Salz,** ↑**Zitronensaft** und gehackter ↑**Petersilie** würzen, mit ↑**Semmelbrösel** binden. **Sauce:** ↑Bratenjus extra; **2. Garnitur für ganze Süsswasserfische** – ↑**Neunauge** aus der Gironde „lamproie à la bordelaise" und; **3. Pilze** z. B. ↑**Steinpilze** „cèpes à la bordelaise" – Reduzierte Rotweinsauce mit gehackten ↑**Schalotten,** ↑**Butter,** Rindermarkscheiben, brauner Sauce (Fleischextrakt), Zitronensaft und einer Prise ↑**Cayennepfeffer** vollenden

Border [*Franz. Fachwort*] Umlegen

Bordure [*Franz. Speisekarte*] **1.** Runde oder ovale, essbare Einfassung; **2.** Ringform für ↑**Reis**

Börek [*Orientalische Küche*] **A** Frittierte, gefüllte Rollen aus ↑**Yufkateig** mit ↑**Hackfleisch,** ↑**Schafskäse** und ↑**Spinat.** Werden oft Frauenfinger oder Zigaretten-Rollen genannt. Standardgericht im türkischen Imbiss

Borgel [*Gewürze & Kräuter*] ↑**Borretsch**

Borgnette [*Franz. Speisekarte*] ↑**Wurst** aus Schweinebauch im Netz

Borlotti-Bohnen [*Allgem. Nährmittel*] **T** Rotbraune, gesprenkelte ↑**Bohnen,** die sich für Salate und – weil sie bei längerer Garzeit zerfallen – für Crèmesuppen eignen. ↑**Hülsenfrüchte**

Borretsch [*Gewürze & Kräuter*] **T Lateinisch:** Borago officinalis. Boraginaceae; **Synonym:** Gurkenkraut, Borgel; **Englisch:** borage; **Französisch:** bourrache; **Italienisch:** borragine; **Spanisch:** borraja; **Ursprung:** Die Pflanze (Raublattgewächs) stammt aus dem Orient und ist bei uns in fast jedem Kräutergarten zu finden. **Info:** Außerhalb des Mittelmeerraumes kennt man Borretsch kaum. Mit den Blüten garniert man Salate. ↑**Kandieren von Blüten** oder ↑**Essbare Blüten. Geschmack:** Duft und Geschmack erinnern stark an Gurken, weswegen Borretsch auch als Gurkenkraut bezeichnet wird. **Erhältlich als:** Ganze Stängel von Mai bis September auf Märkten und im Gemüsehandel. Im Gegensatz zu anderen Küchenkräutern kann man ihn nur frisch verwenden. Deshalb sollte man die kurze Borretschsaison nützen. Am besten frische Blätter aus dem Garten oder dem Topf holen. **Anbau:** Borretsch liebt einen sonnigen bis halbschattigen Standort. Ideal ist ein sandiger, kalkhaltiger und feuchter Boden. Borretsch darf nicht zu stark gedüngt werden. Die ersten Aussaaten können im April erfolgen. Empfohlener Reihenabstand 30 cm, Aussaatmenge 25 Korn pro laufenden Meter, Aussaattiefe 2 cm. Die Keimzeit beträgt 7–14 Tage. Nach dem Auflaufen vereinzelt man den Borretsch auf 20 cm in der Reihe. Da hauptsächlich die jungen Blätter und Triebspitzen geerntet werden, sind Folgeaussaaten zu empfehlen. Letzte Aussaat Ende Juli. Man muss darauf achten, dass Borretsch nicht zu Unkraut wird. Die Blüte wird gerne von Bienen angeflogen. Mischkultur mit ↑**Bohnen,** ↑**Dill,** ↑**Erbsen,** ↑**Erdbeeren** (fördert die Befruchtung), ↑**Gurken,** ↑**Kartoffeln** (an die Ränder), ↑**Kohl &** ↑**Kohlrabi** (schützt vor Schädlingen, z. B. Kohlweißling), ↑**Majoran,** ↑**Mangold,** ↑**Lauch,** ↑**Ringelblumen,** ↑**Rote Beete,** ↑**Sellerie,** ↑**Sonnenblumen,** ↑**Tomaten,** ↑**Zucchini** sowie ↑**Bohnenkraut** und ↑**Est-**

ragon. Nicht verträglich mit ↑**Petersilie** und ↑**Rucola.** Eine Gründüngung mit ↑**Kamille** vor der Bepflanzung schützt vor ↑**Nematoden** und Bodenpilzen. Einmal ausgesät, hält sich Borretsch lange im Garten, da es sich immer wieder selber aussät, die Samen werden durch Ameisen verschleppt. Da Borretsch ein Flachwurzler ist, muss in längeren Trockenperioden gewässert werden. Der kleine, ausdauernde Borretsch (**borago laxiflora**) wird nur etwa 30–40 cm hoch. Er verträgt Frost bis –10° C, mit Abdeckung noch mehr. Der Boden muss humos und nahrstoffreich sein. Für kleinere Gärten gut geeignet, auch eine Topfkultur ist möglich. **Verwendung in der Küche:** ↑**Würztabelle. Konservierung:** Wird Borretsch getrocknet, geht das gesamte Aroma verloren. Einfrieren ist möglich. Eine gute Aromaübertragung erreicht man durch Einlegen in Essig. **Wirkung in der Volksmedizin:** Borretsch wirkt verdauungsfördernd und blutreinigend. Das Kraut soll eine gewisse entzündungshemmende Wirkung haben, es wird bei Entzündungen der Harnwege und wegen seines Schleim- und Saponingehaltes bei Husten, Heiserkeit und Bronchialkatarrh verwendet. Die Blüten können für Tee getrocknet werden, sie wirken herzstärkend und gegen Venenentzündungen. Zur Teeherstellung übergießt man 1 EL getrocknete Blüten mit $^1/_4$ l kochendem Wasser und lässt den Aufguss 15 Min. ziehen. Man trinkt bis dreimal täglich 1 Tasse Borretschtee. **Verwendung in der Kosmetik:** Frischer Borretsch ist stark safthaltig. Der frisch gepresste Saft dient zur Hautreinigung. Er säubert verstopfte Poren und zieht vergrößerte Poren zusammen. Eine Kompresse aus Borretschkraut wirkt gegen müde, welke und schlecht durchblutete Haut. Die Blätter können Hautreizungen verursachen.

Borretschblüten [*Wildkräuter, -blüten & -früchte*] **T Lateinisch:** Borago officinalis. **Blaue Borretschblüten** kann man in Eiswürfel einfrieren. So stehen sie immer als besondere Attraktion in Cocktails oder auf Desserts zur Verfügung, um auf sommerlichen Getränken zu schwimmen. Für Salate, in Speisen oder auf Desserts – aber erst kurz vor dem Servieren zugeben, da sie sich schnell verfärben. Die kleinen Borretschblüten werden ganz über den Salat gestreut, größere zerteilt man behutsam. Sie sind auch zum Kandieren geeignet. ↑**Kandieren von Blüten – Mehr Information:** ↑**Essbare Blüten**

Borrettanezwiebeln [*Gemüse*] **T** Flache, besonders milde Gemüsezwiebeln, die bis zu 8 cm Durchmesser erreichen können. Jung geerntet und eingelegt in eine ↑**Vinaigrette**, sind sie eine typische Mittelmeerspezialität.

Borsäure [*Fachkunde*] ↑**E 284**

Börschkohl [*Gemüse*] ↑**Wirsingkohl**

Borschtsch [*Intern. Länderküche*] **R** Der **Borschtsch** (**ukrainisch** und **russisch**) ist ein typisch russisches Suppengericht, verbreitet auch in Polen und der Türkei (**polnisch**: barszcz, **türkisch**: borç). Der Eintopf besteht aus: ↑**Roter Beete**, ↑**Weißkohl**, ↑**Karotten**, ↑**Kartoffeln**, ↑**Zwiebeln**, ↑**Knoblauch**, ↑**Fleisch** nach Wahl, ↑**Tomatenmark** sowie ↑**Gewürzen** und ↑**Sauerrahm.** Erst das Fleisch bei schwacher Hitze gar kochen, dann in dieser Fleischbrühe das zu Streifen geschnittene Gemüse garen. Mit ↑**Lorbeerblatt**, ↑**Majoran**, ↑**Kümmel** (im Gewürzsäckchen), Knoblauch, Tomatenmark, ↑**Salz** und ↑**Pfeffer** abschmecken. **Wichtig!** Die Rote Beete extra kochen. Erst kurz vor dem Anrichten das ebenfalls in Streifen geschnittene Fleisch sowie die Rote Beete dazugeben, kurz aufkochen und mit einem Löffel Sauerrahm gekrönt servieren.

Borsdorfer Apfel [*Obst*] Vermutlich die älteste dokumentierte Apfelsorte. Sie wird bereits 1170 von den Zisterziensern erwähnt.

Bosanski lonac [*Intern. Länderküche*] **R** Der Bosnische Topf ist eine Spezialität in Bosnien und Herzegowina. Es gibt viele Arten, ihn zuzubereiten, aber die Hauptzutaten sind: ↑**Fleisch** und verschiedenes ↑**Gemüse** (was vorhanden ist) werden in größere Stücke geschnitten, 4–5 cm. Die Bestandteile: ↑**Rindfleisch**, ↑**Lamm**, ↑**Kohl**, ↑**Kartoffeln**, ↑**Tomaten**, ↑**Karotten**, ↑**Petersilie**, ↑**Knoblauch**, ↑**Pfefferkörner** (ganz, nicht zermahlen). – Fleisch und Gemüse in mehreren Schichten in einen Topf einlegen, mit Wasser oder ↑**Weißwein** auffüllen und im Backofen mit geschlossenem Deckel garen. Weil die Fleisch- und Gemüsestücke ziemlich groß geschnitten sind, dauert es ungefähr vier Stunden, bis das Gericht fertig ist. Ursprünglich wurde dieses Gericht in einem Keramiktopf gekocht, der ins offene Feuer gestellt wurde.

Boscaiola, alla [*Ital. Speisekarte*] Auf ↑**Holzfällerart**

Boskoop, auch Boskop [*Obst*] **T Lateinisch:** Malus domestica; **Synonym:** Grüner Boskoop, Schöner aus Boskoop, Roter Boskoop; **Info:** Boskoop ist eine Sorte mittelgroßer bis großer ↑**Äpfel** von stark bauchiger und abgeflachter Form. Die matt glänzende Schale ist in der Grundfarbe grünlich-gelblich gefärbt und je nach Typ bei Schöner aus Boskoop (= Grüner Boskoop) lediglich sonnenseitig leicht rötlich gefärbt oder bei Roter Boskoop von orangeroter bis dunkelroter Deckfarbe, jedoch immer rau schuppig bis mittelfein netzartig berostet. Die ↑**Lentizellen** erscheinen als auffällige grüne Punktchen oder Roststernchen. **Ursprung und Geschichte:** Schöner aus Boskoop ist unbekannter Herkunft und wurde 1856 von Mijnheer Ottolander in Boskoop, Niederlande, entdeckt und 1863 erstmalig verbreitet. Roter Boskoop ist ein stark rot färbender Typ des Schönen aus Boskoop und wurde in der ersten Hälfte des 20. Jahrhunderts selektioniert. **Herkunft und Verfügbarkeit:** Boskoop werden in Mitteleuropa zwischen Ende September und Anfang Oktober geerntet und sind im Kühllager bei +3° C bis +5° C bis Ende Januar, im ↑**CA-Lager** bis etwa Ende April haltbar. Der Beginn der Genussreife liegt etwa einen

Monat nach dem Erntetermin. **Geschmack:** Das gelblich-weiße, mittelfeste Fruchtfleisch weist als Roter Boskoop einen erfrischenden, fruchtig-säuerlichen und würzigen Geschmack, als Schöner aus Boskoop einen herb-säuerlichen Geschmack auf. Wegen seines hohen Säuregehaltes ist der Boskoop als Tafelapfel sowie als Koch-und Mostapfel bekannt und beliebt. **Qualitätsmerkmale:** Die Vorzüge des Boskoop liegen in seiner vielfältigen Verwendbarkeit, er ist ein klassischer Back- und Kochapfel, der sich hervorragend für ↑**Apfelmus**, -↑**Kompott** und die Saftgewinnung eignet (hohe Gehalte an Zucker und Säuren, sehr gute Ausbeute), aber auch als Tafelapfel sehr beliebt ist. Sein Fruchtfleisch ist fest und saftig, später mürbe; sein Gehalt an ↑**Vitamin C** ist ausgesprochen hoch.

Bosna [*Österr. Küche*] **A** Als Bosna werden 2 gegrillte ↑Schweins**bratwürste** benannt, die wie bei einem ↑**Hot Dog** in ein Brötchen gesteckt werden, dazu gehören bei der „**Original Bosna**" geschnittene ↑**Zwiebel** und ↑**Petersilie.** Als besondere Gewürzmischung in dieser Bratwurstspezialität ist eine ↑**Ingwer**- und ↑**Majoran**-betonte Würzung mit ↑**Pfeffer**, ↑**Koriander** und ↑**Kümmel** abgestimmt, die genaue Rezeptur ist streng gehütetes Geheimnis. In Österreich, besonders in Salzburg, sind Bosna ein Renner. Salzburgs ältester Bosna-Stand wurde im Jahr 1950 in einem der winzigen Innenhof-Durchgänge von der Getreidegasse zum Universitätsplatz auf nur wenigen Quadratmetern eröffnet. Dieser kleine Würstlstand hat inzwischen einen legendären internationalen Ruf.

Bosse de chinel [*Intern. Länderküche*] Gefüllte Hörnchen mit ↑**Schlagsahne**, Spezialität aus Belgien

Boston Shaker [*Hausbar*] Besonderer ↑**Shaker**, der aus einem Metall- und einem Glasbecher besteht. Nachdem die Zutaten samt Eiswürfeln in einen Becher gegeben wurden, werden die beiden unterschiedlich großen Hälften des Boston Shakers mit den Öffnungen ineinander verkeilt und der ↑**Cocktail** geschüttelt. Häufig gibt es diesen Shaker mit Maßeinteilungen.

Bota [*Weinkunde*] Spanisches Weinfass mit 500 l Fassungsvermögen

Botanas [*Mexicofood*] Kleine mexikanische Vorspeisen, die auf Partys zu den Getränken serviert werden, z. B. ↑**Antojitos**, ↑**Tacos** und ↑**Tamales**

Boto [*Exotische Früchte*] **Englisch:** boto; **Französisch:** boto. Das afrikanische Urgewächs lässt sich auch zu den ↑**Fruchtgemüsen** einordnen. Die rundliche Frucht bereitet wahre Gurkengenüsse, vereint mit ↑**Tomatenmark** und einer sahnigen Säure. Botos sind rundlich, eigroß. Das Fruchtfleisch haftet in faseriger Konsistenz nur einige Millimeter um einen großen Steinkern. Die dünne, dunkelgrüne, aber harte Schale springt bei Reife in Plättchen auf und bringt das weiche grüne Fruchtfleisch zum Vorschein. Die Saison in Zentralafrika reicht von Februar bis Ende März/April.

Botrytis [*Weinkunde*] Ein Pilz, dessen vollständiger Name Botrytis Cinerea lautet, der Reben unter feuchten Wetterbedingungen befallen kann. Im ungünstigsten Fall ruiniert er eine ganze Ernte und wird dann als Roh- oder Graufäule bezeichnet. Im günstigsten Fall spielt er eine wichtige Rolle bei der Produktion der berühmtesten Süßweine der Welt. Botrytis zerstört die Beerenhaut, indem er sie durchlöchert und so Wasser und Nahrungsstoffe zu sich nimmt. Das hat eine Konzentration des Beerensaftes und somit auch des Zuckergehaltes zur Folge. Wenn jetzt eine Periode von trockenem Wetter folgt, werden die Beeren austrocknen und zusammenschrumpfen. Es entsteht ein konzentrierter, sehr süßer Saft, aus dem die edelsüßen Weine wie die deutschen Beerenauslesen, aber auch die Sauternes- und Loiresüßweine bereitet werden. ↑**Riesling.** Manche Rebsorten sind wegen ihrer dickeren Beerenhaut weniger anfällig für Botrytis. Zusätzlich ist der Pilzbefall bei roten Rebsorten problematischer als bei weißen, da er einen Farbverlust und unerwünschte Nebengerüche im Wein verursacht. Da das Auftreten des Pilzes wetterbedingt ist, ist die Produktion von edelfaulen Weinen nicht jedes Jahr garantiert.

Bottarga [*Ital. Speisekarte*] Flacher brauner Riegel aus getrocknetem, gepresstem Meeräschen- oder ↑Tunfisch**rogen**

Botte [*Weinkunde*] Italienisches Holzfass

Bottled by...: Abgefüllt durch [*Hausbar*] Auf dem Flaschenetikett wird so der Abfüller genannt.

Bottled in Bond [*Hausbar*] Amerikanischer ↑**Whiskey**, der mindestens vier Jahre ohne Reduktionsverluste im Fass gereift ist, stellt einen besonderen Qualitätsstandard dar. Wird er zudem unter der Aufsicht der amerikanischen Zollbehörden abgefüllt und erst danach die Steuer erhoben, ist er „bottled in bond".

Botulismus [*Gesundheit*] **T** Botulismus ist eine Vergiftung durch Botulin. Bei der Vermehrung der Bakterien Clostridium botulinum (Botulinusbazillus) in unzureichend konserviertem Fleisch, Fisch und Gemüse bilden sie das **tödliche Gift** Botulin. Nach dem Verzehr wird Botulin in Magen und Dünndarm aufgenommen, und nach 12–24 Stunden treten folgende Krankheitserscheinungen (Symptome) auf: Doppeltsehen, Sprach-, Schluck- und Atemstörungen, Aufhören der Speichelsekretion, Heiserkeit, Muskelschwäche und Krämpfe. Durch 5- bis 10-minütiges Garen kann das Botulin zerstört werden, jedoch bleiben die Sporen bzw. die Schutzform der Bakterien erhalten, sodass erneut Botulin produziert werden kann. **Sind Konservendosen aufgebläht, weist dies auf Clostridium botulinum hin. Sie sollten in keinem Fall geöffnet werden.** Der Begriff wird auch für das Krankheitsbild benutzt.

Boucané [*Franz. Speisekarte*] Kalt geräuchert bzw. luftgetrocknet

Boucané [*Franz. Speisekarte*] Mundbissen, kleine ↑**Blätterteig**pastetchen oder Törtchen mit diversen Füllungen wie ↑**Ragouts**, ↑**Fisch**, ↑**Gemüse** usw. Bouche = Mund, Bouchée = sinngemäß „mundvoll".

Bouchée à la reine [*Franz. Speisekarte*] **A** „Königinpastete" mit ↑**Ragout fin** aus ↑**Geflügel**-, ↑**Kalbfleisch**, ↑**Champignons** usw. in weißer Rahmsauce (↑**Velouté**)

Bouchée au chocolat [*Franz. Speisekarte*] ↑**Praline**

Boucherie [*Franz. Fachwort*] Metzgerei, Fleischerei, Küchenmetzgerei

Bouchet [*Weinkunde*] Alter Name für die Chasselasrebe, den ↑**Gutedel**

Bouchon [*Weinkunde*] Flaschenkorken oder Kneipe in Lyon

Bouchonné [*Weinkunde*] Mit Korkgeschmack, korkig

Boudin (noir) [*Franz. Speisekarte*] **A** ↑**Blutwurst** in vielen regionalen Varianten, z. B. mit ↑**Speck**, ↑**Zwiebeln**, ↑**Gewürzen**, aber auch ↑**Gemüse**, ↑**Früchten**, ↑**Milch** und sogar ↑**Alkohol**

Boudin blanc [*Franz. Speisekarte*] **A** ↑**Wurst** aus weißem ↑**Geflügel**, ↑**Kalb**, ↑**Kaninchen** oder magerem ↑**Schweinefleisch**, aber auch ↑**Fisch** mit Schweine- oder ↑Kalb**fett**, ↑**Sahne**, ↑**Milch**, ↑**Ei**, ↑**Mehl** und ↑**Gewürzen**

Bouffi, (hareng) [*Franz. Speisekarte*] Mild gesalzener, geräucherter ↑**Hering**

Bougatsa [*Griech. Speisekarte*] **A** Begriff aus der griechischen Küchenkultur für eine Milchtorte (ähnlich wie ↑**Galaktoboureko**), aber ohne ↑**Honig**, sie wird nur mit ↑**Puderzucker** gesüßt und mit ↑**Zimt** gewürzt.

Bougras [*Franz. Speisekarte*] Gemüsesuppe mit Wurstbrühe (gibt es beim Metzger)

Bouillabaisse [*Franz. Speisekarte*] **R** Ein aus Marseille (Südfrankreich) stammender Fischeintopf, wurde zur „Königin" aller Fischsuppen. Früher eine „Hausmannskost" am Mittelmeer, um Fischreste zu verwerten, ist sie heute Bestandteil der gehobenen Küche. Eine Bouillabaisse, die mit den ↑**Gewürzen**, Fischen und Meeresfrüchten der Originalrezeptur gekocht wird, ist im Restaurant fast unbezahlbar geworden. **1.** Die Bouillabaisse besteht je zur Hälfte aus fest- und zartfleischigen ↑**Fischen** wie ↑**Seeteufel**, ↑**Kabeljau**, ↑**Schellfisch oder** ↑**Seebarsch**, ↑**Rotbarbe**, ↑**Dorade**, ↑**Knurrhahn** und ↑**Meeresfrüchten** wie ↑**Muscheln** und ↑**Langusten**. **2.** ↑**Rouille** und im Backofen getrocknete Baguettescheiben (Croûtons) sind obligatorisch, Muscheln und Meeresfrüchte müssen nur in der Originalversion sein; **3.** Der provencalische Name „boui abaisso" verweist auf den Kochvorgang: Bevor die Fische in den ↑**Fond** kommen, muss dieser heftig wallen (bouiller), unmittelbar danach ist die Hitze zu reduzieren (baisser). **4.** Eine weitere Variante – von Paul ↑**Bocuse** propagiert – besteht daraus, auch die Fische in der wallenden Flüssigkeit zu garen. Auf diese Weise reduziert die Brühe zum einen und gewinnt an (nicht nur aromatischer) Dichte. Zum anderen bildet sie zusammen mit dem ↑**Olivenöl** die Konsistenz einer Crème-Suppe (vorübergehend). **5.** Fisch und Suppe werden getrennt serviert. Vorab die Suppe, danach die Fische oder auch die gewählten Fische mit der Bouillabaisse beschöpfen. **Und so geht es:** Fischfleisch, Meeresfrüchte, Muscheln und nach Geschmack ↑**Kartoffeln** werden in einer vorbereiteten Suppe (Fond) mit Olivenöl, ↑**Orangen**schale, ↑**Tomaten**, ↑**Zwiebeln**, ↑**Lauch**, ↑**Fenchel**, ↑**Staudensellerie**, ↑**Knoblauch**, ↑**Petersilienwurzel**, ↑**Lorbeer**, ↑**Thymianzweig**, ↑**Estragon**, ↑**Dillsamen**, ↑**Lavendel** (Hauch), ↑**Rosmarin** (Hauch), ↑**Muskatnuss**, ↑**Safran** und ↑**Noilly Prat** gegart, die mit ↑**Salz**, ↑**Cayennepfeffer** und ↑**Tomatenmark** abgeschmeckt wurde. Zum Anrichten die Fische und Meeresfrüchte auf eine vorgewärmte Servierplatte heben, noch geschlossene Muscheln aussortieren. Die Kartoffeln, falls verwendet, um die Fische und Meeresfrüchte anordnen und mit gehackter ↑**Petersilie** bestreuen. Die Suppe in eine große Suppenterrine abseihen. Einige ↑**Croûtons** mit Rouille bestreichen, auf die Brühe legen, die restliche Rouille in eine Schale füllen und mit den übrigen gerösteten Weißbrotscheiben servieren.

Bouillant [*Franz. Fachwort*] Kochend

Bouilleture, bouilliture [*Franz. Speisekarte*] **A** Dicke, gebundene Aalsuppe mit Pilzen, gewürfelten Zwiebeln und Backpflaumen in Rot- oder Weißwein

Bouilli [*Franz. Speisekarte*] Gekocht, gesotten; gekochtes ↑**Rindfleisch** bzw. ↑**Suppenfleisch**

Bouillie [*Franz. Speisekarte*] Milchbrei, Kinderbrei, Schleimsuppe oder Mus aus in Flüssigkeit gekochtem ↑**Mehl**

Bouillir [*Franz. Fachwort*] **T** Im Topf ohne Deckel garen. Das Wasser wird knapp unter dem Siedepunkt gehalten, wobei klare ↑**Brühen** und ↑**Gelees** kalt aufgesetzt werden, um alle Zutaten auszulaugen. ↑**Suppenfleisch**, ↑**Kalb**, ↑**Lamm** und ↑**Hammel** dagegen in kochend heißem Wasser garen, damit die Poren sich schließen und der Saft im ↑**Fleisch** bleibt.

Bouillon [*Franz. Speisekarte*] ↑**Fleischbrühe** oder ↑**Klare Suppe**, die auch aus ↑**Geflügel**, ↑**Wild**, ↑**Fisch** oder ↑**Gemüse** zubereitet werden kann

Bouillonhering [*Österr. Küche*] Marinierter ↑**Hering**

Bouillonkartoffeln [*Unsere Küche*] **R** Klein gewürfelte ↑**Kartoffeln** (1 cm x 1 cm) werden in kräftig gewürzter ↑**Fleischbrühe** mit feinst gewürfeltem (2 mm x 2 mm) ↑**Wurzelgemüse** (↑**Brunoise**) gar gekocht. Die Brunoise dürfen nicht zerkochen, das heißt, sie werden erst nach halber Garzeit der Kartoffeln zugegeben. Bouillonkartoffeln passen hervorragend zu ↑**Suppenfleisch** bzw. gekochtem ↑**Tafelspitz**.

Boukha, boukla [*Hausbar*] Tunesischer Feigen-, Dattelschnaps

Boulanger [*Franz. Fachwort*] Bäcker, Küchenbäcker, boulangerie – Bäckerei, Küchenbäckerei

Boulangère, à la [*Speisegarnitur*] **A Speisegarnitur** für ↑**Schweine-**, ↑**Hammel-** und ↑**Lammbraten** – Im (Bäcker-)Ofen gebraten, mit ↑**Kartoffeln-** u. ↑**Zwiebelscheiben; Sauce:** ↑**Bratenfond** extra

Boule de Bâle [*Schweizer Küche*] ↑**Cervelat**-ähnliche ↑**Brühwurst** aus der Westschweiz

Boule de campagne, bouleaud, boulot [*Franz. Speisekarte*] ↑**Bauernbrot**

Boule de Lille [*Käse*] ↑**Mimolette**

Boule-de-neige [*Franz. Speisekarte*] „Schneeball"; **1.** Name des ↑Riesen**champignons**, auch Anis-, Schafchampignon und verwandter Feldchampignons. Dieser sehr feine Speisepilz hat ein delikates Aroma, ist aber madenanfällig. **Saison:** Juni – Okt. **3.** mit Schlagsahne überspritzte ↑**Speiseeis-**, ↑**Meringue-** oder Teigkugel

Boulette [*Franz. Speisekarte*] **A** Bulette, ↑**Frikadelle**, ↑Fleisch**klops** oder runder Kloß aus gehacktem oder püriertem ↑**Fleisch**, ↑**Fisch**, ↑**Kartoffeln**, meist paniert, frittiert

Boulette d'Avesnes [*Käse*] **T Herkunft:** Frankreich/ Region: Avesnes-sur-Helpe; **Käsesorte:** ↑**Weichkäse** mit ↑**Rotschmiere**, 50 % ↑**Fett i. Tr.**; **Milch:** ↑**Ziegen**butter**milch; Teig:** bröckelig, ockerfarben, zeigt dunkle Kräuter im Anschnitt. **Geschmack:** würzig scharf, pikant bis streng mit ↑**Knoblauch**, ↑**Kräutern** und ↑**Gewürzen. Info:** kegelförmig, einem kleinen Zuckerhut ähnlich. Die Käsekegel sind etwa 12 cm hoch und wiegen zwischen 200 und 250 g. Die Oberfläche ist mit einer dunkel gefleckten, feuchten, rotgelben Schmiere überzogen. ↑**Stinker-Käse. Beste Zeit:** nach etwa 3 Monaten Reifezeit Juni bis Februar. Als „Boulette de Cambrai" wird der ↑**Käse** bezeichnet, der aus ↑Kuh**buttermilch** hergestellt wird.

Boulette de Cambrai [*Käse*] ↑**Boulette d'Avesnes**

Boulghour, bulghur [*Franz. Speisekarte*] ↑**Bulgur**

Bouquet [*Fachkunde*] **1.** Fachbegriff aus der Weinterminologie: die sich entfaltenden Duftstoffe; **2.** Duft, Würze; Blumen-, Kräutersträußchen

Bouquet balte [*Franz. Speisekarte*] ↑Stein**garnele**, ↑Ostsee**krabbe**, kleines Meereskrebstier

Bouquet garni, Kräutersträußchen [*Gewürze & Kräuter*] **A Französisch:** „garnierter Strauß", Kräutersträußchen; **Aussehen:** verschiedene Kräuter, die zu einem Sträußchen zusammengebunden sind oder verschiedene Kräuter und Gewürze in einem Mullbeutel oder Tee-Ei. **Im Handel erhältlich:** einzelne Bestandteile des Bouquets; fertig zusammengestellte Bouquets beim Gemüsehändler. **Geschmack:** Das Bouquet garni gibt Speisen je nach Zusammenstellung eine geschmackliche Abrundung. **Beispiele von verschiedenen Bouquets:** Das klassische Bouquet garni stammt wahrscheinlich aus der südfranzösischen Küche. Es besteht aus drei ↑**Petersilien**stängeln, einem kleinen Zweig ↑**Thymian** und einem kleinen ↑**Lorbeer**blatt. Aber es gibt noch mindestens hundert andere Arten, ein Kräutersträußchen zusammenzustellen. Man kann ↑**Basilikum**, ↑**Sellerieblätter**, ↑**Pimpernelle**, ↑**Kerbel**, ↑**Estragon**, ↑**Rosmarin**, ↑**Bohnenkraut** oder auch ↑**Lauch**, ↑**Knoblauch** und ↑**Zwiebel** hinzufügen. Mit dem klassischen Kräutersträußchen würzt man Suppen, Eintöpfe und Schmorgerichte wie den ↑**Coq au Vin** oder ↑**Bœuf Bourguignon**. Speziell für südfranzösische Gerichte kann man es mit ↑**Zitronenschale**, ↑**Lavendel**, einer Knoblauchzehe und Rosmarin oder Basilikum erweitern. Eine mehr nördliche Variante des Bouquets, die auch in der feinen deutschen Küche benutzt wird, besteht aus Petersilienstängeln, einem halben Lorbeerblatt, einem kleinen Zweig Thymian, einer Knoblauchzehe, einem Sellerieblatt, einem Stück ↑**Karotte** und zwei Lauchblättern. Man würzt damit feine Brühen, helle und dunkle Saucen, daneben ↑**Ragouts** und den ↑**Fond** von ↑**Rinder-**, **Kalbs-** und **Schweinebraten** (dazu evtl. eine Zwiebel und ein Ästchen Thymian). Zum Bouquet garni für Geflügel, das man in die Hühnersuppe gibt, gehören zwei Lauchblätter, ein halbes Lorbeerblatt, Petersilienstängel und ein Zweig Estragon anstelle von Thymian. Ein Bouquet garni für Kochfisch kann man aus Lauch, Petersilienstängeln, ein wenig ↑**Fenchel**knolle, einem halben Lorbeerblatt, einer halben Knoblauchzehe und je einem Zweig Estragon und Kerbel zusammenstellen. In den Sud für ↑**Krustentiere** kommt ein Bouquet aus Lauch, Estragon, Thymian, Lorbeer, Knoblauch, Petersilienstängeln und ↑**Dill**samen oder ↑**Kümmel**. **Wichtig bei der Zusammenstellung:** Wer sich ein Bouquet garni zusammenstellt, sollte darauf achten, dass nie mehr als zwei Kräuter mit kräftigem Eigengeschmack zu nehmen sind. Zum Kräutersträußchen bündelt man die Kräuter mit einem Faden oder gibt sie in einen Mullbeutel oder Tee-Ei. So kann man Gewürze und ausgekochte Kräuter nach dem Kochen mühelos entfernen.

Bouquet royal [*Franz. Speisekarte*] Rosa ↑**Krabbe**

Bouqueté [*Franz. Speisekarte*] **1.** Angenehm, stark duftend; **2. Wein:** blumig

Bouquetière, à la [*Speisegarnitur*] **A Speisegarnitur** für **große Bratenstücke** und **Kurzgebratenes** – kleine, glacierte ↑**Karotten**, ↑**Weiße Rübchen**, ↑**Erbsen** und gewürfelte ↑**Grüne Bohnen**, ↑**Blanchiert** und in **Butter** ↑**Sautiert**, blanchierte ↑**Blumenkohl**röschen mit Sc. ↑**Hollandaise** oder ↑**Béchamel**-Sauce überzogen, gebratene ↑**Kartoffeln**, alles in gesonderten Bouquets. **Sauce:** Bratensaft des entsprechenden Stückes

Bouquette [*Intern. Länderküche*] Belgische ↑**Buchweizen**pfannkuchen

Bourbon Whiskey [*Hausbar*] Ursprünglich amerikanischer ↑**Whiskey**. Nach der Destillation muss der Whiskey, dessen ↑**Maische** aus mindestens 51 % ↑**Mais**, ↑Gersten**malz** und meist ↑**Roggen** besteht, einen Alkoholgehalt von mindestens 160 ↑**US Proof** aufweisen. Der amerikanische Whiskey wird ähnlich dem schottischen ↑**Grain-Whisky** hergestellt, aber mit anderen Rohstoffen. Mindestlagerzeit in ausgekohlten Eichenfässern 3 Jahre. Am meisten wird Bourbon in Kentucky produziert. Ist auf dem Etikett vermerkt „Kentucky-Whiskey", muss er auch von dort stammen. Bourbon-Whiskey wird als „Straight-Whiskey" (unvermischt aus einer einzigen Brennerei) und seltener als „Blended-Whiskey" (Verschnitt mehrerer Bourbon untereinander) angeboten.

Bourboulenc [*Weinkunde*] Weißwein-Rebe aus dem Midi, der Provence, von der Rhône

Bourdain, Anthony [*Berühmte Köche*] Der französischstämmige **Anthony Bourdain** – *1956 – arbeitet seit 20 Jahren als Küchenchef und führt seit rund zehn Jahren die „Brasserie Les Halles" in New York City. Der begnadete Koch hat eine eigene Kochshow im US-Fernsehen und schreibt neben Sachbüchern auch bekannte Kriminalromane.

Bourdelot [*Franz. Speisekarte*] ↑**Apfel** im ↑**Backteig**

Bourg, Côtes de Bourg [*Weinkunde*] Côtes de Blaye: Regionen Frankreichs, die einfache weiße und rote Weine liefern. **Positive Ausnahmen aus der Côtes de Bourg sind Folgende**: Châteaux: Château Peychaud, Château de Thau, Château La Grolet, Château Pitray, Château La Barbe, Château du Bousquet, Château La Croix de Millorit, Château de la Grave, Château Grand-Jour, Château Fort Guilhem, Château Guerry, Château Guionne, Château Haut-Maco, Château Rousset, Château Lalibarde, Château Brule-Secaille, Château Tayac, Château Lamothe und Château Mendoce

Bourgeois [*Weinkunde*] Nachdem durch die Klassifizierung von 1855 die Aristokratie der Haut-Médoc-Weingüter in fünf Kategorien eingeteilt wurde, hat man 1932 444 Weingüter des gesamten Médoc als „crus bourgeois" eingestuft. Rund 100 von diesen (nur im Haut-Médoc) wurden als „crus bourgeois supérieurs" bewertet, die sechs Besten davon wiederum als „crus bourgeois supérieurs exceptionnels". Durch das Syndikat der „crus bourgeois"-Weingüter des Médoc ist diese Klassifizierung seither mehrfach überarbeitet und in jüngster Zeit dahingehend vereinfacht worden, dass man heute auf jede interne Hierarchisierung verzichtet und allein noch von „crus bourgeois" spricht.

Bourgeoise, à la [*Speisegarnitur*] **A** Einfache, aber gute bürgerliche Küche, z. B. Schmorfleisch mit glacierten Karotten, Zwiebel- und Speckwürfeln

Bourgueil [*Weinkunde*] Dorf im Loiretal mit bemerkenswerten Rotweinen aus der Bretonrebe (↑**Cabernet Franc**). Auch in der franz. Literatur (Rabelais: Abbaye de Thelème) bekannt.

Bourgueil, Jean-Claude [*Berühmte Köche*] **Jean-Claude Bourgueil** – *1947 in Frankreich, mit insgesamt sieben Sternen ausgezeichnet, ist einer der erfolgreichsten kulinarischen Botschafter Frankreichs in Deutschland. Er zelebriert am Kaiserswerther Markt, unweit der Düsseldorfer Innenstadt, Grande Cuisine auf höchstem Niveau. Seit nunmehr 13 Jahren ist Jean-Claude Bourgueil ununterbrochen stolzer Inhaber von 3 Sternen.

Bourguignonne, à la [*Speisegarnitur*] **A 1.** Auch „Burgunder Art" – ↑**Fleisch** oder ↑**Schinken**, der so zubereitet wird, trägt diesen Garniturnamen, weil in dem ↑**Bratenfond** kleine, glacierte ↑**Zwiebeln**, ganze oder geviertelte ↑**Champignons** und angeröstete ↑**Brustspeck**würfel mitschmoren. Mit rotem ↑**Burgunder**wein wird die ↑**Sauce** vollendet. **2.** ↑**Bœuf Bourguignon**; **3. Für gedünsteten Fisch** – Rotweinsauce ohne Speck mit kalter ↑**Butter** gebunden

Bourrache [*Franz. Speisekarte*] ↑**Borretsch**

Bourride [*Franz. Speisekarte*] **A** Provenzalische Fischsuppe mit viel ↑**Knoblauch.** Weniger berühmt als seine farbenfrohe Cousine, die ↑**Bouillabaisse**. Das weiße Fischragout wird stets mit ↑**Aioli** serviert, einer ↑**Knoblauchmayonnaise.** Bourride stammt aus dem Westen der Provence und dem Languedoc. Eine gute Bourride sollte einige ↑**Weißfische** enthalten wie ↑**Wolfsbarsch**, ↑**Meerbrasse**, ↑**Petersfisch** und ↑**Merlan**, festfleischigen ↑**Fisch** wie ↑**Steinbeißer** und ↑**Meeraale** sowie einige Fettfische wie ↑**Makrelen**. Am Mittelmeer fügt man immer ↑**Drachenkopf** hinzu, einen grätenreichen, aber sehr würzigen Fisch. Zur Bourride wird zum Auftunken der köstlichen, mit ↑**Eigelb** gebundenen ↑**Sauce** reichlich ↑**Baguette** gereicht.

Bourriol, le [*Franz. Speisekarte*] **A** Aus der Auvergne: Dicker ↑**Pfannkuchen** aus mit ↑**Milch** gebundenem ↑**Kartoffelpüree**, ↑**Buchweizen**- und ↑**Weizenmehl**

Bourru [*Weinkunde*] Ungegorener, trüber junger Wein (Federweißer, Sturm, Sauser)

Boursette [*Franz. Speisekarte*] ↑**Feldsalat**

Boursin [*Käse*] **T Herkunft:** Frankreich/Normandie; **Käsesorte:** Rahm-↑**Frischkäse**, 70 % ↑**Fett i.Tr.**; **Milch:** Kuhmilch; **Teig:** sehr cremig, streichfähig; **Geschmack:** mild, mit ↑**Kräutern**, ↑**Knoblauch**, ↑**Chili**, ↑**Curry**, ↑**Pfeffer**, ↑**Meerrettich**; **Info:** am besten ohne Gewürz- oder Kräuterzutaten; **Verwendung:** Boursin eignet sich wie jeder Frischkäse als Brotaufstrich und als Füllung. Natur auch für ↑**Desserts**.

Bout [*Franz. Fachwort*] Ende, Spitze

Boutargue [*Franz. Speisekarte*] ↑**Rogen** von ↑**Meeräschen**

Bouteille [*Franz. Speisekarte*] Flasche

Boutifar [*Franz. Speisekarte*] Baskenland: Grobe ↑**Blutwurst** mit ↑**Schweine**-, ↑**Kalbfleisch** und -fett, mit ↑**Anis** oder ↑**Zimt** gewürzt

Bouton-de-Culotte [*Käse*] **T Herkunft:** Frankreich/Burgund; **Käsesorte:** ↑**Weichkäse**, 40–45 % ↑**Fett i.Tr.**; **Milch:** ↑**Ziegenmilch**; **Teig:** Unter seiner dunkelgelben Rinde verbirgt sich ein harter, trockenspröder, bröckeliger Teig. **Geschmack:** kräftig pikant, gereift ausgeprägtes Ziegenmilcharoma; **Info:** Der

„Hosenknopf" ist mit nur ca. 20 g Gewicht einer der kleinsten, feinsten und teuersten französischen Ziegenkäsespezialitäten. Der nur in der warmen Jahreszeit hergestellte ↑**Käse** reift lange, hat erst im Winter sein volles Aroma. **Weinempfehlung:** trockene Weißweine

Bouvier [*Weinkunde*] Weiße Rebsorte aus dem südlichen Burgenland. Wird in Österreich und Ungarn angebaut. Der Wein ist nur kurz lagerbar, von mittlerer Qualität mit einem milden Muskatbouquet.

Boverli [*Schweizer Küche*] Schweizer Bezeichnung für ↑**Erbsen**

Bowl [*U.S. Kitchen*] Schüssel

Bowle [*Hausbar*] **R Englisch:** punch bowl; **Französisch:** vin aromatisé; **Italienisch:** bowle; **Spanisch:** bowle. Die Bowlen sind Mixgetränke, die meist in großen Mengen angesetzt werden. Früchte werden direkt in die Bowlenschüsseln gegeben und überwiegend mit ↑**Wein** und ↑**Schnaps** übergossen und längere Zeit kalt gestellt. Kurz vor dem Servieren wird die Bowle dann mit eiskaltem ↑**Sekt**/↑**Champagner** oder auch ↑**Soda**wasser aufgegossen. In eine Bowle gehören keine Eiswürfel. ↑**Würztabelle**

Boxty [*Intern. Länderküche*] Irische ↑**Kartoffelpuffer** aus grob geraspelten ↑**Kartoffeln**, mit gebratenem ↑**Brustspeck** belegt

Boyeau [*Franz. Speisekarte*] Darm

Bozzoli [*Ital. Speisekarte*] Kokonförmige Nudeln

Bra Geschützte Herkunftsbezeichnung [*Käse*] **Herkunft:** Italien/Piemont (Provinz Turin); **Käsesorte:** ↑**Schnittkäse**/↑**Hartkäse; Milch: 1.** Typ tenero: Kuhvollmilch mit Anteilen von ↑**Schaf-Ziegenmilch; 2.** Typ duro: teilentrahmte Kuhmilch mit Anteilen von Schaf-Ziegenmilch. Bra ist in drei Typen erhältlich: **Bra tenero** aus Vollmilch reift 45 Tage bis 3 Monate und ist ein Tafelkäse mit süßlich-aromatischem Geschmack. Der Teig ist kompakt und elastisch mit leichter kleiner Lochung, die Rinde gleichmäßig, sehr dünn und elastisch, von strohweißer bis pergament grauer Farbe. **Bra duro** aus teilentrahmter Milch reift mindestens sechs Monate, als Reibkäse ein Jahr und länger, und ist ein Tafel- und Reibkäse mit intensiv-würzigem Geschmack. Der Teig ist trockener als beim **tenero**, die Rinde dünn, elastisch und braunbeige gefärbt. **Bra d'alpeggio** wird in den bergigen Gemeinden von Cuneo noch ganz handwerklich hergestellt. Die Produktionstechnik ist sehr ähnlich der des **Bra** aus der Ebene: Es werden nach wie vor ganz einfache Werkzeuge verwendet und die Prozeduren sind nicht mechanisiert. Die Rinde ist dünn und elastisch, weiß gefärbt beim weichen, beige oder braun beim harten Typ. Der Teig des **tenero** ist hellbeige, der des **duro** strohgelb. Die Dimensionen vom Laib sind ganz gleich, das heißt: Höhe: 7–9 cm; Gewicht: 6–8 kg; Durchmesser: 30–40 cm

Brace, alla [*Ital. Speisekarte*] Auf Holzkohlenglut

Brachse [*Fisch*] **A** Süßwasserfisch aus der Familie der ↑**Karpfen**, wird besonders in Mitteleuropa gezüchtet. In großen, nährstoffreichen Seen kann er bis 90 cm lang und bis 10 kg schwer werden. Sein wohlschmeckendes, grätenreiches, ziemlich fettes Fleisch wird gekocht, gegrillt oder geräuchert.

Braciola [*Ital. Speisekarte*] Rücken-, Lendenstück

Bradenham-Schinken [*Fleischprodukte*] Engl. Spezialität, gepökelt und schwarzgeräuchert. Wird nach dem ↑**Pökeln** in ↑**Melasse** mariniert, daher der leicht süßliche Geschmack.

Braeburn [*Obst*] **T Lateinisch:** Malus domestica; **Info:** Braeburn ist ein mittelgroßer bis großer, ovaler oder leicht hochgebauter ↑**Apfel** mit mittlerem bis langem Stiel. Die Schale hat eine hell- bis gelbgrüne Grundfarbe und zur Hälfte eine braunrote, deutlich gestreifte Deckfarbe. **Ursprung und Geschichte:** Braeburn ist ein Zufallssämling, möglicherweise der Sorten Lady Hamilton und Granny Smith, und wurde 1952 von O. Moran aus Waiwhero in Upper Moutere, Neuseeland, entdeckt und von der Baumschule Williams Brothers in Braeburn verbreitet. **Herkunft und Saison:** Braeburn werden in Mitteleuropa zwischen Mitte Oktober und Anfang November geerntet und sind im ↑**Kühllager** bis Ende Februar, im ↑**CA-Lager** bis Ende Juni haltbar. Wegen seiner langen Vegetationszeit reift Braeburn nur in guten Lagen wirklich aus und weist nur dann entsprechende Lagerfähigkeit auf. Der Beginn der Genussreife liegt einen Monat nach dem Erntetermin. – Braeburn benötigt in Deutschland Weinbauklima, um auszureifen. – Entsprechend spät fällt der Erntetermin auf Mitte bis Ende Oktober. **Geschmack:** Das hellgelbe, sehr feste und knackige Fruchtfleisch schmeckt leicht süßlich und saftig, erfrischend und weist einen harmonischen, durch ein ausgewogenes Zucker-Säure-Verhältnis gekennzeichneten Geschmack bei dezentem Aroma auf. Wegen der Festigkeit des Fruchtfleisches und des relativ hohen Säuregehalts eignen sich Braeburn neben dem Verzehr hervorragend zur Verarbeitung. **Qualitätsmerkmale:** Braeburn ist ein hochwertiger Tafelapfel mit dem höchsten ↑**Vitamin-C**-Gehalt aller Apfelsorten. Dadurch eignet sich die Sorte auch zum Kochen und Backen hervorragend, denn das Fruchtfleisch verfärbt nach dem Anschneiden nur langsam.

Braga [*Intern. Länderküche*] Begriff aus der russischen Küchenkultur für ein leicht alkoholisches, im Haus gebrautes, bierähnliches Getränk aus ↑**Roggen**. Braga ersetzt in vielen Familien Wasser und ↑**Tee**.

Brägen [*Fleischprodukte*] Auch Bregen; norddeutsche Bezeichnung für ↑**Hirn**

Brägenwurst [*Fleischprodukte*] ↑**Hirnwurst**

Brain [*Engl. Speisekarte*] ↑**Hirn**

Brainfood [*Gesundheit*] **T** Schon die alten Römer wussten: „Ein gesunder Geist wohnt in einem gesunden Körper." Bewegung verbessert die Denkleistung, aber sowohl Gehirn als auch Muskeln müssen richtig ernährt und entsprechend trainiert werden, um fit zu sein und zu bleiben. Gehirnjogging und körperliche Bewegung sind wichtig, um die Leistungsfähigkeit des Gehirns auch im Alter in Schwung zu halten, denn Bewegung steigert die Durchblutung der Gehirnmasse und damit die Merkfähigkeit und die Funktion des Kurzzeitgedächtnisses. Durch eine abwechslungsreiche, gesunde Ernährung kann das Gehirn seine Leistungsfähigkeit voll entfalten. Vor allem kann aber eine gesunde Ernährung dabei helfen, die grauen Zellen zu aktivieren. Wer sich geistig fordert, kann sein Gehirn am besten jung halten. Unser Gehirn denkt „biochemisch". Dabei gewinnt es aus ↑**Glucose** (Traubenzucker) Energie und bildet aus ↑**Aminosäuren** Botenstoffe (sog. Neurotransmitter). Voraussetzung für geistige Fitness und mentales Wohlbefinden ist eine ausgewogene Ernährung. Die Hirnzellen können keine Nährstoffe speichern und brauchen deshalb einen stetigen Nachschub. Schon ein leicht sinkender ↑**Blutzucker**spiegel vermindert die Leistungsfähigkeit, während umgekehrt eine ausgewogene (nicht zu üppige) Mahlzeit die geistige Fitness verbessert. Mehrere Fachstudien konnten beweisen, dass der Mensch im Laufe des Vormittags mehr Fehler macht, wenn er nicht ausreichend gefrühstückt hat. Im Gehirnstoffwechsel spielen u. a. ↑**Kohlenhydrate** (Glucose), Eiweißbausteine (Tryptophan, Tyrosin, Phenylalanin), Cholin (enthalten in ↑**Lecithin**), ↑**Omega-3-** und ↑**Omega-6-Fettsäuren**, die ↑**Vitamine** B_1, B_6, B_{12}, C, E und ↑**Folsäure**, die ↑**Mineralstoffe** ↑**Magnesium** und ↑**Eisen** sowie eine ausreichende Flüssigkeitszufuhr eine besondere Rolle. Die nachfolgenden neun Empfehlungen helfen, gesund und fit zu bleiben. **1. Vielseitig essen:** Die angebotene Lebensmittelvielfalt nutzen! Bei entsprechender Auswahl, Kombination und Dosierung der Lebensmittel gibt es keine Unterversorung. **2. Getreideprodukte:** Auf dem täglichen Speiseplan sollten (↑**Vollkorn**) Brot und/oder ↑**Getreideflocken** sowie abwechselnd 1 Portion (Vollkorn) ↑**Nudeln**, (Vollkorn) ↑**Reis** bzw. ↑**Kartoffeln** stehen (in Summe ca. 250 g). Diese Nahrungsmittel enthalten kaum ↑**Fett**, dafür aber reichlich Kohlenhydrate, Vitamine, Mineralstoffe, ↑**Spurenelemente** sowie ↑**Ballaststoffe** und ↑**Sekundäre Pflanzenstoffe**. **3. Die ideale Zwischenmahlzeit – Obst und Gemüse – Nimm „5" am Tag …:** Jeweils zwei Stück frisches ↑**Obst** und ↑**Gemüse** am Tag (roh, kurz gegart oder als frisch gepressten ↑**Saft**) sind zu empfehlen. So wird man reichlich mit Vitaminen, Mineralstoffen sowie Ballaststoffen und sekundären Pflanzenstoffen (z. B. ↑**Carotinoiden** in der Karotte) versorgt. **4. Täglich fettarme (1,5 %) ↑Milch und ↑Milchprodukte; mind. einmal wöchentlich Seefisch; in Maßen:** ↑**Fleisch**, ↑**Wurstwaren** sowie Eier. Diese Lebensmittel enthalten wertvolle Nährstoffe, wie z. B. ↑**Calcium** in Milch, ernährungsphysiologisch hochwertiges ↑**Eiweiß** im ↑**Ei** oder ↑**Jod**, ↑**Selen** und Omega-3-Fettsäuren in Seefisch. Fleisch und Wurstwaren, die u. a. gut verfügbares Eisen und die Vitamine B_1, B_6 und B_{12} liefern, sollten aber nur in Maßen konsumiert werden. **5. Ein hoher Fettkonsum macht träge, müde und fördert das Übergewicht:** Fettreiche Speisen schmecken besser, liefern aber viele ↑**Kalorien**. Stattdessen sollten ↑**Kräuter** und ↑**Gewürze** großzügig angewendet werden. Zu viel Nahrungsfett, vor allem tierischer Herkunft, kann langfristig die Entstehung von Übergewicht, ↑**Diabetes mellitus**, Herz-Kreislauf-Krankheiten etc. begünstigen. Die empfohlene Tagesration von ca. 70 g ↑**Fett** bei 2100 kcal/Tag (das entspricht 7 bis 9 EL) sollte in erster Linie durch ↑**Pflanzenöle** und ↑**Fischöle**, z. B. in ↑**Lachs**, ↑**Makrele** und ↑**Hering** enthalten, zugeführt werden. Dadurch ist die ausreichende Aufnahme von lebensnotwendigen (essenziellen) ↑**Fettsäuren** und ↑**Fettlöslichen Vitaminen** gewährleistet. Besonders sollte man auf das ↑**Unsichtbare Fett** in manchen Fleischerzeugnissen, Süßwaren, Milchprodukten und süßen Backwaren achten. **6. Zucker und Salz in Maßen:** ↑**Zucker** und mit Zuckerzusatz hergestellte Lebensmittel bzw. Getränke nur gelegentlich verwenden und „Lightprodukte" als Alternative nutzen. Wenn man an Bluthochdruck leidet, anstatt Salz frische oder tiefgekühlte Kräuter und Gewürze verwenden. **7. Reichlich Flüssigkeit:** Regelmäßige und ausreichende Flüssigkeitszufuhr ist für den Körper lebensnotwendig. Täglich sollte man 2–2½ l Flüssigkeit trinken (ungesüßte ↑**Tees**, ↑**Mineral**- oder Leitungs**wasser**, verdünnte 100 %ige ↑**Fruchtsäfte**). Alkoholische Getränke sollten nur gelegentlich und dann in kleinen Mengen getrunken werden. **Tägliche Maximalmenge: Frauen** ⅛ l ↑**Wein** oder 0,4 l ↑**Bier**; **Männer** ¼ l Wein oder 0,75 l Bier. **8. Schmackhaft und schonend zubereiten:** Speisen gart, dämpft oder dünstet man bei niedrigen Temperaturen und möglichst kurz, mit wenig Wasser und wenig Fett – das erhält den natürlichen Geschmack, schont die Nährstoffe und verhindert die Bildung schädlicher Verbindungen, z. B. ↑**Acrylamide**. **9. Nur in Ruhe kann man sein Essen genießen:** Bewusstes und langsames Essen hilft, mit Genuss zu essen und das Sättigungsempfinden zu fördern. Da auch das Auge mitisst, sollte man auf Farbzusammenstellung und Garnierung der Speisen achten. ↑**Healthy snacking** & ↑**Mood food**

Braise [*Franz. Speisekarte*] Kräftige, fette, gut gewürzte ↑**Brühe**, in der ↑**Fleisch**, ↑**Geflügel** und ↑**Gemüse** geschmort werden

Braisé [*Franz. Speisekarte*] Schmorbraten, ↑**Schmoren**

Braiser [*Franz. Fachwort*] Schmoren

Braisière [*Franz. Fachwort*] Stielkasserolle mit gut schließendem Deckel, die sich gut zum Schmoren und Dünsten eignet

Braisieren [*Franz. Fachwort*] **A** Schmoren. In einer Braisiere wird Fleisch bei ca. 200° C von allen Seiten angebraten und mit ↑**Wein** oder ↑**Marinade** abgelöscht. Man lässt es fast trocken einkochen, füllt dann mit einem Viertel braunen ↑**Fond** auf, begießt und dämpft das Fleisch. Am Ende den Fond reduzieren, abschmecken, passieren und zum Fleisch geben. Bei ↑**Fisch** und ↑**Gemüse** muss nur reduziert und nicht passiert werden. Braisieren eignet sich für alles dunkle ↑**Fleisch** wie ↑**Rind** oder ↑**Wild**.

Brancellao [*Weinkunde*] Sehr seltene, hochwertige Rotwein-Traubensorte aus Galicien (Rías Baixas)

Brandade [*Franz. Speisekarte*] **R** Provenzalische Spezialität aus gedünstetem ↑**Stockfisch.** Wenn man in französischen Restaurants eine „Brandade de Poisson" bestellt, kann man nicht 100 %ig sicher sein, was hinterher serviert wird. Mal ist es Fischmousse vom pochierten ↑**Fisch**, warm oder kalt, mal ein Püree aus Fisch und ↑**Kartoffeln** und mal ↑**Kartoffelpüree** mit pochierten oder gebratenen Fischstückchen. Die bekannteste Variante ist die „Brandade de Morue", Stockfischpüree. (Morue oder Stockfisch ist gesalzener und getrockneter ↑**Kabeljau.**) Nachdem die Flossen entfernt sind, den Stockfisch 24 Stunden in kaltes Wasser legen. Danach spülen und in einem großen Topf mit kaltem Wasser zum Kochen bringen und 30 Min. köcheln. Danach abtropfen lassen, die Gräten entfernen und den Stockfisch zerpflücken. Die Haut nicht abziehen, da sie zum Binden der Masse benötigt wird. In einem großen, möglichst gusseisernen Topf ↑**Olivenöl** erhitzen. Wenn das Fett raucht, den Stockfisch hineingeben und sofort kräftig rühren. Den Topf vom Herd nehmen und die Fischfetzen weiter mit dem Kochlöffel bearbeiten, bis sich eine konstante Masse gebildet hat, dann allmählich kochende ↑**Milch** und Olivenöl unterrühren. Zerstoßenen ↑**Knoblauch**, ↑**Petersilie** und ↑**Sardellen** in einer Pfanne mit Olivenöl leicht anbraten und unter die Stockfischmasse rühren. Mit ↑**Pfeffer** abschmecken und zum Schluss die geriebene Schale einer unbehandelten ↑**Zitrone** in die Masse einrühren. ↑**Brot** in Olivenöl rösten und zur warmen oder kalten Brandade servieren.

Brandig [*Weinkunde*] Tritt auf bei Weinen, die einen zu hohen Alkoholgehalt haben. Es werden hier andere wichtige Bukettstoffe überdeckt. Brandige Weine entstehen oft durch einen zu hohen Zuckergehalt im Most, wobei der Säuregehalt und die Extraktgehalte zu niedrig sind, der Wein aber trocken ist.

Brandon [*Franz. Speisekarte*] Warme Apfeltorte aus der Normandie

Brandschmalz [*Österr. Küche*] ↑**Schmalz**, in dem schon einmal gebacken wurde

Brandteig [*Backstube*] **R** Ein einfacher und schneller Teig für süßes und pikantes Gebäck. **Grundrezept:** Viertel Liter Wasser; 60 g ↑**Butter**; Prise ↑**Salz**; 150 g ↑**Mehl**; etwa 5 ↑**Eier**; 1 gehäufte Messerspitze ↑**Backpulver**. Wasser, Butter und Salz in einen Kochtopf geben und aufkochen. Topf vom Feuer nehmen. Das Mehl hineingeben und mit einem Holzlöffel zu einem glatten Teig verarbeiten. Nun wieder auf den Herd stellen und weiter rühren, bis sich die Masse als Klumpen vom (abbrennen = Brandteig!) Topf löst und sich am Topfboden eine weiße Haut bildet. Topf vom Feuer nehmen, ein Ei unter die heiße Masse rühren und den Teig abkühlen lassen. Nun die restlichen Eier nacheinander und einzeln (**ganz wichtig!**) unter den Teig rühren. Schlägt man alle Eier gleichzeitig hinein, nimmt der Teig sie nicht auf. Ab dem vierten ↑**Ei** die Festigkeit des Teiges prüfen. Wenn der Teig glänzt und sich sehr in die Länge ziehen lässt, keine Eier mehr unterkneten. Jetzt das Backpulver untermengen. Wenn überhaupt, dann nur sehr wenig ↑**Zucker** in den Teig mischen. Nun steht der Teig zur weiteren Verwendung bereit. Brandteig geht beim Backen um das Doppelte auf, deshalb auf dem Backblech genügend Raum zwischen den einzelnen Teigstücken lassen. Während des Backvorgangs die Ofentür nicht öffnen, denn wenn die Kruste noch nicht fest ist, fällt das Gebäck zusammen. Aus Brandteig kann man Windbeutel und kleine Spritzkuchen (↑**Profiteroles**) formen. – In der Suppenküche bereitet man aus ungesüßtem Brandteig knusprige „Backerbsen" oder Suppenperlen als Einlage zu.

Brandy [*Hausbar*] In Deutschland ist Brandy eine Bezeichnung für Obstbrand, Fruchtsaft- und Fruchtsaftaromenliköre mit Obstbrandanteil, in Verbindung mit dem Namen einer Frucht. Dazu gehört z. B. der ↑**Apricot-Brandy**. Die internationale Bezeichnung „Brandy" steht für ↑**Weinbrand**. Der typische Brandy kommt heute aus Spanien und Portugal, wo durch die Verwendung spezieller südeuropäischer Traubensorten ein besonders weicher, leicht süßlich schmeckender ↑**Branntwein** erzeugt wird. Die Lagerzeit beträgt mind. 12 Monate. Mindestalkoholgehalt 35 % Vol.

Branntwein [*Fachkunde*] Der Begriff Branntwein bezeichnet alle durch Destillation hergestellten alkoholhaltigen Flüssigkeiten und deren Mischungen. Branntwein ist eine der zwei großen Untergruppen der ↑**Spirituosen** (die andere Untergruppe ist der ↑**Likör**, dem der Branntwein oft als Basis dient). Branntweine sind alkoholische Getränke mit mindestens 32 Volumen-% ↑**Alkohol**. (Nach steuerlicher Definition alle Flüssigkeiten mit einem Gehalt von mehr als 1,2 Vol.% Ethylalkohol.) **Sie werden hergestellt durch: 1.** Vergären von zuckerhaltigen Lösungen aus ↑**Getreide**, ↑**Früchten** oder ↑**Fruchtsäften**, -maischen. **2.** Einlegen (↑**Mazerieren**) von ↑**Beeren** und Früchten in Alkohol. Dies geschieht jeweils mit anschließender einfacher oder mehrfacher Destillation, auch Brennen genannt. Manche Branntweinmaischen werden beim Destillieren durch den Zusatz von Pflanzenextrakten aromatisiert. Der so gewonnene Branntwein wird in Glas-, Edelstahlbehältern gelagert, um den Branntwein nachreifen zu lassen. Die Lagerung in Holzfässern dient neben der Nachreife der Aromatisierung und Färbung. Meist wird der Alkoholgehalt von Branntwein durch den Zusatz von Wasser auf Genussstärke herabgesetzt. Falls der Maische Alkohol zugesetzt wurde (↑2.), spricht man bei diesem Erzeugnis von einem „Geist", im Gegensatz zum „Brand" oder „Wasser". Beispiel: Himbeerwasser und Himbeergeist. Die **Bundesmonopolverwaltung für Branntwein (BfB)** mit Sitz in Offenbach am Main hat als Oberbehörde des Bundes das Branntweinmonopol zu verwalten.

Branntweinessig [*Allgem. Nährmittel*] Auch Tafelessig, wird aus ↑**Kartoffeln**, ↑**Zuckerrüben** oder ↑**Getreide** hergestellt. Eignet sich für deftige Gerichte. ↑**Essig**

Bransilge [*Gewürze & Kräuter*] ↑**Basilikum**

Branzino [*Ital. Speisekarte*] ↑**Wolfsbarsch**

Braou-bouffat [*Franz. Speisekarte*] Aus dem Roussillon: ↑**Metzelsuppe** mit ↑**Kohl**, ↑**Reis**, ↑**Nudeln**

Brasato [*Ital. Speisekarte*] ↑**Schmorbraten**; ↑**geschmort**

Bräsek [*Österr. Küche*] ↑**Paniermehl**

Brasilianische Küche [*Intern. Länderküche*] **A** Brasilien ist sowohl nach Einwohnerzahl als auch nach Fläche das fünftgrößte Land der Erde. Als einziges Land mit zusammenhängendem Staatsgebiet umfasst es von Nord nach Süd vier aufeinander folgende Klimazonen. Die Bevölkerung besteht größtenteils aus Einwanderern und deren Nachfahren aus Europa, Afrika und Asien. Von daher wird klar, dass es schwierig ist, eine **Brasilianische Küche** zu definieren, da eine Vielzahl verschiedener Völker und Kulturen eine eigene Küche mitbringen. Auch wurden die traditionellen Küchen stark durch die Europäer (Kolonialmacht Portugal) und afrikanische Einwanderer beeinflusst. Zahlreiche Früchte, ↑**Gemüse** oder Zutaten sind lediglich in manchen Regionen erhältlich, viele Speisen des Nordens sind im Süden oft nicht einmal dem Namen nach bekannt – oder umgekehrt. Obwohl man keine große Vielfalt an Kräutern benutzt, ist die brasilianische Küche wohlschmeckend gewürzt. Generell hat die Küche Portugals die brasilianische Küche beeinflusst. Durch die koloniale Besiedlung und die Sklavenhaltung wurden Lebensmittel eingeführt, die sich vor allem in großem Umfang und mit ausreichender Haltbarkeit beschaffen ließen. Daraus hat sich eine traditionelle Verbreitung von ↑**Schwarzen Bohnen**, ↑**Reis**, ↑**Maniok** und des haltbaren ↑**Bacalhau** (Klippfisch oder ↑**Stockfisch**) in unzähligen Gerichten ergeben. Als eine Art Nationalgericht gilt bei vielen Brasilianern die ↑**Feijoada.** Einheimische bevorzugen sie als einfaches Tagesgericht, das als „Prato Feito" (Fertiggericht) oder „Refeição comercial" zusammen mit Reis, ↑**Grünkohl** und ↑**Farofa**, einem gerösteten Maniokmehl, angeboten wird. Ursprünglich war es ein billiges Reste-Essen für die Sklaven. Viele brasilianische ↑**Desserts** werden aus ↑**Früchten**, ↑**Kokosnuss**, ↑**Eigelb** oder ↑**Milch** zubereitet. Kokosnuss erscheint vielseitig als Nachspeise oder Bonbons. Brasilien ist ein Land, in dem Fahrten von einer Stadt in die andere oft länger als einen Tag dauern, und so haben die Verpflegungsstationen entlang der Fernstraßen einen besonderen Stellenwert als überregionale kulinarische Zone. In den kommerziell betriebenen Snackbars der Rodoviarias (Busstationen) herrscht meist ein größeres, wenn auch einfaches Angebot an belegten ↑**Sandwiches** („Sandes") und einfachen Gerichten. In den einsamer gelegenen, familiär und nebengeschäftlich betriebenen Haltepunkten wird für die Passagiere eines Busses meist das „Almoco" (Mittagessen) in nur einer einzigen Variante angeboten. Dabei handelt es sich meist um einen Teller mit Reis, Bohnen oder ↑**Kartoffeln** und ↑**Fleisch**, manchmal auch um eine mehr oder weniger abgespeckte Variante der Feijoada. Im Süden des Landes ist der Einfluss der Europäer sehr stark, sodass man ohne Probleme auch typische Gerichte aus Deutschland, Niederlande, Frankreich, Italien findet. Die Europäer brachten ↑**Wein** in die Region. Da die Viehwirtschaft hier besonders ausgeprägt ist, sind Fleischgerichte sehr verbreitet, auch mit getrocknetem oder gepökeltem Fleisch. **Der Nordosten** hat große, trockene Gebiete. Die Gerichte aus dieser Gegend sind stark von afrikanischen und kreolischen Einflüssen geprägt. In Meeresnähe basieren die Rezepte mehr auf ↑**Fisch** und anderen Meerestieren, während man im Inland mehr Reis, Bohnen, getrocknetes Fleisch, Maniok isst. Die Gerichte im Nordosten sind recht scharf gewürzt. Typisch ist ↑**Tacacá**. Obwohl im trockenen Inland des Nordostens das Leben eher kärglich ist, gibt es dort einige köstliche Spezialitäten. Sehr gerne isst man gegrilltes ↑**Kitz** und serviert dazu ↑**Bananen** (Kochbananen, die man roh nicht essen kann). **Der Bundesstaat Pará** – Belém ist der beste Ort, um Produkte und Spezialitäten des Amazonasgebietes zu probieren. Der Urwald bietet eine unglaubliche Auswahl an Fischen, Früchten, Gemüsen, Kräutern. Ein besonderer Leckerbissen aus Entenfleisch heißt ↑**Pato no Tucupi.** Die Acaí-Früchte, die wie große Heidelbeeren aussehen, werden von den Amazonasbewohnern durch den Fleischwolf gedreht. Sie essen die grobkörnige, dunkellila Flüssigkeit mit Maniokmehl und Zucker oder als Sauce zu Fisch. **Der Bundesstaat Pernambuco** – Die Küche des Nordwestens ist reichhaltig und ihren volkstümlichen Wurzeln verpflichtet. Auffällig wenige Fischgerichte findet man in der pernambucanischen Küche. Ausnahme: ↑**Peixada**, eine Suppe aus Fisch und Gemüse. **Die amazonische Küche** setzt sich hauptsächlich aus indianischen Rezepten zusammen, leicht abgewandelt durch portugiesischen Einfluss. Maniok, aus dem das ↑**Tucupi** gewonnen wird, ist die Grundlage aller regionalen Gerichte. Von den vielen Fischen, die den Amazonas bevölkern, sind drei kulinarisch besonders interessant: **tucunaré**, **pir-**

arucú und **tambaqui**. Aus dem Tucunaré wird eine **caldeira**, eine Fischsuppe, bereitet. **Der Bundesstaat Mato Grosso** – Die Pantanalflüsse sind noch heute die fischreichsten Brasiliens und liefern allerlei Delikatessen, angefangen mit den Piranhas, auf indianisch „Fische des Teufels". Piranhas werden seit jeher von den Pantaneiros hoch geschätzt, da sie sehr nahr- und schmackhaft sind. Nahezu jedes Restaurant bietet Piranha-Suppe **„Caldo de Piranha"** an sowie Filets von Pintado-, Dourado-, Pacu- oder Jaú-Fischen, letztere können bis zu 150 kg schwer werden. Auch im Pantanal ist Brasiliens Nationalgericht, die **„↑Feijoada"**, weit verbreitet. Als verdauungsförderndes Getränk empfiehlt sich der Nationalcocktail **„↑Caipirinha"**. Im Pantanal schätzt man zudem sonnengetrocknetes Rindfleisch **„↑Carne seca"** oder **„↑Carne do Sol"**, dessen Geruch in den Metzgereien unverkennbar, aber nicht jedermanns Sache ist. Pantaneiros mögen gerne frische, kalte Kokosmilch, hausgemachte Fruchtliköre sowie den eigentlich für Südbrasilien und Argentinien typischen Tee „Matechimarrão" **↑Matetee**, den man aus einem Metallgefäß durch ein Röhrchen saugt. **Die bahianische Küche** – Bahias Küche entspricht ganz dem Bild der Hauptstadt Salvador, „herzhaft, sinnlich und vielfarbig". Die exotischsten Gerichte findet man in Bahia, wo das **↑Dandê**-Palmöl und die **↑Kokosnussmilch** afrikanischen Einfluss verraten. Palmöl ist in fast jedem Gericht enthalten und für europäische Mägen nicht ohne Gewöhnungsphase zu verdauen. Die Baianos lieben **↑Cayennepfeffer**, und die Grundlage vieler Gerichte sind **↑Cashewnüsse**, **↑Garnelen** und **↑Erdnussmark**. An der ganzen Küste gibt es Fischgerichte, **↑Krabben** und **↑Hummer**. Ebenso tauchen getrocknete Garnelen auf. Den Sklavinnen und ehemaligen Hausmädchen oder Köchinnen in den reichen Familien ist es zu verdanken, dass sich diese kulinarische Vielfalt im Laufe der Jahrhunderte entwickeln konnte. **↑Paprika**, Bestandteil der meisten Speisen, wird grundsätzlich separat serviert. **Der Bundesstaat Rio de Janeiro** – Die Vielfalt ist atemberaubend, tropische Früchte, ein üppiges Angebot von appetitlichen Gemüsen, erstklassige Fisch- und Fleischgerichte. Zu den berühmten Regionalgerichten gesellen sich Speisen mit exotischen Namen wie Moqueca, Vatapá, Camarão á Baiana und Tutu á Mineira. Außerdem ist die internationale Küche voll vertreten, von typisch europäischen bis hin zu asiatischen Restaurants. Es gibt verschiedene Churrascarias: eine kleine Theke, „Galeto" genannt, spezialisiert auf Hähnchen und andere Fleischsorten vom Holzkohlegrill, bis hin zu den Churrascarias Rodizio. Aus tropischen Früchten wird manchmal sehr süßes Speiseeis **„↑Sorvete"** hergestellt. Samstags gibt es in Rio **↑Feijoada** und sonntags Eintopf: **↑Cozido.** Rio hat auch traditionelle Getränke, die meisten davon mit **↑Cachaça**, einem Zuckerrohrschnaps. Cachaça gemixt mit Fruchtsäften – den **„↑Batidas"**, oder mit Limonenstücken und Zucker – der **„↑Caipirinha"** – gehört schon immer zu jeder Feijoada, jedoch ist eisgekühltes Bier vom Fass das Lieblingsgetränk der Stadt. **Der Bundesstaat São Paulo** – Aus dem Südosten des Landes kommen die bekanntesten brasilianischen Rezepte. Während schwarze Bohnen in Rio de Janeiro verbreitet sind, werden rote und weiße Bohnen in São Paulo bevorzugt. In Minas Gerais sind schwarze und rote Bohnen am beliebtesten. In keiner Stadt Brasiliens kann man variationsreicher essen als in São Paulo. Die verschiedenen Einwanderer brachten jeweils ihre Küche mit. Besonders gut isst man japanisch im Stadtteil Liberdade, italienisch im Stadtteil Bela Vista. Das Lieblingsessen ausländischer Besucher – aber auch vieler Paulistanos – ist Rindfleisch. **Der Bundesstaat Paraná** – **↑Hammel** im Erdloch, **↑Ochse** am Spieß und **↑Spanferkel** gefüllt mit über hundert Zutaten, das sind nur einige der kulinarischen Versuchungen, die beweisen, dass hier Fleisch die tragende Rolle spielt. Doch auch Fisch und **↑Meeresfrüchte** schmücken die Speisekarte. **Der Bundesstaat Rio Grande do Sul** – Diese Küche folgt der historischen Entwicklung der Region. Vor allem zwei Elemente wurden bestimmend für die Wirtschaft und für die soziale Organisation des Staates: die Viehzucht und das Militär. Die Estância, die Viehfarm, ist das wirtschaftliche Zentrum des Landes und bestimmt die Essgewohnheiten des Gaúcho. Frisches **↑Rindfleisch** ist die Grundlage des berühmten **↑Churrasco.** Dieser einfache Spießbraten entwickelte sich im Laufe der Zeit zum kulinarischen Leitbild des südamerikanischen Kontinents. Die modernen Churrascos werden in **„churrascarias"** bisweilen als **↑Rodizio** angeboten: Man zahlt in einem Restaurant einen Festpreis und kann dann unbegrenzt Fleisch verzehren. Gegrillte Hühnerherzen im Dutzend, Teile vom Huhn, köstliche Filets schneidet der Garçon direkt vom Spieß ab. Eine andere alte Tradition wurde mit in die neue Geschmackswelt übernommen: Geboren aus der Notwendigkeit, Fleisch zu konservieren, entwickelten Gaúchos die Methode, frisches Rindfleisch zu salzen und an der Luft zu trocknen. Der **↑Charque** ist zwar in ganz Brasilien bekannt und geschätzt, nirgendwo aber so schmackhaft und gut wie in Rio Grande do Sul. Von dort kommt nicht nur der beliebte Mate-Tee, sondern auch brasilianischer Wein, nicht weltberühmt, aber durchaus trinkbar, vor allem die Rotweine. Eine weitere kulinarische Besonderheit in Südbrasilien ist das **Café Colonial**. Eine Art der Gastronomie, die sich mit den deutschen Einwanderern Ende des vorigen Jahrhunderts dort eingebürgert hat. In riesigen Buffets und Vitrinen stehen Dutzende verschiedener Arten von Torten, Kuchen, Gebäck, Pasteten, Keksen, Waffeln, Puddings, Süßspeisen, Pfannkuchen, aber auch verschiedene Wurst- und Käsesorten, Salzgebäck und Brote zur Auswahl. Dazu werden Kaffee, Tee und Schokolade angeboten.

Brasse *[Fisch]* **A** Süßwasserfisch aus der Familie der ↑**Karpfen**, lebt in allen europäischen Gewässern, nicht zu verwechseln mit der Meerbrasse (↑**Dorade**). Der Karpfenfisch mit hohem Rücken und vielen Gräten wird bis 60 cm lang, hat weiches, etwas fades Fleisch. Über einhundert Variationen dieses karpfenartigen Fisches sind bekannt. Einige japanische Arten: **ma-dai, chi-dai, kuro-dai, ishi-dai** und **renkodai.** Dieser ideale ↑**Sushi**-Fisch wird auch gegrillt und eignet sich zum Räuchern.

Brasserie *[Franz. Speisekarte]* Brauereigaststätte, großes Restaurant mit meist einfachem, schnellem Angebot

Brät *[Fleischprodukte]* Maschinell sehr fein und eiskalt bearbeitete Wurstfüllmasse für ↑**Brühwürste** (↑Wurstbrät), ↑**Leberkäs** oder Kalbsbrät für Füllungen und Klößchen. Das rohe Brät besteht aus gekuttert zerkleinertem Fleisch, Speck und Gewürzen. ↑**Farce**

Bratapfel *[Unsere Küche]* **R** Der ↑**Bratapfel** zählt zu den traditionsreichsten Weihnachtsleckereien. Das Kerngehäuse der Äpfel wird mit einem Ausstecher entfernt. Das Stück Kappe mit Stiel aufbewahren. Dann bereitet man die Füllung für die ↑**Äpfel** vor: ↑**Zucker**, wenig ↑**Zimt**, ↑**Rosinen**, gehackte ↑**Nüsse**, ↑**Honig** gut vermischen (die Mengen der Zutaten kann man nach Geschmack variieren oder die Zutaten durch andere ersetzen). Aus Marzipanrohmasse Kugeln formen. Den ausgehöhlten Äpfel zuerst mit einer Marzipankugel unten verschließen, dann die gemischten Zutaten einfüllen und die Kappe mit Stiel daraufsetzen. Die Äpfel in eine Pfanne setzen und im vorgeheizten Rohr bei 150° C Ober- und 200° C Unterhitze 20–25 Min. braten. Zum Servieren die Äpfel mit Puderzucker bestreuen und ggf. auf ↑**Vanillesoße** setzen.

Brätblock *[Fleischprodukte]* In Kastenform gebrühtes Brät, das zur Weiterverarbeitung verwendet wird, z. B. für Fleischsalate oder für Fleischkäse, der später überbacken wird

Bratbückling *[Fisch]* Durch Kalträucherung hergestelltes Erzeugnis aus leicht gesalzenem, frischem ↑**Hering**

Braten *[Unsere Küche]* **T** Zum Braten geeignet sind Lebensmittel wie ↑**Fleisch**, ↑**Fisch**, ↑**Geflügel** und einige ↑**Gemüsearten. 1. Braten in der Pfanne:** Lebensmittel werden in einer Pfanne mit wenig ↑**Fett** angebräunt und durch Wenden gleichmäßig gegart. Das Kurzbraten von kleinen Stücken in der Pfanne geschieht meist bei 180–250° C (Fleisch, ↑**Wurst**, Fisch, Gemüse, ↑**Eier**). Beim Braten werden hitzeempfindliche ↑**Vitamine** zerstört, jedoch gehen wasserlösliche Nährstoffe nicht verloren, wenn der austretende Bratensaft als ↑**Soße** mitverwendet wird. **2. Braten im Backofen:** Größere Fleischstücke, Geflügel oder Fische werden im Backofen bei hoher Temperatur auf dem Rost in heißer Luft gegart. Durch die Rundumhitze im Backrohr bildet sich schnell eine braune Kruste. Ein Braten wird im vorgeheizten Ofen bei 250° C 10–15 Min. angebraten, danach die Temperatur auf 80–120° C abgesenkt und das Fleisch pro 1 kg Gewicht ca. 1 Std. gegart. Am Ende des Garvorgangs die Temperatur kurz auf 250° C erhöhen, um den Braten zu glacieren (knusprig machen). **3. Braten am Spieß:** Hierbei muss viel Flüssigkeit zum Begießen verwendet werden, um ein Austrocknen zu vermeiden. Das Bratgut wird bei starker Anfangshitze, die sich nach und nach reduziert, immer wieder begossen. Durch die trockene Strahlungshitze und das stete Begießen wird das Bratgut besonders schmackhaft und knusprig. Glut oder Hitzequelle muss von der Seite kommen. ↑**Grillen. 4. Braten in der Pfanne und im Backofen:** Kombiniert in der Pfanne und im Backofen wird das Bratgut (hohe Steaks, Entenbrüste, dicke Fischstücke usw.) besonders schonend gegart. Bei starker Anfangshitze schließen sich die Fleischporen, der Saft kann nicht austreten, das Fleisch bleibt dadurch im Inneren rosa und saftig. Dazu wird das Bratgut in einer Pfanne scharf angebraten und dann im vorgeheizten Backrohr bei 150–180° C Hitze (die langsam abgesenkt wird) ohne Flüssigkeit schonend gegart. **Der Braten: Englisch:** roast meat; **Französisch:** rôti; **Italienisch:** arrosto; **Spanisch:** asado. Als Braten geeignet sind zugeschnittene Fleischteile, ganze Geflügel, aber auch ganze große Fische. Die Verwendung von fettgewebereichem Fleisch macht den Braten saftig, mageres Fleisch wie ↑**Wild** oder Teile der Keule sollten mit ↑**Grünem Speck** gespickt werden. Ohne Angaben der Tierart wird bei „Sauerbraten", „Schmorbraten", „Rostbraten", „Burgunderbraten" und „Zwiebelbraten" ↑**Rindfleisch** – bei „Rahmbraten" ↑**Kalbfleisch** – bei „Krustenbraten" ↑**Schweinefleisch** (mit ↑**Schwarte**) erwartet. In den übrigen Fällen wird die Tierart angegeben, z. B. „Rinderbraten", „Hasenbraten".

Braten erwärmen *[Unsere Küche]* **A** Braten wie Roastbeef, Rinderfilet, Kalbsnuss, Rehkeule, die rosa gebraten, also nicht durchgebraten sind und später wieder warm angeboten werden sollen, schneidet man kalt in dünne Scheiben, legt sie auf eine sehr gut vorgewärmte, mit etwas heißer Sauce begossene Porzellanplatte und übergießt die Fleischscheiben mit sehr heißer Sauce.

Bratenfond *[Unsere Küche]* **A** Der Bratenfond, auch Bratensatz genannt, wird aus dem Saft gewonnen, der beim Braten entsteht, ohne Zusätze, ohne Aufgießen. Es ist Saft und Fett, das beim Braten aus den Poren des Fleisches läuft und sich am Pfannenboden sammelt, evtl. auch anhängt. Dieser ↑**Fond** ist der Grundstock, aus dem dann die passende ↑**Sauce** gemacht werden kann.

Bratenkräutel *[Gewürze & Kräuter]* ↑**Majoran**

Bratenrippe *[Fleischprodukte]* Roastbeef

Bratensaft [*Unsere Küche*] ↑**Jus**

Bratenschmalz [*Fette*] **T** Ausgebratenes ↑**Fett** von Bratenstücken, das den feinen Geschmack der Röststoffe, des Röstgemüses und der Gewürze besitzt. Am besten schmeckt es von ↑**Schweinefleisch.**

Bratensoße [*Unsere Küche*] ↑**Jus.** ↑**Würztabelle**

Bratenstücke, große [*Unsere Küche*] **A** Für eine reichliche Portion fertigen Bratens rechnet man 250 g rohes ↑**Fleisch** ohne Knochen, hat der Braten einen Knochenanteil, so rechnet man 50 g dazu. – Das Fett erst nach dem Garen wegschneiden, es ist ein Aromaträger. – Mageres Fleisch mit ↑**Grünem Speck** spicken. Sparsam würzen, um den Fleischgeschmack zu erhalten, erst unmittelbar vor dem Braten salzen. Das Fleisch zuerst in einer Pfanne rundherum kurz scharf anbraten, damit sich die Poren schließen. Den Schweinebraten mit Schwarte nicht anbraten, sondern das Fleisch mit der Schwarte nach unten ins vorgeheizte Backrohr schieben, mit einer Reine, in der etwa 1 cm Wasser steht. Den Schweinebraten erst wenden, wenn die obere Seite braun ist. Die Schwarte wird so angekocht und nach dem Wenden sehr knusprig. Für eine schmackhafte Soße werden dem Braten noch Röstgemüse (↑**Mirepoix**) beigefügt. Alle großen Bratenstücke regelmäßig begießen, so bleiben sie saftigst, wenn die Temperatur nicht zu hoch ist (100–130° C). Ob der Braten „durch“ ist, stellt man mit der „↑**Garprobe**“ fest. Kurz bevor der Braten fertig ist, die Ofentemperatur nochmal für einige Min. auf ca. 250° C erhöhen und den Braten mit etwas kaltem Wasser übergießen, das macht ihn knusprig. Vor dem Servieren (anschneiden) muss sich das Fleisch 10–20 Min. entspannen. Dazu wird es in Alufolie gewickelt und warm gestellt. Während der Ruhephase verteilt sich der Fleischsaft im Braten, er wird wieder von den Fleischzellen aufgenommen, sodass beim Anschneiden des Bratens nichts ausläuft. Zwischenzeitlich kann die ↑**Soße** zubereitet werden. Jetzt kann man entscheiden, ob das Röstgemüse aus der Soße entfernt (sie ist dann klar und dünn, muss abgebunden werden) oder ob es in die Soße püriert werden soll (sie wird sämig ohne Zugabe von Stärke, ist aber nicht mehr klar).

Bratfertig [*Unsere Küche*] Das ↑**Fleisch** ist von unerwünschten Sehnen und Knochen befreit worden und kann nach dem Würzen sofort gebraten werden.

Bratfett [*Fette*] **T** Wird zum Braten von Fleisch verwendet und/oder brät im Ofen aus dem Fleisch heraus. Kenner schätzen es, wenn Fleisch in gleichartigem Fett gebraten wird, z. B. ↑**Schweinebraten** in ↑**Schmalz;** ↑**Lammbraten** in ausgelassenem Hammelfett usw.

Bratfische [*Fisch*] sind verschieden vorbereitete frische Fische oder Fischteile, die mit oder ohne Panierung in ↑**Öl** oder ↑**Fett** gebraten oder gebacken und warm verzehrt oder mit einem ↑**Essig**-↑**Salz**-Aufguss oder mit Tunke als Bratmarinade in Dosen eingelegt werden. ↑**Marinaden.** Sie sind nur begrenzt haltbar. Man lagert sie zwischen 2 und 8° C.

Bratfischwaren [*Fisch*] Fischerzeugnisse, die mit oder ohne Panierung durch Braten, Backen, Rösten oder Grillen gar gemacht sind. Sie werden (mit oder ohne pflanzliche Beigaben) in Essigaufguss, Soßen oder ↑**Öl** eingelegt, auch unter Verwendung zugelassener ↑**Konservierungsstoffe.** Bratfischwaren sind nur begrenzt haltbar und müssen zwischen 2 und 8° C gelagert werden.

Brathendl [*Österr. Küche*] Brathähnchen. ↑**Würztabelle** & ↑**Hühner**

Brathering [*Fisch*] Grüner, frischer, ausgenommener ↑**Hering** ohne Kopf, der mehlpaniert gebraten und anschließend mariniert wird. ↑**Bratfischwaren**

Bratheringsfilets [*Fisch*] ↑**Bratfischwaren**

Bratheringshappen [*Fisch*] ↑**Bratfischwaren**

Brathuhn [*Übersetzer*] **Englisch:** roast chicken; **Französisch:** poulet rôti; **Italienisch:** pollo arrosto; **Spanisch:** pollo asado

Bratiges Fleisch [*Österr. Küche*] Von Knochen und Sehnen befreites ↑**Fleisch**

Bratkartoffeln [*Unsere Küche*] **R** **Englisch:** roast potatoes; **Französisch:** pommes rôties; **Italienisch:** patate arrostite; **Spanisch:** patatas salteadas. Aus vorwiegend festkochenden oder speckigen ↑**Kartoffeln.** Am Vortag ↑**Pellkartoffeln** kochen. Bratkartoffeln aus kalten Salzkartoffeln schmecken manchmal muffig. Eine teflonbeschichtete Pfanne spart viel Fett. Nach dem Schälen, Schneiden und während des Bratens in neutralem Pflanzenöl wird mit feinen ↑**Zwiebel**würfeln, ↑**Salz,** ↑**Pfeffer,** Prise ↑**Kümmel,** Prise ↑**Majoran** gewürzt. Dekoration: Schnittlauch. ↑**Würztabelle.** Wegen der Gefahr von ↑**Acrylamid** die Bratkartoffeln nicht zu braun werden lassen. Deshalb sind Pellkartoffeln besser als rohe Kartoffeln.

Brätling – Milchbrätling [*Speisepilze*] **T** **Lateinisch:** Lactarius volemus; ↑**Waldpilze; Hut:** rotbraun, orangebraun, gelbbraun, zuerst flach gewölbt, am Rand eingerollt, später vertieft, gebogen, 7–12 cm, matt. **Lamellen:** blassgelb, an Druckstellen braun-fleckig, starr, brüchig. **Stiel:** semmelgelb, 4–11 cm hoch, kräftig, voll. **Fleisch:** blass, fest mit mildem, weißem Milchsaft, alt riecht es nach Hering; **In der Küche:** gebraten wie ein ↑**Steak,** sehr schmackhaft. **Vorkommen:** Von August bis Oktober im Nadel- und Laubwald, auf Kalkboden, besonders in Fichten- und Kiefernwäldern im Gebirge, verstreut. **Verwechslungen:** Kleinere Milchlinge haben scharfen bis bitterlich-kratzenden Milchsaft und sind ungenießbar.

Bratlinge [*Unsere Küche*] **R** Vegetarische ↑**Frikadellen** auf Basis von garem ↑**Grieß** (↑**Hirse,** ↑**Dinkel,** ↑**Weizen** usw.) mit verschiedenen ↑**Gemüse-,** ↑**Getreide-** und ↑**Kräuter**einlagen, die durch den Fleischwolf gedreht werden. Auch ↑**Quark**, ↑**Käse** oder ↑**Tofu** können in Bratlingen verarbeitet werden.

Bratrollmops [*Fisch*] **A** Ist aus ausgenommenem, entgrätetem und gebratenem ↑**Hering** ohne Kopf und Schwanzflosse, mit darin eingerollten ↑**Gewürzen** und sonstigen pflanzlichen Beigaben (zum Beispiel ↑**Gurken**, ↑**Zwiebeln**). Die Füllung liegt unter 20 % des Rollmopsgewichtes. ↑**Bratfischwaren**

Bratstufe – blau [*Unsere Küche*] Außen angebraten und knusprig – im Kern roh, lauwarm und rotblau. ↑**Garpunkte**

Bratstufe – durch [*Unsere Küche*] Durchgebraten, der Kern ist grau und ist bei ca. 60° C noch nicht trocken. ↑**Garpunkte**

Bratstufe – englisch [*Unsere Küche*] Außen knusprig gebraten, der Kern ist fast roh, erwärmt und dunkelrot. ↑**Blutig**, ↑**Garpunkte**

Bratstufe – rosa [*Unsere Küche*] Außen knusprig gebraten, der Kern ist rosa und noch schön saftig. ↑**Garpunkte**

Bratwurst [*Fleischprodukte*] **A Englisch:** bratwurst; **Französisch:** saucisse grillée; **Italienisch:** salsiccia arrostita; **Spanisch:** salchichas. Die **Bratwurst** ist eine meist aus ↑**Schweinefleisch** hergestellte und im Naturdarm abgefüllte ↑**Wurst**, die in der Pfanne oder auf dem Grill gebraten wird. Nach geltendem Recht dürfen Bratwürste nur mit Kochsalz, **nicht** mit ↑**Nitritpökelsalz** oder Salpeter hergestellt werden. Laut Hackfleischverordnung dürfen rohe Bratwürste nur am Tage der Herstellung und am Tag danach angeboten werden. Die Bezeichnung „Bratwurst" leitet sich dabei nicht vom „Braten" in einer Pfanne oder über einem Rost ab, sondern von der Herstellungsart der Wurst: ↑**Brät** ist klein gehacktes Fleisch. In den meisten Gegenden sind Bratwürste eine eher minderwertige Nahrung für Marktfeste und Straßenstände („↑**Fast Food**"). In Franken und Thüringen jedoch wurde die Bratwurst weiterentwickelt und wird sogar als besondere Delikatesse verspeist. Hier bereitet man sie meist nur aus Schweinefleisch zu und teilweise ausschließlich aus dem Fleisch der Schulter und Keule. ↑**Würztabelle.** In der Schweiz sind eher Kalbsbratwürste beliebt. Im Raume St. Gallen – im **Bratwurstland** – werden die ↑**Olma-Bratwürste** aus ↑**Schwein-**, ↑**Rindfleisch** und ↑**Speck** unter Beigabe von ↑**Milch** hergestellt und gelten als die Schweizer Delikatesse unter den Würsten. Die Bratwurstrezepte werden oft als jahrhundertealtes Betriebsgeheimnis der Metzgereien von Generation zu Generation weitergegeben. Die als Spezialitäten produzierten Bratwürste übersteigen die ohnehin höheren amtlichen Qualitätsanforderungen oft erheblich. Bratwürste werden typischerweise mit ↑**Sauerkraut** oder ↑**Kartoffelsalat** gegessen. An Ständen sind sie meist im aufgeschnittenen Brötchen mit ↑**Senf** erhältlich. Eine Spezialität sind die **Sauren** oder **Blauen Zipfel** (↑**Blau kochen**): ↑**Nürnberger Rostbratwürste**, werden roh (also unblanchiert) in einem ↑**Essig**-↑**Zwiebel**-↑**Sud** zubereitet.

Bratwurst mit Eiern und Milch [*Fleischprodukte*] Deklarationspflichtiges Bratwursterzeugnis („unter Verwendung von Milch")

Bratwurst, halbgrob [*Fleischprodukte*] Mit Anteilen an grobem Material und fein zerkleinertem Brät

Bratwurstbrät [*Fleischprodukte*] Rohe Bratwurstmasse ohne Haut wird wie Hackfleisch verarbeitet.

Bratwürste braten [*Unsere Küche*] **A** Egal ob ↑**Thüringer**, ↑**Nürnberger**- oder sonstige ↑**Bratwürste:** Sie alle bekommen eine appetitliche braune Farbe, wenn man sie vor dem Braten kurz in ↑**Milch** taucht, das bewirkt der ↑**Milchzucker.**

Braun FK [*Fachkunde*] ↑**E 154**

Braun HTK [*Fachkunde*] ↑**E 155**

Braune Butter [*Unsere Küche*] **A** Auch als **Nussbutter** oder ↑**Beurre noisette** bezeichnet. Hier handelt es sich um geklärte Butter, die durch längeres Erhitzen eine hellbraune Farbe bekommt, etwas nussig im Geschmack ist und vor dem Servieren passiert (durch ein feines Sieb gegossen) wird. Sie eignet sich sehr gut als Beigabe zu ↑**Spargel**, ↑**Blumenkohl** oder pochiertem ↑**Fisch.**

Braune Grundsauce [*Unsere Küche*] Die braunen Grundsaucen werden in „↑**Fumet de gibier**" (braune Wildsauce) und „↑**Demiglace**" (braune Kraftsauce) unterschieden. Sie heißen Grundsaucen, weil von ihnen unter Verwendung von geschmackgebenden Zutaten Ableitungen hergestellt werden können. Sie werden in der Regel auf Vorrat produziert. ↑**Würztabelle**

Braune Mehlschwitze (roux) [*Unsere Küche*] **R Zubereitung:** 2 Teile Fett (↑**Butterschmalz**) werden erhitzt, 1 Teil ↑**Mehl** hinzugefügt. Bei brauner Roux (Mehlschwitze) wird das Mehl so lange geröstet, bis es braun geworden ist. Diese Roux verwendet man für dunkle Saucen. **Regel: Heiße Roux mit kalter, kalte Roux mit heißer Flüssigkeit auffüllen. Mit dem Schneebesen kräftig durchschlagen; das verhindert die Klumpenbildung in der ↑Soße. Um den Mehlgeschmack aus einer mit ↑Mehlschwitze gebundenen Speise zu entfernen, muss sie gut durchkochen (20 Min.).**

Braunellenblüten [*Wildkräuter, -blüten & -früchte*] **Lateinisch:** Prunella vulgaris; Braunellenblüten sind essbar und schmecken fein herb. **Wichtig!!! – Mehr Information:** ↑**Essbare Blüten**

Bräunen [*Unsere Küche*] Über Feuer oder im heißen Rohr Speisen eine dunkelbraune Farbe geben

Brauner [*Österr. Küche*] ↑**Espresso** mit einem Schuss ↑**Milch**

Brauner Fond [*Unsere Küche*] ↑**Fond**

Brauner Kandis [*Allgem. Nährmittel*] **T** Entsteht durch Erhitzen einer hoch konzentrierten Zuckerlösung, die erst karamellisiert und anschließend in Kristalle mit karamellartigem Geschmack zerfällt. ↑**Kandis**

eignet sich zur Herstellung von ↑**Likören**, zum Süßen von ↑**Grog**, ↑**Glühwein** und ↑**Punsch.** In heißer ↑**Milch** oder ↑**Tee** aufgelöst, wird er bei Husten und Grippe verwendet. Kleingebrochener Kandis ist ideal sowohl zum Backen von braunen Gewürz- und ↑**Lebkuchen** als auch zum Aromatisieren von ↑**Desserts** und ↑**Früchten**. ↑**Zucker**

Brauner Rohrzucker [*Allgem. Nährmittel*] **T** Reines, gesundes Naturprodukt, gewonnen aus dem Saft von frisch geerntetem ↑**Zuckerrohr**. Typisch: gold-braune Farbe, stark aromatischer Geschmack und im Gegensatz zu ↑**Rübenzucker** der Gehalt an ↑**Mineralstoffen**. ↑**Nährstofftabelle & Zucker.** Verwendung für: exotische ↑**Cocktails**, ↑**Tee**, ↑**Kaffee**, Fruchtsalate, ↑**Müsli.**

Brauner Zucker [*Allgem. Nährmittel*] **T** Feinkörniger Spezialzucker. – Er wird aus ↑**Zuckersirup** gewonnen, der stark karamellisiert ist und bei der Kristallisation von braunem ↑**Kandis** entsteht. Sowohl die natürlichen Karamell- und Bräunungsstoffe als auch eine kleine Zugabe von Zucker**melasse**↑ sorgen für den besonderen Geschmack und betonen das Aroma. Für dunkle Teigsorten, braune Kuchen und für Gewürzkuchen geeignet. ↑**Zucker**

Braunkappen oder -hauben [*Speisepilze*] **T** ↑**Maronenpilze**

Braunkäse [*Käse*] **Herkunft:** Norwegen („Brunost"); **Käsesorte:** fester Molkekäse; **Milch:** Kuhmilch; **Teig:** Die ↑**Molke** wird eingekocht; die Länge des Kochprozesses ist ausschlaggebend für den Geschmack und die Farbe, die hell- bis dunkelbraun sein kann. **Geschmack:** süßlich, karamellartig; **Info:** Braunkäse wurde bereits im 17. Jahrhundert erwähnt.

Braunkohl [*Gemüse*] ↑**Grünkohl**

Braunmehl [*Unsere Küche*] Mehl, das in Butter oder Fett geröstet wird, bis es braun ist. ↑**Mehlschwitze**. Heute wird das Braunmehl nur noch selten als Farbgeber für braune Saucen benutzt, meist sind es die gut angebratenen Knochen, die anschließend ausgekocht werden und damit für den braunen Saucenton sorgen. ↑**Kalbsjus** oder ↑**Demiglace**

Braunreis [*Allgem. Nährmittel*] Auch Natur- oder Vollkornreis genannt: ungeschälter ↑**Reis** mit Silberhäutchen, Keimling und Aleuronschicht (Eiweißschicht)

Brausepulver [*Süßwaren*] Angeboten in Tabletten- oder Pulverform; Enthält: ↑**Zucker** mind. 50 %, ↑**Süßstoffe**, natürliche Essenzen und/oder Fruchtpulver, diverse geschmacksgebende Substanzen, ↑**Aromen**, ↑**Genussäuren**, ↑**Farbstoffe** u. Natriumhydrogencarbonat, das für die prickelnde ↑**Kohlensäure** sorgt. Hinweise auf Früchte oder Pflanzenteile sind üblich (↑**Waldmeister**, ↑**Himbeere**). Kinder lieben selbst gemachte Brause. Sie lösen das Pulver in Wasser auf.

Brausestangen [*Süßwaren*] Sind identisch mit Brausepulver, nur in fester Form, zum Lutschen (auch als kleine Würfel)

Brauwasser [*Bier*] Wasser zum Bierbrauen muss mindestens Trinkwasserqualität haben. Zu hartes Wasser beeinflusst den Biergeschmack; deshalb wird es vorher enthärtet.

Bread [*U.S. Kitchen*] ↑**Brot**

Bread crumbs [*U.S. Kitchen*] ↑**Paniermehl** – In den USA gibt es auch gewürzte Breadcrumbs – nach italienischer Art, mit ↑**Knoblauch** und ↑**Kräutern**.

Bread flour [*U.S. Kitchen*] Extra feines Mehl

Bread fruit salat [*Intern. Länderküche*] Salat aus ↑**Brotfrüchten** (Karibik). ↑**Kreolische Küche**

Breast [*U.S. Kitchen*] Brust

Breast of veal [*Engl. Speisekarte*] ↑**Kalbsbrust**, oft mit verschiedenen Füllungen und dann geschmort

Brébis [*Franz. Speisekarte*] **T 1.** (Mutter-)↑**Schaf**; **2.** ↑**Schafskäse**, im Sommer und Herbst am besten

Brechbohnen [*Gemüse*] **T** Haben runde, fleischige Hülsen. Die Fäden sind weggezüchtet, das Fleisch ist aromatisch und zart, die Kerne klein. Sie werden vor dem Kochen in Stücke gebrochen und eignen sich als ↑**Gemüse**, Suppeneinlage und Salatbohnen. ↑**Grüne Bohnen**

Brécoles [*Span. Speisekarte*] ↑**Brokkoli**

Breganze [*Weinkunde*] Bereich in Venetien (Norditalien), bekannt für hervorragende Weißweine

Bregenwurst [*Regionale Spezialität*] Brühwursterzeugnis, dem **nicht** unbedingt anteilige Mengen Brägen (Hirn) zugesetzt sein müssen

Breit [*Weinkunde*] Weine mit zu hohem Alkoholgehalt, bei denen das Zusammenspiel mit der Säure nicht ausgeglichen ist, werden als „breit" bezeichnet. Ihnen fehlen die Feinheiten, die die Qualität ausmachen.

Breite Blutwurst [*Regionale Spezialität*] ↑**Blutwurst** im Schweinemagen

Breitling [*Fisch*] Heringsartiger ↑**Fisch**, Bezeichnung für ↑**Sprotte**

Breit-Wegerich [*Wildkräuter, -blüten & -früchte*] **T Lateinisch:** Plantago major; **Info:** Zeigerpflanze für starke Bodenverdichtungen. **Standort:** Wächst vorzugsweise auf Wegen, Ödland, Rasenflächen, an Ufern und auf Weideflächen, vor allem auf verdichteten Böden mit hohem Ton- und Lehmanteil. Die Pflanze ist äußerst trittbeständig, weshalb sie sich auch direkt auf viel benutzten Wegen hält. **Geschmack:** Herb-frischer, zusammenziehender Geschmack, der je nach Jahreszeit, Standort und Alter der Blätter auch leicht bitter sein kann. **Verwendung in der Küche:** Die Blätter sind zäh, müssen sorgfältig zerkleinert werden, Stiele und Blattrippen entfernen. Fein gehackt in Wildkräutermischungen, Salaten, Suppen und als Zugabe zu vegetarischen ↑**Bratlingen**. **Wirkung in der Volksmedizin:** Breit-Wegerich enthält Schleimstoffe, wirkt beruhigend und heilungsfördernd bei Entzündungen (Haut- und Atemwege). Medizinisch wird der Spitz-Wegerich vorgezogen.

Bréjaude [*Franz. Speisekarte*] **A** Dicker ↑**Eintopf** aus

↑**Kohl** mit ↑**Speck** samt ↑**Schwarte**, ↑**Lauch**, ↑**Rüben**, ↑**Kartoffeln**, der auf trockenen Brotscheiben angerichtet wird

Brélin [*Franz. Speisekarte*] Strandschnecke in der Normandie. ↑**Meeresschnecken**

Brème [*Franz. Speisekarte*] ↑**Brachse** bzw. ↑**Blei**

Bremer Pinkel [*Regionale Spezialität*] ↑**Grützwurst**

Brenneisen, Willy [*Berühmte Köche*] **Willy Brenneisen** – Urgestein der ↑**Schweizer Küche** und Buchautor, verfasste 1937 „Das neue Kochbuch für jede Küche" und 1964 das gültige Standardwerk der Schweizer Küche „Gut essen".

Brennnessel [*Wildkräuter, -blüten & -früchte*] **A Lateinisch:** Urtica urens (kleine Br., einhäusig) und Urtica dioica (große Brennnessel, zweihäusig). **Info:** Während die große Brennnessel zweihäusig ist (männliche und weibliche Pflanzen), befinden sich bei der kleinen Brennnessel männliche und weibliche Blüten auf einer Pflanze und im selben Blütenstand. Nur selten kommt es vor, dass einzelne Blütenstände rein weiblich sind. Die Brennessel ist ein Wildgemüse. **Ursprung und Standort:** Die Brennnessel wächst überall, an sonnigen und an schattigen Standorten im gesamten europäischen Raum. Die Große Brennnessel wird bis zu 1,5 m hoch. Die Stängel sind vierkantig und die Blätter länglich-herzförmig bis lanzettartig. Vor allem die Blätterspitzen enthalten den Nesselgiftstoff, der bei Berührung in die aufgeritzte Haut fließt und zu Entzündungen sowie stark brennenden, juckenden Quaddeln führt. Sie liebt feuchte, humose, nährstoffreiche, vor allem stickstoffreiche Böden und zeigt Überdüngung bzw. Stickstoff an. Geeigneter Nachbar ist Pfefferminze, sie verstärkt deren Aroma. Fördert aber auch bei anderen Kräutern die Bildung von ätherischen Ölen. Ernte ist kurz vor der Blüte. Zur Jaucheherstellung für die Düngung nur von Sonne beschienene Pflanzen verwenden. Die Große Brennnessel vermehrt sowohl generativ durch Samen als auch vegetativ durch weit reichende Wurzelausläufer, die auch im Boden überwintern. Sie ist also ausdauernd. Die Kleine Brennnessel hingegen bildet keine Wurzelausläufer. Sie vermehrt sich nur über Samen, ist einjährig und sät sich jedes Jahr von neuem aus. **Geschmack:** Brennnesselblätter haben einen herb-frischen, aromatischen Geschmack. Als Gemüse und Heilpflanze können beide Arten gleichermaßen verwendet werden. **Verwendung in der Küche:** Gesammelt werden die jungen Blätter bis Sommerbeginn, die Wurzel im Herbst. Verwendet werden die frischen Brennnesselblätter, fein geschnitten in Salaten, Quark- und Käsezubereitungen. Sie werden wie Spinat zubereitet, sind als Suppe allein oder mit anderen Kräutern ebenfalls delikat. Sehr zu empfehlen ist auch der Tee aus dem Brennnesselkraut. Er schmeckt fein-aromatisch. **Tipp:** Die Brennhaare verlieren ihre Wirkung durch Trocknen, Erhitzen und feines Zerkleinern, junge Pflanzen brennen noch nicht so stark wie ältere – beim Sammeln Handschuhe tragen. Die Blätter werden zu Suppen gegeben oder zusammen mit Spinat als Gemüse gegessen. Frische Sprossspitzen für Salate, zusammen mit Löwenzahnblättern, Sauerampfer oder Birkenblättern. Für Salate kurz mit heißem Wasser überbrühen, damit die Brennwirkung verloren geht, oder klein hacken und mit Öl übergießen. Auch Auswalzen mit dem Teigroller (Nudelholz) ist hilfreich. Geerntet werden nur die jungen Triebspitzen noch nicht blühender Pflanzen oberhalb 20 cm. Essen kann man nicht nur die Blätter, sondern auch die Samen. Sie haben einen milden, aromatischen, nussigen Geschmack und können roh oder leicht angeröstet über Müslis und Salate gestreut werden, sind vitaminreich und gelten als sehr gesund. **Inhaltsstoffe:** 100 g frische Brennnessel enthalten ∅ 49 kcal/12 kJ, 82,8 g Wasser, 4,8 g Kohlenhydrate, 4,25 g Ballaststoffe, 2,2 mg Eisen, 0,6 mg Vitamin K und 175 mg Vitamin C. Brennnesseln zeichnen sich durch ihren hohen Gehalt an ↑**Eisen** und ↑**Vitamin C** aus. **Konservierung:** Die Blätter können auch getrocknet werden, am besten in den Monaten Juni – Juli. In den Blättern kann sehr viel Nitrat enthalten sein nach einer Untersuchung der Universität Bonn, 250–5300 mg/kg (für Kopfsalat gilt eine Höchstgrenze in der Zeit von November – April von 3500 mg, im Sommer von 2500 mg). Wer Brennnessel für Salat oder Tee nutzen will, sollte nur nachmittags, nur von Sonne beschienene Brennnesseln ernten, nur an sonnigen Tagen und erst einige Tage nach einem Regen. **Wirkung in der Volksmedizin:** Harntreibend, appetit- und stoffwechselanregend, fördert die Blutbildung, blutstillend, hilft bei Durchfall, löst Schleim. Die Brennnessel ist mit über 60 wertvollen Wirkstoffen ein vitamin- und mineralstoffhaltiges Frühjahrsgemüse. Gut für Teekuren.

Brennnesselkäse [*Käse*] Brennnesselkäse ist ein schmackhafter ↑**Schnittkäse** mit vielen gehackten ↑**Brennnesselblättern**, die ihm eine ganz eigene Note geben. Hauptsächlich wird der ↑**Käse** als Aufschnitt verwendet.

Brennwert, physiologischer [*Gesundheit*] Der physiologische Brennwert beschreibt die freiwerdende Energie bei der Verbrennung von Nährstoffen im Organismus. Die Maßeinheit für die Energie ist Joule (J) bzw. die ältere Einheit Kalorien (cal). Die energieliefernden ↑**Nährstoffe** und ↑**Alkohol** haben folgende physiologischen Brennwerte: 1 g Fett = 9,3 kcal/39 kJ; 1 g Alkohol = 7,1 kcal/30 kJ; 1 g Eiweiß = 4,1 kcal/17 kJ; 1 g Kohlenhydrate = 4,1 kcal/17 kJ. ↑**Joule** oder ↑**Kalorie**

Bresaola [*Ital. Speisekarte*] ↑**Gepökeltes**, an der Luft getrocknetes, mageres ↑**Rindfleisch.** ↑**Bündner Fleisch**

Bresse poularde [*Franz. Speisekarte*] **T** Diese ↑**Poularde** ist wegen ihrer einzigartigen guten Qualität bekannt und wird mit dem ↑**Label rouge** vertrieben. Das Geflügel stammt aus dem französischen Gebiet Bresse, das sich über drei Départements (Regierungsbezirke) mit einer Fläche von 3536 km² erstreckt: l'Ain, Saône-et-Loire und Jura. Dieses Gebiet der „bocages", der Gehölze, gehört zu den Regionen Rhône-Alpes, Burgund und Franche-Comté. Das Geflügel aus dieser Region ist relativ teuer, da es im Freiland mit hochwertigem ↑**Getreide** aufgezogen wird. Eine Bresse-Poularde muss bestimmte Farb- und Identitätscode aufweisen. **Der Farbcode des Geflügels muss folgende Merkmale besitzen: 1.** völlig weißes Gefieder, einschließlich der langen Kragenfedern; **2.** schlanke, ganz glatte, blaue Beine (Ständer); **3.** einen einfachen roten Kamm mit großen Auszackungen; **4.** einen roten Kinnlappen; **5.** weiße oder rot gesprenkelte Wangenflecken; **6.** weißes Fleisch und Haut. In Frankreich gelten der Kopf und die Füße als eindeutiges Erkennungsmerkmal für Geflügel aus der Bresse. Darum darf es dort mit Kopf und Kragenfedern und den blauen Füßen verkauft werden. **In Deutschland darf das Geflügel nicht mit Kopf und Füßen verkauft werden, darum ist besonders auf den Identitätscode des Geflügels zu achten: 1.** Fußring am linken Bein des Geflügels mit Angabe des Namens, Vornamens und der Anschrift des Produzenten; **2.** dreifarbiges Siegel am Hals mit dem Namen und Vornamen oder dem Firmennamen des Absenders, der das Geflügel vorbereitete; **3.** ↑**A.O.C.**-Etikett des berufsübergreifenden Komitees für Geflügel aus der Bresse; **4.** Identifikationssiegel für Kapaune und Masthühnchen. ↑**Geflügel**

Bresso [*Käse*] ↑**Boursin. Herkunft:** Frankreich/Deutschland; **Käsesorte:** Doppelrahm ↑**Frischkäse** mit ↑**Kräutern**, 60 % Fett i.Tr., als Frischkäse mit 39 % ↑**Fett i.Tr.**; **Milch:** Kuhmilch; **Teig:** streichfähig; **Geschmack:** frisch-würzig

Brestois [*Franz. Speisekarte*] Haltbarer ↑**Biskuitboden** mit ↑**Aprikosenmarmelade**, ↑**Mandeln** und ↑**Zitronen-**, ↑**Orangen**↑**essenzen**

Bret [*Fleischprodukte*] Regionale Bezeichnung für ↑**Braten** von Wildtieren (↑**Wildbret**)

Bretonne, à la Historischer Speisename [*Speisegarnitur*] **A** Bretonische Art. Speisen ursprünglich aus der Bretagne (Frankreich) ↑**à la Bretonne. 1. Speisegarnitur** für **große Fleischstücke**, besonders **Hammel** – ↑**Weiße Bohnen** gekocht, ganz oder püriert und mit ↑**Sauce Bretonne** gebunden; **Sauce:** tomatierter ↑**Bratenfond**; **2. Für gedünsteten Fisch:** ↑**Lauch**, ↑**Zwiebel**, ↑**Sellerie-**, und ↑**Champignon**streifen in ↑**Butter** anschwenken und mit dem ↑**Fisch** dünsten

Breusel [*Regionale Spezialität*] **A** Gericht aus ↑**Schweine**nieren, Schweinemilz und Schweineleber in ↑Weißweinsoße

Brezel [*Übersetzer*] **Englisch:** pretzel; **Französisch:** bretzel; **Italienisch:** brezel; **Spanisch:** rosca

Bric à l'œuf [*Intern. Länderküche*] **A** Begriff aus der tunesischen Küchenkultur für Vorspeise aus gefülltem ↑**Blätterteig.** Ein rohes ↑**Ei** wird in dünn ausgerolltem Blätterteig eingeschlagen, dazu kommt eine Füllung aus ↑**Hackfleisch**, ↑**Tunfisch** oder ↑**Meeresfrüchten**. Das Ganze wird kurz ↑**Frittiert**, das Ei sollte dabei weich bleiben.

Bric, bricco [*Weinkunde*] Spitzenlage des Weinbaus. Bezeichnung aus dem italienischen Piemont.

Bricelet [*Schweizer Küche*] Dünne, knusprige Waffel oder kleine Brezeln aus der Westschweiz

Brichetti [*Ital. Speisekarte*] Kleine rechteckige ↑**Suppennudeln**

Brick Cheese [*Käse*] **Herkunft:** USA; **Käsesorte:** ↑**Schnittkäse**, ca. 50 % ↑**Fett i.Tr.**; **Milch:** Kuhmilch; **Teig:** crèmefarbig, relativ weich; **Geschmack:** leicht nach ↑**Haselnuss**, ausgereift mit kräftigem Aroma; **Info:** auch Ziegelstein genannt, zwischen ↑**Limburger** und ↑**Tilsiter**

Bricke [*Fisch*] Bezeichnung für ↑**Neunauge**

Bridieren [*Franz. Fachwort*] **T** Mit Stäbchen, Klammern oder Küchengarn werden Fleischstücke, ↑**Fisch** oder ↑**Geflügel** in eine bestimmte, vom Koch gewünschte Form gebracht. So bindet man dem Geflügel die Keulen fest an die Brust und die Flügel an den Rücken, damit sie beim↑**Grillen** oder Braten nicht anbrennen.

Brie de Meaux Geschützte Herkunftsbezeichnung [*Käse*] **T Herkunft:** Frankreich/Ile-de-France; **Käsesorte:** ↑**Weichkäse** mit weißem ↑**Edelschimmel**, ↑45 % **Fett i.Tr.**; **Milch:** Rohe Kuhmilch; **Teig:** ungereift: fester, leicht brüchiger, krümeliger Teig; gereift: weicher, elastischer Teig, nicht fließend; **Geschmack:** Nach 1–3 Monaten Reifezeit erhält er seinen typisch frischen, herben, leicht säuerlichen und fruchtigen, pilzartigen Geschmack. **Info:** Reift etwa 4–5 Wochen, bevor er die Molkerei verlässt. Die weiße Edelpilzrinde färbt sich mit zunehmender Reife rötlich. **Beste Zeit:** Sommer, Herbst und Winter. ↑**Französischer Brie. Weinempfehlung:** kräftige und fruchtige ↑**Burgunder** sowie rote ↑**Bordeaux**, ganz besonders Pomerol und Saint-Emilion

Brie de Melun Geschützte Herkunftsbezeichnung [*Käse*] **T Herkunft:** Frankreich/Ile-de-France; **Käsesorte:** ↑**Weichkäse** mit weißem ↑**Edelschimmel**, 45 % ↑**Fett i.Tr.**; **Milch:** rohe Kuhmilch. **Teig:** homogener, elastischer Teig; **Geschmack:** fruchtig, würzig aromatisch, mit kräftigerem Gärgeruch; **Info:** Wegen seines etwas geringeren Durchmessers gilt der Brie de Melun als „kleiner Bruder" des Brie de Meaux. Im Aroma ist er allerdings viel kräftiger, robuster und salziger als sein großer Bruder. Die Reifezeit beträgt 2 Monate und erfolgt in kühleren, weniger feuchten Reifekellern. **Sorten:** Es gibt auch einen frischen, ungereiften Brie de Melun, den man als Brie de Melun Bleu bezeichnet. Die Außenseite wird mit Kohlepulver bestäubt. **Weinempfehlung:** volle, kräftige (nervige) Rotweine aus dem ↑**Burgund** oder dem Rhône-Tal mit intensivem Bouquet wie ein ↑**Bour-**

gogne, ↑**Beaujolais** Village, Pommard oder ↑**Côtes du Rhône. Beste Zeit:** Sommer, Herbst und Winter. ↑**Französischer Brie**

Brie, Deutscher [*Käse*] **Herkunft:** Deutschland; **Käsesorte:** feiner vollfetter ↑**Weichkäse** mit ↑**Edelschimmel**, 50 % ↑**Fett i. Tr.**; **Milch:** pasteurisierte Kuhmilch; **Teig:** weich und elastisch; **Geschmack:** aromatisch, leicht säuerlich bis pikant; **Info:** In Deutschland ist ein Brie ein Weichkäse, in Frankreich bedeutet Brie „König der Käse". ↑**Französischer Brie**

Bries [*Fleischprodukte*] **A** (Kalbsmilch) Thymusdrüse junger Tiere, die sich später zurückbildet. In deutschen Küchen kommt in erster Linie das delikate Kalbsbries, seltener Lammbries in Frage. Bries muss vor der Zubereitung gehäutet und gut gewässert werden, damit es eine weiße Farbe bekommt. In kochendem Wasser mit ↑**Gespickter Zwiebel** und ↑**Pfefferkörnern** einige Min. pochieren, dann unter fließendem kalten Wasser auskühlen lassen und häuten.

Brigade [*Fachkunde*] Mannschaft, zum Beispiel Service-Brigade oder Küchen-Brigade

Brigidini [*Ital. Speisekarte*] Aniswaffeln

Brignole [*Franz. Speisekarte*] **T** ↑**Backpflaume**, besonders gut für ↑**Kompott**

Briks [*Intern. Länderküche*] **A** Gefüllte Teigtaschen sind eine beliebte Vorspeise aus Tunesien. In reichlich ↑**Olivenöl** knusprig gebacken, mit ↑**Farce** aus ↑**Lamm-** oder ↑**Geflügelfleisch**, ↑**Gemüse**, ↑**Kräutern** und ↑**Gewürzen** gefüllt.

Brillantblau FCF [*Fachkunde*] ↑**E 133**

Brillantsäure grün, grün s [*Fachkunde*] ↑**E 142**

Brillantschwarz BN [*Fachkunde*] ↑**E 151**

Brillat-Savarin, Anthèlme, à la ... [*Berühmte Köche*] **A 1. Anthèlme Brillat-Savarin**, französischer Richter und Politiker (1755–1826), bekannt durch sein weltberühmtes gastrosophisches Werk **„physiologie du goût"; à la Brillat-Savarin: 2. Garnitur für große und kleine Fleischstücke sowie Kurzgebratenes und Wildgeflügel.** Kleine Blätterteigtörtchen gefüllt mit ↑**Schnepfendreck** (↑**Innereien**) und ↑**Trüffeln**, in gebundenem ↑**Bratenfond**, belegt mit ↑**Spargelspitzen**; **3.** cremiger, mild sahniger ↑**Weichkäse** mit ↑**Edelschimmelrinde** aus der Normandie; **4.** Bezeichnung für ein mit aromatischer ↑**Spirituose** getränktes ↑**Hefeteiggebäck** (Besoffener Kapuziner), das mit ↑**Schlagsahne** serviert wird. **5.** ↑**Consommé – Brillat-Savarin**

Brilloli [*Franz. Speisekarte*] **A** Auf Korsika: ↑Kastanienpolenta mit ↑**Ziegenmilch**

Brimsen [*Käse*] Brimsen (von **slowakisch:** bryndza). **Herkunft:** Slowakei und Österreich; **Käsesorte:** ↑**Frischkäse; Milch:** ↑**Schafsmilch; Info:** Die Herstellung von Brimsen ist mit der von ↑**Quark** vergleichbar, im Unterschied dazu wird er gesalzen und in kleine Holzfässer gefüllt. Seine Haltbarkeit ist wie bei jedem Frischkäse begrenzt, jedoch schätzen ihn Liebhaber auch in gereiftem Zustand. Brimsen wird nur während weniger Monate im Jahr hergestellt und angeboten. Er ist eine wesentliche Zutat für echten ↑**Liptauer**.

Brinjal [*Orientalische Küche*] (Indien und Afrika) ↑**Aubergine**

Brioche [*Franz. Speisekarte*] **A 1.** Kuchen aus sehr butterreichem ↑**Hefeteig** (Frankreich). Man reicht ihn am besten ofenwarm zum Frühstück oder zum Nachmittagskaffee. In manchen Gegenden kommen ↑**Rosinen** in den Teig. **2.** Italienisches Frühstückshörnchen aus süßem leichten Hefeteig, gefüllt mit ↑**Schokolade** oder ↑**Konditorcrème**; **3.** Pikantes Hefegebäck mit eingebackener ↑**Wurst**

Brioli [*Franz. Speisekarte*] Auf Korsika: Süßes Gebäck aus ↑**Edelkastanien**mehl

Brique de chèvre [*Käse*] **T Herkunft:** Frankreich/Auvergne; **Käsesorte:** ↑**Weichkäse** mit dünner ↑**Edelschimmel**rinde 40–45 % ↑**Fett i. Tr.**; **Milch:** ↑**Ziegenmilch**; **Teig:** weich und cremig; **Geschmack:** nussig, mild und fruchtig; **Info:** seinen Namen verdankt er seiner Form, die an einen Ziegelstein (frz. brique) erinnert. **Beste Zeit:** Juni bis November

Brisket [*U.S. Kitchen*] Rinderbrust

Brisolée [*Schweizer Küche*] Geröstete Kastanien mit ↑**Käse**, Spezialität aus dem Wallis

Brisolette [*Franz. Speisekarte*] Zum Kotelett geformtes Hacksteak. ↑**Pojarski**

Bristol [*Speisegarnitur*] **A** ↑**Tomaten** mit Streifen von ↑**Hühnerfleisch**, ↑Ochsen**zunge**, ↑**Schinken** und ↑**Staudensellerie** gefüllt und mit ↑**Mayonnaise** garniert

British Queen [*Kartoffelsorte*] **Kochtyp:** ↑**Mehlig kochende Kartoffeln** – „Mehlige" oder „Runde" genannt; **Herkunft:** Großbritannien; **Jahr der Zulassung:** 1894; **Schale:** weiß; **Fleisch:** weiß, mit lieblichem Geschmack; **Knolle:** rundoval; **Reifezeit:** mittelfrüh/spät

Brix [*Weinkunde*] US-Maßeinheit für das ↑**Mostgewicht.** 1° Brix = 4° **Öchsle**

Broadway [*Hausbar*] **R** Before Dinner ↑**Cocktail** – 2 cl ↑**Canadian Whisky**, 2 cl roter ↑**Vermouth** und 2 cl Orangensaft im ↑**Shaker** zubereitet und im Cocktailglas serviert

Broca-Index [*Gesundheit*] Der Broca-Index ist eine Formel zur Errechnung des normalen Körpergewichts (Sollgewicht) bei erwachsenen Menschen in kg. Für Männer wird ein Bereich von –10 % bis +10 % vom Sollgewicht als akzeptabler Bereich angesehen. Bei Frauen liegt der Bereich bei –15 % bis +10 % vom Sollgewicht. **Hier zwei Beispiele:** Ein Mann mit einer Größe von 1,75 m hat ein Sollgewicht von 75 kg. Der akzeptable Gewichtsbereich liegt zwischen 67,5 kg und 82,5 kg. Eine Frau von 1,65 m Körpergröße hat ein Sollgewicht von 65 kg. Hier liegt der akzeptable Bereich bei 55 kg bis 71,5 kg. Bei mehr als 30 % über dem

Sollgewicht spricht man von ↑**Adipositas**. Wegen seiner einfachen Handhabung wird der Broca-Index häufig genutzt, jedoch hat er den Nachteil, dass kleine Personen zu häufig als übergewichtig eingestuft werden, große Personen dagegen eher zu selten. Daher ist der ↑**Body-Mass-Index** (BMI) zur Gewichtsbewertung eher zu empfehlen. **Die Formel des Broca-Index lautet:** Normalgewicht = Körperlänge in cm −100. Bei dieser Berechnung wird keine Rücksicht auf die relativ wichtigen Körperfette genommen. **Beispiel:** Körpergröße = 180 cm → Normalgewicht = 180 − 100 = 80 kg

Brocciu Geschützte Herkunftsbezeichnung [*Käse*] **T Herkunft:** Korsika; **Käsesorte:** ↑**Weichkäse** mind. 40 % ↑**Fett i. Tr.**; **Milch:** Rohe ↑**Schafs-** und ↑**Ziegenmilch** bzw. ↑Schafs**molke**, gelegentlich auch aus Ziegenmolke; **Teig:** zarter, homogener Teig; **Geschmack:** ungewöhnlich frisch, fein salzig; **Info:** Form: Kugeln, die in kleinen Binsenmodeln (brocciu) geformt werden. Gewicht: ca. 1 kg. Handelsform: frisch (nach 48 Stunden) oder in getrocknete Asphodill-Blätter (Graslilie) eingewickelt. Diese Spezialität ist sehr selten außerhalb Korsikas zu finden. Der Name dieser korsischen Spezialität leitet sich vom Wort „brousse" ab, einer anderen Bezeichnung für Frischkäse aus Schafs- oder Ziegenmilch. Der Käse kann frisch verzehrt oder gesalzen und längere Zeit gelagert werden, entwickelt dann allerdings einen festen Teig und einen scharfen Geruch. **Verwendung:** Man benutzt den Brocciu von der Vorspeise bis zum ↑**Dessert**, eine korsische Mahlzeit ist ohne ihn nicht vorstellbar. **Weinempfehlung:** kräftige korsische Rotweine. **Beste Zeit:** Oktober bis Juni

Broccoletto [*Ital. Speisekarte*] Wilder ↑**Blumenkohl**

Broccoli [*Gemüse*] **T Lateinisch:** Brassica oleracea var. Italica; **Synonym:** Spargelkohl; **Englisch:** sprouting broccoli; **Französisch:** brocoli; **Italienisch:** broccoletti; **Spanisch:** brécoles. **Info:** Broccoli, auch Spargelkohl genannt, gehört zur Familie der Kreuzblütengewächse und ist eine Fortentwicklung des Blumenkohls. Sein Name kommt aus dem Italienischen: „brocco" = Sprössling. Die dunkelgrünen, fast bläulich schimmernden Blütenröschen sitzen auf locker verzweigten Stielen. Die Hauptanbaugebiete liegen in Italien. Es gibt Sorten mit weißen, gelben oder violetten Köpfen. **Ursprung und Geschichte:** Broccoli stammt ursprünglich aus Kleinasien oder dem Nahen Osten, ist jedoch heute vor allem in Italien Bestandteil der landestypischen Küche geworden, aber auch in Mitteleuropa beliebt. Vor 200 Jahren wurde er hier schon einmal kultiviert, geriet jedoch in Vergessenheit. **Herkunft und Saison:** Broccoli wird vor allem in Regionen mit milden Wintern angebaut und das ganze Jahr über frisch angeboten. Von Juli bis Oktober stammt er meist aus inländischer Produktion, in der restlichen Zeit wird er aus Holland, Italien, Frankreich und Spanien importiert. **Geschmack:** Am geschmackvollsten sind Blütenköpfe mit festen, kompakten und vor allem dunkelgrünen Röschen. Schmeckt erheblich feiner als ↑**Blumenkohl**, erinnert entfernt an ↑**Spargel** oder ↑**Spinat**. Sind die Blütenküpfe schon gelblich, können sie bitter sein. **Inhaltsstoffe:** 100 g Broccoli weisen einen Brennwert von Ø 29 kcal/120 kJ auf und enthalten 88 g Wasser, 3 g Eiweiß, 0,3 g Fett, 5,2 g Kohlenhydrate und 3 g Ballaststoffe. An ↑**Mineralstoffen**, ↑**Spurenelementen** und ↑**Vitaminen** sind Ø 48 mg Kalzium, 0,9 mg Eisen, 27 mg Natrium, 154,2 mg Vitamin A (RE) und 93,2 mg Vitamin C enthalten. Broccoli ist der grüne Verwandte des Blumenkohls und eine der ↑**Vitamin-C**-reichsten Gemüsesorten. Seine zarte Zellstruktur macht ihn leicht verdaulich, er eignet sich daher gut als ↑**Schonkost**. Außerdem wird ihm, wie allen Kohlgemüsen, eine vorbeugende Wirkung gegen Krebs zugeschrieben. **Zubereitung und Tipps:** Broccoli kann roh gegessen werden, wird aber meist kurz in Salzwasser ↑**Blanchiert** – Vor dem Garen zerteilt man den Kopf in Stängel mit Röschen, dicke Stängel werden geschält und kreuzweise eingeschnitten, damit sie gleichmäßig garen. Kopf, Stiele und selbst die Blätter werden wie Blumenkohl, allerdings mit kürzeren Garzeiten, verwendet. Broccoli passt gut zu gebratenem ↑**Fleisch**, ↑**Steaks**, ↑**Schnitzel**, ↑**Fisch** und ↑**Eierspeisen**, zu Vorspeisen oder als Beilage zu Hauptgerichten. Erkalteter Broccoli eignet sich zum Garnieren von feinen Fleischplatten und Salaten. Die zarten Blätter ergeben ein schmackhaftes ↑**Blattgemüse**. Außerdem passt er in Mischgemüse, Suppen, ↑**Soßen**, Salate, ↑**Aufläufe**, ↑**Gratins** und Gemüseeintöpfe. ↑**Würztabelle.** Broccoli wird auch als Tiefkühlkost angeboten. Tiefgekühltes Gemüse ist vorblanchiert und kann bei der Zubereitung sehr schnell zerfallen.

Broche [*Franz. Speisekarte*] Eiserner Brat-, Grillspieß

Brochet [*Franz. Speisekarte*] ↑**Hecht**

Brochette [*Franz. Speisekarte*] Bratspießchen (leer oder auch gesteckt)

Brockelerbsen [*Gemüse*] Frische ↑**Erbsen**

Bröckelkohl [*Gemüse*] ↑**Broccoli**

Brockerln [*Österr. Küche*] Altwiener Bezeichnung für ↑**Rosenkohl**

Broculos [*Span. Speisekarte*] ↑**Brokkoli**

Brodetatto [*Ital. Speisekarte*] ↑**Frikassee** von ↑**Lamm** oder ↑**Kaninchen**

Brodetto [*Ital. Speisekarte*] Fischsuppe

Brodo [*Ital. Speisekarte*] klare Brühe

Brodo ristretto [*Ital. Speisekarte*] ↑**Kraftbrühe**

Broil [*U.S. Kitchen*] Überbacken

Broiler [*Engl. Speisekarte*] Junghuhn

Broiler, Goldbroiler [*DDR-Küche*] Grillhähnchen

Broken [*Tee*] (**Englisch:** „gebrochen") Bezeichnung für kleinblättrigen Tee. Gebrochene, stark zerkleinerte Blätter. Er ist ergiebiger, kräftiger und zieht schneller. ↑**Tee**

Brombeere [*Wildkräuter, -blüten & -früchte*] **T Lateinisch:** Rubus fructicosus; **Synonym:** Hirschbollen, Kratzbeere; **Englisch:** bramble, blackberry; **Französisch:** mûre sauvage; **Italienisch:** mora di rovo; **Spanisch:** zarzamora. **Info:** Brombeeren gehören zur Familie der Rosengewächse. Aus den von Mai bis August erscheinenden weißen oder seltener auch rosa gefärbten Blüten entwickeln sich runde bis längliche, 1–3 cm große Sammelsteinfrüchte, bestehend aus 20–50 Stück kleinen Steinfrüchten, die sich während der Reife von Grün nach Rot und schließlich Schwarz verfärben. **Standort:** Wild wachsend kommen Brombeeren in Europa an sonnigen bis halbschattigen Standorten in Wäldern, an Feldrainen, auf Brachflächen und in Hecken vor. Sie bevorzugen kalk- und stickstoffreiche Böden, gedeihen aber auch auf humusarmem, felsigem Untergrund. Kultur-Brombeeren sind 2–3 cm groß, Wildbeeren sind wesentlich kleiner. **Ursprung und Geschichte:** Die ursprünglich in den Wäldern Eurasiens und Nordamerikas beheimateten Brombeeren waren im Altertum als Heilpflanzen bekannt und werden bereits in altgriechischen Schriften erwähnt. In Mitteleuropa wurden sie seit dem 16. Jahrhundert in Klostergärten kultiviert, allgemein bekannt wurden Brombeeren allerdings erst im 19. Jahrhundert. Systematische Sortenzüchtungen gibt es erst seit Mitte des 20. Jahrhunderts. **Herkunft und Saison:** Brombeeren aus heimischen Kulturen werden besonders in Baden, Rheinland-Pfalz und im Rheingau angebaut. Zeit der schwarzen Sommerbeere: Juli bis September. Bereits ab Anfang Juni gibt es Lieferungen aus Spanien und in den Wintermonaten vereinzelte Angebote aus südamerikanischen Anbaugebieten, vor allem aus Chile. **Geschmack:** Der Geschmack der dunkelrot bis schwarz glänzenden Brombeere ist süß-säuerlich. **Inhaltsstoffe:** 100 g Brombeeren weisen einen Brennwert von ∅ 53 kcal/220 kJ auf und enthalten 80 g Wasser, 0,7 g Eiweiß, 0,4 g Fett, 12,8 g Kohlenhydrate und 5,3 g Ballaststoffe. An **Spurenelementen** und **Vitaminen** sind ∅ 32 mg Kalzium, 0,6 mg Eisen, 16,5 mg RE Vitamin A sowie 21 mg Vitamin C enthalten. Brombeeren zeichnen sich durch ihren hohen Gehalt an ↑**Betacarotin** und ↑**Vitamin C** aus. Sie enthalten daneben ↑**Sekundäre Pflanzenstoffe** und ↑**Carotin** sowie einen hohen Anteil an ↑**Bioaktiven Substanzen.** Diese schützen wie Vitamin C und das Stresshormon Adrenalin vor Oxidation. **Verwendung in der Küche:** Sowohl die vitaminreichen Früchte als auch die Blätter können in der Küche verwendet werden. Die Früchte schmecken frisch vom Strauch besonders gut. Köstlich mit ↑**Vanilleeis,** ↑**Jogurt** und ↑**Schlagsahne** oder ganz einfach pur – wobei durch Zugabe von ↑**Zucker** der adstringierende Geschmack gemildert werden kann und auch die blauschwarz glänzende Farbe länger erhalten bleibt. Brombeeren werden zu ↑**Kompott** (z. B. mit Hefeklößen), ↑**Marmeladen,** ↑**Konfitüre,** Saft, ↑**Likör,** ↑**Gelee,** ↑**Quark**speisen, ↑**Sirup,** ↑**Dessertwein** und **Edelbrand** verarbeitet. Die Blätter und bevorzugt die jungen, zarten Triebspitzen ergeben allein oder mit anderen ↑**Kräutern** einen erfrischenden ↑**Tee,** der heiß und kalt getrunken werden kann. Ähnlich wie Himbeerblätter können auch Brombeerblätter fermentiert werden und ergeben dann einen Tee, der im Geschmack schwarzem Tee ähnelt. **Wirkung in der Volksmedizin:** Die Blätter der Brombeere werden zusammen mit Himbeerblättern in Teemischungen verwendet. In der Volksheilkunde wird diesem Tee eine blutreinigende, blutzuckersenkende, harn und schweißtreibende Wirkung, den Früchten eine Heilwirkung bei fiebrigen Erkrankungen und Verdauungsproblemen nachgesagt. **Lagerung:** Brombeeren sind sehr empfindlich und sollten schnell verbraucht werden. Sie halten aber 2 Tage, wenn man sie ungewaschen auf einem Teller oder Tablett ausgebreitet, mit einem feuchten Tuch bedeckt im Kühlschrank aufbewahrt. In Gegenden mit Verdacht auf Fuchsbandwurm keine im Wald gesammelten Früchte roh verzehren.

Bromelain [*Gesundheit*] Eines der drei eiweißspaltenden Enzyme der frischen ↑**Ananas** (Bromelain, Ananase und Etranase). Es spielt eine wichtige Rolle bei der ↑**Eiweiß**verwertung im Körper. Überhaupt scheint das Bromelain ein „Superenzym" zu sein: Es hemmt die Blutgerinnung, verbessert die Durchblutung und wirkt damit gegen ↑**Arteriosklerose.** Ein mit Ananassaft getränkter Wattebausch kann dank des Bromelains Altersflecken aufhellen oder ganz entfernen. Mit Ananas mariniertes ↑**Fleisch** wird durch das Bromelain zarter und leichter verdaulich, ↑**Obst** in Fruchtsalaten wird weich. **Achtung:** Bromelain macht ↑**Milchprodukte** bitter, und ↑**Gelatine** wird nicht fest. Allerdings gilt das nur, wenn frische Ananas verwendet wird, denn in ↑**Konserven** ist das ↑**Enzym** nicht mehr vorhanden.

Bromse [*Fisch*] Gehört zu der Familie der ↑**Dorsche;** ↑**Lumb**

Brooklyn [*Hausbar*] ↑**Manhattan**

Brösel [*Österr. Küche*] ↑**Paniermehl**

Bröselfleisch [*Österr. Küche*] Nicht zu fettes, bröseliges ↑**Fleisch**

Brosme [*Franz. Speisekarte*] ↑**Lumbfisch**

Brösmeli [*Schweizer Küche*] Schweizer Bezeichnung für Semmelbrösel/↑**Paniermehl**

Brot und Backwaren [*Fachkunde*] **T Englisch:** bread; **Französisch:** pain; **Italienisch:** pane; **Spanisch:** pan. **Info:** Brot zählt zu den ältesten vom Menschen kultivierten Nahrungsmitteln, ein Grundnahrungsmittel, das aus ↑**Mehl** oder ↑**Schrot** unter Zugabe von Wasser oder ↑**Milch** und Zutaten gebacken wird. Das Mehl stammt aus verschiedenen Getreidesorten, wie ↑**Weizen,** ↑**Roggen,** ↑**Gerste,** ↑**Dinkel,** ↑**Mais** und ↑**Reis,** aber auch ↑**Kartoffeln** oder ↑**Sojabohnen.**

Typische Brotgewürze sind: Anis, Kümmel und Koriander. Auch Ingwer, Muskatblüte und Muskatnuss gem., Piment, Sternanis, Kardamom, Fenchel und Zwiebel. Man unterscheidet gesäuertes und ungesäuertes Brot. Treibmittel wie ↑**Hefe** oder ↑**Sauerteig** lassen gesäuertes Brot gären und den Teig aufgehen. Bei der ↑**Gärung** werden kleine Mengen an Kohlendioxid freigesetzt, durch die der Teig gelockert wird. Ungesäuertes Brot besteht aus Mehl und Flüssigkeit. **Geschichte:** Der Mensch hat zu allen Zeiten Getreideprodukte gebacken und als Nahrungsmittel verwendet. Das erste Brot wurde vermutlich aus Eicheln oder ↑**Bucheckern** hergestellt, die zermahlen und mit Wasser vermengt wurden. Der Fladen wurde dann auf einem Stein gebacken. Archäologische Funde belegen, dass in Nordafrika bereits vor achttausend Jahren Getreide wie ↑**Hirse** und ↑**Sorghum** angebaut und verarbeitet wurden. Die Ägypter kannten bereits vor 4500 Jahren die Funktionsweise von Sauerteig und stellten mindestens 16 verschiedene Sorten Brot her. Reiche Haushalte beschäftigten Diener, deren Hauptaufgabe es war, Mehl zu mahlen und Brot zu backen. Hohe Beamte besaßen sogar eigene Bäckereibetriebe, in denen die Verpflegung für Tempelbedienstete sowie Schau- und Opferbrote gebacken wurden. In Rom wurde in öffentlichen Öfen Brot gebacken. In den Regionen, die heute zu Deutschland gehören, ist der Beruf des Bäckers mindestens seit der Zeit Karls des Großen (768–814) bekannt. Damals arbeiteten überwiegend Leibeigene an Fronöfen oder Klosterknechte an Klosteröfen. Für die breite Bevölkerung spielt Brot als Grundnahrungsmittel erst seit dem späten Mittelalter eine Rolle, da Brot bis dahin zu teuer war. Stattdessen aß ein Großteil der Bevölkerung Brei. Das änderte sich mit Gründung der Zünfte im 12. Jahrhundert. Brot wurde Grundnahrungsmittel, und die Brotsorten bekamen gesellschaftliche Bedeutung. So wurde Weißbrot nur von reichen Leuten und Schwarzbrot von den Armen gegessen. Diese Einstellung änderte sich erst mit dem Wirtschaftswunder in den 60er-Jahren. Heute wird ↑**Vollkornbrot** mit wachsendem Gesundheitsbewusstsein immer beliebter. **Brot heute:** Brot ist von unseren Tischen nicht wegzudenken, immerhin verzehrt jeder Deutsche durchschnittlich 85 kg im Jahr, ein Spitzenwert in der Europäischen Union. Deutsche sind auch Spitzenreiter, was die Brotauswahl angeht. Die Grundzutaten für Brot sind schon seit über 4000 Jahren gleich geblieben, jedoch sind in den heutigen Brotsorten noch viele andere Zutaten enthalten. Verschiedene Getreidesorten sowie deren Mischungsverhältnis, ↑**Gewürze**, ↑**Buttermilch** oder ↑**Jogurt** und zahlreiche Körner wie ↑**Sonnenblumen**- und ↑**Kürbiskern**, ↑**Leinsamen**, ↑**Sesam** oder ↑**Mohn** und viele Herstellungsverfahren bieten eine gesunde, abwechslungsreiche Palette. Brote werden nach den verwendeten Anteilen der Brotgetreidearten unterschieden. **Mischbrote** enthalten eine Mischung aus Weizen- und Roggenmehl, man unterscheidet Weizen- und Roggenmischbrote. Bei Weizenmischbroten muss der prozentuale Anteil des Weizenmehls mehr als 50 %, aber weniger als 90 % betragen. Roggenmischbrote müssen mehr als 50 %, aber weniger als 90 % Roggenmehl beinhalten. Weizenbrot wird aus mindestens 90 % Weizenmehl hergestellt; Roggenbrot aus mindestens 90 % Roggenmehl. Die hellen Weizen- und Weizenmischbrote, zu denen auch das ↑**Toast**brot gehört, sind beim Frühstück beliebt. Roggen- und Roggenmischbrote werden meist mit Sauerteig hergestellt, der dem Roggenmehl erst seine Backfähigkeit gibt. Die durch natürliche Gärung entstandene Säure gibt den Broten aber auch ihren typischen aromatisch-kräftigen Geschmack. Roggen- und Roggenmischbrote zeichnen sich durch lange Frischhaltung aus. Bekannte **Spezialbrote** sind ↑**Pumpernickel** (besonderes Backverfahren), Rosinenbrot (mit speziellen pflanzlichen Zugaben), Mehrkornbrot (mit besonderen Getreidearten) oder Grahambrot (besondere Teigführung). ↑**Grahammehl.** Vollkornbrote werden aus Mehlen oder Mahlerzeugnissen hergestellt, die alle Bestandteile des Getreidekorns enthalten. Sie sind für die Ernährung besonders wertvoll, denn die äußeren Teile des Getreidekorns und der Keimling enthalten besonders viele wertvolle Inhaltsstoffe. Kleingebäcke werden überwiegend aus Weizenmehl hergestellt. Hierbei wird unterschieden zwischen **Weizenbrötchen**, die aus mindestens 90 % Weizenmehl, und **Weizenmischbrötchen**, die aus mehr als 50 %, jedoch weniger als 90 % Weizenmehl bestehen. Roggenbrötchen müssen mindestens 50 % Roggenmehl, Weizenvollkornbrötchen 90 % Weizenvollkornerzeugnisse enthalten. **Mehrkornbrötchen** werden aus mindestens einer Brotgetreideart sowie aus mindestens einer anderen Getreideart, insgesamt aus drei oder mehr verschiedenen Getreidearten hergestellt. Jede Region Deutschlands hat ihre eigenen Spezialitäten. Typisch sind die Hamburger Rundstücke, die Kölner Röggelchen, die Berliner Schrippen oder die Kaisersemmel, die in Bayern sehr verbreitet ist. Inzwischen haben viele dieser regionalen Besonderheiten ihren Weg in die anderen Landesteile Deutschlands und darüber hinaus gemacht. **Kleingebäcke** haben einen hohen Krustenanteil. Sie sind deshalb besonders schmackhaft, denn in der Kruste befinden sich viele geschmacksgebende Röststoffe. Beim **Ausbundgebäck** wird die Oberfläche durch Eindrücken oder Einschneiden noch weiter vergrößert, was zu einem noch intensiveren Geschmack führt. **Feine Backwaren** werden aus Teigen oder Massen hergestellt. Die Teige oder Massen werden unter Verwendung von Getreide und/oder Getreideerzeugnissen, ↑**Stärken**, ↑**Fetten** und ↑**Zuckerarten** bereitet. Feine Backwaren unterscheiden sich von Brot und Kleingebäck dadurch, dass ihr Gehalt an Fett und/oder Zuckerarten mehr als 10 Teile auf 90 Teile Getreide und/oder Getreideerzeugnisse und/oder Stärke beträgt. **Brot in der Küche:** In keinem Land der Welt werden so viele Brotsorten angeboten wie in Deutschland. Doch wenn in der feinen Küche Brot für Füllungen benötigt wird, verwendet man immer ↑**Weiß**- oder Toast**brot** aus feinstem Weizenmehl. **Aufbewahren:** Am besten Brot ganz frisch in Scheiben schneiden, einzeln in Klarsichtfolie schlagen und in der Gefriertruhe einfrieren. Zum Gebrauch langsam auftauen oder toasten. Natursauerteigbrot hält sich im Brotkasten ca. 5 Tage, andere Brotsorten maximal 2 Tage. Im Sommer kann Brot im Kühlschrank aufbewahrt werden, sollte aber dann vor dem Verzehr angetoastet werden. Angeschimmeltes Brot (gilt auch für alle anderen Lebensmittel) nicht mehr essen. Krebsgefahr. ↑Schimmel

Brötchen [*Fachkunde*] **Englisch:** roll; **Französisch:** petit pain; **Italienisch:** panino; **Spanisch:** panecillo. Kleines Gebäckstück aus ↑**Weizenmehl**, das in Hamburg Rundstück, in Berlin Schrippe und in Bayern Semmel genannt wird

Broteinheit [*Gesundheit*] Abkürzung: BE – Broteinheiten dienen zur Berechnung und Bewertung von ↑**Kohlenhydraten** in der Nahrung für Menschen mit Zuckerkrankheit (Diabetes mellitus). Eine Broteinheit entspricht 12 g Kohlenhydraten. – Zu den Kohlenhydraten zählen die ↑**Einfachzucker** (Monosaccharide), verdauliche ↑**Mehrfachzucker** (Oligo- und Polysaccharide) und die Zuckeraustauschstoffe ↑**Sorbit** und ↑**Xylit.** Neben der Broteinheit gibt es eine neuere Maßeinheit: die ↑**Kohlenhydrateinheit** (KHE).

Brotfrucht [*Exotische Früchte*] **T Lateinisch:** Artocapus altilis; **Englisch:** breadfruit; **Französisch:** fruit à pain. **Info:** Brotfruchtbäume gehören zur Familie der Maulbeergewächse. In den Tropen gehört die Frucht zum Grundnahrungsmittel, da sie besonders kohlenhydratreich ist. **Ursprung und Geschichte:** Brotfrüchte stammen ursprünglich aus dem polynesischen Raum und wurden von den damaligen Ureinwohnern bis nach Hawaii verbreitet. Anfang des 17. Jahrhunderts wurden Brotfrüchte erstmals von europäischen Seefahrern auf Tahiti beschrieben. Während einer Hungersnot auf Jamaika um 1780 ersuchten Plantageninhaber den englischen König George III. um die Erlaubnis, samenlose Brotfruchtbäume importieren zu dürfen, um die Sklaven auf ihren Plantagen ernähren zu können. Von dort aus verbreitete sich die Brotfrucht auf die Westindischen Inseln und nach Mittelamerika. **Herkunft und Saison:** Die kürbisgroße, himbeerförmige, bis zu 12 kg schwere Frucht des Brotbaumes gedeiht in Afrika und Ostasien. Brotfruchtbäume blühen und fruchten das ganze Jahr über, dementsprechend gibt es immer kleinere Angebote. **Geschmack:** Brotfrüchte werden bei zunehmender Reife sehr weich, haben eine dünne, essbare Schale und ein weißliches bis gelbliches, cremiges Fruchtfleisch, das nach ↑**Brot** oder gerösteten ↑**Kartoffeln** schmeckt. **Inhaltsstoffe:** 100 g (reife) Brotfrucht weist einen Brennwert von ∅ 105 kcal/440 kJ auf und enthält 68 g Wasser, 1,3 g Eiweiß, 0,3 g Fett, 27,8 g Kohlenhydrate und 1,5 g Ballaststoffe. Daneben enthält sie 21 mg Vitamin C. **Zubereitung und Tipps:** Die stärkehaltigen Früchte spielen bei der ↑**Ernährung** der Eingeborenen eine große Rolle. Das Fruchtfleisch wird roh, aber auch getrocknet, dann in Salzwasser gegart verzehrt. Die Samen erinnern geschmacklich an ↑**Maroni.** Sie werden gekocht, geschält oder gemahlen und zum Backen verwendet. Brotfrüchte werden nicht exportiert. Unreife Brotfrüchte bereitet man in ihren Anbaugebieten als Gemüse in vielen Varianten zu. Sie werden gegrillt, frittiert, gekocht oder zu Püree verarbeitet und – wie hier die Kartoffeln – verwendet.

Brotgruppen [*Backstube*] Bei der Vielzahl von Sorten ist es nicht leicht, alle auseinander zu halten. Daher werden die Brote in Gruppen eingeteilt. Kennt man einmal die wichtigsten Kategorien und ihre typischen Merkmale, können die einzelnen Sorten leichter voneinander unterschieden werden. **1. Weizenbrot:** Brote dieser Gruppe bestehen zu mindestens 90 % aus ↑**Weizenmehl.** Hefe sorgt hier für die Lockerung des Teiges. – Wegen ihres milden Geschmacks sind sie – auch in Kombination mit französischem Käse – zum Frühstück und als Beigabe zu herzhafteren Sorten am Abend oder in warmen ↑**Snacks** beliebt. Zu den Weizenbroten gehören Stangenweißbrot, Kastenweißbrot, Weizentoast, Weizenbrot. **2. Weizenmischbrot:** Bei den Weizenmischbroten liegt der Weizenanteil zwischen 51 und 90 %. Je mehr Weizenmehl ein Brot enthält, desto neutraler ist sein Geschmack. Aufschluss über die Zusammensetzung des Brotes gibt die Kruste: Sie wird mit zunehmendem Weizenmehlanteil heller. – Zur Lockerung wird überwiegend ↑**Hefe** verwendet. – Zu dieser Gruppe gehören Mischbrot, Kasselerbrot, Hagenower Spezialbrot, Schwarzwälder Brot, Krustenbrot. **3. Roggenbrot:** Bei Roggenbroten liegt der Roggenanteil bei mindestens 90 %. Zur Teiglockerung wird ausschließlich ↑**Sauerteig** verwendet. Die Brote haben einen sehr kräftigen und ausgeprägt säuerlichen Geschmack, weshalb sie immer mehr von den Mischbroten verdrängt werden. Zu den Roggenbroten gehören Roggenbrot, Berliner Landbrot, Schlesisches Landbrot. **4. Roggenmischbrot:** Anders als die reinen Roggenbrote haben sich die Roggenmischbrote zu den Lieblingen der Deutschen entwickelt. Mit einem Roggenanteil zwischen 51 und 90 % sind sie weniger säuerlich als reine Roggen-, aber aromatischer als Weizenmischbrote. Als Teiglockerungsmittel wird Sauerteig verwendet, manchmal auch zusätzlich Hefe. Roggenmischbrote halten sich relativ lange frisch. Zu dieser Gruppe gehören Korbbrot, Mecklenburger Landbrot, Paderborner Landbrot, ↑**Bauernbrot**, Thüringer Landbrot, Frankenlaib, Oberländer Brot. **5. Vollkornbrot:** Die Vollkorn- und Schrotbrote lassen sich nicht eindeutig einer Gruppe zuordnen. In der Literatur werden sie oftmals zu den Spezialbroten gerechnet, manchmal als eigene Gruppe gesehen, häufig aber auch zu den Weizen- bzw. Roggenmischbroten gezählt. Das Mehl der Vollkornbrote enthält alle Bestandteile des Getreidekorns, auch Schale und Keim. Gerade diese beiden liefern besonders viele ↑**Vitamine**, ↑**Mineralstoffe**, essenzielle ↑**Fettsäuren** und ↑**Eiweiß**. Ein Brot mit der Bezeichnung „Vollkornbrot" muss einen Vollkornmehlanteil von mindestens 90 % aufweisen. Das Mehl der Schrotbrote enthält im Vergleich dazu keinen Keim und hat weniger Schalenbestandteile. Vollkorn- und Schrotbrote mit einem hohen Weizenanteil haben einen nussig-würzigen Geschmack. Zu ihnen gehören Grahambrot, Weizenvollkornbrot. **6. Roggenvollkornbrote:** besonders würzig und säuerlich. Zu ihnen gehören Vollkornbrot Rheinische Art, Holsteinische Art, Mecklenburger Landbrot, Hallesches Vollkornbrot. **7. Spezialbrot:** Hierzu rechnet man alle Brote, die mit einem besonderen Mehl (Dinkelbrot) oder nach einem speziellen Backverfahren wie ↑**Pumpernickel** oder **8.** ↑**Knäckebrot** hergestellt werden. Auch die Zugabe besonderer Zutaten wie ↑**Zwiebeln**, ↑**Schinken**, ↑**Rosinen**, ↑**Kümmel** oder ↑**Buttermilch** kann aus einem „normalen" Brot ein Spezialbrot machen. **9. Ölsamenbrote:** Sind ebenso häufig wie vielfältig. Ihnen werden ↑**Sonnenblumen**-, ↑**Kürbiskerne** oder andere ganze Körner zugegeben. **10. Kleingebäck:** Mit einer Vielfalt von über 1200 Sorten sind die Deutschen die Weltmeister der Kleingebäcke. Unter diesem Begriff fasst man alle Gebäckarten zusammen, die neben Brot zu den Mahlzeiten gegessen werden. Die Palette reicht von Weizenbrötchen über Croissants, Sesambrötchen, Röggelchen bis hin zu Rosinenbrötchen. Die meisten von ihnen werden ganz oder überwiegend aus ↑**Weizen** hergestellt, und jede Region hat ihre eigenen Spezialitäten. Trotz aller Vielfalt zählen nahezu 90 % der deutschen Brot- und Brötchensorten zu den Weizengebäcken (mit mindestens 90 % Weizen) und Weizenmischgebäcken (mit mindestens 51 % Weizen).

Brotkrume [*Backstube*] ↑**Krume**

Brotsamen [*Gewürze & Kräuter*] ↑**Anis**

Brotschnitte [*Übersetzer*] **Englisch:** slice of bread; **Französisch:** tranche de pain; **Italienisch:** fetta di pane; **Spanisch:** rebanada de pan

Brotsorten [*Backstube*] In Deutschland werden mehrere hundert Brotsorten hergestellt. Dabei unterscheidet man zwischen Broten aus den Getreidearten ↑**Weizen** und ↑**Roggen** einerseits und Spezialbroten andererseits. Spezialbrote werden unter Verwendung besonderer Nicht-Brotgetreidearten, besonderer Zugaben pflanzlichen oder tierischen Ursprungs, durch eine besondere Teigführung oder mit einem besonderen Backverfahren hergestellt. Nachfolgend sind als Beispiel einige Brotsorten aufgeführt. ↑**Bauernbrot:** 70 % ↑**Roggenmehl**, 30 % ↑**Weizenmehl**, dunkle Typen, Natursauerteig; **Dinkel-**, **Malzbrot:** aus 90 % Dinkelmehl, Dinkelvollkornmehl und Dinkelschrot gebacken, Weizen- und ↑Roggen**malz**, ↑**Sojaschrot**, ↑**Sonnenblumenkernen**, ↑**Sesam**, ↑**Leinsamen**, ↑Speise**kleie**, ↑**Jodsalz**, ↑**Kartoffel**pulver, ↑**Guarkernmehl**. Hoher Ballaststoffanteil, leicht verdaulich, garantiert lange Verzehrfrische, Natursauerteig; **Dreikornbrot:** helles, ballaststoffreiches Brot mit Sesam und Leinsamen, Roggenschrot, Weizen- und Roggenmehl, Natursauerteig; **Finnenbrot:** 25 % Roggenmehl, 25 % Weizenmehl, Roggenschrot, Weizenschrot, Sojaschrot, Weizenmalzflocken, Leinsamen, Weizenkleie, Sonnenblumenkerne, ↑**Gewürze**; **Gassenhauer Brot:** 60 % Roggenmehl, 40 % Weizenmehl, herzhaft in der Säuerung, Natursauerteig; **Gutsherrenbrot:** 70 % Roggenmehl, 30 % Weizenmehl, sehr dunkle Brotsorte mit Jodsalz, Natursauerteig; **Holzluckenbrot:** 70 % Roggenmehl, 30 % Weizenmehl, Natursauerteig; **Kartoffelbrot:** Weizenmehl, Kartoffelflocken, ↑**Sauerteig**, Roggenmehl, Roggenschrot fein, Jodsalz, Brotgewürze; **Kommissbrot:** (Roggenbrot im Kasten)100 % Roggenmehl, ↑**Zuckerrübensirup**, Natursauerteig; **Kornbrot:** 50 % Roggenmehl, 50 % Weizenmehl (dunkle Typen), Natursauerteig; **Krusti-Brot:** 50 % Roggenmehl, 50 % Weizenmehl, rustikale Form, Natursauerteig; **Kürbiskernbrot:** 60 % Weizen, 40 % Roggen, Kürbiskerne, Sojaschrot, Sonnenblumenkerne, Sesam, Leinsamen, Malzmehl, Speisesalz; **Mischbrot:** 70 % Weizenmehl, 30 % Roggenmehl, Natursauerteig; **Omega-Brot:** ↑**Hafer**speisekleie, ↑**Olivenöl**, Weizenschmalzbrot, Sonnenblumenkerne, gelbe Leinsaat, Jodsalz, Natursauerteig; **Roggenkornbrot:** mit ganzen Körnern. Sauerteig, Roggenkörner, Sonnenblumenkerne, Leinsamen, Jodsalz. Bleibt lange saftig und verzehrfrisch, 3 Tage ohne Weiteres verkaufbar. Ein lockeres Roggenvollkornbrot mit allen wertvollen Bestandteilen des ganzen Roggenkorns; **Rustikales Bauernbrot:** 70 % Roggenmehl ↑**Type1150**, 30 % Weizenmehl ↑**Type1050**, Jodsalz, mit Natursauerteig hergestellt, lange Backzeit, daher sehr gut im Geschmack, 2–4 Tage haltbar; **Sauerteigbrot:** 50 % Roggenmehl, 50 % Weizenmehl, Natursauerteig; **Sechskornbrot:** körnig, ↑**Ballaststoffe** mit ↑**Hafer**, ↑**Weizen**, ↑**Roggen**, ↑**Hirse**, ↑**Mais**, ↑**Gerste**, Natursauerteig; **Sovitalbrot:** ballaststoffreich mit Ölsamen, Sonnenblumenkernen, Soja-Speisekleie, Weizenmehl, herzhaft und kernig, Natursauerteig; **Vollkorn-Mehrkorn-Brot:** dient der ↑**Entschlackung**, enthält wertvolle ↑**Mineralstoffe** und ↑**Spurenelemente** mit Sonnenblumenkernen, Leinsamen, Weizen, Roggen, Hafer, Gerste, ↑**Dinkel**, Hirse, Soja, Mais; **Weih-**

nachtsbrot: ↑**Walnüsse**, ↑**Haselnüsse**, Weizenmehl, Roggenmehl, Sauerteig, Sojaschrot, jodiertes Speisesalz, Gewürze; **Weißbierbrot:** Weizenmischbrot mit ↑**Weißbier**, Weizen, Roggen, Weizenbier, Wasser, Kartoffelpüreeflocken, Sauerteig, Roggenvollkornschrot, Hefe, jodiertes Speisesalz, Malzmehl, ↑**Traubenzucker**, Röstmalz, Malzextrakt, Gewürze, ↑**Säureregulator**; **Winzerbrot:** Sonnenblumenkerne, Weizenmehl, Weizenkleber, Weizenschrot, Gerstensauermalzschrot, Roggenmehl, Malzmehl, jod. Speisesalz, Traubenkonzentrat

Brotsuppe [*Regionale Spezialität*] **R** Altbayerisches Tellergericht im Winter. Klare, kräftige, kochend heiße ↑**Fleischbrühe** auf in dünne Scheiben geschnittenes altbackenes Sauerteigbrot gegossen, kleine vorgewärmte Blut- und Leberwüste oder deren Scheiben (kalt) als Einlage. Röstzwiebeln obenauf und frische Schnittlauchröllchen. ↑**Würztabelle**

Brotteig [*Backstube*] ↑**Bauernbrot & Brot**

Brotwurzel [*Gemüse*] ↑**Yams**

Broufade [*Franz. Speisekarte*] **A** Provenzalisches Schmorgericht aus mariniertem ↑**Rindfleisch**, ↑**Röstgemüse**, ↑**Gewürze**, ↑**Kapern** und ↑**Sardellenfilets**

Brouillade [*Franz. Speisekarte*] ↑**Rührei** (oft mit ↑**Pilzen**, ↑**Trüffeln**, ↑**Spargelspitzen**)

Brouillé [*Franz. Fachwort*] Vermischt, verrührt; geschlagen

Brouilly [*Weinkunde*] Dorfappellation im Beaujolais

Brousse [*Käse*] **Herkunft:** Frankreich/Provence; **Käsesorte:** ↑**Frischkäse**, 45 % ↑**Fett i.Tr.**, **Milch:** ungesalzene ↑**Schafsmilch**, **Teig:** zart cremig, **Verwendung:** Wird gewürzt als Vorspeise oder gezuckert als Nachspeise serviert. **Beste Zeit:** November bis April

Brown [*U.S. Kitchen*] Anbräunen, braun

Brown bread [*U.S. Kitchen*] Braunes Brot

Brown rice [*U.S. Kitchen*] Naturreis

Broye [*Franz. Speisekarte*] **1.** ↑**Maisbrei**; **2.** großer ↑**Mürbeteigfladen**

Bruch (Käse) [*Käse*] Als Bruch bezeichnet man in der Käserei das Material, das aus der durch Zugabe von ↑**Lab** oder ↑**Milchsäure** dickgelegten ↑**Milch** entsteht, nachdem sie mit der ↑**Käseharfe** zerteilt (gebrochen) wurde, um die ↑**Molke** abzutrennen. Die Beschaffenheit des Bruchs kann auch durch Erwärmung (Brennen) des Bruch-Molke-Gemischs verändert werden. Eine Temperaturanhebung lässt den Bruch deutlich schrumpfen und kompakter werden. So erhält man einen festeren ↑**Käse**, der länger lagerfähig ist. Die Brenntemperatur bei Käse liegt zwischen 41° C für ↑**Fontina** bis 49° C oder mehr für ↑**Emmentaler**. Für die Herstellung von ↑**Mozzarella** wird der Bruchkuchen klein geschnitten und mit heißem Wasser überbrüht, sodass eine elastische Masse entsteht, die dann gepresst, geknetet und zu Strängen ausgezogen wird. Solche ↑**Knetkäse** nennt man auch Filata-Käse. Die freiwerdende Molke wird je nach Käsesorte abgeschöpft, durch Aufhängen des Bruchs in einem durchlässigen Tuch oder durch Schichten des Bruchs in Körbe oder perforierte Formen aus Holz/Edelstahl zum Ablaufen gebracht oder auch unter Druck aus dem Bruch herausgepresst.

Bruckfleisch [*Österr. Küche*] Frisch ausgestochenes Kleinfleisch aus einem ↑**Ragout**

Brugnon [*Franz. Speisekarte*] ↑**Nektarine**

Brühe [*Unsere Küche*] **A** Man versteht darunter zunächst ↑**Fleischbrühe**, frisch gekocht oder aus Fertigprodukten. Es gibt aber auch Geflügel-, Fisch- und Gemüsebrühe. ↑**Suppe, klare.** Wesentliche Bestandteile sind immer: ↑**Fleisch** und Knochen/Gräten, ↑**Suppengemüse**, ↑**Gewürze** und reichlich Wasser

Brühen [*Unsere Küche*] Mit kochendem Wasser übergießen oder in kochendes Wasser tauchen. Der Begriff entspricht weitgehend „↑**Blanchieren**".

Brühkäse [*Käse*] Unter dem Begriff „Brühkäse" bezeichnet man verschiedene ↑**Käse**, die nach einer speziellen Methode hergestellt werden. Der abgetropfte und zerkleinerte Bruch der Käsesorten dieses Typs wird mit 80° C heißem Wasser überbrüht (daher stammt auch die Bezeichnung). Nun wird die heiße Masse unter ständigem Rühren und Kneten zu einem weichen, dehn- und formbaren Teig verarbeitet. Von diesem Teig werden nun gleichmäßig große Stücke abgetrennt. Diesen Vorgang, der dem ↑**Mozzarella** wohl seinen Namen gegeben hat, nennt man mozzantura (ital.: Abschlagen, Abschneiden). Beim Mozzarella wird die Masse zu einem Strang gezogen und zu den charakteristischen Kugeln geschnitten. Der ↑**Scamorza** beispielsweise wird zu Zöpfen geflochten oder zu Birnen geformt. Nach der Formgebung legt man den Käse in kaltes Wasser, um ihn abzukühlen und so zu festigen. Anschließend wird der Käse in ein Kochsalzbad gelegt. Die Dauer des Salzbades entscheidet letztendlich über den Salzgehalt des Käses. Je länger der Käse im Salzbad liegt, desto stärker ist er gesalzen. Ursprünglich wurden diese Käse nun getrocknet, heute jedoch werden die Käse in Folie geschweißt und bleiben, bis sie den Endverbraucher erreicht haben, in der Salzlake. ↑**Knet**- oder ↑**Filatakäse**

Brühpolnische [*Fleischprodukte*] Eine dickere Art der ↑**Debreziner**, in manchen Gegenden auch ↑**Bockwurst** genannt

Brühwürfel [*Gewürze & Kräuter*] **T Englisch:** stock cube, bouillon cube; **Französisch:** bouillon sec; **Italienisch:** dado da brodo. Brühwürfel wurden um die Wende zum 20. Jahrhundert als preiswerter Ersatz für ↑**Fleischbrühe** oder ↑**Fleischextrakt** erfunden. In heißem Wasser aufgelöst, entfalten sie ein an ↑**Fleisch** erinnerndes ↑**Aroma.** Es handelt sich um eine quaderförmig gepresste Mischung aus ↑**Salz**, ↑**Geschmacksverstärker**, getrockneten ↑**Gewürzen**, ↑**Zuckerstoffen** (↑**Karamell**) und ↑**Gehärteten Pflanzenfetten**. Je nach Sorte und Marke können auch noch ↑**Sellerie**extrakt, ↑**Hefe**extrakt, Fleischextrakt und getrocknetes Gemüse enthalten sein. Einfache Brühwürfel enthalten in der Regel kein Fleisch, sind also auch für ↑**Vegetarische Ernährung** geeignet. Fleischbrühwürfel hingegen enthalten gemäß EU-Beurteilungskriterien mindestens 670 mg Fleischextrakt pro Liter. Diese Fleischextrakte werden aus Rinderprodukten und seit 1996 nur noch aus BSE-freien argentinischen Beständen (aus ganzjähriger Weidewirtschaft) hergestellt. **100 g einfache Brühwürfel enthalten ∅ 149 kcal/624 kJ, fettreiche Brühwürfel 317 kcal/1329 kJ.** Brühwürfel sollten niemals mitkochen, da sie sonst ihr Aroma verlieren, sondern nur der heißen Flüssigkeit zugesetzt werden. Die in Deutschland **nicht** angebotenen „Fischbrühwürfel" enthalten entsprechend Fischextrakt.

Brühwurst [*Fleischprodukte*] Aus rohem, zerkleinertem ↑**Rind**-, ↑**Schweine**- und/oder ↑**Geflügelfleisch**, ↑**Speck**, ↑**Salz** oder je nach Produkt ↑**Nitritpökelsalz**, ggf. auch ↑**Gemüse** (z. B. ↑**Lauch**, ↑**Karotten**, ...) und ↑**Gewürzen** hergestellt. Beim Zerkleinern des kalten Fleisches im Kutter (= Fachausdruck für eine Maschine zur Zerkleinerung der ganzen Zutaten) erzeugen zugegebenes Wasser oder fein gestoßenes Eis eine homogene Masse (der Fachmann spricht von „Brühwurstbrät"). Durch die Beimengung von grobstückigem ↑**Fleisch** und Gewürzen (z. B. ↑**Kräuter**, ↑**Pistazien**) können unterschiedlichste Sorten hergestellt werden. Bei den roten Brühwurstsorten wird Pökelsalz zugesetzt (z. B. ↑**Krakauer**, ↑**Frankfurter**, ↑**Weißwurst**, ↑**Leberkäse**). ↑**Bratwürste dürfen nicht mit Pökelsalz hergestellt werden.** Nach dem Abfüllen der Bräte in Natur- oder Kunstdärme, in Formen oder andere Fleischumhüllungen wird alles erhitzt. Durch diesen Prozess werden die Brühwurstartikel schnittfest und haltbar. Anschließend kann je nach Geschmacksrichtung mit oder ohne Rauchzugabe gearbeitet werden. Brühwürste sind nur begrenzt haltbar. Sie müssen gut gekühlt aufbewahrt und rasch verzehrt werden. Brühwürste, die roh in den Verkehr kommen und vor dem Verzehr durch Brühen, Braten, Backen hitzebehandelt werden, um schnittfest zu werden, nennt man Brühwursthalbfabrikate (z. B. rohe Bratwürste und rohe ↑**Schweinswürstel** zum Selbstbraten, rohe Weißwürste zum Selbstbrühen und roher Leberkäse zum Selbstbacken).

Brûlant [*Franz. Speisekarte*] Brennend

Brûlé [*Franz. Speisekarte*] Gebrannt, geröstet

Brunch [*Unsere Küche*] Dieses Wort entstand durch das Zusammenziehen der Wörter „Breakfast" (**englisch:** Frühstück) und „Lunch" (Mittagessen). Der „Brunch" liegt genau dazwischen, ein so genanntes spätes Frühstück, zu dem kalte und warme leichte Speisen gereicht werden.

Brunello [*Weinkunde*] Name eines hochwertigen Klons der Sangiovese, eine rote Rebsorte, die der Hauptbestandteil der Chianti ist. Der Begriff „Klon" steht für ein Verfahren, bei dem im Weinberg Rebstöcke, die herausragende Früchte produzieren, ausgewählt und vermehrt werden. Brunello wurde 1888 in der Gegend von Montalcino in der Toskana entdeckt und reinsortig zum sehr langlebigen und teuren „Brunello di Montalcino" verarbeitet. Dieser Wein war einer der Ersten, den das italienische Weingesetz mit einer eigenen Ursprungsbezeichnung (DOC) berücksichtigte. Die Auflagen, denen der Wein unterliegt, sind relativ streng: sie verordnen eine Fasslagerung von 42 Monaten. Nur das hochwertigste Erntegut wird diese lange Periode überstehen und dabei an Qualität gewinnen. Dies ist der wichtigste Grund für die hohen Preise, die für Brunello-Weine verlangt werden, sowie seine relative Seltenheit. Dies hat zu einer Produktionszunahme des leichteren Brunello-Weins „↑**Rosso di Montalcino**" geführt. Unter dieser Bezeichnung können Rotweine nach einem Jahr auf den Markt gebracht werden.

Brunnenkresse [*Wildkräuter, -blüten & -früchte*] **T Lateinisch:** Nasturtium officinale; **Synonym:** Wasserkresse; **Englisch:** watercress; **Französisch:** cresson de fontaine; **Italienisch:** crescione; **Spanisch:** berro. **Ursprung:** Die aus Europa stammende Pflanze wird in Quellen und nassen Böden gemäßigter Klimaregionen Europas als Wintergemüse gezogen und ist ein vitaminreicher Salat. Sie zählt zur weltweit verbreiteten Gattung der Kreuzblütler. **Geschmack:** Der Geschmack ist scharfwürzig wie Gartenkresse, aber aromatischer, ganz leicht bitter. **Erhältlich als:** Echte Brunnenkresse, deren Blätter – in rundlichen Lappen, gefiedert – einen schmackhaften Salat liefern; kleinblättrige Brunnenkresse mit im Winter rotbraunem Laub. Zarte Triebe von Oktober bis Mai, in Deutschland werden sie aber nur noch selten angeboten. Sie gibt es auch als Wasserkresse im Handel. Die grünen Blätter sind schön fleischig. Sie schmecken leicht bitter-herb und ein wenig nach Rettich. Es gibt auch Gartenkresse mit kleinen, zarten Blättchen, die milder im Geschmack sind. **Standort:** Die Pflanze liebt kühle, halbschattige bis schattige Standorte an fließendem Wasser und humusreiche Lehmböden. Vorsicht bei Viehweiden in Bachnähe wegen des Leberegels! Werden die Jungpflanzen direkt in den Gartenboden gesetzt, dann sollten sie im Halbschatten stehen, sie müssen dann mehrmals am Tag gegossen werden. Sind die Pflanzen länger als 10/12 cm, kann geerntet werden, vor der Blüte. Die Erde muss mehrmals gelockert werden, um Algenbildung zu verhindern. Falls der Winter nicht hart ist, kann auch dann noch geerntet werden. Bei Blattlaus- oder Erdflohbefall die Pflanzen in den (Halb-)Schatten stellen. **Anbau:** Brunnenkresse benötigt, um sich richtig entwickeln zu können, „nasse Füße" und einen schattigen Standort. Sie wächst auf feuchten, humosen Böden, direkt am und im fließenden Wasser. Brunnenkresse gedeiht nur an sauberen, klaren Gewässern, Quellen, in Gräben und Bächen. Gesät wird von Ende Mai bis Anfang Juli in einer wasserdichten Aussaatschale. Nach der Aussaat wird der Samen leicht mit Erde abgedeckt und feucht gehalten. Nach 7–21 Tagen keimt die Brunnenkresse. Sind die Pflanzen 5 cm groß, werden sie im Abstand von 15 x 15 cm pikiert. Hierzu nimmt man am besten einen wasserdichten Kasten und füllt ihn bis zur Hälfte mit gut verrottetem Kompost. Nachdem die Pflanzen pikiert sind, wird so viel Wasser aufgefüllt, bis es 1 cm über der Erde steht. So gezogene Brunnenkresse sollte alle 14 Tage mit einer schwachen Nährlösung, 12 g Flüssigdünger auf 1 l Wasser, gedüngt werden. Im Winter wird die Brunnenkresse ins tiefere Wasser gesetzt, so schützt man sie vor Frosteinwirkungen. Gut bedecken, bei tieferen Temperaturen als –10° C sterben die Pflanzen ab. Haupterntezeit ist von Oktober bis Mai. Da Brunnenkresse klares und sehr sauberes Wasser zum Wachsen benötigt, ist sie in manchen Gegenden selten geworden. Die Pflanze kann auch im Garten als Teichbepflanzung angebaut werden. Das schont die Wildbestände. Besonders wertvoll ist Brunnenkresse durch ihren hohen ↑**Vitamin C**-Gehalt. Frische Blätter enthalten weiter ↑**Vitamin A, D, E** und viel ↑**Jod**. Sie ist nicht identisch mit ↑Garten**kresse**. **Verwendung in der Küche:** ↑**Würztabelle. Konservierung:** Brunnenkresse wird durch Trocknen im Schatten konserviert, wobei die Temperaturen nicht über 40° C steigen dürfen. **Wirkung in der Volksmedizin:** Das frische Kraut wirkt harntreibend, verdauungsfördernd und schwach antibiotisch. Es enthält reichlich Senfölglycoside, ↑**Vitamine** und ↑**Mineralstoffe**. Als Frühjahrsgemüse verwendet, regt Brunnenkresse den Stoffwechsel und den Gallenfluss an, hilft bei der Festigung lockerer Zähne, bei Rheuma sowie Ekzemen und Akne und wird gern für vitalisierende Frühjahrskuren verwendet. **Warum es die Brunnenkresse nur noch selten gibt:** Die Brunnenkresse ist ein Opfer der Umweltverschmutzung. Als Bäche und Wassergräben, in denen sie wächst, noch sauberes Wasser führten, konnte man sie den ganzen Winter über bekommen. Die Verwandte der Gartenkresse wurde schon seit dem späten Mittelalter in vielen Bächen und Wassergräben angebaut. Heute ist der Brunnenkresse-Anbau in Deutschland kaum der Erwähnung wert, weil Pflanzen, die in verschmutztem Wasser wachsen, gesundheitsschädlich sind. Deshalb muss man schon ein Glückspilz sein, um einmal auf dem Markt oder im Gemüseladen Brunnenkresse zu finden. Und sie selbst anzubauen, ist so gut wie unmöglich. Es sei denn, man hätte einen Garten, durch den ein sauberer Bach fließt. So muss man sich mit Gartenkresse begnügen, die aber nicht so aromatisch schmeckt. **Wie man Kresse behandelt:** Wer per Zufall einmal Brunnenkresse bekommt, sollte sie so vorsichtig behandeln, wie es sich für eine solche Kostbarkeit gehört. Blätter von den dickeren Stängeln abzupfen (gelbe wegwerfen). Die zarten Stiele kann man mitessen. Mehrmals in einer Schüssel Wasser waschen. Gut abtropfen lassen und erst unmittelbar vor dem Servieren an die Speisen geben oder als Salat anmachen.

Brunoise [*Franz. Speisekarte*] (**Sprich:** brünoas): feinst gewürfeltes ↑**Gemüse**, als Einlage in Suppen, ↑**Saucen**, für Pasteten- und ↑**Soufflé**massen, ↑**Bouillonkartoffeln**, ↑**Fisch**- und ↑**Hummer**gerichte

Brunoy Historischer Speisename [*Speisegarnitur*] Ort im Département Seine-et-Oise, bekannt durch seinen Gemüsebau; davon die Bezeichnung ↑**à la brunoise**, richtiger wäre brunoyse

Bruschetta [*Ital. Speisekarte*] **R** Bekannte Vorspeise. ↑**Ciabatta** wird in Scheiben geschnitten und im Toaster oder auf dem Grill hellbraun geröstet. Inzwischen werden ↑**Fleischtomaten** mit kochendem Wasser überbrüht, die Haut abgezogen, von Kernen und Saft befreit und das Fruchtfleisch fein gewürfelt. ↑**Lauchzwiebeln** in feine Ringe schneiden und unter die Tomatenwürfel mischen. Mit ↑**Oregano**, frischem ↑**Basilikum**, frisch gemahlenem ↑**Pfeffer** und ↑**Meersalz** würzen. Die warmen Ciabattascheiben mit einer halbierten ↑**Knoblauch**zehe abreiben und mit ↑**Olivenöl** bestreichen. Die Ciabattascheiben mit der Tomatenmischung belegen und möglichst noch warm servieren.

Brush [*U.S. Kitchen*] Pinsel, bepinseln

Brüsseler Art [*Speisegarnitur*] **A** ↑**à la Bruxelloise**

Brüsseler Endivien [*Gemüse*] ↑**Chicorée**

Brüsseler Kohl [*Gemüse*] ↑**Rosenkohl**

Brüsseler Sprossen [*Gemüse*] ↑**Rosenkohl**

Brussels sprouts [*U.S. Kitchen*] ↑**Rosenkohl**

Brust [*Fleischprodukte*] **1. beim Rind:** die Rippenpartien verbindende Muskulatur mit eingelagertem Brustknochen und knorpeligen Bestandteilen. ↑**Rinderbrust; 2. beim Kalb:** vom Sattel abgetrenntes Rippenstück, i. d. R. mit Knochen. ↑**Kalbsbrust; 3. beim Schwein:** Fleischteilstück vom Schwein, bei dem nicht ausdrücklich auf das Vorhandensein von Knochen und/oder Knorpeln hingewiesen werden muss. ↑**Schweinebrust**

Brustbeeren [*Exotische Früchte*] ↑**Jujube**

Brustkern [*Fleischprodukte*] Brust des ↑**Rindes**, i. d. R. ohne Knochen

Brustspeck [*Österr. Küche*] Durchwachsener ↑**Räucherspeck**

Brustspitz [*Fleischprodukte*] Wird nur beim ↑**Rind** so genannt, liegt unterhalb des Halses. Gutes ↑**Suppenfleisch**.

Brustspitze, gepökelt [*Fleischprodukte*] Braten aus der Schweinebrust

Brut [*Weinkunde*] Französisch für roh oder herb. Der Begriff bezieht sich gewöhnlich auf Schaumweine und ist ein Indiz für das Maß an Restsüße. Ein Wein mit der Bezeichnung „Brut" hat weniger als 15 g/l Restzucker und ist vom Geschmack her trocken bis sehr trocken. Die Begriffe „Ultra Brut", „Brut Zéro" oder „Brut Sauvage" deuten auf Weine ohne Restsüße in der Dosage hin. Gesetzlich jedoch ist in diesen Weinen eine Restsüße bis maximal 6 g/l erlaubt. Weitere Begriffe, die in steigender Reihenfolge einen Hinweis für den Geschmack geben: „Extra Sec" – mit einer Restsüße zwischen 12 und 20 g/l; „Sec" – 17–35 g/l; „Demi-Sec" – 33–50 g/l; „Doux" – 50 g/l und mehr. Obwohl ähnlich, sind die Begriffe nicht mit den deutschen Geschmacksangaben trocken, halbtrocken, lieblich und süß übersetzbar, da das deutsche Weingesetz den Restzuckergehalt abweichend festlegt.

Brutti e buoni [*Ital. Speisekarte*] Mandelgebäck

Bruxelloise, à la Brüsseler Art [*Speisegarnitur*] **A** Speisegarnitur für **große** und **kleine Bratenstücke;** ↑**Rosenkohl** in ↑**Butter**, ↑**Schlosskartoffeln. Sauce:** klarer, leicht gebundener ↑**Fond**

Brynza [*Käse*] **Herkunft:** Aserbaidschan; **Käsesorte:** ↑**Knetkäse; Milch:** wahlweise Kuh- oder ↑**Schafsmilch; Info:** Im Kaukasus und in Georgien ist es alte Tradition, ↑**Käse** in Lake zu legen. Nachdem die Schafs- oder Kuhmilch gelabt worden ist, bringt man die Bruchmasse zum Kochen. Wenn sie schön kompakt ist, wird sie mit Molke verknetet und zu runden Laiben geformt. Zum Schluss wird der Käse gesalzen und mehrere Monate lang in Lake gereift.

BSA [*Weinkunde*] Abk. für ↑**Biologischen Säureabbau** beim Wein. ↑**Malolaktische Gärung**

BSE [*Gesundheit*] **Bovine Spongiforme Enzephalopathie**, auch als Rinderwahnsinn oder Mad-Cow-Disease bezeichnete, nicht heilbare Gehirnerkrankung bei Rindern. Da noch immer nicht feststeht, ob BSE durch den Verzehr infizierten Fleisches auf den Menschen übertragbar ist, ging der Rindfleischkonsum in Deutschland stark zurück, obwohl der Verzehr von Muskelfleisch als ungefährlich gilt. Infektiös sind bei erkrankten Tieren Gehirn, Rückenmark, bestimmte Teile des Darmes und unter Umständen das so genannte ↑**Separatorenfleisch.** Eine Übertragung des BSE-Erregers durch Tiermehl im Futter auf ↑**Geflügel** und ↑**Schweine** findet nach Forschungsergebnissen offenbar nicht statt. ↑**Scrapie-Krankheit.** BSE-Erreger werden bei dem derzeit zugelassenen Herstellungsverfahren für ↑**Gelatine** nicht vollständig abgetötet; nur Gelatine von nicht erkrankten ↑**Rindern** gilt als sicher.

BSE in Lebensmitteln [*Gesundheit*] Für die folgenden Lebensmittel lässt sich derzeit feststellen: **Schwein:** Obwohl ↑**Schweine** bisher auch mit Tiermehl gefüttert wurden, besteht nach derzeitigem Wissensstand keine Gefahr einer Ansteckung mit BSE. **Lamm:** Wegen des Vorkommens der Prionenerkrankung „Scrapie" bei Schafen wird vor dem Verzehr von ↑**Fleisch**, das von Lämmern oder Schafen stammt, gewarnt. Das Robert-Koch-Institut in Berlin hält die Gefahr sogar für so groß, dass auch bei Schafen ein dem Rindertest vergleichbarer Test für notwendig gehalten wird. Scrapie ist allerdings schon seit 200 Jahren bekannt, ohne dass bisher Übertragungen vom Schaf auf den Menschen nachgewiesen worden sind. **Fisch:** Zuchtfische, vor allem ↑**Lachse** aus Norwegen sowie ↑**Forellen** und ↑**Karpfen**, dürfen auch weiterhin mit Fischmehl gefüttert werden. Nach Aussagen des Münchner Instituts für Zoologie, Fischerei-Biologie und Fischkrankheiten gilt eine Übertragung über infizierte Nahrung auf diese Fische als wahrscheinlich. Für eine solche Übertragung gibt es nicht die geringsten Hinweise oder Beweise. Wurstwaren: Wegen der Vielzahl an Wurstprodukten (1500 verschiedene Sorten in Deutschland) lässt sich hier keine generelle Empfehlung geben. Diese Produkte kauft man daher bei einer Fachmetzgerei, wo man sich nach den Wurstbestandteilen, bei Rindfleisch nach dem Herkunftsort erkundigen kann. Ganz legal finden sich in geringen Mengen Rinderprodukte in Würsten, die in ganz anderer Weise deklariert sind. **In folgenden Wurstwaren sind Rinderprodukte verarbeitet:** Berliner Knacker, Bockwurst, Bratwurst, Brühwurst, Cervelatwurst, Kalbsleberwurst, Krakauer, Landjäger, Leberkäse, Mettwurst, Salami, Teewurst, Weißwurst und Wienerwurst. **Geflügel:** Auch Geflügel wurde bis zum 2. Dezember 2000 legal mit Tiermehl gefüttert. Nach dem derzeitigen Wissensstand besteht keine Gefahr einer Infektion mit BSE. Man sollte sich aber darüber informieren, ob sich in bestimmten Geflügelprodukten, wenn auch nur in geringen Mengen, Rinderprodukte befinden.

BSE in Rinderprodukten? [*Fachkunde*] **T** Die folgenden für den Genuss bestimmten Produkte stammen von Rindern: **Milch:** Bisherige Erkenntnisse deuten darauf hin, dass ↑**Milch** und ↑**Milchprodukte** wie ↑**Käse** und ↑**Jogurt** ohne ↑**Gelatine** als sicher anzusehen sind. Echte Beweise gibt es für diese Annahme nicht. **Arzneimittel:** Bestimmte Teile von Arzneimitteln wie Kapseln bestehen aus Gelatine. Einige Medikamente wie ↑**Insulin** werden zum Teil aus Rinderorganen gewonnen. **Gelatine:** Gelatine wird vor allem aus Knochen und anderen Schlachtabfallprodukten gewonnen. Sie ist beispielsweise in Jogurt, vielen Fertigsüßspeisen, Gummibärchen und einigen Medikamenten enthalten. Diese Produkte können nicht als unbedenklich angesehen werden. Gelatine in Deutschland wird jedoch zu 90 % aus Schweineknochen gewonnen. Außerdem sind die meisten Gelatineprodukte, die aus Rinderknochen bestehen, für den Export in islamische Länder (Schweinefleischverbot) gedacht. **Impfstoffe:** Einige Impfstoffe wie die gegen Kinderlähmung oder Röteln werden auf Zellkulturen gezüchtet, deren Nährflüssigkeit Kälberserum enthält. Seit einigen Jahren werden jedoch nur noch Kälberseren von Tieren aus BSE-freien Ländern verwendet. **Kosmetika:** Einige Kosmetika, vor allem Antifaltencrèmes und Lippenstifte, können Rinderbestandteile enthalten. Eine Übertragung durch die Haut ist extrem unwahrscheinlich. **Brühwürfel:** Brühwürfel und Fleischextrakte enthalten ebenfalls eine Reihe von Rinderprodukten. In Deutschland werden sie seit 1996 nur noch aus BSE-freien Beständen (Argentinien) hergestellt. **Rindfleisch:** Den derzeitigen wissenschaftlichen Erkenntnissen zufolge sind die infektiösen Prionen vor allem in Innereien, Hirn- und Nervengewebe zu finden. Man geht bisher davon aus, dass sich im Muskelfleisch keine oder nur nicht nachweisbare Mengen von Prionen befinden. Bewiesen ist dies nicht. Wer dennoch weiterhin ↑**Rindfleisch** verzehren will, sollte dies nur aus überwachten Beständen kaufen. Am besten aus ökologisch geführten Bauernhöfen. Es sei darauf hingewiesen, dass z. B. industriell gefertigte ↑**Frikadellen**, Hackklöße, ↑**Corned Beef** oder auch ↑**Leberkäse** zum Teil aus Rinderprodukten bestehen.

Bubaspitzle [*Regionale Spezialität*] ↑**Schupfnudeln**

Bubliki [*Intern. Länderküche*] Begriff aus der russischen Küchenkultur für Hefegebäckringe. Sie gelten als traditionelle russische Nascherei und sind mit ↑**Mohn**, ↑**Rosinen** oder „naturell" zu bekommen.

Bucarde [*Franz. Speisekarte*] Sammelname verschiedener essbarer ↑Meeres**muscheln** wie Herzmuschel, Teppichmuschel, ↑**Venusmuschel**

Bucatini [*Ital. Speisekarte*] Dicke ↑**Spaghetti**

Buccelato [*Ital. Speisekarte*] Kuchenfladen

Buccin [*Franz. Speisekarte*] ↑**Wellhornschnecke**

Bûche de noël [*Franz. Speisekarte*] Baumkuchen (Weihnachtskuchen), **1.** ↑**Biskuitroulade** mit ↑**Schokoladen**-↑**Buttercrème**; **2.** ↑**Eisbombe** aus verschiedenen Speiseeissorten

Bucheckern [*Fachkunde*] **T** Früchte der Rotbuche. Dreikantige braune ↑**Nüsse**, die meist zu zweit in einem weich-stacheligen braunen und verholzten Fruchtbecher stecken. Im Verlauf der Reife platzt der Fruchtbecher auf. **Giftstoffe, Wirkung und Symptome:** In den rohen Bucheckern finden sich Giftstoffe wie Saponine und Oxalsäure. Die Giftigkeit ist allerdings verschieden stark. Bei empfindlichen Personen kann es zu Magen- und Darmbeschwerden, Erbrechen und Durchfall kommen; Lähmungserscheinungen und Krämpfe soll es auch schon gegeben haben. Die Menge von 10 rohen Nüssen gilt als toxisch, bei Kindern kann die Menge aber durchaus noch darunter liegen. Beim Erhitzen werden die Giftstoffe zerstört. Anfällig reagieren Pferde, Kälber und Meerschweinchen auf das Gift.

Buchteln [*Backstube*] **A** Dampf- oder Rohrnudeln: Buchteln (**buchticky**) sind süß gefüllte Hefeknödel oder Taschen, die im Ofen gebacken werden. Es ist ein typisches Gericht aus der ↑**Böhmischen Küche**, das auch Eingang in die ↑**Bayerische** und ↑**Österreichische Küche** gefunden hat. In der österreichischen und böhmischen Variante werden Buchteln häufig mit Powidl (Pflaumenmus) gefüllt, in Bayern auch mit frischen, ganzen, entkernten ↑**Zwetschgen**. Vor dem Backen in einer ↑**Springform** werden jeweils 5 Buchteln zu einem Kreis mit einer Kugel in der Mitte zusammengefügt. Nach dem Backen werden Buchteln mit Staubzucker (↑**Puderzucker**) bestäubt und oft mit warmer Vanillesoße gegessen, in manchen Regionen Österreichs bereitet man sie auch ohne Füllung zu und serviert sie mit ↑**Sauerkraut**. Für diese pikante Variante verwendet man einen ungesüßten ↑**Hefeteig**. Ihn kann man auch mit würzigen Zutaten füllen (z. B. ↑**Lauch**).

Buchweizen [*Allgem. Nährmittel*] **T Französisch:** blé noir (schwarzer Weizen) wegen seiner dunklen Färbung. Buchweizen ist keine Getreideart, sondern gehört botanisch zu den Wiesenkräutern, wenn er auch in der Küche wie Getreide verwendet wird. Wird auch Heidekorn genannt, weil diese Pflanze auf kärgsten Heideböden wächst. Das Korn hat einen leicht bitteren Geschmack, ist leicht verdaulich und gut bekömmlich. Buchweizen enthält ↑**Vitamine** der B-Gruppe und soviel ↑**Eiweiß** wie ↑**Weizen**, aber weniger ↑**Fett**. Sein hoher Kieselsäuregehalt ↑**E 551** ist eine Schönheitskur für die Haut, Haare und Nägel. Buchweizenmehl ist nicht backfähig und findet meist nur bei Grütze Verwendung. Buchweizen wurde erst von den Mongolen nach Europa gebracht. Er ist **glutenfrei** und somit für die ↑**Diät bei Zöliakie** geeignet. Einweichen ist nicht nötig, Rösten verbessert den Geschmack erheblich. Süße Gerichte können mit ↑**Vanille**, ↑**Zitronengras**, ↑**Zitronen** oder ↑**Orangenschale** sowie mit ↑**Zimt** abgeschmeckt werden. Das aus den dreieckigen Körnern gemahlene Mehl wird für Pfannkuchen, ↑**Blinis** und – in Frankreich – für ↑**Crèpes** oder Galettes (ein flaches Blätterteiggebäck), häufig für Mehrkornbrote verwendet. Buchweizenmehl hat einen sehr charakteristischen, leicht erdigen Geschmack und sollte nur in kleinen Mengen eingesetzt werden (z. B. Buchweizenkuchen, Spezialität aus der Lüneburger Heide, Nudeln). Die ganzen Körner sind eine dekorative Auflage für Brote oder Brötchen. In der ↑**Kascha,** einer russischen Grütze, ist geschroteter Buchweizen. **Tipp:** Blinis mit Räucherlachs und Sauerrahm

Buchweizenhonig [*Allgem. Nährmittel*] **T** Dunkelbraun bis rötlich, von pastöser Konsistenz. Mit seinem kräftigen Aroma für die ↑**Lebkuchen**herstellung geeignet. ↑**Honig**

Buckele [*Gewürze & Kräuter*] ↑**Beifuß**

Bückling [*Fisch*] **Englisch:** bloater; **Französisch:** hareng saur, buckling; **Italienisch:** aringa affumicata. Räucherfisch: ↑**Heißräuchern** von ↑**Heringen** mit Kopf. Früher wurden hauptsächlich nicht ausgenommene Heringe zu Bückling verarbeitet (Rogen = Fischeier sind besonders schmackhaft). Da in den Innereien (Magen, Darm, Rogen und Milch) ↑**Nematoden** sitzen können, verlangt der Gesetzgeber seit 1987, dass grundsätzlich nur ausgenommene Ware in den Handel gelangen darf. Wird nicht ausgenommene, d. h. „runde" Ware angeboten, muss ein Hinweis an der Ware sein: „Könnte Nematoden enthalten". Die besten Bücklinge gibt es im Hochsommer. **Man kennt folgende Sonderarten: Kleinbücklinge, Kleinstbücklinge** – kleine, unausgenommene Heringe mit Kopf. **Delikatessbücklinge** – ausgenommene Heringe ohne Kopf; **Bücklingsfilet** – Heringsfilet; Bücklinge werden entsprechend der Fangsaison für Heringe in den Monaten Februar, März, Juni, August bis November geliefert. **Nicht** als Bückling bezeichnet man geräucherte Heringe, die aus Salzheringen durch ↑**Kalträucherung** hergestellt werden. **Zu diesen gehören: Heringsbücklinge, Lachsbücklinge** – ausgenommene Salzheringe. **Räucherheringe, Lachsheringe** – ↑**Gekehlte** oder ungekehlte, nicht ausgenommene Salzheringe und **Bücklinge** – angesalzene, frische Heringe, sowie **Kipper** – auseinander geklappte, frische Heringe

Budino [*Ital. Speisekarte*] ↑**Pudding**

Budweiser Bier [*Bier*] **Tschechisch:** Budějovický Budvar. **Synonym:** Budweiser, Budweiser Budvar, Budvar, Bud sowie Budějovický Budvar sind in Deutschland, Tschechien und Österreich Schutzmarken der 1895 gegründeten und seit 1945 verstaatlichten Brauerei Budějovický Budvar aus České Budějovice (Tschechien). Es handelt sich dabei um ein Lagerbier, das weltweit (in über 60 Länder) exportiert wird.

Bue [*Ital. Speisekarte*] ↑**Ochse**

Buey [*Span. Speisekarte*] ↑**Ochsenfleisch**

Bufala [*Ital. Speisekarte*] Büffelkäse. ↑**Mozzarella**

Bufalo(a) [*Ital. Speisekarte*] Büffel, -kuh

Büffel [*Fachkunde*] Als **Büffel** bezeichnet man mehrere Arten von afrikanischen und asiatischen Rindern (Bovinae). Die afrikanischen Büffel unterscheiden sich durch den Hornbau grundsätzlich von den asiatischen. Als Indianerbüffel wird der amerikanische ↑**Bison** bezeichnet. Das ist aber falsch, denn nur afrikanische und asiatische Großrinder sind „Büffel". Bekannte Büffelarten sind: **Wasserbüffel** (bubalus arnee); **Tamarau** (bubalus mindorensis); **Anoa** (bubalus depressicornis); **Berg-Anoa** (bubalus quarlesi); **Kaffernbüffel** (syncerus caffer). Die in Europa gezüchtete Büffelart ist der **Wasserbüffel**, er stammt vom indischen Sumpfbüffel ab. Der Körper des Tieres ist spärlich, aber mit ziemlich langem, grobem schwarzen Haar bewachsen. Auf der Stirn befindet sich eine Art „Pony" aus harten Haaren. Wasserbüffel haben große gespaltene Hufe und außerdem die größten Hörner aller Hornträger (bis zu 110 cm lang). Wenn sie nicht gerade grasen, kühlen sich die Büffel an heißen Tagen gerne in Schlammsuhlen ab. Dann ist oft nur noch ihr Kopf zu sehen. Im Naturschutzgebiet sollen die Büffel die Vegetation in den Feuchtwiesen kurz halten und auf diese Weise dafür sorgen, dass die Landschaft erhalten bleibt. Ihre Aufgabe als Landschaftspfleger erfüllen sie in vorbildlicher Weise. Im Gegensatz zu hochgezüchteten Rinderrassen fressen sie auch „unattraktive Gräser und Pflanzen" wie Disteln oder Schilf. Wasserbüffelfleisch ist ein cholesterinarmes, sehr hochpreisiges Produkt. In Italien werden Wasserbüffel wegen ihrer hochwertigen ↑**Milch** gehalten. ↑**Büffelmilch**

Büffelkäse [*Käse*] Büffelkäse ist ein ↑**Käse** aus ↑Wasser**büffel**milch. Wegen des besonderen Fettgehalts (etwa doppelt so hoch wie bei Kuhmilch) und der anderen Zusammensetzung der ↑**Mineralstoffe** weicht Büffelkäse geschmacklich und in der Konsistenz von vergleichbarem Käse aus Kuhmilch ab. In Indien wird der „↑**Paneer**" aus Büffelmilch hergestellt, im Nahen Osten sind eingelegte Büffelkäse verbreitet. Der bekannteste Vertreter der Büffelkäse ist der italienische ↑**Mozzarella.**

Büffelmilch [*Milchprodukte*] Büffelmilch enthält mit 7–8 % ungefähr doppelt so viel ↑**Fett** wie Kuhmilch. Bei guter Fütterung und Haltung kann der Fettgehalt sogar 15 % erreichen. Ungefähr zwei Drittel aller in Indien konsumierten Milch stammt von Wasserbüffeln. Nur ein Teil wird als Frischmilch verbraucht. Büffelmilchfett ist der Hauptbestandteil von „↑**Ghee**", einer halbflüssigen Butter, die – vergleichbar dem ↑**Olivenöl** in den Mittelmeerländern – in Indien allgemein als Kochmittel verwendet wird. Zahlreiche Produkte aus Büffelmilch haben eine große Bedeutung für die menschliche Ernährung. In Italien und Bulgarien erreichen die Büffelkühe eine durchschnittliche Milchleistung von 1800–2000 kg/Laktation. Einige Herden haben eine Leistung von 2500 kg, und die Rekordleistungen von Spitzenkühen liegen bei 5600–5900 kg in 300 Laktationstagen. Wichtig für eine gesunde menschliche Ernährung ist der um etwa 70,5 % niedrigere ↑**Cholesterin**gehalt der Büffelmilch mit 28–45 mg/l im Vergleich zur Kuhmilch mit 100–130 mg/l. Kuhmilch-Allergiker vertragen sie gut.

Inhaltsstoffe im Vergleich ∅ = Durchschnittswert	Büffelmilch	Kuhmilch
Eiweiß (g) ∅	4,5	3,3
Fett (g) ∅	8,0	3,5
Kohlenhydrate (g) ∅	4,8	4,8
davon Lactose (g) ∅	4,7	4,6
Mineralstoffe (g) ∅	0,8	0,7
davon Calcium (mg) ∅	195	120
davon Eisen (mg) ∅	0,15	0,05
Vitamin C (mg) ∅	2,0	2,0
Energie (Kcal/kJ) ∅	112/470	68/285

Weltweit werden jährlich 40 Millionen Tonnen Büffelmilch erzeugt. **Bekannte Produkte aus Büffelmilch:** Den größten Anteil der Produkte nehmen die verschiedenen Käsesorten ein, wie z. B. ↑**Domiatti**, ↑**Damietta**, ↑**Jebin methfoor**, ↑**Mozzarella**, ↑**Provolone**, ↑**Scamorza**, ↑**Ricotta**. Es gibt auch noch eine relativ feste ↑**Butter**, die dann zu ↑**Ghee** ausgelassen wird, ↑**Speiseeis**, ↑**Sauermilchprodukte** wie ↑**Dahi** und ↑**Zabady**.

Buffet [*Franz. Fachwort*] **1.** Anrichte; **2.** Tisch mit Speisen und Getränken; **3.** Schnellgaststätte, besonders in Bahnhöfen, Autobahnrastplätzen, Flughäfen

Buffet campagnard [*Franz. Speisekarte*] Buffet mit ländlichen Speisen (Aufschnitt, ↑**Pasteten**, ↑**Schinken**, ↑**Wurst**, Landbrot usw.) und Getränken (offener ↑**Wein**, ↑Fassbier, ↑**Apfelwein**)

Buffet de la gare [*Franz. Speisekarte*] Bahnhofsrestaurant

Bug [*Fleischprodukte*] Schulterstück bei Schlachtfleisch aller Art

Bugdeckel [*Fleischprodukte*] Schaufeldeckel, aus der Schulter

Bügerl [*Fleischprodukte*] Regionale Bezeichnung für die Schulter

Bugfilet [*Fleischprodukte*] Regionale Bezeichnung für das falsche Filet, aus der Rinderschulter

Buglende [*Fleischprodukte*] Regionale Bezeichnung für das falsche Filet, aus der Rinderschulter

Buglummer [*Fleischprodukte*] Regionale Bezeichnung für das falsche Filet, aus der Rinderschulter

Bugnaht [*Fleischprodukte*] Regionale Bezeichnung für das Schaufelstück, aus der Rinderschulter

Bugne [*Franz. Speisekarte*] **1.** ↑**Krapfen**, ↑**Schmalzgebäck** zur Karnevals-, Kirchweihzeit, besser warm als kalt; **2.** kleiner Mandelkuchen aus der Bretagne

Bugschnitzel [*Österr. Küche*] ↑**Beinfleisch** vom Vorderviertel

Bühner, Thomas [*Berühmte Köche*] **Thomas Bühner** – *1962 in Riesenbeck, Kreis Steinfurt, DE; seit April 2006 im „La Vie", Osnabrück – Wurde vom Gault Millau zum Koch des Jahres 2006 gekürt. Bekannt für seine Sterne, die er sich für beste Zutaten, höchsten Standard und die ständige Weiterentwicklung der Gerichte erkochte.

Bukett [*Weinkunde*] So nennt man den Duft des Weines, der auch als „Blume" bekannt ist. Das Bukett entsteht, sobald sich Wein und Luft mischen und der Weinessigäther freigegeben wird. Wegen unterschiedlicher Rebsorten, Lagerung, Alter, Firn und Gärung gibt es bis zu 400 mögliche Duft- und Geschmacksstoffe, die für die Weinbeurteilung wichtiges Kriterium sind.

Bulbe [*Franz. Fachwort*] Zwiebelknolle

Bulbe, tête d'ail [*Franz. Fachwort*] Knoblauchknolle

Bulette [*Regionale Spezialität*] Fleischlaibchen, ↑**Frikadellen**, Fleischpflanzerln, Pflanzerln, deutsches Beefsteak, faschiertes Laiberl (österr.)

Bulgur [*Orientalische Küche*] **T** (Arab. Burghul) Gedämpfter und anschließend getrockneter, grober ↑**Hartweizengrieß** (-grütze). Nach dem Schälen wird das Korn geröstet und dann geschrotet. Bulgur muss nicht mehr gekocht werden, es reicht, wenn es in heißem Wasser eingeweicht wird. Bestandteil von ↑**Tabouleh**, einem arabischen Salat. **Inhaltsstoffe:** 100 g Bulgur enthält ⌀ 325 kcal/1361 kJ, 68,9 g Kohlenhydrate, 9 g Eiweiß, 10,3 g Ballaststoffe, 4,7 mg Eisen und 30 mg Calcium. Bulgur hat einen leicht nussigen Geschmack und wird in der orientalischen Küche häufig wie ↑**Reis** zubereitet und als Beilage zu ↑**Fleisch** und ↑**Gemüse** gereicht.

Bulimie [*Gesundheit*] Die Bulimie, volkstümlich auch Ess- und Brechsucht genannt, gehört zusammen mit der ↑**Magersucht** zu den meistverbreiteten Essstörungen bei jungen Frauen, seltener auch Männern. Die Betroffenen sind meist zwischen Pubertät und Volljährigkeit, seltener 30 oder gar 35 Jahre. Bulimie bedeutet übersetzt ungefähr „Ochsenhunger". Der Wunsch, schlank zu sein, ist in unserer Gesellschaft sehr verbreitet. So wollen, unabhängig von ihrem Gewicht, Frauen in Deutschland im Durchschnitt um 5 Kilogramm leichter sein. Bei immer mehr Menschen nimmt dieser Wunsch krankhafte Formen an. Die Betroffenen versuchen, ihr Gewicht durch Hunger, Diäten und ausgiebigen Sport (manchmal auch Tanzen) zu kontrollieren, sie werden jedoch von häufigen Heißhungerattacken heimgesucht. Das kann unregelmäßig, einmal in 2–20 Tagen sein, doch bei einigen Betroffenen auch mehrmals täglich. Während dieser Anfälle nehmen die Betroffenen in kurzer Zeit große Nahrungsmengen zu sich, ohne das Gefühl zu haben, die Nahrungsaufnahme kontrollieren zu können. Wenn nicht genügend Essen zur Verfügung steht, kann es vorkommen, dass diese Menschen Nahrungsreste in Mülltonnen suchen. 20 % der Betroffenen haben Ladendiebstähle begangen, um sich Essen zu besorgen. Es handelt sich meist um kohlenhydrat- und kalorienreiche Speisen wie Gebäck, Schokolade, Kartoffelchips oder Pudding. Anschließend müssen sie sich oft wegen der Unmenge im Magen übergeben. Oder es packt sie das schlechte Gewissen, dass sie zu sehr zunehmen: Sie bringen sich zum Erbrechen. Auch versuchen sie, die Gewichtszunahme mit Abführmitteln oder Medikamenten zu verhindern. Dieses Wechselbad zwischen Hungern und Fressen mit anschließendem Erbrechen, Abführen oder Abtrainieren hat der Bulimie auch den irreführenden volkstümlichen Namen Ess-Brech-Sucht gegeben. Diese so genannte Ess-Brech-Sucht ist manchmal die Folge der Magersucht, beginnt oft mit 17 oder 18 Jahren. Die Betroffenen leiden meist unter einer gestörten Selbstwahrnehmung. Wie auch die Magersüchtigen empfinden sie sich immer als zu dick, doch sind sie oft, im Gegensatz zu den Magersüchtigen, fast normalgewichtig. Die Ursachen der Bulimie liegen sehr nahe bei der Magersucht, nur sind Bulimiekranke nicht so konsequent selbstzerstörerisch wie Magersüchtige. **Als Konsequenz des häufigen Erbrechens treten medizinische Probleme auf:** Es kommt häufig zu Kaliummangel, der zu Herzrhythmusstörungen führen kann. Darüber hinaus treten Entzündungen der Speiseröhre, Magenwandschädigungen, Schwellungen der Ohrspeicheldrüsen, oft erhebliche Schädigungen des Zahnschmelzes und Veränderungen an Haut und Haaren auf. Durch das Einführen des Fingers oder von Fremdkörpern, um Erbrechen herbeizuführen, kann die Mundhöhle verletzt werden, außerdem besteht Erstickungsgefahr, wenn der Mageninhalt in die Luftröhre gelangt. Durch den Missbrauch von harntreibenden und abführenden Mitteln kommt es, neben dem erwähnten Kaliummangel, zu schweren Störungen des Mineralstoffwechsels. **Häufig leiden bulimische Menschen unter Unterernährung, die zu Störungen des Hormonsystems führt:** Konsequenzen sind häufig das Ausbleiben der Menstruation, Unfruchtbarkeit, Energiemangel und Kälteempfindlichkeit. Hinzu kommen oft finanzielle Schwierigkeiten durch den großen Nahrungsmittelkonsum und Ausgaben für Abführmittel. **Zusätzliche Störungen, die oft bereits vor der Bulimieerkrankung aufgetreten sind:** Missbrauch von Alkohol, Drogen, Medikamenten, starkes Rauchen, Selbstverletzungen, Verstümmelungen, Vorliebe für Piercing, Tätowierungen, aber auch Haarausreißen, Fingernägelkauen und Kratzen. Unkontrolliertes Mode- und Konsumverhalten, übertriebene Geldausgaben für Frustkäufe, nicht selten auch Ladendiebstähle. Soziale Isolation, aber auch das Gegenteil, eine Überanpassung an Gruppe, Familie, Leistungszwang, Karrieredrang (jung, dynamisch und erfolgreich). Depressionen, meist mit Unzufriedenheit über die eigene Geschlechtsrolle, zum Beispiel die Ablehnung der Weiblichkeit und Sexualität allgemein oder aber das Gegenteil, häufig wechselnde Sexualpartner. **Bulimieerkrankte können ihre Krankheit über viele Jahre hinweg sehr erfolgreich verbergen:** Das führt dazu, dass sie oft erst nach Jahren erkannt und behandelt werden kann. Die Therapie von Bulimie ist deutlich erfolgreicher als bei der Magersucht und besteht meistens aus Psychotherapie, um die auslösenden Probleme zu erkennen und zu behandeln. Die Erfolgsquote liegt derzeit bei etwa 30–45 %.

Bulimische Anorexie [*Gesundheit*] Bulimische Anorexie ist eine Untergruppe der Essstörung Anorexia nervosa mit bulimischen Kennzeichen wie wiederholten Fressanfällen mit anschließend selbst herbeigeführtem Erbrechen und Abführmittelmissbrauch. Die bulimische Anorexie ist in ihrer Erscheinung der Bulimia nervosa sehr ähnlich. Jedoch unterscheiden sich die Patienten meist durch ihr Körpergewicht: Patienten mit bulimischer Anorexie sind meist untergewichtig, Bulimie-Patienten sind dagegen meist normalgewichtig.

Buljohl [*Intern. Länderküche*] **A** Typisch karibischer Salat, den man mit Brot isst. Er wird aus ↑**Avocados**, gekochtem Salzfisch (Saltfish), ↑**Zwiebeln**, ↑**Tomaten** und ↑**Öl** zubereitet. ↑**Kreolische Küche**

Bull Shot [*Hausbar*] **R** Gehört zu den ↑**Pick-me-ups.** **Geschmack:** mild; würzig. **Ohne Alkohol:** 10 cl kalte ↑**Consommé**; 2 Dash ↑**Worcester Sauce**; 1 Tropfen ↑**Tabasco**; 1 Tropfen ↑**Zitronensaft** Natur. **Mit Alkohol:** 4 cl ↑**Wodka. Garnitur:** 1 ↑**Sellerie**stange. **Glas:** großer ↑**Tumbler. Arbeitsweise:** ↑**Shaker**

Bullabesa [*Span. Speisekarte*] ↑**Bouillabaisse** (Fischsuppe)

Bulle [*Fleischprodukte*] Männliches ↑**Rind**, **nicht** kastriert

Bullenfleisch [*Fleischprodukte*] Fleisch vom **nicht** kastrierten männlichen ↑**Rind**

Bulots [*Franz. Speisekarte*] Größere ↑**Meeresschnecken**, z. B. die ↑**Wellhornschnecke**

Bumbu [*Gewüze & Kräuter*] **R** Eine verschieden scharfe indonesische Würzpaste auf der Basis von pürierten ↑**Zwiebeln**, die fast immer noch ↑**Chili** und ↑**Knoblauch** enthält und sehr oft mit ↑**Zitronengras**, ↑**Galgant**, ↑**Ingwer** und indonesischen ↑**Lorbeer**blättern gemischt ist

Bündele [*Fleischprodukte*] Regionale Bezeichnung für den Schweinebauch

Bundes- Lebensmittelschlüssel [*Fachkunde*] Abkürzung: BLS. Der Bundeslebensmittelschlüssel ist eine Datenbank mit Schlüsselsystem für über 11 000 Lebensmittel, Zubereitungen, Rezepte und deren Nährstoffgehalte. Im BLS sind etwa 160 Inhaltsstoffe pro Lebensmittel angegeben. Der Aufbau des Schlüssels soll am Beispiel „B111000" für Vollkornbrot-Weizenvollkornbrot erläutert werden. **Der Lebensmittelschlüssel setzt sich folgendermaßen zusammen:** Die 1. Stelle gliedert die Lebensmittel in Lebensmittelhauptgruppen, also die Art, hier B = Brot und Kleingebäck; die 2. Stelle definiert die Gruppe, hier 1 = Vollkornbrot; die 3. und 4. Stelle klassifiziert die Einzellebensmittel, hier 11 = Vollkornbrot-Weizenvollkornbrot; die 5. Stelle die industrielle Verarbeitung, hier = 0; die 6. Stelle die Zubereitungsform, hier = 0; die 7. Stelle den Gewichtsbezug, hier = 0. Erstellt wurde der BLS vom Bundesinstitut für gesundheitlichen Verbraucherschutz und Veterinärmedizin (BgVV).

Bundesweinprämierung [*Weinkunde*] Die von der Deutschen Landwirtschafts-Gesellschaft durchgeführte höchste Qualitätsprüfung, die es für deutsche Weine gibt. Sie wird jährlich abgehalten und gilt nur für Weine, die bereits bei einer Regionalausscheidung oder einer Landesweinprämierung ausgezeichnet wurden. Bei der Bundesweinprämierung gibt es drei Preiskategorien: Großer, Silberner und Bronzener Preis.

Bundkarotten – Möhren [*Gemüse*] **T Lateinisch:** Daucus carotta; **Info:** Etwa 25 % der gesamten Karottenproduktion werden als junge ↑**Karotten** geerntet und enthalten bis zu 6 % Zuckeranteil, sind allerdings nur beschränkt haltbar. Die kleinen, bis 10 cm langen, süßlich schmeckenden Bundkarotten werden oft auch als „Zuckermöhren" oder „Fingermöhren" bezeichnet. Sie haben sich mittlerweile einen festen Platz in der gehobenen Küche erobert und kommen dort meist in ↑**Butter** geschwenkt und in ↑**Zucker** glaciert auf den Teller. **Herkunft und Saison:** Die ersten Bundkarotten gibt es bereits im Januar aus südeuropäischen Anbaugebieten. Die Saison der Karotten mit Grün aus inländischen Produktionsgebieten beginnt in den Frühjahrsmonaten und dauert den Sommer über an.

Bündner Fleisch [*Schweizer Küche*] **Englisch:** grisons air-dried beef; **Französisch:** viande des grisons; **Italienisch:** bresaola. Rohe Pökelware aus dem Schweizer Kanton Graubünden. Das feinfaserige und fettfreie ↑**Rindfleisch** aus der Keule wird in ↑Würz**lake** (↑**Pfeffer**, ↑**Wacholder**, ↑Gebirgs**kräuter**) gepökelt und anschließend luftgetrocknet.

Bundsalat [*Gemüse*] Römersalat. ↑**Blattsalate**

Bunet [*Ital. Speisekarte*] ↑Mandel**pudding**

Bunter Zucker [*Süßwaren*] Industriell hergestellter, mit Lebensmittelfarbe eingefärbter ↑**Hagelzucker**

Bunuelos (bunyols) [*Span. Speisekarte*] Spanisches Ölgebäck (eine Art ↑**Krapfen**)

Buraki [*Intern. Länderküche*] **R Polnisch:** ↑**Rote Beete. Grundrezept:** In Kümmelwasser gekochte, geschälte, lauwarm geraspelte Rote Beete und frisch geriebener ↑**Meerrettich** mit ↑**Zitronensaft** oder ↑**Essig**, ↑**Salz** und ↑**Zucker** abschmecken. Passt sehr gut zu gekochtem und gebratenem Fleisch. ↑**Chrein**

Burbank [*Kartoffelsorte*] **Kochtyp:** ↑**Mehlig kochende Kartoffeln** – „Mehlige" oder „Runde" genannt

Burenwurst [*Österr. Küche*] **T** Was dem Engländer ↑**Fish and Chips** und dem Amerikaner sein ↑**Hot Dog**, ist dem Wiener seine „Haaße" am Würstlstand. Die **Burenwurst** (mundartlich **Burenhäutl**) ist die wichtigste Wurstsorte, die an Wiener Würstelständen als Einzelwurst, manchmal aber auch als Meterware (Kilopreis) verkauft wird. Sie ist ein fettes, geräuchertes Würstchen, meist in der unteren Qualitätsecke angesiedelt, das auch **Klobasse** genannt wird. Die Burenwurst entspricht zwar nicht unbedingt den heutigen Ernährungsempfehlungen, ist aber aus der Wiener Speisenkultur nicht wegzudenken. Die Original-Burenwurst wird in kochend heißem Wasser erhitzt, niemals gebraten oder gegrillt.

Bürgermeisterstück [*Fleischprodukte*] Regionale Bezeichnung für ein Teilstück der Keule: Eckschwanzstück, Falsches Filet oder Schaufelstück

Burgund [*Weinkunde*] Französisch Bourgogne: weit auseinander gezogenes Anbaugebiet. Es reicht von **Chablis** ganz im Norden bis zum **Beaujolais** kurz vor den Toren Lyons. Chablis ist für seine trockenen, manchmal harten Weißweine berühmt, während das Beaujolais für Rotweine steht. Dazwischen aber liegt die **Côte d'Or**, das Herzstück der Bourgogne, eine der schönsten und schwierigsten Weinregionen Frankreichs, wenn nicht der Welt. Sie unterteilt sich in die **Côte de Nuits** und die **Côte de Beaune**. Unbestreitbar werden hier viele der besten Weine der Welt geerntet, auf der anderen Seite werden hier sehr viele mittelmäßige Weine zu horrenden Preisen verkauft. Das liegt sicherlich an der traditionellen Weingesetzgebung, die jeden Quadratmeter Weinbergsboden in Güteklassen eingeteilt hat, gleichgültig, wie gut der Wein auch in dem Jahr ausfällt. Die weltberühmten Namen überstrahlen auch schlechtere Qualitäten. Deshalb wird in Fachkreisen neben dem Namen immer auch der Erzeugername genannt. Die hohen Preise resultieren vor allem aus den geringen Mengen, die auf den Markt kommen. In der Côte d'Or werden nur rund 250 000 hl Wein erzeugt, während es im gesamten Burgund fast drei Millionen sind. Während die Côte d'Or fast nur Chardonnay und Pinot Noir anbaut, gibt es in den anderen Regionen noch zusätzlich Aligoté und Gamay. Die Gemeinden der Cote d'Or von Nord nach Süd (in Klammern einige Grand Cru) – **Côte de Nuits:** Fixin, Gevrey-Chambertin (Chambertin, Clos de Bèze), Morey-Saint-Denis (Bonnes Mares), Chambolle-Musigny (Musigny), Vougeot (Clos de Vougeot), Flagey-Échézeaux (Grand Échézeaux), Vosne-Romanèe (Romanée-Conti, La Tâche, Romanée Saint-Vivant, Richebourg), Nuits Saint-Georges. **Côte de Beaune:** Aloxe-Corton (Corton-Bressandes, Corton Clos de Roi, Le Corton), Pernand-Vergelesses, Savigny les Beaune, Beaune (Weißweine: Montrachet, Chevalier-Montrachet, Batard-Montrachet, Bienvenue-Batard-Montrachet), Pommard, Volnay, Auxey, Monthélie, Puligny-Montrachet, Chassagne-Montrachet (Weißwein: Croits-Batard-Montrachet), Santenay

Burgunder [*Weinkunde*] Französische Rot- und Weißweine aus der Bourgogne

Burgunder Art [*Speisegarnitur*] **A** ↑**à la bourguignonne; 1. Speisegarnitur** zu **geschmortem Fleisch**, besonders **Schinken** – gebratene ↑**Speck**würfel, ↑**Champignons** und glasierte ↑**Perlzwiebeln** im ↑**Fond** mit Rotwein vollenden; **2. Speisegarnitur** für **Fisch** – mit Champignonscheiben in Rotwein dünsten, Fond mit ↑**Mehlbutter** binden

Burgunderbraten [*Regionale Spezialität*] **A** In Rotwein marinierter ↑**Rinderbraten**; bei Verwendung von ↑**Schweinefleisch** ist die Fleischart mit anzugeben; z. B. Schweineschulter „Burgunder Art"

Buristo [*Ital. Speisekarte*] ↑**Blutwurst**

Burrata [*Ital. Speisekarte*] ↑**Knetkäse** mit ↑**Ricotta**

Burrino [*Ital. Speisekarte*] ↑**Käse** mit ↑**Molkebutter**

Burritos [*Mexicofood*] **A** Weizen**tortillas** mit Füllung, die bereits gerollt an den Tisch gebracht werden

Burro [*Ital. Speisekarte*] ↑**Butter**

Bürzel [*Unsere Küche*] **T** Enten- bzw. Gänseschwanz. Dort ist eine Talgdrüse eingebettet, deren Fett etwas tranig schmeckt. Darum sollte er vor dem Braten oder Grillen entfernt werden. ↑**Ente** oder ↑**Gans**

Buschenschank [*Weinkunde*] ↑**Straußwirtschaft**

Busserl [*Österr. Küche*] Kleines rundes Plätzchen – Küsschen

Buthylhydroxyanisol (BHA) [*Fachkunde*] ↑**E 320**

Buthylhydroxytoluol (BHT) [*Fachkunde*] ↑**E 321**

Butifarra [*Intern. Länderküche*] Begriff aus der mallorquinischen Küchenkultur für ↑**Blutwurst**

Butt [*Fisch*] Ähnlich dem ↑**Steinbutt**, bevölkert Mittelmeer, westl. Ostsee

Butter [*Fette*] **T** **Englisch:** butter; **Französisch:** beurre; **Italienisch:** burro; **Spanisch:** mantequilla. Streichfett, das zu 82 % aus ↑**Milchfett** und 16 % aus Wasser besteht; **Inhaltsstoffe:** 100 g Butter enthält ⌀ 741 kcal/3103 kJ, 0,6 mg Vitamin A, 1,24 µg Vitamin D, 0,4 mg Betacarotin, Spuren von Vitamin B_{12}, 1,8 g Linolsäure, 1,2 g Linolensäure und 240 mg Cholesterin. Butter hat einen hohen Gehalt an kurz- und mittelkettigen ↑**Gesättigten Fettsäuren**, an ↑**Einfach ungesättigten Fettsäuren** sowie nur einen kleinen Anteil ↑**Mehrfach ungesättigte Fettsäure. Anteil der Fettsäuren in %: 71 %** gesättigte FS, **24 %** einfach ungesättigte FS, **5 %** mehrfach ungesättigte FS. Ernährungsphysiologisch betrachtet sind die Fettsäurezusammensetzung (wenig MUF) und der Gehalt an ↑**Cholesterin** für Menschen mit Fettstoffwechselstörungen oder mit einer Disposition für Fettstoffwechselstörungen ungünstig. Bei gesunden Menschen, deren Fettzufuhr nicht zu hoch ist, ist die Butter als Streich- und Kochfett im Wechsel mit pflanzlichen ↑**Fetten** und ↑**Ölen** unproblematisch. Zur Herstellung von Butter wird die ↑**Sahne** von der ↑**Milch** abgeschöpft oder abzentrifugiert, anschließend pasteurisiert und gestoßen (gebuttert). Dabei koaguliert die Butter (sie flockt aus). Diese Rohbutter wird dann geknetet und mit Wasser gewaschen, um möglichst viel Molke und andere fettarme Substanzen der Sahne auszuwaschen. Gelegentlich werden der Butter ↑**Farbstoffe** und ↑**Vitamin A** zugesetzt. In manchen Ländern wird gesäuerte Butter vorgezogen. Sie wird aus Sauerrahm hergestellt, für den die Sahne zur Geschmacksverstärkung mit Bakterienkulturen angereichert wurde. Die fertige Butter wird zur Verhinderung der Wasserverdunstung in meist quaderförmige Stücke von 1/8, 1/4 oder 1/2 kg Gewicht ausgeformt und in Pergamentpapier, kaschierter Aluminiumfolie oder Kunststofffolie verpackt. Der Butterkonsum nahm mit zunehmender Beliebtheit von ↑**Margarine** und fettärmeren Aufstrichen ab. Doch ist Butter wegen ihres Gehalts an ↑**Fettlöslichen Vitaminen** eines unserer wertvollsten Lebensmittel. Es gibt milde Süßrahmbutter und Sauerrahmbutter mit nussartigem Geschmack. **Unterschieden werden drei Handels- und Qualitätsklassen:** Markenbutter, Molkereibutter und Kochbutter. Gekühlt hält sich Butter etwa einen Monat. Beim Einkauf sollte man auf das Herstellungs- oder Haltbarkeitsdatum achten. Aus Frankreich kommt die „Beurre fermier". Sie wird häufig in Rollen oder lose angeboten und ist aus unpasteurisiertem Rahm hergestellt. Sie hat einen feinen, differenzierten Geschmack, hält sich jedoch nicht sehr lange. In Salzwasser gelegt hält Butter länger. **In der feinen Küche** gilt Butter als elegantes Mittel zum Binden von ↑**Saucen**. Dabei wird die meist eiskalte Butter in kleinen Flöckchen nach und nach unter die stark eingekochte Soße geschlagen. Dadurch erhält die Soße eine weiche, samtige Beschaffenheit und gleichzeitig einen feinen Buttergeschmack. **Wichtig: Danach darf die Soße nicht mehr kochen, sonst geht die Bindung verloren.**

Butter geklärt [*Unsere Küche*] **A** Zerlassene Butter, die abgeschäumt und vorsichtig vom Bodensatz abgegossen wurde. ↑**Butterschmalz**

Butteraroma [*Fachkunde*] Durch Milchsäurebakterien natürlich gebildeter Aromastoff. Er gibt ↑**Weichkäsen** oder dem berühmten ↑**Albaöl** den angenehm buttrigen Geschmack und Geruch.

Butterbohnen [*Gemüse*] **T** Auch Wachsbohnen: ↑**Brechbohnen** mit gelben Hülsen, deren Fleisch im Geschmack zarter ist als das der ↑**Grünen** Brech**bohnen**. Sie eignen sich besonders für Salat.

Buttercreme [*Backstube*] **R** Nicht mehr zeitgemäße Füllcreme für Gebäcke. **Grundrezept für französische Buttercreme:** 6 ↑**Eier**; 100 g ↑**Zucker**, 500 g ↑**Butter**. Eier und Zucker warm aufschlagen, dann kalt schlagen. – Weiche Butter schaumig rühren und die Eiermasse langsam, kräftig unterrühren. Nach Belieben mit ↑**Vanille**, ↑**Maraschino**, ↑**Bittermandel** aromatisieren.

Butterersatz [*Gesundheit*] **T** Um den ↑**Cholesterin**spiegel zu senken, müssen viele Feinschmecker auf ↑**Butter** verzichten. Mit ↑**Albaöl** verfügt man über ein rein pflanzliches Öl, das einem die Möglichkeit gibt, Butter zu ersetzen, ohne auf den feinen Buttergeschmack verzichten zu müssen. Gewonnen wird es aus kaltgepresstem ↑**Rapsöl** mit Zusatz von ↑**Lecithin**, ↑**Betacarotin**, ↑**Butteraroma** und ↑**Zitronensäure.**

Butterfett [*Fette*] ↑**Butterschmalz**

Butterfisch [*Fisch*] Unter diesem Namen werden unterschiedliche, nicht miteinander verwandte Arten in unterschiedlichen Verbreitungsgebieten geführt. Als „Butterfisch" werden fälschlicherweise Schlangenmakrelen verkauft, die in den Leitsätzen für ↑**Fische**, ↑**Krebs** und ↑**Weichtiere** und Erzeugnisse daraus (Fassung 1994 des „Deutschen Lebensmittelbuchs") mit der Verkehrsbezeichnung „Buttermakrele" geführt werden. Von diesen „Buttermakrelen", Familie Gempylidae (Schlangenmakrelen), kommen z. Zt. nur die Arten Ruvettus und Lepidocybium aus Südafrika auf dem deutschen Markt vor. Gefangen werden sie als Beifang in der ↑**Tunfisch**fischerei.

Butterflöckchen [*Unsere Küche*] **T** Zum Überbacken einer Speise werden Butterflöckchen auf ihre Oberfläche gesetzt. Man schabt sie mit einem scharfen Messer von der sehr kalten Butter ab. Kalte Butterflöckchen nimmt man auch zum Verfeinern und Binden von ↑**Saucen**.

Butterkäse [*Käse*] **T Herkunft:** Deutschland; **Käsesorte:** halbfester ↑**Schnittkäse**, 45 % ↑**Fett i. Tr.**; **Milch:** Kuhmilch; **Teig:** halbfest bis schnittfest, ohne Lochung; **Geschmack:** mild, erfrischend, unaufdringlich. **Irreführende Bezeichnung:** ↑**Käse** enthält keine ↑**Butter**.

Buttermilch [*Milchprodukt*] **Englisch:** buttermilk; **Französisch:** babeurre; **Italienisch:** latticello; **Spanisch:** suero de manteca. Buttermilch ist ein Erzeugnis, das bei der Herstellung von ↑**Butter** anfällt. **Inhaltsstoffe:** 100 g Buttermilch enthalten 36 kcal/151 kJ, 90,8 g Wasser, 4,01 g Milchzucker (Lactose), 0,5 g Fett und 3,2 g Eiweiß. **Folgende Sorten werden unterschieden:** Buttermilch (weniger als 1 % Fett); geschlagene Buttermilch (weniger als 1 % Fett); Buttermilchzubereitungen (etwa 1 % Fett), z. B. mit ↑**Früchten** und ↑**Aromen**.

Buttermilchbrot [*Backstube*] Zur Teigbereitung werden saure ↑**Milchprodukte**, verschiedene ↑**Getreidesorten**, auch in Trockenform, verwendet. Beigabe von gekochten ↑**Kartoffeln** (oder Kartoffelprodukten) ist gestattet.

Buttern [*Unsere Küche*] **T 1.** Ausbuttern: Koch- oder Backform mit Butter ausstreichen, meist mit Hilfe eines Pinsels; **2.** Man buttert die Oberfläche einer ↑**Crème** oder ↑**Sauce**, damit sich beim Erkalten keine Haut bildet. **3.** Vor dem Anrichten wird eine warme Speise, z. B. ↑**Gemüse** oder ↑**Reis**, mit einem Stückchen Butter verfeinert.

Butternudeln [*Unsere Küche*] Meist ↑Band**nudeln** in ↑**Butter** angeschwenkt

Butternut [*U.S. Kitchen*] Birnenförmiger ↑Sommer**kürbis** mit cremigem Fleisch, das an ↑**Avocado** erinnert

Butterpilz [*Speisepilze*] **T Lateinisch:** Suillus luteus. ↑**Waldpilze.** Ein beliebter Speisepilz aus der Gattung der Schmierröhrlinge. Der Hut des Butterpilzes wird fünf bis zehn Zentimeter breit, glänzt anfangs feucht und ist dunkelbraun bis gelb gefärbt. Die Unterseite ist blassgelb, der drei bis sechs Zentimeter lange weiße Stiel trägt ein häutiges Velum (Verbindung des Hutrandes mit dem Stiel). **In der Küche** sehr gut und wohlschmeckend; der zarte und weichfleischige Pilz ist besonders zum Braten geeignet. **Tipp:** Beim Sammeln sollte man den Pilz schon am Fundort möglichst gut säubern und die Hutoberhaut abziehen, zumindest mit einem feuchten Tuch (in Plastiktüte mitnehmen!) den Schleim abwischen, weil am Schleim viel Schmutz hängen bleibt und Putzaufwand bedeutend größer wird. Ebenso sollte man die Pilze auf Madenbefall untersuchen – Butterpilze sind oft madig. Die Sammelbehältnisse sollten wie bei allen anderen Pilzen stets offen sein – z. B. Körbe, weil sich die zarten und feuchten Pilze in Plastiktüten wegen der mangelnden Luftzirkulation erwärmen und sich schneller zersetzen. **Vorkommen:** Juli bis November – Der Butterpilz lebt in Symbiose mit Kiefern, man findet ihn darum in Kiefernwäldern der gesamten nördlichen Halbkugel, im Hochgebirge unter Krummholz; auf Sand- und Kalkböden, nicht in Mooren; aber vom Flachland bis in die alpine Höhenstufe, gebietsweise häufig. **Verwechslungsmöglichkeit:** mit Goldröhrlingen oder Körnchenröhrlingen – beide sind essbar und wohlschmeckend.

Butterrose [*Unsere Küche*] **T** Aus Butterkugeln und Eisblock hergestellte Rose, für Garnier- und Dekorationszwecke

Buttersalat [*Gemüse*] Kopfsalat. ↑**Blattsalate**

Buttersäure [*Fachkunde*] Buttersäure ist eine kurzkettige ↑**Fettsäure**, die überwiegend im Milchfett vorkommt. In geringen Mengen ist sie Aromageber. In größeren Mengen entsteht sie beim Verderb von Lebensmitteln und verursacht einen charakteristischen, ranzig stechenden, unerträglichen Geruch.

Butterschmalz [*Fette*] **R** Butterschmalz wird aus reiner, hochwertiger ↑**Butter** hergestellt, die vom Wasser befreit und damit ergiebiger und höher erhitzbar ist. Dadurch ist es besonders zum Braten und Frittieren, aber auch zum Backen und Kochen geeignet. **Butterschmalz selber herstellen:** Durch das Erhitzen von Butter trennt sich das Wasser vom ↑**Fett**, und die ↑**Eiweiß**stoffe gerinnen. Die Butter so lange erhitzen, bis das Wasser verdunstet, aber der Bodensatz noch nicht braun gefärbt ist. Nun das flüssige Schmalz durch ein sauberes Tuch gießen, um die geronnenen Eiweißstoffe aufzufangen.

Butterscotch [*U.S. Kitchen*] Gebäck mit braunem Zucker

Buttrig [*Weinkunde*] Geschmacksbezeichnung für Aromen nach geschmolzener Butter, wie sie sich ab und an in Chardonnays finden, die im Barrique ausgebaut wurden

Buvette [*Franz. Fachwort*] Erfrischungsraum, (Steh-) Ausschank, Trinkstube; Kiosk; Trinkhalle

Buzara [*Ital. Speisekarte*] ↑**Schalentiere** mit ↑**Reis** oder ↑**Nudeln**

Buzet [*Weinkunde*] Anbaugebiet am linken Garonne-Ufer, wo ca. 50 000 hl Bordeaux-ähnlicher Rotwein erzeugt wird

B-Vitamine [*Gesundheit*] **T** (↑**Vitamine** und **Vitamin** $B_1/B_3/B_6/B_{12}/B_{13}$). Die auch als Vitamin-B-Komplex bekannten Substanzen sind leicht zerstörbar und wasserlöslich. Mehrere von ihnen sind besonders wichtig für den Kohlenhydratstoffwechsel. **Andere B-Vitamine:** Die ↑**Folsäure** ist ein Koenzym und wird für die Bildung von körpereigenem ↑**Protein** und ↑**Hämoglobin** benötigt. Mangel an diesem Vitamin tritt bei Menschen selten auf. Folsäure kommt in ↑**Innereien**, grünem ↑**Blattgemüse**, ↑**Hülsenfrüchten**, ↑**Nüssen**, ↑**Vollkorn**produkten und ↑**Bierhefe** vor. Folsäure wird zerstört, wenn Lebensmittel bei Zimmertemperatur aufbewahrt oder gekocht werden. Im Gegensatz zu anderen wasserlöslichen Vitaminen wird sie in der ↑**Leber** gespeichert und muss nicht täglich zugeführt werden. Die ↑**Pantothensäure**, ein weiteres B-Vitamin, spielt eine noch nicht eindeutig bestimmte Rolle beim Stoffwechsel von ↑**Proteine**n, ↑**Kohlenhydrate**n und ↑**Fetten**. Sie ist in vielen Lebensmitteln reichlich zu finden und wird auch durch Darmbakterien gebildet. Auch das B-Vitamin ↑**Biotin** wird durch Darmbakterien erzeugt und kommt in vielen Lebensmitteln vor. Biotin spielt eine Rolle bei der Bildung von ↑**Fettsäuren** und der Freisetzung von Energie, die in Form von Kohlenhydraten aufgenommen wurde. Mangelsymptome sind bei Menschen nicht bekannt.

Byrrh [*Hausbar*] **T** Bittersüßer, hellroter ↑**Aperitif** mit 22 %Vol., aus den Pyrenäen, auf Rotweinbasis mit ↑**Chinarinde**nextrakt. Wird in französischen Restaurants meist kühl getrunken.

C

Caballa [*Span. Speisekarte*] ↑**Makrele**

Cabanossi [*Fleischprodukte*] Grob gekörnte, angeräucherte ↑**Rohwurst**sorte

Cabas sol [*Franz. Speisekarte*] **A** ↑**Ragout** aus Kopffleisch, ↑**Innereien** und Füßen vom ↑**Lamm**, mit ↑**Gemüse** und ↑**Schinken**. Spezialität aus Südwestfrankreich

Cabbage [*U.S. Kitchen*] ↑**Kohl**

Cabécou du Périgord [*Käse*] **T Herkunft:** Frankreich/Quercy, Rouergue; **Käsesorte:** ↑**Weichkäse**, 45 % ↑**Fett i.Tr.**; **Milch:** ↑**Ziegen**- bzw. ↑**Schafsmilch**; **Geschmack:** Ziegenkäsearoma mit ↑**Haselnuss**noten, manchmal in ↑**Essig** oder ↑**Pflaumen**schnaps eingelegt oder ins Weinblatt gewickelt. **Info:** Die Milch für den Cabécou du Périgord darf nur aus dieser Region stammen, und der Käse muss dort hergestellt werden. Der kleine, runde Taler hat einen Durchmesser von ca. 5 Zentimetern und wiegt nur 35 bis 40 g. **Beste Zeit:** März bis Juni (Schaf), April bis Oktober (Ziege); **Verwendung:** zum ↑**Aperitif** mit eingelegten ↑**Walnüssen**, ↑**Nussbrot**, ↑**Honig** oder ↑**Ahornsirup**; warm oder kalt zum Salat; **Weinempfehlung:** Wein aus der Heimat des Cabécou, zum Beispiel roter oder weißer Bergerac

Cabernet [*Weinkunde*] Rote Spitzenrebsorte, die vor allem in Frankreich angebaut wird

Cabernet Cubin [*Weinkunde*] 1970 in der Staatlichen Lehr- und Versuchsanstalt Weinsberg neu gezüchtete Rotweinsorte. Kreuzung aus ↑**Blauer Limberger** x ↑**Cabernet Sauvignon.** Es handelt sich um eine spät reifende, robuste und ertragsstarke Sorte mit hohen Lagenansprüchen. Die farbintensiven Weine präsentieren sich ausgeprägt fruchtig und tanninstark. Das Aroma erinnert an Cabernet Sauvigon. Eignet sich gut zum Ausbau im Holz.

Cabernet Dorio [*Weinkunde*] 1971 in der Staatlichen Lehr- und Versuchsanstalt Weinsberg neu gezüchtete rote Rebsorte. Kreuzung aus ↑**Dornfelder** x ↑**Cabernet-Sauvignon**. Die Weine präsentieren sich farbintensiv. Vom Geschmack her feinfruchtig, samtig mit deutlicher Cabernet Sauvignon-Note bei mittlerem Extraktgehalt.

Cabernet Dorsa [*Weinkunde*] 1971 in der Staatlichen Lehr- und Versuchsanstalt Weinsberg neu gezüchtete rote Rebsorte. Kreuzung aus ↑**Dornfelder** x ↑**Cabernet Sauvignon**. Vom Aussehen her gleicht der Rebstock dem Dornfelder. Die Weine sind farbintensiv, präsentieren sich tannin- und körperreich und zeigen am Gaumen deutliche Kirschnoten, auch die charakteristische „grüne ↑**Paprika**" des Cabernet Sauvignon ist zu schmecken.

Cabernet Franc [*Weinkunde*] Eine der französischen roten Rebsorten, die für die Qualität der großen Bordeauxweine verantwortlich ist. Auch an der Loire für Bourgueil und Chinon hervorragend. Wird auch in Galicien und Kastilien angebaut. Der Cabernet Franc ist ein leichterer Wein, mit weniger Farbe und Gerbstoffen als der Cabernet Sauvignon. Sein Bukett besticht durch einen Duft nach Himbeeren und Beerenholz. Cabernet Franc trifft man auch im Nordosten Italiens an. Die von ihr gekelterten Weine werden auf dem Etikett lediglich als Cabernet bezeichnet, weshalb oft nicht klar ist, ob es sich hier um Cabernet Sauvignon oder Cabernet Franc handelt. Das Weingesetz Italiens erlaubt diese unklare Bezeichnung. Die alleinige Bezeichnung Cabernet Sauvignon verpflichtet Erzeuger oder Abfüller, mindestens 95 % der genannten Rebsorte zu verwenden.

Cabernet Sauvignon [*Weinkunde*] Für viele Weinkenner die beste französische Rotweinrebe und bringt auf der ganzen Welt exzellente Weine hervor. Sie ist für die Qualität der großen Bordeauxweine verantwortlich. Schon im 13. und 14. Jahrhundert wurden Weine aus der Rebsortenkombination **Cabernet Sauvignon**, ↑**Cabernet Franc**, ↑**Merlot**, ↑**Petit Verdot** und ↑**Malbec** von den englischen und aquitanischen Höfen bevorzugt. Sie haben den Wein- und Rebenexport Frankreichs in alle Erdteile begründet. Sortenrein ist der Wein außergewöhnlich streng und tiefrot. Cabernet Sauvignon aus wärmeren Weinbaugebieten zeigt sich oft sehr fruchtbetont mit weniger Tanninen, wodurch die Weine früher trinkreif sind, zugleich aber an Lagerfähigkeit einbüßen. Vor allem Kalifornien, Chile und Australien produzieren solche Weine, wobei das französische Original in Qualität und Preis immer stärker nachgeahmt wird. **Erscheinungsformen:** Bidure, Marchoupet, Petite Vidure (Frankreich), Bordeaux (Rumänien), Burdeos Tinto (Spanien), Kaberne-Sovinjon, Lafite (Russland, Bulgarien), Petit Cabernet (Marokko).

Cabillaud [*Franz. Speisekarte*] ↑**Kabeljau**

Cabinet [*Weinkunde*] Der Begriff „Cabinet" war bis zum Jahr 1971 die Bezeichnung für Weine, die überdurchschnittlich gut waren. Das deutsche Weingesetz schaffte diese Schreibweise im Jahr 1971 offiziell ab. Bei Prädikatsweinen ist die Bezeichnung „Kabinett" jedoch noch enthalten.

Caboc [*Käse*] **T Herkunft:** schottische Highlands/Region Ross und Cromarty; **Käsesorte:** ↑**Crème-fraîche**-ähnlicher, sehr sahniger ↑**Frischkäse.** Es gibt auch eine leicht süßliche Doppelrahm-Variante mit 69 % ↑**Fett i.Tr.**; **Milch:** Kuhmilch; **Teig:** butterartig; **Geschmack:** leicht säuerlich und die gerösteten ↑**Haferflocken** geben ihm ein nussartiges, hefiges Aroma. **Info:** Der ↑**Käse** ist in Zylinder- oder Rollenform im Hafermehl gewälzt und reift in fünf Tagen. **Verwendung:** Er passt sehr gut zu frischem ↑**Obst**.

Cabrales Geschützte Herkunftsbezeichnung [*Käse*] **Herkunft:** Spanien/Asturien; **Käsesorte:** rustikaler ↑**Schnittkäse** mit blaugrüner Äderung und dünner, brüchiger grauer Rinde mit rosigen Flecken, 45 % ↑**Fett i.Tr:**; **Milch:** ↑**Schafs-**, ↑**Ziegen-** oder Kuhmilch oder ein Gemisch verschiedener Sorten; **Teig:** cremig, weiß; **Geschmack:** sehr scharf mit intensivem Duft; **Info:** Einer der bekanntesten ↑**Käse** Spaniens. Zylinderform, reift 6 Monate in Platanenblättern in den Höhlen der Kalksteinberge Asturiens, wobei sich der graugrüne ↑**Edelschimmel** bildet.

Cabri [*Franz. Speisekarte*] Junge ↑**Ziege**, Zicklein

Cabrito asado [*Span. Speisekarte*] ↑**Kitzbraten**

Cabus, (chou) [*Franz. Speisekarte*] Kohlkopf

Caca [*Span. Speisekarte*] ↑**Wild**

Cacahuète [*Franz. Speisekarte*] ↑**Erdnuss**

Cacao [*Span. Speisekarte*] ↑**Kakao**

Cacciagione [*Ital. Speisekarte*] ↑**Wildbret**

Cacciatora, alla [*Ital. Speisekarte*] Auf ↑**Jägerart**

Cacciatorino [*Ital. Speisekarte*] ↑**Landjäger**

Cacciucco [*Ital. Speisekarte*] Fischsuppe

Cachaça [*Hausbar*] Cachaça (**sprich:** Kaschassa) ist ein brasilianischer Zuckerrohrschnaps mit 41 %Vol. Im Gegensatz zum ↑**Rum**, der auch aus ↑**Zuckerrohr** hergestellt wird, ist Cachaça ein Destillat aus frischem, noch grünem Zuckerrohr. Obwohl in beiden Spirituosen Zuckerrohr verwendet wird, sind sie doch grundverschieden. Der berühmteste Drink mit Cachaça ist der ↑**Caipirinha**, ein idealer Erfrischungsdrink für den Sommer. Der Name des Caipirinha kommt von Caipira, der Bezeichnung für das Bauernvolk Brasiliens. Mit Cachaça werden die brasilianischen Nationalgetränke ↑**Batidas** gemixt.

Cachat [*Käse*] **T Herkunft:** Frankreich/Provence; **Käsesorte:** sahniger ↑**Schafs-** oder ↑**Ziegenkäse**, 45 % ↑**Fett i.Tr.**; **Geschmack:** frisch, mild, aromatisch; oft in ↑**Branntwein**, ↑**Essig** und ↑**Kräutern** mariniert, dann kräftig würzig. **Beste Zeit:** Juni bis Oktober

Cacher, -ère; casher, -ère [*Franz. Speisekarte*] ↑**Koscher**

Cacik [*Orientalische Küche*] Begriff aus der türkischen Küchenkultur für ↑**Jogurt** mit ↑**Gurken**, ↑**Knoblauch** und ↑**Dill** – ↑**Türkische Küche**

Caciocavallo [*Ital. Speisekarte*] ↑**Knetkäse**, birnenförmiger Hartkäse aus Süditalien

Caciocavallo [*Käse*] **T Herkunft:** Italien; **Käsesorte:** halbfester, geräucherter ↑**Brühkäse**, 44 % ↑**Fett i.Tr.**; **Milch:** Kuhmilch; **Geschmack:** Der wenig gereifte Caciocavallo ist ein Tafelkäse: mild, angenehm, süß und zart schmelzend im Geschmack. Mit fortgeschrittener Reifung wird der Geschmack dagegen intensiver, pikant und stark. **Info:** Dieser ↑**Knetkäse** aus Süditalien wird auch als „Silano" bezeichnet, da er ursprünglich von der Hochebene Sila in Kalabrien stammt. Auffällig ist seine Birnenform. Gewicht: 3 bis 4 kg, Reifung: 3 bis 6 Monate hängend in trockenen Räumen. Dünne glatte, goldgelbe bis hellbraune geölte Rinde; **Verwendung:** In der Küche dient er als Reibekäse (Ersatz für ↑**Parmesan**). Passt aber auch ausgezeichnet zu kleinen Häppchen; **Weinempfehlung:** zu jedem guten Rotwein

Cacioricotta [*Ital. Speisekarte*] ↑**Ziegenkäse** aus Apulien, Basilicata, Cilento

Cacioricotta [*Käse*] **T Info:** Die Käsericotta gehört zu den kulinarischen Spezialitäten der süditalienischen Regionen und wird aus reiner ↑**Milch** von halbwilden maltesischen ↑**Ziegen** gewonnen. Ähnlich wie bei normaler ↑**Ricotta** wird die Milch fast zum Kochen gebracht. So ist auch der Name der Käsesorte entstanden: ↑**Käse** (**cacio**), da das Produkt aus Milch (und nicht aus ↑**Molke**) gemacht wird, und ricotta (noch einmal gekocht), weil dasselbe Verfahren wie bei der Ricottaherstellung benutzt wird. **Geschmack:** voll, würzig und saftig; **Verwendung:** Die Käsericotta eignet sich besonders als Reibekäse über ↑**Nudeln**, die man entweder mit einer ↑**Gemüse-** oder ↑**Tomatensauce** servieren kann.

Caciotta [*Käse*] Mittelitalien produziert zahlreiche flache und meist runde Caciotta-Sorten mit weichem Teig, eher klein in Größe und Gewicht (selten über ein Kilo). Dieser sehr verbreitete ↑**Käse** kann frisch oder semistagionato (halbgereift) verzehrt werden. Der Caciotta gehört zur großen Familie der ↑**Schafskäse**, auch wenn einige Hersteller Caciottasorten auf den Markt bringen, die mit Schafs- und Kuhmilch gemeinsam oder sogar mit Kuhmilch allein produziert werden. Der aus Rom kommende Caciotta romana, der auf keiner Speisekarte der Restaurants der Hauptstadt fehlt, wird hauptsächlich in den Gemeinden um den See Lago di Bracciano und des nördlichen Teils der tyrrhenischen Riviera, von Fiumicino bis Civitavecchia, hergestellt. In der Regel entsteht der Caciottakäse in den kälteren Monaten: Die Vollmilch wird erst auf 35–36° C erhitzt, und dann fügt der Fachmann ↑**Safran** und das ↑**Lab** hinzu. Der Käse ruht noch 24 Stunden in den Fascere (Käseformen), um dann für eine kurze oder lange Zeit – je nach der gewählten Form und den gewünschten Eigenschaften – in Salzlake getaucht zu werden. Für kleine und runde Formen reichen normalerweise 10 bis 15 Tage aus, für die zylindrischen Caciottakäse sind mehrere Monate erforderlich. Das Ergebnis: weicher und süßer die Ersteren, stärker im Geschmack die Zweiten. Der Caciotta kann einen leichten zweiten Gang ergänzen oder – noch besser – ersetzen. Er schmeckt als Brotzeit, man gibt ihn über ein gutes Nudelgericht oder in hauchdünnen Scheiben in den Salat.

Caerpilly [*Käse*] **Herkunft:** England/Wales; **Käsesorte:** ↑**Schnittkäse**, 48 % ↑**Fett i. Tr.**; **Milch:** Kuhmilch; **Teig:** krümelig, fest, crèmefarben; **Geschmack:** leicht salzig; **Info:** Caerphilly kommt in Form eines runden, 3,6 kg schweren Käselaibs in den Handel und ist dem ↑**Cheddar** ähnlich, wird aber im Gegenteil jung gegessen.

Café arrosé [*Kaffee*] **T** Französischer ↑**Kaffee** mit Schuss ↑**Alkohol**

Café au lait [*Kaffee*] ↑**Caffè latte**

Café calva [*Kaffee*] **T** Französischer ↑**Kaffee** mit ↑**Calvados**

Café colonial [*Intern. Länderküche*] ↑**Brasilianische Küche**

Café con leche [*Span. Speisekarte*] ↑**Milchkaffee**

Café cortado [*Span. Speisekarte*] ↑**Expresso** mit einem Schuss ↑**Milch**

Café crème [*Kaffee*] **T** Französischer ↑**Kaffee** mit flüssiger ↑**Sahne** oder (meist) ↑**Milch**

Café déca(féiné) [*Kaffee*] Französischer koffeinfreier ↑**Kaffee**

Café diable [*Kaffee*] **T** Französischer ↑**Kaffee** mit ↑**Cognac** und ↑**Gewürzen**

Café filtro [*Span. Speisekarte*] ↑Filter**kaffee**

Café frappé [*Franz. Speisekarte*] Mokkaeis

Café liégois [*Kaffee*] **T** Französischer ↑**Eiskaffee**

Café moulu [*Kaffee*] Französischer gemahlener ↑**Kaffee**

Café noisette [*Schweizer Küche*] Schweizer Kaffeespezialität mit ↑Kirsch**likör** und ↑**Sahne**

Café royal [*Kaffee*] **T** Starker, schwarzer ↑**Kaffee** mit ↑**Zucker** und ↑**Cognac**. Die Mischung wird für einige Sekunden in Brand gesteckt und dann verrührt.

Café solo [*Span. Speisekarte*] ↑**Expresso**

Café torréfié [*Kaffee*] Französischer gerösteter ↑**Kaffee**

Cafétière [*Franz. Fachwort*] Kaffeekanne

Caffè [*Ital. Speisekarte*] ↑**Kaffee**; ↑**Espresso**

Caffè freddo [*Ital. Speisekarte*] ↑Eis**kaffee**

Caffè latte [*Kaffee*] **R** Der Caffè latte besteht aus zwei bis drei Espressi und einer Espressomenge heißer Milch, mit der der Caffè aufgefüllt wird. In seltenen Fällen wird ein wenig Milchschaum hinzugegeben. Das Getränk wird im Französischen als „Café au lait" bezeichnet, im Deutschen als „Milchkaffee".

Caffè lungo [*Kaffee*] **T** Man erhält einen Caffè lungo, wenn die Espressotasse beim Brühvorgang bis knapp unter den Rand vollläuft. Damit ist er das Gegenteil des ↑**Ristretto**.

Caffè macchiato [*Kaffee*] **R** Wenn man einen ↑**Espresso** mit einer kleinen Milchschaumhaube „verschmutzt", erhält man einen Caffè macchiato (ital. macchiato = verschmutzt). Diese Variante des Espresso ist in Italien sehr beliebt und findet auch hier immer mehr Anhänger.

Caghuse, caqhuse [*Franz. Speisekarte*] **A** ↑**Schweinshaxe** mit geschmorten ↑**Zwiebeln** aus dem Backofen, wird meist kalt serviert

Cagliata [*Ital. Speisekarte*] **Teig; Frischkäse;** ↑**Quark**

Cagouille [*Franz. Speisekarte*] Westfranzösische Bezeichnung für die ↑**Weinbergschnecke**

Cahors [*Weinkunde*] Langsam reifender, körperreicher Rotwein aus einem kleinem Anbaugebiet nördlich von Toulouse. Im 16. Jahrhundert berühmter als der Bordeaux. Seit 30 Jahren wieder ansteigende Qualität. Der Wein wird aus 70 % ↑**Malbec** (Cot oder Auxerrois), ↑**Merlot** und ↑**Tannat** erzeugt. Der Cahors gilt als dunkelster Wein Frankreichs. Er ist recht langlebig.

Caille [*Franz. Speisekarte*] ↑**Wachtel**

Caillé [*Franz. Fachwort*] Geronnen

Caiño [*Weinkunde*] Seltene Weiß- und auch Rotweintraube (!) aus Rías Baixas und Ribeiro in Galicien. Sie bringt aromatische Weine hervor.

Caipirinha [*Hausbar*] **R** „Bäuerliches Getränk" (caipira = Bauer, Hinterwäldler), alkoholisches Mixgetränk (↑**Cocktail**) aus Brasilien. Einer der meistgetrunkenen Cocktails in der Partyszene. Mixgetränke aus Cachaça mit Fruchtsäften werden eigentlich als ↑**Batida** bezeichnet und sind nach wie vor in Brasilien sehr populär. Die ganze Frucht bleibt im Glas, der Fruchtsaft wird herausgestampft – ein „bäuerliches" Verfahren. Kritisch dabei ist, dass auch gesundheitsschädliche Aromastoffe aus der Schale gelöst werden können, die mitgetrunken werden. **Zubereitung:** Zuerst wird eine ↑**Limette** geachtelt und in einem Caipirinha-Glas mit drei TL weißem ↑**Rohrzucker** zerstampft. Der Saft aus der Limette sollte den Rohrzucker komplett aufgelöst haben. Anschließend wird das Glas bis leicht über den Rand mit „crushed ice" gefüllt (zerkleinerten Eiswürfeln). Den krönenden Abschluss bilden 5 cl Cachaça. Der Drink wird mit ein oder zwei breiten, aber nicht zu langen Trinkhalmen serviert. **Tipp: Limetten** – Vor dem Achteln einer Limette mit einem scharfen Messer die Enden abschneiden. So verhindert man, dass die Bitterstoffe der Enden das Aroma des Cocktails beeinträchtigen. **Behandelte Schalen von Zitusfrüchten sind giftig, geschmacksbeeinträchtigend und daher nicht zum Verzehr geeignet. Bei Limetten bleibt die Schale meist unbehandelt, wird nur gewachst. Trotzdem auf gespritzte Früchte achten! Eis:** In Brasilien wird im Gegensatz zur internationalen Barszene normalerweise kein ↑**Crushed Ice** verwendet. Mit normal großen Eiswürfeln/-splittern und mehr Cachaça bleibt die Caipirinha länger frisch und schmeckt deutlich schärfer. **Rohrzucker:** Die Verwendung von feinem, weißem Rohrzucker in Brasilien – anstelle des hier erhältlichen braunen, relativ schwer löslichen – macht den Unterschied im Geschmack aus. Alternativ bietet sich auch Puderzucker (aus Zuckerrüben) an. Statt Cachaça kann man auch andere Spirituosen verwenden und neue Cocktails kreieren: **Caipiroska** (mit ↑**Wodka**; auch Caipirovka genannt); **Caipirissima** (mit ↑**Rum**); **Caipiretto** (mit ↑**Amaretto**); **Ipanema** (Alkoholfreier Caipirinha mit 4 cl ↑**Maracuja**saft und ↑**Ginger Ale**). Eine andere Variation ist **Erdbeer-Caipirinha**, für den statt Limetten geviertelte ↑**Erdbeeren** verwendet werden.

Caisse [*Franz. Fachwort*] Kasse; Kasten, Kiste; Papierhülse; **Wein**: Kiste mit 12 Flaschen

Caiucco [*Ital. Speisekarte*] Fischsuppe

Cajun-Food [*U.S. Kitchen*] **A Südstaatenküche der USA** – **Cajun-Food** stammt von den französisch sprechenden Einwanderern im US-Bundesstaat Louisiana (Acadians of Cajun). Es handelt sich hierbei um eine traditionelle und rustikale Variante der Küche – die Zutaten sind lokal verfügbar, die Zubereitung ist recht einfach. Ein authentisches Cajun-Mahl wird in drei Töpfen zubereitet: einer für das Hauptgericht, einer mit ↑**Reis** oder Maisbrot und einer für ↑**Gemüse**. ↑**Paprika**, ↑**Zwiebeln** und ↑**Sellerie** werden oft als die Heilige Dreieinigkeit des Cajun-Foods bezeichnet. Typische ↑**Gewürze** sind ↑**Petersilie**, ↑**Knoblauch**, ↑**Lorbeer**, Zwiebeln und ↑**Cayennepfeffer**. Die Pfefferschoten werden meist getrocknet und gemahlen oder als lokal hergestellte Tabasco-Variante benutzt, selten frisch. Cajun-Food ähnelt mehr der ↑**Mediterranen Küche** als der US-amerikanischen.

Cake [*U.S. Kitchen*] Engl. für ↑**Kekse** aller Art

Calabacines [*Span. Speisekarte*] ↑**Zucchini**

Calabaza [*Mexicofood*] ↑**Kürbis**

Calabrese [*Weinkunde*] Auch Nero d'Avola: hoch geschätzte sizilianische Rotweinrebsorte

CA-Lager [*Fachkunde*] Ein CA-Lager (Controlled Atmosphere) ist ein gasdichtes Kühllager für ↑**Obst** und ↑**Gemüse**, in dem zusätzlich zu Temperatur und Luftfeuchtigkeit die Zusammensetzung der Luft auf einem konstanten Level gehalten wird. Der Sauerstoff-Anteil in der Luft wird verringert und der Kohlendioxid-Anteil erhöht, wodurch sich der Reifungsprozess stark verlangsamt. Die gewünschten Werte an Sauerstoff und Kohlendioxid werden eingestellt oder entstehen nach einiger Zeit durch das Reifen der Früchte in dem gasdichten Raum von selbst, indem bei der Reifung (= Atmung) Sauerstoff verbraucht und Kohlendioxid erzeugt wird. So bleibt Obst monatelang frisch, und erst im Handel, wenn es wieder normalen Temperatur- und Sauerstoffbedingungen ausgesetzt ist, reift es weiter und verdirbt dann oft auch sehr schnell.

Calagraño [*Weinkunde*] Fast ausgestorbene, sehr alte Traubensorte für ↑**Rioja**-Rotweine

Calalau-Suppe [*Intern. Länderküche*] Karibik: Auf den Virgin Islands wird die Suppe mit ↑**Spinat** zubereitet, in der Dominikanischen Republik werden nur die jungen, zarten Blätter der Dasheen-Pflanze genommen. Immer aber sorgt ↑**Kokos** für ihre gehaltvolle, cremige Konsistenz.

Calamari, Calamares [*Fisch*] **T** ↑**Kalmare:** Zehnarmiger ↑**Tintenfisch** mit einer Länge von 60 cm bis zu mehreren Metern. Im Mittelmeerraum beliebte Fastenspeise: in Öl gebackene Stücke. Tintenfischringe zeichnen sich durch ein feines, intensives Aroma aus.

Calcaire [*Süßwaren*] Belgische ↑**Schokolade**trüffel

Calciferol ↑**Vitamin D** [*Gesundheit*] **T** Aus den UV-Strahlen der Sonne kann der Organismus selbst Vitamin D bilden. Es ist kein echtes Vitamin, da es vom Körper selbst aus Cholesterol hergestellt werden kann. Dies geschieht in der Haut unter Einwirkung von UV-Licht. Menschen, die in Gebieten mit geringer Sonneneinstrahlung leben, haben eine hellere Hautfarbe als Menschen im Süden. Eine Erklärung für die hellere Haut könnte die Notwendigkeit sein, ausreichend UV-Licht für die Vitamin-D-Produktion in die Haut zu lassen, da dunkle Haut das UV-Licht stärker schwächt. Eskimos weisen allerdings eine ausgesprochen dunkle Hautfarbe auf, obwohl sie am nördlichsten wohnen, wo die Sonneneinstrahlung am geringsten ist. Eine Erklärung ist, dass sie immer ausreichend Vitamin D über die Nahrung in Form von ↑**Lebertran** und ↑**Fisch** zu sich nahmen. Im ersten Drittel des zwanzigsten Jahrhunderts fand man heraus, dass Vitamin D das Auftreten von ↑**Rachitis** verhindern kann. Man begann, Kindern Lebertran zu geben. Heute gibt es geschmacksneutrale Tabletten und Zusätze, mit denen der Vitamin-D-Haushalt aufgestockt werden kann. Besonders Einwanderer aus Ländern mit viel Sonne sollten auf zusätzliche Gaben von Vitamin D achten, da ihre dunklere Hautfarbe sie normalerweise davor schützt, zu viel Vitamin D zu produzieren, und dieser Schutz bleibt auch bestehen, wenn sie in sonnenarme Länder ziehen. Daher bildet ihr Körper bei gleicher Sonneneinstrahlung weniger Vitamin D als der eines hellhäutigen Menschen. **Funktion im Körper:** Vitamin D ist für die Knochen wichtig. Es wirkt in Form von Vitamin D_3 (Cholecalciferol) mit bei der Differenzierung der Knochen-Stammzellen, bei der Regelung des Kalzium-Haushalts und beim Stoffwechsel der Minerale ↑**Kalzium** und ↑**Phosphat**, die beim Aufbau der Knochen eine Rolle spielen. Die Vorstufen des D_3, die Provitamine, werden über tierische Nahrung aufgenommen oder in der Haut gebildet. Begünstigt wird diese Aufnahme durch Nahrungsfette und Gallensäuren. Dann werden die Provitamine von ↑**Enzymen** und Parathormon in der Leber und den Nieren umgewandelt in D_3. D_2 (Ergosterol) kann der Körper aus pflanzlichen Sterinen bilden. **Vitamin-D Mangel:** Ein Mangel an Vitamin D führt bei Kindern zu Rachitis, einer Deformierung der Knochen. Schwache Muskeln und schlechte Zähne sind weitere Folgen. Rachitis war während der „Industriellen Revolution" die Standardkrankheit von Kindern, die in den englischen Bergwerken arbeiten mussten und kaum ans Tageslicht kamen. Man nannte sie deshalb auch „Englische Krankheit". Beim Erwachsenen führt zu wenig Vitamin D – gerade während einer Schwangerschaft – zu Osteomalazie. Durch ungenügende Mineralisierung werden die Knochen weich und verbiegen sich, was schmerzhaft sein kann. Auch im hohen Alter besteht die Gefahr eines Vitamin-D-Mangels. Der Organismus synthetisiert dann weniger Vitamin D, zudem halten sich ältere Menschen selten in der Sonne auf und müssen deshalb auf eine ausreichende Vitamin-D-Zufuhr achten. Auch Frauen in der Menopause haben nach der Hormonumstellung des Körpers oft zu wenig Vitamin D, was zu Osteomalazie und zu ↑**Osteoporose** führen kann. Bei der Osteoporose werden die Knochen nicht verbogen, sondern langsam abgebaut. Dadurch werden sie porös und brechen leicht. Weitere Risikofaktoren: Krankheiten der Leber und Nieren, wenn dadurch die Umwandlung der Provitamine gestört ist, sowie Störungen in der Fettverdauung. **Vitamin-D-Lieferanten:** Vitamin D wird hauptsächlich (bis zu 90 %) vom Organismus selbst gebildet, wenn Sonnenlicht in Form von UV-Strahlen auf die Haut trifft. Aus der Nahrung wird relativ wenig Vitamin D aufgenommen. Höchstens ↑**Fisch**, ↑**Eigelb**, ↑**Milch** und ↑**Milchprodukte** oder ↑**Rinderleber** sowie Lebertran enthalten nennenswerte Mengen. In 100 g Fischleberöl stecken beispielsweise 300 µg Vitamin D, in 100 g Hühnerei 2,4 µg. Der Vitamin-D-Gehalt von Milch ändert sich mit der Jahreszeit. Im Sommer kann er zehnmal höher als im Winter sein. Da das Vitamin hitzeunempfindlich ist, überlebt es Temperaturen bis 180° C. Auch längeres Lagern macht ihm nichts aus, deshalb ist es auch in ↑**Käse**, ↑**Sahne** oder ↑**Butter** enthalten. Säuglingsnahrung und ↑**Margarine** werden oft zusätzlich mit Vitamin D angereichert. **Täglicher Bedarf:** Die empfohlene Tagesmenge von 5 µg Vitamin D gilt für alle Altersgruppen ab dem ersten Lebensjahr. Der Bedarf wird zum größten Teil über die Sonneneinstrahlung gedeckt. Dazu reicht schon ein fünfzehnminütiger Aufenthalt in der Sonne dreimal pro Woche aus. Für Säuglinge unter einem Lebensjahr und Menschen ab 65 wird die doppelte Menge angesetzt, also 10 µg. Babys nehmen nicht genug Vitamin D mit der ↑**Muttermilch** auf und bekommen daher oft Ergänzungspräparate. Sie brauchen das Vitamin zum Aufbau der Knochen und um Rachitis vorzubeugen. Vegetarier sollten besonders in den Wintermonaten auf ausreichende Zufuhr achten, da sie über die Nahrung bis zu 50 % weniger Vitamin D aufnehmen als Fleisch- und Fischesser. **Um den ∅ Tagesbedarf an Vitamin D zu decken, reichen folgende Mengen der betreffenden Lebensmittel:** 250 g ↑**Champignons**; 200 g Eiersalat; 130 g frische ↑**Scholle**; 30 g ↑**Lachs**; 30 g geräucherte ↑**Forelle.** Eine Überdosierung von Vitamin D ist kaum möglich. Bei längerem Aufenthalt in der Sonne reguliert der Organismus die Produktion von selbst. Sollte es jedoch mittels Ergänzungspräparaten zu einer dauerhaft erhöhten Zufuhr kommen, so ist erst eine Dosierung von über 500 µg pro Tag bedenklich. Es kann zu einer Erhöhung des Kalziumspiegels, zu Übelkeit bis hin zu Erbrechen, Appetitlosigkeit und starkem Durst kommen, auch zu ↑**Calcium**-Ablagerungen in Nieren und Gefäßen.

Calcium [*Gesundheit*] **T** Im menschlichen Organismus und in den meisten Tieren stellt Calcium den Mineralstoff mit dem höchsten Anteil dar. Ein erwachsener Mann hat mehr als ein Kilo Calcium im Körper, bei Frauen mit kleinerem Skelett ist der Anteil geringer. Der weitaus größte Teil des Calciums ist in Zähnen und Knochen eingelagert, nur etwa 1 % kommt in Blut und Geweben vor. Die Hauptlieferanten des Menschen für Calcium sind ↑**Milch** und ↑**Milchprodukte**. Die wichtigste Funktion erfüllt Calcium im menschlichen Körper mit dem Aufbau und Erhalt von Zähnen und Knochen. Calcium ist auch für die Blutgerinnung sehr wichtig. Weiterhin steuert Calcium die elektrischen Aktionspotenziale von Muskeln und Nerven. Empfohlener Bedarf für Kinder unter einem Jahr: 400 mg Kalzium pro Tag. **Empfohlene Zufuhr:**

Alter	Calcium		
	mg/Tag	mg/MJ (Nährstoffdichte)	
		m	w
Säuglinge			
0 bis unter 4 Monate	220	110	116
4 bis unter 12 Monate	400	133	138
Kinder			
1 bis unter 4 Jahre	600	128	136
4 bis unter 7 Jahre	700	109	121
7 bis unter 10 Jahre	900	114	127
10 bis unter 13 Jahre	1100	117	129
13 bis unter 15 Jahre	1200	107	128
Jugendliche und Erwachsene			
15 bis unter 19 Jahre	1200	113	141
19 bis unter 25 Jahre	1000	94	123
25 bis unter 51 Jahre	1000	98	128
51 bis unter 65 Jahre	1000	109	135
65 Jahre und älter	1000	120	145
Schwangere	1000		109
Stillende	1000		93

Die Hormonumstellung bei älteren Menschen und Frauen nach der Menopause führt zu einer Entkalkung der Knochen. Diese Ursache von ↑**Osteoporose** kann zu einem erhöhen Calciumbedarf führen. Bei einer Normalernährung werden die täglich erforderlichen Calciummengen oft nicht erreicht. Daher kann eine zusätzliche Versorgung mit Calcium, z. B. zur Osteoporosevorbeugung, notwendig werden. Vor der Einnahme von Calciumpräparaten sollte aber die ↑**Ernährung** umgestellt werden. Hierbei muss beachtet werden, dass es Lebensmittel und Getränke gibt, die hohe Mengen an ↑**Phosphaten** enthalten, z. B. ↑**Wurst** und ↑**Cola**, die Calcium im Körper binden und damit zu einer vermehrten Ausscheidung von Calcium führen. Das Gleiche gilt für ↑**Kaffee.** So benötigen Kaffeetrinker nach Angaben der American Dietetic Association für jede getrunkene Tasse etwa 40 mg Calcium zusätzlich. **Calciumhaltige Nahrungsmittel sind:** ↑**Käse,** Milch und andere Milchprodukte liefern die größten Mengen an Calcium. Neben ↑**Grünkohl** enthalten ↑**Broccoli,** ↑**Vollkorn**produkte und ↑**Hülsenfrüchte** Calcium, jedoch in geringeren Mengen. Hartkäse enthält ∅ 800 mg, also 0,8 g pro 100 g, 1 l Vollmilch ∅ 1200 mg, deckt also den täglichen Bedarf alleine ab. – Wichtig ist (vor allem für Menschen, die Milchprodukte meiden), ein ↑**Mineralwasser** auszuwählen, das einen hohen Calciumgehalt hat. Die Werte schwanken von 20 mg bis zu fast 500 mg pro Liter Wasser.

Calcium-5'-0 ribonucleotid [*Fachkunde*] ↑**E 634**

Calciumacetat [*Fachkunde*] ↑**E 263**

Calciumalginat [*Fachkunde*] ↑**E 404**

Calciumaluminiumsilikat [*Fachkunde*] ↑**E 556**

Calciumbenzoat [*Fachkunde*] ↑**E 213**

Calciumbisulfit [*Fachkunde*] ↑**E 227**

Calciumcarbonat [*Fachkunde*] ↑**E 170**

Calciumchlorid [*Fachkunde*] ↑**E 509**

Calciumcitrate [*Fachkunde*] ↑**E 333**

Calciumdinatriumetylendiamintetraacetat [*Fachkunde*] ↑**E 385**

Caliciumformiat [*Fachkunde*] ↑**E 238**

Caliciumguanylat [*Fachkunde*] ↑**E 629**

Calciumgluconat [*Fachkunde*] ↑**E 578**

Calciumglutamat [*Fachkunde*] ↑**E 623**

Caliciuminosinat [*Fachkunde*] ↑**E 633**

Calciumlactat [*Fachkunde*] ↑**E 327**

Calcium-L-ascorbat [*Fachkunde*] ↑**E 302**

Calciummalat [*Fachkunde*] ↑**E 352**

Calcium-orthophosphate [*Fachkunde*] ↑**E 341**

Calciumpropionat [*Fachkunde*] ↑**E 282**

Calciumsilikat [*Fachkunde*] ↑**E 552**

Calciumsorbat [*Fachkunde*] ↑**E 203**

Calciumstearoyl-2-lactylat [*Fachkunde*] ↑**E 482**

Calciumsulfat [*Fachkunde*] ↑**E 516**

Calciumsulfit [*Fachkunde*] ↑**E 226**

Calciumtartrat [*Fachkunde*] ↑**E 354**

Caldeirada [*Span. Speisekarte*] Fischeintopf

Caldereta [*Intern. Länderküche*] Katalanisch: mallorquinischer Eintopf in einer Variante mit ↑**Meeresfrüchten** (span. caldereta de mariscos) oder ↑**Languster** (span. caldereta de langostas). Basis ist der **„sofrito"**, eine spanische Soße aus geschmorten ↑**Tomaten,** ↑**Zwiebeln** und ↑**Paprikaschoten.**

Caldo [*Intern. Länderküche*] Auch: **sopa de caldo** (span.), Begriff aus der mallorquinischen Küchenkultur für ↑**Fleisch-,** ↑**Gemüse** oder ↑**Fischbrühe**

Caldo de gallina [*Span. Speisekarte*] Hühner**brühe**

Caldo de pollo [*Mexicofood*] ↑**Hühnerbrühe**

Caldo de res [*Mexicofood*] ↑**Fleischbrühe**

Caldo de verduras [*Span. Speisekarte*] ↑Gemüse**brühe**

Caldo verde [*Span. Speisekarte*] Portugiesische Kohlsuppe

Caldos [*Mexicofood*] ↑**Kutteln**

Calebasse [*Franz. Speisekarte*] ↑Flaschen**kürbis,** wird jung als ↑**Gemüse** zubereitet

Calenzana [*Käse*] **Herkunft:** Korsika/Calvi; **Käsesorte:** ↑**Weichkäse** mit natürlicher grau-weißer Rinde, 45 % ↑**Fett i. Tr.; Milch:** ↑**Schafs**- und/oder ↑**Ziegenmilch; Info:** Dieser ungemein scharfe ↑**Niolo**-Käse ist quadratisch mit abgerundeten Ecken, hat 13 cm Durchmesser, ist 6 cm hoch und wiegt ca. 700 g. Die Reifung erfolgt nach 15 Tagen Trocknung, in ↑**Salzlake** gewaschen 3 bis 4 Monate lang (je nach Dicke) in feuchten Kellern.

Calisson [*Franz. Speisekarte*] **T** Rautenförmiges, mit Zuckerguss überzogenes Mandelgebäck. Eine Spezialität aus der Provence, die frisch gegessen werden muss, da sie schnell austrocknet.

Calitor [*Weinkunde*] Rotweinrebe, angebaut in der Provence, im Bandol und an der Rhône (Lirac)

Callaoo [*Intern. Länderküche*] Blätter der mit dem ↑**Spinat** geschmacklich verwandten Dasheen-Pflanze werden in der Karibik zu einer Suppe oder einem sämigen Brei verarbeitet, zu Callaoo, einer ganz besonderen Spezialität. Die Dasheen-Pflanze stammt ursprünglich aus Afrika. ↑**Kreolische Küche**

Callos [*Span. Speisekarte*] ↑**Kutteln**

Calmar [*Franz. Speisekarte*] **T** ↑**Kalmar,** zehnarmiger ↑**Tintenfisch** (jung: supion)

Calpico [*Intern. Länderküche*] ↑**Calpis**

Calpis [*Intern. Länderküche*] Handelsname eines populären japanischen Softdrinks. Er wird auf Milchbasis hergestellt und ist vom Geschmack her am ehesten mit in Wasser aufgelöstem ↑**Jogurt** vergleichbar. Der Name ist eine Verbindung von „Calcium" und „Sarpis", einer der fünf buddhistischen Geschmacksrichtungen für Milchprodukte. Im Westen wird Calpis unter der Bezeichnung **calpico** angeboten.

Calvados [*Hausbar*] **T** In Frankreich (Normandie) hergestellter Branntwein aus ↑**Apfelwein** (Cidre) und einem kleinen Anteil an ↑**Birnen.** Alkoholgehalt mind. 40 % Vol. Der ↑**Cidre** wird 1–2 Jahre gelagert, bevor er gebrannt wird. Nach dem Brennen muss das Destillat mind. 1 Jahr in Eichenholzfässern lagern, damit es die dunklere Farbe und den typischen Geschmack bekommt. Erst dann kommt er in den Handel. Viele Sorten haben eine Reifezeit von 2–5 Jahren, manche sogar über 50 Jahre. Ein junger Calvados hat ein betontes Apfelaroma, ist feurig, fruchtig. Mit zunehmender Reife wird die Farbe dunkler und hinter dem herbfeinen Fruchtaroma verbirgt sich ein weiches Feuer. Die Franzosen wärmen das Glas vor dem Einschenken mit der Hand an oder geben ihn zum Schluss eines Mahls in die leere, noch warme Kaffeetasse, damit sich das Aroma voll entfalten kann.

Calville [*Franz. Speisekarte*] Ausgezeichnete Apfelsorte, dem ↑**Gravensteiner** sehr ähnlich

Calziumsalze der Speisefettsäure [*Fachkunde*] ↑**E 470**

Camarao grelhado [*Span. Speisekarte*] Gegrillte ↑**Krabben**

Camarese [*Weinkunde*] Rotweinrebe an der Rhône. Man findet sie im Côtes du Rhône und Côtes-du-Ventoux.

Camembert [*Käse*] **T** Camembert zählt zu den beliebtesten ↑**Weichkäsen** überhaupt und wird heute vor allem in Großkäsereien nach weitgehend automatisiertem Ablauf hergestellt. In kleinen Laibern von 125 bis 280 g wird der berühmte französische ↑**Käse** aus Kuhmilch angeboten. Camembert reift nach einem Salzlösungsbad 3 Wochen in einem Lager. In einigen kleinen Käsereien wird nach gepflegter Tradition noch Camembert von Hand hergestellt, was ihm viele individuelle Geschmacksnuancen verleiht. Der Käser gießt die mit ↑**Lab** versetzte ↑Kuh**milch** in die zylindrischen Camembert-Formen. Durch das Eigengewicht fließt die Molke aus, der Bruch setzt sich, und die allseits bekannte Camembert-Gestalt entsteht. Zur Zeit der Französischen Revolution war der Camembert von einer ↑**Rotschmiere** überzogen. Im Laufe der Jahrhunderte entwickelte sich aber die weiße ↑**Edelschimmel**kultur auf den Camembert-Käsen, heute wird ↑**Penicillium Candidum** schon der Milch zugesetzt. Der Camembert hat etwas weniger ↑**Fett** als der ↑**Brie**, sodass er einen „trockeneren", leicht scharfen und nussigen Geschmack aufweist. Hat er die richtige Reife erreicht, schmeckt er wiederum milder, an Champignons erinnernd. Reifer Camembert hat eine relativ weiche, cremige Konsistenz und kann somit leicht auf ein Brot oder Brötchen gestrichen werden. Der Käse eignet sich zum Braten (paniert) oder zum Überbacken. Überreifer Camembert zerläuft, wenn man ihn anschneidet, und entwickelt eine starke Ammoniaknote.

Camembert de Normandie Geschützte Herkunftsbezeichnung [*Käse*] **T Herkunft:** Frankreich; **Käsesorte:** ↑**Weichkäse** mit weißem ↑**Edelschimmel**, 45 % ↑**Fett i. Tr.**; **Milch:** Camembert de Normandie muss aus roher Kuhmilch hergestellt werden. **Teig:** im Kern bröckelig, brüchig; gereift: weich, elastisch, geschmeidig; **Geschmack:** frisch: leicht säuerlich – gereift: fruchtig, champignonartig; **Info:** Der Camembert war der meistkopierte ↑**Käse** der Welt, bevor er 1983 das ↑**AOC-Siegel** erhielt. Das Original erkennt man am Zusatz „de Normandie" im Namen. **Beste Zeit:** Sommer, Herbst und Winter vor dem Zerfließen; **Weinempfehlung:** Weine aus dem ↑**Burgund**, milde ↑**Bordeaux**, aber auch fruchtige ↑**Beaujolais**, kräftige ↑**Côtes du Rhône** oder vollmundige Weine aus der Touraine

Camerani [*Ital. Speisekarte*] **R** ↑**Makkaroni** gebunden mit ↑**Butter** und geriebenem ↑**Parmesan**, vermischt mit gewürfelten, ↑**Sautierten** ↑**Auberginen**, ↑**Champignon**scheiben und ↑**Hahnenkämmen**

Camerano [*Käse*] **Herkunft:** Spanien/aus den Bergen von Cameros in La Rioja; **Käsesorte:** ↑**Frischkäse**; **Milch:** ↑**Ziegenmilch**; **Teig:** rund, weiß und weich; **Geschmack:** leicht säuerlich

Camerones [*Fisch*] Chilenische ↑**Garnelen**, scherenlose ↑**Krustentiere** von hoher Qualität. Das rohe Fleisch hat eine unscheinbare Färbung, wird beim Kochen rosa bis feuerrot.

Camomille [*Wildkräuter, -blüten & -früchte*] ↑**Kamille**

Camoscio [*Ital. Speisekarte*] Gämse

Campagnard, de campagne [*Speisegarnitur*] **A** Bäuerlich, ländlich

Campanelle [*Ital. Speisekarte*] Nudelsorte, ↑**Ballerine**

Campari [*Hausbar*] **T** Im Jahre 1867 kreierte der Mailänder Gastwirt Caspar Davide Campari seinen Bitterbranntwein, der heute zu den bekanntesten Aperitifgetränken der Welt zählt. Das genaue Rezept ist Familiengeheimnis, laut Firmenangaben sind insgesamt 86 Kräuter, Wurzeln, Gewürze und Früchte beteiligt. Die Mischung wird in heißem destillierten Wasser aufgeweicht, anschließend mit reinem Alkohol versetzt und in mehreren Filtergängen von Trübstoffen befreit. Die halbfertigen und später abfüllbereiten Produkte werden in mit Glas ausgekleideten Großbehältern aufbewahrt. So sind schon im Stadium der Reife und Lagerung die gleichen Bedingungen geschaffen wie später in der Flasche. Das über ein Jahrhundert alte Gebot, nur natürliche Zutaten zu verwenden, befolgt man bei Campari noch heute. So ist für die charakteristische rubinrote Farbe der natürliche Läusefarbstoff Cochenille ↑**E 120** verantwortlich, der bereits von den Inkas in Südamerika genutzt und von den Spaniern nach Europa gebracht wurde. Campari mit seine 25 % Vol. wirkt durch seine bitteren Kräuterextrakte appetitanregend und ist in seinen vielen Mixvarianten ein beliebter ↑**Aperitif.** Campari wird meist mit Eis und ↑**Soda** oder Orangen**juice** getrunken. Die Klassiker unter den Camparicocktails sind ↑**Americano** und ↑**Negroni**.

Can [*U.S. Kitchen*] (Konserven-)Dose

Can Pujol [*Käse*] **Herkunft:** Spanien/Katalonien; **Käsesorte:** ↑**Ziegenkäse**; **Milch:** pasteurisierte „Retinta" ↑**Ziegenmilch**; **Teig:** leicht krümelig, mehr hart als elastisch; **Geschmack:** mild, leicht säuerlich; **Info:** Die Form verdankt der 2,1 kg schwere ↑**Käse** dem Tuch, in das er eingewickelt ist, wodurch er Feuchtigkeit verliert. Der Reifeprozess dauert 45 Tage. Die natürliche Rinde ist mit weißem ↑**Edelschimmel** bedeckt.

Canache *[Franz. Speisekarte]* Süße ↑**Schokoladen**masse

Canadian Whisky *[Hausbar]* Kanadischer ↑**Whisky** hat mit seinen 40 %Vol. von allen Whiskytypen den zartesten, leichtesten Geschmack. Ausgangsprodukte sind – wie auch für den amerikanischen ↑**Bourbon** – ↑**Roggen** und ↑**Mais**. Durch die Lagerung in frischen Eichenholzfässern bleibt der zweifach gebrannte Canadian Whisky hell und eignet sich hervorragend für die Verwendung in Mixgetränken.

Canaiolo Nero *[Weinkunde]* Eine der wichtigsten roten Traubensorten – neben dem ↑**Sangiovese** – für ↑**Chianti**. Manchmal auch reinsortig ausgebaut, aber dann selten gut. Es gibt auch eine weiße Canaiolo.

Canapé *[Franz. Speisekarte]* **A** Belegte Röstbrotschnitte. In der Regel verwendet man Scheiben vom ↑**Baguette** oder kleine eckige, oval oder rund geschnittene, getoastete Weißbrotscheiben. Die entrindeten Appetithappen können warm und kalt angeboten werden, zum Sektfrühstück, Empfang (↑**Amuse Gueule**), ↑**Cocktail**, ↑**Aperitif** und zu kalten Büfetts. **Tipp:** Man bestreicht die gerösteten Brotscheiben mit Salzbutter und belegt diese mit einem Salatblatt oder feinen Streifen (↑**Julienne**) davon. Auf dieser Grundgarnitur kann dann mit **Lachs**, ↑**Forellen**filets, ↑**Schinken**, ↑**Käse**, ↑**Schweinefilet**, ↑**Enten**brustfilet, ↑**Roastbeef**, ↑**Carpaccio** belegt werden oder man bestreicht die gerösteten Brotscheiben mit einer ↑**Farce** aus ↑**Geflügel**, ↑**Fisch** und überbackt sie.

Canard *[Franz. Speisekarte]* Männliche ↑**Ente**

Canard à l'Orange *[Franz. Speisekarte]* **A** ↑**Enten**brust mit einer ↑**Sauce** aus karamellisiertem ↑**Zucker**, ↑Wein**essig**, ↑Braten**jus**, ↑**Orangen**saft

Canard à la presse *[Franz. Speisekarte]* **A** ↑**Enten**brust und -keulen mit einer ↑**Sauce** aus der ausgepressten ↑**Karkasse**, Leber, Blut und ↑**Cognac**

Canard au sang *[Franz. Speisekarte]* Erstickte Ente mit ihrem Blut im Körper. **Bei uns verboten.**

Canard bigarade *[Franz. Speisekarte]* ↑**Ente** in ↑**Pomeranzen**sauce – ↑**Sauce bigarade**

Canard de barbarie *[Franz. Speisekarte]* ↑**Barbarie-**Ente

Canard de Rouen *[Franz. Speisekarte]* Sehr feine ↑Zucht**ente** mit zartem ↑**Wild**geschmack

Canard laqué, de pékin *[Franz. Speisekarte]* ↑**Peking**ente

Canard nana tais, de Challans *[Franz. Speisekarte]* Kleine, aber feine, fette ↑Zucht**ente**

Canard sauvage, cainar, colvert *[Franz. Speisekarte]* Stock-, ↑**Wildenten**, heute meist gezüchtet

Canard souchet *[Franz. Speisekarte]* Löffel-, Schwimmente, eine der feinsten ↑**Wildenten**

Cancalaise, à la *[Speisegarnitur]* **A** Der Garniturname entspringt den bretonischen ↑**Austern** aus Cancale: Für Fischgerichte mit pochierten (Cancale-)Austern und ↑**Garnelen**schwänzen in Fischrahm- oder Weißweinsauce

Cancoillotte *[Käse]* **T Herkunft:** Frankreich; **Käsesorte:** ↑**Schmelzkäse**, 30 % ↑**Fett i.Tr.**; **Milch:** entrahmte Kuhmilch; **Teig:** zähflüssig, mit ↑**Knoblauch** oder ↑**Weißwein** gewürzt; **Geschmack:** kräftig aromatisch; **Verwendung:** wird lauwarm gegessen

Candelillawachs *[Fachkunde]* ↑**E 902**

Canditi *[Ital. Speisekarte]* ↑**Kandierte Früchte**

Cane *[Hausbar]* Nichtalkoholisches, gut schmeckendes Getränk aus unvergorenem ↑**Zuckerrohr**saft (Brasilien)

Canelones *[Span. Speisekarte]* ↑**Nudeln**

Canestrato Pugliese *[Käse]* **Herkunft:** Italien/Provinzen Foggia und Bari. Eine der vielen Varianten der Sorte ↑**Pecorino. Käsesorte:** Schafskäse; **Info:** In Form und Gewicht variieren die einzelnen Laibe zwischen 2 und 15 kg. Im ersten Jahr der Reifung wird der Käse regelmäßig mit ↑**Olivenöl** abgerieben. Verzehrfertig ist der junge Canestrato nach 3 bis 4 Monaten mit einem würzigen Geschmack und Duft. Nach 1 bis maximal 2 Jahren duftet er sehr markant.

Canestrelli *[Ital. Speisekarte]* ↑**Mürbeteig**gebäck

Canestrello *[Ital. Speisekarte]* ↑**Muschel**

Caneton, canette *[Franz. Speisekarte]* Junge, bis 2 Monate alte ↑**Ente**

Canette *[Franz. Fachwort]* Apfelwein-, Bierflasche mit Bügelverschluss, etwa 1/3 l

Cangrejos del río *[Span. Speisekarte]* ↑Fluss**krebse**

Canja *[Span. Speisekarte]* ↑**Hühner**suppe mit ↑**Reis**

Canne *[Franz. Speisekarte]* ↑**Ente**

Canned *[U.S. Kitchen]* Aus (in) der Dose

Canned fruit *[U.S. Kitchen]* Dosenobst

Cannelieren *[Franz. Fachwort]* Gerieftes Schneiden mit einem Bunt- oder Wellenmesser

Cannella *[Ital. Speisekarte]* ↑**Zimt**

Cannelle *[Franz. Speisekarte]* ↑**Zimt**

Cannellini *[Ital. Speisekarte]* Weiße ↑**Bohnen**

Cannelloni *[Ital. Speisekarte]* Röhrennudeln

Cannoccia *[Ital. Speisekarte]* ↑**Heuschreckenkrebs**

Cannolicchio *[Ital. Speisekarte]* Messermuschel

Cannolo *[Ital. Speisekarte]* Teigrolle

Cannonau *[Weinkunde]* Rote Rebsorte, die im Süden Frankreichs als ↑**Grenache** und in Spanien als Garnacha bekannt ist. In Italien kommt sie am häufigsten auf Sardinien vor, wo sie unter der Bezeichnung Cannonau di Sardegna alkoholreiche Rotweine hervorbringt. Sie ist die sizilianische Haupttraube für die Weine um den Ätna, jedoch kaum im Export zu finden. Wird für trockene und süße Rotweine verwendet und bringt bei guter Pflege und Ausbau ausgezeichnete Weine.

Cantabria Geschützte Herkunftsbezeichnung *[Käse]* **Herkunft:** Spanien/autonome Gemeinde Cantábrico (Urdón- und Cervera-Täler) in der Provinz Santander; **Käsesorte:** ↑**Schnittkäse**, mind. 45 % ↑**Fett i.Tr.**; **Milch:** von friesischen Milchkühen; **Teig:** elfenbeinfarben mit weicher gelber Rinde; **Info:** In dieser von den rauen Winden des Golfs von Biscaya durchwehten Region weiden friesische Milchkühe, aus deren vollfetter, pasteurisierter ↑**Milch** ein ↑**Käse** gemacht wird, der nur 7 Tage reift. Die Form: rechteckig, Block oder Zylinder. Gewicht: 1 bis 2 kg

Cantal Geschützte Herkunftsbezeichnung [*Käse*] **T Herkunft:** Frankreich, Auvergne; **Käsesorte:** ↑**Schnittkäse** 45 % ↑**Fett i. Tr.**; **Milch:** rohe oder pasteurisierte Kuhmilch; **Teig:** jung: schnittfest, geschmeidig, fettartig - gereift: leicht brüchige Konsistenz; **Geschmack:** ungereift: leicht säuerlich oder milchsauer, fein haselnussig, leicht salzig herb; gereift: pikant ausgeprägt. **Beste Zeit:** Juni bis September; **Info:** Der Familienname Cantal steht für drei Schnittkäse-Brüder in unterschiedlichen Alters- und Gewichtsklassen: Neben dem großen Bruder Cantal mit 40 cm Durchmesser und ca. 40 Kilo Gewicht gibt es den 20 Kilo schweren Petit Cantal und den 10 Kilo leichten Cantalet. Alle Cantal-Brüder verstecken unter ihrer harten grauen bis goldfarbenen Rinde einen zarten, leicht säuerlichen und haselnussartigen Kern, der auf der Zunge zergeht. Dieser Geschmack begeisterte schon die Römer vor 2000 Jahren, wie Schriften von Plinius dem Älteren beweisen. **Weinempfehlung:** leichte, fruchtige Rotweine, z. B. ↑**Beaujolais**, Corbières, ↑**Côtes du Rhône**

Cantaloupe Melone [*Obst*] **T Lateinisch:** Cucumis melo var. cantalupensis; **Synonym:** Kantalupe-Melone, Warzenmelone; **Info:** Cantaloupes bilden mit Netz- und Honigmelonen die drei großen Gruppen der Zuckermelonen. Die wichtigsten Vertreter der Cantaloupe Melonen sind die Charentais Melone und die Ogenmelone. Die eher kleinen, 0,5 kg bis 1,5 kg schweren Früchte der Cantaloupe Melonen sind rundlich geformt und haben eine unterschiedlich stark gerippte, manchmal mit Warzen besetzte Rinde. Das gelblich-orangefarbene Fruchtfleisch mit dem typischen rosa Einschlag schmeckt süß und sehr würzig. **Ursprung und Geschichte:** Cantaloupe Melonen stammen ursprünglich aus Cantalupo, einer kleinen Küstenstadt in Ligurien nahe der französischen Grenze. ↑**Melonen**

Cantina [*Weinkunde*] Weinkeller (italienisch), kann sowohl ein Lagerraum für Weinflaschen als auch eine Weinkellerei sein, wo der Wein vinifiziert wird.

Cantina sociale [*Weinkunde*] Kellerei-, Winzergenossenschaft (ital.)

Cantuccini di prato [*Ital. Speisekarte*] Mandelkekse

Cantuccio [*Ital. Speisekarte*] Mandelkeks

Cap Corse [*Hausbar*] Würzig-süßer ↑**Aperitif** aus Korsika. Auf Weinbasis mit ↑**Heidelbeeren**, ↑**Chinarinde** und Kräutern, hat leichtes Vanillearoma

Capalunga [*Ital. Speisekarte*] Messermuschel

Capasanta [*Ital. Speisekarte*] ↑**Jakobsmuschel**

Capelan, cap élan, cape lin [*Franz. Speisekarte*] ↑**Dorsch**

Capelli d'angelo [*Ital. Speisekarte*] ↑**Vermicellini**

Caper [*U.S. Kitchen*] ↑**Kapern**

Capilotade, en [*Franz. Speisekarte*] In kleinen Stücken, geschmort

Capitoul Baskeriu [*Käse*] **Herkunft:** Frankreich/Midi-Pyrénées; **Käsesorte:** ↑**Schnittkäse**, 50 % ↑**Fett i. Tr.**; **Milch:** Schafsmilch; **Geschmack:** mild-aromatisch; **Info:** Reifezeit mindestens drei Monate

Capocollo [*Ital. Speisekarte*] ↑**Wurst** aus dem ↑**Schweinenacken**

Caponata [*Ital. Speisekarte*] Auberginengemüse

Cappelletti [*Ital. Speisekarte*] Gefüllte Teighütchen

Cappelo del prete [*Ital. Speisekarte*] ↑Schweine**kochwurst**

Capperi [*Ital. Speisekarte*] ↑**Kapern**

Cappon magro [*Ital. Speisekarte*] **A** Salat aus ↑**Meeresfrüchten**, ↑**Fisch** und ↑**Gemüse**, Spezialität aus Ligurien

Cappone [*Ital. Speisekarte*] **1.** ↑**Kapaun**; **2.** ↑**Knurrhahn**

Cappuccino [*Kaffee*] **R** Der Cappuccino ist wahrscheinlich die bekannteste italienische Kaffee-Variation neben dem ↑**Espresso**. Zubereitet aus einem Espresso, einer zwei bis drei Zentimeter dicken Milchschaumhaube und ein wenig heißer ↑**Milch** (ungefähr je ein Drittel Anteil). Auch die Temperatur ist wichtig: heiß, aber nicht zu heiß. Seinen Namen hat er von der „cappuccio", der Kapuze der Kapuzinermönche. Einen „Wiener Cappuccino" krönt ein Sahnehäubchen (dort als Schlagobers bezeichnet) statt Milchschaum.

Cappucina [*Ital. Speisekarte*] ↑**Kapuzinerkresse**

Cappucino Cream [*Hausbar*] Sahnelikör (15 %Vol.) aus Italien mit feinem Cappuccino-Geschmack und Schokoladenaroma

Capra [*Ital. Speisekarte*] ↑**Ziege**

Câpres [*Franz. Speisekarte*] ↑**Kapern**

Caprese [*Ital. Speisekarte*] **R** Vorspeise aus ↑**Mozzarella** in Scheiben und ↑**Tomaten**scheiben, mit ↑**Olivenöl**, ↑**Balsamico**, ↑**Salz** und frischen ↑**Basilikum**blättern

Capretto [*Ital. Speisekarte*] Zicklein; junge ↑**Ziege**

Caprice des Dieux [*Käse*] **Herkunft:** Frankreich/Champagne-Ardenne; **Käsesorte:** Doppelrahm-↑**Weichkäse** mit weißem Edelpilz, 60 % ↑**Fett i. Tr.**; **Milch:** pasteurisierte Kuhmilch; **Teig:** sahnig; **Geschmack:** mild und cremig; **Info:** Caprice des Dieux (Laune der Götter). Durch die Zugabe von ↑**Crème fraîche** schmeckt der oval geformte **Käse** besonders mild, cremig und frisch. **Beste Zeit:** ganzjährig

Caprino [*Käse*] **Herkunft:** Sardinien; **Käsesorte:** ↑**Ziegenkäse**; **Teig:** kompakt, weiß oder strohfarben mit Andeutungen von Löchern; **Geschmack:** aromatisch, delikat und leicht säuerlich; **Info:** Die Rinde hat eine weiß-gelbliche Farbe bei rauer Oberfläche wegen des „Einkorbens".

Capriolo [*Ital. Speisekarte*] ↑**Rehbock**

Capsaicin [*Fachkunde*] Bestandteil von Gewürzpaprika oder ↑**Chili**, der den scharfen Geschmack gibt. Capsaicin selbst ist farblos und – bis auf die Schärfe – geschmacklos. Es wird weder durch das Erhitzen beim Kochen noch durch Einfrieren zerstört. Isoliert präsentiert es sich als weißes Pulver, das in ↑**Alkohol**, nicht aber in Wasser löslich ist. Weshalb es auch wenig hilft, nach Genuss zu scharfer Chilispeisen Wasser zu trinken. Das „Brennen“ beim Kontakt mit Capsaicin ist eine „thermische Täuschung“: Es entsteht durch Einwirkung auf jene Nervenenden, die normalerweise den Wärmereiz aufnehmen. Da Capsaicin – im Gegensatz zu den scharfen Verbindungen von schwarzem ↑**Pfeffer** oder ↑**Ingwer** – zu einer relativ lang anhaltenden Desensibilisierung dieser Nerven (nicht der Geschmacksnerven!) führt, vertragen regelmäßige Chilikonsumenten schärfere Speisen. Der Capsaicingehalt der verschiedenen Chilisorten ist sehr unterschiedlich und damit auch ihre Schärfe. Die hier als ↑**Rohkost** und ↑**Gemüse** verwendeten ↑**Paprika** wurden gezielt so gezüchtet, dass sie kein Capsaicin enthalten; daher sind sie so mild. Capsaicin kann selbst noch in 1 Millionstel Verdünnung = 1 ppm (1 part per million) „als scharf schmeckend“ erkannt werden. Der mexikanische ↑**Habanero** oder sein karibischer Verwandter ↑**Scotch Bonnet** enthalten neben ihrem sehr ausgeprägten typischen ↑**Aroma** so viel Capsaicin, dass der pure „Genuss“ für Mitteleuropäer kaum erträglich ist und es bei Hautkontakt zu Irritationen kommen kann. Der Genuss von Chili – ob pur oder zum Beispiel in einer ↑**Salsa** – kann das Wohlbefinden steigern. In diesem Fall wird das Gehirn vom Capsaicin betrogen: Die konzentrierte Dosis hält das Gehirn irrtümlich für einen starken Schmerz, den es zu bekämpfen gilt; das bewirkt die Ausschüttung von ↑**Endorphin**, einem körpereigenen, morphiumähnlichen Schmerzkiller. Dies kann zu einem gesteigerten Glücksempfinden führen. Der Capsaicingehalt wird in ↑**Scoville**-Einheiten gemessen. **Wie ermitteln Wissenschaftler den Capsaicingehalt und damit den Schärfe-Grad der diversen Chilis?** Um für medizinische Präparate eine möglichst präzise Capsaicindosierung zu ermöglichen, wurde das erste Messverfahren bereits 1912 ersonnen. Der Pharma-Wissenschaftler Wilbur L. Scoville entwickelte hierzu eine „Heat Scale“, eine Thermometerskala für die Hitze der diversen Chilisorten. Gemessen wurde, ob die Schärfe der untersuchten Chilisorten in starker Wasser-Verdünnung noch spürbar war. Heutzutage bedienen sich Wissenschaftler der HPLC-Methode (High Performance Liquid Chromatography); dabei misst ein hoch empfindliches Gerät das jeder chemischen Verbindung eigene Lichtspektrum und errechnet daraus die Konzentration in mg/kg. Mit 15 multipliziert ergibt sich daraus der Scoville-Wert. Die Scoville-Skala reicht von praktisch null für ↑**Gemüsepaprika** bis zu 300 000 für Habaneros. Einige Spezialzüchtungen übertreffen sogar noch diesen Wert; die Habanero-Spezialzüchtung „Red Savina“ wurde mit bis zu 575 000 Einheiten gemessen. Reines Capsaicin entspricht 15 Millionen Scoville-Einheiten.

Capsanthin [*Fachkunde*] ↑**E 160c**

Capucine [*Franz. Speisekarte*] ↑**Kapuzinerkresse**

Caquelon [*Franz. Fachwort*] Feuerfestes Ton- bzw. Keramikgeschirr zum Beispiel für Schmorgerichte, ↑**Fondue**

Cara [*Kartoffelsorte*] **Kochtyp:** ↑**Vorwiegend festkochende Kartoffeln; Herkunft:** Irland; **Jahr der Zulassung:** 1976; **Schale:** weiß; **Fleisch:** gelb; **Knolle:** rundoval; **Reifezeit:** spät; **Anmerkungen:** gut geeignet zum Backen und Braten

Carabaccia [*Ital. Speisekarte*] ↑**Zwiebelsuppe**

Caracoles [*Span. Speisekarte*] ↑**Schnecken**

Carageen mould [*Intern. Länderküche*] Begriff aus der schottischen Küchenkultur für eine Süßspeise, bestehend aus ↑**Sahne**, ↑**Hafermehl**, ↑**Zucker** und ↑**Rum**

Carambola [*Exotische Früchte*] **T Lateinisch:** averrhoa carambola; **Synonym:** Karambole, Sternfrucht, Baumstachelbeere; **Info:** Carambolas gehören zur Familie der Sauerkleegewächse und gedeihen auf 5–15 m hohen, buschartigen, immergrünen Bäumen, die mehrmals pro Jahr kleine, wohlriechende, pink- bis lavendelfarbene Blüten hervorbringen, aus denen sich die Früchte entwickeln. Die Früchte sind oval bis ellipsenförmig, 6–13 cm lang bei einem Durchmesser von 3–6 cm und haben üblicherweise 5 (selten 4 oder 6) stark ausgeprägte, längsförmige Rippen. Die Haut ist dünn und glatt, hell- bis dunkelgelb gefärbt und weist eine Wachsschicht auf. Das Fruchtfleisch ist hellgelb bis gelb, transparent, sehr saftig, mit stark saurem bis mild süßlichem Geschmack und hat je nach Sorte keine bis einige Kerne. Quer geschnittene Scheiben haben eine sehr typische Sternform; **Ursprung und Geschichte:** Die Carambola ist ursprünglich in Sri Lanka oder auf den Molukken beheimatet. In Südostasien und Malaysia wird sie seit Jahrhunderten kultiviert. Vor etwa 100 Jahren gelangten Carambolas in den mittelamerikanischen Raum und werden heute in vielen tropischen Gebieten der Erde angebaut. Die wichtigsten Anbauländer sind Malaysia, Sri Lanka, China, Thailand, Indonesien, Brasilien, USA (Florida), Kolumbien und Israel. **Herkunft und Saison:** Carambolas werden das ganze Jahr über in kleinen Mengen angeboten. Die Früchte werden teils grün geerntet und reifen zwar sehr langsam, aber sehr gut nach. **Inhaltsstoffe:** 100 g Carambolas weisen einen Brennwert von ∅ 33 kcal/140 kJ auf und enthalten 88 g Wasser, 0,5 g Eiweiß, 0,3 g Fett, 7,9 g Kohlehydrate und 2,7 g Ballaststoffe. An ↑**Mineralstoffen**, ↑**Spurenelementen** und ↑**Vitaminen** sind ∅ 4 mg Kalzium, 0,3 mg Eisen, 2 mg Natrium, 49,3 mg Vitamin A (RE) sowie 21,2 mg Vitamin C enthalten. **Zubereitung und**

Tipps: Sobald sich die Schale an den Kanten bräunlich zu verfärben beginnt, hat die Carambola ihren besten Reifegrad erreicht und sollte verzehrt werden. Das Fruchtfleisch ist dann auch intensiver gelb gefärbt, knackig, saftig und duftet nach Jasmin. Die Carambola wird mit der Schale meist roh gegessen, als Garnitur verwendet und schmeckt vorzüglich in Salaten mit ↑**Essig** und ↑**Öl**. Seltener wird sie auch gekocht oder als Beilage zu ↑**Meeresfrüchten** und in Pfannengerichten verwendet. Auch ↑**Marmeladen** und ↑**Gelees** werden aus Carambolas gemacht.

Caramel [*Franz. Speisekarte*] ↑**Karamell**, gebrannter ↑**Zucker**

Caramote [*Franz. Speisekarte*] Furchengarnele

Carapace, en [*Franz. Speisekarte*] ↑**Krustentiere** im Panzer bzw. in der Schale

Carassin [*Franz. Speisekarte*] ↑**Karausche**

Caravane de desserts [*Franz. Speisekarte*] Süßspeisen vom Servierwagen

Carbonara sauce [*Ital. Speisekarte*] **A** Helle ↑**Sahnesauce** mit ↑**Schinken** oder ↑**Speck**, ↑**Champignons**, ↑**Zwiebeln**, ↑**Knoblauch** und ↑**Parmesan**, passt zu allen ↑**Pasta-Sorten**

Carbonated [*U.S. Kitchen*] Mit Kohlensäure

Carbonnade [*Franz. Speisekarte*] Gebratenes, gegrilltes oder geschmortes ↑**Rind**- oder ↑**Schweinefleisch**, in Scheiben, aber auch als ↑**Ragout**

Carboxymetyhlcellulose [*Fachkunde*] ↑**E 466**

Carcasse [*Franz. Fachwort*] Knochengerüst bei ↑**Schlachttieren** und ↑**Geflügel**

Carciofo [*Ital. Speisekarte*] ↑**Artischocke**

Cardamom [*Gewürze & Kräuter*] ↑**Kardamom**

Carde [*Franz. Speisekarte*] **T** Essbarer Stängel des ↑**Mangolds**, in Frankreich als ↑**Gemüse** sehr beliebt

Cardigan [*Käse*] **Herkunft:** Wales/Grafschaft Dyfedd; **Käsesorte:** Rohmilchkäse aus Kuhmilch

Cardinal [*Speisegarnitur*] **A** „Kardinalrot“: **1. Speisegarnitur** für **Fisch** – ↑**Hummer**scheiben in rosaroter Hummersauce; **2.** (geeiste) Süßspeise mit roten Früchten oder in rotem Fruchtsirup; **3.** ↑**Aperitif** aus Johannisbeerlikör (↑**Cassis**) und Rotwein (↑**Beaujolais**)

Cardine, limande salope, sloop [*Franz. Speisekarte*] **T** Name verschiedener Plattfische, besonders des Flügel- oder Glattbutts, mit seinem festen, etwas trockenen, aber schmackhaften Fleisch

Cardon [*Franz. Speisekarte*] **T** Karde: artischockenähnliche Distelpflanze, deren zarte, wohlschmeckende Blattstiele man in Frankreich gern blanchiert, gedünstet oder überbacken als ↑**Gemüse** isst; **Saison:** November–Februar

Cardons à la moelle [*Franz. Speisekarte*] **A** Geschmorte essbare Disteln mit Scheiben von ↑**Knochenmark**, mit ↑**Schnittlauch** bestreut

Cardons au beurre [*Franz. Speisekarte*] **T** Essbare Disteln, ähnlich wie ↑**Artischocken**, in ↑**Butter** gedünstet

Cardy [*Gemüse*] ↑**Gemüseartischocke**

Carema [*Weinkunde*] Anderer Name für ↑**Nebbiolo**, die Traube, die für die großen Piemont-Weine verantwortlich ist, für ↑**Barolo**, ↑**Barbaresco** und Gattinara. Im Nord-Piemont Hauptanteil beim Fara, Sizzano, Ghemme.

Carême, Marie Antoine [*Berühmte Köche*] **A** Genannt **Antonin** (1784–1833), einer der bedeutendsten Köche seiner Zeit, Wegbereiter der klassischen französischen Küche (↑**Haute Cuisine**). Carême war Fachschriftsteller, Künstler und Reformer, Schöpfer der Piéces montées (Schaustücke). Seine berufliche Karriere begann er bereits mit neun Jahren als Garkoch. Mit 21 war er Küchenchef bei Talleyrand, dem Herzog von Périgord. Dann folgten Anstellungen bei George IV. von England, Zar Alexander I., Kaiser Franz I. von Österreich und Baron de Rothschild. Marie-Antonin Carême war der „Koch der Könige und König der Köche“. Er verfasste zudem zahlreiche Bücher mit Rezepten, Küchengeschichte, Anleitung zur Küchenorganisation u.v.m.

Carib [*Bier*] Das populärste Bier in der östlichen Karibik wurde ursprünglich nur in Trinidad gebraut, inzwischen aber auch in St. Kitts und Grenada.

Caribe [*Gewürze & Kräuter*] Mexikanische Chilisorte ↑**Santa Fe Grande**

Carignan [*Weinkunde*] Auch Cariñena, wird häufig in der Provence, an der Rhône und im Midi angebaut, obwohl sie ihren Namen dem spanischen Dorf Cariñena verdankt. Sie ist Frankreichs meist angebaute rote Rebsorte und wird zum Verschneiden benutzt. Die Rebe erzeugt robuste, harmonische Weine, die oft erfolgreich mit Garnacha Tinta verschnitten werden. Wird in Calatayud, Costers del Segre, Penedès, Tarragona, Terra Alta angebaut. Andere Namen sind Mazuelo und Tinto Mazuelo.

Cariole-Form [*Unsere Küche*] Anrichten in kleiner, glatter, konischer Zylinderform

Carissa [*Exotische Früchte*] **Englisch:** natal plum; **Französisch:** carissa. Der dornige Strauch der Carissa ist in Indien, Australien, in Zentralafrika und vereinzelt in Florida anzutreffen. Die Früchte sind oval bis rundlich und 2–5 cm groß. Das Fruchtfleisch ist rot, fest und enthält einen rundlichen Steinkern. Es ist erfrischend und je nach Sorte mehr oder weniger süß. Vielfache Verwendung finden Carissas für Fruchtsoßen.

Carliston Chili [*Gewürze & Kräuter*] **T Schärfe 1–2 = ca. 1500** ↑**Scoville-Einheiten**. Türkische milde Sorte, die in Deutschland nur grün angeboten wird. Für Salate oder als Beilage geeignet; ↑**Chili.**

Carmen [*Speisegarnitur*] **A** Speisegarnitur mit Tomaten oder Paprikaschoten, stark gewürzt, ↑**Salade Carmen**

Carmignano [*Weinkunde*] Toskanischer Rotwein aus dem gleichnamigen Anbaugebiet westlich von Florenz. Für die Produktion von Carmignano werden die gleichen Rebsorten wie für ↑**Chianti** verwendet. Hauptbestandteil des Weines formen ↑**Sangiovese** und ein Zusatz von ↑**Cabernet Sauvignon**. Diese nicht-autochthone Rebe verhalf letztendlich Carmignano zu einem eigenständigen DOC, während es früher zum Anbaugebiet des Chianti Montalbano gezählt wurde. Die angebliche Präsenz von Cabernet Sauvignon in den Weinbergen von Carmignano war das Argument, dass, obwohl nicht einheimisch, sie ein traditioneller Bestandteil des Weins sei. Deshalb sei Carmignano nicht als Chianti zu betrachten, der damals nur aus einheimischen Rebsorten gekeltert wurde. 1975 bekam das Carmignano-Gebiet als Erstes den DOC-Status, wobei der Zusatz von Cabernet Sauvignon erlaubt wurde. Erst 1984 wurde dies auch Chianti gestattet.

Carnaroli [*Allgem. Nährmittel*] Italienischer ↑**Rundkornreis**, der beste für ↑**Risotto**

Carnaubawachs [*Fachkunde*] ↑**E 903**

Carne [*Ital. Speisekarte*] ↑**Fleisch**

Carne asada [*Mexicofood*] Gebratenes ↑**Fleisch**

Carne de cocido [*Span. Speisekarte*] ↑**Suppenfleisch**

Carne de porco a Alentejana [*Span. Speisekarte*] ↑**Schweinefleisch** mit ↑**Herzmuscheln**

Carne do Sol [*Intern. Länderküche*] Begriff aus der brasilianischen Küchenkultur für zarteste Rindfleischstücke. Diese werden mit Salz bestreut und mehrere Tage lang in der Sonne getrocknet. ↑**Brasilianische Küche**

Carne na grelha/churrasco [*Span. Speisekarte*] Grillfleisch

Carne seca [*Intern. Länderküche*] Auch ↑**Carne do Sol**: Begriff aus der brasilianischen Küchenkultur für gesalzenes Dörrfleisch, wird häufig mit Kürbis serviert. ↑**Brasilianische Küche**

Carne tritata [*Ital. Speisekarte*] ↑**Hackfleisch**

Carnitas [*Mexicofood*] **1.** Fleischfüllung. **2.** Verschiedene Sorten von kleinen, gebratenen Fleischstückchen

Carnitin [*Fachkunde*] Dient als Transporter für ↑**Fettsäuren** in die Kraftwerke (Mitochondrien) der Zellen. Ist in Verbindung mit ↑**Vitamin C** als ↑**Fatburner** wichtig für die Fettverbrennung, den Energiehaushalt und die körperliche Leistungsfähigkeit. Reich an Carnitin sind ↑Muskel**fleisch**, ↑**Innereien**, Kuh- und ↑Mutter**milch**. Carnitinmangel kann bei Menschen mit angeborenen oder erworbenen Stoffwechselstörungen (Nierenfunktionsstörungen, Dialysebehandlung) auftreten und zu Muskelschwäche führen.

Carnotset, carnotzet [*Schweizer Küche*] Weinkeller; kleines, intimes (Wein-)Lokal, Bar in der Westschweiz

Carnuntum [*Weinkunde*] Weinbaugebiet östlich von Wien. Rund 900 ha Rebfläche, 750 Betriebe, 70 % Weißweinanteil. Benannt nach der historischen Römerstätte Carnuntum. Göttlesbrunn, Höflein und Prellenkirchen sind die Zentren des Weinbaus und beliebte Ausflugsorte für Heurigenliebhaber des Wiener Raums. Immer öfter zählen kräftige Rotweine aus dem aufstrebenden Weinbaugebiet zu den Besten Österreichs. Der pannonische Klimaeinfluss lässt die Trauben voll ausreifen, davon profitieren auch ↑**Grüner Veltliner**, ↑**Welschriesling** und ↑**Weißburgunder**.

Carob [*Fachkunde*] Ein im Geschmack kakaoähnliches dunkles Pulver, das aus der Frucht des ↑**Johannisbrotbaumes** gewonnen wird und als ↑**Kakaoersatz** gilt. ↑**Schokolade aus Mallorca**

Caroline [*Franz. Speisekarte*] **A** Kleiner ↑**Blitzkuchen**, mit ↑**Gänseleber**, ↑**Schinken**, ↑**Lachs**, ↑**Käse** gefüllt, warm oder kalt, Vorspeise

Carota [*Ital. Speisekarte*] ↑**Karotte**

Carotin [*Fachkunde*] ↑**E 160a**, ↑**Karotin** oder ↑**Betacarotin**

Carotinonide [*Gesundheit*] ↑**Betacarotin**, ↑**Sekundäre Pflanzenstoffe**, ↑**Flavonoide**, ↑**Saponine**, ↑**Bioaktive Substanzen**, ↑**E 160a** – ↑**E 160f**

Carotte [*Franz. Speisekarte*] ↑**Karotte**, Möhre, gelbe Rübe

Carottes à la vichy [*Franz. Speisekarte*] ↑**Vichy**

Carottes en purée crécy [*Franz. Speisekarte*] **A** ↑**Karotten**, mit ↑**Reis** gekocht und durch ein Sieb gedrückt

Carottes glacées [*Franz. Speisekarte*] Glacierte ↑**Karotten**

Carottes râpées [*Franz. Speisekarte*] Roh geraffelte ↑**Karotten**

Carpa [*Ital. Speisekarte*] ↑**Karpfen**

Carpaccio [*Ital. Speisekarte*] **R 1.** Vittore Carpaccio; venezianischer Renaissancemaler, berühmt wegen seiner brillanten Rot- und Weißtöne; **2.** Giuseppe Cipriani, Begründer der legendären Harry's Bar in Venedig, kreierte das Gericht 1950 bei der großen Carpaccio-Ausstellung in Venedig. Zum ersten Mal servierte er es der Contessa Amilia Nani Mocenigo, die laut ärztlicher Anweisung kein gekochtes Rindfleisch essen durfte. Das originale Carpaccio besteht aus hauchdünn geschnittenem, rohem, angefrorenem ↑**Rindfleisch** (Filetstück), das mit Öl und ↑**Zitronensaft** oder einer cremigen ↑**Vinaigrette** aus ↑**Olivenöl** beträufelt und mit ↑**Parmesan**spänen bestreut wird. ↑**Würztabelle.** Mittlerweile wird mit „Carpaccio" auch eine Zubereitungsart beschrieben, bei der die Zutaten dünn geschnitten und mariniert werden. Es gibt inzwischen Fisch-, Wild-, Gemüse- und Obstcarpaccio. Auf dem Münchner Oktoberfest wurde sogar ein Carpaccio von ↑**Semmelknödel** (**nie -knödeln**) kreiert.

Carpe [*Franz. Speisekarte*] ↑**Karpfen**

Carpione [*Ital. Speisekarte*] ↑**Forelle**

Carrageen [*Fachkunde*] Verdickungsmittel ↑**E 407**

Carré [*Franz. Speisekarte*] ↑**Karree**, Rippenstück, Kotelettstück, Nierenstück

Carré de l'Est [*Käse*] **T Herkunft:** Frankreich/urspr. Champagne, Lothringen; **Käsesorte:** viereckiger ↑**Weichkäse** mit weißem Edelpilz; ↑**Fett i. Tr.** 50 % (Président), 45 % (Le Rustique), 52 % (Révérend); **Milch:** pasteurisierte Kuhmilch; **Teig:** zartgelb, geschmeidig; behält auch im vollreifen Stadium einen festen Kern. **Geschmack:** mild wie ein Camembert, zugleich herb aromatisch; **Info:** In Deutschland finden sich vor allem der Carré Président in verschiedenen Varianten; **1.** als Carré Classic in der goldgelben 250-Gramm-Packung; **2.** als Carré natur in der bronzefarbenen 350-Gramm-Packung; **3.** als Carré leicht mit 13 % absolut in blauem Gewand; **4.** als aromatischer Carré Blond mit gemischter Rinde sowie **5.** als Carré Rot mit ↑**Rotschmiere.** Der Carré Le Rustique trägt das Erkennungszeichen aller Le Rustique-Produkte: die Holzschachtel und das traditionelle rotweiße Karotuch. Der Carré Révérend ist nicht nur natur, sondern auch mit Kräutern erhältlich. **Beste Zeit:** September bis Mai; **Weinempfehlung:** leichte französische Rotweine, z. B. Coteaux du Languedoc

Carré fumé [*Franz. Speisekarte*] Gepökeltes, geräuchertes Rippenstück, ↑ „**Kasseler** Rippenspeer" vom ↑**Schwein**

Carrelet [*Franz. Speisekarte*] ↑**Scholle**

Carrots [*U.S. Kitchen*] ↑**Karotten** – in den USA auch Zutat im Kuchen: berühmt ist der Carrot Cake mit Cream-Cheese-Guss.

Carte des vins [*Franz. Speisekarte*] Weinkarte

Carte du jour [*Franz. Speisekarte*] Tageskarte

Cartoccio, al [*Ital. Speisekarte*] In Alufolie

Carurú [*Intern. Länderküche*] Begriff aus der brasilianischen Küchenkultur für gebratene ↑**Krabben,** die mit einer scharfen Soße aus rotem ↑**Pfeffer,** ↑**Okra,** ↑**Zwiebeln,** ↑**Tomaten,** ↑**Chili** und ↑**Dandê-Öl** (Palmöl) serviert werden. ↑**Brasilianische Küche**

Caruso Historischer Speisename [*Speisegarnitur*] **R** Enrico Caruso (1873–1921), berühmtester Tenor und Feinschmecker seiner Zeit. Nach ihm wurden viele Fantasiegerichte benannt, die üppig und sehr anspruchsvoll in der Zusammenstellung waren, z. B. ↑**Froschschenkel** in ↑**Cognac,** flambiert, mit ↑**Butter** gebunden, mit frischem ↑**Knoblauch,** ↑**Zitronensaft,** ↑**Pfeffer,** ↑**Salz** und feinen ↑**Kräutern** vollendet.

Carvi, carum [*Franz. Speisekarte*] Wilder ↑**Kümmel**

Casabamelone [*Obst*] **T Lateinisch:** Cucumis melo var. inodorus; **Info:** Casabamelonen gehören innerhalb der Zuckermelonen zur Gruppe der Honigmelonen und weisen eine rundliche oder leicht ovale Form auf. Die Rinde ist gerippt, gelb oder orangefarben und bleibt um den Stiel grünlich. Das Fruchtfleisch ist weißlich gefärbt, cremig, nicht besonders aromatisch. **Herkunft und Saison:** Casabamelonen werden in Spanien und Nordafrika angebaut. Aus spanischer Produktion gibt es von Ende März bis Ende September ausreichende Angebote. ↑**Melone**

Casalinga [*Ital. Speisekarte*] Nach Hausfrauenart, hausgemacht

Cascina [*Weinkunde*] Italienisches kleines Weingut

Casein [*Fachkunde*] Macht in der ↑Kuh**milch** ⌀ 80 % vom ↑Gesamt**eiweiß** aus. Es lässt sich durch Ansäuern oder durch Zusatz von ↑**Lab**enzymen ausfällen und ermöglicht so die Käseherstellung.

Caseinat [*Fachkunde*] Caseinat ist aufgeschlossenes ↑Milch**eiweiß.** Eingesetzt wird es zur Eiweißanreicherung von ↑**Milch**- und ↑**Sauermilch**erzeugnissen und bei der Herstellung von ↑**Sauce**n und Fleisch**konserven.**

Cashel Blue [*Käse*] **Herkunft:** Irland/Tipperary; **Käsesorte:** ↑**Schnittkäse; Milch:** Kuhmilch; **Teig:** recht bröckelig; **Geschmack:** mild

Cashewkerne [*Allgem. Nährmittel*] **T Lateinisch:** Anacardium occidentale; **Englisch:** cashew nut, cashew kernel; **Französisch:** noix de cajou; **Italienisch:** anacardio; **Spanisch:** nuez de acajú, cajú. **Info:** Cashewbäume gehören zur Familie der Sumachgewächse, werden bis zu 15 m hoch und tragen die Cashew-Äpfel, die nicht transportfähig sind und daher nur in ihrer Heimat als Obst verzehrt werden. Weitaus wichtiger ist jedoch die Cashewnuss, die sich am unteren Ende des Apfels entwickelt und in der sich die etwa 2–3 cm großen, nierenförmigen Cashewkerne befinden. Die Hauptproduzenten sind Indien und Brasilien, daneben Moçambique, Kenia und Vietnam. Die Cashewkerne sind im Naturzustand von einer harten, ungenießbaren Schale eingehüllt. Der Kern selbst ist noch einmal mit einem dunkelbraunen Häutchen versehen, das für den Handel entfernt wird, indem die Kerne mit Heißluft geröstet werden. Aufwändige Handarbeit ist nötig, um die steinharten Schalen zu knacken. Deshalb werden für ganze erhaltene Kerne höchste Preise erzielt. **Ursprung und Geschichte:** Cashewbäume wurden von den südamerikanischen Indianern bereits lange vor der Entdeckung Amerikas kultiviert. Die Indianer des Amazonasgebietes verwendeten den Saft der Cashewäpfel schon seit Jahrhunderten als bewährtes Mittel gegen Krankheiten. Die spanischen und portugiesischen Seefahrer brachten die Pflanzen im 16. Jahrhundert nach Ostafrika und Indien, wo sie bald heimisch wurden und sich schnell verbreiteten. **Herkunft und Saison:** Die Erntezeit der Cashewfrüchte, die meist aus Vietnam kommen, liegt zwischen Januar und April. Wegen ihrer guten Lagerfähigkeit und Haltbarkeit werden Cashewkerne in Europa das ganze Jahr über angeboten. **Geschmack:** Süßlich und buttrig, ähneln ↑**Mandeln,** sind aber viel weicher und cremiger. **Inhaltsstoffe:** 100 g (trockene und geröstete) Cashewkerne weisen einen Brennwert von ⌀ 549 kcal/2300 kJ auf und enthalten etwa 4 g Wasser, 17,5 g Eiweiß, 43,2 g Fett, 29,7 g Kohlenhydrate und 2,9 g Ballaststoffe. An ↑**Mineralstoffen** und ↑**Vitaminen** sind vor allem ⌀ 270 mg ↑**Magnesium,** ein hoher Anteil an ↑**Vitamin** und ↑**Mehrfach ungesättigte Fettsäuren** enthalten, die gegenüber Herzkrankheiten vorbeugen. **Zubereitung:** Cashewkerne werden bei uns roh, geröstet oder in verschiedenen Veredelungen angeboten. In Knabberkompositionen, Backwaren, vielen Currygerichten. Sie passen gut in Hackfleischfüllungen und exotische Geflügelgerichte. Aus den gelbrotfleischigen apfelartigen Früchten wird in Guatemala und Mosambik Wein erzeugt, in Indien brennt man Schnaps aus ihnen.

Cask [*Weinkunde*] Holzfass (engl.)

Cassata [*Ital. Speisekarte*] **A** **1.** ↑**Eisbombe**, mit ↑**Nüssen**, ↑**Früchten** oder ↑**Makronen** gefüllt. **2.** In Sizilien versteht man darunter ein marzipanähnliches, bombenförmiges Gebäck.

Cassecroût [*Intern. Länderküche*] **A** Begriff aus der tunesischen Küchenkultur für aufgeschnittenes, mit ↑**Harissa** bestrichenes Weißbrot, mit ↑**Oliven**, ↑**Tunfisch** und verschiedenem ↑**Gemüse** garniert

Casse-croûte, -graine [*Franz. Fachwort*] Stulle, Pausenbrot; Imbiss, Brotzeit; rasch eingenommene, leichte Mahlzeit

Casse-noix, le [*Franz. Fachwort*] Nussknacker

Casser [*Franz. Fachwort*] Zerbrechen, zerschlagen, aufbrechen

Casser une croûte [*Franz. Fachwort*] Imbiss zu sich nehmen

Casserole [*Franz. Fachwort*] Koch-, Brat-, Schmortopf mit Stiel oder Griff und oft Deckel

Cassia [*Gewürze & Kräuter*] **T** Chinesischer ↑**Zimt**, mit dem gebräuchlichen Zimt verwandt, aber nicht identisch. Nicht nur die Rinde, auch die Blüten werden genutzt, Letztere zum Aromatisieren von Süßigkeiten und ↑**Tee**.

Cassiaknospen [*Gewürze & Kräuter*] ↑**Zimtblüte**

Cassis, Crème de [*Hausbar*] **A** Franz. ↑**Likör** aus schwarzen ↑**Johannisbeeren** mit einem Alkoholgehalt von 16 %Vol. Verwendung meist für Cocktails, besonders ↑**Kir** oder ↑**Kir Royal.**

Cassis, groseille noire [*Franz. Speisekarte*] Schwarze ↑**Johannisbeere**-Likör (Crème de ↑**Cassis**)

Cassolette [*Franz. Speisekarte*] Feuerfestes Töpfchen, Pfännchen

Cassonade [*Franz. Speisekarte*] Brauner ↑**Zucker**

Cassoulet [*Franz. Speisekarte*] **R** Französisches Nationalgericht. Den überbackenen Bohnen-Fleischeintopf gibt es in zwei Varianten, mit ↑**Hammel**- oder ↑**Gänsefleisch**; die jeweiligen Einlagen sind aber identisch: ↑**Weiße Bohnen**, ↑**Zwiebeln**, ↑Gewürz**nelken**, ↑**Schwarte** vom frischen ↑**Speck**, ↑**Knoblauch**zehen, ↑**Bouquet garni**, ↑**Lorbeerblätter**, ↑**Salz**, ↑**Pfeffer**, ↑Knoblauch**wurst**, Hammelschulter oder Gänsefleisch, ↑**Schweineschulter**, ↑**Bauchspeck**, ↑**Gänseschmalz**, sehr reife ↑**Fleischtomaten**, ↑**Semmelbrösel.** Dieser ↑**Eintopf** wird auf dem Herd vorbereitet und im Backofen fertig gebacken. Die bekanntesten Varianten stammen aus Toulouse, Carcassonne und Castelnaudary.

Casta [*Weinkunde*] Portugiesisch für Rebsorte

Castagnaccio [*Ital. Speisekarte*] ↑**Krapfen**, Kuchen, ↑**Waffeln** aus ↑**Kastanien**mehl (Korsika)

Castanas [*Span. Speisekarte*] Kastanien ↑**Maronen**

Castelão Frances [*Weinkunde*] Rotweinrebe, die unter verschiedenen Namen in ganz Südportugal verbreitet ist. Ihre Weine sind fleischig, fruchtig und können jung getrunken werden. Trotzdem haben sie ein gutes Alterungspotenzial. Auf der Halbinsel Setúbal (Ribatejo) ist sie die wichtigste Rebsorte. In einfachen Weinen zeigen sich oft Wildaromen, die manchmal auch unangenehm sein können.

Castelmagno [*Käse*] **T** **Herkunft:** Italien/Piemont; **Käsesorte:** ↑Halb**weichkäse**; **Milch:** rohe Kuhmilch, eventuell mit kleinen Mengen von ↑**Schafsmilch**; **Teig:** Der Teig ist körnig, weiß-perlfarben oder gelblich mit Kräutereinlage. Wenn der ↑**Käse** sehr alt ist, hat er eine goldgelbe Färbung mit blauen Adern. Ursprünglich war der Castelmagno in der Konsistenz cremiger, doch mit dem Anstieg der Produktion ist er trockener geworden, hat eine Neigung zum Zerbröckeln. **Geschmack:** delikat, mit zunehmender Reife immer pikanter; **Info:** Die Reifung erfolgt in kühlen, feuchten Grotten oder Kellern über einen Zeitraum von 2 bis 5 Monaten. Die dünne, gelb-rötliche Rinde wird im Verlauf dunkler und runzlig. Wenn das Reifen fortgesetzt wird, bildet sich im Teig jener grünliche ↑**Edelschimmel**, der einen besonders reichen Geschmack verleiht. **Tipp:** Castelmagno-Käse sollte an einem kühlen Ort, in Plastik- oder Glasbehältern aufbewahrt werden, damit er keinen fremden Geschmack annimmt oder an andere Lebensmittel abgibt. **Verwendung:** Passt gut zu Nudel- oder Reisgerichten, er kann aber auch zu ↑**Konfitüren** und ↑**Honig** gegessen werden.

Castelo Branco [*Käse*] **Herkunft:** Spanien/Serra da Estrela; **Käsesorte:** ↑**Schafs**- oder ↑**Ziegenkäse**; **Info:** Castelo Branco wird im Spätherbst gemacht und reift 40 Tage lang. Lässt man ihn länger reifen, wird er härter.

Caster sugar [*U.S. Kitchen*] Extrafeiner Zucker (extrafeine ↑**Raffinade**)

Catalana, alla [*Ital. Speisekarte*] Sauce zu ↑Meeres**krebsen**

Catalane, à la [*Speisegarnitur*] **A** **Speisegarnitur** für **große Fleischstücke** und **Fisch** – Große ↑**Auberginen**scheiben in ↑**Olivenöl** braten, ↑**Pilawreis; Sauce:** tomatierter ↑**Fond**

Cataplana [*Span. Speisekarte*] **A** Gericht aus Muscheln, Fisch/Fleisch, Paprika, Zwiebeln und Kartoffeln

Catarratto [*Weinkunde*] Die am häufigsten angebaute weiße Rebsorte Siziliens und, zusammen mit Inzolia, für viele Weißweine der Insel verantwortlich. Früher für die Produktion von ↑**Marsala** gebraucht, Siziliens berühmtesten Likörwein, kann Catarratto auch heute charaktervolle Weine hervorbringen. Voraussetzung dabei ist ein gedrosselter Ertrag per ha und eine gewissenhafte Kelterung. Die Weine zeichnen sich durch Würze in der Nase aus und sind oft alkoholreich.

Catfish [*U.S. Kitchen*] ↑**Wels**

Catigot [*Franz. Speisekarte*] **A** Anglerragout aus Flussfischen (↑**Aal**, ↑**Karpfen**) mit ↑**Gemüse**, ↑**Kartoffeln**, ↑**Knoblauch** und ↑**Gewürzen**. Spezialität aus dem Rhônetal und der Provence

Catriona [*Kartoffelsorte*] **Kochtyp:** ↑**Vorwiegend festkochende Kartoffeln; Herkunft:** Großbritannien; **Jahr der Zulassung:** 1920; **Schale:** hellocker; **Fleisch:** hellgelb; **Knolle:** groß, langoval; **Reifezeit:** mittelfrüh/früh

Catuaba Tee [*Tee*] Roter Rindentee aus dem Regenwald mit belebender Wirkung. Fester Bestandteil vieler Erfrischungsgetränke in Brasilien. Catuaba weist einen hohen Anteil an ↑**Mineralstoffen** auf, vor allem ↑**Magnesium**, ↑**Kalium** und ↑**Calcium**. Er hat ein zitronenfrisches, leicht bitteres Aroma. Über längeren Zeitraum getrunken, fördert Catuaba die Durchblutung.

Caudalie [*Weinkunde*] Maß für den nachhaltigen Wohlgeschmack des Weines; ↑**Nachhaltigkeit**

Cauliflower [*U.S. Kitchen*] ↑**Blumenkohl**

Cava [*Weinkunde*] Nach Champagnerverfahren produzierter Schaumwein aus Spanien. Cava ist sowohl der Name der garantierten Herkunftsbezeichnung (in Spanien DO genannt „Denominación de Origen"), als auch die gesetzlich festgelegte Methode der Herstellung. Das Hauptproduktionsgebiet der Cava liegt in Katalonien, wird aber auch in anderen spanischen DO-Gebieten produziert. Mit den Rebsorten ↑**Xarello**, ↑**Macabeo**, ↑**Parellada** und lokalen Rebsorten, auch ↑**Chardonnay**, traditionelle Rebsorte des Champagners, ist seit 1986 zugelassen. Der Wein muss auf gleiche Weise wie ↑**Champagner** hergestellt und neun Monate auf der Flasche gelagert werden, bevor er in den Handel gebracht wird. Das Cava-Zeichen ist ein vierzackiger Stern auf der Unterseite des Korkens. Cava-Weine sind trocken und oft geschmacksintensiv, im Vergleich zu Champagner wirken sie ein wenig schwer.

Cavala [*Span. Speisekarte*] ↑**Makrele**

Cavalluccio [*Ital. Speisekarte*] ↑**Honigkuchen**

Cavas [*Weinkunde*] Schaumwein aus Spanien

Cavatelli [*Ital. Speisekarte*] Röhrennudeln

Cave [*Weinkunde*] Französisch für Keller, mit dem ein Lagerraum für Fässer oder Flaschen, aber auch der Ort, in dem der Wein gekeltert wird, gemeint sein kann. Eine Cave Co-opérative ist eine Winzergenossenschaft.

Caveau [*Franz. Fachwort*] Keller; Probierstube; Keller-, Musiklokal; Kleinkunstbühne

Caviale [*Ital. Speisekarte*] ↑**Kaviar**

Caviale di olive [*Ital. Speisekarte*] Olivenpaste

Caviar [*Franz. Speisekarte*] ↑**Kaviar**

Caviar à la niçoise [*Gewürze & Kräuter*] **R** Würzig pikante Paste von der Französischen Riviera, eine Art ↑**Tapenade** aus ↑**Sardellen**, schwarzen ↑**Oliven**, ↑**Knoblauch**, ↑**Basilikum**, ↑**Kapern** in ↑**Olivenöl** und ↑**Pfeffer**

Caviar blanc [*Franz. Speisekarte*] Weißer ↑**Kaviar** vom Albino-↑**Stör**

Caviar d'aubergines [*Franz. Speisekarte*] **A** Püree von gebackenen ↑**Auberginen** mit ↑**Knoblauch**, schwarzen ↑**Oliven** in ↑**Olivenöl**

Caviarbutter [*Unsere Küche*] ↑**Beurre de caviar**

Cavolfiore [*Ital. Speisekarte*] ↑**Blumenkohl**

Cavolo [*Ital. Speisekarte*] Kraut; ↑**Kohl**

Cavolo nero [*Ital. Speisekarte*] ↑**Schwarzkohl**

Cavolo rosso [*Ital. Speisekarte*] ↑**Rotkraut**

Cay [*Orientalische Küche*] ↑**Türkischer Tee**

Cayennepfeffer [*Gewürze & Kräuter*] **T Englisch:** Cayenne pepper, Chili pepper; **Französisch:** Poivre de Cayenne. **Synonym:** Chilipfeffer, roter Pfeffer; **Aussehen:** scharfes südamerikanisches Gewürz aus getrockneten und gemahlenen Chilischoten; **Gesundheitlicher Wert:** enthält ↑**Vitamin P**, das sich günstig auf den Kreislauf auswirkt; **Geschmack:** paprikaähnlich, nicht so würzig, aber schärfer, enthält 20-mal mehr ↑**Capsaicin; Schärfegrad 7 – 35 000–45 000** ↑**Scoville-Einheiten.** ↑**Würztabelle**

Cayetana [*Weinkunde*] Auch Cazagal genannter Weißwein aus Spanien. Angebaut im Badajoz, Cáceres, Extremadura

CCP [*Fachkunde*] Kritischer Kontrollpunkt (Critical Control Point) mit entscheidender Wirkung auf die Qualität und Sicherheit in der Lebensmittelverarbeitung. Die Festlegung, Kontrolle und Einhaltung zugehöriger Standard- und Toleranzwerte werden in der Hygieneverordnung gesetzlich gefordert.

Cebollas [*Span. Speisekarte*] ↑**Zwiebeln**

Cebreiro [*Käse*] **Herkunft:** Spanien/Galicien. Zwei Wochen gereifter, fetter Kuhkäse in markanter Soufflée-Form

Ceci [*Ital. Speisekarte*] ↑**Kichererbsen**

Cecina [*Ital. Speisekarte*] ↑**Kichererbsen**fladen

Cédrat [*Franz. Speisekarte*] ↑**Zitronat**

Cedro [*Ital. Speisekarte*] ↑**Zitronatzitrone**

Cefalo [*Ital. Speisekarte*] ↑**Meeräsche**

Céleri [*Franz. Speisekarte*] ↑**Sellerie**

Céleri-rave [*Franz. Speisekarte*] ↑**Stauden**-, Stangensellerie

Celery [*U.S. Kitchen*] ↑**Staudensellerie**

Celeste [*Kartoffelsorte*] **Kochtyp:** ↑**Vorwiegend festkochende Kartoffeln.** Frühreifende Sorte

Célestine [*Speisegarnitur*] **A Speisegarnitur** für **Hühnchen** – mit geschälten ↑**Tomaten** und ↑**Champignons** sautiert, mit ↑**Cognac** flambiert, in ↑**Weißwein** gegart, mit ↑**Knoblauch** und ↑**Petersilie** bestreut serviert

Cellentani [*Ital. Speisekarte*] **T** Lockenförmige, dicke Hohlnudeln mit gerillter Oberfläche für Aufläufe und Nudelsalate sowie kräftige Beilagen wie ↑**Speck** und ↑**Bohnen**, ↑**Steinpilze**, ↑**Auberginen**

Cellulose [*Verdauung*] Cellulose ist die Gerüstsubstanz der pflanzlichen Zellwände, faserig, fest und wasserunlöslich. Sie besteht aus 8000 bis 12 000 Traubenzuckerbausteinen und entspricht damit der Stärke. Da aber die Traubenzuckerbausteine in Cellulose durch eine andere Bindung als in Stärke miteinander verknüpft sind, die die Enzyme im menschlichen Darm nicht lösen können, ist Cellulose für den Menschen unverdaulich und gehört zur Gruppe der ↑**Ballaststoffe**.

Cellulose [*Weinkunde*] Wird auch heute noch als Filterhilfsmittel eingesetzt

Celsius [*Fachkunde*] Nach dem schwedischen Physiker Anders Celsius benannte Einheit der Grade beim 100-teiligen Thermometer, Abkürzung: C

Cendrat Montsec [*Käse*] **Herkunft:** Spanien/Katalonien (Montsec); **Käsesorte:** ↑**Ziegenkäse**; **Teig:** cremig, mit Geschmack; **Geschmack:** charakteristisch; **Info:** Der ↑**Käse** wird zu zwei Kilogramm schweren Laiben geformt, mit Asche bestreut und zwei Monate gereift.

Cendre, sous la [*Franz. Speisekarte*] In Asche (Holzkohlenglut) gegart

Centerpiece [*U.S. Kitchen*] Dekoration (Tafelschmuck), die einen Blickfang in der Mitte des Tisches bildet

Central hundredweight [*Fachkunde*] Angelsächsische Gewichtseinheit; Abk.: central cwt = 45,359 kg; andere Bezeichnung: short cwt

Cépage [*Weinkunde*] Französisch für Rebsorte. Früher fand sich dieser Begriff selten auf französischen Weinetiketten, da fast alle Weine unter einer Herkunftsbezeichnung (Appellation d'Origine Contrôlée) und nicht unter dem Rebsortennamen auf den Markt kamen (Ausnahme: elsässische Weine). Seit dem weltweiten Erfolg der „varietal wines", den Weinen aus einer Rebsorte, haben immer mehr Winzer diese Vermarktungsweise angenommen. Außerhalb des Elsass' ist diese Bezeichnung nur erlaubt, wenn die Weine unter der niedrigsten Qualitätsstufe „↑**Vin de Pays**" auf den Markt gebracht werden. Paradoxerweise sind die meisten dieser Weine dieser Kategorie weit überlegen und zeigen umso mehr, dass das französische Weingesetz veraltet ist.

Cèpes [*Franz. Speisekarte*] ↑**Steinpilze**

Cèpes à la bordelaise [*Franz. Speisekarte*] **R** ↑**Steinpilze** in ↑**Olivenöl**, mit ↑**Salz**, ↑**Pfeffer**, etwas ↑**Knoblauch**, ↑**Schalotten**, ↑**Schinken**, ↑**Gänseschmalz** oder ↑**Butter** und gehackter ↑**Petersilie** zubereitet

Cèpes limousine [*Franz. Speisekarte*] **R** ↑**Steinpilze** mit ↑**Knoblauch**, gehackter ↑**Zwiebel**, ↑**Salz**, ↑**Pfeffer** gedünstet und mit frischer ↑**Sahne** vermischt serviert

Cerasuolo [*Weinkunde*] Ursprünglich die Bezeichnung eines leichten hellroten Weines, wie ↑**Rosé** produziert. Im Südwesten Siziliens wird der Wein unter einer eigenen ↑DOC-Bezeichnung als Cerasuolo di Vittoria aus den lokalen Rebsorten Frappato, Nerello Mascalese und Nero d'Avola bereitet.

Cerdo [*Span. Speisekarte*] ↑**Schweinefleisch**

Cerealien [*Allgem. Nährmittel*] **Französisch:** céréales.Als Cerealien werden sowohl Getreidearten als auch daraus hergestellte Produkte wie beispielsweise Frühstücksflocken oder ↑**Cornflakes** bezeichnet. Die knusprigen, verzehrfertigen Getreideflakes liefern viele wichtige Nährstoffe (v. a. ↑**Kohlenhydrate**, ↑**Mineralstoffe** und ↑**Vitamine**). ↑**Kellogg.** Das Wort Cerealie wurde vom Begriff „cerealia munera" (Geschenk der Ceres, der römischen Göttin des Ackerbaus) abgeleitet. Im englischen Sprachraum ist „cereals" ein gängiger Begriff für alle Arten von Getreideprodukten, insbesondere für Müsli, Flakes, Pops usw.

Cereza [*Span. Speisekarte*] ↑**Kirsche**

Cerf [*Franz. Speisekarte*] ↑**Dam-**, ↑**Rothirsch**, sollte nicht älter als 1 Jahr sein

Cerfeuil [*Franz. Speisekarte*] ↑**Kerbel**

Cerfoglio [*Ital. Speisekarte*] ↑**Kerbel**

Cerise [*Franz. Speisekarte*] ↑**Kirsche**

Cerise acide, anglaise [*Franz. Speisekarte*] ↑**Sauerkirsche**

Cerise douce [*Franz. Speisekarte*] ↑**Süßkirsche**

Çerkez Füme [*Käse*] Im türkischen Marmara-Gebiet aus fettarmer ↑**Milch** erzeugter, hellgelber oder beigefarbiger ↑**Käse** mit dünner Rinde, nicht salzig. Er verströmt einen typischen Geruch, da er über Tannenholz geräuchert wird, was seinen Geschmack erheblich verbessert und die Lagerungsfähigkeit erhöht.

Cernia [*Ital. Speisekarte*] ↑**Zackenbarsch**

Cerrato [*Käse*] **Herkunft:** Spanien/Kastilien; **Milch:** ↑**Schafsmilch**; **Teig:** weiß und sehr fest, mit grauer Rinde; **Geschmack:** sehr kräftig und würzig

Cervela [*Schweizer Küche*] Name verschieden gewürzter, geräucherter ↑**Brühwürste** aus ↑**Schweine-** und ↑**Rindfleisch** mit ↑**Schwarten** und ↑**Speck**, wird kalt oder warm gegessen

Cervelatwurst [*Fleischprodukte*] Alte Schreibweise für ↑**Zervelatwurst**

Cervella [*Ital. Speisekarte*] ↑**Hirn**

Cervelle [*Franz. Speisekarte*] ↑**Hirn**

Cerveza [*Span. Speisekarte*] ↑**Bier**

Cervo [*Ital. Speisekarte*] ↑**Hirsch**

Cesar salad [*U.S. Kitchen*] **A** Wurde erstmals im Cesar's Place von Cesar Cardini in Tijuana, Mexiko, serviert. Von dort trat er seinen Siegeszug in die USA an. Knackiger Blattsalat (Eisbergsalat) mit ausgelassenen ↑**Speckwürfeln**, warmen ↑Knoblauch**croûtons**, ↑**Anchovisfilets** und ↑**Eigelb**-↑**Senfdressing**

C'est bon [*Franz. Fachwort*] Stimmt schon (Trinkgeld)

Cétan, céteau [*Franz. Speisekarte*] Seezungenart, platter Meerfisch, von Feinschmeckern geschätzt, aber rar; **Saison:** Mai–Juli; **Zubereitung** wie ↑**Seezunge**

Cetriolo [*Ital. Speisekarte*] ↑**Gurke**

Ćevapčići [*Intern. Länderküche*] **R** Ćevapi oder Ćevapčići (Verkleinerungsform) sind auf dem Balkan verbreitet. Das Wort hat dieselbe Wurzel wie ↑**Kebab**, ist also orientalischen Ursprungs. Es sind kleine Röllchen aus ↑**Hackfleisch**, die auf dem Grill zubereitet werden. Die Fleischmischung wird mit reichlich ↑**Knoblauch**, ↑**Paprika**, ↑**Muskat**, ↑**Pfeffer** und ↑**Salz** gewürzt. Die Röllchen, 4–6 cm lang und 1–2 cm im Durchmesser, werden in Fladenbrot verpackt gegessen und mit einer nicht zu fein geschnittenen rohen Zwiebel serviert. Je nach Region kommt dazu noch ein Schlag Kajmak, eine Art ↑**Sauerrahm**, oder auch ↑**Ajvar**. Mancherorts serviert man ein Glas Flüssigjogurt dazu. Während man in Kroatien und Serbien meist zu gleichen Teilen ↑**Rind-** und ↑**Schweinefleisch** verwendet, sind es im muslimischen Bosnien nur Rindfleisch oder Rind- und ↑**Schaffleisch**. ↑**Balkan Küche**

Cévenole, à la [*Speisegarnitur*] **A** Wildgericht mit pikanten oder süß glasierten Maronen

Ceviche [*Mexicofood*] **A** Roher Fischcocktail: köstlich nur mit ganz frischem ↑**Fisch**. Mariniert in ↑**Limettensaft**, mit ↑**Chilis** und ↑**Zwiebeln** gewürzt

Ceylon-Tee [*Tee*] Um 1860 zerstörte ein Pilz namens Hemileia vastatrix die gesamten Kaffeeplantagen auf Ceylon (Sri Lanka). Der Schotte James Taylor legte 1867 die ersten Teefelder an. 1890 errichtete Thomas Lipton aus Glasgow im großen Stil Teemanufakturen, umgeben von zahlreichen Teeplantagen. Obwohl Ceylon 1972 unabhängig wurde und den Namen „Sri Lanka" erhielt, hat der Tee seinen alten Namen behalten und liefert die hochwertigen Sorten aus den Gebieten UVA (Südosten der Insel), Dimbula (Südwesten der Insel) und Nuwara Eliya (Hochplateau zwischen UVA und Dimbula).

Ceylontang [*Fachkunde*] ↑**Agar-Agar** oder ↑**E 406**

Cezve [*Orientalische Küche*] Türkisches Kaffeekännchen mit Stiel. ↑**Türkischer Tee & Kaffee**

Ch'in Chinesische Garmethode [*Asiatische Küche*] **T** Bedeutet „bei langsam nachlassender Temperatur in Wasser kochen". Man kontrolliert die Hitzezufuhr, indem man zur rechten Zeit den Topf vom Feuer zieht. Zunächst bringt man die Flüssigkeit (meistens Wasser) zum Kochen, fügt das Gargut zu und schaltet nach kurzem Aufwallen die Hitze aus, sodass der eigentliche Garprozess durch die Speicherwärme geschieht. Das nochmalige Aufkochen richtet sich nach der jeweiligen Garzeit des Nahrungsmittels, es sollte jedoch nie länger als etwa eine Minute dauern. In China kombiniert man diese Garmethode häufig: Man wendet zuerst diese Methode an, gart aber dann auf andere Weise fertig, da sie sich nur für sehr zarte, junge ↑**Gemüse** und Fleischstücke eignet. Beispiel „Kristallhühnchen": Man gibt ein junges ↑**Huhn** in kochendes Wasser, lässt es eine Minute darin kochen, nimmt es vom Feuer, wo es langsam in der Flüssigkeit abkühlt. Danach löst man das Fleisch von den Knochen, schneidet es in mundgerechte Stücke und serviert es mit Dips. Man kann das unzerteilte Hühnchen auch in ↑**Wein**, ↑**Alkohol**, ↑**Salz**, ↑**Schnittlauch**, ↑**Ingwer** und ↑**Knoblauch** marinieren und ohne weiteres Garen als Vorspeise „Betrunkenes Hühnchen" reichen. Durch das Eintauchen in kochende Flüssigkeit schließen sich sofort alle Poren, Saft, Aroma und Würzstoffe bleiben erhalten. Zarte Zutaten brauchen nun nicht mehr länger zu kochen, es genügt, wenn sie 10 bis 20 Minuten in der langsam abkühlenden Flüssigkeit ziehen. Frisches Gemüse und junges ↑**Geflügel** schmecken viel aromatischer und würziger. Ch'in ist nicht nur eine Methode, in Wasser zu garen, sondern auch in ↑**Brühe** oder ↑**Pflanzenöl.** Man spricht dann vom „Kochen bei schwindender Brühehitze oder Kochen bei schwindender Ölhitze". ↑**Kochen im Wok** oder ↑**Asiatisch Kochen**

Ch'eng Chinesische Garmethode [*Asiatische Küche*] **T** In China sind zwei Arten des Dämpfens bekannt: das „Offene Dämpfen" und das „Verschlossene Dämpfen". Unter Ch'eng versteht man das „Offene Dämpfen", sehr häufig angewendet bei ↑**Fisch** und ↑**Meeresfrüchten**. Eine Schüssel oder ein Teller werden auf einen Bambus- oder Drahtrost gesetzt und beides in einen großen Topf gestellt, in dem 2 Finger hoch Wasser sprudelnd kocht. Oder man dämpft in speziellen Bambuskörbchen, die genau aufeinander passen, und platziert diesen Turm als Deckel auf dem Reistopf. Auf diese Weise können sämtliche Dämpfgerichte zugleich garen, während unten der ↑**Reis** ausquillt. Bei der Ch'eng-Methode mariniert, würzt und garniert man das Gargut fix und fertig, bevor man es auf den Dämpftopf setzt. Diese Methode eignet sich für kurze Garzeiten. Oft reicht ein kurzer, starker Dampfstoß bereits aus. Kurzzeitige Dampfhitze benützt man, damit natürliche Frische, Eigengeschmack, Aroma und Saft erhalten bleiben. ↑**Kochen im Wok** oder ↑**Asiatisch Kochen**

Ch'uan Chinesische Garmethode [*Asiatische Küche*] **T** Garen in Wasser oder ↑**Brühe**, mit ↑**Ch'in** verwandt. Das wiederholte Aufkochen ist das Maß für die Länge der Garzeit. Man lässt Brühe oder Wasser heftig aufwallen, gibt das Gargut hinein und kocht erneut auf. Dann nimmt man den Topf kurz vom Feuer, schiebt ihn später wieder auf die Flamme und lässt die Flüssigkeit noch einmal kochen. Jetzt (oder spätestens nach dem dritten Aufkochen) ist das Essen gar und fertig. Für diese Methode ist nur junges, zartes ↑**Gemüse**, ↑**Geflügel** oder ↑**Fleisch** von bester Qualität geeignet. Bei größeren Fleischstücken kann ein viertes Aufkochen nötig sein, bis sie wirklich durch und durch zart sind. Diese Garmethode wird meist mit anderen angewendet. In China bereitet man oft Gemüse und Fleisch zunächst auf Ch'uan vor, um sie danach pfannenzurühren, in ↑**Fett** auszubacken oder zu dämpfen. ↑**Kochen im Wok** oder ↑**Asiatisch Kochen**

Cha Chinesische Garmethode [*Asiatische Küche*] **T** „Schwimmend in ↑**Fett** Ausbacken" (Frittieren), wird in China wie im Westen gehandhabt: Die Zutaten werden in Teig gehüllt und in heißem Fett gegart. Nur ist Cha in China oft Teil von mehreren Garprozessen, die Nahrungsmittel durchlaufen, bevor man sie serviert. Die „Knusprige wohlriechende Ente" zum Beispiel wird erst mariniert, dann gedämpft und endlich schwimmend ausgebacken, damit sie krachend-knusprig wird. Und die knusprigen **„↑Wan Tan"**, deren köstliche Fleischfüllung von einem hauchdünnen Teigmantel umgeben ist, werden zuerst gedämpft oder in ↑**Brühe** gar gezogen, bevor man sie in heißem Fett knusprig ausbäckt. Andererseits werden manchmal auch die Zutaten in heißem Fett nur vorgegart, dann in eine aromatisierende Marinade eingelegt und erst kurz vor dem Servieren nochmals ins aufschäumende Fett gegeben, damit sie dampfendheiß auf den Tisch kommen. Beispiele: „Feingeschnittenes Fleisch in Sojagelee" oder „Hühnerfleischwürfel in süß-saurer Sauce". Bei der chinesischen Methode des Ausbackens rechnet man mit drei Garstufen, wobei die Zutaten bis zu dreimal ins heiße Öl gegeben und wieder herausgehoben werden. Dabei hat das Öl drei verschiedene Hitzegrade: heißes Öl, sehr heißes Öl und glühendheißes Öl. Meist ist es notwendig, den Frittierprozess öfters zu unterbrechen, weil das Gargut sonst leicht verbrennt. Die Garpausen, wenn ↑**Fleisch**, ↑**Fisch** oder ↑**Gemüse** aus dem Fett gehoben werden, um es kurz in seiner eigenen Hitze ziehen zu lassen, kann man zum Würzen nutzen. Das Ausbacken unterteilt man in der ↑**Chinesischen Küche** gemeinhin in drei Kategorien: Einfach Ausbacken, wenn man das Gargut natur ins Fett gibt; Sanft Ausbacken, wenn man die Zutaten zuvor oder auch während des Ausbackvorgangs mit ↑**Marinaden** oder ↑**Saucen** würzt, und Trocken Ausbacken, wenn man sie vor dem Frittieren mit ↑**Weizenmehl** oder ↑**Maisstärke** paniert oder in Ausbackteig taucht. ↑**Kochen im Wok** oder ↑**Asiatisch Kochen**

Cha (com limao) [*Span. Speisekarte*] ↑**Tee (mit Zitrone)**

Cha cha [*Intern. Länderküche*] Begriff aus der vietnamesischen Küchenkultur für einen über Holzkohle gegrillten, entgräteten Fisch. ↑**Vietnamesische Küche**

Cha gio [*Intern. Länderküche*] **A** Begriff aus der südvietnamesischen Küchenkultur für die ↑**Frühlingsrolle** (im Süden Cha gio, im Norden Nem). Die vietnamesischen Frühlingsrollen sind wahrscheinlich eine Adaption aus der chinesischen Küche. Dort werden Frühlingsrollen frittiert, in Vietnam weitgehend ohne Fett zubereitet. Das dünne Reispapier wird je nach Wunsch mit ↑**Rindfleisch**, ↑**Huhn**, ↑**Schweinefleisch**, ↑**Krabben**fleisch oder verschiedenen Gemüsearten gefüllt. ↑**Vietnamesische Küche**

Chabertin [*Weinkunde*] Bekannter Wein aus dem Burgund

Chabichou du Poitou Geschützte Herkunftsbezeichnung [*Käse*] **T Herkunft:** Frankreich. In Deutschland findet man den Chabichou du Poitou unter der Marke Soignon. **Käsesorte:** ↑**Weichkäse** mit natürlicher Rinde, 45 % ↑**Fett i. Tr.**; **Milch:** ↑**Ziegenmilch**; **Teig:** jung: weiß, zart, homogen – gereift: zunehmend fester und bröckeliger; **Geschmack:** dezenter, typischer Ziegengeschmack, leicht milch-säuerlich; **Info:** Der Name entspringt dem arabischen Wort **chebli** (↑**Ziege**), das zu Chabi verkürzt, wird und bedeutet nichts anderes als „kleiner ↑**Ziegenkäse**". **Verwendung:** Der zylinderförmige Chabichou (**sprich:** schabischu) hat ein dezentes Aroma und eignet sich für die kalte und warme Küche. **Weinempfehlung:** elegante Rotweine wie Bergerac, Sancerre oder Pouilly-Fumé

Chabis [*Schweizer Küche*] Schweizer Bezeichnung für ↑**Kohl**

Chablais [*Weinkunde*] Anbauregion in der Westschweiz im Kanton Waadt

Chablis [*Weinkunde*] Berühmter französischer Weißwein aus dem Herzen Burgunds

Chabot [*Franz. Speisekarte*] Gestreifter ↑**Seewolf**

Chadron [*Intern. Länderküche*] Kreolische Bezeichnung für ↑**Seeigel**

Chafing dish [*Franz. Fachwort*] Platte oder Gefäß zum Warmhalten

Chair [*Franz. Speisekarte*] ↑**Fleisch** als Nahrungsmittel, aber auch Fruchtfleisch

Chakchouka [*Intern. Länderküche*] Begriff aus der tunesischen Küchenkultur für einen exotischen Gemüseeintopf, der mit Wursteinlage oder ↑**Spiegelei** serviert wird. ↑**Merguez**

Chaleur [*Franz. Fachwort*] Hitze

Challah [*Jüdische Küche*] Singular für das Schabbat-Brot, einen Hefezopf mit Mohn; Plural ↑**Challot**

Challot [*Jüdische Küche*] Singular ↑**Challah**; im Englischen auch als **egg bread** bezeichnet, da das Rezept Eier vorschreibt. Die Challot sind die Brote (immer zwei) für den Schabbat und jüdische Feiertage. Die ↑**Kashrut** regelt, dass Challot ↑**parve** sein müssen, das Rezept darf demnach keine Milch beinhalten, damit das Brot auch zu Fleisch gegessen werden kann. Die Challot sind in der Regel geflochtene Brote, die Form variiert je nach Anlass. ↑**Shabbat-Brot.** Das traditionelle Shabbat-Mahl beginnt nach dem Kiddusch mit zwei Laiben Brot, den Challot. Die Anzahl erinnert an die zweifache Portion Manna, die das Überleben der Juden während ihrer langen Wüstenwanderung nach der Flucht aus Ägypten sicherten. ↑**Rosch Ha Schana.** An Rosch Ha Schana (jüd. Neujahrsfest) gelten für die Challot besondere Regeln: Sie sind rund, um den Jahreszyklus zu symbolisieren. Man wünscht sich ein „süßes Jahr", weshalb in einigen Rezepten auch Honig und Rosinen auftauchen.

Challoumi [*Käse*] Auch: Halloumi; **Herkunft:** Zypern; **Käsesorte:** sehr fetter, leicht würziger ↑**Ziegenkäse** mit ↑**Minze**; **Milch:** frische und pasteurisierte ↑**Schafs**- oder ↑**Ziegenmilch**

Chalumeau [*Hausbar*] Veralteter französischer Name für Stroh-, Trinkhalm, heute „paille"

Chalupas [*Mexicofood*] Belegte ↑Mais**tortillas** in Bootform

Chalvas [*Griech. Speisekarte*] **R** Begriff aus der griechischen Küchenkultur für eine Süßspeise aus: 600 g ↑**Grieß**; 200 g ↑**Margarine**; 200 g ↑**Zucker**; 4 ↑**Eiern**; 150 g ganzen ↑**Mandeln**; 1 TL gemahlenem ↑**Zimt**; 1 TL ↑**Backpulver**; für den ↑**Sirup:** 500 g Zucker; 1/2 l Wasser; 1 Stange Zimt; 2–3 ↑Gewürz**nelken**; **Zubereitung:** Die Mandeln ins kochende Wasser geben und 5 Min. ziehen lassen, anschließend abgießen, die Schale lässt sich mühelos entfernen. Den Grieß mit Zimt und Backpulver in einer großen Schüssel vermischen und beiseite stellen. Die Eier trennen, das ↑**Eigelb** mit dem Zucker und der weichen Margarine schaumig rühren. Das ↑**Eiweiß** mit einer Prise ↑**Salz** steif schlagen. Zum Grießgemisch zuerst das schaumig gerührte Eigelbgemisch rühren, dann das sehr steif geschlagene Eiweiß vorsichtig unterheben. Zum Schluss die abgezogenen Mandeln untermischen. Eine Backform gut einfetten und den Chalvas im vorgeheizten Backofen bei 150–180° C in ca. 45 Min. backen. In der Zwischenzeit bereitet man den Sirup zu. Dazu den Zucker, die Zimtstange und die Nelken im Wasser 5 Min. kochen. Die Gewürze mit einem Sieb aus dem Sirup nehmen. Den noch heißen Chalvas sofort mit dem heißen Sirup übergießen. Nach dem Abkühlen in Stücke schneiden, servieren.

Chambord Historischer Speisename [*Speisegarnitur*] **A** Henry, Graf (1820–1883), Herzog von Bordeaux. Die Royalisten gaben ihm den Namen König Heinrich V. Er verließ Frankreich 1830 und zog sich auf Schloss Frohsdorf nahe der Wiener Neustadt zurück. **À la Chambord-Garnitur für große und kleine gefüllte Fische** – ↑**Fische** werden in ↑Rotwein gegart, mit Fischklößchen, ↑**Champignon**köpfen, ↑**Krebsen** und gebackenen ↑**Croûtons** angerichtet. **Sauce:** leicht gebundene Rotweinsoße

Chambrieren [*Weinkunde*] Mit Hilfe eines Weinthermometers wird der Rotwein vorsichtig auf die für ihn ideale Serviertemperatur gebracht (18° C)

Chamois [*Franz. Speisekarte*] ↑**Gämse**

Champagner [*Weinkunde*] Nach dem Versailler Vertrag (1919) steht die Bezeichnung „Champagner" für französische Schaumweine aus dem Gebiet Champagne (nordöstlich von Paris im Département Reims) unter Schutz. Sonstige durch Flaschengärung gewonnene Schaumweine heißen in Frankreich und Luxemburg ↑**Crémant**, in Deutschland Winzersekt und in Österreich Hauersekt, soweit die Grundweine aus einem einzigen Winzerbetrieb stammen und von diesem selbst oder in einer Erzeuger-Gemeinschaft hergestellt wurden. Es gibt roten, roséfarbenen und weißen Champagner in den Geschmacksrichtungen „Brut" (herb) bis „Demi-Sec" (lieblich). Nicht nur das Anbaugebiet ist gesetzlich in einer kontrollierten Herkunftsbezeichnung (↑**AOC**) festgelegt, sondern auch die für die Produktion erlaubten Rebsorten (weiße Chardonnaytraube und die beiden roten Pinot Noir und Pinot Meunier). Ebenso das Herstellungsverfahren, die „Méthode Champenoise". Rote und weiße Trauben werden wie ein Weißwein gekeltert, um daraus einen völlig ausgegorenen, stillen Wein herzustellen, „erste Gärung" genannt. Anschließend wird ein ↑**Cuvée**, die „Assemblage", zusammengestellt, ein Verschnitt aus verschiedenen ausgegorenen Weinen. Sie garantiert die gleichbleibende Geschmacksqualität der jeweiligen Marke. Dieser Wein wird nun in Flaschen abgefüllt, eine Zucker- und Hefemischung zugesetzt, die Liqueur de Tirage (**Dosage**). In der geschlossenen Flasche kommt es zu einer zweiten Gärung, wobei diesmal die dabei entstehende Kohlensäure nicht entkommen kann, sondern sich im Wein auflöst und so den Schaum im Champagner bildet. Wenn der Wein wiederum völlig ausgegoren ist, stirbt die Hefe und bildet einen Niederschlag in der Flasche. Um diesen zu entfernen, werden die Flaschen mit dem Hals nach unten so lange gerüttelt („Rémuage"), bis sich das Dépot am provisorischen (Kronen-)Korken abgesetzt hat. Anschließend wird der Wein ↑**Dégorgiert** und die Flasche ergänzend mit einer weiteren Dosage (diesmal ohne Hefe) aufgefüllt und verschlossen.

Champagner-Cocktail [*Hausbar*] **R** Before Dinner ↑**Cocktail.** Ein in sechs Spritzern ↑**Angostura** getränkter ↑**Würfelzucker** wird mit ↑**Champagner** (oder ↑**Sekt**) aufgefüllt und mit Orangenscheibe in der Champagnerschale oder im Sektkelch serviert. Da man Champagner vom ↑**Amuse gueule** bis zum ↑**Dessert** „durchtrinken" kann, eignet sich der „König aller Weine" auch als ↑**Aperitif.**

Champagner-Flaschengröße [*Hausbar*] Bestimmen Volumen, aber auch Haltbarkeit und Qualität. Je weniger leerer Raum unter dem Korken im Verhältnis zum Volumen, umso mehr verbessert sich die Qualität des Champagners. Kenner bevorzugen daher die Magnum-Flaschengröße. **Überblick:** 1/4-Flasche (Pikkolo-Flasche); 0,187 l, **für zwei Gläschen.** 1/2-Flasche – 0,375 l, **für einen kleinen Anlass mit zwei Personen.** 1/1-Flasche – 0,75 l; **für sechs bis acht Gläser. Magnum** – 2 x 1/1-Flaschenvolumen, 1,5 l. **Jeroboam,** ↑**Jéroboam** (Doppel-Magnum) – 4 x 1/1-Flaschenvolumen; 3 l – benannt nach dem Sohn von Nebat, Jeroboam. Er war der erste König der zehn Stämme Israels. **Rehoboam** – 6 x 1/1-Flaschenvolumen, 4,5 l – benannt nach König Rehoboam (Rehabeam), Sohn und Nachfolger von König Salomon (Salomo). **Methusalem** - 8 x 1/1-Flaschenvolumen, 6 l - benannt nach Methusalem (Methuselah, Mathusala, Mathusale). Der Großvater Noahs soll 696 Jahre gelebt haben. **Salmanasar** - 12 x 1/1-Flaschenvolumen, 9 l - benannt nach einem assyrischen König. **Balthasar** - 16 x 1/1-Flaschenvolumen, 12 l - benannt nach dem Sohn des babylonischen Königs Nebukadnezar (Nabuchodonosor). **Nebukadnezar** - 20 x 1/1-Flaschenvolumen, 15 l - benannt nach dem babylonischen König Nebukadnezar (Nabuchodonosor)

Champagnerzange [*Hausbar*] Spezialwerkzeug zum Lösen festsitzender Sekt- oder Champagnerkorken

Champignon [*Speisepilze*] **T Lateinisch:** Agaricus bisporus; **Synonym:** Egerling, ↑**Zuchtpilze** & **Waldpilze**; **Englisch:** (edible) mushrooms; **Französisch:** champignons; **Italienisch:** funghi; **Spanisch:** champiñones. **Info:** Die zur Familie der Egerlinge gehörenden Champignons sind einheimische Wiesenpilze mit mittelgroßen Lamellen. Die einzelnen Arten unterscheiden sich durch die Farbe des 1,5 bis 7 cm großen Hutes: Er kann weiß, beige oder bräunlich gefärbt sein. Das Fruchtfleisch ist angenehm mild und weist einen leicht mandelartigen Geschmack auf. Eine verwandte, kultivierte Art des Champignons ist der dem Kulturchampignon ähnliche Stadtegerling oder Stadtchampignon Agaricus bitorquis sowie der Anischampignon oder Anisegerling Agaricus arvensis mit nussartigem Geschmack, Anis- oder Mandelgeruch. **Ursprung und Geschichte:** Champignons wurden zur Zeit des französischen Königs Ludwig XIV. um 1650 als gärtnerische Kultur in Meilern und im Freiland erstmals kommerziell kultiviert. In der Nähe von Paris hatten Gärtner festgestellt, dass auf Melonenbeeten nach dem Abräumen, wenn sich der ausgebrachte Mist mit Erde vermischt hatte, verstärkt Champignons wuchsen. Ursprünglich wurden Champignons im Freien angebaut, bis man Ende des 18. Jahrhunderts entdeckte, dass die Pilze auch ohne Licht gedeihen. Stollen und Kasematten um Paris wurden für die Champignonkultur genutzt. Die meisten Kulturchampignons stammen vom zweisporigen Egerling Agaricus disporus ab und waren jahrhundertelang nur als braune Champignons bekannt. Die weiße Form entstand als Folge einer spontanen Mutation um 1930 und wurde - offensichtlich wegen des Eindrucks der Reinheit - weltweit bevorzugt. Erst seit 1980 gibt es eine Renaissance der braunen Champignons, deren Farbe den Konsumenten offensichtlich eine Illusion der naturnahen Produktion vermittelt. **Herkunft und Saison:** Champignons werden das ganze Jahr über in ausreichenden Mengen aus inländischen oder europäischen Zuchtbetrieben angeboten. **Inhaltsstoffe:** 100 g Champignons weisen einen Brennwert von ⌀ 15 kcal/62 kJ auf und enthalten 90,7 g Wasser, 2,74 g Eiweiß, 0,24 g Fett, 3,10 g Kohlenhydrate und 1,02 g Mineralstoffe. An ↑**Vitaminen** sind ⌀ 0,10 mg Vitamin B_1, 0,44 mg Vitamin B_2, 4,90 mg Vitamin C und 5,20 mg Niacin enthalten. **Zubereitung und Tipps:** Champignons nicht waschen, sondern trocken reinigen. Die Stiele kürzen, da sie sonst zu viel Wasser aufsaugen und beim Dünsten einen zähen Geschmack bekommen. Wenn man die Schnittflächen mit ↑**Zitronensaft** beträufelt, bleibt das Fruchtfleisch weiß. Danach brät man sie am besten einige Minuten scharf an und nimmt sie vom Herd, sobald sie Flüssigkeit ausschwitzen; dieser austretende Saft ist sehr schmackhaft.

Champignon de paris [*Franz. Speisekarte*] ↑Zucht**champignons**

Champignons à la crème [*Franz. Speisekarte*] ↑**Champignons** in Sahnesoße

Champignons auf Toast [*Übersetzer*] **Englisch:** mushrooms on toast; **Französisch:** croûte aux champignons **Ital:** funghi sul pane tostato; **Spanisch:** champinones sobre tostada

Champignons sautés à la ↑**bordelaise** [*Franz. Speisekarte*] **R** ↑**Champignons**, in ↑**Butter** mit gehacktem ↑**Knoblauch** oder ↑**Schalotten** gebraten

Champigny [*Weinkunde*] Kleines Dorf an der Loire mit dem vielleicht besten roten Anjou-Wein

Champurado [*Mexicofood*] Warme ↑Mais**schokolade**

Chanko-nabe [*Intern. Länderküche*] Begriff aus der japanischen Küchenkultur für einen gehaltvollen ↑**Eintopf**, für Sumo-Ringer kreiert

Chanquetes [*Span. Speisekarte*] ↑**Weißfische**

Chanterelle [*Franz. Speisekarte*] ↑**Pfifferling**

Chanterelles au beurre - girolles au beurre [*Franz. Speisekarte*] **R** ↑**Pfifferlinge**, in ↑**Butter** mit ↑**Knoblauch**, ↑**Schalotten**, ↑**Petersilie**, ↑**Salz** und ↑**Pfeffer** gedünstet

Chantilly [*Speisegarnitur*] **A 1.** Stadt und Schloss (Besitz des Hauses Condé) im Departément Oise; 1720 wurde bei einem Fest im Schloss Chantilly erstmals Schlagsahne serviert; **2.** Fachausdruck aus der feinen Küche: Crème chantilly heißt nichts anderes als Schlagsahne. **3.** à la chantilly - mit Schlagsahne; **4.** Sauce chantilly: Unter die bereits fertige ↑**Béchamel** wird vor dem Servieren Schlagsahne gezogen.

Chaource Geschützte Herkunftsbezeichnung [*Käse*] **T Herkunft:** Frankreich/Champagne/Ardenne; **Käsesorte:** Camembert-ähnlicher ↑**Weichkäse** mit weißem ↑**Edelschimmel**, 45-50 % ↑**Fett i. Tr.**; **Milch:** rohe Kuhmilch; **Teig:** frisch: fest, bröckelig - gereift: sahnig, geschmeidig, mit festerem Kern; **Geschmack:** frisch: leicht säuerlich, sauermilchartig - gereift: fruchtig, nussartig; **Info:** Der Chaource (gesprochen schaurs) ist ein frischer, weißer, runder ↑**Käse**, der nach Rahm und dem Keller duftet, in dem er reifte. Der Teig des jungen Chaource zeigt ihn von seiner „Frischkäse-Seite". Ist er gereift, gehört er in die Weichkäsegruppe. Größe: 10 bis 11 cm Durchmesser, 6 bis 7 cm hoch mit leicht erhöhtem Rand. Gewicht: 500 g, bei einigen Sorten aus bäuerlicher Herstellung auch mehr. Reifezeit: 3 Wochen (halbreif) bis 2 Monate (vollreif) in kalten Reifekellern. **Beste Zeit:** Er wird das ganze Jahr über hergestellt, doch das zarte Frühlingsgras verleiht den Käsen, die im Mai/Juni verkauft werden, ein besonders delikates Aroma. **Verwendung:** Die Rinde kann man, muss man aber nicht abschneiden. Halbiert kann man einen sehr reifen Chaource auch als ↑**Dessert** auslöffeln. **Getränkeempfehlung:** ↑**Champagner**, Coté aux Champenois, ein weißer Elsässer oder ↑**Chablis**, aber auch ein roter ↑**Burgunder**

Chapati [*Asiatische Küche*] Gewürztes, ungesäuertes indisches ↑**Fladenbrot**, ursprünglich aus Chapati- oder Attamehl (Mehl der ↑**Jackfrucht**). Mittlerweile auch aus ↑**Gerste**, ↑**Hirse** und ↑**Weizen**, Hauptnahrungsmittel des Hunzavolkes im Karakorum-Gebiet.

Chapelure blanche [*Franz. Fachwort*] Durch ein Drahtsieb geriebenes, entrindetes altbackenes ↑**Weißbrot** (oder Semmel), auch Paniermehl genannt

Chapon [*Franz. Speisekarte*] Kapaun, kastrierter Masthahn, zart und saftig

Chaptalisieren [*Weinkunde*] Begriff für das Anreichern, benannt nach dem französischen Chemiker und Innenminister unter Napoleon, Jean-Antoine Chaptal (1756–1832)

Character impact compound [*Fachkunde*] Tragender ↑**Aromastoff** in einem ↑**Aroma**

Charakter [*Weinkunde*] Die typischen, sehr starken, ausgeprägten Geruchs- und Geschmackseigenschaften eines Weines, je nach Gebiet, Sorte und Jahrgang verschieden

Charbonnade [*Schweizer Küche*] Dünne ↑**Rindfleisch**scheiben vom Holzkohlengrill mit würziger ↑**Sauce** und ↑**Kräutern**

Charcuterie [*Franz. Fachwort*] **1.** Wurstküche, Wurstwaren allgemein (für ↑**Fleisch** und ↑**Wurst** vom ↑**Schwein**); **2.** Würste aus Schweinefleisch; **3.** spanisch: charcutería bedeutet Schweinemetzgerei. Anders als in Frankreich verkauft eine charcutería nur geräucherte Wurstwaren, kein frisches Fleisch

Charcutière, à la [*Speisegarnitur*] **A Speisegarnitur** für **kurzgebratenes** ↑**Schweinefleisch** in ↑**Sauce charcutière** vollendet

Chardonnay [*Weinkunde*] Weiße Edelrebsorte, ursprünglich aus dem Burgund, Basis für viele der berühmtesten Weißweine. Sie wurde weltweit zum Modewein des Jahrhunderts. Kaum noch eine Weinbauregion kommt heute noch ohne diese Rebsorte aus. Chardonnay zeigt sich in verschiedenen Stilen, von relativ schweren, stark holzbetonten Weinen mit Noten von Vanille bis zu fast hager wirkenden, eleganten ↑**Chablis**. Die Vielfalt dieser Rebe ermöglicht die Anpassung an ↑**Terrinen**, ↑**Fisch**, ↑**Muscheln**, hellen ↑**Braten** und ↑**Käse**. Gute Weine z. B. in Australien und Kalifornien weisen häufig Aromen von tropischen Früchten auf. Chardonnay ist eine der drei Rebsorten, die für die Produktion von ↑**Champagner** verwendet wird. In Spanien wird sie mittlerweile in Navarra, Penedès und Somontano auch zur Cava-Erzeugung zugelassen. Wird im Piemont, Veneto und Friaul angebaut und bringt dort auch sehr schöne Ergebnisse. Der Chardonnay wird oft im Holzfass ausgebaut.

Charentais Melone [*Obst*] **T Lateinisch:** Cucumis melo var. cantalupensis; **Info:** Charentais Melonen gehören bei den Zuckermelonen zur Gruppe der Cantaloupe Melonen. Sie haben eine weißlich grüne, hellgelbe oder sandgelbe, meist von dunkleren Streifen durchzogene und mit leichten Warzen besetzte, ansonsten glatte Rinde. Die Früchte sind kugelförmig, haben ein Gewicht von 0,5 bis 1,5 kg und verströmen einen intensiven und anregenden Duft. Das Fruchtfleisch ist intensiv orange gefärbt, mit süßem, aromatischem, an ↑**Papayas** oder ↑**Ananas** erinnerndem Geschmack. Durch Rückkreuzungen mit Netzmelonen sind „Genetzte" Charentais Melonen entstanden, die eine dickere, gerippte oder genetzte Rinde und eine deutlich verbesserte Haltbarkeit aufweisen. **Herkunft und Saison:** Charentais Melonen werden vor allem in Spanien, Italien und Frankreich angebaut. Spanien versorgt die Märkte von Ende März bis Ende September. ↑**Melone**

Chariot [*Franz. Fachwort*] Vorspeisen-, Käse-, Dessertwagen

Charlotte [*Franz. Speisekarte*] **A 1.** Berühmte gestürzte Süßspeise aus einer mit ↑**Löffelbiskuit** ausgelegten, mit ↑**Konditorcreme**, ↑**Fruchtmark** gefüllten zylindrischen Form; **2.** Kann auch pikant ohne Teig aus ↑**Fleisch** oder ↑**Gemüse** zubereitet werden

Charlotte [*Kartoffelsorte*] **Kochtyp:** ↑**Festkochende Kartoffeln** – „Speckige Kartoffel" genannt; **Herkunft:** Frankreich; **Jahr der Zulassung:** 1981; **Schale:** gelb; **Fleisch:** gelb; **Knolle:** langoval; **Reifezeit:** mittelfrüh; **Anmerkungen:** ausgezeichnet für Salate geeignet

Charlotte à la russe [*Franz. Speisekarte*] **A** ↑**Bayerische Crème** mit ↑**Schlagsahne**, ↑**Kandierten Früchten** oder aromatischem ↑**Likör** in einem Kranz aus ↑**Löffelbiskuits**

Charlotte au chocolat [*Franz. Speisekarte*] **A** ↑**Dessert**, außen ↑**Biskuit** und innen ↑**Schokoladen**crème, dazu Schokoladensauce

Charlottenform [*Unsere Küche*] Glattwandige, zylindrische Süßspeisenform

Charmant [*Weinkunde*] Ein wenig herablassender Ausdruck, wenn es sich um Wein handelt, der eindrucksvollere Qualitäten haben sollte. Beinhaltet Leichtigkeit, auch Lieblichkeit und wird oft für Loire-Weine gebraucht

Charolais (Rinder) [*Franz. Speisekarte*] Das Charolais-Rind ist in der Farbe gelblich bis fast weiß gedeckt, bei hellem Flotzmaul, Klauen und Horn. Der Ursprung dieser klobig wirkenden Rasse liegt im Flusstal der Nievre und in der Umgebung von Charolles in Frankreich. Wegen ihres saftigen, zarten ↑**Fleisch**es nimmt sie eine Spitzenposition bei Mast- und Schlachtleistungen ein. Auch in Deutschland werden Charolais seit 1960 gezüchtet.

Charque de Vento [*Intern. Länderküche*] Begriff aus der brasilianischen Küchenkultur für die besten Stücke vom ↑**Rind**, die mit wenig ↑**Salz** im Schatten und an der Luft getrocknet werden. ↑**Brasilianische Küche**

Charque novo [*Intern. Länderküche*] Bezeichnung der brasilianischen Küchenkultur für das ↑**Fleisch**, das erst wenige Tage eingesalzen, also noch sehr zart ist und auch für ↑**Churrasco** verwendet werden kann. ↑**Brasilianische Küche**

Charque salgado [*Intern. Länderküche*] Das einzige brasilianische ↑**Trockenfleisch**, das exportiert wird. Es ist gesalzenes und an der Sonne getrocknetes ↑**Rindfleisch**. ↑**Brasilianische Küche**

Charta [*Weinkunde*] Die Rheingauer Winzer haben sich zusammengeschlossen, um den trockenen Riesling und dessen Qualität zu fördern. Die von diesem Verband getesteten Weine – nur ein Wein aus jedem Jahrgang – dürfen sich Charta-Weine nennen. Ein solcher ↑**Riesling** darf frühestens 12 Monate nach der Lese freigegeben werden und muss hohe Qualitätsansprüche erfüllen.

Chartres, à la [*Speisegarnitur*] Mit Estragonsauce

Chartreuse [*Hausbar*] Französischer, gelber und grüner ↑**Likör** auf Weinbrandbasis, der ↑**Honig**, ↑**Kräuter** und ↑**Gewürze** enthält und ursprünglich von Kartäusermönchen des Klosters La Grande Chartreuse (nördlich von Grenoble) hergestellt wurde. Um keinen Likör ranken sich mehr Legenden als um den Chartreuse, dem über 130 Kräuter und Pflanzen seinen einzigartigen Geschmack geben. Die für den Alkohol benötigten Weine werden von den Mönchen selbst angepflanzt. Der kräftige **Grüne Chartreuse**, das „grüne Feuer", wurde 1832 während der Choleraepidemie in Frankreich als Heilmittel verwendet. Außerdem wird ihm verdauungsfördernde Wirkung nachgesagt. Der **Gelbe Chartreuse** ist süßer und milder. Die in großen Eichenfässern reifenden Getränke enthalten 55 %Vol (grüner Chartreuse) und 43 %Vol. (gelber Chartreuse) ↑**Alkohol.** Auch heute noch wird der Original-Chartreuse von Kartäusermönchen in **Voiron bei Grenoble** hergestellt. Der Likör findet sich auch in ↑**Cocktails**, Torten und ↑**Konfekt**.

Chartreuses [*Franz. Speisekarte*] **R** Nahrhafte Leckereien (Kartäusergericht): Mit blanchiertem ↑**Gemüse** werden glattwandige Formen ausgelegt. Anschließend füllt man Sauce ↑**Béchamel** und angebratenes ↑**Fleisch** ein. Mit Gemüse wird die Form geschlossen. Man gart die Chartreuse im Wasserbad, bevor sie gestürzt wird. ↑Wasserbad.

Chasselas [*Weinkunde*] In Frankreich die meistangebaute weiße Tafelweintraube. Sie ergibt leichte hellgelbe Weine mit einem leichtem Bodenton (Duftstoffe: Hefe und Nüsse). Chasselas trifft man an der Loire, in Savoyen (an der Schweizer Grenze) und im Elsass (traditioneller Bestandteil des Edelzwickers) an. In Deutschland fast nur im Markgräfler Land angebaut. In der Schweiz bringt die Rebe am Genfer See als Dézaley gute und teure Exemplare hervor. Identisch mit ↑**Gutedel**, Dorin, Fendant und Perlan

Chasseur, à la [*Speisegarnitur*] **A Nach Jägerart** – Auch als „à la Diane" oder „Saint Hubert" bezeichnete **Speisegarnitur** für Wildgerichte, mit Kastanienpüree, ↑**Waldpilzen**, Wildklößchen oder ↑**Waldbeeren** in Rotwein- oder ↑**Madeirasauce**, aber auch mit Beerengelee und ↑**Kräuterlikör** in der Wildsauce

Châtaigne [*Franz. Speisekarte*] (Ess-)Kastanie

Châtaigne de mer [*Franz. Speisekarte*] **T** ↑**Seeigel**, wird roh oder gekocht wie ein ↑**Ei** aus der Schale gelöffelt

Châtaignes sous la cendre [*Franz. Speisekarte*] ↑**Edelkastanien**, in heißer Asche gebacken; dazu passt ein Glas Weißwein.

Château [*Weinkunde*] Weingut, Schloss, Weinlage. Das französische Weingesetz erlaubt diese Bezeichnung auf einem Etikett nur, wenn ein Château eigene Weinberge hat. Wird der Wein dort abgefüllt, steht auf dem Etikett „Mis en bouteille au château".

Chateau carras [*Weinkunde*] Griechischer trockener Weißwein

Château d'Yquem [*Weinkunde*] Das weltberühmte Weingut in der Appellation Sauternes im Bordeaux erreichte bei der Bordeaux-Klassifizierung im Jahre 1855 als Einziges das Prädikat „Premieur Cru Classé Supérieur" und ist damit das höchstklassifizierte Weingut im Bordelais. Der Yquem-Wein übertrifft mit seiner goldenen Farbe, seiner seidigen Struktur, seinem Safranbukett und seinem süßen Geschmack nach Meinung einiger Kenner sogar den Begriff „supérieur". Er gilt als Weinlegende, wird als „Süßer Schweiß der Engel" bezeichnet und ist einer der teuersten Weine der Welt. Bei der Herstellung werden die einzelnen Tages-Erntemengen (Journée) jeweils einzeln vergoren. Die Maische wird drei Mal gepresst und der Most anschließend gemischt. Die Gärung erfolgt bei 20° C und dauert zwei bis sechs Wochen. Jetzt enthält der Wein 13 bis 14 %Vol. Alkohol und 80 bis 120 g/l Restzucker. Er wird ohne Klärung in ganz neue Barrique-Fässer abgefüllt, die nur zu zwei Dritteln belegt werden. Alle drei Monate wird abgestochen und umgefüllt, wobei die Fässer nie ganz verspundet werden. Alle zwei Wochen wird der Schwund ausgeglichen. Es erfolgt ein mehrmaliges Schönen, aber keine Filtration. Nach dreieinhalb bis vier Jahren Ausbau erfolgt die ↑**Assemblage**, wobei in der Regel 80 % ↑**Semillon** und 20 % ↑**Sauvignon Blanc** verwendet wird.

Chateaubriand [*Speisegarnitur*] **A** 1. François René, Vicomte de (1768–1848), französischer Schriftsteller und Staatsmann; **2.** Die dicke Fleischscheibe (ca. 350–400 g) aus der Mitte des Rinderfilets reicht für zwei oder mehr Personen. Sie wird meist kurz gebraten und mit viel Gemüse garniert, auf Brotsockel (Croûton) angerichtet und am Gästetisch tranchiert. Meist mit ↑**Béarnaise** oder ↑**Beurre maître d'hôtel** serviert

Châteauneuf-du-Pape [*Weinkunde*] Châteauneuf-du-Pape, vielleicht das berühmteste Anbaugebiet an der Rhône. Davon sind nur zwei % Weißwein. Es dürfen traditionell 13 Rebsorten verwandt werden, aber de facto werden fast immer nur ↑**Grenache**, ↑**Syrah**, ↑**Mouvèdre** und ↑**Cinsault** verwandt. Die anderen zulässigen Reben sind Picpoul, Terret Noir, Counoise, Muscardin, Caccarèse, Picardan, Clairette, Roussanne und Bourboulenc.

Chatschapuri [*Intern. Länderküche*] **A** Georgische Spezialität: Törtchen aus ↑**Hefeteig** mit einer Füllung aus gehacktem ↑**Camembert**, ↑**Gouda**, ↑**Schafskäse**, ↑**Butter**, ↑**Ei** und ↑**Petersilie**

Chaud [*Franz. Fachwort*] Warm, heiß

Chaudeau [*Franz. Speisekarte*] Klassische französische ↑**Weinschaumsoße**. Chaudeau: Wörtlich übersetzt „heißes Wasser"

Chaud-froid [*Franz. Speisekarte*] **A** (Frz.: chaud = heiß; froid = kalt) Bezeichnung für warm zubereitetes, kalt serviertes Sülzegericht aus ↑**Fleisch**-, ↑**Geflügel**, ↑**Wild**- oder ↑**Fisch**stückchen. Diese werden mit hellem oder dunklem ↑**Aspik** (Chaudfroidsauce) überzogen.

Chaudrée [*Franz. Speisekarte*] **A** Klassischer, rustikaler ↑Fisch**eintopf** der Atlantikküste. Er wird mit ↑**Sahne**, ↑**Muscadet**, ↑**Gewürzen** und ↑**Kartoffeln** zubereitet und wie die ↑**Bouillabaise** getrennt angerichtet, wobei Brot nicht fehlen darf.

Chausson (aux pommes) [*Franz. Speisekarte*] **A 1.** Blätterteigtasche mit Apfelfüllung. **2.** Eine pikante Vorspeise mit kleinem ↑**Ragout**, ↑**Käse** heiß serviert, ↑**Ragout fin**

Chayote [*Exotische Früchte*] **T Info:** Früchte eines ausdauernden, rauhaarigen, mit langen Ranken kletternden Kürbisgewächses. Die reife Frucht ist in Form und Größe einer schlanken ↑**Birne** ähnlich und hat eine zerfurchte Schale. Die dünne Schale ist grün bis gelblich gefärbt, wellig und weich bestachelt, das Fruchtfleisch weiß oder grünlich und klebrig. Die Chayote besitzt einen einzigen Kern, der weich, hell und genießbar ist, jedoch meist nicht mitgegessen wird. **Herkunft/Saison:** Chayoten stammen aus den Bergen Mexikos, Mittelamerikas und Brasiliens. Schon bei den Azteken waren sie als alltägliches ↑**Gemüse** beliebt. Heute werden sie hauptsächlich in Westindien, Mittelamerika, Westafrika und im Mittelmeerraum angebaut. Importe dieser Früchte kommen aus Brasilien (März bis Juni), Costa Rica und Kenia (April bis Dezember). **Inhaltsstoffe:** Chayoten sind äußerst kalorienarm. Neben den ↑**Mineralstoffen**, ↑**Kalium**, ↑**Calcium** und ↑**Eisen** enthalten sie ↑**Kohlenhydrate**, ↑**Eiweiß** sowie viel ↑**Provitamin** A und ↑**Vitamin C; Geschmack:** Sie schmeckt leicht süßlich, gurkenähnlich und neutral. **Verwendung in der Küche:** Die Chayote ist dem Kürbis sehr ähnlich. Man macht daraus Salat, Suppe, ↑**Kompott**, Gemüsebeilage (gekocht oder gedünstet). **Tipps:** Da Chayoten klebrigen Saft absondern, sollten sie unter fließendem Wasser geschält werden.

Cheddar oder Chester [*Käse*] **T Herkunft:** Großbritannien, Neuseeland, Kanada, Australien; **Käsesorte:** ↑**Schnittkäse**, 50 % ↑**Fett i.Tr.**; **Milch:** pasteurisierte Kuhmilch;**Teig:** bräunlich, innen leicht gelblich, rötlicher Teig ohne Löcher; **Geschmack:** rein und kräftig; **Info:** Der Cheddar gehört zu den beliebtesten britischen Käsesorten. Auch in Deutschland wird Cheddar hergestellt, hier aber unter der Bezeichnung Chester und meist als Rohmaterial für ↑**Schmelzkäse**. Die Familie des Cheddar zeichnet sich durch eine besondere ↑**Bruch**behandlung aus. Man lässt den wie bei der normalen Käseherstellung zubereiteten Käsebruch (englisch: curd) absitzen, zu einem Bruchkuchen zusammenwachsen und säuern. Dann beginnt das „Cheddaring": Schneiden, Stapeln und Umschichten des Käsebruchs, der dann zum Schluss wiederum zu kleinen Stückchen geschnitzelt und gesalzen wird. **Beim Cheddar unterscheidet man zwischen 1.** dem so genannten weißen Cheddar, naturbelassen von blasser cremiger Farbe; **2.** dem roten Cheddar, dem bei der Fabrikation der für viele englische ↑**Käse** typische natürliche Farbstoff ↑**Annatto** beigegeben wird. Der milde, junge (weiße oder rote) Cheddar reift zwischen 6 und 12 Wochen, während der alte Cheddar wenigstens 6 Monate Reifezeit benötigt, dadurch pikanter und würziger im Geschmack ist. Alle Cheddar-Sorten haben einen festen, geschlossenen Teig und werden in verschiedenen Formen und Größen, als Zylinder oder in Blocks hergestellt. Der nach wie vor im englischen Somerset und Dorset produzierte Cheddar wird heute in der ganzen Welt imitiert und hergestellt: in Österreich, Belgien, Kanada, Dänemark, Holland, Neuseeland, sogar in Afrika. Cheddar kommt gewöhnlich als großes Rad mit bis zu 28 kg auf den Markt. In manchen Ländern, so in Frankreich und gelegentlich in Deutschland, wird der mit Cheddar verwandte ↑**Cheshire-Käse** auch Chester genannt. **Verwendung:** Cheddar/Chester hat eine natürliche Rinde und ist ein sehr dankbarer ↑**Kochkäse**. Er lässt sich ohne lange „Käsefäden" schmelzen. Deshalb verwenden ihn die Briten (und andere) mit Vorliebe für Käsegerichte wie ↑**Welsh Rarebits**, Aufläufe und andere überbackene Spezialitäten, sowie für ↑**Saucen**, Salate und ↑**Pizza**.

Cheese [*U.S. Kitchen*] ↑**Käse** In den USA ist Cheddar am beliebtesten, den es von mild bis pikant gibt.

Cheeseburger [*U.S. Kitchen*] ↑**Hamburger**

Cheesecake [*U.S. Kitchen*] ↑**Käsekuchen**

Cheez whiz [*U.S. Kitchen*] ↑**Käse** aus der Sprühdose: Auswuchs der amerikanischen Lebensmittelindustrie

Chef de cuisine [*Franz. Speisekarte*] Küchenchef

Chef de garde [*Franz. Fachwort*] Koch, zuständig für den Wachdienst (mittags oder nachts)

Chef de partie [*Franz. Fachwort*] Postenchef, Koch, der eine Abteilung der Küchenbrigade leitet

Chef de rang [*Fachkunde*] Chef einer Servicestation im Restaurant

Cheiro verde [*Gewürze & Kräuter*] Brasilianische Kräutermischung „Grüner Duft", Kräuterbund mit ↑**Petersilie**, ↑**Schnittlauch**, ↑**Koriander** und grüner ↑**Minze.** Zum Verfeinern von ↑**Hackfleisch**gerichten. ↑**Quibe**

Chela [*Ital. Speisekarte*] ↑**Krebsschere**

Chemiser [*Franz. Fachwort*] Speise mit abgekühltem ↑**Aspik** überziehen, aber auch das Ausstreichen oder Ausgießen mit ↑**Gelee** oder einer Füllmasse

Chenin blanc [*Weinkunde*] Weiße Rebsorte, die vor allem an der Loire zu Hause ist und dort in sehr verschiedenen Weinstilen Verwendung findet. Diese stehen in direktem Zusammenhang mit der Reife des Leseguts im Erntemoment. Gerade reife Beeren, die durch ein hohes Maß an Säure hervortreten, werden für die Schaumweinproduktion verwendet, während die reifsten Beeren, oft von Edelfäule befallen, zu edelsüßen Weinen verarbeitet werden. In der Nase erinnern die Chenin Blanc-Weine oft an ↑**Pfirsich** und ↑**Quitten**, mit der Zeit entstehen häufig Noten von Bienenwachs und nasser Wolle. In Südafrika ist sie als „Stehen" die am häufigsten angebaute weiße Rebsorte. Sie wird dort wie in allen heißen Anbaugebieten wegen ihrer Säure geschätzt, obwohl den Weinen oft das charakteristische Bukett fehlt. Auch in Kalifornien wird Chenin Blanc wegen der Säure angebaut. Weißweinen gibt Chenin Blanc im Verschnitt die fehlende Frische. **Synonyme:** Pineau de la Loire, Pineau d'Anjou, Steen

Cherimoya [*Exotische Früchte*] **T Lateinisch:** Annona cherimola; **Synonym:** Annonenfrucht, Zimtapfel; **Info:** Cherimoyas gehören zur Familie der Annonengewächse. Die zusammengesetzten Früchte sind länglich oder herzförmig, 10–20 cm lang bei einem Durchmesser von 10 cm. Sie sind 150–300 g, in Ausnahmefällen bis 2,5 kg schwer. Die ledrig weiche Schale der Sammelfrucht ist je nach Sorte dünn bis dick, grünlich und mit zunehmender Reife crèmefarben bis gelb, mit deutlich erkennbaren Warzen oder Schuppen. Sie enthält nicht essbare Samen. **Ursprung und Geschichte:** Die subtropische Cherimoya hat ihren Ursprung wahrscheinlich in den Andentälern Ekuadors, Kolumbiens oder Boliviens. Die Inkas kannten und kultivierten die Frucht seit Jahrhunderten, davon zeugen Zeichnungen auf Tongefäßen, die in prähistorischen Gräbern Perus gefunden wurden. Bereits Mitte des 18. Jahrhunderts kamen Samen bis nach Spanien, wo sie allerdings bis in die Mitte des 20. Jahrhunderts nur als Alleebäume gepflanzt wurden. In Kalifornien wurden die ersten Samen 1871 gepflanzt. Cherimoyas werden heute in gemäßigten Gebieten Israels, Costa Ricas und in anderen Ländern Zentralamerikas sowie auf den karibischen Inseln angebaut. Einzelne Plantagen finden sich aber auch in Chile, auf Madeira und in Spanien. **Herkunft und Saison:** Cherimoyas werden von September bis Februar meist aus Spanien angeboten. Im November und Dezember gibt es zusätzliche Importe aus Israel, Mittel- oder Südamerika. **Reife:** Durchgereifte Früchte sollten weich sein, die Schale braunschwarz verfärbt. **Geschmack:** Das weiche, sahneartige, elfenbeinfarbene Fruchtfleisch ist äußerst wohlschmeckend, erinnert an ↑**Erdbeeren** oder ↑**Himbeeren** mit einem Hauch von ↑**Zimt**. **Inhaltsstoffe:** 100 g Cherimoyas weisen einen Brennwert von ∅ 93 kcal/390 kJ auf, enthalten 70 g Wasser, 1,3 g Eiweiß, 0,4 g Fett, 24 g Kohlenhydrate und 2,4 g Ballaststoffe. An ↑**Mineralstoffen**, ↑**Spurenelementen** und ↑**Vitaminen** sind ∅ 23 mg Kalzium, 0,5 mg Eisen, 1 mg Vitamin A (RE) sowie 9 mg Vitamin C enthalten. Das Fruchtfleisch ist besonders leicht verdaulich. Neben ↑**Kalzium**, ↑**Phosphor** und ↑**Vitamin C** ist der Gehalt an ↑**Vitamin B_1** und ↑**B_2** beachtlich. **Zubereitung und Tipps:** Hat die Schale noch eine grüne Farbe, sollte man die Früchte bei Zimmertemperatur nachreifen lassen, bis sie beginnen, sich leicht bräunlich zu verfärben. Cherimoyas sind sehr druckempfindlich, reife Früchte geben auf sanften Druck leicht nach und sollten dann ziemlich bald verzehrt werden. Sie werden roh gegessen und zählen zu den am besten schmeckenden Früchten überhaupt. Schale und Kerne sind ungenießbar, am besten schneidet man die Frucht der Länge nach durch und entfernt die Kerne. Einfach auslöffeln oder mit einem Messer die Schale abziehen. Man kann die Früchte aber auch für ↑**Sorbets**, Süßspeisen oder ↑**Speiseeis** verwenden, sie in Obstsalate geben, Saft oder ↑**Wein** daraus machen sowie ↑**Kompott**e und ↑**Konfitüren** bereiten. Cherimoyas halbieren, mit ↑**Likör** (↑**Grand Marnier**) beträufeln und gekühlt servieren, nicht eiskalt.

Chermoula [*Gewürze & Kräuter*] **R** Diese Gewürzmischung kommt aus Nordafrika, es gibt sie in verschiedenen Varianten. Die Klassische besteht aus: ↑**Zwiebeln**, ↑**Knoblauch**, ↑**Petersilie**, grüne ↑**Korianderblätter**, ↑**Salz**, ↑**Pfeffer**, ↑**Paprikapulver** und ↑**Safran**. Chermoula wird in der ↑**Marokkanischen Küche** verwendet.

Cherne [*Span. Speisekarte*] ↑Silber**barsch**

Cherries [*U.S. Kitchen*] ↑**Kirschen**

Cherry Brandy [*Hausbar*] Kirschlikör aus Kirschsaft, ↑Kirsch**branntwein**, ↑**Zucker**, ↑**Alkohol** und Wasser. Alkoholgehalt: mindestens 30 %Vol. Er verleiht zahlreichen Drinks den typischen Kirschgeschmack.

Cherry Peppers Chili (Kirschpaprika) [*Gewürze & Kräuter*] **T Schärfe 5 = 10 000–15 000 ↑Scoville-Einheiten.** Runder Chili mit 4 cm Durchmesser. Leuchtend rot mit dickem Fruchtfleisch und Unmengen von Samen. Im Geschmack süß und verhältnismäßig mild. Anbau in Ungarn, Europa und Kalifornien. Ideal für Salate. ↑**Chili**

Cherry tomatoes [*Gemüse*] ↑**Kirschtomaten**

Cheshire [*Käse*] **Herkunft:** England/Deutschland; **Käsesorte:** ↑**Hartkäse** von orangegelber Farbe, 45–50 % ↑**Fett i. Tr.**; **Milch:** Kuhmilch; **Info:** Cheshire ist der älteste englische ↑**Käse**, der früher zwei Jahre zum Reifen brauchte. Heute wird er auch in Deutschland produziert. Das englische Weideland, an den Küsten leicht salzhaltig, beeinflusst den speziellen Charakter dieses Käses, der übrigens auch, wie ↑**Cheddar**, mit ↑**Annatto** rötlich gefärbt wird. Außer dem weißen (ungefärbten) und dem rötlich-orangefarbenen (gefärbten) gibt es auch noch einen blauen Cheshire, einen ↑**Edelpilzkäse** mit blaugrünem Innenschimmel. Er entsteht nicht durch den Zusatz von ↑**Edelschimmelkulturen**, sondern ist ein Zufallsprodukt bei der Cheshire-Herstellung. ↑**Blue Cheshire** ist deshalb selten und teuer.

Chester [*Käse*] ↑**Cheddar**

Chestnuts [*U.S. Kitchen*] ↑**Edelkastanien**

Chetwynd Blue [*Käse*] **Herkunft:** Irland/Grafschaft Cork; **Käsesorte:** ↑**Schnittkäse**; **Milch:** pasteurisierte Kuhmilch; **Geschmack:** mild

Chèvre [*Käse*] **T** Französisch für Ziege, ein genügsames Tier, das kein fettes Gras braucht. Kräuter und Halme, Blätter von Büschen und Bäumen reichen ihr auch, und trotzdem ist ↑**Ziegenmilch** reichhaltiger an ↑**Fett** als **Kuh**- oder ↑**Schafsmilch.** Deshalb werden Ziegen fast überall in Frankreich gehalten, meist in kleinen landwirtschaftlichen Betrieben, die über wenig oder nur karges Land verfügen. Manche Regionen sind seit Jahrhunderten für ihre ↑**Ziegenkäse** bekannt, so Poitou, Berry, Quercy, Provence oder Korsika. Im Durchschnitt gibt eine ↑**Ziege** 4 l Milch pro Tag, bis zu 800 l im Jahr. Die ↑**Milch** wird im Kessel auf etwa 33° C erhitzt. Dann kommt ↑**Lab** hinzu, 30 Milliliter auf 100 l. Nach einer guten halben Stunde gerinnt die Milch, und das Kasein verwandelt sich in eine puddingähnliche Masse. Vorsichtig wird diese mit einer „Käseharfe“ in Stücke zerteilt, damit die Molke ablaufen kann. Die Käsemasse wird in Formen mit durchlöcherten Böden gefüllt. Bei handwerklich hergestelltem Ziegenkäse ist das Kleinformat am beliebtesten, das von 1 l Milch ausgeht, falls nicht die Tradition Pyramiden, Stangen oder Zylinder vorschreibt. Kommt Ziegenkäse ganz frisch aus der Form, ist er weich, weiß, sehr cremig und besitzt nur wenig Geschmack. Wenn er nach einer Woche durch Trocknen bereits deutlich an Volumen eingebüßt hat, entwickelt er sein typisches Aroma. Nach zwei Wochen ist sein Teig bereits fester, er hat eine weiche gelbliche, bisweilen leicht bläuliche Kruste gebildet und entfaltet ein deutliches, aber mildes Aroma. Nach 20 bis 30 Tagen ist er bereits trocken. Nun zeigt seine Kruste Risse und oft Flecken von Schimmel. Je länger er an der Luft altert, desto härter, trockener und schärfer wird er. Fromage de Chèvre (kurz Chèvre): Auf jedem Wochenmarkt in Frankreich werden an Ständen eigene Ziegenkäse angeboten. Die würzig-aromatischen bis leicht-scharfen Ziegenkäse isst man zu ↑**Bauernbrot**, in Salaten, Saucen und Aufläufen.

Chèvre rôti [*Franz. Speisekarte*] **T** Im Ofen gebackener ↑**Ziegenkäse**, der in Frankreich gern zu ↑**Blattsalaten** serviert wird

Chevreau, cabri [*Franz. Speisekarte*] Zicklein, Kitz, junge ↑**Ziege** 1 1/2 – 4 Monate alt, **Saison:** April – Mai

Chevreuil [*Franz. Speisekarte*] ↑**Reh**

Chevrotin Geschützte Herkunftsbezeichnung [*Käse*] **T Herkunft:** Frankreich/Rhône-Alpes; **Käsesorte:** halbfester ↑**Schnittkäse**, 45 % ↑**Fett i. Tr.**; **Milch:** rohe ↑**Ziegenmilch**; **Teig:** feine Struktur; **Geschmack:** aromatisch, kräuterreich; **Info:** Kleine Ziege heißt dieser Bruder des ↑**Reblochon** aus den Savoyer Alpen. Schon seit Jahrhunderten lassen die Bauern ihre Ziegen (Rasse: Alpine) von Mai bis September an den steilen, kräuterreichen Hängen weiden. Dadurch wird die ohnehin gute Milch der Tiere noch aromatischer. Die übrigen Monate verbringen sie im Tal, wo sie ausschließlich Heu fressen. Die Herstellung erfolgt traditionsgemäß auf allen Stufen von Hand. Gereift werden die Käse schließlich mindestens drei Wochen lang auf Fichtenholz, wo sie dreimal wöchentlich gewendet und mit Salzwasser gewaschen werden. **Beste Zeit:** Sommer und Herbst; **Weinempfehlung:** Weiß- und Rotweine aus den Savoyen

Chewy [*U.S. Kitchen*] Beliebte weiche, klebrige, amerikanische ↑**Kekse**

Chiang und Chiaow Chinesische Garmethode [*Asiatische Küche*] **T** Diese beiden Garmethoden sind sehr eng mit ↑**Tsui** verwandt. Der Unterschied liegt hauptsächlich darin, dass man für die ↑**Marinade** andere Zutaten verwendet. Man nimmt als Grundzutat entweder Wein oder ↑**Schnaps.** Für Chiang wird als Hauptzutat ↑**Sojasauce** oder ↑**Sojapaste** verwendet. Und bei Chiaow bevorzugt man eine Paste, die aus den Ablagerungen in Weinfässern gemacht wird; man nennt sie Weinsatzpaste. Es gibt diese Pasten in verschiedenen Farben, in Rot, Purpur, Braun und Rahmweiß. Marinaden aus diesen Grundbestandteilen würzt man oft zusätzlich mit gemahlenem **Ingwer** und ↑**Salz.** Die Zutaten werden erst leicht vorgegart, in einen Tontopf geschichtet und dann mit der Marinade übergossen, in der sie Tage, manchmal auch Wochen, ziehen dürfen. ↑**Kochen im Wok** oder ↑**Asiatisch Kochen**

Chianti [*Weinkunde*] Name eines der berühmtesten italienischen Rotweine und seines Anbaugebiets. Sowohl der Wein als auch das Gebiet verfügen über die gesetzlich Geschützte Herkunftsbezeichnung DOCG (Denominazione di Origine Controllata e Garantita). Das Chiantigebiet ist in sieben Teilgebiete unterteilt, wovon das bekannteste Chianti Classico ist. Die restlichen sechs sind Colli Aretini, Colli Fiorentini, Colli Senesi, Colli Pisane, Montalbano und Rufina. Chianti entsteht aus den Traubensorten Sangiovese, Canaiolo Nero, Trebbiano Toscano und Malvasia del Chianti, wobei Zusätze komplementärer Sorten in geringfügigen Mengen gestattet sind. Seine Charakteristiken: glanzhell, lebhaft rubinrote Farbe, die nach längerer Lagerung Richtung Granatrot tendiert; intensiv weinige Nase, auch mit Veilchenduft, oft an rote Früchte erinnernd, untermalt von würzigem Holz. Intensiver im Chianti Classico, größere Feinheit bei längerem Ausbau. Im Geschmack harmonisch, herb, würzig leichtes Tannin, das sich mit der Zeit weich-samtig verfeinert. Mancher traditionelle Chianti weist noch ein leichtes Prickeln auf der Zunge auf, was ihm Lebhaftigkeit und Abrundung verleiht. Dies ist Restkohlensäure, entstanden durch die Kelterungstechnik „Governo". Die Zusatzbezeichnung „Classico" ist Weinen vorbehalten, die aus der ursprünglichen ältesten Anbauzone zwischen Siena und Florenz stammen. Mindestalkoholgehalt: 11,5 %Vol. für den Chianti, 12 %Vol. für den Chianti Classico. Vorgeschriebene Verfeinerungsperiode: 4 Monate für Chianti, 7 Monate für Chianti Classico. Nach einer mindestens dreijährigen Lagerung in Holz und auf der Flasche kann der Chianti die zusätzliche Bezeichnung „Riserva" führen. Wenn im Etikett weitere Spezifikationen aufscheinen, muss die „Riserva" 12,5 %Vol. aufweisen.

Chiaretto [*Weinkunde*] Italienische Bezeichnung für Roséweine aus dem Gebiet Gardasee. Auch ↑**Bardolino**, gekeltert als Rosé, kann unter diesem Namen vermarktet werden. Zusätzlich gibt es Chiaretto als Spumante.

Chicharos [*Mexicofood*] ↑**Erbsen**

Chicharro [*Span. Speisekarte*] Stichlingsart

Chicharrones [*Mexicofood*] **A** Kross gebackene ↑**Schweineschwarten**

Chicken [*U.S. Kitchen*] ↑**Hähnchen**

Chicken leg [*U.S. Kitchen*] Hähnchenkeule

Chicken pie [*U.S. Kitchen*] **A** Amerikanische Hühnerpastete: Pies sind in England und den USA sehr beliebt. Diese Hühnchenpastete aus Neuengland wird in Amerika zu festlichen Anlässen serviert. **Tipp:** Als Pastetenteig für ein Pie verwendet man am besten einen „↑**Blätterteig**".

Chicken stock [*U.S. Kitchen*] ↑**Hühnerbrühe**

Chicken Tikka Masala [*Intern. Länderküche*] **A** Mit ↑**Ingwer,** ↑**Koriander** und ↑**Chili** gewürztes Hühnergericht. Nach einer Meldung der britischen Nachrichtenagentur BBC ist Chicken Tikka Masala (auch als CTM bekannt) das bekannteste indische Gericht in London und ganz England. Allerdings kennen es die Inder gar nicht. Es ist ein relativ mildes Gericht und so beliebt, dass es auch als das wahre britische Nationalgericht bezeichnet wird.Das Spezielle an ihm ist die ↑**Sauce**, die zum Fleisch zugefügt wird und auf chopped tomatoes (abgezogenen, gewürfelten ↑**Tomaten**) basiert. Durch die zunehmende Nachfrage durch britische Touristen sieht man sich nun auch in Indien gezwungen, eigens aus England importiertes Chicken Tikka Masala zu servieren. Die genaue Herkunft von CTM ist also unbekannt, aber es wurde definitiv in England erfunden. Ein Gerücht will wissen, dass in den 50er- oder 60er-Jahren ein Gast in einem indischen „Curry house" in Glasgow „↑**Tandoori** chicken" bestellte und vom Kellner Sauce zum ↑**Hühnerfleisch** verlangte. Der Chef, ziemlich amüsiert über dieses seltsame Anliegen, öffnete eine Dose Tomatenstücke, mixte einige Gewürze darunter und servierte das Ganze zum Fleisch. Indische Restaurants in ganz England servieren das Gericht etwa 23 Millionen mal pro Jahr.

Chicken wings [*U.S. Kitchen*] Hühnerflügel

Chicorée [*Gemüse*] **T Lateinisch:** Cichorium intybus; **Synonym:** Bleichzichorie, Brüsseler Salat, Salatzichorie,Treibzichorie, Brüsseler Endivie; **Englisch:** witloof chicory, Brussels chicory, French endive; **Französisch:** chicorée witloof, chicorée de Bruxelles; **Italienisch:** indivia belga; **Spanisch:** endibias. **Info:** Der zur Familie der Korbblütengewächse gehörende Chicorée ist eine im Dunkeln ausgewachsene Sprosse, bestehend aus vielen um einen Mittelkern gruppierten, spitzen, fleischigen, dicht aneinander liegenden Blättern. ↑**Blattsalate.** Die Chicorée-Köpfe sollen gleichmäßig geformt, fest, geschlossen, an den Spitzen hellgelb, im Übrigen weiß sein und etwa 100 bis 150 g wiegen. Wichtig ist die völlige Abschirmung gegen Licht – vor allem bei der Lagerung –, sonst bekommen die Köpfe grüne Spitzen, lockere Blätter, rote Flecken, verlieren stark an Qualität und werden bitter. **Ursprung und Geschichte:** Die ursprünglich im Mittelmeergebiet, Nordafrika und Zentralasien beheimatete wilde Zichorie, auch Wegwarte genannt, war bereits Ägyptern und Griechen als Heilpflanze bekannt. Aus der gerösteten, fleischigen Wurzel wird seit dem 17. Jahrhundert Zichorie – ein Kaffeeersatz – hergestellt. Der Chicorée verdankt seine Entdeckung als Salat und ↑**Gemüse** angeblich einem Zufall: Ein gewisser Obergärtner Brezier entdeckte im Botanischen Garten in Brüssel um 1845, dass im Dunkel gelagerte Wurzelzichorie im Winter neue Blattsprossen austrieben, die durch den Lichtmangel bleich und zart blieben. Der Brüsseler Chicorée oder Brüsseler Witloof war entdeckt – allerdings dauerte es noch 100 Jahre, bis sich diese neue Salatform durchgesetzt hatte. **Herkunft und Saison:** Chicorée wird das ganze Jahr über aus Holland oder Belgien angeboten. **Geschmack:**

An die Urform dieses zarten Wintergemüses erinnert der leicht bittere Geschmack, der verstärkt im Wurzelkeil vorhanden ist. Er wird stets vor der weiteren Zubereitung entfernt. **Inhaltsstoffe:** 100 g Chicorée weist einen Brennwert von ∅ 10 kcal/40 kJ auf und enthält 95 g Wasser, 0,5 g Eiweiß, 0,1 g Fett, 2,1 g Kohlenhydrate und 1,6 g Ballaststoffe. An ↑**Mineralstoffen**, ↑**Spurenelementen** und ↑**Vitaminen** sind ∅ 10,1 mg Kalzium, 0,1 mg Eisen, 1,1 mg Natrium, 1,5 RE Vitamin A sowie 1,5 mg Vitamin C enthalten. Chicorée ist ein ernährungsphysiologisch recht wertvolles Gemüse, kalorienarm, aber vitamin- und mineralstoffreich. Der in allen Chicorée-Arten enthaltene Bitterstoff Intybin wirkt verdauungsfördernd und appetitanregend. Deshalb werden Vorspeisen gerne mit Chicorée garniert serviert. **Zubereitung und Tipps:** Chicorée wird als Salat mit ↑**Essig** und ↑**Öl** oder süßscharfen ↑**Dressings** auf ↑**Jogurt** oder ↑**Mayonnaisen**basis (↑**Thousand Island Dressing**) verzehrt, auch als pikanter Bestandteil eines Mischsalates, wobei beim Zubereiten nur die äußeren Blätter entfernt werden und der gewaschene Rest in Ringe geschnitten wird. Seltener wird Chicorée auch als gekochtes, geschmortes oder gedünstetes Gemüse verwendet. Ein Klassiker ist gedämpfter, in ↑**Schinken** gerollter Chicorée mit ↑**Sauce Mornay** überbacken. ↑**Würztabelle.** Chicorée darf nicht in eisernen Töpfen, Pfannen oder Schüsseln zubereitet werden – er verfärbt sich schwarz. ↑**Blattsalate**

Chien Chinesische Garmethode [*Asiatische Küche*] **T** Garprozess, bei dem nur wenig ↑**Pflanzenöl** verwendet wird. Er nimmt längere Zeit in Anspruch (meist länger als ↑**Chow** und wesentlich länger als ↑**Pao**). Man schneidet die Zutaten hierfür in größere Stücke, deshalb brauchen sie auch länger, um gar zu werden. Ein typisches Chien-Beispiel aus der europäischen Küche wäre gegrilltes ↑**Fleisch**. Chien kann eine Phase im stufenweisen Garen sein. Die **Sauce** für ein Gericht à la Chien kann man separat zubereiten. ↑**Kochen im Wok** oder ↑**Asiatisch Kochen**

Chifeleti [*Ital. Speisekarte*] Hörnchennudeln

Chiffonnade [*Franz. Speisekarte*] **A** In Streifen geschnittene Salatblätter (↑**Julienne**), frische ↑**Kräuter** oder ↑**Sauerampfer**, die als Suppeneinlage verwendet werden

Chilaquiles [*Mexicofood*] **T** Resteverwertung: Altbackene ↑**Tortilla**streifen werden überbacken oder in einer Suppe serviert.

Chilchsuppe [*Gewürze & Kräuter*] ↑**Ysop**

Chile [*Weinkunde*] In Chile wurde schon um 1550 Wein angebaut. Heute sind etwa 120 000 ha Rebenfläche bewirtschaftet. Es werden die klassischen europäischen Reben angebaut, die besonders in Maule und Rapel sehr bedeutende Weine hervorbringen.

Chili [*Gewürze & Kräuter*] **T** **Englisch:** hot peppers; **Französisch:** piment rouge; **Italienisch:** peperoncino rosso; **Spanisch:** guindilla. Ursprünglich aus Zentralamerika stammend, brachten die Spanier die Pflanzen nach Europa, von wo aus sie sich im 16. Jahrhundert über die ganze Welt verbreiteten. Sie gedeihen am besten in tropischem oder subtropischem Klima. Die Beerenfrüchte, die Schoten, werden reif und unreif geerntet. Der Schärfegrad reduziert sich, wenn Samen und Mittelrippen entfernt werden. Chili kann frisch, eingefroren und getrocknet verwendet werden. Die bodenständige Küche vieler Länder Europas benutzt Chilis nicht, nur in den Mittelmeerländern und Ungarn werden relativ milde Chilis in traditionellen Rezepten verwendet. ↑**Würztabelle.** Sobald man sich an den feurigen, scharfen, brennenden Geschmack der Chilis gewöhnt hat, wird man überrascht sein, wie viel verschiedene Geschmacksnuancen sich entfalten können: fruchtig, erdig, rauchig, frisch, süß und blumig sind nur einige davon. Die größte Vielfalt an Geschmacksnoten findet man bei mexikanischen Chilis. Empfindliche Personen sollten Chilischoten nur mit Gummihandschuhen verarbeiten, aber auch sonst gilt: Beim Zubereiten nicht ans Auge oder andere Schleimhäute fassen. **In der Hausmedizin:** Die Inhaltsstoffe helfen bei der Fettverbrennung und schützen vor Prostatakrebs. Jedoch besteht bei Missbrauch die Gefahr von Blasenirritationen, Gastritis, Durchfall und Magenschmerzen. Chili wird in ABC-Pflastern, bei rheumatischen Schmerzen und Hexenschuss, Migräne, Gürtelrose sowie diabetischer Neuropathie eingesetzt. **Schärfe:** Die Schärfe von Chilis wurde ursprünglich in ↑**Scoville-Einheiten** gemessen; dabei handelte es sich um eine subjektive Wertung, die durch Geschmacksvergleich zwischen unterschiedlich verdünnten Chili-Extrakten degustiert wurde. Heute bestimmt man die Stärke von Chilis mit HPLC (Hochleistungsflüssigchromatographie). 15 Scoville-Einheiten entsprechen einem ↑**ppm** an Capsaicin plus Capsaicinoiden. ↑**Capsaicin.** Der schärfste Chili ist eine chinesische Sorte, die es auf 200 000 bis 300 000 Scoville bringt. Zum Vergleich: Die als sehr scharf bekannten ↑**Thai Chilis** kommen auf knapp 100 000 Scoville. Die handelsüblichen Sorten wie **Jalapeño** oder italienischer ↑**Peperoncino** liegen generell unter 5000 Scoville-Einheiten. Die **Red Savina**-Züchtung aus der ↑**Habanero** Familie ist mit 577 000 gemessenen Scoville-Einheiten momentan die schärfste Chilischote der Welt. ↑**Paprika**

Chili con carne [*Intern. Länderküche*] **R** Chili con carne war ehemals ein texanisches Arme-Leute-Essen: Billiges ↑**Fleisch** wurde mit ↑**Bohnen** und einer Menge von Gewürzen weich geschmort. Ursprünglich kommt dieser weltbekannte scharfe ↑**Eintopf** aus Mexiko und nicht aus Texas und wird auch „Mexikanisches Pfefferfleisch" genannt. **Grundrezept:** Braune oder rote Bohnenkerne 12 Stunden einweichen und im Einweichwasser kochen. Nach ca. 1/2 Stunde Kochzeit in kleine Würfel geschnittenes, in Fett angebratenes ↑**Rindfleisch** dazugeben, ebenfalls in kleine Würfel geschnittene ↑**Zwiebeln** und einige zerdrückte ↑**Knoblauch**zehen, die vorher hellbraun angeröstet wurden. ↑**Würztabelle**. Kurz vor Beendigung der Garzeit reichlich abgezogene, entkernte und gewürfelte ↑**Tomaten** dazugeben. Mit ↑**Reis** oder ↑**Weißbrot** servieren

Chili dog [*U.S. Kitchen*] ↑**Hot Dog** mit ↑**Chili-Bohnen**

Chili rellenos [*Intern. Länderküche*] **A** Begriff aus der ↑**TexMex-Küche** für mit Krebsfleisch und ↑**Schafskäse** gefüllte, gegrillte, gebackene oder frittierte ↑**Anaheim**-Chilischoten

Chili rellenos [*Mexicofood*] gefüllte ↑**Chilischoten**

Chiliburger [*U.S. Kitchen*] ↑**Hamburger** mit ↑**Chili-Bohnen**

Chiliöl [*Gewürze & Kräuter*] **R Kann man selber machen:** Eine Handvoll Chilischoten zerstoßen (am besten in einem Gefrierbeutel mit dem Nudelholz bearbeiten), dann mit 300 ml Öl erhitzen. Zwei Tage ziehen lassen, danach durchsieben. Tropfenweise verwenden

Chilipaste [*Asiatische Küche*] Gibt es in Gläsern zu kaufen, man kann sie auch selber machen. Es finden sich die unterschiedlichsten Geschmacksrichtungen von höllisch bis angenehm scharf. Vorsicht mit Chilipaste in thailändischen Gerichten: Der thailändische Geschmack kann für Europäer zu scharf sein.

Chilipulver [*Gewürze & Kräuter*] **T** Mittelscharfe Mischung aus getrockneten, gemahlenen Chilischoten (↑**Cayennepfeffer**), ↑**Kreuzkümmel** (Cumin), ↑**Oregano** und anderen Gewürzen, die für ↑**Chili con carne** genutzt werden

Chilisoße [*Gewürze & Kräuter*] **T** Sehr scharfe Würzsoße, mit der zahlreiche südostasiatische Gerichte gewürzt werden. Hauptbestandteil sind rote Chilischoten (↑**Chili**). Außerdem enthält die Soße ↑**Tomaten**, ↑**Zwiebeln** und Gewürze wie ↑**Ingwer**, ↑**Nelken**, ↑**Paprika**, ↑**Zimt** und ↑**Knoblauch**, ↑**Zucker** und ↑**Essig** runden die scharfe Mischung ab. Sweet Chili ist die mildere Form der Soße.

Chill [*U.S. Kitchen*] Kühlen

Chilled food [*Fachkunde*] Gekühlte, hochwertige Frischeprodukte in unterschiedlichem Zubereitungsgrad, mit begrenzter Haltbarkeit, auch ↑**Convenience**-Food

Chimay [*Käse*] **Herkunft:** Belgien; **Käsesorte:** ↑**Schnittkäse; Info:** Dieser Käse trägt den Namen des Klosters, in dem er hergestellt wird.

Chimichangas [*Mexicofood*] **T** Frittierte ↑Weizen**tortillas** (↑**Burritos**), stammen aus der ↑**Tex-Mex-Küche**

Chimichurri [*Gewürze & Kräuter*] **R** Berühmte argentinische Kräutersauce, die in ganz Süd- und Mittelamerika verbreitet ist und bei keinem Grillfest (↑**Asado**) fehlen darf. **Zutaten:** ↑**Olivenöl**; ↑Wein**essig**; ↑**Salz**; frisch gemahlener ↑**Pfeffer**; ↑**Oregano**; ↑**Thymian**; glatte ↑**Petersilie**; ↑**Zwiebel**; ↑**Knoblauch**; je nach Schärfe: ↑**Chili. Zubereitung:** Zwiebel, Knoblauch und Petersilie sehr fein hacken und mit Olivenöl ganz kurz anschwitzen. Viel Oregano und ein wenig Thymian und Essig dazugeben. Dann die fein gehackten Chilischoten, Pfeffer, Salz und Olivenöl einrühren. Die cremige Sauce bei Bedarf nachwürzen und im Kühlschrank gut verschlossen mindestens einen Tag ziehen lassen. ↑**Argentinische Küche**

China [*Weinkunde*] Im Reich der Mitte werden auf 150 000 ha Wein angebaut. Die über drei Millionen hl Weiß- und Rotweine werden mit europäischer Hilfe und traditionellen europäischen Rebsorten erzeugt.

China-Tee [*Tee*] Die Ursprünge des Oolong-Tees sind in den Wu-Yi-Bergen in der Provinz Fujian zu suchen. Im späten 17. Jahrhundert wurden dort die ersten Tees produziert. Später baute man Oolong-Tee auch in der Provinz Guangdong und Taiwan an, die heute ihre eigenen Spezialitäten haben. Allein in den Wu-Yi-Bergen gibt es heute 64 verschiedene Sorten. Die meisten werden mit viel Erfahrung per Hand produziert. Jede Teesorte hat ihre eigene Persönlichkeit. Kleinste Unterschiede in der Pflanzenart, der Temperatur, der Zeit und/oder der Methodik lassen einen neuen Tee entstehen. **1.** Pflücken der frischen Blätter. **2.** Welken der Blätter unter freiem Himmel für eine Stunde. **3.** Aufbrechen der Blattkanten durch Schütteln der Blätter in den Körben. Alle 30–45 Min. wird diese Prozedur wiederholt. Nach rund 3 Stunden wird das Blatt auf Bambusmatten in speziellen Fermentationsräumen geschichtet und ruht 3–4 Stunden. Während dieser Zeit kühlen die Blätter ab und fermentieren zur gleichen Zeit bei einer Umgebungstemperatur von 25–28° C mit gleichbleibender Luftfeuchte. **4.** Jetzt wird die Fermentation unterbrochen. Dieser sensible Prozess erfordert ein Höchstmaß an Erfahrung, weshalb die Ausbildung des Fermenters sechs Jahre dauert. In Chargen zu 500 g Blattgut wird der Tee bei 210° C 3 Min. geröstet. **5.** Sofort nach dem Rösten wird das noch heiße Blatt gerollt. Für das Rollen dieser 500 g sind zwei Männer erforderlich, die unter größter Kraftanstrengung 1 Minute lang arbeiten. **6.** Der Tee wird zum Trocknen ausgebreitet und nach einer 1/2 Stunde in Trockenkörbe gelegt. Unter den Körben wird ein Holzkohlefeuer entfacht und mit Asche bedeckt. Dieser Vorgang dauert 1–2 Stunden. Anschließend wird der Tee für 2 Stunden zum Abkühlen ausgebreitet. **7.** Ein zweiter Trocknungsvorgang schließt sich an. **8.** Das jetzt entstandene Produkt ist ein halbfermentierter Tee mit Eigenschaften von schwarzem (Außenrand) und grünem Tee (Blattkern) mit süßem Nachgeschmack.

Chinagewürz [*Gewürze & Kräuter*] **T** In Pulverform erhältliche Gewürzmischung aus ↑**Anis**, ↑**Pfeffer**, ↑**Fenchel**samen, ↑Gewürz**nelken**, ↑**Kassiazimt** und ↑**Sternanis**. Das nach ↑**Lakritze** schmeckende Gewürz wird in der chinesischen Küche für viele pikante ↑**Gewürze** verwendet.

Chinakohl [*Gemüse*] **T Lateinisch:** Brassica rapa var. Chinensis; **Synonym:** Chinakohl lang, Chinesischer Kohl, Pekingkohl, Selleriekohl, Jägersalat, Pak-Choi; **Englisch:** Chinese cabbage, Chinese leaf; **Französisch:** chou chinois; **Italienisch:** cavolo cinese; **Chinesisch:** Pe-Tsai. **Info:** Chinakohl gehört zur Familie der Kreuzblütengewächse und ist eine einjährige Pflanze mit festem, ovalem oder zylindrischem Kopf ohne Strunk, bei dem sich die innen gelben bis goldgelben, außen gelben bis dunkelgrünen Blätter von selbst zu einem lockeren, 700 bis 1500 g schweren Kopf zusammengeschlossen haben. Die Blätter weisen breite, weiße Blattrippen auf, sind an den Enden leicht gekraust und außen meist leicht gewellt. Chinakohl erinnert an Mangold, seine weißlichen Stiele sind saftig, knackig und von mildem Geschmack. Die Stängel des stark gerippten Chinakohls enden in dunkelgrünen Blättern, die erst kurz vor der Zubereitung gewaschen werden. Die Blätter des Chinakohl sind – im Vergleich zu den Blättern anderer Kohlsorten – erheblich zarter und eignen sich daher bestens für die meist nur kurz und heiß geschwenkten asiatischen Gerichte. **Ursprung und Geschichte:** Chinakohl stammt ursprünglich aus der nordchinesischen Provinz Kanton und wird im südostasiatischen Raum – vor allem in China, Japan und Taiwan – seit etwa 1500 Jahren kultiviert. Im 19. Jahrhundert gelangte Chinakohl mit den Eisenbahnarbeitern nach Nordamerika, von wo er Anfang des 20. Jahrhunderts nach Europa verbreitet wurde. Heute wird Chinakohl in fast allen Ländern der Erde angebaut. Japankohl ist das Ergebnis intensiver Züchtungsarbeit in Japan, wo es gelungen ist, aus altbekannten Kantonerstämmen neue Hybridsorten, den Japankohl, zu züchten. Er ist schnellwachsend, einheitlich, gedrungen im Wuchs und schmackhafter. Diese Züchtungen haben sich international durchgesetzt. Man spricht zwar von Chinakohl, der inzwischen aber Japankohl ist. **Herkunft und Saison:** Chinakohl aus heimischem Anbau wird von der Ernte Ende August an und später aus Lagerbeständen je nach Saisonverlauf bis Ende März angeboten. **Inhaltsstoffe:** 100 g Chinakohl weisen einen Brennwert von ∅ 13 kcal/55 kJ auf und enthalten 94 g Wasser, 1,5 g Eiweiß, 0,2 g Fett, 2,2 g Kohlenhydrate und 1 g Ballaststoffe. An ↑**Mineralstoffen**, ↑**Spurenelementen** und ↑**Vitaminen** sind ∅ 105 mg Kalzium, 0,8 mg Eisen, 65 mg Natrium, 300 RE Vitamin A und 45 mg Vitamin C enthalten. Chinakohl wirkt wegen seines Gehaltes an Senfölen und ↑**Aminosäuren** nicht blähend wie andere Kohlsorten, er ist in ↑**Milch** gedämpft leichter verdaulich, weist nur einen dezenten Kohlgeruch und -geschmack auf. Als Salat zubereitet, bleibt er über Stunden noch knackig frisch und behält seine Form. **Zubereitung und Tipps:** Nach dem Entfernen der Außenblätter wird der Chinakohl gewaschen. Frisch und roh ist er als Salat oder ↑**Rohkost** ebenso beliebt wie kurz gedünstet als ↑**Gemüse** (seine Garzeit ist wesentlich kürzer als die anderer Kohlarten). Beim Garen benötigt er fast kein ↑**Fett**. Chinakohl bleibt mindestens 5 bis 6 Tage frisch, wenn er im Gemüsefach des Kühlschrankes aufbewahrt wird.

Chinarinde [*Fachkunde*] Stammt nicht aus China, sondern aus dem nördlichen Südamerika. Die deutsche Bezeichnung Chinarinde stammt von dem altperuanischen Wort Kina = Rinde. Mit Kina-Kina war ursprünglich die Rinde des Baums Myroxylum balsamum gemeint. Sie wurde berühmt, weil aus ihr der erste Wirkstoff gegen Malaria, das ↑**Chinin**, gewonnen werden konnte. Heute wird das bittere Chinin auch manchen Erfrischungsgetränken (Tonicwater) als Geschmacksstoff zugesetzt.

Chinesisch im Wok kochen [*Asiatische Küche*] **T** Das ↑**Pflanzenöl** im ↑**Wok** sehr stark erhitzen (bis es raucht!). Dann das ↑**Fleisch** oder ↑**Gemüse** hineingeben und ununterbrochen umrühren, damit es in der großen Hitze nicht anbrennt. Die einzelnen Zutaten werden auf diese Art nur sehr kurz gebraten, das Fleisch maximal 2–3 Min., das Gemüse meist noch kürzer. Für den Geschmack ist ganz entscheidend, dass der Wok heiß genug ist, da durch die Hitze der in den Zutaten enthaltene ↑**Fruchtzucker** karamellisiert, was den „echten" chinesischen Geschmack ausmacht.

Chinesische Garmethoden [*Asiatische Küche*] **T** **1.** ↑**Chu:** – Mit dem Wort Chu bezeichnet die chinesische Sprache das Kochen im Allgemeinen. **2.** ↑**T'ang** oder ↑**T'ang P'ao:** – Diese Methode kann man als „Schnell-Kochen" bezeichnen. **3.** ↑**Shuan:** – Bedeutet so viel wie am Tisch kochen und die Flüssigkeit dazu auf einem Stövchen oder Réchaud erhitzen (Feuertopf); **4. Ch'in:** – Bei langsam nachlassender Temperatur in Wasser kochen. **5.** ↑**Ch'uan:** – Ch'uan ist eine weitere Art, in Wasser oder ↑**Brühe** zu garen, die mit Ch'in verwandt ist. **6.** ↑**Pao l:** – Pao l bedeutet „in reichlich Wasser garen" und ist das Gegenstück zum „schwimmend in ↑**Fett** ausbacken". **7.** ↑**Men:** – Ist dem Schmoren in der westlichen Küche sehr ähnlich. **8.** ↑**Shao:** – Einer der am meisten gebrauchten chinesischen Küchenbegriffe. **9.** ↑**Kantonesisches Cha Shao:** Bei dieser Garmethode (Am-Spieß-Braten) wird das **Fleisch** in der reduzierenden Flüssigkeit vorgegart, anschließend auf einen Spieß gesteckt und im Ofen oder über Holzkohlenglut gebraten. **10.** ↑**Lu:** – bezeichnet eine Methode, bei der man Nahrungsmittel (normalerweise Fleisch, ↑**Leber**, ↑**Nieren** und andere ↑**Innereien**, ↑**Geflügel**, ↑**Eier** und manchmal auch ↑**Fisch**) in einer kräftigen, aromatischen, mit ↑**Soja** gewürzten Brühe gart; **11.** ↑**Ch'eng:** – Art des Dämpfens; **12.** ↑**Tun:** – Verschlossen-Dämpfen, das heißt Dämpfen in einem fest verschlossenen Gefäß; **13.** ↑**P'eng:** – Hier werden die

Zutaten zunächst auf beiden Seiten angebraten, dann mit einer geringen Menge Flüssigkeit (meistens Brühe) abgelöscht und auf kleiner Flamme so lange geköchelt, bis die Flüssigkeit vollständig verdampft ist. **14.** ↑**Hui:** – Man kann Hui mit „bei Hitze zusammengeben in dicker Suppe" übersetzen. Diese Suppe wird gewöhnlich mit ↑**Maisstärke** oder ↑**Wasserkastanien**mehl gebunden; **15.** ↑**Pan:** – „Bei Hitze mischen und rühren"; **16.** ↑**Cha:** – „Schwimmend in Fett ausbacken" (Frittieren), wird in China wie im Westen gehandhabt; **17.** ↑**Yung:** – „Langsames Ausbacken bei milder Hitze"; **18.** ↑**Chow** (oder **Ch'ao**)**:** – Im Unterschied zu Cha ein Pfannenrühren, bei dem nur wenig Öl verwendet wird, das als Gleitmittel dient; **19.** ↑**Pao 2:** – „Bei großer Hitze schnell garen", entweder in Öl oder in Brühe; **20.** ↑**Chien:** – Garprozess, bei dem nur wenig Öl verwendet wird; **21.** ↑**Ling:** – „Durch Übergießen braten"; **22.** ↑**Liu:** – „In Sauce braten"; **23.** ↑**T'ieh:** – Ohne viel Umrühren in wenig Öl braten; **24.** ↑**Pien:** – Beim Garen von Gemüsen angewandt. **25.** ↑**Ao:** – Komprimierte Art von Pien; **26.** ↑**Wen:** – Sowohl in der Dauer der Garzeit wie auch in der Zubereitungsweise entspricht Wen wohl am ehesten dem in der westlichen Küche üblichen Dünsten. **27.** ↑**Chüeh:** – Variante des Dünstens; **28.** ↑**Chü:** – Variante des Dünstens; **29.** ↑**Ts'ang:** – Braten und Dünsten: Zutaten werden pfannengerührt und auf einer Platte angerichtet. **30.** ↑**T'a:** – Etwas in Teig hüllen und schwimmend in Fett ausbacken; **31.** ↑**K'ao:** – Wie im Westen Braten im Ofen; **32.** ↑**Hung:** – Braten oder Grillen; **33.** ↑**Wei:** – Man vergräbt das Bratgut in glühender Holzkohle, glimmender Kohle, heißem Sand, zwischen heißen Steinen oder in heißem ↑**Salz**. **34.** ↑**Hsün:** – ↑**Räuchern**; **35.** ↑**K'ou:** – Zweifacher Garprozess – normalerweise wird erst gebraten, dann gedämpft und das Gericht dann auf einen Teller gestürzt; **36.** ↑**Pa:** – Genau des Gegenteil von K'ou: Zuerst wird das Essen gedämpft, dann gebraten. **37.** ↑**Tsui:** – Rohes oder gegartes Fleisch/Gemüse in ↑**Wein** oder anderem ↑**Alkohol** marinieren; **38.** ↑**Chiang** und **Chiaow:** – Diese beiden Garmethoden sind sehr eng mit Tsui verwandt. **39.** ↑**Yien:** – Oberbegriff für Marinieren und Einsalzen; **40.** ↑**Feng:** – Fleisch oder Fisch an der Luft getrocknet

Chinesische Gelatine [*Asiatische Küche*] ↑**Agar-Agar** oder ↑**E 406**

Chinesische Küche [*Asiatische Küche*] **T** Die **Chinesische Küche** gibt es nicht, dieser Begriff ist aus der Außensicht entstanden. Genauso könnte ein Asiate von der europäischen Küche sprechen. Es gibt allerdings einige Gemeinsamkeiten: Die traditionelle chinesische Küche steht für kurze Kochzeiten und damit für eine gesunde Zubereitung. Ihr ist ein ausgewogenes Verhältnis von Fleisch, Gemüse und stärkehaltigen Speisen (Reis, Getreide) wichtig. In den Städten finden sich Restaurants, die sich auf die Zubereitung bestimmter regionaler Zutaten und Gerichte spezialisiert haben ↑**Kanton-Küche**. Chinas große Trennlinie in landwirtschaftlicher und ernährungstechnischer Hinsicht liegt zwischen dem Einzugsgebiet des Gelben Flusses und des Yangtse. Sie trennt den Weizen- und Hirsegürtel von den Reisgebieten. Chinas ethnische Gruppen haben ihre eigene Küche, die auf lokale Erzeugnisse zurückgreift und durch verschiedene historische Traditionen geprägt ist. So sind etwa Milchprodukte nur bei einigen zentralasiatischen Volksgruppen bekannt (Produkte aus Stutenmilch oder Yakmilch). Brot nach persischer Art ist in ganz Xinjiang verbreitet. **Chinas Küchen werden in 4 große Regionalküchen unterteilt: Der Norden (isst salzig):** Peking, Hebei, Tianjin, Shandong, Henan, Shanxi, Shaanxi. **Der Westen (isst scharf):** Sichuan, Chongqing, Yunnan, Guizhou, Hunan. **Der Osten (isst sauer):** Shanghai, Zhejiang, Jiangsu, Anhui, Jiangxi, Hubei; **Der Süden (isst süss):** Guangdong, Guangxi, Hainan, Fujian, Taiwan, Hongkong, Macau; **Einteilung in spezielle Küchen:** Fangshan Palast Küche (Küche des ehemaligen Kaiserhauses der Quing-Dynastie); Konfuzianische Gerichte (Kong-Familie); Tan-Gerichte (Tan-Familie, süß-salzig mit vielen Meeresfrüchten); Formelle Bankett-Küche (Delikatessen der mandschurischen und chinesischen Küche); Vegetarische Gerichte (aus religiösen Gründen); Medizinale Gerichte (Gesundheitsküche). Unterschieden wird auch noch nach den Bestandteilen und damit der Farbe in rotes Kochen (mit Sojasauce) und weißes Kochen. Großer Beliebtheit erfreut sich heute die Nyonya-Küche, eine chinesische Fusion-Küche, die chinesische und malayische Traditionen verbindet. Beheimatet ist sie in Malaysia, Singapur und Hongkong. Zutaten und Zubereitungsmethoden wurden auch von anderen asiatischen Kulturen übernommen, und einige sind mittlerweile sogar im Westen heimisch geworden. So kommen etwa ↑**Tofu**, ↑**Sojasauce**, ↑**Reiswein**, ↑**Grüner Tee** und die Teezeremonie nicht aus Japan, sondern wurden aus China nach Japan gebracht. Dass die ↑**Nudeln** aus China nach Europa kamen, gehört allerdings ins Reich der Legenden. Nudelgerichte waren schon den Griechen und Etruskern bekannt. Bis auf wenige Ausnahmen bei ethnischen Minderheiten Chinas ist allen chinesischen Küchen eines gemeinsam: Sie verwenden keine ↑**Milchprodukte**. Grund dafür ist die in China (und den meisten asiatischen Ländern) weit verbreitete ↑**Lactoseintoleranz**. Wichtige Nahrungsmittel sind ↑**Reis** und das Fleisch der Nutztiere ↑**Schweine**, ↑**Hühner**, ↑**Gänse** und ↑**Enten**. ↑**Lamm**- oder ↑**Schaffleisch** wurden erst unter dem Einfluss der islamischen Minderheit populär. Während im Norden traditionell Getreidegerichte dominieren, werden im Süden vorwiegend Reisgerichte gegessen. Weiter südlich wird deutlich schärfer gewürzt. Bekannt ist auch die Vorliebe der kantonesischen Küche für ausgefallene Zutaten. Da wandern Insekten, Schlangen, Wildtiere und manches Haustier in den Kochtopf. Vieles davon ist allerdings auch für Chinesen aus anderen Regionen nicht weniger exotisch als für Europäer. Wichtig ist generell neben Farbe, Aroma und Würze die Konsistenz (↑**Vogelnester**- und **Haifischflossen**suppe werden fast nur ihrer Konsistenz wegen gegessen und weil sie den Organismus kräftigen sollen) sowie der harmonische Gesamteindruck eines Gerichtes. Eine wichtige, aber nicht zu überschätzende Rolle spielen hierbei die **Fünf Elemente: Holz** – sauer, **Feuer** – bitter, **Erde** – süß, **Metall** – scharf, **Wasser** – salzig; Gerichte werden in **Yin und Yang** unterschieden. Sehr kalte Speisen sollten nach chinesischer Vorstellung gemieden werden, da sie dem Körper Energie rauben. Die traditionelle Küchenausstattung im Privathaushalt ist ein kleiner tonnenförmiger Tonherd, der Wok mit Messingseiher für Frittiertes (soll deshalb nicht so heiß werden), ein abgerundeter Pfannenwender (Chan) aus Metall, Bambuskörbchen als Dämpfeinsatz, ein großer Topf für den Reis, ein Tontopf (Shaguo) – billiger als Metall, hält Speisen warm, hat keinen Beigeschmack, und ein großes Küchenbeil. Wie auch in der europäischen Küche gibt es eine Vielzahl von Schneidetechniken, die mit diesem einen Küchenbeil möglich sind. Alles an der chinesischen Küche ist auf Ökonomie ausgerichtet, von der Art des Kochens und der Zubereitung bis hin zum Essen selbst. Der Wok ist die ideale Pfanne, um schnell und sparsam auf offenem Feuer klein geschnittene Zutaten in ein Gericht zu verwandeln. Das ist seine Stärke und auch seine Schwäche, denn der ↑**Wok**, wie er in Europa gebräuchlich ist, hat nur mehr wenig damit zu tun. Fast niemand verfügt über eine ausreichend große und damit heiße offene Flamme, wenn denn überhaupt mit Gas gekocht wird. Ein (un)genügender Ersatz für den Wok muss also eine Schwenkpfanne (Sauteuse) oder eine große unbeschichtete Pfanne sein. **Essen in China ist eine sehr kommunikative Angelegenheit.** Es wird gelacht, laut geredet, das Tischtuch wird unbekümmert beschmutzt, und die Gäste oder die älteren und angesehenen Personen werden umsorgt, indem man ihnen die besten Stücke reicht, meist mit den eigenen Ess-Stäbchen, welche sich deutlich von den japanischen unterscheiden. Die chinesischen Stäbchen sind länger, haben ein stumpfes Ende und kein spitzes wie die japanischen. Der Umgang ist schwieriger. Neben den Stäbchen gibt es noch Löffel (meist aus Keramik) und beim mongolischen ↑**Feuertopf** kleine Messingkörbchen mit langem Griff. In China hat der Koch die Arbeit beim Kleinschneiden der Zutaten und nicht der Esser selbst. In den Restaurants wird viel Wert auf Optik und Aussehen der Speisen gelegt, und aus ↑**Gemüse** und ↑**Obst** werden kleine Kunstwerke geschnitzt. Ein traditionelles Festmahl kann aus vier Vorspeisen, sechs Hauptgängen und einer Suppe bestehen. Als letzter Gang wird oft Suppe gereicht, weil man die Vorstellung hat, damit die letzten Hohlräume im Magen auszufüllen. In Südchina reicht man zuletzt Reis. Süße ↑**Dessert**s haben in der traditionellen chinesischen Küche keinen großen Stellenwert. Neben grünem Tee und ↑**Bier** sind auch starke ↑**Spirituosen** sehr beliebt. Wein ist weniger verbreitet, obgleich der Weinanbau regional auf eine sehr lange Tradition zurückblicken kann. Er verträgt sich aber geschmacklich nicht mit den intensiven, dominanten Gewürzen. Neben einigen Zutaten (Tofu, Sojasauce) sind diverse Gerichte der chinesischen Küche internationaler Standard geworden. Dazu gehören die ↑**Frühlingsrolle**, ↑**Dim Sum**, ↑**Peking-Ente** und ↑**Schweinefleisch** süß-sauer. ↑**Chop Suey** ist dagegen kein ursprünglich chinesisches Gericht, sondern wurde von chinesischen Auswanderern in Kalifornien erfunden.

Chinesische Quitten [*Exotische Früchte*] ↑**Kaki, Sharon**

Chinesische Soßen [*Asiatische Küche*] **R 1. Austernsoße:** Dickflüssige Würzsauce, soll einen Hauch von Meeresduft verleihen; **2. Chiliöl:** Kann man auch selber machen – Eine Handvoll ↑**Chili**schoten zerstoßen und mit 250 ml ↑**Pflanzenöl** auf 130° C erhitzen. Zwei Tage ziehen lassen, danach durchsieben. Tropfenweise verwenden. **3. Chilisauce:** Im Gegensatz zu den in Europa erhältlichen ↑**Sauce**n ist die Chilisauce in Asien ungesüßt. **4. Fischsauce:** Wird aus fermentierten ↑**Meeresfrüchte**n hergestellt. Schmeckt besser als sie riecht. **5. Grüne Currypaste:** Stiele und Kerne von 6 getrockneten grünen Chilischoten entfernen. Chilis, 3 EL ↑**Lauchzwiebeln** (gehackt), 1 EL ↑**Knoblauch** (gehackt), 1 EL ↑**Zitronengras** (gehackt), 1 EL ↑**Garnelenpaste**, 1 TL ↑**Laos**pulver, 1 TL ↑**Kümmel**samen, 2 TL ↑**Koriander**samen, 1 TL ↑**Zitronenschale** (fein gerieben) und 1 TL ↑**Salz** im Mixer zu Paste verarbeiten. Verschlossen bis zu 3 Wochen kühl lagerbar. **6. Hoisin Sauce:** Süßlich schmeckende Sauce für Marinaden; **7. Knoblauchpaste:** 2 EL Knoblauch (durch die Presse gedrückt), 2 EL Koriandergrün (gehackt) und 0,5 TL schwarze ↑**Pfeffer**körner im ↑**Mörser** zu einer Paste zerstoßen; **8. Rote Currypaste:** 6 getrocknete rote Chilischoten entkernen, 10 Minuten in Wasser einweichen. Gut abtropfen lassen, grob hacken. Chilischoten, 2 EL Zitronengras (gehackt), 1 EL Knoblauch (gehackt), 1 EL ↑**Schalotten** (gehackt), 1 EL Koriandergrün (gehackt), 1 TL ↑**Galgant** (gehackt), 2 TL Koriandersamen, 6 weiße Pfefferkörner, 1 TL Salz und 1 TL Garnelenpaste im Mixer zu einer Paste verarbeiten. Verschlossen bis zu 3 Wochen kühl lagerbar. **9.** ↑**Sojasauce**

Chinesische Stachelbeeren [*Obst*] ↑**Kiwi**

Chinesischer Feuertopf [*Intern. Länderküche*] ↑**Feuertopf**

Chinesischer Rettich [*Exotische Früchte*] ↑**Mooli**
Chinesischer Zimt [*Gewürze & Kräuter*] ↑**Kassia Zimt**
Chinin [*Gesundheit*] Alkaloid aus Chinarindenbäumen. Es schmeckt bitter und wird deshalb Lebensmitteln als Geschmacksgeber zugesetzt, z. B. in alkoholfreien Erfrischungsgetränken, Trinkbranntwein und weinhaltigen Getränken. Chinin ist aber gleichzeitig ein Zellgift, das zur Behandlung von Malaria tropica als Arznei eingesetzt wird. Tonicwater und Bitterlemon enthalten Chinin in Konzentrationen von 40 bis 80 Milligramm pro Liter. **Zum Vergleich:** Eine Tablette gegen Malaria enthält 250 Milligramm Chinin. Ab 3 g kann ein „Chinin-Rausch" auftreten. Zuerst kommt es zu Übelkeit und Erbrechen, anschließend stellt sich ein Erregungszustand mit Ohrensausen, Schwindelgefühlen und Ohrgeräuschen ein. Tonic-Liebhaber müssen keine Vergiftungen befürchten. Die tödliche Dosis für Erwachsene liegt bei 8 bis 15 g Chinin. **Allerdings:** Der andauernde Genuss chininhaltiger Getränke kann zu Impotenz führen.
Chinois [*Franz. Fachwort*] **1.** Ein trichterförmiges Passoir (Spitzsieb); **2.** Zwergorangen
Chinois mousseline [*Franz. Fachwort*] Feinmaschiges Spitzsieb
Chinoise, à la [*Speisegarnitur*] **A** Süßwasserfische in Nussöl gebraten. Garnitur aus kleinen, mit Kalbsbrät gefüllten, in Butter gedünsteten Grünkohlkugeln und Petersilienkartoffeln
Chinolingelb [*Fachkunde*] ↑**E 104**
Chiocciole [*Ital. Speisekarte*] Teigschnecken
Chiodino [*Ital. Speisekarte*] ↑**Hallimasch**
Chiodo di garofano [*Ital. Speisekarte*] ↑Gewürz**nelke**
Chipirones [*Span. Speisekarte*] Kleine ↑**Tintenfische**
Chipolata [*Speisegarnitur*] **A Speisegarnitur** für **große Fleischstücke** und **Gebratenes** oder **gedünstetes Geflügel** – glasierte ↑**Perlzwiebeln**, gedünstete ↑**Edelkastanien**, ↑**Karotten**, ↑**Speck**würfel und kleine ↑**Bratwüstchen** mit sehr hohem Zwiebelanteil; **Sauce:** leichter Bratenfond. Der Garniturname ist abgeleitet von cipolla = ↑**Zwiebel** (italienisch).
Chipolatas [*Fleischprodukte*] Winzige italienische (Perlwürstchen) Bratwurstart mit hohem Zwiebelanteil; vorzugsweise als Beilage zu Fleisch- oder Geflügelgerichten. ↑**Chipolata, à la**
Chipotle Chili [*Gewürze & Kräuter*] **T Schärfe 5 = 10 000 – 15 000** ↑**Scoville-Einheiten.** Bei diesem Chili handelt es sich um den getrockneten und geräucherten ↑**Jalapeño Chili.** Er ist sehr scharf und verleiht den Gerichten einen rauchigen, rustikalen Geschmack. ↑**Chili**
Chips [*Fachkunde*] **1.** In Fett schwimmend gebackene hauchdünne Kartoffelscheiben oder, wie in England, sehr dick geschnittene ↑**Pommes frites.** ↑**Fish and chips; 2.** Chips sind im engl. Sprachbereich die Holzspäne, die (vor allem in den USA und Australien) den Weinen zugegeben werden, um einen ↑**Barrique**-Geschmack künstlich zu erzeugen.
Chitarra [*Ital. Speisekarte*] **T** Auch: „Spaghetti alla chitarra". Lange, spaghettiähnliche Nudeln mit einem viereckigen statt runden Profil. Um sie herzustellen, legt man einen länglichen dünnen Pastafladen auf ein spezielles Gerät mit sehr eng stehenden dünnen Stahlsaiten (daher der Name Chitarra = Gitarre). Der Teig wird mit dem Nudelholz durch die Saiten gedrückt. Meist werden sie in einer Art **„↑Bolognese"** von ↑**Lammfleisch** und ↑**Tomaten** gegessen.
Chitin [*Fachkunde*] Zelluloseähnlicher Hauptbestandteil der Zellwand von ↑**Pilzen**, aber auch von ↑**Hummern**, ↑**Krebsen** und ↑**Tintenfischen** (Chitinstab). Chitin ist härter und stabiler als ↑**Zellulose**.
Chives [*U.S. Kitchen*] ↑**Schnittlauch**
Chivry [*Speisegarnitur*] Weißweinsauce mit Estragon, Kerbel, Kresse, Schnittlauch oder Geflügelrahmsauce, mit Kräuterbutter aufgeschlagen
Chlor [*Gesundheit*] **T** Natriumchlorid (Speise- oder Kochsalz) ist die häufigste und bekannteste Verbindung. Zusammen mit ↑**Natrium** ist Chlorid unter anderem für die Flüssigkeitsverteilung und den osmotischen Druck im Organismus zuständig. Chlorid ist Bestandteil der Magensäure. Wie das Natrium befindet sich Chlorid hauptsächlich in Flüssigkeiten außerhalb der Körperzellen, also zum Beispiel in der Blutflüssigkeit, nicht aber in den Blutzellen. Es reguliert dort den Flüssigkeitsstrom zwischen den Zellen (Osmose). Chlorid ist auch wichtig zur Aufrechterhaltung des ↑**Säuren-Basen**-Gleichgewichts. Im Magen bildet Chlorid zusammen mit Wasserstoff die Magensäure (Salzsäure). Diese Säure wird in den Belegzellen des Magens produziert. Sie ist entscheidend an der Zerlegung von Nahrungseiweißen beteiligt. Chlor und Natrium sind verantwortlich für die Entstehung und Weiterleitung von Nervenimpulsen. **Schätzwerte für eine minimale Zufuhr:**

Alter	Chlorid (mg/Tag)
0 bis unter 4 Monate	200
4 bis unter 12 Monate	270
1 bis unter 4 Jahre	450
4 bis unter 7 Jahre	620
7 bis unter 10 Jahre	690
10 bis unter 13 Jahre	770
13 bis unter 15 Jahre	830
Jugendliche und Erwachsene	830

Bei starkem Schwitzen steigen Natrium- und Chloridbedarf entsprechend proportional an. **Chlorhaltige Lebensmittel:** Die Hauptzufuhr von Chlor erfolgt durch die Aufnahme von Speisesalz (Kochsalz) aus industriell hergestellten Lebensmitteln und durch das Salzen im Haushalt. Rund die Hälfte der täglichen Aufnahme an ↑**Salz** stammt aus ↑**Brot** und Gebäck, rund 30 % aus ↑**Fleisch**- und ↑**Wurst**waren. Besonders stark kochsalzhaltig sind gepökelte und geräucherte Fleischwaren, gesalzener und geräucherter ↑**Fisch**, viele Konserven und Fertiggerichte, ↑**Käse** und Käsegebäck, ↑**Chips** und gesalzene ↑**Nüsse**. Chlorarm sind dagegen ↑**Obst** und ↑**Gemüse**, ↑**Hülsenfrüchte**, ungesalzene Nüsse und ↑**Pflanzenöle.**

Chlorophyll [*Gesundheit*] Der grüne Farbstoff in Pflanzen. Mit Hilfe von Chlorophyll wird aus Licht und anderen Stoffen ↑**Zucker** hergestellt, die Energie aus dem Licht wird in Zucker gebunden. Die Energie steht somit den Pflanzen und über deren Verzehr allen tierischen Organismen zur Verfügung. Diesen Vorgang der Energiebindung bezeichnet man als Photosynthese. Chlorophyll wird auch als Lebensmittelfarbstoff zum Färben von Lebensmitteln eingesetzt. ↑E 140.

Chlorophyllin-Kupferkomplex [*Fachkunde*] ↑**E 141**

Chmeli Suneli [*Gewürze & Kräuter*] **R** Auch **Khmeli** Suneli bzw. **Xmeli Suneli**, georgische Kräutermischung. Sie besteht zumeist zu gleichen Teilen aus getrocknetem, gemahlenem oder zerriebenem ↑**Koriander**, ↑**Dill**spitzen, ↑**Basilikum**, ↑**Lorbeer**, ↑**Majoran**, ↑**Bohnenkraut**, ↑**Estragon**, einer Spur ↑**Safran** und schwarzem ↑**Pfeffer**. Mitunter sind auch ↑**Sellerieblät**ter, ↑**Petersilie**, ↑**Thymian**, ↑**Minze** oder ↑**Melisse** enthalten. Diese Gewürzmischung ist Bestandteil landestypischer Eintopfgerichte.

Chocolat [*Franz. Speisekarte*] ↑**Schokolade**

Chocolat à croquer [*Franz. Speisekarte*] Bittere ↑**Schokolade**

Chocolat liégeois [*Franz. Speisekarte*] Eisschokolade, nach dem gleichen Prinzip wie ↑**Eiskaffee** (↑**Affogato**) **hergestellt**

Chocolate chips [*U.S. Kitchen*] Schokosplitter

Chocolate syrup [*U.S. Kitchen*] Schokosirup

Choesels [*Intern. Länderküche*] **A** Begriff aus der belgischen Küchenkultur für ↑**Ragout** aus ↑**Fleisch** und ↑**Innereien** von ↑**Rind** und/oder ↑**Kalb**, mit ↑**Zwiebeln** in ↑**Bier** gekocht

Choisy [*Speisegarnitur*] Mit in Streifen geschnittenem, gedünstetem ↑**Kopfsalat**

Cholent [*Jüdische Küche*] **R** Religiöse Juden dürfen am Sabbat nicht kochen, sodass sie samstags oft **Cholent** (auch: **Tscholent**) essen, einen dicken Bohneneintopf, der am Freitag vorbereitet wird. Die Suppe kocht sich dann selbst über Nacht und in den Samstag hinein in einem speziell temperierbaren Kochtopf ↑„**Crockpot**" fertig. Die Garmethode ohne Spezialtopf: 1 Tasse getrocknete ↑**Weiße Bohnen**; 600 g magere ↑**Rinderbrust**, in vier Stücke geschnitten; 4 geschälte ↑**Kartoffeln**; 1 Zwiebel, geviertelt; 1 TL Salz, schwarzer ↑**Pfeffer**; 3 Tassen ↑**Hühnerbrühe**; **Zubereitung:** Bohnen über Nacht in Wasser einweichen, dann abgießen. Backofen auf 170° C vorheizen. Bohnen mit Fleisch, Gemüsen und Gewürzen in einen ofenfesten Topf geben, genug Wasser angießen, dass die Zutaten gerade eben bedeckt sind. Topf zunächst mit zwei Lagen Alufolie sehr dicht verschließen, dann den Deckel fest aufsetzen. 30 Min. im Ofen garen, dann Hitze auf 90° C heruntersetzen und über Nacht oder mindestens 10 Stunden garen. Keinesfalls vorher den Topf öffnen. Cholent vor dem Anrichten in Suppentellern mit heißer Hühnerbrühe verdünnen.

Cholermues [*Schweizer Küche*] Schweizer Bezeichnung für ↑**Kaiserschmarrn**

Cholesterin [*Fachkunde*] Die Hauptbestandteile der im Blut zirkulierenden Fette sind Cholesterin und die ↑**Triglyzeride**. Beide Fettarten haben wichtige Aufgaben im Organismus zu erfüllen und sind daher unverzichtbar. Cholesterin kommt fast ausschließlich in tierischen Nahrungsmitteln vor, wird aber auch in der Leber als körpereigenes Cholesterin hergestellt. **Funktionen:** Aufbau von Zellwänden, Grundstoff für die Bildung von Gallensäuren, Grundgerüst für ↑**Vitamin D**, Fetttransport. **Es wird unterschieden zwischen: 1. „Triglyzeride"** (Grenzwert im Blut 150–200 mg/dl). Die Triglyzeride sollten (wie der Gesamtcholesterinwert) unter 200 mg/100 ml liegen. Bei einer Erhöhung im Blut über diesen Wert hinaus kann es zu einem Anstieg der Cholesterinkonzentration kommen. Es liegt dann aber eine Stoffwechselstörung vor, die nichts mit einer LDL-Cholesterinerhöhung zu tun hat. **2. „Schlechtes" (LDL) Cholesterin** (Grenzwert im Blut 130–160 mg/dl). LDL-Cholesterin fördert die Verkalkung der Blutgefäße und begünstigt die Entstehung von Herz-Kreislauf-Krankheiten. **3. „Gutes" (HDL) Cholesterin** (Grenzwert im Blut 40–60 mg/dl). HDL-Cholesterin wirkt dem LDL-Cholesterin entgegen. **Wichtig:** Da LDL und HDL sehr eng zusammenhängen, ist auch das Verhältnis wichtig, in dem LDL und HDL zueinander stehen. Der Quotient aus diesen beiden Werten lässt Rückschlüsse auf das eventuelle Arteriosklerose-Risiko zu. **Ein gesunder Wert wäre z. B.:** LDL = 120 mg/100 ml, HDL = 40 mg/ml – Der Quotient beträgt 120/40 = 3. Ist der Wert größer (durch höhere LDL- oder niedrigere HDL-Werte), steigt das Risiko für den Patienten, ist der Quotient kleiner (durch niederige LDL-Werte oder höhere HDL-Werte), sinkt es.

Cholesterin sparen [*Gesundheit*] **T Es lässt sich einiges selber tun, um einen erhöhten Cholesterinspiegel zu senken – Gewichtsreduktion:** Übergewicht ist ein Risikofaktor bei vielen Erkrankungen. So für eine Reihe von Krebsarten, Arteriosklerose, Rücken- und Gelenkbeschwerden, um nur einige zu nennen. Durch eine Reduktion des Übergewichts kann die Konzentration des schützenden HDL-Cholesterins im Blut erhöht werden bzw. die des LDL reduziert werden. **Sport:** Regelmäßige körperliche Aktivität

Praktische Übersichtstabelle			
	empfehlenswert	**in Maßen erlaubt**	**nicht empfehlenswert**
Fleisch, Wurst	Filet, mageres Lamm-, Kalb- und Rindfleisch, Roastbeef, Putenschinken, Schinken ohne Fettrand, Sülzen	Mageres Schweine-, Rind-, Kalbfleisch, Wild, Tatar	Innereien (Herz, Leber, Nieren), fette Fleisch- und Wurstsorten, Hackfleisch, Konserven, Speck, Wiener Schnitzel
Meeresfrüchte	Magere Fischsorten (Kabeljau, Scholle, Seelachs, Zander, Heilbutt), Fischfilet	Scampi, Lachs, Hering, Tunfisch, Makrele	Fischkonserven, Aal, Sardellen, Forellenfilets, Muscheln, Krabben, Hummer, Fischstäbchen, Tintenfisch
Geflügel	Huhn, Pute (ohne Haut)	Geflügelwurst	Gans, Ente, Wiener Backhähnchen
Fette, Öle	Olivenöl, Sonnenblumenöl, Weizenkeimöl, Maiskeimöl, Sojaöl, Distelöl, Diätmagarine	Kaltgepresstes Rapsöl, Kürbiskernöl, Gänseschmalz, Margarine mit hohem Anteil ungesättigter Fettsäuren (ohne gehärtetes Fett)	Tafelöl, Speiseöl, Mayonnaise, Remoulade, Butter, Schmalz, „Plattenfett", Margarine mit z.T. gehärteten Fetten
Milch, Käse, Eier	Magermilch, fettarme Milchprodukte (Jogurt, Buttermilch, Kefir, Dickmilch), Magerquark, Hüttenkäse, Eiklar	Fettarme Milch, Jogurt (3,5 %), saure Sahne (10 %), Käse bis 30 % F. i. Tr.	Vollmilch, Sahnequark, Eigelb, Crème fraîche, Käse über 40 % F. i. Tr. Rührei, Spiegelei, Omelette
Gemüse, Obst, Salat	Alle Obst- und Gemüse-sorten (oft als Rohkost oder Salat), Salate, Hülsenfrüchte	Trockenobst, Avocados, Oliven	Gemüsekonserven, Fertigdressings
Nüsse	Walnüsse, Haselnüsse	Pistazien, Kürbiskerne	Alle übrigen Sorten
Kartoffeln	Salz-, Pell-, Blech-, Ofenkartoffeln, Kartoffelpüree und -klöße		Bratkartoffeln, Pommes frites, frittierte Kartoffeln, Kartoffelpuffer, Chips
Brot, Gebäck, Nährmittel	Vollkornprodukte, dunkles Brot, Naturreis, Hartweizennudeln, alle Getreidesorten	Weißbrot, Brötchen, fettarmes Hefegebäck	Hefegebäck, Blätterteig, Kuchen, Eiernudeln, Krapfen, Creme- und Sahnetorten, Salz- und Käsegebäck
Brotaufstrich	Marmelade, Gelee, Honig, Sirup	Erdnussbutter	Schoko- oder Nusscreme
Getränke	Wasser, Tee, Kaffee (gefiltert), Malzkaffee, Obst- und Gemüsesäfte	Bier, Malzbier, Wein	Zuckerhaltige Limonade, Cola, Kakaogetränke, Spirituosen, ungefilterter Kaffee, Irish Coffee
Süßwaren, Zucker	Saure Drops, Husten- und Malzbonbons, Süßstoff, Sorbet, Geleespeisen	Pudding aus fettarmer Milch, Fruchtpudding	Schokolade, Nougat, Marzipan, Pralinen, Eiscreme, Cremespeisen aus Vollmilch und Sahne

ist sehr wichtig, wobei regelmäßiger Sport eine Erhöhung des HDL-Cholesterins bewirkt. Am günstigsten sind Sportarten, die die Ausdauer trainieren, und weniger solche, die kurzfristige Hochleistungen bewirken. Gut sind daher: Joggen, Radfahren, Schwimmen, Rudern, Paddeln, Nordic Walking oder lange Spaziergänge. **Medikamente:** Bei Vorliegen einer angeborenen Störung des Fettstoffwechsels oder wenn der Cholesterinspiegel trotz konsequenter Ernährungsumstellung auch nach einigen Monaten nicht entsprechend abgenommen hat, können cholesterinsenkende Medikamente helfen. Der Einsatz cholesterinsenkender Medikamente ist aber kein Ersatz für die Umstellung der Ernährung. Eine fettmodifizierte Ernährung ist trotz der Einnahme von Medikamenten die wichtigste Maßnahme, um den Cholesterinspiegel zu senken. **Kinder und Jugendliche:** Herz-Kreislauf-Erkrankungen als häufigste Todesursache in der Bundesrepublik Deutschland können ihre Ursache bereits in der Kindheit der betroffenen Personen haben. Auch wenn sie in der Regel erst im mittleren Alter zutage treten. Durch das frühzeitige Entdecken dieser Risikofaktoren und durch gezielte Vorsorge im frühen Kindesalter, zu der insbesondere eine gesunde Lebens- und Ernährungsweise in der Familie gehört, kann den Erkrankungen frühzeitig begegnet werden. So ist es empfehlenswert, den Cholesterinwert bereits im Kindesalter zu bestimmen, wenn in der Familie erhöhte Cholesterinwerte vorkommen oder wenn in der Familie Hinweise auf das Vorhandensein von Herz-Kreislauf-Erkrankungen vorliegen.

Cholesterinsenkende und gesunde Lebensmittel [*Gesundheit*] **T** Immer mehr industriegefertigte Lebensmittel im Kühlregal tragen das Versprechen, den Cholesterinspiegel zu senken und gesund zu sein. Doch was sich günstig auf die Blutfettwerte auswirken soll, hat einen großen Haken. Bei regelmäßigem Verzehr senkt es nämlich auch den ↑**Betacarotin**-Spiegel im Blut und führt zu Unterversorgung. Also stellt sich die Frage: Was sind cholesterinsenkende und zugleich gesunde Lebensmittel? Folgende aufgezählten Produkte stecken voll hoch wirksamer Substanzen, die auf natürliche Weise Power bringen, für gute Laune sorgen und vor Krankheiten schützen. Ausschlaggebend ist, dass die Produkte frisch, Obst und Gemüse reif, möglichst unbelastet von Schadstoffen sind und am besten aus ökologischer Produktion stammen. ↑**Äpfel, Multitalente mit Immunpower und geballter Gesundheit.** ↑**Vitamin C** zur Stärkung des Immunsystems und ↑**Mineralstoffe** wie ↑**Calcium** und ↑**Eisen** sind gut für Knochen, Zähne und Blutbildung. ↑**Pektin**, ein löslicher Ballaststoff, aktiviert den Darm und reguliert die Blutfette. ↑**Flavonoide** und Phenolsäuren aus der Gruppe der ↑**Sekundären Pflanzenstoffe** setzen ↑**Freie Radikale** nachweislich schachmatt. Äpfel am besten warm abwaschen, trockenreiben und mit Schale essen. ↑ **Avocados, Powerfrüchte mit vielen** ↑**Ungesättigten Fettsäuren und** ↑**Vitaminen, ein Jungbrunnen für Haut und Haare.** Die gesunden Fettsäuren regulieren den ↑**Cholesterin**spiegel, B-Vitamine schützen den Kreislauf und Herz. Außerdem liefert die nussig schmeckende Frucht reichlich ↑**Vitamin E**, das als natürlicher Jungbrunnen gilt – es bremst den Alterungsprozess, beugt Falten und Hautflecken vor. ↑**Biotin**, ein weiterer Anti-Age-Stoff, sorgt für strahlenden Teint, feste Fingernägel und glänzendes Haar. Avocados sind der ideale Brotaufstrich: zerdrücktes Fruchtfleisch mit ↑**Knoblauch** und ↑**Zitronensaft** mischen, mit ↑**Salz** und ↑**Pfeffer** abschmecken. ↑**Beeren, die Bakterien- und Virenkiller.** Ihre Inhaltsstoffe machen nicht nur Viren und Bakterien den Garaus, sondern hemmen die Tumorbildung, stärken das Herz und senken den ↑**Cholesterin**spiegel. Die reifen Früchte sind aromatisch, reich an ↑**Vitamin C**, ↑**Eisen**, ↑**Folsäure**, ↑**Calcium** und ↑**Kalium**. ↑**Brokkoli schützt Herz und Kreislauf.** Steht bei Feinschmeckern und Medizinern gleichermaßen hoch im Kurs. Hochkarätige Inhaltsstoffe sollen vor Krebs schützen. Seine cholesterinsenkende Wirkung schützt Herz und Kreislauf. **Wichtig!** Alle bioaktiven Wirkstoffe im Brokkoli sind hitzeempfindlich – also möglichst oft roh verzehren, sonst nur kurz blanchieren oder in wenig Wasser knackig dünsten. ↑**Eier: Bausteine für gute Laune.** Eier sind zu Unrecht in Verruf geraten, in Maßen genossen, gehören sie zu den wirkstoffreichsten Lebensmitteln. Ihr Gehalt an ↑**Fettlöslichen Vitaminen** sowie den ↑**Vitaminen** B_2, B_{12} und ↑**Folsäure** ist ungewöhnlich hoch. ↑**Lecithin** ist ein wichtiger Nährstoff für Gehirn und Nerven, ↑**Vitamin D** sorgt für stabile Knochen. Eier enthalten Tryptophan, diese Aminosäure ist unmittelbar am Aufbau des Gute-Laune-Hormons ↑**Serotonin** beteiligt, kontrolliert aber auch den Wach-Schlaf-Rhythmus und das Sättigungsgefühl. ↑**Fenchel, die mediterrane Geheimwaffe gegen frühes Altern.** Die knackige Knolle mit dem leicht süßlichen Anisgeschmack tut Körper und Psyche gut. Die großen Mengen an ↑**Vitamin C** – doppelt so viel wie in Orangen – und die ↑**Ätherischen Öle** beugen Husten und Bronchitis vor, beruhigen und entspannen. Das eisenreiche Gemüse fördert die Sauerstoffversorgung und enthält sehr viel ↑**Vitamin E**, das den frühzeitigen Alterungsprozess von innen und außen bremst. Gefäße und Haut bleiben elastisch. Ein Jungbrunnen – geraspelter Fenchel mit ↑**Olivenöl**, ↑**Knoblauch**, ↑**Zitronensaft** und ↑**Petersilie**. ↑**Seefische: Fitness aus dem Ozean.** ↑**Lachs**, ↑**Makrele**, ↑**Sardine**, ↑**Hering** und ↑**Tunfisch** haben die höchsten Werte an ↑**Omega-3-Fettsäuren**, die die Nervenzellen schützen und ihren Informationsfluss beschleunigen, die Fließgeschwindigkeit des Blutes verbessern und den Cholesterinspiegel senken können. Wissenschaftler fanden heraus, dass Migräne-Patienten Linderung verspürten, wenn sie mehr Seefische in ihren Speiseplan aufnahmen. Die Kombination von hochwertigen Eiweißbausteinen mit den ↑**Vitaminen D**, ↑B_6 **und** ↑B_{12}, dazu hohe Mengen an ↑**Kalium** und ↑**Jod** heben die Stimmung und erhöhen das sinnliche Empfinden. ↑**Getreide: Das volle Korn sorgt mächtig für Power.** ↑**Hafer**, ↑**Roggen**, ↑**Gerste**, ↑**Reis** geben volle Kraft, weil in ihnen alles steckt, was der Körper braucht: komplexe ↑**Kohlenhydrate**, ↑**Ballaststoffe**, pflanzliches ↑**Eiweiß**, ↑**Vitamine** und ↑**Mineralstoffe**. Dazu wenig, aber bestes ↑**Fett** und jede Menge ↑**Sekundäre Pflanzenstoffe**. Die wirksamen Substanzen sitzen überwiegend in den Randschichten und fördern die Verdauung, senken den Blutzucker- und den Cholesterinspiegel, steigern die Konzentration, stärken die Nerven.

↑**Hülsenfrüchte: Pflanzliches Eiweiß in rauen Mengen.** ↑**Bohnen**, ↑**Erbsen** und ↑**Linsen** bringen ordentliche Portionen pflanzliches Eiweiß auf den Teller – das vor allem für ↑**Vegetarier** wichtig ist. Hülsenfrüchte senken den Cholesterinspiegel, stärken das Immunsystem, sorgen für starke Knochen und gute Nerven. Auch für Diabetiker sind Hülsenfrüchte geeignet, da sie den Blutzuckerspiegel kaum ansteigen lassen. **Tipp:** Beim Einweichen getrockneter Hülsenfrüchte landet ein Großteil der wertvollen Inhaltsstoffe im Einweichwasser, deshalb beim Kochen immer mitverwenden. ↑**Ingwer: Pflanzliche Wirkstoffe wirken wie Medizin.** Hauptinhaltsstoff der hoch aromatischen, frischen Ingwerwurzel ist das ätherische Öl Gingerol. Es wirkt schmerzlindernd und krampflösend, hilft bei hohem Blutdruck und beugt Gefäßverengungen vor. Ingwer hat sich auch bei Übelkeit, Reisekrankheit, Schwangerschaftserbrechen, Kopfschmerzen und Migräne bewährt. Zudem bringen die ↑**Mineralstoffe** ↑**Kalium**, ↑**Magnesium** und ↑**Eisen** den Stoffwechsel auf Trab, wirken verdauungsfördernd. Sehr bekömmlich, nicht nur in der ↑**Asiatischen Küche**, sondern auch als Ingwertee – 3–4 dünne Ingwerscheiben 10 Min. mit 1/4 l Wasser kochen, durchsieben. Nach Geschmack mit Honig würzen. ↑**Kartoffeln: Sattmacher mit wenig Kalorien.** Sie enthalten die meisten lebenswichtigen ↑**Mineralstoffe** in optimalem Verhältnis, wirken basisch, entschlacken und machen kalorienarm satt. Kartoffeln liefern reichlich ↑**Vitamin C** sowie pflanzliches Eiweiß in bester Qualität. Kombiniert mit ↑**Milch** oder ↑**Ei** ersetzen sie ein Stück Fleisch. Ihre ↑**Ballaststoffe** und ↑**Sekundären Pflanzenstoffe** sind ein Schutzschild gegen Krebs. Empfehlenswert sind täglich 250 g Kartoffeln, gedämpft oder mit Schale gekocht. Grüne Stellen wegschneiden, sie enthalten die giftige Substanz ↑**Solanin.** ↑**Kiwis: Fitness-Power unter rauer Schale.** Schon mit ein bis zwei Früchten deckt man den täglichen Bedarf an ↑**Vitamin C**. Es stärkt nicht nur die Abwehrkräfte, sondern macht auch freie Radikale unschädlich, steigert die Leistung und ist ein Schlankmacher. Unter seiner Mitwirkung werden fettschmelzende Hormone und der ↑**Fatburner** Carnitin gebildet. Außerdem enthalten Kiwis ↑**Carotinoide** und ↑**Flavonoide** aus der Gruppe der ↑**Sekundären Pflanzenstoffe**. Sie verhindern schädliche Oxidationen, schützen Zellen und Gefäße. **Tipp:** Die Frucht nicht schälen, sondern halbieren und auslöffeln, denn auch hier sitzen die wertvollen Stoffe direkt unter der Schale. ↑**Kohlgemüse: Gesundheitspolizei für Magen und Darm.** Zu dieser Großfamilie gehören ↑**Weiß-** und ↑**Rotkohl**, ↑**Grün-**, ↑**Rosen-** und ↑**Spitzkohl**, ↑**Wirsing**, ↑**Kohlrabi.** Alle stecken voll effektiver Schutzstoffe. Das sind ↑**Vitamine C** und ↑**E**, ↑**Kalium**, ↑**Folsäure**, eine Reihe ↑**Sekundärer Pflanzenstoffe** und reichlich ↑**Ballaststoffe**. Sie bekämpfen Entzündungen und Infekte, helfen bei Magen-Darm-Problemen, können den Cholesterinspiegel senken und schweren Erkrankungen vorbeugen. Das funktioniert aber nur, wenn Kohl roh oder kurz gegart aufgetischt wird. Langes Erhitzen bekommt den bioaktiven Stoffen nicht. **Karotten: Schutzengel für die Haut schützen vor UV-Strahlung und Erkältung.** Mit ihrem hohen ↑**Betacarotin**-Gehalt übertrumpfen die gelben Rüben alle Gemüsesorten. Stärken Immunsystem und Sehkraft. Vor dem Skiurlaub im Hochgebirge und vor Fernreisen in sonnige Gefilde viel rohen Karottensalat oder gedünstete Karotten essen. Durch die intensive UV-Strahlung bilden sich reichlich ↑**Freie Radikale**, die den Carotinvorrat schnell aufbrauchen. Sind die Speicher leer, kann kein Immunschutz aufgebaut werden. Deshalb erkälten sich viele Menschen im oder nach dem Urlaub so leicht. Wer empfindliche Haut hat, kann mit gut gefülltem Carotinspeicher Sonnenbrand vorbeugen und bräunt schneller. **Tipp:** Karotten immer mit etwas Fett dünsten oder anmachen, so nimmt der Körper das ↑**Carotin** am besten auf. ↑**Jogurt: Stärkung fürs Immunsystem über den Darm.** Die Milchsäurebakterien im ↑**Probiotisch**en (Bifidus) Jogurt aktivieren das Immunsystem ganz allgemein. Sie unterdrücken das Wachstum von Krankheitskeimen im Darm. Mediziner raten Patienten, die Antibiotika einnehmen, regelmäßig Jogurt zu essen, damit sich die vom Medikament strapazierte Darmflora regenerieren kann. Jogurt kann aber nur optimal wirken, wenn er noch lebende Milchsäurebakterien der Gattung ↑**Lactobacillus** enthält und möglichst ungezuckert gegessen wird. Besonders effektiv sind die rechtsdrehenden Milchsäurebakterien. ↑**Nüsse: Nervennahrung zum Knabbern.** Nüsse sind voller Vitalstoffe und stecken voll ↑**Ungesättigter Fettsäuren**. Diese Kombination reduziert Stress-Symptome, stärkt das Nervenkostüm, fördert die Konzentration, vertreibt Müdigkeit, steigert Stimmung und Wohlbefinden. Nüsse machen aber nur dann aktiv und fit, wenn sie ungesalzen und in sehr kleinen Mengen verzehrt werden. ↑**Olivenöl: Edelschmiere für Herz und Kreislauf.** Kaltgepresstes Olivenöl gilt als wahrer Jungbrunnen und besteht fast nur aus ↑**Ungesättigten Fettsäuren** und kann das gefäßschädigende ↑**LDL-Cholesterin** senken. Das hält die Arterien elastisch und schützt vor Herz-Kreislauf-Krankheiten. Zudem liefert Olivenöl reichlich ↑**Vitamin E**, das als Gegenspieler der ↑**Freien Radikale** die Zellen schützt und die Haut gesund hält und geschmeidig macht. „Natives Olivenöl extra", die beste Qualität ist die wichtige Säule der hoch gelobten ↑**Mediterranen Küche.** ↑**Paprikaschoten: Spitze in der Infekt- und Infarktabwehr.** Das Gemüse liegt in Sachen ↑**Betacarotin** auf den ersten Plätzen, und sein Gehalt an ↑**Flavonoiden** und ↑**Vitamin E** ist beachtlich. Das garantiert Höchstleistung im Zellgeschehen und Immunsystem. Die knallig bunten Schoten schützen vor Infektionen aller Art, Durchblutungsstörungen, Arterienverkalkung und grauem Star. Regelmäßiger Paprikagenuss steigert körperliche Abwehr. Am besten roh im Salat, als Streifen mit ↑**Dip** oder für ↑**Antipasti** kurz gedünstet. ↑**Tomaten: Rot gegen freie Radikale.** Lycopin, ein Pflanzenhormon mit stark antioxidativer und zellschützender Wirkung, der die Tomate ihr leuchtendes Rot verdankt, stärkt das Herz, zählt zu den wirksamsten Radikalenfangern und reduziert das Krebsrisiko dadurch. Neben viel ↑**Vitamin** C enthalten die prallen Früchte auch reichlich ↑**Betacarotin** und ↑**Vitamin** E – sie schützen die Haut vor schädlichen UV-Strahlen. Lycopin ist vom Körper am besten erhitzt verwertbar, z. B. als Tomatensuppe oder -soße, aber auch als -ketschup. Wissenschaftler haben festgestellt, dass sich das Risiko halbiert, an **Prostatakrebs** zu erkranken, wenn man wöchentlich zehn Portionen Tomaten konsumiert. ↑**Zitrusfrüchte: Sauer baut Körper- und Umweltgifte ab.** ↑**Orangen**, ↑**Grapefruits**, ↑**Zitronen** oder ↑**Limetten** liefern vor allem im Winter wertvolles ↑**Vitamin** C. Es macht als Antioxidans aggressive Sauerstoffmoleküle unschädlich, die durch Stress, Rauchen, Alkohol, zu wenig Schlaf und Umweltgifte entstehen. Wirksamer noch als Saft sind geschälte Früchte – in ihren weißen Schalenanteilen und Segmenthäutchen stecken ↑**Flavonoide**, die das Immunsystem, Herz und Gefäße stützen und die Wirkung von Vitamin C um ein Vielfaches verstärken. **Urlaubstipp:** Wenig frisch gepresster Zitronen- oder Limettensaft ins Trinkwasser tötet Bakterien ab und erfrischt auf gesunde, natürliche Art. ↑**Lebensmittelvergiftungen**

Chop [*Engl. Speisekarte*] Engl. für ↑**Kotelett**s vom dicken Ende des ↑**Karrées**, meist vom ↑**Lamm**, ↑**Hammel**, ↑**Schaf**

Chop d'agneau [*Franz. Speisekarte*] Ausgelöstes, knochenloses ↑**Kotelett** vom ↑**Lamm**

Chop suey [*Intern. Länderküche*] **A** Chop suey ist ein Gericht, das vermutlich 1896 von einem Koch des damaligen chinesischen Botschafters in den USA, Li Hung-Chang, erfunden wurde. Es besteht aus verschiedenen Gemüsesorten wie ↑**Bambussprossen**, ↑**Sojabohnenkeimen** sowie ↑**Pilzen** und kann auch dünne Scheiben von ↑**Schweine-**, ↑**Rind-** oder ↑**Hühnerfleisch** enthalten. Heute ist es in westlichen Ländern als Gericht chinesischer Art bekannt, jedoch nicht in China.

Chopped [*U.S. Kitchen*] Gehackt

Chorba [*Intern. Länderküche*] **A** Begriff aus der tunesischen Küchenkultur für eine scharf gewürzte, dicke Tomatensuppe mit ↑**Lammfleisch**, ↑**Nudeln** und ↑**Gemüse**

Chorherrenkäse [*Käse*] **Herkunft:** Österreich/Linz; **Käsesorte:** ↑**Schnittkäse**, 50 % ↑**Fett i. Tr.**; **Milch:** pasteurisierte ↑**Milch**; **Teig:** goldgelb, geschmeidig; **Geschmack:** aromatisch-mild; **Info:** Er reift etwa 6 Wochen, ist mit einer nicht essbaren Wachsschicht überzogen und wird in Größen von 2,5 kg hergestellt.

Choriatiki [*Griech. Speisekarte*] Der klassische ↑**Bauernsalat** oder ↑**Dorfsalat** mit ↑**Tomaten**, ↑**Gurken**, ↑**Paprika**, ↑**Zwiebeln**, ↑**Schafskäse**, ↑**Oliven**, ↑**Olivenöl**

Choripan [*Intern. Länderküche*] ↑**Sandwich** mit einer Grillwurst. (↑**Chorizo**) ↑**Argentinische Küche**

Chorizo [*Intern. Länderküche*] **1.** In Frankreich stark gewürzte Frischwurst, kann roh oder gebraten gegessen werden; **2.** In Spanien mit ↑**Paprika** und ↑**Knoblauch** gewürzte grobe Trockenwurst aus ↑**Schweine-**, ↑**Rind-**, ↑**Pferde-** oder Esels**fleisch**; **3.** Die mexikanische Variante ist eine Art stark gewürztes ↑**Hackfleisch. 4.** In Argentinien ist Chorizo eine Grillwurst. ↑**Argentinische Küche**

Choron, Historischer Speisename [*Berühmte Köche*] **A 1.** Die klassische Garnitur wurde nach dem Pariser Küchenmeister Alexandre Etienne Choron (1772–1834) benannt. **2. „Sauce Choron"** ist eine Ableitung der „Sauce ↑**Béarnaise**", der Tomatenmark untergezogen wird; **3. À la Choron – Speisegarnitur** für **Kurzgebratenes: Nusskartoffeln** und mit grünen ↑**Spargel**spitzen oder ↑**Erbsen** gefüllte ↑**Artischockenböden. Sauce:** tomatierte Béarnaise in Streifen über die Hauptspeise, Bratengut auf gebundenen ↑**Bratenfond** setzen

Chou [*Franz. Speisekarte*] ↑**Kohl** (Einzahl)

Chou à la crème [*Franz. Speisekarte*] **A** ↑Sahne**baiser:** mit ↑**Konditorcrème** oder ↑Schlag**sahne** gefüllte ↑**Windbeutel**

Chou au fromage [*Franz. Speisekarte*] **A** Mit ↑**Käse**crème gefüllte ↑**Windbeutel**

Chou de Bruxelles [*Franz. Speisekarte*] ↑**Rosenkohl**

Chou farci [*Franz. Speisekarte*] Kohlroulade

Chou frisé [*Franz. Speisekarte*] ↑**Wirsing**

Chou rouge [*Franz. Speisekarte*] ↑**Rotkohl**

Chou rouge à la limousine [*Franz. Speisekarte*] ↑**Rotkohl** mit ↑**Edelkastanien**

Choucroute [*Franz. Speisekarte*] ↑**Sauerkraut**

Choucroute royale [*Franz. Speisekarte*] **T** ↑**Sauerkraut** mit ↑**Champagner** vollendet

Chouée [*Franz. Speisekarte*] **A** ↑**Grünkohl** mit ↑**Speck** und ↑**Zwiebeln** in flüssiger ↑**Butter**

Chou-fleur [*Franz. Speisekarte*] ↑**Blumenkohl**

Chou-rave [*Franz. Speisekarte*] ↑**Kohlrabi**

Chourico [*Span. Speisekarte*] Geräucherte ↑**Wurst**

Choux [*Franz. Speisekarte*] ↑**Kohl** (Mehrzahl)

Chow Chinesische Garmethode [*Asiatische Küche*] **T** (oder ↑**Ch'ao**) ist im Unterschied zu ↑**Cha** eine Art von Pfannenrühren, wobei nur wenig ↑**Pflanzenöl** verwendet wird, das als Gleitmittel dient. Deshalb müssen die Zutaten während des Bratens unermüdlich in Bewegung gehalten werden. Man verwendet dazu einen Metalllöffel oder ein Paar Stäbchen (Chopsticks). Die Zutaten sind meistens in schmale

Streifen oder kleine Stückchen geschnitten, damit sie von möglichst vielen Seiten Kontakt mit dem Pfannenboden haben. Chow ist eine außergewöhnlich schnelle Garmethode, man spricht deshalb auch vom „schnell Braten“, und sicherlich kann man nach dieser Methode in kürzester Zeit ein wohlschmeckendes Gericht fertig stellen. Sie nimmt selten mehr als 2 bis 3 Min. in Anspruch – häufig sogar nur Sekunden. ↑**Kochen im Wok** oder ↑**Asiatisch kochen**

Chowder [*U.S. Kitchen*] Cremesuppe „Chowder“ steht für eine dicke Suppe auf ↑**Milch**- und ↑**Brühe**basis

Choy Sum [*Exotische Früchte*] **Lateinisch:** Brassica chinensis var. parachinensis; Asiatisches Gemüse, je nach Herkunft mit kurz- oder langstieligen Blättern bis 20 cm. Wird ähnlich wie ↑**Spinat** gekocht oder gedämpft zubereitet.

Chrein [*Jüdische Küche*] **R** Jüdische kalte Meerrettichpaste aus geriebenem ↑**Meerrettich** und gekochten, kalten, geraspelten ↑**Roten Beeten**, ↑**Salz**, ↑**Zucker** und ↑**Essig** oder ↑**Zitronensaft**. Passt zu allen Fleischgerichten, zu Steak, aber auch zu Fisch. „Gefilte Fisch“ ist ohne Chrein nicht vorstellbar. ↑**Buraki**

Chriesi [*Schweizer Küche*] Schweizer Bezeichnung für ↑**Kirschen**

Christa [*Kartoffelsorte*] **Kochtyp:** ↑**Vorwiegend festkochende Kartoffeln; Herkunft:** Deutschland; **Jahr der Zulassung:** 1975; **Schale:** gelb; **Fleisch:** gelb; **Knolle:** langoval; **Reifezeit:** sehr früh

Christstollen [*Backstube*] ↑**Stollen**

Chrom [*Gesundheit*] **T Funktionen im Körper:** Chrom ist ein ↑**Essenzielles** ↑**Spurenelement**, das aber in zu hoher Dosierung auch zu Gesundheitsschäden wie Allergien und sogar Krebs führen kann. Im menschlichen Körper spielt Chrom eine wichtige Rolle im Stoffwechsel der ↑**Kohlenhydrate**. Chrom lagert sich in inneren Organen wie der Leber und Milz ein, kommt aber auch vermehrt in Knochen, Fett und Muskeln vor. Es ist ein Kofaktor von einigen ↑**Enzymen** und am Kohlehydrat- (↑**Zucker**) und Fettstoffwechsel beteiligt. Vermutlich beeinflusst Chrom die Funktionstüchtigkeit von Hornhaut und Augenlinse. **Schätzwerte für eine angemessene Zufuhr:**

Alter	Chrom (µg/Tag)
0 bis unter 4 Monate	1–10
4 bis unter 12 Monate	20–40
1 bis unter 4 Jahre	20–60
4 bis unter 7 Jahre	20–80
7 bis unter 10 Jahre	20–100
10 bis unter 15 Jahre	20–100
Jugendliche und Erwachsene	30–100

Fehlernährung oder extreme Stresssituationen können zu einem Mehrbedarf an Chrom führen. **Chromhaltige Lebensmittel:** ↑**Fleisch**produkte, vor allem ↑**Innereien** und Muskelfleisch, sowie ↑**Bierhefe**, ↑**Nüsse** und ↑**Vollkorn**produkte sind chromhaltig. Auch ↑**Pfeffer** und ↑**Rohrzucker** sind gute Chromlieferanten. Raffinierter (weißer) Zucker und ↑**Weißmehl** enthalten kaum noch Chrom. **Chrommangel:** kann durch die Störung des Zuckerstoffwechsels ähnliche Symptome wie ↑**Diabetes** (Zuckerkrankheit) auslösen. Hier sind die Zusammenhänge ebenso wenig geklärt wie bei koronaren Herzerkrankungen und der Erhöhung der ↑**Fettsäure**spiegel im Blut. **Allgemeine Anzeichen:** Nervosität, Gereiztheit, Verwirrtheit, Depression, Lernschwierigkeiten; vermehrtes Wasserlassen, Gewichtsverlust, Juckreiz, Muskelschwäche: Andere bekannte Folgen eines Chrommangels sind Trübung der Linse und Hornhaut und Wachstumsverzögerungen bei Kindern. **Vorbeugung:** Es kann nicht schaden, auf eine ausreichende Versorgung mit Chrom in der Ernährung zu achten und z. B. Vollkornprodukte anderen Lebensmitteln mit weißem Mehl vorzuziehen.

Chrosle [*Schweizer Küche*] Schweizer Bezeichnung für ↑**Stachelbeeren**

Chruut [*Schweizer Küche*] Schweizer Bezeichnung für ↑**Kraut**

Chrysanthemenblüten [*Wildkräuter, -blüten & -früchte*] **Lateinisch:** Chrysanthemum coronarium. Bei Chrysanthemenblüten nimmt man nur die zarten äußeren Blütenblätter. Die Salat-Chrysantheme ist ein beliebter Gewürz-Zusatz zu japanischen Gerichten. Auch die ganze Pflanze wird in Ostasien als Blattgemüse oder als Salat verzehrt. **Mehr Information:** ↑**Essbare Blüten**

Chtapodi xidato [*Griech. Speisekarte*] Tintenfischstückchen eingelegt in ↑**Essig**, ↑**Zitrone**, ↑**Olivenöl** und ↑**Kräutern**. **Tipp**: Die ↑**Tintenfische** vorkochen und dann grillen.

Chtipiti [*Griech. Speisekarte*] ↑**Tirochtipiti**

Chu Chinesische Garmethode [*Asiatische Küche*] **T** Mit dem Wort Chu bezeichnet die chinesische Sprache das Kochen überhaupt. Genauer bedeutet es „in Wasser kochen“. Dieser kulinarische Prozess muss genau kontrolliert und zeitlich präzise abgepasst sein. Man darf nichts zu lange kochen, weil sonst viele Geschmacksstoffe und Säfte ins Wasser übergehen; genauso wenig aber sollte man Nahrungsmittel zu kurz kochen. In der chinesischen Küche kontrolliert man die Temperatur einer Flüssigkeit, indem man sie auf starkem Feuer sprudelnd aufwallen lässt und dann ein wenig kaltes Wasser (oder eine andere Flüssigkeit) zufügt oder die Hitze so reguliert, dass es nur noch leise köchelt. Häufig kocht man ↑**Fleisch** und ↑**Geflügel** auf diese Weise. Das gegarte Fleisch wird danach in dünne Scheiben oder mundgerechte Stücke geschnitten und mit verschiedenen Dips serviert. Solche Dips kann man aus verschiedensten Zutaten und Saucen herstellen, zum Beispiel mit fein gehacktem ↑**Ing-**

wer, ↑**Schnittlauch**, ↑**Schalotten**, ↑**Sojasauce**, ↑**Chili**, ↑**Sherry**, ↑**Senf**, ↑**Pflaumen**sauce, ↑**Tomaten**püree usw. Man kann Fleischstücke oder -scheiben auch in einer trockenen Gewürzmischung wenden, zum Beispiel einer Mischung aus Salz, Pfeffer, Cayennepfeffer und ↑**Fünf-Gewürze-Pulver**. Kochen in Flüssigkeit ist eine sehr beliebte Garmethode, weil dadurch der Eigengeschmack der Zutaten unverfälscht erhalten bleibt. Mit den kräftigen Dips und Mischungen kann sich jeder seine Portion nach Belieben würzen. ↑**Kochen im Wok** oder ↑**Asiatisch Kochen**

Chü Chinesische Garmethode [*Asiatische Küche*] **T** Chü ist das Dünsten oder Schmoren mit sehr wenig Flüssigkeit. Man brät Haupt- und Würzzutaten bei großer Hitze in wenig Öl rundum kräftig an, gibt dann noch weitere Zutaten hinzu und füllt mit Wasser, ↑**Brühe** oder ↑**Wein** auf. Anschließend wird alles entweder auf sehr kleiner Flamme über längere Zeit geköchelt oder bei mittelstarker Hitze gedünstet, bis die Flüssigkeit auf die gewünschte Menge und Beschaffenheit eingekocht ist. ↑**Kochen im Wok** oder ↑**Asiatisch Kochen**

Chubut [*Käse*] **Herkunft:** Argentinien; **Käsesorte:** ↑**Weichkäse** italienischen Ursprungs (kurz gereifter ↑**Asiago**)

Chuck steak [*U.S. Kitchen*] **T** Dieses Steak ist 200 bis 250 g schwer und wird aus dem zartesten Teil der Schulter geschnitten. Das Rind muss aber ganz jung und gut abgehangen sein, sonst kann man das Stück nicht kurzbraten.

Chucruta [*Span. Speisekarte*] ↑**Sauerkraut**

Chüeh Chinesische Garmethode [*Asiatische Küche*] **T** Variante zu ↑**Wen:** Man röstet zunächst ↑**Zwiebeln** oder ↑**Chilischoten**, ↑**Knoblauch** und ↑**Ingwer** zum Würzen des Öls an und gibt dann erst die Hauptzutaten hinzu. Erst wenn diese gebräunt sind, schmeckt man das Gericht mit Gewürzen ab, gießt mit ↑**Brühe** auf und lässt es bei milder Hitze 10 bis 20 Min. sanft dünsten. Dann hebt man mit einem Schaumlöffel die Fleisch- oder Gemüsestücke raus und richtet sie auf einer gut vorgewärmten Platte an, um die ↑**Sauce** zu vollenden. Man gibt etwas mit Wasser verquirlte ↑**Maisstärke**, eine Prise ↑**Ve-tsing** (als Ersatz ↑**Glutamat**) und einen Schuss ↑**Wein** zum Kochsud, der nochmals für 1 Minute erhitzt wird. Die fertige Sauce kommt über die angerichteten Zutaten. Der einzige Unterschied zwischen ↑**Chüeh** und ↑**Ao** ist der, dass hier die Sauce spät getrennt zubereitet wird. ↑**Kochen im Wok** oder ↑**Asiatisch Kochen**

Chuleta [*Span. Speisekarte*] Kotelett

Chümi [*Gewürze & Kräuter*] ↑**Kümmel**

Chüngel [*Schweizer Küche*] Schweizer Bezeichnung für ↑**Kaninchen**

Chunks [*Engl. Speisekarte*] Bezeichnung für Stücke, „chunky" = mit Stücken

Churrasco [*Intern. Länderküche*] **T 1. Argentinische** Bezeichnung für das Fleisch, das der „Parrillero", der Grillmeister, auf seine spezielle Weise zubereitet und über glühender Holzkohle grillt. **2.** Churrasco entstand, als die brasilianischen Gaúchos sich während der langen Zeit, die sie mit den Viehherden auf der Suche nach neuen Weideplätzen unterwegs waren, verpflegen mussten. Beim Churrasco wurden Stücke vom ↑**Rind** oder sogar ganze ↑**Ochsen** am Spieß gebraten. Auch heute noch ist im Süden Brasiliens die Küche stark vom Fleisch bestimmt, ähnlich wie im benachbarten Argentinien. **„Churrasco"** genießt man am besten in einer „churrascaria" (spezialisiertes Restaurant). Es ist ein Potpourri aus verschiedenen, an langen Spießen gegrillten Fleischsorten. Parallel zu den traditionellen Fleischstücken werden auch noch ↑**Hühner**- und ↑**Schweinefleisch**, Würste, ↑**Innereien** und sogar Fleischarten wie ↑**Krokodil** und ↑**Wildschwein** angeboten. Ein modernes Grillhaus bietet mindestens zehn Fleischarten an. Zum Churrasco werden viele verschiedene Salate, ↑**Farofa**, ↑**Bohnen** ↑**Reis**gerichte und sonstige Beilagen gereicht. Man zahlt oft einen Festpreis, bedient sich am Salat- und Gemüsebüffet und lässt sich die zarten, mageren Fleischköstlichkeiten von langen Spießen direkt auf den Teller schneiden. Das gegrillte Fleisch kreist so lange unter den Gästen, bis auch der Letzte erschöpft ablehnt. Diese Art der Gastronomie wird in Brasilien „↑**Rodizio**" genannt. ↑**Brasilianische Küche**

Chutney [*Gewürze & Kräuter*] **R** Eine Würzsoße, die ursprünglich aus Indien und Ostasien stammt. Sie wird aus Gemüse (z. B. ↑**Paprika**, ↑**Tomaten**, ↑**Kürbis**, ↑**Zucchini**) und/oder Früchten (↑**Apfel**, ↑**Mango**, ↑**Ananas**, ↑**Melone**) hergestellt. Zusätzlich sind ↑**Ingwer**, ↑**Zucker**, ↑**Zwiebeln**, ↑**Essig**, ↑**Rosinen**, ↑**Pfeffer** und andere Gewürze im Spiel. Die lange Haltbarkeit von Chutneys beruht auf der Zubereitung mit ↑**Essig** und ↑**Zucker**. Das Aroma kann süß, fruchtig und scharf sein. Chutney passt als Würzsoße gut zu ↑**Geflügel**, ↑**Fleisch**, ↑**Fisch** und ↑**Reis**.

Chymosin [*Fachkunde*] ↑**Lab** (Chymase) Verdauungsferment, das aus der Magenschleimhaut von noch milchsaugenden Kälbern gewonnen wird. Man benötigt es für die Gerinnung der ↑**Milch** (Caseinausfällung) bei der Käseherstellung.

Ciald(in)a [*Ital. Speisekarte*] ↑**Waffel**

Ciambella [*Ital. Speisekarte*] Teigkringel

Ciboule [*Franz. Speisekarte*] **T** ↑**Lauch**-, Winter-, ↑**Frühlingszwiebel**

Ciboulette [*Franz. Speisekarte*] ↑**Schnittlauch**

Cicala [*Ital. Speisekarte*] ↑**Heuschreckenkrebs**

Ciciones [*Ital. Speisekarte*] **A** Kleine sardische ↑**Nudeln**, mit ↑**Safran** aromatisiert. Werden mit ↑**Braten**- oder ↑**Tomatensauce** gegessen.

Cicorelli [*Ital. Speisekarte*] Feingebäck mit Schokolade

Cicoria [*Ital. Speisekarte*] ↑**Chicorée**

Cider [*U.S. Kitchen*] ↑**Apfelwein**, ↑**Cidre**

Cider vinegar [*U.S. Kitchen*] ↑**Apfelessig**

Cidre [*Hausbar*] **T** Französischer ↑**Apfelwein** mit ca. 4 %Vol., der nur aus frischen ↑**Äpfeln**, ohne Zusatz von Wasser, vor allem in der Bretagne und der Normandie erzeugt wird. Er dient auch als Ausgangsprodukt für die Herstellung von ↑**Calvados**. Das Produkt aus fermentiertem (vergorenem) Apfelsaft schmeckt pur zu Speck-, Zwiebel- und Flammkuchen. Man kann Cidre auch als leichten Aperitif mit einem Schuss Crème de Cassis anbieten.

Cigalas [*Span. Speisekarte*] ↑**Scampi**

Cigales [*Weinkunde*] Anbaugebiet in Spanien nördlich von Valladolid, in dem hauptsächlich ↑**Tempranillo** angebaut wird

Cigara-böreks [*Orientalische Küche*] **A** Mit weißem ↑**Schafskäse** und ↑**Petersilie** gefüllte ↑**Böreks**

Ciguatera [*Gesundheit*] Lebensmittelvergiftung, die durch das Gift Ciguatoxin ausgelöst wird. Ciguatoxin wird von einem Einzeller, einem Dinoflagellaten, produziert. ↑**Fische und** ↑**Schalentiere in tropischen und subtropischen Ländern können dieses Gift enthalten.** Es ist hitzestabil und kann auch bei der Zubereitung nicht zerstört werden. Betroffene Regionen sind die Karibik, der Pazifische und zum Teil der Indische Ozean. Welche Gebiete genau betroffen sind, kann man beim Reiseveranstalter erfragen. In Küstennähe und in Korallenriffen findet man häufiger Ciguatoxin-haltige Fische, wie Papagei- und Doktorfische, Barrakuda, Makrelen, Zackenbarsche. Die Erkrankung kann sich in Magen-Darm-Störungen, neurologischen Störungen und Herz-Kreislauf-Erkrankungen zeigen. Aber auch Muskel- und Gelenkschmerzen oder ein umgekehrtes Heiß-Kalt-Empfinden (Parästhesie) sind möglich. Zur Behandlung ist es notwendig, viel zu trinken. Eine Infusion mit dem Zucker „Mannit" dient zur Ausschwemmung des Giftes. Am sichersten ist es, auf den Verzehr von Fischen in den betroffenen Regionen zu verzichten, vor allem von selbst gefangenen. Fischer, Köche und Restaurantbesitzer wissen meist, welche Produkte zu welcher Jahreszeit betroffen sein können. Die Innereien, Köpfe und Geschlechtsteile der Meerestiere sind besonders belastet. Der Verlauf einer Fischvergiftung kann tödlich sein, darum beim geringsten Verdacht und dem Auftreten der oben beschriebenen Symptome sofort den nächsten Arzt oder das nächste Krankenhaus aufsuchen. Wenn möglich, die Reste der verzehrten Speise mitnehmen.

Cilantro [*Gewürze & Kräuter*] **T** Auch chinesische Petersilie: wird in vielen asiatischen Rezepten verwendet, petersilienähnliche Blätter des frischen ↑**Korianders**. Frisch erhältlich auf Märkten, in indischen, asiatischen und einigen deutschen Feinkostgeschäften. Das seifig schmeckende Kraut lässt sich auch leicht im Blumentopf auf der Fensterbank ziehen.

Cilena [*Kartoffelsorte*] **Kochtyp:** ↑**Festkochende Kartoffeln** – „Speckige Kartoffel" genannt; **Herkunft:** Deutschland; **Jahr der Zulassung:** 1981; **Schale:** gelb; **Fleisch:** gelb; **Knolle:** lang; **Reifezeit:** früh

Ciliegia [*Ital. Speisekarte*] ↑**Kirsche**

Cima [*Ital. Speisekarte*] Gefüllte ↑**Kalbsbrust**

Cimir [*Franz. Speisekarte*] Hintere Rückenhälften beim ↑**Wild**

Cinghiale [*Ital. Speisekarte*] ↑**Wildschwein**

Cinja [*Kartoffelsorte*] **Kochtyp:** ↑**Vorwiegend festkochende Kartoffeln**

Cinnamon [*U.S. Kitchen*] ↑**Zimt.** Sehr beliebtes Gewürz in den USA, das reichlich in Gebäck und sogar in ↑**Kaugummi** und Zahnpasta verwendet wird. ↑**Cinnamon stick** = Zimtstange

Cinq-épices [*Gewürze & Kräuter*] **R** Begriff aus der vietnamesischen Küchenkultur, bedeutet **„Fünf Gewürze"**. Pulverisierte Mischung aus ↑**Fenchel**, ↑Gewürz**nelken**, ↑**Piment**, ↑**Sternanis** und ↑**Zimt** in ↑**Sojasauce**

Cinsaut [*Weinkunde*] Rote Rebsorte mit hohen Erträgen, die vor allem im Süden Frankreichs angebaut wird. Auch Cinsault genannt. Aus ihr werden Weine verschiedener Stile wie ↑**Rosé**, tieffarbene Rotweine und sogar Dessertweine produziert. Die Rebsorte wird aber meistens als Verschnittpartner unterschiedlicher Weine benutzt, denen sie Frucht und Geschmeidigkeit verleiht. Der berühmteste dürfte wohl Châteauneuf-du-Pape sein.

Cinzano [*Hausbar*] Eine der bekanntesten italienischen (↑**Aperitif**) ↑**Vermouth**sorten, stammt aus der Nähe Turins

Cinzano Bitter [*Hausbar*] **T** Herbsüßer Bitter-Aperitif mit 22 %Vol. aus Italien von leuchtendroter Farbe. Cinzano Bitter kann pur „on the rocks" ebenso getrunken werden wie in zahlreichen ↑**Longdrinks** und ↑**Aperitifs.**

Cioccolatino [*Ital. Speisekarte*] ↑**Praline**

Cipolla [*Ital. Speisekarte*] ↑**Zwiebel**

Cipollina [*Ital. Speisekarte*] ↑**Perlzwiebel**, ↑**Schalotte**

Cipollotto [*Ital. Speisekarte*] ↑**Frühlingszwiebel**

Ciriole [*Ital. Speisekarte*] **A** Spezialität aus Terni in Umbrien. Handgerollte, lange ↑**Spaghetti.** Werden zusammen mit ↑**Knoblauch**, ↑**Tomatenstücken** und ↑**Parmesankäse** zubereitet.

Ciruela [*Span. Speisekarte*] ↑**Pflaume**

Ciseaux [*Franz. Fachwort*] Schere

Ciseler [*Franz. Fachwort*] Ziselieren, einschneiden, einritzen

Ciselieren [*Unsere Küche*] **T** Um das Zerspringen von Krusten (↑Schweine**krustenbraten**) zu verhindern, schneidet man die Oberfläche ein. Fische ciseliert man, damit Hitze schneller beim Braten eindringen kann und sie beim Braten nicht unschön aufreißen.

Citrat [*Fachkunde*] Salz der Zitronensäure

Citron [*Franz. Speisekarte*] ↑**Zitrone**

Citron vert, lime [*Franz. Speisekarte*] ↑**Limette**

Citronella [*Gewürze & Kräuter*] ↑**Zitronengras**

Citronensäure [*Fachkunde*] **1.** In großen Mengen kommt Citronensäure im Saft der ↑**Zitrusfrüchte** vor. 2. Die Vergärung des ↑**Zucker**s durch den schwarzen Schimmelpilz Aspergillus niger ist die kommerziell wichtigste Quelle der Citronensäure. Sie wird manchen Nahrungsmitteln und fast allen Erfrischungsgetränken zugesetzt, um ihnen einen angenehm säuerlichen Geruch und Geschmack zu verleihen. **Citronensäure greift den Zahnschmelz an und schädigt die Zähne.** Besonders Kinder und Jugendliche, deren Zahnschmelz noch weich ist, sollten auf industriell produzierte Getränke und Speisen verzichten, die mit Citronensäure angereichert sind. Schon ein Getränk hinterlässt mikroskopisch kleine Verätzungen auf der Zahnoberfläche. Nicht umsonst nutzt man die aggressive Citronensäure zur Entrostung und Reinigung von Metallflächen. ↑**E 330** & ↑**Zitronensäure**

Citronnade [*Franz. Speisekarte*] ↑Zitronen**limonade**

Citronnelle [*Franz. Speisekarte*] ↑**Zitronenmelisse**

Citrouillat [*Franz. Speisekarte*] Pikante oder süße ↑**Kürbis**paste, die lauwarm zum ↑**Fleisch** serviert wird. Spezialität aus dem Loiretal

Citrouille [*Franz. Speisekarte*] Kürbis

Citrusfrüchte [*Obst*] **T** Gattung aus der Familie der Rautengewächse. Zu den Früchten zählen ↑**Zitronatzitrone**, ↑**Grapefruit**, ↑**Zitrone**, ↑**Limone**, ↑**Apfelsine**, ↑**Pampelmuse**, ↑**Tangerine** und ↑**Bergamotte** (eine birnenförmige Orangenform). Die aus Südostasien stammenden Pflanzen besitzen einfache, gegenständige Blätter mit häufig geflügelten Blattstielen und weiße, duftende Blüten, die in Blütenständen angeordnet sind. Ihre Früchte werden in botanischem Sinn zu den Beeren gezählt. Sie haben eine lederartige Außenhaut und eine weiche, schwammige Schale sowie in Segmente geteiltes, saftiges Fruchtfleisch. Die Blätter, Blüten und die Schalen der Früchte enthalten duftende Öle. Die meisten Citrusarten tragen Dornen. Die immergrünen Pflanzen sind äußerst frostempfindlich. Daher ist ihr Anbau auf warme, subtropische Regionen beschränkt. Die Kälteempfindlichkeit der Pflanzen konnte jedoch durch Veredelung sowie durch die Entwicklung halbwinterfester Hybride reduziert werden. Die Weltproduktion nimmt stetig zu.

Civelle [*Franz. Speisekarte*] ↑**Glasaal**

Civet [*Franz. Speisekarte*] **A** Würziges ↑Wild**ragout** oder ↑**Wildpfeffer** in Rotwein. In die ↑**Sauce** kommen angeschwitzte feine ↑**Speck**- und ↑**Zwiebel**würfel sowie geschnittene ↑**Pilze**, bevor sie mit dem frischen Blut des Tieres abgezogen (gebunden) wird.

Clafoutis [*Franz. Speisekarte*] Süßer rustikaler Auflauf aus mit ↑**Biskuitteig** überbackenen frischen Früchten

Clair [*Franz. Speisekarte*] Klar

Claire [*Franz. Fachwort*] Künstliches Klärbecken für ↑**Austern**zucht

Clairet [*Weinkunde*] Englischer Allgemeinbegriff für alle Rotweine aus dem Anbaugebiet des Bordeaux. Die Bezeichnung findet ihren Ursprung im Mittelalter, als die Rotweine viel heller in der Farbe waren. Sie wurden „Clairet" und im Englischen „Claret" (hell) genannt. Rotwein bekommt seine Farbe von den Schalen der Weintrauben. Je kürzer der Wein während der Gärung mit dieser Maische in Kontakt ist, desto weniger Farbstoffe können an den Wein abgegeben werden. Erst ab dem 17. Jahrhundert entstanden qualitativ hochwertigere Bordeauxweine, die wesentlich tiefer in der Farbe waren, weshalb diese neuartigen Weine in England als „New Claret" bezeichnet wurden. Heutzutage ist „Clairet" die Bezeichnung für einen Rosé, der in Bordeaux hergestellt wird.

Clam [*U.S. Kitchen*] **R Venusmuscheln**, können wie ↑**Austern** verzehrt werden. Amerikanische Zubereitungsarten: **Stewed:** In gewürztem Wasser gedünstet, vermischt mit heißer ↑**Milch** oder ↑**Sahne**, betropft mit ↑**Butter** und ↑**Paprika.** ↑**Risotto:** Gekocht mit ↑**Sellerie**, ↑**Zwiebeln**, ↑**Thymian** und ↑**Lorbeerblatt**. Risotto, mit dem Fond bereitet, vermischt mit gehackten Clams, Butter und geriebenem ↑**Parmesan;** in runde Form gedrückt, gestürzt, mit Rahmsauce serviert.

Clam chowder [*U.S. Kitchen*] **A** Muschel-Sahne-Suppe. Amerikanische Spezialität aus naturell eingelegten, kleingeschnittenen **Venusmuscheln**, ↑**Speck**, ↑**Zwiebeln** und ↑**Kartoffeln**, gewürzt mit ↑**Pfeffer**, ↑**Salz** und edelsüßem ↑**Paprika**

Clamart, Historischer Speisename [*Speisegarnitur*] **A** **1.** Ort bei Paris; **2. À la Clamart: Speisegarnitur** für **große** und **kleine Fleischstücke** und **Kurzgebratenes** – Immer mit ↑**Zuckererbsen**, mit frischem ↑**Kerbel** angeschwenkt, gefüllten ↑**Artischockenböden** und ↑**Nusskartoffeln.** Statt Zuckerschoten kann man auch junge ↑**Erbsen** mit ↑**Julienne** von geräucherter ↑Ochsen**zunge** nehmen. **Sauce:** gebundener ↑**Braten**- oder sonstiger ↑**Fond**

Clambake [*U.S. Kitchen*] **A** Grillfest à la Neuengland. Bei einem Clambake werden am Strand in einer Grube Steine erhitzt. Darauf kommen in Seetang oder gebuttertes Papier gewickelte ↑**Fische** und ↑**Muscheln** sowie ↑**Gemüse.** In diesen Päckchen wird das Essen gar gedämpft.

Clams [*U.S. Kitchen*] ↑**Muscheln**

Clapier [*Franz. Speisekarte*] Haus-, ↑Zucht**kaninchen**

Clapps Liebling [*Obst*] **T Lateinisch:** Pyrus communis var. sativa; **Allgemeines:** Die mittelgroße bis große „Clapps Liebling" ↑**Birne** hat eine glatte, in der Grundfarbe grünliche bis gelbliche Schale, die sonnenseitig gestreift oder bedeckt ziegelrot verfärbt ist. Sie neigt sehr schnell zur Überreife. **Ursprung und Geschichte:** „Clapps Liebling" ist ein Sämling der Holzfarbigen Butterbirne und wurde um 1860 von Thaddäus Clapp in Dorchester, Massachusetts (USA), gezogen. **Ge-**

schmack: Das gelblichweiße und saftige Fruchtfleisch weist einen hervorragenden, schmelzenden, angenehm süß-säuerlichen, milden und feinwürzigen Geschmack auf. **Herkunft und Saison:** „Clapps Liebling" wird aus inländischer Produktion lediglich von Mitte August bis Anfang September – während der Reife- und Erntezeit – angeboten und ist nicht lagerfähig.

Claque Pitou [*Käse*] **Herkunft:** Frankreich; **Käsesorte:** ↑**Ziegenkäse; Teig:** Die Konsistenz ist gegenüber anderen Ziegenkäsen etwas fester und trockener. **Geschmack:** kräftig, aber nicht zu streng; **Info:** Kenner betrachten ihn als einen der besten Ziegenkäse.

Clarifier [*Franz. Fachwort*] ↑**Klären**

Classico [*Weinkunde*] Italienischer Begriff, mit dem das ursprüngliche, meist historische Zentrum eines ↑**DOC**-Anbaugebietes bezeichnet wird. Oft ist das Gebiet aus kommerziellen Gründen über diese historische Grenze erweitert worden, wo ein ähnlicher Wein, aus gleichen Rebsorten, unter gleichem Namen, allerdings ohne den Zusatz Classico, produziert werden darf. Da das italienische Weingesetz auch im Classicogebiet sehr hohe Erträge pro ha zulässt, sagt Classico über die Qualität des Weines nichts aus.

Clavaires à la béchamel [*Franz. Speisekarte*] **R** Feine Scheiben des korallenförmigen Pilzes in ↑**Béchamelsoße**, mit feingehackten ↑**Schalotten**, ↑**Muskatnuss**, ↑**Salz** und ↑**Pfeffer** gewürzt

Cleaned [*U.S. Kitchen*] Gereinigt

Clementinen [*Obst*] **T Lateinisch:** Citrus reticulata x Citrus aurantium; **Info:** Clementinen gehören zur Familie der Rautengewächse und wachsen auf 2–5 m hohen baumartigen Sträuchern. Es kursieren zwei Theorien: Laut der einen sind sie eine „kernlose" Unterart der ↑**Mandarine**, nach einer anderen eine Kreuzung aus Mandarine (**citrus reticulata**) und ↑**Pomeranze** (**citrus aurantium**). Die Früchte haben häufig einen kleinen Höcker am Stielansatz und eine – verglichen mit Mandarinen – dickere Schale. Das Fruchtfleisch enthält mehr ↑**Zucker**, weniger Säure und enthält keine bis wenige Samen. Clementinen sind bis zu zwei Monaten lagerfähig, im Gegensatz zu maximal zwei Wochen bei den Mandarinen. Clementinen und ↑**Satsumas** haben Mandarinen vom Zitrusmarkt verdrängt. Die wichtigsten Lieferanten für Clementinen sind neben Spanien und Italien nordafrikanische Länder wie Marokko und Algerien sowie aus der südlichen Hemisphäre Südafrika und Uruguay. **Herkunft und Saison:** Die Saison für Clementinen aus dem mediterranen Raum beginnt im November und dauert bis in den Februar. In dieser Zeit werden Clementinen hauptsächlich aus Spanien, in geringeren Mengen auch aus Italien angeliefert. Im Sommer gibt es manchmal vereinzelte Lieferungen aus Südafrika oder Uruguay. **Zubereitung und Tipps:** Die Früchte sind leicht zu schälen, haben kaum Kerne und werden frisch verzehrt.

Cloche [*Franz. Fachwort*] Speiseglocke, Deckel für Serviceplatten und Teller

Clos [*Weinkunde*] Französisch für umzäunt, und steht für einen, meistens von einer Mauer umschlossenen Weinberg. Der Name darf nur auf dem Etikett erscheinen, wenn ein Weingut tatsächlich über einen derartigen Weinberg verfügt und der Wein aus seinem Ertrag produziert worden ist. Häufig gibt es die Umzäunung nicht mehr, mus dann aber historisch nachweisbar sein. Trifft häufig auf Weinberge im Burgund zu.

Clostridium botulinum [*Fachkunde*] Clostridientoxine sind die am stärksten wirkenden Gifte in Lebensmitteln überhaupt. ↑**Botulismus** & ↑**Fleischvergiftungen**

Clou de girofle [*Franz. Speisekarte*] ↑**Nelke**

Clouté [*Speisegarnitur*] **A** Schweinerücken oder -schlegel mit ↑**Nelken** und ↑**Schinken**streifen gespickt

Cloves [*U.S. Kitchen*] ↑**Nelken**

Clovisse [*Franz. Speisekarte*] **T** Kreuzmuster-Teppichmuschel, die feinste ↑**Venusmuschel**, sollte möglichst frisch gedünstet werden, ist aber auch roh sehr schmackhaft.

Club-steak [*Fleischprodukte*] Scheibe aus dem vorderen Teil eines ↑**Roastbeefs** oder dem hinteren Teil der „↑**Hochrippe**", bis zu 2,5 Zentimeter dick, von einer Fettschicht umgeben, ohne Knochen. Portionsgewicht: 200–400 g (ohne Knochen). Heißt auch Rib Club Steak.

CMA- Gütezeichen [*Fachkunde*] Siegel der Centralen Marketinggesellschaft der Deutschen Agrarwirtschaft mbH, das häufig auf Nahrungsmitteln zu finden ist. ↑**Gütezeichen** und ↑**Gütesiegel**

CO_2 [*Fachkunde*] ↑**Kohlendioxid**

CO_2 Auffrischung [*Weinkunde*] Alt wirkende Weine werden oft mit CO_2 aufgefrischt, erhalten mehr Spritzigkeit und wirken lebendiger.

Coarse [*U.S. Kitchen*] Grob

Coastal [*Weinkunde*] Die Coastal Region ist in Südafrika der Oberbegriff der Anbaugebiete Constantia, Durbanville, Paarl, Stellenbosch, Swartland und Tulbagh, inklusive der dazu gehörigen Untergebiete.

Coasters [*Hausbar*] Untersetzer für ↑**Cocktails**. Neben kleinen Silber- oder Glastellern kann man auch Stoff- oder Papierservietten nutzen. Bierdeckel sind ungeeignet.

Coated [*U.S. Kitchen*] ↑**Im Schlafrock**, umhüllt

Cobalamin ↑**Vitamin B_{12}** [*Gesundheit*] **T** Unter ↑**Vitamin B_{12}** versteht man alle Cobalamine: Vitamin-B_{12}-Mangelerkrankung wurde lange Zeit mit ↑**Leber** behandelt. Warum die Behandlung erfolgreich war, entdeckte man erst später: Das darin enthaltene B_{12} war dafür verantwortlich. Tierische und Mikroorganismen können das Vitamin herstellen, Pflanzen mit wenigen Ausnahmen (↑**Sanddorn**) hingegen nicht. Die Darmflora des Menschen produziert auch Vitamin B_{12}, jedoch nicht in ausreichender Menge. **Funk-**

tion im Körper: Das Vitamin wird zwar nur in geringen Mengen vom Körper benötigt, erfüllt aber dennoch wichtige Funktionen bei der Bildung roter Blutzellen, beim Eiweißstoffwechsel und im Nervensystem. Es unterstützt Zellwachstum und -teilung und trägt zur Regeneration der Schleimhäute bei. B_{12} kann auch die Neigung zu Herz-Kreislauf-Erkrankungen verringern. **Vitamin-B_{12}-Mangel:** Die Leber speichert Vitamin B_{12}, sodass sich ein Mangel erst nach sehr langer Zeit bemerkbar macht. ↑**Veganern**, also Vegetariern, die weder ↑**Fleisch** noch ↑**Innereien**, ↑**Milch**, ↑**Milchprodukte** oder ↑**Eier** zu sich nehmen, sowie älteren Menschen oder Patienten, denen der Magen entfernt wurde, und Alkoholikern, die sich nur einseitig „flüssig" ernähren, droht Vitamin-B_{12}-Mangel. Dieser äußert sich in Formen der Anämie, also Blutbildveränderungen, und Schädigungen des Nervensystems von Gedächtnisschwächen bis hin zur Demenz. **Vitamin-B_{12}-Lieferanten:** Da Vitamin B_{12} von Bakterien gebildet wird, kommt es in tierischen Produkten wie Fleisch, Innereien wie Leber, ↑**Nieren**, ↑**Herz**, sowie in ↑**Fisch**, Milch und Eiern vor. Auch in ↑**Sauerkraut**, das mikrobiell hergestellt wird, und im Sanddorn ist es enthalten. Veganer, die komplett auf tierische Produkte verzichten, sollten auf B_{12}-Präparate zurückgreifen oder als natürliche Alternative Sauerkraut und Sanddornprodukte zu sich nehmen! **Täglicher Bedarf:** Der menschliche Körper verbraucht etwa 0,025 mg Vitamin B_{12} pro Tag, und so viel sollte auch mit der Nahrung aufgenommen werden. Bei besonderem Bedarf von schwangeren und stillenden Frauen wird der Wert bei 0,035 bis 0,04 mg pro Tag angesetzt. Da der menschliche Körper insgesamt etwa 4 mg B_{12} enthält und seine Bestände in der Leber und teilweise auch in den Muskeln speichert, werden die Vorräte bei einer Vitamin-B_{12}-armen Ernährung zuerst abgebaut, was Monate bis Jahre dauern kann, bevor sich ein Mangel bemerkbar macht. In der Regel wird in den Industrieländern jedoch genügend B_{12} mit der Nahrung aufgenommen. **Um den ∅ Tagesbedarf an Vitamin B_{12}** zu decken, **reichen folgende Mengen der betreffenden Lebensmittel:** 100 g geräucherter ↑**Lachs**; 70 g ↑**Rindfleisch**; 60 g ↑**Hackfleisch**; 20 g ↑Kalbs**leberwurst** Damit das Vitamin im Körper verarbeitet werden kann, ist ein von der Magenschleimhaut produzierter Faktor notwendig, der das Cobalamin im Darm vor dem Abbau schützt. Älteren Menschen, die an einem Magenschleimhautschwund leiden, mangelt es mitunter an B_{12}, ohne dass das erkannt wird. Weitere Risikogruppen sind Veganer, Schwangere und Stillende, Raucher, Alkoholiker sowie Patienten mit bestimmten Krankheiten wie Anämie, neurologischen Störungen oder Darmproblemen. Auch bei Menschen mit chronischen Schleimhautentzündungen kann die Aufnahme gestört sein. Eine Überdosierung von B_{12} ist kaum möglich, Nebenwirkungen sind nicht bekannt.

Coban salatasi [*Orientalische Küche*] Begriff aus der türkischen Küchenkultur für den „↑**Hirtensalat**". ↑**Türkische Küche**

Čobanac [*Intern. Länderküche*] Begriff aus der Küchenkultur des Balkans, ein dem ↑**Gulasch** ähnliches Schmorgericht

Cobbler [*Hausbar*] **A** ↑**Longdrink** mit Fruchtstücken, die mit ↑**Likör** und ↑**Sekt** oder ↑**Mineralwasser** aufgegossen werden. Eine schnelle ↑**Bowle.**

Coburger Bratwurst [*Regionale Spezialität*] **T** Die Coburger ↑**Bratwurst** enthält bis zu 25 % ↑**Kalb**- bzw. **Rindfleisch**, sie darf als einzige deutsche Wurst rohes ↑**Ei** als Bindemittel enthalten. Sie ist gröber und würziger als die ↑**Nürnberger Rostbratwurst**. Bei Veranstaltungen wird sie mit Kiefernzapfen in der Holzkohle auf dem Rost gebraten, in einem Brötchen oder einer Semmel (Doppelbrötchen) aus der Hand gegessen.

Coburger Kernschinken [*Regionale Spezialität*] Rohe ↑**Schinken**spezialität

Coburger Mohr [*Käse*] **Herkunft:** Deutschland/Bayern; **Käsesorte:** geräucherter halbfester ↑**Schnittkäse**; In Rollenform ca. 200 mm lang, ∅ ca. 70–80 mm, 50 % ↑**Fett i.Tr.**; **Milch:** Kuhmilch; **Teig:** leicht gelblich, geschmeidig, nahezu geschlossen; **Geschmack:** fein säuerlich, rauchig, nusskernartig; **Info:** Rinde von goldgelber bis leicht bräunlicher Farbe, mit Mandelstiften gespickt

Cocciolette [*Ital. Speisekarte*] Kleine muschelförmige, außen gerillte ↑**Nudeln**

Cochenille [*Fachkunde*] ↑**E 120**

Cochenillerot A [*Fachkunde*] ↑**E 124**

Cochinillo de leche [*Span. Speisekarte*] Junges ↑**Spanferkel**

Cochinita Pibil [*Intern. Länderküche*] Mexikanische Küchenkultur: mariniertes und in Bananenblatt gegartes ↑**Schweinefleisch**

Cochon [*Franz. Speisekarte*] ↑**Schwein**, ↑**Schweinefleisch**

Cochon de lait [*Franz. Speisekarte*] ↑**Spanferkel** bis 2 Monate alt

Cochuletz Brinza [*Käse*] Brenza oder Bryndza, ein weicher ↑**Butterkäse**, manchmal Basis für ↑**Liptauer**. Er wird in Ungarn, Rumänien und in den Karpaten aus ↑**Ziegen**- oder ↑**Schafsmilch** hergestellt. ↑**Brimsen**

Cock-a-leekie [*Intern. Länderküche*] Begriff aus der schottischen Küchenkultur: Hühnersuppe mit ↑**Lauch** und ↑**Backpflaumen**

Cockles [*U.S. Kitchen*] ↑**Herzmuscheln**

Cocktail [*Fachkunde*] **1.** Sammelbegriff für alle Bargetränke, die gemixt werden. Ein Cocktail beginnt bei mindestens zwei Zutaten. Egal, ob gerührt, geschüttelt oder nur aufgegossen wird. **2.** Aus verschiedenen, klein geschnittenen Lebensmitteln (↑**Obst**, ↑**Gemüse**, ↑**Meeresfrüchten**), fein abgeschmeckt und in Gläsern, Schalen oder ausgehöhlten Fruchtschalen eiskalt serviert

Cocktailbissen/happen [*Unsere Küche*] Schnittchen, ↑**Canapés**

Cocktailgarnitur [*Hausbar*] **T** Alles, was an den Rand gesteckt wird, um den **Cocktail** optisch zu verfeinern. Obststücke, kombinierte Fruchtspieße, Trinkhalme, Schirmchen oder sonstige Deko-Objekte: Erlaubt ist, was gefällt. Im Gegensatz zur Speisegarnitur; hier müssen alle Bestandteile essbar sein.

Cocktailglas [*Hausbar*] Das ↑**Martini**- oder Cocktailglas ist neben dem ↑**Longdrink**glas das bekannteste Glas in einer Bar. Es hat einen kegelförmigen Kelch auf schlankem Stiel. Üblicherweise fasst das Glas 15 bis 20 cl. Es gibt aber auch größere Varianten mit bis zu 25 cl.

Cocktailkirschen [*Hausbar*] Kandierte, oft in ↑**Maraschino** eingelegte Süßkirschen, wichtige Dekoration bei der Vollendung von ↑**Cocktails**, ↑**Kandieren**

Cocktailsauce [*Unsere Küche*] **R** Kalte Würzsaucen für Fleischfondue, kaltes Fleisch, Geflügelsalate, Krabbencocktail, Fisch oder Gegrilltes. Eine typische Cocktailsauce wird je nach Geschmack aus ↑**Mayonnaise**, ↑**Tomatenketchup**, ↑**Tomatenmark**, ↑**Zitronensaft**, ↑**Salz**, einer **Prise** ↑**Zucker**, ↑**Senf**, ↑**Weinbrand** oder ↑**Cognac**, ↑**Tabasco**, ↑**Worcester**, ↑**Cayennepfeffer**, ↑**Meerrettich** und ggf. ↑**Madeira** zubereitet. Wird sie mit ↑**Jogurt** verlängert, gibt man diesen erst vor dem Gebrauch dazu und würzt noch einmal nach. ↑**Teufelssoße** & **Thousand Island Dressing**

Cocktail-Tomaten [*Gemüse*] **T Lateinisch:** Lycopersicon esculentum; **Synonym:** Kirschtomaten, Cherrytomaten; **Info:** Cocktailtomaten werden meist in kompletten Rispen mit 8–16 kleinen, ca. 2 cm großen und etwa 40 g leichten Früchten angeboten. **Herkunft und Saison:** Sie werden das ganze Jahr über angeboten. Herkunftsland ist meist Italien, daneben auch Spanien und die Niederlande. In der Zeit von Ende Mai bis Anfang August werden auch inländische Cocktailtomaten angeboten. **Reife:** Durchgereifte Früchte erkennt man an der festen, roten Fruchtschale. Dunkelrote, weiche Früchte sind überreif. **Zubereitung und Tipps:** Cocktailtomaten werden frisch als dekorative Beilage zu Hauptspeisen oder in Salaten verzehrt. ↑**Tomaten**

Cocoa [*U.S. Kitchen*] ↑**Kakao**

Cocomero [*Ital. Speisekarte*] ↑**Wassermelone**

Coconut [*U.S. Kitchen*] ↑**Kokosnuss**

Coconut flakes [*U.S. Kitchen*] Kokosflocken

Cocosfett [*Fette*] ↑**Samenfette**

Cocotte [*Franz. Speisekarte*] Kleines rundliches Anrichtegeschirr aus feuerfestem Material

Cóctel de gambas [*Span. Speisekarte*] ↑**Garnelen**-, ↑**Krabben**cocktail

Coctel de mariscos [*Mexicofood*] ↑**Meeresfrüchte**-↑**Cocktail**

Cod [*Franz. Speisekarte*] ↑**Kabeljau**

Coda di rospo [*Ital. Speisekarte*] ↑**Anglerfisch**, ↑**Seeteufel**, auch „rana pescatrice, lofio"

Codenummern~EAN = Europäische Artikel Nummer [*Fachkunde*] Der Verbraucher hat ein Recht zu wissen, woher ein Produkt kommt. Alle in die EU eingeführten oder in der EU produzierten Artikel sind mit einer Codenummer versehen, das weiße Feld mit schwarzen Strichen und Zahlen. Die ersten 2 bzw. 3 Ziffern ergeben die Kennziffern des Landes der Registrierung (meist identisch mit dem Herstellerland). **00–09** = USA und Kanada, **20–29** = Produkte zur Verkaufsvorbereitung innerhalb des Betriebes (z. B. vorverpackter Käse), **30–37** = Frankreich, **380** = Bulgarien, **383** = Slowenien, **385** = Kroatien, **40**, **400–440** = BRD, **45+49** = Japan, **471** = Taiwan, **474** = Estland, **475** = Lettland, **477** = Litauen, **480** = Philippinen, **489** = Hongkong, **50** = Großbritannien, **520** = Griechenland, **529** = Zypern, **531** = Mazedonien, **535** = Malta, **539** = Irland, **54** = Belgien u. Luxemburg, **560** = Portugal, **569+729** = Israel, **57** = Dänemark, **590** = Polen, **599** = Ungarn, **600–601** = Südafrika, **611** = Marokko, **619** = Tunesien, **64** = Finnland, **690–691** = China, **70** = Norwegen, **73** = Schweden, **740–745** = Guatemala, El Salvador, Honduras, Nicaragua, Costa Rica, Panama, **750** = Mexiko, **759** = Venezuela, **76** = Schweiz, **770** = Kolumbien, **773** = Uruguay, **775** = Peru, **777** = Bolivien, **779** = Argentinien, **780** = Chile, **784** = Paraguay, **786** = Ecuador, **789** = Brasilien, **80–83** = Italien, **84** = Spanien, **850** = Kuba, **858** = Slowakei, **859** = Tschechien, **860** = Jugoslawien, **869** = Türkei, **87** = Holland, **880** = Südkorea, **885** = Thailand, **888** = Singapur, **889** = Indonesien, **90–91** = Österreich, **93** = Australien, **94** = Neuseeland, **955** = Malaysia. Nach diesen ersten 2 bis 3 Zahlen, die das Registrierungsland angeben, folgen weitere Zahlen, die Aufschluss geben über 2) Herstellungsbetrieb, 3) Artikelnummern, 4) individuelle Produktkontrollzahlen.

Codex alimentarius [*Fachkunde*] Lateinisch: „Lebensmittel-Kodex". Eingeführt 1961 von den zwei UN-Organisationen FAO (Welternährungs- und Landwirtschaftsorganisation) und WHO (Weltgesundheitsorganisation), um Warenstandards weltweit zu harmonisieren, also eine Vereinheitlichung der gesetzlichen Vorschriften für Lebensmittel

Codornices [*Span. Speisekarte*] ↑**Wachteln**

Coelho [*Span. Speisekarte*] ↑**Kaninchen**

Coenzyme [*Fachkunde*] (Kofaktoren), Stoffe, die für die Funktion der ↑**Enzyme** benötigt werden. Coenzyme sind aber im Gegensatz zu Enzymen keine ↑**Proteine**.

Cœur [*Franz. Speisekarte*] **1.** Herz; **2.** abgerundetes, zentrales Stück einer Frucht oder eines ↑**Gemüses**; **3.** Name der ↑Herz**muschel**; **4.** herzförmiger ↑**Käse**

Cœur à la crème [*Franz. Speisekarte*] **A** Gehaltvolle Creme aus ↑**Quark**, ↑Schlag**sahne**, ↑**Zucker** und steifem ↑**Eischnee**, mit ↑**Beeren** garniert

Cœur d'artichaut [*Franz. Speisekarte*] ↑**Artischocken**herz

Cœur de France [*Schweizer Küche*] „Schweinsohr" aus auf ↑**Zucker** ausgerolltem ↑**Blätterteig**

Cœurs d'artichauts au beurre [*Franz. Speisekarte*] **A** ↑**Artischockenherzen** mit zerlassener ↑**Butter** und gehackter ↑**Petersilie**

Cœurs de palmier à l'huile [*Franz. Speisekarte*] ↑**Palmenherzen** in ↑**Speiseöl**

Coffea arabica [*Kaffee*] ↑**Kaffee** & **Kaffee arabica**

Coffea excelsa [*Kaffee*] Kaffee mit kräftigem Wuchs, der auf trockenem Boden noch gut gedeiht und in regenarmen Jahren bessere Ernten verspricht. Seine Heimat ist der Tschadsee. ↑**Kaffee** & **Kaffee arabica**

Coffea liberica [*Kaffee*] Wird seit 1830 in Westafrika angebaut. Er ist ein typisches Tieflandgewächs und bevorzugt feuchtes Klima. Die Qualität ist unter dem Durchschnitt, weshalb er auf dem Weltmarkt nicht mehr gehandelt wird. ↑**Kaffee** & **Kaffee arabica**

Coffea robusta [*Kaffee*] ↑**Robusta**, **Kaffee** & **Kaffee arabica**

Coffea stenophylla [*Kaffee*] Aus Westafrika (Sierra Leone) stammt diese kleinblättrige Pflanze. Sie wird bis 700 Meter über dem Meer angepflanzt und verträgt sowohl lange Trockenzeiten als auch mehrmonatige Regenperioden. Allgemein gerühmt wird der „highland-coffee", der die großen, runden Bohnen liefert. ↑**Kaffee** & **Kaffee arabica**

Coffee [*U.S. Kitchen*] ↑**Kaffee.** Mit europäischem Kaffee ist der amerikanische nicht zu vergleichen, er ist wesentlich dünner. Dafür bekommt man „free refills" – es wird einmal bezahlt und dann immer wieder nachgeschenkt.

Coffee cake [*U.S. Kitchen*] Weicher Kuchen

Coffein (Koffein) [*Fachkunde*] Natürliche Substanz (Alkaloid), kommt in Kaffeebohnen, Teeblätter, Maté und der Colanuss vor. Coffein wirkt anregend auf Herz, Gehirn, Rückenmark, fördert die Harnabsonderung der Nieren und erhöht den Blutdruck. Eine Tasse Kaffee enthält ∅ 50 bis 120 mg Coffein. Nach 20 bis 30 Min. tritt seine Wirkung ein. 99 % des enthaltenen Coffeins werden im Körper aufgenommen. Aus kohlesäurehaltigen Getränken (Coca-Cola) geht Coffein schneller ins Blut über. Die meisten ↑**Energy-Drinks** beinhalten ∅ 320 mg Coffein pro Liter. **Achtung:** Größere Mengen führen zu Reizbarkeit. – Ab 1 g Coffein kann es gefährlich werden, Muskelzuckungen, Krämpfe und Übelkeit sind die Folge. **Zu hoher Coffein-Konsum über längere Zeit macht süchtig!** 3 bis 5 Tassen Kaffee am Tag schaden der Gesundheit nicht. Ungefilterter Kaffee lässt den ↑**Cholesterinspiegel** geringfügig ansteigen, stellten wissenschaftliche Untersuchungen fest. Es gibt einige Erkrankungen (Schilddrüsenüberfunktion, Herzrhythmusstörungen, Magen- und Zwölffingerdarmgeschwüre), bei denen der Kaffeekonsum mit dem behandelnden Arzt besprochen werden sollte. Die für den Menschen tödliche Dosis Coffein liegt bei einer Menge, die in einem Kilogramm Röstkaffee oder 100 Tassen Kaffee enthalten ist – auf einmal getrunken.

Cognac [*Hausbar*] Geschützter Name für ↑**Weinbrand** mir einem Mindestalkoholgehalt von 40 %Vol., der nur aus Trauben eines gesetzlich festgelegten Anbaugebietes um das französische Städtchen „Cognac" (Provinz Charente nördlich von Bordeaux) hergestellt werden darf. Die Brennmethoden haben sich seit dem 17. Jahrhundert kaum verändert. Der Wein wird immer noch zweimal gebrannt. Prinzipiell ähnelt die Herstellung der des deutschen Weinbrands. Durch die Reifung in kleinen Holzfässern erhält er eine dunkelgelbe Farbe. Je länger die Lagerung sagt, desto milder der Cognac. Man trinkt ihn in Schwenkern als ↑**Digéstif.** Trinktemperatur sollte 18–20° C sein. **Die Qualität: „V.S."** (Very superior) oder 3 Sterne: Durchschnittliche Lagerzeit 5–9 Jahre, jüngster Bestandteil muss mind. 3 Jahre gelagert sein. **„V.S.O.P."** (Very superior old pale): Durchschnittliche Lagerzeit 12–20 Jahre, jüngster Bestandteil muss mind. 4,5 Jahre gelagert sein. Gute Qualität. **„X.O."** oder **„Extra old"**, **„Réserve"**, **„Napoléon"**, **„Royal"**: Bezeichnungen für Cognac von außergewöhnlicher Qualität, jüngster Bestandteil muss eine Mindestlagerzeit von 6 Jahren vorweisen. Manche dieser Brände sind 40 und mehr Jahre gereift.

Cognac fine champagne [*Hausbar*] Cognac-Mischung aus den zwei Hauptanbaugebieten der Charente, Petite und Grande Champagne

Cognac-Essig [*Allgem. Nährmittel*] **T** Dieser hochwertige ↑**Essig** wird aus reinem ↑**Cognac** hergestellt und gehört zu den edlen Sorten. Im Geschmack ist er kräftig, aromatisch; ideal für Salatmarinaden, feine ↑**Blattsalate** mit ↑**Fisch**, Krabbencocktails, für pikante ↑**Wild**- und ↑**Geflügel**gerichte, zum Marinieren von hellem ↑**Fleisch** und für Gemüse**sülzen**↑.

Cogumelos [*Span. Speisekarte*] ↑**Pilze**

Coing [*Franz. Speisekarte*] ↑**Quitte**

Cointreau [*Hausbar*] **T** Die Familie Cointreau begann schon 1827 mit der Herstellung von Likören, der Cointreau wurde aber erst Mitte des 18. Jahrhunderts kreiert. Es ist ein heller französischer Likör von 40 %Vol., aromatisiert mit den Schalen von bitteren Antillen-Orangen. Der Cointreau wird on the rocks und in vielen ↑**Cocktails**, wie ↑**White Lady** und ↑**Margarita**, getrunken. Er ist dem „↑**Triple Sec**" sehr ähnlich.

Col [*Span. Speisekarte*] ↑**Kohl**

Col común [*Span. Speisekarte*] ↑**Grünkohl**

Col de brusela [*Span. Speisekarte*] ↑**Rosenkohl**

Col morada [*Mexicofood*] ↑**Rotkohl**

Cola [*Hausbar*] **T** Coffeinhaltiges Erfrischungsgetränk, wird aus Wasser, ↑**Zucker**, ↑**Kohlensäure**, ↑**Farbstoff** ↑**Zuckercouleur**, dem Säuerungsmittel ↑**Phosphorsäure**, Aroma und ↑**Coffein** hergestellt. Colagetränke enthalten lediglich Zucker als Nährstoff und liefern somit nur „↑**Leere Kalorien**". Eine Flasche (0,33 l) enthält 36 g Zucker und liefert insgesamt 200 kcal/837 kJ. Der Geschmack von Cola ist aromatisch-würzig. **Als Durstlöscher eignet sich das Getränk mit dem hohen Coffein- und Zuckergehalt nicht.** „Cola light" ist ein Leichtprodukt, in dem der Zucker größtenteils durch ↑**Süßstoff** ersetzt wurde. Es enthält sehr wenig ↑**Kalorien**, 0,33 l = 13 kcal/55 kJ. Der Coffeingehalt ist unverändert oder reduziert.

Coladas [*Hausbar*] **A** Coladas sind cremige tropische ↑**Cocktails** aus ↑**Rum**, ↑**Kokosnusscrème**, evtl. ↑**Sahne** und Säften. Interessante Variationen entstehen vor allem durch Zugabe geringer Mengen von ↑**Likören** und ↑**Sirupen**. Die bekannteste Colada ist die ↑**Piña Colada. Weitere Coladas sind:** Bahia, Charles' Caribbean, Flying Cangaroo, French Colada, Golden Colada, ↑**Swimming Pool**

Colbert, Historischer Speisename [*Speisegarnitur*] **A 1.** Jean Baptiste Colbert (1619–1683), Finanzminister Ludwigs XIV. **2.** Entgrätete, panierte, in heißem Öl schwimmend gebackene ↑**Seezunge** „Colbert", mit ↑**Kräuterbutter** gefüllt; **3.** Consommé Colbert, eine ↑**Kraftbrühe** mit Gemüsen und verlorenem ↑**Ei**; **4.** Filets Colbert, kurzgebratenes ↑**Fleisch** mit ↑**Trüffeln**, ↑**Spiegelei**, ↑Geflügel**kroketten** und mit ↑**Butter** aufgeschlagenem ↑**Fleischextrakt**

Colby [*Käse*] **T Herkunft:** USA (Wisconsin, Idaho)/Neuseeland; **Käsesorte:** ähnelt dem ↑**Cheddar**, Zylinder oder rechteckiger Block, weniger als 50 % ↑**Fett i. Tr.**; **Milch:** Kuhmilch; **Rinde:** trocken mit orangegelber Färbung; **Geschmack:** sehr mildes Aroma; **Info:** Wird regelmäßig mit Wasser gewaschen, um die Reifung zu beschleunigen, gewöhnlich 3–4 Wochen. Die Konsistenz ähnelt dem Cheddar; er hat eine natürliche Rinde, für Salate und ↑**Snacks. Verwendung:** Möglichst rasch verzehren, da er nicht so lange haltbar ist wie sein berühmter Vetter. Er wird in Salaten, zum Frühstück und mit Früchten gegessen. **Import:** Colby wird auch in Neuseeland hergestellt und von den USA importiert. Weichere, elastischere Textur als Cheddar, ein Teig, der mit winzigen Löchern durchsetzt ist. Bei ihm handelt es sich um einen „cheddarisierten" Käse. Er wird in Blöcken von 250 g bis 1 kg verkauft.

Colby Jack [*Käse*] Colby Jack ist eine orangefarbene Variante des ↑**Colby**, weicher, mit weißer Marmorierung.

Colcannon [*Intern. Länderküche*] **A** Spezialität aus Nordirland: ↑**Kartoffelpüree** mit daruntergemischten, blanchierten und in ↑**Butter** gebratenen, feinen ↑**Weißkraut**streifen (↑**Julienne**) und frischen Röllchen von ↑**Frühlingszwiebeln**, gewürzt mit ↑**Salz** und ↑**Pfeffer**

Cole slaw [*U.S. Kitchen*] **R** Süßer Krautsalat mit geraspelten ↑**Karotten**, ↑**Mayonnaise**, ↑**Zitronensaft**, ↑**Zucker** und ↑**Salz.** Einer der wohl typischsten US-Salate, der vor allem zu Kurzgebratenem und ↑**Fried Chicken** serviert wird

Coles de bruselas [*Mexicofood*] ↑**Rosenkohl**

Colheita [*Weinkunde*] Portugiesisch für Ernte oder Jahrgang (entsprechend dem spanischen „Cosecha" und englischen „Vintage") und Bezeichnung für einen Portweinstil. Colheita Port ist ein Wein aus einem Jahrgang, der mindestens acht Jahre in Fässern gereift ist. Die Periode der Lagerung ist oft jedoch viel länger als gesetzlich vorgeschrieben. Auf dem Etikett muss das Abfülldatum angegeben sein.

Coliflor [*Span. Speisekarte*] ↑**Blumenkohl**

Colimaçon [*Franz. Speisekarte*] ↑**Weinbergschnecke**

Colin [*Franz. Speisekarte*] ↑**Seehecht**

Colin noir [*Franz. Speisekarte*] ↑**Seelachs**

Collard greens [*U.S. Kitchen*] ↑**Grünkohl**

Colleen [*Kartoffelsorte*] **Kochtyp:** ↑**Vorwiegend festkochende Kartoffeln; Herkunft:** Irland; **Jahr der Zulassung:** 1996; **Schale:** gelb; **Fleisch:** gelb; **Knolle:** rundoval; **Reifezeit:** sehr früh

Coller [*Franz. Fachwort*] Kleben, Festigkeit erzielen mit Hilfe von ↑**Mehl** oder ↑**Gelee**

Collers [*Hausbar*] **A** Alkoholische ↑**Cocktails** mit ↑**Zitronensaft** und ↑**Ginger Ale**

Collet, collier [*Franz. Speisekarte*] Kalbshals, -nacken

Collins [*Hausbar*] **T** Collins ist ein ↑**Longdrink** der herben Art, die direkt im Glas zusammengerührt wird. ↑**Tom Collins**

Colomba [*Ital. Speisekarte*] ↑**Taube** aus ↑**Hefeteig**

Colombard [*Weinkunde*] Weiße Rebsorte, die traditionell zusammen mit „Ugni Blanc" und „Folle Blanche" in der Produktion von ↑**Cognac** und ↑**Armagnac** eingesetzt wird. Die Rebsorte zeichnet sich durch eine relativ hohe Säure (die für die Produktion von Destillaten ideal ist) und einen niedrigen Alkoholgehalt aus, was sie damit für die Bereitung von Stillweinen ungeeignet macht. In Kalifornien und Süd-Afrika erlebt die Sorte aber eine Renaissance. In diesen heißen Weinbaugebieten wird gerade ihr hohes Maß an Säure sehr geschätzt. Mittlerweile hat sich diese gute Nachricht auch in der Heimat der Colombard rumgesprochen, weshalb heutzutage ähnliche Weine unter der Appellation „Côtes de Gascogne" vermarktet werden.

Colombine [*Franz. Speisekarte*] **A** Grießkrokette mit Füllung aus ↑Fleisch**ragout** oder -püree, wird als warme Vorspeise gereicht

Colombo [*Intern. Länderküche*] **R** Ein in der Karibik von indonesischen Einwanderern eingeführtes und weit verbreitetes ↑**Lammcurry** aus ↑**Gemüse**- oder ↑**Fleischbrühe**, ↑**Süßkartoffeln**, ↑**Auberginen**, ↑**Zwiebeln**, ↑**Knoblauch** und ↑**Chili**, gewürzt mit ↑**Kreuzkümmel**, ↑**Pfeffer**, ↑**Korianderblättern** oder glatter ↑**Petersilie**, ↑**Currypulver**, ↑**Piment** und ↑**Ingwer**

Colorants [*Franz. Fachwort*] Farbstoffe, dürfen für den Küchengebrauch nicht giftig oder gesundheitsschädlich sein, darum werden sie meist aus ↑**Kräutern**, ↑**Blüten** und ↑**Früchten** sowie den gesetzlich zulässigen künstlichen ↑**Farbstoffen** angefertigt.

Colorieren [*Franz. Fachwort*] Farbe annehmen lassen, bräunen

Colvert, col-vert [*Franz. Speisekarte*] Stock-, ↑**Wildente**

Colwick [*Käse*] Traditioneller ungesalzener Kuhmilchkäse aus England, der gewöhnlich als ↑**Dessert** serviert wird. Zylindrische Form; häufig mit einer Vertiefung, die mit Sahne und Früchten gefüllt werden kann

Com [*Intern. Länderküche*] Begriff aus der vietnamesischen Küchenkultur für „die Mahlzeit", die wörtliche Übersetzung bedeutet Reis. ↑**Vietnamesische Küche**

Com [*Span. Speisekarte*] Mit

Combine [*U.S. Kitchen*] Kombinieren, vermischen

Comestible [*Franz. Fachwort*] Essbar, genießbar

Comida [*Mexicofood*] Mahlzeit

Commis [*Franz. Fachwort*] Gehilfe, Geselle, Jungkoch

Communard [*Hausbar*] **R** Französischer ↑**Apéritif** aus ↑**Crème de cassis** und gekühltem Rotwein (1:7)

Complet [*Franz. Speisekarte*] vollständig (Menu complet = das ganze ↑**Menü**)

Complet bruxellois [*Intern. Länderküche*] Begriff aus der belgischen Küchenkultur für ↑**Miesmuscheln** mit ↑**Pommes frites**

Composta [*Ital. Speisekarte*] ↑**Kompott**

Compota de maca [*Span. Speisekarte*] ↑**Apfelkompott**

Compote [*Franz. Speisekarte*] ↑**Kompott**

Compote aux choux [*Schweizer Küche*] Musig gekochtes ↑**Sauerkraut**

Compote de raves [*Schweizer Küche*] Geraffelte, eingesalzene ↑**Rüben**

Compoter [*Franz. Fachwort*] Verschlossen gedünstet

Comté Geschützte Herkunftsbezeichnung [*Käse*] **T** Auch „Gruyère de Comté"; **Herkunft:** Frankreich/Jura-Gebirge; **Käsesorte:** ↑**Hartkäse** nach Schweizer Art, mind. 45 % ↑**Fett in Tr.**; **Milch:** rohe Kuhmilch, ausschließlich von Kühen der Rasse Montbéliard; **Teig:** fest, gelblich, trockener, aber kompakt mit haselnussgroßen Löchern; **Geschmack:** buttermild, vollaromatisch, fruchtig, nussig. Sein Aroma reicht von fruchtig (beim Sommercomté) bis nussigpflanzlich (beim Wintercomté). **Info:** Der Laib des Comté (gesprochen kong-teh) hat einen Durchmesser von 75 Zentimetern und wiegt 35 Kilogramm! Er reift 2 bis 6 Monate bei 19° C. Er ist ein Liebling der Franzosen, wird ohne Rinde gegessen. **Weinempfehlung:** leichte fruchtige Rotweine wie Rosé d'Anjou, trockene Weißweine, ↑**Champagner**. **Verwendung:** Passt zu ↑**Aperitif** oder ↑**Dessert**, aber auch zu ↑**Meeresfrüchten und Fisch**.

Concassé [*Franz. Speisekarte*] **A** Französische Kurzform für „↑**Tomates concassées**", Zubereitung aus gehäuteten, entkernten ↑**Tomaten**, mit ↑**Butter** und ↑**Gewürzen** gedünstet. Garnitur zu ↑**Wild**- und ↑**Fisch**gerichten, Bestandteil von ↑**Saucen**

Concasser [*Franz. Fachwort*] Grob schneiden, grob hacken (zum Beispiel: ↑**Tomates concassées**)

Concentrate [*U.S. Kitchen*] Konzentrat; in US-Haushalten wird vor allem der Saft zum Trinken aus Konzentraten hergestellt.

Concentré [*Franz. Speisekarte*] Konzentrat

Concentré de tomate [*Franz. Speisekarte*] ↑**Tomatenmark**

Conch chowder [*U.S. Kitchen*] Muschelsuppe

Concha [*Mexicofood*] Große ↑**Muschel**

Conche [*Süßwaren*] Längsreibemaschine, die bei der Schokoladenherstellung eingesetzt wird. Beim Conchieren wird die angewärmte Schokoladenmasse sehr fein gemahlen. Das Ergebnis ist eine geschmeidige, zart schmelzende ↑**Schokolade**. ↑**Tablieren von Schokolade**

Conchieren [*Süßwaren*] ↑**Conche**, ↑**Schokolade**

Conchiglie, conchigliette, conchiglione [*Ital. Speisekarte*] **T** Muschelförmige ↑**Nudeln** unterschiedlicher Größe. Sie entstanden Ende des 18. Jahrhunderts, als es durch die ersten modernen Ziehwerkzeuge möglich wurde, hohle und gebogene ↑**Teigwaren** herzustellen. Klassische ↑**Pasta**form. Ideale Saucennudel

Concombre [*Franz. Speisekarte*] ↑Salat**gurke**

Concombres farcis [*Franz. Speisekarte*] **A** ↑**Gurken**, mit Fleischfülle und Speckscheiben im Rohr gebacken

Condé, Historischer Speisename [*Speisegarnitur*] **A** **1.** Französisches Fürstengeschlecht, Seitenlinie des Hauses Bourbon; **2. à la Condé:** ↑**Milchreis** mit Püree aus roten ↑**Bohnen** und gedünsteten Früchten (↑**Aprikosen**), mit Aprikosen-Kirsch-Sauce; **3.** Blätterteigtörtchen mit Mandelcrème

Condéglasur [*Backstube*] Eiweißglasur; ↑**Glasuren**

Condiment [*Franz. Speisekarte*] Würze, Würzmittel, Gewürz

Conejo [*Span. Speisekarte*] ↑**Kaninchen**

Conférence [*Obst*] **T Lateinisch:** Pyrus communis var. sativa; **Allgemeines:** Mittelgroße bis große, länglich flaschenförmige und manchmal etwas unregelmäßig geformte Birne mit langem, dünnem Stiel. Die glatte und grünlich bis gelblich gefärbte Schale ist von flächigen, bräunlichen Rostflecken bedeckt. Bei Vollreife wird die Frucht allerdings rasch teigig. Sie eignet sich sehr gut zum Dörren, weil sie dabei eine zähe Haut bekommt; **Ursprung und Geschichte:** Conférence ist als Zufallssämling 1864 aus der Sorte Leon Leclerc de Laval in Hertfordshire, Großbritannien, entstanden und wurde von Thomas Rivers verbreitet. Ihren Namen bekam sie bei ihrer Vorstellung während der National British Pear Conference 1894. **Herkunft und Saison:** Conférence reifen in Mitteleuropa Anfang bis Mitte September und sind im ↑**Kühllager** bis Ende Januar, im ↑**CA-Lager** bis Mitte April lagerfähig. Nach längerer Lagerung reifen Conférence allerdings sehr schnell nach. **Geschmack:** Das saftige Fruchtfleisch hat fast keine Steinzellen, ist gelblich bis leicht orange oder rosa gefärbt und weist einen schmelzenden, süßlichen und aromatischen Geschmack auf, der ein wenig an eine ↑**Melone** erinnert und manchmal als zu flach und fade empfunden wird. ↑**Birne**

Confettura [*Ital. Speisekarte*] ↑**Konfitüre**

Confiserie [*Franz. Speisekarte*] Konfekt

Confit [*Franz. Speisekarte*] **A** Gepökelte Fleischstückchen, ↑**Pilze**, ↑**Geflügel**, ↑**Gemüse** bei schwacher Hitze im eigenen ↑**Fett** oder Saft gegart und so haltbar gemacht

Confiture [*Franz. Speisekarte*] **A** In Zuckersirup eingemachtes Obst, ganz oder in Stücken; ↑**Konfitüre**, ↑**Marmelade**

Confortini [*Ital. Speisekarte*] ↑**Haselnuss**gebäck

Cong bai oder Cong xu [*Asiatische Küche*] Chinesisch: ↑**Winterzwiebel**, Gewürzkraut

Congolais [*Franz. Speisekarte*] Kleiner Kuchen aus ↑**Baisermasse** und ↑**Kokosnuss**

Congre, anguille de mer [*Franz. Speisekarte*] **T** ↑**Meeraal**, hat fettes, derbes, aber schmackhaftes Fleisch, besonders für Fischsuppen geeignet; **Saison:** September bis Mai, ist auch geräuchert erhältlich

Coniglio [*Ital. Speisekarte*] ↑**Kaninchen**

Conilon 16 up [*Kaffee*] Robusta, Kaffeesorte aus Brasilien. Kleinbohnig, ockerbraun ↑**Kaffee** & **Kaffee arabica**

Conny [*Kartoffelsorte*] **Kochtyp:** ↑**Vorwiegend festkochende Kartoffeln**

Consigne [*Franz. Fachwort*] (Flaschen-)Pfand

Consommé [*Franz. Speisekarte*] **A Kraftbrühe:** ↑**Brühe** oder ↑**Bouillon** aus ↑**Rind-**, ↑**Kalb-**, ↑**Wild-** oder ↑**Geflügelfleisch**, aber auch ↑**Fisch**, die mit ↑**Klärfleisch-**, ↑**Gemüse**, ↑**Eiweiß** und Eis geklärt wurde. ↑**Würztabelle/Oxtail; Tipp:** Eine Consommé muss absolut fettfrei und goldfarben klar sein. ↑**Klären.** Eine geschmackliche Aufwertung erhält sie mit einem Schuss ↑**Sherry** dry oder ↑**Madeira.**

Consommé à l'impériale, impératrice [*Franz. Speisekarte*] **A** ↑Hühner**kraftbrühe** mit ↑**Hahnenkämmen**, Hähnchenherzen, **Erbsen** und ↑**Eierstich**streifen

Consommé à la madrilène [*Franz. Speisekarte*] **A** ↑**Geflügelbrühe** mit ↑**Tomatenmark**, meist mit ↑**Paprika**würfeln kalt serviert

Consommé à la parisienne [*Franz. Speisekarte*] **A** ↑**Geflügelbrühe** mit ↑**Gemüse**würfeln, ↑**Eierstich**scheiben und ↑**Kerbelblättern**

Consommé à la printanière [*Franz. Speisekarte*] **A** ↑**Geflügelbrühe** mit ↑**Gemüse**einlagen

Consommé à la reine [*Franz. Speisekarte*] **A** ↑**Geflügelbrühe** mit Streifen weißen ↑**Hühnerfleisch**s und ↑**Eierstich**stückchen

Consommé blanc [*Franz. Speisekarte*] **A** Klare ↑**Fleischbrühe**, ↑**Bouillon**

Consommé Célestine [*Franz. Speisekarte*] **A** ↑**Geflügelkraftbrühe** mit ↑**Eierstich-** und ↑**Pfannkuchen**streifen

Consommé Colbert [*Franz. Speisekarte*] **A** ↑**Geflügelkraftbrühe** mit ↑**Gemüsewürfelchen** (↑**Brunoise**), ↑**Verlorenen Eiern** und ↑**Kerbelblättern**

Consommé double [*Franz. Speisekarte*] **A** Doppelte ↑**Kraftbrühe**

Consommé julienne [*Franz. Speisekarte*] **A** ↑**Kraftbrühe** mit Gemüsestreifen (↑**Karotten**, ↑**Lauch**, ↑**Weiße Rübchen**, ↑**Petersilienwurzel**, ↑**Sellerie**, ↑**Zwiebeln**)

Consommé princesse [*Franz. Speisekarte*] **A** ↑**Geflügelbrühe** mit Geflügelklößchen und grünen ↑**Spargel**spitzen

Consommé royal [*Franz. Speisekarte*] **A** ↑**Kraftbrühe** mit Einlage aus ↑**Eierstich**

Consorzio, consorcio [*Weinkunde*] (ital./span.) Konsortium, Zusammenschluss regionaler Weinbauern

Conta [*Span. Speisekarte*] Rechnung

Contessa Paola [*Käse*] **Herkunft:** Österreich; **Käsesorte:** ↑**Weichkäse**, 60 % ↑**Fett in Tr.**; **Milch:** pasteurisierte Kuhmilch; **Teig:** weichschnittig, sehr cremig; **Geschmack:** mildes, feines Pilzaroma; **Info:** hergestellt in Handarbeit

Conti, Historischer Speisename [*Speisegarnitur*] **A** **1.** François Louis, Prinz von Conti (1664–1709), König von Polen; **2. à la Conti – Speisegarnitur** für **kleine Wildstücke:** ↑**Linsen**püree, mit gekochtem Bruststpeck und in ↑**Butter** gebratenen ↑**Kartoffeln. Sauce:** mit ↑**Madeira** vollendeter gebundener ↑**Fond**

Contorno [*Ital. Speisekarte*] ↑**Beilage**

Contre-filet [*Franz. Speisekarte*] Flaches Teil des ↑**Roastbeefs**, Rinderrippenstück

Controfiletto [*Ital. Speisekarte*] ↑**Lendenstück**

Convenience [*Fachkunde*] **Englisch:** Bequemlichkeit; **sprich:** konvien-jens: Der Begriff wird heute sowohl mit Produkten als auch mit Dienstleistungen in Verbindung gebracht. Grundsätzlich handelt es sich um Produkte, Vorgänge oder Tätigkeiten, die das tägliche Leben erleichtern. Verarbeitete Lebensmittel, die sofort oder nach dem Öffnen der Verpackung und Erhitzen verzehrfertig sind, werden als ↑**Convenience-Food** bezeichnet. Daneben gibt es teilweise verarbeitete Lebensmittel, die noch im Haushalt aufbereitet werden müssen. Auch diese Lebensmittel stellen Convenience Food dar. Zu ihnen gehören z. B. tiefgefrorene ↑**Pommes frites**, tiefgefrorenes ↑**Gemüse**, ↑**Fischstäbchen**, ↑Trocken**müslis**, ↑**Cornflakes**, fertige Teigmischungen, ↑Lebensmittel**konserven** und ↑**Instant**produkte (z. B. -suppen, -getränke, -kaffee, -gemüse, -teigwaren). Im Haushalt und in der Gemeinschaftsverpflegung hilft Convenience-Food Zeit, Energie, Lagerplatz und Transportkosten zu sparen. ↑**Tiefkühlkost**

Convenience Food [*Fachkunde*] ↑**Convenience.** Industriell vorgefertigte Lebensmittel, die die Arbeit in der Küche erleichtern

Cookie sheet [*U.S. Kitchen*] Backblech

Cookies [*U.S. Kitchen*] ↑**Kekse**, amerik. Plätzchen

Cool whip [*U.S. Kitchen*] ↑**Sahne**ersatz auf pflanzlicher Basis, in Deutschland nicht zu bekommen

Coolea [*Käse*] **Herkunft:** Irland/Südwesten; **Käsesorte:** ↑**Gouda**-ähnlich; **Milch:** rohe Kuhmilch; **Teig:** Gereifte ↑**Käse** enthalten als Würze manchmal ↑**Brennnesseln**, ↑**Kräuter** oder ↑**Knoblauch. Geschmack:** angenehm pikant. **Info:** Reifezeit sechs bis acht Wochen, zuweilen auch länger

Cooleeney [*Käse*] ↑**Irischer Käse**

Cooler [*Hausbar*] **R** Klassische durststillende ↑**Longdrinks**. Ursprünglich wurden sie mit ↑**Ginger Ale** aufgegossen, es kann aber auch ↑**Soda**- oder ↑**Mineralwasser** sein. Coolers werden immer mit Trinkhalm serviert.

Coopérative [*Weinkunde*] **Französisch:** Winzergenossenschaft

Coppa [*Franz. Speisekarte*] **T** Fette, stark gewürzte ↑**Wurst** aus gepökeltem, in Rotwein und ↑**Knoblauch** mariniertem, leicht geräuchertem ↑Schweine**nacken**, serviert in hauchdünnen Scheiben. Spezialität aus Korsika und Italien

Coppa d'estate [*Ital. Speisekarte*] Geräucherter ↑**Schweinenacken**

Coppa di maiale [*Ital. Speisekarte*] Schweinepresskopf

Copycats [*U.S. Kitchen*] Wörtlich: „Kopierkatzen": Copy-Cat-Rezepte sind Gerichten bekannter Restaurants nachempfunden.

Coq [*Franz. Speisekarte*] Hahn

Coq au vin [*Franz. Speisekarte*] **R** Klassisches rustikales franz. Geflügelgericht aus jungen geachtelten ↑**Hähnchen** oder einem jungen schweren ↑**Kapaun** (ganze Tiere verarbeiten, nicht nur Schlegel), frischen ↑**Champignons**, evtl. ↑**Karotten**, vielen geschmorten ↑**Zwiebeln**, mit Rot-, Weiß- oder Roséwein: Von Coq au vin sind so viele regionale Variationen bekannt, wie es Weinbauregionen in Frankreich gibt. Das typische Gewürz für alle Coq au vin-Varianten sind ↑**Lorbeerblätter**. ↑**Würztabelle**

Coquelet [*Franz. Speisekarte*] 5–8 Wochen altes Küken (↑**Stubenküken**)

Coquilette [*Ital. Speisekarte*] In einigen Teilen Nordwestitaliens gebräuchliche französische Bezeichnung für „Conchiglie" (↑**Jakobsmuschel**)

Coquillage [*Franz. Speisekarte*] **T Allgemein:** ↑**Schalentiere** (↑**Muscheln**, ↑**Schnecken**) aus dem Meer; **Gastronomisch:** der essbare Teil aller Meeresschalentiere, mit Ausnahme der ↑**Austern**, ↑**Mies**- und ↑**Jakobsmuscheln**

Coquille de beurre [*Franz. Speisekarte*] Butterschnecken, feines Gebäck aus ↑**Hefeteig**

Coquilles Saint-Jacques [*Franz. Speisekarte*] **A** ↑**Jakobsmuscheln**

Corail [*Franz. Speisekarte*] **1.** Die grüne Masse (Mark) im rohen ↑**Hummer**körper (rot im gekochten); **2.** ↑**Rogen** von ↑**Krusten**- und ↑**Schalentieren**

Coralli, corallini [*Ital. Speisekarte*] Sehr kleine ↑Hohl**nudeln** aus ↑**Hartweizengrieß** und Wasser, deren Form an Korallenstückchen erinnern. Werden meist als Suppeneinlage benutzt.

Corbalar [*Orientalische Küche*] Begriff aus der türkischen Küchenkultur für verschiedene Suppen. ↑**Türkische Küche**

Corbeille [*Speisegarnitur*] **A** Beliebte Garnitur, bei der man Speisen „en corbeille", im Körbchen, serviert. Zitronen, in Körbchenform geschnitzt, sind ein hübscher Blickfang auf Platten.

Corbu [*Weinkunde*] Alte Weißwein-Rebsorte der Gascogne. Sie wird oft mit Arrufiac, ↑**Gros Manseng** und ↑**Petit Manseng** verschnitten und liefert volle Weine mit Aromen von Honig und Zitronen. Man findet sie im Jurançon und Pacherenc du Vic Bilh.

Cordero [*Span. Speisekarte*] ↑**Lammfleisch**

Cordero lechal [*Span. Speisekarte*] ↑**Milchlamm**

Cordon bleu [*Intern. Länderküche*] **A Blaues Band. 1.** Dieses Gericht wurde bei der Überfahrt des Dampfschiffes „Europa" (New York – Calais) von den Schiffsköchen zu Ehren der Rekordfahrt kreiert. Es handelt sich um ein paniertes Schnitzel vom Kalb, gefüllt mit gekochtem ↑**Schinken** und ↑**Emmentaler** Käse, in Fett gebacken. **Englisch:** cordon bleu; **Französisch:** escalope de veau cordon bleu; **Italienisch:** cordon bleu; **Spanisch:** cordon blue. **2.** Orden der Ritter vom Heiligen Geist; **3.** Fachlich wird darunter eine besonders qualifizierte Köchin, die neben einem Chef gelernt hat, verstanden. Ludwig XV. hat diesen Orden der Köchin von Gräfin Dubarry verliehen.

Cordon rouge [*Intern. Länderküche*] Statt gekochtem wird als Einlage roher ↑**Schinken** verwendet. ↑**Cordon bleu**

Corégone [*Franz. Speisekarte*] ↑**Renke**

Coretto [*Kaffee*] **T** Der mit einem Schuss ↑**Brandy**, ↑**Likör** oder ↑**Grappa** „korrigierte" italienische ↑**Espresso**

Coriace [*Franz. Fachwort*] Zäh

Coriandolo [*Ital. Speisekarte*] ↑**Koriander**

Coriandre [*Franz. Fachwort*] Französische Speisekarte

Corleggy [*Käse*] ↑**Irischer Käse**

Corn [*U.S. Kitchen*] Engl. ↑**Mais**

Corn chips [*U.S. Kitchen*] ↑**Tortilla**-Chips

Corn dog [*U.S. Kitchen*] Würstchen am Stiel, mit ↑**Mais**teig umgeben, gebacken

Corn husks [*U.S. Kitchen*] Getrocknete Maishüllblätter, in die ↑**Tamales** eingewickelt werden

Corna di bue [*Ital. Speisekarte*] ↑**Mürbe- und** ↑**Blätterteig**gebäck

Cornbread [*U.S. Kitchen*] **T** Maisbrot: Klassische Beilage aus dem Süden der USA. Pur wird es mit ↑**Butter** bestrichen und mit ↑**Honig** beträufelt, es gibt auch Variationen mit ↑**Gemüse**stückchen oder ↑**Speck**.

Corned beef [*U.S. Kitchen*] Fleischkonserve aus leicht gepökeltem ↑**Rindfleisch**

Corned mutton [*Fleischprodukte*] Fleischerzeugnis nach Art des ↑**Corned beef**; mit ↑**Hammelfleisch** statt ↑**Rindfleisch**

Corned pork [*Fleischprodukte*] Fleischerzeugnis nach Art des ↑**Corned beef**; mit ↑**Schweinefleisch** statt ↑**Rindfleisch**

Cornelkirschen [*Obst*] **T** Auch: Corneliuskirschen, Dörlitzen oder Dirlitzen. Die roten, länglichen Früchte der Ziersträucher werden meist den Vögeln überlassen. Dabei eignet sich das stark säuerliche Fruchtfleisch, das sich nur schwer vom Stein löst, gut für ↑**Marmelade**.

Cornet [*Franz. Speisekarte*] Eiswaffel-, Eistüte, (Eis)Hörnchen

Cornflakes [*Allgem. Nährmittel*] Aus Mais. Zunächst werden Schale und Keim des Maiskorns entfernt. Die „Grits" (englisch = Grütze) werden gekocht und mit verschiedenen Geschmackskomponenten verfeinert. Der Teig wird anschließend getrocknet, die Krümel werden gewalzt und erhalten so ihre typische Flockenform. Danach werden die Cornflakes geröstet, damit sie knusprig werden und ihren charakteristischen Geschmack erhalten. Nach dem Abkühlen werden die Cornflakes mit Vitaminen besprüht, da diese beim Rösten verloren gehen. Erfunden wurden die Cornflakes 1906 von den Gebrüdern ↑**Kellogg** in Amerika.

Cornichons [*Gemüse*] Kleine, in gewürzten ↑**Essig** eingelegte Pfeffergürkchen. In Frankreich ohne Süßungsmittel

Cornish game hens [*U.S. Kitchen*] Spezielle Geflügelsorte: Tiere sind sehr zart und klein, wiegen knapp ein Kilo

Cornmeal [*U.S. Kitchen*] ↑**Maismehl**

Cornstarch [*U.S. Kitchen*] ↑**Maisstärke**

Cornucopia [*U.S. Kitchen*] Füllhorn: das Füllhorn-Motiv wird oft für Thanksgiving-Dekorationen verwendet.

Correggioli [*Ital. Speisekarte*] Schmale ↑**Nudeln**

Corsé [*Franz. Speisekarte*] Kräftig, stark (gewürzt)

Cortese [*Weinkunde*] Weiße Rebsorte, die vornehmlich in Piemont im Nordwesten Italiens angebaut wird. Der daraus produzierte Wein genießt als ↑**Gavi** große Popularität. Grundsätzlich ein Wein mit relativ viel Säure, einem neutralen zitronenähnlichen Bukett, das manchmal an ↑**Mandeln** oder ↑**Birnen** erinnert und wie fast alle italienischen Weißweine einen recht hohen Alkoholgehalt aufweist. Cortese wird auch im Oltrepò Pavese (Ost-Veneto) angebaut, wo sie als Verschnittpartnerin von ↑**Trebbiano** und ↑**Garganega** im „Bianco di Custoza" eine untergeordnete Rolle spielt.

Cortison [*Gesundheit*] Hormon, gehört zur Gruppe der Glukocorticoide. Es wird in der Nebennierenrinde gebildet. Im menschlichen Stoffwechsel ist Cortison zum einen Gegenspieler des Insulins, indem es die Zuckerneubildung (Glukoneogenese) fördert und den Blutzuckerspiegel erhöht. Zum anderen fördert Cortison den Muskeleiweißabbau und unterdrückt entzündliche Vorgänge im Körper. Cortison wirkt entzündungshemmend und wird zur Therapie von Allergien und Rheuma eingesetzt.

Corvina grelhada [*Span. Speisekarte*] Gegrillter Rabenfisch

Corzetti [*Ital. Speisekarte*] Münzenförmige ↑**Nudeln** (Ligurien) aus ↑**Mehl**, ↑**Ei** und Wasser. Werden mit Nusssauce gegessen.

Cosce di rane [*Ital. Speisekarte*] ↑**Froschschenkel**

Coscia; cosc(ott)o [*Ital. Speisekarte*] ↑**Keule**

Cosecha [*Weinkunde*] **Spanisch**: Jahrgang, Weinproduktion der Ernte aus einem einzigen Jahr. Eine Jahrgangsangabe auf einem Etikett garantiert, dass der Wein aus diesem Jahr stammt.

Cosima [*Kartoffelsorte*] **Kochtyp:** ↑**Mehlig kochende Kartoffeln** – „Mehlige" oder „Runde" genannt

Cosmopolitan [*Hausbar*] **R** ↑**Aperitif**, alkoholhaltiger ↑**Shortdrink** und wird erst seit den 1990er-Jahren serviert. Er besteht aus ↑**Wodka**, ↑**Preiselbeersaft**, ↑**Cointreau** sowie ↑**Limetten**saft. Der Cosmopolitan stammt wahrscheinlich aus der US-amerikanischen Werbekampagne für ↑**Absolut** Citron. Er steht sinnbildlich für die moderne Bar des Booms der 90er-Jahre. Seit seinem „Auftritt" in der Fernsehserie Sex & The City ist er zu einem der bekanntesten Cocktails avanciert.

Costa rica shb [*Kaffee*] Großbohnige, gewaschene Arabicasorte, angebaut zwischen 1300 und 1600 Metern. ↑**Kaffee & Kaffee arabica**

Costa, costina [*Ital. Speisekarte*] ↑**Rippe, Rippchen**

Costata di manzo [*Ital. Speisekarte*] ↑**Rumpsteak**

Costeleta de porco [*Span. Speisekarte*] Schweinekotelett

Costillas [*Mexicofood*] Rippchen

Costillas de cordero [*Intern. Länderküche*] Begriff aus der mallorquinischen Küchenkultur für ↑**Lamm**koteletts

Costoletta [*Ital. Speisekarte*] ↑**Kotelett**

Cot [*Weinkunde*] Synonym für die rote Rebsorte ↑**Malbec**

Côte [*Franz. Fachwort*] **1.** Französisches Wort für Hang, Küste. Der Weinberg, von dem der Wein stammt, liegt an einem Hang, zeigt mindestens eine Neigung. Dabei gilt die Annahme, dass diese Weinberge bessere Weine hervorbringen als Ebenen oder Flachland. Hänge oder Hügel haben meistens dünnere, weniger fruchtbare Böden als Ebenen, was einen geringeren Ertrag per Rebstock verursacht, zugleich aber höhere Qualität bedeuten kann. Auch Sonneneinstrahlung spielt vor allem in gemäßigten Anbaugebieten eine große Rolle: Eine Südwest- oder Südost-Ausrichtung des Weinbergs kann die Reife der Reben entscheidend beeinflussen. Der Begriff „Côte" auf einem Weinetikett garantiert jedoch nicht, dass der Weinberg all diese Eigenschaften hat oder dass der Wein hochwertig ist. **2.** Rippe, Rippenstück

Côte charcutière [*Franz. Speisekarte*] Kurzgebratenes ↑Schweine**kotelett**

Côte de bette [*Franz. Speisekarte*] ↑**Mangold**rippe

Côte de bœuf [*Franz. Speisekarte*] ↑**Kotelett** vom ↑**Rind** oder auch Rippenstück (↑**Hochrippe**)

Côte de filet [*Franz. Speisekarte*] ↑**Schwein**: ↑Filet**kotelett**, Rippenstück, Nierenstück

Côte Rôtie [*Weinkunde*] Region 30 Kilometer südlich von Lyon. Die Süd-Terrassen sind in 52 Kleinlagen und zwei Bereiche eingeteilt: Côte Brune und Côte Blonde. Erstere liefert kräftigere und lagerfähigere Weine.

Cotechino [*Ital. Speisekarte*] ↑**Zervelatwurst**, Kochwurst aus Schweinefleisch, auch „cervelata"

Côtelette [*Franz. Speisekarte*] **R** Das ↑**Kotelett** selbst, oder ein aus ↑**Hackfleisch** oder ↑**Ragout** geformtes „Kotelett", paniert und gebraten (z. B. Kalbskotelett „↑**Pojarski**", von der Rippe ausgelöst, mit ↑**Eigelb**, ↑**Butter**, ↑**Semmelbrösel**, ↑**Salz**, ↑**Pfeffer**, ↑**Muskatnuss** und ↑**Sauerrahm** hacken, vermischen und als Kotelett am Knochen geformt braten)

Côtelette à manche [*Franz. Speisekarte*] Kotelett, Rippenstück von kleineren ↑**Schlachttieren** (↑**Kalb**, ↑**Lamm**, ↑**Schwein**)

Côtelette de saumon [*Franz. Speisekarte*] Kalte Scheibe ↑**Lachs**

Côtelette de volaille [*Franz. Speisekarte*] Knochenloses Stück ↑**Geflügel** in Form eines ↑**Koteletts**; auch den Flügel von Geflügel

Cotenna [*Ital. Speisekarte*] ↑**Speck**(schwarte)

Cotherstone [*Käse*] Bauernkäse aus den „Dales", den Gebirgstälern im nördlichen England, hergestellt nach alten Rezepturen. **Käsesorte:** ↑**Rohmilchkäse**; **Milch:** Kuhmilch; **Teig:** leicht krümelig, zugleich weich und saftig. Nach längerem Reifen ist der Teig fester, der Geschmack kräftiger. **Geschmack:** angenehm säuerlich und buttrig; **Info:** Der ↑**Käse** ist meist nach zwei bis drei Wochen verzehrfertig, wird aber gerne nachgereift.

Cotica [*Ital. Speisekarte*] Schwarte

Cotignac [*Franz. Speisekarte*] Süße Quittenpaste

Cotija [*Käse*] **T Herkunft:** Mexiko; **Käsesorte:** Weißer, krümeliger, pikanter ↑**Hartkäse**, der gereift vergleichbar mit ↑**Parmesan**käse ist. **Verwendung:** In kleine Würfel geschnitten oder zerbröckelt, für ↑**Enchiladas**, Salate oder Bohnengerichte

Cotogna [*Ital. Speisekarte*] ↑**Quitte**

Cotognata [*Ital. Speisekarte*] ↑Quitten**gelee**

Cotriade [*Franz. Speisekarte*] **A** ↑Fisch**eintopf** der Bretonen: aus je nach Saison verschiedenen fangfrischen Atlantikfischen mit ↑**Zwiebeln** und ↑**Kartoffeln** zubereitet. Fisch- und Kartoffelstücke werden als Erstes, dann die ↑**Brühe** als Suppe serviert.

Cotsworld [*Käse*] ↑**Gloucester**

Cottage cheese [*Käse*] Amerikanischer Bauernkäse aus ↑**Quark**, bei uns ↑**Frischkäse** (↑**Hüttenkäse**)

Cotto, a [*Ital. Speisekarte*] Gekocht

Cou [*Franz. Speisekarte*] Hals

Cou d'oie farci [*Franz. Speisekarte*] **A** Gänsehals, gefüllt mit gehacktem ↑**Gänse**- und ↑**Schweinefleisch**, ↑**Gänseleber** und **Trüffeln.** Spezialität aus dem Périgord

Couchontee oder Kogotee [*Tee*] Ist das sechste Blatt. In gleicher Qualität gibt es diese Sorten als „Blatt-Tee ganze Blätter". Mild und aromatisch. ↑**Tee**

Coudenou [*Franz. Speisekarte*] ↑Schwarten**wurst**

Couenne [*Franz. Fachwort*] ↑**Schweine**-, ↑**Speckschwarte**, Rinde

Coulemelles, lépiotes en fricassée [*Franz. Speisekarte*] **R** Schirmpilze, in ↑**Butter** mit ↑**Mehl**, ↑**Kräuter**n, ↑**Salz** und ↑**Pfeffer** gedünstet, vor dem Servieren mit ↑**Eigelb** gebunden und mit ↑**Zitronensaft** beträufelt

Couleur [*Franz. Fachwort*] Kulör, Zuckerkulör, braune Farbe. Dunkelbrauner, vorsichtig gerösteter, mit Wasser aufgekochter ↑**Zucker** zum Färben von Saucen, Suppen usw. ↑**Zuckercouleur**

Couleurs [*Hausbar*] **R** Auch „Pousse-Cafés" oder „Scaffas" genannt, sind eine besondere Gruppe von ↑**Shortdrinks**: Verschiedenste ↑**Liköre** und ↑**Branntweine** werden hierbei, **sehr vorsichtig**, nacheinander in einem hohen und schmalen Glas aufeinander geschüttet, dass sich die Zutaten nicht miteinander vermischen. Durch das unterschiedliche getränkespezifische Gewicht jeder einzelnen Zutat entstehen so optisch sehr ansprechender Farbeffekte. Hierbei sind Ruhe, Erfahrung und eine ruhige Hand gefordert. Den gleichen Effekt erreicht man durch unterschiedliche Temperaturen. **Tipp**: Orangenlimonade in Zimmertemperatur auf eiskalte ↑**Cola** gießen. Hierbei das Glas leicht schräg halten und die ↑**Limonade** über die Glaswand vorsichtig eingießen.

Coulis [*Franz. Speisekarte*] **A** Der natürliche Saft, den man durch Auspressen von ↑**Fleisch** oder ↑**Gemüse** erhält. Der Coulis ist die Grundlage für Suppen und ↑**Sauce**n: Meist ist es der Saft von ↑**Wild**, ↑**Geflügel** oder ↑**Fisch**, es kann aber auch das durchgestrichene Püree von ↑**Fleisch** oder Fisch sein.

Coulis [*Intern. Länderküche*] **1.** In Österreich ein Mehlbrei, der als Streckmittel verwendet wird; aber auch eine alte Bezeichnung für ↑**Grundsauce** bzw. geseihte Kraftsuppe; **2.** In Frankreich ein flüssiges Püree aus ↑**Krustentieren** (↑**Bisque**), ↑**Gemüsen** oder ↑**Früchten**, pikant oder süß

Coulommiers [*Käse*] **T Herkunft:** Frankreich; **Käsesorte:** ↑**Weichkäse** mit weißem ↑**Edelschimmel** mind. 40 % ↑**Fett i.Tr.**; **Teig:** homogener, goldgelb elastischer Teig; **Geschmack:** mild bis kräftig, nach ↑**Mandeln** oder ↑**Haselnüssen**. **Info:** Der Coulommiers (gesprochen kuh-lom-je) ist der kleine Bruder des ↑**Brie**. Seine handliche Größe und seine härtere

Weißschimmelrinde lassen allerdings keine Verwechslung zu. **Weinempfehlung:** vollmundige französische Rotweine, z. B. ↑**Burgunder**.

Coupage [*Franz. Speisekarte*] „Verschnitt"

Coupe [*U.S. Kitchen*] Eisspezialitäten, die im Becher (= coupe) serviert werden: z. B. Coupe Melba und Coupe Hélène

Coupé [*Weinkunde*] Französisch für verschnitten; ein „vin de coupage" ist ein Verschnittwein.

Couper [*Franz. Fachwort*] Schneiden, tranchieren

Courge au beurre [*Franz. Speisekarte*] **R** ↑**Zucchini** in Scheiben geschnitten, in ↑**Butter** gedämpft und mit gehackter ↑**Petersilie** bestreut

Courgettes [*Franz. Speisekarte*] Kleine ↑**Kürbis**früchte, ↑**Zucchini**

Courgettes ↑**niçoises** [*Franz. Speisekarte*] **R** Kleine ↑**Zucchini** zusammen mit geschälten ↑**Tomaten**, ↑**Zwiebeln**, ↑**Basilikum**, ↑**Petersilie** und ↑**Olivenöl** geschmort, gesalzen, gepfeffert und mit frischem ↑**Estragon** bestreut, warm oder kalt

Couronne [*Franz. Fachwort*] Kranz, Krone, Brotring

Couronne dressée [*Franz. Speisekarte*] Rundes Zopfbrot

Court-bouillon [*Franz. Speisekarte*] **A** Mit aromatischem ↑**Gemüse**, ↑**Kräutern** gewürzter, manchmal mit ↑**Essig** oder↑ ↑**Wein** versetzter ↑**Sud** zum Garen von ↑**Fischen**, ↑**Krustentieren**, weißem ↑**Fleisch**, ↑**Innereien** und Gemüse

Couscous [*Intern. Länderküche*] **R** Fein, mittelfein oder grob gemahlener, vorgegarter und anschließend getrockneter ↑**Hartweizengrieß** (im Süden auch ↑**Hirse**), der in Mehl gewendet und zu winzigen Kügelchen geformt wurde, ist die Grundlage für Couscous. Ursprünglich stammt das Nationalgericht Nordafrikas aus der Berberküche. **Grundrezept: 1.** Couscous in einem Sieb über einem Eintopf im gut verschlossenem Topf mitdämpfen, oder; **2.** 500 g Couscous mit 2 EL ↑**Olivenöl** oder heißem ↑**Butterschmalz** verrühren, mit $^{1}/_{2}$ l kochendem Wasser übergießen und gut bedeckt 2 Min. quellen lassen. Dann mit einem Löffel kräftig umrühren, mit ↑**Salz** und ↑**Pfeffer** würzen. Wieder mit einer halben Tasse kochendem Wasser übergießen, kurz umrühren und zugedeckt weitere 2 Min. quellen lassen. Das Ganze 2- bis 3-mal wiederholen, bis der Grieß weich ist. Ein wenig ↑**Harissa** darübergießen, gut verrühren und ein paar Min. ruhen lassen.

Cousinat [*Franz. Speisekarte*] **1.** Suppe aus ↑**Edelkastanien** mit ↑**Lauch**, ↑**Sellerie** und ↑**Zwiebeln** (Auvergne); **2.** Gemüsegericht mit ↑**Ragout** aus Bayonner ↑**Schinken** (Baskenland)

Couteau (de cuisine) [*Franz. Fachwort*] (Küchen-)Messer

Couvert [*Franz. Fachwort*] Gedeck, Besteck

Couverture [*Franz. Speisekarte*] ↑**Schokoladen**-Überzugmasse

Cox Orange [*Obst*] **T Lateinisch:** Malus domestica; **Allgemeines:** Apfelsorte mit kleiner bis mittelgroßer Frucht von kugeliger Form. Die dünne und raue Schale ist in der Grundfarbe olivgrün bis gelblichgrün und in der Deckfarbe zur Hälfte bräunlich rot, leuchtend orange oder karminrot geflammt sowie feinschuppig berostet. Die kleinen ↑**Lentizellen** sind unregelmäßig verteilt und treten teils als Roststernchen, teils als helle Pünktchen auf. **Ursprung und Geschichte:** Cox Orange wurden um 1825 von Richard Cox aus Colnbrook Lawn in Buckinghamshire, Großbritannien, aus dem Samen von Ribston Pippin gezogen und von der Baumschule Smale and Sons 1840 unter den Namen „Cox Orangenrenette" und „Cox Pomona" verbreitet. **Herkunft und Saison:** Cox Orange werden in Mitteleuropa Ende September geerntet und sind dann im ↑**Kühllager** bei +4° C bis +6° C bis Ende Dezember, im ↑**CA-Lager** bis Ende Februar lagerfähig. Der Beginn der Genussreife fällt mit dem Erntetermin zusammen. **Geschmack:** Cox Orange schmeckt sehr aromatisch, süßfruchtig und würzig mit einer feinen Säurenote; orangenartig. Er hat gelbes, knackiges, saftiges, feinzelliges und festes Fruchtfleisch. **Verwendung:** Der hervorragende Geschmack macht den Cox Orange zu einem Zugpferd auf dem Markt, da er von den Verbrauchern als delikater Tafelapfel geschätzt wird. Sein besonderes Aroma macht ihn auch zu einem begehrten Rohstoff bei ↑**Branntwein;** ↑**Apfel**

Coyolito [*Käse*] **Herkunft:** Mexiko/Süden (Küstennähe, tropisch); **Käsesorte:** ↑**Schnittkäse**, der einige Zeit in ↑**Kokosmilch** gelegt wird. **Milch:** vollfette Kuhmilch; **Geschmack:** scharf; **Info:** Während der Reifezeit von 3 Monaten wird er regelmäßig mit Salzwasser gewaschen. Aus dieser Gegend gibt es zahlreiche sehr harte, salzige ↑**Käse**, die ein Jahr oder länger reifen und mit ↑**Parmesankäse** vergleichbar sind.

Cozido [*Intern. Länderküche*] **A** Begriff aus der spanischen bzw. südamerikanischen Küchenkultur, bedeutet „gekocht". Gemeint ist aber ein ↑**Eintopf** aus verschiedenen ↑**Fleisch**- und ↑**Gemüse**sorten. Der Cozido kann sowohl aus verschiedenen Fleisch- als auch aus ↑**Fisch**sorten sein. ↑**Krabben** und ↑**Tintenfisch** können auch drin sein. ↑**Brasilianische Küche**

Cozza, cozze [*Ital. Speisekarte*] ↑**Miesmuschel**(n)

Crab [*U.S. Kitchen*] Das englische Wort steht für den ↑**Taschenkrebs**, der in den USA gekocht oder gedünstet wird und sich für kalte und warme Gerichte eignet.

Crab meat [*U.S. Kitchen*] Aus dem Fleisch von gekochten, geschälten Steinkrabben und Kurzschwanzkrebsen. Oft wird ↑**Surimi** irrtümlich als Crab meat angeboten.

Crabe [*Franz. Speisekarte*] ↑Meeres**krebs**

Crabe géant [*Franz. Speisekarte*] **T** ↑**Königskrabbe**, „King Crab", großer, wohlschmeckender Meereskrebs

Craca [*Span. Speisekarte*] ↑**Krebs**

Cramique [*Franz. Speisekarte*] **T** ↑Hefebrot mit ↑**Korinthen**, wird mit lauwarmer ↑**Butter** gegessen, Spezialität aus Nordfrankreich/Belgien

Cranberry [*Wildkräuter, -blüten & -früchte*] Engl. ↑**Preiselbeeren**

Cranberry sauce [*Unsere Küche*] **R** Kalte Sauce zu ↑**Wild** und gebratenem ↑**Truthahn**. Man schmeckt die gedünsteten, passierten ↑**Preiselbeeren** (Cranberries) mit ↑**Senfpulver**, ↑**Curcuma**, ↑**Orangensaft**, ↑**Zitronensaft**, ↑**Sherry**, ↑**Cognac** und einer Spur ↑**Ingwer**pulver ab.

Crapaudine [*Franz. Speisekarte*] ↑**Geflügel**schenkel ohne Knochen

Craquelot [*Franz. Speisekarte*] Leicht geräucherter ↑**Hering**

Crash-Diät [*Gesundheit*] **T** Crash-Diäten sind stark energiereduzierte, einseitige Reduktionsdiäten, die das Ziel einer schnellen Gewichtsabnahme verfolgen. Da die Lebensmittelauswahl extrem einseitig ist, sollten Crash-Diäten nicht lang eingehalten werden, denn sie bewirken, dass der Körper auf „Sparflamme" schaltet, was zum bekannten ↑**Jo-Jo-Effekt** führt. Diese Diät führt zwar momentan zum Abbau der Fettreserven, wobei aber gleichzeitig der Grad des Fettverbrauchs sinkt. Die Folge ist, dass der Organismus weniger ↑**Fett** in Energie umwandelt. Kehrt man nach einer Crash-Diät zu seinen früheren Essgewohnheiten zurück, dann steigt die Wahrscheinlichkeit, dass sich mehr Fett in den Zellen ablagert und man wieder schnell an Gewicht zunimmt, meistens sogar mehr als gehabt. ↑**Diät zur Gewichtsreduktion** oder ↑**Fasten**

Cratloe [*Käse*] **Herkunft:** Irland; **Käsesorte:** ↑**Schnittkäse** aus ↑**Schafsmilch**; ↑**Irischer Käse**

Crayfish [*U.S. Kitchen*] ↑**Languste**

Cream [*U.S. Kitchen*] Kaffeesahne, als Verb: cremig rühren

Cream cheese [*Käse*] Frischkäse, in den USA auch Basis für Cheesecake, ↑**Käsekuchen**. Quark ist dort weitgehend unbekannt. ↑**Cottage Cheese**

Cream of Coconut [*Hausbar*] ↑**Kokosnusscrème**

Cream of tartar [*U.S. Kitchen*] Weinsteinsäure: wird vor allem verwendet,um ↑**Eiklar** sehr steif zu schlagen

Cream sherry [*Weinkunde*] Sherry, der industriell gefertigt und künstlich gesüßt wurde

Creamy [*U.S. Kitchen*] Cremig

Crécy Historischer Speisename [*Speisegarnitur*] **A** 1. Name einer besonders feinen Art von ↑**Karotten**, die in Crécy-sur-Seine angebaut werden; 2. Speisen mit dem Zusatz „Crécy" werden mit feinem Karottenpüree angerichtet.

Crema [*Kaffee*] **1.** Der feine Kaffeeschaum auf einem ↑**Espresso**. Für seine Entstehung spielen drei Faktoren eine wichtige Rolle: **a.** Hoher Wasserdruck in der Espressomaschine; **b.** Der sehr feine Mahlgrad der Bohnen; **c.** Der richtige Anteil an ↑**Robusta-Kaffee** in der Mischung. **Achtung!** Je höher der Robusta-Anteil, desto minderwertiger der ↑**Kaffee**; **2.** Begriff aus der mexikanischen Küchenkultur für ↑**Saure Sahne**. Der Klecks Crema gehört auf fast jedes mexikanische Gericht.

Crema bavarese [*Ital. Speisekarte*] ↑**Bayerische Crème**

Crema cotta [*Ital. Speisekarte*] ↑**Crème** aus ↑**Milch**, ↑**Zucker** und ↑**Eiern**. ↑**Konditorcrème**

Crema de legumbres, – de ave [*Span. Speisekarte*] Gemüsecrèmesuppe

Crema di latte [*Ital. Speisekarte*] ↑**Sahne**

Crema di pomodoro [*Ital. Speisekarte*] Tomatensuppe

Crema inglese [*Ital. Speisekarte*] Englische Crème (Echte ↑**Vanillesoße**)

Crémant [*Weinkunde*] Bezeichnung für französische Schaumweine, die nach dem Champagnerverfahren (Méthode Champenoise) produziert worden sind, dies jedoch nicht auf dem Etikett erwähnen dürfen. Der Begriff wurde in den 80er-Jahren eingeführt, als die EU-Gesetzgebung den Ausdruck „Méthode Champenoise" ausschließlich für die Schaumweine der Appellation ↑**Champagner** reservierte. Schaumweine, die außerhalb der Champagne, aber nach gleichem Verfahren produziert worden sind, dürfen dies auf dem Etikett nur mit einer der folgenden Aufschriften kennzeichnen: „Méthode Traditionelle", „Fermentation en Bouteille selon la Méthode Champenoise", „Méthode Classique" und „Méthode Traditionelle Classique". **Beispiele sind:** Crémant d'Alsace (Elsass), Crémant de Bordeaux, Crémant de Bourgogne (Burgund), Crémant de Limoux, Crémant du Jura und Crémant de Loire. Auch die im Champagnerverfahren hergestellten Schaumweine aus Luxemburg werden als Crémant bezeichnet.

Crème [*Franz. Speisekarte*] **A** **1.** ↑**Sahne** (Rahm); **2.** verschiedene ↑**Käsearten**; **3.** gebundene Suppen (Cremesuppen); **4.** gebundene, mit Sahne vollendete, pikante ↑**Sauce** (Tomatencreme, Paprikacreme); **5.** pikante oder süße Zubereitung aus ↑**Eiern** und ↑**Milch**, bis ↑**zur Rose abgerührt**; **6.** süße Zubereitung aus ↑**Eiern** und ↑**Milch**, mit ↑**Stärke** gebunden. ↑**Konditorcreme** & ↑**Würztabelle**

Crème (au) caramel [*Franz. Speisekarte*] Gestürzte ↑**Karamellcreme**, ↑**Karamellpudding**

Crème ↑Agnès Sorel [*Franz. Speisekarte*] **A** ↑**Geflügel**cremesuppe mit Champignonpüree, als Einlage ↑**Champignons**, ↑**Zunge** und ↑**Hühnerbrust** in Streifen

Crème à la reine [*Franz. Speisekarte*] Cremesuppe aus ↑Hühner**bouillon**

Crème acidulée [*Franz. Speisekarte*] Saure Sahne

Crème anglaise [*Franz. Speisekarte*] **A** „Englische Creme", dickflüssige ↑**Vanillesauce** aus ↑**Puderzu-**

cker, ↑**Eigelb**, ↑**Milch** oder ↑**Sahne** und ↑**Vanille**. ↑**zur Rose abziehen**

Crème au beurre [*Franz. Speisekarte*] **A** ↑**Buttercreme** mit ↑Eiern und ↑**Puderzucker**, nach Belieben aromatisiert

Crème bavaroise [*Franz. Speisekarte*] ↑**Bayerische** Creme

Crème brûlée [*Franz. Speisekarte*] **A** Gebrannte ↑**Creme**, gestockte und karamellisierte Sahne-Eier-Creme ↑**Karamellcrème**

Crème caramel [*Franz. Speisekarte*] ↑**Flan**

Crème Choisy, de laitue [*Franz. Speisekarte*] **A** Cremesuppe mit gedünsteten ↑**Kopfsalatstreifen** und gerösteten Brotwürfeln (↑**Croutons**)

Crème Clamart [*Franz. Speisekarte*] **A** Cremesuppe mit frischen grünen ↑**Erbsen** und feingeschnittenen gedünsteten Salatstreifen (↑**Julienne**)

Crème d'asperges [*Franz. Speisekarte*] ↑**Spargel**cremesuppe

Crème d'avoine [*Franz. Speisekarte*] ↑**Hafer**schleimsuppe

Crème de Bananes [*Hausbar*] Dickflüssiger, süßer, gelber ↑Fruchtaroma**likör** aus reifen ↑**Bananen** mit 25 %Vol.

Crème de Cacao [*Hausbar*] In zwei Varianten: ↑**Crème de Cacao (braun)** 25 %Vol. Dieser dunkle Kakaolikör wird aus gerösteten und geschroteten ↑**Kakao**bohnen mit ↑**Vanille** hergestellt. **Crème de Cacao (weiß)** 25 %Vol. Die weiße Variante wird mehrmals destilliert und schmeckt süßer als die braune.

Crème de Cassis [*Hausbar*] **T** Aus dem Saft schwarzer ↑**Johannisbeeren** wird der aus Dijon (Frankreich) stammende Crème de Cassis mit 16 %Vol. hergestellt. Crème de Cassis hat nicht nur einen außergewöhnlichen Geschmack, er hat auch einen hohen ↑**Vitamin** C-Gehalt. Durch seine dunkelrote Färbung eignet er sich als farbgebende Zutat in Mixgetränken aller Art. Vor allem in Frankreich ist er sehr beliebt und wird als „↑**Kir**" mit Weißwein oder als „↑**Kir Royal**" mit ↑**Champagner** vermischt, aber auch auf Eis, zu oder in ↑**Desserts** verwendet.

Crème de cenoura [*Span. Speisekarte*] Karottencremesuppe

Crème de céréale [*Franz. Speisekarte*] ↑**Getreide**schleimsuppe

Crème de framboises [*Hausbar*] ↑**Likör**spezialität aus↑ **Himbeeren** mit etwa 25 %Vol.

Crème de Gruyère, d'Issigny [*Franz. Speisekarte*] **1.** Doppelrahm; **2.** ↑**Schmelz**käse zum Streichen

Crème de Menthe [*Hausbar*] Grüner Pfefferminzlikör mit 30 %Vol., der „on the rocks" und in vielen ↑**Cocktails** getrunken wird

Crème de, au foie [*Franz. Speisekarte*] ↑**Gänseleber**, mit ↑**Farce** oder ↑**Speck** umhüllt

Crème diplomate [*Franz. Speisekarte*] **A** Diplomatencreme: Vanillecrème, ↑**Creme anglaise**, mit ↑Schlag**sahne**, ↑**Gelatine** und verschiedenen Zutaten wie ↑**Kandierten Früchten**, ↑**Makronen**, mit ↑**Weinbrand**, ↑**Rum** oder ↑**Maraschino** aromatisiert

Crème d'orge [*Franz. Speisekarte*] ↑**Gersten**schleimsuppe

Crème double [*Unsere Küche*] **T** Cremige, fette ↑**Sahne** (45 %), wird zum Abrunden und Verfeinern von ↑**Soßen**, Suppen und anderen Gerichten verwendet, deren natürlicher Eigengeschmack erhalten und unterstützt werden soll. Ersatzweise kann man frische ↑**Sahne** einen Tag offen stehen lassen, die dicke Schicht, die dann oben schwimmt, abschöpfen und als Crème double verwenden.

Crème entière [*Franz. Speisekarte*] ↑Schlag**sahne** mit mind. 35 % ↑**Fett**

Crème fleurette [*Franz. Speisekarte*] Leichter, flüssiger, von der ↑**Milch** abgeschöpfter ↑**Rahm**, ca. 10 bis 12 % ↑**Fett**, nur kurz haltbar

Crème fouettée, chantilly [*Franz. Speisekarte*] ↑Schlag**sahne**

Crème fraîche [*Unsere Küche*] **T** Besonders feine ↑**Saure Sahne**, die mit Bakterienkulturen angereichert wurde und einen cremig-zarten, säuerlichen Geschmack mit einem Fettgehalt zwischen 30 und 40 % aufweist. Dieser bewirkt die festere Konsistenz von Crème fraîche, Bestandteil jeder Feinschmeckerküche. Sie kann in kochende Flüssigkeiten (Suppen, ↑**Soßen**) eingerührt werden, ohne zu gerinnen. ↑**Schmand** & ↑**Crème légère**

Crème frangipane [*Franz. Speisekarte*] **A** Füllcreme, aus ↑**Mehl** oder ↑**Stärke**, ↑**Milch**, ↑Eiern, ↑**Vanille** und zerstoßenen ↑**Makronen**

Crème glacée [*Franz. Speisekarte*] ↑**Speiseeis**, ↑**Eiscreme**

Crème légère [*Milchprodukte*] **T** Deutsche, sahnig frische Creme zum Kochen, mit einem Fettgehalt von nur 15 %. Der sahnig frische Geschmack und die löffelfeste Konsistenz erinnern an ↑**Crème fraîche**, die aber einen wesentlich höheren Fettgehalt aufweist. 100 g Crème légère haben 170 kcal/711 kJ.

Crème parisienne [*Franz. Speisekarte*] ↑**Pariser Creme** aus ↑Block**schokolade**, ↑**Sahne** und ↑**Rum**

Crème pâtissière [*Franz. Speisekarte*] **A** ↑**Konditorcreme**, gestürzte Füllcreme (↑**Flammeri**) aus ↑**Puderzucker**, ↑**Eigelb**, ↑**Mehl**, ↑**Milch** und ↑**Vanille**

Crème portugaise [*Franz. Speisekarte*] Tomatencremesuppe, als Einlage ↑**Reis** und ↑**Tomaten**würfel

Crème pour le café [*Franz. Speisekarte*] Kaffeerahm mit mindestens 15 % Fett

Crème renversée [*Franz. Speisekarte*] **A** Gestürzte ↑**Creme** mit verschiedenen Zutaten wie ↑**Kaffee**, ↑**Karamell**, ↑**Mandeln**

Crèmeeis [*Unsere Küche*] Industriell hergestelltes Cremeeis enthält einen Milchanteil von mindestens 50 % und auf 1 l ↑**Milch** mindestens 270 g ↑Voll**ei** oder 90 g ↑**Eigelb**.

Crémier [*Franz. Fachwort*] Gefäß für Kaffeerahm
Cremino [*Ital. Speisekarte*] ↑**Weichkäse**
Cremoulin [*Käse*] **T Herkunft:** Frankreich/Périgord; **Käsesorte:** ↑**Weichkäse** mit gemischter Rinde, 50 % ↑**Fett i.Tr.**; **Milch:** Kuhmilch; **Geschmack:** sehr cremig; **Verwendung:** Am besten löffelt man ihn direkt aus der Schachtel. **Weinempfehlung:** roter ↑**Bordeaux**, z. B. Saint-Emilion
Créole, à la [*Speisegarnitur*] **A 1.** In gebuttertem Salzwasser körnig gekochter ↑**Reis**, dazu ↑**Tomaten**, ↑**Paprikaschoten**, ↑**Zwiebeln** als Beilage zu ↑**Fleisch**, ↑**Geflügel**, ↑**Fisch** und ↑**Krustentieren**; **2.** Dieser Reis kann auch als Dessert serviert werden, parfümiert mit ↑**Rum**, ↑**Vanille** und garniert mit exotischen Früchten
Crêpe fourrée [*Franz. Speisekarte*] Gefüllte ↑**Crêpe**
Crêpe Georgette [*Franz. Speisekarte*] **A** ↑**Crêpe** mit in ↑**Maraschino** oder ↑**Rum** eingelegten Ananaswürfeln
Crêpe normande [*Franz. Speisekarte*] **A** ↑**Crêpe** mit dünnen, in ↑**Calvados** marinierten Apfelscheiben
Crêpe Suzette [*Franz. Speisekarte*] **A** Mit ↑**Orangenlikör** (↑**Grand-Marnier**) flambierte ↑**Crêpe** in reduzierter Orangen-Zitronen-Sauce
Crêperie [*Franz. Speisekarte*] Restaurant, in dem hauptsächlich verschiedene Arten von ↑ „**Crêpe**" serviert werden
Crêpes [*Franz. Speisekarte*] **R** Hauchdünne ↑**Pfannkuchen**, die als Nachspeise oder Zwischengericht serviert werden. Im Gegensatz zum üblichen Pfannkuchenteig wird der Crêpe-Teig nicht gesüßt, außerdem wird er mit einem Teil ↑**Mineralwasser** angerührt. ↑**Pfannkuchenteig.** Für 20 Crêpes (⌀ 15 cm) benötigt man ca. 1/2 l fertige Teigmasse. Der Teig setzt sich aus 150 g ↑**Mehl**, 0,125 l ↑**Milch**, 0,125 l Mineralwasser, 2–3 ↑**Eiern**, ↑**Salz** und einem Spritzer ↑**Zitronensaft** zusammen. Den Teig nicht zu dickflüssig halten, weil das Mehl noch etwas nachquillt. Den Teig glattrühren, passieren und mindestens 2 Stunden ruhen lassen. Sehr dünne Crêpes in einer mit ↑**Butter** ausgestrichenen Pfanne goldbraun backen. Man kann sie süß oder pikant servieren. In der Bretagne isst man „Galettes", pikante Crêpes aus ↑**Buchweizenmehl**.
Crépine, toilette [*Franz. Speisekarte*] ↑**Schweinenetz**
Crépinette [*Franz. Speisekarte*] **A** Plattes Würstchen aus feinem ↑**Hackfleisch** (↑**Schwein**,↑ ↑**Kalb**, ↑**Lamm**, ↑**Geflügel**) mit gehackter ↑**Petersilie**, im ↑**Schweinenetz** gebraten
Crescentina [*Ital. Speisekarte*] Teigfladen ↑**Pastateig selber machen**
Crescenza [*Käse*] ↑**Stracchino**
Crescione [*Ital. Speisekarte*] ↑**Kresse**
Crespella, e [*Ital. Speisekarte*] Salzige ↑**Crêpe**(s)
Cresson [*Franz. Speisekarte*] ↑**Gartenkresse**
Cresson de fontaine [*Franz. Speisekarte*] ↑**Brunnenkresse**
Cresson de prés [*Franz. Speisekarte*] ↑Garten**kresse**, die jungen, leicht bitteren Blätter eignen sich ausgezeichnet als Salat.
Crêtes de coq [*Franz. Speisekarte*] ↑**Hahnenkämme**, Delikatesse als Vorspeise und in ↑**Ragouts**
Creutzfeldt-Jakob-Krankheit [*Gesundheit*] CJD ist eine seltene Erkrankung des Zentralnervensystems (ZNS) mit fortschreitender Demenz (schwammartige Veränderungen des Gehirns mit Verlust aller Fähigkeiten) und muskulären Ausfällen wie Muskelstarre und Schluckstörungen. In den vergangenen Jahren kam die Creutzfeldt-Jakob-Krankheit in Verbindung mit BSE ins Gespräch. Britische Behörden erklärten 1996, dass ein Zusammenhang zwischen BSE und der Creutzfeldt-Jakob-Krankheit nicht ausgeschlossen werden könne. Einen eindeutigen Beweis für den Zusammenhang der Creutzfeldt-Jakob-Krankheit und BSE gibt es bis heute nicht. In Großbritannien traten auf dem Höhepunkt der BSE-Welle einige Fälle der Creutzfeldt-Jakob-Krankheit bei jüngeren Patienten auf. Normalerweise sind ausschließlich ältere Menschen von der Krankheit betroffen. Man vermutete, dass die Häufung in Großbritannien mit BSE zusammenhänge und dass sich die Erkrankten durch den Verzehr von BSE-verseuchten Produkten (vor allem ↑**Innereien**) angesteckt haben könnten.
Crevette [*Franz. Speisekarte*] ↑**Garnele**, zehnfüßiger Schwimmkrebs, von dem es 162 Arten gibt
Crevetten [*Fisch*] In Anlehnung an frz. „Crevette" eingedeutschter Sammelname für ↑**Garnelen**
Crianza [*Weinkunde*] Spanisches Begriff für „erziehen" oder „pflegen": bezieht sich auf eine gesetzlich festgelegten Periode von Holzfass- und Flaschenreife, die der Wein durchgemacht haben muss. Ein Crianzawein muss mindestens zwei Jahre gereift sein, davon 6 Monate im Fass, bevor er unter diesem Namen in den Verkehr gebracht werden darf. Sin Crianza heißt wörtlich „ohne Erziehung" und deutet auf Weine, die im Jahr nach der Ernte, mit oder ohne Holzfassreife, freigegeben werden.
Crimson Sweet [*Obst*] **T Lateinisch:** Citrullus lanatus; **Info:** Rundliche bis längliche Wassermelonensorte mit hellgrüner Schale und dunkelgrünen, länglichen Streifen. Das Fruchtfleisch ist sehr saftig, fest und enthält bei kernlosen Typen wie Laurel nur noch ganz wenige Kerne. **Herkunft und Saison:** Crimson Sweet werden von Ende Mai bis September in konstanten Mengen angeboten. Die für die europäischen Märkte wichtigsten Anbaugebiete sind Spanien, Italien, Griechenland und Ungarn, außerhalb der Hauptsaison auch Israel. In den Wintermonaten gibt es Importe vorwiegend aus mittelamerikanischen Anbaugebieten, meist aus Costa Rica. ↑**Wassermelone**
Crique [*Franz. Speisekarte*] Knuspriger ↑**Kartoffelpuffer**
Crispbread [*U.S. Kitchen*] ↑**Knäckebrot**
Crispies [*U.S. Kitchen*] Knusprige Getreideflocken

Crispsalat [*Gemüse*] **T** Eissalat mit gekräuselten Unterblättern, im Geschmack und den Verwendungsmöglichkeiten besteht kein Unterschied. ↑**Blattsalate**

Croccante [*Ital. Speisekarte*] ↑**Krokant**dessert

Crochetta [*Ital. Speisekarte*] ↑**Krokette**

Crockpot [*U.S. Kitchen*] Auch „Slow Cooker", elektrisches Kochgerät, in dem bei sehr niedrigen Temperaturen stundenlang gegart werden kann. ↑**Jüdische Küche**

Croghan [*Käse*] **Herkunft:** Irland; **Käsesorte:** ↑**Schnittkäse** aus ↑**Ziegenmilch;** ↑**Irischer Käse**

Croissants [*Franz. Speisekarte*] Franz. Frühstücksgebäck, ↑**Blätterteig**- oder ↑**Hefeteig**hörnchen

Cromesquis [*Franz. Speisekarte*] **A** ↑**Kroketten** aus ↑**Fleisch,** ↑**Fisch,** ↑**Gemüse** in ↑**Backteig,** frittiert und warm serviert; gezuckert auch als ↑**Dessert**

Croquant [*Franz. Speisekarte*] ↑**Krokant,** Zuckermasse mit ↑**Mandeln**

Croque au sel, à la [*Franz. Speisekarte*] **A** Rohkostplatte mit ↑**Trüffel,** das ↑**Gemüse** wird nur mit ↑**Salz** gewürzt

Croque-madame [*Franz. Speisekarte*] ↑**Croque-monsieur** mit ↑**Spiegelei**

Croque-monsieur [*Franz. Speisekarte*] **A** Auch „knusprige Herrenschnitte", eine französische Spezialität, die sich als Vorspeise und Hauptgericht eignet. Zwei zusammengeklappte und angedrückte, von beiden Seiten in ↑**Butter** knusprig angebratene Weißbrotscheiben, innen belegt mit ↑**Käse** und ↑**Schinken.** Mit Salatgarnitur servieren.

Croquetas- de ave [*Span. Speisekarte*] Geflügel-↑**Kroketten**

Croquettes [*Franz. Speisekarte*] **A** Vorspeisen aus einer Masse (↑**Gemüse,** ↑**Schinken** und „Sauce-↑**Suprème**"), die mit ↑**Eigelb** gebunden wird. Man streicht sie auf ein Blech, lässt sie abkühlen und schneidet sie in Stücke. Diese werden dann paniert und in der Fritteuse ausgebacken. So lassen sich verschiedene ↑**Kroketten** aus ↑**Hummer,** ↑**Fisch,** ↑**Geflügel,** ↑**Kartoffel,** ↑**Grieß** herstellen.

Cross-over cooking [*Unsere Küche*] Revolutionärer, neuzeitlicher Küchenbegriff, der den Wandel festgelegter und traditioneller Küchenstrukturen symbolisiert. Hierbei werden alte Rezepte mit neuen Küchenpraktiken, Gewürzen und Zutaten aufgepeppt (↑**Molekulargastronomie**). Oder man verbindet Traditionsgerichte mit Zutaten verschiedener Küchen. **Beispiele:** ↑Natur**schnitzel** vom ↑**Kalb** mit ↑**Wok**gemüse und Petersilienkartoffeln oder ↑Donau**wels** aus dem Wurzelsud auf ↑**Zitronengras,** ↑**Riesling**schaum an italienischem Gemüse und kanadischer Wildreistimbale usw.

Crosta [*Ital. Speisekarte*] Kruste; Teigmantel

Crostacei [*Ital. Speisekarte*] ↑**Schalentiere**

Crostata [*Ital. Speisekarte*] ↑**Mürbeteig**kuchen

Crostone [*Ital. Speisekarte*] Geröstete Brotscheibe

Crottin de Chavignol Geschützte Herkunftsbezeichnung [*Käse*] **T Herkunft:** Frankreich/Centre; **Käsesorte: Weichkäse,** 45 % ↑**Fett i. Tr.; Milch:** ↑**Ziegenmilch; Teig:** fest, kompakt, bröcklig; **Geschmack:** dezentes, aber charakteristisches Ziegenaroma, nussig, leicht säuerlich; **Info:** Der junge Teig ist fest und kompakt, seine Rinde weiß. Mit zunehmender Reife wird der Teig bröckelig, und der ↑**Edelschimmel** auf der Rinde verfärbt sich bläulich. Diese Färbung ist kein Zeichen für Ungenießbarkeit – im Gegenteil. **Beste Zeit:** März bis November; **Weinempfehlung:** Sancerre, Pouilly-Fumé und andere ↑**Sauvignon** Blancs; **Verwendung:** gebacken auf ↑**Blattsalaten** oder in Weißwein eingelegt

Croustades [*Franz. Speisekarte*] Kleine ↑**Pasteten** bzw. Törtchen aus ↑**Blätter**-, ↑**Mürbe**-, ↑**Brotteig,** ↑**Grieß,** ↑**Reis** oder ↑**Kartoffel**masse, meist zylindrisch geformt, die ↑**Blind abgebacken** werden. Je nachdem, womit man diese knusprigen Gebilde füllt, werden Croustades als Vor- oder Nachspeise gereicht.

Croustillant [*Franz. Speisekarte*] Knusprig; kross

Croûte [*Franz. Speisekarte*] Kruste, Rinde, in ↑**Öl** geröstetes ausgehöhltes ↑**Weißbrot**

Croûte au fromage [*Franz. Speisekarte*] Überbackene Käseschnitte

Croûte au pot [*Franz. Speisekarte*] **A** Kräftige ↑**Brühe** bildet den Grundstock dieser französischen Suppe, die mit verschiedenem ↑**Gemüse** angereichert ist. Brotstücke, die mit Suppenfett angefeuchtet im Ofen gebacken wurden, reicht man dazu oder lässt sie gleich mit in der Suppe schwimmen.

Croûte dorée [*Franz. Speisekarte*] **A** ↑ **„Armer Ritter",** in geschlagenes ↑**Ei** getauchte, goldgelb geröstete Brotscheiben

Croûtons [*Franz. Speisekarte*] **T** Weißbrotwürfel oder entrindete ↑**Weißbrot**scheibe, in verschiedene Formen geschnitten und in ↑**Butter** geröstet als Suppeneinlage, zu Salaten oder größere als Unterlage (Sockel) für besonders kostbare kleine Fleischstücke. Croûtons werden auch mit ↑**Farcen** oder ↑**Käse** überbacken und zum ↑**Aperitif** gereicht. In zierliche Würfel geschnittene Weißbrotscheiben werden in Butter gebacken, zum Garnieren von ↑**Gemüse,** Fleisch, Salaten. **Tipp:** ↑**Kartoffelknödel** werden schön locker, wenn man 2–3 Croûtons in ihre Mitte steckt.

Crowdie [*Käse*] ↑**Frischkäse** (↑**Hüttenkäse**), in den USA „Cottage Cheese". In Schottland heißt er „Crowdie".

Cru [*Franz. Fachwort*] **1.** Französisch für „Gewächs". Der Begriff bezieht sich auf einen Weinberg, der Weine hervorragender Qualität hervorbringt. In der langen Geschichte des französischen Weinbaus hat sich herausgestellt, dass bestimmte Weinberge oder Lagen, zum Teil unabhängig von Jahrgangsunterschieden, qualitativ hochwertigere Weine hervorbringen als andere. Das französische Gesetz versucht diese Leistungsunterschiede in geografischen Hierarchien (Appellation d'Origine Contrôlée oder kontrollierte Herkunftsbezeichnung genannt) festzulegen. Dabei ist die Bezeichnung Cru eine der höchsten Qualitätsstufen. Innerhalb eines Weinbaugebietes ist noch eine weitere, detailliertere Aufteilung möglich, bei dem es z. B. im Burgund Crus, Premiers Crus und Grands Crus gibt. In Bordeaux sind nicht nur die Weinberge als Crus klassifiziert, sondern auch die individuelle Leistung der einzelnen Weingüter wird hier einbezogen. **2.** roh

Cru Classés (Rotwein) [*Weinkunde*] Cru Classés (Rotwein). Château Château Bouscaut, Château Carbonnieux, Château de Chevalier, Château de Fieuzal, Château Haut-Bailly, Château La-Mission-Haut-Brion, Château La-Tour-Haut-Brion, Château La-Tour-Martillac, Château Olivier, Château Pape-Clement, Château Smith-Haut-Lafite

Cru Classés (Weißwein) [*Weinkunde*] Cru Classés (Weißwein). Château Bouscaut, Château Carbonnieux, Domaine de Chevalier, Château Couhins (Villenave-d'Ornon), Château La-Tour-Martillac, Château Laville-Haut-Brion, Château Malartic-Lagravière, Château Olivier (Léognan)

Cruchade [*Franz. Speisekarte*] ↑**Maisbrei**, Art ↑**Polenta**, pikant oder süß, Spezialität aus Südwestfrankreich

Cruche [*Franz. Speisekarte*] Krug

Crudités [*Franz. Speisekarte*] ↑**Rohkost**platte aus rohem, frischem oder kurz blanchiertem ↑**Gemüse**, auch ↑**Früchten**

Crumble [*U.S. Kitchen*] Gebäck mit Streuseln

Crumbly [*U.S. Kitchen*] Krümelig

Crumpets [*Intern. Länderküche*] **R** Schottisches bzw. englisches Hefegebäck, das zur ↑**Tea-Time** gereicht wird. Ein zähflüssiger ↑**Hefeteig** wird in kleine, nicht zu hohe Ringformen gefüllt und mit ↑**Butter** in einer Pfanne gebacken. Nach dem Auskühlen werden die Hefebrötchen aufgeschnitten und mit Butter und ↑**Konfitüre** gefüllt.

Crus Bourgeois [*Weinkunde*] Franz. Châteaux-Einteilung: Mitte des 18. Jahrhunderts wurden etwa 300 Châteaux im Médoc nicht berücksichtigt. Diese bilden heute die Crus Bourgeois mit meist hochwertigeren Qualitäten als die anderen Châteaux.

Crusca [*Ital. Speisekarte*] ↑**Kleie**

Crushed ice [*Hausbar*] Gestoßenes Eis: Normalerweise wird das Eis in einer Eismühle zerstoßen. Man kann es aber auch in einem sauberen Küchentuch mehrmals auf die Arbeitsplatte schlagen und erreicht den gleichen Effekt.

Crust [*U.S. Kitchen*] Kruste

Crusta [*Hausbar*] **R** Oder Crustarand nennt man den Zuckerrand am Glas. Entsprechend werden oft auch Drinks, die eine solche ↑**Garnitur** aufweisen, als „Crusta" bezeichnet. Am besten den Glasrand mit Saft (↑**Zitrone**/↑**Orange**) anfeuchten und im ↑**Zucker** drehen.

Crustacés [*Franz. Speisekarte*] ↑**Krebs**-, ↑**Krusten**- und ↑**Schalentiere** aus dem Meer

Csuka [*Ungarische Küche*] Begriff aus der ungarischen Küchenkultur für ↑**Hecht**

Cuba Libre [*Hausbar*] **R Spanisch:** Freies Kuba; ist ein alkoholhaltiger ↑**Cocktail** bzw. ↑**Longdrink** auf Rum-Basis, der um 1900 in Havanna (Kuba) erfunden wurde. Der Name kommt daher, dass nach Ende des Spanisch-Amerikanischen Krieges US-amerikanische Soldaten mit der Kombination aus ↑**Cola**, ↑**Rum** und ↑**Limetten**saft auf die Befreiung Kubas anstießen. Der Cuba Libre wird oft mit dem einfachen Longdrink Rum-Cola verwechselt. Der Drink gewann in den USA und im amerikanisch besetzten Europa nach Ende des Zweiten Weltkrieges an Popularität, als der Gassenhauer „Rum and Coca-Cola" der Andrews Sisters im Radio gespielt wurde.

Cubat, Historischer Speisename [*Berühmte Köche*] **A** Pierre Cubat, Begründer des berühmten Petersburger Restaurants „Cubat", Küchenchef von Zar Alexander II. von Russland (1818–1881)

Cube [*Franz. Speisekarte*] Würfel, Eiswürfel

Cube de glace [*Franz. Speisekarte*] Eiswürfel

Cubito de hielo [*Span. Speisekarte*] Eiswürfel

Cubo del ghiaccio [*Ital. Speisekarte*] Eiswürfel

Cucumber [*U.S. Kitchen*] ↑**Gurke**

Cucumin [*Fachkunde*] ↑**E 100**

Cuillère (cuiller en bois) [*Franz. Fachwort*] Löffel (Holzlöffel)

Cuire à vapeur [*Franz. Speisekarte*] **T** ↑**Dämpfen**, schonendes Garen mit heißem Dampf

Cuire au four [*Franz. Speisekarte*] **T** Im Ofen bei trockener Hitze ohne Flüssigkeits- oder Fettzugabe backen. Diese Garmethode eignet sich für ↑**Kartoffeln**, Teiggerichte und viele Süßspeisen, Gebäck, ↑**Torten** und ↑**Kuchen**. ↑**Backen**

Cuisine [*Franz. Speisekarte*] Küche

Cuisine bourgeoise [*Franz. Speisekarte*] Bürgerliche Küche

Cuisine du marché [*Franz. Speisekarte*] Küche mit marktfrischen Lebensmitteln

Cuisine minceur [*Franz. Speisekarte*] Schlankheitskost

Cuisine rapide [*Franz. Speisekarte*] Schnellimbiss, Schnellgaststätte

Cuisinier [*Franz. Speisekarte*] Koch

Cuisinière [*Franz. Speisekarte*] Köchin, der Kochherd

Cuisse de grenouille [*Franz. Speisekarte*] ↑**Froschschenkel**

Cuisseau [*Franz. Speisekarte*] ↑Kalbs**keule**, Schlegel ↑**Kalbfleisch**

Cuisson [*Franz. Fachwort*] Das Kochen, Braten, Sieden, Backen

Cuissot [*Franz. Speisekarte*] Keule/Schlegel bei großem ↑**Haarwild**

Cuit [*Franz. Fachwort*] Gar, gekocht, gebraten

Cuitlacoche [*Mexicofood*] Auf Deutsch „Götterkacke":

Bei den Mexikanern gilt der Maispilz seit Jahrhunderten als Delikatesse, der nur zu wichtigen Anlässen oder für hohen Besuch auf den Tisch kommt. Der Maispilz gedeiht an ↑**Maiskolben**. Die meisten Bauern außerhalb Mexikos vernichten ihn einfach. Erst langsam wird er auch über die Landesgrenzen hinaus bekannt.

Cul [*Franz. Speisekarte*] Hinterteil

Culatello [*Ital. Speisekarte*] ↑Kern**schinken**

Culatta [*Ital. Speisekarte*] ↑**Hüfte**; ↑**Tafelspitz**

Culinaire [*Franz. Fachwort*] Kulinarisch, die Küche betreffend

Culingionis, culurjones [*Ital. Speisekarte*] **R** Sardische Teigtaschen aus Hartweizengrieß und Eiern (wie „↑**Agnolotti**"). Für die Füllung z. B. ↑**Spinat** und ↑**Pecorino**, gewürzt mit ↑**Safran** und ↑**Muskat** oder mit ↑**Kartoffeln**, ↑**Schafskäse** und ↑**Minze**. Serviert werden sie mit ↑**Tomatensauce**. Die ↑**Nudeln** sind ca. 4 cm lang und können auch halbmondförmig sein.

Culotte [*Franz. Speisekarte*] Schwanzstück von Schlachttieren. **Rind:** Hüfte, Unterschale; **Kalb:** die beiden Keulen; **Lamm:** die beiden Keulen an einem Stück

Cumberland Historischer Speisename [*Speisegarnitur*] **R** 1. Ernst August, Herzog von Cumberland (1845–1923). Der 1866 entthronte König Ernst von Hannover zog sich nach Wien-Penzing ins Privatleben zurück und nahm den Namen Cumberland an, seines englischen Familiengeschlechts. 2. ↑**Sauce Cumberland:** Kalte Sauce aus ↑**Johannisbeer**gelee, ↑**Senfpulver**, ↑**Ingwer**, scharfem ↑**Senf**, ↑Rotwein oder ↑**Portwein** (stark reduziert), ↑**Cayennepfeffer**, feiner ↑**Julienne** von unbehandelter ↑**Zitronen**- und ↑**Orangen**schale, Zitronen-Orangensaft (zum Sirup reduziert). Man reicht diese Sauce zu kalten und warmen ↑**Wild**gerichten, kalter ↑**Ente** und gebratenem ↑Rinder**filet**.

Cumin [*Gewürze & Kräuter*] ↑**Kreuzkümmel**

Cuore [*Ital. Speisekarte*] ↑**Herz**

Cuori di palma [*Ital. Speisekarte*] ↑**Palmenherzen**

Cup [*U.S. Kitchen*] **A** 1. Tasse; 2. Die Tasse ist das US-Universalmaß für alle Zutaten, ob flüssig oder fest. 3. Cups sind ähnliche Getränke wie Bowlen, allerdings werden den Cups Eiswürfel zugegeben, die Bowle hingegen nur von außen gekühlt. Ein Cup wird direkt im Bowlenglas angerührt.

Cupra [*Orientalische Küche*] Begriff aus der türkischen Küchenkultur für eine gegrillte ↑**Dorade.** ↑**Türkische Küche**

Curaçao [*Hausbar*] **T** ↑Fruchtaroma**likör** aus den Schalen unreifer ↑**Pomeranzen**. Curaçao hat einen Mindestalkoholgehalt von 30 %Vol., Sorten mit der Bezeichnung sec (französisch für „trocken") oder triple sec („dreifach trocken") haben 35 %Vol. und mehr. Curaçao wird in unterschiedlichen Farben angeboten und ist auch deshalb eine beliebte Zutat für ↑**Cocktails**. Der bekannteste ist Curaçao blue oder Blue Curaçao. Dann gibt es noch Curaçao Red Orange (orange), rote und grüne Varianten. Curaçao Triple Sec ist ungefärbt.

Curaçao Orange [*Hausbar*] ↑**Curaçao**

Curaçao Triple Sec [*Hausbar*] ↑**Triple Sec**

Curatella de vico [*Franz. Speisekarte*] ↑Schaf**innereien** am Spieß, Spezialität aus Korsika

Curcuma [*Gewürze & Kräuter*] ↑**Kurkuma oder E 100**

Currants, Black/Red [*U.S. Kitchen*] ↑**Johannisbeeren**, Schwarze/Rote

Curry, Currypulver [*Gewürze & Kräuter*] **A Englisch:** Currypowder; **Französisch:** Poudre de currie. Das englische Wort Curry hat den Ursprung in der indischen Hochsprache, wo „Kari" Soße bedeutet. Currys sind Soßengerichte, deren Hauptzutat ↑**Fleisch**, ↑**Fisch** oder ↑**Gemüse** ist. Die indischen „Karis" sind vielfältig gewürzt. Die Gewürze werden zerkleinert und in einer ausgewogenen Zusammensetzung gemischt. Diese Mischung, im Indischen „Masala" genannt, haben die Engländer in der Kolonialzeit schätzen gelernt. Sie entwickelten in ihrem Heimatland das Currypulver, das jedoch nur noch entfernt an die echte indische Currymischung erinnert. Zum einen ist das übliche Currypulver viel weniger scharf, zum anderen enthält es viel weniger Einzelgewürze. Wenn man das im Handel erhältliche Currypulver kauft, sollte man nicht auf den Preis schauen. Billige Gewürze enthalten einen hohen Anteil an Erbsenmehl und ↑**Bocksklee** und haben wenig Geschmack. Am besten sind die im Fachhandel angebotenen echt indischen Currypulver aus dem Herkunftsland. **Aussehen:** Pulverförmige Mischung, je nach Zusammensetzung zwischen orangerot und olivgelb. **Im Handel erhältlich:** Currysorten verschiedener Firmen, die in Aroma, Farbe und Schärfe sehr unterschiedlich sind. Sorten mit dem Zusatz „Madras" sind in der Regel schärfer als „indisches" oder „englisches" Curry. Currypulver gibt es in jedem Lebensmittelgeschäft. **Welche Zutaten sind im Currypulver?** Unter den Gewürzen nimmt Curry eine Sonderstellung ein. Es ist eine indische Erfindung, ein Ergebnis jahrtausendealter Erfahrungen im Umgang mit den Schätzen der Natur, eine kunstvolle Komposition, die alle Düfte des exotischen Gewürzgartens in sich vereint. Curry ist die Grundlage der indischen Küche. Es würzt Speisen, macht aber nicht durstig; wichtig in einem Tropenland. Für die richtige Currymischung gibt es kein Standardrezept mit genauen Mengenangaben, alles hängt von Geschmack und Eingebung ab. Die Gewürzmischung besteht aus 12 bis 36 verschiedenen Gewürzen in unterschiedlicher Zusammenstellung. **Die wichtigsten Currygewürze sind**: bittere ↑**Bockshorn**kleesamen, ↑**Cayennepfeffer**, ↑**Curcuma**, ↑**Ingwer**, ↑**Kardamom**, ↑**Koriander**, ↑**Kreuzkümmel**, ↑**Kümmel**, ↑**Muskatblüte**, ↑**Muskatnuss**, ↑**Nelken**, schwarzer ↑**Pfeffer**, ↑**Piment**, ↑**Salz**, ↑**Senfsamen**,

↑**Sternanis**, ↑**süße Mandeln**, ↑**Zimt**, ↑**Zucker** und ↑**Curryblätter**, die dem Madras-Curry sein spezielles Aroma geben. Moderne Inderinnen kaufen auf dem Markt eine fertige Grundmischung, die so genannte ↑**Garam masala**, die sie aber durch andere Gewürze im genau abgestimmten Verhältnis ergänzen. **Wirkung in der Volksmedizin:** Curry fördert die Gallebildung in der Leber und ist appetitanregend. **Mit Curry würzt man.** ↑**Würztabelle**

Curry Pasten [*Gewürze & Kräuter*] **T** Werden in Asien selbst hergestellt aus: gemahlenem ↑**Koriander**, ↑**Kümmel**, schwarzem ↑**Pfeffer**, ↑**Cayennepfeffer**, ↑**Muskatnuss**, ↑**Sardellenpaste** und ↑**Reisessig.** Empfehlenswert sind aber auch die Curry-Pasten, die man in Asia-Shops bereits fertig kaufen kann. Sie erleichtern die Zubereitung asiatischer Gerichte erheblich. **Folgende Curry-Pasten sind die gängigsten:** Rote Curry Paste (Gäng Ped Bäng) - Grüne Curry Paste (Gäng Kiau Wan) - Pänang Curry Paste (Gäng Pänang) - Massaman Curry Paste (↑**Gäng Massaman**) - Geröstete Curry Paste (Noam Prik Pao)

Curry Shop [*Intern. Länderküche*] Japanisches Restaurant, in dem verschiedene ↑**Curry**-Gerichte angeboten werden

Curryblätter [*Gewürze & Kräuter*] **Lateinisch:** Murraya koenigii. Der Currybaum ist in Indien heimisch, zählt zu den Rautengewächsen und ist mit den Zitrusbäumen verwandt. Man findet ihn heute wild oder verwildert auf dem ganzen Subkontinent mit Ausnahme der hohen Lagen des Himalaya. Im Osten erstreckt sich sein Verbreitungsgebiet bis nach Burma. Das auch bei uns bekannte ↑**Currykraut** hat mit den indischen Curryblättern nichts zu tun. Frische Curry-Blätter erinnern vom Geruch her leicht an das Aroma von Mandarinen. Sie sind für den authentischen Geschmack der Küchen in Südindien und Sri Lanka unentbehrlich, sind aber auch in Nordindien von Bedeutung. Curryblätter werden den Gerichten frisch, trocken, geröstet oder in Butterfett gebraten vor dem Servieren zugegeben. Da die südindische Küche in großen Teilen vegetarisch ist, findet man sie dort fast nur in Gemüsegerichten, allen voran in dünnen Linsen- oder Gemüsecurrys (**sambaar**) und in Füllungen von knusprigen Teigtaschen (**samosa**), aber auch zum Würzen von ↑**Hühner**- und ↑**Rindfleisch**currys sowie für kurzgebratenes ↑**Gemüse**.

Currykraut [*Wildkräuter, -blüten & -früchte*] **T Lateinisch:** Helicrysum angustifolium; **Synonym:** Italienisches Sonnengold, Italienische Strohblume; **Info:** Die Pflanze ist mit ihren silbergrauen Blättern ein hübscher Blattschmuck im Balkonkasten und im Staudenbeet. **Standort:** Die winterharte Pflanze liebt es sonnig, warm und fühlt sich nur in durchlässigen Böden wohl. **Geschmack:** Das Aroma der Blätter ist dem der Curry-Gewürzmischung sehr ähnlich. **Verwendung in der Küche:** Ergibt einen raffinierten Currygeschmack ohne Gelbfärbung. Die Blätter sollten vor dem Servieren entfernt werden, da der direkte Genuss den Magen reizen kann.

Currysauce [*Unsere Küche*] ↑**Würztabelle**

Currywurst [*Unsere Küche*] **R** Handliche, nicht allzu großformatige ↑**Koch**- oder ↑**Brühwurst** im Naturdarm, die aus feinem roten oder weißen ↑**Brät** besteht, das allzu oft mit Nitrit-Pökelsalz gewürzt wird. Da die Currywurst eine ↑**Bratwurst** ist, dürfte dies nicht sein. ↑**Nitrosamine**. Die auf einem Rost (gegrillt, geröstet) oder in der Pfanne gebratene Wurst gehört kulinarisch zu ↑**Fast Food** oder ↑**Junk Food**. Es herrscht Streit darüber, welches die echte Currywurst ist. In Nord- und Mitteldeutschland wird die Currywurst vor dem Servieren in 1-2 cm große Stücke geschnitten, in Süddeutschland meist ungeschnitten serviert. Wichtig ist jedoch allein die Sauce. Das Spektrum reicht von Curryketschup bis zu Tomatenketschup, eiskalt oder heiß mit Currypulver verrührt. ↑**Würztabelle.** Die fertige, noch warme Soße kommt über das geschnittene oder ungeschnittene, auf jeden Fall aber mit dem Messer eingekerbte Würstchen. Darüber wird als Dekor Currypulver gestreut. Als besonders gut gilt die im Ruhrgebiet, in Berlin und die rund um Frankfurt zubereitete Currywurst. Dazu gehören traditionell ↑**Pommes frites** oder ein Brötchen.

Curuba [*Exotische Früchte*] **T Lateinisch:** Passiflora mollissima; **Ursprung:** Ihre Heimat sind die kolumbianischen Anden, wo sie an immergrünen Kletterpflanzen wächst. Botanisch gesehen gehört die Curuba zur Familie der Passionsfrüchte wie die Maracuja. Die reifen gelben Früchte duften. **Herkunft:** In Höhenlagen (1200-2600 m) von Kolumbien, Peru, Venezuela, Neuseeland. **Form und Farbe:** Länglich, oval, ca. 10 cm lang, an ungekrümmte Bananen erinnernd. Grün-gelb bis gelb. Ihre Schale ist fast so dick und fest wie die der Banane. Das geleeartige Fruchtfleisch wird von einem weißen Häutchen umgeben und duftet sehr angenehm. **Reife:** Voll gelb; **Geschmack:** Vollfruchtig, säuerlich-aromatisch, leicht apfelähnlich; **Inhaltsstoffe:** Viel Vitamin C und B_{12}, Calcium und Eisen; **Verwendung:** Zum Frischverzehr die Frucht längs aufschneiden, schälen oder das Fruchtfleisch auslöffeln. Als Zutat in Obstsalat, Sorbet, Eis und für Milchshakes geeignet. **Haltbarkeit:** In einer Frischhaltedose lässt sich die Curuba im Kühlschrank bis zu 14 Tage aufbewahren.

Cussy [*Ital. Speisekarte*] **R** ↑**Makkaroni** mit ↑**Butter** und geriebenem ↑**Parmesan** gebunden, vermischt mit ↑**Trüffel**würfeln und ↑**Hahnenkämmen**

Custard [*Engl. Speisekarte*] Vanillesoße, süßer ↑**Eierstich**, ↑**Flan** oder gestockter Milchpudding

Custard Apple [*Exotische Früchte*] **„Süßapfel"**, tropische Frucht mit gegliedertem Fruchtkörper und cremigem, süß-säuerlichem, aromatischem Fruchtfleisch, das man am besten auslöffelt

Cut [*U.S. Kitchen*] Schneiden

Cuvée [*Weinkunde*] Französischer Begriff, abgeleitet von „Cuve“ (Fass). Der Begriff hat verschiedene Bedeutungen. **1.** Bei der Champagnerproduktion bezieht er sich auf das Pressen der Weintrauben. Je sanfter die Weintrauben gepresst werden, desto exquisiter wird der Wein. „Cuvée“ ist der erste Teil des Saftes, der aus der Presse läuft, während die zweite weniger schonende Pressung, „Taille“ genannt, unter größerem Druck ausgeführt wird. **2.** Cuvée kann auch eine Bezeichnung für eine Mischung verschiedener Weine sein („Assemblage“). Man liest auch den Begriff „Tête de Cuvée“ auf Etiketten, mit dem manchmal die besten Weine eines Produzenten ausgezeichnet werden. Da der Begriff vom französischen Weingesetz nicht geschützt ist, handelt es sich nicht um eine eindeutige Qualitätsgarantie.

Cuzcuz [*Intern. Länderküche*] Begriff aus der brasilianischen Küchenkultur für süßen Pudding mit ↑**Tapioka** oder ↑**Maismehl.** ↑**Brasilianische Küche**

Cyclamat [*Fachkunde*] Süßstoff: Zuckerersatz mit der 30-fachen Süßkraft von Kristallzucker (↑**Saccharose**)

Cyclamat [*Fachkunde*] ↑**E 952**

Cynar [*Hausbar*] Before Dinner ↑**Cocktail:** Italienisch-schweizerischer ↑**Aperitif** mit leicht bitterem Geschmack, auf der Basis von Artischockensaft (besonders leberschonend), der mit ↑**Kräutern** und ↑**Alkohol** versetzt wird. Der Name geht auf die lateinische Bezeichnung der ↑**Artischocke** „cynara scolymus“ zurück.

Cystein [*Fachkunde*] ↑**Aminosäure**

Cythère, verni(e) [*Franz. Speisekarte*] **T** Essbare braune ↑**Venusmuschel**, roh oder gekocht sehr wohlschmeckend

D

D.O.C. [*Weinkunde*] Abkürzung für Denominazione d'Origine Controllata ↑**A. C.**

D'Artois, Historischer Speisename [*Speisegarnitur*] **A** **1.** Karl X. führte den Titel eines Comte d'Artois, einer Grafschaft im Nordwesten Frankreichs. **2. À la d'artois** – Blätterteigschnitte mit pikanter (↑**Sardellen**, ↑**Sardinen**, ↑**Krebse**, ↑**Geflügel**, ↑**Gänseleber**) oder süßer (↑**Konditorcrème**, ↑**Konfitüre**, ↑**Marmelade**) Füllung

Dacca [*Käse*] Gepresster, geräucherter ↑**Käse** aus Südindien, der 2 Monate reift. **Info:** Hindus verehren die Kuh als heiliges Tier. Nach brahmanischem Glauben werden ihre fünf Produkte – ↑**Milch**, ↑**Quark**, ↑**Butter**, Urin und Dung – als Mittel der spirituellen Reinigung angesehen. ↑**Käse** wird aus Kuhmilch, aber auch aus ↑**Büffel**milch gemacht. Büffelkühe werden nicht verehrt, geben aber bedeutend mehr Milch. Da die Reifung während der heißen, feuchten Jahreszeit Probleme bereitet, wird Käse hier vor allem durch Räuchern haltbar gemacht. Das Aroma wird dadurch würziger, besonders wenn für das Feuer getrockneter Kuhdung benutzt wird, der in den unbewaldeten Gebieten und in der Himalayaregion als Heizmaterial dient. Im Südosten, wo Wasserbüffel gezüchtet werden, wird Büffelkäse aus vergorener Milch, die mit pflanzlichem ↑**Lab** dickgelegt ist, hergestellt. Die Bruchmasse wird gepresst und in Lake eingelegt.

Dachwert [*Gesundheit*] ↑**D-A-CH-Wert** (D-Deutschland, A-Österreich, CH-Schweiz)

D-A-CH-Wert [*Gesundheit*] Die Deutsche Gesellschaft für Ernährung e.V. (DGE), die Österreichische Gesellschaft für Ernährung (ÖGE), die Schweizerische Gesellschaft für Ernährungsforschung (SGE) sowie die Schweizerische Vereinigung für Ernährung (SVE) haben sich im Jahr 2000 zum ersten Mal auf gemeinsame Referenzwerte für die Nährstoffzufuhr geeinigt. Diese Werte sind unverzichtbare Grundlage für Ernährungsfachkräfte in Wissenschaft, Forschung, Ernährungsberatung und Industrie. ↑**Vitamine & Vitamintabelle**

Dag (Dekagramm) [*Österr. Küche*] 10 g

Dahi [*Milchprodukt*] Ein in Südasien (Indien) beheimateter ↑**Jogurt** aus ↑**Büffelmilch**, der seinen Ursprung in der Hindukultur hat. Die Milch wird erhitzt und dann in Töpfen 1 bis 3 Stunden mit 20 % Dahi vom Vortag vergoren.

Dahlienblüten [*Wildkräuter, -blüten & -früchte*] **Lateinisch:** Dahlia ssp. Die leicht säuerlich schmeckenden Dahlienblüten sind im Salat eine Delikatesse. Zum Kandieren sind sie auch geeignet ↑**Kandieren von Blüten** – **Mehr Information:** ↑**Essbare Blüten**

Daim [*Franz. Speisekarte*] ↑**Damwild**

Daino [*Ital. Speisekarte*] ↑**Damhirsch**

Daiquiri [*Hausbar*] **R** Eisgekühlter Rumcocktail mit Limonensaft oder Fruchtaromen. Das Original-Rezept dieses **Shortdrink**s von 1898 beinhaltet: 5 cl Rum weiß (kubanisch), 1 bis 2 cl ↑**Rohrzucker**sirup und 2 cl ↑**Limetten**saft. Es gibt viele Variationen für diesen ↑**Cocktail.** Besonders verbreitet sind Rezepte, bei denen der Limettensaft durch ↑**Fruchtmark** ersetzt wird, z. B. Erdbeer-Daiquiri. Meistens werden diese Frucht-Daiquiris mit zerkleinertem Eis im Mixer zubereitet, sodass sie eine zähflüssige Konsistenz bekommen und dann auch **Frozen Daiquiri** genannt werden. Der Daiquiri war einer der Lieblingscocktails von Ernest Hemingway. Statt Zuckersirup bevorzugte der Schriftsteller ↑**Maraschino-Likör.** Das Wort **Daiquirí** stammt aus dem Kubanischen und ist der Name einer Siedlung, die etwa 14 Meilen von Santiago de Cuba entfernt ist.

Daisy [*Hausbar*] **A** Süßes, erfrischendes Mischgetränk, gehört zu den ↑**Longdrink**s, die im Ruf stehen, typische Damengetränke zu sein. Man serviert sie in einer Sektschale oder mit Trinkhalm im Longdrinkglas.

Dal [*Intern. Länderküche*] Indische Gerichte aus ↑**Hülsenfrüchten**, meist ↑**Linsen**

Dalken [*Backstube*] **T** Mohndalken, Spezialität aus der ↑**Böhmischen Küche.** Kleine runde Laibe aus ↑**Hefeteig**, die in einer Dalkenpfanne mit kleinen Einbuchtungen oder im Backofen ausgebacken werden. Man bestreicht sie entweder mit ↑**Powidl** oder mit einer Mischung aus gemahlenem ↑**Mohn** und ↑**Zucker.**

Dalkenpfanne [*Österr. Küche*] Pfanne mit runden Ausbuchtungen für ↑**Hefeteig**gebäck (z. B. ↑**Rohrnudeln**)

Dalmoth [*Intern. Länderküche*] Allgemeiner Begriff aus der indischen Küche für kleine Happen, ↑**Nüsse** und ↑**Trockenfrüchte**

Dame blanche [*Franz. Speisekarte*] Weiße Dame: ↑**Desserts** mit weißen oder hellen Zutaten wie ↑**Vanilleeis**, ↑**Mandel**crème, ↑**Meringue**

Damietti [*Käse*] Ägyptischer ↑**Weichkäse** aus ↑**Büffelmilch**

Dampfbier [*Bier*] Dieser Begriff geht auf die Einführung der Dampfmaschinen in den Brauereien zurück. Obergärige Biere, die mit Dampfmaschinen gebraut wurden, nannte man Dampfbier.

Dampfdruckgaren [*Fachkunde*] ↑**Schnellkochen**

Dampfdrucktopf [*Fachkunde*] Luftdicht verschließbarer Spezialtopf zum Garen bei Überdruck und hohen Temperaturen. Dampfdrucktöpfe gibt es in Ausführungen mit einer oder mehreren Kochstufen. Zum Schnellkochen, Dämpfen und zum schonenden Garen bei vermindertem Druck für empfindliches Gargut.

Dämpfen [*Unsere Küche*] **T** Das Garen im Dampf bei geschlossenem Gefäß und einer Temperatur von 100° C in einem Siebeinsatz oder Topf mit wenig Wasser (↑**Suppe**, ↑**Fond**, ↑**Wein**). Das Gargut kommt mit der Flüssigkeit selbst nicht in Berührung, diese wird nur unterhalb des Kochgutes, das auf einem Rost liegt, eingefüllt; ein schwerer Deckel schließt den Topf ab. Das Garen von Lebensmitteln in Wasserdampf ohne Zugabe von Fett ist ein schonendes Verfahren, da durch die hohen Temperaturen und die kurzen Garzeiten kaum ↑**Nährstoffe** verloren gehen. Außerdem ist es ideal, um den Fettgehalt der Speisen zu reduzieren. **Verwendung:** Dämpfen empfiehlt sich bei zartem ↑**Fleisch**, ↑**Geflügelstücken**, ↑**Fisch**, ↑**Gemüse**, ↑**Getreide**, ↑**Reis**, ↑**Mais** und ↑**Kartoffeln**, aber auch für Süßspeisen, ↑**Diät** und ↑**Schonkost**. Mit Druck wirkt diese Garmethode besonders schnell.

Dampfl [*Österr. Küche*] ↑**Hefevorteig**, mit ↑**Milch**, ↑**Mehl** und ↑**Zucker** angerührte ↑**Hefe**

Dampfnudeln [*Regionale Spezialität*] **R** Schmackhafte, urbayerische Mehlspeise, die sich von den **Rohrnudeln** davon unterscheidet, dass diese in der Röhre goldbraun gebacken, während die Dampfnudeln in einem fest verschlossenen Topf auf dem Ofen geschmort werden. Grundlage ist ein süßer ↑**Hefeteig**, der mit abgeriebener (unbehandelter) Zitronenschale angereichert wird. Vom Teig mit bemehltem Löffel fast faustgroße Stücke abstechen, zu Kugeln formen und diese noch mal 15 Min. abgedeckt auf einem leicht bemehlten Brett gehen lassen. In einem sehr gut schließenden, flachen Topf etwas ↑**Butter** zergehen lassen und 2 cm hoch warmes, leicht gesalzenes Wasser (keine ↑**Milch**) mit Prise ↑**Zucker** aufgießen. Die aufgegangenen Nudeln in die lauwarme Flüssigkeit dicht nebeneinander setzen, noch etwas gehen lassen und dann den **dicht schließenden** Deckel aufsetzen. Evtl. zusätzlich mit feuchten Tüchern zwischen Deckel und Topf abdichten, damit der Dampf nicht entweichen kann. Zuerst bei gleichmäßiger Mittelhitze, dann bei schwacher Hitze 20 bis 30 Min. leise köcheln lassen, bis das Wasser aufgesogen ist und die Krustenbildung mit „Singen" und „Krachen" beginnt. Jetzt die Hitzezufuhr stark drosseln oder den Herd ausschalten. Während der gesamten Garzeit (30 bis 35 Min.) darf der Deckel nicht abgenommen werden! Gare Nudeln im geschlossenen Topf noch einige Min. stehen lassen, dann den Deckel vorsichtig abnehmen (kein Kondenswasser auf die Nudeln tropfen lassen). Nudeln mit Backschaufel ausstechen und vorsichtig mit der begehrten, leckeren Kruste (Schuepet) vom Boden lösen. Dampfnudeln werden süß mit ↑**Kompott** oder ↑**Vanillesauce**, aber auch pikant mit ↑**Sauerkraut** serviert.

Dampftran [*Fette*] Durch Wasserdampf aus Fischlebern gewonnener ↑**Lebertran**

Dampfwurst [*Regionale Spezialität*] ↑**Brühwurst**

Damwild [*Fleischprodukte*] **T** Gehört zum Rotwild und kam vor der letzten Eiszeit in ganz Europa vor. Damwild ist kleiner als Rotwild, wird nur bis 75 kg schwer. Ihr Geweih ist schaufelförmig, das von Rothirschen hat viele „Enden". Das Fleisch ist schmackhaft und zarter als das des Rotwilds. **Jagdzeit:** männliches Damwild 1. 9. bis 31. 1. ↑**Jagdzeiten für heimisches Wild**

Damwildfleisch [*Fleischprodukte*] Kommt meist aus landwirtschaftlicher Nutztierhaltung, ist mager, kurzfaserig und zart. Damwild lebt das ganze Jahr über in großen Gehegen. Es wird nicht geschlachtet, sondern geschossen. Das Fleisch nimmt eine Zwischenstellung zwischen ↑**Wildfleisch** und ↑**Schlachtfleisch** ein.

Danablu Geschützte Herkunftsbezeichnung [*Käse*] **T** **Herkunft:** Dänemark; **Käsesorte:** ↑**Blauschimmelkäse** mit gelblicher Rinde und Außenschimmel, 50 bis 60 % ↑**Fett i. Tr.**; **Milch:** pasteurisierte Kuhmilch; **Teig:** Weiße Masse, von blaugrünen Schimmeladern durchzogen; **Info:** Form: rund, ∅ 20 cm, Gewicht: 3 kg (runder Laib), 2 kg oder mehr (Block), Reifung: 2 bis 3 Monate; **Weinempfehlung:** Der in seinem Ursprungsgebiet sehr beliebte Danablu oder Marmora hat auch im Ausland großen Erfolg. Der helle Käse ist wie ein Roquefort geformt und aus homogenisierter Kuhmilch hergestellt. Er wird in Silberfolie mit Markenbezeichnung angeboten. Mycella ist ein weiterer dänischer Blauschimmelkäse, in seiner Konsistenz jedoch cremiger. Wenn der Danablu die dänische Version des ↑**Roquefort** ist, entspricht der Mycella dem ↑**Gorgonzola**. Seine grünlichen Adern verdankt er der Versetzung mit Penicillium mycellium. Er ist größer als Danablu und wiegt zwischen 5 und 9 kg.

Danboe [*Käse*] **T** **Herkunft:** Dänemark; **Käsesorte:** ↑**Schnittkäse** mit Naturrinde und gelblichem Wachsüberzug, 45 % ↑**Fett i. Tr.**; **Milch:** pasteurisierte Kuhmilch; **Teig:** mit mittelgroßen Löchern, mit oder ohne ↑**Kümmel**; **Geschmack:** mild, leicht säuerlich; **Info:** Danboe ist in 25-cm-Blöcken quadratisch geformt, wiegt ca. 6 kg und reift 18 Monate bis zwei Jahre. Er gehört zu den berühmten dänischen Käsesorten, die auch im Ausland beliebt sind.

Dandé-Öl [*Fette*] Brasilianisches ↑**Palmöl**, dickflüssig, orangegelb und mild im Geschmack. Wird in der Gegend um Bahia verwendet und ist außerhalb Brasiliens nicht bekannt. ↑**Brasilianische Küche**, **Speiseöl & Öl**

Dänische Küche [*Internat. Länderküche*] Dänemark ist ein Agrarland, das ringsum vom Meer umgeben ist. Diese geografischen Merkmale wirken sich auf die traditionelle dänische Küche aus. Seefisch wie ↑**Hering**,

↑**Scholle** oder ↑**Dorsch** kommt in Dänemark viel auf den Tisch. Ebenso Süßwasserfische wie ↑**Lachs** oder ↑**Aal**. Die dänische Küche ist herzhaft deftig. Neben der großen Auswahl an Fischgerichten sind gekochte Speisen mit ↑**Hühner**- oder ↑**Schweinefleisch** sehr beliebt. Sie werden meist mit ↑**Kartoffeln** und dicken ↑**Soßen** serviert. Anleihen aus der norddeutschen Küche gibt es im **gammel danske kaus**, einer Abwandlung des hanseatischen ↑**Labskaus**, bei dem das ↑**Pökelfleisch** durch frisches gekochtes Rind- oder Schweinefleisch ersetzt wird. Einen besonderen Stellenwert nehmen (vor allem im landwirtschaftlich geprägten Jütland) Milchprodukte wie ↑**Käse** und ↑**Jogurt** ein. Am bekanntesten sind ↑**Ymer** und ↑**Buttermilch** (**kærnemælk**). Ebenfalls in Jütland weit verbreitet ist die **rødgrød med fløde** (↑**Rote Grütze** mit Sahne). Die dänische Küche ist reich an Süßspeisen und süßen Backwaren, die nachmittags zum Kaffee serviert werden. Dazu zählen verschiedenste ↑**Torten**, süße Brötchen (**boller**), **gåsebryst** (mit ↑**Schlagsahne** und ↑**Marzipan** gefüllter ↑**Blätterteig**), Zimtschnecken, Zimtkuchen (**kanelstang**), ↑**Krapfen** (**æbleskiver**), ↑**Lebkuchen** (**honningkager**), Blätterteiggebäck (wie **wienerbrød**) oder Schokoladenkugeln. Die Hauptmahlzeit in Dänemark ist das **„middag"**. Anders als der Name vermuten lässt, wird es abends gegen 18 oder 19 Uhr eingenommen. Zum „middag" wird umfangreich und warm gegessen. Wenn möglich trifft sich die ganze Familie. Zu diesem Abendessen wird dann serviert, was Land und Meer hergeben: Fische in vielen Variationen, ↑**Kalb**-, Schweine- und ↑**Rindfleisch**, ↑**Brot**, Käse und frisches ↑**Gemüse**. Es ist in Dänemark nicht unüblich, spät am Abend noch einmal einen Imbiss oder gar ein volles Menü zu essen. Es wird auch noch um Mitternacht ↑**Kaffee** getrunken. Das gemeinsame Essen und Trinken ist fester Bestandteil der dänischen Kultur, wie die Traditionen des ↑**Julefrokosts** oder ↑**Kaffebords** zeigen. Das wohl bekannteste dänische Gericht ist aber das ↑**Smørrebrød**, das eigentlich nichts anderes ist als ein belegtes Butterbrot. Jedoch ist in Dänemark das Zubereiten von Smørrebrød beinahe schon eine Kunst für sich: Es gibt unzählige Variationen. Eine Scheibe Grau-, ↑**Weiß**- oder ↑**Vollkornbrot** wird dick mit ↑**Butter** bestrichen und reichlich belegt, z. B. mit ↑**Blattsalat**, ↑**Schinken**, ↑**Roastbeef**, ↑**Pickles**, ↑**Rührei**, gepökelter ↑**Rinderbrust**, ↑**Schweinekamm**, gebratenen ↑**Schollenfilets**, ↑**Krabben**, Lachs oder Hering, und mit ↑**Gewürzgurken**, Zwiebelringen, ↑**Mayonnaise**, ↑**Meerrettich** oder ↑**Remoulade** verziert. Smørrebrød wird traditionell am frühen Vormittag zum zweiten Frühstück (**frokost**) oder als leichtes Mittagessen gegessen. In Dänemark gibt es besondere Smørrebrød-Restaurants. **Weitere dänische Spezialitäten sind:** Gekochter Dorsch (**torsk**) mit Salzkartoffeln und Senfsoße, das dänische Nationalgericht. **„sol over gudhjem"** (Sonne über Gudhjem – Geräucherter Hering mit einem rohen ↑**Eigelb** im Zwiebelring), eine Bornholmer Spezialität. Scholle (**rødspætte**) in Butter mit Salzkartoffeln, **„stegt sild"** (gebratenes Heringsfilet mit ↑**Rhabarber** – oder ↑-kompott von ↑**Stachelbeeren**). **Getränke nach oder zum Essen:** Da die dänische Küche äußerst kalorienreich ist und mitunter ziemlich fett sein kann, empfiehlt es sich, nach alter dänischer Sitte nach dem Essen einen eiskalten **„snaps"** wie **„gammel dansk"** (Kräuterschnaps) oder **„aquavit"** (Klarer Schnaps mit Kümmelaroma) zu trinken. In der kalten Jahreszeit ist der ↑**Gløgg**, ein spezieller ↑**Glühwein**, angesagt. Angestoßen wird hierbei mit dem Trinkspruch „Skål". **Das dänische Bier:** Dänemark war immer schon ein klassisches Bierland. Obwohl Bier in Dänemark nicht wirklich billig ist, ist Biertrinken so eine Art Volkssport. Um so bemerkenswerter ist es, dass man im Königreich bis Ende der 1990er-Jahre fast nur eine Biersorte braute, ↑**Pils**. Dies wurde zwar unter vielen verschiedenen Namen angeboten, doch die Biere ähnelten sich sehr in Geschmack und Qualität. Eine Ausnahme stellte nur das dänische Weihnachtsbier (**juleøl**) dar. Seit der Jahrtausendwende gibt es in Dänemark eine „Bierrevolution". Die Dänen brauen ganz neue Biere – beispielsweise ↑**obergärige** Sorten nach belgischen, deutschen, englischen, tschechischen oder amerikanischen Vorbildern.

Danish (pastry) [*U.S. Kitchen*] Plundergebäck

Danke [*Übersetzer*] **Im Hotel Englisch:** Thank you; **Französisch:** Merci; **Italienisch:** Grazie; **Spanisch:** Gracias

Danziger Goldwasser (Danziger Lachs) [*Hausbar*] Wasserheller ↑**Likör** mit ↑**Zimt**, ↑**Koriander**, ↑**Kardamom** und ↑**Orangen** aromatisiert, in dem fein verteiltes ↑Blatt**gold** schwebt. Alkoholgehalt mindestens 38 %Vol.

Dao [*Weinkunde*] Sehr guter portugiesischer Rotwein, wird um die Stadt Viseu angebaut.

Daoem salam [*Gewürze & Kräuter*] Indonesische Lorbeerart

Darioleförmchen [*Österr. Küche*] Kleine glatte, konische Becherformen für ↑**Eierstich**, ↑**Aspiks**, ↑**Gelee**

Darjeeling [*Tee*] Der „Champagner unter den Tees" wächst an den Südhängen des Himalaja-Gebirges in 2000–3000 m Höhe. Es handelt sich hierbei um den feinsten, begehrtesten und daher auch teuersten Tee. Die Blätter sind dünn, gedreht und enthalten viele Blattspitzen der jungen Blätter. Sein erster Trieb „first flush" wird im Frühjahr gepflückt und ergibt einen goldgelben, im Aroma zarten, duftigen und milden Tee. Den zweiten Trieb „second flush" erntet man im Sommer. Dieser Tee schmeckt würzig und hat eine kräftige Farbe. ↑**Tee**

Darm [*Verdauung*] Der menschliche Darm besteht aus drei Abschnitten: **1.** Dünndarm (Intestinum tenue,

4 bis 5 m lang); **2.** Dickdarm (Intestinum crassum, 1,5 m lang); **3.** Mastdarm (Rektum, 20 cm lang). Der Darm verbindet den Magen mit dem After und ist Teil des Magen-Darm-Traktes. Seine Hauptaufgabe ist die Aufnahme von ↑**Nährstoffe**n und Wasser aus der Nahrung, die Ausscheidung unverdauter Anteile der Nahrung und die Abwehr des Eindringens unerwünschter Stoffe.

Darmbakterien [*Verdauung*] Sämtliche im Darm vorkommenden Bakterien werden als Darmbakterien bezeichnet. Zwischen 100 und 400 Bakterienarten besiedeln den gesunden Darm des Menschen und bilden die Darmflora. Zu den Darmbakterien gehören z. B. Enterokokken, Bifidobakterien und Escherichia coli.

Darmflora [*Verdauung*] Zusammenfassende Bezeichnung für alle im Darm lebenden Bakterien und Pilze, die überwiegend im Dickdarm angesiedelt sind. Im gesamten Darm befinden sich rund zehnmal mehr Bakterien als der Organismus des Menschen Zellen enthält. Die Darmflora des Menschen hat eine mit der Leber vergleichbare Stoffwechselleistung und wird als eigenständiges Organ aufgefasst. Sie ist ein wichtiger Bestandteil des körperlichen Abwehrsystems gegen krankheitserregende Stoffe. Die Zusammensetzung der Darmflora wird durch die Nahrung beeinflusst. Die Darmbakterien zersetzen die im unteren Darmabschnitt angekommenen Speisereste und tragen so zur Verdauung von Bestandteilen bei, die für den Menschen unverdaulich sind, z. B. ↑**Kohlenhydrate** aus holzigen Anteilen der Nahrung oder Knorpelbestandteile von tierischen Lebensmitteln. Der menschliche Stuhl besteht zu einem großen Teil (ein Drittel bis die Hälfte des Stuhlvolumens) aus Darmbakterien. In der Darmflora werden auch eine Reihe von ↑**Vitamine**n gebildet: ↑**Vitamin K**, ↑**Biotin**, **Vitamin B_1** (Thiamin), ↑**Vitamin B_2** (Riboflavin), ↑**Vitamin B_6** (Pyridoxin), ↑**Vitamin B_{12}** (Cobalamin). Die im Darm gebildeten Vitamine leisten keinen großen Beitrag zur Versorgung, da in den unteren Darmabschnitten keine nennenswerte Aufnahme mehr erfolgt. Neben der Bildung von Vitaminen werden auch kurzkettige ↑**Fettsäuren**, z. B. Propionsäure (bei ballaststoffreicher Kost), gebildet. Sie werden im Darm aufgenommen und tragen zur Energiezufuhr bei. Die Darmflora kann durch Einnahme von Breitbandantibiotika (Tetracycline) geschädigt werden, sodass sich unerwünschte Mikroorganismen und Krankheitserreger ansiedeln und vermehren können.

Darmgase [*Verdauung*] Darmgase entstehen während der Zersetzung der Nahrung im Darm. Dabei bilden die Darmbakterien Gase, die im Übermaß Blähungen verursachen können.

Darmpilze [*Verdauung*] Im Darm nahezu aller Menschen finden sich neben Bakterien auch Pilze. Diese können sich bei geschwächtem Immunsystem stark vermehren. Doch nur wenige Arten können unter bestimmten Bedingungen für den Menschen schädlich werden. Zu diesen Pilzarten zählen Candida albicans und Candida tropicalis. Candida albicans ist bei vielen Menschen Bestandteil der ↑**Darmflora**, ohne dass er Krankheitserscheinungen hervorruft. Bei intaktem Immunsystem und intakter Darmflora treten Candidainfektionen nicht auf. Ändern sich jedoch die Milieubedingungen, z. B. durch Einnahme von Antibiotika, können sich Pilze im Darm vermehren und Infektionen an der Haut, an den Schleimhäuten des Verdauungstraktes und im Genitalbereich auslösen. Pilze in der Nahrung sind sehr säureresistent und können den Magen passieren und in tiefere Darmabschnitte gelangen, um sich dort zu vermehren. Verschiedene Candida-Arten werden auch bei der Lebensmittelverarbeitung genutzt (↑Back**hefe**, ↑**Bierhefe** oder ↑**Kefirkulturen**).

Darmsaft [*Verdauung*] Drüsen (z. B. ↑**Bauchspeicheldrüse**), die in der Darmschleimhaut sitzen, bilden Darmsaft, der ↑**Enzyme** enthält, die zur Spaltung bzw. Verdauung des Speisebreis im Darm beitragen.

Darmschleimhaut [*Verdauung*] Kleidet den Darm nach innen hin aus. Ihre wichtigsten Aufgaben sind die Aufnahme der ↑**Nährstoffe** und die Abwehr von körperfremden Stoffen (Antigenen), z. B. Krankheitserregern. Die Darmschleimhaut enthält viele Drüsen, die den Darmsaft bilden. Der Saft enthält Verdauungsenzyme, die die Nahrung in ihre Bausteine (Nährstoffe) spalten. Zudem enthält die Darmschleimhaut Zellen, die die Nährstoffe aus dem Darm ins Blut und in die Lymphe aufnehmen. ↑**Darmzotten**

Darmzotten [*Verdauung*] Der Großteil der ↑**Nährstoffe** wird durch die Darmzotten des Dünndarms in den Körper ↑**absorbiert**. Es scheint selbstverständlich, dass der Körper alle Nahrung aus den Lebensmitteln und Zusatzpräparaten wirksam und vollständig aufnimmt. Jedoch ist bei vielen Menschen die Nährstoffaufnahme durch geschädigte Darmzotten (Folge gefährlicher Essgewohnheiten, zu süß, zu fett, zu kalt), häufigem oder ständigem Diäthalten und andauerndem starken Stress, beeinträchtigt. Allzu oft kann der Körper den vollen ernährungsphysiologischen Nutzen nicht aus der Nahrung ziehen, was sich nachteilig auf Mineralstoffhaushalt und Immunsystem auswirkt.

Darne [*Franz. Speisekarte*] Dicke, quer geschnittene Scheibe aus dem Mittelstück großer ↑**Fisch**e, z. B. ↑**Lachs**

Darnes de saumon frites [*Franz. Speisekarte*] **A** Lachsscheiben vom Mittelstück, gesalzen, gepfeffert, in ↑**Mehl** gewendet und frittiert

Darren [*Fachkunde*] Traditionelle Verarbeitungsweise für Getreide, die schon seit der Römerzeit angewendet wird: schonendes Trocknen, ohne die ↑**Enzyme** zu beschädigen. Dabei entstehen Farb- und Aromastoffe, die für die Farbe und den Geschmack des ↑**Bier**es charakteristisch sind. Das schonende Trocknungs- und Röstverfahren wird in der biologischen Lebensmittelherstellung auch bei ↑**Getreide** angewandt. Bei Kaffee-Ersatz-Produkten wie ↑**Malz**-, Früchte- und ↑Getreide**kaffee** wird das Getreide, meist ↑**Gerste**, in etwa 70° C heißer Luft getrocknet und geröstet, wodurch ein besonderes Aroma des Darrguts erzielt wird. In der Küche kann man frisch gemahlenes Getreide in einer Pfanne ohne ↑**Fett** für kurze Zeit unter ständigem Rühren erhitzen, bis es angenehm duftet. Es darf sich dabei nicht verfärben, sonst schmeckt es bitter. Diese Methode ist besonders für ↑**Sauce**n zu empfehlen, da das gedarrte Mehl für ein pikantes Aroma sorgt. Beim Darren werden die Getreidekörner aufgeschlossen und schmecken würziger, dazu wird die Garzeit beim Kochen verkürzt. Das Getreide kann bei 70° C im Backofen 30 bis 60 Min. lang trocknen. Bei der ↑**Bierherstellung** entstehen durch das Darren die malztypischen Aromastoffe und – je nach Erhitzungsdauer – helles oder dunkles ↑**Malz.**

Das schmeckt ausgezeichnet [*Übersetzer*] **Im Hotel** **Englisch:** This tastes excellent; **Französisch:** Ca sent excellent; **Italienisch:** E delicioso, molto buono; **Spanisch:** Estaba excelente

Dash [*Hausbar*] **T** Englische Bezeichnung für die Maßeinheit „Spritzer"

Dash-bottle [*Hausbar*] Spritzflasche, mit der Flüssigkeiten spritzerweise zu einem ↑**Cocktail** gegeben werden

Dasheen [*U.S. Kitchen*] Nordamerikanisches ↑**Wurzelgemüse**

Dashi [*Intern. Länderküche*] **A** Japanischer ↑**Fischsud**, hat in der japanischen Küche eine ähnlich wichtige Bedeutung wie in der deutschen Küche die ↑**Fleisch-** oder ↑**Gemüsebrühe.** Dashi besteht aus braunem ↑**Seetang** (**konbu**) und (**katsuo**) ↑**Bonito**flocken, manchmal auch aus kleinen getrockneten ↑**Sardinen** (**niboshi**). Dashi ist Basis der berühmten ↑**Misosuppe.**

Dates [*U.S. Kitchen*] ↑**Datteln**

Dátil [*Span. Speisekarte*] ↑**Dattel**

Dátiles [*Span. Speisekarte*] ↑Bohr**muscheln**

Datte [*Franz. Speisekarte*] ↑**Dattel**

Dattel [*Exotische Früchte*] **T Lateinisch:** Phoenix dactylifera; **Englisch:** date; **Französisch:** datte; **Italienisch:** dattero; **Spanisch:** dátil. **Info:** Die zur Familie der Palmengewächse gehörende echte Dattelpalme ist eine 15–20 m, auch bis 30 m hohe, typische Oasenpalme mit graubraunem, schlankem, sehr rauem Stamm und lockerer Krone, die aus 30 bis 40 Wedeln mit einer Länge von 3 bis 5 m besteht. Die Blätter sind schmal, sehr hart und steif, grau-bläulich gefärbt und treiben häufig Ausläufer. Im Bereich der Blattkrone entstehen die Blüten, aus denen sich in traubenähnlichen Fruchtständen bis zu 500 Einzelfrüchte entwickeln. Die fleischigen Beerenfrüchte sind rundlich bis oval oder walzenförmig, 3 bis 7 cm lang, 1 bis 2 cm dick und 2 bis 10 g schwer. Ihre feste, durchscheinende Außenhaut ist gelblich, hell- oder dunkelbraun, rot oder fast schwarz gefärbt. Der Kern ist 1 bis 4 cm lang und längsgefurcht. Datteln werden nach der Beschaffenheit des Fruchtfleisches in weiche, halbtrockene oder trockene Arten unterschieden. Die für den Export als getrocknete Datteln vorgesehenen Früchte werden kurz vor der Vollreife per Hand oder maschinell vom Fruchtstand geerntet. Die Früchte werden einige Tage lang in der Sonne und dann maschinell bis auf einen Feuchtigkeitsgehalt von etwa 20 % getrocknet, sortiert und verpackt. **Ursprung und Geschichte:** Datteln kommen vom Persischen Golf, wo sie schon vor mehr als 5000 Jahren abgebildet wurden (Babylon). Sie werden heute auch in Nordafrika, auf dem amerikanischen und dem australischen Kontinent angebaut. In der Nordsahara werden kurzstämmige Dattelpalmen vielfach in Trichteroasen kultiviert, wo sie vor Sandstürmen geschützt sind und ihre abgeschnittenen Palmwedel zur Herstellung von Windschutzzäunen verwendet werden. Obwohl der Anbau von Futterdatteln für Kamele laufend abnimmt, steigt insgesamt die weltweite Dattelproduktion deutlich an. **Herkunft und Saison:** Getrocknete Datteln aus dem Iran, Pakistan oder Ägypten werden das ganze Jahr über lose in Kartons verpackt angeboten. Die Saison dauert von August bis Januar. Frische Datteln, meist am Stiel in Kartons verpackt, werden Anfang September bis Ende Oktober angeboten. Ihre Reife erkennt man an der weichen Frucht mit praller Haut. **Inhaltsstoffe:** 100 g (getrocknete) Datteln weisen einen Brennwert von ⌀ 275 kcal/1150 kJ auf und enthalten 16 g Wasser, 2 g Eiweiß, 0,4 g Fett, 73,5 g Kohlenhydrate und 7,5 g Ballaststoffe. An ↑**Mineralstoffen**, ↑**Spurenelementen** und ↑**Vitaminen** sind ⌀ 32 mg Kalzium, 1,1 mg Eisen, 3 mg Natrium sowie 5 RE Vitamin A enthalten. **Arten und Sorten:** Von den etwa 100 Dattelsorten ist **Medjool** wohl die wichtigste und bekannteste Sorte; sie ist im frischen Zustand vollkommen rot und nimmt getrocknet eine kastanienbraune Farbe an. Als frische Dattel wird meist die Sorte **Bardhi** angeboten, die sehr süß und saftig ist und auch kühl gelagert noch gut nachreifen kann. Weitere bekannte Sorten sind **Deglet-noor** mit ihrem ↑**Nougat**-ähnlichen Geschmack, die helleren **Zahidi** sowie **Khadrawi** und **Halawi. Zubereitung und Tipps:** In den Trockengebieten Nordafrikas sowie des Nahen und Mittleren Ostens sind Datteln für die Ernährung von Menschen und Tieren wegen ihres hohen Nährwertes von großer Bedeutung und werden auch als „Brot der Wüste" bezeichnet. Daneben werden die Datteln zu Dattelsirup, -honig, -mehl, ↑**Alkohol** oder ↑**Essig** weiterverarbeitet. In Europa werden Datteln entweder roh verzehrt oder für Süßspeisen, Kuchen, Fruchtsalate und ↑**Konfekt** verwendet. Man mariniert sie mit

↑**Whisk(e)y**, füllt sie mit ↑**Marzipan** und verwendet sie in Früchtebrot und englischen Kuchen.

Dattelpflaumen [*Exotische Früchte*] ↑**Sharon**

Dattero [*Ital. Speisekarte*] ↑**Dattel**, Meerdattel

Daube, en [*Franz. Speisekarte*] Geschmort; Gericht aus ↑**Rindfleisch** und ↑**Gemüse**, das stundenlang mit wenig Flüssigkeit in einem abgedeckten Topf bei schwacher Hitze geschmort wurde

Dauerausscheider [*Fachkunde*] Menschen, die nach einer auskurierten Infektion, z. B. nach einer ↑**Salmonellose**, immer noch Krankheitserreger ausscheiden, also noch immer infektiös sind (↑**Salmonellen** und ↑**Ausscheider**)

Dauerbackwaren [*Backstube*] Backwaren, die bei optimaler Lagerung lange haltbar sind. Hierzu zählen z. B. ↑**Kekse**, ↑**Kräcker**, ↑**Lebkuchen**, ↑Back**oblaten**, ↑**Zwieback** und ↑**Biskuit.**

Dauerrohwurst [*Fleischprodukte*] Bezeichnung für besonders haltbare ↑**Rohwurst**erzeugnisse wie ↑**Salami**, ↑**Zervelatwurst**, ↑**Plockwurst**, ↑**Katenwurst**

Daumont, à la [*Speisegarnitur*] **A Speisegarnitur** für **gedünsteten Fisch** – Krebsschwänze mit Nantuasoße (↑**Béchamel**) mit ↑**Sahne** und ↑**Krebsbutter** aufgeschäumt (montiert) gebunden, in kleine ↑**Blätterteig**gebäcke gefüllt, dazu große ↑**Fischfarce**nockerl mit ↑**Trüffeln**, weißgedünstete ↑**Champignons** und gebackene ↑**Fischmilch**; **Sauce:** Sc. Normande (Weißweinsoße mit Champignonaroma) mit Krebsbutter montiert

Dauphin [*Käse*] **Herkunft:** Frankreich; **Käsesorte:** ↑**Weichkäse** mit ↑**Schmiere**bildung; Dauphin wird in Fettstufen zu 45, 50 und 56,4 % ↑**Fett i. Tr.** hergestellt. **Milch:** Kuhmilch; **Teig:** geschmeidiger, weicher Teig, gelblich bis schwarzgrau; **Geschmack:** Geschmacklich ähnelt er einem ↑**Romadur**, oft werden noch ↑**Kräuter** (↑**Estragon**, ↑**Petersilie**, ↑**Schnittlauch** und auch ↑**Pfeffer**) vor der Formgebung beigemischt. **Info:** Seine Reifezeit beträgt zwischen 3 und 4 Monaten. Dabei bilden sich auf seiner zarten Rinde eine rotgelbe bis gelbe Schmiere sowie ein extrem strenger Geruch und ein sehr würziger Geschmack aus. ↑**Stinker-Käse**

Dauphine, à la [*Speisegarnitur*] **A Speisegarnitur** für **große** und **kleine Fleischstücke** und **Wild** – mit ↑**Pommes dauphine** umlegen; **Sauce:** Mit ↑**Madeira** vollendeter, gebundener ↑**Bratenfond**

Dauphinekartoffeln [*Unsere Küche*] **R** Sehr mehlige Kartoffeln kochen, trocken werden lassen und passieren. Püree mit ↑**Butter**, ↑**Salz**, ↑**Muskat**, ganzen ↑**Eiern** und ↑**Eigelb** und einem Drittel festen, ungezuckerten ↑**Brandteig** verarbeiten, in Stücke teilen, zu kleinen Klößchen rollen, in heißer Fritteuse backen

Dauphinoise, à la [*Franz. Speisekarte*] Kartoffelgratin ↑**Gratin dauphinois**

Daurade, dorade [*Franz. Speisekarte*] ↑**Meerbrasse**

Dawabrot [*Backstube*] Wird mit Zusatz von mind. 10 % ↑**Dawamehl** gebacken, ziemlich dunkel, schmeckt malzig

Dawamehl [*Allgem. Nährmittel*] Aromatisches Spezialmehl zur Erzeugung von „Dawa"-Brot, entsteht durch thermischen Aufschluss von Getreidemahlprodukten, die nach einem patentierten Verfahren hergestellt werden. Röstprodukte machen das Mehl dunkelbraun, verleihen dem Brot einen Karamellgeschmack und sehr dunkle Farbe.

Dé [*Franz. Fachwort*] Würfel

De choix [*Franz. Speisekarte*] Erste Wahl, von ausgesuchter Qualität

De pays [*Franz. Speisekarte*] Vom Land

Débarrasser [*Franz. Fachwort*] Abräumen

Debina oder Dembina Traube [*Weinkunde*] Die Rebsorte (auch Ntempina) wird im Nordwesten Griechenlands, in der Region Epiros, angepflanzt. Mit ihrem feinen Duft nach Birnen und Äpfeln überzeugt die Traube. Dabei wartet sie mit einer weichen, angenehmen Säure auf. Es entstehen ausgezeichnete trockene, rassige Qualitäts- bzw. Perlweine.

Débit [*Franz. Fachwort*] Absatz, Verkauf von Waren; Kleinhandlung, Laden; Ausschank

Déboucher [*Franz. Fachwort*] Entkorken

Debreceni töltött káposzta [*Ungarische Küche*] Beliebte ungarische Spezialität: gefülltes ↑**Kraut**, bei dem die würzigen ↑**Debreziner** Würstchen nicht fehlen dürfen.

Debreziner [*Fleischprodukte*] Grob gekörnte, angeräucherte Würstchensorte, kräftig mit ↑**Paprika** und ↑**Kümmel** gewürzt

Debreziner Gulasch [*Österr. Küche*] **A** Rindergulasch mit Garnitur aus Streifen grüner ↑**Paprika** und ↑**Debreziner** Würstchen; ↑**Gulasch**

Decaf (decaffeinated coffee) [*U.S. Kitchen*] Koffeinfreier ↑**Kaffee**

Décaféiné [*Franz. Speisekarte*] Koffeinfrei

Décanter [*Franz. Fachwort*] Flüssigkeit abgießen, abklären, lüften

Decke [*Fachkunde*] Fell des ↑**Wild**es

Deckrotwein [*Weinkunde*] Bezeichnung für Rotwein, der sehr hellen Rotweinen beigegeben wird, um ihre Farbe kräftiger zu machen

Décorer [*Franz. Fachwort*] Verzieren, ausgarnieren

Découper [*Franz. Fachwort*] Zerlegen

Deep fryer [*U.S. Kitchen*] ↑**Fritteuse**

Défarde [*Franz. Speisekarte*] **A** ↑**Ragout** aus ↑Lamm**kutteln** und -füßen mit ↑**Gemüse** (↑**Karotten**, ↑**Zwiebeln**, ↑**Lauch**) und ↑**Kräutern** (↑**Lorbeer**, ↑**Gewürznelken** und ↑**Kapern**) in ↑**Tomatenmark** und ↑ **Weißwein**

Deglacieren [*Franz. Fachwort*] ↑**Ablöschen**

Degorgieren [*Weinkunde*] Das Endstadium der ↑**Champagner**herstellung, in dem die Hefen vom Wein getrennt werden und der entstandene Verlust durch eine ↑**Dosage** aufgefüllt wird

Dégorgieren [*Franz. Fachwort*] **T 1.** „Reinigen" oder

„säubern": Der Begriff beschreibt einen Vorgang bei der ↑**Champagner**produktion, wobei die ↑**Hefe** entfernt wird, die nach der zweiten Gärung stirbt und als Niederschlag in der Flasche ausscheidet. Durch Rütteln der Flasche (↑**Rémuage**), um sie dann in senkrechte Position zu bringen, gelangt der feine Niederschlag in den Flaschenhals. Der Hals wird durch eine chemische Lösung gezogen, wobei der Niederschlag gefriert. Anschließend wird der Kronkorken, der bis zu diesem Moment die Flaschen abgeschlossen hat, entfernt, und der Eispropfen wird mit der Kraft der entstandenen ↑**Kohlensäure** aus der Flasche geschleudert. **2.** ↑**Innereien** wie ↑**Bries**, ↑**Hirn**, ↑**Herz**, ↑**Leber** usw. werden durch kurzes oder längeres Eintauchen in kaltes Wasser vor der Zubereitung gereinigt.

Dégraisser [*Franz. Fachwort*] Abfetten, überschüssiges Fett abschöpfen, erstarrtes Fett abheben oder nach dem Garen abgießen

Degree [*U.S. Kitchen*] Grad

Degressieren [*Franz. Fachwort*] ↑**Abschäumen**

Degustation [*Weinkunde*] Aus dem Französischen: „Verkostung", bezieht sich hauptsächlich auf die Weinverkostung

Déguster [*Franz. Fachwort*] Abschmecken, prüfen, probieren

Déjeuner [*Franz. Speisekarte*] Mittagessen

Déjeuner à la fourchette [*Franz. Speisekarte*] Gabelfrühstück

Deka(gramm) [*Österr. Küche*] (dkg) = 10 g/deka = das Zehnfache einer Einheit, 1 Deka = 10 g, 10 Deka = 100 g

Dekantieren [*Weinkunde*] Das vorsichtige Umgießen von jungen, tanninreichen Rotweinen in eine Karaffe. Sie sollen atmen, damit sie weicher schmecken. Dekantiert werden auch ältere Rotweine, damit das Depot (die Ablagerungen) vom Wein getrennt wird. Das Depot kann den Wein trüben und einen bitteren Geschmack verursachen. Es kann aber passieren, dass der Wein dann sehr schnell abbaut. Der weit verbreitete Brauch, die Weinflasche eine Stunde vorher zu entkorken, um ihn „atmen" zu lassen, ist wenig effektiv, da die Oberfläche des Weins, die mit Sauerstoff in Berührung kommt, zu klein ist.

Dekontamination [*Fachkunde*] Befreiung von schädlichen Stoffen, Entgiftung

Dekus [*Gewürze & Kräuter*] **R** Typisch äthiopische Gewürzmischung, die sich zu verschiedensten Fleischgerichten verwenden lässt. Ausgezeichnet eignet es sich als ↑**Barbecue**-Gewürz. **Zusammensetzung:** ↑**Sesam**, ↑**Salz**, weißer ↑**Kümmel**, ↑**Mohn**, ↑**Koriander**

Delbarestivale® [*Obst*] **T Lateinisch:** Malus domestica; **Info:** Der Delbarestivale-↑**Apfel** ist eine gut haltbare und qualitativ hochwertige Frühsorte mit mittelgroßer und regelmäßig geformter Frucht, in der Grundfarbe gelblich-grün, jedoch attraktiv rot marmoriert oder gestreift; **Ursprung und Geschichte:** Der markenrechtlich geschützte Delbarestivale ist eine 1956 durch die Baumschule Georges Delbard in Malicorne, Frankreich, selektionierte Kreuzung von ↑**Golden Delicious** mit Stark Jongrimes. **Herkunft und Saison:** Wird in Mitteleuropa ab Mitte August geerntet und ist im ↑**Kühllager** bei +2° C bis +4° C bis Ende Oktober haltbar. Beginn der Genussreife fällt mit dem Erntetermin zusammen. **Geschmack:** Als eine der schmackhaftesten Frühsorten ist Delbarestivale besonders bei Kindern beliebt. Auch Menschen, die empfindlich auf säuerliche Äpfel reagieren, vertragen ihn gut. Das weißliche Fruchtfleisch ist knackig fest, saftig und bei einem leichten Anisgeschmack aromatisch erfrischend.

Délice [*Franz. Speisekarte*] Genuss, Köstlichkeit

Delice de Pommard [*Käse*] Frischer französischer Triple Crème Käse (sehr fetthaltiger ↑**Frischkäse**) aus der Bourgogne. Sein köstliches, feines Aroma erhält er durch grob geschroteten ↑**Senf** aus Meaux. Dieser wird dann trocken in und auf den Käseteig gestreut.

Délicieuses au fromage [*Franz. Speisekarte*] ↑**Käseklößchen**

Delikatess [*Kartoffelsorte*] **Kochtyp:** ↑**Festkochende Kartoffeln** – „Speckige Kartoffel" genannt

Delikatessen [*Unsere Küche*] Nahrungsmittel, die als besondere Gaumenfreuden, in bester Qualität und mit besonderer Sorgfalt hergestellt werden

Delikatesshering [*Fisch*] Marinierter, nicht entgräteter, ausgenommener, frischer ↑**Hering** ohne Kopf, ↑**Marinaden**

Delma [*Franz. Speisekarte*] ↑**Kohl**- oder ↑**Weinblätter** mit ↑**Lammfleisch**füllung

Delmonico steak [*U.S. Kitchen*] Auch ↑**Rib-Eye-Steak** oder Rib Eye Roast, wenn es größer geschnitten wird, Portion zu 300–400 g

Demenz (Dementia) [*Fachkunde*] Medizinische Bezeichnung für ausgeprägten Schwachsinn. Im Alter Dementia senilis genannt. Kann bei Kindern die Folge von Vitaminmängeln sein.

Demerara sugar [*U.S. Kitchen*] **T** Grober ↑**Brauner Zucker**, wird häufig in ↑**Cocktails** oder für ↑**Zimtzucker** verwendet, wenn das Gebäck knusprig werden soll

Demestika [*Weinkunde*] Griechischer Wein, weiß und rot, trocken

Demeter-Gemüse [*Gemüse*] **T Demeter** ist der Name der griechischen Fruchtbarkeitsgöttin und das geschützte Markenzeichen für Produkte, die nach biologisch-dynamischen Landwirtschaftsmethoden erzeugt wurden. Nur Produkte, die die anerkannt strengen und weitgehenden Qualitäts-Kriterien erfüllen, erhalten die Auszeichnung „Demeter". Darüber hinaus berücksichtigt der Demeter-Landwirt die artenspezifischen Eigenheiten von Pflanzen und Tieren. Er betrachtet den Hof als einen lebendigen Organismus mit natürlichen Kreisläufen. Das Futter für die Tiere stammt zum überwiegenden Teil von den eigenen Wiesen und Feldern. Zu jedem Demeter-Hof gehören eigene Tiere. Deren Mist wird kompostiert und mit speziellen Präparaten sowie Heilkräutern vermengt und danach auf die Felder ausgesprüht. Alle selbst hergestellten Präparate wirken mit feinstofflichen Energien, ähnlich wie homöopathische Heilmittel. So wird der Boden unterstützt und gepflegt. Das Heranwachsen der Aussaat erfolgt im biologischen Rhythmus der jeweiligen Pflanze. Unabhängige Forschungsergebnisse zeigen, dass die Böden leben und von Jahr zu Jahr fruchtbarer werden. Das ist einzigartig im biologischen Landbau. Die reife Frucht enthält ein Höchstmaß an natürlicher Vital- und Lebenskraft. So erzeugte, natürlich gewachsene Nahrungsmittel wirken aufbauend und stärkend, was Säuglingen und Kleinkindern zugute kommt. ↑**Biologischer Anbau**

Demi [*Franz. Speisekarte*] Halb

Demi crème [*Franz. Speisekarte*] Halbfetter ↑**Rahm**, eiskalt noch schlagbar, 25 % Fett

Demi panaché [*Franz. Speisekarte*] Glas ↑**Bier** mit ↑**Limonade**, „Alsterwasser", „Radler"

Demi-deuil [*Franz. Speisekarte*] **A** „In Halbtrauer"; **1.** Weißes ↑**Fleisch** und ↑**Krustentiere** mit weißer ↑**Trüffel**sauce oder mit Trüffelsplitter gespickt; **2.** ↑**Kartoffelsalat** oder helles ↑**Gemüse** mit Trüffelscheiben angereichert. ↑**Würztabelle/Kartoffelgewürze**

Demidoff, Historischer Speisename [*Speisegarnitur*] **A** **1.** Anatoli, Fürst Demidoff (1812–1870), russischer Wissenschaftler und Waffenhändler. **2.** ↑**Poularde** Demidoff wird mit ↑**Gemüsen** gefüllt, mit ↑**Suppengrün**, ↑**Weißen Rüben** und ↑**Trüffel**scheiben im ↑Hühner**fond** gegart.

Demiglace [*Unsere Küche*] **R** Braune, sehr stark eingekochte, salzlose Kraftsoße, zum Verfeinern von Suppen und ↑**Saucen** oder zum Glasieren von Speisen. Kleingehackte Kalbs-und Rinderknochen, Speck- und ↑Schinken**parüren**, gut anrösten, danach das überschüssige Fett abschütten und ↑**Röstgemüse** (↑**Mirepoix**) dazugeben. Weiterrösten, bis alles gut braun ist. Tomatenmark leicht anrösten (Vorsicht, wird leicht bitter), mit Weißwein ablöschen und so lange reduzieren, bis keine Flüssigkeit mehr vorhanden ist. Auffüllen mit braunem ↑**Fond** (↑**Fond brun**) und mit ↑**Thymian**, ↑**Lorber**blättern, ↑**Pfeffer**körnern, ↑**Piment** und ↑**Knoblauch** würzen (kein ↑**Salz**). 5 bis 6 Stunden köcheln lassen, dann passieren, entfetten und bis zur Hälfte der vorhandenen Flüssigkeit einkochen. Die Demiglace muss beim Erkalten gelieren.

Demineralisierung [*Gesundheit*] Entzug von ↑**Mineralstoffen**, z. B. ↑**Calcium** und ↑**Phosphat**, aus Knochen und Zähnen: durch Krankheit, Mangelernährung und falsche Diäten. Knochen und Zähne verlieren an Festigkeit und Stabilität. Folgen: Krankheiten wie ↑**Osteoporose** und ↑**Karies**

Demi-sec [*Weinkunde*] Französisch für halbtrocken; entspricht abboccato, imixeros, medium dry, meio seco, semiseco. Entspricht bei Champagner „süß"

Demi-sel [*Franz. Speisekarte*] Schwach gesalzen, z. B. ↑**Butter**, ↑**Frischkäse**, ↑**Käse**, ↑**Speck**

Demmel [*Fleischprodukte*] Regionale Bezeichnung für die Unterschale

Demoiselle [*Franz. Speisekarte*] Auf der Speisekarte werden „verschiedene ↑**Meeresfische**" so bezeichnet.

Demoulieren [*Franz. Fachwort*] (frz.: mouler = formen), eine Speise aus der Form, in der sie gegart oder geliert wurde, stürzen

Denaturierung [*Fachkunde*] Zerstörung der natürlichen Struktur von Eiweißen u. a. Stoffen, durch Erhitzen, mechanische Bearbeitung, Bestrahlung und Säuren; dabei geht u. a. die Wasserlöslichkeit verloren. So denaturiert das rohe ↑**Eiklar**, das aus ↑**Eiweiß** besteht, beim Kochen: Es wird härter und weiß.

Dendranthema-Hybridenblüten [*Wildkräuter, -blüten & -früchte*] Bei den Dendranthema-Hybriden isst man nur die gerade aufgeblühten Blütenblätter. **Mehr Information:** ↑**Essbare Blüten**

Denominación de Origen (DO) [*Weinkunde*] Spanische Bezeichnung für ein gesetzlich festgelegtes Weinbaugebiet, dessen Produktion kontrolliert wird. Sowohl die für den Weinanbau zugelassenen Rebsorten als auch deren Verarbeitung sind bestimmten Regeln unterworfen. Zuständig für die Einhaltung dieser Regel ist der Consejo Regulador, ein Komitee, das sich aus Beamten des Agrarministeriums, lokalen Winzern und Weinhändlern zusammensetzt, sowie des Instituto Nacional de Denominaciones de Origen (**Indo**). Gemeinsam bestimmen sie die Grenzen des Anbaugebietes, die Rebsorten und die Ertragshöhe per ha. Ein Wein gilt nur als DO-Wein, wenn er die Anforderungen des Consejo Regulador erfüllt hat.

Denominazione di Origine Controllata (DOC) [*Weinkunde*] Italienisch für kontrollierte Herkunftsbezeichnung und das Äquivalent des französischen Appellation Contrôlée-Systems. Das gesetzliche System, das die italienischen Weinbaugebiete und deren Produktion kontrolliert, gibt es erst seit 1963. Davor wurde die ganze Weinproduktion als Vino da Tavola, Tafelwein, eingestuft. Die Einführung der DOC-Gesetzgebung setzte sich als Ziel, die italienische Weinlandschaft zu ordnen, gebietsspezifische Weine aus traditionellen Rebsorten zu schützen und ihre Produktion festgelegten Kriterien zu unterwerfen. Das Weingesetz gliedert die Weine in eine Qualitätshierarchie ein, wobei die Basis die Vini da Tavola, Tafelweine, bilden, gefolgt von Weinen mit einer geografischen Herkunftsbezeichnung (**IGT**, Indicazione Geografica Tipica). Da die gesetzlichen Auflagen von Stufe zu Stufe strenger werden, kann diese Stufe als Sprungbrett für die nächsthöhere, die Denominazione di Origine Controllata, betrachtet werden. Die höchste Auszeichnung, die ein italienischer Wein bekommen kann, ist **DOCG, Denominazione di Origine Controllata e Garantita.** Die Weine der beiden höchsten Qualitätsstufen sind den strengsten Regeln unterworfen. Sie dürfen ausschließlich von gesetzlich zugelassenen Rebsorten aus klar abgegrenzten Anbaugebieten mit eindeutigem Qualitätspotenzial hergestellt werden. Zudem muss der Wein eine festgelegte Zeit lang sowohl im Fass als auch in der Flasche gereift sein, bevor er verkauft wird.

Denominazione di Origine Controllata e Garantita (DOCG) [*Weinkunde*] Italienische Bezeichnung für einen Wein mit einer kontrollierten und garantierten Herkunftsbezeichnung. Diese gesetzliche Bezeichnung kann, zumindest in der Theorie, nur Weinen der Spitzenkategorie verliehen werden. Das Gesetz schreibt strenge Regeln bei Anbau und Produktion dieser Weine vor, doch in der Praxis gilt, wie zuvor, dass der Name und die Leistung des Produzenten ein besserer Leitfaden sind. ↑**Denominazione di Origine Controllata**

Denrée [*Franz. Fachwort*] Nahrungsmittel

Dent-de-lion (pissenlit) [*Franz. Speisekarte*] ↑**Löwenzahn**

Denté [*Franz. Speisekarte*] ↑**Zahnbrasse**

Denti d'elefante [*Ital. Speisekarte*] Dicke, glatte und leicht gebogene Hohlnudel von 5 bis 6 cm Länge aus Süditalien

Denti di cavallo [*Ital. Speisekarte*] Pferdezähne: volkstümlicher Nudelname für besonders große ↑**Cannaroni** aus Süditalien

Denti di pecora [*Ital. Speisekarte*] Schafszähne: volkstümlicher Nudelname für kurze ↑**Makkaroni**

Dentice [*Ital. Speisekarte*] ↑**Zahnbrasse**

Dentón [*Span. Speisekarte*] ↑**Zahnbrasse**

Denver omelette [*U.S. Kitchen*] ↑**Omelette** mit ↑**Schinken**, ↑**Zwiebeln**, ↑**Paprika**

Depot [*Weinkunde*] Während der Lagerung können sich Bestandteile des Weines am Flaschenboden absetzen. Ein Depot kann sich bilden, indem sich Gerbstoffe mit noch im Wein vorhandenem Eiweiß verbinden. Das Depot kann durch das Dekantieren vom klaren Wein getrennt werden. Tritt meist bei hochwertigen alten Rotweinen auf und verdirbt bei unsachgemäßer Behandlung den Genuss. Weine mit Depot sollten nur sehr vorsichtig bewegt werden. Einige Tage vor dem Öffnen sollte man die Flasche aufrecht stellen. Es empfiehlt sich, die Weine noch im Keller zu dekantieren. Jede heftige Bewegung kann das Depot aufwirbeln, der Wein ist dann trüb und schmeckt bitter.

Depotfett [*Gesundheit*] Depotfette sind Fette, die zumeist im Unterhautfettgewebe in Organen oder in der Bauchhöhle des Menschen gespeichert sind. Sie dienen der Wärmeisolierung, als Polster und stellen eine Energiereserve dar. Bei normalgewichtigen Männern liegt der Anteil an Depotfett im Körper bei ∅ 20 %, bei Frauen bei ∅ 25 %. Bei Fettsucht (Adipositas) ist die Menge an Depotfett extrem erhöht.

Dépouiller [*Franz. Fachwort*] Abziehen

Derby [*Käse*] **Herkunft:** England/Grafschaft Derbyshire, südwestlich von London; **Käsesorte:** Weich, jedoch schnittfest und fast ohne Löcher mit kaum ausgebildeter essbarer Rinde. 48 % ↑**Fett i.Tr.**; **Milch:** pasteurisierte Kuhmilch; **Geschmack:** mild-delikat; **Info:** Der Käse reift 2, 3 Monate bis zu einem Jahr in kühlen Kellern. Er ist rund mit einem Durchmesser von 38 cm und einer Höhe von 12 cm, er wiegt 14 kg. **Verwendung:** Die wagenradförmigen Laibe wiegen etwa 14 kg und werden hauptsächlich als Toastkäse verwendet. ↑**Sage Derby**

Derby [*Speisegarnitur*] **A** 1. Edward George, Earl of Derby (1865–1948), war nicht nur Erfinder der allgemeinen Wehrpflicht, sondern auch Feinschmecker. 2. Ihm widmete Auguste ↑**Escoffier** seine berühmte ↑**Poularde** Derby, die mit ↑**Reis**, ↑**Trüffeln** und ↑**Gänseleber** gefüllt und anschließend ↑**poeliert** wird. Das ↑**Geflügel** serviert man mit gebratenen ↑**Gänseleberscheiben**, in ↑**Champagner** gekochter Trüffel und ↑**Bratenfond**.

Derndel, Dirndl [*Österr. Küche*] ↑**Cornelkirsche**

Derrière [*Franz. Fachwort*] Hinterteil von Schlachtvieh

Desinfektion [*Fachkunde*] Entkeimung, Vernichtung von Krankheitserregern

Désirée [*Kartoffelsorte*] **Kochtyp:** ↑**Vorwiegend festkochende Kartoffeln**; **Herkunft:** Deutschland; **Jahr der Zulassung:** 1962; **Schale:** rot; **Fleisch:** hellgelb; **Knolle:** oval; **Reifezeit:** mittelfrüh

Desmond [*Käse*] ↑**Irischer Käse**

Desossieren [*Franz. Fachwort*] (frz.: désosser = ausbeinen), frisches ↑**Fleisch**, ↑**Geflügel** von Knochen befreien, ohne die Haut zu verletzen

Dessécher [*Franz. Fachwort*] Dörren

Dessechieren [*Franz. Fachwort*] (frz.: dessécher = trocknen), eine Speise abtropfen lassen, mit Tuch bzw. Küchenkrepp trockentupfen

Dessert [*Unsere Küche*] **T** Am Ende einer Menüfolge reicht man zur Krönung eine der Jahreszeit angepasste Speise, die aus fruchtigem ↑**Kompott**, ↑**Kaltschale** oder ↑**Speiseeis** bestehen kann. Der Winter bietet gehaltvollere Speisen, die kalt (Süßspeisen aus ↑**Brand-** oder ↑**Blätterteig**, kalte ↑Frucht**grützen**, ↑**Gelees**, ↑**Pudding** oder ↑**Flammeri**) oder warm (↑**Omelettes**, ↑**Nockerl**, ↑**Crêpes**, ↑**Strudel**, ↑**Aufläufe** oder Süßspeisen aus ↑**Hefeteig**) angeboten werden.

Dessertnij Belij [*Käse*] **Herkunft:** Russland/Wolgaregion; **Käsesorte:** industriell hergestellter ↑**Weichkäse** aus Kuhmilch, der eine Woche reift

Dessertsoßen [*Unsere Küche*] Sind flüssig bis cremig und runden ↑**Pudding**, ↑**Speiseeis**, ↑**Mehlspeisen**, Obstsalate usw. ab. Am beliebtesten ist ↑**Vanillesauce**, gefolgt von der ↑**Schokoladensoße** und Fruchtsoßen.

Dessertweine [*Weinkunde*] Begriff für Weine mit einem hohen Restzuckergehalt, die traditionell Nachspeisen begleiten. Als Regel gilt, dass der Wein immer süßer als die Nachspeise sein sollte. Ist die Nachspeise süßer als der Wein, so wird er als dünn und unangenehm empfunden. Andere Möglichkeiten ergeben sich, wenn man Kontraste als Leitfaden nimmt: süß und salzig ergänzen sich oft gut, wie z. B. Süßweine und Käse. Letztendlich soll aber nicht die Konvention, sondern der persönliche Geschmack und die Fantasie bei der Abstimmung von Speisen und Getränken entscheiden. Sehr süße Weine, die auch als Likörweine bezeichnet werden, sind Auslesen und Beerenauslesen. Als klassische Dessertweine gelten Samos, Malaga, Marsala, Port und Dulces.

Dessous [*Franz. Fachwort*] Untersatz

Destillation [*Weinkunde*] Bei diesem Verfahren werden Alkohol und Wasser bei verschiedenen Siedepunkten getrennt. Wenn der Wein den Siedepunkt erreicht hat, beginnt der Alkohol zu verdampfen. Diese Dämpfe gelangen in ein separates Gefäß, wo sie abgekühlt werden. Bei der ersten Destillation erhält man den Rohbrand, mit etwa 40 % Vol. Alkohol. Danach folgen noch zwei weitere Destillationen, bei denen der Brand wieder einen höheren Alkoholgehalt erreicht. Es gelangen dabei auch die feinen Aromastoffe in den Brand, die einen Siedepunkt unterhalb dem des Alkohols haben. Es ist das Können des Brenners, diese Feinheiten bei der Destillation zu bewahren und zu fördern. Ein spezieller Fall ist die fraktionierte Destillation, die bei der Aromengewinnung eine Rolle spielt.

Détremper [*Franz. Fachwort*] Abrühren

Deutsche Art [*Speisegarnitur*] **A Speisegarnitur** für **Süsswasserfisch** – in Fischsud, mit ↑**Wurzelgemüse** und ↑**Salbeiblättern** ↑**pochiert**. Die ↑**Sauce** bereitet man aus dem gebundenen ↑**Sud**, vollendet mit ↑**Sahne**.

Deutsche Küche [*Unsere Küche*] **A** Unter der **Deutschen Küche** fasst man die verschiedenen Kochstile zusammen, die in Deutschland vorherrschen. Es gibt aber keine zusammenhängende „deutsche Küche", da jede Region ihre eigenen Spezialitäten hat. Bayern und Schwaben im Süden haben viele gemeinsame Gerichte, deren Verbreitung oft bis nach Österreich und in die Schweiz reicht. Im Westen Deutschlands gibt es einen stärkeren Einfluss der ↑**Französischen Küche**, während der Osten mehr mit der osteuropäischen Küche gemeinsam hat. Der Norden Deutschlands wird traditionell durch seine Nähe zum Meer geprägt. **Geschichte:** Bis in die 1970er-Jahre dachte man bei deutscher Küche an deftige, schwere Gerichte, fleischhaltige Speisen wie ↑**Sauerkraut**, ↑**Kohl**- und ↑**Rinderrouladen** sowie ↑**Eintopf**. Deutschland liegt relativ weit nördlich in Europa, in harten Winterzeiten musste auf die Kalorienzufuhr geachtet werden. Das resultierte in derben Kartoffelgerichten (Deutschland zählt zu den Staaten, die den höchsten ↑**Kartoffel**verbrauch haben, obwohl Kartoffeln erst seit wenigen hundert Jahren zur deutschen Küche gehören) und in Sauerkraut, das die ↑**Vitamin-C**-Versorgung in Winterzeiten sicherstellte, da viele Früchte in Deutschland nicht wuchsen. **Gegenwart:** Die Zeiten haben sich geändert, die deutsche Küche befindet sich im Umbruch. Durch EU und Globalisierung ist das ganze Jahr über Hochsaison für ↑**Obst** und ↑**Gemüse**. Noch nie gab es in Deutschland ein so großes Angebot an bekannten und unbekannten, traditionellen und exotischen Nahrungsmitteln. Von der Schwere und Derbheit ehemaliger deutscher Speisen ist nicht viel übrig geblieben. Die reisefreudigen Deutschen wagten in den vergangenen Jahrzehnten den Blick über den eigenen Tellerrand und entdeckten Gerichte, die „importiert" wurden. So gab es neben Eintopf, ↑**Schnitzel**, ↑**Schweinebraten** und ↑**Eisbein** auch fremde Gaumenfreuden. Mittlerweile sind ↑**Spaghetti**, ↑**Pizza**, ↑**Döner**, ↑**Sushi** und ↑**Steaks** eingedeutscht worden. In relativ kurzer Zeit vollzog sich ein Wandel zu abwechslungsreicherer, leichterer und gesünderer Küche. Was aber nicht bedeutet, dass die deutsche Küche passé ist; ganz im Gegenteil. Getreu dem Motto: „Was andere können, können wir auch", erblüht in deutschen Restaurants unter der Führung aufgeschlossener, junger, dynamischer Köche eine neue deutsche Küchenkultur. Sie lehnt sich an alte, deutsche und internationale Werte an, berücksichtigt die moderne ↑**Ernährungsphysiologie**. Ein Trend, der nicht kurzfristig ist, sondern eine neue europäische oder weltanschauliche Lebenseinstellung spiegelt. **Brot:** Die Vielfalt der Brotsorten ist enorm, jede Region hat ihre Spezialitäten. Bundesweit sind weit über 300 verschiedene Sorten bekannt. **Deutsche Essgewohnheiten:** Traditionell ist die Hauptmahlzeit des Tages das Mittagessen, das zwischen 12 und 14 Uhr eingenommen wird. Das Abendbrot ist meist eine kleinere Mahlzeit, die oftmals auch nur aus ein paar belegten Broten mit den beliebten ↑**Gewürzgurken** und ↑**Tomaten** besteht. Sich wandelnde Arbeits- und Lebensgewohnheiten haben dazu geführt, dass auch viele Deutsche ihre Hauptmahlzeit abends zu sich nehmen. Das Frühstück besteht meist aus ↑**Brötchen**, ↑**Toast** oder ↑**Brot** mit ↑**Butter** oder ↑**Margarine**, ↑**Marmelade** oder ↑**Honig**, ↑**Wurst** oder ↑**Käse**. Auch ↑**Müsli** zusammen mit ↑**Milch**, ↑**Jogurt** oder anderen ↑**Milchprodukt**en ist recht beliebt. Kinder mögen die süßen Nuss-↑**Nougat**crèmes. **Fleisch und Fisch:** ↑**Schweine**, ↑**Rind**er und ↑**Geflügel** sind die Hauptlieferanten des verzehrten Fleisches. ↑**Huhn** ist am verbreitetsten, ↑**Ente**, ↑**Gans** und ↑**Tauben** werden aber auch gegessen. Das neue Gesundheitsbewusstsein hat ↑**Truthahn** und ↑**Pute** einen hohen Stellenwert verschafft. Während der Jagdzeiten ist ↑**Wild** begehrt (besonders ↑**Wildschwein**-, ↑**Hasen**- und ↑**Reh**-Fleisch). ↑**Speisepilze** haben das ganze Jahr über Saison. ↑**Lamm**- und ↑**Ziegen-Fleisch** sind zwar gleichfalls im Handel, aber noch nicht so populär. ↑**Pferdefleisch** wird in einigen Regionen als Spezialität angesehen. Die Deutschen lieben ↑**Wurst**, von der es ein vielfältiges Angebot gibt. Die ↑**Forelle** ist in der deutschen Küche der verbreitetste ↑**Fisch**, gefolgt von ↑**Karpfen** und ↑**Barsch**. Fangfrische Meerestiere sind traditionsgemäß eher im Küstenbereich der Nord- und Ostsee verbreitet, jedoch erfreuen sich ↑**Heringe** und ↑**Lachse** sowie tiefgekühlte Fische steigender Beliebtheit. Fische werden hauptsächlich gegrillt serviert, aber auch geräuchert. **Gemüse:** wird häufig in Eintopfgerichten und Gemüsesuppen gegessen oder als Beilage serviert. ↑**Zwiebeln**, ↑**Karotten**, ↑**Rüben** (wieder), ↑**Kohlrabi**, ↑**Spinat**, ↑**Erbsen**, ↑**Bohnen**, ↑**Brokkoli**, ↑**Blumen-**, ↑**Rot** – und ↑**Weißkohl** sind verbreitet, dazu kommen verschiedene ↑**Blattsalate**, ↑**Tomaten**, ↑**Gemüsepaprika** und ↑**Gurken**. Als Saisongemüse gehört ↑**Spargel** im Frühjahr sowie ↑**Rosen-** und ↑**Grünkohl** im Winter zu den ungeschlagenen Spezialitäten. **Beilagen:** In deutschen Restaurants sind – anders als in Frankreich oder Großbritannien – die Beilagen immer im Gesamtpreis eines Essens enthalten. Deutsche Nudeln sind dicker als italienische ↑**Pasta** und enthalten meist ↑**Eigelb**. Im südlichen Teil des Landes überwiegen die ↑**Spätzle** als Nudelvariante, mit einem sehr hohen Anteil an ↑Eiern. Außer ↑**Nudeln** sind ↑**Reis**, ↑**Kartoffeln**, ↑**Klöße** oder Knödel, frische Gemüsesalate häufige Beilage. In Schnellrestaurants und an Imbissständen werden „Burger" (Cheeseburger, Chickenburger ↑**Hamburger**) ↑**Currywurst** sowie ↑**Pommes frites** als Beilage oder Hauptgericht verzehrt. **Gewürze und Kräuter:** ↑**Senf** ist eine beliebte Beigabe zu Würsten sowie kalten ↑**Braten** und wird meist sehr scharf bevorzugt. Im Süden gibt es eine süße Variante, der fast ausschließlich mit den bayerischen Spezialitäten „↑**Weißwurst**" und „↑**Leberkäse**" serviert wird. ↑**Meerrettich** wird auch gerne als Gewürz benutzt. ↑**Knoblauch** hat nie eine große Rolle in der traditionellen deutschen Küche gespielt und war lange Zeit wegen des Geruches sogar ausgesprochen verpönt. Nun erfreut er sich aber durch den Einfluss der ↑**Französischen** und ↑**Mediterranen Küche** zunehmender Popularität. Traditionelle deutsche ↑**Kräuter** sind, mit Ausnahme von Senf oder Meerrettich, nur selten scharf und würzig. Die Lieblingskräuter sind ↑**Petersilie**, ↑**Thymian**, ↑**Majoran**, ↑**Lorbeer** und ↑**Schnittlauch**, bei den Gewürzen unter anderem ↑**Pfeffer**, ↑**Muskatnuss**, ↑**Wacholderbeeren** und ↑**Kümmel**. Andere inzwischen beliebt gewordene Kräuter sind ↑**Basilikum**, ↑**Rosmarin** und ↑**Oregano**, auch scharfe ↑**Chilischoten** sind populär geworden. **Milchprodukte:** Deutschland ist ein Land, in dem Milchprodukte die größte Vielfalt erreichen. Neben einer reichen Palette an Käsesorten gibt es viele Sorten ↑**Quark**, ↑**Jogurt**, ↑**Buttermilch**, ↑**Kefir** und ↑**Dickmilch**. **Nachspeisen:** ↑**Kompotte** aus eingemachtem Obst, ↑**Kaltschalen** und verschiedene ↑**Puddingsorten** sind genauso populär wie die Vielzahl an Varianten von Torten und Kuchen, die meist mit frischen ↑**Äpfeln**, ↑**Pflaumen**, ↑**Erdbeeren**, ↑**Kirschen** oder ↑**Rhabarber** gebacken werden. ↑**Käsekuchen** ist ebenfalls sehr beliebt. Seit den 1950er-Jahren, als eine italienische Eisdiele nach der anderen eröffnete, ist ↑**Speiseeis** aus der deutschen Küchen- und Freizeitkultur nicht mehr wegzudenken.

Deutscher Kaviar [*Fisch*] Gesalzener, meist gefärbter, mit einer gewürzten Bindemasse hergerichteter Rogen (Eier) von See- und Süßwasserfischen

Deutscher Pfeffer [*Gewürze & Kräuter*] ↑**Basilikum**

Deutsches Beefsteak [*Fleischprodukte*] Erzeugnis aus ↑**Hackfleisch** (↑**Frikadelle**, ↑**Bulette**)

Deutsches Corned beef [*Fleischprodukte*] Geleeartiges Rindfleischerzeugnis aus leicht gepökeltem ↑**Rindfleisch**. Nach geltendem Recht darf Deutschem Corned beef nur so viel Fremdwasser zugesetzt werden, wie beim Vorgaren des Fleisches an Eigenwasser verloren geht.

Deutsches Weinsiegel [*Weinkunde*] Erhalten Weine, die nach der amtlichen Qualitätsprüfung eine weitere freiwillige Kontrolle bestehen

Deutschlands Weinanbaugebiet [*Weinkunde*] In Deutschland gesetzlich festgelegtes Gebiet, in dem Wein angebaut werden darf. Das deutsche Weingesetz teilt die deutschen Weinbauregionen in 13 geografisch bestimmte Anbaugebiete ein: ↑**Ahr**, ↑**Baden**, ↑**Franken**, ↑**Hessische Bergstraße**, ↑**Mittelrhein**, ↑**Mosel-Saar-Ruwer**, ↑**Nahe**, ↑**Pfalz**, ↑**Rheingau**, ↑**Rheinhessen**, ↑**Saale-Unstrut**, ↑**Sachsen** und ↑**Württemberg**. Diese Anbaugebiete setzen sich aus verschiedenen kleineren Teilgebieten zusammen, den so genannten Bereichen. Ein Bereich besteht wiederum aus einer oder mehreren Großlagen. Eine Großlage umfasst eine oder mehrere Einzellagen. Ein Wein darf nur als Qualitätswein bestimmter Anbaugebiete (↑**QbA**) in den Verkehr gebracht werden, wenn er ausschließlich in einem einzigen Anbaugebiet von gesetzlich zugelassenen Rebsorten bereitet worden ist. Das Lesegut muss einen Mindestreifegrad, ausgedrückt in ↑**Mostgewicht**, erreicht haben. Im Gegensatz zu Frankreich, wo die geografische Herkunft (↑**AOC**) die Qualitätsstufe eines Weines bestimmt, wird die Qualität eines deutschen Weines nach Reife und dem danach ausgerichteten Erntemoment eingestuft. Abgesehen von ↑**Land-** und ↑**Tafelweinen** bilden die Qualitätsweine bestimmter Anbaugebiete die unterste Stufe mit der niedrigsten Reifegradforderung. Dann gibt es die höhere Stufe Qualitätswein mit Prädikat (↑**QmP**), die, wiederum nach zunehmendem Reifegrad, in ↑**Kabinett**, ↑**Spätlese**, ↑**Auslese**, ↑**Beerenauslese (BA)** und ↑**Trockenbeerenauslese (TBA)** eingeordnet ist. ↑**Wein**

Deviled eggs [*U.S. Kitchen*] Gefüllte Eier

Devils food cake [*U.S. Kitchen*] Schwerer, feuchter ↑**Schokoladen**kuchen, oft auch noch mit Schokoguss gefüllt und überzogen

Dextrine [*Gesundheit*] **T** Abbauprodukte der ↑**Stärke** bzw. von Polysacchariden, die durch das ↑**Enzym** Amylase, durch die Einwirkung von Säure oder durch Erhitzen auf über 150° C entstehen. Bei der Herstellung von Lebensmitteln bilden sich Dextrine beim Brotbacken, Getreidemälzen (Bierbrauen) und bei der Malzextrakt- und Stärkesirupherstellung. Deshalb enthalten ↑**Zwieback**, ↑**Toast** und Krusten von Gebäck viele Dextrine. Dextrine werden wie andere ↑**Kohlenhydrate** vom Menschen verdaut.

Dextrose [*Gesundheit*] **T** Synonym für ↑**Glucose** oder ↑**Traubenzucker** (Monosaccharid). Diese Zuckerart ist natürlicher Bestandteil des ↑**Honig**s und der meisten süßen ↑**Früchte** und kann aus ↑**Stärke** gewonnen werden. Dextrose ist nicht so süß wie ↑**Saccharose**.

Dezaley [*Weinkunde*] Ein guter trockener Schweizer Weißwein aus der Chasselasrebe (↑**Gutedel**)

Deziliter [*Fachkunde*] Hohlmaß = 0,1 l; Abk.: dl

Dezimeter [*Fachkunde*] Längenmaß = 0,1 Meter; Abk.: dm

Dezitonne [*Fachkunde*] Abk.: dt = 100 kg

DFD-Fleisch [*Fachkunde*] Qualitätsabweichung bei ↑**Fleisch**. D = dark (dunkel), F = firm (fest), D = dry (trocken). Fachbezeichnung für: „Leimiges Fleisch", pH-Wert 6,4 bis 6,7 und höher

Dhal [*Intern. Länderküche*] Gericht aus roten ↑**Linsen**, das es nur in der Karibik gibt. Von den Indern in die Karibik gebracht, gehören rote Linsen heute zum festen Bestandteil der ↑**Kreolischen Küche.**

Dhalpurri [*Intern. Länderküche*] **A** Gericht aus der Karibik, wo es **Fast**-↑**Food**-Standard erreicht hat. Dazu wird dünnes ↑**Fladenbrot** auf einer heißen Eisenplatte gebacken und mit gemahlenen ↑**Erbsen** und/oder ↑**Kokosraspeln** bestreut. Nun befüllt man zwei von diesen Dhalpurris mit ↑**Kichererbsen**, ↑**Kürbis** oder ↑**Hühnercurry** und legt sie zum Essen aufeinander. Diese so genannten ↑**Rotis** kommen ursprünglich aus Indien und sind wahlweise mild oder scharf, stark sättigend und für wenig Geld überall erhältlich. ↑**Kreolische Küche**

Dhudi [*Exotische Früchte*] Gurkenartige, hier unbekannte Kürbisart aus Kenia, die als Gemüse gegart wird

Di magro [*Ital. Speisekarte*] ↑**Fleisch**los

Diabetes [*Fachkunde*] ↑**Zuckerkrankheit**

Diabetes mellitus [*Fachkunde*] Stoffwechsel-Störung, die durch Insulinmangel oder ungenügende Insulinwirkung charakterisiert ist und zu einem übermäßigen Anstieg des Blutzuckerspiegels führt. Es wird zwischen Typ I Diabetes (Jugenddiabetes) und Typ II Diabetes (Altersdiabetes) unterschieden. Ein langfristig erhöhter Blutzuckerspiegel kann zu Schädigungen der Blutgefäße, Nerven, Augen und Nieren führen. Die Diabetes-Behandlung beinhaltet je nach Situation Ernährungsumstellung, Bewegung, Insulintherapie und/oder Einnahme von Medikamenten.

Diabetes-Diät [*Gesundheit*] **T** Heute spricht man nicht mehr von einer „Diät" für Diabetiker. Die vollwertige Ernährung bildet die Grundlage der Behandlung aller Diabetiker. Ausgefallene Lebensmittel und spezielle Diabetiker-Lebensmittel sowie aufwändige Zubereitungsarten sind überflüssig. Für einen übergewichtigen Typ-II-Diabetiker steht immer die Gewichtsabnahme an erster Stelle. Dies geschieht mit einer energiereduzierten Mischkost. Nur wer weniger isst als er verbraucht, wird erfolgreich abnehmen, denn dann ist der Körper gezwungen, auf seine Fettreserven zurückzugreifen. Es ist aber nicht damit getan, einfach weniger zu essen als bisher. Wichtig ist, dass die Lebensmittel richtig ausgewählt werden. Jede Lebensmittelgruppe liefert lebensnotwendige ↑**Nährstoffe** (↑**Eiweiß**, ↑**Fett**, ↑**Kohlenhydrate**, ↑**Mineralstoffe**, ↑**Spurenelemente**, ↑**Vitamine**, ↑**Ballaststoffe** und Wasser). Diabetiker sollten zu jeder Mahlzeit kohlenhydrathaltige Lebensmittel, z. B. ↑**Getreideprodukte**, ↑**Kartoffeln**, ↑**Brot**, ↑**Obst** oder ↑**Milch** verzehren und immer, wenn möglich, an ↑**Fett** sparen. Auf ↑**Zucker** und zuckerhaltige Lebensmittel wie Kuchen, Gebäck, ↑**Honig**, ↑**Marmelade**, Süßigkeiten aller Art und vor allem süße Getränke sollte ebenfalls verzichtet werden, da der Zucker in diesen Lebensmitteln den Blutzuckerspiegel schnell ansteigen lässt.

Diabetic [*U.S. Kitchen*] ↑**Diabetiker**

Diabetiker Typ II Ernährung [*Gesundheit*] Beim Diabetiker liegt eine Störung der Insulinproduktion vor. Insulin ist der Stoff, der den Blutzuckerspiegel konstant hält. Ist der Zuckerstoffwechsel gestört, kann es zu starken Blutzuckerschwankungen kommen, die zum so genannten Über- oder Unterzucker (Hyper- oder Hypoglykämie) führen können. Der Typ II Diabetiker, der nicht oder noch nicht Insulin spritzen muss, kann diese Blutzuckerschwankungen durch die richtige Ernährung sehr gut in den Griff bekommen. Im Mittelpunkt stehen dabei – wie beim erhöhten ↑**Cholesterin**spiegel – eine Reduktion des Körpergewichts, kalorienarme Getränke sowie viel Bewegung. Wichtig ist eine langfristige Ernährungsumstellung, da kurzfristige „Diäten" den Blutzuckerspiegel nicht normalisieren. Für Diabetiker Typ I und solche des Typs II, die insulinpflichtig sind, ist eine intensive Unterweisung in Ernährungsfragen zwingend notwendig.

Diabetiker-Kartoffel [*Gemüse*] ↑**Topinambur**

Diabetikerwein [*Weinkunde*] Dürfen bei 20 g vergärbarem Zucker höchstens 4 g/l Glukose enthalten. Wenn diese Grenze nicht überschritten wird, sind auch halbtrockene und liebliche Weine für Diabetiker geeignet. Auf dem Rückenetikett muss jedoch ausgewiesen sein, dass der Wein für Diabetiker geeignet ist. Diese erweiterte Zuckergrenze wurde erst durch moderne Kellertechnik möglich. Traubenmost enthält normalerweise Traubenzucker und Fruchtzucker im Verhältnis 1:1. Eine gekühlte, schonende Gärung führt dazu, dass zuerst der Traubenzucker vergoren wird und anschließend erst der Fruchtzucker. Es entstehen dann halbtrockene Weine, die Diabetiker genießen dürfen.

Diabetischer Schock [*Gesundheit*] Folge einer massiven Unterzuckerung im Blut (Hypoglykämie). Verursacht wird Unterzucker, wenn Diabetiker zu wenig kohlenhydratreiche Lebensmittel gegessen und/oder eine zu hohe Dosis Insulin oder blutzuckersenkender Medikamente (Sulfonylharnstoffe) eingenommen haben. Der Blutzuckerspiegel sinkt dabei unter 60 mg pro 100 ml Blut. Zittern, Schweißausbruch, Herzklopfen bis hin zur Bewusstlosigkeit treten ein. Der diabetische Schock kann durch so genannte „Not-BE" in Form leicht resorbierbarer ↑**Kohlenhydrate**, z. B. ↑**Traubenzucker**, verhindert werden. Diabetiker müssen mit ihrem Arzt besprechen, welche vorbeugenden Maßnahmen sie gegen eine massive Unterzuckerung treffen können.

Diabetisches Koma [*Gesundheit*] Folge von massiv erhöhtem Blutzucker (Hyperglykämie). Nimmt der Diabetiker zu viel kohlenhydratreiche Nahrung auf und/oder nimmt kein(e) bzw. nicht genügend Insulin oder blutzuckersenkende Medikamente ein, kommt es zu einer erhöhten Zuckerkonzentration im Blut. Der Blutzucker ist über längere Zeit über 160 mg pro 100 ml Blut. Das führt zu Acetongeruch im Atem als Folge von ↑**Ketonkörper**bildung und zu Bewusstlosigkeit.

Diable [*Franz. Fachwort*] **1.** Tontopf mit Deckel, um gewisse ↑**Gemüse** (↑**Kartoffeln** in der Schale, ↑**Rüben**, ↑**Zwiebeln**, ↑**Kastanien**) ohne Wasser zu kochen; **2.** Speisegarnitur **à la diable** „teuflisch" scharf gewürzt, in oder mit scharfer Sauce. ↑**Sauce diable**

Diablotin [*Franz. Speisekarte*] **1.** Kleine überbackene Käseschnitte mit ↑**Camembert** oder ↑**Roquefort**, meist als Vorspeise; **2.** Knallbonbon

Diacetyl [*Käse*] Butteraroma im ↑**Käse**

Dialyse [*Gesundheit*] Normalerweise reinigen die Nieren das Blut und scheiden Stoffe, die im Stoffwechsel entstehen und in größeren Mengen für den Körper schädlich wären (z. B. Harnstoff), über den Harn aus. Bei Menschen, deren Nieren ihre Reinigungsfunktion nur noch eingeschränkt oder gar nicht erfüllen können, reichern sich schädliche Stoffe im Körper an. Bei ihnen muss eine künstliche Niere bzw. die Dialyse die Nierenfunktion übernehmen. Alle 2 bis 4 Tage wird das Blut von chronisch erkrankten Nierenpatienten auf diese Weise gereinigt. Es ist lebenswichtig für diese Menschen, einen Ernährungsplan mit dem behandelnden Arzt aufzustellen, um eine geregelte Nährstoffzufuhr im Rahmen der Behandlung zu garantieren.

Diane, à la [*Speisegarnitur*] **A** **Diana – Speisegarnitur** für **kurzgebratenes Wild** – mit Püree von ↑**Edelkastanien** und Wildfarceklößchen in ↑**Madeira**. ↑**À la Diana** oder **chasseur, á la**

Diarrhö [*Gesundheit*] Medizinische Bezeichnung für starken Durchfall mit mehr als drei dünnflüssigen Stühlen pro Tag. Ursachen können sein: Milchzuckerunverträglichkeit, Sprue, Zöliakie, Darmkrebs, Salmonellose oder andere Bakterien- und Vireninfektionen (z. B. Reisedurchfall). Die ärztliche Behandlung der Diarrhö erfolgt entsprechend der verursachenden Erkrankung. Wichtig ist stets, den Wasser- und Salzverlust (Elektrolytverlust) wieder auszugleichen. ↑**Alkohol**, ↑**Kaffee** und ↑**Milch** eignen sich **nicht** als Flüssigkeitsersatz. Besonders wichtig ist der Wasser- und Elektrolytausgleich für Säuglinge und Kleinkinder. Ihnen sollte immer wieder Flüssigkeit gegeben werden, bis sie keinen Durst mehr verspüren. ↑**Cola und Salzstangen sind bei Säuglingen und Kleinkindern nicht empfehlenswert. Denn Cola enthält zu viel** ↑**Zucker, zu wenig Salze (Elektrolyte) und zudem** ↑**Coffein.**

Diät bei Magenschleimhautentzündungen [*Gesundheit*] **T** Bei akuter Gastritis sind Nahrungsvergiftungen (meist durch einen akuten Brechdurchfall begleitet) häufige Ursachen. – Alkohol-, Kaffee- und Nikotinmissbrauch, zu üppige Mahlzeiten und der Genuss verdorbener Speisen sind häufigste Auslöser, gefolgt von Virusinfektionen. Auch zu heißes oder kaltes Essen und Trinken kann zu einer akuten Magenschleimhautentzündung führen. Außerdem spielen seelische Ursachen, z. B. Stress, eine große Rolle. – Die Beschwerden sind in der Regel krampfartige Schmerzen und Druckgefühl im Oberbauch, Übelkeit und Erbrechen. – Die Behandlung zielt auf Ausschaltung der Ursache; ein- bis mehrtägiges Fasten bei Zufuhr von ungesüßtem ↑**Tee** (↑**Kamille**) führt meist rasch zu Beschwerdefreiheit. Nach ↑**Zwieback**, Schleimsuppen, leichten ↑**Milchprodukten** (↑**Jogurt** ...) folgen dem Abklingen der Hauptsymptome die ↑**Leichte Vollkost** und der Übergang zur normalen ↑**Ernährung**. ↑**Krankendiät**

Diät bei Magen- bzw. Zwölffingerdarmgeschwüren [*Gesundheit*] **T** Schmerzhafte Geschwüre (**Ulcuskrankheit**) entstehen, wenn es durch die Salzsäure des Magens zu einer Andauung der Schleimhaut im Magen bzw. Dünndarm kommt, da die Schutzmechanismen des Körpers zusammengebrochen sind. Es überwiegen die aggressiven Faktoren, die auf die Schleimhaut einwirken. Ursachen sind u. a. neben Veranlagung, Stress (vermehrte Magensäureproduktion), Rückfluss von Galle in den Magen eine bakterielle Besiedlung mit Helicobacter Pylori. Hauptsymptom ist der Schmerz im mittleren Oberbauch, beim Magengeschwür gleich nach einer Mahlzeit, beim Zwölffingerdarmgeschwür im Nüchternzustand, vorwiegend nachts. Bei Geschwüren blieb eine große Zahl verschiedener Diätformen (Schonkostformen) erfolglos. **Strenge Ernährungsvorschriften führen zu keiner besseren Ausheilung von Geschwüren, bringen aber, wenn sie einseitig sind, die Gefahr der Mangelernährung mit sich.** Die ↑**Leichte Vollkost** wird gut toleriert. Die früher wochenlang verabreichte flüssigbreiige Kost ist allenfalls bei heftigen Beschwerden ein bis zwei Tage einzuhalten. – Sinnvoll ist die Verteilung auf mehrere Mahlzeiten, da dann die Pufferwirkung durch die Nahrung am längsten anhält. – ↑**Kaffee** und ↑**Alkohol** sollten, wenn überhaupt, nicht zwischen den Mahlzeiten genossen werden, da im leeren Magen dann keine Pufferung erfolgen kann. Bei Verwendung von ↑**Gewürzen** ist Vorsicht angebracht, ebenso sind stark saure, gesalzene und geräucherte Speisen zu meiden. – Nach Abklingen der Hauptsymptome gelten die Prinzipien der ↑**Leichten Vollkost**. ↑**Krankendiät**

Diät bei Durchfall [*Gesundheit*] **T** Bei akuter Entzündung im Magen-Darm-Trakt (Gastroenteritis) kommt es zu Durchfällen (Diarrhö), meist mit starkem Flüssigkeitsverlust. – Die Therapie besteht zunächst darin, einen Tag auf das Essen zu verzichten, jedoch bei ausreichender Flüssigkeitszufuhr. – Geeignet sind ↑**Schwarztee** (wirkt durch Gerbstoffe stopfend) sowie Mineralstoffpräparate aus der Apotheke, die vor allem bei stärkerem Durchfall den Mineralstoffverlust ausgleichen. – Nach dem Fastentag wird dann die Ernährung langsam und stufenweise über gesüßten Tee (↑**Traubenzucker**), ↑**Zwieback**, Schleimsuppen, ↑**Leichte Vollkost** bis zur normalen ↑**Ernährung** aufgebaut. Nach Abklingen der Hauptsymptome gelten die Prinzipien der ↑**Leichten Vollkost**. ↑**Krankendiät**

Diät bei Erkrankungen des Dickdarms [*Gesundheit*] **T Colitis ulcerosa** ist eine wiederkehrende Entzündung der Dickdarmschleimhaut mit Geschwüren, deren Ursache unbekannt ist. Hauptsymptome sind krampfartige Schmerzen und blutig schleimende Stühle. Es kommt zu Blut-, Mineralstoff- und Wasserverlusten. Bei der Behandlung kommt möglicherweise einer milcheiweißfreien Kost eine gewisse Bedeutung zu. Während der akuten Phase wird eine schlackenarme, ansonsten eine ↑**Leichte Vollkost** gegeben. Positive Behandlungsergebnisse wurden auch nach voll resorbierbarer ↑**Formuladiät**, ↑**Elementardiät**, ↑**Astronautenkost** berichtet. Nach Abklingen der Hauptsymptome gelten die Prinzipien der leichten Vollkost. ↑**Krankendiät**

Diät bei chronischer Stuhlverstopfung [*Gesundheit*] **T** Bevor Abführmittel eingesetzt werden, sollte die Behandlung einer Stuhlverstopfung (Obstipation) mit ballaststoffreichen Lebensmitteln beginnen. Eine entsprechende Wirkung zeigen ↑**Weizenkleie** und ↑**Leinsamen**. Lebensmittel wie ↑**Schwarztee**, ↑**Rotwein**, ↑**Heidelbeeren**, ↑**Kakao** und ↑**Schokolade** fördern die Verstopfung und sind zu meiden. Wichtig bei der Bekämpfung der Stuhlverstopfung ist neben ausreichender Flüssigkeitszufuhr, Bewegung, Aufnahme von Ballaststoffen auch die Erziehung des Darms, z. B. durch einen Toilettengang zu einer bestimmten Uhrzeit ohne Zeitdruck. ↑**Krankendiät** & ↑**Ballaststoffreiche Nahrungsmittel**

Diät bei Divertikulose [*Gesundheit*] **T** Die Divertikulose des Dickdarms sind etwa haselnussgroße, sackförmige Ausstülpungen der Dickdarmwand, die sich im höheren Alter häufen. Divertikel entstehen bei entsprechender Veranlagung durch jahrelangen überhöhten Druck im Darm, wie er bei ballaststoffarmer Ernährung vorliegt. **Probleme entstehen durch Entzündungen der Divertikel** (Divertikulitis): Fieber, Schmerzen, Durchfall und evtl. Darmdurchbruch. Ballaststoffreiche Kost bzw. Zugabe von ↑**Kleie** kann die Entstehung von Divertikeln und das Auftreten von Komplikationen verhindern. **Eine ballaststoffreiche Kost ist auch bei chronischer Stuhlverstopfung wichtig.** ↑**Krankendiät** & ↑**Ballaststoffreiche Nahrungsmittel**

Diät bei Erkrankung der Bauchspeicheldrüse [*Gesundheit*] **T** Häufigste Ursachen für eine entzündete Bauchspeicheldrüse (Pankreatitis) sind Gallensteinleiden und – besonders bei der chronischen Entzündung – **Alkoholmissbrauch.** Es ist eine eher seltene, aber bedrohliche Erkrankung, die in etwa 15 % der Fälle sogar tödlich endet. Im akuten Stadium muss das erkrankte Organ dadurch ruhiggestellt werden, dass Nahrung und Flüssigkeit über die Blutbahn zugeführt werden. Dann erfolgt ein langsamer Kostaufbau, der vom Arzt gesteuert wird. Nach Abheilung erübrigt sich eine spezifische Diät. **Auf ↑Alkohol muss verzichtet werden.** Bleibt nach akuter oder chronischer Entzündung ein Sekretionsmangel von Verdauungsenzymen, ist eine fettarme Diät einzuhalten, unterstützt durch besonders leicht verdauliche ↑**Fette** und durch Einnahme von Verdauungsenzymen. Fette ↑**Seefische** (↑**Lachs**, ↑**Hering** usw.), die reich an entzündungshemmenden ↑**Omega-3-Fettsäuren** sind, fördern den Heilprozess. – Nach Abklingen der Hauptsymptome gelten die Prinzipien der ↑**Leichten Vollkost**. ↑**Krankendiät**

Diät bei akuter und chronischer Hepatitis, Leberzirrhose [*Gesundheit*] **T** Bei den meisten Lebererkrankungen ist eine Ernährung mit normaler ↑**Leichter Vollkost** am wirkungsvollsten. Allerdings besteht im Anfangsstadium einer Leberentzündung häufig eine ausgeprägte Appetitlosigkeit. „Leberschonkostformen" mit unterschiedlichen Mengen von ↑**Fett**, ↑**Eiweiß** und ↑**Kohlenhydraten** (Quarkdiät) hatten keinen Einfluss auf die Abheilung der Leberentzündung oder den Verlauf einer Leberzirrhose. Heute weiß man, dass der Eiweißbedarf bei Hepatitis und Leberzirrhose nicht höher liegt als bei einem gesunden

Körper (0,8 g/kg Körpergewicht). Die Eiweißzufuhr muss nur dann reduziert werden, wenn es zu einer deutlichen Einschränkung der Entgiftungsfunktion der Leber gekommen ist (fortgeschrittene Leberzirrhose). Bezüglich der Verträglichkeit von ↑**Eiweißhaltigen** Lebensmitteln gilt folgende Reihenfolge: pflanzliches Eiweiß, dann Milch- und Eiereiweiß vor Fleisch- und Fischeiweiß. **Eine der wichtigen Maßnahmen bei allen Lebererkrankungen ist die strikte Einhaltung des Alkoholverbotes.** – Nach Abklingen der Hauptsymptome gelten die Prinzipien der Leichten Vollkost. ↑**Krankendiät**

Diät bei Fettleber [*Gesundheit*] **T** In unseren Breiten stehen hauptsächlich zwei Fettleberformen im Vordergrund, deren Behandlung sich nach der auslösenden Ursache richtet. Die Mastfettleber (als Folge einer Überernährung) und die alkoholische Fettleber. Die Mastfettleber bildet sich in der Regel vollständig zurück, wenn das Übergewicht reduziert wird. Abnehmen steht an erster Stelle. Eine alleinige Reduktion der Fettzufuhr reicht nicht aus, da überschüssige ↑**Kalorien**, die in Form von **Kohlenhydraten** und ↑**Eiweiß** zugeführt werden, in der Leber zu Fett umgebaut werden. **Wichtig ist deshalb die Reduktion der Energiezufuhr.** Man hat festgestellt, dass eine kohlenhydratreiche, fettarme Diät die Fetteinlagerung in der Leber begünstigt, während eine kohlenhydratärmere und etwas fettreichere Diät der Fetteinlagerung entgegenwirkt und eher ↑**Fett** mobilisiert. Bei alkoholischer Fettleber und Leberzirrhose führt Verzicht auf ↑**Alkohol** eindeutig zur Verbesserung. **Weitertrinken verringert die Lebenschancen.** Neben Ernährungsmaßnahmen kann die Einnahme von Medikamenten erforderlich werden, jedoch ist darauf zu achten, dass manche Medikamente die Leber zusätzlich belasten. Es wird deshalb dringend empfohlen, Medikamente nicht ohne Beratung durch den Arzt oder Apotheker einzunehmen. Außerdem sollte man sich einen Ernährungsplan vom Arzt aufstellen lassen. Die wichtigste Maßnahme bei allen Lebererkrankungen ist die strikte Einhaltung des Alkoholverbotes. – Nach Abklingen der Hauptsymptome gelten die Prinzipien der ↑**Leichten Vollkost.** ↑**Krankendiät**

Diät bei Gallensteinleiden [*Gesundheit*] **T** Gallensteine werden hauptsächlich auf Fehlernährung (Übergewicht, ↑**Fett**, ↑**Cholesterin**, Ballaststoffarmut) zurückgeführt. Als Komplikationen bei Gallensteinen gelten Entzündungen und Gelbsucht. Im Gegensatz zu früheren Ansichten scheint eine normale Fettmenge in der Nahrung keine Auswirkungen auf akute Komplikationen zu haben. Allenfalls große Fettmengen können durch plötzliches Auslösen einer Gallenblasenkontraktion Beschwerden hervorrufen. Neben sehr fettreichen Speisen können vor allem ↑**Eigelb**, ↑Bohnen**kaffee**, ↑**Alkohol**, eiskalte Speisen bzw. Getränke, aber auch Stress und Ärger eine Kolik auslösen. Wer vorbeugen will oder schon Gallensteine hat, sollte auf fett- und cholesterinarme ↑**Ballaststoffreiche Nahrungsmittel** setzen. – Nach Abklingen der Hauptsymptome gelten die Prinzipien der ↑**Leichten Vollkost.** ↑**Krankendiät**

Diät bei Entzündung der Speiseröhre [*Gesundheit*] **T** Ursache ist der Rückfluss von saurem Mageninhalt in die Speiseröhre, bedingt durch das nicht richtige Funktionieren des Verschlussmuskels am Mageneingang. Es kommt zur entzündlichen Reizung der Schleimhaut mit Brennen (Sodbrennen) und Schmerzen hinter dem Brustbein. Große Mahlzeiten, starkes Pressen beim Stuhlgang und Übergewicht fördern den Rückfluss durch Druckerhöhung im Bauchraum. Abnehmen kann eine erhebliche Besserung bewirken. **Beim Essen sollte man folgende Grundsätze beachten: 1.** Vier bis sechs kleine Mahlzeiten statt wenige große; **2.** Bescheidene Abendmahlzeiten; evtl. Hochstellen des Kopfendes des Bettes, da Flachliegen den Rückfluss begünstigt; **3.** Magere eiweißreiche Speisen (mageres ↑**Fleisch**, ↑**Käse** und ↑**Milchprodukte**); **4.** Fette und sehr süße Speisen meiden (↑**Schokolade** fördert Rückfluss); **5.** ↑**Alkohol**ische Getränke meiden, da diese ebenfalls den Verschlussmechanismus schädigen; **6.** Kein ↑**Kaffee**, wenn Beschwerden auftreten. Besonders entcoffeinierter Kaffee hat einen sehr hohen Säuregehalt. – Nach Abklingen der Hauptsymptome gelten die Prinzipien der ↑**Leichten Vollkost.** ↑**Krankendiät**

Diät bei Gicht [*Gesundheit*] ↑**Gicht, Purin- & Harnsäuretabelle**

Diät bei Laktasemangel [*Gesundheit*] **T** ↑**Laktase**, ein ↑**Enzym**, das in der Dünndarmschleimhaut ↑**Milchzucker** aufspaltet, fehlt bei ca. 10 % der Erwachsenen. Diese reagieren auf Genuss von ↑**Milch** und ↑**Milchprodukten** mit Blähungen und Durchfall. Eine Diät bei Laktasemangel sieht vor, auf Milch und milchhaltige Produkte ganz zu verzichten. Dadurch kann völlige Beschwerdefreiheit erreicht werden. Bestimmte Käsesorten sind praktisch laktosefrei und können gegessen werden (↑**Hart-**, **Weich-** und **Sauermilchkäse,** z. B. ↑**Emmentaler,** ↑**Gouda,** ↑**Camembert,** ↑**Limburger**). Nicht wärmebehandelter ↑Natur**jogurt** wird oft auch gut vertragen, da die enthaltenen Bakterienstämme die ↑**Laktose** im Darm noch abbauen. Der ↑**Calcium**bedarf wird weitgehend über Milchprodukte abgedeckt und muss bei völligem Verzicht verstärkt aus anderen Quellen gedeckt werden. Hier bieten sich calciumreiche ↑**Mineralwässer**, calciumreiches ↑**Gemüse** wie ↑**Broccoli**, ↑**Grünkohl** oder Calciumbrausetabletten aus der Apotheke an.

Diät bei Morbus Crohn [*Gesundheit*] **T** Morbus Crohn oder die Enteritis regionalis ist eine spezielle Form der geschwürigen Dünndarmentzündung, die den gesamten Magen/Darmtrakt von der Mundhöhle bis zum After befallen kann, sich aber in Form einer chronisch fortschreitenden Entzündung vorwiegend im letzten Abschnitt des Dünndarms und im Dickdarm ansiedelt. – Im Anfangsstadium kommt es schleichend zu Leibschmerzen, Durchfällen, Gewichtszunahme und Fieber. – Im weiteren Verlauf treten oft Zeichen der Mangelversorgung mit essenziellen ↑**Nährstoffen** auf. Die Ursache ist unbekannt. ↑**Zucker** und Süßigkeiten (Kuchen, ↑**Schokolade**, ↑**Marmelade** und süße Getränke), aber auch ↑**Gehärtete Fette** stehen im Verdacht, Morbus Crohn auszulösen. Es liegt nahe, all die Lebensmittel zu meiden, welche die Krankheit ausgelöst haben können. **Es gibt keine spezifische Diät, die auf den Krankheitsverlauf Einfluss nehmen könnte.** Man versucht deshalb die ↑**Leichte Vollkost**, außer wenn eine Passagebehinderung für eine ballaststoffarme Ernährung spricht oder Fettstühle zur Einschränkung des Fettverzehrs zwingen. In schweren Fällen kann eine ↑**Ernährung** mit ↑**Elementardiät** (vollbilanzierte, ballaststofffreie ↑**Formeldiät**) zu einer deutlichen Besserung führen. Auch Fisteln können sich so schließen. Für die Ernährung gelten nach Abklingen der Hauptsymptome die Prinzipien der leichten Vollkost. ↑**Krankendiät**

Diät bei Zöliakie [*Gesundheit*] **T** Die Ursache findet sich in einer Überempfindlichkeit gegen das Getreideeiweiß „↑**Gluten**", wodurch es zu einer Schädigung der Dünndarmschleimhaut kommt. **Die Folgen sind:** **1.** Die Nahrung kann nicht richtig verdaut und aufgenommen werden. **2.** Durchfälle mit Blähungen und Übelkeit; **3.** Mangelerscheinungen durch unzureichende Nährstoffausnutzung. Im Kindesalter bezeichnet man die Krankheit als Zöliakie, im Erwachsenenalter als „Einheimische Sprue". Linderung und Heilung erfolgen nur durch das Meiden von glutenhaltigen Nahrungsmitteln. Das sind ↑**Weizen**, ↑**Roggen**, ↑**Hafer**, ↑**Gerste** und ↑**Dinkel** sowie die daraus hergestellten Produkte wie z. B. ↑**Brot**, ↑**Teigwaren**, Gebäck, aber auch ↑**Bier.** Von Natur aus glutenfrei sind zum Beispiel ↑**Fleisch**, ↑**Fisch**, ↑Eier, ↑**Milch**, ↑**Obst**, ↑**Gemüse**, ↑**Kartoffeln**, ↑**Mais**, ↑**Reis**, ↑**Hirse** und ↑**Sojabohnen. Vorsicht ist bei Fertiggerichten, Jogurterzeugnissen und Light-Produkten geboten. Sie enthalten oft glutenhaltige Bindemittel.** Im akuten Stadium der Krankheit sollte man außer der immer einzuhaltenden glutenfreien Diät den Darm durch Reduktion von ↑**Fett** und Meiden von ↑**Milchzucker** (↑**Milchprodukte**) entlasten. Ist die Darmschleimhaut wieder hergestellt (Durchfälle hören auf), werden Fett und Milchprodukte gut vertragen. Es ist empfehlenswert, die glutenfreie Diät beizubehalten, da Hinweise existieren, dass durch Nichteinhalten der Diät das Risiko der Entstehung von Karzinomen (krebsartige Geschwüre) im Magen-Darm-Trakt steigt. Für die **Ernährung** gelten nach Abklingen der Hauptsymptome die Prinzipien der ↑**Leichten Vollkost ohne Getreideprodukte.** ↑**Krankendiät** & ↑**Zöliakie**

Diät nach Magenoperationen [*Gesundheit*] **T** Nach einer Magenoperation muss häufig eine Diät zur Vermeidung des so genannten Dumping-Syndroms eingehalten werden. Dieses Syndrom, das von Völlegefühl, Übelkeit und Kreislaufstörungen begleitet wird, entsteht durch zu schnelle Entleerung des Magens in den Dünndarm. Hier bieten häufige kleine Mahlzeiten und das Vermeiden von zuckerhaltigen Speisen Abhilfe, da nach Magenoperationen ein schneller Blutzuckeranstieg erfolgen kann. Außerdem sollten Getränke nicht zu, sondern vor oder zwischen den Mahlzeiten eingenommen werden. – Wer sich nach dem Essen hinlegt, verhindert eine zu schnelle Magenentleerung. Für die ↑**Ernährung** gelten die Prinzipien der ↑**Leichten Vollkost.** ↑**Krankendiät**

Diät zur Gewichtsreduktion [*Gesundheit*] **T Diäten, die in kurzer Zeit schlank machen sollen, gibt es nicht.** Obwohl sie in zahlreichen Illustrierten und im Internet als erfolgreich angepriesen werden. Die meisten Diäten halten nicht, was ihre Erfinder versprechen. Es ist allzu oft der Fall, dass gesundheitsgefährdende Diäten als langfristig hoch wirksam empfohlen werden. Bewiesen ist, dass selbst bei einer Nulldiät der Körper drei bis vier Tage benötigt, um ein Kilogramm Körperfett abzubauen. Auch wenn nach ↑**Radikaldiäten** und ↑**Fasten** ein paar Pfunde schmelzen, bringt man meist, nur ein paar Wochen später, mehr Gewicht auf die Waage als gehabt – der berühmte ↑**Jo-Jo-Effekt** lässt grüßen. **Gesunde Gewichtsreduktionsprogramme setzen auf Langfristigkeit und Flexibilität:** Es ist wissenschaftlich erwiesen, dass eine dauerhaft schlanke Figur am ehesten mit einer abwechslungsreichen, energiereduzierten ↑**Mischkost** erreicht wird. Diese sollte reich an ↑**Kohlehydraten**, ausgewogen beim ↑**Eiweiß** und geizig mit ↑**Fett** sein. Wichtig ist viel Bewegung. Ein sinnvolles Mischkostkonzept bedeutet abwechslungsreiche ↑**Ernährung** mit ↑**Vollkornprodukten**, ↑**Brot**, ungeschältem ↑**Reis**, ↑**Kartoffeln**, ↑**Nudeln**, ↑**Gemüse**, ↑**Blattsalaten** und ↑**Obst.** Außerdem sollen dabei täglich fettreduzierte ↑**Milchprodukte**, mindestens einmal wöchentlich ↑**Fisch** und maximal zwei- bis dreimal in der Woche ↑**Fleisch** und ↑**Wurst** enthalten sein sowie 2–3 l Flüssigkeit pro Tag, in Form von ↑**Mineral**- und Leitungs**wasser**, ↑**Kräuter**- oder **Früchtetee**, ohne ↑**Zucker** gesüßt, sowie ↑**Obst**- und **Gemüsesäfte**, die mit Leitungs- oder Mineralwasser gemischt sind (Schorlen). **Folgende Punkte können helfen, gesund das überflüssige Körperfett zu reduzieren: 1. Zeit nehmen:** Übergewichtige sollten auf sich selbst keinen übertriebenen Druck ausüben. Ein halbes Kilo Gewichtsverlust pro Woche verträgt der Organismus für die Dauer der Diät, ohne dass danach der berühmte Jo-Jo-Effekt das Doppelte an verlorenem Gewicht beschert. **2. Wahl des richtigen Termins:** Auf keinen Fall während beruflicher und privater Stressphasen eine Diät starten! 3. **Familie in Vorhaben integrieren:** Ihre Diät sollte vor dem Start mit allen Angehörigen besprochen werden, um etwaige Esszeiten und -gewohnheiten mit Ihrem Ernährungsplan in Einklang zu bringen. 4. **Vorräte kontrollieren:** Damit man nicht in Versuchung kommt, wird der Kühlschrank auf- und „die Naschecke“ ausgeräumt. Sollte der Magen allzu sehr knurren, hilft das Knabbern von Obst und Gemüse. Den Heißhunger auf Süßes stillt man am besten mit einigen kalorienarmen Gummibärchen. 5. **Praktisch denken:** Bekomme ich alle Zutaten für meinen Menüplan in meiner Nähe? Sind die vorgeschlagenen Rezepte nicht zu kompliziert für mich, und sind sie arbeitsplatztauglich? 6. **Gezielt einkaufen:** Eine geschriebene Einkaufsliste sollte penibel eingehalten werden! 7. **Ernährungsprotokoll führen:** Ernährungs- und Trinkgewohnheiten vor der Diät aufschreiben und nach der Diät Schritt für Schritt ändern. Wenn Essen als Ersatzfunktion dient, dann sollten Alternativen wie Yoga überlegt werden. 8. **Bewegungsprogramm überlegen:** Ohne ausreichende Bewegung geht nichts, darum sollten stark Übergewichtige ihr Trainingsprogramm ärztlich abklären und bedenken, dass nicht nur sportliche Betätigung Bewegung bringt. Mit Treppensteigen, Radfahren und mehr Laufen statt Autofahren kommt Bewegung in den Alltag. 9. **Mehrere Minimahlzeiten am Tag einplanen:** Um keinen quälenden Hunger aufkommen zu lassen, sollten 5–6 kleine Mahlzeiten in Abständen von ca. 2–2,5 Std. eingeplant werden. Von der letzten Mahlzeit am Abend bis zum Frühstück sollten mindestens 12 Stunden ohne Nahrungsaufnahme vergehen. Während dieser Zeit darf getrunken werden.

Diätbier [*Bier*] In einem besonderen Brauverfahren werden fast alle Kohlenhydrate zu Alkohol umgewandelt. Das Bier ist kalorienarm, jedoch sehr alkoholhaltig. Der überhöhte Alkoholgehalt wird meist wieder entzogen.

Diätetik [*Gesundheit*] Lehre der speziellen Ernährungsformen (Diäten), die eine Behandlung verschiedener Krankheiten unterstützen.

Diätetische Lebensmittel [*Gesundheit*] **T** Laut Diätverordnung sind diätetische Lebensmittel dazu bestimmt, einem besonderen Ernährungszweck zu dienen. Sie müssen sich von ähnlichen Lebensmitteln deutlich durch ihre Eigenschaften und Zusammensetzung unterscheiden. Eingesetzt werden sie bei Krankheiten, Allergien, bei der ↑**Ernährung** von Säuglingen und Kleinkindern sowie bei Schwangeren und Stillenden. Zu den diätetischen Lebensmitteln zählen auch ↑**Kochsalzersatzmittel**, ↑**Fructose**, ↑**Mannit**, ↑**Sorbit**, ↑**Xylit** & ↑**Süßstoffe**.

Diätkost [*Übersetzer*] **Englisch:** dietary cuisine; **Französisch:** cuisine de régime; **Italienisch:** cucina dietetica; **Spanisch:** dietético

Diätmargarine [*Fette*] **T** Diätetisches Lebensmittel, das der Diätverordnung entsprechen muss. Blutfett- und cholesterinsenkende Diätmargarinen müssen mindestens 50 % ↑**Mehrfach ungesättigte Fettsäuren** (MUF) enthalten, rein pflanzlicher Herkunft und streng kochsalzarm sein. Man verwendet sie am besten nicht zum Kochen und Backen, damit die wertvollen ↑**Fettsäuren** nicht verloren gehen. ↑**Margarine**

Diätsalz [*Gewürze & Kräuter*] Kochsalzersatzmittel: Beim Diätsalz ist das Natrium durch Kalium ersetzt, kann im Rahmen einer kochsalzarmen Diät eingesetzt werden. Diätsalz unterliegt der Diätverordnung. ↑**Kochsalzersatzmittel**

Diavola, alla [*Ital. Speisekarte*] Scharf gewürzt

Diavolini, diavoletti [*Ital. Speisekarte*] Leicht gebogene, kurze, dünne ↑**Nudeln** aus ↑**Hartweizengrieß** und Wasser

Dickbein [*Fleischprodukte*] Regionale Bezeichnung für ↑**Eisbein**

Dickdarm [*Verdauung*] Besteht aus Blinddarm (Caecum) und Grimmdarm (Colon). Er liegt zwischen Dünndarm und Mastdarm. Seine Aufgabe ist es, die unverdaulichen Reste des Nahrungsbreies einzudicken, ↑**Mineralstoffe** aufzunehmen und Kot zu bilden. ↑**Darm**

Dickdarm Erkrankungen [*Gesundheit*] ↑**Diät bei Erkrankungen des Dickdarms**

Dicke Bohnen [*Gemüse*] **A Lateinisch:** Vicia faba. **Synonym:** Ackerbohnen, Puffbohnen, Saubohnen, Pferdebohnen oder Große Bohnen. **Englisch:** broad bean; horse bean; fava bean; English bean; Windsor bean; **Französisch:** fève de marais; **Italienisch:** favetta; fava; **Spanisch:** haba caballar. **Info:** Dicke Bohnen gehören botanisch zu den Wicken. Die bis zu 30 cm langen Hülsen werden nicht gegessen, sie enthalten die großen, leicht bräunlichen Kerne. **Ursprung und Geschichte:** Man vermutet die Heimat der kleinsamigen „Dicken Bohne“ in Zentral- und Südwestasien, die der großsamigen Formen in den Mittelmeerländern, vor allem Nordafrika. Im Gegensatz zu den ↑**Grünen Bohnen** blicken „die Dicken“ auf eine lange Tradition zurück. Puffbohnen sind eine der ältesten Kulturpflanzen des Menschen überhaupt. Schon bei den Römern waren sie das Hauptgericht der Armen. **Herkunft und Saison:** Dicke Bohnen werden im Frühjahr aus Spanien und Italien angeboten, im Sommer und Herbst aus inländischer Produktion und im Winter meist aus Ägypten oder Jordanien. **Inhaltsstoffe:** Dicke Bohnen besitzen einen hohen Gehalt an **Kohlenhydraten**, hochwertigem ↑**Eiweiß**, ↑**Calcium**, ↑**Kalium**, ↑**Phosphor**, ↑**Eisen**,↑ **Provitamin A** und den ↑**Vitaminen** B_1, B_2, B_6 und C. **Zubereitung und Tipps:** Man pult die Samen aus den Hülsen, wäscht sie in kaltem Wasser und kocht sie entweder in Salzwasser oder für Suppen und Eintöpfe in ↑**Brühe**. Zusammen mit ↑**Schweinefleisch**, ↑**Speck** und gewürfelten ↑**Zwiebeln** ergeben sie, abgeschmeckt mit ↑**Bohnen-**

kraut, ↑Pfeffer, ↑Muskat, ↑Thymian oder **↑Majoran** und einem Hauch **↑Knoblauch,** ein besonders deftiges Gericht, wohlschmeckend und nahrhaft zugleich. Dicke Bohnen sind mehlig und schmecken intensiv. In Italien bereitet man sie **„↑alla Pancetta“** (mit Speck und Zwiebeln), in Spanien verwendet man sie für die **„↑Fabada“** (eine Art deftiger ↑Bohnen**eintopf**). Ausgepulte Samen sind auch im Kühlschrank nur kurz haltbar. **Bohnen bzw. Hülsenfrüchte sollten nur gekocht oder blanchiert gegessen werden. Besonders in (Soja-)Bohnen finden sich giftige Eiweißkörper wie „Hämagglutinine“ und „Trypsininhibitoren“, die das Blut verklumpen oder die Freisetzung verschiedener Aminosäuren (z. B. Trypsin) blockieren und so die Eiweiß- und Stärkeverdauung behindern. Limabohnen enthalten die giftige Substanz Phaseolunatin, aus dem Blausäure freigesetzt werden kann. Erst durch das Erhitzen werden giftige Substanzen entweder abgetötet oder unschädlich gemacht.** Dicke Bohnen sind bereits gepult auch tiefgekühlt in gut sortierten Warenhäusern erhältlich. **↑Bohnen**

Dicke Krähe [*Fleischprodukte*] Regionale Bezeichnung für die **↑Nierenzapfen**

Dicke Lanke [*Fleischprodukte*] Regionale Bezeichnung für die Blattrippe

Dicke Rippe [*Fleischprodukte*] **1.** Blattrippe vom **↑Rind;** 2. Brustspitz(e) vom **↑Schwein**

Dicke Schulter [*Fleischprodukte*] Mittelstück der Vorderschulter vom **↑Rind** bzw. **↑Kalb,** das vorwiegend für **↑Schmorbraten** und **↑Ragout** Verwendung findet

Dickelang [*Fleischprodukte*] Regionale Bezeichnung für das **↑Roastbeef**

Dicker Bug [*Fleischprodukte*] Regionale Bezeichnung für die Schulter

Dicker Nabel [*Fleischprodukte*] Regionale Bezeichnung für die Brust

Dicker Spitz [*Österr. Küche*] Blattrippe

Dickes Kronfleisch [*Fleischprodukte*] Regionale Bezeichnung für die **↑Nierenzapfen**

Dickes Kügerl [*Österr. Küche*] Brust

Dickes Rigerl [*Österr. Küche*] Nacken, Hals

Dickes Roastbeef [*Fleischprodukte*] Regionale Bezeichnung für die **↑Hüfte**

Dickmilch [*Milchprodukt*] **↑Sauermilch**

Dicksaft [*Fachkunde*] Durch Eindampfen konzentrierter Obstsaft

Dickungsmittel [*Fachkunde*] Lebensmittelzusatzstoffe, die die Fähigkeit besitzen, Wasser zu binden und das Haftvermögen zwischen Substanzen zu verbessern. Sie eignen sich zum Binden von Flüssigkeiten oder Andicken von Lebensmitteln und werden zur Herstellung von Soßen, Füllungen, Getränken und Suppen eingesetzt. Zu ihnen zählen **↑Agar-Agar, ↑Pektin, ↑Carrageen, ↑Alginate** und **↑Johannisbrotkernmehl.**

Die Gewürzten [*Käse*] **Herkunft:** Deutschland; **Käsesorte: ↑Schnittkäse,** 50 % **↑Fett i. Tr.; Milch:** Kuhmilch; **Teig:** schnittfest, geschmeidig, gleichmäßig durchsetzt mit **↑Kräutern; Geschmack:** vollmundig, rahmig, würzig-frisch

Die vier Garstufen für dunkles Fleisch [*Unsere Küche*] **1.** fast roh mit nur leicht angewärmtem Kern. **Französisch:** bleu; **Englisch:** rare. **2.** außen knusprig, innen saftig, dunkelroter, warmer Kern; **Französisch:** saignant; **Englisch:** medium rare. **3.** außen knusprig, innen voll saftig, rosa; **Französisch:** à point; **Englisch:** medium. **4.** durch, innen trocken, grau; **Französisch:** bien cuit; **Englisch:** well done. **↑Garpunkte, ↑Steak & ↑Grillen**

Dieppoise, à la [*Speisegarnitur*] **A** Die nach der gleichnamigen Hafenstadt am Ärmelkanal benannte **Garnitur für Fischgerichte** – Fisch wird in Weißwein pochiert. Die Garnitur besteht aus **↑Krabben, ↑Muscheln** und **↑Champignon**köpfen. **Sauce:** ↑Fisch**velouté**

Diet soda [*U.S. Kitchen*] Kalorienarmer Softdrink

Digestible [*Franz. Fachwort*] Leicht verdaulich, gut verträglich

Digestif [*Hausbar*] **T** Gegenteil von **↑Aperitif,** er soll Verdauungshilfe in Form von hochprozentigem **↑Schnaps** mit mindesten 32–42 %Vol. leisten. Angeboten werden klare Schnäpse, **↑Edelbrände, ↑Weinbrände, ↑Magenbitter** oder **↑Liköre.** Sehr beliebt sind hochwertige **↑Obst**brände sowie **↑Trester**brände aus **↑Weintrauben** (**↑Grappa**). Das große Angebot erfreut sich steigender Beliebtheit. Dazu gesellen sich **↑Cognac** und **↑Armagnac,** schottische **↑Malt Whiskys,** eisgekühlte skandinavische **↑Aquavits** und etliche **↑Wodka**sorten.

Dijonnaise, à la Dijoner Art [*Speisegarnitur*] **A** **1. Speisegarnitur** für **Süsswasserfisch** – mit **↑Mehlbutter** oder weißer **↑Roux** binden, passieren, mit **↑Sahne, ↑Dijonsenf** und gehackter **↑Petersilie** vollenden. Dazu reicht man kleine **↑Pellkartoffeln** oder schön tournierte Salzkartoffeln. **2. Als Dessert** – Süße **↑Sauce** mit **↑Cassis** vollenden

Dijon-Senf [*Allgem. Nährmittel*] **A** Die französische Stadt Dijon erhielt im 13. Jahrhundert ein Monopol auf die Senfherstellung, seitdem ist Dijon die europäische Senf-Hauptstadt. In der feinen Küche sollten die Senfspezialtäten aus Dijon nicht fehlen, denn sie werden auch heute noch nach den uralten Originalrezepten hergestellt, die von Generation zu Generation weitergegeben wurden. Das Gesetz verbietet den französischen Senfherstellern, die alten Rezepturen zu verändern. Das garantiert eine Bereicherung jeder Gewürzsammlung. So geben braune Senfsaaten dem scharfen Senf eine pikante Note, die bei einer **↑Vinaigrette** unabkömmlich ist. Dieser Senf besteht aus reinen Senfsaaten ohne Bindemittel. Wird **↑Fleisch** damit gewürzt, lässt er sich sehr gut mitbraten. **↑Senf**

Dil peynirli domates salatasi [*Orientalische Küche*] Begriff aus der türkischen Küchenkultur für einen ↑**Mozzarella**-ähnlichen ↑**Kochkäse** mit **Tomaten**salat. ↑**Türkische Küche**

Dilatant [*Fachkunde*] Ausdehnend, sich blähend: Lebensmittel werden immer viskoser (zäher) mit wachsender Beanspruchung, z. B. Teige

Dill [*Gewürze & Kräuter*] **T Lateinisch:** Anethum graveolens L. **Synonym:** Blähkraut, Dillich, Gurkenkümmel. **Englisch:** dill; **Französisch:** aneth; **Italienisch:** aneto; **Spanisch:** eneldo. **Ursprung:** Heimat: Indien; heute überall anzutreffen. Die Pflanze ist mit dem Kümmel verwandt; **Geschmack:** Dill hat einen leicht flüchtigen, holzigen, frischen Duft und einen kräftig würzigen, erfrischenden Geschmack mit leicht herbem Aroma, entfernt dem Fenchel ähnlich. Die Samen schmecken wie Kümmel. **Erhältlich als:** frisch, tiefgefroren und getrocknete Blätter und Samen; **Tipp:** Getrocknetes Dillkraut sollte man vor der Verwendung in frisches Wasser legen. Dill wird schnell gelb und ungenießbar, wenn er neben Tomaten gelagert wird. **Anbau:** Einjähriger Doldenblütler. Teilsonniger, feuchter, windgeschützter Standort, keine Staunässe. Auch für mageren Boden geeignet, Kompost verbessert den Ertrag. Bodenbedeckung durch Mulch oder Mischkultur. Phosphor ist notwendig. Wassermangel darf nicht entstehen. Die Pflanzen können bis zu 1,20 m hoch werden und den anderen die Sonne wegnehmen, deshalb immer auf die Nordseite des Kräuterbeets säen. Aussaat im April direkt, Bodentemperatur 12–14° C, etwa 5 mm tief, in Reihen von 25–30 cm Abstand mit Folgesaaten. Bei früher Aussaat ist die Gefahr von Krankheiten und Schädlingen geringer. Auflaufzeit 2–3 Wochen. 4/5 verziehen, Abstand 20 cm. Nicht zu eng wegen Schädlingen. Folgesaaten bis Ende Juni, sie kommen besser voran zwischen Gurken, Möhren oder auch im Staudenbeet. Die blühende Pflanze ist intensiver im Geschmack. Direktaussaat auf die Gemüsebeete fördert die Hauptfrucht. **Niemals verpflanzen wegen der Pfahlwurzel.** Im nächsten Jahr sät er sich von selbst aus, wenn er bis zur Samenreife stehen bleibt. Bei 20 cm Höhe kann geerntet werden. Dill beschleunigt das Auflaufen von ↑**Gurken,** ↑**Kohl,** ↑**Karotten,** ↑**Rote Beete,** ↑**Salat** und ↑**Zwiebeln,** er vertreibt den Kohlweißling und andere Insekten (Blattläuse). Mischkultur mit ↑**Bohnenkraut,** ↑**Buschbohnen,** ↑**Borretsch,** ↑**Erbsen,** ↑**Fenchel,** ↑**Gurken,** ↑**Kamille,** ↑**Kapuzinerkresse,** Kohl, ↑**Kohlrabi,** ↑**Kopfsalat,** ↑**Mairüben,** Karotten, ↑**Pastinaken,** ↑**Petersilie,** ↑**Puffbohnen,** ↑**Ringelblumen,** Rote Beete, ↑**Rüben,** Salat, ↑**Schnittlauch,** ↑**Sonnenblumen,** ↑**Spargel** und Zwiebeln. Unverträglich mit ↑**Tomaten,** ↑**Basilikum,** ↑**Fenchel,** ↑**Gartenkresse** und ↑**Kümmel.** Im Verbund mit Gurken fühlt er sich besonders wohl, weil er dort einen beschatteten Fuß hat. Dill hält Schädlinge, auch Wurzelschädlinge, ab von Karotten und Zwiebeln und wirkt kräftigend auf andere Pflanzen. Die Blüte wird von vielen Fluginsekten besucht, besonders den Schwebfliegen, die ihre Eier in Blattläuse ablegen, sodass sie absterben. Für die Ernte wird die ganze Pflanze mit der Wurzel gezogen, gebündelt und luftig getrocknet. Dill ist mit sich selbst unverträglich, deshalb stets die Anbaufläche wechseln oder breitwürfig aussäen. Sonst besteht die Gefahr von Auflaufkrankheiten mit den verschiedensten Ursachen wie Bakterien, Bodenverkrustung, Pilze, zu dichter Stand, Staunässe, übermäßige Feuchtigkeit. Die Sämlinge fallen um und verfärben sich gelb-rot. Abhilfe schafft meist frühe Aussaat. Es gibt besonders blattreiche Sorten, auch solche, die nicht schießen. Frostsaat ist möglich. Während der Herbst- und Wintermonate kann man Dill auch im Blumentopf aussäen. Pro Topf legt man 20 Korn aus. **Verwertung in der Küche:** ↑**Würztabelle. Konservierung:** Die Konservierung des Dillkrautes durch Trocknen ist möglich, jedoch verliert es viel von seinem Aroma, getrocknet schmeckt Dill wie Heu. Besser ist das Einfrieren des frischen Krauts, z. B gehackt in Eiswürfelformen oder gut abgetrocknet und portionsweise in Kunststoffbeutel gepackt. Auch Einlegen in Öl oder Essig hat sich bewährt. Verwendet man die Samenkörner, bleibt der Dill bis zur Reife im Garten stehen. **Wirkung in der Volksmedizin:** Frisches Kraut hat mehr ↑**Vitamin C** als ↑**Petersilie.** Es wirkt appetit- und drüsenanregend und enthält: ↑**Betacarotin,** ↑**Kalium,** ↑**Kalzium,** ↑**Magnesium,** ↑**Phosphor,** ↑**Schwefel,** ↑**Vitamin C** – im Samen ist ↑**Ätherisches Öl.** Dill fördert die Verdauung, ist gut gegen Blähungen, wirkt harntreibend und krampflösend. Tee, zubereitet aus dem reifen Dillsamen, ist schlafffördernd. Man verwendet das Kraut auch zur Förderung der Milchbildung von stillenden Müttern. Äußerlich werden Geschwülste mit Dill behandelt, Geschwüre zum Reifen gebracht und Augenentzündungen gelindert. Dazu wird 1 EL zerstoßener Dillsamen in ↑**Olivenöl** erwärmt. Ein mit diesem Öl getränkter Wattebausch wird auf die zu behandelnde Stelle gelegt. Mehrmals wiederholen. Dill gedeiht auch auf der Fensterbank. Wegen der Würzkraft zur Blütezeit nimmt man ganze Zweige mit den Blüten fürs Gurkeneinlegen. ↑**Würztabelle. Dill Delikat:** kompakt, für Topfkultur, 25 cm hoch; **Dill Tetra:** ertragreiche Sorte mit starkem Stängel. **Zierdill Mariska:** duftet, großblumig, gelb, 80 cm. Als Schnittblume und für Trockensträuße

Dill weed [*U.S. Kitchen*] ↑**Dill**

Dilldolden [*Wildkräuter, -blüten & -früchte*] **T Lateinisch:** Anethum graveolenss Die Dilldolden ganz oder zerzupft über Tomaten- oder Kopfsalat geben. **Mehr Information:** ↑**Essbare Blüten**

Dille, Dillenkraut [*Österr. Küche*] ↑**Dill**

Dillich [*Gewürze & Kräuter*] ↑**Dill**

Dim sum [*Intern. Länderküche*] Stammen ursprünglich aus der kantonesischen Küche Chinas und heißen übersetzt „kleine Herzwärmer". Es sind kleine, gedämpfte, aber auch gekochte und in heißem Öl gebackene Köstlichkeiten, die in China zusammen mit ↑**Tee** eingenommen werden und ihren Ursprung in Teehäusern hatten. Meist bilden sie eine schöne und variantenreiche Vorspeise oder Hauptmahlzeit, die in Bambuskörbchen serviert werden. Dabei richtet man möglichst viele unterschiedliche Sorten von Dim Sum auf einmal an. Die besten Dim Sum der Welt soll es in Hongkong geben.

Dimethyldicarbonat [*Fachkunde*] ↑**E 242**

Dinde, dindon, dindonneau [*Franz. Speisekarte*] Truthenne, Truthahn, Puter, ↑**Pute** sollte nicht älter als 6–8 Monate sein

Dîner oder Dinner [*Fachkunde*] Abendessen, Hauptmahlzeit, in Frankreich und angelsächsischen Ländern selten vor acht Uhr abends

Dinkel [*Allgem. Nährmittel*] **T** Auch Schwabenkorn genannt. Im ökologischen Landbau wurde die alte Weizenart mit dem nussigen Geschmack neu entdeckt und erfreut sich steigender Beliebtheit. Auf chemischen Dünger reagiert er kaum. Das Dinkelkorn enthält einen hohen Anteil an ↑**Eisen** und ↑**Magnesium.** Dinkelbrot hält sich lange frisch, da Dinkel viel Wasser binden kann.

Dinkelbrot [*Backstube*] Enthält mind. 60 % Mahl- und Schälprodukte des Dinkelweizens, bezogen auf das Gesamtgewicht der trockenen Zutaten

Dinkelmehl Type 405 [*Allgem. Nährmittel*] **T Entspricht der Weizenmehltype 405 Type 405 – ↑Dinkel.** Den Ausmahlungsgrad des Mehls zeigt eine Typenzahl an. Die Typenzahl gibt in Milligramm den Gehalt an unverbrennbaren Bestandteilen (Asche) pro 100 g ↑**Mehl** an. Je dunkler das Mehl (je höher die Typenzahl), desto reicher die Bestandteile an ↑**Vitaminen,** ↑**Ballaststoffen** und ↑**Mineralstoffen.** Alle Mehltypen können miteinander vermischt werden.

Dinkelmehl Type 630 [*Allgem. Nährmittel*] **T Entspricht den Weizenmehltypen 550/812 Type 630 – ↑Dinkel.** Den Ausmahlungsgrad des Mehls zeigt eine Typenzahl an. Die Typenzahl gibt in Milligramm den Gehalt an unverbrennbaren Bestandteilen (Asche) pro 100 g ↑**Mehl** an. Je dunkler das Mehl (je höher die Typenzahl), desto reicher die Bestandteile an ↑**Vitaminen,** ↑**Ballaststoffen** und ↑**Mineralstoffen.** Alle Mehltypen können miteinander vermischt werden.

Dinkelmehl Type 1050 [*Allgem. Nährmittel*] **T Entspricht der Weizenmehltype 1050 Type 1050 – ↑Dinkel.** Den Ausmahlungsgrad des Mehls zeigt eine Typenzahl an. Die Typenzahl gibt in Milligramm den Gehalt an unverbrennbaren Bestandteilen (Asche) pro 100 g ↑**Mehl** an. Je dunkler das Mehl (je höher die Typenzahl), desto reicher die Bestandteile an ↑**Vitaminen,** ↑**Ballaststoffen** und ↑**Mineralstoffen.** Alle Mehltypen können miteinander vermischt werden.

Dinner rolls [*U.S. Kitchen*] Brötchen als Beilage

Dionysos [*Weinkunde*] Der griechische Name für Bacchus, den Gott des Weins

Diós metélt [*Ungarische Küche*] Auch: Makos metélt, Begriff aus der ungarischen Küchenkultur für Nuss- oder Mohnnudeln

Dioxine [*Gesundheit*] Sammelbezeichnung für extrem giftige chemische Verbindungen. Sie entstehen beim Grillen über offener Holzkohle, wenn Bratfett in die Glut tropft. Die Emissionen stellen ein großes gesundheitliches Problem dar. **Dioxine sind in hohem Maße krebserregend.**

Dip [*Unsere Küche*] **T** Englisch „to dip" = eintauchen. Kalte, dicke, würzige Crèmesauce auf der Basis von ↑**Mayonnaise,** ↑**Jogurt,** ↑**Quark** oder ↑**Sahne** zum Eintauchen (Dippen) von Brotwürfeln, ↑**Cracker,** ↑**Grissini,** ↑**Fleisch,** ↑**Wurst,** ↑**Fisch,** ↑**Gemüse,** ↑**Käse** oder Fruchtstückchen. ↑**Fondues**

Dipgemüse [*Unsere Küche*] ↑**Pinzimonio**

Diphenyl [*Fachkunde*] ↑**E 230**

Diphosphate [*Fachkunde*] ↑**E 450**

Diplomate (pudding à la) [*Speisegarnitur*] **A 1.** ↑**Pudding** aus ↑**Kandierten Früchten** und Aprikosen**marmelade,** in ↑**Bayerischer Creme,** zwischen Schichten von in ↑**Milch** getränktem ↑**Hefeteig** oder in ↑**Rum** und ↑**Kirschlikör** getränktem ↑**Löffelbiskuit** mit ↑**Crème diplomate** oder ↑**Schokoladensauce** überzogen und gekühlt serviert; **2. À la diplomate** – Fischgericht wird mit ↑**Trüffel**- und ↑**Hummer**fleischwürfeln bestreut und vollendet

Dippelabbes [*Regionale Spezialität*] **R** Auch: **Dibbelappes,** regionale Kartoffelspezialität aus dem Saarland, die man als Reibekuchen oder zerrupften ↑**Kartoffelpuffer** bezeichnen kann. Aus rohen geriebenen ↑**Kartoffeln,** ↑**Zwiebeln,** gewürfeltem ↑**Rauchfleisch** und ↑**Ei** stellt man einen Teig her, der je nach Rezept mit ↑**Knoblauch** oder ↑**Lauch**ringen angereichert wird. Dippelabbes bereitet man in einer schweren (Guss-) Pfanne zu, wobei er wie ein ↑**Kaiserschmarrn** in Stücke zerrissen und knusprig gebraten wird. Anschließend mit ↑**Apfelkompott** oder ↑**Endiviensalat** servieren. Verwandte Gerichte sind der **Schales** aus dem Mosel- und Hunsrückraum, das **Pulschder** im Naheraum, die **Potthucke** aus dem Sauerland, die ↑**Berner Rösti** aus der Schweiz und die US-amerikanischen **Hash Brownies.**

Direktträger [*Weinkunde*] Ein Direktträger oder Selbstträger ist im Weinbau ein Rebstock, der nicht gepfropft wurde, also auf seinen eigenen Wurzeln wächst. Ein solcher Rebstock wird als „wurzelecht" bezeichnet. Fast alle europäischen Rebsorten sind Pfropfreben (und damit keine Direktträger), da nach dem Einschleppen der Reblaus die europäischen Rebbestände fast vollständig vernichtet wurden. Durch Pfropfen auf reblausresistente amerikanische Unterlagsreben war es möglich, die europäischen Sorten zu erhalten. Viele amerikanische Rebsorten und Hybridreben aus amerikanischen und europäischen Reben sind Direktträger. Aus diesen Ur-Reben, die der Reblaus widerstehen, wird der ↑**Uhudler** gekeltert, eine südburgenländische Weinspezialität.

Dirlitzen [*Obst*] ↑**Cornelkirschen**

Disaccharide [*Fachkunde*] Zweiwertiger ↑**Zucker** (Untergruppe der ↑**Kohlenhydrate** – ↑**Saccharose**, ↑**Lactose**). **Beispiele:** ↑**Rohr** – und ↑**Rübenzucker**, ↑**Milchzucker**, ↑**Malzzucker**

Disossato [*Ital. Speisekarte*] Entbeint

Distärke Phosphat (POC) [*Fachkunde*] ↑**E 1412**

Distelblüten [*Wildkräuter, -blüten & -früchte*] **T Lateinisch:** Cirsium spp.; Distelblüten sind essbar, das beste Beispiel sind die ↑**Artischocken.** Junge, zarte Distelknospen, wie ↑**Kapern** in ↑**Essig** eingelegt oder in ↑**Butter** gedünstet, sind eine Delikatesse. In Spanien wird mit dem vegetarischen Lab aus dem Saft der Distelblüten der ↑**Pedroches** (↑**Schafskäse**) produziert. **Wirkung in der Volksmedizin:** Distelarten haben eine positive Wirkung bei Leber- und Gallenleiden. Eine altbekannte wirksame Art ist die Mariendistel (Silybum marianum). Die in ihr enthaltene Wirkstoffgruppe der Silymarine schützt Leber und Galle und fördert die Regeneration des Gewebes. **Mehr Information:** ↑**Essbare Blüten**

Distelfeige [*Exotische Früchte*] Kaktusfrüchte

Distelkohl [*Gemüse*] ↑**Artischocke**

Distelöl [*Fette*] **T** Die Samen der Färberdistel enthalten große Mengen Öl, das als ↑**Speiseöl** verwendet wird. Es besteht hauptsächlich aus Triglyceriden der doppelt ungesättigten ↑**Linolsäure** (70 %) sowie der dreifach ungesättigten ↑**Linolensäure** (10 %) und damit mehr als alle anderen Öle. Zudem enthält es sehr viel ↑**Vitamin E.** Distelöl steht auf dem Speiseplan aller Diabetiker und von Menschen mit Leber- und Gallebeschwerden. Es schmeckt neutral bis leicht nussartig und ist daher zur Zubereitung aller Gerichte geeignet. Allerdings mindert Hocherhitzen beim Braten seine Qualität. **Zum Vergleich:** Olivenöl enthält nur 15 % Linolensäure und nur einfach ↑**Gesättigte Fettsäuren.** ↑**Sonnenblumenöl** hat gleichrangige Werte, ist aber deutlich billiger als Färberdistelöl.

Distickstoffmonoxid [*Fachkunde*] ↑**E 942**

Distingué [*Franz. Speisekarte*] 1/2 l ↑**Bier**

Ditali, ditalini, ditaloni [*Ital. Speisekarte*] **A** Hütchen, Fingerhütchen: kurze Röhrennudeln verschiedener Stärke aus ↑**Hartweizengrieß** und Wasser (Kampanien), wichtiger Bestandteil der neapolitanischen und der sizilianischen Küche. Man bekommt sie als glatte und als gerillte Nudeln. Die kleineren Formen dienen als Suppeneinlage (↑**Minestrone**), größere werden mit kräftigen Saucen gegessen. Auch für Aufläufe.

Ditta [*Kartoffelsorte*] **Kochtyp:** ↑**Festkochende Kartoffeln** – „Speckige Kartoffel" genannt; **Herkunft:** Deutschland; **Jahr der Zulassung:** 1991; **Schale:** gelb; **Fleisch:** gelb; **Knolle:** langoval; **Reifezeit:** mittelfrüh

Divertikulose [*Gesundheit*] ↑**Diät bei Divertikulose**

Dizy [*Weinkunde*] Ort in der Champagne, dessen Weinberge meist mit ↑**Pinot Noir** bepflanzt sind

Djahe [*Gewürze & Kräuter*] Indonesisch für ↑**Ingwer**

Djenten [*Gewürze & Kräuter*] ↑**Kümmel**

Djuvecreis [*Intern. Länderküche*] **R** Beliebter Gemüsereis vom Balkan mit angerösteten Zwiebelwürfeln, ↑**Ajvar**, ↑**Tomaten**, ↑**Paprika**-, ↑**Karotten**-, ↑**Auberginen**- und ↑**Zucchiniwürfeln** sowie ↑**Erbsen**, die unter den gekochten ↑**Reis** gemischt werden. ↑**Würztabelle**

DLG [*Fachkunde*] **Deutsche Landwirtschafts-Gesellschaft** – Die private Vereinigung DLG hat sich zum Ziel gesetzt, Qualität und Absatz von Produkten der Ernährungs- und Landwirtschaft zu fördern. Jede Produktart wird einmal im Jahr von Experten der DLG geprüft und sensorisch analysiert. Qualität, Geschmack, Geruch und Aussehen der Produkte werden prämiert, die besten mit Urkunden in Gold, Silber und Bronze. Dies kann der Verbraucher auf dem Produkt erkennen und weiß dann, dass der Genusswert einwandfrei ist. **Über die Inhaltsstoffe sagen DLG-Qualitätszeichen nichts aus.**

DO [*Weinkunde*] Spanische Abkürzung für Denominación de Origen, ein gesetzlich eingegrenztes Weinbaugebiet mit entsprechenden Bestimmungen für die Weinproduktion

DOC, DOCG [*Weinkunde*] Italienische Bezeichnung für: ↑Denominazione di Origine Controllata, ↑Denominazione di Origine Controllata e Garantita

Doce de leite [*Intern. Länderküche*] Begriff aus der brasilianischen Küchenkultur für eine ↑**Karamellcreme.** ↑**Brasilianische Küche**

Dodecylgallat [*Fachkunde*] ↑**E 312**

Dodine [*Franz. Speisekarte*] **A** Gerolltes, entbeintes ↑**Geflügel** (↑**Ente**, ↑**Perlhuhn**) mit ↑**Karotten**, ↑**Zwiebeln**, ↑**Champignons** in ↑**Wein** und ↑**Gewürzen** geschmort

Dodonis [*Käse*] **Herkunft:** Nordgriechenland/Epirus; **Käsesorte:** ↑**Frischkäse**, 50 % ↑**Fett i.Tr.**; **Milch:** ↑**Schafsmilch** und etwas ↑**Ziegenmilch**; **Info:** Bester und teuerster griechischer ↑**Frischkäse**, viermal teurer als ↑**Feta.**

Dofu [*Asiatische Küche*] Chin.: Soja-Quark, fester gepresst als ↑**Tofu**

Doigt de dames [*Franz. Speisekarte*] „Damenfinger", kleines ↑**Biskuit**gebäck; ↑Schokoladen**baiser**; ↑**Mokka**-, ↑**Schokolade**stäbchen

Dolce [*Ital. Speisekarte*] Süßspeise; mild; süß

Dolcelatte [*Käse*] **Info:** Bedeutet „süße Milch"; ein italienischer ↑**Edelpilzkäse** von sehr weicher, cremiger Konsistenz mit grünlichen Adern, eine fabrikmäßig hergestellte Version des berühmten ↑**Gorgonzola.** Auch Torta Crema – Gorgonzola con ↑**Mascarpone** – gehört in diese Familie. Für diese Spezialität wird Gorgonzola abwechselnd mit Mascarpone zu einem Kuchen geschichtet, der jedoch wegen des hohen Fettgehalts und der Aktivität des Schimmels nur kurz haltbar und appetitlich ist. **Käsesorte:** vollfetter ↑**Weichkäse** ohne Rinde mit 48 % ↑**Fett i. Tr.**; **Milch:** pasteurisierte Kuhmilch

Dolcetto [*Weinkunde*] Rote Rebsorte, die hauptsächlich in Piemont im Nordwesten Italiens angebaut wird. Ihr Name bedeutet so viel wie „kleiner Süßer". Die aus ihr gekelterten Rotweine sind oft so fruchtbetont, dass dies die Säure in den Hintergrund drängt, weshalb sie als süß empfunden werden. Dieser Eindruck der Weichheit wird im Vergleich mit den zwei anderen gebietstypischen Weinen, ↑**Barolo** und ↑**Barbera**, noch verstärkt. Vor allem die Baroloweine sind in der Jugend sehr säure- und tanninbetont, weshalb die Weine oft längere Perioden der Lagerung brauchen. Dolcetto geizt auch nicht mit ↑**Tannin**. Dolcetto ist eine anspruchslose Rebe im Weinberg: Sie ist frühreifend und erreicht auch noch gute Reife in Lagen, die für ↑**Nebbiolo**, die spätreifende Rebsorte des Barolo, entschieden zu kalt sind. Zudem sind die aus ihr gekelterten Weine für den direkten Verbrauch geeignet, ohne belanglos zu sein. Von allen Dolcettoweinen gilt Dolcetto d'Alba als der Beste. Talentierten Winzern gelingen ungewöhnliche Kraft und Tiefe.

Dole [*Weinkunde*] Schweizer Rotwein aus dem Wallis. Wird aus ↑**Pinot Noir** und ↑**Gamay** produziert.

Dollop [*U.S. Kitchen*] Klecks

Dolma [*Intern. Länderküche*] **A 1.** Begriff aus der russischen Küchenkultur für gehacktes ↑**Lammfleisch** in ↑**Weinblätter** gewickelt und in ↑**Bouillon** gegart. **2.** Begriff aus der türkischen Küchenkultur für ↑**Gemüse**, das ausgehöhlt und mit ↑**Fleisch** oder ↑**Reis**, ↑**Korinthen** und ↑**Pinienkernen** gefüllt wird. Verwendet werden ↑**Paprika**, ↑**Auberginen**, ↑**Zucchini**, ↑**Tomaten** oder ↑**Kohl**, aber auch Weinblätter. ↑**Türkische Küche**

Dolmadakia [*Griech. Speisekarte*] **A** Begriff aus der griechischen Küchenkultur: mit ↑**Reis**, Gewürzen und ↑**Zwiebeln** gefüllte ↑**Weinblätter**

Dolmar (Dolmalik) Chili [*Gewürze & Kräuter*] **T Schärfe 1 – 2 = ca. 1500** ↑**Scoville-Einheiten.** Ca. 4–6 cm groß, sieht aus wie eine kleine Paprikaschote. Wird in der Türkei angebaut und eignet sich hervorragend zum Füllen. ↑**Chili**

Dom Perignon [*Weinkunde*] Ein Mönch, der vor etwa 300 Jahren in der Champagne den ↑**Champagner** bzw. die Methode Champenoise erfunden haben soll. Heute ist der Dom Perignon ein sehr bekannter und teurer Champagner aus dem Hause Moët & Chandon.

Domaine [*Weinkunde*] Französisch für Gut. Auf Flaschenetiketten bedeutet es Weingut. Der Zusatz „Mis en bouteille(s) au domaine", das Äquivalent des deutschen Begriffs „Erzeugerabfüllung", ist ein Hinweis für einen Wein, der auf dem Gut produziert und in Flaschen abgefüllt ist.

Domäne [*Weinkunde*] Früher landwirtschaftlicher Betrieb, der einem Adelsgeschlecht gehörte. Es gibt in Deutschland insgesamt sieben heute staatliche Weinbaudomänen und einige im Adelsbesitz befindliche Domänen.

Domates salatasi [*Orientalische Küche*] Begriff aus der türkischen Küchenkultur für ↑**Tomaten**salat. ↑**Türkische Küche**

Domietti [*Käse*] Ägyptischer ↑**Weichkäse** aus ↑**Büffelmilch**

Dominosteine [*Backstube*] **R** Zur Weihnachtszeit sind Lebkuchen verschiedenster Machart in aller Munde: **Dominoähnliche Steine**, aus einer oder mehreren Schichten braunen Lebkuchenteiges mit einer Füllung aus ↑**Marzipan**, ↑**Persipan** oder ↑**Fruchtgelee**. Meist mit ↑**Schokolade** überzogen; **Zutaten:** für ca. 30 Portionen, pro Portion ⌀ 210 kcal/879 kJ; 125 g ↑**Butter;** 100 g ↑**Zucker;** 1 TL ↑**Vanillezucker;** 50 g ↑**Speisestärke;** 150 g ↑**Mehl;** 3 TL ↑**Backpulver;** 1 P. ↑**Orangenschalen**-Aroma; 30 g ↑**Mandeln**, gerieben; 3 EL ↑**Milch;** 3 EL ↑**Kakaopulver**, süß; 200 g ↑**Johannisbeer**-Gelee; 200 g Marzipanrohmasse; 3 TL ↑**Rum;** 100 g ↑**Puderzucker;** 350 g ↑**Kuchenglasur.** Für die Dominosteine Butter mit Zucker und Vanillezucker schaumig schlagen. Speisestärke, Mehl und 3 gestrichene TL Backpulver mischen und unter die Butter kneten. Orangenschalen-Aroma, geriebene Mandeln und Milch zufügen. Gut verkneten. Teig halbieren. Eine Hälfte mit Kakaopulver verkneten. Beide Teighälften getrennt auf ein mit Backpapier belegtes Blech legen und rechteckig ausrollen oder mit bemehlten Händen flach in Form drücken. Im vorgeheizten Ofen bei 200° C 10–12 Min. auf der mittleren Schiene backen. Johannisbeergelee leicht erwärmen, glatt rühren und die Hälfte davon auf den hellen Teig streichen. Marzipanrohmasse mit Rum und Puderzucker verkneten. Auf Backpapier zur gleichen Größe eines Rechtecks ausrollen und auf den hellen Teig legen. Mit dem restlichen Gelee bestreichen. Die dunkle Teighälfte darauflegen und leicht andrücken. In 30 Würfel schneiden. Kuchenglasur nach Anleitung erwärmen und Dominosteine damit überziehen.

Dominus [*Weinkunde*] Kalifornischer Wein aus dem Napa Valley, mit 75 % ↑**Cabernet Sauvignon**-, 25 % ↑**Merlot**- und ↑**Cabernet Franc**-Anteil. Der Dominus ist einer der bekanntesten Weine Amerikas, langsam reifend und komplex.

Donace, donax, flion, olive (de mer) [*Franz. Speisekarte*] **T** Sägezahn: essbare ↑Meeres**muschel** mit sehr feinem Fleisch, kann wie ↑**Austern** roh, aber auch gekocht gegessen werden

Donald [*Kartoffelsorte*] **Kochtyp:** ↑**Mehlig kochende Kartoffeln** – „Mehlige" oder „Runde" genannt

Donaulachs [*Fisch*] ↑**Huchen (Raubfisch)**

Donauland [*Weinkunde*] Zwischen Wien und Krems erstreckt sich sowohl nördlich (Großteil) als auch südlich der Donau das Weinbaugebiet Donauland. Der Wagram ist die bekannteste Großlage dort. Auf mächtigen abfallenden Lößlagen können Grüne Veltliner, aber auch alte Sorten wie Frühroter und Roter Veltliner überzeugen. Eisweine runden die Palette ab. Südlich der Donau, unweit von Wien, findet sich ein weiteres Wein-Zentrum: Klosterneuburg, bekannt durch die älteste Weinbauschule der Welt und das große Stiftsweingut Chorherren Klosterneuburg.

Donburi [*Intern. Länderküche*] Begriff aus der japanischen Küchenkultur für verschiedene ↑**Gemüse**, ↑**Fleisch** oder andere Komponenten, auf ↑**Reis** in einer Schale angerichtet

Donella [*Kartoffelsorte*] **Kochtyp:** ↑**Vorwiegend festkochende Kartoffeln. Herkunft:** Deutschland; **Jahr der Zulassung:** 1990; **Schale:** gelb; **Fleisch:** gelb; **Knolle:** oval; **Reifezeit:** mittelspät–spät

Döner Kebab [*Orientalische Küche*] **A** Dünne Fleischstücke (Fladen) vom ↑**Rind**, ↑**Lamm**, ↑**Hähnchen** oder ↑**Pute** werden am Drehspieß gegrillt. Die gare äußere Kruste wird mit dem Dönermesser in feinen Spänen abgeschnitten, mit ↑**Blattsalat**, ↑**Zwiebeln**, einer herzhaften ↑**Jogurt**soße und ↑**Gewürzen** in ein halbes ↑**Pide** gefüllt. Das ↑**Fleisch** (kein ↑**Schwein**) wird in dünne Scheiben geschnitten und über Nacht gebeizt, um dann Scheibe auf Scheibe auf den Spieß geschichtet zu werden. Zwischen die zahlreichen Fleischlagen wird in den meisten Fällen noch ein „↑**Imitat**" gesteckt, es besteht aus denselben Zutaten, die allerdings durch den Fleischwolf gedreht und zu Fladen geformt wurden. Wenn der Kebab fertig gegrillt ist und in Kleinstteilen vom Spieß geschnitten wird, kann man Original von Imitat nicht unterscheiden. ↑**Türkische Küche**

Donuts [*U.S. Kitchen*] Kringelförmiges Fettgebäck aus ↑**Hefeteig.** Donuts gehören in den USA zum Frühstück. Dabei unterscheidet man zwischen Cake-Donuts (aus einer Art Rührteig) und Yeast-Donuts, also Hefe-Donuts.

Doornkaat [*Hausbar*] Norddeutscher ↑Korn**branntwein** mit leichtem ↑**Wacholder**geschmack

Doppelrahm-Frischkäse [*Käse*] Aus Vollmilch mit Sahnezusatz hergestellter ungereifter ↑**Käse,** Mindestfettgehalt 60 % **i. Tr.** ↑**Rahmfrischkäse,** ↑**Frischkäse** oder ↑**Quark**

Doppeltes Filetstück [*Fleischprodukte*] Scheibe aus dem Kopf oder dem Mittelstück eines Rinderfilets, ca. 5 cm dick. ↑**Chateaubriand**

Doppeltes Lendenstück [*Fleischprodukte*] 5 cm dicke Scheibe aus dem Mittelstück eines ↑**Roastbeefs.** ↑**Entrecôte double**

Doppelzentner [*Fachkunde*] Gewicht; neue Bezeichnung: Dezitonne (dt) = 100 kg

Doppio [*Kaffee*] Doppelter italienischer ↑**Espresso**

Doppio ristretto [*Kaffee*] **T** Wenn man einen italienischen Doppio zubereitet und die Wassermengen der beiden Espressi je auf Ristrettoformat reduziert, kommt ein Doppio ↑**Ristretto** dabei raus. ↑**Espresso**

Doppler [*Österr. Küche*] Doppelliter ↑**Wein**

Dorade [*Fisch*] **A Lateinisch:** Pagellus centrodontus/bogaraveo; **Englisch:** gilt poll; **Französisch:** daurade, vraie daurade; **Italienisch:** orata; **Spanisch:** dorada. **Familie:** Brassen – **Deutsch:** Meerbrassen. **Herkunft:** Ihre Lebensgebiete sind die afrikanischen Küsten des Atlantiks, in Mittelmeer und Nordsee. **Beschreibung:** Die fettarmen Brassen erreichen eine Länge von 30 bis 50 cm und ein Gewicht bis zu 3 kg. Das weiße Fleisch wird wegen der feinen Konsistenz und des aromatischen Geschmacks hoch geschätzt. Die Meerbrasse unterscheidet sich nur unwesentlich von der Goldbrasse, die zu den fetten Fischen zählt. **In der Küche:** Kleine Fische werden im Ganzen gebraten (evtl. geschuppt). Die Filets kann man wie ↑**Seezungen**filets zubereiten, große Fische gart man im Backofen, pur oder mit ↑**Gemüse** gefüllt.

Doré [*Franz. Fachwort*] So nennt man **1.** das Backen bis zur Goldgelbfärbung; **2.** goldfarbigen Wein

Doria, Historischer Speisename [*Speisegarnitur*] **A 1.** Andrea Doria (1468–1560), großer Staatsmann und siegreicher Admiral aus altem genuesischen Adelsgeschlecht; **2. À la Doria: Speisegarnitur zu gebratenem Fisch oder Geflügel** – in ↑**Butter** gedünstete frische ↑**Gurken**stücke werden mit **Zitrone** und ↑**Petersilie** vollendet.

Dörlitzen [*Obst*] ↑**Cornelkirschen**

Dornfelder [*Weinkunde*] Rote Rebsorte, die 1956 aus einer Kreuzung von Helfensteiner und Heroldrebe (beides ebenfalls Kreuzungen) neu gezüchtet wurde. Obwohl im Ausland Skepsis gegenüber Deutschlands Züchtungseifer besteht, hat Dornfelder gute Aussichten, sich auch international durchzusetzen. Rotweine, die aus ihr gekeltert werden, sind tieffarben, fruchtbetont und können deftige Speisen, aber auch feinere Menüs begleiten. Dornfelder erlebt in der Pfalz einen wahren Boom. Der Wein kann bei Ertragsreduktion sehr interessant sein und wird auch im ↑**Barrique** erfolgreich ausgebaut.

Dornhai [*Fisch*] Auch Steinaal genannt. Er liefert ein besonders schmackhaftes Fleisch, mit nur 2 % ↑**Fett**, aber 17 % ↑**Eiweiß.** Dornhai eignet sich ausgesprochen gut zum Räuchern. Wer in England „↑**Fish'n'Chips**" kauft, verspeist oft ein knusprig frittiertes Stück Dorn- oder ↑**Heringshai.** Die geräucherten Bauchlappen des Dornhais sind die berühmten ↑**Schillerlocken**, der saftige Rücken wird als „↑**Seeaal**" sehr geschätzt, zu ↑**Steaks** verarbeitet oder am Stück geräuchert.

Doro wot [*Intern. Länderküche*] Das äthiopische Nationalgericht, ein ↑**Eintopf,** den es in vielen Varianten gibt, mit ↑**Rind,** ↑**Lamm,** ↑**Huhn** oder ↑**Gemüse.** Er kann sehr scharf, aber auch mild sein.

Dörren [*Unsere Küche*] ↑**Obst** und ↑**Gemüse** werden an der Luft oder in beheizten Trockenkammern getrocknet und haltbar gemacht.

Dörrfleisch [*Fleischprodukte*] Dörrfleisch ist die regionale (hessische) Bezeichnung für durchwachsenen geräucherten Bauchspeck vom ↑**Schwein** (in Bayern ↑**Wammerl**). Dörrfleisch vom Rind kennt man in Deutschland nur als Hundefutter. In der Schweiz allerdings ist damit Rinderschinken gemeint (z. B. ↑**Bündner Fleisch**). In den USA. ist Dörrfleisch als Beef Jerky bekannt und beliebt, mit einem Hauch von Trapper- und Cowboynostalgie. Dieses Jerky ist gewürztes, getrocknetes, manchmal auch geräuchertes Rind-, manchmal auch Putenfleisch. Der Geschmack ist dem von rohem Schinken ähnlich, die Konsistenz elastischer, die Scheiben oder Streifen sind viel dicker. Dörrfleisch vom Rind gibt es in allen Regionen der Erde, in denen Rindfleisch verzehrt wird.

Dörrobst – Früchte [*Allgem. Nährmittel*] **T** ↑**Birnen,** ↑**Aprikosen,** ↑**Äpfel,** ↑**Zwetschgen,** ↑**Kirschen.** Obwohl gedörrt, dürfen die Früchte nicht zu trocken schmecken, sie sollten beim Einkauf süß und klebrig sein. **Hartes Dörrobst meiden.**

Dorsch [*Fisch*] **Englisch:** hake, codling; **Französisch:** cabillaud, morue fraîche; **Italienisch:** merluzzo bianco; **Spanisch:** bacalao. Zur Familie der Dorsche gehören wichtige Speisefische. Am bekanntesten und wirtschaftlich bedeutendsten ist der ↑**Kabeljau,** der im Nordatlantik lebt. Andere kommerziell bedeutende Dorscharten sind der ↑**Pollack,** der Alaska-Pollack, der Pazifik-Kabeljau, der Tomcod oder Frostfisch und der ↑**Schellfisch. Inhaltsstoffe:** pro 100 g ∅ kcal: 81/kJ: 342, Eiweiß: 16,9 g, Fett: 0,6 g, Jod: 120 µg. Der Schellfisch wurde durch den kommerziellen Fang mit dem Grundnetz überfischt. Man schätzt Dorsche als Nahrungsmittel und wegen ihres Lebertrans. Durch die ökologisch und wirtschaftlich schädliche Überfischung sind die Dorschbestände auch in der Ostsee dezimiert. Aus Dorschrogen wird die skandinavische Kaviarcreme hergestellt.

Dorschen [*Gemüse*] ↑**Kohlrüben,** ↑**Steckrüben**

Dorso [*Ital. Speisekarte*] Rücken

Dos [*Franz. Speisekarte*] Rücken

Dosage [*Weinkunde*] Französischer Begriff für ein Verfahren, das bei der Endbereitung von Schaumweinen, vor allem Champagner, angewandt wird und deren Restsüße bestimmt. Es gibt zwei Arten von Dosage: – Fülldosage ist unvergorener oder konzentrierter Most, der die zweite Gärung einleiten soll. – Die Versanddosage besteht aus Wein, Most und Zucker. Fast allen Schaumweinen, außer völlig trockenen Weinen, wird nach dem ↑**Dégorgieren** eine Wein-Zucker-Lösung zugesetzt, „Dosage" oder „Liqueur d'expédition" genannt. Dabei ist die Zucker-Dosis vom angestrebten Weinstil (Brut, Extra-Sec, Sec, Demi-Sec oder Doux) abhängig.

Dosenschinken [*Fleischprodukte*] Gekochter ↑**Schinken,** in Dosen gegart

Dosenwürstchen [*Fleischprodukte*] ↑**Brühwürste** einfacher Qualitäten können nur im Kaliber 32 mm und mehr abgefüllt werden. Die Aufgusslake soll nicht unter 2 % Kochsalzgehalt liegen. Statt Dosen auch in Gläsern.

Dost [*Gewürze & Kräuter*] ↑**Oregano:** Wilder Dost, bekannter als Oregano oder wilder ↑**Majoran,** ist eine mehrjährige Pflanze; wächst hauptsächlich in frostfreien Gebieten.

Dotterpilz [*Speisepilze*] **T** ↑**Pfifferling**

Double [*Franz. Speisekarte*] Doppelt

Double-crème [*Franz. Speisekarte*] Dickflüssiger Doppelrahm, ↑**Crème double**

Doubles [*Intern. Länderküche*] In der Karibik kleine Teigtaschen, die mit ↑**Fisch,** ↑Gemüse**curry** oder ↑**Fleisch** gefüllt sind. ↑**Kreolische Küche**

Doucette [*Franz. Speisekarte*] ↑**Feldsalat**

Douceurs [*Franz. Speisekarte*] Süßspeise; Leckereien, Süßigkeiten; Bonbons

Dough [*U.S. Kitchen*] Teig

Doughnuts [*U.S. Kitchen*] Amerikanisches Schmalzgebäck in Ringform. ↑**Donuts**

Douille [*Franz. Fachwort*] Auswechselbare Sterntülle vom ↑**Dressiersack**

Doulma [*Intern. Länderküche*] Begriff aus der tunesischen Küchenkultur für gefüllte ↑**Zucchini** mit ↑**Hackfleisch** in ↑**Tomatensauce.** ↑**Dolma**

Dourada [*Span. Speisekarte*] ↑**Zahnbrasse**

Doux [*Weinkunde*] Französisch: süß. Der Begriff bezieht sich auf Weine mit einer Restsüße von 20–30 g/l. Vins Doux Naturels bedeutet „natürliche Süßweine", deren Restsüße durch eine vorzeitige Unterbrechung der Gärung bestimmt wird, bevor der gesamte Zucker in Alkohol umgesetzt wird. Das Stoppen der Gärung („Mutage" = stumm machen) wird durch Zugabe von Alkohol bewirkt. Es entsteht eine hochgradige Lösung, in der die Hefe nicht mehr arbeiten kann und abstirbt. Der Zucker, der dabei nicht mehr in Alkohol umgesetzt worden ist, gibt dem Wein die Restsüße. Dieses Verfahren wird auch bei der Produktion von Portwein angewendet.

Drachantkraut [*Gewürze & Kräuter*] ↑**Estragon**

Drachenauge [*Exotische Früchte*] ↑**Longan**

Drachenblut [*Hausbar*] **A** Getränk aus Rotwein, Orangensaft und ↑**Zitronensaft**

Drachenfisch [*Fisch*] **T** Der Drachenfisch wird auch ↑**Petermännchen** genannt und ist in der Nordsee, dem Atlantik und im Mittelmeer beheimatet. Gut in Fischsuppen. ↑**Bouillabaisse**

Drachenfrucht [*Exotische Früchte*] ↑**Pitahaya**

Drachenkopf [*Fisch*] **T Englisch:** scorpion fish; **Französisch:** rascasse rouge; **Italienisch:** scorfani; **Spanisch:** rascacio. Der Drachenkopf gehört wie der Rotfeuerfisch zur Familie der Skorpionfische, zu der ca. 300 Arten zählen. Er kommt im Mittelmeer und im nordöstlichen Atlantik vor. Am häufigsten trifft man ihn auf felsigen, algenbedeckten Gründen an. **Die Rücken-**

stacheln und die strahlenförmige Stacheln an den Flossen sind giftig. Darum sollten Skorpionfische nur mit dicken Gummihandschuhen angefasst und entsprechend vorsichtig verarbeitet werden. Dieser stachelig-häßliche Meeresbewohner wird bis zu 50 cm lang. Trotz aller Hässlichkeit besitzt der Drachenkopf wie alle Knochenfische ein äußerst schmackhaftes, sehr feines, weißes und festes Fleisch, das jedes Fischgericht krönt. In einer ↑**Bouillabaisse** nach Originalrezept darf der Drachenkopf nicht fehlen, was dieses Gericht im Restaurant aber fast unbezahlbar macht.

Drachenkopf [*Wildkräuter, -blüten & -früchte*] **T Lateinisch:** Dracocephalum moldavica; **Info:** Drachenkopf ist eine attraktive, duftende Bienenweide. **Standort:** Die Pflanze liebt es sonnig, bevorzugt mittelschweren Boden mit gutem Wasserhaushalt. **Geschmack:** intensives, warmes Zitronenaroma; **Verwendung in der Küche:** Das Kraut eignet sich zum Ansetzen von ↑**Likören**, zum Würzen von ↑**Desserts** und ↑**Kuchen. Wirkung in der Volksmedizin:** Die Pflanze wirkt anregend auf Leber- und Gallentätigkeit und fördert die Bildung von Magensaft. Deshalb ist sie oft Zutat von verdauungsfördernden Teemischungen. Die blauvioletten, an den Kopf eines Drachen mit aufgesperrtem Maul erinnernden Blüten gaben der Pflanze ihren Namen. Wegen ihres Zitronenaromas wird sie auch als türkische Melisse bezeichnet.

Dragée [*Franz. Speisekarte*] ↑**Mandeln,** ↑**Haselnüsse,** ↑**Pistazien** in ↑**Zuckerguss**

Dragieren [*Unsere Küche*] Mit dieser Art des Überziehens von ↑**Nüssen,** ↑**Trockenfrüchten**, aber auch Süßwaren bleibt das Lebensmittel länger haltbar. In einem offenen, sich drehenden Kessel, der eventuell beheizt und schräg gestellt ist, wird es mit einer Zuckerlösung oder ↑**Schokolade** überzogen.

Dragon [*Gewürze & Kräuter*] ↑**Estragon**

Dragonbeifuß [*Gewürze & Kräuter*] ↑**Estragon**

Dragoncello [*Ital. Speisekarte*] ↑**Estragon**

Dram [*Fachkunde*] Engl.: Gewicht = 1772 g; Abk.: dr

Drambuie [*Hausbar*] Schottischer Whiskylikör mit ↑**Honig** und 40 %Vol. Der Name stammt von Mönchen, die ihn auf Gälisch „Dram Buidhach" nannten, was so viel bedeutet wie „Ein Trank, der zufrieden macht".

Draught [*U.S. Kitchen*] Fassbier

Drautaler [*Käse*] **Herkunft:** Österreich; **Käsesorte:** ↑**Schnittkäse**, 45 % ↑**Fett i. Tr.; Milch:** pasteurisierte ↑**Milch; Teig:** geschmeidig, schmelzend; **Geschmack:** angenehm mild, aromatisch, leicht süßlich

Dressieren [*Unsere Küche*] **T 1.** Kunstvoll Anrichten; 2. Brat- und kochfertiges ↑**Geflügel** wird gebunden, d. h. es wird durch sachgemäße Führung einer Bindenadel mit Bindfaden durch bestimmte Teile der Beine und Flügel durchstochen und durch Zusammenziehen und Verknoten des Bindfadens geformt. So wird ein schönes Aussehen erreicht; das Geflügel kann fachgerecht gebraten werden, und das Zerlegen ist wirtschaftlicher. **3.** Z. B.eine ↑**Torte** mit ↑**Creme** verzieren, aber auch ein Kochgut in eine bestimmte Form bringen. (↑**Kartoffelpüree**)

Dressiersack [*Unsere Küche*] Spritzsack zum Einfüllen von ↑**Schlagsahne,** ↑**Mayonnaise;** zum Verzieren

Dressing [*Unsere Küche*] **T** Englisch-amerikanische Bezeichnung für Salatsoße oder Marinade, (engl.) to dress = verbinden, anmachen. Soße oder Zutat, mit der Salate gebunden werden, die aus verschiedenen ↑**Essigen** und ↑**Ölen** bestehen kann, auch mit ↑**Jogurt,** ↑**Mayonnaise,** ↑**Sahne** oder ↑**Senf**

Dried [*U.S. Kitchen*] Getrocknet

Druckdämpfen [*Unsere Küche*] Druckgaren: garen bei Temperaturen zwischen 110 und 120° C und einem Druck von 0,4 bis 1,5 bar

Druckfest [*Unsere Küche*] **T** In Essigwasser gekochte Eier (pochierte Eier) so lange stocken lassen, bis das ↑**Ei** auf Fingerdruck elastisch ist

Drumstick [*U.S. Kitchen*] Hühnerbeine, Geflügelunterschenkel

Drups, Früchte der Ölpalme [*Exotische Früchte*] **Französisch:** drupe de palmier. Neben ↑**Kokosnüssen** und ↑**Datteln** liefern die Palmenarten auch andere fettreiche und ölhaltige Früchte wie die kleinen Drups, die in großen Trauben an der 25 m hohen Palme unter den großen Blättern am Stamm hängen. Zu Hause sind die Früchte in Zentralafrika. Die reifen Drups verfärben sich rotbräunlich, haben eine wachsartige, ölige Schale. Genießbar ist das nur wenige Millimeter dünne Fleisch um den Steinkern, der Geschmack erinnert an würzige ↑**Salami** oder ↑**Schinken.** Aus den Drups wird ein gelbes, parfümiertes Öl gewonnen, das wie ↑**Olivenöl** verwendet wird.

Dry [*Weinkunde*] Engl.: trocken. Ein Wein wird trocken genannt, wenn er keine wahrnehmbare Süße im Geschmack aufweist. Trotzdem können solche Weine bis zu 10 g/l oder mehr Restzucker haben. Der Geschmackseindruck „trocken" ist der Säure zuzuschreiben, die die Süße eines Weins ausgleicht.

Dry mustard [*U.S. Kitchen*] ↑**Senfpulver**

Du pays [*Franz. Speisekarte*] Aus der Gegend

Du terroir [*Franz. Speisekarte*] Von eigenem Boden, aus der Gegend

Dubarry, Historischer Speisename [*Speisegarnitur*] **A 1.** Marie Jeanne, Gräfin Dubarry (1743–1793), Mätresse Ludwigs XV. Ihre Köchin wurde mit dem Orden vom Blauen Band ausgezeichnet, daher der Titel ↑**Cordon bleu; 2. À la Dubarry – Speisegarnitur zu kurzgebratenem Fleisch – Blumenkohl**röschen mit ↑**Sauce Mornay** und geriebenem **Käse** überbacken, dazu **Schlosskartoffeln; Sauce:** gebundener ↑**Bratenfond; 3.** Auch ↑**Kraftbrühe** oder ↑**Consommé** Dubarry hat Blumenkohlröschen als Einlage

Dubbel [*Regionale Spezialität*] Mit ↑**Butter** und einem ↑**Kotelett,** ↑**Sauerfleisch,** ↑**Buletten** belegtes ↑**Brot**

Dubois, Historischer Speisename [*Berühmte Köche*] **A** Urbain Dubois(1826–1881), zusammen mit Emile Bernard Küchenmeister Kaiser Wilhelms I., Mitverfasser von **La cuisine classique, La cuisine artistique** und anderen Werken.

Dubonnet [*Hausbar*] **R 1.** Der in Paris hergestellte ↑**Aperitif** auf Weinbasis (17 %Vol.) mit ausgeprägtem Bitterton der ↑**Chinarinde** wird mindestens zwei Jahre lang gelagert, rubinrot (süßlich) und weiß (halbsüß) angeboten. **2.** Before Dinner ↑**Cocktail-Dubonnet Dry Cocktail;** 3 cl ↑**Gin** und 3 cl Roter Dubonnet, im Mixglas (mit Eis vermischt und anschließend abgeseiht) zubereitet und im Cocktailglas mit Orangenscheibe serviert

Ducasse, Alain [*Berühmte Köche*] **Alain Ducasse,** *1956 in Castel Sarrazin, F. – Er ist wohl der einzige Spitzenkoch der Welt, der nicht selber am Herd steht. Trotzdem gilt er zurzeit als bester Koch Frankreichs. Alain Ducasse erhielt vom „Guide Michelin" als erster und einziger Cuisinier neun Sterne für seine Kochkunst: Je drei Sterne für seine Restaurants „Le Plaza Athénée" in Paris, „Alain Ducasse at the Essex House" in New York und „Louis XV" in Monaco. Heute managt der weltweit bekannte Küchenchef 30 Restaurants, betreut seine Bäckerei, die Auberges, die eigene Kochschule und veröffentlicht sein Wissen in Büchern, darunter das **„Grand livre de cuisine"**, eine kulinarische Enzyklopädie.

Duchesse, à la [*Speisegarnitur*] **A** „Herzogin"-Art. **1. Speisegarnitur** für **große Braten** und **Kurzgebratenes** – ↑**Duchessekartoffeln** in beliebiger Form; **Sauce:** gebundener ↑**Bratenfond; 2.** ↑**Brandteig**krapfen bzw. kleiner Windbeutel mit pikanter Füllung für Vorspeisen – mit süßer Füllung als Nachspeise; **3.** Gebäck mit ↑**Mandeln; 4.** eine sehr saftig schmelzende ↑Winter**birne**

Duchesse-Kartoffeln [*Unsere Küche*] **T** Für Duchesse- oder auch ↑**Herzoginkartoffeln** braucht man sehr mehlige, gekochte, trockene und pürierte Kartoffeln. Die Kartoffelmasse wird mit ↑**Butter,** ↑**Gewürzen** und ↑**Eigelb** abgeschmeckt, in den Spritzsack gefüllt und in Form von kleinen Rosetten auf ein Ofenblech gespritzt. Mit Eigelb und Butter bestrichen, backt man sie im Ofen goldbraun.

Duck [*U.S. Kitchen*] ↑**Ente**

Duftgeranie [*Wildkräuter, -blüten & -früchte*] **T Lateinisch:** Pelargonium spp.; **Info:** Pelargonien werden als „Geranien" bezeichnet. Sie sind mit der Gattung „Geranium" = Storchenschnabel verwandt, da sie zur gleichen Pflanzenfamilie gehören, den Geraniaceaen. Eine wesentliche Ähnlichkeit der beiden Arten ist die Form der Fruchtstände, die an Storchenschnäbel erinnert. Auch der Name Pelargonium ist abgeleitet vom griechischen „pelargos", was „Storch" bedeutet. **Standort:** Die Vertreter der Gattung Pelargonium sind in Südafrika, in Australien und im Nahen Osten heimisch. In Mitteleuropa werden sie häufig als Zierpflanzen kultiviert. Pelargonien benötigen einen sonnigen, warmen und geschützten Standort, nährstoffreiches, durchlässiges Substrat und eine ausreichende Wasserversorgung ohne Staunässe. In Mitteleuropa ist der Anbau nur im Kübel möglich, weil (Duft-) Pelargonien/Duftgeranien extrem frostempfindlich sind. **Geschmack:** Es gibt viele unterschiedliche Sorten mit den verschiedensten Duftnoten, von fruchtig über minzig, blumig bis holzig und herb-balsamisch. **Verwendung in der Küche:** Alle fruchtigen Varianten sind zum Aromatisieren von Tees, kalten Getränken, Süßspeisen und ↑**Kuchen** geeignet. **Wirkung in der Volksmedizin:** Das ätherische Öl der Rosenpelargonie (P. graveolens), das Geranium-Öl, wird heute in der Aromatherapie bei Magen-Darm-Beschwerden angewendet. Es kann auch als Bestandteil von Badeessenzen beruhigend und leicht antimikrobiell wirken. **Im Haushalt:** Geranium-Öl in Duftlampen hält Mücken ab.

Duftisoppe [*Gewürze & Kräuter*] ↑**Ysop**

Duftreis [*Asiatische Küche*] **R** Sehr aromatische Reissorten wie der in Indien angebaute ↑**Basmatireis** und der ↑**Jasminreis.** Duftreis ist eine besonders beliebte Reissorte in Thailand. Seinen Namen verdankt er dem besonderen Duft, den er nach dem Kochen verströmt. Dieser Duft entsteht aber nicht durch die Zugabe von Aromastoffen, sondern ist eine Charakteristik dieser Reissorte. Die Duftreiszubereitung ist sehr einfach. Man gibt den Reis einfach in einen Topf und füllt mit Wasser auf, bis es ca. 2 cm über dem ↑**Reis** steht. Wenn das Wasser kocht, die Hitze reduzieren und den Reis bei schwacher Hitze 15 bis 20 Min. garen. Das Wasser sollte komplett vom Reis aufgenommen sein.

Dugléré, Historischer Speisename [*Berühmte Köche*] **A 1.** Adolf Dugléré, einer der größten Köche des zweiten Kaiserreiches, Küchenchef des weltberühmten Café Anglais in Paris; **2. À la Dugléré – Speisengarnitur für Meeresfische,** beliebig gegart, mit ↑**Tomaten**würfeln, ↑**Schalotten,** ↑**Zwiebeln,** ↑**Knoblauch** und ↑**Petersilie**

Duke of York [*Kartoffelsorte*] **Kochtyp:** ↑**Vorwiegend festkochende Kartoffeln; Herkunft:** Großbritannien; **Jahr der Zulassung:** 1891; **Schale:** gelb, hervorragender Geschmack; **Fleisch:** gelb; **Knolle:** langoval; **Reifezeit:** sehr früh

Dukka [*Intern. Länderküche*] Würzige Mischung aus ↑**Pfeffer,** ↑**Nüssen,** ↑**Kreuzkümmel** und ↑**Thymian,** die man in Ägypten nicht nur zum Würzen von Lammgerichten schätzt, sondern auch als pikanten Brotaufstrich mit ↑**Olivenöl**

Duku [*Exotische Früchte*] Verwandte der ↑**Langsat,** größer als diese und vom Geschmack her ähnlich

Dulce [*Span. Speisekarte*] Süßspeise

Dulce [*Weinkunde*] Spanische Bezeichnung für süß

Dulse [*Gemüse*] **Lateinisch:** Palmaria palmata. Rotalge, die im Atlantik heimisch ist und überall im kalten Wasser der Gezeitenzonen wächst. Dulse kann nach kurzem Einweichen ungekocht gegessen werden und ist in der Bretagne und Irland seit Jahrhunderten bekannt. Als kleine Mahlzeit, in Suppen und Salaten ist sie auf beiden Seiten des Atlantiks beliebt. Wie es für Rotalgen typisch ist, ist der Jodgehalt relativ gering. Dafür enthält das zarte Meeresgemüse aber besonders viel ↑**Eisen,** ↑**Fluor, Vitamin** ↑B_6 und ↑B_{12}. ↑**Algen**

Dumas Historischer Speisename [*Speisegarnitur*] **A** 1. Alexandre Dumas der Ältere (1802–1870) schuf außer seinen großen Werken **„Die drei Musketiere“** und **„Der Graf von Monte Christo“** auch einen **„Grand dictionnaire de cuisine“**; **2. À la Dumas:** Trüffelsalat mit frischem ↑**Kerbel,** ↑**Thymian,** ↑**Sardellenpaste,** gehackten ↑**Cornichons** und ↑**Eiweiß**

Dumplings [*U.S. Kitchen*] ↑**Klöße**

Dunkelfelder [*Weinkunde*] Die Rebe wurde in Geisenheim am Rhein gezüchtet. Da der Dunkelfelder sehr früh zu reifen beginnt, stellt diese Rebe keine großen Ansprüche an die Lage und den Boden. Der Ertrag liegt bei ca. 65 bis 75 hl/ha und das Mostgewicht bei 70 bis 90° Öchsle.

Dunkles Fleisch [*Unsere Küche*] Dunkles Fleisch zum Kurzbraten stammt überwiegend von ↑**Rind,** ↑**Wild,** ↑**Lamm,** ↑**Entenbrust**

Dunkles Lagerbier [*Bier*] Untergäriges Vollbier, vollmundig, leicht gehopft, malzaromatisch. Die dunkle Farbe rührt daher, dass dunkles Malz des Münchener Typs verwendet wurde. Das Hauptverbreitungsgebiet ist Bayern.

Dünkli [*Schweizer Küche*] Schweizer Bezeichnung für ↑**Brot** als Suppeneinlage

Dunlop [*Käse*] Schottische ↑**Cheddar**-Art, mild, meist kurz gereift und mit natürlicher Rinde. Er soll auf ein irisches Rezept aus dem Jahr 1688 zurückgehen. Dieser recht weiche, milde ↑**Käse** wird aus der ↑**Milch** von Ayrshire-Kühen gewonnen. Die Schotten essen ihn relativ jung, lassen ihn jedoch für den Verkauf länger reifen. Heute wird dieser Käse nur noch industriell hergestellt.

Dünnbug [*Fleischprodukte*] Regionale Bezeichnung für die Schulter, Schaufelstück

Dünne Plätze [*Fleischprodukte*] Regionale Bezeichnung für die ↑**Dünnung**

Dünner Fläme [*Fleischprodukte*] Regionale Bezeichnung für die ↑**Dünnung**

Dünner Nabel [*Fleischprodukte*] Regionale Bezeichnung für die ↑**Dünnung**

Dünnes Kronfleisch [*Österr. Küche*] ↑**Kronfleisch**

Dünnes Kügerl [*Fleischprodukte*] Regionale Bezeichnung für die ↑**Dünnung**

Dünnes Überzwerchriemenstück [*Fleischprodukte*] Regionale Bezeichnung für die ↑**Dünnung**

Dünnung [*Fleischprodukte*] Flanke der Großtiere im Bereich der 11. bis 13. Rippe und des knochenlosen Teils

Dünsten [*Unsere Küche*] **T** Für die ↑**Schonkost** angewandte Garmethode, bei der ein Lebensmittel im eigenen Saft gegart wird. Zum Dünsten sind wasserreiche Lebensmittel wie ↑**Gemüse,** ↑**Obst,** ↑**Fisch** und zartes ↑**Fleisch** geeignet. Es ist ein schonendes Garverfahren, bei dem das Lebensmittel in wenig heißem Fett bei mäßiger Hitze ohne Bräunung angegart und dann mit Flüssigkeit angegossen wird. So schließen sich die Poren schnell, das Gargut nimmt keine Farbe an, und die meisten ↑**Nährstoffe** bleiben erhalten.

Dunsten, in Dunst stellen [*Österr. Küche*] Im Wasserbad kochen

Dunstobst [*Österr. Küche*] ↑**Kompott**früchte

Dunsyre Blue [*Käse*] ↑**Bonchester**

Dur(e) [*Franz. Fachwort*] Hart, herb, zäh (Fleisch)

Duras [*Weinkunde*] Rotweinrebe aus dem Südwesten (Gaillac) Frankreichs, hat nur lokale Bedeutung

Durazno [*Mexicofood*] ↑**Pfirsich**

Durchfall [*Gesundheit*] ↑**Diät bei Durchfall**

Durchgebraten [*Übersetzer*] **Englisch:** well done; **Französisch:** bien cuit; **Italienisch:** ben cotto; **Spanisch:** pasado. ↑**Garstufen**

Durchgegoren [*Weinkunde*] Bei der Gärung wird der gesamte Zucker in Alkohol umgewandelt. Wenn die Weine noch einen hohen Säuregehalt haben, entfaltet sich ein sehr harter Geschmack, da ohne Restsüße die nötige Abrundung nicht vorhanden ist.

Durchpassieren [*Unsere Küche*] **T** Arbeitsvorgang, der ungebundene und gebundene Flüssigkeiten klärt; **1.** Bei ungebundenen Flüssigkeiten, z. B. Brühen, wird ein Tuch über das Sieb gelegt, die Brühen hineingeschöpft. **2.** Bei Gelees oder Fruchtsäften arbeitet man mit 2 Tüchern: Ein nasses, ausgewrungenes Tuch wird zuerst über das Gefäß gelegt, dann ein trockenes darüber. Die durchgelaufene Flüssigkeit ist dünn und klar. **3.** Bei gebundenen Flüssigkeiten, dicken Saucen beispielsweise, wird die ↑**Sauce** in ein Tuch gefüllt, in dem zwei schwere Metallkugeln liegen. Durch wiegende Bewegungen wird die Flüssigkeit durch das Tuch gepresst, die Kugeln sorgen dafür, dass auch die dicken Bestandteile mit durchgedrückt werden. **4.** Ganz dicke Saucen werden durch das Tuch gedreht: dazu zu zweit das Tuch an beiden Enden anfassen und langsam gegeneinander zudrehen.

Durchrühren [*Unsere Küche*] Masse so lange mit Kochlöffel rühren, bis sie gleichmäßig untereinandergemengt ist

Durchschlag [*Österr. Küche*] Altwiener Bezeichnung für Nudelsieb. Ein größeres Sieb zum Durchseihen oder Durchdrücken von Suppen, ↑**Pürees** oder zum Abtropfen von ↑**Teigwaren,** ↑**Gemüse**

Durchschlagen [*Unsere Küche*] Man presst eine Masse durch ein groblöcheriges Metallsieb. So entsteht ein groberes Püree.

Durchschwenken [*Unsere Küche*] **T** Mit ↑**Butter**stückchen oder gehackter ↑**Petersilie** durchschwenken: eine Pfanne mit Inhalt einige Min. über der Flamme schwingen, sodass das Untenliegende jeweils nach oben kommt und das Kochgut mit dem Zugefügten gut vermischt wird, ohne den Löffel zu Hilfe zu nehmen, der gares ↑**Gemüse** zerquetschen würde.

Durchseihen [*Unsere Küche*] ↑**Passieren**

Durchstreichen [*Unsere Küche*] Hier verwendet man ein feines, stabiles Haarsieb, um eine Masse durchzudrücken oder -streichen.

Durchwachsen [*Unsere Küche*] Natürliche Fettstränge ziehen sich durch das ↑**Fleisch.**

Durchzogen [*Unsere Küche*] Fleischfasern sind mit ↑**Speck** schichtweise durchzogen (Bauchfleisch)

Durian [*Exotische Früchte*] **T Lateinisch:** Durio zibethinus; **Englisch:** durian, civet fruit; **Französisch:** dourian dourion; **Spanisch:** durion, fruto del duriano. Die Durian ist in 5 Kammern unterteilt und crèmefarben, gelblich bis orange oder rosa gefärbt und hat in jeder Kammer 1–7 kastanienartige Samen. **Ursprung und Geschichte:** Durian stammen wahrscheinlich aus Borneo oder Sumatra. Sie haben sich erst wild, später durch Pflanzungen im südostasiatischen Raum von Indien über Sri Lanka bis nach Neu-Guinea verbreitet. Bereits vor 400 Jahren gab es einen lebhaften Handel mit Durian zwischen Süd- und Nord-Birma (heute Myanmar), wo die Früchte im königlichen Palast sehr begehrt waren. Anfang des 20. Jahrhunderts gab es Bemühungen, Durian auf dem amerikanischen Kontinent einzuführen, allerdings scheiterten Versuchspflanzungen in der Karibik. Durian werden heute vor allem in Thailand, Malaysia, Indonesien und Südvietnam angebaut. Geringere Mengen kommen aus Indien, Sri Lanka, den Philippinen und sogar Hawaii. **Herkunft und Saison:** Durian reifen entweder einmal (Juli–August) oder zweimal (März–April, September–Oktober) jährlich und werden wegen ihrer sehr begrenzten Haltbarkeit von nur 4–7 Tagen selten und in kleinsten Mengen bei uns angeboten. **Geschmack:** Auch wenn das Fruchtfleisch einen sehr üblen Geruch hat, wird der Geschmack als harmonisch und köstlich beschrieben. **Inhaltsstoffe:** 100 g (essbarer Anteil) Durian haben einen Brennwert von ⌀ 67 kcal/280 kJ und enthalten 79 g Wasser, 2,2 g Eiweiß, 0,8 g Fett, 14,8 g Kohlenhydrate und 1,6 g Ballaststoffe. An ↑**Mineralstoffen**, ↑**Spurenelementen** und ↑**Vitaminen** sind ⌀ 8 mg Kalzium, 0,7 mg Eisen, 24 mg Vitamin C und viel Vitamin E enthalten. **Zubereitung und Tipps:** Durian werden meist roh verzehrt, höchstens mit Zucker bestreut. Die Frucht wird mit einem Messer an einer der sichtbaren Bruchstellen aufgebrochen und in ihre 5 Kammern zerteilt, wodurch die 2 bis 3 kastaniengroßen Samen pro Teil sichtbar werden. Diese Samen sind von einem meist beigefarbenen, weichen Fruchtfleisch umgeben, dem eigentlich essbaren Teil der Frucht. In ihrer Heimat kommt das Fruchtfleisch in den ↑**Jogurt,** es wird zu ↑**Speiseeis** oder ↑**Marmelade** verarbeitet, als Füllungen in Gebäck verwendet oder das gehackte Fruchtfleisch mit ↑**Salz,** ↑**Pfeffer** oder ↑**Zwiebel** gewürzt und zu einer pikanten ↑**Sauce** verarbeitet. Die Samen werden gegrillt oder geröstet und wie ↑**Nüsse** gegessen. Reife Früchte weisen einen sehr intensiven, an Fäkalien erinnernden Geruch auf. In ihrer Heimat werden sie auf den Märkten nach dem Kauf für den Transport nach Hause in Plastikfolien verschlossen. Auf öffentlichen Plätzen, Bahnhöfen, Flughäfen oder Hotels ist der Verzehr von Durian meist verboten, es wird ausdrücklich mit Verbotsschildern darauf hingewiesen. In Flugzeugen dieser Region ist der Verzehr und der Transport ausnahmslos verboten. Durian genießt man nur in kleinen Mengen und niemals in Verbindung mit ↑Alkohol. Sie hat eine stark blähende Wirkung, die von Alkohol noch verstärkt wird.

Durst [*Gesundheit*] Das Gefühl, durstig zu sein, ist ein Signal des Körpers. Durst weist auf einen Flüssigkeitsbedarf hin. Bereits ein Verlust von 1 bis 2 % Wasser lässt im Körper ein Durstgefühl entstehen. Verliert er mehr als 20 % Wasser, sind gesundheitliche Schäden nicht auszuschließen. Der Mensch kann zwar Wochen ohne Essen auskommen, nicht jedoch ohne Wasser. Durst kann aber nur im Idealfall die Flüssigkeitszufuhr regeln. Neben dem Durstgefühl beeinflussen erlernte Verhaltensweisen die Trinkgewohnheiten. Das Durstgefühl wird in bestimmten Situationen, zum Beispiel bei Stress, unterdrückt oder nicht wahrgenommen. Dann ist und bleibt der Körper unterversorgt. Besonders betroffen sind ältere Menschen. Bei ihnen lässt das Durstempfinden häufig nach, sodass ein Flüssigkeitsdefizit nicht mehr wahrgenommen wird.

Durstlöscher [*Gesundheit*] **T** Zum Durstlöschen eignen sich ↑**Mineral**- und Leitungs**wasser,** ↑**Kräuter**- oder **Früchtetee, Obst**- und ↑**Gemüsesäfte,** die mit Leitungs- oder Mineralwasser gemischt sind (Schorlen). Kalorienbomben wie zuckerhaltige Limonaden, Fruchtsaft-, Cola-, Milch- und alkoholische Getränke eignen sich nicht als reine Durstlöscher. Jugendliche und Erwachsene sollten über Getränke und feste Nahrung 2,5 l Flüssigkeit pro Tag aufnehmen. Davon sollten 1 bis 1,5 l Flüssigkeit in Form von Getränken sein.

Dürüm Döner [*Orientalische Küche*] **A** Bei diesem Döner wird das ↑**Pide** durch ↑**Saç** ersetzt, in das die Zutaten eingerollt werden. Die Füllung besteht aus unterschiedlichen Einlagen, wie ↑**Schafskäse,** ↑**Hackfleisch,** ↑**Kebab,** ↑**Tomate,** ↑**Gurke,** ↑**Blattsalat** und Soßen.

Durumweizen [*Allgem. Nährmittel*] **Durum**- oder ↑**Hartweizen** (Triticum durum) stammt ursprünglich aus den Mittelmeerländern und den Küstenregionen des Schwarzen Meeres. Er wächst optimal auf Böden, die eine rasche Erwärmung im Frühjahr ermöglichen und eine ausreichende Speichermöglichkeit für Wasser und Nährstoffe besitzen. Für die Ausbildung guter Qualitäten ist das Klima entscheidend. Der aus ihm hergestellte ↑**Grieß** bildet den Rohstoff für die ↑**Teigwaren**herstellung. Er zeichnet sich durch glasige, bernsteinfarbene Körner aus. Durch den hohen ↑**Carotin**gehalt weist Hartweizengrieß im Vergleich zu Weichweizengrieß eine gelbe Farbe auf. Hartweizenmehl und -grieß werden in erster Linie für die Herstellung von Teigwaren und herzhafte Speisen mit Biss verwendet. Die Durum-Anbauflächen in Deutschland befinden sich überwiegend in den klimatisch bevorzugten Weinbaugebieten (2006: 15 000 ha mit steigender Tendenz).

Dust [*Tee*] Bezeichnung für die kleinsten Teilchen, die beim Sieben von ↑**Tee** anfallen. Sie werden für Teebeutel verwendet.

Dutch oven [*U.S. Kitchen*] Gusseiserner hoher Topf aus der amerikanischen Pionierzeit. Super geeignet zum Kochen, Backen und Braten am offenen Feuer oder in der Glut. Kann wegen seiner Größe (bis 30 l) auch als Gänse- oder Putenbräter verwendet werden.

Dutch Red Chili [*Gewürze & Kräuter*] **T Schärfe 3 = 3000–5000** ↑**Scoville-Einheiten.** Rund 10 cm lang, leicht gebogen und leuchtend rot. Es gibt auch grüne Exemplare. Dutch Red Chili hat einen scharfen, süßen Geschmack und dickes Fruchtfleisch. Anbau hauptsächlich in den Niederlanden. Ideal für Suppen, Schmortopf, Saucen und zum Einlegen. Wird unter dem Namen „Peperoni" oder „Holland Chili" im Supermarkt angeboten. ↑**Chili**

Duxelles, Historischer Speisename [*Speisegarnitur*] **R 1.** Marquis d'Uxelles: sein Küchenchef François-Pierre de la Varenne soll die Duxelles ihm zu Ehren benannt haben. **2. Masse aus gehackten Champignons:** Fein gewürfelte ↑**Champignons** mit ebenso fein gewürfelten ↑**Schalotten** in ↑**Butter** so lange dünsten, bis die Masse trocken ist, mit ↑**Salz,** ↑**Pfeffer** und gehackter ↑**Petersilie** würzen. Die Duxelles wird sowohl zum Überbacken als auch zum Füllen von ↑**Gemüse** verwendet, in Verbindung mit Teig auch zum Einhüllen von Kalbs-, Schweine- oder ↑**Rinderfilet.** Abgekühlt können auch rohe ↑Fleisch**farcen** damit angereichert werden.

Dyspepsie [*Fachkunde*] ↑**Ernährungsstörung bei Kindern**

E

℮ *[Fachkunde]* Das ℮ bezieht sich auf die Mengenangabe bei verpackten Lebensmitteln, was der EU-Fertigverpackungsrichtlinie entspricht. Bei flüssigen Lebensmitteln steht Milliliter oder Liter auf dem Etikett. Bei festen Lebensmitteln sind Gramm- oder Kilogramm-Angaben vorgeschrieben. Werden Lebensmittel in Stücken, zum Beispiel saure Gurken, in ihrem Aufguss verkauft, muss zusätzlich zur gesamten Füllmenge auch das Abtropfgewicht genannt werden. In unmittelbarer Nähe zu diesen Gewichtsangaben steht meistens ein kleines „℮". Es steht nicht für Einwaage, sondern zeigt an, dass Abweichungen bei Gewichten und Mengen sich innerhalb festgelegter Toleranzen bewegen. Die Angabe garantiert also dafür, dass die Lebensmittel auf geeichten Geräten abgefüllt wurden und dass 480 g saure Gurken tatsächlich dieses Gewicht aufweisen und nicht nur auf der Waage des Herstellers. Das ℮-Zeichen auf einer Flasche besagt, dass der Inhalt gemäß den Vorschriften der EU abgefüllt worden ist. Da diese Angabe von der EU garantiert wird, können Flaschen mit dieser Inhaltsangabe innerhalb Europas exportiert werden. Flaschen ohne Vermerk werden oft scharf kontrolliert. Die EU erkennt das ℮-Zeichen auf Flaschen, die außerhalb Europa abgefüllt worden sind, nicht an.

Early bird *[U.S. Kitchen]* Wörtlich: früher Vogel. „Early bird specials" bieten viele Restaurants in den Großstädten der USA vor der Haupt-Dinnerzeit an. Wer nicht erst um 20 Uhr, sondern schon um 17 Uhr essen geht, kann manchen Dollar sparen.

Early Rose *[Kartoffelsorte]* **Kochtyp:** ↑**Vorwiegend festkochende Kartoffeln;** **Herkunft:** USA; **Jahr der Zulassung:** 1867; **Schale:** rosa; **Fleisch:** weiß; **Knolle:** mittelgroß, rundoval; **Reifezeit:** früh. **Anmerkungen:** alte amerikanische Sorte mit Knollen

Eau courante *[Franz. Fachwort]* Fließendes Wasser

Eau de fleur d'oranger *[Franz. Speisekarte]* ↑**Orangenblütenwasser**

Eau de mélisse *[Franz. Fachwort]* Melissengeist

Eau de vin *[Franz. Speisekarte]* ↑**Weinbrand**

Eau gazeuse *[Franz. Speisekarte]* Kohlensäurehaltiges Wasser

Eau plate *[Franz. Speisekarte]* Leitungswasser

Eau-de-vie *[Franz. Speisekarte]* „Lebenswasser", klarer ↑**Branntwein** aus destillierten ↑**Früchten**, ↑**Getreide,** Pflanzen, ↑**Gewürzen**, ↑**Kräutern**. **Eau-de-vie blanche:** klarer ↑**Beeren**-, Kräuter-, Pflanzen-, ↑Obstschnaps

Ébarber *[Franz. Fachwort]* Abschuppen, entbarten

Eber *[Fleischprodukte]* Männliche ↑**Schweine**, die geschlechtsreif bzw. nicht kastriert und zur Zucht bestimmt sind. Das Fleisch eines Ebers ist wegen des Harngeruches (setzt bei Geschlechtsreife ein) zum Verzehr nicht geeignet. Eber, die nicht mehr zur Zucht eingesetzt werden, kastriert man mindestens 8 Wochen vor der Schlachtung, damit sich der Fleischgeruch normalisiert. Männliche Jungtiere, die nicht zur Zucht bestimmt sind, werden mit 3 bis 4 Wochen kastriert. Man nennt sie Kastrate oder Eberferkel.

Eberesche *[Weinkunde]* ↑**Apfelwein**

Eberesche *[Wildkräuter, -blüten & -früchte]* **T Lateinisch:** Sorbus aucuparia; **Info:** Die Früchte sind essbar, müssen aber wegen ihres Gehaltes an leicht giftiger Parasorbinsäure erst erhitzt werden. Der Verzehr größerer Mengen roher Beeren führt zu Durchfall. **Standort:** Die Pflanze liebt lichte Wälder, Waldränder und Gebüsche. **Geschmack:** Die Früchte schmecken herb säuerlich und bitter zusammenziehend. **Verwendung in der Küche:** Trotz des sauren Geschmacks enthalten sie viel ↑**Zucker** (13 %) und haben einen hohen Gehalt an ↑**Vitamin C** und ↑**Provitamin A** (↑**Carotin**). Sie können allein zu einer ↑**Marmelade** verarbeitet werden, die mit ihrem Geschmack an bittere ↑**Orangen**marmelade erinnert. Gemischt mit anderen Früchten ergeben sich interessante Marmeladenkompositionen. **Wirkung in der Volksmedizin:** Gallenflussanregend, abführend, harntreibend

Eberraute *[Wildkräuter, -blüten & -früchte]* **A Englisch:** lad's love, southernwood; **Französisch:** aurone. **Synonym:** Zitronenkraut, Eberwurzel, Eberreis. **Zum Würzen verwendete Teile:** Die jungen Blattspitzen, frisch und getrocknet. **Im Handel erhältlich:** Blätter der Eberraute sind nicht zu bekommen. Junge Stecklinge gibt es in Spezialgärtnereien. **Geschmack:** Dem ↑**Beifuß** ähnlich, nur feiner und bitterer. **Mit Eberraute würzt man:** Fettes ↑**Fleisch**, z. B. ↑**Gänse-** und ↑**Entenbraten**, ↑**Lammbraten** und ↑**Schweinebraten** an Stelle von Beifuß. **Würzkombinationen mit Eberraute:** Wegen seines spezifischen Geschmacks und seiner Seltenheit sollte man dieses Kraut nur mit Grundgewürzen wie ↑**Pfeffer**, ↑**Zwiebel** oder ↑**Knoblauch** verwenden. **Wirkung in der Volksmedizin:** magenschonend, fettabbauend

Eberreis *[Wildkräuter, -blüten & -früchte]* ↑**Eberraute**

Eberwurzel *[Wildkräuter, -blüten & -früchte]* ↑**Eberraute**

Ébullition *[Franz. Fachwort]* Brodeln

Écailler *[Franz. Fachwort]* ↑**Austern** öffnen, (↑**Fisch**) schuppen

Écaler *[Franz. Fachwort]* Schälen (↑Eier, ↑**Hülsenfrüchte**, ↑**Nüsse**)

Écarlate, à l' [*Speisegarnitur*] **A** „Scharlachrot"; rotfarbig (mit Tomaten, roter Sauce, auch gepökeltes Fleisch)

Écauton [*Franz. Speisekarte*] **A** Fette ↑**Bouillon** mit ↑Land**schinken,** ↑**Gemüse** und aromatischen Einlagen

Échalote [*Franz. Speisekarte*] ↑**Schalotte**

Échaudé [*Franz. Speisekarte*] **A** Eines der ältesten Gebäcke Frankreichs, leicht und knusprig, aus Wasser, ↑**Mehl,** ↑**Butter** und ↑**Ei.** Wird erst in heißem Wasser gekocht und anschließend im Ofen gebacken. Je nach Gegend mit ↑**Anis** (Aveyron/Aquitanien) oder Orangenblüten (Nizza/Riviera) aromatisiert. Kann auch in Brezelform gebacken werden. ↑**Bagel**

Échauder [*Franz. Fachwort*] Abbrühen, brühen

Échine de porc [*Franz. Speisekarte*] Vorderrippenstück vom ↑**Schwein**

Echte Mortadella [*Fleischprodukte*] **T** Die „Mortadella di Bologna" ist eine italienische ↑**Brühwurst**spezialität aus fein gemahlenem ↑**Schweinefleisch,** das mit ↑**Salz,** ↑**Pfeffer,** ↑**Zucker** und groben, fetten ↑**Speck**würfeln in Kunst- oder Naturdärmen zu großen Würsten von bis zu 100 kg geformt und in speziellen Heißluftöfen bei 90° C gegart wird. Es gibt Varianten, die ↑**Pistazien** oder andere ↑**Gewürze** enthalten. Mortadella wird in drei Qualitätsstufen angeboten: **extra, super** und **normale.** Mit dem Qualitätswarenzeichen **IGP** (**I**ndicazione **G**eografica **P**rotetta, Geschützte Geografische Angabe) versehene Mortadella muss aus der Region sein und festgelegten Produktionsregeln entsprechen. Mortadella ohne den Namenszusatz **„di bologna"** kann auch mit anderen Fleischsorten hergestellt worden sein. Sie muss entsprechend gekennzeichnet werden: **S** für Schweinefleisch, **SB** für Schweine- und ↑**Rindfleisch** und **SO** für Schweine- und ↑**Lammfleisch.** Mortadella wird in sehr dünne Scheiben geschnitten und als Brotbelag verwendet. Deutsche Mortadella hat mit der italienischen nichts gemein. Sie ist wesentlich kleiner im Durchmesser, wird wie ↑**Fleischwurst** geräuchert, gebrüht und hat daher einen deutlich anderen Geschmack. Bevor der Pfeffer in Europa bekannt war, wurde Mortadella mit Myrtebeeren gewürzt. Ihr ursprünglicher, lateinischer Name war Myrtatella bzw. Murtadum facirem.

Echte Ochsenzungenblüten [*Wildkräuter, -blüten & -früchte*] **T Lateinisch:** Anchusa officinalis; Echte Ochsenzungenblüten. **Mehr Information:** ↑**Essbare Blüten**

Echter Bierschinken [*Fleischprodukte*] ↑**Brühwurstbrät** mit magerer ↑**Schinkenfleisch**einlage. Ein guter Bierschinken sollte mindestens 50 % Schinkenanteil und weniger als 9,5 % Fett haben. Mehr ↑**Fett** bedeutet, dass weniger ↑**Schinken** und mehr Wurst verwendet wurde, was den Bierschinken minderwertiger macht. Er sollte einen frischen und würzig-angenehmen Geruch haben. Außerdem sollte der Schinkenanteil möglichst sehnen- und fettarm sein.

Eckbug [*Fleischprodukte*] Regionale Bezeichnung für die ↑**Eckschulter**

Eckig [*Weinkunde*] Weine, die ein unausgeglichenes Verhältnis der Geschmacksstoffe aufweisen. Durch zu sehr hervortretende Geschmacksstoffe wie Säure, Alkohol oder Gerbstoffe kann ein Wein „eckig" wirken.

Eckiges Schwanzstück [*Fleischprodukte*] Regionale Bezeichnung für die ↑**Unterschale**

Eckle [*Fleischprodukte*] Regionale Bezeichnung für die ↑**Oberschale**

Eckpülf [*Fleischprodukte*] Regionale Bezeichnung für die ↑**Nuss**

Eckschulter [*Fleischprodukte*] Sammelbezeichnung für kleine Muskelstücke der Schulter, die neben dicker Schulter, falschem Filet, Schaufelstück, Schulterdeckel und Beinfleisch anfallen

Eckschwanzstück [*Fleischprodukte*] Regionale Bezeichnung für den ↑**Tafelspitz** oder das ↑**Bürgermeister**- bzw. ↑**Pastorenstück**

Eclairs [*Backstube*] **A** Als Vorspeise sind diese ↑**Blitzkuchen** aus ↑**Brandteig** mit einer ↑**Farce** aus ↑**Gänseleber,** ↑**Geflügel** oder ↑**Wild** gefüllt und mit ↑**Gelee** überglänzt, ein Genuss. Als Zwischengericht oder Nachspeise zeigen sich die Eclairs von ihrer süßen Seite mit besonders raffinierten ↑**Glasuren** überzogen. Der Brandteig wird in fingerlange Stängel auf ein gefettetes Blech dressiert (wie ↑**Löffelbiskuits**). Diese Stängel mit ↑**Eigelb** bestreichen und bei mittlerer Hitze backen, anschließend erkalten lassen. Dann die Eclairs von der Seite aufschneiden und mit einer ↑**Vanillecrème** füllen. Der Name „au kirsch", „au mocca" oder „Suchard" gibt Auskunft über die Glasur. Man kann auch ↑**Brandteigkrapfen** mit Kaffeecrème füllen und mit Glasur überziehen.

Économe [*Franz. Fachwort*] Sparschäler

Écorce [*Franz. Speisekarte*] Rinde, Schale

Écraser [*Franz. Fachwort*] Zerdrücken

Écrevisse [*Franz. Speisekarte*] ↑**Flusskrebs**

Écumer [*Franz. Fachwort*] Abschäumen

Écumoire [*Franz. Fachwort*] Schaumkelle

Edamer [*Käse*] **Herkunft:** Holland/Deutschland. Deutschen Edamer gibt es in vier verschiedenen Fettgehaltsstufen. **Käsesorte:** ↑**Schnittkäse,** 40 % ↑**Fett i. Tr.; Milch:** pasteurisierte Kuhmilch; **Teig:** geschmeidig, schnittfest; **Geschmack:** mild, dezent und leicht säuerlich; **Info:** Typisch für den Edamer ist die kugelrunde Form mit rotem oder gelbem Paraffinschutz. Meist wird junger Edamer mit einer 2- bis 4-monatigen Reifezeit gekauft.

Edelbrand [*Hausbar*] Obst wird vergoren und damit der vorhandene ↑**Zucker** in den Früchten in ↑**Alkohol** umgewandelt. Beim anschließenden „Brennen" wird der Alkohol aus der Maische (vergorenes Obst) herausdestilliert und als klare Flüssigkeit gewonnen. Entscheidend für einen guten Edelbrand ist nicht nur der Destillationsprozess, sondern auch die Qualität des verwendeten Obstes und die Erfahrung des Brenners. Er muss die Zeitspanne um das Destillat richtig abfangen, die ↑**Fuselöle** und andere geschmacklich negative Stoffe abtrennen. Der Edelbrand wird auf Trinkstärke eingestellt, gefiltert und bis zum Erreichen seines vollen, weichen und runden Aromas speziell gelagert.

Edelfäule [*Weinkunde*] Deutsche Bezeichnung für Botrytis. Edelfäule entsteht an Trauben ab 70° Öchsle. Hierbei muss das Wetter trocken bleiben, damit die Trauben schrumpfen können. Der Zuckergehalt steigt stark an, der typische Auslesegeschmack kann entstehen. Der Edelfäule sind Beeren- und Trockenbeerenauslesen sowie viele Süß- und Dessertweine zu verdanken. Ist die Traube aber noch nicht reif, kann die ganze Ernte verfaulen. Bei Rotweinen führt Edelfäule allerdings zu starken Farb- und Geschmacksveränderungen. Beerenauslesen von Rotweintrauben haben daher meist einen Braunton oder sind Rosé- und Weißherbstweine, was ihrer Qualität aber keinen Abbruch tut.

Edelfirne [*Weinkunde*] Bei alten Weinen auftretender Geschmackseindruck, der durchaus positiv sein kann

Edelkastanien [*Gemüse*] **T Lateinisch:** Castanea sativa. **Synonym:** Maroni, Kastanien. **Englisch:** Spanish chestnut; **Französisch:** marrons; **Italienisch:** marroni; **Spanisch:** castañas. **Info:** Maronen gehören zur Familie der Buchengewächse und sind die Samen des in gemäßigten Regionen des Mittelmeers beheimateten Kastanienbaumes. Der kugelige, langstachelige, fast igelförmig aussehende Fruchtbehälter fällt bei Reife selbst vom Baum und umschließt drei nussartige Samen mit ledriger Haut. Man unterscheidet zwischen den „normalen" Edel- oder Esskastanien, mit weniger fein ausgeprägtem Geschmack, aber hohem Stärkegehalt, und den geschmacklich kräftigeren und angenehm sahnigen „Maroni". Esskastanien sind eher rundlich und einseitig abgeflacht, während „echte" Maroni ei- bis herzförmig sind und sich besser schälen lassen. Die wichtigsten Anbauländer sind Italien, Spanien, Portugal und die Türkei. **Ursprung und Geschichte:** Die Maroni stammt aus Asien und wird in Europa seit Menschengedenken kultiviert. Schon bei Griechen und Römern wurde sie zu ↑**Wein** gereicht. Lange Zeit waren Maroni ein sättigendes Grundnahrungsmittel, aus dem ↑**Mehl** und ↑**Brot** hergestellt wurde. Wahrscheinlich wurden sie durch das Auftreten der ↑**Kartoffel** vom Speiseplan verdrängt. **Herkunft und Saison:** Die hier angebotenen Maroni stammen fast ausschließlich aus Italien, seltener aus der Türkei. Angebotszeitraum: Herbst und Winter; **Inhaltsstoffe:** 100 g Maroni weisen einen Brennwert von ∅ 196 kcal/820 kJ auf und enthalten 50 g Wasser, 2,5 g Eiweiß, 1,9 g Fett, 41,2 g Kohlenhydrate und 4,2 g Ballaststoffe. An ↑**Mineralstoffen**, ↑**Spurenelementen** und ↑**Vitaminen** sind ∅ 35 mg Kalzium, 1,3 mg Eisen und 2 mg Natrium enthalten. Maroni haben einen ↑**Basen**überschuss und wirken gut bei übersäuertem Magen. ↑**Vitamin B** beruhigt das Nervensystem, Maroni helfen abends bei Einschlafproblemen. **Zubereitung und Tipps:** Achtung! Maroni sind sehr wurmanfällig. Wurmbefall erkennt man daran, dass sie im Wasser an der Oberfläche schwimmen. Darum vor Gebrauch immer erst waschen. Die Frucht der meist geröstet verzehrten Maroni ist angenehm süß. Dazu schneidet man die harte Schale und das darunter liegende braune Häutchen auf der gewölbten Seite ein und röstet die Früchte dann so lange, bis sie nach etwa 20 Min. auf Fingerdruck etwas weich erscheinen. In der Küche werden Maroni in ↑**Geflügel,** insbesondere ↑**Gans** oder ↑**Pute,** gefüllt oder sind Beilage zu ↑**Wild**gerichten. Hierzu werden die Maroni nicht geröstet, sondern auf der runden Seite eingeritzt und portionenweise in kochendes Salzwasser gelegt. Nach fünf Min. herausnehmen und sofort schälen (Kastanien lassen sich nur heiß gut schälen). Pürierte Maroni sind auch eine wichtige Basis für ↑**Speiseeis** und Süßspeisen.

Edelpilze [*Fachkunde*] Sammelbegriff für bestimmte Pilzarten wie ↑**Trüffel,** ↑**Champignons,** ↑**Steinpilze**

Edelpilzkäse [*Käse*] **Herkunft:** Deutschland; **Käsesorte:** halbfester ↑**Schnittkäse,** 50 % ↑**Fett i. Tr.; Milch:** Kuhmilch; **Teig:** leicht krümelig, jedoch geschmeidig; **Geschmack:** pikant bis stark pikant

Edelreizger oder Blutreizger [*Speisepilze*] ↑**Reizker**

Edelsalbei [*Gewürze & Kräuter*] ↑**Salbei**

Edelschimmel [*Fachkunde*] Bezeichnung für Pilze, die in der Nahrungsmittelindustrie zur Veredelung von Nahrungsmitteln in Form von Myzelrasen eingesetzt werden, z. B. bei der ↑**Käseherstellung** und für schnittfeste ↑**Rohwurst**sorten. Durch Edelschimmel werden Geruch und Geschmack positiv beeinflusst, Wachstum unerwünschter ↑**Schimmel**pilze verhindert und Trockenrandbildung eingeschränkt.

Edelstein [*Kartoffelsorte*] **Kochtyp:** ↑**Festkochende Kartoffeln** – „Speckige Kartoffel" genannt; **Herkunft:** Deutschland; **Jahr der Zulassung:** 2002; **Schale:** gelb; **Fleisch:** gelb; **Knolle:** langoval; **Reifezeit:** mittelfrüh

Edelzwicker [*Weinkunde*] Trockene Weißwein-Spezialität aus dem Elsass, zählt zur Gruppe der Weine in der Appellation Alsace. Der Name bedeutet „edler Verschnitt" und ist von „Zwicken" (Abschneiden von Teilen) abgeleitet. Fallweise wird der Wein inoffiziell auch als „gentil" (liebenswürdig, nett) bezeichnet. Der Wein muss aus zumindest zwei der zugelassenen Sorten verschnitten sein, meist ↑**Auxerrois,** ↑**Sylvaner** und ↑**Chasselas.** Die früher ebenfalls als AC klassifizierte Version „Zwicker" wurde aufgelassen.

Edzell blue [*Kartoffelsorte*] **Kochtyp:** ↑**Vorwiegend festkochende Kartoffeln. Herkunft:** Schottland; **Jahr der Zulassung:** 1890; **Schale:** hellviolett; **Fleisch:** hellgelb; **Knolle:** rund; **Reifezeit:** mittelfrüh

Efó *[Intern. Länderküche]* **R** Ein Begriff aus der brasilianischen Küchenkultur ↑**Brasilianische Küche.** Efó war ursprünglich der Name eines Blattgemüses, und früher wurde Efó nur damit zubereitet. Heute kann man verschiedene Blattsorten, inkl. Senfblätter, verwenden. Der populärste Efó wird mit Taioba-Blättern gekocht. Da es die exotischen Blattgemüse in Europa nicht gibt, verwendet man ↑**Spinat.** ↑**Ersatzrezept:** Den Spinat waschen, kochen, grob zerkleinern und in einem Sieb abtropfen lassen. Kleingeschnittene ↑**Zwiebeln** und zerdrückten ↑**Knoblauch** in etwas ↑**Öl** kurz anbraten, den Spinat, klein geschnittenen ↑**Ingwer** und verschiedene frische ↑**Kräuter** kurz mitdünsten und zusammen mit gemahlenen, getrockneten ↑**Krabben,** ↑**Erdnüssen,** ↑**Cashewnüssen** und ↑**Palmöl** aufkochen lassen. Eventuell nachpfeffern und salzen.

Egalisieren *[Franz. Fachwort]* ↑**Gemüse** auf gleiche Länge und gleiche Form schneiden

Eger *[Weinkunde]* Ungarische Weinstadt im Nordosten von Budapest, früher Erlau

Egerling *[Speisepilze]* **T** ↑**Champignon**

Egg-Nogg *[Hausbar]* **R** Eierpunsch: eine mächtige, wärmende Kalorienbombe. Dieses Mixgetränk kann man kalt oder warm servieren. Drin sind: ↑**Eier, Zucker,** ↑**Sahne** oder ↑**Milch,** ↑**Säfte** und ein kräftiger Schuss ↑**Alkohol.** In England und an der amerikanischen Ostküste erfreuen sie sich schon über Jahrhunderte großer Beliebtheit. Egg-Noggs sind nicht mit den „↑**Flips**" zu verwechseln. Bei beiden Cocktailarten darauf achten, dass die verwendeten ↑**Eier** frisch sind. **Bei überlagerten Eiern besteht die Gefahr der ↑Salmonellenvergiftung.**

Eggs *[U.S. Kitchen]* ↑Eier

Églade *[Franz. Speisekarte]* Geräucherte ↑**Miesmuscheln**

Eglatines *[Franz. Speisekarte]* ↑**Hagebutten**

Églefin *[Franz. Speisekarte]* ↑**Schellfisch**

Egli *[Fisch]* In der Schweiz gebräuchliche Bezeichnung für den ↑**Flussbarsch** (perca fluviatilis)

Egli *[Schweizer Küche]* Schweizer Bezeichnung für ↑Fluss**barsch,** 15–30 cm lang, meist dunkelgrau bis olivgrün

Égoutter *[Franz. Fachwort]* Abtropfen, abschütten

Égrugé *[Franz. Fachwort]* Grob gestoßen

Ehrenfelser *[Weinkunde]* Rebsorte, die nach der Ruine Ehrenfels bei Rüdesheim am Rhein benannt wurde. Die Züchtung (1929) in Geisenheim am Rhein basiert auf einer Kreuzung aus ↑**Riesling** & ↑**Silvaner.** Der Ehrenfelser ähnelt dem Riesling, die Ansprüche an Boden und Lage sind gleich. Bei Mostgewicht und Ertrag tendiert der Ehrenfelser eher höher. Seine Farbe ist unauffällig blass. **Aromen:** ↑**Apfel,** ↑**Grapefruit,** ↑**Pfirsich,** ↑**Aprikose**

Ei *[Allgem. Nährmittel]* **Englisch:** egg; **Französisch:** œuf; **Italienisch:** uova; **Spanisch:** huevo. Bezeichnung für das Hühnerei. Die ca. 48 Millionen deutschen Legehennen produzieren 13,2 Milliarden Eier. Die Deutschen essen pro Kopf ∅ 212 Stück im Jahr, der Trend ist rückläufig. In der EU führen die Spanier mit einem Pro-Kopf-Verbrauch von ∅ 320 Eiern, am Ende stehen die Portugiesen mit nur ∅ 150 Stück. **Inhaltsstoffe:** 100 g Hühnerei enthalten ∅ 154 kcal/645 kJ, 276 µg Vitamin A, 2,93 µg Vitamin D, 25 µg Biotin, 2 µg Vitamin B_{12} und 396 mg Cholesterin. Eier enthalten wertvolles ↑**Eiweiß,** ↑**Mineralstoffe,** ↑**Lecithin** und ↑**Vitamine,** darunter auch ↑**Biotin.** Sie bestehen aus der Schale (Calciumcarbonat), ↑**Eiklar** und ↑**Eigelb.** Grundsätzlich sollten Eier möglichst frisch verzehrt werden. **Salmonellenerkrankungen** im Sommer sind keine Seltenheit. Ursache sind oft Speisen, die rohe Eier enthalten (z. B.Tiramisu). Bei der Zubereitung auf die Frische der Eier achten. Die Speisen müssen gut gekühlt stehen und baldmöglichst verzehrt werden. Grundsätzlich ist älteren Menschen, Kleinkindern und Personen mit Immunschwäche vom Verzehr abzuraten. Der Wassertest zeigt den Unterschied zwischen frischen und verdorbenen Eiern. Je älter die Eier, desto geringer der Wasseranteil im Ei, umso größer der Luftraum unter der Eierschale. Wird ein Ei in ein Wasserglas gelegt, sinken die frischen Eier nach unten, die alten schwimmen oben. **Cholesterin im Ei:** Das Eigelb eines einzigen Eies enthält bereits die tägliche Maximalmenge an Cholesterin (250 bis 300 mg). Cholesterin ist auch in mit Eiern hergestellten Lebensmitteln (Nudeln, Kuchen) versteckt. ↑**Cholesterin.** Allerdings erhöhen ein bis zwei Eier am Tag den Cholesterinspiegel bei den meisten Menschen nicht. Neue Forschungen haben ergeben, dass der größte Anteil an Cholesterin im Darmtrakt gar nicht aufgenommen wird, da Hühnereier auch Lezithin enthalten, das die Aufnahme des Cholesterins an der Darmwand hemmt. Das nicht aufgenommene Cholesterin wird ausgeschieden. Laut „American Heart Association" stellt Cholesterin im Ei kein Risiko dar. Sie erlaubt ein Ei pro Tag. **Kennzeichnung:** Seit dem 1. 1. 2004 sind Verbraucher über die Eier, die sie kaufen, informiert, da die Kennzeichnungspflicht geändert wurde. Sie ist EU-weit geregelt, sodass alle Eier aus EU-Ländern die gleichen Informationen bereitstellen. Die verbesserte Verbraucherinformation sorgt für mehr Klarheit beim Eierkauf. **Wichtig:** Hinweis auf die **Haltungsform** und der Code **auf jedem einzelnen Ei. Welche Eier sind von der Kennzeichnung betroffen?** Die neuen EU-Vorschriften gelten für alle Hühnereier der Güteklasse A, die nach Güte- und Gewichtsklassen sortiert werden und verpackt in den Handel gelangen. Eier, die vom Erzeuger auf der Hofstelle, auf einem öffentlichen Markt oder durch den Verkauf an der Haustür direkt an den Endverbraucher weitergegeben werden, müssen nicht gekennzeichnet sein, so lange kein Hinweis auf die Güte- oder Gewichtsklasse gegeben wird. Werden die Eier vom Erzeuger direkt an eine Bäckerei oder ein Hotel weitergegeben, müssen sie gekennzeichnet sein. Für die Nahrungsmittelindustrie sowie für die Non-Food-Industrie bestimmte Eier unterliegen nicht der Kennzeichnungspflicht. **Eierverpackung:** Gemäß den Verpackungsnormen müssen auf Kleinpackungen (bis zu 36 Eiern) folgende Informationen in deutlich sichtbarer und leicht lesbarer Druckschrift angegeben werden: Güteklasse (für den normalen Verbraucher sind nur Eier der Güteklasse A relevant). **Gewichtsklassen: XL** Sehr groß, 73 g und darüber; **L** Groß, 63 g bis unter 73 g; **M** Mittel, 53 g bis unter 63 g; **S** Klein, unter 53 g. Das **Mindesthaltbarkeitsdatum (MHD)** darf 28 Tage nach dem Legen nicht überschreiten. Nach dem 18. Tag müssen Eier im Handel gekühlt werden. Letztes Verkaufsdatum ist der 21. Tag nach dem Legen. Die **Packstelle** muss mit Namen, Anschrift und Kennnummer auf der Packung zu finden sein, ebenso die Zahl der verpackten Eier. **Verbraucherhinweise: 1.** „Bei Kühlschranktemperatur aufbewahren"; **2.** „Nach Ablauf des MHD durcherhitzen"; **3.** Hinweis auf die Haltungsform (ökologische Erzeugung, Freilandhaltung, Bodenhaltung, Käfighaltung); **4.** Werden die Eier lose verkauft, so sind die Angaben auf einem Schild auf bzw. neben der Ware oder auf einem Begleitzettel anzugeben. **Der Erzeugercode auf dem Ei:** Alle Eier unterliegen der Kennzeichnungspflicht und müssen mit einem speziellen Erzeugercode versehen werden, der dem Verbraucher alle wichtigen Informationen liefert. Mit der Kennzeichnungspflicht geht die Registrierungspflicht aller Betriebe einher, die mehr als 350 Legehennen besitzen, aber auch aller Betriebe mit weniger Legehennen, die kennzeichnungspflichtige Eier in den Verkehr bringen. Bei der Registrierung wird jedem Betrieb eine Kennnummer zugewiesen, die Teil des Erzeugercodes ist. Der **Erzeugercode** ist EU-weit gleich aufgebaut: **Beispiel: 0-DE 16270-1: 1.** Die erste Zahl gibt an, wie die Legehennen gehalten wurden (Haltungsform): Hier: 0, also ein Ökoei. **2.** Herstellerland: DE Deutschland; **3.** Legebetrieb: 16270 Nummer des Betriebes in der EU; **4.** Stallnummer: 1 Registrierte Stallnummer im Erzeugerbetrieb; **Code für das Haltungssystem: 0** = Ökologische Erzeugung (Futter aus ökologischem Anbau, Auslaufhaltung, Belegdichte im Stall höchstens 6 Legehennen pro m^2); **1** = Freilandhaltung (Stallhaltung, wie bei Bodenhaltung und zusätzlich tagsüber Auslauf ins Freie; jedem Huhn stehen im Auslauf mindestens 4 m^2 Fläche zur Verfügung); **2** = Bodenhaltung (Stallhaltung, $^1/_3$ des Stalls ist eingestreut, um Hennen ihre angeborenen Verhaltensweisen zu ermöglichen, Nester auf mehreren Etagen); **3** = Käfighaltung (Haltung in herkömmlichen Käfigen, keine Sitzstangen oder Nester, äußerst beengte Lebensweise ohne Möglichkeit, den angeborenen Verhaltensweisen nachzugehen); **Code für die Mitgliedsstaaten:** AT = Österreich, BE = Belgien, DE = Deutschland NL = Niederlande. Eine Erklärung des Codes für das Haltungssystem wird in/oder an der Verpackung gegeben. Von 2007 an ist die Käfighaltung von Hühnern in Deutschland verboten.

Ei-Lagerung [*Allgem. Nährmittel*] **T** Eier vor Fremdgerüchen bewahren und immer kühl lagern. Im Kühlschrank bleiben sie 3–4 Wochen haltbar, bei Zimmertemperatur nur 1 Woche. ↑**Salmonellen**gefahr: Sind die Eier älter als 3 Wochen, sollen sie immer ganz durch (hart) gekocht oder gebraten werden. ↑**Spiegeleier** müssen dann beidseitig (einmal wenden) ganz durchbraten. Eier, deren Schale beschädigt ist, nur gegart verzehren.

Eibischblüten [*Wildkräuter, -blüten & -früchte*] **T Lateinisch:** Althea spp.; Eibischblüten und ihre Verwandten eignen sich als Zutat zu Suppen und Eintöpfen. **Mehr Information:** ↑**Essbare Blüten**

Eichblattsalat [*Gemüse*] **T** Eichblattsalat hat dekorative, weiche Blätter von dunkelgrüner bis rotbrauner Färbung. Die Blätter sind dem Eichenlaub sehr ähnlich. Er ist sehr schmackhaft und lässt sich gut mit anderen Salaten kombinieren. Eichblattsalat harmoniert mit ↑**Champignons**, ↑Räucher**lachs** und ↑**Croûtons** sowie ↑**Knoblauch** und ↑**Avocado**. Im Handel wird er als Kopf- oder Schnittsalat angeboten. Von Juni bis September gibt es ihn im Verkauf als Freilandware, und in den Wintermonaten wird er aus Südeuropa importiert. Beim Einkauf ist darauf zu achten, dass die Blätter einwandfrei, fest und nicht angefault sind. Da Eichblattsalat sehr empfindlich ist, sollte er sofort nach dem Kauf verbraucht werden. Auch im Kühlschrank ist er nur begrenzt lagerbar. Notfalls kann er über Nacht mit einem feuchten Küchentuch zugedeckt im Gemüsefach aufbewahrt werden. ↑**Blattsalate**

Eichenholz [*Weinkunde*] Wird seit 2000 Jahren für die Weinlagerung und den -ausbau verwendet. Duft oder Geschmack nach frisch gesägtem Eichenholz, z. B. bei einem neuen Fass, ist bei einem feinen, gehaltvollen, für lange Flaschenreife bestimmten Wein angebracht. Heutzutage wird oft übertrieben, weil manche Weinerzeuger gutgläubigen Kunden ein feineres Gewächs vortäuschen wollen. Weine mit allzu viel Eichenholz wirken auf Dauer langweilig und ermüdend. ↑**Barrique**

Eichenpilz [*Speisepilze*] **T** ↑**Shiitake**

Eichgesetz [*Fachkunde*] Das deutsche Eichgesetz vom 11. 07. 1969 mit seinen Änderungen und die Neufassung der Eichordnung von 1976 enthalten die gültigen Bestimmungen für Lager- und Ausschankbehälter. Für den Ausschank bestimmter Getränke (ausgenommen sind: Tee, Kaffee und Milchmischgetränke) sind „Schankgefäße" vorgeschrieben, die nicht geeicht werden. **Sie müssen einen Füllstrich, eine Inhaltsangabe und ein Herstellerkennzeichen tragen.** Wird das Getränk in Maßbehältnisflaschen, in als Schankgefäße ausgeführten Krügen oder Karaffen serviert, können einfache Gläser, d. h. Gläser ohne Füllstrich und Inhaltsangabe, benutzt werden. Das Vorhandensein einfacher Gläser in einem Schankbetrieb ist daher rechtens (im Unterschied zur Meinung mancher Kontrolleure); erst die Verwendung, also der Ausschank, entscheidet über das Erfordernis eines Schankgefäßes. Es kommt vor, dass ein der Schankgefäßeverordnung entsprechendes Schankgefäß unzureichend, d. h. nicht bis zum Füllstrich, befüllt wird. Dieser Tatbestand kann auch durch eine Überwachung der Schankgefäße, wie sie im Mess- und Eichgesetz festgelegt ist, nicht erfasst werden. Die einzig richtige Befüllung eines Schankgefäßes ist die Befüllung bis zum Füllstrich. Darauf muss der Konsument achten und falls erforderlich bestehen. Die Bestimmungen des Mess- und Eichgesetzes zielen darauf ab, dass sich nur Schankgefäße, die der Schankgefäßeverordnung entsprechen, in Verkehr befinden, sodass jeder Gastronomiebetrieb beim Einkauf darauf vertrauen kann, richtig ausgeführte Schankgefäße zu erwerben.

Eidotter [*Österr. Küche*] ↑**Eigelb**

Eier Benedict [*Unsere Küche*] **R** Getoastete ↑**Weißbrot**-, ↑**Baguette**scheiben oder halbiertes Brötchen, belegt mit ↑**Blattsalat**, gebratenen ↑**Speckscheiben**, ↑**Pochierten** Eiern und mit Sc. ↑**Hollandaise** überzogen

Eier im Glas [*Unsere Küche*] **R** Zwei frische, drei bis vier Min. gekochte ↑**Eier** geschält in ein niedriges Glas (↑**Tumbler**), ungewürzt, mit ↑**Salz**, ↑**Pfeffer**mühle und ↑**Senf** ↑**à part** serviert

Eier mit Schinken [*Übersetzer*] **Englisch:** ham and eggs; **Französisch:** œufs poêlés au jambon; **Italienisch:** uova al prosciutto; **Spanisch:** huevos con jamon

Eier mit Speck [*Übersetzer*] **Englisch:** bacon and eggs; **Französisch:** œufs poêlés au lardon; **Italienisch:** uova al bacon; **Spanisch:** huevos con bacon

Eieräpfel [*Gemüse*] ↑**Aubergine**

Eierbovist [*Speisepilze*] **T** Aus der Familie der Weichboviste. Der Eierbovist ist ein walnuss- bis hühnereigroßer Pilz, der keinen Fuß und eine glatte weiße Außenhaut hat. Er ist auf Wiesen und Weiden zu finden und kann gegessen werden, so lange er jung und sein Inneres weiß ist. ↑**Flaschenbovist** & ↑**Waldpilze**

Eierfrucht [*Gemüse*] ↑**Aubergine**

Eiergraupen [*Intern. Länderküche*] **A** Traditionelle Beilage oder Suppeneinlage in der ungarischen Küchenkultur. Aus ↑**Eiern** und ↑**Mehl** mit ein wenig Salzwasser wird ein fester Teig geknetet und durch eine spezielle großlochige Reibe gepresst. Die getrockneten Eiergraupen halten sich in Stoffbeuteln an einem luftigen Ort über mehrere Monate. Früher ↑**Eintopf**gericht zusammen mit ↑**Zwiebeln**, ↑**Paprikapulver** und ↑**Räucherspeck**

Eierklößchen [*Unsere Küche*] ↑**Eierstich** in Form kleiner Kugeln

Eierkuchen [*Unsere Küche*] ↑**Pfannkuchenteig**, ↑**Palatschinken**, ↑**Crêpes**

Eierlikör [*Hausbar*] **A** Emulsionslikör aus ↑**Alkohol** (↑**Branntwein**), ↑**Zucker** und frischem ↑Hühner**eigelb.** Damit sich die Emulsion nicht entmischt, dürfen bei der Produktion von Eierlikör geringe Mengen ↑Hühner**eiweiß** verwendet werden, weiterhin ist die Zugabe von ↑**Vanille** oder ↑**Vanillin** als Aromazusatz möglich. Nicht erlaubt ist jedoch die Verwendung von Ersatzstoffen für Zucker und Hühnereigelb (etwa Trockenei) sowie von ↑**Milch**, ↑**Farbstoffen**, ↑**Dickungsmitteln** und ↑**Konservierungsmitteln**. Eierlikör muss mindestens 20 %Vol. enthalten und 240 g Hühnereigelb auf 1 l ↑**Likör** aufweisen.

Eiermilch [*Unsere Küche*] Mit ↑**Milch** kräftig verrührtes ↑**Vollei** zur Herstellung von ↑**Eierstich**

Eiernudeln, asiatische [*Asiatische Küche*] **T** ↑**Mie** genannt. Sie werden aus ↑**Weizenmehl** und ↑**Ei** gemacht (oft mit ↑**Gänse**- oder ↑**Enteneiern**). Manchmal wird das Mehl noch mit fein gemahlenen ↑**Algen** oder ↑**Garnelen** gewürzt. Man übergießt die Nudeln mit kochendem Wasser und lässt sie einige Min. sieden. **Achtung:** Asiatische Eiernudeln werden schnell weich.

Ei-Ersatz [*Allgem. Nährmittel*] Stärkehaltiges Bindemittel zum Kochen und Backen; ersetzt die Kocheigenschaften von Eiern. Auch ↑**Sojamehl** dient als ↑**Ei**-Ersatz.

Eierschale [*Fachkunde*] Zwischen weißen und braunen Eiern, hellen und dunklen Dottern gibt es keinen geschmacklichen Unterschied. Diese Farbunterschiede entstehen durch unterschiedliche Rassen und Fütterungen mit diversen Farbstoffen. Aber: Die braune Eierschale ist etwas dicker und platzt seltener beim Kochen.

Eierschwammerl [*Österr. Küche*] ↑**Pfifferlinge**

Eierspeise [*Österr. Küche*] ↑**Rührei**

Eierstich [*Unsere Küche*] **R** Verquirltes ↑**Ei** mit ↑**Milch** und ↑**Gewürzen** (↑**Salz**, ↑**Muskat**) passiert in einen Kunstdarm füllen und im Wasserbad garen. Abgekühlt in verschiedene Formen geschnitten, kann es z. B. als Suppeneinlage verwendet werden. (↑**Consommé royal**)

Eigelb [*Fachkunde*] **T** **Englisch:** egg yolk. **Synonym:** Eidotter. Das Eigelb ist der gold-gelbe, in einer dünnen Eihülle (Dotterhaut) eingeschlossene, innere Teil eines Eies. Es enthält hochwertiges ↑**Eiweiß**, ↑**Mineralstoffe** (zum Beispiel ↑**Eisen**, ↑**Kalzium**), ↑**Vitamine**, ∅ 33 % ↑**Fett** und ↑**Cholesterin** und ∅ 48 % Wasser. Nützlich in der Küche ist das im Eigelb enthaltene ↑**Lecithin**. Es hilft bei der Bildung von ↑**Emulsionen**, z. B. der Herstellung von ↑**Mayonnaisen**, Sauce ↑**Hollandaise**, einigen Süß- und Crèmespeisen sowie ↑**Speiseeis**. Außerdem wird Eigelb als hauptsächliche Zutat zum Kuchenbacken, aber auch zum ↑**Legieren** und Bestreichen von Backwaren und ↑**Pasteten** verwendet.

Eiklar [*Fachkunde*] **T** Die schützende, mit ↑**Albumin**

gesättigte, wässerige, gallertartige Flüssigkeit um den Eidotter. Irreführend wird das Eiklar wegen seiner weißen Farbe nach dem Kochen oft als ↑**Eiweiß** bezeichnet. Das Protein im Eiklar reicht nicht an die Menge im Eigelb heran. Fett und ↑**Cholesterin** fehlen, weshalb auch der Energiegehalt deutlich tiefer liegt. Das Eiklar von Hühnereiern hat die Eigenschaft, beim Schlagen einen sehr stabilen Schaum zu bilden, den Eischnee. Er macht cremige ↑**Desserts**, ↑**Sorbets**, ↑**Speiseeis** und Gebäcke locker, leicht und luftig. Eischnee ist die Basis für süßes Schaumgebäck ↑**Baiser** (Meringue). Beim Eiklar von ↑**Enteneiern** ist diese Eigenschaft nicht vorhanden. Wird das Eiklar bei der Verarbeitung nicht sauber vom Dotter getrennt, ergeben sich Probleme mit der Schaumhaltbarkeit. ↑**Eiklar steif schlagen** & ↑**Ei**

Eiklar steif schlagen [*Backstube*] **T** Damit ↑**Eiklar** zu ↑**Eischnee** wird, sind einige wichtige Punkte zu beachten. **1.** Der Schneebesen oder das Rührgerät und das Gefäß müssen absolut fettfrei sein. **2.** Beim Trennen darf kein Eigelb in das Eiweiß gelangen, da dann der Schnee nicht steif wird. **3.** Die Eier müssen frisch und kalt sein. **4.** Eingefrorenes Eiweiß wird nicht mehr steif. **5.** Keine Plastikschüsseln verwenden. **6.** Beim Schlagen ↑**Puderzucker** oder ↑**Läuterzucker** zufügen, der Eischnee wird steifer und glänzt. **7.** Den Schnee bald verbrauchen, da sich sonst wieder flüssiges Eiweiß absetzt. **8.** Sehr steif geschlagenes Eiweiß ist „schnittfest".

Einbrenn, Einmach [*Österr. Küche*] ↑**Mehlschwitze**

Eindicken [*Unsere Küche*] Einer gekochten Speise ein Bindemittel zufügen, um die gewünschte dickere Konsistenz zu erhalten.

Einfach ungesättigte Fettsäuren [*Fachkunde*] Fettsäuren, die gegenüber Licht, Luft und Hitze relativ stabil sind, bewirken eine Senkung des Blutcholesterinspiegels, besonders des „schlechten" ↑**LDL-Cholesterins**, und vermindern das Risiko von Herz-Kreislauf-Krankheiten. Vorkommen in pflanzlichen Ölen wie ↑**Oliven-** oder ↑**Rapsöl.** ↑**Fettsäuren**

Einfachzucker [*Fachkunde*] Gehören zur Gruppe der ↑**Kohlenhydrate** und bestehen lediglich aus einem Baustein. Dazu gehören Traubenzucker (↑**Glucose**), Schleimzucker (Galaktose), Fruchtzucker (↑**Fructose**) und ↑**Malzzucker** (Mannose). ↑**Monosaccharide**

Eingelegte Heringe [*Fisch*] Ausgenommene, entgrätete Heringe ohne Kopf in Heringsmilch-Soße oder Aufguss. ↑**Marinaden**

Eingemachte Marmelade [*Unsere Küche*] **T** Ab einer Zuckerkonzentration von mehr als 44 % kann zwar Schimmel auftreten, es entfalten sich aber keine Gifte. Wenn Schimmel bei der Lagerung aufgetreten ist oder die Gläser von selbst aufgesprungen sind, **wegwerfen!**

Einkochen [*Unsere Küche*] **T 1.** Reduzieren von Flüssigkeit (↑**Brühen**, Suppen, ↑**Saucen**). Durch das Einkochen im offenen Topf bei milder Hitze verdampft die Flüssigkeit, der Geschmack wird intensiver, die Beschaffenheit konzentrierter. ↑**Essenz; 2.** Aber auch im Zusammenhang mit ↑**Kompotten** wird eingekocht: Zum Einmachen ist das lange Kochen wichtig, da es gleichzeitig konserviert. ↑**Einwecken**

Einlage [*Unsere Küche*] Bestimmt immer den Namen von Suppen oder ↑**Saucen**, das können ↑**Gemüse**, ↑**Innereien** oder ↑**Kräuter**, aber auch ↑**Brot** sein: Champignoncremesuppe, Brotsuppe oder Kräutersauce, Estragonsauce. ↑**Garnitur**

Einlauf [*Unsere Küche*] **T** Als Einlage für ↑**Klare Brühen** wird oft der Einlauf verwendet. Er besteht aus verquirltem ↑**Ei**, ↑**Mehl** und ↑**Petersilie.** In die kochende Suppe tropfen lassen. Er stockt sehr schnell, die Suppe bleibt klar.

Einleger [*Fleischprodukte*] Regionale Bezeichnung für ein ↑**Schwein** ab 20 Wochen

Einmachen [*Fachkunde*] ↑**Einwecken**

Einmelieren [*Österr. Küche*] Sorgfältiges Mischen zweier Massen mit einem Kochlöffel

Einpassieren [*Österr. Küche*] **T** Mit der weißen, blonden oder braunen ↑**Mehlschwitze** wird ↑**Sauce** oder Suppe dicker und sämiger gemacht. Das angerührte Mehl wird bei mittlerer Temperatur langsam unter die Flüssigkeit gerührt; die Gefahr, dass Klümpchen entstehen, ist bei dieser Methode gering.

Einpökeln [*Unsere Küche*] Alte, einfache Methode des Haltbarmachens von ↑**Fleisch** und ↑**Fisch** mit **Salz.** Vor allem bei ↑**Speck** wendet man dieses Verfahren an. Zum Pökeln verwendet man ↑**Salpeter**, Salz oder ↑**Nitritpöckelsalz.**

Einsalzen [*Fleischprodukte*] ↑**Pökeln**

Einspänner [*Österr. Küche*] Österr. Kaffeespezialität: Variation des ↑**Großen Schwarzen**, wird im Glas mit ↑**Schlagsahne** serviert

Einstecken [*Unsere Küche*] **T** Vor dem Garen werden Geflügelkeulen durch Einschnitte in die Rumpfhaut gesteckt, dadurch behalten sie beim Grillen oder Braten ihre Form.

Eintopf [*Unsere Küche*] **A Englisch:** stew; **Französisch:** plat unique; **Italienisch:** brodo con verdure e pezzi di lesso; **Spanisch:** olla. Ein Gericht, das aus ↑**Gemüse**, ↑**Kartoffeln**, ↑**Fleisch**, ↑**Fisch** besteht und in einem Topf gekocht wird. Eintöpfe werden besonders deftig im Geschmack, wenn geräucherte ↑**Schinkenknochen** oder ↑**Schwarten** (vom Dörr- oder ↑**Rauchfleisch**) mitgekocht werden. Bekannte Eintopfgerichte sind ↑**Aalsuppe**, ↑**Cassoulet**, ↑**Borschtsch**, ↑**Pfeffer-Pothast**, ↑**Pichelsteiner**, ↑**Hamburger Plockfinken**, ↑**Pot-au-feu**, ↑**Schtschi**, ↑**Töttchen**, ↑**Gaisburger Marsch**, ↑**Labskaus.**

Einwecken [*Fachkunde*] **T** Einmachen oder Einkochen bedeutet kochen und luftdicht abschließen, in Gläser oder Büchsen. Ein Verfahren zur Haltbarmachung von Lebensmitteln, 1790 erfunden vom französischen Koch François Nicolas Appert. Er entdeckte, dass Lebensmittel durch Erhitzen auf 100° C in geschlossenen Behältern haltbar werden. Der Deutsche Johann Weck (1841–1914) entwickelte diese Methode weiter, was ihn zum Namensgeber dieses Konservierungsverfahrens machte. Das Prinzip ist dasselbe wie beim Haltbarmachen in Konservendosen, allerdings wegen der niedrigeren Temperatur, die maximal erreicht werden kann, nicht so effektiv und sicher. **Wie und was weckt man ein?** Zum Einwecken eignen sich ↑**Fleisch**, ↑**Gemüse**, ↑**Pilze** und ↑**Obst** bzw. daraus bestehende Gerichte, soweit sie nicht besonders hitzeempfindlich sind. Sogar Kuchen lassen sich in Einkochgläsern zubereiten. Die Zutaten werden vorgekocht oder roh mit genügend Flüssigkeit in gründlich gereinigte Einkochgläser gefüllt und mit Gummiring und Deckel verschlossen. Der Deckel wird während des Einkochens mit einem Drahtbügel fixiert. Anschließend werden die Gläser im Wasserbad oder Backofen langsam erhitzt, bis der Inhalt vollständig sterilisiert ist (im Wasserbad 30 Min.). Nach dem vollständigen Abkühlen kann der Bügel entfernt werden. Während des Erhitzens hat sich die Luft im Glas ausgedehnt und ist größtenteils entwichen, beim Abkühlen entsteht ein starker Unterdruck, der den Deckel dauerhaft auf das Glas presst, falls Glasrand und Gummiring sauber sind. Kühl und dunkel gelagert bleibt Eingekochtes für mehrere Monate bis Jahre haltbar. **Tipp:** Wer eiweißreiche Lebensmittel wie Pilze und ↑**Hülsenfrüchte** in Einmachgläsern einweckt, sollte den Einkochvorgang nach zwei Tagen wiederholen. Die Klammer bleibt in der Zeit auf dem Glas. **Grund:** Manche Keime bilden zur Fortpflanzung Sporen, die sich von ↑**Eiweiß** ernähren und auch große Hitze gut vertragen. Zwei Tage nach dem ersten Einkochvorgang können sich diese Sporen zu Mikroorganismen entwickelt haben, die nun hitzeempfindlich sind. Das zweite Einkochen tötet sie ab und macht das Einweckgut lange haltbar.

Einweichen [*Unsere Küche*] Einlegen von getrockneten Nahrungsmitteln in kaltes Wasser, z. B. altbackene Brötchen für ↑**Hackfleisch**, getrocknete ↑**Pilze**, ↑**Hülsenfrüchte**

Einzellage [*Weinkunde*] Begriff, mit dem eine bestimmte Rebfläche angedeutet wird. Eine Einzellage muss eine Mindestgröße von 5 ha haben, allerdings lassen Sonderregelungen kleinere Lagen zu. Die Einzellagenangabe ist nur für Qualitätsweine bestimmter Anbaugebiete (QbA) sowie für Qualitätsweine mit Prädikat (QmP) erlaubt. Bei Angabe eines Lagenamens muss die zuständige Gemeinde angegeben werden. Obwohl keine Qualitätsgarantie, soll ein Einzellagenwein über mehr Charakter verfügen als Weine von Großlagen oder Bereichen. Es gibt jedoch mehr als 2600 offizielle deutsche Einzellagen. Da das deutsche Weingesetz an erster Stelle Reifegrad des Leseguts und nicht die geografische Herkunft des Weines als Qualitätskriterium festlegt, wird die Annahme, dass Einzellagen hervorragende Weine produzieren und deshalb einen Sonderstatus verdienen, nicht immer bestätigt. Zudem gibt es Großlagen, die sich mit berühmten Einzellagen- oder Ortsnamen schmücken, womit sie nur Verwirrung stiften.

Eis (Eiswürfel) [*Übersetzer*] **Englisch:** ice cubes; **Französisch:** glacon, cube de glace; **Italienisch:** ghiaccio, cubetti di ghiaccio; **Spanisch:** hielo, cubito de hielo

Eis, Speiseeis [*Übersetzer*] **Englisch:** ice-cream; **Französisch:** glace; **Italienisch:** gelato; **Spanisch:** helado

Eisbecher [*Übersetzer*] **Englisch:** sundae; **Französisch:** coupe glacée; **Italienisch:** coppa di gelato; **Spanisch:** copa de helado

Eisbein [*Fleischprodukte*] **A** Hinterer oder vorderer gepökelter Schweinefuß, (↑**Haxe**) in einem ↑**Sud** mit ↑**Gespickter Zwiebel**, ↑**Pfeffer**körnern und ganz wenig ↑**Salz** weichgekocht. ↑**Würztabelle**

Eisbergsalat [*Gemüse*] **T Englisch:** iceberg lettuce; **Französisch:** iceberg salade; **Italienisch:** lattuga; **Spanisch:** lechugas. Auch Eis- oder Krachsalat, sieht einem jungen, lockeren Weißkohlkopf ähnlich. Seine äußeren Blätter sind leicht gewellt, enganliegend und grüner als die inneren. Er enthält viel Folsäure, ist sehr schmackhaft, mild und wegen seiner Knackigkeit beliebt. In Kombination mit pikanten Saucen und Dressings schmeckt er ausgezeichnet. Im Handel wird er von Juni bis September als Freilandware angeboten, und in den Wintermonaten kommt er als Importware in den Verkauf. Beim Einkauf ist darauf zu achten, dass Kopf und Blätter sich fest anfühlen. Da Eisbergsalat unempfindlich ist, lässt er sich auch angeschnitten bis zu 5 Tagen im Gemüsefach des Kühlschrankes aufbewahren. Die Schnittflächen sollten mit Haushaltsfolie abgedeckt werden, da sie braun werden. ↑**Blattsalate**

Eisbock [*Bier*] Bockbier, dem durch Gefrieren Wasser entzogen wurde

Eisbombe [*Unsere Küche*] **R Französisch:** bombe glacée. Besteht aus einer dicken Hülle ↑**Speiseeis** und einer cremigen, speziell zubereiteten Füllung. Typische Eisbomben sind halbkugelförmig, tortenähnlich dekoriert. **Herstellung:** Eisbomben-, Kuchenform oder runde Schüssel wird stark gekühlt, mit Klarsichtfolie ausgelegt, zentimeterdick mit gewünschtem Speiseeis ausgekleidet und wieder eingefroren. Für die ↑**Eisbombenfüllmasse** wird ↑**Eigelb** mit ↑**Zucker** im Wasserbad erst warm aufgeschlagen und dann auf Eis kaltgeschlagen. Je nach Rezept mit ↑**Fruchtmark**, ↑**Schokolade**, ↑**Likör** angereichert und mit steif geschlagener ↑**Sahne** vollendet. Diese Füllmasse wird in den vorbereiteten Eismantel gefüllt und gründlich durchgefroren. Zum Anrichten die Schüssel mit der Eisbombe bis zum Rand in heißes Wasser tauchen, auf eine eisgekühlte Platte stürzen, die Folie entfernen und passend dekorieren. **Eine Eisbombe kann auch überbacken werden.** Dazu stürzt man die sehr kalte Bombe auf eine feuerfeste, eisgekühlte Platte, die mit einem dünnen ↑**Biskuit**boden (1 cm) belegt ist, entfernt die Folie und bestreicht die Bombe mit einer sehr steif geschlagenen, gezuckerten Eiweißmasse (Soufflémasse). Nachdem die Eisbombe mit Soufflérosetten und ↑**Kandierten Früchten** garniert wurde, in einen sehr gut vorgeheizten Backofen mit Oberhitze schieben, kurz überbacken und sofort servieren. Eisbomben sind auch als industriell hergestellte Handelsware erhältlich, bestehen aber meist nur aus Schichten verschiedener Eissorten.

Eisbombenfüllmasse [*Unsere Küche*] ↑**Eisbombe**

Eischnee [*Unsere Küche*] ↑**Eiklar** steif schlagen

Eischwerkuchen [*Backstube*] **R** ↑**Rührkuchen,** der sehr unterschiedlich gestaltet werden kann, aber immer auf demselben Grundprinzip beruht. Hier bemisst sich die Menge der übrigen Grundzutaten am Gewicht der verwendeten ↑**Eier.** – Für einen typischen Kuchen in Kastenform werden vier bis fünf davon benötigt. Diese werden abgewogen und jeweils dieselbe Menge an ↑**Fett** (↑**Butter** oder ↑**Margarine**), ↑**Zucker** und ↑**Mehl** in den Teig gegeben. ↑**Backpulver** und ↑**Vanillezucker** gelten als Pflicht. Ausgestaltung nach Belieben. **Beispiele: „Marmorkuchen"** entsteht, wenn ein Teil des Teiges abgenommen, ↑**Kakao** hinzugefügt und die Mischung später wieder zugegeben wird. **„Seeräuberkuchen"** ergibt sich durch Zugabe von ↑**Kokosraspeln** und ↑**Rum.** Für den **„Weihnachtskuchen"** wird ein Teil des Mehls durch gemahlene ↑**Mandeln** ersetzt und der Teig mit ↑**Zimt** und ↑**Orangenlikör** parfümiert. Auf den fertigen Kuchen dick ↑**Puderzucker** sieben. Der Eischwerkuchen wird im Gasherd für 45 bis 60 Min. auf Stufe 2 bis 3, im Elektroherd bei einer Temperatur von 150° C gebacken.

Eisen [*Gesundheit*] **T** Eisen ist das im menschlichen Körper am häufigsten vorkommende ↑**Spurenelement.** Die wichtigste Funktion von Eisen ist die Bindung von Sauerstoff an das Molekül ↑**Hämoglobin** in den roten Blutkörperchen. So wird der Sauerstoff aus den Lungenbläschen (Alveolen) im Blut zu den Körperzellen transportiert. Eisenmangel beeinträchtigt die Bildung von Hämoglobin, wodurch es zur häufigsten Anämieform kommt. Eine der Folgen ist eine Unterversorgung des Organismus mit Sauerstoff. **Eisen im Organismus:** Im Kampf des Immunsystems gegen Krankheitserreger spielt Eisen auch eine wichtige Rolle, einerseits als Bestandteil vieler ↑**Enzyme,** andererseits brauchen auch die Erreger selbst Eisen zum Überleben. Die biologische Verfügbarkeit von Eisen schwankt je nach Zusammensetzung und Art der Nahrung. So wird Eisen in zweiwertiger Form vom Körper gut aufgenommen, wie z. B. das im ↑**Fleisch** befindliche. Pflanzliches Eisen (↑**Gemüse,** Salate und ↑**Obst**) liegt hingegen dreiwertig vor. Es muss erst zu zweiwertigem Eisen reduziert werden und kann daher im Darm schlechter aufgenommen werden. Es müssen also wesentlich größere Mengen an eisenhaltigen Lebensmitteln zugeführt werden, wenn man sich ausschließlich vegetarisch ernährt. **Empfohlene Zufuhr:**

Alter	Eisen			
	mg/Tag		mg/MJ (Nährstoffdichte)	
	m	w	m	w
Säuglinge				
0 bis unter 4 Monate	0,5	0,3	0,3	
4 bis unter 12 Monate	8	2,7	2,8	
Kinder				
1 bis unter 4 Jahre	8	1,7	1,8	
4 bis unter 7 Jahre	8	1,3	1,4	
7 bis unter 10 Jahre	10	1,3	1,4	
10 bis unter 13 Jahre	12	15	1,3	1,8
13 bis unter 15 Jahre	12	15	1,1	1,6
Jugendliche und Erwachsene				
15 bis unter 19 Jahre	12	15	1,1	1,8
19 bin unter 25 Jahre	10	15	0,9	1,9
25 bis unter 51 Jahre	10	15	1,0	1,9
51 bis unter 65 Jahre	10	10	1,1	1,4
65 Jahre und älter	10	10	1,2	1,4
Schwangere		30		3,3
Stillende		20		1,9

Gynäkologen empfehlen die Einnahme von Eisenpräparaten, weil dieser Bedarf nicht immer durch die Nahrung gedeckt werden kann. Ein Mehrbedarf an Eisen kann bei Kindern im Wachstum, Senioren, Sportlern, Vegetariern, häufigen Blutspendern und bei einer Reihe von Erkrankungen (Blutkrankheiten, Rheuma und Tumoren) auftreten. ↑**Vitamin C,** einige ↑**Aminosäure**n und ↑**Fruktose** verbessern beispielsweise die Aufnahme von Eisen. Oft ist das Eisen in Eisenpräparaten deshalb in Kombination mit Vitamin C enthalten. Andere Stoffe wie ↑**Tannine** aus ↑**Kaffee** oder ↑**Tee** und ↑**Oxalsäure** aus ↑**Spinat** hemmen die Aufnahme von Eisen aus der Nahrung.

Eisengluconat [*Fachkunde*] ↑**E 579**

Eisen-II-lactat [*Fachkunde*] ↑**E 585**

Eisenoxide und -hydroxide [*Fachkunde*] ↑**E 172**

Eishammer [*Hausbar*] **T** Sollte keine Eismühle vorhanden sein, kann man Eiswürfel auch mit dem Eishammer (oder Küchenhammer) zerkleinern, um ↑**Crushed ice** herzustellen. Hierzu sollte man allerdings das Eis in eine dickere Plastiktüte oder ein sauberes Küchentuch einschlagen.

Eiskaffee [*Kaffee*] **Englisch:** iced coffee; **Französisch:** café Liègeois; **Italienisch:** caffè freddo; **Spanisch:** café helado. ↑**Affogato**

Eiskasten [*Österr. Küche*] Kühlschrank

Eisknöchel [*Fleischprodukte*] Regionale Bezeichnung für ↑**Eisbein**

Eiskrautblüten [*Wildkräuter, -blüten & -früchte*] **T** Eiskrautblüten bereichern Kräuterquark und Salate. **Mehr Information:** ↑**Essbare Blüten**

Eiskrem [*Unsere Küche*] ↑**Speiseeis**

Eiskrem aus Deutschland [*Süßwaren*] **T** Enthält mindestens 10 % ↑**Milchfett.** Die Eismasse muss homogenisiert und pasteurisiert werden. Eis mit ↑**Pflanzenfett** enthält mindestens 3 % pflanzliches Fett. Industriell hergestelltes Eis macht über 80 % des deutschen Speiseeismarktes aus. Fast siebzig verschiedene Geschmacksrichtungen finden sich in den Truhen, allen voran die Klassiker ↑**Vanille,** ↑**Schokolade** und ↑**Erdbeer.** Knapp 8 l Eis verspeist jeder Deutsche ∅ im Jahr. 70 % Vollmilchanteil verlangt das Lebensmittelrecht bei Milchspeiseeis. Dazu kommen ↑**Sahne** und ↑**Eigelb.** Die Aufbewahrungszeit hängt von der Leistung des eigenen Gefrierschranks ab. Grundsätzlich gilt, dass Eis nie in der Nähe von geruchsintensiven Lebensmitteln gelagert werden sollte. Spielend leichtes Portionieren erreicht man mit einem kleinen Kniff. Der Becher für die Eiszange wird einfach mit heißem Wasser gefüllt, um das Servierbesteck anzuwärmen. Damit das Eis seinen vollen Geschmack entfaltet, sollte es fünf bis zehn Min. vor dem Verzehr aus dem Gefrierschrank genommen werden.

Eiskrem einfach [*Unsere Küche*] Enthält mindestens 3 % Milchfett und unterliegt dem gleichen Herstellungsverfahren wie Eiskrem. ↑**Speiseeis**

Eismühle [*Hausbar*] **T** Mit einer Eismühle lassen sich Eiswürfel sehr einfach zu ↑**Crushed ice** (gestoßenem Eis) zermahlen. Viele ↑**Cocktails** kommen ohne Crushed ice nicht aus.

Eisparfait [*Unsere Küche*] In eckige Formen gefrorene Speiseeismasse. ↑**Parfait**

Eissalat [*Gemüse*] ↑**Eisbergsalat** oder ↑**Blattsalate**

Eisschokolade [*Hausbar*] Eisschokolade wird wie ↑**Eiskaffee (**↑**Affogato)** mit heißer ↑**Schokolade** hergestellt.

Eistorte [*Unsere Küche*] ↑**Cassata**

Eiswein [*Weinkunde*] Ein Wein der höchsten Qualitätsstufe (Qualitätsweine mit Prädikat QmP). Das alles bestimmende Kriterium für die gesetzliche Anerkennung ist auch hier der Reifegrad des Lesegutes und der danach ausgerichtete Erntemoment. Ein Eiswein muss mindestens über den gleichen Reifegrad wie den der Beerenauslese (je nach Anbaugebiet zwischen 110 und 128° Öchsle) verfügen. Die Beeren, die jedoch nicht von Edelfäule befallen sein dürfen, werden bei Temperaturen unter −8° C geerntet und gepresst. Dabei bleiben Eiskristalle in der Presse übrig, während der sehr süße Saft, der einen niedrigeren Gefrierpunkt als Wasser hat, aufgefangen wird. Die Trauben können wegen des späten Frosteintritts nicht während der Hauptlese gelesen werden, sondern erst zwischen November und Januar. Die Reben werden mit Abdeckungen vor Vogelfraß, Wind und Regen geschützt. Sowohl der Risikofaktor der sehr späten Ernte als auch die Mengenbeschränkung, die die Produktionsmethode der Eisweine mit sich bringt, sind für die sehr hohen Preise der Eisweine verantwortlich.

Eiszapfen [*Gemüse*] ↑**Radieschen**

Eiweiß [*Gesundheit*] **T 1.** Fälschliche, aber geläufige Bezeichnung für den klaren Bereich um den Eidotter, ↑**Eiklar** genannt. **2. Protein:** Eiweiß bestimmt in entscheidendem Maße die Funktion und Struktur des menschlichen Körpers. Es ist nicht nur unentbehrlicher Bau- und Reparaturstoff der menschlichen Zellen, darüber hinaus an zahlreichen Stoffwechselvorgängen beteiligt. **Bausteine der Eiweiße sind die Aminosäuren:** Im menschlichen Organismus werden für die Proteinsynthese 20 verschiedene ↑**Aminosäuren** benötigt. Die Hälfte davon kann der Körper selber herstellen, die andere Hälfte ist ↑**Essenziell,** sie müssen mit der Nahrung zugeführt werden: Leucin, Isoleucin, Lysin, Methionin, Phenylalanin, Threonin, Tryptophan, Tyrosin und Valin sowie Arginin und Histidin, wobei die beiden Letzteren nur im Kindesalter essenziell sind. **Funktion im Körper:** Eiweiße sind im menschlichen Organismus Bestandteil von: Hormonen (Peptid- oder Proteohormone); Enzymen; Membranproteinen der Zellwand (Rezeptoren oder Transportproteine); Stütz- und Gerüsteiweißen (Kollagen, Keratin oder Elastin); kontraktilen Proteinen (Aktin- und Myosinfilamente als kontraktile Elemente des Muskels); Plasmaeiweißen (Albumin); Transporteiweißen (Hämoglobin, Myoglobein und bestimmte Plasmaproteine); Blutgerinnungsfaktoren; Antikörpern. **Bei der Energieversorgung hat Eiweiß nur Reservefunktion:** Eiweiße sind nicht so energiereich wie ↑**Fette.** Ihre Energiedichte beträgt 17,2 kJ/g (= 4,1 kcal/g). Die mit der Nahrung aufgenommenen Eiweiße werden im Darm in ihre Bausteine zerlegt, die Aminosäuren werden resorbiert, um dann als Material für den Aufbau körpereigener Eiweiße zu dienen. Als Energiequelle setzt der Körper Eiweiß erst ein, wenn er die Kohlehydrat- und Fettspeicher aufgebraucht hat. Dies geschieht während längerer Hungerperioden. In einem komplizierten chemischen Prozess kann in der Leber aus einigen Aminosäuren ↑**Glukose** als Energielieferant hergestellt werden. Andere Aminosäuren können, ähnlich wie Fettsäuren, zu ↑**Ketonkörpern** abgebaut werden, die von den Organen in Zeiten des Mangels alternativ zu Glukose verstoffwechselt werden. In der Ernährungslehre wird die biologische Wertigkeit der Nahrungseiweiße als die Menge Körpereiweiß definiert, die durch die Aufnahme von 100 g dieses Nahrungseiweißes ersetzt wird. Das **Volleiprotein** dient dabei als Bezugspunkt mit einer biologischen Wertigkeit von 100, das heißt aus 100 g Volleiprotein können 100 g

Körpereiweiß gebildet werden. Die Höhe der Wertigkeit hängt von der Menge und der Relation essenzieller Aminosäuren ab. Tierische Eiweiße sind meist hochwertiger (Wertigkeit 80–100) als Eiweiße pflanzlichen Ursprungs (60–80), bei denen die für den Menschen wichtigen essenziellen Aminosäuren nicht im optimalen Verhältnis zugeführt werden. Eiweiße aus ↑**Hülsenfrüchten** enthalten nur wenig Methionin, Eiweiße aus ↑**Weizen** und ↑**Mais** nur wenig Lysin. Es gibt Proteine, die vom menschlichen Körper besser verwertet werden können als andere, darum ist eine ausgewogene, abwechslungsreiche Ernährung besonders wichtig. **Empfohlene Zufuhr:**

Alter	Eiweiß					
	g/kg/Tag		g/Tag		g/MJ (Nährstoffdichte)	
	m	w	m	w	m	w
Säuglinge						
0 bis unter 1 Monat	2,7		12	12	6,0	6,3
1 bis unter 2 Monate	2,0		10	10	5,0	5,3
2 bis unter 4 Monate	1,5		10	10	5,0	5,3
4 bis unter 6 Monate	1,3		10	10	3,3	3,4
6 bis unter 12 Monate	1,1		10	10	3,3	3,4
Kinder						
1 bis unter 4 Jahre	1,0		14	13	3,0	3,0
4 bis unter 7 Jahre	0,9		18	17	2,8	2,9
7 bis unter 10 Jahre	0,9		24	24	3,0	3,4
10 bis unter 13 Jahre	0,9		34	35	3,6	4,1
13 bis unter 15 Jahre	0,9		46	45	4,1	4,8
Jugendliche und Erwachsene						
15 bis unter 19 Jahre	0,9	0,8	60	46	5,7	5,4
19 bis unter 25 Jahre	0,8		59	48	5,6	5,9
25 bis unter 51 Jahre	0,8		59	47	5,8	6,0
51 bis unter 65 Jahre	0,8		58	46	6,3	6,2
65 Jahre und älter	0,8		54	44	6,5	6,4
Schwangere ab 4. Monat				58		6,3
Stillende				63		5,8

Fehlversorgung: Ist die Eiweißversorgung unzureichend, lässt zunächst die körperliche und geistige Leistungsfähigkeit nach. Es kommt zu einer Beeinträchtigung der Fruchtbarkeit und des Immunsystems, was eine erhöhte Anfälligkeit gegenüber Infektionskrankheiten zur Folge hat. Proteinmangel lässt den Körper schneller altern. Bei massivem Eiweißmangel kann es zu ausgeprägten Ödemen, Flüssigkeitseinlagerungen im Gewebe, kommen. Übermäßige Proteinzufuhr belastet Leber und Nieren und kann den ↑**Kalzium**haushalt des Körpers durcheinander bringen. **Eiweißreiche Nahrungsmittel:** Pflanzliche Proteine sind in ↑**Getreide,** ↑**Soja** und Hülsenfrüchten enthalten, tierische stecken in ↑**Eiern,** ↑**Milchprodukten,** ↑**Fleisch** und ↑**Fisch.** Den Bedarf an essenziellen Aminosäuren durch eine rein pflanzliche (sog. ↑**Vegane**)Ernährung zu decken, setzt differenzierte Kenntnisse und eine große Disziplin voraus. Viel einfacher gelingt dies ↑**Vegetariern**, die auch Milchprodukte in ihren Speiseplan integrieren.

Ekmek [*Orientalische Küche*] Begriff aus der türkischen Küchenkultur für ↑**Weißbrot.** ↑**Türkische Küche**

Élan [*Franz. Speisekarte*] ↑**Elch**

Elastin [*Fachkunde*] Aus dem Bindegewebe stammender ↑**Eiweißstoff**

Elbling [*Weinkunde*] Weiße Rebsorte, die schon seit römischen Zeiten im Moseltal angebaut wird. Sie hat einen hohen Säuregehalt, weshalb sie für die Schaumweinproduktion verwendet wird. Sie ergibt leichte, eher neutrale Weine mit niedrigem Alkoholgehalt. Elbling ist sehr ertragreich, wobei 200 hl/ha keine Ausnahme sind. Nur bei eingeschränkten Erträgen gibt der Wein Duftnoten von ↑**Aprikosen** preis.

Elchfleisch [*Fleischprodukte*] **T** Das würzige Elchfleisch ist selbst in Skandinavien eine gesuchte Spezialität. In Deutschland und Frankreich ist es nur gelegentlich in großen, gut sortierten Delikatessenläden zu kaufen. Als größte und schwerste Hirschart ähnelt der Elch im Geschmack dem ↑**Hirsch.** Das Fleisch ist außerordentlich zart, hat wenig ↑**Cholesterin** und verströmt ein ganz feines Wildaroma. Elche werden von September bis November gejagt. Außerhalb der Saison wird ihr Fleisch tiefgefroren verkauft. Kulinarisch interessant sind nur Elchkälber und Jungbullen bis zum ersten Lebensjahr.

Elegant [*Weinkunde*] Der Lieblingsausdruck eines professionellen Weinkosters, wenn ihm die Worte fehlen, um einen Wein zu beschreiben, dessen Proportionen (Gehalt, Geschmack, Aroma) ebenso wie seine Nachhaltigkeit, Konsistenz und sonstige Qualitäten den Vergleich mit natürlicher Schönheit nahelegen.

Elektrolytgetränk [*Fachkunde*] ↑**Sportlergetränk**

Eliche [*Ital. Speisekarte*] **T** Schraubenförmige ↑**Pasta** aus ↑**Hartweizengrieß** und Wasser. **Eliche** nennt man einen kleinen Propeller. Die zwei bis vier cm langen Spiralnudeln bestehen aus zwei kurzen ineinandergedrehten Teigstreifen (Mittelitalien). Besonders beliebt, weil sie gut Saucen aufnimmt.

Eliche tricolori [*Ital. Speisekarte*] Schraubenförmige ↑**Pasta,** eingefärbt in den italienischen Nationalfarben Grün, Weiß und Rot.

Elicoidali [*Ital. Speisekarte*] Anderer Nudelname für ↑**Tortiglioni**

Elies [*Griech. Speisekarte*] Begriff aus der griechischen Küchenkultur für ↑**Oliven**

Elisenlebkuchen [*Backstube*] **R** Feinste Oblatenlebkuchen: werden angeboten mit Prädikaten wie „extrafein, Spitzenqualität, edel". „Feine Lebkuchen" müssen mind. 25 % ↑**Haselnüsse** und max. 10 % ↑**Mehl**

beinhalten. **Zutaten:** 3 St. ↑**Eier;** 100 g ↑**Honig;** 125 g gemahlene ↑**Mandeln;** 100 g ↑**Zitronat;** 100 g ↑**Orangeat;** 1 Pr. ↑**Salz;** 1 Pr. ↑**Zimt;** 100 g ↑**Marzipan** fein zerbröseln; 100 g ↑**Kuvertüre** raspeln; 1 TL ↑**Backpulver;** blanchierte ↑**Mandeln. Zubereitung:** Eier mit Honig schaumig rühren. Mandeln fein reiben, Zitronat und Orangeat fein schneiden. Gewürze, Marzipan, Kuvertüre, Backpulver zugeben und unter die Schaummasse rühren. Teig auf die Oblaten streichen. In die Mitte eine blanchierte Mandel setzen. Über Nacht trocknen lassen. Bei 170° C 25 Min. backen.

Elixir [*Franz. Speisekarte*] Stark parfümierter, alkoholhaltiger Gewürz-, ↑Kräuter**likör**

Ellenbogenstück [*Fleischprodukte*] Regionale Bezeichnung für den ↑**Eckbug**

Eloételek [*Ungarische Küche*] Begriff aus der ungarischen Küchenkultur für Vorspeisen

Elote [*Mexicofood*] Frischer ↑**Mais**

Elritze [*Fisch*] **T** Spierling (Phoxinus phoxinus), ist ein 10 cm langer Fisch aus der Familie der ↑**Karpfen.** Sein Fleisch ist wohlschmeckend, hat aber einen bitteren Beigeschmack.

Elsass [*Weinkunde*] Das Elsass ist ein untypisches französisches Anbaugebiet. **1.** Das Klima am Rhein ist anders als in weiter südlich liegenden Anbaugebieten, mit Vor- (lange Reifezeit) und Nachteilen (Wetterrisiken). **2.** Die Weine werden mit wenigen Ausnahmen mit den Namen der Rebsorten auf dem Etikett verkauft, was in Frankreich sonst eher unüblich ist. **3.** Im Elsass werden in der Mehrzahl Weißweinreben angepflanzt. Die Hauptrebensorte ist wie im benachbarten Deutschland der ↑**Riesling,** hier gefolgt vom ↑**Gewürztraminer.** Allerdings bringen auch der ↑**Sylvaner** und der ↑**Pinot Blanc** außergewöhnliche Weine hervor, durch anderen Ausbau und die zum Teil erheblich geringeren Erntemengen wesentlich kraftvoller als viele der deutschen Vergleichsweine. Einige junge Winzer haben auch dem ↑**Pinot Noir** durch geschickten ↑**Barrique**ausbau zu internationaler Anerkennung verholfen.

Elsässer Art [*Speisegarnitur*] **A Eine Garnitur mit** ↑**Sauerkraut** – Zum Fleisch wird das Sauerkraut in kleinen Kartoffeltörtchen serviert, beim Fisch begleitet es den in Weißwein gedünsteten Fisch mit Salzkartoffeln. ↑**Alsacienne, à l'**

Elsässer Weinkäse [*Käse*] **T Herkunft:** Frankreich/Elsass; **Käsesorte:** ↑**Weichkäse** mit Salzwasser-gewaschener Rinde, Rotkulturkäse, 50 % ↑**Fett i. Tr.; Milch:** Kuhmilch; **Geschmack:** würzig, herzhaft, cremig; **Verwendung:** Durch seine rechteckige Form lässt er sich besonders gut in Scheiben schneiden. **Weinempfehlung:** Weißweine aus dem Elsass, z. B. ↑**Gewürztraminer,** ↑**Tokay,** ↑**Pinot Gris**

Elstar [*Obst*] **T Lateinisch:** Malus domestica. **Info:** Herbstliche Apfelsorte mit mittelgroßer, kugeliger oder zum Kelch hin verjüngter Fruchtform. Die glatte und teilweise leicht netzartig berostete Schale ist in der Grundfarbe gelblich bis goldgelb gefärbt und zu einem oder zwei Dritteln attraktiv leuchtend orange bis karminrot. Die ↑**Lentizellen** sind unauffällig und klein, locker verteilt und zeigen sich als helle und dunkle Punkte. **Ursprung und Geschichte:** Die Kreuzung von Golden Delicious mit Ingrid Marie entstand 1955 im Institut für gärtnerische Pflanzenzüchtung, Wageningen, Niederlande. Seit 1972 als Sorte zu kaufen. **Herkunft und Saison:** Elstar werden in Mitteleuropa zwischen Anfang und Ende September geerntet und sind im ↑**Kühllager** bei +2° C bis Ende November, im ↑**CA-Lager** bis Ende März haltbar. Der Beginn der Genussreife fällt mit dem Erntetermin zusammen. **Geschmack:** Das mittelfeste und feinzellige, saftige und knackige, cremig-weiß bis gelblich gefärbte Fruchtfleisch weist bei hohem Zuckergehalt und erfrischender Säure ein würzig-fruchtiges Aroma auf. Der Geschmack ist kräftig, süßlich-feinsäuerlich und aromatisch. **Verwendung:** Geschmack und Konsistenz empfehlen den Elstar als Tafelapfel. Gut geeignet ist er als Kuchenbelag und für Salate; weniger gut eignet er sich für die Bereitung von Saft und Mus. ↑**Apfel**

Elverfeld, Sven [*Berühmte Köche*] **Sven Elverfeld** – *1968 in Hanau, D. Seit 2000 Chef de cuisine im Aqua, Hotel Ritz Carlton in Wolfsburg. Bekannt für seine Sterne, das Klassikermenü mit 10 Gängen und seiner praktizierten „Küche der Gefühle". Einen Namen machte sich Sven Elverfeld als Leiter des Gourmetrestaurants „La Baie" im Ritz Carlton in Dubai.

Elzekari [*Franz. Speisekarte*] **A** Baskische rustikale Suppe, mit ↑**Speck,** ↑**Knoblauch,** ↑**Weißen Bohnen,** ↑**Weißkohl** und ↑**Zwiebeln**

Emballer [*Franz. Fachwort*] Einpacken

Embroché [*Franz. Speisekarte*] Aufgespießt, auf den Bratenspieß gesteckt

Embutidos variados [*Span. Speisekarte*] Gemischte Wurstplatte

Emilia Romagna [*Weinkunde*] Italienische Weinregion um die Stadt Bologna. Da Perlweine dort sehr beliebt sind, wurde die Region lange vom ↑**Lambrusco** beherrscht. Andere bekannte Weine der Region sind ↑**Albana** und ↑**Sangiovese.**

Emincé [*Franz. Speisekarte*] **T** In hauchdünne Scheibchen geschnittenes ↑**Fleisch**

Emincé zurichois [*Franz. Speisekarte*] **A** ↑**Züricher Geschnetzeltes**

Emmentaler Switzerland [*Käse*] **Herkunft:** Schweiz; **Käsesorte:** ↑**Hartkäse,** mind. 45 % ↑**Fett i. Tr.; Milch:** Rohmilch von Kühen, die ohne Silage gefüttert werden. Die Verwendung von Zusatzstoffen ist in der Käseherstellung verboten. **Teig:** elfenbeinfarbig bis hellgelb, Kirschlochung, 1–3 cm groß, fest, aber schnittfähig; **Geschmack:** nussig-würzig

Emmentaler Felsenkeller Switzerland [*Käse*] **Herkunft:** Schweiz; **Käsesorte:** ↑**Hartkäse,** mind. 45 %

↑**Fett i.Tr.; Milch:** Rohmilch von Kühen, die ohne Silage gefüttert werden. Die Verwendung von Zusatzstoffen ist in der Käseherstellung verboten. **Teig:** elfenbein bis hellgelb, Kirschlochung, mehrheitlich 1–3 cm groß, fest, aber schnittfähig; **Geschmack:** nussartig-kräftig

Emmentaler Laib [*Käse*] **Herkunft:** Österreich; **Käsesorte:** ↑**Hartkäse,** 45 % ↑**Fett i.Tr.; Milch:** silofreie Rohmilch; **Teig:** schnittfester, geschmeidiger, elfenbeinfarbiger bis mattgelber Teig; **Geschmack:** angenehm mild und aromatisch

Emmentaler mild [*Käse*] **Herkunft:** Österreich; **Käsesorte:** ↑**Hartkäse,** 45 % ↑**Fett i.Tr.; Milch:** silofreie Rohmilch; **Teig:** schnittfest, geschmeidig, elfenbein bis mattgelb; **Geschmack:** milder, leicht nussiger Geschmack

Emmentaler réserve Switzerland [*Käse*] „König der Hartkäse" **Herkunft:** Schweiz; **Käsesorte:** ↑**Hartkäse,** mind. 45 % ↑**Fett i.Tr.: Milch:** Rohmilch von Kühen, die ohne Silage gefüttert werden. Die Verwendung von Zusatzstoffen ist in der Käseherstellung verboten. **Teig:** fein, mürbe, elfenbeinfarbig bis hellgelb, Kirschlochung, mehrheitlich 1–3 cm groß; **Geschmack:** ausgeprägt aromatisches, typisch nussartiges Aroma

Empanadas [*Intern. Länderküche*] **A** Halbmondförmige Teigtaschen, eine typische Spezialität des mittel- und südamerikanischen Kontinentees. Sie werden gefüllt und gebacken und schmecken als ↑**Snack** genauso gut wie zur Hauptmahlzeit. Es gibt sie mit ↑**Fleisch,** ↑**Meeresfrüchten,** ↑**Tunfisch,** ↑**Hackfleisch,** ↑**Schinken, Käse, Mais** oder mit rein vegetarischer Füllung. Die verschiedenen Sorten nennt man: **empanadas de carne** – Teigtaschen gefüllt mit Fleisch; **empanadas de atun** – mit Tunfisch; **empanadas vegetal** – mit ↑**Spinat** und Käse; **empanadas de mariscos** – mit Meeresfrüchten; **empanadas de jamón y queso** – mit Schinken und Käse

Emplir [*Franz. Fachwort*] Füllen

Emsländer Bauernschmaus [*Regionale Spezialität*] Grobe, schnittfeste ↑**Leberwurst**

Emulgatoren [*Fachkunde*] Sie werden als Hilfsstoffe eingesetzt, um zwei miteinander nicht mischbare Flüssigkeiten (z. B. Öl in Wasser) zu einer so genannten Emulsion zu vermengen. Sie sorgen in industriell hergestellter ↑**Mayonnaise** und in Crèmespeisen dafür, dass sich auf den Produkten keine Wassertropfen bilden. Emulgatoren geben Lebensmitteln eine geschmeidige, cremige Beschaffenheit und verlangsamen das Altern von Backwaren. Man benutzt sie auch zur Herstellung von Gelees und Puddingen. Vielfach handelt es sich um pflanzliche Stoffe, etwa ↑**Alginate** und ↑**Agar-Agar** (beide stammen von Algen), ↑**Guarkernmehl** und ↑**Johannisbrotkernmehl,** ↑**Pektine** und verschiedene Cellulose-↑**Derivate.** Andere Emulgatoren sind ↑**Lecithin** und verschiedene Salze oder gesundheitlich unbedenkliche Verbindungen von ↑**Fettsäuren.** Die ↑**E-Nummer** zeigt, welcher Verbindungsstoff im Produkt steckt. ↑**E 322** = ↑**Lecithin,** ↑**E 470,** ↑**E 471** heißen die Fettsäuren. In der Küche wird am häufigsten Lecithin als Emulgator verwendet, ein natürlicher Stoff, der im ↑**Eigelb** vorkommt. Ihm ist zu verdanken, dass man Mayonnaise und ↑**Hollandaise** selber aufschlagen kann (Eigelb, ↑**Zitronensaft,** ↑**Pflanzenöl** bzw. warme ↑**Butter**). Zusätzlich kann eine selber erzeugte Emulsion noch durch bestimmte Feststoffe stabilisiert werden, z. B. Senfpulver (Mustard) in der Mayonnaise. Fertigprodukt-Hersteller profitieren von den Emulgatoren, die dafür sorgen, dass sich mehr Luft und Wasser in Lebensmittel mischen lassen. So kann Wurstmasse mehr Wasser binden.

Emulgieren [*Unsere Küche*] Intensives Mischen von fettigen und wässrigen Flüssigkeiten zu relativ stabilen Mischungen. ↑**Mayonnaise**

Emulsion [*Fachkunde*] Vermischung zweier nicht ineinander löslicher Flüssigkeiten (↑**Fett** und Wasser)

Emulsionslikör [*Hausbar*] Handelsnamen wie „Crème de" bezeichnen Liköre, die unter Verwendung von ↑**Schokolade,** ↑**Sahne** oder ↑**Milch** mit mindestens 20 % Vol. Alkoholgehalt hergestellt worden sind. Eine Ausnahme ist der ↑**Eierlikör** mit mindestens 14 % Vol.

En caisse(tte) [*Franz. Speisekarte*] ↑**Ragout,** ↑**Vorgericht** im Töpfchen; oder im ausgehöhlten, gebackenen Brot

En chaud [*Franz. Speisekarte*] ↑**Schweinerollbraten** (gefüllt), kalt oder warm serviert

En daube [*Franz. Speisekarte*] Gedämpft

En dés [*Franz. Speisekarte*] In Würfel geschnitten

En habit vert [*Franz. Speisekarte*] „Im grünen Gewand", in oder mit ↑**Blattspinat**

En marmelade [*Franz. Speisekarte*] Zerkocht, (zu Brei) verkocht

En papillote [*Franz. Speisekarte*] In der Folie oder in Pergamentpapier gegart

En pistache [*Franz. Speisekarte*] **A** ↑**Eintopf** aus ↑**Schaffleisch** mit viel ↑**Knoblauch,** schmeckt aufgewärmt besonders gut

En place [*Franz. Fachwort*] Anstelle von, anstatt

En robe [*Franz. Speisekarte*] „Im Kleid", in der Haut, Hülse, Schale

En tortue [*Franz. Speisekarte*] **A** Weichgekochter ↑**Kalbskopf** mit ↑**Schildkrötengewürz** ↑**Tete de veau tortue**

En vessie [*Franz. Speisekarte*] In der Schweineblase gegart

Enchiladas [*Mexicofood*] **A** Gefüllte, gerollte und mit ↑**Salsa** gratinierte ↑Mais**tortillas**

Endive [*Franz. Speisekarte*] ↑**Chicorée**

Endives au jambon [*Franz. Speisekarte*] **R** ↑**Chicorée** vom Strunk befreit, kurz abgekocht, in ↑**Schinken**scheiben gewickelt und auf einer feuerfesten Platte mit einer Rahmsauce überzogen, etwas ↑**Käse** bestreut und im Rohr überbacken

Endives meunières [*Franz. Speisekarte*] **R** ↑**Chicorée,** in Wasser abgekocht und in heißer ↑**Butter** gebraten

Endívia [*Span. Speisekarte*] ↑**Chicorée**

Endiviensalat [*Gemüse*] **T** Die gekräuselten, wedelartigen Blätter der Endivie werden als Salat oder ↑**Gemüse** zubereitet. Während der Wachstumsperiode werden die Blätter zusammengebunden, damit die inneren gelb und zart bleiben. Durch den verringerten Lichteinfall entstehen weniger Bitterstoffe. Der Bitterstoff Intybin wirkt verdauungsfördernd und appetitanregend, weshalb Endivie in Kombination mit anderen Zutaten gerne als Vorspeise serviert wird. Die Blätter werden entweder in Stücke gezupft oder in feine Streifen geschnitten. Der Salat harmoniert mit ↑**Nüssen,** ↑**Zwiebeln,** ↑**Knoblauch** und ↑**Thymian,** schmeckt aber auch in der Kombination mit ↑**Senf-,** ↑**Jogurt-** ↑**Dressing** oder ↑**Süß-sauren Marinaden,** ↑**Zitrusfrüchten** und ↑**Käse.** Von Juli bis Dezember wird er als Freilandware angeboten und in den Wintermonaten kommt er als Importware aus Spanien, Frankreich oder Italien. Beim Einkauf ist darauf zu achten, dass Kopf und Blätter sich fest anfühlen. Mit feuchtem Küchenpapier zugedeckt, lässt er sich bis zu 2 Tage im Gemüsefach des Kühlschranks aufbewahren. ↑**Blattsalate**

Endosperm [*Allgem. Nährmittel*] Endosperm ist der im Getreidekorn enthaltene Mehlkörper, in dem wichtige ↑**Nährstoffe** gespeichert sind, die eine neue Pflanze benötigt. Enthält ↑**Stärke,** ↑**Eiweiß,** wenig ↑**Mineralstoffe** und ↑**B-Vitamine.** Aus dem Endosperm wird Mehl gewonnen.

Energie [*Verdauung*] **T** Der menschliche Körper braucht ständig Energie, auch nachts. Diese Energie ist in der Nahrung bzw. in den ↑**Nährstoffen** ↑**Fett,** ↑**Eiweiß,** ↑**Kohlenhydrate** und ↑**Alkohol** enthalten. Nach der Aufspaltung der Nahrung in Magen und Darm werden die Nährstoffe zu den Körperzellen transportiert und dort „verbrannt". Dabei entstehen Wärmeenergie sowie körpereigene, energiereiche Verbindungen. Das Maß für die Energie, die der Körper für seine Funktionen braucht, heißt ↑**Joule.** Die ältere, aber noch vielfach verwendete Einheit ist die ↑**Kalorie;** 1 Kalorie (kcal) entspricht 4,187 Joule (kJ).

Energiebedarf [*Fachkunde*] Um richtig funktionieren zu können, benötigt der menschliche Körper ↑**Energie.** Eine Voraussetzung für Leben und Aktivität bildet die ausreichende Versorgung des Körpers mit Nahrungsmitteln als Energielieferanten. Es wird empfohlen, 50 bis 55 % der täglichen Energiezufuhr über Kohlenhydrate aufzunehmen und etwa 20 % über Proteine. Der Fettanteil in der Nahrung sollte 30 % nicht übersteigen. Der vom Körper verwertbare Energiegehalt der Nahrung lässt sich in ↑**Kalorien** (kcal) oder ↑**Joule** (kJ) angeben. Das Wort Kalorie leitet sich vom lateinischen Wort „calor" für Wärme ab. Eine Kalorie entspricht genau der Energiemenge, die man braucht, um 1 l Wasser um 1° C (von 14,5° C auf 15,5° C) zu erwärmen. 1 Kilokalorie (kcal) = 4,187 Kilojoule (kJ); 1 Kilojoule (kJ) = 0,239 Kalorien (kcal); Vereinfacht gilt: Kalorienwerte multipliziert mit vier ergeben die Joulewerte. Die vom Körper verwertbaren Nährstoffe unterscheiden sich stark in ihrem Energiegehalt: 1 g ↑**Eiweiß:** 17 kJ/4 kcal; 1 g ↑**Kohlenhydrate:** 17 kJ/4 kcal; 1 g ↑**Fett:** 37 kJ/9 kcal; 1 g ↑**Alkohol:** 29 kJ/7 kcal. Weitere ↑**Nährstoffe** sind ↑**Vitamine,** ↑**Mineralien,** ↑**Spurenelemente** und ↑**Ballaststoffe.** Bei den Vitaminen lässt sich zwischen fettlöslichen und wasserlöslichen Vitaminen unterscheiden. Viele Vitamine kann der Körper nicht oder nur in bestimmten Vorstufen bilden. Diese sog. essenziellen Vitamine sind für viele Stoffwechselvorgänge von großer Bedeutung und müssen dem Körper zugeführt werden. Der Energiebedarf des Menschen lässt sich in Grundumsatz und Leistungsumsatz gliedern. Gemeinsam bilden sie den Gesamtumsatz – das ist die Energiemenge, die der Körper verbraucht. Als Grundumsatz bezeichnet man die Energiemenge, die der Körper bei völliger Ruhe und gleichbleibender Umgebungstemperatur benötigt, um die lebensnotwendigen Funktionen wie Atmung, Stoffwechsel, Kreislauf und richtige Körpertemperatur 24 Stunden lang aufrechtzuerhalten. Körperbau, Gewicht, Größe, Alter und Geschlecht beeinflussen den individuellen Grundumsatz; er hängt ab vom prozentualen Verhältnis zwischen Muskelmasse und Körperfett. Weil Männer mehr fettfreie Körpermasse besitzen als Frauen, liegt ihr Grundumsatz durchschnittlich 10 % höher. Doch auch der Hormonhaushalt, Stress, Fieber, Medikamente sowie klimatische Verhältnisse beeinflussen den Grundumsatz. Vereinfacht lässt sich der ungefähre Grundumsatz berechnen, indem man das Körpergewicht in kg mit 24 Stunden, der Dauer eines Tages, multipliziert. Um das Alter einzubeziehen, multipliziert man diesen Wert mit einem bestimmen Faktor für jede Altersklasse. Der Leistungsumsatz beinhaltet die Energie, die der Körper innerhalb von 24 Stunden über den Grundumsatz hinaus verbraucht, bei körperlicher und geistiger Aktivität, zur Wärmeregulation bei unterschiedlichen Umgebungstemperaturen, gegebenenfalls für Schwangerschaft, Stillen, Wachstum oder Regeneration nach Krankheiten oder Verletzungen. Mit zusätzlicher körperlicher Aktivität lässt sich der Leistungsumsatz erheblich steigern. Der Berechnung des Leistungsumsatzes dient der PAL (Physical Activity Level) als Maß für die körperliche Aktivität. Beim Schlafen beispielsweise verbraucht der Körper wenig Energie, der PAL liegt bei 0,95. Wer tagsüber im Büro sitzt und sich nicht viel bewegt, dessen PAL ist etwa 1,4. Menschen, die körperlich sehr anstrengende Arbeit verrichten, wie Bauarbeiter, haben einen deutlich höheren Wert (2,0 bis 2,4). Doch auch Freizeitaktivitäten gehören zum Leistungsumsatz. Schwangere und Stillende haben einen erhöhten PAL. Zur Berechnung des individuellen täglichen Energiebedarfs wird ein Tag in je 8 Stunden Schlaf, Arbeit sowie Freizeit eingeteilt, jeweils mit eigenem PAL. Der daraus hervorgehende Mittelwert beschreibt den Faktor der körperlichen Aktivität beim Leistungsumsatz (PAL gesamt = [PAL Arbeit + PAL Freizeit + PAL Schlaf]/3). Wer täglich 30 bis 60 Min. intensiv Sport treibt, erhöht damit seinen PAL um weitere 0,3 Punkte. Der Gesamtumsatz setzt sich zusammen aus Grund- und Leistungsumsatz pro Tag. Bei üblicher körperlicher Belastung stellt dabei der Grundumsatz den größten Teil des Energieverbrauchs dar. Der individuelle Gesamtumsatz ergibt sich durch Multiplikation von Gesamtumsatz mit PAL. **Beispiel:** Eine 30-jährige Büroangestellte (Altersklasse 25 bis 50 Jahre; Altersfaktor 0,92) wiegt 65 kg (Grundumsatz: 24 Stunden x 65 kg x 0,92 Altersfaktor = 1431,77 cal). Sie arbeitet ausschließlich am Schreibtisch (PAL Arbeit = 1,4). Sitzend verbringt sie auch überwiegend ihre Freizeit (PAL Freizeit = 1,6). Vor ihrer Arbeit geht sie täglich etwa 45 Min. joggen (PAL gesamt = 1,32 + 0,3 = 1,62). Daraus ergibt sich für diese Frau ein täglicher Gesamtumsatz von 2319 kcal (1431,77 kcal x 1,62). Hier handelt es sich um Durchschnittswerte im Normbereich.

Energiebilanz [*Gesundheit*] Das Verhältnis von Energieaufnahme zu Energieverbrauch. Sind beide Größen gleich groß, ist die Energiebilanz im Gleichgewicht. Eine negative Energiebilanz liegt vor, wenn die Energieaufnahme unter dem Energieverbrauch liegt. Dies führt zur Gewichtsabnahme. Von positiver Energiebilanz spricht man, wenn die Energieaufnahme über dem Energiebedarf liegt. Das kann aber langfristig zu Übergewicht führen.

Energieverbrauch [*Gesundheit*] Menschen verbrauchen Energie für Körperfunktionen wie Atmung, Verdauung und Bewegung. Dieser Verbrauch ist abhängig von Alter, Geschlecht, Größe, Gewicht und Aktivität. ↑**Energiebedarf**

Energy Drinks [*Hausbar*] Energiegetränke sollen eine belebende Wirkung auf den Menschen haben. In der Regel haben sie Inhaltsstoffe wie (je nach Marke unterschiedlich): Wasser; ↑**Zucker;** ↑**Coffein** (oft in Form von ↑**Guaraná**); ↑**Taurin;** ↑**Glucuronolacton;** ↑**Vitamine** (häufig aus der Gruppe der ↑**B-Vitamine**, Inosit); ↑**Mineralstoffe;** synthetische ↑**Aromastoffe;** ↑**Farbstoffe.** Der belebende Effekt wird durch das enthaltene Coffein erzielt. Der reichlich enthaltene ↑**Zucker** kann kurzfristig die Leistungsfähigkeit erhöhen, macht diese Getränke aber auch zu „Kalorienbomben". Die Inhaltsstoffe sollen laut Herstellern die Leistungsfähigkeit steigern, was aber umstritten ist. In der Regel liegt der Koffeingehalt bei ca. 80 mg pro Dose (250 ml). **Zum Vergleich:** Eine Tasse ↑**Kaffee** enthält 50–150 mg Koffein, eine Tasse Tee ca. 50 mg. Wegen ihres hohen Koffeingehaltes sollten Energy Drinks nicht von Kindern und auch nicht in großen Mengen getrunken werden. Kritisch ist der Konsum der koffeinhaltigen Getränke in Kombination mit ↑**Alkohol,** da diese beiden Stoffe einen starken Flüssigkeitsverlust im Körper hervorrufen (Dehydration). Besonders in Diskotheken ist die Kombination mit ↑**Wodka** sehr verbreitet. Aufgepeppt werden Energy Drinks zusätzlich mit Vitaminen, insbesondere mit ↑**Vitamin** B_1, B_2, B_6, B_{12}, ↑**Vitamin C** und ↑**E.** Sie sollen ja fit machen und die Leistung steigern. Bereits 100 Milliliter „Red Bull" enthalten in der österreichischen Rezeptur laut Herstellerangaben 150 % der empfohlenen Tagesdosis an Vitamin B_6 und die dreifache Menge an Vitamin B_{12}. Welchen Sinn solche Konzentrationen haben sollen, bleibt rätselhaft.

Engelshaar [*Intern. Länderküche*] Eine in Portugal beliebte Süßspeise aus dick eingekochtem ↑**Zucker** und ↑**Eigelben.** Diese Masse wird in feinen Fäden mit einem geköpften Schneebesen auf Pergament gesponnen.

Engelwurz [*Wildkräuter, -blüten & -früchte*] **A Lateinisch:** Angelica archangelica; **Anbau:** Herbstaussaat (Kaltkeimer), direkt nach der Ernte. Das Doldengewächs erreicht eine Höhe bis zu 2 m, wächst im Schatten, Halbschatten und in der Sonne. Blüte der Wildpflanze Juli bis August. 3 Ernten Mai, August, Oktober auf feuchten Böden: Die Blüten der Pflanze müssen ständig entfernt werden, sonst stirbt sie nach 2–3 Jahren ab. Andererseits sorgt sie für genügend Samen für die Selbstaussaat. **Geschmack:** aromatischer Geruch, süßlich, leicht scharf mit Karottenaroma; **Verwendung in der Küche:** Sammelt man die Neutriebe im Frühjahr an, kann man sie wie ↑**Staudensellerie** bereiten. Die Wurzeln verwendet man wie ↑**Pastinaken** als Gemüsebeilage. In geringen Mengen können junge, klein geschnittene Blättchen in Wildkräutersuppen, Salaten und Jogurtsaucen verwendet werden und geben ↑**Obst,** ↑**Weichkäse** sowie Fischgerichten einen pikanten Geschmack. Der Stängel kann, fein geschnitten und in geringen Dosen, das Aroma von ↑**Konfitüren** und ↑**Marmeladen** verbessern und mildert die Säure von ↑**Rhabarber** und ↑**Stachelbeeren.** Die harte Außenhaut muss vorher abgeschält werden. **Engelwurz kann mit dem Schierling verwechselt werden.** Wird ein Stängel abgebrochen und zwischen den Fingern gerieben, strömt er einen moschusartigen Geruch aus und einen Hauch von ↑**Apfelsinen. Wirkungsweise:** In geringen Dosen appetitanregend, magenstärkend, harntreibend, schweißtreibend, verdauungsfördernd, blähungswidrig, krampflösend, schleimlösend. **Wichtiger Hinweis:** Die Pflanze ist mit Vorsicht zu genießen, weil bei Überdosierung und bei direktem Hautkontakt mit dem frischen Saft Hautreizungen und Lichtüberempfindlichkeit auftreten können. **Empfindliche Personen sollten vom Verzehr der Pflanze absehen. Wirkung in der Volksmedizin: angelica polymorpha sinensis,** chinesischer Engelwurz. Die

Chinesen setzen sie bei folgenden Beschwerden ein: Blutarmut, erhöhter Blutdruck, ungenügende Durchblutung der Herzkranzgefäße, Entzündungen, Hepatitis, Herzrhythmusstörungen, Kreislaufschwäche, Leberzirrhose, Menstruationsbeschwerden, (rheumatische) Schmerzen.

Englische Art [*Speisegarnitur*] **A 1.** Auf englische Art wird der Fisch zunächst paniert, gebacken und mit ↑**Kräuterbutter** serviert. **2.** Bei gekochtem ↑**Fisch:** gedünstete Speckstreifen in einer Petersiliensauce oder pürierte ↑**Weiße Rüben** und Kapernsauce. Dazu serviert man Salzkartoffeln.

Englische Kraftbrühe [*Engl. Speisekarte*] ↑**Beeftea**

Englische Küche [*Engl. Speisekarte*] **T** Die traditionelle **Englische Küche** steht im Ruf, schwer verdaulich und langweilig zu sein oder eigenartige Geschmacksvarianten miteinander zu kombinieren, zum Beispiel „Lammfleisch mit Minzsauce". Es gibt jedoch einige ausgezeichnete Gerichte, zum Beispiel ↑**Yorkshire-Pudding** oder der vor allem auf dem Land sehr gute ↑**Pork Pie.** Die Einfachheit mancher Gerichte ist kaum zu unterbieten, etwa **cheese on toast** oder ↑**Baked Beans.** Die meisten Pubs bieten eine ganz annehmbare Vielfalt an Gerichten. Uneingeschränkt empfehlenswert ist das traditionell sehr reichhaltige englische Frühstück: Zuerst ein kleines ↑**Müsli** (meist **cereals** aus der Packung) mit ↑**Milch,** dazu ein Glas Orangensaft. Dann gebratenen ↑**Bacon** (eine Art ↑**Schinken**) mit ↑**Spiegel-** oder ↑**Rührei,** ↑**Tomate,** ↑**Champignons,** zwei ↑**Würstchen,** evtl. auch gebratene ↑**Blutwurst** (↑**Black Pudding**). Anschließend verzehrt man noch ein oder zwei Scheiben ↑**Toast** (idealerweise in der Pfanne geröstet) mit bitterer Orangenmarmelade. Viele Abwandlungen sind möglich. Migranten aus Indien und afrikanischen Ländern haben dazu beigetragen, dass die englische Küche sich der Welt geöffnet hat und auf einem vergleichsweise hohen Niveau angekommen ist. Tatsächlich ist die traditionell fade englische Küche im Alltag auf dem Rückzug, macht Platz für eine breitere, postkoloniale britische Identität. Lieblingsgerichte der Engländer sind ↑**Chicken Tikka Masala,** ↑**Fish'n'Chips,** ↑**Roastbeef,** ↑**Lasagne** und ↑**Pizza.** ↑**Tea-Time,** „Teezeit", gegen fünf Uhr ist eine Tradition in Großbritannien. Der „Tee" ist eigentlich eine Mahlzeit, die einer bescheidenen deutschen Brotzeit entspricht. Zum ↑**Schwarztee** (der in England mit einem Schluck ↑**Milch** oder ↑**Zitronensaft** getrunken wird) werden verschiedene Gebäcke (↑**Scones,** ↑**Shortbread,** ↑**Cookies**) sowie ↑**Toast** mit ↑**Butter** und ↑**Marmelade** oder Gurkenschnittchen gereicht. Bei der jüngeren Generation geht diese Tradition mehr und mehr verloren, und es wird zunehmend ↑**Kaffee** statt ↑**Tee** getrunken, der meist nur noch ein ordinärer Beuteltee ist. Das ↑**Dinner** wird gegen acht Uhr eingenommen, das späte Abendessen (↑**Supper**) kurz vor dem Zubettgehen.

Englischer Braten [*Fleischprodukte*] Regionale Bezeichnung für ↑**Roastbeef**

Englischer Sellerie [*Gemüse*] ↑**Staudensellerie**

Englischer Senf [*Gewürze & Kräuter*] **A** Für ihn wird ausschließlich die milde Gelbsenfsaat (**sinapis alba**) verwendet, die vorwiegend in Kanada, Ungarn und vereinzelt auch in Deutschland angebaut wird. Das Korn ist fast rund und 2–2,5 mm groß. Die Samen werden gereinigt, gequetscht und zu sehr feinem Senfmehl vermahlen, nachdem ein Teil des bitteren Senföls entzogen wurde. Samen und Senfpulver sind noch ohne Aroma. Erst durch die Zugabe von Flüssigkeit (oder beim Kauen) entwickelt sich der typische scharfwürzige Geschmack. In dieser pulverisierten Form lieben Briten und Amerikaner ihren ↑**Senf.** Zum Gebrauch in der Küche vermischt man das Pulver mit etwas Wasser. Für den Tafelsenf wird das Pulver mit Essig und Gewürzen vermischt. Das Verarbeiten von englischem Senf garantiert einen reinen, unverfälschten Senfgeschmack. Die sonst im Handel erhältlichen Senfsorten sind allesamt mit ↑**Essig** und/oder anderen Gewürzen aromatisiert, auch das Senfpulver ist meist nicht fein genug gemahlen.

Englischer Spinat [*Wildkräuter, -blüten & -früchte*] ↑**Ampfer**

Englisches Gewürz [*Gewürze & Kräuter*] ↑**Piment**

English muffin [*U.S. Kitchen*] Getoastetes, flaches Brötchen

Engraissieren [*Franz. Fachwort*] Form, Blech und dgl. mit Fett einpinseln

Enoki-Pilz [*Speisepilze*] ↑**Samtfußrübling**

Ensaïmada [*Intern. Länderküche*] **Katalanisch:** „Hefeschnecke mit Prädikat" ist ein Produkt mit geschützter geografischer Angabe, das als das „leichteste, luftigste und köstlichste Feingebäck der Balearen-Insel Mallorca" bezeichnet wird. Die **Ensaïmada** de Mallorca wurde am 3. Oktober 1996 als Ursprungsprodukt registriert. Wegen ihrer einzigartigen Schneckenform unterscheidet sich die Ensaïmada bereits optisch von allen anderen Gebäckarten. Sie wird in verschiedenen Größen, gefüllt (mit ↑**Kürbis**konfitüre) oder ungefüllt, angeboten. Das Gebäck besteht aus einem gezuckerten, vergorenen und im Ofen gebackenen Teig, der aus ↑**Stärkemehl,** Wasser, ↑**Zucker,** ↑**Eiern,** ↑**Sauerteig** und ↑**Schweineschmalz** zubereitet wird. Die kleine Ensaïmada aus Mallorca wird traditionell zum Frühstück oder zur kleinen Mahlzeit gegessen. Es gilt der Spruch: Eine Ensaïmada muss bis 10 Uhr verzehrt sein. Die größeren Ensaïmades aus Mallorca werden als ganze Stücke oder achteckig in den traditionellen Kartons verkauft.

Ensalada de frutas [*Span. Speisekarte*] Fruchtsalat

Ensalada de jitomate [*Mexicofood*] Tomatensalat

Ensalada de lechuga [*Span. Speisekarte*] ↑**Kopfsalat**

Ensalada de pepino [*Span. Speisekarte*] ↑**Gurkensalat**

Ensalada de pollo [*Mexicofood*] ↑**Geflügelsalat**

Ensalada de tomate [*Span. Speisekarte*] Tomatensalat
Ensalada mixta [*Span. Speisekarte*] Gemischter Salat
Ensalada rusa [*Span. Speisekarte*] ↑**Russischer Salat**
Ensalada verde [*Span. Speisekarte*] ↑**Grüner Salat**
Ensaladas [*Span. Speisekarte*] Salate
Ensaladilla [*Span. Speisekarte*] ↑**Kartoffelsalat**
Ensopado de enguias [*Span. Speisekarte*] Aaleintopf
Entbarten [*Unsere Küche*] Bei rohen Austern den ungenießbaren Bart (Kiemen) entfernen
Entbeinen [*Unsere Küche*] Knochen aus dem Fleisch lösen
Entcoffeinierter Kaffee [*Kaffee*] Hierbei wird den Kaffeebohnen ein großer Teil des Coffeins entzogen, sodass der Gehalt von 2,5 % auf 0,1 % sinkt. In 1 kg entcoffeiniertem Kaffee darf maximal 1 g ↑**Coffein**, in ↑**Instantkaffee** höchstens 3 g Coffein enthalten sein. Das Coffein wird den Kaffeebohnen entweder durch Lösungsmittel oder Hochdruck-Extraktion entzogen. Menschen mit empfindlichem Magen sollten auf entcoffeinierten Kaffee verzichten, der hohe Säureanteil fördert ↑**Sodbrennen.**
Ente [*Unsere Küche*] **R Englisch:** duck; **Französisch:** canard; **Italienisch:** anatra; **Spanisch:** pato. **Info:** Die Enten zählen zu den Geflügelarten und können mit Gras gefüttert werden, da sie Weidevögel sind. Im Handel befinden sich meist junge Enten, die knapp nach der Geschlechtsreife ein halbes Jahr alt sind und mit einem Gewicht von 1,8–2 kg geschlachtet werden. Sie gelten als die Feinsten unter den Hausgeflügelsorten. Als besonders fleischig gelten mit Körnern gefütterte, freilaufende Enten. Die beste Zeit für Enten ist von Oktober bis Januar. **Sorten:** In Deutschland werden immer häufiger Pekingenten (chinesische Rasse) mit einem durchschnittlichen Gewicht von 2 kg angeboten. Besonders mager und wohlschmeckend sind die 2500 – 3500 g schweren ↑**Flugenten.** Diese aus Frankreich stammende (**barbarie**) Ente ist eine Züchtung aus Haus- und Wildente. Zum Federwild gehören Tauch- und Schwimmenten. **Inhaltsstoffe:** 100 g frisches Fleisch von Hausenten enthalten ∅ 225 kcal/942 kJ, 17,2 g Fett, 18,1 g Eiweiß, 2,4 mg Eisen, 1,84 mg Zink, 0,3 µg Vitamin B_{12} und 76 mg Cholesterin. **Entenbraten:** Das Fleisch von Hausenten hat einen hohen Fettanteil, es wird bei nicht zu hohen Temperaturen geschmort oder gebraten und schmeckt gut in Verbindung mit ↑**Wein,** ↑**Honig** oder ↑**Früchten** (↑**Äpfel,** ↑**Birnen,** ↑**Zwetschgen,** ↑**Orangen**). Vor dem Würzen sollten Bauchfett und Talgdrüse im ↑**Bürzel** entfernt werden. Das Fett dieser Talgdrüse hat einen tranigen Geschmack und kann das feine Entenaroma übertönen. Die ↑**Gewürze** (↑**Salz,** ↑**Pfeffer** und ↑**Beifuß**) werden innen und außen in die Haut einmassiert. Besonders schmackhaft wird die Ente, wenn man sie mit den Zutaten füllt, mit denen die **Sauce** komponiert worden ist. ↑**Apfelsauce** – Man füllt die Ente mit ↑**Apfel**- und ↑**Zwiebel**stücken sowie einer kleinen ↑**Knoblauch**zehe. Knusprig wird eine Ente, wenn sie während des Bratens immer wieder mit einer süßlich-fruchtigen Flüssigkeit (Orangensaft oder in Wasser aufgelöster ↑**Honig**) überpinselt wird. Ist das Geflügel durchgebraten, überschüssiges Fett abgießen, den Bratensatz mit etwas Wasser, Wein, ↑**Calvados** oder ↑**Grand Marnier** ablösen und die Sauce mit den entsprechenden Flüssigkeiten (Apfelsaft, Orangensaft) auffüllen und vollenden. ↑**Orangensauce** – Bei dieser Variante verwendet man geschälte und entkernte ↑**Orangen**stücke sowie etwas ↑**Ingwer**. Der Bratensatz wird mit Grand Marnier oder ↑**Cointreau** aufgelöscht, die Orangenfüllung dazugegeben, mit 1/4 l Orangensaft aufgefüllt und auf die Hälfte reduziert. Die Sauce passieren, mit 1 EL süßer ↑Orangen**marmelade** abschmecken und etwas ↑**Speisestärke** binden. Das Gleiche geht mit Apfel-, Birnen-, Pflaumen-, Traubensaft. Soll die Ente neutral schmecken, mit kaltem Wasser überpinseln, kurz bevor sie fertig ist, das macht die Haut knusprig. ↑**Würztabelle**
Enteisent [*Fachkunde*] Eisen, das von Natur aus in vielen Mineralwässern gelöst ist, wurde entfernt. Denn dieses im ↑**Mineralwasser** gelöste ↑**Eisen** fällt bei Sauerstoffkontakt als braun-rötliche Flocken aus und darf (aus ästhetischen Gründen) nach der Mineral- und Tafelwasser-Verordnung (MTVO) aus dem Mineralwasser entfernt werden. Dies geschieht durch natürliche Verfahren wie z. B. Belüftung und Abtrennung über Sandfilter. Die Qualität des Mineralwassers bleibt dabei unberührt. Der Begriff „enteisent" bedeutet also, dass dem Mineralwasser das Eisen entzogen wurde. Seit dem 24. Mai 2004 ist es gesetzlich nicht mehr vorgesehen, den Begriff „enteisent" auf dem Etikett zu vermerken.
Entenei [*Fachkunde*] Ein Entenei ist mit 70 g deutlich größer als ein ↑Hühner**ei** und kräftiger im Geschmack. 100 g frisches Entenei enthalten ∅ 183 kcal/766 kJ, 14,4 g Fett, 13 g Eiweiß, 0,54 mg Vitamin A, 1,2 mg Betacarotin, 5 µg Vitamin D und 5,4 µg Vitamin B_{12}. Enteneier können mit ↑**Salmonellen** belastet sein und müssen daher vor dem Verzehr mindestens 10 Min. gekocht werden. Sie dürfen nicht roh, z. B. zur Zubereitung von ↑**Mayonnaise,** eingesetzt werden, da die Gefahr einer ↑**Lebensmittelvergiftung** besteht.
Entenfett [*Fette*] Entenfett wird in Osteuropa und Asien zum Frittieren und Kochen verwendet. In Mitteleuropa ist es wegen seines prägnanten Eigengeschmacks seltener in der Küche anzutreffen, im Gegensatz zu ↑**Gänsefett** bzw. **-schmalz.** ↑**Tierfette & Tieröle**
Entenschwanz [*Fachkunde*] ↑**Bürzel**
Enterale Ernährung [*Gesundheit*] Bei der enteralen Ernährung erfolgt die Nahrungsaufnahme nicht über den Mund, sondern wird mit einer Sonde direkt in den Magen oder Darm eingeführt (enteral = den Darm betreffend). Das Kauen entfällt, die Nahrung

ist feinst püriert. Die ↑**Sondenkost** kann selbst hergestellt sein (in Krankenhaus- und Diätküche üblich) oder nährstoffdefiniert aus industrieller Herstellung stammen. Die letzteren Diäten gewährleisten eine ausgewogene Ernährung.

Enterich [*Fleischprodukte*] Männliche ↑**Ente;** Erpel

Enteritis [*Fachkunde*] Entzündung des Dünndarms

Enterobacter [*Gesundheit*] Bakteriengattung, die in der Lage ist, aus ↑**Milchzucker** (Lactose) Säure zu bilden. Sie kommen im Darm von Mensch und Tier vor. Werden sie in Lebensmitteln gefunden, so ist dies ein Hinweis (Indikator) auf eine fäkale Verunreinigung.

Entfetten [*Unsere Küche*] **T** Fachwort: degressieren. Mit einem Schöpflöffel Fett von der Oberfläche einer ↑**Bouillon** oder ↑**Sauce** entfernen. **Tipp:** Man nimmt einen kleinen Schöpflöffel und lässt ihn am Topfrand knapp über der Oberfläche der nicht mehr kochenden Flüssigkeit kreisen. So ist nur das Fett und nicht die Flüssigkeit im Schöpflöffel. Soll die Brühe oder Soße komplett ohne Fett sein, hier zwei Möglichkeiten. **1.** Küchenpapier oder Papierserviette über die Oberfläche der heißen Brühe oder Soße ziehen. **2.** Flüssigkeit erkalten lassen und die entstandene feste Fettschicht mit einem Schaumlöffel abheben.

Entier [*Franz. Fachwort*] Ganz

Entonnoir [*Franz. Fachwort*] Trichter

Entrahmte Milch [*Milchprodukt*] Fettgehalt von höchstens 0,3 %. **Inhaltsstoffe:** 100 g entrahmte Milch enthält ∅ 36 kcal/151 kJ; 0,1 g Fett; 5 g Kohlenhydrate; 3,5 g Eiweiß. Entrahmte Milch ist wärmebehandelt.

Entrahmter Jogurt [*Milchprodukt*] Aus Magermilch (entrahmter ↑**Milch**) hergestellt und hat höchstens einen Fettgehalt von 0,3 %. **Inhaltsstoffe:** 100 g entrahmter Jogurt enthält ∅ 38 kcal/159 kJ; 0,1 g Fett; 4,3 g Eiweiß; 4,2 g Kohlenhydrate; 7,5 µg Jod; 140 mg Calcium.

Entrailles [*Franz. Speisekarte*] Eingeweide

Entrappen [*Weinkunde*] So bezeichnet man das Trennen der Weintrauben von den Stielen.

Entrecôte [*Franz. Speisekarte*] **T** Franz.: entre = zwischen, franz.: côte = Rippe; Zwischenrippenstück, oder ↑**Rumpsteak,** wird aus der Mitte des flachen ↑**Roastbeefs** geschnitten. Portionsgewicht: 200–400 g. Entrecôte, Entrecôte double, Roastbeef, ↑**Strip Loin,** ↑**Faux Filet,** ↑**Conterfilet**

Entrecôte à l'os [*Franz. Speisekarte*] Rippenstück vom ↑**Rind** mit Knochen

Entrecôte double [*Franz. Speisekarte*] Doppeltes Zwischenrippenstück vom ↑**Rind** für zwei Personen, Portionsgewicht 300–800 g

Entree [*U.S. Kitchen*] Hauptgericht

Entrées [*Franz. Speisekarte*] **T** Unter Entrées versteht man beim klassischen Menüaufbau nicht die Vorspeise, sondern das Gericht nach dem „Grosse pièce", dem Hauptgericht. Es gibt Entrées chaudes (warme Entrées) und Entrées froides (kalte Zwischengerichte). Sie werden heute als eigenständige Gerichte auf den Speisekarten geführt, bereichert von ↑**Gemüse** oder ↑**Teigwaren** als Beilage. Sie sind dann unter den Kategorien „Warme ↑**Snacks**", „Garnierte Hauptplatte" oder „Tagesspezialitäten" anzutreffen.

Entrelardé [*Franz. Speisekarte*] Fleisch: durchwachsen, gespickt

Entremeses [*Span. Speisekarte*] Vorspeisen

Entremeses de pescado [*Span. Speisekarte*] Fischvorspeisen

Entremeses variados [*Span. Speisekarte*] Gemischte Vorspeise

Entremetier [*Franz. Speisekarte*] Koch, zuständig für Zwischengerichte und Beilagen. In kleineren Brigaden auch für warme Vorspeisen und Suppen.

Entremets [*Franz. Speisekarte*] Kleine Zwischengerichte, oft leichte Gemüsegerichte, auch Süßspeisen (↑**Sorbet**), die zwischen Braten und Nachtisch gereicht werden

Entremezes [*Mexicofood*] Kleine mexikanische Vorspeisen wie ↑**Antojitos,** ↑**Tacos** und ↑**Tamales**

Entsäuerung [*Weinkunde*] Das Entsäuern ist das Reduzieren der Säure im Wein, um ihn früher vermarkten zu können. Es gibt zwei verschiedene Methoden der Entsäuerung. **Chemischer Säureabbau:** Der Wein wird durch einen zu hohen Säuregehalt sauer. Most, Maische oder Wein können durch Zugabe von kohlensaurem Kalk entsäuert werden. Durch Berechnungen kann die Verminderung des Weinsäuregehaltes genau überprüft werden. Der kohlensaure Kalk wird jedoch später wieder aus dem Wein entfernt. ↑**Biologischer Säureabbau:** Bei dem biologischen Verfahren erfolgt die Säureverminderung ohne Kalkzusatz. Die Apfelsäure wird zu Milchsäure abgebaut. Der Wein wird dadurch milder.

Entschlackung [*Gesundheit*] **Entschlackung ist ein irreführender Begriff.** Unter „Entschlackung" wird allgemein die Ausscheidung von im Körper nicht abbaubaren Stoffen bzw. „Schlacken" verstanden. So genannte Entschlackungskuren, z. B. Heilfasten und Schwitzkuren, sollen das Ausscheiden fördern. Aus ernährungswissenschaftlicher Sicht ergibt „Entschlackung" keinen Sinn, da der gesunde Körper nicht verwertbare Stoffe von selbst wieder ausscheidet und „Schlackenansammlungen" im Körper nicht vorkommen.

Entsteinen [*Unsere Küche*] Etwas entkernen (z. B. die ↑**Kirsche** vom Kern befreien)

Entvliesen [*Unsere Küche*] Abschwarten.

E-Nummern [*Fachkunde*] **T** Immer wieder stößt man beim Studium von Nahrungsmittelverpackungen auf Bezeichnungen mit E-Nummern. In Lebensmitteln werden Zusatzstoffe eingesetzt, um ihnen bestimmte Eigenschaften zu verleihen wie Farbe, Geschmack, Beschaffenheit, Haltbarkeit, Nährwert. Viele dieser Zusatzstoffe sind durchaus nützlich; andere wiederum dienen dazu, minderwertige Rohstoffe zu kaschieren,

Frische vorzugaukeln oder die Produktionskosten zu senken. Seit 1981 müssen nach der Lebensmittelkennzeichen-Verordnung Zusatzstoffe in Lebensmitteln auf deren Verpackungen angezeigt werden. Zurzeit sind es 303 E-Nummern. Sie sind kein Maßstab für die Wertigkeit der verwendeten Zusatzstoffe, sondern EU-weit die gültige Bezeichnung für den in einem Lebensmittel verwendeten Farb-, Konservierungs- oder Geschmacksstoff. Dabei spielt es keine Rolle, ob sie natürlich, synthetisch oder mittels Gentechnik hergestellt werden. Zusatzstoffe, die nur „vorläufig" oder „übergangsweise" zugelassen sind, haben kein „E" vor der Nummer. ↑**E-Nummerntabelle**; **Farbstoffe:** (E 100 bis E 180, E 579, E 585) werden eingesetzt, um Lebensmitteln eine bestimmte Farbe zu verleihen oder Farbverluste, die bei der Bearbeitung entstehen, auszugleichen. **Konservierungsstoffe:** (E 200 bis E 290, E 450 bis E 452, E 912 & E 914, E 1105) hemmen das Wachstum von Bakterien und Schimmelpilzen und verlängern dadurch die Haltbarkeit. **Säuerungsmittel bzw. Säuerungsregulatoren:** (E 260 bis E 270, E 296, E 297, E 325 bis E 380, E 450 bis E 452, E 501-E 507, E 525 bis E 534, E 574 bis E 578) werden eingesetzt, um Lebensmitteln einen sauren Geschmack zu verleihen oder um den Säuregehalt zu optimieren. **Antioxidationsmittel:** (E 300 bis E 321, E 385, E 450 bis E 452) verhindern die Oxidation luftempfindlicher Substanzen, das Ranzigwerden von ↑**Fetten** und ↑**Speiseölen**, Verfärben von geriebenen ↑**Kartoffeln**. **Emulgatoren:** (E 322, E 431 bis E 436, E 442, E 450 bis E 452, E 470a bis E 495, E 570) Durch sie lassen sich Wasser und Öle vermischen wie bei ↑**Margarine**. – **Stabilisatoren:** (E 353, E 414, E 440 bis E 445, E 473 bis E 477, E 535 bis E 538, E 575 bis E 585, E 927b) verhindern, dass sich die gewonnenen ↑**Emulsionen** wieder entmischen. **Verdickungsmittel:** (E 400 bis E 418, E 440 & E 440b, E 460 bis E 466, E 1404 bis E 1450) oder **Geliermittel** werden verwendet, um Speisen eine sämige Konsistenz zu geben oder ↑**Gelees** zu erzeugen. **Süßungsmittel:** (E 420 & E 421, E 950 bis E 967) haben eine extreme Süßkraft, werden nur in geringen Mengen eingesetzt. **Süßstoffe/Zuckeraustauschstoffe:** (E 950 bis E 1518) Sie sind von der Süßkraft vergleichbar mit ↑**Zucker** und werden deshalb auch in größeren Mengen benötigt. Haupteinsatzgebiete sind kalorienreduzierte Lebensmittel und zuckerfreie Süßigkeiten. **Trennmittel:** (E 450 bis E 452, E 479, E 530, E 535 bis E 538, E 551 bis E 570, E 901 bis E 904) Trennmittel verhindern, dass Klumpen entstehen und sorgen dafür, dass Lebensmittel rieselfähig bleiben (Salz). Außerdem werden Trennmittel beim Pressen von Bonbons und Tabletten verwendet, um ein Ankleben am Presswerkzeug zu vermeiden. **Aromastoffe und Geschmacksverstärker:** (E 355 bis E 363, E 620 bis E 640, E 957) Sie haben selbst keinen oder nur geringen Eigengeschmack, können aber einen bereits vorhandenen Geschmack verstärken. **Enzyme:** (E 1100 bis E 1105) – **Schaumverhüter:** (E 900) – **Mehlbehandlungsmittel:** (E 471 bis E 472f, E 481 bis E 483, E 920). Diese Zusatzstoffe dürfen in der Lebensmittelindustrie eingesetzt werden, da sie grundsätzlich für den Menschen unbedenklich sind. Bei empfindlichen Personen sind jedoch allergische Reaktionen nicht ausgeschlossen. Lebensmittel wie ↑**Mehl** als Verdickungsmittel oder ↑**Spinat**saft zum Färben müssen nicht als Zusatzstoff deklariert werden. Auch Zusatzstoffe, die benötigt werden, um einen Zusatzstoff herzustellen, werden auf dem Endprodukt nicht mehr aufgeführt. **Das kann in einzelnen Fällen zu Missbrauch führen. Für Allergiker können problematisch sein: ↑E 104, ↑E 120, ↑E 127, ↑E 151, ↑E 160b, ↑E 210, ↑E 211, ↑E 212, ↑E 213, ↑E 214, ↑E 215, ↑E 216, ↑E 217, ↑E 218, ↑E 219, ↑E 220, ↑E 221, ↑E 222, ↑E 223, ↑E 224, ↑E 226, ↑E 227, ↑E 228. Vor allem für Aspirin-Allergiker problematisch: ↑E 102, ↑E 110, ↑E 122, ↑E 123, ↑E 124. Stark krebserregende Nitrosamine können im menschlichen Körper entstehen aus: ↑E 249, ↑E 250, ↑E 251, ↑E 252. In Babynahrung verboten sind: ↑E 310, ↑E 311, ↑E 312, ↑E 320, ↑E 321. Im Tierversuch wurden Darmgeschwüre beobachtet bei: ↑E 407. ↑E-Nummerntabelle**

E-Nummern – sonstige Bezeichnungen [*Fachkunde*] Es gibt noch eine Reihe von Zusatzstoffen, für die keine E-Nummern angegeben werden müssen. Was verbirgt sich dahinter? Der Gesetzgeber hat hier nicht für Klarheit gesorgt, diese undefinierbaren Überbegriffe erschweren das Etikettenlesen. Hinter dem Wort Backtriebmittel steckt nichts anderes als ↑**Backpulver**, wie man es auch selber in den Rührteig mischt. Backpulver besteht aus ↑**Phosphat** und ↑**Natriumkarbonat**. Weil es in so geringen Mengen verwendet wird, ist das Backtriebmittel trotz des Phosphats harmlos. Wer es vermeiden will, kann auf Weinstein-Backpulver umsteigen. Wer eine Form mit ↑**Fett** auspinselt, damit der Kuchen nach dem Backen herausgeht, hat ein ↑**Trennmittel** angewandt. Damit Bonbons nicht verkleben oder ↑**Mehl** rieselfähig bleibt, braucht man Trennmittel. Die Industrie nimmt dafür Bienenwachs oder aus billigeren Rohstoffen hergestellte Wachse. Alle Trennmittel gelten als harmlos. Es hat sich eine neue Unsitte bei der Deklaration von Zusatzstoffen eingeschlichen. Anstatt jeden Zusatzstoff einzeln aufzuführen, führt man nur noch ein Lebensmittel auf, welches dann Zusatzstoffe enthalten kann, die jedoch nicht mehr deklariert werden: bei Fruchtjogurt lautet die Deklaration nur noch „Fruchtzubereitung". Darin aber können ↑**Gelatine,** ↑**Konservierungsmittel** und ↑**Farbstoffe** sein, von denen der Konsument nichts ahnt.

Enzian [*Hausbar*] Oberbayerischer ↑**Branntwein** mit 38 %Vol. aus den Wurzeln des gelben Gebirgsenzians

Enzymatische Bräunung [*Fachkunde*] Wird Fruchtfleisch bzw. Gewebe von ↑**Obst** oder ↑**Gemüse** beschädigt, z. B. durch Schälen, bilden sich bei einigen Sorten braune ↑**Farbstoffe.** Dieser Vorgang wird enzymatische Bräunung genannt, da die Bräunung (Umwandlung von Stoffen) durch ↑**Enzyme** erfolgt. **Beispiel:** Die braune Farbbildung bei geschälte ↑**Äpfeln,** ↑**Birnen** oder ↑**Kartoffeln.** Die Braunfärbung ist vermeidbar, wenn man das geschälte Lebensmittel bis zur Weiterverarbeitung kurzzeitig in Wasser aufbewahrt oder mit ↑**Zitronensaft** beträufelt.

Enzymatische hydrolisierte Caroxymethylcellulose [*Fachkunde*] ↑**E 469**

Enzymdefekt [*Gesundheit*] Beschreibt einen Mangel oder ein Fehlen von Enzymen im Organismus. Die Folge von Enzymdefekten sind Störungen bei Stoffwechselreaktionen, was zu Stoffwechselerkrankungen wie Ahornsirupkrankheit oder Phenylketonurie führen kann.

Enzyme [*Verdauung*] Griechisch für: gären lassen. Enzyme sind hochspezifische Werkzeuge des Stoffwechsels und setzen sich aus ↑**Eiweiß** (= Apoenzym) und einer Wirkgruppe (= prosthetische Gruppe oder Coenzym) zusammen. Sie beeinflussen die Nahrungsveränderungen während der Verdauung. Damit sind sie für den Organismus unentbehrlich. Enzyme sind in allen Zellen tierischer und pflanzlicher Organismen enthalten. Zusammen mit ↑**Vitaminen** (↑**B-Vitamine**) und ↑**Mineralstoffen** oder ↑**Spurenelementen** (z. B. ↑**Zink**) bewerkstelligen die Enzyme die vielfältigen chemischen Reaktionen im Körper. Fehlt ein Enzym oder ist es durch Vitaminmangel nicht aktiv, kann es zu schweren Stoffwechselstörungen kommen. Biologisch aktive Enzyme erhalten wir aus ↑**Früchten** und ↑**Gemüse**. Enzyme sind eine Waffe des Körpers gegen Viren und Bakterien, Gifte und Schadstoffe. Sie sorgen dafür, dass Entzündungen eher abklingen, Wunden besser heilen und Krankheitserreger vernichtet werden. Enzyme unterstützen die körpereigenen Abwehrzellen. Sie attackieren Krankheitserreger oder auch krankhaft veränderte Zellen, die immer wieder im Körper entstehen. Sie werden vom gesunden Organismus produziert. Wenn dieser jedoch geschwächt, gealtert oder sehr belastet ist, fehlen Enzyme und müssen von außen zugeführt werden.

Enzyme im Käse [*Fachkunde*] ↑**Enzyme** kommen in jedem ↑**Käse** vor, der mit ↑**Milchsäurebakterien** und ↑**Edelschimmel** hergestellt wurde. Im Weichkäse können sie den Geschmack und die Konsistenz auch nach Auslieferung noch bis zum Verzehr laufend verändern. Gereifte Käse bieten ernährungsphysiologische Vorteile, da die im Reifungsprozess gebildeten Eiweißbruchstücke im menschlichen Magen-Darmtrakt leichter aufgenommen werden können.

Épaissir [*Franz. Fachwort*] Verdicken

Épaule [*Franz. Speisekarte*] Schulter

Epazote [*Mexicofood*] Mexikanisches Gewürzkraut, minzeähnlich

Épépiner [*Franz. Fachwort*] Entkernen

Éperlan [*Franz. Speisekarte*] ↑**Stint**

Épi [*Franz. Speisekarte*] Ähre; Stangenbrot in Ährenform

Épi de mais [*Franz. Speisekarte*] ↑**Mais**kolben

Épicé [*Franz. Speisekarte*] Würzig

Épicer [*Franz. Fachwort*] Würzen

Épicerie [*Franz. Fachwort*] Feinkost, Feinkostgeschäft

Épicerie de coin [*Franz. Fachwort*] Tante-Emma-Laden

Épices [*Franz. Speisekarte*] Gewürze

Epicure [*Kartoffelsorte*] **Kochtyp:** ↑**Vorwiegend festkochende Kartoffel; Herkunft:** Irland; **Jahr der Zulassung:** 1897; **Schale:** weiß, tief liegende Augen; **Fleisch:** weiß, milder Geschmack; **Knolle:** rund; **Reifezeit:** sehr früh

Épigramme [*Franz. Speisekarte*] Großes Bruststück mit ↑**Kotelett** vom ↑**Hammel,** ↑**Lamm** oder ↑**Reh,** paniert gebacken, gegrillt oder geschmort

Épinard [*Franz. Speisekarte*] ↑**Spinat**

Épinards à la crème [*Franz. Speisekarte*] ↑**Spinat** in ↑**Sahne**

Épinards en branches [*Franz. Speisekarte*] **A** ↑**Blattspinat,** mit ↑**Butter,** etwas ↑**Salz,** ↑**Pfeffer** und ↑**Muskat** abgeschmeckt

Éplucher [*Franz. Fachwort*] **1.** ↑**Geflügel:** rupfen; **2.** ↑**Gemüse,** ↑**Früchte:** schälen, pellen, putzen

Epoisses de Bourgogne [*Käse*] **T Herkunft:** Frankreich/Burgund; **Käsesorte:** ↑**Weichkäse** mit gewaschener Rinde, 50 % ↑**Fett i. Tr.; Milch:** Kuhmilch; **Teig:** cremig, feine Konsistenz; **Geschmack:** leicht alkoholisch, delikat, kräftig und intensiv; **Info:** Dieser Weichkäse mit ↑**Rotschmiere** wird wegen seines intensiven, leicht alkoholischen Geschmacks geschätzt. Der ↑**Käse** wird während der Reifung regelmäßig mit einer Mischung aus Salzwasser und einem stetig steigenden Anteil an hochprozentigem ↑**Schnaps** gewaschen. **Weinempfehlung:** Weine aus dem Burgund sowie ↑**Süßweine,** z. B. ↑**Sauternes,** Marc de Bourgogne; **Beste Zeit:** Von Juli bis Februar ist der Epoisses am cremigsten.

Erba cipollina [*Ital. Speisekarte*] ↑**Schnittlauch**

Erbe [*Ital. Speisekarte*] ↑**Kräuter**

Erbsen [*Gemüse*] **T Lateinisch:** Pisum sativum; **Englisch:** peas; **Französisch:** pois; **Italienisch:** piselli; **Spanisch:** guisantes. **Info:** Erbsen sind sehr eiweißreiche ↑**Hülsenfrüchte** und werden in Europa seit Menschengedenken kultiviert. Die Hülsen sind, außer bei den ↑**Zuckerschoten,** nicht essbar. Beim Einkauf daran denken, dass beim Auspulen viel Abfall anfällt. Für 300 g Erbsen rechnet man 1 kg Schoten. **Herkunft und Saison:** Erbsen aus inländischer Produktion werden nur im Frühsommer angeboten. Im Frühjahr gibt es sie vorzugsweise aus Italien und manchmal Spanien. **Inhaltsstoffe:** 100 g (gekochte) Erbsen weisen einen Brennwert von ⌀ 84 kcal/350 kJ auf und enthalten 73 g Wasser, 5,4 g Eiweiß, 0,2 g Fett, 15,6 g Kohlenhydrate und 5,5 g Ballaststoffe. An ↑**Mineralstoffen**, ↑**Spurenelementen** und ↑**Vitaminen** sind ∅ 27 mg Kalzium, 1,5 mg Eisen, 3 mg Natrium, 59,7 mg Vitamin A (RE) und 14,2 mg Vitamin C enthalten. **Markerbsen:** Frische Markerbsen sehen knackig grün aus. Das Mark enthält hauptsächlich ↑**Zucker**, deshalb der süßliche Geschmack. Sie dienen als Beilage zu verschiedensten Gerichten oder als Suppeneinlage. **Zuckerschoten (-Erbsen):** haben eine essbare Hülse und können im Ganzen zubereitet werden; das Mark enthält besonders viel Zucker. Hier gilt: Je kleiner, desto zarter. Zuckererbsenschoten sollten kühl und trocken gelagert werden, sie sind nur wenige Tage lagerfähig. Besonders köstlich sind sie gedünstet als Gemüsebeilage oder in Salaten. **Schälerbsen:** runde, glatte Erbsen in grüner Hülse mit zäher Innenhaut; das Mark enthält hauptsächlich Stärke, deshalb schmeckt sie weniger süß. Als Trockenerbsen bezeichnet man alle Erbsen, die in der Hülse an der Pflanze reifen. Die Hülsen werden entfernt, weil sie hart und unverdaulich sind. Schäl- oder Trockenerbsen wie die gelbe Löffelerbse werden hauptsächlich für Suppen und Eintopfgerichte verwendet. **Zubereitung und Tipps:** Frische grüne Erbsen werden in Salzwasser gegart oder in Eintöpfen und Aufläufen mitverwendet. Als ↑**Gemüse** gedünstet, bekommen sie einen milderen und süßlicheren Geschmack. Passende Würzzutaten sind ↑Gewürz**nelken**, ↑**Thymian**, ↑**Bohnenkraut**, ↑**Muskat**, ↑**Essig**, ↑**Speck**, ↑**Schinken**, ↑**Backobst**, ↑Salat**julienne** – ↑**Würztabelle. Frische Erbsen können wie Bohnen bzw. Hülsenfrüchte nur gekocht oder blanchiert gegessen werden. Erst durch das Erhitzen werden giftige Substanzen entweder abgetötet oder unschädlich gemacht.** Die Industrie verarbeitet Erbsen zu Tiefkühlkost, Konserven, getrocknete Erbsen zu Püree und Mehl.

Erbsenpüree [*Übersetzer*] **Englisch:** mushy peas; **Französisch:** purée Saint-Germain; **Italienisch:** crema di piselli; **Spanisch:** puré de guisantes

Erbsenschoten [*Gemüse*] ↑**Zuckerschoten**

Erbsensuppe [*Übersetzer*] **Englisch:** pea-soup; **Französisch:** potage Saint-Germain; **Italienisch:** zuppa di piselli; **Spanisch:** sopa de guisantes

Erbswurst [*Regionale Spezialität*] In Därme (meist Cellophan) gefülltes trockenes Suppenerzeugnis, bestehend aus ↑**Erbsen**mehl, ↑**Speck**, Dörr- oder ↑**Rauchfleisch** und ↑**Gewürzen**

Erdäpfel [*Österr. Küche*] ↑**Kartoffeln**

Erdäpfelpüree [*Österr. Küche*] ↑**Kartoffelpüree**

Erdartischocke [*Gemüse*] ↑**Topinambur**

Erdbeerbaumfrucht [*Exotische Früchte*] **Englisch:** arbute, strawberry tree fruit; **Französisch:** arbouse. Der Strauch der Erdbeerbaumfrucht, eine Zierpflanze in den Gärten Korsikas, Italiens und anderen mediterranen Gegenden, wird bis 1,5 m hoch. Er wächst auch in wilder Form. Die Früchte sind dort auf den lokalen Märkten zu haben und nur sehr kurz haltbar. Sie sind rundlich, so groß wie ↑**Kirschen** und von einer bei Reife gelben oder dunkelroten, gehörnten Schale umgeben. Die hartschalige Frucht lässt sich wie eine **Litchi** öffnen, in der sich saftiges, eigelbes Fruchtfleisch von intensiv süß-säuerlichem Geschmack befindet.

Erdbeerblätter [*Wildkräuter, -blüten & -früchte*] ↑**Walderdbeeren**

Erdbeeren [*Obst*] **T Lateinisch:** Fragaria ananassa. **Synonym:** Ananaserdbeere, Prestling. **Englisch:** strawberries; **Französisch:** fraises; **Italienisch:** fragole (sing. fragola); **Spanisch:** fresas. **Info:** Die zur Familie der Rosengewächse gehörende Erdbeere ist eine Scheinfrucht, die sich aus dem fleischig werdenden Blütenboden entwickelt und die wirklichen Früchte als kleine Kerne an der Oberfläche verteilt enthält. Die 15–40 mm große, runde, herzförmige oder längliche Frucht ist rot gefärbt, erscheint durch ihre Samenkörner leicht gelblich gesprenkelt, hat ein weißliches bis rötliches Fruchtfleisch. **Ursprung und Geschichte:** Die heute auf dem Markt erhältlichen Erdbeeren leiten sich aus einer Kreuzung zwischen der aromatischen Amerikanischen Scharlacherdbeere (**fragaria virginia**) und der großfrüchtigen Chileerdbeere (**fragaria chiloensis**) Anfang des 18. Jahrhunderts ab, aus der die Stammform der heutigen Gartenerdbeeren entstanden ist. Heute gibt es mehr als 1000 Zuchtsorten der Erdbeere, die auf der ganzen Welt angebaut wird. Die ersten nennenswerten Anbaugebiete entstanden um 1750 an der französischen Atlantikküste. Im Hafen von Brest wurden damals in der Saison schon bis zu 20 Schiffe pro Tag mit den köstlichen Früchten beladen. **Herkunft und Saison:** Erdbeeren werden heute fast das ganze Jahr über angeboten: Die ersten Erdbeeren gibt es bereits im Februar aus Spanien, später ergänzt durch Lieferungen aus Italien und Frankreich. Erste Angebote aus geschützter inländischer Produktion im Mai werden parallel zur Haupternte aus Spanien, Italien und Frankreich angeboten. Die Saison für inländische Freilandware ist dann im Juni, verlängert durch Freilandware aus Frankreich und Belgien bis in den August hinein. Von September bis November gibt es noch einmal zuerst inländische, später holländische und belgische Ware aus geschütztem Anbau. Im Winter liefern Israel, Chile, Mexiko, Florida, Kalifornien. **Inhaltsstoffe:** 100 g Erdbeeren weisen einen Brennwert von ∅ 30 kcal/125 kJ auf und enthalten 88 g Wasser, 0,6 g Eiweiß, 0,4 g Fett, 7,0 g Kohlenhydrate und 2,3 g Ballaststoffe. An ↑**Mineralstoffen**, ↑**Spurenelementen** und ↑**Vitaminen** sind ∅ 14 mg Kalzium, 0,4 mg Eisen, 1 mg Natrium, 2,7 RE Vitamin A sowie 8 mg Vitamin C enthalten. Erdbeeren sind eine wohlschmeckende Quelle für ↑**Vitamin C** und weisen daneben eine stärkende, entschlackende, harntreibende und die Haut straffende Wirkung auf. **Zubereitung**

und Tipps: Erdbeeren werden pur, gezuckert oder ungezuckert mit ↑**Schlagsahne** oder ↑**Speiseeis** gegessen, sie eignen sich aber auch sehr gut zum Eintauchen in ein ↑**Schokoladen**-↑**Fondue**, zur Verwendung in und auf Kuchen, in ↑**Tartes**, ↑**Soufflés** oder ↑**Mousses**, ↑**Puddings**, ↑**Quark**speisen, ↑**Roter Grütze** und Obstsalaten. In der Feinschmeckerküche sind Erdbeeren mit grünem ↑**Pfeffer** und ↑**Grand Marnier** flambiert zu ↑**Vanilleeis** begehrt. Sie werden zu ↑**Konfitüre**, ↑**Konserven**, ↑**Mark** und ↑**Sirup** verarbeitet. Erdbeeren sollte man nie unter einem harten Wasserstrahl abbrausen, sondern immer nur kurz in kaltes Wasser tauchen. Die gewaschenen Erdbeeren gut abtropfen lassen oder vorsichtig trocken tupfen. Stiele und Blätter immer erst nach dem Waschen entfernen, da sonst das Aroma verwässert wird. Erdbeeren erst kurz vor dem Servieren zuckern, sonst verlieren sie zu viel Saft, werden weich und schlaff. Reife Beeren duften intensiv, manche Sorten sogar nach ↑**Ananas** oder ↑**Walderdbeeren**. Hände weg von Körbchen mit angeschimmelten Früchten, vor allem in der heißen Sommerzeit werden noch einwandfreie Früchte schnell angesteckt. Sie sollten vorsichtig transportiert werden, weil sie sehr empfindlich sind. **Aufbewahren:** Höchstens 3 Tage lassen sich einwandfreie Erdbeeren, ungewaschen und ausgebreitet auf Teller oder Platte, mit Klarsichtfolie abgedeckt, im Kühlschrank aufbewahren.

Erdbeeren „Romanov" [*Speisegarnitur*] **A** In ↑**Curaçao** eingelegt mit ↑Schlag**sahne**

Erdbirne [*Gemüse*] ↑**Topinambur**

Erddistel [*Gemüse*] ↑**Artischocken**

Erdig [*Weinkunde*] Die Erde des Weinbergs hat sich im Aroma niedergeschlagen. Häufig positiv, wie beim roten Graves.

Erdkastanien [*Gemüse*] **T Lateinisch:** Bunium bulbocastanum. **Synonym:** Kerbelrübchen, Knollenkümmel; Erdkastanien zählen zur Familie der Doldenblütler und zu den fast vergessenen Gemüsesorten. Die Zweijährige Gemüsepflanze mit graubraunen, innen weißen bis gelblichen, rübenförmigen, 3–5 cm dicken und etwa 7 cm langen Knollen schmeckt fein nussig, angenehm und erinnert an ↑**Sellerie**, ist aber weit milder. Die Erdkastanie wurde, wie viele alte Gemüsearten, von der ↑**Kartoffel** verdrängt, nun aber wieder von einigen Spitzenköchen neu entdeckt, denn sie bietet eine willkommene Abwechslung zu den herkömmlichen Gemüsesorten. Die stärkereichen Sprossknollen der Erdkastanie können geröstet, gebraten oder gekocht, auch roh gegessen und in Salate gemischt werden.

Erdkohlrabi [*Gemüse*] ↑**Steckrüben**

Erdnuss [*Allgem. Nährmittel*] **T Lateinisch:** Arachis hypogaea; **Englisch:** peanut; **Französisch:** arachide, cacahuètes; **Italienisch:** arachide, nocciolina americana; **Spanisch:** cacahuete. **Info:** Erdnüsse gehören zur Familie der Schmetterlingsblütler, sind also keine Nüsse, sondern ↑**Hülsenfrüchte**. Die englische Bezeichnung „peanuts" (Erbsennüsse) drückt das botanisch korrekter aus. **Ursprung und Geschichte:** Die Heimat der Erdnuss liegt wahrscheinlich im heutigen Brasilien, wo sie die Indios seit über 3000 Jahren nachweislich kultivieren. Nach der Entdeckung Amerikas wurden Erdnüsse von spanischen und portugiesischen Seefahrern schon im 16. Jahrhundert nach Afrika, Indien und auf die Philippinen gebracht, von wo sie sich bis nach China ausbreiteten. Ende des 18. Jahrhunderts erfolgten die ersten Anbauversuche in Spanien und Frankreich; wegen des ungünstigen Klimas hält sich der Erdnussanbau in Europa jedoch bis heute in Grenzen. Wirtschaftlich bedeutender war die in der zweiten Hälfte des 19. Jahrhunderts in Frankreich entstandene Ölmühlenindustrie, die Importe aus den vorwiegend afrikanischen Kolonien verarbeitete. **Herkunft und Saison:** Erdnüsse werden in Deutschland von September bis Februar aus Argentinien oder den USA, seltener aus China angeboten. Sie werden erst bei den europäischen Importeuren geröstet. **Inhaltsstoffe:** 100 g (trockene und geröstete) Erdnüsse weisen einen Brennwert von ∅ 573 kcal/2400 kJ auf und enthalten etwa 8 g Wasser, 28,7 g Eiweiß, 46,3 g Fett, 8,3 g Kohlenhydrate und 8 g Ballaststoffe. ↑**Mineralstoffe** und ↑**Vitamine:** ∅ 54 mg Kalzium, 2,3 mg Eisen und 813 mg Natrium. Die Erdnuss ist eine der eiweißreichsten Früchte mit hohen Anteilen an Vitaminen, Mineralstoffen (↑**Kalium**, ↑**Calcium**, ↑**Magnesium**, ↑**Phosphor** und ↑**Eisen**) sowie ↑**Spurenelementen** (↑**Kupfer**, ↑**Mangan**, ↑**Zink** und ↑**Fluor**). Das in den Erdnüssen enthaltene ↑**Eiweiß** hat einen hohen Anteil an essenziellen ↑**Aminosäure**n und wertvollen ↑**Fettsäuren**. Vor allem die enthaltene ↑**Linolsäure** wirkt blutdrucksenkend, und das reichlich vorhandene ↑**Vitamin K** fördert die Blutgerinnung. Von Natur aus sind Erdnüsse sehr natriumarm. Bei den gesalzenen Varianten erhöht sich dieser Gehalt jedoch drastisch. Positive Wirkungen wie die Senkung von zu hohem ↑**Cholesterin**spiegel und Bluthochdruck verkehren sich ins Gegenteil. **Zubereitung und Tipps:** In ihren Hauptanbaugebieten Asiens und Afrikas ist die Erdnuss ein Grundnahrungsmittel. In den USA fehlt ↑**Erdnussbutter** in keinem Haushalt, bei uns in Europa wird sie meist geröstet und gesalzen als ↑**Snack** gegessen. **Schimmelige oder verdorbene Erdnüsse können krebserregende Aflatoxine, ein hochgiftiges Stoffwechselprodukt des Schimmelpilzes Aspergillus flavus, enthalten.**

Erdnussbutter [*Fette*] Eine irreführende Bezeichnung für ↑**Erdnussmark**

Erdnussmark [*Allgem. Nährmittel*] **T** Wird häufig als ↑**Erdnussbutter** bezeichnet. Es wird aus fein zerkleinerten gerösteten und ungerösteten Erdnusskernen und ↑**Erdnussöl** hergestellt. Es dient als Brotaufstrich, Füllmasse und als Grundlage für ↑**Sauce**n (Erdnusssauce).

Erdnussöl [*Fette*] **T** Das Erdnussöl ist ein farbloses Speiseöl, das aus den Nüssen der Erdnusspflanze gewonnen wird und sich durch einen milden Geschmack auszeichnet. Erdnussöl enthält ∅ 55 bis 63 % ↑**Ölsäure** und ∅ 21 bis 28 % ↑**Linolsäure.** Es ist gut zum Frittieren und Rösten geeignet. Aus dem Öl kann durch ↑**Fetthärtung** Erdnussfett gewonnen werden, das in der Lebenmittelindustrie zum Backen (Gebäck, Kekse) und Braten sowie zur Herstellung von ↑**Margarine** verwendet wird. Nicht kaltgepresstes Erdnussöl muss raffiniert werden. ↑**Speiseöl & Öl**

Erdrüben [*Gemüse*] ↑**Kohlrüben,** ↑**Steckrüben**

Erdschocke [*Gemüse*] ↑**Topinambur**

Erdsonnenblume [*Gemüse*] ↑**Topinambur**

Erfort Klaus [*Berühmte Köche*] **Klaus Erfort** – *1972 in Saarbrücken, D. Seit März 2002 selbstständiger Gastronom „Gästehaus Klaus Erfort", Saarbrücken. Bekannt geworden durch seine Sterne und die sagenhafte Gänsestopfleber im Salzteig gebacken mit glasierten Äpfeln und Périgord-Trüffelsauce.

Erfrischungsgetränke [*Fachkunde*] Hierzu zählen Fruchtsaftgetränke, Limonaden und Brausen (alkoholfrei). Erfrischungsgetränke enthalten Lebensmittelzusatzstoffe, wie Aroma-, Farb- oder Süßstoffe.

Ergänzungswert [*Gesundheit*] Durch das Kombinieren von verschiedenen Lebensmitteln kann die ernährungsphysiologische Eiweißqualität (biologische Wertigkeit) gesteigert werden. Dabei wird tierisches und pflanzliches ↑**Eiweiß** kombiniert, z. B. ↑**Kartoffeln** mit ↑**Ei,** oder aber pflanzliches mit pflanzlichem Eiweiß kombiniert wird, z. B. ↑**Mais** mit ↑**Bohnen.** Diese gegenseitige Aufwertung bezeichnet man als Ergänzungswert.

Erizos del mar [*Span. Speisekarte*] ↑**Seeigel**

Erklären Sie mir bitte, was das ist. [*Übersetzer*] **Im Hotel Englisch:** What is this, please? **Französisch:** S'il vous plaît, expliquer moi qu'est-ce que c'est. **Italienisch:** Può spiegarmi che cos' è? **Spanisch:** Podria explicarme qué es…

Erlauer Stierblut [*Weinkunde*] Ungarischer Wein „Erlauer Stierblut" (Rot) und der Weißwein „Erlauer"

Ernährung [*Gesundheit*] **T** Die Ernährung dient der Erhaltung und Förderung der Gesundheit und Sicherung der Leistungsfähigkeit. Über sie wird der Körper mit dem versorgt, was er braucht: ↑**Energie,** ↑**Eiweiß,** ↑**Fett,** ↑**Kohlenhydrate,** ↑**Vitamine,** ↑**Mineralstoffe,** ↑**Ballaststoffe,** gesundheitsfördernde ↑**Bioaktive Substanzen** sowie ↑**Sekundäre Pflanzenstoffe.** Gerade deshalb ist eine gesunde bzw. ↑**Vollwertige Ernährung** wichtig. **Deckt die tägliche Ernährung den Bedarf an Nährstoffen? Wie setzt man die Empfehlungen in die tägliche Praxis um?** Lebensmittel haben eine unterschiedliche Nährstoffdichte. Sie enthalten verschiedene Vitamine, Mineralstoffe und Spurenelemente in unterschiedlichen Mengen. ↑**Nährstofftabelle.** Niemand will und kann ständig prüfen, ob er die benötigte Energie und die empfohlenen ↑**Nährstoffe** tatsächlich aufnimmt. **Grundsätzlich kann eine vollwertige, abwechslungsreiche Ernährung den durchschnittlichen Bedarf an Nährstoffen –** ↑**Vitaminen,** ↑**Mineralstoffen,** ↑**Spurenelementen – sichern. Einfache Tipps können das Rechnen ersetzen – Beispielsweise die 250-Gramm-Regel: Täglich je 250 g:** ↑**Kartoffeln,** ↑**Brot,** ↑**Gemüse,** ↑**Obst,** ↑**Fruchtsaft,** ↑**Milch. Wöchentlich je 250 g:** ↑**Fleisch,** ↑**Wurstwaren,** ↑**Fisch,** ↑**Käse,** ↑**Eier,** ↑**Fette,** ↑**Honig** oder ↑**Konfitüre,** ↑**Reis,** ↑**Teigwaren** aus ↑**Hartweizen** und Produkte anderer (Vollkorn)↑**Getreidesorten. Die wichtigsten Regeln der Ernährung: 1.** Vielseitig, jedoch nicht zu viel essen; **2.** Weniger Fett essen; **3.** Würzig, aber nicht zu salzig essen; **4.** Essen schmackhaft und nährstoffschonend zubereiten; **5.** Weniger süß und zuckerhaltig essen; **6.** Mehr ↑**Vollkornprodukte** essen; **7.** Reichlich Gemüse, Kartoffeln und Obst essen; **8.** Weniger tierisches Eiweiß essen; **9.** Häufiger kleine Mahlzeiten essen, z. B. statt drei größeren Hauptgerichten über den Tag verteilt fünf kleinere Mahlzeiten zu sich nehmen; **10.** ↑**Alkohol** mit Verstand trinken. **Weniger Kalorien bei konstantem Bedarf an wichtigen Nährstoffen – geht das?** Ist der persönliche Energiebedarf gedeckt, heißt das nicht in jedem Fall, dass alle wichtigen Nährstoffe zugeführt wurden. Ältere Menschen brauchen wegen des veränderten Stoffwechsels und sinkender körperlicher Aktivität weniger Energie. Ihr Bedarf an Vitaminen, Mineralstoffen und Spurenelementen bleibt jedoch unverändert hoch. Bei vielen Älteren wird ein Mangel an einzelnen oder mehreren Nährstoffen beobachtet. Viele Krankheiten im Alter sind darauf zurückzuführen. Auch bei längeren Diäten, z. B. im Lauf einer Abmagerungskur, sinkt der Bedarf an Vitaminen, Mineralstoffen und Spurenelementen nicht. Bei anhaltender geringer Energiezufuhr oder einseitiger Ernährung sollten wichtige Nährstoffe daher ergänzt werden. Die meisten Menschen essen, was und so viel ihnen schmeckt, sie richten sich dabei selten nach den Empfehlungen von Ernährungsfachleuten oder ihrer Ärzte. Eine ungünstige Verteilung der Nährstoffe ist zu beobachten: **Zu viel Fett – zu viel einfache** ↑**Kohlenhydrate, sprich: zu viel** ↑**Zucker – zu viel tierisches Eiweiß – zu viel** ↑**Alkohol!**

Ernährung für Kleinkinder [*Gesundheit*] ↑**Kleinkinderernährung**

Ernährungsabhängige Krankheiten [*Gesundheit*] **„Zu viel – Zu süß – Zu fett – Zu salzig"** – so kann man mit wenigen Worten die Ernährung der Deutschen charakterisieren. **Sichtbare Folge:** Etwa 20 % der Kinder sind zu dick, 40 % der Erwachsenen leicht und 16 % stark übergewichtig. Neben anderen Ursachen fördert eine einseitige und falsche Ernährung maßgeblich **ernährungsabhängige Krankheiten,** dazu zählen: ↑**Karies,** ↑**Fettsucht,** ↑**Gicht,** ↑**Diabetes**

mellitus, ↑Verstopfung, ↑Arteriosklerose, ↑Herzinfarkt und **↑Thrombose. ↑Kinderernährung**

Ernährungsanamnese [*Gesundheit*] Bezeichnet die Erfassung der Ernährungsgewohnheiten einer Person an Hand eines 7-Tage-Ernährungsprotokolls oder mit der Erfassung der Verzehrhäufigkeit von Lebensmitteln

Ernährungsberatung [*Gesundheit*] Eine klassische Ernährungsberatung dient zur: **1.** Ermittlung des Ernährungszustands eines Menschen (**↑Ernährungsanamnese**) und **2.** Planung seiner bedarfsgerechten Ernährung. An erster Stelle gehört die Suche nach individuellen Zielen (z. B. Ziel = Gewichtsabnahme) einer Ernährungsumstellung und den damit verbundenen Empfehlungen und Ratschlägen für die Umsetzung im Alltag. Anschließend folgt die Erfolgskontrolle (Gewichtskontrolle), um zu prüfen, ob die Ziele erreicht wurden und um eventuell Ziele und Maßnahmen zu korrigieren.

Ernährungsfehler [*Gesundheit*] **T** Zu viel **↑Alkohol;** zu viel **↑Fett;** zu viel Süßes; zu viel **Salz;** zu hohe **↑Energie**zufuhr und zu wenig **↑Ballaststoffe;** zu wenig Bewegung. Ernährungsfehler führen auf längere Sicht zu falscher, einseitiger Ernährung und schaffen damit die Grundlage für die Entstehung ernährungsabhängiger Krankheiten.

Ernährungsphysiologie [*Fachkunde*] Heerscharen von Wissenschaftlern beschäftigen sich mit Nahrungs-, Genussmitteln und Lebensmittelzusatzstoffen, deren Inhalten, Nährwerten und Wirkungsweisen auf Verdauung und Stoffwechsel des Menschen. – Wirkung von Antioxidantien und sekundären Pflanzenstoffen auf das Immunsystem, Fruchtbarkeit und Schwangerschaft sind weitere Themen, genauso das Suchen nach Erkenntnissen über Auswirkungen von Biochemie, Gentechnologie, Nahrungszusammensetzung, Flüssigkeitsverlust, Flüssigkeitszufuhr, Kalorienaufnahme, Kalorienverbrauch, Cholesterinspiegel, Gallensäure etc.

Ernährungspyramide [*Gesundheit*] **T** Sinnbild für die gesunde und ausgewogene Ernährungszusammensetzung. Diese Empfehlungen gewährleisten eine ausgewogene Zufuhr von **↑Energie, ↑Nähr-** und **Mineralstoffen** sowie **↑Vitaminen** und bilden den Schlüssel für eine gesunde Ernährungsweise. Eine ausgewogene und vielfältige Ernährung beinhaltet Lebensmittel aus allen Pyramidenstufen, allerdings in sehr unterschiedlichen Mengenverhältnissen. Alle Angaben sind für Erwachsene mit normaler körperlicher Aktivität und einem somit durchschnittlichen Energie- und Nährstoffbedarf bestimmt. Eine gesunde und ausgewogene Ernährung in Verbindung mit regelmäßiger Bewegung erhält und fördert Gesundheit, Leistungsfähigkeit, Wohlbefinden und Lebensfreude. Mit dieser Kombination kann man das Risiko von Krankheiten reduzieren, Krankheiten vermeiden oder gar heilen.

Fette, Öle: Pro Tag höchstens 10 g hochwertiges Pflanzenöl, 10 g Bratfett, 10 g Streichfett, 1 fettreiche Speise; **Süßigkeiten:** Mit Maß genießen. Süßigkeiten enthalten oft verstecktes Fett; **Fettarme Milchprodukte:** Pro Tag 2 bis 3 Portionen; **Fleisch und Fisch:** Pro Woche 2 bis 4 Portionen Fleisch (oder weniger) und 1 bis 2 Portionen Fisch; **Getreideprodukte und Kartoffeln:** Pro Tag 3 Portionen; **Gemüse und Salat:** Pro Tag 3 bis 4 Portionen, einmal roh; **Früchte:** Pro Tag 2 bis 3 Portionen, möglichst roh; **Getränke:** Mindestens 2 l ungezuckerte und alkoholfreie Flüssigkeit pro Tag – die besten Durstlöscher sind Wasser, Tee oder verdünnte Fruchtsäfte; **↑Ernährung**

Ernährungsstörung bei Kindern (Dyspepsie) [*Gesundheit*] Krankheitserscheinungen (Symptome) sind Appetitlosigkeit, Sodbrennen und Übelkeit.

Erntestolz [*Kartoffelsorte*] **Kochtyp: ↑Mehlig kochende Kartoffeln** – „Mehlige" oder „Runde" genannt

Erntezeit von Gemüse [*Gemüse*] **T** Dank der EU mit ihrer kulinarischen Vielfalt, den immer besseren Verkehrsverbindungen, den einheitlichen Regelungen für Nahrungsmittelproduktion und Verteilung sowie einer länderübergreifenden Forschung ist heute eine sehr gute Grundversorgung für die Bevölkerung mit frischer und einheitlich hochwertiger Ware erreicht. Länder wie Frankreich, Spanien, Italien und Griechenland sind auch im Winter in der Lage, frisches **↑Obst** und Gemüse zu liefern, sodass die Konsumenten dann nicht mehr auf **↑Nitrat**belastete, wässrige Gemüse und Salate aus überdüngten Treibhäusern angewiesen sind und immer Saison ist. **Wann sind aber Produkte aus inländischem Anbau reif, wann ist wofür Erntezeit? Januar:** Chicorée, Endiviensalat, Grünkohl, Lauch, Karotten, Rotkohl, Rosenkohl, Sellerie, Schwarzwurzeln, Weißkohl, Speiserüben, Wirsing, Zwiebeln; **Februar:** Chicorée, Endiviensalat, Feldsalat, Grünkohl, Lauch, Karotten, Rosenkohl, Rotkohl, Weißkohl, Schwarzwurzeln, Sellerie, Speiserüben, Wirsing, Zwiebeln; **März:** Chicorée, Gartenkresse, Karotten, Rosenkohl, Rotkohl, Rote Beete, Weißkohl, Wirsing, Sellerie, Zwiebeln; **April:** Artischocken, Fenchel, grüner Salat, Mangold, Radieschen, Rhabarber, Rote Beete, Karotten, Spinat, Spargel, Lauch, Weißkohl, Zwiebeln; **Mai:** Artischocken, Blumenkohl, Broccoli, Erbsen, Fenchel, Gurken, Kopfsalat, Kohlrabi, Kresse, Karotten, Mangold, Radieschen, Rhabarber, Spinat, Spargel, Lauch, Speiserüben, Tomaten, Weißkohl, Wirsing, Zwiebeln; **Juni:** Artischocken, Blumenkohl, Broccoli, Erbsen, Erdbeeren, Fenchel, Gurken, grüne Bohnen, Mangold, Karotten, Kohlrabi, Salat, Rhabarber, Spargel, Spinat, Lauch, Speiserüben, Tomaten, Weißkohl, Wirsing, Zucchini; **Juli:** Artischocken, Auberginen, Blumenkohl, Broccoli, Erbsen, Fenchel, Kohlrabi, grüne Bohnen, Gurken, Mangold, Lauch, Karotten, Pilze, Rotkohl, Paprika, Salat, Spinat, Tomaten, Zwiebeln, gelbe Bohnen, Mais, Weißkohl, Speiserüben, Wirsing, Zucchini, Zwiebeln; **August:** Artischocken, Auberginen, Blumenkohl, Broccoli, Erbsen, Erdbeeren, Fenchel, Kohlrabi, Einlegegurken, grüne Bohnen, Gurken, gelbe Bohnen, Mangold, Karotten, Pilze, Rotkohl, Salat, Paprika, Spinat, Tomaten, Zwiebel, Mais, Lauch, Speiserüben, Weißkohl, Wirsing, Zucchini; **September:** Artischocken, Auberginen, Blumenkohl, Broccoli, grüne Bohnen, Fenchel, Kohlrabi, Gurken, Lauch, Mangold, Karotten, Paprika, Petersilienwurzel, Pilze, Rotkohl, Spinat, Schnittbohnen, Sellerie, Tomaten, Mais, Weißkohl, Schwarzwurzeln, Speiserüben, Wirsing, Zucchini, Zwiebeln; **Oktober:** Artischocken, Auberginen, Blumenkohl, Broccoli, grüne Bohnen, Fenchel, Chicorée, Kohlrabi, Lauch, Mangold, Karotten, Rotkohl, Rosenkohl, Sellerie, Rüben, Tomaten, Wirsing, Petersilienwurzel, Kastanien, Schwarzwurzeln, Zucchini, Mais, Speiserüben, Spinat, Weißkohl, Zwiebeln; **November:** Blumenkohl, Chicorée, Fenchel, Lauch, Karotten, Paprika, Petersilienwurzel, Rotkohl, Rosenkohl, Steckrüben, Sellerie, Kohlrabi, Weißkohl, Grünkohl, Schwarzwurzeln, Speiserüben, Spinat, Wirsing, Zwiebeln; **Dezember:** Alle Arten Kohl, Fenchel, Chicorée, Lauch, Karotten, Rüben, Petersilienwurzel, Schwarzwurzeln, Sellerie, Speiserüben, Spinat, Zwiebeln

Erös Pista [*Gewürze & Kräuter*] **A Sprich:** Ärösch Pischta – eine in Ungarn beliebte, sehr scharfe Paste aus pürierten rohen ↑**Kirschpaprika** und ↑**Salz.** Für die Zubereitung von Speisen, bei denen der einzigartige frische Paprikageschmack unentbehrlich ist, kann man sie verwenden. Besonders für Fischsuppen (Halászlé) und Fischgulasch (Riblji paprikaš) sowie das ungarische ↑**Gulasch** (Magyar gulyás) vom ↑**Rind,** ↑**Schwein** oder mit ↑**Sauerkraut** (Szegediner) wird diese Paprikapaste eingesetzt. Erös Pista kann man unterschiedlich scharf zubereiten, denn die unzermahlenen Kerne der Kirschpaprika werden nach dem Pürieren wieder zugesetzt, umso die Schärfe zu regulieren. ↑**Ungarische Küche**

Erpel [*Fachkunde*] Männliche ↑**Ente,** Enterich

Erstling [*Kartoffelsorte*] **Kochtyp:** ↑**Vorwiegend festkochende Kartoffeln;** Frühreifende Sorte

Erythrosin [*Fachkunde*] ↑**E 127**

Erzeugerabfüllung [*Weinkunde*] Eine Bezeichnung, die nur auf dem Etikett eines Weines erwähnt werden darf, wenn der Wein vollständig von eigenen Rebflächen des Erzeugers produziert und auf dessen Gut gekeltert und abgefüllt worden ist. Sie ist auch für Weine, die von Winzergenossenschaften produziert worden sind, zugelassen, es muss sich dabei ausschließlich um das verarbeitete Lesegut der Mitglieder handeln.

Erzincan Tulumu [*Käse*] „Käse im Ledersack": Türkischer ↑**Schafskäse,** der in den Bergregionen von Erzincan produziert wird. Wird dort auch „Şafak peyniri" genannt. Der ↑**Käse** ist weiß oder cremefarbig, fettig und fest, hat ein butterähnliches Aroma und einen pikanten Geschmack.

Escabèche [*Franz. Speisekarte*] **R** Ist eine würzige gekochte ↑**Marinade** aus Wasser und ↑**Essig,** ↑**Salbei,** ↑**Lorbeer,** ↑**Thymian,** ↑**Pfefferschoten** und ↑**Petersilie,** die in Südfrankreich sehr beliebt ist. Kleine Fische, ↑**Rüben,** ↑**Zwiebeln,** ↑**Knoblauch,** ↑**Jalapeno**-Schoten und andere ↑**Gemüse** werden angeröstet, mit der Marinade abgelöscht und unter Zusatz von ↑**Olivenöl** darin eingelegt. In der Provence wird auf diese Art („en escabèche") gerne ↑**Seefisch** mariniert.

Escalope [*Franz. Speisekarte*] **T** Dünne rohe Fleischscheibe (↑**Schnitzel**) zum Kurzbraten oder Grillen; im Gegensatz zur ↑**Tranche**

Escalope a milanesa [*Span. Speisekarte*] ↑**Mailänder** Schnitzel

Escalope de veau à la viennoise [*Franz. Speisekarte*] „Wiener ↑**Schnitzel**", aus der Kalbskeule geschnitten. ↑**Wiener Küche**

Escalope de vitela [*Span. Speisekarte*] ↑**Kalbsschnitzel**

Escargot [*Franz. Speisekarte*] ↑**Weinbergschnecke**

Escargot de bourgogne [*Franz. Speisekarte*] Fette weiße ↑**Weinbergschnecke,** früher nur aus dem Burgund

Escarole [*Franz. Speisekarte*] Winterendivie

Eschlauch [*Gemüse*] ↑**Schalotten**

Escoffier, Auguste George Historischer Speisename [*Berühmte Köche*] **A Auguste George Escoffier** (1846–1935) war der größte Koch seiner Zeit. Er gilt als Schöpfer der modernen Kochkunst und letzter großer Reformator. Er hat die Gastronomiewelt und die feine Küche weltweit bis heute beeinflusst. Der deutsche Kaiser Wilhelm II. nannte ihn **Kaiser aller Köche.** Escoffier erfand und vereinfachte Rezepte, Speisen und Anrichteweisen und verwarf die damals vorherrschende Meinung, ein Menü müsse aus einer Vielzahl von Speisen bestehen. Außerdem war er der Erste, der die Küche in eine Reihe von so genannten „Posten" unterteilte, die jeweils von spezialisierten Köchen betreut wurden, die ein genau umrissenes Aufgabengebiet hatten: Der „**gros bonnet**", der Küchenchef mit der großen Chefmütze als verantwortliche Instanz, – der „**chef saucier**" für ↑**Jus**, ↑**Fonds** und ↑**Saucen**, – der „↑**Entremetier**" für Beilagen, Suppen, warme Vorspeisen und Gemüse, – der „↑**Rotisseur**" für das Fleisch, der „↑**Garde-manger**" für kalte Speisen und der „↑**Patissier**" für Nachspeisen und „↑**Desserts**". Diese Aufteilung ist in großen Restaurantküchen auch heute noch üblich. 1903 schuf Escoffier seinen „**guide culinaire**" (Kochkunstführer), der als Grundlage der Küche des 20. Jahrhunderts noch heute gilt und als Bibel der Grand Cuisine in viele Sprachen übersetzt wurde.

Escorial (grün) [*Hausbar*] Kräuterlikör mit 56 %Vol. Der „Escorial gelb" hat 42 %Vol. ↑**Alkohol.**

Escuedella [*Span. Speisekarte*] Katalanischer ↑**Eintopf** mit ↑**Rindfleisch**, ↑**Eiern** und ↑**Gemüse**

Eselböck, Walter [*Berühmte Köche*] **Walter Eselböck** *1957 in Wien, A – ist seit 1984 Inhaber und Küchenchef des „Taubenkobel", Schützen im Gebirge – Burgenland, A – Obwohl Eselböck keine klassische Kochausbildung hat, gehört er zu den besten Köchen Österreichs.

Eskariol [*Gemüse*] ↑**Blattsalate**

Eski Kaşer [*Käse*] Türkische Käsesorte, die aus ↑**Schafsmilch** produziert und meistens „alter Kaşer" genannt wird, da er 6 Monate lang in Säcken eingefroren reift. So gewinnt der ↑**Käse** einen exzellenten Geschmack und kann bis zu 3 Jahren gelagert werden.

Espada preta/branca [*Span. Speisekarte*] Schwarzer/Weißer Degenfisch

Espadarte [*Span. Speisekarte*] ↑**Sägefisch**

Espadeiro [*Weinkunde*] Interessante, aber sehr seltene Rotwein-Rebe aus Galicien (Rías Baixas) in Spanien

Espadon, épée de mer [*Franz. Speisekarte*] ↑**Schwertfisch**

Espagnole [*Unsere Küche*] **T 1. Alte, nicht mehr zeitgemäße Grundsauce.** Die Sauce Espagnole wird aus braungeröstetem Mehl hergestellt, das mit Fleisch- und ↑Knochen**brühe** gekocht wird. Wegen ihrer Schwere ist sie nicht mehr zeitgemäß. Diese bekannte braune Grundsauce wurde seinerzeit durch Anna von Österreich aus Spanien nach Frankreich gebracht und meist als braune Vorratssauce verwendet. Sie war früher auch der Hauptbestandteil aller braunen Saucen. An die Stelle der Espagnole ist heute der fein reduzierte, leicht gebundene braune ↑**Kalbsfond** getreten, der ↑**Fond brun lié.** ↑**Fonds; 2. À l'espagnole** – Gewürfelte Paprikaschoten, Tomaten, Knoblauch, Zwiebeln in Olivenöl anrösten, ausgehöhlte Tomaten mit Zwiebel-Paprikareis füllen und mit dem Gemüse garnieren.

Espaguetis [*Span. Speisekarte*] ↑**Spaghetti**

Espáragos [*Span. Speisekarte*] ↑**Spargel**

Espáragos frios [*Span. Speisekarte*] ↑**Spargel** (kalt)

Esparragos [*Mexicofood*] ↑**Spargel**

Espinacas [*Span. Speisekarte*] ↑**Blattspinat**

Espinafres [*Span. Speisekarte*] ↑**Spinat**

Espresso [*Kaffee*] Im Italienischen bedeutet „espresso" so viel wie „schnell". Eine treffende Bezeichnung für einen kräftigen ↑**Kaffee** nach italienischer Art, bei dem das heiße Wasser unter Druck schnell durch den gemahlenen Kaffee in einem Metallsieb dringt (ohne Filter). Obwohl stark, ist er sehr magenfreundlich, da die Bohnen besonders geröstet werden und in der kurzen Zubereitungszeit magenreizende Stoffe nicht aus dem Kaffeemehl gelöst werden können. Der Espresso, von den Italienern nur „caffè" genannt, ist die Ausgangsbasis für alle weiteren italienischen Caffè-Spezialitäten. Der „Kleine Schwarze" füllt eine Espressotasse zu rund zwei Drittel. Typisch für einen guten Espresso ist die haselnuss-braun marmorierte ↑**Crema** mit einem Stich ins Rötliche an seiner Oberfläche. Sie krönt den Espresso. Allerdings kann sie erst ab einem bestimmten Druck in der Maschine entstehen, weshalb bei billigen Maschinen selten eine Crema zustande kommt. Der Espresso sollte leicht bitter, aromatisch und würzig schmecken. Um das zu erreichen, muss das Espressomehl relativ kühl gelagert werden oder, am allerbesten, frisch gemahlen werden. Wichtig ist auch die richtige Portionierung, die Mahlung und die Qualität des Espressomehls. Der Espresso wird so heiß serviert, dass man ihn gerade trinken kann. Trotz des kräftigen Geschmacks enthält ein Espresso nur 40 % der Koffeinmenge einer Tasse „normalen" Filterkaffees, der heller geröstet wurde. ↑**Coffein.** Für Espresso werden zum größten Teil dunkel geröstete ↑**Arabica**-Bohnen verwendet, ein geringer Anteil ist ↑**Robusta** Kaffee.

Espresso macchiato [*Kaffee*] ↑**Caffè macchiato**

Esprit-de-vin [*Franz. Speisekarte*] ↑**Weingeist**

Ésprot [*Franz. Speisekarte*] ↑**Sprotten**

Esrom Geschützte Herkunftsbezeichnung [*Käse*] **Herkunft:** Dänemark; **Käsesorte:** halbfester ↑**Schnittkäse** mit dünner Rinde, ↑**Rotschmiere** und gelbem Wachsüberzug, 45 oder 60 % ↑**Fett i. Tr.; Milch:** pasteurisierte Kuhmilch; **Teig:** hellgelb, geschmeidig, weich, unregelmäßige kleine Lochung, auch mit ↑**Kümmel** oder ↑**Gewürzen; Geschmack:** pikant und leicht sauer wie ↑**Butterkäse; Info:** Dieser sehr milde Käse verdankt seinen Namen dem alten Kloster Esrom auf der Insel Seeland. Form: Block, Gewicht: 200 g bis 2 kg, Reifung: 3 Wochen

Essayer [*Franz. Fachwort*] Probieren

Essbare Blüten [*Wildkräuter, -blüten & -früchte*] **T** Die Zahl der essbaren Blüten ist erstaunlich groß. Sie geben Gerichten nicht nur eine dekorative Note, sondern können durch ihre Aromen auch einen würzenden Effekt haben. Blüten zu verzehren, ist nicht neu: Darüber berichtete schon Homer. Auch bei den Römern kannte man essbare Blüten und machte reichlich Gebrauch davon. Hildegard von Bingen entdeckte den Brauch neu für ihre Kräutermedizin. Heute werden die Blüten als Zutaten z. B. für Salate, Suppen, Süßspeisen, Torten, Kuchen, Aperitifs oder Cocktails verwendet. **Beispiele:** ↑**Stockrosen** (Althea rosea) sind ebenso für den Verzehr geeignet wie ↑**Baldrian,** Blütenblätter von ↑**Löwenzahn,** ↑**Borretsch,** ↑**Duftveilchen,** ↑**Fuchsie,** ↑**Gänseblümchen,** ↑**Holunder,** ↑**Indianernessel,** ↑**Jasmin,** ↑**Kamille,** ↑**Kapuzinerkresse,** ↑**Klee,** ↑**Lavendel,** ↑**Lonicera,** ↑**Mädesüß,** ↑**Malven,** ↑**Minze,** ↑**Nachtkerze,** ↑**Nachtviole,** ↑**Nelke,** ↑**Passionsblume,** ↑**Phlox,** ↑**Primel,** ↑**Ringelblume,** ↑**Rosen,** ↑**Schlüsselblumen,** ↑**Schnittlauch,** ↑**Sonnenblume,** ↑**Steinkraut,** ↑**Stiefmütterchen,** ↑**Studentenblumen,** die großen Blüten der ↑**Taglilien** (Hemerocallis) und ↑**Zucchiniblüten.** Selbst Orchideen wie Dendrobien sind sehr gefragt. Die Sorte „Karma" kann sogar leicht gekühlt bis zu vierzehn Tage halten. Wer also Lust auf Ungewöhnliches hat und gerne Neues ausprobiert, dem eröffnet sich mit Blüten ein kreatives Feld in der Küche. Im Fachhandel gibt es bereits Saatmischungen mit „Blumen zum Essen". Auch wer Unkraut im Garten in Schach halten will, darf nach Herzenslust Löwenzahn- und Gänseblümchen-Blüten ernten. Aber auch die dickeren rosafarbenen, roten oder weißen Blüten der edlen Bellis oder Tausendschönchen genannt, liefern interessante Geschmacksnoten für Salate, Cremes und Kuchen. **Bei essbaren Blüten sind die Frische und der richtige Erntetermin noch entscheidender als bei Salat oder Gemüse.** Welke oder verblühte Blüten besitzen nur noch wenig von der Geschmacksfülle frisch aufgeblühter Exemplare. Blüten aromatischer Pflanzen wie Lavendel, Kapuzinerkresse oder Salbei werden am besten am Morgen gepflückt. Duftende Blüten erntet man zum Zeitpunkt ihres intensivsten Dufts. Bei Rosen, Nelken und Veilchen ist das am Vormittag, bei Nachtkerzen dagegen am besten gegen Abend, wenn ihr Duft sich richtig entfaltet. Stark duftende Blumensorten haben intensivere Geschmacksnoten als Sorten mit leichtem Duft. Wer mit dem Gedanken an kulinarische Blütengenüsse spielt, sollte das bei der Pflanzenauswahl im Garten berücksichtigen. Für einen vollen Geschmack spielt auch der Standort eine wichtige Rolle. Nur wenn Rosen, Kapuzinerkresse und Stockrosen von der Sonne verwöhnt wurden oder die Taglilien genügend Wasser bekommen haben, kommt auch der Gaumen voll auf seine Kosten. Die Blüten pflückt man immer erst kurz vor dem Gebrauch und untersucht sie genau auf eventuelle heimliche Gäste. Viele Insektenarten können sich in ihnen verbergen. Dann unter fließend kaltem Wasser abwaschen, mit ↑**Küchenkrepp** trocken tupfen, Stempel, Staubblätter und grüne Teile vorsichtig entfernen. Sie schmecken oft bitter und stören das feine Blütenaroma. Kleine Blüten werden im Ganzen verwendet, bei größeren empfiehlt es sich, nur die Blütenblätter zu verarbeiten. **Achtung! Blumen vom Händler** werden nicht für den Gaumen, sondern für das Auge angebaut und meist mit Schädlingsbekämpfungs- und anderen giftigen Mitteln besprüht. **Diese Blüten sind für den Genuss ungeeignet.** Ganz von selbst versteht es sich, dass man nur dann unbesorgt von eigenen Blumenzüchtungen essen kann, wenn keine Chemie verwendet wurde. Keine Experimente – gegessen werden nur solche Blüten, von denen keine Gesundheitsgefährdung ausgeht. Selbst harmlos erscheinende Blüten könnten giftig sein. Folgende Blüten sind giftig: Akelei, Bilsenkraut, Christrose, Eisenhut, Fingerhut, Goldregen, Herbstzeitlose, Maiglöckchen, Oleander, Pfaffenhütchen, Rainfarn, Scharfer Hahnenfuß, Schierling, Seidelbast, Stechapfel, Steinklee, Tollkirsche, Tomaten – Kartoffelblüten, Trompetenbaumblüten und Usambara-Veilchen.

Essence [*Franz. Speisekarte*] ↑**Essenz**

Essenz [*Fachkunde*] **1.** Natürliche oder künstliche, stark konzentrierte Flüssigkeit oder Zubereitung; **2.** Konzentrierter Saft von Pflanzen oder Früchten, auch Essigessenz zum Würzen; **3.** Konzentrierter Fond, z. B. Fleischessenz, Wildessenz, Geflügel- oder Fischessenz; **4.** Zu den Essenzen zählen Destillate, Extrakte und Backöle.

Essenziell [*Fachkunde*] Lebensnotwendig, unentbehrlich. Stoffe oder Substanzen, die der Organismus nicht selbst aufbauen kann, z. B. bestimmte ↑**Aminosäuren,** ↑**Fettsäuren** oder ↑**Vitamine** und ↑**Mineralstoffe.** Sie müssen mit der Nahrung zugeführt werden.

Essenzielle Aminosäuren [*Fachkunde*] Isoleucin, Leucin, Lysin, Methionin, Phenylalanin, Threonin, Trytophan, Valin: 8 Aminosäuren, die vom menschlichen Körper nicht gebildet werden können und daher vollständig über die Nahrung aufgenommen werden müssen. Das Fehlen einer essenziellen Aminosäure oder ihr Vorkommen in ungenügender Menge hat eine geringere ↑**Biologische Wertigkeit** des Proteins zur Folge.

Essenzielle Fettsäuren [*Fachkunde*] Lebensnotwendige Fettsäuren, die der Körper nicht selbst herstellen kann und die deshalb mit der Nahrung zugeführt werden müssen (Linol- und alpha-Linolensäure). Vorkommen in ↑**Pflanzenöl** und ↑**Fischöl.**

Essenzielle Nährstoffe [*Fachkunde*] Essenziell ist die Bezeichnung für: „Lebensnotwendig, für das Leben unabdingbar". Essenzielle ↑**Nährstoffe** sind somit lebensnotwendige Stoffe, zu denen ↑**Vitamine,** alle mineralischen Elemente (↑**Mineralstoffe**), bestimmte ↑**Aminosäuren,** bestimmte ↑**Fettsäuren** (↑**Linolsäuren**) und ↑**Ballaststoffe** wie ↑**Zellulose** gehören.

Essgewohnheiten [*Gesundheit*] Natürliche und anerzogene Verhaltensweisen in der ↑**Ernährung.** Sie werden durch Familie, Umwelt, Kultur, Tradition, Neigung, Gesellschaft geprägt.

Essig [*Allgem. Nährmittel*] **T Englisch:** vinegar; **Französisch:** vinaigre; **Italienisch:** aceto; **Spanisch:** vinagre. Ein saures Würz- und Konservierungsmittel in vielen Variationen. Essig bildet sich bei Gärung, so bei der Umwandlung von Zucker in Alkohol durch Zusatz von ↑**Hefe.** In den meisten Ländern wird ↑**Weinessig** aus ↑**Wein** gewonnen. Hierzu versetzt man die ↑**Maische** oder den Wein mit Essigsäurebakterien. Malzessig entsteht durch Verarbeitung von Gersten**malz**↑. Apfelessig wird aus Apfelsaft hergestellt. Für die Herstellung von ↑**Balsamessig** wird Wein auf kleiner Flamme konzentriert und langsam über mehrere Jahre in verschiedenen Holzfässern vergoren. ↑**Aceto Balsamico.** Beim spanischen ↑**Sherryessig** ist ↑**Sherry** der Grundstoff. Wie der Balsamico bekommt er seine typisch dunkle Farbe und den Geschmack durch jahrelange Lagerung in Holzfässern. Der Geschmack eines Essigs kann mit verschiedenen ↑**Kräutern** und ↑**Gewürzen** verfeinert werden, z. B. mit ↑**Estragon** oder ↑**Dill. Nach Gehalt an Essigsäure unterscheidet man:** Speiseessig mit 3,5 %; Weinessig mit 5 %; Doppelessig mit 7 % und Dreifachessig mit 10,5 % Säure.

Essigaufguss [*Allgem. Nährmittel*] Produkte mit weniger als 5 % Säure dürfen nicht als „Essig" deklariert werden. ↑Essig

Essigessenz [*Allgem. Nährmittel*] **T** Essigsäure mit mind. 15,5 % Säuregehalt heißt Essigessenz. Sie kann nur stark verdünnt verwendet werden. Um Verwechslungen vorzubeugen, dürfen sie nur in bestimmte Flaschen mit dem Aufdruck **„Vorsicht, nicht unverdünnt verzehren"** abgefüllt werden. Das Verdünnungsverhältnis ist auch vermerkt. ↑Essig

Essiggemüse [*Unsere Küche*] **A Englisch:** pickles; **Französisch:** légumes au vinaigre; **Italienisch:** (verdure) sott'aceti; **Spanisch:** verduras de vinagre. Essiggemüse wird in einem abgekochten Sud aus ↑**Essig**wasser mit ↑**Salz,** ↑**Gewürzen** und ↑**Kräutern** eingelegt, der ohne ↑**Gärung** konservierend wirkt, solange das ↑**Gemüse** von der Luft abgeschlossen ist. Typische Essiggemüse sind ↑**Gewürzgurken,** ↑**Cornichons,** ↑**Senfgurken** und ↑**Mixed Pickles.** Anders als vergorene Gemüse dienen sie nicht als Grundnahrungsmittel, sondern vor allem als appetitanregende Beilagen. ↑**Gärungsgemüse**

Essiggurken [*Übersetzer*] ↑**Gewürzgurken: Englisch:** gherkin; **Französisch:** cornichon au vinaigre; **Italienisch:** (cetriolino) sott'aceto; **Spanisch:** pepinos de vinagre

Essigsäure [*Weinkunde*] Bei einer normalen Gärung wird Essigsäure in geringem Maß gebildet. Wenn sich jedoch Essigsäurebakterien vermehren, kann dies zu einem Essigstich führen. Durch einen zu hohen Anteil an Essigsäure bildet sich Fehlgeschmack. Solche Weine kommen nicht in den Handel. ↑**E 260**

Essigsäure-Essig [*Allgem. Nährmittel*] **T** Chemisch hergestellter ↑**Essig,** der nicht im Haushalt verwendet wird. Säureessig entsteht durch Verdünnen von konzentrierter Essigsäure mit Wasser.

Essigstich [*Weinkunde*] Dieser Wein ist nicht mehr zu genießen. Er riecht stark nach Essig. Die Milchsäure im Wein hat sich durch Oxidation in Essigsäure umgewandelt.

Essigwurst [*Österr. Küche*] ↑**Wurstsalat**

Esskastanien [*Gemüse*] Maronen, ↑**Edelkastanien**

Essstörungen [*Gesundheit*] Gestörte Nahrungsaufnahme: Bei Menschen mit Essstörungen wechseln sich Hungerperioden mit Fressattacken ab. Die entsprechenden Krankheitsbilder sind ↑**Magersucht** (Anorexia nervosa) und/oder ↑**Bulimie** (Bulimia nervosa). Essstörungen werden immer häufiger beobachtet.

Estaminet [*Franz. Fachwort*] Kleine, einfache Lokale oder gegen die Straße gelegener Teil eines Restaurants

Estate bottled [*Weinkunde*] (Englisch) International gebräuchliche Bezeichnung für Erzeugerabfüllung. Ein Wein mit dieser Bezeichnung auf dem Etikett muss ausschließlich von gutseigenen Trauben produziert werden, wobei die Weinberge und das Gut in dem auf dem Etikett erwähnten Anbaugebiet (AVA, American Viticultural Area genannt) liegen müssen.

Estocaficada, estoficado, estofinad, stocaficado, stoficado [*Franz. Speisekarte*] **A 1.** ↑**Stockfisch**-; **2.** In Nizza ↑**Seehecht**ragout mit ↑**Tomaten,** ↑**Knoblauch,** ↑**Zwiebeln,** ↑**Kräuter der Provence** in ↑**Olivenöl; 3.** Pochierter Stockfisch mit ↑**Kartoffeln,** ↑Eiern, Knoblauch, ↑**Petersilie** und ↑**Crème fraîche** in ↑**Nussöl**

Estofado [*Intern. Länderküche*] **R** Peruanischer Fleischtopf, mit gewürfeltem ↑**Rindfleisch,** ↑**Zwiebeln,** ↑**Knoblauch,** in Scheiben geschnittener Hartwurst, ↑**Tomaten,** ↑Weißwein, ↑**Brühe,** getrockneten ↑**Pilzen** und zum Schluss mit frisch gehackten ↑**Kräutern** bestreut. Dazu körnigen ↑**Naturreis** oder Langkornreis reichen.

Estomac [*Franz. Fachwort*] Magen

Estouffade [*Franz. Speisekarte*] **A** Gulaschähnliches geschmortes ↑**Ragout** mit wenig Flüssigkeit. Aus ↑**Wild**(-geflügel) oder ↑**Rindfleisch,** mit ↑**Karotten** und ↑**Zwiebeln** in Weinsauce

Estragon [*Gewürze & Kräuter*] **T Lateinisch:** Artemisia dracunculus. **Synonym:** Dragon, Esdragon, Dragonbeifuß, Schlangen-Drachantkraut. **Englisch:** tarragon; **Französisch:** estragon; herbe dragonne; **Italienisch:** estragone, dragoncello; **Spanisch:** estrago. **Info:** Estragon gehört zur Familie der Korbblütengewächse. Es gibt zwei verschiedene Arten: den russischen und den französischen (deutschen) Estragon. Die behaarten Blätter des russischen Estragon sind bitter und herb würzig bei einem eher kerbelartigen Geschmack, die des französischen (deutschen) Estragon sehr aromatisch würzig. Sie haben einen süßlichen, anisartigen Nachgeschmack. Die Blätter werden meist zusammen mit den Stängeln geerntet. **Ursprung:** Ursprünglich stammt Estragon aus den Steppengebieten Russlands oder der Mongolei, er war bereits den alten Römern bekannt. Es wird vermutet, dass die Kreuzfahrer den Estragon aus Kleinasien nach Europa mitbrachten, wo er in Kräutergärten gezogen und kultiviert wurde. Den Namen Estragon leitet man ab vom griechischen **„drákoon"** oder lateinischen **„draco"** (Drache oder Schlange) ab. Im Mittelalter schrieb man ihm schützende Wirkung gegen derlei Untiere zu; ein Büschel Estragon am Körper getragen, sollte vor Schlangenbiss schützen. **Herkunft und Saison:** Das Angebot an frischem Estragon stammt in den Sommermonaten bis in den Frühherbst aus heimischer Produktion. **Inhaltsstoffe:** Der französische (deutsche) Estragon enthält etwa 3 % ätherische Öle, während der russische Estragon nur etwa 0,1 % ätherische Öle, dafür einen höheren Anteil an Flavenoiden enthält, die ihm seinen herben Geschmack verleihen. **Anbau:** Estragon benötigt lockeren, nährstoffreichen, feuchten Boden in warmen, windgeschützten Lagen. Die Aussaat erfolgt ab Mitte März im Gewächshaus, Frühbeetkasten oder auf der Fensterbank. Der Samen sollte nicht mit Erde abgedeckt werden, da Estragon ein Lichtkeimer ist. Die Keimzeit beträgt 7–14 Tage. Freilandaussaaten sind ab Mitte Mai möglich. Letzte Aussaat Mitte Juli. Gepflanzt wird Estragon ab Mitte Mai im Abstand von 60 x 40 cm im Freiland. Da Estragon eine winterharte Staude ist, kann er dort 3–4 Jahre stehen bleiben. Geerntet werden die jungen Triebspitzen und die Blätter. Das übrige Kraut kann 2- bis 3-mal im Jahr kurz vor der Blüte geschnitten werden. **Standort:** sonnig, warm, geschützt, nährstoffreich; **Verwendung in der Küche:** ↑**Würztabelle**; **Konservierung:** Trocknen konserviert das Kraut zwar, doch verliert es an Aroma. Estragon lässt sich gut einfrieren, auch die Aromaübertragung in ↑**Pflanzenöl** ist gut, in ↑**Essig** weniger. **Wirkung in der Volksmedizin:** Estragon fördert die Magensaftbildung, ist appetitanregend, harntreibend und verdauungsfördernd. Er regt die Nierentätigkeit an, wirkt bei Blähungen und rheumatischen Beschwerden.

Estragonessenz [*Unsere Küche*] Auszug von frischen Estragonblättern in Weißwein

Estragonessig [*Gewürze & Kräuter*] **T** Der ↑**Estragon** sollte noch nicht geblüht haben, wenn man die Blätter pflückt, um sie fein zu hacken. Auf die gehackten Blätter wird Weinessig gegossen; die Mischung in Gläser füllen und gut verschließen. Rund zwei Wochen müssen die Gläser an einem warmen Ort stehen, dann ist der Estragongeschmack so durchgezogen, dass der ↑**Essig** abgegossen werden kann. Die Blätter nicht mehr verwenden.

Estufa [*Weinkunde*] Warmhaus in Portugal, um die Madeiraweine reifen zu lassen. Nötig für typischen Madeira-Geschmack

Estufado [*Span. Speisekarte*] Gedünstet

Esturgeon [*Franz. Speisekarte*] ↑**Stör**

Eszencia [*Weinkunde*] Bezeichnung für den außergewöhnlichsten Tokajer, die Tokaji eszencia (Tokajer Essenz), die im Unterschied zu Tokaji Aszú und Aszú eszencia ausschließlich aus dem Vorlauf der aufgeschichteten, aber noch ungepressten Trockenbeeren erzeugt wird. Sie ist von einzigartiger Konzentration, Dichte und Geschmacksvielfalt, ihre komplexe Fülle und deutliche Säurestruktur lassen die große Süße (mindestens Zucker 250 g/l) sehr zurücktreten und binden sie ein. Angesichts der winzigen Mengen, die in guten Jahren produziert werden können, ist die Tokaji eszencia die wohl größte Kostbarkeit und Rarität der Weinwelt überhaupt, und weit mehr als einen Wein im herkömmlichen Sinn stellt sie, die man ohnehin nur bei außergewöhnlichen Anlässen als winzigen Schluck auf der Zunge zergehen lässt, ein unvergleichliches Erlebnis dar. Im Gegensatz zur Aszú eszencia darf ein Aszú bereits nach dreijähriger Fasslagerung in den Handel gebracht werden.

Eszterházy Historischer Speisename [*Speisegarnitur*] **R** **1.** Nikolaus, Fürst **Eszterházy** (1765–1833), österreichischer Feldmarschall aus ungarischer Magnatenfamilie, Förderer Joseph Haydns; **2. Garnitur für Rinderbraten à la Eszterházy** – Mit dem Braten werden in ↑**Juliennes** geschnittenes ↑**Gemüse** wie ↑**Karotten**, ↑**Sellerie**, ↑**Petersilienwurzeln** und ↑**Lauch** von Anfang an mitgebraten. Der Braten wird mit leichtem ↑**Rotwein** bzw. ↑**Rosé** abgelöscht und die ↑**Sauce** mit ↑**Saurer Sahne** und ↑**Kapern** abgeschmeckt. Die gedämpften Gemüsestreifen bleiben als Sauceneinlage. **3.** Rindergulasch à la Eszterházy mit Saurer Sahne und wenig ↑**Mehl** gebunden. Garniert mit gedünsteten Streifen (Juliennes) von Karotten, Sellerie, Petersilienwurzeln, Lauch, dazu Kapern und ↑**Erbsen.** ↑**Gulasch; 4.** Eszterházy ↑**Rostbraten** garniert mit gedünsteten Streifen (Julienne) von Karotten, Sellerie, Petersilienwurzeln, Lauch, dazu Kapern. 5. Eszterházytorte, Begriff aus der ungarischen Küchenkultur:

Zutaten: (6 Personen)		
Teig:	**Füllung:**	**Verzierung:**
6 Eiweiß 180 g Zucker 1 Päckchen Vanillezucker abgeriebene Schale einer unbehandelten Zitrone 150 g feingemahlene Mandeln 30 g Mehl	4 Blatt weiße Gelatine 1 Ei 1 Prise Salz 500 ml Milch 50 g Speisestärke 100 g Puderzucker 1 Päckchen Vanillezucker 3 EL Aprikosenmarmelade	3 EL Krokant 2 Eiweiß 120 g Puderzucker 1 EL Zitronensaft 20 g Kakaopulver Backpapier

Zubereitung: Zunächst den Backofen auf 170° C vorheizen. Die ↑**Eiklare** mit ↑**Zucker** und Vanillezucker steif schlagen. Das Mehl mit den ↑**Mandeln** und der

↑**Zitronenschale** vermischen und vorsichtig unter den ↑**Eischnee** heben. Die Masse fünfteln und nacheinander backen. Am besten verwendet man drei Backbleche, belegt jedes Blech mit Backpapier und zeichnet darauf Kreise mit 22 Zentimetern Durchmesser. Nun jeweils ein Fünftel des Teiges auf die Kreise streichen und jeden der Tortenböden nacheinander etwa 10 Min. backen. Die Böden sofort vom Blech lösen und auskühlen lassen. Für die Füllung die Gelatine in kaltem Wasser einweichen. Das ↑**Ei** trennen und das Eiweiß mit dem ↑**Salz** steif schlagen. 4 EL ↑**Milch** mit der ↑**Speisestärke** anrühren. Die restliche Milch in einem weiten Topf mit dem ↑**Puder-**, ↑**Vanillezucker** und der Stärkemischung einmal aufkochen lassen und vom Herd nehmen. Die eingeweichte ↑**Gelatine** ausdrücken und in der heißen Stärkemilch auflösen. Die Creme auf Handwärme auskühlen lassen, das ↑**Eigelb** unterschlagen und den Eischnee vorsichtig unterziehen. 2 EL von der Creme zur Seite stellen und die restliche Creme vierteln. Mit je einem Viertel einen Tortenboden bestreichen und die Böden zusammensetzen. Die ↑Aprikosen**marmelade** erhitzen, den letzten Boden damit bestreichen und auf die vier anderen setzen. Den Rand der Torte mit der zurückgelassenen Creme bestreichen und mit dem ↑**Krokant** bestreuen. Für den Guss die Eiweiße mit dem Puderzucker und dem Zitronensaft zu einer glatten Masse rühren. 2 EL der ↑**Glasur** mit dem ↑**Kakao** verrühren. Die Torte zunächst mit der hellen Glasur beziehen. Die dunkle Glasur in einen Spritzbeutel mit feiner Tülle füllen und Längsstreifen im Abstand von 2 Zentimetern auf die Torte spritzen. Sofort mit einem Messer wechselseitig zueinander Querstreifen ziehen und die Glasur erstarren lassen.

Et sote [*Orientalische Küche*] Begriff aus der türkischen Küchenkultur für gebratene feine Streifen von ↑**Lammfleisch**, ↑**Tomaten** und ↑**Paprikaschoten**, herzhaft gewürzt. ↑**Türkische Küche**

Établissement [*Franz. Speisekarte*] Gehobene Gaststätte, Restaurant

Etamine [*Franz. Fachwort*] Passiertuch aus reiner Baumwolle, durch das Suppen, ↑**Sauce**n und ↑**Püree**s gepresst werden. Die feinste Art des Siebens.

Ethno Food [*Fachkunde*] Bezeichnung für die Vielfältigkeit heutiger Esskultur. Unter „Ethno Food" versteht man Speisen aus fernen Ländern. Ethno Food weckt Reise-Erinnerungen. Immer mehr Menschen möchten sich die Küche aus fernen Ländern nach Hause holen. Die Lebensmittelindustrie hat diesen Trend umgesetzt. Das kulinarische Angebot in den Regalen der Supermärkte animiert zum Nachkochen von Gerichten aus fernen Ländern. Die ↑**Pizza** könnte man als die Mutter des Ethno-Foods bezeichnen. Neben der ↑**Italienischen** liegen ↑**Chinesische**, ↑**Vietnamesische**, ↑**Mexikanische**, ↑**Türkische**, ↑**Thailändische**, ↑**Kreolische**, ↑**Indische** und ↑**Japanische Küche** voll im Trend. Mit „Ethno Food" verhält es sich wie mit dem strapazierten Begriff „↑**Wellness**": Zum Trend gehört eine Warengruppe, aber wie grenzt man sie ein? Es handelt sich bei „Ethno Food" jedenfalls nicht um einen Big Mac mit Pommes frites und Coca-Cola, denn das sind Speisen und Getränke, die weltweit mit gleicher Rezeptur und in ziemlich einheitlicher Qualität hergestellt werden. Dagegen sind alle Speisen, die einer Volksgruppe zuzuordnen sind und einen regionalen Bezug haben, „Ethno Food": ↑**Eisbein**, ↑**Wiener Schnitzel**, ↑**Chili con carne** und Pizza ebenso wie ↑**Peking Ente** und die frittierten Kichererbsen-Bällchen aus dem Orient, genannt „↑**Falafel**".

Ethylmaltol [*Fachkunde*] ↑E 637

Ethylmethyl cellulose [*Fachkunde*] ↑E 465

Ethyl-p-hydroxy benzoat [*Fachkunde*] ↑E 214

Etikett [*Weinkunde*] Das Weinetikett enthält wichtige Angaben, z. B. Herkunft, Jahrgang und Rebsorte eines Weines. Weingesetze legen die genauen Angaben fest, die auf einem Weinetikett stehen müssen.

Etorki [*Käse*] **T Herkunft:** Frankreich/Baskenland; **Käsesorte:** ↑**Schnittkäse**, 50 % ↑**Fett i. Tr.; Milch:** ↑**Schafsmilch; Teig:** feinschmelzend mit dezentem Schafsmilcharoma; **Geschmack:** einzigartig mildaromatisch; **Info:** Das Geheimnis seines Geschmacks liegt in der Zubereitung aus ausgewählter Schafsmilch und einer Herstellung nach alter Tradition. In der Etorki-Käserei wird jeder Laib noch von Hand geformt, abgerieben und verpackt. So entsteht ein mildaromatischer Käse, der auf der Zunge zergeht. **Weinempfehlung:** leichte Rotweine wie ↑**Beaujolais**, Cahors oder auch ↑**Portwein. Verwendung:** Mit Sauerkirsch-Marmelade, auch Salate oder warme Gerichte bekommen eine feine Note.

Étouffer [*Franz. Fachwort*] „Ersticken": schmoren in geschlossenem Gefäß

Étuvée, étouffée, à la [*Franz. Fachwort*] Gedämpft, in wenig Fett und Flüssigkeit im eigenen Saft gegart; geschmort, kurz angebräunt und mit ein bisschen heißer Flüssigkeit bei milder Hitze gegart

Eukalyptushonig [*Allgem. Nährmittel*] Stammt aus den Eukalyptuswäldern Australiens. Die Bäume liefern nicht nur ↑**Nektar**, sondern auch ↑**Honigtau.** Er ist von feincremiger Konsistenz, die Farbe schwankt von Gold- bis Dunkelbraun. Sein Geschmack ist fruchtig würzig und malzartig. ↑**Honig**

Eukalyptusöl [*Fette*] **T** Ätherisches Öl, das aus den Blättern des Eukalyptusbaumes gewonnen wird. Eukalyptusöl hat einen erfrischenden Geschmack. Man setzt es in der Getränke-, Süßwaren- und pharmazeutischen Industrie ein.

Euter [*Fleischprodukte*] Milchdrüse weiblicher Schlachttiere, zählt zu den ↑**Innereien** und in einigen Gegenden als Delikatesse.

Evaporated milk [*U.S. Kitchen*] Etwas eingekochte ↑**Milch**

Évider [*Franz. Fachwort*] Leeren, ausnehmen

Éviscéré [*Franz. Fachwort*] ↑**Geflügel**: bratfertig

Evita [*Kartoffelsorte*] **Kochtyp:** ↑**Festkochende Kartoffeln** – „Speckige Kartoffel" genannt

Evora [*Käse*] **Herkunft:** Portugal/Alentejo; **Käsesorte:** ↑**Schafskäse; Teig:** frisch und weich; **Geschmack:** leicht salzig; **Verwendung:** Zwischenmahlzeit

Ewigkeitskartoffel [*Gemüse*] ↑**Topinambur**

Excelsior [*Speisegarnitur*] **A** ↑**Seezungen**röllchen mit ↑**Hummerragout** in ↑**Sauce normande** füllen, auf gedünstetem ↑**Kopfsalat** mit ↑**Kartoffelschnee** anrichten

Excelso gewaschen [*Kaffee*] Kolumbianische Arabica-Kaffeesorte, deren Perlbohnen mittelgroß bis klein sind. ↑**Kaffee** & **Kaffee arabica**

Exceptionnel [*Weinkunde*] Nach der Einstufung der Bourgeois-Güter von 1932 wurden sechs besonders bemerkenswerte Güter und ihre Weine offiziell unmittelbar unterhalb der Ebene der „crus classés" angesiedelt. Es handelt sich dabei um die Châteaux d'Angludet, Bel-Air-Marquis-d'Aligre, Chasse-Spleen, La Couronne, Moulin-Riche und Villegeorges. Nach mehr als einem halben Jahrhundert verfügen Chasse-Spleen und Angludet heute über ein noch höheres Niveau, während man die übrigen vier Gewächse derzeit nicht mehr vergleichsweise exponiert einordnen würde.

Exempla [*Kartoffelsorte*] **Kochtyp:** ↑**Festkochende Kartoffeln** – „Speckige Kartoffel" genannt; **Herkunft:** Deutschland; **Jahr der Zulassung:** 1997; **Schale:** gelb, fein, glatt, mit sehr flachen Augen; **Fleisch:** gelb; **Knolle:** langoval; **Reifezeit:** früh

Exotoxin [*Fachkunde*] Von Bakterien ausgeschiedenes giftiges Stoffwechselprodukt

Export [*Bier*] Malzaromatisches, untergäriges Vollbier mit ∅ 5,5 % ↑**Alkohol,** ↑**Untergäriges Bier**

Exquis [*Franz. Speisekarte*] auserlesen, köstlich

Exquisa [*Kartoffelsorte*] **Kochtyp:** ↑**Festkochende Kartoffeln** – „Speckige Kartoffel" genannt

Extra dry [*Weinkunde*] Englische Bezeichnung für ausgesprochen trockene Getränke

Extragwurst [*Fleischprodukte*] Österreichische Wurstspezialität

Extra-herb [*Weinkunde*] Weine, die einen Restzuckergehalt zwischen 0–6 g/l aufweisen, bezeichnet man als Extra-herb. Der internationale Begriff ist „extra brut".

Extrakte [*Fachkunde*] **1.** Alle gelösten Stoffe, die beim Verdampfen einer Flüssigkeit übrigbleiben; **2.** Substanzen, die durch Extraktion (Herauslösen) aus Pflanzen und Tierteilen gewonnen und dann durch Eindampfen konzentriert werden, z. B. Eukalyptusöl (ätherisches Öl). **3.** Beim ↑**Wein** entscheiden maßgeblich Extraktgehalt und die Zusammensetzung der Stoffe den Geschmack.

Extraktstoffe [*Weinkunde*] Glycerin, Asche, Gerb -und Farbstoffe, Säuren, die nach der Destillation zurückbleiben würden. Je höher der Gehalt an Extraktstoffen, desto gehaltvoller ist der Wein.

Extravasaten [*Fachkunde*] Blutunterlaufene Stellen am ↑**Fleisch**

Extruder [*Fachkunde*] Strangpresse zur kontinuierlichen Verarbeitung plastischer Massen

Extruderprodukte [*Fachkunde*] Würzige Snacks, die mit diversen Methoden aufgepuffert werden. Die Rohstoffe der luftigen, knusprigen Extruderprodukte sind: ↑**Kartoffeln**, ↑**Weizen**, ↑**Hafer**, ↑**Mais**, ↑**Reis** sowie ↑**Tapioka** (= aus den Wurzelknollen von tropischem ↑**Maniok** gewonnene ↑**Stärke**). Die in den Rohprodukten enthaltene Feuchtigkeit wird durch große Hitze in der Extruder-Maschine schlagartig zur Expansion (Ausdehnung) gebracht, damit sich der Teig aufbläht. Es entstehen z. B. ↑**Erdnussflips**.

Ezme [*Gewürze & Kräuter*] **R** Wird aus scharfen, roten ↑**Chilischoten**, ↑**Tomaten** und ↑**Petersilie** bereitet. Man isst es zu ↑**Kebap** und ↑**Lavas.** ↑**Türkische Küche**

F

Fabada Asturiana [*Span. Speisekarte*] **A** Dieser ↑**Eintopf** aus der Region Asturien enthält in der Regel neben den typischen ↑**Weißen Bohnen** ↑**Schweinefleisch** vom Bauch oder der ↑**Haxe**, Paprikawurst (↑**Chorizos**), ↑**Blutwurst** (Morcillas), ↑**Zwiebeln** und ↑**Knoblauch**.

Faberrebe [*Weinkunde*] Wurde von G. Scheu (Züchter der Scheurebe) aus der Kreuzung ↑**Weißer Burgunder** & ↑**Müller-Thurgau** im Jahre 1929 gezüchtet und verdient wegen der rassigen Art der Weine hohe Beachtung. Das Mostgewicht liegt bei der Lese bei 80–85° ↑**Öchsle**, d. h. Spätlese. Die Weine sind fruchtig, frisch, elegant, besitzen genügend Extrakt und ein leichtes Muskatbukett.

Façon tournedos [*Franz. Speisekarte*] ↑**Tournedos**, aus der Lende geschnitten und geformt, ein zartes Stück ↑**Rindfleisch**, jedoch qualitativ nicht so hochwertig wie das ↑**Filet**.

Faconnieren [*Franz. Fachwort*] Gestalten, zuschneiden. ↑**Fleisch**, ↑**Geflügel**, ↑**Gemüse** und dgl. durch Schneiden, Binden usw. in Façon bringen.

Faeces [*Verdauung*] Faeces ist ein Ausscheidungsprodukt, das im unteren Dickdarm gebildet wird. Es ist dickbreiig bis fest und matt gelblich bis dunkelbraun. Der Faeces riecht faulig und enthält organische sowie anorganische Stoffe (z. B. ↑**Cholesterin**, Eiweißfäulnisprodukte, abgebaute Gallenbestandteile), unverdauliche Nahrungsbestandteile (z. B. ↑**Cellulose** und andere Pflanzenbestandteile), unverdaute Reste (z. B. ↑**Fett**, ↑**Stärke**, Muskel- und Bindegewebsfasern), Pilze und Bakterien. Bei einem gesunden Menschen liegt die tägliche Ausscheidungsmenge zwischen 60 g und 250 g. ↑**Verdauung**

Fagianella; fagiano [*Ital. Speisekarte*] ↑**Fasan**

Fagioli [*Ital. Speisekarte*] ↑**Bohnen**

Fagioli al fiasco [*Ital. Speisekarte*] Gewürzte und gekochte weiße ↑**Bohnen**

Fagiolone [*Ital. Speisekarte*] ↑Feuer**bohne**

Fagottini [*Ital. Speisekarte*] Gefüllte Teigbündelchen

Fahrenheit [*U.S. Kitchen*] (Abk.: F) Temperatureinheit nach dem gleichnamigen deutschen Physiker Gabriel Daniel F. (1686–1736), der das Thermometer mit der in manchen angelsächsischen Ländern noch gebräuchlichen Skala erfand.

° C in ° F (Fahrenheit)	
Formel : (xx° C : 0,555) + 32 = ° F Beispielumrechnung: 100° C : 0,555 = 180,18 + 32 = 212,18° F	
180° C = 356° F	220° C = 428° F
200° C = 392° F	250° C = 482° F
° F (Fahrenheit) in ° C	
Formel: (xx° F–32) x 0,555 = ° C Beispielumrechnung: 212° F–32 = 180 x 0,555 = 100° C	
300° F = 149° C	400° F = 204° C
350° F = 176° C	450° F = 232° C

Faible [*Franz. Fachwort*] Schwach

Faim [*Franz. Fachwort*] Hunger

Fainwurst [*Regionale Spezialität*] Schwedische fein zerkleinerte ↑**Brühwurst**

Faire cuire [*Franz. Fachwort*] Kochen, braten, backen

Faire revenir [*Franz. Fachwort*] (Zurückkommen lassen), leicht in ↑**Butter**, bei schwacher Hitze und unter Bewegung angaren lassen

Faisan [*Franz. Speisekarte*] ↑**Fasan**

Fajitas [*Mexicofood*] **R** So heißt nicht das mexikanische Gericht, sondern das ↑**Fleisch**, aus dem es zubereitet wird. Es ist der Bauchlappen vom Rind, kein hochwertiges Stück Fleisch, aber es wird veredelt. Dazu entfernt man die Sehnen und das grobe Fett, schneidet das parierte Fleisch in mundgerechte Streifen und lässt es über Nacht in einer Marinade aus ↑**Papaija**, ↑**Limetten**saft und ↑**Tequila** ziehen. In einer schweren Pfanne werden die leicht gesalzenen und gepfefferten Fajitas knusprig ausgebraten und ohne das Fett verwendet. Entweder füllt man sie mit knackigen Gemüsebeilagen in ↑**Tortillas**. Dazu gibt es gehackte ↑**Tomaten**, ↑**Paprika**stücke, ↑**Avocado**scheiben, ↑**Saure Sahne**, ↑**Guacamole** oder ↑**Salsa** und ↑**Reis.**

Fajy [*Käse*] ↑**Meira**

Fak tua lantau [*Asiatische Küche*] Begriff aus der thailändischen Küchenkultur für ↑**Zuckerschoten**

Fäkalien [*Unsere Küche*] Kot, Abfälle

Falafel [*Orientalische Küche*] Gut gewürzte arabische ↑**Kichererbsen**bällchen, meist frittiert und in ↑**Pide** serviert

Falerio dei Ascolani [*Weinkunde*] Falerio dei Colli Ascolani, Weißwein aus den südlichen Marken (Italien). Wird hauptsächlich aus ↑**Trebbiano**-Reben gekeltert.

Falette [*Franz. Speisekarte*] **A** Gefüllte ↑**Hammel**-, ↑**Lamm**- oder ↑**Kalbsbrust** mit ↑**Karotten**, ↑**Zwiebeln** und ↑**Weißen Bohnen**

Falsche Mangostane (Santol) [*Exotische Früchte*] **Englisch:** santol, red santol; **Französisch:** santol, mangoustan sauvage. An 15–45 m hohen Sandorie-Bäumen gedeihen die Santols. Wie bei der ↑**Mangostane** ist auch bei ihnen das in Segmenten aufgeteilte Fruchtfleisch unter einer runden Kapsel verborgen. Botanisch ist die Santol aber mit der ↑**Langsat** verwandt. Die Schale ist gelb bis bräunlich, samtartig und dünner als bei der Mangostane. Verzehrbar sind sowohl die Schale als auch die weißlichen Fruchtstückchen. Sie schmecken angenehm säuerlich und aromatisch. Beachtlich ist der ∅Gehalt an ↑**Vitamin C** mit bis zu 80 mg/100 g. Die enthaltenen Samen sind ungenießbar. Angebaut werden sie in Thailand (Saison: Mai – Juli), Malaysia (Saison: Juni – Juli) und auf den Philippinen (Saison: Juli – Oktober). In ihrer Heimat gelten Santols als erfrischende Durstlöscher.

Falscher Hase [*Unsere Küche*] ↑**Hackbraten**

Falscher Safran [*Wildkräuter, -blüten, & -früchte*] ↑**Färberdistel**

Falsches Filet [*Fleischprodukte*] **1.** Der kopfwärts auf der äußeren Seite des Schulterblatts befindliche Muskel des ↑**Rindes. 2.** Rolle in der Rinderkeule, am ↑**Fricandeau.** Auch Bugfilet, Buglende, Schulterfilet, Schulterlende, Falsche Lende, Buglummer, Mageres Meisel oder Maiserl.

Falsches Kotelett [*Fleischprodukte*] Scheibe Schweinebauch

Fambo [*Kartoffelsorte*] **Kochtyp:** ↑**Mehlig kochende Kartoffeln** – „Mehlige" oder „Runde" genannt

Familienroulade [*Unsere Küche*] ↑**Rinderroulade** für mehrere Personen

Fanchette [*Franz. Speisekarte*] **A** Kleine, mit ↑**Konditorcrème** gefüllte, mit ↑**Baiser**masse überbackene ↑**Blätterteig**törtchen

Fancy Drink [*Hausbar*] **A** ↑**Cocktail**, der sich keiner klassischen Cocktailgruppe zuordnen lässt. **Fancy** bedeutet so viel wie Fantasie, fantasievoll; Fancy Drinks können also mit den unterschiedlichsten Zutaten gemixt werden.

Fane [*Franz. Fachwort*] Blatt, Kraut versch. Kulturpflanzen (↑**Kartoffeln**, ↑**Rüben**, ↑**Radieschen**)

Fannings [*Tee*] Besonders fein gebrochene Blätter ohne Stängel und Rippen, werden für Teebeutel verwendet. ↑**Tee**

Fanon [*Franz. Speisekarte*] ↑**Wamme** vom ↑**Rind**

Faon [*Franz. Speisekarte*] Junges, bis 6 Monate altes ↑**Dam-**, ↑**Reh-**, ↑**Rotwild**

Far [*Franz. Speisekarte*] **A** Auflauf, Brei aus grobem Getreidemehl; Art ↑**Serviettenknödel**, pikant oder süß

Far breton [*Franz. Speisekarte*] **A** Süßer Fladen aus ↑**Hefeteig** mit ↑**Backpflaumen**, ↑**Rosinen** und anderen ↑**gedörrten Früchten**, karamellisierten ↑**Äpfeln**, ↑**Marmelade** usw.

Faraona [*Ital. Speisekarte*] ↑**Perlhuhn**

Farbe geben oder nehmen lassen [*Unsere Küche*] **T** Ein helles Nahrungsmittel, wird langsam angebraten, sodass es eine appetitliche, leicht bräunliche Färbung bekommt, z. B. ↑**Zwiebelringe**, Hühnerbrust, ↑**Kalbfleisch**

Färberdistel [*Wildkräuter, -blüten, & -früchte*] **T Lateinisch:** Carthamus tinctorius. **Synonym:** Saflor, Imeretischer Safran, Falscher Safran, Bastard-Safran. **Englisch:** safflower, safflor, bastard saffron; **Französisch:** carthame, safran bâtard; **Italienisch:** cartamo falso zafferano; **Spanisch:** cártamo, alazor. **Info:** Färberdisteln gehören zur Familie der Korbblütengewächse. Die Blüten der Köpfchen dieser mit der Distel nah verwandten, staudenförmig wachsenden Pflanze sind alle röhrenförmig, ihre Blätter sitzend, breit lineal, kahl, am Rand stachelig gezähnt und wechselständig. Die Färberdistel ist eine einjährige Pflanze und blüht von Juli bis September. Wegen des gelben Blütenfarbstoffes nutzte man die Färberdistel schon im alten Ägypten als Färbemittel. Heute dient die Pflanze zur Ölgewinnung und wird hauptsächlich in den USA, in Mexiko und Südostasien angebaut. **Herkunft:** Mittelmeergebiet und Orient. **Verwendeter Pflanzenteil:** Blüten; **Geruch und Geschmack:** Im Geschmack wie Sonnenblumenkerne, etwas krautartig; **Inhaltsstoffe:** Färberdistelblüten enthalten den ↑**Flavonoid**farbstoff Carthamin, keine ↑**Ätherischen Öle**, aber große Mengen hochwertigstes Speiseöl, das ↑**Färberdistelöl.** Die orangeroten Blüten werden auch wilder ↑**Safran** genannt und dienen gelegentlich als Ersatz für Safran, da sie Speisen blassgelb färben können. Sie werden in vielen Teilen der Welt in betrügerischer Absicht als „Safran" für teures Geld verkauft. **Als Gewürz sind sie wertlos.**

Färberdistelöl [*Fette*] ↑**Distelöl**

Färberreben [*Weinkunde*] Oder Färbertrauben: Bezeichnung für Deckrotweine verschiedener Rebsorten

Färbersaflor [*Wildkräuter, -blüten, & -früchte*] ↑**Färberdistel**

Farbstabilisator [*Fachkunde*] Zusatzstoff zur Stabilisierung der durch ↑**Pökeln** entstandenen roten Farbe in Pökelwaren und Wursterzeugnissen, z. B. ↑**Ascorbinsäure**

Farbstoffe [*Fachkunde*] **1.** Bestimmten Lebensmitteln (nicht aber Grundnahrungsmitteln wie ↑**Fleisch**, ↑**Milch**, ↑**Brot**, frisches ↑**Obst**) dürfen so genannte „Lebensmittelfarben" zugesetzt werden. Dies können natürliche Farbstoffe wie ↑**Zuckercouleur**, ↑**Lactoflavin**, vitaminhaltiges ↑**Carotin**, aber auch künstliche Farbstoffe sein. ↑**Lebensmittelfarbstoffe** & ↑**E-Nummern; 2.** Die Farbe des Weines ist bedeutend für seine Qualität und von der Reife der ↑**Trauben** abhängig. Durch das Altern eines Weines kann es auch zu Farbveränderungen kommen. **3.** Farbstoffe in ↑**Obst** und ↑**Gemüse** gehören zu den ↑**Bioaktiven Substanzen** und ↑**Sekundären Pflanzenstoffen**, die für die Gesundheit wichtig sind und durch keine Pillen ersetzt werden können.

Farce [*Unsere Küche*] **R** Eine durch den Fleischwolf getriebene oder mit dem ↑Tisch**kutter** feinst zerschnittene Mischung aus eiskaltem ↑**Fleisch** oder ↑**Fisch** und anderen Zutaten, die auch sehr kalt (ggf. mit oder auf Eis) verarbeitet werden. Eine Farce, die bei der Zubereitung warm wird, verliert ihre Bindung und ist nach dem Garen bröselig. Oft reichert man sie zur Weiterverarbeitung mit Saucen, ↑**Eigelb** oder ↑**Sahne** an, die zusätzlich binden. Verfeinern kann man mit aromatischen Weinen (↑**Madeira**, ↑**Sherry**) und ↑**Spirituosen** (↑**Cognac**) sowie hochwertigen Einlagen (↑**Trüffel**, ↑**Pistazien**, gewürfelter ↑**Ochsenzunge**). Eine Farce dient meist zum Füllen von ↑**Fischen**, ↑**Geflügel**, ↑**Pasteten**, ↑**Gemüse** oder zur Herstellung von Klößchen und Nocken.

Farce gratin [*Franz. Speisekarte*] **A** Füllung aus in ↑**Butter** gegarter, durch ein Sieb gestrichener ↑**Geflügelleber** mit ↑**Gewürzen**

Farcement [*Franz. Speisekarte*] **A** Kuchen aus geraspelten rohen ↑**Kartoffeln**, ↑**Dörrobst**, ↑**Ei** und ↑**Mehl**

Farcenocken [*Unsere Küche*] Kaffee- oder Esslöffel mit ↑**Farce** befüllen, mit zweitem Löffel oder der Innenhand formen und vorsichtig in kochende Flüssigkeit gleiten lassen

Farceperlen [*Franz. Fachwort*] ↑**Farce** mit Hilfe eines Spritzbeutels auf ein Blech geben und in ↑**Brühe** garen

Farci [*Franz. Speisekarte*] Mit ↑**Hackfleisch** gefüllt

Farci provençale [*Franz. Speisekarte*] Gefüllte ↑**Aubergine**

Farcieren [*Franz. Fachwort*] Mit Füllsel füllen oder bestreichen

Farcito [*Ital. Speisekarte*] Gefüllt, gespickt

Farfalle [*Allgem. Nährmittel*] Italienische ↑**Teigwaren**, schleifenförmige, etwa 3 cm lange Schmetterlingsnudeln

Farferl [*Österr. Küche*] Mit der Hand ↑**abgebröselter** fester Mehl-Wasser-Eiteig, der in einer Suppe mitgekocht wird. ↑**Eiergraupen**

Farina [*Ital. Speisekarte*] ↑**Mehl**

Farine de gruau [*Franz. Fachwort*] Feinstes ↑**Weizenmehl**

Fariner [*Franz. Fachwort*] Bemehlen, in ↑**Mehl** wenden

Farinette [*Franz. Speisekarte*] Dicker ↑**Eierpfannkuchen**, pikant oder süß

Farineux [*Franz. Speisekarte*] Mehlig, ↑**Mehlspeisen**

Farinha [*Intern. Länderküche*] **T** Das in Brasilien aus der ↑**Maniokwurzel** gewonnene Mehl ist die „Farinha de Mesa" und ähnelt ↑**Semmelbröseln**. Damit werden ↑**Fladenbrot**, Brei, ↑**Saucen**, Suppen und alkoholische Getränken wie ↑**Kaschiri** hergestellt. Wird die Farinha geröstet und in ↑**Butter** oder ↑**Margarine** gebraten, heißt sie ↑**Farofa**, eine delikate Beilage zu ↑**Fleisch** und ↑**Geflügel**. Sie kann mit verschiedenen Gemüsen oder ↑**Hülsenfrüchten** (z. B. ↑**Schwarzen Bohnen**) zubereitet werden.

Farinzucker [*Allgem. Nährmittel*] Gelber bis brauner ungereinigter ↑**Zucker**, der nicht so süß wie raffinierter Zucker ist

Farofa [*Intern. Länderküche*] **R** Als Farofa bezeichnen die Brasilianer geröstetes ↑**Maniokmehl** (Farinha). Das Maniokmehl röstet man dazu in einer Pfanne unter Rühren für etwa 10 Min., danach wird bei geringer Hitze Butter untergerührt, bis das Maniokmehl goldgelb ist. In Brasilien wird Farofa gerne als Beilage zum ↑**Churrasco** und zu ↑**Feijoada** (Bohneneintopf) gereicht. Dabei gibt es viele Varianten der Zubereitung; so kann man ↑**Zwiebeln**, ↑**Knoblauch**, verquirlte ↑**Eier**, ↑**Oliven**, ↑**Nüsse** (besonders ↑**Cashewkerne**) oder ↑**Bananen** hinzufügen. ↑**Brasilianische Küche**

Farrenfleisch [*Fleischprodukte*] Regionale Bezeichnung für das ↑**Fleisch** vom jungen ↑**Stier**

Farro [*Ital. Speisekarte*] ↑**Dinkel**

Farsch, fasch [*Österr. Küche*] ↑**Farce**

Färsenfleisch [*Fleischprodukte*] ↑**Fleisch** von weiblichen ↑**Rindern**, zwischen 3 Monaten und 2 Jahren alt, die noch nicht gekalbt haben

Fasan [*Fleischprodukte*] **T** **Englisch:** pheasant; **Französisch:** faisan; **Italienisch:** fagiano; **Spanisch:** faisán. Der Fasan gehört zur Gattung der Hühnervögel. Seine Herkunft ist das östliche Ufer des Schwarzen Meeres. Dieser delikate Wildvogel wird wie ↑**Wachteln** meist nur halbwild in Fasanerien gezüchtet. Männliche Tiere sind sehr farbenprächtig, Hennen unscheinbar graubraun, geschmacklich besteht kein Unterschied. Gourmets zählen den jungen, abgehangenen Fasan zum edelsten Federwild. Besonders begehrt ist das zarte Brustfleisch, der Rest ergibt einen kräftigen ↑**Fond** mit feinem Wildaroma. ↑**Würztabelle.** Fasane dürfen vom 1. Oktober bis zum 15. Januar gejagt werden.

Fasanbeeren [*Wildkräuter, -blüten & -früchte*] ↑**Sanddorn**

Fäsandieren [*Franz. Fachwort*] Abhängen von ↑**Wildgeflügel** im Federkleid

Faschieren [*Österr. Küche*] ↑**Fleisch**, ↑**Wild** oder ↑**Geflügel** fein hacken oder durch den Fleischwolf drehen

Faschiertes Laibchen [*Österr. Küche*] ↑**Hackfleisch**-↑**Frikadellen**

Faschingskrapfen [*Backstube*] ↑**Berliner Pfannkuchen**

Faselochse [*Fleischprodukte*] Regionale Bezeichnung für den ↑**Bullen**

Faselschwein [*Fleischprodukte*] Regionale Bezeichnung für ein junges ↑**Schwein**, 12–16 Wochen alt

Fassgeschmack [*Weinkunde*] Die alte Definition lautete: Wein schmeckt und riecht wegen unsauberer Fässer muffig und fade. Im Zeitalter des Barrique erhält der Fassgeschmack eine neue Bedeutung wegen der gewünschten Aromen.

Fast Food [*Fachkunde*] **T** (**Englisch:** Schnelle Nahrung) Charakteristisch für Fast Food ist die schnelle Zubereitung, der schnelle Service und der Verzehr von Speisen wie ↑**Hamburger**, Cheeseburger, ↑**Hot Dogs**, ↑**Pommes frites.** Fast-Food-Speisen werden meist in

↑**Fritteuse**, ↑**Mikrowelle**, auf dem oder am Grill zubereitet und in Verpackungen aus Pappe, Schaumkunststoff, Aluminium verkauft. Neben den großen Anbietern der Systemgastronomie (wie McDonald's, Burger King, Kentucky Fried Chicken usw.) gibt es unzählige Imbiss-Stände, die ↑**Döner Kebap**, ↑**Brat**- und ↑**Currywurst** anbieten. Diese Schnellgerichte sind auch zum Mitnehmen geeignet. Man verzehrt sie unterwegs, im Stehen oder Gehen aus der Hand. Drive-ins bieten den Verkauf der Produkte direkt ins Auto an. Alle Fast-Food-Gerichte enthalten ↑**versteckte Fette.** Die ↑**Fast-Food-Menüs** sind die Dickmacker der Nation. Durch das Fehlen ausreichender Mengen von ↑**Gemüse**, ↑**Obst** und ↑**Vollkorn**erzeugnissen enthält Fast Food in der Regel weniger lebensnotwendige ↑**Nährstoffe** wie ↑**Vitamine**, ↑**Mineral**- und ↑**Ballaststoffe** sowie ↑**sekundäre Pflanzenstoffe** und ↑**bioaktive Substanzen** als schonend zubereitete, ausgewogene Mahlzeiten. **Wird Fast Food verzehrt, ist es ratsam, mit gesunden Mahlzeiten für Ausgleich zu sorgen.** – ↑**Kinderernährung**, ↑**Snacks**, ↑**Junk Food** & ↑**Ernährung**

Fasten [*Gesundheit*] **T** Bedeutung: freiwilliger Verzicht auf Nahrung und Genussmittel für begrenzte Zeit. Einige Weltreligionen sehen das Fasten als Reinigung von Körper und Seele an. Fasten wurde aus religiösen Gründen während vorgeschriebener Zeiten eingehalten. Das religiöse Fasten ist in Wohlstandsgesellschaften in den Hintergrund getreten. Fasten wird meist als Einstieg in eine Reduktionsdiät oder als Maßnahme zur so genannten „↑**Entschlackung**" verstanden. Die oft von Illustrierten angepriesenen Fastenmethoden wie **Null-Diät**, **Ananas-Diät**, **Saftfasten** etc. erfüllen nicht annähernd die Anforderungen, die man an eine Reduktionsdiät stellt. Sie halten nicht, was sie versprechen, und sind fast alle wegen des Mangels an Nährstoffen als **gesundheitsgefährdend** einzustufen. Zur Gewichtsreduktion ist Fasten völlig ungeeignet, da der Organismus während dieser Zeit vor allem Flüssigkeit verliert und Muskulatur abbaut. Fastenmethoden und Diäten, die in kurzer Zeit schlank machen, gibt es nicht. Selbst bei Nulldiät benötigt der Körper drei bis vier Tage, um ein Kilogramm Körperfett abzubauen. Auch wenn ein paar Pfunde schmelzen, bringt man wenige Wochen später mehr Gewicht auf die Waage als vorher – der ↑**Jo-Jo-Effekt** lässt grüßen. **Bei längerer Anwendung ergeben sich durch das Fasten Mangelerscheinungen bei allen ↑Nährstoffen.** Extremes Fasten kann zum Tod führen. Es wird oft behauptet, Fasten führe zu geistiger Klarheit. Beim Hungerstoffwechsel schüttet das Gehirn verstärkt das Glückshormon ↑**Serotonin** aus. Das Ergebnis: eine falsche Euphorie. **Bei psychisch labilen Menschen kann diese Fasten-Euphorie der Einstieg in die Magersucht sein.** Außerdem kann es durch das Fasten zu Nieren- beziehungsweise Gallensteinleiden, Gichtanfällen und Azidose (Blutübersäuerung) kommen. Der hohe Flüssigkeits- und Elektrolytverlust führt unter anderem zu niedrigem Blutdruck, Schwäche, Kopfschmerzen und Mundgeruch. Im Gegensatz zu anderen Diätformen werden beim Fasten weder ↑**Kalorien** gezählt, noch müssen spezielle Nahrungsmittel besorgt werden. Diese scheinbar unkomplizierte Diät ist aber sehr belastend für den Körper und sollte daher nur unter ärztlicher Kontrolle stattfinden. Durch einen sorgfältig geplanten Neuaufbau der Ernährung kann sich kontrolliertes Fasten positiv auf das Immun- und Abwehrsystem des Körpers auswirken. Auch für therapeutische Zwecke kann es geeignet sein, wie z. B. das **Heilfasten**, das nicht der Gewichtsreduktion, sondern der Behandlung von ernährungsabhängigen Stoffwechselerkrankungen, bestimmten chronischen Erkrankungen und Erkrankungen des Bewegungsapparates dient. Die tägliche Energieaufnahme liegt zwischen 150 cal und 300 cal. **Heilfasten muss unter ärztlicher Kontrolle erfolgen, am besten in Fastenkliniken, weil eine falsche Anwendung lebensgefährlich ist.** Im Anschluss an das Heilfasten wird eine abwechslungsreiche, leichte Aufbaukost empfohlen. **Für jedes Fasten gelten Grundregeln. Regel 1:** Für den festgelegten Zeitraum des Fastens nichts essen! Nur trinken: Obst- oder Gemüsesäfte und Gemüsebrühe. Dazu viel Wasser, mehr als notwendig; **Regel 2:** Keine Genussmittel wie Zigaretten, Alkohol und Süßigkeiten; **Regel 3:** Keine Appetitzügler nehmen; **Regel 4:** Die Besinnung auf sich selbst ist jetzt wichtig! Darum jeden Stress vermeiden. Beruf, Familie und Hobbys sind während der Fastenzeit zweitrangig. **Regel 5:** Auf den Körper hören und versuchen, seine Bedürfnisse zu befriedigen. Ist man müde, sollte man schlafen, wer Bewegung braucht, sollte spazieren gehen. **Regel 6:** Sämtliche Ausscheidungen des Körpers unterstützen, aber nicht mit Gewalt erzwingen. Dazu gehören sanfte Darm- und Blasenentleerung ohne Medikamente, Schwitzen und Abatmen. **Regel 7:** Im Anschluss an das Fasten wird über einen größeren Zeitraum eine abwechslungsreiche, leichte Aufbaukost empfohlen, mit ca. 2000 Kalorien, verteilt auf fünf bis sechs kleine Mahlzeiten, um den Jo-Jo-Effekt zu verhindern.

Fast-Food-Menü [*Gesundheit*] **T** Das Fast-Food-Menü oder **Maxi-Menü** besteht in der Regel aus Hamburger, Pommes, dazu eine große Cola (∅ zwischen 900 kcal/3768 kJ bzw. 1300 kcal/5443 kJ). Kinder und Jugendliche lieben die Kalorienbomben der Schnellrestaurants. Dazu kommt dann noch das obligatorische ↑**Speiseeis** oder der ↑**Milchshake** (∅ 290 kcal/1214 kJ). Wegen Mangels an ↑**Ballaststoffen** rührt sich der Hunger nach maximal zwei Stunden erneut. **Es ist mittlerweile wissenschaftlich erwiesen:** Fastfood-Menüs sind die Dickmacher der Nation und mit dafür verantwortlich, dass unsere Nachkommen gesundheitlich und kulinarisch verkümmern. ↑**Kinderernährung**, ↑**Junk Food** & ↑**Fastfood**

Fatburner [*Gesundheit*] **T** So genannte „Fatburner" sind natürliche Substanzen wie Vitalstoffe und Hormone, die in alltäglichen Lebensmitteln vorkommen und eine fettabbauende Wirkung im Körper erzeugen. Gewichtsreduzierend wirken Fatburner allerdings nur in Kombination mit einer dauerhaft vernünftigen, abwechslungsreichen Ernährungsweise und Sport.

Fattoria [*Weinkunde*] Italienischer Begriff für Hof oder Gut, auf dem Landbau betrieben wird. Auf Flaschenetiketten bezieht sich der Begriff auf ein Gut, das häufig, aber nicht ausschließlich, Wein produziert. ↑**Azienda**

Faubonne [*Franz. Speisekarte*] **A** Gebundene Gemüsesuppe aus pürierten ↑**Weißen Bohnen** oder ↑**Erbsen** mit feinen Streifen (↑**Julienne**) von ↑**Karotten**, weißen kleinen ↑**Rüben**, ↑**Lauch** und ↑**Sellerie**

Fäulnis [*Fachkunde*] **T** Unter Fäulnis versteht man die bakterielle Zersetzung organisch gewachsener Stoffe – vorwiegend durch Fäulnisbakterien –, aber auch durch ↑**Hefen** und ↑**Pilze**. Dabei werden vor allem ↑**Eiweiße** und andere stickstoffhaltige Verbindungen zersetzt. Durch den Abbau entstehen ↑**Aminosäuren** und weitere Abbauprodukte, z. B. ↑**Buttersäure**, die einen üblen Geruch aussenden und einen schlechten Geschmack verursachen. Weiterhin entstehen bei Fäulnisprozessen häufig giftige Stoffe wie z. B. ↑**Aflatoxine**, ↑**Botulinustoxin**, ↑**Mykotoxine. Deshalb sollten Lebensmittel, die verdorben sind, grundsätzlich entsorgt werden.** Durch Konservierung der Lebensmittel wird Fäulnis verhindert. Fäulnis kann aber auch erwünscht sein, wenn dabei keine giftigen Stoffwechselendprodukte gebildet werden. Bei der Teiglockerung durch Hefen – Aromabildung und Reifung von ↑**Käse** durch bestimmte ↑**Schimmel**pilze – Herstellung von ↑**Wein**, ↑**Bier**, ↑**Sauerkraut** usw., wird dieser Prozess genutzt, um charakteristische Aromen zu erhalten.

Faumlöffel [*Österr. Küche*] Alte Bezeichnung für einen dicken Schaumlöffel

Faux [*Franz. Speisekarte*] „Falsch" bezeichnet man hier z. B. die ↑**Lende** als das „falsche ↑**Filet**", oder den in Hasenform bereiteten ↑**Hackbraten** als so genannten „falschen Hasen".

Faux-filet [*Franz. Speisekarte*] Falsches ↑**Filet**

Fava [*Ital. Speisekarte*] ↑**Saubohne**

Fáva [*Griech. Speisekarte*] **A** Begriff aus der griechischen Küchenkultur für eine gut gewürzte Erbsenpaste aus gelben ↑**Erbsen**. Vollendet mit ↑**Olivenöl** und fein gewürfelten ↑**Zwiebeln**

Favada [*Intern. Länderküche*] (katalanisch), ein Begriff aus der mallorquinischen Küchenkultur für Bohnensuppe

Favart, à la [*Speisegarnitur*] **A Speisegarnitur** für **Geflügel** und **Kalbsbries:** Geflügel- oder ↑**Kalbsfarce**nockerl, in mit ↑**Krebsbutter** montierter ↑**Velouté**. Dazu ↑**Blätterteig**pastetchen mit ↑**Champignons** à la Crème gefüllt.

Favismus [*Gesundheit*] Diese Krankheit wird durch einen Enzymdefekt verursacht, der vererbbar ist. Wegen des fehlenden Enzyms (Glucose-6-Phosphatdehydrogenase) im Dünndarm kommt es nach Verzehr von ↑**Saubohnen** (Vicia faba) zum beschleunigten Abbau der roten Blutkörperchen (hämolytische Anämie). Das verursacht Unwohlsein, Fieber, Erbrechen, Durchfall, Leberschmerz und Haut-/Schleimhaut-Blutungen. Die Beschwerden können einige Stunden bis zwei Tage nach dem Verzehr auftreten. Favismus kommt verbreitet im Mittelmeergebiet vor.

Favorite, à la [*Speisegarnitur*] **A** Spargelcrèmesuppe mit ↑**Kopfsalat**streifen, ↑**Spargel**spitzen, ↑**Gänseleber**- und ↑**Trüffel**streifen

Faye [*Weinkunde*] Stadt im Anjou, bekannt für süße Weißweine und Rosés

Fayot [*Franz. Speisekarte*] Getrocknete ↑**Weiße Bohnen**

FBOP [*Tee*] Abkürzung für Flowery Broken Orange Pekoe (Flowery = blumig, Pekoe = gröberer Brocken). Es ist daraus zu ersehen, dass es sich um einen gröberen Bruchtee (Broken) mit einigen Anteilen (Tips) aus China („orange") sowie aus Ceylon, Südindien und Assam handelt.

Feather fowlie [*Intern. Länderküche*] Begriff aus der schottischen Küchenkultur für eine bekannte Hühnersuppe

Fechsung [*Weinkunde*] In Österreich mitunter auf dem Etikett verwandter Ausdruck für Ernte: „Aus eigener Fechsung"

Fécule [*Franz. Fachwort*] ↑**Stärke**mehl

Federkohl [*Gemüse*] ↑**Grünkohl**

Federspiel [*Weinkunde*] Österreichische Bezeichnung für eine der drei Qualitätskategorien für Weißweine aus der Wachau. Die Kategorien wurden vom Winzerverband Vinea Wachau als zusätzliche Qualitätsgarantie ins Leben gerufen und beziehen sich auf Weißweine unterschiedlichen Alkoholgehalts. **1. Steinfeder** – ist der leichteste Wein, hergestellt aus Lesegut, das vor dem ↑**Anreichern** einen Reifegrad zwischen 73° und 83° ↑**Öchsle** erreicht haben muss. Der maximale Alkoholgehalt darf im fertigen Wein jedoch nicht über 10,7 % liegen und ist somit vergleichbar mit dem deutschen ↑**Kabinett. 2. Federspiel** – die zweithöchste Kategorie, ist die Bezeichnung für Weine, die aus Lesegut mit einem Reifegrad zwischen 83 und 90° Öchsle hergestellt wurden. Der maximale Alkoholgehalt darf nach dem Anreichern nicht über 11,9 % hinausgehen. Diese Kategorie stimmt mit der deutschen ↑**Spätlese** überein. **3. Smaragd** – wird die höchste Kategorie genannt. Das Lesegut hat eine Reife von mehr als 90° Öchsle erreicht. Der spätere Wein wird über mehr als 12 % Alkohol verfügen und ist mit einer deutschen ↑**Auslese** zu vergleichen. Die Weine, die unter einer der drei Kategorien produziert werden, müssen trocken sein.

Federstück [*Fleischprodukte*] Regionale Bezeichnung für die Blattrippe, der mit Rippenknochen durchzogene Teil der Rinderwand

Federweißer [*Weinkunde*] In Österreich Sturm, in der Schweiz Sauser genannt. Angegorener, frischer Traubenmost, eine Spezialität in den Weinbaugebieten während der Weinlese. Dort schmeckt er mit ↑**Spanferkel** oder ↑**Zwiebelkuchen** immer noch am besten. Federweißer enthält kaum noch Hefezellen und ist besonders vitaminreich.

Federwild [*Fleischprodukte*] Federkleid tragende Wildtiere, z. B. ↑**Fasan**, ↑**Rebhuhn**, ↑**Wachtel**, ↑**Schnepfe**, ↑**Bekassine**, ↑**Wildente**, ↑Wild**gans**, ↑Wild**taube**.

Fegatello [*Ital. Speisekarte*] ↑Schweine**leber** am Spieß

Fegatino [*Ital. Speisekarte*] ↑Geflügel**leber**

Fegato [*Ital. Speisekarte*] ↑**Leber**

Fegato pazzo [*Ital. Speisekarte*] Scharfe ↑**Leberwurst**

Fehler [*Weinkunde*] Nachteilige Geruchs- und Geschmacksveränderungen im Wein entstehen durch biochemische Fehler. Typische Weinfehler sind z. B. Firne, Luft- oder Metallgeschmack.

Fehlernährung [*Fachkunde*] Als Fehlernährung bezeichnet man eine falsche (fehlerhafte) Ernährung, die die Entstehung einer Krankheit begünstigen kann. Sie kann z. B. durch Ernährungsfehler (zu wenig ↑**Ballaststoffe**, zu süß, zu fett, zu salzig, zu viel) oder einseitige Ernährung (z. B. ↑**Crash-Diäten**) verursacht werden.

Fehlrippenkamm [*Fleischprodukte*] Regionale Bezeichnung für das zwischen Hals und ↑**Hochrippe** liegende Teilstück

Feigen [*Obst*] **A Lateinisch:** Ficus carica; **Englisch:** figs; **Französisch:** figues; **Italienisch:** fichi; **Spanisch:** higos. **Info:** Der Feigenbaum gehört zur Familie der Maulbeergewächse und ist ein bis zu 10 m hoher Baum, der wegen seiner schon unmittelbar über dem Boden diametral auseinander wachsenden Äste breiter als höher ist und daher ein strauchartiges Aussehen hat. Feigen werden in den Mittelmeerländern üblicherweise zweimal im Jahr geerntet. Die Früchte der ersten Ernte im Juni oder Juli – so sie nicht durch Frühfröste zerstört wurde – sind etwas größer als jene der Haupternte im August und September, welche wiederum etwas süßlicher sind. Die runden, ovalen oder birnenförmigen, bis zu 8 cm im Durchmesser großen Früchte variieren sortenabhängig sehr stark in der Größe und haben eine dünne Schale mit gelblicher, grüner, bräunlicher oder tiefvioletter Färbung. Darunter befindet sich das rosafarbene bis dunkelrote Fruchtfleisch, das die kleinen Samenkerne umgibt. Die bei uns angebotenen getrockneten Feigen werden übrigens meist direkt auf den Bäumen getrocknet. Industriell getrocknete Feigen sind zwar haltbarer, allerdings nicht so gut im Geschmack. Feigen finden sich in wilder Form rund um die Mittelmeerländer, sie wachsen zum Teil sogar aus Mauervorsprüngen. **Ursprung und Geschichte:** Der Feigenbaum ist eine der ältesten Nahrungs- und Nutzpflanzen der Menschheit. Seine Spuren reichen bis in die Kreidezeit (vor ca. 120 Mio. Jahren). Der vermutlich aus Kleinasien stammende Feigenbaum wurde bereits im Altertum, nachweislich seit wenigstens 7000 Jahren, von Menschen im Mittelmeerraum verbreitet und kultiviert. In der Antike waren Feigen eine Art Grundnahrungsmittel und wahrscheinlich auch eine der ersten kommerziell bedeutenden Fruchtarten. In der bäuerlichen Tradition der Mittelmeerländer waren und sind bis heute getrocknete Feigen samt ein paar Nüssen die Mahlzeit für die Mittagspause. **Herkunft und Saison:** Frische Feigen werden von Juni bis Juli aus Spanien und Italien, von September bis November vorwiegend aus der Türkei und Italien angeboten. In den Wintermonaten kommen Feigen aus südamerikanischen Anbaugebieten auf den Markt. Am bekanntesten sind die „Black Mission" aus Amerika und die „Smyrna"-Feige aus der Türkei. **Reife: Feigen können nach ihrer Ernte nicht weiter nachreifen** – daher sind nur am Baum vollständig ausgereifte Früchte wirklich schmackhaft. Mit zunehmender Reife bildet sich auf der Schale ein weißer Film. Unreife Feigen geben einen ätzenden, weißen Milchsaft ab. **Unreife Feigen können Magenverstimmungen verursachen! Geschmack:** Reife Feigen schmecken süß und aromatisch, zwischen Erdbeer- und ↑Himbeer**konfitüre,** und die enthaltenen kleinen Steinfrüchte sorgen für den etwas nussigen Geschmack. **Inhaltsstoffe:** 100 g frische Feigen weisen einen Brennwert von ∅ 74 kcal/310 kJ auf und enthalten etwa 76 g Wasser, 0,7 g Eiweiß, 0,3 g Fett, 19,2 g Kohlehydrate und 3,3 g Ballaststoffe. An ↑**Mineralstoffen**, ↑**Spurenelementen** und ↑**Vitamine**n sind ∅ 35 mg Kalzium, 0,4 mg Eisen, 1 mg Natrium, 14,2 mg Vitamin A (RE) und etwa 2 mg Vitamin C enthalten. Auf Grund des hohen ↑**Pektin**- und ↑**Ballaststoff**gehalts wird der Feige eine günstige Wirkung auf die Darmperistaltik zugesprochen. **Zubereitung und Tipps:** Frische Feigen genießt man hauptsächlich roh, indem man die gut gekühlten Früchte entweder in Hälften teilt und auslöffelt oder abgeschält in Viertel geschnitten verwendet. Die Schale wird zwar üblicherweise nicht mitverzehrt, kann jedoch bedenkenlos gegessen werden. Weiche Früchte, die sehr saftig sind, haben einen intensiven Geschmack. Man isst sie allein – mit ↑Parma**schinken** – oder halbiert, mit etwas ↑**Grand Marnier** und einigen grünen ↑**Pfeffer**körnern flambiert, zu ↑**Vanilleeis.** Auf getrockneten Früchten findet man oftmals einen weißlichen Belag – es handelt sich hierbei um ausgeschiedenen ↑**Traubenzucker**.

Feigenkuchen [*Griech. Speisekarte*] Griechische Spezialität aus getrockneten ↑**Feigen**

Feijao verde [*Span. Speisekarte*] ↑Schnitt**bohnen**

Feijoa [*Exotische Früchte*] **T Lateinisch:** Feijoa sellowiana. **Synonym:** Ananasguave. **Info:** Feijoas gehören zur Familie der Myrtengewächse und wachsen auf immergrünen Sträuchern, die bis zu 5 m Höhe und Breite erreichen können. Aus den 2–3 cm großen, einzeln oder in Büscheln auftretenden leuchtend roten Blüten entwickeln sich die 3–10 cm großen, runden oder länglich ovalen Früchte mit einer stark wachsbehafteten, blaugrünen oder graugrünen, manchmal mit einer intensiven orangen oder roten Verfärbung, glatten oder rauen Oberfläche. **Ursprung und Geschichte:** Feijoa stammen aus dem Raum des südlichen Brasiliens, nördlichen Argentiniens, Paraguays und Uruguays, wo sie in höher gelegenen Gebieten noch heute wild wachsend vorkommen. **Herkunft und Saison:** Zwischen Februar und Mai kommen Feijoa aus Neuseeland oder aus südamerikanischen Anbaugebieten auf den Markt. Neben den Heimatländern in Südamerika gedeihen sie auch im Mittelmeerraum (Südfrankreich, Italien und Israel), von dort gibt es manchmal kleinere Angebote im Herbst. **Geschmack:** Das dickliche und weißliche, leicht körnige Fruchtfleisch, das die Samen umgibt, wird als Kombination von Ananas-, Guaven- und Erdbeergeschmack beschrieben. **Inhaltsstoffe:** 100 g Feijoa weisen einen Brennwert von ∅ 50 kcal/210 kJ auf und enthalten etwa 87 g Wasser, 1,2 g Eiweiß, 0,8 g Fett und 10,6 g Kohlenhydrate. An ↑**Mineralstoffen**, ↑**Spurenelementen** und ↑**Vitaminen** sind ∅ 17 mg Kalzium, 0,1 mg Eisen, 3 mg Natrium und 20,3 mg Vitamin C enthalten. **Zubereitung und Tipps:** Bei der Zubereitung von Feijoa sollte darauf geachtet werden, dass die Früchte unmittelbar nach dem Schälen in Salz- oder Zitronenwasser getaucht werden, um eine Oxidation und die damit verbundene Braunfärbung zu vermeiden. Das Fruchtfleisch wird mit den Samen roh als Dessert, in Salaten oder gegart zu ↑**Pudding**, ↑**Jogurt**, ↑**Speiseeis** oder ↑**Desserts** verarbeitet.

Feijoada [*Intern. Länderküche*] **A Feijoada** ist ein Bohneneintopf und gilt als das brasilianische Nationalgericht. Dazu werden schwarze ↑**Bohnen** mit ↑**Trockenfleisch**, Räucherwürstchen, ↑**Zunge**, ↑**Knoblauch** und ↑**Pfefferschoten** gekocht. Selbst Ohren, Rüssel und Ringelschwanz vom ↑**Schwein** werden als Geschmacksgeber mitgekocht. Üblicherweise wird Feijoada mit ↑**Reis**, ↑**Farofa** (geröstetem Maniokmehl) und Orangenscheiben serviert. ↑**Brasilianische Küche**

Fein [*Weinkunde*] Weine, die ein optimales Geruchs- und Geschmacksbild aufweisen

Feinfrostware [*DDR-Küche*] Tiefkühlprodukte

Feinkost [*Unsere Küche*] Nahrungsmittel des täglichen Bedarfs, die mit besonderer Sorgfalt ausgewählt und hergestellt werden

Feintalg [*Fette*] ↑**Rindertalg**

Felchen [*Fisch*] **T Englisch:** lavaret; **Französisch:** corégone, lavaret; **Italienisch:** lavarello, coregono; **Spanisch:** corégono. Auch große Maränen oder ↑**Renken; Synonym:** Blaufelchen, Bodenrenke, Bratfisch, Breitfisch, Kaiserfisch, Schwebrenke, Albock, Balchen, Bläuler, Bläuling, Rheinanke. Die überaus wohlschmeckenden, fettarmen Felchen sind forellenähnlich und gehören zur großen Familie der Lachsfische. Felchen werden bis zu 3 kg schwer und 75 cm lang und sind hauptsächlich in den alpinen und voralpinen Seen in Bayern, im Bodensee sowie in den großen Seen Norddeutschlands beheimatet. Ihre Laichzeit ist im November und Dezember. Merkmale sind ein blauer Rücken, weißer Bauch und gelbe Flossen. Die Zubereitung ist gleich wie bei ↑**Forellen.** ↑**Schonzeit für deutsche Binnenfische**

Feldgicker [*Regionale Spezialität*] ↑**Rohwurst**

Feldgurke [*Gemüse*] **T Lateinisch:** Cucumus sativus; **Info:** Feldgurken sind etwa 10–15 cm lang, also deutlich kürzer und dicker als die bei uns überwiegenden langen und schlanken Salatgurken. Sie sind aber, auch wenn sie noch klein und fest sind, hervorragend im Geschmack. **Herkunft und Saison:** Feldgurken werden den ganzen Sommer und Herbst über aus inländischem Anbau, aber auch aus Italien und Spanien angeboten. **Zubereitung und Tipps:** Feldgurken werden meist zu Schmorgemüse mit Fleischfüllungen, ähnlich den ↑**Zucchini,** verarbeitet. Es gibt aber auch ausgezeichnete Suppenzubereitungen mit Feldgurken, die dann im Sommer meist kalt gegessen werden. ↑**Gurken**

Feldhuhn [*Fleischprodukte*] ↑**Rebhuhn**

Feldkümmel [*Gewürze & Kräuter*] ↑**Kümmel**

Feldsalat [*Gemüse*] **T Lateinisch:** Valerianella locusta. **Synonym:** Acker-, Nüßli-, Mausohrsalat oder Rapunzel. **Englisch:** lambs' lettuce; **Französisch:** mâche, doucette; **Italienisch:** soncino, valerianella; **Spanisch:** apondrigo. Feldsalat ist ein Blattgemüse mit kleinen, samtigen, dunkelgrünen Blättern und einem feinen, nussartigen Geschmack. **Inhaltsstoffe:** 100 g frischer Feldsalat enthält ∅ 14 kcal/59 kJ, 94,2 g Wasser, 420 mg Kalium, 2 mg Eisen, 3,9 mg Betacarotin sowie 35 mg Vitamin C und zeichnet sich durch seinen hohen Gehalt an ↑**Betacarotin** und ↑**Eisen** aus. Er wird in Deutschland, England, Italien, Frankreich und Holland angebaut. Die Blätter des Feldsalats sind hell- bis dunkelgrün, spatelförmig und unterschiedlich groß. Da Feldsalat Kälte verträgt, wird er erst spät geerntet und deshalb auch als Herbst- und Wintersalat bezeichnet. **In der Küche:** Der sehr dekorative Salat muss schnell verarbeitet werden, da die zarten Pflänzchen nach der Ernte sehr empfindlich sind. Vor dem Verzehr werden sie von den kleinen Wurzeln und beschädigten Blättern befreit. Feldsalat muss nach dem Putzen sorgfältig und vorsichtig, in viel Wasser schwimmend so oft gewaschen werden, bis kein Sandkorn mehr am Boden des Waschgeschirrs zu finden ist. Es empfiehlt sich, ihn erst kurz vor dem Servieren mit dem ↑**Dressing** zu vermischen. Er harmoniert sehr gut mit kräftigen ↑**Essig-** und ↑**Senfsorten**, ↑**Nussölen**, ↑**Zwiebeln**, gebratenen ↑**Speckwürfeln** und ↑**Croûtons**. In Frankreich bietet man ihn mit Zwiebeln und ↑**Walnüssen** in einer ↑**Essig-**↑**Öl-**↑**Marinade** an; so wird sein nussiges Aroma verstärkt. Feldsalat ist mit anderen Salatsorten gut zu kombinieren. **Einkaufstipp:** „Je kleiner, desto besser", lautet der Einkaufstip für Feldsalat. Das gilt sowohl für die einzelnen Blätter als auch für die Rosetten, zu denen die Blätter zusammengewachsen sind. Auf bereits angefaulte Blätter achten. ↑**Blattsalate**

Feldthymian [*Übersetzer*] **Englisch:** wild thyme; **Französisch:** serpolet; **Italienisch:** pepolino, timo serpillo; **Spanisch:** serpol. ↑**Thymian**

Felfel [*Intern. Länderküche*] **A** Begriff aus der tunesischen Küchenkultur für gefüllte ↑**Paprikaschoten** in ↑**Tomatensauce** geschmort

Fenchel [*Gewürze & Kräuter*] **T Lateinisch:** Foeniculi amari fructus, aber auch Foeniculum vulgare. **Synonym:** Bitterfenchel bzw. Süß- oder Gewürzfenchel. **Englisch:** fennel; **Französisch:** fenouils; **Italienisch:** finocchio; **Spanisch:** hinojo. **Ursprung:** Von einer Doldenblütenpflanze des Mittelmeerraums. **Geschmack:** Der süßliche und aromatische Geschmack erinnert leicht an Anis. **Verwendung in der Küche:** ↑**Würztabelle.** Die Samen der Fenchelpflanze werden hauptsächlich als Gewürz eingesetzt. Fenchel besitzt einen außergewöhnlichen Geschmack und ist deshalb bei der Zubereitung von Suppen, Saucen und Salaten sehr beliebt. Die Früchte behalten beim Trocknen ihre grüne Farbe. **Wirkung in der Volksmedizin:** Fenchel enthält Wirkstoffe, die gegen Erkrankungen der Atemwege sowie gegen Magenerkrankungen helfen können.

Fenchel [*Gemüse*] **T Lateinisch:** Foeniculum vulgare. **Synonym:** Italienischer Fenchel, Bologneser Fenchel. **Englisch:** sweet fennel, florence fennel; **Französisch:** fenouil doux, fenouil de florence; **Italienisch:** finocchio; **Spanisch:** hinojo. **Info:** Fenchel gehört zur Familie der Doldenblütengewächse und ist, wie an seinem feinteiligen Laub und den gelben Doldenblüten erkennbar, ein naher Verwandter des Dills. Die Pflanze bildet oberirdische Zwiebeln aus fleischartig verdickten Blattscheiden. Die junge, kohlartig verdickte, grünlich weiße, 150–300 g schwere Zwiebel mit ihren gegen den Strunk hin verdickten fleischigen Blättern und ihrem angenehm milden, leicht süßlichen Geruch und Geschmack wird als Gemüsefenchel, Knollenfenchel oder Zwiebelfenchel angeboten. **Ursprung und Geschichte:** Fenchel war in Europa lange Zeit nur im Mittelmeerraum beheimatet und dort als uralte Heil- und Gewürzpflanze bekannt. Seit dem Mittelalter wurde Fenchel als Gewürzpflanze auch nördlich der Alpen in Klostergärten kultiviert. Der Gemüsefenchel ist in unseren Breiten allerdings erst seit etwa 30 Jahren bekannt. **Herkunft und Saison:** Die Haupterntezeit des Fenchels ist von Oktober bis Mai, jedoch wird er das ganze Jahr über aus verschiedenen Anbaugebieten vor allem in Süditalien, Südfrankreich und Spanien oder Nordafrika angeboten. Von Ende August bis Ende November kommen auch kleinere Angebote aus inländischer Produktion auf den Markt. **Geschmack:** Die Samen sind anisähnlich, aber nicht so süß. Das frische Grün hat einen leichten Dillgeschmack. **Inhaltsstoffe:** 100 g Gemüsefenchel weist einen Brennwert von ∅ 31 kcal/130 kJ auf und enthält etwa 88 g Wasser, 1,2 g Eiweiß, 0,2 g Fett, 7,3 g Kohlenhydrate und 3,1 g Ballaststoffe. An ↑**Mineralstoffe**, ↑**Spurenelementen** und ↑**Vitamine** sind ∅ 49 mg Kalzium, 0,7 mg Eisen, 52 mg Natrium, 13,4 mg Vitamin A (RE) und 12 mg Vitamin C enthalten. **Zubereitung und Tipps:** Fenchel macht fette Speisen verträglicher. Fischgerichte waren Jahrhunderte lang fest mit Fenchel verbunden. Die Knollen ergeben geschmort ein feines Gemüse. Egal ob man ihn alleine oder mit anderen Gemüsen dünstet. Fenchel schmeckt aber auch roh in vielen gemischten Salaten oder als ↑**Dipgemüse**. Das zarte Grün kommt erst ganz zum Schluss an die Speisen oder veredelt, feingehackt, ↑**Vinaigrettes**, ↑**Kräuterbutter** oder Suppen. Die äußeren Schalen, die man nicht mitisst, können mit den Stängeln im ↑**Würzsud** für ↑**Fische**, ↑**Schalen-** und **Krustentiere** mitkochen. **Tipp:** Frisches Grün, Fenchelschalen und Stiele mit ↑**Pellkartoffeln** kochen lassen, ergibt ein kulinarisches Erlebnis. **Würzkombinationen mit frischem Fenchel:** Sparsam verwendet, passt das frisches Kraut zu anderen frischen Gewürzen, besonders gut zu ↑**Dill**, ↑**Knoblauch**, ↑**Zwiebeln** und ↑**Petersilie**. ↑**Würztabelle.** Die reifen, grauen Fenchelsamen weisen einen hohen Anteil an ätherischen Ölen auf und sind fester Bestandteil verschiedenster ↑**Brote** und Backwaren. Werden aber auch für ↑**Schweinefleisch**, ↑**Spanferkel**, ↑**Kalbfleisch** und ↑**Marinaden** für ↑**Wildschwein** verwendet. Bei der Herstellung von eingelegten ↑**Gurken** und ↑**Sauerkraut** runden die halbreifen Samenkörner das Geschmacksbild ab.

Fenchelblüten [*Wildkräuter, -blüten & -früchte*] **T Lateinisch:** Foeniculum vulgare; Fenchelblüten sind essbar; **Mehr Information:** ↑**Essbare Blüten**

Fenchelöl [*Gesundheit*] Fenchelöl ist ein ätherisches Öl, das aus Fenchelsamen gewonnen wird. Hauptbestandteil des Öles ist Anethol (bis zu 70 %), das schleimlösend wirkt. Es wird in der pharmazeutischen Industrie für Medikamente gegen Husten und in der Lebensmittelindustrie (z. B. zum Aromatisieren von Bonbons, Likören) verwendet.

Fencheltee [*Tee*] **R** Fencheltee ist ein aus Fenchelsamen gewonnenes teeähnliches Erzeugnis. Erhältlich in Reformhäusern, Naturkostläden und gut sortierten Lebensmittelgeschäften. Zur Teezubereitung wird der Fenchelsamen kurz aufgekocht. Dieser Tee hilft bei leichten bis krampfartigen Verdauungs-Magen-Darm-Beschwerden sowie bei Völlegefühl und Blähungen und Katarrhen der oberen Luftwege. **Nebenwirkungen:** In Einzelfällen kommt es zu allergischen Reaktionen der Haut und der Atemwege. Jede Mutter kennt die Wirkung der ätherischen Öle von ungesüßtem Fencheltee bei Blähungen von Kleinkindern. Fencheltee für werdende und stillende Mütter stimuliert die Produktion von Milch und überträgt die entblähende Wirkung auf die Muttermilch und somit auf den Säugling. Bei Erwachsenen sind 2 bis 4 g, bei Kindern 1 bis 1,5 g des Samens pro Tasse ausreichend.

Fendant [*Weinkunde*] Im Schweizer Kanton Wallis üblicher Begriff für die weiße Rebsorte ↑**Chasselas** oder ↑**Gutedel**

Fendre [*Franz. Fachwort*] Spalten

Feng Chinesische Garmethode [*Asiatische Küche*] **T** ↑**Fleisch** oder ↑**Fisch** an der Luft getrocknet. Auch wenn auf diese Weise haltbar gemachte Nahrungsmittel ohne weitere Zutat verzehrfertig sind, serviert man sie doch noch meist mit frischen Beilagen. So reicht man z. B. eingesalzenen Fisch am liebsten knusprig gebraten zum ↑**Reis,** oder man kocht ihn mit Fleisch zusammen. In jedem Fall ist das Einsalzen, Trocknen und spätere Zubereiten so vorbehandelter Lebensmittel oft nur ein Schritt in einem längeren Garprozess mit mehreren Phasen. ↑**Kochen im Wok** oder ↑**Asiatisch Kochen**

Fenouil [*Franz. Speisekarte*] **T** ↑**Fenchel** Wird in Frankreich meistens in etwas ↑**Fleischbrühe** mit ↑**Butter** gedämpft

Fensterblatt [*Exotische Früchte*] **Englisch:** ceriman, delicious monstera; **Französisch:** cérimon, monstera delicieux. Fensterblatt wird auch mexikanische Ananas genannt: Beheimatet ist die Sammelfrucht in den Wäldern Südmexikos, Guatemalas, Costa Ricas und Panamas. Unter der kolbenartigen Frucht (mit einem ↑**Maiskolben** vergleichbar) mit der hellgrünen Schale verbirgt sich cremig-weißes Fruchtfleisch. Der Geschmack tendiert von ↑**Ananas** bis ↑**Cherimoya. Inhaltsstoffe:** 100 g Fensterblatt enthalten ∅ 74 kcal/310 kJ. Die Blätter des Fensterblattstrauches können bis zu 1 m lang werden, aus den Blattachseln entwickelt sich der Fruchtstand. Die volle Ausreifung der Frucht dauert bis zu 12 Monate, insofern sind an einer Pflanze Blüten, unreife und reife Früchte anzutreffen. Bei der reifen Frucht verfärben sich die sechseckigen Schalenplättchen hellgrün.

Fer [*Weinkunde*] Rebsorte aus dem Südwesten Frankreichs, auch Servadou genannt

Féra [*Franz. Speisekarte*] ↑**Felchen**

Ferchuse [*Franz. Speisekarte*] **A** ↑**Ragout** aus gemischten ↑**Innereien** (↑**Herz,** ↑**Leber,** ↑**Lunge**) von frisch geschlachteten ↑**Schweinen** mit ↑**Knoblauch,** ↑**Schalotten** und ↑Rotwein

Ferkel [*Fleischprodukte*] Als Ferkel bezeichnet man die gesäugten Jungtiere des Hausschweins bis 10 Wochen (Sus scrofa domesticus). ↑**Spanferkel** sind Ferkel, die zur frühzeitigen Schlachtung bestimmt sind und daher sehr zartes ↑**Fleisch** liefern. Nicht mehr säugende Jungtiere werden Läufer genannt.

Ferme [*Franz. Fachwort*] fest (nicht hart)

Fermentation [*Fachkunde*] Bei einer Fermentation wandeln Mikroorganismen (z. B. ↑**Hefen**) ↑**Zucker** in ↑**Alkohol,** ↑**Essig,** Gase (Kohlendioxid), kurzkettige ↑**Fettsäuren** und/oder ↑**Milchsäure** um. Diese Fähigkeiten werden z. B. zur Herstellung von Essig, ↑**Wein,** ↑**Bier,** ↑**Sauerkraut** oder ↑**Jogurt** genutzt. Die Fermentation ist der Vorläufer der modernen Biotechnologie.

Fermente [*Fachkunde*] Sind ↑**Eiweißstoffe;** sie gehören zu den Biokatalysatoren und spielen beim Umbau der Nährstoffe im Körper eine entscheidende Rolle. ↑**Enzyme**

Fermentieren [*Tee*] Die Fermentation ist ein Oxidationsprozess, bei dem die im grünen Blatt vorhandenen Gerbstoffe auf ca. 25 % reduziert werden. Die Veränderungen, die jetzt in den Blättern stattfinden, sind für Geschmack und Aroma des Schwarztees ausschlaggebend. Der Vorgang dauert ca. 2–5 Stunden. Die Blätter werden während dieser Zeit kupferrot.

Fermeture annuelle [*Franz. Fachwort*] Jährliche Betriebsferien

Fermeture hébdomadaire [*Franz. Fachwort*] Wöchentlicher Ruhetag

Fermière, à la [*Speisegarnitur*] **A** Nach Art der Bäuerin: Hierbei wird Fleisch oder Geflügel mit verschiedenen, in ↑**Butter** gedünsteten Gemüsen umlegt.

Fernet Branca & Menta [*Hausbar*] Fernet Branca ist einer der bekanntesten Bitterliköre der Welt. Er wird aus 40 Pflanzen und Heilkräutern hergestellt und hat 42 %Vol. Der Menta hat 40 %Vol. und enthält im Gegensatz zum Branca noch Pfefferminzessenzen. Der Name Fernet leitet sich von einem italienischen Arzt ab. Seine Kollegen waren es auch, die Patienten Fernet im 19. Jahrhundert als gesundheitsförderndes Heilmittel verschrieben.

Ferron [*Weinkunde*] Die rote Rebsorte (auch Ferrol) wird in der spanischen Region Galicien kultiviert. Auch in kleinem Umfang auf Mallorca.

Fertiggerichte [*Unsere Küche*] ↑**Convenience Food**

Fertigsalate [*Gemüse*] ↑**Blattsalate**

Fesa di vitello [*Ital. Speisekarte*] ↑**Kalbsnuss**

Fest [*Weinkunde*] Geschmacksausdruck, der Gaumen und Zunge stark durch kräftige Säure oder Herbheit beeindruckt und ein Gefühl von jugendlicher Kraft vermittelt, so dass man sicher ist, dass dieser Wein im Alter sanftere Nuancen annehmen wird. Weine mit dieser Geschmacksvielfalt passen ausgezeichnet zu stark gewürzten Speisen.

Festbier, Maibock, Fastenstarkbier [*Bier*] Alternative Bezeichnungen für saisonale Starkbiere. ↑**Bockbier**

Festkochende Kartoffeln [*Fachkunde*] **T** Dieser Gruppe werden die Sorten zugeordnet, die im Durchschnitt den geringsten Stärkegehalt haben. **Form:** meist länglich-schlank-oval (je länger, desto speckiger); **Info:** Festkochende Kartoffelsorten bleiben gut in Form, egal ob sie gekocht, gebraten oder gebacken werden. In Scheiben, Würfeln oder auch als ganze Kartoffeln, sie sind nicht zu übertreffen, wenn es um Formschönheit geht. Sie eignen sich für alle Gerichte, bei denen ein Auseinanderfallen der Knolle unerwünscht ist. Wann immer eine Kartoffel ihre Form behält, handelt es sich um eine festkochende Sorte. In den nördlichen und westlichen Bundesländern Deutschlands und in Österreich werden sie besonders bevorzugt. **Kocheigenschaft:** Das feste, kernige Fleisch behält beim Kochen seine schnittfeste, angenehm feuchte sowie feinkörnige Struktur. **Anwendung:** Speckige Sorten eignen sich besonders gut für Kartoffelsalat, aber auch für Salz- und Pellkartoffeln mit Biss sowie für Puffer, Rösti, Aufläufe, Gratins und feine Bratkartoffeln. ↑**Kartoffeln** und ↑**Acrylamid**

Festoni [*Ital. Speisekarte*] Girlande: breite Bandnudeln, ähnlich wie „↑**Pappardelle**" mit beidseitig stark gewellten Rändern

Feta [*Käse*] **Herkunft:** Griechenland; **Käsesorte:** ↑**Lakenkäse**, Würfel von ca. 1 cm Kantenlänge, 45–60 % ↑**Fett i.Tr.**; **Milch:** erhitzte ↑**Schafs-** oder ↑**Ziegenmilch**; **Teig:** ohne Rinde, außen und innen reinweißer Teig ohne Löcher; **Geschmack:** mäßig salzig, säuerlich, frisch; **Info:** Feta ist ein gesalzener, grob geschnittener, gepresster Bruch, der mindestens einen Monat in eigener Molke reift. Feta wird in vielen griechischen Rezepten verwendet. Griechenland hat den größten Pro-Kopf-Verbrauch an Käse (etwa 15 kg) auf der Welt. Die Herstellung von Feta lässt sich bis ins Altertum zurückverfolgen. Möglich sind noch ältere Wurzeln.

Feta, Deutscher [*Käse*] **Herkunft:** Deutschland; **Käsesorte:** ↑**Weichkäse**, 45 % ↑**Fett i.Tr.**; **Milch:** Kuhmilch; **Teig:** fest bis leicht bröckelig; **Geschmack:** aromatisch bis pikant

Fett [*Fachkunde*] **T** ↑**Fett** ist **in der Küche** unentbehrlich. Es spielt beim Kochen eine zentrale Rolle, weil es den Geschmack der Speisen wesentlich beeinflusst. Viele Aromen entwickeln sich erst in Verbindung mit Fett. Beim Braten ist es für eine gute Kruste verantwortlich, und beim Frittieren kann Fett die hohen Temperaturen erreichen, die zur Zubereitung erforderlich sind. Gebäck wird durch Fett mürbe, und ↑**Saucen** erhalten damit ihre Bindung. Als Brotaufstrich spielen ↑**Butter** und ↑**Margarine** eine wesentliche Rolle. Sollte man aus gesundheitlichen Gründen den Gebrauch von Fett einschränken, so ist es ratsam, pflanzliche Sorten zu wählen. Denn ganz ohne Fett kann man nicht auskommen. ↑**Tierfett**, ↑**Pflanzenfett**

Fett [*Weinkunde*] Ein Wein, dessen Geschmack und Konsistenz den Mund ganz ausfüllen

Fett i.Tr. oder F. i.Tr. [*Käse*] Was bedeutet die Angabe „Fett i.Tr." bei Käse? Käse wird aus ↑**Milch** hergestellt und setzt sich aus ↑**Fett**, ↑**Eiweiß**, ↑**Mineralstoffen**, ↑**Vitaminen** und Wasser zusammen. Je nach Herstellungsverfahren und Lagerung sind die verschiedenen Bestandteile in unterschiedlicher Menge im ↑**Käse** enthalten. Zur Vereinfachung des Handels und zur Orientierung für den Verbraucher werden in der Käseverordnung zwei Einteilungsprinzipien vorgegeben, die eine Systematisierung ermöglichen, nämlich die Fettgehaltsstufen und die Käsegruppen. **Fettgehaltsstufen:** Zieht man von der Käsemasse das Wasser ab, erhält man die Trockenmasse. Der Fettgehalt in der Trockenmasse (= Fett i.Tr.) in Prozent bestimmt die Zuordnung zu einer Fettgehaltsstufe:

Bezeichnung	% Fett i.Tr.
1. Doppelrahmstufe	60–87
2. Rahmstufe	50–59
3. Vollfettstufe	45–49,5
4. Fettstufe	40–44,9
5. Dreiviertelfettstufe	30–39,9
6. Halbfettstufe	20–29,9
7. Viertelfettstufe	10–19,9
8. Magerstufe	0–9,9

Die Angabe des Fettes in Bezug auf die Trockenmasse ist sinnvoll, weil der Wassergehalt während der Reifung und der anschließenden Lagerung durch Verdunstungen ständig sinkt. Bei Angabe des absoluten Fettgehalts müsste dieser wegen des unterschiedlichen Wassergehalts ständig geändert werden. Immer öfter findet der Verbraucher auch die Kennzeichnung des absoluten Fettgehaltes. Den absoluten Fettgehalt kann man überschlägig leicht selbst berechnen, indem man die Angabe zu Fett i.Tr. mit folgenden Faktoren multipliziert: bei ↑**Frischkäse** mit 0,3 – bei ↑**Weichkäse** und ↑**Schmelzkäse** mit 0,5 – bei halbfestem ↑**Schnittkäse** mit 0,55 – bei Schnittkäse mit 0,6 – bei ↑**Hartkäse** mit 0,7. Daraus ergibt sich folgende Rechnung:

Käseart	in g/100 g Käse z.B.	Fett i.Tr.	Multiplikator	absoluter Fettgehalt
Hartkäse	Emmentaler	45 %	0,70	31,5 %
Schnittkäse	Gouda	45 %	0,60	27,0 %
Halbfester Schnittkäse	Roquefort	52 %	0,55	28,6 %
Weichkäse	Camembert	45 %	0,50	22,5 %
Frischkäse	Speisequark	20 %	0,30	6,0 %

Käsegruppen: Zieht man von der Käsemasse das Fett ab, erhält man die fettfreie Käsemasse. Der Wassergehalt in der fettfreien Käsemasse in % bestimmt die Zuordnung zu einer Käsegruppe:

Bezeichnung	% Wasser
1. Hartkäse	bis 56
2. Schnittkäse	54–63
3. Halbfester Schnittkäse	61–69
4. Sauermilchkäse	60–73
5. Weichkäse	mehr als 67
6. Frischkäse	mehr als 73

Je höher der Wassergehalt, desto geringer der Trockenmassegehalt. Dadurch sind verschiedene Konsistenzen je nach Sorte charakteristisch.

Fett in der Küche [*Fachkunde*] **T** Welches Fett für welchen Zweck? **Für kalt zubereitete Speisen** wie Salate eignen sich ↑**Pflanzenöl**e mit einem hohen Anteil an ↑**Mehrfach ungesättigten Fettsäuren**, wie ↑**Maiskeimöl**, natives ↑**Raps**- und ↑**Olivenöl** oder ↑**Nussöl.** Kalt gepresste (native) Öle sind empfindlich und teuer, sie dürfen nicht erhitzt werden, ihre wertvollen Eigenschaften gehen verloren. Durch die Hitze können außerdem unerwünschte Zersetzungsprodukte entstehen, die unangenehm schmecken und ungesund sind. **Tipp:** Wegen der geringen Haltbarkeit von kalt gepressten und nicht raffinierten Ölen sollte man immer nur kleine Mengen einkaufen. **Zum Dünsten** bei niedrigen Temperaturen verwendet man Butter, Margarine oder Halb-Fett-Butter, sie eignen sich nicht zum Braten. Der hohe Wassergehalt dieser Fette kann zu gefährlichem Spritzen in der Pfanne führen, außerdem sind sie nicht hitzestabil. **Zum Braten und Schmoren sollten nur raffinierte Öle verwendet werden.** Hier eignen sich Pflanzenöle wie Rapsöl, Olivenöl, ↑**Soja**- und ↑**Sonnenblumenöl.** Beim Braten und Schmoren bewirkt das heiße Fett ein schnelles Schließen der Poren und eine Bräunung der Oberfläche. Es bilden sich Röst- und Aromastoffe sowie eine Kruste. Dadurch bleiben ↑**Nährstoffe** und ↑**Vitamine** im Bratengut weitgehend erhalten. Die Brattemperatur sollte 130–170° C nicht überschreiten. Auf keinen Fall aber dürfen die Bratfette so hoch erhitzt werden, dass starker Rauch aufsteigt. **Achtung:** Zur Reduzierung der Acrylamidbildung beim Braten von stärkehaltigen Speisen wie Bratkartoffeln aus rohen Kartoffelscheiben, Reibekuchen in der Bratpfanne sollte Margarine (mind. 80 % Fett) oder Öl mit etwas Margarine verwendet werden. ↑**Acrylamide; Gesundheitstipp:** Generell sollten Bratkartoffeln aus gekochten ↑**Kartoffeln** hergestellt werden. **Zum Frittieren** von Kartoffeln, ↑**Fleisch**, ↑**Fisch** und so genanntem Schmalzgebäck wie ↑**Krapfen** verwendet man hitzestabile, geschmacksneutrale, meist gehärtete ↑**Pflanzenfette.** Diese speziellen Frittierfette vertragen hohe Temperaturen bis 240° C, ohne gesundheitsschädliche Stoffe zu bilden. ↑**Frittierfette**, ↑**Pflanzencreme Zum Backen von Gebäck** eignen sich ↑**Butter**, ↑**Margarine** oder speziell hergestellte Backfette. **Tipps:** Öle lagert man dunkel und kühl, am besten in dunklen Glasflaschen. Licht und Wärme können das Fett nachteilig verändern. Ranziges, verdorbenes und überhitztes Öl oder Fett kann sich zersetzen, es schmeckt nicht nur schlecht, es ist auch ungenießbar. In ihnen sind gesundheitsgefährdende Stoffe enthalten, die Leber und Niere schädigen und im Verdacht stehen, krebserregend zu sein.

Fett, was ist das? [*Fachkunde*] Das mit der Nahrung aufgenommene Fett ist in Form eines ↑**Triglycerids** aufgebaut. Dies bedeutet, dass jeweils drei (= Tri) ↑**Fettsäuren** an ein Glycerin (= glycerid) gebunden sind. Die an das ↑**Glycerin** gebundenen Fettsäuren können unterschiedlich aufgebaut sein. Es gibt ↑**gesättigte Fettsäuren**, ↑**Einfach**- und ↑**mehrfach ungesättigte Fettsäuren**. Fettsäuren, deren Zufuhr lebensnotwendig ist, heißen essenzielle Fettsäuren. Fette sind in Wasser unlöslich, lösen sich aber in organischen Lösungsmitteln. Mit Hilfe von ↑**Emulgatoren** können Fette mit Wasser Emulsionen bilden. Man unterscheidet pflanzliche und tierische Fette. ↑**Pflanzliche Fette** (z. B. ↑**Sojaöl**, ↑**Olivenöl**, ↑**Sonnenblumenöl**) sind den tierischen Fetten (↑**Butter**, ↑**Schweineschmalz**) vorzuziehen, da pflanzliche Fette meist einen größeren Anteil ungesättigter Fettsäuren enthalten, die der Körper zum Teil nicht selbst herstellen kann. Außerdem wirken diese Fettsäuren günstig auf den ↑**Cholesterin**spiegel. ↑**Tierische Fette** haben einen hohen Anteil gesättigter Fettsäuren, die einen negativen Einfluss auf den Cholesterinspiegel haben und damit die Arterienverkalkung begünstigen. **Der menschliche Organismus braucht Fett:** Es übernimmt lebensnotwendige Aufgaben im Körper, z. B. als ↑**Energie**lieferant, Träger fettlöslicher ↑**Vitamine**, Lieferant essenzieller Fettsäuren, als Kälteschutz, Polster- und Stützfunktion. Weiterhin ist Fett Träger von Geschmacks- und Aromastoffen und somit für den Wohlgeschmack vieler Speisen verantwortlich. Da Fett ein konzentrierter Energielieferant ist, sollte sparsam damit umgegangen werden. 1 g Fett liefert ⌀ 9,3 kcal/39 kJ. Fett ist oft nicht direkt sichtbar, z. B. in ↑**Wurst** oder ↑**Käse** (↑**Versteckte Fette**). Empfehlenswert für Jugendliche und Erwachsene ist eine Zufuhr von 55 bis 80 g Fett pro Tag, bei Männern und Frauen über 65 Jahre sogar nur 55 bis 60 g pro Tag.

Fettarme Milch [*Milchprodukt*] **Inhaltsstoffe:** 100 g fettarme ↑**Milch** enthält ⌀ 48 kcal/201 kJ, 1,5 bis 1,8 g Fett, 4,9 g Kohlenhydrate, 3,4 g Eiweiß, 7,5 µg Jod, 0,12 g Calcium. Der Fettgehalt der Milch wird in der Molkerei mechanisch eingestellt. Dabei wird zuerst das ↑**Milchfett** aus der Milch entfernt und anschließend in entsprechender Menge zur Einstellung des

Fettgehaltes wieder zugemischt. Im Vergleich zu Vollmilch hat fettarme Milch einen leicht wässrigen Geschmack.

Fettarmer Jogurt [*Milchprodukt*] Fettarmer ↑**Jogurt** wird aus fettarmer ↑**Milch** hergestellt. **Inhaltsstoffe:** 100 g fettarmer Jogurt enthält ∅ 46 kcal/193k J, 1,5 bis 1,8 g Fett, 4,1 g Kohlenhydrate, 3,4 g Eiweiß, 0,13 g Calcium

Fettarmer Kefir [*Milchprodukt*] Fettarmer ↑**Kefir** wird aus fettarmer ↑**Milch** hergestellt. **Inhaltsstoffe:** 100 g fettarmer Kefir enthält ∅ 50 kcal/209 kJ, 1,5 bis 1,8 g Fett, 4,1 g Kohlenhydrate, 3,4 g Eiweiß, 0,12 g Calcium

Fettbemme [*DDR-Küche*] Scheibe Brot mit Schmalz

Fette Henne [*Wildkräuter, -blüten & -früchte*] **T** **Lateinisch:** Sedum telephium; **Info:** Die saftigen, fleischigen Blätter sind essbar. **Standort:** Fette Henne findet sich an lichten, mageren Standorten wie Geröllhalden, Magerrasen, Waldlichtungen, Wegen und Felsen. **Geschmack:** Mild nussig, leicht zusammenziehend; **Verwendung in der Küche:** Die Blätter passen gut an gemischte Salate und ergeben in ↑**Butter** gedünstet ein feines ↑**Gemüse. Wirkung in der Volksmedizin:** Pflanze und Presssaft werden zum Blutstillen und zur Wundheilung verwendet. Diese Anwendung ist heute allerdings nur noch selten. **Fette Henneblüten – Lateinisch:** Sedum maximum; Fette Henneblüten haben einen süßlichen Geschmack und können universell eingesetzt werden. **Mehr Information:** ↑**Essbare Blüten**; Fette Henne ist auch eine Bezeichnung für den Speisepilz ↑**Krause Glucke**

Fettes Meiserl [*Österr. Küche*] Rinderhals

Fettfische [*Fisch*] **T** Als Fettfische bezeichnet man Fische, deren Fleisch von 2 % bis zu 25 % und mehr Fett enthalten. Zu ihnen zählen ↑**Lachs**, ↑**Hering**, ↑**Makrele**, ↑**Aal** und ↑**Karpfen**. Fettfische (außer Süßwasserfische wie Aal und Karpfen) zeichnen sich durch ihren hohen Gehalt an ↑**Omega-3-Fettsäuren** aus. Diese ↑**mehrfach ungesättigten Fettsäuren** wirken sich positiv auf den Fettstoffwechsel aus.

Fettgebackenes [*Unsere Küche*] In tiefem Fett schwimmend gebackene Speisen. Wird heute auch als „Frittiertes" bezeichnet.

Fettgehalt [*Fachkunde*] Der Gehalt eines Lebensmittels an Fett. Er wird meist in Prozent des Produktgewichtes angegeben, z. B. ↑**Milch** mit 3,5 % Fett. In ↑**Käse** ist er auf die Trockenmasse bezogen. ↑**Fett i. Tr.**

Fettglasur [*Backstube*] Fettglasur gilt im Gegensatz zur ↑**Kuvertüre** als nachgemachte Schokoladenüberzugsmasse. Sie ist zwar billiger und einfacher in der Anwendung, darf jedoch für Qualitätserzeugnisse wie ↑**Marzipan**, ↑**Nougat**, ↑**Krokant**, ↑**Makronen**, ↑**Baumkuchen**, ↑**Sachertorte** usw. nicht verwendet werden. Da sie billiger ist als Kuvertüre, ist sie deklarationspflichtig, d. h. es muss beim Verkauf anzeigt werden, dass es sich um eine billigere Fettglasur handelt. Fettglasur besteht aus abgepresster ↑**Kakao**masse und ↑**Zucker** und hat einen Fettgehalt, der überwiegend aus Hartfetten wie ↑**Erdnussfett**, ↑**Kokosfett** besteht.

Fetthärtung [*Fachkunde*] Fetthärtung ist ein Verfahren zur Herstellung von streichfähigen Fetten aus Ölen tierischer oder pflanzlicher Herkunft, z. B. der Erzeugung von ↑**Margarine** aus Öl. Die Fetthärtung muss durch Angaben auf der Verpackung wie „gehärtet" oder „z. T. gehärtet" kenntlich gemacht werden. Bei der Fetthärtung werden die ungesättigten Bindungen der Fettsäuren geknackt und in gesättigte umgewandelt. Es entstehen dabei so genannte „↑**Transfettsäuren**", die im Verdacht stehen, den Fettstoffwechsel negativ zu beeinflussen (sie sollen die Bildung wichtiger Gewebshormone hemmen).

Fettklöße [*Regionale Spezialität*] **R** Auch Klieben oder Klüten genannt. Die norddeutsche bzw. Hamburger Spezialität sind kleine ↑**Klöße** aus ↑**Kartoffeln**, ↑**Mehl** oder ↑**Grieß** mit Wasser, ↑**Fett**, ↑**Ei**, ↑**Salz** und ↑**Muskat**. Diese Klöße können als Hauptmahlzeit oder Beilage zu ↑**Fisch**gerichten gegessen werden. Unverzichtbar in Traditionsgerichten wie ↑**Hamburger Plockfinken**, Kompott aus ↑**Backobst** usw.

Fettlösliche Vitamine [*Gesundheit*] **T** Zu ihnen gehören die ↑**Vitamine** ↑**A**, ↑**D**, ↑**E** und ↑**K**. Die fettlöslichen Vitamine können im Gegensatz zu den ↑**wasserlöslichen Vitaminen** im körpereigenen Fettgewebe über längere Zeit gespeichert werden und dienen als Reserve. Sind ausreichende Mengen eines Vitamins gespeichert, so entwickelt sich bei ungenügender Vitaminzufuhr ein Vitaminmangel nur langsam, weil der Körper auf die angesammelten Reserven zurückgreifen kann. Die Speicherfähigkeit von fettlöslichen Vitaminen im Körper stellt bei ausgewogener Ernährung keine Gefahr dar, jedoch bei übermäßiger Zufuhr können gefährliche Überdosierungen entstehen, die vom Körper nicht reguliert werden. Dieser Umstand ist bei der Einnahme von Vitamin-Präparaten (Tabletten) und hier besonders bei Vitamin A und D gegeben, die schwere gesundheitliche Störungen auslösen können.

Fettsäuren, Lebenswichtige [*Gesundheit*] Die Bausteine der Nahrungsfette dienen in erster Linie als Energieträger. Je nach Struktur der Kohlenstoffverbindungen unterscheidet man gesättigte von einfach oder mehrfach ungesättigten Fettsäuren: **1.** ↑**Gesättigte Fettsäuren** kommen vor allem in tierischen Lebensmitteln wie ↑**Fleisch**- und ↑**Wurstwaren**, ↑**Butter** oder auch ↑**Kokosfett** vor. Sie fördern die ↑**Cholesterin**-Bildung und erhöhen so das Risiko für Herz-Kreislauf-Erkrankungen. **2.** ↑**Einfach ungesättigte Fettsäuren** stammen vorwiegend aus Pflanzen und stecken hoch wirksam in nativem ↑**Oliven**- oder ↑**Rapsöl**. Sie wirken günstig auf das Herz-Kreislauf-System und senken das Risiko für Herz-Kreislauf-Erkrankungen. **3.** ↑**Mehrfach ungesättigte Fettsäuren** kann der Körper nicht selbst herstellen, man bezeichnet sie deshalb als ↑**essenziell.** Sie sind überwiegend pflanzlicher Herkunft und werden in ↑**Omega-3-** und ↑**Omega-6-Fettsäuren** eingeteilt, die für den Körper besonders wichtig sind. Diese Fettsäuren sind Bestandteile der Zellmembranen und an zahlreichen Stoffwechselprozessen beteiligt. **Zu den Omega-6-Fettsäuren gehören:** Gamma-↑**Linolensäure,** Linolsäure und Arachidonsäure. **Gamma-Linolensäure** wirkt entzündungshemmend und hilft bei Neurodermitis. **Zu den Omega-3-Fettsäuren gehören:** Alpha-Linolensäure, Eicosapentaensäure, Docohexaensäure. **Alpha-Linolensäure** ist vorrangig pflanzlicher Herkunft, während die beiden anderen Omega-3-Fettsäuren vor allem in fettem Seefisch vorkommen. Omega-3-Fettsäuren wirken sich positiv auf den Fettstoffwechsel aus, weil sie erhöhte Cholesterin- und ↑**Triglycerid**werte senken können, was ein Absenken des ↑**Arteriosklerose**risikos bedeutet. Omega-3-Fettsäuren sind wichtig für die embryonale Entwicklung in der Schwangerschaft. Sie wirken entzündungshemmend, finden bei zahlreichen Erkrankungen Anwendung, so bei Herz-Kreislauf-Erkrankungen, Fettstoffwechselstörungen und chronisch entzündlichen Darmerkrankungen. Nach einem Herzinfarkt wirken Omega-3-Fettsäuren positiv. **Wichtig: Mehr ↑Fisch und weniger Fleisch essen.** Zwei Seefischmahlzeiten pro Woche sind empfehlenswert.

Fettsucht [*Fachkunde*] ↑**Adipositas**

Fettuccine [*Allgem. Nährmittel. Ital. Speisekarte*] Schmale ↑**Bandnudeln**

Feu [*Franz. Speisekarte*] Feuer

Feu de bois [*Franz. Speisekarte*] Holzkohlenfeuer

Feuchthaltemittel [*Fachkunde*] Sind Lebensmittelzusatzstoffe, die das Austrocknen von Lebensmitteln verhindern, indem sie Wasser binden. Sie werden überwiegend in Süßwaren eingesetzt und heißen: Glycerin (E 422), Polydextrose (E 1200) und Sorbit (E 420). ↑**E-Nummern**

Feuerbohnen [*Allgem. Nährmittel*] ↑**Bohnen**

Feuersteingeschmack [*Weinkunde*] Ein für sehr trockene, steinig schmeckende Weine typischer Geschmack, z. B ↑**Chablis,** manche ↑**Sancerre** oder ↑**Vernaccia**

Feuerteufel [*Fleischprodukte*] Regionale Bezeichnung für ein grob gekörntes, sehr scharf gewürztes ↑**Brühwürstchen**

Feuertopf [*Intern. Länderküche*] **R** Der Feuertopf ist ein fester Bestandteil der nördlichen ↑**Chinesischen Küche** und dort genauso beliebt wie unser ↑**Fondue.** Beim Feuertopfessen wird am Tisch gekocht, was man gerne isst. ↑**Gemüse,** ↑**Fleisch,** ↑**Fisch** und Beilagen werden – außer dem ↑**Klebereis** – roh an den Tisch gebracht. Im Gegensatz zu einem klassischen Fondue verwendet man kein erhitztes Fett, sondern eine kräftig abgeschmeckte ↑**Würzbrühe,** um die Zutaten zu garen (ist gesünder, das Haus riecht nicht nach heißem Fett). **Verwendet werden nach Geldbeutel und Geschmack:** Rinderfilet oder -lende in feinen Scheiben; Hühnchenbrust in feinen Scheiben; Kalbsleber in feinen Scheiben; Schweinefilet oder -lende in feinen Scheiben; ↑**Seelachs**filet in 1-cm-Würfeln; ↑**Garnelen**schwänze; ↑**Champignon**köpfe frisch halbiert; ↑**Austernpilze** frisch in Streifen; getrocknete Wolkenohrenpilze (↑**Mu-err**) eingeweicht und vorgekocht oder ↑**Shiitake-Pilze** in feinen Scheiben frisch; ↑**Glasnudeln** eingeweicht und 10 cm lang geschnitten; ↑**Frühlingszwiebeln** in 2-cm-Stücken; Rote und grüne ↑**Paprika**schoten in breiten Streifen; ↑**Karotten** in Längsstreifen; ↑**Blattspinat,** gut gewaschen und roh; ↑**Chinakohl** in 2-cm-Stücken; ↑**Bambussprossen** aus der Dose in dünnen Scheiben; Sojasprossen (↑**Sojabohnenkeime**); Rohe ↑**Eier** für die Suppe zum Schluss; ↑**Klebereis** kochen, abkühlen lassen und $1^1/_2$ cm kleine Kugeln formen; Helle ↑**Sojasoße;** Süß-saure ↑**Ingwer**sauce; Scharf-süße ↑**Pflaumensauce;** ↑**Schnittlauch**dip und ↑**Knoblauch**-Sauce. Die rohen Zutaten werden mit einem Paar Stäbchen in die ↑**Brühe** gelegt und mit einem anderen Paar gegart herausgeholt. Die garen Speisen taucht man zum Verzehr in vorbereitete ↑**Saucen** und ↑**Dips.** Als Höhepunkt und Ende der Mahlzeit hat man eine köstliche, gehaltvolle Suppe, in der alle Reste und das Ei verwertet werden.

Feuerzangenbowle [*Hausbar*] **R** Punschgetränk, das schon vor 200 Jahren als „Krambamboli" bekannt war. Sie ist zwar nicht mehr ganz zeitgemäß, gilt aber immer noch als „das" romantische Gesellschaftsgetränk der kalten Jahreszeit. Um die belebende Bowle machen zu können, benötigt man einen Kochtopf oder schönen Kupferkessel, eine lange Kelle für die ↑**Spirituose** und ein feuerfestes Sieb, auf das man den ↑**Zuckerhut** legen kann (schöner ist eine Feuerzange). **Rezept für 8 Personen:** 4 Flaschen trockenen Rotwein; 1 Flasche brauner (Jamaika) ↑**Rum** (54 % Vol.); je 2 unbehandelte ↑**Zitronen** und ↑**Orangen;** 3 ↑**Zimt**stangen; 3–4 ↑Gewürz**nelken;** 1 Zuckerhut (250 g); **Zubereitung:** Die unbehandelten Zitronen und Orangen abwaschen und die Schale dünn ohne das Weiße abschälen. Den Rotwein zusammen mit den Schalen und Gewürzen in einem feuerfesten Kupfertopf oder Topf erhitzen, aber nicht kochen. Den Rum im Wasserbad leicht erwärmen. Den Zuckerhut auf eine Feuerzange über den Topf legen, mit Rum beträufeln und anzünden. Ehe die Flamme erlischt, mit einer Schöpfkelle etwas Rum nachgießen. Ist der Zucker vollständig in die Bowle getropft, Schalen, Zimtstangen und Gewürznelken mit einem Sieb entfernen und die Feuerzangenbowle in Tee- oder Punschgläsern servieren.

Feuilette [*Weinkunde*] Frankreich/Burgund: Veraltete Größe bei Holzfässern aus dem Chablis, 136 l Inhalt

Feuille [*Franz. Speisekarte*] Blatt

Feuille de laurier [*Franz. Fachwort*] ↑**Lorbeerblätter**

Feuille de vigne [*Franz. Speisekarte*] ↑**Weinblätter**

Feuilletage, feuilletée [*Franz. Speisekarte*] ↑**Blätterteig**

Feurig [*Weinkunde*] Volkstümlicher positiver Ausdruck für kräftige Rotweine, manchmal auch bei Weißweinen. Gemeint sind Weine, die einen hohen Alkoholgehalt haben und dadurch sehr ausdrucksstark wirken. Aber auch Rotweine, die eine ausgeprägte Farbe haben, können so bezeichnet werden.

Fèves [*Franz. Speisekarte*] ↑**Puffbohnen**

Fèves à la crème [*Franz. Speisekarte*] **A** Frische ↑**Bohnenkerne** (↑**Dicke Bohnen**) in einer Sahnesoße

Fiaker [*Österr. Küche*] ↑**Kaffee** mit ↑**Rum** im Wasserglas serviert (österr. Kaffeespezialität)

Fiakergulasch [*Österr. Küche*] **A** Rindergulasch garniert mit ↑**Spiegelei**, gefächerter ↑**Gewürzgurkenhälfte**, einem gebratenen ↑**Wiener Würstchen** (Einspänner) und evtl. garniert mit frischen ↑**Paprikastreifen**. ↑**Gulasch**

Fiambres [*Span. Speisekarte*] Kalte Platte

Fiambres surtidos [*Span. Speisekarte*] Gemischter Aufschnitt

Ficelle [*Franz. Speisekarte*] Sehr dünnes ↑**Baguette**, Bindfaden, Schnur

Ficellieren [*Franz. Fachwort*] Gargut noch roh mit Haushaltsgarn zusammenbinden und in Form halten. ↑**Bridieren**

Fico [*Ital. Speisekarte*] ↑**Feige**

Fide [*Ital. Speisekarte*] Ligurische Bezeichnung für mitteldicke Spaghetti, entspricht den neapolitanischen Vermicelli

Figado de vitela [*Span. Speisekarte*] ↑**Kalbsleber**

Figatelle [*Franz. Speisekarte*] **T** Lange, dünne geräucherte ↑**Wurst** aus ↑**Schweinefleisch**, -↑**fett**, -↑**leber**, ↑**Knoblauch**, gemahlenen ↑**Lorbeerblättern** und ↑**Weißwein**, sie wird roh oder gegrillt gegessen

Figs [*U.S. Kitchen*] ↑**Feigen**

Figue [*Franz. Speisekarte*] ↑**Feige**

Filatakäse [*Käse*] Die Herstellungsmethode ist die gleiche wie für alle ↑**Brüh-** oder ↑**Knetkäse.** Die erhitzte ↑**Molke** wird zunächst gelabt und dann zum ↑**Bruch** gegeben. Man lässt die Mischung ruhen und seiht dann die Molke ab. Der Bruch wird nun ein weiteres Mal in heiße Molke getaucht und 30 Min. bei 45° C darin belassen. Die nun allmählich elastisch werdende Masse wird in Streifen geschnitten und wiederum in heißes Wasser und Molke getaucht. Der Käser kann schließlich den geschmeidigen Teig kneten und ziehen. Nach diesem Verfahren des Zerschneidens (mozzare) und Ziehens (filare) sind bereits im 15. Jahrhundert der Name ↑**Mozzarella** und der Käsetyp mit dem Namen „Pasta filata" (gezogener Teig) entstanden. Schließlich wird die Masse zu großen, runden Klumpen geformt, die man ein letztes Mal mit heißer Molke überbrüht. Damit erhält der Teig noch ein Quäntchen mehr Elastizität, sodass man ihm alle möglichen Formen geben kann: Zöpfe, Würste, Früchte, Tiere oder Männchen.

Filea [*Kartoffelsorte*] **Kochtyp:** ↑**Festkochende Kartoffeln** – „Speckige Kartoffel" genannt; **Herkunft:** Deutschland; **Jahr der Zulassung:** 1993; **Schale:** gelb; **Fleisch:** gelb; **Knolle:** langoval; **Reifezeit:** mittelfrüh

Filet [*Fachkunde*] Als Filet werden verschiedene Nahrungsmittel bezeichnet: **1.** Beim Schlachtfleisch das im Nierenfett eingebettete, hinter dem Lendenknochen liegende, lange, spitz zulaufende Muskelstück. Andere Bezeichnung im deutschsprachigen Raum: **Große Lende, Haas, Lende, Jungfernbraten, Lümmel, Lummer, Lungenbraten, Schlachtbraten, Nierenstück; 2.** Bei Geflügel Brustschnitte oder Brüstchen; **3.** Bei Fisch die längs der Gräte abgelösten Schnitten; **4.** Bei Zitrusfrüchten die einzelnen Spalten.

Filet américain [*Intern. Länderküche*] Begriff aus der belgischen Küchenkultur für ein rohes ↑**Steak** aus ↑Rinder**hackfleisch**

Filet mignon [*Intern. Länderküche*] Kleine runde Scheibe aus der Filetspitze des ↑**Rinds**, kann auch von ↑**Kalb** oder ↑**Schwein** geschnitten werden und muss auf der Speisekarte vermerkt sein. Dieses Filetsteak ist 100–200 g schwer.

Filet Stroganoff [*Unsere Küche*] ↑**Stroganoff**

Filet Wellington [*Speisegarnitur*] **A** Rinderfilet im Teigmantel gebacken. ↑**Wellington**

Filete [*Mexicofood*] ↑**Filet**, ↑**Steak**

Filete de pescado frito [*Span. Speisekarte*] Gebackenes ↑Fisch**filet**

Filete de solomillo [*Span. Speisekarte*] ↑Filet**steak**

Filetes de cherne [*Span. Speisekarte*] ↑Silber**barsch**filets

Filetieren [*Unsere Küche*] **T 1.** Das Lösen der fleischigen Seitenteile eines ↑**Fisch**es von den Gräten; **2.** Bei ↑**Schlachttieren** das Heraustrennen des Fleisches auf beiden Seiten des Rückgrats; **3.** Bei ↑**Zitrusfrüchten** das Entfernen der Schale bis zum Fruchtfleisch, mit einem Messer werden die einzelnen Spalten herausgehoben.

Filetkopf [*Fleischprodukte*] Das dicke Ende des Filets bei ↑**Schlachtfleisch**, es ist in den oberen Teil des Beckenknochens (Schlossknochen) eingebettet.

Filetsteak [*Übersetzer*] **Englisch:** filet steak; **Französisch:** filet grillé; **Italienisch:** filetto di manzo; **Spanisch:** filete de solomillo asado. ↑**Steak**

Filini [*Ital. Speisekarte*] **T** Dünne, kurze und leicht gekrümmte Fadennudel. Diese klassische ↑**Suppennudel** wurde während der Erntezeit in einer Brühe gegessen. Ursprünglich eine Spezialität aus Neapel, wo bereits 1579 eine offizielle Satzung für Filini-Produzenten ihre Form festlegte. Auch in der lombardischen Küche als zusätzliche Einlage für ↑**Zuppa pavese** (Suppe mit ↑**Brot** und ↑**Ei**). In der Türkei kennt man sie als Einlage in Gemüseeintöpfen.

Filler [*Hausbar*] **Englisch:** Auffüllgetränk – bei einem ↑**Longdrink** oder ↑**Cocktail**, z. B. Orangensaft oder ↑**Cola**

Filloteig [*Griech. Speisekarte*] **R** In Griechenland gilt es als Kunst, seidenpapierdünne Blätter aus Filloteig herzustellen, diese zu füllen und anschließend frittiert oder auf einem mit Butter gefetteten Backblech im Ofen zu backen. Der Filloteig selbst ist recht unspektakulär, erfordert aber einige Übung in der Zubereitung. 500 g ↑**Mehl**, 25 ml ↑**Weinessig**, 50 ml natives ↑**Olivenöl** extra, 1 TL ↑**Salz**, 300 ml Wasser, ↑**Maismehl** zum Ausrollen. Mehl, Essig, Olivenöl, Salz und Wasser in eine Schüssel geben und lange kneten, bis der Teig wirklich elastisch ist. Die Schüssel mit dem Teig im Kühlschrank abgedeckt eine Stunde ruhen lassen. Anschließend den Teig in Portionen unterteilen, die Arbeitsfläche mit Maismehl bestreuen und mit dem Rundholz ausrollen. Den Teig immer wieder um 90° drehen, bis die gewünschte Dicke erreicht ist. Verschiedene Lagen mit Öl voneinander trennen. Filloteigblätter gibt es auch tiefgekühlt im griechischen oder türkischen Lebensmittelladen zu kaufen.

Filtrieren [*Unsere Küche*] Abseihen einer Flüssigkeit durch Filterpapier oder ein Tuch

Filz [*Österr. Küche*] ↑**Schweinespeck**

Fin, -e [*Franz. Speisekarte*] Fein

Financière, à la. Nach Art des Finanziers [*Speisegarnitur*] **A 1. Speisegarnitur** für **große** und **kleine Fleischstücke, Kalbsbries** und **Geflügel**-↑**Kalbs-** oder Geflügelnockerl, ↑**Hahnenkämme** oder ↑**Kalbsnieren**scheiben, ↑**Champignons**, ↑**Trüffel**scheiben, eventuell ↑**Oliven. Sauce:** Gebundener ↑**Fond** mit ↑**Weißwein** vollendet; **2.** Feines Mandelbiskuit mit ↑**kandierten Früchten**

Fine [*Franz. Speisekarte*] Natürlicher ↑**Weinbrand** von guter Qualität aus der angegebenen Region

Fine champagne [*Franz. Speisekarte*] ↑**Cognac**

Fine de claire [*Franz. Speisekarte*] ↑**Austern**sorte

Fine maison [*Franz. Speisekarte*] Markenloser ↑**Cognac**

Fines herbes (feine Kräuter) [*Gewürze & Kräuter*] **A** Gehören in die anspruchsvolle Küche und sind eine Mischung verschiedener frischer Kräuter. Wer die klassische französische Küche liebt, muss sie in sein Repertoire aufnehmen. **Aussehen:** Zu dieser Kräutermischung gehören ↑**Schnittlauch**, ↑**Kerbel**, ↑**Petersilie** und ↑**Estragon**. Erweitert werden kann sie noch durch gehackte ↑**Champignons** und ↑**Trüffel. Geschmack:** feines, besonders kostbares Kräuteraroma. **Im Handel erhältlich:** Sind die einzelnen, nach Möglichkeit frischen Kräuter. Mittlerweile gibt es eine tiefgekühlte Acht-Kräuter-Mischung, die (etwas ergänzt) gar nicht schlecht ist. Die getrockneten Fertigmischungen haben mit den klassischen „fines herbes" nicht mehr viel gemeinsam, sie enthalten u. a. ↑**Majoran**, ↑**Salbei** oder auch ↑**Bohnenkraut** und ergeben einen strohigen Geschmack. **Wichtigste Vorbedingung für den Umgang mit den feinen Kräutern:** Sie müssen unbedingt frisch sein. Nur Estragon darf man ausnahmsweise getrocknet verwenden. Ist eines der Kräuter (Vorsicht bei ↑**Kerbel**) nicht frisch vorhanden, lieber weglassen und stattdessen ↑**Dill** oder ↑**Basilikum** nehmen. Feingehackte Champignons kommen zusätzlich in Sahnesaucen und ↑**Ragouts**. Ganz festlich wird es, wenn man noch Trüffel dazugibt. **Wichtig!** ↑**Pilze** lässt man immer von Anfang an mitziehen. **Mit fines herbes würzt man:** feine Eierspeisen – feine gebundene Suppen – ↑**Frischkäse** oder ↑**Quark** (passend: noch ein Hauch ↑**Knoblauch** und ↑**Schalotten**) – ↑**Kräuterbutter** für Gegrilltes oder geschmolzene ↑**Butter** für ↑**Spargel**-Füllungen für ↑**Wachteln**, ↑**Froschschenkel** (in Butter, ↑**Weißwein**, ↑**Zitronensaft**, Salz und Kräutern geschmort) – weiße Saucen (z. B. ↑**Velouté**, ↑**Hollandaise**) für ↑**Kalb**, ↑**Lachs** oder ↑**Forelle**; **Würzkombinationen mit fines herbes:** mit Schalotten, weißem Pfeffer und evtl. Knoblauch. **Vom Umgang mit den feinen Kräutern:** Die Kräuter zur Hälfte am Schluss kurz mitkochen lassen, die andere Hälfte erst über das fertige Gericht geben.

Fingerbowl [*Fachkunde*] **T** (Auch: Fingerschalen) Sie gehört zu einem perfekten Service und wird nach dem Essen zum Reinigen der Finger benutzt: lauwarmes Wasser in einer Schale, meist mit ↑**Zitrone** gereicht. Die Hände trocknet man mit bereitgelegten Servietten.

Fingerfood [*Fachkunde*] Begriff für kleine, mundgerechte ↑**Snacks**, die lässig in 2–3 Happen ohne Besteck gegessen werden. **Essen mit den Fingern:** Das zumindest in der westlichen Hemisphäre bisher ausschließlich Kindern vorbehaltene Essvergnügen ist inzwischen selbst in feiner Gesellschaft eine trendige Angelegenheit aller ethnischen Richtungen. Egal ob auf privaten Partys oder zu offiziellen Empfängen, die aus der Hand gegessenen Appetithappen wie ↑**Sushi**, ↑**Spare ribs** und ↑**Chickenwings**, ↑**Canapés**, ↑**Tortillas**, ↑**Quesadas** oder ↑**Bruschetta** erfreuen sich größter Beliebtheit.

Fingernudeln [*Regionale Spezialität*] ↑**Schupfnudeln**

Finka [*Kartoffelsorte*] **Kochtyp:** ↑**Vorwiegend festkochende Kartoffeln; Herkunft:** Deutschland; **Jahr der Zulassung:** 2001; **Schale:** gelb; **Fleisch:** gelb; **Knolle:** oval groß; **Reifezeit:** sehr früh – früh

Finnan haddies [*Intern. Länderküche*] Begriff aus schottischer Küchenkultur: geräucherter ↑**Schellfisch**, in ↑**Milch** und ↑**Butter** gekocht

Finnan haddock [*Intern. Länderküche*] Spezialität aus Schottland. Hierfür wird der ↑**Fisch** ohne Kopf so aufgeschnitten, dass die beiden Hälften noch zusammenhängen, und anschließend geräuchert, bis er strohfarben oder dunkler ist.

Finne (Biologie) [*Gesundheit*] Larven von Bandwürmern, das sich verkapselt im Muskelfleisch von Wirbeltieren und Süßwasserfischen befinden können. Durch die gesetzlich geregelte Fleischbeschau durch einen Veterinär nach dem Reichsfleischschaugesetz von 1940 und nachfolgenden Ergänzungen kommt Fleisch nur zum Verkauf, wenn die jeweiligen Tiere nach einer Untersuchung auf Erkrankungen (z.B. Milzbrand) für schlachttauglich befunden wurden. Ihr Fleisch muss frei von Kleinstlebewesen (Bakterien, Würmern, Finnen, Trichinen etc.) und Toxinen sein und somit für den menschlichen Verzehr geeignet. Untaugliches Fleisch wird vernichtet; minderwertiges oder bedingt taugliches Fleisch (↑**Freibankfleisch**) darf nur unter bestimmten Voraussetzungen weitergegeben oder weiterverarbeitet werden. ↑**Bandwurmbefall** & ↑**Nematoden**

Finnische Küche [*Internat. Länderküche*] Die finnische Küche ist stark von den Nachbarländern beeinflusst. Sie ist gesund, einfach, rustikal und doch fantasiereich. Die Grundzutaten, die man als schnörkellos, naturverbunden und ursprünglich bezeichnen kann, kommen zu großen Teilen aus den Wäldern des Landes. Sie liefern ↑**Elch**- und Bären**fleisch**, schmackhafte ↑**Pfifferlinge** und ↑**Steinpilze**, ↑**Himbeeren**, ↑**Brombeeren**, ↑**Blaubeeren**, ↑**Walderdbeeren**, ↑**Moos**- und ↑**Preiselbeeren** sowie die arktische ↑**Moltebeere**. Diese Beeren sind, zu ↑**Marmeladen** gekocht und über den Winter haltbar gemacht, eine wichtige Vitamin- und Mineralstoffquelle der Finnen, da über einen langen Zeitraum kein einheimisches frisches Gemüse zu haben ist. Daneben bauen die finnischen Bauern reichlich ↑**Kartoffeln** sowie ↑**Roggen**, ↑**Hafer** und ↑**Gerste**, ↑**Karotten** und ↑**Steckrüben** an und züchten schmackhafte ↑**Rinder** und ↑**Schweine**. Natürlich hat das „Land der tausend Seen" reichlich Süßwasserfisch auf dem Speisezettel, aber auch Salzwasserfische, insbesondere ↑**Hering** und ↑**Krabben**. Roggenbrot aus ↑**Sauerteig** spielt eine wichtige Rolle in der finnischen Küche. Bekannt sind u. a. ↑Roggen**knäckebrot**, Roggenfladenbrot **reikäleipä** („Lochbrot" – ein rundes Brot mit einem Loch in der Mitte) und **saaristolaisleipä**, ein tiefdunkles Brot aus dem Schärengebiet, in das auch manchmal Blut eingebacken wird. **Pitopöytä**, der traditionelle Festtisch, bietet ein Panorama finnischer Gerichte wie: ↑**Graved Lachs** oder gebeizte Große ↑**Maräne**, ↑**Neunaugen** und Hering mit verschiedenen Soßen. Die berühmte finnische Fischsülze und ↑**Rogen** der Kleinen und Großen Maräne sowie der ↑**Aalraupe** dürfen nicht fehlen. Wird der Fisch kalt serviert, reicht man gerne „**rosolli**", einen Salat aus ↑**Roter Beete**, Karotten, Kartoffeln, ↑**Äpfeln** und ↑**Zwiebeln**. Fisch wird in verschiedenster Weise zubereitet: ↑**Lachs**, Große Maränen, ↑**Brachsen** und Neunaugen werden warm oder auch kalt geräuchert, geröstet, gegrillt, in Papier gebacken oder an der Glut eines offenen Feuers zubereitet. Auch geräuchertes ↑**Rind**-, ↑**Schweine**-, ↑**Lamm**- und ↑**Rentierfleisch** sowie Würste gehören zu den Lieblingsgerichten der Finnen. Das Hauptgericht eines klassischen **pitopöytä** ist ein saftiger ↑**Braten** oder Topfgericht. Beliebte Beilagen dazu sind Aufläufe aus ↑**Makkaroni**, Karotten, ↑**Reis** und ↑**Steckrüben** oder auch Kartoffeln in verschiedenen Zubereitungen, denn sie gehören in Finnland fast zu jedem Essen. Zu den Beilagen gehören in Essig eingelegte Rote Beete, ↑**Salzgurken** und pürierte Preiselbeeren oder Preiselbeerkonfitüre. Zu Fleisch wird gern Beerengelee oder -konfitüre gereicht: aus Preiselbeeren oder Moosbeeren. Beeren bilden auch die Grundlage der meisten ↑**Desserts**. Sie werden roh, als Suppe oder als **kissel** (ein unpassierter, leicht gebundener Beerenpudding, **kiisseli**) gegessen. Die traditionellen finnischen ↑**Eierkuchen lettu** sind sehr klein und werden mit Erdbeer- oder Himbeerkonfitüre serviert. **Weitere finnische Spezialitäten sind:** Rentierschinken, **Karjalanpaisti** (Karelischer Fleischtopf, eine Art ↑**Gulasch** mit versch. Fleischsorten), karelische Pirogge (**karjalanpiirakka**), ein kleines Gebäck aus ↑**Milchreis** in einem Mantel aus Roggenteig, wird traditionell mit ↑**Butter** und ↑**Eiern** gegessen, aber auch mit ↑**Wurst**, ↑**Käse** usw. Wird als Brot benutzt. Geräucherter Lachs (**savulohi**) wird warm serviert. Gekringeltes Würstchen (**lenkkimakkara**), eine durchschnittlich gewürzte Wurst, die mehr ↑**Mehl** als Fleisch enthält; schmeckt am besten gegrillt mit einem Klecks finnischen Senfs (**sinappi**), der sehr mild und süß ist. Brotkäse (**leipäjuusto**), eine Art ↑**Quark**, wird am besten mit Moltebeermarmelade serviert. ↑**Rentier**-Gerichte (**poro**) sind eine besondere Delikatesse. Finnische Torten jeder Art werden oft zu Kaffee gegessen. Sie sind häufig sehr feucht und weich. Beliebt ist auch ein gefülltes Gebäck aus ↑**Hefeteig**, **pulla**, ähnlich den ↑**Krapfen**. Es gibt regionale Spezialitäten, allen voran **kalakukko**, ein Roggenbrot, in das Fisch und ↑**Speck** eingebacken wird. Oder die ↑**Blutwurst** (**mustamakkara**) aus Tampere. Sie wird gebraten mit Preiselbeerkompott serviert. Zur Osterzeit wird **mämmi** hergestellt, ein Brei aus ↑Roggen**malz**, der besser schmeckt als er aussieht. Zu all diesen Speisen empfiehlt sich ein Schluck finnischer Koskenkorva- oder Finlandia-Wodka. Prost heißt auf Finnisch **hei**, **terve**, **kippis** oder Skandinavisch **skål**. Die Finnen sind Weltmeister im ↑**Kaffeetrinken** (**kahvi**); auf durchschnittlich neun Tassen kommen sie täglich, meistens mit ↑**Zucker** und ↑**Milch**. Alkohol ist verhältnismäßig teuer. Die Altersgrenze für den Kauf liegt bei 18 (Bier) bzw. 20 Jahren (Höherprozentiges). Junge Kunden müssen sich ausweisen können. ↑**Bier** gibt es in drei Stärkeklassen. Die Finnen sind Profis im Brennen: **kotikalja** (Hausbier) besteht aus einem vergorenen Gemisch von Getreide, ↑**Hefe**, Wasser sowie etwas ↑**Zitronensaft** und ist sehr erfrischend. Manche betreiben auch im Wald versteckte Destillen, das hochprozentige Endergebnis wird **pontikka** genannt.

Fino [*Weinkunde*] Spanischer Begriff für einen der vier Sherrystile neben ↑**Amontillado,** ↑**Manzanilla** und ↑**Oloroso.** Auch Bezeichnung für eines der zwei Basisverfahren der Sherryproduktion, von denen fast alle Sherrystile abgeleitet werden. Nach einer Gärung bei niedriger Temperatur wird dem Wein, der für die Produktion von Fino vorgesehen ist, Alkohol (in Form eines Weingeists, Aguardiente genannt) zugesetzt. Für Finos darf der Gesamtalkohol des Weins 16 % nicht übersteigen, da das den ↑**Flor** abtöten würde, eine besondere Hefeart, die für den typischen Geschmack dieses Sherrys verantwortlich ist. Dieser Flor liegt im Fass wie eine schützende Decke über dem Wein. Ohne ihn würde die Hefe rasch alle Nahrungsstoffe aus dem Wein verbrauchen und dann absterben. Da Flor zugleich den Wein vor der schädlichen Wirkung des Sauerstoffs schützt, wird er dadurch über Jahre am Leben gehalten. Zudem wird das Fass immer wieder mit neuem Wein aufgefüllt. Diese Methode „Solera" garantiert Jahr für Jahr gleichbleibenden Geschmack und Stil. Ein Fino ist einer der leichtesten Sherrys, sehr hell in der Farbe, knochentrocken und – leicht gekühlt getrunken – einer der schönsten ↑**Aperitife.**

Finocchio [*Ital. Speisekarte*] ↑**Fenchel**

Finocchiona [*Ital. Speisekarte*] ↑**Wurst** mit ↑**Fenchel**samen

Fior di latte [*Käse*] Fior di latte aus den Abruzzen gleicht äußerlich dem ↑**Mozzarella,** wird jedoch aus Kuhmilch hergestellt. Die Käsekugeln sind weiß bis grauweiß und enthalten in den Löchern oft noch ↑**Molke.** Dieser Pasta-filata-Käse schmeckt im Frühjahr und Sommer am besten. ↑**Knetkäse**

Fiore [*Ital. Speisekarte*] Blüte

Fiore sardo [*Käse*] **Herkunft:** Sardinien; **Käsesorte:** junger weicher Tafelkäse oder sehr reif und hart, mit harter haselnussbrauner Rinde, mindestens 40 % ↑**Fett i. Tr.**; **Milch:** ↑**Schafsmilch**; **Teig:** je nach Alter weiß bis strohgelb; **Geschmack:** sowohl frisch als auch gereift sehr pikant; **Info:** Die „sardische Blume" ist auch als ↑**Pecorino** Sardo bekannt; **Form:** zusammengedrückter Zylinder, Gewicht: 1 bis 4 kg, Reifung: bis zu 6 Monaten

Fiori di sambuco [*Ital. Speisekarte*] (↑**Holunderblüte**): kleine sternchenförmige ↑**Suppennudeln,** ähnlich den „astri" und „stelle"

Fire Ball [*Hausbar*] **R** Wie der ↑**B-52** ist auch der Fire Ball ein brennender ↑**Shooter** in der Sektflöte. **Rezept:** 1 cl ↑**Galliano**; 1 cl ↑**Cointreau**; 1 cl ↑**Drambuie**; 1 cl ↑**Grand Marnier**; 1 dash ↑**Whiskey** (↑**Jack Daniels**). Alle Zutaten kommen gut warm in eine Sektflöte. Das schräg im Glas gehaltene Getränk anzünden, brennend servieren. Der Gast bläst das Feuer aus und trinkt **natürlich** mit Halm.

Firin Sütlac [*Orientalische Küche*] Begriff aus der türkischen Küchenkultur für überbackenen ↑**Milchreis:** ↑**Türkische Küche**

Firin yemekleri [*Orientalische Küche*] Begriff aus der türkischen Küchenkultur für Gerichte aus dem Backofen: ↑**Türkische Küche**

Firmly [*U.S. Kitchen*] Fest

Firne [*Weinkunde*] Bei Weinen, die ihren Reifehöhepunkt überschritten haben, verändert sich das Geruchs- und Geschmacksbild und wird durch einen Alterston geprägt, der oft an Sherry erinnert. Die Firne tritt durch eine weitere Oxidation bei der Lagerung auf. Diese Weine sind nicht mehr genusstauglich.

Fisch [*Fachkunde*] **T Süßwasser- oder Meeresfisch; Englisch:** fish; **Französisch:** poissons; **Italienisch:** pesci; **Spanisch:** pescados. **Einteilung:** Im Handel werden die Fische in **See-** und **Süßwasserfische** eingeteilt, die Süßwasserfische wiederum in **Fluss-** und **Teichfische.** Diese Trennung ist allerdings unscharf, da Süßwasserfische bisweilen auch im Wattenmeer oder in der See leben und Seefische häufig in die Flüsse wandern. Seefische kommen meist tot und ausgeweidet in den Handel, während Süßwasserfische (hauptsächlich Teichfische) lebend gehandelt werden können. Sie sind meist gezüchtet und gemästet. Teichfische müssen vor dem Schlachten einige Zeit in fließendem Wasser gehalten werden, da sie unter Umständen einen Schlammgeschmack haben, der besonders bei Fettfischen wie ↑**Karpfen** ausgeprägt sein kann. Die in unseren Flüssen frei lebenden Fische bezeichnet man auch als Wildfische. **Schadstoffe:** Die Wasserqualität ist verantwortlich für die Schadstoffbelastung der Fische. Tiere aus der Ost- und Nordsee, dem Mittelmeer, aus Küstengegenden und Flussmündungen sind eher mit Schwermetallen, chlorierten Kohlenwasserstoffen, Lösungs- und Pflanzenschutzmitteln belastet als Hochseefische oder Fische aus sauberen Flüssen und Seen. Auch Alter und Fischsorte haben darauf Einfluss. So sind kleine und junge Fische weniger belastet als ältere und größere Fische. Raubfische – ↑**Hai-** und ↑**Fettfische** (z. B. ↑**Lachs,** ↑**Makrele,** ↑**Heilbutt**) – haben in der Regel höhere Werte als Fried- und Magerfische (z. B. ↑**Flunder,** ↑**Scholle,** ↑**Seezunge,** ↑**Felchen**). Diese Aspekte sollte man bei der Fischauswahl berücksichtigen. Durch intensive und moderne Fangmethoden sind die Meere teils leer gefischt, manche Fischbestände sogar vom Aussterben bedroht. Dieses Problem stellt sich bei gezüchteten Süßwasser- und Aquakulturfischen nicht. **Die wichtigsten Nutzfische des Meeres sind:** Blankfische (↑**Heringe,** heringsartige Fische, ↑**Sprotten,** ↑**Sardinen**), die Rundfische (↑**Kabeljau,** ↑**Schellfisch,** ↑**Seelachs,** ↑**Lengfisch,** ↑**Rotbarsch,** ↑**Tunfisch,** Makrele) und die Plattfische (Scholle, Flunder, Seezunge). Heringe werden am häufigsten verzehrt, gefolgt von Schellfisch und Kabeljau. **Die wichtigsten Nutzfische der Binnengewässer sind:** ↑**Forelle,** Lachs, ↑**Zander,** Karpfen, ↑**Aal,** ↑**Hecht,** ↑**Schleie,** ↑**Barsch,** ↑**Blei,** ↑**Plötze; Fisch ist gesund:** Ernährungsphysiologisch ist Fisch reich an ↑**Eiweiß,**

↑**mehrfach ungesättigten Fettsäuren**, hochwertigen Lipoiden (↑**Cholesterin**, ↑**Lecithin**), ↑**Vitaminen D** und ↑**B**$_{12}$ und wichtigen ↑**Mineralstoffen** (↑**Kalzium**, ↑**Phosphor**, ↑**Eisen**). Meeresfisch enthält ↑**Jod**, Süßwasserfisch nicht. **Reich an Fett sind:** Flussaal (Fettgehalt ∅ 25 % und mehr im Frischezustand), Lachs, Makrele, Tunfisch, Hering und ↑**Maifisch**. **Arm an Fett** (weniger als 1 % in der frischen Substanz) **sind:** Schellfisch, Kabeljau, Hecht, Barsch, Flunder, Seezungen, Forelle. **Kücheninfo:** Dank moderner Transportmethoden werden täglich frische Seefische, lebende Flussfische und tiefgekühlte Fische auch aus den entlegensten Gegenden auf den Markt gebracht. Fische, ↑**Schalen-** und ↑**Krustentiere** sind eine gesunde Abwechslung im Speiseplan. Geschmacklich gibt es so viele Möglichkeiten, dass man ein ganzes Jahr täglich Fisch auf den Tisch bringen kann, ohne auch nur ein Rezept zu wiederholen. Fisch ist bei richtiger Zubereitung schmackhaft und bekömmlich, in der Diätküche unentbehrlich und auch für Kranke leicht verdaulich. Die Sättigungswirkung ist aber wegen des hohen Wassergehalts nicht so groß wie bei Fleisch. Als Zubereitungsarten empfehlen sich Dünsten, Dämpfen, Braten oder Backen. Kochen (↑**Pochieren**) sollte man nur ganze Fische, einzelne Stücke und Filets verlieren Aroma und ↑**Nährstoffe** im ↑**Würzsud**. Das Fleisch der meisten Fische ist weiß, beim Lachs rot. Kurz nach der Laichzeit gefangene Fische sind mager und schmecken nicht so gut. **Lebende Fische** dürfen nur in Wasserbehältern mit genügend Frischluft befördert und aufbewahrt werden. Luftschnappen der Fische an der Wasseroberfläche deutet auf Sauerstoffmangel im Wasser hin (Notatmung). In Verkaufsstellen und Gaststätten dürfen die Wasserbehälter nur so weit mit lebenden Fischen gefüllt werden, dass keine Notatmung eintritt. Fische müssen vor dem Schlachten betäubt werden; sofort nach der Betäubung sind sie zu töten. **Aale und Plattfische** (Schollen, Flundern, Seezungen) dürfen auch ohne Wasserbehälter bei genügend feuchter Verpackung versandt werden. ↑**Aale** brauchen vor dem Schlachten nicht betäubt werden, der Kopf wird ihnen abgeschnitten, und die Eingeweide müssen sofort herausgenommen werden. **Krustentiere** (↑**Krebse**, ↑**Hummer**) dürfen nicht auf Eisstücken lebend ausgestellt oder transportiert werden. Man muss sie so töten, dass sie möglichst einzeln in kochendes Wasser geworfen werden. Das Herausreißen des Darmes bei – und das Zerteilen von – lebenden Tieren ist verboten. ↑**Schonzeit für deutsche Binnenfische**

Fisch ausnehmen [*Unsere Küche*] **T 1.) Vorbereiten:** a) Rückenflosse entlang des Rückens mit Küchen- oder Geflügelschere abtrennen. b) Bauch- und seitliche Flossen wegschneiden. Schwanz und Kopf am Fisch belassen oder Kopf ganz abschneiden, Schwanz stutzen; **2.) Abschuppen:** Mit großem, schräg angesetztem Messer die Schuppen von hinten nach vorne streifend entfernen. Vergessene Schuppen können beim Braten und Grillen verbrennen, sich beim Kochen ablösen, im Fischsud umherschwimmen und den Geschmack beeinträchtigen. Kleine Schuppen müssen nicht entfernt werden. Fische, die man „blau" zubereitet, dürfen nicht geschuppt werden, das könnte die Schleimschicht verletzen. ↑**Blau kochen**; **3.) Ausnehmen:** Bauch mit spitzem Messer vom Schwanz (After) bis Kopf aufschneiden (Galle nicht verletzen). Eingeweide herausnehmen und am Schlund abtrennen; **4.) Säubern:** Fisch unter Fließwasser waschen, Schuppen abspülen, Bauchhöhle spülen, Blutreste mit dem Löffel auskratzen

Fisch einkaufen [*Fachkunde*] **T Was ist beim Fischkauf zu beachten?** Die Kennzeichnung gibt Auskunft über den Fisch, der Geruch über die Frische. Da Fische frisch sein sollen, ist nur durch sorgfältiges Begutachten zu erkennen, ob es sich um frische Ware handelt. Im Geschäft sollte Frischfisch immer auf Eis liegend feilgeboten werden. Abzuraten ist vom Kauf der Fische, die auf Styroporschalen unter Folie verkauft werden! **An folgenden Merkmalen erkennt man frischen Fisch:** Beim Einkauf von lebenden Fischen auf das Schwimmen achten. Wenn der Fisch auf Rücken oder Seite schwimmt, ist er kurz vor dem Verenden. Legt man geschlachteten Süßwasserfisch horizontal auf die Hand und er biegt sich durch, ist er alt. **Bei allen Fischen achtet man auf: 1.** klare, durchsichtige, pralle Augen; **2.** hellrote, fest anliegende Kiemen; **3.** glänzende Haut mit klarer Schleimschicht; **4.** festsitzende, glatte Schuppen; **5.** festes, elastisches Fleisch ohne Druckstellen; bei leichtem Druck bleibt keine Mulde zurück; **6.** fangfrische Ware riecht nicht nach Fisch; **7.** bei Fischfilet sollten die einzelnen Muskelsegmente nicht auseinanderklappen. **Nach dem Einkauf:** Der Fisch muss, damit er nicht verdirbt, sofort aus der Verpackung genommen und in einer mit Folie abgedeckten Glas- oder Porzellanschüssel kalt gestellt werden. Am besten am gleichen Tag verarbeiten. **Bei Tiefkühlware:** Tiefkühlfisch ist bis zum Verbrauch bei minus 18° C zu lagern. Kleine Fische oder Filets sollten vor Gebrauch im **Kühlschrank angetaut** werden, ganze, große Fische lässt man im **Kühlschrank auftauen**, bevor sie gegart werden. Ganze Fische, Filets und ↑**Meeresfrüchte** werden nach dem Schockfrosten mit Wasser besprüht, damit sie nicht austrocknen (↑**Gefrierbrand**). Dieses Glasierwasser sollte vor dem Zubereiten abgewaschen werden. **Panierten Fisch und Fischgerichte wie Fischstäbchen oder Schlemmerfilet nie auftauen lassen, sondern tiefgekühlt verwenden (Gebrauchsanleitung lesen).** In der warmen Jahreszeit sollten Weg und Zeit vom Kauf aus der Tiefkühltruhe bis zum eigenen Tiefkühlschrank so kurz wie möglich sein. Angetaute Ware sofort verwenden. ↑**Kühlkette**. Der Verbrauch von Tiefkühlfisch in Deutschland steigt: 2005 wurden 61 000 t Fischfilet natur, 44 000 t Fischgerichte, 48 000 t Fischstäbchen, 78 000 t panierter Fisch, 34 000 t sonstige Fische und Meerestiere verzehrt.

Fisch Fettgehalt [*Fachkunde*] Fettgehalt je 100 g essbaren Anteils

Fische/ Meerestiere	∅ Fettgehalt in g	Fische/ Meerestiere	∅ Fettgehalt in g
Aal	24,5	Languste	1,1
Alaska-Pollack	0,4	Makrele	11,6
Austern	1,2	Miesmuschel	1,3
Brassen	5,5	Rotbarsch	3,6
Flunder	0,7	Sardine	4,5
Flussbarsch	0,8	Schellfisch	0,6
Forelle	2,7	Scholle	1,9
Garnele	1,4	Seehecht	2,5
Hecht	0,7	Seelachs	0,8
Heilbutt	2,3	Seezunge	1,4
Hering, Filet	15,0	Steinbutt	1,7
Hummer	1,9	Tunfisch	15,5
Karpfen	4,7	Tintenfisch	0,8
Katfisch	2,8	Wels	17,0
Lachs	13,3	Zander	1,0

Fisch filetieren [*Unsere Küche*] **T Anleitung für alle hochrückigen Fische wie Forellen:** Mit einem sehr scharfen Messer hinter den Kiemen einschneiden und Filets entlang des Rückgrats Richtung Schwanz lösen. Fisch wenden, Vorgang wiederholen. Übrig bleibt das Fischskelett mit Kopf und Schwanzflosse. Von den nun erhaltenen zwei Fischfilets verbliebene Gräten mit Pinzette auszupfen.

Fisch Kennzeichnung [*Fachkunde*] **Seit dem 1. Januar 2002 gelten neue Vorschriften zur Kennzeichnung:** Frische, gefrorene und geräucherte Fisch- und Fischereierzeugnisse müssen mit folgenden Angaben versehen sein: **Handelsbezeichnung:** Fisch-, Krebs- oder Weichtierart; **Produktionsmethode:** Meeres-, Binnenfischerei oder Aquakultur; **Fanggebiet:** Bei Seefisch das Seegebiet, bei Binnenfischerei das Land und bei Aquakultur das Land der Aufzucht. **Folgende Produkte fallen nicht unter diese Regelung:** panierte Fischerzeugnisse, Kaviar, Fischzubereitungen mit Saucen, Fischmarinaden und Dauerkonserven, Fischsalate, Schlemmerfilets.

Fisch oder Fleisch [*Gesundheit*] **T Fisch und Fleisch im ernährungsphysiologischen Vergleich:** ↑**Fisch** und ↑**Schalentiere** sind hervorragende Eiweiß-Quellen, die wenig Fett enthalten. Eine 100-Gramm-Portion der meisten Fische und Schalentiere enthält rund 20 g beziehungsweise rund ein Drittel der empfohlenen Tagesdosis an ↑**Eiweiß.** Das viele lebenswichtige ↑**Aminosäuren** enthaltende Fischeiweiß hat eine hohe Qualität und ist für Menschen jeden Alters sehr bekömmlich. ↑**Meeresfrüchte** sind auch generell fettärmer und weniger kalorienreich als ↑**Rindfleisch,** ↑**Geflügel**- oder ↑**Schweinefleisch** und enthalten in etwa die gleiche Menge oder etwas weniger ↑**Cholesterin.** Der Fettgehalt von Fisch schwankt abhängig von der Art des Fisches und der Saison. Schalentiere und weißer Fisch enthalten weniger als 5 % Fett (**Krabben,** ↑**Hummer,** ↑**Muscheln,** ↑**Tintenfisch,** ↑**Schellfisch,** ↑**Kabeljau,** ↑**Scholle,** ↑**Seezunge**). Bei fettreicherem Fisch liegt der Gehalt bei ∅5–25 %: ↑**Sardine** und ↑**Tunfisch** (∅5–10 %), ↑**Bücklinge,** ↑**Sardellen,** ↑**Makrele,** ↑**Lachs** (∅10–20 %) und ↑**Aal** (∅25 %). Auch wenn fettreicher Fisch insgesamt mehr Fett enthält, ist dieses Fett doch hauptsächlich ungesättigt. Meeresfrüchte enthalten ↑**Mineralien** wie ↑**Eisen,** ↑**Zink** und ↑**Kalzium.** ↑**Fleisch und Gesundheit:** Fleischwaren können je nach Sorte reich an ↑**Fett,** ↑**Cholesterin** und ↑**Purinen** sein. Bei entsprechender Menge des Verzehrs und genetischer Veranlagung des Menschen können Fett, Cholesterin und Purine zur Entstehung von Stoffwechselerkrankungen beitragen. Bei reichlichem Verzehr von stark gesalzenen und gepökelten Fleischwaren wird zudem sehr viel Kochsalz aufgenommen. Hoher Kochsalzkonsum kann einer der Faktoren sein, die zur Entstehung von Bluthochdruck beitragen. Es empfiehlt sich daher, mageres Fleisch und Wurstsorten vorzuziehen. Fettarme Fleisch- und ↑**Wurst**sorten sind ↑**Schweine**filet, ↑**Rinder**filet, ↑**Kalbfleisch,** ↑**Tatar,** ↑**Wildfleisch,** ↑**Hähnchen** (ohne Haut), ↑**Pute,** ↑**Corned Beef** und verschiedene ↑**Sülzen. Stellen Sie Ihre Essgewohnheiten um:** Die tägliche Ernährung mit Fisch und Meeresfrüchten anzureichern ist einfach. **Hilfreicher Tipp:** Versuchen Sie nach und nach eine oder mehrere Proteinquellen durch Fisch zu ersetzen, bis Sie regelmäßig zweimal die Woche Fisch oder Meeresfrüchte verzehren. ↑**Cholesterin sparen**

Fisch säubern [*Unsere Küche*] **T Fisch putzen:** Einen kompletten Fisch zu putzen ist relativ einfach. Falls nötig, zuerst mit dem Messerrücken oder dem Fischschupper schuppen, dann waschen, den Bauch längs aufschlitzen und sauber ausnehmen. Auch die schwarzen Häutchen müssen entfernt werden, sie schmecken bitter. ↑**Fisch ausnehmen. Vorbereitung:** Den ausgenommenen Fisch innen und außen unter kaltem Wasser abspülen. Mit Haushaltspapier gut trockentupfen. Rücken- und Schwanzflosse mit der Haushaltsschere abschneiden oder stutzen. Etwa 1 cm stehen lassen, damit das Fleisch nicht verletzt wird. Der Kopf kann mit einem scharfen Messer abgetrennt werden, sollte er bei einer Fischsuppe mitgekocht werden, die Suppe wird kräftiger und aromatischer (jedoch nicht länger als 20 Min., die Suppe wird sonst bitter und tranig). **Drei-S-Regel:** Sie gilt sowohl für ganzen Fisch als auch für Fischfilet: **Säubern** – nach dem Putzen innen und außen unter kaltem Wasser abspülen, auch Fischfilet muss kalt abgespült werden. Fisch niemals in Wasser stehen lassen, er laugt sehr schnell aus. Nach dem Abspülen mit Haushaltskrepp gut trockentupfen. **Säuern** – Fisch ringsum mit Zitronensaft beträufeln. Das Fleisch wird dadurch fester und der Fischgeruch gemildert. **Salzen** – Den Fisch erst kurz vor dem Garen salzen, da er sonst Wasser zieht und auslaugt. **Garen:** Fisch kann man dünsten, braten, überbacken, grillen und frittieren. Er darf **nie** in sprudelnd heißes Wasser gelegt werden, dann zerfällt er, wird unansehnlich und bekommt einen faden Geschmack. Fisch ist sehr schnell gar und sollte nur ganz kurz (10–15 Min.) in leicht siedendem Wasser ziehen. **Rohgewicht pro Person: Ganzer Fisch** – in der Speisenfolge (Menü) 200 g; als Einzelgericht 400 g; **Fischfilet** – in der Speisenfolge 100 g; als Einzelgericht 200 g

Fisch-Angebotszeiten [*Fisch*] **T Wer gerne frischen, gesunden Fisch auf seinem Teller hat, sollte wissen, wann Saison ist:**

Angebotszeiten für frische Seefische	
Rotbarsch	Oktober bis März
Kabeljau	Juni bis Dezember
Kabeljau/Dorsch (Deutsche Bucht)	Oktober bis März
Seelachs/Köhler	Oktober bis Februar
Makrele	September bis April
Scholle/Goldbutt	Mai bis Oktober
Flunder/Butt	August bis Dezember
Grüner Hering (= frisch gefangener Hering)	April bis September
Schwarzer Heilbutt	Oktober bis Dezember
Seezunge	April bis Dezember
Ostsee-Aal	Juni bis September
Traditionelle Angebotszeiten für frische Süßwasserfische	
Hecht	September bis Januar
Zander	September bis Februar
Barsch	September bis Januar
Forelle	Ganzjährig
Schleie und Barbe	In der kalten Jahreszeit
Stint	Mai bis Dezember
Karpfen	Ganzjährig
Traditionelle Angebotszeiten für frische Krebstiere	
Nordseegarnele/Deutsche Nordseekrabbe	April bis Dezember
Taschen-/Kurzschwanzkrebs (Norwegen)	September bis November
Lebende Hummer	Ganzjährig
Langusten, Garnelen, Tiefseekrebs/Kaisergranat, Flusskrebs und Königskrabbe werden häufig verarbeitet angeboten.	

Angebotszeiten für Weichtiere	
Austern	September bis April
Miesmuscheln	September bis April
St.-Jakobs-Muscheln	Oktober bis Mai
Archenmuscheln	Dezember / Januar

↑**Schonzeiten deutscher Seefische**

Fischbandwurm [*Gesundheit*] Fischbandwürmer sind Parasiten. Das bedeutet, sie leben auf Kosten eines anderen Lebewesens (des Wirts). Süßwasserfische können in ihrer Muskulatur und im Darm Fischbandwürmer enthalten, die beim Rohverzehr auf den Menschen übergehen können. ↑**Sushi**. Die Folge ist die Erkrankung „Bothriocephalosis". Diese Infektion verursacht Magen-Darm-Beschwerden, Blutarmut (aufgrund des Verbrauchs von ↑**Vitamin** B_{12}) und eventuell Entzündungen in der Bauchhöhle und Muskulatur. **Achtung! Von Parasiten befallenen Fisch niemals roh essen, erst bei sorgfältigem Durchgaren können die ↑Bandwürmerlarven abgetötet werden.** ↑**Nematoden**

Fischbrühe [*Unsere Küche*] **R** Wird aus den Gräten und Köpfen der für das jeweilige Gericht verwendeten Fische hergestellt. Dazu wird weißes ↑**Suppengemüse** wie ↑**Lauch**, ↑**Zwiebeln**, ↑**Petersilienwurzeln** oder -stiele mit ↑**Butter**, ↑**Fenchel** bzw. -samen, ↑**Knoblauch**, ↑**Lorbeer** und ↑**Thymian** angedünstet, mit ↑**Weißwein** abgelöscht und kaltem Wasser aufgefüllt. In diesen kalten Ansatz kommen die sehr gut gewaschenen Gräten und Köpfe. Den beim Aufkochen aufsteigenden Schaum mehrmals abschöpfen und die Brühe im offenen Topf bei geringer Hitze 20 bis maximal 30 Min. mehr ziehen als köcheln lassen (sonst wird sie tranig und bitter). Zum Schluss den ↑**Würzsud** mit ↑**Salz** und ↑**Zitronensaft** abschmecken und vorsichtig durch ein sauberes Tuch passieren.

Fischdauerkonserven [*Fisch*] Fischwaren in Öl, Soßen oder Aufgüssen, die durch Erhitzen über 100° C sterilisiert wurden und mindestens 1 Jahr ohne Kühlung gelagert werden können. Konservierungsstoffe dürfen nicht enthalten sein. Als Fischdauerkonserven eignen sich ↑**Heringe**, ↑**Sardinen**, ↑**Sprotten**, ↑**Makrelen** oder ↑**Tunfisch** in eigenem Saft, in Aufguss, Soßen oder Öl- sowie Fischpasten, Fischpasteten, Fischklöße, -klopse oder -bällchen, Fischsalate.

Fischdauerwaren [*Fisch*] Fische oder Fischteile, die nach verschiedenen Verfahren vorbehandelt sind: mit oder ohne Aufgüsse wie Tunken (Soßen), Crèmes oder ↑**Speiseöl**, im eigenen Saft, in ↑**Kraftbrühe**, auch mit Gemüsebeilagen, in luftdicht verschlossenen Behältnissen verpackt und durch Erhitzen im ↑**Autoklav** haltbar gemacht (sterilisiert). Wegen der oft aggressiven Lebensmittelsäuren verwendet man nur hochwertiges Dosenmaterial aus spritzlackiertem Weißblech oder Aluminium. Als Fischdauerwaren werden vornehmlich ↑**Heringe**, ↑**Sardinen**, ferner

↑**Pilchard**, ↑**Sprotten** sowie ↑**Makrelen**, ↑**Tunfisch**, ↑**Lachs**, ↑**Aal**, ↑**Heilbutt**, ↑**Maifisch** und schließlich ↑**Dorsch** und Dorschleber hergestellt. Die Zubereitungen sind sehr vielfältig. Oft wird geräucherte und gebratene Ware verwendet. Die Fischdauerwaren sind unter Angabe von Fischart und Tunke nach ihrem geschmacksgebenden Hauptbestandteil zu bezeichnen: z. B. Hering in Tomatensoße.

Fische lagern [*Unsere Küche*] **T Wie und wie lange lassen sich ↑Fische und ↑Meeresfrüchte lagern?** Fische, ↑**Schalen**- und ↑**Krustentiere** verderben leicht, da sie viel ↑**Eiweiß** und Wasser enthalten. Daher sollten sie nach dem Kauf möglichst schnell zubereitet und gegessen werden. Wenn der Fisch nicht sofort nach dem Kauf verzehrt werden soll, kann er noch kurze Zeit im Kühlschrank aufbewahrt werden. ↑**Tabelle. Dabei ist Folgendes zu beachten:** Den Fisch in eine Glas- oder Porzellanschale legen und mit Frischhaltefolie abdecken. Den Fisch in der kältesten Zone des Kühlschranks (unten, auf der Glasplatte) aufbewahren. **Fisch eignet sich auch zum Einfrieren:** Der Fisch sollte hierfür aber absolut frisch und schnell vorbereitet sein (ausgenommen, gewaschen und verpackt). Eingefrorenen Fisch **nie bei Zimmertemperatur**, sondern immer im Kühlschrank auftauen. Nach dem Auftauen sollte der Fisch unmittelbar zubereitet und verzehrt werden. Die Tabelle zeigt, welches Fischprodukt sich wie lange lagern lässt.

Fischware	Lagertemperatur	Lagerdauer
Fisch, frisch und roh	5° C	max. 1 Tag
Fisch, gegart	5° C	3 Tage
Fisch, geräuchert	5° C	2 bis 4 Tage
Fisch, geräuchert und vakuumverpackt	unter 7° C	Mindesthaltbarkeitsdatum
Fischkonserven, geöffnet	5° C	3 Tage
tiefgefrorener Fisch		
Magerfisch (Hecht, Schleie, Flussbarsch, Zander, Seehecht, Seeteufel)	–18° C	bis 5 Monate
Mittelfetter Fisch (Barsche, Forelle, Karpfen)	–18° C	bis 5 Monate
Fettfisch (Aal, Waller, Lachs, Hering)	–18° C	bis 2 Monate

Frische oder gegarte Muscheln lassen sich 1 bis 2 Tage im Kühlschrank aufbewahren. Doch am besten sollten sie sofort verzehrt werden. Muscheln nur gegart einfrieren, da sie sonst an Aroma verlieren. Frische Garnelen spätestens nach zwei Tagen verbrauchen oder sofort einfrieren. Tiefgefroren sind sie bis zu einem Monat haltbar. **Vorsicht: Verdorbener Fisch ist weich, leicht grünlich und riecht so ähnlich wie Salmiak. Lieber entsorgen als experimentieren, denn beim Verzehr kann es zu lebensgefährlichen Vergiftungen kommen.** ↑**Fischvergiftung**

Fische, gesalzene [*Fisch*] Fische oder Fischteile, die durch Einsalzen gar (genussfähig) und für einige Zeit haltbar gemacht sind. **Salz-** und ↑**Matjeshering:** aus nicht ausgenommenem, auch ↑**gekehlt**em frischen ↑**Hering**; ↑**Sardellen, Salzsardellen:** aus ausgenommenen oder nicht ausgenommenen Sardellen; **Sardellenfilets:** aus entgräteten Hälften von Sardellen; **Sardellenringe:** aus gerollten Sardellenfilets, auch mit je einer eingerollten ↑**Kaper** oder ↑**Olive**; ↑**Laberdan:** aus ausgenommenem ↑**Kabeljau**

Fische, getrocknete [*Fisch*] Fische, die durch Trocknen für einige Zeit haltbar gemacht sind: ↑**Klippfisch**, ↑**Stockfisch**, ↑**Titling** und ↑**Rotscheer**

Fischeiweiß [*Fachkunde*] Wird aus frischen Fischen, Fischteilen und Krustentieren durch Vorbehandlung, Aufschließung und weitere Behandlung, insbesondere durch Entfernung der Fette und Leimsubstanzen, gewonnen. Dadurch wird der unangenehme Fischgeruch beseitigt. Derartige Erzeugnisse dienen in der Lebensmittelindustrie oft als Ersatz für ↑**Hühnereiweiß.**

Fischerzeugnisse tiefgefroren [*Fisch*] **T** Fische, Fischteile oder Fischportionen, die auf verschiedene Arten zubereitet sind: in ↑**Backteig** paniert, als ↑**Fischstäbchen** oder Fischtafeln – als Fischtafeln mit unterschiedlichen Auflagen, als ↑**Fischfrikadellen**, Fischburger, ↑**Fischklöße**, ↑Fisch**buletten** – als Fischgerichte mit Beigaben anderer Lebensmittel wie Soßen, ↑**Gewürzen**, ↑**Gemüsen** – geräucherte, gesalzene, marinierte, gebratene oder gekochte Fischerzeugnisse, die zusätzlich tiefgefroren sind. Zunehmend kommen Muschelerzeugnisse tiefgekühlt in den Handel, vielfach schon küchenfertig in Keramik-, Kunststoff- und Metallfolien-Formen. Tintenfische werden tiefgekühlt in Form von Ringen paniert und vorgebacken angeboten. Bei Fisch-, Krebs- und Weichtiererzeugnissen in Backteig beträgt der Fischanteil mindestens 50 % der Nennfüllmenge, bei ↑**Garnelen**schwänzen unter 25 mm und ↑**Tintenfisch**ringen unter 40 mm mindestens 40 %. **Küchentipp:** Tiefgefrorene Fischerzeugnisse **nie an- oder aufgetaut** verarbeiten

Fischfette [*Fette*] Aus Fischen oder Fischteilen durch Ausschmelzen und/oder Extrahieren (Ausziehen) gewonnene Fette und Öle (Trane), die durch weitere Verarbeitung wie Reinigung, Härtung usw. für menschliche Genusszwecke brauchbar gemacht werden. **Man stellt her:** Heringsöl, Sprottenöl, Stichlingsöl, ferner Leberöl oder ↑**Lebertran** aus frischen Lebern von ↑**Kabeljau**, ↑**Dorsch**, ↑**Köhler**, ↑**Pollack** oder ↑**Schellfisch.** ↑**Fett**, ↑**Tierfette**, ↑**Tieröle**, ↑**Speiseöl** & ↑**Öl**

Fischfilet [*Fisch*] Fleisch von Fischen, das dadurch gewonnen wird, dass der Fisch geköpft, vom Schwanz befreit, in der Länge zerteilt und entgrätet wird, wobei das Filet enthäutet oder nicht enthäutet sein kann.

Fischfond *[Fisch]* **A** Der ↑Fisch**fond** dient nicht nur dem Pochieren des Fisches, er ist auch die Grundlage für wohlschmeckende ↑**Saucen**, die daraus gezogen werden können. Der Fischfond wird mit gewaschenen und zerkleinerten Fischgräten, ↑**Lauch**, ↑**Petersilienwurzeln**, ↑**Knoblauch**, ↑**Fenchel** und je nach Rezeptur Weiß- oder Rotwein und Gewürzen angesetzt. ↑**Fischbrühe** & ↑**Würztabelle**

Fischfrikadellen *[Fisch]* **R** Industriell gefertigte Fischfrikadellen oder Fischburger und andere geformte Erzeugnisse aus Fischfleisch unterscheiden sich in Form und Aufmachung deutlich von ↑**Fischstäbchen**. Meist hergestellt mit Zusatz von Binde- und Dickungsmitteln sowie würzenden Zutaten, auch mit Beigaben anderer Lebensmittel, in der Regel paniert oder in Backteig. **Für selbst gemachte Fischfrikadellen gilt: 1.** Der entgrätete Fisch muss absolut frisch und sehr kalt sein. Wenn größere Mengen durch den Wolf gedreht werden, Teil der Masse im Kühlschrank kalt halten. **2.** Die fertige Fischmasse sofort formen und ganz durchbraten. **3.** Die Frikadellen sollten noch am gleichen Tag verzehrt werden, ansonsten die frisch gebratenen Frikadellen schnell abkühlen lassen und sofort einfrieren. **4.** Eingefrorene Fischfrikadellen im Kühlschrank auftauen, vor dem Verzehr gut durcherhitzen. **Fischfrikadellen:** Verschiedene entgrätete rohe Fischsorten, wobei ich gegebenenfalls auch Binnen- und Seefisch mische und sie eiskalt durch den Wolf drehe. Bindemittel sind ↑**Eier**, ↑**Sahne** und ↑**Semmelbrösel.** Gewürzt wird mit ↑**Salz**, ↑**Pfeffer**, gehackter glatter ↑**Petersilie**, ↑**Muskatnuss**, ↑**Zitrone**, einem Hauch ↑**Knoblauch**, feinst gewürfelten ↑**Schalotten** und gemahlenem ↑**Kümmel**.

Fischglacé *[Fisch]* Kräftiger, eingedickter, salzloser ↑**Fischfond**

Fischietti *[Ital. Speisekarte]* Kleine ↑Röhren**nudeln** aus ↑**Hartweizengrieß** und Wasser. Der Name bedeutet so viel wie „Kleine Pfeifen", abgeleitet von fischiare = pfeifen. ↑**Suppennudeln**

Fischkarbonade *[Fisch]* Oder ↑**Fischkotelett**: Scheiben vom geköpften, vom Schwanz befreiten Fisch, in Querrichtung geschnitten

Fischklöße *[Fisch]* **T** Industriell hergestellte Fischklöße sind zu Klößen oder Klopsen geformte, gekochte oder gebratene Erzeugnisse aus Fischfleisch mit Zusatz von Binde- und Dickungsmitteln, Würzstoffen, mit oder ohne Zugabe von Fetten oder Ölen. Der Fischanteil beträgt mindestens 60 %. Sie werden in luftdicht verschlossene Behältnisse gepackt und sind für kürzere oder durch Sterilisation für längere Zeit haltbar gemacht. Die Masse für selbst gemachte Fischklöße ↑**Fischfrikadellen**

Fischkonserven *[Fisch]* In luftdicht verschlossene Behältnisse gepackte und für längere oder kürzere Zeit haltbar gemachte Fischwaren. Nur die in den geschlossenen Dosen durch Erhitzen im ↑**Autoklaven** (Sterilisieren) behandelten Fischwaren sind ↑**Fischdauerwaren**, d. h. für längere Zeit haltbar. Alle übrigen Konserven, z. B. ↑**Marinaden**, ↑**Seelachserzeugnisse** in ↑**Pflanzenöl**, ↑**Anchosen** usw., sind – auch bei Zusatz von chemischen Konservierungsmitteln – nur für kurze Zeit haltbar, müssen kühl gelagert werden und sind zum alsbaldigen Verbrauch bestimmt. ↑**Fischdauerkonserven**

Fischmarinaden *[Fisch]* ↑**Marinaden**

Fischmehl *[Fisch]* Wird durch Trocknen und Vermahlen von Fischabfällen und nicht verkaufsfähigen Fischen hergestellt. Es dient vor allem als Vieh- und Geflügelfutter. Aus einwandfreien und sorgfältig gereinigten Fischen werden nach Spezialverfahren heute auch monatelang haltbare Speisefischmehle hergestellt, die von guten geschmacklichen Eigenschaften sind. Einwandfreie Fischmehle lassen sich auch zu Brühpasten u. dgl. verarbeiten, die keinerlei Fischgeschmack mehr haben.

Fischmilch *[Fisch]* **T** Das Sperma der See- und Süßwasserfische, das unter Beigabe von ↑**Salz** haltbar gemacht wird. Am feinsten ist die Milch vom ↑**Karpfen**.

Fischöl *[Fette]* Aus Seetieren wie Walen, Heringen oder aus der Leber verschiedener Fische wird Fischöl gewonnen. Es enthält einen hohen Anteil an essenziellen und ↑**Omega-3-Fettsäuren**, die sich günstig auf den Fettstoffwechsel auswirken, sowie viel ↑**Vitamin A** und ↑**D**. Reines Fischöl wird im Handel aber nicht als ↑**Speiseöl** angeboten, es dient zur Herstellung von ↑**Margarine**, ↑**Fischkonserven** und verschiedenen Präparaten wie ↑**Fischölkapseln**. ↑**Speiseöl** & ↑**Öl**

Fischölkapseln *[Gesundheit]* **T** Enthalten Fischöl und damit einen hohen Gehalt an ↑**Omega-3-Fettsäuren**. Trotzdem sollte man mit der Einnahme von Fischölkapseln vorsichtig sein. Sie beinhalten Konzentrate bestimmter Fettsäuren und sind nicht als Nahrungsergänzungsmittel, sondern eher als Arzneimittel anzusehen. Sie sind nur dann einzunehmen, wenn der Arzt sie verordnet hat. Von einer Selbstmedikation mit Fischölkapseln ist abzuraten, auch wenn manche Präparate den Eindruck erwecken, man könne essen, was man wolle, da die Einnahme von Fischölkapseln vor Herzinfarkt, ↑**Arteriosklerose** und zu hohen Blutfettwerten schütze. Das Infarktrisiko kann nur gesenkt werden, wenn das Fett auf 25 bis 30 % der täglichen Energiezufuhr beschränkt wird und auf eine ausgewogene Mischung an ↑**Gesättigten**, ↑**Einfach** und ↑**Mehrfach ungesättigten Fettsäuren** geachtet wird.

Fischpasten *[Fisch]* Bestehen aus ausgenommenen, gereinigten, von Köpfen, Flossen, Schwänzen, Schuppen und von Gräten befreiten frischen Fischen, gesalzenen Fischen oder Fischteilen. Diese werden maschinell fein zerkleinert, mit oder ohne Fett oder Speiseöl sowie unter Zusatz von Gewürzen und Würzen verarbeitet. Folgende Sorten werden industriell hergestellt: ↑**Anchovispaste;** ↑**Sardellenpaste; Sardellenbutter** aus Sardellen und mindestens 33 % Butterfett; **Heringspaste** aus frischen oder gesalzenen ↑**Heringen**; **Lachspaste** aus geräucherten Schnitzeln von ↑**Lachs** oder ↑**Meerforelle; Lachsbutter** aus Lachs oder Meerforelle und mindestens 33 % Butterfett; **Seelachspaste** aus geräucherten Schnitzeln von **Blaufisch** bzw. ↑**Köhler** oder ↑**Pollack; Seefischpaste** aus Fleisch von Magerfischen mit ↑Fisch**rogen** und mehr als 5 % ↑**Fischmilch; Dorschleberpaste** aus zerkleinerten, frischen, von der Galle befreiten Lebern vom ↑**Dorsch**, Ölgehalt mindestens 30 %; **Krabbenpaste** aus Fleisch von ↑**Krabben** (↑**Garnelen** oder ↑**Granat**)-**Muschelpaste** aus Fleisch von ↑See**muscheln**

Fischpfefferkuchen [*Fisch*] **T** Einfacher brauner ↑**Pfefferkuchen** in Kastenform, mit dem dunkle Fischsaucen gebunden werden

Fischpudding [*Unsere Küche*] ↑**Fleischpudding**

Fischräucherwaren [*Fisch*] Erzeugnisse aus Fischen oder Fischteilen, die ↑**heiß geräuchert** (in kurzer Zeit bei stärkerer Erhitzung) oder ↑**kalt geräuchert** (in längerer Zeit bei geringerer Erhitzung) wurden ↑**Räucherfische**

Fischrogen [*Fisch*] Eier von weiblichen See- und Süßwasserfischen. Es gibt: ↑**Kaviar** aus gesalzenem Rogen von ↑**Stör**arten; ↑**deutschen Kaviar** aus Seefischrogen von ↑**Seehasen,** ↑**Dorsch** oder ↑**Kabeljau,** kleinkörnig und meist dunkel grau-grün gefärbt, ↑**Keta-Kaviar**, großkörnig und lachsrot. Auch **geräucherten Rogen** aus vorgesalzenem, kalt oder heiß geräuchertem Rogen von See- und Süßwasserfischen.

Fischsalate [*Fisch*] **A** Auch in ↑**Gelee**, werden aus entgräteten Fischteilen industriell hergestellt. Sie werden unter Zugabe von ↑**Essig** oder ↑**Speiseöl**, ↑**Mayonnaise** oder ↑**Tunke** verarbeitet. **Heringssalat aus Salzheringen**, geschnittenen und gesäuerten Heringen in verschiedenen Zusammensetzungen. Die Verwendung von ↑**Kohl**, ↑**Kraut** und ↑**Rüben** mit Ausnahme von roten und weißen Rüben ist nicht zugelassen. Ein Zusatz von ↑**Äpfeln** und ↑**Kartoffelsalat** ist nur zulässig, wenn die Salate in offenen Gebinden geliefert werden. **Heringssalat trocken, ohne Mayonnaise oder Tunke** – Zusammensetzung: mindestens 20 % Heringsfleisch, dazu ↑**Gurken**, ↑**Zwiebeln**, ↑**Sellerie**, ↑**Kapern**, ↑**Gewürze** und gegebenenfalls rote oder weiße Rüben und geringe Mengen ↑**Öl**. **Heringssalat mit Mayonnaise** – Zusammensetzung: mindestens 20 % Heringsfleisch, mindestens 20 % Mayonnaise (Salatmayonnaise), dazu Gurken, Zwiebeln, Sellerie, Kapern, Gewürze und gegebenenfalls rote oder weiße Rüben. **Heringssalat mit Tunke** – Zusammensetzung: mindestens 20 % Heringsfleisch, höchstens 30 % Tunke (Salattunke), dazu Gurken, Zwiebeln, Sellerie, Kapern, Gewürze, gegebenenfalls rote oder weiße Rüben. **Heringsstipp mit Mayonnaise** – Zusammensetzung: mindestens 50 % Heringsfleisch, mindestens 20 % Mayonnaise (Salatmayonnaise), dazu Zwiebeln und Gurken. **Heringsstipp mit Tunke** – Zusammensetzung: mindestens 50 % Heringsfleisch, höchstens 30 % Tunke (Salattunke), dazu Zwiebeln und Gurken. Die Verwendung von Kronsardinen, marinierten Sprotten und Anchovis ist nicht zulässig. **Delikatessheringssalat** aus zerkleinerten, enthäuteten Bismarckheringen. Zusammensetzung wie bei Heringssalat mit Mayonnaise (Salatmayonnaise). **Matjessalat** aus enthäuteten Filets von Matjesheringen. Zusammensetzung: mindestens 50 % Heringsfleisch, dazu Gurken, Zwiebeln, Sellerie, Kapern, Gewürze und geringe Mengen Öl. **Häckerle** aus fein zerkleinerten, enthäuteten Filets von ↑**Matjes** oder ↑**Salzheringe**n oder Filets von gesalzenen Frischheringen mit Zwiebeln oder Mayonnaise und Tunke (Salattunke). **Fischsalate** aus zerkleinertem, gekochtem Magerfischfleisch. Die Verwendung von Kohl, Kraut oder Rüben, mit Ausnahme von roten und weißen Rüben, ist nicht zugelassen. **Man unterscheidet: Fischsalat aus mindestens 30 % gekochtem Seefischfleisch**, dazu Gemüse und Gewürze, auch unter Zugabe von Mayonnaise (Salatmayonnaise) oder Tunke (Salattunke). **Fischsalat in Gelee aus mindestens 30 % gekochtem Seefischfleisch**, dazu **Gemüse** und Gewürze, unter Zugabe von Mayonnaise (Salatmayonnaise) oder Tunke (Salattunke) mit ↑**Gelatine**aufguss. **Krabbensalat mit Mayonnaise oder mit Tunke** aus Fleisch von ↑**Krabben** (↑**Garnelen** oder ↑**Granat**). **Fischsalate gehören zu den leicht verderblichen Fischwaren, die nicht lange aufbewahrt werden können, sondern für den täglichen Verbrauch bestimmt sind.**

Fischsauce [*Asiatische Küche*] Wird für die asiatische Küche aus fermentierten ↑**Meeresfrüchte**n hergestellt. Sie schmeckt besser als sie riecht.

Fischstäbchen [*Fisch*] **T** Panierte, meist vorgebratene und praktisch grätenfreie Fischportionen länglicher Form, bei denen das Gewicht des einzelnen panierten Fischstäbchens in der Regel 30 g und der Fischanteil mindestens 65 % der Nennfüllmenge beträgt. **Fischstäbchen nie aufgetaut backen.**

Fischsud [*Unsere Küche*] **R** Drei Zubereitungsarten: **1.** Der gewöhnliche Sud ist für ganze Fische gedacht, die damit bedeckt gegart werden. Er besteht aus Wasser, ↑Weiß**wein**, einem Schuss ↑**Essig**, ↑**Lauch**, ↑**Karotten**, ↑**Zwiebeln**, ↑**Lorbeerblättern**, ↑**Thymian** und zerdrückten ↑**Pfeffer**körnern sowie ↑**Salz** und ↑**Petersilie**. Der Sud wird eine halbe Stunde bei kleiner Flamme geköchelt und dann durchpassiert. Wichtig ist, das er kräftig abgeschmeckt ist, da die Garzeit der Fische sehr kurz ist, sie aber das Gewürzaroma aufnehmen sollen. Große Süßwasserfische (z. B. Wels oder Hecht), die als Ganzes serviert werden, werden mit dem Sud auf den Siedepunkt gebracht, um dann bei mittlerer Temperatur mit Deckel fertig zu köcheln. Kleinere Süßwasserfische kommen in den kochenden Sud und ziehen dann bei geschlossenem Deckel durch. 2. Für große Salzwasserfische bietet sich der weiße Sud an, der aus ↑**Milch**, Wasser, ↑**Zitronensaft**, Lorbeerblättern und zerdrückten Pfefferkörnern besteht. ↑**Würzsud.** Man setzt ihn zusammen mit dem ganzen Fisch kalt auf. Sollen nur Schnitten und Tranchen der Fische verwendet werden, werden sie in den kochenden Sud gelegt. Nach Erreichen des Siedepunktes abschäumen und langsam weitergaren. 3. Das ↑**Blaukochen** verdankt seinen Namen dem Kochen des frischen Fisches (z. B. Forelle) in Essigwasser. Diese Garmethode ist auch als „Bläuen" bekannt. Soll der Fisch nicht im Sud, sondern mit dem Sudgemüse oder „natur" serviert werden, muss er nach dem Garen mit Butter bestrichen werden, weil sich sonst die Haut schwarz verfärbt.

Fischsülze [*Fisch*] Aus fein zerkleinertem, gekochtem Seefischfleisch. Der Fischanteil muss mindestens 75 % betragen. ↑**Marinaden, Kochmarinaden**

Fischsuppe [*Übersetzer*] **Englisch:** fish-soup; **Französisch:** soupe de poisson, bouillabaisse; **Italienisch:** cassòla, zuppa di pesce; **Spanisch:** sopa de pescado

Fischtran [*Fette*] Tran

Fischvergiftung [*Gesundheit*] Kann durch bakteriell zersetzte Fische oder die Übertragung von Keimen durch ↑**Fische** und ↑**Muscheln** ausgelöst werden, außerdem durch Infektionen mit Bakterien oder Parasiten (Fadenwürmern), ↑**Nematoden** und ↑**Fischbandwurm.** Bei der Übertragung von Keimen wie ↑**Salmonellen** durch Fische oder Muscheln handelt es sich um Infektionen durch verseuchte Abwässer, die als Typhus-Erkrankungen oder auch Cholera auftreten. Eine weitere Vergiftungsform ist die „↑**Ciguatera**", die man aus den Tropen kennt. Die Erkrankung kann sich in Magen-Darm-Störungen, neurologischen Störungen und Herz-Kreislauf-Erkrankungen zeigen. Aber auch Muskel- und Gelenkschmerzen oder ein umgekehrtes Heiß-Kalt-Empfinden (Parästhesie) sind möglich. Lebensmittelvergiftung nach dem Verzehr giftiger (auch vergifteter), verdorbener oder infizierter Fische und anderer Meerestiere erkennt man an den typischen Symptomen wie schwerem Erbrechen und Durchfall. Der Verlauf einer Fischvergiftung kann tödlich sein, darum beim geringsten Verdacht und dem Auftreten der oben beschriebenen Symptome sofort einen Arzt oder das nächste Krankenhaus aufsuchen. Wenn möglich, die Reste der verzehrten Speise mitnehmen. ↑Lebensmittelvergiftungen. Schon durch eine leichte Fischvergiftung kann die Leber dauerhaft geschädigt werden, darum ist eine Impfung gegen Hepatitis empfehlenswert.

Fischvollkonserven [*Fisch*] In luftdichten Dosen, durch Sterilisieren (Erhitzen) haltbar gemacht, ohne ↑**Konservierungsstoffe.** Haltbar über ein Jahr (Mindesthaltbarkeitsdatum ist aufgedruckt). ↑**Fischdauerkonserven**

Fischwaren [*Fisch*] Alle be- und verarbeiteten Fischereierzeugnisse außer ↑**Fischmehl**, ↑**Salzheringen**, Fischfilet sowie gekühltem oder gefrorenem Fisch und Fischfilet. Die durch besondere Konservierungsverfahren für unterschiedlich lange Zeit haltbar gemachten Fische werden zuvor geköpft, ausgeweidet, entgrätet und gewaschen. Zu den Fischwaren gehören auch konservierte Zubereitungen von ↑**Krebsen**, ↑**Hummern** und ↑**Krabben** sowie Fischpasten, Fischwurst und ↑Fisch**rogen.** Die wichtigsten Verfahren zur Haltbarmachung sind: **Trocknen, Salzen, Räuchern, Einlegen** und ↑**Sterilisieren. Trocknen:** gehört zu den ältesten Verfahren der Haltbarmachung von Magerfischen (↑**Kabeljau**, ↑**Schellfisch**, ↑**Köhler**). Es wird sowohl im Freien bei Wind und Sonne als auch technisch in Trockenkammern vorgenommen. Getrocknete Fische müssen vor der Zubereitung eingeweicht werden. ↑**Fische, getrocknete; Salzen:** Wird in erster Linie bei Fettfischen (↑**Heringen**, ↑**Sardellen**, ↑**Lach**sen) angewendet und häufig schon auf See erledigt. Das Einsalzen (Pökeln) bewirkt nicht nur lange Haltbarkeit, sondern gleichzeitig das Reifen der Fische. ↑**Fische, gesalzene; Räuchern:** Geräucherte Fische ↑**Räucherfische** haben nur beschränkte Haltbarkeit. Sie müssen trocken und kühl aufbewahrt, vor Wärme (Sonne) und Frost geschützt werden. Man unterscheidet: **Kalträucherung** (1–2 Tage bei 18–26° C) und **Heißräucherung** (einige Stunden bei 80° C und darüber). ↑**Räuchern; Einlegen:** Die zahlreichen Methoden des Einlegens in ↑**Essig**, ↑**Öl**, ↑**Tunken**, ↑**Gelee** sind sehr verschieden, weil sie nicht nur der Haltbarmachung, sondern auch der Herstellung des gewünschten Geschmacks dienen. Die verschiedenen Erzeugnisse: ↑**Marinaden**, ↑**Lachs** und ↑**Seelachs** (↑**Lachsersatz**) in ↑**Pflanzenöl**, ↑**Anchosen** und ↑**Fischdauerwaren.**

Fischwurst [*Fisch*] wird aus entgrätetem und fein zerkleinertem Fischfleisch mit oder ohne Zugabe von ↑**Speck** oder ↑**Fett**, ↑**Gewürzen** und Zutaten hergestellt. Sie kann an- oder durchgeräuchert sein und wird in Natur- oder Kunstdärme oder auch in luftdicht verschlossene Behältnisse gefüllt. Der Zusatz von ↑**Konservierungsmitteln** ist nicht zulässig, derjenige von ↑**Farbstoffen** noch umstritten. **Besondere Erzeugnisse: Dorschleberwurst** und **Dorschleberpaste** aus zerkleinerten frischen oder abgepressten, von der Galle befreiten ↑**Dorschlebern.** Dieses Produkt wird ↑**sterilisiert** angeboten.

Fish and chips [*Engl. Speisekarte*] **A** Kurz **fish 'n' chips**, das inoffizielle Nationalgericht Englands, wesentlicher Bestandteil englischer Küchen- und Esskultur: eine Kombination aus frischem ↑**Fisch** (oft ↑**Dorn-** oder ↑**Heringshai**, aber auch ↑**Kabeljau**), in ↑**Backteig** mit ↑**Bier** getaucht und in der Fritteuse knusprig gebacken. Beträufelt mit ↑**Malzessig** wird er mit dicken frittierten Kartoffelstäbchen (↑**Chips**) in einer Tüte serviert.

Fish chowder [*U.S. Kitchen*] **A** Fischcremesuppe: „Chowder“ steht für eine dicke Suppe auf ↑**Milch**- und ↑**Brühe**basis. Außer Fish Chowder gibt es auch zahlreiche Gemüse-Chowder.

Fiskeboller [*Intern. Länderküche*] **A** Gekochte dänische Fischklößchen aus fein püriertem ↑**Kabeljau**filet, mit ↑**Sahne**, ↑**Eiern** und ↑**Speisestärke** gebunden in ↑**Meerrettich**soße

Fisole, gelbe [*Österr. Küche*] ↑**Wachsbohne**

Fisole, grüne [*Österr. Küche*] ↑**Grüne Bohnen**

Fiš-paprikaš [*Intern. Länderküche*] **A** Begriff aus der Küchenkultur des Balkans für eine Suppe auf Basis von ↑**Karpfen** und viel ↑**Paprikapulver.** Dazu werden traditionell hausgemachte ↑**Nudeln** serviert.

Fitou [*Weinkunde*] Kleines Weingebiet im Süden von Corbière, nahe Roussillon. Es unterteilt sich in ein Ufergebiet mit Kalkunterlagen und Kies sowie in eine Region der steilen Berghänge mit Sandstein-, Schiefer- und Kalkböden. Die beiden unterschiedlichen Gebiete werden durch ein Kalkplateau getrennt. Im meeresnahen Teil entstehen die eleganteren, aromatischen Weine. Im nordwestlich davon gelegenen Gebiet sind es üppigere, fleischigere Weine.

Fix [*Hausbar*] **R** Dem ↑**Cobbler** sehr ähnlich, sie werden mit geschabtem Eis zubereitet und in Punschgläsern serviert.

Fixin [*Weinkunde*] Nördlichste Stadt der Côte d'Or bzw. Côte de Nuits, mit einigen guten Weinlagen

Fizz [*Hausbar*] **R** Mit ↑**Soda**- oder ↑**Mineralwasser** aufgefüllte, spritzige, erfrischende, schäumende ↑**Longdrinks. Grundrezept:** ↑**Zuckersirup** und ↑**Alkohol** mit zerstoßenem Eis shaken, ins Longdrinkglas abseihen und mit Soda aufgießen. Fizzes müssen besonders kalt serviert werden.

Fladenbrot [*Backstube*] Flaches rundes Brot wie ↑**Pita**

Flädle [*Regionale Spezialität*] **A** Schwäbische Spezialität. Dünne, pikante ↑**Pfannkuchen** ohne ↑**Zucker**, mit ↑**Muskat** und ↑**Schnittlauch** im Teig. In feine Streifen geschnitten, als Einlage für ↑**klare Suppen**

Flädli [*Schweizer Küche*] Schweizer Bezeichnung für pikante ↑**Pfannkuchen**streifen als Suppeneinlage

Flageolet [*Allgem. Nährmittel*] **T** Grüne bis hellgrüne, nierenförmige Delikatessbohne aus Frankreich (Buschbohne). Wichtige Einlage im Bohnengericht „Haricots ↑**Panachés**“ und geeignet für ↑**Cassoulet**, als Beilage und für Salate

Flagey-Echézeaux [*Weinkunde*] Echézeaux und Grands Echézeaux gehören zur Gemeinde Flagey-Echézeaux. Die Grand-Crus brauchen nicht speziell gekennzeichnet zu sein. Es reicht, wenn z. B. „Echézeaux“ und „Appellation Echézeaux Contrôlée“ vermerkt ist. Dies ist zwingend vorgeschrieben. Die anderen Qualitäten werden meist unter dem Namen Vosne-Romanée verkauft.

Flakes [*U.S. Kitchen*] Flocken

Flaki [*Intern. Länderküche*] **A** Begriff aus der polnischen Küchenkultur für eine schmackhafte, ungebundene Suppe mit in Streifen geschnittenen ↑**Kutteln**, oft mit viel ↑**Pfeffer** und ↑**Majoran** gewürzt

Flamande, à la [*Speisegarnitur*] **A Auf flämische Art – Speisegarnitur** für **große** und **kleine Fleischstücke:** kleine gedünstete ↑**Grünkohl**stücke oder ↑**Rosenkohl**, glacierte ↑**Karotten** und ↑**Weiße Rübchen**, ↑**Kartoffeln** und im ↑**Kohl** mitgedünstete Brustspeck- oder ↑**Pökelzungen**streifen. **Soße:** leicht gebundener ↑**Fond**

Flambales [*Hausbar*] ↑**Obst** in hochprozentigem ↑**Branntwein**

Flamber [*Franz. Speisekarte*] ↑**Flambieren**, abflämmen (Geflügel)

Flambieren [*Unsere Küche*] **T** Das Aromatisieren von ↑**Desserts**, Mixgetränken, ↑**Ragouts**, Fleischspießen, ↑**Steaks**, ↑**Schalen**-, ↑**Krustentieren** mit ausgebrannten hochprozentigen ↑**Spirituosen** von mind. 38 % Alkoholgehalt. Beispielsweise wird die Speise in einer kupfernen Flambierpfanne auf einem Spiritus-Réchaud heiß gehalten, man gießt den in einem Saucenlöffel über der Flamme erwärmten ↑**Alkohol** seitlich an die heiße Speise und zündet ihn an. Zum Flambieren eignen sich ↑**Cognac**, ↑**Weinbrand**, ↑**Rum**, ↑**Edelbrände** oder starke ↑**Liköre. Achtung: Beim Flambieren kann es zu einer Stichflamme kommen, darum nie den Kopf direkt über die Pfanne, sondern seitlich halten. Tipp:** Den Alkohol ganz ausbrennen lassen, sonst schmecken die flambierten Gerichte unangenehm spritig.

Flamiche [*Franz. Speisekarte*] Brotkuchen mit verschiedenen ↑**Gemüsen**, ↑**Lauch** und ↑**Käse**

Flammekueche (Flammkuchen), tarte flambée [*Franz. Speisekarte*] **A** Hauchdünner ↑**Brotteig** mit ↑**Crème fraîche**, ↑**Zwiebeln** und ↑**Speck**würfeln belegt. Elsässer Spezialität aus dem Holzkohleofen

Flämmen [*Unsere Küche*] Einem Gebäck oder einer Backmasse im heißen Ofen mit Oberhitze oder mit einem Bunsenbrenner sehr schnell Farbe geben

Flammerie [*Unsere Küche*] **A** Eine Süßspeise, die aus ↑**Milch**, ↑**Saft** oder ↑**Wein** besteht und mit ↑**Grieß**, ↑**Reis**, ↑**Sago**, ↑**Speisestärke** oder einem anderen Bindemittel gekocht bzw. ausgequollen wird. Eine Verfeinerungsmöglichkeit ist, dem Flammerie ↑**Eischnee** oder ↑**Eigelb** unterzuziehen. Zum Würzen oder Aromatisieren eignen sich ↑**Vanille**, ↑**Schokolade**, ↑**Zitrone** oder ↑**Zimt.**

Flamusse [*Franz. Speisekarte*] Rustikaler Auflauf aus mit ↑**Pfannkuchen**teig überbackenen ↑**Apfel**stücken

Flan [*Intern. Länderküche*] **R** Der Begriff hat in der internationalen Küche verschiedene Bedeutungen. Er kann wie in Spanien eine Mischung aus ↑**Sahne**, ↑**Eiern** und ↑**Gemüse** sein, die im Wasserbad gegart wird, und eignet sich als Vor-, Nach- oder Hauptspeise, aber auch als Beilage zu ↑**Fleisch**, serviert mit einem ↑**Weinschaum.** In Frankreich oder Holland charakterisiert er eine Süßspeise, die man in einem Tortenförmchen aus ↑**Blätter-** oder ↑**Mürbeteig** isst. In Italien und Mexiko bezeichnet Flan einen ↑**Karamellpudding. Grundrezept:** $^1/_2$ l ↑**Milch**; 2 Eier, verquirlt; 2 ↑**Eigelb**, verquirlt; 3 EL sehr feiner ↑**Zucker**; 1 Prise ↑**Salz**; 0,2 l Sahne; 1 aufgeschlitzte ↑**Vanilleschote**; TL Vanilleextrakt oder Vanillezucker. Für den Karamell in einem Topf 125 g Zucker mit 100 ml Wasser bei schwacher Hitze auflösen. Die Hitze erhöhen und kochen, bis der Sirup eine kräftige braune Farbe annimmt. Sofort in (kleine) feuerfeste hochwandige Auflaufform(en) geben. Für den Flan Milch in einem Topf mit der Vanilleschote erwärmen. In einer Schüssel die restlichen Zutaten schaumig rühren, die warme Milch einrühren und kurz ruhen lassen. Die Eier-Milch-Masse in die Auflaufform(en) über den Karamell geben. Eine Bratenpfanne halb mit Wasser füllen, die Auflaufform(en) hineinsetzen und im Backofen 50 bis 60 Min. bei 160° C (Unter/Oberhitze) backen oder bis der Flan gestockt hat. Fertig ist er, wenn man mit dem Messer hineinsticht und nichts an der Schneide zurückbleibt. Aus dem Backofen nehmen und abkühlen lassen. Im Kühlschrank für mehrere Stunden (am besten über Nacht) auskühlen. Zum Anrichten den Rand vorsichtig mit einem Messer von der Auflaufform lösen und auf einen flachen Servierteller stürzen. Wie eine Torte aufschneiden, mit Karamellsauce oder Weinschaum servieren.

Flanchet [*Franz. Speisekarte*] Unteres Bauchstück von Schlachtvieh

Flank steak [*U.S. Kitchen*] **T** Aus dem unteren Rippenbereich, dem „Rinderlappen" unterhalb des Filets. Dieses ↑**Steak** ist 750 bis 1000 g schwer, sollte mariniert und nicht ganz durchgebraten werden. Quer zur Faser schneiden

Flasche [*Übersetzer*] **Englisch:** bottle; **Französisch:** bouteille; **Italienisch:** bottiglia; **Spanisch:** botella

Flaschenbovist [*Speisepilze*] **T Lateinisch:** Lycoperdon perlatum; ↑**Waldpilze.** Diese kugelförmigen Pilze, die auf feuchtem Humus und verfaulenden Baumstümpfen gedeihen, sind nur im unreifen Stadium genießbar. Der reife Fruchtkörper wird zu einer trockenen, ledrigen Hülle: wenn man diese anstößt, entweichen durch eine Öffnung an der Oberseite Wolken der staubförmigen Sporen. Der Riesenbovist kann einen Durchmesser von 1,2 Metern erreichen. **Fruchtmasse:** anfangs weiß, zart und auch fest, später bräunlich, olivbraun, breiig und nass, in der Reife schließlich staubtrocken. Bei Druck (Hand, Fuß) schießt (pufft) aus der Scheitelöffnung eine Sporenwolke („Puffpilz"), Geruch jung angenehm, Geschmack mild. **Sporenstaub:** olivbraun. **In der Küche:** jung essbar, so lange der Fruchtkörper innen noch weiß ist und knackig bricht. In Scheiben geschnitten und wie Bratkartoffel gebraten oder wie ↑**Schnitzel** paniert und gebraten, sind die Pilze nicht nur schmackhaft, sondern auch eine eiweißreiche Mahlzeit. Es ist jedoch sehr ratsam, die Pilze noch am Sammeltag zu verarbeiten, da sie schon einen Tag später gelb und unbrauchbar werden. **Vorkommen:** Juli–November in Laub- und Nadelwald, auch außerhalb des Waldes, vom Mittelmeer bis nach Nordskandinavien, auf sauren und kalkhaltigen Böden, bis in die Zone alpiner Zwergstrauchweiden, gesellig, oft büschelig, allgemein verbreitet. Da der Pilz sehr anpassungsfähig ist, ist er in seinem Bestand nicht gefährdet. **Verwechslung:** mit anderen Stäublingen, die aber fast alle ebenfalls essbar sind, so lange das Fleisch weiß ist. Ausnahme: Der giftige Kartoffelbovist, der aber deutlich anders aussieht.

Flaschengärung [*Weinkunde*] Die zweite Gärung, die in der Flasche erfolgt. Dieses Herstellungsverfahren wird ausschließlich bei der Schaumwein-Herstellung angewandt. Bei Winzersekt, ↑**Champagner** oder klassischer Flaschengärung verbleibt der Sekt in dieser Flasche. Geringfügige geschmackliche Abweichungen sind möglich. Die großen Sektmarken, die Flaschengärung aufs Etikett schreiben, arbeiten nach dem Transversierverfahren. Nach abgeschlossener Gärung wird der Sekt in einen großen Tank gefüllt und egalisiert. Danach wird eine große Menge gleichen Geschmacks abgefüllt.

Flatulenz [*Verdauung*] ↑**Blähungen**

Flaugnarde, flangnarde, flognarde [*Franz. Speisekarte*] **A** Rustikaler Fruchtauflauf mit ↑**Äpfeln**, ↑**Birnen** oder ↑**Backpflaumen**, mit ↑**Vanille**, ↑**Zimt**, ↑**Zitrone** usw. parfümiert

Flautas [*Mexicofood*] **A** Sind gefüllte, gerollte und frittierte, aber nicht überbackene ↑**Enchiladas**

Flavonoide [*Gesundheit*] **T** (Flavone, Flavonole, Flavanone und Isoflavone – Pflanzenhormone); Flavonoide gehören zu den ↑**sekundären Pflanzenstoffen**, sind gelb, rot oder blau gefärbte Stoffe, die in unterschiedlich hoher Konzentration und in unterschiedlich hohem Oxidationsgrad in Pflanzen vorkommen und beim Menschen krankheitsvorbeugende bzw. heilbringende Wirkung entfalten können. Flavonoide haben die Fähigkeit, bestimmte unerwünschte Stoffe (Freie Radikale) abzufangen und z. B. Zellen zu schützen. Man vermutet, dass Menschen, die flavonoidreiche Lebensmittel essen, weniger häufig an Herzinfarkt erkranken. Studien belegen, dass Krebserkrankungen bei Menschen, die regelmäßig ↑**Obst** und ↑**Gemüse** zu sich nehmen, seltener sind. Bestimmte Flavonoide wie das Quercetin (in ↑**Äpfeln**, ↑**Preiselbeeren**, ↑**Brombeeren** und ↑**Zwiebeln**) schützen vor ↑**Arteriosklerose**, Bluthochdruck und wirken krebshemmend. Da die Flavonoide vor allem in den äußeren Fruchtanteilen direkt unter der Schale sitzen, sollte Obst nach Möglichkeit nicht geschält werden. Rohes Gemüse enthält bis zu 50 % mehr Flavonoide als gekochtes, ↑**Rohkost** und Salate sind daher besonders gesund. Mehr als 5000 verschiedene Arten von Flavonoiden sind derzeit bekannt. **Eine gute Nachricht für Biertrinker:** Flavonoide sind auch im Bier enthalten, sodass bei mäßigem Genuss ein gefäßschützender Effekt auftritt. Die Schutzwirkung kann hier durchaus mit der von ↑**Rotwein** verglichen werden. **Extra-Tipp für Diabetiker:** Bei Neigung zu erhöhten Blutzuckerspiegeln öfter einen Apfel als Zwischenmahlzeit essen. Das hilft, den Blutzucker zu senken. Beim Herstellen von Apfelsaft bleiben über 80 % der Flavonoide in den Pressrückständen zurück, nur 10 % gehen in den Saft über.

Flavour [*Fachkunde*] Oraler Gesamtsinneseindruck eines Lebensmittels

Flavr-Savr®-Tomate [*Fachkunde*] Rote ↑**Tomaten** sind wegen ihres hohen Reifegrades zu empfindlich, um die langen Transportwege unbeschadet zu überstehen. Deswegen werden Tomaten oft grün geerntet, gekühlt und erst zur Reife gebracht, wenn sie ihren Verkaufsort erreicht haben. Dies geschieht, indem sie mit Ethylen begast werden. Die Behandlung mit Ethylen lässt die Tomaten zwar sehr schnell rot werden, der Geschmack und der Vitamingehalt können sich allerdings nicht so entwickeln wie der von sonnengereiften Tomaten. Eine ausgereifte Tomate hält sich nicht lange, was bedeutet, dass bis zu 25 % der Ernte verderben. In den Entwicklungsländern liegt der Verlust dieser Früchte vom Gemüsefeld bis zum Verbraucher oft sogar nahe 50 %. Bei der Flavr-Savr®-Tomate hingegen wurde das Gen für das Matschigwerden ausgeschaltet. ↑**Gentomate** – ↑**Gentechnik, grüne** – ↑**Gentechnik, allgemein**

Fleckerl [*Österr. Küche*] Kleines Teigstück aus ↑**Nudelteig** , in quadratischer Form

Fleckheringe o. Fleckmakrelen [*Fisch*] Geteilte, auseinandergeklappte, heißgeräucherte ↑**Heringe** bzw. ↑**Makrelen**

Fleisch [*Fachkunde*] **T Englisch:** meat; **Französisch:** viande; **Italienisch:** carne; **Spanisch:** carnes. Fleisch gehört seit Menschengedenken zu unseren Grundnahrungsmitteln, man weiß aber nicht, wann der Mensch begann, Fleisch zu essen. In Deutschland wird Fleisch nach den Leitsätzen für die Fleischerzeugung wie folgt beschrieben: Alle Teile von gezüchteten und geschlachteten oder erlegten warmblütigen Tieren, die zum Genuss für Menschen bestimmt sind. **Dazu gehören:** ↑**Rinder** (↑**Rind-** und ↑**Kalbfleisch**), ↑**Büffel**, ↑**Bisons**, ↑**Pferde**, ↑**Esel**, ↑**Schweine**, ↑**Schafe** (↑**Schaf-**, ↑**Lamm-** und ↑**Hammelfleisch**), ↑**Ziegen** und ↑Zucht**kaninchen.** Ebenfalls alle gezüchteten ↑**Geflügel**arten wie: ↑**Haushuhn**, ↑**Enten**, ↑**Gänse**, ↑**Tauben**, ↑**Puten** usw. Hinzu kommen Tiere, die in freier Wildbahn leben und nach den Richtlinien der jeweiligen Gesetzgebung erlegt werden dürfen: ↑**Rotwild**, ↑**Damwild**, ↑**Sikawild**, ↑**Gamswild**, ↑**Muffelwild**, ↑**Schwarzwild**, ↑**Rehwild**, ↑**Feldhase** und ↑**Wildkaninchen**, sowie jagdbares ↑**Federwild.** In bestimmten Ländern zählen hierzu noch Lamas, Alpakas, Kamele, Yacks, Moschusochsen, Rentiere oder Karibus sowie Strauße, Kängurus, Antilopen usw. Klima, religiöse Einflüsse sowie regionale Vorlieben und Traditionen haben die Wahl für bestimmte Fleischsorten in den verschiedenen Gebieten der Welt beeinflusst. Schaffleisch wird hauptsächlich im Nahen Osten, Rind- und Schweinefleisch in Westeuropa und Nordamerika gegessen, während in Ostasien überwiegend Schweine- und Geflügelfleisch gegessen wird. Auch die Zerlegung der Tiere, die Schnittführung und die Bezeichnung der Teile unterliegen regionalen Unterschieden. **Inhaltsstoffe:** Fleisch ist ein Lebensmittel, das größere Mengen essenzieller ↑**Aminosäuren** in der Form von ↑**Eiweiß**, ↑**Vitamine** der B-Gruppe (besonders ↑**Niacin** und ↑**Riboflavin**) sowie wertvolle ↑**Mineralstoffe** enthält. ↑**Nährstofftabelle**. Einige Fleischsorten wie Leber enthalten die ↑**Vitamine A** und ↑**D. Kücheninfo:** Fleisch besteht aus quer gestreiften Muskelfasern mit unterschiedlichen Anteilen an Fett und Bindegewebe. Auch die inneren Organe (außer Drüsen und Geschlechtsteilen von allen Schlachttieren sowie Rückenmark und Hirn von Rindern; ↑**BSE**) werden verarbeitet, man bezeichnet sie im Allgemeinen als ↑**Innereien**. Der Anteil des Bindegewebes im Fleisch ist maßgeblich für die jeweils benötigte Verarbeitungszeit des Stückes. Fleisch mit wenig Bindegewebe ist sehr zart und kann gut zum Braten oder Grillen verwendet werden, wobei kurze Garzeiten erwünscht sind. Ältere Tiere haben stärkeres Bindegewebe, wodurch das Fleisch zäher wird und sich besser zum Schmoren oder Kochen eignet. Fleisch muss nach der Schlachtung des Tieres und vor dem Verzehr noch durch fleischeigene ↑**Enzyme** reifen. ↑**Abhängen von Fleisch**. Frischfleisch erfordert eine gute Kühlung. Um nicht vorzeitig zu verderben, muss es bei weniger als 5° C gelagert werden. Um es länger haltbar zu machen, wird es tiefgefroren, gepökelt, geräuchert oder sterilisiert (Fleischkonserven). In Deutschland verzehren die Verbraucher ∅ 60 kg Fleisch im Jahr, die Tendenz ist rückläufig. **Fleisch und Gesundheit:** Fleischwaren können je nach Sorte reich an ↑**Fett**, ↑**Cholesterin** und ↑**Purinen** sein. Bei entsprechendem Verzehr und genetischer Veranlagung des Menschen können Fett, Cholesterin und Purine zur Entstehung von Stoffwechselerkrankungen beitragen. Bei reichlichem Verzehr von stark gesalzenen und gepökelten Fleischwaren wird zudem sehr viel ↑Koch**salz** aufgenommen. Hoher Kochsalzkonsum ist einer der Faktoren, der zur Entstehung von Bluthochdruck beitragen kann. Es empfiehlt sich daher, mageres Fleisch und magere Wurstsorten vorzuziehen. Fettarme Fleisch- und ↑**Wurst**sorten sind ↑**Schweinefilet**, ↑**Rinderfilet**, Kalbfleisch, ↑**Tatar**,

↑**Wildfleisch**, ↑**Hähnchen**, Pute, ↑**Corned Beef** und verschiedene ↑**Sülzen**.

Fleischauszug [*Unsere Küche*] ↑**Glace**

Fleischbällchen [*Unsere Küche*] ↑**Fleischklopse**

Fleischbeschau [*Gesundheit*] Amtliche Untersuchung von Schlachttieren, wenn deren Fleisch als Nahrungsmittel für Menschen verwendet werden soll. ↑**Finne** (Biologie)

Fleischbrühe [*Unsere Küche*] **R Englisch:** meat broth; **Französisch:** bouillon; **Italienisch:** brodo di carne; **Spanisch:** caldo de carne. **Rezept für 2 l Wasser:** je 250 g ↑**Rind**- oder ↑**Kalbfleisch** mit Knochen, ↑**Karotten**, ↑**Lauch**, ↑**Sellerieknolle**, eine halbierte, an der Schnittfläche ohne Fett braun angeröstete ↑**Zwiebel**, ↑**Petersilienwurzel** oder- stiele sowie eine ↑**Knoblauch**zehe. Fleisch und Knochen werden in kaltem, gesalzenem Wasser aufgesetzt und ohne Deckel zum Kochen gebracht, dabei muss der aufsteigende Schaum ständig abgeschöpft werden. Soll das Fleisch nach dem Garen noch saftig sein (↑**Tafelspitz**), brät man es von allen Seiten an, damit sich die Poren schließen, und legt es in die kochend heiße Brühe. Nachdem die Brühe ca. 90 Min. mehr gezogen als geköchelt hat, das vorbereitete Gemüse dazugeben und die Hitzezufuhr verstärken, bis die Brühe erneut aufkocht. Wieder sorgfältig abschäumen, mit den Gewürzzutaten (↑**Pfefferkörner**, ↑**Thymian**, ↑**Liebstöckel** und ein Hauch ↑**Koriander**) anreichern und eine weitere Stunde mehr ziehen als köcheln lassen. Das Fleisch aus dem Topf nehmen, mit passierter (durchgesiebter) Brühe bedecken, damit es nicht antrocknet. Den Rest der Fleischbrühe durch ein sauberes Tuch gießen und entfetten. ↑**Würztabelle.** Wird die Fleischbrühe als Suppe oder Fleischbeigabe verwendet, erst kurz vor dem Servieren mit wenig ↑**Muskat** und ggf. ↑**Sherry** vollenden. Es gibt fertige konzentrierte Fleischbrühe in Form von Pasten, ↑**Brühwürfeln**, ↑**Fleischextrakt**, ↑**gekörnter Brühe**, ↑**Instant**-Brühe, die nur mit Wasser gelöst wird.

Fleischextrakt [*Unsere Küche*] **T** Fertige ungewürzte ↑**Brühe** (↑**Remouillage**) aus gehackten Rinderknochen, ↑**Röstgemüse**, ↑**Wild**teilen und ↑**Geflügel**brühe wird durch ein Tuch passiert und auf kleiner Flamme so lange geköchelt, bis sie eine sirupartige Konsistenz erreicht. Dieser Fleischextrakt wird in der Fachsprache „Glace“ oder „Glace de viande“ genannt.

Fleischhauer [*Österr. Küche*] Metzger, Schlachter

Fleischig [*Weinkunde*] Bezieht sich auf Substanz und Gefüge. Ein „fleischiger“ Wein ist mehr „fett“ als „saftig“, eher ölig, nicht unbedingt kraftvoll. Der Ausdruck wird oft für gute ↑**Pomerol**-Weine mit ihrem sanften Gefüge gebraucht.

Fleischklopse [*Unsere Küche*] **A Englisch:** meatball; **Französisch:** boulettes; **Italienisch:** polpette di carne; **Spanisch:** albondigas de carne. Kleine runde, gekochte ↑**Hackfleisch**klößchen, die meist in oder mit entsprechenden Soßen (↑**Tomatensoße**, ↑**Weißer Soße** usw.) serviert werden. ↑**Königsberger Klopse**

Fleischlaberl [*Österr. Küche*] ↑**Frikadellen**

Fleischpudding [*Unsere Küche*] **R** 1 kg ↑**Fleisch** (oder ↑**Fisch**) nach Wahl, 50 g ↑**Butter**, 5 Brötchen, 6–7 ↑**Eier** trennen, ↑**Salz**, ↑**Muskat** und ↑**Pfeffer**, sehr feine Räucherspeckwürfel. Das frische Fleisch mit den eingeweichten und ausgedrückten Brötchen durch die feine Scheibe des Fleischwolfs drehen, weiche ↑**Butter**, ↑**Eigelb**, ↑**Gewürze**, den ↑**Speck** dazugeben und gut vermischen. Aus dem ↑**Eiklar** sehr festen Schnee schlagen und vorsichtig unter die Masse heben, die in mit ↑**Semmelbrösel** ausgestreute Puddingformen gefüllt und gut verschlossen ca. 1 Stunde im Wasserbad gegart wird. Den Fleischpudding auf einen Teller stürzen, so lange er noch heiß ist, und mit einer beliebigen ↑**Sauce** oder zu ↑**Gemüse** servieren.

Fleischsaft [*Unsere Küche*] ↑**Jus**

Fleischspeck [*Fleischprodukte*] Regionale Bezeichnung für durchwachsenen ↑**Räucherspeck**

Fleischtomaten [*Gemüse*] **T Lateinisch:** Lycopersicon esculentum; **Info:** Fleischtomaten, die neben den runden Tomaten am zweithäufigsten angebaute Tomatensorte, sind 12 bis 18 cm groß und wiegen 150–1000 g. Das Fruchtfleisch besteht aus bis zu 20 Kammern. **Herkunft und Saison:** Inländische Fleischtomaten werden von Ende Mai bis Oktober angeboten. Sonst stammen sie aus Gewächshäusern in den Niederlanden und Belgien, manchmal aus Spanien. **Zubereitung und Tipps:** Fleischtomaten sind nicht so wässrig wie runde Tomaten, und ihr Fruchtfleisch ist wegen der größeren Anzahl an Kammern fester. ↑**Tomaten**

Fleischvergiftung [*Gesundheit*] ↑**Lebensmittelvergiftungen** werden vornehmlich von verdorbenem rohen Fleisch (↑**Hackfleisch**), aber auch zubereitetem ↑**Fleisch** verursacht. Bei der Fleischfäulnis entstehen giftige Stoffe, deren Geruch und Geschmack den Verbraucher in der Regel schon vor oder beim Verzehr rechtzeitig warnen. Gefährlich sind Vergiftungen, die durch bakterielle Zersetzung des Fleisches (↑**Salmonellen**, ↑**Staphylokokken** oder **Clostridium botulinum** = ↑**Botulismus**) entstehen, da die Stoffwechselprodukte der Bakterien hoch toxisch sind. Clostridientoxine sind die am stärksten wirkenden Gifte überhaupt. ↑Gammelfleisch. Die Gefahr einer Fleischvergiftung besteht vor allem für Reisende, deren Darmflora sich noch nicht an die Landesküche anpassen konnte. Vorsicht ist vor allem beim Verzehr von ↑Speiseeis, mayonnaisehaltigen Salaten, Shrimpscocktails, Fleischsalat angebracht, wenn die Speisen überlagert sind oder die Kühlkette unterbrochen wurde. Schon durch eine leichte Fleischvergiftung kann die Leber dauerhaft geschädigt werden, darum ist eine Impfung gegen Hepatitis empfehlenswert.

Fleischvögerl [*Österr. Küche*] ↑**Rouladen**

Fleischvögerl [*Unsere Küche*] Küchengerät zum Feinschneiden (Durchdrehen) von ↑**Fleisch** und anderen Lebensmitteln

Fleischzartmacher [*Unsere Küche*] ↑**Papain** & ↑**Natron**

Flet [*Franz. Speisekarte*] ↑**Flunder**

Flétan [*Franz. Speisekarte*] ↑**Heilbutt**

Flétri [*Weinkunde*] **Französisch:** Flétry. Eine Art Beerenauslese aus dem Schweizer Kanton Wallis und der benachbarten italienischen Region Aosta-Tal. Die halbtrockene Version wird Mi-Flétry genannt.

Fleur de Sel [*Gewürze & Kräuter*] **T** Speziell geerntetes ↑**Meersalz** – Die **Königin der Salze** genannt. Es enthält einen hohen Anteil an ↑**Mineralstoffen**, vor allem ↑**Magnesium** und ↑**Jod**. Fleur de Sel ist milder als anderes Salz und hinterlässt keinen bitteren Nachgeschmack auf der Zunge. Dieses feine Salz wird nicht maschinell, sondern von Hand gewonnen: Salzgärtner in Portugal und Frankreich setzen dabei Meerwasser in besonderen Behältern so lange der Sonne und dem Wind aus, bis eine Sole entsteht. An der Oberfläche dieser Sole bildet sich, sobald die richtige Konzentration erreicht ist, die „Fleur de Sel", die Salzblume, die vorsichtig abgeschöpft und getrocknet wird.

Fleurons [*Franz. Speisekarte*] **A** Ungesüßtes Kleingebäck aus ↑**Blätterteig**, meist halbmondförmig, zum Garnieren von oder als Beilage zu Saucengerichten, besonders zu ↑Geflügel**ragouts**

Fliederbeeren [*Wildkräuter, -blüten & -früchte*] ↑**Holunder**

Fliederblüten [*Wildkräuter, -blüten & -früchte*] **T Lateinisch:** Syringa vulgaris; Fliederblüten sind gut zum Kandieren geeignet. **Mehr Information:** ↑**Essbare Blüten**

Flip [*Hausbar*] **T** ↑**Longdrinks**, die neben ↑**Alkohol** immer ein ↑**Eigelb** als Zutat haben. Die „Flips" sind nicht mit den ↑**Egg-Noggs** zu verwechseln. Man muss jedoch bei beiden Cocktailarten darauf achten, dass die verwendeten Eier frisch sind. **Überlagerte Eier sind gefährlich:** ↑**Salmonellen**vergiftung

Floaten [*Hausbar*] **T** Die Zutaten werden vorsichtig in ein Getränk gegossen. Es darf danach nicht mehr umgerührt werden. ↑**Couleurs**

Flocons de céréales [*Franz. Speisekarte*] ↑**Getreideflocken**

Flomen [*Fette*] Das ↑**Schlachtfett** vom ↑**Schwein**. Man bezeichnet das ausgelassene Bauchwandfett vom Schwein als Flomenschmalz. ↑**Schweineschmalz**, ↑**Tierfette** und ↑**Tieröle**

Flönz [*Regionale Spezialität*] Rheinische Bezeichnung für ↑**Blutwurst**

Flor [*Weinkunde*] ↑**Florhefe**

Flor de Guia [*Käse*] Auf Gran Canaria wird ein relativ weicher, runder Käse aus Kuh- oder ↑**Schafsmilch** gemacht, der eine rötliche Rinde hat und „Flor de Guia" (Blumenkäse) heißt. Man verwendet den Blütensaft der wilden ↑**Artischocken**, um die Schafsmilch gerinnen zu lassen. Das ergibt einen sehr aparten Geschmack.

Florentiner Art [*Speisegarnitur*] **R** Bei **à la florentine** wird nicht nur ↑**Fisch**, sondern auch ↑**Geflügel**, ↑**Fleisch** und ↑**Verlorene Eier** auf einem Sockel aus frischem, herzhaft abgeschmecktem ↑**Blattspinat** angerichtet. Der wird nur kurz blanchiert, kalt gemacht, ausgedrückt, mit ↑**Salz**, ↑**Pfeffer**, ↑**Knoblauch**, ↑**Muskat** und geschlagener ↑**Sahne** vollendet. Das Gericht je nach Rezept mit ↑**Sauce Mornay**, ↑**Hollandaise** usw. überziehen und kurz im ↑**Salamander** überbacken.

Florette [*Käse*] **Herkunft:** Frankreich/Rhône-Alpes; **Käsesorte:** ↑**Weichkäse** mit weißem ↑**Edelschimmel**, 45 % ↑**Fett i.Tr.**; **Milch:** ↑**Ziegenmilch**; **Teig:** cremig; **Geschmack:** mild und cremig; **Verwendung:** Ideal als Begleiter zu Salat und frischem ↑**Obst** oder ↑**Trockenfrüchten**

Florhefe [*Weinkunde*] Die aus dem Jerez stammende Hefe ist in der Weinbereitung diejenige ↑**Hefe**, die sich mit einer Art Schaum (dem **Flor**) – auch „Blume" genannt – oben auf den gärenden ↑**Wein** setzt. Sie gehört zur Familie der Saccharomyces-Hefen, die sich auch in der Vergärung finden. Diese spielen als unverzichtbare Helfer bei allen oxidativen Weinbau-Verfahren eine wichtige Rolle, insbesondere bei den Sherry- und Portweinen, in denen sie in entscheidendem Maße geschmacksbildend wirken. Nach der Vergärung steigen die Florhefen (Saccharomyces cheriensis, Saccharomyces beticus, Saccharomyces montuliensis und Saccharomyces rouxii) auf der Suche nach Sauerstoff an die Oberfläche. Dort bilden sie eine 1–2 cm dicke Haut, den besagten Flor, der den Wein luftdicht abschließt. Was ihn vor der Oxidation schützt, als Essigbakterienkiller fungiert und aus den neutralen Grundweinen langsam im Lauf der Jahre ↑**Manzanillas** und ↑**Finos** formt. Die Florhefe gedeiht am besten in alten, gebrauchten, bereits mit der Florhefe „infizierten" amerikanischen Eichenfässern (in Verwendung sind hauptsächlich Fässer mit 500 bzw. 600 l), da diese Hefe sehr negativ auf frisches ↑**Tannin** reagiert. Die Florhefen im so genannten ↑**Solerasystem** von Jerez sind enorm wertvoll und werden akribisch vor Verunreinigung geschützt. Ohne ständiges Auffrischen mit jungem Wein würde die Florhefe über kurz oder lang absterben. ↑**Sherry**

Flöte [*Hausbar*] Hohes, schlankes Stielglas für ↑**Sekt** oder ↑**Champagner**

Flott [*Milchprodukt*] Nordwestdeutsche Bezeichnung für ↑**Sahne**

Flounder [*U.S. Kitchen*] ↑**Scholle**

Flowerets [*U.S. Kitchen*] Wörtlich „Blümchen". So werden in den USA die einzelnen Röschen von ↑**Blumenkohl** (cauliflower) und ↑**Broccoli** bezeichnet.

Flowery [*Tee*] Engl. „blumig": bezeichnet ein besonders blumiges Aroma beim Tee

Flowery orange pekoe [*Tee*] Tee aus der obersten noch nicht voll entwickelten Blattknospe und dem ersten Blatt des Triebes. Er ist von allerbester Qualität und am teuersten. ↑**Tee**

Fluchtachterl [*Österr. Küche*] Letztes Glas ↑**Wein** vor dem Aufbruch

Flugente [*Fleischprodukte*] ↑**Ente**

Fluid ounce [*U.S. Kitchen*] Anglo-amerikanische Maßeinheit für Flüssigkeiten, ca. 0,3 l; **1 fl oz (US) = 29,58422 cm³ – 1 fl oz (UK) = 28,40684 cm³**

Flunder – Seefisch [*Fisch*] **T Englisch:** flounder; **Französisch:** flet; **Italienisch:** passera di mare; **Spanisch:** platija. In Seitenlage schwimmender Plattfisch, der bis zu 50 cm lang und 2 kg schwer werden kann. Er ist verwandt mit der Scholle, heißt auch Graubutt, Sandbutt, Struffbutt, Elbbutt, Weserbutt und Rauflunder. Er ist in Ost- und Nordsee zu finden, schwimmt aber auch die Flüsse aufwärts. Schmeckt am besten von Oktober bis Dezember. Die extrem flache Flunder hat 0,5 % ↑**Fett**, 17 % ↑**Eiweiß**. Frische Flundern eignen sich zum Braten und Backen und sind als Räucherfische sehr beliebt.

Fluor [*Gesundheit*] **T** Im menschlichen Körper wird Fluor in Form von Fluoriden aufgenommen. Fluoride sind natürliche Bausteine des Körpers, die an Knochenbildung und Wachstum maßgeblich beteiligt sind. In der Kariesprophylaxe hat sich herausgestellt, dass eine ausreichende Versorgung des Körpers mit Fluoriden Karies deutlich mindert. **Funktionen im Körper:** Fluorid wird in das Apatit der Knochen umgewandelt. Apatit härtet den Zahnschmelz und trägt somit zur Widerstandsfähigkeit der Zähne gegen Umwelteinflüsse bei. Vor allem schützt es vor den Säuren, die von Kariesbakterien gebildet werden. Allein in den Zähnen und Knochen sind über 95 % des im Körper befindlichen Fluors eingebaut. Der restliche Anteil befindet sich in Haut, Haaren, Fuß- und Fingernägeln. **Fluoridaufnahme:** Viele Regionen Deutschlands sind Fluoridmangelgebiete. Das Trinkwasser enthält im Durchschnitt nur etwa 0,3 mg Fluorid pro Liter Wasser. In ↑**Ölsardinen**, ↑**Hühnerfleisch** und schwarzem ↑**Tee** ist Fluorid enthalten. Die tägliche Fluoridaufnahme über Trinkwasser und Nahrung ist für einen sinnvollen Kariesschutz und zur Stärkung der Knochen nicht ausreichend. Daher muss dem Körper zusätzliches Fluorid zugeführt werden. Unkompliziert ist die Verwendung von natürlichem ↑**Meersalz** oder fluoridiertem ↑**Speisesalz** statt herkömmlichem ohne Fluor. Im Handel wird es ausschließlich in Kombination mit ↑**Jod** als „Jodsalz mit Fluorid" angeboten. Im Haushalt sollten **entweder** fluoridiertes Speisesalz **oder** Fluoridtabletten verwendet werden, beides zusammen kann allerdings eine **Überdosierung** verursachen. Ausgenommen sind Säuglinge und Kleinkinder, weil sie nur sehr geringe Mengen Salz zu sich nehmen. Sie sollten daher Fluoridtabletten erhalten. Bei Jugendlichen und Erwachsenen ist der Einsatz von fluoridhaltiger Zahnpasta sinnvoll. Für Kinder sollte man spezielle Kinderzahnpasta verwenden, da der Fluoridgehalt in den Erwachsenenzahncrèmes zu hoch ist. Allerdings gibt es auch Stimmen, die den Einsatz von fluoridierten Lebensmitteln oder Getränken ablehnen oder zumindest für bedenklich halten. **Mangelerscheinungen:** Es ist eindeutig erwiesen, dass die Anfälligkeit für Karies mit einem Mangel an Fluor verbunden ist. Dies gilt besonders für Kinder und Jugendliche. Aktuelle Forschungsergebnisse zeigen außerdem einen möglichen Zusammenhang zwischen Fluormangel und der Häufigkeit von ↑**Osteoporose**, ↑**Arteriosklerose** und Arterienverkalkung auf. **Überdosierung:** Eine tägliche Einnahme von bis zu 5 mg Fluorid pro Tag gilt bei Erwachsenen nicht als schädlich. Eine Mehreinnahme kann zur so genannten Fluorose führen, die sowohl den Zahnschmelz fleckig färbt und paradoxerweise weich werden lässt, als auch die Anfälligkeit für Osteoporose durch das Ausfällen von ↑**Kalzium** steigert. Bei einer akuten Vergiftung mit Fluorid kommt es zu Erbrechen und Krampfzuständen. **Eine Einnahme von Fluoridtabletten sollte stets mit dem Arzt abgesprochen werden.**

Flussbarsch [*Fisch*] **Englisch:** perch; **Französisch:** perche; **Italienisch:** persico/branzino; **Spanisch:** perca. Bis 1 kg schwerer Süßwasserfisch, ein Raubfisch mit dunkel gestreifter, grünlich-gelber Rückenfarbe, die Schwanzflosse ist rot, die Rückenflosse violett. Er ist beheimatet in Seen, Weihern, Bächen und Flüssen, besiedelt auch das Brackwasser der Ostsee und kommt in den Alpen bis in 1000 Meter Höhe vor. Der Barsch vom Bodensee heißt Kretzer, auf der Schweizer Seite Egli. Sein weißes Fleisch ist sehr schmackhaft. Der ↑**Zander** gehört ebenfalls zu den Barschen.

Flüssigei [*Allgem. Nährmittel*] In Nahrungsmittelbetrieben, bei denen ↑**Eier** zu Flüssigei verarbeitet werden, ist das Risiko eines Salmonellenbefalls sehr hoch. Per Verordnung ist festgelegt, dass die Eier ↑**pasteurisiert** werden müssen. Um zu verhindern, dass sich das Ei während des Erhitzens braun verfärbt, wird das ↑**Enzym** Glucoseoxidase beigefügt.

Flüssigzucker [*Hausbar*] ↑**Läuterzucker**

Flusskrebs [*Fisch*] **A Englisch:** crayfish; **Französisch:** écrevisse; **Italienisch:** gambero; **Spanisch:** cangrejo de río. Nach der Krebspest von 1876 wurden Krebse in Deutschland zur Seltenheit, darum ist der Edelkrebs hier nur noch in kleinsten Beständen heimisch. Importiert werden Signalkrebse aus den USA und Galizierkrebse aus der Türkei oder dem Iran. Sie decken ca. 90 % des Bedarfs. Der gewöhnliche Flusskrebs (**astacus fluviatilis**) ist ein langschwänziger zehnfüßiger Allesfresser. Dazu besitzt er zwei Paar Fühler, fünf Paar kräftige Brustbeine, deren erstes zu Scheren ausgebildet ist, eine ungegliederte Kopfbrust und gestielte Augen. Der „Süßwasserhummer" wächst langsam und erreicht eine Länge bis 25 cm. Sein Panzer ist grünlichbraun, kommt aber in verschiedenen Farbtönen vor. Oft weist der Panzer schwarze Flecke auf, die durch Fadenpilze verursacht werden. Bei starkem Befall sind solche Krebse ungenießbar. Im Handel werden die schmackhaften Edelkrebse lebend, frisch gekocht oder tiefgefroren angeboten. Der Geschmack des Krebsfleisches hängt von der Reinheit der Gewässer ab, in denen er sich aufhielt, sowie von der Nahrungsaufnahme. Flusskrebse isst man im Sommer. Besonders gut schmecken sie nach dem Häuten, Ende Mai bis Juni. Ihr Fleisch ist saftig, zart und von feinem, aromatischem, süßlichem Geschmack. Die Zubereitung erfolgt wie beim ↑**Hummer**. Das aus den Schalen entfernte Fleisch wird entweder unverändert verzehrt oder in delikaten Saucen zu raffinierten Gerichten, Pasteten, Aspiks usw. verarbeitet. Die Schalen werden bei nicht zu starker Hitze vorsichtig getrocknet, zerstoßen und für Krebssuppen oder Soßen verwendet. Beim Einkauf darauf achten, dass die Tiere nicht tot sind. Der frische Krebs muss beim Kochen gleichmäßig rot werden, minderwertige Sorten färben sich ungleichmäßig, meist nur undeutlich an der Oberfläche. Der Schwanz des frischen Krebses rollt sich beim Kochen nach innen ein, ein gestreckter Schwanz deutet auf ein gestorbenes Tier hin. Die Scheren des Krebses sind mit sandartigen Körnchen bedeckt, grobe Körner deuten auf minderwertige Suppenkrebse hin. **Auf Geruch achten!** Salmiakgeistgeruch deutet verdorbene Ware an. Lebende Krebse müssen an einem kühlen, trockenen Orte aufbewahrt werden, **niemals auf Eis**, das wäre Tierquälerei. Flusskrebse sind die Hauptzutat für die berühmte französische „↑**Bisque d'écrevisse**".

Flûte [*Franz. Speisekarte*] **T 1.** Franz. ↑**Baguette** in Überlänge, wird nicht geschnitten, sondern gebrochen; **2.** Bezeichnung für eine Flasche aus hellem Glas. Bedeutet eigentlich Flöte.

Flying winemaker [*Weinkunde*] Internationale Weinfachleute, hauptsächlich Kellermeister und Önologen, die Weingüter in der ganzen Welt beim Ausbau ihrer Weine beraten. Da sie die Strecken zwischen Frankreich, Kalifornien, Australien und Deutschland nur noch per Flugzeug bewältigen, heißen sie „Flying Winemakers".

Focacci(n)a [*Ital. Speisekarte*] Fladen, kleine ↑**Pizza**

Fogarina [*Weinkunde*] Rotweinrebe aus der Emilia Romagna

Fogasch [*Ungarische Küche*] ↑**Zander** ist der berühmteste ungarische ↑**Fisch** und Grundlage vieler Gerichte.

Fogoneu [*Weinkunde*] Rotweinrebe aus Mallorca. Sie soll der französischen Gamay-Traube (Beaujolais) ähnlich sein.

Fogos [*Österr. Küche*] ↑**Zander**

Fogosch [*Franz. Speisekarte*] ↑**Zander**

Foie [*Franz. Speisekarte*] ↑**Leber**

Foie blond, de volaille [*Franz. Speisekarte*] ↑**Geflügelleber**

Foie gras d'oie, de canard [*Franz. Speisekarte*] ↑**Gänse-**, ↑Enten**stopfleber**

Foie mi-cuit [*Franz. Speisekarte*] Halbgekochte ↑**Stopfleber**

Fol Epi [*Käse*] **T Herkunft:** Frankreich; **Käsesorte:** ↑**Schnittkäse** mit charakteristischer Ährenform auf der Oberfläche, 50 % ↑**Fett i. Tr.**; **Milch:** Kuhmilch; **Geschmack:** nussig, mild; **Info:** große Löcher, essbare Rinde; **Verwendung:** Obwohl ein Franzose, passt er hervorragend zum ↑**Bauernbrot.** Jetzt ist er nicht nur an der Käsetheke zu finden, sondern auch in der Selbstbedienung als Mini Fol Epi (250 g), in Scheiben in den Varianten „Klassik" und „Leicht" in der wiederverschließbaren 150-g-Packung.

Folaga [*Ital. Speisekarte*] ↑**Blesshuhn**

Folienkartoffeln [*Übersetzer*] **Englisch:** baked potatoes; **Französisch:** pommes en papillotes; **Italienisch:** patate al cartoccio; **Spanisch:** papas a lo. ↑**Baked Potatoes**

Folle Blanche [*Weinkunde*] Weiße Rebsorte, die traditionell für die Cognacproduktion in West-Frankreich angebaut wurde. Nach der Reblausepidemie am Ende des 19. Jahrhunderts wurde sie jedoch immer mehr durch die ↑**Ugni Blanc** ersetzt, da Folle Blanche sich nicht gut auf reblausresistente amerikanische Unterlagen (Rebwurzeln) propfen ließ. Für die Cognac- und Armagnacbereitung mag ihr hohes Maß an Säure und ihr niedriger Alkoholgehalt nützlich sein, für einen Stillwein sind dies eher unattraktive Merkmale. Trotzdem trifft man Folle Blanche an der Mündung der Loire, in der Nähe von Nantais (Gegend der Muscadet-Weine) als Gros Plant an, wo sie unter der Appellation Gros Plant Nantais häufig dünne, säurebetonte Weine hervorbringt.

Folle Noire [*Weinkunde*] Die Rotwein-Rebe war früher in Südwest-Frankreich (Provence [Bellet] und Gaillac) weit verbreitet. **Synonym für vier andere Rebsorten:** Jurançon Noir, Negrette, Fuella Nera und Valdiguie. Heute ist sie für Vin de Pays zugelassen.

Folsäure ↑**Vitamin** B_9 [*Gesundheit*] **T Sammelname für verschiedene Vitamine der B-Gruppe.** Die Darmflora kann sie herstellen. **Funktion im Körper:** Folsäure hat die Aufgabe, bei der Bildung von Blutkörperchen und Schleimhautzellen mitzuwirken. **Folsäure-Mangel:** Ein Folsäuremangel macht sich zunächst mit unspezifischen Symptomen wie Reizbarkeit, Konzentrationsschwäche und depressiver Verstimmung bemerkbar. Da Folsäure hauptsächlich für die Bildung von Schleimhäuten und Blutkörperchen verantwortlich ist, zeigen sich hier auch die ersten spezifischen Symptome, allerdings erst nach mehreren Wochen. Zu beobachten sind Schäden an den Schleimhäuten,

Wunden heilen langsamer. **Herz-Kreislauf-Erkrankungen wie ↑Arteriosklerose oder Schlaganfälle werden durch Folsäure-Mangel begünstigt:** Bei ungeborenen Kindern kann Folsäuremangel zu Missbildungen wie dem „offenen Rücken" (Spina bifida) führen; deshalb sollten Schwangere zusätzliche Gaben des Vitamins einnehmen. Aber auch Frauen im gebärfähigen Alter, die nicht sicher verhüten und möglicherweise schwanger werden können, sollten eine derartige Menge bereits zur Vorsorge nehmen. In jüngster Zeit wird Folsäure zur Prophylaxe von Schlaganfällen und Herzinfarkten stark empfohlen. **Folsäure-Lieferanten:** **↑Leber**, **↑Vollkorn**produkte, grünes **↑Blattgemüse**, **↑Spargel**, **↑Eigelb** und **↑Nüsse**. Auch in **↑Obst**, **↑Fisch** und **↑Fleisch** finden sich geringe Mengen. Da das Vitamin licht-, sauerstoff- und hitzeempfindlich sowie gut wasserlöslich ist, sollten intensives Wässern und zu lange Lager- und Kochzeiten vermieden werden. Manchen industriell hergestellten Getränken und **↑Milchprodukten** wird Folsäure künstlich zugesetzt. **Täglicher Bedarf:** Der Mensch braucht eine Tagesration von 4 µg Folsäure. Schwangeren wird eine Menge von 6 µg empfohlen. Bei einer gesunden, ausgewogenen Ernährungsweise sollte der tägliche Bedarf eigentlich gedeckt werden, doch die wenigsten Menschen essen täglich frisches Gemüse. Folsäuremangel ist in Industrieländern nicht selten. Alkoholiker, Raucher, Frauen, die Hormone (Pille) nehmen, Schwangere, Stillende, Menschen mit Magen-Darm-Erkrankungen oder chronischen Blutungen sind besonders davon bedroht. **Um den ∅ Tagesbedarf an Folsäure zu decken, reichen folgende Mengen:** 160 g **↑Kalbsleber**; 400 g **↑Sonnenblumenkerne**; 300 g Hühnerei, Eigelb; 130 g **↑Weizenkleie**; **↑B-Vitamine**

Foncieren [*Franz. Fachwort*] Form mit Teig oder Speckscheiben auslegen

Fond [*Unsere Küche*] **R** Der beim Braten, Schmoren oder Dünsten zurückbleibende Fleischsaft wird als Grundlage für **↑Sauce**n und Suppen oder Basisbrühen verwendet. In den meisten Fällen sind die Mengen aber zu gering, darum kocht man Fonds, was sehr arbeitsintensiv und zeitaufwändig ist. **Die wichtigsten Grundfonds: 1.** Der braune Fond (von **↑Kalb**, **↑Lamm**, **↑Wild**, **↑Geflügel**); **2.** Der helle Fond (von Kalb, Lamm, Geflügel); **3.** Der Fischfond. **Zu 1.:** Die nussgroß gehackten Knochen (bzw. **↑Geflügelklein**), Anschnitte und Sehnen werden in neutralem Öl in einem offenen Topf angebraten. Sind sie braun, das überschüssige Fett abgießen, vorbereitetes **↑Röstgemüse** dazugeben, mitbraten und alles mit Wasser ablöschen. Die Flüssigkeit einkochen lassen, erneut angießen und diesen Vorgang so oft wiederholen, bis alles von einer glänzenden braunen Schicht überzogen ist. Nun mit kaltem Wasser aufgießen, die Flüssigkeit aufkochen lassen und dabei den aufsteigenden Schaum und das Fett abschöpfen. Mit Salz würzen und ca. 3–4 Stunden bei offenem Topf köcheln lassen. Erst nach dieser Zeit Gewürze dazugeben und nochmals 1 Stunde köcheln lassen. Zum Schluss den Fond durch ein sauberes Tuch passieren. **↑Würztabelle/Bratensoße. Zu 2.:** Die nussgroß gehackten Knochen (bzw. Geflügelklein), Anschnitte und Sehnen werden in neutralem Öl angeschwitzt und mit kaltem Wasser aufgegossen (bei Geflügelfond ein **↑Suppenhuhn** dazugeben). Die Flüssigkeit aufkochen lassen und den aufsteigenden Schaum abschöpfen. Mit Salz würzen und alles 3–4 Stunden bei offenem Topf köcheln lassen. Zwischendurch immer wieder den Schaum und das Fett abschöpfen. Das Suppenhuhn entfernen und nach Wunsch für Salate oder Ragouts weiterverarbeiten. Nun erst das vorbereitete Gemüse und die Gewürze dazugeben und nochmals 1 Stunde köcheln lassen. Zum Schluss den Fond durch ein sauberes Tuch passieren. **↑Würztabelle/Würzsud. Zu 3.:** Gräten und Köpfe der verarbeiteten Fische (auch vom Händler) gründlich waschen. **↑Lauch**, **↑Karotten**, **↑Sellerie**, **↑Fenchel**, **↑Zwiebeln**, **↑Knoblauch** und **↑Petersilienwurzeln** in Stücke schneiden und mit neutralem Öl anschwitzen, mit **↑Weißwein** ablöschen und kaltes Wasser auffüllen, leicht salzen und ca. 1 Stunde bei offenem Topf köcheln lassen. Zwischendurch immer wieder den Schaum abschöpfen. Nun die Gräten und Köpfe dazugeben, aufkochen lassen, Schaum abschöpfen und mit **↑Lorbeer**, **↑Wacholder**, **↑Thymian** und **↑Estragon** würzen. Nicht länger als 20 Min. köcheln lassen, da der Fond sonst tranig und bitter wird. Zum Schluss den Fond durch ein Tuch passieren. **↑Würztabelle/Würzsud**. Die Grundfonds immer minimal mit Salz würzen, da sie für mehrere Gerichte reduziert werden.

Fond blanc [*Franz. Speisekarte*] **↑Fond** „Heller Fond"

Fond brun [*Franz. Speisekarte*] **A** Aus kleingehackten Kalbsknochen, **↑Röstgemüse**, Fett, Speckschwarten und **↑Tomatenmark** hergestellte braune Kalbsbrühe. Man bereitet den Fond brun in der **↑Sauteuse** zu und füllt mit **↑Grandjus** oder braunem **↑Fond** auf.

Fond d'artichaut [*Franz. Speisekarte*] Artischockenboden

Fond de gibier [*Franz. Speisekarte*] **A** **↑Wildfond**, der mit **↑Fett**, **↑Wildknochen**, **↑Wacholder**, **↑Mirepoix**, **↑Weißwein** und **↑Grandjus** angesetzt wird. **↑Fond** „Brauner Fond"

Fond de légumes [*Franz. Speisekarte*] **↑Gemüsefond**

Fond de poisson [*Franz. Speisekarte*] **↑Fond** „Fischfond"

Fond de volaille [*Franz. Speisekarte*] **T** **↑Geflügelbrühe**, die in der Zubereitung dem Fond blanc gleichkommt, die Kalbsknochen werden aber durch Geflügelknochen (Flügelspitzen, Füße, Rücken, Hals) ersetzt. **↑Fond** „Heller Fond"

Fondant [*Backstube*] **R** Heißt übersetzt: schmelzend. Fondanterzeugnisse zergehen wegen ihrer besonderen feinkristallinen Beschaffenheit auf der Zunge. Einer Zuckerlösung wird Glucosesirup (ohne ↑**Invertzucker**) zugesetzt, gekocht, anschließend stark gekühlt und maschinell tabliert. Durch den Tabliervorgang (↑**Tablieren**) wird die gekochte, gekühlte Masse derart stark gerieben, dass sich feinste Zuckerkristalle bilden, die mit der Zunge nicht mehr wahrnehmbar sind. Die so erhaltene Fondantgrundmase (Wassergehalt max. 12 %) dient zur Herstellung der Produkte in kandierter oder glasierter Form. Ferner wird die Fondantmasse zur Herstellung von schokoladeüberzogenen Fondanterzeugnissen (Crèmehütchen, ↑**Pralinen** mit Crèmefüllungen, Kokosflocken usw.) verwendet. **Grundrezept:** ¾ kg Kristall- oder ↑**Würfelzucker** in sauberem, fettfreiem Geschirr mit Wasser zu Brei rühren. Nach Zergehen des Zuckers unter stetem Rühren aufkochen, vom Feuer nehmen, ca. 20 Minuten ruhen lassen. Danach wieder aufkochen und knapp 1 EL Essig beifügen. Öfters abschäumen, Geschirrwände von anhaftenden Zuckerkristallen reinigen. Den Zucker bis zur Kugel kochen, vom Herd nehmen, Topf in Eiswasser stellen. Die Oberfläche mit Wasser besprengen und abkühlen lassen. Nun wird die Masse mit einem Kochlöffel so lange bearbeitet, bis sie ein milchiges, breiiges Aussehen hat. Nach Belieben Sahne unterarbeiten oder je nach Rezept Geschmacksaromen beifügen. **Vanille-Fondant:** ↑**Vanillezucker** und ↑**Sahne. Zitronen- oder Orangenfondant:** Zitronen- oder Orangenessenzen, mit gelber, roter Lebensmittelfarbe oder Fruchtsäften gefärbt. ↑**Zucker**

Fondente [*Ital. Speisekarte*] ↑**Fondant**

Fonds d'artichauts aux fines herbes [*Franz. Speisekarte*] **A** ↑**Artischocken**böden, mit einer Fülle aus ↑**Ei**, gehacktem ↑**Schinken**, ↑**Schalotten**, ↑**Petersilie** und ↑**Estragon**, mit ↑**Butter**flocken und ↑**Semmelbrösel** bestreut und überbacken

Fonds d'artichauts soufflés [*Franz. Speisekarte*] Auflauf von ↑**Artischocken**böden

Fondu [*Franz. Speisekarte*] Geschmolzen, aufgelöst, zerlassen

Fondue [*Schweizer Küche*] **A** Bezeichnung für unterschiedliche Gerichte: **1.** Bei dem aus der Schweiz stammenden ↑**Käsefondue** werden verschiedene geschmolzene Käsesorten in einem flachen Topf aus Steingut, Keramik oder Gusseisen mit ↑**Gewürzen**, ↑**Schnaps** (↑**Kirschwasser**) und ↑**Wein** vermischt. Bei Tisch wird die Käsemasse mit Hilfe einer Wärmeplatte (↑**Réchaud**) flüssig gehalten und mit ↑**Brot** oder ↑**Gemüse**stücke aufgenommen. **2.** Bei den so genannten Fettfondues frittiert man am Tisch ↑**Fleisch**, ↑**Fisch**, ↑**Geflügel**, ↑**Gemüse** oder ↑**Obst** in einem speziellen Fonduetopf aus Edelstahl, Stahl-Email, Gusseisen oder Kupfer. Die gegarten Lebensmittel werden vor dem Verzehr in diverse ↑**Soßen** oder ↑**Dips** getunkt. Die bekannteste Variante ist das **„Fondue Bourguignonne"** mit gewürfeltem Rinderfilet. **3.** Bei den in Asien bekannten Brühefondues (↑**Feuertopf** bzw. Fondue Chinoise) werden Zutaten wie Fleisch, Fisch, ↑**Meeresfrüchte**, Geflügel oder Gemüse in kochender ↑**Gemüsebrühe** gegart. **4.** Für süße Fondues erhitzt man ↑**Schokoladen**-, ↑**Sahne**- oder ↑Frucht**sauce**, in die man Obst oder zerkleinertes Gebäck taucht. Je nach Belieben können diese Soßen mit den verschiedensten ↑**Spirituosen** parfümiert werden.

Fonduefleisch [*Fleischprodukte*] Fleischstückchen aller Art, die in heißem ↑**Fett** schwimmend zum schnellen Garen geeignet sind. Sie müssen sehr mager und gut abgehangen oder von Haus aus zart sein.

Fontainebleau Historischer Speisename [*Speisegarnitur*] **A 1.** Stadt und Schloss im französischen Département Seine et Marne; **2. Speisegarnitur** für **große Bratenstücke** – mit jungen Gemüsen gefüllte ↑**Herzoginkartoffeln; 3.** Mild-sahniger, ungesalzener ↑**Frischkäse** aus Kuhmilch, 60 % Fett i. Tr., kann auch gezuckert als Nachtisch gegessen werden

Fontenelle, à la [*Speisegarnitur*] ↑**Asperges à …**

Fontina [*Käse*] **T Herkunft:** Italien/Aostatal; **Käsesorte:** ↑**Schnittkäse**, 48–50 % ↑**Fett i. Tr.**; **Milch:** rohe Kuhmilch; **Teig:** hellgelb bis bräunlich, innen strohgelb, wenige linsengroße Löcher; **Geschmack:** aromatisch würzig; **Info:** wegen seiner Schmelzfähigkeit besonders geeignet zum Überbacken, für Fondues ein Geheimtipp. Die hellbraune Rinde ist gebürstet, manchmal geölt. **Form:** großer, runder Laib von 45 cm Durchmesser, 8 bis 10 cm hoch. **Gewicht:** 8 bis 18 kg; **Reifung:** 3 Monate

FOP [*Tee*] Abkürzung für Flowery **O**range **P**ekoe

Forastera [*Weinkunde*] Weißweinrebe von den Kanarischen Inseln

Forcayat [*Weinkunde*] Auch Forcalat: Rebe aus Valencia, erzeugt ertragreiche rote Weine mit angenehmem Bukett.

Fore shank [*Engl. Speisekarte*] Vorderhaxe

Forelle [*Fisch*] **A Englisch:** trout; **Französisch:** truîte; **Italienisch:** trota; **Spanisch:** trucha. Süßwasserfisch, bis zu 40 cm lang und 6 kg schwer. Alle Forellenarten gehören zu den lachsartigen Fischen, die als Gruppe der Salmoniden bezeichnet werden. Der stark sauerstoffbedürftige Fisch lebt in klaren, schnell fließenden Gebirgsbächen oder kommt aus heimischen Teichwirtschaften. Man unterscheidet zwischen ↑**Bach**-, ↑**Regenbogen**-, ↑**Seeforelle** und dem ↑**Saibling**. Ihre Zubereitung: Man kann sie ↑**bläuen** nach ↑**Müllerin Art**, in Folie garen, kochen, braten, füllen oder auch räuchern.

Forelle [*Kartoffelsorte*] **Kochtyp:** ↑**Festkochende Kartoffeln** – „Speckige Kartoffel" genannt; **Herkunft:** Deutschland; **Jahr der Zulassung:** 1979; **Schale:** gelb; **Fleisch:** hellgelb, kräftiger, sehr guter Geschmack; **Knolle:** langoval; **Reifezeit:** früh

Forelle [*Obst*] **T Lateinisch:** Pyrus communis var. sativa. **Synonym:** Nordhäuser Winterforelle. **Info:**

Mittelgroße, optisch äußerst attraktive **Birnensorte** von kegelförmiger, abgestufter, gleichmäßig kurzer Form. Sie haben eine trockene, hellgrüne bis gelbliche Schale, die sonnenseitig flächig hellrot gefärbt und mit den sortentypischen, kleinen, hellbraunen ↑**Lentizellen** besetzt ist. **Ursprung und Geschichte:** Die Nordhäuser Winterforellenbirne ist wahrscheinlich Ende des 17. Jahrhunderts als Zufallssämling in Sachsen entstanden und wurde von einem Herrn von der Foehr 1864 erstmals in den Handel gebracht. **Geschmack:** Das feste, weiße Fruchtfleisch hat einen süßen, mäßig saftigen, pikanten und edel schmelzenden Geschmack. **Herkunft und Saison:** Forellenbirnen reifen in Mitteleuropa etwa Mitte Oktober, sind sehr gut lagerfähig und werden – vorwiegend aus italienischer Produktion – bis etwa Mitte März angeboten. Von Mai bis August kommen Angebote aus Neuseeland und Australien auf den Markt. ↑**Birne**

Forelle, Forellenstück [*Regionale Spezialität*] Begriff im Südhessischen für ein sehnenreiches Teilstück aus der kompletten Rinderhaxe, deren Fleisch am Vlies entlang geteilt wird und der Form einer ↑**Forelle** ähnelt. ↑**Rindfleisch/Haxe**

Forelle, geräuchert [*Übersetzer*] **Englisch:** smoked trout; **Französisch:** truîte fumée; **Italienisch:** trota affumicata; **Spanisch:** filetes de trucha ahumados

Forellenstör [*Fisch*] Falsche Bezeichnung für das geräucherte Filet vom ↑**Seeteufel**

Forestière, à la Försterin Art [*Speisegarnitur*] **A** **Speisegarnitur** für **große** und **kleine Fleischstücke** sowie **Geflügel** – In ↑**Butter** gedünstete ↑**Morcheln**, ↑**Nusskartoffeln**, blanchierte und angeröstete Räucherspeckwürfel, **Sauce:** Gebundener ↑**Fond**

Fork [*U.S. Kitchen*] Gabel

Formaggetta [*Ital. Speisekarte*] ↑**Weichkäse**

Formaggio [*Ital. Speisekarte*] ↑**Käse**

Formaldehyd [*Gesundheit*] Natürlicher, aber hoch giftiger Bestandteil des Rauches. ↑**Grillen. Formaldehyd kann in geräucherten Produkten und Speisen vom Holzkohlegrill enthalten sein.** Giftig beim Einatmen. Irreversibler Schaden möglich. Kann Allergien hervorrufen. Kann zu Kehlkopfschwellung und Lungenödem führen; Schädigung von Leber und Nieren möglich; Sensibilisierung durch Hautkontakt möglich. **Formaldehyd gehört zu den Stoffen, die wegen möglicher krebserzeugender Wirkung beim Menschen Anlass zur Besorgnis geben.**

Formfleisch [*Fleischprodukte*] Speziell vorbehandeltes, in Form gebrachtes Fleischerzeugnis. Es kann thermisch und mechanisch stärker belastet werden als rohes oder traditionell vorgegartes Fleisch. ↑**Hydrolisiert**

Formidable [*Franz. Speisekarte*] Großes Glas ↑**Bier**, etwa 1 l; in Paris: 1/2 l

Formosa-Tee [*Tee*] In Taiwan – ehemals Formosa – wird seit ca. 1810 Tee angebaut. Die ersten Teepflanzen wurden aus der südchinesischen Provinz Fujian auf die Insel gebracht. Der Tee wurde wichtigster Exportartikel der Insel. Stärkstes Abnehmerland ist nach wie vor Japan. Die bekanntesten Tees sind zweifelsohne die ↑**Oolongs**. Je nach Sorte sind diese Tees zwischen 15 % und 70 % fermentiert. Grüne Tees wie Pi Lo Chun, Gunpowder, Sencha, Chun Mee oder Lung Ching erobern die Herzen der Teefreunde. Der schwach anfermentierte Tee Pouchong wird wegen seiner hohen Qualität und zarten Süße für die Aromatisierung mit wertvollen Blüten verwendet. ↑**Aromatisierte Tees**

Formschinken [*Fleischprodukte*] ↑**Schinken**

Foudre, Fuder [*Weinkunde*] Frankreich/Elsass: Weinfass mit 1000 l Fassungsvermögen

Fouetté [*Franz. Fachwort*] (Schaumig) geschlagen, umgerührt

Fougerus [*Käse*] **T** **Herkunft:** Frankreich/Ile-de-France; **Käsesorte:** ↑**Weichkäse** mit weißem ↑**Edelschimmel**, 45–50 % ↑**Fett i.Tr.**; **Milch:** rohe Kuhmilch; **Geschmack:** frisch und leicht salzig; **Info:** Der Fougerus gehört zur Familie der ↑**Brie**-Käse und ist größer als sein Verwandter, der ↑**Coulommiers**. Das typische Farnblatt ist dekorativ, verleiht dem ↑**Käse** aber auch Würze. **Beste Zeit:** Frühjahr bis Herbst; **Weinempfehlung:** Rotweine aus ↑**Burgund**, ↑**Bordeaux** oder ↑**Côtes du Rhône**

Foul-medames [*Intern. Länderküche*] **A** Kaltes ägyptisches Bohnengericht aus in ↑**Olivenöl** zerdrückten dicken, weißen ↑**Bohnen** und roten ↑**Linsen**, mit ↑**Zitronensaft** und ↑**Salz. Garnitur:** schwarze ↑**Oliven** und gehackte ↑**Petersilie**

Four, fourneau [*Franz. Speisekarte*] Herd, Backofen

Fourchette [*Franz. Speisekarte*] Gabel

Fourme d'Ambert Geschützte Herkunftsbezeichnung [*Käse*] **T** **Herkunft:** Frankreich/Auvergne; **Käsesorte:** halbfester ↑**Schnittkäse**, 50 % ↑**Fett i.Tr.**; **Milch:** Kuhmilch; **Teig:** mit trockenem, blauem. ↑**Edelschimmel**; **Geschmack:** würzig, pilzartig, nussig; **Info:** mit dunkelgrauem Schimmel bewachsene, gelb und rot gesprenkelte Rinde. Form: rund, ∅ 13 cm, 20 cm hoch, Gewicht: 1,5 kg, Reifung: 3 Monate in kalten, feuchten Kellern; **Beste Zeit:** Sommer, Herbst, Winter; **Weinempfehlung:** Trockene Rotweine wie ↑**Côtes du Rhône**, Elsässer ↑**Riesling** mit ↑**Edelfäule** (↑**Botrytis**); **Verwendung:** Dieser ↑**Käse** bereichert Salate und Aufläufe, ist besonders gut für würzig gefüllte ↑**Crêpes**.

Fourme de cantal, de salers [*Franz. Speisekarte*] ↑**Schnittkäse**

Fourneau [*Franz. Fachwort*] (Küchen-)Herd

Fournisseur [*Franz. Fachwort*] Lieferant

Fourré [*Franz. Fachwort*] Gefüllt

Fours (petits), bouchées, friandises, mignardises [*Franz. Speisekarte*] Die Kleinkunst des Konditors, Konfektgebäck; Früchte in ↑**Zuckerguss**

Foxgeschmack [*Weinkunde*] Strenger, „fuchsiger" Geschmack einiger amerikanischer Reben, heute nicht mehr erwünscht

Fragola [*Ital. Speisekarte*] ↑**Erdbeere**

Fraise [*Franz. Speisekarte*] **1.** ↑**Erdbeere; 2.** ↑**Kutteln**

Fraise (de veau, de porc) [*Franz. Speisekarte*] Zerschnittene ↑**Kutteln** vom ↑**Kalb** bzw. Gekröse vom ↑**Schwein**

Fraises „Romanov" [*Franz. Speisekarte*] ↑**Erdbeeren Romanov**

Fraises des bois [*Franz. Speisekarte*] ↑**Walderdbeere**, klein und aromatisch

Fraktionierung [*Fette*] Zerlegen eines Stoffgemisches in einzelne Bestandteile. Die Fett-Fraktionierung ermöglicht die Aufteilung bzw. Trennung eines Rohfettes in Produkte unterschiedlicher Schmelzbereiche.

Framboise [*Franz. Speisekarte*] ↑**Himbeere**

Frambuesa [*Span. Speisekarte*] ↑**Himbeere**

Française, à la [*Speisegarnitur*] **A** Gebutterter ↑**Spinat** und Annakartoffeln (↑**Pommes Anna**) machen die Garnitur à la française aus.

Francesina [*Ital. Speisekarte*] **R** ↑**Gulasch** aus gewürfeltem ↑**Kalbshaxen**fleisch, gleiche Gewichtsmenge rote ↑**Zwiebel**scheiben, doppelte Gewichtsmenge abgezogene vollreife ↑**Tomaten**, ↑**Olivenöl**, ↑**Pfeffer**, ↑**Salz**, ↑**Salbei**, ↑**Zitronensaft**

Frango assado [*Span. Speisekarte*] Gebratenes ↑**Hähnchen**

Franken [*Weinkunde*] Mit 5482 ha Ertragsrebfläche eines der kleineren Weinbaugebiete in Deutschland und das einzige mit kontinentalem Klima. Nachteile: erhebliche Gefährdung durch Spät- und Frühfröste – Vorteile: warme, sonnenreiche Sommer und eine weitgehende Begrenzung auf kleinklimatisch bevorzugte Lagen, vor allem um Würzburg. Nach ↑**Baden** stellt Franken die höchsten Qualitätsanforderungen aller deutschen Weinbaugebiete, besonders für Kabinettweine und Spätlesen. Nach einer Zeit der Irrungen sind heute rund 50 % der Erzeugung trockene Abfüllungen (meist „fränkisch trocken", d. h. unter 4 g/l Restzucker), die die charaktervolle Art der Weine besonders zum Ausdruck bringen. Die Besten von ihnen weisen eine schöne Frucht in Verbindung mit einem charakteristischen Bodenton auf, der ihnen einen unverkennbaren Ausdruck unter den deutschen Weinen verleiht. Die Weine, zu 45 % aus Müller-Thurgau und zu 20 % aus Silvaner sowie aus zahlreichen Neuzüchtungen (z. B. Bacchus) gewonnen (knapp 4 % Rieslinganteil und 292 ha rote Rebsorten), werden in der Regel in Bocksbeutel abgefüllt. Dieser darf in Deutschland sonst nur noch im Badischen Frankenland und in einigen Gemeinden der Ortenau verwendet werden. Das Gebiet ist in die vier Bereiche Mainviereck, Maindreieck, Steigerwald und Bayerischer Bodensee unterteilt. Bedeutende Weinbauorte sind Bürgstadt, Castell, Escherndorf, Homburg, Hörstein, Iphofen, Randersacker, Thüngersheim und Würzburg. Die Rebflächen der drei Würzburger Großgüter Staatlicher Hofkeller, Juliusspital und Bürgerspital sind über das gesamte Anbaugebiet verteilt und tragen den Namen Stein. Die Weine aus diesen Lagen sind die „Steinweine".

Frankfurter [*Österr. Küche*] ↑**Wiener Würstchen**

Frankfurter Rippchen [*Regionale Spezialität*] Gepökelte und gegarte ↑**Kotelett**stücke, in der Regel „wie gewachsen", die warm oder kalt verzehrt werden. ↑**Nackenstücke** werden als Kamm- oder Halsrippchen bezeichnet.

Frankfurter Soße [*Unsere Küche*] ↑**Grüne Soße**

Fränkische Bratwurst [*Regionale Spezialität*] **T** Sammelbegriff für meist relativ dicke Bratwürste mittlerer Länge. Je nach Region zehn bis zwanzig Zentimeter lang, mit einem Durchmesser von 15 bis 20 mm. Ihr Inhalt ist relativ grob, aber fein mit herzhafter Majorannote abgeschmeckt. Sie wird auch häufig als **Nürnberger Bratwurst** bezeichnet.

Frankreichs Weinregionen [*Weinkunde*] Die hohe Qualität der französischen Weine gilt bei Winzern auf der ganzen Welt als Vorbild. Der Weinbau geht auf die Griechen zurück, die bereits 500 v. Chr. Reben kultivierten. Die Römer legten dann später den Grundstein für die Weinbaugebiete – sie nutzten schon damals alle klimatisch günstigen Hänge in den großen Flusstälern. Die großen Traditionsregionen wie Bordeaux, Burgund, Champagne und Elsass wurden von den Römern aufgebaut. Nach ihnen machten sich vor allem die Mönche des Mittelalters um die Weinkultur verdient. Sie klassifizierten die meisten der heute berühmten Châteaux. Der Weinhandel erlebte in den Regionen am Meer im 17. und 18. Jahrhundert seinen Höhepunkt. Aber auch in Frankreich sorgte die Reblaus Ende des 18. Jahrhundert für einen drastischen Rückgang der Produktion. Die Qualitäts- und Quantitätssteigerung, wie sie noch heute anhält, begann erst nach dem 2. Weltkrieg wieder. 1932 wurde die AOC-Regelung eingeführt. Die Vielfalt der französischen Weine beruht auf den unterschiedlichen Boden- und Klimaverhältnissen. Die bekanntesten Anbaugebiete sind Bordeaux, Champagne, Burgund, Elsass, Rhône und Loire. Die meisten Qualitätsweine stammen aus diesen Gebieten. Ein Viertel der Weinproduktion Frankreichs kommt aus Languedoc-Roussillon. Die 900 000 ha große Gesamtrebfläche wird zu 60 % mit roten Sorten bepflanzt. Den Rest machen Weißweine, Roséweine und Mousseux aus. Etwa ein Drittel sind Qualitätsweine. Das Weinangebot reicht bei den roten Sorten vom aristokratischen Bordeaux bis zum leichten und fruchtigen Beaujolais. Die Weißweine sind entweder trocken wie in Chablis oder süß wie in Sauternes. In der Champagne werden sie oft zu Schaumwein weiterverarbeitet. Es gibt vier Klassen, die Aussagen über Herkunft und Produktionsmethoden machen: 1. **AC (↑AOC) Appellation d'Origine Contrôlée.** Unter staatlicher Kontrolle stehen die Abgrenzung der Gebiete, Rebsorte, Alkoholgehalt, Hektarertrag, Herstellungsmethode, die chemische Analyse und – wenn nötig – die Destillation. 2. **↑VDQS Vin Delimité de Qualité Supérieur.** Wird ähnlich wie bei AC in 26 festgelegte Gebiete eingeteilt. Die Anforderungen sind jedoch nicht so hoch. 3. **↑Vin de Pays** (Landwein). Die Weine aus den 140 Gebieten dieser Klasse müssen auch gewissen Anforderungen entsprechen. 4. **↑Vin de Table** (Tafelwein). Weine dieser niedrigsten Qualitätsstufe weisen einen Mindestalkoholgehalt von 8,5 % auf. Wenn Frankreich als Herkunftsland nicht explizit angegeben ist, kann Wein dieser Klasse auch aus einem anderen EU-Land stammen. **Regionen in Frankreich: Bordeaux – Burgund – Champagne – Elsass – Jura – Korsika – Languedoc – Roussillon – Loire – Provence – Rhône – Savoie – Südwesten – Vin de Pays – Vin Délimité de Qualité Supérieure (VDQS)**

Franziskaner [*Österr. Küche*] Sehr lichte **↑Melange** (also sehr heller Milchkaffee) mit **↑Schlagsahne** und Schokostreuseln

Französische Küche [*Franz. Speisekarte*] **T** Sie entspringt einer langen Tradition sowohl der familiären ländlich-regionalen Gepflogenheiten als auch der ursprünglich vom Adel geprägten Hochkultur der **Grande Cuisine.** Auch heute noch, im Zeitalter des **↑Fast Food,** hat das gute Essen für die Franzosen einen großen Wert und ist ein wesentliches Kennzeichen nationaler Identität. **Das eigentliche Qualitätsgeheimnis französischer Küche liegt in der Auswahl hervorragender Rohstoffe.** Man kauft lieber bewährt gute Erzeugnisse, was typischerweise dazu führt, dass in Frankreich ein höherer Prozentsatz des Einkommens für Essen und Trinken ausgegeben wird als in Deutschland. Der Anteil an Tiefkühlkost und Fertiggerichten ist im Vergleich auch wesentlich kleiner. Außer in großen Supermärkten kaufen Franzosen Frischware in kleinen, oft spezialisierten Geschäften, Märkte spielen nach wie vor eine große Rolle. Traditionell stellen inspirierende Einkäufe eine beliebte Beschäftigung dar. Ein hohes Maß an Qualitätsbewusstsein prägt das Lebensmittelangebot. Zahlreiche **↑AOC-Produkte** zeugen von der Verwurzelung mit der Region und ihren Traditionen. Das **„↑Label Rouge"** z. B. bezeichnet bereits seit 1960 landwirtschaftlich hochwertige Erzeugnisse, die unter strengster Kontrolle produziert werden. In jeder Kleinstadt, ja sogar in Dörfern, ist täglich frischer **↑Fisch** erhältlich, unreifes **↑Obst** und **Gemüse** wird kaum angeboten. **Französische Mahlzeiten:** Die wichtigste Mahlzeit des Tages ist das Abendessen, und am Sonntag wird mit der (Groß-)Familie gemeinsam gespeist. Egal in welcher Region, für Frankreich ist das mehrgängige **↑Menü** typisch, im einfachsten Fall besteht es aus Vorspeise – Hauptgang – Dessert, wozu **↑Wein,** meist Rotwein, und Wasser getrunken werden. Sättigungsbeilagen im deutschen Sinn gibt es nicht, **↑Kartoffeln** werden als Gemüse betrachtet, und ein Brotkorb steht immer auf dem Tisch. Seit der Französischen Revolution darf niemandem, auch nicht in einem Restaurant, **↑Brot** und Wasser verweigert werden. Die traditionellen Vorspeisen können recht einfach sein, beispielsweise ein paar Scheiben **↑Schinken** oder Hausmacher-**↑Pastete,** **↑Ei** mit **↑Mayonnaise,** ein **↑Rohkost**salat (**crudités**) oder eine kleine Suppe. Wird die Speisenfolge auf fünf Gänge erweitert, so folgt auf die Vorspeise ein **↑Entremet,** d. h. ein Zwischengericht, z. B. ein leichter Fischgang oder ein Gemüsegericht, und zwischen Hauptgang und **↑Dessert** wird **↑Käse** gereicht. Bei sieben oder mehr Gängen wird jeder Gang entsprechend kleiner portioniert. Es gibt dann beispielsweise eine kalte und eine warme Vorspeise oder zwei Entremets, vor dem eigentlichen Hauptgang kann zur Appetitauffrischung ein nicht allzu süßes **↑Sorbet** gegessen werden. Nach dem Essen folgt ein kleiner starker **↑Kaffee,** begleitet von etwas **↑Schokolade,** und eventuell einer der bekannten französischen Digestifs wie: Marc (Tresterschnaps), **↑Armagnac,** **↑Cognac** oder in der Normandie ein **↑Calvados.** In einem Bistro kann man ein Dreigangmenü erwarten. Beim Tagesmenü hat man bei jedem Gang die Auswahl zwischen 2–3 Gerichten, in großen Restaurants wird oft **↑à la carte** gegessen. Frankreich ist auch das Land vielfältiger und berühmter **↑Eintopf**gerichte wie **↑Bouillabaisse** oder **↑Cassoulet.** **Regionen und ihre typischen Speisen:** Zwar gibt es in den großen Städten vielfältige internationale Restaurants, und man kann in italienischen, indischen, chinesischen, arabischen und afrikanischen Geschäften einkaufen, doch bevorzugen die meisten Franzosen die Küche ihrer Region. Insgesamt ist Frankreich ein Land der Weine und Käsesorten. Die Loire teilt das Käseland Frankreich in zwei Hälften. Im Norden wird überwiegend Kuhmilch verwendet, im Süden bevorzugt man die kleinen, appetitlichen **↑Ziegenkäse.** Die traditionellen französischen **↑Saucen** wie **↑Béchamel, Béarnaise,** **↑Espagnole,** **↑Hollandaise,** **↑Mayonnaise,** **↑Ravigotte,** **↑Remoulade,** **↑Tapenade,** **↑Velouté,** **↑Vinaigrette** sind die Basis zahlreicher Saucenkreationen in aller Welt. Das Stangenweißbrot (**↑Baguette**) ist ein Symbol der Franzosen geworden, es kommt als winzige **↑Ficelle,** als Standard-Baguette und als dickeres **↑Flûte** daher; Baguettes werden in der Regel drei Mal am Tag frisch gebacken. Die Standardbrote haben einen staatlich fixierten Preis, Spezialbrote sind davon ausgenommen. Ebenso typisches französisches Gebäck sind **↑Croissants** und **↑Brioches,** die beide zum Frühstück gegessen werden. **Die Normandie** im Nordwesten ist eine Gegend der Milchkühe und der Apfelbäume. ↑**Kalbfleisch**, dicke Rahmsaucen, Verwendung von viel ↑**Butter** und der Calvados sind hier typisch. Als Dessert gibt es oft knusprige flache Apfelkuchen. Kräftige Käse der Region: ↑**Camembert**, ↑**Livarot** und ↑**Pont l'Evèque.** Nebenan in der **Bretagne** ist die Landschaft karger, kräftige Meereswinde versalzen die Weiden, aber hier, in den Départements Manche und Île-et-villaine, wachsen die berühmten Lämmer der **prés-salés**, der Salzwiesen. ↑**Meeresfrüchte**, allen voran ↑**Hummer**, ↑**Langusten** und ↑**Austern**, aus der Bretagne sind berühmt, und die typischen ↑**Crêpes** gibt es heute in aller Welt. Ihre pikante Form, die ↑**Galette** aus ↑**Buchweizenmehl**, hat noch keine große Verbreitung gefunden. Von den bretonischen Gemüsen genießen die ↑**Artischocken** einen besonderen Ruf. Weiter südlich liegt eines der kulinarischen Paradiese Frankreichs, das **Périgord**, berühmt für seine Gänse und Trüffel. ↑**Gänsestopfleber** und ↑**Confit** d'oie (in ihrem eigenen Fett gegarte und so konservierte Gänseteile) sind Produkte des Périgord. Der **Süden Frankreichs** besitzt teilweise eine ausgeprägt ↑**Mediterrane Küche**, im Inland dagegen wird eher deftig gekocht. So ist eine der Spezialitäten des **Languedoc** das „Cassoulet", ein kräftiger Eintopf aus ↑**Weißen Bohnen**, ↑**Kräutern**, ↑**Speck** und ↑**Fleisch** oder „confit de canard", ein paar Schenkel der in Fett eingemachten ↑**Ente**. Wirklich mediterran wird es erst in der **Provence**; viele aromatische Kräuter, ↑**Tomaten** und die großzügige Verwendung von ↑**Knoblauch** kennzeichnen diese Küche. Die berühmte Marseiller „Bouillabaisse", ein edler Fischeintopf, basiert wohl auf einem griechischen Rezept und wird mit ↑**Rouille**, einer scharfen rötlichen Knoblauchmayonnaise, gegessen. In der Region in und um **Lyon** befindet sich eine weitere kulinarische Hochburg Frankreichs. Hier liegt die Wiege der modernen französischen Kochkunst (↑**Nouvelle cuisine**), kreiert von Köchen wie Pierre und Michel ↑**Troisgros**, Paul ↑**Bocuse** usw. Hier ist die Dichte der besten Restaurants Frankreichs am höchsten. Aus der nahe gelegenen Bresse stammt das beste ↑**Geflügel** Frankreichs. ↑**Schweinefleisch** wird hier in allen Variationen serviert. Weiter nördlich liegt das ↑**Burgund**, eine Landschaft zwischen dem rauen Norden und dem warmen Süden, die Heimat bester Weiß- und sehr edler Rotweine. ↑**Charolais Rinder** und ↑**Bresse** ↑**Poularden** sind hier zu Hause, und auch die ↑**Crème de Cassis**, der schwarze Johannisbeerlikör, der für den ↑**Kir** unerlässlich ist, stammt aus dem Burgund. Auf den Speisekarten finden sich neben ↑**Weinbergschnecken** viele erlesene Fleisch-, Fisch- und Geflügelgerichte. Im **Elsass** schließlich werden deftige deutsche Spezialitäten mit französischem Charme gekocht und mit hervorragenden Weißweinen serviert. Garniertes ↑**Sauerkraut**, ↑**Baeckeoffe** (ein kräftiger Schmoreintopf mit Kartoffeln und Fleisch), ↑**Flammekuche**, ein flacher Zwiebel-Rahm-Speck-Kuchen, sowie flambierte ↑Obst**tartes** sind die berühmtesten Elsässer Gerichte.

Französischer Brie [*Käse*] **T** Mit weißlichem Außenschimmel, gelblichem Teig und seinem mild aromatischen Geschmack zählt der mit dem ↑**Camembert** eng verwandte Brie zu den ↑**Weichkäsen**. Einst war der Brie ein ↑**Rotschmiere**käse, der bis zum Ende des 19. Jahrhunderts von Bauern der historischen Region Brie hergestellt wurde und seit dem 8. Jahrhundert bekannt ist. Der Original-Brie enthält 45 % ↑**Fett i. Tr.** und wiegt ca. 2,5 kg, hat die Form eines Rades und reift schnell bei kontrollierter Temperatur in etwa vier Wochen auf Strohmatten. Für eine Torte sind mindestens 23 l rohe ↑**Milch** erforderlich. Der aus fettreduzierter Milch hergestellte Bruch wird mit ↑**Penicillium Candidum** geimpft, mit „Pelles à Brie" (speziellen Schöpfkellen) von Hand in Formen geschöpft und gesalzen. Während der Reifezeit wird die Torte mehrmals gewendet. Bei der Reifung entwickeln sich im flaumigen weißen Schimmelrasen vereinzelte rote Sprenkel, vor allem an den Rändern. Der Teig vom „König der Käse" ist cremig, geschmeidig und strohgelb, zartmild, erdig-haselnussig, mit essbarer Schimmelrinde. Vollreif (sollte aber noch nicht fließen) schmeckt er am besten. **Brie gibt es in vier Sorten** – mit geschützter Herkunftsbezeichnung: ↑**Brie de Melun** und ↑**Brie de Meaux** sowie **Brie de Coulommiers** und **Brie de Montereau** bzw. **de Nangis**. Die beiden Letzten sind kaum noch zu finden, während sich die ersten großer Beliebtheit erfreuen.

Französischer Wermut [*Unsere Küche*] Wird in vielen Rezepten, besonders für ↑**Fisch** und ↑**Saucen** empfohlen, gemeint ist der trockene weiße ↑**Noilly Prat**

Frappé [*Hausbar*] **A 1.** Frappés sind eiskalte ↑**Milch**-↑**Likör**mixdrinks. Während bei Milchfrappés die Bestandteile im ↑**Blender** (elektrischer Mixer) mit ↑**Speiseeis** vermischt werden, können für die Likörfrappés die Zutaten in ein mit ↑**Crushed Ice** (gestoßenes Eis) gefülltes Glas gegeben und verrührt werden. **2. Griechischer Eiskaffee**, manchmal auch **„frape"** geschrieben. Für dieses griechische Nationalgetränk wird frischer, heißer, gesüßter/ungesüßter Mocca (aber auch ↑**Instant**-Kaffee) im ↑**Shaker** mit Eis und auf Wunsch mit Milch eiskalt schaumig geschüttelt und im Glas serviert. Schon bei der Bestellung muss man – wie auch beim „ellinikó kafé" (griechischer ↑**Mocca**) – den gewünschten Süßegrad angeben: **skétto: ohne Zucker**, **métrio: mittel**, **glikó: süß**. Geschmackliche Abrundung findet dieser Eiskaffee oft mit ↑**Ouzo**, ↑**Amaretto**, ↑**Bailey's** und anderen Likören.

Frappieren [*Franz. Fachwort*] Man kühlt ↑**Sekt** oder ↑**Champagner** oder die Grundmasse von ↑**Speiseeis** oder ↑**Halbgefrorenes** schockartig ab.

Frattaglie [*Ital. Speisekarte*] Hühnerklein

Frau, Fräulein [*Übersetzer*] **Englisch:** Madam (gnädige Frau), Missis – Abk. Mrs. (mit Namen), Miss; **Französisch:** madame, mademoiselle; **Italienisch:** signora, signorina; **Spanisch:** señora, señorita

Frauenmantel [*Wildkräuter, -blüten & -früchte*] **T Lateinisch:** Alchemilla spp.; **Info:** Der Name Alchemilla hat folgenden Ursprung: Der Frauenmantel gehört zu den wenigen Pflanzenarten, die aktiv Wasser abgeben können (man nennt diesen Vorgang „Guttation"). Dadurch bilden sich sowohl an den gezähnten Blatträndern als auch in der Mitte des „Blattkelches" Wassertropfen, die in der Sonne glitzern. Diese Flüssigkeit war unter Alchimisten früherer Zeiten begehrt. **Standort:** Die Pflanze ist in ganz Europa verbreitet. Sie wächst an schattigen bis halbschattigen Standorten auf nährstoffreichen, humosen, feuchten Böden, gern auch unter Bäumen oder auf feuchten Waldwiesen. Frauenmantel ist eine typische Schattenpflanze und wird häufig als Bodendecker unter Bäumen in Parkanlagen und in schattige Staudenbeete gepflanzt. **Geschmack:** Frauenmanteltee hat einen angenehmen, leicht säuerlichen Geschmack. **Verwendung in der Küche:** Frauenmantelblüten bereichern Kräuterquarks und Salate. Kalter Frauenmanteltee mit Apfelsaft gemischt ergibt ein köstliches Erfrischungsgetränk. **Wirkung in der Volksmedizin:** Frauenmanteltee wirkt adstringierend (= zusammenziehend), verdauungsfördernd und leicht stopfend. Offiziell wird er bei leichten Durchfallerkrankungen und zum Gurgeln empfohlen. In der Volksmedizin ist die Pflanze jedoch ein traditionelles Frauenkraut, das über Generationen als wertvoller Begleiter für ein gesundes Frauenleben galt. Zu empfehlen ist auch die kosmetische Anwendung des Tees als Badezusatz. Dadurch wird die Haut gestrafft, gestärkt, geklärt, erfrischt. **Mehr Information:** ↑**Essbare Blüten**

Freddy Fudpucker [*Hausbar*] ↑**Harvey Wallbanger**

Free refill [*U.S. Kitchen*] Wörtlich: „gratis Wiederauffüllung" – Standard in allen US-Restaurants und Coffee Shops, wenn es um ↑**Kaffee** und Eiswasser geht.

Fregole, fregula [*Ital. Speisekarte*] **A** Perlenförmige Nudelbällchen, handgeformt aus ↑**Hartweizengrieß** und Wasser, die im Ofen gebacken werden. Spezialität aus Sardinien. Werden vor allem als Einlage in Fischsuppen verwandt, aber auch mit ↑**Wurst** und ↑**Tomate** gegessen.

Freibank [*Fachkunde*] Bearbeitungs- und Verkaufsstelle für zunächst beanstandetes und dann für den Verzehr bedingt brauchbar gemachtes Fleisch. Die Freibank war eine Einrichtung zum Verkauf von minderwertigem, aber nicht gesundheitsschädlichem ↑**Fleisch**. Die Preise waren hier durchgehend niedriger als in den übrigen Verkaufseinrichtungen. Die Freibank diente insbesondere der Verwertung möglichst aller tierischen Produkte in einer Zeit des Mangels.

Freibankfleisch [*Fachkunde*] ↑**Fleisch**, das unter bestimmten Auflagen genusstauglich ist, aber nur in besonderen, behördlich überwachten Betrieben (Freibank) verarbeitet und feilgeboten werden darf. Seit den 1970er-Jahren besteht ein Überangebot an Fleisch, das zu relativ günstigen Preisen verkauft wird. Die Freibank hatte damit ihre wirtschaftliche Basis verloren. Das heute noch angebotene Freibankfleisch sollte nicht roh gegessen werden. Bietet die Gastronomie es an, muss es auf der Speisekarte vermerkt sein.

Freiburger Vacherin select Switzerland [*Käse*] **Herkunft:** Schweiz; **Käsesorte:** halbfester ↑**Schnittkäse** mind. 45 % ↑**Fett i.Tr.**; **Milch:** pasteurisierte Schweizer Kuhmilch; **Teig:** elfenbeinfarbig bis hellgelb, unregelmäßige kleine Lochung, geschmeidig, schnittfest; **Geschmack:** mild im jungen Alter; würzig mit fortgeschrittener Reifung

Freie Fettsäuren in Lebensmitteln [*Fachkunde*] In fetthaltigen Lebensmitteln können bei unsachgemäßer Lagerung freie Fettsäuren entstehen, z. B. beim Verderb oder durch das Einwirken von ↑**Enzymen** und Feuchtigkeit. Enzyme spalten die Nahrungsfette in ihre Bestandteile und setzen dabei Fettsäuren frei. Die Folgen sind schlechter Geruch und Geschmack. Ein Beispiel ist die Bildung von ↑**Buttersäure** (= freie Fettsäure) beim Verderb von ↑**Butter**, die für ranzigen Geschmack und Geruch sorgt. Durch optimale Lagerung (richtige Temperatur, richtige Luftfeuchtigkeit, richtige Verpackung) kann der Verderb von Nahrungsfetten und fetthaltigen Lebensmitteln verzögert werden. **Der Genuss von verdorbenen Speisefetten ist extrem gesundheitsschädlich. Darum beim geringsten Verdacht entsorgen.**

Freie Radikale [*Fachkunde*] Hoch reaktive Moleküle aus Gasen (Sauerstoff), die die Körperzellen ernsthaft schädigen, indem sie Kettenreaktionen auslösen, bei denen bestimmte Zellkomponenten (z. B. die hoch ungesättigten ↑**Fettsäuren** der Zellmembran) oxidieren und dadurch zerstört werden. **Dieser Vorgang wirkt sich schädigend auf den Körper aus: 1.** Der Alterungsprozess wird verstärkt. **2.** Nicht nur die Zellen, sondern auch das Erbgut werden angegriffen. **3.** Das Risiko für die Entstehung von Krebs und Herz-Kreislauf-Krankheiten steigt drastisch. ↑**Antioxidantien** wirken dem entgegen, fangen die freien Radikale ab und machen sie unschädlich.

Freilandgemüse [*Gemüse*] **T** Wird auf Feldern oder in Gärten unter freiem Himmel angebaut. Im Gegensatz dazu wird das Treibhausgemüse im Treibhaus oder unter Glas kultiviert, ist meist überdüngt und ↑**Nitrat**belastet.

Freisa [*Weinkunde*] Rotwein-Rebsorte, die im Piemont angebaut wird (Nordwesten Italiens). Sie kommt in zwei Versionen auf den Markt: als Stillwein sowie (für viele Weintrinker ungewöhnlich) leicht ↑**mous-**

sierend. Manchmal auch süß ausgebaut, was sie dann ungewöhnlich süß-säuerlich schmecken lässt. Diese verwirrende Vielseitigkeit lässt sich zurzeit nur schwierig vermarkten, nicht zuletzt, da die aus ihr gekelterten Weine sowohl ein hohes Maß an ↑**Säure** als auch an ↑**Tannin** haben. Zugleich sind sie sehr fruchtbetont, was wiederum den Eindruck der Säure lindert.

French bread [*U.S. Kitchen*] ↑**Baguette**

French Dressing [*Unsere Küche*] **R** Cremig geschlagene Salatsoße – Bestehend aus: ↑**Eigelb**, ↑**Dijon-Senf**, ↑**Rapsöl** (wie ↑**Mayonnaise** aufschlagen), mit ↑Weißwein**essig** würzen, etwas ↑Weiß**wein** und ↑**Gemüsebrühe**, ↑**Salz**, frisch gemahlenen ↑**Pfeffer**, ↑**Zucker**, feine ↑**Schalotten**würfel, ↑**Knoblauch**, einige Tropfen ↑**Worcester-Sauce**, ↑**Cayennepfeffer** und feine ↑**Kräuter** zugeben

French fries [*Engl. Speisekarte*] Angelsächsische Bezeichnung für ↑**Pommes frites**. ↑**Chips** (↑**Fish and chips**) sind dicker und länger.

French toast [*U.S. Kitchen*] ↑**Armer Ritter**

Fresa [*Käse*] **Herkunft:** Sardinien; **Info:** Dieser wertvolle Käse wird aus ↑**Milch** von wild weidenden Kühen erzeugt. Er wird fast ausschließlich in der bergigen Gegend des Marghine bei Macomer erzeugt und für seinen milden Geschmack sehr geschätzt. Man kann im Handel zwar unterschiedlich dimensionierte Fresa-Sorten finden, sie sind jedoch nie höher als vier Zentimeter. Sollte nach wenigen Tagen Reifezeit als Tafelkäse frisch verzehrt werden. Der butterweiche Teig ähnelt dem des lombardischen ↑**Stracchino**, doch sein Duft ist unverwechselbar. Es gibt auch einen Fresa, der einige Monate, doch nie länger als ein Jahr gereift ist; etwas stärker im Geschmack wird er auch als Reibekäse für erste Gänge verwendet.

Fresa [*Span. Speisekarte*] ↑**Erdbeere**

Fresas con nata [*Span. Speisekarte*] ↑**Erdbeeren** mit ↑**Sahne**

Fresco [*Span. Speisekarte*] Frisch

Fresh fruit [*U.S. Kitchen*] Frisches ↑**Obst**

Fresno Chili [*Gewürze & Kräuter*] **T Schärfe 7 = 35 000 – 45 000** ↑**Scoville-Einheiten** Entweder grün oder rot, ca. 5 cm lang, voll und plump, läuft spitz in ein abgerundetes Ende aus. Dickes Fruchtfleisch, süß und scharf. Anbau vor allem in Mexiko und Kalifornien. Ideal für ↑**Salsa**, Füllungen und Saucen. ↑**Chili**

Fressure [*Franz. Speisekarte*] Herz, ↑**Leber**, Lunge, Milz von Schlachttieren oder ein ↑**Ragout** daraus

Freya [*Kartoffelsorte*] **Kochtyp:** ↑**Mehlig kochende Kartoffeln** – „Mehlige" oder „Runde" genannt; **Herkunft:** Deutschland; **Jahr der Zulassung:** 1998; **Schale:** gelb; **Fleisch:** gelb; **Knolle:** oval; **Reifezeit:** mittelfrüh

Friand [*Franz. Speisekarte*] **1.** Häppchen; mit ↑**Hackfleisch**, ↑**Schinken** oder ↑**Käse**; **2.** gefüllte kleine ↑**Blätterteig**pasteten; **3.** kleine ↑Mandel**biskuits**

Friandises [*Franz. Speisekarte*] Kleine Leckerbissen

Fricandeau [*Fleischprodukte*] **T** Geschlossenes Fleischstück aus dem vorderen Teil der Kalbs- oder Rinderkeule. Der daraus zubereitete Kalbsbraten heißt auch Kalbsfrikandeau. Am unteren, spitz zulaufenden Ende befindet sich der ↑**Tafelspitz**, der nicht nur vom ↑**Rind**, sondern auch vom ↑**Kalb** ein Hochgenuss ist.

Fricassé di pollo [*Ital. Speisekarte*] ↑**Frikassee** aus Hühnerklein

Fricassée [*Franz. Speisekarte*] ↑**Frikassee**

Fried [*U.S. Kitchen*] Frittiert

Fried chicken [*U.S. Kitchen*] Paniertes, frittiertes Huhn. ↑**Backhendl**

Fried eggs [*U.S. Kitchen*] Gebratene Eier

Friesische Däumchen [*Gewürze & Kräuter*] ↑**Anis**

Frigo [*Franz. Fachwort*] Abk. für Frigidaire = Kühlschrank

Frijolebohnen [*Allgem. Nährmittel*] Rötlich braune Bohnenkerne, die in den wärmeren Zonen Amerikas angebaut werden

Frijoles negros [*Mexicofood*] **T** ↑**Schwarze Bohnen** sind die in Mexiko am häufigsten verwendete Sorte. Auch in den Küchen Südeuropas sind sie bekannt. Es handelt sich um eine sehr aromatische Bohne, die in Mexiko nach traditionellem Rezept püriert und mit ↑**Schweineschmalz** verfeinert wird. Als Exportartikel findet man sie meist nur getrocknet oder auch püriert in Konserven. Frijoles negros dienen auch zur Herstellung von **Molletes** (eine Art ↑**Toast**), ↑**Enchiladas**, ↑**Tacos** dorados (frittierte ↑Mais**tortilla**rollen) oder als Beilage zu Fleischgerichten. Selten stellen Frijoles negros eine eigenständige Mahlzeit dar.

Frikadellen [*Unsere Küche*] **R** Auch Buletten (Bouletten), Fleischküchle, Fleischpflanzerl, Fleischbällchen, Fleischklopse, Fleischklöße, Hackbällchen, Fleischlaiberl, Faschiertes Laibchen genannt. Frikadellen sind abgeplattete, runde oder ovale Klöße aus gewolftem oder ähnlich zerkleinertem entsehnten ↑**Fleisch**, ↑**Geflügel**, ↑**Wild** oder ↑**Fisch**, mit Eiern, oft auch mit ↑**Zwiebeln**, eingeweichten Brötchen und gehackter ↑**Petersilie** verarbeitet, mit ↑**Salz**, ↑**Pfeffer**, ↑**Muskatnuss** usw. gewürzt und gebraten. ↑**Würztabelle.** Industriell hergestellte Frikadellen „nach Hausfrauenart" werden vielfach etwa 10 % des Fleisches gekocht zugesetzt, außerdem sind beachtliche Mengen an Binde- und Lockerungsmitteln wie Weißbrot darin, sie enthalten aber mind. 75 % Fleisch. Die Verwendung von ↑**Brät** anstelle von gewolftem Fleisch wird deklariert, z. B. „Brätfrikadellen". Ist Brät nur als Ersatz für ↑**Ei** oder andere Bindemittel verwendet worden, muss es nicht extra deklariert werden.

Frikandelle [*Regionale Spezialität*] Eine Scheibe gedämpftes ↑**Fleisch**

Frikassee [*Unsere Küche*] **A** In Stücke geschnittenes, gedünstetes, gekochtes oder geschmortes weißes Fleisch von ↑**Kalb**, ↑**Kaninchen**, ↑**Geflügel** und eventuell auch

Kalbsbries in einer gebundenen, mild gewürzten, weißen Soße (↑**Velouté**), die mit Zutaten wie ↑**Spargel**, ↑**Champignons** und ↑**Gemüse** angereichert werden kann. Wird auf eine Tierart hingewiesen (z. B. Hühnerfrikassee), so ist nur ↑**Fleisch** dieser Tierart verwendet worden. ↑**Ausstechen**

Frillice [*Gemüse*] ↑**Blattsalate**

Frire [*Franz. Speisekarte*] Schwimmend in heißem ↑**Pflanzenöl** oder ↑**Fett** garen, backen. ↑**Frittieren** & ↑**Fett in der Küche**

Frisby [*Gemüse*] ↑**Blattsalate**

Frisch [*Übersetzer*] **Englisch:** fresh; **Französisch:** frais; **Italienisch:** fresco; **Spanisch:** fresco

Frisch [*Weinkunde*] Junge Weine, die durch eine gute Säure geprägt sind und einen natürlichen Kohlensäuregehalt haben. Diese Weine wirken sehr lebendig und spritzig.

Frischfisch [*Fisch*] Frische Fische, die weitgehend unbehandelt bleiben; sie sind nur gereinigt, ausgenommen, evtl. zerteilt. Sie werden im Handel auf Wassereis gekühlt angeboten. **Das Fischgewebe darf nicht gefrieren.** ↑**Fisch**

Frischfleisch [*Fleischprodukte*] Fleisch, das keiner Behandlung unterzogen wurde, außer der Kühlung bis zu 2° C

Frischkäse [*Käse*] **T** **Englisch:** cream cheese; **Französisch:** fromage frais/blanc; **Italienisch:** formaggio fresco; **Spanisch:** queso fresco. Laut Verordnung versteht man unter Frischkäse alle Käsesorten, die aus Quark gewonnen werden (auch der ↑**Quark** selbst gehört dazu), frisch, also ungereift, in den Handel kommen, einen leicht säuerlichen Geschmack haben und möglichst frisch verzehrt werden. Ausgangsmaterial ist stets pasteurisierte Käsereimilch. Frischkäse ist ein weicher, feuchter, oft cremiger Käse, der im Alter von ein bis 15 Tagen angeboten wird, bevor sich eine Rinde ausbilden kann. **Es gibt ihn in unterschiedlichen Fettstufen: 1.** ↑**Speisequark**, im Handel mit mehr oder weniger Fett, mit ↑**Kräutern**, ↑**Früchten** oder pur. Gut zum Backen verwendbar, z. B. für ↑**Käsekuchen** oder Quark-Öl-Teig; **2.** ↑**Rahmfrischkäse** enthält zusätzlich ↑**Sahne. 3.** ↑**Doppelrahmfrischkäse** ist mit einem Gehalt von 85 % am fettreichsten. **4** ↑**Schichtkäse** besteht aus Lagen von Frischkäse oder Quark in verschiedenen Fettstufen. Er eignet sich als ↑**Dip**, zum Füllen von ↑**Teigwaren** oder als Brotaufstrich. Um das Aroma zu verstärken, wird er oft mit ↑**Kräutern**, ↑**Nüssen** oder ↑**Früchten** bestreut. **5.** Aus den USA stammt der ↑**Cottage Cheese**, bekannter unter Handelsmarken wie ↑**Hüttenkäse** (Gervais) oder Jocca (Kraft). Darunter ist ein feuchter, körniger Frischkäse zu verstehen, der aus gesäuerter ↑**Milch** hergestellt wird und nur etwa 4 g Fett in 100 g Käsemasse enthält. Die ideale Kost für Leute, die auf ihre schlanke Linie achten müssen. Im Gegensatz zu anderen Käsesorten müssen Frischkäse stets gut gekühlt gelagert werden.

Frischkäsezubereitung [*Käse*] Frischkäsezubereitungen sind Mischungen aus ↑**Frischkäse** mit ↑**Kräutern**, ↑**Gewürzen**, ↑**Gemüse**, ↑**Früchten** oder ↑**Marmelade**. Der Fruchtanteil darf bis zu 30 %, andere Anteile bis zu 5 % betragen. ↑**Frischkäse**

Frischkornmüsli [*Allgem. Nährmittel*] **T** Das aus unerhitztem Getreide zubereitete Müsli wurde vom Schweizer Arzt Dr.↑**Bircher-Benner** eingeführt. Das Getreide wird entweder angekeimt, frisch geschrotet oder zu Flocken zerquetscht und mit Wasser oder Jogurt über Nacht eingeweicht. Je nach Geschmack kann man ↑**Obst**, ↑**Nüsse** oder ↑**Honig** dazugeben. Da das Getreide nicht gekocht wird, muss es eingeweicht werden, denn es enthält hohe Mengen Phytinsäure, die in der Kleie aller Getreidearten steckt, eine bioaktive Substanz, die die Aufnahme der ↑**Mineralstoffe** in den Körper verhindert, da diese fest an die Phytinsäure gebunden sind. Durch das Einweichen verringert sich der Gehalt an Phytinsäure, die ↑**Biologische Wertigkeit** erhöht sich. Frischkornmüsli wird individuell zubereitet, während im Handel Fertig- oder Trockenmüsli (hitzebehandelte Produkte) angeboten werden.

Frischkostsalate [*Gemüse*] ↑**Blattsalate**

Frischling [*Fleischprodukte*] ↑**Wildschwein** im 1. Lebensjahr; Gewicht bis 30 kg. Steht regional auch für junge Hausschweine.

Frisée [*Franz. Speisekarte*] ↑**Endivie**

Friséesalat [*Gemüse*] **T** Hat gezackte, stark geschlitzte Blätter und ein gelbes Salatherz. Während der Wachstumsperiode werden die Blätter wie bei der ↑**Endivie** zusammengebunden, damit die inneren Blätter gelb und zart bleiben. Für die Zubereitung zupft man die zarten, gelben Blattspitzen von den dickeren Rippen. Durch seinen leicht bitteren Geschmack harmoniert er gut mit ↑**Garnelen**, ↑**Paprika**, ↑**Fisch** und ↑**Senfsaucen**. Er wird von Juli bis Dezember als Freilandware angeboten. Beim Einkauf ist darauf zu achten, dass sich sowohl Kopf als auch Blätter fest anfühlen, das Herz gelblich ist und mindestens ein Drittel des gesamten Kopfes ausmacht. Im Klarsichtbeutel abgepackt, lässt er sich 1 bis 2 Tage im Gemüsefach des Kühlschrankes aufbewahren. ↑**Blattsalate**

Frisella [*Ital. Speisekarte*] Biskuitkringel

Frissensült [*Ungarische Küche*] Begriff aus der ungarischen Küchenkultur für gebackene Speisen

Fritatten [*Österr. Küche*] Suppeneinlage. ↑**Pfannkuchen**, pikant gewürzt, oft mit eingebackenen gehackten ↑**Kräutern**, in feine Streifen geschnitten.

Fritattensuppe [*Österr. Küche*] ↑**Bouillon** mit in Streifen geschnittenen, pikant gewürzten ↑**Pfannkuchen**, oft mit eingebackenen gehackten ↑**Kräutern**

Friteau [*Franz. Speisekarte*] **A** Frittierter ↑**Krapfen** oder ↑**Froschschenkel**, ↑**Meeresfrüchte**, ↑**Fisch**, ↑**Innereien** und ↑**Gemüse** im Teigmantel, heiß gegessen. ↑**Backteig**

Frito [*Span. Speisekarte*] Gebraten

Frito mallorquin [*Intern. Länderküche*] **Spanisch** – Begriff aus der mallorquinischen Küchenkultur für frische ↑**Innereien**, am besten vom ↑**Lamm**, mit ↑**Kartoffeln**, ↑**Zwiebeln**, ↑**Knoblauch**, ↑**Fenchel** und ↑**Paprikaschoten** zubereitet

Fritot [*Regionale Spezialität*] **R** Kleine Stücke gegartes ↑**Fleisch** werden mit ↑**Zitronensaft**, ↑**Gewürzen** und ↑**Kräutern** mariniert, in ↑**Backteig** getaucht und frittiert.

Frittata [*Ital. Speisekarte*] ↑**Eierkuchen**; ↑**Omelett**

Frittella [*Ital. Speisekarte*] ↑**Krapfen**

Fritteuse [*Fachkunde*] **T** Gargerät, das ein Ausbacken im Fettbad vereinfacht. Das Backgut wird schwimmend herausgebacken, man entnimmt es mit dem Siebeinsatz oder einem Sieblöffel. Durch die hohe Temperatur ist die Garzeit meist sehr gering. Es sollten nur geeignete Fette mit hohem Rauchpunkt (200–220° C) verwendet werden. Altes Fett vollständig entfernen! ↑**Fett in der Küche** & ↑**Frittieren**

Fritten [*Unsere Speisekarte*] Kürzel für: „↑**Pommes frites**"

Fritter [*U.S. Kitchen*] **T** Ausgebackenes: Fritters können aus ↑**Gemüse** oder ↑**Fleisch** bestehen, in ↑**Backteig** getaucht und dann frittiert.

Frittieren [*Unsere Küche*] **T** Schwimmend in Fett backen, wenn möglich bei max. 175° C. Zum Frittieren nur kleine Portionen ins Fett legen. Verwendetes Fett nicht mit frischem auffüllen, sondern das ältere Fett zuerst aufbrauchen. Nach jedem Frittiervorgang das Fett durch ein Haarsieb gießen und die Fritteuse reinigen. Beim Frittieren entstehen mit der Zeit Zersetzungsprodukte, die den Rauchpunkt herabsetzen und die Fettsäuren negativ verändern. Das Fett max. sechsmal verwenden, dann entsorgen. ↑**Frittierfette**

Frittierfette [*Fachkunde*] **T** Zum Frittieren eignen sich alle raffinierten ↑**pflanzlichen Öle** und ↑**Fette**, kaltgepresste (native) Öle dürfen dazu nicht verwendet werden. Die Verbraucher können heute aus einer Vielzahl verschiedener Öle und Fette wählen. Welches Produkt für welchen Verwendungszweck geeignet ist, ergibt sich aus den unterschiedlichen Eigenschaften der Fette. An ein Frittierfett werden dabei verschiedene technologische Anforderungen gestellt: **1.** stabil gegen Hitze; **2.** gleich bleibende Qualität; **3.** lange Lebensdauer (Ranzigkeit); **4.** keine negative Beeinflussung des Lebensmittels in Geruch und Geschmack; **5.** stabil gegenüber Rauchbildung auch nach längerem Gebrauch. Die Hitzestabilität eines Fetts hängt von der Fettsäurenzusammensetzung und der Dauer des Kontakts zwischen heißem Fett und Luftsauerstoff ab. Ein Maß für die Hitzestabilität eines Fettes ist der Rauchpunkt (↑**Tabelle 1**). Während der Erhitzung finden im Frittierfett eine Reihe von chemischen Veränderungen statt. Tabelle 1: **Rauchpunkte von Speisefetten und -ölen**

Fettart	Rauchpunkt
Butter	ca. 175° C
Butterschmalz	ca. 200° C
Erdnussöl	200–235°C
Kokosfett	185–205° C
Maiskeimöl	ca. 200° C
Margarine	ca. 175° C
Olivenöl	230° C
Natives Olivenöl extra	130–180° C
Palmöl	ca. 220° C
Sojaöl	234° C
Sonnenblumenöl	210–225° C
Weizenkeimöl	ca. 135° C

Tabelle 2: ∅ **Fettgehalt in % verschiedener Lebensmittel vor und nach dem Frittieren**

Rohmaterial	Vorher	Nachher
Huhn (ohne Haut)	3,9 %	9,9 %
Barsch	1,2 %	13,1 %
Kartoffelchips	0,1 %	39,8 %
Pommes frites	0,1 %	13,2 %
Krapfen	5,2 %	21,9 %

Frittiertes erfreut sich nach wie vor besonderer Beliebtheit. Wer aber auf seine Linie achten möchte oder muss, sollte selten Frittiertes essen, es ist zu kalorienreich! Nicht nur ↑**Pommes frites** werden schwimmend im Fett zubereitet, sondern auch ↑**Fischstäbchen**, ↑**Hähnchen**teile, ↑**Schnitzel** oder ↑**Krapfen**, das typische Gebäck der Fastenzeit. Die Qualität des Frittiergutes und die Qualität des Frittierfettes sind eng miteinander verknüpft. Frisches, unbenutztes Fett enthält keinerlei Frittieraroma, der Frittierprozess läuft langsam ab, was zu einer Optimierung der Qualität führt. Mit wachsender Zahl der Frittiervorgänge verschlechtert sich der Zustand des Öls und somit auch der des Frittierguts. Die Farbe des Fettes wird immer dunkler, der Geschmack ranzig und kratzig, die Fettaufnahme des Frittierguts steigt stark an. Frittierfett kann bis zu sechsmal verwendet werden. Allerdings muss das warme Fett nach jedem Gebrauch gesiebt werden, um Rückstände des Frittiergutes zu entfernen und Geruchsbelästigungen bei Wiederverwendung zu vermeiden, dadurch wird auch die Haltbarkeit des Fettes verlängert. **Verdorbenes Fett kann gesundheitsgefährdende Stoffe enthalten und steht im Verdacht, Ursache für Krebs zu sein.** ↑**Fette in der Küche**; **Tipps für die Praxis: 1.** Die Fritteuse erst bei 60–80° C 10 Min. anheizen, um das Fett anzuschmelzen, dann erst auf max. 175° C heraufsetzen. Dadurch wird ein Überhitzen und vorzeitiger Fettverderb verhindert. **2.** Nur Fritteusen mit exakt funktionierendem Thermometer verwenden. Frittierfett/-öl sollte nicht über 175° C erhitzt werden. Zu hohe

Temperaturen verringern die Haltbarkeit des Fettes erheblich, ohne die Frittierzeit zu verkürzen. **3.** Das Verhältnis des Frittiergutes zum Fett sollte 1 : 10 bis max. 1 : 15 betragen, d. h., für 100 g Frittiergut werden 1–1,5 l Fett benötigt. Die Frittierzeit möglichst kurz wählen, das Frittiergut sollte goldgelb sein. Bei Pommes frites bis zur beginnenden Braunfärbung der Spitzen. Dickere Pommes frites bilden auf Grund ihrer im Verhältnis geringeren Oberfläche weniger ↑**Acrylamid** als dünne. Zum Frittieren sollten gesunde und nicht angekeimte ↑**Kartoffeln**, „↑**Mehlig kochende**" bzw. „↑**Vorwiegend festkochende**" Sorten verwendet werden. **Entsorgung:** Verdorbenes und verbrauchtes Fett darf nicht in den Ausguss oder in die Toilette geschüttet werden. Bereits kleine Fettmengen im Abwasser belasten die Umwelt stark, außerdem besteht die Gefahr einer Verstopfung des gesamten Leitungssystems. Deshalb sollte man das Fett in der Fritteuse fest werden lassen, es in Zeitungspapier einschlagen und dann in die Mülltonne geben. Das Fett aus Bratpfannen kann mit einem saugfähigen Papier aufgesaugt werden. Öl wird am besten in vorhandene Gefäße oder Behälter gefüllt und über die Mülltonne entsorgt. Auch Sammelstellen nehmen verbrauchte Fette an.

Fritto [*Ital. Speisekarte*] Frittiert

Fritto misto [*Ital. Speisekarte*] Gemischt Frittiertes: kleine Stücke ↑**Gemüse**, ↑**Fleisch**, ↑**Meeresfrüchte** usw.

Frivolités [*Franz. Speisekarte*] Appetithappen: Kleinigkeiten, Leckerbissen wie gefüllte Törtchen, Schiffchen und Tüten, Fondants usw.

Frizzante [*Weinkunde*] Italienische Bezeichnung für „perlend" und bezieht sich auf leicht schäumende Weiß- (Moscato d'Asti) oder Rotweine (Lambrusco). Diese Weine können auf zwei verschiedene Weisen hergestellt werden. **Es handelt sich jeweils um eine unterbrochene Gärung. 1.** Bei der ersten Methode wird der Wein, bevor der gesamte Zucker in Alkohol und Kohlensäure umgesetzt ist, in Flaschen abgefüllt. In der Flasche geht die Gärung weiter, die dabei entstehende Kohlensäure löst sich im Wein auf. Machmal bleibt ein Teil des Zuckers unvergoren, wodurch der Wein Restsüße aufweisen kann. **2.** Die zweite, eher industrielle Methode: Wenn der halbfertige Wein einen bestimmten niedrigen Alkoholgehalt aufweist, wird er heruntergekühlt (dies hemmt die Aktivität der Hefe) und gefiltert, wobei die Hefe ausgeschieden wird. Der Wein wird in einen abschließbaren Tank umgegossen, ihm wird Zucker und Hefe zugesetzt. Eine erneute Gärung beginnt, die wiederum unterbrochen wird, wenn der verlangte (niedrige) Alkoholgehalt erreicht ist. Dann wird der Wein gefiltert und unter Druck in Flaschen abgefüllt. Die durch die Gärung entstandene Kohlensäure kann dem Wein nicht entkommen. Der Schaum ist relativ mild, und der Wein weist eine leichte Restsüße auf.

Froid [*Franz. Speisekarte*] Kalt

Frollino [*Ital. Speisekarte*] ↑**Mürbeteiggebäck**

Fromage [*Franz. Speisekarte*] ↑**Käse**

Fromage à la crème [*Franz. Speisekarte*] ↑**Rahmkäse**, Fett mind. 50 %

Fromage à pâte dure, ferme, pressée [*Franz. Speisekarte*] ↑**Hartkäse** mit gepresstem Teig, Fett mind. 40 %

Fromage à pâte molle [*Franz. Speisekarte*] ↑**Weichkäse** mit Schimmelrinde, gewaschener Rinde oder Innenrinde, Fett mind. 40 %

Fromage affiné [*Franz. Speisekarte*] Ausgereifter ↑**Käse**

Fromage blanc, à la pie, frais [*Franz. Speisekarte*] ↑**Quark**, Fett mind. 60 %

Fromage de brebis [*Franz. Speisekarte*] ↑**Schafskäse**

Fromage de Bruxelles [*Käse*] Brüsseler ↑**Käse**, bäuerlicher ↑**Weichkäse** aus pasteurisierter Kuhmilch, feucht und salzig

Fromage de chèvre [*Franz. Speisekarte*] ↑**Ziegenkäse**

Fromage du curé, nantais [*Franz. Speisekarte*] ↑**Weichkäse** aus Kuhmilch von ausgeprägtem Geschmack, 40 % ↑**Fett i. Tr.**

Fromage fondu [*Franz. Speisekarte*] ↑**Schmelzkäse**

Fromage mou, à tartiner [*Franz. Speisekarte*] Streich-, ↑**Schmelzkäse**, Fett mind. 40 %

Fromage persillé [*Franz. Speisekarte*] **T** Blaugrün geäderter ↑**Käse** aus ↑**Ziegen**- oder ↑**Kuhmilch**, mild, leicht bitter, Fett 45 %, bester Geschmack: Juni-November

Fromage râpé [*Franz. Speisekarte*] Geriebener ↑**Käse**

Fromager d'Affinois [*Käse*] **Herkunft:** Frankreich/Rhône-Alpes; **Käsesorte:** ↑**Weichkäse** mit weißem ↑**Edelschimmel**, 60 % bzw. 25 % (leichte Version) ↑**Fett i. Tr.** und 10 % Fett **absolut**; **Milch:** Kuhmilch; **Teig:** besonders feine Konsistenz; **Geschmack:** frisch, cremig, mild-sahnig; **Info:** Durch ein spezielles Verfahren bewahrt der ↑**Käse** alle ↑**Nährstoffe** der ↑**Milch** und hat einen höheren Gehalt an ↑**Eiweiß**, ↑**Calcium** und ↑**Vitaminen** als andere Weichkäsesorten.

Froment [*Franz. Speisekarte*] ↑**Weizen**

Fromentée [*Franz. Speisekarte*] Dicke Suppe aus ↑**Weizen** und Wasser mit ↑**Butter** oder ↑**Crème fraîche**

Fronsac [*Weinkunde*] Untergebiet des Bordeaux mit relativ preisgünstigen Weinen. Beachtenswert sind Vielle Cure, Fontenil, Moulin Haut Laroque und Moulin Pey Labrie.

Froschschenkel [*Unsere Küche*] **R Lateinisch:** Raniade catesbeiana; **Englisch:** frog's legs; **Französisch:** cuisses de grenouille; **Italienisch:** cosce di rana; **Spanisch:** ancas de rana. Zum Handel mit Froschschenkeln ist festzustellen, dass sämtliche europäischen Amphibien durch den Eintrag **„amphibia spp."** in der Bundesartenschutz-Verordnung (BartSchV) geschützt und damit generell vom Handel ausgeschlossen sind. Mit entsprechenden Genehmigungen dürfen nur drei Arten nach Deutschland eingeführt werden: **1. raniade catesbeiana – 2. raniade hexadactyla** und **3. raniade tigerina.** Dabei sind nur Froschschenkel der Art **rana catesbeiana** zur Zucht erlaubt und **dürfen somit verwendet und im Handel als Lebensmittel legal angeboten werden.** Zur Einfuhr sind in Deutschland entsprechende Papiere und Genehmigungen nötig. Froschschenkel gelten in Frankreich als beliebte Delikatesse. Bei uns sind sie im Handel weniger verbreitet. Wenn, dann kann man sie frisch im Frühjahr und Sommer in Fischabteilungen von Feinkostgeschäften kaufen. Angeboten werden sie im Paar zu zwei bis acht ↑**Unzen**. Das weiße Fleisch ist leicht süßlich und schmeckt wie sehr junges Hühnchen. **Zubereitung:** Würzen mit Salz, Pfeffer, Zitronensaft, in wenig stark erhitztem Olivenöl schnell anrösten, frischen Knoblauch dazugeben, kurz anrösten und mit Cognac flambieren. Die Sauce mit den Froschschenkeln etwas reduzieren lassen, wobei sie garen. Zum Anrichten die Sauce mit kalten Butterflocken binden und mit gehackten Kräutern vollenden. Große Hitze und zu langes Garen machen das Fleisch zäh. Auf der Karibikinsel Dominica sind besonders große Froschschenkel das „Nationalgericht". Sie werden unter dem Namen **„↑Mountain Chicken"** angeboten.

Frotzelschnitten [*Regionale Spezialität*] ↑**Armer Ritter**

Frozen [*U.S. Kitchen*] Gefroren

Frozen fruit [*U.S. Kitchen*] Tiefkühl-↑**Obst**

Fruchtbehandlungsmittel [*Gesundheit*] **T** Stoffe, die zur Oberflächenbehandlung von Früchten eingesetzt werden und damit zum Schutz vor vorzeitigem Verderb und Befall von ↑**Schimmelpilzen** dienen. Sie gehören zur Gruppe der ↑**Konservierungsstoffe**. Oberflächenbehandelte Früchte müssen im Handel mit dem Vermerk **„Schale nicht zum Verzehr geeignet"** gekennzeichnet sein. Die verwendeten Mittel heißen: **1. Diphenyl (↑E 230):** wird nur bei ↑**Citrusfrüchten** eingesetzt und ist schwer abwaschbar; **2. Orthophenylphenol (↑E 231, ↑E 232):** wird nur bei Citrusfrüchten eingesetzt, abwaschbar, wenn es nicht zu tief in die Schale eingedrungen ist; **3. Thiabendazol** (↑E 223): wird bisher nur bei ↑**Bananen** und Citrusfrüchten eingesetzt

Früchtebrot [*Backstube*] **A** Hutzelbrote oder Hutzelwecken und die beliebten Kletzen-Männlein wurden ursprünglich von Bäuerinnen zu Weihnachten gebacken. Das Gebäck ist einige Monate haltbar und besteht aus getrockneten ↑**Birnen**schnitzen (Hutzeln oder Hutzen, in Tirol und Teilen Bayerns werden sie auch Kletzen genannt), ↑**Rosinen**, ↑**Gewürz** und ↑**Hefeteig**. Je nach Region wird das **Brot** auch mit ↑**Schwarzbrot**teig und gedörrten Früchten wie ↑**Zwetschgen**, ↑**Aprikosen**, ↑**Feigen**, ↑**Zitronat**, ↑**Orangeat** gebacken. Eine bekannte Variante ist das **Wiener Früchtebrot.**

Fruchteis [*Unsere Küche*] **R** Industriell gefertigtes Fruchteis enthält einen Fruchtanteil von mindestens 20 %. Bei Fruchteis aus Zitrusfrüchten und anderen sauren Früchten beträgt der Fruchtanteil mindestens 10 %. Fruchteis besteht aus Fruchtsaft und/oder -mark, Wasser, ↑**Traubenzucker** und ↑**Zucker**. Das Lebensmittelrecht lässt Fruchtpasten und gefrorenes ↑**Obst** zu, aber das i-Tüpfelchen sind erntefrische, vollreife, pürierte Früchte. **Für selbst gemachtes Fruchteis benötigt man folgende Rohstoffe:** 1 l ↑**Läuterzucker**, 1 l ↑**Fruchtmark** und sonst nichts. ↑**Speiseeis**

Früchtetee [*Tee*] Sie bilden eine gesunde Alternative zu handelsüblichen Fertiggetränken, die in der Regel sehr stark zuckerhaltig und zudem recht teuer sind. Basis der meisten Früchtetees sind Hibiskus, Hagebutte und Apfel, angereichert mit den verschiedensten Fruchtstücken und Blüten. Sowohl heiß als auch kalt getrunken sind sie ein Genuss. Früchtetees lassen sich gut im Kühlschrank als Eistee aufbewahren und können wieder aufgekocht als Heiß-Tee serviert werden.

Fruchtfleischfette [*Fette*] ↑**Olivenöl:** Wird aus der Steinfrucht des Ölbaumes gewonnen. Man unterscheidet erste Pressung (Kaltpressung, „extra vergine") und zweite Pressung (Warmpressung). Olivenöl beginnt bei 10° C dickflüssig zu werden, nimmt unter 2° C butterartige Konsistenz an und enthält ∅ über 80 % ↑**Ölsäure. Palmöl:** Aus dem gelbroten Fruchtfleisch der Ölpalmenfrüchte. Reines, raffiniertes Palmöl ist weißlich-gelb, von butterartiger Konsistenz („Palmbutter") und bildet den Hauptrohstoff in der Margarineproduktion. Unraffinierte „rote Palmöle" (hoher Carotinoid- und Vitamingehalt) dienen als Rohstoff zur Vitaminisierung der Margarine. ↑**Palmfett**, ↑**Fett**, ↑**Speiseöl** & ↑**Öl**

Fruchtgelee [*Süßwaren*] Festerer ↑**Wackelpudding** in Figuren gegossen, in Streifen geschnitten und in buntem Zucker gewälzt

Fruchtgemüse [*Fachkunde*] Sammelbegriff für die Früchte einjähriger Pflanzen, zählt zu den pflanzlichen Lebensmitteln. Die Pflanzen müssen jedes Jahr neu ausgesät werden. Fruchtgemüse wächst überall in gemäßigten Klimazonen. Es sind z. B. **Tomaten**, ↑**Paprika**, ↑**Gurken**, ↑**Kürbis**, ↑**Aubergine**, ↑**Zucchini**, ↑**Wassermelone**, ↑**Zuckermais** u. v. m.

Fruchtgummi [*Süßwaren*] Gummibonbons, -schnüre, -bärchen bestehen aus ↑**Zucker**; ↑**Glukosesirup**; ↑**Lakritz**; ↑**Fruchtmark**; ↑**Fruchtsäften**; ↑**Pektin**; ↑**Schweinegelatine**; ↑**Modifizierter Stärke**; ↑**Zitronensäure**; ↑**Weinsäure**; ↑**Ascorbinsäure**; ↑**Aromen**; ↑**Farben**; ↑**Künstlichen Farbstoffen**; ↑**Trennmitteln**

Fruchtig [*Weinkunde*] Damit bezeichnet man den Körper und die Reichhaltigkeit eines aus guten, reifen Trauben gewonnenen Weines. Ein fruchtiges Aroma ist nicht dasselbe wie ein blumiges. Zur Fruchtigkeit gehört eine Spur Süße. Hilfreich sind Versuche, herauszufinden, welche Frucht (außer Trauben) sich im Duft oder Geschmack eines Weins wiederfindet, z. B. Grapefruit, Zitrone, Pflaume, Aprikose. Man darf allerdings nicht ganze Aromawolken dieser Früchte, sondern nur zarte, feine Anklänge erwarten.

Fruchtmark [*Unsere Küche*] Frische, pürierte Früchte, die durch ein Sieb oder ein Tuch passiert wurden und mit Zuckerzusatz oder Stärkesirup haltbar gemacht werden können

Fruchtnektar [*Fachkunde*] Gemisch aus ↑**Fruchtsaft** und/oder ↑**Fruchtmark**, Wasser und ↑**Zucker**. Es gibt z. B. Apfel-, Bananen- und Orangenfruchtnektar. Entsprechend der Fruchtart beträgt der Mindestfruchtgehalt 25 bis 50 % oder mehr. Fruchtnektare dürfen keine ↑**Konservierungsstoffe** enthalten.

Fruchtsaft [*Fachkunde*] **Englisch:** fruit juice; **Französisch:** jus de fruits; **Italienisch:** succo di frutta; **Spanisch:** zumo de fruta. Fruchtsaft wird aus frischen oder tiefgefrorenen Früchten hergestellt. 100 % reiner Fruchtsaft enthält keine ↑**Konservierungsstoffe** und keinen Zusatz von ↑**Zucker** und Trinkwasser. Bei Fruchtsaftkonzentraten wird Fruchtsäften unter Hitze natürliches Fruchtwasser entzogen. Für den Transport wird das Konzentrat tiefgefroren und später wieder aufgetaut. Dann dürfen entsprechend Wasser und Zucker (bis zu 15 g pro l Konzentrat) zugesetzt werden.

Fruchtsaftgetränk [*Fachkunde*] Alkoholfreie Erfrischungsgetränke, eine Mischung aus Wasser (↑**Tafel-**, ↑**Quell-**, Trink- oder ↑**Mineralwasser**) mit natürlichen Fruchtauszügen, ↑**Zucker** und mit oder ohne Zusatz von ↑**Kohlendioxid**. Der Mindestfruchtgehalt bei Fruchtsaftgetränken mit Kern- oder Traubensaft muss laut ↑**LMBG** mindestens 30 %, bei Zitronensaft 6 % und bei anderen Säften 10 % betragen.

Fruchtsäuren [*Fachkunde*] Dazu zählen ↑**Apfelsäure**, ↑**Weinsäure** und ↑**Citronensäure.** Sie kommen in ↑**Früchten** und ↑**Gemüse** vor und sind an der Geschmacksbildung beteiligt. Wegen ihres fruchtig-sauren Geschmacks finden Fruchtsäuren in der Lebensmittelproduktion (z. B. zur Herstellung von ↑**Limonaden** und ↑**Backpulver**) Verwendung. Apfelsäure kommt vor allem in ↑**Äpfeln** und in den Früchten der Eberesche vor. Citronensäure in ↑**Citrusfrüchten**, ↑**Himbeeren**, ↑**Preiselbeeren** und in ↑**Johannisbeeren.** Weinsäure ist in der Pflanzenwelt weit verbreitet.

Frucht-Sorbet [*Unsere Küche*] Industriell hergestelltes Fruchtsorbet enthält einen Fruchtanteil von mindestens 25 %. Bei Frucht-Sorbet aus Zitrusfrüchten und anderen sauren Früchten beträgt der Fruchtanteil mindestens 15 %. ↑**Sorbet**

Fruchtstielbonbon [*DDR-Küche*] Lutscher

Fruchtweine [*Weinkunde*] **R** Brombeer-, Erdbeer-, Heidelbeer-, Johannisbeer-, Kirsch-, Pflaumen- und Zwetschgenwein. **Herstellung von Fruchtweinen** – Es ist darauf zu achten, dass äußerst sauber gearbeitet wird und nur einwandfreie, reife Früchte ohne Faulgut verwendet werden. Ein guter, wohlschmeckender Fruchtwein kann nur entstehen, wenn die angegebenen Behandlungsmittel eingesetzt und die vorgeschlagenen Behandlungsmethoden genau beachtet werden. Die Fruchtweinbereitung beginnt mit dem Waschen der Früchte, am einfachsten durch Überbrausen in den Erntekörben. Das Waschen ist erforderlich, um die Gärung störende Mikroorganismen (↑**Schimmelpilze**, ↑**Hefen**, ↑**Bakterien**) zu entfernen. Dann die Früchte gut abtropfen lassen, Stiele, Blätter und Rappen (Johannisbeeren) sorgfältig entfernen. Durch grüne Stängelteile werden dem Most unangenehme Geschmacks- und Bitterstoffe zugeführt. **A: Keltern der Früchte** – Die Zerkleinerung der Früchte erfolgt am besten mit einer Walzenmühle. Die Walzen müssen dabei so eingestellt werden, dass zwar das Fruchtfleisch gequetscht, Kerne und Steine aber ganz bleiben. Das Abpressen der Fruchtmaische sollte auf einer geeigneten Presse (ohne Lackschäden) erfolgen. Der Saft wird sonst mit Eisen angereichert, das mit Inhaltsstoffen des Saftes chemische Verbindungen bildet, die zu hartnäckigen Trübungen und Geschmacksfehlern führen. **B: Behandlung der Maische und Einleitung der Gärung** – Fruchtfleischzellen werden von so genannten Zellkittsubstanzen, u. a. Pektinen, zusammengehalten. ↑**Pektine** können nur auf biologischem Wege abgebaut werden. Dies geschieht durch die fruchteigenen Pektinasen, ausgelöst durch die Zerkleinerung der Früchte. Dieser Vorgang verläuft jedoch so langsam, dass die Zugabe von ↑**Pektinase** unbedingt erforderlich ist. Als Nächstes werden der Maische 1–2 g Kaliumdisulfit pro 10 kg Maische zugefügt, was das Wachstum weinschädigender Bakterien (Essigsäurestich) unterdrückt und Fehlgärungen durch wilde Hefen verhindert. Außerdem unterbindet Kaliumdisulfit durch Sauerstoff verursachte Geruchs- und Geschmacksveränderungen. Ohne Zusatz von Kaliumdisulfit wird der Wein dunkel, und das fruchteigene Aroma geht verloren. Durch Zusatz von ↑**Reinzuchthefe** wird die Gärung eingeleitet. Zwar kommen Fruchtweine in der Regel auch ohne Hefezugabe durch wilde Hefen zur Gärung. Diese Hefen haben aber gegenüber der Reinzuchthefe schwerwiegende Nachteile. Wilde Hefen weisen nur bescheidene Gärleistungen auf. Es wird nur ein Teil des Zuckers in Alkohol umgesetzt, sodass der Alkoholgehalt des Fruchtweins zu niedrig und das Produkt nicht haltbar ist. Außerdem führen Nebenreaktionen zu Geschmacksfehlern. Die Zugabe von Hefenahrung versorgt die Hefe mit Stickstoff, Phosphor und Vitamin B_1. Diese Nährstoffe liegen in der Maische in für die Reinzuchthefen zu geringen Konzentrationen vor. Ohne die Zugabe von Hefenahrung ist daher eine sichere und vollständige

Gärung nicht gewährleistet. **C: Gärgefäße** – Für die Hausweinbereitung eignen sich am besten Korbflaschen und Fässer aus lebensmittelechtem Kunststoff. Die Gärgefäße müssen vor dem Befüllen sorgfältig gereinigt und absolut sauber sein. Nach dem Befüllen werden sie zum Schutz vor Schmutz, Insekten und um den Zutritt von Sauerstoff zu verhindern, mit einer Gärpfeife (Gärspund) verschlossen. Die Gärpfeife wird bis zur Markierung mit 2 %iger schwefliger Säure gefüllt. Diese erhält man, wenn 40 g Kaliumdisulfit und 10 g Zitronensäure in 1 l Wasser gelöst werden. **D: Rezepte** – Es ist unbedingt erforderlich, dass die in den jeweiligen Rezepten aufgeführten Zusätze wie Wasser, Zucker oder Milchsäure genau beachtet werden. Die Herstellung von gutem Obstwein ist nur möglich, wenn Zuckergehalt und Fruchtsäuregehalt in einem harmonischen Gleichgewicht stehen. Man unterscheidet zwischen Obstwein mit Alkoholgehalten bis zu 10 % Vol. und Fruchtdessertweinen mit Alkoholgehalten um oder über 13 % Vol. Dessertweine sind auf Grund des höheren Alkoholgehaltes haltbarer. Wenn Dessertwein hergestellt wird, muss die Zuckerzugabe in zwei Dosagen im Abstand von sechs Tagen erfolgen. Wenn in den Rezepten Maischegärung angegeben ist, muss die Maische unbedingt 4–6 Tage gären, bevor der Fruchtwein abgepresst wird. Die bei den aufgeführten Rezepten angegebenen Mengen beziehen sich immer auf 10 kg Obst. **Brombeerwein:** Hier kommt es darauf an, ob man die blaugereifte Ackerbrombeere mit geringem Fruchtsäuregehalt oder die säurereiche gemeine Brombeere mit schwarzen Früchten nimmt. Die Früchte zerkleinern und pro 10 kg 1–2 g Pektinase und anschließend 2 g Kaliumdisulfit zugeben. Da eine Maischegärung durchgeführt wird, dem Fruchtbrei 2 g Reinzuchthefe und 2 g Hefenahrung zufügen, 4 Tage gären lassen und abpressen. Die Saftausbeute beträgt pro 10 kg Beeren 8–8,5 l. Dem Saft zusetzen:

	Brombeeren	
	blaugereifte	schwarzgereifte
Wasser	1–2 l	6–7 l
Zucker	2 kg	4–5 kg

Erdbeerwein: Die Früchte sehr gut waschen und zerkleinern. Pro 10 kg Fruchtbrei 2 g Pektinase und 2 g Kaliumdisulfit zugeben. Sofort 3 g Reinzuchthefe und 2 g Hefenahrung zusetzen, 3 Tage gären lassen und abpressen. Der so erhaltenen Saftmenge (8–8,5 l) zusetzen: Wasser 6 l – Mostmilchsäure 50 ml – Zucker 4,5–5 kg; **Roter und weißer Johannisbeerwein:** Die Früchte nach dem Waschen entrappen, zerkleinern und wegen des hohen Pektingehaltes pro 10 kg Früchte 3 g Pektinase und 2 g Kaliumdisulfit zusetzen. Die Maische über Nacht stehen lassen und danach abpressen. Der Saftmenge von 7–7,5 l zusetzen:

	Wein	Dessertwein
Wasser	18 l	15 l
Zucker	5 kg	7,5 kg
Reinzuchthefe	6 g	6 g
Hefenahrung	6 g	6 g

Schwarzer Johannisbeerwein: Die schwarzen unterscheiden sich im Geschmack völlig von den roten und weißen Johannisbeeren. Wegen des prägnanten Geschmacks empfiehlt sich hier grundsätzlich eine Dessertweinzubereitung. Nach dem Zerkleinern pro 10 kg Maische 3 g Pektinase und 1 g Kaliumdisulfit zugeben. Nach der Zugabe von 2 g Reinzuchthefe und 2 g Hefenahrung 4 Tage gären lassen und abpressen. Dem Saft (7–7,5 l) zugeben: Wasser: 14 l; Zucker: 6,5–7 kg; **Zwetschgen- und Pflaumenwein:** Nach dem Quetschen mit der Walzenmühle pro 10 kg Obst 2 g Pektinase und 2 g Kaliumdisulfit zusetzen. Anschließend pro 10 kg Maische 2 g Reinzuchthefe und 2 g Hefenahrung zufügen, nach 4–5 Tagen abpressen. Ca. 7,5 l Saft zusetzen:

	Pflaumen/Zwetschgen	
	saure	süße
Wasser	7,5 l	5 l
Zucker	7,5 kg	2,5–3 kg
Mostmilchsäure 80 %:	50 ml	80 ml

Heidelbeerwein: Heidelbeeren eignen sich vorzüglich zur Fruchtweinherstellung. Nach dem Quetschen sofort 1 g Pektinase und 2 g Kaliumdisulfit pro 10 kg Fruchtbrei zusetzen. Danach pro 10 kg Maische 3 g Reinzuchthefe und 3 g Hefenahrung zusetzen, 3 Tage gären lassen und abpressen. Ca. 7,5 l Saft zusetzen: Wasser: 7 l – Zucker: 4,5–5 kg – Mostmilchsäure 80 %: 35 ml; **Sauerkirschwein:** Vor dem Zerkleinern der Früchte die Stiele entfernen. Danach pro 10 kg Fruchtbrei 1 g Pektinase und 1 g Kaliumdisulfit zusetzen. Die Maische ca. 12 Stunden stehen lassen und danach abpressen. Der Ausbeute von ca. 7 l Saft zusetzen: Wasser: 5 l – Zucker: 3,5–4 kg – Reinzuchthefe: 2 g – Hefenahrung: 2 g; **Süßkirschwein:** Süßkirschen sind zur Hausweinbereitung weit weniger geeignet als Sauerkirschen. Vor dem Zerkleinern der Früchte die Stiele entfernen. Danach pro 10 kg Fruchtbrei 2 g Pektinase und 1 g Kaliumdisulfit zusetzen. Die Maische ca. 12 Stunden stehen lassen und danach abpressen. Der Ausbeute von ca. 6,6–7 l Saft zusetzen: Wasser: 1 l; Zucker: 2 kg; Mostmilchsäure 80 %: 30–40 ml; Reinzuchthefe: 2 g; Hefenahrung: 2 g

Fruchtzucker [*Allgem. Nährmittel*] **T** Einfachzucker (Monosaccharid), der sich vor allem in ↑**Früchten** und ↑**Honig** findet. Zusammen mit dem ↑**Traubenzucker** (↑**Glukose**) bildet er den Haushalts**zucker**↑ (↑**Saccharose**). Er besitzt von allen Zuckerarten die höchste Süßkraft und wird im Stoffwechsel vom ↑**In-**

sulin unabhängig umgesetzt, sodass er auch von Diabetikern verwendet werden kann (als Zuckeraustauschstoff). Langsamer Stoffwechsel. Industriell wird er aus ↑**Rüben**- oder ↑**Rohrzucker** hergestellt. ↑**Zucker** oder ↑**Fructose**

Fructose [*Fachkunde*] ↑**Fruchtzucker**

Fructoseintoleranz [*Gesundheit*] Auch ↑**Fruchtzuckerintoleranz**, eine vererbbare Krankheit, die auf einem Enzymdefekt bzw. -mangel (Aldolase-B) beruht. Nach Aufnahme fructosehaltiger Lebensmittel wie ↑**Obst**, Süßigkeiten usw. erfolgt ein nur unvollständiger Abbau der ↑**Fructose**, der zu Fructosämie (Vorkommen von Fruchtzucker im Blut) und zu einer Verdrängung von ↑**Traubenzucker** (Glucose) führt. Die Folge ist, dass der Blutzucker sinkt, was zu Unterzucker (bis zum Schock) und hypoglykämischen Leber-, Nieren-, Gehirnschäden (Intelligenzdefekt) führen kann. Erwachsene mit Fructoseintoleranz zeigen eine Abneigung gegen Obst und Süßigkeiten, typisch ist ihr kariesfreies Gebiss. Die Behandlung erfolgt durch eine Reduktion der Fructoseaufnahme.

Frue [*Käse*] **T Herkunft:** Italien/Sardinien; **Info:** Typisches Erzeugnis der Provinz von Nuoro, das seinen Ursprung in einem Käse hat, den die Römer „melka" nannten und der dem **„↑Feta"** sehr ähnlich war. Der „Frue" ist der Bruch von ↑**Schafsmilch**, dem ↑**Salz** zugegeben wird, um ihn haltbar zu machen. Es handelt sich um einen frischen Tafelkäse, der oft wie ↑**Mozzarella** verwendet wird.

Frühburgunder [*Weinkunde*] (Rotweinrebe) Eine Abwandlung des Blauen Spätburgunders. Ein in Deutschland kultivierter fruchtig-feiner, voller Wein.

Frühkartoffeln [*Übersetzer*] **Englisch:** new potatoes; **Französisch:** pommes nouvelles; **Italienisch:** patate novelle; **Spanisch:** patatas tempranas

Frühkohl [*Gemüse*] **T Lateinisch:** Brassica oleracea convar. capitata var. capitata f. alba; **Info:** Frühkohl ist identisch mit ↑**Weißkohl** und wird schon von April bis Juni aus inländischem Anbau, aber auch als Importware aus Polen angeboten. Die Blätter dieser früher reifenden Sorten sind stärker gewellt und nicht so eng anliegend wie bei später reifenden Weißkohl-Sorten. Die Köpfe erreichen meist nur ein Gewicht von etwa 500 g, die Blätter sind stärker grünlich gefärbt als die Blätter des Weißkohls. **Zubereitung und Tipps:** Der Geschmack von Frühkohl ist feiner als der des Weißkohls.

Frühlese [*Weinkunde*] Aufgrund von Hagelschlag oder Fäulnisbildung kann die Weinlese vorgezogen werden.

Frühlingsrollen [*Asiatische Küche*] **R** Speisen der asiatischen, speziell vietnamesischen bzw. südchinesischen Küche, aus hauchdünnen Reisteigblättern mit einer Vielzahl unterschiedlicher Füllungen. Sie werden in China im ↑**Wok** frittiert. Die nichtfrittierte Variante wird meist als **Glücksrolle** bezeichnet. Variationen sind in ganz China, Thailand, Korea, Vietnam und Japan verbreitet. Frühlingsrollen gehören traditionell zum chinesischen Neujahrsfest (Qing Ming), dem wichtigsten Festtag des Jahres, an dem auch der Beginn des Frühlings gefeiert und der Toten gedacht wird. Dabei symbolisieren die Frühlingsrollen Seidenraupen, die zu dieser Zeit schlüpfen. Die Füllung soll ursprünglich aus Resten der Gemüseopfer bestanden haben, die den Verstorbenen dargebracht wurden. Sie kann sehr unterschiedlich sein, doch gehören meist ↑**Soja**- oder ↑**Mungobohnenkeime**, fein geschnittene ↑**Gemüse** wie ↑**Weißkohl**, ↑**Karotten** und ↑**Zwiebeln**, ↑**Pilze**, etwas ↑**Fleisch** und auch ↑**Glasnudeln** dazu. Die Mischung wird mit ↑**Knoblauch**, verschiedenen ↑**Gewürzen** und ↑**Sojasauce** gedünstet, etwa 2 EL der Füllung werden in Frühlingsrollenteig walzen- oder schultütenförmig dünn eingewickelt und frittiert. Dazu können verschiedene Saucen gereicht werden. Die dünneren thailändischen Frühlingsrollen werden **poh pia tod** genannt.

Frühlingssuppe [*Übersetzer*] **Englisch:** vegetable soup; **Französisch:** potage printanier; **Italienisch:** zuppa primavera; **Spanisch:** sopa de primavera

Frühlingszwiebeln [*Gemüse*] **T Lateinisch:** Allium fistulosum; **Englisch:** welsh onion, spring onion, green onion; **Französisch:** ciboule, ail fistuleux, oignon d'hiver. **Synonym:** Winterzwiebel, Winterheckzwiebel, Grober Schnittlauch, Schnittzwiebel, Frühlingslauch, Bundzwiebel, Lauchzwiebel, Schalottenzwiebel, Röhrenlauch, Schnittzwiebel, ewige Zwiebel, Grober Schnittlauch, Weiße Florentiner, Jakobslauch oder Johannislauch; **Info:** Die langschaftigen Frühlingszwiebeln gehören zur Familie der Liliengewächse und sind winterhart. Die nahen Verwandten der Speisezwiebeln werden vom zeitigen Frühjahr an sehr jung und mit Laub geerntet, im Bund angeboten. Die bauchig aufgetriebenen, schlauchförmigen und schmalen Blätter werden mitgegessen. Die ↑**Zwiebel** ist wegen der vorzeitigen Ernte nicht vollständig ausgebildet, weiß oder leicht rosa gefärbt, saftig und besonders mild im Geschmack. Die Blätter erreichen eine Länge von 40–50 cm. Die Bezeichnung „Lauchzwiebel" verleitet zu der falschen Annahme, bei Jungzwiebeln handle es sich um jungen Porree. Die schmalen, röhrenförmigen Blätter bezeugen aber, dass Jungzwiebeln mit den ebenfalls röhrenblättrigen Speisezwiebeln näher verwandt sind als mit dem breitblättrigem ↑**Lauch**. **Herkunft und Saison:** Trotz ihres Namens „Frühlingszwiebel" werden Jungzwiebeln fast das ganze Jahr über aus inländischer Produktion angeboten; die Hauptsaison beginnt im April und dauert bis in den Spätsommer. **Inhaltsstoffe:** 100 g Frühlingszwiebeln weisen einen Brennwert von ∅ 29 kcal/120 kJ auf und enthalten etwa 90 g Wasser, 1,2 g Eiweiß, 0,3 g Fett, 4,5 g Kohlenhydrate und 1,7 g Ballaststoffe. An ↑**Mineralstoffen**, ↑**Spuren-**

elementen und ↑**Vitaminen** sind ⌀ 20 mg Kalzium, 0,2 mg Eisen, 3 mg Natrium, 124 mg Kalium, 39 mg Phosphor, 47 mg Schwefel, 1,2 µg Selen und 25 mg Vitamin C enthalten. Ihre gesundheitsfördernde Wirkung beziehen sie aus den schwefelhaltigen ätherischen Ölen, deren Sulfide ihr charakteristischen Geruch und Geschmack geben und als Krebsschutzfaktoren wirken. Frühlingszwiebeln enthalten auch viele ↑**Ballaststoffe. Zubereitung und Tipps:** Von der gesamten Pflanze wird meist nur die weiße Zwiebel und der hellgrüne untere Blattbereich verwendet, der obere und tiefgrüne Teil der Blätter wird üblicherweise abgeschnitten, kann aber für Suppen, ↑**Fond**- und ↑**Sauce**nansätze genutzt werden. Frühlingszwiebeln werden als Salate, ↑**Dipgemüse** oder einfach nur gesalzen roh verzehrt, sie eignen sich aber auch hervorragend zum Dünsten, Schmoren oder Braten. Gerade in der ↑**Chinesischen** und ↑**Japanischen Küche** haben Frühlingszwiebeln, manchmal auch als „Japanischer Lauch" bezeichnet, eine hohe Bedeutung als Gewürz- und Gemüsepflanze.

Frühreif [*Weinkunde*] Einige Rebsorten zeichnen sich durch eine frühe Reife aus und eignen sich zur Pflanzung in frostgefährdeten Gebieten mit kühlerem Klima.

Frühstück [*Übersetzer*] **Englisch:** breakfast; **Französisch:** petit déjeuner; **Italienisch:** prima colazione; **Spanisch:** desayuno

Frühstücksfleisch [*Fleischprodukte*] Im Allgemeinen ist eine grob gekörnte ↑**Brühwurst**art in der Dose, im Glas oder im Kunstdarm gemeint. Es kann aber auch ↑**Fleisch** (in ↑**Aspik**) im eigenen Saft gekocht, schlachtfrisch verarbeitet und fein gewürzt sein. 100 g klassisches Frühstücksfleisch vom ↑**Schwein** enthält ⌀ 294 kcal/1230 kJ.

Frühstücksspeck [*Übersetzer*] **Englisch:** bacon; **Französisch:** lardon; **Italienisch:** pancetta affumicata; **Spanisch:** bacon. ↑**Bacon**

Fruit au sirop [*Franz. Speisekarte*] ↑**Kompott**

Fruit vert [*Franz. Speisekarte*] Unreife Frucht

Fruit(s) [*Franz. Speisekarte*] ↑**Obst**

Fruit(s) à coques, à écales [*Franz. Speisekarte*] ↑**Schalenobst**

Fruit(s) à noyau [*Franz. Speisekarte*] ↑**Steinobst**

Fruit(s) à pépins [*Franz. Speisekarte*] ↑**Kernobst**

Fruit(s) confits [*Franz. Speisekarte*] Eingemachte, kandierte Früchte. ↑**Kandieren**

Fruit(s) de la passion [*Franz. Speisekarte*] Passionsfrucht, ↑**Maracuja**

Fruit(s) secs, séchés [*Franz. Speisekarte*] Back-, ↑**Dörrobst**

Fruit(s) tropicaux [*Franz. Speisekarte*] ↑**Südfrüchte**

Fruité [*Franz. Speisekarte*] Fruchtig

Fruits de mer [*Fisch*] Üblicher, aber ungenauer Sammelbegriff für essbare Meerestiere, zu Deutsch meist ↑**Meeresfrüchte.** ↑**Schalen- und** ↑**Krustentiere**

Fruta [*Span. Speisekarte*] ↑**Obst**

Frutas [*Span. Speisekarte*] ↑**Früchte**

Frutta [*Ital. Speisekarte*] ↑**Obst**

Frutta cotta [*Ital. Speisekarte*] ↑**Kompott**

Frutti di bosco [*Ital. Speisekarte*] ↑**Waldbeeren**

Frutti di mare [*Ital. Speisekarte*] ↑**Meeresfrüchte**

Fry bread [*U.S. Kitchen*] Frittierte Brotfladen

Frying [*U.S. Kitchen*] Frittieren, braten

FTGFOP [*Tee*] Abkürzung für Fine Tippy Golden Flowery Orange Pekoe

Fuchsbandwurm [*Gesundheit*] **T** Parasiten, die im Darm von Füchsen, Hunden oder Katzen leben. Ihre Eier werden mit dem Kot des Wirts ausgeschieden und können so auf ↑**Waldpilze** und -↑**Beeren** gelangen. **Deshalb sollten Waldfrüchte, die nah am Boden wachsen, nie ungewaschen verzehrt werden.** Werden Eier des Fuchsbandwurms aufgenommen, gelangen sie im menschlichen Körper über den Magen in den Darmtrakt. Hier schlüpfen Larven, die sich durch die Darmwand bohren, um dann mit dem Blut weiter in die Leber transportiert zu werden. Das Zellwachstum dieser Larven im menschlichen Lebergewebe ähnelt dem eines bösartigen Tumors. Das befallene Gewebe kann chirurgisch entfernt werden. Durch eine Chemotherapie kann das Wachstum der Larven zwar auch teilweise gehemmt werden, doch kommt es dabei meist nicht zu deren Absterben. Das Wachstum der Larven im menschlichen Lebergewebe geschieht sehr langsam, sodass die Infektion häufig erst nach Jahren entdeckt wird. Heute kann der Fuchsbandwurmbefall frühzeitig durch einen Bluttest festgestellt werden, die beste Voraussetzung für eine erfolgreiche Behandlung. Die Gefahr eines Wurmbefalls ist zwar nicht sehr groß, sie wächst jedoch. Besonders das Vordringen der Füchse in die Vorstädte birgt gesundheitliche Risiken für Anwohner, Hobbygärtner und Laubenbesitzer.

Fuchsbeeren [*Wildkräuter, -blüten & -früchte*] ↑**Preiselbeeren**

Fuchsienblüten [*Wildkräuter, -blüten & -früchte*] **T Lateinisch:** Fuchsia spp.; Fuchsienblüten sind essbar. **Mehr Information:** ↑**Essbare Blüten**

Fufu [*Intern. Länderküche*] Das Nationalgericht Ghanas, das auf den ersten Blick wie eine gummiartige, kloßähnliche Masse aussieht. Zur Herstellung von Fufu benötigt man hauptsächlich ↑**Maniok** oder ↑**Taro** und ↑**Kochbananen**, die geschält und weich gekocht werden. In einem großen Mörser oder Holztrog werden die Früchte mit ↑**Salz** so lange gestampft, bis daraus eine kloßähnliche Masse entstanden ist. Fufu wird immer zu ↑**Fisch**, ↑**Geflügel**, ↑**Fleisch** und zur obligatorischen, sehr scharfen Suppe gereicht. Gegessen wird mit der rechten Hand (nie mit der linken, sie gilt als unrein), gemeinsam aus einem großen Topf. Dabei nimmt man vom Fufu und vom Fleisch, vermengt es mit der Suppe und steckt es in den Mund.

Fugu [*Intern. Länderküche*] Giftiger Kugelfisch: Die Wirkung wie auch die Gefährlichkeit der Kugelfische werden bereits im ältesten chinesischen Kräuterbuch (**pen tsao chin**) erwähnt. **In Deutschland sind der Verzehr und die Zubereitung von Fugu verboten.** In Japan gab es bis in die Sechzigerjahre bis zu 150 Tote im Jahr durch den Verzehr von Kugelfischen. Daher muss heute in Japan jeder, der mit Fang, Handel oder Zubereitung zu tun hat, eine spezielle Lizenz erwerben. Auch heute noch sterben durchschnittlich fünf Japaner im Jahr nach dem Kontakt mit Fugugift. Es sind ausnahmslos Privatleute, die ohne Lizenz mit dem Fisch arbeiteten oder bewusst die gifthaltigen Teile als Rauschmittel konsumierten (seit 1983 verboten). Das tödliche Gift ist in Haut, Leber und Eierstöcken enthalten. Fugu ist das einzige Nahrungsmittel, das den Mitgliedern der kaiserlichen Familie nicht aufgetischt werden darf. Im Gegensatz zu seiner Gefährlichkeit bietet der Fugu angeblich ein ganz besonderes Geschmackserlebnis, vor allem sein ↑**Sashimi** schmeckt gleichzeitig zart und fest, sahnig und würzig zugleich. Allerdings gibt es auch Berichte, nach denen der Fisch eigentlich ziemlich langweilig schmeckt und das besondere Erlebnis einzig und allein das Russische Roulette beim Essen ist. In Japan wird er traditionell als Statussymbol verspeist und ist wegen der Sicherheitsmaßnahmen und der Spezialausbildung der Köche sehr teuer. Sein Fleisch – nur die ungiftigen Filets finden Verwendung – wird in Restaurants angeboten, die sich auf das Zubereiten von Kugelfischen spezialisiert haben. Man erkennt sie an einem getrockneten und aufgeblasenen Kugelfisch am Eingang. Wie oben angemerkt, wird das Fugufilet zumeist roh als Sashimi in hauchdünne Scheiben zerlegt, verzehrt (um den Geschmack wahrzunehmen, werden traditionell zwei bis drei Scheiben übereinandergelegt in den Mund gesteckt), aber auch als Suppeneinlage gereicht. Einige in Japan gegessene Fugu-Arten: **Fugu pardalis, Fugu rubripes rubripes, Fugu vermicularis, Fugu vermicularis prophyreus, sphaeroides**

Fugu-Restaurant [*Intern. Länderküche*] Japanisches Lokal mit der Lizenz, Fugu zuzubereiten. Dort gibt es meist nichts anderes als nur Speisen, die mit diesem Fisch zubereitet werden.

Fuji [*Obst*] **T Lateinisch:** Malus domestica; **Info:** Fuji ist ein großer bis sehr großer ↑**Apfel** mit leicht hochgebauter oder walzenartiger Form. Die Schale ist in ihrer Grundfarbe grünlich bis gelblich grün und in der Deckfarbe je nach Mutante rosa bis bräunlich-rot oder dunkelrot-violett gestreift sowie leicht beduftet. International gesehen ist Fuji ein Vertreter einer neuen, weltweit sehr beachteten Richtung unter den Apfelsorten, weil süß, fest und knackig. Es wird vielfach angenommen, dass Fuji bald zur meistangebauten Apfelsorte der Welt werden könnte. Mutanten und Typen: Es sind immer wieder verschiedene Mutanten wie „Nagafu", „Red Sport", „Aki Fu" oder „Yataka" im Gespräch. Die derzeit aussichtsreichste und beliebteste Mutante dürfte „Kiku" sein beziehungsweise werden. **Ursprung und Geschichte:** Fuji ist 1939 aus einer Kreuzung zwischen Ralls Janet und Roter Delicious in der japanischen Versuchsstation Morioka entstanden und wurde 1962 erstmals verkauft. **Herkunft und Saison:** Fuji werden in Mitteleuropa etwa Ende Oktober bis Anfang November geerntet und sind im ↑**Kühllager** bei +2° C bis +4° C bis Ende April und im ↑**CA-Lager** bis Ende Juli haltbar. Wegen ihrer extrem langen Vegetationszeit reift Fuji nur in sehr guten Lagen wirklich aus. Der Beginn der Genussreife liegt etwa einen Monat nach dem Erntetermin. **Geschmack:** Das sehr feste, leicht grünliche und saftige Fruchtfleisch weist einen vorwiegend süßen, sehr aromatischen, leicht parfümierten, an ↑**Ananas** oder ↑**Honig** erinnernden Geschmack auf.

Füllcreme [*Backstube*] ↑**Konditorcreme**, ↑Schlagsahne, ↑**Crème fraîche**, ↑**Buttercreme**

Füllen [*Unsere Küche*] Z. B. Wurstmasse in Därme bringen ↑**Farcieren**

Füllgut [*Fleischprodukte*] Füllfertige Masse

Füllhorn [*Speisepilze*] **T** ↑**Herbst-Trompete**

Füllig [*Weinkunde*] Weine mit einem hohen Extraktgehalt, die aber einen geringen Säuregehalt aufweisen

Füllsel [*Unsere Küche*] Andere Bezeichnung für Füllung, regional auch für ↑**Brät**, ↑**Farce**

Fumado [*Span. Speisekarte*] Geräuchert

Fumarsäure [*Fachkunde*] ↑**E 297**

Fumé [*Franz. Speisekarte*] Geräuchert

Fumet [*Franz. Speisekarte*] **A** (Frz.: Duft), Geschmacksauszug, ↑**Essenz.** Eine ausschließlich zur Herstellung von Suppen und ↑**Saucen** zubereitete ↑**Brühe** aus Fischresten oder ↑**Pilzen**; für ↑**Fleisch**-, ↑**Geflügel**-, ↑**Wild-Fond**, in der kein ↑**Fleisch** gegart wurde und die stark eingekocht ist.

Fumet de gibier [*Franz. Speisekarte*] Braune ↑**Grundsauce** aus ↑**Wild**parüren. ↑**Fond** „Brauner Fond"

Fumonisine [*Fachkunde*] Weltweit verbreitete, wasserlösliche ↑**Mykotoxine**, die sich durch bestimmte Schimmelpilze (der Gattung Fusarium) insbesondere auf ↑**Mais** bilden. Am stärksten belastet sollen ↑**Maisgrieß** und ↑**Maismehl** sein, während die Belastung von ↑**Extruderprodukten** und ↑**Cornflakes** nach den bisherigen Ergebnissen niedriger zu liegen scheint. Fumonisine werden auch durch längeres Erhitzen wie bei der Herstellung von ↑**Polenta** nur in geringem Umfang zerstört. Höchstgehalte für Fumonisine wurden in Deutschland mit der Verordnung zur Änderung der Mykotoxin-Höchstmengenverordnung vom 4. Februar 2004 festgelegt. Sie liegen für Maiserzeugnisse bei 500 µg/kg, für ↑**Cornflakes** sowie Maiserzeugnisse für Babynahrung bei 100 µg/kg.

Functional Food [*Fachkunde*] Englische Bezeichnung

für funktionelle Lebensmittel. Gemeint sind Lebensmittel, die unserem Körper zusätzlich zu ihrem ↑**Nährwert** einen Gesundheitsnutzen liefern. Also ↑**Vitamine**, ↑**Mineralstoffe**, ↑**Ballaststoffe**, ↑**Probiotische Bakterien**, ↑**Sekundäre Pflanzeninhaltsstoffe** oder andere mit gesundheitsfördernden Substanzen angereicherte Lebensmittel. Ursprünglich stammt der Begriff aus Asien, wo man sich seit vielen Jahren mit dem funktionellen Nutzen von Lebensmitteln beschäftigt. **Zu unterscheiden sind: 1.** Lebensmittel ohne Zusatz von gesundheitsförderlichen Stoffen; in denen aber gesundheitsstärkende Inhaltsstoffe vorhanden sind, wie Produkte mit ↑**Omega-3-Fettsäuren 2.** Lebensmittel mit Zusatz von gesundheitsfördernden Stoffen wie ↑**LC1-Jogurt**

Fünf-Gewürze-Pulver [*Gewürze & Kräuter*] **R** („Five spice“) Das chinesische Fünf-Gewürze-Pulver (wu xiang fen) ist eine hoch aromatische Würzmischung aus ↑**Sternanis**, chinesischem ↑**Zimt**, ↑**Nelken**, ↑**Fenchel** und ↑**Szechuanpfeffer**. Sie sollte sehr vorsichtig dosiert werden.

Fünf-Gewürz-Mischung [*Gewürze & Kräuter*] ↑**Panch pharon**

Funghi cantarelli [*Ital. Speisekarte*] ↑**Pfifferling**

Funghini, funghetti [*Ital. Speisekarte*] ↑**Nudeln** in Pilzform aus ↑**Hartweizengrieß** und Wasser, vor allem Suppeneinlage

Fungo [*Ital. Speisekarte*] ↑**Pilz**

Fungo chiodino [*Ital. Speisekarte*] ↑**Hallimasch**

Furmint [*Weinkunde*] Weiße Rebsorte, die vornehmlich in Ungarn als wichtigster Bestandteil des weltberühmten Süßweins Tokay angebaut wird. Die Rebsorte ist wegen ihrer dünnen Beerenhaut sehr anfällig für ↑**Botrytis**. Das hat eine Konzentration des Beerensaftes und somit auch des Zuckergehaltes zur Folge. Die aus dem befallenen Erntegut gewonnenen Weine zeichnen sich durch enorme Süße aus. Das hohe Maß an Säure, das Furmint kennzeichnet, gleicht diese Süße aus und garantiert diesen Weinen eine sehr lange Lebensdauer. Tokay ist jedoch kein reiner Furmintwein. Er ist ein Verschnitt, in dem Furmint zwar die Hauptrolle spielt, jedoch von der aromatischeren Hárslevelü-Rebe Unterstützung bekommt. Furmint gibt es manchmal auch als charaktervollen, trockenen Weißwein. Ein relativ hoher Alkoholgehalt, oft von 14 %, ist dabei keine Seltenheit.

Fürst Pückler [*Speisegarnitur*] ↑**Pückler-Muskau**

Fürst-Pückler-Eis [*Unsere Küche*] Flache Eisschnitte zwischen ↑**Waffeln**, streifenweise aus Erdbeer-, Vanille- und Schokoladeneis zusammengesetzt. ↑**Speiseeis** In der DDR wurde das Eis „Pückler-Schnitte“ genannt. ↑**Pückler-Muskau**

Fusel [*Hausbar*] Eine in Deutschland und Österreich gebräuchliche, umgangssprachliche Bezeichnung für minderwertigen ↑**Wein** und ↑**Branntwein**. Der Begriff stammt von ↑**Fuselölen**, da diese in größeren Mengen in minderwertigen Branntweinen vorkommen. Je öfter man destilliert, desto geringer wird der Anteil der Fuselöle. Dadurch steigt die Qualität eines alkoholischen Getränks.

Fuselöle [*Fachkunde*] **Fuselöle** sind mittlere ↑**Alkohole**, die bei der alkoholischen ↑**Gärung** als Nebenprodukte des ↑**Hefe**stoffwechsels entstehen, und dienen in ↑**Bier**, ↑**Wein** und ↑**Branntwein** als Geschmacksträger. Fuselöle werden im Körper des Menschen zu Giftstoffen abgebaut, die zur Verminderung der Herzleistung und zur Unterversorgung des Gehirns mit Sauerstoff führen können. Kopfschmerz, Übelkeit und Müdigkeit (↑**Kater**) sind die möglichen Folgen. Bei unsachgemäßem Destillieren kann es im Extremfall zu Erblindung und Tod kommen. Destillierte und filtrierte ↑**Spirituosen** wie ↑**Wodka** enthalten im Vergleich zum Alkoholgehalt deutlich weniger Fuselöle als andere alkoholische Getränke. Während der Reifung im Eichenfass verflüchtigen sich bei Wein- oder Obstbränden diese unerwünschten Bestandteile der frisch gebrannten Destillate.

Fusil (à afûtter) [*Franz. Fachwort*] Wetzstahl

Fusilli [*Allgem. Nährmittel*] Italienische spiral- bis schraubenförmige Nudeln

Fuyun Eier [*Asiatische Küche*] **T** ↑**Omelette**, gefüllt mit drei Sorten, z. B. ↑**Fleisch**, ↑**Krabben** und ↑**Gemüse**

Fynbo [*Käse*] Dänischer ↑**Käse**, der in der Konsistenz dem ↑**Danbo** ähnelt und sehr aromatisch ist

G

Ga quay mat ong *[Intern. Länderküche]* Vietnamesische Variante der ↑**Peking-Ente** mit ↑**Hähnchen**

Gabel *[Übersetzer]* **Englisch:** fork; **Französisch:** fourchette; **Italienisch:** forchetta; **Spanisch:** tenedor

Gabelbissen *[Fisch]* Happen von sehr zarten, fetten Heringsfischen (↑**Sardellen**) in feiner Gewürzsauce. ↑**Anchosen**

Gabelhuhn *[Regionale Spezialität]* ↑**Rebhuhn**

Gabelrollmops *[Fisch]* Kleiner, mundgerechter ↑**Rollmops** mit oder ohne Haut, hergestellt aus einer Heringshälfte oder einem Heringsstreifen oder dem Filet eines Kleinherings. ↑**Marinaden**

Gabriel *[Käse]* ↑**Irischer Käse**

Gâcher *[Franz. Fachwort]* Verschleudern, verderben lassen

Gade, gadidé *[Franz. Speisekarte]* Familie der Dorschfische, ↑**Kabeljau**, ↑**Köhler**, ↑**Schellfisch**, ↑**Seehecht**, ↑**Wittling**

Gaglioppo *[Weinkunde]* Rebsorte für kalabresischen Rot- und Roséwein, am bekanntesten im Ciró

Gai Lan *[Exotische Früchte]* Chinesischer **Broccoli** mit zartbitterem Geschmack. Man verwendet ihn gegart, zusammen mit ↑**Austernsauce** oder beim ↑**Stir-fries.**

Gai pad bai graprau *[Asiatische Küche]* Begriff aus der thailändischen Küchenkultur für ↑**Hühnerbrust** mit ↑**Basilikum** und ↑**Chili**

Gai pad hed *[Asiatische Küche]* Begriff aus der thailändischen Küchenkultur für ↑**Hühnerbrust** mit ↑**Morcheln**

Gai pad johd khao pod *[Asiatische Küche]* Begriff aus der thailändischen Küchenkultur für ↑**Hühnchen** mit ↑**Mais**

Gai pad med mamuang *[Asiatische Küche]* Begriff aus der thailändischen Küchenkultur für ↑**Hühnerbrust** mit ↑**Cashewnüssen**

Gai pad nam manhoy *[Asiatische Küche]* Begriff aus der thailändischen Küchenkultur für ↑**Huhn** in ↑**Austernsauce**

Gai pad priau wan *[Asiatische Küche]* Begriff aus der thailändischen Küchenkultur für ↑**Hühnchen** süßsauer

Gai pad prik *[Asiatische Küche]* Begriff aus der thailändischen Küchenkultur für ↑**Hühnerbrust** mit ↑**Paprika** und ↑**Chili**

Gaisburger Marsch *[Regionale Spezialität]* **A** Schwäbischer Eintopf aus ↑**Kartoffeln** und ↑**Spätzle**, ↑**Rindfleisch** und braun gerösteten ↑**Zwiebeln** in einer kräftigen ↑Fleisch**brühe** mit ↑**Markknochen**

Gajaqueno *[Käse]* **Herkunft:** Mexiko; **Käsesorte:** ↑**Knetkäse; Milch:** ↑**Ziegenmilch**

Gala *[Obst]* **T Lateinisch:** Malus domestica; **Info:** Gala ist ein kleiner bis mittelgroßer ↑**Apfel** von rundlicher bis ovaler Form. Die manchmal ganz leicht berostete Schale ist in der Grundfarbe gelb, in der Deckfarbe sehr dekorativ und ansprechend leuchtend rot marmoriert, je nach Typ oder Mutante im Anteil und in der Intensität stark variierend. Die zahlreichen kleinen Lentizellen sind kaum oder nur als sehr kleine Pünktchen erkennbar. **Mutanten und Typen:** „Royal Gala" ist deutlich besser gefärbt aber etwas kleinfrüchtiger. „Imperial Gala" ist wie „Royal Gala" gefärbt und weist eine dem „Standard Gala" entsprechende Fruchtgröße auf. Der momentan in Europa meistgepflanzte Typ ist der noch früher und besser färbende „Gala Galaxy". „Gala Must" wiederum ist ein sehr schön färbender, großfruchtiger Typ, der allerdings wegen seiner verwaschenen Färbung nicht so beliebt ist. **Ursprung und Geschichte:** Gala ist aus einer 1934 von H. J. Kidd in Greytown, Neuseeland, erzielten Kreuzung zwischen Kidds Orange und ↑**Golden Delicious** entstanden,1960 erstmals im Handel. **Herkunft und Saison:** Gala werden in Mitteleuropa zwischen Anfang September und Anfang Oktober geerntet und sind im ↑**Kühllager** bei 0° C bis Ende Dezember, im ↑**CA-Lager** bis etwa Ende Mai haltbar. Der Beginn der Genussreife fällt mit dem Erntetermin zusammen. **Geschmack:** Das gelb gefärbte, knackig-saftige und feste Fruchtfleisch weist bei geringer Säure einen hohen Zuckergehalt und daher einen mild-süßen, aber hervorragend aromatischen, leicht parfümierten Geschmack auf. Wegen seiner Fruchtgröße und des süßen Geschmacks ist Gala vor allem bei Kindern beliebt. **Verwendung:** Gala gilt als beliebter Herbstapfel, da sein Aroma direkt nach der Ernte am besten ist. Er ist ein sehr guter Tafelapfel, der sich für die Verarbeitung weniger eignet.

Galabart *[Franz. Speisekarte]* **T** Große schwarze ↑**Wurst** aus Schweinekopf, Herz, Lunge, Blut und Brot. Sie wird in dicke Scheiben geschnitten und kalt gegessen

Galactose *[Fachkunde]* Einfachzucker (Monosaccharid), in der Natur an andere ↑**Kohlenhydrat**-Arten gebunden. Beispiel: Bestandteil von ↑**Lactose.**

Galadium *[Exotische Früchte]* **Lateinisch:** Alocasia odora; ↑**Rhabarber**-ähnliches, asiatisches ↑**Gemüse,** auch als Elefantenohr bekannt. Wird klein geschnitten mitgekocht; z. B. für ↑**Currys**

Galaktoboureko *[Griech. Speisekarte]* **A** Begriff aus der griechischen Küchenkultur für eine sehr erfrischende Sommertorte (Milchtorte) aus ↑**Blätterteig** mit ↑**Grießbrei** und ↑**Honig**

Galantina [*Ital. Speisekarte*] Rollpastete, ↑**Galantine**

Galantine [*Franz. Speisekarte*] **R** Ursprünglich raffiniert zusammengestellte, ovale, sehr aufwändig hergestellte Rollpastete aus ↑**Hühner**-, ↑**Entenfleisch** oder jungem ↑**Wildgeflügel.** Das von der ↑**Karkasse** als Ganzes ausgelöste Fleisch mit der Haut wird gefüllt mit fein abgeschmeckter ↑**Farce** und edlen Einlagen wie ↑**Trüffeln**, kleinen ↑**Champignons**, ↑**Pistazien**, ↑Ochsen**zunge** usw. Wichtig ist, dass die Haut nicht verletzt wird und eine Art Wurstpelle darstellt. Die Rollen werden gebunden, in einem Tuch fest eingehüllt, im ↑**Würzsud** gegart und im Garfond erkaltet. Nachdem die Galantine gepresst wurde, kann sie kalt, dünn aufgeschnitten als Vorspeise angerichtet werden.

Galantine de foie [*Franz. Speisekarte*] Gemisch aus 35 % ↑**Gänseleber** und ↑**Farce**

Gâlat dagga [*Gewürze & Kräuter*] **R** Tunesische mittelscharfe „Fünfgewürzemischung“, ideal für typisch arabische Eintöpfe. Der Charakter dieser hoch romatischen, aber pfefferscharfen Mischung kombiniert ↑**Pfeffer** und ↑**Paradieskörner** mit dem reichen Aroma von ↑**Zimt**, ↑**Nelken** und ↑**Muskat**.

Galetons [*Franz. Speisekarte*] Dicke ↑**Buchweizen**pfannkuchen

Galette [*Franz. Speisekarte*] **1.** flacher runder Kuchen aus ↑**Buchweizenmehl**; **2.** pikanter oder süßer, dünner ↑Buchweizen**pfannkuchen** aus der Bretagne. ↑**Crêpes**

Galette de pérouges [*Franz. Speisekarte*] **A** Flacher Kuchen aus ↑**Brioche**teig mit ↑**Butter**, ↑**Zucker** und dem Aroma einer ↑**Zitronenschale** – ↑**Blitzkuchen**

Galette lyonnaise [*Franz. Speisekarte*] Kartoffel-Zwiebel-Kuchen

Galgant (-wurzel) [*Gewürze & Kräuter*] **T Lateinisch:** Alpinia galanga. **Synonym:** Großer Galgant, Galgant-Alpinie, Galanga(-wurzel), Thai-Ingwer. **Englisch:** greater galangal; **Französisch:** galanga de l'Inde. **Herkunft:** Galgant stammt aus Kulturen in Thailand, Indien, Malaysia, Indonesien und Südchina. **Erhältlich:** Selten frisch, in Asiashops getrocknete Wurzeln und deren Pulver; **Geschmack:** würzig, bitter aromatisch, brennend. Der stark würzige Geruch und der scharfe, aromatische Geschmack erinnern an den verwandten ↑**Ingwer**. **Verwendung in der Küche:** Im Vergleich zu Ingwer kommt Galgant in unserer Küche nur selten zum Einsatz, ein Versuch lohnt sich aber. Man weicht die getrockneten Galgantwurzeln vor dem Gebrauch am besten 1 bis 2 Stunden in Wasser ein. Dann werden sie dünn geschält und wegen der starken Fasern in sehr dünne Streifen (↑**Julienne**) oder feine Würfel (↑**Brunoise**) geschnitten. Man kann auch das Pulver verwenden. Galgant gibt ↑**Reis** und anderen Speisen einen würzigen, fernöstlich anmutenden Geschmack. Er passt aber auch gut zur Kartoffelsuppe, zu Gemüseeintopf, ↑**Gulasch** und ↑**Rinderbraten**. In Gewürzkuchen und -keksen kann Galgant zusammen mit ↑**Zimt**, Ingwer, ↑**Kardamom**, ↑**Nelken** und ↑**Muskatnuss** verwendet werden (Weihnachtsbäckerei). Es konserviert ↑**Kompott**e und ↑**Marmeladen**. Galgant sollte kühl und lichtgeschützt in Glas- oder Metallbehältern aufbewahrt werden. **Wirkung in der Volksmedizin:** Der scharfe, aromatische, bittere Galgant steigert die Durchblutung und gibt dem Herzen Kraft. Besonders geeignet für Menschen, die häufig unter Magenbeschwerden, Blähungen und Völlegefühl leiden. Galgant hat eine krampflösende, entzündungshemmende und antibakterielle Wirkung. Hauptanwendungsgebiete sind Reizmagen und Appetitlosigkeit. Für die Teezubereitung wird 0,5–1 g der zerschnittenen und getrockneten Wurzel mit kochendem Wasser übergossen. Eine halbe Stunde vor den Mahlzeiten jeweils eine Tasse trinken.

Galiamelone [*Obst*] **T Lateinisch:** Cucumis melo var. reticulatus; **Info:** Zuckermelonenart, die zu den Netzmelonen gehört. Diese für Netzmelonen große Sorte mit einem Gewicht bis 1,5 kg und grünlich gerippter Rinde verfärbt sich bei Reife in ein gelbliches Grün. Das Fruchtfleisch ist weißlich gefärbt und schmeckt süß, aromatisch und zartschmelzend. **Ursprung und Geschichte:** Galiamelonen sind eine israelische Kreuzung aus ↑**Ogenmelonen** und der ↑**Honigmelonen**-Sorte **Honey Dew. Herkunft und Saison:** Galiamelonen aus spanischen und italienischen Anbaugebieten werden von März bis November angeboten. Aus Israel kommen Angebote zwischen März und Juni sowie zwischen September und Dezember, aus südafrikanischer Produktion von Dezember bis Mai. ↑**Melone**

Galimafree aux fèves – Cousinat [*Franz. Speisekarte*] **R** Baskisches Gemüsegericht aus kleinen ↑**Zwiebeln**, ↑**Artischocken**böden, ↑**Weißen Bohnen**, ↑**Grünen Bohnen**, ↑**Grünen Erbsen**, ↑**Paprikaschoten**, ↑**Tomaten**, ↑**Kopfsalat**, ↑**Schinken**, ↑**Knoblauch**, ↑Weiß**wein** und ↑**Bouillon**

Galinha da Cabidela [*Intern. Länderküche*] Begriff aus der regionalen brasilianischen Küchenkultur für ein im eigenen Blut gekochtes ↑**Huhn** mit ↑**Püree** oder ↑**Reis**. ↑**Brasilianische Küche**

Galinhada con Pequi [*Intern. Länderküche*] Begriff aus der regionalen brasilianischen Küchenkultur für ein Eintopfgericht aus ↑**Hühnerfleisch**, ↑**Reis**, ↑**Pequi** Guariroba (Palmenfrucht) und ↑**Safran**. ↑**Brasilianische Küche**

Gallat [*Gesundheit*] Säuerungsmittel für Lebensmittel; ↑**E 310** Propylgallat – ↑**E 311** Octylgallat – ↑**E 312** Dodecylgallat, Laurylgallat

Galle [*Verdauung*] Auch Gallenflüssigkeit, eine Absonderung (Sekret) der Leber, die in der ↑**Gallenblase** gespeichert wird. Aus ihr fließt der Gallensaft in den Dünndarm und ermöglicht eine bessere Fettverdauung. Die ↑**Enzyme** der Galle spalten die Nahrungsfette in ihre Bausteine auf, damit sie die Darmwand passieren und im Blutkreislauf aufgenommen werden können. Wichtiger Bestandteil der Galle sind die Gallensäuren, die in der Leber aus dem ↑**Cholesterin** entstehen.

Gallenblase [*Verdauung*] Birnenförmiges Organ mit einem Fassungsvermögen von 30 bis 50 ml. Die Wand der Gallenblase ist dehnungsfähig. Die Gallenblase sitzt an der Leberunterfläche und hat die Aufgabe, Galle bzw. Gallenflüssigkeit zu speichern.

Gallenkoliken [*Gesundheit*] **T** Die Gallenblase sitzt unter dem rechten Rippenbogen. Von dort gehen die Schmerzen aus. Allerdings ist es nicht einfach festzustellen, ob ↑**Gallensteine** die Ursache sind. Auch die Bauchspeicheldrüse, der Magen oder der Darm können ähnliche Beschwerden auslösen. Gallenkoliken treten meist im Zusammenhang mit einer Gallenblasenentzündung auf, Fieber und Schüttelfrost sind weitere Entzündungssymptome. **Die akute Gallenkolik äußert sich durch:** Heftige Schmerzattacken im Oberbauch, die sich sehr stark steigern können. Die Schmerzen können in den Rücken oder in die Schultern ausstrahlen. Die Oberbauchschmerzen treten oft bei oder nach dem Essen auf. Es kann zum Erbrechen kommen. Steckt ein Stein im Gallengang fest und behindert den Abfluss von Gallenflüssigkeit, verfärbt sich der Stuhl hell und der Urin dunkel. Im weiteren Verlauf entwickelt sich eine Gelbsucht (Ikterus). Eine unbehandelte akute Gallenblasenentzündung kann lebensgefährliche Folgen haben. Reißt die Gallenblase ein, entleert sich der Blaseninhalt in die Bauchhöhle und löst unter Umständen eine schwere Entzündung des gesamten Bauchraumes aus. Dies ist ein Notfall! Auch wenn man nur eine leichte Gallenkolik hat, auf jeden Fall einen Arzt aufsuchen, besonders, wenn Fieber und Schüttelfrost hinzukommen. **Ernährungstipps zur Vorbeugung und bei Gallenbeschwerden:** Ursprung von Gallenbeschwerden und Gallensteinen ist oft Übergewicht. **Aber Vorsicht!** Durch Fastenkuren oder Heilfasten kann sogar ein gegenteiliger Effekt entstehen. Weil die Galle hier kein Fett verdauen muss, wird sie erst gar nicht zur Kontraktion angeregt. Als Folge können sich unter Umständen Steine bilden. **Wichtig: 1.** Körpergewicht möglichst schonend auf Normalgewicht bringen. **2.** Fette in der Nahrung reduzieren. Das ist das A und O. Besonders tierische Fette lassen das ↑**Cholesterin** und damit die Steingefahr steigen. **3.** Durchaus sinnvoll kann eine warme Tasse Milch vor dem Zubettgehen sein. Dadurch wird die Gallenblase zur Kontraktion gebracht. Die Galle entleert sich, wodurch die Eindickung der Gallenflüssigkeit vermindert wird. **4.** Auf eine ausgewogene und ballaststoffreiche Ernährung achten. **5.** Stark säurehaltige oder -bildende Getränke, wie Kaffee, Apfelsaft, verschiedene Weißweine, aber auch untergärige Biere meiden. **6.** Viel Wasser trinken und viel Bewegung.

Gallensäuren [*Verdauung*] Gallensäuren werden in der Leber aus ↑**Cholesterin** gebildet und sind ein Bestandteil der ↑**Galle** bzw. Gallenflüssigkeit. Der menschliche Organismus produziert täglich etwa 0,8 g Gallensäuren, jedoch werden mit der Galle täglich 20 bis 30 g Gallensäuren in den Darm abgegeben. Das ist darauf zurückzuführen, dass die Gallensäuren bis zu 90 % im Leber-Darm-Kreislauf (enterohepatischen Kreislauf) erhalten bleiben und nur ein geringer Teil mit dem Stuhl ausgeschieden wird. Gallensäuren sind wichtig für die Fettverdauung und -aufnahme.

Gallensteine [*Gesundheit*] Steinartige Gebilde in der Gallenblase und den Gallenwegen, die sich unterschiedlich zusammensetzen. So gibt es z. B. ↑**Cholesterin-**, Bilirubin-, Calciumcarbonat- und Eiweißsteine. Ein oder mehrere Gallensteine in den Gallenwegen führen zum Gallensteinleiden (Cholelithiasis). Die Ursache ist noch umstritten (z. B. Entzündungen oder Stoffwechselstörung). Das Leiden kann mit Gallenkoliken einhergehen, plötzliche, häufig nachts einsetzende krampfartige Schmerzen im rechten Oberbauch. Sie entstehen infolge Dehnung und/oder Verkrampfung der Gallenblase und werden z. B. durch psychischen Stress ausgelöst. Oftmals ist das Gallensteinleiden völlig symptomlos („schlummernde Gallensteine"). Gallensteine können per Röntgenaufnahme oder mit Hilfe der Ultraschalldiagnostik (Sonogramm) erkannt werden. ↑**Diät bei Gallensteinleiden**

Gallert [*Unsere Küche*] Gelierte Flüssigkeit, ↑**Gelee**

Gallerte [*Franz. Speisekarte*] ↑**Aspik**, Gelee oder Sülze

Galletas (bizcochos) [*Span. Speisekarte*] ↑**Kekse**

Gallett(in)a [*Ital. Speisekarte*] ↑**Biskuit**

Galliano [*Hausbar*] **T** Der seit 1896 in Solaro bei Mailand produzierte „Liquore Galliano" enthält über 70 verschiedene Kräuter und 35 %Vol. Mit seiner auffallend gelben Farbe und dem eigenwilligen Geschmack eignet er sich hervorragend für Mixkreationen mit ↑**Säften**, ↑**Sahne** und anderen ↑**Likören**. Die extravagante Flaschenform ist der Blickfang jeder Bar. Der bekannteste Drink mit Galliano ist der „↑**Harvey Wallbanger**", man kann ihn aber auch pur oder ↑**On the rocks** trinken.

Gallina [*Ital. Speisekarte*] ↑**Huhn**

Gallina [*Span. Speisekarte*] ↑**Suppenhuhn**

Gallinella [*Ital. Speisekarte*] Roter ↑**Knurrhahn**

Gallon [*U.S. Kitchen*] Anglo-amerikanische Maßeinheit für Flüssigkeiten; **1 gallon:** 1 gal **(US)** = 3,78 l; 1 gal (UK) = 4,546 l; 1 Gallon = 4 quart; 1 Gallon = 8 pint; 1 Gallon = 16 cup; 1 Gallon = 128 fl oz

Galotyri [*Käse*] Galotyri gehört wie ↑**Feta** zu den ältesten griechischen Käsesorten, wird aber nicht industriell hergestellt. Die Reifung dauert 2 bis 3 Monate. Oft tragen Käsesorten den Namen der Region oder Insel, von wo sie stammen.

Galuschel Schlesischer Ausdruck für ↑**Pfifferlinge**

Gamalost [*Käse*] Der Gamalost ist ein schnellreifender norwegischer ↑**Käse**, der von den Almen der steilen

Felsenregion hoch über den Fjorden im Gebiet von Bergen stammt und einen besonderen ↑**Edelschimmel** auf der Rinde entwickelt. Dieser wird regelmäßig in die Käsemasse gepresst und gibt dem Käse seinen charakteristischen scharfen Beigeschmack. Die Masse ist weich und dunkelbraun. Käse aus ↑**Ziegen**- (Sognefjord) oder ↑Kuh**milch** (Hardangerfjord); **Typ:** ↑**Blauschimmelkäse**, weich. Wenn er sehr reif ist, wird dieser Käse hart wie ↑**Parmesan. Form:** rund, manchmal rechteckig; **Gewicht:** 3 kg oder mehr; **Reifung:** 1 bis 6 Monate oder länger. Der Name scheint gut gewählt (gammel = alt, ost = Käse), denn die Naturrinde, die aus sich spontan entwickelndem grünlich-braunen Schimmel besteht, verleiht dem Gamalost rasch das Aussehen eines mit der Zeit gereiften alten Käses. Man kann ihn je nach persönlicher Vorliebe entweder jung, nach einem Monat, oder aber erst nach sechs oder mehr Monaten verzehren. Für den besonderen Gaumen wird der Reifeprozess dadurch vollendet, dass man den Gamalost in Stroh, das mit ↑**Gin** getränkt wurde, einwickelt. So kann er langsam von innen her reifen, ohne dass er von Insekten oder Bakterien befallen wird.

Gamay [*Weinkunde*] Diese Rotweinrebe ist in verschiedenen Regionen Frankreichs bekannt, bringt aber nur im ↑**Beaujolais** bemerkenswerte Weine hervor. Die Weine aus dem gleichnamigen Gebiet südlich des ↑**Burgund**s sind durch ein geniales Marketingkonzept aus dem Jahr 1953 weltweit bekannt geworden. Als ↑**Beaujolais Nouveau** werden sie **jährlich am dritten Donnerstag im November** für den Verkauf freigegeben. Dabei kommen die Weine ungefähr acht Wochen nach der Ernte ins Glas, wo sie sich sehr fruchtbetont, granatrot und weich präsentieren. Die Weine sind für baldiges Trinken vorgesehen und gewinnen durch Lagerung selten an Qualität. Die Produktion des Beaujolais Nouveau war lange Zeit so lukrativ, dass mehr als die Hälfte der Ernte auf diese Weise vermarktet wurde. Dabei gibt es qualitativ hochwertigere Beaujolais-Weine wie die Beaujolais-Villages, die ohne Ortsangabe in den Handel kommen, es gibt sogar Weine aus Spitzenlagen, die Crus, die jeweils nach einer der zehn zugelassenen Ortschaften benannt werden (Brouilly, Côtes de Brouilly, Regnié, Morgon, Fleurie, Chiroubles, Moulin-à-Vent, Chénas, Juliénas, St. Amour), und deren Produktion wesentlich strengeren Verordnungen unterliegt. Obwohl die Rebsorte nicht sehr anspruchsvoll ist und großzügige Erträge gibt, ist ihr Qualitätspotenzial, wie die Crus beweisen, bei Ertragsbeschränkung viel höher. Anbaugebiete sind die USA, Schweiz und Frankreich.

Gamba, gambon (rouge) [*Franz. Speisekarte*] ↑Tief**seegarnele**

Gambas [*Fisch*] **T** Spanische Bezeichnung für die ungeschälten ↑Riesen**garnelen** mit Kopf, bei denen sich nur das Hinterteil genießen lässt. Der schwarze Darmfaden im Fleisch ist aus hygienischen Gründen gleich nach dem Einkauf zu entfernen.

Gambas na grelha [*Span. Speisekarte*] Gegrillte ↑**Garnelen**

Gamberetto [*Ital. Speisekarte*] ↑**Garnele**

Gambero [*Ital. Speisekarte*] ↑**Krebs**

Gambero imperiale [*Ital. Speisekarte*] Furchengarnele

Gamberone [*Ital. Speisekarte*] ↑**Riesengarnele**

Gamma-carotin [*Fachkunde*] ↑**E 160a**

Gammelfleisch [*Fachkunde*] ↑**Fleisch**, Fleischprodukte und ↑**Wildbret** von minderwertiger Qualität, teilweise bakteriell verunreinigt, verdorben und gesundheitsgefährdend. ↑**Lebensmittelvergiftungen** & ↑**Fleischvergiftung. Einziger Schutz:** Keine vorverpackten Fleischprodukte beim Lebensmitteldiscounter kaufen, sondern beim Fleischer/Metzger kaufen. Auf jeden Fall da, wo die Herkunft des Fleisches nachvollziehbar ist. Wer bei Wildfleisch ganz sicher sein möchte, wende sich an die Jäger des jeweiligen Landkreises. ↑**Jagdzeiten. Im Allgemeinen gilt:** Gute Qualität hat ihren Preis. Auch billig angebotene Lebensmittel haben dem Qualitätsstandard und den Ansprüchen der Verbraucher zu genügen.

Gamonedo [*Käse*] Gamonedo oder Gamonéu, ein 40 Kilogramm schwerer spanischer ↑**Käse** mit ↑**Edelschimmel**marmorierung. Er wird im Bereich des Nationalparks der Picos de Europe hergestellt.

Gämse oder Gamswild [*Fleischprodukte*] **T Lateinisch:** Rupicapra rupicapra L.; Gämsen zählen zur Unterfamilie der ziegenartigen Hornträger und zur Familie der Horntiere aus der Ordnung Paarhufer. **Touristenmärchen:** Da Gämsen Säugetiere sind, gehört die oberbayerische Geschichte vom Gämseei im Gämsenest in die Welt der Fabel. **Vorkommen:** Gamswild kommt in den europäischen Gebirgen wie den Alpen, Pyrenäen, Apenninen und in den Bergen Rumäniens, des Balkans und Griechenlands vor. In Deutschland wurde es auch im Schwarzwald, den Vogesen und im Elbsandsteingebirge eingebürgert; **Jagdzeiten:** 01. 08. bis 15. 12. **In der Küche:** Gamsfleisch wird wie ↑**Rehfleisch** bzw. ↑**Wildfleisch** im Allgemeinen zubereitet. Eine bayerische Spezialität ist Gamssalami.

Ganache [*Franz. Speisekarte*] Füllcreme aus ↑**Buttercrème**, ↑**Konditorcreme**, ↑**Crème fraîche** oder ↑**Schokolade**

Gancia [*Weinkunde*] Italienischer Wermutwein (Aperitif)

Gandaria [*Exotische Früchte*] **T Englisch:** marian plum; **Französisch:** gandaria. Gandaria wachsen in Thailand, Indonesien und Malaysia. Die Früchte sind pflaumengroß, ähneln in Beschaffenheit einer ↑**Mango** und gehören zu den Anacardia-Gewächsen. Die Schale wird bei Reife gelb und gibt auf Fingerdruck leicht nach. Das gelbe bis orangefarbene Fruchtfleisch schmeckt süß-säuerlich.

Gäng garrieh nüa [*Asiatische Küche*] Begriff aus der

thailändischen Küchenkultur für gelbes ↑**Rindfleisch**curry

Gäng gung sapparot [*Asiatische Küche*] Begriff aus der thailändischen Küchenkultur für ↑**Shrimps**curry mit ↑**Ananas**

Gäng kiau wan [*Asiatische Küche*] Begriff aus der thailändischen Küchenkultur für eine rote, sehr scharfe ↑**Curry-Paste**

Gäng kiau wan gai [*Asiatische Küche*] Begriff aus der thailändischen Küchenkultur für grünes ↑Hühner**curry** mit ↑**Bambus**

Gäng kiau wan paak [*Asiatische Küche*] Begriff aus der thailändischen Küchenkultur für grünes ↑Gemüse**curry**

Gäng kiau wan plaah [*Asiatische Küche*] Begriff aus der thailändischen Küchenkultur für ↑**Fischfilet** in grüner ↑**Currysauce**

Gäng kiau wan taohoo [*Asiatische Küche*] Begriff aus der thailändischen Küchenkultur für grünes ↑**Tofu**curry

Gäng massaman [*Gewürze & Kräuter*] **R** Die cremige Massaman ↑**Curry-Paste** wird in thailändischen Rezepten oft verlangt und kann mit folgenden Würzzutaten im Mixer selber hergestellt werden: 1 EL ↑**Kreuzkümmel**; 2 ↑**Sternanis**; 4 frische, entkernte rote ↑**Chili**schoten; 2 ↑**Zwiebeln**; 20 ↑**Knoblauch**zehen; 5 EL ↑**Sonnenblumenöl**; 1 Stk. ↑**Galgant**wurzel (Ingwergewächs); 1 Stängel ↑**Zitronengras**, nur den unteren Teil; $^1/_2$ ↑**Limette** mit Schale. ↑**Rote Currypaste**

Gäng paak [*Asiatische Küche*] Begriff aus der thailändischen Küchenkultur für rotes ↑Gemüse**curry**

Gäng pänang [*Asiatische Küche*] Begriff aus der thailändischen Küchenkultur für ↑**Curry-Paste**, ↑**Gäng massaman**

Gäng ped gai [*Asiatische Küche*] Begriff aus der thailändischen Küchenkultur für rotes ↑Hühner**curry**

Gäng ped gai sapparot [*Asiatische Küche*] Begriff aus der thailändischen Küchenkultur für ↑Hühner**curry** mit ↑**Ananas**

Gäng ped muh sapparot [*Asiatische Küche*] Begriff aus der thailändischen Küchenkultur für ↑Schweinefleisch**curry** mit ↑**Ananas**

Gäng ped plaah [*Asiatische Küche*] Begriff aus der thailändischen Küchenkultur für rotes ↑**Fisch**curry

Gäng plaah [*Asiatische Küche*] Begriff aus der thailändischen Küchenkultur für ↑Fisch**curry**

Gäng sapparot [*Asiatische Küche*] Begriff aus der thailändischen Küchenkultur für ↑Ananas**curry**

Gans [*Unsere Küche*] **A** **Englisch:** goose; **Französisch:** oie; **Italienisch:** oca; **Spanisch:** ganso, oca. **Info:** Die Gans ist die älteste gezähmte Geflügelart, die als Eier- und Fleischproduzent genutzt wird. Bis zu ihrem ersten Lebensjahr ist ihr Fleisch schmackhaft und zart. Angeboten werden im Handel: **1.** die besonders zarten, weißfleischigen Gänse als Frühmast (bis 5 Monate alt, 2,5–3,5 kg schwer); **2.** Hafermastgans (werden auf abgeernteten Kornfeldern im Herbst gemästet) und **3.** Mastgänse im Alter von 6 bis 9 Monaten mit einem Gewicht von etwa 7000 g. Diese sehr beliebte Gattung wird als Weihnachts- und Martinsgans verkauft. Ihre Zeit ist zwischen Spätherbst und Winter. **Inhaltsstoffe:** 100 g Gänsefleisch enthält ∅ 338 kcal/1415 kJ, 31 g Fett, 15,7 g Eiweiß, 1,9 mg Eisen, 86 mg Cholesterin und 0,26 mg Vitamin B_2. **Zubereitung:** Die Vögel verfügen über einen nicht unbeträchtlichen Fettanteil, der besonders unter der Haut angesiedelt ist. Allerdings schmeckt eine Gans ohne Fett nur halb so gut. Obendrein ist dieses Fett gesund. Das ↑**Gänseschmalz** enthält sehr hohe Anteile ↑**Ungesättigter Fettsäuren**. Damit ein Gänsebraten auch wirklich bekömmlich wird, entfernt man vor dem Würzen das Bauchfett und die Talgdrüsen im ↑**Bürzel**, des Weiteren sticht man die Haut ringsum mit einer Fleischgabel ein, damit das Fett beim Braten abfließen kann. Je höher der Fettanteil, desto schwerer verdaulich ist Gänsefleisch. Wild- bzw. Graugänse sind weniger fett als weiße Hausgänse. Zum Verfeinern und um die Verdauung zu fördern, sollte der Vogel mit ↑**Beifuß**, ↑**Bohnenkraut** und einem Hauch ↑**Thymian** gewürzt und bei ca. 140° C je nach Größe 2 $^1/_2$–3 Std. schonend ausgebraten werden. ↑**Würztabelle**; **Tipp:** Soll der Gänsebraten wirklich knusprig werden, das Geflügel kurz vor Ende der Bratzeit mit Salzwasser einpinseln und bei starker Hitze (ca. 250° C) für einige Min. zurück in den Ofen schieben. Das Fleisch des Brustfilets und der Keulen von jungen Gänsen ist besonders zart und schmackhaft. Die ↑**Gänseleber** gilt als Delikatesse, besonders, wenn sie ungesalzen bei schwacher Hitze in ↑**Butter** rosa gebraten wird oder zur Herstellung von Gänseleberpastete dient. Hierzu wird in manchen Ländern die Leber der Tiere durch Überfütterung und Bewegungsentzug abnorm vergrößert. Diese sog. Stopfmast ist Tierquälerei und in Deutschland verboten, der Bezug und Verzehr von Stopfleber aber nicht.

Gänseblümchen [*Wildkräuter, -blüten & -früchte*] **T** **Lateinisch:** Bellis perennis; **Info:** Gänseblümchen blühen praktisch das ganze Jahr über. Nicht nur ab dem zeitigen Frühjahr über den Sommer und bis hinein in den Spätherbst, sondern auch mitten im Winter schieben sie bei mäßigen Temperaturen ihre weißen Blütenköpfchen aus dem Boden. Die Blüten öffnen sich allerdings nur, wenn die Sonne scheint. Nachts und bei sehr trübem Wetter bleiben sie geschlossen; **Standort:** Das Gänseblümchen wächst auf Weiden und Wiesen, vorzugsweise auf lehmigen Böden. Es stellt keine besonderen Ansprüche und kommt recht häufig vor. **Geschmack:** Die Blätter schmecken säuerlich zusammenziehend, die Blüten aromatisch und ebenfalls leicht säuerlich. **Verwendung in der Küche:** Die ganze Pflanze ist in frischen Salaten und Kräutersuppen sehr gesund. Die kleinen Blüten streut man ganz über den Salat, größere werden zerteilt. Gänseblümchen bereichern auch Kräuterquarks, außerdem sind sie zum Kandieren geeignet. ↑**Kandieren von Blüten; Wirkung in der Volksmedizin:** Die Pflanze hat schleimlösende, auswurffördernde, leicht abführende und schmerzlindernde Eigenschaften. Weiterhin wirkt sie entzündungswidrig und stoffwechselanregend. Gänseblümchen liefern Vitamine und Mineralstoffe. **Mehr Information:** ↑**Essbare Blüten**

Gänsedistelblüten [*Wildkräuter, -blüten & -früchte*] **T** **Lateinisch:** Sonchus asper; Gänsedistelblüten sind essbar und schmecken fein herb. **Mehr Information:** ↑**Essbare Blüten**

Gänseeier [*Fachkunde*] Sie übertreffen alle anderen landesüblichen ↑**Eier** an Größe, können bis 200 g wiegen, verfügen über einen kräftigen Geschmack und sollten nur frisch und durchgegart (↑**Salmonellen**) verzehrt werden.

Gänseklein [*Unsere Küche*] **R** **1.** Als Gänseklein bezeichnet man die „Reste", die entstehen, wenn eine Gans zum Braten vorbereitet wird. Es besteht aus 5 Teilen: Hals, 2 Flügeln, Magen und Herz. **2.** Als Gänseklein bezeichnet man auch ein altdeutsches klassisches Gericht, das aus den genannten Zutaten bereitet wird. Dazu werden die gewaschenen Fleischteile in einem ↑**Würzsud** aus ↑**Zwiebeln**, ↑**Knoblauch**, ↑**Salz**, ↑**Pfeffer**, ↑**Wacholderbeeren**, ↑**Lorbeer** und ↑**Beifuß** gegart. Zwischenzeitlich bereitet man feine Streifen von ↑**Karotten**, ↑**Sellerie**, ↑**Lauch** und ↑**Petersilienwurzeln** (↑**Julienne**) vor. Nach dem Garen das Fleisch ↑**ausstechen** und warm stellen, den Sud passieren und wieder zum Kochen bringen. Nun die Gemüsejulienne in die Brühe geben, 10 Min. köcheln lassen und mit in Flüssigkeit aufgerührter ↑**Speisestärke** abbinden. Abschmecken mit ↑**Essig** oder ↑**Zitronensaft**, mit ↑**Sahne** und gehackter ↑**Petersilie** vollenden. Das Gänseklein in die Sauce geben, ziehen lassen und mit ↑**Kartoffeln** servieren. Im Originalrezept wurde die Sauce mit einer ↑**Mehlschwitze** hergestellt. Heute bindet man, um Kalorien zu sparen, nach dem Abfetten (Degressieren) mit Speisestärke ab.

Gänsekraut [*Gewürze & Kräuter*] ↑**Beifuß**

Gänseleber [*Fleischprodukte*] **T** Auch Gänsestopfleber, gehört zu den ↑**Delikatessen** und stammt von gemästeten Gänsen, deren Leber eine Fettleber ist. Sie ist schwerer als die normale Leber einer ↑**Gans**. In Deutschland, der Schweiz und Österreich ist das Mästen bzw. Stopfen von Gänsen verboten, jedoch nicht in Frankreich, Polen, Ungarn, Israel, Bulgarien usw. Gänseleber kommt aus diesen Ländern und wird hier frisch, am Stück oder in Scheiben geschnitten, im Handel angeboten. Sie wird kurz überbrüht oder schonend und ungesalzen bei sehr niedriger Temperatur in ↑**Butter** rosa gegart. **Aus Gänseleber stellt man folgende Produkte her: Gänselebercrème:** 75 % gehackte Gänseleber mit ↑**Kalbfleisch** oder 30 bis 55 % gehackte Gänseleber mit ↑**Kalbsleber**, ↑**Hackfleisch** und anderen Zutaten; **Gänseleberwurst:** ↑**Kochwurst** aus einer Mischung aus Gänseleber, ↑**Schweineleber**, ↑**Schweinefleisch**, ↑**Speck**, ↑Schweine**backen**, ↑**Gänsehautfett**, ↑**Pfeffer**, ↑**Kardamom**, ↑**Nitritsalz** und ↑**Muskatblüte; Gänseleberpastete: Englisch:** goose liver pâté; **Französisch:** pâté de foie gras; **Italienisch:** pâté di fegato d'oca; **Spanisch:** pastade hígado de ganso. Bestehend aus 70 % Gänseleber, Speck, mindestens 10 % Schweineleber und Kalbsleber; **Gänseleberpain:** Gänseleberpastete als Laib

Ganseljunges [*Österr. Küche*] ↑**Gänseklein**

Gänseschmalz bzw. -fett [*Fette*] **R** Wird aus dem Brust- und Eingeweidefett der ↑**Gans** gewonnen. Es hat eine blassgelbe Farbe, schmeckt angenehm mild und verfügt über ein feines Geflügelaroma. Gänseschmalz ist von so zartem Schmelz, dass es sich schon bei 25° C verflüssigt und deswegen oft mit ↑**Schweineschmalz** vermischt wird. Die Anteile müssen aber gekennzeichnet sein. **Reines Gänseschmalz ist teuer, aber gesund:** Es enthält ⌀35 % ↑**gesättigte Fettsäuren**, ⌀52 % ↑**einfach ungesättigte Fettsäuren** (einschließlich kleinerer Mengen antimikrobieller Palmitolsäure) und ⌀13 % ↑**mehrfach ungesättigte Fettsäuren**. Das Verhältnis von ↑**Omega-6** zu ↑**Omega-3 Fettsäuren** hängt davon ab, was die Tiere gefressen haben. Reines Gänsefett hat als einziges tierisches Fett einen hohen Anteil an ↑**Linolsäure** und fast kein ↑**Cholesterin**, was es beinahe so gesund macht wie ↑**Olivenöl. Inhaltsstoffe:** 100 g Gänseschmalz enthält ⌀883 kcal/3697 kJ, 5 mg Wasser, 2,73 mg Vitamin E und 0,1 g Cholesterin. Das ↑**Fett** von einem Gänsebraten also nicht mehr wegschütten, sondern weiterverwenden. Es macht sich gut beim Anbraten von Geflügel oder Kochen anderer Geflügelgerichte, aber vor allem bei ↑**Blaukraut**. Gänsefett, gut ausgebraten, ist bei Kühlung ca. 1 Jahr haltbar. **Leckeres Gänseschmalz als Brotaufstrich:** Kleine Würfel von Zwiebeln und Äpfeln mit frischem Thymianzweig, Beifuß und Knoblauch im Gänsefett andünsten, bis die Flüssigkeit (das Wasser) verdampft ist. Kräuterzweige und -blätter entfernen, nach dem Stocken, wenn das Schmalz aber noch weich ist, gut aufrühren. In kleine verschließbare Gläser gefüllt, dunkel und kühl eingelagert, hält sich dieses Gänseschmalz ca. 1 Monat. Es schmeckt am besten auf frischem ↑**Bauernbrot** mit ↑**Pfeffer**, ↑**Salz** und ↑**Schnittlauch**röllchen, ↑**Fett**, ↑**Tierfette & Tieröle**

Gänseschwanz [*Fachkunde*] ↑**Bürzel**

Ganso [*Mexicofood*] ↑**Gans**

Ganter [*Fleischprodukte*] Männliche ↑**Gans**

Gaperon [*Käse*] **T** **Herkunft:** Frankreich/Auvergne; **Käsesorte:** ↑**Weichkäse** mit weißem ↑**Edelschimmel**, 30 bis 45 % ↑**Fett i. Tr.; Milch:** ↑**Butter**- oder entrahmte ↑Kuh**milch; Teig:** elastisch, mit ↑**Knoblauch** und ↑**Pfeffer** gewürzt; **Geschmack:** aromatisch, kräftig pikant; **Info:** An einem Haken zum Trocknen über dem Feuer aufgehängt, bekommt dieser fettarme ↑**Käse** einen rauchigen Beigeschmack. **Beste Zeit:** September; **Weinempfehlung:** kräftige Rotweine aus der Auvergne und der Provence wie Corbières, Médoc

Garam masala [*Gewürze & Kräuter*] **R** Typisch aromatische, curryartige Gewürzmischung der indischen Küche, die eher mild ist. Die Geschmacksbasis ist ↑**Kreuzkümmel**, des Weiteren bestehend aus ↑**Koriander**, ↑**Pfeffer**, ↑**Zimt**, ↑**Kardamom**, ↑**Lorbeerblättern** und ↑**Nelken.** In gut sortierten Supermärkten, Bioläden und Reformhäusern erhältlich. Inderinnen kaufen die fertige Grundmischung, die sie dann durch andere ↑**Gewürze** im genau abgestimmten Verhältnis ergänzen. Die von den persischen Eroberern nach Nordindien eingeführte Gewürzmischung ist unentbehrlich für die feine Küche Nordindiens. ↑**Curry**

Garbanzos [*Span. Speisekarte*] ↑**Kichererbsen**

Garbure [*Franz. Speisekarte*] **R** Aus der Provence stammt dieser vorrangig aus ↑**Schweinefleisch**, ↑**Kohl**, ↑**Bohnen**, ↑**Speck** und ↑**Kartoffeln** bestehende ↑**Eintopf.** Man reicht zu diesem rustikalem Gericht, in dem der Löffel stehen muss, geröstetes ↑**Baguette**.

Gard [*Weinkunde*] In der Region Languedoc-Roussillon im Süden Frankreichs, wurde nach dem Fluss Gard benannt, einem Nebenfluss der Rhône. Bis auf wenige Ausnahmen werden hier Massenweine produziert.

Garde, de [*Franz. Fachwort*] Dauerhaft, haltbar

Garde-manger [*Franz. Speisekarte*] Koch, zuständig für Kalte Gerichte (Kalte Küche)

Gardon (blanc) [*Franz. Speisekarte*] ↑**Plötze**

Garen [*Unsere Küche*] Sammelbegriff für die verschiedenen Methoden, Rohstoffe durch Hitzeeinwirkung zu verändern, besser oder leichter genießbar zu machen. Methode, Temperatur und Dauer des Garens sind je nach Nahrungsmittel unterschiedlich. Verschiedene Garmethoden sind: ↑**Abbacken**, ↑**Anbraten**, ↑**Backen**, ↑**Blanchieren**, ↑**Bläuen**, ↑**Bouillir**, ↑**Braten**, ↑**Cuire à vapeur**, ↑**Cuire au four**, ↑**Dämpfen**, ↑**Dünsten**, ↑**Frittieren**, ↑**Gratinieren**, ↑**Grillen**, ↑**Pochieren**, ↑**Poelieren**, ↑**Sautieren**, ↑**Schmoren**

Garen in Alufolie [*Unsere Küche*] **T** ↑**Fleisch**, ↑**Fisch** oder ↑**Gemüse**, gegart im eigenen Saft, im Backofen, am Grill oder in der Pfanne, eingeschlagen in gefettete Alufolie. Beliebte, nährstoffschonende Zubereitungsform, bei der Aroma und Eigengeschmack zum größten Teil erhalten bleiben.

Garfertig [*Unsere Küche*] Lebensmittel, die ohne weitere Vorbereitung dem Garprozess zugeführt werden können, z. B. portioniertes Fleisch, Tiefkühlware jeder Art

Garganega [*Weinkunde*] Weiße Rebsorte, die im Veneto im Nordwesten Italiens beheimatet ist. Hauptbestandteil des ↑**Soave**. Garganega liefert mühelos hohe Erträge per ha, was eine Erklärung für den niedrigen Preis und den Bekanntheitsgrad der meisten Soave-Weine sein mag. Bei gewissenhafter Arbeit und beschränkten Erträgen kann Garganega jedoch elegante Weine hervorbringen. Sogar ↑**Barrique**-Ausbau kann angewendet werden, vorausgesetzt, dass man nur hochwertiges Erntegut keltert. Garganega ist erlaubt in ↑**Bianco di Custoza** und Gambellara, beides Weißweine aus dem Veneto.

Garganelli [*Ital. Speisekarte*] Kurze eingerollte ↑**Nudeln**, geriffelt, ca. 5 cm lang mit 1 cm Durchmesser und an beiden Enden spitz und offen, außen gerillt, innen glatt. Sehen aus wie eine Schreibfeder, ursprünglich Emilia Romagna.

Gargote [*Franz. Speisekarte*] Garküche

Gari [*Intern. Länderküche*] **R** Zwischen den einzelnen ↑**Sushi**-Happen isst man Gari, in ↑**Salz** und süßen ↑**Essig** eingelegten ↑**Ingwer.** Dieser erfrischt den Gaumen, macht ihn bereit für neue Köstlichkeiten und fördert die Verdauung. Wer ganz original sein will, kann den Ingwer frisch im Supermarkt kaufen und selbst einlegen. **Grundrezept:** Grundsätzlich werden nur feste asiatische Wurzeln verwendet. Den Ingwer schälen und in sehr dünne Scheiben schneiden. Mit ↑**Salz** bestreut im Kühlschrank 1 Tag aufbewahren. Danach gründlich waschen, ca. 5 Min. in Wasser kochen und abtropfen lassen. In einer Marinade aus 3 EL ↑**Zucker**, 5 EL Wasser, 5 EL ↑**Obstessig** und etwas Salz in einem fest verschlossenen Einmachglas kühl und dunkel aufbewahren. – Es gibt Gari aber auch fertig im Asialaden in zwei Varianten zu kaufen: Leicht rötlich (etwas schärfer) und weiß (etwas milder).

Garibaldi [*Speisegarnitur*] **A** **1.** ↑**Makkaroni** vermischt mit gebratenen ↑**Auberginen**würfeln, mit ↑**Demiglace** gebunden, ↑**Parmesan** extra; **2.** Benannt nach Giuseppe Garibaldi (1807–1882), italienischer General und Freiheitsheld

Garides [*Griech. Speisekarte*] Begriff aus der griechischen Küchenkultur für ↑**Garnelen**

Garlic [*Engl. Speisekarte*] Bezeichnung für ↑**Knoblauch**

Garlic powder [*U.S. Kitchen*] ↑**Knoblauch**pulver

Garlic salt [*U.S. Kitchen*] ↑**Knoblauch**salz

Garmugia [*Ital. Speisekarte*] Gemüsesuppe

Garnacha [*Weinkunde*] Rotweinrebe, die überwiegend in Spanien und Frankreich angebaut wird. Die Weine sind mild und fruchtig mit viel Körper versehen. Oftmals werden mittlere Qualitäten als Verschnittwein oder für Rosé- und Dessertweine genutzt.

Garnelen [*Fisch*] **T** **Englisch:** shrimps; **Französisch:** crevettes; **Italienisch:** gambaretti; **Spanisch:** camarones; **Amerikanisch:** prawns. Scherenlose langschwänzige Salzwasserkrebse mit 10 Beinen und langen Fühlern (im Gegensatz zu den Krabben = Kurzschwanzkrebse). Sie sind im Salz-, Süß- und Brackwasser gemäßigter und tropischer Regionen weit verbreitet und werden auch als die Königinnen der ↑**Krustentiere** bezeichnet. Die wirtschaftlich bedeutende Nordseegarnele – auch **Granat** oder **Krabbe** genannt – kommt in geringer Zahl auch in der Ostsee vor. Von den etwa 2000 Garnelenarten werden weltweit ca. 350 Arten genutzt und in Salz- und Süßwassergarnelen, Warm- und Kaltwassergarnelen eingeteilt. Garnelen sind umso delikater, je tiefer und kälter sie leben. Tropische Süßwassergarnelen können über 60 Zentimeter groß werden. Da Garnelen in frischem Zustand von äußerst kurzer Haltbarkeit sind, werden sie im Handel nur in gekochtem oder gefrorenem Zustand angeboten. Dabei werden sie schon auf den Fangschiffen in Meerwasser gekocht, wodurch sie den typischen Salzgeschmack erhalten, oder ↑**schockgefrostet**. Garnelen kommen in verschiedenen Verarbeitungsstufen in den Handel: **1.** das ganze Tier; **2.** nur der Schwanz; **3.** halbiert und **4.** ganz ohne Schale. Sie können gebraten oder gegrillt werden, nach Möglichkeit jedoch nur ganz kurz, denn vor allem vorgegarte Garnelen werden strohig und hart, bleiben sie länger in der Pfanne oder auf dem Grill. **Gebraten und gegrillt werden die Tiere mit Schale**, so bleiben sie zarter und saftiger und haben mehr Aroma, man entfernt aber vorher den Darmfaden mit einem Schnitt in die Schale. Als Beigabe in Nudelgerichten, Suppen, ↑**Saucen** oder ↑**Paella** müssen Garnelen aus ihre Schale gepult werden.

Garnelenpaste [*Gewürze & Kräuter*] Diese Würzpaste wird in der ↑**Asiatischen Küche** häufig verwendet und besteht aus stark gesalzenen Garnelen, die in der Sonne getrocknet und anschließend fein gemahlen werden. Die zähe Paste ist in Gläsern und in getrockneter Form als Block erhältlich. Sie kann auch geröstet, z. B. in asiatischen ↑**Sambals**, verwendet werden und besteht zu 85 % aus ↑**Garnelen** und zu 15 % aus ↑**Salz**.

Garni [*Franz. Fachwort*] **1.** garniert; mit (essbaren) Bei- oder Einlagen; z. B. ein angemachter Salat; **2.** dekorieren; **3.** Hotel: ohne Restaurant

Garnitur [*Unsere Küche*] **T** Das Wort Garnitur hat in der Küchenkultur mehrere Bedeutungen. **1.** Umlegen, Belegen oder Verzieren von Speisen, meist Fleisch- oder Fischstücke bzw. -gerichte mit ↑**Gemüse**, ↑**Kräutern**, ↑**Zwiebeln**, ↑**Pilzen** usw.; **2.** Das Aromatisieren von ↑**Brühen**, ↑**Soßen** usw. mit ↑**Röstgemüse**, (↑**Mirepoix**) ↑**Bouquet garni** oder Kräutern; **3.** Eine bestimmte Zubereitungsart oder Beilage, die dem Gericht den Garniturbeinamen gibt. z. B. ↑**à la Agnes Sorel**, „↑**Parisienne**", ↑**Wiener Art** usw. In der Regel wird die Garnitur direkt auf dem Teller mit der Speise serviert. Bei einem Plattenservice reicht man sie extra. Sind für Garnituren, außer bei einem ↑**Ragout**, spezielle ↑**Saucen** nötig, so werden auch diese extra angerichtet. **Wichtigste Merkmale für Speisegarnituren sind: a.** Die Bestandteile von Hauptspeise und Garnitur sollten geschmacklich abgestimmt sein und in die Speisefolge passen. **b.** Sie müssen in jedem Fall essbar sein. **c.** Im Gegensatz zu ↑**Cocktail**- oder ↑**Tortengarnituren**. Hier dürfen auch nicht essbare Dekomaterialien verwendet werden, vorausgesetzt, die Inhaltsstoffe sind nicht gesundheitsschädlich.

Garprobe [*Unsere Küche*] **T** Man prüft, ob die Speise oder das Gebäck innen schon gar ist. Garproben werden meist bei ↑**Kuchen** und Gerichten aus dem Backofen gemacht. **1. Bei Kuchen:** mit einer Spick- oder Stricknadel in die Mitte des Kuchens stechen, wenn beim Herausziehen noch Teig an der Nadel klebt, ist er noch nicht fertig. **2. Bei großen ganzen Bratenstücken:** Eine metallische Strick- oder Bardiernadel in die Mitte des Bratens stechen und kurz stecken lassen. Herausziehen und an die Lippe halten. Fühlt man, dass die Nadel gleichmäßig heiß ist, ist der Braten durch. Ist die Nadel in der Mitte noch kalt, muß der Braten weiter garen, außer man hat ein ↑**Roastbeef** oder ↑**Rinderfilet** im Ofen und möchte es dunkelrot mit blauem Kern in der Mitte gebraten haben. Ist die Nadel warm, ist der Braten innen noch rosa (helles Fleisch von ↑**Kalb**, ↑**Schwein**, ↑**Geflügel** immer durchbraten). Eine andere Möglichkeit ist, das Fleisch an der dicksten Stelle einstechen: Tritt roter Saft aus – ist das Fleisch innen noch roh, aber schon warm. Tritt trüber Saft aus, so ist das Fleisch innen noch rosa, fast durch. Tritt klarer Saft aus, ist das Fleisch innen bereits durch. **Wichtig:** Vor dem Anschneiden das Fleisch in Alufolie wickeln und ca. 15 Min. zum Entspannen warm stellen. So bleibt der Saft im Braten.

Garpunkte bei Steaks [*Unsere Küche*] **T** Helles Fleisch (↑**Schwein**, ↑**Kalb**, ↑**Hähnchen**, ↑**Truthahn**, ↑**Kaninchen** usw.) wird immer durchgebraten, dunkles Fleisch (junges ↑**Rind**, ↑**Wild**, ↑**Lamm**, ↑**Entenbrust** usw.) sollte zumindest noch rosa sein, weil es durchgegart meist trocken wird. Das gegrillte Fleisch bildet außen immer eine gare Kruste. Die innere Garung hängt von der Dicke und Beschaffenheit ab und kann ganz unterschiedlich sein. **1.** Roh oder fast roh (**englisch** rare), (**französisch** cru). ↑**Blutig**; **2.** Rosa (**englisch** rare medium), (**französisch** à point); bei dieser Garstufe ist das Fleisch innen rosa, hat aber noch einen roten saftigen Kern. **3.** Möchte man sein Fleisch halb durchgebraten, nennt man es **englisch** medium, und **französisch** saignant; **4.** Durchgebraten, **englisch** well done, **französisch** bient cuit. ↑**Grillen** & ↑**Steak**

Garrafeira [*Weinkunde*] Portugiesischer Name für Flaschenkeller. Das Prädikat für etliche der besten portugiesischen Rot-, z. T. auch Weißweine. Laut Gesetz muss der Rotwein mindestens drei Jahre, der Weißwein mindestens zwei Jahre im Keller gereift sein, davon ein Jahr auf der Flasche, bevor er die Bezeichnung Garrafeira führen darf. Tatsächlich sind die Weine häufig viel älter, bevor sie auf Flaschen gefüllt werden, in denen sie in der Regel weitere zehn bis zwanzig Jahre altern können. Wenn es auch heißt, dass die besten Garrafeira-Weine meist aus dem Ribatejo stammen, war doch die Praxis des übergebietlichen Verschnitts bei ihnen die Regel. In Zukunft sollen jedoch nur noch Qualitätsweine bestimmter Anbaugebiete das Prädikat Garrafeira erhalten können. Die besten Garrafeira-Weine sind sehr differenziert, von großer Feinheit sowie Eleganz.

Garrotxa [*Käse*] **Herkunft:** Spanien/Katalonien; **Käsesorte:** ↑**Weichkäse**, von grau-blauem, samtigem ↑**Edelschimmel** überzogen; **Milch:** ↑**Ziegenmilch**; **Teig:** butterartig weiche Textur; **Geschmack:** zwischen süßlich und leicht säuerlich, fein, nussig

Garstufen [*Unsere Küche*] ↑**Garpunkte**

Gartenheidelbeeren [*Obst*] ↑**Zuchtheidelbeeren**

Gartenkresse [*Gewürze & Kräuter*] **A Lateinisch:** Lepidium sativum; **Englisch:** cress; **Französisch:** cresson; **Italienisch:** crescione; **Spanisch:** Berro. **Info:** Die zur Familie der Kreuzblütengewächse zählende Gartenkresse wird meistens auf kleinen Schalen, Tellern oder Kästen nur auf Watte gezogen. Sie wird theoretisch ausgewachsen bis zu 50 cm hoch; doch diese Höhe erreicht sie in den meisten Fällen nicht, da sie, wenn sie etwa 5 cm hoch ist, kurz über dem Boden abgeschnitten wird. **Ursprung:** Die Gartenkresse stammt wahrscheinlich aus West- oder Zentralasien, wo sie auch heute noch wild vorkommt. Gartenkresse ist bereits in den Gräbern der Pharaonen gefunden worden, und die Römer brachten sie nach Mitteleuropa. **Herkunft und Saison:** Infolge ihrer Anspruchslosigkeit lässt sie sich praktisch überall und jederzeit kultivieren. Sie muss nur etwa zehn Tage vor der geplanten Ernte gesät werden und steht daher das ganze Jahr über in ausreichenden Mengen zur Verfügung. **Standort:** An einem hellen Ort können die Kressesamen das ganze Jahr über gezogen werden. **Inhaltsstoffe:** Wie bei vielen Verwandten (↑**Senf**, ↑**Meerrettich**, ↑**Wasabi**) sind auch bei der Kresse Senföle für den Würzwert verantwortlich. Gartenkresse enthält viel ↑**Vitamin C**, dazu die ↑**Vitamine** B_1 und ↑**K**, ↑**Carotin**, ↑**Schwefel** und ↑**Eisen**. Sie wirkt erfrischend bei Frühjahrsmüdigkeit und soll die Produktion roter Blutkörperchen anregen. **Geschmack:** Mit ihrem pfeffrigen, kräftigen Geschmack ist sie oft der kulinarische Höhrpunkt auf einer kalten Speise. **Verwendung in der Küche:** Alle Kressearten (die man als kulinarisch gleichwertig ansehen kann) erfreuen sich in Europa und Nordamerika großer Beliebtheit als Gewürzkraut für kalte Speisen. Sie schmeckt besonders gut auf ↑**Frischkäse**- oder ↑**Quark**, Salaten und einem Butterbrot. Weniger häufig streut man die Blätter auf warme Suppen oder Eierspeisen.

Gartenkürbis [*Gemüse*] **T Lateinisch:** Cucurbita pepo; **Info:** Sehr große Winterkürbisse, die vor allem in Nordamerika angebaut werden. Sie sind dickfleischig und besitzen eine harte Schale. Das gelbe bis dunkelorange Fruchtfleisch ist leicht faserig mit großen Kernen und hat einen intensiven, würzigen, leicht süßlichen Geschmack. **Herkunft und Saison:** Obwohl Gartenkürbisse relativ gut haltbar sind, werden sie hier nur im Spätsommer bzw. Frühherbst angeboten. **Zubereitung und Tipps:** Gartenkürbisse werden meist nicht zu Gemüsebeilagen, sondern eher zu gehaltvollen Suppen, ↑**Chutneys** oder ↑**Marmeladen** verarbeitet. ↑**Kürbis**

Gartenmajoran [*Gewürze & Kräuter*] ↑**Majoran**

Gartensalbei [*Gewürze & Kräuter*] ↑**Salbei**

Gartenteppich [*Gewürze & Kräuter*] ↑**Petersilie**

Gartenthymian [*Gewürze & Kräuter*] ↑**Thymian**

Gärtnerinnen Art [*Speisegarnitur*] **A** ↑**à la Jardinière**

Garum [*Gewürze & Kräuter*] **A** Auch: **Liquamen**, das Standardgewürz in der antiken römischen Küche. Diese Würzsoße wurde für salzige und süße Speisen verwendet, wie heutzutage ↑**Sojasoße** in der asiatischen Küche verwendet wird. Am besten könnte man Garum als sehr salzige und aromatische Fischsauce beschreiben. Sie galt ursprünglich als Luxus für die Tafel der Wohlhabenden. Später wurde Garum auch bei den unteren Schichten und den Sklaven gegessen. Garum entstand, indem man Fische mit Salz vermischte und teilweise monatelang der Sonne aussetzte. Dabei wurde das Fischeiweiß enzymatisch abgebaut. Bei konstant gehaltener Temperatur von ca. 40° C wäre die Fermentation schon nach ca. einer Woche abgeschlossen. Will man heute antike römische Rezepte nachkochen, kann man Garum durch asiatische Fischsoße ersetzen, die in Asienläden erhältlich ist.

Gärung [*Fachkunde*] **1. Fachkunde:** 1857 erbrachte Louis Pasteur den Nachweis, dass Gärung durch ↑**Enzyme** oder Mikroorganismen (u. a. ↑**Schimmelpilze**, ↑**Bakterien** und ↑**Hefen**) verursacht wird, was chemische Umwandlungen organischer Substanzen bewirkt. Bei der Gärung werden komplexe organische Substanzen zu einfacheren Verbindungen abgebaut. Stärke wird z. B. durch die Wirkung von Diastase, Zymase und Invertase zuerst zu komplexen Zuckern, dann zu einfachen Zuckern und schließlich zu Alkohol abgebaut (hydrolisiert). Daneben finden viele andere Gärungsarten ebenfalls auf natürliche Weise statt. In der ↑**Milch** befindliche Bakterien erzeugen das Ferment ↑**Lactase**. Es verursacht das Sauerwerden der Milch, indem es ↑**Lactose** (Milchzucker) in ↑**Milchsäure** umwandelt. Oder es bildet sich ↑**Buttersäure**, wenn ↑**Butter** ranzig wird (Buttersäuregärung), und ↑**Essigsäure** entsteht bei der Umwandlung von ↑**Wein** in ↑**Essig** (Essigsäuregärung). Die Vergärung unverdauter ↑**Kohlenhydrate** im menschlichen Verdauungstrakt wird von bestimmten ↑**Bakterien** übernommen. Bei diesen Vorgängen können Gase (z. B. Schwefelwasserstoff und Kohlendioxid) in so großen Mengen entstehen, dass sie Blähungen und Schmerzen verursachen. Bei Säuglingen können sich zusätzlich Säuren (beispielsweise ↑**Milchsäure** und Essigsäure) bilden, die zu Durchfall führen. ↑**Fermentation. Bei der alkoholischen Gärung geschieht im Prinzip Folgendes:** Durch die Wirkung von ↑**Zymase**, die von Hefe abgesondert wird, werden einfache ↑**Zucker** (wie ↑**Glucose** und ↑**Fructose**) in Ethanol (↑**Alkohol**) und Kohlendioxid (↑**Kohlensäure**) umgewandelt. Die alkoholische Gärung kommt auch in der Natur vor. **2. Bier:** Der biochemische Prozess bei der Bierherstellung: Hefe wird der gekochten Würze zugegeben. ↑**Malzzucker** wird zu Alkohol und Kohlensäure umgewandelt. **3. Weinkunde:** Auch die Gärung des Traubenmostes ist ein biochemischer Prozess, bei dem die Hefe unter Ausschluss des Sauerstoffs den Zucker des Beerensaftes in Alkohol und Kohlensäure umsetzt. Dabei bildet sie zugleich Geschmacks- und Geruchsstoffe. **Die Gärung** ist eigentlich eine Folge des Stoffwechselprozesses der Hefe: um überleben und sich fortpflanzen zu können, braucht sie Nahrung. Diese Nahrung (↑**Vitamine**, ↑**Mineralstoffe**, Stickstoff und Zucker) befindet sich z. B. im Rebensaft. Den Zucker benutzt die Hefe als Energiequelle für ihr Wachstum. Dabei wird der Zucker in einer komplexen Reihe von chemischen Reaktionen umgesetzt. Ist genügend Sauerstoff vorhanden, wird die Hefe den Zucker in Wasser und Kohlensäure umwandeln. Ist wenig oder kein Sauerstoff vorhanden, ist die Hefe gezwungen, Alkohol zu produzieren. Deshalb erfolgt die Weinvergärung größtenteils unter sauerstoffarmen Bedingungen. Ein anderer, mindestens genau so wichtiger Grund, die Gärung unter Sauerstoffabschluss stattfinden zu lassen, ist das Vorkommen von wilder Hefe, die ganz natürlich auf den Schalen der Weintrauben und in der Luft vorkommt. Es gibt für den Wein zwei wichtige Gruppen von Hefen: **1.** Die Weinhefe, auch Saccharomyces Cerevisiae genannt, die unter sauerstoffarmen Bedingungen funktionieren kann, und **2.** die wilde Hefe, die Sauerstoff braucht. Wilde Hefe wird heute meistens als unerwünscht betrachtet, da sie Nebengerüche und -geschmäcke im Wein verursacht. Früher war sie aber die einzige Quelle, um Wein oder Bier zu produzieren.

Gärungsgemüse [*Fachkunde*] **A** Das Verfahren, durch Gärung ↑**Gemüse** zu konservieren, ist seit Jahrtausenden sowohl in Asien als auch in Europa bekannt. Dazu wird rohes Gemüse mit ↑**Salz** vermischt und gepresst, wobei Flüssigkeit austritt und das Gemüse von der Luft abschließt. In diesem Milieu wird der in den Pflanzen enthaltene ↑**Zucker** von Milchsäurebakterien in ↑**Milchsäure** umgewandelt. Durch Luftabschluss, Salz- und Säuregehalt werden die meisten Bakterien an der Vermehrung gehindert, Fäulnisbildung wird vermieden. Da bei dieser Konservierungsmethode das Gemüse nicht gekocht wird, bleiben die ↑**Vitamine** (vor allem ↑**Vitamin C**) erhalten. Typische Gärungsgemüse sind ↑**Sauerkraut** und ↑**Salzgurken**, aber auch ↑**Kürbis**, ↑**Paprika**, weiße ↑**Rüben** (↑**Herbstrüben**) und ↑**Rettich**.

Garusolo [*Ital. Speisekarte*] Stachelschnecke

Garwurst [*Regionale Spezialität*] Grobe ↑**Leberwurst**

Garziehen [*Unsere Küche*] **T** Auch ↑**Pochieren** bedeutet Garen in nicht kochender, sondern siedender Flüssigkeit bei 75° C–95° C. Dazu geeignete Lebensmittel sind ↑**Reis**, ↑**Nudeln**, ↑**Klöße** und ↑**Fisch.** Garziehen ist zwar eine schonende Gartechnik, es werden aber wie auch beim Kochen wasserlösliche ↑**Nährstoffe** und ↑**Vitamine** herausgeschwemmt, ↑**Dämpfen** ist nährstoffschonender.

Gasterea [*Fachkunde*] Römische Göttin der Kochkunst

Gastrin [*Verdauung*] Gewebshormon, wird in Magen und Darm gebildet. Es regt im Magen die Bildung von Salzsäure an, fördert im Darm die Ausschüttung von Galle und ist damit an der Verdauung beteiligt.

Gastritis [*Gesundheit*] Gastritis ist eine Magenschleimhautentzündung, die durch viele verschiedene Faktoren (z. B. Helicobacter pylori) verursacht werden kann. Die Krankheitserscheinungen sind Übelkeit, Erbrechen, Druckgefühl im Oberbauch, Kopfschmerzen und Aufstoßen. Chronische Gastritis birgt die Gefahr von Magen- und Zwölffingerdarmgeschwüren und muss behandelt werden. Eine akute Gastritis hat – im Gegensatz zum nervösen Magen – ganz konkrete Ursachen. **Die häufigsten Ursachen sind: 1.** Alkohol- und Nikotinmissbrauch; **2.** Einnahme schleimhautreizender Medikamente, z. B. Acetylsalicylsäure (**Aspirin**) oder nichtsteroidale Antirheumatika (NSAR); **3.** Bakterielle Infektion durch verdorbene Lebensmittel. Eine akute Gastritis klingt meist ohne medikamentöse Behandlung innerhalb weniger Tage ab. Ruhe, leichte Kost wie ↑**Zwieback**, ↑**Kartoffelpüree** ohne ↑**Butter**, ↑**Karottenmus** und der Verzicht auf ↑**Alkohol**, Nikotin, scharfe ↑**Gewürze**, fette Speisen und ↑**Kaffee** helfen gegen die Beschwerden. Eine Gastritis ist mit einer Überproduktion von Magensäure verbunden. Säurebindende Mittel, so genannte ↑**Antazida**, helfen, die entzündete Magenschleimhaut vor Magensäure zu schützen.

Gastroenteritis [*Gesundheit*] **T** Gastroenteritis ist eine Entzündung der Magen- und Dünndarmschleimhaut, die durch Erreger ausgelöst wird. Die Erreger können Enteritis-Salmonellen, Campylobacter, Escherichia Coli, Clostridien oder Shigellen sein. Nach einer Ansteckung treten etwa sechs Stunden später erste Symptome wie Bauchschmerzen, hohes Fieber, starkes Erbrechen und Durchfall auf. Strikte Einhaltung von Hygienevorschriften bei der Gewinnung, Verarbeitung, Lagerung, Transport und Verkauf von Lebensmitteln sowie individuelle hygienische Maßnahmen können vor einer Gastroenteritis schützen. Rohe Lebensmittel sollten stets kurz und bei Kühlschranktemperatur gelagert werden. Für Garzeiten der Speisen sollten mindestens 70° C für 10 Min. eingehalten werden, deshalb ist beim Kochen in der Mikrowelle besondere Aufmerksamkeit geboten. Beim Auftauen von tiefgefrorenen Lebensmitteln ist eine Übertragung von Erregern durch Auftauwasser zu beachten. Da eine Mensch-zu-Mensch-Übertragung durch Schmierinfektion auch in Einrichtungen der Gemeinschaftsverpflegung (z. B. Kantine) möglich ist, ist auf die persönliche Hygiene der Mitarbeiter zu achten. Dazu gehört die Reinigung der Hände, der Gebrauch sauberer Arbeitskleidung und die regelmäßige Reinigung aller Gebrauchsgegenstände in heißem Wasser sowie das Einhalten aller Hygienevorschriften.

Gastronome, à la [*Speisegarnitur*] **A** **Speisegarnitur** für **Kurzgebratenes** – mit ↑**Edelkastanien**, ↑**Trüffeln**, ↑**Hahnenkämmen** und -mägen, dazu Röstkartoffeln

Gastronomie [*Fachkunde*] Lehre von den Nahrungs- und Genussmitteln und deren Verarbeitung. Kunst und Pflege des Essens und Trinkens

Gastrosoph [*Fachkunde*] Kluger, zurückhaltender Feinschmecker, der seine Speisen mit Bedacht auswählt und genießt

Gastrosophie [*Fachkunde*] Lehre von der Weisheit, Genuss und Tafelfreuden zu verbinden

Gâteau [*Franz. Speisekarte*] Kuchen, Gebäck

Gâteau à l'oignon [*Franz. Speisekarte*] ↑**Zwiebelkuchen**

Gâteau breton [*Franz. Speisekarte*] **A** Flacher ↑**Mürbeteig**kuchen mit in ↑**Rum** eingelegten Fruchtwürfeln

Gâteau de foie [*Franz. Speisekarte*] Leberpastete, -terrine

Gâteau de la forêt-noire [*Franz. Speisekarte*] ↑**Schwarzwälder Torte**

Gâteau de riz [*Franz. Speisekarte*] Süßer Reisauflauf, -pudding

Gâteau de semoule [*Franz. Speisekarte*] Grießauflauf

Gâteau marbré [*Franz. Speisekarte*] Mit Kakaomasse durchzogener Marmorkuchen

Gâteau nantais [*Franz. Speisekarte*] Mandelplätzchen

Gâteaux sablés [*Franz. Speisekarte*] Feines ↑**Sandgebäck**

Gâteaux secs [*Franz. Speisekarte*] Trockenes Gebäck, ↑**Kekse**

Gâter [*Franz. Fachwort*] Verderben

Gatih [*Asiatische Küche*] ↑**Kokosmilch**

Gattuccio [*Ital. Speisekarte*] ↑**Katzenhai**

Gaufre [*Franz. Speisekarte*] **A** Zarte, knusprige ↑**Waffel**, meist mit ↑**Vanille**, ↑**Orangenwasser**, ↑**Zimt** aromatisiert

Gaufrette [*Franz. Speisekarte*] **A** Kleines ↑**Blätterteig**gebäck, manchmal mit ↑**Crème** oder ↑**Marmelade** gefüllt

Gäusel [*Fleischprodukte*] Regionale Bezeichnung für die Rolle aus der Keule von ↑**Rind**, ↑**Kalb** und ↑**Schwein**

Gavi DOC [*Weinkunde*] Weißwein, der in Piemont (im Nordwesten Italiens) aus der Rebsorte Cortese bereitet wird. Von manchen als ↑**Chardonnay** von Piemonte betrachtet. Grundsätzlich handelt es sich um einen Wein mit einer relativ hohen Säure, einem neutralen, zitronenähnlichen Bukett, das manchmal an ↑**Mandeln** oder ↑**Birnen** erinnert und wie fast alle italienische Weißweine einen verhältnismäßig hohen Alkoholgehalt aufweist. Die DOC-Verordnung erlaubt nicht gerade niedrige Erträge pro ha, wodurch viele Exemplare ausdruckslos sind. Moderne Kelterungsmethoden, wie Gärung bei niedrigen Temperaturen und Experimente mit ↑**Barrique**, zeigen gute Ergebnisse.

Gavros [*Griech. Speisekarte*] Begriff aus der griechischen Küchenkultur für kleine Fische, kleiner als ↑**Sardellen**

Gayettes [*Franz. Speisekarte*] ↑Schweine**hackfleisch** im ↑**Schweinenetz**

Gazeux [*Franz. Fachwort*] Schäumend, kohlensäurehaltig

Gazoza [*Griech. Speisekarte*] Klare Zitronenlimonade

Gazpacho [*Span. Speisekarte*] **R** Kalte spanische Gemüsesuppe aus pürierten ↑**Gurken**, ↑**Tomaten**, ↑**Zwiebeln**, ↑**Knoblauch**, ↑**Paprikaschoten** und ↑**Weißbrot** ohne Rinde, mit einer ↑**Marinade** aus ↑**Salz**, ↑**Tomatenmark**, ↑**Weinessig**, Wasser und ↑**Olivenöl** angereichert. Durchgekühlt mit Weißbrotwürfeln, gewürfelter Gurke, Paprikaschote und Zwiebeln extra in kleinen Schälchen servieren. Diese erfrischende Sommersuppe kommt ursprünglich aus Sevilla und ist in ganz Spanien beliebt.

Gebäck [*Übersetzer*] **Englisch:** biscuits; **Französisch:** pâtisserie; **Italienisch:** biscotti; **Spanisch:** pasteles

Gebacken [*Übersetzer*] **Englisch:** baked; **Französisch:** cuit, frité; **Italienisch:** al forno; **Spanisch:** al horno

Gebackene Bananen [*Übersetzer*] **Englisch:** fried bananas; **Französisch:** bananes fritées; **Italienisch:** banane fritte; **Spanisch:** al horno plátano

Gebraten [*Übersetzer*] **Englisch:** roasted; **Französisch:** sauté, poêlé; **Italienisch:** arrostito, arrosto; **Spanisch:** asado

Geelchen [*Speisepilze*] **T** ↑**Pfifferling**

Gefällig [*Weinkunde*] Ein Wein, an dem man Gefallen findet, ohne dass er Gemüt und Geist zu sehr in Anspruch nimmt. Er trinkt sich angenehm, braucht keine lange Reifezeit und bleibt als erfreuliches Getränk und nichts weiter sonst in Erinnerung.

Gefilte Fisch [*Jüdische Küche*] **R** Jiddisch für „Gefüllter Fisch", eine Art Fischpastete, eine Spezialität der jüdischen Küche aus Polen, Südrussland und der Ukraine. Die Zubereitung ist aufwändig und sollte am Vortag beginnen: Ein ↑**Karpfen** oder ↑**Zander** wird geputzt und ausgenommen und der Kopf ganz oder teilweise (bis zur Wirbelsäule) abgetrennt. Dann vom Bauch her die Gräten bzw. Rippen nahe am Rückgrat vorsichtig durchschneiden, ohne dass die Haut verletzt wird. Nun das Fleisch aus der Haut lösen, sorgfältig von allen Gräten befreien, durch den Fleischwolf drehen und mit ↑**Zwiebeln**, ↑**Knoblauch**, ↑**Mandeln**,

↑**Mazzebröseln**, ↑**Eiern** und ↑**Gewürzen** vermengen. Mit dieser ↑**Farce** die Fischhaut füllen und wieder verschließen. Nun wird der gefüllte Fisch in einem vorbereiteten ↑**Würzsud** aus Wasser und ↑**Wurzelgemüse** pochiert. Der fertige Fisch wird mit dem reduzierten und gesiebten Fond übergossen, der schnell geliert. In einer Variante wird der Fisch zu Anfang in dicke Scheiben geschnitten, das Fleisch herausgelöst, zur Farce verarbeitet und in die Scheiben gefüllt. Dann sollte der Fisch nur knapp mit Sud bedeckt garen. Gefilte Fisch kann warm oder kalt gegessen werden. Als traditionelle Vorspeise beim ↑**Schabbat**mahl wird er wegen des dort herrschenden Ruhegebots (samstags darf auch kein Feuer entzündet werden) freitags zubereitet und kalt serviert. Dazu werden „Roter Kren", eine Mischung aus geriebenem ↑**Meerrettich** und geriebenen ↑**Roten Beeten**, und ein spezieller Hefezopf, ↑**Barches** bzw. ↑**Challah**, gereicht.

Geflügel [*Fachkunde*] **Englisch:** poultry, fowl; **Französisch:** volaille; **Italienisch:** pollame; **Spanisch:** volatil, aves. **Info:** Als Geflügel bezeichnet man küchenumgangssprachlich Vogelarten, die zum menschlichen Verzehr geeignet sind. Alle heute als genießbar geltenden Geflügelarten gehören, von ↑**Taube** und ↑**Strauß** abgesehen, zu den fasanenartigen Hühnervögeln oder den Gänsevögeln. **1. Hausgeflügel:** Einige Arten werden als Haustiere gehalten und stellen eine wichtige Grundlage für die Ernährung dar. – Genutzt werden auch die Federn einiger Arten (Gänsedaunen, Pfauenfedern, Straußenfedern – beim Strauß auch das Leder). Hühnereier dienen auch zur Gewinnung von Impfstoffen. Rund 20 % des in der EU verzehrten Fleisches ist Geflügelfleisch. Es zeichnet sich durch einen niedrigen Fettgehalt, hochwertiges ↑**Eiweiß**, ↑**Vitamine** und ↑**Mineralstoffe** aus. Das Geflügelfett hat eine günstige ernährungsphysiologische Zusammensetzung. **Anteil der Fettsäuren:** ∅ 36 % ↑**Gesättigte FS** – ∅ 37 % ↑**Einfach ungesättigte FS** – ∅ 27 % ↑**Mehrfach ungesättigte FS**. Wegen der möglichen Verunreinigung durch ↑**Salmonellen** sollte Geflügelfleisch stets durchgegart werden. Einmal aufgetautes Tiefkühlgeflügel darf nicht wieder eingefroren werden. Als ↑**Hausgeflügel** gezüchtet werden ↑**Huhn**, ↑**Truthahn**, ↑**Ente**, ↑**Gans** und Taube. Seit 1994, ausgehend von Südafrika, auch Strauß. **2. Wildgeflügel:** Als ↑**Wildgeflügel** oder ↑**Federwild** gelten ↑**Fasan**, ↑**Rebhuhn**, ↑**Perlhuhn** und ↑**Wachtel**. – Auerhahn, Birkhuhn und Wacholderdrossel (↑**Krammetsvogel**) sind gefährdet und dürfen nicht mehr gejagt werden. Bis in die Renaissance wurden auch Schwäne und Pfauen zu festlichen Mahlzeiten des Adels und der Geistlichkeit verzehrt. Enten und Fasan werden sowohl gezüchtet als auch gejagt im Handel angeboten. Perlhuhn und Wachtel sind zwar gezüchtet, werden aber ihres Geschmacks wegen zum Wildgeflügel gezählt.

Geflügelbrühe/-fond [*Unsere Küche*] ↑**Hühnerbrühe** & ↑**Fond**

Geflügelbrühwurst [*Fleischprodukte*] ↑**Brühwurst** mit Geflügelfleischanteil

Geflügelfilet [*Fleischprodukte*] Von Haut befreite („filetierte") Brustmuskulatur, z. B. ↑**Truthahn**filet, ↑**Hähnchen**brustfilet usw.

Geflügelfleisch [*Fleischprodukte*] ↑**Fleisch** von Schlachtgeflügel (Hausgeflügel), ↑**Truthahn**, ↑**Gänse**, ↑**Enten**, ↑**Hühner**, ↑**Tauben** usw.

Geflügelgewürz [*Gewürze & Kräuter*] **R 1.** Typisches Gewürz zum Marinieren von Geflügel, das gebraten werden soll, ist ↑**Beifuß**. Es ist u. a. in fast allen fertigen Geflügelgewürzmischungen enthalten. Empfehlenswert: edelsüßes ↑**Paprikagewürz**, schwarzer ↑**Pfeffer**, getrocknete ↑**Petersilie**, ↑**Majoran**, ↑**Muskat**, ↑**Salbei**, ↑**Zwiebel**- und ↑**Knoblauch**granulat sowie Beifuß. **2.** Für ↑**Hühnersuppe** oder ↑Geflügel**fond**: Ganz wenig Salz, Zwiebeln, Knoblauch, Pfefferkörner, Nelken (pro Huhn 2 Stück) oder ↑**Piment**, Beifuß, ↑**Thymian**, ↑**Wacholder**, ↑**Lorbeerblätter**, etwas frischen ↑**Ingwer** und reichlich ↑**Petersilienwurzeln**

Geflügelklein [*Fleischprodukte*] Kopf, Hals, Magen, Leber, Flügel und Beine des ↑**Geflügels**, bei ↑**Hähnchen** auch der Kamm

Geflügelsalat [*Unsere Küche*] **R Englisch:** chicken salad; **Französisch:** salade de volailles; **Italienisch:** insalata di pollo; **Spanisch:** ensalada de pollo. Dieser beliebte Salat wird hergestellt aus gegartem, ausgelöstem und geschnittenem Geflügelfleisch, ohne Haut. Mit ↑**Mayonnaise**, ↑**Jogurt** oder anderen würzenden, bindenden ↑**Soßen**, sowie ↑**Reis**, ↑**Eier**, ↑**Pilzen**, ↑**Obst** und ↑**Gemüse**. Exotisch oder klassisch abgeschmeckt.

Gefrierbrand [*Unsere Küche*] **T** Ist ein häufig auftauchender Frischefehler bei tiefgefrorenem ↑**Fleisch** und ↑**Fisch**, hervorgerufen durch starken Wasserentzug aus dem Gewebe. Ursache hierfür ist die zu dicht anliegende oder beschädigte Verpackung (kommt bei ↑**Geflügel** am häufigsten vor). Sichtbar durch verfärbte, meist helle, strohig aussehende Stellen an der Fleischoberfläche. Die befallenen Stellen werden beim Garen strohig-trocken und hart, darum müssen sie nach dem Auftauen großzügig weggeschnitten werden. Ist der Gefrierbrand auf einer größeren Fläche des Gefriergutes zu erkennen, sollte es gesamt entsorgt werden.

Gefrieren [*Fachkunde*] Konservierung wasserhaltiger Lebensmittel durch sehr schnelles Senken der Temperatur unter den Gefrierpunkt. Einfriergeschwindigkeit und Tiefe der Temperatur sind ausschlaggebend für die zukünftige Qualität des Lebensmittels. Lagertemperatur mindestens −18° C bis −30° C, besser tiefer.

Gefriergeschwindigkeit [*Fachkunde*] Für die Größe der Eiskristalle in tiefgekühlten Lebensmitteln ist die Gefriergeschwindigkeit verantwortlich. Je schneller das Gefrieren vor sich geht, desto kleiner sind die sich bildenden Kristalle. Bei zu geringer Gefriergeschwindigkeit bilden sich große Eiskristalle, die die Zellwände sprengen und zu großem Zellsaftverlust führen. Dadurch gehen alle qualitativ positiven und geschmacklichen Eigenschaften der Lebensmittel verloren. ↑**Schockfrosten**

Gefrierkette [*Fachkunde*] Die Gefrierkette oder Tiefkühlkette ist die Transportkette für tiefgefrorene Lebensmittel von der Produktion bis zum Verkauf unter Gewährleistung der zur Qualitätserhaltung der Ware abgestimmten Temperaturen. In der warmen Jahreszeit haben gesundheitsschädigende Bakterien, Viren und Schimmelpilze Hochsaison. Um sich vor Ansteckungen mit ↑**Salmonellen**, ↑**Listerien**, ↑**Hepatitis** A Erreger usw. zu schützen, ist **die Aufrechterhaltung der Gefrierkette wichtig.** Die Symptome einer Infektion reichen von leichter Übelkeit bis hin zu schweren Magen-Darm-Beschwerden und Folgeerkrankungen (abhängig vom Gesundheitszustand vor der Infektion). ↑**Lebensmittelvergiftung**, ↑**Tiefgefrieren**

Gefrierprodukte [*Fachkunde*] Lagerung bei einer Temperatur von maximal –18° C. Während des Transports sind kurzfristig Temperaturen bis maximal –15° C zulässig (↑**Tiefkühlen**). Tiefgekühlte Produkte müssen ↑**vorverpackt** sein.

Gefriertrocknen [*Fachkunde*] Konservierungsverfahren, bei dem Lebensmitteln bei –20 bis –30° C im Vakuum Wasser entzogen wird. Dieses Verfahren wird angewendet, um Instantkaffee, Trockenkräuter und -pilze herzustellen. Beim Gefriertrocknen behalten die Lebensmittel ihr natürliches Aroma, und es finden keine Farbveränderungen statt. Der Vitamingehalt wird kaum gemindert. Die Produkte können dadurch mehrere Jahre gelagert werden.

Gefrorenes [*Österr. Küche*] ↑**Speiseeis**

Gefüllte Kalbsbrust [*Fleischprodukte*] **A** Von Rippen, evtl. auch von Brustknochen befreite, taschenartig präparierte Kalbsbrust, die mit einer variabel abgeschmeckten Masse aus ↑**Weißbrot** („↑**Semmelknödelteig**"), ↑**Pilzen**, ↑**Nüssen**, ↑**Backobst**, ↑**Kräutern** oder ↑**Hackfleisch** usw. gefüllt ist. ↑**Würztabelle**

Gefüllte Schweinebrust [*Fleischprodukte*] **A** Eine von Rippen, Brustbein und Brustknorpeln befreite, taschenartig präparierte Schweinebrust, die vorwiegend mit einer variabel abgeschmeckten Masse aus ↑**Weißbrot** („↑**Semmelknödelteig**"), ↑**Pilzen**, ↑**Nüssen**, ↑**Backobst**, ↑**Kräutern** oder ↑**Hackfleisch** usw. gefüllt ist. ↑**Würztabelle**

Gefüllte Tomaten [*Unsere Küche*] **Englisch:** stuffed tomatoes; **Französisch:** tomates farcies; **Italienisch:** pomodori ripieni; **Spanisch:** tomates rellenos. Gefüllte Tomaten können als kaltes Gericht mit Salaten auf einem Buffet glänzen, als gegrillte oder überbackene Beilage zu einem Fleisch- oder Fischgericht geschmackliche Abwechslung bringen.

Gefüllter Schweinebauch [*Fleischprodukte*] **A** Ein von Rippen befreiter, taschenartig präparierter Schweinebauch, der mit einer variabel abgeschmeckten Masse aus ↑**Weißbrot** („↑**Semmelknödelteig**"), ↑**Pilzen**, ↑**Nüssen**, ↑**Backobst**, ↑**Kräutern** oder ↑**Hackfleisch** usw. gefüllt ist. ↑**Würztabelle**

Gegrillt [*Übersetzer*] **Englisch:** grilled; **Französisch:** grillé (au barbecue); **Italienisch:** alla griglia; **Spanisch:** asado

Gehacktes [*Fleischprodukte*] ↑**Hackfleisch**

Gehaltvoll [*Weinkunde*] Bezieht sich auf den Geschmack insgesamt und auf den Alkoholgehalt. Manchmal verbirgt sich hinter diesem Wort das Gegenteil von Eleganz, nämlich Überfülle.

Gehärtetes Fett [*Fette*] gesundheitsgefährdende Fette ↑**Hydrogenisiertes Fett** & ↑**Trans-Fettsäuren**

Geheimratskäse [*Käse*] **T** Die rundlichen, meist mit Wachs überzogenen Käselaibe stammen aus der holländischen Ortschaft Heemrat.

Herkunft Deutschland	Herkunft Österreich
Käsesorte: ↑**Schnittkäse**	**Käsesorte:** ↑**Schnittkäse**
45 % ↑**Fett i. Tr.**	45 % ↑**Fett i. Tr.**
Milch: Kuhmilch	**Milch:** pasteurisierte Kuhmilch
Teig: hellgelb, schnittfest, geschmeidig	**Teig:** hellgelb, schnittfest, geschmeidig
Geschmack: mild-rahmig, leicht butter-säuerlich	**Geschmack:** mild-fein

Gehen lassen [*Unsere Küche*] **T** ↑**Hefeteig** muss je nach Konsistenz während der Verarbeitung zwei-, dreimal 15–40 Min. gehen, aufgehen, steigen, also sein Volumen vergrößern. Dazu stellt man ihn an einen warmen Ort und deckt ihn mit einem Tuch ab, um ihn vor Zugluft zu schützen.

Geisenheim [*Weinkunde*] Weinstadt im Rheingau und Sitz der Forschungsanstalt für Weinbau

Geisenheimer Erde [*Weinkunde*] Tonerde, die als Schönungsmittel für die Ausfällung von störendem Eiweiß in Wein verwendet wird, auch Bentonit genannt.

Geißblattblüten [*Wildkräuter, -blüten & -früchte*] **T** **Lateinisch:** Lonicera spp.; Geißblattblüten sind essbar – **Mehr Information:** ↑**Essbare Blüten**

Geisskäsli [*Käse*] Oder Geissformagella, milder, aromatischer ↑**Ziegenkäse** aus dem Tessin (Südschweiz)

Geist [*Fachkunde*] ↑**Branntwein**

Gekehlt [*Fisch*] ↑**Kehlen**

Geklärte Butter [*Fette*] ↑**Butterschmalz**

Gekocht [*Übersetzer*] **Englisch:** boiled; **Französisch:** cuit; **Italienisch:** cotto; **Spanisch:** cocido

Gekörnte Brühe [*Gewürze & Kräuter*] Besteht wie alle

im Handel erhältlichen Konzentrate für Würzbrühen vorwiegend aus ↑**Salz** und ↑**Würze.** Eine Ausnahme bildet ↑**Fleischextrakt.** Gekörnte Brühe enthält kein oder kaum ↑**Fleisch** oder ↑**Gemüse,** erinnert aber geschmacklich an ↑**Fleischbrühe.** ↑**Brühwürfel**

Gekröse [*Fleischprodukte*] Magen und Gedärme der ↑**Schlachttiere.** Bei Wiederkäuern: ↑**Pansen,** Netz-, Blätter- und Labmagen

Gelado misto [*Span. Speisekarte*] Gemischtes ↑**Speiseeis**

Gelatin [*U.S. Kitchen*] ↑**Gelatine**

Gelatina [*Ital. Speisekarte*] ↑**Gelee,** ↑**Aspik**

Gelatine [*Allgem. Nährmittel*] **T** ↑**Eiweißstoff,** den man durch Kochen von Knochen und kollagenhaltigem Bindegewebe (z. B. Schweineohren und -füße, Kalbskopf und -füße) in Wasser oder verdünnter Säure erhält. In reiner Form ist Gelatine farblos, durchsichtig, brüchig, geruch- und geschmacklos. In heißem Wasser löst sie sich auf und bildet beim Abkühlen ein Gel oder eine gallertartige Masse. Legt man sie in kaltes Wasser, nimmt sie das Fünf- bis Zehnfache ihres Gewichts auf und schwillt zu einer elastischen, durchsichtigen Masse an. In reinster Form wird Gelatine als Bestandteil von Nahrungsmitteln verwendet, erhältlich als durchsichtige weiße oder rote Blätter und als Pulver. Die Blätter werden vor dem Gebrauch einige Min. in kaltem Wasser eingeweicht, gut ausgedrückt und unter die heiße Speise gerührt oder in einer Suppenkelle, die man in kochendes Wasser hält, aufgelöst und dann weiterverarbeitet. Gelatinepulver (Gebrauchsanweisung beachten) geliert stärker als Blattgelatine. Äußerst nahrhaft, leicht verdaulich, wird gut resorbiert (vom Körper aufgenommen). Andere ↑**Proteine** kann sie nicht vollständig ersetzen, da ihr essenzielle ↑**Aminosäuren** fehlen. Durch ihr Quellvermögen wird Gelatine als Geliermittel in der ↑**Fleisch-,** ↑**Fisch-,** Süßwaren- (Gummibärchen) und Backwarenindustrie verwendet. Im Haushalt setzt man Gelatine zur Herstellung von ↑**Gelee,** ↑**Aspik,** ↑**Sülze** und zum Versteifen von Crèmes ein. **10 g Gelatine lassen 1/2 l Flüssigkeit gelieren.** Wird sie zu stark erhitzt (Kochtemperaturen), verliert Gelatine ihre Gelierfähigkeit. Sie bildet die bindende Grundlage für Aspik. Gelatine-Ersatz für ↑**Vegetarier** ist ↑**Agar-Agar.**

Gelato [*Ital. Speisekarte*] ↑**Speiseeis**

Gelbe Bohnen [*Gemüse*] **T Lateinisch:** Phaseolus vulgaris; **Info:** Gelbe Bohnen gehören zu den Schmetterlingsblütlern und sind Kletterpflanzen. Die Gemüsepflanzen sind heute in der ganzen Welt verbreitet. **Herkunft und Saison:** Gelbe Bohnen werden im Frühjahr hauptsächlich aus Italien, im Sommer und Herbst aus inländischer Produktion und im Winter meist aus Ägypten angeboten. **Zubereitung und Tipps:** Gelbe Bohnen sollten nur kurz in heißem Wasser blanchiert werden, dann kurz in ↑**Sahne,** ↑**Butter** oder ausgelassenem ↑**Speck** geschmort als Beilage gereicht werden. ↑**Würztabelle** & ↑**Grüne Bohnen**

Gelbe Fisolen [*Österr. Küche*] ↑**Wachsbohnen**

Gelbe Passionsfrucht [*Exotische Früchte*] ↑**Maracuja**

Gelbe Rübe [*Gemüse*] ↑**Karotte** – heißt auch Möhre oder Mohrrübe

Gelber Mais [*Mexicofood*] Der gelbe Mais, wie er in Europa verbreitet ist, hat in Mexiko fast keine Bedeutung. Stattdessen wird er speziell behandelt, in einer Wasser-Kalklösung einige Tage lang getränkt, bis er sich durch Gärung zersetzt. Die entstandene Flüssigkeit wird als „Tejuino" auf Märkten als Durstlöscher verkauft (schmeckt sehr bitter, ist Geschmackssache). Die angegorenen Körner wiederum werden getrocknet und zu Mehl verarbeitet, das zur Herstellung von ↑Mais**tortillas** dient. Dieses Mehl kann man im Fachhandel als Mais-Tortillamehl oder ↑**Masa Harina** kaufen. ↑**Maismehl** & ↑**Fumonisine**

Gelber Paprika [*Gemüse*] **T Lateinisch:** Capsicum annuum var. annuum; **Info:** Gelbe Paprika gehören zu den süßen oder milden ↑**Paprika**sorten, die erst vor wenigen Jahrzehnten gezüchtet wurden und in kurzer Zeit als Gemüsepaprika wirtschaftliche Bedeutung erlangten. **Herkunft und Saison:** Gelber Paprika wird den ganzen Sommer lang aus inländischer Produktion und in der Saison in kleinen Mengen auch aus Ungarn angeboten. Außerdem erreichen uns das ganze Jahr über ergänzende Importe aus den Niederlanden und Spanien. **Zubereitung und Tipps:** Bei allen Gemüsepaprika werden der Stielansatz und die Kerne vor dem Verzehr entfernt. Gelbe Paprika schmecken süßlicher als grüne Arten, werden meist roh und klein geschnitten als Salat oder gefüllt und geschmort verzehrt.

Gelber Tee [*Tee*] Gelber Tee hat eine ähnlich lange Tradition wie der ↑**Oolong Tee.** Einzuordnen ist er zwischen grünem und Oolong Tee. Aufgrund seiner belebenden Wirkung und vielen wohltuenden Eigenschaften blieb gelber Tee lange Zeit ein Privileg buddhistischer Mönche. Seine Sortenvielfalt ist sehr begrenzt, die verfügbaren Mengen gering. Berühmt ist sein Aroma, welches Spuren von Schokolade und Kaffee enthält.

Gelborange S [*Fachkunde*] ↑**E 104**

Gelbschmiere [*Käse*] Der weichschmierige Überzug, der bei manchen Käsesorten die Rinde bedeckt. Diese Sorten (↑**Sauermilch-** oder ↑**Weichkäse**) werden mit speziellen Bakterienkulturen besprüht, die bei anschließender Lagerung die gewünschte Schmiere bilden und dem ↑**Käse** ein säuerliches Aroma verleihen. ↑**Rotschmiere**

Gelbschwanz, Japanischer [*Fisch*] Gehört zu den ↑**Makrelen** und ist eng mit dem ↑**Tunfisch** verwandt. – **Buri,** der erwachsene Fisch, und **Hamachi,** der junge Fisch, haben eine goldende Farbe. Sie werden in Japan in speziellen Fischfarmen gezüchtet und meist roh für ↑**Sashimi** und ↑**Sushi** verwendet. Außerhalb Japans ist es sehr schwierig, echten Japanischen Gelbschwanz zu bekommen.

Gelbwurst [*Fleischprodukte*] ↑**Hirnwurst**

Gelbwurzel [*Gewürze & Kräuter*] **T** Auch Safranwurzel genannt. Mehrjährige, krautige Pflanze aus der Familie der Ingwergewächse, die aus Indien stammt. Verwendet werden die zunächst gekochten und anschließend getrockneten Wurzelstöcke der Pflanzen. Zermahlen stellen sie das sehr scharfe und leicht bitter schmeckende Gewürz ↑**Kurkuma** dar, einer der Hauptbestandteile des ↑**Currypulvers**. Da die ↑**Rhizome** im Innern intensiv gelborange gefärbt sind – daher der Name ↑**Safranwurzel** –, verwendet man sie auch als Farbstoff, u. a. für Lebensmittel und für Stoffe. ↑**E 100**

Gelbzucker [*Allgem. Nährmittel*] Zucker, dem Reste des Sirups anhaften, aus dem er auskristallisiert wurde. Er ist gelbbraun gefärbt und klebrig. Wird fälschlich als ↑**Rohrzucker** bezeichnet. ↑**Zucker**

Geld [*Übersetzer*] **Englisch:** money; **Französisch:** argent; **Italienisch:** denaro; **Spanisch:** dinero

Gelee [*Süßwaren*] Streichfähige Masse aus ↑**Zucker** und ↑**Saft** von verschiedenen ↑**Früchten** oder deren Auszügen. Als Geliermittel werden z. B. ↑**Gelatine**, Apfel- oder ↑Citrus**pektin** eingesetzt.

Gelée Royale [*Gesundheit*] **T** Das von den Arbeitsbienen produzierte Futter für die Königin. Erst diese Super-Nahrung ermöglicht, dass sich aus einer einfachen befruchteten Eizelle keine Arbeitsbiene, sondern die größere und fortpflanzungsfähige Königin entwickelt. Gelée Royale enthält sehr viele ↑**Mineralstoffe**, ↑**Eiweiß**, ↑**Fette**, ↑**Zucker**, eine ganze Reihe von ↑**Vitaminen** und Bienenhormonen. Besonders beliebt ist Gelée Royale in der Kosmetik, da es die Zellen erneuern und als Homöopathikum bei Schwäche und Erschöpfung helfen soll. Bisher ließen sich aber solche und ähnliche mutmaßliche Wirkungen nicht ausreichend beweisen. Allergiker sollten mit diesem Produkt sehr vorsichtig umgehen, da es eine erhebliche allergische Potenz zu besitzen scheint.

Gelees [*Allgem. Nährmittel*] **R** ↑**Sülzen**, ↑**Fleisch**sülze (gelée de viande), ↑**Geflügel**sülze (gelée de volaille) und ↑**Fisch**sülze (gelée de poisson). Die Fleischsülze entsteht aus Knochen, Kalbsfüßen und Schwarten, die man erst blanchiert, dann mit kaltem ↑**Fond blanc** aufgießt, aufkocht und mit einem ↑**Bouquet garni** etwa fünf Stunden langsam (ohne Deckel) ziehen lässt, dabei immer wieder abschäumt, abschließend entfettet und durch ein Tuch passiert. Nach dem Auskühlen ↑**Klären** und ggf. mit ↑**Madeira** oder ↑**Sherry** verfeinern. Sollte das Gelee nicht richtig binden, kann es nochmals eingekocht und mit wenig ↑**Gelatine** nachgesteift werden.

Geleespeisepulver [*Backstube*] **T** Besteht aus: ↑**Gelatine**, ↑**Zucker**, ↑**Säuerungsmittel**, natürlichen oder naturidentischen ↑**Aroma**- und ↑**Farbstoffen**. Es wird mit Wasser und Zucker aufgekocht. Teilweise kann man das Wasser durch ↑**Fruchtsaft** ersetzen. ↑**Wackelpudding**

Gelieren [*Unsere Küche*] Erstarren von Flüssigkeiten mit Hilfe von Geliermittel. ↑**Agar-Agar**, ↑**Aspik** & ↑**Gelatine**

Geliermittel [*Allgem. Nährmittel*] **T** Lebensmittelzusatzstoffe, die in Wasser quellen oder Wasser binden. Sie bilden eine gallertartige Masse und geben Suppen, ↑**Saucen** oder ↑**Pudding** eine sämige bis feste Konsistenz. **Weitere Einsatzgebiete:** ↑**Gelees**, ↑**Konfitüren**, Backwaren, ↑**Wurst** und Fleischzubereitungen und ↑**Speiseeis**. Außerdem sind sie Füllstoffe in kalorienreduzierten Lebensmitteln. **Zum Stabilisieren werden natürliche Stoffe genommen:** ↑**Gelatine**, ↑**Johannisbrotkernmehl**, ↑**Agar-Agar** (aus Rotalgen), ↑**Stärke**, ↑**Pektin** (aus ↑**Äpfeln**). – Als Geliermittel gelten neben ↑**Blattgelatine** auch Gelierpulver und Kalbsfüße, Kalbsköpfe, Schweineschwarten und -füße. Diese werden weichgekocht; dabei gehen die Geliermittel (↑**Kollagene**) in das Wasser über. Die ↑**Brühe** wird passiert und dient als Gelierstoff, den man wie ↑**Gelatine** verwenden kann.

Gelierprobe [*Unsere Küche*] **T** Mit ihr wird festgestellt, ob das ↑**Gelee** nach dem Auskühlen die erwünschte Festigkeit hat. Wenig Gelierflüssigkeit auf einen kleinen, kalten flachen Teller geben, einige Min. in den Kühlschrank stellen: Das zeigt schnell, ob noch ↑**Gelatine** zugefügt werden muss.

Gelierpunkt [*Unsere Küche*] Temperatur, bei der ein ↑**Gelee** zu erstarren beginnt

Gelierzucker [*Backstube*] **T** Kristallzucker, der mit ↑Obst**pektin**, ↑**Zitronen**- oder ↑**Weinsäure** angereichert ist. Er ist süß und geliert zugleich in kürzester Zeit. Dadurch bleiben ↑**Vitamine**, Farbe und Aroma der Früchte, die zu ↑**Konfitüren**, ↑**Marmeladen**, **Gelees** verarbeitet werden, erhalten. **Gelierzucker 2 : 1 :** = 2 Teile Frucht, 1 Teil Gelierzucker. Der leichte Gelierzucker für fruchtig-süße Marmeladen und Konfitüren. Natürliches Gelieren wird durch Apfelpektin unterstützt. **Gelierzucker 1:1:** = 1 Teil Frucht, 1 Teil Gelierzucker. Der traditionelle Spezialzucker mit einem besonderen Verhältnis zu Marmeladen, Konfitüren, Gelees, selbst gemachten Fruchtsäften. **Achtung:** Gelierzucker hat ein Verfallsdatum, das man beachten sollte, da die Gelierfähigkeit nachlässt. Überlagerter Gelierzucker lässt sich zum Süßen von ↑**Kompott**, Obstsalat und dergleichen weiter verwenden. ↑**Zucker**

Gelinotte [*Franz. Speisekarte*] ↑**Haselhuhn**

Gellan [*Fachkunde*] ↑**E 418**

Gelso [*Ital. Speisekarte*] ↑**Maulbeere**

Gemeiner Klapperschwamm [*Speisepilze*] ↑**Grifola Pilze**

Gemeinschaftsverpflegung [*Fachkunde*] **Abkürzung GV:** die Verpflegung größerer Menschengruppen in

Betrieben, Anstalten und Schulen. Sie bietet die Möglichkeit, kostengünstig außer Haus verpflegt zu werden. Besonders das warme Mittagessen nimmt eine bedeutende Rolle ein. Man unterscheidet zwischen Teil- und Vollverpflegung. Bei der Teilverpflegung nimmt man – im Gegensatz zur Vollverpflegung – nur die Mittagsmahlzeit mit eventuell ein bis zwei Zwischenmahlzeiten ein. In der Gemeinschaftsverpflegung (Kantine) kann der Energie- und Nährstoffbedarf des Einzelnen nur annähernd berücksichtigt werden. Es stehen eher die Personengruppen – wie Schüler, Studenten, Arbeiter, Pflegeheimbewohner – im Mittelpunkt der Speisenplanung. Auf Hygiene und Nährstofferhaltung muss dabei besonders geachtet werden, um ↑**Lebensmittelvergiftungen** (z. B. ↑**Salmonellose**) und ↑**Mangelerkrankungen** (z. B. durch ↑**Vitamin**- oder ↑**Ballaststoff**mangel) zu vermeiden.

Gemelli [*Ital. Speisekarte*] Zwillinge: kurze, ineinander verschlungene dicke ↑**Spaghetti** aus ↑**Hartweizengrieß** und Wasser (Norditalien)

Gemischte Vorspeise [*Übersetzer*] **Englisch:** mixed starters; **Französisch:** hors d'œuvres; **Italienisch:** antipasti; **Spanisch:** entremeses

Gemischter Aufschnitt [*Übersetzer*] **Englisch:** assorted cold meat; **Französisch:** viandes froides assorties; **Italienisch:** affetato misto; **Spanisch:** fiambres mixta

Gemischter Salat [*Übersetzer*] **Englisch:** mixed salad, tossed salad; **Französisch:** salade mixte; **Italienisch:** insalata mista; **Spanisch:** ensalada mixta

Gemista [*Griech. Speisekarte*] **A** Begriff aus der griechischen Küchenkultur für Gemüse wie ↑**Paprika**, ↑**Tomaten** oder ↑**Auberginen**, das mit ↑**Reis**, ↑**Hackfleisch** und Gewürzen gefüllt und im Backofen gebacken wird

Gemüse [*Fachkunde*] **T Englisch:** vegetables; **Französisch:** légumes; **Italienisch:** verdure; **Spanisch:** verduras. Mit Gemüse bezeichnete man schon in germanischen Zeiten alle Garten- und Feldfrüchte außer ↑**Obst**. Gemüse ist ein wichtiger Bestandteil der gesunden ↑**Ernährung**, denn es liefert ↑**Vitamine**, ↑**Mineralstoffe**, ↑**Kohlenhydrate**, ↑**Ballaststoffe**, ↑**Sekundäre Pflanzenstoffe** und enthält wenig ↑**Fett** und ↑**Kalorien**. Es sind verschiedene Pflanzenteile, die sowohl gekocht oder konserviert als auch roh in Form von Salaten zubereitet werden können. Im Unterschied zu Obst und ↑**Nüssen**, die meist von Bäumen oder Sträuchern stammen, sowie ↑**Pilzen** aus Natur und Zucht, werden bei Gemüsepflanzen meist einjährige, krautige Gewächse verwendet. Je nach Herkunft der verwendeten Pflanzenteile unterscheidet man folgende Gemüsegruppen: Blattgemüse (z. B. ↑**Blattsalate**, aber auch ↑**Kohl**-Arten und ↑**Spinat**), Stängelgemüse (z. B. ↑**Staudensellerie**, ↑**Spargel**, ↑**Rhabarber**), Wurzel- und Knollengemüse (↑**Kartoffeln**, ↑**Karotten**, ↑**Sellerie**, ↑**Rüben**), Zwiebelgemüse (↑**Zwiebeln**, ↑**Lauch**, ↑**Knoblauch**), Gemüse aus ↑**Blüten** und Blütenständen (↑**Blumenkohl**, ↑**Broccoli**, ↑**Artischocken**) und Fruchtgemüse (↑**Tomate**, ↑**Paprika**, ↑**Hülsenfrüchte**, ↑**Gurke**, ↑**Kürbis**). Ihren typischen Geschmack verdanken die Gemüsesorten verschiedenen Bestandteilen wie ätherischen Ölen, die auch für die Anregung der Verdauung von Bedeutung sind. Zusammen mit ↑**Getreide** und Obst ist Gemüse wichtig für eine gesunde Ernährung. **Heute gilt in der Gemüseküche der Grundsatz:** Schonend gegartes, noch knackiges, bissfestes Gemüse enthält nicht nur mehr Vitamine und Mineralstoffe, sondern schmeckt zudem besser als weichgekochtes. – Gemüse ist vielseitig, man serviert es als Beilage, Hauptgericht oder als Bestandteil von Suppen und Eintöpfen. – Die Möglichkeiten der Zubereitung sind vielfältig und variantenreich. **Es kann zu Mangelerscheinungen und Gesundheitsstörungen kommen, wenn man sich ausschließlich pflanzlich ernährt**, weil Gemüse wenig ↑**Eiweiß** enthält. Darum ist es unabdingbar, die Ernährung mit Eiweißprodukten (z. B. ↑**Fleisch**, ↑**Fisch**, ↑**Soja**) zu ergänzen. **Täglich empfohlene Menge:** Portion gegartes Gemüse (∅ 200 g) – Portion rohes Gemüse (∅ 100 g) – Portion Salat (∅ 75 g). ↑**Mischkost** & ↑**Vollwertige Kost; Lagerung:** Zum Nachreifen sollte Gemüse in einem trockenen, kühlen, dunklen Raum gelagert werden. Ausgereiftes Gemüse gehört in den Kühlschrank.

Gemüseartischocke [*Gemüse*] ↑**Artischocken**

Gemüsebananen [*Gemüse*] Kochbananen, ↑**Planten**

Gemüsebrühe [*Unsere Küche*] **A** ↑**Karotten**, ↑**Lauch**, ↑**Sellerie**, ↑**Petersilienwurzel**, ↑**Zwiebel**, ↑**Knoblauch** nach dem Putzen und Waschen in grobe Würfel schneiden und in einem Topf, knapp bedeckt mit kaltem Wasser, aufkochen lassen, abschäumen, salzen und ca. 45 Min. leicht köcheln lassen. Anschließend durch ein sauberes Tuch gießen. Je nach Bedarf abschmecken.

Gemüsefenchel [*Gemüse*] ↑**Fenchel**

Gemüsefond [*Unsere Küche*] **Französisch:** Fond de légumes; ↑**Gemüsebrühe**

Gemüsepaprika [*Gemüse*] ↑**Paprika**

Gemüsesaft [*Fachkunde*] **T** Wird durch Abpressen (Zentrifugieren) von frischem ↑**Gemüse** bzw. Gemüseteilen gewonnen. Der Saft enthält sämtliche ↑**Nährstoffe** – außer den ↑**Ballaststoffen** – des Gemüses. Zu den Gemüsesäften zählen z. B. ↑**Tomaten**-, ↑**Sellerie**-, ↑**Rote-Beete**- und ↑**Karotten**saft sowie Mischsäfte (Gemüsesaft-↑**Cocktails**) aus verschiedenen Gemüsesorten. Man unterscheidet vergorene und unvergorene Gemüsesäfte. Vergorene Säfte wie ↑**Sauerkraut**saft werden durch den Einsatz von Milchsäurebakterien im Gemüsemark oder Gemüserohsaft (Milchsäuregärung) hergestellt. Bei der milchsauren Gärung werden Zuckerbestandteile des Saftes in ↑**Milchsäure** aufgespalten. Diese Milchsäure stabilisiert den ↑**Vitamin-C**-Gehalt im Saft, verbessert die Haltbarkeit und sorgt für den angenehm säuerlichen Geschmack. Gekaufte Gemüsesäfte dürfen nicht verdünnt sein. Sie können aber aus Gemüsesaftkonzentraten durch Zusatz von Wasser hergestellt sein. Die Rückverdünnung erfolgt zumeist bei Fruchtsäften und seltener bei Gemüsesäften. Zusatzstoffe wie ↑**Salz** müssen auf der Verpackung gekennzeichnet sein. ↑**Konservierungsstoffe** dürfen **nicht** verwendet werden.

Gemüsesuppe [*Übersetzer*] **Englisch:** vegetable soup; **Französisch:** potage aux légumes; **Italienisch:** minestrone; **Spanisch:** sopa juliana

Gemüsezwiebel [*Gemüse*] Die riesige Schwester der Küchenzwiebel ist milder, leicht süßlich im Geschmack und wegen ihrer Größe bestens zum Füllen mit Fleisch oder Gemüse geeignet. **Einkauf:** Nur trockene, feste Zwiebeln mit weicher Schale kaufen, keine feuchten oder schon keimenden Knollen. ↑**Zwiebel**

Gendarme [*Franz. Speisekarte*] ↑**Landjäger**

Genever [*Hausbar*] **T** Klarer, holländischer Wacholderbranntwein; Mindestalkoholgehalt 35 %Vol. Entweder wird Korndestillat mit unvergorenen ↑**Wacholderbeeren** und anderen Gewürzen zum zweiten Mal destilliert; oder Korndestillat (Monopolsprit) wird mit Genever-Destillat gemischt und dann zum zweiten Mal gebrannt. „Alter" oder „oude" Genever schmeckt stark nach ↑**Malz** und ↑**Korn**. Beim „jungen" Genever ist diese Geschmacksrichtung weniger ausgeprägt, er schmeckt milder. Die Bezeichnungen haben aber nichts mit dem Alter zu tun, sondern deuten auf ein älteres bzw. jüngeres und anderes Herstellungsverfahren hin. Genever wird meist zum Essen und zum ↑**Bier** getrunken. Er lässt sich gut mit ↑**Fruchtsäften** mischen.

Genfood [*Gesundheit*] Der Bundestag hat am 26. November 2004 mit den Stimmen der Regierungskoalition die Novelle des Gentechnikgesetzes endgültig verabschiedet. Damit traten zum Jahreswechsel 2004/5 Bestimmungen in Kraft, die nach Ansicht von Umwelt- und Bioverbänden die gentechnikfreie Landwirtschaft hinreichend schützen. Die Lobbyverbände der Grünen Gentechnik sprechen hingegen von unzumutbaren Regelungen. **10 ARGUMENTE GEGEN GENFOOD: Gegen die „Grüne Gentechnik", also den Einsatz gentechnisch veränderter Organismen (↑GVO) in Landwirtschaft und Lebensmitteln, gibt es viele gute Gründe. Hier sind die wichtigsten. 1. Bisher ist die genaue Wirkung der Mechanismen, mit denen bei Pflanzen und Tieren das Erbgut verändert wird, unklar und zum Teil unbekannt.** Immer wieder tauchen bei Gen-Pflanzen unerwartete, nicht erklärbare Eigenschaften auf. **2. Es ist unbekannt, wie sich freigesetzte GVO langfristig auf die Umwelt auswirken.** Die bisherigen Erfahrungen zeigen, dass beim Austausch von Erbmaterial mit zunehmenden Resistenzen, Superunkräutern und Artenrückgang zu rechnen ist. **3. Es ist nicht geklärt, wie sich der Verzehr von GVO langfristig auf die menschliche Gesundheit auswirkt.** Es gibt bereits allergieauslösende Genpflanzen. **4. Besonders bedenklich sind die Antibiotikaresistenzen, die in fast alle bisher entwickelten Gen-Pflanzen eingebaut wurden.** Sie können auf Bakterien übergehen und resistente Keime hervorbringen. **5. Sind GVO einmal ausgebracht, lassen sie sich nur mit extrem großem Aufwand wieder zurückholen, und auch das nicht vollständig. 6. Die Wahlfreiheit der Verbraucher ist schon bei einem geringen Ausmaß des Genanbaus gefährdet,** weil Pollenflug, Verunreinigungen im Saatgut und andere Übertragungswege einen gentechnikfreien Anbau gleichartiger Pflanzen erheblich erschweren oder unmöglich machen. **7. Der Bio-Anbau wird durch die Gen-Pflanzen komplett in Frage gestellt.** Werden in Bio-Produkten nur Spuren von Gentechnik weit unterhalb der erlaubten Verunreinigungen gefunden, sind die Produkte nicht mehr „bio". Denn der Verbraucher erwartet hier Gentechnikfreiheit. **8. Es gäbe sehr schnell keinen gentechnikfreien Honig mehr, und dies würde den Ruin vieler Imker bedeuten.** Ohne Imker würden die ohnehin knappen Bienenbestände weiter stark abnehmen, mit negativen Folgen für Fruchtbarkeit und Pflanzengesundheit. **9. Die ab April 2004 geltende neue Kennzeichnungsregelung der EU hat immer noch Lücken.** Fleisch, Milch, Käse und Eier von Tieren, die mit gentechnisch veränderten Pflanzen gefüttert wurden, müssen nicht gekennzeichnet werden. Ähnliches gilt für Enzyme, Aromen etc., die mit Hilfe gentechnisch manipulierter Mikroorganismen erzeugt wurden. Hier kann der Verbraucher nicht frei entscheiden, da er die Gentechnik nicht erkennen kann. **10. Die behaupteten wirtschaftlichen und ökologischen Vorteile der Grünen Gentechnik konnten bisher nicht belegt werden.** Im Gegenteil. Es mehren sich die Berichte von geringeren Erträgen, empfindlicheren Pflanzen und erhöhtem Pestizideinsatz.

Genickfleisch [*Fleischprodukte*] **1.** ↑**Rindfleisch** der Schnittstelle zwischen Kopf und Hals sowie der Stichstelle; **2.** Manuell oder maschinell von grob ausgelösten Knochen abgetrenntes Rindfleisch. Genickfleisch darf nicht zu ↑**Hackfleisch** oder Schabefleisch (↑**Tatar**) verarbeitet werden.

Genièvre [*Franz. Speisekarte*] ↑**Wacholder**

Génoise [*Franz. Fachwort*] ↑**Biskuit**grundmasse, auch Wiener Masse genannt

Genoveser Basilikum – Aton [*Gewürze & Kräuter*] Kompaktes, buschiges ↑**Basilikum**

Gentleman's Relish [*Gewürze & Kräuter*] (Auch **Patum Peperium**) – Hinter diesem Namen (dt. = Des Gentlemans Geschmack) verbirgt sich eine englische ↑**Anchovispaste**, die 1828 in Paris von dem Engländer John Osborne entwickelt wurde. Traditionell streicht man sie hauchdünn auf ↑**Toast** oder verwendet sie als

Würzmittel für Füllungen oder ↑**Rührei.** Diese sehr salzige Paste besteht aus mindestens 60 % gekochten und pürierten Anchovis, verschiedenen ↑**Kräutern,** ↑**Gewürzen** und ↑**Butter.** Das Rezept gilt als Geheimnis und wurde nie veröffentlicht. 1971 wurde es von einem Nachkommen John Osbornes an den Lebensmittelhersteller **Elsenham quality foods** verkauft. Dieser entwickelte das Rezept weiter und bietet zusätzlich zum traditionellen Relish auch eine Mischung mit französischem Senf an.

Gentomate [*Fachkunde*] ↑**Flavr-Savr-Tomate**

Genug [*Übersetzer*] **Englisch:** enough; **Französisch:** assez; **Italienisch:** abbastanza; **Spanisch:** bastande

Genussmittel [*Fachkunde*] Genussmittel sind meistens pflanzlicher Herkunft und sorgen für ein angenehmes Empfinden. Unter Genussmittel fallen z. B. ↑**Kaffee,** ↑**Tee,** ↑**Mate,** ↑**Cola,** alkoholische Getränke und Tabak. Sie enthalten nur wenige oder keine lebensnotwendigen ↑**Nährstoffe** und regen sofort oder nach einiger Zeit das Nervensystem an. In konzentrierter Form können Genussmittel durch ihren Gehalt an ↑**Coffein,** Nikotin und ↑**Alkohol** die Gesundheit schädigen.

Genusssäuren [*Fachkunde*] In der Nahrungsmittelindustrie sind ↑**Essig-,** ↑**Wein-,** ↑**Apfel-** und ↑**Zitronensäure** die am meisten verwendeten Genusssäuren.

Geografische Sortenbezeichnungen [*Fachkunde*] I. d. R. echte Herkunftsangaben, z. B. ↑**Frankfurter Würstchen,** ↑**Holsteiner Katenwurst** usw. In manchen Fällen können sie, soweit sie in den Leitsätzen ausdrücklich genannt werden, auch Hinweise auf eine bestimmte Zusammensetzung und Herstellungsweise sein. In Verbindung mit den Worten „Original“ oder „Echt“ weisen geografische Bezeichnungen in jedem Fall auf die Herkunft hin.

Géramont [*Käse*] **Herkunft:** Frankreich/Lothringen; **Käsesorte:** ovaler ↑**Weichkäse** mit weißem ↑**Edelschimmel,** 60 % ↑**Fett i. Tr.; Milch:** Kuhmilch; **Geschmack:** cremig-mild; **Info:** Weitere Produkte sind Géramont cremig leicht (mit 12 % Fett absolut), Kräuter leicht (ebenfalls mit 12 % Fett und feinen ↑**Kräutern**), ↑**Basilikum** & feine Kräuter und feine ↑**Pfeffer**-Mischung. Die Verwandten heißen natur, cremig leicht, Géramont fraîche (↑Weich**käsezubereitung**) und Géramont Finesse (mit gemischter Rinde).

Geranienblüten [*Wildkräuter, -blüten & -früchte*] **T** Geranienblüten sind essbar – **Mehr Information:** ↑**Essbare Blüten**

Gérant [*Franz. Fachwort*] Geschäftsführer

Geräuchertes [*Fleischprodukte*] Gepökeltes und geräuchertes Schweinefleischerzeugnis, meist vom Bauch (bayer. Wammerl)

Gerbstoffe [*Fachkunde*] In Pflanzen weit verbreitete Stoffe, gehören zur Gruppe der Phenole. Sie kommen besonders reichlich in allen Obstarten, ↑**Tee** und ↑**Kaffee** vor. Zu ihnen gehören ↑**Tannine,** Catechine, Shikimsäure und Chinasäure. Wegen ihrer chemischen Struktur reagieren Gerbstoffe sauer und werden deshalb auch als Gerbsäuren bezeichnet.

Gerebelt [*Fachkunde*] Kommt von Rebeln: Gemeint ist ein Verfahren, bei dem Blüten, Blütenkelche und Blätter von getrockneten Kräutern schonend durch Abreiben oder Abstreifen gewonnen werden. Gerebelte Kräuter sind in der Regel frei von Blattstielen oder Stängeln.

Gerer, Reinhard [*Berühmte Köche*] **Reinhard Gerer** *1953, in Weißkirchen, A – war 1981 jüngster österreichischer Haubenkoch. Neben zahlreichen Medienauftritten lenkt er seit 1984 die Geschicke des Restaurants „Korso“ im Wiener Hotel Bristol. Er hatte namhafte Lehrmeister wie Paul ↑**Bocuse,** Eckart ↑**Witzigmann** und Werner ↑**Matt.** Diese hohe Schule der Kochkunst blieb nicht ohne Folgen für ihn, er wurde sowohl national als auch international mehrmals für seine Interpretationen der ↑**Wiener Küche** geehrt. Mit dem Buch „Der große Gerer – Feine Küche für alle Tage“ bietet er ein zeitgemäßes Standardwerk der modernen ↑**Österreichischen Küche.**

Geriebenes Gerstl [*Österr. Küche*] Geriebener ↑**Nudelteig,** ↑**Eiergraupen**

Gerinnen [*Fachkunde*] **T** Bereits verbundene Substanzen trennen sich wieder, z. B. ↑**Eigelb** und ↑**Speiseöl** in einer ↑**Mayonnaise,** ↑**Sahne** in der ↑**Sauce.** Das Fett flockt durch Zugabe von Flüssigkeit oder bei zu starker Hitze aus, die Masse ist nicht mehr homogen, sondern grießig. ↑**Milch** gerinnt durch Einwirkung von Säure oder Hitze. **Tipp:** Um ein Gerinnen zu vermeiden, darf das ↑**Fett** (Öl, ↑**Butter**) nur nach und nach unter ständigem Rühren in die Flüssigkeit gegeben werden. ↑**Emulgatoren.** Bei kalt (Mayonnaise) oder warm (↑**Hollandaise**) aufgeschlagenen Saucen müssen alle Flüssigkeiten, die sich verbinden sollen, gleich temperiert sein. Bei kochend heißen Saucen entsteht eine sämige Bindung, wenn eiskalte Butterflocken eingemixt werden. Kocht die Sauce erneut auf, ist die Bindung verloren, und das Fett flockt aus.

Germ [*Österr. Küche*] ↑**Hefe**

Germanenwurzeln [*Gemüse*] ↑**Pastinaken**

Germe [*Franz. Speisekarte*] Keim, ↑**Sprossen**

Germe, pousse de bambou [*Franz. Speisekarte*] ↑**Bambussprosse**

Germiny [*Speisegarnitur*] **A** Crèmesuppe à la Germiny mit ↑**Sauerampfer** und ↑**Crème fraîche**

Germogli [*Ital. Speisekarte*] ↑**Sprossen**

Germteig [*Österr. Küche*] ↑**Hefeteig**

Gerollt [*Fleischprodukte*] Durch Wickeln mit Wurstgarn in eine runde Form gebrachte Schlachtfleischsorte (z. B. Rollbraten)

Gérome [*Käse*] **T** Mit dem „↑**Munster**“ verwandt; **Herkunft:** Frankreich/Vogesen (Lothringen); **Käsesorte:** Runder ↑**Weichkäse** mit ↑**Rotschmiere,**

45–50 % ↑**Fett i.Tr.**; **Milch:** pasteurisierte Kuhmilch; **Geschmack:** aromatisch-würzig; **Beste Zeit:** November bis April

Gerste [*Allgem. Nährmittel*] **T** Dieses ursprünglich aus Mesopotamien stammende Ährengetreide findet heute in der Bäckerei kaum noch Verwendung. Man stellt aber aus der Braugerste ↑**Whisky**, ↑**Gin** und ↑**Bier** her. Ferner eignen sich Gerstenkörner für Aufläufe oder ↑**Bratlinge**, in Flockenform als ↑**Müsli**. **Inhaltsstoffe:** 100 g Gerste enthält ⌀ 320 kcal/1340 kJ, 9,84 g Eiweiß, 9,8 g Ballaststoffe, 430 µg Vitamin B_1 und 180 µg Vitamin B_2. Die Erträge der Sommergerste werden zu mehr als der Hälfte für die Bierherstellung verwendet (Braugerste), kleinere Mengen für Kaffee-Ersatz (Getreidekaffee). Die Wintergerste dient als Futtermittel. Die Braugerste ist kohlenhydratreicher als die Futtergerste und enthält mehr ↑**Eiweiß**. Die Gerstenkörner sind mit ↑**Spelze** verwachsen. Wird die Spelze abgeschliffen und poliert, entstehen ↑**Graupen**.

Gerstel [*Österr. Küche*] ↑**Eiergraupen**

Gerstelknochen [*Österr. Küche*] Geräucherte Suppenknochen

Gerstengraupen [*Allgem. Nährmittel*] Geschälte Gerstenkörner, die nicht mehr der ↑**Vollwertkost** entsprechen, da das Schälen die wichtigsten ↑**Nährstoffe** entfernt hat. ↑**Gerste**

Gerstenmehl [*Allgem. Nährmittel*] **T** Der Glutengehalt der Gerste ist sehr niedrig, weshalb Gerstenmehl heute in Nord- und Westeuropa nur selten zum Brotbacken verwendet wird. In Russland wird auch heute noch Gerstenbrot gebacken, dem aber Weizen- oder Roggenmehl beigemischt ist, um dem Brot Volumen zu geben. Diese Brote sind grau, flach und haben einen erdigen, leicht mehligen Geschmack. Gerstenvollkornmehl kann man ebenso wie das aus ↑**Perlgraupen** gemahlene feinere Gerstenmehl in kleinen Mengen unter Weizenvollkorn- oder Weizenauszugsmehl mischen, um einen rustikalen Geschmack zu erhalten.

Gerundete Brühe [*Unsere Küche*] Sämig gekochte Brühe

Gervais [*Käse*] **T** Ungereifter fetter, streichfähiger Doppelrahm-↑**Frischkäse** mit 60 % ↑**Fett i.Tr.**

Gervais double [*Franz. Speisekarte*] **T** Diese Mischung aus ↑**Crème double** und ↑**Frischrahmkäse** wird vor allem in Frankreich verwendet: als kühle und erfrischende Zutat zu frischem ↑**Obst** oder gesüßt als Nachspeise.

Gesattelte Bratwurst [*Regionale Spezialität*] **A** ↑**Bratwurst** mit aufgelegtem ↑**Spiegelei**

Gesättigte Fettsäuren [*Fachkunde*] Sind gegenüber Licht, Luft und Hitze sehr stabil. Gesättigte Fette erhöhen aber den ↑**Cholesterin**spiegel und stellen einen Risikofaktor für Herz-Kreislauf-Krankheiten dar. **Beispiele:** Stearin-, Palmitin-, Buttersäure. **Herkunft:** Tierische Fette und Nahrungsmittel (Ausnahme: ↑**Fischöl**), ↑**Kokos**- und ↑**Palmfett**. **Warum „gesättigte Fettsäuren"?** Bei den gesättigten ↑**Fettsäuren** sind an jedes Kohlenstoffatom Wasserstoffatome gebunden, die es „sättigen".

Geschabtes Eis [*Hausbar*] Bereitet man am besten aus einem großen Eisblock. Mit dem Barmesser einfach an den Kanten des Blocks entlangfahren. ↑**Granité** & ↑**Wassermelone**

Geschmackssinn [*Fachkunde*] Geschmack wird mit Zunge und Nase wahrgenommen. **Die Zunge ist in so genannte Geschmacksfelder eingeteilt:** Vornc, auf der Zungenspitze schmeckt sie das Süße. Beiderseits seitlich dahinter schmeckt sie Salziges. Wieder dahinter beiderseits schmeckt sie Saures. Ganz hinten in der Mitte schmeckt sie das Bittere. Die Nase nimmt die Aromastoffe auf. Im Gehirn werden die Eindrücke von Zunge und Nase kombiniert. **Geschmack und Geruch ergibt den Geschmackssinn.**

Geschmacksstoffe [*Fachkunde*] ↑**Aromastoffe in Lebensmitteln**

Geschmacksverstärker [*Fachkunde*] **T** ... sind ↑**Lebensmittelzusatzstoffe** und tragen die ↑**E-Nummern 620–637**. Es sind natürlich vorkommende oder künstlich hergestellte, geschmacksneutrale Substanzen, die den Eigengeschmack eines Nahrungsmittels verstärken oder abrunden. Sie sind beliebte Hilfsmittel, die Schwächen und Unzulänglichkeiten des modernen Food-Stylings ausgleichen. Sie kommen zum Beispiel in ↑**Wurst**, ↑**Fleisch**- und ↑**Fisch**erzeugnisse, Suppen, ↑**Saucen**, Getränke, Süßwaren, Dessertspeisen, ↑**Snacks**, Fertiggerichte, ↑**Brühwürfel**, ↑**Streuwürzen**, in Tiefkühlmenüs oder Dosengerichte wie ↑**Eintopf**, ↑**Ravioli** usw. Ähnlich wie die Prise ↑**Salz** in Süßspeisen heben Geschmacksverstärker den Eigengeschmack der Zutaten. Chemisch haben Geschmacksverstärker nichts mit ↑**Salz** zu tun. Am häufigsten wird Glutaminsäure (↑**E 620**) genommen, wenn z. B. ein Fertigprodukt intensiver schmecken soll. ↑**Umami**. In der asiatischen Küche werden Geschmacksverstärker nachweislich seit über 2000 Jahren eingesetzt, z. B. ↑**Ve-tsin**. Das bei uns oft zu hoch dosierte ↑**Glutamat** wird vor allem in amerikanischer Literatur für Asthma, Migräne und viele allergische Reaktionen verantwortlich gemacht. Glutamat und ähnliche Geschmacksverstärker werden aus pflanzlichen und tierischen Rohstoffen mit Hilfe enzymatischer Verfahren gewonnen. Sie können aber auch gentechnisch hergestellt werden.

Geschmeidig [*Weinkunde*] Wird oft auf junge Rotweine angewandt, von denen man mehr Rasse erwartet hätte, eher lebhafter als nur ↑**Gefällig**. Wobei sich gute Weinqualität immer von selbst versteht.

Geschnattel [*Österr. Küche*] Grobgeschnittene, in saurer Sauce gekochte ↑**Kutteln**

Geschnetzeltes [*Fleischprodukte*] **T** Hauchdünne, ohne Angabe der Tierart, quer zu den Fasern geschnittene

Scheiben aus sehnen- und fettgewebsarmem ↑**Kalb**- und/oder ↑**Schweinefleisch.** ↑**Geschnetzeltes Züricher Art** ist ausschließlich Kalbsgeschnetzeltes, wobei das blättrig geschnittene Kalbfleisch in ↑**Butter** gebraten und in der Fachsprache als ↑**Emincé** bezeichnet wird.

Geschützte Ursprungsbezeichnung (g. U.) [*Fachkunde*] **Englisch:** Protected Designation of Origin (PDO); **Französisch:** Appellation d'Origine Contrôlée (A.O.C.); **Italienisch:** Denominazione d'Origine Controllata **D.O.C.**); **Spanisch:** Denominación de Origen Protegida (**D.O.P.**). Die Geschützte Ursprungsbezeichnung (**g.** U.) besagt, dass Erzeugung, Verarbeitung und Herstellung eines Produkts in einem bestimmten geografischen Gebiet nach einem anerkannten und festgelegten Verfahren erfolgen. Hierzu zählen z. B. ↑Parma**schinken**, ↑**Nürnberger Rostbratwürste** usw. Produkte mit geschützter Ursprungsbezeichnung sind beispielsweise ↑**Feta**- und ↑**Manouri-Käse** aus Griechenland, alle italienischen DOC-Käse und andere DOC-Produkte, AOC-Produkte wie Käse, ↑**Weine** und ↑**Champagner** aus Frankreich, allgemein verschiedene Weine, ↑**Oliven**, ↑**Schinken**, ↑**Wurst**- und sogar regionale ↑**Brot**-Sorten. ↑**Herkunftsbezeichnung**

Geschwollene [*Regionale Spezialität*] Gebrühte weiße Bratwürste ohne Darm, bayerischer Herkunft

Geselchtes [*Österr. Küche*] Gepökeltes und Geräuchertes

Gésier [*Franz. Speisekarte*] Geflügelmagen

Gesotten [*Unsere Küche*] ↑**Sieden**

Gespickte Zwiebel [*Unsere Küche*] **T** Eine mittelgroße geschälte ↑**Zwiebel** wird mit einem ↑**Lorbeerblatt** belegt, das mit zwei bis drei ↑Gewürz**nelken** befestigt (gespickt) wird. Verwendung im ↑**Würzsud** z. B. für ↑**Klopse**, ↑**Eisbein** usw.

Gespritet [*Weinkunde*] Weine, denen Alkohol (z. B. ↑**Weingeist**, ↑**Weinbrand**) zugesetzt wurde, um die Gärung zu unterbrechen oder um den Alkoholgehalt des Weines zu erhöhen. In früheren Jahrhunderten wurde der Alkoholgehalt der Weine oft erhöht, um sie transportfähig zu machen.

Gespritzter [*Österr. Küche*] ↑**Schorle**

Gestoßenes Eis [*Hausbar*] ↑**Crushed Ice**

Gestovt [*Unsere Küche*] Gedünstet, gedämpft

Gesunde Lebensmittel [*Gesundheit*] Eigentlich wollen sich fast alle Menschen gesund ernähren, vital bleiben und nicht zunehmen; doch wie soll das gehen? Hunderte von Diätratgebern erklären, was wir essen dürfen, jeder empfiehlt ein anderes Konzept, doch die wenigsten sind neutral. Was ist eigentlich gesund? **Optimal wäre:** ...täglich 5-mal Obst und Gemüse, ...täglich 2 bis 3 l Flüssigkeit (am besten Mineralwasser oder Früchtetee), ...täglich komplexe Kohlenhydrate aus Getreide (Vollkorn) oder Kartoffeln, ...täglich fettarme Milchprodukte, ...täglich hochwertige Pflanzenöle, ...wöchentlich 2-mal fettreichen Seefisch (frisch, tiefgefroren oder als Konserve) und ...wöchentlich 2-mal Fleisch, möglichst aus artgerechter Aufzucht, ... wenn so selten wie möglich Schweinefleisch, fettes Geflügel, Wurstwaren, Zucker, versteckte Fette aus verarbeiteten Produkten und Fertiggerichte auf dem Speiseplan auftauchen würden, ... gelegentlich Alkohol (Wein und Bier) – aber nicht im Übermaß. **Welche Lebensmittel kommen in Frage?** Der Schlüssel liegt im täglichen Lebensmitteleinkauf und der folgenden Verarbeitung. **Hier ein Überblick der gesündesten Lebensmittel:** ↑**Ananas**, zweimal wöchentlich – Die tropische Frucht enthält das Verdauungsenzym ↑**Bromelain**, das beim Abnehmen hilft und wichtige Dienste bei der Fettverbrennung des Körpers leistet. Bromelain ist nur in der frischen Ananas hoch wirksam enthalten. ↑**Äpfel**, täglich 1–2 Früchte – z. B. roh gerieben mit **Ceylon**- ↑**Zimt (Canehl)** und ↑**Zitrone**. Das enthaltene ↑**Pektin** senkt Bluthochdruck und den ↑**Cholesterin**spiegel. Außerdem bindet es Giftstoffe im Darm. Die wertvollen Stoffe sitzen in der Schale, darum nicht schälen, sondern gut abwaschen. ↑**Artischocken**, häufig in der Saison – gekocht, z. B. mit ↑**Jogurt**-↑**Knoblauch**-↑**Dip**. Ihr Cynarin ist wichtig für die Leberfunktion. ↑**Avocado**, einmal wöchentlich – als ↑**Guacamole** oder Brotaufstrich. Enthält ↑**ungesättigte Fettsäuren**, die für ein starkes Herz sorgen. ↑**Banane**, täglich. Ihr ↑**Serotonin** (Botenstoff) hilft gegen Frust und Unkonzentriertheit. **Traubenzucker** kurbelt die Leistungsfähigkeit an. ↑**Kalium**, ↑**Magnesium** und das ↑**Vitamin** B_6 schwächen die Wirkung von Stress-Hormonen ab und schützen das Herz. ↑**Beeren**, (besonders ↑**Heidelbeeren**) mehrmals wöchentlich, außerhalb der Saison als Tiefkühlkost – im ↑**Müsli**, Jogurt, ↑**Speiseeis**, als Drink oder ↑**Fruchtsoße**. Die Inhaltsstoffe sind reich an ↑**Betacarotin** und ↑**Vitamin C**. Sie wirken antibakteriell bei Harnwegsentzündungen, Durchfall, Magen-Darm-Problemen, schützen die Schleimhäute und Zellen vor Krebs. ↑**Blumenkohl**, 1-mal wöchentlich, in jeder Form. Eine ↑**Vitamin-**B_5- Bombe, die vorbeugend gegen Arthritis wirkt. Die Blätter nicht entsorgen, aus ihnen lässt sich eine kaliumreiche ↑**Gemüsebrühe** kochen, die in der Küche vielseitig eingesetzt werden kann. ↑**Brokkoli**, 2- bis 3-mal wöchentlich – z. B. in Gemüsepfannen oder Salaten. Liefert ↑**Kalzium** für die Knochen, ↑**Eisen** fürs Blut, jede Menge Vitamin C und Sulforaphan, das die Magenbakterien ↑**Helicobacter pylori** steuert. ↑**Chicorée**, so häufig wie möglich – z. B. als Salat oder gedünstet. Die Bitterstoffe sind gut für die ↑**Leber** und unterstützen die Gallenbildung. ↑**Chili**, in kleinen Mengen, durchaus täglich – auch in Süßspeisen. Die Inhaltsstoffe helfen bei der Fettverbrennung und schützen von Prostatakrebs. Jedoch besteht bei Missbrauch die Gefahr von Blasenirritationen, Gastritis, Durchfall und Magenschmerzen. ↑**Eier**, einmal wöchentlich in jeder Form. Das enthaltene ↑**Jod** ist Treibstoff für die Schilddrüse. ↑**Erbsen**, einmal wöchentlich. Sie stecken voller ↑**Mangan** sowie Eisen und stärken die Nerven. ↑**Feigen**, gibt es in Grün und Violett. In der Saison so oft wie möglich, aber nur die Vollreifen besitzen alle Wirkstoffe. Dann sind sie aromatisch, süß, schmecken pur und in ↑**Desserts.** ↑**Fenchel**, 1- bis 2-mal wöchentlich – z. B. in Salaten mit ↑**Fisch** oder ↑**Meeresfrüchten.** Die ↑**ätherischen Öle** wirken blähtreibend sowie krampflösend im Magen-Darm-Bereich. Sie sind schleimlösend, auswurffördernd und wirken gegen Katarrhe der oberen Luftwege. Sie fungieren als Zellschutz. ↑**Gemüsesaft**, mehrmals wöchentlich z. B. als ↑**Aperitif** vor dem Essen. Die ↑**sekundären Pflanzenstoffe** (Farb-, Duft- und Aromastoffe der Pflanzen) wirken als zellschützende ↑**Antioxidantien** und machen ↑**Freie Radikale** im Körper unschädlich. ↑**Grüner Tee**, täglich 1–2 Tassen – Viele Polyphenole (sekundäre Pflanzenstoffe), schützen vor Krebs, senken den Blutdruck, den Cholesterinspiegel und stärken die Zähne mit ↑**Fluor** gegen Karies. **Achtung!** Grüner Tee hat eine entwässernde (harntreibende) Wirkung (wie ↑**Kaffee**). ↑**Haferflocken**, tägl. 3–4 EL – z. B. im Müsli oder nach Belieben. Die Flocken enthalten besonders viele Mineralstoffe (Magnesium, Eisen, ↑**Zink**, Mangan) und sollten höchstens 30 Min. einweichen, sonst gehen wertvolle ↑**Enzyme** verloren, die das Wohlgefühl steigern. Die enthaltene Phytinsäure verzögert z. B. den Abbau von ↑**Stärke** im Körper mit der Folge, dass die Blutzuckerkonzentration gut reguliert werden kann. Hemmt die Krebsentwicklung. ↑**Hagebutten**, mehrmals wöchentlich – als Hagebuttenmarmalade (Hiffenmark) – z. B. Dressing oder Shake. Getrocknet im ↑**Früchtetee**. Frisch in der Saison so oft wie möglich im Müsli. Der Vitamin-C-Gehalt ist enorm. Die Inhaltsstoffe stärken das Immunsystem, wirken bei Erkältungen, gegen Frühjahrsmüdigkeit und sind leicht harntreibend. ↑**Hirse**, wöchentlich zweimal – z. B. als Beilage zu Fisch, ↑**Tofu** oder ↑**Fleisch**. In Hirse steckt viel Eisen (gut für die Blutbildung) und Fluor (für Zähne und Knochen). ↑**Honig**, täglich statt ↑**Kristallzucker** – Wirkt als natürliches Antibiotikum. ↑**Hühnerfleisch**, 1- bis 2-mal wöchentlich – das hochwertige ↑**Eiweiß** hilft beim Muskel- und Zellenaufbau, sein Eisen wirkt blutbildend, und sein Zink schützt vor Infektionen. Außerdem enthält es alle B-Vitamine, vor allem B_3 für den ↑**Stoffwechsel** und ↑**Phosphor.** ↑**Hülsenfrüchte** (Bohnen, Linsen) und deren Keime – einmal wöchentlich z. B. als Salat mit ↑**Tomaten** und ↑**Tunfisch** oder als Beilage zu zartem Geflügel. Mit ↑**Kümmel**, ↑**Curry** oder Zitronensaft sind Hülsenfrüchte leichter verdaulich. B-Vitamine und ↑**Lecithin** sind Gehirnnahrung und helfen bei Konzentrationsschwäche. Phosphor baut die Knochen auf. ↑**Ingwer**, einmal wöchentlich – z. B. in asiatisch zubereiteten Gerichten. Frischer Ingwer hat eine antibakterielle Wirkung, wirkt antiemetisch (vor Erbrechen schützend), fördert die Durchblutung und steigert die Produktion der Gallensäfte. ↑**Karotten**, zu jeder Gelegenheit und jeder Form. Sie sind mit Biss gegart sogar gesünder als roh. Wenn roh, dann unbedingt in Verbindung mit ↑**Fett** oder ↑**Pflanzenöl** essen, sonst kann der Körper die Carotine nicht aufnehmen. Auch in den Karottensaft einen Tropfen Pflanzenöl geben. ↑**Alpha-** und ↑**Betacarotine** schützen vor Krebs, ↑**Flavonoide** sorgen für Sauerstoff in den Zellen. ↑**Kartoffeln**, mehrmals in der Woche, als Pellkartoffeln z. B. mit ↑**Quark**, ↑**Leinöl** und ↑**Schnittlauch.** – Die Kartoffeln sind nicht nur supergesund, das enthaltene Kalium wirkt entwässernd. ↑**Käse**, (Schnitt- und Hartkäse von ↑**pasteurisiert**er Kuhmilch) und alle ↑**Schafsmilch**käse, wöchentlich 2- bis 3mal – z. B. auf Brot. Alle Sorten enthalten Eiweiß, Kalzium, Linolsäure sowie die Vitamine A und E. Käse ist gute Gehirnnahrung, er regt die Bildung des Nervenbotenstoffs Dopamin an, das u. a. den Hormonhaushalt, die Durchblutung der Bauchorgane und die Nierenfunktion steuert. ↑**Kirschen**, in der Saison so oft wie möglich, ansonsten ↑**Sauerkirschen**-Konserven, aber ohne Farbstoffzusatz. Die natürlichen Farbstoffe der Kirsche sind Helfer bei der Rheuma-Vorbeugung. ↑**Kiwis**, wöchentlich 3- bis 4-mal. Sie sind großartige Vitamin- und ↑**Gerbsäure**-Lieferanten, die Viren hemmen und das Immunsystem stärken. ↑**Knoblauch**, nach Belieben, die grünen Keime herausschneiden, sie schmecken bitter. – Zu Pasta mit ↑**Olivenöl** und ↑**Petersilie.** ↑**Allicin** ist wichtig für den Gefäßschutz und senkt den Blutdruck. ↑**Kohl (alle Arten)**, 2- bis 3-mal wöchentlich – in jeder Form. Die Kombination an B-Vitaminen, Kalzium, Betacarotin, ↑**Folsäure**, Vitamin C beugt Herz-Kreislauf-Erkrankungen und Schlaganfall vor, senkt das Krebsrisiko, schützt vor grauem Star. ↑**Kohlrabi**, in der Saison so oft wie möglich – roh im Salat, zum Knabbern oder als Gemüse zubereitet. Unbedingt die jungen Blätter gehackt wie frische Kräuter mit verwenden, sie stecken voller gesunder Inhaltsstoffe und sind noch gesünder als die Knolle. ↑**Kräuter, frisch** (alle, besonders Petersilie, ↑**Dill**, Schnittlauch, ↑**Bärlauch**) – zu jeder Gelegenheit. Möglichst immer roh essen, beim Kochen werden viele Inhalts- und Aromastoffe zerstört. Gerade diese Wirkstoffe hemmen Entzündungen und heilen. ↑**Kümmel** bringt die Verdauung in Schwung. ↑**Kürbiskerne** (schalenlose), täglich 1 TL – zum Knabbern oder in Salaten. Reich an ungesättigten und mehrfach ungesättigten Fettsäuren, Eiweiß, Eisen, Phosphor und Zink. Die Inhaltsstoffe wirken vorbeugend und heilsam auf Harnwegserkrankungen und Prostatavergrößerungen. ↑**Lammfleisch**, gelegentlich – Die Aminosäuren regulieren den Zellstoffwechsel im Gehirn und liefern viel Eiweiß. Außerdem sind Zink, Eisen und B-Vitamine enthalten sowie ↑**Orot-**

säure. Diese schützt vor Krebs und frühzeitiger Alterung. ↑**Lauch**, wöchentlich 2- bis 3-mal. Die ↑**Senföle** im Gemüse regen die ↑**Galle** an. ↑**Leinsamen**, tägl. – z. B. in Müsli, Jogurt oder über Salat gestreut. Die enthaltenen pflanzlichen Östrogene (Lignane) hemmen hormonabhängige Krebsarten. ↑**Ballaststoffe** fördern die Verdauung (aber nur mit viel Flüssigkeit). ↑**Mais**, einmal wöchentlich – Reich an Vitamin B_1, wirkt gegen Nervosität. ↑**Mandeln**, zwei- bis dreimal wöchentlich – zum Knabbern oder in asiatischen Gerichten. Ihr Vitamin E senkt das Infarktrisiko. ↑**Meerrettich**, einmal wöchentlich – z. B. zu geräuchertem ↑**Lachs** auf ↑**Brot**. Er regt die Verdauung an und besitzt eine ähnlich antibiotische Wirkung wie Penicillin. ↑**Meerrettich** aktiviert den Kreislauf, senkt den Blutdruck und ist wirksam gegen Katarrhe und Asthma. ↑**Melone**, häufig in der Saison gekühlt und pur – in Salat und Müsli. Melonen wirken leicht abführend und harntreibend sowie positiv bei Knochen- und Gelenkerkrankungen wie ↑**Gicht** oder Rheuma. Das Fleisch der Melone lindert die Schmerzen bei leichten Verbrennungen oder auch bei Sonnenbrand. ↑**Milchprodukte**, fettarm (↑**Buttermilch**, ↑**Kefir**, Quark usw.) 3- bis 4-mal wöchentlich – in allen natürlichen Formen. Fettarme Milchprodukte haben weniger Kalorien, enthalten Magnesium, liefern mehr Kalzium sowie Eiweiß und ↑**Milchsäurebakterien** für den Darm, außerdem wirken sie gegen ↑**Osteoporose** (Knochenschwund). ↑**Mineralwasser**, täglich 2 l. Es versorgt den Organismus mit den wichtigsten Mineralstoffen und schwemmt Krankheitskeime aus. ↑**Obst**, heimisch und saisonreif (vollreif) – roh oder in jeder Form, ohne Zuckerzusatz (wenn, dann nur mit ↑**Rohrzucker** oder Honig). Frisch geerntetes und ausgereiftes Obst hat den höchsten Gehalt an Inhaltsstoffen, insbesondere bioaktive Substanzen und sekundäre Pflanzenstoffe. ↑**Olivenöl** – zum Dünsten, Braten und für Salate. Olivenöl wirkt wie ein natürliches Antioxidant, es macht die Zellmembran stabiler und weniger anfällig gegen die Zerstörung durch „Freie Radikale". ↑**Orangen**, täglich eine. Die Flavonoide schützen vor Krebs, Vitamin C stärkt das Immunsystem. ↑**Paprikaschoten**, (bevorzugt rot, sie enthalten das meiste Vitamin C) häufig – z. B. im Salat, mit Dip, gedünstet oder gebraten. Ätherische Öle, Antioxidantien und ↑**Bioflavone** schützen Zellwände, Blutgefäße und fördern die Durchblutung. ↑**Pasta**, (↑**Hartweizen**, ↑**Vollkorn**, ohne Ei) 2- bis 3mal wöchentlich – z. B. mit Tomatenwürfeln, Meeresfrüchten und Olivenöl. Das enthaltene Dopamin sorgt wie auch das Serotonin und die ↑**Endorphine** für gute Laune und macht glücklich. ↑**Pflaumen**, in der Saison so oft wie möglich, ansonsten getrocknet oder als Mus. Das Vitamin B in der Frucht wirkt beruhigend. ↑**Portulak**, einmal wöchentlich – als Gemüse oder im Salat mit ↑**Rapsöl**. Das herzförmige, nussig leckere **Blattgemüse** ist reich an ↑**Omega-3-Fettsäuren**, Antioxidantien und Betacarotin. Schützt vor ↑**Arteriosklerose**. ↑**Preiselbeeren**, mehrmals wöchentlich – als Kompott oder Saft (roh nicht genießbar). Ihre Inhaltsstoffe beugen Harnwegsinfektionen vor. Pro-Anthocyane behindern die Anlagerung von Bakterien an den Zellwänden von Blase und Nieren und verhindern eine Infektion der empfindlichen Schleimhäute. ↑**Probiotische Jogurts**, täglich – z. B. mit Hagebuttenmark und Leinsamen. Milchsäure-Bakterien bauen die ↑**Darmflora** auf und helfen dabei, krank machende Keime abzuwehren. ↑**Putenfleisch**, 2- bis 3mal wöchentlich – z. B. als ↑**Steak** oder Aufschnitt mit Avocado-Crème auf Vollkornbrot. Putenfleisch eignet sich für eine gesunde und bedarfsgerechte Ernährung. Es liefert hochwertiges Eiweiß, wichtige Vitamine sowie Mineralstoffe, hat dabei wenig Fett und Kalorien. ↑**Radieschen**, einmal wöchentlich. Ihre Bitterstoffe regenerieren die Schleimhäute. ↑**Rapsöl**, (besonders ↑**Albaöl**) – zum Dünsten, Braten und für Salate. Es schützt Herz und Gefäße durch einfach und mehrfach ungesättigte Fettsäuren. ↑**Reis**, (nur Vollkorn oder/und ↑**Wildreis**) 1- bis 2-mal wöchentlich – z. B. mit Gemüse oder zum Curry. Der Stärkeanteil in den Körnchen beugt Diabetes vor. ↑**Rindfleisch**, zum Kurzbraten, z. B. Filet, Lende, Hüfte, 2- bis 3mal wöchentlich (je 150 g) – z. B. asiatisch im ↑**Wok** mit Gemüse und ↑**Sesamöl**. Mageres Rindfleisch ist ein wertvoller Nährstofflieferant für Eiweiß, Mineralstoffe und Vitamine. Es ist die bedeutendste Quelle für die Gruppe der B-Vitamine. ↑**Rote Beete**, einmal wöchentlich – gegart, in jeder Form. Ist sehr eisenhaltig, fördert die Blutbildung, senkt den Cholesterinspiegel. ↑**Roter Traubensaft** – mehrmals wöchentlich auch als ↑**Schorle**, mit allen Wirkstoffen der Trauben. ↑**Rotwein**, ein Glas pro Tag senkt das Infarktrisiko. ↑**Sauerkraut**, häufig – in jeder Form, auch wenn es bläht. Sauerkraut entgiftet mit seiner Milchsäure die Verdauungswege, hält Magen sowie Darmflora fit und entlastet die ↑**Bauchspeicheldrüse**. Immer ein wenig rohes unter das gekochte Kraut mischen, denn beim Kochen gehen viele wertvolle Inhaltsstoffe verloren. ↑**Schokolade**, dunkel (edelbitter), täglich ein Stück. Sein ↑**Theobromin** schützt vor Asthma. ↑**Seefisch**, (Tunfisch, Hering, Sardinen, Makrele, Lachs) einmal wöchentlich – z. B. als Konserve oder gebraten mit Olivenöl und Zitrone. Omega-3-Fettsäuren schützen das Herz und verbessern die Körperfunktionen. Phosphor sowie Vitamin B_6 stärken das Gedächtnis und Fluor den Zahnschmelz. ↑**Sellerie** – einmal wöchentlich. Das Öl in der Knolle wehrt Bakterien ab. ↑**Senf**, mehrmals wöchentlich. Er kurbelt die Produktion der Magensäfte an. ↑**Shiitake-Pilze**, mehrmals wöchentlich – z. B. in asiatischen Gerichten. Stärken die Abwehrkräfte des Körpers und der ↑**Nieren**, senken bzw. bauen Cholesterinüberschüsse ab. ↑**Sojasprossen**, mehrmals wöchentlich – z. B. in asiatischen Gerichten und Salaten. Am besten schmecken sie ab dem vierten Tag, wenn sie etwa 5–6 cm lang sind. Sie sollten aber vor dem Verzehr unter fließendem Wasser gut gespült werden. Sojasprossen enthalten viel pflanzliche Östrogene, die beim Knochenaufbau helfen. ↑**Sonnenblumenkerne**, zum Knabbern oder im Vollkornbrot. Sie fördern die geistige Leistungsfähigkeit, sind reich an ↑**Linolensäure**, die gut gegen Verstopfung wirkt und ihre Phytosterine senken das Cholesterin. ↑**Spinat**, 1-mal wöchentlich (aber nur blanchiert) – z. B. zu ↑**Pasta** mit Tomaten und Olivenöl. Die enthaltene Folsäure unterstützt die Zellbildung, Carotine schützen vor Krebs. Eisen ist entgegen dem alten Irrglauben kaum vorhanden. ↑**Südfrüchte**, (Bananen, ↑**Mango** usw.) so häufig wie möglich – z. B. frisch oder im Obstsalat, ohne Zuckerzusatz (wenn, dann nur mit Rohrzucker oder Honig). Ausgereifte Früchte haben den höchsten Gehalt an Inhaltsstoffen, insbesondere bioaktive Substanzen und sekundäre Pflanzenstoffe. ↑**Thymian** – immer, wenn er geschmacklich passt. Das Gewürz hilft bei Atemwegserkrankungen. ↑**Tofu**, einmal wöchentlich – z. B. als Ersatz für Milchprodukte, Fleisch und Fisch. Inhaltlich glänzt Tofu mit wenig Kalorien, viel Eiweiß und wenig Kohlenhydraten. ↑**Tomaten**, zweimal wöchentlich, wenn roh, dann nur ganz reif (tiefrot), denn der Farbstoff ↑**Lycopin** senkt das Krebs- und Herzinfarktrisiko. Tomaten aus der Dose, Tomatensaft, -sauce und -↑**Ketschup** sind sehr gesund, weil das Lycopin durch Erhitzen schneller freigesetzt wird und nicht zerstört wird. ↑**Trockenobst**, (z. B. ↑**Aprikosen**, ↑**Pflaumen**) täglich 3–4 Stück – als Snack. Wegen ihres hohen Anteils an Ballaststoffen wirken sie gegen Darmträgheit. **Wichtig: dazu** ↑**Wasser trinken!** ↑**Vollkorn**- oder -↑**Knäckebrot**, täglich 2 Scheiben – z. B. mit fettarmem ↑Kräuter**frischkäse**. Die enthaltenen Ballaststoffe regen die Verdauung an, Phytinsäure aus den Randschichten des vollen Korns schützt vor Krebs. **Achtung!** Nicht jedes dunkle Brot ist aus vollem Korn. ↑**Walnüsse**, 1- bis 2-mal wöchentlich – in Salaten oder zum Knabbern. Ihre Omega-3-Fettsäuren schützen das Herz. ↑**Weintrauben**, in der Saison so oft wie möglich. Ihr ↑**Mangan** gibt den Nerven Kraft und schützt die Leber. ↑**Weißkraut**, wöchentlich – es enthält eine Vorstufe des Vitamin C, das erst durch Kochen in ↑**Vitamin C** umgewandelt wird. ↑**Weizen**, als Vollkorn – täglich in jeder Form. Das ↑**Selen** im Getreide stärkt Herz, Kreislauf sowie Leber und sorgt darüber hinaus für die Entgiftung des Körpers. ↑**Wild**, einmal wöchentlich. Das Fleisch ist besonders fettarm und deshalb für ↑**Diäten** geeignet. ↑**Zander**, einmal wöchentlich. Der Süßwasserfisch ist einer der magersten Fische überhaupt (unter 1 % Fett), enthält viel ↑**Vitamin D** und hochwertiges Eiweiß. ↑**Zimt**, aber nur **Ceylon-Zimt (Canehl)**, mehrmals wöchentlich in sehr kleinen Mengen. Seine Inhaltsstoffe wirken stabilisierend auf den Kreislauf. ↑**Zitrusfrüchte** (Orangen, ↑**Grapefruits**, ↑**Limetten**, Zitronen) 2- bis 3-mal wöchentlich – in jeder Form. Die Inhaltsstoffe stärken die Abwehr, senken das Blutfett, fördern Hautgesundheit und die Fettverbrennung. ↑**Zucchini**, mehrfach wöchentlich in jeder Form. Magnesium und Carotine im ↑**Gemüse** helfen beim Schlankwerden. ↑**Zwiebeln**, täglich in jeder Form. Die enthaltenen Flavonoide sind der beste Blutdrucksenker.

Gesundheit [*Gesundheit*] Nach der Definition der Weltgesundheitsorganisation (WHO) ist Gesundheit ein Zustand völligen körperlichen, seelischen, sozialen und geistigen Wohlbefindens. Sie ist demnach entgegen früherer Definitionen nicht allein durch Abwesenheit von Krankheit gekennzeichnet. Zu einer dauerhaften Gesundheit gehört: eine abwechslungreiche, ausgewogene ↑**Ernährung** sowie regelmäßige Bewegung. In jedem Lebensalter sollten 30 Min. Bewegung in Form von Alltagsaktivitäten oder Sport mit mindestens „mittlerer" Intensität auf dem Tagesprogramm stehen. Mittlere Intensität weist jede körperliche Aktivität auf, bei der man zumindest außer Atem, aber nicht unbedingt ins Schwitzen kommt. Beispiele für solche Bewegungsformen sind zügiges Gehen, Rad fahren, Gartenarbeit oder Schnee schaufeln sowie viele andere Freizeit-, Alltags- oder Sportaktivitäten. Je abwechslungsreicher die Bewegungsformen kombiniert und variiert werden, umso besser!

Geszténye püré [*Ungarische Küche*] Begriff aus der ungarischen Küchenkultur für ↑**Kastanien**püree

Getränk [*Fachkunde*] **T Englisch:** beverage; **Französisch:** boisson; **Italienisch:** bevanda; **Spanisch:** bebida. Ein Sammelbegriff für flüssige Lebensmittel. Getränke können heiß (z. B. ↑**Kaffee**) oder kalt (z. B. ↑**Limonade**) getrunken werden. Folgende Getränke werden unterschieden: **Alkoholfreie Getränke:** z. B. Wasser (Leitungs-, ↑**Quell**-, ↑**Mineral**- und ↑**Tafelwasser**), Erfrischungsgetränke, ↑**Obst**- und ↑**Gemüsesaft; Alkoholhaltige Getränke:** z. B. ↑**Spirituosen**, ↑**Sekt**, ↑**Bier** und ↑**Wein;** ↑**Tee, Kaffee und tee- bzw. kaffeeähnliche Erzeugnisse; Granulat**- und **Pulvergetränke:** z. B. aus Kaffeepulver oder Kaffeegranulat; ↑**Milch** und ↑**Milchprodukte:** (z. B. ↑**Buttermilch**) gehören per Definition nicht zur Produktgruppe der Getränke. **Milch gilt als Nährflüssigkeit. Sie ist wegen ihres Fettgehaltes nicht zum Löschen von Durst, d. h. zum Genuss in großer Menge, geeignet.**

Getreide [*Allgem. Nährmittel*] **T** Seit ca. 7000 v. Chr., dem Beginn des Ackerbaus im Mittleren Osten und in Mittel- und Südamerika, spielt Getreide eine wichtige Rolle in der Ernährung. Getreide ist wichtiger Lieferant stärkehaltiger ↑**Kohlenhydrate**. Die Hälfte der Weltbevölkerung ernährt sich von ↑**Reis**, die andere Hälfte von ↑**Weizen**, ↑**Hafer**, ↑**Mais**, ↑**Hirse**, ↑**Gerste** usw. **Haltbarkeit:** Ganze Körner behalten, trocken, luftig und kühl gelagert, über mehrere Jahre ihre Qualität, fetthaltige wie der Hafer mindestens ein Jahr. Das gilt für alle Getreidearten, deren Keime vorher abgetrennt wurden. Grob zerteiltes oder bearbeitetes Getreide wie Flocken, Graupen, Schrot, Grieß sollten spätestens nach 6 Monaten verzehrt sein. Vollkornschrot mit fettreichem Keim kann schon in einigen Wochen ranzig werden. Mehl, das ebenfalls trocken, kühl und luftig gelagert werden muss, hat zwei Monate lang die beste Qualität. – Hält sich aber ca. ein Jahr. – Vollkornmehl sollte nach 4 Wochen verzehrt sein.

Getreideerzeugnisse [*Allgem. Nährmittel*] Zu ihnen gehören Getreidemehle und daraus hergestellte Produkte, Getreideflocken und daraus hergestellte Produkte und Futtermittel.

Getreideflocken [*Allgem. Nährmittel*] **T** Industriell hergestellte Getreideflocken sind geschälte Getreidekörner, die erhitzt und anschließend zwischen Walzen gepresst werden. Sie werden erhitzt, damit der fetthaltige Keimling bei längerer Lagerung nicht ranzig wird. Getreideflocken können auch zu Hause selbst hergestellt werden. Mit Hilfe von Quetschen können alle gängigen Getreidesorten wie ↑**Hafer**, ↑**Weizen**, ↑**Roggen**, ↑**Reis**, ↑**Dinkel** und andere trockene Arten zu Flocken verarbeitet werden. Die Körner werden nicht erhitzt, sind also roh. Für Müsli, Bratlinge, zum Binden von Suppen und Soßen und für Süßspeisen.

Getreidefrischkost [*Allgem. Nährmittel*] **T** Getreidefrischkost wird aus zerkleinertem Getreide (z. B. Grobschrot, Getreiderohflocken, Vollkornmehl, Getreidefrischkeimlingen) hergestellt, das keiner Haltbarmachung wie z. B. Erhitzen unterworfen war und zum baldigen Verzehr bestimmt ist. Charakteristisch: Frischkornmüsli.

Getreidekeimlinge [*Gesundheit*] **T** Keimlinge werden oft auch als Sprossen oder Sprossengemüse bezeichnet. Es handelt sich hier um wenige Tage alte Jungpflänzchen, die aus Samen gezogen wurden. Gerade in der frischkostarmen Winter- und Vorfrühlingszeit bilden vitaminreiche Keimlinge eine wertvolle Bereicherung der täglichen Kost. Während des Keimprozesses finden Ab-, Um- und Aufbauvorgänge im Samen statt, sodass der Nährwert und die Verdaulichkeit der Keimlinge gegenüber den Samen beachtlich steigen. Der Gesamtenergiegehalt wird vermindert, denn der Keimling bezieht seine benötigte Energie aus den im Samen gespeicherten ↑**Fetten** und ↑**Kohlenhydraten**. Hierbei werden die Kohlenhydrate zu einfachen ↑**Zuckern** abgebaut, die den Getreidekeimlingen ihren süßlichen Geschmack verleihen. Der relative ↑**Eiweißgehalt** erhöht sich um ca. 20 %, der Vitamingehalt (insbesondere ↑**B-Vitamine** und ↑**Vitamin C**) nimmt deutlich zu, der Mineralstoffgehalt steigt in Abhängigkeit vom verwendeten Gießwasser, der Ballaststoffgehalt erhöht sich und der ↑**Phytinsäuregehalt** sinkt, da Phytin als Nährstoff von den Keimlingen genutzt wird. **So kann man Getreidekeimlinge selbst ziehen:** Grundsätzlich eignen sich alle Getreidearten zur Herstellung von Keimlingen. Da sie im Dunkeln besser keimen, sollte man sie erst am 2. Tag ins Licht stellen. Hinweise zur Herstellung von Getreidekeimen:

Getreideart	Geschmack	Einweichzeit Stunden	Spülen/Wässern pro Tag	Keimdauer in Tagen	Keimlänge zur Ernte
Weizen	süßlich, mild	12	2-mal	2–4	Kornlänge
Hafer	sehr süßlich	4	1- bis 2-mal	2–4	Kornlänge
Roggen	kräftig, würzig	12	2-mal	2–4	Kornlänge
Gerste	sehr süßlich	12	2-mal	2–4	Kornlänge
Hirse	süßlich	8	3-mal	3	2 mm
Reis	sehr neutral	12	3- bis 4-mal	3	Kornlänge

Die Angabe der Keimdauer sowie der Keimlänge zur Erntezeit sind Orientierungswerte. Wie lange Keimlinge wachsen sollen, hängt auch vom persönlichen Geschmack ab. Anfangs schmecken sie eher süßlich, gegen Ende ihrer Entwicklung herber, manchmal grasig. Gerste, Hafer, Weizen und Roggen kann man sogar 8–12 Tage wachsen lassen, um dann das 8–10 cm lange chlorophyllreiche Grünkraut bzw. Gras zu ernten. Sehr fein geschnitten, kann es in kleinen Mengen unter Salat gemischt werden. Das Verhältnis Körner zum Ertrag liegt bei etwa 1 : 2,5, d. h. 1 Tasse Körner ergeben ca. 2 1/2 Tassen Keimlinge. **Das Keimen im Einmachglas:** Diese Methode empfiehlt sich für die ersten Keimversuche bzw. das gelegentliche Keimen, wenn man nicht gleich ein Keimgerät anschaffen möchte. Man wäscht das Getreide gründlich, sortiert die zerbrochenen oder verfärbten Samen aus und weicht sie anschließend in der 2- bis 3-fachen lauwarmen Wassermenge im Glas ein. Die nicht gequollenen Samen und leeren Samenschalen werden aussortiert und das Keimgut gründlich gespült. Hierbei entweicht das beim Keimprozess entstehende Kohlendioxid, und die Keimlinge werden mit frischem Wasser und Sauerstoff versorgt. Anschließend verschließt man das Glas mit Kunststoffgaze oder Verbandmull und einem Gummiring und stellt es mit der abgedeckten Öffnung schräg nach unten, sodass Wasser ablaufen und Luft einströmen kann. Die Keimlinge werden entsprechend den Angaben in der oben stehenden Tabelle täglich bis zum Erntezeitpunkt gespült. Unmittelbar vor dem Verzehr sollte man sie noch einmal gründlich unter fließendem Wasser waschen, um anhängende Mikroorganismen abzuschwemmen. An den Samen von ↑**Gerste**, ↑**Hafer**, ↑**Roggen** und ↑**Weizen** bilden sich während des Keimprozesses kleine Faserwürzelchen, die bei genauem Hinsehen nicht mit Schimmel zu verwechseln sind. **Das Keimen mit Keimgeräten:** Die Keimfrischbox funktioniert ähnlich wie die Einmachglasmethode. Das Gerät besteht aus einem breiten, durchsichtigen Kunststoffrohr, das an beiden Enden mit einem Sieb-Schraubverschluss abgeschlossen wird. Hierin werden die Samen eingeweicht, gespült und zum Keimen gebracht. In diesen Gefäßen kann jedoch immer nur eine Keimlingsart gezogen werden. Bei Keimgefäßen mit mehreren aufeinandergestapelten durchsichtigen Schalen können dagegen auf den einzelnen Ebenen verschiedene Samen zum Keimen gebracht werden. Neben Keimgefäßen aus Kunststoff gibt es auch Keimgeräte aus Ton. Die Keimbedingungen in den Tongefäßen ähneln den natürlichen Gegebenheiten in der Erde. Die Samen keimen in den Tongefäßen jedoch im Dunkeln. Selbst wenn man die obere Schale offen lässt, besteht die Gefahr, dass es infolge des geringeren Lichteinfalls zu einer erhöhten ↑**Nitrat**bildung kommt. Auch lassen sich diese Gefäße schlechter reinigen. **Und wenn die Samen nicht keimen?** Die Keimlinge wachsen nicht, wenn die Samen zu alt sind oder falsch gelagert wurden, die Samen/Keimlinge zu feucht (modriger Geruch) oder zu trocken gehalten werden, die Belüftung unzureichend ist, z. B. wenn die Keimlinge zu wenig Platz haben oder nicht ausreichend belüftet oder zu wenig gespült wurden, das Keimgefäß bakteriell verunreinigt ist oder sich noch Spülmittelreste darin befinden. **Tipps für den Einkauf:** Eigens zum Keimen deklarierte Samen werden in Naturkostläden, Reformhäusern, einigen Supermärkten und Gartenfachgeschäften angeboten. Samen zum Aussäen sind genauso geeignet, vorausgesetzt, sie sind nicht chemisch behandelt. Preiswerter ist es, gut gereinigtes Getreide als Speiseware zu kaufen. Bei entspelzten Samen von Hafer, Gerste, ↑**Dinkel**, ↑**Reis** und ↑**Hirse** empfiehlt es sich, vorab die Keimfähigkeit anhand weniger Körner zu prüfen. **Die Verwendungsmöglichkeiten sind nahezu grenzenlos:** Die frischen, knackigen Keimlinge eignen sich vorzüglich als Rohkost. Sie können pur oder mit Salatsauce, als Brotbelag, im Müsli, Obstsalat oder im Quark verzehrt werden. Aber auch in ↑**Getreide**, Kartoffel- und Gemüsegerichten finden sie vielfältige Verwendung. Hier sollten sie ihrer hitzeempfindlichen Inhaltsstoffe wegen möglichst spät den warmen Speisen zugesetzt werden. Eigentlich sollten Keimlinge frisch verzehrt werden. Im Kühlschrank sind sie luftdicht verpackt 2–3 Tage haltbar. Danach kommt es schnell zu Geschmacksveränderungen und mikrobiellem Verderb. ↑**Keimling** & ↑**Sprossen**

Getreidekeimöle *[Fette]* **T** Getreidekeimöle werden aus Getreidekeimen durch Extrahieren mit Hilfe von Lösungsmitteln oder durch Pressen hergestellt. Zu ihnen gehören z. B. ↑**Maiskeimöl**, ↑**Weizenkeimöl**, Roggenkeimöl und ↑**Reisöl.** Mais- und Weizenkeimöle haben einen besonders hohen Gehalt an essenziellen (lebenswichtigen) ↑**Fettsäuren** und ↑**Vitamin E** (Tocopherol). ↑**Speiseöl** & **Öl**

Gewichts- und Mengentabelle *[Fachkunde]* ↑**Maße und Gewichte in der Küche**

Gewichtsabnahme *[Gesundheit]* **T** Durch die Verkleinerung der ↑**Kalorien**zufuhr mit gleichzeitiger Erhöhung des Energieverbrauchs ist eine Gewichtsabnahme möglich. Sie ist notwendig, wenn durch Übergewicht Risikofaktoren wie Bluthochdruck (Hypertonie), erhöhte Blutfettwerte (Hyperlipidämien), Zucker (↑**Diabetes mellitus**), erhöhte ↑**Harnsäure**werte (Hyperurikämie) oder Beschwerden des Bewegungsapparates vorliegen. Hier empfiehlt sich eine ↑**Reduktionsdiät**, die fettarm, kalorienreduziert, kohlenhydrat- und ballaststoffreich ist. Der Energiegehalt der Nahrung sollte aber nicht unter 1200 kcal/4650 kJ pro Tag liegen. Ziel ist es, höchstens 500 g Gewicht pro Woche zu verlieren, also eine behutsame, stetige Gewichtsabnahme. Einseitige Reduktionsdiäten wie ↑**Crash-Diäten**, die hohe Gewichtsverluste in kurzer Zeit versprechen, können langfristig gesundheitsgefährdend wirken. Um dauerhaft abzunehmen, müssen neben der Reduktionsdiät Ess- und Trinkverhalten geändert und neue Verhaltensweisen eingeübt werden. Das Wissen um die Ernährung, Feststellen und Steuern des Ernährungsverhaltens mit Hilfe von Protokollen und vor allem regelmäßige sportliche Betätigung sind wichtig. **Fasten als Methode zur Gewichtsabnahme kann irreparable körperliche Schäden verursachen.** ↑**Fasten**, ↑**Ernährung**, ↑**Diät zur Gewichtsreduktion**

Gewiegtes *[Österr. Küche]* ↑**Hackfleisch**

Gewürze *[Fachkunde]* **T Englisch:** spices; **Französisch:** épices et condiments; **Italienisch:** spezie, condimenti; **Spanisch:** especias y condimentos. **Gewürze sind aromatische, oft scharf schmeckende Pflanzenteile** (Samen, Blüten, Rinden usw.). Sie enthalten ↑**ätherische Öle**, die den typischen Geschmack ausmachen. Gewürze werden einzeln als Ganzes, gerebelt, gemahlen und in Form von fertigen Gewürzmischungen angeboten. **Unterschiede: 1.** Frucht- und Samengewürz (↑**Pfeffer**, ↑**Paprika**, ↑**Muskat**, ↑**Kümmel**, ↑**Fenchel** usw.); **2.** Blütengewürze (↑**Safran**, ↑**Nelken** usw.); **3.** Rindengewürze (↑**Zimt** usw.); **4.** Blattgewürze zählen nur als getrocknet zu den Gewürzen, in frischem Zustand bezeichnet man sie als Küchen- und Würzkräuter (↑**Basilikum**, ↑**Bohnenkraut**, ↑**Majoran**, ↑**Lavendel** usw.); **5.** Unterirdische Pflanzenteile (↑**Zwiebeln**, ↑**Knoblauch**, ↑**Ingwer** usw.); **Geschichte:** Die moderne Archäologie geht heute davon aus, dass die

Menschen schon vor etwa 50 000 Jahren, also in der Altsteinzeit, herausfanden, dass bestimmte Blätter und Früchte den Geschmack der Speisen verbessern bzw. sie auch bekömmlicher machen. Tatsächliche Bodenfunde belegen jedoch ein wesentlich jüngeres Datum. Ausgrabungen in Mexiko zeigen, dass man dort in der Jungsteinzeit, etwa 7000 v. Chr., unterschiedliche wild wachsende Sorten von ↑**Chilis** kannte. Die wirkliche Wiege der Gewürze liegt jedoch eher in Indien. Kaum ein anderes Lebensmittel hat den Lauf der Geschichte so stark beeinflusst wie die Gewürze. Die Suche nach ihnen führte zur Entdeckung Amerikas. Gewürze gehörten neben Gold, Edelsteinen und Seide zu den ältesten Handelsgütern der Welt und verursachten Kriege. Sowohl in der Mythologie als auch im Aberglauben spielten sie eine wesentliche Rolle. Teilweise wurden Gewürze in purem Gold aufgewogen. Araber, Venezianer, Portugiesen, auch deutsche Kaufleute wurden unermesslich reich durch den Gewürzhandel. **Gewürze in der Küche:** Die Kunst des richtigen Würzens birgt nichts Geheimnisvolles, es gibt keine Patentrezepte und keine genauen Mengenangaben, da Geschmäcker bekanntlich verschieden sind. Man kann sich nur auf Erfahrung, Finger- und Zungenspitzengefühl verlassen und sollte über Mut und Entdeckergeist verfügen. **Einige Grundsätze sind jedoch zu beachten: 1.** Ein Gewürz soll Geschmack und Aroma einer Speise betonen. **2.** Eine Speise gilt als vorbildlich gewürzt, wenn sich die Gewürze nur schwer definieren lassen und nicht oder nur kurz mitgekocht wurden. **3.** Zum Abschmecken lieber Gewürze oder ↑**Kräuter** nehmen statt ↑**Salz. 4.** Wenn man unsicher ist, immer mit ganz kleinen Mengen experimentieren und bei Bedarf erhöhen. So kann das Überwürzen vermieden werden. **4.** Nie zu große Mengen von Gewürzen kaufen, da sie im Lauf der Zeit ihr Aroma verlieren. **5.** Sie müssen immer kühl und dunkel und niemals in der Nähe der Kochstelle aufbewahrt werden. ↑**Würztabelle; Tipp: Was passiert mit den Gewürzen, wenn sie mit der fertigen Speise eingefroren werden?** Gewürze wie ↑**Bohnenkraut,** ↑**Majoran,** ↑**Muskat,** ↑**Paprikapulver,** ↑**Pfeffer** und ↑**Knoblauch** verlieren oft an Geschmack, darum nach Möglichkeit erst nach dem Auftauen der Speise diese Kräuter und Gewürze dazugeben oder aber das Gericht nochmals nachwürzen. ↑**Basilikum,** ↑**Dill,** ↑**Estragon,** ↑**Salbei,** ↑**Thymian** verstärken beim Einfrieren ihren Geschmack. Die Gerichte vor dem Einfrieren vorsichtig würzen oder erst beim Wiedererhitzen! **Die 100 wichtigsten Gewürze, Kräuter und Würzmittel auf einen Blick:** Angostura, Anis, Basilikum, Beifuß, Bittermandel, Bohnenkraut, Borretsch, Cayennepfeffer, Chili, Cognac, Curry, Currykraut, Dill, Essig, Estragon, Fenchelsamen, Fenchel, Garam Masala, Glutamat, Grüner Pfeffer, Honig, Ingwer, Kakao, Kapern, Kardamom, Karotten, Kerbel, Ketschup, Knoblauch, Kokos, Koriandersamen, Korianderblätter, Kresse, Kreuzkümmel, Kümmel, Kurkuma, Lauch, Lavendel, Liebstöckel fein geschnitten, Liköre passend, Limettenschale, Lorbeer, Majoran, Meerrettich, Minze, Mohn, Muskatblüte gem., Muskatnuss, Nelken, Noilly Prat, Nüsse, Orangenblütenwasser, Orangenschale, Oregano, Paprikapulver, Peperoni, Petersilie, Petersilienwurzel, Piment, Pimpernelle, Preiselbeeren, Räucherspeck, Reisessig, Rosenblätter, Rosenwasser, Rosmarin, Rotwein, Rum, Salz, Safran, Sambal Olek, Schalotten, Schwarzkümmel, Schwarzer Pfeffer, Sellerie (Staude und Knolle), Selleriesalz, Senf, Senfkörner, Sherry, Sojasauce, Sternanis, Suppengewürz, Tabasco, Thymian, Tomaten, Trüffel, Vanille, Wacholderbeeren, Waldmeister, Wald- und Zuchtpilze, Weißer Pfeffer, Weißwein, Worcester, Zimt, Zitrone, Zitronengras, Zitronenmelisse, Zitronenschale, Zucker und Zwiebel. Diese Gewürze finden sich in der ↑**Würztabelle** genau erklärt.

Gewürzextrakte *[Gewürze & Kräuter]* Bestimmte Gewürze, deren Auszüge pulverisiert und mit ↑**Salz** vermischt oder alkoholischer Art sind

Gewürzfenchel *[Gewürze & Kräuter]* ↑**Fenchel**

Gewürzgurken *[Allgem. Nährmittel]* **R Englisch:** gherkin; **Französisch:** cornichon au vinaigre (von frz.: **corne** = Ecke, Horn); **Italienisch:** cetriolo sott'aceto; **Spanisch:** pepinos de vinagre. **Gewürzgurken** oder **Essiggurken** sind junge, unreif geerntete ↑**Gurken,** die mit einem kochenden, gewürzten Essig-Kräuter-Sud übergossen und dadurch ↑**pasteurisiert** werden. In Süd- und Westdeutschland werden sie auch als **Saure Gurken** bezeichnet, während in Nord- und Ostdeutschland mit diesem Begriff ↑**Salzgurken** gemeint sind. Die bekanntesten Gewürzgurken kommen aus dem Spreewald. Das größte Anbaugebiet Europas für Gewürzgurken befindet sich in Niederbayern. Im deutschsprachigen Raum werden sehr kleine, kräftig gewürzte Sorten ↑**Cornichons** genannt. Echte französische Cornichons werden ohne ↑**Zucker** oder ↑**Süßstoff** hergestellt, im Gegensatz zu allen in Deutschland erhältlichen Arten von Gewürzgurken. **Verwendung in der Küche:** Gewürzgurken kann man als kalorienarme Happen zwischendurch essen oder in herzhaften Salaten verwenden. Gewürzgurken können auch in würzigen Eintöpfen oder süß-sauren Fleischgerichten mitgekocht werden. Das Gurkenwasser (Fond) kann zum Würzen von Salatsaucen wie z. B. ↑**Mayonnaise** mit verwendet werden. **Tipp:** Wer Gewürzgurken selber einlegen möchte, sollte möglichst kleine, feste Einlegegurken verwenden, da die größeren oft zu weich werden. **Zubereitung:** Gurken waschen, abwechselnd mit 3 EL Salz in ein Gefäß schichten. Mit 1 l Wasser bedeckt 24 Stunden ziehen lassen, dann abschütten. Schraubdeckelglas oder einen Steinguttopf sauber auswaschen und mit einer kochend heißen Essig-Salz-Lösung (2 EL Essig, 2 EL Salz auf 1 l kochendes Wasser) ausspülen. **Grundrezept:** 1 kg kleine Gurken; 3 EL ↑**Salz**; 1 l Wasser, 1 daumenlanges Stück geschälter ↑**Meerrettich**; 3 ↑**Estragonzweige**; 6 ↑**Dillzweige**; 1/2 TL schwarze ↑**Pfefferkörner**; 1/2 TL ↑**Cayennepfeffer**; 400 ml Wasser, 400 ml ↑**Weißweinessig**; 2 EL Zucker; 1/2 TL Salz; Meerrettich schälen, fein raffeln oder schneiden, mit Estragon- und Dillzweigen, Pfefferkörnern oder Cayennepfeffer abwechselnd mit den Gurken vom Vortag in das saubere Gefäß schichten. Aus dem Wasser mit Weißweinessig, Zucker und 1/2 TL Salz einen süß-sauer würzigen Sud kochen (ca. 5 Min.) und kochend heiß über die Gurken gießen, die ganz bedeckt sein müssen. Gefäße sofort verschließen, dunkel und kühl aufbewahren. **Diese Würzmittel passen auch:** ↑**Chili**, ↑**Currykraut**, ↑**Fenchel**, ↑**Ingwer**, ↑**Kirschenblätter**, ↑**Knoblauch**, ↑**Lorbeer**, ↑**Nelke**, ↑**Piment**, ↑**Senfkörner**, ↑**Wacholder**.

Gewürzheringe [*Fisch*] Geköpfte, ausgenommene, gesalzene und mit Gewürzen gereifte ↑**Heringe**; sie werden auch als Filets angeboten. ↑**Anchosen**

Gewürz-Kaffee [*Kaffee*] **R** Kaffee mit ↑**Rum** und ↑**Nelken** gewürzt und einer ↑**Zimt**stange umgerührt

Gewürzkörner [*Gewürze & Kräuter*] ↑**Piment**

Gewürzlake [*Unsere Küche*] Mit Gewürzen angereicherte Salzlake zum Konservieren von ↑**Fleisch**. ↑**Lake** & ↑**Pökeln**

Gewürzmalerei [*Unsere Küche*] Dekorative Gestaltung der Oberflächen von Fleischerzeugnissen und/oder Fettoberflächen mit verschiedenfarbigen Gewürzen

Gewürzmühle [*Unsere Küche*] Gerät zum Zerkleinern von Naturgewürzen

Gewürznelke [*Gewürze & Kräuter*] ↑**Nelke**

Gewürzpaprika [*Gewürze & Kräuter*] Obwohl alle Paprika – ob mild oder scharf – der gleichen Gattung zuzuordnen sind, gibt es oftmals eine begriffliche Trennung. Eine bestimmte Gruppe wird als Gewürzpaprika oder Pfefferschoten beschrieben, gemeint sind Pepperoni (auch **Peperoni** oder – besonders in Österreich – **Pfefferoni** genannt) oder **Pepperoncini**. ↑**Paprika** – ↑**Paprika (Gewürz)** – ↑**Gewürzpaprika** & ↑**Paprikaschote**

Gewürzpräparate [*Gewürze & Kräuter*] sind Gewürzmischungen mit anderen geschmacksgebenden und/oder geschmacksverbessernden Stoffen, z. B. Kräuteressig

Gewürzsäckchen [*Unsere Küche*] **T** Damit man nicht auf die ausgekochten Gewürze beißen muss, verwendet man ein Gewürzsäckchen, vor allem bei Speisen, die nach Fertigstellung nicht mehr passiert werden können (z. B. ↑**Eintopf**). Dazu werden die benötigten ↑**Gewürze** und ↑**Kräuter** in ein Stück Baumwollstoff gebunden. Das Säckchen kann nach dem Kochen problemlos herausgenommen werden. Mit einem Tee-Ei erreicht man den gleichen Effekt.

Gewürzsalz [*Gewürze & Kräuter*] ↑**Kräutersalz**

Gewürzsträußchen [*Gewürze & Kräuter*] ↑**Bouquet garni**

Gewürztagetes [*Wildkräuter, -blüten & -früchte*] **T Lateinisch:** Tagetes tenuifolia; **Standort:** Die Pflanze liebt sonnige, humose Böden, ist anspruchslos und gedeiht gut im Topf. **Verwendung in der Küche:** Das herb frisch-würzige und fruchtige Aroma macht die Gewürztagetes zu einer idealen Zutat zu Salatdressings, Kräuterquark, Gemüsepfannen und Kräuteressigen. Auch Teemischungen können damit verfeinert werden. Die gelb bis orangefarbenen Blüten sind eine würzige und hübsche Dekoration für sommerliche Buffets, Salate, Suppen usw. – **Mehr Information:** ↑**Essbare Blüten**

Gewürztraminer [*Weinkunde*] Weiße Rebsorte, die ihren Namen dem Dorf Tramin oder Termeno im italienischen Südtirol verdankt, wo sie angeblich seit frühesten Zeiten angebaut wird. Obwohl jetzt weltweit verbreitet, mag Gewürztraminer als Weißwein aus dem Elsass, wo die bemerkenswertesten Exemplare erzeugt werden, am bekanntesten sein. Die besten Weine, die aus der Rebsorte bereitet werden, weisen sich durch ein intensives Bukett, das an Rosen und Lychees erinnert, sowie einen hohen Alkoholgehalt (13 % Vol. und mehr sind keine Ausnahme) aus. Gewürztraminer erreicht fast mühelos hohe Reifegrade. Damit fehlt es manchen Weinen an Säure, was sie breit und schwer erscheinen lässt. Häufig versucht man, durch vorzeitiges Ernten Beeren mit einem hohen Säuregehalt zu erhalten, wobei die opulenten Duftnoten geopfert werden und relativ neutrale Weine entstehen. Die kleinen Beeren haben rosafarbene Schalen, was die tiefgoldene Farbe der Weine ausmacht. Die Rebsorte ist frühaustreibend, was sie im Frühjahr spätfrostgefährdet macht und somit eine geschützte Lage im Weinberg verlangt. Dies und die Tatsache, dass die Erträge eher bescheiden sind, macht sie nicht gerade zum Favoriten der meisten Winzer. Im Elsass werden in den besten Jahren Spätlesen und Beerenauslesen vom Gewürztraminer produziert, die als **Vendange Tardive** und **Sélection de Grains Nobles** auf den Markt gebracht werden. Die Weine werden geprägt von Rosenduft und Würze und harmonieren trocken gut zu markanten ↑**Terrinen**, Fleischspeisen und ↑**Käse**. Edelsüß werden sie eher als ↑**Aperitif**, zu Käse oder zum ↑**Dessert** empfohlen. **Andere Vertreter dieser bekannten Rebenfamilie sind**: Clevner, Klävner, Christkindlestraube, Dreimänner, Dreipfennigholz, Fleischroth, Kleiner Traminer, Kleinwiener, Kleinbraun, Roter Nürnberger (Deutschland), Savagnin Rose, Fromenteau Rouge, Gentil Rose Aromatique (Frankreich), Termeno Aromatico (Italien), Livora cervena, Drumin Ljbora, Princt cerveny (Tschechien), Tramini Piros, Fermentin Rouge (Ungarn), Crevena Ruziva (Kroatien), Mala Dinka (Bulgarien). In Spanien noch im Experimentierstadium (Penedès, Somontano).

Gewürzüberzug [*Unsere Küche*] Gewürzgemisch, vorwiegend aus ↑**Pfeffer**, das mit einer haftenden Substanz (z. B. ↑**Aspik**) vermischt ist; wird auf die Außenflächen von ↑**Pasteten** oder ↑**Terrinen** aufgetragen.

Gewürzysóp [*Gewürze & Kräuter*] ↑**Ysop**

Gewürzzubereitungen [*Gewürze & Kräuter*] Mischungen von einem oder mehreren Gewürzen mit anderen geschmackshebenden und/oder geschmacksverbessernden Zutaten, z. B. ↑**Muskatwürzer**, ↑**Chili con carne-Gewürz** usw.

GFOP [*Tee*] Abkürzung für **G**olden **F**lowery **O**range **P**ekoe

Ghee [*Asiatische Küche*] **T** (Hindi: **ghee**, Sanskrit: **ghritam**) ist reines ausgelassenes Butterfett und wird original aus Büffelbutter hergestellt. In der indischen Küche gehört ↑**Butterschmalz** zu den wichtigsten ↑**Speisefetten**. Die Herstellung von Ghee verläuft genauso wie bei herkömmlichem Butterfett, nur dass die Butter länger geklärt wird als sonst üblich. Dadurch verdunstet sämtliches Wasser, und das Ghee kann stärker erhitzt werden. Der enthaltene Milchzucker karamellisiert ein wenig, wodurch das typische leicht säuerliche, nussige Aroma verliehen wird. Im Kühlschrank ist Ghee fast unbeschränkt haltbar. Wer Ghee in indischen oder arabischen Lebensmittelgeschäften kauft, sollte darauf achten, dass es aus ↑**Butter** und nicht aus Ölsamen hergestellt ist. In der traditionellen indischen Heilkunde ↑**Ayurveda** werden ihm gesundheitsfördernde Wirkungen zugeschrieben. Auch bei hinduistischen Opferzeremonien spielt es eine wichtige Rolle.

Ghirghio [*Ital. Speisekarte*] Fladen aus ↑**Kastanienmehl**

GHP [*Fachkunde*] Gute Herstellungspraxis; Anwendung der branchenüblichen Hygiene- und Herstellungsbedingungen zur Sicherstellung der Qualitätsanforderungen

Ghrayba [*Intern. Länderküche*] Begriff aus der tunesischen Küchenkultur für ein Gebäck aus ↑**Kichererbsen**mehl, ↑**Zucker** und gesalzener ↑**Butter**

Gianduia; gianduja [*Ital. Speisekarte*] Nussschokolade, ↑**Nugat**

Giant pasta shells [*U.S. Kitchen*] **T** Große Nudelsorte: Muschel-Nudeln, die oft vorgekocht, gefüllt und dann überbacken werden

Giardiniera [*Ital. Speisekarte*] In ↑**Olivenöl** eingelegtes Mischgemüse

Gibelotte [*Franz. Speisekarte*] **A** In Weiß- oder ↑**Rotwein** geschmortes **Kaninchenragout.** ↑**Würztabelle**

Gibier [*Franz. Speisekarte*] Oberbegriff für ↑**Wildbret** aller Art, also auch ↑**Wildgeflügel**

Gibier à (de) plume [*Franz. Speisekarte*] ↑**Federwild**

Gibier à (de) poil [*Franz. Speisekarte*] ↑**Haarwild**

Gibson Dry Cocktail [*Hausbar*] Before Dinner ↑**Cocktail** – Wenn statt der ↑**Oliven** des ↑**Dry Martini** Cocktailzwiebeln (eingelegte Silber- oder Perlzwiebeln) verwendet werden, entsteht ein „Gibson".

Gicht [*Gesundheit*] Stoffwechselkrankheit mit einer erblichen Disposition und einem angeborenen Fehler im Harnsäurestoffwechsel. Übergewicht, purinreiche Ernährung oder erhöhter Alkoholkonsum können ihre Entstehung fördern. Harnsäure ist das Abbauprodukt der ↑**Purine**. Für erhöhte Werte können eine Überproduktion oder eine gestörte Ausscheidung von Harnsäure verantwortlich sein. Überschüssige Harnsäure wird im Normalfall über die Nieren ausgeschieden. Ist dieser Stoffwechsel gestört, steigt der Harnsäuregehalt des Blutes an: Normalwerte bei Männern liegen zwischen 3,4 und 7,0 mg/100 ml und bei Frauen zwischen 2,4 und 5,7 mg/100 ml. Beim Gichtleiden lagern sich Harnsäurekristalle im Gewebe, in den Nieren und in den Gelenken ab. Diese Harnsäurekristalle verursachen in den Gelenken akute schmerzhafte Entzündungen. Ein typischer Ausbruch von Gicht ist eine akute Entzündung im Gelenk des großen Zehs. Unter der Haut von Fingern, Ellenbogen oder am Ohrläppchen kommt es zur Ausbildung von Gichtknoten. In den Nieren bilden sich Harnsäuresteine, die Nierenkoliken verursachen können. Bei Gicht ist eine streng purinarme Kost mit maximal 300 mg Harnsäure pro Tag bzw. 2000 mg pro Woche am wirksamsten. Jedoch wird sie nur in Einzelfällen in der Klinik für einen begrenzten Zeitraum verordnet. Neben der streng purinarmen Diät gibt es die purinarme Diät, die 500 mg Harnsäure pro Tag bzw. 3000 mg Harnsäure pro Woche erlaubt. Dazu sollte man purinreiche Lebensmittel (↑**Innereien**, ↑**Sprotten**, ↑**Ölsardinen**, ↑**Sardellen**, ↑**Hülsenfrüchte**, Haut von ↑**Geflügel**, ↑**Fisch** und ↑**Schwarten** vom ↑**Schwein**) meiden und purinarmen Lebensmitteln (z. B. ↑**Kartoffel**, ↑**Reis**, ↑**Milchprodukte**) den Vorzug geben. Auch eine fleischlose Mahlzeit kann bei unbedachter Auswahl von ↑**Gemüse** und ↑**Getreide**erzeugnissen ebenso viel Purine wie eine Fleischmahlzeit enthalten. ↑**Purin- & Harnsäuretabelle.** Vor allem bei alkoholhaltigen Getränken sollte man vorsichtig sein, ↑**Alkohol** ist zwar purinfrei, steigert aber die Harnsäurebildung in der Leber und hemmt die Harnsäureausscheidung über die Nieren. Alkoholfreies oder -armes ↑**Bier** enthält gleich viel Purine wie normales Bier. Die Flüssigkeitszufuhr sollte mindestens 2 l pro Tag betragen. ↑**Kaffee** und Schwarzer ↑**Tee** stehen nicht auf der Verbotsliste, da in ihnen enthaltene Purine nicht zu Harnsäure abgebaut werden. Gleiches gilt für ↑**Kakao** und ↑**Schokolade**. Liegt zudem Übergewicht vor, sollte in erster Linie das Körpergewicht normalisiert werden, weil bereits so der Harnsäurespiegel gesenkt werden kann. Auch bei einer medikamentösen Behandlung wird Gicht durch eine purinarme Diät günstig beeinflusst.

Gichtbeeren [*Obst*] Schwarze ↑**Johannisbeeren**

Gichtstock [*Gewürze & Kräuter*] ↑**Liebstöckel**

Giersch [*Wildkräuter, -blüten & -früchte*] **T Lateinisch:**

Aegopodium podagraria; **Info:** Giersch ist weithin als hartnäckiges Wurzelunkraut in Gärten bekannt. Das Kraut ist besonders reich an ↑**Kalium. Standort:** Die Pflanze liebt es halbschattig, humos, mäßig feuchte Böden, ist sehr anspruchslos und verbreitet sich schnell. **Geschmack:** Gierschblätter haben einen würzigen karottenähnlichen Geschmack und Geruch. **Verwendung in der Küche:** Am besten schmecken die jungen, zarten Blätter. Ältere Blätter müssen vor allem für Salate oder Kräutersoßen sorgfältig feingehackt werden, denn sie können zäh sein. Besonders im Frühjahr, wenn sonst noch nicht viel zu ernten ist, ist die vitale Pflanze eine gute Ergänzung im Speiseplan. Gierschblätter können wie ↑**Spinat** zubereitet werden. Frisch geben sie Salaten, Wildkräutersuppen, ↑**Pesto**, Kräuterquark, ↑**Mayonnaise** und auch „↑**Grüner Soße**" ein unverwechselbar delikates Aroma. **Wirkung in der Volksmedizin:** Schon die Römer sollen Giersch reichlich verspeist haben. In der Volksheilkunde verwendete man das Kraut gegen Gicht. Es ist harntreibend, krampflösend, entzündungshemmend, leicht zusammenziehend.

Gigantes [*Griech. Speisekarte*] **A** Begriff aus der griechischen Küchenkultur für große gekochte ↑**Bohnen** in ↑**Tomatensoße**

Gigondas [*Weinkunde*] ↑AOC, Anbaugebiet der südlichen Rhône, bekannt für hochwertige Rot- und Roséweine

Gigorit [*Franz. Speisekarte*] **A** ↑**Ragout** aus ↑Schweine**innereien** in Rotwein

Gigot [*Franz. Speisekarte*] Keule, Schlegel von ↑**Hammel**, ↑**Lamm** oder ↑**Reh**; aber auch die ↑**Hähnchen**-, ↑**Poularden**- oder ↑**Truthahn**schenkel

Gigot d'agneau [*Franz. Speisekarte*] ↑**Lamm**keule

Gigot entier [*Franz. Speisekarte*] ↑**Lamm**keule mit Schwanzstück

Gigot raccourci [*Franz. Speisekarte*] ↑**Lamm**keule ohne Schwanzstück

Gigue [*Franz. Speisekarte*] Keule bei ↑**Rehwild** und ↑Gämse

Gilbwurz [*Gewürze & Kräuter*] ↑**Kurkuma**

Gill [*Fachkunde*] Angelsächsisches Flüssighohlmaß (GB: 0,14 l; USA: 0,12 l)

Gimblette [*Franz. Speisekarte*] **A** Mit ↑**Anis,** ↑**Mandeln,** ↑**Orange,** ↑**Vanille,** ↑**Zitrone** usw. aromatisierter, gezuckerter ↑**Hefekringel**

Gimchi [*Asiatische Küche*] **A Gimchi** oder **Kimchi** nennt man durch Milchsäuregärung konserviertes ↑**Gemüse** in der koreanischen Küche, ähnlich den ↑**Salzgurken**. Hierzu verwendet man in Korea ↑**Chinakohl**blätter, die gesalzen und zusammen mit klein geschnittenen Zutaten wie ↑**Rettich,** ↑**Frühlingszwiebeln**, ↑**Karotten**, ↑**Ingwer**, rotem ↑**Paprika** sowie ↑**Knoblauch**, verschiedenen ↑**Meeresfrüchten** unter Zugabe von einer speziellen Fischsoße vermischt werden. Durch Gärung wird das Gemisch haltbar und nimmt nach einigen Tagen den typischen Gimchigeschmack an. Weitere Gemüse, die immer frisch zu Gimchi verarbeitet werden, sind ↑**Gurken (oi gimchi)**, kleine ↑**Weiße Rüben (jonggak gimchi)** und in Würfel geschnittener ↑**Rettich (kakdugi)**. – Da in Korea Gimchi zu jeder Mahlzeit gehört (genauso wie ↑**Reis**, ↑**Seetang**, ↑**Sojasprossen – kong namul** und eine Suppe – **guk**), hat jede Hausfrau und jedes Restaurant eigene Rezepte. Es gibt Hunderte verschiedener Gimchiarten, deren ↑**Fermentierung**, Würze und Aroma für die Provinz oder das Dorf, in dem sie ihren Ursprung haben, typisch sind. Im Süden Koreas wird das Gimchi immer schärfer.

Gimlet [*Hausbar*] **R** Der Gimlet ist ein klassischer ↑**Cocktail.** Der ↑**Shortdrink** besteht zu gleichen Teilen aus ↑**Gin** und ↑**Lime Juice.** Er wurde zuerst gegen Ende des 19. Jahrhunderts in der britischen Royal Navy getrunken, blieb aber außerhalb Englands lange bedeutungslos. Weithin bekannt wurde er dann als der Lieblingscocktail des Raymond-Chandler-Detektivs Philip Marlowe. Gin und Lime Juice im ↑**Shaker** auf Eiswürfeln kräftig schütteln und in eine vorgekühlte Cocktailschale abseihen. **Variationen:** Beim Wodka Gimlet wird der Gin durch ↑**Wodka** ersetzt.

Gin [*Hausbar*] Wacholderbranntwein, in Europa schon seit dem 16. Jahrhundert bekannt. Gin ist der Abkömmling des ↑**Genever**, der zur englischen Spezialität wurde. In Deutschland muss Gin einen Alkoholgehalt von mindestens 37,5 % Vol. besitzen. Das erste Destillat stammt aus ↑**Weizen**, ↑**Mais**, ↑**Roggen** oder ↑**Gerste**. ↑**Wacholderbeeren** und Gewürze (↑**Anis**, ↑**Fenchel**, ↑**Koriander**, ↑**Kardamom**, ↑**Kümmel** etc.) werden zugesetzt, wenn er ein zweites Mal gebrannt wird. Der ↑**Alkohol** wird somit ausschließlich aus dem ↑**Getreide** gewonnen. Wacholderbeeren und Gewürze geben dem Gin seinen typischen Geschmack und ein zartes Aroma. Gin wird vor allem zur „alkoholischen Veredelung" von ↑**Longdrinks** und ↑**Cocktails** verwendet. Die bekanntesten Drinks sind ↑**Gin Tonic** und ↑**Gin Fizz.**

Gin Fizz [*Hausbar*] **R** Als ↑**Fizz** bezeichnet man einen ↑**Cocktail**, der auf dem klassischen Gin Sour aufbaut, aber zusätzlich ↑**Soda** enthält. Die Zutaten (ohne Soda) werden auf Eiswürfeln kräftig geschüttelt, ins Glas abgeseiht und dort mit Soda aufgefüllt. **Klassischer Gin Fizz**: 3 Teile ↑**Gin** mindestens; 1 Teil ↑**Zitronensaft** mit Eis und Soda auffüllen; **Royal Fizz** (alle Zutaten müssen extra kalt sein, da man kein Eis hinzufügt): 3 Teile Gin mindestens; 1 Teil Zitronensaft; 1 Schuss ↑**Crème de Dijon (Cassis** – Johannisbeer-Likör) mit ↑**Champagner** auffüllen; **Bekannte Fizzes:** Cherry Fizz, Dubonnet Fizz, Gin Fizz, Golden Fizz, New Orleans Fizz, Orange Fizz, Royal (Gin) Fizz, Rum Fizz, Silver Fizz

Gin Tonic [*Hausbar*] **R** Gin Tonic ist ein klassischer ↑**Longdrink** aus ↑**Gin** und ↑**Tonic Water**. Das Mischungsverhältnis kann von 1:6 bis 1:3 variieren. Gin Tonic wird in einem ↑**Longdrinkglas** auf Eis serviert, der Glasrand wird mit einer ↑**Zitronen**- oder ↑**Limettens**cheibe garniert. Als Erfinder des Gin Tonic gelten die Engländer. Sie tranken während der Kolonialzeit in Indien das ↑**chininhaltige** ↑**Tonic Water**, um sich vor Malaria zu schützen. Das damalige Indian Tonic Water war sehr bitter, daher wurde dem Getränk Gin beigemischt, um den Geschmack zu verbessern. In ultraviolettem Licht leuchtet Gin Tonic leicht bläulich. Gin Tonic galt zu Lebzeiten der Queen Mum als ihr Lieblingsdrink.

Ginepro [*Ital. Speisekarte*] ↑**Wacholder**

Gingembre [*Franz. Speisekarte*] ↑**Ingwer**

Ginger [*U.S. Kitchen*] ↑**Ingwer**

Ginger Ale [*Hausbar*] Trotz der Namensverwandtschaft mit dem ↑**Ale**, einer vor allem im Großbritannien sehr beliebten Biersorte, handelt es sich beim Ginger Ale um eine alkoholfreie, ingwerhaltige Limonade (engl. „ginger"=↑**Ingwer**), mit ↑**Hopfen** gewürzt. Ginger Ale hat typischerweise eine hellbraune Färbung und ist leicht mit ↑**Kohlensäure** versetzt.

Gingerbread [*U.S. Kitchen*] ↑**Lebkuchen**

Ginjinha [*Span. Speisekarte*] ↑**Kirschlikör**

Ginkgo biloba [*Gesundheit*] Wird in China seit über 5000 Jahren zur Gesundheitsvorsorge eingesetzt. Der Blätter-Extrakt ist eine natürliche Substanz, um Gehirn- und Gedächtnisfunktionen zu fördern. Durchblutung von Händen und Füßen wird auch verbessert.

Ginkgonüsse [*Allgem. Nährmittel*] **T** Samen des ostasiatischen Ginkgobaumes, von süßem pflaumenartigen Fruchtfleisch umgeben. Die geschälten Samen sowie die ganzen Früchte (Ginkgo-Pflaumen) sind hier nur in Dosen erhältlich. Ginkgonüsse reicht man in Japan zu gebratenem ↑**Fisch** und als Suppeneinlage.

Ginkgopflaumen [*Exotische Früchte*] Pflaumenähnliche Früchte aus Ostasien mit süß schmeckendem Fruchtfleisch

Ginsengwurzel [*Gesundheit*] Wurzel eines ostasiatischen Araliengewächses. Süßaromatischer Geschmack. Allheilmittel gegen Appetitlosigkeit und niedrigen Blutdruck

Giouvarelakia [*Griech. Speisekarte*] **A** Suppe mit Fleischklößchen aus ↑Rinder**hackfleisch** und ↑**Reis**

Giouvetsi [*Griech. Speisekarte*] **A** Begriff aus der griechischen Küchenkultur für einen ↑**Eintopf** mit ↑**Juvetzi** und ↑**Lammfleisch**

Gippsland Blue [*Käse*] Australischer ↑**Blauschimmelkäse**, in „Down under" mittlerweile eine Legende

Gipsen [*Weinkunde*] Zugabe von Gips vor der Gärung, um den Säuregehalt der Weine zu erhöhen und die Farbe zu verbessern. Wird in Spanien bei Sherry und z. T. in den USA verwendet. In Deutschland verboten.

Girardet, Frédy [*Berühmte Köche*] **Frédy Girardet** steht in der Welt der Kochkünste auf der obersten Sprosse der Erfolgsleiter. Von den Kollegen ziemlich einhellig als bester Koch aller Klassen gefeiert und mit den höchsten Auszeichnungen dotiert, hat der führende Avantgardekoch der Dreisternekategorie die Kochmütze an den Nagel gehängt. **Seine wichtigsten Auszeichnungen:** 1975 – Clé d'Or von Gault-Millau; 1986 – Eintrag in das Larousse-Lexikon und Ritter der Ehrenlegion; 1989 – Weihe zum Koch des Jahrhunderts (mit ↑**Bocuse**, ↑**Robuchon** und ↑**Witzigmann**); 1990 – Großer internationaler Preis der Kochkunst. Sogar Bocuse hat zugegeben, dass niemand am Herd besser ist als Frédy Girardet.

Girofles [*Gewürze & Kräuter*] Franz. (Gewürz) ↑**Nelken**

Girolle [*Franz. Speisekarte*] ↑**Pfifferlinge**

Gîte [*Franz. Speisekarte*] ↑Rinder**haxe**, Wade

Gîte à la noix [*Franz. Speisekarte*] Kugel, Nuss, Blume, bestes Stück der Rinderkeule

Gitzi [*Regionale Spezialität*] ↑**Lamm**, Lammbraten

Giuncata [*Ital. Speisekarte*] ↑**Frischkäse**spezialität

Givré [*Franz. Speisekarte*] **1.** Eisgekühlt; **2.** Glas oder Gefäß mit Eiswürfeln ausgeschwenkt; **3.** ↑**Fruchteis** bzw. ↑**Sorbet**

Gjetost [*Käse*] **Herkunft:** Norwegen; **Info:** Gjetost gehörte zu den Nahrungsmitteln, die schon die Wikinger auf ihre Raubzüge mitnahmen; **Käsesorte:** Käse aus ↑**Ziegen**- (Ekte) oder ↑Kuh**milch** oder aus einer Mischung der beiden, im Verhältnis von 90 % Kuhmilch zu 10 % Ziegenmilch. 35 % ↑**Fett i. Tr.** Gjetost wird aus ↑**Molke** hergestellt, die in Norwegen Mysost heißt. Wie sein Name verrät (gjet: Ziege, ost: Käse), war er ursprünglich ein ↑**Ziegenkäse**, und nur diese authentische Variante trägt den Zusatz Ekte. Wenn zu seiner Herstellung lediglich Kuhmilch verwendet wird, lautet der korrekte Name Mysost. Die Molke, die vom Buttermachen übrig geblieben ist, wird langsam in Behältern aus Edelstahl erhitzt und so lange gerührt, bis die Menge auf ein Viertel eingekocht ist. Es bleiben nur noch das ↑**Albumin** und die ↑**Laktose** als bräunlicher Teig übrig, wodurch der **Käse** einen süßlichen Geschmack und eine feste Konsistenz erhält. Das Ergebnis, eine braune ↑**Karamell**paste, wird Prem genannt. Um Geschmack und Fettanteil zu steigern, wird Sahne oder ↑**Milch** zugesetzt und der Käse in Blöcken verpackt, deren Gewicht zwischen 250 g und 1 kg variiert.

Gjuwetsch [*Intern. Länderküche*] **R** Ein reichhaltiger bulgarischer ↑**Fleisch**-↑**Gemüse**-↑**Eintopf** aus klein gewürfeltem, mit Zwiebelringen angebratenem ↑**Lamm**-, ↑**Rind**- und ↑**Schweinefleisch**. Im Backofen bei milder Hitze, im offenen Topf, mit grünen ↑**Brechbohnen**, ungeschälten gewürfelten ↑**Auberginen**, in Stücke geschnittenen ↑**Paprika**, ↑**Tomaten**, ↑**Kartoffeln**, Scheiben von kleinen ↑**Zucchini** und einigen frischen ↑**Okra** gegart. Wenn das Fleisch gar ist, mit einer Masse aus geschlagenen ↑**Eiern**, ↑**Mehl**, ↑**Back**-

pulver, ↑**Jogurt** und ↑**Petersilie** übergießen und überbacken, bis die Haube gestockt und braun ist.

Glace [*Franz. Speisekarte*] **1.** ↑**Brühen** und ↑**Grundsaucen**, die nach dem Auskühlen glasieren und erstarren, weil sie stark reduziert sind. **Wichtig!** Glace immer salzlos kochen und erst vor dem Gebrauch würzen. „Glace de viande" (↑**Fleischextrakt**) ist in kaltem Zustand völlig fest. **2.** Auch für Eis und Zuckerglasur wird das französische Wort benutzt.

Glace panachée, mélangée [*Franz. Speisekarte*] Gemischtes Eis. ↑**Speiseeis**

Glace pilée [*Franz. Speisekarte*] Zerstoßenes Eis. ↑**Crushed Ice**

Glace plombières [*Franz. Speisekarte*] ↑**Eiscrème**

Glacé(e) [*Franz. Speisekarte*] Geeist(e)

Glacer [*Franz. Fachwort*] Überglänzen

Glacés [*Hausbar*] **R** Eisgekühlte Drinks, bestehend aus jeder beliebigen ↑**Spirituose**. Serviert werden sie mit viel Eis, Trinkhalm und Löffel. Dazu wird eine Karaffe Wasser gereicht.

Glacier [*Franz. Fachwort*] Koch, zuständig für Eisspeisen

Glacieren [*Franz. Fachwort*] ↑**Glasieren**

Glaçon [*Franz. Speisekarte*] Eiswürfel

Gladiolenblüten [*Wildkräuter, -blüten & -früchte*] **T Lateinisch:** Gladiolus spp. Gladiolenblüten verleihen Obst- und ↑**Blattsalaten** ein exotisches Aussehen, vor allem, wenn man sie dekorativ kopfüber legt, also andersrum, als sie wachsen. Gladiolenblüten sind auch zum Kandieren geeignet. ↑**Kandieren von Blüten – Mehr Information:** ↑**Essbare Blüten**

Glane [*Franz. Speisekarte*] ↑**Wels**

Glanzhell [*Weinkunde*] Weine, die völlig durchsichtig und klar sind

Glas/Gläser [*Hausbar*] **Englisch:** glass; **Französisch:** verre; **Italienisch:** bicchiere; **Spanisch:** vaso, copa. Aus ästhetischen und praktischen Gründen sind Gläser seit mehr als zwei Jahrtausenden nicht mehr aus der Küche wegzudenken. Hierbei ist die Herstellung nicht maßgebend für den Genuss, vielmehr das Aussehen, die Qualität und Handhabung. Für den Geschmack aber ist der Inhalt zuständig. Die Form kann den Genuss beeinflussen. Ein Weinglas sollte immer bauchig sein, damit sich beim Schwenken die Blume des Weines entfalten kann, vor allem bei Burgunderwein und Rotweinen. Die feine Küche zeichnet sich durch die richtige Gläserwahl zu jedem Getränk aus.

Glasaal [*Fisch*] Auch Steigaale genannt, sind junge Aale, die einst in Massen in den Flussläufen und Küstengebieten der großen Meere anzutreffen waren. Die Länge beträgt etwa 7 bis 8 cm. Der Durchmesser liegt bei ca. 1,5 bis 2 mm. Mittlerweile steht der Europäische Aal (**anguilla anguilla**) auf der Roten Liste der vom Aussterben bedrohten Tiere. **Einer der Hauptgründe:** Die Japaner und Chinesen haben Glasaal als Delikatesse entdeckt. Ohne Rücksicht werden in den Weltmeeren die Bestände der Jungaale geplündert. Da die Amerikaner und Kanadier inzwischen reagiert und ihren Glasaal (**anguilla rostrata**) unter Schutz gestellt haben, wandern immer mehr der europäischen Fischwinzlinge als „**Brataal in Sojasauce**" (Kabayaki) auf japanische bzw. asiatische Teller. In Europa waren Glasaale eine weihnachtliche Delikatesse, besonders in den Mittelmeerländern, wo die winzigen, durchsichtigen Aallarven meist frittiert und im Baskenland mit roten Pfefferschoten serviert wurden. Bei einem Marktpreis von zurZeit ca.700 € pro Kilo (Ø 3500 Larven) ist diese Tradition nicht mehr erschwinglich.

Glasieren [*Unsere Küche*] **T 1.** Eine Zubereitungsart für ↑**Geflügel** und ↑**Weißes Fleisch**, das man bei mittlerer Hitze anbrät und mit ↑**Fond brun** ablöscht. Nach dem Einkochen der Flüssigkeit stellt man das Fleisch in den Ofen, um es zu garen. Nach erneutem Ablöschen begießt man das Fleisch mit dem Fond und lässt es glasieren (Fleisch bekommt durch die Ofenhitze einen glänzenden Überzug). **2.** Mit Zuckerguss bedecken.

Glasig braten [*Unsere Küche*] ↑**Reis** oder ↑**Zwiebeln** in heißem ↑**Fett** unter ständigem Rühren so lange anbraten, bis sie ein glasiges Aussehen erhalten, aber noch nicht gebräunt sind.

Glasnudeln [*Allgem. Nährmittel*] **A** Die fadenähnlichen ↑**Nudeln** aus ↑**Mungbohnen** oder ↑Meeres**algen** werden beim Kochen glasklar. Diese Nudelart ist in Japan und China beliebt, als Beilage oder Suppeneinlage. Da sie nach nichts schmecken, passen sie zu allem. Durch Kochen verlieren sie ihre leicht knorpelige Konsistenz. Man weicht sie als Bündel in heißem Wasser ein und schneidet sie hinterher in mundgerechte Stücke. Oder man wirft sie in heißes Öl, wo sie in Sekunden aufgehen und zu zart-knusprigen Kringeln werden, die auch einem einfachen Salat exotischen Pep geben. In Thailand bereitet man einen kalten Salat aus Glasnudeln, ↑**Gemüse**, ↑**Chili**, ↑**Zitronensaft**, ↑**Koriandergrün**, ↑**Minze** und ↑**Shrimps** oder ↑**Fleisch** zu. ↑**Reisnudeln**

Glasuren [*Backstube*] **R** Glänzende Überzüge für Torten, Kuchen, Kleingebäck, ↑**Konfekt** und Süßspeisen. Sie sind meist aromatisierte und oft auch gefärbte Zuckerlösungen. Hergestellt werden sie i. d. R. aus ↑**Puderzucker**, der mit Flüssigkeit zu einer geschmeidigen Masse verrührt wird, die beim Trocknen erstarrt. Die Glasur soll nach dem Anrühren einen Löffelrücken gleichmäßig überziehen. Je nach Rezept kann man eine Glasur noch mit weiteren Zutaten und Aromen anreichern. **Die bekanntesten Glasuren: Zuckerguss** oder Wasserglasur besteht nur aus Puderzucker und Wasser. Vor dem Auftragen sollte sie erwärmt werden. Wasserglasur ist ziemlich hart und matt glänzend. Für **Eiweißglasur** wird das Wasser durch aufgeschlagenes rohes Eiklar ersetzt. **Condéglasur** ist

Eiweißglasur mit fein gehackten ↑**Mandeln. Spritzglasur** ist eine geschmeidige, aber nicht zu dünne Eiweißglasur mit Zitronensaft. Sie dient zum Dekorieren und Beschriften von Kuchen und Torten mit dem ↑**Dressierbeutel.** ↑**Fondant** (Schmelzglasur) ist eingekochte Zuckerlösung, die nur warm verarbeitet werden kann. Alle Glasuren können mit ↑**Zitronensaft,** ↑**Spirituosen,** ↑**Kakao,** ↑**Instantkaffee** usw. aromatisiert werden. **Hier einige Beispiele: Orangenglasur:** 200 g Puderzucker in Schüssel sieben, 2 EL Blutorangensaft, 1 EL Wasser. **Kirschglasur:** 200 g Puderzucker in Schüssel sieben, 1–2 EL Kirschlikör, 1 EL Wasser. **Mokkaglasur:** 200 g Puderzucker in Schüssel sieben, 1 EL Instantkaffee,1–2 EL Wasser; **Schokoladenglasur:** 120 g dunkle oder weiße ↑**Kuvertüre,** 3 EL Wasser, im Wasserbad bei ca. 50° C langsam schmelzen, 30 g Butter zugeben, 2–3 EL Puderzucker dazusieben, glatt rühren; **Aprikosenglasur:**10 cl Orangensaft, 100 g Aprikosenkonfitüre heiß werden lassen, durch ein Sieb streichen; **Karamellglasur:** 250 g Zucker, 2 EL Zitronensaft in einem kleinen Topf bei geringer Hitze so lange rühren, bis sich der Zucker vollständig aufgelöst hat. Nun den Sirup zum Kochen bringen und (bei stärkerer Hitze) so lange kochen lassen, bis er hell goldgelb ist.

Glatt [*Weinkunde*] Säurearmer, süffiger, körperreicher Wein

Glattbutt [*Fisch*] ↑**Schollen**fisch, der in der Nordsee, westlichen Ostsee und im Mittelmeer beheimatet ist

Glattrochen [*Fisch*] Für die Fischerei in Nordwesteuropa die wichtigste Rochenart; sein Fleisch kommt, ebenso wie das des Nagelrochens, als „Seeforelle" in den Handel. Die Nordsee ist eines der wichtigsten Fanggebiete.

Glattrühren [*Unsere Küche*] Suppen, ↑**Sauce**n so lange kräftig mit einem Schneebesen rühren, bis keine Klümpchen mehr vorhanden sind.

Glaze [*U.S. Kitchen*] Überzug für Gebäck

Gleukometer [*Weinkunde*] Mostwaage; Apparat zur Feststellung des ↑**Mostgewichte**s bei Weinen

Gliadin [*Gesundheit*] Reserveeiweiß (Prolamin) des ↑**Weizens** mit geringer biologischer Wertigkeit, da der Gehalt an der Aminosäure Lysin sehr gering und der Gehalt an Prolin und Glutaminsäure hoch ist. Gliadin bildet zusammen mit dem ↑**Glutelin** eine wasserunlösliche Getreideeiweißfraktion, das ↑**Gluten.** Gliadin ist bekannt als Allergen. Es ist der Verursacher der Histaminreaktionen bei der Erkrankung ↑**Zöliakie.**

Gliesche [*Fisch*] ↑**Rotzunge**

Globulin [*Fachkunde*] Neben ↑**Albumin** die zweite Hauptgruppe der ↑**Eiweiße.** ↑**Bestandteil** des ↑**Fleisches,** aber auch der ↑**Eier,** ↑**Fische** und ↑**Milch.** In Salzwasser löslich und quellfähig. Gerinnungspunkt bei 70° C.

Glockenblumenblüten [*Wildkräuter, -blüten & -früchte*] **T** Sind zum Kandieren geeignet. ↑**Kandieren von Blüten – Mehr Information:** ↑**Essbare Blüten**

Glögg [*Hausbar*] ↑**Gløgg**

Gløgg [*Hausbar*] **Dänisch** und **Norwegisch:** Gløgg; **Schwedisch:** Glögg; **Finnisch:** Glögi; Skandinavischer ↑**Glühwein** aus ↑**Rotwein,** ↑**Korn** oder ↑**Wodka** und Gewürzen, wie ↑**Zimt,** ↑**Kardamom,** ↑**Ingwer** und ↑**Nelken,** inzwischen eines der berühmtesten Getränke in Skandinavien. Die Grundlage für einen guten **gløgg** bildet immer ein selbst gemachter „Gløggextrakt". 0,4 l Weihnachtsbier (**juleøl**): 120 g ↑**Rohrzucker,** 10 ganze Nelken, 4 ↑**Zimtstangen,** 4–6 Kardamomkörner, 1 ↑**Vanillestange,** 2 ↑**Sternanis,** 50 g gehackte oder gehobelte ↑**Mandeln.** Alle Zutaten in einen Topf geben, Vanillestange aufschneiden und zusammen kurz aufkochen. Topf vom Herd nehmen und 3,5 l ↑**Portwein** zugeben. Extrakt in eine verschließbare Flasche füllen und mindestens 14 Tage ziehen lassen. 75 g ↑**Rosinen** in ↑**Cognac** einlegen, einige Stunden ziehen lassen. Die Hälfte des Gløggextraktes zusammen mit einer Flasche 0,7 l Rotwein, 10 cl Korn, Wodka oder ↑**Rum** (je nach Geschmack) erwärmen, nicht kochen! Rosinen und gehackte Mandeln zugeben und heiß servieren.

Glossa [*Griech. Speisekarte*] Begriff aus der griechischen Küchenkultur für ↑**Seezunge**

Gloster [*Obst*] **T Lateinisch:** Malus domestica; **Info:** Gloster ist eine Apfelsorte mit großen bis sehr großen Früchten von hoch gebauter, glockenartiger Form. Die glatte, zähe Schale ist in der Grundfarbe hellgrün und in der Deckfarbe fast gänzlich dunkelrot bis bläulich-rot verwaschen gefärbt. Die fast vollständige rote Färbung des Glosters macht ihn zum beliebten Winter- und Nikolausapfel. Dabei bietet er sich wegen des schönen Kontrasts auch als Begleitsorte für den ↑**Golden Delicious** an. **Ursprung und Geschichte:** Gloster ist aus einer Kreuzung zwischen Weißer Winterglockenapfel und Richared Delicious 1952 an der Obstversuchsanstalt Jork im Alten Land, Deutschland, entstanden und wurde 1969 als „Gloster 69" erstmals in den Handel gebracht. **Herkunft und Saison:** Gloster wird in Mitteleuropa von Ende September bis Anfang Oktober geerntet und ist dann im ↑**Kühllager** bis Ende Dezember, im ↑**CA-Lager** bis Ende Mai haltbar. Der Beginn der Genussreife liegt einen Monat nach dem Erntetermin. **Geschmack:** Der Gloster überzeugt durch sein gutes Aroma, den milden Geschmack und seine feine, dezente Säure. Das Fruchtfleisch ist saftig bis weich-saftig, feinzellig und kurzbrechend. ↑**Apfel**

Gloucesterkäse [*Käse*] **T** Im Südwesten Englands aus Vollmilch hergestellt. Die Laibe wiegen ca. 28 kg, haben eine Höhe von 15 cm und Ø 36 cm. Traditionell hergestellte Laibe reifen 4 bis 6 Monate. Gloucester hat eine feine seidige Struktur, ist ungefärbt oder leicht orange und schmeckt ähnlich wie ↑**Cheddar,**

aber milder. **Käsesorte:** ↑**Schnittkäse**, raue, blassgelbe oder orangefarbene Rinde, mit rotbraunem Wachsüberzug, in Leintücher gewickelt, 48 % ↑**Fett i.Tr.**; **Milch:** Kuhmilch; **Info:** Gloucester sind Vollfettkäse, die einst aus der ↑**Milch** von Gloucester-Kühen gemacht wurden. **Verwendung:** Hauptsächlich für ↑**Sandwichs** und Salate; **Gloucester wird in zwei Varianten angeboten: 1.** Single Gloucester wird aus teilweise entrahmter Milch hergestellt, er ist rund mit ∅ 38 cm, einer Höhe von 6,5 cm, und wiegt etwa 7 kg. **2.** Double Gloucester wird aus nicht entrahmter Milch hergestellt ist, rund mit ∅ 38 cm, einer Höhe von 13 cm, und wiegt 14 bis15 kg. Der helle, schnittfeste Laib hat kleine unregelmäßige Löcher, die natürliche, trockene Rinde ist hellbraun und nicht essbar. Der Fettgehalt ist 48 % **i. Tr.** bei Single Gloucester und 52 % ↑**Fett i.Tr.** bei Double Gloucester. Single Gloucester ist heller, aber leichter und saftiger als Double Gloucester. **Daneben werden viele aromatisierte Double-Gloucester-Sorten angeboten, z. B.: Abbdale** mit ↑**Schnittlauch** und ↑**Petersilie-Cotswold** mit Schnittlauch und ↑**Zwiebeln; Sherwood** mit verschiedenen ↑**Gewürzen; Walton** mit ↑**Walnüssen; Windsor** mit ↑**Preiselbeeren**; Es wird ausschließlich Kuhmilch verwendet, die man leicht erwärmt, mit ↑Kälber**lab** eindickt, dann zu ↑**Bruch** schneidet, salzt und einige Stunden in Formen presst. Der Käse reift bis zu 6 Monate in kühlen Kellern. Weltbekannt ist dieser Käse nicht durch seinen Geschmack, sondern durch das historische Käse-Roll-Rennen, bei dem es manchmal sehr hart zur Sache geht. Das Ereignis wird schon seit 200 Jahren in der Grafschaft Gloucestershire gefeiert und soll auf die Römerzeit zurückgehen. Während der Lebensmittelrationierung von 1941 bis 1954 mussten die Veranstalter auf Käse-Attrappen aus Holz zurückgreifen.

Glucagon [*Verdauung*] Hormon, das in der ↑**Bauchspeicheldrüse** (Pankreas) gebildet wird und eine wichtige Rolle im ↑**Kohlenhydratstoffwechsel** spielt. Seine Aufgabe ist es, den Blutzuckerspiegel zu erhöhen, wenn er unter eine gewisse Grenze sinkt. Gleichzeitig hemmt Glucagon das Hormon ↑**Insulin**, das für die Blutzuckersenkung verantwortlich ist, und ist somit dessen Gegenspieler (Antagonist).

Glückshormon [*Gesundheit*] ↑**Serotonin**

Glucondeltalacton [*Fachkunde*] ↑**E 575**

Gluconsäure [*Fachkunde*] ↑**E 574**

Glucose [*Gesundheit*] **T Synonym:** Dextrose; **Umgangssprachlich:** Traubenzucker; Glucose ist ein Einfachzucker (Monosaccharid) und gehört zu den ↑**Kohlenhydraten**. Sie kommt ungebunden in ↑**Honig**, süßen ↑**Früchten**, tierischem und menschlichem Gewebe sowie im Blut (Blutzucker) vor. Außerdem ist Glucose Bestandteil von Zweifachzuckern, z. B. ↑**Rübenzucker** (Saccharose) und Mehrfachzuckern wie Cellulose, ↑**Stärke** und Glykogen. Sie ist unentbehrlich als Energiequelle für den Menschen: vor allem für Nervenzellen, Gehirn, rote Blutzellen und Nierenmark.

Glucuronolacton [*Fachkunde*] Ein typischer Inhaltsstoff der ↑**Energy-Drinks** ist die Glucuronsäure, die meist in Form des Lactons zugesetzt wird. **In Deutschland ist Glucuronolacton als Zusatzstoff nicht zugelassen.** Aus anderen EU-Ländern dürfen aber Getränke mit deren Inhaltsstoffen eingeführt werden. Die Hersteller werben damit, dass diese Verbindung die Entgiftung des Körpers von Umweltschadstoffen unterstützt. Tatsächlich ist aktivierte Glucuronsäure an der Entgiftungsreaktion in der Leber beteiligt. Sie wird allerdings im eigenen Stoffwechsel in ausreichender Menge gebildet. Die importierten Energy-Drinks enthalten durchschnittlich 2400 Milligramm Glucuronolacton pro Liter. **Zum Vergleich:** Das Teegetränk ↑**Kombucha** weist bis zu 3500 Milligramm Glucuronsäure pro Liter auf.

Gluei naam gatih [*Asiatische Küche*] Begriff aus der thailändischen Küchenkultur für ↑**Banane** in ↑**Kokosmilch**

Gluei tod [*Asiatische Küche*] Begriff aus der thailändischen Küchenkultur für gebackene ↑**Banane**

Glühwein [*Hausbar*] **R Englisch:** mulled wine; **Französisch:** vin chaud; **Italienisch:** vino caldo; **Spanisch:** vino caliente. Hierzu wird Rot-, Weiß- oder ↑**Portwein** gewürzt und erhitzt. Bevor die Flüssigkeit zum Kochen kommt, wird das Getränk durch ein feines Sieb in ein feuerfestes Glas umgefüllt und sofort mit Zucker serviert. Nach Bedarf mit ↑**Rum** aromatisieren. Typische Glühweingewürze sind: ↑**Zimt**stange, ↑**Nelken**, ↑**Zitronenschale** (unbehandelt), ↑**Zucker** – Folgende Würzmittel passen auch: ↑**Vanille**, ↑**Anis**, ↑**Ingwer**, ↑**Kardamom** oder ↑**Orangenschale** (unbehandelt).

Glukosesirup [*Allgem. Nährmittel*] Eingedickter, sehr süß schmeckender Saft, der aus Stärke gewonnen wird. Zu diesem Zweck wird ↑**Stärke** mit Säuren und/oder ↑**Enzymen** gespalten. Glukosesirup besteht aus ↑**Traubenzucker** (Glucose) und wird vor allem in der Süßwarenindustrie eingesetzt. Er verhindert das Auskristallisieren von ↑**Rübenzucker** (Saccharose) bei der Herstellung von Hartkaramellen, verlängert die Haltbarkeit von Weichkaramellen, ↑**Fondant**, Gummi- und Schaumzuckerwaren. Zutat von alkoholfreien Erfrischungsgetränken, ↑**Likören**, ↑**Speiseeis**, ↑**Marmeladen**, ↑Frucht**gelees**, Süß- und Bräunungsmittel für Backwaren, ist in ↑**Müsli**, Salatsaucen und Fruchtpulvern enthalten.

Glumse [*Käse*] Regionale Bezeichnung (Ostpreußen) für ↑**Quark**

Glutamat [*Gewürze & Kräuter*] Ist die Kurzbezeichnung für Natriumglutamat, Geschmacksverstärker für alle nicht süßen Speisen. ↑**E-Nummer** ↑**E 621** oder ↑**Geschmacksverstärker**; Basis aller Glutamatarten ist die in den Eiweißstoffen vieler Lebensmittel vorkommende Glutaminsäure. Diese Säure wird vom menschlichen Körper zum Aufbau von körpereigenem Eiweiß benötigt. Der größte Teil (zwischen 80 und 90 %) der produzierten Glutaminsäure wird zu Natriumglutamat verarbeitet. Die Lebensmittelindustrie setzt es als Geschmacksverstärker ein, z. B. bei Fertiggerichten, Würzzutaten wie Brühwürfeln oder bei Gewürzmischungen. Glutamat wird in chinesischen Restaurants außerhalb Chinas bei der Zubereitung der Speisen sehr oft und in zu hohen Dosen verwendet, da das traditionelle ↑**Ve-tsin** hier sehr teuer und relativ selten ist. Durch diesen Missbrauch ist Glutamat in die Kritik geraten. ↑**Umami**

Glutaminsäure [*Fachkunde*] ↑E 620

Glutelin [*Fachkunde*] Wasserunlösliche Getreideeiweißfraktion, enthält vor allem Glutaminsäure, Prolin und essenzielle ↑**Aminosäuren**. Gemeinsam mit dem Gliadin bildet Glutelin das ↑**Gluten** des ↑**Weizens**.

Gluten [*Gesundheit*] **T** Das so genannte Klebereiweiß, ein Bestandteil des Getreideeiweißes. Es besteht aus einem Teil ↑**Gliadin** und einem Teil ↑**Glutelin**. Gluten kommt hauptsächlich in ↑**Weizen**, aber auch in ↑**Roggen**, ↑**Gerste** und ↑**Hafer** vor. In Weizen macht es 80 % des Gesamtweizeneiweißes aus. Es ist verantwortlich für die gute Backeigenschaft des ↑**Mehls**. Menschen mit der Krankheit ↑**Zöliakie** reagieren überempfindlich auf Gluten, was sich durch eine Entzündung der Darmschleimhaut äußert. Sie sollten deshalb eine ↑**glutenfreie Ernährung** einhalten.

Glutenfreie Backwaren [*Gesundheit*] **T** Diätetische Lebensmittel speziell für Menschen mit der Erkrankung „↑**Zöliakie**". Diese Lebensmittel enthalten kein ↑**Gluten**. Glutenfreie Backwaren sind frei von ↑**Weizen**-, ↑**Roggen**-, ↑**Hafer**- und ↑**Gerstenmehl**. Ersatzweise werden die Backwaren aus ↑**Stärke**, ↑**Mais**- und/oder ↑**Reisprodukten**, ↑**Sojamehl** und anderen Hülsenfruchtmehlen hergestellt.

Glutenfreie Ernährung [*Gesundheit*] **T** Teil der Behandlung von Menschen mit ↑**Zöliakie**. Alle Erzeugnisse, die ↑**Eiweiß** von ↑**Weizen**, ↑**Roggen**, ↑**Hafer** und ↑**Gerste** enthalten, z. B. ↑**Brot**, Back- und ↑**Teigwaren**, ↑**Haferflocken**, ↑**Malz**, ↑**Bier** usw., sind zu meiden. Erzeugnisse aus ↑**Mais** und ↑**Reis** sind erlaubt.

Glycerin [*Gesundheit*] Baustein aller ↑**Fette** und ↑**Öle** (pflanzlich und tierisch), an ihn sind die ↑**Fettsäuren** gebunden. Das mit der Nahrung aufgenommene Fett ist in Form eines ↑**Triglycerids** aufgebaut: drei (=Tri-)Fettsäuren sind an ein Glycerin (= -glycerid) gebunden. Nach Spaltung der Fette im Darm mit Hilfe von ↑**Enzymen** wird Glycerin freigesetzt. Aus Glycerin kann der Mensch über die Glukoneogenese ↑**Zucker** (↑**Glucose**) bilden. Glycerin wird auch als Lebensmittelzusatzstoff bzw. als Feuchthaltemittel in verschiedenen Lebensmitteln und Genussmitteln (z. B. Tabak) eingesetzt. ↑E 422

Glycerintriacetat [*Fachkunde*] ↑E 1518

Glycerol [*Fachkunde*] ↑E 422

Glycin und dessen Natriumsalz [*Fachkunde*] ↑E 640

Glykämischer Index (GI) [*Gesundheit*] **T** Der GI klassifiziert kohlenhydrathaltige Lebensmittel nach ihrer blutzuckersteigernden Wirkung. **Ermittlung:** Zur Ermittlung des GI wird der Blutzuckeranstieg nach Verzehr von 50 g ↑**Kohlenhydraten** aus bestimmten Lebensmitteln gemessen. Generell unterliegt der GI von Mensch zu Mensch individuellen Schwankungen. Die GI-Werte sind in Studien unter Standardbedingungen ermittelt worden. Sie gelten nur für das einzelne Nahrungsmittel und nicht für Nahrungsmittelkombinationen wie ↑**Brot** mit ↑**Butter** und ↑**Marmelade** oder für komplette Mahlzeiten mit unterschiedlichen ↑**Nährstoffen**. Die Angaben des GI sind immer nur Näherungswerte. Ein Lebensmittel wird nur selten isoliert verzehrt, deshalb ist der Glykämische Index für den Blutzuckerverlauf nach dem Essen eine eher theoretische Angabe. **Unterteilung der Lebensmittel: Hoher glykämischer Index:** Lebensmittel, die einen schnellen und hohen Blutzuckeranstieg bewirken, haben einen GI zwischen 70 und 100, z. B.: Instant-Kartoffelpüree, gekochter ↑**Reis**, ↑**Weißbrot**, ↑**Honig**, ↑**Cornflakes**, ↑**Cola**, ↑**Bier**, ↑**Sandkuchen. Mittlerer glykämischer Index:** Lebensmittel mit mittlerem GI liegen zwischen 55 und 70: Müsliriegel, Salzkartoffeln, ↑**Bananen**, ↑Haushalts**zucker**, ungesüßte Obstsäfte. Der glykämische Index von Haushaltszucker ist entgegen der landläufigen Meinung nicht hoch, sondern nur durchschnittlich. **Niedriger glykämischer Index:** Lebensmittel, nach deren Verzehr der Blutzucker nur flach und gering ansteigt, haben einen GI unter 55, z. B.: ↑**Milch**, ↑**Jogurt**, ↑**Obst**, ↑**Nudeln** aus ↑**Hartweizen**, ↑**Hülsenfrüchte** (↑**Erbsen**, ↑**Bohnen**, ↑**Linsen**), ↑**Nüsse**, ↑**Gemüse. Glykämischer Index einiger Lebensmittel: 110** Bier; **108** Donut; **100** Glucose (Traubenzucker); **95** Bratkartoffeln; **95** Reismehl; **95** modifizierte Stärke; **90** Pommes frites; **90** Kartoffelpüreepulver; **90** Chips; **85** gekochte Karotten; **85** Brezel; **85** Schnellkochreis; **85** Reispudding; **85** Puffreis; **80** Honig; **80** Cornflakes, Popcorn; **80** gekochte Saubohnen; **80** Coca-Cola, Limonade; **75** Wassermelone; **75** Riesenkürbis; **70** Zucker; **70** Weißbrot, Baguette; **70** Croissant; **70** Popcorn; **70** Schokolade; **70** Salzkartoffeln; **70** Kekse; **70** Mais; **70** Weißer Reis; **70** Teigwaren, Ravioli; **65** Rosinen; **65** Mischbrot; **65** Pellkartoffeln; **65** Rüben; **65** Ananas; **65** gezuckerte Konfitüre; **60** weißer Grieß; **60** Langkornreis; **60** Banane, Melone; **55** weiße Spaghetti, weich gekocht; **55** Sandgebäck; **50** Vollkorn- oder Kleiebrot; **50** Naturreis; **50** Basmatireis; **50** Erbsen aus der Dose; **50** Süßkartoffel; **50** Vollkornteigwaren; **45** Spaghetti (al dente); **45** Orangensaft; **45** Wildreis; **40** frische Erbsen; **40** Pfirsiche/Pflaumen; **40** Vollkorngetreideflocken ohne Zucker; **40** Haferflocken; **40** rote Bohnen; **40** frischer Fruchtsaft ohne Zucker; **40** Pumpernickel; **40** Vollkornbrot; **40** Vollkornteigwaren (al dente); **35** Feigen, getrocknete Aprikosen; **35** Mais; **35** Apfel, Birne; **30** Kidneybohnen; **30** rohe Karotten; **30** Milchprodukte; **30** Trockenbohnen; **30** braune/gelbe Linsen; **30** Kichererbsen; **30** andere frische Früchte; **30** grüne Bohnen; **30** Glasnudeln; **30** Fruchtaufstrich; **25** Vollmilch; **22** grüne Linsen; **22** Trockenerbsen; **22** schwarze Schokolade; **20** Fructose; **15** Soja, Erdnüsse; **15** frische Aprikosen; **15** grünes Gemüse, Tomaten; **15** Auberginen, Zucchini; **15** Knoblauch, Zwiebeln

Glykogen [*Verdauung*] Speicherform von ↑**Kohlenhydraten** bei Mensch und Tier (= Reservekohlenhydrate). Es kommt in Leber (etwa 100 g Glykogen) und Muskulatur vor. Das Leberglykogen dient der Blutzuckerregulation und verhindert einen Abfall des Blutzuckers zwischen den Mahlzeiten. Damit trägt es auch zur Versorgung der Muskulatur bei. Die Aufrechterhaltung des Blutzuckers ist vor allem für die kontinuierliche Versorgung der Gehirn- und Nervenzellen wichtig. Muskelglykogen wird als Energielieferant ausschließlich im Muskel verwertet. Ein Erwachsener besitzt einen Muskelglykogen-Pool von 1 bis 3 g je 100 g Muskelgewebe. Das entspricht im Durchschnitt etwa 400 g Glykogen. Bei Kindern sind die Glykogenspeicher entsprechend kleiner. Bereits nach 24 Stunden Fasten oder Hungern sind die Glykogenspeicher aufgebraucht. Glykogen besteht aus vielen ↑**Glucose**bausteinen.

Gmundner Berg [*Käse*] **Herkunft:** Österreich; **Käsesorte:** ↑**Schnittkäse**, 45 % ↑**Fett i. Tr.**; **Milch:** pasteurisierte Kuhmilch; **Teig:** schnittfest, geschmeidig; **Geschmack:** aromatisch, würzig

Gnocchi [*Ital. Speisekarte*] **R** Kleine ↑**Klöße** aus gekochten ↑**Kartoffeln** (mehlig kochende Sorte) und ↑**Mehl** (oder ↑**Hartweizengrieß**). Als Beilage zu Fleisch und Fisch sehr gut geeignet. „Gnocchi di patate“: aus Kartoffeln und Mehl, „Gnocchi di semolino“ aus Hartweizen- oder Maisgrieß; **Grundrezept:** Zutaten für 4 Personen; 1 kg mehlig kochende Kartoffeln; 250–300 g Mehl (je nach Kartoffelsorte); 1 ↑**Ei**; ↑**Salz**; Mehl für die Arbeitsfläche; **Zubereitung: 1.** Die Kartoffeln gründlich waschen und mit der Schale gar kochen. Abgießen, abkühlen lassen, dann pellen. Anschließend durch die Kartoffelpresse oder ein Sieb drücken. **2.** Den Kartoffelbrei mit Ei, Mehl und Salz zu einem geschmeidigen Teig verarbeiten. Am Anfang nur so viel Mehl zufügen, dass der Teig nicht klebt. Nach und nach mehr Mehl unterkneten. Falls der Teig zu klebrig ist, ↑**Kartoffelstärke** oder ↑**Grieß** dazugeben. **3.** Den Teig in 6 gleich große Portionen teilen. Auf der bemehlten Arbeitsfläche aus jeder Portion eine Rolle von 1,5 cm Durchmesser formen und jeweils 2 cm große Stücke abschneiden. Diese dann mit einer Gabel leicht einkerben und nebeneinander auf ein Brett legen. **4.** Die Gnocchi portionsweise in leicht sprudelndes Salzwasser geben, nicht kochen lassen. Wenn die Gnocchi an die Oberfläche steigen, noch etwa 2–3 Min. ziehen lassen.

Gnu [*Fleischprodukte*] **T Lateinisch:** connochaetes gnu; **Herkunft und Verfügbarkeit:** Ende des 19. Jahrhunderts war das Gnu fast ausgerottet, heute lebt es überall im Süden Afrikas, außer in Wüstengebieten, gezüchtet und wild lebend. In Deutschland findet man inzwischen qualitativ hochwertiges frisch vakuumiertes Gnufleisch (Filet, Lende und 4er-Schnitt aus der Keule) in gut sortierten Fleischabteilungen großer Kaufhäuser und Delikatessengeschäften. **Gnufleisch in der Küche:** Gnu-Fleisch ist dem ↑**Kalbfleisch** sehr ähnlich, aber zarter und heller. Das Fleisch darf nur kurz und leicht garen, es muss rosa gebraten sein. Durchgebraten oder zu lange gekocht wird es trocken und zäh. ↑**Antilopenfleisch**

Goat water [*Intern. Länderküche*] Begriff aus der kreolischen Küchenkultur für einen gehaltvollen ↑**Ziegenfleisch**eintopf, oft verfeinert mit ↑**Rum** und ↑**Nelken**

Gobbo [*Ital. Speisekarte*] ↑**Gründling**

Gobelet [*Weinkunde*] Fußloses Glas (Becher) für Westschweizer Weißweine

Gobetti [*Ital. Speisekarte*] Kurze krumme Hohlnudeln aus Norditalien. Eignen sich sehr gut für alle Aufläufe.

Godard, Benjamin Historischer Speisename [*Speisegarnitur*] **A 1. Benjamin Godard** (1849–1895), französischer Komponist; **2. à la Godard – Speisegarnitur** für Kalbs- oder **Geflügelklöße** – die mit ↑**Hahnenkämmen**, -leber, ↑**Lamm**- oder ↑**Kalbsbries**, ↑**Champignon**köpfen und ↑**Trüffeln** angerichtet werden

Godello [*Weinkunde*] Edle spanische Weißweinrebe, die hauptsächlich in der Region Galicien angebaut wird. Reinsortig angebaut, erbringt der Godello einen blassgelben bis strohgelben, säurebetonten und eher alkoholarmen Wein mit einem zarten Bouquet nach grünen Äpfeln und Aprikose. **Auch bekannt unter:** Agudello, Agodello, Agudelo, Agudenho, Berdello, Godendo oder Godenho, Ojo de Gallo, Tricadente, Verdeo

Göderl [*Österr. Küche*] Schweinebacke

Godiveau [*Franz. Speisekarte*] Klößchen aus Kalbs-, Geflügel- oder ↑Fisch**farce**

Godo Godo [*Intern. Länderküche*] **A** Begriff aus der indonesischen Küchenkultur für verschiedene **Gemüse**, ↑**Tofu** und ↑**Reis**. Über alles kommt eine ↑**Soße** aus zerkleinerten ↑**Erdnüssen** und ↑**Kokosmilch** mit ↑**Gewürzen**. Dieses Gericht wird kalt gegessen. ↑**Indonesische Küche**

Gofio [*Intern. Länderküche*] Ursprünglich handelt es sich um das Grundnahrungsmittel der Guanchen, der Ureinwohner der Kanarischen Inseln, die noch keine Backöfen kannten. Damals aus geröstetem ↑**Gerstenmehl** hergestellt und je nach Bedarf mit ↑**Ziegenmilch** oder Wasser zu kleinen Bällchen geformt. Diese nahrhafte Mehlspezialität der Kanarischen Inseln wird heute aus gerösteten ↑**Mais**- und ↑**Weizen**körnern, aber auch Gerste und anderen Getreidearten, ja sogar ↑**Hülsenfrüchten** hergestellt und gehört in jedes Haus auf Gomera. Gofiomehl wird kalt, heiß oder warm mit verschiedensten Flüssigkeiten, auch mit Olivenöl zu Brei, Pasten, Klößen oder Laiben verarbeitet. Einfaches Gofio isst man, indem man sich ein Stück abbricht und dazu ein Glas Rotwein trinkt. Sehr schmackhaft auch in Verbindung mit ↑**Mojos** – den kanarischen Würzsaucen. Zum traditionellen Frühstück kann man es mit Milch, Honig oder Zucker, aber auch mit Frischkäse, Bananen, Rosinen, geriebenen Nüssen anreichern. Gofio, mit ↑**mediterranen Gewürzen**, Knoblauch und ↑**Zwiebeln** abgeschmeckt, passt ideal als Einlage zu kalter ↑**Gemüsebrühe.** Oder dient zum Andicken der Gemüsesuppe, Fisch- oder Fleischbrühe. ↑**Kanarische Küche**

Gogue [*Franz. Speisekarte*] Kleine ↑**Blutwurst** aus ↑**Speck**, Gemüsepüree und ↑**Crème fraîche**

Goji-Beeren [*Exotische Früchte*] **Lateinisch:** Lycium barbarum. **Synonym** Bocksdorn. Der Gemeine Bocksdorn ist ein bis zu 3 m hoher Strauch mit bedornten Trieben und eiförmig-lanzettartigen Blättern. Er blüht violett. Ursprünglich kommt der Gemeine Bocksdorn aus Ostasien. In China nennt man ihn „Gou Qi Zi" oder auch „Goji". Die Blätter sind dort ein beliebtes Grüngemüse, und aus den Beeren werden in Nordasien Extrakte und Beerenweine für die traditionelle Medizin hergestellt. Obwohl der Lycium-Strauch auch in Nordamerika und Europa verbreitet ist, sind die bis zu 20 mm großen gesunden Beeren relativ unbekannt, werden aber momentan entdeckt. **Inhaltsstoffe:** Goji-Beeren sind reich an ↑**antioxidativen Stoffen** wie ↑**Vitamin C** und ↑**Carotinoide.** An ↑**Mineralstoffen** und ↑**Spurenelementen** sind ↑**Zink**, ↑**Calcium**, ↑**Selen** und ↑**Eisen** in nennenswerten Mengen enthalten sowie die wertvollen ↑**sekundären Pflanzenstoffe** ↑**Flavonoide** und ↑**Terpene.**

Golatsche [*Österr. Küche*] Mehlspeise aus ↑**Hefeteig** mit ↑**Quark**- oder ↑**Marmeladen**füllung

Gold [*Fachkunde*] ↑**E 175**

Goldapfel [*Exotische Früchte*] ↑**Ambarella**

Goldäpfel [*Gemüse*] ↑**Tomaten**

Goldbarsch [*Fisch*] **T** Lebt vor der norweg. Küste, Grönland, Island – Ziegelroter, mit harten Schuppen bestückter ↑**Fisch.** Sein rosa-weißes, festes und sehr schmackhaftes Fleisch eignet sich zum Braten, Backen, Dünsten. **Im Handel:** Tiefgefroren und geräuchert, selten als ganzer Fisch (meist nur als Filet). ↑**Rotbarsch**

Goldbeere [*Obst*] ↑**Kapstachelbeere**

Goldbrasse [*Übersetzer*] **Englisch:** gilt-head seabream; **Französisch:** dorade royal; **Italienisch:** dorata; **Spanisch:** dorada, pargo dorado. ↑**Dorade**

Goldbutt [*Fisch*] ↑**Scholle**

Golden [*Tee*] Darjeeling- und Asam-Blatt-Tees, deren Tips goldbraun sind

Golden brown [*U.S. Kitchen*] Goldbraun

Golden Cadillac [*Hausbar*] **R** ↑**Cocktail**, der bei Partys und nach dem ↑**Dinner** konsumiert wird, nie aber als ↑**Aperitif** oder während des Essens. Vermutlich hat diesen Drink ein ambitionierter Autohändler in den 1960ern im Mittleren Westen der USA erfunden, der sein Geschäft mit Partys ankurbeln wollte. Das Grundrezept enthält zu gleichen Teilen weißen ↑**Kokoslikör**, ↑**Galliano**, Orangensaft und ↑**Sahne**, mit Eis im ↑**Shaker** vermixt. Mögliche Variation ist die Zugabe von geraspelter dunkler ↑**Schokolade.**

Golden Delicious [*Obst*] **T Lateinisch:** Malus domestica; **Info:** Golden Delicious, die weltweit wichtigste und bekannteste Apfelsorte, ist mittelgroß bis großfruchtig und in der Form hoch gebaut. Die glatte, manchmal zu leichter Berostung neigende Schale ist gelblichgrün bis goldgelb gefärbt und mehr oder weniger stark rötlich angehaucht. Golden Delicious ist als der Universal-Apfel schlechthin für jegliche Verwendungsart geeignet. **Ursprung und Geschichte:** Golden Delicious ist ein Zufallssämling, der um 1890 im Clay County in West-Virginia, USA, von Anderson Mullis entdeckt und 1914 von Paul Stark, dem Besitzer der Baumschule Stark Nurseries in Louisiana, USA, unter dem Namen Golden Delicious verbreitet wurde. **Herkunft und Saison:** Golden Delicious werden in Mitteleuropa zwischen Mitte September und Mitte Oktober geerntet und sind im ↑**Kühllager** bei 0° C bis +2° C bis Ende Januar und im ↑**CA-Lager** oder ↑**ULO-Lager** bis Ende August des nächsten Jahres sehr gut haltbar. Der Beginn der Genussreife fällt mit dem Erntetermin zusammen. **Geschmack:** Der Golden Delicious präsentiert sich auffallend süß mit wenig Säure, aber edel gewürzt, charakteristisch sein anisartig parfümierter Geschmack. Das Fruchtfleisch ist grünlichgelb bis crèmefarben, bei optimaler Reife sehr saftig, aber trotzdem fest und knackig. **Verwendung:** Ein typischer Tafelapfel, der sich durch seine gute Lagerfähigkeit auszeichnet. Sein festes, weißes Fruchtfleisch eignet sich aber auch für die Kompottherstellung. In der Babynahrung wird er wegen seiner geringen Säurewerte bevorzugt. ↑**Apfel**

Golden Wonder [*Kartoffelsorte*] **T** International bekannte Kartoffelsorte aus England, bei uns nur im Fachhandel erhältlich. Sie wurde 1906 gezüchtet, ist mehligkochend, hat eine tiefgelbe raue Schale, weißes Fleisch, runde Knollen und einen guten, etwas trockenen Geschmack. Die **Golden Wonder** ist geeignet für Suppen und Pürees, auch als Salzkartoffel. ↑**Mehlig kochende Kartoffeln** – Mehlige oder Runde genannt

Goldener Ziegenbart [*Speisepilze*] ↑**Goldgelbe Koralle**

Goldgelbe Koralle [*Speisepilze*] **T Lateinisch:** Ramaria aurea; ↑**Waldpilze.** Synonym: Goldener Ziegenbart, Ziegenbart; Schmackhafter Speisepilz mit verästeltem oder blumenkohlförmigem Fruchtkörper. **Info:**

Bei den so genannten Korallenpilzen unterscheidet man solche mit Keulen-, Korallen- und Blumenkohlformen. Die eigentlichen Korallen oder Ziegenbärte besitzen einen Strunk, der sich in zahlreiche steil aufstrebende Äste teilt. Meist sind diese Pilze weiß, gelb oder orange gefärbt, manche Arten sind rötlich oder violett überhaucht. Die zahlreichen Korallen- oder Ziegenbartarten auseinander zu halten, erfordert viel Erfahrung. Gründliche Kenntnis aber ist wichtig, weil etliche bitter, unbekömmlich bis schwach giftig sind und beim Menschen schwere Darmstörungen hervorrufen können. **Beschreibung:** Die Goldgelbe Koralle, am bekanntesten und wohl auch häufigsten, ist als junger Pilz leuchtend orangegelb, dann sattgelb, im Alter schließlich ockergelb. Der derbe Strunk ist kurz, dick und elastisch, er wird drei bis vier Zentimeter hoch und dick; der Pilz selbst fächert fast zwölf Zentimeter hoch und breit auseinander, die Äste stehen sehr dicht und besitzen eine glatte Oberfläche. **In der Küche:** Das weiße, an seiner Oberseite gelbliche Fleisch schmeckt mild und riecht würzig. Junge Pilze lassen sich recht gut zubereiten. **Alte Exemplare sollten jedoch – und dies gilt für alle Korallen – gemieden werden. Wenn man sie isst, besteht Durchfallgefahr. Vorkommen:** Die Goldgelbe Koralle kommt hauptsächlich in Nadelwäldern vor, besonders unter Fichten, aber auch in Laubwäldern. Sie wird oft mit der (gleichfalls genießbaren) Schwefelgelben Koralle mit schwefelgelben Ästen und dem oft rötlich gefleckten weißen Strunk verwechselt – oder mit der giftigen Schönen Koralle, deren Äste neben gelben auch deutlich lachsrosa Farbtöne aufweisen.

Goldlachs [*Fisch*] **Lateinisch:** Argentina silus. **Synonym:** Glasauge. **Englisch:** Great silver smelt; **Französisch:** Grande argentine. Für die Küche neu entdeckter, etwa 70 cm langer Seefisch mit weißem, saftigem Fleisch; **Vorkommen:** Schwarmfisch im Nordatlantik und an tiefen Stellen der Nordsee

Goldmakrele [*Fisch*] **T Lateinisch:** Coryphaena hippurus. **Internationale Bezeichnung:** Mahi Mahi. Der schlanke, makrelenartige Raubfisch kann bis zu 190 cm lang und 40 kg schwer werden und sieht der wesentlich kleineren ↑**Dorade** ähnlich, die ein wichtiger Zuchtfisch im Mittelmeerraum (u. a. Griechenland) geworden ist. Seinen Namen hat er von dem intensiven goldenen Glanz über dem silbrig-weißen Bauch. **Natürliches Vorkommen:** Atlantik, Indischer Ozean, Pazifik, alle subtropischen Gewässer und im Herbst auch im Mittelmeer. Goldmakrelen halten sich stets auf offener See auf und meiden die Küstenbereiche. Sie leben oft gesellig in kleinen Schwärmen, die aus unbekannten Gründen gern Tangbündel, Baumstämme oder anderes Treibgut begleiten und auch von Flößen und ruhig treibenden Booten angelockt werden. Die Große Goldmakrele macht gerne Jagd auf Fliegende Fische (Familie Exocoetidae), wobei sie im Jagdeifer oft meterweit aus dem Wasser springt. Für die Bewohner Mallorcas sind Goldmakrelen ein typisches Herbstessen. Denn nur von September bis November tummelt sich dieser feine und seltene Speisefisch im Meer rund um die Balearen. Er findet sich bei uns selten frisch auf dem Markt. Tiefkühlexemplare kommen aus den Tropen.

Goldrutenblüten [*Wildkräuter, -blüten & -früchte*] **T Lateinisch:** Solidago spp. Goldruten eignen sich zum Kandieren. ↑**Kandieren von Blüten – Mehr Information:** ↑**Essbare Blüten**

Goldsegen [*Kartoffelsorte*] ↑**Vorwiegend festkochende Kartoffeln**

Goletta [*Ital. Speisekarte*] Geräucherte Schweinebacke

Golubzi [*Intern. Länderküche*] Begriff aus der russischen Küchenkultur für ↑**Kohlrouladen**

Goma de Tapioca [*Intern. Länderküche*] Begriff aus der regionalen brasilianischen Küchenkultur für einen gerollten ↑**Maniokfladen**, gewürzt mit ↑**Pfeffer**, einer Prise ↑**Salz**, mehreren Jambú-Blättern (bei uns nicht erhältlich), ↑**Garnelen** und ↑**Tucupi.** ↑**Brasilianische Küche**

Gomasio (Sesamsalz) [*Asiatische Küche*] **T** Ursprünglich japanische Gewürzmischung aus schwarzem ↑**Sesam**, ↑**Glutamat** und ↑**Meersalz.** Wegen des hohen Salzgehalts sparsam verwenden.

Gombo [*Orientalische Küche*] Längliche ↑**Okra**

Gönci hordó [*Weinkunde*] Weinfass mit 135 l Fassungsvermögen (Ungarn)

Gonesse [*Intern. Länderküche*] Belgisches Milchbrot

Gonfler [*Franz. Fachwort*] Aufquellen

Gordo [*Span. Speisekarte*] Fett

Goret [*Franz. Speisekarte*] Ferkel, etwa 6 Monate altes ↑**Schwein**

Gorgonzola [*Käse*] **T Herkunft:** Italien; **Käsesorte:** sahniger Weichkäse mit rötlichbraunem ↑**Edelschimmel**, natürlicher grauer Rinde, 48 % ↑**Fett i. Tr.**; **Milch:** erhitzte Kuhmilch; **Teig:** gelblich, mit grünlichen Schimmeladern durchzogen; **Geschmack:** mild, würzig bis pikant, im Alter angenehm scharf; **Info:** Form: zylindrisch, 25 bis 30 cm ∅, 16 bis 20 cm hoch, Gewicht: 6 bis 12 kg, Reifung: ca. 2 Monate. Gorgonzola, ↑**Roquefort** und ↑**Stilton** sind die drei besten Edelpilzkäse, gefolgt von ↑**Blue Cheshire.** Gorgonzola ist fetter als Roquefort und feuchter als Stilton. **Weinempfehlung:** kräftiger Rotwein; **Verwendung:** Eignet sich als Tafelkäse zum Füllen von Birnen, für „mousse au fromage“ oder als Verfeinerung von ↑**Saucen**, ↑**Dressings** und ↑**Dips**

Gornitze [*Regionale Spezialität*] Rinderhals, Hals

Gornyaltaiski [*Käse*] **Herkunft:** Kasachstan/Im Osten des Kaukasus jenseits des Kaspischen Meeres bis zu den Rändern des Altai-Gebirges und zu den Grenzen von Turkestan und China. „Gorny“ (Berg) ist der Oberbegriff für Käsesorten aus den Gebirgsregionen im Süden der ehemaligen Sowjetunion. Der Gornyaltaiski ist ein echter Altai-Käse und wird aus vollfetter ↑**Schafsmilch** hergestellt. Der orangefarbene Schimmel, der sich auf seiner Rinde bildet, wird durch regelmäßiges Bürsten daran gehindert, sich zu stark auszubreiten. Es gibt noch eine geräucherte Variante, die sehr lange haltbar ist und genau wie ↑**Parmesan** erst verzehrt wird, wenn sie extrem hart ist.

Goron [*Weinkunde*] Leichter Rotwein aus dem Wallis (Schweiz)

Gose [*Bier*] Obergäriges, helles Weißbier; Traditionsbier aus Sachsen und Thüringen, das heute wieder in Leipzig gebraut wird. Man trinkt es mit ↑**Kümmelschnaps** oder ↑**Johannisbeersaft.** Pur schmeckt es säuerlich und erfrischend.

Goseau [*Intern. Länderküche*] Gedeckter Apfel- oder Birnenkuchen, eine Spezialität aus Belgien

Gota [*Ital. Speisekarte*] Schweinebacke

Götterspeise [*Unsere Küche*] **T** ↑Frucht**gelee**, das in Pulverform in heißem Wasser aufgelöst und nach dem Erkalten gestürzt wird. ↑**Wackelpudding**

Göttin der römischen Kochkunst [*Fachkunde*] Gasterea

Göttinger [*Fleischprodukte*] Grob gekörnte ↑**Brühwurst** aus reinem ↑**Schweinefleisch.** 100 g Göttinger enthält ∅ 433 kcal/1814 kJ bei 40 g Fett.

Göttinger Bärenschinken [*Fleischprodukte*] Bekannte regionale Spezialität aus gepökeltem ↑**Rindfleisch**

Gouda [*Käse*] **T** Aus Gouda nahe Rotterdam, dort Goudse Kaas genannt (chaudse kaas gesprochen), stammt der bekannteste und mit 65 % der Gesamtproduktion auch erfolgreichste niederländische ↑**Käse.**
Geschichte: Die niederländische Stadt Gouda ist seit dem 16. Jahrhundert der Handelsmittelpunkt für Goudse Kaas. Hier steht noch heute die alte städtische Kaaswaag, die Käsewaage, ein Zentrum für die Gewichts- und Qualitätsprüfung des Käses, und von hier aus exportierten die Niederländer ihren Käse, zunächst auf dem Landweg in die Nachbarländer, später bis in den Mittelmeerraum. Vor dieser Käsewaage verkaufen die Bauern noch heute jeden Donnerstag ihren Goudse Boerenkaas, den Gouda-Bauernkäse. Jeder Feinschmecker ist glücklich, wenn er einen echten Bauerngouda ergattern kann. Denn nur 8 % der Goudaproduktion entfallen auf Bauerngouda. Dass der Gouda unter diesem Namen berühmt wurde, ist den Bewohnern des Dorfes Stolwijk, nahe Gouda gelegen, ein Dorn im Auge. In Stolwijk wurde der Gouda als Stolkse Kaas erstmals hergestellt. Noch heute gilt der Gouda von dort als besonders gut.

Herkunft Niederlande	Herkunft Deutschland
Käsesorte: ↑**Schnittkäse**	**Käsesorte:** ↑**Schnittkäse**
30 bis 50 % ↑**Fett i. Tr.**	45 % ↑**Fett i. Tr.**
Milch: erhitzte oder rohe Kuhmilch **(beim Kauf beachten)**	**Milch:** pasteurisierte Kuhmilch
Teig: Jung: geschmeidig hellgelb, wenige erbsengroße Löcher; Mittelalter: gelb, fest; Ausgereift: dunkelgelb, krümeliger Raspelkäse	**Teig:** schnittfest, geschmeidig
Geschmack: Jung: sehr mild, sahnig; Mittelalter: kräftig, bereits raspelfähig; Ausgereift: kräftig würzig	**Geschmack:** mild, fein aromatisch
Info: Der aus Holland stammende, milde Schnittkäse mit wenig Löchern und weicher, zarter Konsistenz entwickelt nach ca. einem Jahr seinen exzellenten Geschmack. Seine natürliche Rinde bekommt er durch ein Laugenbad. Der junge Gouda schmeckt süß-säuerlich, der reifere Gouda zeichnet sich durch einen nussartigen, pikant-herben Geschmack aus. Man serviert ihn zu Schwarzbrot oder als Dessertkäse, er ist aber auch zum Überbacken sehr gut geeignet.	**Info:** „Deutscher Gouda" meist in Brotform, seltener in der traditionellen Laibform. Muss mindestens fünf Wochen alt sein, bevor er verkauft werden darf.
Form: rund, Zylinder- oder Blockform, verschiedene Größen	
Gewicht: 10 kg und mehr	
Reifung: Jung: 4 bis 6 Wochen; Jung abgelagert: 7 bis 12 Wochen; Pikantje: mindestens 4 Monate; Dreiviertelalt: 6 bis 8 Monate; Alt: 8 bis 12 Monate; Überjährig: ab 12 Monate. Die beste Reifetemperatur liegt um 15° C.	

Gouffé, Historischer Speisename [*Berühmte Köche*] **A** **1.** Jules (1807–1877), Küchenchef Georgs V., des letzten Königs von Hannover, später Chef des feudalen Pariser Jockeyclubs; Schüler ↑**Escoffiers** und Fachschriftsteller. Er kreierte das berühmte Birnendessert „Belle Hélène"; **2. à la Gouffé – Speisegarnitur** für **Kurzgebratenes:** ↑**Blätterteig**pastetchen gefüllt mit ↑**Morcheln** in ↑**Rahm** und ↑**Spargel**spitzen in ↑**Butter. Sauce:** gebundener ↑**Fond** mit ↑**Madeira** vollendet

Goujonnettes [*Franz. Speisekarte*] **A** Schräg geschnittene Streifen vom Fischfilet, paniert und frittiert

Goulash of veal [*Engl. Speisekarte*] Kalbsgulasch

Gourmand [*Franz. Fachwort*] Heißt so viel wie gierig oder gefräßig. Eigentlich trifft es auf jemanden zu, der gerne, gut und viel isst.

Gourmandises [*Franz. Speisekarte*] Kleine Leckerbissen

Gourmet [*Franz. Fachwort*] Das Gegenteil zum Gourmand, denn hier handelt es sich um einen Feinschmecker, bei dem die Qualität an erster Stelle steht. Früher nannte man so auch Weinverkoster.

Gourmetlöffel [*Fachkunde*] Flacher, breiter Löffel, der benutzt werden kann, wenn Gerichte mit ↑**Sauce** serviert werden. Wird auch gerne anstelle des Fischmessers aufgedeckt.

Gournay [*Käse*] **Herkunft:** Frankreich/Normandie; **Käsesorte:** ↑**Frischkäse**, 45 % ↑**Fett i.Tr.**; **Milch:** Kuhmilch; **Geschmack:** mild, leicht salzig-säuerlich. **Beste Zeit:** Oktober bis Januar

Gousse [*Franz. Fachwort*] Hülse, Schote

Gousse d'ail [*Franz. Fachwort*] ↑**Knoblauch**zehe

Gousse d'échalote [*Franz. Fachwort*] ↑**Schalotten**knollen

Goût [*Franz. Fachwort*] Geschmack

Goût de bouchon [*Weinkunde*] Korkgeschmack (im Wein)

Goût de terroir [*Weinkunde*] Bestimmter Boden-, Erdgeschmack

Goûter [*Franz. Fachwort*] Kosten

Goutte [*Franz. Fachwort*] Tropfen

Governo [*Weinkunde*] Italienische Bezeichnung für eine Kelterungstechnik, die traditionell bei der Bereitung von ↑**Chianti** eingesetzt wurde, aber langsam in Vergessenheit gerät. Hierbei wird dem Wein direkt nach der Gärung der sehr süße Saft von getrockneten Weintrauben zugesetzt, was eine leichte, zweite Gärung verursacht. Dieses Verfahren führt zu einer Zunahme des Alkoholgehaltes, gibt dem späteren Wein eine leichte Restsüße und regt den biologischen Säureabbau an, auch ↑**Malolaktische Gärung** genannt. Wird der Wein direkt im Frühjahr, folgend auf die Kelterung, in Flaschen abgefüllt, so wird noch ein Teil der ↑**Kohlensäure** mit einem leichten Prickeln auf der Zunge zu spüren sein.

Goyère [*Franz. Speisekarte*] Käsetörtchen mit ↑**Maroilles**, wird heiß gegessen

Gözleme [*Orientalische Küche*] **A** (**sprich:** Gösleme) ↑**Crêpes**-ähnliche dünne ↑**Pfannkuchen**. Auf einem gewölbten Blech gebacken, werden sie meistens mit einer Mischung aus ↑**Schafskäse** und ↑**Petersilie** gefüllt.

Graf Görz [*Käse*] **Herkunft:** Österreich; **Käsesorte:** ↑**Weichkäse** mit ↑**Rotschmiere**, 60 % ↑**Fett i.Tr.**; **Milch:** pasteurisierte Kuhmilch; **Teig:** weichschnittig; **Geschmack:** mild aromatisch, typisch nach Rotschmiere; **Info:** hergestellt in Handarbeit, mit speziellen Käsereikulturen

Grah [*Intern. Länderküche*] Begriff aus der Küchenkultur des Balkans, hier als Serbische Bohnensuppe bekannt

Graham crackers [*U.S. Kitchen*] Ursprünglich wenig gesüßte ↑Vollkorn**kekse.** Haben heute nichts mehr mit dem Original gemeinsam, sind hauptsächlich aus feinem ↑**Weizenmehl** und viel ↑**Zucker.** ↑**Grahammehl**

Grahambrot [*Backstube*] ↑**Vollkornbrot** aus geschrotetem ↑**Weizen**, benannt nach Sylvester Graham. Hat eine braune Krume und wird nach orig. Rezept ohne Zusatz von ↑**Salz** und ↑**Hefe** gebacken. Sein Säuregehalt ist sehr niedrig, der ↑**Eiweiß**gehalt dagegen sehr hoch.

Grahammehl [*Allgem. Nährmittel*] Dieses Weizenvollkornmehl mit Kleiezusatz entwickelte Sylvester Graham, ein amerikanischer Geistlicher des 19. Jahrhunderts, der für die Verwendung von ↑**Vollkornmehl** zum Brotbacken warb.

Graigston Camembert [*Käse*] ↑**Ziegenkäse** aus den USA

Grain de raisin [*Franz. Fachwort*] Traube

Grain nobles [*Franz. Speisekarte*] ↑**Wein**: Beerenauslese

Graine de potiron [*Franz. Fachwort*] Kürbiskern

Grain-Whisky [*Hausbar*] Schottische Whiskysorte, bei der nicht nur gemälzte Gerste, sondern auch Korn, Mais und andere Getreide verwendet werden, im Gegensatz zum ↑**Malt-Whisky**

Graisse [*Franz. Fachwort*] ↑**Fett**, das sich beim Kochen auf der ↑**Brühe** absetzt

Graisse alimentaire, comestible [*Franz. Fachwort*] ↑**Speisefett**

Graisse d'oie [*Franz. Speisekarte*] ↑**Gänseschmalz**

Graisse fondue [*Franz. Speisekarte*] ↑**Schmalz**

Graisse végétable [*Franz. Fachwort*] ↑**Pflanzenfett**

Gramigna, gramignoni [*Ital. Speisekarte*] **A** Aus der Gegend von Modena stammen diese kurzen, leicht gekrümmten Röhrennudeln aus ↑Weich**weizenmehl,** ↑**Hartweizengrieß** und ↑**Ei.** Sie werden meist als Suppen- und Eintopfnudeln benutzt (z. B. mit ↑**Kürbis** und ↑**Fontinakäse**), aber auch zum klassischen „ragù ↑**Bolognese**". Größere Gramignoni sind teils aufgeschlitzt.

Grammeln [*Österr. Küche*] Bezeichnung für ↑Speck**grieben**

Gran reserva [*Weinkunde*] Spanische Bezeichnung für Weine, die nur in hervorragenden Jahren vom besten Erntegut hergestellt werden. Das Lesegut muss so hochwertig sein, dass der produzierte Wein eine längere Reifezeit sowohl im Holz als auch auf der Flasche nicht nur übersteht, sondern dabei an Qualität gewinnt. Rotweine, die unter dieser gesetzlich geschützten Bezeichnung auf den Markt gebracht werden, müssen mindestens 2 Jahre im Holz und anschließend drei Jahre auf Flaschen, oder umgekehrt, gelagert sein. Für Weiß- und Roséweine gilt, dass sie 4 Jahre gereift sein müssen, davon sechs Monate im Holz. Für Riojaweine gelten überdies noch längere Reifeperioden. ↑**Crianza**

Gran vino [*Weinkunde*] Im Gegensatz zum gesetzlich unverbindlichen französischen Grand Vin handelt es sich in **Chile** beim Gran Vino um die höchste Qualitätsstufe für Weine mit einer Mindestlagerzeit von 6 Jahren, länger als für die darunter liegende Kategorie Reservado vorgeschrieben ist.

Grana Padano Geschützte Herkunftsbezeichnung [*Käse*] **T Herkunft:** Italien/Poebene der Lombardei (im Teil der Emilia Romagna stellt man den ↑**Parmigiano reggiano** her); **Käsesorte:** ↑**Hartkäse**, dem ↑**Parmesan** ähnlich, aber nur 30 % ↑**Fett i. Tr.**; **Milch:** Kuhmilch; **Teig:** körnig, kann trocken und brüchig werden; **Geschmack:** harmonisch, pikant, etwas nussig. Nicht zu salzig und nicht zu mild. **Info:** Der ganzjährig hergestellte „Grana Padano" wird unterschieden in: **„maggengo"**, der mit der Frühlings-Sommer-↑**Milch** produziert wird, und **„vernengo"** aus der Herbst-Winter-Milch. Der halbfette Käse mit hartem, gekochtem und lang gereiftem Teig wird nicht nur gerieben, sondern auch pur verzehrt. Er eignet sich wegen seiner guten Verdaulichkeit bestens für den Abschluss eines Mahls.

Granadilla [*Exotische Früchte*] **T Lateinisch:** Passiflora ligularis. **Synonym:** Süße Passionsfrucht; **Info:** Die zur Familie der Passionsblumengewächse gehörende Granadilla ist eine mehrjährige, rebenartige Kletterpflanze, die pro Jahr etwa 5–7 m lange Ranken ausbilden kann und insgesamt eine Länge von bis zu 80 m und eine Höhe von bis zu 10 m erreichen kann; der kommerzielle Anbau erfolgt in weinähnlichen Kulturen. Die hühnereigroßen Früchte mit der porösen, orangefarbenen Schale und dem geleeartigen, glasigen, grünlichen oder gelblichen Fruchtfleisch enthalten – wie alle ↑**Passionsfrüchte** – etwa 250 kleine, dunkelbraune bis schwarze, angenehm knusprig schmeckende Samen. Reif schmecken sie sehr aromatisch, angenehm süß-säuerlich, ein Gemisch aus ↑**Pfirsichen**, ↑**Aprikosen**, ↑**Erdbeeren** und ↑**Himbeeren**. Granadillas sind kleiner als die meisten anderen Passionsfrüchte und im Geschmack erfrischend aromatisch, wein-säuerlich. **Reife:** Durchgereifte Früchte erkennt man an dunklen Flecken auf der orangenfarbenen Schale. **Ursprung und Geschichte:** Die ursprünglich in höheren Andengebieten Venezuelas, Perus oder Boliviens beheimatete Granadilla kommt heute wild wachsend in ihrer südamerikanischen Heimat und auf den Westindischen Inseln vor. Den Namen Granadilla erhielt sie von spanischen Eroberern wegen ihrer Ähnlichkeit zu einem kleineren Granatapfel (**Spanisch:** granadilla). **Herkunft und Saison:** Granadillas werde das ganze Jahr über in kleineren Mengen aus süd- oder mittelamerikanischen Anbaugebieten importiert. **Inhaltsstoffe:** 100 g Granadilla weisen einen Brennwert von ⌀ 81 kcal/340 kJ auf und enthalten 77 g Wasser, 2,4 g Eiweiß, 0,4 g Fett, 13,4 g Kohlenhydrate und 1,5 g Ballaststoffe. An ↑**Mineralstoffen**, ↑**Spurenelementen** und ↑**Vitaminen** sind ⌀ 17 mg Kalzium, 1,3 mg Eisen, 28 mg Natrium, 40 RE Vitamin A und 24 mg Vitamin C enthalten. **Zubereitung und Tipps:** Granadillas werden üblicherweise frisch verzehrt und dafür in der Mitte mit einem scharfen, am besten gezahnten Messer auseinander geschnitten, eventuell mit ↑**Zitronensaft** beträufelt und ausgelöffelt. Um den Saft zu gewinnen, schlägt man das Fruchtgelee mit einem Mixer auf und streicht danach die Masse durch ein Sieb.

Granat [*Fisch*] ↑**Garnelen**

Granatapfel [*Exotische Früchte*] **T Lateinisch:** Punica granatum; **Englisch:** pomegranate; **Französisch:** grenade; **Italienisch:** melagrana; **Spanisch:** granada. **Info:** Granatäpfel gehören zur Familie der Granatapfelgewächse (**punicaceae**) und gedeihen auf kleineren, 6–10 m hohen, immergrünen, strauchartigen Bäumen, die bis zu 200 Jahre alt werden können. Aus den etwa 3 cm großen, einzeln oder in kleinen Büscheln auftretenden rötlichen, vasenförmigen Blüten entwickeln sich die 6–12 cm großen, annähernd runden Früchte mit ihrer in der Grundfarbe gelblichen, jedoch bei Reife rötlichen lederartigen Haut. Das Innere der Frucht ist durch Membranen unterteilt und enthält transparente Säckchen mit rotem, rosafarbigem oder weißlichem, fleischigem, saftigem Fruchtfleisch und einem weißen oder roten Samenkern. Insgesamt bestehen etwa 52 % des gesamten Fruchtgewichts aus diesen Samenkernen. **Ursprung und Geschichte:** Granatäpfel stammen ursprünglich wahrscheinlich aus dem Raum Iran oder den indischen Himalajagebieten und werden schon seit dem Altertum von den Menschen kultiviert und verzehrt. In der ägyptischen Mythologie, im Alten Testament und im babylonischen Talmud werden Granatäpfel erwähnt. Wahrscheinlich war auch mit der Frucht vom Baum der Erkenntnis in der biblischen Schöpfungsgeschichte ursprünglich ein Granatapfel gemeint. In der griechischen Mythologie galten Granatäpfel als Symbol der Fruchtbarkeit und wurden einzelnen Göttinnen zugeordnet (Demeter, Persephone, Aphrodite und Athene). Die Römer importierten Granatäpfel vor allem aus der phönizischen Kolonie Karhago in Nordafrika und nannten ihn daher entweder phönizischer Apfel (**malum punicum**) oder nach den enthaltenen Körnern körniger Apfel (**malum granatum**). In Rom war der Granatapfel in der Hand der Göttin Juno ein Symbol der Ehe, der Baum wurde wegen seiner feuerroten Blüten als Sinnbild von Liebe, Ehe und Fruchtbarkeit gesehen. Bräute trugen einen Kranz aus blühenden Granatapfelzweigen. In der christlichen Kultur ist der Granatapfel das Symbol der Fruchtbarkeit Marias, der Mutter Jesus. Ab dem Mittelalter wurde er als Reichsapfel zum Symbol der Herrschertugend; wohl ein Relikt alter germanischer Vorstellungen, nach denen nur ein fruchtbarer König seinem Lande Segen bringt. Jedenfalls stellte Dürer Kaiser Maximilian I. mit einem angeschnittenen Granatapfel in der linken Hand dar. Bis heute gilt der Granatapfel als Aphrodisiakum und ist Bestandteil unzähliger Liebestränke. **Herkunft und Saison:** Granatäpfel werden von Juli bis Dezember aus Israel, Ägypten und Zypern angeboten. Von Oktober bis Dezember gibt es auch Angebote aus der Türkei, Italien und Spanien. **Reife:** Durchgereifte Früchte erkennt man an der leicht gerissenen, glatten Schale. **Inhaltsstoffe:** 100 g Granatäpfel weisen einen Brennwert von ⌀ 67 kcal/280 kJ auf und enthalten 80 g Wasser, 0,9 g Eiweiß, 0,3 g Fett, 17,2 g Kohlenhydrate und 0,6 g Ballaststoffe. An ↑**Mineralstoffen**, ↑**Spurenelementen** und ↑**Vitaminen** sind ⌀ 3 mg Kalzium, 0,3 mg Eisen, 3 mg Natrium und 6,1 mg Vitamin C enthalten. **Zubereitung und Tipps:** Die Früchte werden gegessen, indem man sie mehrmals vertikal einschneidet, bricht und dann die Kammern mit den Fruchtfleischsäckchen aus der Schale herausnimmt und verzehrt, oder – um den Saft zu gewinnen – durch ein Sieb presst. Der Saft ist sehr ↑**gerbstoffhaltig**, und Flecken sind nur schwer zu entfernen. In den Ursprungsländern wird er heute noch zum Färben von Teppichen verwendet. In vielen arabischen Ländern ist der Saft von Granatäpfeln sehr beliebt und wird verschiedenen Fruchtsaftgetränken beigemischt. In asiatischen Ländern wird ein dicker Sirup hergestellt, der dann als ↑**Sauce** verwendet wird. **Tipp:** Möchte man den süß-herben, ungemein erfrischenden Saft trinken, so knete man den Granatapfel auf einer harten Unterlage mit Druck so lange, bis aus dem Inneren deutliche Knackgeräusche durch das Aufplatzen der Säckchen zu hören sind. Dann bohrt man ein Loch in die Schale und trinkt mit dem Strohhalm.

Granche [*Wildkräuter, -blüten & -früchte*] ↑**Preiselbeeren**

Granchio [*Ital. Speisekarte*] ↑**Krebs; Krabbe**

Granciporo [*Ital. Speisekarte*] ↑**Taschenkrebs**

Grand aïoli garni [*Franz. Speisekarte*] **A** Provenzalisches Festessen: pochierter ↑**Fisch**, gesottenes ↑**Lamm**-, ↑**Rindfleisch**, ↑**Gemüse** mit ↑**Schnecken** und harten ↑**Eiern**

Grand cru [*Weinkunde*] Französisch für „großes Gewächs". Das französische Weingesetz erkennt die Leistungen von Weinbergen, die Spitzenweine hervorbringen, mit dieser Bezeichnung an. Zugleich schreibt das Gesetz bei Anbau und Produktion dieser Weine die strengsten Bestimmungen vor, wobei die wichtigste wohl die der Ertragsbeschränkung ist. Unterhalb dieser Qualitätsstufe steht die Bezeichnung „Premier Cru". Die Bezeichnung Grand Cru bezieht sich sowohl im ↑**Burgund** als auch im ↑**Elsass** auf einzelne Weinberge, in der ↑**Champagne** sowie im ↑**Beaujolais** auf Ortschaften. Verwirrenderweise ist die Bezeichnung Premier Cru im Bordeaux die höchstmögliche Qualitätskategorie, die einem Spitzenwein zuerkannt werden kann, danach folgt die Qualitätsstufe „Grand Cru Classé". ↑**Appellation d' Origine Contrôllée**

Grand Marnier [*Hausbar*] Ein aus Frankreich stammender ↑**Likör** mit 40 % Vol., der aus den getrockneten Schalen karibischer ↑**Bitterorangen** destilliert wird. Neben ↑**Zuckersirup** wird dem ↑**Destillat** auch ↑**Cognac** zugesetzt, sodass der Grand Marnier im Vergleich zu anderen Orangenlikören – z. B. ↑**Cointreau** – einen sehr eigenständigen Geschmack aufweist. **Es sind verschiedene Sorten im Handel erhältlich. Red Label oder Cordon Rouge:** die meistgetrunkene Art des Grand Marnier. **Yellow Label oder Cordon Jaune:** Für diese Variante verwendet der Hersteller anstatt Cognac einen neutralen Alkohol. Zudem werden süße und bittere Orangen verwendet. Das Ergebnis ist daher vergleichbar mit Cointreau. **Louis Alexandre:** Hierbei handelt es um eine Variante mit Cognacs aus den Gebieten Petite Champagne und Borderies. Der Louis Alexandre ist zudem im Vergleich zum Cordon Rouge weniger süß. Seinen Namen verdankt er dem Firmengründer. **Cuvée du centenaire:** Diese Sorte wurde zum 100-jährigen Firmenbestehen 1927 kreiert mit Cognacs aus der Petite Champange und der Grande Champagne, die bis zu 25 Jahre alt sind. **Cuvée du cent cinquantenaire:** Zum 150-jährigen Firmenbestehen 1977 wurde dieser edelste Grand Marnier geschaffen, ausschließlich mit Cognacs aus der Grande Champagne mit einem Alter von bis zu 50 Jahren.

Grand ordinaire [*Weinkunde*] Höhere Stufe des „vin ordinaire". – Nachdem im Zuge der EG-Verordnungen die vins ordinaires verschwunden sind, lebt der „grand ordinaire" als Reminiszenz vergangener Tage fast nur noch im Bourgogne grand ordinaire fort, dem billigsten legalen Burgunder, doch soll diese Bezeichnung im Zuge der Neuordnung der regionalen Appellationen in Burgund gestrichen werden.

Grand veneur [*Speisegarnitur*] **A** ↑**Wild** in brauner ↑**Pfeffer**-, Senf**sauce** mit ↑**Johannisbeergelee** und ↑**Crème fraîche**, manchmal auch mit dem Blut des Tieres gebunden, dazu Püree von ↑**Edelkastanien**

Grand vin [*Weinkunde*] EG-rechtlich zulässige Bezeichnung für französische Weine, ohne dass jedoch für ihre Verwendung eindeutige gesetzliche Kriterien definiert sind. Ihr Gebrauch lässt daher keinerlei Rückschlüsse auf die Qualität zu. Im Bordeaux gebräuchliche Bezeichnung für den ersten Wein eines ↑**Châteaus**, der bei der ↑**Assemblage** aus den besten Qualitäten verschnitten wird und den Château-Namen auf dem Etikett trägt. Die geringeren Weine ergeben den (anders benannten) Zweit- oder Drittwein.

Grand-duc [*Speisegarnitur*] **A Speisegarnitur** für **Kurzgebratenes** – mit ↑**Spargel**spitzen und ↑**Trüffel**scheiben belegt, meist mit ↑**Sauce Mornay** überbacken

Grande (große) pièce [*Franz. Speisekarte*] Großes Bratenstück

Grande réserve [*Weinkunde*] **1.** Gesetzlich nicht geschützte Weinbezeichnung in Frankreich und, anders als Réserve, EG-rechtlich nicht zugelassene Bezeichnung für französische Weine. Früher z. T. im Rhône-Gebiet und anderswo zur Deklarierung einer – nicht immer zutreffenden – höheren Qualität verwendet. **2.** Heutige Bezeichnung für den roten Spitzenwein von Boutari in Griechenland, ein charaktervoller, tanninreicher Wein von hervorragender Qualität

Grande vive [*Franz. Speisekarte*] Großes ↑**Petermännchen**

Grandeln [*Wildkräuter, -blüten & -früchte*] ↑**Preiselbeeren**

Grander Wasser [*Allgem. Nährmittel*] **Belebtes Wasser** – Anwender berichten von zahlreichen positiven Auswirkungen: Das Wasser sei länger haltbar, klarer und weicher, schmecke besser, steigere das Wohlbefinden, lasse Pflanzen sprießen und spare Wasch- und Reinigungsmittel. Selbst Lebensmittel (z. B. Bier, Käse, Wurst, Brot, Obst und Gemüse), bei deren Herstellung Grander Wasser verwendet wird, seien qualitativ hochwertiger. Der Tiroler Johann Grander, der dieses Wasserbelebungsverfahren entwickelt hat, ist inzwischen eine feste Institution in Österreich. Ob und wie das belebte Wasser wirkt, ist umstritten, wissenschaftlich kann die Wirksamkeit von Granders Wasserbelebung nicht untermauert werden. Einig sind sich Wissenschaftler und das Unternehmen: „Die Wasserbelebung kann aus ungenießbarem kein trinkbares Wasser machen. Die eingesetzten Geräte haben keine desinfizierende Wirkung, sie machen verseuchtes Wasser nicht wieder sauber!" Auch Krankheiten können nicht geheilt werden.

Grandjus [*Unsere Küche*] **R Grundrezept: Für 10 l Grandjus benötigt man:** ↑**Fett**, ca. 10 kg Knochen (auch ↑**Rind**); ca. 400 g Schwarte von ↑**Rauchfleisch**; ca. 1 kg ↑**Röstgemüse**; ca. 15 l Wasser; ↑**Salz**, ↑**Petersilien**stiele oder **-wurzeln**; ↑**Knoblauch**zehen; ↑**Thymian**zweige; ↑**Lorbeerblätter**. **Zubereitung:** Das Fett erhitzen und die Knochen sowie die Schwarten in einer ↑**Kasserolle** im Rohr braun anbraten, danach das überschüssige Fett abgießen. Das in grobe Stücke geschnittene Röstgemüse hinzufügen und alles bräunen. Mit Wasser ablöschen, einkochen lassen, in einen Topf umfüllen, das restliche Wasser zugeben. Das Ganze aufkochen, den sich bildenden Schaum abschöpfen, Salz hinzugeben und langsam ca. 6 Std. köcheln lassen, dabei die Oberfläche der Brühe mehrfach entfetten. Die ↑**Gewürze** erst 1 Std. vor Beendigung des Kochvorganges hinzugeben. Nach beendeter Kochdauer wird die braune Brühe durch ein Sieb passiert. Sie ist Grundlage für braune ↑**Grundsaucen**, Schmorgerichte, ↑**Ragouts** u. Ä.

Grand-mère, à la [*Speisegarnitur*] **A „Großmutter-Art" – Speisegarnitur** für **Kurzgebratenes** oder **Geflügel** – Mit in ↑**Butter** geschwenkten ↑**Wald**- oder ↑**Zuchtpilzen**, angerösteten Zwiebelwürfeln und Speckstreifen. Dazu passen kleine ↑**Pellkartoffeln** mit frisch gehackter glatter ↑**Petersilie** oder knusprig frittierte Würfelkartoffeln.

Granelli [*Ital. Speisekarte*] Kornförmige ↑**Suppennudeln**

Granformaggi [*Käse*] **T Herkunft:** Österreich; **Käsesorte:** ↑**Hartkäse**, 35 % ↑**Fett i. Tr.**; **Milch:** pasteurisierte Kuhmilch; **Teig:** hell bis strohgelb, hart, feinkörnig; **Geschmack:** mild, zart; **Verwendung:** delikat mit ↑**Olivenöl** oder ↑**Kürbiskernöl** als ↑**Dessert**käse, eignet sich auch zum Überbacken (reibefähig), sollte gebrochen, nicht geschnitten serviert werden.

Granita [*Ital. Speisekarte*] **A** Süditalienisches Eisgetränk aus geschabtem oder zerkleinertem Eis, ↑**Früchtesirup** oder ↑**Früchtemark** und frischen ↑**Früchten**. Ähnlich erfrischende Wassereiszubereitungen findet man in Spanien, Mexiko, Thailand und der Karibik. **Vorsicht**, falls nicht sicher ist, ob das verwendete Wasser sauber ist! ↑**Lebensmittelvergiftungen**

Granité [*Franz. Speisekarte*] Gestoßenes ↑**Wassereis**, ↑**Fruchtsaft** oder ↑**Sirup** – ↑**Granita**, ↑**Granizado**, ↑**Wassermelone**, ↑**Sorbet** & ↑**Raspito**

Granizado [*Span. Speisekarte*] **A** Eine Art ↑**Shake**; bestehend ausschließlich aus ↑**Fruchtsaft** oder ↑**Mandelmilch** (span.: horchata), mit sehr viel zerkleinertem oder geschabtem Eis vermischt. In Süditalien ist ein ähnliches Getränk als ↑**Granita** bekannt. Solche erfischenden Wassereiszubereitungen findet man in allen südlichen Urlaubsländern, vor allem in der Karibik, Mexiko und Asien (Thailand). **Achtung!** Wer nicht sicher ist, ob das verwendete Wasser auch sauber ist, sollte auf derartige Erfrischungen verzichten. ↑**Lebensmittelvergiftungen**, ↑**Wassermelone**, ↑**Sorbet** & ↑**Raspito**

Granny Smith [*Obst*] **T Lateinisch:** Malus domestica; **Info:** Mittelgroßer ↑**Apfel** mit beinahe runder oder leicht konischer Form und langem Stiel. Die Schale ist grasgrün bis leicht grünlich-gelblich und sonnenseitig manchmal bräunlich-rötlich angehaucht. **Ursprung und Geschichte:** Granny Smith ist ein Zufallssämling und wurde 1868 von Maria Ann Smith aus Eastwood bei Sydney, Australien, entdeckt. Seit Mitte des 20. Jahrhunderts ist Granny Smith als Importfrucht aus der südlichen Hemisphäre in Europa bekannt geworden. **Herkunft und Saison:** Granny Smith werden in Mitteleuropa zwischen Mitte Oktober und Anfang November geerntet und sind im ↑**Kühllager** bei 0° C bis +2° C bis Ende Januar, im ↑**CA-Lager** etwa bis Ende Februar haltbar. Wegen seiner langen Vegetationszeit reift Granny Smith nur in guten Lagen wirklich aus. Der Beginn der Genussreife liegt etwa zwei Wochen nach dem Erntetermin. Granny Smith ist in Europa der klassische Import-Apfel aus der südlichen Hemisphäre für die neue Ernte im Frühjahr und wird aus südamerikanischer, südafrikanischer, australischer und neuseeländischer Produktion importiert. **Geschmack:** Geschmacklich hat „Granny Smith" nicht viel zu bieten; er ist schwach feinsäuerlich mit wenig Aroma. **Verwendung:** Reiner Tafelapfel. Wegen des niedrigen Anteils an ↑**Vitamin C** Gefahr von Fleisch- und Schalenbräune.

Grano [*Ital. Speisekarte*] ↑**Weizen**

Grano saraceno [*Ital. Speisekarte*] ↑**Buchweizen**

Granola [*U.S. Kitchen*] Art ↑Knusper**müsli**

Granola Frühreifende Sorte [*Kartoffelsorte*] ↑**Vorwiegend festkochende Kartoffeln**

Granseola [*Ital. Speisekarte*] Seespinne

Granten [*Österr. Küche*] ↑**Preiselbeeren**

Granturco [*Ital. Speisekarte*] ↑**Mais**

Granulated garlic [*U.S. Kitchen*] Granulierter ↑**Knoblauch**

Granzoporo [*Ital. Speisekarte*] ↑**Taschenkrebs**

Grape jelly [*U.S. Kitchen*] ↑Trauben**gelee**

Grapefruit [*Obst*] **T Lateinisch:** Citrus paradisi; **Englisch:** grapefruit; **Französisch:** pomélo; **Italienisch:** pompelmo; **Spanisch:** pomelo. **Info:** Grapefruits gehören zur Familie der Rautengewächse und sind wahrscheinlich als natürliche Kreuzung aus ↑**Pampelmuse** und ↑**Orange** auf Jamaika entstanden. Dort wurde sie erstmals 1814 verwendet. Der Name leitet sich aus dem englischen „grape" ab, da Grapefruits eng wie die Beeren einer Weintraube zusammen am Baum wachsen. In Europa wurden sie erstmals im 20. Jahrhundert kultiviert. Die Früchte haben eine gelbe bis leicht rötliche Schale, die sich nur schwer vom Fruchtfleisch löst. Das Fruchtfleisch ist je nach Sorte weiß (**white marsh**), rosafarben (**thompson**), orangerot (**ruby red**) oder tiefrot (**flame**) gefärbt und hat einen säuerlichen, leicht bitteren Geschmack. Grapefruits können übrigens wie Orangen bis zu 3 Monate auf den Bäumen „gelagert" werden. Sie werden heute in fast allen tropischen und subtropischen Gebieten der Welt angebaut. Das Hauptproduktionsland mit etwa 60 % der gesamten Welt-Produktion sind die USA, wo Grapefruits vor allem in Florida und Texas angebaut werden. Die für Europa wichtigen Anbaugebiete sind Israel, Zypern, Marokko und Spanien. **Ursprung und Geschichte:** Grapefruits haben ihren Ursprung wie alle Zitrusfrüchte im fernöstlichen Raum, wahrscheinlich im Süden Chinas. **Herkunft und Saison:** Grapefruits aus dem mediterranen Raum werden ab Oktober bis Mai vorwiegend aus Zypern und Israel angeboten. Vereinzelt gibt es in diesem Zeitraum auch hochwertige Lieferungen aus Florida, USA. In den Sommermonaten stammen die Früchte vorwiegend aus Südafrika und werden unter der Marke „Outspan" angeboten; **Geschmack:** Es gibt inzwischen auch Züchtungen mit milderem, süßem Geschmack. Insbesondere die rotfleischigen Sorten mit rosa bis rotem Fruchtfleisch und rötlicher Schale schmecken weniger herb und säuerlich. Doch je bitterer sie schmecken, desto höher ist der ↑**Vitamin-C**-Gehalt, außerdem enthalten sie viel ↑**Folsäure** und ↑**Kalium. Inhaltsstoffe:** 100 g Grapefruits haben einen Brennwert von ∅ 30 kcal/125 kJ und enthalten etwa 91 g Wasser, 0,5 g Eiweiß, 0,1 g Fett und 7,7 g Kohlenhydrate. An ↑**Mineralstoffen**, ↑**Spurenelementen** und ↑**Vitaminen** sind ∅ 11 mg Kalzium, 0,1 mg Eisen, 25,9 mg Vitamin A (RE) und 38,1 mg Vitamin C enthalten. Schon eine Frucht enthält den Tagesbedarf an Vitamin C eines Erwachsenen. Rote und rosafarbene Grapefruits enthalten viel ↑**Vitamin A**, insbesondere deren Vorstufe, das ↑**Betacarotin**. Es ist auch für die rote Farbgebung verantwortlich und wirkt als wichtiges Antioxidanz zum Schutz der menschlichen Körperzellen. Je roter die Grapefruit, umso süßer und höher ist der Gehalt an Betacarotin. Weiterhin enthält sie viele ↑**Ballaststoffe**, insbesondere ↑**Pektine**, die sich günstig auf die Verdauung und den ↑**Cholesterin**spiegel auswirken. Insgesamt wirken Grapefruits appetitanregend, verdauungsfördernd, darmreinigend, magenstärkend und harntreibend. Außerdem helfen sie bei Venenleiden und stärken das Immunsystem. **Zubereitung und Tipps:** Grapefruits werden, wenn man sie nicht zu Saft presst, am besten einmal quer durchgeschnitten und dann – meist unter Zugabe von ↑**Zucker** oder ↑**Honig** – ausgelöffelt.

Grapes [*U.S. Kitchen*] Trauben – die wohl beliebteste ↑**Marmeladen**sorte der USA

Grapiau [*Franz. Speisekarte*] Dicker Speckpfannkuchen

Grappa [*Hausbar*] **T** Italienischer ↑**Branntwein** mit 40 %Vol. aus dem „↑**Trester**", der Weinmaische, den vergorenen Pressrückständen der ↑**Weintrauben**, gebrannt. Geschmacklich ist er intensiver als ↑**Weinbrand**, was aber oft auf die nachträgliche Parfümierung zurückzuführen ist. Es gibt roten und weißen Grappa, dem weißen wird Leichtigkeit und Eleganz und dem roten Schwere nachgesagt. Nach Lagerung und Reifung in Fässern gibt es Grappa klar oder gelblich-braun. Auch hier gilt, wie bei allen Bränden, je länger gelagert, desto milder und wertvoller. Grappa wird meist pur, selten in ↑**Cocktails** getrunken.

Gras, grasse [*Franz. Fachwort*] ↑**Fett**

Gras-double [*Franz. Fachwort*] Der abgebrühte fetteste Teil des Rindermagens

Grasig [*Weinkunde*] Hart und unreif schmeckender Wein. Manchmal ein Zeichen zu starken Pressens bei der Kelterung.

Graslauch [*Gewürze & Kräuter*] ↑**Schnittlauch**

Grasso [*Ital. Speisekarte*] ↑**Fett**

Grat [*Fleischprodukte*] Regionale Bezeichnung für den Hals

Grata [*Kartoffelsorte*] ↑**Vorwiegend festkochende Kartoffeln**

Gräte [*Übersetzer*] **Englisch:** fish bone; **Französisch:** arête; **Italienisch:** lisca, spina di pesce; **Spanisch:** espina

Grated [*U.S. Kitchen*] Gerieben

Grater [*Hausbar*] Reibe, wird verwendet, um ↑**Muskatnüsse**, ↑**Haselnüsse** usw. klein zu reiben. Speziell, wenn man „↑**Egg Noggs**" mixen will, ist die Anschaffung einer Reibe erforderlich.

Gratin [*Franz. Speisekarte*] Im Ofen überbackenes Gericht. ↑**Auflauf** & ↑**Kartoffelgratin**

Gratin dauphinois [*Franz. Speisekarte*] **R** Klassisches ↑**Kartoffelgratin**. In mit ↑**Butter** und ↑**Knoblauch** ausgeriebener Auflaufform werden hauchdünne, rohe Kartoffelscheiben nur mit ↑**Crème fraîche** im Ofen gebacken; heute oft mit ↑**Eiern**, ↑**Milch**, ↑**Sahne** und geriebenem ↑**Käse**

Gratin farce [*Franz. Speisekarte*] **A** Füllmasse für ↑**Gemüse** oder ↑**Canapés** zum Überbacken. Zutaten aus eiskalt gemahlener ↑**Geflügelleber** und ↑**Speck**, abgeschmeckt mit ↑**Salz**, ↑**Muskat**, ↑**Cayennepfeffer**, ↑**Cognac** und ↑**Madeira**

Gratin savoyard [*Franz. Speisekarte*] **A** Kartoffelauflauf mit ↑**Bouillon** und ↑**Käse**

Gratinée [*Franz. Speisekarte*] **A** „Pariser ↑**Zwiebelsuppe**", mit ↑**Croutons** und geriebenem ↑**Käse** überbacken. ↑**Würztabelle**

Gratiner [*Franz. Speisekarte*] Überbacken, überkrusten

Gratinieren [*Unsere Küche*] Überkrusten. Ein Gericht bei starker Oberhitze überbacken, sodass eine braune Kruse entsteht.

Gratte-cul [*Franz. Speisekarte*] ↑**Hagebutte**

Grattoni [*Ital. Speisekarte*] Kleine ↑Eier**nudeln** in Form und Größe kleiner Perlen oder Diamanten, ähnlich den umbrischen „frascarelli". Werden als ↑**Suppennudeln** benutzt, aber auch zum ↑**Risotto** genommen. Ursprünglich aus der Lombardei und der Emilia Romagna

Grattons, friton [*Franz. Speisekarte*] ↑**Grieben**

Grau [*Weinkunde*] Eine ursprünglich aus Galicien stammende Weißweinrebe, die kaum noch angebaut wird. Andere Namen sind Garnacha Blanca und Garnacha Blanc (F).

Grauburgunder [*Weinkunde*] **Synonym:** Ruländer; Deutscher Name einer weißen Rebsorte, die in Italien als ↑**Pinot Grigio** und in Frankreich als ↑**Pinot Gris** bekannt ist, wobei sich das „Grau" auf die rotgraue Farbe der Beerenschalen bezieht. Der Grauburgunder ist Mitglied der illustren Pinot-Familie (↑**Pinot Noir**, ↑**Pinot Blanc** und ↑**Pinot Méunier**). Diese Rebe bringt unterschiedlichste Weine hervor, die bei sehr früher Lese leicht und spritzig (Pinot Grigio, Kabinett), bei großer Reife schwer, ölig mit sortentypischem Holzton (Grauer Burgunder) oder edelsüße Dessertweine (Auslese und höher, Ruländer) sein können. Daher empfiehlt sich der Genuss leicht als Schoppen, zu Vorspeisen und ↑**Fisch**, kräftig zu ↑**Braten** und eventuell ↑**Wild** und edelsüß als ↑**Aperitif** oder zum ↑**Dessert**. Bekannt ist die Rebe auch als Pinot Gris, Ruländer, ↑**Tokay d'Alsace**, ↑**Malvoisie** (Frankreich, Westschweiz), Pinot Grigio (Italien) und Szürkebarat (Ungarn).

Graue [*Fleischprodukte*] Bezeichnung für mit Kochsalz hergestellte Fleischerzeugnisse

Graupen [*Allgem. Nährmittel*] **T** Gerstenkörner, manchmal auch Weizenkörner, die geschält, geschliffen und poliert sind. Sie haben eine längliche, runde Form. Einlage für Suppen, zur Herstellung von Süßspeisen und Schleimen

Graved Lachs [*Fisch*] **A Dänisch: Gravad Laks**; Bezeichnung für einen mit ↑**Zucker**, ↑**Senfkörnern**, ↑**Salz**, ↑**Pfeffer** und ↑**Kräutern** (zumeist ↑**Dill**) gepökelten bzw. gebeizten rohen ↑**Lachs**. Wird hauptsächlich als Vorspeise serviert. Er ist milder als der Räucherlachs und wird oft als „hausgebeizter Lachs" mit einem Senf-Dill-Dip angeboten. ↑**Graved Sauce**

Graved Sauce [*Unsere Küche*] **A** Klassische ↑**Sauce** zum nordischen ↑**Graved Lachs**, bestehend aus ↑**Pflanzenöl**, ↑**Dijon**-↑**Senf**, ↑**Honig** und ↑**Dill**. Eine Abwandlung dieses Klassikers ist die ↑**Honig-Senf-Sauce**.

Gravensteiner [*Obst*] **T Lateinisch:** Malus domestica; **Info:** Mittel- bis großer ↑**Apfel**, grüngelbe-karminrot geflammte Schale, Fruchtfleisch weiß, sehr saftig, duftend, mit einzigartigem Aroma. Der Gravensteiner gehört zu den schönsten und aromatischsten Herbstapfelsorten. Der rote Gravensteiner ist eine Knospenmutation. Achtung: Es gibt minderwertige Doppelgänger. **Ursprung und Geschichte:** Der Gravensteiner ist ein deutscher Traditionsapfel von der Ortschaft Gravenstein in Schleswig-Holstein, obwohl er in Dänemark 1669 erstmalig erwähnt wurde. **Saison:** Ende August, Genussreife: Anfang Oktober bis Ende Dezember; **Geschmack:** säuerlich, sehr saftig, fest, gelblichweiß; edles Aroma; **Verwendung:** Er eignet sich besonders zum Frischverzehr; für Mus, Most, Saft, Backen und Dörren.

Graves [*Weinkunde*] Region in der Weinbauregion Bordeaux mit vielen sehr guten Weiß- und Rotweinen

Graviera [*Käse*] **Herkunft:** Griechenland/Kreta; **Käsesorte:** Dem ↑**Gruyère** ähnlicher ↑**Schnittkäse** aus Schafsmilch, der nicht nur als Dessertkäse gereicht, sondern auch für verschiedene Gerichte verwendet wird. Varianten in ganz Griechenland.

Gravy [*U.S. Kitchen*] ↑**Soße**

Grazalema [*Käse*] **Herkunft:** Spanien/Region Cadiz; **Käsesorte:** ↑**Hartkäse**, Rinde hellorange bis braun; **Milch:** ↑**Schafs-** und ↑**Ziegenmilch**; **Teig:** gelblich und fest; **Geschmack:** kräftig und aromatisch

Great Lakes Cheshire [*Käse*] Käsesorte aus den USA. Der Great Lakes Cheshire aus Ann Arbor in Michigan wird aus ↑**Bio**-↑Roh**milch** handgefertigt.

Grechetto [*Weinkunde*] Weiße Rebsorte, die vornehmlich in Mittelitalien, vor allem in Umbrien, angebaut wird. Zusammen mit dem ↑**Trebbiano**, ↑**Malvasia** und ↑**Verdello** werden aus ihr unter anderem die ↑**Orvieto**-Weißweine gekeltert. Obwohl sie charaktervolle Weine hervorbringen kann, spielt sie mit Ausnahme des Grechetto di Todi selten die alleinige Hauptrolle.

Greco [*Weinkunde*] Weiße Rebsorte angeblich griechischer Herkunft (was ihren Namen erklärt), im Süden Italiens beheimatet. Als Greco di Tufo wird aus ihr in Kampanien ein trockener, charaktervoller Weißwein produziert. Meist wird sie aber als Verschnitt mit verschiedenen anderen Rebsorten benutzt, um Weißweine mit illustren Namen wie Lacrima Christi del Vesuvio oder Torre Quarto Bianco zu produzieren. Sogar Süßweine aus teilgetrockneten Beeren (↑**Passito**) können aus Greco erzeugt werden, wie zum Beispiel der seltene Greco di Bianco. Verwandt mit Grechetto und Grecianico.

Grècque, à la [*Speisegarnitur*] **A „Griechische Art"** – Kaltes gegartes ↑**Gemüse**, ↑**Meeresfrüchte** usw. in ↑**Olivenöl** und ↑**Zitronensaft** aromatisch mariniert oder in einer säuerlichen, kräftig gewürzten ↑**Vinaigrette** eingelegt

Green onions [*U.S. Kitchen*] ↑**Frühlingszwiebeln**

Greißzucker [*Allgem. Nährmittel*] ↑**Kristallzucker**

Greixonera [*Intern. Länderküche*] ↑**Lomo con col**

Grelhado [*Span. Speisekarte*] Gegrillt

Grelin [*Franz. Speisekarte*] ↑**Seelachs**

Grelos [*Span. Speisekarte*] Sprossen von ↑**Weißen Rübchen**

Gremolata [*Gewürze & Kräuter*] **R** Duftende Würzmischung aus Italien, z. B. auf gedünstetem Fisch; **Grundrezept:** Die Schale einer unbehandelten ↑**Zitrone** in hauchdünnen Streifen abschälen (ohne das Weiße) und in sehr feine Würfel schneiden. ↑**Glatte Petersilie** und ↑**Knoblauch** sehr fein hacken und alles gut vermischen. Gremolata immer nur frisch verwenden.

Grenache [*Weinkunde*] Die Grenache-Rebe ergibt kräftige, gut lagerfähige Rotweine und ist in Spanien sowie großen Teilen Frankreichs sehr verbreitet. In Frankreich wird sie oft verschnitten, hat aber bei ausreichender Ertragsbeschränkung ein großes Potenzial. Dann können tieffarbige und charaktervolle Weine entstehen. In Spanien wird sie Garnacha Tintorera genannt und ist dort die vorrangig angebaute Sorte. Sie kommt auch hier in verschiedenen Weinen als Verschnittpartner vor und wird – mit Ausnahme von Roséwein – selten zu einem rebsortenreinen Wein verarbeitet. Das hat vor allem damit zu tun, dass die Beeren der Grenache bei hohem Alkoholgehalt oft wenig ↑**Tannin** und Farbstoffe liefern. Das macht sie besonders geeignet für portweinähnliche rote Süßweine, z. B. ↑**Banyuls**. Grenache spielt eine Rolle in ↑**Rioja**, wo sie ↑**Tempranillo** mehr Fülle gibt, oder sie wird zu Claretes, einem sehr hellen Rotwein, gekeltert. Aber auch im französischen Midi und im Norden bis ↑**Châteauneuf-du-Pape** ist sie in fast allen Appellations zugelassen. Die Rebsorte wird auf Sardinien als Cannonau angebaut.

Grenache Blanc [*Weinkunde*] Grenache Blanc ist im Midi, an der Rhône und in der Provence die Rebsorte für Weißweine

Grenache Gris [*Weinkunde*] Weißwein im ↑**Banyuls** (Südwestfrankreich)

Grenade [*Exotische Früchte*] ↑**Granatapfel**

Grenadierfisch [*Fisch*] (**Lateinisch:** Coryphaenoides rupestris) Er ist mit den Dorschen verwandt, auch wenn es äußerlich nicht so scheint. Der Kopf ist groß und plump, macht 15 % der Körperlänge aus und hat ein unterständiges Maul mit einem kleinen Bartfaden. Grenadierfische leben in Schwärmen bei Wassertemperaturen von 3–8° C in Tiefen zwischen 180 und 1240 Metern. Sie erreichen Größen bis 150 cm und sind Grundfische des Atlantiks, die von der Biskaya bis Trondheim und westlich bis zu den Färöer-Inseln, vor dem südlichen Island bis zum südwestlichen Grönland zu finden sind. Bei der Rotbarschfischerei gehen Grenadierfische oft mit ins Netz, da sie sich mit den Rotbarschen den Lebensraum teilen. Trotz ihres schmackhaften Fleisches galten sie lange Zeit als unerwünschter Beifang, da sie sehr grätenreich sind und harte Schuppen haben. Grenadierfische gehören dank ihrer Nahrung aus Tiefseegarnelen und Tintenfischen zu den fettarmen, aber eiweißreichen Magerfischen und sind für die Küche neu entdeckt worden.

Grenadille [*Exotische Früchte*] **Englisch:** grenadille; **Französisch:** grenadille. Die Grenadille gehört zu den Passiflora-Gewächsen und wird vorwiegend in Mexiko und anderen Ländern Mittelamerikas sowie in Indonesien angebaut. Die Frucht ist etwa gänseeigroß, orange bis bräunlich, die Samenkerne sind wesentlich süßlicher im Geschmack als die ↑**Passionsfrucht**. Die Schale ist ebenfalls fest, kann aber leichter zerbrechen.

Grenadin [*Franz. Speisekarte*] **A** Dicke runde, mit ↑**Speck** umwickelte Scheibe ↑**Filet** (↑**Schwein**, ↑**Kalb**, ↑**Rind**), ↑**Kalbsnuss** oder weißes ↑**Putenfleisch**, etwa 125–150 g, in ↑**Butter** gebraten und auf Toastbrot angerichtet

Grenadine-Sirup [*Hausbar*] **T** Leuchtend rote, nichtalkoholische Sirupmischung aus ↑**Granatäpfeln**, aber auch ein limonadenartiges Getränk aus Granatapfelsaft. Grenadine wird in vielen ↑**Cocktails** als „Färbemittel" benötigt. So ist z. B. der ↑**Tequila Sunrise** ohne Grenadine undenkbar.

Grenzwert [*Fachkunde*] Höchstkonzentration, bei dessen Überschreitung das Lebensmittel als ungeeignet für die menschliche ↑**Ernährung** gilt.

Greve [*Käse*] Schwedischer ↑**Hartkäse**, wagenradförmig, wiegt etwa 15 kg und hat einen Fettgehalt, der je nach Region zwischen 30 und 45 % schwankt. Wie der ↑**Emmentaler** ist auch er für sein mildes Aroma bekannt, benötigt für die Reifung 10 Monate.

Greyerzer d'Alpage Switzerland [*Käse*] Auch Gruyère genannt; **Herkunft:** Schweiz; **Käsesorte:** ↑**Hartkäse**, mind. 49 % ↑**Fett i.Tr.**; **Milch:** ↑**Rohmilch** von Kühen, die auf Almen nur frisches Gras und ↑**Kräuter** fressen; **Teig:** elfenbeinfarbig bis hellgelb, vereinzelt kleine Rundlochung, mehrheitlich 0,5 bis 1 cm groß; fest, aber schnittfähig; **Geschmack:** duftig-würzig, geprägt von feinsten Alpenkräutern

Gribiche [*Franz. Speisekarte*] **A** ↑Kräuter**mayonnaise** mit fein gehackten harten ↑**Eiern**, ↑**Kapern** und ↑**Gewürzgurken**

Griddle cakes [*U.S. Kitchen*] ↑**Pfannkuchen**, auf einer speziellen Platte gebacken

Grieben [*Fleischprodukte*] Auch Grammeln (österr.), sind der Rückstand beim Auslassen von ↑**Schweineschmalz**

Griebenschmalz [*Fette*] **A** Kalorienreicher Brotaufstrich. ↑**Schweineschmalz** & ↑**Fett**. Enthält knusprige Rückstände der ausgelassenen Speck- und Fettwürfel. Hergestellt aus ↑**Flomen** bzw. ungewürztem oder frischem ↑**Räucherspeck**. Wird nach regionalen Rezepten, oft mit ↑**Äpfeln**, ↑**Zwiebeln** ausgelassen, mit ↑**Kräutern** (↑**Thymian**, ↑**Beifuß**) und ↑**Pfeffer** gewürzt, zubereitet

Griebenwurst [*Fleischprodukte*] ↑**Blutwurst**

Griechische Weinregionen [*Weinkunde*] Griechenland ist ein Markstein in der Geschichte des Weinbaus. Speziell der nach Harz schmeckende ↑**Retsina** ist über die Landesgrenzen hinaus bekannt. Heute erzeugt man jedoch auch alle anderen Weintypen. Ziemlich zeitgleich mit der Gründung Ägyptens wurde die Gegend um das Ägäische Meer von einem Ackerbau treibenden Volk besiedelt. Phönizische Seefahrer führten die Weinreben wahrscheinlich in Griechenland ein. Das war der Startschuss für die Entwicklung Griechenlands zum ersten großen Weinland der Geschichte. Griechische Weine wurden bis nach Gallien exportiert. Die Griechen lehrten die Römer alles über den Weinbau, und die Römer schrieben ihr Wissen erstmals nieder. Die mageren Böden auf den Schäreninseln Griechenlands sind für den Weinbau ideal. Das ausgeprägte Küstenklima sorgt überdies für temperierte Weinberge. Die Winter sind mild, es droht nur äußerst selten Frostgefahr. Die Böden sind ebenso vielfältig wie das Klima. Auf dem Festland herrschen Kalksteinböden vor, auf den Inseln Vulkangestein. Die Weinberge wurden in den flachen Küstenebenen, den Flusstälern und an Berghängen angelegt. Die historischen Weine Griechenlands waren für ihre Süße bekannt, die man wahrscheinlich durch die noch heute angewendete Herstellungsmethode für den Commandaria oder den ↑**Strohwein** erreichte. Im Norden des Landes dominieren die fülligen, geschmacksreichen Rotweine, während auf den Inseln mehr fruchtige Weißweine hergestellt werden. Das Weingesetz Griechenlands geht auf die Antike zurück. Schon damals wurden die Weine mit einer Ursprungsbezeichnung versehen. Heute greift man auf ein modernes Appellationssystem zurück. Der Eintritt in die EU brachte eine Angleichung an europäische Standards mit sich. Es wird zwischen den beiden Qualitätsklassen O.P.A.P (der französischen ↑**AOC** entsprechend) und O.P.E. (einer Qualitätsklasse für süße Weine) unterschieden. **Regionen: Ägäisches Meer – Dodekanes – Epirus – Ionische Inseln – Kreta – Kykladen – Makedonien – Peloponnes – Retsina – Thessalien – Thrakien – Zentralgriechenland**

Griechische Art [*Speisegarnitur*] **A** ↑**Grècque, à la**

Griechische Küche [*Griech. Speisekarte*] **A** Sie zählt wegen der geografischen Lage des Landes hauptsächlich zur mediterranen Küche und orientiert sich, was die Speisefolge betrifft, am internationalen Standard. Es finden die für diese Region typischen Gewürze wie ↑**Oregano**, ↑**Rosmarin**, ↑**Thymian**, ↑**Salbei**, ↑**Zitrone** und auch reichlich ↑**Knoblauch** Verwendung. Das Charakteristische der **Griechischen Küche** sind Hauptgerichte, die im Backofen zubereitet werden. Ebenfalls erwähnenswert ist, dass zu allen Gerichten und zu allen Gängen Brot, meist das griechische ↑**Weißbrot** (↑**Pita**), gegessen wird. Die Griechen warten lieber mit der Fortsetzung der Mahlzeit, als dass sie diese ohne Brot verspeisen würden. Ein weiteres nennenswertes Hauptmerkmal ist die fast ausschließliche und sehr großzügige Verwendung von ↑**Olivenöl**. Dieses dort heimische Naturprodukt wird sowohl zum Kochen als auch zum Braten benutzt und sogar beim Kuchenbacken verwendet. Nicht umsonst hat Griechenland den weltweit höchsten Pro-Kopf-Verbrauch von Olivenöl. Für die griechische Bevölkerung ist die Geselligkeit beim Essen genauso wichtig wie die Speisen selbst. Zusammensitzen, erzählen, lachen und gemeinsam genießen gehören dazu. In der Regel wird eher zu später Stunde gemeinsam gegessen, vor allem während der Sommerzeit mit den hohen Tagestemperaturen. Bei einem typischen **griechischen Essen** sind Vorspeisen (**Orektika**) unverzichtbar. Beim Warten auf den Hauptgang bestellen die **Griechen** einen eiskalten **Ouzo** und eine Reihe von meist kalten Appetithäppchen (**mezedes**), oft in Form einer Vorspeisenplatte (**Pikilies**, wörtlich: Vielfalt). Sie wird in die Mitte gestellt, damit alle zugreifen können. **Besonders beliebt sind:** ↑**Agriochortosalata**, ein Salat aus verschiedenen Wildgemüsen; ↑**Briam**, Auberginen, Zucchini und Paprika in Tomatensoße; ↑**Dolmadakia**, gefüllte Weinblätter; ↑**Fava**, eine Erbsenpaste; ↑**Gavros**, frittierte Sardinen; ↑**Gigantes**, gekochte große, weiße Bohnen; ↑**Horiatiki salata**, Griechischer Salat; ↑**Kolokithakia Tiganita**, gebratene Zucchinischeiben; ↑**Koukouvagia**, Gewürfelte Tomaten mit Knoblauch; ↑**Ktipiti**, eine Feta-

Paprika-Crème; ↑**Melitzanes Tiganites**, gebratene Auberginenscheiben; ↑**Oktopodia**, Tintenfischstückchen; ↑**Saganaki**, gebackener Schafskäse; ↑**Skordalia**, Knoblauchsalat; ↑**Taramosalata**, eine Fischrogenpaste; ↑**Tsatsiki**. Die in Mitteleuropa übliche Sitte, dass sich jeder ein eigenes Hauptgericht (**Kyria Piata**) mit Beilagen auf einem eigenen Teller bestellt, ist in Griechenland eher unüblich. Besteht die Hauptspeise aus gebratenem Fleisch, wird es wie die Vorspeise in die Mitte gestellt, sodass sich jeder nach Belieben bedienen kann. Heiße Suppen (**Soupes**) werden nur im Winter gegessen. Im Sommer serviert man lauwarme bzw. erfrischend kalte Suppen. Es wird viel ↑**Lamm**- und ↑**Ziegenfleisch** gegessen. ↑**Huhn (kotopoulo)** und ↑**Kaninchen (kouneli)** in vielen Variationen bereichern den Speiseplan. Der Verbrauch an ↑**Rind**- und ↑**Schweinefleisch** steigt seit Jahren. Die vielen Fischgerichte unterscheiden sich kaum von anderen Mittelmeerländern, die Finesse liegt in ihrer Einfachheit. Fisch wird meist gegrillt oder gebraten und mit einer aufgeschlagenen Soße aus Zitronensaft mit Olivenöl, Pfeffer und Salz (**Ladolemono**) serviert. Zu den Hauptgerichten reicht man das allgegenwärtige Pita, ↑Backofen**kartoffeln**, ↑**Reis** oder die kleinen reisförmigen Nudeln (**Kritharaki**). Beliebte Gemüsebeilage sind ↑**Grüne Bohnen**, ↑**Auberginen**, ↑**Zucchini**, ↑**Paprika** und auch ↑**Okra**. ↑**Gyros** vom Drehgrill war noch Ende der 1980er-Jahre in großen Teilen Griechenlands kaum bekannt. Das vom nordgriechischen Festland stammende Gericht verbreitete sich erst mit der Nachfrage der Touristen in ganz Griechenland. Viele Süßspeisen bilden den Nachtisch (**Epidorpio**), die beliebtesten werden mit Honig gemacht, und einige entstammen der ↑**Türkischen Küche**. Seien es nun die bekannten ↑**Baklava** oder Kuchen, die je nach Region unterschiedlich sind. Auch das aus ↑**Grieß**, ↑**Eiern**, ↑**Zimt** und ↑**Honig** zubereitete ↑**Chalvas** gehört dazu, genauso wie der berühmte ↑**Griechische Kaffee.**

Griechische Nudeln [*Fachkunde*] ↑**Kritharaki**

Griechischer Kaffee [*Griech. Speisekarte*] **T** Kaffee (griechisch: kafé-ellinikó kafé = griechischer Mocca, auch als galiko kafé, französischer Kaffee bezeichnet) trinkt man immer ohne ↑**Milch**. Filterkaffee ist in den Straßencafés meistens nicht erhältlich. Das Kaffeepulver wird in einem kleinen Stielkännchen mit Wasser und ↑**Zucker** aufgekocht, der Kaffee dann in kleinen Mokkatassen mit dem Satz serviert. Schon bei der Bestellung muss man – wie auch beim ↑**Frappé** – den gewünschten Süßegrad angeben: **skétto: ohne Zucker, métrio: mittel, glikó: süß.**

Griechischer Salat [*Griech. Speisekarte*] **R** Auch **Bauernsalat (Griechisch:** horiatiki salata), ein erfrischender Salat aus ↑**Tomaten**, ↑**Gurken**, ↑**Zwiebeln**, ↑**Knoblauch**, ↑**Oliven** und ↑**Schafskäse** (↑**Feta**), mit ↑**Salz**, ↑**Pfeffer**, ↑**Weinessig** und ↑**Olivenöl** mariniert

Griechisches Heu [*Fachkunde*] ↑**Bockshornklee**

Grieß [*Allgem. Nährmittel*] **T Englisch:** semolina; **Französich:** semoulé; **Italienisch:** semolino; **Spanisch:** semola. Besteht aus dem Weizenkern oder Endosperm und Schalenteilen mit anhaftenden Partikeln. Bleibt nach dem Entfernen von ↑**Spelzen** und Weizenkeim während des Mahlvorgangs und vor der endgültigen Verarbeitung zu ↑**Mehl** übrig. Grieß gibt es aus ↑**Weich**- und ↑**Hartweizen**, fein oder grob gemahlen. Aus dem Weichweizengrieß werden feine Grießspeisen als ↑**Dessert** oder Suppeneinlagen (Grießklößchen ↑**Würztabelle**) hergestellt. Aus dem Hartweizen wird ↑**Pasta** produziert.

Grifola Pilze [*Speisepilze*] **T** Der Grifola frondosa, auch bekannt als „Gemeiner Klapperschwamm" oder „Maitake", gehört zur Familie der Porlinge und wird mittlerweile erfolgreich gezüchtet. ↑**Zuchtpilze**. Die vielen einzelnen Hüte mit porenreicher Unterseite, die einem kurzen, aber dicken Stiel (Stamm) entspringen, verleihen diesem Pilz sein typisches Aussehen, das ihn mehr wie einen Blumenkohl aussehen lässt. Der Klapperschwamm fruchtet gern am Stammgrund alter Bäume und ernährt sich im Wesentlichen von Holz. Er ist somit in der Lage, sehr komplexe Moleküle wie Lignin und Zellulose zu zersetzen und dieser Energie zu entnehmen. In der Produktion liegt das Gewicht des Einzelpilzes im Schnitt bei 300 g, es können aber auch 600 g erreicht werden. In der Natur ist diese Pilzgattung auf der Roten Liste der gefährdeten Höheren Pilze.

Grigliata [*Ital. Speisekarte*] Grillplatte

Grignolio [*Weinkunde*] Italienische Rotweinrebe aus dem Piemont. Die Weine sind von sehr heller Farbe und recht gut.

Gril [*Franz. Speisekarte*] Bratrost

Grill [*Unsere Küche*] Bratrost mit starker Unterhitze. ↑**Grillen**

Grillade [*Unsere Küche*] Speise, die auf einem Grill (Rost) gegrillt (gebraten) wurde. ↑**Grillen & Steak**

Grillage [*Österr. Küche*] In ↑**Zucker** geröstete ↑**Nüsse** oder ↑**Mandeln**, fein gerieben

Grillardin [*Franz. Fachwort*] Koch für Grill- und Kurzgerichte

Grilled [*U.S. Kitchen*] Gegrillt

Grilled cheese [*U.S. Kitchen*] ↑**Sandwich** mit geschmolzenem ↑**Käse**

Grillen [*Gesundheit*] **T Grillen ist eine der gesündesten und fettärmsten Garmethoden:** Durch die direkte Strahlungshitze auf dem Rost oder am Spieß schließen sich die Fleischporen sofort, wodurch wertvolle ↑**Vitamine** und ↑**Mineralstoffe** erhalten bleiben. Bei starker Hitze wird das nur mit Öl bepinselte, eventuell marinierte ↑**Fleisch** angeröstet, dann brät man etwas zurückgezogen bei schwächerer Hitze fertig. Diese Garmethode ist auch für ↑**Gemüse**, ↑**Obst** und ↑**Fisch** geeignet. Gegrillt werden kann auf verschiedene Arten,

z. B. mit einem Gas-, Elektro-, Kontakt- oder Holzkohlegrill. Beim Grillen bilden sich Röststoffe, wodurch selbst bei fettarmer Zubereitung schmackhafte Speisen entstehen. Um das kulinarische Grillvergnügen perfekt zu machen, bereichert man seine Zutatenpalette mit ↑**Champignons**, ↑**Kartoffeln** und Gemüse wie ↑**Zucchini**, ↑**Zwiebeln**, ↑**Auberginen** oder ↑**Maiskolben.** Sie schmecken hervorragend und sorgen dafür, dass die Fleischportion nicht den „Löwenanteil" auf dem Grillteller einnimmt. Außerdem dürfen frische, knackige Salate der Saison nicht fehlen. Sie versorgen den Körper mit Vitaminen, Mineral- und ↑**Ballaststoffen** sowie ↑**Sekundären Pflanzenstoffen** bzw. ↑**Bioaktiven Substanzen.** Geschmackliche Abwechslung bringen auch verschiedene Soßen und ↑**Dips**, mit frischen ↑**Kräutern** verfeinert oder herzhaft gewürzt mit ↑**Tomatenpüree**, ↑**Knoblauch**, ↑**Curry**, ↑**Chili** oder **Senf**. Um den Kaloriengehalt gering zu halten, eignet sich statt fettreicher ↑**Mayonnaise** ↑**Jogurt** als Soßenbasis. **Um gesund zu grillen, sollte Folgendes beachtet werden: 1.** Zum Grillen mit Holzkohle muss die Kohle völlig durchgeglüht sein. **Brennendes und präpariertes Holz ist gesundheitsschädlich. 2. Zum Grillen nur ungepökelte Wurst- und Fleischwaren verwenden!** ↑**Grillfleisch.** Werden Fleisch u. Wurstwaren gegrillt, die ↑**Pökelsalz** enthalten, entstehen bei Temperaturen über 160°C ↑**Nitrosamine.** Diese Giftstoffe bilden sich aus dem ↑**Nitrit** (Stickoxid), das dem Fleisch zugesetzt wird, sowie Nitroaminen, die in vielen Nahrungsmitteln enthalten sind. Sie sind nachweislich Krebs erregend. **Also auf keinen Fall** gekochten ↑**Schinken**, ↑**Wiener**, ↑**Debreziner**, ↑**Currywurst**, ↑**Leberkäse** oder gepökelte Fleischstücke wie ↑**Kassler** usw. zum Grillen verwenden. **3.** Durch zu starkes Erhitzen und Verkohlen von Fleisch entstehen ↑**Benzpyrene.** Hierbei handelt es sich um Verbindungen aus Kohlenstoff und Wasserstoff, die Krebs erzeugend wirken. Falls Fleisch zu stark gebraten oder gegrillt wurde, sollte man zumindest die schwarzen verkohlten Stellen großzügig wegschneiden. Benzpyrene entstehen auch, wenn ↑**Fett** vom Fleisch oder Fleischsaft, aber auch ↑**Bier** in die Grillglut tropft und dort verbrennt. Die Krebs erregenden Benzpyrene gelangen mit dem aufsteigenden Rauch in das Grillgut. Um zu verhindern, dass Fett oder andere Lebensmittel in die Holzkohleglut tropfen, ordnet man die Holzkohle seitlich an, was dann als indirektes Grillen bezeichnet wird und die Urform des Grillens darstellt. Man kann auch Grillschalen verwenden. Dabei wird das Grillgut nicht direkt auf den Rost, sondern in Alufolienschälchen gelegt. Wer auf das Grillmuster nicht verzichten möchte, kann zu einer Grillpfanne mit rillenförmigem Reliefboden greifen.

Griller [*Franz. Speisekarte*] Grillen, rösten

Grilletta [*DDR-Küche*] DDR-Hamburger: Für seine Zubereitung wurde ein rundes oder ovales Brötchen mit knuspriger Kruste (anders als beim ↑**Hamburger**) aufgeschnitten, an den Schnittflächen angeröstet, eine ↑**Bulette** aus ↑**Schweinefleisch** eingelegt und mit ↑**Chutney** oder ↑**Ketschup** vollendet. Ohne weitere Zutaten.

Grillfleisch [*Unsere Küche*] **T** Zum ↑**Grillen** eignet sich mageres ↑**Fleisch** von allen ↑**Schlachttieren**, ↑**Geflügel** und ↑**Wild**, das meist kurzgebraten wird (↑**Steak**), außerdem ↑**Fisch** und ↑**Krustentiere.**

Grillieren [*Franz. Fachwort*] ↑**Grillen**

Grillwurst [*Fleischprodukte*] Zum Grillen geeignete Wursterzeugnisse. **Grillwürste dürfen nur auf Kochsalzbasis hergestellt werden.** ↑**Bratwürste**

Grinoline [*Ital. Speisekarte*] **R** Aus ↑**Hefe**, ↑**Milch**, ↑**Mehl**, ↑**Salz**, ↑**Öl** und ↑**Kräutern** wird ein geschmeidiger Teig zubereitet, der über die Faust geschleudert tellerförmig dünn ausgetrieben wird. Nach kurzem Gehen wird er mit ↑**Tomaten**, ↑**Zucchini**, Kräutern und ↑**Käse** belegt und bei starker Hitze wie ↑**Pizza** gebacken.

Griottes [*Franz. Speisekarte*] ↑Sauer**kirschen**

Gris-de-Lille [*Käse*] **Herkunft:** Frankreich/Flandern; **Käsesorte:** ↑**Weichkäse**, 45 % ↑**Fett i.Tr.**; **Milch:** Kuhmilch; **Geschmack:** sehr kräftig und salzig. **Beste Zeit:** Oktober bis Januar; ↑**Marollies** und ↑**Stinker-Käse**

Griset [*Franz. Speisekarte*] ↑**Streifenbrasse**

Grissini [*Ital. Speisekarte*] **T** Gebäck, das meist vor dem Essen gereicht wird. Man kann die knusprig-dünnen Brotstangen auch zu ↑**Dips** und ↑**Aperitif** reichen.

Grits [*U.S. Kitchen*] ↑**Maisgrütze**, vor allem im Süden der USA beliebt zum Frühstück oder als Beilage

Grobe Bratwurst [*Fleischprodukte*] **T** Ein Hackfleischerzeugnis im Naturdarm, das im rohen Zustand nur am Tag der Herstellung und am Tag danach verkauft werden darf; in gebrühtem Zustand länger haltbar. **Beispiel:** ↑**Nürnberger**, ↑**Fränkische** oder ↑**Thüringer Rostbratwürste.** ↑**Bratwürste**

Grobe Mettwurst [*Fleischprodukte*] Grob gekörntes, streichfähiges **Rohwurst**erzeugnis

Grobschnittmagen [*Fleischprodukte*] Regionales Wursterzeugnis im Schweinemagen mit grob gewürfelten Einlagen

Grofleisch [*Regionale Spezialität*] Zwerchfell ↑**Kronfleisch**

Grog [*Hausbar*] **R** Besteht aus ↑**Rum**, ↑**Zucker**, kochend heißem Wasser, evtl. ↑**Zitronensaft**, ↑**Gewürzen.** An Stelle des Rums kann auch ↑**Cognac**, ↑**Arrak**, ↑**Weinbrand**, ↑**Whisky** oder eine ähnliche ↑**Spirituose** Verwendung finden. Folgende Würzmittel passen auch: ↑**Anis**, ↑**Honig**, ↑**Ingwer**, ↑**Nelken**, ↑**Sternanis**, ↑**Orangen**- oder ↑**Zitronenschale** (immer unbehandelt). Gewürze mit dem Wasser aufkochen, ziehen lassen und passieren.

Grondin [*Franz. Speisekarte*] ↑**Knurrhahn**

Gronik [*Regionale Spezialität*] Schweinebacke

Grönlandkrabben [*Fisch*] ↑**Shrimps**

Gropello [*Weinkunde*] Rebsorte, die im Riviera del Garda-Gebiet heimisch ist, liefert frische und fruchtbetonte Weine

Gros [*Franz. Fachwort*] Dick, grob

Gros du Vaud [*Schweizer Küche*] Dicke ↑**Wurst** aus ↑**Schweinefleisch**, gefüllt mit ↑**Pistazien**kernen und rotem ↑**Pfeffer**

Gros sel [*Franz. Speisekarte*] Grobes (↑**Meer-**) ↑**Salz**, reich an Geschmacks- und ↑**Mineralstoffen**

Gros tout [*Franz. Speisekarte*] ↑**Hackfleisch**pastete

Gros-Blanc [*Weinkunde*] Weißweinrebe, wird an der Loire und in der Charente angebaut, auch Folle Blanche genannt.

Groseille (blanche, rouge, noire) [*Franz. Speisekarte*] ↑**Johannisbeere** (Weiße, Rote, Schwarze)

Groseille a maquereau [*Franz. Speisekarte*] ↑**Stachelbeere**

Grosella [*Span. Speisekarte*] ↑**Johannisbeere**

Groß [*Übersetzer*] **Englisch:** big; **Französisch:** grand; **Italienisch:** grande; **Spanisch:** grande

Groß [*Weinkunde*] Spitzenweine, die ein optimales Geschmacksbild aufweisen. Dieses vollkommene Geschmacksbild wird oft nur bei einer Beeren- oder Trockenbeerenauslese erreicht.

Große Lende [*Fleischprodukte*] Die gesamte Lende (innere und äußere Lendenmuskulatur des ↑**Rindes**), ↑**Filet** und ↑**Roastbeef** mit Knochen

Grosse pièce [*Franz. Speisekarte*] Ein im Ganzen servierter Braten

Großer Brauner [*Österr. Küche*] 2 Teile ↑**Espresso**, 2 Teile heißes Wasser extra, ↑**Milch** oder ↑**Sahne** (österr. Kaffeespezialität)

Großer Brauner kurz [*Österr. Küche*] 2 Teile ↑**Espresso**, 1 Teil heißes Wasser extra, ↑**Milch** oder (Obers) ↑**Sahne** (Kaffeespezialität)

Großer Brauner lang [*Österr. Küche*] 2 Teile ↑**Espresso**, 3 Teile heißes Wasser extra, etwas ↑**Milch** (österr. Kaffeespezialität)

Großer Galgant [*Gewürze & Kräuter*] ↑**Galgant**

Großer Gelbfuß [*Speisepilze*] ↑**Kuhmaul**

Großer Schwarzer [*Österr. Küche*] 2 Teile ↑**Espresso**, 2 Teile heißes Wasser extra (österr. Kaffeespezialität)

Großer Schwarzer kurz [*Österr. Küche*] 2 Teile ↑**Espresso**, 1 Teil heißes Wasser extra (österr. Kaffeespezialität)

Großer Schwarzer lang [*Österr. Küche*] 2 Teile ↑**Espresso**, 3 Teile heißes Wasser extra (österr. Kaffeespezialität)

Großglockner [*Käse*] **Herkunft:** Österreich; **Käsesorte:** Schnittkäse, mind. 45 % ↑**Fett i. Tr.**; **Milch:** aus silofreier Milch; **Teig:** geschmeidig; **Geschmack:** angenehm mild, fein aromatisch

Großlage [*Weinkunde*] Nach dem deutschen Weingesetz ist eine Großlage eine Zusammenfassung mehrerer Rebflächen, auch Einzellagen genannt. Eine Großlage umfasst durchschnittlich 600 ha, eine Einzellage dagegen 38 ha. Mehrere Großlagen werden wiederum in einen Bereich gegliedert. Verschiedene Bereiche bilden zusammen ein Anbaugebiet. Jeder in Deutschland produzierte Wein muss zur Angabe seiner Herkunft eine geografische Bezeichnung tragen. Für Qualitätsweine bestimmter Anbaugebiete (QbA) und Qualitätsweine mit Prädikat (QmP) ist der Name des Anbaugebiets bzw. des Bereichs eine Pflichtbezeichnung auf dem Flaschenetikett. Weitere geografische Herkunftsangaben sind freiwillig, unterliegen aber der gesetzlichen Forderung, dass der Wein in dem Fall für mindestens 85 % aus dem angegebenen Raum stammen muss. Obwohl es hier um eine Weingesetzgebung zur Erhöhung der Weinqualität handelt, erscheint die Aufteilung der deutschen Weinbaugebiete grob und deshalb eher politisch als qualitativ. Die geografische Herkunftsbezeichnung auf dem Flaschenetikett lässt in den seltensten Fällen einen klaren Rückschluss über die Weinqualität zu, da das deutsche Weingesetz die Weinqualität an erster Stelle in den Reifegrad der Beeren und dem danach ausgerichteten Erntemoment einteilt.

Großlochkäse [*Käse*] **Herkunft:** Deutschland; **Käsesorte:** ↑**Schnittkäse**, 45 % ↑**Fett i. Tr.**; **Milch:** Kuhmilch; **Teig:** schnittfest, geschmeidig, Lochung in Kirsch- und Walnussgröße; **Geschmack:** mild-würzig, nussig

Großmütterchen Art [*Speisegarnitur*] **A** ↑**Grand-mère, à la**

Ground [*U.S. Kitchen*] Gerieben

Ground beef [*U.S. Kitchen*] ↑**Hackfleisch**

Ground provisions [*Intern. Länderküche*] Bezeichnung aus der kreolischen Küchenkultur für lokale Beilagen. Die Auswahl ist nicht immer groß, meist sind es ↑**Maniok**, ↑**Dasheen**, die besonders stärkehaltigen Gemüse- bzw. ↑**Kochbananen** (Plantaines), ↑**Tannias** & ↑**Yams**.

Gruau [*Franz. Speisekarte*] ↑**Grütze**

Grumbern Regionaler Ausdruck für ↑**Kartoffeln**

Grümmel [*Allgem. Nährmittel*] Gestoßener brauner **Kandis**↑

Grundsaucen, kalte [*Unsere Küche*] **T** Saucen, die immer abgekühlt serviert werden, nennt man auch kalte Spezialsaucen bzw. sauces spéciales froides, sie werden teilweise kalt, aber auch warm hergestellt. **Hier die wichtigsten kalten Saucen: 1.** Cranberry-Sauce (**Preiselbeer**sauce zu ↑**Geflügel** bzw. hellem ↑**Fleisch**); **2.** Minzsauce (zu Lammgerichten); **3.** ↑**Cumberlandsauce** (zu ↑**Wild**, ↑**Pasteten**, dunklem Fleisch); **4.** Meerrettichsahnesauce (zu kalten und warmen ↑**Fisch**- und ↑**Fleisch**gerichten vom ↑**Schwein**, ↑**Rind**, ↑**Kalb**); **5.** ↑Tomaten**ketschup** (als Grundprodukt für ↑**Barbecue-**, ↑**Schaschlik**soße usw.); **6.** ↑**Mayonnaise/Majonäse**-Ableitung: z. B. Remouladensauce, Sc. Tartar, Teufelssauce usw. ↑**Aufgeschlagene Grundsaucen**

Grundsaucen, warm [*Unsere Küche*] **A** Saucen (auch: Soßen), die in Variationen Bestandteil vieler Rezepte sind. **Die wichtigsten Grundsaucen sind: 1. „Braune Grundsauce"** (spanische Sauce, ↑**Espagnole**) – **nicht mehr zeitgemäß**; **2. „Braune Fastengrundsauce"** (Espagnole maigre), mit ↑**Fischfond** statt ↑**Fleischbrühe** gekocht. **3. „Kraftsauce"** (↑**Demiglace**) – **Ableitungen:** fast alle braunen Saucen; **4. „Weiße Grundsauce"**(Samtsauce, ↑**Velouté**) – **Ableitungen:** fast alle weißen Saucen, z. B. **Sauce** ↑**Suprême**; **5. „**↑**Béchamelsauce"** – **Ableitungen:** ↑**Sauce Mornay** – Sauce Raifort (Meerrettichsoße); **6. „Holländische Sauce"** (↑**Hollandaise**) – **Ableitungen:** alle warm aufgeschlagenen Saucen wie z. B. Sc. ↑**Béarnaise**, ↑**Sauce Choron** usw. ↑**Aufgeschlagene Grundsaucen**; **7. „**↑**Tomatensauce"**: Sie zählt neuerdings zu den Grundsaucen und kann je nach Bedarf mit ↑**Fleischbrühe** oder ↑**Fischfond** gekocht werden.

Grundumsatz [*Fachkunde*] Energiemenge, die ein Mensch bei völliger Ruhe zwölf Stunden nach der letzten Nahrungsaufnahme in einem Raum bei 20° C durchschnittlich benötigt

Grundwein [*Weinkunde*] Damit werden alle Weine bezeichnet, die Grundlage weiterer Verarbeitungsschritte sind, für Verschnitte bzw. Cuvées oder zur Sektbereitung. Der Qualität der Grundweine kommt eine besondere Bedeutung zu. Im Regelfall werden verschiedene Weine zusammengebracht, um mit den positiven Eigenschaften der einzelnen Partien ein höherwertiges Ganzes zu schaffen. In der Herstellung der Markenweine und Sekte ist die Geschmacksgleichheit das Ziel. Grundweine verschiedener Jahrgänge, Sorten und Herkünfte werden so kombiniert, dass ein ähnliches Endprodukt erzeugt wird.

Grüne Bohnen [*Gemüse*] **T Lateinisch:** Phaseolus vulgaris. **Synonym:** Prinzessbohnen, Gartenbohnen, Keniabohnen. **Englisch:** French/green beans; **Französisch:** haricot verts; **Italienisch:** fagiolini; **Spanisch:** judías verdes; **Österreichisch:** Fisolen. **Info:** Grüne Bohnen gehören zu den Schmetterlingsblütlern und sind Kletterpflanzen, die sich bis zu 7 m hochwinden können. Die Blüten sind weiß, manchmal auch gelblich oder violett und bringt dann 10–20 cm lange Hülsen mit meist weißen Bohnen hervor, die unreif geerntet werden. Grüne Bohnen sind heute als Gemüsepflanzen in der ganzen Welt verbreitet. **Ursprung und Geschichte:** Obwohl die Griechen bereits eine ähnliche Art beschrieben, stammen die heutigen grünen Bohnen ursprünglich aus Mittel- und Südamerika und wurden im 16. Jahrhundert von den spanischen Seefahrern nach Europa gebracht. **Herkunft und Saison:** Grüne Bohnen werden im Frühjahr aus Italien und Spanien angeboten, im Sommer und Herbst aus inländischer Produktion und im Winter meist aus Ägypten. Ganz jung und zart gepflückte Prinzessbohnen kommen meist aus Kenia. **Inhaltsstoffe:** 100 g (gekochte) grüne Bohnen haben einen Brennwert von ∅ 129 kcal/540 kJ und enthalten etwa 58 g Wasser, 7,1 g Eiweiß, 0,8 g Fett, 24 g Kohlenhydrate und 9,4 g Ballaststoffe. An ↑**Mineralstoffen**, ↑**Spurenelementen** und ↑**Vitaminen** sind ∅ 63 mg Kalzium, 1,1 mg Eisen, 6 mg Natrium, 0,3 mg Vitamin A (RE) und 1,2 mg Vitamin C enthalten. **Rohe grüne Bohnen enthalten giftige Eiweißverbindungen, die Toxalbumine, deren Wirkstoff Phasin schon bei kleinen Mengen Vergiftungserscheinungen auslöst. Durch Kochen wird das Phasin zerstört.** ↑**Bohnen**; **Zubereitung und Tipps:** Solange die grünen Bohnen unreif geerntet werden, kann man die Hülsen verzehren, im reifen Zustand sind nur noch die enthaltenen Samen genusstauglich. Grüne Bohnen nur kurz ↑**blanchieren** und dann weiter verarbeiten. Meist werden sie als Beilage gereicht. Beliebte ↑Würz**kräuter** für grüne Bohnen sind ↑**Petersilie**, ↑**Bohnenkraut**, ↑**Basilikum**, ↑**Oregano** oder ↑**Thymian**. ↑**Würztabelle**

Grüne Currypaste [*Gewürze & Kräuter*] ↑**Rote Currypaste**

Grüne Erbsen [*Gemüse*] ↑**Erbsen**, frisch

Grüne Fisolen [*Österr. Küche*] ↑**Grüne Bohnen**

Grüne Linsen [*Allgem. Nährmittel*] **T** Die runden, flachen Samen werden nach Größe sortiert im Handel angeboten. Linsen sind zunächst olivgrün und werden erst bei längerer Lagerung bräunlich. Ihr würziger Geschmack steckt in der Schale. Deshalb sind kleine Linsen besonders aromatisch und schmackhaft. Linsen kochen weich und behalten ihre Form. Sie lassen sich mit ↑**Kümmel**, ↑**Essig**, ↑**Suppengemüse** oder ↑**Speck** geschmacklich abrunden. ↑**Hülsenfrüchte**

Grüne Mandeln [*Allgem. Nährmittel*] ↑**Pistazien**

Grüne Sojabohnen [*Allgem. Nährmittel*] ↑**Mungobohnen**

Grüne Soße [*Unsere Küche*] **R** Auch Frankfurter Soße genannt. **Geschichte:** Das Rezept für Frankfurter Grüne Sauce ist mindestens 2000 Jahre alt. Römische Legionäre brachten vermutlich die grüne Kräutersauce aus dem Vorderen Orient in ihre Heimat, wo sie bis heute einen festen Platz hat. Nach Frankfurt kam die Sauce dann um 1700, und zwar durch die italienischen Handelsherren Bolongaro und Crevenna, die auch in ihrer Wahlheimat am Main nicht ohne ihr Lieblingsessen sein wollten. Die Sauce, die ihre Köche hier zubereiteten, war nicht ganz mit der heimischen identisch, denn sie mussten die Kräuter nehmen, die es in Frankfurt frisch auf dem Markt gab. So wurde aus der italienischen „↑**Salsa verde**" die **„Grie Soß"** der Frankfurter. **Info:** Es gibt unzählige Rezepte für ihre Zubereitung. So ist z. B. die Auswahl der frischen Kräuter nicht festgelegt. Sie kann je nach Jahreszeit, Angebot und persönlichem Geschmack sehr unterschiedlich sein. Eins aber ist unbedingt wichtig: Es müssen immer frische Kräuter (bzw. eingefrorene) sein. ↑**Salzkräuter** nur in kleinen Mengen verwenden. Anschließend ggf. das Salz weglassen. Die grüne Sauce schmeckt zu gekochtem ↑**Rindfleisch**, gedünstetem ↑**Fisch**, gekochten ↑**Eiern**, ↑**Gemüse**, ↑**Blattsalaten** usw. **Rezept:** ↑Mager**quark** oder trocken gelegten ↑**Jogurt**, ↑**Senf**, fein gehackte, hart gekochte Eier, etwas ↑**Pflanzenöl**, ↑**Pfeffer** und ↑**Salz** sowie feinst gehackte, frische ↑**Kräuter** wie ↑**Sauerampfer**, ↑**Schnittlauch**, ↑**Kresse**, ↑**Petersilie**, ↑**Borretsch**, ↑**Kerbel**, ↑**Pimpernell**, ↑**Zitronenmelisse**, ↑**Liebstöckel** und ↑**Dill.** (Wenn weder Borretsch noch Pimpernell auf dem Markt angeboten werden, kann man auch [junge] ↑**Spinat**blätter nehmen, die aber vor dem Gebrauch blanchiert werden müssen.) Die grüne Soße wird oft mit ↑**Mayonnaise** hergestellt, was aber nicht mehr zeitgemäß ist. **Tipp:** mit den Grüne-Sauce-Kräutern kann man auch ↑**Kräuterbutter** in Kombination mit ↑**Zwiebel**, ↑**Knoblauch**, ↑**Zitronensaft**, ↑**Weinbrand** und ↑**Worcester** würzen.

Grüne Tomaten [*Gemüse*] **T** In alten oder südeuropäischen Kochbüchern findet man mitunter noch Rezepte, bei denen die Verwendung grüner Tomaten zur Herstellung von ↑**Konfitüre** oder zum Einlegen in ↑**Süß-sauren Marinaden** angegeben wird. **Vorsicht: Sie enthalten ebenso wie die grünen Stellen der Kartoffeln das giftige Solanin** (manchmal auch als **Tomatin** bezeichnet). **Solanin kann Kopfschmerzen, Halsweh, Erbrechen, Magen-Schleinhautentzündungen, Nierenfunktionsstörungen sowie Krämpfe verursachen. Außerdem kann der Kreislauf gestört und das Nervensystem sowie die roten Blutkörperchen geschädigt werden. Die giftige Dosis liegt bei 25 mg. Die Aufnahme von 400 mg dieses Stoffes ist tödlich.** Mit der Reifung sinkt der Gehalt an Solanin. In harten grünen Früchten wurden in 100 g 9–32 mg Solanin gemessen. Grünreife Tomaten wiesen noch 7–13 mg auf, orange, halbreife enthielten nur noch 0,1–1,8 mg und rote Früchte lediglich 0–0,7 mg Solanin. Werden grüne Tomaten zu Konfitüre verarbeitet, wie das in Südeuropa üblich ist, sinkt der Solaningehalt im Endprodukt um etwa 35 %, da der Tomatenanteil durch Zugabe von Zucker gestreckt wird. **Bei den geringen Mengen Konfitüre, die üblicherweise gegessen werden, ist eine Gesundheitsschädigung nicht zu erwarten. Es wird aber dringend empfohlen, die Konfitüre von Kindern fern zu halten.** Das Solanin wird durch das Erhitzen nicht zerstört. Das Schälen der Früchte verringert den Solaningehalt um 10 %. Frische gebratene oder süß-sauer eingekochte grüne Tomaten enthalten insgesamt noch 90 % der ursprünglichen Solaninmenge und sollten deswegen gemieden werden. Grün, aber harmlos ist dagegen eine tomatenähnliche Frucht, die ↑**Tomatillo** (tomate verde), nur hat sie mit Tomaten nichts gemeinsam.

Grüner Chili [*Gewürze & Kräuter*] ↑**Pfefferoni**

Grüner Paprika [*Gemüse*] **T Lateinisch:** Capsicum annuum var. annuum; **Info:** Grüne Paprikaschoten gehören zu den milden Sorten, die erst vor wenigen Jahrzehnten gezüchtet wurden und in sehr kurzer Zeit als Gemüsepaprika wirtschaftliche Bedeutung erlangten. Grüner Paprika wird unreif geerntet und ist dadurch knackiger, aber nicht süßlich. **Herkunft und Saison:** Grüner Paprika kommt den ganzen Sommer lang aus inländischer Produktion und Ungarn. Außerdem werden das ganze Jahr über Importe aus Spanien, seltener aus den Niederlanden und Israel angeboten. **Inhaltsstoffe:** 100 g Grüner Paprika weist einen Brennwert von ∅ 26 kcal/110 kJ auf und enthält 90 g Wasser, 0,9 g Eiweiß, 0,12 g Fett, 6,4 g Kohlenhydrate und 1,8 g Ballaststoffe. An ↑**Mineralstoffen**, ↑**Spurenelementen** und ↑**Vitaminen** sind ∅ 9 mg Kalzium, 0,5 mg Eisen, 2 mg Natrium, 63,2 mg Vitamin A (RE) und 89,3 mg Vitamin C enthalten. **Zubereitung und Tipps:** Bei allen Gemüsepaprika werden vor dem Verzehr der Stielansatz und die Kerne entfernt. Grüner Paprika wird gefüllt und geschmort oder klein geschnitten roh als Salat oder gekocht bzw. geschmort als Gemüsebeilage verwendet. Grüne Paprika sind etwas würziger und knackiger als die roten und gelben Arten. ↑**Paprika**

Grüner Pfeffer [*Gewürze & Kräuter*] ↑**Pfeffer**

Grüner Pfeffer-Essig [*Gewürze & Kräuter*] **T** Die Grundlage ist ↑**Branntwein**- oder ↑**Weinessig**, in den frisch geerntete ↑**Pfefferkörner** eingelegt werden. Er ist intensiv, pikant und herzhaft im Geschmack, gut für Gemüsesalat-↑**Marinaden**, Fischsoßen, ↑**Jogurt**-↑**Dressings**, zu ↑**Geflügelsalat** oder zum Marinieren von ↑**Fleisch**.

Grüner Pfefferoni [*Gewürze & Kräuter*] ↑**Pfefferoni**

Grüner Salat [*Gemüse*] **T Lateinisch:** Lactuca sativa var. capitata. **Synonym:** Kopfsalat, Buttersalat, Butterkopfsalat, Häuptlesalat, Häupterlsalat, Lattich, Schmalzsalat. **Englisch:** green salad, head lettuce; **Französisch:** salade verte, laitue pommée; **Italienisch:** insalata verde, lattuga; **Spanisch:** ensalada verde, lechuga. **Info:** Kopfsalat gehört zur Familie der Korbblütengewächse. Pflanzen aus dem Freilandanbau weisen meist einen niedrigeren ↑**Nitrat**wert auf und bilden festere Köpfe aus als Pflanzen aus Gewächshäusern, in denen die Kopfbildung durch Lichtmangel nicht so ausgeprägt ist. Die inneren „Herzblätter" des Kopfes erhalten weniger Licht und sind durchweg heller, aber auch zarter als die Außenblätter, allerdings bei geringerem ↑**Vitamin-C**-Gehalt. Vor allem in Frankreich wird neben dem Grünen Salat gerne Roter Kopfsalat gegessen, er bildet noch zartere und feinere Blätter. **Ursprung und Geschichte:** Als Ursprungspflanze wird der Wilde Kompass-Lattich (**lactuca serriola**) vermutet, eine in Südeuropa, Vorderasien bis Nordindien sowie Nordafrika weit verbreitete Steppenpflanze. Die ersten ägyptischen Reliefs mit Darstellungen eines Lattichs, der dem Römischen Salat ähnelt, sind etwa 4500 Jahre alt. Von Ägypten ausgehend, verbreitete sich der Salat über die ganze damalige antike griechische und römische Welt. Im Mittelalter wurde er in den Klostergärten angebaut. Der heute bekannte Kopfsalat ist eine Züchtung aus dem Beginn der Neuzeit. **Herkunft und Saison:** Grüner Salat wird das ganze Jahr über in ausreichenden Mengen angeboten. März bis April beginnt die heimische Glashaussaison, und ab Mitte Mai wird den ganzen Sommer über bis Ende Oktober Freilandware angeboten. In den Wintermonaten stammt er meist aus Italien, Spanien und Holland. **Inhaltsstoffe:** 100 g Grüner Salat weisen einen Brennwert von ∅ 12 kcal/50 kJ auf und enthalten 95 g Wasser, 1,3 g Eiweiß, 0,2 g Fett, 2,3 g Kohlenhydrate und 1 g Ballaststoffe. An ↑**Mineralstoffen**, ↑**Spurenelementen** und ↑**Vitaminen** sind ∅ 32 mg Kalzium, 0,3 mg Eisen, 5 mg Natrium, 97 RE Vitamin A sowie 8 mg Vitamin C enthalten. Kopfsalat ist kalorienarm, er enthält neben den oben beschriebenen Inhaltsstoffen auch ↑**Kalium**, ↑**Vitamin B**, ↑**B**$_2$ und die so wichtige ↑**Folsäure**. Grüner Salat ist die ideale Salatpflanze für den Frühling und Frühsommer und wirkt bei regelmäßigem Verzehr vorbeugend gegen Krebserkrankungen, vor allem Magenkrebs. Der hohe Gehalt an ↑**Antioxidantien**, ↑**Vitamin C** und ↑**E** vermindert das Risiko von Herzerkrankungen und eines Schlaganfalls. Alle Lactuca-Arten enthalten einen weißlichen Milchsaft, insbesondere in den Stängeln und Blütenständen. Dieser Milchsaft, von dem sich auch die lateinische Bezeichnung **lactuca** ableitet, enthält den Bitterstoff Lactucin, der in besonderem Maße den Wohlgeschmack mitbestimmt und eine beruhigende und schlaffördernde Wirkung hat. **Zubereitung und Tipps:** Grüner Salat wird bei uns fast ausschließlich roh verwendet, er kann aber auch, in feine Streifen geschnitten (↑**Julienne**), als Einlage in feinen Crèmesuppen oder als Gemüse dienen. Generell sollten alle Blattsalate vor dem Waschen nicht zerkleinert, sondern nur grob zerteilt werden. Erst nach dem Waschen und Trocknen wird er fein zerpflückt oder ggf. geschnitten. Zum Trocknen verwendet man ein Salatsieb, ein Geschirrtuch oder eine Salatschleuder. An getrocknetem Salat haftet das ↑**Dressing** besser, es wird erst unmittelbar vor dem Servieren dazu, gegeben. **Lagerung:** Grüner Salat ist sehr empfindlich gegenüber dem aus reifem Obst ausströmenden Gas Äthylen und sollte daher niemals zusammen mit reifen(den) Früchten gelagert werden. Die Salatblätter welken dadurch schneller und bekommen unansehnliche, braune Flecken. **Gesundheitstipp:** Im Winter gilt generell wie bei allen Gemüsesorten aus dem Treibhaus ein eingeschränkter Verzehr. Durch den hohen Gehalt an ↑**Nitrat,** das sich im Verdauungstrakt in ↑**Nitrit** umwandelt, wird unser Körper zu sehr belastet. Nitrit verhindert die Sauerstoffaufnahme der Körperzellen. In der kalten Jahreszeit sind Winter- oder Tiefkühlgemüse vorzuziehen, Grüner Salat gehört auf den Sommer-Speiseplan.

Grüner Spargel [*Gemüse*] **T Lateinisch:** Asparágus officinalis; **Englisch:** asparagus; **Französisch:** asperges vertes; **Italienisch:** asparagi verde; **Spanisch:** espárragos verdes. **Info:** Grüner Spargel stellt nicht so hohe Bodenansprüche wie Bleichspargel, jedoch ist er umso frostempfindlicher. Während weißer Spargel in der Erde gedeiht, wächst grüner Spargel darüber. Deshalb enthält er mehr Vitamin C und schmeckt kräftiger als weißer. **Herkunft und Saison:** Bereits ab Mitte März wird Spargel vorwiegend aus Spanien, Frankreich, Holland und Griechenland angeboten. Die heimische Spargelsaison beginnt – je nach Witterung – Mitte April und dauert bis zum 24. Juni (Johannistag). Außerhalb der Saison gibt es kleinere Angebote aus Thailand, USA, Mexiko, Chile, Südafrika, Argentinien. **Geschmack:** zart-würzig; **Zubereitung und Tipps:** Grüner Spargel wird nach dem Waschen entweder gar nicht geschält oder nur die untere Hälfte – vom Kopf zum Schnittende hin. Erst danach entfernt man die holzigen Enden (bei frischem Spargel 1–2 cm, bei älterem Spargel 4–5 cm). Danach wird er wie weißer Spargel zubereitet, jedoch ist die Garzeit kürzer. Sie beträgt je nach Dicke 10 bis 15 Minuten. Das Kochwasser würzt man mit ↑**Salz**, ↑**Zucker**, ↑**Butter** und ↑**Zitronensaft**. ↑**Spargel**

Grüner Speck [*Fleischprodukte*] Grüner Speck ist roher, frischer, unbehandelter Rückenspeck vom ↑**Schwein**, er dient u. a. zum Auskleiden von ↑**Pasteten**, zum ↑**Spicken** und ↑**Bardieren**

Grüner Tee [*Tee*] Grüner Tee ist seit Jahrtausenden ein hoch geschätztes Getränk in asiatischen Ländern. Grüne und schwarze Teeblätter stammen vom gleichen Teestrauch. Der Unterschied entsteht erst durch die Bearbeitung nach der Ernte. Beim schwarzen Tee werden die Blätter nach dem Pflücken gerollt, wobei sie einreißen und die Zellstruktur zerstört wird. Damit beginnt die so genannte Fermentation. Durch die biochemischen Abbauprozesse verwandelt sich das grüne Chlorophyll der Pflanzen in braunschwarze Substanzen, die dem Schwarztee sein typisches Aussehen verleihen. Beim Grünen Tee werden die biochemischen Abbauprozesse verhindert oder reduziert. **In China** lässt man das frische Blattgut leicht anfermentieren. Danach wird es in großen Pfannen über Feuer geröstet. Die Tätigkeit der oxidierenden Enzyme wird dadurch unterbrochen, und es entwickelt sich ein typischer Röstgeschmack. Die grüne Farbe der Blätter bleibt erhalten, der Aufguss wird leicht orangefarben. **In Japan** wird hingegen überhaupt nicht fermentiert. Die Blätter werden unmittelbar nach dem Pflücken unter Wasserdampf gehalten. Die Tätigkeit der fermentierenden Enzyme wird damit sofort unterbrochen, das Blattgrün bleibt erhalten. Der japanische Tee nimmt beim Aufguss eine zitronengelbe bis grünliche Farbe an. Die anregende und entwässernde Wirkung verdankt der grüne Tee dem Koffein. **Inhaltsstoffe**

des Grüntees: ↑**Mineralienstoffe** wie ↑**Calcium**, ↑**Eisen**, ↑**Fluorid**, ↑**Kalium**, ↑**Magnesium**, ↑**Natrium**, ↑**Phosphor**, ↑**Zink**, ↑**Vitamine A, B, C, E** und ↑**Sekundäre Pflanzenstoffe** wie z. B. ↑**Flavonoide** – ↑**Coffein** – weitere Mineralien und ↑**Spurenelemente**, im Grünen Tee sind: ↑**Kupfer**, ↑**Nickel**, ↑**Carotin** und Spuren von ↑**Molybdänsäure.** Viele Inhaltsstoffe im Grünen Tee wirken sehr effektiv als Fänger Freier Radikale. Sie hemmen die Bildung von Substanzen, die Krebs herbeiführen können. Außerdem enthält er ein ↑**Enzym**, das dem Auslösemechanismus von hohem Blutdruck im Körper entgegenwirkt und bei der Umwandlung von ↑**Cholesterin** mithilft. Grüner Tee verhindert mit seinem sehr hohen ↑**Flour**gehalt Kariesbildung. Schon das Ausspülen des Mundes nach den Mahlzeiten ist eine wirksame Methode.

Grüner Veltliner [*Weinkunde*] Weinrebe, die mit Ausnahme der Steiermark überall in Österreich angebaut wird. Diese weiße Rebsorte macht ein Drittel der gesamten Weinbaufläche in Österreich aus und ist dort sowohl für leichte Ausschankweine wie den ↑**Heurigen** als auch für ernstzunehmende und teure Exemplare verantwortlich. Die besten Grünen Veltliner wachsen in der Wachau und im Kremstal. Die Weine sind fruchtbetont, aromatisch und oft von anregender Säure. ↑**Federspiel**

Grünkern [*Allgem. Nährmittel*] **T** In halbreifem Zustand geerntetes, vorsichtig gedörrtes **Dinkel**korn. Die Dinkelpflanze ist mit dem Weizen nahe verwandt. Sie wird hauptsächlich im süddeutschen Raum angebaut und wie der ↑**Weizen** zu ↑**Mehl**, ↑**Grieß**, ↑**Graupen** usw. verarbeitet. Grünkern ist eine beliebte Zutat zu Suppen, Saucen usw., gibt eine grünlich-gelbe Farbe und einen fein-würzigen Geschmack.

Grünkohl [*Gemüse*] **T Lateinisch:** Brassica oleracea convar. **Synonym:** Braunkohl, Krauskohl. **Englisch:** kale, curly kale, green cabbage; **Französisch:** chou vert; **Italienisch:** cavolo verde; **Spanisch:** col verde. **Info:** Grünkohl gehört zur Familie der Kreuzblütler. Es ist ein in Norddeutschland besonders beliebtes winterhartes ↑**Gemüse**, das seinen Geschmack erst nach dem ersten Frost voll entfaltet. Durch den Frost werden die im Grünkohl enthaltenen ↑**Gerbstoffe** abgebaut und ↑**Stärke** in ↑**Zucker** gespalten, wodurch er leichter verdaulich wird und besser schmeckt. Somit verbessert Tiefkühlen nicht nur die geschmackliche Qualität, sondern wirkt sich auch ernährungsphysiologisch positiv aus. Grünkohl ist eine ausgezeichnete natürliche Quelle für ↑**Vitamin C** und ↑**Betacarotin** im Winter. Darüber hinaus ist er reich an ↑**Folsäure** und ↑**Eisen**, außerdem ist er das Gemüse, das am meisten ↑**Calcium** liefert. Beim Gehalt an ↑**Mineralstoffen** steht er dem ↑**Spinat** nicht nach. ↑**Nährstofftabelle.** Am bekanntesten sind die krausblättrigen Sorten, doch es gibt auch glattblättrigen Grünkohl. Dieser Kohl ist von bester Qualität, wenn alle Blätter noch dunkelgrün sind, gelbe Blattspitzen zeigen an, dass er schon eine zu lange Lagerzeit hinter sich hat. **Verwendung:** ↑**Würztabelle.** Wegen des hohen Nitratgehalts sollte man Grünkohl vor der Zubereitung blanchieren und das Kochwasser immer wegschütten. Grünkohl passt gut zu deftigen Braten von ↑**Ente**, ↑**Gans**, ↑**Pute**, ↑**Schwein** und ↑**Kassler.** Eine besondere herzhafte Note erhält dieses Gemüse, wenn Kassler, ↑**Grützwurst**, ↑**Räucherspeck** oder ↑**Rauchfleisch** mitgedünstet oder es mit ↑**Pinkel** serviert wird. Grünkohl lässt sich (blanchiert) auch als herzhafter Salat, z. B. mit einem Dressing auf Sauerrahmbasis, zubereiten. **Lagerung:** im Gemüsefach etwa 2–3 Tage

Grütze [*Allgem. Nährmittel*] **T** Geschrotete oder geschnittene Getreide- (z. B. Hafer, Gerste, Weizen, Grünkern, Hirse) und Buchweizenkörner. Ihre Form ist größer als Grieß. Grütze wird zur Zubereitung von Suppen, Breien, Schleimen und auch Würsten (↑**Grützwurst**, ↑**Pinkel**) eingesetzt. ↑**Bulgur** ist Weizengrütze, die vor allem in der orientalischen Küche (z. B. als Beilage oder Füllung) verwendet wird.

Grützwurst [*Regionale Spezialität*] **R Grundrezept:** 500 g ↑Schweine**schwarten**; 500 g ↑**Schweinefleisch**; 750 g ↑Schweine**leber**; 750 g ↑**Graupen**; ↑**Salz** (evtl. ↑**Rauchsalz**); ↑**Pfeffer** aus der Mühle; **Piment**; ↑**Majoran.** Die Schweineschwarten in 1½ bis 2 l Wasser weich kochen. Nach 15 Min. Kochzeit das gewürfelte Schweinefleisch und nach 1 Stunde die geputzte, klein geschnittene Leber mit zu den Schwarten geben. Nach dem Garen das Fleisch aus der Brühe nehmen. Von der Brühe ¾ l abnehmen, darin die Graupen auf milder Hitze 40 Min. ausquellen lassen. Die restliche Brühe aufheben. Während die Graupen quellen, das Fleisch, die Leber und die Schwarten durch den Fleischwolf drehen und mit den ↑**Gewürzen** kräftig würzen. Dann die aufgequollenen Graupen unterrühren, den Brei noch mal abschmecken. Diese Grützwurstmasse in eine Stoffserviette füllen, eine lange Wurst daraus formen, an den Enden fest zusammenbinden. Die Wurst in der restlichen Brühe noch einmal 20 Min. mehr ziehen als kochen lassen. Wurstmasse im Fond kalt werden lassen und aus dem Stoff nehmen. Diese Grützwurst wird dann in Scheiben geschnitten und entweder kalt oder angebraten serviert.

Gruviera [*Käse*] ↑**Gruyère Käse**

Gschnatter [*Österr. Küche*] ↑**Ochsenfleisch** (Name kommt von schneiden, abschneiden, **mundartlich:** abgschnatteter)

G'schwellti [*Schweizer Küche*] Schweizer Bezeichnung für ↑**Kartoffeln** in der Schale (↑**Pellkartoffeln**)

G'spritzter [*Österr. Küche*] ↑Wein**schorle**

Guacamole [*Mexicofood*] **R** Der nahrhafte, vielseitig einsetzbare mexikanische Nationaldip, mit dem sich auch ↑**Tacos** und ↑**Tortillas** gut füllen lassen, ist mit wenigen Handgriffen zubereitet. **Grundrezept:** Eine reife weiche ↑**Avocado** halbieren, den Stein entfernen, das Fruchtfleisch aus der Schale heben und mit dem Saft einer ↑**Limette** in einen Mörser geben. Dazu gibt man eine abgezogene, entkernte ↑**Tomate**, ein Sträußchen grob zerhackte ↑**Koriander**blätter oder, falls nicht zur Hand, glatte ↑**Petersilie**, 2–3 ↑**Knoblauch**zehen, eine fein gewürfelte ↑**Zwiebel**, eine entkernte ↑**Jalapeño**, ↑**Pfeffer** und ↑**Salz**. Alles mit dem ↑**Stößel** zerquetschen und anschließend mit dem Zauberstab oder im Mixer feinst pürieren.

Guai thiau [*Asiatische Küche*] ↑**Reisnudeln**

Guai thiau gai [*Asiatische Küche*] Begriff aus der thailändischen Küchenkultur für gebratene ↑**Reisnudeln** mit ↑**Puten**brust

Guai thiau gung [*Asiatische Küche*] Begriff aus der thailändischen Küchenkultur für gebratene ↑**Reisnudeln** mit ↑**Krabben**

Guai thiau muh [*Asiatische Küche*] Begriff aus der thailändischen Küchenkultur für gebratene ↑**Reisnudeln** mit ↑**Schweinefleisch**

Guai thiau paak [*Asiatische Küche*] Begriff aus der thailändischen Küchenkultur für gebratene ↑**Reisnudeln** mit ↑**Gemüse**

Guai thiau plaah mük [*Asiatische Küche*] Begriff aus der thailändischen Küchenkultur für gebratene ↑**Reisnudeln** mit ↑**Tintenfisch**

Guai thiau radna [*Asiatische Küche*] Begriff aus der thailändischen Küchenkultur für gebratene ↑**Reisnudeln** mit ↑**Sauce**

Guai thiau taohoo [*Asiatische Küche*] Begriff aus der thailändischen Küchenkultur für gebratene ↑**Reisnudeln** mit ↑**Tofu**

Guajillo Chili [*Gewürze & Kräuter*] **T Schärfe 2 = 2000–2500** ↑**Scoville-Einheiten.** Dieser nicht allzu scharfe, getrocknete Chili ist lang und hat eine glatte Haut. Man verwendet ihn eingeweicht oder zerrieben zum Würzen von Saucen und Fleischgerichten. ↑**Chili**

Guanakofleisch [*Fleischprdukte*] **T Lateinisch:** Lama guanicoe. **Synonym:** Huanako. Das Guanako ist eine wild lebende, Herden bildende Art der Kamel-Familie im westlichen und südlichen Südamerika. Es ist die Stammform der Lamas und Alpakas. Diese Kleinkamele werden in Südamerika traditionell gejagt. Seit einigen Jahren wird Guanakofleisch in die Europäische Union eingeführt und hier wie ↑**Rindfleisch** zubereitet. **Inhaltsstoffe:** 100 g Guanakofleisch enthalten ∅ 1 % Fett (ausgesprochen mager), 20,9 % Eiweiß und nur 27,2 mg ↑**Cholesterin.** Der Anteil an ↑**ungesättigten Fettsäuren** von ca. 52 % lässt erkennen, dass Guanakofleisch sehr gesund ist.

Guanciale [*Ital. Speisekarte*] Durchwachsener Speck

Guanylsäure [*Fachkunde*] ↑**E 626**

Guar [*Allgem. Nährmittel*] Verdickungsmittel ↑**Guarkernmehl**

Guarkernmehl [*Allgem. Nährmittel*] **T** Guarkernmehl ist ein ↑**Dickungsmittel** und wird aus den Samen der indischen Guarpflanze „Cyamopsis tetragonoloba" gewonnen. Die Pflanze wächst in Indien, Pakistan und in den USA. Guarkernmehl besitzt die Fähigkeit, in Wasser zu quellen bzw. Wasser zu binden. Deshalb werden damit ↑**Saucen**, ↑**Dressings**, ↑**Speiseeis**, Tiefkühlprodukte und Suppen hergestellt. ↑**E 412**

Guatemala cobán [*Kaffee*] Aus dem Distrikt gleichen Namens kommt dieser überdurchschnittliche Arabica. Seine Qualifikationen: feinste Säure, exquisites Aroma. ↑**Kaffee & Kaffee arabica**

Guave [*Exotische Früchte*] **T Lateinisch:** Psidium guajava; **Info:** Die Guave, eine Beerenfrucht des immergrünen Guavenbaumes, gehört zur Familie der Myrtengewächse. Die 10 cm großen, runden, länglich ovalen oder birnenförmigen Früchte mit dünner, häufig rosa gefärbter, hellgelber Oberfläche sind echte Vitamin-Bomben. Schon eine Frucht deckt den Tagesbedarf eines Erwachsenen an ↑**Vitamin C. Ursprung und Geschichte:** Guaven stammen wahrscheinlich aus dem Raum des südlichen Mexiko, von wo aus sie sich im mittelamerikanischen Raum, in der Karibik und im Laufe des 19. Jahrhunderts nach Nordafrika, den Nahen Osten, die französische Mittelmeerküste bis nach Indien verbreiteten. Sie werden heute vor allem in Brasilien, Indien, Mexiko, den USA (Hawaii und südliches Florida) sowie Malaysia angebaut und kommen in klimatisch günstigen Gebieten auch wild wachsend vor. **Herkunft und Saison:** Zwischen Februar und Mai kommen Guaven aus mittel- und südamerikanischen Anbaugebieten, von September bis November werden kleinere Mengen auch aus Israel und Kalifornien angeboten; **Inhaltsstoffe:** 100 g Guaven weisen einen Brennwert von ∅ 53 kcal/220 kJ auf und enthalten etwa 81 g Wasser, 0,8 g Eiweiß, 0,6 g Fett, 11,9 g Kohlenhydrate und 5,4 g Ballaststoffe. An ↑**Mineralstoffen**, ↑**Spurenelementen** und ↑**Vitaminen** sind ∅ 20 mg Kalzium, 0,3 mg Eisen, 3 mg Natrium, 79,2 mg Vitamin A (RE) und 183,5 (!) mg Vitamin C enthalten. **Reife:** Durchgereifte Früchte verströmen einen stark süßlichen, intensiv aromatischen Duft. Am besten sind Früchte mit glatter Haut, ohne welke Stellen. Die Schale muss auf sanften Fingerdruck nachgeben. Darunter befindet sich eine 3–12 mm dicke, weiße, gelbliche oder rosafarbene Schicht von fein säuerlichem bis süßlichem, aromatischem Fruchtfleisch. Dessen Mitte, die ↑**Pulpe**, ist dunkler gefärbt, saftig und enthält die gelblichen Samen. **Geschmack:** Die Früchte erinnern an eine Mischung von ↑**Birnen**, ↑**Quitten** und ↑**Feigen. Zubereitung und Tipps:** Guaven werden nach dem Waschen und Schälen hauptsächlich als Frischobst verzehrt oder zu ↑**Desserts**, als Tortenbelag und Fruchtsalaten verarbeitet. In den Anbauländern macht man aus ihnen Saft, ↑**Nektar**, ↑**Sirup**, ↑**Konserven**, ↑**Chutney**, ↑**Wein**, ↑**Likör** und ↑**Konfitüre.**

Guazzetto [*Ital. Speisekarte*] ↑**Ragout**

Gubbeens [*Käse*] **A Herkunft:** Irland/Region Cork; **Käsesorte:** ↑**Weichkäse** mit gewaschener gelblich-ockerfarbener Rinde (eine Variante wird über Eichenholzfeuer geräuchert) 40 % ↑**Fett i. Tr.**; **Milch:** pasteurisierte Kuhmilch; **Info:** Die kleinen runden Laibe werden während der Reifung bis drei Wochen vor Verkauf täglich mit Salzwasser abgewaschen und entwickeln ein kräftiges Aroma. Am besten schmeckt der ↑**Käse**, wenn er fünf bis sechs Wochen alt ist und der Teig anfängt zu zerlaufen. In diesem Reifestadium hat er ein nussartiges, buttriges Aroma mit einer dezent säuerlichen Note im Abklang. Er schmeckt frisch und zart nach ↑**Nüssen**, ↑**Zitronen** und ein wenig „nach Bauernhof". **Verwendung:** Den Käse mit Butterflöckchen vermischt auf ↑**Pumpernickel** streichen, ↑**Pinienkerne** drüberstreuen und unter den heißen ↑**Salamander** schieben, bis die Kerne gebräunt sind.

Guero [*Gewürze & Kräuter*] Mexikanische Chilisorte ↑**Santa Fe Grande**

Guetzli [*Schweizer Küche*] Schweizer Bezeichnung für Kleingebäck

Gueuse, Gueuze (-lambic) [*Bier*] Säuerliches, ↑**obergäriges Bier** aus Belgien

Gugelhupf [*Österr. Küche*] Napfkuchen

Gugemuke [*Speisepilze*] ↑**Champignons**

Güggeli [*Schweizer Küche*] Schweizer Bezeichnung für ↑**Hähnchen**

Guglhupf [*Backstube*] Süddeutsche Bezeichnung für einen Topf- oder Napfkuchen

Guigne [*Franz. Speisekarte*] Sehr saftige Kirschensorte (Herzkirschen)

Guinea Pfeffer [*Gewürze & Kräuter*] (Piper guineense), auch ↑**Aschantipfeffer** genannt, stammt aus Afrika. Er besitzt wie der ↑**Kubebenpfeffer** gestielte Früchte. In Europa wurde er in Notzeiten als Pfefferersatz gehandelt.

Guinguette [*Franz. Fachwort*] Kneipe, Ausflugslokal

Guisado [*Span. Speisekarte*] Geschmort

Guisantes [*Span. Speisekarte*] ↑**Erbsen**

Gül Pembe [*Orientalische Küche*] Begriff aus der türkischen Küchenkultur für ↑**Jogurt**, mit ↑**Roten Beeten** und ↑**Pinienkernen**; ↑**Türkische Küche**

Gula djawa [*Asiatische Küche*] Javanischer ↑**Rohrzucker** der Arengpalme (Zuckerpalme) oder Kokospalme. Seine Farbe ist hellbraun bis fast schwarz. Er schmeckt süßer und aromatischer als Kristall**zucker**. Im Asia-Shop erhältlich, in Scheiben von ca. 7 cm im Durchmesser oder zylinderförmig verpackt.

Gulab jamun [*Intern. Länderküche*] Begriff aus der indischen Küche für eine klassische indische Süßspeise. Es handelt sich dabei um frittierte Teigbällchen in aromatisiertem ↑**Zuckersirup**. Hauptbestandteil des Teiges ist ↑**Khoa** oder Khoya (eingekochte cremige ↑**Milch**). Hier kann man ersatzweise ↑**Milchpulver** oder ↑**Hüttenkäse** verwenden. In indischen Lebensmittelgeschäften sind die Teigbällchen als Fertigprodukt erhältlich.

Gulasch [*Österr. Küche*] **R Englisch:** gulyas, goulash; **Französisch:** goulache; **Italienisch:** spezzatino; **Spanisch:** guisado. Gulyás heißt es in Ungarn, was übersetzt „der Rinderhirte" bedeutet. Also ein ↑**Rindfleisch**-Gericht, das ursprünglich Rinderhirten im Kessel über Feuer kochten. Dieses Gericht nennt sich ungarisch „gulyás hús (Gulasch Fleisch)". Aus diesem hat sich das österr. Gulasch (früher auch Gollasch genannt) entwickelt. Verlangt man in Ungarn **„↑Gulyás"**, bekommt man Gulaschsuppe vorgesetzt, denn in Ungarn heißt Gulasch, das deftige Gericht aus Rindfleisch, **„↑Pörkölt"**. Gulasch wird wie folgt hergestellt: Nach dem Braunrösten der ↑**Zwiebel**scheiben (gleiche Menge wie Fleisch) süßen ↑**Paprika** einstreuen und mit ↑**Tomatenmark** gut vermengen, (Paprikapulver nicht mitrösten, es wird bitter) mit ↑**Brühe** aufgießen und aufkochen lassen. Nun erst das Fleisch dazugeben. **Reihenfolge beachten.** Nach 45 Min. leichtem Köcheln wird mit ↑**Salz**, ↑**Pfeffer**, ↑**Majoran**, abgeriebener, unbehandelter ↑**Zitronenschale**, gehacktem ↑**Kümmel** und zerdrückten ↑**Knoblauch**zehen gewürzt. Gulasch wird nicht mit ↑**Mehl** oder ↑**Stärke** gebunden, das geschieht durch die zerkochten Zwiebeln und das Paprikapulver. Sollte es jedoch zu suppig sein, kann man eine mehlige ↑**Kartoffel** in das kochende Gulasch hineinreiben. Das fertige Gulasch mit frisch gemahlenem Piment vollenden. Das klassische Gulaschfleisch stammt aus der vorderen oder hinteren Rinderhaxe. Diese saftigen Teilstücke sind im Geschmack kräftig, kochen sich butterweich (auch die Sehnen) und zerfallen nicht faserig. Im Gegensatz zum Fleisch vom Hals, das zwar grobfaserig ist, jedoch frei von Sehnen und sehr mager. Nobleres Gulaschfleisch wird aus der Schulter oder sogar von der Filetspitze (↑**Stroganoff**) geschnitten. Es gibt außer dem traditionellen Rindergulasch noch unzählige Sorten wie z. B. Wild-, Fisch-, Schweine-, Pilz-, Kartoffel-, Wurst-, Bohnengulasch usw.

Gulaschkanone [*Fachkunde*] **T** Ein Anhänger, auf dem eine Feldküche montiert wurde, die aus einem Kessel und einer Feuerstelle besteht. Die Gulaschkanone, eine Erfindung der Firma Fissler aus dem Jahr 1892, wurde während des Ersten Weltkriegs als Feldküche verwendet. In der Gulaschkanone wird nicht nur ↑**Gulasch** zubereitet, sondern alle Suppen und ↑**Eintopf**gerichte oder die benötigten Beilagen, wie ↑**Nudeln**, ↑**Reis** und ↑**Kartoffeln**. In Kriegszeiten wurde sogar die Wäsche der Soldaten darin gekocht. Nicht nur beim Militär, sondern auch bei Katastrophenhilfsdiensten und Großveranstaltungen versorgen Gulaschkanonen die eigene Mannschaft und die Bevölkerung.

Gulyás [*Ungarische Küche*] **A** Begriff aus der ungarischen Küchenkultur für ein mit reichlich ↑**Brühe**,

↑Zwiebeln und ↑**Paprika** zubereitetes Suppengericht, in dem in Würfel geschnittene ↑**Kartoffeln** und gezupfte ↑**Nudelteignockerln** mitkochen. ↑**Gulasch** & ↑**Pörkölt**

Gummi arabikum [*Fachkunde*] ↑**E 414**

Gummibärchen [*Süßwaren*] ↑**Fruchtgummi**

Gundel palacsinta [*Ungarische Küche*] **A** Gundel ↑**Palatschinken:** nach dem bekannten ungarischen Kochkünstler **Károly** ↑**Gundel** benannt. Die dünnen ↑**Eierkuchen** werden mit Nusscrème und ↑**Rosinen** gefüllt, mit ↑**Schokolade** übergossen und mit ↑**Rum** flambiert.

Gundel, Károly [*Berühmte Köche*] Der geniale ungarische Koch **Károly Gundel** reformierte Anfang des 20. Jahrhunderts die ↑**Ungarische Küche** und kreierte die international berühmt gewordenen „Gundel-Gerichte". Das waren überwiegend traditionelle Speisen, die bis zur Unvergleichlichkeit verfeinert wurden. 1879 eröffnete er sein erstes eigenes Restaurant, die „Wiener Bierhalle". Es folgten das Gasthaus „Blumenstöckl" und das Restaurant des Hotels „Erzherzog Stephan". 1910 entstand in Budapest Gundels gleichnamiges Restaurant (das heute noch floriert). Es wurde bald zum Treffpunkt von Schriftstellern, Künstlern, Politikern, aber auch wohlhabenden Bürgern sowie Aristokraten und brauchte die Konkurrenz aus München, Berlin, Wien oder Paris nicht zu fürchten. Károly Gundel war der ↑**Escoffier** Ungarns.

Gundermann [*Wildkräuter, -blüten & -früchte*] **T Lateinisch:** Glechoma hederaceum; **Standort:** Wildes Würzkraut, das in Wäldern an schattigen, feuchten Stellen wächst; **Geschmack:** aromatisch, bitter, leicht scharf; **Verwendung in der Küche:** Gundermann immer vorsichtig dosieren, es kann sehr schnell dominieren. Kann gut mit anderen Wildkräutern zusammen zu Suppen, in Kräuterquark, Salaten, Dressings und Soßen verarbeitet werden und ist als ↑**Maibowlen**zusatz gut geeignet. **Wirkung in der Volksmedizin:** stopfend, schleimlösend, anregend auf Magensaftbildung. **Mehr Information:** ↑**Essbare Blüten**

Gung [*Asiatische Küche*] Begriff aus der thailändischen Küchenkultur für ↑**Garnelen**

Gung krathiam prig thai [*Asiatische Küche*] Begriff aus der thailändischen Küchenkultur für ↑**Garnelen** in ↑**Knoblauch** gebraten

Gung makaam [*Asiatische Küche*] Begriff aus der thailändischen Küchenkultur für ↑**Garnelen** in ↑**Tamarindensauce**

Gung op wunsen [*Asiatische Küche*] Begriff aus der thailändischen Küchenkultur für ↑**Garnelen** mit ↑**Glasnudeln**

Gung pad johd [*Asiatische Küche*] Begriff aus der thailändischen Küchenkultur für ↑**Garnelen** mit ↑**Mais**

Gung pad too gnooh [*Asiatische Küche*] Begriff aus der thailändischen Küchenkultur für **Garnelen** mit ↑**Sojasprossen**

Gung somsaa [*Asiatische Küche*] Begriff aus der thailändischen Küchenkultur für ↑**Garnelen** mit ↑**Zitrone** und ↑**Kokosnuss**

Gunpowder [*Tee*] Chinesischer, grüner, nicht fermentierter ↑**Tee.** Bei der Herstellung verformen sich seine Blätter zu kleinen Kugeln. Im Geschmack ist Gunpowdertee abgerundet mild.

Guoba [*Asiatische Küche*] Begriff aus der regionalen Küchenkultur Sichuans in China, für knusprigen ↑**Reis** mit ↑**Hühner-**, ↑**Kalbfleisch** und ↑**Gemüse** etc.

Gurken [*Gemüse*] **T Lateinisch:** Cucumus sativus. **Synonym:** Schlangengurke, Salatgurke. **Englisch:** cucumber; **Französisch:** concombre; **Italienisch:** cetriolo; **Spanisch:** buvango, pepino. **Info:** Gurken gehören zur Familie der Kürbisgewächse. Wegen ihrer tropischen Herkunft stellen sie im Anbau hohe Temperaturansprüche, weshalb sie mittlerweile fast weltweit in Gewächshäusern oder Folientunneln angebaut werden. Gurken sind 30–40 cm lang, schlank, walzenförmig und an den Enden verjüngt. Die Oberfläche der europäischen Treibhausgurken ist meist glatt und dunkelgrün. **Ursprung und Geschichte:** Über die Herkunft der Gurken gibt es zwei Theorien: Einmal soll die Gurke aus Nordindien stammen, wo sie schon seit 4000 Jahren an den Südhängen des Himalajas wächst. Die andere Theorie besagt, dass die Gurke aus dem tropischen Afrika kommt, von wo sie über Ägypten in den Mittelmeerraum gelangte. Jedenfalls war sie bei Griechen und Römern bereits als Frucht bekannt. Nach Nordeuropa kamen die Gurken im Mittelalter, und die ersten Gewächshausgurken wurden im 19. Jahrhundert in England produziert. **Herkunft und Saison:** Gurken werden das ganze Jahr über meist aus Treibhauskulturen angeboten. Die inländische Produktion beginnt Anfang April und geht bis Ende November. Die wichtigsten Anbauländer sind Italien, Holland, Frankreich, Belgien, Polen, Ungarn, die USA und Deutschland. **Inhaltsstoffe:** 100 g Gurke weisen einen Brennwert von ∅ 13 kcal/55 kJ auf und enthalten etwa 95 g Wasser, 0,7 g Eiweiß, 0,1 g Fett, 2,8 g Kohlenhydrate und 0,8 g Ballaststoffe. An ↑**Mineralstoffen**, ↑**Spurenelementen** und ↑**Vitaminen** sind ∅ 14 mg Kalzium, 0,3 mg Eisen, 2 mg Natrium, 21,5 mg Vitamin A (RE) und 5,3 mg Vitamin C enthalten. **Zubereitung und Tipps:** Gurken werden sowohl geschält als auch ungeschält, roh, allein für sich oder in der warmen Küche als Schmorgemüse mit anderen Gemüsearten verzehrt. Gurkensalat sollte man wegen der besseren Bekömmlichkeit erst kurz vor dem Anrichten salzen. Als Salat oder geschmortes ↑**Gemüse** passen Gurken gut zu gebratenem ↑**Fleisch**, ↑**Steaks**, ↑**Schnitzeln**, ↑**Fisch** und ↑**Eierspeisen**. Sie werden für ↑**Saucen** zu ↑**Braten**, zur Garnitur und Dekoration, für erfrischende sommerliche ↑**Bowlen** und zu Delikatess-, Essig- und ↑**Gewürzgurken** verarbeitet. Die kleinsten sind die ↑**Cornichons**, die nur fingergroß sind. ↑**Würztabelle** & ↑**Feldgurke**; **Lagerung:** Im Gemüsefach halten Gurken bei 9–11° C etwa 4–5 Tage.

Gurkenkraut [*Gewürze & Kräuter*] ↑**Borretsch**

Gurkenkümmel [*Gewürze & Kräuter*] ↑**Dill**

Gurkenkürbis [*Gemüse*] ↑**Zucchini**

Gurkensalat [*Übersetzer*] **Englisch:** cucumber salad; **Französisch:** salade de concombres; **Italienisch:** insalata di cetrioli; **Spanisch:** ensalada de pepino. ↑**Würztabelle**

Gusanos de maguey [*Mexicofood*] ↑**Agavenwurm**, der auf dem Boden von ↑**Mezcal**-Flaschen schwimmt

Gustatorisches Organ [*Fachkunde*] Geschmacksorgan

Gusto [*Österr. Küche*] Geschmack, Geschmacksrichtung, Neigung

Gustostück [*Österr. Küche*] Schaufelstück (aus der Schulter)

Gute Luise [*Obst*] **T** **Lateinisch:** Pyrus communis var. sativa; **Info:** Gute Luise ist eine mittelgroße, länglich geformte, kelch- oder mittelbauchige Birnensorte mit glatter, trockener, dunkel- oder schmutziggrüner, bei Reife gelblichgrüner Schale mit rostfarbenen Lentizellen, die sonnenseitig eine verwaschen braune bis purpurrote Deckfarbe aufweist. Gute Luise eignet sich auch sehr gut zum Dörren. **Ursprung und Geschichte:** Gute Luise ist ein Zufallssämling und wurde 1778 durch M. Longueval in Avranches, Frankreich, entdeckt und als „Louise Bonne d'Avranches" verbreitet. Insbesondere in Deutschland, Österreich und der Schweiz ist die Gute Luise zu einer der Hauptsorten geworden. **Herkunft und Saison:** Gute Luise reift in Mitteleuropa Anfang bis Mitte September und ist im ↑**Kühllager** bis Mitte Januar, im ↑**CA-Lager** bis Mitte März haltbar. Dementsprechend wird der Markt von Anfang September je nach Lagerbestand bis Februar aus inländischer oder norditalienischer Produktion (Südtirol) versorgt. **Geschmack:** Das feinzellige Fruchtfleisch ist weiß bis gelblich-weiß (vom Rand her mit grünlichem und von innen her mit einem leicht rötlichen Anflug), saftig, süß, schmelzend und weist einen kräftigen, typischen, vorzüglichen und aromatischen Birnengeschmack auf. ↑**Birne**

Gute Nacht! [*Übersetzer*] **Im Hotel** **Englisch:** Good night! **Französisch:** Bonne nuit! **Italienisch:** Buona notte! **Spanisch:** Buonas noches!

Gutedel [*Weinkunde*] Deutscher Name für die weiße Rebsorte Chasselas. Sie wird in Frankreich, der Schweiz, Baden und Osteuropa angebaut und ist identisch unter anderem mit Dorin, Fendant und Bouchet. In Deutschland wird sie fast nur im Markgräfler Land angebaut und ergibt leichte, hellgelbe und säurearme Weine mit einem leichten Bodenton und mittlerer Qualität.

Guten Abend! [*Übersetzer*] **Im Hotel** **Englisch:** Good evening! **Französisch:** Bonsoir! **Italienisch:** Buona sera! **Spanisch:** Buenas tardes!

Guten Appetit! [*Übersetzer*] **Im Hotel** **Arabisch:** Schai-a taiba; **Dänisch:** Velbekomme; **Englisch:** Enjoy your meal, Have a nice meal; **Finnisch:** Hyvää ruokahalua; **Französisch:** Bon appétit; **Griechisch:** Kalì òrixi; **Hebräisch:** BeTe'awon; **Italienisch:** Buon appetito; **Japanisch:** Itadakimasu; **Kroatisch:** Dobar tek; **Niederländisch:** Smakelijk eten; **Norwegisch:** Vel bekomme; **Polnisch:** Smacznego; **Portugiesisch:** Bom apetite; **Russisch:** Prijatnogo apetita; **Schwedisch:** Smaklig måltid; **Spanisch:** Que aproveche; **Tschechisch:** Dobrou chuť; **Türkisch:** Afiyet olsun; **Ungarisch:** Jo Etwagyat; **Chinesisch:** „**Guten Appetit**" wünscht niemand in China. Man geht davon aus, dass man **Appetit** hat.

Guten Morgen! [*Übersetzer*] **Im Hotel** **Englisch:** Good morning! **Französisch:** Bonjour! **Italienisch:** Buon giorno! **Spanisch:** Buenos dias!

Gütesiegel [*Fachkunde*] Herkunftszeichen beziehen sich auf die regionalen und nationalen Ursprünge des Produktes. Bei den Produkten mit Herkunftszeichen kommen in der Regel sowohl Rohstoffe als auch Erzeuger aus der angegebenen Region. Wer Lebensmittel aus hiesigem Anbau kauft, trägt aktiv zum Umwelt- und Klimaschutz bei, da zusätzliche Transportmittel und die Stoffe wegfallen, die sie haltbar machen. Mit der Schaffung des Gütesiegels hat die EU eine unter internationalen Organisationen einzigartige Anstrengung unternommen, regional bedeutsame und traditionelle Produkte vor Nachahmung zu schützen. Nach Artikel 13 des Gesetzes sind Produkte mit dem Siegel rechtlich vor jedem Missbrauch des Namens oder Nachahmung geschützt, selbst wenn der richtige Herkunftsort angegeben ist oder wenn die Benennung in übersetzter Form erfolgt oder begleitet ist von Zusätzen wie „nach … Art" oder „Typ". Nationalstaatliche Vorbilder dafür sind das ↑**AOC**-Siegel in Frankreich, die DOP-, DOC- und DOCG-Siegel in Italien oder das DAC-Siegel in Österreich. Der erste internationale Vorläufer war die Stresa-Konvention von 1951, die erste internationale Vereinbarung über Käsenamen, an der sich sieben Länder beteiligten: Österreich, Dänemark, Frankreich, Italien, Norwegen, Schweden und die Schweiz. In Deutschland legen Verbände des Handels, der Industrie sowie der Landwirtschaft und Verbraucher die Kriterien für Gütesiegel fest und können auf Anfrage darüber Auskunft geben. Ihre Einhaltung wird regelmäßig überwacht und kontrolliert.

Gütezeichen [*Fachkunde*] Qualitätszeichen für Waren und Dienstleistungen. Sie garantieren, dass das damit ausgezeichnete Produkt hinsichtlich der Herstellung und der verwendeten Rohstoffe bestimmten Anforderungen entspricht. Beispiele für Gütezeichen sind das: ↑**DLG-Gütezeichen** der Deutschen Landwirtschafts-Gesellschaft e.V., und das häufig auf Nahrungsmitteln zu findende ↑**CMA-Gütezeichen** der Centralen

Marketinggesellschaft der Deutschen Agrarwirtschaft mbH; das ↑**QS** Qualität und Sicherheit GmbH. Hier haben sechs Gesellschaften ein stufenübergreifendes Qualitätssicherungssystem für den ↑**Fleisch**bereich, ↑**Obst** und ↑**Gemüse** geschaffen.

Gutsabfüllung [*Weinkunde*] Seit 1993 in Deutschland und in der Provinz Bozen zulässige Bezeichnung (statt: Erzeugerabfüllung), falls der Wein von einem fachlich ausgebildeten Betriebsleiter ausgebaut wurde. Und von Rebflächen stammt, die seit mindestens drei Jahren von dem Weingut bewirtschaftet werden.

Guyot [*Obst*] **T Lateinisch:** Pyrus communis var. sativa. **Synonym:** Dr. Jules Guyot. **Info:** Guyot ist eine mittelgroße bis große Birnensorte von oft unregelmäßiger und beuliger Form, hellgrüner bis gelblicher, feiner und glatter Schale. Meist ohne Deckfarbe und seltener zimtfarben punktiert oder rostig marmoriert. **Ursprung und Geschichte:** Guyot ist unbekannter Abstammung und wurde um 1870 von Charles Baltet in Troyes, Frankreich, in den Handel gebracht. Ihren Namen verdankt sie einer Widmung für den französischen Winzer Docteur Jules Guyot. **Herkunft und Saison:** Guyot wird in Mitteleuropa Anfang bis Mitte August geerntet und ist im ↑**Kühllager** bis Ende September haltbar. Sie wird ab Anfang Juli aus südeuropäischer Produktion und bis Mitte September aus heimischen Anbaugebieten angeboten. In knapp reifem Zustand ist die Guyot gut transportfähig, bei Überreife wird sie jedoch relativ schnell weich. **Geschmack:** Das gelblich gefärbte, fein granulierte Fruchtfleisch weist einen halbschmelzenden, sehr saftigen, leicht parfümierten, süß-säuerlichen und angenehm gewürzten Geschmack auf. ↑**Birne**

GVO (engl. GMO) [*Fachkunde*] Genetisch veränderter Organismus. ↑**Gentechnik**

Gwina Zfatit [*Käse*] Als die Völker in den östlichen Mittelmeerländern noch überwiegend Nomaden waren, gab es wegen der heißen Temperaturen vor allem ↑**Frischkäse** und saure oder vergorene ↑**Milch**. Bei der arabischen Bevölkerung sind vor allem traditionelle Käsesorten beliebt wie Gwina Zfatit, ein ↑**Schafskäse**, den man in Töpfen verkauft. Die jüdischen Siedler, die 1948 Israel gründeten, mochten ihn. Er wird gern zum Frühstück gegessen.

Gycerinester aus Wurzelharz [*Fachkunde*] ↑**E 445**

Gyoza [*Intern. Länderküche*] Begriff aus der japanischen Küchenkultur für mit ↑**Fleisch** gefüllte Teigtaschen, wie ↑**Maultaschen**

Gyros [*Griech. Speisekarte*] **R** Begriff aus der griechischen Küchenkultur für am senkrechten Drehspieß gegrilltes, stark gewürztes ↑**Schweinefleisch**, ursprünglich ↑**Lamm**- oder ↑**Hammelfleisch** (beim türkischen ↑**Döner Kebap**). Dafür wird das Schweinefleisch – meist vom ↑**Nacken** – in dünne Scheiben geschnitten und über Nacht mariniert (z. B. in ↑**Olivenöl**, geriebener ↑**Zwiebel**, etwas ↑**Knoblauch**, ↑**Oregano**, ↑**Thymian**, ↑**Pfeffer**, ↑**Salz** und ↑**Paprika**).

H

Haargurke *[Exotische Früchte]* ↑**Tsit Kwa**

Haarmelone *[Exotische Früchte]* ↑**Tsit Kwa**

Haarsieb *[Unsere Küche]* Kunstfasersieb für metallempfindliche Speisen

Haas, Hans *[Berühmte Köche]* **Hans Haas** *1957 in Oberau, Wildschönau, Tirol, A – Seit 1991 Chef de cuisine im Tantris, München. Seine Sterne erhielt Haas für seine Kreationen mit bretonischem Hummer, mit Bresse-Taubenbrust und der Nantaiser Ente. 1999 wurde ihm der Europäische Kultur Preis verliehen. Seine herausragende Kochkunst präsentiert er mit scheinbar simplen und dennoch unglaublich wohlschmeckenden Gerichten seiner österreichischen Heimat. Gourmets aus aller Welt begeistern sich für seine ↑**Schmankerl.** Dass Hans Haas aus einfachen Gerichten kleine Kunstwerke für Augen und Gaumen schafft, hängt sicherlich damit zusammen, dass er auch als Bildhauer arbeitet.

Habanero Chili *[Gewürze & Kräuter]* **T Schärfe 10 = 150 000–300 000** ↑**Scoville-Einheiten.** Ungefähr 4–5 cm lang, laternenförmig; grün und gelb bis rot und rötlich-purpur. Der reife Habanero ist süß, hat ein tropisches Fruchtaroma und ist vor allem in Yucatan sehr beliebt. Er gehört zu den schärfsten Chilisorten überhaupt, eng verwandt mit ↑**Scotch Bonnet.** Anbau in Mittelamerika und der Karibik. Ideal für ↑**Salsa,**↑ **Marinaden,** ↑**Chutneys** und Hot Sauces. ↑**Chili**

Habas *[Gemüse]* **1.** in Mexiko ↑**Grüne Bohnen; 2.** auf spanischen Speisekarten sind ↑**Saubohnen** gemeint.

Haben Sie einen Tisch für zwei/vier Personen? *[Übersetzer]* **Im Hotel Englisch:** Is there a table for two/four people? **Französisch:** Est- ce que vous auriez une table pour deux/quatre personnes? **Italienisch:** Avete un tavolo per due/quattro persone? **Spanisch:** Tiene usted una mesa para dos/cuarto personas?

Haber *[Schweizer Küche]* Schweizer Bezeichnung für ↑**Hafer**

Habichtspilz (Rehpilz) *[Speisepilze]* **T Lateinisch:** Sarcodon imbricatus; ↑**Waldpilze; Hut:** dunkelbraun, 5 – 20 cm, sparrig-schuppig, dickfleischig, auf der Unterseite mit zuerst weißlichen, dann graubraunen, brüchigen Stacheln; **Stiel:** bräunlich, oben erweitert, kurz, dick, voll; **Fleisch:** weißlich bis bräunlich, fest, derb, alt bitterlich. **In der Küche:** jung als Mischpilz, besonders zum Trocknen geeignet und kann gut als Würzpilz verwendet werden; **Vorkommen:** Von September bis November in Berg- und dürren Nadelwäldern, bei Fichten, in Reihen oder Hexenringen, verstreut; **Verwechslungsmöglichkeit:** Ungenießbare Gallenstachelinge sind stark bitter und am Stielgrund blaugrün gefärbt.

Habiller *[Franz. Fachwort]* Ausnehmen

HACCP *[Fachkunde]* Hazard Analysis and Critical Control Point: System zur Gefahrenanalyse und Definition von kritischen Kontrollpunkten zur Beherrschung von mikrobiologischen, chemischen und physikalischen Gefahren und der Sicherung der Qualität im Bereich der Lebensmittelverarbeitung, entwickelt von der NASA.

Hachage *[Franz. Speisekarte]* Fleisch aus dem Schweinekotelett (Kernfleisch der Schweinelende)

Haché *[Franz. Speisekarte]* Gehackt

Hachée *[Unsere Küche]* **R** Für dieses einfache Gericht dreht man ↑**Fleisch** durch den Fleischwolf, brät es an, würzt es nach Geschmack (es darf experimentiert werden) und löscht es mit **Sahne** ab. Bei Bedarf mit frischen ↑**Kräutern** vollenden und mit ↑**Kartoffeln** oder ↑**Nudeln** servieren.

Hachel *[Österr. Küche]* Reibe, Küchenhobel

Hacheln, hachieren, haschieren *[Österr. Küche]* Feinblättrig hobeln, schneiden

Hacher *[Franz. Fachwort]* Hacken

Hachis de mou *[Franz. Speisekarte]* Sauer abgeschmecktes Lungengericht. ↑**Lüngerl**

Hachis Parmentier *[Franz. Speisekarte]* **A** Im Ofen überbackenes ↑**Kartoffelpüree** mit ↑**Hackfleisch**

Hachoir *[Franz. Fachwort]* Hackbrett

Hachse (Haxe) *[Fleischprodukte]* Unteres Bein von ↑**Rind,** ↑**Lamm,** ↑**Kalb** und ↑**Schwein**

Hachua *[Franz. Speisekarte]* **A** ↑**Rind**- oder ↑**Kalbfleisch**eintopf mit ↑**Schinken,** ↑**Karotten,** ↑**Paprika** und ↑**Zwiebeln.** Spezialität aus dem Baskenland

Hackbraten *[Unsere Küche]* **A Englisch:** meatloaf; **Französisch:** rôti haché; **Italienisch:** polpettone; **Spanisch:** gigote. Brotförmiges Gericht aus ↑**Hackfleisch** mit ↑**Ei,** eingeweichten und trocken ausgedrückten altbackenen Brötchen, ↑**Zwiebeln** und ↑**Gewürzen,** das in den Küchen der Welt zu Hause ist.

Hacken *[Unsere Küche]* Grobe Zerkleinerung innerhalb der Speisevorbereitung = (Franz.: ↑**Mise en place**)

Hackepeter *[Fleischprodukte]* **R** Regionale Bezeichnung für mageres, sehr frisches ↑**Hackfleisch** vom ↑**Schwein** (↑**Schweinemett**), mit ↑**Salz,** ↑**Pfeffer,** evtl. gehackter ↑**Petersilie** und ↑**Zwiebel**würfeln abgeschmeckt. Als Brotaufstrich mit frischem **Schnittlauch** besonders im Norden Deutschlands beliebt.

Häckerle *[Regionale Spezialität]* **R** Schlesischer Salat bzw. Brotaufstrich aus sehr fein zerkleinertem ↑**Matjes** mit harten ↑**Eiern,** ↑**Speckwürfeln,** ↑**Zwiebeln**

und manchmal ↑**Leberwurst**. Häckerle wird entweder zu ↑**Pellkartoffeln** oder ↑**Bauernbrot** ser viert.

Hackfleisch [*Fleischprodukte*] **T Englisch:** minced meat; **Französisch:** viande hachée; **Italienisch:** carne tritata; **Spanisch:** picadillo, carne picada. Hierbei handelt es sich um grob entsehntes und entfettetes Muskelfleisch von ↑**Schwein**, ↑**Rind**, ↑**Kalb**, ↑**Schaf**, ↑**Wild** und auch ↑**Geflügel**, vom Fleischwolf zerkleinert, enthält keine Zusätze. Rohes Hackfleisch ist nur kurz haltbar, weil durch das Zerkleinern die Oberfläche des Fleisches enorm vergrößert ist. Das bietet entsprechend viel Fläche für Mikroorganismen, die sich dort vermehren. Deshalb muss es immer am Tag der Herstellung verkauft und auch zubereitet werden. Vor dem Zubereiten das Hackfleisch im Kühlschrank bei maximal +4° C aufbewahren. Gegartes Hackfleisch kann dagegen gut gekühlt ein bis zwei Tage aufbewahrt werden. Wer frisches Hackfleisch nicht sofort verarbeiten will, kann es auch einfrieren. Dabei gilt es Folgendes zu beachten: Für den Hausgebrauch Portionen von ca. 500 g in Gefrierbeutel füllen. Wichtig dabei ist, dass das Hackfleisch flach (auf ca. 1 cm Höhe) gedrückt im Beutel verteilt wird, damit es schnell durchfrieren kann und auch beim Auftauen nicht zu lange braucht (↑**Salmonellen**gefahr). Tiefgekühltes Hackfleisch sollte innerhalb von 3–4 Monaten verbraucht werden. **Andere Bezeichnung für Hackfleisch im Sinne der Hackfleisch-VO: (Verordnung):** Gehacktes, Gewiegtes, Mett, Kebaptscheta, Rinderhackfleisch, Schweinehackfleisch, Cevapcici, Faschiertes, Fleischfasch, Gemischtes Hackfleisch, Fleischteig, Hackepeter; **Hackfleisch zum Rohverzehr:** Ausgangsmaterial – mindestens grob entfettetes, frisches ↑**Schweinefleisch** und grob entsehntes, frisches ↑**Rindfleisch**. Bei „Zubereitetem“ (angemachtem) Hackfleisch aus der Metzgerei werden i. d. R. nur ↑**Salz**, ↑**Zwiebeln** und ↑**Gewürze** verwendet.

Haddock [*Engl. Speisekarte*] **Smoked haddock** ist kaltgeräucherter ↑**Schellfisch** (aufgespalten, ohne Kopf und Hauptgräte) und wird besonders in England als Delikatesse geschätzt.

Hades [*Weinkunde*] Deutsche Barrique-Weine aus Württemberg, ein Zusammenschluss engagierter Winzer

Hadschiloja [*Österr. Küche*] Kümmelbrötchen

Haeberlin, Marc & Paul [*Berühmte Köche*] **Marc Haeberlin**, der Starkoch aus dem Elsass, betreibt das Drei-Sterne-**Restaurant Auberge de l'Ill in Illhäusern, Elsass**, in dritter Generation. Hier steht eine der Wiegen der großen neuen Küche (↑**Nouvelle Cuisine**) in Europa. Viele Spitzenköche (z. B. ↑**Witzigmann**) haben in der Auberge de I'Ill bei Marcs Vater Paul gelernt. Der grandiose Paul Haeberlin, (als einziger Koch der Welt seit 30 Jahren Inhaber von 3 Sternen) hat den Kochlöffel an seinen Sohn Marc weitergegeben. Dessen Küche, die auf allerhöchstem Niveau angesiedelt ist, brilliert als Paradebeispiel für die französische ↑**Haute cuisine**. Sie ist eine Mischung von bewährten Rezepten gepaart mit eigenen Inspirationen. Trotz des schweren Erbes hat sich Sohn Marc längst etabliert. Mit den vom Vater geerbten Talenten kochte er schon erfolgreich mit den gastronomischen Legenden dieser Welt wie Paul ↑**Bocuse** in Collonges-au-Mont-d'Or (Lyon), Gaston ↑**Lenôtre** oder den Gebrüdern ↑**Troisgros**.

Hafer [*Allgem. Nährmittel*] **T Englisch:** oat; **Französisch:** avoine; **Italienisch:** avena; **Spanisch:** avena. Stammt ursprünglich aus Vorderasien. Heute sind die Hauptanbaugebiete USA und Kanada. Hafer besitzt keine Ähren – ist also kein Ährengetreide –, sondern Rispen und hat einen nussigen Geschmack. Es gibt bespelzten Hafer und so genannten Nackthafer. Als ganzes Korn wird Hafer selten angeboten, sondern eher als grobe und zarte Haferflocken, Hafergrütze und Haferknusperprodukte. Hafer enthält das schleimbildende Kohlenhydrat „Lichenin“, das vom menschlichen Organismus nicht abgebaut wird und adsorbierende Eigenschaften zeigt. Die mildeste aller Getreidesorten erhält durch Rösten ein nussiges Aroma. In Schottland gilt Hafer als Grundnahrungsmittel und ist Bestandteil der schottischen Nationalspeise „↑**Haggis**“. Briten kochen ihn mit Wasser zu „↑**Porridge**“. ↑**Haferflocken** lassen sich zu Gebäck, Süßspeisen, Suppen und Müsli weiterverarbeiten. **Inhaltsstoffe:** 100 g Hafer oder Haferflocken enthalten ∅ 363 kcal/1520 kJ, 11,7 g Eiweiß, 5,57 g Ballaststoffe und 7,09 g Fett. An ↑**Mineralstoffen**, ↑**Spurenelementen** und ↑**Vitaminen** sind ∅ 129 mg Magnesium, 80 mg Calcium, 4,5 mg Zink und 0,52 mg Vitamin B_1 enthalten. Hafer hat einen hohen Anteil an löslichen ↑**Ballaststoffen** mit ↑**cholesterin**senkendem Effekt. Im Vergleich zu anderen Getreidesorten hat er einen höheren Fett- und Mineralstoffgehalt.

Haferbrei [*Übersetzer*] **Englisch:** porridge; **Französisch:** bouillie d'avoine; **Italienisch:** avena cotta; **Spanisch:** pasta de avena

Haferflocken [*Allgem. Nährmittel*] **T** Haferflocken nehmen wegen ihrer hochwertigen Inhaltsstoffe eine Spitzenstellung unter den Getreideprodukten ein. ↑**Hafer.** Sie enthalten biologisch wertvolles Eiweiß, Fett mit hohem Anteil ↑**ein-** und ↑**mehrfach ungesättigter** ↑**Fettsäuren** (Linol- und Ölsäure) sowie ↑**Kohlenhydrate.** Der hohe ↑**Vitamin-B_1**-Anteil (Nervenvitamin) erhöht Konzentrations- und Koordinationsvermögen, macht aktiv und hat sich bei sportlicher Dauerleistung sowie überdurchschnittlich hohen körperlichen Anstrengungen bewährt. Die Vorzüge der Haferflocken erkennen auch Hochleistungssportler an. **Inhaltsstoffe:** 100 g Haferflocken enthalten ∅ 363 kcal/1520 kJ. Darüber hinaus sind in Haferflocken fast alle wichtigen ↑**Mineralstoffe** wie ↑**Kalzium**, ↑**Eisen**, ↑**Mangan**, ↑**Magnesium**, ↑**Kupfer**,

↑**Phosphor** und ↑**Zink**. Die enthaltenen löslichen ↑**Ballaststoffe** Beta-Glukane regulieren den Fettstoffwechsel und senken den ↑**Cholesterin**spiegel. Dadurch beugen sie Gefäßerkrankungen und Herzinfarkt vor. Haferflocken sind natriumarm, deshalb günstig bei Bluthochdruck und Nierenleiden. Ballaststoffe sättigen, quellen und polstern den Darm aus. Für die Deckung des Energiebedarfs genügen relativ kleine Mengen; der Magen wird nicht unnötig belastet. Folgende Sorten sind erhältlich: Großblattflocken (Kernige), Kleinblattflocken (Blütenzarte) oder Instant-Flocken (löslich in kalter und warmer Flüssigkeit; auch als Babynahrung). **Verwendung:** mit Müsli, Obst und Nüssen, zum Backen von ↑**Brot**, ↑**Kuchen** oder ↑**Keksen**. **Wichtig:** Hafer fehlt das Klebereiweiß (verträglich bei ↑**Zöliakie**). Deshalb sollte man ihn nur in Verbindung mit Weizen und Roggen verarbeiten. Für süße und pikante Aufläufe eignet sich Hafer ebenfalls. Mit Instant-Haferflocken kann man Suppen, Saucen und Gemüse binden. Oder als Energie-Drink in Saft einrühren (z. B. Konzentrationsgetränke für Sportler). **Aufbewahrung:** Original verpackt mit Mindesthaltbarkeitsdatum 18 Monate verwendbar, bereits geöffnet in einem gut verschließbaren Gefäß kühl und trocken lagern.

Haferl [*Österr. Küche*] Große Tasse

Hafermehl [*Allgem. Nährmittel*] **T Enthält kein Gluten** (verträglich bei ↑**Zöliakie**) und wird fein gemahlen meist mit anderen Mehlen gemischt zum Backen von Weizen- oder Mehrkornbroten verwendet. In Schottland allerdings sind flache, knusprige Hafermehlkekse seit Jahrhunderten populär. Sie werden auf einer Art Crêpe-Eisen gebacken und mit ↑**Butter** oder ↑**Marmelade** serviert. Bei Haferflocken handelt es sich nicht um Mehl, sondern um gedämpfte, zu Flocken gepresste ganze Haferkörner. Sehr dekorativ auf Broten oder Brötchen, darüber hinaus schmackhaft und gesund.

Haferwurzelblüten [*Wildkräuter, -blüten & -früchte*] **T** Zum Kandieren geeignet. ↑**Kandieren von Blüten – Mehr Information:** ↑**Essbare Blüten**

Hagebutten [*Wildkräuter, -blüten & -früchte*] **T Lateinisch:** rosa canina. **Synonym:** Hägen, Hiffen, Hiften, Rosenäpfel, Hetscherl. **Englisch:** rosehip; **Französisch:** églantine; **Italienisch:** rosa canina; **Spanisch:** escaramujo. Hagebutten sind reife Strauchrosen, die nach der Blüte orange bis korallenrote, ei- oder kugelförmige 1 bis 2,5 cm lange Früchte bilden. Hier wachsen sie wild und werden in Osteuropa, China und Südamerika kultiviert. Die Hagebutten stellen botanisch gesehen Scheinfrüchte dar; sie enthalten die Samen im Kelchbecher. Die Samen innerhalb der Hagebutte sind bei Kindern als Juckpulver bekannt. **Standort:** Die Pflanze liebt sonnige, lockere, durchlässige Böden, Waldränder und Gebüsche. **Verwendung:** Hagebutten können roh gegessen werden, nachdem die Nüsschen entfernt wurden. Je später man sie pflückt, desto süßer sind sie. Die Früchte bleiben oft den ganzen Winter am Strauch und sind meist auch noch im Frühling problemlos genießbar. Das Aroma der Hagebutten ist süß-säuerlich. Nach dem ersten Frost lassen sich die Vitamin-C-haltigen Schalen zu ↑**Marmelade**, Mark, Mus, ↑**Konfitüre**, Süßmost, ↑**Likör** und ↑**Wein** verarbeiten und werden getrocknet ↑**Früchtetees** zugesetzt. Frisch genießt man sie so oft wie möglich im Müsli oder Shake. **Inhaltsstoffe:** Hagebutten enthalten ∅ 108 kcal/452 kJ, 19,3 g Kohlenhydrate, 6 g Ballaststoffe, 3,6 g Eiweiß, 2,4 mg Betacarotin und bis 5 g Vitamin C. Sie zeichnen sich durch ihren hohen Gehalt an ↑**Betacarotin** und ↑**Vitamin C** aus. **Wirkung in der Volksmedizin:** Die Rosenblüten wirken leicht zusammenziehend, straffend und werden in der Kosmetikherstellung verwendet (↑**Rosenwasser**). Hagebutten sind ideale Vitaminspender im Winter. Der Vitamin-C-Gehalt ist enorm. Die Inhaltsstoffe stärken das Immunsystem, wirken bei Erkältungen, gegen Frühjahrsmüdigkeit und sind leicht harntreibend. Auch die Blüten lassen sich in der Küche verwenden: Die im Juni erscheinenden Blüten der gemeinen Heckenrose lassen sich kandieren. ↑**Kandieren von Blüten** (besonders schön zur Verzierung von Kuchen und Torten), mit ↑**Zucker** eingekocht zu Sirup verarbeiten oder mit ↑**Kandiszucker** und ↑**Doppelkorn** zu Likör ansetzen. **Mehr Information:** ↑**Essbare Blüten**

Hagebuttentee [*Tee*] **R** Teeähnliches Erzeugnis. Er wird aus den Trockenfrüchten der Rosa canina (Hundsrose) hergestellt. Meist werden zur Geschmacksverbesserung ↑**Hibiskus**blüten dazugemischt. Hagebuttentee aus getrockneten Früchten: vier gehäufte Eßlöffel grob gemahlene, getrocknete Hagebutten werden in 1 l Wasser 10 Min. gekocht und dann abgegossen.

Hagelgeschmack [*Weinkunde*] **Französisch**: Goût de grêle. Wird schon durch leichteren Hagel hervorgerufen, der im Herbst kurz vor der Ernte auftritt und die Traubenhäute beschädigt und anfaulen lässt.

Hagelzucker [*Allgem. Nährmittel*] **T** Hagelkornähnlicher (sehr grobkörniger) weißer ↑**Zucker** aus granuliertem ↑**Kristallzucker**. Die Körner bestehen aus vielen kleinen, ohne jeden Zusatz zusammengepressten Kristallen. Der backfeste Zucker ist zum Dekorieren von Gebäck und Süßem (↑**Brioche**) bestens geeignet.

Haggis [*Intern. Länderküche*] **A** Das schottische Nationalgericht besteht aus einem mit ↑Schafs**innereien**, ↑**Zwiebeln**, ↑**Gewürzen**, ↑**Rindertalg** und ↑**Hafermehl** gefüllten, gekochten ↑**Schafsmagen**. Dazu serviert man: **„tatties“** (zerstampfte ↑**Kartoffeln**) – **„neeps“** (kleine ↑**Weiße Rübchen**) und **„nips“** (↑**Whisky** in kleinen Schlückchen). ↑**Schottische Küche**

Hähnchen [*Fleischprodukte*] **T** Auch Jungmasthähnchen genannt, sind 9 bis 12 Wochen alte Jungtiere beiderlei Geschlechts. Dieses zarte ↑**Geflügel** darf pro Stück nicht über 1200 g wiegen. Ein Hähnchen ist für zwei Personen ausreichend, wird es jedoch gefüllt serviert, dann reicht es für 3–4 Personen. ↑**Würztabelle; Hähnchen werden nach Gewicht in folgende Gruppen eingeteilt:** bis 1100 g Hähnchen; ab 1200 g Poularde oder Fleischhähnchen und ab 1700 g junger Hahn. Daneben gibt es einzelne Teile, wie Hähnchenschlegel, -brust, -brustfilet, -flügel, -herzen und -leber.

Hahnenkämme [*Unsere Küche*] **A** In kaltem Wasser am Herdrand nur so weit erhitzt, bis sich die feine Haut abstreifen lässt. Dann noch einige Male in kaltem Wasser auswässern, bis sie ganz weiß geworden sind. Verwendung finden sie gedünstet oder gekocht in ↑**Garnituren** oder ↑**Ragout.**

Haifische [*Fisch*] **T** **Englisch:** shark/porbeagle; **Französisch:** requin; **Italienisch:** pescecane; **Spanisch:** tiburòn, marrajo sardinero. Haie gehören zu den Knorpelfischen, haben ein knorpeliges Skelett und ein unterständiges Maul. Der Oberkiefer ragt weit über den Unterkiefer vor. Die Raubfische sind in allen Meeren verbreitet. Das Fleisch der Haie ist wohlschmeckend (↑**Unten**); eine bekannte Delikatesse sind ↑**Haifischflossen.** Ihr weißes, beiges bis blassrosa Fleisch schmeckt zartbitter und ist zum Grillen oder Braten als Steak, aber auch paniert als Backfisch sehr gut geeignet. Die schuppenlose Haut sollte vor dem Garen entfernt werden. In England bekommt man Haifischfleisch oft als „↑**Fish and chips**". Kleinere Arten oder die Bauchlappen werden meist geräuchert. ↑**Schillerlocken. Wohlschmeckende Haifischarten sind:** Dornhai, Glatthai, ↑**Heringshai**, Hundshai; ↑**Katzenhai**, Makrelenhai, Seidenhai, Tigerhai, Zitronenhai. Diese Haie kommen als ganze Fische nicht in den Handel, sondern meist in Stücken oder als Filet, oft geräuchert, stets aber abgezogen. Zu den großen Arten gehören Blauhai und Weißer Hai. Diese Fische sind 3–4 m lang, vereinzelt bis 9 m. Das Fleisch von diesen großen Haifischen schmeckt streng und tranig, kann aber gegessen werden, nachdem man es in Milch oder Essigwasser eingelegt hat. Jedoch sind große, ältere Haifische meist mit Umweltgiften belastet und darum nicht zu empfehlen. Tiefrotes Fleisch weist auf unsachgemäße Behandlung hin und riecht stark nach Ammoniak. Die Haut lässt sich zu einem haltbaren Leder verarbeiten.

Haifischflossen [*Asiatische Küche*] **T** Sind in der ↑**Asiatischen Küche** eine Delikatesse. **Kochtipp:** Die Flossen sind getrocknet und müssen in Wasser eingelegten werden, bevor man sie zubereitet.

Halal [*Orientalische Küche*] **T** Moslems benutzen zwei Begriffe aus dem Koran, um Lebensmittel zu beschreiben: **„Halal" und „Haram".** „Halal" ist arabisch und bedeutet „gesetzlich" oder von Gott „erlaubt", manchmal wird es auch mit „akzeptabel" oder „nicht verboten" übersetzt. „Halal"-Lebensmittel sind für Moslems erlaubt und entsprechen den islamischen Gesetzen. „Haram" bedeutet das Gegenteil, ist „ungesetzlich" oder von Gott „verboten". „Haram"-Lebensmittel wie ↑**Schweinefleisch**, ↑**Alkohol** und daraus hergestellte Produkte sind für Moslems verboten. Problematisch sind Zusatzstoffe, aus denen nicht erkennbar ist, ob sie tierischen Ursprungs sind bzw. aus Produkten des ↑**Schweins** stammen. Dazu gehören Zusatzstoffe, die nicht näher gekennzeichnet sind, wie ↑**Emulgatoren**, ↑**Tierische Fette**, ↑**Trennmittel**, ↑**Stabilisatoren** sowie ↑**Mono-** und ↑**Diglyceride.**

Halászlé [*Ungarische Küche*] **A** **Fischsuppe** – Dieses so erfolgreiche, typisch ungarische Gericht kennt ebenso wie das ↑**Gulasch** zahlreiche regionale Varianten. Voraussetzung für die Zubereitung (ist den Männern vorbehalten!) der Fischsuppe ist eine gute ↑**Fisch**-Grund**brühe.** Dazu eignet sich am besten ein frischer ↑**Karpfen** (kann aber auch aus kleineren, weniger wertvollen Fischen zubereitet werden).

Halb durch [*Übersetzer*] **Englisch:** medium, rare; **Französisch:** medium, à point; **Italienisch:** al sangue; **Spanisch:** medium, sangriento. ↑**Steaks & Garpunkte**

Halbfettbutter [*Fette*] **T** Fettreduzierte ↑**Butter** mit einem Fettgehalt um die 40 % und einem Wassergehalt um die 60 %. **Inhaltsstoffe:** 100 g Halbfettbutter enthält ∅ 382 kcal/1599 kJ, 39,8 g Fett, 3,5 g Kohlenhydrate, 4 g Eiweiß, 51,9 g Wasser, 0,24 mg Betacarotin und 1,4 µg Vitamin D. Sie ist wegen ihrer Inhaltsstoffe, des Geschmacks und der Konsistenz ein butterähnliches Erzeugnis. Dabei wird Butterfett mit Hilfe von ↑**Emulgatoren** Wasser zugesetzt. Wegen des hohen Wassergehaltes ist Halbfettbutter **nicht** zum Braten geeignet.

Halbfettkäse [*Käse*] Eine Fettgehaltsstufe von Käse: Der Mindestfettgehalt von Halbfettkäse liegt bei 20 % Fett i.Tr., der Höchstgehalt bei 29,9 %. Als Halbfettkäse gibt es verschiedene Schnittkäse wie ↑**Tilsiter**, ↑**Schmelzkäse**sorten und ↑**Weichkäse** wie ↑**Camembert** oder ↑**Brie.**

Halbfettmargarine [*Fette*] **T** Besitzt weniger ↑**Fett** als herkömmliche Margarine. **Inhaltsstoffe:** 100 g Halbfettmargarine enthält ∅ 362 kcal/1516 kJ, 40 g Fett, 0,4 g Kohlenhydrate, 1,6 g Eiweiß, 56,8 g Wasser, 0,5 mg Betacarotin, 2,5 µg Vitamin D und 6 mg Vitamin E. Zugunsten des Wassergehaltes (60 %) liegt der Fettgehalt einer Halbfettmargarine bei 40 %. Dadurch ist sie energieärmer als herkömmliche ↑**Margarine**, jedoch wegen ihres hohen Wassergehaltes nicht zum Braten geeignet. Auf der Verpackung muss dies gekennzeichnet sein.

Halbgefrorenes [*Unsere Küche*] **T** Nicht hartgefrorene Eiercrème mit geschlagener ↑**Sahne.** Verfeinert mit Einlagen von Früchten, ↑**Fruchtmark**, ↑**Schokola-**

denstückchen, aromatischen ↑**Likören**, ↑**Kaffee** und ↑**Moccaauszügen**, aber auch ↑**Mohn** oder ↑**Lebkuchen**. ↑**Parfait**

Halbkonserve [*Unsere Küche*] Ein durch Hitzeeinwirkung haltbar gemachtes Lebensmittel; nur befristet haltbar, entsprechend kennzeichnungspflichtig

Halbstück [*Weinkunde*] Deutsches Weinfass mit einem Fassungsvermögen von 1200 l = Stück, Halbstück = 600 l, Viertelstück = 300 l

Halbtrocken [*Weinkunde*] **Englisch:** semi-dry; **Französisch:** demi-sec; **Italienisch:** semisecco; **Spanisch:** semiseco. In Deutschland und Österreich gebräuchliche Bezeichnung für einen bestimmten Gehalt an Restzucker im Wein. Bis 18 g/l sind in Deutschland zulässig, wenn die Gesamt-Säure höchstens 10 g/l niedriger als der Restzucker ist. Beim Schaumwein (anderes Geschmacksempfinden durch Kohlensäure) darf der Restzucker zwischen 33 g/l und 50 g/l liegen. In Österreich gilt dies für stille Weine mit mehr als 9 bis 12 g/l. Halbtrocken entspricht in den anderen EU-Ländern demi-sec, félszáraz, imixiros, medium dry, meio seco, polsuho, semiseco und semisecco. Das EU-Weingesetz verpflichtet jedoch nicht zu dieser Angabe auf dem Etikett, zumal sie nichts über die Qualität sagt. Da viele deutsche Weißweine häufig von einer hohen Säure gekennzeichnet werden, kann ein bestimmtes Maß an Restzucker sie oft ausgeglichener erscheinen lassen.

Halételek oder Halak [*Ungarische Küche*] Begriff aus der ungarischen Küchenkultur für ↑**Fische**

Half and half [*U.S. Kitchen*] Halb ↑**Sahne**, halb ↑**Milch**

Halibut [*U.S. Kitchen*] ↑**Heilbutt**

Halicot, haricot (de mouton) [*Franz. Speisekarte*] **A** Hammel**ragout** mit ↑**Weißen Rübchen**, ↑**Zwiebeln**, ↑**Bohnenkernen** und ↑**Kartoffeln**

Hallau [*Weinkunde*] Größeres Weinanbaugebiet in der Ostschweiz mit leichten, fruchtigen Rotweinen

Hallimasch (Honigpilz) [*Speisepilze*] **T** **Lateinisch:** Armillariella polymyces; ↑**Waldpilze.** Honigbrauner Speisepilz, **roh giftig.** Die Hüte junger Pilze ergeben schmackhafte Gerichte. **Kurzbeschreibung:** im Herbst büschelig, oft in großer Zahl auf Holz wachsender honigfarbener bis bräunlicher Blätterpilz . Kann manchmal zentnerweise gesammelt werden. **Hut:** 3–15 cm breit, honiggelb bis olivgelb, aber auch satt oliv mit honigfarbener Randzone, fast kahl, nur mit wenigen kleinen rotbraunen bis schwärzlichen Haarschüppchen, erst gewölbt, später abgeflacht, in der Mitte eingedellt, am Rande wellig. Huthaut kaum abziehbar. **Blätter:** zunächst weiß, dann gelblich, bei älteren Exemplaren rötlich-braun und dunkler gefleckt, gedrängt stehend, recht schmal, kurz am Stiel herablaufend. **Stiel:** blass fleischrötlich, schließlich rotbraun bis schwärzlich, fast kahl, gewöhnlich fast gerade und schlank, aber mitunter auch sehr dick und kräftig. 60 – 150 mm lang, 5–15 mm (– 40 mm) stark. Stielbasis spindelartig verjüngt, dicht mit anderen Exemplaren büschelig verwachsen. **Ring (Manschette):** Dicht unter der Stielspitze, oft waagerecht abstehend, gelblichweiß bis zitronengelb, nicht gerieft, Unterseite mit weißen bis schwefelgelben Flöckchen. **Fleisch:** weiß, am Hutrand auch rosa, unveränderlich, fast gummiartig elastisch, im Stiel zähfleischig. Geruch streng, nach Camembert. Geschmack erst mild, dann unangenehm zusammenziehend (adstringierend). **Sporen:** reinweiß bis blass crèmefarbig. **In der Küche** essbar, aber **roh giftig.** Das Gift bewirkt starke Verdauungsstörungen. Der unangenehme adstringierende Geschmack verliert sich beim Erhitzen vollständig, der Hallimasch wird schmackhaft und ergiebig. **Die Stiele eignen sich nicht zum Verzehr.** Wenn kleine Kinder oder Personen mit Magenproblemen von dem Gericht essen, den Pilz vor dem Braten oder Schmoren erst kurz ↑**blanchieren** und das Kochwasser weggießen. **Vorkommen:** Von Juli bis November, vor allem im Oktober, an Baumstümpfen oder lebendem Holz von Laub- und Nadelbäumen. Da er auch lebende Bäume befällt, ist er ein gefürchteter Holzzerstörer, der in manchen Forsten erheblichen Schaden anrichten kann. **Info: Der Hallimasch gilt als das größte Lebewesen der Erde.** Man hat kilometerlange Rhizomorphen gefunden, die ringförmig viele Hundert ha Fläche umspannen. **Verwechslungsmöglichkeit:** mit Sparrigen oder ähnlichen Schüpplingen, die jedoch minderwertig oder ungenießbar sind.

Hallo [*Übersetzer*] **Im Hotel** **Englisch:** Hi; **Französisch:** Salut; **Italienisch:** Ciao; **Spanisch:** olà

Halloumi [*Käse*] **T** **Herkunft:** Rumänien; **Käsesorte:** ähnlich wie ↑**Pasta-filata-Käse**, weiß bis hellgelb, ohne Rinde mit 45 % ↑**Fett i.Tr.**; **Milch:** Kuhmilch; **Teig:** fest, leicht elastisch, manchmal mit Löchern; **Geschmack:** milchig und nicht so pikant-salzig wie ↑**Feta.** **Info:** Der rumänische Halloumi wird zu Zöpfen von etwa 20 cm Läge verarbeitet und in Fässchen mit leicht gesalzener ↑**Lake** verkauft, in denen er reift. Auf Zypern wird der gebrühte ↑**Käse** mit ↑**Minze** verknetet und in Blöcke geschnitten. **Verwendung:** Dieser ↑**Käse** wird gegrillt in zypriotischen, griechischen oder libanesischen Vorspeisen serviert. Bei Hitzeeinwirkung schmilzt Halloumi nicht, sondern wird nur hart.

Halloween-Kürbis [*Gemüse*] **T** **Lateinisch:** Cucurbita pepo. **Synonym:** Laternenkürbis, Jack-O'Lantern-Kürbis. **Info:** Diese wohl bekannteste Kürbisart eignet sich bestens zum Aushöhlen für Halloween-Laternen. Die Früchte sind hochrund, haben einen Durchmesser von 30–40 cm, ein Gewicht von 4 kg und eine leuchtend dunkelorange Farbe. Es werden auch kleinere Ziersorten mit einem Durchmesser von 10–15 cm und einem Gewicht von etwa 1 kg angeboten; **Herkunft und Saison:** Entsprechend seiner Bestimmung wird der Halloween-Kürbis etwa zwei

Monate lang vor Allerheiligen hauptsächlich aus inländischem Anbau angeboten. Seine Lagerfähigkeit ist beschränkt, seine Haltbarkeit beträgt nur etwa zwei Monate. Danach verliert das Fruchtfleisch relativ schnell an Konsistenz und Geschmack. ↑**Kürbis.** **Zubereitung und Tipps:** Das beim Aushöhlen gewonnene Fruchtfleisch kann für alle Kürbisgerichte verwendet werden, besonders gut lässt es sich pürieren. Grundzutat für Kürbissuppe.

Hals [*Fleischprodukte*] **T** Den Hals des Rindes verarbeitet man zu ↑**Hackfleisch** oder billigem ↑**Gulasch**fleisch. Schweinehals hingegen kann als ↑**Braten,** ↑**Steak,** ↑**Schnitzel,** ↑**Ragout** oder ↑**Gulasch** weiterverarbeitet werden. Beim Lamm oder Hammel kann aus dem Hals ein Ragout, ↑**Irishstew** oder ↑**Curry** zubereitet werden. Das Kalb verfügt über eine Drüse am Hals, das ↑**Bries,** es gilt als delikate Vorspeise. Das Fleisch am Hals eignet sich für ↑**Rollbraten.**

Halsgrat [*Fleischprodukte*] Oder Kamm, regionale Bezeichnung für den Hals bis zur ↑**Hochrippe** von ↑**Schwein** und ↑**Kalb**

Halsgratkotelett [*Fleischprodukte*] Kotelett

Halskotelett [*Fleischprodukte*] Kotelett

Halsrippchen [*Fleischprodukte*] Regionale Bezeichnung für Frankfurter Rippchen, Kotelett

Halsschleife [*Weinkunde*] Kann zusätzlich zu dem Etikett an der Weinflasche angebracht werden. Diese Halsschleife enthält meistens Angaben zu Jahrgang oder Prädikatsstufe.

Halsschnitzel [*Fleischprodukte*] Scheibe vom ↑**Schweinekamm** (Hals, Halsgrat) ohne Knochen

Haltbare Milch [*Milchprodukte*] ↑**H-Milch**

Haltbarkeit [*Weinkunde*] Die Haltbarkeit eines Weines ist von verschiedenen Faktoren abhängig. Herkunft, Jahrgang, Rebsorte und Kellereiausbau beeinflussen sie. Voraussetzungen für eine lange Haltbarkeit sind auch hohe Gehalte an Extrakten, Säure oder Restzucker. Qualitätsweine erreichen ihren geschmacklichen Höhepunkt erst nach einer längeren Reifeentwicklung in der Flasche. Gehaltvolle Weine mit einem hohen Extrakt-Anteil erreichen diesen Höhepunkt manchmal erst nach 20 Jahren.

Haluschka [*Intern. Länderküche*] **R** Böhmische Mehlspeise. Aus ↑**Nudelteig** viereckige Teigflecken schneiden, in Salzwasser kochen, abgießen, kalt abbrausen und trocknen lassen. Geräucherten Bauchspeck fein würfeln, ausbraten, das Fett abseihen und die knusprig goldenen ↑**Grieben** auffangen. In der gleichen Pfanne die Teigflecken mit dem Speckfett anbraten, mit ↑**Sahne** ablöschen und durch Aufkochen binden. Zum Servieren mit trockenem ↑**Quark** überbröseln und/oder mit den Grieben bestreuen.

Halv om Halv [*Hausbar*] Auch Halb und Halb; bitterer holländischer ↑**Likör** aus ↑**Curaçao**-Orangenschalen

Halver Hahn [*Regionale Spezialität*] **A** Kölner Spezialität, Roggenbrötchen mit ↑**Edamer** oder ↑**Gouda** belegt und ↑**Senf**

Halwa oder Halva [*Süßwaren*] **1.** Süßware in der traditionellen Küche Südosteuropas (z. B. ehemaliges Jugoslawien, Bulgarien) und dem ↑**Türkischen Honig** ähnlich. Die Grundmasse des „türkischen" Helva besteht aus ↑**Sesam,** ↑**Zucker,** ↑**Honig** und ↑**Pflanzenöl.** Verschiedene Arten von Helva entstehen durch Einmengen von ↑**Erdnüssen,** ↑**Kakao,** ↑**Mandeln** oder ↑**Pistazien. 2.** In der indischen Küche bezeichnet **Halva** eine Süßware in Form einer dick gerührten Paste oder eines Auflaufs, z. B. Karotten-Halva oder Kichererbsen-Halva.

Ham [*U.S. Kitchen*] Der ↑**Schinken** in England und den USA ist mit hiesigem gekochten Schinken zu vergleichen. Es gibt allerdings weit mehr Sorten, auf unterschiedliche Weise gepökelt und gewürzt. Zu den bekanntesten gehört der Smithfield Ham aus Virginia, der hauchdünn aufgeschnitten am besten schmeckt. Ganze gepökelte und gegarte Schinken sind beliebte Festtagsbraten.

Ham and eggs [*U.S. Kitchen*] ↑**Schinken** und ↑**Spiegeleier**

Hamburger [*U.S. Kitchen*] **A** Flache ↑**Frikadelle** aus reinem ↑**Rindfleisch** in einem aufgeschnittenen, angerösteten Michbrötchen. Als weitere Zutaten werden Salatblätter sowie ↑**Gurken**- und ↑**Tomaten**scheiben, ↑**Senf** und ↑**Ketschup** oder andere Beilagen verwendet, die mit der Frikadelle ins Brötchen kommen. Die Bezeichnung „Hamburger" stammt ursprünglich aus den USA und wurde wahrscheinlich im 19. Jahrhundert wegen der Vorliebe deutscher Einwanderer zu Buletten geprägt. Ein **„Cheeseburger"** enthält zudem eine Scheibe ↑**Schmelzkäse.**

Hamburger Gulasch [*Österr. Küche*] **A** Rindergulasch vollendet mit ↑**Kapern,** ↑**Knoblauch,** ↑**Zitronensaft,** ↑**Sahne,** ↑**Weißwein.** ↑**Gulasch**

Hamburger Plockfinken [*Regionale Spezialität*] **R** Wurzeleintopf mit gewürfeltem ↑**Hamburger Rauchfleisch,** ↑**Suppengrün,** ↑**Karotten** und einem Schuss ↑**Essig,** angedickt mit einer ↑**Mehlschwitze.** In den ↑**Eintopf** kommen ↑**Fettklöße.**

Hamburger Rauchfleisch [*Regionale Spezialität*] ↑**Schinken** aus sehnenarmem ↑**Rindfleisch** hergestellt

Hamburger Speck [*Österr. Küche*] Durchzogener Räucherspeck

Hamburguesa [*Span. Speisekarte*] ↑**Hamburger**

Hamme [*Fleischprodukte*] Regionale Bezeichnung für die ↑**Keule,** ↑**Schinken**

Hammel [*Fleischprodukte*] **Englisch:** mutton; **Französisch:** mouton; **Italienisch:** montone, castrato; **Spanisch:** carnero. Hammel sind ↑**Schafe,** die noch nicht älter sind als zwei Jahre. Dies können männliche, kastrierte oder weibliche Tiere ohne Nachwuchs sein.

Hammelbraten [*Übersetzer*] **Englisch:** mutton roast;

Französisch: rôti de mouton; **Italienisch:** arrosto di montone; **Spanisch:** asado de carnero

Hammelfleisch [*Fleischprodukte*] **T** Stammt nicht nur von kastrierten männlichen Schafen (↑**Hammel**), sondern handelsüblich auch von jungen weiblichen Tieren. Umgangssprachlich hat sich dieser Begriff eingebürgert. Das Hammelfleisch ist kräftig im Geschmack, dunkelrot, fest, deutlich marmoriert und eignet sich zum Braten, Kochen, Schmoren und Grillen. ↑**Würztabelle; Inhaltsstoffe:** 100 g Hammelfleisch (z. B. Kotelett) enthalten ∅263 kcal/1101 kJ, 18,3 g Fett, 24,9 g Eiweiß, 5,04 mg Zink, 1,43 mg Vitamin E und 79 mg Cholesterin. Es weist einen hohen ↑**Fett**gehalt auf.

Hammelkeule [*Übersetzer*] **Englisch:** leg of mutton; **Französisch:** gigot de mouton; **Italienisch:** cosciotto di montone; **Spanisch:** pierna de carnero

Hammelmöhren/rübe [*Gemüse*] ↑**Pastinaken**

Hämoglobin [*Fachkunde*] Das wichtigste Pigment für den Sauerstofftransport im Blut. Hämoglobin transportiert den Sauerstoff von den Lungen, wo er ins Blut gelangt, zu den Körperzellen.

Hamsi [*Orientalische Küche*] Die ↑**Sardine** (oder Sardelle) ist für die Bewohner der türkischen Schwarzmeerküste von sehr großer Bedeutung, man kennt unzählige Rezepte: z. B. **Hamsi tava** – Sardinen aus der Pfanne; **„Hamsi ↑Börek"**, in der ↑**Blätterteig**roulade; **„Hamsi ↑Pilav"**, in ↑**Reis** gedünstet; **„Hamsi buðulama"**, gedünstete Schwarzmeersardinen. ↑**Türkische Küche**

Handelsklassen [*Fachkunde*] Kurz: HKL, Güteklassen für frisches ↑**Obst**, ↑**Gemüse** und andere Nahrungsmittel entsprechend der EU-Qualitätsnormen. Die Handelsklasse Extra bietet „hervorragende Qualität" ohne Mängel. Die Klasse I hat „gute Qualität" mit kleinen Fehlern. Die Klasse II wird in „marktfähiger Qualität" mit kleinen Fehlern in Form und Farbe angeboten. Die Klasse III ist kaum im Handel und bei den meisten Produkten verboten.

Händewaschen [*Fachkunde*] **T** Sauberkeit in der Küche ist höchstes Gebot, immerhin werden Lebensmittel verarbeitet. Zu dieser Reinlichkeit gehört das Händewaschen vor und während der Arbeit. Wichtig ist dabei, ein neutrales und kein parfümiertes Handwaschmittel zu verwenden, da die Hände nicht nur Schmutz, sondern auch Duftstoffe auf die Lebensmittel übertragen.

Handkäse [*Käse*] **A** Dieser ↑**Sauermilchkäse** gilt als typisch deutsch und ist vor allem in den Küchen Nordrhein-Westfalens, Niedersachsens und Hessens zu Hause. **Käsesorte:** Magerkäse mit weniger als 1 % bis max. 10 % ↑**Fett i. Tr.**; **Teig:** geschmeidig, gelblich; **Geschmack:** aromatisch mildes bis pikantes Aroma. Wie frisch gepudert sieht er aus, wenn eine zarte Schicht ↑**Edelschimmel** darüber lagert. Seine Oberfläche fühlt sich rau an. Er ist berühmt-berüchtigt für seinen kräftigen Geruch. Der deftige Geschmack macht ihn zum idealen Begleiter für eine herzhafte Zwischenmahlzeit. **Info:** Ausgangsstoff für den Handkäse ist der ↑Sauermilch**quark.** Die Molkereien liefern dieses Produkt, das aussieht wie Popcorn. Die körnige Struktur entsteht dadurch, dass der Bruch gesiebt wird, bevor er in 50-Kilogramm-Transportsäcke gelangt. Im Unterschied zu Speisequark wird dem Sauermilchquark kein ↑**Lab** untergemischt. Allein zugesetzte **Milchsäurebakterien** sorgen dafür, dass die pasteurisierte ↑**Magermilch** gerinnt. **Inhaltsstoffe:** Handkäse enthält viel ↑**Eiweiß**: Wegen seines hohen Eiweiß- und geringen Fettgehaltes ist er bei der kalorienbewussten ↑**Ernährung** sehr beliebt. In 100 g Sauermilchkäse sind: ∅29 g Eiweiß und 60 bis 73 % Wasser. Der Fettanteil liegt in der Regel unter 1 %, lässt sich jedoch auch auf bis zu 10 % erhöhen, wenn der Magermilch, nachdem sie von der ↑**Sahne** getrennt wurde, wieder ↑**Fett** zugeführt wird. Nomen est omen: Der Handkäs' wird von Hand geformt. **Verschiedene Sorten:** Grundsätzlich lässt sich Handkäse in drei Gruppen einteilen: in den mit ↑**Gelb**- oder ↑**Rotschmiere**-Kulturen gereiften Gelbkäse, den ↑**Edelschimmel**- und den Halbschimmelkäse. Harzer und Mainzer Käse sowie Olmützer Quargel gehören zur Gruppe der Gelbkäse, sie gleichen sich alle in ihrer runden Form, bringen jedoch unterschiedliche Gewichte auf die Waage. Der Mainzer wiegt 50 g, ein Harzer 30 g und ein Quargel lediglich 21 g. Zum Edelschimmelkäse zählen Stangen-, Bauernhand- und Korbkäse. Letzterer erhielt den Namen, weil ihn die Händler früher unverpackt in Weidenkörben feilboten. **Verwendung:** Eine hessische Spezialität ist „Handkäs' mit Musik": Dabei werden Scheiben vom Handkäse mit einer ↑**Marinade** aus ↑**Essig**, ↑**Öl**, ↑**Pfeffer**, ↑**Salz**, ↑**Kümmel** und ↑**Zwiebeln** übergossen, mit Zwiebelringen dekoriert und mit ↑**Schmalz**brot serviert. Zu diesem Gericht wird traditionell ↑**Apfelwein** (Ebbelwei) getrunken.

Hanepoot [*Weinkunde*] Südafrikanische Weißweinrebe, die auch Muscat d'Alexandrie genannt wird. Eine Rebe mit großer Vielseitigkeit für Traubensaft, gespritete Dessertweine, ↑**Tafeltrauben** und auch ↑**Rosinen**. Hanepoot, auch Gelber Muskateller genannt, wird in einigen Anbaugebieten zur Likörweinproduktion kultiviert.

Hannoversche Weißwurst [*Regionale Spezialität*] Sehr fette ↑**Brühwurst** aus ↑**Schweinefleisch** mit ↑**Flomen**, nicht vergleichbar mit der ↑**Münchner Weißwurst**

Happy hour [*U.S. Kitchen*] Wörtlich: glückliche Stunde. Zur Happy hour gibt es in Bars kostenlose Häppchen zu essen, zwei Drinks zum Preis von einem etc.

Haptisch [*Fachkunde*] Mit dem Tastsinn wahrnehmbar

Haram [*Orientalische Küche*] ↑**Halal**

Härdöpfel [*Schweizer Küche*] Schweizer Bezeichnung für ↑**Kartoffeln**

Hardweine [*Weinkunde*] Rheinpfalzweine
Hareng [*Franz. Speisekarte*] ↑**Hering**
Hareng baltique, mariné [*Franz. Speisekarte*] ↑**Bismarckhering**
Hareng blanc, frais [*Franz. Speisekarte*] Frischer grüner, unbehandelter ↑**Hering**
Hareng frit [*Franz. Speisekarte*] ↑**Brathering**
Hareng fumé, saur [*Franz. Speisekarte*] Leicht gesalzener, heißgeräucherter ↑**Hering**
Hareng pec [*Franz. Speisekarte*] Frisch gesalzener ↑**Hering**
Hareng roulé [*Franz. Speisekarte*] ↑**Rollmops**
Hareng salé [*Franz. Speisekarte*] ↑**Salzhering**
Hareng viwerge [*Franz. Speisekarte*] ↑**Matjeshering**
Haricot à rames [*Franz. Speisekarte*] Grüne Stangen-, Kletterbohne. ↑**Bohnen**
Haricot beurre, jaune [*Franz. Speisekarte*] Blassgelbe Speck-, Wachsbohne, gut für Suppen und Püree. ↑**Bohnen**
Haricots blancs [*Franz. Speisekarte*] ↑**Weiße Bohnen** & ↑**Bohnen**
Haricots blancs, coco [*Franz. Speisekarte*] Große weiße, reife ↑**Bohnenkerne**, frisch oder getrocknet für Suppen etc.
Haricots coupés [*Franz. Speisekarte*] ↑**Schnittbohnen**, kräftiges, grobes Fleisch, muss in Streifen geschnitten werden
Haricots écarlats, d'espagne [*Franz. Speisekarte*] Feuer-, Prunkbohnen mit dicken Kernen, als Frisch- und Trockengemüse verwendbar. ↑**Bohnen**
Haricots fins [*Franz. Speisekarte*] Feine Brechbohnen ohne Fäden **Saison:** von Mai – August. ↑**Bohnen**
Haricots flageolet [*Franz. Speisekarte*] Sehr feine ↑**Bohnenkerne**
Haricots lingot [*Franz. Speisekarte*] Weiße Perlbohnenkerne. ↑**Bohnen**
Haricots mange-tout [*Franz. Speisekarte*] Zarte, fadenlose grüne Bohnenhülsen mit Kernen, ganz essbar. ↑**Bohnen**
Haricots nain [*Franz. Speisekarte*] ↑**Buschbohne**
Haricots panachés [*Franz. Speisekarte*] **R** ↑**Grüne Bohnen** und ↑**Bohnenkerne** – die grünlich-weißen, länglichen, delikaten Buschbohnen „↑**Flageolet**" werden gekocht, in ↑**Butter** geschwenkt und mit frisch gehackter ↑**Petersilie** abgeschmeckt. Sie eignen sich als Beilage zu ↑**Geflügel**, aber auch zu Fleisch. ↑**Bohnen**
Haricots princesse [*Franz. Speisekarte*] ↑**Prinzess**-, ↑Delikatess**bohnen**, kleine zarte Hülsen, winzige Kerne, ganz essbar
Haricots rouges [*Franz. Speisekarte*] Rote ↑**Kidneybohnen**, leicht süß
Haricots rouges au lard [*Franz. Speisekarte*] **R** Rote ↑**Bohnenkerne**, mit ↑**Zwiebeln**, ↑**Knoblauch**, ↑**Lorbeerblatt**, ↑**Karotten**, ↑**Nelken**, ↑**Thymian** und ↑**Speck** gekocht, gesalzen, gepfeffert, mit Speckscheiben, ↑**Butter** und gehackter ↑**Petersilie** serviert
Haricots secs [*Franz. Speisekarte*] Reife, getrocknete ↑**Bohnenkerne**
Haricots verts [*Franz. Speisekarte*] **1.** ↑**Brechbohnen** mit grünen Hülsen und ohne Fäden, für Suppen, Gemüse, als Salat; **2.** Noch nicht reife ↑Hülsen**bohnen** mit grünen Schoten – kurz, rund, dünn, mit feinen, essbaren Kernen. Diese extrafeinen Bohnen sind bei Feinschmeckern wegen ihres ausgeprägten Bohnenaromas und ihrer Knackigkeit beliebt. **Anbaugebiete:** Kenia, Äthiopien, Marokko; **Inhaltsstoffe:** 100 g blanchierte Bohnen enthalten ∅ 35 kcal/146 kJ und sind reich an Vitamin C, Calcium, Phosphor. **Geschmack:** Saftig, besonders aromatisch. **Zubereitung und Verwendung:** Bohnen am Stielende abschneiden und nur einige Min. mit Biss in Salzwasser mit ↑**Bohnenkraut** ↑**blanchieren**. Mit eiskaltem Wasser abschrecken – so bleiben sie schön grün. Gekochte Bohnen z. B. bündelweise in ↑**Bacon**streifen einrollen und kurz braten. Besonders gut als Beilage zu ↑**Lamm**, ↑**Fisch** und ↑**Fleisch** oder als Salat mit ↑**Zwiebeln**, auch zu ↑**Tomaten**
Haricots verts à la française [*Franz. Speisekarte*] **R** ↑**Grüne Bohnen**, mit magerem ↑**Speck**, feingewürfelten ↑**Zwiebeln** und Salatherzen gedünstet
Haricots verts à l'anglaise – haricots verts au beurre [*Franz. Speisekarte*] ↑**Grüne Bohnen** mit ↑**Butter.** ↑**Bohnen**
Haricots violets [*Franz. Speisekarte*] Sehr feine, grün-violett gesprenkelte Hülsenbohnen. ↑**Bohnen**
Harina [*Mexicofood*] ↑**Mehl**
Harira [*Intern. Länderküche*] **R** Die traditionelle **Fastenunterbrechungssuppe** des ↑**Ramadan** und eine Spezialität aus Marokko: ↑**Marokkanische Küche.** Diese Suppe ist eine ausgewogene Mischung aus Lammbrühe, ↑**Lammfleisch**, ↑**Linsen**, ↑**Kichererbsen**, gehackten ↑**Tomaten**, ↑**Zwiebeln**, ↑**Knoblauch**, frischen ↑**Kräutern** und ↑**Gewürzen**, in der letzten Minute angedickt mit ↑**Mehl** und verquirlten ↑**Eiern**. Dieser wärmende, stärkende und nicht teure ↑**Eintopf** wird inzwischen immer häufiger auch außerhalb des Fastenmonats serviert. Oft als erster Gang einer Abendmahlzeit oder direkt als Abendessen, nach Belieben mit frischem ↑**Zitronensaft** aromatisiert
Harissa [*Gewürze & Kräuter*] **R** Sehr scharfe nordafrikanische Würzpastete aus kleinen roten ↑**Pfefferschoten**, ↑**Cayennepfeffer**, ↑**Olivenöl**, ↑**Knoblauch** und ↑**Koriander**, mit ↑**Kümmel** und frischen (getrockneten) ↑**Pfefferminz**blättern gemischt, für ↑**Couscous**, Suppen und Fleisch
Harmonie [*Weinkunde*] Begriff für einen ausgeglichenen Wein. Säure, Süße, Alkohol und Aroma stehen in einem ausgewogenen Verhältnis.
Harnsäure [*Gesundheit*] Abbauprodukt der ↑**Purine** im menschlichen Körper. Die Harnsäure wird von den Nieren aus dem Blut „gefiltert", zusammen mit anderen Stoffen und Wasser in der Harnblase gesam-

melt und durch den Urin ausgeschieden. Gicht ist durch erhöhte Harnsäurewerte (z. B. durch Störung des Stoffwechsels) gekennzeichnet. Harnsäure lagert sich in Form von Harnsäurekristallen im Gewebe, in den Nieren und in Gelenken ab. Diese Kristalle verursachen in den Gelenken akute schmerzhafte Entzündungen. ↑**Gicht**, ↑**Purin-Harnsäuretabelle**

Harrar [*Kaffee*] Arabica von der feinsten Sorte. Aus dem Ursprungsland des Kaffees: Äthiopien. Kommt nur in kleinen Mengen auf den Markt. ↑**Kaffee & Kaffee arabica**

Harscho [*Intern. Länderküche*] Begriff aus der russischen Küchenkultur für Fleischsuppe mit ↑**Knoblauch**, ↑**Reis** und ↑**Tomaten**

Hárslevelü [*Weinkunde*] Aus dieser Rebsorte werden in Ungarn feinwürzige, im Aroma fruchtig-delikate, harmonische Weißweine produziert.

Harslevelue [*Weinkunde*] Rarität in Südafrika. Die Weißwein-Rebe kommt aus Ungarn, wo sie mit anderen Rebsorten für den berühmten Tokaji-Wein verwendet wird. Am Kap ist er trocken mit fruchtig-würzigem Aroma.

Hart [*Weinkunde*] Weine, die einen zu hohen ↑**Gerbstoff**gehalt und oft auch einen hohen Säuregehalt haben, wirken im Geschmackston hart.

Hartgekochte Eier [*Übersetzer*] **Englisch:** hard-boiled eggs; **Französisch:** œufs durs; **Italienisch:** uova sode; **Spanisch:** huevos duros

Hartkäse [*Käse*] Typisches Merkmal: feste, krümelige bis harte, ledrige Konsistenz. Um diesen harten ↑**Käse** herzustellen, wird der ↑**Quark** klein geschnitten und für Stunden oder sogar Tage gepresst, um die größtmögliche Menge an ↑**Molke** zu entfernen. Traditionell werden diese Käsesorten zur Reifung in Tücher eingewickelt, doch hat sich auch hier Kunststoff durchgesetzt. Der Reifeprozess kann ein paar Tage, aber auch (wie bei Emmentaler und Parmesan) einige Wochen dauern, wodurch der Käse seine typische harte oder sogar bröckelige Struktur ausbilden kann. Hartkäse ist gut haltbar. Im Kühlschrank kann er – atmungsaktiv verpackt – mehrere Wochen aufbewahrt werden. Er zeichnet sich durch kräftigen Geschmack aus. Italiener sind Meister in der Herstellung von Hartkäse wie ↑**Parmesan**, ↑**Pecorino**, ↑**Grana** oder ↑**Regusano**. Er wird meist gerieben, in feine Scheiben geschnitten oder in Stücke gebrochen. **Andere bekannte Hartkäsesorten sind:** ↑**Bergkäse** (Deutschland, Österreich, Schweiz, Frankreich), ↑**Chester** (Großbritannien), ↑**Cheshire** (Großbritannien), ↑**Emmentaler** (Schweiz), ↑**Manchego** (Spanien), ↑**Idiazabel** (Spanien)

Hartweizen [*Allgem. Nährmittel*] **T** Besonders kleberreicher Weizen, der als Grieß für die Herstellung von Teigwaren verwendet wird, bedingt durch die guten Kocheigenschaften sowie die goldgelbe Farbe. Er stammt wahrscheinlich aus Nordafrika. Man hat Reste von Hartweizenpflanzen in altägyptischen Ziegeln gefunden. Der Hartweizen benötigt viel Sonne, weshalb er überwiegend in Südeuropa, der Steppe Russlands sowie Nordafrika und Nordamerika angebaut wird. Diese Weizenart eignet sich besonders zur ↑**Pasta**-Herstellung, da das Innere des Korns hart und glasig ist. Das Innere des Weichweizens hingegen ist mehlig und weich.

Harvay Wallbanger [*Hausbar*] **R** ↑**Cocktail Grundrezept:** 1 Teil ↑**Galliano;** 5 Teile ↑**Wodka** und 12 Teile Orangensaft. Eiswürfel in ein Longdrinkglas geben, den Wodka darübergießen. Dann den Orangensaft hinzufügen, umrühren. Den Galliano daraufgießen und nicht mehr umrühren. Als Garnitur können Streifen von Orangenschalen dienen. Angeblich erhielt der Cocktail, der vorher auch als **Italian Screwdriver** bekannt war, seinen Namen von einem kalifornischen Surfer namens Harvey. Der soll, nachdem er von einem Wettbewerb ausgeschlossen wurde, in Pancho's Bar am Manhattan Beach aus Frust seinen Kopf wieder und wieder gegen die Wand geschlagen haben. Vorher hatte er etliche der Cocktails genossen. Ersetzt man den Wodka-Anteil durch ↑**Tequila**, erhält man einen **Freddy Fudpucker**.

Harvey Sauce [*Gewürze & Kräuter*] Englische kalte, dickliche Würz- und ↑Tafel**sauce**

Harzer Käse [*Käse*] ↑**Handkäse**

Harzer Roller [*Käse*] **Herkunft:** Deutschland; **Käsesorte: Handkäse**, 10 % ↑**Fett i. Tr.**; **Milch:** Kuhmilch (Sauermilch); **Teig:** geschmeidig, fest; **Geschmack:** mildaromatisch bis leicht pikant; kräftige Duftnote

Haschieren [*Unsere Küche*] Fein zerkleinern

Hase [*Fleischprodukte*] **T Englisch:** hare; **Französisch:** lièvre; **Italienisch:** lepre; **Spanisch:** liebre. Das Fleisch von Waldhasen ist schmackhafter und besser als das von Feldhasen. Es ist wie das von ↑**Wildkaninchen** dunkel und würzig. Am besten schmecken leichte Tiere, die mindestens drei, aber höchstens sechs Monate alt sind. Ihr Fleisch ist am zartesten und zum Braten besser geeignet, ältere Tier sollten geschmort werden. Ein Hase wird im Durchschnitt 3,5 bis 6 kg schwer. ↑**Würztabelle.** Junge Hasen erkennt man an den leicht zerbrechlichen Rippen und an den leicht einzureißenden Ohren. Durch die Auslandsimporte gibt es Hasen ganzjährig im Handel zu kaufen. Die Jagdsaison dauert hier vom 16. Oktober bis zum 15. Januar. ↑**Wild**

Haselhuhn [*Fleischprodukte*] **Lateinisch:** Tetrastes bonasia; **Englisch:** hazel grouse; **Französisch:** gélinotte des bois; **Italienisch:** francolino di monte; **Spanisch:** grévol. Das **Haselhuhn** gehört wie das Auerhuhn und das Birkhuhn zu den Raufußhühnern (**tetraoninae**), einer Gruppe von Gattungen in der Familie der Fasanenartigen (**phasianidae**). Es ist ein kleiner, scheuer Waldvogel, der sich in jungen Mischwäldern heimisch fühlt. Da die Bestände des Haselhuhns überall in Mitteleuropa abgenommen haben und vielerorts verschwunden sind, stehen sie auf der Roten Liste der gefährdeten Tiere und werden nicht mehr als Wildgeflügel angeboten.

Haselnuss [*Allgem. Nährmittel*] **R Lateinisch:** Corylus avellana; **Englisch:** hazelnut; **Französisch:** noisette; **Italienisch:** nocciola; **Spanisch:** avellana. **Info:** Haselnüsse gehören zur Familie der Birkengewächse und sind die Frucht des hier wild wachsenden Haselstrauchs. Im mediterranen Raum gibt es kultivierte Zuchtformen. Die etwa 1,5–2,5 cm großen, eiförmigen Nüsse haben eine hellbraun oder rötlich gefärbte, dünne, holzige Schale, unter der der Kern den gesamten Innenraum ausfüllt. Haselnüsse werden heute in den wärmeren gemäßigten Zonen Eurasiens und Amerikas kultiviert, wichtige Anbauländer sind die Türkei, Italien, Spanien und die USA. Es gibt zwei Haselnusssorten, die rundlichen Zellernüsse und die länglichen Lambertsnüsse, sowie deren Hybride. Geschmacklich sind die Lambertsnüsse vorzuziehen. **Ursprung und Geschichte:** Die Haselnuss wurde in Eurasien schon in der Steinzeit verzehrt. Die ersten Aufzeichnungen über die Haselnuss gab es vor 5000 Jahren in China. Auch den Römern waren Haselnüsse bekannt. Bei den Germanen galt ein Haselnussstrauch in der Nähe der Behausung als Symbol für Fruchtbarkeit und männliche Zeugungskraft. Kelten und Wikinger glaubten, die heilige Pflanze könne Hexen und böse Geister abwehren. Sie wurde in religiösen Zeremonien zu Frühlingsbeginn **(ostara)** und Jahreswechsel **(samhain)** verwendet. Mit den christlichen Moralvorstellungen waren diese Fruchtbarkeitsriten nicht in Einklang zu bringen. So beschimpfte z. B. Hildegard von Bingen den Haselnussstrauch als Sinnbild der Wollust. Einige dieser alten Vorstellungen haben sich bis heute erhalten, so wird die Haselnuss auch als „Hexennuss" bezeichnet. Wünschelruten werden aus den Zweigen des Haselnussstrauches gefertigt, weil es heißt, sein Holz leite Energie am besten. **Herkunft und Saison:** In Sizilien und der Türkei reifen Haselnüsse Anfang bis Mitte September. Sie werden nach der Ernte einige Wochen gelagert. Ab Anfang Oktober bis Jahresende kommen sie auf den Markt. **Inhaltsstoffe:** 100 g Haselnüsse enthalten ∅ 644 kcal/2662 kJ, 60 % Fett, 14 % Eiweiß und beachtliche Mengen an Kalzium, Magnesium und Kalium sowie die Vitamine B_1, B_2 und E. Das Fett der Haselnüsse besteht zu 88 % aus ↑**ungesättigten Fettsäuren** und ist besonders wertvoll. **Zubereitung und Tipps:** Grob gemahlene Haselnüsse werden in ↑**Müsli**, ↑**Saucen**, ↑**Schokoladen** und ↑**Speiseeis** verwendet, fein gemahlene in ↑**Kuchen** und Gebäcken, in Haselnussbutter und ↑**Nugatmasse. Grundrezept für Brotaufstrich:** 400 g flüssigen ↑**Honig** mit 250 g gemahlenen Haselnüssen und 50 g geriebener Bitter**schokolade** gut vermischen, in Schraubgläser füllen, fertig. **Schimmelige oder verdorbene Haselnüsse enthalten krebserregende** ↑**Aflatoxine,** ein hoch giftiges Stoffwechselprodukt des Schimmelpilzes Aspergillus flavus.

Haselnussöl [*Fette*] **T** Wird aus den zerkleinerten Kernen (Nüssen) durch Kaltpressung gewonnen. Das ↑**Öl** ist klar, hellgelb bis gelbbraun, hat einen nussartigen Geruch und Geschmack, enthält reichlich ↑**Vitamin E**, bis zu 85 % ↑**ungesättigte Fettsäuren** und ist ein wertvoller Rohstoff. **Verwendung in der Küche:** Haselnussöl ist als Feinschmeckeröl sehr beliebt. Der natürlich-milde, weiche Haselnussgeschmack verleiht allen ↑**Blattsalaten**, ↑**Rohkost**-, Gemüsegerichten, aber auch Kuchen und Gebäck ein besonderes Aroma. Das wegen der hohen Anteile an ↑**ungesättigten Fettsäuren** wenig haltbare, kaltgepresste Öl (wird schnell ranzig) sollte nur in kleinen Mengen gekauft, schnell verwendet, lichtgeschützt und kühl aufbewahrt werden. Die Haltbarkeit des raffinierten Haselnussöles liegt bei zwei Jahren. Es ist auch erhitzbar, enthält aber nicht mehr die gesundheitlich wertvollen ↑**Ölsäuren. In der Hausmedizin:** Das kaltgepresste Haselnussöl ist ein ideales Hautpflegemittel. Es hilft bei vielen Hautproblemen, besonders bei empfindlicher und trockener Haut. Seine Wirkung ist gewebefestigend, gefäßverengend, es baut die Haut wieder auf. Besonders empfehlenswert ist es als Basisöl für Salben bei Krampfadern. ↑**Speiseöl & Öl**

Hasenklein [*Unsere Küche*] Hals- und Brustteile, Herz und Lunge werden wie ↑**Ragout** bzw. ↑**Gulasch** zubereitet.

Hasenpfeffer [*Regionale Spezialität*] **R Englisch:** jugged hare; **Französisch:** civet de lièvre; **Italienisch:** lepre in civet. Westfälische Spezialität ↑**Hasenklein** in kräftiger Soße: Das marinierte Fleisch wird zusammen mit durchwachsenem ↑**Räucherspeck**, ↑**Zwiebeln** und ↑**Rotwein** geschmort, mit ↑**Zitronensaft** abgeschmeckt und schließlich mit Hasen- oder Schweineblut eingedickt. Die Bezeichnung „Pfeffer" hat wahrscheinlich weniger mit dem Gewürz zu tun, sondern ist eine Bezeichnung für das klein geschnittene Fleisch.

Hash browns [*U.S. Kitchen*] Angebratene, geriebene Kartoffeln, sie sehen fast wie Rösti aus. ↑**Dibbelabbes**

Haspel [*Regionale Spezialität*] Regionale Bezeichnung für gekochtes ↑**Eisbein**

Hâtelet [*Franz. Speisekarte*] Zierspießchen

Hattit kit [*Intern. Länderküche*] **A** Stammt aus den schottischen Highlands und steht für eine Süßspeise aus ↑**Buttermilch**, ↑**Milch**, ↑**Sahne**, ↑**Zucker** und ↑**Muskat.** ↑**Schottische Küche**

Häuptelsalat [*Österr. Küche*] Kopfsalat. ↑**Blattsalate**

Hauptgericht [*Unsere Küche*] ↑**Relevé**

Hauptnährstoffe [*Fachkunde*] ↑**Eiweiß**, ↑**Kohlehydrate** und ↑**Fett.** Für eine gesunde Erwachsenenkost empfiehlt sich ein Verhältnis von mindestens 50 %

Kohlenhydrate, maximal 30 % Fett und 9 bis 12 % Eiweiß (dies entspricht etwa 0,8 g Eiweiß pro kg Körpergewicht).

Hausen [*Fisch*] **Lateinisch:** Acipenser huso; Hausen heißt der größte zur Familie der ↑**Störe** gehörende Fisch. Er wird bis 9 m lang und 1400 kg schwer; sein Fleisch ist sehr schmackhaft und gilt geräuchert als Delikatesse, sein ↑**Rogen** liefert den berühmten ↑**Beluga-Kaviar.** Der Hausen lebt im Kaspischen und Schwarzen Meer und in den dorthin mündenden Flüssen.

Hausgeflügel [*Fachkunde*] Gezüchtete Geflügelarten wie: ↑**Haushuhn,** ↑**Perlhuhn,** ↑**Truthahn,** ↑**Ente,** ↑**Gans** und ↑**Taube,** seit ca. 1994, ausgehend von Südafrika, auch ↑**Strauß.** ↑**Geflügel**

Haushuhn [*Fachkunde*] **Lateinisch: gallus gallus domesticus,** ist eine Zuchtform des Bankivahuhns, eines Wildhuhns aus Südostasien, und gehört zur Familie der Fasanen (Phasianidae). Als Haustier wird das Huhn in vielen Rassen in verschiedenen Form-, Merkmals- und Farbvarianten gezüchtet. Heute werden in Europa über 180 Rassen und Farbenschläge unterschieden. In anderen Kontinenten werden noch viel mehr Rassen gezüchtet; so gibt es nicht nur weiße und braune Hühnereier, sondern auch grüne und rote.

Hauswein [*Übersetzer*] **Englisch:** house wine; **Französisch:** vin de table; **Italienisch:** vino della casa, locale; **Spanisch:** vino de la casa

Hauswurst [*Österr. Küche*] Grobe ↑**Bratwurst**

Haut [*Franz. Fachwort*] Hoch

Haut goût [*Franz. Fachwort*] Ausgeprägter Geruch/Geschmack, der beim Zersetzen von ↑**Wild**-, aber auch ↑**Rindfleisch** entsteht. Der haut-goût (**sprich:** oh guh) ist im Grunde genommen der Geruch von verdorbenem ↑**Fleisch.** Hat nichts mit ↑**Gammelfleisch** zu tun. Den richtigen haut-goût, den „hohen Geschmack", zu treffen, ist schwer. Nur gut abgelagertes Fleisch, das vor dem Braten geschält wird (um die bereits in Verwesung übergegangenen Fleischteile zu entfernen), kann diesen intensiven Fleischgeschmack entwickeln. Wird der richtige Zeitpunkt verpasst, muss das Fleisch weggeworfen werden, es ist dann ungenießbar.

Häuten [*Unsere Küche*] Bindegewebe vom ↑**Fleisch** oder Haut von ↑**Geflügel** abziehen

Havarti [*Käse*] **Herkunft:** Dänemark; **Käsesorte:** ↑**Schnittkäse** von halbfester Konsistenz, 45 % oder 60 % ↑**Fett i. Tr.**; **Milch:** pasteurisierte Kuhmilch; **Teig:** hellbraun, weich, mit kleinen unregelmäßigen Löchern, oft mit ↑**Kräutern** oder ↑**Gewürzen** aromatisiert. **Info:** Havarti ist nach einem Gutshof benannt, wo er Mitte des 19. Jahrhunderts zum ersten Mal produziert wurde. Er ist kastenförmig oder rund mit einem Gewicht von 2 bis 5 kg. Die dünne, gewaschene, braune Naturrinde ist nicht mehr essbar, wenn sie mit rotem Wachs überzogen wird. **Reifung:** 1 Monat

Havuc Ezme [*Orientalische Küche*] **A** Begriff aus der türkischen Küchenkultur für ↑**Karotten**püree mit ↑**Knoblauch**sahnejoghurt; ↑**Türkische Küche**

Hawaii-Küche [*U.S. Kitchen*] **T** 50. Staat der USA. Die Hawaii-Inseln liegen gut 2000 Kilometer vom Festland entfernt im zentralen Pazifik. Sie bilden eine lang gestreckte Kette von Inseln, deren östlichste und größte Hawaii ist. Die bekannteste Stadt der Hawaii-Inseln, Honolulu, liegt jedoch nicht auf Hawaii, sondern auf der Insel Oahu. Dort liegt auch der internationale Flughafen, sodass viele Besucher der Hawaii-Inseln die Insel Hawaii nie betreten haben. Das administrative Zentrum der Inselgruppe liegt dagegen in Hilo auf der Insel Hawaii. Alle Hawaii-Inseln sind vulkanischen Ursprungs. Auf der Insel Hawaii sind noch zwei Vulkane aktiv, der Kilauea und der Mauna Loa (in der hawaiianischen Sprache werden die Vokale meist einzeln ausgesprochen, also Ma-u-na Lo-a). Seit 1986 ist ein kleiner Krater am Südwesthang des Kilauea, der Puo Oo (Pu-o O-o), permanent aktiv. Die Bevölkerung ist vornehmlich asiatisch – Abkömmlinge chinesischer, koreanischer, philippinischer Einwanderer. Polynesier, die eigentlichen Ureinwohner, sind eine Minderheit, Weiße ebenfalls. Das spiegelt sich auch in der Küche Hawaiis wider, die teils ursprünglich polynesisch, teils asiatisch ist. Es wird eindeutig mehr mit Stäbchen (Chopsticks) als mit Messer und Gabel gegessen. Traditionelles hawaiianisches Essen bedeutete früher vor allem Fisch und Poi: Brei aus ↑**Taro**wurzeln. **„Luaus"**, Kochfeste mit viel Tam-Tam unter freiem Himmel, werden heute hauptsächlich für Touristen, aber auch zu ganz besonderen Festlichkeiten veranstaltet. Dabei gibt es meist in einer Erdgrube gebackenes ↑**Schweinefleisch (kalua pig)**, Lomi Lomi Salmon (ein Salat mit ↑**Lachs** und ↑**Gemüse**), als ↑**Dessert** Haupia (Kokosnusspudding) und reichlich hawaiianischen ↑Frucht**punsch** mit und ohne Alkohol. ↑**Fast-Food**-Restaurants und Steakhäuser sorgen ergänzend für das leibliche Wohl der überwiegend amerikanischen Urlauber. Berühmt sind die Hawaii-Inseln für den Anbau von ↑**Ananas** und ↑**Zuckerrohr** – das Landschaftsbild ganzer Inseln wird von den Feldern bestimmt. Bekannte Spezialitäten sind der ↑**Kaffee** aus Kona (Big Island of Hawaii) und die wohlschmeckenden ↑**Macadamia-Nüsse**.

Haxen [*Fleischprodukte*] **T** Haxen oder Hessen, also die Hinter- oder Vorderbeine von ↑**Kalb**, ↑**Lamm**, zeichnen sich durch ihr mageres und zartes ↑**Fleisch** aus. Man kann sie braten, grillen und schmoren. Ebenso die Haxen von ↑**Huhn**, ↑**Ente**, ↑**Gans**, ↑**Pute** oder ↑**Wildgeflügel**. Schweinehaxen sind frisch gewürzt oder gepökelt, gegrillt oder gekocht eine Gaumenfreude. Rinderhaxen ergeben gekocht hervorragendes ↑**Suppenfleisch** und sind geschmort als Beinscheibe oder als ↑**Gulasch** zubereitet ein Gedicht. Als reines Muskelfleisch besitzen Haxen wenig ↑**Fett** und viel wertvolles ↑**Eiweiß**. Das Fleisch wird beim Garen butterweich (auch die Sehnen) und zerfällt nicht so schnell.

Haxerl (Haxn) [*Österr. Küche*] Flügel und Schenkel von einem ↑ **(Back-)Hendl**

Haydari [*Käse*] **T** Ist dem griechischen ↑**Tzatziki** ähnlich. In der Türkei wird die ↑**Gurke** durch ↑**Schnittlauch** ersetzt. ↑**Türkische Küche**

Hazard Analysis of Critical Control Points [*Fachkunde*] ↑**HACCP**

HDL-Cholesterin [*Gesundheit*] Fette (z. B. ↑**Cholesterin**) sind weder in Wasser noch in Blutflüssigkeit löslich. Um sie trotzdem in einzelne Körperregionen transportieren zu können, werden die Fette im Blut an bestimmte Eiweißkörper (Proteine) gebunden. Diese Verbindungen aus Lipiden (Fetten) und Proteinen (Eiweißen) werden als Lipoproteine bezeichnet. Das HDL-Cholesterin, auch das **„gute"** Cholesterin genannt, da es die Gefäße vor Fettablagerungen zu schützen scheint, ist ein solches Lipoprotein. Erhöhte HDL-Cholesterin-Werte bedeuten also einen relativen Schutz gegen das Arterioskleroserisiko. Im Gegensatz zum **„schlechten"** ↑**LDL-Cholesterin.** Die ↑**Arteriosklerose** ist eine Arterienverkalkung, bei der es zu einer langsam fortschreitenden Verhärtung und Verdickung der Arterienwände kommt. Im Extremfall droht ein Verschluss des Gefäßes. Mögliche Folgen sind Herzinfarkt und Schlaganfall. ↑**Ernährung** und ↑**Trans-Fettsäuren**

Healthy snacking [*Gesundheit*] **T Essen soll Spaß machen und die Gesundheit erhalten!** Für viele Menschen sind Snacks eine bequeme und angenehme Möglichkeit, den täglichen Ernährungsbedarf zu decken. Snacks zu essen ist in und kann im Rahmen einer ausgewogenen Ernährung eine nützliche Rolle spielen, wenn der Snack kein ↑**Fastfood** & ↑**Junk-Food** ist. Healthy Snacking kann körperliche und geistige Fitness verbessern und das Wohlbefinden steigern – durch kleine Speisen, die schmackhaft, abwechslungs- und nährstoffreich, kreativ gestaltet, leicht und vor allem auch im Nu zubereitet sein können. Gesundes Essen schafft nicht nur körperliches Wohlbefinden, sondern auch Leistungs- und Widerstandsfähigkeit bis ins hohe Alter. ↑**Finger-Food,** ↑**Ethno-Food,** ↑**Brain-Food,** ↑**Mood-Food** & ↑**Functional Food**

Heaping [*U.S. Kitchen*] ↑**Schlagsahne**

Heart [*Engl. Speisekarte*] Herz

Hecho y Ansó [*Käse*] **Herkunft:** Spanien/Pyrenäentäler von Hecho und Ansó; **Käsesorte:** gelblichweißer ↑**Hartkäse; Milch:** ↑**Schafsmilch; Info:** Da nur sehr wenig von diesem ↑**Käse** produziert wird, ist er kaum bekannt. Käseliebhaber schätzen ihn wegen seines feinen Aromas und Geschmacks.

Hecht [*Fisch*] **T Lateinisch:** Esox lucius. **Synonym:** Wasserwolf. **Englisch:** pike, jackfish; **Französisch:** brochet, grand brochet, luceau; **Italienisch:** luccio; **Spanisch:** lucio. Der Hecht ist ein Süßwasserräuber mit entenschnabelähnlicher Schnauze und ein begehrter Edelfisch. Junge Hechte sind die besten. Einjährige werden Grün- oder Grashechte genannt und meist gebraten. Im zweiten Lebensjahr haben Hechte das zarteste, schmackhafteste Fleisch und wiegen bis zu 2000 g, das Fleisch der älteren Fische mit einem Gewicht von mehr als 2,5 kg ist leicht trocken. Zum Dünsten, Kochen und Pochieren eignen sich daher junge Hechte, die älteren werden zu Füllungen, ↑**Farcen** oder den beliebten ↑**Hechtklößchen** verarbeitet. Manchmal wird der Hecht blau wie die Forelle gegessen. Für Liebhaber guter Fischgerichte ist der Hecht der Geschmackskönig unter den Süßwasserfischen. Er hat nur einen Nachteil – sehr viele Gräten. Man braucht zum Essen viel Geschick und eine ruhige Hand. Hechte werden in europäischen Binnengewässern gefangen und sind von September bis Januar am schmackhaftesten. **Inhaltsstoffe:** 100 g frischer Hecht enthalten ∅ 82 kcal/343 kJ, 18,4 g Eiweiß, 0,85 g Fett, 4 µg Jod, 0,91 mg Vitamin E und 2 µg Vitamin B_{12}. Hechte zeichnen sich durch ihren niedrigen Fettgehalt aus. ↑**Süßwasserfische**

Hechtbarsch [*Fisch*] Zander

Hechtdorsch [*Fisch*] Falsche Bezeichnung für ↑**Seehecht**

Hechtklößchen [*Unsere Küche*] **R** So gut er auch schmeckt, der ↑**Hecht**, so störend sind die zahllosen Gräten. Eine grätenfreie Alternative sind Hechtklößchen. **Grundrezept:** 400 g Hechtfleisch ohne Gräten, am besten leicht angefroren; 3 ↑**Eigelb;** 2 ↑**Eiklar;** 250 ml ↑**Crème fraîche.** Alle Zutaten kühlschrankkalt. 3 EL weiche ↑**Butter,** ↑**Meersalz,** ↑**Pfeffer,** ↑**Muskat,** 1 l ↑**Fischfond. Zubereitung:** Das Hechtfleisch durch die feinste Scheibe des Fleischwolfs geben, dann die Masse durch ein feines Metallsieb in eine vorgekühlte Schüssel streichen. Ein größeres Gefäß halbhoch mit Eis füllen und die Schüssel mit der pürierten Fischmasse hineinstellen. Mit einem Holzlöffel die Eigelbe nacheinander in die Masse hineinarbeiten. Die Eiweiße sehr steif schlagen, zuerst die eine Hälfte unter die Fischmasse ziehen, die andere Hälfte kurz zur Seite stellen, denn nun werden nach und nach Crème fraîche, die Gewürze und die Butter dazugegeben. Zuletzt die andere Hälfte Eischnee unterheben. Den Fischfond in einem sehr flachen Topf zum Kochen bringen, mit 1 EL die Klöße abstechen und in den heißen Fond geben. Zwischendurch den Löffel immer wieder in warmes Wasser tauchen, damit die Fischmasse nicht daran kleben bleibt. Die Klößchen ca. 10 Min. in **nicht sprudelndem** Fond garziehen lassen, anschließend mit einem Schaumlöffel herausnehmen, auf Küchenkrepp abtropfen lassen, auf Tellern portionieren und mit ↑**Garnitur** anrichten. Fleisch von ↑**Flusskrebsen,** ↑**Morcheln** und ↑**Spargel** sind ideale Begleiter.

Heckenbeeren [*Obst*] ↑**Stachelbeeren**

Heckenrose gemeine [*Wildkräuter, -blüten & -früchte*] ↑**Hagebutten**

Heckenwirtschaft [*Weinkunde*] ↑**Straußwirtschaft**

Hefe [*Fachkunde*] Sammelbezeichnung für eine Gruppe von Hefepilzen (Mikroorganismen), die in der Bäckerei als Backhefe und in der Getränkeindustrie als Bier- und Weinhefe eingesetzt werden. Einige Hefearten, z. B. ↑**Schimmelpilze**, können zum Verderb von Lebensmitteln führen. Hefen produzieren Gas (Kohlendioxid) und ↑**Alkohol** aus ↑**Kohlenhydraten**, das wie die Backhefe den Brotteig lockert und aufgehen lässt. Durch die Backhitze verdampften Alkohol und Kohlensäure. Die von der Bier- und Weinhefe produzierten Kohlensäure und Alkohol bleiben in den Getränken. Schon in vorgeschichtlicher Zeit nutzte man die wilden Hefebakterien aus der Luft zur Herstellung von ↑**Brot**, ↑**Bier** und ↑**Wein**. Erst im 19. Jahrhundert schuf der französische Chemiker und Bakteriologe Louis Pasteur die wissenschaftlichen Grundlagen, um Hefe in großem Umfang züchten und anwenden zu können. Reine Hefekulturen züchtet man in einem Nährmedium aus ↑**Zucker**, Stickstoff liefernden Bestandteilen, ↑**Mineralstoffen** und Wasser. Als Endprodukt gewinnt man dabei getrocknete Hefezellen oder die Hefe wird mit einer stärkehaltigen Substanz zu einer festen Form gepresst. Auch die Nahrungsmittelindustrie bedient sich der Hefe. Da ihr Extrakt einen fleischextraktähnlichen Geschmack und Geruch hat, ist sie für die Herstellung von ↑**Speisewürze** und Brüherzeugnissen geeignet. ↑**Brühwürfel**

Hefeflocken [*Allgem. Nährmittel*] Als vitaminreich geltender natürlicher ↑**Geschmacksverstärker**, hauptsächlich aus ↑**Melasse** oder ↑**Molke** gewonnen

Hefeklöße [*Unsere Küche*] ↑**Mehlklöße**

Hefelager [*Weinkunde*] Begriff aus dem Bereich Schaumwein. Man versteht darunter die Zeit, in der der Sekt mit der ↑**Hefe** in der Flasche Kontakt hat. Ein längeres Hefelager führt zu reiferen und aromatischeren Sekten.

Hefenahrung [*Weinkunde*] Die Zugabe von Hefenahrung versorgt die Hefe mit Stickstoff, Phosphor und Vitamin B_1. Diese Nährstoffe liegen in der Obstmaische in zu geringen Konzentrationen vor. Ohne die Zugabe von Hefenahrung ist daher eine sichere und vollständige Gärung nicht gewährleistet. ↑**Fruchtwein**

Hefeprüfung [*Unsere Küche*] **T** Kleines Stück ↑**Hefe** in heißes Wasser geben. Steigt sie an die Oberfläche, ist sie noch triebkräftig.

Hefeteig [*Unsere Küche*] **R** Einer der wichtigsten Backteige in Küche und Backstube. Er ist zwar zeitaufwändig, aber vielseitig einsetzbar und wird aus Mehl, Zucker, Hefe, Salz, Ei, Butter und Aromaten hergestellt. Durch die Zugabe der Hefekulturen (Pilze) erfolgt bei positiven Bedingungen (Wärme, Sauerstoff, Feuchtigkeit und Nahrung) eine schnelle Vermehrung und damit die Teiglockerung. Wichtig ist vor allem, dass die Temperatur der Zutaten stimmt. Milch und Butter sollten lauwarm sein, für die anderen Zutaten ist Zimmertemperatur ideal. **Sind Milch und Butter zu heiß oder stellt man den Teig zum Gehen an einen zu stark vorgewärmten Ort, sterben die Hefepilze ab.** Ist die Umgebungstemperatur kalt und zugig, kann die Hefe nicht richtig arbeiten. Temperaturen um 25–30° C sind optimal. **Grundrezept für einen mittelfesten Hefeteig:** Je nach Rezeptur kann der Teig mit etwas mehr Milch weicher gehalten werden. 500 g ↑**Weizenmehl Type 405 oder 550**; 1 Prise ↑**Salz**; ca. 300 ml lauwarme ↑**Milch**; 20 g frische oder ein Päckchen ↑**Hefe**; 2 ↑**Eier**, 20 bis 50 g ↑**Butter**; 100 g ↑**Zucker** und ggf. Aroma; z. B. geriebene ↑**Zitronenschale**; ↑**Vanille**; ↑**Bittermandelöl** usw. **1. Der Vorteig:** Die Hefe zusammen mit 1 TL Zucker in einem Drittel der lauwarmen Milch auflösen. Mehl in eine große Schüssel **sieben**, eine Vertiefung in die Mitte drücken, die Hefe-Milch-Mischung hineingießen und 10–15 Min. zugedeckt gehen lassen. **2. Der Teig:** Die restlichen Zutaten und die geschmolzene Butter in die Schüssel geben und gut verkneten. Soll der Teig pikant werden, den Zucker weglassen und etwas mehr Salz verwenden. Den Hefeteig so lange schlagen, bis er glatt ist, Blasen wirft und sich vom Rand der Schüssel löst. Soll der Teig eine trockene Einlage wie ↑**Rosinen** bekommen, erst jetzt in den Teig einarbeiten. **3. Die Gärung:** Die Schüssel mit einem Tuch abdecken und an einem warmen Ort ohne Zugluft etwa eine ¾ Stunde gehen lassen. Der Hefeteig sollte in dieser Zeit sein Volumen verdoppeln. Noch einmal gut durchkneten, eine weitere 1/4 Stunde gehen lassen und vor dem Weiterverarbeiten wiederum durchkneten, dann wird der Teig lockerer. **4. Die Fertigstellung:** Sollen die Teigstücke mit ↑**Obst, Hackfleisch** usw. gefüllt werden, geschieht das jetzt. Anschließend die geformten Teigstücke vor dem Backen noch einmal 15 Min. gehen lassen und dann im vorgeheizten Ofen bei ca. 175° C backen oder bei mindestens 160° C und höchstens 180° C ↑**frittieren**. Wird der Teig für Zwetschgendatschi oder Apfelkuchen auf dem Blech verwendet, rechnet man bei ca. 180° C mit 35 – 40 Min. Backzeit. Werden Hefegebäcke mit Marmelade, Obstpüree oder dergleichen gefüllt, geschieht dies unmittelbar nach dem Backen mit einer speziellen Spritze. ↑**Krapfen.** Der typische Geschmack entsteht durch den Stoffwechsel der Hefekultur (↑**Kohlendioxid** und ↑**Alkohol**).

Hefig [*Weinkunde*] Nach der Gärung des Weines setzt sich die Hefe am Fassboden ab. Ein kleiner Teil, die so genannte Feinhefe, verbleibt noch einige Zeit im Jungwein. Sie beeinflusst den Geschmack des Weines. Durch Filtration oder weiteres Absetzen verschwindet diese Geschmacksnote.

Heidehonig [*Allgem. Nährmittel*] Der ↑**Nektar** der

Besenheide wird in Norddeutschland, Frankreich und auch in Spanien gewonnen. Diese aromatische, herbwürzige Spezialität mit gold- bis rotbrauner Farbe hat eine geleeartige, dickflüssige Konsistenz. ↑**Honig**

Heidekorn [*Allgem. Nährmittel*] ↑**Buchweizen**

Heidelbeere [*Wildkräuter, -blüten & -früchte*] **T Lateinisch:** Vaccinium myrtillus. **Synonym:** Waldheidelbeere, Blaubeere, Schwarzbeere. **Englisch:** bilberries, blueberries; **Französisch:** myrtilles; **Italienisch:** mirtilli; **Spanisch:** arándano. **Info:** Die zur Familie der Heidekrautgewächse gehörende Heidelbeere ist ein 15–40 cm hoher, kahler, stark verzweigter Zwergstrauch, der bis in eine Höhe von 2500 m vorkommt. Zwischen April und August entwickeln sich glockenförmige Blüten, daraus entstehen vielsamige, 8–15 mm große Früchte. Sie sind bläulich bis blauschwarz, meist leicht bereift, weisen ein blau gefärbtes Fruchtfleisch, blau gefärbten – und stark färbenden – Fruchtsaft auf. **Ursprung und Geschichte:** Obwohl die Heidelbeere wahrscheinlich schon früher gesammelt wurde, stammt ihre erstmalige nachweisliche Erwähnung – als Heilpflanze – aus dem Mittelalter. Die Indianer Nordamerikas stellten aus getrockneten Heidelbeeren einen nahrhaften und wohlschmeckenden Früchteriegel her. Heute kommen Heidelbeeren in Mittel- und Nordeuropa, Nordasien und Nordamerika in Wäldern mit saurem, torfigem Boden häufig vor; seltener auf kalkhaltigen Böden. **Herkunft und Saison:** Heidelbeeren werden von Anfang Juni bis Ende August in den Wäldern, auf den Heideflächen oder den Berghängen der Mittelgebirge und Vorgebirgsregionen gesammelt und in diesem Zeitraum auch auf den Märkten angeboten. **Inhaltsstoffe:** 100 g Heidelbeeren weisen einen Brennwert von ∅ 57 kcal/240 kJ auf und enthalten etwa 81 g Wasser, 0,7 g Eiweiß, 0,4 g Fett, 14,1 g Kohlenhydrate und 2,7 g Ballaststoffe. An ↑**Spurenelementen** und ↑**Vitaminen** sind ∅ 6 mg Kalzium, 0,2 mg Eisen, 6 mg Natrium, 10 RE Vitamin A sowie 13 mg Vitamin C enthalten. **Zubereitung und Tipps:** Zum Reinigen sollten die Beeren nur kurz abgebraust werden, so bleibt das Aroma erhalten. Heidelbeeren schmecken besonders gut, wenn man sie leicht einzuckert oder mit Schlagsahne oder Milch serviert. Sie werden aber auch in Fruchtsalate und Müslis gegeben, als Füllung für Crêpes und Waffeln verwendet, zu Eis oder Marmelade verarbeitet. **Wirkung in der Volksmedizin:** Wild wachsende Heidelbeeren sind nicht nur wohlschmeckend, sondern auch äußerst gesund. Wissenschaftliche Studien belegen, dass ihre ↑**sekundären Pflanzenwirkstoffe** eine große Bedeutung bei der Stärkung des Immunsystems haben. Außerdem verzögern sie den Alterungsprozess der Zellen. In der Naturmedizin werden die Früchte und aus den Blättern zubereiteter Tee wegen ihrer adstringierenden Wirkung bei Entzündungen in Mund- und Rachenbereich angewendet. Heidelbeerkompott oder -wein wird in der Volksheilkunde gegen Durchfall genutzt. Für die Wirkung sind die darin enthaltenen ↑**Gerbstoffe** verantwortlich. Daneben werden auch krankmachende Keime unter Schonung der Darmflora abgetötet. Von der früher üblichen Anwendung der Heidelbeerblätter als Tee zur Senkung des Blutzuckerspiegels (Wirkung konnte noch nicht bewiesen werden) wird abgeraten, da er bei regelmäßiger Anwendung zu chronischen Vergiftungen führen kann. ↑**Kulturheidelbeere**

Heidenmehl [*Österr. Küche*] ↑**Buchweizenmehl**

Heidensterz [*Österr. Küche*] **R** Begriff aus der regionalen, österreichischen Küchenkultur für ein breiiges Gericht aus Heidenmehl (steirischer Begriff für ↑**Buchweizenmehl**), das auf einen Teller gestürzt wird. Der Buchweizen wird mehr oder weniger fein geschrotet zu Heidenmehl. Die meisten Rezepte aus der Steiermark empfehlen, das ↑**Mehl** vor der Weiterverarbeitung erst in der trockenen Pfanne bei schwacher Hitze zu erwärmen, bis ein angenehm nussiger Geruch entsteht. Das Mehl wird im Verhältnis eins zu zwei langsam in kochendes, leicht gesalzenes Wasser gerührt. Die entstandene feste Masse wird mit Gabeln aufgerissen und soll im Ofen oder am Herdrand ausdünsten. Zum Servieren lässt man durchwachsenen Speck aus und gibt die ↑**Grammeln** samt ↑**Fett** über den Heidensterz. Dazu serviert man eine klare ↑**Fleischbrühe**.

Heidschnucken [*Fleischprodukte*] **T** Kleine Schafrasse in der Lüneburger Heide. Das Fleisch schmeckt sehr würzig und wildartig.

Heilbutt weiß [*Fisch*] **T Lateinisch:** Hippoglossus hippoglossus; **Englisch:** halibut; **Französisch:** flêtan; **Italienisch:** ippoglosso, halibut di Groenlandia; **Spanisch:** fletán. Weißer Heilbutt kommt aus dem Nordatlantik, ist der Größte unter den Plattfischen und kann bis 4 Meter lang und 300 Kilogramm schwer werden. Dieser Edelfisch mit einer dunklen und einer weißen Seite ist einer der wohlschmeckendsten Seefische mit wenig Gräten. Das weiße, zarte, magere Fleisch eignet sich gut zum Dünsten, Braten und Grillen. Der hohe Gehalt an ↑**Vitaminen**, ↑**Nähr-** und ↑**Mineralstoffen** macht ihn besonders kostbar. **Inhaltsstoffe:** 100 g frischer weißer Heilbutt enthalten ∅ 97 kcal/406 kJ, 20,1 g Eiweiß, 1,7 g Fett, 52 µg Jod, 32 µg Vitamin A, 5 µg Vitamin D und 57 mg Purine. Der Hochgenuss ist eine gedünstete Heilbuttschnitte mit feiner ↑**Sauce**, gebraten oder gegrillt mit ↑**Kräuterbutter**. Im Handel frisch portioniert oder tiefgefroren erhältlich.

Heilbutt schwarz [*Fisch*] **T Lateinisch:** Reinhardtius hippoglossoides. Der Schwarzer Heilbutt kommt überwiegend aus größeren Tiefen des Nordatlantiks. Er ist ein Plattfisch mit einer dunklen Blindseite, kleiner als der ↑**weiße Heilbutt**. Der schwarze Heilbutt wird zwischen 50 und 60 cm lang und zwischen 5 und 10 kg schwer. Das Fleisch ist zart und wohlschmeckend, jedoch nicht so aromatisch wie das seines weißen Bruders, außerdem ist der schwarze Heilbutt viel fettreicher. **Inhaltsstoffe:** 100 g frischer schwarzer Heilbutt enthalten ⌀ 175 kcal/733 kJ, 71,7 g Eiweiß, 13,8 g Fett, 20 µg Jod, 50 µg Vitamin A, 15 µg Vitamin D und 33 mg Purine. Im Handel wird er frisch im Ganzen oder geräuchert in Stücken das ganze Jahr über angeboten.

Heilfasten [*Gesundheit*] ↑**Fasten**

Heilwasser [*Gesundheit*] **T** Stammt aus unterirdischen Wasservorkommen und besitzt nachgewiesen krankheitsheilende, -lindernde oder -verhütende Eigenschaften. Heilwässer müssen amtlich zugelassen sein und direkt an der Quelle abgefüllt werden. Sie tragen alle wesentlichen Angaben über ihre Zusammensetzung auf dem Ettikett, das auch Hinweise über mögliche Anwendungsgebiete (wie Magen-Leber-Erkrankungen) gibt. Als Naturprodukt unterliegt der Mineralstoffgehalt Schwankungen.

Heiß, scharf [*Übersetzer*] **Englisch:** hot; **Französisch:** chaud; **Italienisch:** molto caldo; **Spanisch:** caliente, cortante

Heißhunger [*Gesundheit*] Begleiterscheinung der Erkrankung ↑**Bulimie** (Ess- und Brechsucht). Die Ursachen können psychischer oder organischer Natur sein.

Heißrauch [*Fleischprodukte*] Räuchern bei einer Kammertemperatur um 70° C

Hektoliter [*Fachkunde*] Hohlmaß = 100 l

Helado [*Span. Speisekarte*] Eiscrème

Helder, Historischer Speisename [*Speisegarnitur*] **A** **1.** Hafenstadt in Nordholland, bekannt durch den Seesieg der Holländer über die Engländer im Jahre 1673; **2. à la Helder – Speisegarnitur** für **Kurzgebratenes** – ↑**Nusskartoffeln,** ↑**Béarnaise,** ↑**tomates concassées; Sauce:** gebundener ↑**Fond**

Helianthi (sonnlinge) [*U.S. Kitchen*] Wurzelknollen einer Sonnenblumenart, die aus Nordamerika stammt

Helicobacter pylori [*Gesundheit*] Ein Bakterium, das sich bevorzugt in der Schleimhaut des Magens ansiedelt. Mit Hilfe des Enzyms Urease bildet es aus Harnstoff Ammoniak und neutralisiert so die aggressive Magensäure. Wegen dieses Mechanismus' ist Helicobacter pylori in der Lage, das saure Milieu des Magens zu überleben und die Magenschleimhaut des Menschen anzugreifen. **Helicobacter pylori ist in 90 % der Fälle Verursacher der Gastritis (Magenschleimhautentzündung).** Außerdem findet sich der Erreger überdurchschnittlich häufig bei Magen- und Zwölffingerdarmgeschwüren, bei denen die Schleimhautbesiedlung ausschlaggebend ist für deren Entstehung. Wie Menschen sich mit Helicobacter pylori infizieren, ist bisher unklar. Man nimmt an, dass eine Übertragung über das ↑**Trinkwasser** eine Rolle spielt.

Heliotropblüten [*Wildkräuter, -blüten & -früchte*] **T** Heliotropblüten in Weiß oder Violett sind essbar und haben ein wunderbares Vanillearoma. **Mehr Information:** ↑**Essbare Blüten**

Helium [*Fachkunde*] ↑**E 941**

Helles Bier (Lagerbier) [*Bier*] **Englisch:** lager; **Französisch:** bière blonde; **Italienisch:** birra bionda; **Spanisch:** cerveza dorada. Untergäriges Vollbier von hellgelber Farbe mit ⌀ 4,6 bis rund 5 % ↑**Alkohol**. Nicht so hopfenbitter, dafür malzaromatisch, teilweise ein wenig süß. Früher wurden – wie heute noch im englischsprachigen Raum – nahezu alle untergärigen Vollbiere als Lagerbiere bezeichnet. Lager nennt man in Deutschland nur Biere, die unter 12,5 % ↑**Stammwürze** haben und nicht der stark gehopften Pilsener Brauart angehören. Das in Bayern stark verbreitete, als Helles bzw. Bayrisch Hell bezeichnete Bier hat seinen Namen von der hellgelben Farbe. Jahrzehntelang spielten helle Lagerbiere kaum eine Rolle. Heute stehen sie wieder hoch im Kurs. Der Name entstammt der deutschen Sprache, weil es länger lagerbar ist als andere Biere. ↑**Untergäriges Bier**

Helva [*Orientalische Küche*] ↑**Halwa**

Henderl, Hendl [*Österr. Küche*] ↑**Hähnchen**

Henneblüten [*Wildkräuter, -blüten & -früchte*] ↑**Fette-Henne-Blüten**

Henri [*Käse*] **Herkunft:** Frankreich; **Käsesorte:** ↑**Weichkäse** mit weißem ↑**Edelschimmel**, 60 bzw. 32 % ↑**Fett i. Tr.; Milch:** Kuhmilch; **Teig:** zergeht auf der Zunge; **Geschmack:** sahnig-frisch; **Info:** Neben der klassischen Variante mit 60 % Fett i. Tr. gibt es ihn auch leicht mit 12 % absolut – und das sowohl natur als auch mit feinen ↑**Kräutern** (↑**Basilikum,** ↑**Petersilie** und ↑**Schnittlauch**) und angenehmer ↑**Knoblauch**note als Henri Leicht Vital Kräuter.

Henry IV. Historischer Speisename [*Speisegarnitur*] **A** **1.** (1553–1610), König von Frankreich, der den Wunsch aussprach, jeder seiner Untertanen solle sonntags ein Huhn im Topfe haben; **2. à la Henry IV – Speisegarnitur** für **Geflügelfleisch** – Mit frittierten Kartoffelstäbchen und Artischockenböden in ↑**Béarnaise**

Hepatitis infectiosa [*Gesundheit*] **T** Entzündung des Lebergewebes. Die Krankheitserscheinungen sind z. B. Leber-, Milzvergrößerung, entfärbter Stuhl, Dunkelfärbung des Urins, Appetitverlust, Störung des Allgemeinbefindens und Gelbsucht. Ursache einer Hepatitis ist zumeist eine Infektion durch Viren, Bakterien oder Protozoen (Einzeller). Diese Art bezeichnet man als Hepatitis infectiosa bzw. infektiöse Hepatitis. Es gibt verschiedene Formen der durch Viren ausgelösten infektiösen Hepatitis: **Hepatitis A (Hepatitis epidemica):** ausgelöst durch Hepatitis-A-Viren, die über ↑**Trinkwasser** und Nahrungsmittel übertragen werden können; häufigste Form der Hepatitis in Deutschland; typische Reisekrankheit. ↑**Lebensmittelvergiftungen; Vorbeugung:** Einhaltung von Hygienemaßnahmen, passive oder aktive Impfung; **Hepa-**

titis B: Erreger sind Hepatitis-B-Viren, die durch sexuellen Kontakt und Infusionen bzw. Injektionen z. B. bei ↑**künstlicher Ernährung** (parenterale Ernährung) übertragbar sind; zweithäufigste Form in der BRD; **Vorbeugung:** Desinfektion, Verwendung von Kondomen, aktive oder passive Impfung; **Hepatitis C:** Erreger sind Hepatitis-C-Viren, deren Übertragungsweg denen des Hepatitis-B-Virus entspricht; größte Risikogruppe dieser Erkrankung sind Empfänger von Blutprodukten und Drogenabhängige; **Vorbeugung:** wie bei Hepatitis B, **Impfung jedoch nicht möglich**

Herausbacken [*Österr. Küche*] Lebensmittel in heißem Fett schwimmend backen – frittieren

Herb [*Weinkunde*] ↑**Gerbstoff**haltige und säurereiche Weine. Die Bezeichnung „herb" gilt als verbreiteter Ausdruck für säurebetonte Weine mit wenig Restsüße. Herbe Weine sind meistens Qualitäts- oder Tafelweine. Bei Schaumweinen muss der Restzuckergehalt unter 15 g/l liegen, um als herb zu gelten. Die international zulässige Angabe ist **brut.**

Herb vinegar [*U.S. Kitchen*] ↑**Kräuteressig**

Herbadox [*Gewürze & Kräuter*] Würzextrakt aus ↑**Weinessig**, ↑**Schalotten**, ↑**Estragon**, ↑**Pfeffer**, ↑**Fleischextrakt** usw., also eine konzentrierte ↑**Béarnaise**

Herbal tea [*U.S. Kitchen*] ↑**Kräutertees**

Herbe [*Franz. Fachwort*] Kraut, Pflanze

Herbes à tortue [*Gewürze & Kräuter*] ↑**Schildkrötengewürz**

Herbes de Provence [*Gewürze & Kräuter*] **A** Die französische Gewürzmischung „Kräuter der Provence" stammt aus der französischen Provence und setzt sich aus ↑**Bohnenkraut**, ↑**Estragon**, ↑**Kerbel**, ↑**Lavendel** oder ↑**Rosmarin**, ↑**Oregano** oder ↑**Majoran**, ↑**Thymian** zusammen, häufig um zerdrückte ↑**Lorbeerblätter**, ↑**Fenchel** und geriebene ↑**Orangenschale** ergänzt. Typisch für die Mischung ist das kräftige, würzig-pikante Aroma, das sehr gut mit der ländlich einfacheren Kost der Region harmoniert. Die Mischung besteht aus schon getrockneten Kräutern, die einige Zeit im ↑**Gewürzsäckchen** mitgegart werden, um Aroma und Geschmack voll entfalten zu können. Die Kräuter der Provence sind ideal für intensivere Fleisch-, Fisch- und Gemüsegerichte. Deren ↑**Marinade**, ↑**Essig** und ↑**Speiseöl** lassen sich geschmacklich aufwerten, wenn man die ↑**Kräuter** darin einlegt.

Herbes potagères [*Franz. Fachwort*] ↑**Suppengrün**, Gartenkräuter

Herbstrüben [*Gemüse*] ↑**Teltower Rübchen**

Herbst-Trompete [*Speisepilze*] **T Lateinisch:** Craterellus cornucopioides; ↑**Waldpilze**; **Kurzbeschreibung:** trompeten-, füllhorn- oder trichterförmiger, innen schwärzlicher oder braunschwärzlicher, außen gräulicher Pilz; **Fruchtkörper:** Innenseite feucht – schwarz, grauschwarz oder schwarzbraun; Innenseite trocken braungrau, runzelig. 5 – 12 cm hoch, 2 – 5 cm stark; trompetenförmig, zur Basis hin deutlich verjüngt und röhrig ausgezogen; dünnfleischig, durchgehend hohl; im oberen Teil trompetenartig erweitert; Rand umgeschlagen, später wellig verbogen. Außenseite (Hymenium = Fruchtschicht) zuerst olivgrünlich, später stumpf grau bis aschgrau oder graublau, durch Sporenstaub weißlich überhaucht; leicht aderig-runzelig, auch glatt. Geruch schwach angenehm aromatisch, Geschmack mild, aber auch erdig oder fade. **In der Küche:** vor allem als Würzpilz sehr geschätzt, aber etwas zäh. Gut geeignet als Ersatz für ↑**Morcheln** (z. B. in ↑**Frikassee**). Als Pilzpulver, also gemahlen, entfaltet der Pilz sein ausgezeichnetes Aroma. **Vorkommen:** In Europa weit verbreitet. Von August – November oft büschelig und scharenweise meist unter Buchen und Eichen, seltener im Nadelwald, vor allem auf lehmigen und kalkhaltigen Böden, verbreitet in den Moränengebieten des Flachlandes, seltener in Sand- und Moorgebieten; **Verwechslungsmöglichkeit:** Der Pilz ist wegen seiner Form und Farben kaum zu verwechseln.

Hering [*Fisch*] **T Lateinisch:** Clupea harengus; **Englisch:** herring; **Französisch:** hareng; **Italienisch:** aringa; **Spanisch:** arenque. Mit der Bezeichnung „Hering" ist meist der Atlantische „Echte Hering" gemeint. Der Name „↑**Sardine**" ist nicht zulässig. Er kommt sowohl in der Nordsee als auch im westlichen Teil der Ostsee vor. Der Hering ist einer der bedeutendsten Speisefische der Welt und wird an seinen Laichplätzen seit Menschengedenken gefangen. Viele Städte wurden in der Nähe der Laichplätze und Durchzugsgebiete gegründet. Für die Hanse war der atlantische Hering eines der wichtigsten Handelsgüter. Noch bis in das 20. Jahrhundert hinein galt der Hering als „**Arme-Leute-Essen**". Heute sind die Bestände durch starke Befischung und ökologische Probleme deutlich zurückgegangen, sodass der Hering zunehmend als Delikatesse gehandelt wird. **Inhaltsstoffe:** 100 g frischer Hering enthält ∅ 206 kcal/863 kJ, 18,2 g Eiweiß, 15 g Fett, 28,2 µg Jod, 1,5 mg Vitamin E, 28 µg Vitamin A und 8,9 µg Vitamin B_{12}. Hering ist ein Fettfisch mit einem hohen ↑**Jod**gehalt. Er wird 35 cm lang, 300 g schwer, sein Fleisch ist gelblich bis weiß und hat eine zarte Konsistenz. Man unterscheidet den See- oder Herbsthering, der zwar mager, aber wohlschmeckend ist, sowie den Küsten- oder Frühjahrshering, der fetter, aber von geringerem Geschmack ist. **Nach dem Alter unterscheidet man:** ↑**Matjesheringe**, bei denen sich Rogen und Milch noch nicht gebildet haben (meist zweijährig) – **Vollheringe** mit Milch und ↑**Rogen**, vor dem Ablaichen gefangen. Männliche Tiere heißen Milchner, weibliche Rogner – **Leerheringe** (Ihlen), abgelaichte Tiere. Die Benennung „Fettheringe" darf auch in Wortzusammensetzungen nur dann erfolgen, wenn die Dauerwaren aus fetten Heringen, deren Eingeweide reichlich mit Fettflomen behaftet waren, hergestellt sind. Zur Familie der Heringe gehören auch ↑**Sprotten**, ↑**Sardinen**, ↑**Sardellen** und ↑**Maifische. Es gibt verschiedene Arten der Zubereitung, die ihre eigene, lange Tradition haben: 1. Grüner Hering**: der frische unausgenommene Fisch; **2. gebratener Hering**: Ein frisches Heringfilet, nur mit ↑**Pfeffer**, ↑**Salz** und einem Spritzer ↑**Zitrone** gewürzt, in ↑**Mehl** gewendet und in nicht zu heißer ↑**Butter** gebraten – ein Hochgenuss; **3. Brathering** gewürzt, paniert und gebraten in ↑**süß-saurer Marinade** eingelegt; **4. Räucherhering** leicht gesalzen und geräuchert (↑**Bückling**, Räuchermops ↑**Räucherfische**); **5. marinierter Hering**, bekannt als in ↑**Essig** eingelegte ↑**Marinaden**; **6.** ↑**Rollmops**; **7.** ↑**Bismarckhering**, benannt nach Otto von Bismarck; **8. Geleeheringe**, gekocht, in Gelee eingelegt; **9. Salzhering**, ↑**Gekehlte** Heringe mit Salz durchgearbeitet. Schichtweise werden sie in Tonnen gepackt und machen so einen Reifungsprozess durch, der je nach Jahreszeit 8–14 Tage oder mehrere Monate dauert. Geschmacksprobe entscheidet über Verkaufsfähigkeit. **10. Lachsheringe**, geräucherte Salzheringe; **11.** ↑**Matjes**; **12. Heringsdauerwaren** (Heringskonserven), z. B. Heringe in ↑**Tomatensoße** und unzählige andere Arten ↑**Fischdauerwaren**

Heringsbückling [*Fisch*] Ausgenommener, kaltgeräucherter Salzhering

Heringsfilets nach Matjesart [*Fisch*] **T** Diese Zubereitungsart wird unter Zusatz von ↑**Genusssäuren** und anderen Zutaten hergestellt; der Fettgehalt des Herings muss mindestens 10 % betragen. Heringsfilet nach Matjesart oder auch Matjesfilet nach schwedischer/nordischer Art ist nicht der klassische ↑**Matjes**, der ausschließlich in ↑Salz**lake** gereift ist, sondern ↑**Hering**, der durch Genusssäuren und ↑**Salz**, ohne Wärmezufuhr, in relativ kurzer Zeit gegart wurde. ↑**Anchosen**

Heringshai [*Fisch*] **T Lateinisch:** Lamna cornubica; **Englisch:** shark/porbeagle; **Französisch:** taupe; **Italienisch:** smeriglio/talpa; **Spanisch:** marrajo sardinero. Der Heringshai in der Nordsee wird u. a. als **Kalbfisch** oder **Seestör** im Handel angeboten. Seinen Namen hat er wahrscheinlich wegen seiner Vorliebe für Heringe erhalten. Sein festes Fleisch mit einem Anteil von nur 1 % ↑**Fett**, aber 22 % ↑**Eiweiß**, ähnelt im Aussehen dem ↑**Kalbfleisch**. Das wohlschmeckende, zartrosa Fleisch ist frisch und tiefgefroren hoch geschätzt. Der harmlose Fisch wird bis zu 3 m lang und 200 kg schwer. ↑**Haifisch**

Heringskönig [*Fisch*] **T** Auch ↑**Petersfisch** genannt. Ernährt sich von ↑**Heringen** und ↑**Sardinen**. Sein Fleisch ist wichtiger Bestandteil der ↑**Bouillabaisse**.

Heringsmilch [*Fisch*] ↑**Fischmilch**

Heringssalat [*Fisch*] Industriell gefertigter Heringssalat wird aus Salzheringen, gesalzenen, geschnittenen oder gesäuerten Heringen nach vorbereitender Behandlung mit ↑**Würze** und/oder ↑**Gewürzen** und bestimmten pflanzlichen Beigaben, mit ↑**Essig** oder ↑**Speiseöl**, ↑**Mayonnaise** oder ↑**Tunke** in verschiedenen Zusammensetzungen hergestellt. Die pflanzlichen Bestandteile (↑**Äpfel**, ↑**Gewürzgurken**, ↑**Zwiebeln**, ↑**Weiße Rüben**, ↑**Sellerie**, ↑**Rote Beete** usw.) richten sich nach dem Geschmack der Verbraucher in den einzelnen Regionen Deutschlands.

Heringsstipp [*Fisch*] Aus mindestens 50 % gesäuertem oder gesalzenem, filetiertem, mundgerecht zerteiltem Heringsfleisch und bis zu 10 % ↑**Zwiebeln**, ↑**Gurken** und/oder ↑**Sellerie** wahlweise zum Würzen und Garnieren, im Übrigen aus ↑**Mayonnaise** oder mayonnaiseähnlichen Zubereitungen, der bis zu 3 % ↑**Heringsmilch** in fein zerriebener Form beigefügt sein können. ↑**Marinaden**

Hérisson de mer [*Franz. Speisekarte*] ↑**Seeigel**

Herkunftsbezeichnung [*Fachkunde*] Produktnamen, die eine direkte geografische Zuordnung ermöglichen (↑**Schwarzwälder Schinken**) oder die fest einer Region zuzuordnen sind (↑**Sherry**). Sie sind häufig Gegenstand von Streitfällen und finden daher bei der Europäischen Union besondere Beachtung. So gibt es seit 1992 „Regeln zum Schutz und zur Aufwertung von besonderen Agrarerzeugnissen und Lebensmitteln mit Herkunftsbezeichnung“.

Hermes [*Kartoffelsorte*] ↑**Mehlig kochende Kartoffeln** – „Mehlige“ oder „Runde“ genannt

Hermitage [*Weinkunde*] Einer der berühmtesten Weine Frankreichs. Er wächst am gleichnamigen Zeugenberg auf dem orografisch (von der Quelle zur Mündung) gesehen linken Ufer der Rhône, gut 80 km südlich der Stadt Lyon. Der Weinbau am Hermitage reicht mit Sicherheit in die römische Zeit zurück. Im Jahr 1937 wurde die **Appellation Hermitage Contrôlée** ins Leben gerufen. Bemerkenswert ist, dass ihre Abgrenzung seitdem unverändert geblieben ist. Das Gebiet der Appellation umfasst Teile dreier Gemeinden des Départements Drôme, von denen zwei sich mit seinem Namen schmücken: Tain l'Hermitage, Crozes-Hermitage und Larnage. H. ist das einzige Weinbaugebiet des nördlichen Rhônetals, dessen Rot- und Weißweine gleich hohes Ansehen genießen.

Hero [*U.S. Kitchen*] Längliches ↑Weißbrot**sandwich**

Heroldrebe [*Weinkunde*] Typisch württembergische rote Sorte. Sie wurde von A. Herold in Weinsberg gezüchtet, ging aus der Kreuzung Portugieser & Limberger hervor und sollte ursprünglich den Portugieser ergänzen. Wegen der späten Reife stellt die Heroldrebe sehr hohe Ansprüche an die Lage, geringe bis mittlere an den Boden. Bei später Reife kann mit einem Ertrag von ca. 150 hl/ha gerechnet werden.

Herrengulasch [*Österr. Küche*] **A** Rindergulasch garniert mit ↑**Spiegelei** und gefächerter ↑**Gewürzgurken**hälfte. ↑**Gulasch**

Herrenpilz [*Österr. Küche*] ↑**Steinpilz**

Herrgårdost [*Käse*] **Herkunft:** Schweden; **Käsesorte:** ↑**Schnittkäse** mit Lochung und Naturrinde, 30 bis

45 % ↑**Fett i. Tr.**; **Milch:** pasteurisierte Kuhmilch; **Info:** Auch in Schweden wird ↑**Käse** vom Typ ↑**Emmentaler** hergestellt, der trotzdem ein regionales Produkt ist. Herrgårdost hat die Form eines Wagenrades und braucht etwa 4 Monate, um zu reifen, kann aber auch verzehrt werden, wenn er härter ist. **Form:** rund; **Gewicht:** 19 bis 20 kg

Herring [*U.S. Kitchen*] ↑**Hering**

Herrmann, Alexander [*Berühmte Köche*] **Alexander Herrmann**, *1971 in Kulmbach, D – seit 1996 im eigenen Familienbetrieb „Herrmanns Posthotel", Wirsberg. Bekannt wurde er durch seine Sterne, seinen einzigartigen fränkischen Schiefertrüffel, die eigene TV-Sendung „Koch doch mit Alexander Herrmann", die seit 2003 vom Bayerischen Fernsehen produziert wird, und die Publikationen **„Kochzeit I"**, **„Kochzeit-Fisch"** (2001) und **„Koch doch"** (2004).

Herrnwurst [*Fleischprodukte*] Regionale Bezeichnung für die ↑**Hirnwurst**

Hervé [*Käse*] **Herkunft:** Belgien/Provinz Lüttich; **Käsesorte:** ↑**Weichkäse** mit ↑**Rotschmiere**, 46 bis 63 % ↑**Fett i. Tr.**; **Milch:** pasteurisierte Vollmilch (Kuhmilch); **Info:** Dieser berühmte Rotschmierekäse, dem ↑**Romadur** bzw. ↑**Limburger** ähnlich, wird mit ↑**Salz**, ↑**Milchsäurebakterien** sowie ↑**Lab** hergestellt. Lässt sich bis ins 7. Jahrhundert zurückverfolgen. **Form:** rechteckig (Romadur ist quadratisch), 7 cm hoch; **Gewicht:** 200 g; **Reifung:** 3 Monate (Romadur 6 Monate) in einem feuchten Reifekeller, in Salzwasser gewaschen.

Herz [*Fleischprodukte*] **T Englisch:** heart; **Französisch:** cœur; **Italienisch:** cuore; **Spanisch:** corazon. Herz gehört zu den schmackhaftesten ↑**Innereien**. Gebraten oder geschmort ist das Muskelfleisch zugleich fest und mürbe, der Geschmack kräftig, erinnert an Wild. Das beste Herz stammt vom Kalb oder Lamm, aber auch Geflügelherzen sind für ↑**Ragout**s gut geeignet. Schweine- und Rinderherzen werden meistens zu Wurst verarbeitet. Zur Vorbereitung sollten die Herzen halbiert, Adern und Blutreste entfernt werden. Herz ist sehr vitaminreich, es enthält vor allem ↑**Vitamin B_1**.

Herzgulasch [*Fleischprodukte*] **T** Aus Herz geschnittenes ↑**Gulasch** oder ↑**Ragout**. Die Angabe „Herz" und Sortenbezeichnung ist auf **Speisekarten zwingend erforderlich.**

Herzinfarkt [*Gesundheit*] Zumeist die Folge einer ↑**Arteriosklerose** der Herzkranzgefäße. Die verengten Adern führen zu einer mangelhaften Durchblutung des Herzmuskels. Bei der Verstopfung eines Gefäßes kommt es zu einer Unterbrechung der Blut- und damit Sauerstoffzufuhr des betroffenen Gewebes. Dies führt zum Absterben von Herzgewebe und zum Herzinfarkt. Je nachdem, wo ein Infarkt auftritt, werden verschiedene Formen unterschieden, z. B. Hinterwand-Infarkt. ↑**Übergewicht** (**Adipositas**), ↑**Zuckerkrankheit** (Diabetes mellitus), erhöhte Blutfettwerte, Bluthochdruck, Stress, falsche ↑**Ernährung**, ↑**Alkohol**missbrauch und Rauchen sind Faktoren, die das Risiko eines Herzinfarkts vergrößern.

Herzkotelett [*Fleischprodukte*] Regionale Bezeichnung für eine Scheibe aus dem Kotelettstrang ab der 3. Rippe

Herz-Kreislauf-Krankheiten [*Fachkunde*] Krankheiten des Herzens und der Blutgefäße (z. B. Durchblutungsstörungen in Herzkranzgefäßen oder Beinen). Hauptursachen sind erhöhte Blutfettwerte und ein erhöhter ↑**Cholesterin**spiegel, Bluthochdruck, Übergewicht, ↑**Diabetes mellitus**, Rauchen, Stress und Bewegungsarmut.

Herzl [*Österr. Küche*] Das Innere einer Pflanze, die Kernblätter z. B. vom ↑**Kopfsalat**

Herzmuscheln [*Fisch*] **T Englisch:** cockles; **Französisch:** coques; **Italienisch:** cuore di mare; **Spanisch:** berberechos, almejas. Sie werden an der Nordseeküste, an der Atlantikküste, vor allen vor der Bretagne, und den Küsten des Mittelmeeres mit Spezialschiffen geerntet und können wie ↑**Miesmuscheln** gegart werden. Geschätzt werden sie wegen ihres zarten, delikaten Fleisches. In den Mittelmeerländern und an der englischen Küste liebt man sie roh oder gebacken als Vorspeise. Die Große Herzmuschel kann bis zu 8 cm groß werden. Die Schale der „Dornigen Herzmuschel" ist mit kleinen Stacheln besetzt. Das Fleisch ist vor allem von September bis April sehr schmackhaft (Monate mit „r"). ↑**Muscheln**

Herzoginkartoffeln [*Unsere Küche*] **R** Eine durchpassierte Masse aus gekochten, mehligen ↑**Kartoffeln**, mit ↑**Eigelb**, ↑**Salz** und ↑**Muskat** gewürzt, wird mit einer großen Sterntülle zu kleinen Bergen auf ein Backblech gespritzt, mit ↑**Ei** bestrichen und im Ofen gebacken. ↑**Duchessekartoffeln**

Hesse [*Fleischprodukte*] ↑**Haxe**

Hessische Bergstraße [*Weinkunde*] Mit rund 450 ha das kleinste Weinanbaugebiet in Westdeutschland. Es liegt nördlich von Heidelberg. Das Gebiet unterteilt sich in die Bereiche Starkenburg mit den Weinlagen an der eigentlichen Bergstraße und Umstadt als kleiner Weinbauinsel im Odenwald östlich von Darmstadt um die Orte Groß- und Klein-Umstadt. Die beiden wichtigsten Weinbauorte des Anbaugebietes sind Heppenheim und Bensheim. Die zu den Hessischen Staatsweingütern gehörende Domäne Bensheim verfügt über 8 % der gesamten Anbaufläche und ist der bedeutendste Erzeuger. Durch den problemlosen Verkauf vor Ort haben die Winzer weniger Absatzprobleme als andere. An der Hessischen Bergstraße wird der Wein in der Regel in Kleinbetrieben erzeugt. Die häufigsten Rebsorten sind Riesling mit 55 %, Müller-Thurgau mit 11 % und Grauburgunder mit 8 %.

Hetschepetsche, Hetscherl [*Österr. Küche*] ↑**Hagebutte**

Heumond Kas [*Käse*] **Herkunft:** Österreich; **Käsesorte:** ↑**Schnittkäse**, 50 % ↑**Fett i. Tr.**; **Milch:** silofreie pasteurisierte Kuhmilch; **Teig:** geschmeidig, Färbung je nach Jahreszeit milchig bis gelblich; **Geschmack:** mild-aromatisch

Heurige [*Österr. Küche*] Frühkartoffeln

Heuriger [*Weinkunde*] **1.** Österreichische Bezeichnung für den neuen Wein der jüngsten Lese. Traditionell ein leichter, meist aus „Grünem Veltliner" bereiteter Weißwein. **2.** Zugleich ist es die Bezeichnung für eine **„Buschenschänke"**, in der diese Weine angeboten werden. ↑**Straußwirtschaft**

Heuschreckenkrebs [*Fisch*] **T Lateinisch:** Odontodactylus scyllarus; **Englisch:** mantis shrimp; **Französisch:** squille; **Italienisch:** canoccie, cicala di mare; **Spanisch:** galera. **Herkunft:** lebt im Mittelmeer; **Beschreibung:** dem ↑**Kaisergranat** in Geschmack und Aussehen sehr ähnlich, erreicht er eine Länge von 25 cm. **Zubereitung:** Der Heuschreckenkrebs wird wie ↑**Hummer** getötet, aber nur 8 Min. gekocht. Durch den sehr dünnen Panzer ist der Fleischanteil verhältnismäßig hoch. **Das Fleisch:** zarte, aromatische Delikatesse

Hexamethyl entetramin [*Fachkunde*] ↑**E 239**

Hexenzwiebel [*Wildkräuter, -blüten & -früchte*] ↑**Bärlauch**

Hexose [*Fachkunde*] Einfachzucker mit 6 Kohlenstoff- und 6 Sauerstoffatomen im Molekül

Hibiskusblüten [*Wildkräuter, -blüten & -früchte*] Zum Kandieren geeignet. ↑**Kandieren von Blüten – Mehr Information:** ↑**Essbare Blüten**

Hibiskusblütentee [*Tee*] ↑**Malventee**

Hickory Smoked Pepper Cheese [*Käse*] Amerikanischer Räucherkäse aus Colorado

Hickorynüsse [*Allgem. Nährmittel*] ↑**Pekannüsse**

Hiffen, Hiften [*Wildkräuter, -blüten & -früchte*] ↑**Hagebutten**

Higadillos de ave [*Span. Speisekarte*] Geflügelleber

Hígado [*Span. Speisekarte*] ↑**Leber**

Higashi [*Intern. Länderküche*] Begriff aus der japanischen Küchenkultur für eine Süßigkeit, die zu dünnem grünen ↑**Tee** gereicht wird. Der bunt gefärbte Zuckerkuchen spiegelt in seiner Gestaltung die Jahreszeiten wider.

High Tea [*Intern. Länderküche*] Mischung aus Abendessen und Nachmittagstee, im ursprünglichen Sinne vor allem typisch für Schottland. Er beginnt z. B. mit einem ↑**Fisch**gericht, einer ↑**Quiche** oder gebackenem ↑**Schinken**. Danach serviert man ↑**Pfannkuchen** und süßes Gebäck, das auch zum **„5-o'clock-Tea"** (**Afternoon-Tea**) gereicht wird. „High Tea" wird zwischen 17 und 18 Uhr mit der ganzen Familie eingenommen. Gegen 22 Uhr gibt es dann noch einmal ↑**Tee** und ↑**Kekse**. ↑**Schottische Küche**

Highballs [*Hausbar*] **R** Mixgetränke, die in erster Linie erfrischen und den Durst löschen. Ihren Namen haben sie von den kleinen Bläschen, die sich im Inneren des Glases durch die ↑**Kohlensäure** bilden. Die Basisspirituose wird hierbei mit ↑**Soda** oder einem anderen kohlensäurehaltigen Getränk aufgefüllt. Serviert wird immer in einem großvolumigen Glas mit wenig Dekoration. Der bekannteste Highball ist vermutlich der **Bourbon Highball.**

Highland Burgundy Red [*Kartoffelsorte*] **T** International bekannte Kartoffelsorte, in Deutschland nur im Fachhandel erhältlich. Diese schottische Landsorte wurde 1936 gezüchtet. Die runden bis ovalen Knollen mit roter Schale und rotem Fleisch sind mittelspätreifend. Der urtümliche Kartoffelgeschmack der mehligkochenden Sorte kommt als Backkartoffel oder Püree besonders gut zur Geltung. ↑**Mehlig kochende Kartoffeln** – „Mehlige" oder „Runde" genannt

Highlands [*Hausbar*] **T** Eine vor mehr als zweihundert Jahren festgelegte Region mit Unterbezirken nördlich von Dundee bis Greenock und einigen Inseln. Eigenständig ist dabei die nordöstlichste Ecke Schottlands, Speyside, in der sich auch die wohl größte Anzahl an Destillerien befindet.

Higo [*Span. Speisekarte*] ↑**Feige**

Higos secos [*Mexicofood*] Getrocknete ↑**Feigen**

Hijiki [*Asiatische Küche*] **T** Algenart, die der ↑**Arame** ähnlich sieht, aber dicker ist und strenger schmeckt. Eingeweicht kann sie mit **Gemüse** gebraten oder zusammen mit ↑**eiweißhaltigen Lebensmitteln wie** ↑**Fisch**, ↑**Tofu** usw. zubereitet werden. Hijiki sind sehr reich an ↑**Calcium**.

Himbeerblätter [*Wildkräuter, -blüten & -früchte*] ↑**Himbeeren**

Himbeere [*Wildkräuter, -blüten & -früchte*] **A Lateinisch:** Rubus idaeus. **Synonym:** Honigbeere, Himpelbeere. **Englisch:** raspberries; **Französisch:** framboises; **Italienisch:** lamponi; **Spanisch:** frambuesas. **Info:** Die zur Familie der Rosengewächse gehörende Himbeere ist ein bis zu 2 m hoher Halbstrauch. Aus weißen bis rosafarbenen Blüten entwickeln sich meist rote, runde bis kegelförmige, fein behaarte, innen hohle, 1–2 cm große Sammelsteinfrüchte. Himbeeren können auch gelblich, weiß, orange, bernsteinfarben oder schwarz gefärbt sein. **Ursprung und Geschichte:** Die ursprünglich in den Laubwäldern Mittel- und Nordeuropas bzw. Nordamerikas beheimatete Himbeere wurde wahrscheinlich seit der Jungsteinzeit von Menschen gesammelt. Sie war im Altertum als Heilpflanze bekannt und wird auch in römischen Schriften erwähnt. Im Mittelalter wurden Himbeeren von Mönchen in Klostergärten kultiviert. **Herkunft und Saison:** Kulturhimbeeren kommen aus Polen, Österreich, Ungarn, Frankreich und der Ukraine. Spanische Himbeeren werden ab Anfang Juni angeboten, die Saison aus heimischem Anbau beginnt Mitte Juli bis Mitte August mit den frühreifenden Sorten und Ende August bis zu den ersten Frösten im November mit den spätreifenden Sorten. In den Wintermonaten gibt es vereinzelt Angebote aus südamerikanischer Produktion, meist aus Chile. **Inhaltsstoffe:** 100 g Himbeeren weisen einen Brennwert von ∅ 48 kcal/200 kJ auf und enthalten etwa 80 g Wasser, 0,9 g Eiweiß, 0,5 g Fett, 11,6 g Kohlenhydrate und 6,8 g Ballaststoffe. An **Spurenelementen** und **Vitaminen** sind ∅ 22 mg Kalzium, 0,6 mg Eisen, 13 RE Vitamin A sowie 25 mg Vitamin C enthalten. Die Himbeere zeichnet sich durch einen hohen ↑**Vitamin-C**-Gehalt aus. **Einkauf:** Da die Haupterntezeit von Himbeeren der Juli ist, schmecken sie in diesem Monat auch am besten. Beim Einkauf sollen die Beeren trocken und ohne ↑**Schimmel** sein, da die Ansteckungsgefahr gerade in der warmen Jahreszeit groß ist. Die Früchte genau anschauen und ebenso darauf achten, dass der Schalenboden, in dem sie angeboten werden, trocken ist. **Verwendung in der Küche:** Wegen ihres einzigartigen Aromas werden Himbeeren üblicherweise roh verzehrt, aber auch für ↑**Kaltschalen**, ↑**Speiseeis**, ↑**Pudding**, ↑**Desserts** und Obstkuchen verwendet oder zu ↑**Marmeladen**, ↑**Konfitüren**, ↑**Sirup**, ↑**Gelees**, ↑**Konserven**, ↑**Likör**, ↑**Branntwein** oder ↑**Essig** verarbeitet. Eine besondere Leckerei sind **heiße Himbeeren** (mit karamellisiertem Zucker und ↑**Himbeergeist** flambiert) mit ↑**Vanilleeis**. **Aufbewahren:** Himbeeren sollten gleich verzehrt werden, da sie sehr schnell verderben. Nur wenn die Himbeeren sehr trocken sind, können sie einen Tag im Gemüsefach des Kühlschranks gelagert werden. Dazu die Früchte ungewaschen auf einem Teller oder einer Schale ausbreiten und mit Frischhaltefolie abdecken. Zu reife Früchte einfach kurz ohne Wasser aufkochen und passiert als kalte ↑**Sauce** zu Kurzgebratenem oder Dessert servieren. Zum Einfrieren die Himbeeren nebeneinander auf eine Aluschale legen und vorfrieren. Erst dann in eine Gefrierdose füllen und im Tiefkühler aufbewahren. **Wirkung in der Volksmedizin:** In der Naturheilkunde wird Himbeersaft zur Kühlung und Fiebersenkung eingesetzt und die schweißtreibende Wirkung der Früchte genützt. Himbeerblätter wirken leicht adstringierend und kommen als Zusatz im Gurgelwasser oder in Tee zur Blutreinigung oder gegen Durchfall zum Einsatz.

Himbeeressig [*Allgem. Nährmittel*] **R** Die Herstellung ist unkompliziert. Für 3 l Himbeeressig benötigt man ein Kilo ↑**Himbeeren** und 2 l ↑**Weinessig**. Die Himbeeren 24 Stunden mit dem ↑**Essig** stehen lassen, dann den Essig abgießen, die Himbeeren pressen und mit dem Essig vergären. Nach drei Tagen wenig ↑**Zucker** zusetzen, den fertigen Himbeeressig filtern und in Flaschen füllen (aufziehen). Mit Himbeeressig kann man feine, leichte ↑**Sauce**n geschmacklich abrunden, aber auch ↑**Gänseleber** und ↑**Wild** würzen. Genauso stellt man Erdbeer-, Holunderbeer- und schwarzen Johannisbeeressig her. Die Essige schmecken leicht süßlich, aromatisch, fruchtig und sind für ↑**Blattsalate**, feine Saucen mit gebratenem ↑**Kaninchenfleisch**, für ↑**Lamm**- und **Wild**gerichte oder auch ↑**Gänseleber** bestens geeignet. ↑**Essig**

Himbeergeist [*Hausbar*] Zählt zu den aromareichsten Obstspirituosen, besonders wenn er aus Waldhimbeeren destilliert wurde. Der Zuckergehalt der Himbeere ist mit 4,5 bis 6 % so niedrig, dass die Herstellung einer ↑**Spirituose** auf dem Gärungsweg (als Maische) nicht möglich wäre. Deshalb wird der Geist mit neutralem ↑**Alkohol** angesetzt. Das heißt, dass die Früchte bei der Geistherstellung in einem so genannten Aromakorb liegen. Der aufsteigende alkoholische Dampf entzieht den Früchten beim Destillieren ihre Aromen und nimmt sie auf.

Himmel und Erde [*Regionale Spezialität*] **A** Rheinische Spezialität, auch „Himmel und Hölle“ genannt. „Himmel un Äd“ befördert den Gaumen in den Himmel, sagen die Kölner. Die drei Hauptzutaten ↑**Kartoffeln**, ↑**Äpfel** und Flönz (↑**Blutwurst**) werden zusammen gebraten.

Himpelbeere [*Wildkräuter, -blüten & -früchte*] ↑**Himbeere**

Hindi Sis [*Orientalische Küche*] **A** Begriff aus der türkischen Küchenkultur für ↑**Puten**spieße mit ↑**Tomatensauce** und ↑**Spitzpaprika**. ↑**Türkische Küche**

Hindili salata [*Orientalische Küche*] **A** Begriff aus der türkischen Küchenkultur für ↑**Gemüse** oder ↑**Blattsalat** mit gebratenem ↑**Puten**fleisch. ↑**Türkische Küche**

Hinojo [*Span. Speisekarte*] ↑**Fenchel**

Hintere Stelze [*Österr. Küche*] Hachse, Haxe

Hinterhaspel [*Fleischprodukte*] Regionale Bezeichnung für das ↑Schinken**eisbein** der Schweinekeule

Hintermeisel [*Österr. Küche*] ↑**Beinfleisch**

Hinterschenkel [*Fleischprodukte*] Regionale Bezeichnung für das ↑**Beinfleisch**.

Hinterschenkelstück [*Fleischprodukte*] Regionale Bezeichnung für die ↑**Unterschale**

Hinterschrank [*Fleischprodukte*] Regionale Bezeichnung für das ↑**Beinfleisch**.

Hippen [*Backstube*] **R** Feine, sehr knusprige Gebäckrollen, -tüten, -fladen, -blätter, -schmetterlinge usw.; **Hippenteig:** (Eischwerteig ohne Butter) 100 g Eier oder Schlagsahne, 100 g Weizenmehl, 100 g Puderzucker, etwas Aroma – Vanillemark, Bittermandel (Amaretto) – oder Abrieb von unbehandelter Zitrone oder Orange; **Vorbereitung:** Schablonen für die Hippen nach beliebiger Form (Rechtecke, Kreise, Blätter, Schmetterlinge oder Blüten) aus dünner Pappe, z. B. Tortenkarton oder Tortentellern, ausschneiden. Backofen auf 200° C vorheizen. **Hippenteig:** Mehl und Puderzucker, ggf. eine Messerspitze Backpulver in eine Rührschüssel sieben, ↑**Eier** oder Sahne, Prise Salz und Aroma hinzufügen. Alles mit einem Schneebesen zu einem glatten Teig verrühren. Schablone auf das Backpapier legen, knapp 1 TL Teig in die Mitte geben. Teig mit einer Palette dünn verstreichen, Schablone wieder vom Papier nehmen. Weitere Hippen auf das Backpapier aufstreichen, das Backblech in den Ofen schieben und die Hippen ca. 4 Min. goldgelb backen. Weitere Backbleche ebenso vorbereiten. Danach die Hippen **sofort** nacheinander mit Hilfe einer Palette vom Backblech lösen und **noch** heiß auf den gewünschten Formen andrücken und erkalten lassen. Die Formen kann man kaufen oder selber machen, z. B. Kegel aus Pappe mit Alu überzogen, Kochlöffel, Gläser usw. Nicht mehr als 4 Stück pro Backblech backen, da das Gebäck sehr schnell erkaltet und sich dann nicht mehr formen lässt. Kalte Hippen können ohne Füllung einige Zeit in geschlossener Dose aufbewahrt werden.

Hirn [*Fleischprodukte*] **T** **Englisch:** brains; **Französisch:** cervelle; **Italienisch:** cervella; **Spanisch:** sesos. Geschmacklich ist Kalbs- oder Lammhirn zu empfehlen. Sie benötigen eine kurze Garzeit, sind sehr zart und haben ein mildes Aroma. Hirn wird wie ↑**Bries** gut gewässert und gehäutet, dann kurz gebraten, gebacken oder für Füllungen und Aufläufe verwendet. **Das Verarbeiten von Rinderhirn (und Rückenmark) ist wegen der anhaltenden Rinderseuche BSE verboten.**

Hirnkraut [*Gewürze & Kräuter*] ↑**Basilikum**

Hirnwurst [*Fleischprodukte*] ↑**Gelbwurst**, eine traditionell in Bayern gefertigte ↑**Brühwurst** aus feinem, magerem ↑**Brät.** Bestehend aus ↑**Schweinefleisch**, fettem ↑**Speck** und auch ↑**Rind**- oder ↑**Kalbfleisch.** Mild gewürzt, ohne Pökelsalz, mit ↑**Ingwer**, ↑**Kardamom**, ↑**Macis**, weißem ↑**Pfeffer**, ↑**Salz** und ↑**Zitronenschale**, manchmal mit gehackter ↑**Petersilie.** Hirnwurst hat eine blass-weißliche bis leicht gräuliche Farbe und ist bei Kindern sehr beliebt. Das Wurstbrät wird meist in gelbe Kunstdärme gefüllt. Wenn überhaupt Hirn in der heutigen Hirnwurst enthalten ist, dann kein Rinderhirn, sondern traditionell Schweinehirn. 100 g Hirnwurst enthalten ⌀ 341 kcal/1427 kJ bei 27 % Fett.

Hirsch [*Fleischprodukte*] **T** **Englisch:** stag, venison; **Französisch:** cerf; **Italienisch:** cervo; **Spanisch:** ciervo. Hirschfleisch wird fast immer gebeizt. ↑**Beizen.** Es ist fettarm und daher leicht verdaulich, aber auch sehr trocken, darum werden die Bratenstücke vor der Zubereitung gespickt. ↑**Spicken.** Um mürbe zu werden, muss junges Hirschfleisch nicht eingelegt werden. Wenn, dann nur einige Stunden, um die Geschmacksrichtung zu ändern (↑**Buttermilch** oder ↑Rotwein**beize**). ↑**Würztabelle/Hirschbraten.** Große Tiere müssen gut abgehangen werden. ↑**Haut-gôut** & ↑**Abhängen.** Rothirschfleisch ist von edlem Geschmack, kurzfaserig, zart, fettarm und eiweißreich. Sein ↑**Eiweiß**gehalt liegt bei 23 %. Der besonders geringe Fettgehalt macht Rotwildfleisch ideal für eine kalorienbewusste Ernährung. **Inhaltsstoffe:** 100 g Hirschfleisch weisen einen Brennwert von ⌀ 157 kcal/657 kJ auf. Es ist nicht nur ein guter Vitaminträger (insbesondere ↑**Vitamin B**), sondern enthält auch alle wichtigen ↑**Mineralstoffe.** Hirschfleisch besitzt besonders wenig ↑**Cholesterin.** Vom Februar bis Ende Juli hat der Hirsch Schonzeit, tiefgekühlt und portioniert wird er das ganze Jahr über angeboten. Gespickte Teilstücke sollten nicht länger als drei, ungespickte nicht länger als zwölf Monate tiefgekühlt gelagert werden. ↑**Wild**

Hirschbollen [*Wildkräuter, -blüten & -früchte*] ↑**Brombeeren**

Hirschhornsalz [*Backstube*] **T** Teiglockerungsmittel, enthält die chemische Substanz Ammoniumcarbonat. Es treibt den Teig vor allem in die Breite und weniger in die Höhe. Hirschhornsalz eignet sich vor allem für ↑**Roggenteige**, da es hier für die gute Quell- und Backeigenschaft (Lockerung, großes Volumen, hohe Elastizität) des Teiges und den typisch würzigen Geschmack sorgt. Außerdem wird Hirschhornsalz für flache Gebäcke wie ↑**Lebkuchen** und ↑**Honigkuchen** verwendet. Es zerfällt erst in der Backhitze, also bei Temperaturen von weit über 60° C in Kohlendioxid, Ammoniak u. Wasser. Der Ammoniakgeruch kann bei hohem Gebäck nicht entweichen, darum verwendet man Hirschhornsalz nur für flache und kleine Gebäcke (↑**Kekse**, Lebkuchenbäckerei). Pro 500 g Mehl benötigt man 6 g. Das wasseranziehende Salz ist in Glasröhrchen erhältlich und max. 6 Monate haltbar.

Hirschmöhren [*Gemüse*] ↑**Pastinaken**

Hirse [*Allgem. Nährmittel*] **T** **Englisch:** millet; **Französisch:** millet; **Italienisch:** miglio; **Spanisch:** mijo. Sammelbegriff für eine Reihe kleinkörniger Getreidearten (Süßgräser) mit hohem Proteingehalt. Das einstige Hauptgetreide Europas stammt aus Asien. **Info:** Hirse ist das kleinste Getreidekorn, enthält reichlich ↑**Mineralstoffe** wie ↑**Magnesium**, ↑**Kalium**, ↑**Phosphor** und ↑**Eisen** und ist ↑**gluten**frei. Sie hat von allen Getreidearten den höchsten ↑**Kieselsäure**gehalt und wird deshalb wegen ihrer Wirkung auf Haare, Haut und Nägel auch „Schönheitsgetreide" genannt. **Inhaltsstoffe:** 100 g Hirse enthalten ⌀ 331 kcal/1386 kJ, 9,6 g Eiweiß, 3,6 g Fett, 9 mg Eisen, 3,4 mg Zink, 0,2 mg Vitamin E und 260 µg Vitamin B_1. Die Nährstoffe sind im ganzen Korn enthalten und konzentrieren sich nicht nur auf die äußeren Schichten. In Deutschland ist Hirse als ganzes, geschältes Korn oder in Form von Flocken erhältlich. Geschälte Hirse ist mattgelb bis schwarzbraun. Sie eignet sich nicht zum Backen, nur Fladen oder flache Brote können zubereitet werden. Für Suppen und Eintöpfe werden die Körner mit ↑**Gemüse** oder ↑**Hülsenfrüchten** gemischt oder sie werden wie ↑**Reis** gekocht. Hirse schmeckt als Beilage, in Aufläufen und als Gemüsefüllung. Für das arabische ↑**Couscous** und ↑**Taboulé** (einen mit Gemüse und ↑**Rosinen** angereicherter Salat) bildet sie die Grundlage.

Hirsemehl [*Allgem. Nährmittel*] **T** Das hellgelbe und meist grobe Hirsemehl hat zwar einen hohen Proteingehalt, jedoch nur wenig ↑**Gluten** und ist ohne jeden Zusatz zum Brotbacken wenig geeignet. Mit Weizenmehl gemischt, bekommt das Brot einen leicht nussigen Geschmack.

Hirtensalat [*Unsere Küche*] **A** Bunter Salat, den man aus ↑**Gurken**, ↑**Tomaten**, ↑**Zwiebeln**, ↑**Paprika**, ggf. ↑**Schafskäse**, schwarzen ↑**Oliven** und ↑**Essig-Öl-Dressing** zubereitet. Vorbild ist der ↑**Griechische Bauernsalat** (horiatiki salata)

Hirtentäschel [*Wildkräuter, -blüten & -früchte*] **T Lateinisch:** Capsella bursa-pastoris; **Info:** Samenschoten, Blätter und Blüten sind essbar. Die Stängel sind eher zäh. **Standort:** Die Pflanze liebt es sonnig und stickstoffreich, sowie Sand-, Lehm- und Kiesböden. **Geschmack:** leicht scharf, bitter und etwas zusammenziehend; **Verwendung in der Küche:** Hirtentäschelkraut schmeckt als Zutat in Wildkräutersalaten und -suppen sowie in Kräuterteemischungen. **Wirkung in der Volksmedizin:** blutstillend, wehenstärkend, anregend auf die Darmmuskulatur. **Mehr Information:** ↑**Essbare Blüten**

Hisopo [*Gewürze & Kräuter*] ↑**Ysop**

Histamin [*Gesundheit*] Dieses biogene Amin findet sich vor allem in leicht verderblichen eiweißreichen, tierischen Lebensmitteln (z. B. ↑**Fisch** und Fischprodukten). **Bei Menschen, die eine Überempfindlichkeit gegen Histamin aufweisen, können bereits geringe Mengen pseudoallergische Reaktionen (Lebensmittelintoleranzen) auslösen.** Histamin entsteht durch den bakteriellen Abbau der ↑**Aminosäure** und wird in solchen Lebensmitteln gebildet, die im Verlaufe der Verarbeitung, Reifung und Lagerung biochemischen und mikrobiellen Veränderungen unterliegen. **Dazu zählen:** bestimmte Käsesorten, ↑**Rohwurst**, roher ↑**Schinken**, ↑**Sauerkraut**, ↑**Spinat**, ↑**Hefe**extrakte, ↑**Wein** und ↑**Bier**. In langsam reifenden ↑**Käse-** und Wurstsorten (z. B. ↑**Gruyère**, ↑**Roquefort**, ↑**Salami**) findet man höhere Konzentrationen, da die Mikroorganismen über einen längeren Zeitraum aktiv sind und mehr Histidin zu Histamin abbauen können. Beim gesunden Menschen wirken Regulationsmechanismen, die eine giftige Wirkung verhindern. Zwei in der Darmschleimhaut vorhandene ↑**Enzyme** (Diaminoxydase und N-Methyltransferase) inaktivieren das mit der Nahrung aufgenommene Histamin vor Durchtritt durch die Darmwand. Größere Mengen an Histamin oder anderen biogenen Aminen (z. B. Tyramin, Tryptamin) können dieses Inaktivierungssystem jedoch überfordern. In seiner Funktion beeinträchtigt werden kann dieses System außerdem durch Medikamente und blutdrucksenkende Mittel, Schmerzmittel und Chemotherapeutika. In der Literatur wird die Verträglichkeitsgrenze von Histamin mit bis zu 10 mg angegeben. Etwa 100 mg Histamin können zu einer mittleren Vergiftung führen, die Zufuhr von mehr als 1000 mg Histamin zu einer schweren. **Durch alkoholische Getränke kann die giftige Wirkung von Histamin gesteigert werden.** Akute Beschwerden wie Atemnot, Blutdruckabfall, Rötung der Haut, Nesselauschlag mit Juckreiz, Übelkeit, Magenkrämpfe, Erbrechen, Durchfall und Kopfschmerzen können auftreten. Hohe Histaminkonzentrationen können in bestimmten Fischarten (z. B. ↑**Makrele**, ↑**Tunfisch**, marinierter ↑**Hering**) entstehen, die reich an Histidin sind. Der Genuss solchen Fischfleisches führt bei Überempfindlichkeit zu der als Scombroid-Vergiftung bezeichneten Erkankung. Eine hohe Histaminkonzentration lässt sich durch konsequente Kühlung und einwandfreie Qualität des Fisches verhindern. Menschen, bei denen eine Histamin-Überempfindlichkeit vorliegt, kann Folgendes empfohlen werden: **1.** nur ganz frischen Fisch verzehren bzw. auf Fisch und Fischprodukte verzichten; **2.** auf ↑**Hartkäse**, Rohwurst und rohen Schinken möglichst verzichten; **3.** alle Lebensmittel, denen bei der Herstellung Mikroorganismen zugesetzt werden (z. B. Bier, Sauerkraut) mit Vorsicht genießen; **4.** ebenso alkoholische Getränke, insbesondere Wein; **5.** mit dem Arzt klären, ob verordnete Medikamente den Regulationsmechanismus stören können.

Histidin [*Fachkunde*] ↑**Aminosäure**

Hitzebehandlung [*Fachkunde*] „↑**UHT**“, führt teilweise zu einer ↑**Denaturierung** der Inhaltsstoffe

Hkl [*Fachkunde*] ↑**Handelsklassen**

H-Milch [*Milchprodukte*] H-Milch ist ultrahocherhitzt. Das „H“ steht für haltbar. Beim Ultrahocherhitzen wird die ↑**Milch** für wenige Sekunden auf etwa 150° C erhitzt, um vermehrungsfähige Keime abzutöten. H-Milch ist dadurch länger haltbar und kann in geschlossener Packung sogar bei Zimmertemperatur bis zu 3 Monate aufbewahrt werden. Das ↑**Eiweiß** der Milch wird zu 50 bis 90 % ausgefällt, dadurch verändert sich der Geschmack ein wenig („Kochgeschmack“), aber die Zusammensetzung der ↑**Nährstoffe** kaum. Lediglich der Gehalt an ↑**B-Vitaminen** nimmt im Vergleich zu pasteurisierter Milch ab (10 bis 20 %), aber weitaus nicht so stark wie bei sterilisierter (gekochter) Milch. H-Milch ist ein geeigneter Ersatz für pasteurisierte Milch.

Hoagie [*U.S. Kitchen*] Längliches ↑Weiß**brotsandwich**

Hochepot [*Franz. Speisekarte*] (**sprich:** oschpo) ↑**Fleischragout.** ↑**Hutspot**

Hochfarbig [*Weinkunde*] Dieser Begriff bezeichnet eine besonders kräftige Farbe beim Weißwein, die durch Alterung im Laufe der Zeit entsteht. Sehr alte Weine haben eine Cognac-ähnliche Farbe. Manchmal wird die Farbe durch die Rebsorte verursacht. Grauburgunder bzw. Ruländerweine sind dafür typische Beispiele. Hier gelangen Farbstoffe aus den Trauben in den Wein.

Hochgewächs [*Weinkunde*] Bezeichnung für Weine, die eine hohe Qualität aufweisen und über dem Durchschnitt der amtlichen Prüfung liegen. Diese Bezeichnung gilt offiziell nur für ↑**Riesling**-Weine, die dann als Riesling-Hochgewächs ausgewiesen werden.

Hochpasteurisation [*Fachkunde*] Erhitzung auf mindestens 85° C während 4 Sekunden oder 125° C während 1 Sekunde

Hochrippe (hohe Rippe) [*Fleischprodukte*] Rinderrückenstück von der 6. bis 12. Rippe. Ist es von jungen Tieren und sehr gut abgehangen, kann es rosa gebraten, ansonsten sollte es geschmort werden. ↑**Abhängen**

Hochrippendeckel [*Fleischprodukte*] **T** Äußere, flache Muskelpartie der Hochrippe, kann für ↑**Hack**- oder ↑**Klärfleisch** verwendet werden

Hochrücken [*Fleischprodukte*] Der hinter dem ↑**abgedeckten Rücken** befindliche Teil des Rinderrückens eignet sich zur Zubereitung von Schmorbraten, Englischem Braten oder Suppenfleisch.

Höchstkonzentration [*Fachkunde*] Maximale Konzentration eines Stoffes und seiner toxikologisch bedeutsamen Folgeprodukte, die in oder auf einem Lebensmittel zum Zeitpunkt der Abgabe an den Konsumenten vorhanden sein darf.

Höchstmengen [*Gesundheit*] Bezeichnen die Mengen an giftigen (toxischen) Stoffen, die in einem Lebensmittel enthalten sein dürfen. Höchstmengen gelten für Gifte, Schwermetalle und Pflanzenschutzmittel. Mengen unterhalb der Höchstmengengrenze gelten als gesundheitlich unbedenklich. Höchstmengen werden in der Höchstmengenverordnung geregelt. Die amtliche Lebensmittelüberwachung überprüft stichprobenartig die Einhaltung der Höchstmengen. ↑**ADI-Werte** oder ↑**E-Nummern Tabelle**

Hoffmann, Michael [*Berühmte Köche*] **Michael Hoffmann**, * 30.10.1967 in Dillenburg, D. Nach Lehr- und Wanderjahren seit April 2003 Chef des Berliner Restaurants Margaux – Unter den Linden. Bekannt geworden für seine Kräuter- und Gemüseküche mit vielen alten Gemüsesorten; sowie 1998 – im ZDF Fernsehgarten, 1999 – im ZDF Frühstücksfernsehen und 2005–2006 auf n-tv in der Sendung „Vinum". Michael Hoffmann ist seit 2003 Dozent in Paris an der Ecole Supérieure de la Cuisine Française.

Hogshead [*Weinkunde*] Australien: Weinfass mit 300 l Fassungsvermögen

Hohe Verderblichkeit [*Fachkunde*] Umgebungsbedingungen, in denen sich Mikroorganismen stark vermehren können. Dies muss durch geeignete Maßnahmen vermieden werden (Kühlung, Erhitzung). In der Regel wird eine Kühlung unter 5° C und/oder eine Hitzebehandlung in einer geeigneten Verpackung angewendet.

Hohes Roastbeef [*Fleischprodukte*] ↑**Hochrippe**

Hohl [*Weinkunde*] Es fehlt an befriedigendem Geschmack „in der Mitte", d. h. zwischen dem ersten Eindruck und dem letzten Nachgeschmack. Typisch für Weine habgieriger Winzer, die ihre Reben zu viele Trauben tragen lassen. Ein extrem hohler Wein ist „leer".

Hohl ausbeinen [*Unsere Küche*] Einen Knochen aus einem Teilstück herauslösen, ohne die umliegende Muskulatur aufzuschneiden. In der Regel geschieht dies mit den Mittelröhren der Keule und der Schulter.

Hohlbeeren [*Wildkräuter, -blüten & -früchte*] ↑**Himbeeren**

Hohles Frikandeau [*Fleischprodukte*] ↑Kalbs**oberschale**.

Hohlhippen [*Österr. Küche*] Röhrenförmiges, sehr knuspriges Backwerk aus dünnem Teig. ↑**Hippen**

Hohlmaße, Deutsche [*Fachkunde*] Grundeinheit ist der Liter (l). 1 Deziliter (dl) = 0,1 l, 1 Zentiliter (cl) = 0,01 l, 1 Milliliter (ml) = 0,001 l 1 Mikroliter (Õl) = 0,000001 l, 1 Hektoliter (hl) = 100 l

Hoisin sauce (Peking-sauce) [*Gewürze & Kräuter*] **T** Diese pastenartige Sauce ist äußerst scharf, dicklich und rotbraun. Hergestellt wird sie aus roten ↑**Sojabohnen**, ↑**Knoblauch**, ↑**Chilischoten** sowie diverse ↑**Kräutern** und ↑**Gewürzen**. Verwendung findet sie hauptsächlich in der ↑**Chinesischen Küche** für ↑**Fisch**, ↑**Muscheln**, ↑**Krusten**- und ↑**Schalentiere** sowie Gerichte mit ↑**Leber**, ↑**Hühnerfleisch**, ↑**Peking-Ente**. Im Handel in Dosen, Gläschen, Flaschen, in unterschiedlichen Mengen erhältlich.

Hokifisch [*Fisch*] **A Lateinisch**: Macruronus novaezelandiae. **Synonym**: „Neuseeland-Hoki", „Neuseeländischer Hoki", „Blauer Seehecht" oder „Neuseeländischer Langschwanz-Seehecht". **Englisch**: blue grenadier, blue hake; **Französisch:** grenadiers bleus; **Italienisch:** merluzzo granatiero; **Spanisch:** colas de rata. Der **Hoki** ist ein pazifischer Knochenfisch, der mit dem atlantischen ↑**Seehecht** (merluccius) verwandt ist. **Größe:** 60 bis 130 cm, **Gewicht**: ca.1,5 kg. Hauptfanggebiete sind die Westküste der Südinsel Neuseelands, die Cook-Straße und der Chatham Rise östlich von Neuseeland. **Inhaltsstoffe:** pro 100 g ∅ 83 kcal/349 kJ, Eiweiß: 16,9 g, Fett: 1,9 g. Das schmackhafte weiße Fleisch des Tiefseebewohners wird roh häufig für ↑**Sushi** verwendet. In Mitteleuropa wird es ausschließlich tiefgekühlt angeboten und kann gebraten oder gedünstet werden.

Hokkaido [*U.S. Kitchen*] Orangefarbene, wohlschmeckende ↑Winterkürbisse, relativ klein und oben spitz zulaufend

Holder [*Schweizer Küche*] Schweizer Bezeichnung für ↑**Holunder**

Hollandaise Sc. Hollandaise [*Unsere Küche*] **R** Die Sauce Hollandaise ist eine aufgeschlagene ↑**Grundsauce**, von der verschiedene Saucen abgeleitet werden können. Sie wird neutral, nur mit etwas ↑**Zitronensaft** oder ↑**Essig**, ↑**Cayennepfeffer** und ↑**Salz** abgeschmeckt. Die Hollandaise ist nicht nur eine geschmackliche Bereicherung von ↑**Gemüse** (besonders ↑**Spargel**), sondern auch gut zum Überbacken von Speisen geeignet. Durch den hohen Butteranteil ist sie sehr ↑**kalorien**- und ↑**cholesterin**reich. Das Cholesterin lässt sich einsparen, wenn die Hollandaise statt mit ↑**Butterschmalz** mit ↑**Albaöl** aufgeschlagen wird. **Zubereitung:** Für die holländische Sauce schlägt man ↑**Eigelb** und einige Tropfen ↑**Weißwein** mit dem Schneebesen im heißen Wasserbad schaumig, cremig auf. **Vorsicht: Das Eigelb gerinnt ab ca. 60° C.** Danach wird tröpfchenweise flüssige, geklärte, warme ↑**Butter** (ca. 50° C) eingerührt, bis eine erkennbare Bindung stattfindet, und dann zügig so viel von der Butter untergerührt, bis die Sauce ihre gewünschte Konsistenz bekommt. Eischaum und Butter sollten die gleiche Temperatur haben, das verhindert das Gerinnen.

Hollerbeeren [*Österr. Küche*] ↑**Holunder**

Holstein Historischer Speisename [*Speisegarnitur*] **R** **1.** Friedrich (1837–1909), Geheimrat im Berliner Außenministerium; **2. à la Holstein** – Eine ausschließlich für kurzgebratenes ↑**Kalbfleisch** (Filet) angewendete Garnitur, wobei ein ↑**Spiegelei** das gebratene Kalbfleisch überdeckt. Dazu werden einige ↑**Canapées**, belegt mit Fischscheiben oder Streifen (↑**Lachs**, geräuchert oder gebeizt) oder Stücke vom Räucherfisch (↑**Aal**, ↑**Heilbutt**) mit Streifen von ↑**Sardellen** und ↑**Kaviar** serviert. **3. Schnitzel à la Holstein** ist ein Naturschnitzel vom Kalb mit Spiegelei und Sardellen garniert. Zu dieser Garnitur gehören Canapées mit Fischstreifen (↑**Julienne**) aus Lachs, Sardellen, ↑**deutschem Kaviar** usw. Dazu werden traditionell Röstkartoffeln serviert.

Holsteiner Katenschinken [*Regionale Spezialität*] ↑**Katenrauchschinken**

Holunder [*Wildkräuter, -blüten & -früchte*] **T Lateinisch:** Sambucus racemosa und nigra. **Synonym:** Fliederbeeren. **Englisch:** elderberry; **Französisch:** sureau, seu, sus; **Italienisch:** sambuco; **Spanisch:** sauco. **Info:** Die Holunderbeere ist eine wilde Steinfrucht und gehört botanisch zu den Caprifoliaceae-Gewächsen. Der im Juni/Juli weiß blühende Holunderstrauch ist auch in Deutschland weit verbreitet. Er kann bis zu 7 m hoch werden und wächst in ganz Europa und Asien in Hecken, Wäldern und an Ufern. Ende August/Anfang September beginnt die Ernte der kleinen, scharzen Holunderdolden, die frisch und reif, also violett bis schwarz, bedenkenlos (ohne Stiel) verzehrt werden können. **Achtung:** Bei empfindlichen Menschen können ungekochte Beeren starken Durchfall auslösen. Die unreifen Früchte, Blätter und Samen des Holunders enthalten geringe Mengen an zyanogenen Glykosiden (Blausäure abspaltendes Sambunigrin, Prunasin), die beim Verzehr zu Erbrechen und Durchfall führen können. In der Regel ist aber keine Behandlung erforderlich. **In einigen Fällen haben sich Kinder, die ausgehöhlte Zweige als Blasrohre verwendeten, Vergiftungen zugezogen. Tiere meiden Holunder in der Regel. Standort:** Die Pflanze liebt es sonnig bis halbschattig und ist oft auf steinigen, kalkarmen Lehmböden zu finden; **Inhaltsstoffe:** 100 g frische Holunderbeeren enthalten ∅ 48 kcal/201 kJ, 83,9 g Wasser, 7,4 g Kohlenhydrate, 2,5 g Eiweiß und 18 mg Vitamin C. **Geschmack:** süß-säuerlich herb; **Verwendung in der Küche:** Aus den Blütenständen werden Holunderblütensaft und ↑**Sirup**, mit denen ↑**Limonaden**, ↑**Wein** und ↑**Sekt** aromatisiert werden können. In ↑**Backteig** getaucht und frittiert ergeben sie im Frühsommer ein leckeres Dessert. Aus den reifen Früchten zaubert man köstliche ↑**Marmeladen** und ↑**Gelees**, speziell in Kombination mit ↑**Äpfeln** und wild wachsenden Beerenfrüchten. Außerdem werden sie zu Suppen, ↑**Kompott**, ↑**Frucht**- und ↑**Branntwein** verarbeitet. Der Saft aus den Früchten kann, vermischt mit ↑**Honig**, heiß und kalt getrunken werden. Die Samen sollten vor der Verarbeitung ausgesiebt, also entfernt werden. **Wirkung in der Volksmedizin:** Die getrockneten Blüten werden als Fliedertee gegen Erkältungen angewandt, außerdem haben sie eine harn-, schweiß- und milchtreibende sowie leicht abführende Wirkung und fördern die Blutbildung. Heißer Holundersaft mit Honig gilt als altes Hausmittel gegen Erkältung und ist im Winter ein guter Vitaminspender.

Holzapfel [*Exotische Früchte*] **Englisch:** wood apple; **Französisch:** pomme de bois. Die harte Schale verleiht der kugeligen, apfelsinengroßen Frucht ihren Namen. Heimisch ist er in Indien und Südostasien. Wenn man die reife Frucht schüttelt, hört man innen die Kerne. Das Fruchtfleisch ist dunkelbraun, cremig, musartig und schmeckt wie konzentrierte ↑**Konfitüre**.

Holzfäller Art [*Speisegarnitur*] **A Speisegarnitur** für **Kurzgebratenes** oder **rustikale Gerichte**, die keiner Rezeptur unterliegen. **1. Holzfäller-Steak** – Scheibe vom ↑**Schweinenacken** oder aus der -schulter werden mit ↑**Salz**, ↑**Pfeffer**, ↑**Paprika**, ↑**Majoran** und ↑**Knoblauch** ca. 12 Std. mariniert, bei mittlerer Hitze gegrillt und mit gebackenen oder geschmorten ↑**Zwiebeln** garniert, dazu passen ↑**Bratkartoffeln** oder ↑**Baked potatoe**; **2. Holzfäller Art** – ↑Schweine**medaillons** mit geschmorten Zwiebeln, ↑**Speck** und Bratkartoffeln oder ↑**Spaghetti** mit ↑**Waldpilzen**, ↑**Käse**, Rahmsauce und ↑**Kräutern**

Holzig [*Weinkunde*] Wenn Wein längere Zeit in einem neuen Holzfass lagert, das nicht ausreichend auf die Weinlagerung vorbereitet wurde, nimmt er einen holzigen, harten Geschmack an.

Homard [*Franz. Speisekarte*] Gourmetbezeichnung für ↑**Hummer**

Homard à la newburg [*Speisegarnitur*] **A** In Sahne ↑**sautierte** Würfel von Hummerfleisch, mit ↑**Sherry** oder ↑**Cognac** usw. abgelöscht

Homard poché (vivant) [*Franz. Speisekarte*] Frisch gekochter ↑**Hummer**

Homard thermidor [*Speisegarnitur*] **A Speisegarnitur für Hummer, Languste, Garnelenschwänze:** Mundgerechte **Hummer**stücke werden in halbierten Hummerschalen platziert, mit ↑**Sauce Bercy** überzogen, mit Käse überbacken

Home cooking [*U.S. Kitchen*] Hausmannskost

Home fries [*U.S. Kitchen*] ↑**Bratkartoffeln**

Homemade [*U.S. Kitchen*] Hausgemacht

Home-style [*U.S. Kitchen*] Hausgemacht, Hausmannskost

Hominy [*U.S. Kitchen*] Ganze, getrocknete Maiskörner, die in Löschkalk oder Lauge eingeweicht und anschließend geschält werden. Die alkalische Behandlung verbessert die Verdaulichkeit der Maiskörner. Hominy ist die Grundlage vieler amerikanischer Gerichte und wird fast von jedem Indianerstamm und nahezu überall im Südwesten Amerikas verwendet. Gelben und weißen Hominy gibt es in Dosen oder getrocknet auch unter der Bezeichnung „maiz para ↑**Pozole**". Verwendet man getrockneten Hominy, muss er vor dem Kochen in Wasser eingeweicht werden. Grobgemahlener getrockneter Hominy führt die englische Bezeichnung **grits.** ↑**Gelber Mais,** ↑**Maismehl,** ↑**Maisgries** & ↑**Fumonisine**

Homogenisieren [*Fachkunde*] Die natürlich in der ↑**Milch** vorkommenden Fettkügelchen werden durch das Homogenisieren in kleinere Fettkügelchen zerteilt. Dies geschieht, indem man die Milch unter hohem Druck (mit 120–150 bar) durch feinste Düsen presst. Das Homogenisieren verhindert das Aufrahmen der Milch, verbessert die Konsistenz z. B. bei ↑**Jogurt** und macht das ↑**Milchfett** leichter verdaulich.

Honey [*U.S. Kitchen*] ↑**Honig**

Hongroise, à la Ungarische Art [*Speisegarnitur*] **A Speisegarnitur** für **große** und **kleine Fleischstücke** aus **vorwiegend weißem Fleisch** – Große, mit paprizierter (↑**Paprikapulver**) ↑**Sauce Mornay** überbackene ↑**Blumenkohl**röschen; **Sauce:** leichter gebundener **Fond** oder Paprikasoße

Honifogl [*Weinkunde*] Veraltete Bezeichnung überdurchschnittlicher Wachauer Weine. Heute werden derartige Weine als ↑**Smaragd** deklariert.

Honig [*Fachkunde*] **A Englisch:** honey; **Französisch:** miel; **Italienisch:** miele; **Spanisch:** miel. Eigentlich dient Honig als Futter für die Bienenlarven und als Wintervorrat der Bienen. **Definition laut Honigverordnung:** „Honig ist ein flüssiges bis dickflüssiges oder kristallines Lebensmittel, das von Bienen erzeugt wird, indem sie Blütennektare, andere Sekrete von lebenden Pflanzenteilen oder auf Pflanzen befindliche Sekrete von Insekten aufnehmen, durch körpereigene Sekrete bereichern und verändern, in Waben speichern und dort reifen lassen." Erst wenn die Bienen ihre Wabenzellen mit einer dünnen Wachsschicht luftdicht verdeckeln, ist der Honig reif, sodass der Imker ihn gewinnen kann. Bienen müssen für ein Kilogramm Honig mehrere Millionen Blüten besuchen. Honig wird nach geografischer Herkunft (in- oder ausländisch), nach pflanzlicher Herkunft (Blüte oder Honigtau), nach Art der Gewinnung (Scheiben- oder Wabenhonig) und nach Verwendungszweck (Speise-, Back- und Industriehonig) unterschieden. Geruch, Geschmack und Farbe des Honigs hängen von den Blüten, Nadel-, Blatt- oder Insekten-Sekreten, dem Alter und von der Herkunft des ↑**Nektar**s ab. Frischer Honig ist dünn und zähflüssig, er hat ein süßes und blumiges Aroma. In der Regel lässt sich sagen, je dunkler die Farbe, desto kräftiger sein Geschmack. Stammt ein Honig überwiegend aus einer bestimmten Blütensorte, dann handelt es sich in der Regel um einen Trachtenhonig, sodass er sich nach der jeweiligen Blüte benennen darf, wie Akazien-, Klee- oder Orangenblütenhonig. Je nach Sorte gibt es Unterschiede zwischen Geschmack (Süße) und Aroma (würzig-blumig). Diesen aromatischen Hochgenuss schätzten die Menschen schon in frühen Kulturen. Die vom deutschen Imkerbund kontrollierten Honige haben in der Regel eine grüne Banderole als Klebeplombe und zeugen von schonender Gewinnung und Behandlung. So darf Honig bei der Herstellung nicht mit mehr als 40° C verflüssigt worden sein. Die höchste Gewähr für guten Honig ist die Kennzeichnung **fermentreich. Die Gewinnung bestimmt die Qualität:** und erfolgt durch Schleudern, Pressen oder durch Tropf-, Lauf- oder Senkprozesse. Honig gibt es auch als naturbelassenen Scheiben- oder Wabenhonig. **Inhaltsstoffe:** Bienenhonig besteht zu etwa 80 % aus ↑**Fructose,** ↑**Glucose** und anderen ↑**Zucker**n. 100 g Honig enthalten ∅ 305 kcal/1275 kJ, 17 g Wasser, 0,3 Eiweiße, 81 g verwertbare Kohlenhydrate-Trauben- und Fruchtzucker, 7 mg Natrium, 45 mg Kalium, 5 mg Kalzium, 20 mg Phosphor, 3 mg Magnesium, 1,3 mg Eisen, an Vitaminen 0,1 mg Niacin und 2,4 mg Vitamin C. ↑**Honigtauhonig** ist zusätzlich reich an ↑**Kalium** und ↑**Magnesium. Verwendung in der Küche:** Honig bietet eine große Auswahl an Geschmacksrichtungen, darum eignet er sich auch hervorragend zum Süßen und Verfeinern von Nachspeisen, Salatdressings, Marinaden, Dips und zum Backen. **Würzbeispiele mit Honig: Akazienhonig** – mit dem lieblich-milden Aroma schmeckt am besten zum Tee. Auch für Kuchen und Gebäck kann man diese milde Sorte gut verwenden, besonders dann, wenn der Honig nicht so stark hervorschmecken soll. **Kleehonig** – süßt Tees, Müslis, Crèmespeisen, Salate und Vinaigrettes. **Sonnenblumenhonig** – harmoniert mit asiatischen Gerichten; **Tannen-** oder **Heidehonig** – runden süß-saures Gemüse würzig-malzig ab. Außerdem eignen sie sich mit ihrem kräftigen Aroma für Lebkuchen oder zum Bestreichen von Braten. **Thymianhonig** – passt gut zu Käse, mediterranen Kräuterdressings und Marinaden. **Umgang mit Honig:** Er sollte immer luftdicht verschlossen sein und an einem dunklen Ort bei etwa 18° C aufbewahrt werden. In der Regel lässt er sich so ohne Qualitätsbeeinträchtigung mindestens zwei Jahre lagern. Wärme zerstört die wertvollen ↑**Enzyme** und mindert das ↑**Aroma**. Man sollte Honig wenn möglich nicht mitkochen. Beim Backen jedoch lassen sich höhere Gradzahlen nicht vermeiden, was aber unproblematisch ist, da die Backzeiten meistens kurz sind. Bei längerer Lagerung kristallisiert der Zucker aus. Zur Verflüssigung sollte Honig nicht über 40° C in einem Wasserbad erhitzt werden. Hefegärung macht aus Honig, Wasser und Gewürzen ↑**Met** (Honigwein). **Honig als Volksmedizin:** Honig ist nicht nur ein beliebter Brotaufstrich, sondern wird wegen seiner bakterienabtötenden Wirkung schon seit Jahrtausenden als Heilmittel eingesetzt. Er besitzt eine entzündungshemmende und schleimlösende Wirkung, sodass er bei Erkältungskrankheiten verwendet wird. Die antiseptischen Eigenschaften, die bei der Wundheilung helfen (besonders Schürfwunden), lindern auch Schwellungen. Darüber hinaus ist er wie Zucker ein leichtes Beruhigungsmittel. Da Honig zu 70 % aus Zuckerarten wie Fructose und Glucose besteht, ist er auch für Sportler ein schneller Energiespender. Er verlangt keine Verdauungsarbeit und geht direkt ins Blut über. **Allerdings muss Honig von Diabetikern gemieden werden.**

Honigartig [*Weinkunde*] Duft und Aroma, die vor allem bei edelfaulen Weinen auftreten, oft aber auch bei anderen reifen Weinen eines guten Jahrgangs

Honigbeere [*Wildkräuter, blüten & -früchte*] ↑**Himbeere**

Honigbusch Tee Honeybusch [*Tee*] **T** Strauchartige Pflanze, die eine Höhe von bis zu 60 cm erreicht. Bereits 1772 exportierte der Deutsche Carl Thunberg Honeybuschtee erstmals aus dem Süden Afrikas nach Europa. Hergestellt wird der Tee aus den nadelartig dünnen, gelbgrünen Blättern, Blüten und zarten Zweigen. Die Pflanzenteile werden gepflückt, in der Regel fermentiert und getrocknet und gelangen dann als Monotee oder als Mischung in den Handel. Honeybusch-Tee enthält kein ↑**Coffein** und keine ↑**Gerbstoffe**, dafür aber viele ↑**Mineralstoffe** wie ↑**Eisen**, ↑**Calcium**, ↑**Magnesium** und ↑**Kalium**. Er hat ein weiches Aroma und ist sehr bekömmlich. Die Südafrikaner genießen ihn seit Jahrhunderten auch gern kalt als Durstlöscher. Honeybusch-Tee kann man pur, traditionell mit ↑**Milch** und ↑**Zucker** oder mit ↑**Honig** trinken. Gekühlt eignet er sich zum Mixen mit ↑**Fruchtsaft** oder ↑**Wein**.

Honigkuchen [*Fachkunde*] Bereits in der Antike bereitete man Backwaren mit ↑**Honig** und Gewürzen zu. Im Mittelalter entwickelten sich aus dem Honigkuchen ↑**Lebkuchen** und ↑**Pfefferkuchen**. Nürnberg, Braunschweig, Halle, die Lausitz, Danzig, Thorn (Polen) und Christiansfeld (Dänemark) waren damals wichtige Zentren der Produktion. Wegen der Hauptzutat Honig war es früher ein besonders wertvolles Gebäck. Viele alte Rezepte erinnern noch heute an die Urform (Kastenform) des Honigkuchens. In allen Ländern mit wechselnden Jahreszeiten ist er bekannt. Als süßer und würziger Begleiter zu Tee, Glühwein usw. passt der gehaltvolle braune Kuchen besonders gut in die kalte Jahreszeit. Den typischen Geschmack erhält der Honigkuchen von einer gemahlenen Gewürzmischung; bestehend aus 45 % ↑**Zimt** (Ceylonzimt), 20 % ↑**Anis**, 20 % ↑**Piment**, 10 % ↑**Nelken**, 5 % ↑**Koriander** und etwas ↑**Ingwer**. Die bekanntesten Honigkuchen sind eine Nürnberger Spezialität und bestehen aus einem lebkuchenähnlichen Teig, der mindestens 50 % Bienenhonig enthalten muss. Besonders zur Weihnachtszeit ist der Lebkuchenverwandte heiß begehrt.

Honigmelone [*Obst*] **T Lateinisch:** Cucumis melo var. inodorus; **Englisch:** honeydew melon; **Französisch:** melon de miel; **Italienisch:** melone; **Spanisch:** miel melòn. **Info:** Honigmelonen sind – neben den **Cantaloupe**-Melonen und den ↑**Netzmelonen** – eine der drei großen Gruppen der ↑**Zuckermelonen**. Die wichtigsten Vertreter der Honigmelonen sind die ↑**Casabamelone** und die Kanarische Melone. Sie sind mit einem Gewicht von 1,5 kg bis 4 kg die größten und schwersten Zuckermelonen und weisen meist eine blassgrüne, bei Reife leuchtend gelb gefärbte, dünne und glatte, mehr oder weniger gerippte oder narbig gefurchte Rinde auf. Charakteristisch ist die meist längliche, footballähnliche Form. Das weißliche bis hellgrüne Fruchtfleisch besticht bei Reife mit einem sehr süßen und köstlichen Geschmack. Die bekannteste und weltweit am weitesten verbreitete Sorte ist die vor allem in den mittelamerikanischen Ländern angebaute, gelbe, glatte **Honey dew** mit einem Fruchtgewicht zwischen 1 und 2 kg und einer weißlich-gelben, glatten Schale. Das Fruchtfleisch ist fest, grünlich gefärbt und schmeckt sehr süß. Eine andere Sorte mit intensiv orangefarbenem Fleisch ist die **Orange flesh Honey dew**, die bei Reife einen sehr feinen aromatischen Duft verströmt. In Spanien werden die 1,5 bis 4 kg schweren **Tendral-Melonen** angebaut, die durch ihre länglich-ovale Form an Rugbybälle erinnern. Die Rinde ist grünlich gefärbt und glatt oder gerieft, das Fruchtfleisch gelborange. Sie ist aromatisch süß im Geschmack. Melonen können nach der Ernte zwar nachreifen, jedoch nehmen sie an Süße nicht zu, wodurch die Qualität im Handel beeinträchtigt werden kann, wenn zu früh geerntet wurde. Während der Lagerung werden sie lediglich weicher und saftiger. Bei Vollreife geerntet, entwickeln sie ihr höchstes Aroma und ihren besten Geschmack, sind aber nicht mehr transportfähig. **Herkunft und Saison:** Honigmelonen aus spanischer Produktion werden von Anfang März bis September angeboten. Aus südamerikanischer Produktion, vorwiegend aus Brasilien, kommen kleinere Angebote zwischen September und Mai, aus mittelamerikanischen Anbaugebieten (meist Costa Rica) kommen ausreichende Angebote zwischen Januar und Mai. **Zubereitung und Tipps:** Der Reifegrad von Honigmelonen ist schwerer zu bestimmen als bei anderen Zuckermelonen. Honigmelonen lösen sich nicht vom Stiel und verfärben sich auch nicht bei zunehmender Reife. Man kann eine reife Honigmelone an der etwas glatteren und wachsartig erscheinenden Rinde erkennen bzw. daran, dass der Auflagefleck unter leichtem Druck nachgibt. Wenn man sie schüttelt, kann man die Samen innen rasseln hören, wenn sie reif ist. Außerdem duftet eine reife Honigmelone. Riecht sie nach nichts und ist noch grünlich, ist auch ihr Fruchtfleisch hart und ohne Aroma. Je nach Reifegrad sind Melonen noch 1–2 Wochen haltbar. **In der Hausmedizin:** Melonen wirken leicht abführend und harntreibend sowie bei Knochen- und Gelenkerkrankungen wie ↑**Gicht** oder Rheuma. Das Fleisch der Melone lindert die Schmerzen bei leichten Verbrennungen oder auch bei Sonnenbrand.

Honigpilz [*Speisepilze*] ↑**Hallimasch**

Honig-Schinken [*Regionale Spezialität*] **T** Ursprünglich eine englische Spezialität. Mit ↑**Honig**, ↑**Zucker** und ↑**Semmelbrösel** überbackener ↑**Bacon**. Wird auch hier immer beliebter und in Form eines gekochten, mild gepökelten ↑**Schinken** mit Honigglasur angeboten, der sehr gut zu frischem ↑**Spargel** passt.

Honig-Senf-Sauce [*Unsere Küche*] Lieblichere Abwandlung der klassischen ↑**Graved Sauce** auf ↑**Mayonnaise**-Basis

Honigtauhonig [*Allgem. Nährmittel*] Honigtau ist eine zuckerhaltige Ausscheidung pflanzensaugender Insekten. Da der so entstandene ↑**Honig** mehrere Mägen passiert hat, ist er besonders enzymreich. Er hat eine dunkle Farbe, ein malziges, rauchiges, herbes Aroma und meist eine flüssige Konsistenz.

Honigwein [*Hausbar*] ↑**Met**

Hoo mog plaah [*Asiatische Küche*] Begriff aus der thailändischen Küchenkultur für überbackenes ↑**Fischcurry**

Hopfen [*Gewürze & Kräuter*] **T Lateinisch:** Humulus lupulus; **Info:** Hopfen gehört zu den Cannabaceaen und ist mit ↑**Brennnesseln** und Hanf verwandt. Er ist eine Kletter- und Schlingpflanze, dessen zylindrische bis eiförmige, bis zu 4 cm lange Fruchtzapfen verwendet werden. Die Pflanze wird in Deutschland, Frankreich, Belgien, England, den USA, Spanien, China, Japan und Australien an langen Stangen angebaut. Hopfen hat einen charakteristischen Geruch und Geschmack, der durch den Gehalt an ätherischem Öl mit den Stoffen Lupulon, Humulon, Harz und ↑**Gerbstoff** verursacht wird. Er ist unverzichtbarer Würzbestandteil von ↑**Bier** (herb-bitterer Geschmack) und wird seit dem 8. Jahrhundert eingesetzt. Außerdem dient Hopfen zur Schaumbildung und der Haltbarkeit des Biers. Eine besondere Spezialität ist Hopfenkäse (↑**Sauermilchkäse**), der zwischen Hopfenlagen reift. **Verwendung in der Küche:** Die jungen ↑**Hopfensprossen** gelten als delikates Feingemüse. In Salzwasser gegart, schmecken sie wie ↑**Spargel**. **Wirkungsweise:** Appetitanregend, schlaffördernd, beruhigend, antibakteriell, menstruationsfördernd. Hopfen soll Stoffe enthalten, die den körpereigenen Östrogenen des Menschen ähnlich sind. Sie wirken wahrscheinlich ähnlich, jedoch sehr viel schwächer.

Hopfenextrakt [*Fachkunde*] Als Hopfenextrakt bezeichnet man verschiedene Auszüge von ↑**Hopfen**, die durch Lösungsmittel gewonnen und heute hauptsächlich zum Bierbrauen verwendet werden. Hopfenextrakt ermöglicht eine bessere Braudosierung, Keimfreiheit und Lagerfähigkeit des ↑**Biers**.

Hopfensprossen [*Gemüse*] **R Englisch:** hopsprout; **Französisch:** jets de houblon. **Synonym:** Hopfenspargel, Hopfenkeime. **Info:** Schon bevor entdeckt wurde, dass die Blütendolden des Hopfens das ↑**Bier** angenehm bitter und länger haltbar machen, wurden die jungen Triebe als ↑**Gemüse** geschätzt. Zum Ernten des Hopfenspargels werden die Köpfe der Stöcke freigelegt und die Triebe, bevor sie den Erdboden durchbrechen und ans Licht gelangen, von Hand geschnitten. **Beschreibung:** Hopfensprossen sind die weißen bis leicht gelblichen Triebe des Hopfenstockes. Sie sind 6 bis 8 cm lang und haben eine Dicke von mindestens 0,4 cm. **Saison:** Von Mitte März bis Ende April. **In der Küche:** Nach sorgfältigem Reinigen werden Hopfensprossen roh als Salat oder gegart mit verschiedenen ↑**Soßen** zubereitet. Dafür werden die in Salzwasser weich blanchierten Sprossen erst im Eiswasser abgeschreckt und dann weiterverarbeitet. **Rezept:** Sehr feine ↑**Zwiebel**würfel in ↑**Butter** andünsten, die Sprossen dazugeben, mit etwas ↑**Puderzucker** karamellisieren und anschließend mit frisch gehackter ↑**Petersilie**, ↑**Salz** und einem Hauch geriebener ↑**Muskatnuss** würzen. Als Beilage zu Kurzgebratenem mit etwas ↑**Béchamel Sauce** oder Sc.↑**Hollandaise** vollenden. **Herkunft:** Hopfensprossen gibt es in Deutschland nur in der Hallertau, dem wichtigsten Hopfengebiet Bayerns und Europas größter Hopfenlieferant, nordöstlich von München.

Horchata [*Mexicofood*] ↑**Reiswasser** (Getränk)

Horenso [*Gemüse*] **T** Eine aus Japan stammende Spinatvariation. Im Vergleich mit dem heimischen ↑**Spinat** ist er milder und geschmacklich süßer. Im Handel wird er bei uns nur sehr selten angeboten.

Horiatiki salata [*Griech. Speisekarte*] ↑**Griechischer Salat**

Hormone [*Gesundheit*] Botenstoffe höher entwickelter Organismen, die für die Vermittlung von Signalen verantwortlich sind. Als Eiweiß werden sie im menschlichen Körper in bestimmten Organen (meist in Drüsen, Bauchspeicheldrüse, Schilddrüse) produziert und ins Blut ausgeschüttet. Sie steuern die Tätigkeit der ↑**Enzyme** im Verdauungsapparat, die Konzentration von Körperflüssigkeiten wie den Blutzuckerspiegel und viele weitere Vorgänge in den Zellen. Über das Blut erreichen sie die Stelle, wo sie als Signalstoff wirken, ohne selbst verbraucht zu werden. An diesen Stellen sind so genannte Hormonrezeptoren, die das Hormon erkennen und das Signal weiterleiten.

Horngurke [*Exotische Früchte*] ↑**Kiwano**

Hornhecht (Grünknochen) [*Fisch*] **T** Beheimatet im Mittelmeer, im Atlantischen Ozean und in der Nord- und Ostsee. Der Hornhecht wird bis 1 m lang. Das Fleisch junger Fische ist sehr schmackhaft, aber grätenreich. Seine Eigenart besteht darin, dass er grüne Gräten hat.

Hornmelone [*Exotische Früchte*] **T Englisch:** cucumber horned melon; **Französisch:** kiwano, melon à cornes. Die Kiwano gehört zur Familie der Cucurbitaceae, ist in der Kalahari und im südlichen Afrika heimisch und wird bereits seit 60 Jahren in Neuseeland kultiviert. Die 400–500 g schwere Frucht ist übersät mit kleinen, dornenartigen Höckern. Als dekoratives Element wirkt die orange-gelbe Kiwano besonders gut, denn auch bei Raumtemperatur ist sie lagerungsfähig. Zum Verzehr sollte die Frucht eine goldgelbe Farbe erreichen, dann ist das Fruchtfleisch am köstlichsten, das zwischen ↑**Melone** und ↑**Gurke** schmeckt. Wer die vielen kleinen Kernchen nicht mag, kann das Fleisch durch ein Sieb streichen oder es im Mixer pürieren, umso einen erfrischenden Saft zu gewinnen.

Hornveilchenblüten [*Wildkräuter, -blüten & -früchte*] **T Lateinisch:** Viola cornuta; Hornveilchenblüten verfeinern Vorspeisen und Desserts. **Mehr Information:** ↑**Essbare Blüten**

Hors d'œuvres [*Franz. Speisekarte*] **A** (wörtl. übersetzt: außerhalb der Werke): Französische Bezeichnung für Vorspeisen, appetitanregende kleine Häppchen, die kalt vor der Suppe oder warm nach der Suppe gereicht werden. **„L'appétit vient en mangeant"**, „Der Appetit kommt beim Essen", das gilt auf der ganzen Welt, hauptsächlich aber in Frankreich. Deshalb sind die Vorspeisen ein wichtiger Teil der französischen Speisenfolge. Vorspeisen werden in fünf Kategorien unterteilt: **1. Assiettes** (Teller): bieten auf einem Teller eine kleine Auswahl kalter Zutaten, es kann aber auch nur eine Zutat auf dem Teller angerichtet sein, beispielsweise ↑**Schinken** oder ein ↑**Carpaccio**. **2. Chauds** (warme Vorspeisen): finden ihren Platz im Menü meist zwischen Suppe und ↑**Fisch**. **3. Froids** (kalte Vorspeisen): sollten appetitanregend sein und werden daher als erster Gang serviert, oft wird dafür die Suppe weggelassen. **4. Riches** (reiche Vorspeisen): sollten dem Namen entsprechend exquisite kalte Spezialitäten bieten: ↑**Hummer**, ↑**Kaviar**, ↑**Lachs**, kl. ↑**Pastetchen**, ↑**Gänseleber**, marinierten Fisch oder ↑**Austern**. Diese Delikatessen sollten aufwändig dekoriert, präsentiert und serviert werden. **5. Variés** (verschiedene Vorspeisen): eine große Auswahl von sechs bis zehn verschiedenen Gerichten, wobei auch pikante Salate nicht fehlen sollten. Sie sind auf Platten in passendem Geschirr auf einem Servierwagen oder Buffet angerichtet.

Hors-d'œuvre variés [*Franz. Speisekarte*] Gemischte Vorspeisen

Horseradish sauce [*Engl. Speisekarte*] **R** Kalte englische Meerrettichsauce aus geriebenem, altbackenem ↑**Weißbrot** ohne Rinde, geriebenem ↑**Meerrettich**, englischem ↑**Senf**, etwas ↑**Weinessig**, steif geschlagener ↑**Sahne**, ↑**Salz**, ↑**Zucker** und einigen Tropfen ↑**Worcestersauce**. Passt sehr gut zu gekochtem ↑**Schweine**- oder ↑**Rindfleisch**.

Hortobágyi [*Ungarische Küche*] Begriff aus der ungarischen Küchenkultur für ↑**Palatschinken**

Hostellerie, hôtellerie [*Franz. Fachwort*] Kleines, meist elegantes Hotel, oft mit (gutem) Restaurant

Hot [*U.S. Kitchen*] Scharf

Hot boning [*Engl. Speisekarte*] Warm auslösen

Hot chocolate [*U.S. Kitchen*] Heiße ↑**Schokolade**

Hot dog [*Internationale Küche*] **A Englisch:** heißer Hund, ein international bekanntes ↑**Fastfood**-Gericht, bestehend aus einem heißen Würstchen (hier: Wiener Würstchen) in einem meist länglichen, weichen, oft gerösteten Weizenbrötchen, mit verschiedenen Gemüseeinlagen und Soßen, wobei es länderspezifische Varianten gibt. **USA**: Amerikanische Hot Dogs werden oft auf einem Roller-Grill zubereitet. So bekommt die meist fade Wurst Grillgeschmack. Das Hot-Dog-Brötchen wird der Länge nach aufgeschnitten und erhitzt. Danach legt man das heiße Würstchen hinein und garniert es zuerst mit den Saucen (Senf – **Yellow Mustard**, seltener Ketschup), dann mit Röstzwiebeln und verteilt spezielle Pickles darauf (Gurkenscheiben) und ↑**Relishes** (Sweet Relish, Hot Pepper Relish oder Corn Relish). Eine Variante ist der so genannte **Corn Dog**. Dabei handelt es sich um ein Würstchen in einem Mantel aus gebackenem Maisteig, oft auf einem Holzstiel befestigt. In den USA gibt es viele regional unterschiedliche Varianten, mit ↑**Sauerkraut**, ↑**Tomaten**, ↑**Käse** und sogar ↑**Chili con carne**. **Niederlande**: In Holland wird der Hot Dog als **Affenbrötchen** (Broodje Aap) bezeichnet, wobei keine Röst-, sondern Schmorzwiebeln auf die Soße gelegt werden. **Dänemark** und **Schweden**: Der skandinavische Hot Dog besteht traditionell aus roten Würstchen (↑**Pölser**) – **kogt** (gekocht) oder **ristet** (gebraten) mit ↑**Röstzwiebeln** und ↑**Gewürzgurken**-Scheiben garniert. Als Saucen werden ↑**Ketschup**, milder ↑**Senf** und ↑**Remoulade** verwendet. Ebenso kennt man in Dänemark (mittlerweile auch in Deutschland) den **frans-**

ke hotdog (auch French Hot Dog). Das Brötchen ist rundlicher gehalten, mit einem Loch, das nicht ganz durchgehend ist, in das die Soßen gefüllt und die Wurst gesteckt werden. **Deutschland**: Hier wird der Hot Dog meist mit einem normalen Wiener Würstchen zubereitet, wobei dieses oft nicht gebrüht, sondern frittiert wird. Diese Variante ist in der Nähe der niederländischen Grenze üblich. In der ehemaligen DDR war eine Nachahmung des Hot Dog bekannt, die so genannte ↑**Ketwurst**. Sie wird mittlerweile wieder erfolgreich in Berlin angeboten.

Hot toddy [*U.S. Kitchen*] US-Version von ↑**Grog**

Hotchpotch [*Engl. Speisekarte*] ↑**Hutspot**

Hôte (m), hôtesse (f) [*Franz. Fachwort*] Hausherr(in)

Houblon [*Franz. Speisekarte*] ↑**Hopfen**

Hren [*Intern. Länderküche*] Begriff aus der russischen Küchenkultur für ↑**Meerrettich**

Hrisa [*Gewürze & Kräuter*] **R** Scharfe tunesische Gewürzmischung. Die ↑**Arabische Küche** ist ohne Hrisa (Harissa) kaum denkbar. Es wird zu fast allen Gerichten außer Desserts verwendet. Diese sehr feurig-scharfe Chilipaste bekommt man hier in kleinen Tuben. Sie ähnelt dem ↑**Sambal Olek** und ist als Beigabe zum ↑**Couscous** bekannt. Harissa schmeckt aber auch zu Teigwaren und Reisgerichten. **Das Grundrezept für alle, die es selbst herstellen möchten:** 1 bis 3 frische ↑**Chilischoten** mit 2 EL ↑**Kreuzkümmel**; 3 bis 5 Zehen ↑**Knoblauch** und 2 bis 3 TL Meersalz im Mörser oder Küchenmixer zerkleinern. Nur so viel ↑**Olivenöl** zugeben, bis eine dicke Paste entsteht. Kühl, dunkel und gut verschlossen lagern, schnell aufbrauchen, jedoch nur sparsam anwenden! **Achtung: Augen und offene Wunden schützen!**

Hsün Chinesische Garmethode [*Asiatische Küche*] **T** Bedeutet ↑**Räuchern** auf chinesische Art. Dabei werden die Zutaten vorher gegart. Man würzt sie mit ↑**Salz**, ↑**Wein**, ↑**Zwiebeln** und ↑**Ingwer** und legt sie auf ein Drahtgestell, das in eine dicht schließende Deckelpfanne mit ein paar rotglühenden Kohle- oder Holzkohlestückchen gesetzt wird. Nun bedeckt man die glühende Kohle mit Sägemehl, Zucker oder trockenen Teeblättern: Sofort entsteht starker Rauch. Die Pfanne wird verschlossen und das Räuchergut 15 bis 20 Min. darin belassen. Die Zeitdauer richtet sich danach, wie stark man den Rauchgeschmack wünscht. In der kantonesischen Küche nennt man das Räuchern mit Teeblättern **Hsüng**, das mit Sägemehl heißt dagegen ↑**Yen.** ↑**Kochen im Wok** oder ↑**Asiatisch Kochen**

Hubertus [*Speisegarnitur*] **A** ↑**Chasseur, à la** oder ↑**Saint-Hubert**

Huchen [*Fisch*] (**Lateinisch:** Salmo hucho) Diese Lachsart lebt in der Donau (Donaulachs) und ihren Nebenflüssen, wird bis 2 m lang, bis 50 kg schwer und ist ein sehr geschätzter Speisefisch. Leicht erkennbar am grauen Rücken, die hellen Seiten tragen schwarze Flecken und Punkte. ↑**Lachs**

Huevos [*Span. Speisekarte*] ↑**Eier**

Huevos duros [*Span. Speisekarte*] Hartgekochte ↑**Eier**

Huevos fritos [*Span. Speisekarte*] ↑**Spiegeleier**

Huevos pasados por el agua [*Span. Speisekarte*] Weichgekochte ↑**Eier**

Huevos revueltos [*Span. Speisekarte*] ↑**Rühreier**

Hüferscherzel [*Österr. Küche*] ↑**Unterschale**

Hüferschwanzel [*Österr. Küche*] ↑**Bürgermeisterstück**

Huflattichblätter [*Wildkräuter, -blüten & -früchte*] **T Lateinisch:** Tussilago farfara; **Info:** Junge Huflattichblätter sind essbar, wenn man den Filz entfernt, jedoch sind Inhaltsstoffe enthalten, die unter Verdacht stehen, in größeren Mengen leberschädigend und krebserregend zu sein. **Blüten und Wurzeln dürfen nicht verwendet werden! Standort:** Die Pflanze liebt es sonnig bis halbschattig und lehmige, kalkreiche Böden. **Geschmack:** fein-herb; **Verwendung in der Küche:** in Tees und Sirup gegen Husten. **Für Schwangere und Stillende nicht geeignet. Wirkung in der Volksmedizin:** Schleimlösend, auswurffördernd, appetitanregend, magen-/darmstärkend, mild harntreibend, reizlindernd. **Mehr Information:** ↑**Essbare Blüten**

Huft [*Fleischprodukte*] Regionale Bezeichnung für die Hüfte

Hüftdeckel [*Fleischprodukte*] Regionale Bezeichnung für den ↑**Tafelspitz**

Hüfte [*Fleischprodukte*] Bei Rindern an das Roastbeef anschließende, an der Außenfläche des Beckenbodens liegende und zum Kreuzbein reichende äußere Hüftmuskulatur. Die Spitze der in die Hüfte reichenden Unterschale wird als ↑**Tafelspitz** bezeichnet.

Huftplätzli [*Schweizer Küche*] Kleine, dünne Scheiben von der ↑**Hüfte**

Hüftspitze [*Fleischprodukte*] Regionale Bezeichnung für den ↑**Tafelspitz**

Hüftsteak [*Fleischprodukte*] Scheibe aus einer Hüfte; Portionsgewicht: 200–300 g

Huftstück [*Fleischprodukte*] Zum Nierenstück des ↑**Rindes** gehören das Huftstück und der Huftdeckel, es befindet sich im Hinterviertel kurz vor dem Schwanz. Aus dem Huftstück schneidet man das ↑**Rumpsteak**, die ↑**Karbonade** und den ↑**Schmorbraten**.

Hüftzapfen [*Fleischprodukte*] Regionale Bezeichnung für den ↑**Tafelspitz**

Hugga-muggie [*Intern. Länderküche*] Hugga-muggie ist ein von den Shetlands stammendes Fisch-↑**Haggis.** ↑**Schottische Küche**

Huhn [*Fleischprodukte*] **T Englisch:** chicken; **Französisch:** poulet; **Italienisch:** pollo; **Spanisch:** pollo. Auch Suppenhuhn. So heißen fast alle eineinhalb bis zwei Kilo schweren Tiere, die ein Jahr lang als Legehennen gehalten wurden. Da sie einen höheren Fettanteil als Hähnchen haben, verwendet man diese Hühner vorwiegend für Suppen, ↑**Fonds** und ↑**Frikassee.** Ihrem Alter entsprechend benötigen sie 2 Stunden und mehr an Kochzeit, um weich zu werden. ↑**Geflügel**, ↑**Brühe**

Hühner *[Fleischprodukte]* Zählen zum Geflügel und produzieren ↑**Eier** und Fleisch (↑**Hühnerfleisch**). Hühner werden im Freiland (Freigehege, Eier in Nestern), im intensiven Auslauf (tagsüber im Freien), am Boden (in Ställen) oder in Käfigen gehalten. **Man unterscheidet: Brathähnchen:** – 5 bis 8 Wochen altes Tier, kann männlich oder weiblich sein; **Poularde:** 10 bis 20 Wochen altes gemästetes Junghähnchen oder -huhn; **Masthähnchen:** 8 bis 14 Wochen alter gemästeter Junghahn; **Junger Hahn:** mindestens 1600 g schwer; **Suppenhuhn:** 12 bis 15 Monate alte Henne nach erster Legeperiode

Hühnerbrühe *[Übersetzer]* **R Englisch:** chicken-broth; **Französisch:** consommé de volaille; **Italienisch:** brodo di pollo; **Spanisch:** caldo de gallina. Für eine kräftige klare Hühnerbrühe benötigt man ein ↑**Suppenhuhn**. Da es mindestens 2 Stunden Garzeit (leicht köcheln) benötigt, werden das benötigte ↑**Suppengemüse** und **Petersilienwurzeln** erst nach einer Stunde Kochzeit und ca. eine halbe Stunde später die ↑**Gewürze** dazu gegeben. ↑**Geflügelgewürz** & ↑**Fond.** Die fertige Brühe mit Salz nachwürzen und einem Hauch Muskat vollenden. ↑Geflügel**kraftbrühe** mit trockenem ↑**Sherry** verfeinern. **Übrigens:** Frische Hühnerbrühe hilft gegen Schnupfen. Sie hemmt die Entzündung in der Schleimhaut der Atemwege.

Hühnerfleisch *[Fleischprodukte]* **T** Stammt vom ↑**Küken**, ↑**Brathähnchen**, ↑**Huhn**, Hahn und ↑**Suppenhuhn. Inhaltsstoffe:** 100 g Brathähnchen enthalten ∅ 166 kcal/695 kJ, 19,9 g Eiweiß, 9,6 g Fett, 0,7 mg Eisen, 1 mg Zink, 39 µg Vitamin A, 81 mg Cholesterin und 40 mg Purine. Angeboten werden Hühnerbrust, Hühnerfilet, Unter- und Oberschenkel. Hühnerfleisch eignet sich zum Braten, Grillen, Kochen und Schmoren.

Hühnerfrikassee *[Unsere Küche]* **Englisch:** chicken-fricassee; **Französisch:** fricassée de poulet; **Italienisch:** fricassé de pollo; **Spanisch:** fricasé de pollo. ↑**Würztabelle**

Hui Chinesische Garmethode *[Asiatische Küche]* **R** Man kann Hui mit „Bei Hitze zusammengesetzte dicke Suppe" übersetzen. Diese Suppe wird gewöhnlich mit ↑**Maisstärke** oder ↑**Wasserkastanien**mehl gebunden. Zutaten, die auf diese Weise gegart werden sollen, schneidet man zuvor in lange, schmale Streifen oder feine Stückchen. Außerdem verwendet man ↑**Glasnudeln**. Die unterschiedlichsten Zutaten und ↑**Gemüse** werden miteinander kombiniert, roh, gekocht oder kurz blanchiert. Zu Beginn der eigentlichen Zubereitung werden ↑**Fleisch** und die härteren (rohen) Zutaten erst einmal in wenig ↑**Pflanzenöl** angebraten. Nach dem Würzen mit ↑**Brühe** aufgießen und darauf achten, dass man nicht mehr Flüssigkeit als feste Bestandteile verwendet. Damit ist die erste Würzphase abgeschlossen. Das Ganze wird jetzt eine kurze Zeit geköchelt, wobei man nach und nach die weiteren, vorgegarten Zutaten und zum Schluss die Glasnudeln zufügt und vielleicht einen Schuss ↑**Wein** – das wäre dann die zweite Phase des Würzens. Alles zusammen lässt man nun nochmals kräftig aufkochen, dickt dann die bislang klare Brühe mit aufgerührter Maisstärke ab und vollendet mit etwas ↑**Ve-tsing** (als Ersatz ↑**Glutamat**). Sobald die Glasnudeln die ganze Flüssigkeit aufgesogen haben, entsteht das, was die Chinesen als **„Dicke Suppe"** bezeichnen. Die Abrundung bringen hier 1 oder 2 Tropfen ↑**Sesamöl**, die man zum Schluss über das fertige Gericht träufelt, es verleiht ein wärmendes, erdiges Aroma. Das berühmte Gericht „Gemischtes Gemüse nach Art chinesischer Mönche" (Lo-Han Chai) wird nach dieser Methode zubereitet, allerdings sind dann alle Zutaten rein vegetarisch. ↑**Kochen im Wok** oder ↑**Asiatisch Kochen**

Huile *[Franz. Speisekarte]* ↑**Speiseöl**

Huile d'arachide *[Franz. Speisekarte]* ↑**Erdnussöl**

Huile de morue *[Franz. Speisekarte]* ↑**Lebertran**

Huile de pépins de raisins *[Franz. Speisekarte]* **T** Raffiniertes ↑**Traubenkernöl**, gut zum Marinieren

Huile de raisins *[Franz. Speisekarte]* ↑**Traubenkernöl**, gut zu frischen Salaten

Huile de tournesol *[Franz. Speisekarte]* ↑**Sonnenblumenöl**

Huile d'œillette *[Franz. Speisekarte]* ↑**Mohnöl**

Huile d'olive demi-fine, courante *[Franz. Speisekarte]* Kaltgepresstes ↑**Olivenöl** aus zweiter Pressung, bis 3 % Säure, guter Geschmack

Huile d'olive extra (vierge) *[Franz. Speisekarte]* Kaltgepresstes ↑**Olivenöl** aus erster Pressung, weniger als 1 % Säure, fruchtig mild

Huile d'olive pure *[Franz. Speisekarte]* Raffiniertes ↑**Olivenöl**, schwaches Olivenaroma

Huile d'olive raffiné *[Franz. Speisekarte]* Raffiniertes ↑**Olivenöl** aus Rückständen der ersten Pressung, geschmacksneutral

Huile d'olive vierge (fine) *[Franz. Speisekarte]* „Jungfernöl", kaltgepresstes ↑**Olivenöl** aus zweiter Pressung, 1–1,5 % Säure, weniger mild

Huile végétale *[Franz. Speisekarte]* Öl aus mehreren Ölfrüchten

Huître *[Franz. Speisekarte]* ↑**Austern**

Huître creuse *[Franz. Speisekarte]* Rauschalige, tiefe Felsenauster. ↑**Austern**

Huître cultivée *[Franz. Speisekarte]* Zuchtauster. ↑**Austern**

Huître -fine de claire *[Franz. Speisekarte]* Einfache Zuchtauster von der franz. Atlantikküste. Nach mehreren Wochen im Klärbecken hat sie einen würzigen Tang-Jod-Geschmack. ↑**Austern**

Huître -gigas, japonaise *[Franz. Speisekarte]* Kleine jodhaltige, ausgezeichnete Auster japanischen Ursprungs ↑**Auster**

Huître plate [*Franz. Speisekarte*] Flache Auster, fein und mild meersalz- und jodhaltig, Handelsname **Belon-** ↑**Austern**

Huître -portugaise [*Franz. Speisekarte*] Portugiesische Auster ↑**Austern**

Huître -spéciale de claire [*Franz. Speisekarte*] Feine Zuchtauster nach mehreren Monaten im Klärbecken, die besten ↑**Austern**, würzig jodhaltig

Hülsenfrüchte [*Allgem. Nährmittel*] **A** Reife, trockene Samen der Schmetterlingsblütler (etwa 10 000 Arten). Dazu gehören z. B. ↑**Bohnen**, ↑**Linsen**, ↑**Erbsen**, ↑**Sojabohnen**, ↑**Kichererbsen**. Frische, ganze ↑**Erbsen**, ↑**Busch**- und ↑**Stangenbohnen** sind Fruchtgemüse. ↑**Bohnenkerne.** Hülsenfrüchte zeichnen sich durch ihren hohen Anteil an ↑**Eiweiß** (20 bis 25 %), ↑**Ballast**- und ↑**Mineralstoffen** (z. B. ↑**Eisen**, ↑**Kalium**, ↑**Calcium**, ↑**Magnesium**, ↑**Phosphor**) aus. Außerdem haben sie einen hohen Gehalt an ↑**B-Vitaminen**. Der Fettanteil ist – außer in der Sojabohne – minimal. ↑**Tofu** aus Sojabohnen ist ein ausgezeichneter Fleischersatz, der viel Eiweiß und wertvolle ↑**Fettsäuren**, jedoch weder ↑**Cholesterin** noch ↑**Purine** enthält. In Südamerika, Asien und Afrika gelten Bohnen, Kichererbsen und Linsen als Grundnahrungsmittel. Die hier im Handel angebotenen getrockneten Hülsenfrüchte kommen vor allem aus Afrika, Argentinien, China, Chile, den USA und Südeuropa. Vor der Zubereitung müssen getrocknete Hülsenfrüchte verlesen werden, da sich zwischen den Samen oft kleine Steine befinden. Die Früchte werden danach in einer Schüssel mit reichlich kaltem Wasser gewaschen, die lose auf der Oberfläche schwimmenden Schalenteile lassen sich leicht mit dem Wasser abgießen. Ungeschälte Erbsen und Bohnen müssen über Nacht, Linsen einige Stunden vor der Zubereitung eingeweicht werden. Das verkürzt nicht nur die Garzeit, sondern macht sie auch bekömmlicher. Die Einweichzeit ist kürzer, wenn die Hülsenfrüchte in reichlich Wasser aufgekocht werden. Nach einer Stunde Quellzeit – ohne Hitzezufuhr – werden sie dann wie gewohnt zubereitet. Zum Kochen kann das Einweichwasser oder frisches Wasser verwendet werden. Geschälte Erbsen müssen nicht eingeweicht werden. Bohnen und ungeschälte Erbsen benötigen 1–2 Stunden Garzeit bei geringer Wärmezufuhr, grüne Linsen und geschälte Erbsen 30–60 Min. und rote Linsen 8–10 Min. **Tipp:** Salz und säurehaltige Zutaten verzögern den Garprozess, deshalb immer erst zum Schluss zugeben. Die in Hülsenfrüchten enthaltenen Mehrfachzucker (Oligosaccharide) gelangen unverdaut bis ans Ende des Dickdarms, wo sie von den Darmbakterien zersetzt werden. Dabei entsteht viel Kohlendioxid (Gas), das Blähungen verursacht („Jedes Böhnchen gibt ein Tönchen"). Durch Keimung der Samen kann die Gasbildung reduziert werden. Durch Wiederaufwärmen oder Tiefgefrieren werden viele Mehrfachzucker abgebaut, sodass sich die blähende Wirkung reduziert. Zu beachten ist der Gehalt an Purinen in Hülsenfrüchten, darum sollten Menschen mit erhöhten Harnsäurewerten und ↑**Gicht**kranke vorsichtig sein. ↑**Purintabelle**; Hülsenfrüchte kommen in Suppen, Eintöpfe, Aufstriche, Salate, Soßen, ↑**Desserts** und werden als Beilage zu ↑**Kartoffeln**, ↑**Getreide**, ↑**Nudeln** oder ↑**Reis** gereicht. **Hülsenfrüchte sollten nur gekocht oder blanchiert gegessen werden. Erst durch das Erhitzen werden giftige Substanzen abgetötet oder unschädlich gemacht. Besonders in (Soja-)Bohnen finden sich giftige Eiweißkörper wie „Hämaglutinine" und „Trypsininhibitoren", die das Blut verklumpen oder die Freisetzung verschiedener Aminosäuren (z. B. Trypsin) blockieren und so die Eiweiß- und Stärkeverdauung behindern. Limabohnen enthalten die giftige Substanz Phaseolunatin, aus der Blausäure freigesetzt werden kann. Tipp:** Getrocknete Hülsenfrüchte müssen kühl, trocken und lichtgeschützt aufbewahrt werden. Ungeschälte Hülsenfrüchte können bis zu einem Jahr gelagert werden, geschälte nicht länger als sechs Monate.

Hummer [*Fisch*] **R Lateinisch:** Homarus gammarus (europäischer Hummer), Homarus americanus (amerikan. Hummer); **Englisch:** lobster; **Französisch:** homard; **Italienisch:** aragosta, astice, scampo, gambero marino, omaro, lupicante; **Spanisch:** bogavante. **Info:** Der Hummer wird als König der Meeresfrüchte-Palette von Feinschmeckern geschätzt. Dieses teure Krustentier kommt mit Ausnahme der Ostsee in allen europäischen Meeren vor. Europäischer und amerikanischer Hummer bewohnen die Felsküsten; die erstere Art ist in Deutschland nur bei Helgoland anzutreffen, sie ist in ihrem Bestand bedroht. Die Biologische Forschungsanstalt auf Helgoland berichtet über Erfolge von Aufzuchtversuchen mit derzeit 1000 Hummern pro Saison (geplant sind 3000), die nach anderthalb Jahren in die Nordsee ausgesetzt werden sollen. Vor dem 2. Weltkrieg wurden bei Helgoland jährlich 50 000 bis 80 000 Hummer gefangen, heute sind es 300. Die Ursachen für den Bestandsrückgang hängen mit der Schadstoffbelastung der Nordsee zusammen sowie mit den Bombardierungen der Insel im Krieg, wodurch auch Felshöhlen im Meer zerstört wurden. Außerdem wirkt sich die langsame Erwärmung des Wassers negativ auf die Population aus. Der europäische Hummer erreicht eine Länge bis zu 50 cm, Prachtexemplare können bis zu 2 kg wiegen. An den Küsten Nordamerikas und Kanadas gibt es Hummer in größeren Mengen. Sie sind stattlicher als die europäischen Hummer, aber im Geschmack strenger. Hummerfleisch in Dosen und tiefgekühlter Hummer, der von Deutschland importiert wird, kommt überwiegend von dort. Lebende Hummer sind blau, dunkelbraun oder schwarz gefärbt, rot werden sie erst beim Kochen. Großflächige orangerote Färbung der Hummerschale lässt darauf schließen, dass die Tiere nicht mehr lange leben und der Verzehr ernste gesundheitliche Folgen haben würde. Frische Hummer werden lebendig mit zusammengebundenen Scheren in Körben versandt, damit sie sich nicht gegenseitig verletzen. Frische und Lebenskraft zeigt der fest an den Bauch geklemmte Schwanz an. Hebt man den Hummer hoch, sollte er kräftig mit den Beinen rudern. **Niemals lebenden Hummer auf Eis transportieren, das wäre eine grausame Tierquälerei**. Am besten schmecken frische Hummer von Mai bis Oktober. **Inhaltsstoffe:** 100 g Hummerfleisch enthalten ∅ 86 kcal/360 kJ, 18,8 g Eiweiß, 0,1 mg Jod, 1 mg Eisen und 95 mg Cholesterin. **Zubereitung:** In Deutschland verbietet ein Gesetz das Zerteilen von lebenden Krustentieren. Diese Art des Tötens ist zum Teil noch in Amerika üblich. Um die ↑**Krustentiere** beim Kochen geschmacklich nicht auszulaugen, bereitet man einen eigenen ↑**Fond** dafür zu. Für einen etwa 1,5 kg schweren Hummer benötigt man etwa 4 l Wasser mit zwei TL ↑**Meersalz**, zwei bis drei ↑**Karotten**, das Weiße einer ↑**Lauch**stange, einen halben ↑**Staudensellerie**, zwei ↑**Zwiebeln**, zwei bis drei ↑**Knoblauch**zehen, den Saft einer ↑**Zitrone** und ca. 1 l trockenen ↑**Weißwein**. Ein Gewürzsäckchen mit zwei ↑**Lorbeerblättern**, einem großen Zweig ↑**Thymian**, ↑**Dill**kraut, ↑**Petersilien**stängel, 1 TL ↑**Kümmel** und ↑**Fenchel**samen füllen und in den kochenden Fond geben. Hummer und andere Krebse werden vor dem Kochen mit einer weichen Bürste gründlich unter fließend kaltem Wasser gereinigt. Alle Krustentiere, ob Hummer, ↑**Langusten**, ↑**Kaisergranat**, ↑**Scampi** oder ↑**Krebse**, müssen unbedingt mit dem Kopf voran einzeln in den sprudelnd kochenden Sud gelegt werden und mit dem Kochlöffel in den ersten 2–4 Min. unter Wasser gehalten werden. Je nach ihrer Größe sollen die Krustentiere, nachdem sie getötet sind, noch im leicht kochenden Sud 20 bis 30 Min. ziehen.

Garzeiten für Hummer/Krustentiere			
Gewicht in Gramm	∅ Garzeit in Minuten	Gewicht in Gramm	∅ Garzeit in Minuten
500	12	1600–1800	29
600	14	1800–2000	31
700	16	2000–2200	33
800	18	2200–2400	35
900	20	2400–2600	36
1000	22	2600–2800	38
1100	23	2800–3000	40
1200	24	3000–3250	43
1200–1400	25	3250–3500	46
1400–1600	27		

Am besten schmecken Hummer lauwarm. Soll das Fleisch kalt weiterverarbeitet werden, so lässt man ihn im Fond auskühlen. Die Art und Weise, wie ein Hummer aufgebrochen wird, richtet sich nach dem Rezept. Wird Hummer gekocht und im Ganzen serviert, erleichtert ein Hummerbesteck das Aufbrechen bei Tisch, bestehend aus einer Zange und einer Gabel. Man nimmt den Hummer in beide Hände und dreht Schwanz und Kopf in entgegengesetzte Richtungen, bis sich der Hummerschwanz vom Kopf gelöst hat. Das Schwanzende bricht man ab. Mit der Gabel schiebt man das Fleisch aus der Schwanzkruste. Den Darm, der an der Oberseite des Schwanzes als dunkler Faden entlangläuft, entfernt man. Die Scheren bricht man mit der Hand ab, knackt sie mit der Zange auf und löst das Fleisch heraus. Der Kopf enthält die Leber, bei weiblichen Tieren die Eier und bei den männlichen den Rogen (Corail). Er ist bei Feinschmeckern beliebt. Um diesen Leckerbissen herauszuholen, muss man die lederartige Unterseite des Kopfes abziehen. Weil das Aufbrechen eines Hummers Handarbeit erfordert, sollten Fingerschalen mit warmem Wasser, Zitronenstücke und große Servietten gedeckt sein. Soll der Hummer halbiert werden, legt man ihn auf den Bauch, hält das Kopfende mit einer Stoffserviette fest und schneidet mit einem großen, scharfen Messer den Hummerschwanz vom „Kreuz", das genau zwischen Kopf und Schwanz zu sehen ist, bis zur Schwanzspitze durch. Dann in umgekehrter Weise den Kopf halbieren. Magen, Leber und vorhandene Eier zur gesonderten Verarbeitung herausnehmen. Die Idealgröße eines Hummers liegt bei 600 g, maximal 1000 g. Als Vorspeise rechnet man einen halben Hummer. Größere, eingefrorene Hummer sind im Fleisch oft trocken und ohne Aroma.

Hummerbutter [*Unsere Küche*] **R** Gute Hummer- oder Krebsbutter ist eine Seltenheit. Warum also nicht selber machen? 1000 g ↑**Butter**, 500–700 g Schalen (Sammeln und Einfrieren) von ↑**Krustentieren**, ob **Hummer**, ↑**Langusten**, ↑**Kaisergranat**, ↑**Scampi** oder ↑**Krebse. Corail**-(↑**Rogen**) – falls vorhanden –, etwas Röstgemüse (↑**Mirepoix**) (↑**Karotten**, ↑**Sellerie**, ↑**Zwiebeln**), 1 kräftigen EL ↑**Tomatenmark**, 4 cl ↑**Cognac**, 20 ml ↑**Weißwein**, 10 ml ↑**Noilly Prat**, einige ↑**Safranfäden**, ↑**Salz**, ↑**Pfeffer**, 1 ↑**Thymian**zweig und ↑**Dill.** Die Schalen im Ofen bei 80° C trocknen, dann zerstoßen, bei leichter Hitze in Butter langsam anrösten. Röstgemüse mitrösten, wenn glasig, das Tomatenmark zufügen und kurz mitdünsten. Mit Cognac flambieren, mit Weißwein und Noilly Prat ablöschen, ↑**Gewürze** und ↑**Kräuter** zufügen und ca. ½ Stunde köcheln lassen. Die ölige Flüssigkeit durch ein Spitzsieb pressen, anschließend durch ein sauberes Tuch passieren und kalt stellen. Die obenauf fest gewordene Butter abnehmen, noch einmal leicht erwärmen und die cremig weiche Hummerbutter mit dem Schneebesen verrühren. Der zurückgebliebene Fond kann für Fischsauce, -suppe, Dillbutter oder dergleichen verwendet werden. Hummerbutter hält sich im verschlossenen Gefäß im Kühlschrank ca. 2 Monate

Hummerfleisch [*Fisch*] **T** Das zarte Scheren- und Schwanzfleisch der Hummer, tiefgefroren oder in Dosen konserviert, wird gern für Cocktails, Salate und Garnituren verwendet. ↑**Hummer**

Hummerkrabbe [*Fisch*] Irrtümliche Bezeichnung für ↑**Riesengarnelen**

Hummus [*Orientalische Küche*] **A** Arabischer Dip, Vorspeise oder Brotaufstrich aus pürierten ↑**Kichererbsen**, ↑**Sesam**, ↑**Zitrone**, ↑**Pflanzenöl** und ↑**Knoblauch.** ↑**Türkische Küche**

Hundredweight [*Fachkunde*] Das nicht mehr gebräuchliche „Hundredweight" (Cwt) entspricht im europäischen Raum ungefähr dem „Zentner" oder dem halben „Quintal". In Großbritannien sind 112 pounds avoirdupois (50,8023 kg) ein „Hundredweight" bzw. „Long Hundredweight". 20 „Long Hundredweights" entsprechen einer „Long Ton". In den Vereinigten Staaten verzichtete man dagegen auf eine gute Entsprechung zum Zentner zugunsten des Dezimalsystems. Hier sind 100 pounds avoirdupois (45,3592 kg) ein „Hundredweight", auch als „Short Hundredweight" oder „Cental" bezeichnet. 20 Centals entsprechen einer „Short Ton".

Metrische Einheiten	UK- und US- Einheiten
1 Gramm (g)	0,032151 troy ounce (t oz)
1 ↑**Kilogramm** (kg)	35,273962 avdp. ounces (avdp oz)
1 Kilogramm (kg)	2,204623 avdp. pounds (avdp lb)
1 Tonne (t)	1,102311 short tons
1 Tonne (t)	0,984207 long tons

UK- und US- Einheiten	Metrische Einheiten
1 ↑**ounce** (troy oz)	31,103477 Gramm (g)
1 ounce (avdp oz)	28,349523 Gramm (g)
1 pound (avdp lb)	453,592370 Gramm (g)
1 cental (100 lb)	45,3592370 Kilogramm (kg)
1 ↑**hundredweight** (112 lb)	50,802345 Kilogramm (kg)
1 short ton (2000 lb)	0,907185 metrische Tonnen (t)
1 long ton (2240 lb)	1,016047 metrische Tonnen (t)

Hundshai [*Fisch*] Haiart von 1–2 m Länge. ↑**Katzenhai** oder **Haifisch**

Hundszunge [*Fisch*] **T** Dieser Seefisch ist nicht so wohlschmeckend wie die Echte ↑**Seezunge**, aber ein Ersatz. Verwendung: vor allem zum Braten. ↑**Rotzunge**

Hung Chinesische Garmethode [*Asiatische Küche*] **T** Braten oder Grillen. Die rohen Zutaten werden am Spieß über offenem Feuer gedreht. ↑**Shao** hat zwar oft dieselbe Bedeutung, aber Hung ist der korrektere Ausdruck für das Garen durch Strahlungshitze. ↑**Kochen im Wok** oder ↑**Asiatisch Kochen**

Hungarian goulash [*Engl. Speisekarte*] Gulasch

Hungarian Hot Wax [*Gewürze & Kräuter*] **T Schärfe 4–7 = 6000–35 000** ↑**Scoville-Einheiten.** Wie der Name andeutet, handelt es sich um eine ungarische Chilizüchtung mit dickem Fruchtfleisch. Es gibt sie in einer scharfen und einer milden Form. Groß und gelb, bei Reife schließlich rot mit glatter und wachsartiger Oberfläche. Von der Form her ein langer Zylinder, ca. 15 cm lang und 4 cm breit. Die Chilis werden hauptsächlich gelb verwendet und schmecken besonders gut in Salat und Gemüsegerichten. Sie lassen sich nicht trocknen, aber gut einlegen.

Hunger [*Fachkunde*] Zustand, der entsteht, wenn keine oder zu wenig Nahrung aufgenommen wurde. Ein niedriger Blutzuckerspiegel oder das Zusammenziehen eines leeren Magens können Merkmale für so genannte „Hungergefühle" sein. Wird Hunger zu einem chronischen Zustand, kann er unter anderem zu Nierenschäden, Anämie (durch Mangel an ↑**Eiweiß**, ↑**Vitamin** B_{12}, ↑**Folsäure**) und vor allem zu Substanzverlust an Körpergewebe (= Hungeratrophie) führen. Zu Beginn erfolgt der Verlust von Fettgewebe, dann von Drüsengewebe, Skelettmuskulatur, Haut-, Nieren-, Lungen- und Knochengewebe. ↑**Fasten**

Hungerdiät [*Gesundheit*] **Warnung vor allen Formen der Hungerdiäten!** ↑**Fasten**

Hungerstoffwechsel [*Gesundheit*] Wird trotz Hungergefühls dem Organismus keine Nahrung zugeführt, passt sich der Stoffwechsel dem Hungerzustand an. Der Körper muss seinen Bedarf an Energie decken. Dazu werden zuerst die Kohlenhydratvorräte (↑**Glykogen**), dann die Fettreserven abgebaut. ↑**Eiweiß** wird erst später abgebaut, um aus den glukogenen ↑**Aminosäuren** – über die Glukoneogenese – Traubenzucker (↑**Glucose**) bzw. Energie herzustellen. Folge: die Bildung von ↑**Ketonen**

Hunter River Valley [*Weinkunde*] Eines der ältesten Anbaugebiete Australiens, erzeugt Spitzenweine

Hure [*Franz. Speisekarte*] ↑**Sülze** von Schweinskopf (auch ↑**Wildschwein**)

Hush puppies [*U.S. Kitchen*] Fettgebackene Beilage aus Maisbrotteig. Wie die Hush Puppies zu ihrem Namen kamen? Angeblich warfen Fischer im Süden der USA einige der leckeren Brocken auch ihren kläffenden Welpen hin: „Hush, Puppies" – also „Ruhe, Hunde".

Hushållsost [*Käse*] **Herkunft:** Schweden; **Käsesorte:** ↑**Schnittkäse** mit Naturrinde, bis 60 % ↑**Fett i. Tr.**; **Milch:** pasteurisierte Kuhmilch; **Info:** gepresster, zylindrischer ↑**Käse** mit 1 bis 2 kg Gewicht, der in einem feuchten Reifekeller nur 2 Monate benötigt.

Husse [*Fachkunde*] **1. Hussen** sind Überzüge bzw. Schutzhüllen für Möbelstücke. Sie sind der Form des Möbels – z. B. der Stühle – angepasst und meist auf textiler Basis gefertigt. Hussen können als dekoratives Element eingesetzt werden. Mit verschiedenartigen Farben, Materialien und Designs lässt sich der Charakter eines Raumes wesentlich ändern. **2. Husse** ist eine regionale Bezeichnung für die ↑**Haxe**

Hütes [*Unsere Küche*] Thüringer Klöße

Hutspot [*Intern. Länderküche*] **R** Holländisches Nationalgericht. **Synonym:** Hochepot, Hotchpotch. Hutspot ist ein nahrhafter, kräftiger und urwüchsiger ↑**Eintopf**. Dafür werden ↑**Weiße Bohnen** über Nacht eingeweicht und am nächsten Tag im Einweichwasser halbgar gekocht. ↑**Rinderbrust** oder ↑**Hochrippe** mit ↑**Lorbeerblatt** etwa 1 Stunde in leicht gesalzenem Wasser kochen. Dann ↑**Suppengemüse** dazugeben und eine weitere Stunde kochen lassen. Zwischenzeitlich ↑**Zwiebeln**, ↑**Karotten** und ↑**Kartoffeln** schälen, in kleine Würfel schneiden und mit den Bohnen garen. Bei Bedarf ↑**Fleischbrühe** nachgießen und mit ↑**Pfeffer**, ↑**Salz**, ↑**Liebstöckel**, ↑**Muskat** und ↑**Bohnenkraut** würzen. Das weiche Fleisch in Scheiben schneiden, das Gemüse gründlich zerstampfen (vorher den Bohnenkrautzweig entfernen), auf einer Platte anrichten, mit gebräunter ↑**Butter** begießen und gehackter ↑**Petersilie** bestreuen. Das Fleisch auf dem Gemüsepüree anrichten. Ähnliche Gerichte gibt es auch in anderen Ländern – z. B. beim französischen Hochepot oder dem englischen Hotchpotch. Nach deren Originalrezepten wird das gekochte Fleisch aber in Würfel geschnitten und mit dem pürierten Gemüse vermischt, was nicht so appetitlich aussieht.

Hüttenkäse [*Käse*] **T** Dieser ↑**Frischkäse** zeichnet sich durch seine körnige Konsistenz aus. Es handelt sich hierbei um ein unreifes ↑**Milch**-Käseprodukt, das fettarm ist und sich durch seinen leichten, frischen Geschmack für ↑**Sandwiches**, Salate und ↑**Desserts** eignet. Pur oder mit frisch gehackten ↑**Kräutern** ist er ideal zu ↑**Dipgemüse**.

Hüttensalz [*Gewürze & Kräuter*] ↑**Steinsalz**, wird im Schmelzofen erhitzt, in flüssiger Form in Blöcke gegossen und vermahlen.

Hutzeln [*Allgem. Nährmittel*] Unzerteilte, ungeschälte, getrocknete Birnen

Huxelrebe [*Weinkunde*] Weißweinrebsorte, basiert auf einer Kreuzung zwischen Weißer Gutedel & Courtillier musqué. Sie wurde 1927 in Alzey vom Westhofener Winzer Fritz Huxel gezüchtet und hauptsächlich in Deutschland angebaut. Ist wie die meisten anderen Neuzüchtungen rückläufig. Geschmacklich gehen die leichten Weine mit wenig Säure in Richtung fruchtig-exotisch mit Aromen von ↑**Mango** und zuweilen ↑**Nüssen**. Aus der Huxelrebe können durchaus Auslesen gewonnen werden.

Hworost [*Intern. Länderküche*] Begriff aus der russischen Küchenkultur für eine Art Faschings-Krapfen oder ↑**Berliner Pfannkuchen**, nur in Streifen

Hybriden [*Weinkunde*] Kreuzungen zwischen amerikanischen und europäischen Reben, um eine Resistenz gegen die Reblaus zu erreichen. Sie sind aber von der Qualität der Weine her noch zweitklassig.

Hydrogenisiertes Fett [*Fette*] Hydrogenisierung (Härtung) von Fetten: Verfahren zur Herstellung von ↑**Fetten** mit halbharter bis harter Konsistenz, ausgehend von flüssigen Ölen pflanzlichen oder tierischen Ursprungs. Dadurch wird zwar die Haltbarkeit erhöht, es können aber auch unerwünschte ↑**Transfettsäuren** entstehen.

Hydrolisiert [*Fachkunde*] Lebensmittel, die mit Wasserbindern behandelt wurden. Es handelt sich insbesondere um mit Wasser versetzte Proteine von ↑**Schwein**, ↑**Geflügel** oder ↑**Rind** (Caseine, ↑**Milch**- und Pflanzenproteine). ↑**Schweine**- und ↑**Rindfleisch** darf nach einer Behandlung mit Wasserbindern nicht mehr als Frischfleisch angeboten werden. Der **Formschinken** oder **Formfleischvorderschinken** (↑**Schinken**), oft als **Pizza**belag (anstatt Kochschinken) verwendet, oder das ↑**Formfleisch** in Fertiggerichten, sind mit ↑**Enzymen**, ↑**Salz** und ↑**Nitritpökelsalz** behandelte und mit Wasser gebundene Bindegewebe von Schlachtfleisch, die mit Dickungs- und Bindemitteln zu einem Teig verarbeitet und schließlich zu einer schnittfesten Masse gegart wurden. Bei Geflügelfleisch sind diese Verfahren EU-weit nicht zulässig. Trotzdem ist der illegale Einsatz von Wasser und Wasserbindern in der EU bekannt. So wurden beispielsweise in Großbritannien und Irland Hähnchenfilets serviert, die zu mehr als 40 % aus Wasser und Wasserbindern bestanden.

Hydrophil [*Fachkunde*] Wasserliebend

Hydrophob [*Fachkunde*] Wasserabstoßend

Hydroxypropyl cellulose [*Fachkunde*] ↑**E 463**

Hydroxypropylmethylcellulose [*Fachkunde*] ↑**E 464**

Hydroxypropylstärke [*Fachkunde*] ↑**E 1440**

Hydroxypropyl-distärkephosphat [*Fachkunde*] ↑**E 1442**

Hypervitaminosen [*Fachkunde*] Schädigung des Organismus durch zu hohe Vitamingaben. ↑**Vitamine & Vitamintabelle**

Hypocras, hippocras [*Franz. Speisekarte*] Gewürzwein

Hypothalamus [*Fachkunde*] Unter dem Thalamus liegender Teil des Zwischenhirns; Regelzentrum für Vorgänge des Stoffwechsels, des Wasser- und Wärmehaushaltes

Hypovitaminose [*Fachkunde*] Vitaminmangelkrankheit; ↑**Avitaminosen** & ↑**Hypervitaminosen**

Hysope [*Franz. Speisekarte*] ↑**Ysop**

I.E. [*Fachkunde*] Abkürzung für ↑**Internationale Einheit**

I.T. [*Fachkunde*] Abkürzung für ↑**in Trockenmasse**

Ibores [*Käse*] **Herkunft:** Spanien/Extremadura, nordöstlich von Cáceres; **Käsesorte:** sehr aromatischer ↑**Ziegenkäse** mit orangefarbener Rinde; **Info:** Etwa 1 Kilogramm schwer, von zylindrischer Form. Er reift mindestens 2 Monate.

Ice cubes [*Hausbar*] Eiswürfel

Icebeer [*Bier*] Bier, dem Wasser durch das Ice-Rifing-Verfahren (Gefrieren) entzogen wurde. Der Trend schwappt aus den USA nach Europa.

Iceberg lettuce [*U.S. Kitchen*] ↑**Eisbergsalat**

Iced tea [*U.S. Kitchen*] Eistee, sehr beliebt in den USA

Ich habe Durst [*Übersetzer*] **Im Hotel Englisch:** I am thirsty; **Französisch:** J'ai soif; **Italienisch:** Ho sete; **Spanisch:** Tengo sed, soy sediento, -a

Ich habe Hunger [*Übersetzer*] **Im Hotel Englisch:** I am hungry; **Französisch:** J'ai faim; **Italienisch:** Ho fame; **Spanisch:** Tengo hambre, soy hambriento, -a

Ich lerne... [*Übersetzer*] **Im Hotel Englisch:** I learn; **Französisch:** j'apprends; **Italienisch:** imparo

Ich möchte bitte eine Flasche Wein [*Übersetzer*] **Im Hotel Englisch:** I like a bottle of wine, please. **Französisch:** Une bouteille de vin, s'il vous plaît. **Italienisch:** Può portarci una bottiglia di vino, per favore. **Spanisch:** Otra botella de vino, por favor.

Ich nehme das Tagesgericht [*Übersetzer*] **Im Hotel Englisch:** I'll have the menu of the day; **Französisch:** Je prends le plat du jour; **Italienisch:** Prendo il piatto del giorno; **Spanisch:** Para mí el menú

Idared [*Obst*] **T Lateinisch:** Malus domestica; **Info:** Idared ist ein mittelgroßer bis großfruchtiger ↑**Apfel** von flach rundlicher bis kugelig abgeplatteter oder schwach grobkantiger Form. Die glatte und feste, beinahe zähe Schale ist in der Grundfarbe gelblich-grün bis weißlich-gelb und in der Deckfarbe zu drei Viertel leuchtend hellrot bis dunkelrot gestreift bis verwaschen. Er ist von vielen kleinen, weißen, jedoch kaum wahrnehmbaren ↑**Lentizellen** besetzt. **Ursprung und Geschichte:** Idared ist aus einer 1935 von Leif Verner an der Agricultural Experimental Station Moscow in Idaho, USA, erfolgten Kreuzung zwischen Jonathan und Wagenerapfel entstanden und seit 1942 unter seinem Namen im Handel. **Herkunft und Saison:** Idared werden in Mitteleuropa zwischen Ende September und Mitte Oktober geerntet und sind im ↑**Kühllager** bei +3° C bis +5° C bis Ende Januar, im ↑**CA-Lager** bis Ende Juni gut haltbar. Der Beginn der Genussreife liegt etwa sechs Wochen nach dem Erntetermin. **Geschmack:** Das feste und knackende, feinzellige, weißlich bis leicht gelblich gefärbte Fruchtfleisch ist saftig, mäßig süß, mild säuerlich und hat ein nur schwach ausgeprägtes Aroma.

Idealgewicht [*Gesundheit*] **T** Liegt das Körpergewicht zwischen 10 und 15 % unter dem ↑**Broca-Index**, spricht man vom Idealgewicht. Der Begriff wurde in den 1960ern von einer amerikanischen Lebensversicherung geprägt, mit der Annahme, dass beim Idealgewicht die Lebenserwartung am höchsten liegt. Dieser Begriff ist heute nicht mehr relevant. Das Körpergewicht wird heute wesentlich individueller gesehen als damals. An die Stelle des Idealgewichts ist heute das ↑**Sollgewicht** getreten. **Gesunde Erwachsene sollten sich am so genannten Sollgewicht orientieren. Es ist das Gewicht, mit dem man am längsten lebt.**

Idiazabal Geschützte Herkunftsbezeichnung [*Käse*] **T Herkunft:** Spanien/Baskenland (Provinzen Alava, Guipuzcoa und Vizcaya); **Käsesorte:** ↑**Hartkäse** mit harter, hellgelber (ungeräuchert) oder brauner (geräuchert) Rinde, mind. 45 % ↑**Fett i.Tr.**; **Milch:** rohe Milch von Lacha- und Carranzana-Milchschafen (↑**Schafsmilch**); **Teig:** fest, elfenbeinfarben; **Info:** Etwa zehn Tage vor dem Verkauf werden die ↑**Käse** über einem Feuer aus Buchen- und Weißdornholz geräuchert. Sie gewinnen einen prägnanten Duft und Geschmack, die Rinde wird dunkelbraun und härter. **Form:** Zylinder; **Gewicht:** 1 bis 2 kg; **Reifung:** mindestens 2 Monate in einem kühlen, feuchten Reifekeller; **Verwendung:** Man isst ihn „pur" zu einfachen Mahlzeiten, er dient jedoch auch als Reibkäse.

IGT [*Weinkunde*] Indicazione Geografica Tipica: Abkürzung für italienische Herkunftsbezeichnung von Weinen, die aus einem bestimmten Gebiet stammen und dessen Charakter widerspiegeln. Es ist das Äquivalent des französischen ↑**Vin de Pays**. Diese Bezeichnung wurde 1992 eingeführt, um Weine unter einer höheren Bezeichnung als Vino da Tavola zu vermarkten, eine Konsequenz des rigiden italienischen Weingesetzes, das hochwertige Weine aus nicht anerkannten Rebsorten und modernen Kelterungsmethoden ausschließlich unter dieser niedrigsten Qualitätsstufe zuließ. Die Bezeichnung soll ein Sprungbrett für die höhere Kategorie Denominazione di Origine Controllata (**DOC**) sein, da eine notwendige, tiefgreifendere Änderung zur Auflockerung des DOC-Gesetzes bisher unmöglich scheint.

Ihlen [*Fisch*] Bezeichnung für abgelaichte ↑**Heringe**

Ikan terie [*Asiatische Küche*] Kleine, getrocknete Fische,

Inosinsäure [*Fachkunde*] ↑**E 630**

Insaccati [*Ital. Speisekarte*] Wurstwaren

Insalata [*Ital. Speisekarte*] Salat

Instant [*Fachkunde*] (**Englisch**: augenblicklich) Pulverisiertes Lebensmittel, das sich in Flüssigkeiten sofort auflöst

Instantkaffee [*Kaffee*] Lösliches Granulat oder Pulver, das aus Röstkaffee gewonnen wird. Zur Herstellung wird gemahlener ↑**Kaffee** unter hohem Druck extrahiert und dann mit Hilfe der Sprüh- oder Gefriertrocknung in ein lösliches Pulver umgewandelt. Es gibt ihn mit mildem bis kräftigem Geschmack, entcoffeiniert und magenschonend. Etwa 2 g Kaffee-Extrakt reichen für eine Tasse trinkfertigen Kaffees aus. Jedoch wird zumeist wegen des weniger intensiven Geschmacks im Vergleich zu Bohnenkaffee mehr Kaffee-Extrakt für die Zubereitung einer Tasse verwendet.

Instant-Nudeln [*Asiatische Küche*] **T** Echte ↑**Nudeln** müssen ca. 8 Min. lang in sprudelndem Salzwasser kochen, bis sie bissfest sind. Moderne Instant-Nudeln werden nur mit kochendem Wasser übergossen und sind bereits nach zweiminütigem Ziehen gar. Das ist praktisch, funktioniert aber nur, wenn die Wasseraufnahme beschleunigt wird. Dies gelingt mit Triebmitteln wie ↑**Natrium**- und ↑**Kaliumcarbonat**, die Kohlendioxid freisetzen. Die bereits vorgekochten Nudeln werden mit ↑**Phosphat** behandelt, damit sie beim Überbrühen mit kochendem Wasser die gewünschte Konsistenz erhalten. Instant-Nudeln sind aus der asiatischen Küche nicht mehr wegzudenken, sie werden mit oder ohne ↑**Eizusatz** angeboten. Es gibt sie mit Garnelen-, Rind- oder Hühnergeschmack, aromatisiert mit ↑**Gewürzen** und ↑**Algen**. Instant-Nudeln für asiatische Fertigsuppen werden in der Fritteuse vorgegart. ↑**Mie-Nudeln** oder **Ramen**

Instantprodukte [*Fachkunde*] Instantprodukte sind Trockenprodukte von Lebensmitteln, in Pulverform, die sich in Flüssigkeit sofort und vollständig auflösen. Sie werden mit Hilfe verschiedener technischer Verfahren, z. B. Walzentrocknung oder Gefriertrocknung, hergestellt. Zu ihnen zählen z. B. Instant-↑**Kaffee**, Instant-↑**Mehl**, Instant-↑**Brühe**, (↑**Würze**) Suppen- und Soßenpulver, ↑**Pudding**pulver, Kartoffelbrei- und Getränkepulver usw.

Inster [*Fleischprodukte*] ↑**Gekröse**

Insulin [*Gesundheit*] Hormon, das in der Bauchspeicheldrüse (fachlich: Pankreas) des Menschen gebildet und ins Blut ausgeschüttet wird. Seine wichtigste Funktion ist die Senkung des Blutzuckerspiegels nach der Nahrungsaufnahme. Der Gegenspieler von Insulin ist Glucagon. Wenn durch eine Erkrankung der Bauchspeicheldrüse kein oder nur ungenügend Insulin gebildet wird, führt das zur ↑**Zuckerkrankheit** (Diabetes mellitus). Zuckerkranke (Diabetiker) werden mit Insulinspritzen behandelt. **Vorsicht!** Insulin zeigt Wechselwirkungen mit ↑**Alkohol**. Die Folge ist eine verstärkte Senkung des Blutzuckers, da Alkohol die Zuckerneubildung (Glukoneogenese) in der Leber hemmt und dadurch dem Blut weniger ↑**Zucker** zur Verfügung steht. Es besteht dadurch die Gefahr eines ↑**Diabetische(r)n Schocks**. Wird Alkohol während einer kohlenhydratreichen Mahlzeit zugeführt, ist die Gefahr verringert. Denn dann sind genügend ↑**Kohlenhydrate** vorhanden, die Zuckerneubildung ist nicht notwendig.

Internationale Einheit [*Gesundheit*] Abkürzung: IE. Eine international einheitlich festgesetzte Menge oder Gewichtseinheit einer Substanz (z. B. Vitamin, Antibiotikum, Hormon, Arzneimittel), die nach Aufnahme bei international gültiger Definition der Bedingungen (z. B. Temperatur) im Test eine genau definierte Wirkung hat. Zum Beispiel entspricht: 1 IE Insulin = 41,67 µg Insulin (hochrein) = 35 µg Insulin (wasserfrei); 1 IE Vitamin A = 0,3 µg Retinol = 0,6 µg Betacarotin; 1 IE Vitamin B_1 = 3 µg Thiaminhydrochlorid; 1 IE Vitamin D_3 = 0,025 µg Vitamin D_3 = 65,0 mmol Vitamin D_3; 1 IE Vitamin E = 910 µg dl-alpha-tocopherol = 670 µg d-alpha-tocopherol; 1 IE Alpha-hCG = 1 µg Alpha-hCG

Internationale Rebsorten [*Weinkunde*] Bis auf wenige Ausnahmen entstehen in aller Welt Weine aus europäischen Rebsorten. Die bekanntesten Internationalen Rebsorten sind ↑**Chardonnay**, ↑**Cabernet Sauvignon**, ↑**Sauvignon Blanc**, ↑**Pinot noir** (↑**Spätburgunder**) und ↑**Merlot**.

Interspezifische Reben [*Weinkunde*] Kreuzungen aus europäischen Weinreben und den amerikanischen Wildreben, wobei die positiven Eigenschaften beider Spezies zusammengebracht werden: die Weinart der europäischen und die Resistenz gegen Pilzkrankheiten und Reblaus der amerikanischen Reben

Intingolo [*Ital. Speisekarte*] Dicke Sauce, Tunke. ↑**Ragout**

Inulin [*Gesundheit*] **T** ↑**Kohlenhydrat** und Mehrfachzucker, setzt sich aus vielen Fruchtzucker-(↑**Fructose**) Bausteinen zusammen. In Pflanzen dient Inulin als Reservekohlenhydrat. Es kommt besonders in ↑**Artischocken**, ↑**Roggen**, ↑**Zichorien** und ↑**Topinambur** vor. Es gehört zu den ↑**Ballaststoffen**, die von menschlichen Verdauungsenzymen nicht abgebaut werden können und deshalb in die unteren Darmabschnitte gelangen. Erst dort wird Inulin von den Darmbakterien, vor allem von Bifidusbakterien, zu kurzkettigen organischen Säuren abgebaut. Dadurch werden das Wachstum und die Aktivität der gesamten Darmflora gefördert. Somit gehört Inulin zu den ↑**Prebiotika.** Es schmeckt leicht süßlich (enthält 1 bis 1,5 kcal pro g), sodass es ↑**Zucker** in Lebensmitteln teilweise ersetzen kann, ohne die geschmackliche Qualität der Produkte zu beeinträchtigen. In Kombination mit ↑**Süßstoffen** wie Aspartam oder Acesulfam wird die Süßkraft noch verstärkt. Inulin ist als Lebensmittelzutat bekannt, ist aber kein ↑**Lebensmittelzusatzstoff**. Es gibt bereits viele Backwaren mit Inulin, z. B. ballaststoffangereicherte, zuckerfreie Brote und ↑**Kekse**. Wegen seiner Löslichkeit und technologischen Eigenschaft ist Inulin für viele so genannte prebiotische Backwaren geeignet.

Invertzucker [*Allgem. Nährmittel*] Gemisch (50/50) aus ↑**Trauben-** und ↑**Fruchtzucker** (Glucose und Fructose), entsteht durch Spaltung des Zweifachzuckers Saccharose (↑**Rübenzucker**) in seine Einzelbausteine. Die Spaltung erfolgt über ↑**Enzyme** oder ↑**Säuren**. Kann auch künstlich aus Rohrzucker hergestellt werden. Invertzucker ist der Hauptbestandteil des ↑**Honigs**.

Involtino [*Ital. Speisekarte*] ↑**Roulade**

Inzolia [*Weinkunde*] Auch als Ansonica bekannte weiße Rebsorte, die fast ausschließlich auf Sizilien angebaut wird. Zusammen mit der weißen Rebsorte ↑**Catarratto** ist Inzolia Basis der meisten Weißweine Siziliens. Inzolia ist in der Lage, Beeren mit einem hohen Säuregehalt zu produzieren, was in heißen Klimazonen wie Sizilien eine Tugend ist. Die sizilianischen Weine sind traditionell Verschnitte, wobei die Rebsorten die erwünschten Komponenten des Weins bestimmen. Erst mit der Modernisierung des Weinbaus auf der Insel wurde das Potenzial der Inzolia deutlich. Sie kann duftige und elegante Weine hervorbringen, auch ohne den üblichen hohen Alkoholgehalt vieler Weine aus heißen Anbaugebieten. Zusammen mit Catarratto wird sie häufig mit ↑**Chardonnay** verschnitten, wobei sie die fehlende Säure ausgleicht, die Chardonnay rasch in der Hitze verliert. Vorausgesetzt, die Weine werden gewissenhaft vinifiziert, können sich die Ergebnisse sehen lassen. Sogar ↑**Barrique**-Ausbau steht diesen Weinen sehr gut.

Ionisierende Strahlen [*Gesundheit*] Sammelbegriff für Strahlen, z. B. Röntgen-, Elektronen- und Gammastrahlen, die Veränderungen in organischen Substanzen bewirken können. Sie werden in der ↑**Lebensmittelbestrahlung** eingesetzt. In Deutschland besteht ein Bestrahlungsverbot, bestrahlte Lebensmittel dürfen nicht in den Verkehr gebracht werden. Gamma- und Elektronen-Bestrahlung schützen ein Lebensmittel vor dem Verderb und gewährleisten den einwandfreien hygienischen Zustand eines Produktes.

IPR [*Weinkunde*] Abkürzung für Indicação de proveniência regulamentada, neue Gruppe portugiesischer Qualitätsweine seit dem EG-Beitritt des Landes, entspricht der französischen Kategorie der ↑**VDQS**-Weine, die damit nicht ganz das Prestige wie die ↑**DOC**-Weine Portugals genießen, obgleich sie ihnen qualitativ oft kaum nachstehen, mitunter sogar den einen oder anderen von ihnen durchaus übertreffen.

Irische Küche [*Intern. Länderküche*] **A** Die Kochkunst in Irland ist traditionell sehr einfach und rustikal. Man könnte die Küche dort auf den einfachen Nenner bringen: Entweder schmeckt eine Mahlzeit exzellent oder aber scheußlich. Heute ist die moderne **Irische Küche** dank kulinarischer Einflüsse anderer Kulturen vielseitiger geworden. **Frühstück:** Ein traditionelles irisches Frühstück besteht aus **rashers** (↑**Bacon**-Röllchen) und **black & white pudding** (gebratene ↑**Blutwurst**). Dazu werden ↑**Eier**, ↑**Bratkartoffeln** und gedämpfte ↑**Tomaten** serviert. ↑**Toast, wheaten** (dunkles ↑**Sodabrot**), ↑**Butter** und verschiedene ↑**Marmeladen** runden das Frühstück ab. Getrunken wird dazu irischer Schwarztee **(irish breakfast)**, eine malzige, ↑**Assam**-basierte Teemischung, und Orangensaft. **Hauptmahlzeit:** Obwohl es in den Gewässern der grünen Insel von Fischen nur so wimmelt und der Angler-Tourismus boomt, wird in Irland kaum ↑**Fisch** gegessen. Ernährungsgrundlage war und ist die ↑**Kartoffel**. Auch in kleinen Tante-Emma-Läden finden sich bis zu zehn verschiedene Sorten. Daneben gilt ↑**Rindfleisch** als gediegene Mahlzeit, während Fisch als Arme-Leute-Essen verschrien ist. Wer in einem irischen Restaurant ein ↑**Steak** bestellt, kann böse überrascht werden: In Irland werden alle Fleischstücke, auch „minderwertige", zu Steaks verarbeitet. Zum **Stew** (↑**Eintopf**) oder Steak werden Kartoffeln (Bratkartoffeln, ↑**Baked Potatoes** oder Kartoffelbrei) gereicht. Dazu gibt es ↑**Erbsen**, ↑**Blattsalate** mit ↑**Essig**, ↑**Brot** und ↑**Butter**. **Spezialitäten:** Das traditionelle ↑**Irish stew**, ein mit ↑**Kümmel** gewürztes Eintopfgericht aus ↑**Kohl**, Kartoffeln und Rindfleisch, findet man in Irland selbst kaum noch. Die Haute Cuisine ist französisch und italienisch beeinflusst. Das in der gehobenen Gastronomie verwendete ↑**Lamm**- und ↑**Rindfleisch** ist meist sehr schmackhaft und von hoher Qualität, die Tiere stammen alle aus Freilandhaltung. Dass sich die irische Küche gewandelt hat, beweist die Tatsache, dass ihre **Meeresfrüchte** wie ↑**Austern**, ↑**Venusmuscheln**, ↑**Jakobsmuscheln**, ↑**Hummer**, ↑**Krabben** und zahlreiche Süß- und Salzwasserfische berühmt geworden sind. Vor allem der irische ↑**Lachs** erfreut sich mittlerweile größter Beliebtheit, er wird sowohl gegrillt als auch pochiert und geräuchert. **Getränke:** Zum Essen gibt es Wasser (Irland hat exzellente ↑**Mineralwasser**) oder ↑**Lager**. ↑**Guinness** wird abends im Pub getrunken und nicht zu den Mahlzeiten. Die Iren sind wie alle Kelten ein trinkfreudiges Volk. Abends trinken sie auch **„Smithwicks"** (auf dem Kontinent besser als **Kilkenny** bekannt), ein malzig schmeckendes Braunbier, oder ↑**Cider**. Der ↑**Irische Whisky** hat eine so lange Tradition wie der berühmtere ↑**Scotch**. Auch in Irland werden ↑**Single Malts** gebrannt.

Irischer Käse [*Käse*] Die hervorragende Qualität des Weidelandes erklärt, warum drei Viertel der landwirtschaftlichen Produktion Irlands aus der Viehzucht stammen. In den 70er-Jahren begann man in Irland Käsesorten herzustellen, die den berühmten Käsespezialitäten der Welt nachempfunden waren. Es handelte sich aber keineswegs um unbedeutende Kopien, denn dank ausgefeilter Herstellungsmethoden und hochwertiger Weiden gelang es, zahlreiche neuartige und ungewöhnliche Varianten zu entwickeln. **Ryefield**, ein kleiner ↑**Käse** mit schwarzer Schutzhülle, ist im Grunde ein sehr reifer ↑**Cheddar**. **Cooleeney**, ein sehr weicher Käse, besitzt ein recht ausgeprägtes Aroma (Cooleeney, der auf Gutshöfen hergestellt wird, ist milder). **Gubbeen** aus der Cork-Region ist ein halbfester Käse mit gewaschener Rinde (es gibt auch eine Variante, die über einem Eichenholzfeuer geräuchert wird). **Kerry** aus der gleichnamigen Region ist ein ↑**Schnittkäse** mit ∅ 15 cm, der manchmal mit Wachs überzogen wird. **Corleggy**, ein ↑**Hartkäse** aus ↑**Ziegenmilch** mit Naturrinde, enthält nur pflanzliches Lab. Er wird eigens für vegetarische Konsumenten hergestellt. **Ring** ist ein zylindrischer Käse von 12 cm Durchmesser mit einer Konsistenz wie gut gereifter ↑**Gouda**. Der etwas scharfe **Desmond** erinnert im Geschmack an den französischen Saint-Nectaire, und **Gabriel**, der eine Lochung wie Schweizer Käse aufweist, kann reifen, bis er völlig hart ist. **Baylough** ist ein 100 % regionaler Käse mit ausgeprägtem Geschmack. **Ballydague** wird für zahlreiche Rezepte verwendet, während **Knockanour** an ↑**Port-Salut** erinnert. Auch ↑**Blauschimmelkäse** werden in verschiedenen Teilen Irlands hergestellt. Aus der Grafschaft Cork stammt der **Chetwynd Blue**, ein Käse aus pasteurisierter Kuhmilch, und aus Tipperary kommt der **Cashel Blue**, ein milder, recht bröckeliger Schnittkäse. Außerdem produzieren die Iren ↑**Schafskäse** wie den 3 kg schweren **Cratloe** und ↑**Ziegenkäse** wie die ↑**Schnittkäse Lough Caum** oder **Croghan.** In Irland gehört der beliebte Cheddar wegen der einfachen Herstellungsmethode zu den meistproduzierten Käsesorten.

Irischer Whisky [*Hausbar*] **T** Dieser ↑**Branntwein**, der überwiegend aus ↑**Gerste**, aber auch aus anderen Getreidearten hergestellt wird, ist ein reiner ↑**Malt-Whisky**. Irischer ↑**Whisky** wird im Gegensatz zu allen anderen Whiskys 3-mal destilliert. Daher ist er sehr sauber und rein (frei von ↑**Fuselölen**, die Kopfweh bereiten). Das verleiht seinem Malzaroma eine besondere Milde. Es fehlt der rauchige Geschmack, weil die gemälzte Gerste nicht über offenem Feuer getrocknet wurde. Aus Irland kommen aber auch ↑**Blended**-Sorten. Mindestlagerzeit 3 Jahre, danach werden die Whiskys verschiedener Fasstypen und Jahrgänge vermischt, um gleichbleibende Qualität sicherzustellen.

Irisches Sodabrot [*Backstube*] **T** Ein einfaches ↑**Brot**, das bei keinem irischen Essen fehlen darf. Es wird aus ↑**Weizen** und ↑**Weizenvollkorn**, mit ↑**Backpulver**, ↑**Natron**, ↑**Butter**, ↑**Eigelb**, ↑**Salz**, ↑**Zucker** und ↑**Buttermilch** hergestellt. Es gibt verschiedene Varianten: Mit frischen gehackten ↑**Kräutern** (↑**Dill**, ↑**Estragon**, ↑**Thymian**) ohne Zucker. – Mit ↑**Kümmel** ohne Zucker. – Mit ↑**Rosinen** und Zucker

Irish coffee [*Hausbar*] **R** Kaffeespezialität mit ↑**Irish Whisky**, braunem ↑**Rohrzucker** und ↑**Kaffee**. Dazu geschlagene Sahne als Krönung. Der Kaffee wird „durch" die Sahne geschlürft. Rezept: 4 cl Irish Whisky und 1 TL Zucker werden in ein Irish-Coffee-Glas gegeben. Das Glas wird über einem Spiritusbrenner vorsichtig unter stetem Drehen erhitzt, bis sich der Zucker aufgelöst hat und der Whisky leicht zu dampfen beginnt. Den heißen Whisky anzünden und sofort mit dem Kaffee löschen, mit dem das Glas aufgefüllt wird. Das Sahnehäubchen vollendet diesen Kaffeegenuss.

Irish stew [*Intern. Länderküche*] **A** ↑**Hammelfleisch**-Gericht mit ↑**Zwiebeln**, ↑**Kartoffeln** und ↑**Weißkraut.** ↑**Irische Küche**

Irmik helva [*Orientalische Küche*] Begriff aus der türkischen Küchenkultur: fester Grießbrei ↑**Halva** aus ↑**Hartweizengrieß** mit ↑Pinienkernen. ↑**Türkische Küche**

Isabella [*Weinkunde*] Amerikanische Rebsorte, die kaum noch angepflanzt wird

Iscas [*Span. Speisekarte*] Gebratene ↑**Leber** mit ↑**Zwiebeln**

Ischia [*Weinkunde*] Insel im Golf von Neapel mit leichten, trockenen Rot- und Weißweinen, die früher unter dem Namen Capri verkauft wurden

Iskender kebab [*Orientalische Küche*] Auch Bursa Kebap oder Yoğurtlu Kebap genannt, ist eine Variante des ↑**Döner kebab**. Der Unterschied besteht darin, dass er nicht als Imbiss, sondern als Tellergericht serviert wird. Übliche Beilagen sind ↑**Bulgur** und Salat. Traditionell wird dazu Traubensaft (Şıra) getrunken.

Islay [*Käse*] ↑**Bonchester**

ISO 9001 [*Fachkunde*] Strenge Qualitätsnorm, nach der jedes qualitätsbezogene Verfahren in der Lebensmittelindustrie ausgerichtet ist. Ziel ist eine gleichbleibende Qualität bei allen Produkten. Die Einhaltung dieser Norm wird regelmäßig von einer unabhängigen Gesellschaft geprüft. Wichtiger Bestandteil dieses Qualitätssicherungssystems ist das Sicherheitskonzept ↑**HACCP.**

Isoascorbinsäure [*Fachkunde*] ↑**E 315**

Iso-Getränk [*Fachkunde*] ↑**Sportlergetränk**

Isola [*Kartoffelsorte*] **Kochtyp:** ↑**Vorwiegend festkochende Kartoffeln**

Isoleucin [*Fachkunde*] Essenzielle ↑**Aminosäure**

Isomalt [*Fachkunde*] Zuckeraustauschstoff. Substanz mit 0,45-facher Süßkraft von Kristallzucker (↑**Saccharose**). Wird zur Herstellung von zahnschonenden Produkten verwendet; kann ↑**Zucker** in Backwaren ersetzen. In Konditoreien verwendet man Isomalt auch zur Herstellung von Schaustücken. ↑**E 953**

Isonzo [*Weinkunde*] Bereich in Italien südöstlich von Udine. Es werden die typischen friaulinischen Rebsorten angebaut, z. B. Malvasia, Picolit, Pignolo, Ramandolo, Refosco dal peduncolo rosso, Ribolla gialla, Schioppettino, Tazzelenghe, Terrano, Tocai Friulano, Verduzzo Friulano oder Vitovska.

Isop [*Gewürze & Kräuter*] ↑**Ysop**

Isotonische Getränke [*Fachkunde*] ↑**Sportlergetränke**

Ispen [*Gewürze & Kräuter*] ↑**Ysop**

Israel [*Weinkunde*] Israel hat eine uralte Weinbauregion. Heute werden ansprechende, preiswerte Weine auf mehr als 14 000 ha Rebfläche erzeugt. Früher war Alkoholkonsum in Israel verpönt, und Wein wurde nur im Rahmen religiöser Feste oder zu besonderen Anlässen getrunken. Die heimischen Weine waren zudem von sehr mäßiger Qualität. Seit den 1990er-Jahren ist der Weinkonsum der Israelis jedoch stetig gestiegen. Während es vor 15 Jahren nur etwa 4 l pro Person im Jahr waren, sind es heute etwa doppelt so viel. Die Tendenz ist steigend. Etwa ein Drittel der israelischen Weine ist für den Export, der Rest für den heimischen Konsum bestimmt. Meist werden bekannte Rebsorten wie Chardonnay, Cabernet Sauvignon und Merlot angepflanzt.

Istim kebap [*Orientalische Küche*] **A** Begriff aus der türkischen Küchenkultur für eine ↑**Lamm**haxe auf gedünsteten ↑**Auberginen**streifen. ↑**Türkische Küche**

Italian dressing [*U.S. Kitchen*] **A** Salatsoße aus ↑**Essig**, ↑**Pflanzenöl**, ↑**Knoblauch**, ↑**Pfeffer** und ↑**Salz**

Italian sausage [*U.S. Kitchen*] Rohe Würste aus gewürztem ↑Schweine**hackfleisch.** Als ↑**Gewürze** werden ↑**Salz**, edelsüßer ↑**Paprika**, ↑**Pfeffer**, ↑**Fenchel**samen und ↑**Oregano** verwendet.

Italian Screwdriver [*Hausbar*] ↑**Harvey Wallbanger**

Italico [*Käse*] **Herkunft:** Italien; **Käsesorte:** halbfester glatter, blassgelber ↑**Schnittkäse**, 50 % ↑**Fett i. Tr.**; **Milch:** Kuhmilch; **Teig:** hellgelb ohne Löcher; **Geschmack:** leicht säuerlich, mild

Italienische Küche [*Ital. Speisekarte*] **A** Die italienische Küche besteht aus vielen Regionalküchen mit langen Kochtraditionen, zahllosen Zutaten und Spezialitäten. International bekannte Produkte sind italienisches ↑**Olivenöl**, diverse ↑**Käse** (↑**Parmesan**, ↑**Mozzarella**, ↑**Gorgonzola**), ↑**Wurst** und Fleischerzeugnisse (↑**Mortadella**, ↑**Salami**, ↑**San-Daniele-Schinken**, ↑**Parmaschinken**), ↑**Pasta**, ↑**Pizza** und die Weine. In Italien isst man abends die Hauptmahlzeit (**cena**), die aus einer Vorspeise/↑**Antipasti**, zwei Hauptgängen und der Nachspeise besteht. Hier einige Beispiele: **Antipasti** – Gegrilltes und in Olivenöl mariniertes ↑**Gemüse** – Schinken mit ↑**Melone** – ↑**Carpaccio** – ↑**Caprese** (Mozzarella mit Tomate) – Frutti di mare/↑**Meeresfrüchte**, roh oder gekocht; **Primo Piatto/1. Hauptgang;** Pasta ↑**Gnocchi** – ↑**Risotto** – ↑**Lasagne** – verschiedene Suppen (z. B. ↑**Minestrone**); **Secondo Piatto/2. Hauptgang;** Fischgerichte (z. B. Orata/↑**Goldbrasse**, Gamberi/↑**Garnelen**, Pesce Spada/↑**Schwertfisch**, ↑**Calamari**) – Fleischgerichte (z. B. ↑**Saltimbocca** alla Romana, ↑**Ossobuco**); **Dolce/Süße Nachspeisen;** ↑**Tiramisu** – Gelato/↑**Speiseeis** – Budino/↑**Pudding** – ↑**Zabaione** – Kuchen und Torten (z. B. ↑**Cassata**) – Macedonia/Obstsalat – Sorbetto (al Limone)/(Zitronen-)↑**Sorbet** – Frutta/↑**Obst.** Daneben finden sich auf Speisekarten meist noch Contorni/Beilagen (patate fritte/↑**Pommes frites**, Salate). Pane/↑**Brot** gehört zu jeder Mahlzeit. Die Pizza wird als alleiniger Gang verzehrt, begleitet von einem ↑**Bier. Regionalküchen.** Italien ist ein großes Land mit unterschiedlichen klimatischen und geografischen Verhältnissen. Die einzelnen Regionen haben ein voneinander unabhängiges historisches Schicksal. So kommt es, dass sie – oft sogar einzelne Städte und Orte – verschiedenste kulinarische Spezialitäten hervorgebracht haben. Die lokalen Küchen sind so vielfältig, dass von einer „italienischen Küche“ gar nicht gesprochen werden kann. Regionalküchen: Friaul-Julisch Venetien, Trentino-Südtirol, Lombardei, Aostatal, Piemont, Ligurien, Emilia Romagna, Toskana, Umbrien, Marken, Latium mit der Hauptstadt Rom, Abruzzen und Molise, Kampanien, Apulien, Basilikata, Kalabrien und die beiden Inseln Sizilien und Sardinien.

Italienische Nocken, Nockerl [*Unsere Küche*] ↑**Gnocchi**

Italienische Ochsenzungenblüten [*Wildkräuter, -blüten & -früchte*] **T Lateinisch:** Anchusa azurea. Italienische Ochsenzungenblüten sind essbar. **Mehr Information:** ↑**Essbare Blüten**

Italienisches Gulasch [*Österr. Küche*] Rindergulasch mit ↑**Spaghetti** als Beilage. ↑**Gulasch**

Italienne, à l' [*Speisegarnitur*] **R** Gekochte ↑**Makkaroni** mit ↑**Salz**, ↑**Pfeffer** und ↑**Muskat** würzen, mit ↑**Butter** und geriebenem ↑**Käse** (halb ↑**Parmesan**, halb ↑**Greyerzer**) binden. Als Einlage typisch italienische Zutaten, z. B. ↑**Schinken**, ↑**Artischockenböden**, ↑**Pilze** usw.

Italiens Weinregionen [*Weinkunde*] Italien ist eines der ältesten Weinländer der Welt. Die bekanntesten Anbaugebiete sind Toskana, Piemont, Lombardei, Trentino und Friaul. Als die Griechen ca. 1000 v. Chr. die Weinreben in Italien einführten, wurden diese bereits im Norden des Landes von den Etruskern kultiviert. Wegen seiner perfekten Eignung zum Weinanbau nannten die Griechen dieses Land „Enutria“ (das Weinland). Das Klima in Italien ist vielseitig – eher kühler in den Ausläufern der Alpen, heiß in Sizilien und Kalabrien. Auch die Berghänge des Apennin bieten hervorragende Voraussetzungen für das Gedeihen der Reben. Italien ist vor allem bekannt für seine Rotweine. Die Besten ihrer Sorte sind kräftig und haben vielfältige Geschmacksnuancen und Alterungspotenziale. Seit Beginn der 80er-Jahre wurde die Technik der Weißweinherstellung erheblich verbessert. Die heute produzierten Weißweine sind größtenteils trocken und reduktiv (Weinbereitung unter Sauerstoffabschluss) ausgebaut. Bekannt sind auch die Schaumweine wie ↑**Prosecco** und ↑**Asti Spumante** sowie die Dessertweine. Das Weingesetz sieht eine Unterteilung in vier Klassen vor. Mit der höchsten Qualitätsklasse beginnend sind dies DOCG (Denominazione di Origine Controllata e Garantita), DOC (Denominazione di Origine Controllata), IGT (Indicazioni Geografiche Tipiche) und Vino da Tavola. Die Tafelweine sind manchmal teurer als die Weine der höchsten Qualitätsklasse. **Weinregionen Italiens: Abbruzzen; Alto Adige (Südtirol); Aostatal; Apulien (Puglia); Basilicata (Aglianico del Vulture); Emilia; Romagna; Friaul-Julisch Venetien; Kalabrien; Kampanien; Latium; Ligurien; Lombardei; Marken; Molise; Piemont; Sardinien; Sizilien; Toskana; Trentino; Umbrien; Venetien**

Ives [*Weinkunde*] Rotweinrebe von der US-Ostküste. Die Weine sind kräftig, dunkel und vom ↑**Foxgeschmack** geprägt.

Izakaya [*Intern. Länderküche*] Eine gemütliche japanische Kneipe

Izgara [*Orientalische Küche*] Begriff aus der türkischen Küchenkultur für gemischtes Grillfleisch, z. B. ↑**Lammsteaks**, ↑**Köfte** oder ↑**Schisch.** ↑**Türkische Küche**

Izgara köfte [*Orientalische Küche*] **A** Begriff aus der türkischen Küchenkultur für ↑**Hackfleischsteaks** mit ↑**Grilltomaten** und ↑**Paprikaschoten.** ↑**Türkische Küche**

Izgaralar [*Orientalische Küche*] Begriff aus der türkischen Küchenkultur für verschiedene Grillgerichte. ↑**Türkische Küche**

İzmir Tulumu [*Käse*] Die Zubereitung von-Tulum Käsearten, die an der türkischen Ägäis produziert werden, unterscheidet sich von der in Anatolien. Im Westen wird dieser Käse aus fetter oder halbfetter ↑**Schafsmilch** erzeugt, er ist viel fester und salziger als Tulum aus der Zentraltürkei.

J

Ja [*Übersetzer*] **Im Hotel Englisch:** yes; **Französisch:** oui; **Italienisch:** si; **Spanisch:** si

Jabuticaba [*Exotische Früchte*] **T Lateinisch:** myrciaria cauliflora. **Synonym:** Baumstammkirsche. **Info:** Jabuticaba gehören zur Familie der Myrtengewächse und wachsen auf 3–12 m hohen, baumartigen, immergrünen Sträuchern, direkt an den rötlichen Stämmen oder an stärkeren Ästen. Die bis zu fünfmal jährlich zu erntenden Früchte sind 10–40 mm groß und haben eine rötliche, bläuliche oder schwarze, sehr feste Schale, die jedoch wegen ihres harzigen Geschmacks nicht mitgegessen wird. Das saftige, transparente, süßliche und weiche Fruchtfleisch hat einige rosa gefärbte, essbare Kerne und schmeckt nach ↑**Johannisbeeren** und ↑**Kirschen. Ursprung und Geschichte:** Jabuticaba sind in Brasilien beheimatet und werden heute in ganz Südamerika angebaut. Zu Beginn des 20. Jahrhunderts wurden Jabuticaba erstmals nach Kalifornien in die Gegend um Santa Barbara gebracht. Heute werden sie auch in Florida und Australien angebaut. **Herkunft und Saison:** Jabuticaba sind in Brasilien sehr beliebt und haben dort auch wirtschaftliche Bedeutung erlangt. In Europa jedoch sind sie weitgehend unbekannt und werden – auch wegen ihrer geringen Haltbarkeit – lediglich im Frühjahr in kleineren Mengen aus Brasilien oder Australien importiert. **Zubereitung und Tipps:** Jabuticaba werden üblicherweise roh wie ↑**Trauben** – ohne Schale – gegessen, man gibt sie aber auch in Fruchtsalate und garniert mit ihnen Käseteller. Zudem eignen sie sich für ↑**Gelees**, ↑**Marmeladen**, ↑**Sirupe**, ↑**Sorbets** oder ↑**Wein.**

Jack'o'Lantern Kürbis [*Gemüse*] Geschnitzter Kürbis mit Gesicht. ↑**Halloween-Kürbis**

Jackfrucht [*Exotische Früchte*] **T Lateinisch:** Artocarpus heterophyllus. **Synonym:** Nangka. **Englisch:** jackfruit; **Französisch:** jacque, jacquier; **Italienisch:** fruta de Jack; **Spanisch:** jaca. **Info:** Die zur Familie der Maulbeergewächse gehörenden Jackfrüchte zählen zu den größten Früchten überhaupt, sie können bis zu 100 cm lang, 50 cm dick und 25 kg schwer sein. Die Früchte wachsen direkt am Stamm und sind unterschiedlich geformt. Es wurde schon von Exemplaren berichtet, die – am Baum vollständig ausgereift – die Größe eine Mannes erreichten. Die gelbgrüne bis bräunliche, 5–10 mm dicke und feste Schale ist mit Pickeln übersät, die wie kleine Stacheln aussehen. Das Fruchtfleisch ist gelblichweiß bis orange und hat einen süßlichen, eigentümlichen Geschmack sowie einen unangenehmen Geruch; in den kleinen Kammern liegen bis zu 500 harte, große, braune Samen. **Ursprung und Geschichte:** Die ursprüngliche Heimat sind die Regenwälder an den Küsten Sumatras und Vorderindiens, allerdings wurde sie schon früh über weite Teile Südostasiens verteilt. Die heute wichtigsten Anbaugebiete sind Thailand, Malaysia und Brasilien. **Herkunft und Saison:** Jackfrüchte werden – wenn auch nur in kleinen Mengen – das ganze Jahr über aus thailändischer, malaysischer oder brasilianischer Produktion angeboten. **Inhaltsstoffe:** 100 g Jackfrucht weisen einen Brennwert von ∅ 93 kcal/390 kJ auf und enthalten etwa 72 g Wasser, 1,5 g Eiweiß, 0,3 g Fett, 24 g Kohlenhydrate und 1,6 g Ballaststoffe. An ↑**Mineralstoffen**, ↑**Spurenelementen** und ↑**Vitaminen** sind ∅ 34 mg Kalzium, 0,6 mg Eisen, 3 mg Natrium, 29,7 RE Vitamin A und 6,7 mg Vitamin C enthalten. **Zubereitung und Tipps:** Die ganze Frucht mit einem großen Brotmesser quer in wenige cm-große Scheiben schneiden, sodass sich daraus eine Art Torte ergibt. Aus dieser Scheibe lassen sich dann weitere Tortenstückchen kreieren. Im Inneren sind die ca. eigroßen, hellgelben bis bernsteinfarbenen Fruchtstücke in ein faseriges, weißes Stützgewebe eingebettet. Sie sollten süß und aromatisch sein, mit einem Hauch von ↑**Zitrone** und ↑**Banane**. Die einzelnen Fruchtstücke können auch herausgenommen und einzeln serviert werden. Darin befindet sich je ein bräunlicher Samen, größer als eine ↑**Bohne**, der nicht gegessen und vor dem Servieren herausgelöst wird. Die Fruchtstücke lassen sich einzeln oder in Obstsalaten genießen oder sie werden in ↑**Speiseeis** und ↑**Chutneys** verwendet. In Indien werden Jackfrüchte auch zu Mehl verarbeitet, mit dem dann indische ↑**Chapatis** und ↑**Papadums** zubereitet werden. Die relativ großen Samen gelten besonders in den asiatischen Ländern als Delikatesse und werden roh oder wie ↑**Nüsse** geröstet verzehrt und erinnern geschmacklich an ↑**Maroni.**

Jacquères [*Weinkunde*] Weißweinrebe aus dem Südwesten Frankreichs

Jaén [*Weinkunde*] Spanische Rotweinrebe, angebaut im Badajoz, auf den Kanaren, um Granada, Madrid und Toledo

Jaerla [*Kartoffelsorte*] **Kochtyp:** ↑**Vorwiegend festkochende Kartoffeln.** Frühreifende Sorte

Jagdwurst [*Fleischprodukte*] ↑**Brühwurst**, die meist als Aufschnittware dient. Als Grundmaterial verwendet man eine ↑**Lyoner**-Masse. Die Einlage ist Schweinefleisch, das auf eine Körnung von 3–5 mm zerkleinert wird. ↑**Senfkörner** runden den Geschmack dieser Brühwurst ab.

Jagdzeiten für heimisches Wild [*Fachkunde*] Diese

Abschusszeiten gelten zwar für Bayern, sind aber mit wenigen Abweichungen für die ganze Republik gültig. Wann ist frisches Wildbret im Handel? Hier nur die zum Verzehr bestimmten Tiere: **Rotwild:** Kälber **1.8. bis 31.1.**; Schmaltiere **1.6. bis 31.1.**; Schmalspießer **1.6. bis 31.1.**; alle übrigen Hirsche **1.8. bis 31.1. Dam-Sikawild**: Kälber **1.9. bis 31.1.**; Schmaltiere **1.7. bis** 31.1.; Schmalspießer **1.7. bis 31.1.**; alle übrigen Hirsche **1.9. bis 31.1. Rehwild**: Kitze **1.9. bis 15.1.**; Schmalrehe **1.5. bis 15.1.**; Geißen **1.9. bis 15.1.**; Böcke **1.5. bis 15.10. Gamswild 1.8. bis 15.12. Schwarzwild**: Bachen und Keiler **16.6 bis 31.1.**; Frischlinge und Überläufer **ganzjährig. Muffelwild 1.8. bis 31.1.**; **Feldhasen 16.10. bis 31.12.**; **Rebhühner 1.9. bis 31.10.**; Fasanen **1.10. bis 31.12.**; **Waldschnepfen 16.10. bis 15.1.**; **Stockenten 1.9. bis 15.1.**; **alle übrigen Enten** (außer Brand-, Eider-, Eis-, Kolben-, Löffel-, Moor-, Schell- und Schnatterenten) **1.10. bis 15.1.**; **Ringel- und Türkentauben 1.7. bis 30.4.**; **Wildkaninchen ganzjährig**; **Sumpfbiber (Nutria) ganzjährig**

Jägerart [*Speisegarnitur*] ↑**Chasseur, à la**

Jägersalat [*Gemüse*] ↑**Chinakohl**

Jägerschnitzel [*DDR-Küche*] Panierte Jagdwurstscheibe

Jägersoße [*Unsere Küche*] Mit Speisepilzen angereicherte gebundene braune Soße

Jägerwurst [*Fleischprodukte*] **T** Ähnlich wie ↑**Wolgawurst** eine österreichische ↑**Brühwurst**; im ↑**Kaltrauch** mehrmals getrocknet, dadurch lange haltbar. Eignet sich als Reiseproviant oder als Mahlzeit zwischendurch. Dazu schmeckt ein ↑**Bier.**

Jahrgang [*Weinkunde*] Die Jahrgangsangabe auf einem Weinetikett garantiert, dass der Wein aus diesem Jahr stammt. Jahrgangsunterschieden wird meist sehr viel Gewicht beigemessen, da Weinqualität und -charakter erheblich (aber nicht ausschließlich) von klimatischen Umständen, die Jahr für Jahr verschieden sind, beeinflusst werden. Dies wird in einer Weinprobe deutlich, wenn ein Wein aus verschiedenen Jahrgängen verkostet wird. Ein Jahrgang ist auch ein Hinweis auf die Trinkreife eines Weines, der für eine längere Periode der Lagerung vorgesehen ist. Oft wird die Alterungsfähigkeit überschätzt. Der Standardsekt oder -schaumwein kommt ebenso wie der normale Champagner als Jahrgangsverschnitt ohne Angabe eines Jahrgangs in den Handel. Dagegen beansprucht der Champagne millésime ebenso wie der Jahrgangssekt die Jahresangabe, um eine besondere Qualität darzustellen. Jahrgangsunterschiede spielen keine Rolle bei Weinen, die Verschnitt verschiedener Jahrgänge sind und stets den gleichen Geschmack aufweisen, wie es bei Marsala, Portwein, Sherry und Vermouth der Fall ist. Sie kommen ohne Jahrgangsangabe auf den Markt.

Jahrgangston [*Weinkunde*] Der Reifegrad des Lesegutes kann von Jahr zu Jahr verschieden sein.

Jakobsmuscheln [*Fisch*] **T Englisch:** scallop, Saint James clams; **Französisch:** coquilles Saint Jacques; **Italienisch :** conchiglia S. Giacomo; **Spanisch:** concha de peregrino. **Info:** Die Jakobsmuschel gehört zur Familie der Kammmuscheln, auch Pilgermuschel genannt. Sie zählt zu den schmackhaftesten Muscheln und erreicht eine Größe von bis zu 14 cm. Man unterscheidet zwischen der großen Tiefsee-Jakobsmuschel und der kleineren Bucht-Jakobsmuschel. Die Form ist halbrund, die Schale hat zwei eckige Winkel und ist bis zum Rand mit strahlenförmigen Rippen versehen. **Herkunft:** Die Hauptfanggebiete liegen nördlich der Britischen Inseln im Atlantik. Die besten Arten kommen aus Schottland und Irland. Jakobsmuscheln kommen aber auch im Mittelmeer vor. Lebend und frisch werden sie aus Frankreich oder Schottland per Flugzeug importiert und in gut sortierten Fisch- bzw. Feinkostläden angeboten. **Saison:** Gefangen werden Jakobsmuscheln von November bis März. In dieser Zeit ist der orangefarbene Rogensack (↑**Corail**) eine besondere Delikatesse. ↑**Muscheln**; **Inhaltsstoffe:** Jakobsmuscheln, sehr gute ↑**Eisen**- und ↑**Zink**lieferanten, sind reich an ↑**Vitamin** B_{12} und ↑**Niacin**; **Verwendung in der Küche:** Jakobsmuscheln werden ↑**pochiert**, gebraten, ↑**gratiniert** oder gedünstet für kalte und warme Vorspeisen, ↑**Ragouts** und zum Füllen von Feinfischen und Fischterrinen. **Zubereitung:** Man bricht sie roh wie ↑**Austern** auf und trennt das weiße Fleisch – die so genannte Nuss – und den orangefarbenen Rogen von den dunkelgrauen Innereien, die keine Verwendung finden. Fleisch und Rogen werden nach dem ↑**Blanchieren** in Eiswasser abgeschreckt und sind nach dem Auskühlen zur weiteren Verarbeitung bereit. Das feste Fleisch ist wohlschmeckend, nussig, leicht süßlich, mit einem runden Geschmack nach Meer. Bei der Zubereitung ist darauf zu achten, dass das Muschelfleisch innen noch einen feuchten Kern hat, sonst ist es strohig trocken. Für Gourmets ist der Corail der totale Hochgenuss. Er schmeckt roh nicht, sondern nur leicht gegart oder als Saucenzutat. Die hübschen Muschelschalen „Coquilles“ eignen sich sowohl zum Einfüllen und Anrichten von Ragouts oder Salaten, auch für Gerichte, die in der Muschel zubereitet und überbacken werden. **Im Handel:** Jakobsmuscheln werden überwiegend ohne Schale mit Corail einzeln oder blockweise in Mengen von 10 bis 25 Stück tiefgefroren angeboten.

Jalapeño Chili [*Gewürze & Kräuter*] **T Schärfe 5 = 10 000–15 000** ↑**Scoville-Einheiten.** Der am häufigsten verwendete ↑**Chili** in Mexiko und den USA. Anbau in Mexiko und im Südwesten der USA. Etwa 5–7,5 cm lang, läuft in einem abgerundeten Ende aus. Entweder unreif grün oder reif gelb bzw. rot, stets mit dickem Fruchtfleisch, sehr saftig. Getrocknet und geräuchert als „↑**Chipotles**“ bekannt. Je nach Farbe ändert sich der Geschmack: Grüne haben ein deutliches Pflanzenaroma, während reife Chilis süßer sind. **Ideal für alles:** Grüner scharfer kegelförmiger Chili ist mit seiner aromatischen Note sehr beliebt, wird oft mit ↑**Karotten** und ↑**Zwiebeln** in ↑**Essig** eingelegt, rundet aber auch ↑**Salsa**, Suppen, Schmortopf, ↑**Saucen**, ↑**Dips** und Füllungen ab.

Jam [*U.S. Kitchen*] ↑**Marmelade**

Jambon [*Franz. Speisekarte*] ↑**Schinken**

Jambon à la crème [*Franz. Speisekarte*] **R** Gekochter ↑**Schinken**, in ↑**Weißwein** erwärmt, mit einer weißen Soße (↑**Velouté**) aus ↑**Sahne**, ↑**Eigelb**, ↑**Pfeffer**, ↑**Champignons** und ↑**Zitronensaft** überbacken

Jambon à la tomate [*Franz. Speisekarte*] **A** ↑**Schinken** mit einer Tomaten-Zwiebel-Knoblauchsoße

Jambon à l'os, de York [*Franz. Speisekarte*] Trocken gepökelter, mild geräucherter Beinschinken, zart

Jambon aux œufs [*Franz. Speisekarte*] ↑**Schinken** mit ↑**Spiegeleiern**

Jambon cru [*Franz. Speisekarte*] Roher ↑**Schinken**

Jambon de Bayonne [*Franz. Speisekarte*] Mild geräucherter roher ↑Knochen**schinken**, würzig süßlich-nussig

Jambon de Corse [*Franz. Speisekarte*] Einer der besten ↑**Schinken** Frankreichs kommt aus Korsika, er ist leicht pfeffrig

Jambon de montagne [*Franz. Speisekarte*] ↑Gebirgs**schinken**

Jambon de Morvan [*Franz. Speisekarte*] Roher ↑**Schinken** aus Burgund

Jambon de Paris – jambon cuit – jambon de York [*Franz. Speisekarte*] Gekochter ↑**Schinken**

Jambon de Toulouse [*Franz. Speisekarte*] Luftgetrockneter ↑Roh**schinken** aus den Pyrenäen

Jambon de volaille [*Franz. Speisekarte*] **A** Entbeinter, gefüllter, in ↑**Madeira** gekochter ↑**Geflügel**schenkel

Jambon des Ardennes [*Franz. Speisekarte*] Knochenloser, mit ↑**Wacholder** geräucherter ↑**Schinken**, herzhaft aromatisch

Jambon des grisons [*Franz. Speisekarte*] ↑**Bündnerfleisch**

Jambon droz, fumé [*Franz. Speisekarte*] ↑Räucher**schinken**

Jambon du Poitou [*Franz. Speisekarte*] ↑**Schinken** aus dem Poitou, einem fruchtbaren Weideland

Jambon en saupiquet [*Franz. Speisekarte*] **R** Dicke Scheiben von rohem ↑**Schinken** werden in ↑**Milch** gelegt, damit sie ↑**Salz** verlieren, und anschließend in ↑**Schweinefett** gebraten. Aus ↑**Mehl**, Schweinefett (↑**Braune Mehlschwitze**), Weiß**wein** und ↑**Bouillon** eine braune ↑**Soße** bereiten. Mit einer ↑**Reduktion** aus ↑**Weinessig**, ↑**Wacholderbeeren**, ↑**Pfefferkörnern** und gehackten braun gedünsteten ↑**Schalotten**würfeln (in die Soße ↑**passieren**) wird sie gewürzt. Mehlsoßen mindestens 20 Min. gut durchgekochen lassen, mit frischer ↑**Sahne** und etwas ↑**Butter** vollenden. Wer auf Mehl und Schmalz verzichten will oder muss, bindet die Soße mit kalt aufgerührter ↑**Speisestärke** und färbt mit etwas ↑**Zuckercouleur** sowie wenig ↑**Tomatenmark**. Zum Servieren wird die Soße über die Schinkenscheiben gegossen.

Jambon fumé d'Aravis [*Franz. Speisekarte*] Geräucherter ↑**Schinken** aus Aravis in den Savoyer Alpen

Jambon persillé [*Franz. Speisekarte*] Gekochter ↑**Schinken** in ↑Petersilienaspik

Jambon saumoné [*Franz. Speisekarte*] ↑Lachs**schinken**

Jambon sous cendre [*Franz. Speisekarte*] **A Schinken**, in Asche gebacken und mit einer **Soße** serviert

Jambonneau [*Franz. Speisekarte*] **1.** ↑**Haxe**, ↑**Eisbein** vom ↑**Schwein; 2.** gefüllter Geflügelschenkel

Jambosala [*Hausbar*] ↑**Maracujalikör**

Jamie, Oliver [*Berühmte Köche*] **Jamie Oliver,** *1975 in Clavering, Essex, England, als James Trevor Oliver – startete seine phänomenale Karriere 1998 als jüngster, sympathischster und erfolgreichster TV-Koch der BBC. Sein Spitzname lautet bald „Naked Chef", weil er seine Kochkunst auf die wesentlichen Grundlagen reduziert. Die Briten, einschließlich der Politiker wie Tony Blair, sind fasziniert von seiner „nackten", das heißt einfachen und köstlichen neuen Küche. Sein Restaurant **Fifteen** in London bietet arbeitslosen und sozial benachteiligten Jugendlichen die Möglichkeit, das Kochen zu lernen und in der Gastronomie zu arbeiten.

Jamón [*Span. Speisekarte*] ↑**Schinken**

Jamón ibérico [*Span. Speisekarte*] **T** In Spanien gibt es je nach Region verschiedene ↑**Schinken** von reinrassigen, mit Eicheln gefütterten iberischen Schweinen – wahre Delikatessen. Eine Geschützte Ursprungsbezeichnung (Denominaciones de Origen) besitzt der Schinken aus: Guijuelo in der Provinz Salamanca – aus der Dehesa de Extremadura, die 85 Gemeinden der Provinzen Cáceres und Badajoz einbezogen – aus Teruel – und aus der Sierra de Huelva, Cortegena, Aracena, Cumbres Mayores, Cortelazor und Jabugo

Jamón serrano [*Span. Speisekarte*] Berühmter luftgetrockneter ↑**Schinken**

Jamon York [*Span. Speisekarte*] Gekochter ↑**Schinken**

Jamswurzel [*Exotische Früchte*] ↑**Yamswurzel**

Jantar [*Span. Speisekarte*] Abendessen

Jaourti [*Griech. Speisekarte*] **T** Griechischer (kretischer) ↑**Jogurt** aus ↑**Schafsmilch**. Er ist fetthaltiger als Jogurt aus Kuhmilch und schmeckt besonders gut mit ↑**Honig**, ↑**Walnüssen** und Früchten.

Japan-Tee [*Tee*] **T** In Japan wird seit dem Jahre 840 ↑**Grüner Tee** getrunken, er ist Teil von Meditation und Kunst. Die kostbarsten Senchas oder Gyokuros werden fast ausschließlich im Schatten gezogen und sorgsam mit der Hand gepflückt. In der Regel wird der Tee jedoch maschinell geerntet. Im Unterschied zur chinesischen Produktion werden die meisten Japan-Tees mit Wasserdampf deenzymiert. Aufwändige

Rollvorgänge und ständiges Behandeln mit trockener Hitze während der Verarbeitung geben dem Tee eine entsprechende Süße. Je hochwertiger der Tee, desto kleiner das Blatt. Viele Kleinteile sind in Japan ein Garant für eine sorfältige Verarbeitung des Blattes. Für die Zubereitung gilt die Faustregel: Je hochwertiger der Tee, desto kühler das Wasser, mit dem der Tee übergossen wird.

Japanische Aprikosen [*Exotische Früchte*] Sharon – ↑**Kaki**

Japanische Gelatine [*Fachkunde*] ↑**Agar-Agar** oder ↑**E 406**

Japanische Küche [*Asiatische Küche*] **T** Das traditionelle Grundnahrungsmittel der ↑**Japanischen Küche** ist der ↑**Reis**, genannt **gohan** – dieses Wort hat zweierlei Bedeutungen: einerseits der japanische Rundkornreis, andererseits steht es für Nahrungsmittel oder Speise schlechthin. Reis ist typischerweise fester Bestandteil jeden Frühstücks und jeden Essens. In Japan als Inselreich ist ↑**Fisch** überall anzutreffen. Während der amerikanischen Besatzung nach dem Zweiten Weltkrieg wurde versucht, der Bevölkerung ↑**Brot** statt Reis schmackhaft zu machen. Die japanische Küche hat einige Ähnlichkeit mit der Küche anderer ostasiatischer Länder; der bedeutendste Unterschied ist wohl die sehr viel sparsamere Verwendung von ↑**Öl** und ↑**Gewürzen**. Vielmehr soll der Eigengeschmack der frischen, saisontypischen Produkte deutlich erhalten bleiben.

Japanische Mispel [*Exotische Früchte*] **T Englisch:** loquat, japanese medlar; **Französisch:** nèfle du japon, bibasse; **Italienisch:** nespola del giappone; **Spanisch:** níspero del japón. **Info:** Die japanische Mistel, beheimatet in China und Japan, ist ei- bis birnenförmig und 3–8 cm groß. Angebaut wird sie in Nordindien, Indonesien, Spanien (Calossa d'En Sarria, Alicante), Italien (Palermo), Frankreich (Provence und Korsika), Algerien, Israel, Libanon, Türkei, Kalifornien, Florida und in Mittel- und Südamerika. Die Mittelmeerländer liefern von Ende März bis Ende Mai. Kleinere Mengen kommen aus Brasilien (August bis Oktober) und Chile (September bis Januar). **Geschmack:** Größere Varianten sind oft übermäßig bewässert und verlieren dabei an Geschmack, kleine Sorten deuten auf wildere Formen hin. Oft werden japanische Misteln zu unreif verzehrt, wodurch sich der Geschmack nicht entfalten kann. Reife Früchte strömen einen angenehmen Duft nach ↑**Äpfeln** aus. Das orangefarbene Fruchtfleisch tendiert aber eher zu sehr fruchtigen ↑**Aprikosen** und ↑**Pflaumen** zugleich. Es ist relativ fest, saftig und süß-säuerlich. Die orangefarbene Haut ist ein wenig pelzig, wie bei einem ↑**Pfirsich**. Reife Früchte sind nur einige Tage, etwas härtere bis zu einer Woche im Kühlschrank lagerbar, danach beginnen sie an einigen Stellen braun zu werden und verderben. Im Inneren der Frucht befinden sich drei oder vier braune Kernchen, die sich aber leicht vom Fruchtfleisch lösen. Die Haut lässt sich abziehen, kann aber auch mitverzehrt werden (jedoch ein wenig herb). **Inhaltsstoffe:** 100 g der japanische Mistel enthalten ⌀ 43 kcal/182 kJ – Die Frucht ist reich an ↑**Kalium**, ↑**Calcium** und ↑**Carotin.**

Japanische Orange [*Exotische Früchte*] ↑**Kumquat**

Japanische Persimmon [*Exotische Früchte*] ↑**Kaki**

Japanische Sojasoße [*Asiatische Küche*] **T** Dünnflüssig, würzig-aromatisch und findet nur teelöffelweise Verwendung zum Kochen und Nachwürzen bei Tisch. In der ↑**Asiatischen Küche**, zu Reisgerichten, ↑**Teigwaren**, ↑**Fleisch**, ↑**Fisch**, ↑**Geflügel**, ↑**Wild**, ↑**Gemüse**, Suppen und ↑**Saucen**

Japanische Stachelbeere „Kiwai" [*Exotische Früchte*] **T Englisch:** tara vine, hardy kiwi, kiwi-grapes; **Französisch:** kiwai. Kiwais haben die Form kleiner Weintrauben, die bei Reife bereits etwas eingetrocknet und in hell- bis dunkelgrüner oder roter bis bräunlicher Variante erhältlich sind. Die froststarken Strauchgewächse stammen ursprünglich aus einer Region, die von Ostsibirien, Korea, Japan bis nach Ostchina reichte. Heutzutage werden Kiwais in den USA, Kanada und Russland kultiviert. In Europa sind Frankreich, Italien und auch Deutschland die Haupterzeuger. Besonders in Südfrankreich hat die Frucht an Bedeutung gewonnen. „Kiwai rouge" wird Ende August/Anfang September reif, „Kiwai vert" Anfang Oktober. Von Mitte September bis Dezember im Handel erhältlich, sind sie meist in Plastikschälchen abgepackt und hängen noch an den dünnen Ästchen wie ↑**Trauben**. Die Früchte sind konzentriert süß (⌀ 24 % ↑**Zucker**) und ein wahres ↑**Vitamin-C-Paket** (⌀ 60–400 mg/100 g). Gekühlt sind Kiwais noch gut eine Woche haltbar.

Japanischer Fischleim [*Fachkunde*] ↑**Agar-Agar** oder ↑**E 406**

Japankohl [*Gemüse*] Das Ergebnis intensiver Züchtungsarbeit in Japan, wo es gelungen ist, aus alten Kantonerstämmen des Chianakohls neue Hybridsorten zu züchten. Der Japankohl ist schneller wachsend, einheitlicher, gedrungener im Wuchs und auch schmackhafter als Chinakohl. Diese Züchtungen haben sich international so weit durchgesetzt, dass im allgemeinen Sprachgebrauch unter ↑**Chinakohl** eigentlich Japankohl verstanden wird.

Japan-Rettich [*Exotische Früchte*] ↑**Mooli**

Japonais [*Franz. Speisekarte*] ↑**Baiser**törtchen mit gehackten ↑**Haselnuss**- oder ↑**Mandel**stückchen

Jar [*U.S. Kitchen*] Dose, Glas

Jardinière, à la Gärtnerin Art [*Speisegarnitur*] **A Speisegarnitur** für **kleine** und **große Fleischstücke** oder **Kurzgebratenes** – Die Gärtnerinart ist eine farbenfrohe Speisengarnitur: Das Fleisch wird hier mit gedünstetem ↑**Gemüse** umlegt, das zu bunten Bouquets geordnet ist. Dazu werden farblich möglichst unterschiedliche Gemüsesorten gewählt. z. B. glacierte kleine ↑**Karotten**, ↑**Broccoli**, ↑**Weiße Rübchen**, ↑**Erbsen**, ↑**Grüne Bohnen**, in ↑**Butter** geschwenkte ↑**Bohnenkerne**, eventuell auch kleine, mit Sc. ↑**Hollandaise** überzogene ↑**Blumenkohlröschen. Sauce:** leicht gebundener ↑**Braten**- oder Kalbs**fond**

Jarlsberg [*Käse*] **T Herkunft:** Norwegen; **Käsesorte:** gelblicher, trockener ↑**Hartkäse** mit dicker, glatter Rinde und gelber Wachshülle, 45 % ↑**Fett i. Tr.**; **Milch:** erhitzte Kuhmilch; **Teig:** hellgelb, mit unregelmäßig großen Löchern; **Geschmack:** süßlich, mild; **Info:** Jarlsberg wird aus Sommermilch hergestellt, die von hoch gelegenen Almen stammt, deren Flora sich durchaus mit der der Schweizer Alpen messen kann. Jarlsberg, der „↑**Emmentaler** der Fjorde", verdankt seinen Namen der ältesten Wikingersiedlung in Norwegen, nahe von Tonsberg am Oslofjord. Er ist in Norwegen sehr beliebt und wird in alle Welt exportiert. **Form:** wagenradförmig mit ∅ 30 cm und 10 cm Höhe. **Gewicht:** 10 kg

Jarret [*Franz. Speisekarte*] Hachse, ↑**Haxe**, Hesse

Jasmin Tee [*Tee*] ↑**Aromatisierte Tees**

Jasminblüten [*Wildkräuter, -blüten & -früchte*] Genauer „Gewöhnlicher Jasmin" oder „Echter Jasmin" genannt, gehört zur Familie der Ölbaumgewächse. Er ist in Südeuropa heimisch und stammt ursprünglich aus Vorderasien. Man unterscheidet zwischen dem Europäischen Jasmin (Jasminum officinale, Syn.: Jasminum grandiflorum) und dem Indischen Jasmin (Jasminum sambac). Die Blüten des Ölstrauches sind eine besondere Delikatesse und neben Rosenblättern der am meisten verwendete Blütenduft sowohl als Teeaufguss wie auch als Gewürzbeigabe. Frische Jasminblüten verströmen einen äußerst lieblichen, wohlriechenden Duft, der die Sinne anregt. **Mehr Information:** ↑**Essbare Blüten**

Jasminreis [*Asiatische Küche*] **R** „Kao Hom Mali" ist besonders in Thailand beliebt, wo er seit Generationen gezüchtet wird und den Lebensunterhalt von 5 Millionen Bauern sichert. Dieser ↑**Reis** gehört wie der Basmatireis zur Kategorie „↑**Duftreis**". Es handelt sich um einen sehr aromatischen Reis, der beim Kochen seinen blumigen Duft entfaltet, leicht klebrig und relativ leicht ist. Jasminreis passt als Beilage gut zu Fischgerichten. Die Wasser-Garung ist bei der Zubereitung empfehlenswert, wobei die doppelte Volumenmenge Flüssigkeit dazugegeben wird. Bei kleineren Mengen (1 Kaffeebecher voll Reis) sollte das Wasser ca. 2 cm über dem Reis stehen. Die Garzeit beträgt 15–20 Min., der Reis muss das Wasser komplett aufnehmen.

Jasnières [*Weinkunde*] Kleiner Bereich im Norden der Touraine (Loire), mit Cabernet Franc, Pinot Noir und Chenin Blanc bestockt. Die Weine kommen selten in den Handel.

Jatoba Tee [*Tee*] Jatoba hat hellgrüne Blätter, kleine rote Blüten und längliche braune Früchte, die essbar sind. Beheimatet ist er im Regenwald des Amazonasgebietes sowie in Teilen Zentralamerikas. Jatobatee wird aus der inneren Rinde des tropischen Baumes „Hymenaea courbaril" gewonnen. Im peruanischen Amazonasgebiet nennt man ihn „Azucar Huayo", der brasilianische Name ist Jatoba. Bei den einheimischen Stämmen des Regenwaldes hat Jatobatee wie Lapacho oder Catuaba eine lange Tradition. Der Muntermacher ohne ↑**Coffein** wird in der traditionellen Medizin in ganz Südamerika genutzt. Nach einer Mineralstoffanalyse enthält die Jatobarinde beachtliche Mengen an ↑**Mineralstoffen** und ↑**Spurenelementen**, wie ↑**Mangan**, lösliches ↑**Silicium** und natürliches ↑**Strontium**, das für den Knochenstoffwechsel wichtig ist. Jatobarinde enthält zudem ein ↑**Flavonoid** namens Astilbin, das laut einer klinischen Studie von 1997 nachweislich antioxidant und leberschützend wirkt.

Jau au sang [*Franz. Speisekarte*] **A** Einjähriges ↑**Hähnchen** mit ↑**Speck**, kleinen ↑**Zwiebeln** und Hühnerblut in der ↑**Soße**

Jaune d'œuf [*Franz. Speisekarte*] Eidotter/↑**Eigelb**

Jause [*Österr. Küche*] Zwischenmahlzeit, Brotzeit, Vesper

Java-Küche [*Intern. Länderküche*] ↑**Indonesische Küche**

Jawohl! [*Übersetzer*] **Im Hotel Englisch:** certainly; **Französisch:** bien sûr; **Italienisch:** si certo

Jebin methfoor [*Käse*] Irak: stark gesalzener Käse aus ↑**Büffelmilch**

Jello [*U.S. Kitchen*] Art ↑**Götterspeise**

Jelly [*Kartoffelsorte*] **Kochtyp:** ↑**Vorwiegend festkochende Kartoffeln; Herkunft:** Deutschland; **Jahr der Zulassung:** 2002; **Schale:** gelb; **Fleisch:** gelb; **Knolle:** oval; **Reifezeit:** mittelspät bis spät

Jelly [*U.S. Kitchen*] ↑**Gelee**

Jelly-fish [*Asiatische Küche*] **T** Chinesische Quallenart, die meist in Scheiben erhältlich ist. Sie hat nichts mit dem australischen Jelly-Fish zu tun, einer giftigen Quallenart. Die getrocknete Qualle wird für ein paar Stunden im kalten Wasser eingeweicht, wobei das Wasser regelmäßig gewechselt werden sollte.

Jellynut-juice [*Hausbar*] Kokosnuss-Saft

Jemista [*Griech. Speisekarte*] **A** Gefülltes ↑**Gemüse**, meistens ↑**Tomaten**, ↑**Paprikaschoten**, ↑**Auberginen** und ↑**Zucchini**, aber auch ↑**Kartoffeln**

Jerez (Sherry) [*Weinkunde*] Geschützte Ursprungsbezeichnung (Denominación de Origen) für andalusische Weine. Der Sherry ist der international bekannteste spanische Wein. Er wird aus Weintrauben hergestellt, die bei starker Sonneneinstrahlung und hohen Temperaturen reifen. Je nach Herstellungsprozess kann Sherry äußerst unterschiedlich sein. Er wird unter Lufteinfluss (in halbvollen Fässern) gelagert und ausgebaut. Der Wein erhält hierdurch einen typischen Spaniol- oder Hohlgeschmack. Am geschätztesten sind die Sorten fino, manzanilla, oloroso, amontillado, palo cortado, „cream" und dulce. Trockener Sherry eignet sich hervorragend als ↑**Aperitif,** während süßer am besten zum ↑**Dessert** schmeckt.

Jerk [*Intern. Länderküche*] **T** Der Begriff „Jerk" hat auf der Karibikinsel Jamaika eine traditionell kulinarische Bedeutung und steht für: **1.** Eine feurig-aromatische Gewürzpaste aus karibischen ↑**Chilis** mit dem harmonischen Aroma von ↑**Piment** und verschiedenen ↑**Kräutern.** Sie wird zum Marinieren von ↑**Hühner-** oder ↑**Schweinefleisch,** ↑**Fisch** und ↑**Hummer** verwendet, die in so genannten Jerk-Tonnen (alten Ölfässern, die der Länge nach aufgeschnitten als Grill und Räucherofen dienen) gegrillt werden. **2.** Eigentlich ist Jerk aber ↑**Fingerfood,** was auf Jamaika bedeutet, dass ↑**Fleisch,** ↑**Fisch** usw. nach dem Grillen in mundgroße Stücke – auch mit Knochen – zerkleinert und vor Ort verzehrt werden. In den größeren Städten gibt es neben den Straßenständen auch richtige Jerk-Center. Hier wird so ziemlich alles gejerkt, was schmeckt – **jerk-chicken, jerk-pork, jerk-fish, jerk-lobster** usw.

Jéroboam [*Weinkunde*] Flaschengröße; im ↑**Bordeaux** Bezeichnung für 4,5-l-Weinflasche, entspricht 6 Normalflaschen, in der ↑**Champagne** (↑**Champagnerflasche**) und im ↑**Burgund** Bezeichnung für „Doppeltmagnum" mit 3 l Inhalt, das sind 4 Normalflaschen.

Jerusalem-Artischocke [*Gemüse*] ↑**Topinambur**

Jessica [*Speisegarnitur*] **A Speisegarnitur** für **Kurzgebratenes** – bestehend aus mit angedünsteten ↑**Rindermark**würfeln gefüllten kleinen ↑**Artischockenböden,** in ↑**Butter** gebratenen ↑**Morcheln** und ↑**Annakartoffeln**

Jet de houblon [*Franz. Speisekarte*] ↑**Hopfensprossen,** spargelähnliches ↑**Gemüse**

Jetta [*Kartoffelsorte*] **Kochtyp:** ↑**Vorwiegend festkochende Kartoffeln**

Jicama [*Mexicofood*] **A** Rübenart, wie milder ↑Rettich, wird oft frisch in Scheiben geschnitten mit ↑**Chili** und ↑**Limetten**saft aromatisiert

Jigger [*Hausbar*] **R 1.** „Jigger" ist der in der Bar verwendete Messbecher bzw. eine Maßeinheit von 44 ml. Er besteht aus 2 Edelstahl-Kelchen, die 4 cl bzw. 2 cl fassen und an ihren Böden verbunden sind. Hiermit können die Mengenangaben in den Rezepten genau eingehalten werden. **2.** ↑**Cocktail „Martini Jigger"** – 4 cl ↑**Martini Bianco,** ↑**Bitter Lemon.** Den Martini auf einige Eiswürfel in ein Longdrinkglas geben und mit Bitter Lemon auffüllen.

Jitomate [*Mexicofood*] ↑**Tomate**

Joch [*Fleischprodukte*] Regionale Bezeichnung für den Rinderhals

Jod [*Gesundheit*] **T** Jod kommt in Meeresfischen, ↑**Meersalz,** jodiertem ↑**Speisesalz** und zum Teil auch im Trinkwasser vor. Zu wenig Jod in der Nahrung und im Trinkwasser führt zur Vergrößerung der Schilddrüse (Kropf). Deutschland gehört zu den Jodmangelgebieten, wobei der Jodmangel besonders in den Gebirgsgegenden ausgeprägt ist, weil die Jodvorkommen dort durch das Schmelzwasser der Eiszeiten ausgewaschen wurden. **Jod in Schilddrüsenhormonen:** Jod spielt vor allem bei der Synthese von Schilddrüsenhormonen eine entscheidende Rolle. In der Schilddrüse werden etwa 80 % des täglich aufgenommenen Jods verbraucht. Ein Mangel an diesen Hormonen hat negative Auswirkungen auf das Wachstum und die Entwicklung des Körpers. Gerade in frühen körperlichen Entwicklungsphasen, also in Schwangerschaft und Kindheit, kann ein Mangel an Schilddrüsenhormonen zu körperlicher und geistiger Unterentwicklung führen. Daher ist die gesunde Funktion der Schilddrüse wichtig, die nur durch ausreichende Versorgung mit Jod gewährleistet ist. **Jod muss mit der Nahrung aufgenommen werden.**

Empfohlene Dosis:

Alter	Jod Deutschland Österreich			Jod WHO Schweiz		
	µg/Tag	µg/MJ (Nährstoffdichte)		µg/Tag	µg/MJ (Nährstoffdichte)	
		m	w		m	w
Säuglinge						
0 bis unter 4 Monate	40	20	21	50	25	26
4 bis unter 12 Monate	80	27	28	50	17	17
Kinder						
1 bis unter 4 Jahre	100	21	23	90	19	20
4 bis unter 7 Jahre	120	19	21	90	14	16
7 bis unter 10 Jahre	140	18	20	120	15	17
10 bis unter 13 Jahre	180	19	21	120	13	14
13 bis unter 15 Jahre	200	18	21	150	13	16
Jugendliche und Erwachsene						
15 bis unter 19 Jahre	200	19	24	150	14	18
19 bis unter 25 Jahre	200	19	25	150	14	19
25 bis unter 51 Jahre	200	20	26	150	15	19
51 bis unter 65 Jahre	180	20	24	150	16	20
65 Jahre und älter	180	22	26	150	18	22
Schwangere	230		25	200		22
Stillende	260		24	200		19

Jodhaltige Lebensmittel: Die wichtigsten Lieferanten von Jod sind ↑**Seefische** und ↑**Meeresfrüchte.** Besonders reich an Jod sind ↑**Kabeljau** und ↑**Schellfisch.** Gute Lieferanten sind zudem ↑**Fleisch** und ↑**Milchprodukte**, allerdings nicht alle Käsesorten, da Jod bei der Fermentierung verloren gehen kann. ↑**Brot** und andere Speisen sollten mit Jodsalz gesalzen werden, um eine Minimalversorgung zu garantieren. **Durch die Steigerung des Verbrauchs an Jodsalz in den vergangenen Jahren konnte die Jodversorgung der Bevölkerung verbessert werden; dennoch besteht noch immer ein tägliches Defizit von einem Drittel oder gar der Hälfte der empfohlenen Menge.**

Jogurt [*Milchprodukt*] Ein Sauermilchprodukt, das früher nur aus Büffel-, Ziegen- oder Schafsmilch hergestellt wurde. Heute wird Jogurt aus gekochter oder erhitzter Milch hergestellt, die mit Starterkulturen beimpft und dann bei 40 bis 47° C für einige Stunden bebrütet wird. Als Starterkulturen dienen die Bakterien: „↑**Lactobacillus** bulgaricus" und „Streptococcus thermophilus" ↑**Probiotika.** Die Milchsäurebakterien verarbeiten den ↑**Milchzucker** zu ↑**Milchsäure.** Durch die Säure gerinnt das ↑**Eiweiß.** So erhält der Jogurt seine feste Konsistenz. Der Lactobacillus bulgaricus erzielt den säuerlichen Geschmack. Bei mildem Jogurt wird „Lactobacillus acidophilus" eingesetzt, der weniger Säure bildet und damit den Geschmack milder macht. Nach dem Abkühlen auf 6 bis 8° C wird der Jogurt abgefüllt. **Jogurt wird in vier Fettstufen hergestellt.** Je nach Fettgehalt unterscheidet man: Jogurt mit mindestens 3,5 % Fett – fettarmen Jogurt (1,5 % Fett) – entrahmten Jogurt (0,3 % Fett) und Sahne-Jogurt mit mindestens 10 % Fett. Es gibt gerührten, trinkfähigen und stichfesten Jogurt. **Inhaltsstoffe:** 100 g vollfetter Jogurt enthalten ∅ 66 kcal/276 kJ, 3,8 g Eiweiß, 3,8 g Fett, 130 mg Calcium, 180 µg Vitamin B_2, 0,4 µg Vitamin B_{12} und 2,96 mg Milchzucker (Lactose).

Jogurt trocken legen [*Unsere Küche*] ↑**Tzatziki**

Jogurtbrot [*Backstube*] **T** Zur Teigbereitung werden saure ↑**Milchprodukte** und ↑**Getreidesorten**, auch in Trockensubstanzform, verwendet. Beigabe aus gekochten ↑**Kartoffeln** (oder Kartoffelprodukten) ist erlaubt.

Johannisbeeren [*Obst*] **T Englisch:** currants; **Französisch:** groseilles; **Italienisch:** ribes; **Spanisch:** grosella; **Österreichisch:** Ribisel. Johannisbeeren wachsen in Deutschland als rote, schwarze oder weiße Beeren. Es gibt große Geschmacksunterschiede, auch unter den meistgekauften roten – von mild aromatisch bis erfrischend herb. Erntezeit ist von Juni – September. Sie sind nur kurz lagerfähig. Zum richtigen Zeitpunkt gepflückte, reife Johannisbeeren sollten noch in Trauben an ihren Stielen hängen sowie prall und glänzend aussehen. Wichtig ist auch, dass die kleinen Früchte beim Einkauf trocken sind und sich an den grünen Rispen kein ↑**Schimmel** befindet. **Rote Johannisbeeren – Lateinisch:** Ribes rubrum; **Inhaltsstoffe:** 100 g frische rote Johannisbeeren enthalten 43 kcal/180 kJ, 81 g Wasser, 36 mg Vitamin C, 7,4 g Ballaststoffe und 7,3 g Kohlenhydrate. Rote J. zeichnen sich durch ihren hohen Gehalt an ↑**Vitamin C** aus. Sie sind in Nordosteuropa und Nordwestasien beheimatet und werden in allen Ländern mit gemäßigtem Klima angebaut. Rote Johannisbeeren werden von Ende Juni bis Ende Juli geerntet. Die Beeren sind 5 bis 10 mm groß, rot bis dunkelrot, glatt und haben einen herbsäuerlichen Geschmack. Sie werden gerne mit oder ohne Zucker pur gegessen und z. B. zu ↑**Konfitüre,** ↑**Kompott,** ↑**Roter Grütze,** ↑**Nektar,** ↑**Saft,** ↑**Fruchtwein** und ↑**Gelee** verarbeitet. **Schwarze Johannisbeeren – Lateinisch:** Ribes nigrum. Schwarze, behaarte Beeren eines in feuchten Laubwäldern wild wachsenden, heute aber auch in Gärten kultivierten Strauches. Die Beeren schmecken eigenartig strengwürzig: **Inhaltsstoffe:** 100 g frische schwarze Johannisbeeren enthalten ∅ 57 kcal/238 kJ, 78 g Wasser, 189 mg Vitamin C, 6,8 g Ballaststoffe und 10,3 g Kohlenhydrate. Schwarze J. zeichnen sich durch ihren hohen Gehalt an Vitamin C aus. Sie stammen aus Mittel- und Osteuropa und werden weltweit in gemäßigtem Klima angebaut. Die Reifezeit ist von Juli bis August. Die Beeren sind 5 bis 10 mm groß und schwarz-violett. Der Geschmack der Schwarzen J. variiert je nach Sorte von süß bis herb-süßlich. Sie werden meist pur gegessen, in ↑**Quark** oder ↑**Puddings** zubereitet und zu ↑**Süßmost**, Konfitüre, Nektar, ↑**Sirup**, Gelee oder ↑**Likör** (↑**Crème de Cassis**) verarbeitet. **Weiße Johannisbeeren** – 100 g frische weiße J. enthalten ∅ 51 kcal/213 kJ, 80,4 g Wasser, 35 mg Vitamin C, 6,1 g Ballaststoffe und 9,2 g Kohlenhydrate. Sie werden nur selten angeboten. **Aufbewahrt werden Johannisbeeren wie folgt:** Entweder die ungewaschenen Beeren nebeneinander auf einem großflächigen Teller verteilen und mit Klarsichtfolie abdecken oder die bereits vorbereiteten Früchte einzuckern und in ein Vorratsgefäß mit Deckel füllen. So lassen sich Johannisbeeren bis zu drei Tagen im Kühlschrank aufbewahren.

Johannisbrot [*Exotische Früchte*] Schotenfrucht aus dem Mittelmeerraum mit süßem Geschmack. Das aus den Samen gewonnene ↑**Johannisbrotkernmehl** ist wirksamer als ↑**Stärke** und ein für ↑**Saucen**, Binden von Gerichten und zur Stabilisierung von Speisen geeignetes Mittel. J. verwendet man auch als ↑**Kaffee**-Ersatz.

Johannisbrotkernmehl [*Allgem. Nährmittel*] **T** Wird aus den Samen des ↑**Johannisbrotbaumes** gewonnen. Es quillt in Wasser auf, wird in der Lebensmittelindustrie und im Haushalt als Dickungsmittel und Stabilisierungsmittel (↑**E 410**) verwendet, z. B. für ↑**Saucen**, Suppen, ↑**Speiseeis**, ↑**Pudding**produkte, ↑**Wurst** und ↑**Käse. Das Besondere an Johannisbrotkernmehl:** Es bindet Flüssigkeit auch in kaltem Zustand und eignet sich so zum Stabilisieren von ↑**Schlagsahne** und Tortenfüllungen, die ihre Konsistenz behalten sollen. Im Handel ist es als gemahlenes Pulver erhältlich. Auf Verpackungen und Speisekarten ist es kennzeichnungspflichtig.

Johanniskraut [*Wildkräuter, -blüten & -früchte*] **T 1. Lateinisch:** Hypericum perforatum; **Standort:** Die Pflanze liebt es sonnig bis halbschattig und trockene kalkhaltige, magere Böden, sie wächst auf sonnigen Waldwiesen, an Weg- und Waldrändern. Anbau ist möglich. **Verwendung in der Küche:** Johanniskrauttee hat pur oder gemischt mit anderen Kräutern, kalt oder warm getrunken, einen erfrischenden und aromatischen Geschmack. **Wirkung in der Volksmedizin:** Zur Unterstützung der Behandlung von nervöser Unruhe, Schlafstörungen und leichter Depressivität. Das J. wirkt wundheilend, kreislaufanregend, menstruationsfördernd und schmerzlindernd. Eine positive Wirkung zeigt sich normalerweise erst nach einer Anwendung über mehrere Wochen oder Monate. **Achtung:** Der Genuss von Johanniskrautzubereitungen kann vorübergehend eine erhöhte Lichtempfindlichkeit der Haut bewirken. Nach dem Genuss die pralle Sonne meiden und auf Sonnenschutz achten. **2.** ↑**Beifuß**

Joinville, Historischer Speisename [*Speisegarnitur*] **A** 1. François von Orléans, Prinz von (1818–1840); **2. à la Joinville – Speisegarnitur zu Fisch** – Kleine Garnelenschwänze und Würfel von ↑**Trüffeln** und ↑**Champignons** mit ↑**Velouté** binden, Trüffelscheibe als Dekor. ↑**Sc. Normande** mit ↑**Krebsbutter** aufgeschäumt (montiert) vollenden. **3.** ↑**Blätterteig**ecken mit ↑Himbeer**marmelade** gefüllt

Jo-Jo-Effekt [*Gesundheit*] **T** Der berüchtigte Effekt, der oft nach einer Diät auftaucht. Man nimmt sehr schnell wieder zu, was man abgenommen hat – und noch ein paar Kilo mehr. Das Gewicht pendelt nach unten und wieder nach oben – wie bei einem Jo-Jo. **Typischer Diät-Verlauf:** Einseitige Nahrungsaufnahme über ein paar Tage oder auch länger. Die zugeführte Anzahl an ↑**Kalorien** bewegt sich meist unter 1000 kcal. Der Körper reagiert prompt und verliert Gewicht, jedoch nur Wasser. Bis es zur Fettverbrennung kommt, ist diese Diät längst aufgegeben. Der Körper verlangsamt in dieser Notzeit seinen gesamten Stoffwechsel. Dadurch braucht er weniger Kalorien als vorher. Dieser Effekt war früher überlebensnotwendig. Dass Nahrungsmittel jederzeit und in unbegrenzter Menge zur Verfügung stehen, ist entwicklungsgeschichtlich noch recht neu. Zum biologischen Überlebensprogramm des Menschen gehört vielmehr, sich auf Hungersnöte einzustellen. Immer, wenn der Körper deutlich weniger Kalorien, vor allem ↑**Eiweiß**, zugeführt bekommt, schaltet der Stoffwechsel auf ein Sparprogramm und drosselt den Energieverbrauch. Ist die Zeit der schmalen Kost vorbei, ändert sich das wieder, und die Fettdepots werden schnell wieder aufgefüllt. Jede erneute Diät interpretiert der Körper als neue Hungersnot, gegen die er sich mit neuen Fettpolstern zu wappnen versucht. **Fazit: Diäten machen dick.** Dieses Auf und Ab lässt sich nur durchbrechen, wenn die Gewichtsabnahme mit einer grundsätzlichen Änderung der Essgewohnheiten verbunden wird. Der schlank gewordene Mensch muss sich dauerhaft mit weniger Kalorien zufrieden geben, denn ein Körper mit weniger Masse braucht, um zu funktionieren, weniger Kalorien. Jemand, der zehn Kilogramm abgenommen hat, kommt mit rund 500 Kalorien pro Tag weniger aus. Wer also meint, nach einer Diät wieder so leben zu können wie vorher – aber mit einer besseren Figur –, wird bald enttäuscht sein. **Das Zauberwort lautet also nicht Diät, sondern Ernährungsumstellung.** Viel ↑**Obst** und ↑**Gemüse**, ↑**Brot**, ↑**Reis**, ↑**Nudeln**, wenig ↑**Fett** und viel trinken (keinen ↑**Alkohol**) sind der Schlüssel. Die Kalorienzufuhr ist durch weniger Fettkalorien automatisch gesenkt. Unerlässlich für eine dauerhafte Gewichtsreduktion ist ausreichende und regelmäßige Bewegung, denn nur sie ist der wahre Kalorien- und Fettkiller. Der Körper kommt gar nicht auf die Idee, auf Notzeiten umzustellen oder seinen Grundumsatz zu senken, denn er bekommt, was er braucht. Das macht leistungsfähig, fit und gut gelaunt. ↑**Diät zur Gewichtsreduktion**

Jokai bableves [*Ungarische Küche*] Begriff aus der ungarischen Küchenkultur für Bohnensuppe mit geräuchertem ↑**Eisbein** und ↑**Wurzelgemüse**

Jonagold [*Obst*] **T Lateinisch:** Malus domestica; **Info:** J. ist ein großer bis sehr großer, gleichmäßig hoch gebauter ↑**Apfel** mit tief liegendem Kelch und langem Stiel. Die glatte und leicht fettige Schale ist auf grünlich-gelbem, bei Vollreife sattgelbem Grund je nach Typ leuchtend, gestreift oder marmoriert bis verwaschen orangerot oder karminrot gefärbt. Die ↑**Lentizellen** zeigen sich als Roststerne oder helle, auch leicht erhabene Punkte. Das teils lockere, mittelfeste, gelbliche Fruchtfleisch ist saftig, reichlich süß, bei feiner Säure und weist einen sehr aromatischen und harmonischen Geschmack auf. Es gibt eine Unzahl von Mutanten, was für die Sorte selbst fast zum Problem wird. „Jonagold Novajo" ist der wegen seiner in mitteleuropäischem Klima schönen und dunkel gestreiften Jonagold-Färbung der wichtigste Typ. Der mittelstark gefärbte „Jonica" sowie die bereits stark gefärbten „Jonagored" und „Rubinstar" werden als eigene Sorten behandelt, weil sie nicht mehr über das typische Aussehen verfügen. **Ursprung und Geschichte:** J. ist aus einer gezielten Kreuzung zwischen ↑**Golden Delicious** und Jonathan 1943 entstanden. Er wurde 1968 benannt und von der Agriculture Station Geneva in New York, USA, herausgegeben. **Herkunft und Saison:** J. wird in Mitteleuropa zwischen Mitte September und Anfang Oktober geerntet und ist im

↑**Kühllager** bei 0° C bis +2° C bis Ende Dezember, im ↑**CA-Lager** bis Ende Juli sehr gut haltbar. Im Kühllager bekommt er eine stark fettige Haut. Der Beginn der Genussreife liegt ein bis zwei Wochen nach dem Erntetermin. **Geschmack:** Besonders kennzeichnend ist das ungewöhnlich breite, langanhaltende Aroma und sein süßlich-feinsäuerlicher Geschmack durch das ausgewogene Zucker-Säure-Verhältnis.

Jos [*Fleischprodukte*] Regionale Bezeichnung für das Beinfleisch

Josefskräutlein [*Gewürze & Kräuter*] ↑**Basilikum**

Josta-Beeren [*Obst*] Oder Jochel-Beeren. **Lateinisch:** Ribes nidigrolaria. Dieses Steinbrechgewächs ist eine Kreuzung aus Schwarzen ↑**Johannisbeeren** und ↑**Stachelbeeren**. Der Strauch hat keine Dornen, ist selbstbefruchtend, robust, wächst wie der Teufel und füllt die Erntekörbe gleich reihenweise. Die Pflanzen gedeihen an sonnigen und halbschattigen Plätzen. Die saftigen Beerenfrüchte sind flaumig behaart und schmecken leicht säuerlich, ähnlich wie Schwarze Johannisbeere, aber weniger herb. Der Gehalt an ↑**Vitamin C** ist geringer, aber noch immer sehr beachtlich.

Joule [*Fachkunde*] Gleichnamige Größe von Energie, Arbeit und Wärmemenge. Benannt ist die Einheit nach **James Prescott Joule**, heute die international verwendete Maßeinheit für die Energie. Seit 1978 ist die Einheit ↑**Kalorie** offiziell durch die Einheit Joule ersetzt worden. Da das Joule eine sehr kleine Einheit ist, wird der Energiegehalt von Nahrungsmitteln üblicherweise in Kilo-Joule (1 kJ = 1000 J) angegeben. 1 Kalorie entspricht 4,184 Joule. 1 Kilokalorie hat also 4187 Joule; 1 Kilokalorie (kcal) = 4,187 Kilojoule (kJ); 1 Kilojoule (kJ) = 239 Kalorien (cal); Vereinfacht gilt: Kalorienwerte, multipliziert mit vier ergeben die Joulewerte. Brennwerte unserer Nahrung: 1 g Protein (Eiweiß): 17 kJ/4 kcal; 1 g Kohlenhydrate: 17 kJ/4 kcal; 1 g Fett: 37 kJ/9 kcal; 1 g Alkohol: 29 kJ/7 kcal; ↑**Nährwertkennzeichnung**

Jourgebäck [*Jüdische Küche*] Ganz kleine Gebäcksorten. Sortenvielfalt wie bei üblichem Gebäck, eben nur in Miniaturausführung. Wird nur zu festlichen Anlässen serviert.

Juan García [*Weinkunde*] Die Rebsorte, auch Fermoselle genannt, wird im spanischen Bereich Fermoselle-Arribes in der Region Kastilien-León angebaut und erzeugt ansprechende junge Rotweine.

Juan Ibañez [*Weinkunde*] Eine Rotweinrebe, die dunkle, volle Weine liefert, auch Cariñena genannt. Die Hauptregion für den Anbau ist Katalonien.

Juden-Filet, Lende, -Lummer [*Fleischprodukte*] Regionale Bezeichnung für das ↑**Falsche Filet**

Judenkirschen [*Obst*] Mehr oder weniger genießbare oder giftige Früchte, wie Ebereschenbeeren, Tollkirschen etc.

Judenzwiebel [*Wildkräuter, -blüten & -früchte*] ↑**Bärlauch**

Judías blancas [*Span. Speisekarte*] ↑**Weiße Bohnen**

Judías verdes [*Span. Speisekarte*] ↑**Grüne Bohnen**

Judic, Historischer Speisename [*Speisegarnitur*] **A** 1. Anne (1850–1911), französische Operettensängerin; **2. à la Judic – Speisegarnitur für Geflügel oder Fisch** – Mit gedünsteten ↑**Kopfsalat**streifen gefüllte ↑**Tomaten**, ↑**Schlosskartoffeln** (bei **Geflügel:** ↑**Hahnenkämme**, Herzen – bei **Fisch**: Fischklößchen) und ↑**Trüffel**scheiben

Jüdische Küche [*Jüdische Küche*] **T** Eigentlich gibt es sie nicht, die jüdische Küche. Denn die jüdische Küche in Deutschland ist anders als die jüdische Küche Amerikas, Osteuropas oder gar die Chinas. Der einzige Schnittpunkt aller jüdischen Küchen ist die koschere Küche; eine abwechslungsreiche traditionelle Küche, geprägt von vielen Ländern und Jahrhunderten. Die koschere Küche trennt die Fleischküche von der Milchküche, am besten gleich räumlich, also in zwei getrennten Küchen. Wo das nicht möglich sein kann, werden alle Küchengegenstände sehr sorgfältig gekennzeichnet, auch getrennt aufbewahrt und jeweils nur für Milch- oder Fleischspeisen verwendet. Sie ist geprägt von den jüdischen Speisegesetzen sowie den vielen Kulturen, in denen Juden während ihres jahrtausendelangen Exils lebten. Ihren Ursprung hat die koschere Küche in Vorderasien, der Herkunft der Juden. Beeinflusst wurde sie durch die Küchen von Ägypten, Byzanz, die der Araber und der Mauren. Wo auch immer Juden später lebten: ob in Polen, Russland, Portugal, Österreich oder Italien, die jüdische Küche ließ sich inspirieren und gab ihre Kultur an die Völker weiter. ↑**Koscher** oder **Kashrut**

Judru [*Franz. Speisekarte*] Dicke, kurze Trockenwurst aus ↑**Schweinefleisch**, die mit ↑**Muskatnuss**, ↑**Pistazien** usw. in ↑**Trester**schnaps eingelegt wurde

Judt [*Fleischprodukte*] Schweinekamm

Jugos [*Mexicofood*] Säfte

Juice [*U.S. Kitchen*] **Englisch:** Saft, reiner, meist ungesüßter Fruchtsaft

Jujube [*Exotische Früchte*] Auch: Ziziphus jujuba. **Englisch:** jujube; **Französisch:** jujube. Dattel- oder olivengroße, anfangs hellgrüne Früchte, färben sich bei zunehmender Reife gelblich bis rotbraun. Ihre Heimat liegt in Nordchina, mittlerweile erstreckt sich der Anbau bis in den Mittelmeerraum. Die mit der dünnen Schale verzehrbare Jujube hat im Inneren einen kleinen, spitzen Stein, an dem das hartmehlige Fruchtfleisch haftet. Die Konsistenz erinnert an einen Apfel mit ähnlichem Geschmack, der aber wesentlich intensiver ist: wie ein Bratapfel mit zuckrigem Dattelaroma. **Inhaltsstoffe:** 100 g Jujubes enthalten ∅ 105 kcal/445 kJ. Sie sind reich an ↑**B-Vitaminen** und haben bis zu ∅ 70 mg ↑**Vitamin C**.

Julefrokost [*Internat. Länderküche*] Fester Bestandteil der dänischen Adventszeit. Hauptbestandteil des Julefrokosts ist ein großes Buffet aus kalten wie warmen

Speisen. Eine große Rolle spielen regionaltypische Gerichte. Getrunken werden ↑**Bier** und ↑**Aquavit.** ↑**Dänische Küche**

Julep [*Hausbar*] **R** Alkoholische Erfrischungscocktails mit Pfefferminzgeschmack, die besonders im Frühjahr und Sommer gut ankommen. **Zutaten:** frische, gewaschene ↑**Minze** (evtl. 1 bis 2 cl Pfefferminzlikör oder -sirup); feiner Zucker, ↑**Läuterzucker** (evtl. Sirup); Spirituosen (↑**Branntwein**, ↑**Weinbrand**, ↑**Likör**); Eis (↑**Crushed Ice**); ↑**Soda** (nur wenig). Die Pfefferminze wird mit dem Zucker im ↑**Tumbler** oder Highballglas mit einem Holzstößel zerdrückt. Die Minze kann im Glas bleiben, das mit Crushed Ice zu 4/5 aufgefüllt wird. Die weiteren Zutaten dazugeben und mit dem Barlöffel gut rühren. **Servieren:** mit einem dicken Trinkhalm und Minzezweig

Julepølse [*Intern. Länderküche*] Norwegische ↑**Weihnachtswurst**

Julia [*Kartoffelsorte*] **Kochtyp:** ↑**Festkochende Kartoffeln** – „Speckige Kartoffel" genannt

Julien Historischer Speisename [*Berühmte Köche*] **A** Jean, bekannter französischer Küchenchef, kochte 1785 erstmals die **„↑Consommé ↑Julienne"** und schuf damit den Fachbegriff für alles in Streifen Geschnittene

Julienne [*Franz. Speisekarte*] **(sprich:** schüljen) – In feine Streifen geschnittenes ↑**Wurzelgemüse** (↑**Sellerie**, ↑**Karotten**, ↑**Lauch**, ↑**Petersilienwurzel** usw.), aber auch ↑**Blattsalat**, ↑**Pilze**, ↑**Zitrusschalen**, ↑**Geflügel** oder ↑**Fleisch**

Juliperle [*Österr. Küche*] ↑**Festkochende Kartoffeln** – „Speckige Kartoffel" genannt

Jumbo Karides [*Orientalische Küche*] **A** Begriff aus der türkischen Küchenkultur für ↑**Gambas** vom Grill meist mit ↑**Knoblauch**sauce serviert. ↑**Türkische Küche**

Jumeau [*Franz. Speisekarte*] Schulterspitze, ↑**Falsches Filet** vom ↑**Rind**

Jungbier [*Bier*] Bier nach der Hauptgärung

Junge Ente [*Übersetzer*] **Englisch:** duckling; **Französisch:** caneton; **Italienisch:** anatròccolo; **Spanisch:** pato joven

Junger Hase [*Übersetzer*] **Englisch:** leveret; **Französisch:** jeune lièvre; **Italienisch:** lepre giovane; **Spanisch:** liebre joven

Jungfernbraten [*Österr. Küche*] Braten vom Rinderfilet

Jungfernhonig [*Allgem. Nährmittel*] Leck-, Tropf-, Lauf-, Senk- oder Jungfernhonig ist ein ↑**Honig**, der direkt nach dem Zerschneiden ohne Erwärmung aus den zerkleinerten Honigwaben fließt.

Jungfernkraut [*Gewürze & Kräuter*] ↑**Beifuß**

Jungmast-Kaninchen [*Fleischprodukte*] Bevorzugte Teilstücke von Jungmastkaninchen (Schlachtgewicht 1,3–1,7 kg) sind Keulen und Rücken, die zusammen etwa zwei Drittel des Schlachtkörpers ausmachen. Die Keule ist sehnenärmer als der Rücken, der Fettgewebeanteil ist fast gleich (∅ 4–6 %), das Muskelfleisch feinfaserig, fettarm und zart.

Jungwein [*Weinkunde*] Ein Wein ist ein Jungwein, wenn die Gärung abgeschlossen ist und der Wein sich von selbst zu klären beginnt.

Junk Food [*Fachkunde*] **(sprich:** 'dschank'fut) **Englisch** wörtl.: Müllnahrung; Sammelbegriff für Schnellgerichte, ↑**Hamburger**, ↑**Currywurst**, Süßigkeiten, u. a. Bezeichnung für sehr fettes, meist stark zuckerhaltiges, ungesundes Essen mit geringem ↑**Nährwert.** Wie in den meisten anderen europäischen Ländern haben Übergewicht und Fettleibigkeit in den vergangenen 20 Jahren auch in Deutschland dramatisch zugenommen. Zunehmend sind Kinder und Jugendliche betroffen. ↑**Kinderernährung.** Schuld sind meist die versteckten ↑**Kalorien** in vielen Lieblingsgerichten, die in der folgenden Tabelle aufgezählt sind: (*Wenn die Mengenangabe fehlt, errechnet sich das Ergebnis aus einer normalen Portion)

Typische Junk-Food-Produkte nach Alphabet	∅ Kalorien	∅ Fett g
Apfelkuchen*	320	14
Apfelsaft (mit Zucker)*	95	0
Apfeltasche*	220	12
Arme Ritter*	1030	65
Baguettes Bistro Hawaii, 125 g (1 Stück)	285	9
Baguettes Bistro Provence, 125 g (1 Stück)	355	17
Bake Rolls, Areso, Knoblauch, 25 g	472	4
Bar-Mixx, Ültje*	155	14
Bier, Alt 0,33 l	142	0
Bier, Pils 0,33 l	139	0
Big Mac – komplett	505	26
Birnensaft (mit Zucker)*	95	<1
Bitter Lemon 0,2 l	70	0
Bounty, 1 Riegel, 30 g	145	8
Butterbrot mit Butter*	140	5
Café au lait, ohne Zucker*	40	2
Cappuccino, Amaretto, Nescafé*	50	3
Cappuccino, Nescafé*	50	1
Cashew-Kerne, Ültje*	155	13
Champagner, 0,1 l	90	0
Cheeseburger, Iglo, 140 g	420	18
Cheeseburger, King – komplett	355	18
Cheeseburger, Mc – komplett	303	13
Chicken McNuggets, 6 Stck.	205	12
Chickenburger, Iglo, 145 g	395	16
Chipsletten, Cheese & Onions, Bahlsen*	130	7

Typische Junk-Food-Produkte nach Alphabet	∅ Kalorien	∅ Fett g
Chipsletten, Bahlsen, 25 g	130	7
Club Cräcker, Bahlsen, 25 g	115	5
Clubsandwich – komplett	935	65
Cola 0,2 l	122	0
Cola light 0,2 l	8	0
Döner Kebap – komplett	895	31
Doppel Whopper – komplett	857	52
Duplo, 1 Riegel, 18 g	100	6
Egg McMuffin, 1 Stck.	415	22
Eiskaffee*	235	20
Erdnüsse, geröstet, gesalzen, Bahlsen, 25 g	155	13
Erdnüsse, ohne Fett, geröstet, Ültje, 25 g	140	11
Fanta 0,2 l	70	0
Fanta light 0,2 l	15	0
Fish King – komplett	426	21
Fish Mac – komplett	382	20
French Dressing*	205	18
Frikadelle mit Senf*	435	28
Fruchtbonbon, 5 g	18	0
Frühlingsrolle Dr. Oetker ChinaTown, 1 Stück	175	4
Frühlingsrolle Dr. Oetker Gemüse, 17 g	44	2
Frühlingsrolle Dr. Oetker Huhn, 17 g	43	2
Frühlingsrolle, 150 g	411	17
Gemüse Mäc – komplett	486	25
Gemüsepfanne Bonduelle Peking, 100 g	45	1
Gummibärchen, 1 Stück	7	0
Hamburger Iglo, 140 g	315	13
Hamburger King – komplett	310	14
Hamburger Mc – komplett	254	9
Hamburger Royal TS – komplett	561	34
Hanuta, 1 Stück	120	7
I love Milka, Marzipan, 100 g	515	28
I love Milka, Noisette, 100 g	555	35
Irish Coffee*	270	8
Käsebrot, 65 g	225	14
Kinder Happy Hippo, 25 g	140	10
Kinderschokolade, 1 Riegel	75	4
Krabbenbrot mit einem Spiegelei	385	25
Krabbenbrötchen	275	14
Kräcker, Pizza, Ültje, 5 g	25	2
Kroketten McCain, 100 g	230	10
Lakritz-Schnecken, 50 g	145	0
Lasagne Dr. Oetker, 400 g	570	19

Typische Junk-Food-Produkte nach Alphabet	∅ Kalorien	∅ Fett g
M&M's, 100 g	490	20
Mars, 1 Riegel, 60 g	275	11
McBaguette – komplett	380	15
McChicken – komplett	459	23
McCroissant, 1 Stck.	307	18
McRib – komplett	476	21
Medaillons Bonduelle 9 Gemüse, 100 g	125	9
Milchshake Erdbeere, King, 240 g	458	10
Milchshake Schokolade, King, 240 g	478	10
Milchshake Vanille, King, 240 g	396	10
Milchshake, Erdbeere, 240 g	290	8
Milchshake, Vanille, 240 g	293	8
Milka Lila Pause, Alpenmilch, 1 Riegel, 37 g	200	12
Milka Lila Pause, Erdbeer-Jogurt, 1 Riegel, 37 g	200	14
Milka Lila Pause, Nougat-Crisp, 1 Riegel, 37 g	210	14
Mix-Nuss, Ültje, 25 g	165	15
Monster Munch, Bahlsen, 25 g	125	7
Multivitamindrink 0,2 l	112	<1
Negerkuss, 1 Stück, 20 g	90	3
Nic Nac's, Bahlsen, 25 g	140	10
Nuggets King, 6 Stck*	199	9
Nussecke, 50 g	245	15
Orangensaft 0,2 l	90	<1
Pastrami Sandwich – komplett	535	25
Pfannkuchen, 200 g	150	5
Pistazien, Ültje, 25 g	160	14
Pizza Dr. Oetker Ristorante Mozzarella – komplett	835	43
Pizza Dr. Oetker Ristorante Schinken – komplett	760	33
Pizza Dr. Oetker Ristorante Vegetale – komplett	775	33
Pommes frites McCain 1-2-3 frites*	210	6
Pommes frites*	321	17
Pommes King*	347	18
Popcorn, American sweet, Ültje, 25 g	130	7
Popcorn, gesalzen, Ültje, 25 g	145	9
Premium Salat – komplett	106	6
Rahm-Blumenkohl, Iglo, 150 g	150	11
Reisgebäck, japanisch, 50 g	215	4
Rocher, 1 Stück	75	5
Rosinenschnecke, 65 g	180	4

Typische Junk-Food-Produkte nach Alphabet	∅ Kalorien	∅ Fett g
Rührei, 125 g	220	17
Salzstange, 1,5 g	5	<1
Sauerkirschsaft 0,2 l	110	0
Sekt, halbtrocken, 0,1 l	80	0
Sekt, süß, 0,1 l	75	0
Sekt, trocken, 0,1 l	90	0
Sojapfanne Frosta Gyros Art, 200 g	180	2
Spiegelei, 65 g	145	12
Studentenfutter, Ültje, 25 g	130	10
Sundae Eis, Erdbeersoße, 150 g	225	4
Sundae Eis, mit Waffel, 96 g	153	3
Sundae Erdbeer King - komplett	253	5
Sundae King - komplett	221	5
Toast Hawaii, 150 g	480	29
Tonic Water 0,2 l	60	0
Tramezzini mit Tunfisch - komplett	995	73
Twix, 1 Riegel, 29 g	140	7
Whopper - komplett	624	35
Whopper Jr. - komplett	377	21
Whopper mit Käse - komplett	710	42
Wiener Melange, Nescafé*	70	2
Wings King*	253	17
Zitronen-Limonade 0,2 l	65	0
Zwiebelkuchen, 150 g	365	27
Alle Angaben ohne Gewähr		

↑**Fastfood** & ↑**Ernährung**

Jupneh [*Käse*] ↑**Meira**

Juraçon Blanc [*Weinkunde*] Eine sehr interessante Region aus dem Südwesten Frankreichs. Die Rebsorten **Petit Manseng, Gros Manseng** und **Courbu** wachsen dort an den Hängen der Pyrenäen. Im ↑**Barrique** ausgebaut, kann Juraçon Blanc einen vollen, aromatischen und trockenen Weißwein ergeben. Er wird oft lieblich ausgebaut und schmeckt dann sehr würzig.

Juraçon Noir [*Weinkunde*] Eine in Südwestfrankreich angebaute Rotweinrebe (Cahors, Gaillac, Jurançon), wird selten kultiviert

Jurassic [*Käse*] **T Herkunft:** Frankreich/Jura; **Käsesorte:** ↑**Hartkäse**, dessen Rinde nach altem Originalrezept behandelt wird, 48 % ↑**Fett i. Tr.**; **Milch:** Kuhmilch; **Teig:** wenige, kleine Öffnungen; **Geschmack:** sehr fruchtig; **Info:** Jurassic (gesprochen: schürassik) reift mind. 4 Monate in Felsenkellern. Kühl gelagert (6–8° C) und in ein feuchtes Tuch gewickelt, hält er sich sehr lange.

Jürgens, Christian [*Berühmte Köche*] **Christian Jürgens,** *1968 in Unna, Westfalen, D – seit 2001 im Restaurant Kastell, Hotel Burg Wernberg, Köblitz. Sammelte Erfahrung in den besten Häusern und bei begnadeten Kochkünstlern wie Heinz ↑**Winkler**, Jörg ↑**Müller** und Eckart ↑**Witzigmann**. Bekannt wurde er als kulinarischer Botschafter des Freistaats Bayern in Montreal bei den Bayerischen Wochen in Kanada, – durch seine Sterne und Publikationen wie: Gesund und Lecker – 2004, Phantasie & Perfektion, 2005, sowie die Zeitungskolumne der Münchener TZ mit Dr. Peter Schleicher – Küche als Apotheke & Die ganz neue Fitness-Kur

Jus [*Franz. Speisekarte*] **R** Saft – In der Küche ist damit meist der nicht gebundene Bratensaft aus Kalbsknochen gemeint, der nach dem Erkalten geliert, aber auch Gemüse- und Fruchtsaft. **Kalbsjus:** Man hackt Kalbsknochen nussklein, röstet sie in einer halbhohen Bratreine mit Knorpel und Sehnen braun, gießt überschüssiges Fett ab, gibt Röstgemüse dazu, röstet weiter, um dann mit Weißwein abzulöschen und den Bratenfond einkochen zu lassen. **Tomatenmark und Paprika haben in einer Kalbsjus nichts verloren.** Wenn der Ansatz glaciert, mit etwas Wasser ablöschen. Diesen Vorgang wiederholt man 4- bis 5-mal, dann mit Wasser auffüllen, damit sich nach kurzem Aufkochen alle Röststoffe von der Reine lösen. Das Ganze wird nun in eine Kasserolle geleert, nach Bedarf mit braunem ↑**Fond** aufgefüllt und mindestens 12 Stunden geköchelt. Die Jus muss klar sein, darf nicht bitter schmecken und wird erst bei Gebrauch gesalzen und ggf. gewürzt.

Juteux [*Franz. Speisekarte*] Saftig

Juustoleipa [*Käse*] **Herkunft:** Finnland; **Käsesorte:** Rentierkäse, 45 % ↑**Fett i. Tr.**; **Milch:** Rentiermilch; **Info:** Juustoleipa wird zuerst über Feuer geröstet, bevor er reift.

Juvetzi [*Griech. Speisekarte*] **A** Begriff aus der griechischen Küchenkultur für ein im Ofen gebackenes Gericht aus reisförmigen Nudeln (↑**Kritharaki**), meistens mit ↑**Lamm**- oder ↑**Rindfleisch**, ↑**Tomaten** und ↑**Gewürzen**

Juwel-Zackenbarsch [*Fisch*] **T** Dieser zur Familie der Sägebarsche gehörende exotische Raubfisch im rot leuchtenden Gewand ist außergewöhnlich schön. Er lebt hauptsächlich in den Korallenriffen des Indischen Ozeans und ist ein guter Bekannter von Tauchern und Sportfischern. Der Juwelen-Zackenbarsch wird bis zu 50 cm groß und hat wie alle seine Verwandten eine lange, einheitliche Rückenflosse. Sein festes, weißes Fleisch schmeckt vorzüglich und ist zum Dünsten, Braten und Backen, aber auch für Suppen, Eintöpfe und Schmorgerichte bestens geeignet.

K

K'ao Chinesische Garmethode [*Asiatische Küche*] **T** Nichts anderes als das in der westlichen Küche übliche Braten im Ofen. Allerdings ist die Hitzekontrolle in China, wo man kaum moderne Herde kennt, äußerst schwierig. Dort gehört viel Geschick dazu, die Feuerhitze und den Zeitablauf richtig einzustellen. Man verbrennt zunächst einen großen Stapel Holz im Ofen, bis die Glut zusammensinkt. Diese Holzkohlenglut wird verteilt und zu beiden Seiten aufgehäuft. Jetzt erst wird das Bratgut an einem Eisenhaken in die Mitte des Ofens gehängt – wie die berühmte „↑**Pekingente**". Ein chinesischer Ofen ist ein etwa mannshohes Metallfass, das nach oben offen ist und mit einem schweren Deckel geschlossen werden kann. Ein solches Ungetüm von Ofen kann nur in großen Restaurantküchen installiert werden. Deshalb käme auch kein Chinese auf die Idee, eine Pekingente zu Hause zuzubereiten: Dafür geht er ins Restaurant. Der Unterschied zwischen **K'ao** und ↑**Shao** (beide Worte bedeuten Braten) ist der, dass bei Shao die Hitze ausschließlich von unten zugeführt wird (wie in der Pfanne, auf dem Holzkohlengrill oder am Grillspieß über Holzkohlenglut), während bei K'ao mit Rundumhitze gegart wird. ↑**Kochen im Wok** oder ↑**Asiatisch Kochen**

K'ou Chinesische Garmethode [*Asiatische Küche*] **T** Das Wort K'ou bedeutet im Chinesischen „stürzen" und beschreibt einen zweifachen Garprozess. Dafür wird die Hauptzutat zunächst angebraten, danach in kleinere Stücke geschnitten, mit verschiedenen anderen Zutaten und Gewürzen in eine passende feuerfeste Form oder einen Dämpfeinsatz geschichtet und in einen Dämpftopf gesetzt. Darin wird das Gericht längere Zeit schonend gegart und vor dem Auftragen auf einen Teller gestürzt. Meist handelt es sich um ganz einfache ↑Fleischpuddinge. ↑**Kochen im Wok** oder ↑**Asiatisch Kochen**

Kabanossi [*Ungarische Küche*] Begriff aus der ungarischen Küchenkultur für dickere, geräucherte ↑**Debrecziner**

Kabayaki [*Intern. Länderküche*] ↑**Glasaal** in Sojasauce, eine umstrittene Leckerei aus Japan

Kabeljau [*Fisch*] **T Englisch:** codfish; **Französisch:** cabillaud, morue; **Italienisch:** merluzzo; **Spanisch:** bacalao. Er kommt im Nordatlantik und in der Nord- und Ostsee vor. **Kabeljau aus der Ostsee und junger Kabeljau wird ↑Dorsch genannt.** Auf dem Rücken ist er olivgrün bis bräunlich und am Bauch weißlich. Er erreicht maximal eine Länge von bis zu 1,5 m. Der gefangene Kabeljau wiegt zwischen 2 und 4 kg. Hauptmerkmale sind die drei Rückenflossen und die zwei Afterflossen sowie die kehlständigen Bauchflossen. Das bläulich-weiße, sehr magere Fleisch hat keinen Eigengeschmack. Aus seiner Leber wird ↑**Lebertran** und aus seinen ↑**Rogen** ↑**Kaviarersatz** hergestellt. Kabeljau wird als Frischfisch, Räucherfisch, tiefgekühlt und als Salz- und Trockenfisch (↑**Stockfisch**) angeboten. Das Fleisch lässt sich braten, dünsten, backen, dämpfen, schmoren und grillen. Den feinsten Geschmack hat das Schwanzstück. Der Kabeljau ist Hauptbestandteil der ↑**Fischstäbchen**. Das Filet des jungen Dorschs eignet sich hervorragend zum Ausbacken in ↑**Backteig** und ist ein einfaches, schmackhaftes Gericht. **Inhaltsstoffe:** 100 g frischer Kabeljau enthalten ∅76 kcal/318 kJ, 17,4 g Eiweiß, 0,67 g Fett, 28 µg Fluorid, 0,17 mg Jod, 12 µg Vitamin A, 0,44 mg Vitamin E und 50 mg Cholesterin. Kabeljau zeichnet sich durch seinen hohen Gehalt an ↑**Jod** und seinen sehr geringen Fettgehalt aus.

Kabinett [*Weinkunde*] Nach den deutschen Weingesetzen von 1971 und 1994 niedrigste Stufe der Qualitätsweine mit Prädikat, d. h. zwischen einfachen Qualitätsweinen und Spätlesen eingestuft. Je nach Anbaugebiet und Rebsorte schwankt das vorgeschriebene Mindestmostgewicht zwischen 67° und 85° ↑**Öchsle**. Der Wein darf nicht durch ↑**Zucker** angereichert werden. In Österreich ist ein Kabinettwein ein gehobener Qualitätswein, der nicht angereichert ist, als Most mindestens 17° KMW (Kloster Neuburger Mostwaage) (≙ 83,5° Öchsle) wiegen muss, nicht mehr als 9 g/l unvergorenen Zucker und 12,9 % Vol. Gesamtalkohol aufweist und die an österreichische Qualitätsweine gestellten Anforderungen erfüllen muss. Er darf wie alle österreichischen Prädikatsweine nur in Flaschen exportiert werden.

Kabis [*Schweizer Küche*] Schweizer Bezeichnung für ↑**Kohl**

Kabobs [*U.S. Kitchen*] Spieße

Kadarka [*Weinkunde*] Aromatische, milde und feinwürzige Rotweintraube aus Ungarn, die als Grundlage für die besten ungarischen Weine dient und gute Qualitäten erzielt

Kafenío(n) [*Griech. Speisekarte*] Das **Kaffeehaus** ist traditionell der Treffpunkt der griechischen Männerwelt. Hier wird vor allem ↑**Griechischer Kaffee**, ↑**Ouzo** oder ↑**Rakí** getrunken und endlos Karten oder Távli (eine Art Backgammon) gespielt. Zu essen gibt es meist nichts.

Käferbohnen [*Allgem. Nährmittel*] **T Lateinisch:** Phaseolus spp. **Synonym:** Römische Bohnen. **Info:**

Käferbohnen gehören zu den Schmetterlingsblütlern und sind Kletterpflanzen, die sich bis zu 7 m hoch emporwinden können. Die Blüten sind weiß, manchmal auch gelblich oder violett. Sie bringen 10–20 cm lange Hülsen mit meist weißen ↑**Bohnenkernen** hervor. Im Gegensatz zu ↑**Grünen Bohnen** werden Käferbohnen erst im reifen Zustand geerntet. **Herkunft und Saison:** Mitteleuropa, besonders aus der Steiermark. Käferbohnen werden das ganze Jahr über angeboten, vor allem im August und September. **Inhaltsstoffe:** 100 g (gekochte) K. haben einen Brennwert von ∅ 110 kcal/460 kJ und enthalten etwa 66 g Wasser, 7,6 g Eiweiß, 0,4 g Fett, 19,7 g Kohlenhydrate und 5,4 g Ballaststoffe. An ↑**Mineralstoffen** und ↑**Vitaminen** sind ∅ 36 mg Kalzium, 1,5 mg Eisen, 5 mg Natrium, 1,5 mg Vitamin A (RE) und 0,3 mg Vitamin C enthalten. **Rohe Bohnen enthalten giftige Eiweißverbindungen, so genannte Toxalbumine, deren Wirkstoff Phasin schon bei kleineren Mengen schwere Vergiftungserscheinungen auslöst. Durch Kochen wird Phasin zerstört. Zubereitung und Tipps:** K. haben eine nierenförmige Form und sind meist bräunlich, seltener auch beige gefärbt mit dunkleren Flecken. Beim Garen nehmen sie den Geschmack der anderen Zutaten auf. ↑**Weiße Bohnen** oder ↑**Hülsenfrüchte**

Kaffebord, Sønderjysk [*Internat. Länderküche*] Das Sønderjysk Kaffebord ist vor allem im dänischen Südjütland, aber auch in anderen Landesteilen verbreitet. Ein klassisches Kaffebord besteht neben ↑**Kaffee** und ↑**Tee** aus mehreren Torten und Kuchen. Das Kaffebord wird meistens zu besonderen Gelegenheiten wie Geburtstagen oder Familienfesten zubereitet. ↑**Dänische Küche**

Kaffee [*Fachkunde*] **Englisch:** coffee; **Französisch:** café; **Italienisch:** caffè; **Spanisch:** café. **Geschichte:** Schon im Griechenland der Antike (Homer) kannte man die wohltuende Wirksamkeit einer afrikanischen Pflanze, die im Kampf gegen Traurigkeit oder Depression eingesetzt wurde. In Europa wurde der Kaffee erst Ende des 16. Jahrhunderts populär, nachdem ein reicher Kaufmann aus Venedig das Getränk nach Italien brachte. Im Paris des 17. Jahrhunderts wurden Kaffeehäuser für den Ausschank des neuen Getränkes eröffnet. Das bekannteste Kaffeehaus dieser Zeit war das „Café Procope", der ständige Treffpunkt für Künstler, Schriftsteller, Dichter, Politiker und Offiziere. Der berühmte Komponist und Organist Johann Sebastian Bach war ein begeisterter Anhänger des stimulierenden Getränkes, er verhalf dem Kaffee zu seinem Siegeszug in Deutschland. Erfindungsgeist ließ das Kaffee-Angebot für den Verbraucher immer vielfältiger werden. 1901 präsentierte der Japaner Dr. Sartori Kato das erste lösliche Kaffeepulver. 1938 legte die Firma Nestlé den Grundstein für die kommerzielle Vermarktung des löslichen Kaffees, auch Extraktkaffee oder ↑**Instantkaffee** genannt. Um 1900 erfolgten die ersten Versuche zur Entkoffeinierung des Kaffees. Aber erst Ludwig Roselius verhalf dem entkoffeinierten Produkt als „Kaffee HAG" (Patent 1905) zum weltweiten Erfolg. Der Anstieg der Nachfrage machte Kaffee zum zweitwichtigsten Handelsgut nach Erdölprodukten. **Info:** Rund um den Erdball findet die Kaffeepflanze ideale Wachstumsbedingungen zwischen den Wendekreisen des Krebses und des Steinbocks in den Tropen entlang des Äquators. Die Steinfrucht der Kaffeepflanze ähnelt einer ↑**Kirsche**, daher kommt die Bezeichnung „Kaffeekirsche". Ihre Reifezeit beträgt 8 bis 10 Monate. In dieser Zeit verändert sich die Farbe der Kaffeekirsche von hellgrün bis rot. Die reife, rote Frucht enthält zumeist zwei Samen (Kaffeebohnen), die von Fruchtfleisch umschlossen sind. Kaffeekirschen werden per Hand gepflückt und aufbereitet. Nachdem das Fruchtfleisch entfernt ist, werden die Bohnen getrocknet, vergoren, gewaschen und nochmals getrocknet. Nach diesem Vorgang sind die Kaffeebohnen nur noch in Pergamenthäutchen eingehüllt, die maschinell abgeschält werden. Jede Kaffeebohne enthält ∅ 0,8 bis 2,5 % ↑**Coffein**. Der Kaffee wird nach Größe sortiert und poliert, bevor er exportiert wird. Geröstet wird in den Importländern. Dabei entstehen und entfalten sich Bitter-, Röst- und Farbstoffe. Je nach Röstung stellt man die Heißgetränke her, so z. B. bei starker oder doppelter Röstung den ↑**Espresso** oder ↑**Mokka.** Im nächsten Schritt werden die gerösteten Bohnen gemischt. Aus verschiedenen Sorten stellt man Standardmischungen her. **Drei Geschmacksrichtungen entstehen daraus:** hocharomatische Spitzensorte, Mocca und naturmilder Kaffee. **Kaffeearten:** Kaffee wird aus den Samen der Hauptarten Coffea arabica (↑**Arabica**kaffee, 70 % der Welternte), Coffea canephora (↑**Robusta**kaffee, 25 % der Welternte) und Coffea liberica (Liberiakaffee) gewonnen. **Kaffee ist das Lieblingsgetränk der Deutschen**, noch vor ↑**Bier**, ↑**Wein** und alkoholfreien Erfrischungsgetränken. 2005 wurden pro Kopf 145 l oder 6,1 Kilogramm Kaffee konsumiert. Der Genuss von Filterkaffee ist rückläufig; dafür wird mehr ↑**Latte macchiato**, ↑**Cappuccino** usw. getrunken. **Zubereitung:** In Nordeuropa wird Kaffee zumeist mit heißem Wasser filtriert (Filterkaffee) oder aufgegossen (Kaffeeaufguss). Im Orient wird das Kaffeepulver aufgekocht (Mokka) und oft mit Gewürzen aromatisiert. Aus Italien stammt Espressokaffee, der besonders stark und dunkel geröstet ist und in Espressomaschinen mit Hilfe von Dampfdruck zubereitet wird. **Wirkung: In einer Tasse Kaffee sind ∅ 100 mg Coffein enthalten** – Der Kaffee sorgt mit seinem Coffeingehalt für aufmunternde Wirkung. In geringen Dosen über den Tag verteilt hält er besser wach als eine große Menge am Morgen. Kaffee hat eine entwässernde Wirkung auf den Körper. In guten Restaurants und Cafés ist es deshalb üblich, mit einer Tasse Kaffee ein Glas Wasser zu servieren. Kaffee hat aber auch eine beruhigende Wirkung. Wissenschaftler haben herausgefunden, dass man besser einschläft, wenn man sich in den ersten 15 Min. nach dem Kaffeetrinken hinlegt. Diese Methode der Beruhigung wird in Krankenhäusern angewandt. Zögert man jedoch zu lange, verpasst man die beruhigende Wirkung und das Coffein fängt an zu wirken. Nun ist Einschlafen bedeutend schwieriger. **Kaffee und Gesundheit:** Zurückhaltung beim Genuss von gekochtem und nicht gefiltertem Kaffee ist Kaffeeliebhabern mit erhöhten Blutfettwerten zu empfehlen. Das gilt auch für griechisch oder türkisch zubereiteten Kaffee. **Bei Magenbeschwerden ist nicht das Coffein schuld**, sondern Reizstoffe, die während des Röstvorgangs entstehen. Dabei regt koffeinfreier Kaffee die Magensäureproduktion stärker an als koffeinhaltiger. **Die gesündere Alternative:** Wer zu Magenbeschwerden neigt, dem sei ein kleiner, starker ↑**Espresso** empfohlen. Trotz seines kräftigen Geschmacks ist er sehr bekömmlich, weil säureärmere Kaffeebohnen verwendet werden, die in einem speziellen Verfahren bei hohen Temperaturen länger als herkömmliche Kaffeebohnen geröstet werden. Die magenreizende Säure wird dabei bis zu 70 % abgebaut. Zum Abschluss eines üppigen Abendessens ist es empfehlenswert, einen Espresso zu trinken. Er enthält viel weniger Coffein als üblicher Bohnenkaffee, wirkt verdauungsfördernd und ist nach einem reichhaltigen Essen auf jeden Fall gesünder als der allgemein übliche Verdauungsschnaps. **In einem Espresso sind ∅ 50 mg Coffein enthalten.** Zur Herstellung von ↑**Eiskaffee** oder ↑**Tiramisu**, ↑**Pralinen** und ↑**Kaffeelikör** ist das Aroma eines frischen Espresso unersetzlich.

Kaffee Arabica [*Kaffee*] **Lateinisch:** Coffea arabica var. mocca. Der Arabica-Kaffee ist ursprünglich in Äthiopien beheimatet und wird heute fast im gesamten tropischen und subtropischen Raum in vielen Varianten kultiviert. In der internationalen Kaffee-Hitparade ist er der absolute Spitzenreiter. Die länglich schlanke Arabica-Bohne ist sowohl optisch als auch geschmacklich das Edelste an Kaffeesorten. Entsprechend hoch ist ihr Marktanteil: 70 bis 75 % der Weltproduktion. Die Pflanze gedeiht am besten in tropischen Gebieten zwischen 600 und 1800 m Höhe, in Java, Sumatra, Arabien, Indien, Ostafrika und vor allem in Zentral- und Südamerika. Coffea-arabica-Sorten: Maragogype, Bourbon, Typica und Mokka. ↑**Kaffee** und ↑**Robusta**

Kaffee verkehrt [*Kaffee*] **T** Filterkaffee oder ↑**Espresso**, bei dem der Anteil an ↑**Milch** überwiegt. Internationale Namensgebung: Café au lait, Latte macchiato, Caffè latte oder schlicht Milchkaffee

Kaffeeersatz [*Kaffee*] Andere gängige Bezeichnungen sind ↑**Malzkaffee**, ↑**Landkaffee** oder ↑**Zichorienkaffee**. Diese werden typischerweise aus ↑**Gerste**, ↑**Malz**, ↑**Roggen**, Eicheln, ↑**Bucheckern**, ↑**Feigen** oder **Chicoréewurzeln** gewonnen. Schon in Babylon, im antiken Ägypten und im Europa des Mittelalters war dieses Getränk bekannt. In der Neuzeit, besonders in Kriegszeiten, wenn Bohnenkaffee knapp wurde, ist verstärkt darauf zurückgegriffen worden. Friedrich der Große verbot 1780 den Übersee-Kaffee für das einfache Volk, unterstützte jedoch die industrielle Produktion von **Preußenkaffee.** 1797 gab es in seinem Reich bereits 19 Fabriken für Kaffeeersatz. In Frankreich machte die Kontinentalsperre Napoleons den „Café du Continent" salonfähig. Heute ist der Kaffeeersatz eine magenfreundliche und koffeinfreie Alternative zum herkömmlichen Kaffee und wird als ↑**Instant**getränk angeboten.

Kaffeehäferl [*Österr. Küche*] Kaffeetasse

Kaffeelikör [*Hausbar*] ↑**Emulsionslikör** mit 25 % Vol., der aus gerösteten und gemahlenen ↑**Kaffeebohnen** ohne Beigabe weiterer Aromastoffe hergestellt wird. Daneben werden zahlreiche Varianten angeboten, die durch Hinzufügen von ↑**Sahne** (Markennamen: Sahne-↑**Mokka**, ↑**Kaffee** mit Sahne), ↑**Kräuter** und ↑**Vanille** (↑**Tia Maria**) oder sogar ↑**Tequila** (↑**Kahlua**) verfeinert wurden.

Kaffeemittel [*Kaffee*] Sammelbezeichnung für Kaffee-Ersatz und Kaffee-Ersatzmischungen aus gerösteten ↑**Getreide**körnern, z. B. ↑**Gerste** oder gerösteten Pflanzenteilen, wie die der ↑Wurzel**zichorie** (Zichorienkaffee). Sie enthalten kein ↑**Coffein.** Kaffee-Ersatzmischungen bestehen aus verschiedenen Bestandteilen der gerösteten Pflanzenteile und einem Zusatz von Bohnenkaffee.

Kaffeeobers [*Österr. Küche*] ↑**Kaffeesahne**

Kaffeesahne [*Milchprodukt*] Aus homogenisierter ↑**Sahne** mit mindestens 10 % Fett. Kaffeesahne wird entweder frisch, sterilisiert oder ultrahocherhitzt abgepackt und wird vor allem zum Weißen von ↑**Kaffee**, aber auch zum Zubereiten von Speisen verwendet.

Kaffeezubereitungen, Traditionelle [*Kaffee*] **T Filterkaffee:** Für den Kaffee-Geschmack ist es gleichgültig, ob er mit der Hand oder mit der Kaffeemaschine gebrüht wird, wenn Folgendes beachtet wird: Besonders aromatischen Kaffee erhält man, wenn das Kaffeepulver frisch gemahlen und zügig gebrüht wird. Wichtig ist, dass die Wassertemperatur zwischen 85 und 90° C liegt. Kochendes Wasser setzt zu viele Bitter- und Reizstoffe frei, und in kälterem Wasser kann sich das Aroma nicht voll entfalten. Ideal sind Härtegrade des Leitungswassers von 8 bis 10. Eine kleine Prise Salz im Wasser wirkt bei weichem Wasser geschmackliche Wunder, und ↑**Kardamom** ins Kaffeepulver gemischt lässt orientalischen Kaffeegenuss aus „Tausendundeiner Nacht" erahnen. Zum Warmhalten des Kaffees sind Isolierkannen besser geeignet als Wärmeplatten. Durch die ständige Hitzeeinwirkung verdunstet das Wasser und setzt Bitterstoffe frei. **Handfilter:** Hierzu muss man fein bis mittelfein gemahlenes Kaffeepulver verwenden. Damit das Pulver richtig quellen kann, wird es beim ersten Brühvorgang mit nur wenig heißem Wasser übergossen. Dabei sollte das Kaffeemehl komplett durchnässt werden, damit sich alle Geschmacksstoffe lösen können. Danach ist der Filter mit Wasser aufzufüllen. Erst wenn das Wasser durchgelaufen ist, wird er erneut aufgefüllt. **Kaffeemaschine:** Arbeiten im Haushalt nach der gleichen Methode. Das Wasser wird nach dem Prinzip des Durchlauferhitzers in dem jeweiligen Gerät zum Kochen gebracht und übergießt in gleichmäßigen Schüben das Kaffeepulver. Für die Kaffeemaschine sollte das Pulver mittelfein gemahlen sein. **Chambord:** Für kleine Kaffeemengen sind die in Frankreich beliebten Chambords geradezu ideal. Die Brühdauer lässt sich hier nach eigenen Wünschen bestimmen. Das grob gemahlene Kaffeepulver gibt man in die Kanne, überbrüht es mit heißem Wasser, das Pulver setzt sich unten ab (der Kaffee setzt sich). Je nach Geschmack und „Kaffeestärke" wird der Kaffeesatz nach einigen Min. mit dem Filterstab auf den Boden der Kanne gedrückt, sodass der Kaffee abgegossen werden kann. **Espresso:** Bei den in Italien verwendeten „Espresso-Kannen" wird der heiße Wasserdampf mit hohem Druck durch das Kaffeepulver gedrückt. Durch die Geschwindigkeit können sich bei diesem Verfahren nur die Aromastoffe lösen. Das Kaffeepulver muss hierzu sehr fein gemahlen, stark geröstet und kräftig im Geschmack sein. Für die Zubereitung werden Espresso-Kannen mit Kaffeepulver und Wasser aufgefüllt und zum Erhitzen auf den Herd gestellt. Alles andere erledigt sich von selbst. Die Schaumschicht „Crema" lässt sich allerdings nur mit einer elektrischen Espressomaschine herstellen.

Kafirlimetten *[Exotische Früchte]* Gehören zu den ↑**Citrusfrüchten**. Die Blätter können zum Kochen verwendet werden.

Kagitta Levrek *[Orientalische Küche]* **A** Begriff aus der türkischen Küchenkultur für ein ↑**Seewolffilet**, das in der Folie gedünstet wird. ↑**Türkische Küche**

Kagitta pastirma *[Orientalische Küche]* **A** Begriff aus der türkischen Küchenkultur für ↑**Rinderschinken** mit ↑**Gemüse** in der Folie gegart. ↑**Türkische Küche**

Kahlúa *[Hausbar]* Dunkelbrauner mexikanischer ↑**Likör** (Café Liqueur) mit 26,5 %Vol. aus ↑**Kaffeebohnen** und ↑**Tequila**. ↑**Tia Maria**

Kahurangi *[Käse]* **Herkunft:** Neuseeland; **Käsesorte:** ↑**Blauschimmelkäse**

Kahvalti *[Orientalische Küche]* **A** Das türkische Frühstück besteht traditionell aus ↑**Weißbrot**, ↑**Schafskäse**, grünen und schwarzen ↑**Oliven**, ↑**Tomaten**, ↑**Gurken**, ↑**Konfitüre** und ↑Schwarztee. ↑**Türkische Küche**

Kahve *[Orientalische Küche]* Türkisch für ↑**Kaffee**, ↑**Türkischer Tee**

Kaiser Alexander *[Obst]* **T Lateinisch:** Pyrus communis var. Sativa. **Synonym:** Bosc's Flaschenbirne. **Info:** Kaiser Alexander oder Bosc's Flaschenbirne ist eine mittelgroße bis große Birnensorte mit ausgeprägt flaschenförmiger, oft dickbauchiger Frucht und grünlich-gelber bis hellbrauner oder kupferbrauner, rauer und trockener, feinschuppig, regelmäßig zimtfarben berosteter Schale. **Ursprung und Geschichte:** Kaiser Alexander wurden 1793 als Zufallssämling in Apremont, Frankreich, entdeckt. In den deutschsprachigen Gebieten wurde die ursprünglich „Buerré Bosc" oder „Buerré d'Apremont" genannte Sorte zu Beginn des 19. Jahrhunderts als „Kaiser Alexander", „Kaiserkrone" oder „Alexanderbirne" verbreitet. **Herkunft und Saison:** Kaiser Alexander reifen in Mitteleuropa von Mitte September bis Mitte Oktober und sind im ↑**Kühllager** bis Ende Januar, im ↑**CA-Lager** bis Ende April haltbar. Dementsprechend wird der Markt von September bis März aus inländischem Anbau oder italienischer Produktion (Südtirol) versorgt. Von April bis Juli gibt es außerdem kleinere Angebote aus Neuseeland oder Australien. **Geschmack:** Das feinkörnige, weißlich bis gelblich gefärbte Fruchtfleisch hat einen halbschmelzenden, saftigen und süßen, angenehm edelwürzigen und milden Geschmack. ↑**Birne**

Kaiser Max *[Käse]* **T Herkunft:** Österreich; **Käsesorte:** ↑**Schnittkäse**, 55 % ↑**Fett i. Tr.**; **Milch:** pasteurisierte Kuhmilch; **Teig:** schnittfest, geschmeidig; **Geschmack:** mild, pikant

Kaiserbarsch *[Fisch]* **Lateinisch:** Beryx decadactylus. **Synonym:** Leerfisch, Elffisch. **International:** Shadfisch; **Englisch:** red bream; **Französisch:** beryx rouge; **Spanisch:** palometa roja. Diese Barschart ist besonders schmackhaft und zählte zu den Spezialitäten in den Fischrestaurants dieser Welt. Leider sind die Bestände in der Tiefsee stark dezimiert, stellenweise völlig verschwunden. Reiche Fanggründe gibt es noch vor den Küsten Namibias, den Kanaren und vor Spanien.

Kaiserfleisch *[Fleischprodukte]* Mit **Kaiserfleisch** oder **Kaserfleisch** wird das zarteste Fleisch eines Schweins bezeichnet. In Deutschland besteht es meist aus einem oder mehreren zusammengefügten knochenfreien, weitgehend von Fettgewebe befreiten Kotelettsträngen (Schweinelenden), mild gepökelt und angeräuchert. Der Begriff stammt aus Österreich und bezeichnet dort geräucherte(n) Schweinebauch oder -brust.

Kaisergranate *[Fisch]* **T Englisch:** king prawn, Norway lobster/scampi; **Französisch:** langoustine; **Italienisch:** scampo (Plural: scampi, nie Scampis); **Spanisch:** cigala. Die zehnfüßigen Langschwanzkrebse mit beige-rosafarbenem Panzer und lang gestrecktem Körper ähneln im Aussehen einem ↑**Hummer**, werden jedoch nur bis zu 30 cm lang. Kaisergranaten sind hauptsächlich im Skagerrak und im Mittelmeer zu finden und werden überwiegend in den Sommermonaten gefischt. Fälschlicherweise bezeichnet man sie häufig als ↑**Riesengarnelen**, dabei haben Kaisergranaten einen viel robusteren Panzer und kräftigere Scheren. Rohe Tiere unterscheiden sich auch durch die Färbung: Riesengarnelen sind graubraun. Das feine Fleisch der „Langoustine" (so heißt der Scampo/Kaisergranat in der französischen Küchensprache) sollte fest und weiß mit rosa Ringen gezeichnet sein. Es sitzt im Schwanzteil, die dornigen Scheren haben kaum Fleisch. In der Kruste zubereitet, löst man sie am leichtesten und etikettegerecht mit den Fingern aus, auch das Aussaugen der Schalen und Scheren ist erlaubt. Scampi werden hauptsächlich zu Vorspeisen – gekocht, noch lauwarm mit Knoblauchmayonnaise (↑**Rouille** oder ↑**Aioli**) – serviert. Dort, wo sie gefangen werden, serviert man sie auch als Hauptgericht.

Kaisermelange [*Österr. Küche*] **A** ↑**Kaffee** mit ↑**Eigelb** und ↑**Spirituose** (z. B.↑**Cognac**) zu einer geschmackvollen Mischung verrührt (österr. Spezialität)

Kaisermütze [*Gemüse*] Weißer ↑**Kürbis**

Kaiserschmarren [*Österr. Küche*] **R** Eine aus Österreich stammende Mehlspeise, um deren Entstehung sich viele Geschichten ranken. Warscheinlich wurde dieses Gericht 1854 von Wiener Köchen zur Vermählung von Elisabeth (Sisi) mit Kaiser Franz Joseph I. kreiert. Bei der Zubereitung wird ein nicht zu dünner ↑**Pfannkuchen**teig aus getrennten ↑**Eiern**, Prise ↑**Salz**, ↑**Zucker**, ↑**Milch**, ↑**Mehl**, ↑**Eischnee** und ↑**Rosinen** in einer Pfanne gebacken, mit Gabeln in kleine Stücke zerrissen, mit etwas Zucker bestreut und im Backofen karmellisiert. Zum Anrichten mit reichlich Puderzucker bestreuen und zusammen mit Himbeer-, Johannisbeer-, ↑Preiselbeer**kompott**, ↑**Marmelade** oder ↑**Apfel**- bzw. ↑**Pflaumenmus** heiß servieren.

Kaiserschoten [*Gemüse*] Sehr zarte Erbsenart, auch ↑**Zuckerschoten** oder ↑**Mange-tout** (Franz. „Iss alles"!) genannt. ↑**Erbsen**

Kaisersemmel [*Österr. Küche*] Rundes Weizengebäck (Brötchen), oben mit fünf bogenförmigen Einschnitten versehen

Kaiserspeck [*Fleischprodukte*] Tiroler Spezialität; in ↑Gewürz**lake** gepökelte, dunkel geräucherte Stücke aus der Schweinekeule ohne Haxe und Oberschale, mit Speck und Schwarte; von sehr mageren Tieren

Kaiserstück [*Fleischprodukte*] Regionale Bezeichnung für die Hüfte

Kaiserstuhl-Tuniberg [*Weinkunde*] Der größte Bereich des deutschen Anbaugebietes Baden. Die Rebflächen von Kaiserstuhl und Tuniberg erstrecken sich über die Oberrheinebene zwischen Schwarzwald und Vogesen. Sie sind vulkanischen Ursprungs und gehören zu den sonnenreichsten und wärmsten Regionen Deutschlands. **Hauptsächlich angebaute Rebsorten sind: Blauer Spätburgunder:** Leuchtend rubin- bis dunkelrot ist die Farbe der badischen Spätburgunder. Reichhaltig, an Brombeeren, Kirschen und Bittermandeln erinnernd das Aroma. Im Geschmack samtig, aber kraftvoll und belebend durch ihre feine Gerbstoffstruktur. **Speiseempfehlung:** Wildgerichte, Lamm; **Grauer Burgunder/Ruländer (Pinot Grigio):** Als Klassiker ist er ein kräftiger, körperreicher Wein mit würzigem Aroma. Werden die Trauben früher gelesen und die Moste trocken ausgebaut, ist er säurebetont, frisch und saftig schlank mit feiner Aromenvielfalt. **Speiseempfehlung:** Steaks, Braten, Geflügel, Gänse-, Entenleber; **Weißer Burgunder:** Die rassige Alternative zu Ruländer und Grauem Burgunder. Präsentiert ein duftiges, weiniges Aroma, eleganten bis kräftigen Körper und markante Säure. **Speiseempfehlung:** Fisch, weißes Fleisch, Geflügel; **Müller-Thurgau:** Eine Kreuzung der Sorten Riesling und Gutedel durch Prof. Dr. Müller aus dem schweizerischen Kanton Thurgau. Feinfruchtiges Muskataroma und jugendliche Frische bei milder bis rassiger Säure zeichnen diesen bekömmlichen Wein aus. **Speiseempfehlung:** Kalbsbries; **Chardonnay:** Naher Verwandter des Weißen Burgunders, jedoch kräftig im Aroma. Die Farbe variiert von zartem Gelb bis zum kräftigem Strohgelb. Das Bukett ist fruchtig, die Geschmacksnuancen vielfältig, im Alter intensiver. **Speiseempfehlung:** Fisch, Geflügel, Kalb; **Spätburgunder Weißherbst/Rosé:** Roséfarben mit weichem Goldschimmer, so präsentieren sich die meisten Weißherbste. Sie sind kräftig im Geschmack und von kerniger, säurebetonter Art. Wird aus dem Blauen Spätburgunder gekeltert und ausgebaut. **Silvaner:** Ein neutraler Wein, feinfruchtig mit zartem Bukett und meist milder Säure. **Speiseempfehlung:** Spargel; **Kerner** (Kreuzung Trollinger x Riesling)**:** Die kernigen, charaktervollen Weine zeigen oft einen Riesling-ähnlichen Duft. Frisch und rassig. Elegante Weine, aromareich, mit feinen Muskatnoten und fruchtiger Säure. **Speiseempfehlung:** Spargelgerichte; **Traminer/Gewürztraminer:** Nuancenreiches, würziges Bukett der Traminer, opulenter, mit feinem Duft nach frischen Rosenblättern der Gewürztraminer. Beide Weine sind mild in der Säure, geschmeidig lang am Gaumen. **Speiseempfehlung:** Gänse-/Entenleber, Dessert, Käse; **Riesling:** Der „König der Weißweine" lebt von seinem fruchtigen, über die Maßen nuancierten Bukett, seiner prickelnden Lebendigkeit und der manchmal schon stahligen Säure. **Speiseempfehlung:** Fischgerichte

Kaiserteil [*Fleischprodukte*] Regionale Bezeichnung für die ↑**Kalbsnuss**.

Kaiten-zushi [*Intern. Länderküche*] Japanische Sushi-Restaurants. Hier werden Sushigerichte auf einem Laufband angeboten und präsentiert. Die Kunden können sich ein Gericht vom Laufband nehmen oder eines bestellen. Um die Kosten zu berechnen, werden am Schluss die Teller gezählt, die in Form und Farbe so unterschiedlich sind wie die Preise. Kaiten-zushi sind günstiger als ein gewöhnliches ↑**Sushi-ya**.

Kakao [*Fachkunde*] **Englisch:** cocoa; **Französisch:** cacao; **Italienisch:** cacao; **Spanisch:** cacao. **Geschichte:** Ursprünglich stammt die Kakaobohne aus dem tropischen Regenwald Südamerikas. Das Wort **cacao**, ursprünglich **kakawa** ausgesprochen, stammt aus dem Wortschatz der Olmeken (1000 v. Chr.). Man geht davon aus, dass die Olmeken die Ersten waren, die Schokolade tranken. Bei den Azteken und Majas dienten die Bohnen als Zahlungsmittel und waren zermahlen ein Grundstoff für verschiedene Lebensmittel. Ein Getränk aus diesen Bohnen war unter dem Namen „Xocoatl" bekannt. Die ersten Kakaobohnen gelangten nach der Eroberung Mexikos durch Cortéz nach Europa. Kakao ist der Hauptbestandteil von ↑**Schokolade**, die um 1544 erstmals am spanischen Hof von Mönchen hergestellt und 1674 auch in Deutschland (Bremen) bekannt wurde. Die Geburtsstunde der modernen Tafelschokolade schlug im Jahre 1848 im englischen Birmingham. **Kakao heute:** Kakaobohnen werden heute in fast allen tropischen Gebieten (z. B. Westafrika, Südamerika) angebaut. Die Samen des tropischen Kakaobaumes sind gurkenförmig, haben gelbe bis rote Früchte, sind bis 25 cm lang und können bis 500 g schwer werden. Sie enthalten Bohnen, deren Inhalt 20–30 weiße Samen sind. Die frisch geernteten Samen werden zunächst gegoren (fermentiert). Dabei bilden sich Farbstoffe und Aroma. Im nächsten Schritt werden sie sortiert, gereinigt und geröstet. Sie enthalten ⌀ 50–55 % Kakaobutter, etwa ⌀ 1,5 % ↑**Theobromin**, ein stimulierendes Alkaloid, außerdem ↑**Stärke**, ↑**Eiweiß**, ↑**Mineralstoffe** usw. Die Bohnen werden anschließend gebrochen und gemahlen. Es entsteht der Kakaokuchen. Das darin reichlich enthaltene Fett – die flüssige Kakaobutter – wird zum größten Teil abgepresst und zur Schokoladenherstellung verwendet. Übrig bleibt das Kakaopulver, das zu Trinkschokolade (⌀ 80 % Zucker und ⌀ 20 % Kakaopulver) oder Backschokolade (↑**Kuvertüre**) weiterverarbeitet wird. Zartbitterschokolade ähnelt dem Originalgeschmack von Kakao eher als Milchschokolade, da weniger ↑**Zucker**, ↑**Sahne** und ↑**Milchpulver** enthalten ist. Mexikanische Gerichte werden mit Kakao geschmacklich verfeinert, sein Aroma harmoniert wunderbar mit der Schärfe von ↑**Chili. Achtung! Schokolade kann eine Droge sein.** Ernährungswissenschaftler haben festgestellt, dass sie eine suchtartige Gewöhnung hervorruft, die zu schleichendem Übergewicht, Hautproblemen und Überreizungen des Nervensystems führen kann.

Kakaobutter [*Fette*] ↑**Samenfette** und **Kakao**

Kakaoersatz [*Fachkunde*] ↑**Carob**

Kakaofett [*Fachkunde*] ↑**Kakao**

Kakaopulver [*Fachkunde*] Wird durch Zermahlen des entölten Kakaokuchens hergestellt und hat eine hell-, dunkel- bis rotbraune Farbe. Je nach Menge der abgepressten ↑**Kakaobutter** gibt es stark entöltes (fettarmes) und schwach entöltes (fetthaltiges) Kakaopulver, das auch noch gezuckert sein kann. Damit werden Kakaogetränke, Süßwaren, ↑**Speiseeis**, ↑**Liköre**, Back- und Konditoreiwaren hergestellt. ↑**Kakao** & ↑**Schokolade**

Kakaopulvermischungen [*Allgem. Nährmittel*] Gezuckerte, kakaohaltige Getränkemischungen, die meist in Form von ↑**Instant**getränkepulver angeboten und mit ↑**Milch** zubereitet werden. Sie enthalten bis zu 80 % ↑**Traubenzucker**, 20 % ↑**Kakao**pulver sowie zugesetzte ↑**Vitamine**, ↑**Mineral**- und ↑**Aromastoffe.**

Kakavia [*Griech. Speisekarte*] **A** Begriff aus der griechischen Küchenkultur für eine Fischsuppe mit viel ↑**Gemüse** (↑**Kartoffeln**, ↑**Karotten**, ↑**Tomaten**)

Kaki [*Exotische Früchte*] **T Lateinisch:** Diospyros kaki. **Synonym:** Chin. Dattelpflaume, Jap. Persimon, Sharonfrucht. **Englisch:** kaki, persimon; **Französisch:** khaki, caqui; **Italienisch:** kaki, loto; **Spanisch:** kaki, caqui. **Info:** Die zur Familie der Ebenholzgewächse gehörende Kaki wächst auf bis zu 10 m hohen Bäumen. Die tomatenähnlich aussehende, kugelförmige bis abgeflachte Frucht wiegt zwischen 100 und 300 g. Sie ist ursprünglich gelblich gefärbt und bekommt erst durch die kühleren Nächte im Oktober und November ihre gelb-orange oder orange-rote Farbe. Das geleeartige Fruchtfleisch ist von einer dünnen, glatten und glänzenden Haut umgeben, in 4–16 Fächer unterteilt, meist samenlos und weist einen aromatisch süßen, leicht an ↑**Aprikosen** und ↑**Vanille** erinnernden Geschmack auf. **Ursprung und Geschichte:** Die ursprünglich aus Ostasien stammende Kaki zählt in ihrer Heimat zu den ältesten Kulturpflanzen und wird in China seit über 2000 Jahren angebaut. In Europa und den USA werden Kaki seit der Mitte des 19. Jahrhunderts kultiviert und sind hier vor allem an der italienischen Adriaküste und in Kalifornien heimisch geworden. Das Wort Kaki stammt aus dem Japanischen und bedeutet **Frucht.** Etwas blumiger ist der aus dem Griechischen stammende botanische Name, der so viel wie **Frucht des göttlichen Feuers** bedeutet. **Herkunft und Saison:** Kaki werden ab Mitte Oktober bis Ende Dezember aus italienischer und auch aus spanischer Produktion angeboten. Aus Israel gibt es kleinere Angebote im November und Dezember. **Inhaltsstoffe:** 100 g Kaki weisen einen Brennwert von ⌀ 69 kcal/290 kJ auf und enthalten 76 g Wasser, 0,6 g Eiweiß, 0,2 g Fett, 18,6 g Kohlenhydrate und 3,6 g Ballaststoffe. An ↑**Mineralstoffen**, ↑**Spurenelementen** und ↑**Vitaminen** sind ⌀ 8 mg Kalzium, 0,1 mg Eisen, 1 mg Natrium, 216,7 RE Vitamin A und 7,5 mg Vitamin C enthalten. **Zubereitung und Tipps:** Unreife Kaki sind wegen ihres hohen Gerbsäureanteils ungenießbar; sie reifen jedoch bei Zimmertemperatur sehr gut nach und haben ihre volle Reife erlangt, wenn ihre Schale glasig erscheint, tieforange oder blassrosa gefärbt und sehr weich geworden ist. Kaki werden entweder mit der Schale verzehrt oder halbiert und ausgelöffelt. Wegen ihrer ausgeprägten Süße empfiehlt es sich, die Früchte mit etwas ↑**Zitronensaft** zu beträufeln oder sie mit säuerlichem Obst zu kombinieren.

Kaktusblätter [*Mexicofood*] ↑**Nopal**

Kaktusfeige [*Exotische Früchte*] **T Lateinisch:** Opuntia ficus-indica. **Synonym:** Kaktusbirne, Opuntje, Stachelfeige, Tuna. **Englisch:** prickly pear, Indian fig; **Französisch:** figue de barbarie, figue d'Inde; **Italienisch:** fico (d'India); **Spanisch:** higo chumbo. **Info:** Die zur Familie der Kakteengewächse gehörenden Kaktusfeigen gedeihen an den langen, flachen, stacheligen Blättern des bis zu 5 m hohen Opuntjenkaktus. Sie gehören zu den wenigen essbaren Früchten dieser Pflanzenfamilie, die sich aus 7–10 cm großen gelben Blüten entwickeln. Die ovale, bis zu 10 cm lange und bis zu 6 cm breite Frucht hat eine grünliche, gelbe, orange, lachsfarbene oder rotviolette, 3–5 mm dicke Schale, die mit kleinen, warzenartigen, schwarzen Knoten bestickt ist, in denen sich kleine spitze Dornen befinden. Das Fruchtfleisch ist gelb, rosa oder rot gefärbt, mit zahlreichen schwarzen, essbaren Samenkörnern – ähnlich einer ↑**Wassermelone** – durchsetzt und hat einen erfrischenden, fein säuerlichen, leicht an ↑**Melonen** und ↑**Birnen** erinnernden Geschmack sowie einen angenehmen Duft. Grüne Früchte sind unreif, mit zunehmender Reife ändert sich die Verfärbung. **Nur durchgereifte Ware ist genießbar. Ursprung und Geschichte:** Die ursprünglich aus Mexiko stammenden Kaktusfeigen waren für die indianischen Ureinwohner ein wichtiges Nahrungsmittel und wurden schon von den Azteken kultiviert. Spanische und portugiesische Seefahrer verbreiteten die Kakteenart in den Mittelmeergebieten sowie weltweit in den damaligen Kolonien, wo sie heute auch in verwilderten Formen vorkommt. **Herkunft und Saison:** Die europäische Hauptsaison der Kaktusfeigen liegt in den Monaten September bis November mit Lieferungen vorwiegend aus Italien, Spanien und Israel. In den Monaten von Dezember bis April stammen sie aus südafrikanischem oder mittelamerikanischem Anbau, wo sie ganzjährig geerntet werden können. **Inhaltsstoffe:** 100 g Kaktusfeigen weisen einen Brennwert von ∅ 41 kcal/170 kJ auf, enthalten etwa 85 g Wasser, 0,7 g Eiweiß, 0,5 g Fett, 9,6 g Kohlenhydrate und 3,6 g Ballaststoffe. An ↑**Mineralstoffen**, ↑**Spurenelementen** und ↑**Vitaminen** sind ∅ 56 mg Kalzium, 0,3 mg Eisen, 5 mg Natrium, 5,1 RE Vitamin A und 14 mg Vitamin C enthalten. Der Genuss von Kaktusfeigen kann den Urin vorübergehend rot färben, dies ist jedoch gesundheitlich vollkommen unbedenklich. Den Früchten wird außerdem eine ↑**cholesterin**senkende Wirkung sowie – bei regelmäßigem Verzehr über Wochen – eine sehr positive Wirkung auf Blase und Prostata zugeschrieben. **Zubereitung und Tipps:** Obwohl die Stacheln bereits vor der Vermarktung entfernt werden, können doch einige fast unsichtbar auf der Schale bleiben, darum sollte man Kaktusfeigen vor dem Verzehr mit Handschuhen anfassen und unter kaltem, fließendem Wasser sorgfältig abbürsten. Die Früchte werden häufig roh mit ↑**Zitronen**- oder Limettensaft beträufelt gegessen, indem man sie einmal durchschneidet und auslöffelt oder die Schale in Streifen von der Frucht abzieht. In ihrer mexikanischen Heimat werden auch die als ↑**Nopal** bekannten länglichen Blätter der Kakteen roh oder als ↑**Gemüse** verzehrt.

Kalamarakia [*Griech. Speisekarte*] **A** Begriff aus der griechischen Küchenkultur für gebackene ↑**Calamaris** mit ↑**Zitrone**

Kalatsch [*Intern. Länderküche*] Begriff aus der russischen Küchenkultur für Milchbrot oder Hefezopf

Kalbfisch [*Fisch*] **T** ↑**Heringshai** oder **Haifisch**

Kalbfleisch [*Fachkunde*] **T Englisch:** veal; **Französisch:** veau; **Italienisch:** vitello; **Spanisch:** carne de ternera. ↑**Fleisch** vom Jungtier des ↑**Rind**es mit einem Schlachtkörpergewicht bis 150 kg, in der Regel nicht älter als vier Monate. Frühester Schlachttermin eines Kalbes ist 14 Tage nach der Geburt. Früher galt Kalbfleisch als besonders gut, wenn es sehr hell, also von Milchkälbern war. Heute wird eher dunkleres Kalbfleisch von Weidekälbern bevorzugt, also von Tieren, die Auslauf hatten. Beste Fleischqualität haben Kälber im Alter von 6 bis 8 Wochen. Im Gegensatz zum herzhaften ↑**Rindfleisch** hat Kalbfleisch einen milderen Geschmack, eine feinere Faserstruktur und ist von rosa bis hellroter Farbe. Es eignet sich zum Braten, Grillen, Kochen und Schmoren. ↑**Würztabelle.** Das Fleisch ist so zart, dass es nur 3 bis 7 Tage ↑**abhängen** muss. Allerdings besitzt es einen höheren Wasseranteil als Rind- oder ↑**Schweinefleisch**, weshalb man Kalbfleisch immer scharf anbrät und dann bei niedrigen Temperaturen weiter gart. Abgesehen von knusprigen Schnitzeln, Koteletts und Braten spielt es auch in Krankenernährung und Diätkost eine große Rolle, da es besonders kalorienarm und leicht verdaulich ist. **Inhaltsstoffe:** 100 g frisches Kalbfleisch enthalten ∅ 165 kcal/690 kJ, 18,2 g Eiweiß, 10,3 g Fett, 286 mg Kalium, 1,34 mg Eisen, 3,66 mg Zink, 1,6 µg Vitamin B_{12} und 43 mg Purine. Die besten Braten stammen vom Kalbsrücken und aus der Keule. Der Rücken liefert Koteletts und ↑**Steaks**, die Schnitzel werden vorwiegend aus der Keule geschnitten. Auch die zarten ↑**Innereien** werden geschätzt. **Hier die deutsche Bezeichnung der einzelnen Fleischteile: Nacken:** Auch Hals genannt. Dieses Teilstück bietet viele Möglichkeiten der Zubereitung. Es ist von feinen Fettäderchen durchzogen und eignet sich hervorragend zum Kochen, aber auch zum Braten und Schmoren. Aromatische Gallertstoffe geben Suppen und ↑**Saucen** eine feine Würze und gute Bindung. Besonders gut lässt sich der Nacken für klassische Gerichte wie ↑**Ragout fin**,

↑**Frikassee** und ↑**Gulasch** verwenden. Auch saftige Koteletts werden aus diesem Teilstück (Hochrippe) geschnitten. **Brustspitze:** Wird als **Brust** und Brustspitze im Handel angeboten. Sie ist dick, schön fleischig, mit ↑**Fett** durchzogen und sehr saftig. Für ↑**Ragout** und Frikassee, zum ↑**Schmoren** von Gulasch und Rollbraten zu empfehlen. Die Brust dagegen ist flacher und weniger fleischig. Im Stück, mit oder ohne Knochen, ob gefüllt, gebraten oder gekocht: Kalbsbrust ist immer eine gute Wahl und relativ preiswert. Zum Befüllen wird parallel zu den Fleischschichten eine Tasche eingeschnitten, was der Metzger gerne übernimmt. **Gefüllte Kalbsbrust,** ↑**Würztabelle** – da sind der Fantasie keine Grenzen gesetzt, z. B. mit fein gewürztem ↑**Hackfleisch**, verfeinert mit ↑**Brot**, ↑**Ei** oder ↑**Kräutern**. Ein kulinarischer „Geheimtipp" ist eine pikante Füllung mit ↑**getrockneten Früchten. Schulter:** auch Bug genannt. Die Schulter besteht aus verschiedenen Stücken. Alle Teilstücke ergeben große, magere, relativ preiswerte Fleischstücke. Als Stück, mit bzw. ohne Knochen oder gewürfelt erhältlich. Geeignet sowohl zum Kochen von Ragout, zum Schmoren von Gulasch und Geschnetzeltem als auch zum Braten im Ofen. Einzeln heißen die Stücke: **1. Die vordere Schulter**, auch flacher Bug genannt, eignet sich zum Kochen und Schmoren. 2. Aus der **rückwärtigen Schulter** gewinnt man das zarte Schulterfilet. Daraus lassen sich – wie auch aus 3. der **dicken Schulter** – ↑**Braten** zubereiten. Man kann das **4. Schulterfilet** auch für saftiges Gulasch und Frikassee verwenden. **5. Haxen** – werden im Ganzen oder in Scheiben relativ preiswert angeboten. Das Fleisch ist sehr aromatisch und kernig im Biss. Die Hinterhaxen sind fleischiger als die Vorderhaxen, und ihre Knochen enthalten mehr Mark. Geeignet zum Kochen von Eintöpfen und Suppen, zum Braten, Schmoren und ↑**Grillen**. Gegrillt ist die Kalbshaxe eine Delikatesse. In Süddeutschland schwört man auf gebratene Kalbshaxe im klaren Bratensaft mit deftigem Kartoffelsalat oder mit einem lockeren ↑**Semmelknödel**. Eine ganz besondere Spezialität ist ↑**Osso buco**, die in Scheiben geschnittene Kalbshaxe, geschmort in einer würzigen Sauce aus ↑**Tomaten**, ↑**Weißwein** und ↑**Knoblauch** oder ↑**Francesina**, eine Art italienisches Gulasch. **Der Rücken:** (auch Sattel) ist das Fleischstück für einen guten Braten aus dem Ofen und etwas Besonderes auch für verwöhnteste Feinschmecker. Egal ob ganz mit dem Knochen oder in ausgelösten Stücken. Für die schnelle Küche sind Koteletts genau richtig. Ausgelöst lassen sich aus dem Kotelett auch zarte Steaks und Schnitzel schneiden. Der Rücken wird wie folgt aufgeteilt: **1. Vorderer Rücken:** Auch Kotelettstück genannt. Hierbei handelt es sich um sehr saftiges und zartes Fleisch, es ist relativ teuer. Gibt es im Stück oder in Scheiben, mit oder ohne Knochen. Als Braten, zum Schmoren oder Kurzbraten geeignet. **2. Hinterer Rücken:** Aus diesem Teil stammt der Kalbsnierenbraten. Er enthält die angewachsenen, in Fett eingebetteten ↑**Nieren** und ist teuer. Wird im Handel ausgelöst, gerollt und gebunden angeboten. Geeignet zum Braten im Ofen oder zum Schmoren. **Tipp:** Darauf achten, dass der Braten fachlich gebunden und nicht ins Netz gestopft angeboten wird. **Nach dem Braten bleibt die knusprige Kruste im Netz hängen. 3. Filet:** Hierbei handelt es sich um das feinste und zarteste Fleisch vom Kalb, es ist sehr teuer. Die Häutchen und Sehnen, die das Filet umschließen, werden vor der Zubereitung entfernt. Es wird im Stück ohne Knochen im Handel angeboten und zu ↑**Medaillons** geschnitten. Zum Braten, Schmoren, Kurzbraten und Schnetzeln sowie für ↑**Fondue** geeignet. **Die Keule:** setzt sich aus vier Teilstücken zusammen – Oberschale, große Nuss (Kugel), kleine Nuss (Hüfte) und Unterschale (Fricandeau). Alle eignen sich perfekt für die beliebten Kalbsschnitzel, natur oder paniert und ebenso gut zum Braten. Hier die Teilstücke einzeln: **Oberschale und Hüfte:** Beide Stücke haben fast fettfreies, zartfaseriges Muskelfleisch und sind relativ teuer. Im Handel im Stück oder in Scheiben ohne Knochen erhältlich. Außer für das originale ↑**Wiener Schnitzel** eignen sich Hüfte und Oberschale zum Schmoren, Braten und zum Kurzbraten (Steaks). **Nuss:** Man nennt dieses Fleisch auch Kugel oder Rose. Es ist sehr zart, mager und wie alle Teile aus der Keule relativ teuer. Im Handel gibt es die Nuss im Stück oder in Scheiben ohne Knochen zu kaufen. Es ist geeignet zum Schmoren von Braten, zum Kurzbraten oder Grillen von Schnitzel oder Steaks. **Unterschale:** Auch als ↑**Frikandeau** im Handel erhältlich. Dieses Keulenteilstück hat eine gröbere Faserstruktur als die Oberschale. Die dazugehörige Schwanzrolle ergibt ausgelöst ein ovales Bratenstück. Das Frikandeau ist nicht so teuer wie die anderen Teile aus der Keule und wird im Stück ohne Knochen, in Scheiben oder gewürfelt angeboten. Geeignet zum Schmoren von Gulasch, zum Kurzbraten oder Grillen und zum Braten im Ofen. Ein besondere Genuss ist der ↑**Tafelspitz**, er bezeichnet den unteren Teil des Frikandeaus und ergibt geschmort einen herzhaften Gaumenschmaus. **Innereien:** Vom Kalb werden Zunge, Lunge, Herz, Nieren, Leber und die Thymusdrüse (Kalbsbries oder -milch) angeboten. Sie eignen sich – in Scheiben geschnitten – zum Braten oder als Ganzes zum Kochen. Innereien am besten beim Metzger vorbestellen. Lunge und Herz werden meist gekocht und als saure Lunge (↑**Lüngerl**, Beuschel) zubereitet. Das ↑**Herz** kann auch separat verarbeitet werden. Vom Grill, gefüllt, geschmort oder als Ragout ist es eine Delikatesse. Auch die ↑**Zunge** wird gekocht und nach dem Erkalten im Kochfond gehäutet, in Scheiben geschnitten, paniert, gebacken und mit Kartoffelsalat serviert. Die ↑**Kalbsleber** ist kurz gebraten (erst danach salzen) der Höhepunkt einer kulinarischen Runde. Die ↑**Nieren** werden über Nacht in Milch eingelegt. Sehr gut als ↑**Omelette** oder in ↑**Butter** gebraten als Hauptgericht. **Dünnung:** Auch Bauch genannt, ein flaches, mit Fett durchwachsenes Fleischstück mit Knorpeln. Preiswert im Stück, mit oder ohne Knorpel, auch als Rollbraten erhältlich. Geeignet zum Braten, zum Kochen von Ragout und Suppen sowie zum Schmoren von Gulasch.

Kalbfleischbrühe [*Unsere Küche*] **R** Feiner als Rindfleischbrühe. Für die Zubereitung werden gehackte Kalbsknochen und Abschnitte ca. 1 Minute in kochendem Wasser blanchiert, dann kalt abgebraust. Das Ganze in einem Topf mit kaltem Wasser (dreifacher Volumenmenge wie Knochen) zum Kochen bringen und abschäumen, ca. 3 Stunden köcheln lassen. Nach dieser Zeit das Weiße von ↑**Lauch**, ↑**Karotten**, ↑**Sellerie** mit ↑Gewürz**nelken** und ↑**Lorbeer**, ↑**Gespickten Zwiebel(n)**, frischem ↑**Knoblauch**, ↑**Thymian**, ↑**Salz** und Weiß**wein** dazugeben und noch einmal eine Stunde köcheln lassen. Zum Schluss vorsichtig durch ein sauberes Tuch gießen.

Kalbfleischpilz [*Speisepilze*] ↑**Austernpilz**

Kalbsblankett [*Unsere Küche*] **A** Weißes ↑**Ragout** von ↑**Kalbfleisch**. Gewürzt mit ↑**Lorbeerblatt**, ↑**Nelken**, ↑**Thymian**, ↑**Salbei**, ↑**Cayennepfeffer**, ↑**Knoblauch**, ↑**Zwiebeln**, Weißwein, ↑**Muskatnuss**, ↑**Salz**

Kalbsbraten [*Fleischprodukte*] **A** **Englisch:** roast veal; **Französisch:** rôti de veau; **Italienisch:** arrosto di vitello; **Spanisch:** asado de ternera. Ganze zarte Stücke aus Schulter, Rücken und Keule, aber auch gerollte Teile von Brust und Bauch. Sie werden bei starker Hitze von allen Seiten angebraten, damit sich die Poren schließen und der Fleischsaft nicht verloren geht. Um ein geschmacklich gutes Ergebnis zu erzielen, wird das Fleisch vor dem Anbraten einige Stunden mit ↑**Gewürzen** eingerieben. ↑**Würztabelle. Kalbfleisch & Braten:** ↑**Röstgemüse** und ↑**Knoblauch** geben Braten und Sauce seine besondere Note. Mediterran wird es, wenn das Fleisch während des Bratens mit ↑**Salbeiblättern** belegt und mit ↑**Wein** (weiß oder rosé) abgelöscht wird.

Kalbsbries [*Fleischprodukte*] Delikates Stück von der Thymusdrüse des Kalbs. ↑**Bries**

Kalbsbrust [*Fleischprodukte*] ↑**Würztabelle & Kalbfleisch**

Kalbsfond [*Unsere Küche*] ↑**Fond**

Kalbsfrikassee [*Unsere Küche*] ↑**Würztabelle**

Kalbshaxe [*Fleischprodukte*] ↑**Kalbfleisch/Haxe**

Kalbsjus [*Unsere Küche*] ↑**Jus**

Kalbskäs [*Fleischprodukte*] **R** Oder Kalbsleberkäse: eine bayerische Spezialität, die dem bayerischen ↑**Leberkäs** in der Herstellung und Gewürzzusammenstellung sehr ähnlich ist. Er wird ohne ↑**Rindfleisch** zubereitet, man tauscht die Menge mit je zur Hälfte Kalb- und Schweinefleisch aus. Das fertige Brät wird ohne Schweinefleischzusatz (Einlage), aber mit geriebener Zitronenschale (unbehandelt) vollendet.

Kalbskeule [*Fleischprodukte*] ↑**Kalbfleisch**

Kalbskopf Schildkröten Art (en tortue) [*Unsere Küche*] ↑**Tête de veau tortue** ↑**Schildkrötengewürz.** Beim Metzger erhält man auf Vorbestellung die gesäuberte, gebrühte Kopfmaske vom ↑**Kalb.**

Kalbsmilch [*Fleischprodukte*] ↑**Bries**

Kalbsnierenbraten [*Fleischprodukte*] **T** **Englisch:** loin of veal; **Französisch:** longe de veau; **Italienisch:** lombata di vitello; **Spanisch:** solomillo de ternera. Gerolltes Kalbfleisch ohne gelbe Bauchhaut, mit Kalbsnieren. ↑**Würztabelle; Tipp:** Darauf achten, dass der Braten fachlich gebunden und nicht ins Netz gestopft angeboten wird. **Nach dem Braten bleibt die knusprige Kruste im Netz hängen.**

Kalbsnierenfett [*Fleischprodukte*] **T** Kerniges, weißes, sehr schmackhaftes Fett. Abgezogen, gewässert und feingehackt, unentbehrlich in ↑**Plumpudding**, ↑**Stollen** und anderen Gebäcken. In der feinen Küche findet es ausgelassen Verwendung beim aromatischen Dünsten von Gemüsen, zartem Kalbfleisch und Bries oder zum Ansetzen von Kalbfleischgerichten.

Kalbsnuss [*Fleischprodukte*] Teilstück der Keule. ↑**Kalb**

Kalbspörkölt [*Österr. Küche*] **A** Mit **Speck** gebratenes ungarisches Gulasch, jedoch nicht mit **Rind**-, sondern mit **Kalbfleisch.** ↑**Gulasch**

Kalbsrouladen [*Fleischprodukte*] Auch: Kalbsvögel

Kalbssattel [*Fleischprodukte*] Rücken des Kalbes, wie gewachsen und nicht geteilt

Kalbsschinken [*Fleischprodukte*] Diese feine, kaltgeräucherte, aus Teilstücken der Kalbskeule hergestellte regionale Spezialität passt gut zu ↑**Spargel** und ↑**Steinpilzen**. Eine preiswertere Variante erinnert an „↑**Bacon**" und wird aus der knochen- und knorpelfreien Kalbsbrust hergestellt.

Kalbsschnitzel [*Fleischprodukte*] ↑**Kalbfleisch**

Kalbssog [*Fleischprodukte*] Regionale Bezeichnung für ↑Kalbs**bries**

Kalbsstelze [*Österr. Küche*] Kalbshaxe, Hesse

Kalbsvögerl [*Österr. Küche*] **A** **1.** Fleisch der Kalbshaxe, entlang der Faser in portionierte Längsstücke teilen, quer mit Speck durchziehen, würzen, in Butter anbraten, mit braunem Fond übergießen und dünsten. **2.** auch kleine Kalbfleischroulade

Kaldaunen [*Unsere Küche*] Die essbaren Eingeweide des Rindes, vor allem der Netzmagen. ↑**Kutteln**

Kaldera [*Weinkunde*] Griech. Rotwein aus Santorin

Kale [*U.S. Kitchen*] ↑**Grünkohl**

Kalitsúnia [*Griech. Speisekarte*] **A** Begriff aus der griechischen Küchenkultur für warme, mit ↑**Frischkäse** und ↑**Spinat** gefüllte, manchmal mit ↑**Honig** übergossene ↑**Blätterteig**taschen

Kalium [*Gesundheit*] **T** Wichtiger Elektrolyt im Körper, wird häufig routinemäßig bei Blutuntersuchungen gemessen. Kalium ist unter anderem an der Aktivierung einiger ↑**Enzyme**, an der Biosynthese von ↑**Eiweiß** sowie am ↑**Kohlenhydrat**stoffwechsel und damit an der

Energieproduktion beteiligt. Zusammen mit ↑**Natrium**, ↑**Kalzium** und ↑**Chlor** wirkt Kalium auf die Herzmuskeltätigkeit ein und ist für die Erregbarkeit von Muskel- und Nervenzellen zuständig.
Schätzwerte für eine minimale Zufuhr:

Alter	**Kalium** (mg/Tag)
0 bis unter 4 Monate	400
4 bis unter 12 Monate	650
1 bis unter 4 Jahre	1000
4 bis unter 7 Jahre	1400
7 bis unter 10 Jahre	1600
10 bis unter 13 Jahre	1700
13 bis unter 15 Jahre	1900
Jugendliche und Erwachsene	2000

Kalium kommt in ↑**Getreide**, ↑**Pilzen** (↑**Pfifferlingen**) und ↑**Früchten** sowie ↑**Obst**, vor allem ↑**Bananen** (100 g haben ca. 400 mg), grünem ↑**Gemüse** wie ↑**Spinat**, ↑**Blattsalat**, ↑**Petersilie** und ↑**Vollkornbrot** vor. Auch ↑**Fleisch** und ↑**Fisch** sind gute Kaliumlieferanten. **Achtung!** Durch längeres Wässern oder Kochen von Lebensmitteln geht das Kalium ins Kochwasser über und wird damit weggeschüttet. Im Falle von Nierenerkrankungen, bei denen der Mineralstoffhaushalt gestört ist, macht man sich dies zunutze und lässt Gemüse sowie ↑**Kartoffeln** lange wässern. **Kaliummangel tritt auf bei:** Alkoholmissbrauch, zu hohem Salzkonsum, Durchfällen, sehr starkem Schwitzen, ständigem Erbrechen und Missbrauch von Abführmitteln (↑**Bulimie**) sowie im hohen Alter (Austrocknung durch zu geringe Flüssigkeitszufuhr). **Kaliummangel kann lebensbedrohlich sein.**

Kaliumacetat [*Fachkunde*] ↑E 261

Kaliumadipat [*Fachkunde*] ↑E 357

Kaliumalginat [*Fachkunde*] ↑E 402

Kaliumbenzoat [*Fachkunde*] ↑E 212

Kaliumbisulfit [*Fachkunde*] ↑E 228

Kaliumcarbonat [*Fachkunde*] ↑E 501

Kaliumcitrat [*Fachkunde*] ↑E 332

Kaliumclorid [*Fachkunde*] ↑E 508

Kaliumdisulfit [*Weinkunde*] Wurde früher oft, heute seltener zur Maischeschwefelung verwendet. 1 g Kaliumdisulfit entwickelt 0,5 g SO^2. ↑E 224

Kaliumgluconat [*Fachkunde*] ↑E 577

Kaliumglutamat [*Fachkunde*] ↑E 622

Kaliumguanylat [*Fachkunde*] ↑E 628

Kaliumhexacyanoferrat [*Fachkunde*] ↑E 536

Kaliumhydrogensulfit [*Fachkunde*] ↑E 228

Kaliuminosinat [*Fachkunde*] ↑E 632

Kaliumlactat [*Fachkunde*] ↑E 326

Kaliummalat [*Fachkunde*] ↑E 351

Kaliummetabisulfit [*Fachkunde*] ↑E 224

Kaliumnitrat [*Fachkunde*] ↑E 252

Kaliumnitrit [*Fachkunde*] ↑E 249

Kaliumorthophosphat [*Fachkunde*] ↑E 340

Kaliumpropionat [*Fachkunde*] ↑E 283

Kaliumsalz der Speisefettsäuren [*Fachkunde*] ↑E 470

Kaliumsorbat [*Fachkunde*] ↑E 202

Kaliumsulfat [*Fachkunde*] ↑E 515

Kaliumtartrat [*Fachkunde*] ↑E 336

Kalkutischer Hahn [*Österr. Küche*] Alte Bezeichnung für ↑**Truthahn**

Kalmare [*Fisch*] **T Lateinisch:** calamari; **Englisch:** squid; **Französisch:** calmar; **Italienisch:** calamaro; **Spanisch:** calamares. ↑**Tintenfische** aus Mittelmeer und Atlantik. Die **Kalmare** (Teuthida) stellen mit rund 300 Arten die größte Gruppe innerhalb der Kopffüßer dar. Gemeinsam mit den Echten Tintenfischen (Sepiida) und den Zwergtintenfischen (Sepiolida) bilden sie die Gruppe der Zehnarmigen Tintenfische (Decapoda). Die violetten bis zu 2 Meter großen Kalmare sind Bestandteil zahlreicher mediterraner Rezepte. Das feste, magere, angenehm schmeckende Fleisch muss frisch sein und bleibt, wenn es nicht lang genug gekocht wird, zäh. Es wird in Ringe geschnitten, gefüllt, gebraten, paniert und frittiert (am besten vorgegart).

Kalmus [*Gewürze & Kräuter*] **T** Ausdauernde Sumpfpflanze mit großen, der Schwertlilie ähnlichen Blättern. Zur Verwendung kommt der geschälte und getrocknete Wurzelstock als Pulver. Sein Geschmack ist sehr aromatisch, würzig. **Inhaltsstoffe:** 2,5 % ↑**Ätherische Öle**, ↑**Eiweiß**, ↑**Gerbstoffe**, ↑**Mineralstoffe**, ↑**Stärke. Verwendung:** Als Gewürz für Obstspeisen, Saucen, Aufstriche usw. **Wirkung in der Volksmedizin:** gegen Appetitlosigkeit, Magenverstimmungen

Kalorie [*Fachkunde*] Wie das ↑**Joule** eine Maßeinheit für die Wärmeenergie und wird als Maß für den Energiegehalt der Nahrung eingesetzt. Das Wort leitet sich von dem lateinischen Wort „calor" für Wärme ab. Eine Kalorie ist die notwendige Wärmemenge, um 1 l Wasser von 14,5° C auf 15,5° C zu erwärmen. Kalorie als ältere Bezeichnung wurde 1978 durch die Einheit Joule ersetzt, ist aber heute noch in Gebrauch, was eine ständige Umrechnung erfordert. **1 kcal** = **4,187 (4,2) kJ; 1 kJ** = **0,239 (0,24) kcal. Brennwerte der Nahrung:** 1 g Protein (Eiweiß): 17 kJ/4 kcal; 1 g Kohlenhydrate: 17 kJ/4 kcal; 1 g Fett: 37 kJ/9 kcal; 1 g Alkohol: 29 kJ/7 kcal; ↑**Nährwertkennzeichnung**

Kalorienvermindert (light) [*Fachkunde*] Bezeichnung für Lebensmittel, deren Energiegehalt mindestens um ein Drittel geringer ist als im Referenz-Lebensmittel (verminderter ↑**Kohlenhydrat**- und/oder ↑**Fettgehalt**)

Kalt [*Übersetzer*] **Englisch:** cold; **Französisch:** froid; **Italienisch:** freddo; **Spanisch:** frio

Kalte Grundsaucen [*Unsere Küche*] ↑**Grundsaucen (auch: -soßen), kalt**

Kalte Platte [*Übersetzer*] **Englisch:** cold cuts; **Franzö-**

sisch: assiette anglaise; **Italienisch:** piatto freddo; **Spanisch:** plato de fiambres

Kaltenbach, Marianne [*Berühmte Köche*] **Marianne Kaltenbach,** *1921 in Zürich als Marianne Rothen; † 15. Oktober 2005 – war eine Schweizer Spitzenköchin, Kochbuchautorin und Gastronomiejournalistin. Seit 1965 veröffentlichte sie über fünfzig Kochbücher und unzählige Artikel in gastronomischen Zeitschriften. Als Kochbuchautorin erhielt sie viele Auszeichnungen, darunter die Goldene Feder der Gastronomischen Akademie Deutschland. 1993 den Grand Prix der Académie Suisse des Gastronomes und 1995 den Grand Prix der Académie Internationale des Gourmets et des Traditions Gastronomiques. 2000 wurde sie zudem mit dem Kunst- und Kulturpreis der Stadt Luzern für ihr Lebenswerk geehrt.

Kaltgepresste Öle [*Fette*] **T** werden aus nicht oder gering gewärmten Ausgangsprodukten gewonnen. Nach dem Pressen werden sie filtriert, gewaschen und kurz gedämpft, aber nicht raffiniert. Deshalb haben sie einen deutlichen Eigengeschmack und sind zumeist trüb. Kaltpressung bedeutet aber nicht, dass bei diesem Verfahren keine hohen Temperaturen entstehen. Bei Erstpressung von ↑**Soja**- oder ↑**Maisöl** entstehen Temperaturen bis zu 75° C. Der Begriff Kaltpressung ist bisher nicht gesetzlich geregelt. Kaltgepresste Öle werden auch als „native" Öle bezeichnet. Keines sollte zum Braten und Backen eingesetzt werden, da ihr Rauchpunkt niedriger liegt und die Gefahr besteht, dass sich krebserregende ↑**Freie Radikale** und der giftige Stoff Acrolein bilden. Zu den kaltgepressten Ölen gehören ↑**Olivenöl** („natives Olivenöl extra" oder „extra vierge"), ↑**Rapsöl** und ↑**Sesamöl.** ↑**Speiseöl** & **Öl**

Kaltrauch [*Unsere Küche*] Räucherverfahren bei maximal 18–20° C Kammertemperatur

Kaltschalen [*Unsere Küche*] **A** Sind erfrischende Speisen für heiße Sommertage, die kalt serviert werden. Grundlage dieser süßen Suppen sind ↑**Früchte** und ↑**Beeren,** die gezuckert und mit Gewürzen wie ↑**Zimt,** ↑**Nelken,** ↑**Zitronengras** oder ↑**Vanille** usw. in Wasser, ↑**Milch,** ↑**Bier,** ↑**Wein** oder ↑**Obstsäften** gekocht werden. Leicht abgebunden mit Stärke, evtl. ↑**Sago,** Eierschaum oder ↑**Makronen** etc.

Kalzium [*Gesundheit*] ↑**Calcium**

Kamelienblüten [*Wildkräuter, -blüten & -früchte*] **T** Bieten im Winter/Vorfrühling schon Buntes auf dem Teller. **Mehr Information:** ↑**Essbare Blüten**

Kämen [*Gewürze & Kräuter*] ↑**Kümmel**

Kamikaze [*Hausbar*] **R** 2 cl ↑**Curaçao Triple Sec** – 2 cl ↑**Wodka** – 2 cl ↑**Limc Juice** – Eiswürfel; Alkoholgehalt: 25 % – Kategorie: ↑**Shortdrink** – Dekoration: ↑**Limette** – Menge: 6 cl. Die Zutaten mit einigen Eiswürfeln in den ↑**Shaker** geben und kräftig schütteln. Die Mischung durch das **Barsieb** in ein vorgekühltes Cocktailglas ohne Eis abseihen und sofort servieren.

Kamillenblüten [*Wildkräuter, -blüten & -früchte*] **T** Kamillenblüten eignen sich zum Garnieren von Salaten. **Mehr Information:** ↑**Essbare Blüten**

Kamillentee [*Tee*] **Englisch:** camomile tea; **Französisch:** tisane de camomille; **Italienisch:** infuso di camomilla; **Spanisch:** manzanilla tè. Teeähnliches Erzeugnis aus den getrockneten Blüten der echten Kamille (Chamomilla recutita). Pro Glas wird ein gehäufter EL (2–3 g) Kamille mit kochendem Wasser aufgegossen. 10 Min. abgedeckt ziehen lassen, durch ein Teesieb gießen. Bei Magen-Darm-Erkrankungen werden drei bis vier Tassen frisch aufgebrühten Tees empfohlen. Echte Kamille enthält ätherische Öle, die gegen Entzündungen und Krämpfe wirksam sind. Diese Inhaltsstoffe gehen beim Aufguss in den Tee über.

Kamin [*Unsere Küche*] Öffnung im Teigdeckel größerer Pasteten

Kaminwurzen [*Österr. Küche*] Grobe, würzige, sehr dunkle, kaltgeräucherte und luftgetrocknete ↑**Rohwurst** (↑**Mettwurstart**) aus Tirol. Bestehend aus ↑**Rindfleisch** und ↑Rücken**speck** vom Schwein im Schweinedarm, der mit Blut gefärbt wird. Kal. 28/32, Stückgewicht ca. 125 g. Das ausgeprägte Aroma erhält die Kaminwurzen durch eine aufwändige Räucherung und Trocknung. Der Name kommt von der ursprünglichen Art der Räucherung. Die Kamine in den Häusern hatten früher am Dachstuhl eine Räucherkammer.

Kamm [*Fleischprodukte*] Schweine- oder Kalbshals, i. d. R. wie gewachsen

Kämme [*Weinkunde*] Als Kämme bezeichnet man das Stielgerüst der Weintrauben, auch Rappe genannt. In ihnen findet man sehr viele ↑**Gerbstoffe.**

Kammgeschmack [*Weinkunde*] Unangenehmer, harter Beigeschmack im Wein, hervorgerufen durch ↑**Gerbsäure** der Traubenstiele.

Kammmuschel [*Fisch*] ↑**Jakobsmuschel**

Kamptal [*Weinkunde*] In Niederösterreich, nordwestlich von Wien gelegen, eines der schönsten Täler in diesem Bundesland. Auf den Hügeln neben dem Kamp-Fluss befinden sich zahlreiche Wingerte, wo der bekannte „Kamptaler Wein" wächst. Auf 3868 ha werden Grüner Veltliner, Rhein-Riesling, Müller-Thurgau angebaut. Gute Ergebnisse liefern auch Weißburgunder und Chardonnay. Die Bedeutung von Zweigelt, Blauburgunder, Cabernet Sauvignon und Merlot, oft als Cuvée ausgebaut, steigt. Viel Löß und Lehm, auf den Berglagen auch Verwitterungsurgestein, bilden den Untergrund, der vor allem dem Veltliner entgegenkommt. Er fällt hier typisch „pfeffrig" aus und kann mit beachtlichem Alterungspotenzial überraschen. Im Süden des Kamptales befindet sich das Weinanbaugebiet mit den Orten Schönberg, Lengenfeld, Straß, Hadersdorf und Langenlois. Letzterer gilt als größte Weinstadt Österreichs.

Kanada-Whiskey [*Hausbar*] Kanadischer ↑**Whiskey**

wird zweimal destilliert, er ist mild im Geschmack, aber weniger aromatisch als schottischer ↑**Whisky** od. amerikanischer ↑**Bourbon.** Lagerzeit mind. 3 Jahre. Für den ↑**Blended Whiskey** dürfen nur Destillate aus ↑**Roggen**, ↑**Mais**, ↑**Gerstenmalz** verwendet werden. Zugabe von neutralem ↑**Alkohol** ist untersagt.

Kanarische Küche [*Intern. Länderküche*] **T** Wird von verschiedenen Küchen, besonders aber der spanischen, beeinflusst. Daneben gibt es kulturelle Reste der Ureinwohner, der Guanchen. Sie stammten vermutlich von Berbern ab, brachten Vieh sowie Saatgut auf die Inseln mit und bauten vor allem ↑**Gerste** an. Mehl aus gerösteten Gerstenkörnern, das ↑**Gofio**, bildete die Nahrungsgrundlage und wird heute noch hergestellt. Die Essgewohnheiten der Guanchen standen lange auf einer steinzeitlichen Entwicklungsstufe, da sie kein Metall kannten. Ab dem 13. Jahrhundert waren die Kanaren von Portugiesen, Spaniern und Genuesern umkämpft, die Spanier eroberten die Inseln im Verlauf des 15. Jahrhunderts vollständig, unterwarfen und christianisierten die Guanchen. Sie verfolgten alle, die sich nicht anpassten, sodass von ihrer Kultur nur wenig überlebt hat. Auf Teneriffa findet sich die echte einheimische Küche in **Guachinches**, kleinen bis winzigen Restaurants in alten Garagen oder umgebauten Scheunen.

Kanarische Melone [*Obst*] **T Lateinisch:** Cucumis melo var. inodorus; **Info:** Die Kanarische Melone gehört unter den ↑**Zuckermelonen** zur Gruppe der Honigmelonen und hat die ovale Form eines Rugbyballs sowie eine glatte, leicht gerippte, intensiv gelbe Schale. Das Fruchtfleisch ist weißlich, sehr schmackhaft und süß. Die Früchte duften bei zunehmender Reife stark. **Herkunft und Saison:** Kanarische Melonen werden von März bis September hauptsächlich aus spanischer Produktion auf den Märkten angeboten

Kandieren [*Unsere Küche*] **R Französisch:** candir – Konservierungsmethode zur Haltbarmachung von ↑**Obst**, Teilen von Obst, Wurzeln wie ↑**Ingwer** und ↑**Blüten**; **Geschichte:** Früchte wurden in Asien schon vor mehr als 3000 Jahren mit Zucker haltbar gemacht. Dazu legte man die Früchte in ↑**Honig** und ↑**Palmsirup** ein. Sie gelangten nach Griechenland und Rom, wo sie zu besonderen Ereignissen serviert wurden. **Info:** Kandieren lassen sich frische und eingemachte Früchte, wobei frisches Obst wie ↑**Äpfel** und ↑**Birnen** blanchiert werden muss. Dagegen wird Kernobst wie ↑**Pflaumen**, ↑**Pfirsiche**, ↑**Aprikosen**, ↑**Mirabellen** usw. vorsichtig entkernt und dann pikiert. Das heißt, die Früchte werden mit einer dickeren Nähnadel von allen Seiten mehrmals eingestochen, sodass der Zucker überall eindringen kann. Pikiert werden müssen auch ↑**Stachelbeeren** sowie ↑**Orangen** und ↑**Mandarinen**, sofern sie in ihre natürlichen Scheiben zerlegt werden. Eingemachte Früchte werden kandiert, wie sie aus Dose oder Glas kommen. **Verfahren:** Vor dem eigentlichen Kandieren werden die Früchte gesäubert, entstielt, geschält, entkernt und in Stücke geschnitten. Das Obst wird dann in eine Zucker-Stärke-Lösung gelegt, die eine höhere Zuckerkonzentration als die Zellflüssigkeit der Früchte hat. Beide Flüssigkeiten haben das Bestreben, die Zuckerkonzentration auszugleichen. Der Konzentrationsausgleich des Zuckers zwischen Zellflüssigkeit und Umgebungsflüssigkeit wird Osmose genannt. Der osmotische Austausch des Zellwassers wird je nach Fruchtsorte durch vorheriges ↑**Blanchieren** oder Einstechen erleichtert. Wenn der Zucker der kandierten Früchte auskristallisiert, werden diese steinhart. Um das zu verhindern, muss der Zucker relativ langsam in die Früchte eindringen. Die Dauer des Kandiervorgangs ist von der Dicke bzw. Größe der Früchte bzw. Pflanzenteile abhängig. Eine ganze Birne benötigt 10 bis 12 Tage, bis sie vollständig vom Zucker durchzogen ist. **Zubereitung:** Die benötigte Zuckermenge hängt von der Flüssigkeitsmenge ab. Man gießt so viel Saft oder Wasser über die Früchte, bis sie vollständig bedeckt sind. Diese Flüssigkeitsmenge wird gemessen. Die Mengenangabe für den Zucker bezieht sich auf 100 g Ausgangsflüssigkeit. **Beispiel:** Wenn man 300, 500 oder 1000 g Flüssigkeit hat, dann muss man alles mit 3, 5 oder 10 multiplizieren. Bei Früchten ohne Eigensaft kommt auf 100 g Wasser 60 g Zucker, bei eingemachten Früchten mit Eigensaft benötigt man auf 100 g Saft 50 g Zucker. Wenn der Saft die Früchte nicht komplett bedeckt, mit Wasser auffüllen. **Beispiel:** Für 300 g Saft aus der Dose benötigt man 3 x 50 g = 150 g Zucker. Reicht die Saftmenge nicht aus, um die Früchte ganz zu bedecken, fügt man Wasser hinzu. Für 200 g Wasser zusätzlich benötigt man 2 x 60 g = 120 g Zucker. Das ergibt 500 g Flüssigkeit und 270 g Zucker. **Kandieren: 1. Tag** – Zucker und Saft bzw. Wasser werden gut aufgekocht und danach auf 20° C abgekühlt. Die Früchte kommen in ein Gefäß mit Deckel und werden mit der Zuckerlösung übergossen. 24 Stunden stehen lassen. **2. Tag** – Früchte in einem Sieb abtropfen lassen. Pro 100 g ursprünglicher Flüssigkeit gibt man nun weitere 20 g Zucker dazu. Ist man z. B. von 500 g Flüssigkeit ausgegangen, so benötigt man jetzt 5 x 20 g = 100 g Zucker. Zucker und Saft lässt man gut aufkochen, anschließend auf 30 – 40° C abkühlen. Die Früchte legt man wieder in das Gefäß, übergießt sie mit der lauwarmen Flüssigkeit und lässt sie wieder 24 Stunden stehen. **3. Tag** – Früchte wieder abtropfen lassen, wieder die gleiche Zuckermenge (20 g) zum Saft zugeben und gut aufkochen. Man wiederholt den gleichen Vorgang wie am 2. Tag, lässt die Flüssigkeit jedoch nur auf 80° C abkühlen, übergießt die Früchte und lässt sie wieder 24 Stunden stehen. **4. Tag** – Früchte wieder abtropfen lassen, wieder die gleiche Zuckermenge (20 g) zum Saft zugeben und gut aufkochen. Mit der kochenden Flüssigkeit übergießt man die Früchte und lässt sie wieder 24 Stunden abgedeckt stehen. **5. Tag** – Zum letzten Mal gibt man die gleiche Zuckermenge wie an den Vortagen zum Saft, erhitzt ihn, legt auch die Früchte hinein und kocht alles zusammen ganz kurz (30 Sekunden) auf. Dann nimmt man die Früchte heraus und lässt sie auf einem Kuchendraht gründlich abtropfen, dann ca. 24–48 Stunden trocknen. Um den Trockenvorgang abzukürzen, können die kandierten Früchte auch im Backofen bei 100–150° C etwa 10–15 Min. bei leicht geöffneter Tür getrocknet werden. Dann nachtrocknen lassen. Fertige Früchte am besten in einer Frischhalte-Dose – durch Backtrennpapier voneinander getrennt – übereinandergeschichtet an einem nicht zu kühlen Ort lagern. **Kandieren von Blüten:** In Desserts und auf Gebäck werden oft kandierte zarte Blumenblüten verwendet. Dazu taucht man die frischen Blüten in verquirltes Eiklar, bestäubt sie dann kräftig mit Puderzucker und trocknet sie. Beispiel ↑**Stiefmütterchen:** Kelchblätter und die weißen Ansätze entfernen, 1 Eiklar leicht schlagen, mit einem feinen Pinsel beide Seiten der Blütenblätter damit einstreichen und mit extrafeinem Zucker bestreuen. Auf Pergamentpapier legen und an einem warmen Ort trocknen lassen. Aufbewahrung in einem Glas mit Schraubverschluss. **Es kommen nur ungespritzte Blumen und Blüten in Frage.** ↑**Essbare Blüten**

Kandierte Früchte [*Übersetzer*] ↑**Kandieren; Englisch:** candied fruit; **Französisch:** fruits confits; **Italienisch:** frutta candita; **Spanisch:** fruta confitada

Kandissirup [*Hausbar*] Sirup aus ↑**Kandiszucker.** ↑**Zuckersirup**

Kandiszucker [*Allgem. Nährmittel*] **T** Es gibt weißen und braunen Kandis. Beide entstehen durch langsame Kristallisation aus hochwertigen, reinen Zuckerlösungen. Der braune Kandis erhält seine Farbe durch das Karamellisieren beim Erhitzen des ↑**Zucker**s. Kandis kommt als regelmäßig gewachsene Einzelkristalle oder in Form von Kandiskonglomeraten (Krustenkandis, Stangenkandis) und in kleineren Kristallen in den Handel. **Verwendung:** Als Süßungsmittel für ↑**Tee**, ↑**Punsch**getränke, ↑**Grog**, selbst zubereitete ↑Frucht**liköre**

Kanditen [*Österr. Küche*] Österreichische Bezeichnung für kandierte Früchte. ↑**Kandieren**

Kaneel [*Gewürze & Kräuter*] Feine Zimtrinde. ↑**Zimt**

Kang Kong [*Exotische Früchte*] **Lateinisch:** Ipomaea aquatica. **Synonym:** Morning Glory, chinesische Wasserkresse, Wasserspinat. Die 25–30 cm lange Gewürz- und Gemüsepflanze ist ein Schlinggewächs, das zum Teil im Wasser wächst. **Verwendung in der Küche:** roh, in Thai-Salaten und gekocht oder ↑**blanchiert** in ↑**Stir-fries**

Kängurufleisch [*Fleischprodukte*] **T Herkunft und Verfügbarkeit:** Die in Australien wild lebenden Kängurus waren Tausende von Jahren die wichtigste Nahrungsquelle der Ureinwohner. Sie werden nicht gezüchtet, sondern durch staatlich zugelassene Jäger erlegt. Die Tiere werden dann in speziellen Verarbeitungsbetrieben, die auch von der EU zugelassen sind, nach EU- und ↑**HACCP**-Standard zerteilt und verpackt. Folgende Känguru-Schnitte sind für Europa verfügbar: **striploin, loinfilet, longfilet, tenderloin, topside, silverside, rump** und **Keule o. Kn.** Kängurus liefern – bezogen auf das Körpergewicht – doppelt so viel Fleisch wie Schafe. In Australien selbst wird Kängurufleisch weniger verzehrt, sondern der Export gefördert, seitdem es von Gourmets in der ganzen Welt entdeckt wurde. In Deutschland findet man hochwertiges Kängurufleisch in den gut sortierten Fleischabteilungen großer Kaufhäuser oder Australienshops. Von alternativen Bestellungen über Internet ist abzuraten, denn dort gibt es oft schwarze Schafe, die gefrorenes, fachlich falsch zerteiltes, sehniges Fleisch aus dem Rumpf, eigentlich Hundefutter, verschicken. **Inhaltsstoffe:** Ernährungswissenschaftler sind sich einig, dass Kängurufleisch eine sehr gesunde Alternative zum allgemein üblichen ↑**Rind**-, ↑**Kalb**-, ↑**Schweine**- oder ↑**Lammfleisch** ist. In dieser Wildfleischsorte ist eine sehr hohe Konzentration von ↑**mehrfach ungesättigten Fettsäuren** (↑**Linolsäure**) enthalten. Es ist reich an ↑**Eiweiß** und ↑**Eisen** und dabei extrem arm an ↑**Fett** und ↑**Cholesterin.** 100 g Kängurufleisch enthält ∅ 107 kcal/448 kJ, 22 % Eiweiß, 2 % Fett – Schweinekoteletts haben im Vergleich dazu fast 25 % Fett. **Geschmack:** Der Geschmack erinnert je nach Sorte, Alter und Herkunft des Tieres von sehr dezent bis angenehm würzig an Wild, vergleichbar mit Reh. **Verwendung in der Küche:** Das dunkelrote, feinfasrige Fleisch kann man für fast alle Rezepte verwenden, die auch für kurzgebratenes Rind-, Kalb-, Schweine- oder Lammfleisch gelten. Da Kängurufleisch von Haus aus zart ist, sollte es auf keinen Fall mariniert und erst unmittelbar vor dem Braten gesalzen werden. Nur kurzgebratene Stücke, entweder rosa/**medium** oder englisch/**rare**, bleiben zart. Durchgebratenes Kängurufleisch wird trocken, zäh und schmeckt wie durchgebratene Leber, ist aber schlechter zu beißen. Nach der kurzen Garzeit lässt man das Fleisch dann noch ein paar Minuten ruhen, bevor es serviert wird. Wie bei Wildgerichten passen süße Beilagen wie ↑**Birnen** mit ↑**Preiselbeeren** oder andere ↑**Beeren** und ↑**Saucen**, die mit ↑**Früchten** oder ↑**Fruchtmark** vollendet werden. Wer es australisch mag, serviert ein Püree aus ↑**Süßkartoffeln** (Bataten) und Beeren dazu. **Grundsätzlich gilt:** Wer rosa Fleisch nicht mag, sollte besser auf Känguru verzichten. Wenn im Restaurant das Fleisch nicht rosa gebraten serviert wird, sollte man das Gericht zurückgehen lassen.

Kaninchen [*Fleischprodukte*] **T Englisch:** rabbit; **Französisch:** lapin; **Italienisch:** coniglio; **Spanisch:** conejo. Kaninchen sind mit dem Hasen verwandt. Es gibt

Wildkaninchen und Haus- bzw. Fleischkaninchen (Stallhase). Das Fleisch von Wildkaninchen ist aromatischer und kräftiger im Geschmack. Trotzdem feiert das Hauskaninchen ein Comeback vom Arme-Leute-Essen zum Geheimtipp in der gehobenen Gastronomie. Das hoch bekömmliche, helle, zarte Fleisch ist geeignet für die schnelle, gesunde Küche. Im Gegensatz zum Geflügelfleisch ist es eiweißhaltiger, wesentlich fettärmer, also ausgesprochen kalorienarm. Wegen seines neutralen Geschmacks sind die meisten Hühnchenrezepte problemlos übertragbar. ↑**Würztabelle**

Kann ich die Rechnung bekommen? [*Übersetzer*] **Im Hotel** Englisch: Can I have the bill, please? **Französisch:** L'addition, s'il vous plaît. **Italienisch:** Il conto, per favore. **Spanisch:** La cuenta, por favor.

Kanogan Cheese [*Käse*] ↑**Ziegenkäse** aus den USA

Kantaifi [*Griech. Speisekarte*] **A** Begriff aus der griechischen Küchenkultur für ein süßes Hauptgericht aus feinen ↑**Nussnudeln**, mit ↑**Honig** gesüßt

Kantalupe [*Obst*] ↑**Melonen**

Kantonesisches cha shao Chinesische Garmethode [*Asiatische Küche*] **T** Bei dieser Garmethode (Am-Spieß-Braten) wird das ↑**Fleisch** (meistens ↑**Schweinefleisch**) in breite Streifen geschnitten, in einer sehr stark gewürzten Flüssigkeit vorgegart und anschließend noch auf einen Spieß gesteckt und im Ofen oder über Holzkohlenglut gebraten. Dabei bestreicht man die Fleischstreifen immer wieder mit der Würzflüssigkeit, bis sie gar sind.↑**Kochen im Wok,** ↑**Asiatisch Kochen**

Kantwurst [*Österr. Küche*] Eckige ↑**Rohwurst**

Kanzerogen [*Fachkunde*] Krebserzeugend

Kanzler [*Weinkunde*] Die Kanzlerrebe ist nur in guten Lagen der Weinanbaugebiete Rheinhessen, Rheinpfalz und Nahe anzutreffen. Um die Qualität hervorzuheben, erhielt die Sorte den Namen „Kanzler". Ihr Ertrag ist mittel (ca. 80 hl/ha), dafür das Mostgewicht sehr hoch: bis 100° Öchsle, in Einzelfällen mehr.

Kao hom mali [*Asiatische Küche*] ↑**Jasminreis**

Kapaun [*Fleischprodukte*] Kastrierter und gemästeter junger Hahn. ↑**Geflügel**

Kapern [*Gewürze & Kräuter*] **T Englisch:** capers; **Französisch:** câpres; **Italienisch:** capperi; **Spanisch:** alcaparras. Bereits Griechen und Römer schätzten die Kapern als Arznei (gegen Milzbeschwerden) und Gewürz. Der Kapernstrauch ist vorrangig im Mittelmeerraum zu finden. Es werden nur Blütenknospen verwendet, die man vor Sonnenaufgang pflückt. Diese kleinen dunkelgrünen Knospen werden für die Verarbeitung aussortiert, gesiebt, entwässert und in Essigmarinade eingelegt. Roh schmecken Kapern überhaupt nicht. Je kleiner, desto feiner. Nach dieser Devise sollte man Kapern kaufen. **Man unterteilt hier in Qualitätsbezeichnungen wie: Nonpareilles** (die Unvergleichlichen) – sie sind die kleinsten und feinsten und kommen aus der Gegend von Nizza (Frankreich); **Surfines** – mittlere Größe und demnach mittlere Würzqualität und **Capucines** – für Snacks oder zum Aperitif kommen diese großen Kapern immer mehr in Mode. Sie schmecken herbwürzig mit leichter Schärfe. **Verwendung in der Küche:** ↑**Würztabelle**

Kapi [*Asiatische Küche*] Begriff aus der thailändischen Küchenkultur für Krabbenpaste/↑**Garnelenpaste**. Sie wird zum Würzen verwendet und ist in kleinen Dosen erhältlich.

Kap-Küche [*Intern. Länderküche*] ↑**Südafrikanische Küche**

Káposztaleves [*Ungarische Küche*] Begriff aus der ungarischen Küchenkultur für Krautsuppe mit ↑**Rauchfleisch** und ↑**Kolbasz** (↑**Wurst**)

Kappes [*Gemüse*] Rheinische Bezeichnung für ↑**Weißkohl**

Kapsikum [*Gewürze & Kräuter*] Oder spanischer Pfeffer. Aus den Schoten eines mittelamerikanischen Strauches gewonnenes scharfes Gewürz

Kapstachelbeeren [*Exotische Früchte*] ↑**Physalis**

Kapusniak [*Intern. Länderküche*] Russische Suppe aus ↑**Sauerkraut,** ↑**Fleisch,** ↑**Wurst,** ↑**Speck**

Kapuziner [*Österr. Küche*] = Fast ein „↑**Großer Brauner**" (2 Teile ↑**Espresso**, 2 Teile heißes Wasser, etwas ↑**Milch** oder ↑**Sahne**), nur heller in der Farbe. Dem „↑**Cappuccino**" verwandt (österr. Kaffeespezialität)

Kapuziner-Pilz [*Speisepilze*] ↑**Birkenpilz**

Kapuziner-Röhrling [*Speisepilze*] ↑**Birkenpilz**

Kapuzinerkresse [*Wildkräuter, -blüten & -früchte*] **A Lateinisch:** Tropeolum majus; **Englisch:** nasturtium; **Französisch:** capucine;**Italienisch:** insalata cappuccina; **Spanisch:** capuchina. **Info:** Die Kapuzinerkresse stammt ursprünglich aus den Urwäldern Südamerikas. Spanische Eroberer brachten diese aromatische Pflanze nach Europa. Die „Blume der Liebe" darf nicht mit der ↑**Brunnenkresse** oder ↑**Gartenkresse** verwechselt werden. Die hübschen, zart süß duftenden Blüten sind glockenförmig und gespornt. Sie leuchten in gelben, orangefarbenen und roten Tönen. **Standort:** Die Pflanze liebt es halbschattig und feuchte, humose, nährstoffreiche Böden. In unseren Breiten wächst sie einjährig und muss jedes Jahr neu gesät werden. Stängel, Blüten und Blätter sind reich an ↑**Schwefel** und ↑**Vitamin C. Geschmack:** kresseähnliches Aroma mit leichter, würziger Schärfe, die pfefferartig wirkt; **Verwendung in der Küche:** Blätter, Blüten und grüne Früchte der Pflanze sind essbar (reife Früchte sind hart und deshalb ungenießbar). Die Blätter können als Zutat in Salaten, Kräutersoßen, ↑**Dips,** ↑**Mayonnaisen,** ↑**Kräuterbutter** oder auch fein geschnitten pur aufs Butterbrot gegessen werden. Die grünen Früchte und Blütenknospen legt man wie ↑**Kapern** in ↑**Salz-** und ↑**Essig-**↑**Lake** ein. Sie sind eine raffinierte Abwechslung in Soßen, Salaten und auf Vorspeisentellern. Die Blüten sind nicht nur eine tolle Dekoration für Salate, Saucen, Quark und Eiergerichte, sondern zergehen auch mit ihrer wunderbaren Würze auf der Zunge. **Wirkung in der Volksmedizin:** Kapuzinerkresse wirkt schleimlösend, auswurffördernd, fiebersenkend, abwehrsteigernd und leicht abführend, außerdem senkt sie den ↑**Cholesterin**spiegel. Sie besitzt einen gasförmigen Bakterienhemmstoff, der Eitererreger und schädliche Darmbakterien noch bis zu neun Std. nach dem Genuss bekämpft. **Mehr Information:** ↑**Essbare Blüten**

Karadeniz Tel Peyniri [*Käse*] Dieser sehr proteinhaltige türkische ↑**Käse** wird in der östlichen Schwarzmeerregion und in Ostanatolien aus fettarmer ↑**Milch** hergestellt. Wenn man diesen Käse mit der Hand trennt, bilden sich Fäden. Deswegen heißt er auch „Fadenkäse".

Karahi [*Intern. Länderküche*] Begriff aus der indischen Küche, der eine kleine wokähnliche Pfanne mit zwei Griffen beschreibt. Die darin zubereiteten Gerichte werden als ↑**Balti** bezeichnet und im Karahi serviert.

Karambole [*Exotische Früchte*] ↑**Carambola**

Karamell [*Backstube*] **T Englisch:** toffee; **Französisch:** caramel; **Italienisch:** caramel; **Spanisch:** caramelo. Dunkelbraunes Produkt, das bei längerem, vorsichtigem Erhitzen von Zucker entsteht, auch als „gebrannter Zucker" bekannt. Die glasige braune Schmelze hat einen eigenartigen Röstgeschmack und löst sich in Wasser zu ↑**Zuckercouleur**. Bei zu starker Hitze wird der ↑**Zucker** bitter, auch wenn er nicht schwarz ist. ↑**Flan**

Karamellbier [*Bier*] Obergäriges, oft alkoholarmes Bier aus stark gedarrtem (geröstetem) und daher karamellreichem Malz. ↑**Obergäriges Bier**

Karamellcrème [*Übersetzer*] **Französisch:** crème caramel, crème brûlée; **Italienisch:** crema al caramello; **Spanisch:** flan de huevos; ↑**Flan**

Karamellisieren [*Unsere Küche*] **T** Geschmackliche und farbliche Veränderung von ↑**Zucker** durch vorsichtiges Erhitzen unter ständigem Rühren, bis er flüssig ist und eine goldgelbe Farbe angenommen hat. Bei 160° C beginnt Zucker zu bräunen. Steigt die Temperatur auf 180° C, verdunkelt sich der Braunton. Zu schnell und zu stark erhitzter Zucker wird bitter.

Karausche [*Fisch*] **T** Oder **Bauern-, Steinkrapfen – Lateinisch:** Carassius carassius, Fisch aus der Familie der ↑**Karpfen**, der in den Süßwässern Mittel- und Osteuropas, aber auch in den Brackwassern der Ostsee vorkommt. Die Karausche wird bis zu 4 kg schwer und wächst langsam. Sie hat kurz vor der Schwanzflosse einen schwarzen Fleck, keine Barteln und einen braungrauen Rücken, Die Karausche ist sehr zählebig und kann in feuchtem Moos verpackt auch lebend transportiert werden. Das Fleisch ist sehr wohlschmeckend und kann wie Karpfen zubereitet werden.

Karaya [*Fachkunde*] ↑**E 417**

Karbei [*Gewürze & Kräuter*] ↑**Kümmel**

Karbolgeschmack [*Fachkunde*] Unangenehm beißender Geschmack in Räucherwaren; Ursache: feucht gelagertes Sägemehl, dadurch genussuntauglich

Karbonade [*Österr. Küche*] Gebratenes Rippenstück, Kotelett oder geschmorte dünne Fleischschnitte, meistens aus dem Rückenstück von ↑**Schwein**, ↑**Hammel** oder ↑**Kalb**, aber auch vom Hals des ↑**Schweins** oder aus der Hüfte des ↑**Rindes**

Karbonadenfisch [*Fisch*] ↑**Steinbeißer**

Karchi [*Gewürze & Kräuter*] Länglicher ↑**Ingwer**; Verwendung für Fischgratins und Eintöpfe

Kardamom [*Gewürze & Kräuter*] **T Lateinisch:** Elettaria Cardamoumum; **Englisch:** cardamom, cardamoms; **Französisch:** cardamome; **Italienisch:** cardamomo; **Spanisch:** cardamomo. **Herkunftsland:** Vorderindien; **Info:** Eines der ältesten und teuersten Gewürze. In Indien „Ela" genannt, findet er schon Jahrtausende in Küche und Schönheitspflege Verwendung. **Geschmack:** Kardamom ist im Geschmack leicht brennend und würzig herb; **Erhältlich:** Im Handel sind die Samenkörner meist gemahlen erhältlich. **Verwendung in der Küche:** ↑**Würztabelle.** Fast alle asiatischen und exotischen Gerichte mit ↑**Fisch**, ↑**Schweine-**, ↑**Lamm-**, ↑**Hammel-** und ↑**Hackfleisch**. Kardamom ist Bestandteil des ↑**Currypulvers**. Mit etwas Kardamom parfümieren die Araber ihren ↑**Mokka**, bevor er überbrüht wird. **Wirkung in der Volksmedizin:** Wird zur Linderung von Blähungen verwendet.

Karde [*Span. Speisekarte*] ↑**Kardone**

Kardone [*Gemüse*] Eine aus Südeuropa stammende Abart der Artischocke. Zubereitet werden die dickfleischigen Blattstiele. Sie sehen aus wie ↑**Staudensellerie**, schmecken wie eine Kreuzung aus ↑**Spargel** und ↑**Artischocken.**

Karee [*Intern. Länderküche*] Moderne japanische Abart des indischen Curry-Gerichts; hat einen ähnlichen Stellenwert wie ↑**Spaghetti „**↑**Bolognese"** in Deutschland

Kareish [*Käse*] **Herkunft:** Ägypten; **Käsesorte:** Kareish wird aus ↑**Molke** gemacht, die man durch ein Tuch seiht, salzt, in Scheiben schneidet und entweder frisch verzehrt oder in ↑**Salzlake** aufbewahrt. **Info:** Die ägyptische Käsetradition reicht zurück bis in die Zeit der Pharaonen.

Karella [*Exotische Früchte*] (Bittergurke): Etwa 10 cm lange, gurkenähnliche Südfrucht mit dunkelgrüner, warziger Schale und hellem Fruchtfleisch von bitterem Geschmack

Karfiol [*Österr. Küche*] ↑**Blumenkohl**

Kargı Tulumu [*Käse*] Dieser türkische ↑**Käse** entsteht im Herbst in Säcken aus Ziegenleder. Der Geschmack ist abhängig von Herstellungsregion und Milchqualität. Kargı tulumu ist ein fettiger und sehr schmackhafter Käse, eine von den besten Sorten, die in **Çankırı** und **Çorum** produziert werden.

Karibische Küche [*Intern. Länderküche*] ↑**Kreolische Küche**

Karides tava [*Orientalische Küche*] Begriff aus der türkischen Küchenkultur für ganze ↑**Krabben** in ↑**Knoblauch**sauce. ↑**Türkische Küche**

Karies [*Gesundheit*] Ernährungsabhängige Krankheit, die den Zahnschmelz entkalkt. Für die Entkalkung, also den Entzug von ↑**Mineralstoffen**, sind Säuren (besonders ↑**Citronensäure**) verantwortlich, die von Bakterien im Zahnbelag aus Zuckern gebildet werden. Schlechte Mundhygiene und hoher Zuckerkonsum begünstigen Karies. Wird der Kontakt der Zähne mit ↑**Zucker** verringert und gleichzeitig Fluorid zugeführt, sinkt das Risiko, an Karies zu erkranken. Wie groß die Bedeutung einer verbesserten Mundhygiene ist, wird dadurch belegt, dass sich die Häufigkeit des Auftretens von Karies in den vergangenen Jahren bei Kindern stark verringerte, während der Zuckerkonsum nahezu unverändert blieb.

Karkadeh [*Tee*] Sind dunkelrote bis violette Hibiskusblüten aus Ägypten und dem Sudan, aus denen ein ↑**Hibiskusblüten**tee gekocht wird, der gerne kalt oder heiß getrunken wird.

Karkasse [*Unsere Küche*] Gerippe von ↑**Geflügel** ohne ↑**Fleisch**. Die Bezeichnung wird manchmal auch für den Brustkorb anderer Tiere (z. B. ↑**Hase**) verwendet oder für ein **Fisch**skelett.

Karlena [*Kartoffelsorte*] **Kochtyp:** ↑**Mehlig kochende Kartoffeln** – „Mehlige" oder „Runde" genannt; **Herkunft:** Deutschland; **Jahr der Zulassung:** 1988; **Schale:** gelb; **Fleisch:** hellgelb; **Knolle:** rundoval; **Reifezeit:** früh; **Anmerkungen:** Gute Püreekartoffel

Karlsbader Gulasch [*Österr. Küche*] **A** Rindergulasch mit ↑**Rahm** und Nockerl (↑**Spätzle**). ↑**Gulasch**

Karmin [*Fachkunde*] ↑**E 120**

Karniyarik [*Orientalische Küche*] **A** Begriff aus der türkischen Küchenkultur für gefüllte ↑**Aubergine** mit ↑**Hackfleisch.** ↑**Türkische Küche**

Kärntner Hirtenkäse [*Käse*] **Herkunft:** Österreich; **Käsesorte:** ↑**Schnittkäse**, 40 % ↑**Fett i. Tr.**; **Milch:** pasteurisierte Kuhmilch mit wertvollen Säuerungskulturen; **Teig:** weich, schmelzend; **Geschmack:** rahmig, mild bis zart-würzig

Kärntner Nudel [*Österr. Küche*] **A** Dünn ausgerollter ↑**Nudelteig**, der zu einer faustgroßen Tasche (oder auch kleiner) geformt und herzhaft bis süß gefüllt wird. Angefangen von der **Kasnudel** (Topfen/↑**Quark**)-Kartoffelfüllung, gewürzt mit ↑**Minze** und/oder Kerbel), über die **Steinpilznudel** (↑**Steinpilze**-/Kartoffelfüllung) bis zur „Kletzennudel" (gedörrte ↑**Birnen** mit Topfen). Das typische Merkmal dieser traditionellen Nudeln ist der gekrendelte Rand. Diesen besonders schön hinzukriegen, war schon seit jeher der Ehrgeiz einer jeden Kärntner Hausfrau. Das ging so weit, dass in Kärnten der Spruch kursierte: „A Dirnd'l, das nit krendeln kann, kriegt kan Mann." Die traditionelle Zubereitungsart gilt als arbeitsaufwändig. Den Kärntner Nudeln ähnlich, aber kleiner sind die Kärntner ↑**Schlickkrapfen,** meist mit Fleischfülle, und die ↑**Schlutzkrapfen** aus Tirol. Ähnliche Rezepte für die Herstellung von gefüllten Teigwaren findet man in vielen Teilen Europas, in der Ukraine und Polen (↑**Piroggen**), in Italien, aber auch in Asien. ↑**Nudeln**, ↑**Nudelsorten** & ↑**Pasta**

Kärntner Rahmkäse [*Käse*] **Herkunft:** Österreich; **Käsesorte:** ↑**Schnittkäse**, 50 % ↑**Fett i. Tr.**; **Milch:** pasteurisierte Kuhmilch; **Teig:** geschmeidig, schmelzend; **Geschmack:** würzig, richtig herzhaft

Kärntner Rahmlaib [*Käse*] **Herkunft:** Österreich; **Käsesorte:** ↑**Schnittkäse**, 60 % ↑**Fett i. Tr.**; **Milch:** pasteurisierte Kuhmilch; **Teig:** hellgelb, weich und geschmeidig; **Geschmack:** würzig-kräftig

Karolinareis [*Allgem. Nährmittel*] **T** Körnig kochende ↑**Reissorte** aus Nordamerika, als Süßspeisenreis geeignet

Karolinen [*Unsere Küche*] Gefüllte ↑**Brandteig**stangen

Karotin [*Fachkunde*] Gelbroter Farbstoff, der vor allem in ↑**Karotten**, Früchten, Blüten und im Blattgrün enthalten ist und im menschlichen Körper in ↑**Vitamin A** umgewandelt wird. ↑**Beta-Vitamin**

Karotten [*Gemüse*] **T Lateinisch:** Daucus carota var. sativus. **Synonym:** Gelbe Rübe, Möhre, Mohrrübe. **Englisch:** carrots; **Französisch:** carottes; **Italienisch:** carotte; **Spanisch:** zanahorias. **Info:** Die zur Familie der Doldenblütengewächse gehörende Karotte ist eine Rübenpflanze. **Ursprung und Geschichte:** Karotten gehören zu den ältesten und bekanntesten Gemüsesorten, die ursprüngliche Herkunft ist aber unbekannt. Wildformen der Rübe gedeihen jedenfalls in Asien und Südeuropa, die ersten Kulturformen gab es wahrscheinlich im heutigen Afghanistan. Schon im Altertum waren Karotten geschätzte Gemüse- und Heilpflanzen. Die Vorfahren der Karotten waren rot, violett oder schwarz gefärbt. Die orangefarbene Karotte ist eine gezielte Kreuzung französischer Landwirte im 19. Jahrhundert zwischen der mitteleuropäischen Gartenkarotte und der mediterranen Riesenkarotte. **Herkunft und Saison:** Die kleinen **Frühkarotten**, die nicht überwintert haben, sind etwa fingerdick und -lang und werden mit Grün im Handel angeboten. Im Geschmack sind sie süß und zart; **Sommerkarotten** sind etwa von Juni bis September im Handel, und die lagerfähigen **Spät-** oder **Dauerkarotten** werden von November bis März angeboten. Sie haben wenig ↑**Kalorien**, sind leicht verdaulich, und ihr hoher ↑**Fruchtzucker**gehalt verleiht ihnen einen süßlich-nussigen Geschmack. Frische und gute Qualität erkennt man am Grün und einer festen Wurzel. **Inhaltsstoffe:** 100 g Karotten weisen einen Brennwert von ⌀ 43 kcal/180 kJ auf und enthalten etwa 85 g Wasser, 1 g Eiweiß, 0,2 g Fett, 10,1 g Kohlenhydrate und 3 g Ballaststoffe. An ↑**Mineralstoffen**, ↑**Spurenelementen** und ↑**Vitaminen** sind ⌀ 27 mg Kalzium, 0,5 mg Eisen, 35 mg Natrium, 2800(!) mg Vitamin A

(RE) und 9,3 mg Vitamin C enthalten. Karotten haben den höchsten Carotingehalt unter den Gemüsesorten. **Gegarte Karotten sind ernährungsphysiologisch wertvoller als rohe, denn roh verzehrt kann man nur Bruchteile des wertvollen ↑Carotins aufnehmen.** Für eine bessere Ausnutzung muss die Karotte zerkleinert und mit etwas ↑**Fett** (z. B. ↑**Jogurt**, ↑**Speiseöl**, ↑**Butter**) vermischt sein. Das in den Karotten enthaltene ↑**Betacarotin** wird im Körper zu ↑**Vitamin A** (↑**Retinol**) umgewandelt, das ein Baustein der lichtempfindlichen Netzhaut und wichtig für den Sehvorgang ist. Bei Vitamin-A-Mangel kommt es relativ schnell zur so genannten Nachtblindheit, eine Sehschwäche insbesondere im Dämmerlicht. **Zubereitung und Tipps:** Karotten werden sehr gerne pur als ↑**Rohkost** oder als Salat (z. B. geraspelt) gegessen. Auch lassen sich aus ihnen schmackhafte Gemüsespeisen wie Karotteneintopf, -auflauf, -suppe, -püree, -brei und Karottentorten zubereiten. Sie sind eine gute Beilage zu ↑**Fleisch**- und ↑**Fisch**gerichten. ↑**Vichy.** Die Industrie stellt aus Karotten Säfte, Nasskonserven, Sauerkonserven (↑**Mixed Pickles**), Babykost und Tiefkühlprodukte her. Karotten oder Möhren kauft man am besten immer lose, da die in Plastikschalen und -beuteln verpackten nicht atmen können. Sie fangen an zu schwitzen und werden faulig. Bei Bundkarotten darauf achten, dass ihr Blattgrün noch frisch und nicht zu schlaff ist. Alle Karotten sollten unbeschädigt sein. Frische Karotten nicht zusammen mit dem Grün aufbewahren. Sie werden so schneller schrumplig, weil das Kraut den Karotten die Feuchtigkeit entzieht.

Karpfen [*Fisch*] **T Lateinisch:** Cyprinus carpio; **Englisch:** carp; **Französisch:** carpe; **Italienisch:** carpa; **Spanisch:** carpa. Karpfen sind in Japan, China und Mittelasien beheimatet. Heute werden sie zumeist in Teichen gezüchtet und sind begehrte Süßwasserfische, die in der feinen Küche aber keinen so wichtigen Platz einnehmen, da man ihnen einen modrigen Geschmack nachsagt. Zur Karpfenfamilie zählen Rotauge, Gründling, Schleie, Brachse und Barbe. Karpfen werden ganzjährig angeboten, die Fische unter 2 kg bzw. die, die im Herbst und Winter gefangen und zubereitet werden, haben die beste Qualität. **Inhaltsstoffe:** 100 g frischer Karpfen enthalten ∅ 116 kcal/486 kJ, 18 g Eiweiß, 4,8 g Fett, 0,7 mg Eisen, 32 µg Fluorid, 1,7 µg Jod, 0,5 mg Vitamin E und 1,5 µg Vitamin B_{12}. Als Süßwasserfisch leistet er keinen nennenswerten Beitrag zur Jodversorgung des Menschen. Je nach Fütterung kann sein Fleisch sehr fett sein. **Es gibt: Spiegelkarpfen** mit großen glänzenden Schuppen; **Schuppenkarpfen** mit gleichmäßiger Beschuppung; **Lederkarpfen** ohne Schuppen und **Amurkarpfen,** der aus China stammt. Diese Karpfenart ist relativ fettarm. Als Speisefisch dient hier fast ausschließlich der Spiegelkarpfen. Er hat zartes, mittelfettes Fleisch und einen ausgeprägten Eigengeschmack. Da Karpfen Fische sind, die sich am Grund eines Gewässers im Schlamm aufhalten und dort ihre Nahrung aufnehmen, prägt das den Fleischgeschmack (muffig). Deshalb müssen sie vor dem Schlachten einige Tage in klarem Wasser gehalten werden, damit sich dieser Geschmack weitgehend verflüchtigt. Karpfen kann gebraten, blau gekocht, gegrillt, paniert gebacken, geschmort und gefüllt werden.

Karree [*Fleischprodukte*] Der vordere Teil des Rückens (Rippenstück) von ↑**Kalb**, ↑**Hammel** und ↑**Schwein**

Kars Gravyeri [*Käse*] Dieser türkische ↑**Schnittkäse** aus vollfetter ↑**Schafsmilch** wird in der **Kars**-Region produziert, wo es weite Weiden und viel Viehzucht gibt. Seine Form zeigt Ähnlichkeit mit dem französischen „↑**Gruyère**", und sein Geschmack ähnelt dem schweizerischen „↑**Emmentaler**". Die Reifezeit dauert ungefähr 10 Monate. Der Käseteig ist gelblich und weist ca. 2 cm große, runde Löcher auf, die Rinde ist dunkel. Unterschiedlich große Löcher und eine unregelmäßige Verteilung deuten auf schlechte Qualität hin.

Karstschinken [*Intern. Länderküche*] Roher ↑**Schinken** aus Dalmatien, Slowenien

Kartano [*Käse*] **Herkunft:** Finnland; **Käsesorte:** ↑**Gouda**-ähnlich; **Milch:** Kuhmilch

Kartäuserklöße [*Unsere Küche*] **R** Kleine Klößchen aus eingeweichten Brötchen. Ihr Name ist die alte Bezeichnung eines Fastengerichtes und hat mit dem Orden der Kartäusermönche nichts zu tun. Altbackene Brötchen werden mit einer Reibe abgerieben, bis die braune Rinde weg ist. ↑**Eier** mit ↑**Milch** und ↑**Vanillezucker** verquirlen, eine Prise ↑**Salz** dazugeben. Brötchen mit einem Messer halbieren, in eine Schüssel legen und mit dem Ei-Milch-Gemisch begießen. Nach einiger Zeit wenden, eventuell noch etwas Milch nachgießen, bis die Brötchen gut durchgeweicht sind. Das dauert ungefähr 30–40 Minuten. Anschließend aus den eingeweichten Brötchen mit einem Esslöffel eiförmige Klößchen formen, etwas ausdrücken, in Semmelbrösel wälzen und portionsweise goldbraun frittieren. Solange die Klößchen noch warm sind, wälzt man sie in einer Mischung aus ↑**Zucker** und ↑**Zimt**. Dazu passt eine warme ↑**Weinschaumsoße**.

Kartoffel [*Fachkunde*] **A Englisch:** potatoes; **Französisch:** pommes de terre; **Italienisch:** patate; **Spanisch:** patatas. Die Kartoffel gehört zur artenreichen Familie der Nachtschattengewächse (Solanaceae). Aus dieser sind weitere wichtige Kulturpflanzen wie ↑**Tomaten**, ↑**Auberginen**, ↑**Paprika** und Tabak hervorgegangen. **Geschichte:** Die Heimat der Kulturkartoffel liegt in den südamerikanischen Anden. Kartoffeln wurden bereits 8000 bis 5000 v. Chr. von der dortigen indianischen Urbevölkerung genutzt und zwischen 900 und 600 v. Chr. kultiviert. Einen Aufschwung erlebte die Kartoffel, als die Inkas im 13. Jahrhundert die Herrschaft in den Andenstaaten übernahmen. Damals wurden Gebiete, die wegen großer Trockenheit nicht für den Pflanzenbau geeignet waren, durch ein kunstvoll angelegtes Bewässerungssystem in fruchtbares Kartoffelanbauland verwandelt. Unter Ausnutzung der klimatischen Gegebenheiten stellten die Inkas eine Art Trockenkartoffel, das **Chuno,** her. Es war mehrere Jahre haltbar und kann als erstes Kartoffelverarbeitungsprodukt überhaupt angesehen werden. Wann, wie und durch wen die Kartoffel nach Europa kam, ist nie ganz genau geklärt worden. Allgemein gilt 1555 als das Jahr, in dem die Kartoffel aus den Anden nach Spanien kam. Lange Zeit wurde der legendäre englische Seefahrer Sir Francis Drake für den ersten „Importeur" der Kartoffel nach Europa gehalten. Wahrscheinlicher ist aber, dass der berühmte Entdecker Walter Raleigh (1552–1618) die Kartoffel in Irland eingeführt hat. 1588 hat der Botaniker Clusius die Kartoffel erstmals in Deutschland erwähnt. Zunächst wurde sie wegen ihrer Blüte als Zier- und Gartenpflanze angebaut. Es vergingen rund 200 Jahre, bis die unterirdischen, verdickten Sprossteile, die Speicher für die Reservestoffe (↑**Stärke**) der Pflanze, als Nahrungsmittel erkannt wurden. Friedrich der II. (1712–1786), „der Alte Fritz", sah, dass die neue Frucht eine entscheidende Abhilfe der immer wieder auftretenden großen Hungersnöte versprach, und traf energische Maßnahmen zur Einführung der Kartoffel in Pommern und Schlesien. 1744/45 ließ er Kartoffeln in einer großen Kampagne in ganz Preußen kostenlos verteilen. 1756 machte er den Kartoffelanbau zur Pflicht. Im Siebenjährigen Krieg (1756–1763) gelang der Kartoffel dann der Durchbruch als Grundnahrungsmittel. Die Verbreitung der Kartoffel brachte einschneidende Veränderungen der Essgewohnheiten in Deutschland mit sich. Abgesehen vom Brotverzehr wurde die übrige Getreidekost fast vollständig verdrängt. Für die im Industriezeitalter schnell wachsende Bevölkerung wurde die Kartoffel bei sonstiger Lebensmittelknappheit zu einer preiswerten Nahrungsquelle. So rasant sich der Aufstieg der Kartoffel im vergangenen Jahrhundert vollzog, so dramatisch ist der Rückgang des Verzehrs in der 2. Hälfte des 20. Jahrhunderts. Wurde 1890 noch ca. 1 kg Kartoffeln pro Kopf und Tag verzehrt, liegt der durchschnittliche Pro-Kopf-Verbrauch heute bei ca. 200 g Kartoffeln pro Tag. Trotzdem zählen sie zu den wichtigsten Grundnahrungsmitteln. Etwa 40 % der verzehrten Kartoffeln sind „veredelte" Kartoffelerzeugnisse, wie ↑**Pommes frites,** Knödelpulver, Püreepulver, Kartoffelknödelmasse fix und fertig und Kartoffelchips. **Inhaltsstoffe:** Kartoffeln zeichnen sich durch ihren beachtlichen Stärkegehalt (15 %) aus, der für den hohen Sättigungswert verantwortlich ist. Dennoch ist sie, da sie praktisch fettfrei ist, kalorienarm. Den Ruf eines Dickmachers trägt sie damit zu Unrecht. Das ↑**Eiweiß** in der Kartoffel ist von hoher biologischer Wertigkeit, es steht nach dem ↑**Soja**eiweiß an zweiter Stelle der pflanzlichen ↑**Proteine.** 100 g frische Kartoffeln enthalten ⌀ 72 kcal/301 kJ, 2,04 g Eiweiß, 0,11 g Fett, 14,8 g Kohlenhydrate, 411 mg Kalium, 3,8 µg Jod, 0,11 mg Vitamin B_1, 47 µg Vitamin B_2 und 17 mg Vitamin C. **Die richtige Lagerung ist sehr wichtig.** Größere Mengen sollten in kühlen, frostfreien, trockenen, abgedunkelten Kellern oder Vorratsräumen lagern. Die günstigste Lagertemperatur liegt zwischen 4 bis 6° C. Kartoffelkisten oder -roste sind für die Lagerung empfehlenswert, denn so können die Knollen gut belüftet werden. Das Abdecken mit Papier oder Säcken reduziert Verdunstungsverluste und verhindert ein vorzeitiges Schrumpfen und Ergrünen. Kartoffeln und ↑**Äpfel** sollten getrennt gelagert werden, da die ätherischen Öle der Äpfel die Kartoffeln zur Keimung anregen. Bei kleineren Haushaltsmengen die Kartoffeln nicht in der Folienverpackung lagern. Vor der Zubereitung müssen vorhandene Keime entfernt werden. **Grüne Stellen an Kartoffeln und Kartoffelkeimen enthalten gesundheitsschädliches ↑Solanin, das durch Hitzeeinwirkung nicht zerstört wird. Daher beim Schälen stets gewissenhaft alle „Augen" und grünen Stellen entfernen. Die Verwendung der verschiedenen Kartoffelsorten:** Heute werden weltweit etwa eintausend Kartoffelsorten angepflanzt. Auf dem deutschen Markt gibt es zurzeit 170 Sorten, davon 110 Speisekartoffeln. Jährlich kommen acht bis zwölf Sorten hinzu. Etwa ein Drittel sind Speisekartoffeln, der Rest sind Pflanz- und Fabrik-Kartoffeln für die Weiterverarbeitung zu ↑**Alkohol,** ↑**Chips,** Trockenprodukten usw. Das Warensortiment ist eingeteilt nach Erntezeitpunkt und Lagerfähigkeit in „sehr frühe", „frühe", „mittelfrühe", „mittelspäte" und „späte" Sorten. Sehr frühe und frühe Sorten sollten sofort verbraucht werden. Die übrigen Sorten sind zur Einkellerung geeignet. Des Weiteren ist der Kochtyp ein entscheidendes Merkmal der einzelnen Sorten. Hier wird zwischen „festkochenden", „vorwiegend festkochenden" und „mehlig kochenden" Sorten unterschieden. Die Kocheigenschaften sind abhängig vom Stärkegehalt: Je höher der Stärkeanteil, umso eher sind die Kartoffeln als mehlig zu bezeichnen. **Wie erkennt man die Kartoffelsorten? Festkochend: Auch speckige Kartoffel genannt, sind meist länglich – schlank – oval.** Der niedrige Stärkegehalt macht sie schnittfest, außerdem springen speckige Kartoffeln beim Kochen nicht auf. **Kocheigenschaften:** Sie bleiben ganz und fest beim Kochen, sind angenehm feucht sowie feinkörnig. Ihr festes, kerniges Fleisch behält beim Kochen seine feste Struktur und zeigt eine glatte, feuchte Schnittfläche. **Anwendung:** Festkochende Sorten eignen sich besonders für Kartoffelsalat, Gratins oder feine Bratkartoffeln, aber auch für Salz- und Pellkartoffeln mit Biss sowie für Puffer, Rösti und Aufläufe. **Vorwiegend festkochend: Diese Kartoffeln sind meist länglich dick – birnen-**

förmig – bauchig; Kocheigenschaften: Beim Kochvorgang springt die Schale nicht oder nur wenig auf. Diese Kartoffelsorte ist mäßig festkochend, wenig bis schwach mehlig, angenehm feucht bis trocken, fein bis ziemlich fcin. Beim Kochen entwickeln sie eine mittlere Festigkeit, die der Gabel kaum Widerstand entgegensetzt. **Anwendung:** Besonders geeignet als Beilage für Gerichte mit Sauce und Dip, Aufläufe, Suppen, Eintopfgerichte, Kartoffelpuffer, Salz-, Pell- oder Bratkartoffel, Pommes -frites, auch für Eintöpfe und Suppen. **Mehlig kochend: Diese Kartoffeln werden allgemein „Mehlige" oder „Runde" genannt, sind meist bauchig – rund und groß; Kocheigenschaften:** Beim Kochen bricht sie leicht auf und die Oberfläche zerkocht. Die Kartoffel ist dann mäßig fest bis weich, locker, mehlig bis trocken und ziemlich grob. Diese Kartoffelsorten haben einen höheren Gehalt an ausgereifter Stärke, daher sind sie meist bei den spät reifenden Sorten zu finden und gut lagerfähig. **Anwendung:** Zum Zerstampfen, Pürieren und Zerkleinern sind sie in jeder Küche herzlich willkommen und daher besonders für Kartoffelpüree, Kartoffelklöße (Knödel), Kartoffelnockerl, Puffer, Kroketten, Folienkartoffeln, Suppen und Eintopfgerichte geeignet. Aber **ungeeignet** für Kartoffelsalat, Bratkartoffeln, Pell- und Salzkartoffeln sowie Gratins. Alle gängigen Kartoffelsorten sind nach Namen (in alphabetischer Reihenfolge) in der Küchenbibel aufgeführt, sodass man bei angebotenen Kartoffelsorten sofort einen Überblick der Qualitätsmerkmale hat. Um die Vitamin- und Mineralstoffverluste möglichst gering zu halten, sind folgende Punkte bei der Vor- und Zubereitung zu beachten: Kartoffeln kurz und gründlich waschen! Nicht wässern! Der ↑**Nährstoffe** wegen möglichst ungeschält (Pellkartoffeln) oder nur wenig zerkleinert zubereiten. Wenig Kochwasser verwenden, es reicht 1 Tasse Wasser pro Kilogramm Kartoffeln bei fest geschlossenem Deckel aus. Garzeiten so kurz wie möglich halten (↑**Schnellkochtopf**). Sofort nach dem Kochen verzehren, allzu langes Warmhalten vermeiden. Zum Garen gleichgroße Kartoffeln nehmen, damit sie zur gleichen Zeit weich sind. Ist das nicht möglich, so sticht man die größeren mit der Gabel ein. Auch für Pellkartoffeln das Kochwasser leicht salzen, dann springen sie weniger auf. Fetttriefende Kartoffeln beim Frittieren vermeidet man, indem sie nur in ganz heißes Fett eingelegt werden (sonst saugen sie sich voll). ↑**Frittierfett**; ↑**Saucen**, Suppen, gek. ↑**Sauerkraut** kann man statt mit ↑**Mehl** auch mit geriebenen rohen Kartoffeln binden, indem sie mitkochen (dann aber sehr mehlige Kartoffeln verwenden). ↑**Kartoffelpüree** und ↑**Kartoffelpuffer** werden mit einer Prise ↑**Backpulver** besonders locker. Beim Herstellen von Pommes frites, Kartoffelchips, Streichholzkartoffeln usw. die Kartoffel nach dem Schneiden waschen, mit Küchenpapier trocknen und dann erst frittieren. Die Frittierfetttemperatur sollte nicht über 160° C steigen, und die Kartoffeln dürfen nicht zu braun werden, um das Bilden von ↑**Acrylamid** zu vermeiden. **Kartoffeln binden die Magensäure und helfen bei Sod-brennen.**

Kartoffelbrei [*Unsere Küche*] Kartoffelpüree

Kartoffelerzeugnisse [*Fachkunde*] Es gibt über 40 halbfertige oder fertige industriell hergestellte Erzeugnisse aus Kartoffeln. Sie werden unterteilt in: **Trockenprodukte:** z. B. Klöße, Puffer, Püree, Suppen. **Vorgebratene Produkte:** z. B. Pommes frites, Reibekuchen, Rösti. **Tiefgefrorene Produkte:** z. B. Kroketten, Klöße, Pommes frites. ↑**Snacks:** z. B. Chips, Sticks. **Sterilisierte Produkte:** z. B. Bratkartoffeln in Folien, Fingernudeln, Gnocchi, Kartoffelsalat, Knödelteig sowie Kartoffeln in Dosen, Gläsern und Folie

Kartoffelgratin [*Unsere Küche*] **R Grundrezept-Zutaten** (Beilage für 4 Personen, als Hauptgang für 2 Personen): Eine flache Auflaufform mit großer Oberfläche, etwas ↑**Fett** zum Einfetten der Form; 6–8 mittelgroße rohe ↑**Kartoffeln** (↑**Festkochend**); 200 g ↑**Sahne**; 150–200 g frisch geriebener ↑**Käse** (↑**Edamer** oder ↑**Emmentaler** oder ↑**Appenzeller** oder ↑**Gouda**); ↑**Muskatnuss**; ↑**Pfeffer**; ↑**Salz. Zubereitung:** Den Ofen auf 175° C vorheizen. Auflaufform einfetten. Die geschälten Kartoffeln in sehr dünne Scheiben schneiden oder hobeln und schuppenartig in die Auflaufform schichten. Die Sahne mit den Gewürzen vermischen, über die Kartoffeln schütten, mit dem Käse bestreuen und im Ofen ca. 45 Min. garen.

Kartoffelkas [*Regionale Spezialität*] **R** In Süddeutschland, Österreich und Südtirol ein traditioneller Brotaufstrich, der schmackhaft und gesund auch mal die ↑**Wurst** ersetzen kann. **Grundrezept:** ↑**Pellkartoffeln** von ↑**Mehlig kochender** Sorte erkalten lassen; durch die Pressen drücken und mit feinen ↑**Zwiebel**würfeln, ↑**Salz**, ↑**Pfeffer**, gem. ↑**Kümmel** und ↑**Sauerrahm** anrühren. **Kartoffelkas** dick auf eine Scheibe frisches ↑**Bauernbrot** streichen, mit ↑**Schnittlauch**röllchen und ↑**Radieschen** krönen.

Kartoffelklöße [*Unsere Küche*] ↑**Knödel** & ↑**Knödelteig**

Kartoffelkroketten [*Unsere Küche*] **R** Um Kartoffelkroketten herzustellen, werden mehlige ↑**Kartoffeln** gekocht, nach dem Ausdämpfen püriert, mit ↑**Salz**, ↑**Muskat** gewürzt und mit ↑**Eigelb** zu einer kompakten Kartoffelmasse verarbeitet. Die Masse wird mit dem ↑**Dressiersack** zu ca. 2,5 cm dicken Würsten aufgespritzt (dressiert) oder gerollt, in 5 cm lange Walzen geschnitten, in ↑**Ei** und ↑**Semmelbrösel** paniert oder anschließend noch einmal in Ei getaucht, in blättrigen ↑**Mandeln** gewendet und als Beilage bei ca. 160° C goldbraun frittiert. Bei zu kaltem oder heißem Fett, auch wenn der Kartoffelteig nicht richtig ausgekühlt ist, platzen die Kroketten und können nicht mehr gegessen werden.

Kartoffelmehl *[Allgem. Nährmittel]* **T** Aus ↑**Kartoffeln** gewonnenes ↑**Stärke**mehl, das wegen seiner hohen Quellfähigkeit zum Backen oder zum Binden von Suppen und ↑**Sauce**n geeignet ist.

Kartoffeln in der Schale *[Österr. Küche]* Pellkartoffeln

Kartoffelpuffer *[Unsere Küche]* **R Jüdisch:** Latkes; **Französisch:** crique. **Synonym:** Reibekuchen, Reiberdatschi. Geriebene rohe mehlige ↑**Kartoffeln,** geriebene ↑**Zwiebeln,** ↑**Mehl** oder ↑**Haferflocken,** ↑**Ei,** ↑**Pfeffer,** ↑**Salz,** neutrales ↑**Pflanzenöl. 1.** Die Kartoffeln waschen, schälen, mit der Zwiebel reiben und salzen. **2.** Den Kartoffelsaft nicht abgießen, sondern mit den Eiern und Mehl oder Haferflocken binden. **3.** Sollen die Kartoffelpuffer knusprig werden, Haferflocken statt Mehl verwenden. **4.** Alles gut verrühren. **5.** Öl in der Pfanne erhitzen, den Teig löffelweise hineingeben und Plätzchen formen. **6.** Auf beiden Seiten knusprig braten und mit ↑**Apfelmus,** Zucker oder ↑**Zucker** und ↑**Zimt** anrichten.

Kartoffelpüree *[Unsere Küche]* **R Kartoffelbrei, Stampfkartoffeln** oder **Kartoffelmus. Regional: bayerisch/fränkisch:** Stampf – **südlicher Thüringer Wald:** Zamet (mit zusätzlich Kartoffelstärke) – **Oberlausitz:** Abernmauke; **Österreichisch:** Erdäpfelpüree; **Schweizerisch:** Kartoffelstock; **Englisch:** mashed potatoes; **Französisch:** purée de pommes; **Italienisch:** purè di patate; **Spanisch:** puré de patatas. Brei aus gargedämpften oder gekochten, mehligen ↑**Kartoffeln.** Diese werden heiß zerstampft oder durch eine Kartoffelpresse gedrückt. Mit einem Stück ↑**Butter** aromatisiert, einer Prise ↑**Salz,** einem Hauch ↑**Muskat** gewürzt und mit etwas kochend heißer Milch und einem Schneebesen zu einer cremig-lockeren Masse verrührt. Kartoffelpüree dient als Beilage oder als Zutat für andere Gerichte.

Kartoffelsalat *[Unsere Küche]* **R Englisch:** potato salad; **Französisch:** salade de pommes de terre; **Italienisch:** insalata di patate. Über Kartoffelsalat lässt sich ein eigenes Buch schreiben, trotzdem hier ein paar Würztipps: **Zubereitung: Wichtig bei allen Varianten** – Speckige Salatkartoffeln mit der Schale garen, pellen und noch warm in feine Scheiben schneiden, **nicht zerquetschen. Variante 1:** Einfach ohne Mayonnaise. Heiße ↑**Gemüse**- oder ↑**Fleischbrühe** mit gehacktem ↑**Liebstöckel,** ↑**Essig,** ↑**Salz,** ↑**Pfeffer,** ↑**Worcester,** ↑**Senf** und etwas ↑**Zucker** vollmundig, kräftig würzen, mit feinst gewürfelten Zwiebeln und wenig neutralem ↑**Pflanzenöl** zu den warmen Kartoffelscheiben geben. Vorsichtig zu einem saftigen Salat mischen. **Variante 2:** reichhaltiger, ohne Mayonnaise: Abgeschmeckt wie bei **1.** evtl. mit angerösteten ↑**Schinken**- oder Räucherspeckwürfeln, ↑**Feldsalat** oder Salatgurkenscheiben vermischen. **Variante 3:** einfach mit Mayonnaise, ohne Brühe und Pflanzenöl: Fein gewürfelte Zwiebeln und ↑**Gewürzgurken,** Gurkenfond, evtl. gehackte ↑**Eier** und sehr kräftig abgeschmeckte ↑**Mayonnaise** (↑**Schmand** oder ↑**Jogurt** würzen wie bei **Variante1** – ab Essig) vorsichtig unter die noch warmen Kartoffelscheiben heben. **Variante 4:** regional z. B. – wie **Variante 3** mit ↑**Äpfeln,** ↑**Matjesfilet,** ↑**Dill;** Kartoffelsalat gut durchziehen lassen und nie eiskalt, sondern lauwarm (Raumtemperatur) servieren. **Service:** Zum Bestreuen passen alle frischen Gartenkräuter, besonders Schnittlauch und Kresse.

Kartoffelsterz-Nocken *[Intern. Länderküche]* ↑**Skubanky**

Kartoffelstock *[Schweizer Küche]* ↑**Kartoffelpüree**

Kartoffelsuppe *[Übersetzer]* **Englisch:** potato soup; **Französisch:** potage parmentier; **Italienisch:** minestra di patate; **Spanisch:** sopa de patatas. ↑**Würztabelle**

Kasachische Küche *[Intern. Länderküche]* **A** Kasachstan besteht aus einer bunt gemischten Völkergemeinschaft. Kasachen, Russen, Ukrainer, Polen, Litauer, auch Kasachstandeutsche gehören dazu. Ungefähr die Hälfte der Bevölkerung bekennt sich zum sunnitischen Islam, die andere Hälfte zum Christentum. Dabei handelt es sich meist um russisch-orthodoxe Christen. Es gibt aber auch viele Juden. Dementsprechend vielfältig ist die Landesküche, beeinflusst von Deutschland und Osteuropa, China und der Mongolei. Die islamische Bevölkerung meidet ↑**Schweinefleisch,** stattdessen werden Gerichte aus ↑**Hammel**- und ↑**Pferdefleisch** angeboten. Das Nationalgericht Kasachstans ist **Beschbarmak,** ein Hammelfleischeintopf mit ↑**Kartoffeln** oder flachen Stücken aus ↑**Nudelteig** und ↑**Zwiebeln** zubereitet. Das beliebte Gericht ↑**Plov** ist Reis mit Hammelfleisch und ↑**Steckrüben.** ↑**Schaschlik** gehört auf den kasachischen Speiseplan genauso wie **Lepeschka,** ein rundes, ungesäuertes Brot. Obwohl die Schafzucht überwiegt, ist Kasachstan für seine ↑**Sauermilcherzeugnisse** bekannt. Das Nationalgetränk ↑**Kumys** ist aus vergorener Stutenmilch.

Kascha *[Intern. Länderküche]* Ein Begriff aus der russischen Küchenkultur für Brei im Allgemeinen, oft ist die ↑**Buchweizen**grütze gemeint

Kaschiri *[Fachkunde]* Ein aus ↑**Maniok** gewonnenes berauschendes Getränk. Ursprünglich von den brasilianischen Indianern hergestellt, wird es mittlerweile auf dem gesamten südamerikanischen Kontinent konsumiert.

Kaschkaval *[Käse]* **T Herkunft:** Bulgarien; **Käsesorte:** glatter, gelblicher ↑**Hartkäse,** 45 % ↑**Fett i. Tr.; Milch:** rohe ↑**Schafs**- oder ↑Kuh**milch; Teig:** krümelig, fettiger Teig, keine Löcher; **Geschmack:** salzig, voll, im Alter scharf; **Form:** rund; **Gewicht:** 7 bis 9 kg; **Reifung:** Während der zweimonatigen Reifezeit wird der **Käse** durch Beträufeln mit Salzwasser feucht gehalten. Er senkt sich und wird diskusförmig, wobei die Mitte ein wenig gewölbt ist. Zunächst ist er strohgelb, mit der Zeit nimmt er eine intensivere Gelbfärbung an.

Kaschunuss [*Allgem. Nährmittel*] ↑**Cashewnuss**

Käse [Käse] **T Englisch:** cheese; **Französisch:** fromage; **Italienisch:** formaggio; **Spanisch:** queso. **Genaue Definition:** Ein festes oder halbfestes Nahrungsmittel, das durch die Abtrennung der festen (↑**Quark**) von der flüssigen Phase (↑**Molke**) der ↑**Milch** hergestellt wird. **Geschichte:** Käse ist seit vorgeschichtlicher Zeit fast überall auf der Welt ein wichtiges Nahrungsmittel, da er aus der Milch verschiedener Säugetiere wie Kuh, Rentier, ↑**Schaf** oder ↑**Ziege** hergestellt werden kann. **Kamelmilch ist nicht geeignet.** Schon die Römer kannten viele Käsesorten und entwickelten Verfahren der Haltbarmachung (Salzen, Trocknen, Räuchern), die den Handel über weite Entfernungen ermöglichte. Im Mittelalter wurde Käse (Fastenspeise) vor allem in den Klöstern hergestellt. **Info:** Heute wird zur Käsegewinnung Milch von Kühen, ↑**Schafen** oder ↑**Ziegen** verwendet. ↑**Schafs-** und ↑**Ziegenkäse** haben einen höheren ↑**Eiweiß**gehalt als Käse aus ↑**Kuhmilch** und sind daher leichter verdaulich. Diese Käsesorten spielen bei der Ernährung von Menschen mit ↑**Lactoseintoleranz** eine wichtige Rolle. Wird als Ausgangssubstanz pasteurisierte Milch verwendet, in der durch die Hitzebehandlung alle Bakterien – auch die für die Ansäuerung der Milch notwendigen – abgetötet wurden, so müssen ansäuernde ↑**Starterkulturen** hinzugefügt werden. Um festeren, haltbareren Käse herzustellen und die Ausfällung des ↑**Caseins** zu beschleunigen, wird ↑**Lab** eingesetzt. Traditionelle Käser verzichten im Interesse eines besseren Geschmacks auf das Pasteurisieren. **Die Verwendung nicht erhitzter Rohmilch birgt allerdings ein Risiko. Die Milch kann Bakterien enthalten** (↑**Listerien** – Listeriose), **die für schwangere Frauen gesundheitsschädlich sein können. Herstellung:** Im ersten Schritt werden der erwärmten Frischmilch ↑**Milchsäurebakterien**, ↑**Citronensäure** oder Lab zugesetzt, wodurch sie säuert und gerinnt (das Protein ↑**Casein** trennt sich ab). Der so abgeschiedene ↑**Quark** (Bruch) ähnelt in seinem Aussehen bereits dem ↑**Frischkäse**. Durch feinen Stoff gepresst und kurz aufgerührt ist er als Frisch- oder ↑**Hüttenkäse** verzehrfertig: die einfachste und älteste Methode, Frischkäse oder Quark herzustellen. Die fett- und eiweißreiche Grundmasse nennt man „Rohkäse". Er enthält neben ↑**Eiweiß** auch fast alle anderen ↑**Nährstoffe** der Milch wie ↑**Fette**, ↑**Mineralstoffe**, ↑**Zucker** und ↑**Vitamine.** Im nächsten Schritt wird die ↑**Molke** entfernt, um ein zu starkes Ansäuern des Quarks zu verhindern und das Tempo des Reifens besser regeln zu können. Hierzu wird die Molke abgegossen und der Quark in einem Sieb zum Abtropfen stehen gelassen. Will man einen festeren Käse herstellen, so wird der Quark mit der so genannten ↑**Käseharfe** geschnitten, damit mehr Flüssigkeit ablaufen kann. Jetzt wird auch ↑**Salz** hinzugefügt, das die Produktion von ↑**Milchsäure** bremst, den Geschmack verbessert und den Käse haltbarer macht. Das Salz spielt auch bei der Reifung eine wichtige Rolle. Die Rohmasse (Teig) kommt anschließend in Formen, damit der Käse seine charakteristische Gestalt erhält. Das Pressen des Rohteiges entscheidet, wie weich oder hart der Käse werden soll. Wird ein weicher Käse gewünscht, presst man den Teig ein paar Stunden, soll er härter werden, mehrere Tage oder ein paar Wochen. Je mehr Molke ausgepresst wird, desto fester wird der Käse. Anschließend wird er mit Salz eingerieben oder in Salzlake (Salzwasser) eingelegt. Er reift nun unter Einwirkung von Pilz- und Bakterienkulturen in speziellen Räumen oder Kellern bei genau festgelegten Kühltemperaturen und Luftfeuchtigkeiten, je nach Käseart unterschiedlich lange. Je länger die Reifung, desto intensiver und vielfältiger ist der Geschmack des Endprodukts. Während der Reifezeit fermentiert (↑**Fermentation**) der Teig, wobei der restliche ↑**Milchzucker** zu Kohlendioxid und Milchsäure, Fette zu ↑**Fettsäuren** und Proteine zu ↑**Aminosäuren** umgewandelt werden. Das sich bildende Kohlendioxid im Käse lässt die typischen Löcher (↑**Emmentaler**) entstehen. Mehrere Tausend Käsesorten sind heute bekannt, weshalb sie in verschiedene Gruppen eingeteilt werden. **Man unterscheidet:** ↑**Weichkäse**, halbfesten ↑**Schnittkäse**, Schnitt- und ↑**Hartkäse**, ↑**Edelpilzkäse** etc. Kennt man diese wichtigen Merkmale, können die einzelnen Sorten leichter unterschieden werden. Unabhängig von ihrer tierischen Herkunft teilt man alle Käsesorten in zwei Kategorien ein: **1.** Natürliche Käse und **2.** ↑**Käsezubereitungen** (↑**Schmelzkäse** und Käsezubereitungen).

Käse – Mindesthaltbarkeitsdatum [*Käse*] Das ↑**Mindesthaltbarkeitsdatum** (MHD) ist auf fast allen abgepackten Lebensmitteln aufgedruckt. Auf Käseprodukten informiert es Handel und Verbraucher darüber, wie lange der Käse bei fachgerechter Lagerung seine Qualität, Geschmack, Nähr- und Gebrauchswert mindestens behält. Das MHD ist bei ↑**Käse** weder ein Verfallsdatum noch letztes Verkaufs- oder Verzehrdatum.

Käse – aus Rohmilch [*Käse*] Im Gegensatz zu den hier vorwiegend gekauften Käsesorten aus pasteurisierter ↑**Milch** wird die Milch beim ↑**Rohmilchkäse** nicht wärmebehandelt. Dadurch können sowohl natürlich vorkommende Mikroorganismen, die für die Geschmacksbildung und Reifung des Käses wichtig sind, als auch unerwünschte Bakterien aus der Rohmilch in den ↑**Käse** übergehen. Rohmilchkäse aus nicht erhitzter Milch haben daher einen kräftigeren, intensiveren Geschmack und Geruch, sind aber meist nicht so lange haltbar. Da auch unerwünschte schädliche Bakterien in den Käse übergehen können, hat der Gesetzgeber strenge Auflagen für Rohmilchkäse erlassen.

Käse – hergestellt aus pasteurisierter Milch [*Käse*] Das Wort „pasteurisiert" kann bei Käsen als Deklaration verwendet werden, jedoch ist dies keine **Vorschrift.** Mit dem Wort „pasteurisiert" wird eine Behandlungsmethode (Erhitzen) umschrieben, die ein Teil des Herstellungsprozesses ist und bei vielen Käsesorten vorkommt. ↑**Käse**

Käse – Kohlenhydrate [*Käse*] Die ↑**Milch** (Kuhmilch) enthält 4,8 % ↑**Kohlenhydrate** in Form des Milchzuckers. ↑**Laktose.**

Käse – Lagerung [*Käse*] **T** Die meisten Käsegeschäfte verwenden zum Einwickeln ein spezielles Papier, das mit einer Folienbeschichtung versehen ist. Nach dem Kauf sollte der ↑**Käse** bis zum Verzehr in diesem Papier eingewickelt bleiben und im Kühlschrank gelagert werden. Die ideale Lagertemperatur für Käse liegt zwischen 4 bis 6° C. Vor dem Verzehr ist es empfehlenswert, den Käse ein bis zwei Stunden bei 12° C zu lagern. Welches Verpackungsmaterial zu Hause das richtige ist, hängt von der Käsesorte ab. Ein angeschnittener ↑**Hartkäse** z. B. fühlt sich in einem Steinguttopf unter einem mit wein- oder salzwassergetränkten Tuch wohl. ↑**Weichkäse** wie ↑**Camembert,** ↑**Roquefort** oder ↑**Brie** sollten in Käsepapier oder in feuchten Tüchern im Kühlschrank aufbewahrt werden. Die Schnittflächen sind vor Austrocknung zu schützen, damit der Käse seine zarte Konsistenz nicht verliert. Trotzdem muss der Käse „genügend Luft zum Atmen" bekommen. Dazu kann Alufolie (besonders geeignet für das Verpacken von ↑**Edelpilzkäse**) mit einer dickeren Nadel perforiert werden. Käsesorten mit ↑**Edelschimmel** sollten immer separat gelagert werden, damit die Sporen nicht auf andere Käsesorten übertragen werden. Für kurzes Aufbewahren ist auch die Käseglocke geeignet (↑**Blauschimmelkäse** aus Kuhmilch und ↑**Ziegen**- oder ↑**Schafskäse** mit Blauschimmel in getrennten Behältern aufbewahren). Die meisten ↑**Weichkäse,** die kurz vor Ablauf ihres Mindesthaltbarkeitsdatums gekauft werden, sollten innerhalb weniger Tage verzehrt werden. Ausgereifte Hartkäse und Blauschimmelkäse können bei sorgfältiger Lagerung Tage oder sogar Wochen haltbar bleiben.

Käse – Tiefkühlen [*Käse*] **T** Das Einfrieren von Käse ist im Haushalt nur eingeschränkt zu empfehlen. Bei geriebenem Käse für ↑**Pizza** oder zum Überbacken von ↑**Gemüse** ist das Einfrieren problemlos. Bei ↑**Schnittkäsen** oder ↑**Weichkäsespezialitäten** ist davon abzuraten, da Qualität, Geschmack und Aussehen darunter leiden. Käse lässt sich grundsätzlich einfrieren, allerdings benötigt man dazu spezielle Gefriervorrichtungen, die im Haushalt in der Regel nicht zur Verfügung stehen.

Käse – zum Überbacken [*Käse*] **T** Bei den Wörtern „Kochen und Backen mit Käse" denken viele Menschen gleich an krebserregende ↑**Nitrosamine** oder an die Bildung von kanzerogenen Kohlenwasserstoffen, wie sie beim Grillen von ↑**Fleisch** über glühenden Holzkohlen entstehen können. Eine Warnung vor mit ↑**Käse** überbackenen Speisen ist nicht gerechtfertigt, da beim kurzzeitigen Überbacken keine krebserregenden Kohlenwasserstoffe gebildet werden können. Dazu bedarf es Temperaturen von 500 bis 600° C, die jedoch bei diesen Zubereitungen nicht erreicht werden. Auch ist Nitrosaminbildung beim Käse nicht zu befürchten. Zusätze von Natrium- oder Kaliumnitrat, die bei der Käsereifung Spätblähungen verhindern sollen, sind nur bei ganz wenigen Schnittkäsesorten zugelassen, unterliegen einer strengen gesetzlichen Regelung und sind deklarationspflichtig. **Käse ist also auch in der warmen Küche ein gesundes Nahrungsmittel und kann ein Fleischgericht ersetzen.**

Käse – Zusammensetzung [*Käse*] Um die zahllosen Käsesorten einteilen zu können, braucht man verlässliche Maßstäbe. **Bewährt hat sich die Einteilung nach dem: 1.** Wassergehalt in der fettfreien Käsemasse; **2.** Trockenmassegehalt im ↑**Käse**; **3.** Fettgehalt in der Trockenmasse; Käse besteht hauptsächlich aus Wasser, ↑**Eiweiß,** ↑**Fett,** ↑**Vitaminen** und ↑**Mineralstoffen.** Alle Bestandteile außer Fett gehören zur fettfreien Käsemasse. Je weniger Wasser darin enthalten ist, desto härter ist der Käse. Alle Bestandteile außer Wasser bilden die Trockenmasse eines Käses. Je mehr Trockenmasse ein Käse enthält, desto härter ist er, je weniger, desto weicher ist er.

Käseerzeugnisse [*Käse*] Die Herstellung von Käseerzeugnissen ist eine neuere Entwicklung. Aus einer oder mehreren Käsesorten wird unter Zugabe von ↑**Emulgatoren,** Schmelzsalzen, Wasser, ↑**Sahne** und Geschmacksstoffen (z. B. ↑**Schinken,** ↑**Früchte,** ↑**Nüsse** oder ↑**Gewürze**) eine Mischung hergestellt. Hierbei geht der ursprüngliche Charakter von Käse allerdings verloren. ↑**Käse**

Käsefondue [*Schweizer Küche*] **R** Das klassische Käsefondue besteht aus zwei geschmolzenen Käsesorten, als „moitié-moitié" (französisch für halb-halb) bezeichnet, Weißwein, Gewürzen, einem Schuss Kirschwasser und als Bindemittel ↑**Speisestärke.** Von entscheidender Bedeutung ist die Käsemischung, die ein cremiges, helles Fondue ergeben soll. Beliebt sind geraspelter ↑**Vacherin** und ↑**Greyerzer** – Greyerzer und ↑**Appenzeller,** ↑**Emmentaler** oder ↑**Ziger. Zubereitung:** Den Fonduetopf (Caquelon) mit ↑**Knoblauch** ausreiben. Trockenen Weißwein darin bei mittlerer Hitze auf dem Herd erwärmen. Den Käse langsam in den Wein rieseln lassen und unter ständigem Rühren schmelzen, bis die Käsemasse leicht brodelt. Mit einem Kochlöffel immer eine 8 rühren, damit vermeidet man das Anbrennen. ↑**Kirschwasser** mit Stärke verrühren und vorsichtig die kochende Käsemasse damit binden. Mit frisch gem. ↑**Pfeffer,** einem Hauch gem. ↑**Nelke** und ↑**Muskat** würzen. Den Fonduetopf auf einem ↑**Réchaud** (ausgesprochen „Reschoo") mit Wärmeplatte heiß halten, bei offener Flamme brennt es schnell an. Gegessen wird das Fondue, indem man Brotstückchen (↑**Weißbrot** oder ↑**Baguette**), kleine gekochte ↑**Pellkartoffeln** (so genannte „Gschwellti") oder vorgegartes Gemüse (↑**Karotten**, ↑**Broccoli**, ↑**Blumenkohl** usw.) auf eine lange Gabel steckt, mit kreisender Bewegung in den flüssigen Käse taucht und den Bissen dabei über den Topfboden zieht. Dadurch wird das Ansetzen und Verklumpen vermieden. Jedes der mundgerechten Brotstücke sollte ein Stück Kruste aufweisen, da die Stücke sonst zu leicht in den Käse fallen würden. **Tipp:** Nach dem Abbinden etwas ↑**Natron** in die kochende Käsemasse geben und gut unterrühren. Dabei schäumt sie auf, ist leichter verdaulich und bekömmlicher. Dazu trinkt man trockenen Weißwein und den Rest des Kirschwassers. ↑**Fondue**

Käsegerinnung [*Käse*] ↑**Käse** oder ↑**Lab**

Käsegruppen [*Käse*] Nach dem Wassergehalt in der fettfreien Käsemasse werden Käse in folgende Gruppen eingeteilt:

Käsegruppe	Wassergehalt	Beispiele – jeweils unter „↑" aufgeführt.
Hartkäse	bis 56 %	Emmentaler, Chester, Bergkäse, Cheddar
Schnittkäse	54–63 %	Gouda, Edamer, Tilsiter, Wilstermarschkäse
Halbfester Schnittkäse	61–69 %	Steinbuscher, Edelpilzkäse, Butterkäse, Weißlacker
Sauermilchkäse	60–73 %	Harzer Käse, Mainzer Käse, Handkäse, Korbkäse, Spitzkäse, Olmützer Quargel
Weichkäse	mehr als 67 %	Camembert, Brie, Romadur, Limburger, Münsterkäse
Frischkäse	mehr als 73 %	Rahmfrischkäse, Doppelrahmfrischkäse, Speisequark, Schichtkäse

Die einzelnen Käsegruppen sind in so genannte Standardsorten und freie Käsesorten unterteilt. Bei den freien Käsesorten muss immer die Gruppenzugehörigkeit, z. B. Hart-, Schnitt-, Weichkäse usw., auf dem Preisschild angegeben werden. Am häufigsten geschieht diese Verwendung bei Frisch- und Schmelzkäse. Auch hier ist eine entsprechende Deklarationspflicht gesetzlich vorgegeben. Die Standardsorten gibt es vom Hartkäse bis zum Sauermilchkäse. Herstellung, Beschaffenheit und Eigenschaften sind gesetzlich festgelegt. ↑**Käse**

Käsehaltbarkeit [*Käse*] **T** Unbegrenzte Haltbarkeit von Lebensmitteln gibt es nicht. Die Haltbarkeit von ↑**Käse** – insbesondere von ↑**Weichkäse** – wird beeinflusst von der Aufbewahrungstemperatur, der Verpackung, dem Gehalt an lebenden Mikroorganismen, dem Gehalt an „↑**Enzymen**", dem Umgebungslicht sowie dem Gehalt an ↑**Konservierungsstoffen**. Weichkäse sind durch ihre ↑**Edelschimmel**hülle lebende Systeme, die wegen der biologischen Vorgänge nur begrenzt haltbar sind. Je höher die Aufbewahrungstemperatur, desto intensiver sind die mikrobiologischen und biochemischen Umsetzungsreaktionen.

Käseharfe [*Käse*] Schneidewerkzeug für die während der Käseherstellung dickgelegte ↑**Milch**, die nach dem Schneiden als Käsebruch oder als „↑**Bruch**" bezeichnet wird. ↑**Käse**

Kasein [*Fachkunde*] ↑**Casein**

Käsekohl [*Gemüse*] ↑**Blumenkohl**

Käsekuchen [*Backstube*] **R Englisch:** cheese cake; **Französisch:** tarte au matton, gâteau au fromage blanc; **Italienisch:** torta alla ricotta; **Spanisch:** quesadilla, tarta de queso. In der Schweiz wird er **Quarktorte** und in Österreich **Topfenkuchen** genannt. Der Käse- oder Quarkkuchen wird auf der ganzen Welt in zahllosen Variationen serviert. Gut ist er dann, wenn er nicht zu trocken, zu süß oder zu weich ist. Käsekuchen besteht hauptsächlich aus ↑**Quark** oder einem anderen ungesalzenen ↑**Frischkäse**. Ein Rezept des Autors Hans-Joachim Rose: Zunächst wird ein dünner Boden aus ↑**Mürbeteig** hergestellt, dann in einer Ringform die Quarkfüllung darübergegossen und der Kuchen gebacken. Wer sich die ↑**Kalorien** vom Mürbeteig sparen möchte, lässt ihn einfach weg. **Grundrezept:** Für die Füllung werden 100 g ↑**Butter** mit 140 g ↑**Zucker**, Prise ↑**Salz**, 1 EL Bourbon ↑**Vanillezucker**, 1 TL ↑**Speisestärke**, 1 ↑**Ei** schaumig gerührt. In diese Masse rührt man 750 g ↑Mager**quark** mit; 125 g ↑**Sauerrahm**, 4 EL ↑**Honig**, abgeriebene, unbehandelte ↑**Zitronenschale** und Zitronensaft sowie 4 ↑**Eigelb**. – ↑**Eiklar** von den 4 Eiern mit ↑**Puderzucker** sehr steif schlagen und unter die Quarkmasse heben. Diese nun in die Form über den hell gebackenen Mürbeteigboden gießen und den Kuchen im Ofen bei 180° C so lange backen (ca. 60 Min.), bis die Quarkoberfläche leicht braun wird. ↑**Nadelprobe** machen. – Nach Belieben können auch trockene Früchte, z. B. ↑**Rosinen**, gewürfelte ↑**Backpflaumen**, getrocknete ↑**Aprikosen** usw., zur Quarkmasse gegeben werden. Diese kann dann statt mit Vanille- auch mit Frucht-, ↑**Rum**aroma oder ↑**Ahornsirup** abgeschmeckt werden. Statt der ↑**Zitrone** gibt eine ↑**Limette** ganz neue Geschmackseindrücke.

Käseplatte [*Übersetzer*] **Englisch:** cheese platter; **Französisch:** plateau de fromages; **Italienisch:** assortimento di formaggi; **Spanisch:** plato de queso

Käsereifung [*Käse*] Wichtig für eine gute Produktqualität während der Reifung: die richtige Temperatur und Luftfeuchtigkeit beim Lagern sowie eine angemessene

Reifezeit. ↑**Käse**; ↑**Weichkäse** wie ↑**Camembert** und ↑**Brie** reifen von außen nach innen, andere ↑**Lab**käse reifen gleichmäßig durch den ganzen Laib. In den Käsereien reifen die einzelnen Sorten wie folgt:

Sorte	Reifedauer
Weichkäse	2–3 Wochen
Edelpilzkäse	1–3 Monate
Edamer, Gouda	5–9 Wochen
Tilsiter, Emmentaler	3–10 Wochen
Parmesan	2–4 Jahre
Bei Weichkäse spricht man von unterschiedlichen Reifezuständen:	
Reifezustand	**erreicht nach**
Frühreif	3–4 Wochen
Optimal	5–8 Wochen
Gourmetreife	8–10 Wochen

Käsespätzle [*Regionale Spezialität*] **R** Typisch schwäbisches Gericht, das weit über die Grenzen Süddeutschlands beliebt ist. Auch hier gibt es verschiedene Rezepturen, darum hier das **Grundrezept:** ↑**Zwiebeln** in 1/2 cm dicke Ringe schneiden, salzen, einige Min. ausweinen lassen und danach mit Küchenpapier abtrocknen. Mit ↑**Mehl** bestäuben, in heißem ↑**Butterschmalz** oder neutralem ↑**Pflanzenöl** goldbraun rösten und auf einem Küchenpapier das Fett abtropfen lassen. Die ↑**Spätzle** lagenweise abwechselnd mit geriebenem ↑**Käse** (↑**Emmentaler** oder nach Geschmack) in eine mit Butter ausgefettete, feuerfeste Auflaufform einfüllen, auf jeden Fall mit einer Käselage abschließen. Im vorgeheizten Backofen bei ca. 200° C Ober- und Unterhitze den Käse zum Schmelzen bringen. Vor dem Servieren die gerösteten Zwiebeln über den Spätzleauflauf verteilen und im Ofen kurz heiß werden lassen. Käsespätzle serviert man traditionell mit ↑**Grünem Salat**

Käsespezialitäten [*Käse*] Neue, interessante Käsespezialitäten werden durch den Zusatz verschiedener Aromen zu ↑**Schnitt**- oder ↑**Hartkäse**. Der Aromazusatz erfolgt entweder vor der Reifung, so lange der ↑**Quark** noch frisch ist, oder wenn der ↑**Käse** halbreif ist. In letzterem Fall wird er aufgebrochen und mit den Aromen vermischt, anschließend lässt man ihn in seiner ursprünglichen Form für weitere Tage oder Monate ausreifen. Typische Zusätze sind ↑**Früchte**, ↑**Nüsse**, ↑**Kräuter**, ↑**Gewürze**, ↑**Wein**, ↑**Schinken**, ↑**Fisch** oder andere Käse. Die Sorten, denen Früchte wie ↑**Aprikosen**, ↑**Pfirsiche** oder ↑**Ananas** beigefügt wurden, können dadurch einen sehr süßen Geschmack annehmen. Beispiele von internationalen Käsespezialitäten sind: ↑**Raclette** mit ↑**Pfeffer**körnern (Frankreich), ↑**Cheddar** mit ↑**Datteln** und ↑**Walnüssen** (Großbritannien), ↑**Stilton** mit Aprikosen (Großbritannien), ↑**Wensleydale** mit ↑**Ingwer** (Großbritannien), ↑**Gouda** mit ↑**Kreuzkümmel** (Holland), ↑**Red Leicester** mit ↑**Knoblauch** und ↑**Frischkäse** (Großbritannien). Auch in Deutschland und Österreich haben diese Spezialitäten den Markt erobert. ↑**Käse**

Kashi [*Intern. Länderküche*] ↑**Wagashi**

Kashrut [*Jüdische Küche*] **T** Das Wort leitet sich in der hebräischen Sprache von der Wurzel „kasher" = sauber, rein ab und bezeichnet die Lehre von den jüdischen Speisevorschriften. Kashrut beschreibt nicht nur, welche Lebensmittel von einem gläubigen Juden als zum Verzehr geeignet betrachtet werden (Unterscheidung in reine und unreine Tiere, wie im 3. Buch Moses beschrieben). Sehr detailliert wird auch auf Regeln der Zubereitung der jeweiligen Speisen sowie der Einrichtung von Küchen und der Handhabung von Utensilien, die mit Speisen in Berührung kommen, eingegangen. Um beim Einkauf von Lebensmitteln sicher zu sein, nichts „Verbotenes" zu erwerben, haben sich Zertifizierungen, so genannte Hekscharim, etabliert. Diese sind wie Siegel auf der Verpackung angebracht. Da es je nach Grad der Orthodoxie auch verschiedene Grade von Kashrut gibt, existieren auch für die Hekscharim entsprechende Abstufungen. Die bekannteste Autorität für ein Hekscher ist mit einem „OU" gekennzeichnet, welches für „Orthodox Union" steht. Hekscharim der Orthodox Union werden von den meisten Juden akzeptiert. Zumeist wird mit dem Hekscher auch vermerkt, unter wessen Aufsicht der entsprechende Artikel hergestellt bzw. geprüft wurde. Die Autorität dieses Rabbiners ist in sehr frommen jüdischen Kreisen von großer Wichtigkeit. Koschere Lebensmittel lassen sich im Sinne der Kashrut in drei Bereiche einteilen: milchig (chalawi), fleischig (basri) und neutral (parve), wobei Letzteres Nahrungsmittel bezeichnet, die keiner der beiden anderen Gruppen zugeordnet werden können (wie Gemüse). Da für Pessach noch strengere Regeln gelten, ist dieses auf geeigneten Artikeln auch mit dem Hekscher vermerkt („koscher le-Pessach").

Kasnocken [*Österr. Küche*] ↑**Käsespätzle**

Kasnudeln [*Österr. Küche*] ↑**Kärntner Nudel**

Kassava [*Gemüse*] ↑**Maniok**

Kasseler [*Fleischprodukte*] Auch Kasseler Rippenspeer: gepökelter, geräucherter Kotelettstrang vom ↑**Schwein**. Der ↑**Lake** können bestimmte Gewürze zugegeben werden wie ↑**Wacholder**. Nach der Pökelung wird das Fleisch bei 70° C heiß geräuchert. **Es gibt auch:** Kasseler Nacken (Kamm) – Kasseler Blatt (Schulter) – Kasseler Bauch und Kasseler Rippchen (Rippenbogen). Benannt wurde das Kasseler nach dem Berliner Fleischermeister Cassel aus der Potsdamer Straße, der als Erster frische Kotelettstränge vom Schwein mild pökelte.

Kasseri [*Käse*] **T Herkunft:** Griechenland; **Käsesorte:** ↑**Schnittkäse** von weißgelblicher Farbe; **Milch:** pasteurisierte ↑**Schafs**- oder Misch**milch**; **Geschmack:**

leicht pikant; **Info:** Kasseri ist sehr lange haltbar, wird für ↑**Pizza**, ↑**Gratin** oder als Zutat für Nudelgerichte verwendet.

Kasserolle [*Unsere Küche*] Flacher Brat- oder Schmortopf mit Stiel

Kassia Zimt [*Gewürze & Kräuter*] **T** ↑**Zimt**

Kastanien [*Gemüse*] **Englisch:** chestnuts; **Französisch:** châtaignes, marrons; **Italienisch:** Castagne, marroni; **Spanisch:** castaña. ↑**Edelkastanien** & **Rosskastanien**

Kastanienhonig [*Allgem. Nährmittel*] ↑**Edelkastanien** sind in Südeuropa, besonders in Frankreich und Italien verbreitet. Kastanienhonig hat einen hohen Anteil an ↑**Honigtau**, er ist bernsteinfarben bis dunkelbraun und von zähflüssiger bis kristalliner Qualität. Im Geschmack kräftig und herb aromatisch. ↑**Honig**

Kästchen [*Unsere Küche*] Feine Ragouts, die warm oder kalt als Vorspeise in Porzellan-, Keramik- oder Silbernäpfchen aufgetragen werden.

Kastorzucker [*Allgem. Nährmittel*] ↑**Kristallzucker**

Katalanische Art [*Speisegarnitur*] **A** ↑**à la Catalane**

Katenrauch [*Fleischprodukte*] Einst ein ländliches Räucherverfahren in norddeutschen Kleinbauernhäusern, den Katen. ↑**Schinken** und ↑**Wurst** wurden in den Raum gehängt und im abziehenden Rauch vom offenen Feuer langsam kalt geräuchert. ↑**Katenrauchschinken**

Katenrauchschinken [*Regionale Spezialität*] **T** Der Holsteiner Katenschinken ist ein Knochenschinken, der aus der gesamten Hinterkeule des ↑**Schweins** hergestellt wird. Mit einem Gewicht von bis zu 17 kg ist er der größte, zarteste und beste deutsche ↑**Schinken**, nicht ganz billig, aber einzigartig. Er ist ein urtypisches Erzeugnis, das durch keine künstliche Räucheranlage gleichwertig hergestellt werden kann. Die ganzen Schweinekeulen werden 4 Wochen eingesalzen, wobei jeweils wöchentlich neu gesalzen wird. Hieran schließt sich die so genannte Brennzeit von 2–3 Wochen an, wobei der Schinken nicht mehr gesalzen wird, sondern der Salzgehalt der äußeren Schicht in den Kern hineinzieht und den Schinken zart macht. Danach muss der Schinken ca. 30 Stunden wässern, um außen den Salzgehalt auszugleichen. Danach wird der Schinken in eine Räucherkate mit Reetdach gehängt. Wie schon seit Generationen wird der original Katenschinken auch heute noch 8 Wochen über Buchen- und Knickholz (Haselnuss und Dorn) im Swibbogen und Bilegger (= offene Feuerstellen mit Rauchabzug nach oben) geräuchert. Vier Monate Reifezeit braucht der Schinken, bis er sein mild-herbes, leicht liebliches Aroma entwickelt hat. **Inhaltsstoffe:** 100 g Holsteiner Katenschinken enthalten ∅ 223 kcal/929 kJ, 22 % Eiweiß und 10 % Fett.

Katenwurst [*Regionale Spezialität*] ↑**Rohwurst**, 4–5 Wochen im ↑**Katenrauch** geräuchert

Kater [*Hausbar*] ↑**Fuselöle**

Katfisch [*Fisch*] ↑**Steinbeißer**

Katharinas Pfannkuchen [*Unsere Küche*] **R Crêpes à la Katharina – gewidmet der Enkeltochter des Autors Rose zum 10. Geburtstag:** Man braucht Eier, Mehl, Zucker, Milch und Salz für den Pfannkuchenteig; Pflanzenöl zum Backen, Apfelsaft und Hagebuttenmarmelade für die Soße, Bananen, Vanilleeis, Schlagsahne, gehackte Pistazien, Schokoladensoße, Mandelstifte, Eisschirmchen, Rosenblätter und Puderzucker. **1. Pfannkuchenteig:** Das **Grundrezept** ergibt 4 bis 6 süße Pfannkuchen (∅ 25 cm) je nach Dicke: 2 Eier, Größe L; 120 g Mehl = 4 gehäufte EL; 30 g Zucker = 4 gehäufte TL; 200 ml Milch (genau abmessen); 2 Prisen Salz. Alle Zutaten **der Reihe nach** in einer Schüssel mit Schneebesen oder Handrührgerät aufschlagen, durch ein Sieb passieren und 1/2 Stunde ruhen lassen. **2. Jetzt kommt die süße Soße dran:** In einem kleinen Topf 100 ml Apfelsaft bis auf die Hälfte (ungefähr) einkochen lassen, dann mit einem gehäuften TL Hagebuttenmarmelade binden (einrühren) und auf die Seite stellen. **Jetzt geht's los:** Aus dem Teig pro Person 2 dünne Pfannkuchen backen (∅ 25 cm). Ganz dünn mit Hagebuttenmarmelade (Hiffenmark) bestreichen, mit je einer längs geviertelten Banane belegen und einrollen. Nun richtet man die Pfannkuchen kreisförmig auf einem Teller an und füllt in die Mitte zwei Kugeln Vanilleeis. Links und rechts mit schönen Schlagsahnekegeln dekorieren. Das Eis mit Schokoladensoße überziehen, mit Mandelstiften bestreuen und als Dekoration ein Eisschirmchen hineinstecken. Die Soße noch einmal kurz erwärmen, die Pfannkuchen damit übergießen und mit gehackten Pistazien bestreuen. Wenn vorhanden, den Teller mit den Blättern von wilden Strauchrosen dekorieren (**keine vom Gärtner gezüchteten Rosen verwenden**), mit Puderzucker bestäuben. Fertig. ↑**Rosenblütenblätter** & ↑**Essbare Blüten**

Katsuobushi [*Intern. Länderküche*] Getrockneter, geräucherter ↑**Bonito** (Tunfischart), unentbehrlich für die ↑**Japanische Küche** und ein Hauptbestandteil des japanischen Suppengrundstocks ↑**Dashi**. Dazu wird K. mit einer Art umgedrehtem Hobel (katsuobushi bako) zu dünnen Flocken verarbeitet, die für kurze Zeit in Wasser gekocht werden, um die Dashi zu gewinnen. Katsuobushiflocken (brauner, geraspelter und getrockneter Fisch) werden wie Streugewürz auch direkt zum Würzen von Speisen benutzt und sind natürliche Geschmacksverstärker. Wer einmal damit gewürzt hat, wird es nie vergessen, denn die Späne bewegen sich auf heißen Speisen, als wären sie lebendig. Der Herstellungsprozess wurde um 1675 in Kishu (südöstlich von Osaka) perfektioniert. Der Fisch wird zunächst filetiert, dann 20 Min. leicht gekocht. Eine Stunde später werden die Knochen entfernt und danach wird der Bonito bis zu zwei Wochen lang je 6 Stunden am Tag geräuchert, wodurch sich der Wasseranteil von 70 % auf 25 % reduziert. Der nun „arabushi" genannte Fisch wird noch 2 - 3 Tage in der Sonne getrocknet und heißt dann „hadakabushi". Zuletzt wird er mit Hilfe eines Pilzes (Aspergillus glaucus) gepökelt, bis er den holzartigen Endzustand erreicht hat, wobei er alle zwei Wochen in die Sonne gelegt wird, um die Pilzschicht auf der Oberfläche abzutöten.

Katzenhaie [*Fisch*] **T** Großfleckiger (Scyllium catulus) und kleinfleckiger Katzenhai (Scyllium canicula), gehören zur Familie kleiner, vornehmlich meeresbodenbewohnender Haie, die weltweit in 60 Arten verbreitet sind. Ihre stark spindelförmigen Körper erreichen eine Länge von 1 bzw. 1,5 m. Die für den Menschen ungefährlichen Haie bewohnen die Küstenregionen tropischer und gemäßigter Meere und sind die schlimmsten Feinde der ↑**Heringe**. Wohlschmeckende Speisefische für Pfanne und Grill. ↑**Haifisch**

Kaufmann, Dieter [*Berühmte Köche*] **Dieter Kaufmann,** *1937 in Grevenbroich, D – Selbstständig seit 15. Mai 1962 – Zur Traube, Grevenbroich – Bekannt durch seine Sterne (1973 erster Michelin-Stern), dem „Parfait vom Stör mit Kaviar" und Publikationen – Niederrheinisches Kochbuch 1777- 996 und – Für zwei in einem Topf – 2003

Kaugummi [*Süßwaren*] Oder „Chewing gum" ist eine Zuckerware. Sie setzt sich aus Natur- oder Kunstgummi (z. B. Latex, Kautschuk), pflanzlichen Harzen (↑**Sapotilla**) oder Wachsen sowie ↑**Puderzucker**, ↑**Glucosesirup** (10 bis 20 %), Glycerin, Aromen und anderen Stoffen zusammen. Kaugummis gibt es in verschiedenen Formen und Farben, z. B. als Würfel, Streifen, Kugeln und Scheiben. Blas- oder Ballongummis bzw. „Bubble gums" eignen sich zum „Aufblasen". Zuckerhaltiger Kaugummi fördert Karies.

Kaulbarsch [*Fisch*] **T Lateinisch:** Acerina cernua. Wohlschmeckender Süßwasserfisch Mittel- und Osteuropas. Der Kaulbarsch wird 25 cm lang und 500 g schwer und wird für Fischsuppen verwendet.

Kava [*Intern. Länderküche*] **T Lateinisch:** Piper methysticum. **Synonym:** Kawa, Rauschpfeffer. Kava gilt als Droge und ist das Nationalgetränk von Tonga und fast des gesamten Südpazifiks. Das unvergorene Getränk aus gemahlenen Kavawurzeln gehört seit Jahrhunderten zum insulanischen Sozialleben, ist unerlässlicher Bestandteil von Zeremonien. Auch der König wird nicht ohne Kava gekrönt.

Kavalierspitz [*Österr. Küche*] Dicke Schulter

Káve [*Ungarische Küche*] **T** ↑**Kaffee** – Die Ungarn sind leidenschaftliche Kaffeetrinker (Fekete oder Dupla/Schwarzer oder Doppelter). Heiß, schwarz und süß trinken sie ihren starken ↑**Mokka** – er wird aber auch mit ↑**Schlagsahne** oder ↑**Milch** serviert.

Kaviar [*Fisch*] **T Englisch:** caviar; **Französisch:** caviar; **Italienisch:** caviale; **Spanisch:** caviar. Kaviar ist eine der begehrtesten und teuersten internationalen Delikatessen. Der Rogen des weiblichen Störs wird entfettet und durch ein Sieb gestrichen, wobei der unerwünschte Schleim der Eierstöcke zurückbleibt. Danach werden die Eier gewaschen und gesalzen. Sowohl für die Qualität als auch für den Preis ist die Zubereitung mit entscheidend. Je salzhaltiger, desto transportsicherer, aber auch minderwertiger sind die Eierperlen. Die einzelnen Eier des Kaviars werden auch als Korn oder Perle bezeichnet. Je größer das Korn und je heller die Farbe, desto wertvoller ist der Kaviar. Er ist umso besser, je durchscheinender und voller das „Korn" ist. Die Oberfläche muss trocken, Geruch und Geschmack müssen mild sein. Als verdorben gilt Kaviar, der zusammengeschrumpft, schmierig, schimmelig oder ranzig ist. Im Handel wird Kaviar in Dosen oder Gläsern angeboten. Aber auch in diesen Behältern ist er nur begrenzt haltbar. Beim Kauf ist unbedingt auf das Verfallsdatum zu achten, und die Dosen dürfen keine billigen, nicht rostgeschützten Blechdosen sein, die durch den Salzgehalt der Eier zu rosten anfangen. Sie muss der Handel anstandslos zurücknehmen, auch wenn der Schaden erst zu Hause entdeckt wird. Durch den hohen Fett- und Eiweißgehalt ist der Nährwert von Kaviar sehr hoch. Da verschiedene Störarten existieren, gibt es auch unterschiedliche Kaviarsorten. **Beluga-Kaviar:** stammt vom Hausen, einem Riesenstör. Er ist der begehrteste, feinste und teuerste unter den Kaviarsorten. Ein fein-sahniger Geschmack und seine sehr zarte Schale zeichnen ihn aus. Das Korn ist mit einem Durchmesser von 3,5 mm sehr groß und in seiner Farbe dunkel-stahlgrau bis silbergrau. Handelsbezeichnung 0 = hellgrau, 00 = mittelgrau, 000 = dunkelgrau. Dieser Kaviar wird generell in innen beschichteten Dosen mit einem **blauen Deckel** geliefert. **Malossol-Kaviar:** Malossol ist die Bezeichnung für Kaviar mit wenig Salz (2,8 %). Er gilt als besonders delikat. Aber er ist nur begrenzt haltbar. **Beluga-Malossol-Kaviar** ist nicht zu übertreffen. **Astrachan-Kaviar:** Die feinste russische Sorte, wird als **Malossol** im Handel verkauft; **Sevruga-Kaviar:** zeichnet sich durch ein kräftiges und würziges Aroma aus. Die mittel- bis stahlgrauen Eier sind dünnschalig und sehr zart, wodurch sie auch empfindlich sind. Sevruga wird in Dosen mit **rotem Deckel** geliefert. **Ossietra-Kaviar:** das gold- bis dunkelbraune Korn ist deutlich kleiner als der Belugakaviar, dafür aber auch hartschaliger und unempfindlicher. Im Geschmack ist er fein-nussig, und sein spezielles Aroma lässt sich mit keiner anderen Sorte vergleichen. Die Farbpalette des Ossietra-Kaviars reicht von goldbraun bis dunkelbraun. Je älter der Fisch ist, umso heller der Rogen. Ein vorzüglicher Kaviar, der generell in Dosen mit **gelbem Deckel** angeboten wird. **Imperial-Kaviar:** auch Schah-Kaviar genannt, ist der Rogen der sehr seltenen Winterstöre. Er zählt zu den teuersten Sorten.

Schip-Kaviar: Kaviar von 2. Qualität mit einem mittelgroßen Korn; **White sturgeon caviar:** stammt aus den Aquafarmen Kaliforniens; **Presskaviar:** Er wird aus Resten wie zu kleinen, geplatzten oder schon reifen Eiern zusammengepresst. Er ist stark gesalzen, aber der preiswerteste „echte" Kaviar. **In der Küche:** Aus optischen Gründen wird Kaviar in Glas- oder Porzellanschalen auf gestoßenes Eis gebettet. Die Delikatesse sollte frisch und möglichst nur aus Min. zuvor geöffneten Dosen oder Gläsern genossen werden. Denn je besser und teurer die Qualität, desto kürzer ist die Haltbarkeit. **Kaviar wird mit einem speziellen Löffel aus Perlmutt, Horn oder Schildpatt angerichtet. Niemals darf Kaviar mit Silber oder Edelstahl in Berührung kommen, denn der Kaviargeschmack verändert sich unter der Metallberührung.** Kaviar sollte mit möglichst wenigen Beigaben serviert werden. Üblich ist ↑**Toast**, hauchdünne ↑**Blini** und ungesalzene ↑**Butter**, aber auch auf ↑**Canapés**, ↑**Tartlets** oder im ↑**Tatar** lässt er sich genießen. Als Getränke empfehlen sich ↑**Champagner**, trockene ↑Weiß**weine** oder ↑**Wodka**, da sie den Geschmack unterstreichen und die Eigenarten hervorheben.

Kaviarbrot [*DDR-Küche*] Nur ein Stück ↑**Baguette** – hatte nichts mit ↑**Kaviar** zu tun

Kaviarbutter [*Unsere Küche*] **R Französisch:** beurre de caviar – **Eine sehr delikate Buttermischung, deren Hauptzutat aus** ↑**Kaviar (auf 250 g** ↑**Butter, 30 g Kaviar) besteht. Keinen deutschen, gefärbten Kaviar verwenden. Man mischt** ↑**Eigelb und** ↑**Zitronensaft und schmeckt mit** ↑**Salz und** ↑**Pfeffer ab. Sehr passend zu** ↑**Canapés und** ↑**Baked Potatoe.**

Kaviarersatz [*Fisch*] Kein echter ↑**Kaviar** vom ↑**Stör**, aber eine wohlschmeckende und günstige Alternative aus den Eiern von Süß- und Seewasserfischen. **Keta-Kaviar:** Ein vorzüglicher Lachs-Kaviar, der besonders in Europa und Japan beliebt ist. Er stammt vom Keta- oder Hundslachs, dem **„dog salmon"** aus Alaska und dem nordwestlichen Kanada. Der Rogen ist appetitlich rot und das zarte Ei wesentlich größer als das vom Belugakaviar, aber auch sehr empfindlich. Kulinarisch gilt er als Ersatz für Störkaviar. Im Handel wird Keta-Kaviar meist pasteurisiert in Gläsern angeboten. **Forellen-Kaviar:** Der Kaviar der Forelle ist eine Köstlichkeit und dem Lachskaviar gleichzusetzen. Die golden- bis orangefarbenen Eier sind robuster und kleiner als jene des Ketalachs. Ebenso wie der Keta-Kaviar gilt er als Ersatz für Kaviar vom Stör. Im Handel wird Forellen-Kaviar meist pasteurisiert in Gläsern angeboten. Häufig stammt der Forellen-Kaviar aus Zuchtanlagen von Lachsforellen. **Deutscher Kaviar:** Die feinkörnigen Fischeier stammen vom ↑**Seehasen**, einer Fischart aus dem Nordatlantik, und ist im Urzustand rosa bis gelblich. Der preiswerte Kaviarersatz hat keinen kulinarischen Wert, er wird gerne zum Garnieren und Dekorieren in der kalten Küche verwendet. Der Handel bietet ihn rot oder schwarz gefärbt an. **Trota Malossol:** ist Süßwasserfischrogen aus Skandinavien. **Bottarga:** wird aus Meeräschenrogen hergestellt. **Heringsrogen:** Er gilt in Japan als Spezialität, mit dem sich noch gute Gewinne erzielen lassen. In Deutschland wird er wegen der ↑**Nematoden**gefahr nicht mehr gegessen. **Dorschrogenkaviar; American sturgeon caviar** vom Paddlefish, einem knorpeligen Verwandten des Störs im Mississippi. Die Farbe seines Rogens geht von dunklem Stahlgrau bis zu Goldgelb und Rotbraun. Der Kaviar ist glatt mit weichem Aroma. **Golden whitefish caviar:** nordamerikanischer Maränerogen aus den Great Lakes. Die funkelnden, sehr kleinen, gelben Körner haben ein frisches Aroma.

Kazandibi [*Orientalische Küche*] Begriff aus der türkischen Küchenkultur für karamellisierten Reismehlpudding, oft mit ↑**Vanilleeis** serviert. ↑**Türkische Küche**

KBA [*Fachkunde*] **T** Was bedeutet Kontrolliert Biologischer Anbau? Lebensmittel aus ökologischem Anbau werden umweltschonend erzeugt. Öko-Lebensmittel sind Produkte, die nach den Vorgaben des ökologischen Landbaus erzeugt werden (Verordnung EWG Nr. 2092/91). Grundlage sind einheitliche Betriebsabläufe unter Verzicht auf leicht lösliche Mineraldünger und auf chemisch-synthetische Pflanzenschutzmittel. Seit 1997 muss bei allen Öko-Erzeugnissen die zuständige Kontrollstelle mit Namen oder Code-Nr. angegeben werden. Die Zutaten verarbeiteter ökologischer Lebensmittel müssen zu mindestens 95 % aus ökologischem Landbau stammen. Bei einem Anteil von 70–95 % dürfen die Produkte ebenfalls noch mit den Begriffen „BIO" und „ÖKO" gekennzeichnet werden. Es muss jedoch auf die Höhe des Gehaltes zusammen mit der Verkehrsbezeichnung hingewiesen werden. Alle pflanzlichen Produkte, die der Öko-Verordnung entsprechen, dürfen Bezeichnungen wie biologisch, ökologisch tragen. Auch Wortkombinationen sind erlaubt wie „kontrolliert biologischer Anbau". **„Kontrollierter Anbau" ist kein Hinweis auf ökologische Erzeugung**, er wird bei integriertem Pflanzenanbau verwendet. Dabei erfolgt die Düngung nach Bedarf der Pflanzen. Man wendet bevorzugt nicht-chemische Verfahren an.

Kcal [*Fachkunde*] Abkürzung für ↑Kilo**kalorie**

Kebab [*Orientalische Küche*] **A** Ein am Spieß, im Topf, in der Pfanne gebratenes oder im Ofen gebackenes orientalisches Fleischgericht aus ↑**Hammel**- oder ↑**Lammfleisch**. Im Allgemeinen ist es gewürztes, gebratenes ↑**Fleisch**, das mit „Geschnetzeltem" vergleichbar ist. Es hat mit dem in Deutschland bekannten Kebab wenig zu tun.

Kebaptscheta [*Orientalische Küche*] Begriff aus der bulgarischen Küchenkultur für kräftig gewürzte ↑**Hackfleisch**röllchen, ähnlich ↑**Ćevapčići**

Kefalotiri [*Käse*] **T Herkunft:** Griechenland; **Käsesorte:** ↑**Hartkäse** mit trockener Rinde, bis 45 % ↑**Fett i. Tr.**; **Milch:** rohe ↑**Schafs-** oder ↑**Ziegenmilch**; **Geschmack:** salzig und doch leicht süßlich; **Info:** Diesen im Vergleich zum ↑**Feta** relativ jungen Käse kennt man erst seit ein paar Jahrhunderten. Kefalotiri ist in ganz Griechenland verbreitet, sein Name geht auf das griechische Wort **kefalo** zurück, einem traditionellen griechischen Hut, an dessen Form er erinnert. Der „Hutkäse" trägt den Namen seiner jeweiligen Herkunftsregion. Die Variante ohne Lochung heißt **„kefalograviera"**. **Höhe:** 25 cm hoch; **Gewicht:** 10 kg; **Reifung:** Seine Reifezeit ist von Region zu Region verschieden, in der Regel 2 bis 3 Monate in einem kühlen Keller. **Verwendung:** Frisch wird er für viele griechische Gerichte, z. B. bei der Zubereitung von ↑**Bifteki**, oder gut gereift als Reibkäse verwendet.

Kefen [*Schweizer Küche*] ↑**Zuckerschoten**

Kefir [*Milchprodukte*] Gehört zu den ↑**Sauermilcherzeugnissen** und stammt ursprünglich aus dem Kaukasus, wo er zuerst aus Stutenmilch, ↑**Kumys** genannt, hergestellt wurde. Heute in Deutschland aus ↑**Milch** und Kefirknollen (Mikroorganismen) produziert. Die Kefirknollen säuern und vergären die Milch, sodass ein Teil des ↑**Milchzuckers** in ↑**Milchsäure** sowie in ↑**Kohlensäure** und ↑**Alkohol** abgebaut wird. Der Alkoholgehalt liegt aber unter 0,1 %. **Kefir gibt es in verschiedenen Sorten:** Kefir mit mindestens 3,5 % Fett – fettarmer Kefir (1,5 bis 1,8 % Fett) – Magermilchkefir (unter 0,3 % Fett) – Sahnekefir (mindestens 10 % Fett). **Eine Wölbung des Becherdeckels ist bei Kefir kein Zeichen von Verderb, sondern (gasförmige) Kohlensäure.**

Kefirbrot [*Backstube*] **T** Zur Teigbereitung werden saure ↑**Milchprodukte**, verschiedene ↑**Getreidesorten**, auch in Trockensubstanzform, verwendet. Zugabe gekochter ↑**Kartoffeln** (oder Kartoffelprodukte) ist gestattet.

Kefirknollen [*Milchprodukte*] Verschiedene Mikroorganismen, die in einer „Gemeinschaft" (Symbiose) zusammenleben. Sie können aus Lactobacillus kefir, Leuconostoc-Arten, Streptococcus lactis und spezifischen Hefen wie Candida kefir bestehen. Kefirknollen vergären den in der ↑**Milch** enthaltenen ↑**Milchzucker** und werden zur Herstellung von ↑**Kefir** eingesetzt.

Keftedes [*Griech. Speisekarte*] **A** (Keftedakia) Begriff aus der griechischen Küchenkultur für kleine, gut gewürzte, ohne ↑**Zwiebeln** gebratene ↑**Frikadellen** mit viel ↑**Petersilie** und ↑**Minze**.

Kehlen [*Fisch*] Wurde 1395 von Wilhelm Beukelzoon erfunden, eine spezielle Art, den ↑**Hering** so auszunehmen, dass ein Teil der Bauchspeicheldrüse erhalten bleibt. Der am Hering verbliebene Teil der Bauchspeicheldrüse enthält (fischeigene) ↑**Enzyme**, die ihn beim Einlegen mit Salz zarter reifen lässt. ↑**Matjes**

Keim [*Gesundheit*] Zum einen die Bezeichnung für einen ↑**Keimling** aus Soja oder Getreide und zum anderen eine Bezeichnung für – zumeist unerwünschte – Mikroorganismen (z. B. ↑**Salmonellen**)

Keimgemüse [*Gemüse*] ↑**Sprossen**

Keimling [*Fachkunde*] Bestandteil des ↑**Getreide**korns. Reich an ↑**Nährstoffen** (↑**Fett**, ↑**Eiweiß**, ↑**Kohlehydrate**, ↑**Mineralstoffe**, ↑**Vitamine**, ↑**Sekundäre Pflanzenstoffe**, ↑**Bioaktive Substanzen**), macht ∅ 3 % der Kornmasse aus. Der Keimling ist nur im ↑**Vollkornmehl** oder -backschrot enthalten. Da er einen hohen Fettanteil aufweist, ist er für die begrenzte Haltbarkeit des Mehls verantwortlich. Aus Keimlingen von ↑**Mais-** oder ↑**Weizen**keimen wird wertvolles ↑**Keimöl** gewonnen. ↑**Getreidekeimlinge**, ↑**Keimlinge & Sprossen**

Keimlingbrot [*Backstube*] Hat mind. 5 % ↑**Weizenkeime** (vom Gesamtgewicht d. Mahlprodukte)

Keimlinge und Sprossen [*Gemüse*] **T** So bezeichnet man gekeimte Samen. Sprossen sind sie im nächsten Stadium, wenn sich grüne Blättchen gebildet haben. Sie sind eine Alternative zum Treibhausgemüse. Im Rahmen einer ↑**vollwertigen Ernährung** erfreuen sich die nähr- und wirkstoffreichen Sprossen und Keimlinge gerade im Winter zunehmender Beliebtheit. Sie sind sehr nährstoffreich. Als Keimgetreide eignen sich: Samen von ↑**Senf**, ↑**Sonnenblumenkerne**, ↑**Kresse**, ↑**Alfalfa**, ↑**Radieschen**, ↑**Rettich**, ↑**Sesam**, ↑**Mungobohnen**, ↑**Sojabohnen**, ↑**Linsen**, ↑**Erbsen**, ↑**Gerste**, ↑**Hirse**, ↑Nackt**hafer**, ↑Nackt**gerste**, ↑**Dinkel**. **Herstellung:** Im Naturkostladen gibt es Schalen und Gefäße, die sich zum Keimling- und Sprossenziehen eignen. Je nach Sorte muss das Saatgut für mehrere Stunden in Wasser eingeweicht werden. Schnell entwickeln sich die Keimwurzeln und der Spross. ↑**Hülsenfrüchte** werden am besten in diesem Stadium geerntet. Kresse oder ↑**Luzerne** dürfen weiterwachsen, bis Grünes sprießt. Bei Keimkulturen müssen die Samen regelmäßig unter fließendem Wasser durchgespült werden – so werden unerwünschte Bakterien entfernt. Bei Schimmelbesiedlung muss die Kultur weg. Sauberes Arbeiten ist oberstes Gebot. ↑**Getreidekeimlinge**. **Sojabohnen-, Erbsen- und Bohnenkeime müssen vor dem Verzehr blanchiert werden. Keime von Kartoffeln und Tomaten enthalten den giftigen Stoff Solanin – sie eignen sich nicht zum Verzehr.**

Kékfrankos [*Weinkunde*] Ungarische Bezeichnung für die rote Rebsorte, die in Österreich als Blaufränkisch bekannt und in ganz Zentral-Europa anzutreffen ist. Die aus ihr gekelterten Weine sind oft nicht lange lagerfähig.

Kéknyelyü [*Weinkunde*] Ungarische Rebsorte, die rund um den Plattensee angebaut wird. Liefert gute Weißweine.

Keks [*Engl. Speisekarte*] Kleines, haltbares Feingebäck

Kekse [*Backstube*] **Kekse** (von engl. **cake** = Kuchen)

sind ursprünglich kleine, haltbare, englische Feingebäcke von hohem Nährwert, zählen zu den ↑**Dauerbackwaren** und sind von mürber Konsistenz. Sie bestehen meist nur aus wenigen einfachen Zutaten wie ↑**Mehl**, ↑**Zucker**, ↑**Fett**, ↑**Eiern**, ↑**Aromastoffen** und ↑**Salz**.

Kellereiabfüllung [*Weinkunde*] Im Unterschied zur Erzeugerabfüllung bezeichnet sie einen Wein, der nicht von dem Abfüller geerntet und/oder ausgebaut wurde. Im Allgemeinen genießt die Kellerei- oder Händlerabfüllung nicht das gleiche Prestige wie die Erzeugerabfüllung, doch gibt es auch Gegenbeispiele. Der französische Ausdruck für Kellereiabfüllung lautet: „Mis en bouteille dans nos caves".

Kellner [*Fachkunde*] **Englisch:** waiter; **Französisch:** garçon; **Italienisch:** cameriere; **Spanisch:** camarero. (weibl.: Kellnerin, **schweizerisch** auch Serviertochter). Auszubildende oder sehr junge Kellner nannte man früher „Piccolo". Die Aufgaben eines Kellners sind vielfältig. Neben der Bedienung der Gäste mit Speisen oder Getränken ist er meist erster Ansprechpartner und Repräsentant des gastronomischen Betriebs. Die Anrede „Herr Ober" sowie „Garçon" oder, für weibliches Personal, „Fräulein" gelten bei uns als veraltet. „Servicemitarbeiter" oder „Servicemitarbeiterin" werden heute mit ihrem Namen angesprochen, falls er auf einem Namensschild zu lesen ist. 1980 wurde in Deutschland die Bezeichnung des Ausbildungsberufes Kellner in Restaurantfachmann/Restaurantfachfrau bzw. Hotelfachmann/Hotelfachfrau geändert. **Hierarchie in der gehobenen Gastronomie:** Mâitre d'hôtel – 1.Oberkellner; Chef de rang – Stationskellner; Demichef de rang – Stellvertretender Stationskellner; Commis de rang – Jungkellner/Servierer

Kellogg, Dr. John Harvey [*Fachkunde*] Dr. John Harvey Kellogg, geboren 1852, leitete ein Sanatorium in Battle Creek (USA), ein international bekanntes Kurheim der Adventisten. Er verordnete seinen Patienten strenge fleischlose Kost und ein gesundes Leben ohne ↑**Coffein**, ↑**Alkohol** und Tabak. Schon um 1898 unternahm er gemeinsam mit seinem Bruder Will Keith Kellogg, dem Geschäftsführer des Sanatoriums, Versuche, um neue Produkte auf Basis pflanzlicher Lebensmittel zu entwickeln, insbesondere aus Getreide. Ziel war es, wohlschmeckende Alternativen zum traditionell sehr fettreichen amerikanischen Frühstück zu finden. Zur Herstellung von ↑**Fladenbrot** kochten sie z. B. ↑**Weizen** und rollten ihn in langen Teigbahnen aus. Eines Tages wurden die Brüder von ihrer Arbeit fortgerufen. Als sie zurückkamen, war der Teig trocken und abgestanden – und der Beginn einer neuen Entdeckung. Sie rollten den Teig trotzdem aus und erhielten statt größerer flacher Stücke aus den Krümeln kleine Flakes (Flocken), die sie anschließend backten. Die ersten Cornflakes waren hergestellt.

Kelp [*Asiatische Küche*] ↑**Kombu**

Kelter [*Weinkunde*] Eine Presse, in der Saft aus der Traube gepresst wird. Dieses technische Verfahren ermöglicht eine rasche und schonende Saftausbeute mit relativ wenig Luftkontakt. Die Rückstände nennt man Trester.

Keluak (buah) [*Gewürze & Kräuter*] **T Keluak (buah)** ist eine indonesische Paste, hergestellt aus einer seltenen Nussart, die in der Gegend von Djakarta vorkommt. Nach 3 Tagen Einweichen in Wasser kann man den Kern (die Nuss ist etwa doppelt so groß wie eine Paranuss) herauskratzen und kochen. Dieser Nussbrei wird dann wieder in die Nusshülse gefüllt und mit der ↑**Rawon-Suppe**, einer Spezialität aus Ostjava, serviert. Das Mark dieser besonderen Nuss kann man am besten mit dem Löffelstiel aus der Schale pulen.

Kelvin [*Fachkunde*] Temperaturbezeichnung, Abk.: **K.** 273,15 K entsprechen null Grad Celsius (0° C).

Kemirie [*Exotische Frucht*] Ostindische Nussart mit mandelähnlichem Geschmack

Kenia [*Kaffee*] Die Kaffeeernte des ostafrikanischen Landes besteht ausschließlich aus ↑**Arabicas**. Diese Sorten verfügen über ein kräftiges Aroma und einen ausgeprägten Charakter. ↑**Kaffee & Kaffee arabica**

Keniabohne [*Gemüse*] ↑**Grüne Bohnen**

Kentjoer [*Gewürze & Kräuter*] **T** Dieses kräftige Gewürz, das ähnlich wie gemahlener weißer ↑**Pfeffer** aussieht, wird aus getrockneten Wurzeln gewonnen. Mit Kentjoer würzt man indonesische Suppen, ↑**Sambals** (Würzpaste auf Paprikabasis) sowie Geflügel- und Fleischgerichte.

Keratin [*Fachkunde*] Gehört zur Gruppe der Proteine und ist Bestandteil von Haaren, Nägeln.

Kerbel [*Gewürze & Kräuter*] **T Lateinisch:** Anthriscus cerefolium. **Synonym:** Körbelkraut. **Englisch:** chervil; **Französisch:** cerfeuil; **Italienisch:** cerfoglio; **Spanisch:** cerea, perifollo. **Info:** Kerbel gehört zur Familie der Doldenblütengewächse und ist im Aussehen der Krausen Petersilie ähnlich. Der einjährige Gartenkerbel duftet süßlich, aromatisch nach ↑**Petersilie**, ↑**Fenchel** und ↑**Anis**. **Ursprung:** Der ursprünglich im Kaukasus und in Südrussland beheimatete Kerbel ist wahrscheinlich von den Römern ins Mittelmeergebiet gebracht worden. In Mitteleuropa ist Kerbel seit dem Mittelalter bekannt und war damals stärker verbreitet als heute. Heute wird Kerbel in ganz Europa (vorwiegend in Frankreich und Belgien), im Mittelmeerraum und in den USA angebaut. Er wird in den Sommermonaten aus Freilandkulturen, in der restlichen Jahreszeit aus Gewächshauskulturen angeboten. In den Monaten April bis Juni kommt vereinzelt auch Wiesenkerbel auf den Markt. **Geschmack:** Der Geschmack des Kerbels ist leicht süßlich, zart anis-, süßholz- oder fenchelähnlich sowie angenehm aromatisch und fein. **Konservierung:** Kerbel sollte gehackt nur frisch oder tiefgefroren verwendet werden, da die Blätter beim Trocknen fast alles Aroma verlieren. **Inhaltsstoffe:** Die Blätter des Kerbels enthalten geringe Mengen ↑**ätherisches Öl**, ↑**Flavonoide** und ↑**Cumarine** (Substanzen mit blutgerinnungshemmender Wirkung) sowie viel der ↑**Vitamine A** und **C. Verwendung in der Küche:** ↑**Würztabelle.** Die frischen Kerbelblätter werden – ähnlich wie Petersilie – gehackt zum Garnieren von Suppen, Salaten, Fisch- und Geflügelgerichten verwendet. **Wirkung in der Volksmedizin:** In der Naturmedizin wird Kerbel bei Wunden und Ekzemen, Verdauungsproblemen, Bluthochdruck und wegen seiner harntreibenden Wirkung verwendet.

Kerbelrübchen [*Gemüse*] ↑**Erdkastanien**

Kerkauer Kipfler [*Kartoffelsorte*] **Kochtyp:** ↑**Festkochende Kartoffeln** – „Speckige Kartoffel" genannt; **Herkunft:** Tschechien; **Jahr der Zulassung:** 1941; **Schale:** gelb; **Fleisch:** gelb; **Knolle:** lang; **Reifezeit:** mittelfrüh; **Anmerkungen:** Hervorragende Salatkartoffel

Kerkovske Rohlicky [*Kartoffelsorte*] **Kochtyp:** ↑**Festkochende Kartoffeln** – „Speckige Kartoffel" genannt; **Herkunft:** Tschechische Republik; **Jahr der Zulassung:** 1995; **Schale:** gelb; **Fleisch:** gelb, würzig-aromatischer Geschmack; **Knolle:** länglich; **Reifezeit:** mittelfrüh

Kerner [*Weinkunde*] Weiße Rebsorte, die 1929 aus ↑**Trollinger** und ↑**Riesling** gezüchtet wurde. Es sollte eigentlich ein Rotwein werden, doch die Mutter Riesling hat sich durchgesetzt. Ihren Namen verdankt sie dem Dichter und Arzt Justinus Kerner (1786–1862). Wie bei fast allen deutschen Weinen bestimmt der Reifegrad den Weinstil: Die Kabinettweine ähneln dem Riesling, während Spätlese-Kerner weniger Säure und häufig einen Muskatton im Bukett verzeichnen. Der sehr beliebte Wein passt zu einfachen Speisen und Brotzeit.

Kernfett [*Österr. Küche*] Rindertalg, ↑Rindernieren**fett**

Kernig [*Weinkunde*] So bezeichnet man Weine, die einen angenehmen Gerbstoffgehalt und eine harmonische Säure besitzen. Diese Weine sind zwar sehr „stoffig" im Geschmack, wirken aber nicht zu schwer.

Kernobst [*Obst*] Sammelbegriff für ↑**Quitten**, ↑**Birnen** und ↑**Äpfel**

Kernschinken [*Fleischprodukte*] Roher ↑**Schinken**, der aus dem Kernstück (Ober- und Unterschale) der Schweinekeule geschnitten wird. Er kann geräuchert oder luftgetrocknet sein und wird oft als **Rollschinken** angeboten.

Kerpondy [*Kartoffelsorte*] **Kochtyp:** ↑**Vorwiegend festkochende Kartoffeln; Herkunft:** Frankreich; **Jahr der Zulassung:** 1949; **Schale:** gelb; **Fleisch:** gelb; **Knolle:** groß, langoval; **Reifezeit:** spät

Kerry [*Käse*] ↑**Irischer Käse**

Kesselfleisch [*Unsere Küche*] **T** Gekochtes Bauchfleisch (↑**Wellfleisch**) ↑**Kronfleisch**, ↑**Herz** und ↑**Zunge** werden im ↑**Würzsud** wie bei der ↑**Schlachtschüssel** gekocht, meist mit ↑**Sauerkraut**, ↑**Kartoffeln** oder ↑**Brot** und geriebenem ↑**Meerrettich** sowie ↑**Senf** serviert.

Kesselgulasch [*Österr. Küche*] Rindergulasch mit ↑**Kartoffeln**, 1/2 Wasser und 1/2 ↑**Wein** gekocht. ↑**Gulasch**

Készételek [*Ungarische Küche*] Begriff aus der ungarischen Küchenkultur für Fertiggerichte

Keta-Kaviar [*Fisch*] Auch **Ikura** genannt, ist ein vorzüglicher, gesalzener und geräucherter grobkörniger, rötlicher ↑**Rogen** vom Hundslachs (Oncorhynchus keta) aus Alaska und dem nordwestlichen Kanada. Das Fleisch gilt als kulinarisch minderwertig und wurde früher an die Hunde verfüttert (Name!). Der Rogen hingegen gilt als Delikatesse. Lachs-Kaviar ist besonders in Europa und Japan beliebt. ↑**Kaviarersatz**

Ketoembar [*Gewürze & Kräuter*] Malaiische Bezeichnung für ↑**Koriander**

Ketone [*Gesundheit*] Bei fortgesetztem ↑**Insulin**mangel und Fettabbau bilden sich Ketonkörper. Bei einem Diabetiker werden durch Insulinmangel immer weniger Zuckermoleküle vom Organismus verwertet. Stattdessen werden ↑**Fettsäuren** aus dem Fettgewebe freigesetzt und verwertet. So entsteht die Ausscheidung von Ketonen. Ein gewisser Level von Ketonen im Blut ist bei einem Diabetiker normal. Sobald es jedoch zu viel Ketone werden, beginnt der Körper, sie über die Nieren oder die Atemluft auszuscheiden. Der Patient hat einen sauer stinkenden Atem (wie süßlich-fauliges Obst). Es kann zu einer gefährlichen Übersäuerung des Blutes kommen (Azidose) und zu einer **lebensbedrohlichen Stoffwechselentgleisung**, der diabetischen Ketoazidose. **Ketone im Urin sind ein ernstes Warnzeichen und erfordern ein sofortiges Eingreifen des Arztes.**

Ketonkörper [*Gesundheit*] ↑**Ketone**

Ketschup [*Gewürze & Kräuter*] **R** Ursprünglich war Ketschup eine exotisch gewürzte ostindische Pilzsauce. In der ↑**Asiatischen Küche** werden häufig Ketschups auf der Grundlage von ↑**Fisch** und ↑**Schalentieren** verwendet, im Westen dagegen bevorzugt aus Pilzen (vor allem in Großbritannien), ↑**Früchten**, ↑**Gemüse** und ↑**Nüssen**. Man unterscheidet Tomaten-, Austern-, Champignon-, Pilz-, Walnuss-Ketschup. Am bekanntesten ist Tomatenketschup, das als industrielles Fertigprodukt einer glatten ↑**Tomatensauce** gleicht. **Es besteht aus:** ↑**Tomatenmark**, ↑**Kochsalz** und ↑**Zucker**, ↑**Zwiebeln**, ↑**Essig**, ↑**Paprika**, ↑**Pfeffer**, ↑**Nelken**, ↑**Zimt**, ↑**Ingwer** und ↑**Muskatnuss**, weitere Zutaten sind möglich. Tomatenketschup wird durch kurzes Erhitzen schonend konserviert und eignet sich zum Würzen von ↑**Würstchen**, ↑Grill**fleisch**, ↑**Geflügel** und ↑**Pommes frites**. Mittlerweile gilt Tomatenketschup als ↑**Grundsoße**, weil man daraus verschiedene ↑**Saucen** ableiten kann, wie Barbeque-, Zigeuner-, ↑**Cocktailsauce**.

Kette [*Fleischprodukte*] Bindegewebsreicher Muskelstrang im Bereich der Wirbelknochen, z. B. ↑**Roastbeefkette**, ↑**Hochrippenkette**

Ketwurst [*DDR-Küche*] Wortschöpfung aus Ketschup und Wurst und war die DDR-Abwandlung des ↑**Hot Dogs**. Inzwischen wird sie in Berlin wieder erfolgreich angeboten. Eine besondere ↑**Bockwurst**, die größer ist als Hot Dogs, wird im Wasserbad erhitzt. Ein längliches, weiches Brötchen wird auf einen heißen Metallzylinder gespießt, um einen Hohlraum zu schaffen und das Brötchen zu erwärmen. Dann wird in den Hohlraum ↑**Ketschup** gefüllt und die heiße Wurst in das Brötchen gesteckt. Die bei Hot Dogs üblichen Beilagen wie Röstzwiebeln und Gewürzgurken entfallen.

Keule [*Fleischprodukte*] Hintere Hälfte der ↑**Schlachttiere**

Kewra-Wasser [*Intern. Länderküche*] **T** Auch Pandanuswasser; ein Extrakt (wässriges Destillat) aus den männlichen Blüten der exotischen Pandanuspalme (Schraubenpalmengewächse), das in Indien zum Parfümieren von süßem Gebäck oder Süßspeisen verwendet wird. Kewrablüten strömen einen süßen, parfümartigen Duft aus, der an Rosen erinnert; allerdings ist Kewra fruchtiger. Um den kostbaren Duft nicht zu verschwenden, sprenkelt man das Destillat erst kurz vor dem Servieren über die süßen Speisen. Außerhalb Indiens ist das Kewra-Wasser nie richtig bekannt geworden, obwohl indische Auswanderer ihre Vorliebe in andere Tropengebiete mitgenommen haben. Die Früchte der meisten Pandanusarten sind essbar und sehr nahrhaft.

Khaa [*Asiatische Küche*] Begriff aus der thailändischen Küchenkultur für ↑**Galgant**

Khai yad sai [*Asiatische Küche*] Begriff aus der thailändischen Küchenkultur für gefülltes ↑**Omelette** mit ↑**Gemüse**

Khaki Kakifeigenpflaumen [*Exotische Früchte*] ↑**Kaki**

Khao niau muul [*Asiatische Küche*] Begriff aus der thailändischen Küchenkultur für süßen ↑**Klebreis** mit ↑**Früchten**

Khao pad [*Asiatische Küche*] Begriff aus der thailändischen Küchenkultur für gebratenen ↑**Reis** mit ↑**Tomaten**

Khao pad gai [*Asiatische Küche*] Begriff aus der thailändischen Küchenkultur für gebratenen ↑**Reis** mit ↑**Hühnerfleisch**

Khao pad gung [*Asiatische Küche*] Begriff aus der thailändischen Küchenkultur für gebratenen ↑**Reis** mit ↑**Garnelen**

Khao pad muh [*Asiatische Küche*] Begriff aus der thailändischen Küchenkultur für gebratenen ↑**Reis** mit ↑**Schweinefleisch**

Khao pad paak ruamit [*Asiatische Küche*] Begriff aus der thailändischen Küchenkultur für gebratenen ↑**Reis** mit ↑**Ei** und ↑**Gemüse**

Khao pad sapparot [*Asiatische Küche*] Begriff aus der thailändischen Küchenkultur für gebratenen ↑**Reis** mit ↑**Ananas**

Khao tom [*Asiatische Küche*] Begriff aus der thailändischen Küchenkultur für Reissuppe mit ↑**Gemüse**

Kheer [*Intern. Länderküche*] Ein indischer ↑**Milchreis**pudding

Khmeli-suneli [*Gewürze & Kräuter*] **R** Trockenwürzmischung, die man in Georgien für geschmortes ↑**Lamm** und zum Abschmecken verschiedener sauer-pikanter Saucen verwendet. Sie wird aus getrockneten Kräutern wie ↑**Majoran**, ↑**Bohnenkraut**, ↑**Basilikum**, ↑**Dill**, ↑**Pfeffer** und ↑**Benediktenkraut** (↑**Färberdistel**) zusammengestellt.

Kibbeling [*Intern. Länderküche*] **R** Niederländisches Fischgericht. Der Fisch wird in mundgerechte Würfel geschnitten, in ↑**Backteig** getaucht und frittiert. Serviert werden die gebackenen Fischwürfel mit Knoblauchdip. Typische Fischarten, die dafür verwendet werden: ↑**Seelachs**, ↑**Seehecht** oder ↑**Kabeljau**. Kibbeling kann man in den Niederlanden an vielen Imbissständen kaufen.

Kichererbsen [*Allgem. Nährmittel*] **A Lateinisch:** Cicer arietinum; **Englisch:** chick peas; **Französisch:** pois chiche; **Italienisch:** ceci; **Spanisch:** garbanzos, gabrieles; **Indisch:** chole. Der Name stammt vom lateinischen Cicer (= Erbse). Das norddeutsche Kicher heißt ebenfalls Erbse. **Info:** In Kleinasien wurde die Kichererbse schon vor 8000 Jahren angebaut und wurde von dort in den Mittelmeerraum und nach Indien verbreitet. Sie stammt wahrscheinlich von der wild wachsenden **cicer reticulatum Lad.** ab. Heute sind Kichererbsen in vielen subtropischen Gebieten der Erde heimisch, neben der Alten Welt auch in Mittelamerika. Die Kichererbse gehört zu den ↑**Hülsenfrüchten**, die wie ↑**Erbsen** als Gemüse gegessen werden. Die Samen sind rund, beige und ungespalten. Sie werden in Spanien, der Türkei, ganz Nordafrika bis Ägypten, Indien und Pakistan angebaut. Sie sind auch im Nahen Osten sehr beliebt. In Deutschland kann man Kichererbsen getrocknet und in Dosen kaufen. Sie haben einen kräftigen, nussartigen Geschmack und sind ein wichtiges Lebensmittel für ↑**Veganer**. **Inhaltsstoffe:** 100 g frische Kichererbsen enthalten ∅ 141 kcal/590 kJ, 7,5 g Eiweiß, 2,7 g Fett, 21,2 g Kohlenhydrate, 5 g Ballaststoffe, 2,95 mg Eisen, 58 mg Calcium, 2,7 mg Vitamin E und 0,3 mg Vitamin B_1. Sie zeichnen sich durch ihren hohen Gehalt an ↑**Eiweiß** und ↑**Kohlenhydraten** sowie ↑**Ballaststoffen** aus. Getrocknete Erbsen müssen vor der Verwendung 12–24 Stunden in reichlich Wasser eingeweicht werden. **Rohe Kichererbsen enthalten unverdauliche Giftstoffe**, weshalb das Einweichwasser weggeschüttet, die Erbsen noch mal gründlich gewaschen und zum Kochen frisches Wasser verwendet werden sollten. Auch die Keimlinge müssen vor der weiteren Verarbeitung ↑**blanchiert**

werden. Kichererbsen haben eine lange Kochzeit, bis sie richtig weich sind. Als Beilage zu ↑**Fleisch**, als Salat und ↑**Eintopf** werden sie geschmacklich mit ↑**Gewürzen** wie ↑**Curry**, ↑**Koriander**, ↑**Kreuzkümmel**, ↑**Minze**, ↑**Knoblauch**, ↑**Kurkuma**, ↑**Zitrone** und ↑**Sesam** verfeinert. Kichererbsen sind Hauptzutat in ↑**Hummus** und ↑**Falafel. Tipp:** Kichererbsen führen wie Erbsen und ↑**Bohnen** leicht zu Blähungen. Besser verdaulich sind die gekeimten Samen, in denen bestimmte Kohlenhydrate abgebaut sind. Sie werden auch zu Mehl gemahlen, als Keimlinge angeboten und in Dosen konserviert.

Kichererbsenmehl [*Allgem. Nährmittel*] **T** Dieses ↑**Mehl** ist in Naturkostläden erhältlich und wird zu pikant gewürzten, ungesäuerten ↑**Fladenbrot**en, den indischen Missi ↑**Roti**, verarbeitet. Es wird zum Andicken oder zur Herstellung von Pakora-Teig verwendet und kann mit ↑**Weizenvollkornmehl** gemischt werden. ↑**Pakora**

Kichererbsensprossen [*Gemüse*] **T** Aus den goldgelben Kichererbsen werden die Keimlinge gezogen und sollten vor dem Verzehr, wie alle Hülsenfrüchte, immer ↑**blanchiert**, gekocht oder gedünstet werden. Ihr Geschmack ist herzhaft, nussig und süßlich wie ↑**Grüne Erbsen.** Bei langer Keimdauer schmecken Kichererbsensprossen leicht bitter. Man verwendet sie in Gemüsesalaten, Suppen, Reis- und Getreidegerichten und asiatischen Pfannengerichten. ↑**Sprossen** & ↑**Keimlinge**

Kid [*U.S. Kitchen*] Zicklein

Kidney [*U.S. Kitchen*] ↑**Niere**

Kidneybohnen [*Allgem. Nährmittel*] **A Lateinisch:** Phaseolus spp. **Synonym:** Indianerbohnen, Rote Bohnen. **Englisch:** kidney beans; **Französisch:** haricots rouges; **Italienisch:** fagioli rossi, borlotti; **Spanisch:** judías pintas; **Indisch:** Rajma. **Info:** Bohnen gehören zu den Schmetterlingsblütlern und sind Kletterpflanzen, die sich bis zu 7 m hochwinden können. Die Blüten sind weiß, manchmal auch gelblich oder violett und bringen 10–20 cm lange Hülsen mit den ↑**Bohnen** hervor. Im Gegensatz zu ↑**Grünen Bohnen** werden ↑**Bohnenkerne** erst im reifen Zustand geerntet. **Herkunft und Saison:** Kidneybohnen werden das ganze Jahr über getrocknet oder in Dosen angeboten. Frische Ware kommt ab August aus inländischer Produktion, Frankreich und Österreich. **Inhaltsstoffe:** 100 g (gekochte) Kidneybohnen haben einen Brennwert von ∅ 127 kcal/530 kJ und enthalten etwa 60 g Wasser, 8,7 g Eiweiß, 0,5 g Fett, 22,8 g Kohlenhydrate und 7,4 g Ballaststoffe. An ↑**Mineralstoffen** und ↑**Vitaminen** sind ∅ 28 mg Kalzium, 2,9 mg Eisen, 2 mg Natrium und 1,2 mg Vitamin C enthalten. **Auch rohe Bohnen enthalten giftige Eiweißverbindungen, so genannte Toxalbumine, dessen Wirkstoff Phasin schon bei kleineren Mengen starke Vergiftungserscheinungen auslöst. Durch Kochen wird Phasin zerstört. Zubereitung und Tipps:** Die rotbraunen, nierenförmigen Kidneybohnen haben einen der ↑**Wasserkastanie** ähnlichen, mehligen, süßen Geschmack. Sie werden vorwiegend für Schmor- und Backofengerichte sowie Eintöpfe verwendet (z. B. ↑**Chili con carne).** ↑**Hülsenfrüchte**

Kielbassa [*Regionale Spezialität*] Rohe ↑**Krakauer**

Kieler Sprotten [*Fisch*] **T** Gold-gelbe, heißgeräucherte ↑**Sprotten**, die traditionell in flachen Holzkisten verpackt werden. Sie zu räuchern ist noch immer ein Handwerk, das viel Gefühl und Geschick erfordert. Saison für die echten Kieler Sprotten ist von Oktober bis April. Im Sommer wird die kleine schleswig-holsteinische Spezialität nur aus gefrosteter Rohware hergestellt. Ihren Namen haben die Kieler Sprotten dabei nicht, weil sie aus Kiel stammen, sondern weil sie dort umgeladen und von Kiel aus mit der Eisenbahn europaweit exportiert wurden. „Kieler Sprotten" stand ursprünglich auf dem Stempel des Verladebahnhofes. Ihren Ursprung haben Kieler Sprotten in Eckernförde, wo um die Wende vom 19. zum 20. Jahrhundert unzählige Fischerboote die Sprotten anlandeten, die dann vor Ort geräuchert wurden. Heute werden Kieler Sprotten nicht nur in Eckernförde, sondern auch in Räuchereien anderer Städte hergestellt. **Wie isst man Kieler Sprotten?** Die Sprotten sollten rauchfrisch sein. Man kann sie dann komplett am Stück, also mit Gräten etc., essen. Wer Kopf, Schwanz und Gräten nicht will, sollte Kopf und Schwanz abdrehen, dann mit Daumen und Zeigefinger ein wenig auf den Gräten walken, die man anschließend problemlos als Ganzes aus dem Fisch herausziehen kann.

Kieselgur [*Fachkunde*] **Synonym:** Kieselmehl, Novaculit, Novaculite, Tripel, Tripolit, Tripolite, Diatomit, Diatomeenerde. Weißliche, pulverförmige Substanz, die aus den Kieselsäureschalen fossiler Kieselalgen besteht. Wird unter anderem zur Filtration von Getränken verwendet.

Kieselsäure [*Fachkunde*] ↑**E 551**

Kilic sis [*Orientalische Küche*] Begriff aus der türkischen Küchenkultur für ↑**Schwertfisch**spieße vom Grill. ↑**Türkische Küche**

Kilkenny [*Bier*] ↑**Smithwicks**

Kilkis [*Fisch*] Mit Gewürzen in ↑Salz**lake** eingelegte norwegische ↑**Sardellen**

Kilogramm [*Fachkunde*] Die Einheit der Masse ist das Kilogramm, eine der sieben Basiseinheiten des SI-Einheitensystems. Alle anderen Einheiten werden aus den Basiseinheiten abgeleitet. Das Einheitenzeichen des Kilogramms ist **kg**. Im 18. Jahrhundert wurde das kg definiert über die Masse eines Kubikdezimeters Wasser. Seit 1898 ist das kg gleich der Masse des internationalen Prototyps. Dieser ist aus einer gegossenen Platin-Iridium-Legierung gefertigt und lagert in Paris. **1 kg = Metrisch:** 10^{-3} Tonne; 0,01 Kilonewton; 10 Hektogramm; 1000 g; 5000 Karat; 100 000 Zentigramm; 1 000 000 Milligramm; 1 000 000 000 Microgramm; 10^{12} Nanogramm; $6{,}02 \times 10^{26}$ Atom Masseneinheit. **Avoirdupois, U.S.:** 9.84×10^4 Lange Tonne; $1{,}1 \times 10^3$ Kurze Tonne; 0,02 Langer Zentner; 0,02 Kurzer Zentner; 0,16 Stone; 2,2 Pfund; 35,27 Unze; 564,38 Dram; 15 432,35 Getreide. **Troy:** 2,68 Pound; 32,15 Unze; 642,95 Pennyweight; 4877,56 Carat; 15 430,82 Grain; 308 616,4 Mite; 7 406 796 Doite; **Japanisch:** 0,01 Koku; 0,27 Kann; 1,67 Kinn; 266,64 Monnme. **Chinesisch:** 26,46 Tael; 26,8 Ku ping; **Alt-Schwedisch:** 0,01 Skeppspund; 0,12 Lispund; 2,35 Skålpund; 4,71 Mark; 35,84 Un; 75,18 Lod

Kilojoule [*Fachkunde*] 1 Kilokalorie (kcal) entspricht 4,187 Kilojoule (kJ). 420 kJ = 100 kcal. ↑**Joule** oder ↑**Kalorie**

Kilometerwurst [*Regionale Spezialität*] Tiroler Spezialität, Wanderproviant. ↑**Brühwurst.**

Kimchi [*Asiatische Küche*] ↑**Gimchi**

Kinderapfel [*Obst*] ↑**Rubinette®**

Kinderernährung [*Gesundheit*] **T 20 % unserer Kinder sind zu dick.** Das ist erschreckend – aber kein Wunder. Pizza, Hamburger, Pommes, Majo, Schokoriegel, Schokolade, Kuchen und Gebäcke sowie zuckersüße Getränke (↑**Junk Food**), stundenlanges Fernsehen und die an den Stuhl fesselnde Spielkonsole sind die Hauptursachen. Die vielen ↑**versteckten Fette**, fehlende ↑**Ballaststoffe**, ↑**Vitamine** und ↑**sekundäre Pflanzenstoffe** in der gedankenlosen ↑**Fast-Food**-Ernährung sowie die Bewegungslosigkeit machen Kinder krank und versperren ihnen den Weg in eine gesunde Zukunft. ↑**Karies**, ↑**Verstopfung**, ↑**Fettsucht**, ↑**Zuckerkrankheit**, Herz-Kreislauf-Erkrankungen, ↑**Arteriosklerose** sind nicht nur die möglichen Folgen für die betroffenen Kinder; die gesamte Gesellschaft trägt die Folgekosten. **Man kann nur an das Gewissen der Eltern appellieren.** Nach einem reichhaltigen Frühstück sollten täglich ganz selbstverständlich frisches ↑**Obst**, frisches ↑**Gemüse**, ↑**Vollkorn-** und fettarme ↑**Milchprodukte** auf dem Speiseplan stehen. Lieber einen ↑**Apfel** oder eine ↑**Banane** zwischendurch als einen ↑**Schokoriegel.** Saftschorle ist wertvoller als ↑**Cola.** Kinder müssen sich austoben können, das hält fit und gesund. Die Mitgliedschaft in einem Sport- oder Turnverein bewirkt oft Wunder. **Fette Kinder haben es viel schwerer im Leben.** ↑**Fastfood-Menü**, ↑**Ernährungsberatung** & ↑**Ernährungspyramide**

King crabs [*U.S. Kitchen*] Große Alaska-↑**Krebse**

King Edward [*Kartoffelsorte*] **Kochtyp:** ↑**Vorwiegend festkochende Kartoffeln; Herkunft:** Großbritannien; **Jahr der Zulassung:** 1902; **Schale:** hellocker; **Fleisch:** crèmeweiß; **Knolle:** oval; **Reifezeit:** mittelfrüh – spät; **Anmerkungen:** In England eine der Top-Sorten, hervorragend zum Rösten

Kingklip [*Fisch*] **A** Südafrikanischer Kingklip; **Lateinisch:** Genypterus capensis; **Englisch:** kingklip; **Französisch:** abadèche du cap; **Spanisch:** rosada de el cabo. **Info:** Der Kingklip gehört zu der Familie der Schlangenfische und wird vor allem vor der Küste Namibias und in Südafrika bis zum Kap der Guten Hoffnung gefangen. Er wird bis zu 1,80 m groß und ca. 15 kg schwer. Man unterscheidet die verschiedenen Arten anhand der Farbgebung. Sie variiert von Rot bis Orange, dazu kommen schwarze Flecken, vor allem am Rücken. **Im Handel erhältlich sind vier verschiedene Arten:** Roter, Goldener, Schwarzer und Südafrikanischer Kingklip. Der Südafrikanische Kingklip ist im Gegensatz zu den anderen etwas kleiner, weniger schwer und stärker gefleckt. **Verwendung in der Küche:** Auf dem mittel- und nordeuropäischen Markt ist der südafrikanische Kingklip relativ neu. Erfolgreich wird er seit Jahren in Spanien angeboten, nun gewinnt er auch in Deutschland wegen seines charakteristischen Geschmacks und seines milden, feinen, fettarmen Fleisches an Bedeutung. Es ist fest, weiß und grätenarm, dem europäischen Kabeljau sehr ähnlich. Zubereiten lässt sich der Kingklip in der Regel als Filet mit oder ohne Haut oder als ganzer Fisch. Er eignet sich hervorragend zum Dämpfen, Dünsten oder Kurzbraten und gehört zum Feinsten, was das Meer hergibt.

Kipferl [*Österr. Küche*] Hörnchen

Kippers [*Engl. Speisekarte*] Auseinandergeklappter, leicht gepökelter und meist kaltgeräucherter ↑**Hering.** In England und Schottland eine beliebte Frühstücksbeigabe.

Kir [*Hausbar*] **R** Ein Teil schwarzer Johannisbeerlikör (↑**Crème de Cassis**) auf drei bis vier Teile ↑**Wein.** Ursprünglich aus dem Burgund mit Weißwein aus der ↑**Aligotétraube.** Der Name Kir stammt von Canon Félix Kir, dem früheren Bürgermeister von Dijon.

Kir Royal [*Hausbar*] **R** 4 cl ↑**Crème de Cassis** mit ↑**Champagner** im ↑**Flöten**glas aufgefüllt

Kirchweih [*Regionale Spezialität*] Bis zur Säkularisation im Jahr 1868 war die Kirchweih in jedem bayerischen und österreichischen Dorf ein individuelles Kirchenfest. Sie wurde jeweils am Jahrestag einer Kirchenweihe oder am Namensfest des Kirchenpatrons abgehalten. Ganz im Gegensatz zum übrigen Bayern haben sich bis heute im Fränkischen und in der Oberpfalz diese unterschiedlichen Kirchweihtermine gehalten. Im restlichen Bayern wurde das Kirchweihfest einheitlich auf den dritten Sonntag im Oktober festgelegt. In Altbayern wird die Kirchweih auch als „Kirta" bezeichnet. In der Oberpfalz und in Franken ist es die „Kirwa" oder „Kerwa". Die gröbsten Arbeiten sind getan, die Bauern feiern und danken gemeinsam, dazu werden ↑**Gänse** und ↑**Enten** geschlachtet und die beliebten Kirchweihnudeln gebacken, auch als **„↑Auszog'ne"** oder „Kücherl" bekannt. Von dieser ursprünglich höchsten Feierlichkeit im Herbst ist heute wenig übrig geblieben. Nur noch in einzelnen bayerischen

Gemeinden werden so genannte „Kirta-Märkte" mit Ständen und Buden rund um die Kirche abgehalten.

Kiri [*Käse*] **Herkunft:** Frankreich; **Käsesorte:** ↑**Schmelzkäse** mit ↑**Doppelrahmstufe; Milch:** Kuhmilch; **Geschmack:** sahnig-mild; **Info:** Speziell für Kinder entwickelter ↑**Käse**, der zusätzlich wertvolles ↑**Milcheiweiß** enthält

Kirschen [*Obst*] **T Englisch:** cherry; **Französisch:** cerise; **Italienisch:** ciliegia; **Spanisch:** cereza. Die Kirsche ist ein Steinobst. Ihre Hauptanbaugebiete liegen in der Türkei, den USA und Italien. Es gibt Süß- und Sauerkirschen. **Süßkirschen; Inhaltsstoffe:** 100 g frische Süßkirschen enthalten ∅ 63 kcal/264 kJ, 82,6 g Wasser, 13,3 g Kohlenhydrate, 1,5 g Ballaststoffe, 0,21 g Kalium, 85 µg Betacarotin, 0,13 mg Vitamin E und 15 mg Vitamin C. Weichfleischige Kirschen heißen Herzkirschen und festfleischige Knorpelkirschen. Süßkirschen sind gelb bis schwarz-rot. **Sauerkirschen – Synonym:** Morellen; **Inhaltsstoffe:** 100 g frische Sauerkirschen enthalten ∅ 58 kcal/243 kJ, 84,4 g Wasser, 11 g Kohlenhydrate, 1,04 g Ballaststoffe, 115 mg Kalium, 0,3 mg Betacarotin, 0,3 mg Vitamin E und 12 mg Vitamin C. Die bekannteste Sauerkirsche ist die Schattenmorelle. Es gibt Sauerkirschen mit rotem, färbendem Saft oder hellem, nicht färbendem Saft. **Bastardkirschen:** Kreuzung aus Süß- und Sauerkirschen, die dunkel oder hell sind und einen färbenden roten oder nicht färbenden hellen Saft haben. **Tipp:** Beim Einkauf darauf achten, dass die Kirschen trocken und sauber, die Haut glatt und die Stiele noch nicht vertrocknet sind. Keine stiellosen Früchte kaufen, sie sind meist überreif. Kirschen werden hauptsächlich frisch verzehrt oder zu ↑**Konfitüren**, ↑**Konserven**, ↑**Likör**, ↑**Saft** und Tiefkühlprodukten verarbeitet. Sie eignen sich auch für Obstsalate, ↑**Kompott**, Kirschsoßen, ↑**Aufläufe**, ↑**Rote Grütze** und als Tortenbelag. Erntezeit je nach Sorte von Mitte Mai bis Anfang September. Am besten sollten Süßkirschen noch am Einkaufstag gegessen werden. Im Kühlschrank halten sie sich jedoch noch bis zu zwei Tagen, wenn sie ungewaschen auf einem Tablett ausgebreitet werden.

Kirschenmichel [*Regionale Spezialität*] **R** Oder **Kirschenplotzer** ist ein regionaler ↑**Auflauf** aus einem Teig altbackener, in lauwarmer Milch eingeweichter Brötchen, ↑**Eigelb**, ↑**Zimt**, ↑**Zucker**, entsteinten ↑**Kirschen** und ↑**Eischnee**, den man vor allem in der Pfalz und Baden-Württemberg kennt. Er wird als warme Süßspeise oder als Hauptgang mit ↑**Vanillesoße** serviert.

Kirschenplotzer [*Regionale Spezialität*] ↑**Kirschenmichel**

Kirschpaprika [*Gewürze & Kräuter*] ↑**Cherry Peppers Chili**

Kirschtomaten [*Gemüse*] ↑**Cocktailtomaten**

Kirschwasser [*Hausbar*] Klarer ↑**Branntwein**, der durch Destillieren des vergorenen Saftes der ↑**Morelle**, einer Schwarzkirsche, hergestellt wird. ↑**Edelbrand.** Berühmte und feinaromatische Kirschwässer kommen in erster Linie aus dem Schwarzwald, dem französischen Elsass und der Schweiz. Sie entwickeln ihr volles Aroma wie fast alle Edelbrände erst im Laufe der Jahre.

Kisir [*Orientalische Küche*] **A** Begriff aus der türkischen Küchenkultur für ↑**Buchweizen**-↑**Pfannkuchen** mit ↑**Lauchzwiebeln**, ↑**Tomaten** und ↑**Minze.** ↑**Türkische Küche**

Kissaten [*Intern. Länderküche*] Japanisches Café

Kitte [*Österr. Küche*] ↑**Quitte**

Kittenkäse [*Österr. Küche*] Der mit ↑**Zucker** zu ↑**Aspik**-Konsistenz eingekochte Quittensaft

Kitz [*Fleischprodukte*] **T** Junges ↑**Rehwild** oder junge ↑**Ziege.** Letztere wird grundsätzlich wie ↑**Lamm** zubereitet, meist aber kräftiger gewürzt.

Kiwano [*Exotische Früchte*] **T Lateinisch:** Cucumis metuliferus. **Synonym:** Horngurke. **Info:** Die zur Familie der Kürbisgewächse gehörenden Kiwanos gedeihen als einjähriges, kletterndes Kraut mit rauen, behaarten Stängeln und großen Blättern – ähnlich den Gurken – an einem Tragegerüst. Die zuerst grüne, bei zunehmender Reife orangefarbene, 9–15 cm lange und 6–10 cm breite, walzenförmige Frucht hat die Form einer kurzen Gurke mit vielen stumpfen, warzenartigen Dornen auf der Oberfläche. Unter der 4–6 mm starken, festen Schale befindet sich das smaragdgrüne, geleeartige Fruchtfleisch in Samenfächer unterteilt und voller kürbiskernartiger Samen. **Ursprung und Geschichte:** Kiwanos stammen aus den Steppengebieten des Kalahari-Gebietes im südlichen Afrika und sind dort seit über 3000 Jahren bekannt. In der ersten Hälfte des 20. Jahrhunderts wurden sie nach Australien eingeführt und verwilderten dort. Erst Jahrzehnte später, um 1981, wurde aus den Urformen der Kiwanos eine Spezialität gezüchtet, die wegen ihrer monatelangen Haltbarkeit für den Export nach Europa und die USA geeignet ist. **Herkunft und Saison:** Kiwanos werden auf den europäischen Märkten in der ersten Jahreshälfte angeboten; die Produktionsgebiete liegen in Südafrika, Kenia, Israel sowie in Australien und Neuseeland. **Inhaltsstoffe:** Die Frucht ist arm an Kalorien, aber reich an Vitaminen. 100 g Fruchtfleisch enthalten ∅ 22 kcal bzw. 92 kJ. **Zubereitung und Tipps:** Im unreifen Zustand ist die Kiwano grün. Das geleeartige, dunkelgrüne Fruchtfleisch, in das zahlreiche Kerne eingebettet sind, erinnert im Geschmack an eine Mischung aus ↑**Melonen**, ↑**Limetten** und ↑**Bananen** mit einer leichten Gurkennote. Sie wird frisch verzehrt, man schneidet sie einmal der Länge nach durch und löffelt sie aus. Wegen ihres dekorativen Aussehens können die leeren Schalen als Gefäß für Obstsalate verwendet werden. Wenn man die weichen Kerne nicht mag, sollte man das Fruchtfleisch und die Kerne durch ein Sieb streichen oder mit einem Mixer zerkleinern. So gewonnener Kiwanosaft schmeckt und ergibt zusammen mit ↑**Limettensaft**, ↑**Zucker** und ↑**Orangenlikör** ein aromatisches, durststillendes Getränk.

Kiwi [*Exotische Früchte*] **T Lateinisch:** Actinidia chinensis. **Synonym:** Chinesische Stachelbeere. **Info:** Die zur Familie der Strahlengriffelgewächse gehörende Kiwi ist eine auf Stützen – ähnlich den Weinreben – kultivierte holzige Liane. Die Frucht ist oval bis walzenförmig, 5 bis 10 cm lang, 3–6 cm dick und trägt auf ihrer zuerst grünen, mit zunehmender Reife braunen Schale dichte, steife, braune Flaumhärchen. Das Fruchtfleisch ist von der weißen Mitte aus von dünnen weißen Strahlen unterteilt und leuchtend grün, seltener gelb, bräunlich oder elfenbeinfarben. Die winzig kleinen, purpurroten oder fast schwarzen Samen bemerkt man beim Essen nicht. Der Geschmack ist süß bei einem angenehmen Säureanteil und erinnert an ↑**Stachel**- und ↑**Erdbeeren. Ursprung und Geschichte:** Kiwi stammen aus dem Gebiet des Yang-Tse-Flusses im Nordosten Chinas und wachsen in den dortigen Wäldern als kräftige, holzige Liane oder kletternder Strauch. Die ersten Samen wurden um 1900 von Missionaren als Chinesische Stachelbeere nach Neuseeland gebracht, wo das Potenzial dieser Frucht richtig erkannt wurde. Auf der nördlichen Insel wurde sie bald eine populäre Gartenpflanze. 1960 begannen die neuseeländischen Produzenten die wegen ihrer äußerlichen Ähnlichkeit zu dem populären Vogel Kiwi genannten Früchte weltweit zu vermarkten. Seit 1980 gibt es auch außerhalb Neuseelands eine nennenswerte Kiwi-Produktion. **Arten und Sorten:** Die wichtigste und bekannteste Sorte ist **Hayward**, eine größere Frucht mit besserem Aussehen und überlegenem Aroma. Aus Neuseeland kommt eine neue Züchtung, die so genannte „golden Kiwi“. Die einzigen Unterschiede zwischen ihr und der „green Kiwi“ liegen in der Farbe, die goldene ist zudem süßer im Geschmack. **Herkunft und Saison:** Kiwi werden ganzjährig angeboten: Die Saison beginnt im April mit den ersten Lieferungen aus Chile, wird ab Juni bis November mit Angeboten aus Neuseeland ergänzt. Die europäische Saison dauert von Oktober bis Ende Mai mit Lieferungen aus Italien, Griechenland und Frankreich. **Inhaltsstoffe:** 100 g Kiwi weisen einen Brennwert von ∅ 61 kcal/255 kJ auf und enthalten etwa 79 g Wasser, 1 g Eiweiß, 0,4 g Fett, 14,9 g Kohlenhydrate und 3,4 g Ballaststoffe. An ↑**Mineralstoffen**, ↑**Spurenelementen** und ↑**Vitaminen** sind ∅ 26 mg Kalzium, 0,4 mg Eisen, 5 mg Natrium, 17,5 RE Vitamin A und 98(!) mg Vitamin C enthalten. Die Kiwifrucht ist zweimal so reich an ↑**Vitamin C** wie eine ↑**Orange**, hat einen sehr hohen Gehalt an ↑**Vitamin E** (doppelt so viel wie eine ↑**Avocado**), sehr viel ↑**Kalzium** und andere ↑**Mineralstoffe** sowie einen beträchtlichen Anteil an ↑**Ballaststoffen. Reife:** Die Schale von durchgereiften Früchten gibt auf leichten Fingerdruck nach. **Zubereitung und Tipps:** Kiwi werden frisch verzehrt, indem man sie in der Mitte quer auseinander schneidet und auslöffelt. Man gibt sie, **leicht angedünstet**, aber auch ins ↑**Müsli** und ↑**Jogurt**, verwendet sie roh für ↑**Bowle** und Fruchtsalat sowie zur Zubereitung von süßsauren ↑**Saucen**, die zu ↑**Fleisch**-, ↑**Geflügel**- und ↑**Fisch**gerichten gereicht werden. Rohe Kiwi sollten **nicht mit** ↑**Milchprodukten** vermischt werden, weil ihr eiweißspaltendes ↑**Enzym** Actinidin diese bitter werden lässt.

Kizartma [*Orientalische Küche*] Begriff aus der türkischen Küchenkultur für gebratenes ↑**Gemüse.** ↑**Türkische Küche**

Klachlsuppe [*Österr. Küche*] **A** Begriff aus der regionalen, österreichischen Küchenkultur für eine kräftige, klare Suppe aus gewürfeltem ↑Schweine**haxen**fleisch und klein geschnittenem ↑**Gemüse.** Traditionell wird die Klachlsuppe mit ↑**Heidensterz** gegessen.

Klaffmuschel [*Fisch*] **1. Strandklaffmuschel – Lateinisch:** Mya arenaria. **Synonym:** Strandauster. Die bis zu 15 cm großen Muscheln sind die größte einheimische Muschelart. Die Jungmuscheln graben sich mit Hilfe ihres Fußes in Sand oder Schlick ein. Strandklaffmuscheln sind sehr delikat. Früher kamen sie in Ufernähe und in den Prielen der Halligen vor und waren durch ihre Größe ein sättigendes Gericht. **2. Abgestutzte Klaffmuschel – Lateinisch:** Mya truncata. Der Strandklaffmuschel ganz ähnlich, ist die abgestutzte Klaffmuschel, wenn auch kleiner (bis zu 7 cm Länge) und an einem Ende gerade abgeschnitten statt rundlich. Sie lebt in kälterem Wasser als die Strandklaffmuschel und wird seltener im Uferbereich gefunden.

Klare Rindssuppe [*Österr. Küche*] ↑**Bouillon**, Fleischbrühe

Klare Suppe [*Unsere Küche*] **T** Durch das Mitköcheln einer ↑**Tomate** bleibt die Suppe glasklar (gilt besonders für Rindfleischbrühe). ↑**Suppe, klare** oder ↑**Brühe**

Klären [*Unsere Küche*] **T 1.** Alle trüben Bestandteile aus ↑**Brühen**, klaren Suppen, Fruchtsäften und Gelees entfernen. Geklärt wird hauptsächlich mit ↑**Eiweiß**, das man in die eiskalte Flüssigkeit kräftig mit dem Schneebesen einrührt und dann aufkocht. Das Eiweiß gerinnt und bindet dabei alle Trübstoffe, danach wird abgeseiht. ↑**Consommé** & ↑**Würztabelle/Oxtail**; 2. Beim Klären von ↑**Butter** wird die ↑**Molke** vom ↑**Butterfett** durch Erhitzen getrennt. Entweder schöpft man die Molke von der Oberfläche der aufgeschäumten Butter ab oder lässt die flüssige Butter stehen, bis die Molke auf den Grund sinkt. Nur geklärte Butter wird zum Braten oder für Saucen (↑**Hollandaise**) weiterverwendet.

Klärfleisch [*Unsere Küche*] **T** Mageres frisches (kein hochwertiges) ↑**Fleisch** (je nach Art der ↑**Consommé**, auch ↑**Fisch**) wird mit ↑**Lauch**, ↑**Karotten** und ↑**Sellerie** durch die grobe Scheibe des Fleischwolfes getrieben. Diese Masse vermischt man mit ↑**Eiklar** und

Eis und rührt sie in die zu klärende, eiskalte Brühe. ↑**Würztabelle/Oxtail**

Klarkochen [*Unsere Küche*] **T** Alle trüben Bestandteile – Schaum und Fett – bei ↑**Saucen** und Suppen werden ständig abgeschöpft, bis diese klar sind. ↑**Bouillon** oder ↑**Jus** darf nur ganz sanft köcheln, starkes Brodeln löst die Trübstoffe.

Klatschkäse [*Käse*] Regionale Bezeichnung aus dem Rheinland für ↑**Quark**

Kleber [*Fachkunde*] ↑**Gluten**

Kleberbrot [*Backstube*] Diätbrot für Zuckerkranke

Klebreis richtig zubereiten [*Asiatische Küche*] **R** In China wird er für Füllungen genutzt, seltener als Beilage serviert. Im Norden Thailands ist Klebreis besonders beliebt. Er wird zu Süßspeisen verarbeitet, als Beilage gereicht oder aber auch als Salateinlage verwendet. Seinen Namen verdankt er seiner klebrigen Konsistenz, denn die Körner kleben nach dem Kochen fest aneinander. Dies hat den Vorteil, dass man Klebreis gut mit der Hand essen kann. In Regionen, wo traditionell mit Daumen und Zeigefinger gegessen wird, wird der Reis zu kleinen Kugeln gedreht, um damit ↑**Fleisch**, ↑**Gemüse**, ↑**Fisch**, ↑**Hülsenfrüchte** und ↑**Sauce** aufzunehmen. Klebreis ist auch das Essen für unterwegs, weil man ihn gegart wie ↑**Sandwiches** formen und füllen kann, außerdem eignet er sich für Bratreis-Gerichte. Vor der Zubereitung lässt man den gekochten Reis gut abkühlen, um ihn dann mit den anderen Zutaten anzubraten. **Es gibt verschiedene Klebreis-Sorten.** Für süßen Klebreis mit ↑**Kokosmilch** eignet sich vor allem der Rundkornklebreis, der meist aus Vietnam kommt. Man erkennt ihn an dem runderen Korn. **Originalrezept:** Klebreis wird vor der Zubereitung gründlich gewaschen und über Nacht in kaltem Wasser eingeweicht. Danach gießt man das Einweichwasser ab und gibt den ↑**Reis** in einen Dämpfaufsatz aus Bambus oder Metall. In einer hohen Pfanne oder im Wok wird Wasser (der Boden ist ca. 2 – 3 cm mit Wasser bedeckt) aufgekocht. Dann gibt man den Dämpfaufsatz dazu. Dabei darf der Boden des Dämpfeinsatzes das Wasser nicht berühren. Der Reis wird mit geschlossenem Deckel 15 – 20 Min. gedämpft. **Alternative Zubereitung:** 500 g Klebreis in einen Topf geben und in die Spüle stellen. Danach den Reis 10 Min. wässern, d. h. es wird permanent Wasser in den Topf laufen gelassen, um die ↑**Stärke** aus dem Reis zu waschen. Der Wasserstrahl darf dabei nur ganz wenig Druck haben, damit nur das Wasser und nicht der Reis aus dem Topf gespült wird. Danach den Reis durch ein Sieb gießen und in einem Topf mit 600 ml Wasser 15 Min. köcheln lassen. Danach sollte der Reis das Wasser komplett aufgenommen haben. Den Reis jetzt noch 15 Min. ziehen lassen.

Kleehonig [*Allgem. Nährmittel*] **T** Fein, cremig, mit lieblichem, mild-süßem Geschmack und einer fast perlmuttartig weißen bis rotgoldenen Farbe. Wegen des hohen ↑**Traubenzucker**gehaltes ist er nicht nur ein schneller Energiespender, er kristallisiert auch schnell aus. Gut als Brotaufstrich, Süßstoff für Getränke, Gebäck und Gerichte wie ↑**Geflügel** mit Honigkruste. ↑**Honig**

Kleesamen [*Allgem. Nährmittel*] ↑**Alfalfa**

Kléftiko [*Griech. Speisekarte*] **A** Begriff aus der griechischen Küchenkultur für im eigenen Saft im Backofen zusammen mit ↑**Kartoffeln** und manchmal ↑**Gemüse** gegartes ↑**Lammfleisch**

Kleie [*Allgem. Nährmittel*] **T Englisch:** bran; **Französisch:** son; **Italienisch:** crusca; **Spanisch:** salvado. Bleibt bei der Vermahlung von Getreide als Rückstand übrig und besteht aus dem Keimling sowie den Randschichten der Körner. Reich an unlöslichen ↑**Ballaststoffen**, ↑**Vitaminen**, ↑**Mineralstoffen** und ↑**Eiweiß**, wird zur Anreicherung von Lebensmitteln, besonders von Getreideerzeugnissen eingesetzt. Als Speisekleie bzw. „Branflakes" erhältlich. Durch die Fähigkeit, Wasser zu binden, fördert Kleie die Verdauung. Ihre Wirkung ist von ausreichender Flüssigkeitszufuhr abhängig. Wird zu wenig Flüssigkeit aufgenommen, kann Kleie verstopfend wirken.

Klein [*Weinkunde*] So heißen Weine, die wenig Aroma und Charakter aufweisen. Diese Weine haben oft einen zu geringen Alkohol- und Extraktgehalt.

Kleine Sonnenblume [*Gemüse*] ↑**Topinambur**

Kleiner Brauner [*Österr. Küche*] = 1 Teil ↑**Espresso**, 1 Teil heißes Wasser, etwas ↑**Milch** oder ↑**Sahne** (österr. Kaffeespezialität)

Kleiner Brauner kurz [*Österr. Küche*] = 1 Teil ↑**Espresso**, 1/2 Teil heißes Wasser, etwas ↑**Milch** oder ↑**Sahne** (österr. Kaffeespezialität)

Kleiner Brauner lang [*Österr. Küche*] = 1 Teil ↑**Espresso**, 2 Teile heißes Wasser, etwas ↑**Milch** oder ↑**Sahne** (österr. Kaffeespezialität)

Kleiner Schwarzer [*Österr. Küche*] = 1 Teil ↑**Espresso**, 1 Teil heißes Wasser (österr. Kaffeespezialität)

Kleiner Schwarzer kurz [*Österr. Küche*] = 1 Teil ↑**Espresso**, 1/2 Teil heißes Wasser (österr. Kaffeespezialität)

Kleiner Schwarzer lang [*Österr. Küche*] = 1 Teil ↑**Espresso**, 2 Teile heißes Wasser (österr. Kaffeespezialität)

Kleiner Wiesenknopf [*Gewürze & Kräuter*] ↑**Pimpernell**

Kleinfleisch vom Schwein [*Fleischprodukte*] Neben Spitzbein, Schnauze (Rüssel) und Ohren werden die fleischtragenden Brustknochen und Rippen (Schälrippchen, Bratenrippchen, ↑**Spareribs**, ↑**Brustspitz**) sowie Wirbelknochen des Schweins einschließlich Schwanz als Kleinfleisch bezeichnet. Beim ↑**Rind** werden fleischtragende Knochen als Fleischknochen, beim Kalb auch als Kalbskleinfleisch bezeichnet.

Kleinfleisch, gepökelt [*Fleischprodukte*] Rohe ↑**Schälrippchen**

Kleingebäcke [*Backstube*] **T** Überwiegend aus ↑**Weizenmehl** hergestellt. Hierbei wird unterschieden zwischen Weizenbrötchen, die aus mindestens 90 % Weizenmehl, und Weizenmischbrötchen, die aus mehr als 50 %, jedoch weniger als 90 % Weizenmehl hergestellt werden. Roggenbrötchen müssen mindestens 50 % ↑**Roggenmehl**, Weizenvollkornbrötchen mindestens 90 % Weizenvollkornerzeugnisse enthalten. Mehrkornbrötchen werden aus mindestens einer Brotgetreideart sowie aus mindestens einer anderen Getreideart, insgesamt aus drei oder mehr verschiedenen Getreidearten hergestellt. Jede Region Deutschlands hat ihre eigenen Spezialitäten. Typisch sind die Hamburger Rundstücke, die Kölner Röggelchen, die Berliner Schrippen oder die Kaisersemmel, die in Bayern sehr verbreitet ist. Kleingebäcke haben einen hohen Krustenanteil. Sie sind deshalb sehr schmackhaft, denn in der Kruste befinden sich besonders viele geschmacksgebende Röststoffe. Beim Ausbundgebäck wird die Oberfläche durch Eindrücken oder Einschneiden noch weiter vergrößert, was zu einem noch intensiveren Geschmack führt.

Kleinkinderernährung [*Gesundheit*] **T** Ernährung von Kindern, die zwischen 1 und 3 Jahre alt sind. Der kindliche Organismus ist noch nicht in der Lage, alle Bestandteile aus der Erwachsenenkost zu verarbeiten, denn Verdauungsorgane und Gebiss sind noch nicht voll entwickelt. Grobe und schwer verdauliche Lebensmittel wie manche Kohlsorten (↑**Weiß-** und ↑**Rotkohl**) und ↑**Hülsenfrüchte** (↑**Erbsen**, ↑**Linsen**, ↑**Bohnen**), scharf angebratenes ↑**Fleisch**, grobes, fest gebackenes ↑**Sauerteig**brot, in reichlich Fett Gebackenes oder Frittiertes, stark Gewürztes und Gesalzenes **sind für Kleinkinder ungeeignet.**

Kleiß [*Fisch*] ↑**Glattbutt**

Klementine [*Obst*] ↑**Clementine** oder ↑**Mandarine**

Kletze [*Österr. Küche*] Dörrbirne, getrocknete ↑**Birne**

Kletzenbrot [*Österr. Küche*] Früchtebrot, Gebäck aus ↑**Dörrobst** wie ↑**Birnen**, ↑**Zwetschgen**, ↑**Feigen**, ↑**Datteln**, ↑**Nüssen**

Kliesche [*Fisch*] ↑**Rotzunge**

Klingelberger [*Weinkunde*] Eine in der Ortenau (Baden) übliche Bezeichnung für ↑**Riesling**

Klink, Vincent [*Berühmte Köche*] **Vincent Klink**, *1949 in Gießen an der Lahn, D – betreibt seit 1991 in Stuttgart das mit einem Michelin-Stern ausgezeichnete Restaurant „Wielandshöhe". – Bekannt wurde er für seine Kreationen mit erstklassigem Fleisch von der Schwäbischen Alb, ↑**Demetergemüse.** Es gibt keine Geschmacksverstärker in seinen traditionellen Gerichten, die in Perfektion angeboten werden. Durch die Fernseh-Kochsendungen **ARD-Buffet** und **Koch-Kunst** wurde man auf Vincent Klink aufmerksam, außerdem betreibt er seit 1998 seinen eigenen Verlag: „Edition Vincent Klink", und ist Mitherausgeber der Zeitschrift **„Häuptling Eigener Herd".**

Klipper [*Fisch*] Frischer ↑**Hering**, auseinandergeklappt und kaltgeräuchert

Klippfisch [*Fisch*] **T** Oder ↑**Stockfisch** aus Dorscharten wie ↑**Schellfisch**, ↑**Kabeljau**, ↑**Lengfisch** und ↑**Seelachs**. Der von Eingeweide und Kopf befreite Fisch wird der Länge nach zerteilt, nass oder trocken gesalzen und nach der Salzreife auf Klippen oder in Trockenkammern getrocknet. Klippfisch muss vor der Zubereitung 30 Stunden gewässert werden. Als **Lutefisch** oder **Pannfisch** bezeichnet man einen unter Zusatz von Salzlauge wieder aufgeweichten Klipp- oder Stockfisch.

Klobassen [*Österr. Küche*] ↑**Burenwürste**

Klöpfer [*Regionale Spezialität*] Würstchen aus fein zerkleinertem ↑**Brät**

Klopferbrot [*Backstube*] Diätbrot aus fein zerkleinertem ↑**Getreide** mit aufbereitetem ↑**Kleber** (Getreideeiweiß), leicht verdaulich

Klopse [*Unsere Küche*] Kleine Klößchen in der Größe von Aprikosen. ↑**Königsberger Klopse**

Klöße [*Unsere Küche*] ↑**Knödel**

Kloßteig von gek. Kartoffeln [*Unsere Küche*] **R Grundrezept:** 1 kg mehlige ↑**Kartoffeln** (keine neuen – die sind zu wässrig); 100–150 g ↑**Mehl**, 2 kleine ↑**Eier**, ↑**Salz**, ↑**Muskatnuss** gerieben, eventuell etwas ↑**Grieß**; falls der Teig zu feucht wird. **Zubereitung:** Die Pellkartoffeln zugedeckt weich kochen und über Nacht im Kühlschrank auskühlen lassen. Schälen und durch die feine Scheibe des Fleischwolfes drehen. Die Kartoffelmasse mit den Zutaten zu einem stabilen, geschmeidigen Teig verkneten und etwas quellen lassen. Teig zu einer dicken Rolle formen und in 8–12 gleichmäßige Scheiben schneiden. Daraus – mit bemehlten Händen – gleichmäßige Knödel formen, in deren Mitte 2–3 ↑**Croûtons** gesteckt werden (darauf achten, dass die Knödel gut verschlossen sind und keine Risse haben!). Einen flachen Topf mit Salzwasser (1 TL pro l) zum Kochen bringen. Die Kartoffelknödel ins Wasser geben, aufkochen lassen, darauf achten, dass sie nicht am Boden kleben, und mit halb aufgelegtem Deckel bei schwacher Hitze 15–20 Min. ziehen lassen (nicht kochen! Das Wasser darf nicht sprudeln). ↑**Knödel.** Passen zu allen deftigen Gerichten mit Soße.

Klosterbeeren [*Obst*] ↑**Stachelbeeren**

Klosterneuburger Zuckergrad [*Weinkunde*] Österreichische Maßeinheit für das Mostgewicht. ↑**KMW**

Kluai [*Exotische Früchte*] Süße kleine ↑**Banane** aus Thailand

Kluft [*Fleischprodukte*] Regionale Bezeichnung für einen Teil der Rinderkeule

Kluftsteak [*Fleischprodukte*] ↑**Steak** aus der Oberschale junger Rinder, ist nur dann gut, wenn das Fleisch sehr gut abgehangen ist.

Kluntje – Kandis [*Allgem. Nährmittel*] Die großen, klaren, weißen Kristalle sind in Friesland zum Süßen von ↑**Tee** beliebt. Ihr besonderes Merkmal ist das feine Klingeln, mit dem die Kristalle in der heißen Flüssigkeit zerspringen. ↑**Zucker**

Kluwka [*Wildkräuter, -blüten & -früchte*] ↑**Preiselbeeren**

KMW [*Weinkunde*] Kloster Neuburger Mostwaage. Mit dieser Maßeinheit wird in Österreich und Italien der Zuckergehalt im Traubenmost gemessen, z.B. 17° KMW = 83,5° ↑**Öchsle** – KMW x 4,91 = Öchsle

Knäckebrot [*Backstube*] **T** ↑**Fladenbrot**, ursprünglich aus Skandinavien. Es wird ohne ↑**Konservierungsstoffe** gebacken und ist wegen seines geringen Wassergehaltes bis zu einem Jahr haltbar. Das flache Knusperbrot besteht fast nur aus Kruste. Besteht aus ↑**Roggen** und ↑**Weizen** oder Mischung, wird kurz und heiß gebacken. Danach wird der Wassergehalt durch Trocknung von 20 % auf 5 % gesenkt. Es enthält beachliche Mengen an: ↑**Ballaststoffen**, ↑**Kohlenhydraten**, pflanzlichem ↑**Eiweiß**, ↑**Vitaminen** und ↑**Mineralstoffen**.

Knacker oder Knackwurst [*Fleischprodukte*] Regional unterschiedliche Arten von ↑**Mettwurst**, die weich und klein genug sind, um direkt aus der Hand gegessen zu werden. In Nord- und Ostdeutschland wird unter Knackwurst bzw. Knacker eine dünne, leicht geräucherte und getrocknete ↑**Rohwurst** aus kräftig gewürztem ↑**Schweinemett** verstanden, die wochenlang haltbar ist. Sie wird kalt oder heiß, auch als Einlage von deftigen Eintöpfen verzehrt. In Süddeutschland und Österreich werden ↑**Brühwürste** aus ganz oder überwiegend feinem Brät wie ↑**Regensburger** und ↑**Wiener Würstchen** umgangssprachlich als Knackwurst oder Knacker bezeichnet.

Knepfle, knèpfle [*Franz. Speisekarte*] ↑Mehl**spätzle**, Kartoffel-, Leber- oder Markklößchen für Suppen, eine Spezialität aus dem Elsass

Kneten [*Unsere Küche*] Vor allem Teig, aber auch andere Mischungen werden mit beiden Händen gut durchgearbeitet (geknetet), damit eine homogene (sich bindende) Masse entsteht.

Knetkäse [*Käse*] Dieser Käse wird in der Herstellung weich und formbar gemacht und dann zu Kugeln geknetet. In Italien nennt man diese Käseart auch „Filata". Der berühmteste Vertreter ist Mozzarella aus Büffelmilch. Da ↑**Mozzarella** einen großen Wasseranteil hat, stecken in diesem Käse pro 100 g nur ca. 400–500 mg Kalzium und nur rund 20 g Fett. ↑**Brühe-** oder ↑**Filatakäse**

Knieküchle [*Regionale Spezialität*] ↑**Auszog'ne**

Knieper [*Fisch*] **T** Für das Töten der aus der Hochsee vor Helgoland kommenden ↑**Taschenkrebse** wurde die deutsche Tierschutzschlachtverordnung geändert. Sie regelt, dass nur die Fischer der Nordseeinsel auf See die Taschenkrebse mittels Stich ins Nervenzentrum töten dürfen. Alle anderen Fischer in der EU müssen sie nach dem Fang sofort abkochen. So entwickelte sich neben dem berühmten Helgoländer ↑**Hummer** die eigentliche Inselspezialität: der **„Knieper"**. Das überaus delikate Scherenfleisch der Helgoländer Taschenkrebse wird von Gourmets sehr geschätzt. Mit ↑**Mayonnaise** angemacht und frischem ↑Saison**gemüse** verfeinert wird er Teil des Kniepersalats.

Kniepperkohl [*Regionale Spezialität*] **A** Ein dem ↑**Sauerkraut** ähnliches Sauergemüse aus Brandenburg. Er besteht aus blanchiertem ↑**Weißkohl**, Blättern von ↑**Rotkohl** und ↑**Grünkohl**, die trocken ausgedrückt, eingesalzen und schichtweise mit Wein- und Kirschblättern in Steinzeugtöpfen eingestampft werden. Dieses Gemüse diente lange Zeit als Sauerkrautersatz.

Knife [*U.S. Kitchen*] Messer

Knifte [*Regionale Spezialität*] Dick belegtes Brot der Bergleute im Ruhrgebiet

Knishes [*U.S. Kitchen*] Gefüllte Teigtaschen. Das Wort „knish" stammt aus dem Russischen und steht für Kloß.

Knoblauch [*Gewürze & Kräuter*] **A** Die Einsatzmöglichkeiten und die Geschichten über diese tolle Knolle füllen Bücher. Darum hier nur das Wichtigste. **Lateinisch:** Allium sativum; **Englisch:** garlic; **Französisch:** ail; **Italienisch:** aglio; **Spanisch:** ajo. **Info:** Der zur Familie der Liliengewächse gehörende Knoblauch bildet im Gegensatz zu seiner nahen Verwandten Zwiebel nicht eine einzelne Schalenzwiebel, sondern an einer kurzen Achse jeweils 3–12 so genannte „Zehen". **Ursprung und Geschichte:** Der ursprünglich aus Zentralasien stammende Knoblauch hat eine der Zwiebel ähnliche Kulturgeschichte und ist schon seit mehr als 5000 Jahren kultiviert. Älteste Rezepturen mit Knoblauch als Heilmittel stammen aus der Zeit um 1500 vor Christus. Die deutsche Bezeichnung „Knoblauch" leitet sich von den enthaltenden Zehen ab, die im Mittelalter „Kloben" genannt wurden. **Herkunft und Saison:** Knoblauch wird das ganze Jahr über aus Südeuropa angeboten, zeitweise ergänzt durch Lieferungen aus Nordafrika. Beim Kauf auf feste, pralle Knollen mit trockener und sauberer Außenhaut achten. **Inhaltsstoffe:** 100 g frischer Knoblauch haben einen Brennwert von ∅ 141 kcal/590 kJ und enthalten 62 g Wasser, 6,1 g Eiweiß, 0,1 g Fett, 28,4 g Kohlenhydrate und 1,8 g Ballaststoffe. An ↑**Mineralstoffen**, ↑**Spurenelementen** und ↑**Vitaminen** sind ∅ 38 mg Kalzium, 1,4 mg Eisen, 19 mg Natrium, 530 mg Kalium, 35 mg Magnesium, 134 mg Phosphor und 14 mg Vitamin C enthalten. Daneben enthält Knoblauch etwa 0,1–0,4 % vielfältigster, schwefelhaltiger Verbindungen. So den Wirkstoff Allicin, das mehrere Stoffwechselabbaustufen durchläuft und dessen Abbauprodukte nach reichlichem Knoblauchgenuss durch die Haut und die Lungenschleimhäute ausgeschieden werden. Sie lösen den – seltsamerweise nur im Norden als unangenehm empfundenen – Knoblauchgeruch aus. Der Mundgeruch lässt sich durch Zerkauen von ↑**Petersilienwurzeln** und Blättern vermindern. Auch die Blätter der Gartenraute helfen sowie das Ausspülen des Mundes und Trinken frischer Milch. **Geschmack:** Die Knoblauchzehen besitzen einen aufdringlichen

Geschmack und Geruch, roher Knoblauch ist brennend scharf und kann die Augen zum Tränen bringen. Die Schärfe des rohen Knoblauchs verliert sich beim Kochen oder Braten, das Aroma bleibt. **Verwendung in der Küche:** Knoblauch wird in fast allen Küchen verwendet. Auch das grüne Kraut wird gerne genommen, da es milder im Geschmack ist. Bei Salaten genügt es meistens schon, wenn man die Schüssel mit einer Knoblauchzehe ausreibt. Der grüne Keimling in Inneren jeder Zehe sollte immer entfernt werden, weil er den Knoblauch schwer verdaulich macht und hauptsächlich für den Knoblauchgeruch verantwortlich ist. Knoblauch wird gehackt, zerrieben oder gepresst, er gibt Gerichten, roh oder kurz angeschwitzt, eine würzige mediterrane Note **(stark angebratener Knoblauch wird bitter)**. Knoblauch wird für italienisches ↑**Pesto** oder provenzalische ↑**Aïoli**paste als Gewürz verwendet. Eigentlich werden nur Süßspeisen nicht mit Knoblauch gewürzt! Auch in der deutschen Küche wird der Gebrauch von Knoblauch immer selbstverständlicher. **Wirkung in der Volksmedizin:** Dass die Wunderknolle gesund ist, wussten schon die Pharaonen, sie ließen zum Schutz vor Epidemien täglich Knoblauch an die Pyramidenbauer verteilen. Knoblauch übt wissenschaftlich unbestritten eine äußerst positive Wirkung auf das Blut aus. Er hemmt die Blutgerinnung, wirkt damit einer ↑**Thrombose** (Pfropfenbildung) in den Blutgefäßen entgegen und wirkt vorbeugend gegen ↑**Arteriosklerose** (Verkalkung), was in Langzeituntersuchungen mit 60- bis 80-Jährigen festgestellt worden ist. **Knoblauch verhindert Gewichtszunahme.**

Knoblauchbutter [*Unsere Küche*] **R** Kleingeschnittene Knoblauchzehen mit Salz bestreut ziehen lassen. Die so mürbe gemachten Knoblauchzehen werden gepresst oder mit einem Messerrücken zerdrückt, unter die weiche ↑**Butter** gemischt, mit ↑**Zitronensaft**, ↑**Salz** und ↑**Pfeffer** abgeschmeckt.

Knoblauch-Essig [*Gewürze & Kräuter*] **T** Die Grundlage ist meistens ↑**Branntweinessig**, der mit frischen, zerdrückten Knoblauchzehen versetzt wird. Er ist sehr geschmacksintensiv und herzhaft und sollte nur sehr sparsam dosiert werden. Passt sehr gut in Blattsalate.

Knoblauchmayonnaise [*Unsere Küche*] ↑**Aioli** oder ↑**Rouille**

Knoblauchöl [*Allgem. Nährmittel*] Wird durch Destillation aus den Knoblauchknollen gewonnen. Durch die Schwefelverbindungen hat das gelbe bis bräunliche Öl einen sehr scharfen Geschmack und Geruch. Knoblauchöl kommt im normalen Haushalt oder Kleinbetrieb kaum zum Einsatz, es dient in der Industrie zur Herstellung von Salatdressings, Trockensuppen und Fleischgewürzen.

Knoblauchraukenblüten [*Wildkräuter, -blüten & -früchte*] **T Lateinisch:** Alliaria petiolata; Knoblauchraukenblüten schmecken aromatisch. – **Mehr Information:** ↑**Essbare Blüten**

Knoblauchsauce [*Unsere Küche*] ↑**Aioli** oder ↑**Rouille**

Knobli [*Gewürze & Kräuter*] ↑**Knoblauch**

Knochen [*Fachkunde*] **T** Teile des Skeletts, bestehen aus Calciumphosphat, Calciumcarbonat, Magnesiumphosphat, dem ↑**Eiweiß** Osein und ↑**Fett**. Tierische Knochen werden in der Küche zur Herstellung von ↑**Gelatine**, Suppen, ↑**Brühen**, ↑**Fonds** und ↑**Saucen** verwendet.

Knochenbrühe [*Unsere Küche*] Wie ↑**Fleischbrühe**, aber nur aus blanchierten Knochen gekocht

Knochenmark [*Fachkunde*] Gelber, fettreicher Stoff in den langen Röhrenknochen der Schlachttiergliedmaßen. Wegen der anhaltenden ↑**BSE**-Fälle ist die Verwendung von Rindermark zurzeit verboten.

Knockanour [*Käse*] ↑**Irischer Käse**

Knödel [*Unsere Küche*] **T Englisch:** dumplings; **Französisch:** boulettes; **Italienisch:** canederli, gnocchi; **Spanisch:** albondiga. Es gibt keine Mehrzahl, **nur Karl Valentin sprach von Knödeln**. Auch Klöße oder Klopse genannt, sind es kugelförmige Speisen, die als Beilage zu Hauptgerichten oder Einlage in Suppen, als Nachspeise oder eigenständige Gerichte dienen. Pikante oder süße Knödel werden in Wasser gedämpft oder ohne Deckel gekocht und aus verschiedensten Zutaten bereitet, aus rohen ↑**Kartoffeln** (Knödel) oder gekochten Kartoffeln (Klöße – ↑**Kloßteig**), Semmeln (↑**Semmelknödel**), ↑**Mehl** bzw. ↑**Hefeteig** (Hefeklöße), ↑**Grieß** (Grießklöße), ↑**Fleisch** (Klopse – ↑**Frikadellen** & ↑**Königsberger Klopse**) oder ↑**Innereien** (↑**Leberknödel** – ↑**Würztabelle**), ↑**Geflügel**, ↑**Wild** oder ↑**Fisch**. Sie können gefüllt oder ungefüllt sein (süß mit ↑**Zwetschgen** und ↑**Aprikosen** oder pikant mit ↑**Hackfleisch** oder ↑**Wurst**brät). Knödel oder Klöße benötigen einen geräumigen, flachen Topf, um durchzugaren. Sie dürfen nie in sprudelndem Wasser kochen, sondern nach dem ersten Aufkochen nur noch ziehen. **Wann sind Knödel durch? 1)** Knödel aus schweren Massen (Kartoffelknödel mit und ohne Füllung); Sie steigen, wenn sie gar sind, an die Wasseroberfläche, nach weiteren 5 Min Ziehen sind sie fertig. **2)** Knödel aus leichten Massen (Semmelknödel, Leberknödel, Grießklöße usw:): Sie beginnen sich im leicht wallenden Wasser im Kreise zu drehen, wenn sie gar sind. **Warum sind meine Knödel zerfallen?** Die Knödel zerfallen im Kochwasser, weil: **1.** … die Knödel zu stark gekocht haben (kochendes Wasser sofort mit kaltem Wasser abschrecken). **2.** … die Knödel mit geschlossenem Deckel gekocht haben. **3.** … die Knödel keinen Platz im Topf haben. **4.** … sie zu viel Flüssigkeit, zu wenig Ei oder zu wenig Mehl enthalten. **5.** … in den Obstknödeln tiefgekühlte (lassen zu viel Wasser) statt frische Früchte verwendet wurden. **6.** … die Knödel beim Formen nicht gut verschlossen wurden (wasserdicht). **Kochtipps:** Damit man keine bösen Überraschungen erlebt, immer erst einen Probekloß garen, bevor die gesamte Masse im Topf landet. **Obstknödel** in leicht gesalzenes, köchelndes Wasser einlegen, mit Vanilleschote (oder Vanillezucker), Rum und Zitronenschale würzen. **Klopse, Leberknödel und Fleischknödel** aus Wild, Fisch, Geflügel oder mit Fleischfüllung in gesalzenes köchelndes Wasser einlegen, mit ↑**gespickter Zwiebel** würzen. **Semmel-, Leber- und Fleischknödel** immer mit nassen Händen, alle anderen Knödelarten wie **Kartoffel-, Hefeknödel** usw. mit bemehlten Händen formen!

Knolau [*Gewürze & Kräuter*] **T Lateinisch:** Allium tuberosum. **Synonym:** Chinesischer Schnittlauch. Wächst wie ↑**Schnittlauch**, ist winterhart und schmeckt wie ↑**Knoblauch**. Die Aufzucht von Knolau ist einfach. Die Handhabung in der Küche gleicht dem Schnittlauch. **Aussaat:** März – August oder auch ganzjährig im Zimmer. **Geschmack:** Knolau schmeckt intensiv nach Knoblauch. **Verwendung:** In aiatischen Küchen hat er Tradition, bei uns bürgert er sich langsam ein. Der Schnittknoblauch ist eine Alternative zu Bär- und Schnittlauch. Er besitzt ein knoblauchähnliches Aroma, aber wächst im Gegensatz zum Bärlauch vom Frühjahr bis zum Herbst. Sieht dem Schnittlauch ähnlich, die Halme sind jedoch breiter und erscheinen flachgedrückt. Er hat weiße Blüten.

Knollenfenchel [*Gemüse*] ↑**Fenchel**

Knollenknobel [*Gemüse*] ↑**Erdkastanien**

Knollensellerie [*Gemüse*] ↑**Sellerie** – Englisch: celeriac; **Französisch:** célerie-rave; **Italienisch:** sedano rapa; **Spanisch:** apionabo

Knollensonnenblume [*Gemüse*] ↑**Topinambur**

Knollenwinde [*Gemüse*] ↑**Süßkartoffel**

Knöpfle [*Regionale Spezialität*] Kleine Spätzleart, Spezialität aus dem Schwäbischen. ↑**Spätzle** sind länglich, Knöpfle dagegen rundlich und nur in Teilen Badens und im Allgäu beheimatet. Um diese Form zu erhalten, muss der Spätzleteig durch eine spezielle Reibe ins kochende Wasser gepresst werden.

Knufloch [*Gewürze & Kräuter*] ↑**Knoblauch**

Knurrhahn [*Fisch*] **T Lateinisch:** Trigla hirundo = roter Knurhahn – Trigla gurnardus = grauer Knurrhahn. **Synonym:** Seehahn. **Englisch:** gurnard, tub gurnard; **Französisch:** grondin, grondin rouge, perlon; **Italienisch:** cappone, capone gallinella; **Spanisch:** bejel. Der Knurrhahn mit dem gepanzerten Kopf hat ein abschreckendes Äußeres. Der Name deutet die Fähigkeit dieser Fische an, knurrende Laute von sich zu geben. **Der rote Knurrhahn**, auch Seeschwalbe und Petermann genannt, ist auf der oberen Körperhälfte lebhaft rot gefärbt, auf den schwärzlichen bis bläulichen Brustflossen hat er weiße oder rote Strahlen. **Der graue Knurrhahn** ist etwa 30 cm lang und auf dem Rücken graubraun mit hellen Flecken. Er hat vor der Brustflosse ebenfalls drei fingerförmige Strahlen. Der graue Knurrhahn ist häufiger als der rote, ist erheblich billiger, da er klein ist und viel Abfall hat. Das Fleisch beider Arten ist weiß, fest und wohlschmeckend. In Südfrankreich ist der Knurrhahn ein wichtiger Fisch für die ↑**Bouillabaisse.**

Koah [*Intern. Länderküche*] Oder **khoya:** Begriff aus der indischen Küche für eingekochte ↑**Milch** mit cremiger Konsistenz

Kobalt bzw. Cobalt [*Gesundheit*] **T** Bestandteil des ↑**Vitamins** B_{12} und somit an der Bildung roter Blutkörperchen und an die Aktivierung einer Reihe von ↑**Enzymen** beteiligt. Im menschlichen Körper schätzt man den Bestand auf 1 – 2 mg. Speicherorgane für Kobalt sind Leber, Knochenmark, Bauchspeicheldrüse, Milz und Nieren. **Täglicher Bedarf:** Ab einem Alter von 13 Jahren wird eine tägliche Aufnahme von 3 mg Vitamin B_{12} empfohlen. Dies entspricht einer Kobaltaufnahme von etwa 0,3 mg. **Hauptlieferanten:** Kobalt ist in allen Lebensmitteln, die Vitamin B_{12} enthalten. Es kommt in tierischen Produkten wie ↑**Fleisch**, ↑**Innereien**, in ↑**Fisch**, ↑**Milch** und ↑**Eiern** vor. Auch in ↑**Sauerkraut** ist es enthalten. Pflanzen außer ↑**Tomaten** enthalten so gut wie kein B_{12}. ↑**Veganer**, also Vegetarier, die neben dem Verzicht auf Fleisch auch keine Milch oder Eier zu sich nehmen, sollten deshalb auf ein B_{12}-Präparat zurückgreifen. Wegen der chemisch engen Verwandtschaft zwischen Kobalt und ↑**Eisen** kann es bei hohen Eisenkonzentrationen im Darm z. B. durch die Einnahme von Eisentabletten zu einer verminderten Aufnahme von Kobalt kommen. **Mangelerscheinungen:** Vitamin B_{12} und damit auch Kobalt kann in der Leber gespeichert werden, sodass sich ein Mangel erst nach sehr langer Zeit (ca. 2 bis 5 Jahre) bemerkbar macht. Veganer, ältere Menschen oder Patienten, denen der Magen entfernt wurde, sowie Alkoholiker, die sich nur einseitig ernähren, sind vom Vitamin-B_{12}-Mangel bedroht. Dieser äußert sich durch Schädigungen des Nervensystems, Gedächtnisschwächen bis hin zu Demenz und bestimmte Formen von Anämie, also Blutbildveränderungen bzw. Blutarmut.

Kobe-Rind [*Fleischprodukte*] Das teuerste und exklusivste Hausrind der Welt; seine Rasse zählt zu den japanischen Rindern (↑**Wa-gyu-Beef**) und heißt im Original ↑**Tajima-ushi** (japanisches Schwarzvieh, **Tajima-Rind**). Die Art und Weise der Tierhaltung ist einzigartig. Die Tiere erhalten besonderes Kraftfutter mit ↑**Getreide**, ↑**Rüben** und ↑**Kartoffeln** und werden täglich von ihrem Halter gründlich massiert, jedes Tier etwa ein bis zwei Stunden. Dabei werden sie mit einer besonderen alkoholischen Mixtur eingesprüht. Der Zweck dieser Intensivbehandlung ist die Bildung einer sehr dünnen Fettauflage und einer extrem feinen und gleichmäßigen Marmorierung. Um den Appetit der Tiere zu stimulieren, wird täglich ↑**Bier** an die Tiere verabreicht. Diese extrem aufwändige Betreuung der Tiere führt dazu, dass die Landwirte nur eine kleine Anzahl (fünf bis sechs) Tiere besitzen. Der Verkauf eines Tieres pro Jahr reicht aber aus, um den Besitzer und seine Familie zu ernähren, bei Auktionen werden Preise im sechsstelligen Euro-Bereich erzielt.

Kobiiski [*Käse*] **Herkunft:** Aserbaidschan; **Käsesorte:** ↑**Knetkäse; Milch:** wahlweise Kuh- oder ↑**Schafsmilch; Info:** Im Kaukasus und in Georgien ist es alte Tradition, ↑**Käse** in ↑**Lake** zu legen. Nachdem die Schafs- oder Kuhmilch gelabt worden ist, bringt man die Bruchmasse zum Kochen. Wenn sie schön kompakt ist, wird sie mit ↑**Molke** verknetet und zu runden Laiben geformt. Danach wird der Käse gesalzen und mehrere Monate lang in Lake gereift.

Koch [*Österr. Küche*] Auflaufähnliche Süßspeise

Koch, der Beruf [*Fachkunde*] Die Kunst, durch Kochen, Braten, Dämpfen oder andere Verfahren möglichst schmackhafte, leicht verdauliche, nahrhafte und gesunde Speisen zu bereiten, hatte bereits in der Antike ein hohes Ansehen. Kochen im Team, kreatives Arbeiten und eine riesige Palette an Möglichkeiten, Nahrungsmittel und Rohstoffe aus aller Herren Länder in ein erstklassiges Menü zu verwandeln, gehören zu den interessantesten beruflichen Tätigkeiten. Besonders wenn man sie an den schönsten Plätzen der Erde ausüben kann. Der Kochberuf gehört in Deutschland zu den attraktiven Berufen, kämpft aber mit Nachwuchssorgen. Unbequeme Arbeitszeiten (abends, an Sonn- und Feiertagen) und das Arbeiten unter Zeitdruck machen es schwer, junge Menschen für diesen Beruf zu interessieren, trotz neuer Techniken und Arbeitserleichterungen. In Deutschland ist der Koch ein Ausbildungsberuf, der einen Hauptschulabschluss und drei Jahre Ausbildung erfordert. In diesen drei Jahren lernt man in Betrieb und Berufsschule auch weitere wichtige organisatorische und kaufmännische Fertigkeiten. Wichtige Fächer sind Ernährungslehre, Warenkunde und Lagerhaltung sowie Hygiene. Viele Kenntnisse verwandter Berufe wie der des **Bäckers**, des **Konditors** und des **Metzgers** fließen in die Ausbildung mit ein. **Diätköche** arbeiten sehr eng mit Ärzten zusammen. Die immer noch wenigen Profi-Frauen in diesem Beruf nennen sich heute meist gleichfalls Koch und nicht etwa Köchin. Der Schiffskoch wird als „**Smutje**" bezeichnet, und der ↑**Störkoch** ist ein Koch, der im Auftrag arbeitet und vor Ort beim Kunden kocht. **Fachbezeichnungen** – Positionen der Köche: **Chef de cuisine,** Küchenchef; **Sous-Chef,** stellv. Küchenchef; **Chef de partie,** Postenchef; **Commis,** Jungkoch; **Auszubildender,** Apprenti cuisinier; **Auszubildende,** Apprentie cuisinière – **Spezialisierte Postenköche: Gardemanger,** Koch der kalten Küche; **Hors d'œuvrier,** Koch der Vorspeisen; **Pâtissier,** Koch für Süßspeisen, Konditor; **Entremetier,** Koch für Zwischengerichte, Suppen, Beilagen; **Légumier,** Gemüsekoch; **Saucier,** Soßenkoch; **Rôtisseur,** Bratenkoch; **Grillardin,** Koch am Grill; **Poissonnier,** Fischkoch; **Tournant,** (Springer) Koch, der an allen Posten einsetzbar ist

Kochbananen [*Exotische Früchte*] **T Lateinisch:** Musa paradisiaca. **Info:** Kochbananen sind Kreuzungen zwischen Obstbananen und samenhaltigen ↑**Bananen.** Sie haben sehr lange (bis 40 cm), dicke Früchte, sind kantiger als Obstbananen, haben eine grüne Schale und ein festes, nicht süßes, sondern mehr stärkehaltiges Fruchtfleisch. Hier spielen Kochbananen, die 80 % der Gesamtproduktion von Bananen weltweit ausmachen, eine sehr geringe Rolle. In den Anbauländern haben Kochbananen eine ähnliche Bedeutung wie hier ↑**Kartoffeln** und werden in vielen Variationen verwertet. Vor allem in der ↑**afrikanischen Küche** gehören Kochbananen zu den Grundnahrungsmitteln. **Herkunft und Saison:** Kochbananen werden über das ganze Jahr verteilt in kleineren Mengen angeboten. Sie kommen meist ebenso wie die Obstbananen aus mittel- oder südamerikanischen Anbaugebieten, vor allem Kolumbien oder Costa Rica. **Zubereitung und Tipps:** Kochbananen werden üblicherweise nicht roh gegessen, sondern gekocht, gegrillt, frittiert oder gebraten. Sie werden auch getrocknet oder zu ↑**Mehl** gemahlen und zur Herstellung von Getränken (z. B. ↑**Bier**) verwendet. Reife Kochbananen haben eine großteils schwarz verfärbte Schale, manchmal sogar mit kleineren oberflächlichen Schimmelstellen. Auf ihre geschmacklichen Eigenschaften hat das aber keine negativen Auswirkungen.

Köcheln [*Unsere Küche*] Eine Speise bei sanfter Hitze so schwach kochen lassen, dass sich die Oberfläche nur leicht bewegt.

Kochen [*Fachkunde*] **T 1.** Thermische Behandlung bei mindestens 65–70° C während 2 Min. mit dem Zweck, die wichtigsten Keime zu zerstören („↑**Pasteurisieren**"). **2.** Nahrungsmittel in viel Flüssigkeit bei 96° C bis 100° C garen. Die Flüssigkeit kann außer Wasser auch ein ↑**Würzsud,** ↑**Milch,** ↑**Sahne,** ↑**Wein** oder ↑**Brühe** sein. Zum Kochen geeignete Lebensmittel sind ↑**Teigwaren,** ↑**Reis,** ↑**Kartoffeln,** ↑**Fleisch** und ↑**Gemüse.** Das Kochen ist **keine schonende Garmethode,** es löst und vernichtet Geschmacks- und ↑**Nährstoffe** sowie ↑**Vitamine.** Je mehr ↑**Salz** zugegeben wird, desto größer ist die auslaugende Wirkung. Der beim Kochen sich ergebende Sud sollte möglichst weiterverwendet werden, weil viele wertvolle Bestandteile der Nahrungsmittel in die Flüssigkeit übergegangen sind (z. B. zur Herstellung von Suppen und ↑**Saucen**).

Kochen im Wok [*Asiatische Küche*] **A** Der ↑**Wok** ist gleichzeitig Pfanne und Topf und ein vielseitiger Küchenhelfer. Mit ihm kann man kochen, braten, dünsten, dämpfen und frittieren. Zudem ist die ↑**asiatische Küche** bestens für alle geeignet, die wenig Zeit haben, denn im Wok lassen sich die meisten Gerichte in Minutenschnelle zubereiten. Durch die kurze

Zubereitungszeit beim so genannten „Pfannenrühren" (↑**stir-fry**) werden ↑**Vitamine** optimal geschont, ↑**Gemüse** bleibt frisch, knackig und bissfest – das Eigenaroma der Zutaten kommt richtig zur Geltung. Für den typisch asiatischen Geschmack benötigt man auch nicht allzu viele Zutaten, meistens genügen für den Anfang ↑**Ingwer**, ↑**Chili**, ↑**Knoblauch**, ↑**Sojasauce**, ↑**Zitrone** und ↑**Erdnussöl.** Chinesisch kochen geht relativ schnell, was aufhält, sind die Vorbereitungen. Wer mittags ganz schnell etwas auf den Tisch zaubern möchte, aber wenig Zeit hat, kann alle Zutaten schon am frühen Vormittag vorbereiten und kalt stellen. Alles ↑**Gemüse** (je bunter, desto besser) vor dem Garen putzen und in gleichgroße Stücke schneiden, um eine möglichst konstante Garzeit zu erzielen. ↑**Fleisch** in dünne Scheiben und ↑**Fisch** in mundgerechte Würfel schneiden, ↑**Garnelen**schwänze aus den Panzern pulen, Darm entfernen und ggf. marinieren. Das bestgeeignete Öl ist das Erdnussöl, das auch chinesische Köche verwenden. Selbst hochgradig erhitzt, verbrennt bzw. qualmt es nicht. Je nach Geschmack kann auch ↑**Sojabohnen-**, ↑**Sonnenblumen-** bzw. ↑**Maiskeimöl** genommen werden. **Völlig ungeeignet** sind ↑**Olivenöl**, ↑**Schmalz**, ↑**Butter**, ↑**Margarine** und ↑**Bratfett.** Immer warten, bis das Öl im Wok ganz heiß ist (fast raucht), bevor die Zutaten hineinkommen. Werden Zutaten mit unterschiedlichen Garzeiten verwendet, immer diejenigen mit der längeren Garzeit zuerst in den Wok geben, nach und nach die anderen beimischen. ↑**Chow** heißt die Garmethode, die man hier anwendet. Ständig umrühren, damit alle Zutaten mit dem Wokboden in Berührung kommen und nicht anbrennen, dann ist das Gericht in wenigen Sekunden servierbereit. Wenn das Gericht im Wok zu trocken wird und zusammenklebt, sollte man etwas Wasser, kein Öl dazugeben. Zutaten nie zu lange garen, damit das Gemüse bissfest bleibt und seine frische Farbe erhält. Wenn Fleisch- oder Fischstücke mariniert wurden, in ↑**Reismehl** oder ↑**Stärke** wenden, bevor es in den Wok kommt, das ergibt eine knusprige Oberfläche, und der feine Marinadengeschmack bleibt erhalten. **Um einen Wok richtig zu beheizen, bedarf es eines Spezialaufsatzes für den Gasherd oder einer besonders geformten Elektro-Kochmulde.** ↑**Chinesische Garmethoden**

Kochfertig [*Unsere Küche*] Bezeichnung für das fertig zubereitete, konservierte Essen, das vor dem Anrichten nur noch erhitzt werden muss.

Kochfischwaren [*Fisch*] Gekochte oder gedämpfte Fische oder Fischteile. Sie werden in Aspik (Gelee) eingelegt, z. B. ↑**Heringe** oder ↑**Seeaal** in ↑**Gelee**, aber auch in Aufgüssen oder ↑**Tunken** angeboten. Auch ↑**Krebse** und ↑**Weichtiere** werden gekocht angeboten. ↑**Krabben** müssen sofort nach dem Fang abgekocht werden.

Kochkäse [*Käse*] **Herkunft:** Deutschland; **Käsesorte:** Einfacher ↑**Schmelzkäse** aus gereiftem, gewürztem und geschmolzenem Sauermilchquark, 20–60 % ↑**Fett i. Tr.**; **Milch:** Kuhmilch, ↑**Sauermilch** oder ↑**Labquark**; **Teig:** sehr streichfähig, sehr elastisch bis fließend; **Geschmack:** mild; **Info:** Kochkäse entsteht, wenn man ↑**Sauermilchkäse** aufkocht.

Kochsalat [*Österr. Küche*] ↑**Lattich**

Kochsalz [*Gesundheit*] **T** NaCl – gleichbedeutend mit ↑**Salz** oder ↑**Meersalz.** Ärzte empfehlen 6 g Kochsalz (am besten Jodsalz) am Tag für Jugendliche und Erwachsene. Im Durchschnitt liegt der Salzkonsum wesentlich höher bei 15 g Kochsalz pro Tag.

Kochsalzersatzmittel [*Gesundheit*] **T** So genannte „Diätsalze", bei denen ↑**Natrium** durch ↑**Kalium**, ↑**Calcium**, ↑**Magnesium** in Verbindung mit Adipin-, Wein-, Zitronen-, Glutaminsäure oder anderen Säuren ersetzt wurde. Der typisch reine „Salzgeschmack" wird dabei nur annähernd erreicht. Kochsalzersatzmittel werden oft wegen des bitteren, metallischen Bei- und Nachgeschmacks abgelehnt. Sie können im Rahmen einer kochsalzarmen (natriumarmen) Ernährung und bei der Herstellung natriumarmer und streng natriumarmer Lebensmittel eingesetzt werden. Wenn sie verarbeitet oder zugesetzt werden, besteht die Pflicht der Kennzeichnung. Das Lebensmittel muss dann die Aufschrift „mit (jodiertem) Kochsalzersatz" tragen. Kochsalzersatzmittel werden vorwiegend in der natriumarmen Ernährung bei Bluthochdruck und Nierenerkrankungen eingesetzt. Liegt eine Störung im Kaliumhaushalt vor, dürfen kaliumhaltige „Diätsalze" nicht ohne Rücksprache mit dem behandelnden Arzt eingesetzt werden. **Nicht alle „Diätsalze", die im Handel angeboten werden, sind auch völlig natriumfrei.**

Kochschinken [*Fleischprodukte*] Gepökelter und danach gekochter ↑Hinter**schinken** junger ↑**Schweine**, oft auch leicht angeräuchert

Kochwurst [*Fleischprodukte*] Vorwiegend aus gebrühtem oder vorgekochtem ↑**Fleisch**, ↑**Innereien** und ↑**Schwarten.** Kochwurst ist in der Regel schnittfest, (z. B. ↑**Blutwurst**, ↑**Sülze**, ↑**Corned Beef**) mit Ausnahme der ↑**Leberwurst**, die im kalten Zustand streichfähig ist. Zur Herstellung werden neben ↑**Fleisch** und ↑**Speck** auch ↑**Leber**, ↑**Zungen** und Blut verwendet. Das vorgekochte Material wird zerkleinert, gewürzt und nach dem Füllen in Natur- oder Kunstdärme nochmals gekocht. Durch die Zugabe von besonderen ↑**Gewürzen**, aber auch ↑**Gemüse** oder ↑**Pilzen** kann eine große Vielfalt erreicht werden. Außerdem kann, je nach gewünschtem Geschmack, mit und ohne Rauch gearbeitet werden. Kochwürste sind für den alsbaldigen Verzehr vorgesehen und halten auch im Kühlschrank nur einige Tage.

Koenjit [*Gewürze & Kräuter*] ↑**Curcuma.** ↑**E 100**

Koenzym [*Fachkunde*] ↑**B-Vitamine**

Koerksisters [*Intern. Länderküche*] Südafrikanische

Nachspeise: ein als Zopf geflochtener ↑**Krapfen** aus ↑**Hefeteig**, der in viel ↑**Sirup** getaucht wird.

Kofern [*Regionale Spezialität*] Schwäbische Waffelspezialität in gewölbter Form

Koffein [*Fachkunde*] ↑**Coffein**

Koffeinfrei [*Übersetzer*] **Englisch:** decaffeinated; **Französisch:** décaféiné; **Italienisch:** decaffeinato; **Spanisch:** café sin cafeína

Köfte [*Orientalische Küche*] **A** Begriff aus der türkischen Küchenkultur für gegrilltes, gebratenes, ofengebackenes oder gekochtes ↑**Hackfleisch**, das mit speziellen ↑**Gewürzen**, ↑**Eiern**, feingehackten ↑**Zwiebeln** und ↑**Petersilie** verrührt und danach zu länglichen, runden oder fingerdicken ↑**Frikadellen** geformt wird. ↑**Türkische Küche**

Kohl [*Fachkunde*] **T** **Englisch:** cabbage; **Französisch:** chou; **Italienisch:** cavolo; **Spanisch:** col; **Lateinisch:** Brassica Gattung der Kreuzblütengewächse (**brassicaceae**). **Inhaltsstoffe:** In den heimischen Kohlgemüsen stecken allerlei ↑**Vitamine** und ↑**Mineralstoffe**, die gerade in den kalten Monaten benötigt werden, um die Abwehrkräfte zu stärken. Die in den Kohlarten enthaltenen ↑**Vitamine C, E, A** und **B_1** machen künstliche Vitaminpräparate überflüssig. Für den Körper nutzbar werden die ↑**fettlöslichen Vitamine**, wenn man dem Kohlgemüse etwas ↑**Butter** oder ↑**Pflanzenöl** zugibt. Unabhängig davon, ob ↑**Weiß-** oder ↑**Rotkohl**, ↑**Grünkohl**, ↑**Wirsing**, ↑**Brokkoli** oder ↑**Rosenkohl** bevorzugt werden – sie alle enthalten ↑**Eisen**, das für rote Blutkörperchen sorgt, die den Körper fit halten. Kohl liefert außerdem herzstärkendes ↑**Kalium**, ↑**Magnesium** hilft gegen Muskelkrämpfe, und ↑**Kalzium** ist für Knochen und Zähne gut. Alle grünen Gemüsesorten enthalten ↑**Folsäure**, die wichtig ist für die Zellteilung und das Zellwachstum. Zudem ist das ↑**Gemüse** ↑**ballaststoff**reich und fettarm, hält also Darm und Körper fit. Im Kohl stecken ↑**bioaktive Stoffe:** Man nennt sie ↑**sekundäre Pflanzenstoffe**, weil Pflanzen sie nur in kleinen Mengen enthalten. Dabei handelt es sich um Farb- und Geschmacksstoffe sowie um Stoffe, die Pflanzen für sich selbst zur Abwehr von Schädlingen und Krankheiten produzieren. Wissenschaftler fanden heraus, dass sich diese chemischen Verbindungen positiv auf das Wohlbefinden des Menschen auswirken und vor Krankheiten schützen können. ↑**Flavonoide** zum Beispiel verringern das Risiko von Kreislauf- und Infektionserkrankungen. ↑**Carotinoide** sind unentbehrlich für die Augen. Und die besonders in ↑**Brokkoli**, aber auch in allen anderen Kohlarten enthaltenen Glucosinolate wirken vorbeugend gegen Krebs. **Kohlarten:** Gemüsekohl (**B. oleracea**); Blumenkohl (**B. oleracea var. botrytis**); Brokkoli (**B. oleracea var. italica**); Kohlrabi (**B. oleracea var. gongylodes**); Wirsingkohl (**B. oleracea var. sabauda**); Kopfkohl (**B. oleracea var. capitata**); Weißkraut (**B. oleracea var. capitata f. alba**); Rotkohl (**B. oleracea var. capitata f. rubra**); Rosenkohl (**B. oleracea var. gemmifera**); Grünkohl (**B. oleracea var. sabellica**); Schnittkohl (**B. napus subsp. pabularia**); Chinakohl (**B. rapa subsp. pekinensis**); Pok Choi (**B. rapa subsp. chinensis**); Markstammkohl (**B. oleracea var. medullosa**); Steckrübe, Kohlrübe, Wruke (**B. napus subsp. rapifera**); Wasserrübe (**B. rapa subsp. rapa**); Teltower Rübchen (**B. rapa sativa mima teltoviensis**); Weiße Rübe (Mairübe) (**B. tournefortii**); Ruten-Kohl, oder Indischer Senf oder Serepta-Senf (**B. juncea**); Langrispen-Kohl (**B. elongata**); Mittelmeer-Kohl (**B. fruticulosa**); Rübsen (**B. rapa**); Raps (**B. napus subsp. napus**); Weißer Senf (**B. alba**); Brauner Senf (**B. rupestris**); Schwarzer Senf (**B. nigra**); Abessinischer Senf oder Abessinischer Kohl (**B. carinata**)

Kohlenhydratstoffwechsel [*Verdauung*] Der Begriff bezeichnet den Weg der ↑**Kohlenhydrate** im Körper, nachdem sie die Verdauung durchlaufen haben und vom Darm ins Blut aufgenommen (resorbiert) wurden. Im Blut liegen Kohlenhydrate in Form von ↑**Glucose** (Traubenzucker) vor. Mit dem Blut werden sie zur Leber und zu den Muskeln transportiert. In beiden dienen sie dem Aufbau von ↑**Glykogen** (Speicher), in den Muskeln sind sie die primären Lieferanten für Leistungsenergie.

Kohlendioxid (CO_2) [*Fachkunde*] ↑**E 290:** Produkt einer vollständigen Verbrennung von Kohlenwasserstoffverbindungen. Es ist schwerer als Luft, nicht brennbar, säuerlich schmeckend (z. B. in ↑**Mineralwasser**, ↑**Sekt** und ↑**Bier**) und lässt sich unter Druck bei −57° C verflüssigen bzw. bei −84° C verfestigen (Trockeneis). In der Luft kommt Kohlendioxid als natürliches Gas mit einem Anteil von 0.03 % Vol. vor.

Kohlenhydrate [*Gesundheit*] **T** Wichtig fürs Gehirn, Leistungs- und Konzentrationsfähigkeit und zur Energiegewinnung. **Enthalten in:** ↑**Vollkorn**produkten, ↑**Hülsenfrüchten**, ↑**Brot**, ↑**Kartoffeln**, ↑**Reis**, ↑**Obst**, ↑**Gemüse**, ↑**Teigwaren.** Zuckerhaltige Lebensmittel sollten nicht regelmäßig auf dem Speiseplan stehen. Zum Süßen von Kaffee, Tee oder bestimmter Speisen ist ↑**Zucker** unbedenklich. Kohlenhydrate, zu denen Zucker, ↑**Stärke** und ↑**Zellulose** gehören, sind essenziell (essenziell = vom Körper selbst nicht herstellbar) wie ↑**Vitamine**, dienen aber als am leichtesten verfügbare Energiequelle. 1 g Kohlehydrat liefert dabei 4,2 ↑**Kalorien**. Kohlenhydrate zählen neben ↑**Fetten**, ↑**Eiweißen** und ↑**Nukleinsäuren** zu den vier großen Gruppen lebenswichtiger Verbindungen und machen zudem den weitaus größten Anteil der organischen Materie auf der Erdoberfläche aus. Sie entstehen bei der pflanzlichen Photosynthese aus Kohlendioxid und Wasser unter Abgabe von Luftsauerstoff. Dies ist übrigens in der Natur der einzige Vorgang, bei dem anorganische Stoffe in organische umgewandelt werden, ohne die kein Leben denkbar wäre. Der tierische oder menschliche Organismus kann selbst keine Kohlenhydrate aus den Grundbausteinen herstellen, er ist lediglich zum Aufbau von ↑**Glukose** (↑**Traubenzucker**) aus Bruchstücken von Kohlenstoffketten befähigt. Je nach Anzahl der Zuckerbausteine unterscheidet man die Einfachzucker (Monosaccharide), die Mehrfachzucker (Oligosaccharide) aus zwei bis neun Einfachzuckereinheiten und die Vielfachzucker (Polysaccharide). Von den Mehrfachzuckern sind die Zweifachzucker (Disaccharide) aus zwei Zuckereinheiten ernährungstechnisch besonders wichtig. **1.** Zu den Einfachzuckern gehören Glukose, ↑**Fruktose**, Galaktose, sie sind z. B. in Obst und in ↑**Honig** enthalten und stellen die Einzelbausteine für die Zwei- und Mehrfachzucker dar. **2.** Zu den Zweifachzuckern gehört der ↑**Milchzucker** (Laktose) aus je einem Molekül Glukose und einem Molekül Galaktose, den Menschen besonders im asiatischen Raum oft nicht vertragen. Auch der z. B. in ↑**Bier** enthaltene ↑**Malzzucker** (Maltose) aus zwei Glukosemolekülen sowie der im handelsüblichen Haushaltszucker enthaltene ↑**Rohr-** oder ↑**Rübenzucker** (Saccharose) aus Glukose und Fruktose sind Zweifachzucker. **3.** Die Vielfachzucker (Polysaccharide) schließlich stellen die Speicherform von Zucker im Organismus dar. Es handelt sich um hoch komplexe Moleküle aus z. T. über 1000 Einfachzuckerbausteinen. In Pflanzen wie ↑**Kartoffeln**, ↑**Reis** und ↑**Getreide** befindet sich im „Zuckerspeicher" die ↑**Stärke**, im tierischen und menschlichen Organismus Glykogen, das deshalb oft auch als „tierische Stärke" bezeichnet wird. **Täglicher Bedarf:** Für eine gesunde Ernährung sind die Kohlenhydrate aus der dritten Gruppe, also stärkehaltige und ballaststoffreiche Produkte, zu bevorzugen. Der Anteil aller Kohlenhydrate an der täglichen Gesamtenergiezufuhr sollte mehr als 50 % betragen. Das bedeutet, dass eine Person mit einer täglichen Energiezufuhr von 2000 kcal/8374 kJ mehr als 244 g Kohlenhydrate zu sich nehmen sollte. Durch eine hohe Kohlenhydratzufuhr wird gleichzeitig die Aufnahme von fetthaltigen Lebensmitteln verringert. Auf die Verdauung wirken sich das größere Volumen und die bessere Steuerung des Sättigungsgefühls durch Kohlenhydrate günstig aus. Eine Zuckerzufuhr in Form von Süßspeisen in Höhe von 10 % der Gesamtenergiezufuhr kann man tolerieren. **Funktion im Körper:** Der Körper speichert Kohlenhydrate bei einem Überangebot in der Nahrung in Form des wasserlöslichen Vielfachzuckers Glykogen, dem Gegenstück zum pflanzlichen Speicherstoff Stärke. Die Hauptspeicherorte sind dabei die Leber und die Muskeln. Das Glykogen der Leber (ca. 150 g) dient dabei in erster Linie der Aufrechterhaltung des Blutzuckerspiegels, das Muskelglykogen (200–300 g) als Energiereserve. Wenn die leicht verfügbaren Kohlenhydratvorräte verbraucht sind, können zunächst Fette, dann auch Eiweiße ihre energieliefernde Funktion übernehmen. Der Körper versucht den Blutzucker (Menge von Einfachzucker im Blut) in engen Grenzen konstant zu halten, um die Energieversorgung der Zellen sicherzustellen. Ein Beispiel für eine Störung dieses Regulationsmechanismus' ist die ↑**Zuckerkrankheit** (**Diabetes mellitus**). Betroffene müssen deshalb die Kohlenhydratmengen, die sie zu sich nehmen, kontrollieren. Bestimmte Vielfachzucker dienen als Gerüstsubstanzen in Pflanzen, hierzu zählen Zellulose und Lignin. Sie gehören zu den für den Menschen nahezu unverdaulichen so genannten ↑**Ballaststoffen**. Erst im Dickdarm können Darmbakterien diese Substanzen in geringen Mengen umsetzen, die frei werdenden Abbauprodukte, z. B. kurzkettige ↑**Fettsäuren**, können vom Menschen resorbiert und verwertet werden. Wichtiger aber ist das Aufquellen der im Darm verbliebenen Ballaststoffe, wodurch die Darmbewegung angeregt und der Transport des Darminhalts gefördert wird.

Kohlenhydrateinheit [*Gesundheit*] Abkürzung: KHE – eine Kohlenhydrateinheit entspricht 10 g ↑**Kohlenhydrate**. Neben der ↑**Broteinheit** (BE) ist die Kohlenhydrateinheit eine weitere Maßeinheit für den Kohlenhydratgehalt von Lebensmitteln für ↑**Diabetiker**.

Kohlensäure [*Hausbar*] Chemische Verbindung, die für die Herstellung von kohlensäurehaltigen Erfrischungsgetränken (↑**Cola**, ↑**Tafelwasser**, ↑**Limonade**) und ↑**Mineralwasser** verwendet wird. Mikroorganismen wie **Hefe** produzieren Kohlensäure bei der ↑**Gärung** (Fermentation) von ↑**Zucker**, z. B. in ↑**Kefir**, ↑**Wein**, ↑**Bier**, ↑**Sauerkraut** und vergorenem Gemüsesaft. **Sättigungsdruck:** Kohlensäure aus der Gasflasche wird benötigt, um zu verhindern, dass die bei der Gärung entstandene Kohlensäure aus dem ↑**Bier** entweicht. **Förderdruck:** Darüber hinaus befördert die Kohlensäure das Bier vom Fass zum Zapfhahn.

Köhler [*Fisch*] **T** **Lateinisch:** Gadus virens; Blaufisch, auch ↑**Seelachs** genannt (nicht verwandt mit dem echten ↑**Lachs**), gehört zur Familie der ↑**Dorsche**. Sein grau-rötliches Fleisch ist schmackhaft und günstig im Einkauf, aber nicht dem ↑**Kabeljau** gleichwertig. Er wird in der nördlichen Nordsee an der norwegischen, schottischen und isländischen Küste gefangen. Sein Name rührt daher, dass sein Maul innen schwarz ist. Der Rücken ist schwarzgrün, die Seiten sind heller. Er wird etwa 75 cm lang. Köhler wird meist zu Seelachserzeugnissen (↑**Lachsersatz**), zu ↑**Karbonadenfisch** und in den ↑**Klippfisch**fabriken verarbeitet.

Kohlgemüse [*Gemüse*] **T** Zum Kohlgemüse gehören ↑**Broccoli**, ↑**Wirsing**, ↑**Weiß-** und ↑**Rotkohl**, ↑**Blumenkohl**, ↑**Kohlrabi**, ↑**Grünkohl** und ↑**Rosenkohl**. ↑**Kohl**gemüse enthält nennenswerte Mengen an ↑**Vitamin C** (↑**Ascorbinsäure**) und hohe ↑**Carotin**gehalte, jedoch haben einige Kohlsorten auch eine blähende Wirkung. Ausschlaggebend hierfür ist der hohe Anteil an unverdaulichen ↑**Kohlenhydraten**

(↑**Ballaststoffe**). Diese werden im Dickdarm von Bakterien abgebaut (fermentiert). Dabei entstehen Gase, die für die Blähungen verantwortlich sind. ↑**Hülsenfrüchte**

Kohlpinkel [*Regionale Spezialität*] **A** ↑**Wurst**, die in den Wintermonaten aus ↑**Schweinefleisch**, ↑Hafer**grütze**, ↑**Zwiebeln** und ↑**Gewürzen** hergestellt wird. Man serviert sie zum ↑**Grünkohl** oder Grünkohl**eintopf**.

Kohlraben [*Gemüse*] ↑**Kohlrabi**

Kohlrabi [*Gemüse*] **T Lateinisch:** Brassica oleracea convar. acephala var. Gongylodes. **Synonym:** Oberkohlrübe, Rübkohl. **Englisch:** turnip cabbage; **Französisch:** chou-rave, colrave; **Italienisch:** cavalo rapa; **Spanisch:** colinabo, corábano. **Info:** Der zur Familie der Kreuzblütengewächse gehörende Kohlrabi ist eine zweijährige Pflanze, die sich aus dem unteren Teil der oberirdischen Sprossachse entwickelt. Die Knolle ist rund oder plattrund bis oval geformt, hat einen Durchmesser von 8–15 cm, ein Gewicht von etwa 350–500 g und weist eine weißliche bis grünliche oder rötliche bis violette Färbung auf. Die spiralig um die Knolle wachsenden langstieligen Blätter fallen von unten her ab und hinterlassen breite Narben auf der Knolle, die zarten und wertvollen Herzblätter verbleiben auf der Knolle. Weißer Kohlrabi stammt meist aus Gewächshäusern und ist feiner, zarter und saftiger im Geschmack als der blauviolette Kohlrabi aus dem Freiland, der einen würzigeren und kräftigeren Kohlgeschmack aufweist. Die verschiedenen Geschmacksvarianten haben jedoch nichts mit der unterschiedlichen Schalenfärbung zu tun. **Ursprung und Geschichte:** Die Herkunft des Kohlrabis wird im nördlichen Europa vermutet. Erstmals erwähnt wurde der „Rübenkohl" im 16. Jahrhundert, damals noch mit kegelförmigen Knollen. Die heutige rundliche Knollenform bildete sich erst in den vergangenen Jahrhunderten heraus. Deutschland ist bis heute der größte Erzeuger und gleichzeitig der größte Verbraucher von Kohlrabi weltweit; der Anbau in süd- und südosteuropäischen Ländern erfolgt meist für den Export nach Deutschland. Kohlrabi gilt als typisch deutsches Gemüse; in vielen Sprachen wurde auch der Name Kohlrabi einfach übernommen. **Herkunft und Saison:** Kohlrabi wird fast das ganze Jahr über angeboten. Die Saison beginnt mit den ersten Lieferungen schon im Januar aus sizilianischem Freiland- oder holländischem Treibhausanbau. Die inländische Produktion versorgt den Markt von April bis Juni aus Treibhausanbau, von Juli bis November aus Freilandkulturen. Den besten Geschmack hat der Frühjahrskohlrabi. Hände weg von Kohlrabiknollen, die dicke Risse haben. Sie sind nicht mehr frisch. Beim Aussuchen auch darauf achten, dass das Kohlrabilaub schön grün ist. **Inhaltsstoffe:** 100 g Kohlrabi weisen einen Brennwert von ∅ 115 kcal/482 kJ auf und enthalten etwa 88 g Wasser, 1,7 g Eiweiß, 0,1 g Fett, 6,2 g Kohlenhydrate und 3,6 g Ballaststoffe. An ↑**Mineralstoffen**, ↑**Spurenelementen** und ↑**Vitaminen** sind ∅ 24 mg Kalzium, 0,4 mg Eisen, 20 mg Natrium, 3,6 mg Vitamin A (RE) und 62 mg Vitamin C enthalten. **Zubereitung und Tipps:** Kohlrabi schmeckt wenig kohlartig, süßlich und manchmal nussig. Er passt gut zu gebratenem ↑**Fleisch**, ↑**Steaks**, ↑**Schnitzel**, ↑**Geflügel**, ↑**Fisch** und ↑**Eierspeisen**. Er bringt seinen feinen Kohlgeschmack gut in Suppen, Eintöpfen, Aufläufen und Füllungen zur Geltung. ↑**Würztabelle.** Junge Knollen können auch roh und ungeschält gegessen werden. Insbesondere Kinder lieben es, rohe Kohlrabi zu knabbern, und fördern dabei mit dem reichlich enthaltenen ↑**Kalzium** ihr Knochenwachstum und kräftigen ihren Zahnschmelz. Die zarten Herzblätter sind noch gesünder als die Knolle, sie enthalten besonders viele ↑**Vitamine** und ↑**Mineralstoffe** und sollten frisch gehackt wie ↑**Kräuter** über Salate, Suppen oder ↑**Gemüse** gestreut und mitgegessen werden.

Kohlroulade [*Übersetzer*] **Englisch:** stuffed cabbage; **Französisch:** paupiette de choux; **Italienisch:** involtino di cavolo; **Spanisch:** col rellena; **Türkisch:** sarma; **Ungarisch:** töltött káposzta; **Bayerisch:** Krautwickerl. Die Kohlroulade ist ein international beliebtes, einfaches Gericht aus mit ↑**Hackfleisch** oder ↑Wurst**brät** gefüllten ↑**Weiß**- oder ↑**Rotkohl**-, ↑**Wirsing**-, ↑**Grünkohl**- oder ↑**Weinblättern**, auf dem Balkan mitunter aus gesäuerten Weißkohlblättern, meist im Ofen mit etwas Brühe geschmort. ↑**Würztabelle.** Manchmal werden der Füllung noch ↑**Reis**, ↑**Nüsse** oder ↑**Käse** zugefügt und die Rouladen mit Tomaten- oder Specksoße serviert. Die klassische Beilage sind ↑**Salzkartoffeln** oder ↑**Kartoffelpüree**.

Kohlrübe [*Gemüse*] **T Lateinisch:** Brassica napus var. napobrassica. **Synonym:** Bodenkohlrabi, Dorsche, Dotsche, Schmalzrübe, Unterkohlrabi, Wurke, Steckrübe, Krautrübe, Kullochen, Schwedische Rübe. **Englisch:** swede, turnip; **Französisch:** chou rave, chou navet, rutabaga. **Info:** Die zweijährige krautige Pflanze aus der Familie der Kreuzblütler wird gärtnerisch als einjähriges Gewächs behandelt. Die Kohlrübe ist wahrscheinlich eine Kreuzung zwischen Kohlrabi und Herbstrübe. Sie wird weltweit in gemäßigten Klimazonen angebaut. Sie ist oval rund, nach oben spitz zulaufend und kann bis zu 1,5 kg schwer werden. Die Schale ist gelblich bis rötlich. **Einkauf:** Die dicken, schweren Knollen mit einer bräunlichen Außenschale und gelblich-weißem Fleisch werden im Herbst im Handel angeboten. **Inhaltsstoffe:** Kohlrüben sind die kalorienärmsten unter den heimischen Gemüsewurzeln und ernährungsphysiologisch sehr wertvoll. 100 g frische Kohlrübe enthalten ∅ 28 kcal/117 kJ, 90,2 g Wasser, 5 g Kohlenhydrate, 227 mg Kalium, 48 mg Calcium, 99 µg Betacarotin, 5 µg Vitamin K und 33 mg Vitamin C. ↑**Mineralstoffe** wie ↑**Kalzium**, ↑**Eisen**, ↑**Kalium**, ↑**Natrium** und ↑**Phosphor** sowie der Gehalt an ↑**Ballaststoffen** und der hohe Wasseranteil machen Rüben zu einem gesunden, empfehlenswerten Lebensmittel, das auch in der Diätküche eingesetzt werden kann. **Geschmack:** Leicht süßlich und pikant. Die Herbstrübe dagegen hat einen strengen Geschmack, sie eignet sich nur für Eintöpfe und als Gemüsebeilage. **Verwendung in der Küche:** Lange war die Kohl- oder Steckrübe als Kriegsgemüse oder Notnahrung aus Viehfutter verpönt, doch das ist Vergangenheit. Mittlerweile wurden Zuchtformen entwickelt, die aus der langweiligen Rübe ein delikates Knollengemüse gemacht haben. Ihr Ansehen ist so gestiegen, dass inzwischen Europas Sterneköche köstliche Gerichte mit der Kohlrübe kreieren. Die gelbfleischigen jungen Kohlrüben werden in der Küche bevorzugt. In Frankreich gibt es seit Jahrhunderten viele Rezepte mit den köstlichen „navets". So kann man sie mit einem kleinen Messer olivenförmig schneiden (↑**tourniert**), in ↑**Butter** andünsten und ↑**Zucker** karamellisieren oder einfach mit Butter gedünstet servieren. Junge Kohlrüben entfalten einen angenehm nussigen Beigeschmack und machen sich besonders gut pur geraspelt oder in Scheiben geschnitten im Salat und als ↑**Rohkost**. Sie harmonieren mit anderen Wurzelgemüsen in Suppen und Eintöpfen, eignen sich zum Füllen sowie als Gemüsebeilage, Püree, in rustikalen Aufläufen und in ↑**vegetarisch**en Gerichten. Kohlrüben schmecken auch gebraten als ↑**Steaks** oder wie ↑**Pommes frites** in Stäbchen geschnitten und frittiert sehr gut. Ein Hauch Muskat unterstreicht den Geschmack. Das Experimentieren lohnt sich, wobei einige Punkte zu beachten sind: **1.** Kohlrüben werden geschält und in die gewünschte Form geschnitten. **2.** Gart man sie zu kurz, schmecken sie unangenehm roh. **3.** Gart man sie zu lange, zerfallen sie. **4.** Darum beim Garen häufiger probieren, ob sie schon weich sind. **Lagerung:** im Kühlschrank etwa 1 Woche

Kohlsprossen [*Österr. Küche*] ↑**Rosenkohl**

Kokinisto me Fasolakia [*Griech. Speisekarte*] **A** Begriff aus der griechischen Küchenkultur für ein Gericht aus ↑**Rind**- oder ↑**Lammfleisch** mit grünen ↑**Bohnen** in ↑**Tomatensoße**, im Topf gegart

Kokken [*Fachkunde*] **Griechisch:** Kugelbakterien; ↑**Staphylokokken**

Kokoretsi [*Griech. Speisekarte*] **A** Begriff aus der griechischen Küchenkultur für eine Spezialität aus ↑**Innereien** vom ↑**Lamm** oder der ↑**Ziege**. ↑**Leber**, ↑**Lunge** und ↑**Milz** werden auf einen Spieß gesteckt, mit Darm umwickelt und auf Holzkohle gegrillt. Oder die ↑**Innereien** werden in einen Darm gewickelt, in Alufolie gepackt und dann direkt in der Holzkohle gegart. Kokoretsi isst man meist mit ↑**Senf**.

Kokosessig [*Gewürze & Kräuter*] Eignet sich für exotische Gemüse und Fischgerichte, z. B. zu einer schmackhaften ↑**Sauce** für gedünstete ↑Riesen**garnelen.**

Kokosfett [*Fette*] **T** Wird durch das Pressen von Kopra, dem fettreichen, getrockneten Kernfleisch der ↑**Kokosnuss**, gewonnen. Das Pflanzenfett ist rein weiß, hat einen nussartigen Geschmack und einen hohen Schmelzpunkt. Deshalb ist es zum Braten und Backen bei hohen Temperaturen geeignet (Frittierfett). Kokosfett dient auch zur Herstellung von ↑**Margarine** und Spezialfetten für die Back- und Süßwarenindustrie. Das Fett enthält einen hohen Anteil ↑**gesättigter Fettsäuren** wie Laurinsäure (∅ 50 %) und Myristinsäure (∅ 15 %) und nur einen geringen Anteil ↑**ungesättigter Fettsäuren** wie ↑**Ölsäure** (∅ 7 %) und ↑**Linolsäure** (∅ 1 bis 2 %). ↑**Speiseöl & Öl**

Kokosflocken [*Allgem. Nährmittel*] Fetthaltige Raspeln aus dem Fleisch der ↑**Kokosnuss**, die bei der Gewinnung von ↑**Kokosmilch** anfallen. 100 g Kokosflocken haben einen Brennwert von ∅ 443 kcal/1855 kJ.

Kokosmilch [*Asiatische Küche*] **A Thailändisch:** Gatih – Kokosmilch ist ein Gemisch aus Fruchtfleisch der ↑**Kokosnuss** und frischem Kokoswasser. Sie wird häufig mit der Flüssigkeit verwechselt, die im Inneren einer frischen Kokosnuss zu finden ist. Es handelt sich jedoch um eine milchähnliche Flüssigkeit, die aus geriebenen und gekochten Kokosnüssen gewonnen wird. In asiatischen Lebensmittelläden und Feinkostgeschäften in 400-ml-Dosen erhältlich. Wenn man die Dose öffnet, ohne sie vorher zu schütteln, hat sich eine feste „Kokosschicht" oben gesammelt. Die Flüssigkeit ist dann unter dieser Schicht

Kokosnuss [*Exotische Früchte*] **T Lateinisch:** Cocos nucifera; **Englisch:** coconut; **Französisch:** noix de coco; **Italienisch:** noce di cocco; **Spanisch:** coco. **Info:** Kokosnüsse gehören zur Familie der Palmengewächse und sind die Früchte der schlanken, 6–30 m hohen, unverzweigten Kokospalme. In den Achseln jedes neu gebildeten Blattes im Schopf der Palme entwickelt sich ein Blütenstand, aus dem sich in 12–14 Monaten eine Steinfrucht entwickelt. Die 10–30 cm lange und 15–25 cm dicke Frucht hat eine lederartige, wachsüberzogene, grüne Außenhaut, die sich zur Reifezeit gelblich verfärbt. Darunter befindet sich eine mehrere Zentimeter dicke Faserschicht, die den äußerst harten, holzigen Steinkern umschließt. Junge, unreife Kokosnüsse haben fast kein Fruchtfleisch, sondern eine farblose, aber nährstoffreiche Flüssigkeit (Kokoswasser), die sich mit zunehmender Reife durch Fettausscheidung vermindert und das elfenbeinfarbene, fleischige Nährgewebe (Kokosfleisch) ausbildet. Bei den meisten hier angebotenen Kokosnüssen ist ein Großteil der Außenhaut bis auf einige wenige Bastfäden bereits entfernt worden, und da die Nüsse reif sind, ist auch fast kein Kokoswasser mehr vorhanden. **Ursprung und Geschichte:** Kokosnüsse stammen wahrscheinlich aus Melanesia, einer tropischen Inselgruppe östlich von Papua-Neuguinea. Kokospalmen sind sehr salzresistent und wachsen deshalb an Meeresküsten. Kokosnüsse können bis zu 4500 km im Meerwasser treiben, ohne dabei ihre Keimfähigkeit zu verlieren. Wahrscheinlich haben sie sich so von Insel zu Insel und von Kontinent zu Kontinent selbst verbreitet. Erste Berichte vom Anbau der Kokosnuss gibt es vor etwa 2300 Jahren. Wirtschaftliche Bedeutung erlangten Kokosnüsse jedoch nicht vor dem 19. Jahrhundert. Die ersten von Holländern auf Ceylon angelegten Plantagen stammen aus der Mitte des 19. Jahrhunderts. Heute werden Kokosnüsse auf beiden Seiten des Äquators in den tropischen Zonen im Küstenbereich und im Landesinneren an Flussufern angebaut. **Herkunft und Saison:** Kokosnüsse werden das ganze Jahr über in kleineren Mengen vorwiegend aus der Elfenbeinküste angeboten. **Inhaltsstoffe:** Reife Kokosnüsse bestehen zu etwa 35 % aus der Hülle, zu etwa 12 % aus dem Kern, zu etwa 28 % aus Kokosfleisch und zu etwa 25 % aus Kokoswasser. 100 g frische Kokosnuss enthalten ⌀ 358 kcal/1499 kJ, 44,6 g Wasser, 3,92 g Eiweiß, 36,5 g Fett, 4,78 g Kohlenhydrate, 9 g Ballaststoffe, 2,25 mg Eisen und 725 µg Vitamin E. Kokosnüsse haben einen hohen Fett- und damit auch hohen Energiegehalt. **Zubereitung und Tipps:** Kokosmilch ist eine Emulsion aus geraspeltem Kokosfleisch und Kokoswasser und gehört zu den wichtigsten Zutaten in der ↑**asiatischen**, ↑**afrikanischen**, ↑**indischen**, ↑**indonesischen** und ↑**südamerikanischen Küche**. Das Fruchtfleisch schmeckt sowohl frisch als auch in getrockneter Form. Getrocknetes Kokosnussfleisch wird in Flockenform zum Backen oder bei der Herstellung von Süßigkeiten verwendet. Zur Gewinnung von ↑**Kokosfett** oder -öl trocknet man das Fruchtfleisch vorab zu Kopra. Das ↑**Fett** kann hoch erhitzt werden und eignet sich daher gut zum ↑**Frittieren** und Braten. Aus dem vergorenen Saft der Kokospalme stellt man ↑**Arrak** oder Palmenwein her. In den Tropen bekommt man frische, gekühlte Kokosnüsse in ihrer eigenen Schale als Erfrischungsgetränk angeboten. Das wohlschmeckende, weiche, sehr fette und nahrhafte Fruchtfleisch wird dann mit einem Löffel ausgekratzt. Kokoswasser schmeckt süß-säuerlich. Mit einem spitzen Gegenstand bohrt man die Nuss an den dunklen Keimstellen an und lässt die Flüssigkeit herausfließen. Anschließend wird die Nuss im Ofen erhitzt, damit die Schale aufspringt und das Fruchtfleisch entnommen werden kann.

Kokosnusscreme [*Hausbar*] Barmixer kommen ohne Kokosnusscreme oder Cream of Coconut nicht aus. Als Hauptbestandteil von vielen tropischen Drinks gibt es die sehr dickflüssige Mischung aus ↑**Kokosmilch**, ↑**Zucker** und Bindemittel in fast jedem Supermarkt zu kaufen. Die Dosen kommen direkt aus der Karibik. Statt Kokosnusscreme kann auch ↑**Kokossirup** verwendet werden, der aber sehr süß und nicht so aromatisch ist. In den exotischen Küchen dieser Welt werden unzählige Gerichte und ↑**Saucen** mit Kokosnusscreme hergestellt oder verfeinert. ↑**Kokosnuss**

Kokosnussessig [*Asiatische Küche*] Philippinische Spezialität. Der milchig trübe Essig schmeckt süßsauer und erkennbar nach Kokosnuss.

Kokosnusslikör [*Hausbar*] Sehr beliebte ↑**Spirituose** mit 24 %Vol. Sie wird hauptsächlich für exotische Drinks verwendet und oft anstelle von Cream of Coconut (↑**Kokosnusscreme**) in den Drink gemixt. Dies ist besonders dann zu empfehlen, wenn der gewünschte ↑**Cocktail** noch nicht genügend Alkoholanteil hat. Der bekannteste Kokosnusslikör ist ↑**Batida** de Coco.

Kokosöl [*Fette*] Wird aus dem Fruchtfleisch der ↑**Kokosnuss** gewonnen. Es eignet sich zum Backen und Braten. ↑**Kokosfett**

Kokossirup [*Hausbar*] Nahezu alle Siruphersteller haben auch einen Kokossirup im Angebot, der aus ↑**Kokosmilch**, Wasser und ↑**Zucker** gewonnen wird. Kokossirup kann in der Bar bei fast jedem Rezept durch ↑**Cream of Coconut**, in Dosen abgefüllte, eingedickte ↑**Kokosmilch**, ersetzt werden.

Kokotte [*Unsere Küche*] Irdener Schmortopf, hübsch geformt und bemalt, in dem Speisen zubereitet und aufgetragen werden

Kolanuss [*Exotische Früchte*] Same des westafrikanischen Kolabaumes, taubenei- bis kastaniengroß, enthält die Alkaloide ↑**Koffein** und ↑**Theobromin**

Kolatschen [*Intern. Länderküche*] **A** Typische Spezialität aus der ↑**Böhmischen Küche**. Es handelt sich hierbei um ein rundes ↑**Hefe**gebäck mit eingebackener ↑**Quark**masse, ↑**Mohn**füllung und etwas ↑**Pflaumenmus**.

Kolbász [*Ungarische Küche*] Begriff aus der ungarischen Küchenkultur für pikante Paprikawürste

Kollagen [*Fachkunde*] **1.** Das ↑**Eiweiß** Kollagen ist eines der wichtigsten Proteine im menschlichen Organismus; es gehört zu den so genannten Gerüsteiweißstoffen und ist auch einer der wichtigsten Bestandteile der Haut. Es hat seilartige Strukturen, die sich zu Fasern mit extrem hoher Festigkeit vernetzen. Dieses Fasernetz ist das Stützgerüst des Bindegewebes, das die Haut straff und elastisch macht. Eine Zeitlang hoffte man, dass von außen zugeführtes Kollagen das „verbrauchte" ersetzen könne. Diese Hoffnung entpuppte sich schnell als Trugschluss, da der menschliche Organismus körperfremde Eiweiße nicht aufnimmt. **2.** Kollagen ist tierisches Eiweiß und in Schwarten, Knorpel, Knochen und Haut enthalten. Kocht man diese tierischen Produkte, löst sich Kollagen und geht in das Wasser über. In gereinigter und getrockneter Form ist Kollagen als ↑**Gelatine** bekannt. Sie wird für ↑**Aspik** und ↑**Sülzen** benutzt oder um Bindung in bestimmte ↑**Mousses** zu bekommen. **3.** Im Zuge der ↑**BSE**-Krise kamen mehr und mehr Alternativangebote auf den Markt. So wird heute Kollagen verstärkt aus Fischhaut gewonnen und als Ersatz auf pflanzliche Rohstoffe (Aloe Vera, Ginseng, Lupine) oder Seidenproteine zurückgegriffen. **Kollagen maritimer Herkunft:** Aus Fischhaut und Fischeiweiß von Kaviar und Austern; **Kollagenersatz aus Pflanzen:** Extrakte aus dem Mark der Akazie (Akazien-Kollagen), dem Olivenblatt und aus ↑**Hülsenfrüchten**

Kollath, Werner [*Fachkunde*] Der Arzt und Hygieniker Prof. Werner Kollath formulierte den Grundsatz: „Lasst unsere Nahrung so natürlich wie möglich." Er ist der Begründer der ↑**Vollwerternährung.**

Kölle [*Gewürze & Kräuter*] ↑**Bohnenkraut**

Kolokithakia Tiganita [*Griech. Speisekarte*] **A** Begriff aus der griechischen Küchenkultur für in ↑**Mehl** gewendete und in ↑**Olivenöl** gebratene ↑**Zucchinischeiben**

Kolostralmilch [*Gesundheit*] Auch Vormilch, Erstlingsmilch, Biestmilch. Kolostralmilch wird direkt vor und nach der Geburt in der Mutterbrust gebildet und ausgeschieden. Sie enthält Blut, Antikörper und ist schleimig. Die Antikörper dienen dem Säugling zum Schutz vor Infektionen. **Kolostralmilch von Kühen darf nicht in den Verkehr gebracht werden.**

Kölsch [*Bier*] Obergärig, mit ∅4,8 % ↑**Alkohol**, getrunken aus „Kölner Stangen". Kölsch ist ein helles, blankes Vollbier, dessen Name nicht nur eine Sorte bezeichnet, sondern auch rechtlich Geschützte Herkunftsbezeichnung ist. Es darf nur in Köln und unmittelbarer Umgebung unter diesem Namen gebraut werden. ↑**Obergäriges Bier**

Köm [*Gewürze & Kräuter*] ↑**Kümmel**

Kombidämpfer [*Fachkunde*] ↑**Konvektomat**

Kombu oder Konbu [*Asiatische Küche*] **T** Mineralstoffreiche Braunalge, auch Kelp genannt, die man vor den japanischen Küsten und der französischen Atlantikküste erntet. Sie wird gewöhnlich getrocknet angeboten. Kombu ist nicht nur reich an ↑**Eiweiß,** ↑**Kohlenhydraten,** ↑**Mineralstoffen** und ↑**Vitaminen**, sondern enthält auch viel ↑**Jod.** Kombu wird in der ↑**Japanischen Küche** sehr häufig verwendet, ist eine der drei wichtigsten Zutaten für ↑**Dashi** oder allgemein Grundlage für Suppen. Für die Zubreitung werden die eingeweichten ↑**Algen** nur ausgekocht und der Sud weiterverwendet. Der Konbu selbst wird nicht verzehrt.

Kombucha [*Gesundheit*] Ein geheimnisumwobenes, uraltes Volksheilmittel aus dem ostasiatischen Raum, das über Russland seinen Weg auch nach Europa gefunden hat. Schon seit über 2000 Jahren soll er in der chinesischen Medizin verwendet werden. Diese edle Teespezialität verwöhnt durch feines, fruchtiges, mild-säuerliches Aroma. Da das fertige Getränk sehr teuer ist, kann man empfehlen, Kombucha zu Hause selbst herzustellen. Die Teepilzkulturen sind in der Apotheke erhältlich.

Komplexbildner [*Fachkunde*] ↑**Lebensmittelzusatzstoffe**

Kompott [*Übersetzer*] **Englisch:** stewed fruit; **Französisch:** compote; **Italienisch:** composta; **Spanisch:** compota. Gedünstetes, meist kaltes ↑**Obst** im eigenen Saft, oft Nachspeise

Konche [*Süßwaren*] ↑**Conche**

Kondensmilch [*Milchprodukt*] **Englisch:** condensed milk; **Französisch:** lait concentré; **Italienisch:** latte condensato; **Spanisch:** leche condensada. Kondensmilch ist ein Dauermilcherzeugnis, das aus ↑**Vollmilch** oder entrahmter ↑**Milch** durch Eindampfen hergestellt wird. **Inhaltsstoffe:** 100 g Kondensmilch enthalten ∅ 133 kcal/557 kJ, 7,5 g Fett, 9,7 g Kohlenhydrate, 6,5 g Eiweiß, 74,4 g Wasser, 0,17 mg Vitamin E, 0,24 g Calcium. Kondensmilch ist homogenisiert, ultrahocherhitzt, meist sterilisiert abgepackt, gezuckert oder ungezuckert. Sie wird in den Fettstufen 4 %, 7,5 % und 10 % und in den unterschiedlichsten Verpackungsarten (Dose, Tetrapack, Glas) angeboten. Kondensmilch wird vor allem in ↑**Kaffee** und ↑**Tee** gemischt oder beim Kochen und Backen verwendet.

Konditor [*Backstube*] **Lateinisch:** conditor = Würzer, Einmacher; **Englisch:** confectioner; **Französisch:** pâtissier; **Italienisch:** pasticciere; **Spanisch:** confitero, pastelero, repostero; **Schweizerisch:** Confiseur. Das Wort „Konditor" ist zurückzuführen auf das Einlegen, Einmachen, Würzen, wohlschmeckende Zubereiten von Speisen, vor allem von Früchten. Ein Konditor ist Spezialist für Feinbackwerk. Bevor sich die Bezeichnung Konditor etablierte, wurde der Handwerker auch vielfach **Zuckerbäcker** genannt. Im Laufe der Jahrhunderte hat sich das Produktspektrum des Konditors/der Konditorin ernorm vergrößert. Die ganze Vielfalt der Konditoreierzeugnisse ist kaum noch aufzuzählen, besonders wenn die regionalen, örtlichen oder betrieblichen Spezialitäten berücksichtigt werden sollen. **Eine Konditorei stellt folgende Erzeugnisse her: Feine Backwaren, Dauerbackwaren** – z. B. Kuchen-, Kaffee-, Teegebäck. Erzeugnisse, die aus gebackenen Teilen und Füllungen zusammengesetzt sind – z. B. Sahne-, Creme-, Käse-, Eistorten; **Schokoladenerzeugnisse** – z. B. ↑**Pralinen,** Hohlfiguren, gefüllte Teile, Tafeln, ↑**Nugat**erzeugnisse; **Zuckererzeugnisse** – z. B. ↑**Karamell,** ↑**Konfekt,** ↑**Kandierte Früchte**, Dekor, ↑**Krokant**, Schaustücke aus ↑**Isomalt** sowie ↑**Speiseeis,** ↑**Halbgefrorenes,** Eisgetränke. Dabei ist die Überschneidung mit den Bereichen des Bäckers sehr groß, viele Konditoren sind gleichzeitig ↑**Bäcker.**

Konditorcreme [*Unsere Küche*] **R Grundrezept:** $^1/_2$ l ↑**Milch** mit einer aufgeschlitzten ↑**Vanilleschote,** 80 g ↑**Zucker,** 50 g ↑**Speisestärke** und einer Prise ↑**Salz** gut gerührt aufkochen und passieren. **Folgende Würzmittel können auch zum Aromatisieren verwendet werden:** ↑**Bittermandel,** ↑**Nelken,** ↑**Honig,** ↑**Ingwer,** ↑**Kardamom,** passende ↑**Liköre,** ↑**Kakao,** ↑**Kokos,** ↑**Minze,** ↑**Muskatnuss,** ↑**Muskatblüte** gem., ↑**Orangen-,** ↑**Zitronen-,** ↑**Limetten**schale, ↑**Orangenblütenwasser,** ↑**Rosenwasser,** ↑**Rotwein,** ↑**Rum,** ↑**Safran,**

↑**Sternanis,** ↑**Zimt** ganz, ↑**Zitronengras.** Die Creme bis auf ca. 70°C abkühlen lassen, dann mit einem Schneebesen 3–4 ↑**Eigelb** schnell unterschlagen. Für eine leichte, schaumige Creme die ↑**Eiklar** mit ↑**Puderzucker** sehr steif schlagen und vorsichtig darunterheben. Die Creme mit Folie abgedeckt erkalten lassen, damit sich keine Haut bildet. **Variationen:** Mit geschlagener ↑**Sahne,** ↑**Kaffee,** grünem ↑**Pfeffer,** gerösteten, gehackten oder gemahlenen Nüssen bzw. ↑**Mandeln,** ↑**Preiselbeeren,** ↑**Schokolade,** karamellisiertem Zucker, ↑**Zitronen**saft, ↑**Limetten**saft, ↑**Rum,** ↑**Amaretto,** ↑**Zitronenmelisse** usw.

Konfekt [*Unsere Küche*] Kleine Süßigkeiten wie ↑**Pralinen,** ↑**Fondants,** ↑**Zucker**-Feingebäck etc.

Konfitfrüchte [*Österr. Küche*] In konzentrierte Zuckerlösung eingelegtes ↑**Obst,** das zum Garnieren verwendet wird

Konfitüre [*Süßwaren*] Streichfähige Zubereitungen aus frischen Früchten oder ↑Frucht**pulpen** mit ↑**Zucker,** ↑**Pektinen,** ↑**Wein**-, ↑**Milch**- oder ↑**Citronensäure.** Sie können Obststücke aus einer Fruchtsorte oder verschiedenen Fruchtsorten enthalten außer ↑**Citrusfrüchten,** da diese dann, rechtlich gesehen, als ↑**Marmelade** bezeichnet werden. Unterschieden werden „↑**Konfitüre** extra" mit mindestens 45 g Fruchtanteil je 100 g und einem Gesamtzuckergehalt von mindestens 60 % und „Konfitüre einfach" mit 35 g Fruchtanteil je 100 g und einem Gesamtzuckergehalt von mindestens 50 %.

Königliche Glasur [*Österr. Küche*] Eiweißglasur. ↑**Glasuren**

Königsbalsam [*Gewürze & Kräuter*] ↑**Basilikum**

Königsberger Klopse [*Unsere Küche*] **R** Gehören eindeutig zu den deutschen Nationalgerichten. Die Wiege dieser Speise liegt im ehemaligen Ostpreußen. Hier das Rezept der Mutter des Autors – Masse herstellen aus: Gemischtem ↑**Hackfleisch** halb ↑**Kalb,** halb ↑**Schwein,** in ↑**Milch** eingeweichten und ausgedrückten altbackenen Brötchen, ↑**Zwiebel**würfeln, zerdrückter ↑**Knoblauch**zehe, abgeriebener ↑**Zitronenschale,** ↑**Eiern,** gehackter ↑**Petersilie,** eingelegten fein gehackten ↑**Sardellen**filets, ↑**Muskatblüte,** ↑**Salz** (Vorsicht, Sardellen sind sehr salzig!) und ↑**Pfeffer.** Die Klopse formen und in leicht gesalzenem Wasser mit ↑**Gespickter Zwiebel** ca. 15 Min. pochieren, **nicht kochen. Die Soße:** Eine ↑**Helle Mehlschwitze** herstellen, mit der Klopsbrühe zu einer cremigen Soße auffüllen, ca. 15 Min. köcheln lassen, passieren, mit Salz, ↑**Zitronensaft** und ↑**Cayennepfeffer** abschmecken. Vollenden mit ↑**Sahne,** ganze ↑**Kapern** (surfines oder nonpareilles) und Kapernfond. Die Klopse aus dem Kochsud in einer Terrine anrichten, die Soße darübergeben und mit Salzkartoffeln servieren.

Königskerzenblüten [*Wildkräuter, -blüten & -früchte*] **T Lateinisch:** Verbascum spp.; Königskerzenblüten sind zum Kandieren geeignet. ↑**Kandieren von Blüten – Mehr Information:** ↑**Essbare Blüten**

Königskrabbe [*Fisch*] **Lateinisch:** Paralithodes camtschatica; **Englisch:** red king crab; **Französisch:** crabe royal; **Italienisch:** gamberone. Die Königskrabbe hat einen nach vorne dreieckig zulaufenden Panzer mit spitzen Stacheln. Die Tiere haben sechs Beine und zwei Zangen. Der Panzer, die Beine und die Scheren sind rosarot. Gefangen werden sie im Nordpazifik und in der Beringsee im Alter von etwa 8 Jahren. Die ↑**Krabbe** kann dann eine Länge von einem Meter haben und bis zu 12 kg wiegen. Das Fleisch ist sehr schmackhaft. Um eine Überfischung zu verhindern, hat Norwegen Schutzgesetze erlassen: So dürfen nur noch erwachsene männliche Tiere gefangen werden.

Königskraut [*Gewürze & Kräuter*] ↑**Basilikum**

Königskrebse [*Fisch*] Riesenkrabben des Stillen Ozeans, etwa 60 cm lang und 2–4 kg schwer

Können Sie mir etwas empfehlen? [*Übersetzer*] **Im Hotel Englisch:** Could you recommend anything? **Französisch:** Pourriez-vous me recommander quelque chose? **Italienisch:** Può consigliarmi qualcosa? Mi può raccomandare qualcosa? **Spanisch:** Qué nos recomienda?

Könnte ich bitte die Speisekarte bekommen? [*Übersetzer*] **Im Hotel Englisch:** Could I have the menu, please? **Französisch:** Est-ce que je pourrais avoir la carte (des menues/des vins)? **Italienisch:** Posso avere il menù (la carta), per favore? **Spanisch:** Podría traerme la carta?

Konserven [*Fachkunde*] **T** Verpackungen aus Metall, Plastik und Glas, die Lebensmittel enthalten, die durch ↑**Pasteurisieren** oder ↑**Sterilisieren** für eine längere Zeit haltbar gemacht wurden. Es gibt Vollkonserven, die mindestens ein Jahr, und Halbkonserven (↑**Präserven**), die weniger als ein Jahr haltbar sind. Angebrochene Konservendosen mit ↑**Gemüse,** ↑**Obst,** Suppen, ↑**Saucen,** ↑**Fleisch,** ↑**Fisch** usw. entleert man sofort und gibt den Inhalt in Schüssel oder Plastikbehälter. So kann das Lebensmittel noch 1–2 Tage im Kühlschrank aufbewahrt werden.

Konservierung [*Fachkunde*] Verfahren zum Schutz von Nahrungsmitteln vor Verderb durch Mikroorganismen. **Beispiele sind:** ↑**Räuchern,** Trocknen, ↑**Einwecken,** ↑**Pökeln,** Gefrieren, Erhitzung, Herstellung von ↑**Konserven.**

Konservierungsstoffe [*Fachkunde*] Dienen dazu, Lebensmittel vor dem Verderben zu schützen, indem sie das Wachstum von Mikroorganismen (vor allem von ↑**Schimmelpilzen,** aber auch verschiedenen Bakterien) verhindern. Gleichzeitig soll ↑**Lebensmittelvergiftungen** vorgebeugt werden, da diese häufig von Stoffen verursacht werden, die Mikroorganismen ausscheiden. Konservierungsstoffe sorgen somit für eine längere Haltbarkeit des Lebensmittels. **Zu diesen Substanzen gehören:** ↑**Sorbin**- und ↑**Benzoesäure** und ihre Salze, ↑**Schwefeldioxid** und seine Salze sowie ↑**Nitrite** und ↑**Nitrate,** die als ↑**Pökelsalz** verwendet werden. Darüber hinaus werden verschiedene natürliche organische Säuren, darunter Essig-, Propion-, Apfel- und Fumarsäure, sowie ihre Salze aufgrund ihrer nützlichen antimikrobiellen Wirkung eingesetzt. Zugleich dienen sie als ↑**Geschmacksverstärker** und regeln den Säuregrad der Lebensmittel. ↑**PH-Wert**. Andere Verbindungen wie ↑**Diphenyl** und seine Derivate (davon abstammende Verbindungen) sind nur zur Oberflächenbehandlung von ↑**Zitrus**- und anderen ↑**Früchten** vorgesehen, um dort Bakterien oder Schimmelpilzen entgegenzuwirken.

Kontamination [*Fachkunde*] Verunreinigung mit unerwünschtem Fremdstoff oder Mikroorganismen

Kontosouvli [*Griech. Speisekarte*] **A** Der große Bruder des ↑**Souvlaki**-Spieß mit eingelegtem ↑**Schweine**- oder ↑**Hammelfleisch**

Konvektomat [*Fachkunde*] Auch Kombidämpfer oder Steamer: bezeichnet einen Backofen, der neben Umluft zum Backen auch Heißdampf erzeugt und somit sowohl zum Garen von ↑**Gemüse** und ↑**Kartoffeln** als auch zum Braten und Schmoren von ↑**Fleisch**, ↑**Fisch** oder Backen einsetzbar ist. Seitdem es kleinere Geräte gibt, können diese praktischen Alleskönner auch im privaten Haushalt eingesetzt werden.

Konzentrat [*Fachkunde*] Angereicherter Stoff, hochprozentige Lösung; hochprozentiger Pflanzen- oder Fruchtauszug (z. B. Apfelsaft- oder Orangensaftkonzentrat)

Kopaniski [*Käse*] **Herkunft:** Griechenland; **Käsesorte:** ↑**Blauschimmelkäse** von den Kykladen; **Milch:** rohe ↑**Ziegen**- oder ↑**Schafsmilch**, manchmal auch aus einer Mischung beider Milcharten; **Info:** Die Bruchmasse wird zu Kugeln geknetet, die man auf ein Gestell legt, wo sie rasch ↑**Edelschimmel** entwickeln. Sie werden erneut geknetet und dann gesalzen. Die Kugeln bewahrt man an einem kühlen Ort in einem mit einem Tuch bedeckten Topf auf und lässt sie mehrere Monate reifen.

Kopffüßer [*Fisch*] **T Lateinisch:** Cephalopoda. Sie gehören zu den Weichtieren (Mollusca) und kommen nur in stark salzhaltigen Meeren vor. ↑**Kraken:** auf Fischmärkten in verschiedenen Größen erhältlich, zum Verzehr geeignete Tiere sind ca. einen Meter lang (können aber eine Länge bis zwölf Meter erreichen). Tiere von fünf bis acht Zentimeter Größe sind auch beliebt und werden meist knusprig frittiert. Bei Kraken muss das Fleisch weichgeklopft und 2–3 Stunden gekocht werden. Kurz vor Ende der Garzeit mischt man die Tinte mit etwas ↑**Mehl** und kann sie so zum Eindicken oder Würzen des Gerichts verarbeiten. ↑**Sepien:** den Kalmaren ähnlich, das Fleisch ist etwas zäher. Die im Körper enthaltene braune Flüssigkeit ist bitter und eignet sich nicht als Saucengrundlage – Zubereitung wie Tintenfische; ↑**Kalmare:** Calmares sind die Tintenfische schlechthin und erhältlich in verschiedenen Größen: von ca. 25 Zentimeter bis zu den kleinsten von vier bis zehn Zentimeter. Die Tinte im inneren Sack kann zum Kochen verwendet werden. **Verwendung in der Küche:** Man trennt zur Vorbereitung Kopf und Arme vom Schwanz- oder Körperteil ab. Falls intakt, löst man den Tintensack ab und hebt ihn zum späteren Gebrauch auf. Kopf, Fangarme und Eingeweide werden nicht verwendet. Bei kleinen Kalmaren sind die Fangarme essbar. Große Tiere schneidet man zur Zubereitung in Scheiben und gart sie vor, bevor sie frittiert oder gegrillt werden. In der Regel dünstet man sie in einer Soße aus ↑**Wein**, ↑**Tomaten** und ↑**Gewürzen** weich. Beim Octopus schneidet man die schnabelartige Mund- und die Analgegend ab, stülpt den Körper von innen nach außen um und entfernt die Eingeweide, Saugnäpfe und die Spitzen der Fangarme.

Kopfsalat [*Übersetzer*] **Englisch:** lettuce; **Französisch:** laitue; **Italienisch:** lattuga; **Spanisch:** lechuga. ↑**Grüner Salat**

Koppen [*Käse*] **Herkunft:** Tschechien/Böhmen. Aus dem Norden Böhmens stammt der Koppen, ein großer, aromatischer ↑**Ziegenkäse** mit eigenwilligem Aroma und ausgeprägtem Geruch, der etwa 1 Kilo wiegt.

Kopra [*Fachkunde*] Bezeichnung für das aus Kokosnüssen der Palmenart Cocos nucifera gewonnene, getrocknete Fruchtfleisch, aus dem ↑**Kokosöl** gepresst wird. Der Rückstand wird als Viehfutter verwendet.

Korallenbeeren [*Wildkräuter, -blüten & -früchte*] ↑**Sanddorn**

Körbelkraut [*Gewürze & Kräuter*] ↑**Kerbel**

Korbkäse [*Käse*] **Herkunft:** Deutschland; **Käsesorte:** Sauermilchkäse, <10 % ↑**Fett i. Tr.**; **Milch:** Kuhmilch; **Teig:** geschmeidig fest; **Geschmack:** mild-pikant bis pikant; auch mit Kümmel. ↑**Handkäse**

Korhely-Suppe [*Ungarische Küche*] **T** Begriff aus der ungarischen Küchenkultur für Gulaschsuppe mit ↑**Sauerkraut**

Koriander [*Gewürze & Kräuter*] **T Lateinisch:** Coriandrum sativum. **Synonym:** Gartenkoriander, Klanner, Schwindelkraut, Stinkdill, Wandläusekraut, Wanzendill und Wanzenkraut. **Englisch:** coriander; **Französisch:** coriandre; **Italienisch:** coriandolo; **Spanisch:** coriandro, cilantro, culantro. **Info:** Koriander gehört zur Familie der Doldenblütengewächse und ist eine einjährige, 40–80 cm hohe Pflanze mit fiederschnittigen Blättern; äußerlich der glatten ↑**Petersilie** ähnlich. **Ursprung:** Der ursprünglich wohl aus Kleinasien stammende Koriander ist ein sehr altes Gewürz, das bereits im Sanskrit, den Papyri und im Alten Testament erwähnt wird. Die Griechen und Römer verwendeten die Früchte, um damit ihre Weine süffiger zu machen, im Mittelalter wurden damit Flöhe und Läuse bekämpft. Der griechische Name der Pflanze, **koríannon**, leitet sich von **kóris** = Wanze ab. **Herkunft und Saison:** Frische Korianderblätter werden in geringen Mengen von April bis August angeboten, vorwiegend aus Balkanländern. Das ganze Jahr über kann man aber getrocknete Samenkörner kaufen, ganz und gemahlen. **Zubereitung und Tipps:** Man verwendet die Früchte und die Blätter, die vollständig verschiedene Aromen haben. Während die frischen Früchte unangenehm riechen, werden sie getrocknet als angenehmes Gewürz für Backwaren, Curry-Mischungen und Liköre verwendet. In Thailand wird auch die Korianderwurzel (rak phak chi) verzehrt. Das frische Kraut ist in Thailand (↑**Grüne Currypaste**) genauso wie in Brasilien und Mexiko (Salsa) als Gewürz unverzichtbar. In Vietnam (oft zusammen mit ↑**Minze**) und Teilen Chinas sind die gehackten Blätter als Dekoration auf nahezu jedem Gericht zu finden. Im Orient würzt man mit den Körnern gebratenen ↑**Fisch** und ↑**Lammfleisch**gerichte (mit ↑**Zwiebeln**, ↑**Tomatenmark**, ↑**Knoblauch**, ↑**Oregano**, ↑**Zimt**, ↑**Pfeffer**). In Indien gehört Koriandersamen an die meisten ↑**Currys**; **Geschmack:** Für europäische Nasen und Gaumen ist der Geruch von Korianderkraut erst sehr gewöhnungsbedürftig. Wurzel und unreife Früchte erinnern an zerquetschte Wanzen oder Seife. Das Aroma der reifen Früchte ist eher würzig-nussig, erinnert an ↑**Orangen**schalen und ↑**Salbei**. **Verwendung in der deutschen Küche:** ↑**Würztabelle**; **Wirkung in der Volksmedizin:** Koriander hat einen hohen Gehalt an ätherischen Ölen, hilft bei Störungen im Magen- und Darmbereich und wirkt beruhigend auf die Nerven. Koriander ist blähungstreibend, denn es regt die Tätigkeit der Darmmuskulatur an, wobei gleichzeitig Darmkrämpfe gelöst werden. Als Bestandteil zahlreicher Abführtees hat sich Koriander bewährt; **Konservierung:** Die Blätter verlieren beim Trocknen sehr viel Geschmack, weshalb man sie immer frisch oder tiefgefroren verwenden sollte.

Korinthen [*Allgem. Nährmittel*] Ungeschwefelte, kleine, kernlose violett-schwarze ↑**Rosinen** von blauen Beeren der Rebsorte „Vitis minuta" aus der Region um Korinth (Griechenland). Die beste Qualität ist dunkelbraun bis rötlich und frei von Stielen. Die im Schatten getrockneten, entstielten Korinthen enthalten ∅ 77 % Zucker, 2,8 % Eiweiß und 1,5 % Fruchtsäure.

Korken [*Weinkunde*] Weinflaschenverschluss, der aus der Rinde der Korkeiche hergestellt wird. Gute Flaschenkorken zeichnen sich durch wenig Poren und eine glatte Außenfläche aus. Weinflaschen müssen liegend aufbewahrt werden, damit der Korken ständig mit dem Wein in Kontakt ist und so nicht austrocknen kann. Wenn ein Korken austrocknet, beginnt er zu schrumpfen und wird luftdurchlässig. Ein guter Korken hält etwa 20 Jahre.

Korkgeschmack [*Weinkunde*] **Englisch:** corked; **Französisch:** goût de bouchon; **Italienisch:** tappato. Ein muffiger Beigeschmack, der von einem kranken Korken stammt. Kann schwach oder aufdringlich sein, ist aber stets inakzeptabel. Wird häufig nicht sofort bemerkt, da man erdigen mit korkigem Wein verwechseln kann. Der Korkgeschmack wird durch Pilze verursacht, die bereits die Korkeiche geschädigt haben und so in den Korken gelangt sind. Ein gesunder Korken verursacht keinen Korkgeschmack.

Korn [*Hausbar*] ↑**Kornbranntwein**

Kornblumenblüten [*Wildkräuter, -blüten & -früchte*] **T** **Lateinisch:** Centaurea cyanus; Kornblumenblüten sind zum Kandieren geeignet. ↑**Kandieren von Blüten – Mehr Information:** ↑**Essbare Blüten**

Kornbranntwein [*Fachkunde*] Klarer ↑**Branntwein** aus ↑**Roggen**, ↑**Weizen**, ↑**Buchweizen**, ↑**Hafer** oder ↑**Gerste**. Der Alkoholgehalt beträgt mindestens 32 %Vol.; **Herstellung:** Im Dämpfer wird die im Getreide enthaltene ↑**Stärke** freigelegt, es entsteht ein Brei (= ↑**Maische**). – Der Maische wird im Vormaischbottich Gerstenmalz zugesetzt. – Das ↑**Malz** bewirkt eine Umwandlung der Stärke in ↑**Zucker**. – Im Gärkessel wandelt sich der Zucker durch die Einwirkung von ↑**Hefe** in ↑**Alkohol** und ↑**Kohlensäure** um. – Die vergorene Maische wird zum Sieden gebracht. – Der in Form von Dampf entweichende Alkohol wird aufgefangen und durch Abkühlen wieder verflüssigt. Dies ist die 1. Destillation. – Eine 2. Destillation in der Feinbrandkolonne befreit den Rohbrand von allen unerwünschten Geschmacks- und Geruchsstoffen. – Der hochprozentige Feinbrand wird auf die gewünschte Trinkstärke gebracht. – Der trinkfertige Kornbranntwein wird nach gewisser Lagerzeit auf Flaschen abgefüllt.

Kornellen [*Exotische Früchte*] Bis 2 cm große, ovale, scharlach- bis kirschrote, glänzende Steinfrüchte eines Hornstrauchgewächses. Die Früchte schmecken süßsauer. ↑**Cornelkirschen**

Körnerfrüchte [*Fachkunde*] Früchte von Getreidearten aus der Familie der Gräser. Körnerfrüchte sind für Menschen überall auf der Welt eine wichtige Quelle für ↑**Kohlenhydrate**. Die wichtigsten Körnerfrüchte sind ↑**Gerste**, ↑**Mais**, ↑**Hafer**, ↑**Reis**, ↑**Roggen** und ↑**Weizen**. Andere Körnerfrüchte sind ↑**Hirse** und Mohrenhirse, ↑**Wasserreis** sowie Hybridformen wie ↑**Triticale** (Mischform aus Weizen und Roggen). Manche nicht zu den Gräsern gehörenden Pflanzen werden ebenfalls als Körnerfrüchte bezeichnet. Darunter sind ↑**Buchweizen**, ↑**Leinsamen** und ↑**Sojabohnen**.

Körnig kochen [*Unsere Küche*] **T** Hauptsächlich ↑**Reis** wird gerade so lange gekocht, bis die Körner noch leichten Biss haben, also nicht durch und durch weich sind.

Körniger Frischkäse [*Käse*] **Herkunft:** Deutschland; **Käsesorte:** ↑**Frischkäse**, 20 % ↑**Fett i. Tr.**; **Milch:** Kuhmilch; **Teig:** kleine streichfähige Stückchen aus ↑**Käsebruch**; **Geschmack:** mild mit leichter Säure

Kornkäfer [*Fachkunde*] **Lateinisch:** Calandra granaria; 3–4 mm großer Rüsselkäfer, dessen fußlose Larven (Kornwurm) Getreidekörner (↑**Teigwaren**) befallen

Kornmotte [*Fachkunde*] **Lateinisch:** Tinea granella;

Kleinschmetterling, dessen Raupe Getreidelager befällt. Sie wird als Raupe oder Kornwurm bezeichnet.

Körper – körperreich [*Weinkunde*] Als Körper bezeichnet man Inhaltsstoffe wie Alkohol und Extrakte eines Weines. Weine, die viele Extrakte oder eine betonte Säure aufweisen, bezeichnet man als körperreich.

Körpergewicht [*Gesundheit*] Das Körpergewicht ist von Geschlecht, Alter, Körpergröße und Ernährung abhängig. Ein Maßstab für das Körpergewicht ist der ↑**Broca-Index** und der ↑**Body-Mass-Index**. Neueren wissenschaftlichen Erkenntnissen zufolge ist nicht nur die absolute Höhe des Körpergewichts für die Beurteilung des Gesundheitszustands bzw. eines Erkrankungsrisikos von Bedeutung, sondern vor allem die Fettverteilung. So bergen Fettpolster, die sich überwiegend auf die Bauchregion beschränken (androide Form, häufig bei Männern zu beobachten), ein sehr viel höheres Risiko, an Herz-Kreislauf-Erkrankungen zu erkranken, als die eher bei Frauen vorkommenden Fettpolster an Po und Hüften (gynoide Form). Man spricht daher auch von einer männlichen (Apfeltyp) und weiblichen (Birnentyp) Fettverteilungsform.

Korsholm [*Käse*] **Herkunft:** Finnland; **Käsesorte:** ↑**Gouda**-ähnlich

Korsika [*Weinkunde*] Französische Mittelmeerinsel nördlich von Sardinien, die in den vergangenen 20 Jahren eine Verzehnfachung ihrer Rebflächen erlebt hat. Die Weine aus Korsika unterscheiden sich stark von anderen französischen Weinen, da oft einheimische Traubensorten verwendet werden. **Die zugelassenenen AOC-Weine Korsikas sind:** Vin de Corse; Vin de Corse-Patrimonio; Vin de Corse-Coteaux d'Ajaccio; Vin de Corse-Sartène; Vin de Corse-Calvi; Vin de Corse-Figari Pianottoli; Vin de Corse-Porto-Vecchio; Vin de Corse-Coteaux du Cap-Corse

Koscher [*Jüdische Küche*] **T** (**Hebräisch:** kascher – rituell rein). **Was heißt koscher? Kashrut**, mit dem Wortstamm „kosher“ (kasher), bedeutet tauglich bzw. „rein“ für den Genuss; also zum Verzehr geeignet. Darüber hinaus können auch Stoffe (Tallith, Kleider usw.) aus Naturfasern, Essgeschirr, religiöse Gegenstände, ja selbst die Thora-Rollen (müssen!) „koscher“ sein, also „rein“ für den Gebrauch. „Kashrut“, das jüdische Speisegesetz, beinhaltet eine Fülle von Verboten und Geboten. **Gebote für Frucht und Pflanzen:** „Mischung verschiedener Arten“ – Man darf nicht zwei Arten Samen auf einem Acker oder in einem Weinberg säen. (Lev.19:19/Dtn.22:19); „Verbotene Frucht“ – Früchte dürfen während der ersten drei Jahre nach der Pflanzung nicht gegessen werden. (Lev.19:23); „Neues Korn“ – Es darf kein neues Korn gegessen werden, oder Brot davon gebacken werden, ehe man am zweiten Pessachtag ein Omer Gerste dargebracht habe (Lev.23:14); **Milchig und fleischig**; „Du darfst das Böcklein nicht in der Milch seiner Mutter kochen“ (Ex.23:19). Dieses Verbot erscheint dreimal in der Thora und ist eines der wichtigsten Gesetze überhaupt. Es wird mit aller Strenge in einem orthodoxen jüdischen Haushalt beachtet; selbst in der Handhabung der Geräte, die sorgsam in „fleischig“ und „milchig“ getrennt werden, nicht nur optisch, sondern auch räumlich. **Gebote der Fleischnahrung:** Unterschied zwischen erlaubten und verbotenen Tieren: Von Vieh und Wild dürfen lediglich jene gegessen werden, die gespaltene Klauen haben und wiederkäuen (Levitikus Deuteron). Fisch wird nicht als Fleisch betrachtet. Es dürfen aber nur Fische mit Schuppen und Flossen gegessen werden. Der Aal z. B. gilt als verboten. Von den Vögeln dürfen nicht gegessen werden: Adler, Eulen, Schwäne, Pelikane, Geier, Störche – sowie deren Brut und Gelege (Lev.). Man isst also nur solche Vögel, die traditionell als rein gelten. Kriechendes und schleichendes Getier ist gänzlich verboten; das gilt besonders für Schlangen, Hummer, Krabben, Austern. Es werden auch keine Insekten und Würmer gegessen (Lev.11:41). Verboten ist die Milch von unreinem Vieh und Wild (wie Eselsmilch, Eier und Brut unreiner Vögel sowie der Rogen unreiner Fische). **Das Schächten (Schlachten) der Tiere:** Wer Fleisch essen will, der muss das Tier (nebech), das ihm als Nahrung dienen soll, schlachten. Das Schächten der Tiere ist eine äußerst wichtige Angelegenheit, gehört zum wesentlichen Einhalten des Kashrut. Die Handhabung darf nur vom erfahrenen Schächter (Schochet) exerziert und vorgenommen werden. Für die sorgfältige Einhaltung und Durchführung der „Shechita“ ist der Schochet mit seinem klaren Verstand, seinem Gewissen und seiner Überzeugung verantwortlich. Es gilt nämlich, das Tier nicht einfach zu töten oder leiden zu lassen. Vor allem muss zuerst eine Beschauung klären, dass das Tier nicht krank oder trächtig ist und dass es keine inneren Verletzungen aufweist, da es im Judentum auch keine „Notschlachtung“ gibt. Zunächst wird das Tier niedergelegt, eine unumgängliche Vorbedingung für den entscheidenden Schnitt, da das Tier nicht „hingeworfen“, sondern „hingelegt“ werden muss, um der Vorschrift nachzukommen: keine rohe Behandlung. Bevor der Schochet das Messer zum entscheidenden Schnitt ansetzt, prüft er dieses und weiht sozusagen seine Handlung, indem er von Gott den Mut und die Stärke erbittet, den rechten Schnitt zu setzen, damit das Tier nicht leidet oder Schmerz empfindet. Das Schächten erfolgt durch einen blitzschnell ausgeführten Schnitt durch die Halsschlagader. Infolge des Nervenschocks und der abrupten Stockung der Blut- und somit Sauerstoffzufuhr zum Gehirn wird das Tier augenblicklich bewusstlos. Dass dies die „humanste“ Form des Tötens eines Tiers darstellt, haben nicht erst aktuelle Gutachten tierärztlicher Experten bestätigt. Nach der Shechita wird das Messer gereinigt und zusätzlich untersucht, ob es sich im gleichen guten Zustand befindet, also keine Scharte aufweist. Sollte auch nur die kleinste Bedingung nicht eingehalten oder der Schnitt mit dem Messer nicht exakt gewesen sein, wird das Fleisch nicht zum Genuss freigegeben. Nicht jeder kann Shochet werden. Er bedarf einer speziellen Ausbildung einschließlich veterinärer Anatomie. Nach der Shechita und dem völligen Ausbluten erfolgt eine **Fleischbeschau** (Bedika). Das Blut von Vierbeinern und Federvieh darf überhaupt nicht genossen werden (Lev.1742–14). Ein Schochet weiß genau, worauf er bei der „Bedika" zu achten hat. Schließlich erfolgt noch die vorschriftsgemäße Entfernung des „Nerven- und Sehnenteils" am Hüftgelenk (dessen Fleisch von keinem orthodoxen Juden gegessen wird – 1. Mose 32,33) sowie das Ausschneiden der Talg- und Fettschicht (Chelev „Alles Fett ist für den Herrn" – 3. Mose 3,16). Erst dann wird das Fleisch für den eigentlichen Schlachter freigegeben, der es für den Verbraucher „kashert". Nach dem Schächten ist das Fleisch noch nicht völlig ausgeblutet. In verschiedenen Adern ist noch geronnenes Blut. Dieses Entfernen der Adern und Häute, genannt „Nikur" oder „Porschen", bedeutet das eigentliche Koschermachen, bei dem der Schlachter seine Fingerfertigkeit unter Beweis stellen muss. Er darf das Fleisch nicht verschneiden und muss trotzdem alle Vorschriften befolgen. Als Nächste hat die Hausfrau dafür zu sorgen, dass das Fleisch rein bleibt bzw. noch extra koscher wird. Dies erfolgt dadurch, dass man das Fleischstück eine halbe Stunde wässert (**Auswässern**), eine Stunde Salz darauf einwirken lässt (**Salzen**) und schließlich wird alles nochmals abgewaschen (**Begießen**). Nun ist das Fleisch wortwörtlich „kosher" und kann für das Essen zubereitet werden. In der Küche muss das Reinheitsgebot sorgsam befolgt werden. Die Hausfrau wird streng darauf achten, dass sie niemals Fleisch in einem Topf zubereitet, in dem einmal Milchiges gekocht wurde. Das Gleiche gilt auch für Essgeschirr und -besteck. Die Zusammenstellung der Gerichte für das Menü obliegt alleine den Köchen und Köchinnen. Das Menü muss entweder milchig oder fleischig sein. Zwischen dem Genuss von „milchigen" und „fleischigen" Speisen müssen 2 bzw. 8 Stunden liegen.

Kosmeenblüten [*Wildkräuter, -blüten & -früchte*] **T Lateinisch:** Cosmea; Kosmeenblüten sind essbar – **Mehr Information:** ↑**Essbare Blüten**

Kostform [*Gesundheit*] Art der Lebensmittelaufnahme bzw. die Zusammensetzung der Lebensmittel. Kostformen unterscheiden sich in ihrem Zweck bzw. Schwerpunkt. Es gibt ↑**Vollkost**, ↑**Schonkost**, ↑**Rohkost**, ↑**Vegetarische Kost**

Kot [*Verdauung*] ↑**Faeces**

Kotelett [*Fleischprodukte*] **Englisch:** chop; **Französisch:** côtelette; **Italienisch:** costoletta, cotoletta; **Spanisch:** chuleta. Scheibe aus dem Rippenstück mit Teil vom Rücken von ↑**Rind**, ↑**Kalb**, ↑**Hammel**, ↑**Lamm**, ↑**Schwein** oder ↑**Wild**.

Kotleti [*Intern. Länderküche*] Begriff aus der russischen Küchenkultur für ↑**Frikadellen**

Kotopoulo me Elies [*Griech. Speisekarte*] **A** Begriff aus der griechischen Küchenkultur für gebackenes ↑**Hähnchen** mit ↑**Oliven**

Kotopoulo sto Furno [*Griech. Speisekarte*] **A** Begriff aus der griechischen Küchenkultur für ein Backofengericht aus ↑**Hühnerfleisch**, ↑**Kartoffeln**, ↑**Olivenöl**, ↑**Zitrone** und ↑**Gewürzen**

Kotschuri [*Intern. Länderküche*] Begriff aus der indischen Küche für frittiertes ↑**Fladenbrot** mit ↑**Erbsenpüree**

Koukouvagia [*Griech. Speisekarte*] **A** Gehackte ↑**Tomaten**, ↑**Olivenöl** und ↑**Feta** auf frischem ↑**Zwieback** (Paximadia)

Krabben [*Fisch*] **T Englisch:** bay shrimps, shrimps; **Französisch:** crevettes, cancer, crabes, sauterelles; **Italienisch:** gamberetti, scampi, granchi; **Spanisch:** gambas, quisquillas, camarónes. Naturwissenschaftlich gilt die Bezeichnung „Krabben" für Strandkrabben, ↑**Taschenkrebse** und andere Arten von **Kurzschwanzkrebsen**. Von Gourmets geschätzt ist die **Strandkrabbe**. In Norwegen ist der Taschen- oder Kurzschwanzkrebs (Cancer pagurus) sehr beliebt, aber auch die kostbare Kamtchatka-Krabbe, auch ↑**Königskrabbe** genannt, fängt man immer öfter in Fjorden. Die **Steinkrabbe** sieht der großen Königskrabbe mit den enorm langen Beinen recht ähnlich, wird aber nicht so groß. Eine der feinsten und besten ist die amerikanische **Blaukrabbe**, die als **„soft shell"** – nach der Häutung – eine Delikatesse ist. Die größten essbaren Krabben sind die bis 120 cm großen und 6 kg schweren japanischen **Riesenkrabben**. An deutschen Küsten heißen auch frische und zubereitete ↑**Garnelen** (Granat) „Krabben". Handelsüblich versteht man daher unter Krabben in erster Linie Garnelen. **Es gibt folgende industriell gefertigten Krabbenerzeugnisse: Krabben, Garnelen, Granat** – werden frisch nach dem Fang in kochsalzhaltigem Wasser gar gekocht, an der Luft gekühlt und durch Einstreuen von Kochsalz für kurze Zeit haltbar gemacht. **Krabbenfleisch** – von Krabben, Garnelen und Granat wird frisch nach dem Fang in kochsalzhaltigem Wasser gar gekocht, an der Luft gekühlt, durch Entschälen gewonnen und durch Vermischen mit Kochsalz für kurze Zeit haltbar gemacht. **Krabben in Dosen** – Krabbenkonserven sind Krabbenfleisch, mit oder ohne Aufguss luftdicht in verschlossene Behältnisse gepackt und dadurch haltbar gemacht. **Krabbenextrakt** – ist ein stark eingedickter Auszug aus vorbehandelten Krabben, Garnelen, Granat. **Krabbensalat** – besteht aus Fleisch von Krabben, Garnelen, Granat. **Man unterscheidet:** Krabbensalat mit ↑**Mayonnaise**, Krabben in Mayonnaise, aus 50 % Krabbenfleisch und 50 % Mayonnaise (Salatmayonnaise), Krabbensalat mit ↑**Tunke**, Krabben in Tunke, aus 50 % Krabbenfleisch und 50 % Tunke (Salatdressing).

Krabben, getrocknete [*Asiatische Küche*] Werden in Thailand als Gewürz verwendet und dafür im Mörser zerkleinert. Als Ersatz kann man die Krabbenpaste ↑**Kapi** verwenden.

Krabbencocktail [*Unsere Küche*] **R Englisch:** shrimps cocktail; **Französisch:** cocktail de crevettes; **Italienisch:** cocktail di gamberetti; **Spanisch:** coctél de cigalas. Ein Krabbencocktail wird am besten mit Nordseekrabben zubereitet, da sie am aromatischsten schmecken. Dazu wird das frische Krabbenfleisch erst mit einigen Tropfen Zitronensaft mariniert, dann auf in feine Streifen (Julienne) geschnittenem Kopfsalat in einem Cocktailglas (Sektschale) angerichtet. Krabben mit würziger ↑**Cocktailsauce** bedecken, mit Zitronenscheiben und Petersiliesträußchen garnieren. Bei einem exotischen Krabbencocktail kann man die Krabben zusätzlich mit Ananas- und Pfirsichstückchen oder Orangenfilets vermischen und das Cocktailglas entsprechend mit Südfrüchten garnieren. Zum Krabbencocktail passt frisches Toastbrot oder ↑**Baguette.**

Kracherl [*Österr. Küche*] ↑**Limonade**, Sprudel

Krachmandeln [*Allgem. Nährmittel*] Besonders dünnschalige, süße Mandelsorte

Kräcker [*Backstube*] Kleines, knuspriges Salzgebäck

Kraftbrühe [*Unsere Küche*] ↑**Consommé**

Krähenbeeren [*Obst*] Schwarze oder rote, säuerlich schmeckende Beeren

Krakauer [*Fleischprodukte*] (↑**Brühwurst**) ↑**Bockwurst** aus gepökeltem ↑**Rind**- und ↑**Schweinefleisch**, mit grober Körnung. Sie hat in der Regel Knoblauchgeschmack und kann gegrillt, gebraten oder warm verzehrt werden.

Krake [*Fisch*] **Englisch:** octopus; **Französisch:** poulpe, pieuvre; **Italienisch:** polpo, klein = polpetti; **Spanisch:** pulpo. ↑**Oktopus**, ↑**Kopffüßer**

Krambamboli [*Hausbar*] Veralteter Name für ↑**Feuerzangenbowle**

Krammetsbeer, Kranewett, Kranewitt, Kranawitt [*Österr. Küche*] ↑**Wacholderbeere**

Krammetsvogel [*Fleischprodukte*] **Lateinisch:** Turdus pilaris. **Synonym:** Wacholderdrossel, Kranewitter, Kronawetter. Schmackhaftes ↑**Wildgeflügel**, das heute seine kulinarische Bedeutung verloren hat

Kranichbeeren [*Wildkräuter, -blüten & -früchte*] ↑**Preiselbeeren**

Krankendiät [*Gesundheit*] **T Statt** ↑**Schonkost „**↑**Leichte Vollkost“**; Magen- und Darmerkrankungen gehören zu den häufigsten Krankheiten, obwohl beide Organe sowie die damit verbundenen Verdauungsdrüsen (Leber, Galle, Bauchspeicheldrüse) recht robust gegenüber Ernährungsfehlern sind. Ein Übermaß an Genussgiften wie ↑**Alkohol**, Röststoffe im ↑**Kaffee** usw. schädigen auf Dauer Magenschleimhaut, Leber und Bauchspeicheldrüse. Auch das Gallensteinleiden beruht neben veranlagungsbedingten Faktoren auf chronischer Überernährung, besonders wenn sie zu ↑**fett**- und ↑**cholesterin**reich ist. Während man früher spezielle Schonkostformen verordnet hat, ist man heute – abgesehen von akuten Erkrankungen – davon abgekommen. Man weiß inzwischen, dass eine Leberentzündung oder ein Magengeschwür bei normaler ↑**Ernährung** ausheilt, wenn man Exzesse vermeidet. Deswegen wird hier auch keine schematische Aufteilung in eine Magen-, Galle-, Leber- oder Darmschonkost vorgenommen. Die Wirkungen dieser Schonkostformen sind nie bewiesen worden. Man ging von der Theorie aus, dass der Heilungsprozess durch eine geringere Belastung des Organs begünstigt wird. Untersuchungen ergaben jedoch keinen positiven Effekt. Heute wird für Erkrankungen der Verdauungsorgane eine „leichte Vollkost“ verordnet. Sie unterscheidet sich von der ↑**Vollkost** durch Nichtverwendung von Lebensmitteln oder Speisen, die erfahrungsgemäß bei mehr als 5 % der Patienten Unverträglichkeiten auslösen. Empfindliche Menschen vertragen manche Lebensmittel schlecht. Nach dem Genuss kommt es zu Unbehagen, Völlegefühl, Blähungen oder Krämpfen.

Häufigkeit von Lebensmittelunverträglichkeiten Angaben in % befragter Personen (Repräsentativer Querschnitt der Bevölkerung)

Unverträglichkeit	Bei %
1. Hülsenfrüchte	30,1
2. Gurkensalat	28,6
3. Frittierte Speisen	22,4
4. Weißkraut	20,2
5. CO-haltige Getränke	20,1
6. Grünkohl	18,1
7. Fette Speisen	17,7
8. Paprikagemüse	16,8
9. Sauerkraut	15,8
10. Blaukohl (Rotkraut)	15,8
11. Süße und fette Backwaren	15,8
12. Zwiebeln	15,8
13. Wirsing	15,8
14. Pommes frites	15,3
15 Hart gekochte Eier	14,7
16. Frisches Brot	13,6
17. Bohnenkaffee	12,5
18. Krautsalat	12,1
19. Mayonnaise	11,8
20. Kartoffelsalat	11,4
21. Geräuchertes	10,7
22. Eisbein	9,0
23. Zu stark gewürzte Speisen	7,7
24. Zu heiße und zu kalte Speisen	7,6
25. Süßigkeiten	7,6
26. Weißwein	7,6
27. Rohes Stein- und Kernobst	7,3

28. Nüsse	7,1
29. Sahne	6,8
30. Paniert Gebratenes	6,8
31. Pilze	6,1
32. Rotwein	6,1
33. Spirituosen	5,8
34. Birnen	5,6
35. Lauch	5,2
36. Vollkornbrot	4,8
37. Buttermilch	4,5
38. Orangensaft	4,5
39. Vollmilch	4,4
40. Kartoffelknödel	4,4
41. Bier	4,4
42. Schwarzer Tee	3,5
43. Orangen	3,4
44. Honig	3,1
45. Speiseeis	2,4
46. Schimmelkäse	2,2
47. Trockenfrüchte	2,2
48. Marmelade	2,2
49. Tomaten	1,9
50. Schnittkäse	1,6
51. Camembert	1,3
52. Butter	1,2

In der folgenden Tabelle sind in der linken Spalte die Nahrungsmittel aufgeführt, die meist gut, in der rechten Spalte die Nahrungsmittel, die häufig schlecht vertragen werden. Alle aufgeführten Nahrungsmittel wie ↑**Fleisch**, ↑**Fisch** und ↑**Gemüse** sollte man möglichst ↑**dämpfen**, ↑**dünsten** oder in der Teflonpfanne mit wenig ↑**Fett** zubereiten.

	Gut verträgliche Nahrungsmittel	Schlecht verträgliche Nahrungsmittel
Milch	Butter- oder Buttermilch, entfettete Milch oder Sauermilch, Jogurt, wenig Kondensmilch	Sahne und Vollmilch in großen Mengen
Käse	Alle fettarmen, milden und weichen Käsesorten mit weniger als 40 % Fett i. Tr. ↑**Käse**	Scharf gewürzte und harte Käsesorten
Fleisch	**Ausgesucht mager**	**Alle fetten Fleischstücke**
Kalb	Schulter, Keule, Filet, Bries	Brust
Schwein	Filet, Lende, Schnitzel, Leber, Herz, Zunge, Hirn	Gepökelte und geräucherte Fleisch- und Wurstwaren
Rind	Filet	Roulade, Gulasch, Suppenfleisch
Wild	Hase, Reh, Hirsch, Damwild	Wildschwein
Geflügel	Fasan, Taube, Hähnchen, Huhn, Pute ohne Haut, Straußenfleisch	Fettes Geflügel
Fleischwaren	Kalter Braten, magerer gekochter Schinken, Corned Beef, Zunge, Tatar, Weiß- oder Wiener Wurst, Kalbswurst, Geflügel- oder Kalbfleischsülze, Kalbslyoner, milde, fettarme Geflügelwurstwaren bis 25 % Fett	Speck, stark geräucherte Wurst und Fleischwaren mit größeren Fettmengen, Fleischsalat mit Mayonnaise
Fisch	Forelle, Felchen, Goldbarsch, Kabeljau, Hecht, Heilbutt, Scholle, Seezunge, Schellfisch, Zander, Tunfisch, Krabben, Hering in Gelee	Aal, Karpfen, Fischkonserven in Öl
Eier	Weich gekocht, Eierstich, Spiegelei, Rührei oder Omelette	Gebratene und hart gekochte Eier, Pfannkuchen
Fette	Butter nur in ganz geringen Mengen, hochwertige Öle (reich an ungesättigten Fettsäuren), auch entsprechende Margarinen (in kleinen Mengen und nicht erhitzt), Milch halbfett, Halbfett-Margarine	Schmalz, Talg, Speck, Plattenfette
Getreideprodukte	Mehl, Stärkemehl, Grieß, Reis, Haferflocken, Teigwaren (Pasta), Grünkern, Spätzle	Fette und schwere Mehlspeisen

	Gut verträgliche Nahrungsmittel	Schlecht verträgliche Nahrungsmittel
Brot- und Backwaren	Altbacken! Brötchen, Knäckebrot, Weißbrot, Misch-, Graham- oder Leinsamenbrot, Keks, Zwieback, fettarmer Hefekuchen, Bisquit und Obsttorten, Semmelknödel	Dunkle, schwere Vollkornsorten, z. B. Pumpernickel, sehr frische und grobe Brotsorten, Crèmetorten, Blätterteig- und Plundergebäck, Fettgebackenes
Kartoffeln	Pell-, Salz-, Dampf- und Brühkartoffeln, Kartoffelbrei, Knödel von gekochten Kartoffeln, Kartoffelsuppe	Fettgebackene und fettreiche, frittierte Kartoffelgerichte, Salat mit Mayonnaise
Getränke	Gemüse- und Obstsäfte nur verdünnt! Schwarz-, Grün- oder Kräutertee, Kaffee milde Sorte (nicht entcoffeiniert), Mineralwasser ohne Kohlensäure	Alkohol in jeder Form, Limonaden und kohlensäurehaltige Getränke
Gemüse	Alle Sorten, nach individueller Verträglichkeit, gedünstet oder gekocht	Besonders alle blähenden und schwer verdaulichen Kohlsorten, Hülsenfrüchte, Zwiebeln und Lauch in größeren Mengen

Kranzenkraut [*Gewürze & Kräuter*] ↑**Rosmarin**

Krapfen [*Unsere Küche*] **A** (**Französisch:** beignet) Schwimmend in Fett Ausgebackenes; **1.** Gebäck, meist aus ↑**Hefeteig**, mit ↑**Marmelade** gefüllt wie Berliner Pfannkuchen, Faschingskrapfen usw. oder **2.** in ↑**Backteig** getauchtes ↑**Gemüse** oder ↑**Früchte**

Kratzbeeren [*Obst*] ↑**Brombeeren**

Krausbeeren [*Obst*] ↑**Stachelbeeren**

Krause Glucke [*Speisepilze*] **T** **Lateinisch:** Sparassis crispa. **Synonym:** Fette Henne. ↑**Waldpilze. Fruchtkörper:** jung blassockerfarben, später bräunlich, badeschwammähnlich, 6–30 cm Durchmesser; **Strunk:** weißlich, zäh, in gewundene Äste geteilt, die in blattartigen, gekräuselten Lappen enden; **Fleisch:** weißlich, nussartiger Geschmack, jung sehr schmackhaft. Vorsicht jedoch vor zu alten Exemplaren, unbekömmlich! **In der Küche:** Das Fleisch ist roh knorpelig, der Geruch aromatisch und schwach gummiartig. Zubereitet ist die Glucke angenehm bissfest und von sehr gutem Geschmack. Sie lässt sich, auch angeschnitten, eine Woche und länger im Kühlschrank frisch halten, aber auch gut in getrockneter Form für Soßen verwenden. Der Geschmack ist der Speisemorchel ähnlich. **Verwechslungen:** Mit dem jung ebenfalls essbaren „Eichhasen". Der hat winzige Poren an der Unterseite der Hütchen und wächst im Laubwald. **Vorkommen:** Von Juli – Oktober – parasitisch am Fuße von Nadelbäumen, besonders von Kiefern, seltener Fichten, aber auch als **Saprophyt** (Organismus, der sich von faulenden Stoffen ernährt) auf und bei morschen Strünken derselben Holzart.

Krause Minze [*Gewürze & Kräuter*] Gewürzkraut, das wie ↑**Pfefferminze** verwendet wird

Krause Petersilie [*Gemüse*] Wird nur zum Garnieren von Speisen verwendet, da sie zu wenig Würzaroma besitzt

Kräusen [*Bier*] Den Schaum, der sich nach Zugabe der Hefe an der Oberfläche bildet, nennt man Kräusen. Kräusenbier ist ungefiltert, also hefetrüb.

Krauskohl [*Gemüse*] ↑**Grünkohl** oder ↑**Wirsingkohl**

Kraussalat [*Gemüse*] ↑**Blattsalate**

Kraut [*Österr. Küche*] ↑**Weißkohl**

Kräuter [*Fachkunde*] **A** **Englisch:** herbs; **Französisch:** herbes; **Italienisch:** erbe aromatiche; **Spanisch:** hierbas aromaticas. **Info:** Der Begriff ist keine botanische Definition, Kräuter werden vielmehr über ihren Nutzwert definiert. Dabei unterscheidet man zwischen Küchen-, Gewürz-, Heil- und Giftkräutern. Küchen- und Gewürzkräuter dienen der Verbesserung des Geschmacks einer Speise. Heilkräuter bilden die Grundlage für Arzneimittel oder sind selbst Arzneimittel. Giftkräuter wirken schädlich. **Kräutergeschichte:** ↑**Würztabelle.** Aus nicht nachvollziehbaren Gründen verschwanden Ende des 19. Jahrhunderts die aromatischen Kräuter fast völlig aus den ↑**Deutschen Küchen.** Erst seit einigen Jahren kehren diese Kräuter mit der kulinarischen Entdeckung mediterraner Urlaubsziele wieder zurück und sind aus den Rezepten der neuen leichten deutschen ↑**Multikultiküche** nicht mehr wegzudenken. **1. Kräuter in der Küche:** Kräuter sollen den Geschmack der Speisen abrunden und deren Eigenart unterstreichen, nicht abtöten. Übermaß schadet dem Genuss und der Gesundheit (wie bei ↑**Ingwer,** ↑**Pfeffer,** ↑**Salz** usw.). ↑**Würztabelle.** Richtiges Würzen hilft dagegen der Lebensfreude und der ↑**Verdauung.** Das Auge isst mit, auch dabei können Kräuter dienen: als Garnitur oder in Form von ↑**Blüten. Was muss beim Würzen mit Kräutern beachtet werden?** Beim Kauf auf frische und richtig gelagerte Ware achten. Ganz sicher ist man beim Apotheker (auch heute noch) oder in Spezialgärtnereien. Gewürze und Kräuter müssen immer in verschlossenen Gefäßen trocken und kühl gelagert werden. Am besten sind dunkel gefärbte Gläser. Frische Kräuter erst kurz vor ihrer Verwendung auf Glas- oder Keramikunterlagen schneiden. Holzbrettchen vorher anfeuchten, damit der Kräutersaft nicht einzieht. Kräuter zur Aufbewahrung werden frühmorgens geerntet, wenn der Tau getrocknet ist, in der Regel vor der Blüte. **Wie kann man Kräuter konservieren? Das Einfrieren hat sich für viele Kräuter bewährt:** Möglichst wenig Luft im Gefäß belassen. Nimmt man Folienbeutel, dann möglichst platt drücken oder die Luft heraussaugen. Beim Herausnehmen die tiefgekühlten Kräuter drücken oder reiben, damit die Blätter zerfallen. In Eiswürfelformen kann man sie frisch gehackt vorportionieren. **Aufbewahrung in Essig und Öl ist eine weitere gute Konservierungsmethode. a) Essigauszug:** Am ↑**Essig** nicht sparen, ↑**Weinessig** ist empfehlenswert. ↑**Basilikum**, ↑**Borretsch**, Dill, ↑**Estragon**, Minze, ↑**Pimpinelle**, ↑**Zitronenthymian** eignen sich gut. Auf 1 l nimmt man etwa 1/2 Tasse dieser Kräuter, schließt die Flasche gut und stellt sie auf das Fensterbrett. Nach spätestens drei Wochen ist der Essigauszug fertig. Die Kräuter werden dann abgesiebt, der fertige Kräuteressig in eine Flasche gegossen und verkorkt. **b) Ölauszug:** Dafür empfiehlt sich kalt gepresstes ↑**Olivenöl** bester Qualität. In Frage kommen Kräuter wie ↑**Bärlauch**, Basilikum, ↑**Pfefferminze**, Rosmarin und Thymian. Eine Flasche mit großer Öffnung nehmen und eine gute Handvoll der Kräuter hineingeben. Das Öl einfüllen, sodass alle Kräuter gut bedeckt sind. Verkorkte Flasche auf das Fensterbrett stellen und den Auszug mehrere Wochen reifen lassen, dabei öfters gut durchschütteln. Danach abseihen und den Auszug gut verschlossen kühl (nicht kalt) und dunkel aufbewahren. **c) Trocknen: Die Trocknung ist nicht für alle Kräuter ideal.** Ganze Triebe abschneiden, zusammenbinden und kopfüber aufhängen: Luftig, schattig und nicht zu warm sollte es sein. Sobald die Triebe getrocknet sind, werden Blätter und Blüten abgestreift und dunkel aufbewahrt, wenn das Glas ungefärbt ist. Am besten eignen sich aber besonders dunkel eingefärbte Schraubgläser. Ein Etikett sollte den Inhalt und das Datum festhalten. Blütenblätter von ↑**Kamille**, ↑**Königskerze**, ↑**Malve**, ↑**Ringelblume** werden besser auf Gaze oder Vlies getrocknet, die man auf einen Holzrahmen spannt. Wurzeln werden je nach Größe einmal oder mehrmals der Länge nach geschnitten und ebenfalls auf gespannter Gaze getrocknet oder senkrecht aufgehängt. Von getrockneten Kräutern darf man nur höchstens ein Drittel der gewöhnlichen Menge nehmen, da man leicht überwürzt. Getrocknete Kräuter am besten vor der Verwendung kurze Zeit in Wasser, ↑**Brühe** usw. aufquellen lassen, damit sich das Aroma entfalten kann. ↑**Würztabelle**; **2. Kräuter selber züchten: Was muss bei der Kultur von Kräutern beachtet werden?** Kräuter können auch in Töpfen auf Balkon, Terrasse oder Fensterbank gezogen werden. Wie üblich, das Abzugloch mit einer Scherbe oder größerem Stein abdecken, dann eine Dränageschicht aus Kies oder Blähton von 1–2 cm Dicke einfüllen. Die Erde sollte aus guter Gartenerde, Sand und Kompost bestehen, viele benötigen auch etwas Kalk. Besonders bequem sind die Saatscheiben zu handhaben, die von einigen Firmen angeboten werden. Die Südländer müssen im Herbst umziehen, die anderen müssen vor Frost und Regen gut geschützt werden. Immer zwischen Erd- oder Steinboden und Topf eine dicke Styroporschicht anlegen. **Am Küchenfenster können überwintern:** Basilikum, Bohnenkraut, Dill, Estragon, Gartenkresse, Majoran, Petersilie, Rosmarin, Schnittlauch, Thymian, Zitronenmelisse. Es muss aber auf feuchte Luft geachtet werden, Nähe der Heizung führt zum Misserfolg. **Kalk lieben:** Bärlauch, ↑**Bohnenkraut**, Borretsch, Estragon, ↑**Fenchel**, ↑**Kümmel**, ↑**Lavendel**, ↑**Löwenzahn**, Majoran, ↑**Petersilie**, Pfefferminze, ↑**Pimpinelle**, ↑**Portulak**, Rosmarin, ↑**Salbei**, ↑**Schafgarbe**, ↑**Schnittlauch**, echter Thymian, ↑**Weinraute**, ↑**Wermut**, ↑**Ysop**. Bei den beliebten Kräuterspiralen oder Rundbeeten sind die Bedürfnisse der einzelnen Kräuter schlecht zu erfüllen, zumal auch noch Höhe und Pflanzenfeindschaft zu berücksichtigen sind. **Eher trockenen Boden mögen:** Majoran, Rosmarin, Salbei und Thymian. **Feuchten Boden:** Kerbel, Petersilie, Schnittlauch und Zitronenmelisse. **Ziemlich hoch werden:** Borretsch, Dill, Liebstöckel, ↑**Meerrettich** und ↑**Sauerampfer**. Liebstöckel kann andere nahe Pflanzen schädigen und sollte sowieso nur in einem größeren Abstand von ihnen stehen. Dill verträgt wegen seiner langen Pfahlwurzel kein Umsetzen, überdies ist er mit sich selbst unverträglich und braucht große Abstände. Man sät ihn am besten zwischen einjährigen Blumen aus. **Feindlich sind:** Dill mit Fenchel, Petersilie mit ↑**Sellerie. Im Steingarten kommen auch zur Geltung:** Majoran, Pimpinelle, Rosmarin und Salbei; **Gemüse- oder Blumenbeete können auch eingefasst werden mit:** Majoran, Thymian und Schnittlauch. **Es wuchern gerne:** Pfefferminz und Zitronenmelisse, sie sollten eine Wuchsbremse bekommen, z. B. in Form eines Plastikeimers, dem der Boden und ein Teil seines unteren Umfangs entfernt wurden. Der obere Rand sollte gerade unter der Erdoberfläche sein. **Nur wenig Frost vertragen:** Estragon, Rosmarin und Thymian. Die meisten ätherischen Öle produzieren die Pflanzen, wenn der Boden karg ist. Wenn aber ständig geerntet wird, muss gedüngt werden, am besten mit Kompost. Die Samen brauchen oft mehrere Wochen bis zur Keimung. Der Boden muss ständig feucht gehalten werden.

Kräuter – Aufbewahren [*Gewürze & Kräuter*] **A** Schnittkräuter sollten immer im Kühlen aufbewahrt werden, denn sie welken bei Zimmertemperatur zu schnell und verlieren an Aroma. Die Stielenden in jedem

Fall abschneiden. Dann die Kräuter lose in Alufolie oder feuchtes Küchenpapier einwickeln und im Kühlschrank aufbewahren. So bleiben sie bis zu 48 Stunden frisch. Beim Einkauf von frischen Kräutern darauf achten, dass die Stängel nicht verholzt sind und die Kräuter keine gelben oder trockenen Blätter haben. Ein guter Frischetest ist die Schüttelprobe, dabei sollten keine Blätter abfallen. Im Zweifelsfall immer auf die eigene Nase verlassen: Jedes Kraut sollte intensiv und frisch riechen!

Kräuter auf der Fensterbank [*Gewürze & Kräuter*] **A** Den wenigsten Raum benötigen ganzjährige Zimmerkräutergärten. Sie sollten an hellen Fensterfronten stehen. Am besten eignen sich helle Ost- und Westfenster und im Winter die Südfensterfronten. Ideale Standorte bieten Wintergärten. Zusammen mit Zierpflanzen können die Kräuter in dekorativen Gefäßen schmückende und belebende grüne Nischen in den Wohnungen sein. Schnellwachsende Kräuterarten wie ↑**Dill,** ↑**Kerbel,** ↑**Kresse,** ↑**Portulak,** ↑**Senf** werden mehrmals im Jahr in Folgesätzen ausgesät. Zum Zimmer- und Balkonkräutergarten gehören auch mehrjährige Kräuterarten wie ↑**Estragon,** ↑**Lavendel,** ↑**Liebstöckel,** ↑**Minzearten,** ↑**Oregano** (Dost), ↑**Petersilie,** ↑**Pimpinelle,** ↑**Rosmarin,** ↑**Salbei,** ↑**Schnittlauch,** ↑**Thymian,** ↑**Tripmadam,** ↑**Weinraute,** ↑**Ysop** und ↑**Zitronenmelisse.** Sobald es die Witterung erlaubt, darf die Kräutergesellschaft nach vorheriger Abhärtung und Gewöhnung an das Sonnenlicht auf das gesicherte Außenfensterbrett wechseln. Vorteilhafter als das Fensterbrett ist eine Fensterwanne, die innen wasserdicht mit einer Folie ausgekleidet werden kann. Entweder kultiviert man direkt ins Erdreich, „füttert" die Töpfe in Moos oder anderes humoses Material ein oder stellt Pflanzgefäße in Untersetzer bzw. Übertöpfe, um den Wasserhaushalt besser regulieren zu können. Man kann die „Topf-Kräuter" auch in Rinnen mit Kies oder zerkleinerten Tonscherben stellen, um Übernässung vorzubeugen. Favoriten für solche Kulturen sind Schnittlauch, Knoblauch und Wurzelpetersilie in Töpfen. **Schnittlauch-Treiberei:** Man holt sich die geputzten Wurzelballen beim Gärtner und stimuliert durch ein etwa zehnstündiges Wasserbad bei Temperaturen von 35–40° C die Treiberei. Dann wird eingetopft und die Töpfe ans warme Fenster oder ins Gewächshaus gestellt. Je wärmer die Kultur gefahren werden kann, desto schneller erscheinen die feinen röhrenförmigen Blätter. Nach dreimaligem Schnitt sind die Pflanzen meist erschöpft. **Knoblauch-Treiberei:** Hierzu steckt man jeweils mehrere Zwiebelzehen in die vorbereiteten Töpfe. Bei genügend feuchter Erde und Zimmertemperatur treibt der Knoblauch sehr schnell aus und das würzige Grün ist ebenfalls mehrmals zu ernten. Knoblauchgrün gibt den Gerichten, vor allem Salaten und Quark, einen dezent raffinierten Geschmack. **Zimmertreiberei von Wurzelpetersilie:** Je nach Größe kann man mehrere Wurzeln in einen tiefen Topf einpflanzen und bei mäßiger Feuchtigkeit und Wärme antreiben. Beim Ernten dürfen immer nur die älteren Blätter von außen abgenommen werden, um damit eine lange und reichliche Nutzung zu gewährleisten. Eine weitere Möglichkeit besteht durch Aussaat von Blattpetersilie im Juli ins Freiland oder in Saatkisten. Wenn sich die ersten Laubblättchen gebildet haben, werden am besten jeweils mehrere Pflanzen in Töpfe von mindestens 8 cm Durchmesser pikiert. Im September ist Umpflanzen in den Erdtopf erforderlich, und danach können die Zimmerkultur und die baldige erste Ernte einsetzen. Ähnlich kann man auch mit Dill, der den lichtreichsten Standort beansprucht, und mit Kerbel verfahren. **Senf, Rucola und Gartenkresse:** Um mit großer Sicherheit den ganzen Winter über frisches Würzgrün ernten zu können, sät man Weißen ↑**Senf** (Sinapis alba), ↑**Rucola** (Eruca sativa) und ↑**Gartenkresse** (Lepidium sativum) für die Fensterbankkultur. Senf- und Rucolasamen keimen in Töpfen oder Schalen innerhalb weniger Tage und sind dann nach zwei Wochen schnittreif. Deshalb müssen im Abstand von zwei bis drei Wochen immer wieder neue Aussaaten vorgenommen werden. Im Schnellverfahren ist Kresse zu produzieren. Als Gefäße eignen sich für die Anzucht wasserdichte flache Schalen, die man entweder mit einigen Zentimetern sandiger Erde füllt oder in die Löschpapier bzw. unparfümierte Papiertaschentücher in mehrfachen Lagen oder Watte eingelegt und angefeuchtet werden. Danach wird der Samen der Gartenkresse ausreichend dicht ausgesät und feucht gehalten. Bereits nach wenigen Tagen zeigen sich die ersten Blättchen, und nach etwa anderthalb Wochen, wenn die Pflanzen 5–6 cm hoch sind, kann die Ernte mit der Haushaltsschere beginnen. Für diese kurze Kulturzeit reichen allein die Nährstoffe des Samengewebes für die Entwicklung aus. Wenn man im Abstand von etwa zwei Wochen Folgesaaten durchführt, steht immer ausreichend Kresse zur Verfügung. **Pflege der Fensterbank-Kulturen:** Man sollte bei allen Gefäßkulturen immer daran denken, dass den Pflanzenwurzeln in den Gefäßen nur wenig Raum sowie begrenzte Wasserversorgung zugemutet wird. Soll der Erfolg nicht ausbleiben, müssen Pflanzung und Pflege so sorgfältig wie bei Topfblumen geschehen. Als Substrat ist entweder handelsübliche Fertigblumenerde oder eine eigene Mischung aus reifem Kompost mit Sandzugaben. Vorteilhaft sind Hornspäne als Vorratsdünger. Wichtig ist bei allen Kräuterarten, dass die Topferde nicht zu nass wird. Darum gibt man Tonscherben und eine Schicht Sand oder Kies in die Schalen, Kästen und Töpfe, die am Boden Abzugslöcher haben müssen. Die Erde wird nicht randvoll in die Kulturgefäße gefüllt, sondern man belässt einen 2 cm breiten Gießrand. Erleichterte Pflege mit weniger Gießfehlern bieten Balkonkästen mit Wasserspeichern aus dem Gartenfachhandel.

Kräuter der Provence [*Gewürze & Kräuter*] ↑**Kräutermischungen**

Kräuterbissen [*Fisch*] Enthäutete, quer zerteilte Filets von Kräuterheringen. ↑**Anchosen**

Kräuterbitter und Kräuterlikör [*Hausbar*] Nach einer reichlichen Mahlzeit oder bei Magenverstimmung zeigt ein ↑Kräuter**geist** oder -↑**likör** seine Wirkung. Die Herstellung ist recht einfach: Man verwendet Likör- oder Weinbrandflaschen mit weiter Halsöffnung, gibt je Liter eine kräftige Handvoll der ↑**Kräuter**, Wurzeln, Früchte, Fruchtschalen oder Kräutermischung hinein und füllt mit klarem ↑**Branntwein** oder ↑**Kornbrand** (mindestens 30 %-ig) auf. Zugekorkt stellt man die Flasche zwei bis drei Wochen an einen sonnigen Platz zum Durchziehen. Zwischenzeitlich öfteres Schütteln ist vorteilhaft. Danach erfolgt das Abseihen und Abfüllen in trockene Flaschen. Kräutergeist lässt sich süß oder ungesüßt herstellen. Bevorzugt man Kräuterliköre, wird ↑**Zucker** in Wasser aufgekocht oder ↑**Honig** in lauwarmem Wasser aufgelöst dem Kräutergeist hinzugefügt. Hunderte genusstaugliche Kräuter können in Mischungen – je nach persönlichem Geschmack – verwendet werden: ↑**Arnika**; ↑**Enzianwurzel**; ↑**Johanniskraut**; ↑**Kümmel**; ↑**Liebstöckel**; ↑**Minze**; ↑**Rosmarin**; ↑**Orangenschalen**; ↑**Schlehen**; ↑**Thymian**; ↑**Zitronenmelisse**; ↑**Zitronenschalen** uvm.

Kräuterblüten [*Wildkräuter, -blüten & -früchte*] **T** Blüten aller essbaren Kräuter (↑**Lavendel**, ↑**Borretsch**, ↑**Schnittlauch**, ↑**Salbei**, ↑**Thymian** usw.) verfeinern hauptsächlich Vorspeisen und Salate. Würzen aber auch Weinessig oder Salatöle – **Mehr Information:** ↑**Essbare Blüten**

Kräuterbukett [*Gewürze & Kräuter*] **T** Kräuterbündel aus ↑**Petersilie**, ↑**Thymian**, ↑**Lorbeer**, ↑**Lauch**, ↑**Sellerie**, ↑**Knoblauch**

Kräuterbutter [*Unsere Küche*] **R** Raumwarme Butter mit fein gehackten frischen oder aufgetauten ↑**Kräutern**, zeriebenem ↑**Knoblauch** und ↑**Schalotten**, ↑**Worcester**, ↑**Cognac**, ↑**Zitronensaft**, ↑**Pfeffer**, ↑**Salz** würzen und schaumig rühren. ↑**Würztabelle** Für Kräuterbutter keine getrockneten Kräuter verwenden. ↑**Grüne Soße**

Kräuter – Einfrieren [*Unsere Küche*] **T** In der Tiefkühltruhe können Sommerkräuter für den Wintervorrat ohne Probleme eingefroren werden, geeignet sind alle ↑**Kräuter**. Diese müssen nach dem Waschen sorgfältig zwischen Küchenpapier abgetrocknet werden, bevor man sie hackt oder schneidet. Es ist zweckmäßig, die Kräuter in kleinen Portionen einzufrieren, damit nur die jeweils benötigte Menge entnommen und aufgetaut wird. Dazu empfiehlt sich, die gehackten Kräuter in Eiswürfelschalen zu pressen und einzufrieren. Die gefrorenen Kräuterwürfel lassen sich dann in Gefrierdosen platzsparend und aromaversiegelt aufbewahren. Nach dem Auftauen sollte man die Kräuter rasch verwerten, sie werden schnell weich und wässrig, verlieren an Würzkraft sowie Aroma.

Kräuteressig [*Gewürze & Kräuter*] **T** Zur Herstellung verwendet man neben ↑**Estragon** auch ↑**Basilikum**, ↑**Schnittlauch**, ↑**Pimpernelle** und ↑**Thymian**. ↑**Lorbeer**blatt, ↑**Pfefferkörner** und ↑Gewürz**nelken** werden den gehackten Kräutern zugegeben. Mit ↑**Weinessig** auffüllen und knapp 3 Wochen warm in der Flasche stehen lassen. Danach wird der ↑**Essig** abgefiltert. Die ↑**Kräuter** nicht weiterverwenden. Durch seinen würzig-aromatischen Geschmack ist der Kräuteressig geeignet für ↑**süß-saure Marinaden**, zum Einlegen von ↑**Fisch** und zum Würzen von ↑**Geflügel**gerichten.

Kräutergelees und Kräutermarmeladen [*Allgem. Nährmittel*] **A** Durch frische Kräuterblätter wie ↑**Rosmarin** oder ↑**Thymian** erhalten ↑**Marmelade**n und ↑**Gelee**s ein besonderes Aroma. Kräutergelees werden im Allgemeinen mit ↑**Äpfeln** als Grundmasse zubereitet. Bevor diese richtig kocht, werden die ↑**Kräuter** zugegeben und nach dem Kochen, bevor die Marmelade in Gläsern gefüllt wird, wieder abgeseiht. Eine andere Methode mit ↑**Pfefferminze**, ↑**Petersilie** oder ↑**Basilikum** sieht vor, dass mit den Kräutern zunächst ein ↑**Tee** hergestellt wird, den man statt mit Wasser mit ↑**Wein** ansetzen kann. ↑**Estragon**gelee passt zu ↑**Fisch** und ↑**Huhn**, ↑**Rosmarin**gelee zu ↑**Truthahn**, ↑**Basilikum**gelee zu ↑**Hacksteaks**. Für Apfelgelee eignet sich eine Vielzahl von Kräutern, z. B. ↑**Salbei**, die nach Geschmacksnote und je nach Verwendungszweck variiert werden können. ↑**Thymian** gibt man zu ↑**Trauben**- und ↑**Holunder**gelee, ↑**Majoran** und Rosmarin zu ↑**Zitrusfrüchten** (↑**Orangen**, ↑**Zitronen**, ↑**Grapefruits**) und ↑**Minze** zu ↑**Stachelbeeren**. Besonders attraktiv sind Geleegläser mit eingelegten Kräutern. Man legt einige Blätter oder Stängel der Kräuter in das Glas und gießt die heiße Masse darüber. Die Kräuter geben nicht nur Duft und Geschmack an die Geleemasse ab, sondern bleiben durch Glas und Gelee auch deutlich erkennbar. Gelees in verschiedenen Farben mit Kräutereinlagen sind eine Bereicherung der Küche und ein originelles Geschenk.

Kräuterhappen [*Fisch*] Enthäutete, quer zerteilte Filets von Kräuterheringen. ↑**Anchosen**

Kräuterheringe [*Fisch*] Geköpfte, ausgenommene, nach Anchosenart gesalzene und mit Gewürzen gereifte ↑**Heringe**; sie werden auch als Filets angeboten. ↑**Anchosen**

Kräutermischungen [*Gewürze & Kräuter*] **T Fines herbes (feine frische Kräuter)** – zu gleichen Teilen: ↑**Kerbel**, ↑**Schnittlauch**, ↑**Petersilie** und ↑**Estragon**. Gelegentlich auch frische gehackte ↑**Champignons**. ↑**Bouquet garni** – bestehend immer aus frischen Kräutern: **1. Für Rind** – zu gleichen Teilen: ↑**Rosma-**

rin, ↑**Thymian,** ↑**Bohnenkraut,** ↑**Orangenschale** und Petersilie; **2. Für Geflügel** – zu gleichen Teilen: Petersilie, Thymian, ↑**Majoran,** Estragon und **Lorbeerblätter** (und ↑**Wacholderbeeren** bei Federwild); **3. Für Lamm** – zu gleichen Teilen: Rosmarin, Thymian, Bohnenkraut, ↑**Minze** und Petersilie; **4. Für Fisch und Meeresfrüchte** – zu gleichen Teilen: ↑**Dill,** Estragon und ↑**Zitronenschale;** **5. Für Schwein** – zu gleichen Teilen: ↑**Salbei,** Thymian und Majoran; **Herbes de provence (Kräuter der Provence)** – bestehend meist aus getrockneten Kräutern wie: ↑**Oregano,** Rosmarin, Thymian, Bohnenkraut, Majoran und ↑**Lavendel**

Kräuter-Presssäfte, Frischsaftzubereitung [*Wildkräuter, -blüten & -früchte*] **T** Presssäfte aus Kräutern wirken noch intensiver als übliche Rohkostzubereitungen, weil sie gezielt zur Behandlung bestimmter Beschwerden und kurzfristig eingesetzt werden können. Am bekanntesten sind Frischsäfte aus ↑**Brennnesseln.** Als empfehlenswert für Frühjahrskuren gelten zudem ↑**Brunnenkresse,** ↑**Eisenkraut,** ↑**Pimpinelle** und verschiedene Wildkräuter wie ↑**Hirtentäschel,** ↑**Taubnessel,** ↑**Löwenzahn** und ↑Wild**hopfensprossen.** Die gereinigte Pflanzenmasse ist so frisch wie möglich zu verarbeiten. Auch vorübergehendes Einfrieren der Trinksäfte in Eiswürfelformen ist möglich. Zum Trinken sollten Pflanzenfrischsäfte immer stark mit ↑**Mineralwasser,** ↑**Milch,** ↑**Jogurt,** ↑**Kefir** u. a. verdünnt werden. **Grundsätzlich sollten frische Presssäfte sowie aufgetaute Eiswürfel aus Presssäften noch am selben Tag verbraucht werden!**

Kräuterquark [*Käse*] **T Tipp:** Würzen mit ↑**Kräutern** der Frankfurter ↑**Grünen Soße,** einem Hauch ↑**Knoblauch,** ↑**Meersalz,** ↑**Pfeffer** und ↑**Zitronensaft**

Kräutersalz [*Gewürze & Kräuter*] **A** Kräutersalz enthält mindestens 25 % Kochsalz und eine Mischung aus pulverisierten ↑**Gewürzen,** ↑**Kräutern** und/oder ↑**Gemüse.** Zu den Kräutersalzen gehören z. B. Knoblauchsalz, Selleriesalz, Brathähnchengewürzsalz, Grillsalz, Zwiebelsalz, Steaksalz usw.

Kräuterseitling [*Speisepilze*] **T Lateinisch:** Pleurotus eryngii; ↑**Zuchtpilze; Beschreibung:** Hellbraune, trompetenartig nach oben gebogene Kappen sitzen auf weißen, zarten Stielen. Dieser delikat schmeckende Pilz ist auch unter dem Namen Königs Austernpilz bekannt. **In der Küche:** Das Fleisch bleibt beim Garen bissfest. Der Kräuterseitling kann in Suppen, beim Grillen, zu Fleischgerichten oder in der vegetarischen Küche vollständig verwendet werden. **Lagerung:** Im Kühlschrank bis zu 10 Tagen in einem Handtuch eingeschlagen haltbar.

Kräutertee [*Tee*] Gerade bei Kräutertees, die nicht als Arznei verwendet werden, spielt der Geschmack eine wichtige Rolle. Gerade in der Mischung harmonisieren die verschiedenen ↑**Kräuter.** Es entstehen dabei erfrischende Tees, die nicht anregen und sich daher gut für den täglichen Genuss eigenen. Als Basis dienen zumeist ↑**Brombeer-** oder ↑**Himbeerblätter,** ↑**Hagebutte,** ↑**Pfefferminze** und ↑**Hibiskus.**

Kräuterweine oder Würzweine [*Weinkunde*] Bereits im Mittelalter waren die Franzosen Spezialisten für gewürzte Weine. Der „vinum hippocraticum" galt als besonders heilsam. Unabhängig entstand in Italien in der Provinz Piemont die eigentliche Wermutwein-Erzeugung aus Muskatellerweinen. Für die Herstellung der bekannten Vermouth-Erzeugnisse werden u. a. ↑**Wermut**kraut, ↑**Enzian**wurzel, Tausendgüldenkraut und ↑**Zimt** verwendet, deren Mischungsverhältnis streng gehütet wird. Am bekanntesten sind ↑Kräuter**bowlen,** ↑**Punsch** und ↑**Glühwein,** darüber hinaus kann man auch Kräuterweine selbst zubereiten. Für den hausgemachten Kräuterwein nimmt man einwandfreie Weiß-, Rot- oder Süßweine und gibt je Liter eine Handvoll (ca. 30–40 g) der ausgewählten ↑**Kräuter** in ein Glasgefäß oder irdenen Topf. Zugedeckt an einen dunklen Platz bei Zimmertemperatur gestellt, kann der Würzwein nach mehreren Tagen von den Kräutern abgeseiht werden und ist trinkfertig. Als Kräuter eignen sich ↑**Waldmeister** (in kleinen Mengen), ↑**Rosmarin,** ↑**Basilikum,** ↑**Zitronenmelisse,** Wermut (in kleinen Mengen), ↑**Minzearten,** ↑**Salbei,** ↑**Lavendel,** ↑**Kamille** und andere genusstaugliche und selbst erprobte Kräuter für die Hausmarke. Die Haltbarkeit reicht bei richtigem Ansetzen von mehreren Monaten bis zu wenigen Jahren.

Krauthäupl [*Österr. Küche*] ↑**Kohlkopf**

Krautsalat [*Unsere Küche*] ↑**Würztabelle**

Krautstiele [*Österr. Küche*] ↑Stiel**mangold**

Krebs- und Weichtier Erzeugnisse [*Fisch*] Erzeugnisse aus Krebstieren sind gekochte Erzeugnisse wie ↑**Garnelen,** ↑**Schnecken,** ↑**Muscheln** usw in Aufgüssen, ↑**Soßen,** ↑**Öl** oder ↑**Gelee**

Krebsbutter [*Unsere Küche*] ↑**Hummerbutter**

Krebsdauerkonserven [*Fisch*] Hauptsächlich Produkte wie ↑**Crabmeat** (Krebsfleisch) mit oder ohne Aufgüsse, ↑**Soßen** oder ↑**Crèmes**

Krebse [*Fisch*] **A Englisch:** crayfish; **Französisch:** écrevisses; **Italienisch:** gamberi; **Spanisch:** cangrejos. Wasserbewohnende, durch Kiemen atmende Gliederfüßler, die zu den ↑**Krustentieren** (Crustaceae) gehören. Die in der Küche verwendeten Tiere sind Meerkrebse wie ↑**Hummer** & ↑**Langusten** und Süßwasser- oder ↑**Flusskrebse** (Edelkrebse).

Krebse in Sud [*Fisch*] **R** Statt in Salzwasser kocht man die ↑**Krebse** in einem ↑**Würzsud** aus in ↑**Butter** angeschwitzten ↑**Schalotten,** abflambiertem ↑**Weinbrand,** ↑**Lorbeer,** ↑**Pfeffer,** ↑**Salz,** 1/2 bis 1 Flasche trockenem ↑**Weißwein,** ↑**Estragon**zweig und ↑**Petersilien**stängel (vor dem Servieren entfernen). Man verwendet einen hohen Topf und wirft die gesäuberten Krebse einzeln in den stark kochenden ↑**Fond.** Die Krebse mit diesem Sud servieren, dazu frisches ↑**Baguette.**

Krebserzeugnisse [*Fisch*] Werden aus verschiedenen Flusskrebsarten industriell hergestellt: **Krebsextrakt** – stark eingedickter Auszug aus vorbehandelten Flusskrebsarten. **Krebspulver** – aus gemahlenen Schalen, Scheren und Fleisch von Flusskrebsarten. **Krebsmehl** – aus besonders fein gemahlenem Krebspulver. **Krebsschwänze** – aus darmfreien Schwänzen von abgekochten Flusskrebsarten, die in luftdicht verschlossene Behältnisse gepackt und durch Erhitzen oder Einlegen in ↑Salz**lake** haltbar gemacht sind. **Krebsscheren** – aus den abgelösten und in Salzlake eingelegten Scheren abgekochter Flusskrebse. **Krebsnasen** – aus von Schwanz und Scheren befreiten vorderen Körperhälften abgekochter Flusskrebse, getrocknet, auch in Packungen. **Krebssuppenmasse**, -paste, -extrakt, aus Krebsmehl unter Zusatz von ↑**Fett** und ↑**Mehl. Krebssuppe** – aus Krebssuppenmasse oder Krebsmehl unter Zusatz von geschmackgebenden Zutaten. **Kaiserkrebs** und **Taschenkrebs** – frisch nach dem Fang in Salzwasser gar gekocht und in luftdicht verschlossene Behältnisse verpackt.

Krems [*Weinkunde*] Mittelpunkt des Weinanbaugebietes Kremstal. Die Böden sind hauptsächlich von Lehm und Löß geprägt, in der Ebene findet man auch Sand und Schotter. Besonders gut gedeihen Riesling, Grüner Veltliner, Müller Thurgau, Frühroter Veltliner sowie die roten Sorten Zweigelt und Blauer Burgunder. Krems ist eines der ältesten Weinbauzentren Österreichs.

Kremstal [*Weinkunde*] Dort, wo sich das enge Tal der Donau weitet, beginnt das 1993 gesetzlich neu definierte Gebiet. Auf einer Rebfläche von ca. 2300 ha und auf Kristallingestein und Lößboden wird vorwiegend Grüner Veltliner, Riesling, Neuburger, Chardonnay und Frühroter Veltliner angebaut. Die Hauptorte sind Krems, -Stein, Rohrendorf, Senftenberg, Gedersdorf und Furth, Palt am rechten Donauufer. Die Spitzenlagen sind der Steiner Hund, der Kremser Pfaffenberg und die Reide Sandgrube (wobei nicht die Großlage gemeint ist). Südlich der Donau werden inzwischen auch beachtliche Rotweine erzeugt. Dazu gehören Blauburgunder, St. Laurent und Cabernet Sauvignon.

Kren [*Österr. Küche*] ↑**Meerrettich**

Kreolische Küche [*Intern. Länderküche*] **A** Die kreolische Küche hat sich in den vergangenen 500 Jahren entwickelt. Sie ist dem Einfallsreichtum indianischer Ureinwohner zu verdanken. Denn schon lange vor dem Einfall der Eroberer kultivierten sie ↑**Chilis**, ↑**Mais**, ↑**Papayas**, ↑**Guaven**, ↑**Ananas**, **Maniok** und **Süßkartoffeln**. Bekannt war möglicherweise schon ↑**Schokolade.** ↑**Fisch** und ↑**Schalentiere**, tropische und subtropische ↑**Obst**- und ↑**Gemüse**sorten waren schon in großer Vielfalt verfügbar. Die unterschiedliche Geschichte der einzelnen Inseln und Küstenregionen hat für eigene lokale und regionale Küchen gesorgt. Nach den Ureinwohnern **„Aruaks"** folgten die **„Kariben"** und danach schwarze Sklaven von der Westküste Afrikas, die ihre eigenen Kulturpflanzen wie ↑**Okra,** ↑**Kichererbsen** und ↑**Augenbohnen** mitbrachten und sie mit den vorhandenen Lebensmitteln kombinierten. Starken Einfluss nahmen die Kolonialmächte. Spanier, Franzosen, Niederländer und Briten brachten ↑**Kohl**, ↑**Zwiebelgewächse**, ↑**Zuckerrohr,** ↑**Orangen**, ↑**Bananen**, ↑**Tee** und machten die Einwohner mit ↑**Rum**, ↑**Blutwurst** und ↑**Stockfisch** bekannt. Die vielen ↑**Curry**gerichte stammen von indonesischen Einwanderern. Bis heute nur wenig Bedeutung haben ↑**Rindfleisch**gerichte, selbst ↑**Schwein** und ↑**Wild** findet man recht selten in der kreolischen Küche. Eine Vielfalt von Gewürzen (vor allem scharfen) begleitet die karibische Küche. Hierzu gehören auch diverse Pfeffersoßen. Als Sättigungsbeilage dienen ↑**Reis**, Süßkartoffeln, Maniok, ↑**Yams**, ↑**Kartoffeln** und ↑**Kochbananen.** Daneben finden sich auch Obst- und Gemüsesorten europäischer Herkunft. Vor allem ↑**Hülsenfrüchte** werden viel verzehrt. **Fish and Shellfish** – Fische, ↑**Krustentiere** und ↑**Meeresfrüchte** gibt es in großer Auswahl. **Alle wild lebenden Tiere, auch der Crayfish (↑Langusten), dürfen nur während der Jagdsaison (1. September bis 28. Februar) gefangen und verspeist werden, soweit sie nicht einem noch weiter gehenden Schutz unterliegen.** Essen ist in der westindischen Welt an sich kein einfacher Zeitvertreib, sondern ein Vergnügen. Selbst die Musik hat Tänze nach Speisen benannt, z. B. Salsa und Merengue. Das bekannteste alkoholische Getränk ist der ↑**Rum** aus dem vielerorts angebauten Zuckerrohr. Rum ist in der karibischen Welt preiswert, wird aber auf jeder Insel anders gebrannt. Die kleinen Brennereien produzieren ausschließlich für den heimischen Markt. Das populärste ↑**Bier** in der östlichen Karibik heißt **Carib** und wurde ursprünglich nur auf Trinidad gebraut, inzwischen wird es ebenfalls auf St. Kitts und Grenada hergestellt. Aus St. Lucia kommt das **Piton,** und das lokal gebraute Bier auf Dominica ist das **Kubuli**, ein leichtes Export. Die Niederländer brachten ihr Heineken, die Iren Guinness und die Briten verschiedene Sorten Stout mit. Es gibt viele alkoholfreie Getränke, nicht nur importierte Erfrischungsgetränke, sondern vor allem Fruchtsäfte. Am meisten verkauft wird Kokosnuss-Saft: **Jellynutjuce**. Besonders reich an ↑**Vitamin C** und ↑**Zucker** ist **Sorrel**, der aus ↑**Hibiskusblüten** hergestellt wird. Zuckerrohr kann als nichtalkoholisches Getränk auch gut schmecken, es heißt dann **Cane**. Zahllose andere Fruchtsäfte heißen so exotisch, wie sie schmecken: **Gooseberry**, ↑**Passionfruit**, ↑**Pawpaw, Seamoss**, ↑**Tamarinde.** Quell- und Leitungswasser ist bedenkenlos genießbar, zeitweilig führt Dominica Trinkwasser an regenarme Nachbarn aus.

Kreppel [*Backstube*] ↑**Berliner Pfannkuchen**

Kresse [*Gewürze & Kräuter*] **Englisch:** cress; **Franzö-**

sisch: cresson; **Italienisch:** crescione; **Spanisch:** berro. ↑**Gartenkresse** oder **Brunnenkresse**

Kreßling [*Fisch*] Fisch aus der Familie der ↑**Lachse** (↑**Äsche**)

Kretzer [*Fisch*] ↑**Flussbarsch**

Kreuzkümmel [*Gewürze & Kräuter*] **A Lateinisch:** Cuminum Cyminum. **Synonym:** Römischer Kümmel. **Englisch:** cumin; **Französisch:** cumin; **Italienisch:** cumino, cumino bianco; **Spanisch:** comino. **Info:** Diese Spaltfrüchte eines Doldengewächses ähneln im Aussehen dem Kümmel. Den Namen und die Sichelform ihrer Samen haben sie zwar gemeinsam und werden darum auch immer wieder miteinander verwechselt: In Wahrheit sind Kümmel und Kreuzkümmel aber grundverschieden. Kümmel ist ein mitteleuropäisches Gewürz, Kreuzkümmel dagegen ist seit jeher in den heißen Zonen beheimatet und als Gewürz geschätzt. Man fand Kreuzkümmelsamen schon in altägyptischen Mumiengräbern, und im antiken Rom schätzte man ihn nicht nur als Würze, sondern auch als Mittel für vornehme Blässe. **Herkunft:** Der Kreuzkümmel stammt wahrscheinlich aus dem östlichen Mittelmeergebiet oder Äthiopien. Hauptproduktionsländer sind heute die nordafrikanischen Staaten, der Mittlere Osten und Indien. **Im Handel erhältlich:** als getrocknete Samen, ganz und gemahlen, in Kräuterfachgeschäften und in Asienabteilungen großer Supermärkte. **Geschmack:** Das charakteristische, an ↑**Anis** und kalten Schweiß erinnernde Aroma wandelt sich beim Braten oder Rösten in angenehm frisch, scharf aromatisch, entfernt dem Kümmel ähnlich. **Verwendung in der Küche:** Das in Asien, Lateinamerika und Nordafrika sowie in der ↑**Arabischen Küche** sehr beliebte und verbreitete Gewürz bereichert ↑**Lamm**-, ↑**Rindfleisch**-, Gemüsegerichte und ↑**Couscous** – In der ↑**Indischen Küche** ist er Teil des ↑**Garam Masala**. In der Europäischen Küche spielt Kreuzkümmel nur eine untergeordnete Rolle. Jedoch in Frankreich, Dänemark und Holland wird er als Käsegewürz geschätzt und ist Bestandteil von ↑**Lebkuchen** und heißen ↑**Grog**-Getränken auch in Deutschland bekannt. Einzug in deutsche Küchen aber hat Kreuzkümmel als Hauptgewürz im ↑**Chili con carne** mit ↑**Knoblauch**, ↑**Zwiebeln**, ↑**Oregano** und ↑**Chili** gefeiert. Außerdem gehört er zu den Gewürzen der „↑**Indonesischen Reistafel**“, ist in ↑**Curry** und ↑**Mango-Chutney** enthalten. **Würzkombinationen mit Kreuzkümmel:** Ein ausgesprochenes Mischgewürz, das sparsam verwendet zu allen anderen exotischen Gewürzen passt. **Wirkung in der Volksmedizin:** In der Volksmedizin wird er gerne gegen Blähungen und Koliken verwendet und wirkt magenstärkend. Das Öl wird in schweren, orientalischen Parfümen verwendet.

Kreuzung [*Weinkunde*] Werden zwei verschiedene Rebsorten gekreuzt, erhält man neue Rebzüchtungen. Entweder um die Menge oder Qualität zu steigern oder die Reben gegen bestimmte Krankheiten resistent zu machen. Für die Kreuzung werden jeweils Mutter- und Vaterrebe verwendet. Bei den heranwachsenden Neuzüchtungen vereinen sich die Eigenschaften der Elternpflanzen. Die Nachkommen unterscheiden sich durch verschiedene Formen. Durch diese Vielfältigkeit können aus einer Elternkombination verschiedene neue Rebsorten entstehen. Aus der Kombination Silvaner & Riesling gingen „Rieslaner“ und „Scheurebe“ hervor. Die bekannteste Kreuzung in Mitteleuropa ist der Müller-Thurgau.

Krevetten [*Fisch*] ↑**Garnelen**

Kriebelnüsse [*Allgem. Nährmittel*] Walnüsse

Kristallzucker [*Allgem. Nährmittel*] ↑**Zucker**, dessen kristalline Struktur gut erkennbar ist. Je nach Größe der Kristalle unterscheidet man zwischen Kastor-, Sand- und Grießzucker.

Kritharaki [*Griech. Speisekarte*] **A** Begriff aus der griechischen Küchenkultur; **1.** für reiskorngroße ↑**Nudeln** aus ↑**Hartweizengrieß**, die auch ↑**Risoni**, Manestra oder Orzo genannt werden, und **2.** ein Nudelgericht, bei dem diese Nudeln mit ↑**Hackfleisch** und ↑**Schafskäse** in einer Pfanne gebraten werden.

Kritiko [*Käse*] **Herkunft:** Griechenland/Kreta (Name bedeutet kretisch); **Käsesorte:** von Hirten hergestellter ↑**Hartkäse** aus ↑**Schafsmilch**, beliebt in ganz Griechenland

Kroatzbeeren [*Obst*] ↑**Brombeeren**

Kroepoek (krupuk) [*Asiatische Küche*] **T** „Garnelen-Chips“, eine wichtige Beilage zur ↑**Indonesischen Reistafel**. Sie sind roh oder auch fertig gebacken erhältlich und als Snack und zum Garnieren geeignet. In frischem Öl frittiert, blähen sich die Scheibchen auf und entwickeln einen feinen Shrimp-Geschmack.

Krokant [*Backstube*] Produkt aus geschälten und gehackten ↑**Mandeln** oder ↑**Nüsse** mit karamellisiertem ↑**Zucker** im Verhältnis 30:70 gemischt

Kroketten [*Unsere Küche*] Zu Röllchen, Kugel, Birnen, Korken, Brötchen usw. geformte, panierte, in Fett gebackene Lebensmittel aus ↑**Kartoffeln**, ↑**Fleisch**, ↑**Fisch** oder ↑**Gemüse**. ↑**Kartoffelkroketten** & ↑**Croquettes**

Krokodilfleisch [*Fleischprodukte*] **T Lateinisch:** Crocodilus niloticus; **Herkunft und Verfügbarkeit:** Es gibt ca. 300 Krokodilsarten. Die bekanntesten sind das Nil-Krokodil und der Alligator. Krokodile aus Süd-Amerika, Asien, Afrika und Australien stehen unter Naturschutz. Import und Export von Krokodilfleisch wird sehr streng kontrolliert. **Zucht:** Krokodile werden aus Artenschutzgründen in ihren Ursprungsländern in Farmen, aber unter Bedingungen wie in der Wildnis gezüchtet. Exemplare für den Markt sind vor allem das Nilkrokodil, der China-Alligator, das Kubanische Rautenkrokodil und der Ganges-Gavial. Die größten Zucht-Länder sind Simbabwe, Thailand und Australien. Geschlachtet werden die Tiere, wenn sie 2 bis 3 Jahre alt sind und das Fleisch noch zart ist. Das meistexportierte Fleisch für Europa kommt vom Nil-Krokodil. Frisch vakuumiert sind auf dem deutschen Markt Schwanzfilet, Koteletts und Steaks vom unteren Teil des Rückens und der Schulter zu finden. **Inhaltsstoffe:** 100 g Krokodilfleisch enthalten ∅ 36 kcal/151 kJ, 21,1 g Eiweiß, 1,9 g Fett und 91,0 mg Cholesterin. Es ist sehr fettarm, wobei der höchste Fettgehalt im Schwanzfleisch enthalten ist. Das Fettsäuremuster sieht wie folgt aus: ∅ 32 % ↑**gesättigte Fettsäuren,** ∅ 39 % ↑**einfach ungesättigte Fettsäuren** und ∅ 29 % ↑**mehrfach ungesättigte Fettsäuren. Aussehen:** Dem Aussehen nach ähnelt Krokodilfleisch hellem Geflügelfleisch (weiß bis rosa). Die essbaren Teile des Krokodils sind vorwiegend der Schwanz, aber auch die Fleischteile des Rückens sowie der Schultern. Das Angebot reicht dabei von Kotelett aus dem unteren Teil des Schwanzes mit einem Stück Knorpel in der Mitte, über Steaks vom oberen dicken Teil bis zu Filets vom Rücken. Koteletts haben in der Mitte des Fleisches eine runde, dünne Fettschicht; bei Steaks und Filets ist diese entfernt. **Geschmack:** Krokodilfleisch besitzt keinen starken Eigengeschmack, wobei dies aber von der Art der Fütterung abhängt. Am ehesten schmeckt das Fleisch wie Huhn, mit einer leichten Note von ↑**Pute** und ↑**Kalb** mit etwas **Schwein. Krokodilfleisch in der Küche:** Die Konsistenz des Fleisches erinnert mehr an ↑**Fleisch** als an ↑**Fisch**, ist aber trotzdem zart, feinfasrig, sehr mild und sollte immer gut gewürzt zubereitet werden. Krokodilfleisch eignet sich für alle Garmethoden wie Frittieren, Backen oder Braten sowie zum Kochen und somit auch zur Verwendung in Suppen. Es nimmt sehr schnell den Geschmack von ↑**Saucen** und ↑**Gewürzen** an. Auch das Einlegen der Koteletts oder Steaks in eine ↑**Kräuter**-↑**Knoblauch**-↑**Öl**-↑**Marinade** wirkt sich geschmacklich sehr positiv aus. Besonders geeignete Würzmittel sind: ↑**Curry**, Knoblauch, ↑**Zwiebeln** sowie jede Art von scharfen oder süß-sauren ↑**Chutneys** und asiatische ↑**Gewürze**.

Kronfleisch [*Österr. Küche*] **R** Zwerchfell vom ↑**Rind.** Kurz blanchiert und serviert mit grobem Salz und Brez'n – eine feine Spezialität aus München, Bayern und Österreich. Nach längerem Kochen wird das Kronfleisch hart und muss dann so lange kochen, bis es wie normales Suppenfleisch weich wird.

Kronsardinen oder Kronsild [*Fisch*] ↑**Marinaden** aus einer kleinen, ausgenommenen, nicht entgräteten Heringsart ohne Kopf. ↑**Sardinen**

Kronsbeere [*Österr. Küche*] ↑**Preiselbeere**

Kropf [*Gesundheit*] Vergrößerung der gesamten Schilddrüse. Die Kropfbildung kommt bei etwa 10 % der deutschen Bevölkerung vor. Häufiger Grund dafür ist umweltbedingter Jodmangel. ↑**Jod.** Die Größe der Schilddrüse kann in vier Gruppen eingeteilt werden: Gruppe 0 = Schilddrüse nicht sichtbar, aber tastbar vergrößert; Gruppe 1 = Schilddrüse vergrößert tastbar und sichtbar bei gestrecktem Hals; Gruppe 2 = Schilddrüse sichtbar und tastbar vergrößert bis Faustgröße; Gruppe 3 = Schilddrüse noch größer. **Um einer Kropfbildung durch Jodmangel vorzubeugen, wird die Verwendung von jodiertem Speisesalz, ein erhöhter Verzehr von Seefischen oder die Einnahme von Jodtabletten empfohlen.**

Krume [*Backstube*] Als Krume wird der innere, meist locker-voluminöse Anteil von ↑**Brot** und Backwaren bezeichnet. Sie muss elastisch und saftig sein, jedoch nicht zäh. Sie darf nicht bröseln, sollte gut zu schneiden, zu bestreichen sein und eine natürliche Farbe aufweisen. Ist ↑**Roggen** enthalten, bekommt das Brot durch die Mehlfarbe einen leicht grauen Farbton. Brote mit einem Drittel und mehr Roggenanteil entfalten erst einen Tag nach dem Backen ihre ideale Konsistenz und ihren vollen Geschmack. Beim Kauen darf die Krume nicht als Klumpen am Gaumen oder an den Zähnen kleben bleiben.

Krusebeeren [*Obst*] ↑**Stachelbeeren**

Krusle [*Obst*] ↑**Stachelbeeren**

Kruspelspitz [*Österr. Küche*] Ausgelöste Zwischenrippe vom ↑**Rind**

Krustaders [*Engl. Speisekarte*] Kleine Pastetchen, oft aus ↑**Blätterteig**, die man mit angemachten Salaten (↑**Krabben**, ↑Eier usw.) füllt

Krusteln [*Unsere Küche*] ↑**Kroketten**

Krusten- und Schalentiere [*Fisch*] **T Krustentiere: 1.** Allgemein: **Englisch:** crustacea; **Französisch:** crustacés; **Italienisch:** crostacei; **Spanisch:** crustáceos. **2.** Krebstiere: **Englisch:** shrimps; **Französisch:** crevettes; **Italienisch:** gambaretti; **Spanisch:** camarones. **Dazu gehören:** ↑**Garnelen**, Langschwanzkrebse ohne Scheren, auch Granat, Granaten, Krevetten. Im Handel als „Krabben" bezeichnet, z. B. Nordseekrabben. ↑**Krabben**, Kurzschwanzkrebse, dazu gehören Strandkrabben und ↑**Taschenkrebse**. Sie sind nicht so schmackhaft wie andere Krustentiere und werden weniger gehandelt. Was in Deutschland als „Krabben" verkauft wird, sind eigentlich Garnelen. ↑**Krebse**, immer Flusskrebse. ↑**Kaisergranat**, auch Kaiserhummer, Kaiserkrebs, ein kleiner, schlanker Tiefseehummer, etwa 30 cm lang und sehr wohlschmeckend. ↑**Hummer**, Krebstier mit großen Scheren, wird bis zu 50 cm lang und 1,5 kg schwer. Das Fleisch ist fein, saftig und hoch aromatisch. ↑**Languste**, sieht ähnlich wie ein Hummer aus, hat aber keine Scheren. Wird etwa 50 cm lang und bis zu 6 kg schwer. Das Fleisch ist wohlschmeckend, aber trockener als Hummerfleisch. ↑**Scampi**, kleine hummerartige Seekrebse aus dem Mittelmeer. **Info:** Alle Krustentiere schützt ein fast lückenloser Chitinpanzer vor den Angriffen ihrer Feinde. Kopf und Brust sind bei diesen Tieren meist verschmolzen. Die Atmung erfolgt wie bei Fischen durch Kiemen. An den Kopfpartien sitzen meistens zwei Fühlerpaare, wovon das kleinere Träger des Geruchssinnes, das größere, körperlange, das eigentliche Tastorgan ist. Die in lebendem Zustand stark unterschiedliche Färbung der Krustentiere wird in gekochtem Zustand rosa bis leuchtend rot. Alle übrigen den Tieren eigenen Farbstoffe bleichen beim Kochen aus. **Schalentiere: Englisch:** shellfish; **Französisch:** mollusques; **Italienisch:** moluschi; **Spanisch:** moluscos. Dazu gehören ↑**Meeresschnecken** und im weiteren Sinn die zu den ↑**Weichtieren** gehörenden ↑**Weinberg**- und ↑**Achatschnecken** sowie ↑**Schildkröten.** Schalentiere werden überwiegend als Vorspeisen serviert, sind Beigaben zu Fischgerichten oder finden in der asiatischen Küche Verwendung. Die wichtigsten Muscheln; ↑**Austern:** Ihr Fleisch ist eine Delikatesse, am besten frisch und roh – mit etwas Zitronensaft beträufelt – genießen, aber auch anders zubereitet etwas Besonderes. ↑**Jakobsmuschel:** auch Santiago- oder Pilgermuschel genannt. Außergewöhnlich schöne Schale, zartes Fleisch mit leicht süßlichem Geschmack, unter Gourmets hoch geschätzt. Sie werden vorzugsweise mit feinen ↑**Sauce**n serviert oder im Ofen überbacken. Die schönen Muschelschalen verwendet man zum Servieren von warmen und kalten Vorspeisen. ↑**Miesmuscheln** (Pfahlmuscheln): bekannte Muscheln, mit blauschwarzer, etwa vier Zentimeter langer Schale, müssen sehr frisch zubereitet werden. Üblich ist es, sie in ↑Weiß**wein** mit ↑**Gemüse** gedünstet zu servieren. ↑**Herzmuscheln:** dicke runde Schale mit Rippen, das Fleisch ist sehr zart und dient als Bereicherung von ↑**Ragouts**, Reis- und Nudelgerichten; ↑**Venusmuscheln:** verschiedene Sorten und Größen: von zwei bis vier Zentimeter. Größere Muscheln können – wie Austern – auch roh gegessen werden. ↑**Schwertmuscheln (spanisch** Navaja): Bevorzugt werden kleinere Muscheln (bis zehn oder zwölf Zentimeter lang und zwei Zentimeter breit), die roh oder in Reisgerichten und Suppen verzehrt werden. ↑**Muscheln** müssen gut geschlossen sein, beim Kochen öffnen sich die Schalen und zeigen ein gelbes bis orangerotes Fleisch (Muscheln, die sich nicht öffnen, sind nicht für den Verzehr geeignet). **Wichtiger Gesundheitshinweis, um (↑Hepatitis) Lebererkrankungen zu vermeiden: Es kann nach dem Verzehr von Muscheln zu Vergiftungen kommen, da die Muscheln als Planktonfiltrierer (in stark verschmutzten Meeresregionen) auch für den Menschen giftige Organismen aufnehmen.** Im Sommer vermehrt sich Plankton sehr stark und wird von Muscheln aufgenommen, darum und auch wegen der leichten Verderblichkeit sollen Muscheln nur in den kalten Monaten mit „r" gegessen werden. Zwar werden die Muscheln heute meist in speziellen Meereswasserbecken gereinigt, bevor sie zu uns in den Handel gelangen, sodass die Gefahr dieser Vergiftung nicht besteht. Auch kommt der größte Teil der Muscheln aus Muschelzuchten, wo die Nahrungsaufnahme der Tiere kontrolliert werden kann. Jedoch in südlichen Urlaubsländern werden auch im Sommer Muscheln angeboten, vor deren Rohgenuss gewarnt werden muss. **Muscheln aus der Lagune um Venedig sollten nie gegessen werden, da die gesamten Industrieabwässer von Mestre und anderen Industrieorten meist ungeklärt in diesen Bereich der nördlichen Adria gelangen.** ↑**Lebensmittelvergiftungen**

Krustenbraten [*Fleischprodukte*] Braten aus der Schweinekeule oder -schulter mit Knochen und Schwarte

Ktipiti [*Griech. Speisekarte*] **A** ↑**Feta**-↑**Paprika**-Creme

Kubebenpfeffer [*Gesundheit*] **T Lateinisch:** Aframomum melegueta. **Synonym:** Guineapfeffer, Meleguetapfeffer, Malagettapfeffer, Mohrenpfeffer. **Englisch:** Piper cubeba, Grains of paradise, Guinea grains, Melegueta pepper, Alligator pepper; **Französisch:** Graines de paradis, Malaguette, Poivre de Guinée, Maniguette; **Italienisch:** Grani de Meleguetta, Grani paradisi, Mani guetta. K. stammt aus Indonesien von einem bis zu 6 m hoch wachsenden Kletterstrauch. Die Früchte sind etwas größer als beim Schwarzen Pfeffer. Charakteristisch für die Pflanze ist, dass die Früchte einen 1 cm langen Stiel besitzen. Kubebenpfeffer hat medizinische Bedeutung: Er wird als blähungstreibendes und auswurfförderndes Mittel eingesetzt und dient zur Heilung von Harnwegserkrankungen sowie Magenverstimmungen. Außerdem beeinflusst die Pflanze den Gleichgewichtssinn. Schon wenige Früchte erzeugen ein Schwindelgefühl.

Kubuli [*Bier*] Das lokal gebraute Bier auf der Karibikinsel Dominica ist ein leichtes Export.

Kuchelkraut [*Gewürze & Kräuter*] ↑**Majoran**

Kuchen [*Backstube*] **A** Ein aus gebackenem Teig bestehendes Nahrungs- bzw. Genussmittel, meist von süßem Geschmack, gehört fachlich eingeordnet zu den Backwaren. Je nach Region und Zutaten gibt es die unterschiedlichsten Arten und Formen. Kuchen sind länger haltbar als ↑**Torten** und lassen sich auch leichter zubereiten. Manche können schon einen oder mehrere Tage vor dem Servieren gebacken werden. Nur Obstkuchen schmecken frisch am besten, da der Obstbelag die ↑**Biskuit**- oder ↑**Mürbeteig**böden anfeuchtet. Obstkuchen isst man sogar lauwarm, was besonders bei ↑**Apfel**- und ↑**Pflaumen**- bzw. ↑**Zwetschgen**kuchen sehr beliebt ist. Kuchen lassen sich in Kasten-, Springformen oder auf dem Blech backen. Der Kuchenteig besteht je nach Rezept aus ↑**Mehl**, ↑**Zucker**, ↑**Bindemittel** (z. B. ↑**Ei**) sowie ↑**Fett** (↑**Butter** oder ↑**Margarine**), einer Flüssigkeit (↑**Milch**, Wasser oder ↑**Fruchtsaft**), ↑**Backaromen** und einem Treibmittel (↑**Backpulver** oder ↑**Hefe**). Alle Zutaten werden miteinander vermengt.

Küchenfertig [*Fachkunde*] Lebensmittel, von denen die nicht verwertbaren oder nicht essbaren Teile schon entfernt wurden. Sie können ohne weitere Vorbereitung sofort verarbeitet werden.

Kuchenglasuren [*Backstube*] **T** Fettglasuren sind feste, schokoladenähnliche Massen aus ↑**Zucker**, ↑**Speisefetten**, ↑**Kakao**bestandteilen, ↑**Lecithin** und geschmackgebenden Zutaten. Es gibt sie u. a. in den Geschmacksrichtungen ↑**Nuss**, ↑**Mokka**, ↑**Schokolade**, ↑**Zitrone** usw. – Mit fertigen Kuchenglasuren lässt sich Gebäck schnell und mühelos professionell überziehen. ↑**Glasuren**

Küchenkräuter [*Gewürze & Kräuter*] **A** Sammelbegriff für aromatisch oder scharf schmeckende Pflanzen bzw. deren Teile, die zum Würzen von Speisen verwendet werden. Ihr Aroma beruht in erster Linie auf ihrem Gehalt an ätherischen Ölen, aber auch Gerb- und Bitterstoffen. Frische Küchenkräuter enthalten außerdem ↑**Vitamine** und ↑**Mineralstoffe.** Küchenkräuter werden frisch, tiefgekühlt oder getrocknet angeboten. Zu den bekanntesten zählen: ↑**Basilikum**, ↑**Beifuß**, ↑**Bohnenkraut**, ↑**Borretsch**, ↑**Dill**, ↑**Estragon**, ↑**Kerbel**, ↑**Knoblauch**, ↑**Koriander**, ↑**Kresse**, ↑**Liebstöckel**, ↑**Majoran**, ↑**Meerrettich**, ↑**Oregano**, ↑**Petersilie**, ↑**Pfefferminze**, ↑**Pimpernelle**, ↑**Rosmarin**, ↑**Salbei**, ↑**Schnittlauch**, ↑**Senf**, ↑**Thymian**, ↑**Tripmadamblüten**, ↑**Ysop**, ↑**Zitronenmelisse** und v. a. ↑**Kräuter**

Küchenkrepp [*Unsere Küche*] Stark saugfähiges Papier, in der Küche vielseitig verwendbar

Küchenmaße [*Unsere Küche*] ↑**Maße und Gewichte in der Küche**

Kuchenrädchen [*Backstube*] Gerät zum Schneiden (Ausrädeln) dünner Teigplatten

Kudu [*Fleischprodukte*] **T Lateinisch:** tragelapus strepsiceros; **Herkunft und Verfügbarkeit:** Kudus leben wild in ganz Afrika außer in den Wüstengebieten. Sie sind Blätterfresser und können die Bäume schädigen. Die Zahl der Tiere steigt in Simbabwe, Sambia und selbst in Uganda, Äthiopien und im Tschad schnell. **Jagdzeit:** Die Jagd geht von Juni bis September. In Deutschland findet man inzwischen qualitativ hochwertiges, frisch vakuumiertes Kudufleisch (Filet, Lende und 4er-Schnitt aus der Keule sowie Gulasch) in gut sortierten Fleischabteilungen großer Kaufhäuser und Delikatessengeschäfte. ↑**Antilopenfleisch**; **Kudufleisch in der Küche:** K. ist dunkelrot, fettarm, sehr zart und gegrillt besonders schmackhaft. In Südafrika wird Kudufleisch oft als getrocknetes Fleisch angeboten.

Kugl [*Jüdische Küche*] **R Als Einlage für Schabbat-Tscholent – Zutaten:** 250 g **Mehl**; 100 g ↑**Gänseschmalz**; ↑**Salz**; ↑**Pfeffer**; ↑**Paprikapulver. Zubereitung:** Alle Zutaten vermengen, mit etwas Wasser verarbeiten. Die Masse zu einer Wurst formen und im ↑**Tscholent** garen.

Kuhbohne [*Allgem. Nährmittel*] **T Lateinisch:** Vigna unguiculata. **Synonym:** Augenbohne. **Unterarten sind:** Catjang-Bohne oder Angolabohne, Spargelbohne oder Langbohne. Die Kuhbohne ist eine Nutzpflanze aus der Familie der Schmetterlingsblütler und stammt vermutlich aus Afrika. Sie gehört zu den ↑**Hülsenfrüchten** und bildet einen bis zu 1 m hohen Strauch. Die Pflanze hat dünne, fleischige Hülsen von ca. 17 cm Länge, mit erbsengroßen, ovalen Samen von unterschiedlicher Farbe (beige, rot, schwarz) und einem ausgeprägten Fleck (Auge). Die Kuhbohne wird seit mehr als 2500 Jahren in Indien kultiviert und war vor der Entdeckung Amerikas als einzige Bohnenart auf dem Speiseplan der Alten Welt zu finden. Auch heute noch ist sie in Italien, Afrika und Asien ein wichtiges Gemüse und wegen ihres Geschmacks sehr beliebt. Man kann die Blätter und grünen Bohnen als Gemüse benutzen oder die getrockneten Bohnen verwenden. Die ↑**Eiweiß**zusammensetzung der reifen Bohnen ist nicht sehr hochwertig. 100 g Kuhbohnen enthalten ∅ 384 kcal/1632 kJ. ↑**Grüne Bohnen**

Kühlen [*Fachkunde*] Konservierungsverfahren, bei dem Lebensmitteln Wärme entzogen wird. Die Temperatur beträgt beim Kühlen zwischen 2° C und 10° C. Durch den Wärmeentzug wird das Wachstum von Mikroorganismen und damit der Verderb verzögert. Gekühlt werden sollten alle frischen Lebensmittel außer Vollkonserven, verpackt oder unverpackt. Schon bei einer kurzen Lagerdauer (von nur wenigen Stunden) ohne ausreichende Kühlung erfolgen gravierende Nährstoffveränderungen.

Kühler [*Hausbar*] Weißwein, ↑**Sekt** oder andere Flaschen, deren Inhalt kühl gehalten werden soll, werden darin serviert. Er kann aus Metall, Terracotta, Glas oder Plexiglas sein. Die Gefäße werden mit Eis und Wasser befüllt.

Kühlkette [*Fachkunde*] **T Englisch:** cold chain. Transportkette für leicht verderbliche bzw. temperaturempfindliche Lebensmittel von der Produktion bis zum Verkauf unter Gewährleistung der zur Qualitätserhaltung der Ware abgestimmten Temperaturen. In der warmen Jahreszeit haben gesundheitsschädigende Bakterien, Viren und ↑**Schimmelpilze** Hochsaison. Um sich vor Erkrankungen durch ↑**Salmonellen**, ↑**Listerien**, ↑**Hepatitis A**-Erreger usw. zu schützen, ist **die Aufrechterhaltung der Kühlkette wichtig!** Die **Symptome einer Infektion** reichen von leichter Übelkeit bis hin zu schweren Magen-Darm-Beschwerden und Folgeerkrankungen mit manchmal tödlichem Ausgang (abhängig vom Gesundheitszustand vor der Infektion). ↑**Lebensmittelvergiftung** & ↑**Fischvergiftung**

Kühllager für Früchte [*Fachkunde*] Hier halten Kältemaschinen die Temperatur je nach Sorte konstant auf einem Wert von 0° C bis +4° C, wodurch der Reifeprozess der Früchte verlangsamt wird. Zusätzlich sind Kühllager mit Luftbefeuchtungsanlagen versehen, die eine Luftfeuchtigkeit zwischen 90 % und 95 % gewährleisten und so das Austrocknen der Früchte verringern. Allerdings ist die Lagerung von Obst hier zeitlich eingeschränkt. Zur Einlagerung über mehrere Monate bedient man sich der ↑**CA-Lager** oder ↑**ULO-Lager**.

Kuhmaul [*Speisepilze*] **T Lateinisch:** Leucogomphidius glutinosus. **Synonym:** Großer Gelbfuß. ↑**Waldpilze**. Wenig bekannter, aber sehr schmackhafter Blätterpilz: **Kurzbeschreibung:** sehr schmieriger, schmutzig graubrauner oder schmutzig violettgrauer, recht großer Pilz mit anfangs weißen, dann schmutzig-grauen, dicken, weit stehenden Blättern und gelbem Stielende, wächst ausschließlich bei Fichten. **Hut:** 5–8 (12) cm breit, schmutzig graubräunlich, violettgraubräunlich, graulila, später blasser; der hellere Rand ist meist lila. Mit zunehmendem Alter schwarzfleckig; anfangs halbkugelig, danach schwach gewölbt, schließlich trichterförmig; Hut und Lamellen sind zuerst mit einer schleimigen Haut überzogen, die sich nicht abziehen lässt und die später beim Aufschirmen aufreißt und nur noch den Hut mit einer dicken Schleimschicht bedeckt und am Stiel als schleimiger Wulst übrig bleibt. **Blätter:** am Stiel weit herab laufend, erst weißlich, später aschgrau und schwarzfleckig bis schwarz; weich, dick, entfernt stehend, zäh, dehnbar, z. T. gegabelt. **Stiel:** bis 8 cm lang und 2,5 cm dick, voll, erst weißlich, dann graubraun, am Grunde zitronen- bis chromgelb; wie der Hut dick mit Schleim überzogen; am Blattansatz eingeschnürt. **Fleisch:** jung weiß, weich, zart, im Alter grau, in der Stielbasis zitronen- bis chromgelb, in der Stielmitte hellgelb, selten rosa; Geruch und Geschmack unbedeutend. **In der Küche:** zart und wohlschmeckend, oft verkannt; den störenden Schleimüberzug am besten mit der Hutoberhaut entfernen. Beim Kochen kann das Fleisch schwärzlich werden. **Vorkommen:** Juli bis Anfang November im Nadelwald ausschließlich unter Fichten, mit denen der Pilz eine Symbiose (↑**Mykorrhiza**) eingeht; auf Kalk- und Silikatböden; oft in Gruppen; im Flachland recht selten und nur dort, wo Fichten angebaut wurden; häufig im Berg- und Hügelland, in Skandinavien. **Verwechslungsmöglichkeit:** keine, der Pilz ist durch Farbe, Form, Schleim und den Standort unter Fichten gut zu bestimmen.

Kuhpilz [*Speisepilze*] ↑**Kuhröhrling**

Kuhröhrling [*Speisepilze*] **T Lateinisch:** Suillus bovinus. **Synonym:** Kuhpilz. ↑**Waldpilze**; **Hut:** rötlich- bis bräunlichgelb, anfangs eingerollt, alt verbogen, 3–8 cm, klebrig. **Röhren:** graugelblich, später olivbraun, alt eckig, kurz, am Stiel herablaufend, schwer vom Fleisch lösbar. **Stiel:** am Hut gleichfarben, 3–6 cm hoch, dünn, verbogen. **Fleisch:** gelb, schwach blauend, alt gummiartig, zäh, mild. **In der Küche:** Essbar, nicht besonders wertvoll und schmackhaft, wird zu Pilzpulver verarbeitet. **Vorkommen:** Von Juli bis Oktober im Nadelwald, unter zweinadeligen Kiefernarten, auf sandigen Böden. **Verwechslungsmöglichkeit: mit dem ungenießbaren Pfefferröhrling!**

Küken [*Übersetzer*] **Englisch:** chick; **Französisch:** poussin; **Italienisch:** pulcino; **Spanisch:** polluelo. ↑**Stubenküken** & ↑**Hühnerfleisch**

Kukumer [*Schweizer Küche*] ↑**Salatgurken**

Kukuruz [*Österr. Küche*] ↑**Maiskolben**

Kulfi falooda [*Intern. Länderküche*] Indische ↑**Eiscrème**

Kulitsch [*Intern. Länderküche*] Begriff aus der russischen Küchenkultur für so etwas wie ↑**Panettone**. Diesen Hefestollen gibt es zu Ostern, er wird in der Kirche geweiht.

Kullochen [*Gemüse*] ↑**Steckrüben**

Kulör [*Fachkunde*] ↑**Zuckercouleur** oder **Couleur**

Kulturheidelbeeren [*Obst*] **T** Durch die Größe und Haltbarkeit sind ↑**Heidelbeeren** eine hervorragende Ergänzung des Obstangebotes von Juli bis September. Anders als Waldheidelbeeren machen Kulturheidelbeeren keine blauen Zähne, weil ihr Fruchtfleisch hell ist. Es verfärbt sich erst beim Kochen durch die Farbstoffe in der Schale. Gelee und Kuchen oder Saft haben dann eine dunkelblaue Farbe. Durch die feste Beerenhaut lassen sich Heidelbeeren von allen Beerenobstarten am besten durch Einfrieren konservieren. Kulturheidelbeeren (Blaubeeren) kann man auch als Kübelpflanzen ziehen. Als Füllung des Gefäßes dient lockeres, humoses, mit Sand angereichertes Substrat, dem man abgelagertes Holzschreddermaterial, Nadelstreu, Rindenmulch oder Torf beimengt. Der pH-Wert sollte bei 4,3–4,8 liegen. Im Frühjahr gibt man kurz vor Austrieb etwas Flüssigdünger. Bei Heidelbeeren ist die Reifezeit noch stärker durch die Sorten beeinflusst. Die Frühsorten bringen die ersten Beeren Anfang Juli, die sehr späten tragen noch im Oktober reife Früchte. Die bekanntesten Sorten sind: Bluecrop, Blueray und Earlyblue. **Die Heidelbeere als Gesundbrunnen:** Die vielfältigen Wirkungen der Heidelbeere beruhen auf dem hohen Gehalt von ↑**sekundären Pflanzenstoffen** und ↑**bioaktiven Substanzen. Fasst man ihre Wirkungen zusammen, ergibt sich eine beachtliche Liste: Heidelbeeren** bauen die Schleimhäute auf – beugen Tumoren vor – entwässern und entgiften – erhöhen die Konzentrationsfähigkeit – heilen akuten Durchfall – lindern Darmstörungen – lindern das Infarktrisiko – regulieren ↑**Cholesterin**- und Blutfettwerte – schützen die Zellen vor ↑**Freien Radikalen** – senken den Blutzuckerspiegel – stabilisieren die Blutgefäße – stärken das Immunsystem – stärken die Sehkraft und wehren Infektionen ab. Die blauen Perlen sind aber nicht nur äußerst gesund, man kann sie auch „einfach so" genießen, weil sie gut schmecken, beleben und erfrischen. 100 g der kirschgroßen Früchte haben nur 62 kcal/269 kJ.

Kümmel [*Gewürze & Kräuter*] **T Lateinisch:** Carum carvi, aber auch Carvi Fructus. **Synonym:** Wiesenkümmel, Kümmich, Chümi, Feldkümmel, Kämen, Karbei, Köm. **Englisch:** caraway seeds; **Französisch:** cumin; **Italienisch:** cumino tedesco; **Spanisch:** alcaravea, carvi. **Herkunft:** Der Ursprung des Samengewürzes liegt in Asien und Europa, vor allem in Deutschland und den Niederlanden. Die Kümmelpflanze als das älteste europäische Würzmittel wurde schon in der Steinzeit verwendet und kommt sowohl wild als auch kultiviert in ganz Europa vor. Sie wird 70–100 cm hoch, hat eine zweijährige Anbauzeit und wird in großen Feldern wie Getreide angebaut. Als bester deutscher Kümmel gilt der Hallesche Kümmel. **Zum Würzen verwendete Teile:** Die dunkelbraunen, sichelförmigen Samen der Spaltfrucht. **Im Handel erhältlich:** In Lebensmittelgeschäften als getrockneter Kümmelsamen ganz und gemahlen. **Geschmack:** Schmeckt intensiv gewürzig, herzhaft, leicht herb und leicht süßlich, entfernt an ↑**Anis** und ↑**Lakritze** erinnernd. Er entfaltet sein starkes ↑**ätherisches Öl** voll und ganz, wenn man ihn erst kurz vor der Beigabe zu dem jeweiligen Gericht zerstößt. **Verwendung in der Küche:** ↑**Würztabelle; Wirkung in der Volksmedizin:** Er wirkt regulierend auf Magen und Darm (macht schwere Speisen bekömmlicher, verhindert Blähungen), ist harntreibend, hat eine krampflösende und appetitanregende Wirkung. Bei ↑**Kater** ein paar Körner kauen oder ein Kümmelbrötchen essen, das lindert alkoholbedingtes Magengrimmen. Das gewonnene Kümmelöl verleiht einigen Schnäpsen und Likören ihren typischen Geschmack. Außerdem benützt man es in der Parfüm- und Pharmaindustrie als aromatische Stimulanz und als Geschmacksstoff.

Kümmich *[Gewürze & Kräuter]* ↑**Kümmel**

Kumquats *[Exotische Früchte]* **T Lateinisch:** Fortunella spp. **Synonym:** Zwergpomeranze, Zwergorange. **Info:** Kumquats gehören zur Familie der Rautengewächse. Die kleinen, etwa 2 m hohen Sträucher sind leicht bedornt und tragen kleine Blüten mit weißen Kelchblättern. Die Früchte sind klein, etwa 3–5 cm groß und je nach Art rund, zylinder- oder tropfenförmig. Die Schale ist gelborange bis rotorange, essbar und hat ein süßliches Aroma. Das Fruchtfleisch ist gelb bis orange, in 3–5 Segmente unterteilt, enthält einige Kerne und schmeckt säuerlich. Kumquats haben nur begrenzte wirtschaftliche Bedeutung. Angebaut werden sie in semitropischen bis gemäßigten Zonen, die wichtigsten Anbauländer sind Israel, China und Japan. **Ursprung und Geschichte:** Kumquats gehören zu den ältesten Zitrusarten und werden in ihrer chinesischen Heimat schon seit mehr als 4000 Jahren kultiviert. In der Mitte des 19. Jahrhunderts brachte sie der englische Botaniker Robert Fortune nach Europa und gab ihnen seinen (wissenschaftlichen) Namen. **Herkunft und Saison:** Kumquats werden das ganze Jahr über in konstanter Qualität aus Israel angeboten. In der Haupterntezeit von November bis Mai kommen auch italienische Früchte auf den Markt. **Inhaltsstoffe:** 100 g Kumquats weisen einen Brennwert von ∅63 kcal/265 kJ auf und enthalten etwa 75 g Wasser, 0,9 g Eiweiß, 0,1 g Fett, 16,4 g Kohlenhydrate und 6,6 g Ballaststoffe. An ↑**Mineralstoffen**, ↑**Spurenelementen** und ↑**Vitaminen** sind ∅44 mg Kalzium, 0,4 mg Eisen, 6 mg Natrium, 30,2 mg Vitamin A (RE) und 37,4 mg Vitamin C enthalten. **Zubereitung und Tipps:** Kumquats schmecken am besten, wenn man sie direkt vor dem Verzehr ein wenig zwischen den Fingern rollt. Die essbare Schale schmeckt dann weich, süß und sehr aromatisch, das Fruchtfleisch ist angenehm säuerlich. Kumquats verfeinern den Geschmack von süß-sauren ↑**Saucen** und passen gut zu ↑**Geflügel**, ↑**Lamm** und ↑**Ente.** Auch ↑**Kompotte**, ↑**Marmeladen** und ↑**Konfitüren** aus Kumquats haben einen sehr angenehm süß-säuerlichen Geschmack.

Kumys *[Intern. Länderküche]* Kasachisches Nationalgetränk aus vergorener ↑**Stutenmilch**

Künstliche Ernährung *[Gesundheit]* Bei der künstlichen oder parenteralen Ernährung werden alle Verdauungsorgane – Mund, Speiseröhre, Magen und Darm – umgangen. Die Nährstoffe gelangen als Flüssigkeit über eine Infusion in die Blutbahn. Das Blut transportiert die Nährstoffe zu den Organen. Die parenterale Ernährung wird oft nach Operationen eingesetzt, wenn ein Patient nicht essen kann oder darf. Insbesondere nach Operationen an Verdauungsorganen, um diese eine gewisse Zeit lang zu entlasten. Wann immer möglich, gibt man einer ↑**Sondenernährung** den Vorzug, damit der Verdauungstrakt aktiv bleibt.

Kupfer *[Gesundheit]* **T** Im erwachsenen menschlichen Organismus befinden sich im Mittel 100 mg Kupfer, vor allem im Skelett, aber auch in den Muskeln, den inneren Organen und im Gehirn. Als Schwermetall wirkt Kupfer stark keimabtötend, wie man z. B. an den kupfernen Weihwasserbecken der Kirchen sieht. Ferner ist Kupfer in der „Spirale" enthalten und soll für die empfängnisverhütende Wirkung verantwortlich sein. **Funktionen im Körper:** Das Spurenelement Kupfer erfüllt im menschlichen Körper eine Reihe von Aufgaben. Es ist an der Bildung der roten Blutkörperchen beteiligt und spielt eine Rolle bei der Funktion des zentralen Nervensystems sowie beim Pigmentstoffwechsel.

Schätzwerte für eine angemessene Zufuhr:

Alter	Kupfer
	mg/Tag
0 bis unter 4 Monate	0,2–0,6
4 bis unter 12 Monate	0,6–0,7
1 bis unter 4 Jahre	0,5–1,0
4 bis unter 7 Jahre	0,5–1,0
7 bis unter 10 Jahre	1,0–1,5
10 bis unter 15 Jahre	1,0–1,5
Jugendliche und Erwachsene	1,0–1,5

Die Aufnahme größerer Mengen von Vitamin C hemmt die Kupferaufnahme. **Kupferhaltige** Nahrungsmittel: In ↑**Innereien** (↑**Kutteln**), ↑**Schalentieren** wie ↑**Krebs** und ↑**Hummer**, in ↑**Schokolade** und ↑**Nüssen** sowie in einer Reihe von ↑**Gewürzen** kommt relativ viel Kupfer vor. 100 g Vollmilchschokolade beispielsweise beinhalten 12 mg Kupfer. Das entspricht bereits dem zehnfachen Tagesbedarf. Zu viel Kupfer, das mit der Nahrung aufgenommen wurde, wird wieder ausgeschieden. **Mangelerscheinungen:** Ein Kupfermangel ist relativ selten. Er kann durch stark einseitige Ernährung, Resorptionsstörungen oder länger andauernde ↑**Künstliche Ernährung** entstehen. Auch die längerfristige Einnahme von Zinkpräparaten kann Kupfermangel zur Folge haben. Wenn Kinder lange Zeit einseitig mit Kuhmilch ernährt werden, kann ebenfalls ein Mangel an Kupfer und infolgedessen eine so genannte Kupfermangelanämie entstehen. **Zu den typischen Zeichen eines Kupfermangels gehören:** Blutarmut, Verminderung der weißen Blutkörperchen, Funktionsstörungen des Immunsystems, Pigmentstörungen in der Haut, Störungen des zentralen Nervensystems, Beeinflussung des Wachstums; **Überdosierung und Vergiftung:** Eine Überdosierung oder Vergiftung mit Kupfer ist selten. Es wird aber vermutet, dass ein hoher Kupfergehalt des Trinkwassers (über 10 mg/l) bei kleinen Kindern zu Leberschäden führen kann.

Kupieren [*Unsere Küche*] Zuschneiden, Stutzen bei ↑**Fisch**flossen, ↑**Geflügel**füßen usw.

Kurban bayrami [*Orientalische Küche*] ↑**Opferfest**

Kürbchen [*Gemüse*] ↑**Zucchini**

Kürbis [*Gemüse*] **T Lateinisch:** Cucurbita maxima. **Synonym:** Riesenkürbis, Speisekürbis. **Englisch:** pumpkin, winter squash; **Französisch:** potiron, citrouille; **Italienisch:** zucca; **Spanisch:** calabaza. **Info:** In jüngster Zeit erlebten Kürbisse eine Renaissance, vor allem durch den aus Amerika importieren Brauch, das Halloween-Fest am 31. Oktober zu feiern. Auch die deutsche Gastronomie hat die Kürbisse als kulinarische Multitalente entdeckt. **Im Handel sind über 200 Arten bekannt:** Im Prinzip sind alle Kürbissorten essbar, aber nicht unbedingt schmackhaft, darum vor dem Verzehr von unbekannten Sorten immer erst ein kleines Stück roh probieren. Speisekürbisse gibt es von Klein (Baby Boo) bis zum Riesenkürbis (Atlantic Giant) mit mehreren 100 kg. Auch sind Konsistenz und Gehaltswerte des Fruchtfleisches sehr verschieden. Alle zur Gruppe der C. moschata gehörenden Sorten wie Butternüsse, Sucrine de Berry und Muscade de Provence verfügen über ein tief orangefarbenes und süßliches Fruchtfleisch, das auf den hohen Carotin- und Zuckergehalt verweist. **Ursprung und Geschichte:** Obwohl die Kürbisse zum ↑**Fruchtgemüse** gezählt werden, handelt es sich streng genommen eigentlich um ↑**Beerenobst**. Die Familie der Kürbisgewächse zählt mehr als 100 Gattungen und etwa 800 verschiedene Arten. Kürbisse wurden von süd- und mittelamerikanischen Indios schon vor ↑**Mais** und ↑**Bohnen** kultiviert, und in der Folge der Kolonialisierung gelangten die ersten Kürbissamen in europäische Klostergärten. **Inhaltsstoffe:** Wegen ihres hohen Wassergehalts sind Kürbisse sehr kalorienarm und eignen sich wegen ihres hohen ↑**Kalium**- und niedrigen ↑**Natrium**gehalts hervorragend für ↑**Diäten**. Das faserige Fruchtfleisch sorgt für einen hohen Anteil an pflanzlichen ↑**Ballaststoffen**, und die im Fruchtfleisch enthaltene ↑**Kieselsäure** wirkt sich außerdem günstig auf Bindegewebe, Haut und Nägel aus. 100 g frischer Kürbis enthalten ∅ 27 kcal/130 kJ, 92,1 g Wasser, 1,4 g Eiweiß, 0,2 g Fett, 4,59 g Kohlenhydrate, 27 mg Calcium, 1,4 mg Betacarotin, 0,1 mg Vitamin E und 14 mg Vitamin C. Kürbis zeichnet sich durch seinen hohen Gehalt an ↑**Betacarotin** aus. ↑**Kalium**, ↑**Phosphor**, ↑**Kalzium**, ↑**Chlor**, ↑**Magnesium**, ↑**Natrium**, ↑**Eisen**, ↑**Zinn** und ↑**Mangan** sowie die ↑**Vitamine A, B, E** und **C** sind in hohen Anteilen vorhanden. Orangefleischige Sorten enthalten besonders viel Betacarotin, den natürlichen Helfer bei Herzproblemen und ↑**Arteriosklerose. Winterkürbisse: Speise- oder Riesenkürbis (cucurbita maxima):** Meist stark wachsende, rankende Pflanzen mit runden Früchten, die bis 50 kg oder mehr wiegen können. Sie werden im Herbst bei kompletter Reife geerntet, entfalten nur dadurch ihr volles Aroma und sind über Monate hinweg lagerfähig. Das orangefarbene Fruchtfleisch ist etwas trockener als das der Sommerkürbisse, jedoch deutlich süßer im Geschmack. Es wird beim Garen sehr weich. Die wichtigsten Sorten sind unter anderem: **Birnenkürbis, Gelber Zentner, Roter Zentner, Gartenkürbis, Butterbecher, Melonenkürbis** und **Halloween-Kürbis.** Winterkürbisse lassen sich trocken, kühl und dunkel bis zu 6 Monate lagern. **Sommerkürbisse: Garten-, Öl-** oder **Zierkürbis (cucurbita pepo):** Bei den meisten Sorten ist das Fruchtfleisch etwas fester und weniger mehlig als beim Winterkürbis. Sie werden früher in unreifem Zustand geerntet und verarbeitet. **Die wichtigsten Sorten sind:** ↑**Zucchini, Patisson** (diskusförmige, am Rand gewellte oder gezackte Früchte mit zartem Fruchtfleisch; auch „Ufos" genannt), Spaghettikürbis und viele Zierkürbisse (die meist nur 10–15 cm großen, in vielen verschiedenen Farben vorkommenden Kronen-, Krallen- und Warzenkürbisse). **Kürbiskerne, Kürbiskernöl:** Eine besondere Verwendung finden die gepressten Samen des Steirischen Ölkürbis, auch Arzneikürbis genannt, als Kürbiskerne oder gepresst als Kürbiskernöl. Für 1 l Kernöl braucht man etwa 30–35 Kürbisse. Die Kerne werden unter hohem Druck kalt gepresst, das Öl hat einen nussigen Geschmack. Es ist reich an ↑**Vitaminen**, vor allem ↑**B-Vitaminen**, enthält aber auch ↑**Eisen**, ↑**Zink** und

↑**Kupfer.** Das Öl besteht aus ↑**mehrfach ungesättigten Fettsäuren**, ist gut für Nieren und Blase und hilft bei Prostatabeschwerden. **Verwendung in der Küche:** Kürbisfleisch riecht und schmeckt neutral bis aromatisch, meist auch leicht süßlich, aber niemals bitter. Kürbis kann zu Suppen, Puffern, Schnitzel, als Beilage oder als Süßspeise zubereitet werden. In ↑**süß-saure Marinade** eingelegter Kürbis, mit ↑**Ingwer** gewürzt, ist das ganze Jahr über ein gesunder, kalorienarmer Genuss. ↑**Würztabelle; Tipp:** Kürbiskerne sind reich an Mineralstoffen, Vitamin A und ungesättigten Fettsäuren. Besonders gut schmecken sie, wenn sie, gewaschen und getrocknet, ohne Fett in einer Pfanne angeröstet werden.

Kürbischen [*Gemüse*] ↑**Zucchini**

Kürbiskerne [*Allgem. Nährmittel*] **T** Hauptsächlich aus den Balkanländern importiert, wo sie mit Poliermaschinen bearbeitet werden. Die Kerne haben eine weiße, weiche Schale, das Fruchtfleisch ist grün, der Geschmack sehr aromatisch. Kürbiskerne werden roh oder geröstet „geknabbert". Es gibt sie geschält oder ungeschält, zum Verfeinern von ↑**Müsli**, ↑**Brot** und Backwaren, Salaten und Gemüsegerichten. **Inhaltsstoffe:** 100 g Kürbiskerne enthalten ∅ 560 kcal/2345 kJ, 45,6 g Fett, 24,4 g Eiweiß, 14,2 g Kohlenhydrate, 8,8 g Ballaststoffe, 814 mg Kalium, 402 mg Magnesium und 4 mg Vitamin E. In den mandelförmigen Samen stecken bis zu 40 % Öl, das zur Gewinnung von ↑**Kürbiskernöl** genutzt wird.

Kürbiskernöl [*Fette*] **T** Aus den Kernen einiger Kürbissorten wird ↑**Pflanzenöl gepresst.** Kürbiskernöl gehört als Spezialität zu den teuren Speiseölen. Es hat einen eigenwilligen Geschmack, der nicht jedermanns Sache ist. Er wird je nach Intensität als stark würzig bis herb-nussig charakterisiert. Traditionelles Haupterzeugungsgebiet ist die österreichische Steiermark, wo auf rund 7000 ha spezielle Kürbiszüchtungen zur Kernproduktion angebaut werden. Die Jahresproduktion beträgt dort 1,2 Mio. l Kernöl. Die Kerne der steierischen Kürbisse sind schalenlos. Nach der Ernte werden sie getrocknet, gereinigt, schonend geröstet und gemahlen. Nach dem Pressen der Kerne wird das Öl gefiltert, um die Trübstoffe zu entfernen. Ausschließlich kommt es „naturbelassen", also unraffiniert, in den Handel. Durch die Raffination würden die charakteristischen Geschmacksstoffe verloren gehen. Ernährungsphysiologisch sind Kürbiskernöle als wertvoll einzustufen, denn an den ↑**Fettsäuren** hat die lebensnotwendige, mehrfach ungesättigte ↑**Linolsäure** einen Anteil von ∅ 45 bis 60 %. Damit ist das Öl wertvoller als z. B. ↑**Erdnussöl** (∅ 13 bis 40 %), aber nicht so wertvoll wie ↑**Sonnenblumenöl** (∅ 55 bis 65 %) oder gar ↑**Distelöl** (∅ 73 bis 81 %). Naturbelassene Öle sind weniger haltbar als raffinierte und dürfen deshalb nicht zu lange gelagert werden. Im Haushalt sollte das Öl schnell verbraucht werden. Nur kleine Mengen kaufen! – **Kürbiskernöl darf nicht erhitzt werden.** Es eignet sich für kalte Speisen, z. B. für ↑**Blatt-**, ↑**Kartoffel-**, ↑**Fleisch-** und ↑**Wurstsalate. Kürbiskernölflecken:** lassen sich aus weißen und hellen Stoffen sehr schlecht auswaschen, meistens bleibt ein Schatten, **der in der Sonne ausgebleicht werden kann.** ↑**Speiseöl & Öl**

Kurkuma [*Gewürze & Kräuter*] **T Lateinisch:** Curcuma longa. **Synonym:** Gelbwurz, Gilbwurz. **Englisch:** turmeric, curcuma; **Französisch:** curcuma, safran des indes, terre-mérite, souchet des indes; **Indisch:** Haldi; **Italienisch:** curcuma; **Spanisch:** cúrcuma, azafrán arabe. Kurkuma wird aus den Wurzelstöcken eines südostasiatischen Ingwergewächses gewonnen. Die knollen- oder fingerförmigen, runzligen Wurzeln bestehen aus orangefarbenem Fleisch, sie duften würzig, schmecken leicht bitter, brennend und wirken anregend. Die Wurzelstöcke enthalten einen intensiven gelben Farbstoff, der an ↑**Safran** erinnert. Kurkuma schmeckt allerdings anders als Safran, darum sollte man dieses eher herbe Gewürz **niemals** in **Süßspeisen,** ↑**Kuchen** oder ↑**Bouillabaisse** verwenden. Es ist wesentlicher Bestandteil des ↑**Currypulvers,** jedoch als Einzelgewürz so gut wie unbekannt. Man kann es überall da verwenden, wo der Currygeschmack zu intensiv erscheinen würde, aber gelbe Farbe erwünscht ist. Als natürlichen Farbstoff braucht man es in der Lebensmittelindustrie, z. B. um ↑**Senf** zu produzieren. **Wie man mit Curcuma umgeht:** Keine Sorge bei Curcuma- oder Curryflecken, die gelbe Farbe ist wasserlöslich. Lässt sich auch leicht mit ↑**Alkohol** entfernen. ↑**E 100**

Kurzbraten [*Unsere Küche*] **T** Zu dieser Gartechnik zählen Grillen, Sautieren (Garschwenken) und das schnelle Braten in der Pfanne. Dazu werden portionierte, gewürzte Fleischstücke (↑**Medaillons,** ↑**Steaks** usw.), aber auch ↑**Fisch** und ↑**Gemüse** in einer gut erhitzten Grillpfanne (aus Edelstahl oder Guss, auf jeden Fall mit sehr dickem Boden) mit neutralem ↑**Pflanzenöl** scharf angebraten und gleich gewendet (damit sich die Poren des Brat- oder Grillgutes sofort schließen und eine zarte Kruste entsteht). Danach kann das Lebensmittel bei reduzierter Hitze bis zum gewünschten ↑**Garpunkt** fertig braten. **Zum Kurzbraten bestens geeignet sind:** Rückenteile, (↑**Filet,** ↑**Lende,** ↑**Koteletts**) – Teile aus der Keule (↑**Nuss,** ↑**Oberschale,** ↑**Unterschale**) und Schulter (↑**Falsches Filet**) aller ↑**Schlacht-** und ↑**Wildtiere,** alle Fischarten, ↑**Geflügel**brüste, ↑**Tofu,** ↑**Zuchtpilze** und frisches Gemüse.

Kurzes Frikandeau [*Fleischprodukte*] Kalbsunterschale

Kuttelfleck [*Österr. Küche*] Kaldaunen, Innereien. ↑**Kutteln**

Kuttelkraut [*Gewürze & Kräuter*] ↑**Thymian**

Kuttelkraut, Kudelkraut [*Österr. Küche*] ↑**Thymian**

Kutteln [*Fleischprodukte*] **A Englisch:** tripe; **Französisch:** tripes; **Italienisch:** trippa; **Spanisch:** callos.

Synonym: Löser, Rumen, Tripes. Am feinsten schmecken Kalbskutteln. **Produkt-Beschreibung:** Die Bezeichnung Kutteln, Kaldaunen, Kuttelfleck oder Fleck sind Sammelbegriffe für den Pansen, also Magen und Darmteile von jungen Rindern und anderen Wiederkäuern. Wobei die Kalbskutteln besonders zart und schmackhaft sind. Kalbskutteln sind in Süddeutschland, der Schweiz, Österreich, Polen und Frankreich sehr beliebt. In orientalischen Länder und in Griechenland bevorzugt man Lammkutteln. Alle diese Länder haben ihre speziellen, regionalen Rezepte. Am meisten werden Kutteln in Baden-Württemberg gegessen, vor allem als „Saure Kutteln". **Verarbeitung:** Frische Kaldaunen müssen sehr sorgfältig gereinigt werden. Zunächst wird der anhaftende Talg entfernt, danach werden sie für einige Stunden gewässert und anschließend ↑**blanchiert**. Die Kochzeit hängt vom Alter des Tieres ab. Rinderkutteln benötigen etwa 8–10, Kalbskutteln 4–6 und Lammkutteln 3–5 Stunden, bis sie in Salzwasser weich gekocht sind. Die beim Fleischer zum Verkauf angebotenen Kutteln sind bereits küchenfertig vorbereitet. **Zubereitung:** Kutteln lassen sich gut für Schmor-, Soßengerichte oder Suppen verwenden. Die gar gekochten Kutteln werden in Streifen oder dünne Scheiben geschnitten, mit dem entsprechenden Gemüse mitgeschmort oder in einer würzigen Soße noch ein wenig nachgekocht. Man kann sie auch knusprig in etwas ↑**Butterschmalz** braten.

Kuttern [*Unsere Küche*] **Englisch:** to cut. Feines Zerkleinern und Vermischen

Kuvertüre [*Backstube*] **T** Kuvertüre ist eine Überzugsmasse aus reiner Schokolade (frz. couverture = Überzug, Decke, Umschlag). Sie wird zum Überziehen von Gebäck, Dessert und Torten verwendet, ferner zur Herstellung von Pralinen und Schokoladenhohlkörpern wie Weihnachtsmänner, Maikäfer und Osterhasen. **Kuvertüre** besteht aus mindestens 31 % Kakaobutter, **Milchkuvertüre** zu 31 % und **Sahnekuvertüre** zu 35 % aus Fetten (= Kakaobutter und Milchfett) sowie ↑**Zucker** und ist im Handel erhältlich. Damit nichts klumpt oder grau wird, ist es bei der Anwendung wichtig, die grob gehackte Schokolade in einem Wasserbad ganz langsam zum Schmelzen zu bringen. Das Wasser darf dabei nie kochen und die Kuvertüre höchstens bis 45° C erhitzt werden. Sollte die heiße Kuvertüre zu fest sein, kann man sie mit etwas (manchmal nur Tropfen) ↑**Kirschwasser**, ↑**Rum**, heißem Wasser oder ↑**Sahne** verdünnen.

Kuzu file [*Orientalische Küche*] **A** Begriff aus der türkischen Küchenkultur für **Lamm**filets, oft mit ↑**Rosmarin**sauce und ↑Grill**gemüse** serviert. ↑**Türkische Küche**

Kuzu güvec [*Orientalische Küche*] **A** Begriff aus der türkischen Küchenkultur für ein ↑**Ragout** aus klein gewürfelten ↑**Lammfleisch**stücken mit ↑**Tomaten**, ↑**Paprikaschoten**, ↑**Zwiebeln** und ↑**Karotten**. ↑**Türkische Küche**

Kuzu pirzola [*Orientalische Küche*] Begriff aus der türkischen Küchenkultur für ↑**Lamm**koteletts. ↑**Türkische Küche**

Kuzu sarma [*Orientalische Küche*] **A** Begriff aus der türkischen Küchenkultur für eine gefüllte **Lamm**rolle mit ↑**Tomaten**, ↑**Paprikaschoten** und ↑**Pinienkernen**. ↑**Türkische Küche**

Kuzu sirti [*Orientalische Küche*] Begriff aus der türkischen Küchenkultur für rosa gebratenen ↑**Lamm**rücken. ↑**Türkische Küche**

Kuzu tandir [*Orientalische Küche*] Begriff aus der türkischen Küchenkultur für ↑**Lamm**schulter. ↑**Türkische Küche**

Kwaschiorkor [*Fachkunde*] Durch chronischen Proteinmangel wird eine schwere Stoffwechselstörung verursacht. Eine in afrikanischen Hungergebieten häufige Kinderkrankheit, ausgelöst durch einseitige ↑**Ernährung** mit Mehlprodukten. **Symptome:** Anämie, Muskelschwund, Wachstumsstörungen, Veränderungen der Haut, Entfärbung des Haares (rötliche Hautfarbe), krankhafte innere Organe sowie durch Ödeme aufgeschwollene Bäuche.

Kwass [*Bier*] Russisches, süßlich-säuerliches Leichtbier aus Roggenmehl oder zerkleinertem Roggenbrot, ↑**Zucker**, ↑**Hefe**, Wasser und evtl. ↑**Rosinen**, Alkoholgehalt ∅ 0,5 Volumenprozent

KWV [*Weinkunde*] 1918 gegründete **K**ooperatieve **W**ijnbouwers **V**ereniging von Südafrika, der heute rund 5000 Mitglieder und 80 individuelle Winzergenossenschaften des Landes angehören, mit Sitz in Paarl. Tatsächlich handelt es sich um eine halbstaatliche Organisation zur Marktregulierung, die zwar kein Exportmonopol besitzt, tatsächlich aber die Ausfuhr südafrikanischer Weine zum überwiegenden Teil abwickelt und 80 % des südafrikanischen Wein- und Spirituosenmarktes kontrolliert. Damit hat die KWV zwar erhebliche Verdienste um die Marktstützung vorzuweisen, doch ihr Beitrag zur modernen südafrikanischen Qualitätsweinerzeugung war in der Vergangenheit eher gering. Entsprechend sind die unter dem Etikett der KWV vermarkteten Weine in der Regel mäßig bis ordentlich und gefällig, die Besten können ausgezeichnet sein, selten mehr.

L

L(+)-Weinsäure [*Fachkunde*] ↑**E 334**

La Clape [*Weinkunde*] Kleine Appellation im Côteaux de Languedoc. Es werden statt Weißweinreben mehr und mehr Rotweinreben wie ↑**Syrah**, aber auch ↑**Grenache** und ↑**Mouvèdre** kultiviert.

La Ratte [*Kartoffelsorte*] **Kochtyp:** ↑**Festkochende Kartoffeln** – „Speckige Kartoffel" genannt; **Herkunft:** Frankreich; **Jahr der Zulassung:** 1872; **Schale:** gelb; **Fleisch:** gelb, sehr guter Geschmack; **Knolle:** lang, hörnchenförmig; **Reifezeit:** sehr früh; **Anmerkungen:** Eine bei Kennern sehr beliebte Sorte, erstklassige Salatkartoffel

La suite [*Franz. Speisekarte*] Nachfolgender Speisegang eines Menüs

La Tâche [*Weinkunde*] Einer der ganz großen Namen an der Côte d'Or, in der Gemeinde Vosne-Romanée. Der Lage ist 6 ha groß, und es werden ca. 185 hl Rotwein erzeugt.

La vache qui rit [*Käse*] „Die Kuh, die lacht" – Französischer ↑**Schmelzkäse**, der seit 1925 erfolgreich weltweit vermarktet wird. In den 60ern war „La vache qui rit" der erste Käse, für den im Fernsehen Werbung gemacht wurde. Heute kennen 100 % der Franzosen diesen Produktnamen. Allein im Stammwerk im französischen Jura entstehen 3000 dieser Käsedreiecke pro Minute. Die Packungsaufschrift gibt es in 40 Sprachen.

Laab gai [*Asiatische Küche*] Begriff aus der thailändischen Küchenkultur für scharfen Hühnchensalat

Lab [*Käse*] Lab (Chymase, Chymosin, Rennin) – Ein ↑**Enzym** in der Schleimhaut des Labmagens von ↑**Milch** trinkenden Säugetieren. Fördert bei Jungtieren die Verdauung der Muttermilch. Wird aus der Magenschleimhaut von Milchkälbern gewonnen, dann als Pulver getrocknet und nach Bedarf wieder in Wasser gelöst. Die Labzusammensetzung der Kälbermägen ist stark abhängig von dem Alter der Tiere und von der Futterzusammensetzung. Lab wird bei der Käseherstellung der Milch nach dem Starter zugefügt (wobei ↑**Kasein** ausflockt), um die Gerinnung, also die Abtrennung des ↑**Quarks** von der ↑**Molke**, zu beschleunigen. Die deutschen Käsereien verwenden ausschließlich Lab aus BSE-freien Rinderbeständen. Die Käseindustrie hat eine Alternative entwickelt und stellt das Labferment synthetisch her. Andere Alternativen sind Bakterienkulturen, ↑**Zitronensaft** oder das Labenzym des ↑**Labkrauts**. In den USA wird als Chymosin gentechnologisch hergestellt (Verwendung in Deutschland, Frankreich und den Niederlanden bislang verboten). Das künstliche ist mit dem natürlichen Lab praktisch identisch, und die Unterschiede in Geschmack und Konsistenz des Käses sind minimal. Bei der traditionellen Käseherstellung verwendet man aber nach wie vor natürliches Lab. **Fast jeder in Deutschland erhältliche Käse enthält Lab, ist also nicht vegetarisch.**

Label [*Fachkunde*] **1. Französisch:** Marke, Garantie-, Warenzeichen; **2. Englisch:** Flaschenetikett

Label Rouge [*Franz. Speisekarte*] Bereits vor mehr als 40 Jahren wurde in Frankreich das Qualitätssiegel Label Rouge eingeführt. Für den französischen Verbraucher ist es längst zu einem festen Begriff geworden: Mehr als 85 % der Franzosen kennen dieses Gütesiegel. Es wird an über 400 landwirtschaftliche Produkte vergeben, über die Hälfte an Geflügelprodukte. Die Richtlinien für die Produktion von Label-Rouge-Geflügel aus bäuerlicher Aufzucht wurden von Familienbetrieben erarbeitet und basieren auf traditioneller Erzeugung, artgerechter Tierhaltung und natürlicher Fütterung mit Getreide aus überwiegend eigenem Anbau. Das Label-Rouge-Qualitätssiegel wird vom französischen Landwirtschafts- und Wirtschaftsministerium vergeben. Es steht für ein geschlossenes Qualitätssicherungssystem und eine hervorragende Fleischqualität. Die strengen Vorschriften des Lastenhefts umfassen alle Produktionsstufen vom Schlüpfen der Küken über die Aufzucht und Schlachtung bis zum Verkauf. Das Label-Rouge-Siegel kann daher nur von einem Zusammenschluss aller am Produktionsprozess Beteiligten (Brüterei, Mäster, Schlachthof, Zerlegebetrieb) gemeinsam beantragt werden. Die Einhaltung der Vorschriften wird permanent von unabhängigen Institutionen überwacht. **Die sechs Grundregeln des Label Rouge lauten: 1.** ländliche Herkunft der jeweiligen Geflügelart; **2.** bäuerliche Aufzucht; **3.** natürliche Fütterung; **4.** längere Mastdauer; **5.** Frische-Garantie; **6.** ständige Kontrollen; ↑**Bresse Poularde**

Laberdan [*Fisch*] Gesalzener, in Fässer verpackter ↑**Kabeljau**

Labgerinnung [*Käse*] ↑**Lab** ist das ↑**Enzym**, das für die Spaltung von ↑**Milcheiweiß** bzw. die Gerinnung der ↑**Milch** verantwortlich ist. Die Labgerinnung wird auch Süßgerinnung genannt, da die Dicklegung der Milch mit Lab, einer der ersten Schritte bei der Käseherstellung, bei beinahe neutralem pH-Wert erfolgt. Im Unterschied dazu gibt es die Dicklegung der Milch durch ↑**Milchsäurebakterien** bzw. der von ihnen gebildeten Säure (Milchsäure), die als Säuerung bezeichnet wird. Hier liegt der pH-Wert im sauren Bereich. ↑**Käse**

Labkäse [*Käse*] Dazu zählen alle Käsesorten, bei denen

die ↑**Milch** durch ↑**Lab** dickgelegt wurde, ↑**Weichkäse**, ↑**Schnittkäse** und ↑**Hartkäse**.

Labkraut [*Wildkräuter, -blüten & -früchte*] **T Lateinisch:** Galium verum; **Standort:** Die Pflanze liebt es sonnig. Auf Halbtrockenrasen und Wegrainen kommt sie häufig vor; **Verwendung in der Küche:** Wurde und wird wegen des Gehaltes an ↑**Lab**-Ferment (lässt ↑**Milcheiweiß** gerinnen) zur vegetarischen ↑**Quark**- und ↑**Käseherstellung** genutzt. **Inhaltsstoff:** 100 g Blattgewebe enthalten etwa 1 mg Labferment.

Labmagen [*Fachkunde*] Wiederkäuer haben vier Magenabteilungen. Eine davon ist der Labmagen, in dem ↑Verdauungs**enzyme** gebildet und freigesetzt werden. Aus Labmägen von Kälbern wird ↑**Lab** zur ↑**Käse**erzeugung gewonnen. Darüber hinaus werden aus Labmägen Spezialitäten wie ↑**Kutteln** und ↑**Wurst** hergestellt.

Labskaus [*Regionale Spezialität*] **R** (Niederdeutsch-englisch), traditionelles seemännisches Eintopfgericht. Der Begriff „Labskaus" (auch Lapskaus) ist eine Hamburger Spezialität, die seit 1701 bekannt ist. Der Name kommt vom englischen „lobs-cou(r)se" und bedeutet so viel wie „Speise für derbe Männer". Sie entstand in der Zeit der großen Segelschiffe und setzte sich ursprünglich aus den Resten in der Kombüse, kurz vor dem Ende einer großen Fahrt, zusammen. Es fehlt heute auf keiner Speisekarte traditionsbewusster norddeutscher Restaurants. Da es ein Resteessen war, variierte die Zusammenstellung. Das originale Labskaus besteht aus Hamburger Pökelfleisch (gepökeltes ↑**Rindfleisch**) oder (als Ersatz dafür) ↑**Corned Beef**, frisch gekochten, heißen ↑**Kartoffeln**, **Salzhering** (oder **Matjes**), **Zwiebeln**, weich gekochten (oder eingelegten) ↑**Rote Beete**, ↑**Salz**- oder ↑**Gewürzgurken** und ↑**Spiegelei**. Für die klassische Zubereitung wird das gepökelte Rindfleisch in ungesalzenem Wasser weich gekocht (oder Corned Beef), mit der gegarten Roten Beete und dem gewässerten Salzhering (oder Matjes) durch den Fleischwolf gedreht. Anschließend werden geschnittene Zwiebeln in ↑**Schweineschmalz** angebraten, mit der durchgedrehten Masse angedünstet und mit etwas Kochbrühe von den Kartoffeln durchgekocht. Zur Vollendung kommen die frisch gekochten und gestampften oder durchgedrückten Kartoffeln dazu, die unter die Masse gerührt werden. Den Labskaushügel auf dem Teller krönt man mit einem Spiegelei und garniert mit Gewürz- oder Salzgurkenscheiben bzw. -fächer. In besseren Restaurants werden die Bestandteile von Labskaus am Kartoffelpüree dekorativ mit aufwändigen ↑**Blattsalat**garnituren angerichtet. Das sieht zwar feiner aus, schmeckt aber nicht so lecker wie die weniger appetitlich wirkende rotbraune Kartoffelmasse. Eine andere Servierform, die genauso wenig mit dem origimalem Gericht zu tun hat, ist Labskaus ohne Salzhering bzw. Matjes, dafür mit Rollmops oder Bismarckhering garniert.

Lachs [*Fisch*] **A Englisch:** salmon; **Französisch:** saumon; **Italienisch:** salmone; **Spanisch:** salmon. Auch Salm genannt, ist ein Wander- und Raubfisch, der im Meer heranwächst, bis zu 2 m lang und 40 kg schwer wird. Lachse haben einen gestreckten, rundlichen Leib, einen verhältnismäßig kleinen Kopf und ein bis unter die Augen reichendes Maul. Färbung und Zeichnung sind je nach Geschlecht, Alter, Jahreszeit usw. verschieden. Im Allgemeinen ist er auf dem Rücken blaugrün, seitlich und unten silberweiß gefärbt. Alle zur Familie der Lachse gehörenden Fische sind an der strahlenlosen Fettflosse zwischen Rücken- und Schwanzflosse zu erkennen, z. B. ↑**Forellen**, ↑**Huchen**, ↑**Renken**, ↑**Äschen** und ↑**Saiblinge**. Lachse leben sowohl im Süß- als auch im Salzwasser der kühleren Regionen der Nordhalbkugel. Sie kehren zum Laichen vom Meerwasser ins Süßwasser zurück. Die alljährlich in den Mündungen der großen Flüsse Europas erscheinenden Lachse ziehen stromaufwärts. Dabei sucht meist derselbe Fisch wieder denselben Fluss auf. Stromschnellen und andere Hindernisse überspringt der Lachs während seines Zuges. Zur Hilfestellung werden an Stauwehren usw. so genannte Lachsleitern gebaut. In deutschen Flüssen ist der Lachs wegen der hohen Wasserverschmutzung fast nicht mehr zu finden. Die jungen Lachse ziehen nach etwa 16 Monaten vom Süßwasser in Richtung Meer. Lachs aus der Ostsee gibt es ganzjährig; allerdings wird er nur im Winter angeboten. Heute wird Lachs hauptsächlich gezüchtet. Hochwertige Qualitäten kommen aus Norwegen, Irland und Schottland. **Inhaltsstoffe:** 100 g frischer Lachs enthalten ∅ 131 kcal/548 kJ, 18,4 g Eiweiß, 6,34 g Fett, 1 mg Eisen, 34 µg Jod, 41 µg Vitamin A (Retinol), 16,3 µg Vitamin D und 35 mg Cholesterin. Lachse zeichnen sich durch ihren hohen Gehalt an ↑**Omega-3-Fettsäuren**, ↑**Vitamin D** (Calciferol) und ↑**Jod** aus. Das Fleisch des „zu Berge" (stromaufwärts) ziehenden Fisches ist rötlich, sehr fett und wird hoch geschätzt. Das Fleisch des „zu Tal" ziehenden Fisches ist nach der Eiablage weichlich, mager und minderwertig. In der Donau fehlt der Lachs vollkommen (dort ist der dem Lachs sehr ähnliche Huchen heimisch). **Verwendung in der Küche:** Das Besondere am Lachs ist die rosarote Färbung des Fleisches, Zeichen der ↑**Carotinoide** aus seiner Nahrung. Lachs wird frisch als Filet oder in Scheiben, geräuchert oder gebeizt und dann in feine Scheiben angeboten. ↑**Beizen**. Er lässt sich sehr gut grillen, braten, in Folie dünsten oder dämpfen. Heißgeräuchert in Streifen geschnitten heißt er ↑**Stremellachs**. Von der Industrie wird er zu Scheiben und Schnitzeln verarbeitet und in ↑**Pflanzenöl** eingelegt. Diese Ware trägt dann die Bezeichnung, „Lachsscheiben in Öl" oder „Lachsschnitzel in Öl". „↑**Graved Lachs**" ist frischer Lachs, der mit ↑**Salz**, ↑**Pfeffer**, ↑**Zucker** und ↑**Dill** gebeizt wird. Der Rogen des Keta-Lachses – ↑**Keta-Kaviar** – gilt als Delikatesse.

Lachsbückling [*Fisch*] Ausgenommener, kaltgeräucherter ↑**Salzhering**

Lachs-Canapés [*Übersetzer*] **Englisch:** salmon canapés; **Französisch:** canapés au saumon; **Italienisch:** canapés al salmone; **Spanisch:** salmon-canapés

Lachsersatz [*Fisch*] Hauptsächlich aus ↑**Seelachs** hergestellter Ersatz für echten ↑**Lachs.** Neben dem Seelachs wird auch Alaska-↑**Pollack** verwendet. **Herstellung:** Die Fische mit über 5 kg Gewicht werden dazu filetiert, entgrätet und mit ↑**Salz** gebeizt. Die gebeizten Filets werden in dünne Scheiben geschnitten, rot gefärbt, auf ein Sieb gelegt und kalt geräuchert. Nach dem Räuchern legt man die Scheiben in ↑**Pflanzenöl** und evtl. ↑**Gewürze** ein. Dadurch verbessert man die Haltbarkeit. Im Handel ist der Lachsersatz u. a. als **Seelachsscheiben in Öl** erhältlich. Die dabei anfallenden Abschnitte werden zu **Seelachsschnitzel** in Öl verarbeitet.

Lachsfleisch [*Fleischprodukte*] Kernmuskulatur des Schweinerückens (das Innere, Magere vom Kotelettstrang)

Lachsforelle [*Fisch*] **Englisch:** steelhead salmon; **Französisch:** truite saumonée; **Italienisch:** trota iridea; **Spanisch:** trucha arco iris. Lachsforelle ist eine falsche Bezeichnung für die ↑**Meerforellen** und rotfleischige Bachforellen. Es handelt sich hier um eine gezüchtete (Regenbogen-)Forelle, deren Fleisch durch die Gabe von ↑**Crevetten,** ↑**Krebsen,** ↑**Karotten** und der damit verbundenen Pigmenteinlagerung der rosa färbenden Farbstoffe Astaxantin, Cantaxantin und ↑**Carotin** lachsfarben wird.

Lachshering [*Fisch*] Kalt geräucherter, ↑**gekehlt**er oder ungekehlter, nicht ausgenommener ↑**Salzhering**

Lachskaviar [*Fisch*] **T** Auch Botagakaviar: Kaviar, der nicht von der Stör-, sondern der Lachsfamilie stammt. Dieser rote, sehr grobkörnige Kaviar wird aber auch aus dem Rogen von ↑**Zander,** ↑**Meeräsche** oder ↑**Thunfisch** gewonnen. Der Lachskaviar dient in erster Linie Dekorationszwecken.

Lachsöl [*Fette*] Enthält wertvolle und lebenswichtige ↑**Omega-3-Fettsäuren,** die der menschliche Organismus selbst nicht bilden kann. Sie verbessern die Fließeigenschaften der Fettstoffe in Körper-, Hirn- und Nervenzellen und sorgen somit für die Verteilung und den Abtransport der ↑**Fettsäuren** im Blut.

Lachspiccata [*Regionale Spezialität*] **R** Ein aus dem Schweinerücken geschnittenes dünnes ↑**Schnitzel.** Es wird mit ↑**Ei** und ↑**Parmesan** paniert und bei schwacher Hitze in ↑**Butter** mit frischen ↑**Salbeiblättern** vorsichtig gebraten. Original wird die ↑**Piccata** aus der Kalbskeule geschnitten.

Lachsschinken [*Fleischprodukte*] Wird aus dem sehr mild gepökelten und leicht geräucherten rohen ↑**Lachsfleisch** (entsehntes Auge) der Schweinekotelettmuskulatur hergestellt. Mit ↑**Speck** umwickelt, wird er zum **Pariser Lachsschinken.**

Lackpilz [*Speisepilze*] **T Lateinisch:** Laccaria laccata; ↑**Waldpilze; Merkmale:** bis 8 cm breit, erst halbrund oder flach, später wellig verbogen; **Hutfarbe:** orange bis braunorange; **Stielfarbe:** wie der Hut, nur etwas dunkler, längsfaserig; **Lamellen:** fleischrosa; **Vorkommen:** in Feuchtgebieten (z. B. sehr nasse Nadelwaldwege), von August bis Oktober. **In der Küche:** angenehm schmeckender Speisepilz. Das leicht faserige Fleisch des dünnen Hutes und Stiefels ist aber nur wenig ergiebig. **Verwechslungsmöglichkeiten:** mit dem ebenfalls wohlschmeckenden Roten Lacktrichterling

Lactaires sur le grille [*Franz. Speisekarte*] **R** ↑**Milchlinge** (Pilze) gegrillt, mit ↑**Butter**flocken und gehackter ↑**Petersilie**

Lactalbumin [*Fachkunde*] In der Milch enthaltene ↑**Eiweiß**fraktion

Lactase [*Verdauung*] ↑**Enzym,** das in der Dünndarmschleimhaut gebildet wird und das den ↑**Milchzucker** (Lactose) im Darm in Traubenzucker (↑**Glucose**) und Schleimzucker (Galactose) spaltet. Wird im Darm keine oder zu wenig Lactase gebildet, wird der mit der Nahrung zugeführte Milchzucker nur teilweise gespalten und durch die Darmwand aufgenommen. Ein Teil des Milchzuckers gelangt dann unverdaut in den Dickdarm. Hier wird er von den Darmbakterien zu ↑**Milchsäure,** ↑**Essigsäure** und ↑**Kohlendioxid** abgebaut. Die bakterielle Spaltung des Milchzuckers bewirkt im Dickdarm eine Steigerung des osmotischen Drucks und eine vermehrte Wasseransammlung. Die Folge sind Durchfälle, ↑**Blähungen** und kolikartige Bauchschmerzen. Bei Säuglingen kommt es zu Erbrechen und schweren Wachstumsstörungen.

Lactat [*Fachkunde*] ↑**Milchsäure.** Entsteht bei der Laktose-Vergärung und ist in fermentierten ↑**Milchprodukten** vorhanden

Lactitol/Lactit [*Fachkunde*] Zuckeraustauschstoff ↑**E 966,** Substanz mit 0,3 bis 0,4-facher Süßkraft von Kristallzucker (↑**Saccharose**). Wird zur Herstellung von zahnschonenden Produkten verwendet; ersetzt ↑**Zucker** in Backwaren

Lactobacillus [*Fachkunde*] Gattung der Milchsäurebakterien, die ↑**Zucker** unter Bildung von ↑**Milchsäure** abbauen. Einige Arten werden gezielt zur Säuerung von ↑**Milch** eingesetzt. Lactobazillen kommen auf Pflanzen, im Darm, auf der Haut, den Schleimhäuten von Menschen und Tieren vor.

Lactobacillus acidophilus [*Fachkunde*] Gehört zur Milchsäurebakteriengattung Lactobacillus und bildet aus ↑**Zuckern links- und rechtsdrehende (D- und L-)** ↑**Milchsäure.** Lactobacillus acidophilus ist Bestandteil der Darm- und Mundflora des Menschen. Außerdem kommt es in ↑**Milch** vor und wird zur Herstellung von ↑**Milchprodukten,** zum Beispiel von ↑**Probiotischen Lebensmitteln** (z. B. ↑**Jogurt** usw.), eingesetzt. Das Besondere an Lactobacillus acidophilus ist, dass es die Säure-Barriere des Magens überlebt und lebend in den Darm gelangt. Bei kontinuierlichem Verzehr besiedelt es die Darmwand und beeinflusst das mikrobielle Gleichgewicht positiv.

Lactobacillus bifidus [*Verdauung*] ↑**Bifidobacterium bifidum**

Lactobacillus casei [*Fachkunde*] Milchsäurebakterium, mit dem ↑**Probiotische Lebensmittel** (z.B. ↑**Jogurt** usw.) hergestellt werden. Das Besondere an Lactobacillus casei ist, dass er die Säure-Barriere des Magens überlebt und lebend in den Darm gelangt. Bei kontinuierlichem Verzehr besiedelt Lactobacillus casei die Darmwand und beeinflusst das mikrobielle Gleichgewicht positiv, genauso wie ↑**Lactobacillus acidophilus.**

Lactobakterien [*Fachkunde*] Milchsäurebakterien; unbewegliche Stäbchenbakterien, sie bilden aus ↑**Kohlenhydraten** ↑**Milchsäure**

Lactoglobulin [*Fachkunde*] In der Milch enthaltene ↑**Eiweiß**fraktion

Lactose [*Gesundheit*] **T** oder Laktose ist ↑**Milchzucker**, aus ↑**Glucose** und Galactose aufgebaut. Das ↑**Kohlenhydrat** wird aus der ↑**Molke** von Kuhmilch gewonnen und steckt in zahlreichen Produkten, die von Natur aus keine Milchbestandteile enthalten. Laktose ist in Süßwaren, Säuglings- und Diätnahrungsmitteln, in ↑**Sauce**n und Suppen als Aromaträger und ↑**Geschmacksverstärker**, vor allem in ↑Kartoffel**chips** u.Ä. enthalten. Es hat leicht abführende Wirkung und wird deshalb auch der Säuglingsnahrung beigemischt. Die Herstellung erfolgt durch Eindampfen entrahmter ↑**Milch**. Die Laktose bewirkt im Darm über die Förderung der körpereigenen Darmflora einen gewissen Ausleseprozess. Auf diese Weise werden schädliche Keime im Darm unterdrückt. Milchzucker wird beim Käsungsprozess abgebaut und zu ↑**Milchsäure** umgesetzt. ↑**Käse** oder ↑**Milchzucker**

Lactoseintoleranz [*Gesundheit*] Die Lactoseintoleranz ist weit verbreitet. Es wird angenommen, dass etwa 90% der erwachsenen Bevölkerung Asiens und Afrikas betroffen sind. In den nordeuropäischen Ländern und bei den Nordamerikanern mit weißer Hautfarbe liegt der Anteil bei 5 bis 15% in der Bevölkerung. Die Lactoseintoleranz beruht auf einem Mangel an ↑**Lactase**. Durch eine milchzuckerfreie bzw. milchzuckerarme Diät kann die Lactoseintoleranz erfolgreich behandelt werden. Als laktosefrei bezeichnet man eine Kost, die maximal 1 g Lactose pro Tag enthält. Eine lactosearme Kost enthält 8 bis maximal 10 g Lactose pro Tag. Da Milchzucker überwiegend aus ↑**Milch** und ↑**Milchprodukten** stammt, muss bei einer laktosefreien Ernährung auf Milch und Milchprodukte ganz oder teilweise verzichtet werden. Einige Beispiele zu den Laktosegehalten in Lebensmitteln: 100 g Vollmilch (halbes Glas) 4,8–5,0 g Lactose; 100 g ↑**Emmentaler**, ↑**Gouda**, ↑**Brie** weniger als 0,1 g Lactose; 100 g ↑**Jogurt** 3,7–5,6 g Lactose; 100 g ↑**Milchpulver** 38,0–51,5 g Lactose

Lactovegetabile Kost [*Gesundheit*] Besteht neben pflanzlichen Lebensmitteln auch aus ↑**Milch** und daraus hergestellten Erzeugnissen. Sie enthält ↑**Eier**, aber kein ↑**Fleisch**. Sie kann als Dauerernährung für Erwachsene akzeptiert werden. Gewarnt werden Personen mit erhöhtem Nährstoffbedarf (Schwangere, Stillende, Säuglinge, Kleinkinder), da bei lactovegetabiler Kost eine Unterversorgung mit ↑**Nährstoffen** auftreten kann. Es besteht daher die Gefahr einer ↑**Eisen**unterversorgung. ↑**Vegetarismus**

Lacto-Vegetarier [*Fachkunde*] Person, die außer ↑**Milch** und ↑**Milchprodukte**n keine Nahrungsmittel tierischen Ursprungs verzehrt

Lacustre [*Franz. Speisekarte*] Aus Landseen

Ladieren [*Franz. Fachwort*] Trockenes ↑**Fleisch**, vor allem ↑**Wild**, wird gespickt (ladiert). Die ↑**Speck**streifen werden mit einer großen Spezialnadel durch das Fleisch gezogen. ↑**Spicken**

Lado [*Weinkunde*] Spanische Rotweinrebe, sie erbringt leichte Weine mit ausgeprägter Säurestruktur (Ribeiro)

Ladoner Pelut [*Weinkunde*] Spanische Rotweinrebe, verwandt mit Airén

Lady Curzon [*Speisegarnitur*] **A** Die Consommé Lady Curzon ist fälschlicherweise in Verruf geraten. **Grund:** Über Jahrzehnte wurde eine klare Schildkrötensuppe, mit Sherry abgeschmeckt und Currysahne überbacken, in allen Nobelrestaurants der Welt verzehrt. **Jedoch:** Die Grundbrühe einer echten Lady Curzon, die zu Ehren der Vizekönigin von Indien (1870–1906) kreiert wurde, wird keineswegs mit Schildkrötenfleisch, sondern aus Kalbsfüßen gekocht. Gewürzt wird mit dem so genannten ↑**Schildkrötengewürz.** Als Einlage kann man weich gekochten, klein gewürfelten Kalbskopf oder das Fleisch eines Kalbsschwanzes verwenden.

Lady fingers [*Engl. Speisekarte*] Englische ↑**Löffelbiskuits**

Ladyfinger [*Gemüse*] **T** Die Frucht mit dem romantischen Namen ist unter der Bezeichnung ↑**Okra** auf dem Markt. Sie stammt aus subtropischen Ländern und ist eine Schotenart. Der ↑**Paprika** ähnlich, schmeckt die Okra eher wie frische ↑**Grüne Bohnen,** und so werden diese länglichen Früchte auch zubereitet.

Lafer, Johann [*Berühmte Köche*] **Johann Lafer,** *1957 in Graz, Steiermark, A – Vom Jahre 1983 an wurde er Küchenchef im Restaurant „Le Val d'Or" in Guldental, das seiner späteren Ehefrau Silvia Buchholz gehörte. Er übernahm dessen Leitung 1988. 1994 wurde das Restaurant auf die Stromburg nahe dem Hunsrückstädtchen Stromberg (Rheinland-Pfalz) verlegt, in der er bis heute residiert. Hier befindet sich auch ein Fernsehstudio. Seine Ausbildung zum Koch absolvierte er in Graz, danach folgten Jahre in Berlin, Hamburg, Wertheim-Bettingen, München (bei Eckart ↑**Witzigmann**) und Paris (bei Gaston ↑**Lenôtre**).

Johann Lafer wurde durch seine Kochsendungen (beispielsweise **Himmel un Erd; Genießen auf gut Deutsch; Lafer, Lichter, lecker)** und seine zahlreichen Kochbücher einem breiten Publikum bekannt. Die Sendungen werden in Lafers eigenem TV-Studio aufgezeichnet, von ihm selbst produziert und in der ARD, im SWR, im ZDF, auf 3sat und in mehreren Landesprogrammen ausgestrahlt. Außerdem kocht er regelmäßig in der Show von Johannes B. Kerner, glänzt dort mit Können, seiner ruhigen Ausstrahlung und orientalischen Kreationen.

Lagosta cozida [*Span. Speisekarte*] Gekochter ↑**Hummer**

Lagrein [*Weinkunde*] Rote Rebsorte, die in Südtirol/Trentino zu zwei Weinstilen verarbeitet wird: Lagrein Rosato oder Lagrein Kretzer ist der Name eines schmackhaften Rosés, während Lagrein Scuro oder Lagrein Dunkel ein potenziell hochwertiger Rotwein ist und durch sein fruchtiges Brombeer- und Schokoladen-Bukett begeistert. Barrique-Ausbau sowie längere Perioden der Flaschenlagerung bekommen den besten Exemplare ausgezeichnet. Die Rebsorte hat ein Qualitätspotenzial, das erst noch entdeckt wird. Das hat vor allem damit zu tun, dass die am häufigsten angebaute rote Rebsorte in Süd-Tirol Schiava ist, die aber selten mehr als alltägliche Qualität produziert, dies aber in enormen Mengen. Lagrein kann im Ertrag gut mit Schiava mithalten, braucht aber als Spätreifer eine warme Lage. Wirkliche Qualität entsteht aber erst dann, wenn die Winzer eine Ertragsbeschränkung in Kauf nehmen. Dies mag für viele Produzenten, die eher auf Ertrag als auf Qualität setzten, bei schwindenden Marktanteilen für Billigweine ein völlig neuer, aber notwendiger Ansatz sein.

Lagrima [*Weinkunde*] Besonders süßer und schwerer Málaga aus der gleichnamigen Stadt im Süden Spaniens

Laguiole Geschützte Herkunftsbezeichnung [*Käse*] **T** **Herkunft:** Frankreich; **Käsesorte:** ↑**Schnittkäse**, 45 % ↑**Fett i.Tr.**; **Milch:** rohe Kuhmilch; **Teig:** geschmeidig, elastisch, bei jüngerem ↑**Käse**: speckartig auf der Zunge schmelzend, bei älterem Käse: leicht brüchig; **Geschmack:** aromatisch, leicht säuerlich, herb und pikant. **Beste Zeit:** Januar bis April; **Weinempfehlung:** fruchtige Rotweine wie ↑**Beaujolais** oder Crostières de Nîmes

Laguipiére [*Berühmte Köche*] Koch Napoleons I., später Murats, des Königs von Neapel, in dessen Diensten er mitzog beim Russland-Feldzug Napoleons, wo er 1812 bei Wilna erfror. Er war der Lehrer ↑**Carêmes**, der ihm im **„Cuisinier parisien"** einen Nachruf widmete.

Lahmacun [*Orientalische Küche*] **A** **(sprich:** Lach-mahdschun), Begriff aus der türkischen Küchenkultur für belegte ↑**Fladenbrote** (ein Zwischending von ↑**Pizza** und ↑**Tortilla**). Verschiedene Beläge sind beliebt: ↑**Saç** oder aufgeschnittenes ↑**Pide** mit frittierten ↑**Muscheln** und ↑**Tintenfisch**, serviert in Sauce – oder ↑**Tomaten-**, ↑**Gurken**salat und ↑Fisch**rogen** in Sauce – oder den rohen Saçfladen mit scharf gewürztem ↑**Hackfleisch** und frischen Kräutern dünn bestrichen und im Ofen gebacken. ↑**Türkische Küche**

Laibchen, faschierte [*Österr. Küche*] ↑**Frikadellen**

Lairén [*Weinkunde*] (Span.) Meistangebaute andalusische Weißweinrebe

Lait [*Franz. Speisekarte*] ↑**Milch**

Lait aigre [*Franz. Speisekarte*] ↑**Sauermilch**

Lait battu, de beurre, babeurre [*Franz. Speisekarte*] ↑**Buttermilch**

Lait caillé [*Franz. Fachwort*] Saure ↑**Milch**

Lait concentré, condensé, en boîte [*Franz. Fachwort*] Büchsen-, Dosen-, ↑**Kondensmilch**

Lait cru, bourru [*Franz. Fachwort*] Rohe, nicht pasteurisierte ↑**Milch**

Lait d'amande [*Franz. Speisekarte*] Kalte Süßspeise, ↑**Mandel-**↑**Milch-**↑**Gelee**

Lait de poule [*Hausbar*] **R** Stärkendes Getränk aus geschlagenem, gezuckertem ↑**Eigelb** mit ↑**Milch**, auch ↑**Rum** oder ↑**Weinbrand**, warm oder kalt genossen, ist in Frankreich sehr beliebt

Lait écrémé, maigre [*Franz. Fachwort*] ↑**Magermilch**

Lait en poudre, sec [*Franz. Fachwort*] ↑**Milchpulver**, Trockenmilch

Lait entier [*Franz. Fachwort*] ↑**Vollmilch**

Lait partiellement écrémé [*Franz. Fachwort*] Teilentrahmte ↑**Milch**

Lait spécial [*Franz. Fachwort*] ↑**Vorzugsmilch**

Lait stérilisé, upérisé [*Franz. Fachwort*] ↑UHT-Milch

Laitance [*Franz. Speisekarte*] Milch, weiße Samenflüssigkeit männlicher ↑**Fisch**e, für die Küche von ↑**Hering**, ↑**Karpfen**, ↑**Makrele**

Laiterie [*Franz. Fachwort*] Molkerei, Milchladen (auch für ↑**Butter**, ↑**Käse** usw.)

Laiton [*Franz. Fachwort*] Junges, noch nicht abgestilltes Haustier

Laitue [*Franz. Speisekarte*] ↑**Kopfsalat**

Laitue batavia [*Franz. Speisekarte*] ↑**Bataviasalat**

Laitue braisée [*Franz. Speisekarte*] Geschmortes Kopfsalatherz

Laitue iceberg [*Franz. Speisekarte*] ↑**Eisbergsalat**

Laitue pommée, beurre [*Franz. Speisekarte*] **A** ↑**Grüner Salat**, Kopfsalat, wird in Frankreich oft als Schnellgemüse mit ↑**Butter** gedünstet oder gekocht

Laitue romaine, chicon [*Franz. Speisekarte*] ↑**Römischer Salat**

Laitues au jus [*Franz. Speisekarte*] **R** ↑**Grüner Salat** in breite ↑**Julienne** geschnitten, in einer ↑**Soße** aus ↑**Butter**, ↑**Mehl** und ↑**Fleischbrühe** gedünstet, mit ↑**Salz**, ↑**Pfeffer** und ↑**Muskatnuss** gewürzt

Lake [*Unsere Küche*] **T** Eine zum Einpökeln von ↑**Fleisch** verwendete Salz- und Gewürz-↑**Gemüsebrühe**, die nach dem Aufkochen passiert und erkaltet verarbeitungsbereit ist. ↑**Pökeln.** In der Regel wird im Handel erhältliches Pökelsalz verwendet, dessen Menge peinlich genau eingehalten werden muss. Gewürzmenge (↑**Zucker**, ↑**Wacholderbeeren**, ↑**Lorbeer**, ↑**Pfeffer**, ↑**Thymian** usw.) und ↑**Gemüse**menge (↑**Zwiebeln**, ↑**Knoblauch**, ↑**Karotten**, ↑**Sellerie**) können variieren.

Lakekäse [*Käse*] Käsesorten, die in einer Salzlake reifen. Dazu gehören ↑**Feta** und ↑**Mozzarella.**

Laketabelle [*Unsere Küche*] **R** Salzmengentabelle für die Herstellung von Pökellake. **Wasser** in Liter/Pökelsalz in Gramm; **1**/105 g; **2**/210 g; **3**/320 g; **4**/420 g; **5**/530 g; **6**/630 g; **7**/750 g; **8**/870 g; **9**/990 g; **10**/1120 g; **11**/1260 g; **12**/1390 g; **13**/1530 g; **14**/1670 g; **15**/1820 g; **16**/1980 g; **17**/2140 g; **18**/2310 g; **19**/2480 g; **20**/2650 g; **21**/2840 g; **22**/3030 g; **23**/3210 g; **24**/3410 g; **25**/3630 g. ↑**Pökeln**

Lakritz [*Süßwaren*] **T** Zuckerware bzw. Süßware; **Inhaltsstoffe:** 100 g Lakritz enthalten ∅ 375 kcal/1570 kJ, 86,2 g Kohlenhydrate, 4,31 g Eiweiß, 5,91 g Wasser, 1,94 g Ballaststoffe und 7 mg Purine. Lakritz besteht aus einem eingedickten Saft, der aus Süßholzwurzeln gewonnen (Süßholzextrakt) wird, ↑**Zucker**, ↑**Mehl**, ↑**Geliermittel** und ↑**Karamell** zur Farb- und Geschmacksgebung. Lakritz enthält Glycyrrhizin, das in großen Mengen gesundheitsbedenklich ist, da es zu Bluthochdruck und Herz-Rhythmus-Störungen führen kann. Eine tägliche Aufnahme von über 100 mg Glycyrrhizin kann schon bedenklich sein. Der Glycyrrhizingehalt in Lakritzzuckerwaren kann unterschiedlich hoch sein, zwischen 35 und 500 mg Glycyrrhizin pro 100 g. Lakritz gibt es in vielen Formen, z. B. als Plättchen, Figuren, Stangen und Streifen.

Laktasemangel [*Gesundheit*] ↑**Diät bei Laktasemangel**

Laktoflavin [*Fachkunde*] ↑**Vitamin** B_2 & ↑**E 101**

Laktoseintoleranz [*Fachkunde*] ↑**Lactoseintoleranz.** Unverträglichkeit auf ↑**Milchzucker** – ↑**Lactose**

Lamb [*Engl. Speisekarte*] ↑**Lamm**

Lamb and Kidney Pie [*Intern. Länderküche*] **R** Schottische Lammfeisch-↑**Pie** mit Lamm- oder Kalbsnieren. Dazu werden ↑**Lammfleisch** und ↑**Nieren** in größere Würfel geschnitten und über Nacht mit geschnittenen ↑**Schalotten**, ↑**Johannisbeergelee**, ↑**Zitronenschale** und -**saft** mariniert. Für die Zubereitung vermischt man das marinierte Fleisch mit ↑**Mehl**, würzt mit ↑**Pfeffer** und ↑**Salz**, gibt ↑**Brühe** dazu, kocht alles auf und füllt es in eine Auflaufform. Nach dem Abkühlen wird der gebundene Lammeintopf mit ↑**Blätter-** oder ↑**Pastenteig** abgedeckt, mit ↑**Eigelb** bepinselt und im vorgeheizten Ofen bei ca. 170° C etwa 45 Min. gebacken. Droht der Teig beim Backen dunkel zu werden, mit Alufolie abdecken.

Lamb breast [*Engl. Speisekarte*] Lammbrust

Lamb chop [*Engl. Speisekarte*] Lammkotelett

Lambada [*Kartoffelsorte*] **Kochtyp:** ↑**Vorwiegend festkochende Kartoffeln; Herkunft:** Deutschland; **Jahr der Zulassung:** 2003; **Schale:** gelb; **Fleisch:** gelb; **Knolle:** oval; **Reifezeit:** mittelfrüh

Lambertsnüsse [*Allgem. Nährmittel*] Haselnusssorte mit länglichen Früchten

Lambi [*Intern. Länderküche*] Große Muschelart, aus der in der Karibik ein schmackhaftes ↑**Ragout** bereitet wird

Lambrusco [*Weinkunde*] Rote Rebsorte, die in der Emilia Romagna in Italien angebaut wird. Die aus ihr gekelterten Rot- sowie Weißweine werden in enormen Mengen hauptsächlich für den Exportmarkt produziert. Dies lässt nicht viel Gutes ahnen in puncto Qualität. Die meisten Schraubverschlussflaschen bieten denn auch nicht mehr als ein fruchtiges, leicht schäumendes Getränk mit geringem Alkoholgehalt und Restsüße. Der Wein wird als Vino da Tavola, die niedrigste Qualitätsstufe des italienischen Weingesetzes, vermarktet. Es gibt seriöse Exemplare, die sowohl über eine eigene Herkunftsbezeichnung (DOC) als auch über einen Korken verfügen. Diese Weine sind gehaltvoller, meist trocken, sind von einem leichten Prickeln gekennzeichnet. Sie passen gut zu den deftigen Speisen der Emilia Romagna. Lambrusco kann man in Italien von Piemont bis Sizilien in sechzig verschiedenen Untersorten antreffen. Die Rebstöcke sind sehr produktiv (obwohl auch hier wiederum eine Ertragseinschränkung eine deutliche Qualitätszunahme bedeutet), relativ krankheitsresistent und vertragen zudem winterliche Kälte. Die vier besten Anbaugebiete in der Emilia Romagna, die über eine eigene DOC verfügen: Lambrusco di Sorbara, Lambrusco Grasparossa di Castelvetro, Lambrusco Salamino di Santa Croce und Lambrusco Reggiano.

Lames [*Schweizer Küche*] Scheiben

Lamm [*Fleischprodukte*] **T Englisch:** lamb; **Französisch:** agneau; **Italienisch:** agnello; **Spanisch:** cordero (lechal). Lamm nennt man das schon weidende, bis zu einem Jahr alte, noch nicht ausgewachsene ↑**Schaf.** In der feinen Küche wird das Milchlamm sehr geschätzt, das noch nicht auf der Weide gegrast hat.

Lammbraten [*Fleischprodukte*] **A Englisch:** lamb roast; **Französisch:** rôti d'agneau; **Italienisch:** arrosto d'agnello; **Spanisch:** asado de cordero lechal. Als Lammbraten bezeichnet man ganze Stücke aus Schulter, Rücken und Keule, aber auch gerollte Teile von Brust und Bauch. Das Lammfleisch wird einige Stunden vor dem Braten mit den Gewürzen eingerieben (mariniert). **Klassisch verwendet man:** ↑**Rosmarin**, ↑**Pfeffer**, ↑**Salz** und ↑**Knoblauch**, aber auch ↑**Bohnenkraut**, ↑**Piment** und geriebene ↑**Zwiebel.** Nach dem Anbraten bei starker Hitze geben ↑**Röstgemüse** und abschließend ↑**Pfefferminz**kraut dem Lammbraten und der ↑**Sauce** seine besondere Note. **Diese Würzmittel passen auch in die Sauce:** ↑**Anis**, ↑**Cayennepfeffer**, ↑**Koriander**, ↑**Tomate**, ↑**Kreuzkümmel** und ein Hauch ↑**Zimt**.

Lammbrühe *[Unsere Küche]* Wird mit Knochen und Abschnitten vom ↑**Lamm** wie eine ↑**Fleischbrühe** zubereitet

Lammburger *[Fleischprodukte]* Hacksteak mit überwiegendem bis ausschließlichem Anteil an ↑**Lammfleisch**

Lammfleisch *[Fachkunde]* **T** Lammfleisch aus Deutschland stammt von Tieren, die maximal zwölf Monate alt sind, in der Regel aber bereits nach 6 oder 8 Monaten geschlachtet werden. Die Lämmer werden überwiegend auf Weiden gehalten. Diese Haltung und das natürliche Futter sind ausschlaggebend für zartes, aromatisches Fleisch. Das Fett der jung geschlachteten Lämmer hat einen niedrigen Schmelzpunkt und schmeckt nicht talgig. ↑**Schaf-** und ↑**Hammelfleisch** bietet der Handel so gut wie gar nicht an. Gute Schlachtlämmer zeigen vor allem an den Keulen und am Rücken einen guten Fleischansatz und eine dünne, hellweiße Fettabdeckung. Man unterscheidet zwischen Milchmastlämmern, die nicht älter als sechs Monate sind, und Mastlämmern, die höchstens 12 Monate alt sind. Saftiges Lammfleisch ist hellrot, bei älteren Tieren von etwas dunklerer Farbe. Die Wiesenkräuter, die die Lämmer fressen, machen es besonders würzig. 100 g Lammfleisch von Kotelett enthalten ∅ 263 kcal/1101 kJ, 24,9 g Eiweiß, 18,3 g Fett, 5,04 mg Zink, 1,43 mg Vitamin E, 2,9 µg Vitamin B_{12} und 79 mg Cholesterin. **Hals/Nacken:** Daraus lassen sich köstliche ↑**Ragouts**, herzhaftes ↑**Gulasch** und deftige Eintöpfe wie ↑**Irish Stew** zaubern, kann aber auch gekocht und geschmort werden. **Rücken:** eignet sich zum Braten, Kurzbraten, ↑**Grillen** und ↑**Schmoren**. Er besteht aus dem Kotelett und Filetkotelett. Daraus gewinnt man die doppelten Koteletts und Stielkoteletts, aber auch Rollbraten und den beliebten Lammnierenbraten. Aus dem Rücken schneidet man die Lammchops, 2–3 cm dicke ↑**Steaks**. Eine besondere Delikatesse ist der Lammrücken (oder Lammsattel) am Stück gebraten. Auf Lammkarree (ein Stück aus 2–3 Stielkoteletts) oder die ↑**Lammkrone** aus mindesten 4 Stielkotleettes – schwören Feinschmecker. Das Lammfilet ist das zarteste Stück und wird, weil es sehr klein ist, meist mit den Koteletts geschnitten. Nur bei größeren und älteren Tieren werden die Stücke aus dem unteren Teil des Rückens ausgelöst. ↑**Würztabelle; Keule:** Klassiker für Lammliebhaber. Sie sollte gut abgehangen sein, damit sie mürbe und zart ist. Sie eignet sich besonders gut zum Braten. Es empfiehlt sich, sie mit dem Knochen zuzubereiten, so hält sie besser zusammen und lässt sich leichter aufschneiden. Aus der Keule gewinnt man die Lammnuss, die sehr gut mit frischen Kräutern wie ↑**Estragon** oder ↑**Rosmarin** harmoniert. Die Scheiben der Keule schmecken am besten kurz gebraten als Lammsteak und Lammschnitzel. Für Spieße und Fondue nimmt man das gewürfelte fettfreie Fleisch von Oberschale, Nuss oder **Fricandeau.** ↑**Würztabelle; Dünnung:** ist eines der preiswertesten Teilstücke und eignet sich zum Braten, Schmoren, Kochen und Grillen. Gefüllt ist sie eine ganz besondere Leckerei, genauso gut ist sie als Ragout oder Rollbraten. **Schulter/Bug:** auch Schaufel genannt, lässt sich hervorragend schmoren und braten. Die unten gelegene Fettabdeckung sollte vor der Zubereitung entfernt werden. Sie kann mit und ohne Knochen zubereitet werden. Die Schulter bietet erstklassiges Fleisch für Roll- und Schmorbraten sowie für würzige Fleischspieße, wird aber auch gerne als Koch- oder Schmorfleisch verwendet. Das Fleisch ergibt deftige Gerichte wie Gulasch und Lammeintopf. Gemüsesuppen bekommen ein kräftiges gewisses Etwas. **Brust:** weist einen hohen Fettanteil auf und ist ideal zum Kochen. Sie findet Verwendung in Eintöpfen, Gulasch, Ragouts oder Suppen. **Vorder- und Hinterhaxe:** wird aus dem unteren Teil der Keule geschnitten. Vorzüglich schmeckt sie gebraten oder geschmort und ist als Portion für eine Person genau richtig.

Lammkoteletts *[Übersetzer]* **Englisch:** lamb chops; **Französisch:** côtelette d'agneau; **Italienisch:** costolette d'agnello; **Spanisch:** chuletas de cordero lechal

Lammkrone *[Unsere Küche]* **R** Kotelettstück vom Lammrücken mit acht langen Rippen beim Fleischer bestellen. Das Fett zwischen den Rippen bis zum Fleischansatz einschneiden und entfernen, sodass die Rippen gut zur Geltung kommen. Das Fleisch mit ↑**Salz**, ↑**Knoblauch**, ↑**Rosmarin** und ↑**Pfeffer** einreiben, zum Kreis formen und mit Garn zu einer Krone zusammenbinden. Im vorgeheizten Ofen bei 250° C braten. Nach dem Garen das Küchengarn entfernen, auf Platte anrichten und die Krone z. B. mit ↑**Butterbohnen** gefüllt servieren.

Lampion Chili *[Gewürze & Kräuter]* ↑**Red Hot Peppers Chili**

Lampone *[Ital. Speisekarte]* ↑**Himbeere**

Lamprete *[Fisch]* Name für ↑**Meerneunauge**

Lamproie *[Franz. Speisekarte]* ↑**Neunauge**

Lampuga *[Span. Speisekarte]* Gold**makrele**

Lamyai *[Exotische Früchte]* ↑**Longane**

Lanark Blue *[Käse]* ↑**Bonchester**

Landaise, à la *[Speisegarnitur]* **A** Mit ↑**Bayonne-Schinken**, ↑**Gänseschmalz** und ↑**Steinpilzen**

Landes *[Weinkunde]* Département südlich von Bordeaux. Die Weine sind nicht berühmt, allerdings ergeben sie einen sehr guten ↑**Armagnac.**

Landhonig *[Allgem. Nährmittel]* Streichfester ↑**Honig** mit einem herzhaft-kernigen Geschmack, von dunkelgelber Farbe. Der ↑**Nektar** für diesen Honig stammt von Feld- und Wiesenblüten.

Landjäger *[Regionale Spezialität]* **T** Stark geräucherte und flach geformte, grob gekörnte ↑**Rohwurst**paare. Schwarzwälder Spezialität, die auch „Peitschenstecken" genannt wird. Je nach Rezeptur sind die folgenden Bestandteile enthalten: ↑**Rindfleisch** oder/und

↑**Schweinefleisch**, ↑**Speck**, ↑**Schwarte**, ↑**Nitritpökelsalz**, ↑Rotwein, ↑**Salz**, ↑**Pfeffer**, ↑**Koriander**, gebrochener ↑**Kümmel**, ↑**Knoblauch**, ↑**Traubenzucker**, ↑**Zucker**, ↑**Streuwürze**.

Landkaffee [*Kaffee*] ↑**Zichorienkaffee**

Landwein [*Weinkunde*] **Englisch:** local wine; **Französisch:** vin de pays; **Italienisch:** vino locale; **Spanisch:** vino del pais. Ein Landwein ist ein qualitativ gehobener Tafelwein mit geografischer Ursprungsbezeichnung. Er darf ausschließlich aus einem der 19 Landweingebiete stammen, dessen Name auf dem Etikett erwähnt sein muss. Für die Produktion dürfen nur bestimmte („empfohlene" oder „zugelassene") Rebsorten verwendet werden. Das Gesetz verlangt für die Produktion von Landwein einen höheren Reifegrad des Leseguts, weshalb der Mindestalkoholgehalt dieser Weine 0,5 % über dem der Tafelweine liegen muss. Der Restzuckergehalt darf die Grenze für halbtrockene Weine (18 g/l) nicht überschreiten. Anreichern ist jedoch erlaubt. Zusätzlich dürfen nur trockene oder halbtrockene Weine in dieser Kategorie auf den Markt gebracht werden. Obwohl sie eine der niedrigsten der deutschen Weine ist, erscheinen immer öfter hochwertige Weine unter dieser Bezeichnung auf dem Markt, da die angewandten Rebsorten oder das Weinbereitungsverfahren (z. B. Barrique-Ausbau) vom deutschen Weingesetz nicht für eine höhere Qualifikation anerkannt werden.

Lange Tomaten [*Gemüse*] ↑**Tomate**

Langenlois [*Weinkunde*] Die größte Weinbau-Gemeinde Österreichs und das Zentrum des Weinbau-Gebietes Kamptal. Auf rund der Hälfte der Rebfläche wird Grüner Veltliner angebaut.

Längenmaße, deutsche [*Fachkunde*] 1 Dezimeter (dm) = 0,1 m, 1 Zentimeter (cm) = 0,01 m, 1 Millimeter (mm) = 0,001 m, 1 Mikrometer (Õm) = 0,000001 m, 1 Nanometer (nm) = 0,000000001 m, **Grundeinheit Meter (m) = 40-millionster Teil des Erdumfanges**

Langer Pfeffer [*Gewürze & Kräuter*] **Lateinisch:** Piper longum. Die Heimat des Langen Pfeffers ist Indien. Die Früchte sind miteinander zu einer Einheit verschmolzen. Es handelt sich um eine sehr scharfe Pfefferart, die fast nur in der ↑**Asiatischen Küche** verwendet wird.

Langes Frikandeau [*Fleischprodukte*] Teil der Kalbskeule, unter der Oberschale

Langhe [*Weinkunde*] 900 ha großer Bereich im Piemont. Eine bedeutende DOC für trockene Rot- und Weißweine. Arneis, Chardonnay und Favorita bzw. die roten Dolcetto, Freisa und Nebbiolo sind die wichtigsten Rebsorten, sie werden zu 100 % rebsortenrein gekeltert.

Langkornreis [*Allgem. Nährmittel*] ↑**Reis**

Lángos [*Ungarische Küche*] **A Lángos** oder **Langosch** ist eine ungarische Brot-Spezialität, die vor allem als Zwischenmahlzeit serviert wird. In der einfachsten Form besteht sie aus einem ↑**Hefeteig**fladen, der in einer Pfanne mit reichlich Fett gebacken und anschließend mit ↑**Knoblauch**öl eingepinselt wird. Übliche Varianten: mit ↑**Sauerrahm** oder ↑**Schafskäse**, oder auf „ungarische Art" („Magyaros") mit ↑**Lecsó** belegt.

Langosta [*Span. Speisekarte*] ↑**Languste**

Langostinos [*Fisch*] Auch Chilekrabben genannt, sind sehr kleine Vertreter der Hummer-Gruppe aus dem Pazifik. Ihre rot-weiß-marmorierten, zartfleischigen und schmackhaften Schwänze kommen tiefgefroren oder in Dosen konserviert in den Handel. In Spanien werden bestimmte größere ↑**Garnelen** auch Langostinos genannt.

Langouste [*Franz. Speisekarte*] ↑**Languste**

Langouste à la parisienne [*Speisegarnitur*] **A** Der Panzer einer gekochten Languste wird auf einem Weißbrotsockel (↑**Croûton**) befestigt, das Fleisch in Scheiben geschnitten und in ein Salatblätternest gelegt. Die Garnitur besteht aus Gemüsesalat, halbierten gekochten ↑**Eiern**, ↑**Artischockenböden**, geraspelten ↑**Trüffeln** und Würfeln von ↑Fisch**gelee**; dazu wird ↑Knoblauch**mayonnaise** gereicht.

Langouste grillée, beurre fondu [*Franz. Speisekarte*] **R** Gegrillte ↑**Languste** mit zerlassener ↑**Butter**, eine einfache, aber besonders delikate Zubereitungsart

Langoustine [*Franz. Speisekarte*] ↑**Kaisergranat**

Langres [*Käse*] **T Herkunft:** Frankreich/Champagne-Ardenne; **Käsesorte:** ↑**Weichkäse** mit gewaschener, intensiv riechender Rinde, leicht feucht, klebrig glänzende ↑**Rotschmiere**, 50 % ↑**Fett i. Tr.**; **Milch:** Kuhmilch; **Teig:** schnittfest, glatt, fein, geschmeidig, zergeht auf der Zunge; **Geschmack:** kräftig, würzig, intensiv; **Info:** Man erkennt ihn sofort an der leichten Vertiefung in der Oberfläche: Dort hinein gehört Champagner oder Marc (↑**Tresterbrand**), bevor es an den Genuss geht. **Beste Zeit:** Juni bis Ende November; **Weinempfehlung:** Kräftige Rotweine aus dem ↑**Burgund**, Marc de Champagne

Langsat [*Exotische Früchte*] **T Englisch:** langsat; **Französisch:** langsat. Heimat und Anbau erstrecken sich über den gesamten südostasiatischen Raum. Die Beerenfrüchte hängen an 10–20 m hohen Bäumen in ↑**Trauben** zusammen. Langsats sind 2–4 cm groß und rundlich-oval, gelblich-grau und samtartig behaart. Das weiße, transparente, saftig-klebrige Fruchtfleisch schmeckt süß-säuerlich mit einer angenehm bitteren Note. Auf deutschen Märkten sind Langsat kaum anzutreffen. Saison ist von Juni bis Oktober in Thailand und Malaysia, dort werden sie sowohl frisch verzehrt als auch zu Säften verarbeitet.

Langue [*Franz. Speisekarte*] Zunge

Langue de bœuf au gratin [*Franz. Speisekarte*] **R** Gekochte ↑Ochsen**zunge** in Scheiben, entweder mit einer „↑**Sauce Mornay**" im Rohr überbacken oder mit einer Mischung aus in ↑**Bouillon** eingeweichtem und dann püriertem ↑**Weißbrot**, ↑**Champignons**, fein geschnittenen ↑**Schalotten** und ↑**Petersilie** bedeckt, mit ↑**Semmelbröseln** bestreut, mit ↑**Butter** begossen und im Rohr überbacken

Langue de bœuf braise [*Franz. Speisekarte*] **R** Gekochte ↑Ochsen**zunge**, mit ↑**Grünem Speck** gespickt, mit ↑**Karotten**, ↑**Zwiebeln**, ↑**Pfeffer** und ↑Weiß**wein** geschmort

Langue de veau, ravigote [*Franz. Speisekarte*] **R** Gekochte ↑Kalbs**zunge** in einer braunen ↑**Soße** (gebundene ↑**Jus**) mit ↑**Zwiebeln**, ↑**Knoblauch**, ↑**Kapern**, ↑**Petersilie**, ↑**Estragon**, ↑**Lorbeerblatt**, ↑**Thymian**, ↑**Muskatnuss** und ↑Weiß**wein**

Langue-de-bœuf [*Franz. Speisekarte*] ↑Rinder**zunge**, Ochsenzunge

Languedocienne, à la Languedoc [*Speisegarnitur*] **A** **Speisegarnitur** für **große** und **kleine Fleischstücke**, **Geflügel**, ↑**Auberginen**, ↑**Tomaten**, ↑**Steinpilze**, oft ↑**Knoblauch** in ↑**Olivenöl** oder ↑**Gänsefett** ↑**dünsten**, dazu ↑**Schlosskartoffeln**; **Sauce:** tomatierter ↑**Bratenfond**

Languste [*Fisch*] **T** **Lateinisch:** Palinurus vulgaris. **Synonym:** Stachelhummer, Panzerkrebse, Ritterkrebse. **Englisch:** rock lobster, spiny lobster, crayfish; **Französisch:** langouste; **Italienisch:** aragosta, porro; **Spanisch:** langosta. Langusten sind scherenlose Krebse. Der bekannteste Vertreter dieser Gattung ist die gemeine Languste, auch Stachelhummer genannt, weil sie am ganzen Rücken lange Dornen trägt. Die Languste wird bis 1/2 m lang und ca. 6 kg schwer. Das handelsübliche Gewicht liegt aber zwischen 800 und 1500 g. Langusten findet sich im Mittelmeer, aber auch an der West- und Südküste von England und Irland. Man erkennt sie an den weißen Flecken auf dem violettbraunen Schwanzteil, außerdem haben sie, anders als ↑**Hummer**, keine Scheren, sondern lange Fühler. Sie sind nach dem Hummer die höchstbezahlten ↑**Krustentiere**. Ihr Fleisch ist sehr wohlschmeckend, aber nicht so saftig wie das des Hummers. Im Handel werden Langusten lebend, frisch gekocht oder tiefgekühlt angeboten. Beim Kochen wird die Languste rot. Der kräftige Schwanz muss bei der lebenden und gekochten Languste gekrümmt sein. Tiere mit gestrecktem Schwanz sind nicht mehr genusstauglich. Transport und Zubereitung wie beim ↑**Hummer**.

Langustine [*Fisch*] **T** **Englisch:** Norwegian lobster; **Französisch:** langoustine; **Italienisch:** scampo; **Spanisch:** langostino. **Synonym:** Kaisergranat, Tiefseekrebs. Sehr kleine Hummerart des Mittelmeeres mit langen, schmalen Scheren. Langustinen werden bis 25 cm lang. Das Schwanzfleisch ist zart und sehr schmackhaft. Die Scheren und Panzer dürfen geräuschvoll ausgesaugt werden.

Laos [*Gewürze & Kräuter*] **T** Das Pulver aus der getrockneten Galgantwurzel, einer ↑**Ingwerverwandten**, schmeckt prickelnd und scharf. Es betont den Eigengeschmack der Speisen und mindert deren Gerüche. Es passt nicht nur an pikante Teile der ↑**Reistafel**, sondern auch an Kartoffelsuppe, ↑**Gulasch**, ↑**Hammel-** und ↑**Rinderbraten.**

Lapa [*Span. Speisekarte*] ↑Napf**schnecke**

Lapacho [*Tee*] **R** Handelsbezeichung für Holz- und Rindenteile vom Lapachobaum (tecome lapacho), der vorwiegend in südamerikanischen Wäldern (Argentinien, Peru, Chile) zu finden ist. Lapacho-Tee ist ein bekömmliches, wohlschmeckendes, erfrischendes und vitalitätssteigerndes Getränk. Er wird aus der inneren roten Rinde des Baumes gewonnen, die reich an ↑**Mineralstoffen** wie ↑**Eisen**, ↑**Kalzium**, ↑Mangan und ↑**Magnesium** ist. Für den Tee wird die innere Rinde des Baumes ausgeschält und verwertet; an der Schälstelle bildet sich immer wieder neues Gewebe. Dadurch wandern die älteren Schichten nach außen und geben dem Baum so Schutz. **Zubereitung:** 4 TL Lapachorinde in 1 l kochendes Wasser geben, 5 Min. leicht köcheln und ca. 15 Min. ziehen lassen. Zur Zubereitung keinen Topf aus Aluminium verwenden, er läuft an.

Lapereau [*Franz. Speisekarte*] Junges ↑(Wild-)**Kaninchen**, weniger als vier Monate alt

Lapereau de garenne aux champignons [*Franz. Speisekarte*] **R** Junges ↑Wild**kaninchen**, in ↑**Butter** und ↑**Öl** mit ↑**Zwiebeln** und ↑**Speck** angebraten und mit ↑**Bouillon**, ↑Weiß**wein**, ↑**Knoblauch**, ↑**Salz**, ↑**Pfeffer**, ↑**Lorbeerblatt**, ↑**Thymian** und ↑**Petersilie** fertig gedünstet

Lapereau, sauce moutarde [*Franz. Speisekarte*] Junges ↑Wild**kaninchen** mit Senfsoße

Lapin [*Franz. Speisekarte*] ↑**Kaninchen**, am besten 3–4 Monate alt

Lapin à l'ail [*Franz. Speisekarte*] **R** ↑**Kaninchen** in Stücke zerteilt, mit ↑**Salz**, ↑**Pfeffer** gewürzt, in ↑**Mehl** gewendet, in ↑**Speiseöl** angebraten, mit einigen ↑**Knoblauch**zehen zugedeckt und etwas ↑Weiß**wein** fertig geschmort

Lapin à l'estragon [*Franz. Speisekarte*] **R** ↑**Kaninchen**, in Stücke zerteilt, mit ↑**Salz** und ↑**Pfeffer** gewürzt, in ↑**Butter** mit ↑**Speck** und ↑**Zwiebeln** angebraten, mit ↑**Weiß**wein und ↑**Bouillon** gedünstet und frischem gehackten ↑**Estragon** vollendet.

Lapin angevin [*Franz. Speisekarte*] Junges ↑**Kaninchen**, nicht älter als 4 Monate

Lapin aux pruneaux et aux raisins [*Franz. Speisekarte*] **R** ↑**Kaninchen** wird in Stücke zerteilt, in ↑Rotwein und ↑**Essig** mit ↑**Thymian**, ↑**Lorbeerblatt**, ↑**Bohnenkraut**, weißem ↑**Pfeffer**, ↑**Ingwer**, ↑**Nelken**, ↑**Muskatnuss** und ↑**Zimt** über Nacht mariniert. Gesalzen, gepfeffert in ↑**Butter** mit ↑**Speck** und ↑**Mehl** angebraten, mit einem Teil der ↑**Marinade** und Rotwein aufgegossen und zusammen mit ↑**Rosinen** und ↑**Backpflaumen** zugedeckt gekocht. Vor dem Servieren wird die

↑**Soße** mit Kaninchenblut gedickt und einem Löffel ↑**Johannisbeer**gelee vollendet.

Lapin fermier [*Franz. Speisekarte*] ↑Haus**kaninchen** vom Bauernhof

Lard [*Franz. Speisekarte*] ↑**Speck,** ↑**Schweineschmalz**

Lard de poitrine [*Franz. Speisekarte*] Bauchspeck

Lard fumé [*Franz. Speisekarte*] ↑**Räucherspeck**

Lard gras [*Franz. Speisekarte*] Rückenspeck

Lard maigre [*Franz. Speisekarte*] Magerer, durchwachsener Bauchspeck vom ↑**Schwein,** frisch, gepökelt oder geräuchert

Larded [*U.S. Kitchen*] Gespickt

Lardieren [*Franz. Fachwort*] **T Spicken mit einer Spicknadel:** Man zieht Speckstiftchen (Durchmesser 1 cm) mit einer Spicknadel durch das ↑**Fleisch,** stets längs zur Fleischfaser. **Spicken mit dem Messer:** Längs zur Fleischfaser mit Messer einstechen, Löcher mit Kochlöffelstiel etwas erweitern, gefrorene Speckstreifen in die Löcher stecken.

Lardo [*Ital. Speisekarte*] ↑Speck

Lardoir [*Franz. Fachwort*] Spicknadel

Lardon [*Franz. Fachwort*] Der in Streifen geschnittene ↑**Speck** zum ↑**Spicken**

Lasagne [*Ital. Speisekarte*] **A** Beliebtes Gericht aus vorgegarten Nudelblättern, die in der Auflaufform mit Sauce ↑**Bolognese,** ↑**Tomaten**-, ↑**Béchamel**-Sauce sowie Käse geschichtet und im Ofen gebacken werden

Lasagnette [*Ital. Speisekarte*] Gewellte Bandnudeln

Lassi [*Intern. Länderküche*] **A** Indische Getränke auf Jogurtbasis, süß wie pikant. Hergestellt wird Lassi auf Grundlage der Basisrezeptur von 1:1 (oder 2:1) Wasser und ↑**Jogurt;** süß mit ↑**Zucker** und ↑**Safran,** ↑**Fruchtsaft** oder pürierten Früchten (z. B. Mango-Lassi), gewürzt und pikant als **namkeen-lassi.** Eine indische Besonderheit stellt das so genannte **bhang-lassi** dar, es enthält getrocknete Cannabisblätter oder Blüten und wird oft bei ausgelassenen indischen Festen getrunken.

Latium [*Weinkunde*] Region um Rom mit Tafelweinen

Latkes [*Jüdische Küche*] ↑**Kartoffelpuffer**

Latte [*Ital. Speisekarte*] ↑**Milch**

Latte alla portoghese [*Ital. Speisekarte*] Milchcrème

Latte macchiato [*Kaffee*] **R** Italienische Kaffeespezialität, der Frühstückskaffee schlechthin. Heißer Milchschaum wird mit ein wenig heißer Milch in ein schmales ↑**Longdrinkglas** gegeben und anschließend mit einem ↑**Espresso** oder ↑**Ristretto** langsam und gefühlvoll aufgefüllt, sodass sich im Milchschaum eine marmorierte Struktur abzeichnet (auch optisch ein Hochgenuss).

Latticello [*Ital. Speisekarte*] ↑**Buttermilch**

Lattich [*Gemüse*] **T** Gattung von Krautpflanzen aus der Familie der Korbblütler; hierzu gehört der Garten-Lattich mit dem ↑**Kopfsalat.** Die Kultur des Garten-Lattichs ist uralt und stammt aus Ägypten. Heute ist er in den gemäßigten Zonen Europas, Asiens und Nordamerikas heimisch. Seine Blüten stehen in rispig angeordneten Köpfen; die Früchte sind befiedert. Der Wilde oder Stachel-Lattich ist in ganz Europa verbreitet und im Nordosten der Vereinigten Staaten eingebürgert. Sein Stängel ist leicht stachelig, die Ränder der Blätter sind gezähnt. Man geht überwiegend davon aus, dass der Wilde Lattich die Stammpflanze des Garten-Lattichs ist. Der Garten-Lattich, der seit dem griechischen Altertum kultiviert wird, ist eine winterfeste einjährige Krautpflanze. **Vier Sorten werden häufig angepflanzt:** Kopfsalat, Blatt- oder Schnittsalat, Römischer Salat (↑**Romana-Salat**) und ↑**Spargelsalat.** Der Kopfsalat erinnert in der Form an einen Kohlkopfblatt- oder Schnittsalat, hat frei wachsende Blätter, die keinen Kopf bilden – der Römische Salat entwickelt lange, aufgerichtete Köpfe – beim Spargelsalat ist der dicke Stängel essbar, während die Blätter ungenießbar sind. Garten-Lattich oder Salat wird in entwässertem, krumigem Boden angebaut, der reich an organischem Dünger ist. Man setzt ihn in Reihen mit 30–40 Zentimeter Abstand und dünnt häufig aus, sobald die Pflanzen fünf Zentimeter groß sind. Für den Handel wird fast ausschließlich Kopfsalat angebaut. ↑**Blattsalate**

Latticini [*Ital. Speisekarte*] **1.** ↑**Bries; 2.** ↑**Molkereiprodukte**

Lattuga [*Ital. Speisekarte*] ↑**Kopfsalat**

Latwerg, Latwerge [*Regionale Spezialität*] Südwestdeutsche bzw. österr. Bezeichnung für Fruchtmus, z. B.↑**Pflaumen**- oder Birnen**mus**

Lauch [*Gemüse*] **T Lateinisch:** Allium porrum. **Synonym:** Küchen-, Breit-, Beißlauch, Porree. **Englisch:** leek; **Französisch:** poireaux; **Italienisch:** porri; **Spanisch:** puerros. **Info:** Der zur Familie der Liliengewächse gehörende Lauch ist ein Verwandter der Zwiebeln, bei dem die eigentliche Zwiebel nicht gebildet wird und die Blattscheiden einen etwa 40 cm langen und 2–5 cm dicken dunkelgrünen bis blaugrünen Scheinstängel aus breiten Blättern bilden. Die weiße bis grünlich-weiße Färbung dieses Schaftes entsteht durch Bleichen, dazu werden die in Furchen gesetzten Pflanzen nach und nach mit Erde bedeckt. Dunkle Blattspitzen, ein gerader und fast geschlossener, fester Schaft möglichst ohne Zwiebel sind ein Merkmal besonderer Qualität; lediglich beim Frühjahrslauch dürfen die Blätter hellgrün sein. **Ursprung und Geschichte:** Der Urform des Lauchs, der Ackerknoblauch (Allium ampeloprasum), ist im Mittelmeergebiet beheimatet und gedeiht bis heute in Vorderasien und Südeuropa wild auf Äckern und an Wegrändern. Seine Kulturgeschichte entspricht im Wesentlichen der der ↑**Zwiebeln. Herkunft und Saison:** Lauch wird aus verschiedenen europäischen Anbaugebieten sowie inländischer Produktion beinahe das ganze Jahr über angeboten. Die Saison beginnt im Mai mit dem ersten Frühlingslauch aus Geschütztem Anbau, von Juni bis Ende August mit Sommerlauch aus Freilandanbau. Von September bis ins nächste Frühjahr hinein wird Winterlauch aus Freilandanbau angeboten. **Inhaltsstoffe:** 100 g Lauch weist einen Brennwert von ∅ 19 kcal/80 kJ auf und enthält etwa 92 g Wasser, 2,2 g Eiweiß, 0,3 g Fett, 1,8 g Kohlenhydrate und 4,4 g Ballaststoffe. An ↑**Mineralstoffen**, ↑**Spurenelementen** und ↑**Vitaminen** sind ∅ 225 mg Kalium, 87 mg Kalzium, 1 mg Eisen, 5 mg Natrium, 46 mg Phosphor, 18 mg Magnesium und 30 mg Vitamin C enthalten. **Zubereitung und Tipps:** Die Wurzelenden müssen abgeschnitten werden, eventuell vorhandene zähere und härtere Außenblätter der Lauchstange werden entfernt. Die Stange wird gründlich unter kaltem, fließendem Wasser gewaschen, um Sand zwischen den Blattschichten zu entfernen. Anschließend die Stange der Länge nach mit einem scharfen Messer bis zur Mitte hin eingeschnitten (so wird ein Zerfallen der Lauchstange in ihre Einzelblätter vermieden). Noch einmal waschen. Von der Pflanze wird der zarte, weiße oder grünlich-weiße Schaft verwendet und die dunkelgrün gefärbten Blattspitzen üblicherweise entfernt (sind aber noch gut für Soßen und Suppenansätze). Lauch in dünne Ringe geschnitten passt roh in Salate, geschmort wird er zum Gemüse. Dünne und junge Stangen des zarten Sommerlauchs können als besondere Delikatesse wie ↑**Spargel** mit ↑**Schinken** umwickelt und gedünstet werden. ↑**Würztabelle.** Der Winterlauch enthält sehr viel ↑**ätherische Öle**, die können so scharf sein, dass beim Schneiden (wie bei den Speisezwiebeln) kein Auge trocken bleibt.

Lauchkraut [*Wildkräuter, -blüten & -früchte*] **T Lateinisch:** Alliaria officinalis/A. petio; **Info:** Vitaminreiches Frühgemüse ähnlich dem ↑**Knoblauch; Standort:** Die Pflanze liebt es halbschattig bis schattig und lockere, nährstoffhaltige, stickstoffreiche, feuchte Böden. **Geschmack:** Sehr aromatisch nach Knoblauch, aber milder und leicht bitter. Die Pflanze riecht beim Zerreiben auch stark nach Knoblauch. **Verwendung in der Küche:** Frisch in Salaten, Kräuteressigen und -ölen, ↑**Quark-** und ↑**Käsezubereitungen**, ↑**Mayonnaisen**, ↑**Kräuterbutter,** als würzige Zutat in Suppen, Saucen, Eierspeisen.

Lauchzwiebeln [*Gemüse*] ↑**Frühlingszwiebeln**

Läufe [*Fleischprodukte*] Beine des ↑**Wildes**

Läufer [*Fleischprodukte*] Regionale Bezeichnung für ein junges ↑**Schwein** bis 20 Wochen

Laufhonig [*Allgem. Nährmittel*] Leck-, Tropf-, Lauf-, Senk- oder Jungfernhonig ist ein ↑**Honig**, der direkt nach dem Zerschneiden ohne Erwärmung aus den zerkleinerten Waben fließt.

Laugengebäcke [*Backstube*] Die bekanntesten sind Brezen und Salzstangen. Die einzelnen geformten Teiglinge aus ↑**Weizenmehl** werden vor dem Backen in eine wässrige ↑**Natronlauge** getaucht. Dabei verkleistern die Stärkekörner der Teigoberfläche, sodass bei dem nachfolgenden Backprozess die glänzend braune Kruste und der typische Geschmack entstehen. Das Gebäck wird mit grobkörnigem ↑**Salz** oder mit ↑**Kümmel** bestreut.

Lauki [*Exotische Früchte*] **Englisch:** Long Squash. **Synomym:** Guave Bean, Gouge. Baseballschläger-ähnliche ↑**Kürbisfrucht** aus der ↑**Indischen**, ↑**Chinesischen** und ↑**Karibischen Küche**, ca. 30–40 cm lang, bis ca. 2,5 kg schwer; selbst geschmacksneutral, vielseitig verwendbar: gedünstet, in Suppen, für ↑**Stirfries** etc.

Laulau [*Intern. Länderküche*] Spezialität aus dem polynesischen Raum (Hawaii), die in einem ↑**Imu** zubereitet und bei einem traditionellem ↑**Luau** serviert wird. Hierzu wird eine Mischung aus ↑**Rind**, ↑**Schwein,** ↑**Huhn** oder ↑**Fisch** mit ↑**Tarospitzen** in ↑**Ti-Blätter** eingewickelt und im Erdofen gebacken.

Laura [*Kartoffelsorte*] **Kochtyp:** ↑**Vorwiegend festkochende Kartoffeln; Herkunft:** Deutschland; **Jahr der Zulassung:** 1988; **Schale:** gelb; **Fleisch:** dunkelgelb, hervorragender Geschmack; **Knolle:** langoval; **Reifezeit:** sehr früh

Laurel [*Mexicofood*] ↑**Lorbeerblatt**

Laurentius, Sankt [*Unsere Küche*] Schutzpatron aller Köchinnen und Köche – St. Laurentius (Lorenz) – Erzdiakon und Märtyrer; **geboren:** um 230 (?) in Spanien (?), **gestorben:** am 10. August 258 in Rom. Laurentius ist immer als junger Diakon meist mit Rost dargestellt. **Papst Leo:** „Das Feuer, das in ihm brannte, half ihm, das äußere Feuer des Martyriums zu bestehen." Über die Herkunft von Laurentius weiß man nicht viel. Eine Überlieferung sagt, dass er aus Spanien nach Rom gekommen ist. Dort soll Laurentius (Laurenz) Erzdiakon der Kirche Roms und Verwalter des Kirchengutes gewesen sein. In den ersten Augusttagen des Jahres 258 ließ Kaiser Valerian, auf den die Christen nach der Schreckensherrschaft von Kaiser Decius so große Hoffnungen gesetzt hatten, Papst Sixtus II. festnehmen und am 6. August enthaupten. Der weinende Laurentius begleitete seinen unerschrockenen Vorgesetzten auf dem Weg zur Hinrichtungsstätte. Sixtus tröstete seinen Diakon und erteilte ihm den Auftrag, er solle den gesamten Kirchenschatz unter den Armen verteilen. Denn nach der Ermordung des Papstes forderte Kaiser Valerian die Herausgabe des gesamten Kirchenbesitzes. Laurentius verweigerte die Herausgabe und bat um drei Tage Bedenkzeit. Während dieser Zeit verteilte er die Güter der Kirche an Notleidende und Hilfsbedürftige. Am dritten Tag führte er all diese Menschen vor den Kaiser und erklärte ihm, dass es sich bei den Menschen, die vor ihm stünden, um den wahren Kirchenschatz handle. Valerian kannte keine Gnade, er ließ Laurentius festnehmen und verurteilte ihn zum Tode. Laurentius wurde mit Bleiklötzen geschlagen, und die Folterknechte legten ihn zwischen zwei glühende Metallplatten. Doch keine Klage kam über seine Lippen, er blieb standhaft, pries Gott und betete. Schließlich wurde er auf einen Rost gebunden und über einem Feuer verbrannt. **St. Laurentius ist – Schutzpatron der:** Bibliothekare; Archivare; Köche; Bierbrauer; Wirte; Verwalter; Konditoren; Glaser; Glasbrenner; Wäscherinnen; Büglerinnen; Feuerwehr; Schüler/Studenten. **Patron gegen:** Augenleiden; Hexenschuss; Ischias; Fieber; Hauterkrankungen; Feuergefahren; Qualen des Fegefeuers; die Pest. **Patron für:** das Gedeihen der Weintrauben; die Weinberge; die armen Seelen

Laurier [*Franz. Speisekarte*] ↑**Lorbeer**

Läutern [*Fachkunde*] **1. Bier brauen:** Nach dem Maischen werden bei der Bierbrauerei die festen Bestandteile und das Wasser mit den Würzextrakten getrennt. Man nennt dies „Läutern". **2. In der Küche:** klären, eine Substanz von fremden Stoffen reinigen. Früher musste Zucker geläutert werden, daher noch der alte Begriff ↑**Läuterzucker** (geschmolzener, gekochter und vom Schaum befreiter ↑**Zucker**).

Läuterzucker [*Unsere Küche*] **R** Ist ein aus ↑**Zucker** und Wasser hergestellter Sirup. **Grundrezept:** Einen halben Liter Wasser und 500 g Zucker zum Kochen bringen, ggf. abschäumen. Läuterzucker hält sich in Flaschen abgefüllt nahezu unbegrenzt. Zum Süßen von Obstspeisen, ↑**Cocktails**, zur Zubereitung von ↑**Speiseeis**.

Lauzet [*Weinkunde*] Weißweinrebe aus Südwestfrankreich. Lauzet wird in den Weißweinen der AC-Bereiche Béarn und Jurançon als Verschnittwein verwendet.

Lavagante [*Span. Speisekarte*] ↑**Languste**

Lavande [*Franz. Speisekarte*] ↑**Lavendel**

Lavas [*Orientalische Küche*] **T** Großes, wie ein Luftballon aufgeblähtes Brot, dass mit Sesam bestreut ist. Man isst es in der Türkei zusammen mit den Vorspeisen (↑**Meze**).

Lavaux [*Weinkunde*] Anbaugebiet am Genfersee zwischen Lausanne und Montreux. Region für Schweizer Spitzenweine. Rebsorten: Chasselas, Gamay und Pinot Noir.

Lavendel [*Gewürze & Kräuter*] **A Lateinisch:** Lavandula angustifolia Mill; **Englisch:** lavender; **Französisch:** lavande; **Italienisch:** lavanda; **Spanisch:** lavanda. **Herkunft:** Lavendel gedeiht im ganzen Mittelmeerraum, vor allem in Südfrankreich. Wer schon einmal im Sommer in der Provence war, ist vom Blau der Lavendelfelder überwältigt. **Erhältlich als:** Essenz für die Parfümindustrie und Gewürz, wozu vor allem die Blüten, weniger die Blätter dienen. **Geschmack:** Lavendel schmeckt bitter, mit einem Hauch von ↑**Rosmarin**. Sein sehr intensiver Geruch erinnert an Parfüm. **Verwendung in der Küche:** Kein weit verbreitetes Gewürz. In der südfranzösischen Küche verwendet man es für geschmacksintensives ↑**Fleisch** wie ↑**Hammel**. Für die aus ↑**Kerbel**, ↑**Estragon**, ↑**Majoran**, ↑**Bohnenkraut** und ↑**Thymian** bestehende Kräutermischung „↑**Herbes de Provence**" ist er eine wichtige Geschmackskomponente. Ist kein Lavendel vorhanden, wird er durch Rosmarin ersetzt. Herbes de Provence eignet sich für viele Gerichte, besonders ↑für **Fisch** (z. B. ↑**Bouillabaisse**), aber auch für ↑**Gemüse** (↑**Ratatouille**). Wie Rosmarin entfaltet getrockener Lavendel sein volles Aroma erst beim Kochen und Braten. **Würzkombinationen mit Lavendel:** Sparsam verwendet, passt er zu allen Provencekräutern, außer zu ↑**Rosmarin**, dem er zu ähnlich ist. **Im Haushalt:** Lavendel vertreibt Motten und Mücken!

Lavendelblüten [*Wildkräuter, -blüten & -früchte*] **T Lateinisch:** Lavandula officinalis; Lavendelblüten sollten sehr sparsam verwendet werden, da sonst das Aroma zu stark dominiert. Sie sind auch zum Kandieren geeignet. ↑**Kandieren von Blüten – Mehr Information:** ↑**Essbare Blüten**

Lavendelblütenhonig [*Allgem. Nährmittel*] Das feine einzigartige Aroma dieses ↑**Honigs** aus der Provence ist geprägt vom ätherischen Öl des ↑**Lavendels**. Lavendelblütenhonig ist fein-cremig und hat eine hellgelbe Farbe.

Laver [*Franz. Fachwort*] Waschen, säubern, reinigen

LC1-Jogurt [*Milchprodukte*] ↑**Probiotika-Lactobacillus acidophilus** oder **Lactobacillus casei**

LDL-Cholesterin [*Gesundheit*] Fette (z. B. ↑**Cholesterin**) sind weder in Wasser noch in Blutflüssigkeit löslich. Um sie trotzdem in einzelne Körperregionen transportieren zu können, werden die Fette im Blut an bestimmte Eiweißkörper (Proteine) gebunden. Diese Verbindungen aus Lipiden (Fetten) und Proteinen (Eiweißen) werden als Lipoproteine bezeichnet. Das LDL-Cholesterin, auch das **„böse Cholesterin"** genannt, ist ein solches Lipoprotein. Es lagert sich an den Innenschichten der Gefäße ab und gilt deshalb als Risikofaktor für ↑**Arteriosklerose** (Gefäßverkalkung). Je höher der LDL-Cholesteringehalt im Blut, desto höher das Risiko, an einer Gefäßverkalkung mit der Folge eines Herzinfarkts oder Schlaganfalls zu erkranken. ↑**Ernährung** & ↑**Trans-Fettsäuren**

Le Gruyère réserve Switzerland [*Käse*] **Herkunft:** Schweiz; **Käsesorte:** ↑**Hartkäse**, mind. 49 % ↑**Fett i. Tr.**; **Milch:** ↑**Rohmilch** von Kühen, die ohne Silage gefüttert werden. Die Verwendung von Zusatzstoffen ist in der Käseherstellung verboten. **Teig:** elfenbein bis hellgelb, schnittfest; **Geschmack:** markant-würzig

Le rosé [*Käse*] **Herkunft:** Österreich; **Käsesorte: Hartkäse**, 50 % ↑**Fett i. Tr.**; **Milch:** pasteurisierte Kuhmilch; **Teig:** hellgelb, im Abgang schmelzend durch die besondere Behandlung mit ↑**Rosé-Wein**, ↑**Gewürzen** und ↑**Kräutern**; **Geschmack:** elegantes, kräftig-würziges Aroma

Lean [*U.S. Kitchen*] Mager

Leanyka [*Weinkunde*] Ungarische Rebe für ordentliche Weißweine. In Deutschland ist die Rebe als „Mädchentraube" bekannt.

Lebanon [*U.S. Kitchen*] Amerikanische ↑**Salami**, grob gekörnt

Lebendig [*Weinkunde*] Jugendliche Weine mit wenig Kohlensäure und fruchtiger Säure werden als lebendig bezeichnet.

Lebensmittel [*Fachkunde*] Nach dem Lebensmittel- und Bedarfsgegenständegesetz (LMBG) sind es „Stoffe, die dazu bestimmt sind, in unverändertem, zubereitetem oder verarbeitetem Zustand von Menschen verzehrt zu werden".

Lebensmittel-Imitationsprodukte [*Fachkunde*] Lebensmittel, die bestimmte Lebensmittel (z. B. ↑**Hummer**) kopieren, ähnlich wie diese aussehen und schmecken. Solche Lebensmittelimitate werden meist aus preisgünstigeren Rohstoffen hergestellt. Beispielsweise werden Milch- und Fleischprodukte imitiert, indem tierisches ↑**Eiweiß** durch pflanzliches Eiweiß, z. B. ↑**Sojaeiweiß**, ersetzt wird. Um dem „echten" Lebensmittel zu ähneln, müssen oft ↑**Lebensmittelzusatzstoffe** wie ↑Lebensmittel**farbstoffe** und ↑**Aromastoffe** eingesetzt werden. Die ↑**Zusatzstoffe** müssen kenntlich gemacht werden.

Lebensmittel- und Bedarfsgegenständegesetz [*Fachkunde*] Abkürzung: ↑**LMBG**

Lebensmittelallergie [*Gesundheit*] **T** Die Ursache für eine Lebensmittelallergie liegt in einer Überempfindlichkeit gegen körperfremde Stoffe, die in der Nahrung enthalten sind. Diese Stoffe, die der Körper durch Verzehr, Einatmen oder über Hautkontakt aufnimmt, bezeichnen Fachleute als Antigene. Gegen diese bildet der Körper spezifische Antikörper. Bei entsprechender genetischer Veranlagung und bei erneutem Kontakt mit der betreffenden Substanz (Allergen) kommt es zu einer Antigen-Antikörper-Reaktion, die mit einer Vielzahl von Krankheitserscheinungen (Symptomen) einhergehen kann. Die häufigsten sind Hautekzeme und Störungen im Magen-Darm-Bereich (kolikartige Bauchschmerzen, Übelkeit, Erbrechen, Durchfälle). Eine „Allergie-Diät" gibt es nicht. Die Behandlung einer Lebensmittelallergie liegt in der konsequenten Meidung der Allergene. Es gibt aber auch Behandlungsformen, die den Körper sensibilisieren, d. h. in kleinen Schritten an den körperfremden Stoff (Antigen) gewöhnen. Häufig genügt es, den Konsum einzuschränken oder das betreffende Produkt zu garen. **Die bekanntesten Lebensmittel, die man als „Allergie-Auslöser" einstufen kann, sind:** ↑**Äpfel**, ↑**Avocado**, ↑**Beifuß**, ↑**Dill**, ↑**Fisch**, ↑**Fleisch**, ↑**Geflügel**, ↑**Gemüse**, ↑**Getreide**, ↑**Hühnerei**, ↑**Hummer**, ↑**Innereien**, ↑**Kirschen**, ↑**Kiwi**, ↑**Krabben**, ↑**Kuhmilch**, ↑**Kümmel**, ↑**Mangos**, ↑**Muscheln**, ↑**Nüsse**, ↑**Pfirsiche**, ↑**Sellerie**, ↑**Zitronenmelisse.** Oft ist man auch gegen verschiedene Pflanzen derselben Familie allergisch, z. B. gegen Rosaceen – mit der Folge, dass man nicht nur gegen Äpfel, sondern auch gegen ↑**Hagebutten** reagiert. Bei einem entsprechenden Allergietest kann der Arzt die Stoffe feststellen, auf die man allergisch anspricht.

Lebensmittelbestrahlung [*Gesundheit*] **In Deutschland verboten** – Der Einsatz von ionisierenden Strahlen, Gamma-, Röntgen- oder Elektronenstrahlen, stellt eine von mehreren Möglichkeiten dar, ein Lebensmittel vor dem Verderb zu schützen und den einwandfreien hygienischen Zustand eines Produktes zu gewährleisten. Für die Bestrahlung von Lebensmitteln werden bislang Gamma- und Elektronenstrahlen eingesetzt. Da es andere klassische Konservierungsverfahren gibt, wird die Notwendigkeit der Bestrahlung kontrovers diskutiert. Einem Lebensmittel ist äußerlich nicht anzusehen, ob es bestrahlt wurde. Die Lebensmittelbestrahlung kann weder die klassischen Methoden zur Lebensmittelhaltbarmachung, noch darf und kann sie mangelnde Hygiene ersetzen. Die Bestrahlung ist in vielen Ländern für unterschiedliche, aber genau definierte Produkte bereits zugelassen. Innerhalb der Europäischen Union (EU) wird sie vor allem in Frankreich, den Niederlanden und in Belgien eingesetzt. In Deutschland besteht ein Bestrahlungsverbot und ein Verbot für den Handel mit bestrahlten Lebensmitteln. **Am 10. März 1997 wurden allerdings die Einfuhr und das Inverkehrbringen von bestimmten, in Frankreich mit ionisierenden Strahlen behandelten Gewürzen erlaubt, die zur Weiterverarbeitung bestimmt sind. Dabei handelt es sich um** ↑Gewürz**nelken**, ↑**Ingwer** gemahlen, ↑**Knoblauch**pulver, ↑**Koriander**, ↑**Macis**, ↑**Majoran**, ↑**Muskat** gemahlen, ↑**Oregano**, ↑**Paprika** gemahlen, ↑**Petersilie**, ↑**Pfeffer** schwarz, gemahlen, Pfeffer weiß, gemahlen, ↑**Schnittlauch** und ↑**Zwiebel**pulver.

Lebensmittelfarben [*Gesundheit*] Sie sollen für ein „appetitanregendes" und „verkaufsförderndes" Aussehen sorgen. Sie dienen auch dem Ausgleich von verarbeitungsbedingten Farbverlusten und können daher unter Umständen eine bessere Qualität vortäuschen. Es gibt natürliche und künstlich hergestellte Farbstoffe, die zum Färben und Verschönern (Schminken) von Lebensmitteln und deren Oberfläche verwendet werden. Nur wenige Farbstoffe sind pflanzlichen Ursprungs, wie ↑**Betanoin (E 162)**, ↑**Chlorophyll (E 140)**, oder Farbextrakte aus ↑**Tomaten**, ↑**Roten Beeten**, ↑**Karotten** und ↑**Spinat. Sie schaden nicht** und müssen auf der Verpackung **nicht** angezeigt (deklariert) werden. Üblich sind jedoch synthetische Nachbildungen von in der Natur vorkommenden Substanzen (naturidentischen Stoffen) oder gänzlich synthetische Verbindungen. Letztere haben von allen ↑**Lebensmittelzusatzstoffen** den schlechtesten Ruf. Speziell ↑**Azofarbstoffe** (in Lebensmitteln, Kosmetika und Medikamenten) sind umstritten. **Sie gelten als Allergieauslöser und stehen nach einigen Untersuchungen in Verdacht, unter bestimmten Bedingungen Krebs auszulösen.** ↑E-Nummern von **E 100–E 180. Einsatzgebiete**: Zuckerwaren aller Art (damit Süßigkeiten leuchten), ↑**Marzipan**, Obsterzeugnisse in ↑**Konserven**, ↑**Limonaden** (Wasser, damit Limonade nach Frucht aussieht) und ↑**Colagetränke**, ↑**Puddings**, ↑**Speiseeis**, ↑**Liköre**, ↑**Margarine**, ↑**Käse** und ↑**Fischerzeugnisse**. Hier bleibt die Frage offen: Will der Verbraucher überhaupt „geschminkte" Lebensmittel?

Lebensmittelgesetz (LMG) [*Fachkunde*] Seit 1974 abgelöst durch das Lebensmittel- und Bedarfsgegenständegesetz (LMBG); Letzteres wird fortgeschrieben. Für noch nicht erfasste einschlägige Rechtsbereiche gilt das LMG weiter.

Lebensmittelkennzeichnung [*Fachkunde*] Für die Kennzeichnung von Lebensmitteln gilt die Lebensmittelkennzeichnungsverordnung.

Lebensmittelkunde [*Fachkunde*] Die Lehre von den Lebensmitteln. Dabei werden ihre chemischen, biologischen, physikalischen und ernährungsphysiologischen Eigenschaften vermittelt. Des Weiteren beschäftigt sich die Lebensmittelkunde mit Verarbeitung, Lagerung, Transport und Behandlung von Lebensmitteln.

Lebensmittelumhüllung [*Fachkunde*] Umhüllungen gehören ebenfalls zu den Lebensmitteln und sind unter Umständen dazu bestimmt, mitverzehrt zu werden. Sie haben die Aufgabe, Lebensmittel vor der Austrocknung, Geschmacksveränderung und Schaden zu schützen. Sie selbst müssen gesundheitlich unbedenklich sein. Sie werden unterschieden in essbare und nicht essbare Umhüllungen. Essbare Umhüllungen sind Naturdärme als Wursthüllen und ↑**Gelatine**. Umhüllungen, die vor dem Verzehr entfernt werden müssen, sind Kunststofffolien, Pappe und Metallfolien.

Lebensmittelvergiftung [*Gesundheit*] **T** Vergiftungserscheinungen nach Aufnahme verunreinigter, giftiger, zersetzter oder bakteriell infizierter Nahrungsmittel. Mögliche Auslöser sind chemische Gifte wie Spuren bestimmter Metalle (Blei, Zink, Kupfer), die in Legierungen der Glasur oder Emaillierung von Kochgeräten vorkommen können, oder natürliche Gifte in Pilzen, Getreide (↑**Mutterkorn**), ↑**Bohnen** oder verdorbenem ↑**Fleisch**. Am häufigsten sind bakterielle Lebensmittelvergiftungen, die auf verseuchte Nahrungsmittel und Getränke (durch Bakteriengifte oder durch lebende Bakterien) zurückzuführen sind. Am häufigsten ist bakterielle Verunreinigung von ↑**Fleisch** (↑**Gammelfleisch**), ↑**Milch** und ↑**Milchprodukten**, Salaten, ↑**Eiern**, ↑**Speiseeis**, ↑**Obst**, ↑**Trinkwasser**, ↑**Fischen** und ↑**Meeresfrüchten** zu beklagen. Die am weitesten verbreiteten Erreger bakterieller Lebensmittelvergiftungen sind ↑**Salmonellen** und Toxin (Gift) eiterbildender Stämme des Bakteriums Staphylococcus aureus. Weniger häufig sind Typhus und Paratyphus-Salmonellen, Shigellen, Clostridien und Streptokokken. Auch Tuberkulose, Milzbrand und Ruhr können als Lebensmittelvergiftung weiterverbreitet werden. **Bei Verdacht auf Lebensmittelvergiftung sofort einen Arzt oder das nächste Krankenhaus aufsuchen, es kann Lebensgefahr bestehen. Wie schützt man sich und seine Familie? 1.** Beim Urlaub in heiße Gebiete: **Kein Leitungswasser**, nur ↑**Mineralwasser** aus Originalflaschen verwenden, **auch zum Zähneputzen. 2.** Auch **Obst nur geschält essen, auf alle rohen Speisen (Salate,** ↑**Rohkost usw.)**, **Speiseeis vom Eisblock geschabt und Eiswürfel in den Getränken verzichten sowie auf Fliegenbefall achten. 3.** Mit rohen ↑**Eiern** zubereitete Speisen im Sommer meiden (z. B. ↑**Tiramisu**, ↑**Mayonnaise**). **4.** Man sollte nur frische Lebensmittel einkaufen. **5.** Speisen, die roh verzehrt werden können, muss man vorher entweder gut waschen oder schälen. **6.** Lebensmittel, die von ↑**Schimmel** befallen sind (↑**Marmelade**, ↑**Brot**, saftreiches ↑**Obst** und ↑**Gemüse**, ↑**Säfte**, ↑**Sirupe**, ↑**Kompott**, ↑**Nüsse**) immer wegwerfen, **nicht nur ausschneiden! 7.** Wenn möglich, im Sommer eingekaufte Lebensmittel in einer Isolier- oder Kühltasche transportieren und nie längere Zeit bei Raumtemperatur liegen lassen. **8.** Rohes ↑**Fleisch** und ↑**Geflügel** aus der Verpackung nehmen und in einem verschlossenen Behälter aufbewahren. Fleischsaft oder Auftauflüssigkeit vorher unbedingt entfernen und die Stücke vor der Zubereitung unter fließendem Wasser abwaschen. **9.** Auf das Haltbarkeitsdatum und die Herstellerhinweise zur Lagerung achten. **10.** Das regelmäßige Reinigen und Abtauen von Kühlschrank und Tiefkühltruhe sowie die Kontrolle der Kühltemperatur (ideal +2 bis +4° C; Tiefkühlfach mind. –18° C, Tiefkühltruhe unter –18° C) sind ganz wichtig. **11. Niemals** auch nur leicht angetaute Tiefkühlware wieder einfrieren. **12.** ↑**Gefrierbrand** deutet auf eine Überlagerung oder kaputtes Verpackungsmaterial hin. **13.** Schnee- und Eisbildung an Tiefkühlprodukten deuten auf eine zu lange Unterbrechung der ↑**Kühlkette** hin. **14.** Offenes ↑**Speiseeis** nie im Styroporbehälter einfrieren – durch Isoliereigenschaften kann das Eis nicht schnell genug gefrieren **(Verkeimung ist möglich). 15.** Tiefgekühlte Lebensmittel sind nicht unbegrenzt haltbar. ↑**Tiefkühlen. 16.** Tiefkühlprodukte werden ausnahmslos im Kühlschrank bzw. in der Mikrowelle aufgetaut (nie bei Raumtemperatur oder im Wasserbad – **Verkeimung ist möglich). 17.** Leicht verderbliche Lebensmittel wie Eier, Fleisch und Fisch **immer getrennt** von Speisen **aufbewahren und zubereiten**, die nicht mehr erhitzt werden (Salate und Rohkost, betrifft aber auch Messer, Schneidebrett & Co. sowie Geschirrtücher). **18.** Zwischendurch die Hände immer wieder mit neutraler Seife (ohne Parfüm) gründlich waschen. **19.** Geflügelgerichte müssen vollständig durchgegart sein und sollten heiß serviert werden. **20.** Besser als Warmhalten der Speisen ist schnelles Abkühlen und erneutes Erwärmen.

21. Fertige Speisen immer abgedeckt im Kühlschrank aufbewahren. 22. Schon durch eine leichte Lebensmittelvergiftung kann die Leber dauerhaft geschädigt werden, darum ist eine Impfung gegen Hepatitis empfehlenswert. ↑**Fischvergiftung**, ↑**Fleischvergiftung**, ↑**Gefrierkette**

Lebensmittelzusatzstoffe [*Gesundheit*] **T** Stoffe, die Lebensmitteln zur Beeinflussung ihrer Beschaffenheit oder zur Erzielung bestimmter Eigenschaften/Wirkungen zugesetzt werden: **1.** um den Nährwert zu verbessern (Zusatz von ↑**Vitaminen**) oder **2.** um die Haltbarkeit zu verlängern (Zusatz von ↑**Konservierungsstoffen**) oder **3.** um die Konsistenz (Festigkeit, Streichfähigkeit) zu verändern bzw. zu erhalten (Zusatz von ↑**Emulgatoren** oder ↑**Geliermittel**) oder **4.** um Geschmack und Aussehen zu beeinflussen (Zusatz von ↑**Farb-** und ↑**Aromastoffen**, ↑**Geschmacksverstärkern**). Jeder Zusatzstoff muss vom Gesetzgeber zugelassen sein. Vor der Genehmigung muss der Antragsteller nachweisen, dass der Stoff technologisch erforderlich und in der verwendeten Menge gesundheitlich unbedenklich ist. In den meisten Fällen gilt die Zulassung nur für bestimmte Lebensmittel. Es werden außerdem ↑**Höchstmengen** gesetzlich vorgeschrieben. Der Zutatenliste kann der Verbraucher entnehmen, welche ↑**Zusatzstoffe** dem Lebensmittel zugesetzt wurden. Entweder wird der Klassenname des Zusatzstoffes genannt, z. B. Geliermittel, oder die Verkehrsbezeichnung, z. B. Nitritpökelsalz, oder die E-Nummer. Die drei- bis vierstelligen ↑**E-Nummern** sind in allen EU-Ländern einheitlich. **Beispiel:** Die Kennzeichnung ↑**E 102** bedeutet, dass dem Lebensmittel der Farbstoff Tartrazin zugesetzt ist. Was die meisten Verbraucher aber nicht wissen: **Dieser künstliche Farbstoff kann allergische Reaktionen auslösen, vor allem bei Personen, die auf Azetylsalizylsäure und/oder Benzoesäure allergisch reagieren.** ↑**E-Nummerntabelle**

Leber [*Fleischprodukte*] **A Englisch:** liver; **Französisch:** foie; **Italienisch:** fegato; **Spanisch:** hígado. Als Lebensmittel gehört die Leber von Schlachttieren zu den ↑**Innereien** und gilt sowohl von ↑**Gans** und ↑**Ente** als auch von ↑**Kalb** und ↑**Lamm** als Delikatesse und schmeckt gebraten mit Zwiebel- und Apfelringen sehr delikat. Feinschmecker schätzen Geflügelleber und Produkte daraus besonders als Vorspeise, z. B. zu Salaten. Leber wird immer rosa gebraten (auch Schweineleber). Man würzt sie immer erst nach dem Braten, da sie sonst hart wird. Rinderleber wird hauptsächlich zu ↑**Leberknödel** (↑**Würztabelle**), -nocken, -spätzle und Wurstwaren verarbeitet, zum Kurzbraten ist sie nicht geeignet. **Inhaltsstoffe:** 100 g frische Kalbsleber enthalten ∅ 139 kcal/582 kJ, 3,86 g Fett, 5,3 g Kohlenhydrate, 20,5 g Eiweiß, 15,3 mg Vitamin A, 7,01 mg Eisen und 354 mg Cholesterin. Leber ist reich an ↑**Vitaminen**, ↑**Mineralstoffen**, ↑**Eiweiß** sowie an ↑**Cholesterin.** Aufgrund ihrer Entgiftungsfunktion im Körper können in Tierlebern Schadstoffe angereichert sein. Je älter ein Tier ist, desto höher kann die Belastung sein. In Leber wird auch ↑**Vitamin A** (Retinol) gespeichert.

Leberkäs, Altbayrischer [*Regionale Spezialität*] **R Englisch:** liver cheese; **Französisch:** chair à saucisse; **Italienisch:** formaggio al fegato. Ein Rezept vom Metzgermeister Karl Schütz sen. aus dem oberbayerischen Emmerting für den privaten Haushalt und die Feinschmecker-Küche: **Zutaten:** 2/3 – 700 g mageres ↑**Rindfleisch** (Schulter), 1/3 – 300 g ↑**Grüner Speck**, ↑**Salz**, ↑**Muskatblüte**, weißer ↑**Pfeffer**, 1 ↑**Zwiebel**, 1 kleine ↑**Knoblauch**zehe. **Wünscht man eine rote Färbung, ergänzt man die normale Salzmenge mit etwas** ↑**Pökelsalz.** 200 g ↑**Schweinefleisch** (Schulter mit dem ↑**Fett** oder mageren Bauch), ca. 250–300 ml eiskaltes Wasser (30–40 % der Rindfleischmenge), eventuell etwas mehr, ca. 30 g ↑**Schweineschmalz** zum Ausstreichen der Formen. **Zubereitung: 1. Schritt:** Rindfleisch und Speck sehr gut gekühlt in Stücke schneiden, mit allen Zutaten (ohne Wasser) vermischen, noch mal bis auf ca. 0° C kühlen und nach und nach 2x durch den Fleischwolf (feinste Scheibe) drehen. **Darauf achten, dass die Masse nicht warm wird.** Lieber das durchgedrehte Fleisch immer wieder portionsweise in den Kühlschrank stellen. Sollte ein Tischkutter vorhanden sein, das Fleisch mit etwas Eis verarbeiten. Die Gewichtsmenge vom Eis muss bei der Wasserzugabe im nächsten Arbeitsschritt abgerechnet werden. Danach die gesamte Masse gut durchkneten (nötigenfalls mit Gummihandschuhen wegen der Kälte), bis sie bindet, danach im Kühlschrank etwas ruhen lassen. **2. Schritt:** Vor dem Umfüllen in die Backformen bekommt der Leberkäs seine Einlage. Dazu wird das eiskalte Schweinefleisch einmal durch den Fleischwolf (feinste Scheibe) gedreht und grob unter das Brät gemischt. Anschließend langsam so viel eiskaltes Wasser mit einem Handmixer in das Brät einrühren, bis es glatt, glänzend und geschmeidig, aber nicht zu dünn ist. Wird das Wasser auf einmal zugefügt, kann das Brät seine Bindung verlieren. Bei Bedarf jetzt nachwürzen. Nicht zu viel Salz. **3. Schritt:** Die Bratreine oder Aluformen mit Schweineschmalz ausstreichen und sie so mit dem fertigen Brät befüllen, dass keine Luftblasen entstehen. Zum Backen die Leberkäslaibe in den Formen mit Wasser bepinseln, glatt streichen und Rautenmuster einschneiden. Die oben angegebene Menge, auf zwei Formen verteilt, benötigt im vorgeheizten Rohr ungefähr 90 Min. Backzeit. Die ersten 30 Min. bei ca. 150° C und danach bei ca. 170° C. Es gibt auch noch Leberkäs aus reinem Schweinefleisch, dieser so genannte ↑**Schweinskäs** wird in Bayern eher selten angeboten. Bekannter ist der ↑**Kalbskäs.** Leberkäs wird in Bayern zur Brotzeit, als ↑**Schmankerl** frisch und heiß mit süßem oder Hausmacher Senf gegessen. **Und so macht man ihn zu einem Hauptgericht:** Ein Genuss für Feinschmecker ist ofenwarmer Leberkäs mit ↑**Vichykarotten** und ↑**Kartoffelpüree** oder dicke Scheiben vom kalten Leberkäs in der Pfanne braten und obenauf ein ↑**Spiegelei** setzen. Serviert wird er dann traditionell mit ↑**Kartoffelsalat** und gem. Salatteller, aber auch mit ↑**Spinat** und ↑**Kartoffeln**. – ↑**Guten Appetit!**

Leberknödel [*Regionale Spezialität*] Leberknödel, -klöße oder -nocken werden traditionell vor allem in der Pfalz (als Lewwerknepp), in Bayern, Österreich sowie in Südtirol, Tschechien (játrové knedlíčky) und im Elsass serviert. Regional unterschiedlich stellt man sie aus Rinder-, Schweine-, Kalbs-, Gänse- oder Geflügelleber her, mancherorts werden sie auch vor dem Anrichten gebacken (frittiert). ↑**Würztabelle**

Leberöl [*Fette*] ↑**Tierfette** und **Tieröle**

Lebertran [*Fette*] **T** Hellgelbes, leicht nach ↑**Fisch** riechendes ↑**Öl**, das aus der Leber von ↑**Heilbutt** oder ↑**Kabeljau** (↑**Dorsch**) gewonnen wird. Lebertran ist eine der wichtigsten natürlichen Quellen der ↑**Vitamine A** und **D** und wurde früher insbesondere Kleinkindern als vorbeugende Maßnahme gegen Mangelerkrankungen wie Rachitis und zur Stärkung verschrieben. Es ist ein altes Heilmittel, das seit Menschengedenken von nordischen Seevölkern und Inuit genutzt wurde. Im 18. Jahrhundert fand Lebertran auch Eingang in die wissenschaftliche Medizin. Das deutsche Arzneibuch bezeichnet Lebertran als „Oleum Jecoris Aselli". Frischer Lebertran darf nicht zu älteren Lebertranresten gefüllt werden.

Leberwurst [*Fleischprodukte*] **Englisch:** liver sausage; **Französisch:** pâté de foie; **Italienisch:** pâté di fegato, salsiccia di fegato; **Spanisch:** emputido de higado. Streichfähige ↑**Kochwurst**, die aus 10 bis 15 % Leberanteil, anderen ↑**Innereien** sowie ↑**Speck**, ↑**Fleisch** und verschiedenen Gewürzen wie ↑**Majoran** und ↑**Thymian** hergestellt wird. Als Delikatessleberwurst darf nur Leberwurst bezeichnet werden, die neben ↑**Leber** keine anderen Innereien enthält. Oft wird Leberwurst noch durch ↑**Kräuter**, ↑**Trüffel** verfeinert. Leberwurst gibt es als Kalbs-, Schweine- oder Geflügelleberwurst, außerdem in verschiedenen Konsistenzen von sehr fein bis grob sowie als fettreduzierte Diätleberwurst. Leberwurst gibt es im Naturdarm, Kunstdarm, in Dosen und Gläsern, geräuchert und ungeräuchert. Kleine Leberwürste gehören zusammen mit ↑**Blutwurst** und gekochtem Bauchfleisch (↑**Wellfleisch**) zur ↑**Schlachtplatte.**

Leberzirrhose [*Gesundheit*] Fortschreitende Umwandlung des Lebergewebes. Es wird bindegewebig und narbig, weil Bindegewebe das Lebergewebe inselartig umkapselt. Eine vollzogene Umwandlung der Leber ist nicht umkehrbar. Verschiedene Erkrankungen wie chronische ↑**Hepatitis**, chronischer Alkohol- und chronischer Medikamentenmissbrauch können zu Leberzirrhose führen. Durch die Vernarbung kommt es zur Blutstauung vor der Leber, die schwer wiegende Folgen hat, z. B. Aszites, Ödembildung, Bluthochdruck, Mangelernährung, Verwirrtheit, Hirnleistungsstörungen (z. B. Koma, Koordinationsstörungen, charakteristisches Zittern – Tremor). Im fortgeschrittenen Stadium können sich außerdem Krampfadern in der Speiseröhre bilden, die häufig zu lebensbedrohlichen oder auch tödlich verlaufenden Blutungen führen können. Die Behandlung der Leberzirrhose zielt auf die Linderung der Krankheitserscheinungen und Vermeidung der Mangelernährung ab. Eine Lebertransplantation ist zurzeit die einzige Therapiemöglichkeit. ↑**Diät bei akuter und chronischer Hepatitis**

Lebkuchen (Pfefferkuchen) [*Backstube*] **R** Zur Weihnachtszeit sind Lebkuchen in aller Munde. Sie haben eine lange Tradition, die bis ins Ägypten der Pharaonen reicht, wo er als ↑**Honigkuchen** bekannt war. In Mitteleuropa deutet die Verwendung von Oblaten auf die frühmittelalterlichen Klöster als Ursprungsorte hin. Als Pfefferkuchen wird er bereits um 1296 in Ulm erwähnt, und 1395 ist in Nürnberg ein Lebküchner (Lebkuchenbäcker) urkundlich erwähnt. Die Bezeichnung Pfefferkuchen geht auf die damals übliche Bezeichnung aller fremdländischen Gewürze als ↑**Pfeffer** zurück. Überall, wo es Honig im Überfluss gab, entwickelten sich Lebkuchenspezialitäten. Weltweit bekannt wurden die Nürnberger Lebkuchen und die ↑**Aachener Printen**. Aber auch die Basler Leckerli, die Arzberger Lebkuchen, die kleinen, runden Moppen aus Westfalen und die Pulsnitzer Pfefferkuchen sind bekannte Lebkuchen-Variationen. In der Schweiz sind die Lebkuchen-Nikoläuse weit verbreitet, und in Dijon (Frankreich) ist der Lebkuchen seit dem Mittelalter eine beliebte Spezialität. Neben ↑**Honig** und den typischen Gewürzen wie ↑**Zimt**, ↑**Nelken**, ↑**Anis**, ↑**Kardamom**, ↑**Koriander**, ↑**Ingwer**, ↑**Muskat** zeichnet sich der Leb- bzw. Pfefferkuchen vor allem dadurch aus, dass als Triebmittel ↑**Hirschhornsalz** oder ↑**Pottasche** (oder auch beides) statt ↑**Hefe** verwendet wird. Heute gibt es die wichtigsten Gewürze bereits fertig gemischt als Lebkuchengewürz. Oft werden Lebkuchen mit ↑**Mandeln** und anderen Nüssen, ↑**Orangeat**, ↑**Zitronat** und vor allem ↑**Schokolade** verfeinert. **Inhaltsstoffe:** Pro Stück rechnet man ⌀ mit 216 kcal/904 kJ, 4 g Eiweiß, 2 g Fett, 46 g Kohlehydraten, 1 g Ballaststoffe und13 mg Cholesterin. Eine recht einfache Lebkuchenart ohne Einlagen und Schokolade ist der Soßenkuchen. Er wird in manchen Gegenden Deutschlands ganzjährig zum Binden und Abschmecken von Soßen verwendet. Besonders gut passt er in die Soße zum rheinischen ↑**Sauerbraten.**

Lebkuchengewürz [*Gewürze & Kräuter*] **Englisch:** ginger bread spice; **Französisch:** pain d'épice; **Italienisch:** panpepato spezia; **Spanisch:** pan de especias. Diese Gewürzmischung aus fein gemahlenen, hoch aromatischen Gewürzen wird zur Herstellung von ↑**Lebkuchen** bzw. Pfefferkuchen verwendet, aber auch einen Rheinischen ↑**Sauerbraten** kann man mit Lebkuchengewürz abschmecken. Je nach Rezeptur haben die unterschiedlichen Gewürze verschiedene Gewichtsanteile. Die Mischung besteht z. B. aus 35 g ↑**Zimt,** 9 g ↑**Nelken,** 2 g ↑**Piment,** 2 g ↑**Koriander,** 2 g ↑**Ingwer,** 1 g ↑**Kardamom,** 1 g ↑**Muskatnuss** oder ↑**Macis,** 1 g ↑**Anis** und 1 g ↑**Sternanis.**

Leblebi [*Intern. Länderküche*] Begriff aus der tunesischen Küchenkultur für eine/n Suppe/Eintopf aus ↑**Kichererbsen** mit ↑**Harissa,** sehr scharf. Dazu wird ↑**Weißbrot** gereicht.

Lebon [*Käse*] **Herkunft:** Österreich; **Käsesorte:** ↑**Schnittkäse,** 45 % ↑**Fett i. Tr.; Milch:** pasteurisierte Kuhmilch; **Teig:** weich und geschmeidig; **Geschmack:** mild-aromatisch

Lebre [*Span. Speisekarte*] ↑**Hase**

Lebzelten [*Österr. Küche*] Volkstümliche Bezeichnung für ↑**Lebkuchen,** ↑**Pfefferkuchen**

Leche [*Span. Speisekarte*] ↑**Milch**

Lechona [*Intern. Länderküche*] (Spanisch) Begriff aus der mallorquinischen Küchenkultur für ↑**Spanferkel**

Lechuga [*Span. Speisekarte*] ↑**Kopfsalat**

Lecithine [*Gesundheit*] **T** Gruppe von organischen Verbindungen in allen lebenden Geweben. Bei Tieren und Pflanzen kommen Lecithine vor allem in ↑**Hirn,** ↑**Eigelb,** Rückenmark, ↑**Herz,** ↑**Leber,** ↑**Hefen** und Pflanzensamen (↑**Hülsenfrüchten,** z. B. ↑**Sojabohnen**) vor. Lecithin reguliert die Durchlässigkeit der Zellwände und ist unter anderem am Stoffwechsel der ↑**Kohlenhydrate,** ↑**Fette** und von ↑**Eiweiß** beteiligt. In der Lebensmittelindustrie wird Lecithin wegen seiner emulgierenden Wirkung (z. B. in ↑**Margarine,** Brotaufstrichen, Backwaren) als ↑**Emulgator** eingesetzt. ↑E 322

Leckhonig [*Allgem. Nährmittel*] Leck-, Tropf-, Lauf-, Senk- oder Jungfernhonig ist ein ↑**Honig,** der direkt nach dem Zerschneiden ohne Erwärmung aus den zerkleinerten Honigwaben fließt.

Lecsó [*Ungarische Küche*] **A** (**Sprich:** letschoh), auch ↑**Peperonata,** ist ein beliebtes und allgegenwärtiges geschmortes Gemüsegericht aus ↑**Paprika,** ↑**Tomaten** und ↑**Zwiebeln.** ↑**Letscho**

Leerdammer [*Käse*] **T Herkunft:** Holland/Leerdamm; **Käsesorte:** fester großer, runder, hell- bis goldgelber ↑**Schnittkäse** mit Rinde ohne Überzug, 45 % ↑**Fett i. Tr.; Milch:** Kuhmilch; **Teig:** geschmeidig, strohfarben, mit kirschgroßen Löchern; **Geschmack:** nussig-mild und walnusswürzig, an Emmentaler erinnernd, jedoch saftiger; **Info:** Maasdammer ist der Oberbegriff für eine neue Käsefamilie, zu der Leerdammer, Westberg, Goutaler und Fricotal gehören. Die Bruchmasse ist mit einem Bakterium versetzt. Dadurch besitzen diese Käsesorten ähnlich große Löcher wie der berühmte Schweizer Emmentaler. **Form:** rund und gewölbt; **Gewicht:** 6 bis 12 kg; **Reifung:** 5 Wochen oder länger. **Inhaltsstoffe:** 100 g Leerdammer enthalten ⌀ kcal 352/1474 kJ, Eiweiß: 25,9 g, Fett: 27,6 g

Leere Kalorien [*Fachkunde*] Mit den Lebensmitteln nimmt der Körper nicht nur ↑**Energie** auf, sondern auch ↑**Vitamine,** ↑**Mineralstoffe** und ↑**Spurenelemente.** Fehlen diese wichtigen Nahrungsbestandteile in den Lebensmitteln, liefern diese nur Energie, man spricht von „leeren Kalorienspendern". Hierzu gehören vor allem Erzeugnisse aus Rübenzucker (↑**Saccharose**) oder solche, die man als ↑**Junk Food** bezeichnet, wie ↑**Cola,** ↑**Schokoriegel** und ↑**Alkohol.** ↑**Fastfood** & ↑**Gesunde Ernährung**

Léger [*Franz. Fachwort*] Leicht, flaumig

Legieren [*Unsere Küche*] **T** Kochend heiße Suppen, ↑**Saucen,** ↑**Frikassees** oder ↑**Gemüse** statt mit kalter ↑**Butter,** ↑**Mehl**/↑**Stärke** mit ↑**Eigelb** und frischer ↑**Sahne** oder Eigelb mit ↑**Saurer Sahne,** ↑**Crème fraîche** oder ↑**Milch** binden. Danach dürfen die Speisen nicht mehr kochen, sonst gerinnt das Eigelb.

Legumbres [*Span. Speisekarte*] ↑**Gemüse**

Legumbres variadas [*Span. Speisekarte*] Gemüseplatte

Legume [*Ital. Speisekarte*] ↑**Hülsenfrucht**

Légumes [*Franz. Speisekarte*] ↑**Gemüse**

Légumes à la grecque [*Franz. Speisekarte*] **R** Verschiedene Gemüsesorten in einer ↑**Marinade** aus ↑**Wein,** ↑**Bouillon,** ↑**Zitronensaft,** ↑**Petersilie,** ↑**Knoblauch,** ↑**Salz,** ↑**Pfeffer** kochen und, sobald erkaltet, in diesem ↑**Würzsud** mit ↑**Olivenöl** beträufelt servieren

Légumes et salades [*Franz. Speisekarte*] ↑**Gemüse** und Salate

Légumes secs [*Franz. Speisekarte*] ↑**Hülsenfrüchte**

Légumier [*Franz. Fachwort*] **1.** ↑**Koch** zuständig für Gemüsegerichte; **2.** Gemüseschale/Schüssel

Leicester [*Käse*] **T Herkunft:** England; **Käsesorte:** orange-rötlicher ↑**Schnittkäse** mit Naturrinde, 48 % ↑**Fett i. Tr.; Milch:** pasteurisierte Kuhmilch; **Teig:** cremig, geschmeidig; **Geschmack:** milde, fast süßlich; **Info:** Der Red Leicester kommt aus den englischen Midlands, aus derselben Gegend wie der weltberühmte Blue ↑**Stilton.** Ganz früher pflegte man ihn mit ↑**Karotten**saft zu färben, seit etwa 200 Jahren benutzt man aber **Annatto. Form:** rund, ⌀ 30 oder 50 cm, 12 cm hoch; **Gewicht:** 9 oder 20 kg; **Reifung:** 3 bis 6 Monate; **Verwendung:** Der Red Leicester (**sprich:** Red Lester) mit auffälliger Rotfärbung und mildem Geschmack ist in der Küche sehr gefragt. Er sieht auf jedem Käsebrett gut aus und wird zum Schmelzen und für ↑**Toasts** verwendet. ↑**Blumenkohl** mit Red Leicester überbacken ist eine Delikatesse.

Leichenfinger [*Käse*] Berliner Bezeichnung für einen ↑**Sauermilchkäse** in Stangenform

Leicht [*Weinkunde*] Mit relativ wenig ↑**Alkohol** und ↑**Körper**, aber durchaus bukettreich wie die meisten deutschen Weißweine. Im Gegensatz zu Rotweinen, die mehr Intensität und Schwere verlangen.

Leichtbier, Light [*Bier*] Kalorienarme Biere mit einem Alkoholgehalt zwischen 2 und 3,2 %. Während der Gärung wird entweder die Bildung von Alkohol gebremst oder der ↑**Alkohol** nach dem Gärprozess entzogen. Leichtbiere haben rund 40 % weniger Brennwert und Alkohol als ihre vollbierigen Verwandten. Genuss bei rund 7° C.

Leichte Vollkost [*Gesundheit*] **T Prinzipien:** Die leichte Vollkost unterscheidet sich von der ↑**Vollkost** dadurch, dass sie Lebensmittel oder Speisen nicht verwendet, die bei mehr als 5 % der Patienten Unverträglichkeiten auslösen. ↑**Krankendiät, Tabelle.** Wenn eine leichte Vollkost zur Minderung krankheitsbedingter Beschwerden empfohlen wird, ist es wichtig, einen Ernährungsplan vom behandelnden Arzt aufstellen zu lassen. Ansonsten ist die unten aufgeführte Tabelle ein Anhaltspunkt für die Nahrungsverteilung zur Zeit der Diät. **Folgende Punkte sollten berücksichtigt werden: 1.** Die Aufnahme großer Nahrungsmengen ist zu vermeiden, mehrere kleine Portionen sind zu empfehlen. **2.** Keine sehr kalten Speisen und Getränke. **3.** Keine Speisen, die frittiert oder mit viel erhitztem ↑**Fett** zubereitet werden (Pommes frites, Bratkartoffeln usw.). **4.** Fettarme Garmethoden wie ↑**Dünsten**, ↑**Dämpfen**, ↑**Grillen** bzw. ↑**Garen in Alufolie** sind vorzuziehen. **5.** Keine schwer verdaulichen Fette wie ↑**Schweineschmalz**, ↑**Rinderfett** oder Geflügelfette. **6.** Keine schwer verdaulichen, blähenden ↑**Gemüse** (↑**Kohl**, ↑**Zwiebel**, ↑**Paprika**). **7.** Kein frisches ↑**Brot** und frische Backwaren. **8.** Keine sehr süßen Speisen wie ↑**Schokolade**, Bonbons usw. **9.** Keine ↑**alkohol**ischen Getränke, keinen ↑**Kaffee** auf nüchternen Magen. **10.** Bei Darmbeschwerden ist ein Test auf Milchverträglichkeit zu empfehlen. ↑**Lactoseintoleranz**; Ungekochte Gemüse und Salate bringen eine größere Belastung der Verdauungsorgane. Ungeeignet sind auch alle angekeimten ↑**Getreideprodukte. Beispiel Wochenspeiseplan – leichte Vollkost**

	1. Mahlzeit 1. Frühstück z. B. 7 Uhr	**2. Mahlzeit z. B. 10 Uhr**	**3. Mahlzeit Mittagessen z. B. 13 Uhr**	**4. Mahlzeit z. B. 16 Uhr**	**5. Mahlzeit z. B. 19 Uhr**
Mo.	Tee, Milch, Zucker, Graham- und Mischbrot, Butter oder Margarine, Marmelade	Schinkenwurst, Knäckebrot, Buttermilch	Kalbsragout Makkaroni Tomatensalat (geschält)	Kirschgelee oder rote Grütze mit Vanillesoße	Obst nach Verträglichkeit, z. B. Apfel, Banane
Di.	Tee, Milch, Zucker, Semmel, Butter oder Margarine, Marmelade	Kräuterquark (mager), Mischbrot	Mandel-Broccoli Kartoffelpüree	Kopfsalatherzen gedünstet, in Honigschinken gerollt	Obst nach Verträglichkeit, z. B. Apfel, Banane
Mi.	Tee, Misch- und Knäckebrot, Butter oder Margarine, Honig, Ei, weich gekocht	Putenleberwurst, Grahambrot	Feine Gemüsesuppe (Karotten, Blumenkohl, Sellerie) mit mageren Rindfleischwürfeln	Quarkauflauf mit Aprikosenkompott	Obst nach Verträglichkeit, z. B. Apfel, Banane
Do.	Tee, Milch, Zucker, Grahamsemmel, Butter oder Margarine, Marmelade	Schichtkäse, Mischbrot	Schweinebraten mager, Butterbohnen fein, Petersilienkartoffeln	Zimtbirne mit Jogurtcrème	Obst nach Verträglichkeit, z. B. Apfel, Banane
Fr.	Tee, Milch, Zucker, Semmel, Butter oder Margarine, Marmelade	Kalbsleberwurst, Weizenvollkornbrot (fein geschrotet)	Tomatensuppe, Fischfilet in Kräutersoße, Kartoffeln, Zuckerschoten	Quarkspeise mit Erd- oder Blaubeeren	Obst nach Verträglichkeit, z. B. Apfel, Banane
Sa.	Kakao und Mischbrot, Butter oder Margarine, Honig	Fruchtjogurt	Hühnersuppentopf mit feinem Gemüse	Reisauflauf mit Früchten	Obst, z. B. Apfel, Banane
So.	Tee, Milch, Zucker, Knäckebrot, Butter oder Margarine, Marmelade, Ei, weich gekocht	Hefezopf	Putenrollbraten, Bandnudeln, ↑**Vichykarotten**	Orangencrème aus Jogurt mit frischen Orangenfilets	Obst nach Verträglichkeit, z. B. Apfel, Banane

Reichlich trinken (keinen Alkohol), **mindestens 21 am Tag:** Angesagt sind **Frucht**- oder **Gemüsesaftschorlen** (ohne ↑**Zucker**), stilles ↑**Mineralwasser**, ↑**Früchte**- oder ↑**Kräutertees. Kein** ↑**Kaffee!** Ein Abendessen ist nicht eingeplant. Bei Hunger zu **Zwieback** greifen. ↑**Krankendiät**

Leichtprodukt [*Gesundheit*] **T** Lebensmittel, bei denen bestimmte unerwünschte Inhaltsstoffe entfernt wurden. Sie gehören nicht zu den diätetischen Lebensmitteln, sondern sind für den allgemeinen Verzehr bestimmt. **Leichtprodukte sind:** energiearm bzw. energiereduziert durch Entzug von ↑**Fett** und ↑**Zucker**, alkoholarm bzw. alkoholfrei durch Entzug von ↑**Alkohol**, coffeinarm bzw. coffeinfrei durch Entcoffeinierung. **Leichtprodukte können als „leicht" oder „light" gekennzeichnet sein**, jedoch lässt sich dies oft nicht auf bestimmte Eigenschaften beziehen, da es keine gesetzlichen Festlegungen gibt. Anders bei Lebensmitteln, die für eine ↑**Ernährung** zur Gewichtsreduktion bestimmt sind, hier müssen wegen des Verbraucherschutzes seit dem 1. April 1999 beim Verkauf in der EU eine Reihe von Vorschriften zu Zusammensetzung und Etikettierung erfüllt werden. So dürfen auf Etikett oder Verpackung keine Versprechungen gemacht werden, wie schnell oder wie viel man mit diesem Produkt abnehmen kann. Die Richtlinie soll zum einen sicherstellen, dass diese Produkte ihren Zweck erfüllen, zum anderen vor Gesundheitsschäden schützen. Vorgeschrieben sind Mindest- und Höchstwerte für ↑**Eiweiße** und Fette sowie Mindestwerte für ↑**Vitamine** und ↑**Mineralstoffe**. Genaue Vorschriften gibt es auch bei der Etikettierung. So soll der Verbraucher über den Brennwert in ↑**kcal** und ↑**kJ** sowie den Gehalt von ↑**Proteinen**, ↑**Kohlenhydraten** und ↑**Fetten** ebenso informiert werden wie über die durchschnittliche Menge aller Mineralstoffe und Vitamine. Vorgeschrieben werden Anweisungen für die richtige Zubereitung sowie der Warnhinweis, dass das Produkt ohne ärztlichen Rat nicht länger als eine bestimmte Zeit eingenommen werden sollte.

Leichtrühren [*Unsere Küche*] Das ununterbrochene Rühren einer Masse, bis sie schaumig ist

Leinöl [*Fette*] **T** Sehr hochwertiges ↑**Speiseöl**, das ausschließlich durch Kaltpressung aus den kleinen, braunen Samen der Lein- oder Flachspflanze gewonnen wird. Durch die Kaltpressung bleiben die charakteristischen Eigenschaften dieses Öles wie der würzig-kräftige Geschmack und sein hoher Gehalt an ↑**essenziellen** ↑**Fettsäuren** erhalten. Leinöl enthält ∅ 17 bis 31 % ↑**Linolsäure**, ∅ 44 bis 54 % ↑**Linolensäure** und ∅ 16 bis 23 % ↑**Ölsäure**. Da es sehr empfindlich auf Licht und Wärme reagiert, ist es ratsam, nur kleine Mengen in Dosen zu kaufen, die nur kurz im Kühlschrank aufbewahrt werden sollten, damit das Öl nicht ranzig wird. Leinöl passt besonders gut zu Pellkartoffeln und rohem ↑**Gemüse**. ↑**Öl**

Leinsamen [*Allgem. Nährmittel*] Öl- und eiweißhaltige Samen des Lein (auch Flachs, Linum), aus Leinsamen wird ↑**Leinöl** hergestellt.

Leipziger Allerlei [*Unsere Küche*] **A** Ein Gericht, das vermutlich Mitte des 19. Jahrhunderts in Leipzig erfunden wurde. Nach der ältesten bekannten Rezeptur besteht es ausschließlich aus jungen ↑**blanchierten**, in etwas ↑**Butter** angeschwenkten und fein abgeschmeckten Frühlingsgemüsen, wie ↑**Spargel**, ↑**Karotten**, ↑**Erbsen**, ↑**Kohlrabi**, ↑**Blumenkohl** und ↑**Morcheln**, sowie ↑**Krebsen** und kleinen ↑**Semmelknödel** – serviert mit ↑**Krebsbutter. Tipp:** Statt der teuren Morcheln können beliebige Zuchtpilze und statt der Krebse auch ↑**Garnelen**schwänze verwendet werden. Heute ist „Leipziger Allerlei" nur noch als Dosen-Mischgemüse aus Erbsen, Karotten und Spargelstücken bekannt.

Leistungsumsatz [*Gesundheit*] Auch: Arbeitsumsatz, beschreibt die ↑**Energie**, die neben der Energie für die Aufrechterhaltung der Stoffwechselvorgänge (Grundumsatz) für die Muskelarbeit in Beruf und Freizeit (z. B. Sport) aufgebracht werden muss.

Leitao asado [*Span. Speisekarte*] ↑**Spanferkel**braten

Leite crème [*Span. Speisekarte*] ↑**Karamellpudding**

Leiterchen [*Fleischprodukte*] Regionale Bezeichnung für ↑**Schälrippchen** mit ca. 1,5 cm Fleischauflage

Lemberger [*Weinkunde*] Deutsche Bezeichnung für die vor allem in Österreich angebaute rote Rebsorte „Blaufränkisch". Vermutlich handelt es sich um eine alte österreichische Sorte, die seit dem 18. Jahrhundert bekannt ist und von Robert Schlumberger aus Bad Vöslau verbreitet wurde. Die geringe Empfindlichkeit der Beeren gegen ↑**Botrytis** erlaubt späte Lese und den Gewinn markanter, in der Jugend feinfruchtiger, säurebetonter, ausdrucksstarker Qualitätsweine mit langer Haltbarkeit. Passend zu kräftigen Speisen. Mit dem Blauen Portugieser gelangte diese Rebsorte durch Johann Philipp Bronner um 1840 nach Deutschland. Hier wird die Rebsorte hauptsächlich in Württemberg angebaut, wo aus ihr blassrote, leichte Rotweine gekeltert werden, häufig im Verschnitt mit ↑**Trollinger**. Im österreichischen Burgenland jedoch entstehen auch tieffarbige Rotweine, wobei der Fassausbau in neuem Barrique nicht selten ist. Dieser Zeit- und Geldaufwand schlägt sich im Preis nieder. Obwohl Lemberger in Deutschland zumeist ein bescheidener Schoppenwein ist, wird auch hier zunehmend mit Barriques experimentiert. Die Farbe ist dann tiefrot bis schwarzrot. Der Wein ist kraftvoll mit viel Tannin und einem mittleren Körper. Aromen: Sauerkirsche, Pflaume. Weitere Bezeichnungen für diese Rebe sind Blauer Limberger, Blaufränkisch, Bismarckwein von Pöttelsdorf – im Burgenland, Crna frankovka (Kroatien), Kekfrankos (Ungarn) und Frankonia (Italien).

Lembraten [*Österr. Küche*] Rinderniere, von Fett und Strängen befreit

Lemon *[U.S. Kitchen]* ↑**Zitrone**

Lemon cheese *[Engl. Speisekarte]* **A** Englischer Brotaufstrich aus ↑**Zitronensaft**, ↑**Butter**, ↑**Eiern** und ↑**Zucker**

Lemonada *[Griech. Speisekarte]* ↑Zitronen**limonade**

Lemongras *[Gewürze & Kräuter]* ↑**Zitronengras**

Lemongrass tea *[Tee]* Mit seiner frischen, zitronenartigen Fruchtigkeit heiß oder kalt der ideale Durstlöscher

Lemontwist *[Hausbar]* Kleines Stück unbehandelter ↑**Zitrone**, das über dem Getränk ausgedrückt wird, um es zu aromatisieren

Len de l'El *[Weinkunde]* Aber auch Loin de l'Æil, im Gaillac (Frankreich) angebaute Weißweinrebe

Lende *[Fleischprodukte]* **T Englisch:** loin; **Französisch:** filet; **Italienisch:** lombo; **Spanisch:** solomillo. Dieses Stück, das sowohl beim ↑**Rind** als auch bei ↑**Kalb**, ↑**Schwein** und ↑**Lamm** oberhalb des ↑**Filets** den Rücken entlang läuft, ist das zweitzarteste Stück ↑**Fleisch** des Schlachttieres. Das auch als „Falsches Filet" (franz. **faux filet**) bezeichnete Lendenstück sollte, besonders wenn es vom Rind ist, sehr gut abgehangen und von jungen Tieren sein. ↑**Abhängen**

Lendenkotelett *[Fleischprodukte]* Eine Scheibe aus dem Lendenbereich des ↑**Kotelett**stranges, ↑**Filet** eingeschlossen

Lendenschnitte *[Fleischprodukte]* **Englisch:** loin chop; **Französisch:** tournedos; **Italienisch:** tournedos, lombata; **Spanisch:** tournedos. Regional unterschiedliche Bezeichnung für eine flache bzw. runde Scheibe von ↑**Roastbeef** oder ↑Rinder**filet**, Portionsgewicht: 200 g

Leng *[Fisch]* **T Lengfisch: Lateinisch:** Molva vulgaris; **Englisch:** ling; **Französisch:** lingue; **Spanisch:** maruca. Fisch aus der Familie der ↑**Dorsche**, kommt in der Nordsee, besonders an den englischen Küsten, bei Island und an der Nordküste Norwegens vor. Er hat einen lang gestreckten, nahezu aalartigen Körper, dunklen Rücken, weißen Bauch und einen langen Bartfaden. Er ist marmoriert gefleckt, wird bis 2 m lang und 25 kg schwer. Trotz groben Fleisches ist der fett- und eiweißarme Leng ein guter Speisefisch.

Lengua *[Span. Speisekarte]* ↑**Zunge**

Lenguado *[Span. Speisekarte]* ↑**Seezunge**

Lenôtre, Gaston *[Berühmte Köche]* Pariser Patissier und Koch. **Gaston Lenôtre,** *1920 in Bernay, Normandie, eröffnete dort 1947 sein erstes Geschäft. 1957 zog er mit Frau Colette nach Paris in die Rue d' Auteuil 44, um eine Konditorei zu eröffnen. 1967 kam eine Delikatessenabteilung dazu. Das war der Beginn seines regionalen Durchbruchs. Die internationale Karriere startete 1975 mit der Öffnung einer Verkaufsstelle im großen KaDeWe in Berlin. Daraus erwuchsen ca. 30 Franchisebetriebe in aller Welt. Den Pavillon von Frankreich in Disneyworld/USA erschuf der leidenschaftliche Konditor mit Paul ↑**Bocuse**, mit dem er eng befreundet ist. Zu seinem 80. Geburtstag wurde er mit einer 10 Meter hohen und 7,5 Meter breiten Torte geehrt. Jedes Stockwerk der Torte symbolisierte einen Teil seines legendären Schaffens. Bei Gaston Lenôtre, dem König der Feinbäcker, lernten viele prominente Köche die Geheimnisse der Konditorei.

Lentejas *[Span. Speisekarte]* ↑**Linsen**

Lenticchie *[Ital. Speisekarte]* ↑**Linsen**

Lentilles *[Franz. Speisekarte]* ↑**Linsen**

Lentilles vertes du pur *[Franz. Speisekarte]* Bei Feinschmeckern beliebte Linsensorte

Lentizellen *[Obst]* Helle Schalenpunkte auf Obst (Äpfel und Birnen). Diese kleinen, schorfigen Öffnungen sorgen für die wichtige Durchlüftung der Obstschale. Sie sind aber auch Angriffspunkt für Pilzsporen (↑**Schimmel**), die das befallene Obst ungenießbar machen.

Lepeschka *[Intern. Länderküche]* Rundes, ungesäuertes ↑**Brot.** ↑**Kasachische Küche**

Lepre *[Ital. Speisekarte]* ↑**Hase**

Les vignons *[Franz. Speisekarte]* **T** Pfeffermuscheln, mit schmackhaftem, leicht pfeffrigem Fleisch, die roh mit ↑**Zitronensaft** gegessen werden

Lescó *[Intern. Länderküche]* ↑**Letscho**

Lese *[Weinkunde]* Traubenernte: Je nach Gebiet kann die Lese Anfang Oktober beginnen und sich bis Mitte November hinziehen. Die Zeiten für die Weinlese kann man nicht pauschal festlegen, da die Ernte von Spätlesen, Auslesen und Eisweinen später beginnt. Der Eiswein kann erst nach dem ersten Frost und unter 8° C gelesen werden, was manchmal erst Ende November oder Anfang Dezember möglich wird. Man unterscheidet zwischen der Handlese und einer vollmechanisierten Traubenernte. Bei der Handlese werden die Trauben mit einer speziellen Schere abgeschnitten. Die vollmechanisierte Traubenernte wird heute weltweit angewandt. Bei dieser Variante ist eine Vorsortierung der Trauben jedoch nicht möglich.

Letal *[Fachkunde]* Zum Tode führend, tödlich

Letaldosis *[Fachkunde]* Dosis, die zum Tod führt

Letscho *[Intern. Länderküche]* **R** Oder Lescó (Ungarischer Paprikaeintopf), in Italien Peperonata genannt. Eigentlich gibt es für Lescó oder Letscho kein Originalrezept, weil es jeder anders macht, abschmeckt oder anreichert. Lescó kann als reichhaltiger Paprikaeintopf mit Speck und Würstchen, zu einem einfachen vegetarischen Gericht, aber auch als Grundgemüse für ↑**Reis**-, ↑**Nudel**-, ↑**Fleisch**- und ↑**Fisch**gerichte zubereitet werden. **Grundrezept:** 500 g bunte ↑**Paprikaschoten** abziehen. Dazu den Backofen auf 220° C vorheizen. Die Paprika halbieren, das Kerngehäuse entfernen und mit der Schnittfläche nach unten auf ein mit Alufolie ausgekleidetes Backblech legen. Im Ofen backen, bis die Haut der Paprika schwarz wird und sich Blasen bilden. Die fertige Paprika in einen luftdichten Behälter (geschlossene Dose, Tiefkühlbeutel etc.) geben und darin etwas abkühlen lassen. Dadurch schälen sich die Paprika leichter. Nun die Haut abziehen und das Fruchtfleisch in Stücke schneiden. 100 g durchwachsenen ↑**Räucherspeck** würfeln; 1 große ↑Gemüse**zwiebel** würfeln; 400 g ↑**Tomaten** über Kreuz mit einem Messer einritzen, kurz in kochendem Wasser ↑**blanchieren**, unter kaltem Wasser die Haut abziehen und achteln; 1 EL. ↑**Paprikapulver** edelsüß; 2–3 ↑**Knoblauch**zehen in dünnen Scheiben; ↑**Pfeffer**; ↑**Salz. Zubereitung:** In einem Topf die Speckwürfel ausbraten und darin die Zwiebeln goldbraun rösten. Paprikaschoten dazugeben, kurz andünsten, anschließend die Tomaten, den Knoblauch und das Paprikapulver untermischen und bei schwacher Hitze mit Deckel ca. 15 Min. köcheln lassen (nach Geschmack und Laune ↑**Mediterrane Gewürze** dazugeben). Zuletzt mit Pfeffer und Salz abschmecken.

Lettre [*Ital. Speisekarte*] Auch „↑**Alfabeto**"; Buchstabennudeln, Suppeneinlage

Lettuce [*U.S. Kitchen*] Salat: Bedeutet in den USA nicht ↑**Kopfsalat**, sondern ↑**Eissalat**. Kopfsalat ist „leaf lettuce".

Leucin [*Fachkunde*] ↑**Aminosäure**

Leukozyten [*Fachkunde*] Weiße Blutkörperchen

Levain [*Franz. Speisekarte*] Treibmittel, ↑**Hefe**, ↑**Sauerteig**

Levesek [*Ungarische Küche*] Begriff aus der ungarischen Küchenkultur für Suppen

Levistico [*Ital. Speisekarte*] ↑**Liebstöckel**

Levkojenblüten [*Wildkräuter, -blüten & -früchte*] **T Lateinisch:** Mathiola spp.; Levkojenblüten sind essbar. **Mehr Information:** ↑**Essbare Blüten**

Levraut [*Franz. Speisekarte*] Junghase zwischen 2 und 4 Monaten

Levrek Izgara [*Orientalische Küche*] Begriff aus der türkischen Küchenkultur für gegrillten ↑**Seewolf.** ↑**Türkische Küche**

Levroux [*Käse*] **Herkunft:** Frankreich/Loiretal; **Käsesorte:** ↑**Ziegenkäse**, 45 % ↑**Fett i.Tr.**; **Teig:** fest; **Geschmack:** mild, nussig. **Beste Zeit:** Juli bis November

Levure [*Franz. Fachwort*] ↑**Hefe**

Levure chimique (f), poudre à lever, en poudre [*Franz. Fachwort*] ↑**Backpulver**

Lewerknepfle [*Franz. Speisekarte*] **R** Spezialität aus dem Elsass: ↑**Leberknödel** aus gemahlener ↑**Kalbsleber**, in ↑**Milch** eingeweichtem ↑**Weißbrot**, etwas ↑**Mehl**, ↑**Eier**, ↑**Zwiebeln**, ↑**Petersilie**, ↑**Salz**, ↑**Pfeffer**, etwas abgeriebener ↑**Zitronenschale** und ↑**Muskatnuss**, werden mit in Butter gebräunten ↑**Baguette**scheiben serviert.

Leyden [*Käse*] **Herkunft:** Niederlande; **Käsesorte:** Gepresster, eher trockener ↑**Schnittkäse** mit gewaschener und gebürsteter orangeroter Rinde, 40 % ↑**Fett i.Tr.**; **Milch:** pasteurisierte, teilentrahmte, zum Teil rohe Kuhmilch, der ↑**Annatto** zugesetzt wird. **Teig:** besitzt eine gleichmäßige Konsistenz, hat keine Lochung und eine grünlichgelbe Farbe; **Geschmack:** pikant; **Info:** Oft wird auch ↑**Kümmel** unter die Käsemasse gemischt. **Form:** rund, verschiedene Größen (meist ∅ 40 cm, 10 cm hoch); **Gewicht:** 3,6 bis 9 kg; **Reifung:** etwa 3 Monate

Leyla [*Kartoffelsorte*] **Kochtyp:** ↑**Vorwiegend festkochende Kartoffeln**; **Herkunft:** Deutschland; **Jahr der Zulassung:** 1998; **Schale:** rot; **Fleisch:** dunkelgelb; **Knolle:** oval; **Reifezeit:** mittelfrüh

Liaison [*Franz. Fachwort*] **R** Wörtlich: Verbindung. Kulinarisch: Mischung aus frischer ↑**Sahne** (auch ↑**Saurer Sahne** oder ↑**Crème fraîche**) mit ↑**Eigelb** oder aus Eigelb und ↑**Milch** zum Andicken und Sämigmachen von Suppen, ↑**Sauce**n usw. Die Liaison darf nicht aufkochen, weil sie gerinnt. ↑**Legieren**

Libamáj [*Ungarische Küche*] Begriff aus der ungarischen Küchenkultur für ↑**Gänseleber**. Dieser Leckerbissen wird als ↑**Pastete** und Füllung, paniert gebacken oder naturell gebraten angeboten.

Liberica Kaffee [*Kaffee*] ↑**Coffea Liberica.** Die Coffea Liberica ist der Coffea Arabica in Größe, Lebensdauer und Produktionsmenge an Bohnen überlegen. Sie ist auf ein wärmeres Klima angewiesen, wächst darum besser in tiefer gelegenen Regionen und ist gegen Parasiten sehr widerstandsfähig. Nachteil und Grund für den geringen Anteil an der Weltproduktion ist jedoch, dass die runden Früchte härter und saftloser sind und einen geringeren Zuckergehalt haben. Die Bohnen sind somit von wesentlich geringerer Qualität.

Libre service, self service [*Franz. Fachwort*] Selbstbedienung

Liebesäpfel [*Gemüse*] Pommes d'amour, runde ↑**Tomaten**

Liebesknochen [*Backstube*] ↑**Brandteig**gebäck u. a. mit Cremefüllung, meist mit ↑**Kuvertüre** überzogen. ↑**Eclairs**

Liebig, Justus von [*Fachkunde*] Geboren 1803 in Darmstadt, gewann neue Erkenntnisse in der Lebensmittelchemie, die u. a. zur Vervielfachung der Ernteerträge führten. **Seine bekanntesten Erfindungen:** Fleischextrakt aus Häuten von Schlachtvieh – ↑**Backpulver** – Säuglingsernährung als Ersatz von Muttermilch – Phosphorsäuredünger – Isolierung von Pflanzenstoffen, die für Arzneimittel genutzt wurden. Justus von Liebig starb im April 1873.

Lieblich [*Weinkunde*] Nach dem deutschen Weingesetz ist das die Bezeichnung für einen Wein, dessen Restzuckergehalt über dem eines halbtrockenen Weines liegt, jedoch nicht mehr als 45 g/l beträgt. Die Angabe „Lieblich" wird oft als Geschmacksindiz betrachtet, wenn ein Wein deutlich schmeckbare Fruchtsüße hat und nicht zu säurereich scheint. Ein lieblicher Wein kann aber auch über ein hohes Maß an Säure verfügen, was ihn dann viel trockener erscheinen lässt, als er tatsächlich ist.

Liebre [*Span. Speisekarte*] ↑**Hase**

Liebstöckel [*Gewürze & Kräuter*] **T Lateinisch:** Levisticum Officinale. **Synonym:** Badekraut, Bärmutter, Gichtstock, Lustecken, Maggikraut, Nervenkräutel. **Englisch:** lovage; **Französisch:** livèche; **Italienisch:** sedano di monte, levistico; **Spanisch:** levístico. **Info:** Liebstöckel gehört zur Familie der Doldenblütengewächse und ist eine ausdauernde, bis zu 2 m hohe Staude mit dicken, hohlen Stängeln und dunkelgrünen, glänzenden, gezahnten Fiederblättern. Die Pflanze ist heute in Südeuropa und Südwestasien beheimatet und wächst dort bevorzugt an den sonnigen Berghängen der Mittelgebirge und in den küstennahen Gebieten; **Ursprung:** Der aus dem zentralasiatischen Raum (Persien) stammende Liebstöckel wurde vermutlich von den Hunnen nach Europa gebracht. Von Italien aus, genauer aus den Bergen von Ligurien zwischen Genua und dem Rhônetal, trat er seinen Siegeszug über ganz Europa an. Der Name „Liebstöckel" hat nichts mit Liebe oder Ähnlichem zu tun, obwohl die Pflanze in verschiedenen Liebeszaubern benutzt wurde, sondern entwickelte sich durch eine Verdrehung des lateinischen, auf seine ligurische Herkunft hinweisenden Namens **livisticum, ligusticum** über **libysticum** zu **liebisticum** und Liebstöckel. Der deutsche Name Maggikraut soll darauf hinweisen, dass Liebstöckel im Aroma an ↑**Maggi**-Würze erinnert. Die aus tierischen Proteinen unter Zugabe von Geschmacksstoffen und Salz hergestellte Maggi-↑**Würze** enthält aber keine pflanzlichen Komponenten. **Herkunft und Saison:** Frischer Liebstöckel wird den ganzen Sommer über in kleineren Mengen angeboten. Der beste Erntezeitpunkt ist Juni und Juli, bevor die Pflanze zu blühen beginnt. Ansonsten werden das ganze Jahr über getrocknete und gerebelte Blätter angeboten. **Inhaltsstoffe:** Frische Blätter enthalten 0,5 % ätherische Öle; **Geschmack:** Kräftig, würzig, an ↑**Sellerie** und ↑**Suppengrün** erinnernd; **Verwendung in der Küche:** ↑**Würztabelle**; **Wirkung in der Volksmedizin:** In der Naturmedizin wird Liebstöckel zur Linderung bei Nieren- und Blasenleiden, aber auch bei Wassersucht, ↑**Gicht**, Rheuma etc. eingesetzt. Außerdem wirkt er gegen Völlegefühl und Verdauungsstörungen, wenn diese von einem Mangel an Magensäure herrühren.

Liederkranz [*Käse*] Liederkranz cheese (Lee-duhr-krahntz); **Herkunft:** Amerika; **Käsesorte:** Limburgerart von sehr weicher Beschaffenheit, starkem Geruch und Geschmack. Die gewaschene Rinde hat ↑**Rotschmiere**.

Liée [*Franz. Speisekarte*] Sauce oder Suppe: gebunden, legiert

Liesen [*Fette*] ↑**Flomen** oder **Schweineschmalz**

Lieu jaune [*Franz. Speisekarte*] ↑**Pollack**

Lieu noir [*Franz. Speisekarte*] Köhler, ↑**Seelachs**

Lièvre [*Franz. Speisekarte*] ↑Feld**hase**, schmeckt am besten im Alter von 3 bis 8 Monaten

Lièvre en cabessal (chabessal) [*Franz. Speisekarte*] **R** Ein im Ganzen ausgelöster ↑**Hase** wird in einer ↑**Marinade** aus ↑**Speiseöl**, Rotwein, ↑**Thymian**, ↑**Lorbeerblatt**, ↑**Rosmarin**, ↑**Pfeffer**, ↑**Nelke**, ↑**Muskatnuss**, ↑**Zwiebel**ringen und ↑**Knoblauch** über Nacht eingelegt. Dann gefüllt mit einer Mischung aus ↑**Schweinefleisch**, ↑**Kalbfleisch**, ↑**Schalotten**, ↑**Ei**, ↑**Petersilie**, ↑**Salz**, ↑**Pfeffer** und in ↑**Milch** eingeweichtem ↑**Weißbrot** (manchmal auch mit ↑**Backpflaumen**). Vor der Zubereitung mit dünnen Scheiben ↑**Grünen Specks** umwickeln und mit Küchengarn binden. Der mit Speck umwickelte Hase erinnert an das zusammengelegte Tuch (cabessal oder chabessal), das die Frauen unter einer Last auf dem Kopf tragen. Nach dem Anbraten in ↑**Gänseschmalz** und Zwiebeln mit etwas ↑**Mehl** bestäuben, mit ↑**Weinbrand** abflambieren. Im geschlossenen Topf mit ↑**Wein** und der Marinade schmoren. Serviert wird das Gericht mit einer ↑**Soße** aus dem ↑Braten**fond**, Knoblauch, ↑**Essig**, Hasenleber, Hasenblut und ↑**Trüffeln**.

Lièvre rod à la saintongeaise [*Franz. Speisekarte*] **R** Ein ↑**Hase** wird mit ↑**Cognac** mariniert, mit ↑**Grünem Speck** umwickelt, am Spieß gebraten und mit einer ↑**Soße** aus ↑Rotwein, ↑**Knoblauch**, Hasenleber, ↑**Speck**, ↑**Butter**, ↑**Essig**, ↑**Zwiebel**, ↑**Bohnenkraut**, ↑**Estragon**, ↑**Basilikum**, ↑**Salz**, ↑**Pfeffer** und Hasenblut serviert.

Lightprodukt [*Fachkunde*] ↑**Leichtprodukte**

Likaria [*Kartoffelsorte*] **Kochtyp:** ↑**Mehlig kochende Kartoffeln** – „Mehlige" oder „Runde" genannt

Likör [*Hausbar*] Der Definition nach ein ↑**Branntwein**, der nach Einlegen/Destillation von Pflanzenauszügen einen Alkoholgehalt zwischen 15 und 55 % Vol. aufweist. Er muss mind. 100 g ↑**Zucker** pro Liter enthalten, Crème-Liköre 250 g. und Cassis-Liköre 400 g. Viele ↑**Cocktails** werden mit Likör zubereitet.

Likörwein [*Weinkunde*] Alkoholangereichertes (gespritetes) Produkt, das aus teilweise gegorenem Traubenmost, ↑**Wein**, einer Mischung aus beiden, Traubenmost oder einer Mischung von Traubenmost und Wein gewonnen wird und mindestens 12 % Vol. natürlichen ↑**Alkohol**s beinhalten muss. Zum Spriten wird neutraler Alkohol verwendet. Das Endprodukt muss einen vorhandenen Alkohol-Gehalt von zumindest 15 % bis maximal 22 % Vol. aufweisen und kann je nach Herstellungsverfahren trocken oder süß, leicht oder schwer sein. Likörwein wird in Frankreich Vin de liqueur, in Spanien Generoso, in Portugal Licoroso, in Italien Liquoroso genannt. Wichtige Vertreter sind spanischer ↑**Sherry** und ↑**Malaga**, portugiesischer ↑**Madeira** und ↑**Portwein**, italienischer ↑**Vin Santo** und sizilianischer ↑**Marsala** oder französischer ↑**Banyuls**, Muscat de Rivesaltes bzw. Floc de Gascogne. Seit 1993 können diese Weine auch mit der Bezeichnung Qualitätslikörwein in den Handel kommen. Sie werden öfter mit ↑**Dessertwein**en wie dem griechischen **Samos** oder dem ungarischen ↑**Tokajer** verwechselt, die aber nicht gespritet sind.

Lilienknospen [*Exotische Früchte*] Chinesische Gemüsedelikatesse

Lillet [*Hausbar*] Goldgelber frz. ↑**Vermouth** mit 25 % Vol. aus ↑**Weißwein**, ↑**Armagnac** und Auszügen von ↑**Chinarinde**

Lima [*Mexicofood*] **A** ↑**Limette** – In Mexiko sind Limetten eine unverzichtbare Würze. ↑**Salsas**, pikante Gerichte, ↑**Fisch** und ↑**Meeresfrüchte** werden mit einem kräftigen Spritzer Limettensaft abgeschmeckt, ebenso ↑**Cocktails**.

Limabohnen [*Allgem. Nährmittel*] ↑**Weiße Bohnen**

Limande à la bretonne [*Speisegarnitur*] **A** ↑**Rotzunge** in ↑**Mehl** wenden, in ↑**Butter** backen, garniert mit in Butter gedünsteten ↑**Zwiebeln**, ↑**Krabben** und ↑**Zitronen**scheiben

Limandes [*Fisch*] ↑**Rotzunge**

Limande-sole [*Franz. Speisekarte*] Echte ↑**Rotzunge**

Limburger [*Käse*] **Tabelle:**

Herkunft Österreich	Herkunft Deutschland
Käsesorte: ↑**Weichkäse** 25 % ↑**Fett i. Tr.**	**Käsesorte:** ↑**Weichkäse** mit gelblicher ↑**Rotschmiere** 20–45 % ↑**Fett i. Tr.**
Milch: pasteurisierte Kuhmilch	**Milch:** erhitzte Kuhmilch
Teig: weich mit hellgelber Färbung	**Teig:** weich, mattgelb, wenige Löcher
Geschmack: würzig	**Geschmack:** würziger und pikanter als ↑**Romadur**

Lime Juice [*Hausbar*] **T 1.** Lime Juice wird aus dem Saft westindischer ↑**Limetten**, Wasser und ↑**Zucker** hergestellt. Mit seinem fruchtigen Geschmack bildet Lime Juice eine wichtige Grundlage vieler Mixgetränke. Der bekannteste Lime Juice wird unter dem Namen „Rose's Lime Juice" vertrieben und ist im Fachhandel erhältlich. **2.** Saft der Limetten

Limetten [*Obst*] **T Lateinisch:** Citrus aurantifolia; **Info:** Limetten gehören zur Familie der Rautengewächse. Die kleinen, buschigen, etwa 4 m hohen Bäume sind leicht bedornt und tragen einzeln oder in Trauben kleine, weiße Blüten. Die Hauptblüte ist im Frühjahr, jedoch blühen die Bäume das ganze Jahr über weiter. Demzufolge beginnt die Haupternte im Spätherbst und Winter und dauert das ganze Frühjahr und den nächsten Sommer an. Die Früchte sind klein, etwa 3–5 cm groß, rund bis oval mit einer kleinen Spitze. Die Schale ist grün bis grünlich gelb, glatt, sehr dünn und lederartig. Das ebenfalls grüne bis grün-gelbe Fruchtfleisch hat einige Kerne und ist fast doppelt so saftig wie das Fruchtfleisch der ↑**Zitrone**, hocharomatisch und sehr sauer. Limetten sind die temperaturempfindlichsten ↑**Zitrusfrüchte** und gelten als die „Zitronen der Tropen". Sie werden in allen heißen, semitropischen, subtropischen und tropischen Gebieten angebaut, vor allem in Indien, Mexiko, Ägypten, in der Karibik und im südlichen Florida (USA), wo die Limetten auch wild wachsen. **Ursprung und Geschichte:** Die wahrscheinlich ursprünglich aus Malaysia stammenden Limetten wurden über arabische Handelsverbindungen in den Vorderen Orient und im 12. Jahrhundert mit den Zitronen von den Kreuzfahrern aus Syrien und Palästina an die südlichen Küsten Italiens und Frankreichs gebracht. Bereits ab dem 13. Jahrhundert verbreitete sie sich im gesamten Mittelmeerraum. Bei den Entdeckern im 15. und 16. Jahrhundert war sie wohl schon als Mittel gegen ↑**Skorbut** bekannt und wurde von ihnen in den karibischen Raum eingeführt. **Herkunft und Saison:** Limetten werden ständig aus Brasilien, Mexiko und Ägypten angeboten. **Inhaltsstoffe:** 100 g Limetten weisen einen Brennwert von ⌀ 30 kcal / 125 kJ auf und enthalten etwa 85 g Wasser, 0,7 g Eiweiß, 0,2 g Fett, 10,5 g Kohlenhydrate und 2,8 g Ballaststoffe. An ↑**Mineralstoffen**, ↑**Spurenelementen** und ↑**Vitaminen** sind ⌀ 33 mg Kalzium, 0,6 mg Eisen, 2 mg Natrium, 1 mg Vitamin A (RE) und 29,1 mg ↑**Vitamin C** (wesentlich weniger als in Zitronen) enthalten. **Zubereitung und Tipps:** Limetten sind **keine grünen Zitronen**, sondern eine eigenständige Zitrusart. Und „Limone" ist der italienische Ausdruck für Zitrone und hat mit Limetten nichts zu tun. **Im Gegensatz zu anderen** ↑**Zitrusfrüchten wird bei der Limette die Schale nicht chemisch behandelt, weil sie oft mitverwendet wird. Behandelte Schalen von Zitrusfrüchten sind giftig, beeinträchtigen den Geschmack und sind nicht zum Verzehr geeignet.** Reife Früchte besitzen eine glänzende Schale. Gelbe Limetten sind überreif und trocknen schnell aus. In der exotischen Küche werden sie bei Gerichten mit ↑**Huhn**, ↑**Bohnen** oder in Gemüsesuppen zum Intensivieren des Geschmacks verwendet. Sie werden zum Parfümieren von Punsch verwendet und erfreuen sich zunehmender Beliebtheit als Bestandteil tropischer ↑**Cocktails**, z. B. ↑**Caipirinha.**

Limettensirup [*Hausbar*] Aus Limettensaft, Wasser und ↑**Zucker**, viel süßer und dickflüssiger als der verwandte ↑**Lime Juice**

Limón [*Span. Speisekarte*] ↑**Zitrone**

Limonaden [*Hausbar*] **T** Alkoholfreie Erfrischungsgetränke mit natürlichen Aromastoffen. Industriell hergestellte Limonade enthält hohe Anteile an ↑**Citronensäure** und schädigt die Zähne.

Limoncello, Lemoncino [*Hausbar*] 30 %iger leicht herb-säuerlicher Zitronenlikör aus dem Süden Italiens (in Apulien heißt er Lemoncino). Kann man trinkfertig kaufen, wird aber in der Regel in den meisten Haushalten selber hergestellt. Limoncello immer eisgekühlt in gekühlten Gläschen servieren oder in erfrischenden ↑**Longdrinks**, ↑**Cocktails** und ↑**Bowlen** verwenden. Man kann mit ihm auch Fruchtsalate wunderbar aromatisieren. **Sommertipp:** 2 cl in der ↑**Flöte** mit ↑**Prosecco** auffüllen

Limoncino [*Hausbar*] Sizilianischer ↑**Likör** aus Zitronenschalen, 32 %Vol.

Limone [*Ital. Speisekarte*] ↑**Zitrone**

Limone bitter [*Hausbar*] Bitterextrakt aus Limonenschale zum Würzen von ↑**Cocktails**, Ostsalaten usw.

Limonellen [*Obst*] ↑**Limetten**

Limoneux [*Franz. Fachwort*] Schleimig

Limoni, lemoni [*Österr. Küche*] Alte Bezeichnung für ↑**Zitrone**

Limousin-Rind [*Fachkunde*] Fleischrind aus den weniger fruchtbaren Mittelgebirgslagen des Südwestens Frankreichs. Es ist einfarbig hellrot bis dunkelrot, Flotzmaul und Augenumgebung sind aufgehellt. Die große Fleischfülle garantiert eine hohe Ausschlachtung. Limousin-Rinder haben eine geringe Fettabdeckung, aber die Fetteinlagerung (Marmorierung) in den Muskeln bei ausgemästeten Tieren ist gut. Diese Eigenschaft, verbunden mit einer zarten Fleischfaser, ergibt eine gute Fleischqualität.

Limpide [*Franz. Fachwort*] Durchsichtig

Linchen [*Fleischprodukte*] Regionale Bezeichnung für das Schaufelstück aus der Schulter

Linda [*Kartoffelsorte*] **Kochtyp:** ↑**Festkochende Kartoffeln** – „Speckige Kartoffel" genannt; **Herkunft:** Deutschland; **Jahr der Zulassung:** 1974; **Schale:** gelb; **Fleisch:** gelb, sehr gut; **Knolle:** oval; **Reifezeit:** mittelfrüh

Lindenblüten [*Wildkräuter, -blüten & -früchte*] **T** Sommerlinde – **Lateinisch:** Tilia platyphyllos SCOP/Winterlinde – **Lateinisch:** Tilia cordata MILL; **Blütezeit:** Winter-Linde von Juni bis Juli – Sommer-Linde im Juni; **Sammelzeit:** Juni bis Juli. Lindenblüten sind nicht nur als Tee bei Erkältungskrankheiten (Husten), sondern auch zum Kandieren geeignet. ↑**Kandieren von Blüten** – **Mehr Information:** ↑**Essbare Blüten**

Lindenblütenhonig [*Allgem. Nährmittel*] Hat einen Anteil ↑**Honigtau**, schmeckt kräftig-aromatisch, ist zartgelb bis leicht grünlich. ↑**Honig**

Line [*U.S. Kitchen*] Auslegen

Ling Chinesische Garmethode [*Asiatische Küche*] **T** Diesen Prozess könnte man mit „Durch Übergießen braten" bezeichnen. Mit anderen Worten: Die Zutaten werden zum Garen nicht in das ↑**Fett** getaucht, sondern darübergehängt und mit Hilfe eines Schöpflöffels immer wieder mit dem heißen Öl begossen, das in der darunter stehenden Pfanne wieder aufgefangen wird. Da die Hitze (in diesem Fall das heiße Öl) mit der Hand zugeführt wird, hat man sie besonders gut unter Kontrolle. ↑**Kochen im Wok** oder ↑**Asiatisch Kochen**

Ling Zhi [*Gesundheit*] (Jap. Name Reishi) – Der **„ling zhi"** oder auch **„ling chih"** genannte **Glänzende Lackporling** wird in der chinesischen Medizin seit 4000 Jahren zur Heilung eingesetzt und ist im ostasiatischen Raum unbestritten die Nummer 1 unter den Heilpilzen. „Zhi" oder „shi" wird als „göttliches Heilkraut" übersetzt. Reishi gilt als „Pilz des langen Lebens", „Kraut des Wohlstandes und Glücks" oder „Pilz der Unsterblichkeit". Seine Wirkung beruht darauf, dass er die Zellen von Ablagerungen befreit und den Stoffwechsel anregt. Er wirkt stimulierend auf den Leberstoffwechsel und ist wichtig für das Immunsystem. In Japan und USA wird geforscht, wie man die Wirkstoffe des Ling-Zhi-Pilzes (Reishi) im Kampf gegen Krebs einsetzen kann. Die Kombination von Ling Zhi mit ↑**Ingwer** oder ↑**Chrysanthemen** verstärkt seine Wirkung auf den menschlichen Organismus. Den Glänzenden Lackporling kann man, sofern man über einen „grünen Daumen" verfügt, wie den beliebten ↑**Shiitake**-Pilz im Garten mittels Stiftimpfung zum Wachsen bringen. Zum Verzehr ist er wegen seines harten Fruchtkörpers ungeeignet, er kann nur fein geschnitten oder zerrieben verwendet werden.

Linge [*Franz. Fachwort*] Wäsche

Lingot d'Argental [*Käse*] **Herkunft:** Frankreich/Rhône-Tal; **Käsesorte:** ↑**Weichkäse**, mind. 60 % ↑**Fett i. Tr.**; **Milch:** pasteurisierte Kuhmilch; **Teig:** frischkäseartig; **Geschmack:** mild und cremig

Lingua [*Ital. Speisekarte*] ↑**Zunge**

Lingua de vaca [*Span. Speisekarte*] ↑**Ochsenzunge**

Linguado [*Span. Speisekarte*] ↑**Seezunge**

Lingue [*Franz. Speisekarte*] ↑**Leng**

Linguica [*Span. Speisekarte*] ↑**Wurst**

Linguicos de presunto [*Span. Speisekarte*] ↑**Schinkenwurstart**

Linguine [*Ital. Speisekarte*] ↑**Bandnudeln**

Links drehende Milchsäure [*Fachkunde*] ↑**Lactobacillus acidophilus**

Linolensäure [*Fachkunde*] **T** Zwei Formen werden unterschieden: Alpha-Linolensäure (=↑**Omega-3-Fettsäure**) und Gamma-Linolensäure (=↑**Omega-6-Fettsäure**). Erstere gehört wie die ↑**Linolsäure** zu den essenziellen ↑**Fettsäuren** im Rahmen der menschlichen ↑**Ernährung**. Ein hoher Gehalt an Alpha-Linolensäure ist in ↑**Soja**- und ↑**Rapsöl** und besonders in ↑**Leinsamenöl** zu finden.

Linolsäure [*Gesundheit*] **T** Lebensnotwendige (essenzielle) ↑**Fettsäure**, zählt zu den zweifach ↑**ungesättigten Fettsäuren**, die mit der Nahrung aufgenommen werden müssen. Linolsäure kommt in fast allen ↑**Ölen** und ↑**Fetten** vor, z. B. ↑**Leinöl**, ↑**Sonnenblumenöl**, ↑**Mohnöl**, ↑**Butter**, ↑**Schweine**- und ↑**Gänseschmalz.**

Linsen [*Allgem. Nährmittel*] **T** **Lateinisch:** Lens culinaris; **Englisch:** lentils; **Französisch:** lentilles; **Italienisch:** lenticchie; **Spanisch:** lentejas. Linsen sind Früchte einer Schmetterlingsblütlergattung und werden seit Jahrtausenden kultiviert. Die kleinen grauen, braunen, gelben oder rötlichen Früchte zeichnen sich wie fast alle anderen ↑**Hülsenfrüchte** durch hohen Stärke- und Eiweißgehalt aus. Sie stammen ursprünglich aus Vorderasien und werden weltweit angebaut. Linsen sind rund, scheibenförmig, leicht gewölbt und haben einen Durchmesser von 3 bis 8 mm. Im Gegensatz zu ↑**Erbsen** oder ↑**Bohnen** kommen Linsen nur getrocknet auf den Markt, werden als ↑**Eintopf**, Suppe oder Brei zubereitet oder zu Mehl und ↑**Konserven** verarbeitet. Je größer der Samen (Linse), desto teurer, jedoch sind die kleinen die feinsten. **Inhaltsstoffe:** 100 g reife Linsen enthalten ∅ 309 kcal/1294 kJ, 23,5 g Eiweiß, 1,4 g Fett, 49,3 g Kohlenhydrate, 10,6 g Ballaststoffe, 71 mg Calcium und 0,1 mg Betacarotin. Linsen zeichnen sich durch ihren hohen Gehalt an ↑**Eiweiß**, ↑**Kohlenhydraten**, ↑**Calcium** und ↑**Ballaststoffen** aus. **In der Küche:** Es gibt Linsen in unterschiedlichen Farben, was auf die Qualität keinen Einfluss hat. Die meisten Linsen sollen wie alle getrockneten ↑**Hülsenfrüchte** vor dem Kochen über Nacht eingeweicht werden. Dadurch werden sie schneller weich. Das Einweichwasser kann verwendet werden. Alle Linsensorten **dürfen nicht sprudelnd und nur in leicht gesalzener Flüssigkeit kochen**, sonst werden sie hart. Linsen immer erst nach dem Garen **fertig** salzen. **Braune Linsen:** sehen frisch nach der Ernte hell- bis olivgrün aus. Durch lange Lagerung und Lichteinfall werden sie dunkler und härter. Aber Geschmack und Kochfähigkeit nehmen keinen Schaden, sie müssen nur länger kochen (bis zu 2 Stunden). **Gelbe Linsen:** Geschält, verkochen schnell zu Brei, ihnen fehlt das typische Linsenaroma. **Grüne Linsen:** Frisch, ungeschält mit gelbem Kern, der sich mit der Zeit braun verfärbt. **Mittel-Linsen:** Querschnitt von 5–6 mm; **Riesenlinsen:** Über 7 mm, am teuersten; **Rote Linsen:** Lilafarbene Schale, orangeroter Kern. Im Handel oft geschält, kochen daher zu Brei, wobei die Linse gelb wird. Für ↑**Curry**gerichte geeignet; **Tellerlinsen:** 4–7 mm; **Zuckerlinsen:** ca. 4 mm, dickbauchig, mit dem besten Aroma; **Schwarze Linsen:** Auch **„↑Belugalinsen"** – Diese winzige (kaviargroße), aromatische Linsensorte ist nach 20 Min. wunderbar zart, ganz ohne Einweichen. Eine echte Delikatesse.

Linsensprossen [*Gemüse*] **T** Es handelt sich um 1–2 cm lange Keimlinge aus ungeschälten braunen oder grünen ↑**Linsen**. Im Geschmack sind sie herbwürzig und krönen Gemüsesalate, Suppen und Eintöpfe, Füllungen und Einlagen von ↑**Rouladen** und Teigtaschen, ↑**Getreide**gerichte und pikante Kuchen. ↑**Sprossen**

Linsensuppe [*Übersetzer*] **Englisch:** lentil soup; **Französisch:** potage aux lentilles; **Italienisch:** minestra di lenticchie; **Spanisch:** sopa de lentejas. ↑**Würztabelle**

Linster, Lea [*Berühmte Köche*] **Lea Linster,** *1955, ist eine luxemburgische Spitzenköchin. Zunächst studierte Linster Jura, doch nach dem Tod ihres Vaters übernahm sie dessen Gasthaus, das sie kontinuierlich zu einem Gourmet-Tempel ausbaute. Seit 1982 betreibt sie in Frisange, etwa 15 km südlich der Stadt Luxemburg, ihr Restaurant „Lea Linster Cuisinière". Im Laufe der Zeit eröffnete Linster zwei weitere Restaurants im Großherzogtum („Au Quai" in Luxemburg-Stadt und „Kaschthaus" in Hellange). Seit 2001 schreibt sie regelmäßig für die deutsche Frauenzeitschrift „Brigitte". Seit 2004 hat sie ihre eigene Fernsehsendung „Leas KochLUST" beim SR-Fernsehen. Außerdem ist sie erfolgreiche Autorin von Kochbüchern: 2002 – Einfach und genial, 2003 – Best of Lea Linster Cuisinière, 2005 – Rundum genial! Ihre Auszeichnungen sind für eine Köchin einzigartig. 1983: Grand Prix Mandarine Napoléon – 1987: erster Michelin-Stern – 1987: „Maîtresse cuisinière" als erste Frau in Luxemburg – 1989: „Bocuse d'Or" als erste und bisher einzige Frau

Linzer Delikatess [*Kartoffelsorte*] **Kochtyp:** ↑**Festkochende Kartoffeln** – „Speckige Kartoffel" genannt; **Herkunft:** Österreich; **Jahr der Zulassung:** 1975; **Schale:** ocker; **Fleisch:** gelb; **Knolle:** lang; **Reifezeit:** früh; **Anmerkungen:** Die Königin unter den Kartoffeln

Linzer Torte [*Backstube*] **A** Torte aus Mürbteig mit einem hohen Anteil an gemahlenen ↑**Haselnüssen**, einer einfachen Füllung aus ↑**Marmelade** und einem Teiggitter als oberste Lage. Kleinere Versionen der Linzer Torte, von Handteller- bis Keksgröße, werden als **„Linzer Augen"** bezeichnet, sie besitzen entweder drei oder nur ein Auge (eine kleine Öffnung statt des Teiggitters), für ihre Herstellung sind im Handel eigene Ausstechformen erhältlich. Der Name führt sich wahrscheinlich auf die österreichische Stadt Linz zurück. Zum ersten Mal schriftlich erwähnt wurde die Linzer Torte 1696. Sie ist damit die älteste bekannte Torte der Welt. Das älteste überlieferte Rezept ist etwa 300 Jahre alt. Im Originalrezept wird ↑**Johannisbeer**gelee (in Österreich: Ribiselgelee) benutzt. Der Geleebelag der Linzer Torte wird schon vor dem Backen aufgetragen. Damit hat die Linzer Torte mehr Ähnlichkeit mit einem Kuchen. Bei modernen Torten ist es dagegen üblich, dass sie erst nach dem Backen fertig gestellt werden. Als Erfinder der Linzer Torte in der heutigen Form gilt der Zuckerbäcker Johann Konrad Vogel (1796–1883).

Lipasen [*Fachkunde*] Zu den Hydrolasen gehörende ↑**Enzyme**. Sie spalten die Nahrungsfette bei der Verdauung in ↑**Glycerin** und ↑**Fettsäuren**.

Lipide [*Fachkunde*] Sammelbezeichnung für alle Fette, Wachse und fettähnliche Substanzen. Unlöslich in Wasser; löslich in organischen Lösungsmitteln.

Lipoplast [*Fachkunde*] Fettzelle

Lipoproteid [*Fachkunde*] Verbindung aus einem Lipoid mit ↑**Eiweißstoffen**

Liposaccharid [*Fachkunde*] Verbindung aus einem Lipoid mit einem ↑**Zucker**molekül

Liptauer *[Käse]* **R Herkunft:** Karpaten/ursprünglich aus der Gegend von Liptovsky Mikulas; **1.** ↑**Brynza** oder Liptoi-Käse, vollfetter ↑**Weichkäse** aus ↑**Schafsmilch**, manchmal mit bis zu 10 % Kuhmilch vermischt, 45 % ↑**Fett i.Tr.**; **2.** Typischer Brotaufstrich zum Wiener ↑**Heurigen. Die bekanntesten Liptauervarianten enthalten:** ↑**Quark**, (**Tipp**: 25 % von der Quarkmenge, Brynza oder als Ersatz ↑**Roquefort** dazugeben) ↑**Butter**, gehackte ↑**Kapern** und ↑**Zwiebeln**, ↑**Senf**, ↑**Kümmel**, ↑**Paprika** (nach Geschmack edelsüß oder Rosen-), ↑**Pfeffer**, ↑**Salz**.

Liquid smoke *[U.S. Kitchen]* Raucharoma, dient dazu, Rauchgeschmack in Grillgut oder Grillsoßen zu bringen

Liquide *[Franz. Fachwort]* Flüssig

Liquirizia *[Ital. Speisekarte]* ↑**Lakritz**

Lista *[Span. Speisekarte]* Speisekarte

Listan *[Weinkunde]* Wird im Jerez und auf den Kanarischen Inseln angebaut. Für Sherry sehr gut, für Weißwein belanglos. Auch Palomino genannt. Äußerst ertragreiche Rebe.

Liste des courses *[Franz. Fachwort]* Einkaufsliste

Listerien *[Fachkunde]* Sind in der Umwelt, vor allem in der Landwirtschaft, weit verbreitet. Die Erreger werden entweder durch direkten Kontakt oder indirekt über verseuchte Lebensmittel (z. B. aus ↑**Rohmilch** hergestellten ↑**Weichkäse**, rohes ↑**Fleisch**) weitergegeben. Trotz der hohen Verbreitung von Listerien in Lebensmitteln ist die Zahl der ↑**Listeriosen** in Deutschland relativ klein, da durch die strengen Hygienebestimmungen der Gehalt meist unter 100 Listerien pro Gramm liegt. Die Vermehrungsfähigkeit von Listerien in Lebensmitteln ist vom Herstellungsverfahren abhängig. Kochen, Braten, Sterilisieren und Pasteurisieren überleben die Bakterien nicht. In Lebensmitteln mit wenig Wasser, viel ↑**Salz** oder ↑**Konservierungsstoffen** oder in sehr sauren Lebensmitteln (z. B. ↑**Sauerkraut**, ↑**Mixed Pickles**, ↑**Jogurt**) ist eine Vermehrung verzögert oder überhaupt nicht mehr möglich. Gute Vermehrungsmöglichkeiten haben Listerien bei geringem Sauerstoffangebot (z. B. in vakuumverpackten ↑**Brühwürsten** und ↑**Räucherfisch**) sowie langer Lagerung der Lebensmittel unter Kühlung. **Eine Verseuchung von Lebensmitteln mit Listerien kann nicht nur bei der Gewinnung, sondern auch bei der Bearbeitung von Lebensmitteln erfolgen.** Bei Käse, der aus wärmebehandelter Milch hergestellt wird, und frisch gegarten Speisen sind die Listerien in der Regel durch Hitze abgetötet. Mangelnde Hygiene nach der Wärmebehandlung kann zu erneuter Verseuchung führen. Dies gilt für alle tierischen und pflanzlichen Lebensmittel. Listerienquellen sind unsaubere Maschinenteile im Herstellungsbetrieb, schlecht oder zu selten gereinigte Aufschnittmaschinen in Handel und Gastronomie sowie mangelhafte Hygiene von Mitarbeitern. ↑**Lebensmittelvergiftung**

Listeriose *[Gesundheit]* **T** Erkrankung, die bei Menschen und Haustieren auftritt und durch ↑**Bakterien** (Listerien) in Lebensmitteln ausgelöst wird. Zumeist nimmt die Listeriose beim Menschen einen relativ harmlosen Verlauf, der einer Grippe ähnelt. Bestimmte Risikogruppen jedoch, zu denen Schwangere und Neugeborene zählen, können ernste Krankheitserscheinungen (Symptome) bis zu Tot- oder Frühgeburt bzw. Neugeborenenlisteriose entwickeln. Besonders bei älteren und abwehrgeschwächten Menschen kommen schwere Formen der Listeriose mit dem Verlaufsbild einer Hirnhautentzündung (Meningitis) oder Blutvergiftung (Sepsis) vor. **Diese Krankheitsformen verlaufen in 30 % der Fälle tödlich. Eine sichere Verhinderung von Listeriose ist nach derzeitigem Wissensstand nicht möglich.** Man kann aber das Risiko senken, indem Menschen mit geschwächter Abwehrkraft nur vollständig durchgegarte Fleisch- und Fischgerichte, abgekochte Rohmilch erhalten und kein rohes ↑**Hackfleisch. Schwangere sollten auf Rohmilchweichkäse und den Verzehr von Käserinde verzichten. Leicht verderbliche Lebensmittel** und **vakuumverpackte Produkte** vor dem ↑Mindesthaltbarkeitsdatum verzehren. ↑**Lebensmittelvergiftung**

Lite *[U.S. Kitchen]* Umgangssprachlich für leicht. In den USA gibt es zu sehr vielen Produkten eine Light-Version.

Liter *[Fachkunde]* **Grundeinheit der Hohlmaße.** Der **Liter** ist eine gesetzliche Einheit für das Volumen. Es wird durch das Einheitenzeichen **l** oder **L** symbolisiert und oft mit **l** abgekürzt. Die SI-Einheit des Volumens ist der oder das Kubikmeter (m^3). 1 l entspricht einem Kubikdezimeter (dm^3) bzw. einem Tausendstel Kubikmeter ($1\,l = 0{,}001\,m^3 = 1\,dm^3$). Ein Würfel mit einer Kantenlänge von 10 cm = 1 dm hat demnach ein Volumen von 1 l. Ein Kilogramm Wasser nimmt bei 3,98° C und 1013,25 hPa (Hektopascal) das Volumen von 1 l ein. Vom Liter abgeleitete Volumenmaße sind unter anderem Milliliter (ml), Zentiliter (cl), Deziliter (dl) und Hektoliter (hl). Kiloliter oder Megaliter sind ungebräuchlich, stattdessen wird in diesen Größenordnungen mit Kubikmetern gerechnet. Der Dekaliter ist ein seltenes Raummaß, Hohlmaß oder auch Volumen und steht für 10 l. Einheitenzeichen: dal (da für Deka, l für Liter).

Lithium *[Gesundheit]* **T Funktionen im Körper:** Aus seiner Wirkung schließt man auf die Funktion von Lithium im zentralen Nervensystem. Wahrscheinlich wirkt Lithium innerhalb der Nervenzellen. Der genaue Wirkungsmechanismus von Lithium ist allerdings nicht vollständig geklärt. Auch in den Lymphknoten und im Skelett wird Lithium eingelagert, wobei aber auch hier die Funktion nicht genau bekannt ist. **Täglicher Bedarf:** Je nach Autor schwanken die Angaben für den täglichen Bedarf an Lithium zwischen 3 und 10 mg. Ein Mehrbedarf kann bei psychisch labilen Menschen oder psychisch Erkrankten, bei Alkoholikern und eventuell bei immungeschwächten Personen bestehen. Dieser Lithiumbedarf wird bei normaler Ernährung nur knapp gedeckt. **Lithiumhaltige Nahrungsmittel:** Lithium kommt in der Nahrung nur in Spuren vor. In ↑**Mineralwasser** und im ↑**Trinkwasser** sind es nennenswerte Mengen. Relativ gute Lieferanten von Lithium sind weiterhin ↑**Fleisch**, ↑**Fisch**, ↑**Eier** und ↑**Milchprodukte** sowie einige ↑**Gemüsesorten** und ↑**Getreide.** So enthalten z. B. 100 g Fleisch ∅ 0,1 mg Lithium; **Mangelerscheinungen:** Es ist zurzeit noch nicht ausreichend geklärt, welche Auswirkungen eine Mangelversorgung mit Lithium hat. Da Lithium zur Behandlung von psychischen Erkrankungen eingesetzt wird, ist zu vermuten, dass eine Mangelversorgung zu psychischen Veränderungen (z. B. aggressivem Verhalten) führen könnte. Hierfür gibt es aber bislang keine ausreichenden Beweise.

Litholrubin BK [*Fachkunde*] ↑**E 180**

Lithrini [*Griech. Speisekarte*] Begriff aus der griechischen Küchenkultur für die rosa ↑**Dorade**

Litschi [*Exotische Früchte*] **T lateinisch:** Litchi chinensis; **Englisch:** litchi, lychee; **Französisch:** litchi; **Italienisch:** lici, litchi; **Spanisch:** lichi, ciruela de china. **Info:** Die zur Familie der Seifenbaumgewächse gehörende Litschi ist ein bis zu 10 m hoher, langsam wachsender, stattlich dichter Baum mit einer vollen, bis zum Boden herabreichenden Krone. Die ovalen, herzförmigen oder runden, 2–4 cm großen Früchte haben eine raue, lederartige, unreif rosa bis erdbeerfarbene sowie reif rostfarbene, mit stumpfen Stacheln behaftete, noppenartige Schale, die ein weißliches, durchscheinendes, saftiges Fruchtfleisch und einen 1–2 cm großen, kastanienbraunen, ungenießbaren Kern enthält. In ihrer Heimat China wird die Frucht („Lee Chee") auf höchste Weise verehrt. Sie gilt als Liebesfrucht oder Spenderin der Lebensfreude wegen ihrer Süße und ihres Aromas. Die Litschi ist eng verwandt mit der ↑**Rambutan**, deren leuchtend rote Schale im Gegensatz zur Litschi mit welligen Haaren übersät ist. Eine weitere nähere Verwandte ist die ↑**Longan**, die auch als Drachenauge bekannt ist. **Ursprung und Geschichte:** Die ursprünglich an den niederen Berghängen Südchinas beheimatete Litschi ist bereits seit fast 4000 Jahren bekannt und wurde im Laufe der Jahrhunderte über ganz Südostasien verbreitet. Gegen Ende des 19. Jahrhunderts erreichten die ersten Pflanzen Hawaii, Florida und Kalifornien; heute werden Litschis in beinahe allen subtropischen Gebieten der Erde angebaut. **Herkunft und Saison:** Die Erntezeit der Litschi ist relativ kurz. Sie werden daher das ganze Jahr über aus verschiedenen Regionen angeboten: von November bis Januar meist aus Madagaskar oder Mauritius, von Oktober bis Februar aus Südafrika, von März bis Mai aus Thailand, danach im Juni aus Indien und den Sommer über von Juli bis September aus Israel. Die Schale der reifen Litschi muss sich leicht eindrücken und glatt abheben lassen. **Geschmack:** Erinnert an ↑**Erdbeeren**, ↑**Sauerkirschen**, ↑**Muskat** und ↑**Ingwer**; der angenehme Geruch wird oft als rosenähnlich empfunden. **Inhaltsstoffe:** 100 g Litschi weisen einen Brennwert von ∅ 66 kcal/275 kJ auf und enthalten etwa 80 g Wasser, 0,8 g Eiweiß, 0,4 g Fett, 16,5 g Kohlenhydrate und 1,3 g Ballaststoffe. An ↑**Mineralstoffen**, ↑**Spurenelementen** und ↑**Vitaminen** sind ∅ 5 mg Kalzium, 0,3 mg Eisen, 1 mg Natrium und 71,5 mg Vitamin C enthalten. **Zubereitung und Tipps:** Frische Litschis werden überwiegend roh verzehrt, indem man die leicht brüchige Schale – wie bei einem gekochten Ei – abschält und das Fruchtfleisch vom Kern löst. Die Litschi wird wegen ihres feinen, erfrischenden Aromas auch in Obstsalaten, ↑**Kompotten**, ↑**Bowlen**, ↑**Cocktails** und zur ↑**Weinerzeugung** verwendet.

Little gem [*Gemüse*] ↑**Blattsalate**

Liu Chinesische Garmethode [*Asiatische Küche*] **T** ist eine Art „In Sauce braten", wobei nach der halben Garzeit oder später eine dicke ↑**Sauce** (deren Grundbestandteile immer ↑**Maisstärke**, ↑**Zucker** und ↑**Essig** sind) in der Pfanne hergestellt oder zugegossen wird. Es geht längst nicht so schnell wie bei ↑**Chow** oder ↑**Pao**, da die Zutaten nicht schnell bewegt oder gerührt werden. Aus diesem Grunde benutzt man für Liu statt des gewölbten Woks lieber eine große Pfanne mit flachem Boden, weil dann mehr Zutaten Kontakthitze bekommen. Man beschränkt sich darauf, die Zutaten nur vorsichtig und ohne Hast zu wenden. Die Saucenmischung für Liu wird meistens schon vorher in einer separaten Schüssel angerührt und erst in die Pfanne gegossen, wenn alle Zutaten rundum angebraten sind, oder aber in der Endphase des Bratvorgangs. ↑**Fisch** bereitet man gerne nach dieser Methode zu, indem man Fischscheiben zunächst schnell in ↑**Pflanzenöl** mit ↑**Knoblauch**, ↑**Ingwer** und ↑**Zwiebeln** anbrät und dann mit einer Saucenmischung aufgießt, die mit etwas ↑**Wein** oder anderem ↑**Alkohol** aromatisiert ist. **In Kanton wird der gleiche Prozess oft Hua genannt.** Liu und Hua sind in China auch Ausdrücke für Schlittschuhlaufen, das Gleiten auf dem Eis; ebenso anschaulich beschreiben sie in der Kochkunst die sanft fließende Gleitbewegung des Pfanneninhalts nach dem Zugeben der Sauce in der letzten Garphase. ↑**Kochen im Wok** oder ↑**Asiatisch Kochen**

Livarot [*Käse*] **T Herkunft:** Frankreich/Normandie; **Käsesorte:** ↑**Weichkäse** mit gewaschener rotbrauner Rinde, in Riedgras eingehüllt, 40–50 % ↑**Fett i.Tr.**; **Milch:** Kuhmilch; **Teig:** gelb, fein, elastisch; **Geschmack:** mild-frisch, leicht säuerlich; bei voller Reife kräftig herbes Aroma; **Info:** Auch heute noch wird dieser ↑**Käse** während der mindestens drei Wochen dauernden Reifung dreimal wöchentlich mit Salzwasser gewaschen und gewendet. Das Riedgras sorgt dafür, dass der Käse seine zylindrische Form behält. Voll ausgereift entfaltet der Livarot seinen kräftigen, sehr pikanten Geschmack. Beim Kauf sollte der Teig so weich sein, dass ein Finger darin versinken könnte. Riecht der Käse jedoch nach Ammoniak, hat er seinen optimalen Reifegrad überschritten. **Beste Zeit:** Juni bis März; **Getränkeempfehlung:** ↑**Cidre**, ↑**Calvados**, körperreiche, kräftige Rotweine wie ↑**Bordeaux**, ↑**Burgund**

Livèche [*Franz. Speisekarte*] ↑**Liebstöckel**

Liver [*U.S. Kitchen*] ↑**Leber**

Livre [*Franz. Fachwort*] Gewichtsbezeichnung: Pfund bzw. 500 g

Llanboidy [*Käse*] **Herkunft:** Wales/Grafschaft Dyfedd; **Käsesorte:** ↑**Rohmilchkäse** aus Kuhmilch

Llangloffan [*Käse*] **Herkunft:** Wales/Grafschaft Dyfedd; **Käsesorte:** ↑**Rohmilchkäse** aus Kuhmilch

LMBG [*Fachkunde*] **Lebensmittel- und Bedarfsgegenständegesetz:** Hierbei handelt es sich um ein Gesetz über den Verkehr mit Lebensmitteln, Tabakerzeugnissen, kosmetischen Mitteln und sonstigen Bedarfsgegenständen. In diesem Gesetz wird z. B. geklärt, was Lebensmittel und was Bedarfsgegenstände sind. Es werden Verbote zum Schutze der Gesundheit (§ 8) oder zum Schutze vor Irreführung und Täuschung (§ 17) erlassen. Ebenso werden aber auch Ermächtigungen gegeben, so z. B. für Zusatzstoffe (§ 12), zum Schutze vor Täuschung (§ 19) oder für Hygienevorschriften (§ 10). Des Weiteren werden Vorschriften für den Verkehr mit Tabakerzeugnissen und kosmetischen Mitteln gemacht. Allgemeine Bestimmungen klären Sachverhalte zum deutschen Lebensmittelbuch, der amtlichen Sammlung von Untersuchungsverfahren oder zu den Rechtsverordnungen in Dringlichkeitsfällen. Weiterhin werden grundlegende Dinge über die Ein- und Ausfuhr oder Straftaten und Ordnungswidrigkeiten geklärt. Da sich auch im Laufe der Zeit nicht nur die Anforderungen der Verbraucher verändern, sondern auch die Möglichkeiten der Technologien, wird das Gesetz in unregelmäßigen Abständen den Veränderungen angepasst.

Lobelieblüten [*Wildkräuter, -blüten & -früchte*] **T** Lobelie, sind zum Kandieren geeignet. ↑**Kandieren von Blüten – Mehr Information:** ↑**Essbare Blüten**

Lobster [*U.S. Kitchen*] ↑**Hummer**

Loch fyne toasts [*Intern. Länderküche*] **A** Eine als „↑**Savouries**" bekannte, traditionell heiß servierte schottische Nachspeise aus ↑**Heringen** mit ↑**Ei**, auf ↑**Toast**

Loche de mer [*Franz. Speisekarte*] ↑**Quappe**

Locro [*Intern. Länderküche*] Meist sehr pikant gewürzter ↑**Eintopf** aus dem Norden Argentiniens. Er besteht aus sehr vielfältigen Zutaten, hauptsächlich aber ↑**Maiskörnern**, verschiedenen Arten von Würstchen, Fleischstückchen und ↑**Tomaten**. Locro wird traditionell am 1. Mai und den Nationalfeiertagen Argentiniens gegessen (25. Mai, 9. Juli). Dann wird der Locro in manchen Städten sogar kostenlos verteilt.

Loempia [*Intern. Länderküche*] Begriff aus der südchinesischen Küchenkultur für ↑**Frühlingsrolle**, ↑**Vietnamesische Küche**

Löffel [*Übersetzer*] **Englisch:** spoon; **Französisch:** cuillère; **Italienisch:** cucchiaio; **Spanisch:** cuchara

Löffelbiskuit [*Backstube*] **R** Feines, sehr haltbares Gebäck aus speziellem ↑**Biskuitteig**. **Grundrezept:** 5 ↑**Eigelb**; 50 g ↑**Zucker**; 1 ↑**Vanillestange**; Prise ↑**Salz**; ↑**Zitrone** unbehandelt; 5 ↑**Eiklar**; 75 g Zucker; 150 g ↑**Mehl** ↑**Typ 405**. **Zubereitung:** Eigelb mit Zucker, Vanillemark, Salz und etwas Zitronenschale schaumig rühren. Eiklar und Restzucker zu sehr steifem Schnee aufschlagen und zu ¾ unter die Eigelbmasse ziehen. Mehl sieben und unter die Eimasse heben. Den restlichen Eischnee vorsichtig unterarbeiten. Die Löffelbiskuitmasse in einen ↑**Spritzbeutel** füllen und mit der großen Lochtülle (Nr. 9) Streifen in gewünschter Länge auf ein gefettetes oder mit Backpapier ausgelegtes Backblech ↑**dressieren**, mit Kristallzucker bestreuen, mit ↑**Puderzucker** bestäuben und im vorgeheizten Ofen bei 200° C 10 bis 15 Min. goldbraun backen.

Löffelente [*Fleischprodukte*] Wildente der nördlichen Breiten mit löffelförmigem Schnabel

Löffelerbse, Gelbe [*Allgem. Nährmittel*] ↑**Erbsen**

Löffelkraut [*Wildkräuter, -blüten & -früchte*] **A Lateinisch:** Cochleria officinalis. **Synonym:** Bitterkresse, Skorbutkraut. **Englisch:** scurvy grass; **Französisch:** herbe à cuiller. **Erhältlich als:** Getrocknetes Löffelkraut (im Kräuterfachhandel), das aber nur zu Heilzwecken, nicht zum Würzen verwendet wird. Frische Blätter gibt es kaum noch zu kaufen, evtl. auf Märkten. **Geschmack:** kresseähnlich, bitter, mit leichtem Senfgeschmack; **Verwendung in der Küche:** Frische Blätter und junge Triebe nimmt man für: ↑**Blattsalate**, ↑**Rohkost** (mit ↑**Schnittlauch**, ↑**Borretsch** und einer ↑**Vinaigrette**), Kräutersaucen und Kräuterquark (mit anderen frischen ↑**Kräutern**). Außerdem kann man Löffelkraut statt ↑**Kresse** nehmen. **Würzkombinationen mit Löffelkraut:** Sparsam verwendet, verträgt es sich mit allen frischen Kräutern, besonders mit Schnittlauch und Borretsch, die seinen herben Geschmack angenehm abrunden. **Wirkung in der Volksmedizin:** Das frische Kraut hat einen hohen Gehalt an ↑**Vitamin C**. Die getrockneten Blätter werden in der Naturheilkunde bei ↑**Gicht** und Rheuma verwendet.

Lohnabfüllung [*Weinkunde*] Dabei lässt der Winzer seinen Wein von einem Abfüller auf Rechnung abfüllen. Das bedeutet für den Winzer ein geringeres Risiko.

Loin [*Engl. Speisekarte*] Filetstück

Loin of veal [*Engl. Speisekarte*] Kalbsfilet

Lokum [*Süßwaren*] Ein Fruchtkonfekt, das schon seit dem 17. Jahrhundert in der Türkei und anderen Mittelmeerländern hergestellt wird und eines der ältesten Konfekte der Welt ist. Es besteht aus gekochter Mais- und Reisstärke mit Honig, Früchtesirup, verschiedenen Trockenfrüchten und Nüssen. Je nach Art mit Pistazien, Kokosraspeln oder Mandeln und anderen Nüssen angereichert. Die zuckersüße, zähe und klebrige Masse wird meist in Würfel geschnitten und mit gezuckertem Stärkemehl bestreut, damit man sie überhaupt anfassen kann. ↑**Türkischer Honig**

Lolita [*Kartoffelsorte*] **Kochtyp:** ↑**Vorwiegend festkochende Kartoffeln; Herkunft:** Deutschland; **Jahr der Zulassung:** 2003; **Schale:** gelb; **Fleisch:** gelb; **Knolle:** langoval; **Reifezeit:** mittelfrüh

Lollo Rosso & Lollo Bionda [*Gemüse*] **T** Beide stammen, wie man an ihren Namen erkennen kann, aus Italien. Der Lollo Rosso hat dunkelrote, der Bionda hellgrüne, stark gekrauste Blattränder, die zum Strunk hin grün bzw. hellgrün, fast gelb werden. Lollos sind Pflücksalate, bei denen die Blätter immer wieder nachwachsen, nachdem sie einzeln geerntet worden sind. Sie werden sowohl als Kopfsalat oder als Schnittsalat angeboten. Die Blätter der kleinen Büsche sind zarter als die der großen. Für die Zubereitung werden die Blätter von den Stängeln geschnitten oder abgezupft und anschließend gründlich gewaschen. Sie schmecken recht kräftig, leicht bitter und etwas nussig. Lollos lassen sich ausgezeichnet mit anderen Salaten kombinieren, harmonieren gut mit kräftigen ↑**Dressings** sowie kurz gebratenem ↑**Fleisch.** Als Freilandware findet man die Lollos hier von Mai bis September. Ganzjährig kommen sie aus den Gewächshäusern Italiens, Frankreichs und den Niederlanden. Beim Einkauf ist darauf zu achten, dass Kopf und Blätter sich fest anfühlen. Problemlos lässt er sich im Gemüsefach des Kühlschrankes 3 Tage aufbewahren. ↑**Blattsalate**

Lombarda [*Span. Speisekarte*] ↑**Rotkohl**

Lombata [*Ital. Speisekarte*] Lendenstück

Lombatina [*Ital. Speisekarte*] ↑**Kotelett**

Lombo [*Ital. Speisekarte*] ↑**Schweinelende**

Lombo de carneiro [*Span. Speisekarte*] ↑**Hammelrücken**

Lombok [*Gewürze & Kräuter*] **T** Der indonesische Name für ↑**Paprika** oder ↑**Pfefferschote**, die schärfer als schwarzer ↑**Pfeffer**, doch nicht so scharf wie ↑**Cayennepfeffer** ist. Eine Gewürzzubereitung aus Lombok, ein ↑**Sambal**, gehört immer zur ↑**Reistafel.**

Lomito [*Intern. Länderküche*] **A** Begriff aus der argentinischen Küchenkultur für ein ↑**Sandwich** mit einer dünnen gegrillten Scheibe von der ↑**Rinderlende** und einer würzigen ↑**Sauce**, der Urahne vom ↑**Teufelstoast.** ↑**Argentinische Küche**

Lomo [*Span. Speisekarte*] Bezeichnung für die ↑**Schweinelende**, die meist kurz gebraten wird. Spanische Spezialitäten: **Lomo en adobo** ist eine Schweinelende, die mit einerMarinade aus Paprikapulver rot gefärbt ist. ↑**Lomo embuchado** ähnelt einem luftgetrockneten Schinken. **Lomo ibérico** ist eine spezielle Version des lomo embuchado, die ausschließlich aus Fleisch von iberischen schwarzen Schweinen besteht.

Lomo con col [*Intern. Länderküche*] **A** Begriff aus der mallorquinischen Küchenkultur für ein ↑**Schweineschnitzel** aus der ↑**Lende**, das mit ↑**Kohl**, ↑**Pinienkernen**, ↑**Rosinen** und ↑**Blutwurst** geschmort wird. Es ist zwar kein echter ↑**Eintopf**, wird aber als Eintopf (katalanisch: greixonera) serviert.

Lomo embuchado [*Span. Speisekarte*] Hier handelt es sich um eine Schweinelende (lomo), die zunächst gepökelt, mariniert, anschließend als ganzes Stück in einen Darm gepresst und in speziellen Trockenkammern mindestens zwei Monate gereift wird. Heute nur noch selten original luftgetrocknet. Der hochwertigste lomo stammt von mit Eicheln gefütterten schwarzen Ibérico-Schweinen (**Lomo ibérico**). Er ist 5 bis 7 cm dick und 60 bis 90 cm lang und zeichnet sich durch die feine Fettmaserung zwischen den Muskelfasern aus.

Long Island Iced Tea [*Hausbar*] **R** Weit verbreiteter ↑**Cocktail** auf Basis mehrerer hochprozentiger ↑**Spirituosen.** Obwohl sein Name dies andeutet, enthält er weder ↑**Eistee** noch ↑**Tee.** Die dunkle Farbe kommt von ↑**Cola.** Rezept Long Island Iced Tea: **Zutaten:** 2 cl weißer ↑**Rum;** 2 cl ↑**Wodka;** 2 cl weißer ↑**Tequila;** 2 cl ↑**Gin;** 2 cl ↑**Curaçao** ↑**Triple Sec** oder ↑**Cointreau;** 2 cl ↑**Limettensirup;** Cola, Rum, Wodka, Gin, Tequila, Triple Sec und Limettensirup in ein mit Eiswürfeln gefülltes Glas geben, umrühren und schließlich mit Cola auffüllen. Der Drink sollte danach aussehen wie echter Eistee. Das Glas kann mit einer Zitronenscheibe garniert werden. Es gibt auch Varianten mit zusätzlich Orangensaft oder Limettenstücken.

Long johns [*U.S. Kitchen*] Fettgebackenes mit Crèmefüllung

Long ton [*Fachkunde*] Angelsächsische Gewichtseinheit; Abk.: 20 cwt = 1016,05 kg

Longan [*Exotische Früchte*] **T Englisch:** longan, dragon's eye; **Französisch:** longan. Der immergrüne Longanbaum kann bis zu 20 m hoch werden. Die Früchte wachsen wie ↑**Trauben** in Büscheln und werden mit den Zweigen geerntet. Hauptsächlich wird der Longan in Taiwan, Südchina, Thailand, Vietnam und Indien, vereinzelt auf Hawaii und in Israel angebaut. Longans gehören zur botanischen Familie der Sapindaceae wie ↑**Litschis** und ↑**Rambutans.** Sie sind etwa haselnussgroß mit gelblich-brauner, leicht zu öffnender Schale. Unter dieser verbirgt sich durchscheinendes, in sich festes Fruchtfleisch, im Geschmack saftig-süß-säuerlich mit Erdbeeraroma. Frisch sind Longans nur selten im Handel erhältlich, da sie nur kurz haltbar sind. In Asia-Läden erhält man ganzjährig Longans in ↑**Konserven**, sie behalten konserviert ihren Geschmack besser als Litschis oder Rambutans. **Inhaltsstoffe:** 100 g Longan enthalten ∅ 47 kcal/198 kJ und sind reich an ↑**Mineralstoffen** und ↑**Vitamin C** (∅ 56 mg). In der Volksmedizin ihrer Heimat werden Longans gegen Geschwüre eingesetzt.

Longchamp (potage) [*Franz. Speisekarte*] Erbsensuppe

Longdrink [*Hausbar*] **R** ↑**Cocktail** mit relativ großem Volumen (ca. 12 cl, häufig 16–40 cl). Longdrinks gibt es in allen erdenklichen Arten und Zusammensetzungen. Oftmals ist aber nur eine besonders einfache Variante damit gemeint, bestehend aus einer ↑**Spirituose** (2 oder 4 cl) und ↑**Filler** (↑**Sodawasser**, ↑**Tonic**, ↑**Ginger Ale**, ↑**Energies**, ↑**Cola** oder ↑**Fruchtsäften**), mit dem das Longdrinkglas (üblicherweise 0,2 bis 0,3 l Volumen) nach Zugabe von Eis aufgefüllt wird. Diese einfachen Longdrinks werden meist nach der Kombination der gemischten Getränke benannt, z. B. Wodka-Lemon (↑**Wodka** mit Bitter Lemon) oder Whiskey-Cola. Besonders populär sind Longdrinks in Form tropischer Cocktails geworden. ↑**Planter's Punch**, ↑**Mai Tai**, ↑**Mojito**, ↑**Long Island Ice Tea** und viele andere Kreationen erfreuen sich seit Jahren ungebrochener Beliebtheit, angeführt von ↑**Piña Colada** und ↑**Sex on the Beach.**

Longdrinkglas [*Hausbar*] Becherglas mit starkem Boden in verschiedenen Größen, gehört zur Grundausstattung einer Bar neben dem ↑**Cocktailglas.** Ein normales Longdrinkglas fasst in der Regel 20–25 cl. Das Fassungsvermögen eines kleinen beträgt etwa 15 cl, eines großen etwa 30–35 cl. ↑**Tumbler**

Longe [*Franz. Speisekarte*] **Rind:** Lendenstück, ↑**Roastbeef; Kalb:** Nierenstück; **Schwein:** Rippen-, Rückenstück

Longe de porc [*Franz. Speisekarte*] Schweinerücken

Longe de veau [*Franz. Speisekarte*] ↑**Nierenrollbraten**

Longeole [*Franz. Speisekarte*] **A** ↑**Brühwurst** aus reinem ↑**Schweinefleisch** mit ↑**Anis**, ↑**Kümmel** und ↑**Fenchel** gewürzt, gelegentlich mit ↑**Gemüse**einlage

Longuet [*Franz. Fachwort*] Kleines, trockenes, gut haltbares ↑**Weißbrot**

Lonkinkas [*Franz. Speisekarte*] Baskische Würstchen, mit ↑**Knoblauch** gewürzt

Lonza [*Ital. Speisekarte*] Geräuchertes Lendenfleisch

Lonzu [*Franz. Speisekarte*] **T** Über Kastanienholzfeuer geräucherter roher ↑**Lachsschinken**, der mit aromatischen ↑**Kräutern** gepökelt wurde. Schinkenspezialität aus Korsika, in hauchdünnen Scheiben aufgeschnitten ideale Vorspeise

Loquats [*Exotische Früchte*] Kleine, meist gelbe bis orangefarbene, saftige, aprikosen- oder kirschenähnliche Früchte Ostasiens

Lorbeer, Lorbeerblatt [*Gewürze & Kräuter*] **T Lateinisch:** Laurus nobilis L.; **Englisch:** bay, bay leaf, sweet bay; **Französisch:** laurier; **Italienisch:** alloro; **Spanisch:** laurel. **Ursprung:** Der wild wachsende Lorbeerbaum ist immergrün und stammt aus Italien, Dalmatien, Kreta und Griechenland. In der Antike nicht nur als Gewürz und Heilmittel gegen Magen-, Nieren- und Rheumaleiden begehrt. Mit einem Lorbeerkranz wurden Kriegshelden und Sieger im Sport gefeiert. **Geschmack:** Die Blätter enthalten viel ↑**ätherisches Öl** sowie Gerb- und Bitterstoffe. Deshalb schmecken sie würzig-bitter und geben vor allem sauren Speisen pikanten Geschmack. **Verwendung in der Küche:** ↑**Würztabelle.** Lorbeer ist ein natürliches Konservierungsmittel. **Wirkung in der Volksmedizin:** Appetitanregend, magenfreundlich

Lorraine [*Speisegarnitur*] **A 1.** Lothringen; **2. à la lorraine** – Mit Rotwein geschmortes Rot- oder ↑**Sauerkraut**, dazu ↑**Kartoffelklöße; 3.** ↑**Rühreier** mit ↑**Rauchfleisch** und ↑**Käse; 4.** ↑**Quiche lorraine**

Losanges [*Franz. Fachwort*] Schiefe Vierecke, Rauten

Löser [*Fleischprodukte*] Regionale Bezeichnung für ↑**Kutteln**

Löslicher Kaffee [*Kaffee*] ↑**Instantkaffee**

Lot [*Fachkunde*] Alte Gewichtseinheit = ca. 17 g

Lotospflaumen [*Exotische Früchte*] Auch schwarze ↑**Dattel** genannt. Früchte eines asiatischen Ebenholzgewächses. Die schwarzen, kirschenähnlichen Beerenfrüchte schmecken angenehm süß.

Lotoswurzel [*Gewürze & Kräuter*] **T** Wird für süße wie für würzige Speisen verwendet

Lotte à la provençale [*Speisegarnitur*] **A** ↑**Seeteufel** in einer ↑**Tomaten**-Weißwein**soße** gedünstet, die mit ↑**Kräutern der Provence** vollendet wurde. Fisch ummanteln mit ↑**Olivenöl** und ↑**Semmelbröseln**, im Rohr überbacken.

Lotte à l'américaine [*Speisegarnitur*] **A** Bei dieser Zubereitungsart handelt es sich um einen ↑**Seeteufel**, gegart in einer Soße aus ↑**Olivenöl**, ↑**Tomatenwürfeln**, ↑**Zwiebeln**, ↑**Knoblauch**, ↑**Salz**, ↑**Pfeffer**, ↑**Weißwein** und ↑**Cognac**

Lotte de mer [*Franz. Speisekarte*] ↑**Seeteufel**

Lotte de rivière [*Franz. Speisekarte*] ↑**Quappe**

Lotus [*Wildkräuter, -blüten & -früchte*] **T Lateinisch:** Nelumbo nucifera; **Info:** In ihren Heimatländern hat die Lotuspflanze eine spirituelle Bedeutung als Symbol für Reinheit, Treue, Schöpfungskraft und Erleuchtung. Im Chinesischen wird die Lautgleichheit von Lotus mit den Worten Liebe und harmonische eheliche Verbundenheit als Sinnbild einer guten Ehe gesehen. Außerdem steht sie für Transformation, denn ihre Wurzeln stecken im schwarzen Schlamm unter Wasser. Die Pflanze schöpft aus dem dunklen Morast die Kraft, über der Wasseroberfläche zarte, schmutzabweisende und wunderschöne Blüten hervorzubringen. **Standort:** Die Pflanze liebt es sonnig und warm, auch stehende Gewässer mit nährstoffreichem Schlamm. Sie ist in Asien beheimatet und in europäischen Breiten nicht winterhart. **Verwendung in der Küche:** In der ↑**Asiatischen Küche** (Indien, Japan, China) wird Lotus als ↑**Gemüse** verwendet. Man verzehrt die stärkehaltigen Wurzeln sowie Blütenblätter und Samen.

Die Wurzeln werden in Scheiben geschnitten als Kochgemüse zubereitet oder getrocknet und zu Mehl vermahlen, genauso die geschälten Samen. Gesalzen können diese auch wie Erdnüsse gegessen werden. Die Blütenblätter isst man als Blattgemüse. **Warnung!** Nicht mit der „Blauen Lotus" (Nymphaea caerulea) verwechseln (Blaue Wasserlilie oder Ägyptische Lotus). Blaue Lotusblüten wirken narkotisch und euphorisch bzw. aphrodisierend. Sie können in höheren Dosen zu leichten Halluzinationen führen.

Lotusnüsse [*Asiatische Küche*] **T** Samen der asiatischen Wasserlilien werden gebrüht in Dosen verkauft und wie ↑**Mandeln** verzehrt

Lou [*Franz. Fachwort*] Provenzalisch für le, la = der, die, das

Lou Pérac [*Käse*] **T Herkunft:** Südfrankreich/Midi-Pyrénées; **Käsesorte:** ↑**Weichkäse** mit weißem ↑**Edelschimmel**, mindestens 50 % ↑**Fett i.Tr.**; **Milch:** ↑**Schafsmilch**; **Teig:** fein, weich; **Geschmack:** dezentes Schafsmilcharoma; **Info:** Der Lou Pérac ist das Resultat einer jahrhundertealten Hirtentradition aus den kalkigen Hochebenen des Zentralmassivs, den Causses. **Weinempfehlung:** Dazu passt ein ↑**Sancerre** aus dem Loiretal, auch 100 %ige ↑**Pinot-noir**-Weine. **Verwendung:** Ein helles Landbrot mit Lou Pérac ist ein Genuss. Er schmeckt auch gut mit Honig. **Tipp:** gebacken zu grünem Salat

Loubine [*Franz. Speisekarte*] Bar oder ↑**Wolfsbarsch**

Louche [*Franz. Fachwort*] Kelle (Suppenkelle, Schöpfkelle)

Lough Caum [*Käse*] **Herkunft:** Irland; **Käsesorte:** Schnittkäse aus ↑**Ziegenmilch.** ↑**Irischer Käse**

Louis XV. Historischer Speisename [*Speisegarnitur*] **A** (1710–1774), König von Frankreich, unter seiner Herrschaft begann die Karriere der französischen Kochkunst.

Loukanikopitakia [*Griech. Speisekarte*] Begriff aus der griechischen Küchenkultur für Würstchentaschen

Loukoumades [*Griech. Speisekarte*] Begriff aus der griechischen Küchenkultur für ↑**Hefeteigkugeln** mit ↑**Honig**

Loukoumi [*Griech. Speisekarte*] Begriff aus der griechischen Küchenkultur für in ↑**Puderzucker** gewälzte ↑**Fruchtgeleewürfel** mit ↑**Rosenwasser**

Loup atlantique, du nord [*Franz. Speisekarte*] ↑**Steinbeißer**

Loup de mer [*Franz. Speisekarte*] Wolfsbarsch oder ↑**Seewolf** – **Französisch:** auch Bar; **Englisch:** bass. Teurer Edelfisch mit magerem, festem, weißem Fleisch. Das Fleisch des Seewolfes ist noch feiner und intensiver im Geschmack als das des ↑**Seeteufels.**

Loup en croûte, sauce choron [*Franz. Speisekarte*] **R** ↑**Wolfsbarsch,** in einer Teigkruste gebacken und mit „Sauce ↑**Béarnaise**" serviert, die mit ↑**Tomatenmark** vollendet wurde

Loup en papillote [*Franz. Speisekarte*] **R** ↑**Wolfsbarsch,** mit ↑**Butter** und ↑**Petersilie** in Folie gewickelt und im Rohr gebacken

Loup grillé au fenouil [*Franz. Speisekarte*] **R** ↑**Wolfsbarsch** mit ↑**Speiseöl** bepinselt und mit ↑**Fenchel** gegrillt

Lour [*Käse*] ↑**Meira**

Lourd [*Franz. Fachwort*] Schwer (verdaulich)

Loureira [*Weinkunde*] In Spanien (Rías Baixas, Ribeiro) bekannt für hochwertige Weißweine. Ausgeprägtes Bukett. Äußerst selten auch als Rotweintraube zu finden. Weiterer Name: Marques.

Low cholesterol [*U.S. Kitchen*] Cholesterinarm

Löwenmaulblüten [*Wildkräuter, -blüten & -früchte*] **T Lateinisch:** Antirrhinum majus; Löwenmaulblüten sind essbar – **Mehr Information:** ↑**Essbare Blüten**

Löwenzahn [*Wildkräuter, -blüten & -früchte*] **A Lateinisch:** Taraxacum off.; **Englisch:** dandelion; **Französisch:** pissenlit; **Italienisch:** dente di leone, tarassaco; **Spanisch:** diente de leon. **Info:** Löwenzahn ist eine Wildpflanze, die heute auch kultiviert angeboten wird. Er erreicht eine Höhe zwischen 15 und 20 cm, hat gelbe Blüten und längliche, gezahnte, grüne Blätter. Die Pflanze sondert an Bruchstellen einen weißen, nach Jahreszeit zart- bis stechend bitteren Saft ab. Im Handel wird Löwenzahn zum Frühling als Freilandware angeboten und zum Herbst und Winter in kultivierter Form. **Standort:** Löwenzahn wächst in Deutschland überall auf Wiesen, Weiden und an Wegrändern. **Geschmack:** ist etwas bitter und ähnelt dem des ↑**Chicorée; Verwendung in der Küche:** In der deutschen Küche ist der Löwenzahn nach dem Krieg wieder in Vergessenheit geraten, in Frankreich wird er dagegen sehr geschätzt. Den wilden Löwenzahn kann man nur im Frühling und Frühsommer verwenden, denn nur zu dieser Zeit sind die jungen, zarten Blätter und Knospen wirklich schmackhaft. Ältere Blätter sind hart und bitter. Für die Zubereitung werden die Blätter von den Stängeln geschnitten und gründlich gewaschen. Sie schmecken recht intensiv als Salat und harmonieren gut mit kräftigen Salatsaucen und kurz gebratenem Fleisch. Aber auch als Verfeinerung von Gemüsen, Suppen und Eintopf ist das gesunde Kraut geeignet. Mit Löwenzahnblüten lässt sich ↑**Honig** wunderbar aromatisieren, außerdem sind sie gut zu kandieren. ↑**Kandieren von Blüten.** Früher wurden die Wurzeln getrocknet und als Kaffee-Ersatz verwendet. **Lagerung:** Beim Einkauf ist darauf zu achten, dass der Löwenzahn keine angetrockneten Schnittstellen hat. Bei leichtem Druck muss der weißliche Saft austreten. In feuchte Tücher eingeschlagen, lässt er sich im Gemüsefach des Kühlschrankes nicht länger als einen Tag aufbewahren. **Inhaltsstoffe:** 100 g frischer Löwenzahn enthalten ∅ 55 kcal/230 kJ, 9,13 g Kohlenhydrate, 2,6 g Eiweiß, 82,7 g Wasser, 7,9 mg Betacarotin, 30 mg Vitamin C und 3,1 mg Eisen. **Mehr Information:** ↑**Essbare Blüten**

Lowlands [*Hausbar*] Ist die Region unterhalb der Highlands, also südlich der Linie zwischen Greenock und Dundee. In der Region wird ein leichter ↑**Whisky** produziert, was an den besonders großen Brennblasen liegt und daran, dass er bis zu dreimal destilliert wird.

Lox [*U.S. Kitchen*] Geräucherter ↑**Lachs:** Der klassische Belag für ↑**Bagel** mit ↑**Cream Cheese**.

Lu Chinesische Garmethode [*Asiatische Küche*] **R** Bezeichnet eine Methode, bei der man Nahrungsmittel (normalerweise ↑**Fleisch**, ↑**Leber**, ↑**Nieren** und andere ↑**Innereien**, ↑**Geflügel**, ↑Eier, ↑**Fisch**) in einer kräftigen, aromatischen, mit ↑**Soja** gewürzten ↑**Brühe** gart. Diese wird angesetzt mit ↑**Fleisch**, ↑**Kandiszucker**, ↑**Sojasauce**, ↑**Sherry**, getrockneter ↑**Orangen**schale, ↑**Ingwer**, ↑**Knoblauch** und ↑**Fünf-Gewürz-Pulver.** Diesen ersten Sud nennt man Originalbrühe. Je mehr Fleisch oder ↑**Gemüse** nun darin gegart wird, desto eher verdient die Brühe den Namen „Meistersauce". Sie wird immer wieder verwendet, aber ungefähr nach dem dritten oder vierten Gebrauch müssen frische ↑**Gewürze** zugefügt und mitgekocht werden. Je nach Geschmack oder Verwendungszweck kann das Aroma der Sauce beliebig verändert werden. Die Meistersauce wird durch frische Zutaten nicht nur immer wieder angereichert, sondern auch erneuert. Solange man sie regelmäßig aufkocht und mit neuen Gewürzen kräftigt, hält sie praktisch ewig. Manche chinesischen Meistersaucen existieren schon seit Generationen. ↑**Kochen im Wok** oder ↑**Asiatisch Kochen**

Luau [*Intern. Länderküche*] Hawaiianisches Grillfest mit Musik, Hula und anderer polynesischer Unterhaltung. Bei diesem traditionellen Essen für besondere Anlässe wird meist ein Erdofen (↑**Imu**) verwendet. Dazu wird eine Vertiefung in der Erde mit heißen Steinen ausgelegt und ein ausgenommenes ↑**Schwein**, umwickelt von Bananen- und ↑**Ti-Blättern**, oft mit Innereien, Süßkartoffeln oder Obst gefüllt, bis zu 8 Stunden gegart. Auch Rindfleisch, Huhn und Fisch (↑**Laulau**) werden bei einem Luau gereicht.

Lübecker National [*Regionale Spezialität*] ↑**National**

Lubina [*Span. Speisekarte*] ↑**Wolfsbarsch**

Lucanica [*Ital. Speisekarte*] Wurst aus Schweinefleisch

Luccio [*Ital. Speisekarte*] ↑**Hecht**

Luckeleskäs [*Käse*] Regionale Bezeichnung aus Württemberg für ↑**Quark**

Lucullus [*Speisegarnitur*] **A Lucius Licinius Lucullus** (um 117 bis 56 v. Chr.), römischer Politiker und Feldherr, hatte im Staatsdienst sagenhaften Reichtum angehäuft. Dieses Geld ermöglichte ihm ein Leben in Luxus. Seine opulenten („lukullischen") Feste waren weithin berühmt. Ein Gericht mit der Bezeichnung „Lukullus" ist immer eine besondere Delikatesse. Die entsprechende Garnitur, die für **Fleisch** und **großes Geflügel** geeignet ist, steht ganz im Zeichen von ↑**Madeira** und ↑**Trüffeln**. Entweder werden die Fleischstücke in einer braunen Trüffelsauce gereicht (diese ↑**Sauce Périgaux** ist eine Reduktion von Trüffeln und Madeira, die mit einer ↑**Demiglace** aufgefüllt wird), oder mit ↑Hähnchen**leber** gefüllte und in Madeira gedünstete Trüffel begleiten das Gericht.

Ludel [*Österr. Küche*] ↑**Beinfleisch**

Luffa [*Exotische Früchte*] **T Lateinisch:** Luffa cylindrica syn. aegyptiaca. **Synonym:** Luffah, Loofah, Schwammgurke. Asiatische Kletterpflanze, bildet lange, runde oder spitze, kürbisähnliche Früchte mit faserigem Fruchtfleisch. Unreif nicht genießbar. In reifem Zustand Verwendung wie ↑**Zucchini**. Die Skelette getrockneter reifer Früchte werden als Reinigungsschwämme benutzt.

Luftgetrocknet [*Fleischprodukte*] An salzhaltiger Luft konservierte (getrocknete) Fleischerzeugnisse, meist ↑**Schinken**

Luftkochen [*Unsere Küche*] Garen in heißer Feuchtluft (80–180°C, je nach Speise), für einige ↑**Soufflés**, ↑**Pasteten**, ↑**Terrinen**, ↑**Schinken** u. Ä. unabdingbar. Dies geschieht z. B. in einem Wasserbad im Ofenrohr, ohne Umluft.

Luftspeck [*Fleischprodukte*] Luftgetrocknetes ↑**Dörrfleisch**

Luftton [*Weinkunde*] Wenn während Ausbau oder Lagerung zu viel Luft an den Wein gelangt, verändern sich Geruchs- und Geschmacksbild nachteilig. Bukettstoffe und ↑**Alkohol** beginnen zu oxidieren und bilden einen Fremdton. Durch Zugabe von ↑**Kohlensäure** oder durch ↑**Verschnitt** mit einem jungen Wein kann ein starker Luftton verringert werden.

Lulas a sevilhana [*Span. Speisekarte*] Gebackener ↑**Tintenfisch**

Lulo [*Exotische Früchte*] **Lateinisch:** Solanum quitoense; **Spanisch:** Naranjilla. Südamerikanische Kulturpflanze aus der Familie der Nachtschattengewächse. Wird in den Anden von Ecuador und Kolumbien zwischen 1200 und 2100 m Höhe angebaut. Eine Wildform ist nicht bekannt. Die immergrüne Pflanze gibt es in Formen mit und ohne Stacheln. Die essbaren Früchte wachsen direkt am Stamm, sind tomatengroß (4 bis 6 cm) und klebrig behaart. Die Haare lösen sich bei reifen Früchten leicht ab. Das Aroma erinnert entfernt an Stachelbeeren. In Kolumbien werden Lulos zu Saft oder in anderen Getränken verarbeitet. In Europa sind sie kaum erhältlich, da sie sehr schnell reifen und schwierig zu transportieren sind.

Lulosaft [*Hausbar*] Stark gesüßter Saft der Früchte eines südamerikanischen Nachtschattengewächses. Wird zum Aromatisieren von ↑**Cocktails** verwendet.

Lumaca, lumache [*Ital. Speisekarte*] ↑**Schnecke**(n)

Lumas [*Franz. Speisekarte*] Kleine graue ↑**Schnecken**, die wie ↑**Weinbergschnecken** zubereitet werden

Lumb [*Fisch*] **T** Brosme (Brosmius brosme), auch Seequappe genannt, gehört zur Familie der ↑**Dorsche**, wird bis 1 m lang und sieht dem ↑**Leng** ähnlich, hat jedoch nur eine Rückenflosse. Der Fisch hat weißes, schmackhaftes Fleisch und ist besonders häufig auf nordeuropäischen Fischmärkten zu finden.

Lümmel [*Fleischprodukte*] Regionale Bezeichnung für das ↑**Filet**

Lummelbraten [*Schweizer Küche*] Schweizer Bezeichnung für im Ganzen gebratenes ↑**Filet**

Lummer [*Fleischprodukte*] Regionale Bezeichnung für das ↑**Filet**

Lummerkotelett [*Fleischprodukte*] Eine Scheibe aus dem Lendenbereich des ↑**Kotelett**stranges mit dem ↑**Filet** geschnitten

Lump [*Franz. Speisekarte*] ↑**Seehase**

Lumpfisch [*Fisch*] ↑**Seehase**

Lumpp, Claus-Peter [*Berühmte Köche*] **Claus-Peter Lumpp**, *1964 in Tübingen, D – seit 1992 Küchenchef im Restaurant Bareiss, Baiersbronn Mitteltal, D – Claus-Peter Lumpp gehört zu den profiliertesten, innovativsten Köchen Deutschlands.

Lumpy [*U.S. Kitchen*] Klumpig

Lumumba [*Hausbar*] **R** ↑**Cocktail**, der heiß oder kalt getrunken werden kann. **Die kalte Version:** Ca. 15 cl ↑**Milch** mit Kakaopulver und gegebenenfalls ↑**Zucker** zu ↑**Kakao** verrühren. Ca. 4 cl ↑**Weinbrand** oder ↑**Rum**, den Kakao und Eiswürfel in ein Glas geben. **Die heiße Version:** Ca. 15 cl Milch mit Kakaopulver und gegebenenfalls Zucker zu Kakao verrühren. Den Kakao heiß machen, in ein Glas geben und ca. 4 cl ↑**Brandy** oder ↑**Cognac** oder Rum hinzugeben. Eine Haube aus ↑**Schlagsahne** perfektioniert den Drink. **Vorsicht:** Der Kakao kann den Geschmack des Alkohols überdecken. Dadurch ist man sich nicht bewusst, wie viel ↑**Alkohol** man trinkt.

Lunge [*Fleischprodukte*] **T Englisch:** lights (nur Kalb); **Französisch:** poumon; **Italienisch:** polmone; **Spanisch:** bofes (z. B. von ↑**Kalb**, ↑**Schwein**, ↑**Lamm**). Die Lunge zählt zu den ↑**Innereien**. **Inhaltsstoffe:** 100 g frische Kalbslunge enthalten ∅ 94 kcal/394 kJ, 2,63 g Fett, 17,4 g Eiweiß, 78,9 g Wasser, 7,5 mg Eisen und 113 mg Purine. Lunge wird süß-sauer abgeschmeckt und in Streifen geschnitten zu Haschee, zu regionalen Gerichten wie dem bayer. ↑**Züngerl** oder zu Lungen-, ↑**Blut**- und ↑**Leberwurst** verarbeitet.

Lungenbraten [*Österr. Küche*] ↑**Filet**

Lungenhaschee [*Regionale Spezialität*] **A** Nudelig geschnittene oder durch den Fleischwolf gedrehte Lunge, oft mit Anteilen von ↑**Herz** als soßiges ↑**Innereien**gericht; mit säuerlicher (↑**Essig**) Geschmackskomponente. ↑**Lüngerl, saures**

Lungenstrudel [*Österr. Küche*] **R** Bekannte Suppeneinlage der ↑**Wiener Küche**. Hierzu wird eine Kalbslunge gekocht, gemahlen und angeröstet. Anschließend mit ↑**Salz**, ↑**Pfeffer**, ↑**Thymian**, ↑**Majoran** und ↑**Zwiebel** gewürzt. Nach dem Abkühlen die Masse mit ↑**Ei** und ↑**Semmelbrösel** vermischen, in hauchdünn ausgezogenen ↑**Strudelteig** rollen und backen. Scheiben des fertigen Strudels mit heißer ↑**Bouillon** übergießen, kurz ziehen lassen und mit ↑**Schnittlauch** bestreut servieren. In Kärnten bereitet man einen süßen Lungenstrudel aus ↑**Hefeteig** zu, der mit gemahlenem Schweinekopffleisch, Schweinelunge, ↑**Rosinen**, ↑**Zucker**, ↑**Zimt**, ↑**Semmelbrösel** und ↑**Sauerrahm** gefüllt ist. ↑**Apfelstrudel**

Lüngerl, saures [*Regionale Spezialität*] **R** Österr. Beuschel – sind ↑**Innereien** (Lunge, Herz, ↑**Bries**) in einer sauren Essigsoße. Ein typisch Münchner bzw. bayerisch/österreichisches Gericht. Es wird in ganz Bayern nicht nur in einfachen Wirtshäusern, sondern auch in traditionsbewusster, gehobener Gastronomie angeboten. Saures Lüngerl ist ein vollständiges Gericht, das mit ↑**Semmelknödel** serviert wird. **Grundrezept:** 400 g Kalbsherz; 500 g Kalbslunge; 1 große ↑**Gemüsezwiebel**; 1 ↑**Lorbeer**blatt; 3 ↑**Nelken**; 1–2 **Karotten**; 1 **Lauch**stange; 1 Stück **Sellerie**; 5 ↑**Pfefferk**örner; 1 kl. ↑**Thymian**zweig; 1 TL ↑**Majoran**; ↑**Salz**; 1 EL ↑**Butterschmalz**; 2 EL ↑**Mehl**; 500 ml Kochbrühe; 125 ml ↑**Weinessig**; 2 ↑**Zwiebeln**; EL ↑**Zucker**; ↑**Liebstöckel** fein gehackt; Salz; Pfeffer aus der Mühle; 200 g ↑**Sahne.** Die Lunge und das Herz vor dem Kochen mindestens eine Stunde in kaltes Wasser legen (wässern). **Zubereitung:** Das Herz in einen großen Topf mit ca. 2 l kochendem Wasser legen und bei kleiner Hitze ca. 30 Min. köcheln lassen, dabei immer wieder abschäumen. Nun die Lunge dazugeben und ca. 30 Min. mit Deckel köcheln lassen, dabei die Lunge mehrmals anstechen, damit sie nicht schwammig wird, und die Brühe ständig abschäumen. ↑**Gespickte Zwiebel**, grob geschnittenes ↑**Suppengrün** und Gewürze zufügen und weitere 60 Min. garen. Danach die garen Innereien aus dem Sud heben und in sehr feine Streifen schneiden. In der Regel kann man die fertig gebeizte und geschnittene Lunge beim Metzger/Schlachter kaufen. **Die Soße:** Zwiebeln fein würfeln und mit etwas ↑**Pflanzenöl** in einer gesonderten Pfanne goldbraun anrösten. Das Mehl in einen Topf mit erhitztem Butterschmalz einrühren und braun rösten (↑**Mehlschwitze**). Die Mehlschwitze etwas abkühlen lassen, mit der nicht mehr kochend heißen, passierten Brühe auffüllen und mit dem Schneebesen gut verrühren, dass sich keine Klumpen bilden. Nun die angeschwitzten Zwiebeln in die Soße geben und mindestens 10 Min. köcheln lassen, danach die Innereien in die gut sämige Soße mischen. Mit Essig, Zucker und den restlichen Gewürzen abschmecken, weitere 10 Min. ziehen lassen und zum Schluss mit der Sahne vollenden. Verfeinert wird das Lüngerl mit etwas ↑**Saurer Sahne** und fein gehackter ↑**Petersilie**. Dieses Gericht ist sehr schmackhaft, aber reich an ↑**Purin**.

Lunja [*Asiatische Küche*] Weiße Sprossen aus Soja- oder Mungobohnen. ↑**Sprossen**

Lünte [*Fleischprodukte*] ↑**Flomen** oder ↑**Schweine-**

schmalz, aber auch eine regionale Bezeichnung für Schweineniere

Lupine [*Allgem. Nährmittel*] ↑**Hülsenfrucht** mit hohem Eiweißgehalt und nussartigem Geschmack

Lustecken [*Gewürze & Kräuter*] ↑**Liebstöckel**

Lustrer [*Franz. Fachwort*] Mit ↑**Gelee** oder ↑**Aspik** überglänzen

Lutefisch [*Fisch*] ↑**Klippfisch**

Lutein [*Gesundheit*] Antioxidatives, fettlösliches Pigment in Pflanzen, das zu den ↑**Carotinoide**n gehört. Es kommt vor allem in gelben und grünen Gemüsen und Blumen vor. Besonders reichlich ist es in ↑**Spinat**, ↑**Brokkoli**, ↑**Kohl**, ↑**Romana-Salat**, ↑**Lauch**, ↑**Erbsen** und im ↑**Eidotter** enthalten. Lutein beeinflusst den Wasserhaushalt, die Funktionen der Zellmembranen (Zellwände) und hat eine zentrale Bedeutung für das Auge. Hohe Mengen von Lutein sind in der Makula (gelber Fleck) der Retina (Netzhaut) enthalten. Dies ist der Ort des schärfsten Sehens. Lutein wirkt ähnlich wie ein Filter, es schützt die Makula vor schädlichen Lichteinwirkungen (UV-Licht) und trägt außerdem dazu bei, ↑**Freie Radikale** im Augenbereich abzubauen. Lutein kann der altersbedingten Degeneration der Makula vorbeugen und auch ihren Verlauf verlangsamen. ↑**E 161b**

Luukschin priau wan [*Asiatische Küche*] Begriff aus der thailändischen Küchenkultur für kleine süß-saure ↑**Fleischklopse**

Luxemburg [*Weinkunde*] In dem kleinen Land wird auf etwa 1300 ha Wein angebaut. Die bevorzugten Rebsorten sind Müller-Thurgau (45 %), Elbling (19 %), Weißburgunder, Auxerrois (12 %) und Riesling (11,5 %), Pinot blanc und Pinot gris. Die Weine sind frisch, leicht und trocken. Luxemburgische Qualitätsweine tragen die Marque Nationale (M.N.) ähnlich der ↑**Appellation d'origine contrôlée** in Frankreich.

Luxuswein [*Weinkunde*] Schweizer Bezeichnung für süße Weine mit über 13 % Vol. natürlichem, nicht gespritetem ↑**Alkohol** und natürlichem, nicht zugesetztem Restzucker: „Vino di lusso"

Luzerne, blaue [*Gemüse*] **T** Sie dient als Grünfutterpflanze für Kühe, Schafe, Schweine, Pferde und Geflügel. Außerdem ist sie eine ideale Futterpflanze für Honigbienen. Die keimenden Samen werden in Salaten verwendet. ↑**Alfalfa**

Lychee [*Exotische Früchte*] ↑**Litchi**

Lycopin [*Fachkunde*] Roter Farbstoff in Tomaten. ↑**E 160d**

Lymphe [*Verdauung*] Körperflüssigkeit, die weiße Blutkörperchen und ↑**Eiweiß** enthält. Die Lymphe fließt in speziellen Bahnen und versorgt das Gewebe mit frischen Stoffen, entsorgt unerwünschte Stoffe und transportiert Lymphozyten (Zellen der Immunabwehr) vom Bildungsort ins Blut. Fette aus der Nahrung werden im Dünndarm gespalten und dann durch die Darmwand in die Lymphbahnen weiter ins Blut geleitet.

Lymphoblasten [*Fachkunde*] Zellen der Lymphorgane, die Lymphozyten bilden.

Lymphozyt [*Fachkunde*] Weiße Blutkörperchen aus netzförmigen Bindegewebszellen der Lymphknoten und der Milz; haben nur eine geringe Beweglichkeit und dienen der Antikörperbildung.

Lyoner [*Fleischprodukte*] **A Lyoner** ist eine leicht heißgeräucherte ↑**Brühwurst** ohne Einlage, die ursprünglich aus der französischen Stadt Lyon stammt und dort „**cervelas**" genannt wird. Die einfache, mild gewürzte Lyoner wird aus mit Eis fein gekuttertem ↑**Schweinefleisch** (teilweise auch ↑**Rindfleisch**) und Rückenspeck vom ↑**Schwein** hergestellt. Man füllt die feine Wurstmasse in Rinder- oder Kunstdärme, bindet die Wurst rund zum Kringel, brüht und räuchert sie heiß an. In den deutschsprachigen Ländern wird Lyoner kalt oder heiß verzehrt, meist aber kalt als Aufschnitt. Im Süden schneidet man sie vorwiegend in einen delikaten ↑**Wurstsalat**, mit ↑**süß-saurer Marinade** abgeschmeckt, oft auch mit ↑**Käsestreifen** angereichert (dann Schweizer Wurstsalat).

Lyonnaise, à la Lyoner Art [*Speisegarnitur*] **A Speisengarnitur für große Fleischstücke** – Gefüllte oder gedünstete ↑**Zwiebeln**, ↑**Schmelzkartoffeln**, dazu ↑**Sauce lyonnaise**

Lyophilisierung [*Fachkunde*] Gefriertrocknung; Wasserentzug aus gefrorenem Material

Lysin [*Fachkunde*] Essenzielle ↑**Aminosäure**

Lysozyme [*Fachkunde*] Hydrolasen (↑**Enzyme**) mit bakteriolytischer Wirkung (die Bakterienzellwand wird aufgelöst). Kommen beim Menschen in Speichel und Tränenflüssigkeit vor und werden für die Industrie als Konservierungsmittel aus Hühnereiweiß gewonnen. ↑**E 1105**

M

M.C. [*Weinkunde*] Abkürzung für **Mise en bouteille au château**, gilt für Bordeauxweine, die direkt im Produktionsgebiet in Flaschen abgefüllt werden

M.g. matière grasse [*Franz. Fachwort*] Fett(gehalt)

M.O. [*Weinkunde*] Abkürzung für **Mise en bouteille à l'origine**, gilt für französische Weine, die direkt im Produktionsgebiet in Flaschen abgefüllt werden

Maasdamer [*Käse*] **Herkunft:** Niederlande; ↑**Leerdammer**

Mabolo [*Exotische Früchte*] **T Englisch:** mabolo, velvet apple, butter fruit; **Französisch:** mabolo. Beheimatet ist die Mabolo in Malaysia, auf den Philippinen und in Südtaiwan, kultiviert wird sie auch in Zentralamerika. Mabolos sind kugelig rund (5–12 cm) und rotbräunlich (Familie der Ebenaceae). Unter der samtartigen Schale versteckt sich crèmefarbenes, mehliges, aber weiches Fruchtfleisch zum Auslöffeln. In der Mitte befinden sich 5–10 längliche, ungenießbare Samen. Das Fleisch schmeckt sehr süß und buttrig. In ihrer Heimat wird die Mabolo vorwiegend frisch verzehrt.

Maca assada [*Span. Speisekarte*] ↑**Bratapfel**

Macabéo [*Weinkunde*] Eine in Spanien sehr häufig vertretene Weißweinrebsorte. Sie spielt außer beim Wein auch als Verschnitt und für ↑**Schaumweine** eine große Rolle. Ihr Anbaugebiet ist Frankreich, Spanien und Nordafrika. Der Macabéo ist säurearm mit trockenem bis zu süßem, blumigem Geschmack. In Nordspanien die häufigste Weißweinrebe. Angebaut in: Badajoz, Calatayud, Conca de Barberá, Costers del Segre, Navarra, Penedès, Rioja, Somontano, Tarragona und Terra Alta. Wird auch Viura genannt.

Macadamianuss [*Allgem. Nährmittel*] **T** Samen des Macadamia integrifolia Maiden et Betche. **Synonym:** Australische Nuss. **Englisch:** Macadamia nut; **Französisch:** noix de Macadamia; **Italienisch:** Macadamia; **Spanisch:** nuez de Macadamia. Ursprünglich stammt sie aus Australien. Heute wird sie auf Hawai, in Kalifornien, Mittel- und Südamerika, Mexiko und Afrika kultiviert. Die Macadamianuss ist 2 bis 3 cm groß, rund und hat eine hellbraune bis braune Schale, die den crèmefarbenen Samenkern umgibt. Sie ist die Nuss der Superlative: am teuersten, wohlschmeckendsten, fetthaltigsten und härtesten. Normale Nussknacker gehen an dieser Nuss kaputt, darum werden nur die Nuss- oder Bruchkerne gehandelt. Selten in roher Form, eher geröstet und gesalzen. Für das gute Aroma und den buttrigen, knusprigen, an Vanillecrème erinnernden Geschmack ist der hohe Fettgehalt verantwortlich. **Inhaltsstoffe:** 100 g frische Macadamianuss enthalten ∅ 646 kcal/2704 kJ, 73 g Fett, 7,5 g Eiweiß, 15,4 g Ballaststoffe, 51 mg Calcium, 1,4 mg Eisen und 1,49 mg Vitamin E. Wie bei allen Nüssen ist die Macadamia reich an ↑**Mineralstoffen**. Der hohe Anteil an ↑**ungesättigten Fettsäuren** kann vor ↑**Arteriosklerose** schützen.

Macadamiaöl [*Fette*] **T** Das durch Pressen gewonnene ↑**Öl** der **Macadamianüsse. Verwendung in der Küche:** Macadamia-Nussöl weist eine hohe Konzentration (ca. 80 %) an ↑**mehrfach ungesättigten Fettsäuren** auf und gehört zu den hochwertigsten **Speiseölen**. In der Diätküche verwendet, entfaltet es seine cholesterolsenkende und antioxidative Wirkung. Grillfleisch, das man einige Zeit vor dem Garen mit diesem Öl einreibt, wird zarter und entwickelt ein feines nussiges Aroma. **Lagerung:** Durch den hohen Anteil an ↑**ungesättigten Fettsäuren** oxidiert das Öl sehr schnell. Darum immer in der geschlossenen Flasche kühl, trocken und vor Licht geschützt aufbewahren! Um eine längere Haltbarkeit zu ermöglichen, wird häufig natürliches ↑**Vitamin E** zugesetzt. **Anwendung in der Volksmedizin:** Wegen der Vielzahl an entzündungshemmenden Wirkstoffen ist Macadamia-Nussöl besonders bei empfindlicher, irritierter oder entzündeter Haut zu empfehlen. Es wirkt auch lichtschützend. Das schwach hellgelbe bis farblose Öl besitzt hohe Anteile an Palmitoleinsäure und dringt leicht in trockene, rissige und spröde Haut ein.

Macaire-Kartoffeln [*Unsere Küche*] Aus mehligen Quetschkartoffeln hergestellte gebratene Taler. ↑**Pommes macaire**

Macaron [*Franz. Fachwort*] Makrone

Macarons [*Backstube*] Makronen

Macarrones [*Span. Speisekarte*] ↑**Makkaroni**

Maccaredda [*Franz. Speisekarte*] Suppe aus Edelkastanienmehl, eine Spezialität von Korsika

Maccarello [*Ital. Speisekarte*] ↑**Makrele**

Maccaroni [*Franz. Speisekarte*] ↑**Makkaroni**

Maccheroni al pettine [*Ital. Speisekarte*] Eine Spezialität aus der Ebene um Modena. Der ↑**Nudelteig** besteht aus ↑Weich**weizenmehl**, ↑**Hartweizengrieß** und ↑**Ei**. Früher gehörte ein kleiner Holzkamm zum Schließen und Linieren der ↑**Makkaroni** zur Aussteuer einer Braut.

Maccheroni alla chitarra [*Ital. Speisekarte*] Regionale Bezeichnung für die ↑**Chitarra-Spaghetti** aus den Abruzzen

Macédoine [*Speisegarnitur*] **A 1.** Gemüsevorspeise aus ↑**Zwiebeln**, ↑**Blumenkohl**röschen, ↑**Gurken**, ↑**Bohnen** und ↑**Pfefferschoten**. Diese Gemüse, kurz ↑**blan-**

chiert, werden in kleine Gefäße gefüllt und dann mit einem leicht gesalzenen, kochenden Weinessig übergossen, der mit viel ↑**Senf** angerührt wird. Das Ganze ziehen lassen. **2.** Die **Macédoine de fruits** ist ein Fruchtsalat. **3. à la Macédoine – Speisegarnitur** für **große** und **kleine Fleischstücke** – Verschiedene ↑**Gemüse** wie ↑**Karotten** in Würfeln, ↑**Grüne Bohnen**, ↑**Bohnenkerne**, ↑**Erbsen**, Blumenkohlröschen usw., gesondert gegart, alles vermischt mit ↑**Butter** binden. **Sauce:** leicht gebundener klarer oder ↑**Bratenfond**

Macedonia [*Ital. Speisekarte*] Obstsalat

Macération carbonique [*Weinkunde*] Gärverfahren zur Herstellung von ↑**Beaujolais** ↑**Primeur** und ähnlichen Weinen. Es werden die Trauben möglichst ohne Quetschung in einen mit CO_2 gefüllten Gärtank gegeben (interzellulare Vergärung). Die Weine sind fruchtig, früh trinkbar, verderben aber auch schnell.

Macéré [*Franz. Fachwort*] Mazeriert, in aromatische Flüssigkeit eingelegt, eingeweicht zur Geschmacksaufnahme (z. B. ↑**Obst** für den ↑**Rumtopf**)

Machandel [*Gewürze & Kräuter*] ↑**Wacholder**

Machedoux [*Käse*] **Sprich:** maschdu; **Herkunft:** Niederlande; **Käsesorte:** ↑**Ziegenkäse**, 48 % ↑**Fett i. Tr.**; **Info:** Der Name Machedoux leitet sich aus „fromage de chevre" (Ziegenkäse) und „doux" (zart) ab. Diese Spitzenqualität kennt man sonst nur aus Frankreich. **Größe:** 100-g-Portionen

Macisblüte [*Gewürze & Kräuter*] ↑**Muskatblüte**

Mackerel [*U.S. Kitchen*] ↑**Makrele**

Mackó-Käse [*Käse*] ↑**Schmelzkäse** in der ungarischen Küchenkultur, ähnelt dem französischen **„↑La vache qui rit"**

Mâconnais [*Weinkunde*] Großes Weinanbaugebiet im Südburgund, nördlich des Beaujolais gelegen. Viele Weine werden unter der Appelation Mâcon, Mâcon-Supérieur oder Mâcon-Villages verkauft. Sechs Gemeinden im Süden der Appellation haben das Recht, ihre Weine unter dem Namen Pouilly-Fiussé, Pouilly-Vinzelles oder Pouilly-Loché zu verkaufen, und erzielen wesentlich höhere Preise. Oft zu Recht. Sieben weitere Gemeinden verkaufen ihre Weine unter dem Namen Saint-Veran.

Macreuse [*Franz. Speisekarte*] Schulter, Bug

Madártej [*Ungarische Küche*] (Übersetzt Vogelmilch) Begriff aus der ungarischen Küchenkultur für fest geschlagenes ↑**Eiklar** mit gezuckerter, gekühlter ↑**Vanillemilch**

Mädchentraube [*Weinkunde*] Bekannte ungarische Rebe für recht ordentliche Weißweine

Mad-Cow-Disease [*Fachkunde*] ↑**BSE**

Madeira [*Weinkunde*] Aromatischer ↑**Dessertwein** von der portugiesischen Atlantikinsel Madeira

Madeira-Sauce [*Unsere Küche*] **A** Gebundene ↑**Demiglace**, die mit einem Schuss ↑**Madeira** verfeinert wird

Madeleine [*Franz. Speisekarte*] Gebäck aus luftiger Butter-Eiermasse mit Orangengeschmack parfümiert

Maderisiert [*Weinkunde*] Wenn ein Wein so stark oxidiert ist, dass er ähnlich wie ein ↑**Madeira** schmeckt und riecht. Ein schwerer Fehler, falls nicht beabsichtigt.

Madiran [*Weinkunde*] Region und Wein aus Südwestfrankreich, zwischen Bordeaux und den Pyrenäen gelegen. Bemerkenswerte Rotweine. Hauptbestandteil ist der ↑**Tannat**, der sehr dunkle, kräftige und tanninreiche Weine ergibt.

Madrilène, à la [*Speisegarnitur*] **A** Geflügel**kraftbrühe** mit **Tomatenmark**

Mafalde [*Ital. Speisekarte*] ↑**Teigwaren**, gewellte, etwa 1,5 cm breite ↑**Nudeln**

Magdalenas [*Span. Speisekarte*] Süße, oft mit ↑**Marmelade** gefüllte ↑**Hefeteig**törtchen, ähnlich den ↑**Muffins**

Magen [*Fachkunde*] **1.** Der Magen ist ein mit Schleimhaut ausgekleidetes Hohlorgan, das zwischen Speiseröhre und Darm liegt. Als Teil des Verdauungstraktes speichert er die Nahrung und bereitet sie für die ↑**Verdauung** vor. Der Nahrungsbrei wird durch die Speiseröhre in den Magen transportiert. Dort wird er durchgeknetet und kommt mit Magensaft in Kontakt. Der saure Magensaft tötet unter anderem Bakterien ab. Die Magenschleimhaut produziert Verdauungsenzyme und dient als Schutz vor der „Selbstverdauung" des Magens durch die im Magensaft enthaltene Salzsäure. **2. Als Lebensmittel** gehört der Magen zu den ↑**Innereien**. Wiederkäuer haben 4 Mägen, Pansen, Netz-, Blätter- und Labmagen. ↑**Schweine** haben nur einen Magen. 100 g frischer Schweinemagen enthalten ∅ 151 kcal/632 kJ, 9,55 g Fett, 16,5 g Eiweiß, 73,4 g Wasser, 1 µg Vitamin B_{12}, 193 mg Cholesterin und 50 mg Purine. Schweinemägen werden zu Wurstsorten und Spezialitäten (z. B. ↑**Pfälzer Saumagen**) verarbeitet. Aus Pansenmägen von Rindern und Kälbern bereitet man ↑**Kutteln**, die zu regionalen Gerichten wie „Kuttelsuppe" verarbeitet werden. Aus den Labmägen der Kälber gewinnt man das „↑**Lab**".

Magen- bzw. Zwölffingerdarmgeschwüre [*Gesundheit*] ↑**Diät bei Magen- bzw. Zwölffingerdarmgeschwüren**

Magenbitter [*Hausbar*] **T** ↑**Branntwein** mit Auszügen von bitter-aromatischen ↑**Kräutern**, ↑**Gewürzen** usw. Magenbitter haben einen Alkoholgehalt zwischen 30 und 45 % Vol. und regen die Verdauung an.

Magenbrot (braune Lebkuchen) [*Backstube*] **Synonym:** Steinpflaster, Frühstückslebkuchen: Spezialität aus der Schweiz. Magenbrot gehörte ursprünglich zu der Familie von ↑**Honigkuchen**, stets ohne Oblatenunterlage, rautenförmig, dünn mit ↑**Schokolade** glasiert, oft mit ↑**Nüssen**, ↑**Orangeat** und ↑**Zitronat** zubereitet. Es wird das ganze Jahr über auf Volksfesten (Rummel, Kirmes) angeboten. Magenbrot enthält magenfreundliche Gewürze wie ↑**Nelken**, ↑**Zimt**, ↑**Sternanis** und ↑**Muskatblüte**. Für die dunkelbraune Farbe des Magenbrotes ist ↑**Kakao** verantwortlich. Zum Süßen wurde ursprünglich ↑**Honig** genommen, heute tut es jedoch auch ↑**Zucker**. Magenbrot immer luftdicht, lichtgeschützt und kühl aufbewahren. Pro Stück ∅57 kcal/239 kJ.

Magen-Darm-Trakt [*Verdauung*] Zum Magen-Darm-Trakt zählen Mund, Speiseröhre, Magen, Dünndarm, Dickdarm und Mastdarm. In diesen Organen findet die ↑**Verdauung** statt.

Magenoperation [*Gesundheit*] ↑**Diät nach Magenoperationen**

Magensaft [*Verdauung*] Der Magen bzw. die Magenschleimhaut des Menschen produziert täglich 1,5 bis 3 l Magensaft. Diese farblose Flüssigkeit riecht sauer und setzt sich aus Wasser, Elektrolyten, Schleimsubstanzen, Glykoproteinen, Serumeiweißen (Albumin, Globuline, Immunglobuline), Gastronen, Peptiden und vor allem Salzsäure (Magensäure) zusammen. Neben den Enzymen (Pepsin, Kathepsin, Gastricin, Amylasen, Nucleasen, Lipasen und Ureasen), die die Verdauung vorbereiten, enthält Magensaft das Hormon Gastrin und den Intrinsic Factor. Letzterer ist notwendig für die Aufnahme von Vitamin B_{12} (Cobalamin) aus der Nahrung. Die Ausschüttung von Magensaft erfolgt phasenweise: **1.** beim Geruch, Anblick oder bei der Vorstellung von Speisen. **2.** bei Nahrungsaufnahme dehnt sich die Magenwand und setzt so das in der Magenschleimhaut gebildete Hormon Gastrin frei. Das regt die Absonderung von Magensäure – in hohen Dosen aber auch deren Hemmung – an. Die Ausschüttung des Magensaftes wird durch Gastrone gehemmt. Neben der Eiweißverdauung ist die keimhemmende Wirkung des Magensafts von Bedeutung: Er kann den Großteil der in Lebensmitteln enthaltenen Bakterien mit Salzsäure unschädlich machen.

Magenschleimhautentzündungen [*Gesundheit*] ↑**Diät bei Magenschleimhautentzündungen**

Mager [*Weinkunde*] Etwas mehr Konsistenz wäre besser. Es fehlt am vollmundigen Geschmack, und meist kommt noch übertriebene Herbheit hinzu.

Magerer Speck [*Fleischprodukte*] Schweinebauch, aber auch Bezeichnung für rohes Pökelfleisch oder ↑**Dörrfleisch**

Mageres Meisel [*Österr. Küche*] Falsches ↑**Filet**

Magermilch [*Milchprodukte*] **Englisch:** skim milk; **Französisch:** lait écrémé; **Italienisch:** latte scremato; **Spanisch:** leche desnatada. ↑**Entrahmte Milch**

Magermilch-Jogurt [*Milchprodukte*] ↑**Entrahmter Jogurt**

Magerquark [*Käse*] **T** ↑**Quark** in Magerstufe. Sein Fettgehalt liegt unter 10 % i. d. Trockenmasse. 100 g Magerquark enthalten ∅75 kcal/314 kJ, 0,2 g Fett, 4 g Kohlenhydrate, 13,5 g Eiweiß, 80,7 g Wasser und 0,12 g Calcium.

Magerstufe [*Fachkunde*] Der Fettgehalt von Käsesorten entscheidet über die Fettstufe. Als Magerstufe wird eine Fettstufe bezeichnet, die höchstens 10 % Fettgehalt in der Trockenmasse (Fett i. Tr.) enthält.

Magersucht [*Gesundheit*] **Lateinisch:** Anorexia nervosa; Magersucht ist eine Essstörung, bei der die Nahrungszufuhr stark eingeschränkt wird, z. B. durch Auslassen von Mahlzeiten oder durch extreme Beschränkung der Mahlzeiten auf „gute", also nicht „fett machende" Lebensmittel. Das Gewicht wird kontrolliert durch Erbrechen, Einnahme von Abführmitteln, Appetitzüglern oder Entwässerungstabletten (Diuretika), Bewegungsdrang (extrem viel Sport) und Rastlosigkeit. **Man unterscheidet zwischen zwei Untergruppen der Anorexie. 1. Restriktive Anorexie:** Starke Einschränkung der Nahrungsaufnahme, eventuell kombiniert mit extremem sportlichen Training. **2. Bulimische Anorexie:** Die Betroffenen zeigen zusätzlich starke bulimische Anzeichen mit wiederholten Fressanfällen, die danach durch selbst herbeigeführtes Erbrechen und Abführmittelmissbrauch kompensiert werden. **Die Folgen sind starker Gewichtsverlust und Mangelernährung. „Anorexia nervosa"** tritt meist bei Mädchen bzw. jungen Frauen auf. Auslöser sind oft psychische Probleme. Trotz Untergewichts fühlen sich die Betroffenen zu dick. Sie haben Angst vor dem Zunehmen, was das zentrale Problem der Anorexia nervosa darstellt. **Die Folgen von Mangelernährung und Untergewicht sind: 1.** Absinken des Blutdrucks; **2.** Absinken der Körpertemperatur; **3.** Verlangsamung des Pulses; **4.** Bildung von Flaumbehaarung; **5.** Ausbleiben der Regel bei Frauen und **6.** Potenzverlust bei Männern. Bei heranwachsenden Jugendlichen führt Mangelernährung und Gewichtsverlust zu Entwicklungsstörungen wie Wachstumsstopp – Fehlen der Brustentwicklung bei Mädchen und kindliche Genitalien bei Jungen. Wenn sich das Essverhalten und das Körpergewicht normalisieren, kann die Pubertätsentwicklung vollständig abgeschlossen werden. Die Therapie von Anorexia nervosa erfolgt meist durch eine stationäre Behandlung (ärztliche Betreuung und Gewichtsmanagement), der dann eine Familientherapie in der häuslichen Umgebung folgen sollte. Wichtig für den Therapieerfolg ist, dass sich die Familienmitglieder beraten lassen, wie sie zu Hause mit dem/der Erkrankten umgehen. Nach einer Behandlung zeigt sich bei etwa 30 % der Frauen eine vollständige Besserung, d. h. sie erreichen zumindest annähernd das Normalgewicht und haben regelmäßig ihre Menstruation. Bei 35 % lässt sich zwar eine Gewichtszunahme feststellen, der Bereich des Normalgewichts wird allerdings nicht erreicht. Das Krankheitsbild bleibt bei ca. 25 % der Betroffenen chronisch bestehen. **Etwa 10 % sterben infolge der Anorexie.** Auch nach einer Gewichtsnormalisierung hält bei vielen Betroffenen die verzerrte Einstellung zu Gewicht und Figur an.

Maggi, Julius [*Fachkunde*] (1846–1912), erfand die

nach ihm benannte Suppen- und ↑Saucen**würze** sowie die ersten Fertigsuppen

Maggikraut [*Gewürze & Kräuter*] ↑**Liebstöckel**

Maggiorana [*Ital. Speisekarte*] ↑**Majoran**

Maghrebinische Küche [*Intern. Länderküche*] ↑**Marokkanische Küche**

Magirio [*Griech. Speisekarte*] Gaststätte mit vielen Topf- und Backgerichten

Magnesium [*Gesundheit*] **T** Neben ↑**Calcium,** zu dem es eine physiologische Gegenspielerfunktion einnimmt, an Aufbau und Erhaltung des Skelettsystems und der Zähne entscheidend beteiligt. Außerdem stabilisiert es das innere Zellskelett der Zellen, zudem steuert es Muskel- und Nervenfunktionen.
Empfohlene Zufuhr:

Alter	Magnesium			
	mg/Tag		mg/MJ (Nährstoffdichte)	
	m	w	m	w
Säuglinge				
0 bis unter 4 Monate	24		12	13
4 bis unter 12 Monate	60		20	21
Kinder				
1 bis unter 4 Jahre	80		17	18
4 bis unter 7 Jahre	120		19	21
7 bis unter 10 Jahre	170		22	24
10 bis unter 13 Jahre	230	250	24	29
13 bis unter 15 Jahre	310	310	28	33
Jugendliche und Erwachsene				
15 bis unter 19 Jahre	400	350	38	41
19 bis unter 25 Jahre	400	310	38	38
25 bis unter 51 Jahre	350	300	34	38
51 bis unter 65 Jahre	350	300	38	41
65 Jahre und älter	350	300	42	43
Schwangere		310		34
Stillende		390		36

In den letzten Monaten der Schwangerschaft wird Magnesium auch zur Hemmung einer vorzeitigen Wehentätigkeit verschrieben. **Mehr Magnesium brauchen** – Sportler, bei denen viel Magnesium durch den Schweiß verloren geht – Diabetiker, die über den Urin vermehrt Magnesium ausscheiden – Alkoholiker sowie ältere Menschen, die häufig nicht genug trinken. Ferner kann die Einnahme einiger Arzneimittel Grund für erhöhten Magnesiumbedarf sein, zum Beispiel bei Herzkranken. Die zusätzliche Einnahme sollte aber grundsätzlich mit dem behandelnden Arzt abgesprochen werden. Man geht davon aus, dass der tägliche Bedarf an Magnesium bei normaler Ernährung gedeckt sein sollte. Kurzfristige Engpässe werden durch die Magnesiumvorräte in den Knochen überbrückt. Bei Krankheit, Fehlernährung oder auch bei älteren Menschen können allerdings Mängel auftreten. **Magnesiumhaltige Nahrungsmittel:** ↑**Vollkorn**produkte, ↑**Rohkost,** ↑**Nüsse** und ↑**Schokolade. Beispiele:** ↑**Sonnenblumenkerne** (∅ 420 mg/100 g); ↑**Sesam**samen (∅ 370 mg/100 g); ungeschälter ↑**Reis** (∅ 160 mg/100 g); ↑**Weizenkeime** (∅ 250 mg/100 g); Schokolade (∅ 140 mg/100 g) sowie ↑**Haferflocken** (∅ mit 140 mg/100 g). Man sollte auch bei der Auswahl des ↑**Mineralwassers** auf einen hohen Magnesiumgehalt achten. Gute Mineralwässer können über 80 mg Magnesium pro Liter enthalten. **Übrigens gilt der Mineralstoff (rechtzeitig eingenommen) als Geheimtipp gegen den „↑Kater", also die Kopfschmerzen am Tag nach einer durchzechten Nacht.**

Magnesiumcarbona [*Fachkunde*] ↑**E 504**

Magnesiumclorid [*Fachkunde*] ↑**E 511**

Magnesiumsilikat [*Fachkunde*] ↑**E 553a**

Magnesiumoxid [*Fachkunde*] ↑**E 530**

Magnetron [*Fachkunde*] Elektronenröhre, die im Mikrowellenherd magnetische Energie erzeugt

Magnolienblüten [*Wildkräuter, -blüten & -früchte*] **T** Essbar und zum Kandieren geeignet. ↑**Kandieren von Blüten – Mehr Information:** ↑**Essbare Blüten**

Magnum [*Weinkunde*] Bezeichnung für ein Flaschenformat mit doppeltem Fassungsvermögen (1,5 l) einer Standardflasche (0,75 l). Dieses Format eignet sich auch für hochwertige Weine, die für eine längere Flaschenreife vorgesehen sind, da im Vergleich zu Standardflaschen weniger Platz zwischen Wein und Korken für den Sauerstoff ist. Dies verlangsamt den Reifeprozess des Weins. ↑**Champagner-Flaschengröße.** Der genaue chemische Vorgang der Flaschenreife ist bis jetzt jedoch nicht eindeutig geklärt.

Magret aiguillette [*Franz. Speisekarte*] ↑**Enten**brustfilet, meist rosa gebraten, in dünne Scheiben geschnitten

Magret de canard [*Franz. Speisekarte*] ↑**Enten**brust

Magro [*Span. Speisekarte*] Mager

Maguey [*Mexicofood*] ↑**Agave**

Maguey-Wurm [*Hausbar*] **T** Der ↑**Mezcal** aus dem Bundesstaat Oaxaca wird gelegentlich zusammen mit einem toten, in der Flasche schwimmenden Maguey-Wurm verkauft und exportiert. Dabei handelt es sich um einen Marketing-Gag, bei dem allzu oft der Geschmack von billig produziertem Mezcal verschleiert werden soll! Denn der Wurm bringt tatsächlich ein etwas anderes Aroma. Von den in Agavenpflanzen lebenden Würmern gibt es zwei Arten: **1.** die Roten, die in den Wurzeln leben, und **2.** die Weißen, die in den Blättern der Agaven leben. Der Wurm ist völlig harmlos. Manchmal werden diese Würmer sogar geröstet oder gebraten gegessen, oder sie werden pulverisiert und danach mit ↑**Salz** und ↑**Gewürzen** gemischt. Das so entstandene „Wurmsalz" nutzen Mezcaltrinker zum Würzen ihres Getränks.

Mahi Mahi [*Fisch*] **Goldmakrele**

Mahón Geschützte Herkunftsbezeichnung [*Käse*] **Herkunft:** Spanien/Balearen (Menorca); **Käsesorte:** elfenbeinfarbener ↑**Hartkäse** mit fester bräunlich-gelber Rinde, mind. 45 % ↑**Fett i.Tr.**; **Milch:** Kuhmilch, enthält gelegentlich maximal 5 % ↑**Schafsmilch; Teig:** leicht bröckelnd mit ungleichmäßiger Lochung; **Geschmack** – jung: sehr mild – gut ausgereift: sehr würziges, herbes Aroma; **Info:** Der Mahón war schon in der Antike bekannt. **Form:** Viereck mit abgerundeten Kanten, 8 bis 9 cm hoch; **Gewicht:** 1 bis 4 kg; **Reifung:** 2 Monate (jung), 5 Monate (mittelalt), 10 Monate (reif)

Mai Tai [*Hausbar*] **R** Klassischer Rum-Cocktail, gilt als einer der erfolgreichsten Drinks weltweit. Er wurde 1944 in San Francisco von Victor Bergron, besser bekannt als Trader Vic, erfunden. Wie bei den meisten erfolgreichen ↑**Cocktails** gibt es unzählige Varianten, oft mit Säften verdünnt. 3 cl Martinique ↑**Rum**; 3 cl Jamaika Rum (ursprünglich: Wray & Nephew 17 Jahre), ersatzweise: Havanna Club 7 Jahre; 1,5 cl ↑**Curaçao**; 0,75 cl ↑**Mandelsirup**; 0,75 cl ↑**Zuckersirup**; 2 cl frisch gepresster Limettensaft. Alle Zutaten werden mit zerstoßenem Eis geschüttelt und in ein Glas mit zerstoßenem Eis abgeseiht. Zur Dekoration gehören ein Zweig ↑**Minze** und eine ↑**Maraschino-Kirsche.** Selbst für das Originalrezept von Trader Vic gibt es noch leicht unterschiedliche Angaben. **Tipps:** Die Qualität eines Mai Tai wird nach der Qualität des verwendeten Rums beurteilt. Da es den ursprünglich verwendeten 17-jährigen Rum nicht mehr gibt, fallen Mai Tai heutzutage deutlich süßer aus und haben einen höheren Saft-Anteil.

Maiale [*Ital. Speisekarte*] ↑**Schwein**

Maialino di latte [*Ital. Speisekarte*] ↑**Spanferkel**

Maibowle [*Hausbar*] **R** Auch Waldmeisterbowle, Maiwein oder Maitrank genannt, ein alkoholisches Getränk, mit dem typischen intensiven Aroma des Waldmeisters, das traditionell im Mai (am Maifeiertag) ausgeschenkt wird. **Grundrezept:** 150 g feiner Zucker; 1/2 Vanilleschote längs aufgeschlitzt; eine Flasche trockenen Weißweins in ein Gefäß geben und so lange rühren, bis sich der Zucker aufgelöst hat. Waldmeisterkraut und ggf. andere frische Kräuter dazugeben, ziehen lassen. Vor dem Servieren mit einer Flasche eiskalten Sekts auffüllen. Das Getränk in Gläser füllen und mit ein paar Frühlingsblüten (Gänseblümchen, Erdbeere, Apfel, Kirsche o. Ä.) garnieren. ↑**Blüten essen. Bei der Herstellung sind folgende wichtigen Punkte zu beachten: 1.** Waldmeister ohne Blüten aussuchen, bündeln und über Nacht antrocknen lassen. **2.** Es sollten nicht mehr als 3 g angetrocknetes ↑**Waldmeister**kraut pro Liter ↑**Bowle** verwendet werden. Bei dieser Menge ist das enthaltene ↑**Cumarin** nicht gesundheitsgefährdend. **3.** Für eine raffinierte Geschmacksabrundung pflückt man einen zweiten frischen Kräuterstrauß mit 15 Blättern von schwarzer ↑**Johannisbeere,** je zwei bis drei Blättern ↑**Pfefferminze,** ↑**Estragon,** ↑**Pimpinelle,** ↑**Thymian,** ↑**Salbei** für die beschriebene Menge Wein. **4.** Den Waldmeister und die Kräuter **eine halbe Stunde** an einem Faden in den Wein hängen, aber so, dass die Stielenden draußen bleiben. **Der Pflanzensaft des Waldmeisters ist giftig.**

Maier, Johanna [*Berühmte Köche*] **Johanna Maier,** *1951 in Radstadt, A – seit 1984 im familiären Hotel Hubertus, Filzmoos – Salzburg (Küchenchefin). Mittlerweile gilt sie als **„Beste Köchin der Welt"** und ist die erste und bislang einzige Frau, die vom Restaurantführer Gault-Millau mit vier Hauben sowie vom Guide Michelin mit zwei Sternen ausgezeichnet wurde. Dabei fing alles ganz anders an: Johanna kümmerte sich anfänglich um Service und Gästezimmer des Familienbetriebes, doch als 1984 ihre kochende Schwiegermutter starb, übernahm sie die Küche. Bekannt wurde sie durch ihre Amuse bouche-Teller und ihre Publikationen „Johannas Schmankerl" „Johanna Maier" und „Meine Kochschule". Mit ihrer ebenfalls ausgezeichneten Kollegin Lisa Wagner-↑**Bacher** aus Mautern in der Wachau präsentiert sie Frauenpower in der neuen, modernen ↑**Österreichischen Küche,** in der aus frischen Produkten der Region traditionelle Speisen auf sehr feine und köstliche Art kreiert werden.

Maifisch [*Fisch*] **Lateinisch:** Alosa alosa. **Synonym:** Alse. **Englisch:** allis shad; **Französisch:** alose vraie; **Italienisch:** alosa, alaccia; **Spanisch:** alosa, sábalo. Der Maifisch schwimmt im Süßwasser und gehört zur Familie der heringsartigen Fische. Er ist in den Küstengewässern von Nordeuropa bis zur nordafrikanischen Küste heimisch, wird bis 40 cm, maximal 70 cm lang und bis zu drei Kilogramm schwer. Der Körper des Maifischs ist seitlich zusammengedrückt und gestreckt. Auf der Oberseite ist er bläulichgrün bis grau gefärbt. Die Seiten und der Bauch sind weiß mit einem silbrigen Schimmer und Messingglanz, oberhalb der Kiemenspalte befindet sich ein großer schwarzer Fleck. Die geschlechtsreifen Fische wandern im Frühjahr aus dem Meer in großen Schwärmen zum Laichen in die Flüsse. Der Maifisch ist vom Aussterben bedroht, dort, wo er noch gefangen wird, kommt er meist geräuchert oder in Konserven auf den Markt.

Maigre [*Franz. Speisekarte*] Mager, auch durchwachsener ↑**Speck**

Mai-Kraut [*Unsere Küche*] ↑**Waldmeister**

Mailänder Art [*Speisegarnitur*] **A** ↑**à la Milanaise**

Mailänder Kohl [*Gemüse*] ↑**Wirsing**

Maillard-Reaktion [*Fachkunde*] Der Vorgang, der beim Braten zur Bräunung führt und flüchtige Aromastoffe erzeugt, die letztendlich Duft und Geschmack ergeben und darüber hinaus vor Verderb schützen. Benannt ist sie nach dem französischen Biochemiker Louis Camille Maillard (1878–1936), der sie 1912 entdeckte, analysierte, mit ihr experimentierte und als der Vorreiter heutiger ↑**Molekulargastronomie** gilt. Die Maillard-Reaktion ist verantwortlich dafür, dass in der Brotkruste mehr Geschmack steckt als in der Brotkrume, dass Gegrilltes und Gebratenes so lecker sind und dass Kaffee, Kakao bzw. Schokolade so gut riechen und schmecken.

Maintenon, Historischer Speisename [*Speisegarnitur*] **A** 1. Françoise d'Aubigné, Marquise von (1635–1719), heimliche Gemahlin von Ludwig XIV. **2. à la Maintenon – Speisegarnitur** für **helles Fleisch, Bries, gedünsteten Fisch** und **Geflügel** – ↑**Champignon**scheiben, gedünstete ↑**Zwiebeln**, ↑**Trüffel** und ↑**Zungen**würfel (manchmal **Geflügel**fleischwürfel) mit ↑**Béchamel** gebunden; 3. **Sauce Maintenon**, eine Ableitung der Béchamel: Zur fertigen Béchamel kommt gedünstetes Zwiebelmus, anschließend wird sie mit einem ↑**Eigelb** abgezogen. Die Sauce darf nicht mehr aufkochen. Einlage frische Champignonscheiben.

Mainzer Käse [*Käse*] **T Herkunft:** Deutschland; **Käsesorte:** laibförmiger ↑**Handkäse**, weniger als 10 % ↑**Fett i.Tr.**; **Milch:** Kuhmilch; **Teig:** geschmeidig, fest; **Geschmack:** mild-pikant bis pikant; auch mit ↑**Kümmel**; unverkennbar im Duft

Maiorchino [*Käse*] **T Herkunft:** Italien/Sizilien; **Käsesorte:** ↑**Schafskäse** mit bernsteingelber Rinde, bei zunehmender Reife bräunlich; **Teig:** strohgelb, kompakt; **Geschmack:** pikant; **Info:** Die 10 und 12 kg schweren ↑**Käse** reifen in Grotten oder auch Kellern, die eine konstante Temperatur garantieren. Während dieser mindestens acht Monate werden sie laufend gebürstet, mehrmals gewendet und danach mit ↑**Olivenöl** behandelt. **Verwendung:** Maiorchino eignet sich für ↑**Antipasto**, aber auch für den Abschluss einer Mahlzeit, wobei er in hobelartigen Stückchen serviert wird. In vielen Rezepten oder als Reibkäse.

Mairan [*Gewürze & Kräuter*] ↑**Majoran**

Mairenke [*Fisch*] **T Lateinisch:** Chalcalburnus chalcoides mento. **Synonym:** Seelaube. **Englisch:** white fish, vendace; **Französisch:** petite marene, corégone blanc. 30 cm langer Fisch aus der ↑**Karpfen**familie. Heimat der schmackhaften Mairenke sind Bayerns Seen.

Mairon [*Gewürze & Kräuter*] ↑**Majoran**

Mairübe [*Gemüse*] ↑**Rüben, Steckrüben** oder ↑**Teltower Rübchen**

Mais [*Allgem. Nährmittel*] **T Englisch:** (Indian) corn; **Französisch:** mais; **Italienisch:** mais, granturco; **Spanisch:** maíz. Mais ist ein Getreide und stammt ursprünglich aus Mexiko, wo es schon im Jahre 3000 v. Chr. angebaut wurde. Heute weltweit in gemäßigten und heißen Klimazonen. Hauptanbauland für Mais sind die USA. Er besteht aus einem Kolben, der mit weißen, gelben oder roten Körnern in Reihen besetzt ist. Das Aroma von Mais ist durch die enthaltene Stärke süßlich. Frische ↑**Maiskolben** können gegrillt oder gekocht werden. ↑**Zuckermais.** Die abgelösten Körner werden gekocht, gedünstet oder püriert (Polenta) und für Eintopf, Salat, Suppe, Pfannkuchen oder Gemüsespeisen verwendet. Die Industrie verarbeitet Mais zu Konserven, Maiskeimöl, Maisstärke, ↑**Maismehl** und -grieß. „Mini-Mais" ist 8 bis 10 cm lang, weißlich, unreif, ohne jegliche Verhärtung und als **„↑Mixed Pickles"** (Maiskölbchen in Essig) beliebt. Aus Mais werden Knabberartikel wie ↑**Popcorn**, Maisflips, ↑**Cornflakes** und Maisknusperflocken hergestellt. **Inhaltsstoffe:** 100 g frischer Mais enthalten ∅ 89 kcal/373 kJ, 75,5 g Wasser, 3,28 g Eiweiß, 15,7 g Kohlenhydrate, 2,8 g Ballaststoffe, 51 µg Betacarotin, 95 µg Vitamin E und 12 mg Vitamin C. In Mais liegt ↑**Niacin** überwiegend gebunden vor und kann durch die menschlichen ↑Verdauungs**enzyme** nicht freigesetzt werden. In Ländern, in denen Mais Grundnahrungsmittel ist, besteht die Gefahr, dass die Menschen an ↑**Pellagra** erkranken. Erst wenn Mais mit Kalkwasser behandelt wird (wie bei der Herstellung von ↑**Tortilla**mehl), kann das Niacin ausgenutzt werden.

Maische [*Weinkunde*] Die geernteten Trauben werden nach dem Empfang in der Kellerei „gemahlen", wobei die Beerenhäute aufgerissen werden und ein Teil des Saftes auslaufen kann. Den so entstehenden Brei von Saft, Hülsen, Kernen und manchmal Stielen bezeichnet man als Maische. Das Mahlen verschafft der ↑**Hefe** den Zugang zum Rebsaft und damit zur Nahrung, die sie für ihre Arbeit, die ↑**Gärung**, braucht. Zugleich ist das Pressen von Maische einfacher als von ganzen Beeren, da weniger Druck erforderlich ist. Dies bedeutet eine Verkürzung der Presszeit, aber wichtiger ist, dass ein schonender Pressvorgang des Saftes die Traubenkerne und Stiele nicht zerdrückt und dadurch keine ↑**Gerbstoffe** freigesetzt werden, die einen bitteren Geschmack im späteren Wein verursachen. Wenn Weißwein produziert werden soll, wird ausschließlich der von der Maische getrennte Saft vergoren. Wird Rotwein produziert, wird **auf der Maische** vergoren, da sich in den roten Beerenhäuten die Farbstoffe befinden, die die Farbe eines Rotweines verursachen. ↑**Wein**

Maischeerhitzung [*Weinkunde*] Durch eine Kurzzeit-Erhitzung wird den Beerenschalen der rote Farbstoff entzogen. Dieses Verfahren kann bei der Rotweinbereitung eingesetzt werden.

Maischegärung [*Weinkunde*] Aus den Beerenschalen der blauen Trauben stammen die Farbstoffe des Rotweins. Da der Most kaum Farbe enthält, wird dieser vor dem Abpressen einige Zeit mit den Beerenhäuten zusammen vergoren. Bei der Maischegärung entsteht Alkohol, der die Beerenschalen zerstört und so den roten Farbstoff freisetzt. Der Alkohol löst auch Gerbstoffe aus den Schalen und Kernen. Vor der Gärung werden die Kämme entfernt, damit der Gerbstoffgehalt nicht zu hoch wird. Wenn blaue Trauben sofort wie Weißwein abgekeltert werden, entsteht Roséwein bzw. Weißherbst. ↑**Wein**

Maischen [*Bier*] Zu Beginn des Brauvorgangs wird ↑**Malz** mit Wasser zur Maische vermischt und erhitzt. Dadurch entstehen ↑**Enzyme**, die die Malzstärke in Malzzucker umwandeln. Es entsteht das Brauwasser.

Maischolle [*Fisch*] **T** Die im Mai gefangene Jungscholle wird wegen ihrer Zartheit und des feinen Geschmacks besonders geschätzt. Maischollen werden meist nur küstennah angeboten. ↑**Scholle**

Maisgrieß [*Allgem. Nährmittel*] Aus reifen Maiskörnern gemahlen, bildet er die Grundlage nahrhafter Speisen, z. B. ↑**Polenta**; ↑**Gelber Mais, Maismehl** & **Fumonisine**

Maiskeimöl [*Fette*] **T** Ein hochwertiges, gesundes ↑**Speiseöl**, das aus den fettreichen Keimen des Maiskornes durch Pressen sowie Extrahieren gelöst und dann raffiniert wird. Gelblich gefärbt, hat es einen neutralen Geschmack und besteht aus ∅35–85% ↑**ungesättigten Fettsäuren** (↑**Linolsäure**), davon sind mehr als die Hälfte mehrfach ungesättigt, also biologisch besonders wertvoll. Um seine wertvollen ↑**Fettsäuren** zu schonen, sollte das Maiskeimöl vorwiegend zum Dünsten, zur Zubereitung von kalten Speisen und für Salate verwendet werden. Die Industrie nutzt es auch zur ↑**Margarine**herstellung. ↑**Samenfette** & **Öl**

Maiskolben [*Unsere Küche*] **R Englisch:** corn on the cob; **Französisch:** épis de mais; **Italienisch:** pannocchia (di granturco); **Spanisch:** mazorca de maíz. ↑**Zuckermais** & ↑**Mais**

Maismehl [*Allgem. Nährmittel*] **T** Beliebtes und preisgünstiges Produkt. Üblicherweise sind Grieß oder Mehl aus gelbem Mais im Handel, aber auch weißer Mais wird verarbeitet, als Basis für Brot, Polenta und Tortillas. Zum Backen ist fein gemahlenes Mehl zu empfehlen, es gibt dem Brot einen speziellen Geschmack und eine angenehme Farbe. Mais enthält aber **kein** ↑**Gluten**, sodass aus Maismehl erst dann Brot entsteht, wenn man es mit Weizenmehl mischt. Maismehl hat einen hohen Fettgehalt und ist ein guter Kohlenhydratlieferant. Der Geschmack ist arteigen und eher süßlich. Das Aussehen ist gelb und der Geruch typisch. **Inhaltsstoffe:** Eiweißgehalt: ∅15,3%, Gesamtfettgehalt: ∅28,5%, Kohlenhydrate: ∅37,6%. **Zwei Arten von Maismehl: 1.** In Ländern, in denen eher selten Mais gegessen wird, wird der Mais einfach zermahlen. **2.** Dort, wo Mais tägliches Grundnahrungsmittel ist, wird er speziell behandelt, denn Maiseiweiß enthält weder Lysin noch Tryptophan. Beides sind jedoch lebenswichtige Aminosäuren, die der Mensch mit der Nahrung aufnehmen muss. **Info:** Eine alleinige Maisernährung kann zu Problemen in der Eiweißversorgung führen. Mayas und Inkas ahnten das offenbar bereits. Sie aßen Mais zusammen mit Bohnen, eine Kombination, in der sich die Eiweiße ernährungsphysiologisch ideal ergänzen. Den gleichen Effekt erreicht man heute, indem man dem Maismehl Sojabohnenmehl untermischt. Die klassische und am meisten verbreitete Art ist aber, dass der Mais in einer Wasser-Kalklösung einige Tage lang getränkt wird, bis er sich durch Gärung zersetzt. Die angegorenen Körner wiederum werden getrocknet und zu Mehl verarbeitet. Nur so erreichen die lebenswichtigen Eiweißstoffe die menschliche Verdauung, zudem verbessern sich Geschmack und Backeigenschaften. Dieses Mehl kann man im Fachhandel als Mais-Tortillamehl oder ↑**Masa Harina** kaufen. In den USA ist dieses Mehl als ↑**Hominy** bekannt. Neuere Maiszüchtungen enthalten allerdings mehr Lysin und auch Tryptophan als die bisher bekannten. Überwiegender Maisverzehr birgt auch die Gefahr von Vitaminmangel – der ↑**Pellagra.** ↑**Niacin**, das zum Vitamin-B-Komplex gezählt wird, ist im Mais vorwiegend in gebundener Form enthalten. Nur mit der Aminosäure Tryptophan, die in den klassischen Maissorten Mangelware ist, kann der Organismus dieses Niacin freisetzen. ↑**Gelber Mais,** ↑**Maisgrieß** &↑**Fumonisine**

Maisstärke [*Allgem. Nährmittel*] **T** Weißes ↑**Stärke**pulver, das aus ↑**Mais** gewonnen wird. Als Binder für ↑**Saucen** etc. sehr gut einsetzbar, weil es nicht klumpt (z. B. Maizena oder Mondamin).

Maitake [*Speisepilze*] ↑**Grifola Pilze**

Maître de chai [*Franz. Speisekarte*] Kellermeister

Maître d'hôtel [*Speisegarnitur*] **A** Frische ↑**Butter** mit gehackter ↑**Petersilie** vermengt

Máj [*Ungarische Küche*] **A** Begriff aus der ungarischen Küchenkultur für ↑**Leber**. Sie muss immer frisch zubereitet werden und wird erst nach dem Braten gesalzen, da sie sonst hart wird. Zwei bekannte Lebergerichte sind – piritott máj (geschnetzelte Leber in Paprikasauce) und rántott máj (dünne Leberschnitten, paniert und gebacken).

Majoran [*Gewürze & Kräuter*] **T Lateinisch:** Origanum maiorana, aber auch Maiorana hortensis Moench. **Synonym:** Wurstkraut, Blutwürze, Bratenkräutel, Gartenmajoran, Kuchelkraut, Mairan, Mairon. **Englisch:** sweet marjoram; **Französisch:** marjolaine; **Italienisch:** maggiorana; **Spanisch:** mejorana. **Info:** Majoran gehört zur Familie der Lippenblütengewächse und ist ein 30 bis 60 cm hoher, krautiger, buschiger, ein- oder mehrjähriger Halbstrauch mit rötlichem, vierkantigem, verästeltem, filzig behaartem Stängel und gegenständigen, kurzgestielten, kleinen, ovalen, graugrünen Blättern. Es wächst in allen gemäßigten Zonen Eurasiens auf sonnigen Hängen, trockenen Wiesen und Weiden von der Ebene bis in gebirgige Höhen. In den kälteren Regionen der nördlichen Halbkugel werden hauptsächlich einjährige Kulturen angebaut; gute Qualität setzt allerdings ein wärmeres Klima voraus. Der beste Majoran kommt aus dem Fränkischen und Thüringer Raum, Ungarn, Frankreich und Tschechien. **Ursprung:** Der ursprünglich aus Nordafrika oder dem Vorderen Orient stammende Majoran wurde im Altertum bereits von Ägyptern, Griechen und Römern angebaut, die damit Fleischgerichte und ↑**Wein** würzten. Die Griechen versprachen sich von ihm eine Steigerung der Liebeskraft und opferten Majoran als „Weihrauch" zu Ehren der Aphrodite. **Erhältlich als:** Frischer Majoran wird am besten vor der Blütezeit geerntet und von Mai bis August in ausreichenden Mengen angeboten. In getrockneter, ↑**gerebelter** Form ist er ganzjährig erhältlich. **Geschmack:** Wie seine Verwandten ↑**Oregano** und ↑**Thymian** hat Majoran einen kräftigen, minzigen Geschmack, der sich aber nur bei getrocknetem Kraut entwickelt. **Verwendung in der Küche:** ↑**Würztabelle.** Majoran passt besonders gut zu schwereren Gerichten, allerdings sollte er wegen seines intensiven Aromas nur sparsam dosiert und nicht mitgekocht werden, da er dabei sein Aroma verliert. Er ist das typische Gewürz für ↑**Nürnberger,** ↑**Fränkische** oder ↑**Thüringer Rostbratwurst. Wirkung in der Volksmedizin:** Majoran enthält Gerb- und Bitterstoffe, je nach Boden, Klima und Jahreszeit in sehr unterschiedlichen Mengen. Er gilt als wirksames Mittel gegen Heuschnupfen, bei Verdauungsschwächen, Blähungen, Durchfall und Appetitlosigkeit und wirkt außerdem desinfizierend, entzündungshemmend und krampflösend.

Majorero [*Käse*] **Herkunft:** Spanien/Kanarische Inseln; **Käsesorte:** international bekannter ↑**Ziegenkäse**

Makaam [*Asiatische Küche*] Begriff aus der thailändischen Küchenkultur für ↑**Tamarinde**

Makhüakhau [*Asiatische Küche*] Begriff aus der thailändischen Küchenkultur für ↑**Auberginen.** In Thailand gibt es über 10 verschiedene Auberginensorten, unter anderem die bekannte violette Sorte.

Maki [*Intern. Länderküche*] Begriff aus der japanischen Küchenkultur für Rollen aus ↑**Klebereis** mit verschiedenen Einlagen und ↑**Seetang.** ↑**Sushi**

Makkaroni [*Allgem. Nährmittel*] Lange, röhrenförmige ↑**Nudeln** aus ↑**Hartweizengrieß**

Makrele [*Fisch*] **T Lateinisch:** Scomber scombrus; **Englisch:** mackerel; **Französisch:** maquereau; **Italienisch:** maccarello, sgombro; **Spanisch:** caballa, lampuga; **Portugiesisch:** Sarda. Die Makrele ist ein mit dem ↑**Tunfisch** verwandter, räuberischer Stachelflosser. Der wanderfreudige Schwarmfisch wird bis 60 cm lang und hat ein leicht rötliches, festes, fettreiches Fleisch. Der länglich-breite Körper dieses Seefisches fällt durch eine stark gegabelte Schwanzflosse sowie grün-blauen Querstreifen mit perlmuttartigem Schimmer auf. **Inhaltsstoffe:** 100 g Markrelenfleisch enthalten ⌀ 11,6 g Fett, 18,8 g Eiweiß und Spuren von Kohlenhydraten. Makrelen werden im Handel als ganze Fische, filetiert oder geräuchert angeboten und sind auch als Vollkonserve beliebt. **In der Küche:** Das Muskelfleisch der Makrele ist stark durchblutet und hat bei frisch gefangenen Fischen eine rötliche Färbung. Makrelen lassen sich auf verschiedenste Art und Weise zubereiten. Ob gegrillt, gekocht, gedünstet oder gebraten, ob geräuchert oder gebeizt, der Fisch besticht durch sein zartes, saftiges Fleisch und seine feine Geschmacksnote.

Makrelenhai [*Fisch*] Er zählt nicht zu den schmackhaften ↑**Haifischen.** Vor allem das Fleisch mit dunkelroten Stellen sollte unbedingt entfernt werden, es schmeckt bitter und tranig.

Makronährstoffe [*Fachkunde*] ↑**Vitamine** und ↑**Nährstoffe,** die der Körper in Mengen von 100 Milligramm und mehr pro Tag benötigt

Makronen [*Backstube*] Plätzchenförmiges Gebäck, oft mit ↑**Mandeln** oder ↑**Kokosflocken**

Makrouth [*Intern. Länderküche*] **A** Nordafrikanisches, sehr süßes ↑**Grieß**gebäck in Rollenform. Gefüllt mit ↑**Orangenblütenwasser** und ↑**zimt**parfümierte Dattelmasse, in Rauten geschnitten, frittiert und in Honig getaucht – besonders beliebt zum Ende des ↑**Ramadan.**

Malabar AA monsooned [*Kaffee*] Eigentlich ist Indien bekannt für hervorragenden Teeanbau, sodass die Kaffeeproduktion in Vergessenheit gerät. Es sind die südindischen Staaten zwischen dem 10. und 15. Breitengrad, in denen Kaffee angebaut wird. Das ist zum einen der Staat Karnataka, aber auch Tellichery und Malabar im fruchtbaren Staat Kerala und Nilgiris im südöstlichen Staat Tamil Nadu. Aus Südindien kommen hautsächlich Arabica-Hochlandkaffees. Eine Sorte ist besonders beliebt, der gelbe ↑**Monsunkaffee.** Er wird künstlich ausgebleicht und ist feinbitter im Aroma. ↑**Kaffee** & **Kaffee arabica**

Malaga [*Weinkunde*] Bekannter hoch aromatischer spanischer ↑**Dessertwein**

Malai aam [*Intern. Länderküche*] Begriff aus der ↑**Indischen Küche** für eine ↑**Mango**crème mit ↑**Mandeln** und ↑**Sahne**

Malakow Historischer Speisename [*Speisegarnitur*] **A 1.** Jean J. Péllisier (1794–1864), französischer Marschall, erhielt nach dem Sturm auf Malakow (Krim) 1855 den Titel eines Herzogs von Malakow; **2.** Verschiedene Gebäcke, meist aus ↑**Biskuitteig,** mit ↑**Kaffee-** oder ↑**Mocca-**↑**Konditorcrème** und ↑**Puderzucker; 3.** Die Sahnetorte à la „**Malakow**" aus ↑**Löffelbiskuit** ist eine entfernte Verwandte des ↑**Tiramisu.** Bei der Malakowtorte werden die Biskotten einzeln in ↑**Milch** getaucht, die mit Rum gewürzt wurde. Die einzelnen Lagen sind mit einer leichten ↑**Butter-**↑**Eier-**↑**Vanillecrème** bestrichen, wobei man bei der untersten mit ↑**Johannisbeer**gelee beginnt. Nachdem die Torte über Nacht im Kühlschrank durchgezogen ist, wird sie zum Servieren mit fest geschlagener ↑**Sahne** ummantelt und mit ↑**Walnüssen** garniert.

Malbec [*Weinkunde*] Rotwein-Rebsorte aus dem Südwesten Frankreichs. Sie war bis 1956 in ↑**Bordeaux** sehr verbreitet; nach dem extremen Frostwinter in diesem Jahr ist sie dort aber nur noch wenig aufzufinden. Als ↑**Cot** spielt sie eine Hauptrolle in Cahors (im Südwesten Frankreichs), wo aus ihr tieffarbige und tanninreiche Weine gekeltert werden. Sie wird in verschiedenen Regionen Frankreichs wie dem Loiretal, Languedoc-Roussillon und Cahors angebaut. Ihr Bestandteil im Cahors muss mindestens 70 % betragen. In Spanien kommt sie im oberen Duero-Tal vor. Sie ist ein Bestandteil der großen Vega-Sicilia. Ihre Weine sind sehr dunkel und rustikal und bedürfen meist einer längeren Reifezeit. Beste Weine erzielt man in Kalksteinlagen, diese Weine sind dann tiefrot und tanninhaltig, aber milder und weicher als ↑**Cabernets**, und früher trinkreif. Die Traube ist in den roten AOC-Weinen Bordeaux, ↑**Médoc**, ↑**Graves**, ↑**St.-Emilion**, ↑**Pomerol** und ↑**Fronsac** enthalten. Malbec wird auch in Süd-Amerika angebaut, wo fruchtbetonte Exemplare, oft mit leichtem Holzton vom ↑**Barrique**, produziert werden und bei vielen Konsumenten weltweit Gefallen finden. Die Rebe wird auch Auxerrois, Balouzat, Cahors, Cauly, Etranger, Mourame, Pressac (Frankreich), Cot Malbec (Uruguay), Cot Rouge (Chile), Malbec (Argentinien, Australien, Chile, Frankreich, Russland, Schweiz, Spanien, Südafrika) und Malbech (Italien) genannt.

Malfatti [*Ital. Speisekarte*] Spinatnocken oder Klößchen, mit ↑**Ricotta** und ↑**Parmesan**

Malloreddus [*Ital. Speisekarte*] Sardische Form der ↑**Gnocchi** mit Safran

Mallorquin [*Käse*] **Herkunft:** Spanien/Fuerteventura; **Käsesorte:** ↑**Ziegenkäse** mit gewaschener Rinde

Mallorquina, à la [*Speisegarnitur*] **A** Dieser Begriff aus der mallorquinischen Küchenkultur steht für eine Soße, die unter Verwendung von ↑**Olivenöl**, ↑**Tomaten**, ↑**Knoblauch** und ↑**Zwiebeln** mit charakteristischen mediterranen Gewürzen hergestellt wird.

Mallorquinische Küche [*Intern. Länderküche*] **A** Die **mallorquinische Küche** ist eine Regionalküche der ↑**Spanischen Küche**. Sie hat durchweg mediterranen Charakter. Basiszutaten sind **Gemüse** wie ↑**Paprika**, ↑**Tomaten**, ↑**Zucchini**, ↑**Auberginen** und ↑**Knoblauch**, sowie ↑**Fisch**. Die Gerichte werden weitgehend mit ↑**Olivenöl** zubereitet. Auf der Insel ist ↑**Fleisch** vom ↑**Schwein** und ↑**Lamm** üblich; ↑**Rindfleisch** kommt nur in Restaurants mit baskischer und galicischer Küche vor. Auf den Balearen ist sowohl die katalanische Sprache als auch das Spanische präsent, was unter Urlaubern bei der Wahl mallorquinischer Gerichte manchmal Verwirrung stiftet. Einige Gerichte und Fleischprodukte wie **sobrassada** und **butifarra** werden mit dem Fleisch einer einheimischen Schweinerasse, dem „schwarzen Schwein" (span. **cerdo negro**), zubereitet. Fleischgerichte werden auf der Insel als Carn (katalan.) oder Carnes (span.) bezeichnet. Fischgerichte werden auf Katalanisch als **peix** oder auf Spanisch als **pescado** bezeichnet, Geflügelgerichte auf Spanisch als **aves**. Im Spanischen werden die Begriffe **caldo** (Brühe), **sopa** (Suppe) und **potaje** (Eintopf) unterschieden. **Essen im Restaurant**: Ebenso wie im nahe gelegenen Katalonien und Valencia der spanischen Festlandküste sind in Mallorca Reisgerichte üblich. **Regel:** Kein Tisch wird zweimal verkauft. Man darf sich also nicht wundern, wenn man abgewiesen wird, obwohl noch viele Tische frei sind. Sind die Tische bestellt, bleiben sie auch frei, bis die Gäste kommen. Mallorquiner kommen mittags selten vor zwei Uhr, abends zwischen neun und zehn Uhr, im Sommer eher noch eine Stunde später. In Urlauberzonen profitieren die Gastwirte von den unterschiedlichen Essenszeiten einheimischer und ausländischer Gäste. Einen Tisch im Restaurant sollte man nur beanspruchen, wenn man wirklich zum Tafeln kommt. Wer kein Menü mag, sollte in einer Bar oder Bodega einkehren, wo eine Vielzahl von kleinen ↑**Tapas**, ↑**Tortillas** und **bocadillos** (spanische belegte ↑**Baguettes**) serviert werden. Die mallorquinischen Mahlzeiten, sei es am Mittag oder am Abend, bestehen aus mindestens drei Gängen und können daher recht lange dauern. Vor der Vorspeise (span. **entremeses**) nimmt man ↑**Brot** und ↑**Oliven** auch mit ↑**Aioli** oder etwas zum Knabbern (span. **para picar**). Nach der Vorspeise (Salate, Suppen, ↑**Schnecken**, ↑**Schinken**, ↑**Muscheln**) wird das Hauptgericht (span. **segundo plato**) serviert, sei es Fisch, Fleisch oder ↑**Geflügel**. Der Nachtisch (span. **postre**), besteht aus ↑**Obst**, ↑**Speiseeis**, ↑**Flan** (Eierpudding mit Karamellcrème), Gebäck oder ↑**Käse**. Das typische Essen wird mit ↑**Kaffee** und ↑**Cognac** oder einem **Cava** (katalanischer ↑**Sekt**) beendet. **Frühstück:** Das mallorquinische Frühstück (span. **desayuno**) ist karg: ein **café solo** (Espresso) oder ein **cortado** (Espresso mit einem Schuss Milch) mit den Varianten **con leche fría** (span. für „kalte Milch"), **con leche caliente** (span. für „warme Milch"), oder einen Milchkaffee **café con leche**, lediglich mit einem Croissant (Hörnchen) oder einer ↑**Ensaimada**. **Getränke:** In den meisten einfachen Restaurants und Bars kommt zum Essen immer Wasser mit dem ↑**Wein** auf den Tisch. Der Wirt berechnet meist nur, was in den Flaschen fehlt. **Wein:** Wein gehört zur mallorquinischen Küche. Die meisten Bars schenken Wein glasweise aus, man kann auch eine Flasche bestellen. Der Wein Mallorcas ist schwer und vollmundig. Er passt zur deftigen Hausmannskost und kommt meist als **vino de la casa** im Krug (span. **jarra**) oder in einer etikettfreien Flasche auf den Tisch. Die Rotweine haben einen Alkoholgehalt von 12–14 %, Weißwein 10–12,5 %. Weinanbaugebiete sind Banyalbufar mit der ↑**Malvasier-Rebe** und Binissalem mit überwiegend ↑**Mantonegro-Rebe.** Da die einheimische Produktion den Bedarf nur zu Bruchteilen deckt, wird Wein importiert. **Wasser:** Das wichtigste unter den Getränken auf Mallorca ist das ↑**Mineralwasser agua**

sin gas (span. für stilles Wasser) oder **agua con gas** (mit Kohlensäure). Pro Jahr registriert man auf der Insel einen Verbrauch von 30 Millionen l.

Malolaktische Gärung [*Weinkunde*] Begriff, mit dem ein mikrobiologischer Vorgang angedeutet wird, bei dem die im Wein vorhandene Apfelsäure in weichere Milchsäure umgwandelt wird. Da eine Bakterienart und keine Hefeart für diese Umwandlung verantwortlich ist, kann man streng genommen nicht von Gärung sprechen, weshalb der Begriff biologischer Säureabbau (BSA) dem der malolaktischen Gärung (**französisch:** malolactique = Fermentation) vorzuziehen ist. ↑**Biologischer Säureabbau (BSA)**

Maltagliati [*Ital. Speisekarte*] Breite ↑**Nudeln**

Maltitol [*Fachkunde*] Oder Maltit. Zuckeraustauschstoff. Substanz mit 0,45-facher Süßkraft von Kristallzucker (Saccharose) für die Herstellung von zahnschonenden Produkten; kann ↑**Zucker** in Backwaren ersetzen. ↑**E 965**

Maltodextrin [*Fachkunde*] ↑**Kohlenhydrat**, das durch den teilweisen Abbau von ↑**Stärke** gewonnen wird, kann als Verdickungsmittel in ↑**Saucen** oder Crèmes verwendet werden.

Maltol [*Gesundheit*] **T** Inhaltsstoff in Lebensmitteln, der sich beim Erhitzen von **Kohlenhydraten** (besonders von ↑**Malz**- und ↑**Milchzucker**) bildet. Er kommt in ↑**Kakao**, ↑**Kaffee**, ↑**Milchpulver**, ↑**Brot** und geröstetem ↑**Malz** vor. Mit seinem Karamellaroma wird Maltol als ↑**Geschmacksverstärker** und ↑**Aromastoff** zur Geschmacksabrundung fruchtigen, süßen und sahnigen Lebensmitteln zugesetzt. ↑**E 636**

Maltose [*Gesundheit*] **T** ↑**Kohlenhydrat** und Zweifachzucker, aufgebaut aus zwei Bausteinen ↑**Traubenzucker** (↑**Glucose**). Maltose ist ein bedeutender Bestandteil des ↑**Malzes**. Sie entsteht beim Abbau der ↑**Stärke**, z. B. bei der Keimung. Maltose schmeckt süß, hat 36 % der Süßkraft von **Rübenzucker** (Saccharose) und kommt in ↑**Honig**, ↑**Brot**, ↑**Bier** und ↑**Malzextrakt** vor.

Maltosesirup [*Fachkunde*] ↑**Glukosesirup**

Malt-Whisky [*Hausbar*] **T** Malt (↑**Malz**): bedeutet, dass der Rohstoff für die Whiskyherstellung, die ↑**Gerste**, zum Keimen (gemälzt) gebracht wurde. Nicht nur in Schottland wird ↑**Single Malt** hergestellt, sondern auch in Irland. So rühmte sich die nordirische Destille von Bushmills, den einzigen echten irischen Single Malt zu produzieren. Mittlerweile sind jedoch auch die Sorten Connemara, Knappogue Castle und Locke's – allesamt von der Cooley-Distillery im nordostirischen Dundalk – auf dem Markt. Der grundlegende Produktionsprozess und die Bezeichnungen sind dieselben wie bei schottischem Single Malt, jedoch wird der traditionelle irische ↑**Whisky** dreimal destilliert, der schottische nur zweimal. Dazu kommt, dass in Schottland die gemälzte Gerste durch Torf-Rauch getrocknet wird. In Irland wird lediglich Heißluft durch das Getreide geleitet, sodass dem irischen Whisky die typische Rauchigkeit seines schottischen Verwandten fehlt.

Malva pudding [*Intern. Länderküche*] Ein in Südafrika beliebter süßer Kuchen aus ↑**Milch**, ↑**Zucker**, ↑**Sahne** und ↑**Aprikosenmarmelade**

Malvasier [*Weinkunde*] Hinter diesem Namen (abgeleitet von Monemvasia, eine südgriechische Hafenstadt der Antike) verbirgt sich eine Vielzahl verschiedener sowohl roter als auch weißer Rebsorten, bei denen es sich oft ausschließlich um Synonyme handelt. Nur die wenigsten sind echte Malvasier. So kennt Frankreich Malvoisie, mit der je nach Region ↑**Pinot Bianco**, Maccabeu oder ↑**Veltliner** gemeint sein kann. Ihre einzige Gemeinsamkeit besteht darin, dass es sich um weiße Rebsorten handelt. Sortenrein ergibt die Rebe bernsteinfarbene volle und weiche Weine. Malvoisie war traditionell die in Frankreich benutzte Bezeichnung für hochwertige Weine angeblich griechischer Herkunft. Die ertragreiche Rebe wird heute im Mittelmeerraum und Osteuropa angebaut. In Italien Malvasia, auf Madeira Malmsey und auf Korsika Vermentino genannt. In Spanien auch als Cagazal, Malvasia Fina, Rioja Rojal, Subirat, Tobia vermarktet, angebaut in Calatayud, Valencia, Zamora und auf den Kanaren. **Die echte Malvasia wird in ganz Italien angebaut, wo sie für unterschiedliche Weinstile verantwortlich ist.** So wird in Mittelitalien die Malvasia Bianca zu trockenen, charaktervollen Weißweinen verarbeitet mit oft hohem Alkoholgehalt. Doch selten spielt sie die alleinige Hauptrolle im Wein, vielmehr wird sie zusammen mit dem neutralen ↑**Trebbiano** zu anspruchslosen Weißweinen wie ↑**Frascati** verschnitten. Zu Weltklasse gelangt sie in den Dessertweinen, die auf den Liparischen Inseln vor der Küste Siziliens aus getrockneten Beeren gekeltert werden und als Malvasia di Lipari ein wohlverdientes Comeback erleben. Die Malvasia Nera wird als roter Malvasier ab und zu noch in Südtirol angebaut, ist jedoch weit mehr in Apulien verbreitet.

Malvenblüten [*Wildkräuter, -blüten & -früchte*] **T Lateinisch:** Malva spp. Schmecken fein würzig und sind zum Kandieren geeignet. ↑**Kandieren von Blüten** – Zudem können sie als natürliche Lebensmittelfarbe verwendet werden. **Mehr Information:** ↑**Essbare Blüten**

Malventee [*Tee*] **T** Er wird aus den getrockneten Blüten der ↑**Hibiskus**pflanze gewonnen. Der Aufguss ist rot und hat einen säuerlichen Geschmack. Er enthält Gerb- und Schleimstoffe sowie den Farbstoff Malvin. Der Tee wird hauptsächlich gegen Entzündungen und Verschleimung der Atemwege empfohlen. Äußerlich angewendet, gilt der Tee seit alters als Hautpflegemittel, das einen makellosen Teint verleiht. Dazu legt man regelmäßig in Malventee getauchte Kompressen auf.

Malz [*Bier*] Gerste, die künstlich zum Keimen gebracht wurde. Handelt es sich um andere Getreidesorten, so wird die Getreidesorte namentlich genannt, z. B. Weizenmalz. Mit Malz stellt man Bier her. Während des Keimens werden Enzyme aktiviert, die die enthaltene Stärke abbauen. Dabei entsteht Malzzucker. Anschließend wird das gekeimte Getreide (Grünmalz) durch ↑**Darren** getrocknet (Darrmalz) und haltbar gemacht. Mit warmem Wasser wird Malz in Maische verwandelt. Grünmalz, also gekeimtes Getreide ohne Darren, wird in Brennereien zur Produktion von Spirituosen verwendet.

Malzbier [*Bier*] Das dunkle Malzbier ist ein schwach gehopftes, malzreiches, wenig vergorenes Süßbier und mit ⌀ 0,1 bis 0,4 % praktisch alkoholfrei.

Mälzer, Tim [*Berühmte Köche*] **Tim Mälzer,** *1971 in Elmshorn, D – Ende April 2006 eröffnete Mälzer die Oberhafenkantine im Hamburger Hafen. Er ist bekannt für seine Überraschungsmenüs, die immer erst am Tisch verraten werden. 2006 erhielt Mälzer die Goldene Kamera in der Kategorie HörZu-Leserwahl „Beste Koch-Show" für „Schmeckt nicht, gibt's nicht", die er seit Dezember 2003 präsentiert. Sein Stil ähnelt dem anderer junger Fernsehköche wie Jamie ↑**Oliver,** mit dem er in London zusammenarbeitete, oder Ralf ↑**Zacherl.** Mälzer gehört zur Stammbesetzung der Johannes-B.-Kerner-Sendung „Kochen bei Kerner".

Malzessig [*Gewürze & Kräuter*] **T** In England und Skandinavien beliebt. Die englischen **„↑Fish'n'chips"** wären ohne Malzessig undenkbar: Er wird aus vergorener Malzmaische (Rohprodukt ist gekeimte ↑**Gerste**) hergestellt. ↑**Essig**

Malzkaffee [*Kaffee*] Kaffee-Ersatzmittel, das aus ↑**Gerste** hergestellt wird. Malzkaffee wurde als Ersatz für den teuren Bohnenkaffee während des Kaffeeverbots von 1780 und Napoleons Kontinentalsperre gegen England erfunden. Es wird aus in Wasser eingeweichter bzw. gekeimter Gerste hergestellt. Beim Keimen entsteht aus der ↑**Stärke** unter anderem ↑**Malzzucker.** Durch Hitzezufuhr wird die Keimung unterbrochen. Dann wird das Produkt geröstet, wobei der ↑**Malzzucker** karamellisiert und sich Farbe und Geschmack entwickeln. **Dabei können auch schädliche Reizstoffe wie Benzpyren und ↑Acrylamid (krebserregend) entstehen.** Daher führt man regelmäßig spezielle Kontrollen durch. Malzkaffee gibt es auch als Trockenprodukt (↑**Instant**kaffee).

Malzmehl [*Allgem. Nährmittel*] **T** Mischung aus braunem ↑**Weizenmehl,** ↑**Roggenmehl** und ↑Weizen**malz.** Der gemälzte ↑**Weizen** gibt dem ↑**Brot** seinen charakteristischen, recht süßen Geschmack und die klebrige Beschaffenheit.

Malzsirup [*Backstube*] Malz-, Glucose- oder Stärkesirup entsteht bei der Verzuckerung von ↑**Mais,** ↑**Weizen,** ↑**Gerste,** ↑**Hirse,** ↑**Reis** und anderen stärkehaltigen Feldfrüchten wie ↑**Kartoffeln.** Die entstandenen Getreideverzuckerungsprodukte haben unterschiedliche Süßungseigenschaften und eignen sich damit vornehmlich zur Lebensmittelverarbeitung. Sie werden je nach Geschmack und Funktionalität als reines Süßungsmittel oder als Stoffe mit technologischen Eigenschaften wie der Feuchthaltung oder der Stabilisierung eingesetzt. So wird Malzsirup bei Spezialprodukten verwendet, in denen der Malzgeschmack das Aroma des Lebensmittels positiv unterstreicht. Dunkler Malzextrakt wird oft eingesetzt, um Backwaren dunkler zu färben. Er fördert aber auch die Bindung von Schrotbrotteig und rundet den Geschmack des Brotes ab.

Malzzucker [*Allgem. Nährmittel*] Zwischenprodukt der Stärkespaltung, das beim Keimen von ↑**Gerste** und ↑**Weizen** auftritt und Hauptbestandteil des ↑**Malzextraktes** ist. ↑**Zucker**

Mamertino [*Weinkunde*] Goldgelber, würziger Aperitif- bzw. Dessertwein aus der Gegend von Messina (Sizilien)

Mammei-Apfel [*Exotische Früchte*] Die südamerikanische Frucht gehört zur Ordnung der Teestrauchartigen. Die bis zu vier Kilogramm schweren Früchte schmecken ähnlich wie ↑**Aprikosen.**

Mammoth Cheese [*Käse*] Der kleine amerikanische Bruder des ↑**Barrel Cheese** wiegt oft mehr als 50 kg.

Manca [*Orientalische Küche*] **A** Begriff aus der türkischen Küchenkultur für ↑**Spinat** in ↑**Jogurt** mit ↑**Knoblauch.** ↑**Türkische Küche**

Manche de gigot [*Franz. Speisekarte*] ↑Lamm**haxe**

Manchego [*Käse*] **Herkunft:** Spanien; **Käsesorte:** Trockener, gefurchter, gelbfarbener ↑**Hartkäse,** 57 % ↑**Fett i. Tr.; Milch:** rohe und erhitzte ↑**Schafsmilch; Teig:** weißgelblich mit einzelnen Löchern; **Geschmack:** jung wenig Profil, im Alter ausgeprägt

Manchon [*Franz. Speisekarte*] ↑Mandel**biskuit** mit ↑**Buttercreme**

Mandarancio [*Ital. Speisekarte*] ↑**Clementine**

Mandarinas [*Span. Speisekarte*] ↑**Mandarinen**

Mandarine [*Obst*] **T** Citrusfrucht, die wohl aus China stammt. Heute wird sie hauptsächlich in den USA, Südafrika, Südamerika, Ostasien und in den Mittelmeerländern angebaut. Mandarinen sind kugelig, haben eine hellorange bis fast rötliche Farbe, eine in der Regel leicht schälbare, aromatisch duftende Schale und ein hellorangefarbenes, saftiges Fruchtfleisch. **Mandarinen werden in verschiedene Gruppen eingeteilt:** Mandarine (gelb-hellorange Farbe) – ↑**Tangerinen** (tieforange-rötliche Farbe) – ↑**Satsumas** (kernlos); **Kreuzungen:** ↑**Clementine** (Mandarine und Pomeranze) – **Tangelo** (Mandarine und Grapefruit) – **Tangor** (Tangerine und Orange). Mandarinen werden vornehmlich pur gegessen, in Obst- und anderen Salaten, in Soßen, Fleisch-, Fisch- und Geflügelgerichten, Desserts und Quark. Industriell werden sie zu Saft, Konserven und Marmelade verarbeitet. Aus den Schalen wird Mandarinenöl gewonnen. **Inhaltsstoffe:** 100 g frische Mandarinen enthalten

∅ 50 kcal/209 kJ, 85,3 g Wasser, 10,1 g Kohlenhydrate, 1,7 g Ballaststoffe, 0,3 mg Eisen, 0,34 mg Betacarotin und 30 mg Vitamin C. Sie zeichnen sich durch ihren hohen Gehalt an ↑**Betacarotin** aus.

Mandarino [*Ital. Speisekarte*] ↑**Mandarine**

Mandarin-Pfannkuchen [*Asiatische Küche*] Chin. Po-Ping. ↑**Peking-Ente**

Mandelkartoffel [*Kartoffelsorte*] ↑**Puikula**

Mandellebkuchen [*Backstube*] **R** Zur Weihnachtszeit gehören Lebkuchen. **Grundrezept für ca. 50 Stück: Für den Teig**: 4 ↑**Eier**; 250 g ↑**Zucker** oder ↑**Honig**; 400 g ↑**Mehl**; 400 g gemahlene ↑**Mandeln**; je 50 g gehacktes ↑**Orangeat** und ↑**Zitronat**; 1 TL ↑**Zimt**; 1 Msp. gemahlene ↑**Nelken**; je einen Hauch ↑**Muskatblüte** und ↑**Piment**; 1 TL ↑**Backpulver**. **Für die Garnitur:** 1 ↑**Eigelb** zum Bestreichen; halbierte Mandeln; 2 EL bunte ↑**Zuckerstreusel**; **Puderzuckerguss:** 200 g ↑**Puderzucker**; 2 EL Wasser; **Schokoladenguss:** 1 Packung ↑**Kuvertüre** schmelzen und ggf. mit Rumaroma verfeinern. **Zubereitung:** Eier mit Zucker oder Honig in einer großen Schüssel schaumig rühren. Mehl mit Backpulver vermischen und in die Masse sieben, Mandeln, Orangeat und Zitronat sowie Gewürze unterarbeiten, dann auf einer bemehlten Arbeitsplatte zu einem glatten Teig kneten. Den Teig 2 Stunden ruhen lassen und danach zwischen einer dickeren Folie 1 cm dick ausrollen, in Rechtecke schneiden oder ausstechen. Die Lebkuchen auf einem gut gefetteten Blech bei 180° C 20 Min. hellbraun backen. Handwarm mit den gut verrührten Zutaten für die ↑**Glasur** bestreichen. Mit abgezogenen Mandeln verzieren. In luftdichter Blechschachtel, zwischen Lagen von Alufolie, etwa drei Wochen reifen lassen. 100 g Mandellebkuchen haben einen Brennwert von ∅ 488 kcal/2043 kJ.

Mandelmilch [*Unsere Küche*] **R** In vielen Rezepten wird Mandelmilch erwähnt, die aber sündhaft teuer ist, also besser selbst herstellen. **Zutaten:** 500 g geschälte süße ↑**Mandeln**, 1 l kaltes Wasser, 200 g feiner ↑**Zucker**. **Zubereitung:** Die Mandeln mit einigen Tropfen Wasser nach und nach zerstoßen oder mahlen, bis sie ganz fein sind. Zusammen mit dem restlichen Wasser 3–4 Stunden stehen lassen und von Zeit zu Zeit umrühren. Anschließend durch ein feines Tuch passieren und gut auspressen. Den milchigen Saft auffangen und mit dem Zucker mischen. Sobald der Zucker aufgelöst ist, in Flaschen abfüllen und kühl stellen. Mandelmilch ist im Kühlschrank vier Tage haltbar.

Mandeln [*Allgem. Nährmittel*] **T Lateinisch:** Prunus dulcis; **Englisch:** almonds; **Französisch:** amandes; **Italienisch:** mandorle; **Spanisch:** almendra. **Info:** Mandeln gehören zur Familie der Rosengewächse und sind die Samen der bis zu 6 m hohen Mandelbäume. Die Bäume tragen rosafarbene (Bittermandel) oder weiße (Süßmandel) Blüten, aus denen sich eine kleine, längliche oder eiförmige, pfirsichähnliche graue Frucht entwickelt. Im Steinkern der Frucht befindet sich in einer harten, muschelartigen Schale der weiße, weiche Keimling, der von einer dünnen, braunen Samenhaut umhüllt ist. **Es werden drei Mandelarten unterschieden: Süßmandeln** (harte Schale, süßer Kern), **Bittermandeln** (harte Steinschale, bitterer Kern) und **Krachmandeln** (weiche und poröse Schale, süßer Kern). Während in den USA sortenreine Mandeln angebaut werden, sind die aus den Mittelmeerländern nicht 100 % sortenrein. Das heißt, dass die Bäume süße und bittere Mandeln zugleich tragen und Süßmandeln immer 2 % Bittermandel enthalten. **Ursprung und Geschichte:** Mandeln stammen aus Vorder- und Zentralasien und verbreiteten sich von dort aus vor etwa 1000 Jahren über Griechenland und Nordafrika im mediterranen Raum. Nach der Entdeckung des amerikanischen Kontinents wurden sie von den Spaniern auch nach Amerika gebracht. **Herkunft und Saison:** Die heute wichtigsten Anbauländer sind die USA (allein Kalifornien hat einen Anteil von 75 % der Welternte) und Spanien, Griechenland, Marokko, China und die Türkei. Die hier angebotenen Mandeln stammen fast ausschließlich aus Spanien. Die Ernte beginnt etwa Mitte August und dauert bis in den frühen Herbst. Mandeln sind etwa neun Monate haltbar. **Inhaltsstoffe:** 100 g Mandeln weisen einen Brennwert von ∅ 645 kcal/2700 kJ auf und enthalten etwa 5 g Wasser, 19,9 g Eiweiß, 52,2 g Fett, 16,3 g Kohlenhydrate und 6,2 g Ballaststoffe. An Mineralien sind ∅ 520 mg Phosphor, 266 mg Kalzium und 3,8 mg Eisen enthalten. Das Fett der Mandeln besteht zu 65 % aus teilweise mehrfach ↑**ungesättigten Fettsäuren**. **Zubereitung und Tipps:** Süße Mandeln werden zu ↑**Marzipan** verarbeitet, meist aber gemahlen; als Mandelsplitter oder Plättchen für ↑**Speiseeis**, ↑**Parfait**, Süßspeisen, Gebäck und Garnituren verwendet oder roh gegessen. Aus ↑**Bittermandeln** wird ein Öl gewonnen, das als Backaroma oder in der Likörherstellung (↑**Amaretto**) verwendet wird. Rohe Bittermandeln enthalten Amygdalin, ein Glycosid, das im menschlichen Verdauungstrakt die hoch giftige Blausäure abspaltet. Beim Kochen oder Backen jedoch wird das Amygdalin zerstört, und die enthaltene Blausäure verflüchtigt sich. Schimmelige oder verdorbene Mandeln können krebserregende Aflatoxine, ein hoch giftiges Stoffwechselprodukt des Schimmelpilzes Aspergillus flavus, enthalten.

Mandelöl (süß) [*Fette*] **T Lateinisch:** Oleum amygdalarum dulcium verum. **Botanische Bezeichnung:** Prunus dulcis; **Englisch:** Sweet Almond Oil. **Herkunft und Verfügbarkeit:** Die ↑**Mandel** ist eine der ältesten Kulturpflanzen und bereits im Alten Testament erwähnt. Sie stammt aus dem subtropischen China und wurde von Handelsreisenden in den Mittelmeerraum eingeführt. Dort wurde die „süße" Mandel seit ca. 450 v. Chr. angebaut – in Deutschland seit Karl dem Großen. Süßes Mandelöl erhält man durch

Kaltpressung der Nüsse. Nicht zu verwechseln mit Bittermandelöl! **Inhaltsstoffe:** Dieses hellgelbe, dünnflüssige, mild schmeckende ↑**Öl** enthält viele wertvolle Inhaltsstoffe und ist eines der kostbarsten ↑**Speiseöle.** Neben den pflanzlichen Fetten enthält das Mandelöl 30 % ↑**Eiweiß**, 10 % ↑**Glucose** und ↑**Saccharose**, es ist reich an wichtigen ↑**Mineralstoffen** wie ↑**Kalium**, ↑**Calcium**, ↑**Phosphor**, ↑**Kupfer** und ↑**Zink** sowie ↑**Vitaminen**, insbesondere der B-Reihe. **In der Küche:** Der feine Geschmack rundet süße und pikante Reisspeisen sowie ↑**Speiseeis** ab und gibt ↑**Dips**, Salat- und ↑**Fondue**saucen eine delikate Note. Hitze verträgt Mandelöl nicht, dafür aber Kälte, auch bei tieferen Temperaturen, bis ca. –10° C, bleibt es noch flüssig. Wegen seiner Lichtempfindlichkeit sollte es in dunklen Flaschen aufbewahrt werden. In der Kosmetikindustrie ist es unentbehrlich.

Mandelsirup *[Hausbar]* Von milchig-trüber Färbung, schmeckt außerordentlich intensiv und aromatisch. Nach seinen englischen bzw. italienischen Namen findet er sich in Rezepten auch als „Orgeat" oder „Orzata" wieder.

Mandheling *[Kaffee]* Zu den feinsten Kaffeesorten zählt der auf Sumatra angebaute „Mandheling", der von Kennern als der körperreichste Arabica überhaupt geschätzt wird. Er ist sehr begehrt, aber nur in geringen Mengen verfügbar. Auf der zwischen Borneo und Neuguinea gelegenen Insel Celebes, die auf indonesisch Sulawesi heißt, wächst dieser ↑**Kaffee**, der sich durch vollmundigen Geschmack und exquisites Aroma auszeichnet. Andere bekannte und sehr gute Sorten aus der Gegend sind **Kalossi** (Celebes Kalossi) und **Rantepao**. Spezialitätenröster sagen, dass diese kraftvollen Sorten bestens für ↑**Cappuccino** geeignet seien, weil auch die Milch den Geschmack nicht verändert. ↑**Kaffee & Kaffee arabica**

Mandioca Mehl *[Intern. Länderküche]* Brasilianisches ↑**Maniokmehl**

Mandorla *[Ital. Speisekarte]* ↑**Mandel**

Manestra *[Griech. Speisekarte]* Reiskorngroße ↑**Nudeln** aus ↑**Hartweizengrieß**, eigentlich ↑**Kritharaki** genannt

Manfricoli *[Ital. Speisekarte]* Umbrische Bezeichnung für viereckige ↑**Chitarra**

Mangan *[Gesundheit]* **T** Ein für den Menschen essenzielles, also lebensnotwendiges Spurenelement. Der Körper benötigt es für das Wachstum der Knochen, außerdem ist es an der Bildung verschiedener ↑**Enzyme** beteiligt. Der menschliche Körper enthält ∅ 10 bis 40 mg Mangan. Davon sind 40 % in den Knochen. Weiterhin ist Mangan in Leber, Bauchspeicheldrüse, Nieren, Muskeln sowie Haarpigmenten zu finden. **Funktionen im Körper:** Mangan steuert wichtige Vorgänge im Körper und ist für die Funktion verschiedener Enzyme unverzichtbar. Auch am Aufbau von Knorpel- und Knochengewebe ist es beteiligt. Ferner ist Mangan für die Synthese und die Freisetzung von ↑**Insulin** erforderlich und für die Verwertung von ↑**Vitamin** B_1.

Schätzwerte für eine angemessene Zufuhr:

Alter	Mangan mg/Tag
0 bis unter 4 Monate	–
4 bis unter 12 Monate	0,6–1,0
1 bis unter 4 Jahre	1,0–1,5
4 bis unter 7 Jahre	1,5–2,0
7 bis unter 10 Jahre	2,0–3,0
10 bis unter 15 Jahre	2,0–5,0
Jugendliche und Erwachsene	2,0–5,0

Ein vermehrter Bedarf an Mangan kann durch schlechte Ernährung entstehen, bei zu großen Mengen an einfachen ↑**Kohlenhydraten** (↑**Zucker**), bei länger andauernder künstlicher Ernährung und Alkoholmissbrauch. Außerdem kann eine erhöhte Zufuhr anderer Mineralien wie ↑**Kalzium**, ↑**Eisen**, ↑**Phosphat** und ↑**Zink** zu einem Manganmangel führen. Der Grund hierfür liegt darin, dass sich die Mineralien bei der Resorption gegenseitig behindern. **Mangan in Lebensmitteln:** Wenn man von wenigen Ausnahmen wie ↑**Schnecken** und ↑**Innereien** absieht, enthalten tierische Lebensmittel prinzipiell weniger Mangan als pflanzliche. Besonders reich an Mangan sind einige Getreideprodukte, z. B. ↑**Haferflocken**, ↑**Weizenkeime** und ↑**Sojamehl.** Von den ↑**Gemüse**sorten zeichnen sich ↑**Sojabohnen**, ↑**Knoblauch** und ↑**Weiße Bohnen** durch einen höheren Mangangehalt aus. Von den Früchten haben ↑**Ananas**, ↑**Heidelbeeren** und ↑**Himbeeren** besonders viel Mangan. ↑**Nüsse**, ↑**Schokolade** und einige ↑**Gewürze** wie ↑**Zimt**, ↑**Ingwer**, schwarzer ↑**Pfeffer** und gemahlene ↑**Nelken** enthalten auch hohe Mengen von diesem Spurenelement. **3,5 mg Mangan** (mittlerer Tagesbedarf) sind ∅ enthalten in: 75 g Haferflocken; 95 g Weizenkleie; 115 g ↑**Getreide**; 140 g ↑**Weizenvollkornbrot**; 175 g ↑**Hülsenfrüchte**; 320 g ↑**Reis** oder ↑**Roggen**brot; 1200 g in ↑**Fisch**, ↑**Fleisch**, ↑**Käse** oder ↑Speise**quark.** **Mangelerscheinungen:** Unterversorgungen mit Mangan kommen kaum vor.

Mangeable *[Franz. Fachwort]* Essbar

Mangelkrankheiten *[Gesundheit]* Erkrankungen, die auf einen Mangel an bestimmten lebensnotwendigen Stoffen wie ↑**Vitamine**, ↑**Mineralien** oder ↑**Aminosäuren** als Folge unzureichender Nahrungszufuhr zurückzuführen sind. Zu den Mangelerkrankungen zählen u. a. ↑**Beri Beri**, ↑**Skorbut**, ↑**Pellagra** und ↑**Rachitis.** Bei rechtzeitiger, ausreichender Zufuhr der jeweiligen Vitamine mit der Nahrung können sie erfolgreich behandelt werden. ↑**Vitamine** oder ↑**Mineralstoffe**

Manger *[Franz. Fachwort]* Essen

Mange-tout *[Franz. Speisekarte]* (Iss alles!) ↑**Zucker-**

schoten, zarte ↑**Bohnen** oder ↑**Erbsen**, die mit der Schote gegessen werden, werden in Frankreich oft so genannt.

Mango [*Exotische Früchte*] **T Lateinisch:** Mangifera indica; **Info:** Die zur Familie der Sumachgewächse gehörende Mango ist ein bis zu 30 m hoher, schnell wachsender Baum, der ein außerordentlich hohes Alter erreichen kann; man kennt Mangobäume mit einem Alter von mehr als 300 Jahren, die immer noch regelmäßig Früchte tragen. Die Früchte wachsen am Ende eines langen Stieles, sind 5–25 cm lang, selten rundlich, häufiger oval, aber meist von nierenförmigem Umriss. Die weiche, lederartige, von einer feinen Wachsschicht überzogene, glatte Schale ist hellgrün bis gelblich und verfärbt sich bei zunehmender Reife in ein gelbes Orange mit roten Stellen. Das tiefgelbe, saftige, dem ↑**Pfirsich** an Konsistenz ähnliche Fruchtfleisch umschließt den nierenförmigen Samen und ist unterteilt durch strahlenförmig angewachsene Fasern. **Ursprung und Geschichte:** Mangos sind ursprünglich in Südostasien (Ostindien und Birma) beheimatet und haben sich schon früh bis nach Malaysia verbreitet. In Assam (Indien) werden Mangos nachweislich seit mehr als 4000 Jahren kultiviert. Portugiesische Seefahrer brachten die Mango nach Afrika und von dort aus nach Brasilien. Gegen Ende des 19. Jahrhunderts wurden Mangos erstmals auch in Nordamerika (Santa Barbara/Kalifornien) angebaut. Heute ist die Mango nach der ↑**Banane** die weltweit am zweithäufigsten kultivierte tropische Frucht. Mangos spielen in der indischen Kultur eine große Rolle, sie sind die Nationalfrucht der Inder und haben für Hindus sowie für Buddhisten religiöse Bedeutung. Buddha ruhte im Schatten eines Mangobaumes, einem Symbol für Kraft und Stärke. Mangoblüten werden mit hinduistischen Gottheiten in Verbindung gebracht und spielen in der Liebesdichtung eine Rolle. **Herkunft und Saison:** Mangos werden in allen tropischen und subtropischen Regionen angebaut und das ganze Jahr über in konstanten, ausreichenden Mengen angeboten. Im Oktober und November gibt es sogar vereinzelte Angebote aus spanischem Anbau. **Inhaltsstoffe:** 100 g Mango weisen einen Brennwert von ∅ 64 kcal/270 kJ auf und enthalten 80 g Wasser, 0,5 g Eiweiß, 0,3 g Fett, 17 g Kohlenhydrate und 1,8 g Ballaststoffe. An ↑**Mineralstoffen**, ↑**Spurenelementen** und ↑**Vitaminen** sind ∅ 10 mg Kalzium, 0,1 mg Eisen, 2 mg Natrium, 389,4 RE Vitamin A und 27,7 mg Vitamin C enthalten. Neben reichlich vorhandenem ↑**Kalzium**, ↑**Eisen** und ↑**Vitamin C** enthalten Mangos von allen Obstarten den höchsten Gehalt an ↑**Provitamin A.** Sie wirken beruhigend auf den Kreislauf, bauen Stress ab und fördern die Hauterneuerung. **Arten und Sorten:** Man unterscheidet die indische und die philippinische Mango, beide beschränken sich jedoch im heutigen Anbau nicht auf ihre Ursprungsgebiete. Die indische Mango bringt hoch gefärbte, gelb-rötliche und nierenförmige Früchte hervor, während die philippinischen Verwandten länglich sind und auch im reifen Zustand grün bleiben. Die bekannteste Mangosorte ist die 1920 in Fort Lauderdale, Florida, entdeckte **Tommy Atkins** mit ihren mittelgroßen bis großen, ovalen, gelborangefarbenen Früchten mit deutlichen roten oder purpurfarbenen Stellen. Andere wichtige Sorten sind die israelische **Eden**, die **Ngowe** in Kenia und die **Osteen** in Indien. **Reife:** Je reifer, desto aromatischer der Duft. Die Schale muss auf leichten Fingerdruck nachgeben. **Geschmack:** Der Geschmack der reifen Früchte ist saftig schmelzig, angenehm süß, sehr aromatisch, erinnert an Pfirsich. Manchmal mit leicht harziger Note. Unreife Früchte schmecken unangenehm scharf. **Zubereitung und Tipps:** Reife Früchte geben auf Fingerdruck leicht nach und verströmen einen angenehmen, zarten Duft. Die Frucht mit einem scharfen Messer so aufschneiden, dass zwei Backen und ein Mittelstück mit Stein entstehen. Mittelstück vom Kern schaben, aus den Backen das Fleisch mit einem Löffel auslösen. Oder das Fruchtfleisch gitterartig bis knapp vor die Schale einschneiden. Schale nach innen biegen (zum Igel). Oder Mango wie eine Apfelsine schälen und in Spalten vom Kern ablösen. **Achtung:** Mangosaft hinterlässt hartnäckige Flecken! Magenempfindliche sollten Mangos nicht mit Milch oder Alkohol kombinieren. Mangos isst man in der Regel roh, in Fruchtsalaten und ↑**Müsli**, werden für ↑**Sorbet**s verwendet sowie zu Früchtepüree für ↑**Speiseeis**, ↑**Dessert**s und ↑**Marmelade** verarbeitet. Sie schmecken ausgezeichnet zu ↑**Geflügel**-, ↑**Enten**- und ↑**Schweinefleisch** und sind in Indien ein wesentlicher Bestandteil der traditionellen ↑**Chutney**s.

Mangold [*Gemüse*] **T Lateinisch:** Beta vulgaris; **Englisch:** mangel, mangold; **Französisch:** bette; **Italienisch:** bietole; **Spanisch:** acelga. **Info:** Mangold gehört zur Familie der Gänsefußgewächse und ist eine zweijährige Pflanze, die ab dem ersten Jahr geerntet wird und im zweiten Jahr blüht. **Ursprung und Geschichte:** Mangold stammt wie ↑**Rote Beete**, die Futterrübe und die ↑**Zuckerrübe** von der im Mittelmeergebiet und Vorderasien verbreiteten Strandrübe **(beta maritima)** ab und wurde bereits in der Antike von den Griechen kultiviert. In Mitteleuropa war Mangold noch bis Ende des 19. Jahrhunderts das beliebteste ↑**Gemüse**, geriet aber im Laufe des vergangenen Jahrhunderts ein wenig in Vergessenheit und wurde vom ↑**Spinat** verdrängt. Seit wenigen Jahren ist dieses uralte Gemüse wieder neu entdeckt. **Herkunft und Saison:** Mangold wird ab Februar vorwiegend aus Süditalien angeboten. In Deutschland wird Mangold von Anfang Mai bis zum ersten Frost geerntet. **Inhaltsstoffe:** 100 g Mangold haben einen Brennwert von ∅ 19 kcal/80 kJ und enthalten 92 g Wasser, 1,8 g

Eiweiß, 0,2 g Fett, 3,7 g Kohlenhydrate und 1,6 g Ballaststoffe. An ↑**Mineralstoffen**, ↑**Spurenelementen** und ↑**Vitaminen** sind 51 mg Kalzium, 1,8 mg Eisen, 213 mg Natrium, 330 mg Vitamin A (RE) und 30 mg Vitamin C enthalten. Wie Spinat ist Mangold reich an ↑**Nitrat** und sollte daher **nicht** aufgewärmt werden. **Man unterscheidet zwei Arten: 1.** den **Schnitt**- oder **Blattmangold**,auch Beißkohl (**beta vulgaris convar. cicla var. vulgaris**), mit schmalen Rippen und breiten Blättern. **2.** den **Stiel**- oder **Rippenmangold**, auch Römischer Kohl (**beta vulgaris convar. cicla var. flavescens**). Charakteristisch sind bei ihm die dicken, weißlichen und fleischigen Stiele. **Sorten:** Die beliebtesten Sorten sind **„Lukullus"** (Blattmangold), **„Glatter Silber"** (Rippenmangold) und der rotstielige **„Vulkan"**. Insgesamt schmecken sie würziger als Spinatblätter. Die Arten selbst unterscheiden sich kaum im Geschmack. **Zubereitung und Tipps:** Vor der Zubereitung sind der Wurzelansatz und eventuell braun gefärbte Stellen auf den Blättern zu entfernen, danach muss Mangold gründlich gewaschen werden. Er ist Beilage zu Fisch und Fleisch, passt zu Eintöpfen und herzhaften Kuchen. Blattmangold wird wie Spinat, Stielmangold hingegen wie ↑**Spargel** zubereitet. Dazu werden die Stiele von den Blättern getrennt, geschält oder man zieht einfach die gröbsten Fäden ab und bereitet sie wie Spargel, ↑**Schwarzwurzeln** oder ↑**Staudensellerie** zu. Da die Stiele etwa eine 3 Min. längere Garzeit haben, sollten sie vor den Blättern kochen. Die Blätter alleine können z. B. als Rouladenhülle für Fisch und Fleisch verwendet werden. Stiele und Blätter in Streifen geschnitten, ergeben ein kohlrabiähnliches Gemüse. ↑**Würztabelle.** Der **Rotstielige Mangold** ist aromatischer, er wirkt sehr dekorativ, allerdings verliert sich die Rotfärbung beim ↑**Blanchieren** und geht in Grau über. Man kann aber einen Großteil der Rotfärbung erhalten, indem man den Mangold erst unmittelbar vor dem Servieren möglichst kurz blanchiert und in karamellisiertem ↑**Zucker** mit ↑**Butter** und ↑**Salz** schwenkt. **Tipp:** Beim Einkauf auf möglichst makellose Stiele und feste, glänzende, knackig-grüne Blätter achten. Sind diese schon leicht welk, schmeckt der Mangold „strohig". **Lagerung:** im Gemüsefach etwa 2 Tage, Stielmangold – feucht eingeschlagen – etwa 8 Tage. Stiel- und Schnittmangold lassen sich vorblanchiert problemlos einfrieren.

Mangostane [*Exotische Früchte*] **T Lateinisch:** Garcinia mangostana. **Synonym:** Mangosten. **Englisch:** mangosteen; **Französisch:** mangoustan; **Italienisch:** mangostino, mangostano; **Spanisch:** mangostan. **Info:** Die zur Familie der Johanniskrautgewächse gehörende Mangostane ist ein 6–25 m hoher, sehr langsam wachsender, immergrüner Baum mit pyramidaler Krone und dunkelbrauner oder fast schwarzer, abblätternder Rinde. Die rundliche Frucht ist 4–8 cm groß und hat eine 6–10 mm dicke, dunkelrot bis purpurrot gefärbte Schale, an deren einem Ende sich eine verholzte Narbe, am anderen meist vier eingetrocknete Kelchblätter befinden. Unter der Schale befindet sich das schneeweiße, sahnig saftige, weiche Fruchtfleisch in 4–8 dreieckigen Segmenten, deren Anzahl sich an der verholzten Narbe bereits von außen erkennen lässt. Es enthält länglich eiförmige, 1,5–2,5 cm lange, gelblichgrüne, essbare Samenkörner. Der Geschmack ist mild säuerlich und delikat, an ↑**Zitronen** und ↑**Pfirsiche** erinnernd. **Ursprung und Geschichte:** Die ursprüngliche Herkunft der Mangosten wird auf den Sundainseln, den Molukken, Thailand oder Birma vermutet, ist jedoch unbekannt. In Indien und Ceylon wurden Mangostane erstmals im 19. Jahrhundert angebaut, gleichzeitig gab es Versuche, den Baum an der afrikanischen Elfenbeinküste sowie in Mittelamerika und auf den Westindischen Inseln zu kultivieren; wirtschaftliche Nutzungen ergaben sich jedoch daraus nicht. **Herkunft und Saison:** Mangostane werden von Mai bis September aus südostasiatischen Anbaugebieten in Thailand, Indonesien und Malaysia angeboten. **Inhaltsstoffe:** 100 g Mangostane haben einen Brennwert von ∅ 57 kcal/240 kJ und enthalten 79 g Wasser, 0,5 g Eiweiß, 0,3 g Fett, 14,7 g Kohlenhydrate und 5 g Ballaststoffe. An ↑**Mineralstoffen**, ↑**Spurenelementen** und ↑**Vitaminen** sind ∅ 10 mg Kalzium, 0,5 mg Eisen, 1 mg Natrium und 4 mg Vitamin C enthalten. **Zubereitung und Tipps:** Mangostane zählen zu den schmackhaftesten Früchten Asiens und werden üblicherweise roh verzehrt, indem sie – wie ↑**Apfelsinen** – mit einem Messer rundherum eingeritzt, geschält und auseinandergeteilt werden. Reife Früchte besitzen eine violette oder rotbraune Schale, sie dienen in der Volksmedizin der Heimatländer zur Behandlung von Hautkrankheiten.

Mangue [*Franz. Speisekarte*] ↑**Mango**

Manhattan [*Hausbar*] **R** Klassischer Cocktail aus 4 cl ↑**Canadian Whiskey,** 2 cl ↑**Vermouth** dry oder rosso und zwei Spritzern (dash) ↑**Angostura** gemixt. Als trockener ↑**Shortdrink** gehört er zu den ↑**Aperitifs.** Je nach verwendetem Vermouth nennt man den Manhattan: dry (nur trockener), perfect (halb und halb) oder sweet (nur roter). Variationen beinhalten anderen ↑**Whisky** und z. T. andere Aromatisierer statt Angostura, wobei sich die Mengenverhältnisse zu Gunsten des Vermouths verschieben können. **Rory o'more** mit irischem Whisky und Orangenbitter – **Affinity** oder **Rob Roy** – **Bobby Burns** mit schottischem Whisky (und einem Spritzer ↑**Bénédictine**) und der **Brooklyn** mit ↑**Rye Whiskey** und einigen Spritzern ↑**Maraschino.**

Maniche di frate [*Ital. Speisekarte*] Große, leicht ovale ↑Hohl**nudeln** (Name heißt Mönchsärmel) von fünf bis sechs Zentimeter Länge aus ↑**Hartweizengrieß** und ↑**Mehl.** Beilage zu ↑**Ragouts** mit viel Sauce. Sie kommen aus der Emilia Romagna und heißen dort wegen ihrer Form auch „occhi d'elefante" (Elefantenaugen).

Manicoba [*Intern. Länderküche*] Stammt von den Blättern des ↑**Manioka** und ist Bestandteil der regionalen, brasilianischen Küchenkultur. Hier werden die durchgedrehten Blätter tagelang gekocht. Das Ergebnis ist eine grüne Masse (dem Grünkohl ähnlich) mit exotischem Anblick, aber im Geschmack sehr gepriesen. ↑**Brasilianische Küche**

Manière [*Franz. Fachwort*] Art und Weise

Maniok [*Exotische Früchte*] **T Lateinisch:** Manihot esculenta. **Synonym:** Cassava, Kassava, Mandioka. **Info:** Die zur Familie der Wolfsmilchgewächse gehörende Maniok ist ein bis zu 3 m hoher, buschiger Strauch. Die an der Sprossbasis durch sekundäres Dickenwachstum entstehenden zylindrischen oder spindelförmigen, nur kurze Zeit lagerfähigen, stärkereichen Knollen erreichen eine Länge von 30 bis 50 cm, einen Durchmesser von 5 bis 10 cm und ein Gewicht von 2 bis 5 kg. Die Knollen haben eine raue bis glatte, dunkelbraun gefärbte Schale und weißlich oder gelblich gefärbtes Inneres. Man unterscheidet zwischen bitterem Maniok, der wegen seines hohen Linamarin-Gehalts im Milchsaft immer gekocht werden muss, und den „Aipim" genannten süßen Maniok, der das giftige Linamarin in den äußeren Randschichten der Knolle enthält und daher geschält werden muss. **Ursprung und Geschichte:** Maniok stammt ursprünglich aus Brasilien und war bereits vor dem Eintreffen der Europäer in Südamerika, Mexiko und auf den Antillen verbreitet. Portugiesische Sklavenhändler verbreiteten Maniok im Laufe des 16. Jahrhunderts nach Afrika sowie später bis nach Indonesien. Heute stellt Maniok für etwa 500 Millionen Menschen in tropischen und subtropischen Gebieten das wichtigste Grundnahrungsmittel dar: auf Platz 6 der Rangliste menschlicher Nahrungsmittel. **Herkunft und Saison:** Die Tropenpflanze wird das ganze Jahr über aus Brasilien oder Kolumbien, aus Zentralafrika (Kongo) oder aus Südostasien (Thailand, Indonesien Indien) angeboten. **Inhaltsstoffe:** 100 g frische Maniok enthalten ∅ 137 kcal/574 kJ, 0,23 g Fett, 32,1 g Kohlenhydrate, 30 µg Betacarotin, 1,19 mg Eisen, 23 µg Vitamin K und 30 mg Vitamin C. Er ist äußerst reich an ↑**Stärke** und enthält viel ↑**Eiweiß** und ↑**Mineralstoffe** wie ↑**Kalium,** ↑**Kalzium** und ↑**Eisen** sowie ↑**Vitamin C.** Sämtliche Pflanzenteile des Manioks sind von Milchröhren durchzogen, der Milchsaft enthält ein giftiges Blausäureglykosid namens „Linamarin", aus dem bei Verletzung Blausäure frei wird, das aber beim Kochen zerstört wird. **Zubereitung und Tipps:** Maniok kann **nicht roh** gegessen werden und wird nach dem Waschen und Schälen in Salzwasser gekocht und wie ↑**Kartoffeln** zubereitet. In seiner Heimat wird er nach dem Kochen zu Brei zerstoßen, zu haltbarem Mehl „↑**Farinha**" oder zu reiner Stärke „↑**Tapioka**" weiterverarbeitet und zu Fladen gebacken.

Manioka-Mehl [*Allgem. Nährmittel*] Gewonnene Stärke aus der ↑**Maniok**wurzel

Manit [*Orientalische Küche*] Begriff aus der türkischen Küchenkultur für Teigtaschen wie ↑**Tortellini.** ↑**Türkische Küche**

Manka [*Intern. Länderküche*] Begriff aus der russischen Küchenkultur für ↑**Weizengrieß**

Manna [*Jüdische Küche*] Auch als Himmelsbrot wird in der Bibel die sagenhafte Speise bezeichnet, welche den Juden auf ihrer Wanderschaft durch die Wüste als Nahrung diente. Manna wird dort als weiße, zuckerähnliche Speise bezeichnet, die nachts vom Himmel fiel und am Morgen gesammelt werden konnte. Die genaue Bedeutung des Wortes Manna (**im Hebräischen: mn**) ist unklar, heißt vielleicht **„Was ist das?"**, was sich auf das plötzliche, unerwartete Erscheinen des Mannas in der Wüste beziehen soll. Nach heutiger Auffassung ist Manna ein Ausscheidungssekret der Schildläuse, eine weißliche, zuckerreiche Flüssigkeit in kristallisierter Form. Als Manna wird auch der an der Luft erstarrte Saft der Manna-Esche bezeichnet, woher sich auch die Bezeichnung ↑**Mannit** für einen bestimmten süßlich schmeckenden ↑**Alkohol** mit honigähnlichem Geruch ableitet, der in diesem Stoff vorkommt.

Mannitol [*Fachkunde*] Oder Mannit. Zuckeraustauschstoff. Substanz mit 0,7-facher Süßkraft von Kristallzucker (↑**Saccharose**). Wird bei der Herstellung von zahnschonenden Bonbons und Kaugummis verwendet. ↑**E 421**

Mannose [*Fachkunde*] ↑**Kohlenhydrat** und ↑**Einfachzucker**, Bestandteil von Hemicellulosen in ↑**Datteln,** ↑**Palmenkernen** und ↑**Steinnüssen**. Mannose besitzt ∅ 40 % der Süßkraft von Rübenzucker (↑**Saccharose**).

Manouls [*Franz. Speisekarte*] **R** ↑Lamm**kutteln** am Stück weichkochen, wie ↑**Rouladen** mit ↑**Schinken**-, ↑**Knoblauch**- und ↑Kräuter**farce** füllen, rollen und in ↑**Butter** braten. Eine beliebte Frühstücksbeilage in der Auvergne.

Manouri [*Käse*] **T Herkunft:** Griechenland; **Käsesorte:** berühmter, traditioneller ↑**Weichkäse,** 70 % ↑**Fett i. Tr.; Milch:** ↑**Schafsmilch; Teig:** außergewöhnlich saftig mit einem Feuchtigkeitsanteil von 40 %; **Geschmack:** sehr geschmackvoll und aromareich; **Info:** Form eines stumpfen Kegels; **Verwendung:** Wird gerne als Vorspeise serviert, Salaten beigefügt.

Manqué [*Franz. Speisekarte*] **A** Luftiger ↑**Biskuit**kuchen mit verschiedenen ↑**Aromen,** ↑**Creme,** ↑**Konfitüre,** ↑**Kandierten Früchten** usw., auch karamellisiert, eine Pariser Spezialität.

Mansec [*Weinkunde*] Auch ↑**Manseng** oder Gros Mansenc, Rebsorte aus dem Südwesten Frankreichs, aus dem Baskenland

Mansec Noir [*Weinkunde*] Rotweinrebe aus Südwestfrankreich

Manseng [*Weinkunde*] Weiße Rebsorte, die es in zwei Varianten gibt: Als Gros Manseng und Petit Manseng bilden sie den Hauptbestandteil der Weißweine des Jurançon im Südwesten Frankreichs und der Gascogne, vor allem der Pacherenc du Vicbilh. Der Unterschied liegt darin, dass **Petit Manseng** kleinere Beeren hat und weniger produktiv ist als **Gros Manseng**, dafür einen konzentrierteren Saft ergibt. Die Beeren, die bis spät in den Herbst am Weinstock gelassen werden, schrumpfen auf die Größe von Rosinen zusammen und werden für Süßweine verwendet, die als Jurançon Moulleux auf den Markt kommen. Obwohl Petit Manseng deshalb die „noblere" ist, werden beide Rebsorten nebeneinander angebaut. Gros und Petit Manseng ergeben sehr aromatische Weißweine, die über ein ordentliches Maß an Alkohol verfügen (oft mehr als 12 %), wobei der relativ hohe Säuregehalt den Weinen Struktur und Gleichgewicht verleiht.

Manteca [*Ital. Speisekarte*] Mit ↑**Butter** gefüllter ↑**Käse**

Mantecato [*Ital. Speisekarte*] ↑Soft**eis**

Manteche [*Käse*] Fetter italienischer ↑**Butterkäse** aus der Region Molise/Abruzzen

Mantequilla [*Span. Speisekarte*] ↑**Butter**

Manti [*Orientalische Küche*] **A** Begriff aus der türkischen Küchenkultur für gefüllte Teigtaschen (↑**Tortellini**) mit ↑**Jogurt**, ↑**Knoblauch**- und ↑**Tomatensauce**. ↑**Türkische Küche**

Manto Negro Rebe [*Weinkunde*] Diese roten Reben sind die Haupttraubensorte auf der spanischen Balearen-Insel Mallorca (Binissalem). Sie erbringt sehr leichte, starkduftige, fruchtige Rotweine, die schon jung getrunken werden können, aber auch ein zum Teil beachtliches Lagerungspotenzial haben.

Mantovana [*Ital. Speisekarte*] Sandkuchen mit Pinienkernen und ↑**Mandel**splittern

Manur [*Käse*] **Herkunft:** Serbien; **Käsesorte:** gepresster ↑**Hartkäse** mit dünner Rinde, 40–45 % ↑**Fett i. Tr.**; **Milch:** Kuh- oder ↑**Schafsmilch**, manchmal auch aus einer Mischung der beiden Milcharten; **Geschmack:** leicht salzig; **Info:** Wird zum Reifen nach draußen an die Luft gehängt. **Form:** Kugel; **Gewicht:** 2,5 kg

Manzana [*Span. Speisekarte*] ↑**Apfel**

Manzana asada [*Span. Speisekarte*] ↑**Bratapfel**

Manzanilla [*Weinkunde*] Spanischer Begriff für einen der vier Sherrystile, neben Amontillado, Fino und Oloroso. Ein Manzanilla-Sherry ist im Prinzip ein Fino, wird aber in Sanlúcar de Barrameda an der spanischen Südküste hergestellt. Die hier herrschende feuchte Meeresluft führt zu einer dickeren Florschicht (↑**Fino**), die den Wein vor Oxidation schützt und zugleich für den typischen Geschmack verantwortlich ist. Manzanilla-Sherrys haben einen geringeren Alkoholgehalt und mehr Säure als Finos, da die Weintrauben oft früher geerntet werden als die für die anderen Sherrystile. ↑**Sherry** Manzanilla heißt in Spanien auch der Kamillentee (Manzanilla té), was zu Verwechslungen führen kann.

Manzo [*Ital. Speisekarte*] ↑**Rind**

Mão de Vaca [*Intern. Länderküche*] Begriff aus der regionalen brasilianischen Küchenkultur für Rinderhaxen mit ↑**Zwiebeln**, ↑**Knoblauch** und verschiedenen ↑**Kräutern** zubereitet. Die entstandene Fleischsoße wird nach und nach mit Mandioca-Mehl (↑**Maniok**) vermischt. Daraus entsteht ein klebriger Teig „Pirão", der zum ↑**Fleisch** serviert wird. ↑**Brasilianische Küche**

Mao-tai [*Hausbar*] Hochprozentiger chinesischer ↑**Schnaps**, hergestellt aus ↑**Hirse** und ↑**Weizen**

Maplesirup [*Unsere Küche*] ↑**Ahornsirup**

Maquereau [*Franz. Speisekarte*] ↑**Makrele**

Maquereau à l'escabeche maison [*Speisegarnitur*] **A** Nach Art des Hauses eingelegte ↑**Makrele**

Maquereaux à la flamande [*Speisegarnitur*] **R** Makrelen werden mit ↑**Schalotten**, ↑**Petersilie**, ↑**Zwiebel** (alles gehackt und in ↑**Butter** gedünstet) gefüllt, gesalzen, gepfeffert, in Alufolie gewickelt im Ofen gegart und mit ↑**Zitronensaft** beträufelt serviert.

Maquereaux grillés [*Franz. Speisekarte*] **A** Gegrillte ↑**Makrelen**, oft mit Senfsoße serviert

Marabel [*Kartoffelsorte*] **Kochtyp:** ↑**Vorwiegend festkochende Kartoffeln; Herkunft:** Deutschland; **Jahr der Zulassung:** 1993; **Schale:** gelb; **Fleisch:** gelb; **Knolle:** oval; **Reifezeit:** früh

Maracuja [*Exotische Früchte*] **T Lateinisch:** Passiflora edulis f. flavicarpa. **Synonym:** Gelbe Passionsfrucht. **Englisch:** passion-fruit; **Französisch:** fruit de la passion; **Italienisch:** frutta della passione; **Spanisch:** granadilla. **Info:** Die zur Familie der Passionsblumengewächse gehörende Maracuja ist eine kräftige Liane, deren Stämme pro Jahr bis zu 5 m wachsen und eine Länge von 80 m erreichen können; sie werden in weinähnlichen Kulturen angebaut. Aus den einzeln stehenden, wohlriechenden, 5–8 cm großen, an der Basis oft purpurroten und an den Spitzen meist weißen Blüten entwickeln sich die runden bis eiförmigen, 6–12 cm großen Früchte mit ihrer typisch glatten, wachsbehafteten, lederartigen, hellgrünen und mit zunehmender Reife gelblichen Schale. Die Früchte enthalten etwa 250 kleine, dunkelbraune bis schwarze, angenehm knusprig schmeckende Samen, die in fleischigen Saft enthaltende Samenbeutel eingebettet sind. Die gelben Passionsfrüchte sind größer als ihre roten oder purpurfarbenen Verwandten und haben einen säuerlicheren Geschmack. **Ursprung und Geschichte:** Macujas stammen wohl aus dem brasilianischen Amazonasgebiet, jedenfalls aus den tropischen Gebieten Mittel- oder Südamerikas. Ihren Namen bekamen die Passionsblumengewächse von Jesuiten des 17. Jahrhunderts, die in der Pflanze Symbole für die Leiden Christi erkannten und sie daher Leidensblume (passio flora) nannten. **Herkunft und Saison:** Maracujas werden in kleineren Mengen das ganze Jahr über angeboten und stammen überwiegend aus Südamerika, vor allem aus Brasilien, seltener Hawaii oder Sri Lanka. **Inhaltsstoffe:** 100 g Maracuja weisen einen Brennwert von ∅ 81 kcal/340 kJ auf und enthalten etwa 77 g Wasser, 2,4 g Eiweiß, 0,4 g Fett, 13,4 g Kohlenhydrate und 1,5 g Ballaststoffe. An ↑**Mineralstoffen**, ↑**Spurenelementen** und ↑**Vitaminen** sind ∅ 17 mg Kalzium, 1,3 mg Eisen, 28 mg Natrium, 40 RE Vitamin A und 24 mg Vitamin C enthalten. **Geschmack:** Passionsfrüchte schmecken sehr aromatisch, angenehm süß-säuerlich, an ein Gemisch aus ↑**Pfirsichen**, ↑**Aprikosen**, ↑**Erdbeeren** und ↑**Himbeeren** erinnernd. **Zubereitung und Tipps:** Maracujas können nach der Ernte nicht nachreifen, daher sollte man keine grünen, sondern nur gelbe Früchte kaufen. Ihren höchsten Reifezustand und damit den besten Geschmack erreichen sie, wenn die lederartige Haut leicht faltig, schrumpelig und gelb wird. Wegen ihres hohen Säuregehalts sind Maracujas vor allem als industriell hergestellter Saft oder Bestandteil von ↑**Multivitaminsäften** bekannt. Um den Saft aus frischen Früchten zu gewinnen, schlägt man das Fruchtgelee mit einem Mixer auf und streicht die Masse durch ein Sieb, um den Saft aufzufangen. Maracujas kann man auch frisch verzehren, dazu werden sie halbiert, mit ↑**Zitronensaft** beträufelt und ausgelöffelt.

Maracujalikör *[Hausbar]* Aus dem Saft der ↑**Maracuja** (rote Passionsfrucht) werden verschiedene Fruchtaromaliköre mit 25 % Vol. hergestellt: Der bekannteste ist der **Jambosala.**

Maracujasirup *[Hausbar]* Der aus ↑**Maracujasaft**, ↑**Zucker** und Wasser hergestellte tropische Sirup ist wichtige Zutat für die Zubereitung exotischer Drinks. Er wird von verschiedenen Herstellern produziert und ist überall erhältlich.

Maragogype *[Kaffee]* Diese großbohnige Kaffeeart ist eine Kreuzung zwischen Arabica und ↑**Liberica Kaffee.** Herkunftsland: Mexiko. ↑**Kaffee & Kaffee arabica**

Maräne *[Fisch]* ↑**Felchen**

Marang *[Exotische Früchte]* **Englisch:** marang; **Französisch:** marang. Gehören zu den Moraceae-Gewächsen mit weißlichem Fleisch und Fruchtmäntel wie ↑**Jackfrüchte.** Das Fleisch ist sehr cremig und süß wie Bananencrème. Marang gibt es fast nur auf den Philippinen.

Maraschino *[Hausbar]* **T** Farbloser, klarer, hoch aromatischer italienischer Kirschlikör aus Maraska-Sauerkirschen mit 30–35 % Vol. Das Herstellungsverfahren ähnelt dem von ↑**Weinbrand.** Allerdings werden bei M. auch noch die Kirschkerne mit verarbeitet, was dem ↑**Likör** ein zartes Mandelaroma verleiht. M. wird mit ↑**Rohrzucker** gesüßt und mehrere Monate in Fässern gelagert. Zum Aromatisieren von ↑**Cocktails** (z. B. Cherry Martini, Cherry Wodka, Greta Garbo usw.) und Fruchtsalaten geeignet.

Maraschinokirschen *[Unsere Küche]* Extrem rot gefärbte, kandierte Kirschen, mit ↑**Maraschino** aromatisiert. ↑**Kandieren**

Marasco *[Ital. Speisekarte]* ↑Sauer**kirsche**

Marasmus *[Fachkunde]* ↑**Eiweiß**-↑**Energie**-Mangel – Bei unzureichender Energiezufuhr wird Eiweiß nicht für den Aufbau von Körperprotein genutzt, sondern für die Bereitstellung von Energie verwendet.

Maratheftiko *[Weinkunde]* Eine der seltensten Rebsorten der Welt; eine uralte autochthone (alteingesessene) rote Rebsorte aus Zypern. Andere Namen sind: Marathophiko, Pambakada, Pambakina und Vamvacada.

Marbled *[U.S. Kitchen]* Marmoriert

Marbré *[Franz. Speisekarte]* Mit Fettadern durchzogenes Fleisch

Marc *[Hausbar]* Französischer ↑**Branntwein** aus den Rückständen der Weinkelterung. Der Alkoholgehalt beträgt im Allgemeinen 40 % Vol. Da die Trauben für die Weißweinproduktion vor der Gärung gepresst werden (im Gegensatz zu Rotweinen, bei denen der Traubensaft, die Schalen und manchmal die Traubenstiele zusammen vergoren werden), enthält der ↑**Trester** keinen ↑**Alkohol**, dafür aber noch ↑**Fruchtzucker.** Der Trester wird mit Wasser aufgeweicht und mit sehr niedrigem Alkoholgehalt vergoren. Dieser „Basiswein" wird zu Weinbrand – als Marc – destilliert. Der Trester des Rotweins enthält dagegen Alkohol, weshalb dieser gleich destilliert werden kann.

Marcassin *[Franz. Speisekarte]* Frischling, junges ↑**Wildschwein**, weniger als 6 Monate alt

Marché *[Franz. Fachwort]* Markt

Marché de poissons *[Franz. Fachwort]* Fischmarkt

Maréchale, à la *[Speisegarnitur]* **A 1. Garnitur für Fleisch oder Geflügel** – Fleischstücke: paniert, in Butter gebraten, Hühnerfleischklößchen, ↑**Trüffel**, ↑**Hahnenkämme** und ↑**Madeirasauce**; **2. Garnitur für Fisch** – in ↑**Weißwein** ↑**pochieren**, mit ↑**Pilzen** und ↑**Tomates concassées** servieren

Maredsous *[Käse]* **Herkunft:** Belgien; **Käsesorte:** milder ↑**Weichkäse**; **Milch:** Kuhmilch; **Info:** Wird von den Mönchen des Klosters Maredsous in der Nähe von Namur hergestellt

Marena *[Kartoffelsorte]* **Kochtyp:** ↑**Vorwiegend festkochende Kartoffeln; Herkunft:** Deutschland; **Jahr der Zulassung:** 1995; **Schale:** gelb; **Fleisch:** hellgelb, sehr guter Geschmack; **Knolle:** rundoval; **Reifezeit:** mittelspät – spät

Marène *[Franz. Speisekarte]* ↑**Maräne**

Marengo, Historischer Speisename *[Speisegarnitur]* **A 1.** Dorf in der italienischen Provinz Alessandria, wo Napoleon 1800 über die Österreicher siegte; **2. Speisegarnitur** für **Hähnchen**- oder **Kalbsragout** – mit ↑**Cognac** flambiert, zubereitet mit ↑**Tomaten**, ↑**Zwie-**

beln, ↑**Knoblauch**, ↑Eiern grob gehackt, ↑**Krebsen**, ↑**Pilzen**, ↑**Spiegelei** und ↑**Croûtons**

Marennes extra [*Franz. Speisekarte*] ↑**Austern** aus Marennes

Margarine [*Fette*] **T** Wasser-in-Öl-↑**Emulsion** mit einem Gesamtfettgehalt von mindestens 80 %, wurde ursprünglich als Ersatz für ↑**Butter** vom französischen Chemiker Megè-Moiriès entwickelt. Margarine hat heute eine große Bedeutung als Streich-, Brat-, Koch- und Backfett erlangt und wird aus pflanzlichen Ölen und ↑**Fetten** sowie ↑**tierischen Fetten**, einem Zusatz aus Wasser, ↑**Magermilch** oder ↑**Sauermilch**, ↑**Emulgatoren**, ↑**Farb**-, ↑**Aroma**- und ↑**Konservierungsstoffen** hergestellt. Der ↑**Milchfett**- und ↑**Milcheiweiß**anteil darf maximal 1 % betragen. Die Pflanzenöle stammen von ↑**Sojabohnen**, ↑**Erdnüssen**, ↑**Sonnenblumenkernen**, ↑**Mais** und ↑**Weizen**. ↑**Speiseöl**, ↑**Fett** & ↑**Öl**. Die Rohstoffe für die pflanzlichen Fette kommen von ↑**Kokosnüssen** und ↑**Ölpalmen**früchten. Tierische Fette sind ↑**Schlachttierfette** oder ↑**Fischöle**. Damit das flüssige Öl streichfähig wird, wendet man die Fettumesterung und Fetthärtung an, wobei die Fette künstlich verändert werden. ↑**Trans-Fettsäuren**. Beim Umestern wird das Öl auf 200° C erhitzt. Unter ständigem Rühren werden Wasser, Emulgatoren und Zusatzstoffe (z. B. ↑**Betacarotin**, ↑**Salz**) hinzugegeben und so lange weitergerührt, bis eine streichfähige Margarine entstanden ist. Bei der Fetthärtung wird die chemische Struktur der ↑**Fettsäuren** verändert. ↑**Ungesättigte Fettsäuren** werden zu ↑**gesättigten Fettsäuren**. **Verschiedene** ↑**Margarinearten: 1. Tafel- oder Kochmargarine:** hat wie alle übrigen Margarinen einen Gesamtfettgehalt von mind. 80 % und gehört zu den einfachen Sorten. Das Fett kann aus pflanzlichen oder tierischen Quellen, auch aus einer Mischung sein. **Verwendung:** Kochen, Braten, Backen. Sie spritzt nicht und verträgt hohe Temperaturen. Der Gehalt an ungesättigten Fettsäuren ist gering. **Inhaltsstoffe:** 100 g dieser Margarine enthalten ∅ 702 kcal/2939 kJ, 19 g Wasser, 80 g Fett, 0,5 mg Vitamin A, 0,65 mg Betacarotin, 2,5 µg Vitamin D, 16 mg Vitamin E und 7 mg Cholesterin. **2. Pflanzenmargarine:** muss ausschließlich oder mindestens zu 98 % aus pflanzlichen Fetten stammen. Sie enthält ca. 25 % an gesunder ↑**Linolsäure**. Normiert zugesetzt sind: ↑**Vitamine A, D**, E, die auf der Verpackung angegeben sein müssen. **3. Pflanzenmargarine aus einer Pflanzenart:** Der Fettanteil stammt aus dem Öl einer einzigen Pflanzenart, so wird die Margarine entsprechend bezeichnet, z. B. „aus reinem Sonnenblumenöl". **4. Milchmargarine:** mit mind. 5 Gewichtsprozenten ↑**Milch** (Voll- oder Magermilch) hergestellt. **5. Delikatessmargarine:** Milchmargarine, deren Fettanteil nur pflanzlichen Ursprungs ist. **6. Diätmargarine:** ist nur aus pflanzlichen Ölen und Fetten mit einem Mindestgehalt von 40 % ungesättigten Fettsäuren. Wird auf cholesterinsenkende Wirkung hingewiesen, muss der Anteil an ↑**mehrfach ungesättigten Fettsäuren** mind. 50 % betragen. Diätmargarine ist streng kochsalz- oder natriumarm (max. 40 mg Kochsalz auf 100 g Margarine). Die wertvollen Fettsäuren bleiben erhalten, wenn diese Margarine nicht erhitzt wird. **7. Diätpflanzencrème:** besteht aus 78 % Pflanzenöl mit hohem Wasseranteil und 60–65 % mehrfach ungesättigten Fettsäuren. Die Konsistenz ist besonders geschmeidig. **8. Minarine:** Streichfett mit verringertem Fettgehalt, der rein pflanzlich sein muss. Fettgehalt 40 %, Wassergehalt mind. 53 %. Minarine ist kalorienarm, da wasserreicher als Margarine. **Verwendung:** nur für die kalte Küche (wegen ihres hohen Wassergehaltes nicht erhitzbar).

Margarinearten (Künstlich veränderte Fette) [*Fette*] **T 1.** Haushaltsmargarine (Standardware); **2.** Margarine mit Hinweisen auf besondere Zusammensetzung: **a)** Pflanzenm. mit mind. 97 % ↑**Pflanzenfett**, Linolsäuregehalt: mind. 15 % der Gesamtfettsäuren; **b)** „linolsäurereich": mind. 30 % ↑**Linolsäure**; **c)** „besonders hohe Anteile an ↑**mehrfach ungesättigten Fettsäuren**": mind. 50 % Linolsäure; **d)** „kochsalzarme" oder „streng kochsalzarme" Margarine müssen der Diätvorschrift entsprechen, d. h. der ↑**Natrium**gehalt ist begrenzt. **3.** Vitaminierte Margarine; **4.** Kochmargarine (auch „Tafelmargarine"), Einsatz hauptsächlich in Großküchen; **5.** Margarinen zur gewerblichen Verarbeitung (Backmargarine, Ziehmargarine); **6.** Margarineschmalz (Schmelzmargarine) ist praktisch wasserfrei; **7.** Halbfettmargarine besitzt einen Fettanteil von 40 % und damit einen Wasseranteil von 60 %. Sie ist für die kalorienreduzierte Ernährung gedacht und muss den Hinweis tragen: „Zum Backen und Braten nicht geeignet". ↑**Margarine**

Margarita [*Hausbar*] **R** Klassischer südamerikanischer ↑**Cocktail**. Der Hauptbestandteil ist ↑**Tequila**, das Besondere ist der Salzrand am Glas, wer das nicht mag: „No salt, please!". Margarita wird aus Tequila, ↑**Curaçao** und ↑**Limetten**saft gemixt, mittlerweile existieren aber Varianten wie „Strawberry Margarita" mit Erdbeersirup.

Margaux [*Weinkunde*] Das Margaux ist eine der Gemeinden im Haut-Médoc (Bordeaux) mit einer großen Anzahl Spitzen-Châteaus. **Bekannte Châteaus sind:** Château Boyd-Cantenac, Château Brane-Cantenac, Château Cantermerle, Château d'Angludet, Château Giscours, Château Lascombes, Château Malescot St-Exupéry, Château Margaux, Château Monbrison, Château Prieuré-Lichine und Château Rausan-Segla.

Maria Theresia Historischer Speisename [*Speisegarnitur*] **A 1.** (1717–1780), Kaiserin von Österreich, Königin von Ungarn; **2.** Großer ↑**Mokka** mit Orangenlikör (↑**Grand Marnier**), österr. Kaffeespezialität; **3. Speisegarnitur** für **kurzgebratene Rinderfiletschnitte** – in einer ↑Rotwein-Tomaten-Reduktion mit becherförmig gestürztem ↑Trüffel**risotto**

Marianglas [*Käse*] **Herkunft:** Wales/Grafschaft Gwent; **Käsesorte:** ↑**Ziegenkäse** aus roher ↑**Ziegenmilch**

Mariazeller [*Käse*] **Herkunft:** Österreich; **Käsesorte:** ↑**Schnittkäse**, ca. 45 % ↑**Fett i.Tr.**; **Milch:** rohe Bergbauernmilch; **Teig:** schnittfest, geschmeidig; **Geschmack:** leicht süßlich, aromatisch

Maribo [*Käse*] **Herkunft:** Dänemark; **Käsesorte:** gepresster ↑**Schnittkäse**, 30 bis 45 % ↑**Fett i.Tr.**; **Milch:** Kuhmilch; **Teig:** kleine, unregelmäßige Bruchlochung; **Geschmack:** recht kräftig; **Info:** Er wird sowohl rund als auch rechteckig, 9 bis 14 kg schwer, mit einem hellgelben Wachsüberzug angeboten. Der Maribo ist ein entfernter Verwandter des ↑**Gouda**.

Marida [*Griech. Speisekarte*] Begriff aus der griechischen Küchenkultur für kleine Fische (kleiner als ↑**Sardellen** – sprottenähnlich)

Marie-Louise Historischer Speisename [*Speisegarnitur*] **A 1.** (1791–1847) zweite Gemahlin Napoleons I, österreichische Erzherzogin; **2. à la Marie-Louise – Speisegarnitur** für **Kurzgebratenes** und **Geflügel** – Mit ↑**Champignon** – ↑**Zwiebel**püree auf ↑**Artischockenböden** – oder mit ↑**Blätterteig**pastetchen, die mit ↑**Erbsen**, ↑**Karotten**, ↑**Weißen Rübchen** gefüllt sind

Marigny, à la [*Speisegarnitur*] **A** Mit **Erbsen**, **Prinzessbohnen** und ↑**Schmelzkartoffeln** – oder mit ↑**Maiskörnern**, in ↑**Sahne** gebunden, auf ↑**Artischockenböden**

Marille [*Ital. Speisekarte*] Moderne ↑Designer**nudeln** in der Form gewellter ↑**Maccheroni**. Sie sollen an die Brandungswellen im Golf von Neapel erinnern.

Marillen [*Österr. Küche*] ↑**Aprikosen**

Marillenknödel [*Intern. Länderküche*] **A Merunkové knedlíky**, eine typische Spezialität aus der ↑**Böhmischen**, ↑**Wiener** und ↑**Österreichischen Küche. Englisch:** apricot dumplings; **Französisch:** boulettes aux abricots; **Italienisch:** gnocchi alle albicocche; **Spanisch:** albondígas de albaricoques. Die Wurzeln dieser bekannten Mehlspeise liegen in Böhmen. Die Marillen (↑**Aprikosen**) werden mit Teig aus gekochter Kartoffelmasse (↑**Kloßteig**) oder (Topfen) ↑**Quarkteig** umhüllt, gekocht, in gebräunten ↑**Semmelbröseln** gewälzt und mit Staubzucker bestreut serviert. Der Quarkteig wird meist vorgezogen.

Mariloman [*Kaffee*] **T** ↑**Mokka** mit ↑**Cognac**

Marinade [*Unsere Küche*] **T 1.** Eine zum Beizen dienende, säurehaltige Flüssigkeit, die mit ↑**Gemüse**, ↑**Gewürzen** und ↑**Kräutern** angereichert ist und zum Einlegen von ↑**Fleisch** oder ↑**Fisch** dient. Sie gibt dem Fleisch zusätzlich Aromastoffe, und die enthaltenen Säuren machen es haltbarer und mürbe, was die Garzeiten verkürzt. Die Säure stammt von ↑**Essig**, ↑**Wein**, ↑**Zitronensaft** oder ↑**Buttermilch. 2.** So nennt man auch eine Salatsauce aus Essig oder Zitronensaft, ↑**Salz**, Geschmackszutaten und ↑**Pflanzenöl** oder ↑**Sahne**; **3.** Erzeugnis aus Fischen und Fischteilen, das nicht mit Hitze, sondern mit Essig und Salz gegart wird. Nach Definition der **Leitsätze des Deutschen Lebensmittelbundes** unterteilen sich diese Marinaden in Aufguss- und Feinmarinaden. **Aufgussmarinaden:** ↑**Bismarckhering**, ↑**Rollmops** und ↑**Gabelrollmops**; **Feinmarinaden:** enthalten statt des klaren Aufgusses mit Essig und Gewürzen eine ↑**Soße**, z. B. Heringfilets in Sahnesauce oder die Gabelrollmöpse „Norweger Art" mit Tomatendressing. Entgegen dieser klassischen Definition werden heute auch alle anderen gesäuerten Heringsprodukte als Marinaden bezeichnet, also auch die durch Hitze gegarten Brat- und Kochmarinaden. **Zu den Bratmarinaden zählen:** ↑**Bratheringe**, Bratrollmöpse und Bratröllchen. **Zu den Kochmarinaden:** ↑**Hering** in ↑**Gelee**. Marinaden und andere Fischhalbkonserven sind nur begrenzt haltbar und müssen zwischen 2° C und 8° C gelagert werden.

Marinade, Süß-saure [*Unsere Küche*] **R** Zum Einlegen von ↑**Bratheringen**, ↑**Sauerfleisch** oder einfach nur zum Würzen von Salaten (↑**Wurstsalat**, ↑**Rindfleischsalat** usw.) ist eine Universalmarinade wirkungsvoll, die gute Ergebnisse erzielt und schnell gemacht ist. **Grundrezept: Zum Einlegen von** ↑**Fisch oder** ↑**Fleisch** – Die benötigte Menge an Wasser mit ↑**Zwiebeln**, ↑**Lorbeerblatt**, ↑**Knoblauch**, ↑**Senfkörnern**, einigen zerdrückten ↑**Pfeffer**körnern zum Kochen bringen. Mit ↑**Essigessenz** (vorsichtig), ↑**Salz** und ↑**Zucker** kräftig abschmecken. Schneebesen verwenden. Die Marinade auskühlen lassen, abseihen, fertig. Reste in eine saubere Flasche gefüllt, halten sich im Kühlschrank einige Wochen. **Folgende Würzmittel passen auch und geben eine persönliche individuelle Note:** ↑**Dill**, ↑**Essig**, ↑**Nelke**, ↑**Wacholder**, ↑**Estragon**, ↑**Fenchel**, ↑**Piment**, ↑**Salbei**, ↑**Thymian. Für Salate:** In einer Schüssel gehackte Zwiebeln, Prise Salz, frischen Pfeffer aus der Mühle und hochwertiges ↑**Pflanzenöl** mit einem Schneebesen verrühren und langsam so viel von der oben beschriebenen Marinade dazurühren, wie für einen Salat benötigt wird. Vollenden mit Schnittlauchröllchen oder anderen passenden frischen Gartenkräutern.

Marinata [*Ital. Speisekarte*] ↑**Marinade**

Mariné [*Franz. Speisekarte*] z. B. Sauer eingelegter (marinierter) Hering

Marinière, à la [*Speisegarnitur*] **A 1. In Frankreich:** Der im Ganzen gebratene Seefisch präsentiert sich hier umgeben von ganzen ↑**Krebsen**, ↑**Schalen-** und ↑**Krustentieren**, in einem ↑**Sud** aus ↑**Weißwein** und ↑**Kräutern** gegart. Dazu wird eine zarte Sahnesauce mit gerösteten ↑**Schalotten**, ↑**Champignons** serviert. Geröstete ↑**Weißbrot**stückchen werden extra gereicht; **2. In Italien:** ↑**Makkaroni** mit ↑**Butter** und geriebenem ↑**Parmesan** gebunden, vermischt mit ↑**pochierten** ↑**Austern**, ↑**Muscheln** und ↑**Garnelen**

Marinieren *[Unsere Küche]* Franz. mariner – beizen, einlegen

Marinierte Heringe *[Fisch]* Ausgenommene, nicht entgrätete Heringe ohne Kopf. ↑**Marinaden**

Maripursauce *[Gewürze & Kräuter]* Chinesische Gewürzsauce auf ↑**Sojabasis** mit ↑**Tomatenmark**

Maris Bard *[Kartoffelsorte]* **Kochtyp:** ↑**Vorwiegend festkochende Kartoffeln; Herkunft:** Großbritannien; **Jahr der Zulassung:** 1972; **Schale:** weiß, glatthäutig; **Fleisch:** weiß, leuchtende Farbe auch beim Kochen, sehr guter Geschmack; **Knolle:** langoval; **Reifezeit:** sehr früh

Maris Peer *[Kartoffelsorte]* **Kochtyp:** ↑**Vorwiegend festkochende Kartoffeln; Herkunft:** Großbritannien; **Jahr der Zulassung:** 1964; **Schale:** gelb; **Fleisch:** gelb, cremig, ausgezeichneter Geschmack; **Knolle:** oval; **Reifezeit:** sehr früh

Mariscos *[Span. Speisekarte]* ↑**Meeresfrüchte**

Marjolaine *[Franz. Speisekarte]* ↑**Majoran**

Mark *[Fachkunde]* **1.** Der fett- und lecithinreiche Inhalt der Knochen. Bei Röhrenknochen ist das Mark gelblich und halb flüssig. Bei anderen Knochen rötlichfleischfarben und von cremiger Konsistenz. Es ist als Suppeneinlage, für ↑**Saucen**, ↑**Markklößchen** und als feines Bratfett beliebt. **Wegen der Rinderseuche** ↑**BSE darf Knochenmark z.Z. nicht für den Verzehr verarbeitet werden. 2.** Gemüse- oder Fruchtmark steht immer in Verbindung mit dem Namen der Pflanze.

Markensekt *[Weinkunde]* Sekt mit geschütztem Handelsnamen. Durch Verschnitt wird eine gleichbleibende Qualität erzielt.

Markenwein *[Weinkunde]* Ein Verschnittwein mit konstanter Geschmacksrichtung und Qualität, wie ein normaler Champagner oder Sherry. Diese Weine kommen ohne Jahrgangs- und nähere geografische Herkunftsangabe in den Handel. Mehr und mehr Markenweine werden im Bordeaux erzeugt, wo der Mouton-Cadet der bekannteste und verbreitetste ist. Sie geben zwar einen Jahrgang an, aber keine nähere Herkunftsangabe. Der bekannteste deutsche Markenwein, zumindest im englischsprachigen Ausland, ist die ↑**Liebfrauenmilch.** Die Qualität kann von belanglos bis hervorragend reichen und ist abhängig von dem Weinbaugebiet, seinen Traditionen und den individuellen Qualitätsmaßstäben des Erzeugers. Während es Regionen gibt, in denen der Markenwein, vielfach unter einem Fantasienamen angeboten, zur mindersten Qualität gehört, sind z. B. einige der bedeutendsten Weine Griechenlands Markenweine.

Markerbsen *[Gemüse]* ↑**Erbsen**

Markklößchen *[Regionale Spezialität]* **R** Gehören immer noch zu den beliebtesten Einlagen in ↑**Bouillon** oder ↑**Kraftbrühe.** Wegen ↑**BSE** ist die Verwendung von Rindermark verboten, deshalb das ↑**Mark** von Kalbsknochen nehmen (beim Metzger bestellen). **Grundrezept:** 100 g Knochenmark; 2 ↑**Eier**; 2 ↑**Eigelb**; 100–150 g ↑**Semmelbrösel**; ↑**Salz**; ↑**Pfeffer**; ↑**Piment**; ↑**Muskat**; 1 kl. Bund glatte ↑**Petersilie** fein gehackt. Das Knochenmark würfeln, in einer kleinen Pfanne erhitzen und durch ein Sieb drücken. Nach dem Abkühlen schaumig rühren, Ei, Eigelb und Petersilie zugeben, gut untermischen. Mit Semmelbrösel verkneten und kräftig würzen. Die Masse ca. 30 Min. ruhen lassen. Mit kalt angefeuchteten Händen kleine Klößchen formen, in kochende Brühe einlegen, Hitze reduzieren und ca. 8 Min. ziehen, **nicht kochen** lassen.

Markkürbis *[Gemüse]* Als Gemüse verwendete Kürbisart mit gelbgrün marmorierter Schale und hellgelbem, zartem Fruchtfleisch. ↑**Kürbis**

Marmelade *[Süßwaren]* **Englisch:** jam; **Französisch:** confiture; **Italienisch:** marmellata; **Spanisch:** mermeláda; **Portugiesisch:** marmelo. ↑**Quitte.** Süßer Brotaufstrich, der aus in ↑**Zucker** verkochten, zerkleinerten Früchten oder Fruchtstücken (Pulpe) bzw. aus Mark oder Saft eingekocht wird. Entsprechend der Konfitüren-Verordnung beträgt der gesamte Zuckergehalt von **Marmelade** mindestens 60 %, der Gewichtsanteil der Früchte mindestens 20 %. Marmeladen können ebenso wie Konfitüren und Gelees ↑**Konservierungsstoffe,** Säuerungsmittel, Geliermittel und ↑**Speiseöle** enthalten. **Konfitüren** dürfen im Gegensatz zu Marmeladen nicht aus Zitrusfrüchten hergestellt sein, sie enthalten einen Fruchtanteil mit erkennbaren Fruchtstücken von mindestens 35 % und einen Zuckergehalt von mindestens 50 %. **Gelee** wird aus mindestens 35-prozentigem Fruchtsaftanteil und 50-prozentigem Zuckeranteil hergestellt.

Marmellata *[Ital. Speisekarte]* ↑**Marmelade**

Marmite *[Franz. Speisekarte]* **R 1.** Französischer Fleischtopf oder Suppengericht. Unter einer Marmite versteht man in der Regel eine ↑**Bouillon** oder ein angesetztes ↑**Suppenfleisch.** Für eine „petite marmite" werden beispielsweise 1,5 Kilo Suppenfleisch, ein schweres ↑**Huhn,** dazu jeweils 200 g ↑**Lauch,** ↑**Sellerie,** ↑**Wirsing,** ↑**Karotten** mit ca. 4 l kaltem Wasser angesetzt und langsam ca. 2 Stunden geköchelt. Den Wasserverlust gleicht man mit Bouillon aus. In manchen Gegenden werden auch ↑**Rote Beete** mit verwendet, die man aber separat in Kümmelwasser kochen sollte (sie geben sonst einen muffigen Geschmack), um sie erst zum Servieren geschnitten in den Eintopf zu geben. Blanchierte Markknochenscheiben runden diese Suppe ab, die mit allen geschnittenen Zutaten im Topf aufgetragen wird. **2. Marmite** – Vegetarische Würzpaste aus Großbritannien, die seit über 100 Jahren entweder heiß geliebt oder gehasst wird. Hauptbestandteil ist ↑**Hefeextrakt,** der beim ↑**Bierbrauen** anfällt, sowie ↑**Salz,** Pflanzenextrakte und ↑**Gewürze.** Das Aromakonzentrat wird hauptsächlich als hauchdünner Brotaufstrich verwendet, aber auch zur Verfeinerung von Suppen und Schmorgerichten. Marmite hat einen hoch intensiven Hefegeschmack mit einem Hauch von Fleischaroma, ist sehr pikant bis abschreckend würzig und eine wahre Vitamin-B-Bombe (Vitamin B_1 (↑**Thiamin**), Vitamin B_2 (↑**Riboflavin**), ↑**Vitamin** B_6, ↑**Vitamin** B_{12} und ↑**Folsäure**). **3.** Schweizer Zeitschrift der Ess- und Trinkkultur

Marmite à pression [*Franz. Fachwort*] Schnellkochtopf

Marmite des pêcheurs oder marmite dieppoise [*Franz. Speisekarte*] **A** ↑Fisch**eintopf** mit ↑**Kartoffeln**, ↑**Gemüse** in ↑Weiß**wein** und ↑**Crème fraîche**, mit ↑**Muscheln**, ↑**Garnelen** usw. garniert

Marmoriert [*Fleischprodukte*] Mit feinen Fettadern durchzogenes ↑**Fleisch**

Marmorkuchen [*Backstube*] **Englisch:** marble cake; **Französisch:** gâteau marbré; **Italienisch:** dolce marmorizzato; **Spanisch:** pastel veteado. **Zubereitung:** 250 g weiche ↑**Butter** mit 250 g ↑**Zucker** in einer Rührschüssel schaumig rühren. 1 Päckchen Bourbon ↑**Vanillinzucker**, eine Prise Salz, geriebene Schale von einer unbehandelten ↑**Zitrone** sowie 4 ↑**Eier** (L) einzeln zugeben und kräftig verrühren. 500 g ↑**Mehl** mit einem Päckchen ↑**Backpulver** vermischen und sieben. Abwechselnd Mehl und insgesamt 125 ml ↑**Milch** in den Teig einrühren. Eine ↑**Gugelhupf**-Form mit Butter einfetten, mit ↑**Semmelbrösel** ausstreuen und mit etwa der Hälfte des Teigs füllen. 2 Rippen Block- oder Zartbitterschokolade grob in Stücke schnitzen. Zum restlichen Teig 2–3 EL ↑**Kakaopulver** und die ↑**Schokolade** sowie 2 EL braunen ↑**Rum** zugeben und unterrühren (eventuell noch Milch). Den restlichen Teig in die Form geben und mit einer Gabel den dunklen Teig in den hellen ziehen, dabei die Form mitdrehen. So erzeugt man das Marmormuster. Den Kuchen auf der mittleren Schiene **55–70 min.** bei **180° C** (vorgeheizt) backen. Kurz abkühlen lassen und stürzen. **Tipp:** Den Kuchen mit einer relativ dünnflüssigen ↑**Glasur** aus ↑**Puderzucker** und ↑**Zitronensaft** überziehen, oder einfach nur mit Puderzucker bestäuben.

Marocaine, à la Marokkanische Art [*Speisegarnitur*] **A Speisegarnitur** für **Hammel**- oder **Lammnüsschen** – Mit ↑**Safran** gewürzter ↑**Pilafreis**, Zwerg**kürbis**würfel in ↑**Olivenöl** braten, in kleine gedünstete ↑**Paprikaschoten** (↑**Spitzpaprika**) füllen; **Sauce:** tomatierter ↑**Fond**

Maroilles [*Käse*] Auch „↑**Baguette Laonnaise**" genannt; **Herkunft:** Frankreich/Picardie; **Käsesorte:** ↑**Weichkäse** mit ↑**Rotschmiere**, 49 % ↑**Fett i. Tr.**; **Milch:** rohe Kuhmilch; **Teig:** crèmeweiß, im Alter goldgelb; **Geschmack:** jung kräftig bis pikant, im Alter streng scharf; **Info:** Der Maroilles wurde vor fast 1000 Jahren im gleichnamigen Kloster „kreiert". ↑**Stinker-Käse**

Marokkanische Küche [*Intern. Länderküche*] **T** Gilt für viele als die beste aller ↑**Arabischen Küchen**. Dieses Urteil kommt nicht von ungefähr, denn in Marokko sind die Gerichte sehr farbenprächtig und variantenreich in Duft und Geschmack. Marokko gilt auch als Heimat der maghrebinischen Küche. Das Wort Maghreb bedeutet „Westen" im Arabischen und bezeichnet die islamischen Länder westlich von Ägypten, insbesondere Algerien, Tunesien und Marokko. Marokko wurde im Laufe seiner Geschichte von verschiedenen Völkern, Kulturen und Religionen besiedelt und beeinflusst. So spiegeln sich in der marokkanischen Küche viele verschiedene Küchenkulturen. Hier finden sich jüdische, arabisch-islamische, afrikanische und europäische Einflüsse. **Marokkanische Tischsitten:** Wichtig ist der Ritus des Händewaschens vor und nach dem Essen. „Guten Appetit" heißt „Bismi'llah" (im Namen Allahs). Man benutzt nie die linke Hand zum Essen: Sie gilt als unrein! Die drei Finger (Daumen, Zeige-, Mittelfinger) der rechten Hand ersetzen das Besteck. In Restaurants ist aber meist Besteck vorhanden. Gespräche beim Essen sind unüblich. Verfügt doch der Koran in Sure 33, Vers 53: „Und geht wieder eurer Wege, wenn ihr gegessen habt, ohne zum Zweck der Unterhaltung auf Geselligkeit aus zu sein." **Marokkanische Spezialitäten:** In einem Restaurant wird das Menü mit Salaten aus rohen, gekochten oder gedünsteten Gemüsen in Orangen- und Zitronensaftsoße, gewürzt mit ↑**Knoblauch** und ↑**Paprika**, eingeleitet. **Es folgen:** ↑**Harrira:** eine sämige ↑**Linsen**-↑**Reis**-↑**Kichererbsen**-Suppe (zusammen mit ↑**Fleisch** ein beliebtes marokkanisches ↑**Ramadan**-[Fasten-] Gericht) oder Rind- und Hammelfleischspießchen, stets auf Holzkohle gegrillt. Dann kommt eine ↑**Tajine**, was das Wort für das Tongefäß ist, in dem das Gericht gleichen Namens gegart wird. Dieses Schmorragout ist das Hauptgericht der Landesküche. Tajines aus ↑**Hühner**-, ↑**Kalb**-, ↑**Lamm**-, ↑**Puten**-, ↑**Taubenfleisch** stehen zur Wahl, aus ↑**Hirn**, ↑**Leber**, ↑**Nieren**, geschmort mit ↑**Artischocken**, ↑**Erbsen**, grünen ↑**Oliven**, ↑**Karotten**, ↑**Kichererbsen**, ↑**Kürbis**, ↑**Topinambur**, ↑**Zwiebeln** und anderem frischen ↑**Gemüse** je nach Jahreszeit. Aber auch süßsauer mit ↑**Birnen**, ↑**Datteln**, ↑**Quitten**, ↑**Rosinen**, ↑**Süßkartoffeln**, ↑**Trockenpflaumen**, ↑**Zitronen** oder besonders erlesen mit gerösteten ↑**Mandeln.** Mit ↑**Ingwer**, ↑**Koriander**, ↑**Paprika**, ↑**Safran**, ↑**Zitronensaft** subtil gewürzte Schmorgerichte sind keine Seltenheit. Für süße Mischungen nehmen Marokkos Köche ↑**Honig** und ↑**Zimt**. Dazu serviert man ↑**Couscous:** einen festen Brei aus ↑**Hartweizengrieß**. Auf herkömmliche Art wird er zu Kügelchen gerollt und mit drei Fingern zum Mund geführt, was zunächst einige Übung erfordert. **Weitere bekannte landestypische Gerichte sind: Mechoui:** Am Spieß über Holzkohle gegrilltes ↑**Lamm**- oder ↑**Hammel**fleisch; **Merguez:** Dünne, pikant gewürzte ↑**Bratwürste** aus ↑**Hammel**- oder ↑**Rindfleisch**, die man überall preiswert als Imbiss auf dem Markt oder am Straßenrand kaufen kann.

Pastilla: süß-pfeffrige ↑**Blätterteigpasteten.** Dieses einzigartige Gebilde aus zirka vierzig übereinander geschichteten, durchsichtigen Blätterteigblättern ist entweder süß, mit ↑**Milch**, Mandelpaste, Zimt und ↑**Zucker** oder ↑**Ananas**, aber auch herzhaft mit ↑**Fisch**, Taubenfleisch oder ↑**Hühnchen**, geschlagenen ↑**Eiern** und geriebenen Zwiebeln gefüllt, mit ↑**Pfeffer** und ↑**Safran** gewürzt. Rundes ↑**Gersten**- oder ↑**Weizenbrot** – bevorzugt hausgebacken – begleitet jedes Mahl. Zum Ausklang eines traditionellen Essens wird der obligate „Thé à la menthe", marokkanischer Minztee (Nationalgetränk), zubereitet, er wird auch als Zeichen des Willkommens und der Freundschaft angeboten und sollte **nicht** abgelehnt werden. Aus langhalsigen ↑**Orangenblüten**- und ↑**Rosenwasser**-Flaschen werden die Gäste mit duftender Essenz beträufelt. In den Gebäckschalen häuft sich mit ↑**Sesam** bestreutes Mandel- und Honiggebäck, vor allem die in ↑**Puderzucker** gewälzten „Cornes de gazelle", Hörnchen aus Mandelpaste. In gut geführten marokkanischen Hotels oder Restaurants fühlt man sich versetzt in „1000 und eine Nacht". **Getränke in Marokko:** Typische hausgemachte Getränke sind Granatapfelsaft, ↑**Mandel**- und ↑**Buttermilch.** Sie werden allerdings mehr und mehr verdrängt durch ↑**Cola**, ↑**Limonaden**, ↑**Mineralwasser** (Oulmès mit ↑**Kohlensäure**, Sidi Ali und Sidi Harazem ohne). **Es gibt auch gute im Land produzierte Weine:** Da passen zu den ↑**Meeresfrüchten** und Fischgerichten die vorzüglichen kühlen Weißweine Spécial Coquillage oder Oustalet Blanc, zu ↑**Geflügel** und ↑**Kalbfleisch** die delikaten Roséweine Ksar Rosé oder Cabernet Président Rosé und zu Rind- und Hammelfleisch die opulenten Rotweine Cabernet Président Rouge oder Toulal.

Maronenpilze [*Speisepilze*] **T Maronen-Röhrling – Lateinisch:** Xerocomus badius. **Synonym:** Braunkappen; ↑**Waldpilze. Kurzbeschreibung:** wohlschmeckende, feinwürzige Pilze mit bräunlich-gelbem Stiel und einem gelb-braunen Schwamm an der Unterseite des dunkelbraunen, leicht klebrigen Huts. Im Vergleich zum Steinpilz kleinerer Pilz, der **roh giftig, aber nicht tödlich wirkt**. Eine Art dieser Braunkappen wurde kultiviert, ist als Zuchtpilz erhältlich und darf wie alle anderen ↑Zuchtpilze roh gegessen werden. **Hut:** 3–12 (18) cm breit, anfangs halbkugelig, später polsterförmig verflacht; kastanien-, schokoladen- oder dunkelbraun, später heller werdend, jung feinfilzig samtig, besonders an trockenen Standorten, später oder nach Regen kahl und glatt mit matter Oberfläche; feucht schmierig – klebrig, derbfleischig; **Röhren:** jung gelbweißlich, allmählich gelbgrünlich, schließlich fast olivfarbig; an Druckstellen blaugrün verfärbend; 1–2 cm lang; am Stiel ausgebuchtet; Mündungen jung fein, später mittelbreit, eckig; leicht vom Hut ablösbar, besonders bei älteren Exemplaren. **Stiel:** bis 10 cm lang und 4 cm breit; gelblichbraun, auf hellerem Grund bräunlich längs gefasert; kein Netz (wie beim Steinpilz); anfangs leicht bauchig, dann zylindrisch, oft verbogen, kahl, glatt. **Fleisch:** weiß bis gelblichweiß; bei Druck oder im Schnitt leicht oder stärker (mitunter auch gar nicht) bläulich anlaufend, später wieder verblassend. **Jung:** fest, dick, zart, saftig; Geruch erfrischend pilzartig, Geschmack angenehm, mild, nussartig. Im **Alter** weich und schwammig. **In der Küche:** guter und geschätzter Speisepilz, dem Steinpilz ebenbürtig, in fast jeder Form zubereitbar. **Roh gegessen, führt der Pilz zu Störungen im Magen-Darm-Trakt.** Sie treten nicht regelmäßig auf und sind abhängig von individueller Empfindlichkeit und dem wechselnden Gehalt an Reizstoffen. **Symptome:** Nach wenigen Min. bis 24 Stunden treten Übelkeit, Völlegefühl, Brechreiz und Durchfall auf. Ein Arztbesuch ist nicht nötig, die Symtome vergehen nach spätestens 2 Tagen. **Vorkommen:** Juni – November im Nadel- und Laubwald, unter Fichten und Kiefern, aber auch unter Rotbuchen, Eichen usw., oft in großen Mengen; vorwiegend auf sauren Böden (Sandböden, Lehm); vom Flachland bis ins Hochgebirge, verbreitet und häufig an trockenen Standorten oder im Nadelwald auf Nadelstreu (bes. unter Fichten) fester und dunkler, eventuell auch etwas kleiner als z. B. im Kiefernwald im Gras zwischen Blaubeersträuchern. **Verwechslungsmöglichkeit:** Mit dem ↑**Steinpilz** (Boletus edulis), dessen Stiel jedoch deutlich netzartig überzogen ist und der auch kaum bei Druck oder im Schnitt bläulich anläuft wie die Marone. In einzelnen Gebieten Süddeutschlands und Österreichs sind Maronen immer noch stark radioaktiv verstrahlt. Auskünfte erteilen die zuständigen Landratsämter.

Maroni [*Gemüse*] ↑**Edelkastanien**

Maroons [*U.S. Kitchen*] ↑**Makronen**

Maroschenoje [*Intern. Länderküche*] Begriff aus der russischen Küchenkultur für ↑**Eiskrem**

Marque [*Weinkunde*] Französisch für Marke; marque déposée bedeutet „Eingetragenes Warenzeichen". Ein „vin de marque" ist ein Markenwein, der einen besonderen Weintypus mit einer weitgehenden Konstanz bezeichnet. Normale Champagner und andere Schaumweine sind in aller Regel vins de marque. Aber auch im Bordeaux nimmt die Erzeugung von Markenweinen ständig zu. Der Mouton-Cadet ist lediglich ihr bekanntester und verbreitetster. Likörweine sind als „gemachte" Weine ebenfalls Markenweine. Sie alle tragen in Frankreich das A.O.C.-Prädikat. In Luxemburg hingegen entspricht die „Marque Nationale" dem deutschen Qualitätswein b.A. bzw. der französischen Appellation contrôlée. ↑**Markenwein**

Marquise glacée [*Franz. Speisekarte*] Eisgekühlte Früchteschaumcreme

Marron [*Franz. Speisekarte*] ↑**Edel-Esskastanie**

Marrone [*Ital. Speisekarte*] ↑**Esskastanie**

Marrons en purée [*Franz. Speisekarte*] Püree von

↑**Edelkastanien** mit ↑**Bouillon**, ↑**Salz**, ↑**Pfeffer** und etwas ↑**Zucker**

Marrons glacés [*Franz. Speisekarte*] ↑**Edelkastanien** in Zuckersirup eingemacht. ↑**Kandieren**

Marsala [*Weinkunde*] Sizilianischer (weißer) Dessertwein. Er wird aus den Rebsorten Grillo und Catarrano gewonnen. In jüngerer Zeit entstanden auch der rote „**Rubino**" bzw. „**Ruby**", der goldgelbe „**Oro**" und der braungoldene „**Ambra**". Es gibt unterschiedliche Süßegrade und Lager- bzw. Reinheitsqualitäten.

Marsanne [*Weinkunde*] Weiße Rebsorte, vor allem im Rhônetal, wo sie zusammen mit ↑**Rousanne** Bestandteil der meisten Weißweine ist. Synonym: Große Roussette. Reine Marsanne-Weine sind aromatisch und zeichnen sich durch Körper und Alkoholgehalt aus. Für mehrjährige Flaschenlagerung ist sie jedoch nicht geeignet, da ihr dafür die nötige Säure fehlt. Die Weine können deshalb oft ein wenig schwer ausfallen. In kleinen Mengen wird Marsanne in der Schweiz und in Australien angebaut. Auch in Kalifornien, wo ein modisches Interesse für Rhôneweine entstanden ist, nimmt ihre Popularität zu.

Marschalls Art [*Speisegarnitur*] **A Speisegarnitur für Fisch:** z. B. Filets vom ↑**Barsch**, in zerlassene ↑**Butter** getaucht, mit ↑**Semmelbrösel** paniert und gebraten; beim Anrichten jedes ↑**Filet** mit ↑**Trüffel**scheiben belegen, die in sehr stark reduziertem ↑**Fischfond** (↑**Glace**) angeschwenkt wurden. Je nach Saison mit grünen **Spargel**spitzen oder gebutterten ↑**Erbsen** garnieren.

Marschieren [*Unsere Küche*] Gerichte oder Speisen, die im Werden bzw. in der Zubereitung begriffen sind, „marschieren".

Marseillaise, à la [*Speisegarnitur*] **A Speisegarnitur für Fisch** – Nach der südfranzösischen Hafenstadt benannt. – In Olivenöl gedünstete ↑**Tomates concassées** mit ↑**Sardellen** und ↑**Oliven** – Beilage: frittierte ↑**Kartoffeln**, ↑**Sauce marseillaise** – Tomates concassées, Oliven, Sardellen, ↑**Knoblauch** und ↑**Petersilie**

Marshmallows [*U.S. Kitchen*] **T** Schaumzucker. **Synonym:** Mausespeck; Kinder rösten sie gerne bei Picknicks über dem Lagerfeuer. Mini-Marshmallows werden beim Backen benutzt, Marshmallowcrème ist eine sehr süße, klebrige Angelegenheit.

Marteau, saucisson de [*Franz. Speisekarte*] Würzige ↑**Kochwurst** aus reinem, grobgehacktem ↑**Schweinefleisch**

Marti, Oskar [*Berühmte Köche*] **Oskar Marti,** *1947 – zählt man zur Spitze der Schweizer Kochkünstler. Spätestens seit der so genannte „Chrüter-Oski" 1985 die legendäre „Moospinte" in Münchenbuchsee übernommen hat, das weit über die Region hinaus bekannte Restaurant. Er ist einer der Pioniere der naturnahen Küche, hat ↑**Wildkräuter**, Wildgemüse, Blumen und ↑**Blüten** in der Spitzengastronomie salonfähig gemacht. Die Wildpflanzen, die er bei seinen Streifzügen durch Wald, Wiese und Garten erntet, inspirieren ihn zu fantasievollen Gerichten. Aus Wildkräutern und den ersten Frühlingsgemüsen zaubert Oskar Marti sogar ausgefallene ↑**Desserts**. Marti hat sich auch durch sehr erfolgreiche Buchpublikationen und Auftritte in TV- und Radiosendungen einen Namen gemacht.

Martini – Dry Cocktail [*Hausbar*] **R 1.** Italienischer ↑**Wein** – ↑**Aperitif** aus Rot- oder Weißwein, mit Zusätzen von ↑**Wermut** und anderen ↑**Kräutern**. **2.** Der von einem Barkeeper namens Martini erfundene Cocktail hat nichts mit der gleichnamigen ↑**Vermouth** – Marke zu tun. Er zählt als trockener ↑**Shortdrink** zu den Aperitifs. Die berühmteste Form des Martinis ist der trockene Martini. **Er besteht in der Regel aus:** vier Teilen ↑**Gin**, bevorzugt wird eine nicht allzu wacholderbetonte, aber trockene Sorte – ein Teil trockener ↑**Vermouth** – eine grüne ↑**Olive** ohne Füllung. Die Zutaten werden mit Eiswürfeln im ↑**Shaker** oder in einem ↑**Rührglas** stark gekühlt. Der Martini wird in das unverwechselbare konische Martini-Cocktailglas serviert. Weltruhm erlangte dieser Cocktail durch den Filmhelden „James Bond", wobei es sich dabei um einen ↑**Wodka** Martini handelt. **„Geschüttelt, nicht gerührt"** – Bonds bekannter Ausspruch ist umstritten. So bilden die beiden Spirituosen durch das Schütteln eine Emulsion, die den Martini für kurze Zeit trüb macht, was bei manchen Kennern als verpönt gilt und weshalb er zur Zeit der Entstehung der Romanvorlage üblicherweise gerührt wurde. Dennoch soll ein Martini stets stark gekühlt getrunken werden. Durch das Verrühren auf Eis kann, im Gegensatz zum Schütteln, keine gute Kühlung erreicht werden, wenn die Zutaten nicht schon vorher im Kühlschrank gelagert wurden.

Martinsgans [*Unsere Küche*] **T** In Österreich auch Martinigans oder Martiniganslgenannt. Sie wird traditionell zu Ehren des hl. Martin (Schutzpatron der Gänse) am 11. 11. gebraten verspeist. Der Brauch hat seinen Ursprung in einer Legende: Als man ihn zum Bischof von Tours ernennen wollte, versteckte er sich einer Legende nach in einem Gänsestall, weil ihm die hohe Verantwortung Angst machte. Die Gänse schnatterten so laut, dass Martin gefunden wurde. Als „Strafe" werden daher an seinem Gedenktag die Gänse verspeist. Bratfertige Martinsgänse bringen in der Regel 3–4 kg, mit Füllung 5–6 kg auf die Waage und benötigen wesentlich mehr Garzeit als junge Tiere mit maximal 2500 g. Bis zu 5 Stunden kann es dauern, bis das Fleisch zart ist. Darum ist nach dem Anbraten eine Rohrtemperatur von 100° C über 2 ¾ Stunden zu empfehlen, dann kann wie in der ↑**Würztabelle** beschrieben fortgefahren werden. ↑**Gans**

Marzapane [*Ital. Speisekarte*] ↑**Marzipan**

Märzen [*Bier*] Vollbier mit ∅4–5 % ↑**Alkohol**. Das Märzen wurde nach altem Brauch zum Winterende

(März) gebraut, damit es bis in den Spätsommer gelagert werden konnte. Als ↑**untergäriges Bier** benötigt es zum Gären kühle Temperaturen. ↑**Bierhefe.** Die Verwendung von Spezialmalz gibt dem Märzen einen milden, malzigen Geschmack. Es ist in der klassischen Variante goldgelb, es gibt aber auch dunkles Märzen.

Marzipan [*Backstube*] **T Englisch:** marzipan; **Französisch:** pâte d'amandes; **Italienisch:** marzapane; **Spanisch:** mazapán. Geschälte, fein gemahlene **Mandeln** werden mit **Zucker** erhitzt, abgeröstet und zu einer homogenen, glatten Marzipanrohmasse verarbeitet. Der Mandelölgehalt muss mind. 28 % betragen, der Anteil an zugesetztem Zucker max. 35 %, Wassergehalt max. 17 %. **Außerdem sind Blausäuregrenzwerte einzuhalten (Blausäuregehalt in Bittermandeln).** Marzipanrohmasse wird in Blöcken als Backzutat angeboten oder zum eigentlichen Marzipan verarbeitet, indem man die Rohmasse mit höchstens der gleichen Menge ↑**Puderzucker** vermischt. Zur Geschmacksabrundung setzt man Spuren von ↑**Rosenwasser** zu. Verarbeitet man anstatt Mandeln ↑**Wal**- oder ↑**Haselnüsse**, muss das Produkt Wal- oder Haselnussmarzipan heißen. Marzipan wird hauptsächlich für ↑**Torten** verwendet und als Dekor zu Figuren ausgeformt. Marzipanspezialitäten oder -↑**Pralinen** werden mit ↑**Weinbrand**, ↑**Rum** oder ↑**Trockenfrüchte**n verfeinert.

Marzolino [*Käse*] **Herkunft:** Italien/Toskana; **Käsesorte:** ↑**Pecorino**; **Milch:** ↑**Ziegenmilch**; **Info:** Dieser besondere ↑**Ziegenkäse** ist urkundlich schon im 15. Jahrhundert erwähnt worden.

Marzotica [*Ital. Speisekarte*] ↑**Quark** (auch „quark")

Masa [*Mexicofood*] Maismehlteig

Masa harina [*Mexicofood*] Speziell behandeltes ↑**Maismehl** mit sehr schlechten Klebeeigenschaften. Für ↑**Tortillas** oder Maisbrot muss es immer mit ↑**Weizenmehl** vermischt werden. ↑**Gelber Mais** & ↑**Fumonisine**

Masala [*Gewürze & Kräuter*] ↑**Garam Masala**, ↑**Curry** oder ↑**Indische Küche**

Masala Chai [*Intern. Länderküche*] Begriff aus der indischen Küche für ↑**Tee** mit ↑**Milch** und ↑**Gewürzen** wie ↑**Kardamom** und ↑**Ingwer**

Masala Dosa [*Intern. Länderküche*] Allgemeiner Begriff aus der indischen Küche für ↑**Pfannkuchen**

Mascarpone [*Käse*] **T Herkunft:** Italien/Lodi; **Käsesorte:** ↑**Frischkäse** aus ↑**Sahne**, 80 % ↑**Fett i. Tr.**; **Info:** Dieser Frischkäse ist für Süßspeisen oder zum Binden von Soßen hervorragend geeignet. Sein weißlicher Teig ist cremig und streichbar, quarkähnlich. Er schmeckt angenehm mild und duftet nach frischer ↑**Milch** und ↑**Zitronen**aroma. Bei der Aufbewahrung ist zu beachten, dass er schnell Gerüche annimmt. Darum sollte Mascarpone immer in Behältern im Kühlschrank verschlossen werden. Bekannt wurde dieser feine, geschmeidige Frischkäse durch das Dessert „↑**Tiramisu**". Früher wurde Mascarpone hauptsächlich aus ↑**Büffelmilch** hergestellt.

Maschansker [*Österr. Küche*] ↑**Borsdorfer Apfel** (österr. Apfelsorte)

Mascotte [*Speisegarnitur*] **A 1. à la mascotte – Speisegarnitur** für **Kurzgebratenes** und **Geflügel** – In ↑**Butter** gedünstete Scheiben von ↑**Artischockenböden**, ↑Butter**kartoffeln** und ↑**Champignons** (in einer ↑**Kokotte** oder auf tiefer Platte, mit dem fertigen Stück anrichten). **Sauce:** mit ↑Weißwein, gebundenem ↑**Kalbsfond** und ↑**Bratenfond** vollenden; **2.** kleiner ↑Butter**biskuit**kuchen, in ↑**Kirschlikör** oder ↑**Rum** getränkt, mit ↑**Praliné**- oder ↑Kaffee**creme** gefüllt und ↑**Mandeln** garniert

Mashed [*U.S. Kitchen*] Püriert, zerdrückt

Mashed potatoes [*U.S. Kitchen*] Kartoffelpüree

Maske [*Fleischprodukte*] Kopfhaut ohne Knochen und Knorpel von ↑**Schwein** oder ↑**Kalb**

Maskieren [*Unsere Küche*] Eine fertige Speise vollkommen bedecken – mit ↑**Gelee**, ↑**Sauce**, ↑**Püree** oder anderem

Masquer [*Franz. Fachwort*] Maskieren, einhüllen, überziehen

Massaman Curry Paste [*Asiatische Küche*] ↑**Gäng massaman**, ↑**Rote Currypaste** & ↑**Currypaste**

Maße und Gewichte (in der Küche) [*Fachkunde*] Um das Messen beim Kochen auch ohne Waage hinzubekommen, kann man sich mit der nachstehenden Vergleichstabelle behelfen. Beim Backen hängt jedoch das Gelingen oft von der genau abgewogenen Menge ab. **Achtel** 1/8 l – 125 ml – 0,125 l; **BL** oder Bl Blatt (z. B. 1 BL Gelatine); **ccm** Kubikzentimeter – 1 ccm – 1 ml; **cl** Zentiliter – 1/100 l – 0,01 l – (Centiliter); **ag** Abkürzung für Dekagramm – 10 g – 0,01 kg (Gewichtsangabe in österreichischen Rezepten); **Deka** Internationale Vorsilbe für 10 (z. B. Dekagramm, Dekade, Dekalog); **Dezi** Internationale Vorsilbe für 1 Zehntel (z. B Deziliter, Dezimeter); **dkg** Veraltete Abkürzung für Dekagramm; **l** Deziliter – 1/10 l – 0,1 l; **Eischwer** Gewicht des Eis – gemessen mit Schale; **EL** Esslöffel – 1 EL = 15 ml (ccm): 8 EL = 1 Tasse Menge, die ein EL fasst. **Vorsicht! Damit sind die alten tiefen Löffel gemeint und nicht die flachen von heute. Beispiele:** 1 gestrichener EL Kakao = 6 g; 1 gestrichener EL Mehl = 10 g; 1 gestrichener EL Sahne = 15 g; 1 gestrichener EL Öl = 12 g; 1 gestrichener EL Salz = 15 g; 1 gestrichener EL Semmelbrösel = 10 g; 1 gestrichener EL Speisestärke = 10 g; 1 gestrichener EL Zucker = 15 g; **Hekto** Internationale Vorsilbe für 100 (z. B. Hektoliter); **Kilo** Internationale Vorsilbe für 1000 (z. B. Kilogramm); **KL** Kaffeelöffel; **Milli** Internationale Vorsilbe für 1 Tausendstel (z. B. Milliliter, Millimeter); **ml** Milliliter – 1/1000 l – 0,001 l; **Msp** Messerspitze – Menge an pulverisierter Zutat, die auf der Spitze eines spitzen Messers stehen bleibt (0,5–1 cm lang), wenn das Messer durch das Pulver gezogen wird; **Pfund** Deutsche Mengenangabe für 1/2 Kilogramm – 500 g; **Prise** Die Menge, die zwischen zusammengedrücktem Daumen und Zeigefinger bleibt; **Schuss** Die Menge Flüssigkeit, die aus einer geöffneten Flasche kommt, wenn diese einmal rasch und kurz gekippt wird; **Tasse** 1 Tasse = 120 ml; **Teelöffel** 1 TL = 5 ml (ccm): 3 TL = 1 EL Menge, die ein TL fasst. **Vorsicht! Damit sind die alten tiefen Löffel gemeint und nicht die flachen von heute. Beispiele:** 1 gestrichener TL Kakao = 2 g; 1 gestrichener TL Salz = 5 g; 1 gestrichener TL Speisestärke = 3 g; 1 gestrichener TL Zucker = 5 g; TL Teelöffel – siehe dort; **Zenti** Internationale Vorsilbe für 1 Hundertstel (z. B. Zentiliter, Zentimeter). **In alten Rezepten werden auch alte Maße und Gewichte verwendet.** 1 Lot = 15 g; 1 Quint = ca. 3,5 g (5. Teil des Lots); 1 Vierling = 125 g, ca. 8 Lot (4. Teil des Pfundes); 1 Seitel (auch: Seidel) = 1/3 l – 0,33 l – 330 ml; 1 Messle = 1/4 l – 0,25 l – 250 ml; 1 Schoppen = 1/2 l – 0,5 l – 500 ml (4. Teil der Maß); 1 Maß = 2 l; 1 Glaich = ca. 6 cm (wahrscheinlich Länge eines Fingergliedes); 1 Elle = ca. 60 cm

Metrische Einheiten	UK- und US- Einheiten
1 Gramm (g)	0,032151 troy ounce (t oz)
1 Kilogramm (kg)	35,273962 avdp. ounces (avdp oz)
1 Kilogramm (kg)	2,204623 avdp. pounds (avdp lb)
1 Tonne (t)	1,102311 short tons
1 Tonne (t)	0,984207 long tons

UK- und US- Einheiten	Metrische Einheiten
1 ounce (troy oz)	31,103477 Gramm (g)
1 ounce (avdp oz)	28,349523 Gramm (g)
1 pound (avdp lb)	453,592370 Gramm (g)
1 cental (100 lb)	45,3592370 Kilogramm (kg)
1 hundredweight (112 lb)	50,802345 Kilogramm (kg)
1 short ton (2000 lb)	0,907185 metrische Tonnen (t)
1 long ton (2240 lb)	1,016047 metrische Tonnen (t)

Die Grundeinheit für **Gewicht in England** ist ein Gerstenkorn. 7000 Gerstenkörner entsprechen einem pound, welches wiederum in 16 ounces aufgeteilt ist. Ein ounce entspricht 16 drams. **Ein pound** entspricht übrigens **453,59 g**, also knapp einem halben ↑**Kilogramm**.

Masséna, Historischer Speisename [*Speisegarnitur*] **A** 1. André (1758–1817), Herzog von Rivoli, französischer Marschall; **2. à la Masséna – Speisegarnitur** mit ↑**Artischockenböden** u. ↑**Markscheiben** an ↑**Béarnaise** oder ↑**Trüffelsauce**

Massenet, Historischer Speisename [*Speisegarnitur*] **A** 1. Jules (1842–1912), französischer Komponist; **2. à la Massenet – Speisegarnitur** mit ↑**Artischockenböden**, die mit ↑**Bohnen**mark gefüllt werden, ↑**Spargel**spitzen und ↑**Annakartoffeln**

Massepain (pâte d'amandes) [*Franz. Speisekarte*] ↑**Marzipan**

Massieren [*Fleischprodukte*] Behandeln von ↑**Leberwurst** und ↑**Presssack** im Kunstdarm, die beim Garen einen Fettrand abgesetzt haben und durch manuelles oder maschinelles Streichen (massieren) wieder zu gleichmäßiger Konsistenz gebracht werden.

Massimo, alla [*Ital. Speisekarte*] **R Spaghetti** gebunden mit ↑**Butter**, geriebenem ↑**Parmesan** und Geflügelrahmsauce, vermischt mit reichlich ↑**Julienne** von ↑**Champignons** und weißem ↑**Hühnerfleisch**

Mastdarm [*Verdauung*] Der 15 bis 20 cm lange, letzte Abschnitt des Dickdarms, der am Anus mündet. Dort wird der Kot gespeichert, bevor er über den Afterkanal ausgeschieden wird.

Masthuhn [*Fleischprodukte*] Junges, gemästetes Huhn mit weißem, festem, aber zartem Fleisch. Masthühner wiegen 1500–2500 g. ↑**Hühner**

Mastix [*Griech. Speisekarte*] **T** Das Harz des Mastix-Baumes wird in der ↑**Griechischen Küche** als Würzpulver für Gebäck verwendet.

Mastlammfleisch [*Fleischprodukte*] Fleisch von Stall- und Weidemastlämmern, nicht über 12 Monate alt

Mataró [*Weinkunde*] Alte Rotweinrebe aus Spanien, die am besten am Mittelmeer gedeiht, aber auch nach Südamerika, China usw. exportiert worden ist. Sie reift ziemlich spät und entwickelt ↑**Tannine**, die den Wein lange haltbar machen. In Frankreich unter dem Namen Mourvèdre vor allem im Südwesten angebaut und vorwiegend mit ↑**Grenache**, ↑**Syrah** und ↑**Carignan** verschnitten. In Katalonien nennt man ihn Mouvèdre, in Spanien Monastrell. In den Domaines Tempier, de la Vivonne oder Pibarnon wurde der Mataró-Anteil in der jüngsten Vergangenheit noch gesteigert.

Mate Tee [*Tee*] **T** Die Blätter des mit der Stechpalme verwandten immergrünen Matestrauches liefern das südamerikanische Nationalgetränk. Mate wird von den Indios als magischer Trank gegen Hitze, Hunger und Erschöpfung geschätzt. Mit Hilfe einer Bombilla, eines metallischen Siebröhrchens, wird der heiße Mate aus ausgehöhlten Flaschenkürbissen gesaugt. Daher kommt auch sein Name, denn der indianische Begriff für Kürbis ist Mate. Der im Urwald wachsende Matebaum wird bis 15 m hoch. Um die Ernte zu erleichtern, lässt man ihn im Anbau nur auf 5 m Höhe wachsen. Im Gegensatz zu anderen Kräutertees enthält Mate ↑**Coffein** und ↑**Theobromin**, allerdings viel weniger als der Schwarztee. Um den vollen Geschmack zu erhalten, sollten die Blätter nicht gekocht, sondern nur mit siedendem Wasser übergossen werden. Mate schmeckt heiß oder kalt, mit ↑**Honig**, ↑**Zitrone** oder ↑**Milch**. Er sollte nicht literweise auf Vorrat gekocht werden, da er seine Farbe sehr schnell verliert.

Matelote [*Speisegarnitur*] **R** **1.** Französisches, traditionelles, herzhaftes Fischragout aus frischem ↑**Aal** und ↑**Karpfen**, aber auch je nach Region mit ↑**Hirn**, ↑**Kalbfleisch**, harten ↑**Eiern**, Rot- oder ↑**Weißwein**, ↑**Speck**, ↑**Zwiebeln**, ↑**Champignons** und gebackenen Weißbrotwürfeln (↑**Croûtons**) – oder **2.** Aal in einer Soße aus Rotwein, ↑**Butter**, ↑**Mehl**, ↑**Cognac**, ↑**Schalotten** und ↑**Karotten**. Gewürzt mit ↑**Petersilie**, ↑**Lorbeerblatt**, ↑**Thymian**, ↑**Salz** und ↑**Pfeffer**; **3. à la Matelote – Speisegarnitur** für **Fisch** – Kleine, glacierte Zwiebeln, Champignons, in Butter gebratene Croûtons; **4. Sauce Matelote** – ↑**Fischfond** mit Rotwein und Champignons reduziert, passiert und leicht abgebunden

Matignon [*Speisegarnitur*] **A** **1.** Aromatisches Püree aus in ↑**Butter** gedünsteten ↑**Gemüsen** (↑**Karotten**, ↑**Sellerie**, ↑**Zwiebeln**), mit ↑**Thymian**, **Lorbeer** abgeschmeckt und Würfel von gekochtem ↑**Schinken** und ↑**Madeira** vollendet. **2. à la matignon – Speisegarnitur** aus mit ↑Gemüse**püree** gefüllten und gratinierten ↑**Artischockenböden** auf gedünsteten ↑**Kopfsalat**streifen

Matjes [*Fisch*] **R** Junger, noch nicht laichreifer ↑**Hering**, dessen Fleisch besonders zart und mild ist. Der Name kommt von dem niederländischen „Matje" für Mädchen. Offiziell beginnt die Matjessaison nicht „vor Johanni", dem 24. Juni (!), besagen die bis ins Mittelalter zurückreichenden Heringsordnungen. Grund dafür ist die Nahrungsquelle der Heringe, bedingt durch das kalte Wasser der Nordsee. Fällt der Winter mild aus und die Wassertemperaturen liegen höher, kann die Saison schon Anfang Juni beginnen. Vom Golfstrom begünstigt, werden schon von Mitte Mai bis Anfang Juni vor der schottischen Küste Heringe gefangen, die ↑**gekehlt**, mild gesalzen und enzymatisch gereift eingelagert werden. Sie werden besonders geschätzt, vor allem, wenn sie in **Holland** verarbeitet wurden, denn von dort kommen die besten europäischen Matjesfilets. Der holländische Matjes ist ein „LS-Matjes" (Abkürzung für „LeichtSalz"). Er wird nur wenig gesalzen, kurz gereift und braucht, weil er so mild ist, nicht gewässert zu werden. Um auszuschließen, dass sich im Matjesfleisch lebende ↑**Nematoden** oder deren Larven befinden, werden nur noch ↑**Heringe** verarbeitet, die mindesten 24 Stunden bei –200° C eingefroren waren. **Inhaltsstoffe:** 100 g Matjesfilet enthalten ∅ 285 kcal/1190 kJ, Eiweiß 16 g, Fett 22,6 g, davon – gesättigte Fettsäuren 6,0 g – einfach ungesättigte Fettsäuren 10,3 g – Omega-3-Fettsäuren 4,0 g; ↑**Mineralstoffe** ∅ 6,8 g, davon 43 mg Kalzium, 35 g Magnesium, 1,3 mg Eisen, 0,7 mg Zink und 160 µg Jod, außerdem ist Matjes reich an ↑**Vitamin D**, E und Vitaminen der B-Gruppe. **In der Küche:** Guter Matjes hat einen mild-sahnigen Geschmack und marzipanfarbenes Fleisch. Als klassisches Frühsommergericht werden Matjesheringe zu Pellkartoffeln und Kräuterquark gereicht. Das wohl bekannteste Matjesgericht dürfte die „Hausfrauen Art" sein, wobei der Matjes mit einem Dip aus ↑**Sauer**- und ↑**Süßrahm**, etwas ↑**Zucker**, einer Spur ↑**Salz**, ↑**Zitronensaft**, ↑**Dill**, weißem ↑**Pfeffer**, ↑**Boskop**apfelstücken, ↑**Gewürzgurken**scheiben, garniert mit ↑**Zwiebel**ringen auf den Tisch kommt. **Tipps:** Matjes sollten immer am Ende des Einkaufs besorgt werden, einen längeren Einkaufsbummel bei warmem Wetter verträgt er nicht so gut. Am besten schmeckt er am Tag, an dem er gekauft wurde. Wenn der Matjes zu Hause noch im Kühlschrank aufbewahrt wird, sollte er sorgfältig abgedeckt werden. Matjes ist sensibel und nimmt leicht fremde Aromen an, also sollte man ihn zum Beispiel vor Zwiebeln „schützen" (**nur beim Lagern**). Durch die Überfischung der Meere wurde der Hering, das „Arme-Leute-Essen" von einst, zu einer teuren Delikatesse.

Matsch & Gammel [*DDR-Küche*] Obst und Gemüse

Matt, Werner [*Berühmte Köche*] **Werner Matt** (seit 2003 in Pension) war für Österreichs Küche das, was Paul ↑**Bocuse** für die französische und Eckart ↑**Witzigmann** für die deutsche Küche bedeuteten. Werner Matt war in der ganzen Welt unterwegs, um Erfahrungen zu sammeln. Er ist Österreichs am höchsten ausgezeichneter Haubenkoch und gilt als Vater der neuen ↑**Österreichischen Küche**, die sich kreativ, frisch und leicht präsentiert.

Matz [*Käse*] Regionale Bezeichnung aus Mitteldeutschland für ↑**Quark**

Matze [*Jüdische Küche*] **T** Als Mazzen, Matzah oder Mazzoth werden die koscheren, flachen, ungesäuerten Brotfladen der ↑**Jüdischen Küche** bezeichnet, die aus Wasser und einer der fünf Getreidesorten – ↑**Weizen**, ↑**Roggen**, ↑**Gerste**, ↑**Hafer**, ↑**Dinkel** – gebacken wurden. Um koscher für Pessach zu sein, unterliegt die Herstellung der Matzen strengster rabbinischer Aufsicht. Jeder verfrühte Kontakt des geernteten Getreides oder des Mehls mit Wasser oder einem anderen Säuerungsmittel muss vermieden werden. Der Backprozess vom Mischen des Mehls mit Wasser bis zur fertig gebackenen Matze darf nicht länger als 18 Min. dauern. Juden essen Matzen in der Pessach-Woche zur Erinnerung an den Auszug aus Ägypten. Laut Überlieferung blieb beim Aufbruch keine Zeit, den Teig für die Brote gehen zu lassen. Da während der Pessach-Woche weder gesäuertes Brot noch irgendetwas, das aufgehen könnte, verspeist werden darf, werden aus Matzen oder Matzenmehl auch Kuchen, Aufläufe etc. gebacken. Das Gebot, Matze zu essen, besteht allerdings nur für den Seder-Abend (für den Rest der Woche gilt nur: kein „chametz", also nichts Gesäuertes essen). Am Seder-Abend gehören drei besondere Matze – üblicherweise handgebacken und dicker als gewöhnliche Matzen – auf den Tisch: die oberste Matze symbolisiert die Cohen, die Tempel-Priester, die mittlere die Levi, die Tempel-Diener, und die unterste schließlich Jisrael, das Volk der Juden. Jede dieser drei Matzen ist von den anderen durch ein Tuch geschieden. Während des Seder-Abends werden sie symbolisch eingesetzt. Jedem Juden ist es geboten, ein Stückchen dieser Matze zu verzehren.

Matzo ball soup [*Jüdische Küche*] **A** Suppe mit Klößchen. Matzo ball Soup ist in der ↑**Jüdischen Küche** eine kräftige Hühnersuppe mit Klößchen aus Matze-Mehl (Mehl aus ungesäuertem ↑**Matze**-Brot).

Maui onions [*Exotische Früchte*] Milde Gemüsezwiebelsorte aus Hawaii

Maul- und Klauenseuche [*Fachkunde*] Bläschenerkrankung an Maul und Klauen von ↑**Rindern** und ↑**Schweinen**. Der Mensch kann nicht an der Maul- und Klauenseuche (MKS) erkranken. Personen, die direkten und indirekten Kontakt mit betroffenen Tieren haben und hatten, können jedoch Antikörper bilden. Sofern sie Kontakt zu anderen Tieren haben, können sie den Virus auf diese Tiere übertragen. Daher ist äußerste Vorsicht geboten. MKS ist sehr gefährlich: Durch die schnelle Verbreitung kann sie zu einer unkontrollierbaren Seuche werden, sofern man sie nicht mit geeigneten Maßnahmen eindämmt. Im Welthandel gilt MKS neben ↑**BSE** als die Tierererkrankung schlechthin. Sobald in einem Land ein MKS-Fall oder auch nur Verdachtsfall auftritt, verhängen andere Länder sofort ein Importverbot.

Maulbeere [*Exotische Früchte*] **Englisch:** mulberry; **Französisch:** mûre. Ursprünglich stammt der Maulbeerbaum aus Westasien. Heute findet man ihn auch in den Mittelmeerregionen und im Süden der USA. Botanisch betrachtet gehört die Maulbeere nicht zu den Beeren oder Sammelsteinfrüchten. Der Baum mit den sich bildenden Nussfruchtverbänden zählt zu den Moraceae. Zu dieser bunt gemischten Familie gehören sehr viele Nutzpflanzen wie Hanf, der tropische ↑**Brotfrucht**baum, ↑**Feigen**- oder Gummibaum. Es gibt schwarze (Morus nigra), rote (M. rubra) und weiße Maulbeeren (M. alba). Der weiße Maulbeerbaum aus China ist die Hauptfutterpflanze für die Raupen des Seidenspinners. Maulbeeren schmecken säuerlich-würzig, sind sehr saftig und werden, da sie sehr schnell verderben, nur in den Anbauländern gehandelt.

Maultaschen [*Regionale Spezialität*] **A** Aus Schwaben stammende Spezialität, ähnlich den italienischen ↑**Ravioli**, nur größer (ca. 6x6 cm). Die recht- oder dreieckigen Teigtaschen aus ↑**Mehl**, ↑**Eiern** und ↑**Butter** werden mit einer Masse aus ↑**Hack**- oder ↑**Rauchfleisch** und/oder ↑**Gemüse** (meist ↑**Spinat**), ↑**Ei**, ↑**Weißbrot**, ↑**Zwiebeln** und ↑**Gewürzen** gefüllt, in ↑**Fleischbrühe** gegart und damit serviert oder vorgegart mit ↑**Fett** knusprig gebraten.

Maurache [*Österr. Küche*] ↑**Morchel**

Mäuschen [*Fleischprodukte*] Regionale Bezeichnung für die ↑**Nuss**

Mausschinken [*Fleischprodukte*] Regionale Bezeichnung für den ↑**Nussschinken**

Mauzac Blanc [*Weinkunde*] Auch Moissac genannt. Rebe aus dem Midi und dem Südwesten Frankreichs

Mavasia Nera [*Weinkunde*] Rote Variante des ↑**Malvasier**. In Piemont und Südtirol werden aus ihr DOC-Weine vermarktet. In Apulien wird sie meist zusammen mit Negroamaro verarbeitet.

Mavrodaphne [*Weinkunde*] Griechischer roter Likörwein aus dem Peloponnes und Kefalonia

Mavrud [*Weinkunde*] Rote Rebsorte, die man in ganz Zentral-Europa, vor allem in Bulgarien antrifft. Die aus Mavrud gekelterten Weine zeigen sich meist rustikal: Sie sind relativ säurearm, haben dafür mehr ↑**Tannin**, das aber von genügend pflaumenähnlicher Frucht ausgeglichen wird, falls die Beeren bei völliger Reife geerntet wurden. Die Mavrudweine werden im Holzfass ausgebaut, neuerdings auch im ↑**Barrique**.

Maxi-Menü [*Gesundheit*] ↑**Fastfood-Menü**

Mayiritsa [*Griech. Speisekarte*] **A** Begriff aus der griechischen Küchenkultur für eine Zitronensuppe mit ↑**Leber** und ↑Schaf**innereien** als Einlage. Sie wird traditionell in der Osternacht und am nächsten Tag in der Familie gegessen.

Mayonnaise/Mayonäse [*Unsere Küche*] **R Englisch:** mayonnaise; **Französisch:** mayonnaise; **Italienisch:** majonese; **Spanisch:** mayonesa. Fachlich beschrieben ist Mayonnaise eine kalt ↑**aufgeschlagene Grundsauce**, bzw. eine ↑**Emulsion** zwischen ↑**Pflanzenöl** und ↑**Zitrone** oder ↑**Essig**, die durch ↑**Eigelb** gebunden wird. Mit Gewürzen abgeschmeckt, bildet sie die Grundlage für verschiedene kalte Saucen (↑**Aioli**, ↑**Remoulade**). **Herstellung:** Damit eine Mayonnaise gelingt und bekömmlich ist, sollte man nur beste Pflanzenöle verwenden, Temperatur von Eigelb und Öl müssen gleich und die Eier absolut frisch sein. In einer Glasschüssel oder einem Metallkessel wird Eigelb mit etwas Salz und Zitronensaft verrührt, nun das Öl zuerst tropfenweise, dann in einem dünnen Strahl sehr zügig mit einem Schneebesen einrühren. Die richtige Konsistenz ist erreicht, wenn die Mayonnaise schnittfest ist. 3 Eigelb ergeben ca. 1 l. Sollte die Mayonnaise gerinnen, wurde das Öl wahrscheinlich zu schnell zugefügt. Dann einfach erneut ein Eigelb mit Zitronensaft und Senf verrühren und die geronnene Mayonnaise langsam unter schnellem Rühren zufügen. Abgeschmeckt wird mit Salz, einem Spritzer ↑**Worcester**, etwas ↑**Senf** und **Cayennepfeffer**. Mit ↑**Tomatenmark**, ↑**Ketschup**, ↑**Cognac**, Worcester, Cayennepfeffer und ↑**Sahne** vermischt, erhält man eine schnelle, leckere, aber auch kalorienreiche

↑**Cocktail**-Sauce. Mit Mayonnaise wird Salat angerichtet, sie wird als Soße sowie zum Garnieren kalter Gerichte verwendet und ist ein beliebter ↑**Dip** mit ↑**Pommes-frites**. ↑**Jogurt**, ↑**Quark** oder ↑**Sauermilch** machen sie bekömmlicher. **Industriell gefertigte Mayonnaise wird wie folgt beschrieben:** „Mayonnaise" ist eine „Öl-in-Wasser-Emulsion" und besteht im Prinzip aus pflanzlichem Speiseöl, Hühnereigelb und Würzessig. Darüber hinaus können noch ↑**Salz**, ↑Hühner**eiklar**, ↑**Gewürze** und ↑**Zucker** zugesetzt sein. Der Mindestfettgehalt von „echter Mayonnaise" liegt bei 80 % und mindestens 7,5 % Eigelb. Das Eigelb ist für den Geschmack und die Farbe verantwortlich, jedoch als Emulgator besonders für die cremige Konsistenz zuständig. Als Konservierungsstoffe werden ↑**Sorbinsäure** (↑**E 200**), ↑**Benzoesäure** (↑**E 213**) und **p-Hydroxybenzoesäureethylester** (↑**E 214 bis E 219**) eingesetzt. ↑**Farbstoffe** dürfen nicht zugesetzt werden. Als **„Delikatess-Mayonnaise"** bezeichnet man Produkte, die entweder einen Eigelbanteil von 20 % oder einen hohen Anteil an mehrfach ↑**ungesättigten Fettsäuren** (z. B. ↑**Sojaöl**) haben. Dickungsmittel und Farbstoffe dürfen nicht zugesetzt sein. **„Salatmayonnaise"** ist energiereduziert, da sie nur 50 % Fett hat. Daneben gibt es noch zahlreiche mayonnaiseähnliche Zubereitungen, darunter auch Leichtprodukte, die bis zu 98 % weniger ↑**Cholesterin** enthalten. Eifreie Mayonnaise wird in Bioläden oder Reformhäusern angeboten. Mayonnaise ist in Gläsern, Plastikflaschen, Tuben oder Beuteln erhältlich. Ungeöffnet ist industriell gefertigte Mayonnaise bis acht Monate haltbar, geöffnet sollte sie gut gekühlt innerhalb von 2 Wochen verbraucht sein. Selbst aufgeschlagene Mayonnaise ist im Sommer zum sofortigen Verbrauch bestimmt. Gut gekühlt kann man sie ca. eine Woche aufbewahren. Zum Einfrieren eignet sich Mayonnaise nicht, da deutliche Geschmacks- und Konsistenzverluste auftreten.

Mayonnaise à l'espagnole [*Speisegarnitur*] **A** Saucenklassiker aus mit ↑**Olivenöl** emulgiertem ↑**Eigelb**, der während der Schlacht von Mahon auf Menorca (1636) entstand und daher ursprünglich „Mahonnaise" hieß. Diese Ur-Mayonnaise wurde mit fein gehacktem ↑**Schinken** und ↑**Knoblauch** verfeinert.

Mayonnaise verte [*Franz. Speisekarte*] ↑**Mayonnaise** mit frischen ↑**Kräutern**

Maytag [*Käse*] **T Herkunft:** USA; **Käsesorte:** halbfester ↑**Blauschimmelkäse**, 48 % ↑**Fett i.Tr.**; **Milch:** Kuhmilch; **Teig:** krümelige, jedoch sahnig weiche Struktur mit grünen, gleichmäßig verteilten ↑**Edelschimmel**adern. **Geschmack:** kräftig, zart schmelzend, nussig und erfrischend säuerlich im Nachklang. Der Maytag riecht intensiv nach ↑**Pilzen** und ↑**Zitrusfrüchten**. **Verwendung:** Dieser Käse ist in der Küche variabel einsetzbar, z. B. als Vorspeise mit körnigem ↑**Frischkäse** vermischt, für Füllungen in ↑**Dressings**, ↑**Dips** und ↑**Saucen**. **Info:** Der erstmals 1941 hergestellte Blauschimmelkäse wird zu 80 % über Mail-Order verkauft und genießt weltweites Ansehen. **Form:** Rundlaib; **Gewicht:** verschiedene Größen; **Reifung:** 6 Monate

Mazagran [*Intern. Länderküche*] **1.** Ort in Algerien; **2.** Mokka, wird mit Eiswürfeln gekühlt und mit ↑**Maraschino** versetzt (österr. Kaffeespezialität); **3.** Ein in Frankreich beliebtes Gericht, wobei ein Kartoffeltörtchen (aus ↑**Duchesse**-Masse) mit ↑**Hackfleisch** bzw. ↑Fleisch**ragout** gefüllt und überbacken wird

Mazapán [*Span. Speisekarte*] ↑**Marzipan**

Mazarin, Historischer Speisename [*Speisegarnitur*] **A** **1.** Jules (1602–1661), Kardinal, Staatsmann, lenkte die Geschichte Frankreichs zur Zeit Ludwigs XIV.; **2. à la Mazarin – Speisegarnitur** für **Kurzgebratenes, Geflügel** und **Fisch** – Mit in ↑**Butter** gedünsteten ↑**Champignons**, ↑**Artischockenböden**, gefüllt mit gedünsteten ↑**Gemüsestreifen**

Mazedonische Art [*Speisegarnitur*] **A** ↑**à la Macédoine**

Mazerieren [*Franz. Fachwort*] Speisen (meist Süßspeisen) mit Obstsäften, ↑**Wein** oder ↑**Spirituosen** übergießen bzw. beträufeln (↑**Beizen**) und gut durchziehen lassen

Mazzancolla [*Ital. Speisekarte*] ↑Furchen**garnele**

Mcintosh [*Obst*] **T Lateinisch:** Malus domestica; **Info:** McIntosh ist eine mittelgroße Apfelsorte von rundlicher bis leicht abgeflachter Form und mit kurzem Stiel. Die Schale mit ihrer hellgrünen Grundfarbe ist fast zur Gänze von einer dunklen, blauroten Deckfarbe überzogen. Das grünlich-weiße, mittelfeste und sehr saftige Fruchtfleisch weist einen angenehm süßsäuerlichen und erfrischenden Geschmack auf. **Mutanten und Typen:** Der fast ganz dunkel gefärbte Typ „McIntosh Rogers" wurde 1932 von Isaac C. Rogers aus New York, USA, als Knospenmutation an einem McIntosh entdeckt und weitervermehrt. **Ursprung und Geschichte:** McIntosh ist ein Zufallssämling und wurde 1796 von John McIntosh aus Dundas County in Ontario, Kanada, entdeckt und 1830 unter dem Namen „McIntosh Red" erstmalig verkauft. Von da an bis weit in die zweite Hälfte des 20. Jahrhunderts war McIntosh weltweit und vor allem in Nordamerika eine der wichtigsten Sorten im Apfelanbau. **Herkunft und Saison:** McIntosh wird in Mitteleuropa zwischen Mitte und Ende September geerntet und ist im ↑**Kühllager** bei +3° C bis +5° C bis Ende November, im ↑**CA-Lager** bis Ende Februar haltbar. Der Beginn der Genussreife fällt mit dem Erntetermin zusammen. ↑**Äpfel**

Measure [*Hausbar*] Bezeichnung für den ↑**Jigger**

Meat [*U.S. Kitchen*] ↑**Fleisch**

Meat balls [*U.S. Kitchen*] Fleischbällchen – Spaghetti with meatballs, also ↑**Spaghetti** mit Fleischbällchen in ↑**Tomatensoße** – sind in den USA beliebt.

Meat loaf [*U.S. Kitchen*] Klassischer ↑**Hackbraten**

Meatburger [*Engl. Speisekarte*] ↑**Hamburger**

Mechouya [*Intern. Länderküche*] **R** Begriff aus der tunesischen Küchenkultur für einen Salat aus gegrillten ↑**Tomaten**, süßen und scharfen ↑**Paprikaschoten**, ↑**Zwiebeln** und ↑**Knoblauch**, die nach dem Auskühlen mit ↑**Kreuzkümmel**, ↑**Salz**, ↑**Pfeffer**, ↑**Zitronensaft** und ↑**Olivenöl** abgeschmeckt und mit ↑**Kapern**, ↑**Tunfisch** und ↑**Eis**cheiben vollendet werden.

Mecklenburger Knochenpeter [*Regionale Spezialität*] Schnittfeste, grob gekörnte ↑**Rohwurst**

Medaglione [*Ital. Speisekarte*] ↑**Medaillon**

Médaillon [*Fleischprodukte*] Kreisrund oder oval geschnittene Scheibe aus dem ↑**Filet** oder der ↑**Lende** von ↑**Schlachttieren**, ↑**Wild**, ↑**Krustentieren** und ↑**Gänseleber**

Médaillon de ris de veau braisé [*Franz. Speisekarte*] **R** Mit ↑**Zwiebeln**, ↑**Karotten**scheiben, ↑**Salz**, ↑**Pfeffer**, ↑**Butter**, ↑**Speck** und etwas ↑**Weißwein** geschmorte Scheiben vom ↑Kalbs**bries**

Médaillons de veau [*Franz. Speisekarte*] Gebratene Scheiben vom ↑Kalbs**filet**

Media ración [*Span. Speisekarte*] Kleinere Portion, halbe Teller

Medici, Historischer Speisename [*Speisegarnitur*] **A** Katharina (1547–89), Gattin Heinrichs II. von Frankreich, Anstifterin der Bartholomäusnacht (Pariser Bluthochzeit), in der viele Hugenotten getötet wurden. Sie brachte die besten florentinischen Köche nach Frankreich, die dann die Lehrmeister der französischen Köche wurden.

Medisterwurst [*Regionale Spezialität*] „Medisterpølser“: skandinavische fein zerkleinerte ↑**Brühwurst** aus Schweinefleisch, die zu einer Schnecke gedreht ist und in der Pfanne zubereitet wird. ↑**Norwegische Küche**

Mediterrane Gewürze [*Gewürze & Kräuter*] **A Die wichtigsten Kräuter & Gewürze der mediterranen Küche:** ↑**Basilikum** – sollte nur frisch und kalt verwendet werden, getrocknet verliert es Geschmack und Aroma. ↑**Bohnenkraut** – darf bei keinem Bohnengericht fehlen, egal ob Gemüse oder Salat, von unvergleichlichem Aroma, appetitanregend und gut für die ↑**Verdauung**. ↑**Borretsch** – sollte nur frisch und kalt verwendet werden, getrocknet verliert es Geschmack und Aroma. ↑**Dill** – mit süßlich-mildem Aroma schmeckt er leicht nach ↑**Fenchel**, passt zu ↑**Fisch**, ↑Eiern, Salat und Kräutersoßen. Eine Köstlichkeit ist **Senf**-Dill-Soße zu gebeiztem oder geräuchertem ↑**Lachs** (nur ↑**Dijon-Senf** verwenden, zusammen mit ↑**Aioli**). ↑**Estragon** – hat ein sehr feines Aroma und sollte in erster Linie ↑**Fisch** und ↑**Geflügel** begleiten. Lässt sich gut trocknen und hat viele ↑**Mineralien**, ↑**Vitamin C** und ↑**Jod**. ↑**Harissa** – kommt aus Nordafrika und verleiht den Speisen einen faszinierenden, herzhaften, exotischen Geschmack. Gewürzmischung mit ↑**Cumin**, ↑**Rosenblätter**, ↑**Chili**, ↑**Koriander** & ↑**Paprika.** ↑**Herbes de provence** – ist aus der französischen Küche nicht wegzudenken. Abgerundete Gewürzmischung, die sich für Salate, Fleisch- und Fischspeisen eignet und diesen Geschmack und Duft der Provence verleiht. Sie enthält Bitterstoffe, ↑**Mineralien** und ↑**Vitamine.** ↑**Knoblauch** – Perfekt für jedes Salatdressing, rundet die Würzung bei Gemüse, Fleisch- und Fischgerichten perfekt ab. ↑**Koriander** – ist ein sehr intensives Gewürz, passt vorzüglich zur südostasiatischen und zur orientalischen Küche, aber auch – vorsichtig dosiert – zu mediterranen Gerichten aller Art. ↑**Lavendel** – ist aus der provenzalischen Küche nicht wegzudenken, besonders zu ↑**Lamm**gerichten empfehlenswert, aber auch zum Füllen gegrillter Fische. Lavendel wird in Südfrankreich auch für fruchtige Desserts – wie ↑**Kirschen** oder ↑**Erdbeeren** – verwendet. ↑**Oregano** – ist das typische Pizzagewürz, passt aber auch zu Fleisch-, Suppen und Gemüsegerichten. Oregano duftet und behält auch getrocknet sein intensives Aroma. Es wirkt nervenstärkend, löst Magenkrämpfe und Krämpfe der Atmungsorgane. ↑**Petersilie** – ist ein mildwürziges Kraut, leicht süßlich schmeckend, das zu allen herzhaften Speisen passt und das sich mit allen anderen Kräutern verträgt. Besonders gut zu jungem Gemüse, Butterkartoffeln und ↑**Quark**, aber auch zu ↑**Blattsalaten** und Fischgerichten. Petersilie darf als einziges frisches Kraut kurz mitkochen, ist frisch gehackt aber aromatischer. ↑**Pfeffer**-Körner – verlieren beim Mitkochen an Aroma, der edle Geschmack geht verloren. Darum sollten sie nur direkt aus der Pfeffermühle auf die bereits fertige Speise kommen. Auf keinen Fall zu heiß mitbraten, sie werden schnell bitter. ↑**Rosmarin** – hat eine starke Würzkraft, deshalb sparsam dosieren. Frisch ist sein Aroma besonders fein. Hervorragend ist dabei die Kombination mit ↑**Knoblauch** und ↑**Olivenöl.** Da sich das ätherische Öl der Rosmarinnadeln beim Kochen stark entfaltet, sollte man diese den Speisen schon bei Beginn des Kochens zufügen. Die ↑**italienische Küche** zeigt den optimalen Einsatz von Rosmarin. ↑**Salbei** – ist ein vorzügliches Gewürz zu ↑**Fleisch** und ↑**Fisch**, aber auch für Suppen, Eintöpfe und Käse. Salbei lässt sich gut trocknen, hilft gegen Halsschmerzen, Entzündungen und wirkt keimtötend. ↑**Thymian** – ist das Gewürz für ↑**Lamm**, ↑**Hühnchen** und ↑**Wild**. Bestens auch geeignet für Eintöpfe, Gemüse- und Kartoffelgerichte. Sollte aber in getrockneter Form nur sehr sparsam verwendet werden. Lindert Husten und Krämpfe im Magen-Darmbereich.

Mediterrane Kost [*Gesundheit*] **T** Die Ernährungsweise des Mittelmeerraums besteht aus: 2- bis 3-mal pro Tag ↑**Gemüse** und ↑**Obst**; 3- bis 5-mal pro Tag ↑**Getreide** bzw. daraus hergestellte Erzeugnisse; 1-mal pro Tag ↑**Milch** oder ↑**Milchprodukte**; wenig ↑**Fleisch**; 2-mal pro Woche ↑**Fisch**; mehr pflanzliche als tierische ↑**Fette**. Die mediterrane Kost zeichnet sich durch einen hohen Anteil an pflanzlichen Lebensmitteln, einen hohen Gehalt an ↑**Ballaststoffen** und ↑**Bioaktiven Substanzen** sowie einen geringeren Anteil an tierischen Lebensmitteln aus. Daher enthält sie vermehrt ↑**mehrfach ungesättigte** und weniger ↑**gesättigte Fettsäuren** sowie ↑**Cholesterin**. Es ist bekannt, dass Menschen, die sich überwiegend mediterran ernähren, weniger häufig an Lungenkrebs und anderen Krebsarten sowie Herz-Kreislauf-Krankheiten erkranken. ↑**Mediterrane Küche**

Mediterrane Küche [*Intern. Länderküche*] **T** Auch Mittelmeerküche: So wird jene Kochkultur bezeichnet, die sich in den Ländern rund um das Mittelmeer entwickelt hat. Neben regionalen Besonderheiten der einzelnen Länder weist sie auch gemeinsame Elemente auf. Die Küche zeichnet sich durch ihre intensiven Aromen aus. Sie ist zwar fetthaltig, jedoch sehr gesund, da in der mediterranen Küche weniger tierische und mehr pflanzliche Fette verarbeitet werden. Folgende Grundelemente der Mahlzeiten gehören in allen Ländern am Mittelmeer dazu: **1.** ↑**Olivenöl**; 2. viel ↑**Obst**; 3. viel ↑**Gemüse**, wie ↑**Tomaten**, ↑**Auberginen**, ↑**Paprika**, ↑**Zucchini**, ↑**Knoblauch**, ↑**Zwiebeln**; **4.** ↑**Fisch** und ↑**Meeresfrüchte**; 5. viele verschiedene Fleischsorten, von ↑**Schaf**, ↑**Ziege**, ↑**Geflügel**, ↑**Rind**; weniger ↑**Schweinefleisch**; **6.** ↑**Brot**, ↑**Pasta** und ↑**Reis**; 7. regelmäßiger Rotweingenuss in Maßen zum Essen; **8.** ↑**Mineralwasser** zu den Speisen. Die Mittelmeerküche gilt als Beispiel für gesunde Ernährung, gesünder als die der Bevölkerung Mitteleuropas. So sind im Mittelmeerraum Herz-Kreislauf-Erkrankungen, Bluthochdruck und Übergewicht viel seltener. Die Menschen haben eine höhere Lebenserwartung als die Deutschen. ↑ **Mediterrane Kost**

Medium [*Unsere Küche*] ↑**Garpunkte**

Medium dry [*Hausbar*] Englische Bezeichnung für halbtrocken

Medium rare [*U.S. Kitchen*] Sehr rosa gebraten

Medium well [*U.S. Kitchen*] Leicht rosa gebraten

Medizinische Kohle [*Fachkunde*] ↑**E 153**

Médoc [*Weinkunde*] Im Médoc und vor allem auch im Haut-Médoc werden die Rebsorten Cabernet Sauvignon, Cabernet franc, Malbec und Petit Verdot für Spitzenrotweine angebaut. Die besten Weißweine werden aus den Rebsorten Sauvignon Blanc und Sémillon produziert. Die Reben wachsen auf Kiesböden entlang des Ufers der Garonne. Die Gemeinden für die großen Weine des Haut-Médoc sind Pauillac, Margaux, Saint-Julien und Saint-Estèphe. Die berühmte Klassifizierung von 1855: **Premier Crus:** Château Lafite-Rothschild, Château Latour, Château Margaux, Château Haut-Brion; **Deuxième Crus:** Château Leoville-Poyferré, Château Leoville-Barton, Château Durfort-Vivens, Château Lascombes, Château Gruaud-Larose, Château Léoville-las-Cases, Château Brane-Cantenac, Château Pichon Longueville Baron, Château Pichon-Longueville Comtesse de Lalande, Château Ducru-Beaucaillou, Cos d'Éstournel, Château Montrose; **Troisièmes Crus:** Château Giscours, Château Kirwan, Château d'Issan, Château Lagrange, Château Langoa-Barton, Château Malescot St-Exupéry, Château Cantenac-Brown, Château Palmer, Château La Lagune, Château Desmirail, Château Calon-Segur, Château Ferrière, Château Marquis d'Alesme-Becker, Château Boyd-Cantenac; **Quatrièmes Crus:** Château St-Pierres, Château Branaire, Château Talbot, Château Duhart-Milon, Château Pouget, Château La Tour-Carnet, Château Lafon-Rochet, Château Beychvelle, Château Prieuré-Lichine, Château Marquis-de-Terme; **Cinquièmes Crus:** Château Pontet-Canet, Château Batailley, Château Grand-Puy-Lacoste, Château Grand-Puy-Ducasse, Château Haut-Batailley, Château Lynch-Bages, Château Lynch-Moussas, Château Dauzac, Château Mouton-Baronne-Philippe, Château du Terte, Château Haut-Bages-Libéral, Château Pédesclaux, Château Belgrave, Château de Camensac, Château Cos Labory, Château Clerc-Milon-Rothschild, Château Croizet-Bages, Château Cantemerle

Medronho [*Span. Speisekarte*] Baumerdbeerschnaps

Mee crob [*Asiatische Küche*] Begriff aus der thailändischen Küchenkultur für knusprige ↑**Glasnudeln** mit ↑**Tofu**

Mee Goreng [*Intern. Länderküche*] ↑**Bami Goreng**

Meeraale [*Fisch*] Familie essbarer aalartiger Fische, die in allen Ozeanen vorkommen. Meeraale haben wie andere Aale einen langen, schuppenlosen Körper mit durchgehenden Rücken-, Schwanz- und Afterflossen. Sie erreichen eine durchschnittliche Länge von 90 bis 180 Zentimetern. Meeraale werden im Handel oft als Räucherfisch angeboten.

Meeräsche [*Fisch*] **T Lateinisch:** Chelon labrosus; **Englisch:** mullet; **Französisch:** muges; **Italienisch:** cefalo; **Spanisch:** lisas/corcones. Barschähnlicher Seefisch. Die Meeräsche wird bis 40 cm lang, ihr Fleisch ist zart, fett und überaus schmackhaft. Sie wird an allen europäischen Küsten, nicht aber in der Ostsee, gefangen. Der gesalzene, gepresste ↑**Rogen** dient als Kaviarersatz (weißer ↑**Kaviar**).

Meerbarbe [*Übersetzer*] **Lateinisch:** Mullus surmuletus; **Englisch:** goatfish; **Französisch:** rouget barbet; **Italienisch:** triglia; **Spanisch:** salmonetes. Barschartiger Seefisch, dessen Fleisch sehr schmackhaft ist.

Meerbeeren [*Wildkräuter, -blüten & -früchte*] ↑**Sanddorn**

Meerbrasse [*Fisch*] ↑**Dorade**

Meeresfrüchte [*Fisch*] **Englisch:** ↑**Sea food; Französisch:** fruits de mer; **Italienisch:** frutti di mare; **Spanisch:** frutos de mar, mariscos. „Meeresfrüchte" ist ein Sammelbegriff für alle essbaren Tiere aus dem Meer, die nicht zu den Wirbeltieren gehören. Es gibt eine große Vielfalt wie ↑**Schalen**- (z. B. Miesmuscheln, Venusmuscheln, Jakobsmuscheln, ↑**Austern**, ↑**Seeohren** usw.) und ↑**Krustentiere** (z. B. Krabben, Krebse, ↑**Hummer** oder ↑**Kaisergranat**) sowie so genannte ↑**Kopffüßler** (Calamare, ↑**Tintenfische** usw.). **Verwendung in der Küche:** Gemischte Meeresfrüchte kann man gefroren oder frisch kaufen. Sie werden vorwiegend als Pizzabelag, in Suppen, Saucen, Salaten, Nudel- und Reisgerichten verwendet. Tiefgekühlte Meeresfrüchte kurz in kochendem Salzwasser blanchieren, dann weiterverarbeiten. Immer kurz garen, sie werden schnell zäh. **Info:** Nach traditionellen jüdischen Speisegesetzen gelten Meeresfrüchte als rituell unrein (tame) und kommen daher im koscheren Speiseplan nicht vor.

Meeresfrüchte lagern [*Fisch*] ↑**Fische lagern**

Meeressalat [*Gemüse*] **Lateinisch:** Ulva lactua. **Synonym:** Meerlattich. Eine Grünalge, die im Flachwasserbereich der Küsten und im nährstoffreichen Brackwasser auf Steinen aufsitzend oder frei treibend wachsen kann. In Frankreich wird sie frisch oder wieder aufgeweicht zum Marinieren von ↑**Fisch** oder als Umhüllung beim Dünsten sowie als Zutat in Salat, Suppe oder Gebäck verwendet. Wie viele Grünalgen wächst der Meeressalat bei Düngung explosionsartig und kann zur Plage werden. Aus kontrollierter Herkunft, bei sorgsamer Ernte an sauberen Küstenabschnitten ist Meeressalat aber unbelastet. ↑**Algen**

Meeresschnecken [*Fisch*] **R** Essbare Meeresschnecken zählen in der Küche zu den ↑**Meeresfrüchten** und werden oft mit ↑**Muscheln** verwechselt, wohl weil beide Arten auf Englisch „shells" heißen. Heimische Meeresschnecken werden relativ selten angeboten, obwohl an der Nordseeküste und im Wattenmeer viele essbare Arten vorkommen. Die hier lebend angebotenen Meeresschnecken kommen meist von der französischen Atlantikküste, dem Mittelmeer und aus Ostasien. **Meeresschnecken in der Küche:** Die kleinen Strandschnecken (**Französisch:** bigorneaux) sind in Frankreich und Spanien sehr beliebt. Sie werden vor dem Verzehr 5 Min. in leicht gesalzenem Wasser gekocht. Man lässt sie im Sud erkalten. Zum weiteren Verarbeiten zieht man die Schnecken aus den Häuschen, steckt sie lauwarm auf Spießchen, serviert sie als Vorspeise (**Französisch:** hors d'œuvre) mit ↑**Aioli** oder ↑**Kräuterbutter** oder bereichert mit ihnen Fischsalate, Fisch-, Reis- und Nudelgerichte sowie ↑**Ragouts**. Ebenfalls beliebt ist die gekochte ↑**Wellhornschnecke** (**bulot**). Sie wird wie die Strandschnecken in Wasser gegart, braucht aber je nach Größe 10–20 Minuten. **Stachelschnecken** werden vorwiegend in Italien angeboten. Meeresschnecken sind auch in Spanien Bestandteil vieler Gerichte, z. B. der echten ↑**Paella**. Zu den Spezialitäten Ostasiens zählen die Seeohren (↑**Abalone**), die Japaner zum ↑**Sushi** mögen. Abalone sind vom Aussterben bedroht, es gibt sie bei uns nur in Dosen.

Meeresspinne [*Fisch*] **Lateinisch:** Maia squinado. **Synonym:** Seespinne. **Englisch:** spider crabs; **Französisch:** araignée de mer; **Italienisch:** granceola, grancievola; **Spanisch:** santola. Dieser Meereskrebs verdankt seinen Namen den spinnenartigen Beinen. Seespinnen gehören zu den ↑**Krabben**. Sie haben einen dreieckigen Körper, der vorne spitz zuläuft, und werden bis zu 18 Zentimeter lang. Der sehr schmackhafte Krebs ist im Ostatlantik, in Ärmelkanal und Mittelmeer zu finden.

Meerfenchel [*Wildkräuter, -blüten & -früchte*] **Lateinisch:** Crithmum maritimum. Gehört zu den Doldenblütlern; **Info:** Die 10 bis 60 cm hohe, ausdauernde Staude blüht von Juli bis Oktober. Der Blütenstand ist eine Dolde mit 6 bis 30 Strahlen. Der Meerfenchel hat einen aufrechten oder aufsteigenden, gerillten Stängel. Die Früchte sind eiförmig-länglich, kräftig gerippt und gelblich bis rötlich. Wie auch bei anderen Küstenpflanzen ist die Fruchtwand des Meerfenchels dick und weitgehend von einem schwammigen, lufthaltigen Gewebe erfüllt, sodass die Frucht leicht schwimmen kann. **Vorkommen:** Die salz- und kalkliebende europäische Meeresstrandpflanze kommt an Felsküsten im Bereich des Spritzwassers vor. Man findet sie an der Mittelmeerküste, der Atlantik- und Schwarzmeerküste und auf den Kanarischen Inseln. **Verwendung:** Nicht nur die Blätter, sondern auch Stängel und die gelben Blütenköpfe sind fleischig, saftig und als Gewürzkraut verwendbar. Wie ↑**Gurken** oder ↑**Kapern** wurde das Kraut früher in ↑**Essig** eingelegt und galt im Mittelalter als Delikatesse. Der Geschmack hat nichts vom echten ↑**Fenchel**, er hat ein ganz eigenes, herbes, frisches, manchmal zitroniges Aroma. Die salzig und leicht bitter-würzig schmeckenden Blätter der Pflanze werden zu Salat oder als Gewürz verwendet.

Meerforelle [*Fisch*] **T** **Lateinisch:** Salmo trutta trutta; **Englisch:** seatrout; **Französisch:** truite de mer; **Italienisch:** trota salmonata, trota di mare; **Spanisch:** trucha marina. Die Meerforelle ist ein anadromer Wanderfisch, der in seiner Lebensweise und seinem Verhalten dem Lachs sehr ähnlich ist. Allerdings unternimmt sie im Meer keine so ausgedehnten Wanderungen und steigt zum Laichen auch nicht bis in die kleinsten Flüsse auf. Sie hält sich bevorzugt in Küstennähe auf. **Beste Fangzeit:** ab Juni bis Oktober in Flüssen, Februar bis April im Meer. **Zubereitung:** Der sehr leckere Fisch kann in allen Arten (backen, dünsten etc.) zubereitet werden.

Meerneunauge [*Fisch*] **Lateinisch:** Petromyzon marinus. **Synonym:** Lamprete, Meerpricke, Großes Neunauge. **Englisch:** sea lamprey; **Französisch:** lamproie marine; **Italienisch:** lampreda di mare; **Holländisch:** Zeeprik. Die aalförmigen M. gehören nicht zu den echten Fischen, sondern zur Gruppe der Rundmäuler. Sie verdanken ihren Namen neun reihenförmig angeordneten, runden Körperöffnungen auf jeder Seite. Sieben davon sind Kiemenlöcher, hinzu kommen noch je ein Geruchsorgan und ein Auge. Sie können bis einen Meter lang und maximal drei Kilogramm schwer werden. Die erwachsenen Tiere leben im Meer, wandern aber zum Laichen (März bis Juni) in die Flüsse hinauf. Das Meerneunauge lebt als Aasfresser und Blutsauger oft festgesaugt an größeren Fischen (Dorsche, Haie). Dabei raspelt es mit seinen scharfen Zähnen ein Loch in die Haut seiner Opfer und scheidet in die Wunde ein Sekret ab, das die Gerinnung des Blutes verhindert und gleichzeitig das Gewebe auflöst. Das Meerneunauge ist vom Aussterben bedroht und steht auf der roten Liste. ↑**Neunauge**

Meerohr [*Fisch*] ↑**Abalone**

Meerrettich [*Gewürze & Kräuter*] **A** **Lateinisch:** Armoracia rusticana. **Synonym:** Kren. **Englisch:** horse radish; **Französisch:** raifort; **Italienisch:** cren, rafano; **Spanisch:** rábano picante. **Info:** Meerrettich gehört zur Familie der Kreuzblütengewächse und ist eine vorzugsweise auf lehmigen Böden wachsende, bis zu 120 cm hohe Staude mit fleischigem, walzenförmigem Wurzelstock, der einen Durchmesser von 4–6 cm und eine Länge von 30–50 cm erreichen kann und außen schmutzig gelb, innen schneeweiß gefärbt ist. **Ursprung und Geschichte:** Meerrettich stammt wahrscheinlich – der slawische Name deutet darauf hin – aus dem osteuropäischen Donau- oder Wolgagebiet oder der Ukraine, wohl auch aus dem Mittelmeerraum. In Mitteleuropa ist Meerrettich seit dem 12. Jahrhundert bekannt. Er wurde wegen seiner antibiotischen Wirkung jahrhundertelang als Heilpflanze geschätzt. Heute wird Meerrettich überall in Mittel- und Osteuropa angebaut und kommt auch häufig verwildert vor. Der als ↑**Wasabi** bekannte japanische Meerrettich ist schärfer im Geschmack, im Aroma aber kaum von europäischem zu unterscheiden. **Herkunft und Saison:** Saison ist in allen Monaten, die mit „r" enden. Eine problemlose Lagerung ist über 12 Monate ohne Qualitätsverlust möglich, sodass frischer Meerrettich immer in ausreichenden Mengen vorhanden ist. Die hier angebotenen Wurzeln kommen meist aus heimischen oder europäischen Anbaugebieten. Ganz gibt es sie in Gemüsegeschäften, gerieben und konserviert in Tuben und Gläsern. **Inhaltsstoffe:** Meerrettich ist reich an ↑**Vitamin C** und war deshalb Mittel gegen ↑**Skorbut**. Seinen stechenden Geruch verdankt er den schwefelhaltigen Senfölen (Allylsenföl), die sich beim Reiben bilden – wenn die Zellstruktur verletzt wird –, um Fressfeinde zu vergrämen. Das im Meerrettich enthaltene Senföl (Benzo-Isothiocyanat) ist ein hervorragendes natürliches Antibiotikum. 100 g frischer Meerrettich enthalten ∅ 60 kcal/251 kJ, 76,6 g Wasser, 2,8 g Eiweiß, 11 g Kohlenhydrate, 554 mg Kalium, 33 mg Magnesium, 1,4 mg Eisen, 0,14 mg Vitamin B_1, 0,11 mg Vitamin B_2 und 115 mg Vitamin C. **Geschmack:** Meerrettich hat einen sehr scharfen, prickelnden, senfähnlichen Geschmack. **Verwendung in der Küche:** Meerrettichwurzeln strömen so gut wie kein Aroma aus, erst beim Schneiden, Schaben oder Reiben entwickelt sich ein fast unerträglich stechender und zu Tränen reizender Geruch, der nicht stabil ist, sondern sich nach kurzer Zeit verflüchtigt. Feinschmecker genießen Meerrettich nur frisch gerieben, geraspelt oder in dünne Scheiben geschnitten, denn nur frisch hat er bei aller Schärfe noch ein angenehmes nussartiges Aroma, das bei konserviertem Meerrettich fehlt. Meerrettich kocht man niemals mit, sein spezifischer Geschmack geht sonst verloren. In einer nicht zu heißen Sauce lässt man ihn nur kurz vor dem Servieren mitziehen. **Mit Meerrettich würzt man:** in Bayern und Österreich den ↑**Apfel**- oder ↑**Semmelkren**, der zu gekochtem ↑**Rindfleisch** (↑**Tafelspitz**), gekochten ↑**Eiern** und ↑**Sülze** serviert wird. In der ↑**Polnischen** und ↑**Jüdischen Küche** kennt man ↑**Buraki** oder ↑**Chrine** mit ↑**Rote Beete** vermischt, und in England serviert man zum ↑**Roastbeef** eine Meerrettich-Sahne-Senfsauce. In Deutschland kennt man die Meerrettichsahne zu gekochtem oder geräuchertem ↑**Fisch** (↑Schlag**sahne** mit ↑**Zitronensaft**, ein Hauch ↑**Zucker**, ggf. mit etwas ↑**Senf** vollenden). Meerrettich passt in pikante ↑Kräuter**quarks**, Salatsaucen, ↑**Dressings** und ↑**Dips** (auf ↑**Mayonnaisen**-, ↑**Jogurt**- oder ↑**Schmand**basis) für Fleisch-, Fisch- und Gemüsesalate sowie in ↑**Rohkost**. Frisch gerieben serviert man ihn zu ↑**Schinken**, gekochtem bzw. gebratenem ↑**Fleisch** und Würsten. Geraspelter Meerrettich schmeckt zu Gegrilltem. Scheiben würzen eingelegten ↑**Hering**, ↑**Gewürzgurken** und Rote Beete. **Würzkombinationen mit Meerrettich:** Da er dominierend im Geschmack ist, sollte man ihn nur mit Grundgewürzen verwenden. **Verarbeitungstipp:** Die größeren Stangen sind etwas milder als die kleineren. Meerrettich nur bei geöffnetem Fenster reiben, dann ist es weniger schlimm mit den Tränen. Bei größeren Mengen ist eine Taucherbrille zu empfehlen. Man beträufelt geriebenen Meerrettich sofort mit Zitronensaft, damit er sich nicht verfärbt, und verbraucht ihn bald, sonst verflüchtigt sich zu viel des kostbaren Aromas. **Gesundheitlicher Wert:** Er regt die Verdauung an und besitzt eine ähnlich antibiotische Wirkung wie Penicillin. Meerrettich ist also nicht nur eine Gewürz-, sondern auch eine Heilpflanze, die den Kreislauf aktiviert, den Blutdruck senkt und wirksam gegen Katarrhe und Asthma ist. **Meerrettich aufbewahren:** Bereits geriebener Meerrettich kann in einem Glas mit Schraubdeckel im Kühlschrank bis zu drei Wochen aufbewahrt werden. Frische Meerrettichwurzeln halten sich in Klarsichtfolie verpackt bis zu zwei Wochen im Gemüsefach des Kühlschranks. Sie können sogar eingefroren werden. Größere Mengen lagert man dunkel und kühl in mit Sand gefüllten Kisten.

Meerrettichsoße [*Unsere Küche*] **Englisch:** horseradish sauce; **Französisch:** sauce raifort. ↑**Semmelkren**, ↑**Würztabelle**, ↑**Tafelspitz** & ↑**Suppenfleisch**

Meersalz [*Gewürze & Kräuter*] **T** Aus Meerwasser gewonnenes Speisesalz. **Englisch:** sea salt; **Französisch:** sel marin; **Italienisch:** sale marino; **Spanisch:** sal marina. Meersalz ist ein aromatisches, würziges und gesundes Salzgemisch, das zwar hauptsächlich aus Kochsalz (Natriumchlorid) besteht, jedoch durch den hohen Anteil an Mineralien besonders wertvoll ist. Das Beste wird als Königin der Salze bzw. ↑**Fleur de Sel** bezeichnet und hinterlässt keinen bitteren Nachgeschmack auf der Zunge wie die Industriesalze. **Inhaltsstoffe:** 100 g Meersalz enthalten ∅ 38 g Natrium, 56 mg Kalium, 51 mg Calcium, 37 mg Magnesium, 1 mg Phosphor, 60 mg Chlor, 3 mg Eisen, 0,48 mg Fluoride und 2 mg Jod. Gewonnen wird es aus Meerwasser in Salzgärten. Meersalz wird gewonnen, indem das salzhaltige Meerwasser an den Küsten (z. B. Frankreich, Spanien, Portugal, Afrika) in künstlich angelegten Becken aufgefangen wird, wo es in der Sonne verdampft. Das Salz bleibt übrig.

Meerspinne [*Übersetzer*] **Englisch:** spider crabs; **Französisch:** araignée de mer; **Italienisch:** granceola, grancievola; **Spanisch:** santola

Meertau [*Gewürze & Kräuter*] ↑**Rosmarin**

Meertrübli [*Schweizer Küche*] Schweizer Bezeichnung für ↑**Johannisbeeren**

Megalozytenanämie [*Fachkunde*] Durch ↑**Folsäure**mangel krankhaft vergrößerte rote Blutkörperchen

Mehl [*Allgem. Nährmittel*] **T** Bezeichnet das Pulver, das entsteht, wenn ↑**Getreide**körner zwischen Mahlwalzen im Walzenstuhl (früher: Mühlsteinen) einer Mühle zerkleinert werden. Getreide kann unterschiedlich fein gemahlen werden. Je nach Produktführung fallen außer dem Mehl unterschiedliche Mengen an Schrot, Grieß und Dunst an (Kuppelproduktion). Mehle und Schrote können auch „durchgemahlen" werden – d. h. es wird kein Mehl vorher herausgezogen. Dann entstehen Vollkornmehle und -schrote. Auch der Nährstoffgehalt des Mehls hängt vom Mahlgrad ab. Mehl mit hohem Ausmahlungsgrad ist dunkel und reicher an ↑**Vitaminen** (vor allem B-Vitaminen) und ↑**Mineralstoffen**, da ein hoher Prozentsatz der Schale (man nennt sie auch Kleie) mitgemahlen wird. Mehl mit niedrigem Ausmahlungsgrad ist hingegen hell und reich an ↑**Stärke**, die im gemahlenen Getreidekern enthalten ist. Neben ↑**Kohlenhydraten** besteht Mehl vor allem aus Protein (↑**Eiweiß**) – beim ↑**Weizen** der so genannte Kleber (↑**Gluten**). Außerdem aus unverdaulichen ↑**Ballaststoffen** – Cellulose und ca. 15 % Wasser. Der Ausmahlungsgrad des Mehls wird mit einer Typenzahl angezeigt. Die Ermittlung der ↑**Type** bzw. Helligkeit erfolgt durch die Bestimmung des Mineralstoffgehaltes. Niedrige Mehl-Typen wie 405 sind – mit geringem Mineralstoffgehalt – sehr hell, hohe Typen wie 1800 sehr dunkel und reich an Mineralstoffen. Die Mehltype gibt den Mineralstoffgehalt in mg je 100 g Trockenmasse an. Vollkornmahlerzeugnisse enthalten alle Bestandteile der gereinigten Körner einschließlich des Keimlings und sind daher nicht typisiert. Backschrot unterscheidet sich von Vollkornschrot dadurch, dass es keinen Keimling mehr enthält. Alle Mehltypen können miteinander gemischt werden. Zur Typisierung von Mahlerzeugnissen gilt in Deutschland seit 1992 die DIN-Norm 10355. **In der nebenstehenden Tabelle: Mehltypen nach DIN 10355.** Da Getreide als Naturprodukt, abhängig von Klima und Witterung, großen Schwankungen in Qualität und Zusammensetzung unterliegt, werden die daraus gewonnenen Mehle oft gemischt, sodass sie neben der Helligkeit (Type) auch mechanischen und enzymatischen Spezifikationen entsprechen. Diese sind entscheidend für die Backfähigkeit des Mehles. **Zusatzstoffe:** Oftmals wird Weizenmehlen Ascorbinsäure (↑**Vitamin** ↑**C, E 300**) zugesetzt. Dies hat technologische Gründe: Ascorbinsäure festigt die Kleberstruktur und sorgt damit für bessere Backergebnisse. Chemische Konservierung oder das Bleichen von Mehlen bzw. Einfärben ist nach deutschem Lebensmittelrecht nicht erlaubt. **Verwendung:** Mehl wird als Basis für Teige verwendet. Bei äußerst dunklen Gebäcken wird dem Teig oft geröstetes Malz zugesetzt. Je nach zugegebener Wassermenge ist die Teigausbeute bei verschiedenen Backwaren unterschiedlich. **Wozu passt welches Mehl? 1.** Für die Mehrzahl der Kuchen eignet sich die Type 405, das hellste Mehl mit den besten Klebeeigenschaften. **2.** Helles Brot, Brötchen oder Kleingebäck, das gut aufgehen soll, lässt sich gut mit der Type 550 backen. **3.** Für helle oder dunkle Mischbrote nimmt man die etwas dunklere Type 812. **4.** Soll der Teig noch dunkler sein, ist Type 1050 zu empfehlen. Beim Zubereiten 10 % mehr Flüssigkeit als gewohnt zugeben. **5.** Reich an Ballaststoffen sind Kuchen, Brote oder Teigwaren, wenn man sie mit Vollkornmehl herstellt. In diesem Fall sollte man etwa 20 % mehr Flüssigkeit zugeben. **6.** Vollkornmehle beinhalten das ganze Korn und erhalten daher keine Typenbezeichnung. Vollkornmehle (oder Schrote) würden etwa der Type 1700 bzw. 1800 entsprechen. Die Mehltypen sind einzeln genau beschrieben ↑**Type** z. B. 550.

Mehl – lagern [*Fachkunde*] **T** Mehlsorten sind in der Regel lange haltbar, dennoch sollte man auf das Verfallsdatum achten. Zu altes ↑**Mehl** verliert seinen Geschmack, und die Backergebnisse sind enttäuschend. Mehl muss immer kühl und trocken gelagert werden. Am besten bewahrt man es originalverpackt in einer Dose oder in einem Vorratsglas mit dicht schließendem Deckel auf. Den Vorratsbehälter regelmäßig auswaschen und gut trocknen. Nie frisches und altes Mehl vermischen. Wegen seines Fettgehalts ist Vollkornmehl leichter verderblich und sollte nur in klei-

Mehltype	Backeigenschaften	Mindest-Mineralstoff-gehalt (% i. Tr.) ∅	Höchst-Mineralstoff-gehalt (% i. Tr.) ∅
Weizenmehl			
Type 405	bevorzugtes Haushaltsmehl, gute Backeigenschaften	–	0,5
Type 550	backstark für feinporige Teige und Vielzweckmehl	0,51	0,63
Type 812	für helle Mischbrote	0,64	0,9
Type 1050	für Mischbrote oder herzhafte Backwaren im Haushalt	0,91	1,2
Type 1600	für dunkle Mischbrote	1,21	1,8
Weizenbackschrot 1700 ohne Keimling		–	2,1
Roggenmehl			
Type 815	Selten verwendet, meist in Süddeutschland für helle Roggenbrote	–	0,9
Type 997	für Mischbrote, regional unterschiedlich verbreitet	0,91	1,1
Type 1150	für Mischbrote, regional unterschiedlich verbreitet	1,11	1,3
Type 1370	typische „Bäckermehle" für herzhafte Roggen-, Roggenmischbrote	1,31	1,6
Type 1740	typische „Bäckermehle" für herzhafte Roggen-, Roggenmischbrote	1,61	1,8
Roggenbackschrot Type 1800 ohne Keimling		–	2,2
Dinkelmehl	**↑Dinkelmehl oder Dinkel**		
Type 630		–	0,7
Type 812		0,71	0,9
Type 1050		0,91	1,2

nen Mengen gekauft und an einem kühlen Ort aufbewahrt werden.

Mehlbananen [*Exotische Früchte*] ↑**Kochbananen**

Mehlbutter [*Unsere Küche*] **T** Nicht klumpendes Bindemittel für heiße ↑**Saucen** und ↑**Gemüse**. Weiche ↑**Butter** im gleichen Gewichtsverhältnis mit ↑**Mehl** verarbeitet, hält sich im Kühlschrank einige Tage. Mehlbutter in die Flüssigkeit bröseln und gut aufkochen lassen. ↑**Beurre manié**

Mehlen [*Unsere Küche*] Mit Mehl bestäuben oder bestreuen

Mehlieren [*Unsere Küche*] In Mehl wälzen

Mehlig kochende Kartoffeln [*Fachkunde*] **T** Diese Kartoffelsorten haben einen höheren Gehalt an ausgereifter ↑**Stärke**, daher sind sie meist bei den spät reifenden Sorten zu finden. Typisch für sie ist der eher trockene Charakter. **Form:** meist bauchig – rund (je runder und größer: desto mehliger); **Info:** Vor allem in den östlichen und südlichen Bundesländern erfreuen sich die mehlig kochenden Sorten großer Beliebtheit. Sie verbinden sich gerne mit allen Flüssigkeiten. Für Soßenfans ist es unumgänglich, eine mehlig kochende Kartoffelsorte oder die aus ihr hergestellten Beilagen auf dem Teller zu haben. Eintöpfe und Aufläufe bekommen durch diese sehr stärkehaltige Kartoffel eine appetitlich sämige Konsistenz. Soßen, Gemüsesuppen, ↑**Gulasch**, ↑**Rotkohl** und ↑**Sauerkraut** erhalten von der roh ins Gericht geriebenen Kartoffel eine feine, glänzende Bindung. **Kocheigenschaften:** Beim Kochen bricht sie leicht auf und die Oberfläche zerkocht. Von der Konsistenz her sind gegarte mehlige Kartoffeln mäßig fest bis weich, locker, mehlig bis trocken und grobkörnig. **Anwendung:** Mehlige Kartoffeln sind besonders gut geeignet zum Zerstampfen, Pürieren und Zerkleinern. Daher ideal für ↑**Kartoffelpüree**, ↑Kartoffel**klöße** (↑**Knödel**), Kartoffelnocken (↑**Gnocchi**), ↑**Kartoffelpuffer**, ↑**Kartoffelkroketten**, ↑**Folienkartoffel**, Suppen und Eintopfgerichte. ↑**Würztabelle**,↑**Kartoffeln** und ↑**Acrylamid**

Mehlklöße [*Unsere Küche*] **R** Oder Hefeklöße sind vielerorts beliebte Beilage zu soßenreichen und deftigen Gerichten wie ↑**Sauerbraten**, braune ↑**Ragout**s und ↑**Gulasch**, aber auch zu süßen Nachspeisen wie ↑**Kompotte** aus ↑**Pflaumen**, ↑**Birnen**, ↑**Heidelbeeren** oder einfach nur zur ↑**Vanille**- oder ↑Frucht**soße. Grundrezept:** ↑**Hefeteig. Das Garen:** Eine große Serviette über kochendes Wasser spannen, die Klöße darauflegen, eine topfabschließende Schüssel drüberstülpen und ca. 30 Min. garen. Besser einen Dämpfer benutzen. **Das Essen:** Die fertigen Klöße werden nicht zerschnitten, sondern nur mit 2 Gabeln zerrissen, weil eine Schnittfläche nicht genug ↑**Soße** aufnimmt.

Mehlschwitze [*Unsere Küche*] **R** (Helle oder dunkle Einbrenne) – In der Küchensprache „↑**Roux**" (**sprich:** ruh) genannt. Man verwendet sie zum Binden von ↑**Saucen**, Suppen, die aber mindestens 15 Min. kochen müssen, um den Mehlgeschmack zu verlieren. Sie ist sehr kalorienreich. **Zubereitung:** 2 Teile Fett (z. B. ↑**Butterschmalz** – ↑**Butter** oder ↑**Margarine** sind für dunkle Mehlschwitzen ungeeignet) werden erhitzt, 1 Teil ↑**Mehl** hinzufügen, anschwitzen oder anrösten je nach Farbwunsch, mit kalter Flüssigkeit (↑**Brühe**, ↑**Fond**, ↑**Milch**, ↑**Mineralwasser**, ↑**Bier**, ↑**Wein** usw.) ablöschen und glattrühren. **Regel: Heiße Mehlschwitze mit kalter, kalte Mehlschwitze mit heißer Flüssigkeit auffüllen**, das verhindert die Klumpenbildung. Sind ↑**Speck**, ↑**Zwiebeln** oder ↑**Knoblauch** im Gericht erwünscht, werden sie immer gesondert angeschwitzt oder geröstet.

Mehlspeise [*Österr. Küche*] Gekochte, gebratene und gebackene Süßspeise aus ↑**Mehl** oder anderen Getreideerzeugnissen

Mehl-Typen [*Allgem. Nährmittel*] ↑**Type, z. B. 550**

Mehrfach ungesättigte Fettsäuren [*Fachkunde*] Diese ↑**Fettsäuren** sind äußerst empfindlich gegenüber Hitze, Luft und Licht. Fette bzw. Öle mit einem hohen Gehalt an mehrfach ungesättigten Fettsäuren eignen sich daher ausschließlich für die Zubereitung kalter Speisen (z. B. Salatsaucen, mariniertes Gemüse). Sie haben einen positiven Einfluss auf den ↑**Cholesterin**spiegel und beugen Herz-Kreislauf-Krankheiten vor. **Beispiele:** Linol-, Linolen-, Arachidonsäure. **Herkunft:** ↑**Pflanzenöle** und ↑**Fischöl**

Mehrfachzucker [*Fachkunde*] Sind ↑**Kohlenhydrate**, die aus mehreren Bausteinen bestehen, wie ↑**Stärke**, ↑**Glykogen** und ↑**Inulin**

Meira [*Käse*] **Herkunft:** Irak; **Käsesorte:** ↑**Schafskäse**; Schon in Babylon war ↑**Käse** mehr als nur ein einfaches Nahrungsmittel, er wurde als Symbol für die menschliche Zivilisation und die Zähmung und Unterwerfung der Natur durch den Menschen betrachtet. Zu den wichtigsten traditionellen Käsesorten im Irak gehört der Meira, der in einem Beutel aus Schafshaut zwischen 6 und 12 Monaten reift. Erwähnenswert sind auch der kugelförmige **Roos**, der ebenfalls in einem Schafshautsack reift, und der **Lour**, ein ↑**Weichkäse** aus ↑**Molke** und frischer ↑**Milch**. In den kühlen Monaten stellen Beduinen kleine, relativ flache Käse namens **Jupneh**, **Biza** oder **Fajy** her, die frisch mit ↑**Zwiebeln** und zerdrücktem ↑**Knoblauch** gegessen oder in ↑**Salzlake** eingelegt werden.

Mejillones [*Span. Speisekarte*] ↑**Miesmuscheln**

Mela [*Ital. Speisekarte*] ↑**Apfel**

Mela cotogna [*Ital. Speisekarte*] ↑**Quitte**

Melange [*Österr. Küche*] ↑**Espresso** und ↑**Milch** zu gleichen Anteilen, obendrauf viel geschäumte Milch (österr. Kaffeespezialität)

Mélange [*Franz. Speisekarte*] Mischung

Melangieren [*Franz. Fachwort*] ↑**Obst** und ↑**Gemüse** an der Luft oder in Ofenhitze trocknen und damit lagerfähig machen

Melanzana [*Ital. Speisekarte*] ↑**Aubergine**

Melanzane [*Österr. Küche*] ↑**Auberginen**

Melao com presunto [*Span. Speisekarte*] ↑**Melone** mit ↑**Schinken**

Melasse [*Allgem. Nährmittel*] **T** (Lat.-span.-frz.) Dunkelbrauner, zähflüssiger, bittersüß schmeckender Rückstand bei der Zuckerfabrikation. Zuckergehalt 48 %. Wird z. B. als ↑**Marinade** für ↑**Schinken** verwendet.

Melba, Historischer Speisename [*Speisegarnitur*] **A** Nelly (1861–1931), berühmte Opernsängerin, in Australien geboren. ↑**Escoffier** schuf ihr zu Ehren den berühmten ↑**Pfirsich Melba** aus einem in ↑**Vanille**sirup pochierten ↑**Pfirsich**, ↑**Vanilleeis**, ↑**Himbeer**püree und ↑**Schlagsahne.**

Melchermuas [*Österr. Küche*] **R** Begriff aus der regionalen österreichischen Küchenkultur für ein traditionell kräftiges Essen der Senner auf den Almen. Das Nachkochen dieser kalorienreichen Köstlichkeit ist allerdings nur zu empfehlen, wenn die entsprechenden Melchermuas-Pfannen (Eisenpfannen) und nach Möglichkeit offenes Feuer zur Verfügung stehen. **Zutaten für 4 Personen:** 200 g Butter für den Teig (Vorkoch genannt) sowie genügend weitere Butter zum Herausbacken; 250 g Weizenmehl; ¾ l Milch; 1 Prise Salz; Zucker zum Bestreuen und Granten (↑**Preiselbeeren** als ↑**Kompott** oder ↑**Marmelade**). **Zubereitung:** In einer Eisenpfanne zirka 200 g ↑**Butter** schmelzen, mit 250 g ↑**Mehl** binden und mit ¾ l ↑**Milch** und einer Prise ↑**Salz** einen heißen Teig (Vorkoch) machen. In der Muaspfanne reichlich Butter zergehen lassen, das Vorkoch dünn hineindrücken und beidseitig knusprig braun backen. Gegessen wird Melchermuas aus der Pfanne, mit ↑**Zucker** bestreut oder in der Mitte mit Preiselbeeren belegt.

Meldeblüten [*Wildkräuter, -blüten & -früchte*] **T Lateinisch:** Chenopodium; Meldeblüten sind essbar und schmecken fein würzig. **Mehr Information:** ↑**Essbare Blüten**

Melina [*Kartoffelsorte*] **Kochtyp:** ↑**Mehlig kochende Kartoffeln** – „Mehlige" oder „Runde" genannt; **Herkunft:** Deutschland; **Jahr der Zulassung:** 1999; **Schale:** gelb; **Fleisch:** gelb; **Knolle:** rundoval; **Reifezeit:** mittelfrüh

Melisse [*Wildkräuter, -blüten & -früchte*] ↑**Zitronenmelisse**

Melitzanes tiganites [*Griech. Speisekarte*] **A** Begriff aus der griechischen Küchenkultur für in ↑**Mehl** gewendete und in ↑**Olivenöl** gebratene ↑**Auberginenscheiben**

Melitzanosalata [*Griech. Speisekarte*] **A** Begriff aus der griechischen Küchenkultur für ↑**Püree** aus ↑**Auberginen** mit ↑**Olivenöl**, ↑**Knoblauch**, ↑**Schafskäse** und ↑**Kräutern**

Melktert [*Intern. Länderküche*] Südafrikanische Puddingtorte mit ↑**Zimt**

Melocotón [*Span. Speisekarte*] ↑**Pfirsich**

Melon [*Franz. Speisekarte*] ↑**Melone**

Melon brodé, sucrin [*Franz. Speisekarte*] Süße ↑Netzmelone

Melon de scheherazade [*Franz. Speisekarte*] **R** Melonenhälfte gefüllt mit Fruchtsalat aus ↑**Melonenfleisch**, ↑**Pfirsich**, ↑**Banane**, ↑**Ananas**, ↑**Himbeeren**, ↑**Walderdbeeren** und ↑**Zucker**. Gebeizt wird dieser Fruchtsalat mit einem ↑**Cocktail** aus ↑**Sekt**, ↑**Pfefferminzlikör**, ↑**Kirschwasser** und ↑**Maraschino.** Vor dem Servieren muss er einige Stunden zugedeckt und eiskalt durchkühlen.

Melon d'eau, pastèque [*Franz. Speisekarte*] ↑**Wassermelone**

Melone [*Übersetzer*] **Englisch:** melon; **Französisch:** melon; **Italienisch:** melone; **Spanisch:** melon. ↑**Honigmelone** & ↑**Wassermelone**

Melonenbirne [*Exotische Früchte*] ↑**Pepino**

Melonenorangen [*Obst*] ↑**Grapefruit**

Melted [*U.S. Kitchen*] Geschmolzen

Men Chinesische Garmethode [*Asiatische Küche*] **T** Ist dem Schmoren in der westlichen Küche sehr ähnlich. Man brät die Zutaten samt allen Gewürzen zunächst in ↑**Pflanzenöl** rundum an. Dann löscht man mit Flüssigkeit ab, bringt das Ganze zum Kochen und lässt es nun zugedeckt auf kleinster Flamme sehr langsam schmoren. Der Unterschied zwischen chinesischem Men und westlichem Schmoren liegt darin, dass in China bei noch niedrigeren Temperaturen entsprechend länger gegart wird. Ein weiterer Unterschied: Men gart ausschließlich ↑**Fleisch** ohne Gemüse. Hauptsächlich Haxenfleisch oder andere Stücke von ↑**Rind**, ↑**Hammel** und ↑**Schwein**, die man nicht kurzbraten kann. Am häufigsten wird Men zum Braun- und Rotschmoren genutzt, wobei man braunen ↑**Zucker**, rote ↑**Bohnenpaste** oder eine Paste aus dem Bodensatz von Rotwein zufügt, zusätzlich zur ↑**Sojasauce**. ↑**Kochen im Wok** oder ↑**Asiatisch Kochen**

Ménage [*Franz. Fachwort*] 1. Sammelbegriff für alle Tischgewürze; 2. Haushalt

Ménagère, à la [*Speisegarnitur*] **A** 1. Hausfrau; 2. **à la ménagère** – Diese **Speisegarnitur** „nach Hausfrauenart“ besteht aus einfachen, preiswerten Zutaten; **3. In der** ↑**Französischen Küche**: z. B. ↑**Fleisch** in der ↑**Kasserolle** auf eine Anrichteplatte stellen, umlegen mit ↑**Bratkartoffeln**, ↑**Karotten** und frisch geröstetem Zwiebelgemüse (natur); **4. In der** ↑**Italienischen Küche:** z. B. kurze ↑**Nudeln** mit ↑**Butter**, geriebenem ↑**Emmentaler** und süßer ↑**Sahne** binden, mit ↑**Muskat** würzen

Mencia [*Weinkunde*] Spanische Rotweinrebe, bekannt für hochwertige Weine. Ihr werden Ähnlichkeiten mit Cabernet Franc nachgesagt (Bierzo, León, Lugo, Orense, Rias Baixas, Zamora).

Mennonitenwurst [*Regionale Spezialität*] Schnittfeste, grob gekörnte ↑**Rohwurst**, nach Spezialrezept der gleichnamigen Glaubensgemeinde

Menta [*Ital. Speisekarte*] ↑**Minze**

Menthe [*Gewürze & Kräuter*] ↑**Minze** & **Pfefferminze**

Mentonnaise, à la [*Speisegarnitur*] **A 1. Speisegarnitur für Fisch:** mit ↑ **Tomates concassées**, schwarzen ↑**Oliven** und ↑**Knoblauch**; **2. Speisegarnitur** für **Fleisch:** mit Tomatenreis und ↑**Zucchini** oder mit ↑**Zucchini**, die mit ↑**Blattspinat** gefüllt sind

Menü [*Fachkunde*] Zusammenstellung von Speisen (Speisenfolge). Das Menü bestimmt die Speisenfolge. Im „Menügeripppe“ werden die verschiedenen Gänge der Menüs in der richtigen Reihenfolge festgelegt. Man beginnt mit appetitanregenden Speisen, die leicht sein sollten, steigend zum ↑**Grosse pièce** (Hauptplatte oder Braten), um gegen Ende des Menüs wieder zu leichten Gerichten zurückzukehren. **Ein fachtechnisch vollständiges Menü sieht in der Regel folgende Gänge vor:** 1. Horse d'œuvre froide – Kalte Vorspeise; 2. Potage – Suppe; 3. Horse d'œuvre chaude – Warme Vorspeise; 4. Poisson – Fisch; 5. Grosse pièce – Hauptplatte; 6. Entrée chaude – Warmes Zwischengericht; 7. Entrée froide – Kaltes Zwischengericht; 8. Sorbet – Halbgefrorenes; 9. Rôti, salade – Braten mit Salat; 10. Légumes – Gemüse; 11. Entremets – Süßspeise; 12. ↑**Savouries** – Würzbissen oder Käse; 13. Dessert – Nachtisch. In der modernen Küche wird der Käse jedoch nach dem Dessert gereicht.

Menú del día [*Span. Speisekarte*] Preiswertes Tagesmenü

Menu minceur [*Franz. Speisekarte*] Menü mit wenig ↑**Kalorien**

Menudo [*Mexicofood*] Herzhafte Suppe

Meraner Hauswurst [*Fleischprodukte*] Geräuchertes ↑**Brühwürstchen**, grob gekörnt, im Schweinedarm Kal. 26/28, Stückgewicht ca. 125 g, mit ↑**Majoran** nach Art der ↑**Nürnberger Stadtwurst** gewürzt

Meraner Speck [*Intern. Länderküche*] Geräucherter ↑**Schinken**, außen gewürzt mit ↑**Pfeffer**, ↑**Majoran** und ↑**Basilikum**.

Mercan [*Orientalische Küche*] **A** Begriff aus der türkischen Küchenkultur für ↑**Dorade**, meist aus dem Backofen. ↑**Türkische Küche**

Mercimek corbas [*Orientalische Küche*] **A** Begriff aus der türkischen Küchenkultur für ↑**Linsensuppe**. ↑**Türkische Küche**

Merengue con nata [*Span. Speisekarte*] ↑**Baiser** mit ↑**Sahne**

Merguez [*Intern. Länderküche*] Französische ↑**Rindsbratwurst**, die ihre Wurzeln in Marokko hat. Dort besteht sie traditionell aus ↑**Lammfleisch**, wird jedoch auch mit bis zu 50 % **Rindfleisch** angeboten. Die Merguez wird sehr scharf mit ↑**Chili**, ↑**Kreuzkümmel**, ↑**Koriander**, ↑**Knoblauch** und ↑**Rosmarin** gewürzt. Ganz exotisch wird sie, wenn ↑**Zimt** und ↑**Minze** dazugegeben werden.

Meridian [*Kartoffelsorte*] **Kochtyp:** ↑**Vorwiegend festkochende Kartoffeln**; **Herkunft:** Deutschland; **Jahr der Zulassung:** 2002; **Schale:** gelb; **Fleisch:** gelb; **Knolle:** oval; **Reifezeit:** mittelfrüh

Meringa [*Ital. Speisekarte*] ↑**Baiser**

Meringue [*Franz. Speisekarte*] **A** Schaummasse aus ↑**Eiklar** und ↑**Zucker**. Auch die Meringueschalen zum Befüllen oder als Beilage zum ↑**Dessert** werden aus Eiweiß und Zucker gefertigt: **Grundrezept:** ↑**Baiser**

Meringue chantilly [*Franz. Speisekarte*] Eiweißschaumgebäck mit ↑**Schlagsahne** (Sahnebaiser)

Meringue glacée [*Franz. Speisekarte*] Eiweißschaumgebäck mit ↑**Speiseeis** gefüllt

Merk [*Gemüse*] ↑**Sellerie**

Merkantil-Paprika [*Gewürze & Kräuter*] Würzscharfer ↑**Paprika**

Merlan [*Fisch*] **T Lateinisch:** Merlangius merlangus. **Synonym:** Wittling. **Englisch:** whiting; **Französisch:** merlan; **Italienisch:** merlano; **Spanisch:** merlan; **Portugiesisch:** badejo. Schellfischähnlicher Seefisch der europäischen Meere. Die meisten Merlane werden kaum größer als 40 cm, maximal erreichen sie bei Island eine Länge von 50–70 cm und werden bis zu 3 kg schwer. **Inhaltsstoffe:** 0,5 % Fett, 18,4 % Eiweiß. **Beste Fangzeit:** In der Ostsee: Spätsommer und Herbst, in der Nordsee: November bis Januar. Wird im Handel als Frischfleisch meist als Ganzes, aber auch geräuchert angeboten. **In der Küche:** Das sehr leckere, zarte, magere, weiße Fleisch wird am besten in ↑**Butter** gebraten oder paniert gebacken. Es ist leicht verdaulich und schmeckt vorzüglich.

Merlot [*Weinkunde*] Weit verbreitete und hochwertige rote Rebsorte aus dem südfranzösischen ↑**Bordeaux**. Zusammen mit ↑**Cabernet Sauvignon** und ↑**Cabernet Franc** in fast allen berühmten Bordeauxweinen enthalten. Château Pétrus, einer der besten und teuersten Weine der Welt, enthält ausschließlich Merlot. Die weltweit beheimatete Rebe ermöglicht bei entsprechender Pflege sehr gute sowie attraktive, kostengünstige Weine. Sie sind fruchtig und mild, aber auch kräftig und reichhaltig, mit einem feinen Aroma. Merlot ist die am meisten angebaute Rotweintraube in Italien. Im Veneto/Friaul erbringt sie gute bis sehr gute Weine. In den USA hat sie sogar die Modewelle „Merlot Mania“ ausgelöst. Die Rebe wird außerdem als Petit Merle, Vitraille, Crabutet Noir, Bigney, Merlaut Noir (Slowenien), Merlo (Italien) bezeichnet.

Merlu, merluche [*Franz. Speisekarte*] ↑**Seehecht**

Merluza [*Span. Speisekarte*] ↑**Seehecht**

Merluzzo [*Ital. Speisekarte*] ↑**Seehecht**

Mermelada [*Span. Speisekarte*] ↑**Marmelade**

Mérou [*Franz. Speisekarte*] ↑**Zackenbarsch**

Merseguera [*Weinkunde*] Früh reifende spanische Weißwein-Rebsorte mit großen Beeren, die leichte, harmonische Weine erbringt. Merseguera wächst in Alicante, Tarragona, Valencia, Moll Prensal und Mallorca.

Merveille [*Franz. Speisekarte*] In ↑**Butterschmalz** frittierter, überzuckerter ↑**Krapfen**

Meschoui [*Intern. Länderküche*] Begriff aus der tunesischen Küchenkultur für ein am Spieß über Holzkohle gegrilltes Lamm, ein absoluter Höhepunkt bei besonderen Festen.

Mesclun [*Franz. Speisekarte*] **R** Salat-Mischung aus wildem ↑**Blattgemüse** wie ↑**Feldsalat**, ↑**Kerbel**, ↑**Löwenzahn**, ↑**Pimpinelle**, ↑**Portulak**, ↑**Rucola** usw., oft mit ↑**Croûtons**, ↑**Speckwürfeln** und ↑**Ziegenkäse** angemacht

Meslier [*Weinkunde*] Weißweinrebe, die nur in der Region um die Côtes-de-Saint-Mont bekannt ist. Die Rebe findet sich nur noch selten. Früher wurde sie auch für die Cognacproduktion verwendet.

Mesophil [*Fachkunde*] Mikroorganismen (Kleinstlebewesen), die optimal bei „mittleren“ Temperaturen zwischen 20 und 45° C wachsen

Messbecher [*Hausbar*] ↑**Jigger**

Messer [*Übersetzer*] **Englisch:** knife; **Französisch:** couteau; **Italienisch:** coltello; **Spanisch:** cuchillo

Messerspitze [*Unsere Küche*] Entsprechend kleine Mengenangabe für pulverartige Zutaten. ↑**Maße**

Met [*Fachkunde*] Durch Hefegärung wird aus ↑**Honig**, Wasser und ↑**Gewürzen** Met (Honigwein) hergestellt. Er ist das älteste Kulturgetränk der Menschheit, das vor Tausenden von Jahren verbreitet wurde. Dies ist auf die zufällige Entstehung des Mets zurückzuführen: Honig vermischte sich mit Regenwasser, löste sich auf, und Bienen brachten mit ihren ↑**Enzymen** die für die Vergärung notwendigen ↑**Hefe**pilze. Die Entstehung des Getränkes und der auf den Konsum folgende Rausch waren für die frühen Kulturvölker rätselhaft, wodurch Met als Göttertrank in den Liedern und Sagen der Germanen und Wikinger verherrlicht wurde. Bei Hochzeiten wurde oft 30 Tage lang Met, also Honigwein, getrunken. So kommt es, dass noch heute der auf die Hochzeit folgende Monat „Honigmond“ heißt. Nachdem die Römer die Weinrebe in Deutschland eingeführt hatten, wurde der Met langsam durch den Traubenwein verdrängt. Während des Dreißigjährigen Krieges wurde die Bienenzucht völlig zerstört, und die Metbrauer hatten keinen Grundstoff mehr. Zudem erreichte das Brauen von ↑**Bier** aus ↑**Gerste** und ↑**Hopfen** einen raschen Aufschwung, der Met geriet in Vergessenheit. Versuche im 19. Jahrhundert, den Met in Deutschland wieder einzuführen, waren nicht von Erfolg gekrönt. Heute wird Met wieder angeboten, ist und bleibt aber eine Randerscheinung auf dem Getränkemarkt. Anders auf dem Schwarzen Kontinent: In Afrika wird er hauptsächlich von Massais und einigen südafrikanischen Stämmen getrunken.

Metaweinsäure [*Fachkunde*] ↑**E 353**

Metaxa [*Hausbar*] Der weltberühmte griechische ↑**Weinbrand** ist nach dem Gründer Spyros Metaxa (gest. 1909) benannt. Er wird in den Qualitätsstufen **3 Stern, 5 Stern** und **7 Stern** vermarktet.

Methionin [*Fachkunde*] Essenzielle ↑**Aminosäure**

Méthode champenoise [*Weinkunde*] Französische Bezeichnung für Schaumweine, die nach dem ↑**Champagnerverfahren** (auch Flaschengärung genannt) produziert werden. Seit 1994 ist diese Bezeichnung für Schaumweine, die nicht aus der Champagne stammen, im Rahmen des EU-Weingesetzes verboten. Stattdessen darf auf dem Etikett nur eine der folgenden Bezeichnungen stehen: „fermentation selon la méthode champenoise" (Vergärung nach dem Champagnerverfahren), „méthode traditionelle", „méthode classique" und „méthode traditionelle classique".

Methycellulose [*Fachkunde*] ↑**E 461**

Methylethyl cellulose [*Fachkunde*] ↑**E 465**

Metodo classico [*Weinkunde*] Italienisch für Schaumweine, die nach dem Champagnerverfahren (auch Flaschengärung genannt) produziert worden sind. ↑**Méthode champenoise**

Metsovone [*Käse*] **Herkunft:** Griechenland/Metsovo an den Hängen des Pindos-Gebirges; **Käsesorte:** in Handarbeit hergestellter, leicht geräucherter ↑**Schafskäse**

Mett [*Fleischprodukte*] ↑**Schweinemett**

Metternich, Historischer Speisename [*Speisegarnitur*] **A** 1. Clemens, Fürst (1773–1859), österreichischer Staatskanzler, bedeutendste Persönlichkeit am Wiener Kongress, großer Feinschmecker. Sein junger Küchenchef Franz Sacher schuf 1838 die berühmte ↑**Sachertorte**; **2.** Bei einem nach Metternich benannten Gericht werden die Scheiben eines ganzen glasierten Kalbsrückens wieder zusammengesetzt, mit Sahnesauce, Paprikawürfeln, ↑**Trüffeln** und Reibkäse im Ofen überbacken.

Mettigel [*Fleischprodukte*] **T** Ideale Partyspeisen, werden aus ↑**Hackepeter** hergestellt. Dabei sind die Stacheln aus ↑**Zwiebeln** und die Augen aus ↑**Gewürzen**. In verschiedenen Größen auf einer Platte mit viel ↑**Petersilie** wirken diese leckeren Igel sehr dekorativ.

Mettre en conserve [*Franz. Fachwort*] Einmachen

Mettwurst [*Fleischprodukte*] **Englisch:** bologna sausage; **Französisch:** andouille fumée; **Italienisch:** soppressata; **Spanisch:** especie de butifarra ahumada. Mettwurst ist eine seit dem Mittelalter bekannte ↑**Rohwurst** aus ↑**Schweinemett**, die meist durch ↑**Räuchern** oder Trocknung haltbar gemacht wird. Je nach Rezept und Region variieren Größe, Feinheit und Geschmack des ↑**Hackfleisches**. In Süddeutschland und Österreich versteht man unter Mettwurst eine streichfähige, der ↑**Teewurst** ähnliche ↑**Wurst**. In Nord- und Ostdeutschland ist Mettwurst durch längeres Räuchern härter und kaum mehr streichfähig. Sie wird dort auch ↑**Knackwurst**, „Knacker" oder in einer kleineren, weicheren und schwächer geräucherten Variante „Mettende" genannt. Je nach Fettanteil enthalten 100 g Mettwurst einen ∅ Brennwert zwischen 270–520 kcal/bzw. 1128–2173 kJ

Metyhl-p-hydroxy benzoat [*Fachkunde*] ↑**E 218**

Metzelsuppe [*Regionale Spezialität*] **A** Wurstsuppe. Ursprünglich aus dem bayerischen, schwäbischen, Pfälzer Raum. An Schlachttagen gekochte Suppe aus der ↑**Brühe** von gekochtem ↑**Schweinefleisch** und Würsten. Einlage waren die geplatzten Würste. Serviert mit ↑**Bauernbrot** oder im Schwäbischen mit ↑**Spätzle**.

Metzgerzwiebel [*Gemüse*] ↑**Spanische Zwiebel**

Metzler – Metzger [*Fachkunde*] Fleischer; abgeleitet aus dem lateinischen „marcellarius" = Fleischhändler

Meunière, à la Müllerin Art [*Speisegarnitur*] **A Müllerin Art** – Herstellung und **Garnitur für ganze Süßwasserfische**, z. B. ↑**Forellen**. – Die Fische werden gewürzt, in ↑**Mehl** gewendet und in geklärter ↑**Butter** gebraten. Mit der Bratbutter übergossen, mit geschälten ↑**Zitronen**scheiben belegt, gehackter ↑**Petersilie** bestreut und mit Petersiliensträußchen serviert

Meurette [*Franz. Speisekarte*] **R 1.** Rotweinsauce, der ↑**Sauce Bourguignonne** ähnlich, mit ↑**Speckwürfeln**, ↑**Zwiebeln** und ↑**Croûtons** bestreut. **2.** Reichhaltiger, deftiger ↑**Eintopf** aus Flussfischen wie ↑**Aal**, ↑**Karpfen**, ↑**Schleie** usw., aber auch mit ↑**Kalb**, ↑**Huhn**, harten ↑**Eiern** und ↑**Hirn** in dieser Suppe

Mexikanisch [*Speisegarnitur*] **A Garnitur für kurzgebratene Fleischgerichte** – geröstete ↑**Champignons** mit ↑**Tomaten**, am Rost gebratenen ↑**Pfefferschoten**, scharf gewürztem, mit ↑**Tomaten** versetztem, gebundenem, braunem ↑**Kalbsfond** (↑Kalbs**jus**). – Auch Gerichte mit ↑**Mais** werden oft als „mexikanisch" bezeichnet.

Mexikanische Küche [*Mexicofood*] **A** Zeichnet sich durch die Synthese von aztekischen und spanisch-kolonialen, im Süden auch Maya-Traditionen aus. Sie gilt als eine der schmackhaftesten und interessantesten der Welt. Doch auch hier ist es unmöglich, von einer Küche zu sprechen, da – wie in anderen Ländern auch – die natürlich vorhandenen und angebauten Produkte der einzelnen Regionen, das Klima und die Geschichte die Esskultur wesentlich beeinflussen. In einem heißen, tropischen Land mit großenteils üppiger Vegetation spielen Früchte und bestimmte Gemüsesorten eine dominante Rolle. Regional gibt es auch in Mexiko große Unterschiede zwischen Küste und zentralem Hochland, dem in ↑**Chili** verliebten Süden und dem auf ↑**Rindfleisch** orientierten Norden. Dennoch gibt es ein paar Gemeinsamkeiten. Man liebt das Raffiniert-Aromatische und das Feurig-Scharfe, zu fast jeder Speise werden Mais-↑**Tortillas** gegessen, relativ dünne Fladen, die warm als Beilage serviert werden. Sie sind aber auch eine eigenständige Mahlzeit, gefüllt und mit ↑**Dip** serviert. Die wichtigste Mahlzeit am Tag ist das Mittagessen, entsprechend lang ist auch die Mittagspause eines üblichen Arbeitstages. Abends wird dann meist nur noch ein kleiner Imbiss verzehrt, ein paar Früchte, ein ↑**Taco.** Wie in allen mittel- und südamerikanischen Staaten gehören ↑**Bohnen** zu den Grundnahrungsmitteln. So gibt es auch in Mexiko unzählige Bohnengerichte, wobei ↑**Chili con carne** kein mexikanisches, sondern ein texanisches Gericht ist. Berühmte Gerichte sind ↑**Mole** Poblano, eine kakaohaltige Sauce zu ↑**Hähnchen,** ↑**Ceviche**, ein Fischsalat, **„cochinita pibil"** und natürlich die ↑**Guacamole,** ein Dip aus ↑**Avocado** und ↑**Tomaten.** Eine besondere Spezialität ist ↑**Cuitlacoche** (auf Deutsch etwa „Götterkacke"), ein delikater Pilz, der als Maisparasit wächst.

Mexikanische Sauce [*Gewürze & Kräuter*] **T** Scharfe Grillsauce, die mit gehackten roten und grünen ↑**Pfefferschoten** und ↑**Maiskörnern** pikant abgeschmeckt wird. Man nimmt sie zu gegrilltem ↑**Fleisch** und Fleisch-↑**Fondues.**

Mexilhoes de cebolada [*Span. Speisekarte*] ↑**Miesmuscheln** mit ↑**Zwiebeln**

Meyerbeer, Historischer Speisename [*Speisegarnitur*] **A** Giacomo (1791–1864), Opernkomponist, preußischer Generalmusikdirektor. Nach ihm ist eine klassische ↑**Spiegeleier**garnitur mit gegrillten ↑Hammel**nieren** und ↑**Trüffel**sauce benannt.

Mezcal [*Hausbar*] Das Wort kommt von „Metl", das auf Indianisch ↑**Agave** bedeutet. Mezcal wird im Gegensatz zu ↑**Tequila** nur einmal destilliert, aber auch aus Agaven gemacht, allerdings aus anderen Pflanzenarten (Espadin). Diese Mezcal-Agaven wachsen hauptsächlich im mexikanischen Bundesstaat Oaxaca, wo auch der beste Mezcal produziert wird. Außerdem unterscheidet sich der Mezcal durch die Garmethode. Die Agaven werden im Gegensatz zum Tequila, der in Öfen erhitzt wird, über Holzkohle geröstet. Dadurch bekommen sie ein rauchiges Aroma. Der Mezcal aus Oaxaca wird gelegentlich zusammen mit einem toten, in der Flasche schwimmenden ↑**Maguey-Wurm** verkauft und exportiert.

Mezedes [*Griech. Speisekarte*] Begriff aus der griechischen Küchenkultur für ↑**Appetithäppchen**

Mezedopolíon oder Ouzerí [*Griech. Speisekarte*] In diesen Lokalen trinkt man vor allem den Anisschnaps ↑**Oúzo,** auf Kreta den heimischen Tresterschnaps ↑**Rakí.** Dazu hat man eine große Auswahl an kleinen Vorspeisen und Tellergerichten, ähnlich den spanischen ↑**Tapas.** Oft sind darunter exzellente Spezialitäten. Neben ↑**Schnaps** werden auch ↑**Bier,** ↑**Wein** und ↑**Softdrinks** serviert.

Mezzelune [*Ital. Speisekarte*] Halbmondförmige ↑**Nudeln** aus Umbrien, gefüllt mit ↑**Käse** und ↑**Nüssen.** Dazu: cremige Sauce aus Käse und schwarzen ↑**Trüffeln**

Midder [*Fleischprodukte*] ↑**Bries**

Midollo [*Ital. Speisekarte*] ↑**Mark** („midollo di bue" = Rindermark)

Midye Dolma [*Orientalische Küche*] **A** Begriff aus der türkischen Küchenkultur für gefüllte ↑**Muscheln** mit ↑**Reis,** ↑**Pinienkernen** und **Dill.** ↑**Türkische Küche**

Midye dolmasi [*Orientalische Küche*] Begriff aus der türkischen Küchenkultur für gefüllte ↑**Muscheln.** ↑**Türkische Küche**

Midye sis tarator soslu [*Orientalische Küche*] **A** Begriff aus der türkischen Küchenkultur für gebratene ↑**Muschel**spieße mit ↑**Mandel**sauce. ↑**Türkische Küche**

Mie (de pain) [*Franz. Fachwort*] Durch ein Drahtsieb geriebenes, entrindetes ↑**Weißbrot** (Semmelbrösel)

Miel [*Franz. Speisekarte*] ↑**Honig**

Miele [*Ital. Speisekarte*] ↑**Honig**

Mie-Nudeln [*Asiatische Küche*] **T** ↑**Instant-Nudeln** sind aus der asiatischen Küche nicht mehr wegzudenken. Hauptbestandteil der chinesischen Mie-Nudeln ist ↑**Weizenmehl.** Wahlweise werden sie mit oder ohne ↑**Ei** angeboten. Meist sind die ↑**Nudeln** schon gesalzen und häufig mit ↑**Fisch**- oder ↑**Garnelen**pulver aromatisiert. In Deutschland sind sie überwiegend in Asia-Läden oder gut sortierten Supermärkten erhältlich. Angeboten werden sie meist in kleinen Nudelpäckchen als Instantprodukt. Bei der Zubereitung übergießt man sie nur mit kochendem Wasser, lässt sie evtl. kurz aufkochen und 2 Min. gar ziehen.

Miesmuscheln [*Fisch*] **T Lateinisch:** mytilus edulis. **Synonym:** Pfahlmuschel, Blaumuschel. **Englisch:** blue mussel; **Französisch:** moule (commune); **Italienisch:** mitilo, cozza; **Spanisch:** mejillon; **Portugiesisch:** mexilhao (vulgar); **Niederländisch:** Mossel; **Mittelhochdeutsch:** „Moosmuschel". Miesmuscheln gehören seit jeher zu den beliebtesten Muschelarten. Schon in der Antike wussten die Griechen, wie schmackhaft, robust und anpassungsfähig die 5–10 cm langen, blauschwarzen Muscheln sind, und züchteten sie. Sie kommen auch heute noch an allen Küsten des Mittelmeers und des Nordatlantiks einschließlich der Nordsee vor, werden dort in Aquakulturen „angebaut" und nach etwa 4 Jahren (Größe dann 5 bis 8 cm) „geerntet". Spanien und die Niederlande gehören zu den größten Produzenten. Die im Handel angebotenen Muscheln stammen meistens aus dem Wattenmeer zwischen den Ostfriesischen Inseln, wo sie große natürliche Bänke bilden. Miesmuscheln isst man von September bis März. ↑**Muscheln.** Eine Unterart der Miesmuscheln sind die Meerdatteln. Sie sind ebenfalls etwa 5 cm lang, aber schmaler und haben eine braune Schale. **In der Küche:** Die Muscheln können mehrere Tage mit dem Meerwasser leben, das sich in den geschlossenen Schalen bzw. in Spezialverpackungen befindet. Die beiden Schalenhälften müssen, vom Schließmuskel zusammengehalten, fest aneinander haften. Verwendet werden nur Muscheln mit fest verschlossenen Schalen, die sich erst beim Kochen öffnen dürfen. ↑**Lebensmittelvergiftungen.** Vor der Zubereitung sind Miesmuscheln unter fließendem Wasser gründlich abzubürsten, dabei sind die Fäden (Bysusfäden) zu entfernen. ↑**Muscheln kochen; Inhaltsstoffe:** Miesmuscheln enthalten ∅ 10 % ↑**Eiweiß** und weniger als ∅ 2 % ↑**Fett**, reichlich ↑**Mineralstoffe**, ↑**Eisen** und ↑**Vitamine.** Man kann sie in vielen Variationen zubereiten. Auch als Verfeinerung und Zutat für andere Speisen eignen sie sich: So dürfen sie bei keiner ↑**Paella** fehlen.

Mietkoch [*Fachkunde*] ↑**Störkoch**

Migan [*Intern. Länderküche*] Begriff aus der kreolischen Küchenkultur für pürierte ↑**Bananen** und ↑**Baumstammkirschen**

Migliaccio [*Ital. Speisekarte*] Fladen aus ↑**Kastanien**mehl

Migliassis [*Franz. Speisekarte*] Süßes Gebäck, Kartoffelkrapfen, auf Kastanienblättern gebacken, eine Spezialität aus Korsika

Mignon [*Speisegarnitur*] **A** 1. Kleines Steak aus der ↑**Filet**spitze von ↑**Kalb** und ↑**Rind**; 2. Die Garnitur dazu besteht aus mit ↑**Erbsen** und ↑**Trüffel**scheiben gefüllten ↑**Artischockenböden**

Mignon de veau chasseur [*Franz. Speisekarte*] **A** ↑Kalbs**schnitzel**, mit ↑**Champignon**scheiben in ↑**Butter** und ↑**Schalotten** in ↑Weiß**wein** gedünstet

Mignonnette [*Franz. Speisekarte*] **A** 1. Besonders fein zubereitetes Stück ↑**Fleisch**, ↑**Geflügel**, ↑**Gänseleber** usw., serviert mit sehr dünnen ↑**Streichholzkartoffeln**, kleinen ↑**Erbsen** und gedünstetem ↑**Chicorée**; 2. Mischung aus grob zerstoßenem schwarzen und weißen ↑**Pfeffer** sowie ↑**Koriander**

Migourée [*Franz. Speisekarte*] **A** ↑**Ragout** aus Meeresfischen in ↑**Weißwein** mit ↑**Schalotten**, ↑**Zwiebeln**, ↑**Kräutern** und ↑**Gewürzen**

Mihalic [*Käse*] **Herkunft:** Türkei/Bursa-Region an den Dardanellen; **Käsesorte:** fester ↑**Hartkäse** mit feuchter Rinde, 45 % ↑**Fett i.Tr.**; **Milch:** ↑**Schafsmilch**; **Info:** Der ↑**Rohmilchkäse** wird in Scheiben geschnitten, gesalzen, 1–2 Wochen getrocknet, anschließend in Behälter gelegt und bis zu 3 Monate in schwacher Salzlake gereift; **Form:** dicke Scheiben; **Gewicht:** 500 g bis 1 kg

Mijotieren [*Franz. Fachwort*] Langsames, bei schwacher Hitze zugedecktes, schonendes Garen

Mikado, Historischer Speisename [*Speisegarnitur*] **A** 1. älterer Titel der Kaiser von Japan; 2. auf ↑**Curry**reis-↑**Kroketten**; mit gegrillten Tomatenhälften und ↑**Sauce Mikado**

Mikrocut [*Fleischprodukte*] Fleischzerkleinerungsmaschine

Mikrokristaline Cellulose [*Fachkunde*] ↑**E 460**

Mikrokristalline Wachse [*Fachkunde*] ↑**E 907**

Mikronährstoffe [*Fachkunde*] ↑**Vitamine** und ↑**Mineralstoffe**, die der Körper nur in Mengen von wenigen Milligramm pro Tag benötigt

Mikroorganismen [*Fachkunde*] Kleinstlebewesen: Zu ihnen zählen Pilze, bestimmte Algen und Bakterien, Hefen, Schimmel, Viren etc.

Mikrowelle [*Fachkunde*] **T** Der Mikrowellenherd funktioniert mit elektromagnetischen Wellen, die Lebensmittel im Innern erwärmen. Die Wellen regen die Moleküle im Lebensmittel zu schnellen Schwingungen an, sodass Wärme entsteht. Deshalb ist die Mikrowelle für schnelle Zubereitungen und schnelles Aufwärmen geeignet. Auch tiefgefrorene Lebensmittel können in der Mikrowelle aufgetaut werden. Nach heutigen Erkenntnissen ist eine Gesundheitsgefährdung durch Mikrowellen ausgeschlossen. Jedoch müssen ältere Geräte mit porösen Gummidichtungen entsorgt werden, da austretende Wellen zu Augenschäden führen können. Mögliche Nährstoffverluste von Lebensmitteln entsprechen denen durch konventionelles Garen. **Tipp: Mikrowelle als Bakterienkiller.** Spültücher, Geschirrhandtücher, Schwammtücher und Schwämme (ohne Metallfasern), die in der Küche benutzt werden, sind bekanntlich Brutöfen für Bakterien aller Art. Die können aber mühelos abgetötet werden, legt man Tücher und Schwämme **noch nass** für ca. 2–3 Min. bei höchster Garstufe in die Mikrowelle. **Achtung!** Die Teile sind anschließend kochend heiß.

Milanaise, à la Mailänder Art [*Speisegarnitur*] **A** **1. Speisegarnitur** für alle **Fleischsorten**, besonders für **Kalbfleisch** – ↑**Kalbsschnitzel** mit ↑**Mehl**, ↑Eiern, ↑**Semmelbrösel** und (↑**Parmesan**-)↑**Käse** panieren – dazu ↑**Makkaroni** mit Streifen (↑**Julienne**) von gekochtem ↑**Schinken**, ↑**Pökelzunge**, ↑**Champignons** und ↑**Trüffeln** in der ↑**Timbale**, das Fleisch auf der Soße angerichtet (↑**nappiert**) oder mit tomatiertem gebundenen ↑**Fond**; **2. Milanaise** – rundes ↑**Mandel**gebäck mit ↑**Anis**-, ↑**Orangen**- oder ↑**Zitronen**aroma

Milch [*Fachkunde*] **T Englisch:** milk; **Französisch:** lait; **Italienisch:** latte; **Spanisch:** leche. Weiße, undurchsichtige Flüssigkeit mit fein verteilten Fetttröpfen, die sich bei längerem Stehen als Rahm an der Oberfläche sammeln. Milch wird in den Milchdrüsen der weiblichen Säugetiere (und des Menschen) vor und nach dem Gebären von Jungen als deren Nahrung gebildet (bei Frauen die Muttermilch) und enthält außer ↑**Fett** und Wasser ↑**Milchzucker**, ↑**Eiweiß**, ↑**Mineralstoffe**, ↑**Enzyme.** Die Milch als Handelsware ist ausschließlich Kuhmilch, andere Tierarten müssen genannt werden, z. B. ↑**Schafsmilch**, ↑**Stutenmilch.** Milch dient als Volksnahrungsmittel und enthält fast alle ↑**Nährstoffe. Inhaltsstoffe:** 100 g vollfette Milch enthalten ∅ 64 kcal/268 kJ, 87,5 g Wasser, 3,3 g Eiweiß, 3,5 g Fett, 0,12 g Calcium, 7,5 µg Jod, 30 µg Vitamin A,

18 µg Vitamin D, 4,76 g Milchzucker und 13 mg Cholesterin. **Milch wird unterschieden in:** vollfette Milch (Vollmilch) mit 3,5 % Fett; fettarme Milch (teilentrahmte Milch) mit 1,5 % Fett; entrahmte Milch (Magermilch) mit höchstens 0,3 % Fett. Der Nährstoffgehalt der Milch bietet einen idealen Nährboden für die Vermehrung von Mikroorganismen. Deshalb muss sie vor dem Verkauf – ausgenommen Rohmilch – erhitzt werden. Dafür werden Verfahren wie Pasteurisation, Ultrahocherhitzung und Sterilisierung angewendet. Milch wird zum Trinken, Kochen, Backen und für die Zubereitung von Speisen gebraucht. Als Rohstoff wird sie weiterverarbeitet zu ↑**Käse**, ↑**Butter** und ↑**Milcherzeugnissen**. Wegen des hohen Nährwerts ist Milch nicht als Durstlöscher geeignet.

Milcheis [*Unsere Küche*] (Milchglace, Ice Milk) ist industriell gefertigtes ↑**Speiseeis**, das nach den für ↑**Rahmeis** geltenden Vorschriften hergestellt ist und mindestens 3 Massenprozent ↑**Milchfett** enthält. Es muss außerdem mind. 8 Massenprozent fettfreie Milchtrockenmasse und eine Gesamttrockenmasse von mind. 30 Massenprozent aufweisen. Milcheis enthält einen ↑**Milch**anteil von mindestens 70 %.

Milcheiweiß [*Gesundheit*] **T** Ein hochwertiger Nährstoff, da er im Gegensatz zu Pflanzen (70 %) zu 95 % verwertet werden kann und somit eine optimale Ergänzung zur pflanzlichen Nährstoffaufnahme darstellt. Die Bausteine des Milcheiweißes werden zum Aufbau körpereigener Substanz benötigt. Es enthält ↑**Aminosäuren**, die im Pflanzenreich nicht vorkommen. Einige davon sind ausschließlich in der ↑**Milch** vorhanden.

Milcherzeugnisse [*Fachkunde*] Aus ↑**Milch** hergestellte Produkte. Zu ihnen zählen laut Verordnung: Jogurt-, Kefir-, Buttermilch-, Sauermilch-, Sahne-, Kondensmilch-, Molken-, Milcheiweiß-, Trockenmilch-, Molkenmisch-, Milchfett-, Milchmisch- und Milchhalbfetterzeugnisse.

Milchfett [*Gesundheit*] **T** Bei dem Wort „Fett" zucken Ernährungsbewusste mit Recht zusammen, weil sie dabei an Übergewicht und falsche Ernährung denken. Auf das Milchfett trifft das nur bedingt zu, denn es ist bekömmlich und leicht verdaulich. Allerdings schwankt der Fettanteil sehr stark, ebenso die Inhaltsstoffe der Milch. Verantwortlich für diese Schwankungen sind neben der Rinderrasse vor allem die jahreszeitlich bedingte Fütterung, Haltung und Gesundheit der Milchtiere. Milchfett ist in feinstverteilter Form enthalten und muss nicht erst wie andere Fette verarbeitet werden. Die gute Verdaulichkeit hängt außerdem mit der vorteilhaften Zusammensetzung und dem günstigen Schmelzpunkt zusammen. Er liegt unterhalb der menschlichen Körpertemperatur, wodurch der größte Teil der Fette flüssig ist und aufgenommen wird. Dadurch ist der Organismus weniger belastet. Das Milchfett ist gesund, weil es Träger der fettlöslichen ↑**Vitamingruppen A, D, E** und auch **K** ist. Ferner enthält es ↑**Lezithin**, das als Nerven- und Gehirnnahrung gilt. Aber auch für Milchfett gilt: Allzu viel ist ungesund, denn wie andere Fette wird es im Überschuss als Depotfett gespeichert und führt so zur Gewichtszunahme. Anteil der wichtigsten Fettsäuren (FS): ∅ 60 % ↑**Gesättigte FS** – ∅ 37 % ↑**Einfach ungesättigte FS** – ∅ 3 % ↑**Mehrfach ungesättigte FS**

Milchhaut [*Fachkunde*] Molkeneiweiße, die beim Kochen gerinnen und auf heißer ↑**Milch** eine Haut bilden, bestehen aus den Eiweißen Albumin und Globulin.

Milchkaffee [*Kaffee*] **T** **Englisch:** coffee with milk, white coffee; **Französisch:** café au lait, café crème; **Italienisch:** caffelatte; **Spanisch:** café con leche. Filterkaffee oder Espressocafé, bei dem der Anteil an Milch überwiegt.

Milchlammfleisch [*Fleischprodukte*] Fleisch von Milchmastlämmern, nicht über 6 Monate alt – **Höchstgewicht:** Schlachttierkörper ohne Kopf 22,5 kg, mit Kopf 23,5 kg

Milchner [*Fachkunde*] **1.** ↑**Hering; 2.** ↑**Bries**

Milchprodukte [*Fachkunde*] Aus Milch hergestellte Nahrungsmittel, die gute ↑**Calcium**- und ↑**Eiweißlieferanten** sind. **Beispiele:** ↑**Käse**, ↑**Jogurt**, ↑**Frischkäse**, ↑**Hüttenkäse**.

Milchpulver [*Milchprodukte*] Oder ↑**Trockenmilch** ist eine fast wasserfreie ↑**Milch** und damit die reine Trockenmasse. Dem Ausgangsprodukt wird Wasser entzogen, eingedickt und dann im Sprüh- oder Walzenverfahren getrocknet. Diese „Milchvariante" ist eine Konserve, die auch zur Herstellung von Milchprodukten wie ↑**Käse** oder ↑**Jogurt** sowie Süß- und Backwaren verwendet wird. Die üblichen Handelsformen von Trockenmilch sind **Magermilch**- und **Vollmilchpulver.** ↑**Instant**-↑**Milchpulver** zum Weißen von Kaffee wird mit dem ↑**Emulgator** ↑**Lezithin** hergestellt. Lezithin macht das Milchpulver in Flüssigkeiten leicht löslich, unabhängig von der Temperatur. Milchpulver dient als Grundlage für Säuglingsnahrung und wird oft für industriell hergestelltes ↑**Speiseeis**, Backwaren und ↑**Schokolade** verwendet.

Milchreis [*Übersetzer*] **Englisch:** rice pudding; **Französisch:** riz au lait; **Italienisch:** riso al latte; **Spanisch:** arroz con leche. ↑**Würztabelle**

Milchsäure [*Gesundheit*] **T** Natürliche Säure bzw. ein Stoffwechselprodukt, das in pflanzlichen und tierischen Lebensmitteln vorkommt. Milchsäurebakterien (↑**Lactobacillus**) bilden aus ↑**Kohlenhydraten** z. B. ↑**Lactose**, die Salze der Milchsäure werden als Lactate bezeichnet. Natrium- und Calciumlactate sind Bestandteil von ↑**Backpulvern**, die das Wachstum von ↑**Sauerteig**hefen unterstützen und Backwaren das angenehme Aroma verleihen. ↑**E 270. Milchsäure** durch ↑**Milchsäuregärung:** Dadurch kommt Milchsäure z. B. in ↑**Sauerkraut**, ↑**Gewürzgurken**

und gesäuerter ↑**Milch** sowie in ↑**Wein** und ↑**Fleisch** vor.

Milchsäuregärung [*Fachkunde*] In Steinguttöpfen machen Milchsäurebakterien ↑**Gemüse** haltbar, werten es geschmacklich und gesundheitlich auf. ↑**Sauerkraut**, aber auch ↑**Bohnen**, ↑**Mais**, ↑**Rote Beete**, ↑**Karotten**, ↑**Rotkohl**, ↑**Gurken** sind so im Winter noch wertvollere natürliche Vitaminspender. Milchsäuregärung ist der Abbau (↑**Fermentation**) von ↑**Milchzucker** durch Milchsäurebakterien unter Bildung von ↑**Milchsäure**, ↑**Essigsäure** und Gas (Kohlendioxid). Dieser Vorgang wird zur Herstellung von Sauerkraut, ↑**Gewürzgurken**, ↑**Sauermilchkäse** und gesäuerten ↑**Gemüsesäften** genutzt.

Milchschinken [*Fleischprodukte*] ↑**Schinken** von jungen, bis zu 60 kg schweren ↑**Schweinen**, die mit frischer ↑**Milch** gemästet wurden

Milchshake [*Hausbar*] **T** Aus engl. milk „Milch" und to shake „schütteln", erfunden in den 1920er-Jahren in Chicago, ist Milch, die mit ↑**Speiseeis** (↑**Schokolade** oder ↑**Vanille**), ↑**Früchten** (z. B. ↑**Erdbeeren**, ↑**Pfirsich** oder ↑**Bananen**) oder vergleichbaren gefrorenen, süßen Zutaten zu einem ↑**Milch**-Mixgetränk gemixt wird. Das Getränk ist bei heißen Temperaturen sehr beliebt und wird unmittelbar vor dem Trinken mit dem Mixer zubereitet, um zu vermeiden, dass sich die unterschiedlich schweren Bestandteile wieder trennen.

Milchzentrifuge [*Fachkunde*] ↑**Separator**

Milchzucker [*Gesundheit*] **T** Auch Laktose oder ↑**Lactose**, aus dem lat. lac, lactis (↑**Milch**) und der Endung -ose für Zucker. So bezeichnet man die 2–8 % Zuckeranteil in den festen Bestandteilen der Milch.

Milchzuckerunverträglichkeit [*Gesundheit*] ↑**Lactoseintoleranz**

Mild [*Weinkunde*] Gilt für Sekt und Schaumwein und ist nur zulässig, wenn dieser nicht mehr als 50 g/l Restzuckergehalt aufweist. Internationale Bezeichnungen für diese Geschmacksangaben sind dolce, doux und sweet.

Mildsiter [*Käse*] **T** **Herkunft:** Österreich; **Käsesorte:** ↑**Schnittkäse**, 35 % ↑**Fett i. Tr.**; **Milch:** pasteurisierte Kuhmilch; **Teig:** lieblich-gelb, halbfeste geschmeidige Konsistenz; **Geschmack:** besonders angenehm leicht, mild

Milieu [*Franz. Fachwort*] Repräsentatives Mittelstück der festlich geschmückten Tafel

Milk [*U.S. Kitchen*] ↑**Milch** – In den USA wird wegen des geringeren Fettgehalts viel Skim (entrahmte) Milk getrunken.

Milk gravy [*U.S. Kitchen*] Cremige ↑**Soße**

Millats [*Franz. Speisekarte*] Stark zerkochte schwarze ↑**Kirschen**

Milleens [*Käse*] Flacher, runder, milder ↑**Käse** mit gewaschener Rinde aus der Grafschaft Cork, in ganz Irland bekannt

Mille-feuille [*Franz. Speisekarte*] **R** ↑**Blätterteig**kuchen: Der Teig wird gebacken und in drei längliche Streifen geschnitten. Zwei Streifen werden mit einer ↑**Füllcreme** bestrichen und aufeinandergelegt, der dritte Streifen wird aufgesetzt und mit einer Kirschglasur versehen. Füllungen und Verzierungen können beliebig variiert werden.

Millefoglie [*Ital. Speisekarte*] Cremeschnitte aus ↑**Blätterteig**

Millésimé [*Weinkunde*] Französisch für Ernte. Millésimé („mit Jahrgang versehen") deutet deshalb auf Weine mit einer Jahrgangsangabe hin. Auf einem Weinetikett garantiert sie, dass der Wein ausschließlich aus der Ernte des angegebenen Jahres stammt.

Millet [*Franz. Speisekarte*] ↑**Hirse**

Milliard [*Franz. Speisekarte*] Torte mit ↑**Kirschen** oder ↑**Trauben**

Milliliter [*Fachkunde*] Hohlmaß, Abk.: ml = 0,001 l

Milva [*Kartoffelsorte*] **Kochtyp:** ↑**Vorwiegend festkochende Kartoffeln**; **Herkunft:** Deutschland; **Jahr der Zulassung:** 1998; **Schale:** gelb; **Fleisch:** gelb, sehr guter Geschmack; **Knolle:** oval; **Reifezeit:** mittelfrüh

Milza [*Ital. Speisekarte*] ↑**Milz**

Milzwurst [*Regionale Spezialität*] **A** Kochwurst mit regional unterschiedlich hohen kirschkerngroßen Einlagerungen von Milz, ↑**Bries** und ↑**Kalbskopf**fleisch. In Bayern gibt es drei Varianten der Milzwurst: Die gebräuchlichste ist die Milzwurst als ↑**Brühwurst**, in die Milzstücke eingearbeitet sind (Durchmesser 5 bis 9 cm, im Kunstdarm). Die zweite Art ist eine Briesmilzwurst, bei der zusätzlich zu den Milzstücken Briesstücke eingearbeitet sind. Bei der dritten Variante handelt es sich um eine gefüllte Rindermilz. Die Scheiben der Milzwurst werden in der Pfanne angebräunt und warm verzehrt oder die ganze Wurst wird ohne Fett in einem Bräter im Ofenrohr 2 Stunden bei 180° C gebraten und zwischendurch mit ↑**Brühe** oder ↑**Kalbsfond** aufgegossen.

Mimolette [*Käse*] **T** Dieser Käse ist als **„Baby Gouda français"**, aber auch unter dem Namen **„Boule de Lille"** (Kugel aus Lille) bekannt. **Herkunft:** Nordfrankreich/Pas-de-Calais; **Käsesorte:** ↑**Hartkäse** mit dünner grauen Rinde, 40 % ↑**Fett in Tr.**; **Milch:** Kuhmilch; **Teig:** dicht orangefarben; **Geschmack:** mild und fein würzig, leicht haselnussartig; **Info:** Unverwechselbar macht den Mimolette vor allem sein mit ↑**Annatto** eingefärbter Teig. Der Name Mimolette kommt von „mimou" – halbweich. Er war der Lieblingskäse von Präsident de Gaulle. **Getränkeempfehlung:** Ein herbes ↑**Bier** oder leichte, fruchtige Weiß-, ↑**Rosé**- und ↑**Rotweine**.

Minarine [*Fette*] ↑**Margarine**

Minas Frescal oder Minas Prensado [*Käse*] **Herkunft:** Brasilien; **Käsesorte:** weicher, kurz gereifter ↑**Knetkäse**; **Milch:** Kuhmilch

Mince [*Franz. Fachwort*] Dünn, schmal

Mince Pie [*Engl. Speisekarte*] Beliebtes englisches Weihnachtsgericht. ↑**Pie**

Minced [*U.S. Kitchen*] Sehr fein gehackt

Mincemeat [*U.S. Kitchen*] Füllmasse für ↑**Pies**. Mincemeat enthält außer ↑**Früchten**, ↑**Trockenfrüchten**, ↑**Gewürzen** auch ↑**Rindertalg** oder ↑**Schweineschmalz.**

Mindesthaltbarkeitsdatum [*Fachkunde*] **T** Zeigt an, wie lange ein Lebensmittel bei Einhaltung bestimmter Bedingungen wie Verpackung oder Lagerung mindestens haltbar ist. Bis zu diesem Datum müssen die wertbestimmenden Eigenschaften der Lebensmittel gewährleistet sein. Das Mindesthaltbarkeitsdatum wird auf der Verpackung mit Tag, Monat und Jahr gekennzeichnet. Ist ein Lebensmittel unter drei Monate haltbar, reicht die Angabe von Tag und Monat. Bei länger haltbaren Lebensmittel ist die Kennzeichnung des Monats und des Jahres ausreichend. Ist das MHD abgelaufen, heißt das nicht, dass das Lebensmittel verdorben ist und daher nicht mehr verzehrt und auch nicht mehr verkauft werden darf. Nach Ablauf des MHD ist der Hersteller aus der Pflicht entlassen, für die ausgelobte Qualität seines Erzeugnisses zu bürgen. Hat er z. B. einen Vitamingehalt angegeben, darf dieser vor Ablauf des MHD nicht unterschritten werden, nach Ablauf schon. Nach Ablauf des MHD ist es aber ratsam, die Qualität des Lebensmittels genau zu prüfen. Wenn keine bemerkbaren Veränderungen (z. B. Schimmelbelag oder schlechter Geruch) eingetreten sind, ist ein Verderb ausgeschlossen. ↑**Listeriose.** Die Angabe des Mindesthaltbarkeitsdatums ist nicht erforderlich bei: **1.** frischem ↑**Obst**, frischem ↑**Gemüse** und ↑**Kartoffeln** (nicht geschält, geschnitten oder ähnlich behandelt), ausgenommen Keime von Samen und ähnlichen Erzeugnissen, wie ↑**Sprossen** oder ↑**Hülsenfrüchte**; **2.** Getränken mit einem ↑**Alkohol**gehalt von zehn oder mehr Volumenprozent; **3.** alkoholfreien Erfrischungsgetränken, ↑**Fruchtsäften**, ↑**Fruchtnektar**en und alkoholhaltigen Getränken in Behältnissen von mehr als 5 l; **4.** ↑**Speiseeis** in Portionspackungen; **5.** Backwaren, die innerhalb 24 Stunden nach ihrer Herstellung verzehrt werden; **6.** Speisesalz, ausgenommen jodiertes ↑Speise**salz**; **7.** ↑**Zucker** in fester Form; **8.** Zuckerwaren, die fast nur aus Zuckerarten mit ↑**Aromastoffen** oder ↑**Farbstoffen** bestehen; **9.** ↑**Kaugummi** und ähnlichen Erzeugnissen zum Kauen; **10.** weinähnlichen und schaumweinähnlichen Getränken und hieraus weiterverarbeiteten alkoholhaltigen Getränken. Relativ neu im deutschen Lebensmittelrecht ist das ↑**Verbrauchsdatum.**

Mindestmostgewicht [*Weinkunde*] Laut deutschem Weingesetz sind für die jeweiligen Qualitätsstufen verschiedene Mindestmostgewichte festgelegt. So muss eine Spätlese den vorgeschriebenen Zuckergehalt im Most enthalten, damit sie auch als Spätlese anerkannt wird. Die Werte sind für die jeweiligen Anbaugebiete unterschiedlich.

Minell [*Käse*] Fettarmer holländischer ↑**Schnittkäse**, 29 % ↑**Fett i.Tr.**, mit dem ↑**Gouda** verwandt

Mineralstoffe und Spurenelemente [*Gesundheit*] **T** Die Hauptbestandteile menschlicher Nahrung wie ↑**Kohlenhydrate**, ↑**Fette** und ↑**Eiweiße** (Proteine) reichen allein nicht aus, um eine gesunde Ernährung sicherzustellen. ↑**Mineralstoffe** werden bei Aufbauprozessen und im Stoffwechsel des Menschen in geringen Mengen gebraucht, Mangel führt zu Störungen. Die Versorgung mit ↑**Vitaminen**, ↑**Mineralien** und ↑**Spurenelementen** ist für den Körper lebensnotwendig. Mineralstoffe sind nicht-organische Nährstoffe. Der Organismus kann sie nicht selbst herstellen, sie müssen daher über die Nahrung kommen. Mineralstoffe selbst sind wie die Vitamine keine Energieträger, d. h. sie tragen nicht oder nur unbedeutend zum Energiestoffwechsel bei. Einige Mineralstoffe sind in ihrer elementaren Form giftig (z. B. ↑**Chlor**), als Verbindung jedoch essenziell – Chlorid im Natriumchlorid (↑Koch**salz**). **Bei der Unterteilung nach Aufgaben unterscheidet man zwischen Bau- und Reglerstoffen.** So zählen ↑**Calzium**, ↑**Phosphor** und ↑**Magnesium** zu den Baustoffen – ↑**Jod**, ↑**Natrium**, ↑**Kalium**, ↑**Eisen** und Chlor hingegen zu den Reglerstoffen. Einige Mineralstoffe besitzen beide Eigenschaften. Phosphor ist zum Beispiel am Aufbau von Knochen und Zähnen und zugleich an der Regulation des ↑**Säure-Basen**-Haushalts beteiligt. Je nach Anteil im Körper unterscheidet man zwischen Mengen- und Spurenelementen. Kritisch ist die Zufuhr häufig bei Calcium, Eisen, Jod und wohl ↑**Chrom.** Eine bessere Mineralstoffzufuhr kann meist durch eine ausgewogene Mischkost mit hohem Anteil an ↑**Gemüsen** und ↑**Vollkorn**produkten erreicht werden. Hartes Trinkwasser führt zu einem Mehr an Calcium und Magnesium. Verluste an Mineralstoffen treten vor allem dann auf, wenn wie bei Getreiden mineralstoffreiche Randschichten entfernt werden, oder wenn durch Kochen im Wasser Mineralstoffe ausgelaugt werden. Für die Versorgung ist also nicht allein der absolute Gehalt an Mineralstoffen entscheidend, da die Aufnahmemenge stark davon abhängig ist, in welcher Form der Mineralstoff im Lebensmittel vorliegt und wie die Mahlzeiten zusammengesetzt sind. Bestes Beispiel dafür ist Eisen, das aus pflanzlichen Quellen (z. B. Vollkorngetreideprodukten) schlechter als aus tierischen Quellen resorbiert werden kann. Durch gleichzeitigen Verzehr von Vitamin C kann die Aufnahme allerdings verbessert werden. **1. Mengenelemente** – liegen in einer relativ hohen Konzentration im Körper vor, sie sind zu mehr als 50 mg pro kg Körpergewicht (Trockenmasse) enthalten. **Tagesbedarf und Beispiele** – Folgende Mineralstoffe gelten als Mengenelemente:

Chlor 200–830 mg	**Enthalten in:** Kochsalz	**Wirkung:** Bildung von Magensäure, Säure-Basen-Gleichgewicht
Kalium 2000 mg	**Enthalten in:** Spinat, Bananen, Hülsenfrüchten, Fleisch, Milch, Pfifferlingen	**Wirkung:** Auf Herz- und Muskelfunktionen Bei Mangel: Muskelschwäche, Herzmuskelschäden
Kalzium 800–1200 mg	**Enthalten in:** Milchprodukten, dunkelgrünem Gemüse, Nüssen, Hülsenfrüchten, Keimen	**Wirkung:** Knochen- und Zahnbildung, Blutgerinnung, Erregbarkeit der Muskeln, fördert die Funktion des Herzmuskels
Magnesium 280–350 mg	**Enthalten in:** Vollkorn- und Milchprodukten, Gemüsen, Nüssen, Hülsenfrüchten, Kakao, Baustoff für Knochen und Zähne	**Wirkung:** Steuert Muskel- und Nervenfunktionen, ist am Aufbau von Enzymen beteiligt, die den Energiestoffwechsel regeln; Mangel kann zu Wadenkrämpfen und Nervosität führen
Natriumchlorid 500 mg	**Enthalten in:** Salz, salzhaltigen Lebensmitteln wie Wurst, Käse, Fertiggerichten	**Wirkung:** Wichtig für die Gewebespannung, Erregbarkeit der Zellen (Nerven und Muskeln); Achtung: Die meisten Menschen nehmen zu viel Kochsalz auf.
Phosphor 800–1200 mg	**Enthalten in:** fast allen Lebensmitteln, besonders viel in verarbeiteten Lebensmitteln mit Phosphatzusatz: Cola-Getränke, Wurst, Schmelzkäse, Käse, Weizenkeime	**Wirkung:** Bildung von Knochen und Zähnen, Säure-Basen-Gleichgewicht
Schwefel	**Enthalten in:** Eiern, Milch	**Wirkung:** Wichtig für Knochen- und Zahnaufbau

2. **Spurenelemente** bzw. Mikroelemente sind im Organismus zu weniger als 50 mg/kg Körpergewicht enthalten.

Tagesbedarf und Beispiele

Folgende Mineralstoffe gelten (bisher) als Spurenelemente:

Arsen 12,5–25 µg	**Enthalten in:** Getreidewaren	
Bor	**Enthalten in:** Nüssen, Früchten, Soja	
Chrom 20–100 µg	**Enthalten in:** Bierhefe, Leber	
Eisen 10–15 mg	**Enthalten in:** Fleisch, Eiern, Hülsenfrüchten, Vollkornprodukten, grünem Blattgemüse, Kaviar	**Wirkung:** Zur Blutbildung – der Bedarf wird von Laien meist überbewertet. Zu viel ist schädlich; mögliche Folgen sind verstopfte Arterien und damit verbunden ein erhöhtes Herzinfarktrisiko. Vitamin C verbessert die Verwertung.
Fluor 1–4 mg	**Enthalten in:** Wasser, Meeresfisch, Meeresfrüchten, Pilzen, Schwarztee, Walnüssen, schwarzem Tee	**Wirkung:** Hat Einfluss auf die Bildung von Muskeln, Bändern, Zähnen, Bindegewebe, Haut und Haaren, dient dem Knochenaufbau und wird zur Vorbeugung gegen Osteoporose zusammen mit den Vitaminen D_3, K_2 und Kalzium therapiert.

Jod 0,2 mg	**Enthalten in:** Meeresfisch, Meeresfrüchten, Milchprodukten, jodiertem Kochsalz	**Wirkung:** Mangel führt zu Jodmangelkropf (Schilddrüsenvergrößerung)
Kobalt 2–4 µg	**Enthalten in:** Spinat, Tomaten, Fisch	
Kupfer 3 mg	**Enthalten in:** grünem Blattgemüse, Nüssen, Hülsenfrüchten, Schalentieren, Fleisch, Kakao	**Wirkung:** Kupfer hat eine Funktion im Eiweißstoffwechsel und unterstützt die körpereigene Abwehr. Zusätzliches Kupfer ist unnötig, es besteht eher die Gefahr eines Zuviels über das Trinkwasser.
Lithium 3–10 µg	**Enthalten in:** Eiern, Milch, Butter, Fleisch	
Mangan 2–6 mg	**Enthalten in:** schwarzem Tee, Hülsenfrüchten, Sojabohnen, Vollkornprodukten, Haferflocken, Nüssen, grünem Blattgemüse, Heidel- und Preiselbeeren	**Wirkung:** Mangan aktiviert den Abbau von Fettsäuren und Cholesterin, greift in den Zuckerstoffwechsel ein, baut Umweltgifte in der Leber ab und unterstützt so die körpereigene Abwehr.
Molybdän 0,75–1 µg	**Enthalten in:** Hülsenfrüchten, Eiern, Vollkornprodukten, Keimen, Fleisch, Soja, Petersilie, Reis	**Wirkung:** Bestandteil von einigen Enzymen
Nickel 150–800 mg	**Enthalten in:** Kakao, Tee	
Selen 0,8–1 µg	**Enthalten in:** Vollkornprodukten, Fisch, Soja, Fleisch	**Wirkung:** Zerstört zusammen mit Vitamin E Freie Radikale, schützt gegen Krebs und Herzinfarkt
Silizium 2–3 µg	**Enthalten in:** Vollkornprodukten, Kartoffeln, einigen Gemüse- und Obstsorten	**Wirkung:** Fördert die Bildung der Knochengerüstsubstanz, die Einlagerung von Kalzium in den Knochen und das Wachstum von Haaren und Fingernägeln
Vanadium 1,5–3 µg	**Enthalten in:** Pflanzenöl	
Zink 10 mg	**Enthalten in:** Meeresfrüchten, Austern, Fleisch, Vollkornprodukten, Haferflocken, Eiern, Hülsenfrüchten	**Wirkung:** Stimuliert das Immunsystem, ist an der Synthese von Keratin beteiligt, das Haut, Haare und Nägel brauchen. Mangel führt zu Hautveränderungen, schlechter Wundheilung, Appetitlosigkeit, erhöhter Infektionsanfälligkeit.

Schließlich gibt es die Unterteilung in essenzielle und nichtessenzielle Mineralstoffe, d. h. lebensnotwendige und nicht lebensnotwendige. Bei einigen Mineralstoffen ist es allerdings unklar, ob sie im Körper lebensnotwendige Funktionen erfüllen. Während zum Beispiel Jod und Eisen sicher essenziell sind, ist dies bei ↑**Bor** noch unklar.

Mineralwasser [*Fachkunde*] **Englisch:** mineral water; **Französisch:** eau minérale; **Italienisch:** acqua minerale; **Spanisch:** agua mineral. Natürliches Mineralwasser muss seinen Ursprung in einem unterirdischen, von Verunreinigungen geschützten Wasservorkommen haben. Es muss direkt an der Quelle abgefüllt und darf nicht in Behältern (z. B. Tanks) transportiert oder über Thekenzapfgeräte (offener Ausschank) weitergegeben werden. Im Restaurant muss natürliches Mineralwasser in seiner Originalflasche serviert werden. Natürliches Mineralwasser muss von ursprünglicher Reinheit sein und wegen seines Gehalts an ↑**Mineralstoffen**, ↑**Spurenelementen** und sonstigen Bestandteilen ernährungsphysiologisch günstig beurteilt und amtlich anerkannt sein. Mineralwasser ist als Durstlöscher sehr empfehlenswert, da es kalorienfrei ist und Mineralstoffe liefert, die beim Schwitzen verloren gehen. **International bekannte Mineralwässer sind: Deutschland:** Apollinaris, Gerolsteiner, Taunusquelle, Selters; **Belgien:** Original Grand Cru, Spa; **Frankreich:** Badoit, Evian, Perrier, Vichy; **Großbritannien:** Highland Spring, Hildon; **Wales:** Ty Nant; **Irland:** Ballygowan; **Italien:** San Pellegrino; **Österreich:** Gasteiner, Montes, Römerquelle, Vöslauer; **Schweden:** Ramlösa; **Schweiz:** Adelbodner, Passugger

Minerva [*Kartoffelsorte*] **Kochtyp:** ↑**Vorwiegend festkochende Kartoffeln.** Frühreifende Sorte

Minestra [*Ital. Speisekarte*] Suppe

Minestra in brodo [*Ital. Speisekarte*] Fleischsuppe

Minestrone [*Ital. Speisekarte*] **R** Die „dicke Suppe" ist eine gehaltvolle, traditionelle, klare Gemüsesuppe. In der klassischen Variante Norditaliens besteht sie aus ↑**Staudensellerie,** ↑**Karotten,** ↑**Kartoffeln** und ↑**Tomaten** in Würfeln sowie ↑**Lauch,** ↑**Erbsen,** großen ↑**weißen Bohnen** (Borlotti), ↑**Wirsing** und im Frühjahr ↑**Spargel**spitzen, in Gemüsebrühe gekocht (keine Fleischbrühe). Ihr kräftiges Aroma erhält sie von gekochtem, luftgetrocknetem Bauchspeck (Pancetta), ↑**Zwiebeln,** ↑**Knoblauch** und ↑**Salbei.** Mit frischem ↑**Parmesan** bestreute ↑**Weißbrot**ecken machen die Minestrone perfekt. Zur Sättigung enthält sie zusätzlich Reis (Lombardei) oder Nudeln (Ligurien und Toskana), manchmal auch geröstete Weißbrotscheiben.

Mini-Kokosnuss – Coquito [*Exotische Früchte*] **Englisch:** coquito nut; **Französisch:** coco chilien. Diese Palme liefert ca. 2 cm große Mini-Kokosnüsse. Sie enthalten köstliches Fleisch, aber keinen Saft und lassen sich mit einem Nussknacker öffnen. Beliebt ist auch der aus dem Stamm der Palme gewonnene Zuckersaft, der zu Palmhonig oder Palmwein vergoren wird. Die Heimat der Palme ist Chile.

Minimum Pruning [*Weinkunde*] Eine in Australien entwickelte Methode des „Minimalschnittes", mit der ganz oder teilweise auf den arbeitsaufwändigen und damit teuren Rebschnitt verzichtet werden kann.

Ministerstück [*Fleischprodukte*] Regionale Bezeichnung für das Schaufelstück der Rinderschulter

Minneola [*Exotische Früchte*] **T Lateinisch:** Citrus paradisi x Citrus reticulata. **Synonym:** Tangelo. **Info:** Minneolas gehören zur Familie der Rautengewächse und sind eine Kreuzung zwischen ↑**Mandarine (citrus reticulata)** und ↑**Grapefruit (citrus paradisi).** Die Früchte sind größer als Mandarinen, jedoch kleiner als ↑**Apfelsinen** und haben eine sehr typische Wulst am Fruchtende. **Herkunft und Saison:** Türkei, Israel und Zypern bieten Minneolas von Januar bis März an. **Zubereitung und Tipps:** Minneolas schmecken säuerlicher als ↑**Orangen,** jedoch nicht annähernd so säuerlich wie Grapefruits. Das Fruchtfleisch ist sehr saftig, würzig und aromatisch.

Mint [*U.S. Kitchen*] ↑**Minze**

Minutenreis [*Allgem. Nährmittel*] ↑**Schnellkochreis**

Minutensteak [*Unsere Küche*] **T** Ist eine dünne Scheibe aus der ↑**Lende** oder dem ↑**Filet** von ↑**Schwein,** ↑**Kalb,** ↑**Rind** oder der Brust von ↑**Geflügel,** die nur kurze Bratzeit benötigt.

Minze [*Gewürze & Kräuter*] **A Lateinisch:** Mentha; **Englisch:** mint; **Französisch:** menthe; **Italienisch:** menta; **Spanisch:** menta. **Info:** Die zur Familie der Lippenblütengewächse gehörende Minze gibt es in großer Artenvielfalt. Die wichtigsten Arten sind die Pfefferminze (**mentha piperita**) und die Grüne Minze (**mentha spicata**), deren englische Zuchtsorte **Spearmint** als der Geschmacksgeber des weißen Kaugummis weltweit bekannt ist. Daneben gibt es die von der Teemischung „↑**Earl Grey**" bekannte Orangenminze (**mentha citrata**), die Apfelminze (**mentha rotundifolia**), die nach Ananas duftende Rossminze (**mentha longifolia**), die hauptsächlich zur Teeherstellung verwendete Ackerminze (**mentha arvensis**) sowie die nach ↑**Kümmel** riechende Krause Minze (**mentha crispa**). **Ursprung:** Ursprünglich stammt Minze wohl aus dem Fernen Osten. In der Antike wurden wilde Minze-Arten als „Venuskrone" zum Bekränzen von Brautpaaren verwendet. Die Pfefferminze, ein steriler Hybrid aus Wasserminze (**mentha aquatica**) und Grüner Minze, wurde gegen Ende des 17. Jahrhunderts in England entdeckt. Die Briten waren es auch, die mit der Kultivierung dieser Pflanze begannen und sie so in ganz Europa und auch nach Nordamerika verbreiteten. Grüne Minze wird das ganze Jahr über im Gewächshaus gezogen. **Inhaltsstoffe:** Die Blätter der Minze enthalten etwa 2–3 % **Ätherische Öle,** hauptsächlich aus Menthol, Menthon, Menthylestern, ↑**Gerbstoffen** und ↑**Flavenoiden.** Das in allen Minzeblättern vorkommende Menthol wirkt bakterientötend, fördert die Gallentätigkeit und die Verdauung. **Geschmack:** Die Minze hat einen kühl-erfrischenden, aromatisch scharfen Duft und Geschmack. **Verwendung in der Küche:** Minze bereichert Gemüse-, Fleisch- und Wildgerichte. Sie lässt sich gut mit ↑**Zitrone** kombinieren, aromatisiert einige Salatmarinaden, ↑**Kebabs,** ↑**Curry,** ↑**Chutneys** und ↑**Jogurts.** In Marokko und Tunesien ist ein Aufguss aus frischen Blättern der Grünen Minze eine Art Nationalgetränk, in England Hammelbraten mit Minzsoße eine Nationalspeise, und in Kärnten ist sie als „Kasnudelgewürz" bekannt. Beim Würzen sparsam dosieren. **Verwendung:** Div. Mittelmeergerichte – Zitronensuppe – ↑**Saucen** (Minz-, Salat-, Jogurt-, ↑**Tomatensauce**) – Salate (Gemüse-, Gurken-, Käse-, Obstsalate) – ↑**Gemüse** (↑**Erbsen,** ↑**Karotten,** ↑**Bohnen**) – Fleisch (↑**Hammel-,** ↑**Lamm-,** ↑**Kalb-,** ↑**Rind-** und **Hackfleisch**) – Rahmkäse – Minzgelee – ↑**Punsch,** sommerl. Getränke, ↑**Cocktails. Tipp:** Minze eignet sich zum kurzen Mitkochen. **Wirkung in der Volksmedizin:** Aus der Hausminze (Kreuzung zwischen Grüner Minze und Wasserminze) wird Pfefferminzöl gewonnen, das als Aromastoff für Genussmittel und Arzneien verwendet wird, aus den Blättern wird ↑**Tee** hergestellt, er wirkt krampflösend und schmerzlindernd, regt die Galle an, belebt den Herzmuskel, beruhigt das Gehirn, wirkt entzündungshemmend und kühlend.

Minzeblüten [*Wildkräuter, -blüten & -früchte*] **T Lateinisch:** Mentha spp. Alle Minzeblüten sind zum Kandieren geeignet. ↑**Kandieren von Blüten – Mehr Information:** ↑**Essbare Blüten**

Miolos de vitela [*Span. Speisekarte*] ↑Kalbs**hirn**

Mirabeau Historischer Speisename [*Speisegarnitur*] **A 1.** Honoré Gabriel Riquetti (1749–1791), französischer Politiker, Präsident der Nationalversammlung, glänzender Redner; **2. à la Mirabeau – Klassische Speisegarnitur zu** (in ↑**Olivenöl**) kurzgebratenem ↑**Entrecôte** – mit kreuzförmig angeordneten ↑**Sardellenfilets**, ↑**Sardellenbutter** in entsteinten ↑**Oliven** und frischen ↑**Estragonblättern**

Mirabelle [*Obst*] **T Lateinisch:** Prunus domestica var. insititia; **Englisch:** yellow plum; **Französisch:** mirabelle; **Italienisch:** mirabella; **Spanisch:** Ciruela amarilla. **Info:** Die zur Familie der Rosengewächse gehörenden Mirabellen sind die kleinfrüchtigen, festfleischigen, meist gut steinlöslichen und mit feinem Aroma ausgezeichneten Vertreter der wahrscheinlich aus der ↑**Schlehe (prunus spinosa)** hervorgegangenen Kulturpflaume (**prunus domestica**), zu der auch die ↑**Pflaumen**, ↑**Zwetschgen** und ↑**Reineclauden** gehören. Mirabellen sind 3 bis 5 cm groß, kugelig rund und haben eine orange-gelbe bis rötlich-gelbe Schale, oft mit roten Wangen oder Pünktchen. Das Fruchtfleisch ist fest, mit sehr süßem bis süß-säuerlichem Geschmack. **Ursprung und Geschichte:** Die ursprünglich aus Kleinasien stammende Kulturpflaume wurde in Griechenland schon vor 2500 Jahren nachweislich kultiviert und kam im 2. Jahrhundert v. Chr. nach Italien. Seit damals wurden die Kulturpflaumen immer wieder gekreuzt, sodass im Laufe der Jahrhunderte eine unüberschaubare Sorten- und Artenvielfalt entstanden ist. Heute sind Mirabellen vor allem in Lothringen verbreitet, der wahrscheinlich einzigen Gegend der Welt, wo viele verschiedene Mirabellensorten gedeihen. Sie wurden in der gallo-romanischen Zeit eingeführt. Die Mirabellenbäume mit ihren knorrigen Ästen gehören zur Landschaft Lothringens. Ende August wird in Metz ein zweiwöchiges Mirabellenfest gefeiert, bei dem der Mirabellenschnaps eine große Rolle spielt. **Arten und Sorten:** Die **Mirabelle von Nancy** reift von Mitte August bis Anfang September und ist kleinfrüchtig mit zitronengelber Schale, die sonnenseitig verwaschen rot gefärbt ist. Das Fruchtfleisch ist gelb, wenig saftig, gut steinlösend und schmeckt süßaromatisch, würzig. Noch etwas kleiner ist die ebenfalls Mitte bis Ende August reifende **Mirabelle aus Metz**, die vor allem zu Schnaps verarbeitet wird. **Herkunft und Saison:** Mirabellen aus heimischer Produktion werden auf den Märkten vereinzelt von Mitte August bis Anfang September angeboten. Davor gibt es ebenfalls kleinere Angebote aus italienischer, danach aus französischer Produktion. **Inhaltsstoffe:** 100 g Mirabellen weisen einen Brennwert von ∅ 67 kcal/280 kJ auf und enthalten etwa 83 g Wasser, 0,7 g Eiweiß, 0,2 g Fett, 15 g Kohlenhydrate und 0,9 g Ballaststoffe. An ↑**Mineralstoffen**, ↑**Spurenelementen** und ↑**Vitaminen** sind ∅ 230 mg Kalzium; 0,5 mg Eisen, 38 RE Vitamin A sowie 7 mg Vitamin C enthalten. **Zubereitung und Tipps:** Wegen ihres Zuckergehaltes und intensiv süßen Geschmacks sowie wegen ihres hohen Schalenanteils werden Mirabellen oft zu ↑**Spirituosen** verarbeitet.

Mirepoix [*Unsere Küche*] **A Sprich:** Mirpoa; **1.** Herzog von Mirepoix (1699–1757), französischer Marschall; **2.** Stadt im französischen Département Ariége; **3. Röstgemüse zum Ansetzen von** ↑**Suppen**, ↑**Saucen** und ↑**Sud.** Mirepoix besteht aus großwürfelig (ca. 3 x 3 cm) geschnittenem ↑**Wurzelgemüse** wie ↑**Zwiebeln**, ↑**Karotten**, ↑**Sellerie**, ↑**Petersilienwurzeln**, evtl. ↑**Knoblauch** (kein ↑**Lauch**, keine ↑**Kräuter** verwenden, sie werden schnell schwarz und bitter). Die Zusammenstellung hängt dabei immer von der Art der Flüssigkeit ab, die man herstellen will. Mirepoix wird, sobald Knochen, Fleisch- oder Fischteile angeröstet sind und überschüssiges Fett entfernt wurde, dazugegeben und nicht zu dunkel mitgeröstet.

Mirin [*Intern. Länderküche*] **T** Süßer Reiswein der ↑**Japanischen Küche**. Er wird aus ↑**Reis**, ↑**Hefe**, ↑**Zucker**, ↑**Wasser** und ↑**Gewürzen** hergestellt. Mirin hat im Gegensatz zu ↑**Sake** einen niedrigeren Alkoholgehalt und schmeckt sehr viel süßer, da er nur teilweise vergoren ist. Er dient nur zum Kochen, nicht als Getränk, und wird zum Abschmecken von ↑**Miso-Suppe** oder zum Beträufeln von ↑**Sushi**-Reis verwendet.

Mirlitons [*Franz. Speisekarte*] Gefüllte ↑**Blätterteig**röllchen

Mirtillo [*Ital. Speisekarte*] ↑**Heidelbeere**

Mirtillo rosso [*Ital. Speisekarte*] ↑**Preiselbeere**

Mis(e)-en-bouteille [*Weinkunde*] Französisch für Erzeugerabfüllung

Misch [*Käse*] **Herkunft:** Ägypten, dessen Käsetradition bis in die Zeit der Pharaonen zurückreicht. **Milch:** Magermilch von Kühen; **Info:** Den Misch-Käse lässt man in gesalzener, gewürzter ↑**Milch** von Suri-Kühen ziehen.

Mischkost [*Gesundheit*] **T** Unter Mischkost versteht man eine abwechslungsreiche und ausgewogene Mahlzeit, die 50 bis 55 % der ↑**Energie** aus ↑**Kohlenhydraten**, 30 bis 35 % aus ↑**Fett** und 15 bis 20 % aus ↑**Eiweiß** bezieht. Sie setzt sich aus den fünf Gruppen der ↑**Ernährungspyramide** zusammen. Durch eine vollwertige Mischkost kann ein Mangel an lebensnotwendigen ↑**Nährstoffen** vermieden werden. Die Mischkost bietet auch eine gute Grundlage für eine ↑**Reduktionsdiät**.

Mischsalate *[Gemüse]* ↑**Blattsalate**

Mise en place *[Unsere Küche]* Vorbereitungen für einen reibungslosen Service- oder Küchenablauf

Miso *[Gewürze & Kräuter]* **T** Japanische Würzpaste aus vergorenen, gesalzenen, gekochten ↑**Sojabohnen**, ↑**Weizen**, ↑**Reis**, die auch als Basis für Suppen dient. Zur Herstellung wird die Mischung in Fässern über sechs bis achtzehn Monate fermentiert. Diese Herstellung stammt vermutlich ursprünglich aus China. Hier gibt es die Sorten shiro miso (weiß) und aka miso (rötlich) in Dosen zu kaufen. Erhältlich in Asien- und Bioläden. Miso ist eine gute Quelle für ↑**Vitamin** $\mathbf{B_{12}}$. Man unterscheidet in Japan zwischen: **mamemiso**, das nur aus Sojabohnen fermentiert wird – **komenmiso** aus Sojabohnen und Reis und **mugimiso** aus Sojabohnen und ↑**Gerste**. Miso ist wesentlicher Bestandteil der japanischen Frühstückskultur und Zutat in vielen traditionellen Gerichten. ↑**Miso-Suppe**

Miso-Suppe *[Intern. Länderküche]* **A** Japanisches Nationalgericht. Die Hauptgeschmacksgeber sind ↑**Dashi** und eine Sojabohnenpaste (↑**Miso**). Feste Bestandteile sind kleine ↑**Tofustücke**, ↑**Wakame** (dünne grüne Meeresalgen) und ↑**Frühlingszwiebeln**. Je nach Jahreszeit können die Zutaten variieren, sodass auch ↑**Pilze** wie ↑**Shiitake** in der Suppe zu finden sind. Die Miso-Suppe kann als Vorspeise oder als Teil der Hauptspeise serviert werden. In Japan gehört sie vor allem zum traditionellen Frühstück, wo sie zusammen mit ↑**Reis** aufgetischt wird. Viele Japaner essen mittlerweile ein westliches Frühstück. Miso-Suppe wird in Japan nur sehr selten mit einem Löffel, sondern meistens mit Stäbchen gegessen. Dabei werden die festen Bestandteile mit den Stäbchen herausgefischt und dann die Suppe aus der Schüssel getrunken. **Man sollte dabei laut schlürfen, zaghaftes Schlürfen gilt sogar als unhöflich.** Nach Zubereitung der ↑**Brühe** (am besten Dashi) und Mitkochen der gewünschten Bestandteile wird am Ende das Miso hinzugefügt, 2 EL pro Liter. Damit das Miso nicht klumpt, am besten erst in einer Suppenkelle mit Brühe anrühren und dann in den Topf geben. ↑**Bohnensauce**. Ist das Miso eingerührt, sollte die Suppe nicht mehr aufkochen, da dann der feine Geschmack verloren geht.

Mispel *[Wildkräuter, -blüten & -früchte]* **T** **Lateinisch:** Mespilus germanica; **Englisch:** medlar; **Französisch:** nèfle commune. **Info:** Die zur Familie der Rosengewächse gehörende Mispel ist ein Strauch oder bis zu 8 m hoher Baum. Aus den bis zu 4 cm großen, weißen bis crèmefarbenen, dekorativen Blüten entwickeln sich die zum Kernobst zählenden Scheinfrüchte. Die von einem aufrechten Kelch gekrönte Frucht ist rundlich und an den Polen leicht abgeflacht, hat einen Durchmesser von 2 bis 7 cm und eine grünlich-gelbe, mit zunehmender Reife goldbräunliche und schließlich braune Schale. Sie enthält fünf samtige, pelzartige Kerne. Die Schale lässt sich nach voller Reife leicht abziehen. **Ursprung und Geschichte:** Die ursprünglich aus dem vorderasiatischen Raum, wahrscheinlich aus dem Gebiet des heutigen Iran, stammende „Echte Mispel" wurde bereits vor etwa 3000 Jahren als gehaltvolles Wildobst kultiviert. Die Römer brachten sie nach Mitteleuropa, wo sie sich jahrhundertelang großer Beliebtheit erfreute. Erst in den vergangenen 200 Jahren ist sie in Vergessenheit geraten und allmählich wieder verwildert. **Herkunft und Saison:** Mispeln werden in Mitteleuropa Ende Oktober geerntet, sind allerdings erst nach mehrwöchiger Lagerung oder besser noch nach der ersten Frosteinwirkung genießbar. Auf den Märkten werden Mispeln von Anfang November bis Ende Januar selten und in sehr kleinen Mengen angeboten, dagegen sind sie im Winter in den Mittelmeerregionen sehr beliebt. **Inhaltsstoffe:** 100 g Mispeln weisen einen Brennwert von ∅ 43 kcal/180 kJ auf und enthalten etwa 68 g Wasser, 20 g Kohlenhydrate, 10 g Ballaststoffe (davon ca. 1 g Pektine) und 26 mg Vitamin C. **Geschmack:** Mispeln schmecken herbsüßlich, musartig mit leichtem Weinaroma und ↑**Alkohol**. **Verwendung in der Küche:** Wegen ihres hohen Pektingehalts werden Mispeln zum Kochen von ↑**Marmelade**, bei der Herstellung von ↑**Gelees** und ↑**Mus** sowie zum Saften verwendet. Früher hat man Mispeln wegen ihres hohen Anteils an ↑**Gerbsäuren** ↑**Wein** oder ↑**Most** zur Verbesserung der Haltbarkeit zugegeben.

Missi rotis *[Intern. Länderküche]* Pikant gewürztes, ungesäuertes ↑**Fladenbrot** in Indien, aus ↑**Kichererbsenmehl**

Missiasoga *[Franz. Speisekarte]* Luftgetrocknetes ↑**Ziegenfleisch** in schmalen Streifen, Spezialität auf Korsika

Missisa *[Franz. Speisekarte]* Gepökeltes, geräuchertes und gegrilltes ↑**Schweinefleisch** in schmalen Streifen, Spezialität auf Korsika

Mississippi mud cake *[U.S. Kitchen]* Schokoladiger Kuchen aus dem Süden der USA

Mitide köfte *[Orientalische Küche]* **A** „Götterbällchen", Begriff aus der türkischen Küchenkultur für ↑**Hackfleisch**bällchen mit ↑**Zwiebeln** und ↑**Knoblauch**. ↑**Türkische Küche**

Mitmita *[Gewürze & Kräuter]* **R** Traditionelle äthiopische Gewürzmischung, wird als Universalgewürz eingesetzt. Es ähnelt in Farbe und Charakter dem ↑**Curry**, schmeckt allerdings sehr scharf und aromatisch. Mitmita besteht aus ↑**Cayennepfeffer**, ↑**Salz**, ↑**Kreuzkümmel**, braunem ↑**Kardamom** und ↑**Ingwer**. Es eignet sich für ↑**Rindfleisch**, ↑**Geflügel** und ↑**Fisch**, passt in ↑**Jogurt** oder ↑**Quark**, zu ↑**Gemüse**, ↑**Raclette** oder weißem ↑**Käse** und gibt einer Salatsauce den richtigen Pep.

Mitonner *[Franz. Fachwort]* Langsam kochen. Ursprünglich ließ man Brotscheiben in ↑**Bouillon** verkochen.

Mittagessen *[Übersetzer]* **Englisch:** lunch; **Französisch:** déjeuner; **Italienisch:** pranzo; **Spanisch:** almuerzo

Mittelburgenland *[Weinkunde]* Mit rund 75 % Anteil Zentrum der österreichischen Rotweinproduktion. An den auslaufenden Hängen des Ödenburger Weingebirges gedeihen neben ↑**Blaufränkisch** auch ↑**Zweigelt**, ↑**Cabernet Sauvignon** und ↑**Merlot**, die immer öfter in ↑**Cuvées** vermählt werden und mit dunkler Beerenfrucht, kräftigem Körper und feinem Holzeinsatz Entzücken bei Rotweinfans auslösen.

Mittelgericht *[Unsere Küche]* ↑**Entrée**

Mittelmeerküche *[Gesundheit]* ↑**Mediterrane Küche**

Mittelrhein *[Weinkunde]* Mit rund 650 ha links- und rechtsrheinisch ist es eines der kleinsten deutschen Anbaugebiete. Es ist in die Bereiche Bacharach und Rheinburgengau, die beide 1990 zum neuen Bereich Loreley zusammengefasst wurden, sowie Siebengebirge aufgeteilt, wobei Letzterer mit seinen 20 ha bereits in Nordrhein-Westfalen liegt. Drei Viertel der Fläche sind mit ↑**Riesling** bestockt, sonst spielen noch ↑**Müller-Thurgau** (8 %), ↑**Kerner** (5 %) und – seit jüngstem verstärkt – ↑**Spätburgunder** (4 %) eine Rolle. Der Rebenbestand geht immer mehr zurück, weil viele Steillagen aufgegeben werden. Die Weine sind frisch und werden hoch geschätzt. Die wichtigsten Weinbauorte: Bacharach, Boppard, Kaub, Oberwesel.

Mittelzungenstück *[Fleischprodukte]* Regionale Bezeichnung für die Siegelrippe

Mittleres Kügerl *[Österr. Küche]* Mittelbrust

Mitzithira *[Käse]* **Herkunft:** Griechenland/Kreta; **Käsesorte:** im Freien getrockneter, weicher↑ **Ziegen**- oder ↑**Schafskäse.** Dazu wird der ↑**Bruch** in Säcke gefüllt. Der Mitzithira ist mit dem ↑**Manouri** verwandt.

Mix *[U.S. Kitchen]* Vermischen

Mixed Pickles *[Allgemeine Nährmittel]* ↑Essiggemüse

MKS *[Fachkunde]* ↑**Maul- und Klauenseuche**

Mlinci *[Intern. Länderküche]* **A** Gebackene ↑**Nudeln**, eine Spezialität aus Slowenien und Kroatien. Dünne, runde Nudelblätter aus ↑**Mehl**, ↑**Salz** und Wasser werden im Ofen leicht gebacken (eigentlich getrocknet) und dann in Stücke gebrochen. Bevor man sie isst, werden sie in warmem Wasser eingeweicht. Mlinci werden mit warmer ↑**Butter** serviert und zu Fleischgerichten wie ↑**Ente**, ↑**Truthahn** etc. gegessen.

Mochi *[Intern. Länderküche]* Gestampfter ↑**Reis** einer besonders weich kochenden Sorte. Bei der in Japan üblichen Zubereitung wird der Reis zunächst gedämpft. Traditionell dann in Holzbottichen mit großen Holzhämmern geschlagen, wobei ein Helfer den Reisklumpen nach jedem Schlag wendet. Wegen der großen Verletzungsgefahr wird diese Zubereitungsart mittlerweile fast nur noch auf Volksfesten oder bei öffentlichen Vorführungen gezeigt, sonst übernehmen dies Maschinen. Mochi wird mit verschiedenen Soßen (z. B. ↑**Sojasoße** oder ↑**Bohnensoße**) gegessen oder zu Süßigkeiten weiterverarbeitet. Sehr beliebt im Winter ist auch im Ofen aufgewärmter Mochi, der in ↑**Nori** gewickelt und mit Sojasauce serviert wird. Überhaupt wird Mochi in Japan als typisches Winteressen angesehen. Wegen seiner zähen Konsistenz kann Mochi gut zu Bällchen geformt und mit Crème oder Bohnenpaste gefüllt werden. Diese ebenfalls Mochi genannten Bällchen werden wie Pralinen gegessen. Süße Mochi-Bällchen gehören in Japan zum Neujahrsfest. Wegen ihrer Klebrigkeit kommt es dabei jedes Jahr zu Todesfällen durch Ersticken, was von japanischen Zeitungen in „Neujahrs-Todesstatistiken" berichtet wird.

Mock *[Franz. Fachwort]* Falsch, unecht

Mock Turtle *[Regionale Spezialität]* **A** „Falsche Schildkröte": Sie wird durch Würfel von gekochtem ↑**Kalbskopf**fleisch ersetzt. Bei der braunen Suppe aus gebundenem ↑**Kalbsfond** dienen ↑**Hackfleisch**klößchen, manchmal auch ↑**verlorene Eier** und ganze ↑**Champignon**köpfe als Zutaten (sie symbolisieren die Schildkröteneier). Die Mock Turtle ist im norddeutschen Raum sehr beliebt und wird in der Gastronomie oft mit ↑**Madeira** vollendet.

Mode, à la *[Speisegarnitur]* **A 1.** Diese Speisegarnitur bedeutet so viel wie „nach (unserer) Art": **Für Rinderbraten:** Frischgemüse aller Art und ↑**Sellerie** in kleinen Stücken, mit glasierten ↑**Zwiebeln** in der Bratensoße. ↑**Bœuf à la mode; 2.** In Amerika ein mit ↑**Eiscrème** verziertes ↑**Dessert** wie ↑**Kuchen** oder ↑**Pudding**

Modifizierte Stärke *[Fachkunde]* In der menschlichen Nahrung besteht ↑**Stärke** aus ↑**Kohlenhydraten** und ist in allen Pflanzen anzutreffen. Als Energiespeicher wird sie vor allem in Samen, Blättern und Wurzeln eingelagert. In der heimischen Küche und in der Lebensmittelwirtschaft wird Stärke als Bindemittel, Träger- und Füllstoff eingesetzt. Doch neben der „klassischen" Mais-, Weizen- oder Kartoffelstärke wird Stärke heute je nach Produkt und Verwendungszweck „modifiziert". Diese veränderten Eigenschaften werden durch besondere Verfahren (chemische, physikalische oder enzymatische) gewonnen. Danach hat die Stärke eine bessere Stabilität gegenüber Kälte, Hitze und Säure. Es stehen eine Vielzahl modifizierter Stärken zur Verfügung, die verschiedene technologische Aufgaben erfüllen – etwa als „gefriertaustabile" Stärke in Tiefkühlprodukten oder als Fettaustauschstoffe in fettreduzierten Lebensmitteln. Die Deklaration von Stärke auf der Zutatenliste ist verwirrend: Nur chemisch modifizierte Stärken gelten rechtlich als Zusatzstoffe. Sie haben eine ↑**E-Nummer** und müssen für die Verwendung in Lebensmitteln zugelassen sein. Beispiele sind: Monostärkephosphat ↑**E 1410** – oder Acetylierte Stärke ↑**E 1420.** Physikalisch (Hitze, Druck) oder enzymatisch modifizierte Stärken haben jedoch den Status einer Lebensmittel-Zutat und werden lediglich als „Stärke" deklariert.

In Zukunft muss jedoch die Herkunft der Stärke auf der Zutatenliste vermerkt werden, etwa Weizenstärke oder Reisstärke. Damit sollen Konsumenten, die unter Allergien oder Unverträglichkeiten (z. B. ↑**Zöliakie**) leiden, besser informiert und geschützt werden.

Moelle [*Franz. Speisekarte*] ↑**Knochenmark**

Mohn [*Gewürze & Kräuter*] **A Lateinisch:** Papaver somniferum; **Englisch:** poppy seed; **Französisch:** pavot; **Italienisch:** papavero; **Spanisch:** adormidera. **Info:** Der Mohn ist eines der ältesten bekannten Gewürze, ursprünglich in Asien beheimatet. Wie Gräberfunde beweisen, kannte man ihn schon in der Steinzeit. Aus dem Saft der noch unreifen Samenkapsel stellt man Opium her. **Zum Würzen verwendete Teile:** der winzig kleine, blaugraue, runde Samen; **Im Handel erhältlich:** Samen ganz oder gemahlen. **Gesundheitlicher Wert.** Aus Mohnsamen wird hochwertiges Öl gewonnen. **Geschmack:** Mohn schmeckt nussartig und leicht bitter. **Mit Mohn würzt man:** Mit den ungemahlenen Samen würzt man vor allem ↑**Hefeteig**gebäck: ↑**Brot**, Brötchen und Käsegebäck. Der gemahlene Samen ist eine beliebte Kuchenfüllung. Mohnsamen entfaltet seinen Nussgeschmack so richtig erst beim Backen. **Würzkombinationen mit Mohn:** Er passt zu allen Kuchengewürzen; **Haltbarkeit:** Die ganzen Samenkörner halten sich ungefähr ein Jahr, ohne ranzig zu werden. Gemahlenen Mohn sollte man dagegen recht bald verbrauchen. **Achtung:** Nach dem Genuss von Speisen mit Mohn kann der Drogenschnelltest bei einer Polizeikontrolle positiv reagieren.

Mohnflesserl [*Österr. Küche*] Mohnzopf

Mohnfüllung [*Intern. Länderküche*] **R** Die Mohnfüllung ist eine typische Spezialität der Böhmischen Küche. Gemahlener ↑**Mohn** wird mit ↑**Milch** und ↑**Zucker** eine Viertelstunde gekocht. Die etwas abgekühlte Masse schmeckt man mit Zucker, ↑**Vanillezucker**, gemahlenen↑**Mandeln** und gemahlenen↑**Gewürznelken** ab. Die Füllung wird noch warm, je nach Verwendung, mit ↑**Pfefferkuchen**- oder ↑**Löffelbiskuit**krümeln gebunden.

Mohnöl [*Fette*] **T Lateinisch:** Papaver somniferum; ↑**Mohn** ist eine der ältesten Kulturpflanzen überhaupt, heute wird das feine Öl für die Feinschmeckerküche neu entdeckt. Der für die Ölgewinnung geeignete rot blühende Grau- und Blaumohn wächst vor allem in gemäßigten und subtropischen Klimazonen. In Deutschland ist der Mohnanbau seit etlichen Jahren verboten (Opium). Die unreife Samenkapsel des Schlafmohns wird angeritzt, der austretende Milchsaft wird zu Opium verarbeitet. **Mohnöl wird nur aus den gereiften, ungiftigen, auch zum Backen geeigneten Samen gewonnen.** Das Öl erhält man überwiegend durch Kaltpressung. Die Ausbeute beträgt zwischen 30 und 40 %. **In der Küche:** Der Geschmack des Mohnöls ist zart, nussig, aromatisch und passt zu jedem ↑**Gemüse**, in Salate, ↑**Rohkost**, Nachspeisen und ↑**Müsli**. Einfach kurz vor dem Servieren, ggf. mit frischen Kräutern angereichert, unter die fertigen Gerichte rühren. Hitze verträgt Mohnöl nicht, darum ist es zum Braten oder Backen ungeeignet. **Haltbarkeit:** Bei kühler und dunkler Lagerung ca. 9 Monate; **Inhaltsstoffe:** Mohnöl ist reich an ↑**mehrfach ungesättigten Fettsäuren** und gehört damit zu den ↑**Cholesterin** senkenden Speiseölen.

Gesättigte Fettsäuren	∅10 %
Ölsäure 1-fach ungesättigt; Omega 9	∅28 %
Linolsäure 2-fach ungesättigt; Omega 6	∅62 %
Alpha-Linolensäure 3-fach ungesättigt; Omega 3	–
Gamma-Linolensäure 3-fach ungesättigt; Omega 6	–
Begleitstoffe	Vitamine

Achtung: Nach dem Genuss von Speisen mit Mohnöl kann der Drogenschnelltest bei einer Polizeikontrolle positiv reagieren.

Möhre, Mohrrüben [*Gemüse*] ↑**Karotte**

Mohrenhirse [*Allgem. Nährmittel*] ↑**Sorghumhirse**

Mohrenkopf [*Süßwaren*] ↑**Negerkuss**

Mojettes [*Franz. Speisekarte*] Besonders schmackhafte ↑**Weiße Bohnen**

Mojettes à la crème [*Franz. Speisekarte*] Frische ↑**Bohnenkerne** in einer Sahnesoße

Mojica [*Intern. Länderküche*] **A** Begriff aus der regionalen brasilianischen Küchenkultur für Fischfilets (oft vom Pitandu-Fisch), die mit ↑**Zwiebeln**, ↑**Tomaten** und ↑**Maniok** gekocht und gehackten ↑**Korianderblättern** abgeschmeckt werden. ↑**Brasilianische Küche**

Mojito [*Hausbar*] **R** ↑**Cocktail** aus weißem ↑**Rum**, ↑**Limetten**saft, frischer ↑**Minze**, hellem ↑**Rohrzucker** und ↑**Soda**. „Erfunden" wurde der **Mojito** zwischen 1910 und 1920 auf Kuba, wo ihn schon Ernest Hemingway genoss. Die Blätter von 4–5 Zweigen Minze – grüne oder arabische Minze ist besser geeignet als Pfefferminze – und ↑**Zucker** mit einem ↑**Stößel** etwas zerdrücken. Weißen Rum und frisch gepressten Limettensaft dazugeben, umrühren, zerstoßenes Eis ins Glas, mit stark sprudelndem ↑**Soda**wasser auffüllen und einem frischen Minzezweig garnieren. Der gleichnamige ↑**Alkopop** hat geschmacklich keine Ähnlichkeit mit einem echten Mojito.

Mojo [*Gewürze & Kräuter*] **A (sprich:** Mocho) Scharfe, rohe, im Mörser gerührte Sauce aus ↑**Olivenöl**, ↑**Knoblauch**, ↑**Chili**, ↑**Paprika** und ↑**Kräutern** (manchmal auch ↑**Safran** und ↑**Kümmel**), von der es verschiedene Varianten gibt. Diese lokale Spezialität der kanarischen Küche serviert man zu ↑**Gofio** oder **„papas ar-**

rugadas con mojo". Ein einfaches, aber sehr bekanntes Rezept, wobei es sich um ↑**Kartoffeln** handelt, die ungeschält in sehr stark gesalzenem Wasser (Meerwasser) gekocht werden. Die Zutaten und die Zubereitung der ↑**Soße** sind sehr unterschiedlich, jede Familie oder jeder Wirt auf den Kanarischen Inseln hütet ihr bzw. sein Rezept wie einen Augapfel. **Die bekanntesten Arten von traditionellen mojos: 1.** Mojo Rojo Picante (auch Mojo Picón), die rote, scharfe Variante, hauptsächlich aus rotem ↑**Paprika** und ↑**Tomaten**; **2.** Mojo Rojo Suave und Mojo Colorado sind die milderen Varianten von Mojo Picón. **3.** Die „Grüne Sauce" Mojo Verde wird hauptsächlich aus ↑**Avocados** und ↑**Grünem Paprika** hergestellt. Mojo Verde Suave ist die Bezeichnung der nicht so scharfen Version. **4.** Mojo de Perejil mit frischer ↑**Petersilie**; **5.** Mojo de Cilantro mit frischem ↑**Koriandergrün**; **6.** Mojo de Queso oder Salsa Almogrote Guachinerfe ist eine weiße, würzige ↑**Käsecrème**. Die Almogrote Gomero Suave enthält gereiften ↑**Ziegenkäse**, ist etwas milder und stammt von La Gomera.

Mokka [*Kaffee*] **A** Unter Mokka versteht man: **1.** Einen kräftig schmeckenden Kaffeeaufguss, der meist schwarz, ohne ↑**Milch** oder ↑Schlag**sahne**, aber mit Zucker getrunken wird; **2.** Eine bestimmte, besonders stark geröstete Kaffeesorte. Im Orient wird Mocca meist sehr stark gesüßt und oft mit ↑**Zimt**, ↑**Anis**, ↑**Kardamom** usw. gewürzt.

Mokkasino [*Kaffee*] **T** Kaffeespezialität, die aus einem Drittel ↑**Espresso**, einem Drittel ↑**Kakao** und einem Drittel **Milch** besteht

Mokwa [*Exotische Früchte*] ↑**Tsit Kwa**

Molasses [*U.S. Kitchen*] Spezieller ↑**Zuckersirup**

Molbo [*Käse*] Dänischer Käse, in seiner Konsistenz ähnlich dem ↑**Danbo**. Besitzt einen aromatischen Geschmack.

Molcajete [*Mexicofood*] Mörser – Gängiges Küchengerät in mexikanischen Haushalten zum Zermahlen und Zerstoßen von Würzmischungen

Mole [*Mexicofood*] **R** Dunkle, dicke, stark gewürzte **Kakaosauce**. Eine Spezialität der mexikanischen Küche, aus mehreren mittelscharfen, getrockneten ↑**Chilisorten**, ↑**Knoblauch**, ↑**Zwiebeln**, geschälten und entkernten ↑**Tomaten**, ↑**Tomatillos**, in ↑**Hühnerbrühe** eingeweichten ↑Mais**tortillas**, gerösteten ↑**Sesam**samen und ↑**Mandeln** sowie ↑**Zimt**-, ↑**Koriander**-, ↑**Anis** und ↑**Kakaopulver**, frischem ↑**Koriander**, ↑**Rosinen**, ↑**Pflanzenöl**, ↑**Salz** und ↑**Pfeffer**. Alles zusammen mit dem ↑**Zauberstab** feinst pürieren und 10–15 Min. unter ständigem Rühren köcheln lassen, bis die ↑**Sauce** sichtlich abbindet. Ist sie zu dick, mit wenig Hühnerbrühe verdünnen.

Molekulargastronomie [*Fachkunde*] Auch: „Wissenschaftliche Gastronomie", befasst sich mit den biochemischen und physikalisch-chemischen Prozessen bei der Zubereitung und dem Genuss von Speisen und Getränken. Hierbei geht es darum, wissenschaftliche Erkenntnisse über Vorgänge beim Kochen in die Kochkunst einfließen zu lassen. Das Feld reicht von der Anwendung von Emulgatoren über verschiedene Geliermittel bis hin zur Neukombination aromatischer Moleküle. Sie ist unter Traditionalisten sehr umstritten. Seit rund 2000 Jahren kocht der Mensch auf die gleiche Weise, er benutzt Hitze, um sein Essen genießbar zu machen. Dank der Molekularküche kann man jetzt auch Nachtische mit Stickstoff bei −196° C schockfrosten und Fleisch oder ↑**Pommes frites** mit einer speziellen Zuckerlösung frittieren. Die Kochkunst wird revolutioniert, denn es eröffnen sich völlig neue Möglichkeiten: Man kann Speisen mit gefrorener Hülle und weichem Kern kreieren oder falsche ↑**Nudeln** aus ↑**Olivenöl** und ↑**Tomatensaft** zaubern. Dank der Wissenschaft können Speisen im Prinzip jeden Zustand und auch jede Form annehmen. Eine der wichtigsten Aufgaben in der so genannten „Molekulargastronomie" ist nicht nur die Überprüfung alter Kochweisheiten, sondern auch verstehen zu lernen, was genau in ↑**Mayonnaise**, ↑**Soufflés** und ↑**Braten** vor sich geht. Mit diesem Wissen werden dann sowohl alte Rezepte optimiert als auch völlig neue Zubereitungsverfahren und Kochtechniken erfunden. Mitinitiator und nach wie vor einer der bekanntesten Vertreter der Molekulargastronomie ist Hervé This, der diesen Begriff um 1990 prägte. Er ist Professor für Chemie am „Collège de France" in Paris und beschäftigt sich seit über 20 Jahren mit der wissenschaftlichen Analyse des Kochens. Molekulargastronomie umfasst laut This fünf Funktionen: erforschen, verstehen, erfinden, erneuern und dazu die gesellschaftliche Funktion, die seines Erachtens nach unerlässlich ist, weil Physik und Chemie durch das Kochen kulturelle Aufwertung erfahren. Der Chemiker war allerdings nicht der Erste, der Kochvorgänge naturwissenschaftlich betrachtete. Bereits 1912 entdeckte der Biochemiker Maillard die Vorgänge beim Braten und entwickelte die so genannte ↑**Maillard-Reaktion.** Schon Jahre vor This hatte Nicholas Kurti mit dem Aufsatz „The Physicist in the Kitchen" die Grundlagen für die moderne Molekulargastronomie verfasst. Von ihm stammt auch der Satz: „Es ist absurd, dass wir über die Temperatur im Zentrum der Sonne mehr wissen als über jene im Inneren eines Soufflés."

Molho [*Span. Speisekarte*] ↑**Sauce**

Molke [*Milchprodukte*] Durchsichtige, gelbgrünliche mildsaure Flüssigkeit, die nach der Herstellung von ↑**Käse** (von der ↑**Milch**) übrig bleibt. Sie enthält wasserlösliches ↑**Milcheiweiß**, ↑**Lactose** und ↑**Mineralstoffe.** Molke wird in Süßmolke (Labmolke) und Sauermolke unterschieden und entsteht nach der Abscheidung von ↑**Casein** und ↑**Fett: Inhaltsstoffe:** 100 g Molke enthalten ⌀ 25 kcal/105 kJ, 0,24 g Fett, 4,7 g Kohlenhydrate, 0,82 g Eiweiß, 93,6 g Wasser,

0,14 mg Vitamin B_2. Molke gilt wegen ihres geringen Energiegehalts als „Schlank-, Schön- und Fitmacher". Die „Molke-Trinkkur", die heute eine Renaissance erlebt, ist eine modifizierte Form der ↑**Nulldiät**. Beim Molkefasten werden 1 l Kur-Molke (eine mit hochwertigem ↑**Eiweiß** und ↑**Kohlenhydrate**n angereicherte Molke) in kleinen Portionen über den Tag verteilt getrunken und mit ungezuckerten **Kräuter-** und ↑**Früchtetees** auf bis zu 3 l pro Tag ergänzt. Molke ist in ↑**Margarine**, Kuchen, ↑**Keksen**, Süßigkeiten, Chips, manchen Broten und einigen Reinigungsmitteln zu finden. Trinkfertig wird Molke z. B. als Fruchtsaft-Molke-Drink angeboten.

Molkebrot [*Backstube*] **T** Wird unter ausschließlicher Verwendung von ↑**Molke** hergestellt. Es ist meist ein ↑**Mischbrot**, dem auch gekochte ↑**Kartoffeln** zugesetzt werden können. ↑**Brot**

Molkebutter [*Milchprodukte*] ↑Süßrahm**butter** mit einem sehr hohen ↑**Molke**anteil. Sie wird in Deutschland industriell nicht hergestellt, ist aber auf Bauernmärkten erhältlich. In Skandinavien, Italien und Österreich ist Molkebutter bekannter.

Molkenerzeugnisse [*Milchprodukte*] Aus ↑**Molke** hergestellte Erzeugnisse. Dazu zählen Süßmolke, Sauermolke (auch in Pulverform und teilentzuckert), Molkensahne, entsalztes und eiweißangereichertes Molkenpulver.

Molkereiprodukt [*Milchprodukte*] ↑**Milch** und Milcherzeugnisse, ↑**Käse** sowie ↑**Butter**, die im Lebensmittelhandel angeboten werden

Mollet [*Franz. Fachwort*] Weich, leicht

Mölltaler Almkäse [*Käse*] **Herkunft:** Österreich; **Käsesorte:** ↑**Hartkäse**, 50 % ↑**Fett i. Tr.**; **Milch:** pasteurisierte Kuhmilch; **Teig:** geschmeidig, schmelzend; **Geschmack:** angenehm würzig

Molluschi [*Ital. Speisekarte*] ↑**Weichtiere**

Mollusken [*Fisch*] Alle Meerestiere, deren Körper mit einer Kalkschale geschützt ist. Die größte Gruppe unter diesen ↑**Schalentiere**n bilden ↑**Muscheln** und ↑**Seeschnecken**.

Mollusques [*Franz. Speisekarte*] ↑**Weichtiere** (↑**Muscheln**, ↑**Schnecken**, ↑**Tintenfische**)

Moltebeere [*Wildkräuter, -blüten & -früchte*] **T Englisch:** cloudberry; **Französisch:** mûre des marais. Dieses Rosaceae-Gewächs gedeiht in Skandinavien und in den arktischen Mooren. Die Moltebeere ist verwandt und der ↑**Brombeere** ähnlich. Ende Juli/Anfang August werden die leuchtend orangefarbenen oder roten Beeren reif. Sie sind sehr reich an ↑**Vitamin C** mit bis zu 100 mg/100 g, leicht bittersüß im Geschmack. Kommerziell anbauen lassen sich Moltebeeren nicht.

Moluscos [*Span. Speisekarte*] ↑**Muscheln**

Molybdän [*Gesundheit*] **T** Der menschliche Körper enthält etwa 10 mg Molybdän, vor allem im Skelett, aber auch in den inneren Organen und der Haut. **Funktionen im Körper:** Molybdän unterstützt im Stoffwechsel eine Reihe wichtiger ↑**Enzyme**, vor allem solche, die für den Abbau von stickstoff- oder schwefelhaltigen Verbindungen zuständig und auch für den ↑**Alkohol**abbau in der Leber verantwortlich sind. Über seine Funktion im Stoffwechsel hinaus ist Molybdän Bestandteil der Zähne, wo es eine bakteriostatische Wirkung hat, d. h. es hemmt Bakterien in ihrem Wachstum. **Schätzwerte für eine angemessene Zufuhr:**

Alter	Molybdän µg/Tag
0 bis unter 4 Monate	7
4 bis unter 12 Monate	20–40
1 bis unter 4 Jahre	25–50
4 bis unter 7 Jahre	30–75
7 bis unter 10 Jahre	40–80
10 bis unter 15 Jahre	50–100
Jugendliche und Erwachsene	50–100

Ein Mehrbedarf an Molybdän kann bei entzündlichen Darmerkrankungen, Magersucht oder bei länger andauernder künstlicher Ernährung entstehen. **Molybdänhaltige Lebensmittel:** Nennenswerte Mengen sind in ↑**Petersilie**, ↑**Dill**, ↑**Brot**, ↑**Hülsenfrüchten**, ↑**Kartoffeln**, ↑**Eiern** und ↑**Innereien** enthalten. **Mangelerscheinungen:** Molybdänmangelerscheinungen sind kaum bekannt. Wohl begünstigt ein Mangel die Entstehung von ↑**Karies**, da Molybdän am Einbau von ↑**Fluor** in die Zähne beteiligt ist. Ein Molybdänmangel führt zur Belastung der Zellen durch Freie Radikale, die Mutationen der DNA verursachen können. Außerdem können einige unspezifische Symptome wie Erregbarkeit, Übelkeit, Nachtblindheit, Kurzatmigkeit oder Juckreiz entstehen. **Überdosierung:** Eine Überdosis an Molybdän ist normalerweise unbedenklich. Höhere zusätzliche Mengen können zu verstärkter ↑**Harnsäure**bildung führen und die Entstehung von ↑**Gicht** begünstigen.

Mombinpflaume [*Exotische Früchte*] **T Englisch:** mombin, jamaica plum; **Französisch:** cirouelle. Die Mombinpflaume wird auf den Philippinen und in den USA angebaut. In ihrer Heimat (Mexiko) ist die rote Frucht wesentlich wichtiger als die gelbe (Spondias mombin) und wird meist als Zierhecke in Gärten angepflanzt. In anderen Anbauländern gedeihen die Früchte an bis zu 8 m hohen Bäumen und hängen in Büscheln zusammen. Die 3–4 cm große, eiförmige Frucht beinhaltet einen relativ großen Steinkern, an dem das tiefgelbe Fruchtfleisch haftet. Es löst sich nur sehr schwer vom Kern, ist aber mit der dünnen Schale verzehrbar, die bei voller Reife dunkelrot und weicher wird. Der Geschmack der Mombinpflaume ist säuerlich, mit einer faserig weichen, saftigen Konsistenz und speziellem Aroma. **Inhaltsstoffe:** Mombinpflaumen sind kalorienarm und reich an ↑**Vitamin C** (∅ 50 mg), dem ↑**Provitamin A**, ↑**Calcium**, ↑**Phosphor** und ↑**Eisen**.

In der Volksmedizin: wird der Fruchtsaft der ↑**Pflaumen** als Fieber senkendes Mittel und bei Harnwegserkrankungen eingesetzt.

Monastrell [*Weinkunde*] Spanische Bezeichnung für die rote Rebsorte ↑**Mourvèdre**

Monatserdbeere [*Wildkräuter, -blüten & -früchte*] Die Monatserdbeere (**fragaria vesca**) ist eine Kulturform der ↑**Walderdbeere**

Monatsrettich [*Gemüse*] ↑**Radieschen**

Mönchspfeffer [*Wildkräuter, -blüten & -früchte*] **T Lateinisch:** Vitex agnus-castus; **Info:** Die Pflanze wird auch „Keuschlamm" genannt und wurde früher von Mönchen eingesetzt, um den Sexualtrieb zu dämpfen. Wissenschaftlich ist die Wirkung nicht erwiesen. Mönchspfefferfrüchte können zum Würzen von Speisen genutzt werden. **Standort:** Die Pflanze liebt es sonnig, warm und windgeschützt sowie feuchte, nährstoffreiche Böden. **Geschmack:** aromatisch, scharf, leicht bitter; **Verwendung in der Küche:** Die getrockneten Früchte sparsam wie Pfeffer (aus der Pfeffermühle); **Wirkung in der Volksmedizin:** Auszüge aus den Früchten werden heute mit Erfolg in der Frauenheilkunde zur Behandlung von PMS-Beschwerden, Gelbkörperschwäche und Wechseljahresbeschwerden genutzt (Wirkung auf Hormonsystem).

Mondamin [*Allgem. Nährmittel*] ↑**Maisstärke**

Mondbohnen [*Allgem. Nährmittel*] ↑**Weiße Bohnen**

Mondeuse [*Weinkunde*] Rotweinrebe aus Savoyen, sie ist dort die Hauptrebsorte.

Mondial [*Kartoffelsorte*] **Kochtyp:** ↑**Mehlig kochende Kartoffeln** – „Mehlige" oder „Runde" genannt

Mondseer [*Käse*] **T Herkunft** Österreich/Salzkammergut; **Käsesorte:** gepresster ↑**Schnittkäse** mit gewaschener Rinde, 45 % ↑**Fett i. Tr.**; **Milch:** pasteurisierte Kuhmilch; **Teig:** hellgelb bis goldgelb, von geschmeidiger Konsistenz; **Geschmack:** würzig-kräftig; **Form:** klein und rund, ∅ 15 cm, auch rechteckig erhältlich; **Gewicht:** 500 g bis 1 kg; **Reifung:** 3 bis 6 Monate; **Info:** Obwohl als gepresster Schnittkäse recht hart, ist der Mondseer mit ↑**Münster** und ↑**Limburger** verwandt.

Mongolische Birne [*Exotische Früchte*] ↑**Xiang-Birne**

Mongolischer Feuertopf [*Intern. Länderküche*] ↑**Feuertopf**

Monoammoniumglutamat [*Fachkunde*] ↑**E 624**

Monopol [*Weinkunde*] Nichtssagende Bezeichnung, die bisweilen zusammen mit einem Markennamen auf Etiketten erscheint, aber mit Herkunft und Qualität des Weines nichts zu tun hat. Bei französischen Weinen bedeutet der Zusatz „Monopole" hinter einer Lagebezeichnung, dass sie sich im Alleinbesitz des Erzeugers befindet.

Monosaccharide [*Gesundheit*] ↑**Kohlenhydrate**, aus nur einem Baustein bestehend. Zu ihnen zählen ↑**Traubenzucker** (↑**Glucose**), ↑**Fruchtzucker** (↑**Fructose**) und Schleimzucker (Galaktose).

Monosalate [*Gemüse*] ↑**Blattsalate**

Monostärkeacetat [*Fachkunde*] ↑**E 1421**

Monostärkephosphat [*Fachkunde*] ↑**E 1410**

Mono- und Diglyceride der Speisefettsäuren verestert mit... [*Fachkunde*] ↑**E 472a, E 472b, E 472c, E 472d, E 472e, E 472f**

Mono-und Diglyceride der Speisefettsäuren [*Fachkunde*] ↑**E 471**

Monsunkaffee [*Kaffee*] Dieser reine Arabica-Kaffee (Spezialkaffee) stammt aus Südindien. Ein Teil der Kaffeeernte wird dort über mehrere Wochen hinweg hoher Luftfeuchtigkeit sowie Monsunwinden ausgesetzt. Diese natürlichen Einflüsse verändern das Aussehen der Bohnen (sie werden gelb) und haben Auswirkungen auf den Geschmack des Kaffees (im Aroma ist er feinbitter). Der Monsunkaffee wird unter dem internationalen Namen **„↑Malabar AA monsoons"** gehandelt. ↑**Kaffee & Kaffee arabica**

Mont Blanc de castana [*Span. Speisekarte*] Püree von ↑**Edelkastanien**

Mont d'Or/Vacherin du Haut-Doubs [*Käse*] **T Herkunft:** Frankreich/Franche-Comté (Schweizer Grenze); **Käsesorte:** ↑**Weichkäse** mit weißem Edelschimmel, mind. 45 % ↑**Fett i. Tr.**; **Milch:** rohe Kuhmilch, nur von den Rassen Montbéliard und Simmentaler; **Teig:** cremig zart; **Geschmack:** leicht säuerlich, vollmundig, leicht herb. **Beste Zeit:** Herbstende und Winter, da er nur vom 15. August bis 31. März hergestellt werden darf; **Info:** Zum Ausformen wird der Vacherin mit einem Ring aus Fichtenrinde umspannt. Während seiner mindestens dreiwöchigen Reifung auf einem Fichtenholzbrett wird er mehrmals gewendet und mit Salzwasser abgerieben, bevor er in die typische Schachtel aus Tannen- oder Fichtenholz verpackt wird. **Küchenempfehlung:** Der Mont d'Or lässt sich am besten direkt aus der Schachtel löffeln. Dazu hebt man die beige-bräunliche Rinde ab und genießt den Teig pur zu einem Glas trockenen ↑**Weins**. Als Mini-Käsefondue: den Käse mit der Holzschachtel in Alufolie wickeln und im Backofen schmelzen lassen. Die beige-bräunliche Rinde abheben und dazu ↑**Kartoffeln** oder ↑**Bauernbrot** servieren. **Weinempfehlung:** weiße und rote Weine aus dem Jura und dem Arbois, Weißweine aus Savoyen, trockener Jurançon

Mont Roc [*Käse*] **T Herkunft:** Frankreich/Midi-Pyrénées; **Käsesorte:** ↑**Schnittkäse**, 50 % ↑**Fett i. Tr.**; **Milch:** Kuh- und ↑**Schafsmilch**; **Geschmack:** bergwürzig, aromatisch; **Reifezeit:** vier Monate; **Weinempfehlung:** roter ↑**Bordeaux**

Montafoner Bergkäse [*Käse*] **Herkunft:** Österreich; **Käsesorte:** ↑**Hartkäse**, 45 % ↑**Fett i. Tr.**; **Milch:** rohe silofreie Sennerei-Kuhmilch; **Teig:** gelblich schnittfest; **Geschmack:** arttypisch, mild-aromatisch

Montansäureester [*Fachkunde*] ↑**E 912**

Montasio [*Käse*] **Herkunft:** Italien/Friaul (Venezia-Giulia); **Käsesorte:** gepresster ↑**Hartkäse**, 32 %

↑**Fett i.Tr.**; **Milch:** teilentrahmte Kuhmilch; **Info:** Der Montasio-Käse hat je nach seiner Reifung verschiedene Eigenschaften und ist dank seiner Verdaulichkeit besonders für Kinder und ältere Leute geeignet. **Geschmack:** erst weich und leicht, wird nach und nach bestimmter und aromatischer; **Teig:** dicht, kompakt und blassgelb mit kleiner Lochung; **Rinde:** in der Jugend glatt und elastisch, hellbraun, wird mit der Zeit körnig, mürbe, trocken und dunkler. **Form:** rund, ∅ 34 bis 40 cm, 6 bis 10 cm hoch; **Gewicht:** 5 bis 9 kg; **Reifung:** 2 bis 5 Monate, für Reibekäse 6 bis 12 Monate

Monte Veronese [*Käse*] **Herkunft:** Italien/Lessinia (Etschtal); **Käsesorte:** zylinderförmiger ↑**Schnittkäse**; **Milch:** Kuhmilch; **Teig:** leicht strohgelb, mit einzeln verstreuten, kleinen Löchern; **Geschmack:** leicht und delikat; **Info:** Es gibt zwei Arten von **Monte Veronese**, einen mageren, trockenen **„d'allevo"** mit 35 % ↑**Fett i.Tr.** und einen fetteren aus Vollmilch mit 44 % Fett i.Tr.; **Gewicht:** schwankt zwischen 7 und 10 kg; **Reifung:** schwankt zwischen einem Minimum von 3 Monaten und einem Maximum von 2 Jahren.

Montélimar, Nougat de [*Süßwaren*] **A** Auch: Weißer Nougat, Nougat de Montélimar. Süßwarenspezialität, die nach der französischen Stadt in der Nord-Provence benannt ist. Die Geschichte des Nougats geht angeblich bis auf die Griechen zurück, die es nach Europa brachten. Die Rezeptur gelangte über Marseille in die Provence. Als nux gatum, Nuss-Kuchen, wird es ab 1700 erwähnt. Das echte **Nougat de Montélimar** besteht aus Wasser, ↑**Lavendelhonig**, ↑**Eischnee**, gerösteten ↑**Mandeln** und ↑**Pistazien**, manchmal ↑**Zucker** und ↑**Glukosesirup**. Nur dieses Nougat darf das Gütesiegel (↑**AOC**) tragen. In billigerem Nougat wird ein Teil der Mandeln durch ↑**Haselnüsse** ersetzt, und es werden billigere **Honige** verwendet. Dem Montélimar-Nougat ähnelt der auf Jahrmärkten und Volksfesten angebotene ↑**Türkische Honig** („Sade Lokum"). Jedoch besteht das französische Produkt aus hochwertigeren Rohstoffen. ↑**Nougat** mit deutscher Bedeutung wird im romanischen Sprachraum als „Gianduja" bezeichnet.

Montenebro [*Käse*] **Herkunft:** Spanien/Kastilien (Leon); **Käsesorte:** ziegelförmiger ↑**Hartkäse** mit von ↑**Edelschimmel** bedeckter Rinde; **Milch:** pasteurisierte ↑**Ziegenmilch**; **Teig:** eher hart und nicht elastisch; **Geschmack:** rahmig, typisch nach Ziegenmilch mit leicht nussigem Aroma; **Reifung:** etwa 30 Tage; **Gewicht:** 1,2 kg

Montepulciano d'Abruzzo [*Weinkunde*] **1.** Eine Stadt in der Toskana (ohne „d'abruzzo") mit guten Rotweinen wie dem ↑**Vino Nobile di Montepulciano.** Dieser Wein wird nahezu aus den gleichen Rebsorten wie ↑**Chianti** bereitet, wobei ↑**Sangiovese** den wichtigsten Anteil liefert. **2.** Eine weit verbreitete Rebsorte für Rotweine in Italien. Montepulciano d'Abruzzo bringt meist weiche, fruchtige Rotweine mit wenig Tannin hervor, die sofortigen Trinkgenuss bieten. Die Rebsorte ist spätreifend, weshalb ihr Zuhause Zentral-Italien bis zum südlichen Apulien ist. Am häufigsten wird sie in den Abruzzen angebaut und zu fruchtigen, tieffarbigen Weinen gekeltert. Experimente mit ↑**Barrique** zeigen ihre Affinität mit Holz. Die bekanntesten Weine mit einer eigenen Herkunftsbezeichnung sind Montepulciano d'Abruzzo Rosso und als Rosé Montepulciano d'Abruzzo Cerasuolo. Als Verschnittpartner bereichert sie die Rotweine der ↑**Marche**, Rosso Conero und Rosso Piceno.

Monter [*Franz. Fachwort*] Aufschlagen, (auf)montieren

Montereau, Brie de [*Käse*] ↑**Brie**

Monterey Jack [*Käse*] **Herkunft:** USA. Halbweicher, milder, gelber ↑**Käse**, der in Oregon produziert wird und gar nicht nach Käse schmeckt.

Montieren [*Unsere Küche*] **T** Eine ↑**Sauce** oder Suppe durch schnelles Einrühren (Einmixen) von eiskalten ↑**Butterflocken** oder ↑**Sahne** binden. Danach die Flüssigkeit nicht mehr aufkochen lassen, die Bindung geht verloren.

Montilla [*Hausbar*] Eine Sherry-Spielart aus der Provinz Córdoba, Andalusien, mit 16 % ↑**Alkohol** und dem Duft von schwarzen ↑**Oliven**. Wegen des extrem hohen Zuckergehaltes der Trauben wird dieser ↑**Sherry** nicht wie üblich mit ↑**Weinbrand** verstärkt.

Montmireil, Historischer Speisename [*Berühmte Köche*] **A** Koch Napoleons I., später in Wien beim Herzog von San Carlos, dann in Rom und Paris bei Châteaubriand – Montmireil war Schöpfer des ↑**Châteaubriands**

Montmorency, Historischer Speisename [*Speisegarnitur*] **A 1.** Anne de (1493–1567), männlich, Marschall von Frankreich, Heerführer in den Hugenottenkriegen; **2. à la Montmorency – Speisegarnitur** aus ↑**Artischockenböden**, glasierten ↑**Karotten** und ↑**Nusskartoffeln**

Montpellier, Historischer Speisename [*Speisegarnitur*] **A 1.** Hauptstadt des südfranzösischen Départements Hérault; **2. Montpellierbutter** – Diese angemachte ↑**Butter** ist als nette Garnitur für kalte Platten oder Grillgerichte gedacht: Die Butter wird nur mit pürierten ↑**Kräutern** grün eingefärbt und nicht so würzig abgeschmeckt wie eine ↑**Kräuterbutter.**

Montreuil [*Speisegarnitur*] **A Speisegarnitur** für: **1. Fleisch:** ↑**Erbsen** und ausgestochene glasierte ↑**Karottenkügelchen** auf ↑**Artischockenböden**; **2. Fisch:** der ↑**Fisch** wird auf in ↑**Weißwein** gegarten ↑**Kartoffelscheiben** angerichtet und mit ↑**Krabbensauce** überzogen

Mood Food [*Gesundheit*] **T „Stimmungs-Nahrung", also Essen, das gute Laune und/oder klug macht.** Damit die entsteht, brauchen Menschen „Glückshormone" wie ↑**Serotonin**, das direkt im Gehirn erzeugt wird. Mit ausreichend Bewegung produzieren leidenschaftliche Jogger genug von diesem Hormon, was sich in Ausgeglichenheit und Zufriedenheit zeigt. Für Serotonin können aber auch bestimmte Lebensmittel sorgen. Dabei spielen im Gehirnstoffwechsel u. a. ↑**Kohlenhydrate** (Glucose), ↑**Eiweißbausteine** (Tryptophan, Tyrosin, Phenylalanin), Cholin (enthalten in ↑**Lecithin**), ↑**Omega-3-** und ↑**Omega-6-Fettsäuren**, die **Vitamine** B_1, B_6, B_{12}, C, E, ↑**Folsäure**, die ↑**Mineralstoffe** ↑**Magnesium** und ↑**Eisen** sowie eine ausreichende Flüssigkeitszufuhr tragende Rollen. ↑**Schokolade** gilt als „Mood Food" schlechthin: Ihr Zuckergehalt regt die Produktion von Serotonin an; den Glücksbotenstoff, der stressresistent macht und Signalgeber für die innere Uhr ist. Ihn braucht man vor allem in der dunklen Jahreszeit, doch **Vorsicht**, der ↑**Kakao** in der Schokolade **macht süchtig.** Aber nicht nur im ↑**Zucker** stecken die wichtigen Hilfsstoffe für Glückshormone, auch ↑**Kartoffeln**, ↑**Vollkornbrot** und -produkte versorgen den Körper mit ↑**Kohlenhydraten**, mit dem besonderen Vorteil, dass sie langsamer und länger anhaltend an den Körper abgegeben werden, ohne die Bauchspeicheldrüse zu belasten. Nicht fröhlich, sondern schlau macht das ↑**Vitamin** C der ↑**Zitrusfrüchte**: Es wird für die Bildung der hirneigenen Signalbotenstoffe Dopamin und Acetylcholin benötigt. Das so genannte „↑**Studentenfutter**" ist ideal: Die leicht verdauliche Kraftnahrung für zwischendurch hat es in sich, denn ↑**Mandeln** und andere ↑**Nüsse** enthalten reichlich ↑**ungesättigte Fettsäuren**. Ihr hoher Gehalt an ↑**Vitamin B** steigert außerdem die Konzentrationsfähigkeit. Ungesättigte Fettsäuren finden sich im Gehirn als Bausteine der Membranen von Nervenzellen und als schützende Myelinschicht um Nervenfasern. Sie sorgen für eine reibungslose Übertragung der Nervenimpulse. Außerdem sind ungesättigte Fettsäuren am Aufbau der hormonähnlichen Substanz Prostaglandin beteiligt, dem Nährstoff für Denk- und Gedächtnisleistung. Das schaffen reine ↑**Cholesterin**bomben aus fettem Fleisch und vollfetten ↑**Milchprodukten** nicht, ihre ↑**gesättigten Fettsäuren** machen müde und träge. ↑**Datteln** und andere ↑**Trockenfrüchte** sind Langzeitlieferanten für den Gehirnbrennstoff Traubenzucker (↑**Glukose**) sowie für ↑**Kalium**, einen ↑**Mineralstoff**, der für die prompte Erregung von Nervenzellen unerlässlich ist. Wer also vor schwierigen Denkaufgaben steht, kann sich **kurzfristig** mit Studentenfutter, ↑**Kaffee** und ↑**Traubenzucker** dopen und so eine Leistungssteigerung erwarten. ↑**Koffein** bewirkt, dass sich die Gefäße zusammenziehen und die Gehirnzellen besser durchblutet werden. Das allein reicht noch nicht aus, denn ohne ↑**Eiweiß** (Proteine) geht nichts: Damit das Glückshormon gebildet werden kann, benötigt man noch einen Eiweiß-Baustein, das Tryptophan. Erst mit Hilfe der Glucose kann das Eiweiß transportiert werden, weshalb man eine Fleisch- oder Fischmahlzeit immer mit Süßem beenden sollte. Der ↑**Honig** liefert z. B. die Zuckerbausteine, die das Tryptophan zum Gehirn transportieren. ↑**Milch** enthält reichlich Tryptophan, ↑**Calcium** beruhigt die Nerven, die ↑**B-Vitamine** unterstützen die Serotonin-Produktion. **Bananen enthalten bereits Serotonin.** Werdenden Müttern ist der Verzehr von fettreichen Seefischen wie ↑**Hering**, ↑**Makrele**, ↑**Tunfisch** oder ↑**Lachs** zu empfehlen, denn schon für die Gehirnentwicklung von Ungeborenen ist die ausreichende Versorgung mit ungesättigten Fettsäuren von größter Bedeutung, zudem wird das Risiko der Frühgeburt damit gesenkt. Daneben wird der Konsum von ↑**Folsäure** empfohlen; diese Vitamin-B-Verwandte ist für Schwangere äußerst wertvoll. Für Babys ist ↑**Muttermilch** mit ihrem hohen Gehalt an ungesättigten Fettsäuren wahres ↑**Brainfood**.

Mooli [*Exotische Früchte*] **T Japan-Rettich, chinesischer** ↑**Rettich** – weiße und grüne Rettichvarianten mit mildem Geschmack. Wird in der asiatischen Küche vielseitig verarbeitet, geraspelt, geschnitten, als Salat, in Eintöpfen und Suppen, eingelegt als ↑**Pickles**

Moorhuhn [*Engl. Speisekarte*] So, wie ein Gesetz aus dem Jahr 1773 es festschreibt, am 12. August und keinen Tag früher, beginnt in den schottischen Hochmooren die teuerste Jagd Europas. Moorhuhnschießen kostet den Freizeitjäger ca. 3000 Pfund pro Tag und Person. Wer Moorhühner jagen will, braucht nicht nur eine dicke Brieftasche, sondern auch viel Übung, denn die ungelenk aussehenden Hühnervögel flattern mit über 100 km/h im Tiefflug über die Köpfe der Jäger. Die Saison dauert bis 10. Dezember.

Moosbacher [*Käse*] **Herkunft:** Österreich; **Käsesorte:** ↑**Schnittkäse**, 45 % ↑**Fett i. Tr.**; **Milch:** pasteurisierte Kuhmilch; **Teig:** hellgelb, schnittfest; **Geschmack:** würzig-kräftig

Moosbeeren [*Wildkräuter, -blüten & -früchte*] **T** Wachsen wild in Europa, besonders in Polen, Russland, der Ukraine sowie Rumänien. Moosbeeren werden dort zu ↑**Gelee**, ↑**Saft**, ↑**Likör** und ↑**Kompott** verarbeitet. Es ist kein Anbau möglich. Frische Moosbeeren haben in Deutschland wenig Bedeutung. Obwohl sie größer, rund bis birnenförmig und hellrot bis rot sind, werden sie manchmal mit der ↑**Preiselbeere** verwechselt. **Inhaltsstoffe:** 100 g frische Moosbeeren enthalten ∅ 36 kcal/151 kJ, 3,9 g Kohlenhydrate, 87,1 g Wasser, 22 µg Betacarotin, 0,9 mg Eisen, 0,5 mg Vitamin E und 11 mg Vitamin C.

Moppe [*Fleischprodukte*] Regionale Bezeichnung für das ↑**Stichfleisch** vom ↑**Schwein**

Moqueca [*Intern. Länderküche*] Begriff aus der regionalen brasilianischen Küchenkultur für einen ↑**Eintopf** mit ↑**Fisch** oder eine Mischung aus ↑**Meeresfrüchten** in einer ↑**Sauce** aus ↑**Dandê-Öl** und ↑**Kokosmilch.** Afrikanische Einflüsse und brasilianische Zutaten haben aus dem portugiesischen Fischeintopf „↑**Peixada**" den brasilianischen Fischtopf Moqueca gemacht. ↑**Brasilianische Küche**

Mor *[Fleischprodukte]* Regionale Bezeichnung für die Sau (weibliches ↑**Schwein**)

Mora *[Ital. Speisekarte]* ↑**Brombeere**

Morbido *[Ital. Speisekarte]* Weich

Morbier Geschützte Herkunftsbezeichnung *[Käse]* **T Herkunft:** Frankreich/Franche-Comté; **Käsesorte:** halbfester ↑**Schnittkäse**, mind. 45 % ↑**Fett i. Tr.**; **Milch:** rohe Kuhmilch; **Teig:** elfenbeinfarbig, fein, geschmeidig, mit dem typisch dunkelgrauen Pflanzenkohlestreifen, der sich waagerecht durch den ↑**Käse** zieht; **Geschmack:** schmelzend, leicht fruchtig, aromatisch; **Weinempfehlung:** Weine aus der Franche-Comté, z. B. ein Arbois, aber auch andere spritzige Weißweine wie ↑**Muscadet** oder ↑**Sancerre** passen hervorragend.

Morbraten *[Regionale Spezialität]* ↑**Schweinebraten**

Morbus Crohn *[Gesundheit]* ↑**Diät bei Morbus Crohn**

Morceau *[Franz. Speisekarte]* Stück

Morcheln *[Speisepilze]* **T Lateinisch:** Morchella esculenta. ↑**Waldpilze**; **Englisch:** morels; **Französisch:** morilles; **Italienisch:** morchelle, spugnole; **Spanisch:** morillas. **Info:** Die zur Familie der Morchelartigen gehörende Speisemorchel ist – neben den Steinpilzen und Trüffeln – einer der edelsten Speisepilze. Der runde bis zugespitzt ei- oder kegelförmige, 4 bis 8 cm große Hut weist eine ockergelbe bis schwarzbraune Färbung und weite, unregelmäßig angeordnete und durch wellige Rippen getrennte, wabenartige Vertiefungen auf. Der Stiel ist 4 bis 6 cm lang und 2 bis 3 cm dick, nach oben etwas bereift und am Grunde verdickt. Er ist außen grubig-runzelig und innen wie der Hut hohl. Das Fruchtfleisch ist weißlich gefärbt, brüchig und weist einen angenehmen, würzigen Geschmack auf. Ob nun die ockerfarbene eiförmige Speisemorchel (Morchella esculenta) oder die dunkler gefärbte, kegelförmige Spitzmorchel (Morchella conica), beide sind sehr wohlschmeckende und bei Kennern äußerst beliebte Pilze. **Ursprung und Geschichte:** Speisemorcheln sind sehr teuer, weil sie beinahe ausgerottet sind und nur noch sehr selten an Wiesenrändern, lichten Stellen in Laub-, Misch- oder Auwäldern sowie im Grasland vorkommen, manchmal sogar in Parks. Dort findet man sie vor allem unter Eschen, auf Holzlagerplätzen oder Rindenmulch. **Herkunft und Saison:** Speisemorcheln werden hier im April und Mai gesammelt und in kleineren Mengen auf Märkten angeboten. Dazu kommen im März/April kleinere Importe aus der Türkei und Griechenland, im Juni/Juli aus den USA und Kanada. **Inhaltsstoffe:** 100 g Speisemorcheln weisen einen Brennwert von ∅ 12 kcal/50 kJ auf und enthalten etwa 89 g Wasser, 1,7 g Eiweiß, 0,3 g Fett, 0,5 g Kohlenhydrate und 7 g Ballaststoffe. An ↑**Mineralstoffen**, ↑**Spurenelementen** und ↑**Vitaminen** sind ∅ 11 mg Kalzium, 1,2 mg Eisen, 2 mg Natrium sowie 5 mg Vitamin C enthalten. **Zubereitung und Tipps:** Alle Morcheln sind essbar, sie enthalten allerdings eine giftige Substanz, die beim Garen vollständig zerstört wird. Speisemorcheln entfalten ohnehin erst in der Pfanne das volle Aroma und werden als Einlage für ↑**Pasteten** und ↑**Terrinen**, für ↑**Omelettes**, Suppen und ↑**Saucen**, mit ↑**Farce** gefüllt als Vorspeise, zu ↑**Fleisch**, ↑**Geflügel** und ↑**Wild** oder blanchiert mit Salaten und Garnituren verzehrt. Es gibt sie frisch, getrocknet, gesäuert, gesalzen und als Konserve. Getrocknete Morcheln sind meist sehr schmutzig, darum werden sie nach 20 bis 30 Min. Einweichen in lauwarmem Wasser gründlich gereinigt, damit sich fest sitzender Sand unter dem Hut löst. Wird kein Sandkorn mehr im Wasser gefunden, kann man die eingeweichten Morcheln wie frische verarbeiten.

Morcilla *[Span. Speisekarte]* ↑**Blutwurst**

Morellen *[Obst]* Dunkelrote ↑Sauer**kirschen**

Moreto *[Weinkunde]* Einfache, spät reifende rote Rebsorte, die vorwiegend im portugiesischen Alentejo angebaut wird. Zugelassen ist sie außerdem in den Regionen Ribatejo, Oeste und Algarve. Die Sorte ist überaus wuchskräftig und ertragreich. Die aus ihr gekelterten Weine sind angenehm und von eher neutralem und säurearmem Charakter. Es gibt auch eine weiße Sorte namens **Moreto Branco** sowie eine rote Sorte namens **Moreto de Soure**, die ausschließlich im Bereich Bairrada zu finden ist. **Synonyme:** Arruya, Castellão, Moreto d'Alentejo, Moreto de Souro, Morito, Negro Mouro, Tinta de Alter

Morilles à la crème *[Franz. Speisekarte]* **R** ↑**Morcheln** in einer ↑**Soße** aus ↑**Butter**, ↑**Cognac**, ↑**Sahne**, ↑**Mehl**, ↑**Salz**, ↑**Pfeffer** und ↑**Zitronensaft**

Morilles farcies à la forestière↑ *[Franz. Speisekarte]* Gefüllte ↑**Morcheln** nach ↑**Försterart** (mit einer ↑Wildfleisch**farce**)

Morio-Muskat *[Weinkunde]* Von Peter Morio aus Silvaner und Weißburgunder 1928 gezüchtete weiße Rebsorte. Sie verdankt die andere Hälfte ihres Namens dem muskatigen Aroma ihrer Weine, obwohl Morio-Muskat nicht mit der Muskat-Familie verwandt ist. Die Verbreitung der Rebe hält sich buchstäblich in Grenzen und ist stark rückläufig. Heutzutage sind noch knapp 2000 ha in der Pfalz und Rheinhessen bepflanzt. Rein landwirtschaftlich betrachtet, gibt sie sich unkompliziert: Sie bringt hohe Erträge, reift mittelspät, und obwohl sie früh austreibt, regeneriert sie sich schnell nach Frühlingsfrostschäden. Morio-Muskat ist aber wegen der dünnen Beerenschalen für Pilzkrankheiten anfällig. Die Weine haben kräftiges Aroma.

Morlacco del Grappa *[Käse]* **T Herkunft:** Italien/Venetien; **Käsesorte:** ↑**Schafskäse** mit ↑**Sahne**, 30 % ↑**Fett i. Tr.**; **Milch:** rohe entrahmte ↑**Schafsmilch**;

Teig: weich, elfenbeinfarbig mit Luftaugen; **Rinde:** charakteristisch strohfarben; **Geschmack:** eher salzig und leicht säuerlich, mit intensivem Duft; **Info:** Der ↑**Bruch** tropft im Strohkörbchen ab und wird erst gesalzen, wenn die Form trocken ist. **Weinempfehlung:** leichter, typischer Rotwein aus Venetien, z. B. Valpollicella D.O.C.; **Anmerkung:** Der als historisch anzusehende „**Morlacco**" (Ursprung des oben beschriebenen Almkäses) ist mittlerweile fast unauffindbar. Nach alter Tradition hergestellt, entspricht er nicht mehr den heutigen Produktionsbestimmungen.

Mormora [*Ital. Speisekarte*] Marmorbrasse, ↑Moschuskrake

Mornay [*Speisegarnitur*] **A** 1. Philippe (1549–1623), Seigneur du Plessis-Marly, französischer Staatsmann und Schriftsteller; nach ihm wurde die Käsesauce für gratinierte Gerichte benannt. **2.** Die ↑**Sauce Mornay** ist eine Ableitung der ↑**Béchamel**, die mit geriebenem ↑**Parmesan**, ↑**Butter**, ↑**Eigelb** und weißem ↑**Pfeffer** vollendet wird. ↑**Fisch** und ↑**Gemüse** werden mit der ↑**Sauce** überzogen und dann im Ofen kurz überkrustet.

Mörser [*Unsere Küche*] Küchengerät aus Porzellan oder Glas zum Zerreiben von ↑**Kräutern** und ↑**Gewürzen**

Mortadella [*Regionale Spezialität*] Deutsche Mortadella (meist eine einfache Fleischwurst) ist von der Zusammenstellung her nicht mit „↑**Echter Mortadella**" vergleichbar.

Mortier [*Franz. Fachwort*] Mörser

Mortifizieren [*Unsere Küche*] Fleisch durch ↑**Abhängen** mürbe werden lassen

Morue fraîche [*Franz. Speisekarte*] Frischer ↑**Kabeljau**

Morue séchée [*Franz. Speisekarte*] ↑**Stockfisch**

Morue séchée à la crème [*Franz. Speisekarte*] **A** ↑**Stockfisch**, mit Sahne zubereitet

Morue séchée à la lyonnaise [*Franz. Speisekarte*] **A** ↑**Stockfisch** mit gerösteten ↑**Kartoffel**scheiben, gebratenen ↑**Zwiebel**scheiben und ↑**Petersilie**

Morue séchée à la provençale [*Franz. Speisekarte*] **R** ↑**Stockfisch** mit einer ↑**Soße** aus ↑**Tomaten**, ↑**Olivenöl**, schwarzen ↑**Oliven**, ↑**Zwiebeln**, ↑**Knoblauch**, ↑**Pfeffer** und manchmal ↑**Kapern**

Moschari me Melitzanes [*Griech. Speisekarte*] **A** Begriff aus der griechischen Küchenkultur für ein Topfgericht aus ↑**Rindfleisch** und ↑**Auberginen** in ↑**Tomatensoße**

Moschusente [*Fleischprodukte*] Flugente. ↑**Ente**

Moschuskürbis [*Gemüse*] ↑**Birnenkürbis**

Mosel [*Weinkunde*] Was den Wein betrifft, ist die Mosel der bedeutendste Nebenfluss des Rheins. Sie fließt durch etliche Weinbaugebiete von Lothringen mit den Côtes de Toul, über Luxemburg bis in die deutsche Anbauregion **Mosel - Saar - Ruwer**. Drei Flüsse geben Deutschlands ältester Weinbauregion ihren Namen. Das Gebiet ist in fünf Bereiche unterteilt: Zell-Untermosel, Obermosel, Moseltor, Bernkastel und Saar-Ruwer. Nach ↑**Rheinhessen**, ↑**Rheinpfalz**, ↑**Baden** und ↑**Württemberg** ist Mosel-Saar-Ruwer das fünftgrößte Anbaugebiet Deutschlands. Entlang der 243 Kilometer langen deutschen Mosel zwischen Perl an der französischen Grenze und Koblenz, an der Saar zwischen Serrig und Konz sowie der Ruwer zwischen Riveris und dem Trierer Stadtteil Ruwer bewirtschaften rund 5000 Weinbaubetriebe in 125 Winzerorten 70 Millionen Rebstöcke auf 12 500 ha Weinbergsfläche. Die Rebflächen liegen zwischen 100 und 285 Meter über NN. Angebaut werden etwa 55 % ↑**Riesling**, 20 % ↑**Müller-Thurgau** und knapp 10 % ↑**Elbling**. Hier, in einer der mildesten Klimazonen Deutschlands, betrieben schon die Römer Weinbau. Nirgendwo in der Welt gibt es mehr Steillagenweinberge, nirgendwo wird mehr Riesling angebaut, nirgendwo ist man in der Lage, so unvergleichliche Weine hervorzubringen. Die Besten von ihnen sind zwar vergleichsweise blass, doch äußerst aromatisch, von unnachahmlich zarter, filigraner Struktur, großem Nuancenreichtum und Komplexität, eleganter Feinheit, bemerkenswerter Ausdruckskraft. Nach jahrzehntelangen Irrungen und Fehlern ist man nun endlich dabei, einzigartige Qualitäten von herausragenden Winzern zu produzieren. **Die bekanntesten Weinorte: Bereich Bernkastel:** Trittenheim, Neumagen, Dhron, Piesport, Wintrich, Brauneberg, Lieser, Bernkastel, Graach, Wehlen, Zeltingen, Ürzig, Erden, Kinheim, Traben-Trarbach, Enkirch, Pünderich; **Saar:** Serrig, Saarburg, Ayl, Ockfen, Wawern, Wiltingen, Oberemmel, Niedermennig, Kanzem, Filzen; **Ruwer:** Avelsbach, Kasel, Maximin Grünhaus, Eitelsbach; **Zell/Untermosel:** Neef, Ediger-Eller, Valwig, Pommern, Winningen

Mosimann, Anton [*Berühmte Köche*] Queen Elizabeth II. verlieh dem Schweizer Meisterkoch **Anton Mosimann** am 22. Juni 2004 im Rahmen einer feierlichen Zeremonie im Buckingham Palace den „Order of the British Empire". Der Orden würdigt besondere Verdienste um das Britische Königreich und wird nur selten an Personen verliehen, die nicht in Großbritannien oder im Commonwealth geboren sind. Der Schweizer Mosimann führt seit 1988 den exklusiven „Belfry Club" in London, der sich im ehemaligen Glockenturm einer presbyterianischen Kirche befindet – ein passender Rahmen für die besondere Art des Meisterkochs, seine Gäste zu verwöhnen und seine eigene Küche zu zelebrieren. „Nichts kommt von Zufällen", lautet ein Motto von Anton Mosimann, der als 15-Jähriger seine Kochlehre begann und bereits mit 25 das Diplom des „Chef de Cuisine" in Händen hielt. 1985 kreierte Anton Mosimann eine neue gesunde Art des Kochens: Die „Cuisine Naturelle" vermeidet ↑**Fett** und ↑**Alkohol**. Diese Methode wurde immer populärer. Sie brachte ihrem Erfinder die Auszeichnung durch Lloyd Grossmann als Koch- und Fernsehpersönlichkeit ein. Der vielfach Geehrte – „La

Croix de Chevalier du Mérite Agricole", „Ehrendoktor Kulinarischer Kunst" sowie Ehrentitel der Universitäten Bournemouth, Johnson und Wales, um nur einige zu nennen – war auch Internationaler Präsident der „Toques Blanches". Er absolviert zahlreiche Fernseh- und Radioauftritte in aller Welt und veröffentlichte insgesamt 13 Kochbücher. 1996 eröffnete Anton Mosimann seine eigene Kochschule als „Zentrum für Bildung und Perfektion", um seine Ideen und seine Philosophie mit interessierten Amateuren und Profis zu teilen. Die „Academy" in einer umgebauten viktorianischen Grundschule im Londoner Stadtteil Battersea beherbergt gleichzeitig Mosimanns umfangreiche Bibliothek. Sie gilt als eine der größten privaten Sammlungen und beinhaltet unter anderem mehr als 6000 Kochbücher, von denen das älteste aus dem 15. Jahrhundert stammt. Wer seinem Gaumen Außergewöhnliches bieten möchte, kann bald in Olten/Schweiz fündig werden: Dort baut Anton Mosimann, Leibkoch Ihrer Majestät von England, das hoch über der Stadt thronende Säli-Schlössli zum „Château Mosimann" um.

Most [*Weinkunde*] Frisch abgepresster unvergorener Obstsaft aus Weintrauben, Äpfeln oder Birnen usw.

Mostarda [*Ital. Speisekarte*] ↑**Kandierte Früchte** mit Senfgeschmack

Mostaza [*Span. Speisekarte*] ↑**Senf**

Mostele Côte d'Azur [*Franz. Speisekarte*] **A** ↑**Dorschartiger** Mittelmeerfisch, mit ↑**Weißwein**, gehackten ↑**Schalotten** und ↑**Butter** zubereitet

Mostert [*Gewürze & Kräuter*] Norddeutsche Bezeichnung für Speisesenf

Mostgewicht [*Weinkunde*] Begriff und Maßeinheit, mit dem die Reife der Beeren ausgedrückt wird. Nach dem Gewicht des Mostes wird mit der Öchslewaage der Zuckergehalt berechnet. Bei Mostgewicht wird das Verhältnis zwischen Wasser und aufgelösten Substanzen (wie Säure und vor allem Zucker, dessen Anteil 90 % aller aufgelösten Stoffe im Beerensaft beträgt) gemessen. Während der Beerenreife nimmt die Dichte des Beerensaftes durch Zunahme des Zuckers zu. Diese Saftdichte wird Mostgewicht genannt. Da Zucker während der Gärung in Alkohol umgesetzt wird, kann man an Hand des Mostgewichtes den zu erwartenden Alkoholgehalt (potenzieller Alkohol genannt) des späteren Weins messen. In **Deutschland** wird die Maßeinheit **Öchsle** (°Oe) genannt. In **Frankreich** und **Australien** benutzt man die Maßeinheit **„beaumé"**, in **Italien „babo"**, in **Amerika „brix"** und in **Österreich** die **„Klosterneuburg-Mostwaage"** (KMW). All diese Einheiten messen aber nach dem gleichen Prinzip, wobei 16,5 g Zucker ungefähr 1 % Alkohol ergibt.

Mostrich [*Gewürze & Kräuter*] ↑**Senf**

Motal [*Käse*] **Herkunft:** Aserbaidschan; **Käsesorte:** ↑**Knetkäse**; **Milch:** wahlweise **Kuh**- oder ↑**Schafsmilch**; **Info:** Im Kaukasus und in Georgien ist es alte Tradition, ↑**Käse** in ↑**Lake** zu legen. Nachdem die Schafs- oder Kuhmilch gelabt worden ist, bringt man die ↑**Bruch**masse zum Kochen. Wenn sie schön kompakt ist, wird sie mit ↑**Molke** verknetet und zu runden Laiben geformt. Anschließend wird der Käse gesalzen und mehrere Monate lang in Lake gereift.

Mothais sur feuille [*Käse*] **T Herkunft:** Frankreich/Poitou-Charentes; **Käsesorte:** auf einem Kastanien-, Platanen- oder Weinblatt gereifter ↑**Weichkäse**, 45 % ↑**Fett i. Tr.**; **Milch:** rohe ↑**Ziegenmilch**; **Geschmack: frisch** – milchig, säuerlich – **gereift** – nimmt die Aromen der Blattsorte an; **Info:** Die Blätter absorbieren die Feuchtigkeit des frischen Käses und geben sie zurück, wenn der ↑**Käse** reift und trocken wird. **Weinempfehlung:** Zum ↑**Aperitif** mit einem „Pineau de Charentes" (süßer Aperitifwein, dessen Gärung durch die Zugabe von ↑**Cognac** gestoppt wurde). Weiß- und Rotweine aus der Touraine, leichter Rotwein aus der Charentes

Mou [*Franz. Fachwort*] Weich

Mouclade [*Franz. Speisekarte*] **R** Muschelgericht mit ↑**Knoblauch**, ↑**Butter**, ↑**Petersilie**, ↑**Pfeffer**, ↑**Zitronensaft** im ↑Weißwein**sud**. Die sauberen ↑**Muscheln** werden in einem geschlossenen Topf mit Weißwein und den Zutaten gegart, mit ↑**Mehl** bestäubt und mit ↑**Eigelb** sowie ↑**Sahne** gebunden. Anschließend nicht mehr kochen lassen. Muscheln immer in einem Gefäß mit Deckel zubereiten. ↑**Muscheln kochen**

Mouclade charentaise [*Franz. Speisekarte*] **R** ↑**Miesmuscheln** in einer ↑**Soße** aus ↑**Butter**, ↑**Mehl**, ↑**Zitronensaft**, ↑**Eigelb**, ↑**Petersilie**, ↑**Knoblauch**, ↑**Sahne**, ↑**Pfeffer**, ↑**Salz**, ↑**Thymian** und einem ↑**Lorbeerblatt.** ↑**Muscheln** immer in einem Gefäß mit Deckel zubereiten.

Moudre [*Franz. Fachwort*] Mahlen

Moufflon [*Franz. Speisekarte*] ↑**Muffelwild.** ↑**Jagdzeiten für heimisches Wild**

Mouiller [*Franz. Fachwort*] Befeuchten, eine Flüssigkeit angießen, auffüllen, z. B. bei Ansätzen

Moule [*Franz. Speisekarte*] ↑**Muschel**

Moulé [*Franz. Fachwort*] In eine Form geben, füllen

Moules à la poulette [*Franz. Speisekarte*] **A** ↑**Miesmuscheln** in ↑**Weißer Grundsauce** mit ↑**Zitronensaft** und gehackter ↑**Petersilie.** ↑**Muscheln kochen**

Moules à la provençale – moules à la marseillaise [*Franz. Speisekarte*] **R** Die vorgekochten ↑**Muscheln** werden in ihrer Schale auf eine feuerfeste Platte gelegt und mit einer Buttermischung (↑**Butter**, ↑**Zitronensaft**, ↑**Salz**, ↑**Pfeffer**, gehackten ↑**Schalotten**) und ↑**Semmelbrösel** im Rohr überbacken. ↑**Muscheln kochen**

Moules au marinier [*Franz. Speisekarte*] **R** ↑**Miesmuscheln** mit ↑**Butter**, ↑**Weißwein**, ↑**Schalotten**, ↑**Petersilie**, ↑**Pfeffer** und manchmal ↑**Eigelb** zubereitet. ↑**Muscheln** immer in einem Gefäß mit Deckel zubereiten. ↑**Muscheln kochen**

Moules au naturel *[Franz. Speisekarte]* **A** ↑**Miesmuscheln** im ↑**Sud.** ↑**Muscheln kochen**

Moules au riz pilar *[Franz. Speisekarte]* **A** ↑**Miesmuscheln** mit ↑**Reis** und einer ↑**Currysauce.** ↑**Muscheln kochen**

Moulin, moulinette *[Franz. Fachwort]* (Hand-)Mühle

Moulleux *[Weinkunde]* Französisch für lieblich. Ein Wein mit dieser Bezeichnung hat eine Restsüße von 30 bis 40 g/l.

Mountain Chicken *[Intern. Länderküche]* Wie jede Insel in der Karibik hat auch Dominica ein „Nationalgericht" kreiert: **„Mountain Chicken"** heißt es. Das Fleisch ist zwar hell und schmeckt fast wie Huhn; jedoch sind es recht große ↑**Froschschenkel.**

Mountain Shepherd *[Käse]* **Herkunft:** USA/Putney; **Käsesorte:** halbfester ↑**Schafskäse** mit Naturrinde, der nach 6 Monaten seine optimale Reife erreicht

Mourtairol – potage au safran *[Franz. Speisekarte]* **A** Dieses Gericht wird aus einer mit ↑**Safran** gewürzten ↑**Hühnerbrühe** bereitet. Man gibt Weißbrotscheiben in eine Terrine, tränkt sie mit Brühe und lässt alles eine halbe Stunde im Rohr dünsten, dabei immer wieder von der Brühe nachgießen.

Mourvèdre *[Weinkunde]* Rote Rebsorte, die als Mataro in Spanien bekannt ist und angeblich in der Gegend der gleichnamigen Ortschaft in Valencia ihre Heimat hat. Sie ist fester Bestandteil verschiedener Rotweine, die in Südost-Spanien angebaut werden. Als Mourvèdre soll sie allerdings schon seit mehreren Jahrhunderten in Südfrankreich bekannt sein. Die Rebe macht es dem Winzer nicht leicht: Sie treibt sehr spät aus und reift auch sehr spät. Dazu verlangt sie viel Wärme, fordert die beste Lage im Weinberg. Im Ertrag ist sie bescheiden: Sie liefert dickschalige, kleine Beeren, die aber konzentrierte Weine mit Geschmacksnoten von ↑**Brombeeren** ergeben. Ihr Bonus ist vor allem, dass sie ihre Säure behält, auch im heißen Klima des Midi, warum sie begehrter Verschnittpartner wurde. In Bandol, einem kleinen Weinbaugebiet in der Nähe von Toulon, entstehen aber verblüffende, sehr konzentrierte Weine, die oft mehr als zehn Jahre Flaschenlagerung brauchen, um sich zu entfalten. Auch ist sie eine der am häufigsten benutzten Rebsorten für die Produktion der ↑**Châteauneuf-du-Pape**-Weine. Mourvèdre wird auch in Griechenland, Frankreich, USA, Spanien und Afrika angebaut.

Moussaka *[Griech. Speisekarte]* **A** Begriff aus der griechisch/türkischen Küchenkultur für ↑**Gemüse**-↑**Hackfleisch**-↑**Auflauf.** Ihn gibt es in vielen Variationen, wobei aber die Lagen von halbierten ↑**Auberginen**, Hackfleisch und ↑**Béchamel**-Soße immer abwechseln. Moussaka wird mit geriebenem ↑**Käse** bestreut und im Ofen überbacken.

Mousse *[Unsere Küche]* **A** Schaumige Masse (↑**Farce**) zur Füllung, zum Pochieren und Stürzen, in Aufläufen, warm oder kalt serviert, auch garniert als Vorspeise. Hauptbestandteile sind meistens ↑**Geflügel**- oder ↑**Wildfleisch**, ↑**Leber** oder ↑**Fisch**. Das betreffende ↑**Fleisch** oder ↑**Gemüse** wird dazu ganz fein püriert, die Weiterverarbeitung erfolgt immer auf Eis. Die Mousse de langouste z. B. wird aus püriertem ↑**Langusten**fleisch hergestellt, das auf Eis mit Fisch-↑**Velouté** und flüssigem ↑**Aspik** verarbeitet wird. Zum Schluss wird ↑**Schlagsahne** untergezogen. Die Form der Mousse bleibt jedem überlassen. **Im Unterschied zur „Mousse" wird „Mousseline" statt mit sehr steifem ↑Eischnee und geschlagener ↑Sahne nur mit steif geschlagener Sahne zubereitet.**

Mousse au chocolat *[Unsere Küche]* **R** Feine eisgekühlte Schokoladenschaumcreme, die ausschließlich aus bitterer ↑**Schokolade**, ↑**Eiern** und ↑**Sahne** hergestellt wird. **Grundrezept:** 200 g Schokolade raspeln und mit 5 EL sehr starkem Espresso vorsichtig schmelzen lassen; 5 Eier trennen, das **Eiklar** mit Puderzucker sehr steif schlagen; Eigelb mit etwas Bourbon-↑**Vanillezucker** und ein wenig ↑**Orangenlikör** schaumig rühren; 1/8–1/4 l Sahne steif schlagen. – Sobald die Schokolade abgekühlt ist, wird nach und nach zuerst die Eigelbmasse, dann die Schlagsahne und zum Schluss das steif geschlagene Eiweiß vorsichtig unter die Schokoladenmasse gehoben. Mit geraspelter Schokolade und Schlagsahne garnieren.

Mousse de brochet aux queues d'écrevisses *[Franz. Speisekarte]* **A** Warme, lockere ↑**Hecht**creme mit ↑**Krebsschwänzen**

Mousse de foies de volailles *[Franz. Speisekarte]* **A** Schaumige, leichte ↑**Geflügelleber**creme

Mousse de grive *[Franz. Speisekarte]* Leichte Creme von ↑**Krammetsvögeln**

Mousse de truite cardinal *[Franz. Speisekarte]* **R** Lockeres ↑**Mousse** aus ↑**Forellen**fleisch, mit ↑**Eiweiß**, ↑**Salz**, ↑**Pfeffer**, ↑**Muskat**, ↑**Nelke**, ↑**Ingwer**, ↑**Zimt** und ↑**Sahne** im Wasserbad gekocht, dazu eine ↑**Trüffel**sauce

Mousseline *[Franz. Speisekarte]* **A** **1.** Feine Schaummasse aus pürierten Zutaten, mit steif geschlagener ↑**Sahne**, pikant oder süß; **2.** Sauce ↑**Hollandaise** mit untergehobener, steif geschlagener Sahne (↑**Sauce chantilly**)

Mousseline de foies de volaille *[Franz. Speisekarte]* **A** Mit ↑**Geflügelleber**creme gefülltes ↑**Blätterteig**pastetchen

Mousseux *[Weinkunde]* Französisch für schäumend. Der Begriff bezieht sich auf alle ↑**Schaumweine** außer ↑**Champagner**, der nie als Vin mousseux bezeichnet würde.

Moussieren *[Weinkunde]* Starkes Perlen (Getränke)

Moût *[Hausbar]* ↑**Most**

Moutarde de Dijon *[Franz. Speisekarte]* Der typische franz. ↑**Senf** mit ↑**Most** von unreifen ↑**Trauben** und ↑**Wein**, scharf, aber fein und fruchtig. ↑**Dijon-Senf**

Moutarde en grains *[Franz. Speisekarte]* Körnersenf

Mouton [*Franz. Speisekarte*] ↑**Hammel**, ↑**Schaf**

Mouvedre [*Weinkunde*] Alte rote Rebsorte (↑**Mourvèdre**), die vor allem am Mittelmeer angebaut wird, ziemlich spät reift, aber ↑**Tannine** entwickelt, die ihre Weine lange haltbar machen. Sie gedeiht hervorragend im Bandol an der provenzalischen Küste. In der Domaine Tempier, der Domaine de la Vivonne oder der Domaine Pibarnon wurde jüngst der Mouvedre-Anteil noch gesteigert. In Katalonien heißt sie Mataro, in Spanien Monastrell.

Mozart [*Kaffee*] **T** (Kaffeespezialität) Großer ↑**Mokka** mit ↑**Cherry Brandy** und ↑**Schlagsahne**

Mozzarella [*Käse*] **T** **Herkunft:** Italien; **Käsesorte:** reinweißer ↑**Knetkäse** ohne Rinde, 45 % ↑**Fett i.Tr.**; **Milch:** erhitzte Kuhmilch oder ↑**Büffelmilch; Teig:** weiß, geschichtet, ohne Löcher; **Geschmack:** frisch, leicht sauer und salzig; **Info:** Der Mozzarella (ital.: la Mozzarella) ist ein seit Jahrhunderten hergestellter ↑**Käse** aus Büffelmilch. Er muss bis zum Verzehr in einer Salzlake liegen. **Verwendung:** Vielfach wird Mozzarella in der ↑**Italienischen Küche** als Vorspeise (↑**Antipasti**) mit ↑**Tomaten** und frischem ↑**Basilikum** (↑**Caprese**) oder als ↑**Pizza**belag und zum Überbacken verwendet.

Mr. Bresee [*Kartoffelsorte*] **Kochtyp:** ↑**Vorwiegend festkochende Kartoffeln; Herkunft:** Amerika; **Jahr der Zulassung:** 1870; **Schale:** rosa gelb; **Fleisch:** rosa, kräftiger Geschmack; **Knolle:** oval; **Reifezeit:** mittelfrüh

Muc xao chua ngot [*Intern. Länderküche*] Begriff aus der vietnamesischen Küchenkultur für gebratene ↑**Tintenfische** süß-sauer. ↑**Vietnamesische Küche**

Muck [*Fleischprodukte*] Regionale Bezeichnung für das weibliche ↑**Schwein**

Muckefuck [*Kaffee*] Bezeichnung für einen sehr dünnen ↑**Kaffee** oder ↑**Kaffeeersatz**getränk. Für die etymologische Herkunft des Wortes gibt es zwei Erklärungen: Preußische Soldaten sollen die Bezeichnung „Mocca faux" (franz. „falscher Kaffee") 1870 während des deutsch-französischen Krieges eingedeutscht haben. Wahrscheinlicher ist, dass es sich um eine Zusammensetzung aus „Mucken" („brauner Holzmulm") und „fuck" („faul") handelt. Der Ausdruck könnte aus Westfalen stammen.

Muddler [*Hausbar*] ↑**Stößel**

Mu-err Pilze [*Asiatische Küche*] **A** Auch bekannt als Wolkenohr, Holzohren, Judas- oder Baumpilz, werden fälschlicherweise als chinesische ↑**Morcheln** oder sogar als Morcheln bezeichnet. Mu-err Pilze sind in der asiatischen Küche sehr begehrt. In frischem Zustand haben sie kaum eigenes Aroma, getrocknet verbreiten sie einen zarten Morchelduft. Diese Pilze werden hier nur getrocknet angeboten und müssen vor ihrer Verwendung in warmem oder heißem Wasser eingeweicht werden. Die harten Stängelansätze sind unbrauchbar! Seine Quellfähigkeit ist enorm, dadurch nimmt er auch die Geschmacksstoffe mitgekochter Zutaten und ↑**Gewürze**, vor allem ↑**Knoblauch**, gut an. Er wächst auf alten Holunderstämmen und Laubbäumen.

Muffelwild [*Fleischprodukte*] **T** Wild lebende Schafart, die an den großen Hörnern („Schnecken") zu erkennen ist, die die männlichen Tiere („Widder") auf dem Kopf tragen. Muffelwild lebt in großen Mischwäldern mit eingeschlossenen Waldwiesen und kann vom 1. 8. bis 31. 1. gejagt werden.

Muffins [*Backstube*] **R** Weiches Gebäck, das man in England warm zum Tee reicht, in Amerika Kultstatus hat und in Deutschland immer beliebter wird. Ob mit frischen oder getrockneten ↑**Früchten**, ↑**Beeren**, ↑**Nüssen**, ↑**Schokolade**, verschiedenen ↑**Glasuren**, ↑**Gemüse**, ↑**Käse** oder **Fleisch**, die Palette ist breit. Wahrscheinlich gibt es fast 1000 verschiedene Muffinrezepte. **Grundrezept für 12–18 (Schokoladen)** ↑**Muffins:** 100 g ↑**Schokolade;** 300 g ↑**Mehl;** 2 TL ↑**Backpulver;** 1/2 TL ↑**Natron;** 1 Prise ↑**Salz;** 2 ↑**Eier;** 150 g ↑**Margarine;** 80 g ↑**Zucker** (bei den pikanten Muffins weglassen, verzichten); 250 ml ↑**Milch. Zubereitung:** Backofen auf 200° C vorheizen und Muffinblech gut einfetten. Schokolade grob raspeln. Mehl, Backpulver, Natron, Salz und Schokolade in einer Schüssel mischen. In einer anderen Schüssel Eier, Butter, Zucker und Milch schaumig schlagen. Mehlgemisch dazusieben und unterrühren. Teig in die Förmchen füllen und ca. 20 Min. backen. Pikante Muffins (mit ↑**Gemüse**, ↑**Hackfleisch**, ↑**Käse** usw.) ohne Papierförmchen backen. Alle Zutaten bei Zimmertemperatur verwenden. Den Backofen immer gut vorheizen. Muffins vor dem Herauslösen aus der Form erkalten lassen. Teig beim Einfüllen in die Förmchen nicht mehr rühren.

Mug [*U.S. Kitchen*] Größerer Bierkrug oder größere Kaffeetasse

Muggine [*Ital. Speisekarte*] ↑**Meeräsche**

Mughetto [*Käse*] **Herkunft:** Italien; **Info:** Abwechselnde Schichten ↑**Mascarpone** und ↑**Gorgonzola** in flacher länglicher Form; **Käsesorte:** Cremiger ↑**Weichkäse** mit mild-würzigem Geschmack (Mischung der beiden Produkte)

Muguet [*Franz. Speisekarte*] ↑**Waldmeister**

Muh pad hed [*Asiatische Küche*] Begriff aus der thailändischen Küchenkultur für ↑**Schweinefleisch** mit Baumpilzen (↑**Mu-err**)

Muh pad johd khao pod [*Asiatische Küche*] Begriff aus der thailändischen Küchenkultur für ↑**Schweinefleisch** mit ↑**Mais**

Muh pad tängkwah sei khai [*Asiatische Küche*] Begriff aus der thailändischen Küchenkultur für ↑**Schweinefleisch** mit ↑**Gurken**

Muid [*Weinkunde*] Frankreich: Weinfass mit 1300 l Fassungsvermögen

Mulet court bouillon [*Franz. Speisekarte*] **A** ↑**Meeräsche** in aromatischem ↑**Sud** gekocht, mit ↑**Butter** oder einer ↑**Soße** serviert

Mulet rouge [*Franz. Speisekarte*] Rote ↑**Meerbarbe**

Müller, Dieter [*Berühmte Köche*] **Dieter Müller,** *1948 in Aaggen, Baden, D – seit Februar 1992 Inhaber des Restaurants Dieter Müller, Schlosshotel Lerbach, Bergisch Gladbach. Müller, der aus einer Gastronomenfamilie stammt (sein älterer Bruder Jörg Müller ist ebenfalls Spitzenkoch), gehört zu den besten Köchen der Welt. Bekannt für das „Amuse bouche Menü", das den Gast in19 kleinen Gerichten (serviert in fünf Gängen) auf eine lukullische Weltreise schickt. Für sein 2000 erschienenes Kochbuch „Geheimnisse aus meiner Drei-Sterne-Küche" wurde er als erster Deutscher mit dem Kochbuchpreis „Prix la Mazille International" ausgezeichnet; 2003 erhielt er die höchste gastronomische Auszeichnung der USA, den „Five Star Diamond Award". Der Restaurant-Guide „Gault-Millau 2006" verlieh Dieter Müller (sowie Harald ↑**Wohlfahrt** und Helmut ↑**Thieltge**) mit 19,5 (von 20 möglichen, noch nie vergebenen) Punkten die aktuelle Höchstwertung. Im Juli 2005 durfte Dieter Müller als erster deutscher Koch eine Rose auf seinen Namen taufen.

Müllerin Art [*Speisegarnitur*] ↑**Meunière, à la**

Müller-Thurgau [*Weinkunde*] Weiße Rebsorte, die ihren Namen und ihre Existenz Dr. Müller aus dem Schweizer Thurgau verdankt. Sie ist das Ergebnis einer Kreuzung zwischen ↑**Riesling** und ↑**Silvaner**, die Dr. Müller 1882 in Geisenheim gelang. Seine Ambition war es, eine Rebsorte zu züchten, die die Qualitäten der Rieslingrebe haben sollte, jedoch nicht ihre Nachteile wie die späte Reife voller Risiken. Tatsächlich ist Müller-Thurgau frühreifend, verkörpert aber keine der weiteren erhofften Qualitätsmerkmale des noblen Riesling. So fehlt es den Weinen an genügend Säure, weshalb sie für die Flaschenreife ungeeignet sind. War die Begeisterung für diese neue Rebsorte am Anfang begrenzt, fand sie im Deutschland der Nachkriegszeit großen Beifall, da sie enorme Erträge pro ha produzieren kann. Müller-Thurgau trifft man in Luxemburg, England und vor allem Neuseeland an. Die Weine können, obwohl nie großartig, trotzdem attraktiv sein, wenn eine Ertragsbeschränkung in Kauf genommen wird. **Weitere Weine dieser Familie sind**: Müller, Müllerica, Müllerovo (Slowakei), Müller Thurgeau (Chile), Riesling x Sylvaner (Österreich, Schweiz, Luxemburg), Rivaner (Österreich, Deutschland, Luxemburg) und Rizvanac Bijeli, Rizvanec (Kroatien, Slowenien).

Mullet [*U.S. Kitchen*] ↑**Meerbarbe**

Mulligatawny [*Intern. Länderküche*] **A** Indische Suppe aus in ↑**Butter** angedünsteten Zwiebelwürfeln, ↑**Geflügelbrühe** (↑**Fond**), ↑**Curry** und ↑**Rahm.** Als Einlage sind ↑**Reis** und ↑Gemüse**julienne** üblich. Die Suppe kann auch kalt serviert werden.

Müllnahrung [*Gesundheit*] ↑**Junk Food**

Multikultiküche [*Fachkunde*] Die Globalisierung hat nicht nur den Wissenshorizont erweitert, sondern auch den kulinarischen. Noch nie in der Geschichte der Menschheit konnten so frische, hochwertige Lebensmittel aus aller Welt problemlos zu Hause eingekauft werden, unabhängig von der Jahreszeit. Ob die Gaumenfreuden des Urlaubs oder die Speisen der Einwanderer: Diese Einflüsse auf den neuesten Stand der Ernährungslehre gebracht und zubereitet, nennt sich Multikultiküche. Frei nach dem Motto, egal woher, Hauptsache, es schmeckt. Sie ist die Küche der Zukunft, ihre unkomplizierte Art wird sich durchsetzen. ↑**Cross-over cooking**

Multivitaminsaft [*Gesundheit*] **T** Eigentlich ist die Vorstellung, dass die flüssige Fruchtmischung aus der Flasche viele ↑**Vitamine** liefert, nicht schlecht. Kein Pressen, kein Schälen mehr. Das hat den Boom der Multivitaminsäfte ausgelöst. Doch wo steckt der Pferdefuß? Das deutsche Recht verlangt, dass hundert Milliliter oder Gramm eines Lebensmittels mindestens 15 % des Tagesbedarfs an einem Vitamin decken müssen, damit es der Anbieter aufs Etikett schreiben darf. Und wer beim Multivitaminsaft genau auf das Etikett schaut, sieht, dass diese Säfte mit künstlichen Vitaminen „angereichert" sind. Was kein Problem darstellen würde, wären da nicht Zusätze wie ↑**Vitamin A** und ↑**Vitamin D**, die bei einer Überdosierung sehr schädlich sein können. Vitaminisierte Säfte haben allein auch keine vorbeugende Wirkung, und die Zusätze sind unsinnig, weil es hier zu Lande keinen verbreiteten Vitaminmangel gibt. **Jeder Arzt oder Apotheker empfiehlt Schwangeren, auf Getränke zu verzichten, die mit Vitamin A und D angereichert sind, ebenso auf Vitaminpillen.**

Münchner Weißwurst [*Fleischprodukte*] **A** Die derzeit gültige Rezeptur für „Echte Münchener Weißwürste" bzw. „Original Münchener Weißwürste" wurde am 15. März 1972 im Amtsblatt der Landeshauptstadt München festgehalten. So werden sie nach redlichem Gewerbebrauch und vorherrschender Verbrauchererwartung hergestellt aus: überwiegend ↑**Kalbfleisch**, gekochten ausgelösten Kalbskopfteilen mit Haut, kälbernem Bindegewebe – sowie gekochten ↑**Schwarten** junger ↑**Schweine**. Fertige Weißwürste dürfen insgesamt nicht mehr als 25 % Fremdwasser und 30 % Fett enthalten. ↑**Petersilie**, ↑**Zitrone** und andere ↑**Gewürze** unterstützen ihr feines Aroma. Weil die Wurst mit herkömmlichem Kochsalz und nicht mit Nitritpökelsalz zubereitet wird, hat sie eine helle grau-weiße Farbe. **Geschichte:** Nach der Überlieferung soll die „Weißwurst" (damals noch ↑**Stockwurst** genannt) am Faschingssonntag, 22. Februar 1857, in der Münchener Gaststätte „Zum Ewigen Licht" am Marienplatz durch Zufall kreiert worden sein. **Folgendes geschah angeblich:** Der damalige Wirt Sepp Moser machte wie jeden Sonntag früh die beliebten Kalbsbratwürste, als er feststellen musste, dass ihm die ↑Schafs**sait-**

linge ausgegangen waren. In seiner Not füllte er das helle ↑**Brät** in dickere Schweinedärme, drehte die Würste ab und brühte sie, weil er befürchtete, dass die Würste sonst beim Braten platzen würden. Nach anfänglichem Misstrauen seitens der Gäste wurde die neue Wurstkreation ein voller Erfolg. Lange Zeit jedoch blieb die Weißwurst in ihrer heutigen Form ein Leckerbissen für Begüterte; das einfache Volk begnügte sich mit der Stockwurst aus dem damals preiswerteren Rinderbrät. Erst nach dem 1. Weltkrieg wurde die Weißwurst zum ↑**Schmankerl** für alle. Besonders die Münchner Faschingsbälle verhalfen der Weißwurst zu ihrem legendären Ruf. **Früher durften Weißwürste das 12-Uhr-Läuten mittags nicht mehr hören, weil: 1.** das feine rohe Kalbsbrät mit den frisch gehackten Kräutern sehr schnell sauer wurde; **2.** noch keine Konservierungsstoffe bekannt waren und **3.** es die Kühlmöglichkeiten von heute noch nicht gab.

Mundgeruch [*Gesundheit*] ↑**Aceton**

Mungobohnen [*Allgem. Nährmittel*] **T** Die kleinen, olivgrünen ↑**Hülsenfrüchte** mit intensivem Aroma und hohem Vitamingehalt stammen aus Indien, wo man sie in Eintöpfen und Currys findet. Aus den Kernen werden hauptsächlich ↑**Sprossen** gezogen, die fester Bestandteil der ↑**Asiatischen Küche** sind. **Inhaltsstoffe:** 100 g reife Mungobohnen enthalten ∅ 273 kcal/1143 kJ, 10,3 g Wasser, 23,1 g Eiweiß, 41,3 g Kohlenhydrate, 15 g Ballaststoffe, 171 mg Kalium, 243 mg Magnesium, 123 mg Calcium, 9,8 mg Eisen und 0,49 mg Vitamin B_1.

Munster oder Munster-Géromé Geschützte Herkunftsbezeichnung [*Käse*] **T Herkunft:** Frankreich; **Käsesorte:** ↑**Weichkäse** mit gewaschener Rinde und ↑**Rotschmiere**, mind. 45 % ↑**Fett i. Tr.**; **Milch:** rohe Kuhmilch; **Teig:** fein, cremig und geschmeidig, manchmal mit ↑**Kümmel**; **Geschmack:** würzig, rustikal, leicht säuerlich; **Info:** Im Reifekeller bei 10 bis 12° C und 95 % Luftfeuchtigkeit werden die ↑**Käse** alle zwei Tage mit Salz**lake** abgewaschen, da man für die Entwicklung der Rotschmiere (Brévibacterium Linens) eine feuchte Basis braucht. Nach etwa drei Wochen zeigt der Käse mit dem typischen Orange die Reife an. **Getränkeempfehlung:** ↑**Bier**, ↑**Gewürztraminer** oder ↑**Pinot Gris**, aber auch kräftige, vollmundige Rotweine wie Côte-Rotie; **Verwendung:** Zum Abschluss einer Mahlzeit mit Kümmel bestreuen oder natur zu heißen ↑**Pellkartoffeln**, oft in regionalen Rezepten zu finden wie Munster-↑**Quiche**.

Münsterkäse [*Käse*] **Herkunft:** Deutschland; **Käsesorte:** ↑**Weichkäse** mit ↑**Rotschmiere** , 45 % ↑**Fett i. Tr.**; **Milch:** Kuhmilch; **Teig:** weich, aber nicht fließend; **Geschmack:** noch würziger und pikanter als ↑**Romadur**

Münsterländer Töttchen [*Regionale Spezialität*] **R** Traditionelles, süß-saures Soßengericht mit gewürfeltem, gekochtem ↑**Kalbfleisch**. **Grundrezept**: Das Kalbfleisch (Brust, Schulter und Hals) mit gewaschenem und geputztem ↑**Suppengrün** (↑**Lauch**, ↑**Karotten**, ↑**Sellerie**, ↑**Petersilien**stängel), ↑**Lorbeer**, ↑**Nelke**, ↑**Thymian**, ↑**Pfeffer**körnern und ↑**Salz** 1½ Stunden bei mittlerer Hitze in reichlich Wasser weich kochen. Das Fleisch aus der Brühe nehmen und in kleine Würfel schneiden, die Brühe durch ein feines Sieb gießen. ↑**Zwiebeln** in Würfel schneiden und in ↑**Butter** goldgelb anrösten. ↑**Mehl** darüberstäuben, leicht anbräunen lassen und mit ↑**Weißwein** ablöschen. So viel von der Brühe dazugießen, dass eine dickliche ↑**Sauce** entsteht. Die Sauce 15 Min. köcheln lassen, dann mit ↑**Essig**, etwas ↑**Zucker** und ↑**Senf** pikant und leicht säuerlich abschmecken. Die Fleischwürfel in die Sauce geben und einige Min. darin erhitzen. Dazu passen Roggenbrötchen, ↑**Bauernbrot** oder ↑**Petersilienkartoffeln**.

Mûr [*Franz. Fachwort*] Reif, abgelagert

Muräne [*Fisch*] **T** Aalartiger Raubfisch des Mittelmeeres. Das Fleisch der bis 1,5 m langen Muräne ist sehr wohlschmeckend. **Der Biss und auch das Blut der Muräne sind giftig.**

Murat, Historischer Speisename [*Speisegarnitur*] **A 1.** Joachim (1765–1815), Schwager Napoleons I., König von Neapel, erfolgreicher Feldherr; **2. Speisegarnitur** für **Fisch** – mit gewürfelten, in ↑**Butter** angeschwenkten ↑**Artischockenböden**, ↑**Kartoffeln**, ↑ **Tomates concassées** und gehackter ↑**Petersilie**

Murazzano DOP Geschützte Herkunftsbezeichnung [*Käse*] **T Herkunft:** Italien/Provinz Cuneo (Alta Langa); **Käsesorte:** Traditioneller piemontesischer ↑**Robiola** (↑**Frischkäse**), 40 % ↑**Fett i. Tr.**; **Milch:** rohe Vollmilch von ↑**Schaf** und Kuh; **Rinde:** Nur bei Reife bildet sich eine dünne Rinde, die zur rötlichen Farbe neigt. **Geschmack:** mild säuerlich; **Info:** Der Murazzano DOP muss im charakteristischen dreieckigen Papier mit der Marke der Vereinigung oben aufgewickelt werden. **Verwendung:** Wird normalerweise frisch oder nach kurzer Reifezeit zu allen Mahlzeiten pur serviert oder mit Extravergine ↑**Olivenöl** und gemahlenem ↑**Pfeffer** zubereitet.

Mürbeschneider [*Fleischprodukte*] ↑**Steaker**

Mürbeteig [*Backstube*] **R Grundrezept für Böden:** 150 g ↑**Mehl**; 50 g ↑**Zucker**; 100 g ↑**Butter**; 1 ↑**Eigelb**; **Herstellung:** Die Zutaten und das Backgeschirr sollten bei der Zubereitung gut gekühlt sein! Das Mehl auf die Arbeitsplatte sieben, eine Mulde hineindrücken und erst den Zucker, dann das Eigelb in die Mulde geben. Zuletzt die Butter in kleine Stücke schneiden und auf dem Mehl verteilen. Die Zutaten mit den Händen (unter kaltem Wasser abkühlen) gut durchmischen. Den Teig zu einer Kugel formen und in Frischhaltefolie (oder Alufolie) im Kühlschrank ruhen lassen. Eine Springform fetten und gleichmäßig mit Mehl bestäuben. Den Ofen auf 200° C vorheizen. Die Teigkugel mit Mehl bestäuben, durchwalken und anschließend mit dem ↑**Nudelholz** auf der bemehlten Arbeitsfläche dünn (3 mm) ausrollen. Nun passend zur Springformgröße zuschneiden, auflegen, mit einer Gabel mehrfach anstechen, damit sich beim Backen keine Blasen bilden, und ca. 10 Min. bei 200–220° C backen.

Mûre [*Franz. Speisekarte*] ↑**Brombeere**

Murène [*Franz. Speisekarte*] ↑**Muräne**

Mûres [*Franz. Speisekarte*] ↑**Maulbeeren**

Murillo, Historischer Speisename [*Speisegarnitur*] **A** 1. Bartolomé Estéban (1617–1682), spanischer Maler, berühmt für seine Bilder zur biblischen Geschichte; **2. à la Murillo – Speisegarnitur** für **Seefischfilets** – Diese mit ↑**Zitronensaft** und ↑**Paprika** marinieren, salzen, mehlieren und vorsichtig in ↑**Butter** braten. Garnitur: mit **Gänseleber**mousse gefüllte ↑**Gurken**stücke und große ↑**Champignons** mit Sc. ↑**Hollandaise** überziehen. Dazu passen ↑**Kartoffeln** oder ↑**Reis.**

Murol [*Käse*] **Herkunft:** Frankreich. Murol, eine Neukreation mit dem Namen seines Ursprungsdorfes im Puy-de-Dome, ist ein eher neutral schmeckender Abkömmling des ↑**Saint Nectaire**. Dieser ↑**Käse** ist erkennbar an seiner orangeroten Farbe und an der Aussparung in der Mitte, die die Reifung beschleunigt. Dafür wird ein rundes Mittelstück mit einem Durchmesser von 3 bis 4 cm entfernt; man nennt es „Trou du Murol" (Murol-Loch) - es wird mit Wachs überzogen und separat verkauft.

Mus [*Unsere Küche*] Dickbreiige Masse, die durch Einkochen von ↑**Früchten** oder von ↑**Fruchtmark** ohne Zusatz von ↑**Zucker** oder ↑**Stärke**mitteln entsteht

Muscadelle [*Weinkunde*] Weiße Rebsorte, die vor allem als eine der drei für die Weißweinproduktion in Bordeaux eingesetzten Rebsorten bekannt ist. Obwohl die Appellation Contrôlée-Gesetzgebung für die Erzeugung weißer Bordeaux fünf Rebsorten erlaubt, werden meistens nur ↑**Sémillon**, ↑**Sauvignon Blanc** und (immer weniger) Muscadelle verwendet. Man trifft Muscadelle überwiegend im Entre-Deux-Mers an, wo, von Ausnahmen abgesehen, relativ belanglose Weine in enormen Mengen produziert werden. Sie verleiht aber auch Verschnitten Fruchtigkeit. Die meisten Weißweine des Bordeaux sind verschnitten. Dass Muscadelle auch anders kann, zeigen die in Australien aus ihr gekelterten hochwertigen und langlebigen Süßweine, die verwirrenderweise als Liqueur Tokay bekannt sind, jedoch unter diesem Namen nicht in Europa vermarktet werden dürfen.

Muscadet [*Weinkunde*] Sowohl der Name einer weißen Rebsorte als auch der von ihr produzierten Weine. Sie wird vor allem im westlichen Teil der Loire um die Stadt Nantes angebaut. **Synonym:** Melon de Bourgogne. Muscadet ist eine frühreifende Rebsorte, ein Vorteil in Gebieten, in denen das Klima für Weinbau nicht sehr vorteilhaft ist. Die von ihr produzierten Weine sind eher bescheiden, relativ neutral, mit einer Spur von grünen Äpfeln und trocken. Die besten Exemplare sind fast ausnahmslos die Muscadets de Sèvre et de Maine. Die fertigen Weine aus diesem Gebiet werden nach der Gärung für einige Zeit auf der Hefe im Fass oder Tank gelagert. Diese Methode, „sur lie" („auf der Hefe") genannt, wird vor allem eingesetzt, um dem Wein mehr Geschmack zu verschaffen. Dass die Rebsorte unter anderen klimatischen Voraussetzungen sehr wohl in der Lage ist, hochwertige Weine zu produzieren, zeigt die Tatsache, dass sie in Kalifornien bis vor kurzem für ↑**Pinot Blanc** gehalten wurde.

Muscat [*Weinkunde*] Sowohl der Name einer weißen Rebsorte, die in verschiedenen Unterarten weltweit vorkommt, als auch der aus ihr gewonnenen Weine. Die Muscat Blanc à Petits Grains dürfte die nobelste sein, während die Muscat Hamburg und Muscat Alexandria häufig für die Tafeltraubenproduktion angebaut werden. Obwohl die Muscat Ottonel die leichtesten Weine ergibt, wird sie in nördlichen Weinbaugebieten vorgezogen, da sie, im Gegensatz zu den anderen, frühreifend ist. Alle aus der Sorte gekelterten Weine weisen ein mehr oder weniger duftiges Traubenbukett auf. Je nach Anbaugebiet gibt es verschiedene Weinstile: Als Moscato d'Asti wird im Norden Italiens ein leicht moussierender, oft lieblicher Weißwein aus ihr gekeltert, während der Muscat d'Alsace ein völlig trockener Weißwein aus einem Verschnitt von Muscat Blanc à Petits Grains und Muscat Ottonel ist. Traditionell werden Süßweine aus dieser Rebsorte hergestellt, die ihren hohen Alkoholgehalt oft dem Zusatz von Branntwein verdanken.

Muschelfond [*Unsere Küche*] ↑**Brühe**, die beim Dünsten oder Kochen von ↑**Muscheln** entsteht. ↑**Muscheln kochen**

Muscheln [*Fisch*] **T Englisch:** clams, mussels, barnacles, cockles, scallops; **Französisch:** moules, coquillages, ostracés; **Italienisch:** cozze, conchiglie, vongole; **Spanisch:** mariscos, almejas. Im Wasser lebende Weichtiere (Mollusken) mit zweiklappiger Schale. Kommen in großen Mengen auf den Markt. In manchen Gegenden sind sie eine billige Mahlzeit. **Welche Muscheln kann man essen?** Gefischt werden in Deutschland ↑**Miesmuscheln** (ca. 30 000 t jährlich), ↑**Herzmuscheln** (ca. 5000 t) und ↑**Trogmuscheln** (ca. 100 t). ↑**Schwertmuscheln** sind noch relativ neu an deutschen Küsten. ↑**Austern** stammen nur aus Zuchten, da die heimische Auster ausgerottet wurde. **Info:** Die meisten höher entwickelten Muscheln ernähren sich, indem sie ihr Atemwasser filtern. Die im Mantelraum gelegenen Wimpern erzeugen einen gerichteten Wasserstrom, der durch eine Atemöffnung eintritt und durch die andere wieder austritt. Verdauliche Partikel im Atemwasser werden an den Kiemen aufgefangen und gelangen in einem Schleimpaket zur Mundöffnung. So kommen Muscheln mit sehr großen Wassermengen in Kontakt und tragen wesentlich zur Klärung der Gewässer bei. Miesmuscheln können z. B. bis zu 5 l Wasser pro Stunde filtern, Austern sogar bis zu 25 l. In den meisten Gewässerökosystemen nehmen Muscheln daher eine wichtige Stellung ein. **Gifte in den Muscheln:** Gelegentlich kann es nach dem Verzehr von Muscheln zu Vergiftungen kommen, da sie als Planktonfiltrierer (v. a. in stark verschmutzten Meeresregionen) auch für den Menschen giftige Organismen aufnehmen. Im Sommer vermehrt sich das Plankton sehr stark und wird von den Muscheln aufgenommen. Aus diesem Grund und wegen ihrer schnellen Verderblichkeit sollen Muscheln nur in den kalten Monaten mit „**r**" gegessen werden. Heute werden die meisten Muscheln in speziellen Meereswasserbecken gereinigt, bevor sie in den Handel gelangen, sodass die Gefahr der Vergiftung weitgehend gebannt ist. Auch kommt der größte Teil aus Muschelzuchten, wo die Nahrungsaufnahme der Tiere kontrolliert werden kann. Jedoch werden in südlichen Ländern auch im Sommer Muscheln angeboten, vor deren Rohgenuss gewarnt wird. ↑**Hepatitis.** So sollten Muscheln aus der Lagune um Venedig nie gegessen werden, da die gesamten Industrieabwässer von Mestre etc. ungeklärt in diesen Bereich der nördlichen Adria gelangen. **Wie fängt man Muscheln?** Miesmuscheln können einfach mit Dredgen (stählernen Schleppnetzen) von der Bodenoberfläche abgekratzt werden. Herz-, Trog- und Schwertmuscheln sitzen vergraben im Boden. Sie werden herausgespült und mit einem Saugrohr aufgesammelt. **Für die Küche** sind hauptsächlich ↑**Austern**, ↑**Herz-**, ↑**Mies-** bzw. ↑**Pfahl-**, ↑**Jakobsmuscheln** und einige regionale Arten von Bedeutung. ↑**Muscheln kochen** Sie werden frisch, gesalzen, geräuchert, mariniert oder in Konserven angeboten. Muscheln enthalten ∅ 11 % ↑**Eiweiß**, ∅ nur 1,2 % ↑**Fett** und wichtige ↑**Mineralstoffe**.

Muscheln kochen [*Unsere Küche*] **R Vorbereitung:** Zuerst überprüft man, ob die Muscheln frisch und unversehrt sind. **Nur lebend (also geschlossen) eignen sie sich zum Verzehr.** Muscheln in kaltem Wasser gründlich waschen, bürsten, die Barthaare entfernen, so lange waschen, bis das Wasser klar bleibt und am Beckenboden kein Sandkorn mehr zu sehen oder fühlen ist. **Offene Muscheln aussortieren und wegwerfen. Muschelsud:** Man wählt einen Topf, in dem die Muscheln gut Platz haben, und füllt ihn bis knapp zur Hälfte mit kaltem Wasser. Als Würzmittel verwendet man ↑**Weißwein**, in Streifen (↑**Julienne**) oder kleine Würfel geschnittene ↑**Zwiebeln**, ↑**Lauch**, (↑**Fenchel**, wenn vorhanden) ↑**Karotten** und ↑**Sellerie**, ↑**Knoblauch**, ↑**Tomaten** ohne Haut und Samen (↑**tomates concassées**), ↑**Thymian**, ↑**Lorbeer**, ↑**Pfeffer**, ↑**Safran** und ↑**Salz**. Nach dem Aufkochen sollte der Fond kräftig schmecken und das Gemüse einen leichten Biss haben. Mit dem Salz sehr vorsichtig sein, da sich in den geschlossenen Muscheln Meerwasser befindet. **Zubereitung:** Nur immer so viel Muscheln in den sprudelnd kochenden Sud geben, dass sie untertauchen können. Bei großer Hitze und unter häufigem, vorsichtigem Rühren mit geschlossenem Deckel garen, bis alle Muscheln geöffnet sind. Je nach Muschelart dauert das ca. 2 bis 5 Minuten. **Einzelne Exemplare, die sich beim Kochen nicht geöffnet haben, wegwerfen.** Längeres Garen macht Muscheln zäh und trocken, außerdem verlieren sie ihr Aroma. Die fertigen Muscheln sofort in tiefen Tellern oder Schüsseln mit Sud, Gemüse und frisch gehackter, glatter ↑**Petersilie** servieren. Dazu passt frisches ↑**Baguette** sehr gut. Am besten lassen sich ↑**Miesmuscheln** mit einem Paar bereits geleerter Schalen essen. Man greift das Muschelfleisch damit und zieht es aus seinen Schalen heraus; **Weiterverarbeitung:** Den restlichen Sud durch ein sehr feines Sieb gießen und kalt stellen. Kann auch portionsweise eingefroren für weitere Suppen oder Soßen verwendet werden.

Muschelpilz [*Speisepilze*] ↑**Austernpilz**

Musco [*Ital. Speisekarte*] ↑**Maul**

Muscolo [*Ital. Speisekarte*] ↑**Haxe**; ↑**Miesmuschel**

Museau de bœuf vinaigrette salade de... [*Franz. Speisekarte*] ↑**Ochsenmaulsalat** & ↑**Marinade, süßsaure**

Musetto [*Ital. Speisekarte*] ↑**Kochwurst**

Mushrooms [*U.S. Kitchen*] ↑**Pilze**

Muskat [*Weinkunde*] Griechischer Wein aus Samos, Limnos oder auch Patras. ↑**Muskateller**

Muskatblüte [*Gewürze & Kräuter*] **A Lateinisch:** Arillus myristicae, aber auch Myristica fragrans. **Synonym:** Macisblüte. **Englisch:** mace; **Französisch:** macis, fleur de muscade; **Italienisch:** mace; **Spanisch:** macia, macis. **Info:** Muskatblüte ist der getrocknete, vom Kern befreite, leuchtend rote, netzartige Samenmantel (Arillus) der ↑**Muskatnuss**, die in einer pfirsichähnlichen Frucht sitzt. **Herkunftsland:** Philippinen, Afrika, Brasilien, Molukken. Geruch und Geschmack sind stark aromatisch und würzig. Durch Lufttrocknung nach der Ernte wird Muskatblüte horn- bzw. wachsartig und brüchig. Sie kommt flachgepresst und getrocknet sowie gemahlen in den Handel. **Geschmack:** Muskatblüte ist in ihrer Würzkraft der Muskatnuss durch das feinere Aroma überlegen, sie schmeckt würziger bzw. feuriger und sollte noch vorsichtiger als Muskatnuss verwendet werden, da man sehr leicht überwürzt. **Verwendung in der Küche:** Wegen ihres zarten Aromas ist sie ideal zum Würzen von hellen ↑**Saucen**, ↑**Fisch**, ↑**Gemüse**, ↑**Desserts** und Gebäcken, aber auch feinen Fleischspeisen, Nudelgerichten, ↑**Pasteten** und verschiedenen ↑**Wurstsorten**.

Muskateller [*Weinkunde*] Weiße Wein- und Tafeltraube mit starkem Muskatbukett, in verschiedenen Formen über die ganze Weinwelt verbreitet, meist als Besonderheit. Ihre Heimat ist vermutlich Vorderasien.

Die Muskatellerfamilie gehört zu den ältesten Rebsorten, die vom Menschen kultiviert wurden. Mittlerweile kennt man über 200 Arten. In Deutschland werden nur der Gelbe und der Rote Muskateller angebaut. Die anderen Arten bringen in heißen Klimata neben Tafeltrauben einfache Landweine bis hochwertige Dessertweine. Die Traube ist mittelgroß, locker, länglich und walzenförmig, die Beere mittelgroß, rund, goldgelb und auf der Sonnenseite bräunlich. Der Geschmack ist knackig, saftig, kräftig muskatiert. Es handelt sich hierbei um eine wertvolle Tafeltraube. Hohe Lageansprüche wegen später Reife begrenzen den Anbau in Deutschland, und die starke Neigung zur Verrieselung (Abwurf der Fruchtansätze) begrenzt den Ertrag. In heißen Regionen erhält man hochreife, teils edelsüße Muskatweine oder durch Alkoholzusatz würzige Dessertweine. **Weitere international bekannte Muskateller:** Weiße Muskattraube, Schmeckende, Katzendreckler, Gelber Weihrauch (Österreich), Muscat Blanc, Muscat Blanc Commun (Frankreich), Moscato Bianco (Italien), Moscatel Menudo Bianco, Moscatel Morisco, Zoruno (Spanien), Weier Muskataly, Bela Dinka, Muskat Beli (Ungarn), Muskat Suti (Kroatien), Muskuti (Griechenland), White Muscat, Muscat Blanc (Kalifornien), Moscatel Rose (Argentinien), White Frontignan, Frontignac, Brown Muscat (Australien) sowie Muskadel (Südafrika).

Muskatellerkraut [*Gewürze & Kräuter*] ↑**Salbei**

Muskatnuss [*Gewürze & Kräuter*] **T Lateinisch:** Semen myristicae; **Englisch:** nutmeg; **Französisch:** noix de muscade, neuz moscada; **Italienisch:** moscata; **Spanisch:** moscada. **Info:** Muskatnuss ist der von Fruchtschale und Samenmantel (Arillus) befreite Samenkern des zur Familie der Muskatnussgewächse (Myristicaea) gehörenden kultivierten immergrünen Muskatnussbaumes. Er stammt ursprünglich von den Molukken, wird aber heute auch in Westindien und Südafrika kultiviert. Die reifen, aufgeplatzten Früchte werden per Hand gepflückt, vom Fruchtfleischmantel (Abfall) und vom orangeroten Samenmantel (↑**Muskatblüte**) befreit und mehrere Wochen getrocknet, bis der Kern in der Schale klappert. Die Schalen werden aufgeschlagen, Muskatnusskerne nach Größe sortiert und nachgetrocknet. Die eiförmigen, auf der Oberfläche netzartig gerunzelten Muskatnüsse sind 2 bis 3,5 cm lang und bis zu 2 cm dick. **Sie werden in folgende Sorten unterschieden: 1.** Siauw- oder Ostindische Muskatnuss, Westindische Muskatnuss: graubraune, rund-ovale, gekalkte oder ungekalkte Samen, 26–35 mm lang, Durchmesser 15–24 mm; **2.** Papua-Muskatnuss: graubraune, lang-ovale, gekalkte oder ungekalkte Samen, bis 35 mm lang, Durchmesser 10–18 mm; **3.** Geschrumpfte Muskatnuss: graubraune, rund-ovale, ungekalkte, stark gerunzelte Samen mit inneren Hohlräumen. Die Muskatnüsse (Sorte Siauw) von den Banda-Inseln (Inselgruppe der Molukken) sind die hochwertigsten. Nicht so gut sind die Muskatnüsse (Sorte Papua) aus dem Anbaugebiet Neu-Guinea. Verschimmelte Ware kann vom **Aspergillus flavus** befallen sein, der das **giftige Aflatoxin** bildet. Naturbelassene Muskatnüsse sind dunkel und zum Schutz vor Ungeziefer meist weiß gekalkt. Sie enthalten die Substanz Myristicin, die den brennenden Geschmack verursacht. Myristicin wirkt „haluzinogen". In den Anbauländern werden Zahnschmerzen, Rheumatismus und Ruhr damit behandelt. **Muskatnuss ist gesund für die Verdauung.** Zu viel ist aber schädlich. Bei 15 g eingenommenem Muskatnusspulver treten schwere Vergiftungserscheinungen auf! Myristicin hat Nebenwirkungen wie Verstopfung, Übelkeit, Herzjagen und Betäubung. **Verwendung in der Küche:** ↑**Würztabelle**; Muskatnüsse sind wichtiges Gewürz für Suppen, ↑**Soßen**, ↑**Kartoffeln**, ↑**Gemüse**, ↑**Fleisch**- und ↑**Fisch**gerichte, für ↑**Wurst**waren und die Weihnachtsbäckerei. Zum Würzen wird die Nuss am besten frisch gerieben, sie sollte nicht mitkochen. Geschmacklich ist sie bitterer und schärfer als die Muskatblüte, es gibt sie ganz oder gemahlen. Zur ↑**Likör**produktion und in der Lebensmittelindustrie werden hauptsächlich die ↑**Ätherischen Öle** verwendet.

Muskat-Ottonel [*Weinkunde*] (Weißweinrebsorte) Wahrscheinlich aus Muscat und Chasselas entstandene Kreuzung aus dem Loire-Gebiet. Die Rebe, die einen leichten bis kräftigen muskataromatischen Wein ermöglicht, wird in mittlerer Qualität in Frankreich, Österreich, Ungarn und Südosteuropa kultiviert.

Muskatwürzer [*Gewürze & Kräuter*] **T** Gewürzaromazubereitung aus gerösteter Weizenkleie, Aromastoffen, Muskatextrakt, Muskatblüte, ↑**Farbstoff**, Paprikaextrakt und ↑**Gehärtetem Fett**

Müsli [*Allgem. Nährmittel*] **T** (Schweizerdeutsch Müesli) Frühstücksgericht aus der Vollwertküche, das sich im Prinzip aus geschrotetem Getreide, Getreideflocken, Früchten und Nüssen sowie Leinsamen zusammensetzt. Es wird mit Milch, Jogurt oder Saft gegessen. Das klassische Bircher-Müsli aus Haferflocken, Äpfeln, Nüssen, Zitronensaft und Milch wurde vom Schweizer Arzt und Naturheilkundler Maximilian ↑**Bircher-Benner** in Anlehnung an ein traditionelles Schweizer Bauerngericht entwickelt. Die als Müsli erhältlichen Fertigprodukte haben oft zu viel Zucker und entsprechen den Anforderungen der Vollwertküche nicht.

Muslo de pollo [*Span. Speisekarte*] Hühnerkeule

Mustard [*U.S. Kitchen*] ↑**Senf**

Mutschelmehl [*Allgem. Nährmittel*] Süddeutsche Bezeichnung für ↑**Paniermehl**

Mutsu [*Obst*] **T Lateinisch:** Malus domestica; **Info:** Mutsu ist eine große bis sehr große Apfelsorte in hoch gebauter Form, insgesamt im Aussehen dem ↑**Golden Delicious** sehr ähnlich. Die glatte Schale ist hellgrün bis gelblich-grün und manchmal leicht orangerot angehaucht. Das cremig-weißliche, feste, saftige und knackige Fruchtfleisch weist einen harmonisch ausgewogenen süß-säuerlichen Geschmack auf. **Ursprung und Geschichte:** Mutsu ist 1930 aus einer Kreuzung von Golden Delicious und Indo in der Aomori-Versuchsstation in Kuroishi, Japan, entstanden. 1949 wurde er unter dem Namen „Mutsu" herausgegeben und 1968 als „Crispin" in den angloamerikanischen Ländern eingeführt. **Herkunft und Saison:** Mutsu werden in Mitteleuropa zwischen Anfang und Mitte Oktober geerntet und sind im ↑**Kühllager** bis Ende Dezember und im ↑**CA-Lager** bis Ende März haltbar. Der Beginn der Genussreife liegt etwa zwei Wochen nach dem Erntetermin. ↑**Apfel**

Mutterkorn [*Fachkunde*] **Lateinisch:** Claviceps purpurea. **Synonym:** Schlauchpilz, Wolfszahn, Krähenkralle, Brandkraut, Kornzapfen. **Bestimmungsmerkmale:** Der Mutterkornpilz ist ein Parasit, der sich während der Gras- und Getreideblüte an der Ähre festsetzt. Er entwickelt sich bis zur Reife zu einem 4 cm langen und etwa 3 mm breiten, blauschwarzen, kornähnlichen Gebilde. Das Mutterkorn ist wesentlich größer als ein Getreidekorn und daher recht auffällig. **Standort und Verbreitung:** Der Pilz gedeiht vorwiegend am ↑**Roggen**, ist aber auch an einigen Grasarten zu finden. **Geschichtliches:** Mutterkorn hat früher zu schrecklichen Massenvergiftungen geführt. Der auf dem Roggen wachsende Pilz konnte sich immer dann verbreiten, wenn das Frühjahr nass und der Sommer heiß und windig war. Roggen war damals für die arme ländliche Bevölkerung das Hauptnahrungsmittel. **Giftstoffe, Wirkung und Symptome:** Mutterkorn enthält die stark giftigen Alkaloide Ergotamin, Ergotoxin und Ergometrin. Der Wirkstoffgehalt ist stark schwankend. Die Vergiftung beginnt mit Kribbeln in Fingern und Zehen, der Patient leidet unter Durchfällen, Pupillenerweiterung und Durstgefühl. Da die Giftstoffe auf das Muskelgewebe wirken, kommt es zu starken Krämpfen und Lähmungen. Der Patient wird von heißen und kalten Schauern überfallen und leidet unter starken Nervenstörungen, die in Wahnsinnsanfällen gipfeln. Anfälle kehren wochen- und monatelang wieder und können stundenlang anhalten. Die Vergiftung kann so weit gehen, dass Gliedmaßen brandig werden und amputiert werden müssen. Die Mutterkornvergiftung kann zum Tode führen. Vergiftungen sind heute sehr selten. Seiner Auffälligkeit wegen nannte man den Pilz Mutterkorn. Dr. Albert Hofmann entwickelte daraus im Jahre 1943 das LSD.

Muttermilch [*Gesundheit*] Ist in ihrer Zusammensetzung die ideale Ernährung des Säuglings. Während der Stilldauer verändert die Muttermilch ihre Zusammensetzung. In den ersten Tagen nach der Geburt des Kindes wird eiweißreiche ↑**Kolostralmilch** (enthält viele Immunglobuline) gebildet. Am 6. bis 10. Tag nach der Geburt bildet sich die weniger eiweißreiche, dafür fett- und kohlenhydrathaltige transistorische ↑**Milch**. Die reife Milch enthält dann deutlich mehr ↑**Fett** und weniger ↑**Eiweiß**. Der Energiegehalt von Frauen- und Kuhmilch ist sehr ähnlich. Jedoch unterscheiden sie sich stark im Eiweißgehalt. Die Milch von Frauen enthält dreimal weniger ↑**Eiweiß** (1,1 g/100 ml) als Kuhmilch (3,5 g/100 ml). Diese hat dagegen weniger ↑**Milchzucker** und ↑**Fett**. Der Elektrolyt- und Mineralstoffgehalt der Kuhmilch liegt weit höher. Ein Menschenkind wäre nicht in der Lage, die hohe Menge an ↑**Mineralstoffen** aus der Kuhmilch über die Nieren auszuscheiden. **Daher darf Kuhmilch nur verdünnt als Säuglingsernährung verwendet werden.** Sowohl Kuh- als auch Frauenmilch sind relativ arm an ↑**Vitamin D**, sodass auch für gestillte Säuglinge zusätzlich Vitamin D als Rachitisprophylaxe empfohlen wird. Die ↑**Ernährung** des Säuglings mit Muttermilch ist von Vorteil, weil sie den Nährstoffbedarf des Säuglings optimal deckt. Außerdem enthält sie Schutzstoffe, die das Immunsystem des Kindes aufbauen. Diese fehlen in Kuhmilchzubereitungen oder werden durch Erwärmen zerstört. In Muttermilch können aber auch Schadstoffe (z. B. polychlorierte Biphenyle, Dioxine und Dibenzofurane) vorkommen, die sich im Laufe des Lebens in Fettdepots eingelagert haben. In den vergangenen Jahren ist allerdings ein Rückgang der Schadstoffbelastung zu beobachten, was mit der Verschärfung der gesetzlichen Bestimmungen für Schadstoffausstöße und Einsätze von giftigen Stoffen in Landwirtschaft, Industrie und Verkehr zusammenhängt.

Mutton [*U.S. Kitchen*] ↑**Hammel**

Müüslichruut [*Schweizer Küche*] Schweizer Bezeichnung für ↑**Salbei**

Mydia [*Griech. Speisekarte*] Begriff aus der griechischen Küchenkultur für ↑**Muscheln**

Mykorrhiza [*Fachkunde*] Symbiose (Lebensgemeinschaft zum beiderseitigen Vorteil) zwischen ↑**Pilzen** (Mykobiont) und höheren Pflanzen (Phytobiont), z. B. Bäumen. Dabei umschließen die Pilzfäden (Hyphen) die Wurzeln der Pflanzen, es kommt zum Stoffaustausch, der Pilz übernimmt dabei die Saugwurzelfunktion. Die Pflanze wird vom Pilz mit Wasser, ↑**Mineralstoffen** und ↑**Phosphor** versorgt, der Pilz erhält von der Pflanze ↑**Kohlenhydrate**. Bekannte Beispiele sind: der Goldröhrling (Suillus grevillei) als Mykobiont und die Lärche als Phytobiont – Birkenpilz und Birke.

Mykotoxine [*Gesundheit*] **T** Giftige Stoffwechselprodukte von ↑**Schimmel**-, ↑**Hefe**- und anderen -↑**Pilzen**. Es sind bisher über 300 Mykotoxine bekannt. Zu ihnen gehören Aflatoxine, Ochratoxin A, Patulin, Fusariotoxin T2, Zearalenon und Citrinin. Hohe Aflatoxingehalte werden z. B. in Produkten aus tropischen Ländern nachgewiesen, vor allem in ↑**Nüssen**.

im Verkehr mit Lebensmitteln oder in der Werbung für Lebensmittel erscheinende Darstellung oder Aussage, mit der erklärt, suggeriert oder mittelbar zum Ausdruck gebracht wird, dass ein Lebensmittel auf Grund seines Energiegehaltes oder Nährstoffgehaltes besondere Nährwerteigenschaften besitzt. Die durch Rechtsvorschrift vorgeschriebene Angabe der Art oder der Menge eines Nährstoffes sowie Angaben oder Hinweise auf den Alkoholgehalt eines Lebensmittels sind keine nährwertbezogenen Angaben im Sinne dieser Verordnung; **2. Nährwertkennzeichnung:** jede in der Etikettierung eines Lebensmittels erscheinende Angabe über a) den Brennwert; b) den Gehalt an Eiweiß, Kohlenhydraten, Fett, Ballaststoffen; c) die in Anlage 1 aufgeführten und gemäß den dort angegebenen Werten in signifikanten Mengen vorhandenen Vitamine und Mineralstoffe sowie Natrium; d) Stoffe, die einer der Nährstoffgruppen nach den Buchstaben b und c angehören oder deren Bestandteil bilden, einschließlich Cholesterin; **3. Brennwert:** der berechnete Energiegehalt eines Lebensmittels, wobei der Berechnung für 1 g Fett 37 kJ (oder 9 kcal); 1 g Eiweiß 17 kJ (oder 4 kcal); 1 g Kohlenhydrate 17 kJ (oder 4 kcal); (ausgenommen mehrwertige Alkohole); 1g Ethylalkohol 29 kJ (oder 7 kcal); 1 g organische Säure 13 kJ (oder 3 kcal); 1 g mehrwertige Alkohole 10 kJ (oder 2,4 kcal); 1 g **Salatrims** 25 kJ (oder 6 kcal) zu Grunde gelegt werden; **4. Eiweiß:** der nach der Formel „Eiweiß = Gesamtstickstoff (nach Kjeldahl) x 6,25" berechnete Eiweißgehalt; im Einzelfall können auch andere anerkannte lebensmittelspezifische Faktoren verwendet werden; **5. Kohlenhydrat:** jegliches Kohlenhydrat, das im menschlichen Stoffwechsel umgesetzt wird, einschließlich mehrwertiger Alkohole; **6. Zucker:** alle in Lebensmitteln vorhandenen Monosaccharide und Disaccharide, ausgenommen mehrwertige Alkohole; **7. Fett:** alle Lipide, einschließlich Phospholipide; **8. gesättigte Fettsäuren:** Fettsäuren ohne Doppelbindung; **9. einfach ungesättigte Fettsäuren:** Fettsäuren mit einer cis-Doppelbindung; **10. mehrfach ungesättigte Fettsäuren:** Fettsäuren mit durch cis-cis-Methylengruppen unterbrochenen Doppelbindungen; **11. „durchschnittlicher Wert" oder „durchschnittlicher Gehalt":** der Wert oder der Gehalt, der die in einem bestimmten Lebensmittel enthaltenen Nährstoffmengen am besten repräsentiert und jahreszeitlich bedingte Unterschiede, Verbrauchsmuster und sonstige Faktoren berücksichtigt, die eine Veränderung des tatsächlichen Wertes bewirken können. **§ 3 Beschränkung nährwertbezogener Angaben.** Im Verkehr mit Lebensmitteln oder in der Werbung dürfen nur nährwertbezogene Angaben verwendet werden, die sich auf den Brennwert oder auf die in § 2 Nr. 2 aufgeführten Nährstoffe, Nährstoffgruppen, deren Bestandteile oder auf Kochsalz beziehen. **§ 4 Nährwertkennzeichnung.** (1) Wer nährwertbezogene Angaben nach § 3 im Verkehr mit Lebensmitteln oder in der Werbung für Lebensmittel mit Ausnahme produktübergreifender Werbekampagnen verwendet, hat folgende Nährwertkennzeichnung anzugeben: **1.** den Brennwert und den Gehalt an Eiweiß, Kohlenhydraten und Fett oder **2.** den Brennwert und den Gehalt an Eiweiß, Kohlenhydraten, Zucker, Fett, gesättigten Fettsäuren, Ballaststoffen und Natrium des Lebensmittels, über das die nährwertbezogene Angabe erfolgt. Bezieht sich die nährwertbezogene Angabe auf Zucker, gesättigte Fettsäuren, Ballaststoffe, Natrium oder Kochsalz, so hat die Nährwertkennzeichnung mit den Angaben gemäß Nummer 2 zu erfolgen. (2) Die Nährwertkennzeichnung darf zusätzlich zu den Angaben nach Absatz 1 den Gehalt an **1.** Stärke; **2.** mehrwertigen Alkoholen; **3.** einfach ungesättigten Fettsäuren; **4.** mehrfach ungesättigten Fettsäuren; **5.** Cholesterin oder **6.** den in Anlage 1 aufgeführten und gemäß den dort angegebenen Werten in signifikanten Mengen vorhandenen Vitaminen und Mineralstoffen enthalten. (3) Bezieht sich eine nährwertbezogene Angabe auf Stoffe, die einer der in Absatz 1 oder 2 genannten Nährstoffgruppen angehören oder deren Bestandteil bilden, so ist die Angabe des Gehaltes dieser Stoffe erforderlich. Bei der Angabe des Gehaltes an einfach oder mehrfach ungesättigten Fettsäuren oder an Cholesterin ist zusätzlich der Gehalt an gesättigten Fettsäuren anzugeben. Diese Angabe verpflichtet nicht zu der Nährwertkennzeichnung gemäß Absatz 1 Nr. 2. **§ 5 Art und Weise der Kennzeichnung.** (1) Die Angaben nach § 4 sind in einer Tabelle zusammenzufassen und untereinander aufzuführen. Sofern die Anordnung der Angaben aus Platzmangel untereinander nicht möglich ist, dürfen diese hintereinander aufgeführt werden. Die Angaben nach § 4 Abs. 1 sind in der dort angegebenen Reihenfolge anzugeben. (2) Die Angabe des Brennwertes und des Gehaltes an Nährstoffen oder Nährstoffbestandteilen hat je 100 g oder 100 Milliliter des Lebensmittels zu erfolgen. Bei Lebensmitteln in Fertigpackungen, die erst nach Zugabe von anderen Lebensmitteln verzehrfertig sind, können diese Angaben stattdessen auf der Grundlage der Zubereitung gemacht werden, sofern ausreichend genaue Angaben über die Zubereitungsweise gemacht werden und die Angaben sich auf das verbrauchsfertige Lebensmittel beziehen. Zusätzlich können die Angaben je Portion erfolgen, die mengenmäßig auf dem Etikett festgelegt ist, oder je Portion, sofern die Anzahl der in der Verpackung enthaltenen Portionen angegeben ist. (3) Die Angabe des Brennwertes und des Gehaltes an Nährstoffen oder Nährstoffbestandteilen hat jeweils mit dem durchschnittlichen Wert oder Gehalt sowie in folgenden Einheiten zu erfolgen: 1. der Brennwert in ↑**Kilojoule (kJ)** und ↑**Kilokalorien (kcal)**; 2. der Gehalt an ↑**Eiweiß**, ↑**Kohlenhydraten**, ↑**Fett** (ausgenommen Cholesterin), ↑**Ballaststoffen** und ↑**Natrium** in Gramm (**g**); 3. der Gehalt an ↑**Cholesterin** in Milligramm (**mg**); 4. der Gehalt an ↑**Vitaminen** und ↑**Mineralstoffen** in den in Anlage 1 aufgeführten Einheiten. (4) In den Fällen, in denen ↑**Zucker**, mehrwertige ↑**Alkohole** oder ↑**Stärke** angegeben werden, hat diese Angabe unmittelbar auf die Angabe des Kohlenhydratgehaltes in folgender Weise zu erfolgen: **Kohlenhydrate g**, – davon Zucker **g**, – mehrwertige Alkohole **g**, – Stärke **g**. (5) In den Fällen, in denen die Menge oder die Art der ↑**Fettsäuren** oder die Menge des **Cholesterins** angegeben wird, hat diese Angabe unmittelbar auf die Angabe des Gesamtfetts in folgender Weise zu erfolgen: **Fett g**, – davon – ↑**Gesättigte Fettsäuren g**, – ↑**Einfach ungesättigte Fettsäuren g**, – ↑**Mehrfach ungesättigte Fettsäuren g**, – **Cholesterin mg**. (6) Angaben über Vitamine und Mineralstoffe müssen zusätzlich als Prozentsatz der in **Anlage 1** empfohlenen Tagesdosen ausgedrückt werden. (7) Die Angaben der Nährwertkennzeichnung sind an gut sichtbarer Stelle, in deutscher Sprache, leicht lesbar und bei Fertigpackungen unverwischbar anzubringen. Sie können auch in einer anderen leicht verständlichen Sprache angegeben werden, wenn dadurch die Information des Verbrauchers nicht beeinträchtigt wird. Die Angaben sind wie folgt anzubringen: 1. bei Abgabe in Fertigpackungen auf der Fertigpackung oder einem mit ihr verbundenen Etikett; 2. bei anderer Abgabe als in Fertigpackungen jeweils in Zusammenhang mit den 1401 § 5. (8) Abweichend von Absatz 7 Satz 3 Nr. 1 können die Angaben 1. bei Abgabe der Fertigpackungen an Gaststätten oder Einrichtungen zur Gemeinschaftsverpflegung auf einer Sammelpackung oder in einem den Erzeugnissen beigefügten Begleitpapier enthalten sein; 2. bei Fertigpackungen, die in der Verkaufsstätte zur alsbaldigen Abgabe an den Verbraucher hergestellt und dort, jedoch nicht zur Selbstbedienung, abgegeben werden, jeweils in Zusammenhang mit den nährwertbezogenen Angaben erfolgen; 3. bei Fertigpackungen, die in Gaststätten oder Einrichtungen zur Gemeinschaftsverpflegung zur alsbaldigen Abgabe an den Verbraucher hergestellt und dort, jedoch nicht zur Selbstbedienung, abgegeben werden, in einer dem Verbraucher zugänglichen Aufzeichnung enthalten sein, wenn der Verbraucher darauf aufmerksam gemacht wird. (9) Abweichend von Absatz 7 Satz 3 Nr. 2 können die Angaben 1. bei loser Abgabe an Gaststätten oder Einrichtungen zur Gemeinschaftsverpflegung in einem den Erzeugnissen beigefügten Begleitpapier enthalten sein; 2. bei Abgabe an Gaststätten oder Einrichtungen zur Gemeinschaftsverpflegung zum Verkehr an Ort und Stelle in einer dem Verbraucher zugänglichen Aufzeichnung enthalten sein, wenn der Verbraucher darauf aufmerksam gemacht wird. **§ 6 Verbot bestimmter Hinweise.** (1) Es ist verboten, im Verkehr mit Lebensmitteln oder in der Werbung für Lebensmittel Bezeichnungen, Angaben oder Aufmachungen zu verwenden, die darauf hindeuten, dass ein Lebensmittel schlankmachende, schlankheitsfördernde oder gewichtsverringernde Eigenschaften besitzt. Satz 1 gilt nicht für Lebensmittel im Sinne des § 14 a der Diätverordnung, die zur Verwendung als Tagesration bestimmt sind. (2) Es ist ferner verboten, im Verkehr mit Lebensmitteln oder in der Werbung für Lebensmittel Bezeichnungen, Angaben oder Aufmachungen zu verwenden, die 1. auf einen geringen Brennwert hindeuten, wenn a) bei Lebensmitteln, ausgenommen Getränken, Suppen und Brühen, der Brennwert mehr als 210 Kilojoule oder 50 Kilokalorien pro 100 g des verzehrfertigen Lebensmittels beträgt; b) bei Getränken, Suppen und Brühen der Brennwert mehr als 84 Kilojoule oder 20 Kilokalorien pro 100 Milliliter des verzehrfertigen Lebensmittels beträgt; 2. auf einen verminderten Brennwert hindeuten, wenn der Brennwert den durchschnittlichen Brennwert vergleichbarer herkömmlicher Lebensmittel um weniger als 30 vom Hundert unterschreitet; 3. auf einen verminderten Nährstoffgehalt hindeuten, wenn der Gehalt an Nährstoffen den durchschnittlichen Nährstoffgehalt vergleichbarer herkömmlicher Lebensmittel um weniger als 30 vom Hundert unterschreitet; abweichend davon darf auf eine Kochsalz- oder Natriumverminderung nur bei den in Anlage 2 genannten Lebensmitteln hingewiesen werden; die dort festgesetzten Höchstwerte der Natriumgehalte dürfen nicht überschritten werden. 4. auf einen geringen Kochsalz- oder Natriumgehalt hindeuten, wenn a) bei Lebensmitteln, ausgenommen Getränken, der Natriumgehalt mehr als 120 Milligramm pro 100 g des verzehrfertigen Lebensmittels beträgt; b) bei Getränken der Natriumgehalt mehr als 2 Milligramm pro 100 Milliliter des verzehrfertigen Lebensmittels beträgt. (3) Im Verkehr mit Lebensmitteln, die zur Verwendung als Mahlzeit oder anstelle einer Mahlzeit bestimmt sind, oder in der Werbung für solche Lebensmittel dürfen Bezeichnungen oder Angaben, die auf einen geringen oder verminderten Brennwert hindeuten, nur verwendet werden, wenn der physiologische Brennwert des verzehrfertigen Lebensmittels 1680 Kilojoule oder 400 Kilokalorien pro Mahlzeit nicht überschreitet. Für diese Lebensmittel werden die in Anlage 2 Liste A Nr. 2.2 der Diätverordnung genannten Eisenverbindungen als Zusatzstoffe zugelassen; die zugesetzte Menge an diesen Stoffen ist in entsprechender Anwendung des § 17 Abs. 1 in Verbindung mit § 25 Abs. 1 Nr. 2 der Diätverordnung anzugeben. (4) Abweichend von Absatz 3 darf in Gaststätten oder Einrichtungen zur Gemeinschaftsverpflegung für Hauptmahlzeiten zum Verzehr an Ort und Stelle der Hinweis **„zur gewichtskontrollierten Ernährung"** verwendet werden, sofern der Brennwert

2100 Kilojoule oder 500 Kilokalorien pro Hauptmahlzeit nicht überschreitet. § 7 **Straftaten und Ordnungswidrigkeiten.** (1) Nach § 52 Abs. 1 Nr. 8 des Lebensmittel- und Bedarfsgegenständegesetzes wird bestraft, wer Lebensmittel gewerbsmäßig in den Verkehr bringt, bei denen ein Gehalt an Zusatzstoffen entgegen § 6 Abs. 3 Satz 2 nicht oder nicht in der vorgeschriebenen Weise kenntlich gemacht ist. (2) Nach § 52 Abs. 1 Nr. 11 des Lebensmittel- und Bedarfsgegenständegesetzes wird bestraft, wer gewerbsmäßig im Verkehr mit Lebensmitteln oder in der Werbung für Lebensmittel entgegen § 3 oder § 6 Abs. 1 Satz 1, Abs. 2 oder 3 Satz 1 Bezeichnungen, Angaben oder Aufmachungen verwendet. (3) Wer eine in Absatz 1 oder 2 bezeichnete Handlung fahrlässig begeht, handelt nach § 53 Abs. 1 des Lebensmittel- und Bedarfsgegenständegesetzes ordnungswidrig. (4) Ordnungswidrig im Sinne des § 54 Abs. 1 Nr. 2 des Lebensmittel- und Bedarfsgegenständegesetz handelt, wer vorsätzlich oder fahrlässig entgegen § 4 Abs. 1 oder 3 Satz 1 oder 2 oder § 5 Abs. 2 Satz 1, Abs. 3, 4, 5, 6 oder 7 Satz 1 oder 3 Lebensmittel ohne die vorgeschriebene Kennzeichnung gewerbsmäßig in den Verkehr bringt. **Anlage 1.** (zu § 2 Nr. 2 Buchstabe c, § 4 Abs. 2 Nr. 6 und § 5 Abs. 3 Nr. 4 und Abs. 6) Vitamine und Mineralstoffe, die in der Angabe enthalten sein können, und ihre empfohlene Tagesdosis; Vitamin A 800 µg; Vitamin D 5 µg; Vitamin B_1 1,4 mg; Vitamin E 10 mg; Vitamin B_2 1,6 mg; Biotin 0,15 mg; Vitamin B_6 2 mg; Calcium 800 mg; Pantothensäure 6 mg; Phosphor 800 mg; Folsäure 200 µg; Eisen 14 mg; Niacin 18 mg; Magnesium 300 mg; Vitamin B_{12} 1 µg; Zink 15 mg; Vitamin C 60 mg; Jod 150 µg. In der Regel sollte eine Menge von mindestens 15 % der in dieser Anlage angegebenen Tagesdosis in 100 g oder 100 ml oder in einer Packung, sofern die Packung nur eine einzige Portion enthält, bei der Festsetzung der signifikanten Menge berücksichtigt werden. Dies gilt nicht, wenn auf einen verminderten oder geringen Gehalt an den Vitaminen oder Mineralstoffen hingewiesen wird. **Anlage 2.** (§ 6 Abs. 2 Nr. 3); Natriumgehalt des verzehrfertigen Lebensmittels – **höchstens mg in 100 g:** Brot, Kleingebäck und sonstige Backwaren 250 – Fertiggerichte und fertige Teilgerichte 250 – Suppen, Brühen und Soßen 250 – Erzeugnisse aus Fischen, Krusten-, Schalen- und Weichtieren 250 – Kartoffeltrockenerzeugnisse 300 – Kochwürste 400 – Käse und Erzeugnisse aus Käse 450 – Brühwürste und Kochpökelwaren 500

Naissains [*Franz. Speisekarte*] Kleine ↑**Austern**

Namkeen [*Intern. Länderküche*] Allgemeiner Begriff aus der indischen Küche für gewürzte bzw. gesalzene kleine Happen

Nampickpaste [*Gewürze & Kräuter*] **T** Asiatische ↑**Chilipaste** mit getrockneten, gemahlenen ↑**Shrimps**, gehacktem, frischem ↑**Zitronengras**, verfeinert in ↑**Sojaöl**. Gibt ↑**Fleisch** oder ↑**Tofu** einen unverwechselbar guten Duft und Geschmack.

Nangis, Brie de [*Käse*] ↑**Brie**

Nangka [*Exotische Früchte*] ↑**Jackfrucht**

Nantes Historischer Speisename [*Speisegarnitur*] **A 1.** Hauptstadt des französischen Départements Loire; **2. à la Nantes – Speisegarnitur** für **Krustentiere, Fisch** – in mit eiskalter ↑**Butter** gebundener, aufgeschäumter ↑**Weißwein**sauce, mit gedünsteten ↑**Schalotten; Speisegarnitur** für **Fleisch** – mit ↑**Erbsen**, glacierten kleinen ↑**Weißen Rübchen** und ↑**Kartoffelpüree**

Nantua, Historischer Speisename [*Speisegarnitur*] **A 1.** Stadt im Département Ain, bekannt für krebsreiche Wasserläufe; **2. à la Nantua – Speisegarnitur** für **Fisch** – mit ganzen ↑**Krebsen** oder Krebsschwänzen – oder Krebsfleischpüree mit ↑**Trüffeln** und Sauce Nantua; **3. Sauce Nantua** – ↑**Béchamel** mit ↑**Sahne**, ↑**Krebsbutter** und ↑**Cayennepfeffer**

Naoussa [*Weinkunde*] Rotwein aus Makedonien

Napa Valley [*Weinkunde*] Das bekannteste Weinanbaugebiet der USA nördlich von San Fransisco. Auf nur 16 000 ha produzieren etwa 30 % der US-amerikanischen Weinerzeuger. Durch die sehr unterschiedlichen Böden und anderen lokalen Gegebenheiten werden die verschiedenartigsten Weine aus unterschiedlichen Rebsorten wie ↑**Merlot**, ↑**Cabernet Sauvignon** oder ↑**Sauvignon blanc** produziert.

Napolitaine, à la [*Speisegarnitur*] **A 1. Speisegarnitur** für **Nudelgerichte** – Gekochte ↑**Makkaroni** in große Stücke schneiden und buttern, ↑**Tomates concassées** mit ↑**Knoblauch** würzen, anschwitzen und unter die Makkaroni ziehen. Mit Parmesan bestreuen, Tomatensauce extra servieren; **2. Neapolitaner** – ↑**Mandel**schichtkuchen mit ↑**Aprikosen-**, ↑**Johannisbeer-** ↑**Marmelade; 3. tranche napolitaine** – ↑**Speiseeis** in drei verschiedenfarbigen Lagen

Nappe [*Franz. Fachwort*] Tischtuch

Napperon [*Franz. Fachwort*] Kleines Tischtuch

Nappieren [*Unsere Küche*] **T Französisch:** napper. Maskieren, überziehen, bedecken – mit einer passenden gebundenen ↑**Sauce**, sodass die darunter befindliche Speise (meist ↑**Geflügel** oder ↑**Wild**) völlig bedeckt ist.

Naragus-Rebe [*Weinkunde*] Sardische Weißweinrebsorte

Naranja [*Span. Speisekarte*] ↑**Apfelsine**

Nasco [*Weinkunde*] Weißer Dessertwein aus Sardinien

Nasello [*Ital. Speisekarte*] ↑**Seehecht**

Nashi [*Exotische Früchte*] **T Lateinisch:** Pyrus pyrifolia; **Englisch:** asian pear, nashi, japanese pear; **Französisch:** nashi, poire japonaise. **Info:** Nashi gehören zur Familie der Rosengewächse, sind enge Verwandte der ↑**Birnen** und gedeihen auf Bäumen oder Sträuchern (bis zu 3 m hoch). Die großen Blüten sind schneeweiß gefärbt und verströmen einen angenehmen Duft. Die Frucht ist birnenförmig oder rundlich und hat eine genießbare, dünne und verletzliche, hellgrüne bis ockergelbe und meist leicht berostete Schale, die von ausgeprägten und auffallend großen ↑**Lentizellen** besetzt ist. Das helle und sehr saftige, aber feste Fruchtfleisch enthält viele Steinzellen und weist einen süßen, birnenartigen Geschmack auf. Das Wort „Nashi" bedeutet in Japan einfach Birne, darum wird sie auch **„Japanische Birne"**, **„Asiatische Birne"**, **„Apfelbirne"** oder **„Asienbirne"** genannt. Man unterscheidet die gelbliche, rundlich-apfelförmige japanische und die eher bräunliche, große, birnenförmige chinesische Nashi mit ihrem weicheren Fruchtfleisch. Der Geschmack ist jedoch bei beiden Typen ähnlich und eindeutig birnenartig. **Ursprung und Geschichte:** Die ursprünglich aus China stammenden Nashis werden in gemäßigt wärmeren ostasiatischen Klimagebieten seit langem angebaut. In Japan wurden Nashis intensiv gezüchtet. Heute auch in Korea, China, Taiwan, Australien, Neuseeland, Chile, den USA sowie in klimatisch wärmeren Mittelmeerregionen. Sie haben inzwischen einen festen Platz auf hiesigen Märkten erobert. **Herkunft und Saison:** Nashi werden das ganze Jahr über angeboten. Von Oktober bis Mai kommen sie aus Japan oder Korea, von Februar bis August aus Australien, Neuseeland oder Chile, und im August und September gibt es Angebote aus Italien und dem Inland. **Inhaltsstoffe:** 100 g Nashi haben einen Brennwert von ∅ 43 kcal/180 kJ und enthalten 84 g Wasser, 0,5 g Eiweiß, 0,2 g Fett, 10,7 g Kohlenhydrate und 3,6 g Ballaststoffe. ↑**Vitamin C:** ∅ 3,8 mg. **Zubereitung und Tipps:** Nashis werden als Frischobst am besten roh gegessen oder in Fruchtsalate geschnitten. Sie harmonieren sehr gut mit ↑**Weichkäse** und ↑**Jogurt.** Durch ihr saftiges und knackiges Fruchtfleisch verleihen sie asiatischen Pfannengerichten eine exotische Note.

Nasi Campur [*Intern. Länderküche*] Begriff aus der indonesischen Küchenkultur, der die kleine Ausführung des ↑**Nasi Padang** beschreibt. Man bekommt einen Teller ↑**Reis** und dazu eine Auswahl an Beilagen wie ↑**Gemüse**, ↑**Ei**, ↑**Fleisch.** ↑**Indonesische Küche**

Nasi Goreng [*Intern. Länderküche*] **R** (Nasi bedeutet ↑**Reis**; goreng heißt gebraten): Weltweit bekanntes Gericht auf Basis von gebratenem Reis mit unterschiedlichen Beilagen. **Das Rezept für „Nasi Goreng"** gibt es nicht, genau wie ↑**Bami Goreng** (Mee Goreng – gebratene Nudeln) ist es in Indonesien eher ein Resteessen. Übrig gebliebener Reis wird mit verschiedenen Zutaten gebraten. Auch Fleisch- und Gemüsezutaten richten sich nach dem, was in den Haushalten gerade zur Verfügung steht. Der Geschmack kann je nach Zubereitungsart sehr unterschiedlich sein, ist aber immer lecker. Liest man auf einer Speisekarte **istimewa**, bedeutet dies, dass man noch ein ↑**Spiegelei** auf dem bunten Reisberg findet. In muslimischen Gegenden wird ↑**Rind**- oder ↑**Hühnerfleisch** bevorzugt, aber auch ↑**Garnelen** sind willkommene Geschmacksgeber. Als ↑**Gemüse** eignen sich besonders ↑**Zwiebeln**, ↑**Knoblauch**, ↑**Karotten**, ↑**Chinakohl**, ↑**Erbsen** und ↑**Sojakeimlinge.** Für die ↑**Würze** sorgt eine süße ↑**Sojasoße** (kecap manis), ↑**Salz** und ↑**Sambal Olek** sowie ↑**Garnelenpaste** (terasi). Zuerst werden Fleisch und Gemüse mit den Gewürzen in einem Wok (wajan) angebraten bzw. gedünstet und anschließend der Reis untergemengt und gebraten. Als Beilagen werden Spiegeleier oder ↑**Omelette**streifen sowie Krabbenbrot (krupuk) gereicht. In Indonesien wird Nasi Goreng als Frühstück oder am späteren Abend gegessen. ↑**Indonesische Küche**

Nasi Padang [*Intern. Länderküche*] **A** Begriff aus der indonesischen Küchenkultur, ursprünglich aus West-Sumatra. Er bezeichnet eine spezielle **sehr scharf gewürzte** Zubereitungsart. ↑**Fleisch**, ↑**Gemüse**, ↑**Eier**, ↑**Tofu** usw. stehen in Schüsselchen am Buffet, wobei ↑**Chili** ein schnelles Verderben der Speisen verhindert. ↑**Indonesische Küche**

Nasspökelung [*Fleischprodukte*] Pökelverfahren, bei dem das Pökelgut mit ↑**Lake**, hergestellt aus ↑**Nitritpökelsalz**, Wasser und ↑**Gewürzen**, konserviert wird

Nassrauch [*Fleischprodukte*] **T** Räuchern mit nassen Hobelspänen und/oder nassem Sägemehl. Gegen Ende eines Heißräucherprozesses lässt sich die Farbgebung dadurch intensivieren, dass das Räuchergut für kurze Zeit Nassrauch ausgesetzt wird. Über die Holzglut wird eine trockene Schicht Hartholz-Hobelspäne gestreut, über die sofort eine weitere Schicht gut angefeuchteter Hobelspäne kommt, die das gesamte Räuchermaterial am Glimmen hält, aber **keine Flamme** zulässt.

Nassverbesserung [*Weinkunde*] Methode zur Alkoholanreicherung und Säureminderung. Dazu wird dem Wein vor der Gärung Zuckerwasser zugesetzt. Heute ist sie fast überall verboten.

Nastrini [*Ital. Speisekarte*] **T** Breite ↑Band**nudeln** aus ↑**Hartweizen**grieß und Wasser, mit gekerbtem oder gewelltem Rand. In ihrer Heimat Kampanien heißen sie auch Reginelle, Reginette oder Lasagnette. Für Gerichte mit viel Soße.

Nata [*Mexicofood*] ↑**Sahne**

Natamycin [*Gesundheit*] Ein in der EG zugelassener Oberflächenkonservierungsstoff für die Rindenbehandlung von ↑**Schnitt**- und ↑**Hartkäsen** gegen ↑Schad**schimmel**, der das Zellgift (Aflatoxin) ausscheiden kann. In anderen Ländern wird es auch zur Konservierung von ↑**Fruchtsäften**, ↑**Wein** und ↑**Dörrobst** eingesetzt. ↑**E 235**

Natillas [*Span. Speisekarte*] **R** (Abgeleitet aus span. „nata" = Sahne): dünnflüssiger ↑**Pudding**, der aus ↑**Eiern**, ↑**Milch** und ↑**Zucker** gekocht wird. Ein in ganz Spanien verbreiteter Nachtisch, der mit ↑**Keksen** serviert wird und dem holländischen ↑**Vanille**-↑**Vla** ähnelt. **Grundrezept:** 4 ↑**Eigelb** mit 100 g Zucker schaumig schlagen (Schneebesen oder Rührgerät). 1/2 l Milch mit unbehandelter, fein abgeriebener ↑**Zitronenschale**, Prise ↑**Salz** und 1 ↑**Zimt**stange zum Kochen bringen. Die Zimtstange entfernen, Milch in die Eimasse rühren und bei niedriger Hitze auf dem Herd unter ständigem Rühren stocken lassen. Den Topf vom Herd nehmen, die Crème erkalten lassen; dabei gelegentlich umrühren. Die Crème in eine Schale gießen, die Kekse obenauf legen. Mit Zimt bestäuben.

National [*Regionale Spezialität*] **A** So werden im nordwestdeutschen Raum alle ↑**Eintopf**-Gerichte bezeichnet, die mit ↑**Rüben** (Kohl-, Steckrüben) und ↑**Schweinefleisch** zubereitet werden. Das Lübecker National ist das bekannteste Gericht seiner Art aus gleichen Teilen Steckrüben, ↑**Kartoffeln** und Schweinefleisch.

Nationalgericht [*Intern. Länderküche*] Als Nationalgericht gilt ein Essen, das insbesondere im Ausland mit dem jeweiligen Land assoziiert wird. So wird ↑**Fish and Chips** mit Großbritannien oder ↑**Eisbein** mit ↑**Sauerkraut** mit Deutschland in Verbindung gebracht. In den Ländern selbst werden als Nationalgerichte eher traditionelle Essen angesehen. Die Häufigkeit, mit der diese zubereitet werden, hat nur sekundär mit der Einstufung zu tun – so wird wohl kaum jemand ↑**Döner** oder ↑**Pizza** als deutsches Nationalgericht bezeichnen.

Natives [*Fisch*] Engl. Austern

Natives Olivenöl [*Fette*] ↑**Olivenöl**

Natives Olivenöl extra [*Fette*] ↑**Olivenöl**

Natrium [*Gesundheit*] **T** „Natrium" ist neben ↑**Chlor** Bestandteil von Natriumchlorid (Speise- bzw. ↑**Kochsalz**). Eine weitere bekannte und wichtige Natriumverbindung ist ↑**Soda** (Natriumcarbonat, Na_2CO_3), das u. a. als ↑**Backtriebmittel** eingesetzt wird und für das Sprudeln des ↑**Mineralwasser**s mitverantwortlich ist. Natriumhydroxid (NaOH) ist eine Lauge, die sich in Waschmitteln befindet und in reiner Form stark ätzend für die Haut ist. Der menschliche Körper enthält etwa 80–100 g Natrium, wovon 30–35 % in den Knochen eingelagert sind. **Funktionen im Körper:** Es wird vollständig und leicht resorbiert sowie verwertet und hauptsächlich durch die Nieren oder mit dem Schweiß ausgeschieden. Die wichtigsten Funktionen des Natriums liegen in der Regulation des Wasserhaushaltes (indem es übermäßigen Wasserverlust des Körpers verhindert), des ↑**Säure-Base**-Haushaltes und des osmotischen Zelldrucks. Zudem wird Natrium zur Unterstützung einer Reihe von ↑**Enzymen** benötigt. Auch bei der Weiterleitung von elektrischen Impulsen in Nerven und Muskelzellen spielt es eine entscheidende Rolle sowie bei der Kontraktion (Zusammenziehung) von Muskeln, einschließlich des Herzens.

Schätzwerte für eine minimale Zufuhr:

Alter	Natrium (mg/Tag)
0 bis unter 4 Monate	100
4 bis unter 12 Monate	180
1 bis unter 4 Jahre	300
4 bis unter 7 Jahre	410
7 bis unter 10 Jahre	460
10 bis unter 13 Jahre	510
13 bis unter 15 Jahre	550
Jugendliche und Erwachsene	550

Meist wird mehr aufgenommen, da Natrium als Natriumchlorid nahezu in allen Lebensmitteln vorkommt und es zum Salzen verwendet wird. Die tägliche Aufnahme von Natrium ist individuell verschieden und von den Gewürz- und Ernährungsgewohnheiten abhängig. Man schätzt die tägliche Aufnahme von Salz in Deutschland auf ca. 8 g pro Person. Ein Mehrbedarf an Natrium besteht bei Durchfall (Diarrhö), Erbrechen (vor allem bei Kindern) und bei sehr starkem Schwitzen, z. B. beim Leistungssport. Es gibt aber auch Erkrankungen der Leber und Nieren oder Mukoviszidose, bei denen es zu einem erhöhten Bedarf an Natrium kommen kann.

Natriumadipat [*Fachkunde*] ↑**E 356**

Natriumalginat [*Fachkunde*] ↑**E 401**

Natriumarme Lebensmittel [*Gesundheit*] Diätetische Lebensmittel, die für natriumempfindliche Menschen geeignet sind und bei einer natriumarmen ↑**Diät** eingesetzt werden. Sie werden mit „natriumarm" oder „kochsalzarm" gekennzeichnet. Sie dürfen nicht über 120 mg ↑**Natrium** pro 100 g Lebensmittel oder nicht mehr als 2 mg Natrium pro 100 ml Getränk enthalten. Zu den natriumarmen Lebensmitteln zählen natriumarmes ↑**Mineralwasser** und natriumarme ↑Pflanzen**margarine**.

Natriumbenzoat [*Fachkunde*] ↑**E 211**

Natriumbicarbonat [*Fachkunde*] Weißes, alkalisch schmeckendes, geruchfreies, an trockener Luft beständiges Pulver. Es zerfällt bei Erwärmung auf über 65° C zu Kohlendioxid und Wasser und eignet sich deshalb als Triebmittel für Backwaren (↑**Backpulver**) sowie als Bestandteil von ↑**Brausepulver** bzw. -tabletten. Es verzögert die Milchgerinnung und neutralisiert Magenbrennen (Bullrichsalz gegen Sodbrennen).

Natriumcarbonat [*Fachkunde*] ↑**Soda** ↑**E 500**

Natriumcitrat [*Fachkunde*] ↑**E 331**

Natriumdiacetat [*Fachkunde*] ↑**E 262**

Natriumdisulfit [*Fachkunde*] ↑**E 223**

Natriumethyl-p-hydroxybenzoat [*Fachkunde*] ↑**E 215**

Natriumforminat [*Fachkunde*] ↑**E 237**

Natriumgluconat [*Fachkunde*] ↑**E 576**

Natriumglutamat [*Fachkunde*] ↑**E 621**

Natriumguanylat [*Fachkunde*] ↑E 627
Natriumhexa cyanoferrat (II) [*Fachkunde*] ↑E 535
Natriumhydrogen sulfat [*Fachkunde*] ↑E 514
Natriumhydrogensulfit [*Fachkunde*] ↑E 222
Natriumhydrogencarbonat [*Fachkunde*] ↑E 500
Natriuminosinat [*Fachkunde*] ↑E 631
Natriumisoascorbat [*Fachkunde*] ↑E 316
Natrium-kaliumtartrat [*Fachkunde*] ↑E 337
Natrium-L-ascorbat [*Fachkunde*] ↑E 301
Natriumlactat [*Fachkunde*] ↑E 325
Natriummalat [*Fachkunde*] ↑E 350
Natriummeta bisulfit [*Fachkunde*] ↑E 223
Natriummethyl-p-hydroxybenzoat [*Fachkunde*] ↑E 219
Natriumnitrat [*Fachkunde*] ↑E 251
Natriumnitrit [*Fachkunde*] ↑E 250
Natriumorthophenylphenolat [*Fachkunde*] ↑E 232
Natriumorthophosphat [*Fachkunde*] ↑E 339
Natriumpropionat [*Fachkunde*] ↑E 281
Natriumpropyl-p-hydroxybenzoat [*Fachkunde*] ↑E 217

Natriumreiche Lebensmittel [*Gesundheit*] ↑**Natrium** ist ein Bestandteil des Kochsalzes (NaCl). Deshalb sind natriumreiche Lebensmittel in der Regel auch salzhaltige Lebensmittel. **Zu ihnen gehören:** ↑**Brot**, Backwaren und Knabbergebäck wie Salzstangen, Laugenbrezeln, ↑**Pizza**, Käsegebäck; gepökelte, geräucherte Fleischwaren wie ↑**Kassler** und ↑**Schinken**; ↑**Wurst**waren; ↑**Käse**; marinierter, gesalzener, geräucherter ↑**Fisch**, ↑Fisch**konserven**; viele Gemüsekonserven; Fertigsuppen, -soßen, -gewürze, -salate, gesalzene Nüsse usw.

Natriumsalze der Speisefettsäuren [*Fachkunde*] ↑E 470
Natriumsorbat [*Fachkunde*] ↑E 201
Natriumstearoyl-2-lactylat [*Fachkunde*] ↑E 481
Natriumsulfat [*Fachkunde*] ↑E 514
Natriumsulfit [*Fachkunde*] ↑E 221
Natriumtartrat [*Fachkunde*] ↑E 335

Natron [*Fachkunde*] **T** (auch Natriumhydrogencarbonat, Natriumbicarbonat, doppelt kohlensaures Natron), $NaHCO_3$, das Mononatriumsalz der ↑**Kohlensäure**; spaltet unter Säureeinwirkung Kohlendioxid ab. ↑**E 500.** Natron ist in Apotheken erhältlich. Es kommt häufig als Zutat in britischen und amerikanischen Rezepten vor. **Tipp:** Ins Waschwasser von ↑**Gemüse** und ↑**Blattsalat** gegeben, wird alles schneller sauber. Etwas Natron in das Blanchierwasser von Gemüse erhöht die Farbintensität. Natron im Kochsud macht z. B. grobfasriges ↑Rindfleisch schneller weich.

Natronlauge [*Backstube*] Bezeichnung für alkalische Lösungen von Natriumhydroxid (NaOH) in Wasser. Das Natriumhydroxid löst sich unter starker Wärmebildung sehr gut in Wasser. Eine bei Raumtemperatur gesättigte wässrige Lösung enthält pro Liter 1260 g Natriumhydroxid. Natronlauge ist eine der am häufigsten verwendeten Labor- und Industriechemikalien. **Sicherheitshinweise: Konzentrierte Natronlauge wirkt stark ätzend (Haut, Speiseröhre) und selbst stark verdünnte Natronlauge kann die Hornhaut der Augen bis zur Erblindung schädigen.**

Chemischer Name	Trivialname und/ oder weiterer Name
Natriumhydroxid (NaOH)	Ätznatron kaustisches Soda in wässriger Lösung: Natronlauge ↑**E 524**
Natriumhydrogencarbonat ($NaH\text{-}CO_3$)	Natriumbicarbonat, Bikarbonat ↑**Natron** (Kaiser-Natron) baking soda (englischsprach. Raum)
Natriumcarbonat (Na_2CO_3)	↑**Soda** ↑**E 500**

Verwendung von Natronlauge im Lebensmittelbereich:
Herstellung von Laugengebäck (zum Beispiel Brezeln oder Salzstangen), Spülen von Flaschen in Getränke-Abfüllanlagen (Brauereien und andere getränkeverarbeitende Firmen). Als Rohrreiniger (1 EL NaOH zusammen mit einer Tasse warmen Wassers in den verstopften Abfluss geben), zur Beseitigung fettiger und öliger Verunreinigungen. Großtechnisches Schälen (zum Beispiel von ↑**Kartoffeln**); **Aufbewahrung**: Nie in Flaschen abfüllen! Es empfiehlt sich ein Kunststoffbehälter mit Schraubverschluss oder Gummistopfen. Immer mit Warnhinweis versehen, unzugänglich für Kinder und Menschen, die nicht lesen können, aufbewahren. **Entsorgung**: Da Natronlauge selbst dazu verwendet wird, andere für die Umwelt sehr gefährliche Chemikalien zu binden, kann saubere Natronlauge ausreichend verdünnt in die Kanalisation eingeleitet werden, sofern das Abwasser in eine Kläranlage fließt.

Natte [*Franz. Speisekarte*] Zopfbrot
Natte au cumin [*Franz. Speisekarte*] Kleines ↑**Brot** mit ↑**Kümmel**
Natte aux pavots [*Franz. Speisekarte*] Kleines ↑**Brot** mit ↑**Mohn**

Natternkopfblüten [*Wildkräuter, -blüten & -früchte*] **T** Frische Natternkopfblüten verfeinern nicht nur Buttermischungen, ↑**Käse** und Salate, sondern auch ↑**Omelettes**, Reisgerichte und Suppen – **Mehr Information:** ↑**Essbare Blüten**

Natto [*Intern. Länderküche*] Traditionelles, sehr nahrhaftes japanisches Lebensmittel aus vergorenen ↑**Sojabohnen.** Sie werden ungeschält zuerst in Wasser eingeweicht und dann gekocht. Anschließend wird die Masse mit einem bestimmten ↑**Enzym**/Bakterium geimpft und bei 42° C etwa 3–5 Std. bedampft. Die Bohnen schrumpfen dabei deutlich. Hier entwickelt das Natto auch seine typische Konsistenz, da die Bohnen einen zähen Schleim absondern. Es zieht Fäden, mit denen der ungeübte Esser oft zu kämpfen hat. Natto wird meist auf Reis gegessen, häufig zum Frühstück. Es hat einen überaus prägnanten Geschmack und Geruch, vergleichbar mit einem stark duftenden ↑**Schimmelkäse.**

Natur [*Weinkunde*] Früher vielfach verwendete Bezeichnung für nicht angereicherte Weine, die als Naturwein, naturrein u. Ä. deklariert wurden. Laut EG-Verordnungen sind Bezeichnungen wie Natur, nature, naturale und ihre abgeleiteten Formen nicht mehr zulässig, da irreführend.

Naturell [*Fachkunde*] (**Französisch:** au nature) Natürlich, naturrein, unbearbeitet. Speisezubereitung ohne Fremdzutaten, im eigenen Saft – ohne Beilage; nur in Wasser oder Dampf gegart. Bei ↑**Konserven** bedeutet es meist „in eigenem Saft".

Naturidentische Aromastoffe [*Fachkunde*] Als naturidentisch bezeichnet man ↑**Aromastoffe**, die den gleichen chemischen Aufbau wie natürliche Aromastoffe haben. Sie werden entweder chemisch hergestellt oder durch chemische Verfahren aus pflanzlichem oder tierischem Ausgangsmaterial gewonnen.

Naturlager für Früchte [*Fachkunde*] Meist ein kühler Erdkeller mit möglichst hoher Luftfeuchtigkeit. Diese Lagerform spielt allerdings nur im häuslichen Bereich und im Liebhaber-Obstbau eine Rolle. Für die industrielle Lagerung von Obst sind ↑**Kühllager**, ↑**CA-Lager** oder ↑**ULO-Lager** vorgesehen.

Natürliche Aromastoffe [*Fachkunde*] Werden durch Extraktion, Destillation oder andere Verfahren aus tierischem und pflanzlichem Material gewonnen.

Naturpökelung [*Fleischprodukte*] Konservierungsverfahren mit Hilfe von ↑**Salz** und ↑**Salpeter** (↑**Nitritpökelsalz**), pökeln ohne mechanische Hilfsmittel in ↑Eigen**lake**

Naturrein [*Weinkunde*] Der Begriff wurde durch die heutigen Prädikatsstufen ersetzt. Früher galt dies für Weine, denen kein ↑**Zucker** beigemischt wurde.

Navajas [*Span. Speisekarte*] ↑Messer**muscheln**, Schwertmuscheln

Navarin de mouton [*Franz. Speisekarte*] **A** Lamm- oder ↑Hammel**ragout** mit verschiedenen ↑**Gemüsen**, z. B. glacierten ↑**Zwiebeln**, tournierten ↑**Kartoffeln**, ↑**Karotten** und kleinen ↑**Weißen** (↑**Teltower**) **Rübchen**

Navarin printanier [*Franz. Speisekarte*] **A** ↑**Ragout** mit Frühlingsgemüse (↑**Primeurs**)

Navelorangen [*Obst*] **T** Kernlose ↑**Apfelsine** mit mitteldicker Schale, in der eine zweite, kleine oder verkümmerte Orange (Nebenfrucht) wächst.

Navets glaces [*Franz. Speisekarte*] **R** Kleine ↑**Weiße Rübchen**, kugelig und von zart-süßlichem Erdgeschmack (im Frühling am besten) in ↑**Bouillon** gedünstet, mit ↑**Butter** und etwas ↑**Zucker** karamellisiert, mit frischem ↑**Pfeffer** und gehackter ↑**Petersilie** vollendet. ↑**Teltower Rübchen**, ↑**Rüben** & ↑**Kohlrüben**

Navette [*Franz. Fachwort*] Schiffchenform

Nayonnaise [*Unsere Küche*] Bezeichnung für vegane ↑**Mayonnaise** (ohne ↑**Ei**)

Nebbiolo [*Weinkunde*] (Rotweinrebe): Der Name kommt von nebbia (ital. Nebel) und deutet auf die oft späte Lese im November hin. Sie ist die wichtigste Rebsorte in Piemont und Aostatal. Die besten Weine gedeihen um die Trüffelstadt Alba und Roero und in den nordpiemontesischen Regionen Vercelli Novara, Carema und Donnaz. Die intensive Farbe ist granatrot mit orangefarbenen Reflexen, die von der Oxidation im Fass herrühren. Die Weine sind sehr säurebetont, tanninhaltig und entfalten ihre vollen Geschmacksaromen erst nach längerer Lagerung. Die bekanntesten Weine sind der ↑**Barolo** und der ↑**Barbaresco**, die ausschließlich aus Nebbiolo-Trauben gekeltert werden. Im Aosta-Tal wird er reinsortig in großer Höhe angebaut und heißt dort Carema. **Nebbiolo hat regional noch andere Namen:** Spanna (N-Piemont), Chiavennasca (Veltlin-Lombardei), Picutener (Aosta-Tal). Die Rebe ist auch unter Lampia, Michet, Prugnet und Rose (Italien) bekannt.

Nebukadnezar [*Weinkunde*] 15-l-↑**Champagnerflasche**: der Inhalt von 20 normalen Flaschen (à 0,75 l)

Neccio [*Ital. Speisekarte*] Kleiner ↑**Pfannkuchen**

Neck [*U.S. Kitchen*] Hals

Neeps [*Intern. Länderküche*] Gedünstete ↑**Teltower Rübchen**, Beilage zum schottischen Nationalgericht „↑**Haggis**"

Nêfles [*Wildkräuter, -blüten & -früchte*] ↑**Mispeln**

Negerkuss [*Backstube*] Kleines, mit ↑**Schokoladen**masse überzogenes ↑**Baiser**gebäck

Negra de Madrid [*Weinkunde*] Rotweinrebe, die um Madrid, Toledo, Zamora angebaut wird. Ertragreich, widerstandsfähig

Negramoll [*Weinkunde*] (Negra Mole, Mulata): Die rote Rebsorte von der portugiesischen Algarve wird auch in Spanien und auf den Kanarischen Inseln (Tacaronte-Acemtejo, Provinz Santa Cruz de Tenerife) angebaut. Erzeugt leichte, geschmeidige und überzeugende Weine, die jung getrunken werden. Die Rebe wird auf den Kanaren häufig mit Listán Negro verschnitten.

Nègre en chemise [*Franz. Speisekarte*] **A** „Neger im Hemd", geeistes Schokoladendessert in ↑**Schlagsahne**

Négrette [*Weinkunde*] Die rote Rebsorte aus Südwestfrankreich (Gaillac, Côtes du Frontonnais, Lavilledieu) ergibt aromatische, sehr angenehme Weine mit intensivem Veilchen-Aroma. Andere Namen sind: Cap de More, Chalosse Noire, Couporel, Dégoutant, Folle Noire (auf den Insels Île de Ré und Île d'Oléron), Morelet, Negralet, Negraou, Negret, Negret de Gaillac, Negrette de Chypre (in Anspielung an ihre ursprüngliche Heimat Zypern), Negretto, Pinot Saint George, Saintongeais, Vesparo Noir und Villemur

Negroamaro [*Weinkunde*] Die Rebe ist verantwortlich für die großen, schweren Rotweine aus der Region Salento im äußersten Südosten Italiens (Absatz des italienischen Stiefels).

Negroni [*Hausbar*] **R** Before Dinner ↑**Cocktail** – 2 cl Dry ↑**Gin**, 2 cl ↑**Campari** und 2 cl roter ↑**Vermouth**, mit Orangenscheibe im kleinen ↑**Tumbler** serviert

Neige [*Franz. Speisekarte*] **R** Eiweißklößchen auf ↑**Sorbet**: Eiklar mit einer Prise ↑**Salz** und etwas ↑**Zucker** sehr steif schlagen. In einem Topf ↑**Milch** und wenig ↑**Zucker** aufkochen, mit einem Löffel die Eiweißmasse portionsweise in die Milch geben und leicht auf beiden Seiten pochieren. Mit einem Schaumlöffel herausheben, auskühlen lassen und auf dem Sorbet anrichten

Nein [*Übersetzer*] **Im Hotel Englisch:** no; **Französisch:** non; **Italienisch:** no; **Spanisch:** no

Nektar [*Fachkunde*] **1.** In der Botanik ist Nektar eine Flüssigkeit, die Pflanzenblüten erzeugen. ↑**Honig**; **2.** Es ist aber auch ein Getränk aus Fruchtsaft und/oder Fruchtmark, mit Wasser verdünnt und ↑**Zucker** angereichert. ↑**Fruchtnektar**

Nektarinen [*Obst*] **T Lateinisch:** Prunus persica; **Englisch:** nectarine; **Französisch:** nectarine; **Italienisch:** nettarina; **Spanisch:** nectarina. **Info:** Nektarinen sind eine glattschalige Mutation von ↑**Pfirsichen**, denen das für die Behaarung zuständige Gen fehlt, also keine Kreuzung von Pfirsichen und ↑**Pflaumen**. Gelegentlich entstehen bei Kreuzungen von Pfirsichen untereinander Samen, aus denen sich Nektarinenbäume entwickeln und umgekehrt. **Herkunft und Saison:** Die Saison für Nektarinen beginnt bereits Anfang Mai mit den ersten Lieferungen aus Spanien und Marokko und erstreckt sich den ganzen Sommer bis in den September hinein mit Ware aus Spanien, Italien und Griechenland. **Inhaltsstoffe:** 100 g Nektarinen weisen einen Brennwert von ∅ 49 kcal/205 kJ auf und enthalten etwa 85 g Wasser, 0,9 g Eiweiß, 0,4 g Fett, 11,8 g Kohlenhydrate und 1,6 g Ballaststoffe. An ↑**Mineralstoffen**, ↑**Spurenelementen** und ↑**Vitaminen** sind ∅ 5 mg Kalzium, 0,1 mg Eisen, 73,6 RE Vitamin A sowie 5,4 mg Vitamin C enthalten. **Zubereitung und Tipps:** Nektarinen sind kugelig, gelblich-rot, haben eine glatte Schale und festes Fleisch. Das gelbe, weiße oder rot-marmorierte Fruchtfleisch schmeckt meist süß und wenig säuerlich. Nektarinen werden eingeteilt in „vom Stein ablösendes Fruchtfleisch" und „nicht ablösendes Fruchtfleisch". Sie werden frisch verzehrt, in Obstsalat, ↑**Quark**, als Tortenbelag oder in ↑**Speiseeis**.

Nelke [*Gewürze & Kräuter*] **T Lateinisch:** Syzyium aromaticum. **Synonym:** Gewürznelke, Nägelchen, Nägele. **Englisch:** clove; **Französisch:** clou de girofle; **Italienisch:** chiodo di garofano; **Spanisch:** clavo. **Info:** Nelken gehören zu den ältesten Gewürzen der Welt. Sie kommen von den Molukken und wachsen fast überall in den Tropen. Jeder Deutsche verbraucht jährlich mehr als 100 Nelken. **Inhaltsstoffe:** Die meiste Würzkraft beinhalten die kleinen Köpfe, die sehr herb schmecken. **Geschmack:** brennend würzig, weihnachtlich, mit intensivem Duft; **Verwendung in der Küche:** ↑**Würztabelle.** Nicht nur in ↑**Glühwein**, ↑**Punsch** und ↑**Kompott**, sondern auch in Suppen, ↑**Gemüse**, ↑**Fleisch**- und ↑**Wild**gerichten und süßen ↑**Chutneys** kommen Nelken gut an. Sie werden aber nicht nur in der Küche, sondern auch in der Parfüm- und ↑**Likör**herstellung benutzt. **Wirkung in der Volksmedizin:** Nelken sind sehr magenfreundlich, wirken antiseptisch, beruhigend und stärkend. Das aus ihnen gewonnene Nelkenöl wird in der Zahnmedizin als Antiseptikum verwendet. **Tipp:** Bei Zahnschmerzen auf eine Nelke beißen.

Nelkenblüten (Gartennelken) [*Wildkräuter, -blüten & -früchte*] **T Lateinisch:** Dianthus spp. Die Gartennelkenblüten mit ihrem säuerlichen Geschmack passen sehr gut zu bunten ↑**Blattsalaten** und sind auch zum Kandieren gut geeignet. ↑**Kandieren von Blüten – Mehr Information:** ↑**Essbare Blüten**

Nelkenwurz [*Wildkräuter, -blüten & -früchte*] **T Lateinisch:** Geum uranum; **Standort:** Die Pflanze liebt es schattig bis halbschattig, stickstoffreich und feucht. **Geschmack:** leicht zusammenziehend, schwaches ↑**Gewürznelken**-ähnliches Aroma; **Verwendung in der Küche:** Der getrocknete Wurzelstock kann als Gewürznelkenersatz benutzt werden. **Wirkung in der Volksmedizin:** durchfallmildernd, zusammenziehend, blutstillend, krampflösend, schmerzlindernd, örtlich betäubend, antiseptisch, gallenbildend

Nélusko [*Franz. Speisekarte*] **A** Mit ↑**Curaçao** aromatisierte ↑**Schokoladen**-, ↑Pralinée**eisbombe**, gefüllt mit ↑**Johannisbeer**marmelade und in ↑Kirsch**likör** glasierten ↑**Kirschen**

Nem [*Intern. Länderküche*] **A** Begriff aus der vietnamesischen Küchenkultur für die ↑**Frühlingsrolle** im Norden des Landes. Diese Frühlingsrollen sind wahrscheinlich eine Adaption aus der ↑**Chinesischen Küche**. Im Gegensatz zur chinesischen Gewohnheit, Frühlingsrollen zu frittieren, werden sie in der Küche Vietnams weitgehend ohne Fett zubereitet; im Süden heißen sie Cha Gio und im Norden „Nem". Das dünne Reispapier wird je nach Wunsch mit ↑**Rindfleisch**, ↑**Huhn**, ↑**Schweinefleisch**, ↑**Krabben**fleisch oder ↑**Gemüsen** gefüllt. ↑**Vietnamesische Küche**

Nematoden [*Gesundheit*] **T** Auch Fadenwürmer, ungegliederte Schlauchwürmer, die sowohl auf dem Land als auch in Süßwasser und Meer leben. Sie sind weltweit verbreitet und kommen in den oberen Bodenschichten vor. Infektionen mit Fadenwürmern sind relativ häufig und werden oft nicht erkannt. Einige Arten können ernsthafte Erkrankungen verursachen. Die Größe der verschiedenen Arten variiert zwischen mikroskopisch klein bis zu einer Länge von zehn Zentimetern. Auch die Trichinen, die ↑**Trichinosen** verursachen, und der Peitschenwurm, der sich im Darm des Menschen festsetzt, gehören zu den Fadenwürmern. Seefische aus europäischen Anlandungen und europäische Süßwasser- bzw. Zuchtfische sind selten von größeren Mengen Nematoden befallen, dennoch gilt die Regel: **Vorsicht bei Verzehr von rohem Fisch.** ↑**Sushi.** Die Übertragung erfolgt bei der Nahrungsaufnahme auf den lebenden ↑**Fisch**. Die Fadenwürmer befinden sich meist in den Eingeweiden, an ↑**Rogen** und in der Milch sowie teilweise in den Bauchlappen und der Körperhöhle, seltener in der Muskulatur. Sie werden daher zum größten Teil beim Ausnehmen der Fische beseitigt. **Fadenwürmer sind zusammengerollt als kleine Knoten erkennbar, deren Länge man erst sieht, wenn sie aus dem Fleisch herausgelöst sind.** Nematodenlarven werden durch Tiefkühlen oder sorgfältiges Durchgaren abgetötet. **Auch befallenes Obst oder Gemüse ist zum Verzehr nicht mehr geeignet.** ↑**Anisakiasis**

Nemours Historischer Speisename [*Speisegarnitur*] **A** **1.** Stadt im französischen Département Seine-et-Marne, ehemaliges Herzogtum; **2. à la Nemours – Speisegarnitur** für **Fleisch** – Mit ↑**Erbsen**, glacierten ↑**Karotten** und ↑**Herzoginkartoffeln** – **Fisch:** ↑Mit **Garnelen**sauce, ↑**Fischklößchen**, ↑**Champignons** und ↑**Trüffel**scheiben

Nemrod [*Speisegarnitur*] **A Speisegarnitur** für **Haarwild** – mit ↑**Preiselbeer**kompott, ↑**Kartoffelkroketten** und großen ↑**Champignon**köpfen

Neohesperidin [*Fachkunde*] ↑**E 959**

Nerello [*Weinkunde*] Wertvolle Rotweinrebsorte aus dem DOC-Gebiet des Ätna auf Sizilien, die in zwei Varianten angebaut wird: **Nerello Mascalese** und **Nerello Cappuccio.** Die aus Mascalese gekelterten Weine werden wegen ihrer tiefen Farbe sowie des hohen Alkoholgehaltes an erster Stelle als Verschnittpartner für leichte Tafelweine benutzt. Die Rebensorte ergibt aber auch vorzügliche eigenständige Weine. Der Cappuccio kommt unverschnitten als „Etna Rosso“ auf den Markt. Er wird auf den kühleren Hängen des Ätna angebaut, wo elegante Weine aus ihm gekeltert werden.

Nero d'Avola [*Weinkunde*] Auch ↑**Calabrese** genannt. Beliebte sizilianische Rotweinrebe, die zwar in ganz Süditalien angebaut wird, dort aber mit weniger Erfolg. Auf Sizilien wird traditionell viel mehr Weiß- als Rotwein angebaut, zudem sind die Weine Siziliens überwiegend Verschnitte, was bedeutet, dass rebsortenreine Weine bis vor kurzem eher die Ausnahme waren. Dem Nero d'Avola traute man nur eine unterstützende Rolle im Verschnitt mit „internationalen Größen“ wie ↑**Cabernet Sauvignon**, ↑**Merlot** und zunehmend ↑**Syrah** zu. In den vergangenen zehn Jahren wurde ihm in einem sehr hellen Rotwein, dem Cerasuolo di Vittoria, immer mehr Platz eingeräumt. Dieser Wein, aus mehreren Rebsorten als eine Art Rosé zubereitet, wurde Gegenstand eines ehrgeizigen Experiments, bei dem er sich unter zunehmendem Einfluss des Nero d'Avola immer mehr zu einem seriösen Rotwein entwickelte. Sogar ↑**Barrique**-Ausbau steht diesen Weinen hervorragend. Das Alterungspotenzial des Nero d'Avola ist unumstritten, obwohl reine Nero d'Avola-Weine bis jetzt selten angeboten werden.

Néroli [*Franz. Speisekarte*] **1.** Orangenblütenöl; **2.** kleines Mandel-Orangen-Gebäck

Nervenkräutel [*Gewürze & Kräuter*] ↑**Liebstöckel**

Nervig [*Weinkunde*] Bezeichnet Weine, die kräftig und säurebetont sind. Ein Adjektiv für Weißweine.

Ness [*Griech. Speisekarte*] Löslicher griechischer ↑**Instant**-Kaffee. ↑**Frappé**

Nesselrode Historischer Speisename [*Speisegarnitur*] **A** **1.** Karl Robert, Graf von (1780–1862), russischer Staatsmann und Diplomat; **2. à la Nesselrode – Klassische Speisegarnitur** für **Wildgeflügel, b**estehend aus glacierten Edelkastanien, ↑**Champignons**, gefüllten ↑**Oliven**, ↑**Trüffeln** und Trüffelsauce; **3.** Berühmt ist auch die ↑**Consommé** Nesselrode, eine Wildsuppe mit Kastanienpüree. **4.** Halbgefrorenes aus ↑**Edelkastanien**püree (↑**Parfait à la Nesselrode**)

Netto [*Fachkunde*] (**Italienisch:** rein); nach Abzug der Verpackung, der Kosten usw.

Nettoyer [*Franz. Fachwort*] Reinigen

Netzannone [*Exotische Früchte*] ↑**Ochsenherz**

Netz-Bratwurst [*Regionale Spezialität*] Rohe ↑**Bratwurst**, nicht in Därme gefüllt, sondern ins ↑**Schweinenetz** eingeschlagen

Netzmelone [*Obst*] **T Lateinisch:** Cucumis melo var. reticulatus; **Info:** Netzmelonen sind – neben den ↑**Cantaloupe-Melonen** und den ↑**Honigmelonen** – eine der drei großen Gruppen der ↑**Zuckermelonen**. Die wichtigsten Vertreter der Netzmelonen sind die ↑**Galiamelonen.** Die Rinde der mittelgroßen, 1 bis 3 kg schweren Netzmelonen ist von einem feinen, weißlichen bis hellbraunen, korkartigen Netz überzogen. Das Fruchtfleisch ist grünlich bis orange gefärbt und hat einen sehr aromatischen Geschmack. **Herkunft und Saison:** Netzmelonen werden von Anfang April bis Ende September aus Spanien, Italien und Frankreich angeboten.

Neuburger [*Weinkunde*] (Weißweinrebsorte) ↑**Silvaner** und ↑**Weißburgunder** wurden bei diesem typischen österreichischen Wein gekreuzt. Säurearm, vollmundig und mit feiner Blume zeigt dieser Wein seine gute Qualität.

Neuf, neuve [*Franz. Speisekarte*] Neu, frisch

Neufchâtel Geschützte Herkunftsbezeichnung [*Käse*]

T Herkunft: Frankreich; **Käsesorte:** ↑**Weichkäse** mit weißem ↑**Edelschimmel**, 45 % ↑**Fett i. Tr.**; **Milch:** Kuhmilch; **Teig:** weich, geschmeidig; **Geschmack:** pilzartig, leicht pikant und säuerlich; **Info:** Besonders charakteristisch ist der Neufchâtel in Herzform. Er bereichert optisch jede Käseplatte, vor allem zu Anlässen wie Valentins- oder Muttertag. **Beste Zeit:** August bis November; **Weinempfehlung:** Fruchtige Rotweine wie ↑**Côtes du Rhône** oder ↑**Crus** aus dem ↑**Beaujolais**, aber auch ↑**Cidre**. In reiferem Stadium eignen sich kräftigere Weine.

Neugewürz [*Österr. Küche*] ↑**Piment**

Neunauge [*Fisch*] **T Flussneunauge – Lateinisch:** Petromyzon fluviatilis; **Englisch:** river lamprey, freshwater lamprey, lampern; **Französisch:** lamproie fluviatile, lamproie de rivière; **Italienisch:** lampreda di fiume; ↑**Meerneunauge – Lateinisch:** Petromyzon marinus. **Synonym:** Bricke, Bachneunauge oder Zwergbricke. Das N. gehört nicht zu den Fischen, sondern zu den Rundmäulern mit knorpeligem Skelett. Der Körper der Neunaugen ist aalartig, das Saugmaul kreisförmig ohne Bartfäden. Charakteristisch sind sieben von außen sichtbare Kiemenöffnungen, die fälschlich als Augen angesehen werden und zusammen mit Nasenöffnung und Auge auf jeder Körperseite neun Augen vortäuschen. Am bekanntesten ist das Flussneunauge. Es wird 30–40 cm lang, ist oben grünlichblau, an den Seiten gelblich; die hintere Rückenflosse ist eckig (verläuft in die Schwanzflosse). Das Fleisch ist wohlschmeckend, wird gebraten und mariniert. **Achtung:** Die Neunaugen müssen nach dem Waschen etwa fünf Stunden gut mit Salz bestreut stehen, damit ein giftiges Hautsekret (Ausscheidungsstoff) unschädlich gemacht wird. Die verschiedenen Arten werden nach dem Ort ihres Aufenthalts benannt: Fluss-, Bach- und Meerneunauge.

Neusiedlersee-Hügelland [*Weinkunde*] Österreichisches Weinbaugebiet – **Geografische Lage:** Südöstlich von Wien; **Klima:** pannonisch (heiße Sommer und kalte Winter). Besonders am Neusiedler See herrscht ein seltenes Mikroklima. **Böden:** Löß, Schwarzerde, Sand und Lehm; **Statistik:** rund 8300 ha Rebfläche, 3300 Betriebe, 75 % Weißweinanteil. **Rebsorten:** ↑**Welschriesling**, ↑**Weißburgunder**, ↑**Chardonnay**, ↑**Blaufränkisch**, ↑**Zweigelt**, ↑**Sauvignon Blanc** und ↑**Cabernet Sauvignon.** In kaum einer Weinregion gibt es solch eine Vielfalt an verschiedenen Spitzenweinen. Ob hochwertige Rotweine oder erstklassige Edelsüße. Durch den See kann es im Herbst zu hoher Luftfeuchtigkeit kommen, die für die Entwicklung des Pilzes ↑**Botrytis** Cinerea förderlich ist. Dieser verringert den Säuregehalt und erhöht die Süße der Trauben. Auch die Geschmackseigenschaften werden beeinflusst. So können edelsüße Weine auf Spitzenniveau entstehen. Die Vereinigung Cercle Ruster Ausbruch pflegt den Ausbau dieses Weintyps. Die erste deutschsprachige Weinakademie befindet sich ebenfalls in der Freistatt Rust. Weitere namhafte Weinorte sind Breitenbrunn, Purbach, Oggau, St. Margarethen, Donnerskirchen, Schützen und Mörbisch.

Niacin [*Gesundheit*] **T** Das Vitamin der B-Gruppe wurde früher auch als ↑**Vitamin** B_3 bezeichnet. Es ist ein Sammelbegriff für Nikotinsäureamid und ↑**Nikotinsäure**. Niacin kommt in vielen verschiedenen Lebensmitteln vor. Der Körper gewinnt es auch aus Tryptophan, einem Eiweißbestandteil. **Funktion im Körper:** Niacin erfüllt seine Hauptaufgabe als typisches ↑**Vitamin B** des Eiweiß-, Fett- und Kohlenhydratstoffwechsels und trägt zur Energiegewinnung bei. Außerdem ist es an enzymatischen Vorgängen beteiligt und hat antioxidative Wirkung. Niacin ist wichtig für die Regeneration von Haut, Muskeln, Nerven und DNS. **Niacin-Mangel:** ruft Hautveränderungen (Dermatitis), Durchfall und Depressionen hervor. Ein Mangel tritt selten allein auf; vielmehr fehlen mit dem Niacin auch andere B-Vitamine. Sollte es zu einem leichten Mangel kommen, beispielsweise durch eiweißarme Ernährung oder ↑**Absorptions**störungen, äußert er sich zunächst in unspezifischen Störungen wie Appetitlosigkeit, Konzentrations- und Schlafstörungen sowie einer gewissen Reizbarkeit. **Niacin-Lieferanten:** Aus eiweißreichen Lebensmitteln wie ↑**Fleisch** und ↑**Fisch** kann der Körper Niacin gewinnen. ↑**Lachs**, ↑**Leber**, ↑**Kaffee**, ↑**Vollkorn**produkte, verschiedene ↑**Gemüse** und ↑**Obst** enthalten das Vitamin, wobei der Organismus es aus tierischen Produkten grundsätzlich besser verwerten kann. Um den ∅ Tagesbedarf an Niacin zu decken, reichen folgende Mengen der betreffenden Lebensmittel: 300 g ↑**Champignons** – 200 g Lachs – 100 g Rinderleber – 150 g ↑**Pute** – 200 g frischer ↑**Tunfisch.** ↑**Vitamintabelle**

Niagara [*Weinkunde*] Weißweinrebe aus dem Osten der USA

Niagara Peninsula [*Weinkunde*] Das Hauptweinanbaugebiet Kanadas, zwischen dem Erie- und dem Ontariosee gelegen.

Nicchie [*Ital. Speisekarte*] Teigmuscheln

Nickel [*Gesundheit*] **T** Ist für viele Organismen lebensnotwendig (essenziell). Ob das Gleiche auch für den Menschen gilt, ist bisher noch nicht eindeutig geklärt. **Funktionen im Körper:** Im Körper eines Erwachsenen mit einem durchschnittlichen Körpergewicht von 70 kg findet man einige Milligramm Nickel, das vor allem in hormonbildenden Drüsen, Lunge, Leber und Nieren vorkommt. **Bedarf:** ist von individuellen Gegebenheiten abhängig und liegt bei maximal 0,05 mg pro Tag. **Nickelhaltige Lebensmittel:** ↑**Kakao** (↑**Schokolade**), ↑**Nüsse** und ↑**Hülsenfrüchte**. **Mangelerscheinungen:** führt zu einer Störung der Atmungskette und des Stoffwechsels beim ↑**Glukose**abbau. **Überdosierung und Nebenwirkungen:** Eine Nickelallergie ist relativ häufig. Man geht davon aus, dass bis zu 10 % der Frauen und etwa 1 % der Männer auf den Hautkontakt mit Nickelverbindungen allergisch-entzündlich reagieren und es zu einem Kontaktekzem kommt. Als Auslöser gelten meist nickelhaltige Uhren und nickelhaltiger Schmuck. Häufig enthalten auch die Metallknöpfe von Hosen Nickel, insbesondere von Jeans. **Nickel wurde auch im Tabak entdeckt und ist möglicherweise einer der krebserregenden (karzinogenen) Bestandteile im Tabakrauch.**

Niçoise, à la Nizza [*Speisegarnitur*] **R 1. Speisegarnitur** für **große** und **kleine Fleischstücke** und **Geflügel** – Kleine, geschälte, in Butter gebratene Tomaten, gedünstete ↑Zwerg**kürbisse**, ↑**Artischocken**, ↑**Nusskartoffeln; Sauce:** tomatierter ↑**Fond**; **2.** Für **Fisch** – Kleine, in **Butter** gedünstete Tomaten mit gehacktem Knoblauch und ↑**Schlosskartoffeln; 3. Tomaten à la Niçoise** – Füllen mit gedünstetem ↑**Reis**, unter den klein gewürfeltes, in ↑**Olivenöl** angedünstetes ↑**Auberginen**fleisch, Knoblauch, gehackte ↑**Petersilie**, etwas ↑**Semmelbrösel** und genügend ↑**mediterrane Gewürze** gemischt werden. Mit Semmelbrösel bestreuen, mit Olivenöl bestreichen und im Rohr bei mittlerer Hitze langsam schmoren. **4.** Für **Salat à la Niçoise** – Geschnittene ↑**Tomaten**, gekochte ↑**Pellkartoffeln** in Scheiben, blanchierte ↑**Grüne Bohnen**, ↑**Paprika**, ↑**Sardellen**, ↑**Kapern** und ↑**Oliven**, mit ↑**Salz**, ↑**Pfeffer**, ↑**Rotweinessig** und **Olivenöl** anmachen, im Salatbett anrichten; **5.** Für **Pasta** – z. B. ↑**Makkaroni** vermischt mit ↑**Tomates concassées**, ↑**Knoblauch** und gehackten ↑**Zwiebeln**, mit geriebenem ↑**Käse** bestreuen

Nicola [*Kartoffelsorte*] **Kochtyp:** ↑**Festkochende Kartoffeln** – „Speckige Kartoffel" genannt; **Herkunft:** Deutschland; **Jahr der Zulassung:** 1973; **Schale:** gelb; **Fleisch:** gelb, sehr guter Geschmack; **Knolle:** langoval; **Reifezeit:** mittelfrüh; **Anmerkungen:** bekannte und bewährte Speise- und Salatkartoffel

Nid [*Franz. Speisekarte*] Nest

Nidel [*Schweizer Küche*] Schweizer Bezeichnung für süße ↑**Sahne**

Nidwalder Mutschli [*Käse*] **Herkunft:** Schweiz/Innerschweiz; **Käsesorte:** ↑Rahm**weichkäse** mit Naturrinde, 45 % ↑**Fett i.Tr.**; **Milch:** pasteurisierte Kuhmilch; **Info:** Diesen feinen Weichkäse mit dem milden ausgewogenen Aroma gibt es als: Bergmutschli Natur, Knoblauchmutschli, Kräutermutschli, Pfeffermutschli, Schnittlauchmutschli und ↑**Ziger**mutschli.

Niederwild [*Fleischprodukte*] Veraltete Bezeichnung für ↑**Wild**, das dem niederen Adel zur Jagd zustand; dazu gehörten: ↑**Hase**, ↑**Kaninchen**, ↑**Reh** und ↑**Federwild.**

Nielluccio [*Weinkunde*] Rebe aus dem östlichen Korsika (Patrimonio) für kräftige Rot- und fruchtige Roséweine. Die Sorte ist möglicherweise mit ↑**Sangiovese** verwandt.

Niem [*Exotische Früchte*] **T Lateinisch:** Azadirachta indica. **Synonym:** Neem, Margosa, Nimtree, Indian lilac, margosier (frz.). Seit Urzeiten sind die grün-gelben, ca. 2 cm großen süßen Früchte des immergrünen tropischen Laubbaumes bekannt für ihre Heilkräfte. Die frühesten medizinischen Sanskrit-Schriften wiesen bereits auf die Wirkungen der Früchte, Samen, Öle, Blätter und Wurzeln hin. Sie werden auch heute noch getrocknet oder roh verzehrt und dienen als Zusatz für ↑**Limonade.** Alle Teile des Baumes finden Anwendung in der Ayurvedischen Medizin Indiens. Unter anderem ist der Niemzweig die Zahnbürste für über 500 Millionen Menschen alleine in Indien. In den Haushalten Indiens gilt Niem als Allheilmittel für alltägliche Beschwerden und wird daher auch „Dorfapotheke" genannt. Obwohl der Baum seit Jahrzehnten untersucht wird, sind viele seiner Wirkstoffe noch nicht vollständig erforscht. Die Samen und das Niemöl werden in der Landwirtschaft und von Hobbygärtnern als Dünger und zur akuten oder prophylaktischen Bekämpfung von Insekten, ↑**Nematoden**, Milben und Pilzen genutzt.

Nieren [*Unsere Küche*] **T Englisch:** kidneys; **Französisch:** rognons; **Italienisch:** rognone; **Spanisch:** riñones. **Biologisch:** Die Niere ist ein bohnenförmiges paariges Organ. Ihre Aufgabe ist die Kontrolle der Ausscheidung von Wasser, ↑**Mineralstoffen**, unerwünschten Stoffen und Stoffwechselendprodukten. Sie spielt eine Rolle im ↑**Säure-Basen**-Haushalt und produziert als Drüse bestimmte Hormone wie Adrenalin. **Verwendung in der Küche:** Die Nieren von ↑**Kalb**, ↑**Hammel**, ↑**Rind** und ↑**Schwein** gehören zu den ↑**Innereien.** Sie sollten nur von jungen Tieren stammen, vor ihrer Zubereitung von Fett sowie Adern befreit und über Nacht in ↑**Milch** eingelegt werden. **Kalbsnieren** zählen zu den Delikatessen, sie sind besonders aromatisch und haben nicht die typische „Nierenform", sondern viele nussgroße Kammern. Sie sind hellrot-bräunlich und von einem Fettpanzer umgeben, der meist schon vom Metzger abgelöst wurde. Je nach Rezept werden die vorbereiteten Nieren in Scheiben oder Würfel geschnitten und kurz angebraten. Bei zu langer Garzeit werden sie zäh. Wie bei Leber dürfen Nieren erst dann gesalzen werden, wenn sie gar sind. Wird aus dem Bratensatz eine Sauce hergestellt, sollten die Nieren vorher herausgenommen und nur zum Schluss noch einmal kurz in ihr erwärmt werden. Aus Nieren bereitet man Nierenspieße, Nierenragouts und Füllungen für Rollbraten. ↑**Würztabelle; Inhaltsstoffe:** 100 g frische Kalbsniere enthält ⌀ 112 kcal/470 kJ, 5 g Fett, 1 g Kohlenhydrate; 15,8 g Eiweiß, 77 g Wasser, 364 mg Cholesterin und 80 mg Purine, viel Eisen, die Vitamine des B-Komplexes, Vitamin A und C. **Lammnieren** sind von besonders feinem Geschmack und zarter Konsistenz. **Schweinenieren** werden nach dem Milchbad zur Hälfte geteilt, die weißen Gänge sauber ausgeschnitten und wegen des etwas strengen Nierengeschmacks blanchiert (kurz in kochendem Wasser abgekocht). Die Nierenstücke in Wasser kühlen und weiterverarbeiten. **Rindernieren** wiegen ca. 400–500 g und sind nicht besonders schmackhaft. Verwendet man sie trotzdem, sollten sie nur von ganz jungen Tieren stammen. Die Nieren unter fließendem Wasser abwaschen, von Fett und Sehnen befreien, zur Hälfte teilen und die weißen Gänge sauber ausschneiden. Über Nacht in Milch einlegen und vor dem Verarbeiten unbedingt blanchieren.

Nieren-Rollbraten [*Unsere Küche*] **R** Aus einem ↑**Sattelstück** vom ↑**Kalb** werden Knochen und ↑**Nieren** ausgelöst. Nieren parieren, über Nacht in Milch legen, dann in so viele Stücke zerteilen, wie notwendig sind, um den Nierenbraten an einer Längsseite belegen zu können. Nun wird das Fleisch mit ↑**Salz**, ↑**Pfeffer**, ↑**Thymian** oder ↑**Salbei** innen und außen gewürzt und längsseitig so eingerollt, dass die Nieren in der Mitte des Bratens liegen. Zum Festigen und Formen wird mit Küchengarn (Spagat) gebunden. Das Fleisch wird zunächst in einer Pfanne auf allen Seiten angebraten, danach mit Wasser abgelöscht und unter mehrfachem Begießen im Rohr bei anfänglich ca. 200° C, dann 160° C ungefähr 1 1/2 – 2 Stunden lang gebraten. Um eine kräftige ↑**Sauce** zu bekommen, nach dem Anbraten ↑**Röstgemüse** zufügen und entsprechend fortfahren. ↑**Bratenstücke, große**

Nierensteine [*Gesundheit*] Ablagerungen, die sich in den Nieren und in den ableitenden Harnwegen bilden. Sie können Reiskörner-, Linsen- oder Erbsengröße erreichen und sogar noch größer werden. Die Ursache von Nierensteinen ist noch ungeklärt. Es ist bekannt, dass es begünstigende Faktoren wie Calciumstoffwechselstörungen, ↑**Harnsäure**stoffwechselstörungen und falsche ↑**Ernährung** gibt. Denn man weiß, dass Nierensteine selten bei einer kohlenhydrat- und wasserreichen sowie eiweiß- und fettarmen Ernährung auftreten. Bewegen sich die Steine, z. B. bei einem akuten Steinfall, treten krampfhafte, heftige Schmerzen auf. Zur allgemeinen Vorbeugung sollte man reichlich Flüssigkeit (mind. 2 l pro Tag) trinken, eine ausgewogene Ernährung einhalten, den Stuhlgang regulieren und sich ausreichend körperlich betätigen.

Nierenzapfen [*Fleischprodukte*] ↑**Kronfleisch**, Zwerchfell oder Fleischzapfen liegen in der Brusthöhle zwischen den beiden Nierenstollen; das Fleisch gehört nicht zur Skelettmuskulatur.

Nierndl [*Österr. Küche*] ↑**Niere**

Niniche [*Franz. Speisekarte*] **A** ↑**Schokoladen**würfel mit ↑**Karamell**füllung

Niolo [*Käse*] **Herkunft:** Korsika; **Käsesorte:** ↑**Ziegenkäse.** Dieser ↑**Käse** wird aus der ↑**Milch** gemacht, die gerade zur Verfügung steht, also aus ↑**Ziegenmilch** oder einer Mischung aus Ziegen- und ↑**Schafsmilch.** Der ungemein scharfe Niolo-Käse ist auch unter dem Namen „↑**Calenzana**" bekannt.

Nisin [*Fachkunde*] ↑**E 234**

Nisslsalat [*Gemüse*] Bayerische Bezeichnung für Rapunzel bzw. ↑**Feldsalat**

Nitrat [*Fachkunde*] **T** Natürlicher Bestandteil des Bodens und der Pflanzen. Da Pflanzen Nitrat benötigen, wird der Boden damit gedüngt. **Zu erhöhten Nitratwerten in Pflanzen kommt es:** wenn Anbau und Ernte in Gewächshäusern in die lichtarme Zeit (Winter) fallen – bei zu viel Beschattung im Sommer – bei zu hohen Bestandsdichten – bei zu viel künstlicher Düngung statt Kompost. Alle Pflanzen können auf natürliche Weise Nitrat abbauen, doch benötigen sie dazu ausreichend Sonnenlicht. ↑**Nitrathaltiges Gemüse;** Nitrat ist nicht giftig, jedoch kann sich aus ihm das **giftige** ↑**Nitrit** bilden, z. B. durch Mikroorganismen in Lebensmitteln, in der Mundhöhle und im Magen sowie beim Aufwärmen nitrathaltiger Lebensmittel. **Nitrit** ist an der Bildung von Methämglobin beteiligt und hemmt so den Transport von Sauerstoff im Blut. Dies kann zur ↑**Blausucht** (Methämglobinämie) führen. Reste von stark nitrathaltigem Gemüse, die nach der Zubereitung nur ungenügend gekühlt wurden, sollten nicht aufgewärmt werden. Ebenso das lange Warmhalten in Wasserbädern, wie es in der Gastronomie immer noch üblich ist (Bain-Marie). Im Winter sollte auf alle Gemüsesorten aus dem Treibhaus verzichtet werden. **Gesundheitstipp: In der kalten, lichtarmen Jahreszeit auf Winter- oder Tiefkühlgemüse umsteigen, die beliebten Sommersalate meiden.** Gerade im Winter benötigt der Organismus vermehrt Sauerstoff. Mit nitratreicher Kost erreicht man das Gegenteil. **Nitrat wird bestimmten Lebensmitteln zugesetzt.** Als Nitritpökelsalz (Natriumnitrat) wird es zum Umröten von ↑**Fleisch** und Fleischerzeugnissen genutzt. Auch in der ↑**Käse**herstellung wird Nitrat als Zusatzstoff verwendet. Übrigens: Nitrit und ↑**Amine** können sich im Körper zu ↑**Nitrosaminen** verbinden, die als **krebserregend** gelten! ↑**E-Nummern:** ↑**E 252**

Nitrathaltige Gemüse [*Gesundheit*] **T** Künstliche Düngung (in Gewächshäusern) und zu wenig Sonnenlicht (im Winter) können eine **hohe Nitratanreicherung** in Gemüse und Salat zur Folge haben. ↑**Nitrat. Hoher Nitratgehalt – 1000 – 4000 mg/kg** Frischgewicht: ↑**Chinakohl**, ↑**Mangold**, ↑**Radieschen**, ↑**Rettich**, ↑**Rote Beete**, ↑**Spinat**, ↑**Weißkraut**, ↑**Wirsing**, ↑**Endivien-**, ↑**Eisberg-**, ↑**Kopf-**, ↑**Feldsalat.** ↑**Blanchieren** verringert den Nitratgehalt im Gemüse auf ein Drittel bis zur Hälfte. **Das Blanchierwasser sollte weggeschüttet werden**, da es das ausgelaugte Nitrat enthält. Auf Blattsalate muss man zwar im Winter nicht generell verzichten, der Verzehr sollte jedoch eingeschränkt werden. Babykost aus diesen Gemüsesorten darf nicht aufgewärmt und aufbewahrt werden. **Große Nitratmengen können den roten Blutfarbstoff (Hämoglobin)**

bei Säuglingen in den ersten drei Lebensmonaten so verändern, dass er keinen Sauerstoff mehr transportieren kann (Babys ersticken). Säuglinge dürfen deshalb keine nitratreiche Kost essen. ↑Blausucht. Mittlerer Nitratgehalt - 500 - 1000 mg/kg Frischgewicht: **↑Auberginen, ↑Blumenkohl, ↑Grünkohl, ↑Karotten, ↑Kohlrabi, ↑Lauch, ↑Rotkraut, ↑Sellerie, ↑Zucchini. Niederer Nitratgehalt** - weniger als **500 mg/kg** Frischgewicht: **↑Broccoli, ↑Chicorée, ↑Erbsen, Getreide, ↑Gurken, ↑Grüne Bohnen, Kartoffeln, Knoblauch, ↑Obst, ↑Paprika, ↑Rosenkohl, ↑Spargel, ↑Tomaten, ↑Zwiebeln.** Zum Vergleich - **↑Trinkwasser (Leitungswasser)** darf max. 30 mg/l aufweisen. **Tiefkühlgemüse ist nitratarm** und wird während der industriellen Zubereitung nach dem Blanchieren sofort heruntergekühlt und eingefroren. Nitrit durch Mikroorganismen kann sich nicht bilden. Tiefgefrorenes Gemüse sollte nach der Entnahme aus dem Gefrierfach sofort zubereitet werden, auf keinen Fall länger auftauen und bei Zimmertemperatur stehen lassen.

Nitrit [*Fachkunde*] Eine Verbindung, die aus **↑Nitrat** gebildet wird. Nitrat kann man daher als potenzielles Nitrit betrachten. Mikroorganismen in Lebensmitteln, in der Mundhöhle und im Magen wandeln Nitrat in Nitrit um. Beim Aufwärmen von **↑nitrathaltigem Gemüse** entsteht Nitrit. **Diese Vorgänge können die Gesundheit schädigen.** Nitrit sorgt in Fleischerzeugnissen für die charakteristische rote, kochstabile Pökelfarbe und das typische Pökelaroma. Weiterhin wird das Wachstum von Clostridium botulinum (**↑Botulismus**) verhindert. Außerdem hemmt Nitrit die Oxidation von **↑Fetten**. In Deutschland darf Nitrit dem **↑Fleisch** nur in einer Kombination mit Kochsalz als **↑Nitritpökelsalz** zugesetzt werden. **↑Pökeln.** Die Anwendung von Nitritpökelsalz und Nitrat bei der Pökelung ist nach Erzeugnisgruppen geregelt. Die zulässigen Höchstmengen an Restnitrit und -nitrat im fertigen Produkt sind in der Fleisch-Verordnung festgelegt.

Nitritpökelsalz [*Unsere Küche*] Spezialsalz, das zum **↑Pökeln** von **↑Fleisch**- und **↑Wurst**waren eingesetzt wird und eine hoch beständige rötliche Farbe hervorruft. Es verzögert die negative Wirkung des Sauerstoffes (rasches Dunkel- oder Grauwerden) auf Fleisch- und Wurstwaren.

Nitrosamine [*Gesundheit*] **T** Krebserregende Substanzen, die beim Zusammenwirken von **↑Nitrat** bzw. **↑Nitrit** mit biogenen **↑Aminen** (Abbauprodukten von Eiweiß) entstehen. Die Bildung erfolgt nur unter bestimmten Voraussetzungen, vor allem im sauren Milieu, wie es im menschlichen Magen herrscht. Nitrosamine entstehen aber auch beim Erhitzen von Gerichten, die Nitrit und **↑Eiweiß** enthalten, z. B. beim Grillen von gepökeltem Fleisch und Wurstwaren bei Temperaturen über 160° C. Viele Wurstsorten enthalten **↑Pökelsalz** (gekochter **↑Schinken, ↑Wiener, ↑Debreziner, ↑Currywurst** usw.), aber auch verschiedene Fleischstücke (**↑Kassler** usw.). Darum sollte man beim **↑Grillen** ungepökelte Wurstwaren und **↑Fleisch** vorziehen. Nitrosamine haben sich in Tierversuchen als krebserzeugend erwiesen. Es gibt Anhaltspunkte für dieselbe Wirkung beim Menschen. Nitrosamine im Stoffwechsel reagieren mit der Erbsubstanz (DNA) des Menschen und schädigen sie, was die Bildung von Tumoren auslösen kann. Eine grundsätzlich unschädliche Konzentration kann man weder für Nitrosamine noch für andere krebserzeugende Stoffe ermitteln. Ab und an wird davor gewarnt, nitrat- und potenziell nitrithaltige Speisen zusammen mit **↑Käse** zu erhitzen (z. B. **↑Toast** Hawaii oder **↑Pizza** mit entsprechendem Belag), weil in Käse und **↑Gemüse** enthaltene Amine dabei nitrosiert werden könnten. Eine wissenschaftliche Untersuchung zeigte **keinen** überdurchschnittlichen NDMA-Gehalt (NDMA = Nitrosodimethylamin) in Pizza und Toastzubereitungen. **↑Käse zum Überbacken**

Nivernais Historischer Speisename [*Speisegarnitur*] **A** **1.** ehemalige Provinz und Herzogtum, jetzt französisches Département Niévre; **2. à la Nivernais - Speisegarnitur** für **große Fleischstücke** - Mit glacierten **↑Karotten**, Zwiebeln und gedünstetem **↑Kopfsalat; Sauce:** gebundener ↑Schmor**fond**

Niza Geschützte Herkunftsbezeichnung [*Käse*] **Herkunft:** Portugal; **Käsesorte:** Bergkäse aus **↑Schafs-** oder **↑Ziegenmilch**

Nizza [*Speisegarnitur*] **A** **↑Niçoise, à la**

No espeto [*Span. Speisekarte*] Am Spieß

Noah [*Weinkunde*] Ostamerikanische Weißweinrebe. Wegen ihrer Reblausresistenz wurde sie früher auch in Frankreich angebaut. Wegen der geringen Qualität seit Jahrzehnten verboten.

Noam prik pao [*Asiatische Küche*] Begriff aus der thailändischen Küchenkultur für geröstete **↑Curry Paste**

Noblessa [*Weinkunde*] Neu gezüchtete Weißweinrebe, eine Kreuzung aus Madeleine Angevine & **↑Silvaner**

Nobling [*Weinkunde*] Neu gezüchtete Weißweinrebe, eine Kreuzung aus **↑Silvaner** & **↑Gutedel**, die hauptsächlich in Baden angebaut wird. Die Weine sind von Fruchtigen und Körperreichtum geprägt. Aus Nobling werden oft **↑Spätlesen** gewonnen.

Nocciola [*Ital. Speisekarte*] **↑Haselnuss**

Noce [*Franz. Speisekarte*] Hochzeit

Noce [*Ital. Speisekarte*] Nuss

Noce moscata [*Ital. Speisekarte*] **↑Muskatnuss**

Noch ein wenig mehr, bitte [*Übersetzer*] **Im Hotel** **Englisch:** Some more, please; **Französisch:** Encore un peu, s'il vous plaît; **Italienisch:** Ancora un po, per favore; **Spanisch:** Otra poco, por favor

Nocken [*Unsere Küche*] **A** Oder Nockerl: Kleine Klößchen, meist aus **↑Fleisch**- oder **↑Kartoffelmasse, ↑Maismehl** oder **↑Grieß.** Sie werden in ovaler oder länglicher Form abgestochen und in Salzwasser oder ↑**Brühe** gegart.

Nockerln [*Österr. Küche*] ↑**Spätzle**

Nodino [*Ital. Speisekarte*] Fleischscheibe aus der ↑**Kalbslende**

Noël [*Franz. Speisekarte*] Weihnachten

NOEL-Wert (No Observed Effect Level) [*Fachkunde*] Bezeichnet diejenige Menge an Wirkstoff in mg/kg Körpergewicht und Tag, die bei längerer Einnahme weder funktionelle noch strukturelle Veränderungen erkennen lässt. Der NOEL-Wert dient als Grundlage für die Bestimmung der zumutbaren Belastung für den Menschen. ↑**ADI-Wert**

Nœud [*Franz. Fachwort*] Knoten, Knopf

Nogada [*Mexicofood*] ↑**Walnuss**-Sauce

Nohmay [*Asiatische Küche*] Begriff aus der thailändischen Küchenkultur für ↑**Bambussprossen**

Noilly Prat [*Fachkunde*] **T** Sehr trockener französischer ↑**Vermouth**, gewonnen aus leichten, säurehaltigen ↑**Wein**en und mit rund drei Dutzend ↑**Kräutern** angereichert. Wegen seines Geschmacksvolumens ist Noilly Prat zum Aromatisieren von feinen ↑**Fischfonds** und -↑**Sauce**n beliebt. Aber auch unter Barkeepern hat er ein hohes Renommee. Noilly Prat wird mindestens eineinhalb Jahre gelagert, bevor er in den Handel kommt.

Noir [*Franz. Speisekarte*] Schwarz

Noisette [*Franz. Speisekarte*] **1.** ↑**Haselnuss; 2.** Medaillon, Nüsschen, kleine, runde Fleischscheiben aus Rücken oder Keule von ↑**Hammel**, ↑**Lamm**, ↑**Kalb** u. a.

Noisettes de veau [*Franz. Speisekarte*] Kleine gebratene Scheiben von der Kalbsnuss (Teil der Keule)

Noix [*Franz. Speisekarte*] **1.** ↑**Walnuss; 2.** zartes Fleischstück aus der Keule von Schlachttieren, insbes. von ↑**Kalb**, ↑**Lamm** oder ↑**Wild**

Noix de muscade [*Franz. Speisekarte*] ↑**Muskatnuss**

Noix de veau au curry [*Franz. Speisekarte*] **R** ↑**Kalbsnuss** in ↑**Butter** gebraten; Bratensatz mit ↑**Curry** gewürzt, mit ↑**Weißwein** abgelöscht und ↑**Sahne** vollendet

Noix de veau rôti jardinière [*Franz. Speisekarte*] **A** Gebratene ↑**Kalbsnuss** mit ↑**grünen Erbsen** und ↑**Bohnen**, ↑**Karotten**, ↑**Blumenkohl** und weißen ↑**Teltower Rübchen** umlegt. ↑**à la Jardinière**

Non-fat dry milk [*U.S. Kitchen*] ↑**Magermilchpulver**

Nonfood [*Fachkunde*] Alles außer Essbarem; z. B. Geschirr, Putzmittel etc.

Nonnats [*Franz. Speisekarte*] Winzige frittierte ↑**Fische** aus dem Mittelmeer

Nonnenfürzchen [*Backstube*] **T** Kleine frittierte ↑**Brandteig**klößchen, die noch warm in ↑**Zucker** gewendet werden

Noodles [*U.S. Kitchen*] ↑**Nudeln**

Nopal [*Exotische Früchte*] **T Lateinisch:** Opuntia ficus-indica; **Info:** Nopal sind die flachen, fleischigen Stiele des zur Familie der Kakteengewächse gehörenden, bis zu 5 m hohen Opuntienkaktus, dessen Früchte die ↑**Kaktusfeigen** sind. Frische Nopal haben einen ausgezeichneten, leicht herben Geschmack. **Ursprung und Geschichte:** Die ursprünglich wohl aus Mexiko stammenden Nopal waren für die indianischen Ureinwohner wichtiges Nahrungsmittel und wurden auch von den Azteken kultiviert. Die spanischen und portugiesischen Seefahrer verbreiteten die Kakteenart in den europäischen Mittelmeergebieten sowie weltweit in den damaligen Kolonien, wo sie heute auch in verwilderten Formen vorkommt. **Herkunft und Saison:** Die in Zentralamerika sehr geschätzten Nopal sind in Europa erst seit kurzem bekannt. Obwohl frische Nopal immer verfügbar wären, werden sie auf Europas Märkten nur in kleinsten Mengen angeboten. **Inhaltsstoffe:** Nopal ist reich an ↑**Eisen**, ↑**Kalzium** und ↑**Kalium** sowie den ↑**Spurenelementen** ↑**Magnesium**, ↑**Mangan** und ↑**Silizium**. Sein hoher ↑**Pektin**gehalt wirkt ↑**cholesterin**senkend. **Zubereitung und Tipps:** In Mexiko wird Nopal seit Jahrhunderten als Salat oder ↑**Gemüse** verzehrt. Dafür werden die geernteten Blätter von den Stacheln befreit und in Stücke geschnitten. Auch als Naturarzneimittel kann Nopal verwendet werden, ob getrocknet oder in kleine Stücke gehackt. Die Blätter werden gekocht und die dabei aufsteigenden Dämpfe inhaliert. Der Sud wird für Kompressen, Umschläge oder als Tee verwendet.

Nordafrikanische Küche [*Intern. Länderküche*] ↑**Arabische Küche**

Nordseekrabben [*Fisch*] **Weitere Bezeichnungen:** Granat, Sandgarnele. Die bekannteste ↑**Garnele** in Deutschland ist die Nordseekrabbe. Sie ist kleiner als die Tiefseekrabbe, dunkler gefärbt und zeichnet sich durch das feine, intensive Aroma aus. Ihr Vorkommen erstreckt sich über das gesamte Wattengebiet der Nordseeküste. Die Krabben werden gleich nach dem Fang noch auf dem Kutter abgekocht. Da das Fleisch sehr leicht verdirbt, enthält der ↑**Sud** grundsätzlich geringe Mengen an ↑**Konservierungsstoffen**.

Nori [*Asiatische Küche*] **A** In der japanischen Küche die wichtigste Algenart (Grünalgen der Arten Porphyra yezoensis, Porphyra tenera; Deutsch: Purpurtang, bisweilen auch Meerlattich oder Seegras genannt). Diese Meeresalgen werden als getrocknete, dunkelgrüne, quadratische, papierartige Blätter verkauft, mit denen man ↑**Sushi**-Rollen (↑**Maki**-Sushi) umwickelt. Die Algen werden eigens dazu in Japan und Korea angebaut. Koreanisches Nori ist mit dem japanischen so gut wie identisch, aber hierzulande im Handel viel günstiger. Andere essbare Meeresalgen sind ↑**Wakame** und Konbuku. **Verwendung:** Bei Temaki werden die Nori-Blätter zu kegelförmigen Tüten gerollt und mit ↑**Reis**, ↑**Gemüse** und ↑**Fisch** gefüllt. Auch bei Nigiri-Sushi (handgeformte, belegte Sushi) wird ein Nori-Streifen verwendet, um den Belag auf dem Sushi „festzubinden". In feine Streifen geschnitten oder zerkrümelt ist

Nori auch Bestandteil von verschiedenen japanischen Gewürzmischungen, die Fischgerichten, Suppen, Salaten und ↑**Omelettes** einen charakteristischen, kräftig-würzigen Geschmack verleihen. Weitere typische Bestandteile solcher Mischungen sind gerösteter ↑**Sesam** und ↑**Meersalz.** Nori ist stark ↑**jod**haltig (5–8 mg pro 100 g Trockensubstanz) und sollte daher nicht in zu großen Mengen (dutzende Blätter auf einmal) gegessen werden. ↑**Japanische Küche.** In normalen Mengen ist Nori unbedenklich. Wer häufig Sushi isst, sollte in seiner Küche statt ↑**Jodsalz** jodfreies ↑**Speisesalz** verwenden.

Normande, à la [*Speisegarnitur*] **A „Wie in der Normandie": Speisegarnitur für Meeresfrüchte** in **1.** ↑**Butter; 2.** ↑**Crème fraîche; 3.** ↑**Sauce normande;** oder mit: **4.** ↑**Äpfeln,** ↑**Apfelwein** oder ↑**Calvados; à la normande** kann auch sein: **a.)** ↑**Crêpe normande; b.)** ↑**Pommes à la normande**

Normantal [*Käse*] **T Herkunft:** Frankreich/Normandie; **Käsesorte:** ↑**Schnittkäse,** 52 % ↑**Fett i. Tr.; Milch:** Kuhmilch; **Geschmack:** aromatisch, würzig; **Info:** während seiner dreimonatigen Reifung wird der Bauernkäse mit Weißwein und ↑**Gewürzen** „behandelt". **Getränkeempfehlung:** ↑**Bier** oder kräftiger ↑**Weißwein; Verwendung:** zum Überbacken, in Würfel geschnitten oder als Salateinlage

Norvégienne, à la [*Speisegarnitur*] **A Norwegische** Art - Speisegarnitur für: **1. Kalten Fisch** und **Krustentiere** - mit **Aspik** überzogen, garniert mit gefüllten ↑Eiern und ↑**Gewürzgurken; 2.** ↑**Eierpfannkuchen** - mit ↑**Speiseeis** gefüllt und bei sehr starker Oberhitze überbacken

Norwegische Küche [*Internat. Länderküche*] Die traditionelle norwegische Küche ist außerhalb Norwegens so gut wie unbekannt. Der durchreisende Gast hatte früher das Gefühl, dass es außer Schnellgerichten wie Tiefkühlpizza, **pölse med bröd** (↑**Hotdog**), **Brathähnchen** usw. keine weiteren kulinarischen Höhepunkte gibt. Der Umbruch in der Küchenkultur hat aber auch vor Norwegen nicht Halt gemacht. In den vergangenen Jahren entwickelte sich eine feine, abwechslungsreichere Küche. Preisgekrönte Köche wie Bent Stiansen, Arne Brimi, Lars Erik Underthun oder Eivind Hellstrøm sind maßgeblich an diesem Trend beteiligt. Traditionell spielen die Früchte der Natur, **Milch** und **Milcherzeugnisse, Fleisch** und der Fischfang wichtige Rollen. Auf den Menüs der Fischereination behaupten Fisch und ↑**Meeresfrüchte** einen festen Platz, besonders entlang der Küste. ↑**Heringe,** ↑**Kabeljau,** ↑**Wolfsfisch** und ↑**Lachs** werden entweder pochiert oder gebraten. ↑**Makrele** ist ein typischer Sommerfisch, vor allem an Norwegens Südküste. Aber auch ↑**Stockfische** und ↑**Garnelen „reker"** finden sich auf den Tellern. **Norwegische Mahlzeiten:** Das Frühstück (**frokost**) fällt in der Regel recht reichhaltig aus. Es gibt Brot in großer Sortenvielfalt. Die Butter ist leicht gesalzen und auch **rømme** (mit Mehl gekochter ↑**Sauerrahm,** sieht aus wie ↑**Schmand**) sollte nicht auf dem Tisch fehlen. Neben süßen Brotbelägen wie Marmelade (**syltetøy**) werden auch herzhafte Speisen serviert. Sehr beliebt sind alle Arten von eingelegtem Hering (**sild**). Besondere landestypische Spezialitäten sind Marmelade aus ↑**Moltebeeren** und **„geitost"**, ein leicht nach ↑**Karamell** schmeckender Käse. Um die Mittagszeit gibt es Lunch **„lunsj"**. Das ist aber nicht das klassische warme Mittagessen, sondern eher ein kleiner Imbiss: Salat, Obst oder das berühmte **smørbrød**, ähnlich dem dänischen ↑**Smørrebrød.** Zwischen 16 und 18 Uhr gibt es **„middag"**. Zu dieser warmen Hauptmahlzeit, die meistens aus Fleisch oder Fisch besteht, serviert man ↑**Kartoffeln.** Sie sind in Norwegen sehr beliebt. Manchmal wird gegen 21 Uhr noch ein **„aftensmat"** eingenommen, das auch aus ↑**Kaffee** und Kuchen bestehen kann. Sehr beliebt sind frisch gebackene ↑**Waffeln** oder eine der vielen **„boller"**-Sorten (gefüllte süße Hefebrötchen), die nach ↑**Zimt** schmeckenden **skillingsbolle**, aber auch **solskinsbolle** (mit **Moltebeeren-Pudding** gefüllt) oder solche mit Rosinenfüllung. Erst später am Abend gibt es die letzte Mahlzeit des Tages, das Abendessen (**kveldsmat**). Dazu gibt es noch mal Brot oder ↑**Fladenbrot** mit Käse, Wurst, ↑**Schinken** oder Fisch und Meeresfrüchten. **Norwegische Spezialitäten:** Das traditionelle Lieblingsessen der Norweger ist **kjöttkaker**, hausgemachte Hackfleischfrikadellen in brauner Soße, die oft sonntags serviert werden. Gefolgt von **fiskekaker** (Fischfrikadellen) und ↑**Fiskeboller** (Fischklößchen), die aus frischem Fisch ohne ↑**Ei,** dafür mit Milch und ↑**Speisestärke** gemacht werden. Nirgends in Europa schmecken ↑**Lamm** und ↑**Hammel** besser als in Norwegen. Besonders **fårikål**, ein Hammeleintopf mit Weißkohl. Aber auch **lammerull**, eine Wurstspezialität vom Lamm, oder **pinnekjøtt**, gedörrte und geräucherte Lammfleischrippchen, gewässert, über Birkenholzstäbchen weich gedämpft, im Ofen knusprig gebraten. **Auszug einer norwegischen Speisekarte: Fisk** (Fisch), **Gravlaks med sennepsaus** (gebeizter Lachs mit Senfsauce), **Kald kokt ørret** (Forelle im Ganzen gedämpft), **Røktlaks med eggerøre** (Räucherlachs mit Rührei), **Rakfisk med rødløk** (Fermentierte Forelle mit roten Zwiebeln), **Hummer med majonaise** (Hummer mit Mayonnaise), **Reker og krebsehaler** (Garnelen und Krebsschwänze), **Sennepsild** (Senfhering), **Sursild** (Hering sauer eingelegt), **Tomatsild** (Hering in Tomatensauce), **Kjøtt** (Fleisch), **Kalkun med waldorfsalat** (Pute mit ↑**Waldorfsalat**), **Sylte** (eine Art Sülze vom Schweinskopf), **Roastbeef med remoulade, Spekemat med rømme og Flatbrød** (Geräuchertes und Luftgetrocknetes von Schwein, Lamm, Rentier, Elch und Rind mit Sauerrahm und dünnem Knusperbrot), **Tilbehør** (Garnituren und Zubehör), **Brød** (Brot), **Flatbrød** (dünnes Knusperbrot), **Diverse brødsorter** (Gemischte Brotauswahl), **Potetsalat** (Kartoffelsalat), **Varmmat** (warmes Essen), **Medisterkaker** (Frikadellen aus sehr feiner Schweinefarce mit speziellen Gewürzen), **Medisterpølser** (wie Medisterkake, jedoch als Würstchen), **Surkål** (Sauerkraut), **Rødkål** (Rotkohl), **Rotmos** (Püree von der Steckrübe, Kartoffeln und Möhren), **Kokte poteter** (gekochte Kartoffeln), **Lutefisk** (getrockneter Dorsch, gewässert, gewürzt, weich gedämpft und im Ofen gebacken), **Ertepure** (Erbsenpüree), **Sennepsaus** (Béchamelsauce mit Senf abgeschmeckt), **Dessert** (Nachtisch), **Kransekake** (Ringkuchen aus Mandeln, Eiweiß und Zucker), **Fruktsalat** (Fruchtsalat), **Marsipankake** (Marzipantorte), **Multekrem** (Schlagsahne mit arktischen Moltebeeren), abgeschmeckt mit **lakka** (finnischer Multelikör), **Riskrem** (kalter Milchreis mit Schlagsahne), **Diverse oster** (Käseauswahl)

Nosiola [*Weinkunde*] Weiße Rebsorte aus dem Trentino, gedeiht in ihrer Heimat am besten. Erzeugt sehr trockene, eigenständige Weine, die erfrischend sind und vorzüglich zu Fisch passen. **Farbe**: strohgelb mit grünlichen Reflexen; **Bouquet**: zart, duftend, leicht fruchtig mit vorherrschender Note von Haselnuss; **Geschmack**: trocken, würzig, leicht säuerlich

Notarpanaro [*Weinkunde*] Einer der besten Rotweine Apuliens. Er stammt aus dem Salento.

Nöthel, Peter [*Berühmte Köche*] **Peter Nöthel**, *1960 in Göttingen, D – ist Chef des Restaurants „Hummerstübchen" in Düsseldorf und ein deutscher Sterne-Koch. Sein traditionelles Hummer-Menü gilt als legendär – Seinen ersten Michelin-Stern erhielt er 1988, den zweiten 1991.

Nouc nam [*Intern. Länderküche*] Wie in allen südostasiatischen Ländern gibt es auch in Vietnam eine stark würzige Fischsauce. Die Nouc nam wird nicht nur gekocht verwendet, sondern auch als Salatwürze. ↑**Vietnamesische Küche**

Nougat [*Franz. Speisekarte*] ↑**Nugat**

Nouilles [*Franz. Speisekarte*] (Band-)↑**Nudeln**

Nourrissant [*Franz. Fachwort*] Nahrhaft

Nouveau [*Weinkunde*] Französische Bezeichnung für junge Weine, die direkt nach der Ernte, aber erst ab dem dritten Donnerstag im November des Lesejahres, in den Handel gebracht werden dürfen. Der bekannteste aller französischen Nouveau-Weine ist der ↑**Beaujolais** – ↑**Primeur.**

Nouvelle cuisine [*Franz. Fachwort*] **„Neue Küche"** – In den 70er-Jahren des vergangenen Jahrhunderts entwickelte sich in Frankreich eine leichte Küche. Die Basis ist wenig ↑**Fett**, viele ↑**Kräuter** und ↑**Gewürze**, die aufeinander abgestimmt sind. Der Kochstil will den Eigengeschmack der eingesetzten Nahrungsmittel bewahren, setzt auf regionale und saisonale Genüsse. Heute hat er sich auf der ganzen Welt durchgesetzt. Die Anhänger dieser neuen Richtung legen besonderen Wert auf die Präsentation der Gerichte. Die Art des Anrichtens gerät bisweilen zur Kunst, die aber nicht kompliziert, sondern eher naturverbunden und schlicht wirkt bzw. wirken soll. In den Anfängen übertrieben manche Restaurants: Die Teller waren sehr groß, die Portionen sehr klein. Die Rechnung aber beachtlich. Diese Auswüchse haben sich heute gegeben. Der französische Koch Paul ↑**Bocuse** gilt als „Créateur" (Schöpfer) und bekanntester Vertreter der Nouvelle Cuisine.

Novel Food [*Gesundheit*] Novel Food ist eine Sammelbezeichnung für Lebensmittel, die mit Hilfe von neuartigen Technologien (z. B. Gentechnik) und/oder aus Rohstoffen hergestellt sind. In Deutschland werden unter Novel Food fast ausschließlich **gentechnisch modifizierte Lebensmittel** verstanden. Sie unterliegen dem Anwendungsbereich der Verordnung (EG) Nr. 258/97 des Europäischen Parlaments und des Rates vom 27. Januar 1997 über neuartige Lebensmittel und neuartige Lebensmittelzutaten – der so genannten **Novel-Food-Verordnung.** Sie ist für alle EG-Staaten verbindlich vorgeschrieben und am 15. Mai 1997 in Kraft getreten. Sie umfasst drei Kernpunkte: den Anwendungsbereich, das Verfahren des Inverkehrbringens und die Kennzeichnung. Grundsätzlich müssen neuartige Lebensmittel und Lebensmittelzutaten drei Kriterien erfüllen: Sie dürfen keine Gefahr für den Verbraucher darstellen, sie dürfen keine Irreführung des Verbrauchers bewirken, und der normale Verzehr als Ersatz des konventionellen Lebensmittels darf nicht zu Ernährungsmängeln führen. Lebensmittel oder Lebensmittelzutaten unterliegen dem Anwendungsbereich der VO (EG) Nr. 258/97, wenn sie zwei Voraussetzungen erfüllen: Sie sind vor dem 15. Mai 1997 noch nicht in nennenswertem Umfang für den menschlichen Verzehr in der Gemeinschaft verwendet worden, und sie sind einer der in der Novel-Food-Verordnung aufgeführten Fallgruppen von Erzeugnissen zuzuordnen.

Novello [*Weinkunde*] Italienisches Äquivalent der französischen ↑**Nouveau**- oder ↑**Primeur**weine, als Bezeichnung für neue Weine, die wenige Wochen nach der Ernte auf den Markt gebracht werden.

Novita [*Kartoffelsorte*] **Kochtyp:** ↑**Festkochende Kartoffeln** – „Speckige Kartoffel" genannt

Novitasalat [*Gemüse*] ↑**Blattsalate**

Noyau [*Franz. Fachwort*] Obstkern

Nüa pad lon [*Asiatische Küche*] Begriff aus der thailändischen Küchenkultur für geschmortes ↑**Rindfleisch** in pikanter ↑**Sauce**

Nucleasen [*Fachkunde*] Gruppe von ↑**Enzymen**, die hochmolekulare ↑**Nukleinsäuren** angreifen und zerlegen

Nudeln [*Allgem. Nährmittel*] **T Englisch:** noodles; **Französisch:** nouilles, pâtes; **Italienisch:** pasta; **Spanisch:** pastas, fideos. Der Begriff Nudeln wird für ↑**Teigwa-**

ren benutzt. Die internationale Bezeichnung für Nudeln ist Pasta. Eines der ältesten Nahrungsmittel; weltweit gibt es ca. 600 verschiedene Nudelsorten. Allein in Italien sind 200 unterschiedliche Teigwaren zu Hause. Jede Region hat ihre eigenen Rezepte, Namen und Herstellungsverfahren. So kann es sein, dass in Norditalien die Bandnudeln mit ↑**Ei** hergestellt werden, in Süditalien aber nicht. ↑**Pasta.** In Deutschland gibt es 60 verschiedene Nudelsorten, band-, röhren- oder fadenförmig, auch als Hörnchen, Muscheln, Spiralen und Buchstaben. **Gemüsenudeln** sind Spezialnudeln, die Extrakte aus ↑**Karotten**, ↑**Tomaten**, ↑**Spinat** und ↑**Roten Beeten** enthalten. Asiatische Nudelvarianten sind ↑**Glas**- und ↑**Reisnudeln**, die allerdings nicht zu den Teigwaren zählen. Ebenfalls aus Asien kommen „↑**Instant-Nudeln**". **Herkunft:** Quellen belegen, dass die Chinesen bereits vor über 4000 Jahren Teigwaren herstellten und konsumierten. Auch Marco Polo hat die Nudeln nicht von seiner großen China-Reise mitgebracht und in Italien eingeführt, da bereits um 1000 n. Chr. ein italienisches Kochbuch existierte, in dem die Zubereitung von Lasagne und Makkaroni beschrieben wird. Bereits die Etrusker (700 bis 100 v. Chr.) kannten Teigwaren. Ihre Leidenschaft dafür ging so weit, dass Zeugnisse der Herstellung in Gräbern als Wandmalereien und Beigaben gefunden wurden. Das Trocknen der Teigwaren geht wahrscheinlich auf die Araber zurück. Bei ihren Eroberungsfeldzügen im Mittelmeerraum hatten sie diese Zubereitungsart im Gepäck. Noch heute wird im Sprachgebrauch von Ländern, die lange unter arabischer Herrschaft standen – z. B. Südspanien –, die arabische Bezeichnung für Teigwaren verwendet. Gewiss ist jedoch, dass die Pasta von Italien aus die Welt eroberte. **Garzeit:** Die richtige Garzeit ist von Nudel zu Nudel unterschiedlich. Trockennudeln benötigen eine längere Garzeit als frische. Selbst gemachte Teigwaren benötigen je nach Dicke nur 1 bis 5 Min. Garzeit. **Empfehlung:** 3 Min. vor dem Ende der angegebenen Garzeit die Nudeln probieren. So kann man den richtigen Garpunkt herausfinden. „↑**Al dente**" sind Nudeln, die weich sind, aber noch Biss haben. Bedenken sollte man, dass Nudeln auch beim Abtropfen und in der ↑**Sauce** weitergaren. ↑**Cholesterin in der Nudel:** Wer erhöhte Cholesterinwerte hat und auf seine Ernährung achten muss, sollte Nudeln mit geringem Eigehalt oder eifreie Nudeln verwenden. **Die Qualitätskriterien für mit Ei hergestellte Nudeln: 1.** Nudeln mit der Bezeichnung „Eiernudeln" enthalten auf 1 kg ↑**Mehl** oder ↑**Grieß** 2,5 Hühnereier. **2.** Nudeln mit der Bezeichnung „Eiernudeln mit hohem Eigehalt" enthalten mindestens 4 Eier auf 1 kg Grieß oder Mehl. **3.** Nudeln mit der Bezeichnung „Eiernudeln mit besonders hohem Eigehalt" enthalten mindestens 6 Eier oder ↑**Eigelbe** auf 1 kg Grieß oder Mehl. Wer an einer **Hühnereiallergie** leidet, sollte sich die Zutatenliste auf der Nudelpackung genau anschauen, denn nach dem deutschen Lebensmittelrecht dürfen Nudeln, die weniger als 2,5 Eier pro kg Mehl enthalten, auch unter der Bezeichnung „eifrei" deklariert werden. Das Grundrezept für Nudelteig findet sich unter „↑**Pasta-Teig selber machen**".

Nudeln in Asien [*Asiatische Küche*] **T** In manchen asiatischen Regionen wie im Norden Chinas spielen Nudeln eine größere Rolle als Reis. An Tausenden kleiner Straßenküchen werden sie in immer neuen Kombinationen gebraten, gedämpft und gekocht. **Das Prinzip der Suppenstände funktioniert auch in deutschen Küchen:** Die vorgegarte Lieblings- oder ↑**Instant-Nudel** in eine Schüssel geben, dazu etwas ↑**Gemüse** und ↑**Sprossen**, ein paar ↑**Kräuter** und einige dünne Scheiben ↑**Fisch** oder ↑**Fleisch**, dann das Ganze mit einer heißen, kräftigen ↑**Brühe** auffüllen, gar ziehen lassen und nach Lust und Laune mit ein paar Tropfen ↑**Sesamöl**, ↑**Sherry**, ↑**Sojasauce** oder ↑**Zitronensaft** würzen. Auch so kann ↑**Fast Food** aussehen.

Nudelsorten [*Allgem. Nährmittel*] **T Die bekanntesten Nudelsorten:** (↑**Teigwaren**); **Annellini** – ringförmige Nudeln, sehr gut geeignet als Suppeneinlage. **Bandnudeln**, **Bigoli** – Spaghetti-Art. **Bucatini** – die fast spaghettidünnen, hohen Nudeln aus ↑**Vollkorn**weizen werden zu den Langnudeln gezählt. Für fleischhaltige Gerichte mit Soße. **Cannelloni** – große, röhrenförmige Nudeln, die mit verschiedenen Zutaten gefüllt werden. **Capelli d'angelo** – lange, extrem dünne Nudel, die so heißt, weil sie so fein wie Engelshaar ist. Sie wird oft in ganzen Nestern angeboten. **Capellini** – feinste Spaghetti, auch Engelshaar oder Vermicelli genannt. **Cappelletti** – Teigwaren, die hütchen- bzw. spiralförmig sind. Sie werden meist aus Hartweizengrieß hergestellt und eignen sich für Eintöpfe oder als Beilage. **Chitarra** – eckige Spaghetti. **Conchiglie** – muschelförmige Nudeln. **Farfalle** – haben ihren Namen ihrer schmetterlings- oder schleifenähnlichen Form zu verdanken. Die wesentlichen Zutaten sind ↑**Hartweizen**grieß und mindestens zwei Hühnereier. **Fedelini** – dünnere Spaghetti-Art. **Fettuccine** – flache Bandnudeln, die nestförmig zusammengedreht werden; sie sind das römische Gegenstück zu Tagliatelle. **Fettucine** – italienische Bezeichnung für breite Bandnudeln. Sie werden aus Hartweizengrieß und Ei hergestellt und auch mit ↑**Spinat** grün oder mit ↑**Tomatenmark** rot gefärbt. **Fusilli** – gekräuselte Nudeln bzw. Nudeln in Form kleiner Spiralen oder Korkenzieher. Sie sind für Eintöpfe, Saucen-Gerichte und Aufläufe zu empfehlen. ↑**Glasnudeln**, ↑**Gnocchi**, ↑**Kärntner-Nudeln**, ↑**Knöpfle**, ↑**Kritharaki; Lasagne** – flache Nudelblätter, die man mit Fleischsauce und Käse in mehreren Schichten überbackt. Lasagne gibt es in verschiedenen Größen und Breiten, auch mit wellenförmigen Rändern. **Linguine** – sehr dünne, schmale Bandnudeln, **Maccharoni oder Maccaroni** – sind meist so lang wie Spaghetti, nur dicker und hohl. **Manicotti** – große, röhrenförmige Nudeln, die wie Cannelloni gefüllt werden. ↑**Maultaschen** – schwäbische Nudelspezialität. **Mezzani** – kurze Makkaroni. **Mezza Zita** – röhrenförmige Nudeln, die etwas dicker sind als Maccharoni. ↑**Mie-Nudeln** – asiatische ↑**Instant**nudeln. **Orecchiette** – kleine, ohrenförmige Nudeln.**Pappardelle** – sehr breite Bandnudeln. **Penne** – kurze, röhrenförmige Nudeln, abgeschrägte Enden. **Ravioli** – runde oder quadratische gefüllte Nudeln. ↑**Reisnudeln** – aus Reismehl hergestellt. Die Reisstärke macht die dünnen Nudeln sehr hell. **Rigatoni** – kurze Maccharoni, von denen es viele verschiedene Sorten gibt. **Rotelle** – kleine Suppennudeln in Radform, **Spaghetti** – je nach Region können die Spaghetti unterschiedlich dick sein. ↑**Spätzle** – schwäbische Nudelspezialität. **Soba-Nudeln** – japanische Soba-Nudeln bestehen aus Buchweizenmehl. **Somen** – dünne, lange Fadennudeln aus Weizenmehl, die in Japan oft kalt gegessen werden. **Tagliatelle** – häufigste Form der Bandnudel, in verschiedenen Farben. ↑**Tiroler Schlutzkrapfen. Tortellini/Tortelloni** – kleine gefüllte Teigwaren, bei denen kreisrunde Teigstücke um eine Füllung gewickelt und dann halbkreisförmig gebogen werden. **Trenette** – schmale Bandnudeln. **Vermicelli** – neapolitanische Bezeichnung für besonders dünne Spaghetti. Wenn sie so fein wie deutsche Fadennudeln sind, nennen die Italiener sie „Capelli d'angelo" – Engelshaar. **Gemüsenudeln** sind gut teilbare, flache Teigwaren aus Hartweizengrieß. Man isst sie im ↑**Eintopf**, ↑**Auflauf** oder als Beilage zu Hauptgerichten. **Suppennudeln** sind die Winzlinge unter den Teigwaren. Man streut sie in klare Suppe. Zu ihnen gehören Sternchen, Buchstaben, Fadennudeln, Muscheln und Schleifchen. ↑**Pasta**

Nudelsuppe [*Übersetzer*] **Englisch:** noodle soup; **Französisch:** potage aux nouilles; **Italienisch:** brodo con pasta; **Spanisch:** sopa de fideos

Nudelteig [*Unsere Küche*] ↑**Pasta-Teig selber machen**

Nudelwalker [*Österr. Küche*] Rollholz, Teigrolle, Nudelholz

Nueces [*Span. Speisekarte*] ↑**Walnüsse**

Nuez [*Mexicofood*] ↑**Nuss**

Nugat [*Süßwaren*] **A** Weiche oder schnittfeste Masse aus Nugatrohmasse (65 %) und ↑**Zucker** (35 %). Die Rohmasse (im Handel) setzt sich aus gerösteten oder gebrannten, zerkleinerten Nusskernen (↑**Mandeln**, ↑**Haselnüsse**) mit Zucker und ↑**Kakao**erzeugnissen zusammen. Zudem kann die Nugatrohmasse noch andere Stoffe wie ↑**Sahne**, ↑**Butter**, ↑**Milch**, ↑**Honig** und ↑**Kaffee** beinhalten. Mit Nugat werden ↑**Schokoladen**, ↑**Pralinen** gefüllt, Gebäck und ↑**Dessert**s dekoriert. Es gibt Nugatriegel, Nugatpralinen, Nussnugatcreme und Nugatschokolade – wahre Kalorienbomben. ↑**Nährstofftabelle**, ↑**Mont Élimar-Nougat** & ↑**Türkischer Honig**

Nukleinsäure [*Fachkunde*] Der Überbegriff für DNS- und RNS-Moleküle, die im Kern jeder Zelle vorkommen und an Neubildung und Teilung der Zellen beteiligt sind. Es handelt sich dabei um große Kettenmoleküle mit Säurecharakter. Die ↑**DNS** befindet sich als Träger der Erbanlagen in den Chromosomen.

Nulldiät [*Gesundheit*] Wird im Krankenhaus angewendet. Der Patient erhält nur Wasser, ↑**Vitamine** und ↑**Mineralstoffe. Nulldiäten dürfen nur unter ärztlicher Aufsicht erfolgen.** ↑**Fasten**

Nunt [*Jüdische Küche*] **A** Bezeichnet eine Süßigkeit der ↑**Jüdischen Küche** und erinnert an ↑**Nugat**. Sie wird zum jüdischen Fest Purim serviert, bei dem Nachbarn und Freunde mit selbst gefertigten Näschereien beschenkt werden. Nunt wird traditionell aus einem dunklen ↑Wald**honig** hergestellt, der zusammen mit ↑**Zucker** aufgekocht wird und unter den grob zerbröckelte ↑**Walnüsse** gehoben werden. Der fertige Nunt wird auf ein feuchtes, glattes Brett oder eine eingeölte Marmorplatte gestrichen und nach dem Erkalten in kleine Rauten geschnitten. Nunt-Varianten bestehen aus ↑**Mohn** und Walnüssen oder der Honig wird mit ↑**Ingwer** oder ↑**Sesam** vermischt.

Nuoq-mâm [*Gewürze & Kräuter*] **T** Begriff aus der vietnamesischen Küchenkultur für eine würzige Sauce aus gepökelten, zerstampften, sonnengetrockneten kleinen Fischen. ↑**Vietnamesische Küche**

Nuragus [*Weinkunde*] Weißweinrebe aus Sardinien. Der Name erinnert an die prähistorischen Steinbauten, die Nuraghe.

Nürnberger Gwärch [*Regionale Spezialität*] **R** Ein traditioneller ↑**Wurstsalat** aus Nürnberg bzw. Oberfranken. Er besteht zu gleichen Teilen aus gekochtem ↑**Ochsenmaul**, schwarzem und weißem ↑**Presssack** und ↑**Nürnberger Stadtwurst**, unter die fein geschnittene ↑**Zwiebeln** gehoben werden. Der Salat wird mit einer ↑**Essig-Öl-Marinade** angemacht und zu ↑**Bauernbrot** serviert.

Nürnberger Rostbratwurst [*Regionale Spezialität*] **A** Sie sollen 1462 erfunden worden sein und werden als besondere Delikatesse in Nürnberg in speziellen Wurstbratereien zubereitet. Eine Mahlzeit besteht aus sechs oder zehn solcher Rostbratwürste, gegrillt mit Beilagen oder gekocht als Saure Zipfel. ↑**Blau Kochen.** Die Bezeichnung „Original Nürnberger Rostbratwurst" ist als geografische Herkunftsangabe von der EU-Kommission geschützt. Nur Bratwürste, die im Stadtgebiet von Nürnberg und nach festgelegter Rezeptur gefertigt werden, dürfen diesen Namen tragen. **Auch heute noch achtet der Rat der Stadt streng auf die Qualität „seiner" Bratwürste.** Letztmals wurde am 18.3.1998 im Beschluss des Ausschusses für Recht, Wirtschaft und Arbeit des Stadtrates zu Nürnberg festgestellt, dass nach Gewerbebrauch und Verbrauchererwartung bei der Herstellung von Nürnberger Bratwürsten/Nürnberger Rostbratwürsten folgende Rezeptur zu beachten ist: **Ausgangsmaterial:**

grob entfettetes ↑**Schweinefleisch. Besondere Merkmale:** mittelgrobe Körnung, ohne Brätanteil, nicht umgerötet, im engen Schafsaitling auf 7–9 cm abgedreht (Stückgewicht roh ca. 20–25 g); typische Majoran-Würzung; **Analysenwerte:** u. a. absoluter Fettgehalt max. 35 %. ↑**Bratwurst**

Nürnberger Stadtwurst [*Regionale Spetialität*] **R Nürnberger Stadtwurst, Hausmacher Art** – besteht aus 60 % Bauch und Backen. Diese Fleischteile grob würfeln und leicht angefroren mit ↑**Salz** und ↑**Gewürzen** vermengen und durch den Fleischwolf mit einer 5-mm-Scheibe drehen. **Gewürze je kg** – 20,0 g Jodsalz – 2,0 g Pfeffer, schwarz und weiß gemischt, frisch gemahlen – 1,0 g Kümmel, gemahlen – 2,0 g Majoran, gerebelt – 1,0 g Muskat, gerieben – 5,0 g Senfmehl, gelb – gut eiskalt bindig mischen. – 40 % Brühwurstbrät (vom Metzger) portionsweise untermengen. In Kranzdärme (Ringe) füllen. Bis zur gewünschten Farbe heiß räuchern. Bei 75° C bis mindestens 68° C Kerntemperatur brühen.

Nuss [*Fleischprodukte*] **T** Besonders feines Fleischstück aus der Keule von ↑**Kalb** und ↑**Schwein** für Schnitzel, Geschnetzeltes und Braten. Als ↑**Nussschinken**, roh, geräuchert, ist die Schweinsnuss eine Delikatesse.

Nussbrot [*Backstube*] ↑**Mischbrot** mit ↑**Walnüssen**, ↑**Haselnüssen** oder anderen ↑**Nusskernen**

Nussbutter [*Unsere Küche*] ↑**Braune Butter**

Nüsschen [*Fleischprodukte*] Kleine, runde Fleischstücke (kleine Nuss) aus der Keule von ↑**Kalb**, ↑**Lamm** oder ↑**Reh**

Nusscreme [*Unsere Küche*] **R** Wer Nusscreme liest, denkt an Berge von ↑**Kalorien** – muss nicht sein! **Grundrezept:** Nusscreme zum Füllen von ↑**Crêpes**, als Brotaufstrich oder in ↑**Torten;** 2 EL ↑**Rohrzucker;** 1 EL ↑**Honig;** 1 EL ↑**Zitronensaft;** 1 EL ↑**Kakaopulver**; eine ↑**Vanilleschote;** 1/8 l entrahmte ↑**Milch;** Prise ↑**Salz;** 200 g ↑**Jogurt;** 50 g ↑**Quark;** 75 g gemahlene ↑**Mandeln** und einige Tropfen ↑**Bittermandelöl.** Vanilleschote längs halbieren, mit Milch und Salz zum Kochen bringen, bei kleiner Hitze bis auf 1/3 reduzieren und erkalten lassen. Das Mark aus der Vanilleschote kratzen, bevor sie entsorgt wird. Alle Zutaten mit dem Handrührgerät in der Vanillemilch zu einer ↑**Creme** schlagen.

Nüsse [*Allgem. Nährmittel*] **T Englisch:** nuts; **Französisch:** noix; **Italienisch:** noce; **Spanisch:** nuez. Alle trockenen, hartschaligen Früchte oder Samen, die eine Schale besitzen, die sich leicht vom inneren Kern entfernen lässt. **Echte Nüsse** können essbar, aber auch **ungenießbar** sein. Beispiele sind ↑**Bucheckern, Eicheln, Kastanien**, ↑**Pistazien** und ↑**Haselnüsse:** Früchte oder Samen, die fälschlich als „Nüsse“ bezeichnet werden: ↑**Mandeln** und ↑**Walnüsse:** sind im botanischen Sinne ↑**Steinfrüchte** ohne die fleischige äußere Schale. Andere Beispiele für „unechte“ Nüsse sind ↑**Erdnüsse** – die in Hülsen eingeschlossene Samen sind – sowie ↑**Rosskastanien** und ↑**Paranüsse**, bei denen es sich um von Kapseln umhüllte Samen handelt. Die ↑**Macadamianuss**, auch „Queenslandnuss“ genannt, ist reich an ↑**Vitamin B.** Mit dieser teuersten, fetthaltigsten und härtesten Nuss der Welt wird ↑**Konfekt** hergestellt. **Info:** ↑**Vitamine**, ↑**Spurenelemente**, ↑**Mineralstoffe** (vor allem ↑**Eisen**, ↑**Kalzium**, ↑**Kalium**, ↑**Magnesium** und ↑**Vitamin E**), ↑**Ballaststoffe** und ein hoher bis sehr hoher Gehalt an gesunden, weil ↑**ungesättigten** ↑**Fettsäuren** machen Nüsse zum idealen ↑**Snack.** Sie geben dem Körper einen positiven „Kick“. ↑**Studentenfutter** & ↑**Mood Food.** Man sollte sie: **1.** häufig, aber immer nur in kleinen Mengen genießen; **2.** am besten nur ungesalzen verzehren; **3.** nur in guter Qualität bzw. Lagerqualität kaufen. ↑**Schimmel in Nüssen kann leberschädigend, krebserregend und erbgutschädigend sein.**

Nüsslisalat [*Gemüse*] ↑**Feldsalat** & ↑**Blattsalate**

Nussnudeln [*Unsere Küche*] **A** ↑**Nudelteig** aus ↑**Mehl**, Wasser, ↑**Salz** und gemahlenen ↑**Haselnüssen** zubereiten, dünn ausrollen und in feine Streifen schneiden. Diese ↑**Nudeln** passen zu allen pikanten Gerichten mit ↑**Fleisch** und ↑**Gemüse**, eignen sich aber auch als süßes ↑**Dessert** mit ↑**Vanille**-, ↑**Schokolade**- oder ↑**Fruchtsauce**.

Nussöle [*Fette*] **T** Die aromatischen, nativen (kaltgepressten) Nussöle gehören zu den trendigsten Würz-Zutaten der anspruchsvollen Küche. Sie alle sind herausragend in Aroma und Geschmack, aber sehr empfindlich und relativ teuer. Beim Kauf sollte man auf den Zusatz **„↑kaltgepresstes Öl“** achten, denn nur hierin stecken die typischen Nussaromen. **Vorsicht, diese Fette oxidieren und verderben schnell.** Im Körper kann diese Oxidation gefährlich werden. Oxidierte Fette lagern sich nämlich an den Arterien ab und können so das Herzinfarktrisiko steigern. Darum immer nur kleine Mengen kaufen, diese dunkel und kühl lagern! Hochwertige Nussöle dürfen wie alle kaltgepressten Öle **nicht erhitzt** werden, es entstehen ungesunde ↑**Trans-Fettsäuren**, die ↑**Arteriosklerose** und **Krebs** verursachen können. Raffinierte Nussöle sind mit Hitze und Chemikalien gereinigt worden. Sie haben weder das feine Aroma noch die guten ↑**Fettsäuren**, sind aber hitzebeständig und robuster als Bio-Öle. Angeboten werden ↑**Erdnussöl**, ↑**Haselnussöl**, ↑**Kokosnussöl**, ↑**Mandelöl**, ↑**Macadamiaöl** und ↑**Walnussöl.** ↑**Speiseöl** & **Öl**

Nussschinken [*Fleischprodukte*] Gepökeltes und geräuchertes, knochenfreies, zartes Stück aus der ↑**Schweinekeule**. In vielen Gegenden Deutschlands sind ↑**Nussschinken** eine regionale Spezialität.

Nutmeg [*U.S. Kitchen*] ↑**Muskat**

Nutrasweet [*U.S. Kitchen*] ↑**Süßstoff**

Nutria-Fleisch [*Fleischprodukte*] ↑**Sumpfbiberfleisch**

Nutritif [*Franz. Fachwort*] Nährend

Nuts [*U.S. Kitchen*] ↑**Nüsse**

O

O.P.A.P. [*Weinkunde*] Ο.Π.Α.Π = (Onomasía Proélevsis Anotéras Piótitos), die höchste Klassifizierung für griechische Weine von gehobener Qualität, entspricht der ↑**V.L.Q.P.R.D.**-Klassifizierung. Zuzeit gibt es in Griechenland 25 OPAP-Appellationen. Zusätzlich können ↑**O.P.E.**- und O.P.A.P-Weine die Bezeichnung „Epilegmenos" (Επιλεγμενος) tragen, was dem „Réserve", entspricht, wenn sie als Weißwein mind. 2 Jahre, als Rotwein mind. 3 Jahre im Fass bzw. eine Zeit davon in der Flasche gereift sind. Bei „Idika epilegmenos" (Ιδικά Επιλεγμενος), was dem Grand Réserve entspricht, sind 3 Jahre für weiße und 4 Jahre für rote Weine vorgegeben. Häufig sind diese Weine außerhalb Griechenlands mit dem entsprechenden französischen Aufdruck etikettiert: „Appellation d'Origine de Qualité supérieure". Entsprechend den französischen ↑**A.O.C.**-Bestimmungen stammen sie von festgelegten Anbauflächen und Rebsorten bei vorgeschriebenen Höchsterträgen, Mindestzuckergehalten und önologischen Verfahren. Die Herstellung unterliegt staatlichen Kontrollen. Gegenwärtig gibt es 4 süße Likörweine (Zitsa, Nemea, Santorin, Dafnes) und 21 trockene griechische O.P.A.P.-Weine: Archanes, Côtes de Meliton, Goumenissa, Kantza, Mantinia, Naoussa, Nemea, Paros, Patras, Peza, Rhodos, Robola de Cephalonie, Zitsa u. a.

O.P.E. [*Weinkunde*] Abkürzung für griechische Weine mit kontrollierter Ursprungsbezeichnung (Ο.Π.Ε = Onomasía Proélevsis Elengchómeni), was der ↑**V.Q.P.R.D.**-Klassifizierung entspricht. In dieser Kategorie sind alle süßen Likör- und Dessertweine zu finden, wie Muscat-Weine aus Samos, Limnos, und Mavrodaphne aus Patras. Gegenwärtig gibt es insgesamt acht O.P.E.-Weine, die auf dem Peloponnes, den Ägäischen bzw. Ionischen Inseln erzeugt werden. Außerhalb Griechenlands werden die Weine mit der französischen Bezeichnung „Appellation d'Origine contrôlée" etikettiert. Die Bestimmungen entsprechen im Wesentlichen denen für die ↑**O.P.A.P.**-Weine.

O'bazter [*Käse*] **R Fränkisch:** Grupfter (Gerupfter) oder **Hochdeutsch:** Zerdrückter. Bezeichnet regional eine ↑**Käsezubereitung**. Begleitet in Süddeutschland und Österreich die Brotzeit oder ein ↑**Bier**. Es gibt so viele Rezepte wie Landkreise, in denen er zubereitet wird. In einigen Gegenden Bayerns verwendet man zu gleichen Teilen ↑**Limburger**-Käse und ↑**Camembert** (Oberfranken), aber auch ↑**Frischkäse** sowie ↑**Sahne.** In Oberbayern gibt man ↑**Butter** dazu. Er ist allemal ein Hochgenuss, ob mit ↑**Zwiebeln**, edelsüßem ↑**Paprika**, ↑**Tomatenmark**, ↑**Kümmel**pulver, ↑**Cayenne**- und schwarzem ↑**Pfeffer**, ↑**Schnittlauch**, ↑**Petersilie**, ↑**Obstler** oder ↑**Kirschwasser** abgeschmeckt. **Das Rezept des Autors:** Einen reifen Camembert klein zerschneiden, mit weicher Butter, Pfeffer, gemahlenem oder gehacktem Kümmel, edelsüßem Paprikapulver, fein gehackten Zwiebeln und einer Prise ↑**Salz** gut zerdrücken (Gabel) und vermischen. **Diese Würzmittel passen auch:** Grüner Pfeffer, Kapern, Knoblauch, Peperoni; **Herstellungstipp:** Wenn man größere Mengen herstellen will, alle Zutaten grob vermischen, durch einen Fleischwolf drehen und dann verkneten. Vor dem Anrichten immer kalt stellen. Mit frischen ↑**Schnittlauch**röllchen bestreut zu ↑**Bauernbrot** oder einer frischen Brez'n servieren.

Oatmeal [*U.S. Kitchen*] ↑**Haferflocken**

Oaxaca [*Käse*] ↑**Asadero**

Obauer, Karl & Rudolf [*Berühmte Köche*] **Karl Obauer,** *1953, und **Rudolf Obauer,** *1961 in Werfen (Salzburger Land), sind weltbekannt für ihre Kreationen der neuen ↑**Österreichischen Küche**. Während sein Bruder Karl 1979 den Betrieb in Werfen übernahm, sammelte Rudi Obauer internationale Erfahrungen. Seit 1981 stehen Karl und Rudi Obauer wieder gemeinsam in der Küche. Ihre Kochkünste perfektionierten die Brüder im Fernen Osten: 1991 ShangriLa, Kuala Lumpur (Malaysia), 1992 Ramada Renaissance, Sapporo (Japan), 1993 Conrad Hilton, Hongkong, 1995 Le Méridien, Phuket (Thailand), 1996 Mandarin Oriental, Manila (Philippinen). Danach folgte eine Wohltätigkeitsveranstalltung mit Starkoch Wolfgang ↑**Puck** in Cleveland, Ohio. Sie übernahmen die Bordverpflegung in Business- und First-Class der Fluglinien AUA und Lufthansa. Eine weitere Station war 2002 das Mandarin Oriental in Kuala Lumpur (Malaysia). Mit zahlreichen Auszeichnungen und Höchstbewertungen in nationalen und internationalen Gourmetführern zählen sie zu den maßgeblichen Köchen unserer Zeit. Rudi und Karl Obauer verbinden regionales Produktbewusstsein und internationale Inspirationen auf höchstem Niveau.

Oberflächenbehandlungsmittel [*Fachkunde*] Substanz, die nur oberflächlich auf dem Lebensmittel haftet, ihm damit eine geeignete Oberflächenbeschaffenheit verleiht und zudem als physikalischer Schutz wirkt. Beispiel: Bienenwachs (↑**E 901**). Diese Mittel gehören zu den ↑**Zusatzstoffen**.

Obergäriges Bier [*Bier*] Die bedeutsamen Unterschiede zwischen ober- und ↑**untergärigem Bier** sind in der ↑**Bierhefe** zu suchen. Obergärige Hefe bildet zusammenhängende Kolonien, die nach dem Brauvorgang oben auf dem Sud schwimmen und abgeschöpft werden können. Die Hefe arbeitet bei Temperaturen zwischen 15 und 20° C. Weil das meiste Bier im Sommer getrunken wird, überwogen früher die obergärigen Sorten. Als bekanntestes obergäriges Bier gilt Weiß- oder ↑**Weizenbier.** In Gegenden, die wegen ihres milden Klimas so gut wie nie über natürliches Eis verfügten, entwickelten sich besonders ausgefeilte obergärige Brautechniken, die noch heute weiterleben. Das rheinländische Altbier ist ein Beispiel dieser Braukunst. **Verträglichkeit:** Die unterschiedlichen Hefestämme produzieren ↑**Alkohol** in unterschiedlicher chemischer Zusammensetzung; so kann es vorkommen, dass empfindliche Genießer obergärige Biere besser vertragen, während sie auf untergärige Biere mit Gallenbeschwerden reagieren.

Oberrüben [*Gemüse*] ↑**Kohlrabi**

Obers [*Österr. Küche*] Süße ↑**Sahne**

Oberschale [*Fleischprodukte*] **T** Sehr mageres und zartes Teilstück, das in der Keule sitzt. Es wird für Rouladen (↑**Rind**) und Schnitzel (↑**Schwein** und ↑**Kalb**) verwendet. Als Braten sollte die Oberschale gespickt werden, weil sie durch ihren geringen Fettanteil trocken werden kann.

Oblaten [*Backstube*] Hauchdünnes, papierartiges Gebäck aus ungesäuertem Teig. Wird als Unterlage für ↑**Lebkuchen** und anderes Kleingebäck benutzt.

Obst [*Obst*] **T** **Englisch:** fruit; **Französisch:** fruits; **Italienisch:** frutta; **Spanisch:** frutas. Obst ist ein Sammelbegriff für alle genießbaren Früchte von mehrjährigen Pflanzen. Es wird gegliedert in: **Beerenobst** (z. B. ↑**Himbeere,** ↑**Erdbeeren**); **Schalenobst** (z. B. ↑**Haselnuss,** ↑**Walnuss**); **Kernobst** (z. B. ↑**Apfel,** ↑**Birne**) und **Steinobst** (z. B. ↑**Pfirsich,** ↑**Pflaume**) sowie **Südfrüchte** (z. B. ↑**Ananas,** ↑**Bananen**) und **Wildfrüchte** (z. B. ↑**Hagebutte,** ↑**Holunder**). Obst ist wie ↑**Gemüse** ein unentbehrliches, wertvolles Lebensmittel und reich an ↑**sekundären Pflanzenstoffen** sowie ↑**bioaktiven Substanzen.** Allerdings ist es durch seinen natürlichen Zuckergehalt (↑**Trauben-** und ↑**Fruchtzucker**) energiereich. Der Anteil an ↑**Vitaminen,** ↑**Mineralstoffen** und ↑**Ballaststoffen** schwankt bei den einzelnen Sorten stark. ↑**Weintrauben** z. B. enthalten sehr wenig ↑**Vitamin C,** aber reichlich ↑**Kalium.** ↑**Zitronen,** Erdbeeren, ↑**Orangen** oder ↑**Grapefruits** haben dagegen einen sehr hohen Vitamin-C-Gehalt. ↑**Trockenfrüchte** enthalten viele ↑**Ballaststoffe** und sind bei Verdauungsproblemen ein gutes und natürliches Abführmittel. Auch ↑**Nüsse** gehören zu den Obstsorten, sie enthalten reichlich ↑**Vitamin** $\mathbf{B_1}$ und Ballaststoffe, sind jedoch wegen ihres sehr hohen Fettgehaltes besonders energiereich. Um gesund zu bleiben, empfiehlt es sich, pro Tag mindestens zwei Stück oder zwei Portionen Obst (etwa 250 bis 300 g) zu essen.

Obst der Saison [*Übersetzer*] **Englisch:** fruit in season; **Französisch:** fruits de saison; **Italienisch:** frutta di stagione; **Spanisch:** fruta del tiempo

Obstblüten [*Wildkräuter, -blüten & -früchte*] **T** **Alle** Obstblüten, ob von ↑**Kirsche,** ↑**Apfel,** ↑**Birne** usw., sind essbar und sehr aromatisch. **Mehr Information:** ↑**Essbare Blüten**

Obstblütenhonig [*Allgem. Nährmittel*] Dieser hellgelbe bis hellbraune ↑**Honig** wird in allen Obstanbaugebieten Europas, Kaliforniens, Chiles und Israels gewonnen. Das Aroma ist mild bis fruchtig.

Obstessig [*Allgem. Nährmittel*] **T** Bekömmlicher, stoffwechselfördernder ↑**Essig** auf der Basis von reinem ↑**Obstwein.** Meistens werden ↑**Äpfel** dafür verwendet. Im Geschmack ist er fruchtig. Er dient zur Verfeinerung von ↑**Rohkost**gerichten.

Obstsalat [*Übersetzer*] **Englisch:** fruit salad; **Französisch:** macédoine de fruits; **Italienisch:** macedonia; **Spanisch:** ensalada de frutas. ↑ **Würztabelle**

Obsttorte [*Übersetzer*] **Englisch:** fruit flan; **Französisch:** gâteau aux fruits; **Italienisch:** torta di frutta; **Spanisch:** tarta de frutas

Obstwein [*Weinkunde*] ↑**Fruchtwein**

Oca [*Ital. Speisekarte*] ↑**Gans**

Occhi d'elefante [*Ital. Speisekarte*] Große, leicht ovale ↑Hohl**nudeln** (deshalb der Name Elefantenauge) von fünf bis sechs Zentimeter Länge aus ↑**Hartweizengrieß** und ↑**Mehl.** Man isst sie vor allem als Beilage zu ↑**Ragouts** mit viel Sauce. Sie kommen aus der Emilia Romagna und heißen dort auch „maniche di frate" (Mönchsärmel).

Occhi di lupo [*Ital. Speisekarte*] Wolfsaugen: regionaler Nudelname für die ↑**Cannaroni** aus Süditalien

Occhi di pernice, occhi di passero [*Ital. Speisekarte*] Rebhuhn- oder Spatzenaugen: kleine, ringförmige ↑**Nudeln.** Suppeneinlage.

Ochsenfleisch [*Fleischprodukte*] **T** Stammt von männlichen kastrierten ↑**Rindern.** Es ist fetter, dafür in der Struktur feinfaseriger. Ochsenfleisch wird gegrillt, gebraten oder als Tellerfleisch gekocht. ↑**Rindfleisch,** ↑**Suppenfleisch** & ↑**Tafelspitz**

Ochsenfleisch Österreichische Aufteilung [*Österr. Küche*] siehe Abbildung

Ochsenherz, Netzannone [*Exotische Früchte*] **Englisch:** bullock's heart; **Französisch:** cœur de boeuf. Ochsenherzen sind eine Spezies der Annonenfrüchte, können bis zu 1 kg schwer werden und messen im Durchmesser 8–12 cm. Von Geschmack und Konsistenz sind sie mit ↑**Cherimoyas** zu vergleichen, doch das Aroma ist um einiges intensiver. Der Name der Frucht leitet sich aus ihrer Form ab. Sie hat eine rotbräunliche, dickere, glatt geschuppte Schale. In Europa selten angeboten, ist die aus Zentralamerika stammende Frucht auf den Märkten in Südostasien (Thailand, Sri Lanka, Indien) zu Hause.

Ochsenmaulsalat [*Fleischprodukte*] **A** Wird aus feinen Streifen und Scheiben von gepökeltem und gekoch-

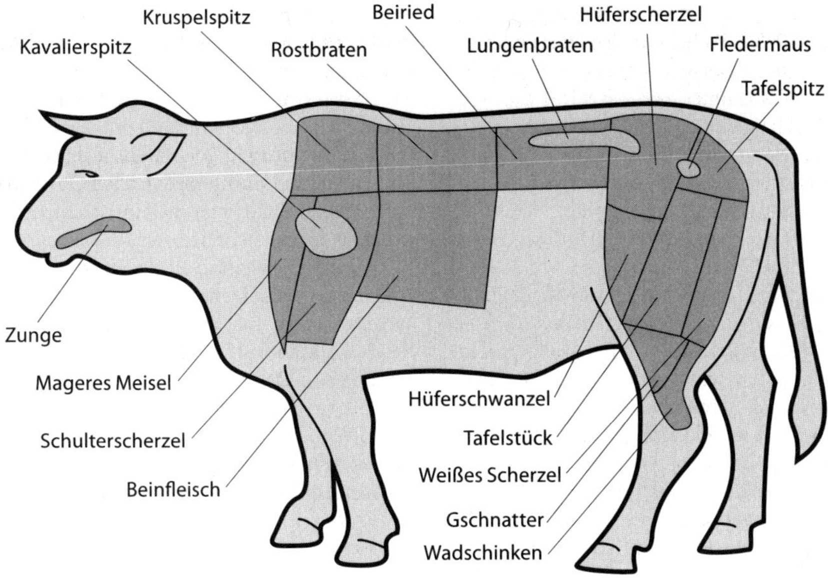

tem Ochsenmaul hergestellt, die in ↑**süß-saure Marinade** eingelegt, mit ↑Scheiben**zwiebeln** und ↑**Schnittlauch** angerichtet werden.

Ochsenschlepp [*Österr. Küche*] ↑**Ochsenschwanz**

Ochsenschwanz [*Fleischprodukte*] **T** Das geschmacklich sehr delikate Stück vom ↑**Rind** wird zu einem herzhaften ↑**Ragout** oder der berühmten gebundenen oder klaren Ochsenschwanzsuppe (↑**Oxtail**) verarbeitet. ↑**Würztabelle.** Die Bezeichnung gilt für Schwänze von weiblichen und männlichen Tieren. ↑**Piment** kann man als typisches Ochsenschwanzgewürz bezeichnen. ↑**Rindfleisch**

Ochsenschwanzsuppe [*Übersetzer*] **Englisch:** oxtail soup; **Französisch:** oxtail, potage queue de bœuf; **Italienisch:** zuppa di codino manzo; **Spanisch:** sopa de rabo de buey. Man unterscheidet zwischen gebundener und klarer Ochsenschwanzsuppe. Beide sind hoch aromatisch und passen in die kalte Jahreszeit. Wichtig ist bei beiden, dass die garen Schwanzstücke ausgelöst, das warme Fleisch gepresst und dann ausgekühlt in kleine Würfel geschnitten als Einlage verwendet wird. Vollendet wird mit einem kräftigen Schuss ↑**Madeira** und trockenem ↑**Sherry.** ↑**Oxtail** & **Würztabelle**

Ochsenzungenblüten [*Wildkräuter, -blüten & -früchte*] ↑**Echte Ochsenzungenblüten**

Öchslegrade, Öchsle [*Weinkunde*] Oder Oechslegrade sind Maßeinheiten für das ↑**Mostgewicht** in Deutschland, Luxemburg, Schweiz.

Ocimum americanum [*Gewürze & Kräuter*] **T** Basilikumsorte aus den USA mit Zitronengeschmack. Die kleinen Blätter und weißen Blüten finden Verwendung bei Süßspeisen. ↑**Basilikum**

Octogone [*Franz. Fachwort*] Achteckig

Octylgallat [*Fachkunde*] ↑**E 311**

Oden [*Intern. Länderküche*] **A** Begriff aus der japanischen Küchenkultur für eine Art ↑**Nabe**-Gericht, bei dem ↑**Fisch,** ↑**Eier** und ↑**Gemüse** in einer Suppe gekocht werden. Ähnlich dem ↑**Fondue** oder dem chinesischen ↑**Feuertopf.**

Odenwälder Frühstückskäse Geschützte Herkunftsbezeichnung [*Käse*] **Herkunft:** Deutschland; **Käsesorte:** ↑**Weichkäse,** 45 % ↑**Fett i. Tr.**; **Milch:** Kuhmilch; **Teig:** elastisch weich; **Geschmack:** mildpikant

Oderberger [*Regionale Spezialität*] Österreichische Würstchensorte

Odeur [*Franz. Fachwort*] Geruch

Odja [*Intern. Länderküche*] Begriff aus der tunesischen Küchenkultur für kleine, gegrillte, scharfe Würstchen (↑**Merguez**) aus ↑**Rind**- oder ↑**Hammelfleisch** mit ↑**Rührei**

Œil [*Franz. Fachwort*] Auge

Œuf [*Franz. Speisekarte*] ↑**Ei**

Œuf à la coque [*Franz. Speisekarte*] Weich gekochtes ↑**Ei**

Œuf à la russe [*Franz. Speisekarte*] **A** ↑**Russische Eier** – hartgekochte Eihälfte, mit ↑**Mayonnaise,** ↑**Remoulade,** ↑**Kaviar** usw. gefüllt

Œuf à la tripe [*Franz. Speisekarte*] **A** Hartgekochte ↑**Ei**scheiben mit ↑**Zwiebelpüree** in Sauce ↑**Béchamel**

Œuf à l'américaine [*Franz. Speisekarte*] **A** Gebackene ↑**Eier** oder ↑**Rührei** mit ↑Bauch**speck** und gegrillten ↑**Tomaten**

Œuf à l'ancienne [*Franz. Speisekarte*] **A** ↑**Rührei,** pochierte oder wachsweiche ↑**Eier** mit ↑**Champignon-**

und ↑**Trüffelwürfeln**, ↑**Hähnchenleber**, ↑**Sahne** und ↑**Sherry**

Œuf au bacon [*Franz. Speisekarte*] ↑**Spiegeleier** oder ↑**Rührei** mit Frühstücksspeck. ↑**Bacon**

Œuf au jambon [*Franz. Speisekarte*] **A** ↑**Spiegeleier** oder ↑**Rührei** mit ↑**Schinken**

Œuf au lait [*Franz. Speisekarte*] **A** ↑**Omelette** mit gezuckerter, aromatisierter heißer ↑**Milch**

Œuf dur [*Franz. Speisekarte*] Hart gekochtes ↑**Ei**

Œuf en cocotte [*Franz. Speisekarte*] ↑**Ei** im Förmchen, Töpfchen

Œuf en gelée [*Franz. Speisekarte*] ↑**Ei** in Gelee/↑**Aspik**

Œuf en meurette [*Franz. Speisekarte*] **A** Pochierte, ↑**Verlorene Eier** in Rotweinsauce mit ↑**Speckstreifen**, ↑**Champignons** und ↑**Croûtons**

Œuf farci [*Franz. Speisekarte*] Gefülltes ↑**Ei**

Œuf filés [*Franz. Speisekarte*] **A** Eiereinlauf bzw. ↑**Verlorene Eier** in Streifen als Suppeneinlage

Œuf frit [*Franz. Speisekarte*] Gebackenes ↑**Ei**

Œuf mollet [*Franz. Speisekarte*] Wachsweich gekochtes ↑**Ei**

Œuf pêches [*Franz. Speisekarte*] ↑**Verlorene Eier**

Œuf sur le plat [*Franz. Speisekarte*] ↑**Spiegelei**

Œufs à la Bercy [*Franz. Speisekarte*] **A** ↑**Rühr**- oder ↑**Spiegeleier** mit ↑**Grillwürstchen** in ↑**Tomatensauce**

Œufs à la coq [*Franz. Speisekarte*] Weich gekochte ↑**Eier**

Œufs à la neige [*Franz. Speisekarte*] ↑**Eischnee**

Œufs brouillés [*Franz. Speisekarte*] ↑**Rühreier**

Œufs Meyerbeer [*Franz. Speisekarte*] ↑**Spiegeleier**

Œufs mimosa [*Franz. Speisekarte*] **A** Hartgekochte Eierhälften mit ↑**Mayonnaise**

Ofenkartoffel [*Übersetzer*] **Englisch:** ↑**baked potato; Französisch:** pommes en papillotes; **Italienisch:** patate al cartoccio, al forno; **Spanisch:** patatas

Ofenkäse [*Käse*] ↑**Rougette**

Off-flavour [*Fachkunde*] Artfremde, nicht charakteristische Geruchs- und/oder Geschmacksnote

Ogenmelonen [*Obst*] **T Lateinisch:** Cucumis melo var. cantalupensis; **Info:** Ogenmelonen gehören innerhalb der ↑**Zuckermelonen** zur Gruppe der ↑**Cantaloupe-Melonen** und sind sehr kleine, rundliche, nur 0,5 kg bis 1 kg schwere ↑**Melonen**. Die grün-gelbliche Rinde ist glatt oder gerippt sowie hart und glänzend. Das weißliche, blassgrüne oder rosafarbene, sehr saftige Fruchtfleisch weist einen leicht säuerlichen, fruchtigen und aromatischen Geschmack auf. **Ursprung und Geschichte:** Ogenmelonen sind eine Züchtung aus einem israelischen Kibbuz. **Herkunft und Saison:** Sie werden von April bis Oktober aus Gewächshauskulturen in den Niederlanden und von Mai bis November aus Freilandkulturen in Italien angeboten. Im Oktober und November gibt es Angebote aus Israel, von Dezember bis Mai aus Südafrika.

Ohio [*Weinkunde*] Amerikanischer Bundesstaat mit alter Weinbautradition, die von deutschen Winzern schon begründet wurde, bevor es Ohio als Bundesstaat gab.

Ohrwangerl [*Österr. Küche*] Kopffleisch

Oidium [*Weinkunde*] Auch Mehltau genannt, wobei zwischen echtem und falschem Mehltau unterschieden wird. Der Echte Mehltau (Unicula Necator) wird durch wechselhaftes Wetter und Temperaturen begünstigt. Der Falsche Mehltau (Peronospora viticola) ist eine der schwersten Rebkrankheiten, die wie die Reblaus im vergangenen Jahrhundert riesige Schäden angerichtet hat. Ein Virus ruft sie hervor.

Oie [*Franz. Speisekarte*] ↑**Gans**

Oie à l'alsacienne [*Speisegarnitur*] **A** Mit ↑Wurst**brät** gefüllte, gebratene ↑**Gans**, mit ↑**Sauerkraut** serviert

Oignon [*Franz. Speisekarte*] ↑**Zwiebel**

Oignon blanc [*Franz. Speisekarte*] Weiße ↑**Zwiebel**

Oignon de mai [*Franz. Speisekarte*] ↑**Frühlingszwiebel**

Oignon grelots [*Franz. Speisekarte*] ↑**Perlzwiebel**

Oignon jaune [*Franz. Speisekarte*] ↑**Gemüsezwiebel**

Oignon rouge [*Franz. Speisekarte*] ↑**Rote Zwiebel**

Oignonade [*Franz. Speisekarte*] Gehackte, gedünstete ↑**Zwiebeln**; Gericht mit viel Zwiebeln

Oignons frits [*Franz. Speisekarte*] **R** ↑**Zwiebelringe**, in ↑**Milch** und ↑**Mehl** gewendet und frittiert

Oil [*U.S. Kitchen*] ↑**Öl**

Oinos Topikos [*Weinkunde*] Griechische Bezeichnung für ↑**Landwein.** Neben ↑**Retsina** fallen seit 1989 mehr und mehr Weine mit der Bezeichnung – topikó oino – vor oder nach dem Namen des Herkunftsgebietes darunter.

Oiseau [*Franz. Speisekarte*] Vogel (↑**Rouladen**)

Oiseau sans tête [*Franz. Speisekarte*] Gefüllte ↑**Roulade** v. ↑**Kalb**, ↑**Rind** oder ↑**Lamm**

Oison [*Franz. Speisekarte*] Junge ↑Haus**gans** zwischen 5 und 7 Monaten

Oison rôti [*Franz. Speisekarte*] Junge, zarte ↑**Gans** gebraten

Ojja Merkuez [*Intern. Länderküche*] **A** Begriff aus der tunesischen Küchenkultur für ein Gericht mit ↑**pochierten Eiern** in einer speziell gewürzten ↑**Tomatensoße** und kleinen, scharfen Würstchen. (↑**Merguez**)

Oka [*Käse*] **Herkunft:** Kanada; **Käsesorte:** Einst ein Klosterkäse, der Ende des 19. Jahrhunderts von den nach Kanada ausgewanderten bretonischen Mönchen in der Abtei von Oka nahe Montreal hergestellt wurde. Heute wird der ↑**Käse** von Kanadas größter Molkereigenossenschaft erzeugt, aber immer noch in den Kellern der Abtei gereift. Er schmeckt weit aromatischer als das französische Original.

Okanogan [*Käse*] **Herkunft:** USA/Staat Washington; **Käsesorte:** ↑**Ziegenkäse** mit außergewöhnlich gutem Geschmack; **Info:** Dieser ↑**Käse** wird handgemacht, in Kastanienblätter gewickelt und gereift.

Okaschka *[Intern. Länderküche]* Begriff aus der ukrainischen Küchenkultur für eine kalte Suppe mit ↑**Kwas.**

Okashi *[Intern. Länderküche]* Traditionelle japanische Süßigkeiten, die zum Tee (Teezeremonie) serviert werden. Da der japanische pulverisierte grüne ↑**Tee** leicht bitter schmeckt, wird mit den Süßigkeiten ein Geschmacksausgleich ereicht. ↑**Wagashi**

Okonomiyaki *[Intern. Länderküche]* **A** Ein sehr geselliges japanisches Essen, das in den als Okonomiyakiya bezeichneten Restaurants eingenommen wird. Die Gäste bereiten ihr Okonomiyaki selbst auf einer heißen Platte (jap. Teppanyaki) zu, die in den Tisch eingebaut ist. Es ist eine Mischung zwischen ↑**Pizza** und ↑**Pfannkuchen**, aber nicht süß. Okonomi heißt „was immer Sie wollen" und bezieht sich auf die Zutaten. Basis sind sind grob geschnittener ↑**Kohl** und ein ↑**Pfannkuchenteig** aus Wasser, die anderen Zutaten werden bestellt. Dafür eignen sich alle ↑**Fleisch**- und ↑**Fisch**sorten, ↑**Meeresfrüchte**, ↑**Gemüse**, ↑**Mochi** und vieles mehr. Man mischt die Zutaten in einer Schüssel und legt sie dann in Pfannkuchenform auf die heiße, gefettete Platte. Sie werden mit dem Mehlteig begossen und gut durchgebraten. Nach dem Wenden wird der Pfannkuchen zerteilt, jeder bekommt ein Stück. Gewürzt wird mit einer speziellen ↑**Mayonnaise**, einem Streugewürz aus blauen Algen, das aussieht wie ↑**Dill**, Okonomiyaki-Saucen und ↑**Katsuobushi**.

Okra *[Gemüse]* **T Lateinisch:** Hibiscus esculentus/Abelmoschus esculentus. **Synonym:** Griechenhorn, Gemüseeibisch. **Englisch:** lady's finger, gumbo; **Französisch:** gombo; **Italienisch:** okra; **Spanisch:** okra. **Info:** Okra ist die längliche Frucht einer Eibischart. Die etwa 10 cm langen, grünen Schoten können roh gegessen werden und sind fester Bestandteil der orientalischen, kreolischen und asiatischen Küche. Okras enthalten eine schleimartige Substanz, die sich zum Eindicken von Suppen oder Eintöpfen eignet. Durch kurzes Blanchieren in Essigwasser oder scharfes Anbraten in ↑**Speiseöl** wird vermieden, dass die Okraschoten beim Weiterverarbeiten diesen Schleim absondern. **Ursprung und Geschichte:** Okras stammen aus dem nordostafrikanischen Raum (Äthiopien) und wurden bereits vor 3000 Jahren von den Ägyptern an den Nilufern kultiviert. Von dort wurden sie im nordafrikanischen Raum und in den Mittelmeerländern sowie bis nach Indien und Südostasien verbreitet. Im 17. Jahrhundert kamen Okras nach Südamerika und im 18. Jahrhundert mit den afrikanischen Sklaven auch nach Nordamerika. Im amerikanischen Bürgerkrieg wurden in den Südstaaten während der Handelsblockade Okrasamen als Ersatz für ↑**Kaffee** verwendet. **Herkunft und Saison:** Okras werden außer im Sommer das ganze Jahr über in kleinen Mengen aus Thailand angeboten. **Geschmack:** Ihr Geschmack ähnelt ↑**Grünen Bohen** und pendelt zwischen mild und pikant-süßsäuerlich. **Inhaltsstoffe:** 100 g **(gekochte)** Okras weisen einen Brennwert von ⌀ 24 kcal/100 kJ auf und enthalten etwa 90 g Wasser, 1,5 g Eiweiß, 2 g Fett 5,8 g Kohlenhydrate und 4,9 g Ballaststoffe. An ↑**Mineralstoffen**, ↑**Spurenelementen** und ↑**Vitaminen** sind ⌀ 50 mg Kalzium, 0,4 mg Eisen und 120 mg Natrium enthalten. Außerdem liefern Okras viel ↑**Vitamin A. Zubereitung und Tipps:** Beim Einkauf auf feste, grüne, frische Schoten achten. Okras passen gut zu ↑**Tomaten**, ↑**Zwiebeln** und ↑**Paprika** und harmonieren ausgezeichnet mit ↑**Curry**, ↑**Koriander**, ↑**Oregano**, ↑**Zitrone** und ↑**Essig**.

Oktopodia *[Griech. Speisekarte]* **A** ↑**Tintenfisch**stückchen vom Grill oder aus der Pfanne

Oktopus *[Fisch]* **R** Der achtarmige **Oktopus**, auch Krake genannt, ist als ↑**Weichtier** mit ↑**Schnecken** und ↑**Muscheln** verwandt. Als Einsiedler liebt er die felsigen Küsten wärmerer Meere. Er gehört zur großen Familie der ↑**Tintenfische** und ist im Gegensatz zum ↑**Kalmar** ein Kopffüßler, weil seine Fangarme direkt am Kopf sitzen. In der Mitte dieser Fangarme, den Tentakeln, liegt das hornige, einem Papageienschnabel ähnliche Maul, mit dem er seine Beute mundgerecht zerlegt. Seine kräftigen Arme, die mit je zwei Reihen Saugnäpfen besetzt sind, können sogar dem gut gepanzerten ↑**Hummer** gefährlich werden. Unter Gourmets gilt das zarte, weiße Fleisch des bis zu 1,30 Meter lange Meeresbewohners als Delikatesse. **Grundrezept:** Einfache Zubereitung. Für 4 Personen benötigt man: 2 Oktopusse mittlerer Größe (ca. 1200 g); 1 große ↑Gemüse**zwiebel**; ↑**Salz**; 2 TL ↑**Oregano**; 2 ↑**Lorbeerblätter** und 1 TL ↑**Pfefferkörner** in einem Würzsäckchen. **Oktopusse waschen und trocken tupfen:** Die Arme in ca. 1½ cm große Stücke schneiden. Die Kopftube in Streifen schneiden und das Mittelteil mit dem Schnabel entfernen. Zwiebel würfeln und mit ↑**Olivenöl** anschwitzen. Die geschnittenen Teile dazugeben. Der Tintenfisch zieht sofort viel Wasser. Im eigenen Sud so lange bei starker Hitze kochen, bis alles Wasser verdampft ist. Je nach Rezept Weiß- oder Rotwein dazugeben und ca. 1½ – 2 Std. leicht köcheln lassen, bis der Oktopus schön weich ist. Nach der Hälfte der Kochzeit die Gewürze zufügen. **Als Vorspeise** in Weißwein und ↑**Essig** garen, etwas abkühlen lassen, mit Essig, ↑**Knoblauch**, gehackter ↑**Petersilie**, ↑**Basilikum** und Olivenöl vollenden, lauwarm oder kalt mit ↑**Brot** servieren. Als ↑**Ragout** wenig ↑**Tomatenmark**, Knoblauch, ↑**Safran** und Olivenöl unterrühren, noch mal aufkochen lassen und mit ↑**Pasta**, ↑**Reis** oder Brot servieren. Als ↑**Eintopf** mit ↑**Brühe** oder ↑**Wein** auffüllen, mit reisförmigen ↑**Nudeln** (z. B. ↑**Kritharaki**) oder Kartoffelwürfeln noch einmal kochen, bis die Einlage weich ist. Frisch geriebenen ↑**Parmesan** dazu.

Öl *[Fette]* **T Englisch:** oil; **Französisch:** huile; **Italienisch:** olio; **Spanisch:** aceite. Als Öl bezeichnet man in der „Küchensprache" bei Zimmertemperatur flüssiges, pflanzliches Speisefett aus Samen, Ölfrüchten, Körnern, Nüssen und Keimen. Dazu gehören ↑**Distelöl**, ↑**Erdnussöl**, ↑**Getreidekeimöl**, ↑**Kürbiskernöl**, ↑**Leinöl**, ↑**Maiskeimöl**, ↑**Olivenöl**, ↑**Rapsöl**, ↑**Sonnenblumenöl**, ↑**Walnussöl** usw. **Methoden der Ölgewinnung – die Extraktion (chemisch):** Mit Hilfe von Hexan (chemisches Mittel) wird Öl aus der Saat herausgelöst. Um das Lösungsmittel wieder aus dem Öl zu entfernen, wird es auf 140°C erhitzt. Das Hexan verdampft. Nach diesem Schritt wird das Öl raffiniert bzw. gereinigt und so zu einer geruchs- und farblosen hellen Flüssigkeit, die sich lange lagern lässt. **Kaltpressung von Ölen (schonender):** Kaltpressung bedeutet nicht, dass bei diesem Verfahren keine hohen Temperaturen entstehen (bei Erstpressung von ↑**Soja**- oder ↑**Maisöl** entstehen bis zu 75° C). Der Begriff Kaltpressung ist bisher nicht gesetzlich geregelt. Nativ steht für Sortenreinheit, erste Pressung, keine Extraktion, keine Raffination und keine Nachbehandlung außer Filtern. **Achtung:** Es sollten nicht alle **nativen Öle zum Braten und Backen** eingesetzt werden, da ihr **Rauchpunkt niedriger liegt und die Gefahr besteht, dass sich krebserregende Freie Radikale und der giftige Stoff Acrolein bilden.** ↑**Fett.** Zum Erhitzen geeignete native Öle sind ungehärtetes ↑**Kokosfett**, bedingt ↑**Olivenöl**, ↑**Rapsöl** und ↑**Sesamöl.**

Old Fashioned [*Hausbar*] **R** Before Dinner ↑**Cocktail:** Ein Stück Würfelzucker wird mit 3 Spritzern ↑**Angostura** getränkt und mit ↑**Soda** im Riesen-↑**Tumbler** (Old-Fashioned-Glas) zerstoßen, bis er sich auflöst. Dazu 4 cl ↑**Bourbon Whiskey** bzw. Dry ↑**Gin**, garniert mit halber Zitronen- oder Orangenscheibe und ↑**Cocktailkirsche.**

Olfaktometer [*Fachkunde*] Apparat zur quantitativen Prüfung des Geruchssinnes

Olfaktometrie [*Fachkunde*] Geruchsprüfung

Olfaktorisch [*Fachkunde*] Geschmacklich

Olfaktorisches Organ [*Fachkunde*] Geruchssinn

Ölfrüchte [*Fachkunde*] Haben einen hohen Fettanteil wie ↑**Oliven** und ↑**Avocados.** Durch ihren hohen Wassergehalt müssen Ölfrüchte nach der Ernte direkt weiterverarbeitet werden, im Gegensatz zu lagerfähigen Ölsamen.

Oligosaccharid [*Fachkunde*] Mehrfachzucker, ↑**Kohlenhydrat** aus 4–6 Einfachzuckermolekülen

Olio [*Ital. Speisekarte*] ↑**Öl**

Oliva [*Ital. Speisekarte*] ↑**Olive**

Olivas [*Span. Speisekarte*] ↑**Oliven**

Olive oil [*U.S. Kitchen*] ↑**Olivenöl**

Olive picholine [*Franz. Speisekarte*] Große grüne, eingelegte ↑**Oliven**

Olive piquée [*Franz. Speisekarte*] Gewürzte ↑**Oliven**

Olive verte, noire [*Franz. Speisekarte*] ↑**Oliven**, grün (unreif), schwarz (vollreif)

Olive violette [*Franz. Speisekarte*] Halbreife ↑**Oliven**, nicht mehr grün, noch nicht schwarz

Oliven [*Exotische Früchte*] **T Englisch:** olives; **Französisch:** olives; **Italienisch:** olive; **Spanisch:** aceituna. Die Olive ist im Mittelmeerraum beheimatet, wird aber auch in Südamerika und Kalifornien kultiviert. Die Kreter bauten sie bereits vor 8000 Jahren an. Oliven sind 2 bis 3 cm lang, oval und bestehen aus Fruchtfleisch und einem nicht essbaren Stein. Es gibt rote, schwarze und grüne Oliven. Sie werden in ↑**Essig** oder Salzwasser eingelegt oder zu ↑**Olivenöl** gepresst. Marinierte Oliven werden ganz oder entsteint mit ↑**Paprika**, ↑**Mandeln** oder ↑**Knoblauch** gefüllt. Die dunklen Oliven schwärzt man zusätzlich mit Eisengluconat, ein deklarierungspflichtiger zugelassener Zusatzstoff. ↑**E 579; Inhaltsstoffe:** 100 g grüne, gesäuerte Oliven enthalten ∅ 143 kcal/599 kJ, 13,9 g Fett, 95 mg Calcium, 1,6 mg Eisen und 1,99 mg Vitamin E. Das Fruchtfleisch enthält ∅ 20–30 % Öl.

Olivenöl [*Fette*] **T** Kalt aus dem Fruchtfleisch frisch geernteter Oliven gepresstes Speiseöl von unterschiedlichem Aussehen. Olivenöl zählt zu den edelsten und gesündesten ↑**Speiseölen.** Es ist wegen seines Chlorophyllgehaltes leicht grünlich und zeichnet sich durch arteigenen Geruch und Geschmack aus. Im Handel sind verschiedene Qualitäten erhältlich. Olivenöl kann durch Heiß- oder Kaltpressung oder durch chemische Extraktion gewonnen werden. Es enthält ∅ über 80 % ↑**Ölsäure,** ∅ unter 9 % ↑**Linolsäure,** ∅ 0,9 % ↑**Linolensäure. Neue Bezeichnungen für alle Olivenöle aus EG Ländern: „Natives Olivenöl extra"** – höchste Qualität, entspricht alten Bezeichnungen wie „kaltgepresst" oder „extra vergine". Dieses hochwertige Öl ist **nicht** zum Braten geeignet. Wer ein Natives Olivenöl Extra kauft, erhält ein ↑**Öl,** das keine Fehler aufweist und ausgeprägt fruchtig schmeckt. **„Natives Olivenöl"** – mittlere Qualität, weniger aromatisch. Kann wegen seines höheren Rauchpunktes auch **zum Braten** verwendet werden. **„Olivenöl"** – einfache Qualität, ist sowohl chemisch als auch physikalisch gereinigt und mit nativem Öl verschnitten. Olivenöle haben meist einen ausgeprägten Eigengeschmack mit recht unterschiedlichen Geschmacksnuancen. **Das richtige Olivenöl findet man nur durch Probieren:** Denn die Palette reicht von fruchtigen über leicht bittere bis hin zu scharfen Geschmackseindrücken. Fehlerhaftes Öl kann ranzig, stichig, metallisch, schlammig oder auch essigartig schmecken. **Herkunft:** Die wichtigsten europäischen Erzeugerländer sind Spanien, Italien, Griechenland und Portugal. Außerhalb der Europäischen Gemeinschaft erzeugen Tunesien, die Türkei, Syrien und Marokko nennenswerte Mengen. Den höchsten Verbrauch pro Kopf haben die Griechen (21 l), Italiener und Spanier (je 10 l). Die Bundesbürger konsumieren pro Jahr etwa 0,2 l mit steigender Tendenz – vor allem italienisches Olivenöl. **Die wichtigsten Qualitäten des Olivenöls:**

Deutsch	Französisch	Italienisch	Spanisch
natives Olivenöl extra	Huile d'olive vierge extra	Olio di oliva vergine extra	Aceite de oliva virgen
natives Olivenöl	Huile d'olive vierge	Olio di oliva vergine	Aceite de oliva virgen
Olivenöl	Huile d'olive	Olio di oliva	Aceite de oliva
Oliventresteröl	Huile de grignons d'olive	Olio di sansa d'oliva	Aceite de orujo de oliva

Oliventresteröl [*Fette*] **T** Wird aus Pressrückständen (Trester) gewonnen, die bei der ↑**Olivenöl**produktion zurückbleiben. Die Pressrückstände werden extrahiert. Meldungen der Lebensmittelüberwachung warnen immer wieder vor dem Verzehr von spanischem Oliventresteröl. Einige dieser Öle sind mit Stoffen (PAK = Polycyclische aromatische Kohlenwasserstoffe) verunreinigt, die im Verdacht stehen, Krebs zu erregen. Schuld daran ist wohl ein Trocknungsverfahren, das nicht mehr dem heutigen Stand der Technik entspricht. Bei direkter Trocknung mit Rauchgasen können PAK in den fetthaltigen Öltrester übergehen. Bei mit PAK verunreinigten Ölen sind laut Bundesinstitut für gesundheitlichen Verbraucherschutz und Veterinärmedizin (BgVV) „nicht akut gesundheitsgefährdend". **Dennoch sollte der Verbraucher bei Oliventresteröl vorsichtig sein, egal woher es kommt.** ↑**Speiseöl & Öl**

Oliver, Jamie [*Berühmte Köche*] ↑**Jamie, Oliver**

Olivette [*Franz. Speisekarte*] Längliche ↑**Tomaten**sorte

Olla potrida [*Span. Speisekarte*] Spanischer Suppentopf aus ↑**Geflügel**, ↑**Fleisch** und ↑**Kichererbsen**

Olma Bratwurst [*Schweizer Küche*] Spezialität aus der Schweizer Stadt St. Gallen, ein Gemisch aus ↑**Schweine**- und ↑**Kalbfleisch** sowie ↑**Speck**. Eine wichtige Zutat ist ↑**Milch**. Diese Wurst ist in der ganzen Deutschschweiz bekannt und gilt als die beste Schweizer Bratwurst. Sie darf traditionell **nicht** mit ↑**Senf** gegessen werden. Den Namen hat die Bratwurst von der Messe „**Ostschweizer Land- und Milchwirtschaftsaustellung**".

Olmützer Quargel [*Käse*] **T** Manchmal auch: Quargl; **Herkunft:** Er stammt aus Österreich und Tschechien, wird aber in Deutschland hergestellt. **Käsesorte:** ↑**Sauermilchkäse** mit glatter Rinde und ↑**Rotschmiere.** Mit 10 % ↑**Fett i. Tr.** ist der Quargel nicht der magerste Sauermilchkäse. ↑**Handkäse; Milch:** saure Kuh- oder ↑**Schafsmilch; Teig:** hellgelb und geschmeidig; **Geschmack:** leicht säuerlich pikant bis kräftig; **Info:** Quargel wird in Scheiben mit ∅ 4,5 cm zu kleinen, 125 g schweren Rollen von 10 cm Länge zusammengefasst. **Getränkeempfehlung:** gut gekühltes ↑**Bier; Verwendung:** ideal mit ↑**Butter** und ↑**Zwiebeln**

Oloroso [*Weinkunde*] Spanischer Begriff für einen der vier Sherrystile, neben ↑**Amontillado**, ↑**Manzanilla**, und ↑**Fino.** Nach einer Gärung bei niedriger Temperatur werden die verschiedenen Fässer mit den jungen Weinen verkostet und nach zukünftigem Stil klassifiziert. Dem Wein, der für die Produktion von Oloroso vorgesehen ist, wird zusätzlich Alkohol in Form eines Weingeistes zugesetzt, „Aguardiente" genannt, bis ein Gesamtalkoholgehalt von ungefähr 18 % erreicht wird. Für Fino darf der Gesamtalkohol des Weins 16 % nicht übersteigen, da er die Hefe ↑**Flor** abtöten würde, die für den typischen Geschmack dieses ↑**Sherrys** verantwortlich ist. Bei Oloroso wird auf die Aktivität von Flor verzichtet, da eine Oxidation angestrebt wird, die diesem Sherry sein typisches, nussartiges Bukett verleiht und zugleich eine tiefe Bernsteinfarbe verursacht. Oloroso wird in verschiedenen Versionen auf den Markt gebracht, wobei der Cream-Sherry der bekannteste sein dürfte. Es handelt sich um stark gesüßten Oloroso, während die klassischen Versionen immer trocken sein sollten.

Ölrauke [*Wildkräuter, -blüten & -früchte*] ↑**Rucola**

Ölsamen [*Allgem. Nährmittel*] Samen mit hohem Ölgehalt: ↑**Erdnüsse**, ↑**Aprikosen**kerne, ↑**Sojabohnen**, ↑**Sonnenblumenkerne**, ↑**Kürbiskerne**, ↑**Hasel**- und ↑**Walnüsse.** Aus ihnen werden pflanzliche Öle gewonnen.

Ölsardinen [*Fisch*] **Englisch:** sardines in oil; **Französisch:** sardines à l'huile; **Italienisch:** sardine al'olio; **Spanisch:** sardinas. Sie sind als sterilisierte Konserven im Handel. Am besten sind die von Juli bis September gefangenen ↑**Sardinen.** Die von Kopf und Eingeweide befreiten, gesalzenen Sardinen werden nach dem Waschen und kurzer Behandlung in Salzlake mit Dampf gegart, in Büchsen mit ↑**Speiseöl** (↑**Olivenöl**) übergossen und in den luftdicht verschlossenen Behältnissen im ↑**Autoklav** sterilisiert. Die Sardinenindustrie ist standortgebunden, da Sardinen schnell verarbeitet werden müssen.

Ölsäure [*Fachkunde*] Wichtigste Vertreter der ↑**einfach ungesättigten Fettsäuren.** Ölsäure kommt als Bestandteil der ↑**Triglyzeride** in fast allen natürlichen Ölen und Fetten vor. Einen besonders hohen Anteil an Ölsäure besitzen ↑**Albaöl**, ↑**Arganöl**, ↑**Erdnussöl**, ↑**Palmöl** und ↑**Olivenöl** (∅ 55–80 %).

Olszjynski [*Käse*] **Herkunft:** Polen/Karpaten. Traditionelle Käsesorte aus den Süden, wird heute noch auf althergebrachte Weise aus entrahmter Kuh- oder ↑**Schafsmilch** hergestellt und in Fässchen mit ↑**Lake** gereift.

Omble chevalier [*Franz. Speisekarte*] (Wander-)↑**Saibling**

Omble chevalier au court bouillon sauce hollandaise [*Franz. Speisekarte*] **R** ↑**Saibling** in einem ↑**Würzsud** aus Wasser, ↑**Weißwein** und ↑**Zitronensaft**, mit↑**Karotten**, ↑**Zwiebeln**, ↑**Petersilie**, ↑Thymian, ↑**Lorbeerblatt**, ↑**Salz** und ↑**Pfefferkörnern** gar gezogen und mit Sauce ↑**Hollandaise** serviert

Omble chevalier farci [*Franz. Speisekarte*] **R** ↑**Saibling** mit einer Fülle aus ↑**Trüffel**, ↑**Fischfleisch**, gehackten ↑**Champignons**, ↑**Sahne**, ↑**Eiweiß**, ↑**Salz** und ↑**Pfeffer** und einer ↑**Sauce** aus ↑Weißwein, Sahne, ↑**Ei**, ↑**Butter**, Trüffeln und Champignons

Ombles braises au porto [*Franz. Speisekarte*] **A** ↑**Saiblinge**, in einem geschlossenen Topf mit ↑**Portwein** geschmort

Ombre [*Franz. Speisekarte*] Eine ↑**Äsche**, die wie ↑**Forelle** zubereitet wird

Ombrina [*Ital. Speisekarte*] Schatten-, ↑**Umberfisch**

Omega-3-Fettsäuren [*Gesundheit*] **T** Untergruppe der mehrfach ↑**ungesättigten Fettsäuren**, die vor allem in Kaltwasserfischen wie ↑**Makrele**, ↑**Lachs**, ↑**Hering** und deren Produkten vorkommen, während Süßwasserfische nur geringe Mengen dieser Fettsäuren enthalten. Sie sind für den Menschen essenziell, d. h. lebensnotwendig. Omega-3-Fettsäuren sind im menschlichen Organismus Bestandteil von Membranen und Vorstufen von Gewebehormonen, haben positiven Einfluss auf die Blutgerinnung und schützen vor Herz-Kreislauf-Erkrankungen. Um gesund zu bleiben, ist es unerlässlich, bei der Ernährung auf Ausgewogenheit und Vielfalt zu achten. Um die spezifischen gesundheitlichen Effekte zu erreichen, wird empfohlen, wöchentlich zwei Mahlzeiten mit Omega-3-Fettsäuren-reichem ↑**Fisch** zu essen. Auch wenn nicht alle Fischsorten reich an Omega-3-Fettsäuren sind, steuert regelmäßiger Verzehr ein erhebliches Maß bei. **Die folgende Tabelle gibt einen Überblick über Fischsorten und ihren ∅ Omega-3-Gehalt:** (Mengen in Gramm pro 100-g-Portion)

Dorsch, Kabeljau	Atlantik	gegart, geräuchert	0,1
Schellfisch		gekocht, geräuchert	0,2
Muscheln	Versch. Arten	gegart, gedünstet	0,2
Kamm-muschel	Versch. Arten	gegart, geräuchert	0,3
Lachs	Atlantikzucht	gegart, geräuchert	1,8
Sardellen	Europa	eingelegt in Öl oder Salz	1,7
Sardine	Pazifik	mit Gräten eingelegt in Tomatensoße oder Salz	1,4
Hering	Atlantik	in Essig eingelegt	1,2
Makrele	Atlantik	gekocht, geräuchert	1
Regenbogen-Forelle	gezüchtet	gegart, geräuchert	1
Schwertfisch		gekocht, geräuchert	0,7
Tunfisch, weiß		wässrig oder in Salz eingelegt	0,7
Miesmuschel		blau, gegart, gedünstet	0,7
Seelachs	Atlantik	gegart, geräuchert	0,5
Auster	europäisch	wild, gegart, geräuchert	0,5
Plattfisch	(Flunder und andere Seezungenarten)	gegart, geräuchert	0,4
Heilbutt	Atlantik und Pazifik	gegart, geräuchert	0,4
Shrimps	Versch. Arten	gegart, gedünstet	0,3

Gefahr von Präparaten mit Omega-3-Fettsäure (↑**Fischölkapseln**): Bei der Einnahme sollte man sehr vorsichtig sein. Fischölkapseln sind Konzentrate bestimmter Fettsäuren. Sie sind nur dann einzunehmen, wenn der Arzt sie verordnet hat. Eine Selbstmedikation ist abzulehnen, auch wenn Werbeanzeigen den Eindruck erwecken, man könne essen, was man wolle, da die Einnahme von Fischölkapseln vor Herzinfarkt, ↑**Arteriosklerose** und zu hohen Blutfetten schütze. Das Infarktrisiko kann nur gesenkt werden, wenn die Gesamtfettzufuhr auf 25 bis 30 % der täglichen Energiezufuhr beschränkt und auf eine ausgewogene Mischung an gesättigten, einfach und mehrfach ungesättigten Fettsäuren geachtet wird.

Omega-6-Fettsäuren [*Fachkunde*] Untergruppe der ↑**mehrfach ungesättigten Fettsäuren**, mit Herz-Kreislauf-schützender Wirkung. **Beispiele:** ↑**Linolsäure**, Arachidonsäure. **Herkunft:** Pflanzenöle (↑**Maiskeim**-, ↑**Soja**- und ↑**Distelöl**)

Omelette [*Unsere Küche*] **T** Eine geformte Eierspeise ohne Mehlzusatz. Sie kann pikant oder süß, gefüllt, flambiert oder soufflíert zubereitet werden. Mischt man der Eimasse ↑**Mehl** bei, ist das Ergebnis ein ↑**Eierkuchen**.

Omelette à la dijonnaise [*Franz. Speisekarte*] **R** Süßes ↑**Omelette** mit geriebenen ↑**Makronen** und ↑**Creme de cassis** parfümiert, mit ↑**Konditorcreme** oder gesüßter ↑**Crème fraîche** gefüllt

Omelette à la loyale [*Franz. Speisekarte*] **A** ↑**Omelette** mit ↑Nieren**ragout**, ↑**Champignons**, ↑**Trüffeln** und einer ↑**Sahne**-↑**Portwein**soße

Omelette à la ménagère [*Franz. Speisekarte*] **A** ↑**Omelette** mit Würfeln von gekochtem ↑**Rindfleisch** und ↑**Zwiebeln**

Omelette à la paysanne [*Franz. Speisekarte*] **A** ↑Kartoffelomelette mit ↑**Sauerampfer** und ↑**Kräutern**

Omelette à la Talleyrand [*Franz. Speisekarte*] **A** ↑**Omelette** mit ↑**Zwiebeln**, ↑Kalbs**bries** und ↑Sahne**soße**

Omelette à la verdurière [*Franz. Speisekarte*] **A** ↑**Omelette** mit ↑**Kopfsalat**- und ↑**Sauerampfer**streifen, gehacktem ↑**Estragon**, ↑**Kerbel** und ↑**Petersilie**

Omelette à l'espagnole [*Franz. Speisekarte*] **A** ↑**Omelette** mit ↑**Paprikaschoten**, ↑**Tomaten**, ↑**Knoblauch** und ↑**Petersilie**

Omelette Alaska – omelette norvégienne [*Franz. Speisekarte*] ↑**Omelette surprise**

Omelette au houblon [*Franz. Speisekarte*] **A** ↑**Omelette** mit ↑**Hopfensprossen** in ↑Sahne**soße**

Omelette au jambon d'Auvergne [*Franz. Speisekarte*] **A** ↑**Omelette** mit rohem ↑**Schinken** aus der Auvergne

Omelette aux fines herbes [*Franz. Speisekarte*] **A** ↑**Omelette** mit frischen gehackten ↑**Kräutern** (↑**Petersilie**, ↑**Kerbel**, ↑**Estragon**, ↑**Schnittlauch**)

Omelette aux fruits de mer [*Franz. Speisekarte*] **A** Pikantes ↑Kräuter**omelette**, mit einem ↑**Ragout** aus ↑**Muscheln** und anderen ↑**Schalentieren** gefüllt

Omelette aux morilles [*Franz. Speisekarte*] **A** ↑**Omelette** mit ↑**Morcheln**, gewürzt mit ↑**Knoblauch** und gehackter ↑**Petersilie**

Omelette aux pommes de terre [*Franz. Speisekarte*] **A** ↑**Omelette** mit ↑**Kartoffel**scheiben, gehackter ↑**Petersilie** und ↑**Knoblauch**

Omelette aux truffes [*Franz. Speisekarte*] **A** Unter die ↑**Omelette**masse kommen ein Schuss ↑**Madeira** und ↑**Trüffel**scheibchen

Omelette chasseur [*Franz. Speisekarte*] **A** ↑**Omelette** mit ↑**Hühner**leber, ↑**Champignons** und ↑**Petersilie**

Omelette flambée [*Franz. Speisekarte*] **A** Süßes ↑**Omelette** mit ↑**Rum** oder anderen ↑**Spirituosen** flambiert

Omelette fourrée [*Franz. Speisekarte*] **A** Gefülltes ↑**Omelette**

Omelette lorraine [*Franz. Speisekarte*] **A** ↑**Omelette** mit ↑Bauch**speck**, ↑**Käse** (↑**Gruyère**) und ↑**Schnittlauch**

Omelette mère foulard [*Franz. Speisekarte*] **A** ↑**Eigelb** und ↑**Eiweiß** werden getrennt aufgeschlagen; wenn das Eigelb in der Pfanne gestockt ist, wird es gesalzen, gepfeffert, mit ↑**Sahne** und Eiweiß übergossen und alles bis zum Garen verrührt

Omelette nature [*Franz. Speisekarte*] **A** ↑**Eier** geschlagen, gesalzen, gepfeffert, in einer ↑**Omelette**pfanne mit ↑**Butter** gebacken

Omelette niçoise [*Franz. Speisekarte*] **A** ↑**Omelette** mit ↑**Tomaten**, ↑**Sardellenfilets**, ↑**Knoblauch** und ↑**Petersilie**. ↑**Niçoise**

Omelette provençale [*Franz. Speisekarte*] **A** ↑**Omelette** mit ↑**Tomaten**scheiben, gehackten ↑**Zwiebeln**, ↑**Knoblauch**, ↑**Basilikum**, ↑**Estragon**, ↑**Petersilie** und ↑**Pfeffer**

Omelette Rothschild [*Franz. Speisekarte*] **A** Süßes ↑**Omelette** in der Mitte aufgeschnitten und mit Fruchtsalat gefüllt.

Omelette soufflé [*Franz. Speisekarte*] **R** ↑**Eigelb** und ↑**Eiweiß** werden getrennt mit ↑**Zucker** aufgeschlagen. Das sehr feste Eiweiß vorsichtig unter die aufgeschlagene Eigelbmasse heben und in einer vorgeheizten, gefetteten Auflaufform im heißen Ofen backen. Herdtür nicht öffnen, weil sonst das ↑**Omelette** zusammenfällt.

Omelette Stéphanie [*Franz. Speisekarte*] **A** ↑**Palatschinken** mit ↑**Kompott**früchten gefüllt

Omelette surprise [*Franz. Speisekarte*] **R** Dünn geschnittener ↑**Biskuit**boden wird auf einer feuerfesten Servierplatte oval ausgelegt. Hierauf dressiert man pyramidenförmig ↑**Rahm**- oder ↑**Fruchteis**. Das Ganze wird mit einer dünnen Schicht Biskuitboden verkleidet und mit einer Masse aus mit ↑**Puderzucker** sehr steif geschlagenem ↑**Eiweiß** (Soufflémasse) bedeckt, schön dressiert und mit ↑**kandierten Früchten** garniert. Im sehr heißen Ofen mit Oberhitze wird das ↑**Omelette** dann kurz überbräunt, anschließend sofort mit ↑**Grand Marnier** flambiert und noch brennend serviert. „Überraschend" für die Gäste ist, dass das ↑**Speiseeis** (dank der Verkleidung) im heißen Ofen nicht geschmolzen ist.

Omelette surprise brasilienne [*Franz. Speisekarte*] **R** Auf eine feuerfeste Platte werden ↑**Kekse** gelegt und mit Moccaeis bedeckt. ↑**Eiweiß** mit ↑**Zucker** steif schlagen, mit sehr starkem ↑**Kaffee** mischen und darüber verteilen und mit ↑**Mandel**splittern bestreuen. Das ↑**Omelette** im sehr heißen Ofen mit Oberhitze überbacken, am Tisch mit heißem ↑**Rum** übergießen und ↑**flambieren**. Das Prinzip gleicht dem „↑**Omelette surprise**".

Omelettepfanne [*Fachkunde*] Besitzt eine extraflache Form, einen speziell ausgeformten Griff und Antihaftbeschichtung. Sie ist ideal zum Wenden von ↑**Crêpes**, ↑**Pfannkuchen** und zum Formen von ↑**Omelettes**. Früher waren diese Pfannen speziell geformt, aus geschmiedetem, schwerem Stahl gefertigt und ein Heiligtum in der Küche. Sie wurden speziell gepflegt, damit Omelettes, Eierspeisen und Pfannkuchen nicht am Pfannenboden kleben blieben. Selbst heute noch verzichten viele Köche auf moderne, beschichtete Pfannen und schwören auf ihre Omelettepfanne.

Omogashi [*Intern. Länderküche*] **A** Begriff aus der japanischen Küchenkultur für die (Haupt-)Süßigkeiten, die bei der Teezeremonie serviert werden. Zubereitet werden sie mit ↑**Roter Bohnenpaste**, ↑**Zucker**, ↑**Reismehl** und ↑**Agar-Agar**. ↑**Okashi** und ↑**Wagashi**

On the rocks [*Hausbar*] Bedeutet nichts anderes als purer ↑**Alkohol** auf Eis

Onctueux, -euse [*Franz. Fachwort*] **1.** Cremig, sahnig, sämig; **2.** fettig, ölig; **3.** ↑**Käse**: buttrig, weich

Ondarriba [*Weinkunde*] Oder Chacolí de Guetaria, Weißwein. Basis für die baskischen Txakoli-Weine

Ondenc [*Weinkunde*] Weißweinrebe aus Südwestfrankreich. In Australien unter dem Namen „Irvine's White" oder „Sercial" bekannt. Recht ertragsschwach und anfällig für Fäulnis.

Onglet grillé [*Franz. Speisekarte*] Ein Stück gegrilltes ↑**Rindfleisch**

Onigiri [*Intern. Länderküche*] Japanische Reisbällchen mit unterschiedlichen Füllungen (↑**Fisch** oder ↑**Gemüse**). Sie sind meist mit ↑**Nori-Algen** umhüllt. Onigiri sind in Japan eine beliebte Zwischenmahlzeit und in allen Lebensmittelgeschäften erhältlich. Daneben haben sich einige Restaurants, die Onigiri-ya, auf die Herstellung handgemachter Reisbälle spezialisiert. Als ↑**Take away** oder ↑**Fast food** sind sie in Japan beliebter als ↑**Sushi**.

Onion [*Gemüse*] **Englisch:** ↑**Zwiebel**

Onion rings [*U.S. Kitchen*] **A** Frittierte ↑**Zwiebelringe** in ↑**Backteig**, beliebte Beilage oder Vorspeise in den USA

Onion roll [*U.S. Kitchen*] Zwiebelbrötchen

Onion-salt [*Engl. Speisekarte*] Zwiebel-Salz, Salzmischung mit ↑**Zwiebelpulver**

Oolong-Tee [*Tee*] ↑**ChinaTee**

Oothu [*Tee*] Bezeichnung für einen Teegarten in Südindien

Opaque [*U.S. Kitchen*] Durchsichtig

Opferfest – Kurban bayrami [*Orientalische Küche*] Das islamische Opferfest dauert 4 Tage und beginnt 2 Monate und 10 Tage nach dem ↑**Zuckerfest**. Es wird ein Schaf oder eine Kuh geschlachtet. Das gemeinsame Essen ist ein religiöses Mahl im Gedenken und Angesicht Gottes. Außerdem wird die Moschee besucht und der Koran gelesen. Zum guten Essen gehören viele Geschenke. Der religiöse Hintergrund: die Geschichte aus der Bibel, in der Gott Ibrahim (Abraham) auffordert, seinen Sohn Ismail (Isaak) zum Zeichen seines Gehorsams zu opfern. Ibrahim ist dazu bereit, im letzten Moment verzichtet Gott jedoch auf das Opfer des Kindes und schickt ihm ein Schaf, das statt des Kindes geopfert wird. Die Muslime feiern an diesem Tag Gottes Güte und Fürsorge für die Menschen, ihre Hingabe an Gottes Willen und ihr Vertrauen in Gott.

Oportozwiebeln [*Gemüse*] Große Gemüse-↑**Zwiebeln**

Optima [*Kartoffelsorte*] **Kochtyp:** ↑**Vorwiegend festkochende Kartoffeln**

Optima [*Weinkunde*] Die Rebsorte Optima ist in Rheinhessen und in der Pfalz verbreitet und durch die Kreuzung von ↑**Silvaner**, ↑**Riesling** & ↑**Müller-Thurgau** entstanden. Diese Neuzüchtung mit einem Geruch nach ↑**Nektarinen** ist als Auslese durchaus empfehlenswert. Sie stellt keine Ansprüche an Lage und Boden und verfügt über eine sehr hohe Qualität, d. h. sehr hohe Mostgewichte bis zu 100° ↑**Öchsle** und einen Ertrag von ca. 75–85 hl/ha. Ingesamt rückläufig.

Opuntie [*Exotische Früchte*] ↑**Kaktusfeige**

Orale Ernährung [*Gesundheit*] Nahrungszufuhr über den Mund im Gegensatz zur parenteralen (↑**Künstlichen) Ernährung**

Orange [*Obst*] ↑**Apfelsine**

Orange amère [*Franz. Speisekarte*] ↑**Bitterorange**

Orange bitter [*Gewürze & Kräuter*] Bitterextrakt aus ↑**Orangen**schale

Orange Juice [*Hausbar*] Engl. Orangensaft

Orange Pekoe [*Tee*] Wird aus den zweiten, größeren Blättern hergestellt. Er enthält viele Blattrippen und -stiele. Daher bekommt er beim Aufbrühen eine helle Farbe. ↑**Tee**

Orangeat [*Backstube*] Aus den Schalen der spanischen ↑**Bitterorange** und ↑**Pomeranzen**. Die Schalen werden ↑**kandiert**, d. h. mit ↑**Zucker** eingekocht, und dann glasiert oder unglasiert als Orangeat angeboten.

Orange-Bitter [*Hausbar*] Mit ↑**Gin** vermischter Extrakt aus ↑**Pomeranzen**schalen. 40 %Vol. Wird zum Aromatisieren vieler Drinks („Spritzer" – dash) benötigt.

Orangenblütenwasser [*Gewürze & Kräuter*] **T** Wohlriechendes Destillat aus den Blüten des Bitterorangenbaumes, wird in Nordafrika und Westasien zum Aromatisieren von Salaten oder sehr süßen ↑**Desserts** verwendet. Man kann es auch in europäischen Süßigkeiten als ungewöhnliche Alternative zu ↑**Rosenwasser** verwenden oder Fruchtgetränken, ↑**Sirup**en und ↑**Speiseeis** einen außergewöhnlichen Geschmack verleihen. ↑**Makrouth**

Orangenhonig [*Allgem. Nährmittel*] **T** Stammt aus allen Ländern, in denen ↑**Zitrusfrüchte** angebaut werden. Der feincremige ↑**Honig** hat eine gelbe Farbe mit rötlichem Unterton, einen lieblich-feinen Duft und wird wegen seines unverkennbaren Aromas sehr geschätzt. Er eignet sich für ↑**Dessert**s und zum Verfeinern mediterraner Speisen.

Orangenlikör [*Hausbar*] **Englisch:** orange liquor; **Französisch:** liqueur oranges; **Italienisch:** liquore di arance; **Spanisch:** licor de naranjas. Orangenlikör erhält seinen feinherben Geschmack durch die Verwendung von ↑**Pomeranzen**schalen, deren Aromastoffe zuvor in ↑**Cognac**, ↑**Weingeist** oder ↑**Armagnac** gelöst wurden. Er enthält mindestens 30 % Vol. ↑**Alkohol** und kann als Getränk pur auf Eis, zum Mischen von ↑**Longdrinks** und ↑**Cocktails** oder in heißem ↑**Kaffee** oder ↑**Kakao** genossen werden. In der Küche aromatisiert er feine Saucen für Wild- und Geflügelgerichte oder setzt Desserts, Fruchtpürees, -saucen und Obstsalaten die Geschmackskrone auf. Die bekanntesten ungefärbten Orangenliköre sind: ↑**Grand Marnier**, ↑**Cointreau** und ↑**Curaçao triple sec.** Die bekanntesten gefärbten Orangenliköre sind: Curaçao blue oder Blue Curaçao, Curaçao Red Orange (orange) sowie rote und grüne Varianten.

Orantique [*Exotische Früchte*] **T Lateinisch:** Citrus nobilis; **Info:** Orantiques gehören zur Familie der Rautengewächse und sind aus einer Kreuzung zwischen ↑**Tangerine** (Citrus reticulata x Citrus aurantium) und ↑**Apfelsine** (Citrus sinesis) hervorgegangen. Orantiques sind etwas größer als Tangerinen, rundlicher, haben eine nicht so intensive orange Färbung. Die meisten Sorten sind kernlos, die Schale lässt sich leicht vom Fruchtfleisch lösen. **Herkunft und Saison:** Orantiques werden von Dezember bis März aus Spanien und anderen mediterranen Anbaugebieten angeboten. Daneben gibt es im Juli und August vereinzelt Importe aus Argentinien und Brasilien. **Zubereitung und Tipps:** Orantiques haben einen sehr angenehmen Zitrusgeschmack mit einem harmonischen Zucker-Säure-Verhältnis. Die Früchte schmecken säuerlich und süß zugleich. ↑**Mandarinen**

Orata [*Ital. Speisekarte*] ↑**Goldbrasse**

Ordinaire [*Franz. Fachwort*] Einfach, gewöhnlich, alltäglich: einfaches Menü – einfaches Speiselokal

Ordöv tabagi [*Orientalische Küche*] Begriff aus der türkischen Küchenkultur für gemischten kalt-warmen Vorspeisenteller. ↑**Türkische Küche**

Orecchiette [*Ital. Speisekarte*] „Kleine Ohren": runde, gewölbte Nudel von der Größe einer Daumenkuppe aus Hartweizengrieß und Wasser. Die ↑**Nudeln** stammen aus Apulien und werden dort mit Kohlarten wie ↑**Brokkoli** oder eingelegten ↑**Rüben**sprossen (**cime di rape**) gegessen.

Oregano [*Gewürze & Kräuter*] **T** **Lateinisch:** Origanum vulgare. **Synonym:** Origano, Dost, Wilder Majoran. **Englisch:** origanum, wild marjoram, organ; **Französisch:** marjolaine sauvage, marjolaine bâtarde, origan, pelevoué, marazolette, penevoué, thé rouge, thym de berger, doste; **Italienisch:** origano; **Spanisch:** orégano. **Info:** Der zur Familie der Lippenblütengewächse gehörende, 30–60 cm hohe Halbstrauch bildet auf vierkantigen, rötlichen Stängeln lange Zweige mit ovalen, graugrünen und behaarten Blättern. Zwischen Juli und September entstehen die blassrosa bis weißlichen, glockenförmigen Blütenkelche in köpfchenförmigen Scheinähren. Auch wenn Oregano wild wachsend (Wilder Majoran) vorkommt, steht er doch im Schatten des hier besser gedeihenden nahen Verwandten Majoran. Das volle Aroma entwickelt Oregano ohnehin nur in wärmeren, sonnigen Mittelmeergebieten. **Ursprung:** Oregano war den Griechen im Altertum und im Europa des Mittelalters als Heilpflanze bekannt. Die Verwendung als Gewürz im Mittelmeerraum beginnt erst Anfang des 19. Jahrhunderts. **Erhältlich als:** Ganzes Kraut, getrocknet, gemahlen. Während der Vegetationsperiode wird Oregano die ganze Zeit über geerntet; zur Blütezeit, wenn Blätter und Triebspitzen das intensivste Aroma besitzen, erfolgt auch die Haupternte. Die besten Sorten kommen aus Italien, dort fehlen sie auf keiner ↑**Pizza**. **Anbau:** Wer Oregano frisch liebt, kann die Pflanzen auch im Garten ziehen (Samen im Frühjahr in Kästen säen und ab Mai an sonnigem Platz auspflanzen). Oregano selbst zu trocknen lohnt sich kaum, denn der getrocknete, den es zu kaufen gibt, ist weit besser. **Geschmack:** Der wilde Bruder des Majorans schmeckt feinpfeffrig, schärfer und herber, wird beim Kochen intensiver. Durch den hohen Gehalt an Gerb- und Bitterstoffen sind der Geschmack und Geruch angenehm würzig bis scharf bitter, liegt zwischen ↑**Majoran** und ↑**Thymian**. **Verwendung in der Küche:** ausschließlich die Blätter, am besten frisch, aber auch getrocknet. Wegen seiner starken Würzkraft wird Oregano nur sparsam verwendet. Er entfaltet sein Aroma erst beim Kochen. In der italienischen Küche gibt Oregano zusammen mit ↑**Basilikum** bei Gemüsegerichten mit ↑**Auberginen,** ↑**Bohnen,** ↑**Erbsen,** ↑**Tomaten,** ↑**Paprika** und ↑**Zucchini** sowie Salaten (Gemischter-, Tomaten-, Bohnensalat) die Richtung an. Außerdem gehört er im Duett mit ↑**Knoblauch** zu gegrilltem Fleisch (↑**Osso bucco,** ↑**Kalbs-,** ↑**Schweine-** und ↑**Lammbraten**). Mit Oregano wird ↑**Essig** oder ↑**Pflanzenöl** aromatisiert. Er ist ein Bestandteil der Kräutermischung „↑**Kräuter der Provence**" und eignet sich gut für Suppen (Fleisch-, Kartoffel-, Tomaten-, Bohnen-, Erbsen-, Linsensuppe), gedünsteten Fisch – Eintopfgerichte mit ↑**Schweine-** und ↑**Lammfleisch** – ↑**Wildgeflügel,** ↑**Geflügel**füllungen, ↑**Käse,** ↑**Fisch,** ↑**Muscheln** – Saucen, (Tomaten-, Kräuter-, Salatsaucen) – Aufläufe, ↑**Pasta** und Nudelsoßen. In Mexiko und USA wird er mit ↑**Chili** gemahlen zu Chilipowder vermischt und ist mit ↑**Kreuzkümmel** im ↑**Chili con carne** unentbehrlich. **Kochtipp:** getrockneten Oregano vor der Anwendung zwischen den Handflächen etwas zerreiben, damit er sein Aroma beim Kochen oder Backen optimal entfalten kann! Bei Gerichten, die längere Zeit kochen müssen, spätestens 20 Min. vor Ende der Garzeit zugeben. **Würzkombinationen mit Oregano:** passt gut zu Thymian, Basilikum, ↑**Zitronenschale** oder ↑**Rosmarin,** aber **nicht** zu Majoran. **Wirkung in der Volksmedizin:** appetitanregend, magenfreundlich und verdauungsfördernd. In der Naturmedizin wird ihm desinfizierende und antibakterielle Wirkung nachgesagt, z. B. bei Entzündungen der Mund- und Rachenschleimhäute, bei Magenschmerzen oder Erkrankungen der Verdauungsorgane.

Oreille [*Franz. Speisekarte*] Ohr

Oreille de mer [*Franz. Speisekarte*] ↑**Abalone;** Meerohr

Oreilles de porc braisées [*Franz. Speisekarte*] **A** Schweinsohren, mit **Salz,** ↑**Pfeffer,** ↑**Speck,** ↑**Zwiebelringen,** ↑**Karotten** und ↑**Bouillon** geschmort, mit ↑Gemüse**püree** serviert

Organisch [*Fachkunde*] In der Chemie enthalten alle organischen Verbindungen Kohlenstoff. Alle ↑**Kohlenhydrate,** ↑**Eiweiße,** ↑**Fette** und ↑**Vitamine** sind organisch.

Organoleptische Prüfung [*Weinkunde*] Bei der organoleptischen Prüfung (Sehen, Riechen und Schmecken) wird der Wein mit den Sinnen geprüft. Das tun Experten, da das Ergebnis bei der amtlichen Prüfung eine große Rolle spielt.

Orgasmus [*Hausbar*] **R** Ein Orgasmus kann mehrere Bedeutungen im Bereich der ↑**Cocktails** haben: 1. ↑**Shooter**, der aus ↑**Sambuca** und einem Schuss ↑**Bailey's** besteht – Ein kleines Schnapsglas 2–4 cl fast vollständig mit Sambuca füllen und einen Schuss Bailey's hinzugeben, sodass sich die beiden Flüssigkeiten vermischen. **2.** Cocktail aus folgenden Zutaten (verschiedene Variationen möglich): 1 cl ↑**Wodka**; 1 cl ↑**Amaretto**; 1 cl ↑**Cointreau**; 1 cl ↑**Crème de Cacao** weiß; 2 cl ↑**Sahne**; ↑**Kakao**pulver

Orge [*Franz. Speisekarte*] ↑**Gerste**

Orge mondée [*Franz. Speisekarte*] Gerstengraupen, ↑**Graupen**, Rollgerste

Orge perlée [*Franz. Speisekarte*] ↑**Perlgraupen**

Orgeat, sirop d' [*Franz. Speisekarte*] ↑**Mandelsirup**

Orientale, à l' – Orientalische Art [*Speisegarnitur*] **A Speisegarnitur für große und kleine Fleischstücke** – Mit würzigen Zutaten aus dem östl. Mittelmeerraum wie ↑**Auberginen**, ↑**Paprikaschoten**, ↑**Reis**, ↑**Safran**, ↑**Tomaten**, ↑**Zwiebeln**, ↑**Knoblauch** usw. und mit Safranreis gefüllten Tomaten oder Paprikaschoten. **Sauce:** gebundene ↑**Tomatensoße**

Origan [*Franz. Speisekarte*] ↑**Oregano**

Origano [*Gewürze & Kräuter*] ↑**Oregano**

Origano [*Ital. Speisekarte*] ↑**Oregano**

Original Bergkäse [*Käse*] **Herkunft:** Österreich; **Käsesorte:** ↑**Hart**käse, 45 % ↑**Fett i.Tr.**; **Milch:** silofreie ↑**Rohmilch**; **Teig:** schnittfest, zart-geschmeidig, blass bis gelblich; **Geschmack:** mild-aromatisch bis leicht pikant; **Info:** Der Bergkäse reift mindestens 6 Monate in den Reifekellern auf ungehobelten Fichtenregalen.

Original Pinzgauer Bierkäse [*Käse*] **Herkunft:** Österreich; **Käsesorte:** Mager**schnittkäse** mit trockener ↑**Rotschmiere**,15 % ↑**Fett i.Tr.**, 8 % Fett absolut; **Milch:** naturreine Bergkuhmilch; **Teig:** schnittfest, matt- bis grünlichgelb, typische Schlitzlochung; **Geschmack:** herzhaft; **Reifung:** 6 Wochen in der Naturrinde

Original Seetaler [*Käse*] **Herkunft:** Österreich/Salzburger Flachgau; **Käsesorte:** ↑**Schnittkäse** ohne Rinde, 45 % ↑**Fett i.Tr.**; **Milch:** pasteurisierte Kuhmilch; **Teig:** gelb, geschmeidig, jedoch schnittfest, mit zart schmelzender Konsistenz und Kirschlochung; **Geschmack:** mild aromatisch; **Reifung:** 2 Monate

Original Sennkäse [*Käse*] **T Herkunft:** Österreich; **Käsesorte:** ↑**Schnittkäse**, 50 % ↑**Fett i.Tr.**; **Milch:** silofreie Kuhmilch; **Rinde:** Naturrinde, arttypische Oberfläche, gelbe bis bräunliche trockene ↑**Rotschmiere**; **Teig:** weich, geschmeidig, aber schnittfest, mit regelmäßiger runder Kirschlochung; **Geschmack:** mildwürziges Aroma mit ausgeprägtem Rotschmiercharakter; **Verwendung:** Der zart schmelzende Käse eignet sich zum Überbacken und als Grundlage für ↑**Raclette**.

Orix [*Fleischprodukte*] **T Lateinisch:** orix gazella; **Herkunft und Verfügbarkeit:** Wüstentiere, die in Süd-west-Afrika nahe der Kalahari, in Namibia, Angola und Botswana leben. Eine Antilopenart. Die einzigen Großwildtiere, die ohne Wasser leben können. **Jagd:** Jagdsaison ist von Ende März bis Ende August. In Deutschland findet man inzwischen qualitativ hochwertiges, frisch vakuumiertes Orixfleisch (Filet, Lende und 4er-Schnitt aus der Keule) hauptsächlich aus Namibia in gut sortierten Fleischabteilungen großer Kaufhäuser und Delikatessengeschäfte. **Orixfleisch in der Küche:** Das Fleisch ist hellrot, ohne Fett, sehr zart, hat einen wunderbaren Geschmack und sollte so natürlich wie möglich zubereitet werden. Nicht nur der Rücken, sondern auch die Teile aus der Keule ergeben sehr zarte Steaks.

Orizzutu [*Franz. Speisekarte*] Geräucherter, gepfefferter ↑**Schinken**, eine Spezialität von Korsika

Orjaleves [*Ungarische Küche*] Begriff aus der ungarischen Küchenkultur für einen ↑**Eintopf**. Er wird aus dem Rückgrat des ↑**Schweins** mit reichlich ↑**Wurzelgemüse** und ↑**Nudeln** gekocht (typische Speise beim Schlachtfest = Disznótór).

Orknay [*Käse*] ↑**Bonchester**

Orla [*Kartoffelsorte*] **Kochtyp:** ↑**Vorwiegend festkochende Kartoffeln**; **Herkunft:** Irland; **Jahr der Zulassung:** unbek.; **Schale:** weiß; **Fleisch:** hellgelb; **Knolle:** langoval; **Reifezeit:** sehr früh

Orléanaise, à l' [*Speisegarnitur*] **A Speisengarnitur** mit gedünsteten ↑**Endivien** und ↑Petersilien**kartoffeln**

Orloff Historischer Speisename [*Speisegarnitur*] **A** 1. Nikolai Alexejewitsch (1820–1885), aus russischem Fürstengeschlecht, das in der Geschichte unter Katharina II. und Peter III. eine große Rolle spielte; **2. Speisengarnitur für kurzgebratenes Lendenstück vom Kalb** – mit ↑**Champignon**-, ↑**Zwiebel**püree und ↑**Schlosskartoffeln** – oder gedünstetem ↑**Kopfsalat**, ↑**Bleichsellerie** und Schlosskartoffeln

Orly Historischer Speisename [*Speisegarnitur*] **A 1.** Ort in der Umgebung von Paris im Département Seine; **2. à la Orly** – ↑**Fleisch** oder ↑**Fischfilet** in ↑**Backteig** ↑**frittieren** und mit ↑**Tomatensauce** servieren

Orner [*Franz. Fachwort*] Verzieren

Orotsäure [*Gesundheit*] **T** ↑**Vitamin** B_{13} – Orotsäure (Acidum oroticum), das Wort kommt aus dem Griechischen und bedeutet so viel wie ↑**Molke**, da die Orotsäure aus Molke gewonnen wird. Es ist ein weißliches, kristallines Pulver von schwach säuerlichem Geschmack. **Funktion im Körper:** Orotsäure übernimmt neben der Förderung des Zellwachstums auch wichtige Funktionen im Stoffwechselprozess. Sie galt lange Zeit als eine Substanz, die der menschliche Körper nicht herstellen kann und wurde deshalb auch als Vitamin B_{13} bezeichnet. Inzwischen weiß man, dass der Körper das Molekül selbst bilden kann. Die Orotsäure kann den Energiegehalt in den Herzmuskelzellen erhöhen. Dadurch ist das Herz besser gegen Stress und starke Belastungen geschützt, denn es kann sich auf eine schnelle Beanspruchung einstellen und ermüdet auch nicht so schnell. Sie hilft im zellinternen Stoffwechsel; ist essenziell für DNS-Stoffwechsel (aktiviert ↑**Nukleinsäure** und Proteinbiosynthese); fördert das Zellwachstum; schützt Leberzellen vor Giften; regeneriert geschädigte Leberzellen. **Erhöhte Wirkung in Verbindung mit Magnesium (Calcium-Antagonist):** Verhindert die Bildung von Krebsgeschwülsten; entwickelt krebshemmende Substanzen; Orotsäure ist Schlepper für Magnesium; steigert die Blutzellbildung im Knochenmark; und ist ein Heilmittel bei Strahlenschäden; **Orotsäure-Lieferanten:** O. kommt in der ↑**Milch** aller Säugetierarten vor. Kuhmilch enthält ∅ 100 mg/l, ↑**Schafsmilch** ∅ 325 mg/l. ↑**Buttermilch**, ↑**Saure Milch**, ↑**Quark**, ↑**Kefir**, ↑**Jogurt**, ↑**Sauerkraut**saft, ↑Schafs**jogurt** (Schafsauermilch enthält 4- bis 5-mal so viel Orotsäure wie ein Kuhmilchprodukt); **Mangelerscheinungen:** Störung der normalen Bakterienflora von Mundhöhle, Haut, Scheide, Darmflora – genannt Dysbakterie – sowie **Leberstoffwechselstörung. Folgen:** Arterienverkalkung, Gedächtnisschwund, rasche Ermüdbarkeit, Interesselosigkeit

Ortega [*Weinkunde*] Weißweinrebsorte, die in Deutschland angebaut wird, aber von geringer Bedeutung ist. Ortega wurde in den 60er-Jahren aus ↑**Müller-Thurgau** und der 1948er ↑**Siegerrebe** gezüchtet. Im Auslesebereich wird eine gute Qualität bei feinem und fruchtigem Aroma erreicht. Das ↑**Mostgewicht** liegt in ungünstigen Jahren bei 80° ↑**Öchsle**, sonst über 100°. Der Ertrag bei der Ernte wird mit 80–100 hl/ha beziffert.

Orthophenylphenol [*Fachkunde*] ↑**E 231**

Orthophosphorsäure [*Fachkunde*] ↑**E 338**

Ortica [*Ital. Speisekarte*] ↑**Brennnessel**

Ortsschwanzel [*Österr. Küche*] ↑**Beinfleisch**

Orvieto [*Weinkunde*] Stadt in Umbrien/Italien, Provinz Terni, bekannt für den gleichnamigen Weißwein

Orzata [*Ital. Speisekarte*] ↑**Mandelsirup**

Orzo [*Griech. Speisekarte*] Reiskorngroße ↑**Nudeln** aus ↑**Hartweizengrieß**, eigentlich ↑**Kritharaki** genannt

Orzo [*Ital. Speisekarte*] ↑**Gerste**

Os [*Franz. Speisekarte*] Knochen

Os à moelle [*Franz. Speisekarte*] ↑**Markknochen**

Oschnatter Anschnitt [*Österr. Küche*] ↑**Beinfleisch**

Oschtjepka [*Käse*] **Herkunft:** Slowakei/Karpaten; **Käsesorte:** gepresster ↑**Schnittkäse** aus ↑**Sauermilch** mit dünner, dunkel gefärbter Rinde, weniger als 45 % ↑**Fett i. Tr.**; **Milch:** ↑**Schafsmilch**; **Teig:** homogen, fest; **Info:** Dieser Käse wird wie eine große Orange in 500-g-Kugeln geformt, dann einige Tage in ↑**Lake** gereift. Danach räuchert man ihn auf traditionelle Weise über einem Holzfeuer.

Oseille [*Franz. Speisekarte*] ↑**Sauerampfer**, in Frankreich als ↑**Püree** oder natur zu ↑**Fisch**, ↑Eiern oder ↑**Kalbfleisch** verwendet

Ossau Iraty Geschützte Herkunftsbezeichnung [*Käse*] **T Herkunft:** Frankreich/Aquitanien; **Käsesorte:** ↑**Schnittkäse**, mindestens 50 % ↑**Fett i. Tr.**; **Milch:** rohe ↑**Schafsmilch** von Manech- und Basco-Béarnaise-Rasse; **Teig:** dicht, elastisch, geschmeidig; **Reifung:** mindestens 90 Tage, aber im Schnitt 6 Monate; **Geschmack:** nussartig, pflanzlich, dezent nach Schaf; **Info:** Käse mit schwarzem Überzug aus Kunststoff oder Wachs ist niemals echter Pyrenäenkäse. **Beste Zeit:** Frühlingsende, Sommer, Herbst; **Weinempfehlung:** kräftige Rotweine oder würzige Weißweine, z. B. Jurançon oder Madiran; **Verwendung:** zum Abschluss eines Essens, als Zwischenmahlzeit, gerieben über Suppen oder ↑**Gratins**

Ossetin [*Käse*] **Herkunft:** Aserbaidschan; **Käsesorte:** ↑**Knetkäse**; **Milch:** wahlweise Kuh- oder ↑**Schafsmilch**; **Info:** Im Kaukasus und in Georgien ist es alte Tradition, ↑**Käse** in ↑**Lake** zu legen. Nachdem die Schafs- oder Kuhmilch gelabt worden ist, bringt man die ↑**Bruch**masse zum Kochen. Wenn sie kompakt ist, wird sie mit ↑**Molke** verknetet und zu runden Laiben geformt, gesalzen und monatelang in Lake gereift.

Osso buco [*Ital. Speisekarte*] **R** Knochen mit Loch: Die etwa 2 cm dicken Scheiben von der ↑**Kalbshaxe** werden in ↑**Olivenöl** angebraten und mit gewürfelten ↑**Tomaten**, ↑**Sellerie**, ↑**Zwiebeln**, ↑**Knoblauch** und ↑**Weißwein** geschmort. Mit nur wenig ↑**mediterranen Gewürzen** und ↑**Zitronensaft** abschmecken, um den feinen Geschmack nicht zu überdecken. Dazu serviert man original: ↑**Risotto alla milanese** oder ↑**Makkaroni** mit ↑**Parmesan**.

Osso di morto [*Ital. Speisekarte*] Haselnussgebäck

Ostara [*Kartoffelsorte*] **Kochtyp:** ↑**Vorwiegend festkochende Kartoffeln**

Ostender Art [*Speisegarnitur*] **A** Vorgekochte ↑**Jakobsmuschel** in Scheiben geschnitten, mit ↑**Weißwein** und ↑Champignon**fond** fertig gedünstet; in die Schalen mit entbarteten ↑**Austern**, ↑**Garnelen** und ↑**Champignons** gefüllt; mit ↑**Nantuasauce** bei Oberhitze überbacken.

Osteoporose [*Gesundheit*] **T** Abbau und Schwund des festen Knochengewebes, Vergrößerung der Markräume, was zu einer erhöhten Neigung zu Knochenbrüchen führt. Neben genetischen Ursachen kann auch Bewegungsmangel oder eine Calciumunterversorgung dazu führen. Ein halber Liter ↑Voll**milch** pro Tag deckt den Calciumbedarf eines Erwachsenen zu 74 %, ebenso tragen calciumreiches ↑**Mineralwasser** und der Verzehr von ↑**Käse** zur besseren Versorgung bei. Auch pflanzliche Lebensmittel haben ↑**Calcium.** Calciumreiche Gemüsesorten wie ↑**Grünkohl**,

↑**Broccoli** oder ↑**Fenchel** sind empfehlenswert. Doch allein damit ist keine ausreichende Zufuhr möglich, da der Körper das Calcium daraus nicht so gut aufnehmen kann. Menschen, die sich überwiegend vegetarisch ernähren, sind gefährdet. ↑**Veganer**

Osteria [*Ital. Speisekarte*] Ursprünglich Weinlokal, heute einfaches Lokal mit kleiner Speisenauswahl

Osterlamm [*Fleischprodukte*] 2 bis 3 Monate altes Lamm

Österreich Weinland [*Weinkunde*] Das Weinland Österreich teilt sich in vier Weinbauregionen auf, die alle in der Osthälfte Österreichs liegen (Niederösterreich, Burgenland, Steiermark und Wien). Diese bestehen aus 16 Weinbaugebieten. Rund 48 500 ha nimmt die Rebfläche in Österreich ein. Mit fast 75 % weißen Rebsorten zählt Österreich zu den klassischen Weißweinländern. Die Nachfrage nach roten Sorten steigt rasant. Mehr als die Hälfte aller Weine besteht aus den Rebsorten Grüner Veltliner, Müller-Thurgau und Welschriesling. Bei den Roten führt der Blaue Zweigelt die Hitliste an (35 % Anteil an der Rebfläche der Rotweinsorten). Die österreichischen Weine werden wie in Deutschland, aber mit höheren Mostgewichten, in Tafelweine, Qualitätsweine, Qualitätsweine besonderer Reife (Spätlese, Auslese) eingeteilt. Kleinbetriebe herrschen vor, auch mittlere Erzeuger bewirtschaften im Durchschnitt weniger als 8 ha. Bei den qualitätsbewussten Erzeugern setzt sich die Rebsortenangabe auf dem Etikett durch. **Die Weinbauregionen mit Gebieten: Niederösterreich:** Carnuntum, Donauland, Kamptal, Kremstal, Thermenregion, Traisental, Wachau, Weinviertel; **Burgenland:** Mittelburgenland, Neusiedlersee-Hügelland, Neusiedlersee, Südburgenland; **Steiermark:** Südsteiermark, Südoststeiermark, Weststeiermark; **Wien:** Wien

Österreichische Küche [*Österr. Küche*] **A** Die **Österreichische Küche** ist nicht dasselbe wie die Wiener Küche, die traditionell im Zusammenhang mit jener der K. u. K. Monarchie Österreich-Ungarn steht. Zur eigenständigen regionalen Tradition kamen die Einflüsse aus Ungarn, Tschechien, Böhmen und Italien. Gerichte und Zubereitungsarten wurden oft übernommen, in die eigene Küche integriert und angepasst (Beispiel: ↑**Gulasch**). International bekannt ist sie für ihre ↑**Mehlspeisen** und Süßwaren. Daneben hat sich eine neue Regionalküche entwickelt, die auf regionale Produkte und moderne, leichte Zubereitung setzt. ↑**Wein** wird vor allem im Osten des Landes angebaut. Der noch junge Wein wird Heuriger genannt und in den gleichnamigen Lokalen in Wien und Umgebung ausgeschenkt, wo auch kleine Speisen erhältlich sind. In der Steiermark und dem Burgenland heißen die Heurigenlokale ↑**Buschenschank.** ↑**Sturm** ist ein noch gärender Saft aus gekelterten ↑**Trauben**, der nach der Weinlese getrunken wird. In Oberösterreich, Niederösterreich, der Steiermark und Kärnten ist der Most verbreitet, ein Wein aus ↑**Apfel** und/oder ↑**Birne**. Zum Abschluss eines Essens wird ↑**Schnaps** oder ↑**Edelbrand** gereicht, meist aus verschiedenen Obstsorten (z. B. ↑**Marillen**), aber auch aus Vogelbeeren, Enzianwurzeln oder verschiedenen ↑**Kräutern**. Das Produkt kleiner privater Schnapsbrennereien wird als „Selberbrennter" (Selbstgebrannter) oder „Hausbrand" bezeichnet. Es gibt im Land ungefähr 20 000 private Brennereien. **Snacks:** Zur Jause (Zwischenmahlzeit) gibt es belegte Brote (↑**Wurst**, ↑**Speck**, ↑**Käse**), verschiedene Arten von heißen Würsten (Würstel) mit ↑**Senf** und ↑**Brot** sowie Wurst- und ↑**Leberkässemmeln**. Es gibt noch andere Spezialitäten, die kaum kulinarische Spitzenwerte erreichen, aber durchaus typisch sind, wie die ↑**Bosna**, die Salzburger bzw. oberösterreichische Antwort auf die Wiener ↑**Burenwurst. Regionale Küchen: Wien:** ↑**Wiener Küche; Niederösterreich:** In Niederösterreich werden Spezialitäten wie Waldviertler ↑**Mohn**, Mühlviertler ↑**Leinöl**, Marchfelder ↑**Spargel** und Wachauer Marillen angebaut, die ihren Niederschlag in der Küche gefunden haben (Mohnnudeln). – ↑**Wildgerichte** sind beliebt. **Burgenland:** Durch die lange Zugehörigkeit zum ungarischen Teil der österr. Monarchie ist die Küche Burgenlands von der ungarischen Küche beeinflusst. – Gerichte bestehen oft aus ↑**Fisch**, ↑**Huhn** oder ↑**Gans**, z. B. ↑**Gänseleber**, eine beliebte Beilage bildet ↑Mais**polenta**. Zum Fest des Hl. Martin am 11. November wird eine ↑**Martinigans** zubereitet. Ein typisches Gericht zu Weihnachten ist der ↑**Karpfen. Steiermark:** In den Buschenschänken wird ↑**Verhackertes** angeboten und ↑**Schilcher** dazu (ist die regionale Weinsorte der Weststeiermark). – Eine typisch steirische Spezialität ist das ↑**Kürbiskernöl**, das sich durch seinen nussigen Geschmack besonders für Salate eignet. Dementsprechend erfreuen sich auch Kürbisgerichte in vielen Variationen großer Beliebtheit. Eine besondere Spezialität für kalte Tage ist der ↑**Heidensterz**, ein ↑**Schmarren** aus ↑**Buchweizenmehl. Kärnten:** Im seenreichen Kärnten wird gerne Fisch gegessen. Weitere Bestandteile der Kärntner Küche sind Getreide-, ↑**Milchprodukte** und ↑**Fleisch**. Eine bekannte Spezialität sind die Kärntner ↑**Kasnudeln** (mit ↑**Topfen** und ↑**Minze** gefüllte Teigtaschen) und die kleineren ↑**Schlickkrapfen** (wie ↑**Ravioli**, nur größer, meist mit Fleischfülle). Weitere Spezialitäten sind ↑**Klachlsuppe** oder der ↑**Reindling. Oberösterreich:** Wie auch im benachbarten Bayern und Böhmen sind ↑**Knödel** in verschiedenen Zubereitungen ein wichtiges Element. Eine bekannte Nachspeise ist die ↑**Linzer Torte. Salzburg:** ↑**Kasnocken** sind eine beliebte Speise, ebenso Süßwasserfische, hier vor allem ↑**Forellen** in verschiedenen Zubereitungen. Eine weltbekannte Nachspeise sind die ↑**Salzburger Nockerln. Tirol:** Neben dem Tiroler ↑**Speck** spielen Knödel in allen Variationen eine wichtige Rolle. – Sie werden als Speckknödel, Spinatknödel oder Kaspressknödel (aus ↑**Tiroler Graukäse**) zubereitet und allein, in einer Suppe oder als Beilage gegessen. Der Graukäse wird wie ↑**Handkäs** mit Musik mit ↑**Essig** und ↑**Öl** angerichtet und mit ↑**Zwiebel**ringen belegt. Weitere Spezialitäten sind das Tiroler Gröstl (Fleisch, Erdäpfel [↑**Kartoffeln**], Zwiebel und anderes in einer Pfanne gebraten) und ↑**Schlutzkrapfen** (gefüllte Teigtaschen, ähnlich den ↑**Maultaschen**). Beliebt sind auch in ↑**Schmalz** gebratene ↑**Krapfen** und Kiachl (↑**Auszog'ne**). Das ↑**Melchermuas** wird in einer Eisenpfanne auf Almhütten zubereitet. **Vorarlberg:** Die Küche Vorarlbergs ist von der alemannischen Küche der angrenzenden Länder beeinflusst. ↑**Käse** und Käseprodukte spielen eine große Rolle. Beliebte Gerichte sind (Käs)↑**Knöpfle** und verschiedene ↑**Spätzle**. Weitere Spezialitäten sind Krutspätzle, Käsdönnala (Käsefladen), Schupfnudla (↑**Schupfnudeln**), Flädlesuppe (↑**Fritattensuppe**), Öpfelküachle, Funkaküachle.

Ostiones [*Mexicofood*] ↑**Muscheln**

Östliches Weinviertel [*Weinkunde*] Veltlinerland nennt sich der nordöstliche Teil des österreichischen Weinviertels. Spritzige ↑**Grüne Veltliner** stellen neben dem Welschriesling die Leitsorte des Gebiets dar. Poysdorf heißt das vinophile Zentrum der Region. Nördlich von Wien, sowohl in westlicher als auch in östlicher Richtung, dehnt sich der südliche Teil des Östlichen Weinviertels aus, zu dem das Matzner Hügelland, das Gebiet um Korneuburg, Wolkersdorf und Gänserndorf zählen.

Ostras [*Span. Speisekarte*] ↑**Austern**

Ostrica, ostriche [*Ital. Speisekarte*] ↑**Auster, Austern**

Oublie [*Franz. Speisekarte*] ↑**Oblate**

Ounce [*U.S. Kitchen*] Angelsächsische Gewichtseinheit, Abk.: oz, zu Deutsch auch: Unze. 1 ounce (oz.) [UK] = 28,3496 g – 1 ounce (oz.) [US] = 28,3495 g. Um schnell aus Ounces Gramm zu machen: mit 28 multiplizieren. **Beispiel:** Vier Ounces sind 112 g.

Ourteto [*Franz. Speisekarte*] **A** Gemüsepaste aus gehacktem ↑**Lauch**, ↑**Sauerampfer**, ↑**Sellerie**, ↑**Spinat** mit ↑**Knoblauch** auf in ↑**Olivenöl** getränkten Brotscheiben

Ouzo [*Hausbar*] Griechischer ↑**Branntwein** aus ↑**Trauben** mit ↑**Anis**. Mit Wasser verdünnt guter ↑**Aperitif**.

Oven [*U.S. Kitchen*] Ofen

Over easy [*U.S. Kitchen*] Gewendete ↑**Spiegeleier**, noch flüssig

Over medium [*U.S. Kitchen*] Gewendete ↑**Spiegeleier**, nicht mehr ganz flüssig

Over well [*U.S. Kitchen*] Gewendete ↑**Spiegerleier**, durch

Ovo [*Span. Speisekarte*] ↑**Ei**

Ovolactovegetabile Kost [*Gesundheit*] **T** Form der ↑**vegetarischen Ernährung**. Sie erlaubt neben pflanzlichen Lebensmitteln auch den Genuss von ↑**Milch** und ↑**Milchprodukten**. Auf ↑**Fleisch** sowie ↑**Fisch** und ↑**Eier** wird komplett verzichtet. Diese Ernährungsweise kann ernährungsphysiologisch als Dauerernährung für gesunde Erwachsene akzeptiert werden, sie ist jedoch für Personen mit erhöhtem Nährstoffbedarf (Schwangere, Stillende, Säuglinge, Kleinkinder) wegen der Nährstoffunterversorgung ungeeignet. Bei ovolactovegetabiler Kost besteht die Gefahr, dass die Versorgung mit ↑**Vitamin B_{12}**, ↑**Jod** und ↑**Eisen** nicht optimal ist. Manchmal sind die Anteile an komplexen ↑**Kohlenhydraten** und ↑**Calcium** zu gering, Müdigkeit, Konzentrationsschwäche, Gewichtsverlust, Infektionsanfälligkeit können folgen. Lacto-Vegetarier und Ovo-Lacto-Vegetarier ernähren sich dann richtig, wenn sie ↑**Getreide**, ↑**Hülsenfrüchte**, ↑**Nüsse**, ↑**Obst** und ↑**Gemüse** essen. Milch und Milchprodukte bzw. Eier sorgen für die notwendige ↑**Eiweiß**zufuhr sowie für eine Ergänzung von fehlenden ↑**Nährstoffen** wie Calcium.

Oxalis [*Gemüse*] ↑**Sauerklee** – Wirtschaftliche Bedeutung haben die Arten von Oxalis nicht. In Irland werden die Blätter von Oxalis acetosella zu einer Suppe verarbeitet. Außerdem kommt sie im irischen Wappen vor. In den höheren Gebieten der Anden isst man die Wurzel-Knollen der Art Oxalis tuberosa. Diese sind dort unter dem Namen Oca bekannt. Auch der oberirdische Stängel wird gegessen

Oxalsäure [*Fachkunde*] **T** Organische Säure vieler Pflanzen; zweibasische Karbonsäure (ein Oxydationsprodukt des Alkohols Glykol). Ihre Salze, feinste Kristallteilchen, sind die Oxalate. **Oxalsäure vermindert die Calciumaufnahme:** Sie kommt in größeren Mengen in ↑**Rhabarber**, ↑**Spinat** und ↑**Mangold** sowie ↑**Roter Beete** vor, greift in den ↑**Calcium**stoffwechsel ein und fördert die Bildung von Nierensteinen. Personen, deren Nieren nur eingeschränkt arbeiten, sollten oxalsäurereiche Gemüse meiden. Wichtig ist eine ausreichende Kalziumzufuhr. Oxalsäurehaltiges Gemüse immer ↑**blanchieren** und das Kochwasser **nicht** weiterverarbeiten.

Oxidation [*Weinkunde*] Wein nimmt bei der Oxidation Sauerstoff auf. Durch den Sauerstoff ergeben sich Prozesse, die sich auf den Wein nachteilig auswirken. Farb- und Gerbstoffe werden angegriffen und der Wein in der Farbe verändert. Es entsteht eine Hochfarbigkeit, d. h. der Wein wird braun. Bei der Sauerstoffaufnahme können sich Mikroorganismen bilden. Der Wein verliert an Frische und Aroma, außerdem altert er schneller. Die Luft macht den Geschmack schaler und flacher, letztendlich wird er braun und ungenießbar. Der Weißwein wird dunkel in der Farbe, riecht und schmeckt wie ↑**Sherry**. Rotweine werden bräunlich.

Oxidativ abgebaute Stärkeverbindungen [*Fachkunde*] ↑**E 1404**

Oxidieren [*Fachkunde*] Chemische Verbindung mit Sauerstoff eingehen

Oxidierte Fettsäuren [*Gesundheit*] Reagieren ↑**Fettsäuren** mit Sauerstoff, so bilden sich oxidierte Fettsäuren. Fette mit oxidierten Fettsäuren gelten als verdorben. Das lässt sich an Geschmack und Geruch feststellen.

Öxle, Martin [*Berühmte Köche*] Der Sterne-Koch **Martin Öxle** betreibt seit 1992 die „Speisemeisterei" in dem fast 200 Jahre alten Schloss Hohenheim vor den Toren Stuttgarts. In diesem würdigen Rahmen kann er seine geniale Kochkunst ausleben, die mit ausgefeilter Technik und exzellentem Gespür fürs Detail besticht.

Oxtail clair [*Unsere Küche*] **A Englisch:** clear Oxtail soup; **Französisch:** consommé de queue de bœuf; **Spanisch:** Caldo de rabo de toro. Die Oxtail ist eine klare, also ungebundene, hoch aromatische, dunkelbraune Ochsenschwanzsuppe, deren Herstellung für die Hausfrau oder den Hobbykoch kompliziert ist, wenn sie fachlich korrekt geklärt werden soll. ↑**Ochsenschwanzsuppe.** Im privaten Haushalt kann das gesamte mitgekochte Wurzelgemüse in der Suppe bleiben. Da aber der Ochsenschwanz bis zu 3 Stunden brauchen kann, um weich zu werden, ist es sinnvoll, das klein geschnittene Gemüse erst eine halbe Stunde vor Beendigung der Kochzeit zuzufügen, damit es noch etwas Biss hat. ↑**Würztabelle.** Der Geschmack einer Oxtail sollte sehr kräftig sein, mit einem Hauch ↑**Piment** im Vordergrund. Vollendet wird mit ↑**Madeira,** ↑**Sherry** und ggf. echtem, altem ↑**Balsamico.** Die Einlage besteht aus kleinen Würfeln von gepresstem Ochsenschwanzfleisch. Andere Einlagen sind für diese klassische klare Suppe nicht vorgesehen. **Ausnahmen sind:** „à la Périgord" mit ↑**Trüffel**scheiben und Blattgold. Aber auch ↑**Eierstich** (Royal) oder frische ↑**Champignon**scheiben. Dazu reicht man ↑**Chesterstangen** (↑**Blätterteig**gebäck mit ↑**Käse**).

Oyster [*Fisch*] ↑**Auster**

Oyster Cocktail [*Fisch*] Englisch für Austerncocktail. Hierfür werden frische, rohe ↑**Austern** ohne Meerwasser wie ein klassischer ↑**Krabbencocktail** angerichtet und eiskalt serviert.

Oyster-Sauce [*Asiatische Küche*] ↑**Austernsauce** ist eine dickflüssige, dunkelbraune, süß-salzige Würzsauce.

P

P'eng Chinesische Garmethode *[Asiatische Küche]* **T** Die Zutaten werden zunächst auf beiden Seiten angebraten, dann mit einer geringen Menge Flüssigkeit (meistens Brühe) abgelöscht und auf kleiner Flamme so lange geköchelt, bis die Flüssigkeit vollständig verdampft ist. Ganz ähnlich dem kantonesischen ↑**Cha Shao**, mit dem Unterschied, dass dort ↑**Fleisch**, ↑**Geflügel** etc. zum Trocknen im Ofen geröstet wird. ↑**Kochen im Wok** oder ↑**Asiatisch Kochen**

P/S-Quotient *[Fachkunde]* Verhältnis von ↑**mehrfach ungesättigten Fettsäuren** zu ↑**gesättigten Fettsäuren** in der Nahrung. Ein hoher P/S-Quotient beugt Herz-Kreislauf-Krankheiten vor.

P'tit Basque *[Käse]* **T Herkunft:** Frankreich/Aquitanien; **Käsesorte:** ↑**Hartkäse** mit rötlicher Rinde, 50 % ↑**Fett i. Tr.**; **Milch:** ↑**Schafsmilch**; **Geschmack:** aromatische Schafsmilchnote; **Reifung:** 5 Monate; **Weinempfehlung:** kräftige Rotweine der Region

Pa Chinesische Garmethode *[Asiatische Küche]* **T** Genau das Gegenteil von ↑**K'ou:** Zuerst wird das Essen gedämpft, dann gebraten. Üblicherweise fügt man **Gewürze** und begleitende Zutaten erst beim Braten zu. Dadurch wird das Aroma des Gerichtes vertieft. ↑**Kochen im Wok** oder ↑**Asiatisch Kochen**

Pa amb oli, Mallorquinisches *[Intern. Länderküche]* **R** ↑**Brot** mit ↑**Tomaten** und ↑**Olivenöl** ist ein typisches mallorquinisches Gericht. Es wird zum Frühstück, zum ↑**Aperitif** oder zwischendurch gereicht. So simpel diese Brothappen auch zubereitet werden, so bedeutend sind sie auf der Insel. Früher galt es als Arme-Leute-Essen, heute gibt es viele Varianten wie **pa amb oli con** – Käse und Schinken, mit dünnen Schweineschnitzel-Scheiben usw. In Katalonien wird **pa amb oli** (wortwörtlich „Brot mit Öl") als **pa amb tomàquet** („Brot mit Tomate") bezeichnet. **Zutaten:** 8 Scheiben Pan moreno (dunkles, ungesalzenes Landbrot), 2 cm dick geschnitten; 4 Strauchtomaten; 1 ↑**Knoblauchzehe**; 2–3 EL. bestes Olivenöl; ↑**Salz. Zubereitung:** Brotscheiben gut toasten oder rösten, mir Knoblauch einreiben und mit Olivenöl beträufeln. Eine Tomate durchschneiden und mit der Tomatenhälfte das Brot kräftig einreiben und nochmals Olivenöl drauftträufeln. Die restlichen Tomaten in dünne Scheiben schneiden, drauflegen, salzen und noch warm servieren.

Pa de Figa *[Intern. Länderküche]* **T (Katalanisch)** Begriff aus der mallorquinischen Küchenkultur für „Feigenbrot". Geknetet aus getrockneten ↑**Feigen** und gemahlenem ↑**Anis** mit einem Schuss ↑**Anislikör. Pa de Figa** wird auf einem Feigenblatt mit einem ↑**Kaffee** oder einem Glas Anislikör serviert.

Pa y all *[Franz. Speisekarte]* **A** ↑**Brot** mit ↑**Knoblauch** und ↑**Olivenöl** eingerieben

Paak naam gatih *[Asiatische Küche]* Begriff aus der thailändischen Küchenkultur für ↑**Gemüse** in ↑**Kokosmilch**

Paak priau wan *[Asiatische Küche]* Begriff aus der thailändischen Küchenkultur für ↑**Gemüse** süß-sauer

Paarl *[Weinkunde]* Zentrum des südafrikanischen Weinanbaus. Schon im 17. Jahrhundert wurde der Ort von den Hugenotten gegründet.

Paccari, paccheri, paccheroni *[Ital. Speisekarte]* **T** Große ↑**Makkaroni** mit daumendickem Durchmesser. Diese gerillte kurze Hohlnudel aus ↑**Hartweizengrieß** und Wasser ist eine neapolitanische Spezialität, ähnlich den römischen Rigatoni, nur mit einem noch größeren Durchmesser. „Paccaro" bedeutet im neapolitanischen Dialekt so viel wie „Backenstreich, Ohrfeige", aber auch „Hinterbacke". Für kräftige Fleischsaucen und ↑**Ragouts.**

Packed *[U.S. Kitchen]* Komprimiert, fest gedrückt

Packham's Triumph *[Obst]* **T Lateinisch:** Pyrus communis var. sativa. **Synonym:** Packhams. **Info:** Packham's Triumph oder Packhams ist eine mittelgroße bis große Birnensorte mit typisch knolliger, bauchiger Form und beulig-höckriger Oberfläche. Die glatte Schale ist grünlich bis zitronengelb, manchmal matt gerötet, von zahlreichen ↑**Lentizellen** besetzt und weist sortentypische, netzartige Rostspuren auf. Das crèmefarbene bis gelbliche, weiche und saftige Fruchtfleisch ist schmelzend und mäßig süß, mit williamsähnlichem Geschmack. **Ursprung und Geschichte:** Charles Henry Packham aus Molong, New South Wales (Australien), züchtete 1896 Packham's Triumph, eine Kreuzung aus „Uvedale St. Germain" mit „↑**Williams Christ". Herkunft und Saison:** Packham's Triumph reifen in Mitteleuropa zwischen Ende September und Mitte Oktober und sind im ↑**Kühllager** bis Mitte Januar, im ↑**CA-Lager** bis Ende März sehr gut lagerfähig. Dementsprechend wird der Markt zwischen Oktober und März aus europäischer Produktion versorgt. Wegen ihrer guten Lager- und Transportfähigkeit ist Packham's Triumph die Hauptsorte für Importe aus der südlichen Hemisphäre und wird ab Mitte Februar aus südamerikanischem Anbau (Chile, Argentinien) und später bis Ende Juli aus Südafrika sowie aus Australien und Neuseeland angeboten. ↑**Birne**

Pad nohmay sei khai *[Asiatische Küche]* Begriff aus der thailändischen Küchenkultur für gebratene ↑**Bambussprossen** mit ↑**Ei**

Pad paak ruamit [*Asiatische Küche*] Begriff aus der thailändischen Küchenkultur für gebratenes gemischtes ↑**Gemüse**

Pad paak ruamit [*Asiatische Küche*] Begriff aus der thailändischen Küchenkultur für gebratenes gemischtes ↑**Gemüse** mit ↑**Cashewkernen**

Pad siu [*Asiatische Küche*] Begriff aus der thailändischen Küchenkultur für gebratene ↑**Reisnudeln** mit ↑**Karotten** und ↑**Broccoli**

Pad taohoo [*Asiatische Küche*] Begriff aus der thailändischen Küchenkultur für ↑**Tofu** mit ↑**Mais**

Pad thai [*Asiatische Küche*] Begriff aus der thailändischen Küchenkultur für gebratene ↑**Reisnudeln**

Paella [*Span. Speisekarte*] **R Lateinisch:** patella = Schüssel. Aus Valencia stammend, ist die Paella mittlerweile zum spanischen Nationalgericht geworden. Das Reisgericht wird mit ↑**Huhn,** ↑**Fleisch,** ↑**Fisch,** ↑**Meeresfrüchten,** ↑**Bohnen** und ↑**Erbsen** zubereitet. Aber auch hier gibt es unterschiedliche Varianten, z. B. mit ↑**Tintenfisch** oder mit Fisch und ↑**Kartoffeln.** Auf jeden Fall soll das Endergebnis in Textur und Geschmack stets ausgewogen sein. Ihren Namen verdankt die Paella der speziellen Pfanne, in der sie zubereitet wird. **Zutaten für die berühmteste Paella:** in erhitztem ↑**Olivenöl** ↑Rundkorn**reis** mit fein gewürfelten ↑**Zwiebeln** und ↑**Knoblauch** glasig anrösten. Dann klein gewürfeltes Hühner- und ↑**Kalbfleisch** kurz mit andünsten. Abgezogene, geviertelte ↑**Tomaten** und ↑**Brühe** dazugeben und mit geschlossenem Deckel so lange köcheln lassen, bis der Reis gar ist. Erst jetzt Meerefrüchte, ↑**Muscheln,** Fisch und frische Erbsen einrühren, gegebenenfalls mit Brühe. Mit ↑**Salz,** ↑**Pfeffer,** ↑**Chili,** ↑**Paprikapulver,** zerstoßenen ↑**Fenchelsamen,** ↑**Rosmarin,** ↑**Safran**fäden und geriebener Schale einer unbehandelten ↑**Zitrone** würzen. Nach erneutem kräftigen Aufkochen die Paella in der Pfanne servieren. Sie sollte schön saftig sein.

Pageau [*Franz. Speisekarte*] ↑**Rotbrasse**

Pagello [*Ital. Speisekarte*] ↑**Meerbrasse**

Paidakia [*Griech. Speisekarte*] Begriff aus der griechischen Küchenkultur für auf Holzkohle gegrillte ↑**Lammfleisch**stücke und Rippchen

Paillard [*Franz. Speisekarte*] **A** Großes, dünn geklopftes ↑**Schnitzel** von ↑**Kalb,** ↑**Schwein** oder ↑**Rind,** kurz gebraten (Minute-Steak)

Paille [*Franz. Fachwort*] Stroh-, Trinkhalm

Paillette [*Franz. Speisekarte*] Warme (↑**Käse**-)Stange aus ↑**Blätterteig**

Pain [*Franz. Speisekarte*] Brot

Pain au lait [*Franz. Speisekarte*] Längliches Brötchen (↑**Brioche)** aus ↑**Hefeteig** mit Milch und glatter Rinde

Pain au levain [*Franz. Speisekarte*] ↑**Sauerteigbrot**

Pain au seigle [*Franz. Fachwort*] ↑**Brot** aus mind. 10 % ↑**Roggenmehl**

Pain au son [*Franz. Fachwort*] ↑**Brot** aus 80 % ↑**Vollkorn** und 20 % ↑**Kleie**

Pain bagnat [*Franz. Speisekarte*] Großes, gefülltes ↑**Sandwich**

Pain bâtard [*Franz. Fachwort*] Längliches ↑**Mischbrot,** kürzer als eine ↑**Baguette**

Pain bis [*Franz. Fachwort*] Braunes ↑**Bauern**-, Haus-, Misch**brot** aus ↑**Weizen**- und ↑**Roggenmehl** mit ↑**Kleie**

Pain bis de campagne [*Franz. Fachwort*] Braunes Landbrot

Pain blanc [*Franz. Fachwort*] ↑**Weißbrot** aus reinem ↑**Weizenmehl**

Pain carrelée [*Schweizer Küche*] Halbweißes ↑**Fladenbrot**

Pain complet [*Franz. Speisekarte*] ↑**Vollkornbrot**

Pain croustillant, le [*Franz. Speisekarte*] ↑**Knäckebrot**

Pain cuit au bois [*Franz. Speisekarte*] Holzofenbrot

Pain de campagne [*Franz. Fachwort*] Landbrot, meist aus ↑**Weizenmehl** mit etwas ↑**Roggenmehl**

Pain de fruits [*Franz. Speisekarte*] ↑**Hefe**brot mit ↑**Backobst**

Pain de gênes [*Franz. Speisekarte*] **A** Weicher ↑**Biskuit** mit viel ↑**Butter** und gemahlenen ↑**Mandeln**

Pain de gruau [*Franz. Fachwort*] Feines ↑**Weißbrot**

Pain de ménage [*Franz. Speisekarte*] Gewöhnliches ↑Haus**brot**, meist aus ↑**Hartweizen**mehl und ↑**Hefe**

Pain de méteil, noir [*Franz. Fachwort*] Dunkles ↑**Brot** aus ↑**Weizen** und ↑**Roggen**, auch ↑**Buchweizen**

Pain de mie [*Franz. Speisekarte*] ↑**Toast**

Pain de seigle [*Franz. Fachwort*] ↑**Brot** mit mind. 65 % ↑**Roggenmehl**

Pain de viande [*Franz. Speisekarte*] ↑**Hackbraten,** falscher Hase

Pain d'épices [*Franz. Speisekarte*] ↑**Leb-, Honigkuchen**

Pain en épi [*Franz. Fachwort*] Stangenbrot in Ährenform

Pain fondu [*Franz. Fachwort*] ↑**Brot** aus zwei zylindrischen Teilen

Pain gris, russe, noir [*Franz. Speisekarte*] Schwarzbrot

Pain long [*Franz. Fachwort*] Längliches ↑**Brot**

Pain moulé [*Franz. Fachwort*] Kasten-, ↑**Kommissbrot**

Pain noir de Westphalie [*Franz. Speisekarte*] ↑**Pumpernickel**

Pain ordinaire [*Franz. Speisekarte*] Gewöhnliches ↑Haus**brot**

Pain parisien [*Franz. Speisekarte*] Lange, knusprige Weißbrotstange. ↑**Baguette**

Pain perdu [*Franz. Speisekarte*] ↑**Armer (rostiger) Ritter**

Pain polka [*Franz. Fachwort*] Flaches rundes ↑**Brot** mit quadratischen Einschnitten und brauner Kruste, das sich brechen lässt

Pain rassis [*Franz. Fachwort*] Altbackenes ↑**Brot**

Pain rond [*Franz. Fachwort*] Rundes Scheibenbrot mit ausgebauchter Rinde

Pains *[Franz. Speisekarte]* Brotsorten

Pains d'écrevisses *[Franz. Speisekarte]* **R** Fischkuchen, hergestellt aus ↑**Hechtfleisch**, ↑**Eiern**, ↑**Milch**, ↑**Mehl**, ↑**Butter**, ↑**Pfeffer**, ↑**Salz**, ↑**Cayennepfeffer**, gehackten ↑**Trüffeln**, mit ↑**Krebsschwänzen** und ↑**Champignons** garniert, warm mit einer scharf gewürzten ↑**Sahne**-Trüffelsoße serviert

Pak-choi *[Gemüse]* Oder Paksoi, schmeckt ähnlich wie Chinakohl und kann wie dieser roh als Salat oder gegart als Gemüsebeilage zubereitet werden. **Zubereitung und Tipps:** Stielenden abschneiden. Stiele und Blätter schneiden, waschen, rasch zubereiten. Die dicken Blattrippen dieses Gemüses aus dem Fernen Osten schmeckt gut zu Spargel. ↑**Chinakohl**

Pakoras *[Orientalische Küche]* **R** Diese Art von Vorspeise spielt in der indischen Küchenkultur eine sehr große Rolle. Kleine Gemüsestücke (z. B. ↑**Zwiebeln**, ↑**Auberginen**, ↑**Paprika**, ↑**Blumenkohl**) oder ↑**Meeresfrüchte** werden in einen ↑**Backteig** aus Wasser und ↑**Kichererbsenmehl** getaucht und in ↑**Kokosfett** frittiert. Gewürzt wird der Teig mit ↑**Koriander**-, ↑**Kurkumapulver**, ↑**Cayennepfeffer** und ↑**Salz**.

Palatschinken *[Ungarische Küche]* **R** **Ungarisch:** Palacsinta (Palatschinta). Dünne ↑**Pfannkuchen**, ähnlich den französischen ↑**Crêpes**; Ungarn ist berühmt für seine Palatschinken, die auch in der ↑**Österreichischen** und ↑**Wiener Küche** erfolgreich Einzug hielten. Egal, ob als Vorspeise, Suppeneinlage, Hauptgericht oder Nachspeise, in Ungarn isst man Palatschinken zu allen Gelegenheiten; **Rezept:** ↑**Pfannkuchenteig** – Bei pikanten Palatschinken den Zucker weglassen, mehr salzen, einen Hauch ↑**Muskat** verwenden und ggf. mit frisch gehackten ↑**Kräutern** vollenden. Die Palatschinkenpfanne erhitzen, wenig Öl hineingeben, mit einer kleinen Schöpfkelle einen Schuss Teig in die Pfanne geben, über den ganzen Pfannenboden zerlaufen lassen und von beiden Seiten hellbraun backen. Mit süßer oder würziger Füllung servieren. **Süße Palatschinkenfüllungen** – ↑**Quark**, ↑**Marmelade**, ↑**Walnuss**, ↑**Mohn**, ↑**Zimt**, ↑**Kakao**, ↑**Schokolade**, ↑**Vanillecreme**; **Würzige Palatschinkenfüllungen** – ↑**Kraut** (gedünstetes ↑**Sauerkraut** oder ↑**Weißkraut**), ↑**Hackfleisch**, ↑**Pilze**, ↑**Kartoffeln** (am besten mit ↑**Sauerrahm** vermischt)

Palée *[Franz. Speisekarte]* ↑**Renke**

Palerbsen *[Allgem. Nährmittel]* ↑**Erbsen**

Palermitano *[Käse]* **Herkunft:** Italien/Palermo, Trapani; **Käsesorte:** ↑**Filatakäse** mit dünner, glatter und bernsteinfarbener Rinde; **Milch:** Kuhvollmilch mit ↑Lamm**lab** versetzt; **Teig:** strohgelb, kompakt, mit Bröckelungen; **Geschmack:** pikant und sehr wohlriechend; **Info:** Sehr gut als Tafelkäse, wenn er frisch ist; ausgezeichnet als Reibekäse nach der Reifung. Das Gewicht reicht von 8 bis 12 kg.

Paleron *[Franz. Speisekarte]* Schulter mit Hals (Vorderviertel) vom ↑**Rind**

Palet *[Franz. Speisekarte]* **A** 1. Kleiner trockener Kuchen mit ↑**Anis**, ↑**Orangen**, ↑**Rum**, ↑**Vanille**, ↑**Zitrone**; 2. aromatisiertes ↑**Biskuit**plätzchen

Palette *[Franz. Fachwort]* 1. biegsames Wendemesser; 2. Schweineschulter

Palette *[Weinkunde]* Kleine Appellation in Südfrankreich, unweit von Aix-en-Provence. Château Palette ist das Spitzenweingut der Appellation.

Palette fumée *[Franz. Speisekarte]* Geräucherte Schweineschulter

Pálinka *[Hausbar]* Ungarischer Obstbrand, meistens aus ↑**Aprikosen**

Pallini *[Weinkunde]* Griechischer Wein aus dem gleichnamigen Dorf in Attika

Palmfett *[Fette]* **T** Gewonnen aus den Ölpalmfrüchten, die in Brasilien, Westafrika und Südostasien gedeihen. Sie liefern zwei Sorten Fett: **1) Palmkernöl:** Wird aus den Fruchtkernen der Ölpalmen gewonnen. Diese kultiviert man hauptsächlich in Malaysia und Indonesien. Die Fruchtkerne werden gepresst und extrahiert. Das gelbe Öl ist in seiner Zusammensetzung dem Kokosfett ähnlich. ↑**Dandê-Öl** enthält mehr ↑**gesättigte Fettsäuren** als ↑**einfach** und ↑**mehrfach ungesättigte** ↑**Fettsäuren** (∅ 17 % ↑**Ölsäure** und ∅ 1 % ↑**Linolsäure**). Deshalb wird Palmkernöl weniger als ↑**Speiseöl**, sondern eher als Speisefett verwendet. Wegen seiner butterähnlichen Konsistenz, der gelblichen Farbe, dem neutralen, angenehmen Geschmack und dem hohen Gehalt an ↑**Carotin** mischt man es der Margarine bei. **2) Palmkernfett:** Wird durch Pressen bei Wärmezufuhr und Extrahieren aus den Samenkernen gewonnen, die bei der Palmölpressung aus der Frucht entfernt wurden. Das Kernfett ist dem Kokosfett in Farbe und Geschmack sehr ähnlich, unterscheidet sich vor allem durch mehr Ölsäure. Wie das ↑**Kokosfett** ist es unempfindlich gegen hohes Erhitzen und Verderb durch Sauerstoff, daher ein ideales Brat- und Frittierfett. Palmkernfett wird ebenfalls zur Margarineproduktion verwendet. ↑**Speiseöl**, ↑**Fett & Öl**

Palmherzen *[Gemüse]* Auch Palmito oder Palmkohl, zartes Herzmark aus dem Ansatz der Wedel einer brasilianischen Palmenart

Palmiers, (cœur de) palmier *[Franz. Speisekarte]* 1. (große) Schweinsohren (süßes ↑**Blätterteig**gebäck); 2. Palmenherzen

Palmkohl *[Exotische Früchte]* Tropisches Gemüse. ↑**Palmenherzen**, kann wie ↑**Wirsing** zubereitet werden, auch zu Salaten.

Palmo con col *[Intern. Länderküche]* Begriff aus der mallorquinischen Küchenkultur für eine ↑**Taube**, die auf ähnliche Art zubereitet wird wie das Fleischgericht ↑**Lomo con col**

Palmzucker *[Asiatische Küche]* **T** Wird aus dem Blütensaft von Attapalme und Zuckerpalme gewonnen. Für die Zuckerproduktion werden die Palmen, die nach drei bis vier Jahren erntereif sind, separat in Plantagen angebaut. Der Zuckersaft hat eine hell- bis dunkelbraune Farbe. Palmzucker ist nicht so süß wie Haushaltzucker und schmeckt leicht nach ↑**Karamell.** Dieser unnachahmliche Geschmack kann durch braunen ↑**Zucker** oder ↑**Ahornsirup** nicht ersetzt werden. Palmzucker eignet sich zum Süßen von Kuchen und Nachspeisen.

Paloise, à la [*Speisegarnitur*] **A Speisegarnitur für Kurzgebratenes** – ↑**Nusskartoffeln,** ↑**Grüne Bohnen** in ↑**Rahm.** ↑**Sauce Paloise**

Paloma [*Mexicofood*] ↑**Taube**

Palombe farcie – ramier farci [*Franz. Speisekarte*] Gefüllte, gebratene ↑**Ringeltaube**

Palomino [*Weinkunde*] Weiße Rebsorte, die vorwiegend für die ↑**Sherry**-Produktion im Süden Spaniens und auf den Kanarischen Inseln angebaut wird. Palominos durchschnittlich hohe Erträge ergeben Weine, die niedrig an Alkohol und Säure sind. Obwohl dies für Stillweine nicht gerade die ideale Rezeptur ist, werden aus der Rebsorte in Spanien dennoch hervorragende Sherrys erzeugt. Vermutlich ist nicht so sehr Palomino für die Qualität des Sherrys bestimmend, sondern die Keltermethode. Die Spanier selber schreiben die unnachahmliche Qualität der Einzigartigkeit der Weinbergsböden im Sherrygebiet zu. Palomino wird auch Listan genannt, in Südafrika, Australien sowie Kalifornien angebaut und zu sherryähnlichen Produkten gekeltert.

Palourde rouge [*Franz. Speisekarte*] ↑**Venusmuschel**

Palourdes farcies [*Franz. Speisekarte*] **R** Muschelart ähnlich der ↑**Venusmuschel:** Die gekochten ↑**Muscheln** werden in ihren Schalen mit einer Mischung aus geriebenem ↑**Käse,** ↑**Butter,** ↑**Knoblauch,** ↑**Petersilie,** ↑**Semmelbrösel** und ↑**Pfeffer** bedeckt und im Rohr überbacken.

Pamore [*Käse*] **Herkunft:** Österreich; **Käsesorte:** ↑**Hartkäse,** 32 % ↑**Fett i. Tr.**; **Milch:** rohe Kuhmilch; **Teig:** feinkörnige, leicht schuppige Struktur, durch niedrigen Wassergehalt relativ hart; **Geschmack:** aromatisch, rein, leicht pikant

Pampelmuse [*Obst*] **T Englisch:** pummelo, shaddock; **Französisch:** pamplemousse, chadèque; **Italienisch:** pompelmo; **Spanisch:** toronja, pampelmusa, cidra. **Info:** Die englische sowie französische Bezeichnung der Frucht entstammt Kapitän Shaddock, der im 17. Jahrhundert die Pampelmuse in die Karibik brachte. Die Pampelmuse ist keine ↑**Grapefruit,** sie gehören verschiedenen Arten an. Oft werden Pampelmusen aber als Grapefruits bezeichnet und umgekehrt. **Zur Unterscheidung:** Pampelmusen sind größer (10–25 cm im Durchmesser), schwerer, und die Schale ist wesentlich dicker. Die Früchte können bis 6 kg schwer werden. Sie sind hellgelb, grünlichgelb oder gelborange, im Fruchtfleisch gelblich, rosa oder dunkelrot. Sie sind süß-säuerlich, z. T. auch etwas bitter. Die Pampelmuse gehört zur Familie der Rutaceae und ist die größte aller ↑**Zitrusfrüchte.** Sie ist rund, etwas abgeflacht oder birnenförmig mit ausgeprägtem Hals. **Man unterscheidet drei Hauptgruppen:** Die thailändische (kleinere Fruchtform), die chinesische und die indonesische (die größte Fruchtform) Gruppe. Beheimatet ist die Pampelmuse im tropischen Malaysia und Thailand, die Hauptsaison in Thailand ist von August bis November. Heutzutage wird sie auch in Florida, (Hauptsaison von November bis Februar) Indonesien, Taiwan, Japan und China angebaut. Den deutschen Markt erreichen echte Pampelmusen nur selten, es handelt sich meist um Fehlbezeichnungen, die Grapefruits genannt werden müssten. Einzig die Sorten **„Goliath"** und **„Chandler"** aus Israel sind hier von Oktober bis Mai erhältlich. **Israelische Importe:** Die „Chandler" ist glattschalig und gelblich mit sehr süßem, rosafarbenemn bis rotem Fruchtfleisch, die „Goliath" (größer als „Chandler") ist birnenförmig, mit grünlich-gelber Schale und saftigem Fruchtfleisch. Die Lagerfähigkeit der Pampelmusen ist einzigartig. Selbst bei Zimmertemperatur sind sie 2–3 Monate haltbar. Sie schrumpeln etwas ein, gewinnen aber an Süße. **Inhaltsstoffe:** 100 g frische Pampelmuse enthalten ∅ 46 kcal/193 kJ, 87,3 g Wasser, 9,44 g Kohlenhydrate, 17 µg Betacarotin, 215 mg Kalium und 61 mg Vitamin C. Pampelmusen zeichnen sich durch ihren hohen Gehalt an ↑**Vitamin C** und ↑**Betacarotin** aus. Die dicke Schale lässt sich leicht schälen. Danach kann man die einzelnen Segmente voneinander lösen und ganz oder in Stücke geschnitten verzehren. Die einzelnen Saftschläuche zerfallen leicht. Das Fruchtfleisch ist in der Konsistenz trockener, im Geschmack aber äußerst saftig. Das rote oder grünlichgelbe Fruchtfleisch kann auch frisch ausgelöffelt oder zu Saft ausgepresst werden.

Pamplemousse [*Franz. Speisekarte*] **Pampelmuse**

Pan Chinesische Garmethode [*Asiatische Küche*] **T** Kann man am ehesten erklären mit „Bei Hitze mischen und rühren". Bei Pan wird trocken gegart, das heißt, nicht mit Flüssigkeit aufgegossen. Die Zutaten werden schnell in aromatisiertem Öl gerührt und geschwenkt und dadurch schon leicht gewürzt. Außerdem müssen bei der Pan-Methode sämtliche Zutaten in lange, streichholzförmige Streifen geschnitten sein, und man verwendet ↑**Weizennudeln** statt ↑**Glasnudeln.** Man kann die Zutaten in zwei Kategorien teilen: in gekochte und in rohe (oder frische). Durch diese Zusammenstellung und die sehr unterschiedliche vorherige Behandlung entsteht eine Art „Heißer Salat", der einen ganz eigenen Reiz hat. ↑**Kochen im Wok** oder ↑**Asiatisch Kochen**

Pan [*Span. Speisekarte*] ↑**Brot**

Pan [*U.S. Kitchen*] Pfanne

Pan bagnat [*Franz. Speisekarte*] **A** ↑**Weißbrot** belegt mit ↑**Zwiebeln,** ↑**Tomaten,** schwarzen ↑**Oliven** und ↑**Anchovis,** in ↑**Öl** und ↑**Essig** mariniert

Pan co'santi [*Ital. Speisekarte*] Gebäck mit ↑**Nüssen** und ↑**Sultaninen**

Pan con allioli [*Span. Speisekarte*] Getoastetes ↑**Brot** mit ↑**Knoblauchsoße**

Pan di Spagna [*Ital. Speisekarte*] Süßer ↑**Sandkuchen**

Pan forte [*Ital. Speisekarte*] ↑**Lebkuchen**art – Mandel- und ↑**Früchtebrot** aus Siena

Pan moreno [*Span. Speisekarte*] ↑**Schwarzbrot**

Panaché [*Franz. Speisekarte*] Buntgemischtes, Mischung aus verschiedenfarbigen Zutaten: Ob ↑**Speiseeis**, ↑**Crèmes** oder ↑**Gemüse**, Panachés sind ein Augenschmaus.

Panade [*Unsere Küche*] **A** Ummantelung von ↑**Fleisch**, ↑**Fisch**, ↑**Gemüse**, Krusteln (↑**Kroketten**) usw. Zuerst wird das Lebensmittel in ↑**Mehl** gewendet, anschließend in verquirltem ↑**Ei** und zuletzt in ↑**Paniermehl**. Es können aber auch gemahlene ↑**Nüsse**, ↑**Cornflakes** oder ↑**Käse**, aber auch ↑**Backteig** verwendet werden. Die Panade ist in erster Linie eine Zubereitungs- und Geschmacksvariante. Sie verhindert das Austrocknen und Austreten von Saft aus dem Lebensmittel. Die Panade bindet aber auch viel Brat- und ↑**Frittierfett**, was panierte Lebensmittel reich an ↑**Kalorien** macht.

Panais [*Franz. Speisekarte*] ↑**Pastinake**

Pänang muh [*Asiatische Küche*] Begriff aus der thailändischen Küchenkultur für ↑Schweinefleisch**curry**

Panangcurrypaste [*Gewürze & Kräuter*] **T** Diese Würzpaste ist ein Abkömmling der malaysischen ↑**Currypaste**. All diese Arten von Currypasten sind scharf. Mit ↑**Kokosmilch** verfeinert, geben sie den Gerichten einen extravaganten Geschmack. Wer thailändische Küche liebt, muss diese Currypaste im Sortiment haben.

Pancakes with sausages [*U.S. Kitchen*] ↑**Pfannkuchen** mit kleinen ↑**Bratwürsten**

Pancanka böregi [*Orientalische Küche*] **A** Begriff aus der türkischen Küchenkultur für ↑**Blätterteig**, gefüllt mit ↑**Rinder**- oder ↑Lamm**schinken**, ↑**Tomaten** und ↑Käse. ↑**Türkische Küche**

Pancetta [*Ital. Speisekarte*] ↑**Speck**

Panch phoron [*Gewürze & Kräuter*] **A** Die Bengalen gelten in Nordindien als besondere Feinschmecker. Sie würzen mit Panch phoron, einer feurig-kräftigen, aber nicht scharfen **„Fünf-Gewürze-Mischung"**. Den ungewöhnlichen Geschmack verdankt sie zwei gegensätzlichen Würzmitteln, nämlich süßem ↑**Fenchel** und bitterem ↑**Bockshornklee** neben ↑**Kreuzkümmel**, ↑**Schwarzkümmel** und schwarzem ↑**Senf**, wobei gelegentlich auch lokale sellerieartige Würzkräuter dazukommen. Die Mischung wird vor dem Kochen angebraten.

Pancotto [*Ital. Speisekarte*] Brotsuppe

Pandanus [*Asiatische Küche*] Eine Palmenart, deren lange, flache, grüne Blätter als Gewürz oder zum Färben von Gerichten in Indonesien und Malaysia dienen.

Pandanuswasser [*Intern. Länderküche*] ↑**Kerwa water**

Pandiramerino [*Ital. Speisekarte*] Rosmarinbrot

Pandoro [*Ital. Speisekarte*] Hefekuchen (Weihnachten)

Pane [*Ital. Speisekarte*] ↑**Brot**

Panecillo [*Span. Speisekarte*] ↑**Brötchen**

Paneer [*Käse*] **T Herkunft:** Indien; **Käsesorte:** einfacher ↑**Frischkäse** mit krümeliger oder schnittfester Konsistenz, oft hausgemacht und neutral schmeckend. Er ähnelt gepresstem ↑**Ricotta**, ist allerdings trockener und nicht gesalzen. **Info:** Der ↑**Käse** zählt zu den wichtigsten Nahrungsmitteln indischer Buddhisten, die strenge Vegetarier sind. Er wird überwiegend aus Büffelmilch hergestellt. Paneer kann mit ↑**Curry** gewürzt und gebraten gegessen werden, außerdem ist er Hauptbestandteil vieler indischer Süßspeisen.

Paner [*Franz. Fachwort*] Panieren

Panette [*Franz. Speisekarte*] Süßes ↑**Rosinen**brötchen auf Korsika

Panetto [*Ital. Speisekarte*] Einfacher Kuchen aus ↑**Hefeteig**

Panettone [*Backstube*] **R** Der bekannte, mit Butter bestrichene, italienische Weihnachtskuchen hat die Form des Stollens, ist nicht so reichhaltig, dafür aber sehr lecker. **Grundrezept:** 0,3 l ↑**Milch**; 30 g ↑**Hefe**; 1 ↑**Ei**; 2 ↑**Eigelb**; 500 g ↑**Mehl**; 100 g ↑**Zucker**; 1 Spur ↑**Salz**; 100 g weiche ↑**Butter**; 20 g ↑**Orangeat**, gewürfelt; 20 g ↑**Zitronat**, gewürfelt; 80 g ↑**Rosinen.** Milch und Hefe verrühren, Ei und Eigelb zugeben. Mehl, Zucker und Salz vermischen, mit der angerührten Hefe sowie den übrigen Zutaten zu einem geschmeidigen Teig kneten. Eine Stunde gehen lassen. Souffléform ausbuttern, den Rand mit Backpapier so auslegen, dass das Papier gut vier Zentimeter darüber hinausragt. Teig nochmals durchkneten, zu einer Kugel formen, diese in die vorbereitete Form legen. Die Oberfläche kreuzweise einkerben und eine Stunde gehen lassen. Mit zerlassener, abgekühlter Butter einpinseln und im auf 200° C vorgeheizten Ofen 40 Min. bei 160° C fertig backen.

Panfry [*Engl. Speisekarte*] In der Pfanne braten

Pangasius [*Fisch*] **T Lateinisch:** Pangasius spp. **Englisch:** pangasius; **Französisch:** poisson-chat du Mékong; **Italienisch:** pangasius. Wissenschaftlich unterscheidet man zwei Arten: Pangasius bocourti (fettreich, fast ausschließlich für den asiatischen Markt) und Pangasius hypothalamus. Letzterer ist besonders fettarm und auf dem europäischen bzw. deutschen Markt erhältlich. Beim Pangasius handelt es sich um eine weißfleischige Welsart aus dem Mekong-Delta im Süden Vietnams. Dort wird er für den europäischen Markt ausschließlich in Aquakulturen gezogen. Wie alle Welsarten hat der Pangasius kaum Gräten. Die Tiere sind Vegetarier und werden mit ↑**Bananen**, ↑**Reis** sowie ↑**Reismehl** gefüttert. Sie benötigen nur 6–8 Monate, bevor sie ihr Schlachtgewicht von

1,5–2 kg erreicht haben. Pangasiusfleisch ist in seiner Konsistenz sehr saftig, hat einen milden und neutralen Geschmack, der dem des ↑**Flussbarsch**es sehr ähnlich ist. Alle klassischen Zubereitungsarten sind möglich. Die Qualität lässt sich an der Farbe erkennen. Es reicht von schneeweißem Fleisch in bester Qualität über weißes und pinkfarbenes bis hin zu hellgelbem Fleisch. **Die 4 Qualitätsstufen heißen:** Best (schneeweiß) – First (weiß) – Standard (pink) – Second (zitronengelb) – Der Pangasiusfisch ist günstig im Einkauf.

Pangrattato [*Ital. Speisekarte*] ↑**Semmelbrösel**, Paniermehl

Panhas [*Regionale Spezialität*] **R** Niederrh./westfälische Pastete (Arme-Leute-Essen), aus ↑**Wurstsuppe**, ↑**Fleisch**, ↑**Wurst** und ↑**Buchweizenmehl.** Wird auch Tüüt genannt. **Grundrezept**: 1 l Wurstbrühe; 250 g Buchweizenmehl; 250 g ↑**Weizenvollkornmehl;** ↑**Salz**; ↑**Nelken**; ↑**Pfeffer**; ↑**Muskat** und etwas ↑**Piment.** Die Brühe kräftig würzen und zum Kochen bringen. Nach und nach unter ständigem Rühren das gemischte Mehl zugeben. Wenn die Masse Blasen wirft und der Löffel stecken bleibt, ist der „Panhas" fertig. Eine Schüssel oder Kastenform mit kaltem Wasser ausspülen, die Masse einfüllen und erkalten lassen. Den kalten Panhas aus der Form stürzen, in dicke Scheiben schneiden und in etwas ↑**Butter** von beiden Seiten braten. Schmeckt gut mit gerösteten ↑**Zwiebeln** zu Himmel un Erd (↑**Himmel und Erde**).

Panibe [*Bier*] Hirsebier in Ostafrika

Panier [*Franz. Fachwort*] Korb

Panier Verseur [*Weinkunde*] Französischer Name für Dekantierkörbchen

Panieren [*Unsere Küche*] Umhüllen von Lebensmitteln vor dem ↑**Frittieren** oder ↑**Backen.** ↑**Panade**

Paniermehl [*Allgem. Nährmittel*] **T** (**Süddeutsch:** ↑**Semmelbrösel**) Getrocknete oder trockene Brötchen (↑**Semmeln**) oder gemahlenes ↑**Weißbrot**

Panino [*Ital. Speisekarte*] Brötchen

Panisse [*Franz. Speisekarte*] Großer Fladen aus ↑**Kichererbsen**, ↑**Mais**- oder ↑**Edelkastanien**mehl, salzig oder süß. Spezialität aus Nizza, der Provence und Korsika

Pankreas [*Fachkunde*] ↑**Bauchspeicheldrüse**

Panna (montata) [*Ital. Speisekarte*] ↑**Schlagsahne**

Panna cotta [*Ital. Speisekarte*] Creme aus gekochter ↑**Sahne** und ↑**Zucker** mit ↑**Gelatine**

Panne [*Franz. Speisekarte*] Bauchfett, ↑**Flomen** vom ↑**Schwein**

Pannequet [*Franz. Speisekarte*] Süß oder pikant gefüllter ↑**Pfannkuchen**

Pannfisch [*Fisch*] ↑**Klippfisch**

Pannonia [*Käse*] **Herkunft:** Ungarn; **Käsesorte:** ↑**Tilsiter**

Pansa [*Weinkunde*] Weiße Rebsorte, vorwiegend in der spanischen Region Katalonien kultiviert. Hier wird aus ihr mit Anteilen von ↑**Macabeo** und ↑**Parellada** der ↑**Schaumwein** ↑**Cava** hergestellt. Die früh reifende Sorte verleiht diesem eine fruchtige Note. In der DO Alella ist sie unter dem Namen Pansa Blanca ebenfalls stark verbreitet, hier gibt es auch die rote Variante Pansa Rosado. **Andere Namen:** Cartoixa, Cartuja, Cartuxa, Pansa, Pansa Blanca, Pansalat und Pansar. Es besteht eine gewisse Ähnlichkeit mit ↑**Xarel-lo.**

Pansen [*Fleischprodukte*] **Französisch:** panse. ↑**Kutteln**

Pansoti [*Ital. Speisekarte*] **A** Drei- oder viereckige Nudelteigtaschen aus Ligurien, ähnlich den ↑**Ravioli.** Sie werden aus gemischtem ↑**Nudelteig** von ↑**Hartweizengrieß** und ↑**Weizenmehl** mit ↑**Eiern** und ↑**Weißwein** gemacht und mit ↑**Gemüse** gefüllt. Traditionell mit Walnusssauce.

Pantothensäure ↑**Vitamin** B_5 [*Gesundheit*] **T** ↑**B-Vitamin**, das seinen Namen vom griechischen Begriff pantothen hat, was „überall" bedeutet. Wie der Name sagt, kommt es weit verbreitet vor und ist in vielen Nahrungsmitteln enthalten, weshalb selten ein Mangel entsteht. Pantothensäure ist in Wasser und ↑**Alkohol** leicht löslich und hitzeempfindlich. Lebensmittel enthalten sie meist in gebundener Form. Dem Organismus muss sie erst zugänglich gemacht werden. Gespeichert wird das Vitamin nicht, sondern über Blut und Lymphe im Körper verteilt. **Funktion im Körper:** Pantothensäure ist wie die anderen Vitamine der B-Gruppe an enzymatischen Reaktionen in Stoffwechselvorgängen beteiligt, speziell im Zellstoffwechsel, wo es der Energiegewinnung dient. Es trägt u. a. zum Aufbau von ↑**Kohlenhydraten**, ↑**Fettsäuren**, ↑**Cholesterin**, ↑**Hämoglobin** und der ↑**Vitamine A** und D bei. **Pantothensäure-Mangel:** Es kommt selten vor, dass jemand an Pantothensäuremangel leidet, es sei denn im Zusammenhang mit Darmerkrankungen oder Alkoholabhängigkeit. Auch für Diabetiker oder Dialysepatienten besteht eine Tendenz zur Unterversorgung mit dem Vitamin. Bei einem schweren Mangelzustand fehlen dem Körper auch andere Vitamine der B-Gruppe. Es kann zu Müdigkeit, Schlaflosigkeit, Depressionen, tauben oder schmerzenden Muskeln, Anämie, Immunschwächen und Magenschmerzen kommen. **Pantothensäure-Lieferanten:** Pantothensäure ist in pflanzlichen und tierischen Lebensmitteln vorhanden, besonders in ↑**Innereien**, ↑**Vollkorn**produkten, ↑**Eiern**, ↑**Nüssen**, ↑**Reis**, ↑**Obst** wie ↑**Orangen** und ↑**Melonen**, ↑**Gemüse** und ↑**Milch.** Auch in ↑**Bierhefe** ist viel davon enthalten, auf 100 g Bierhefe kommen etwa 7 mg Pantothensäure. Einen sehr hohen Gehalt weist auch das ↑**Gelee Royal** auf, mit dem Bienen ihre zukünftigen Königinnen aufpäppeln, doch Vorsicht bei Allergien. Um den ∅ Tagesbedarf an Pantothensäure zu decken, reichen folgende Mengen der betreffenden Lebensmittel: 200 g ↑Kalbs**leberwurst**; 100 g ↑**Schweineleber**; 30 g getrocknete ↑**Pilze**; 300 g geröstete ↑**Erdnüsse**; 300 g unpolierter Reis. Der tägliche Bedarf an Pantothensäure wird durch die Ernährung gedeckt, auch bei Schwangeren und

Stillenden. Es gibt keine bekannten Nebenwirkungen bei Überdosierungen.

Pant-y-Llyn *[Käse]* **Herkunft:** Wales/Grafschaft Dyfedd; **Käsesorte:** ↑**Rohmilchkäse** aus Kuhmilch

Panzanella *[Ital. Speisekarte]* Brotscheiben mit Öl, Salz, Essig, Tomaten, Kräutern

Panzarotto *[Franz. Speisekarte]* Warme, süße, mit ↑**Branntwein** getränkte Reis- oder Kartoffelkrapfen, werden mit ↑**Zucker** bestreut gegessen. Eine Spezialität aus Korsika.

Panzerotti *[Ital. Speisekarte]* Teigtaschen

Pao *[Span. Speisekarte]* ↑**Brot**

Pao 1 Chinesische Garmethode *[Asiatische Küche]* **T** Bedeutet „in reichlich Wasser garen" und ist das Gegenstück zu „schwimmend in ↑**Fett** ausbacken". – Man nimmt mindestens drei bis vier Teile Wasser auf ein Teil ↑**Gemüse** oder ↑**Fleisch**. In der Regel arbeitet man mit sehr sanfter Hitze. Chinesen sind zwar für das Garen bei größter Hitze berühmt, wie zum Beispiel beim ↑**Chow** (Pfannenrühren), ↑**Cha** (Schwimmend Ausbacken) und ↑**Pao 2** (Auf allerhöchster Hitze Pfannenrühren), aber ebenso viele Garmethoden mit sehr geringer Wärmezufuhr kennen. ↑**Kochen im Wok** oder ↑**Asiatisch Kochen**

Pao 2 Chinesische Garmethode *[Asiatische Küche]* **T** Hier steht Pao für „bei großer Hitze schnell Garen", entweder in ↑**Öl** oder ↑**Brühe. Yiu Pao** ist „schnell Kochen in Öl" – **Tang Pao** „schnell Kochen in Brühe". In der chinesischen Sprache bedeutet das Wort Pao auch Explosion. Deshalb könnte man diese Garmethode auch mit Explosiv-Braten oder Explosiv-Kochen erklären. Das Schnelle-Kochen-in-Brühe besteht darin, dass man feine Fleisch- oder Gemüsescheibchen in sprudelnd kochende Brühe, Würzsoße oder Wasser taucht. Ein bekanntes Beispiel für Pao ist sehr schnell gebratenes ↑**Hühnerfleisch** in ↑**Sojapaste**: Das Fleisch wird zuerst einmal in Würfel geschnitten und schwimmend gebacken, bis es fast gar ist. Darauf folgt abschließend für die kurze Zeitspanne von etwa 15 Sekunden bis 1 Minute die Phase des Explosiv-Garens in einer heißen ↑**Marinade** aus Sojapaste mit ↑**Zucker**, ↑**Wein** und ↑**Essig.** Pao ist stets die letzte Phase, wenn man den Garprozess in mehreren Schritten durchführt, während das schnelle Braten **Chow** (oder ↑**Cha**-Ausbacken) bereits in früheren Stadien angewendet werden kann. Für Pao sind die Zutaten bereits gewürzt oder vorgegart. ↑**Kochen im Wok** oder ↑**Asiatisch Kochen**

Papada *[Intern. Länderküche]* **Papad bzw. Papadam**, allgemeiner Begriff aus der indischen Küche für dünne, getrocknete ↑**Linsen**- oder ↑**Jackfrucht**-Mehlfladen: Man kann sie ↑**frittieren**, ↑**braten** oder ↑**backen**.

Papageifisch *[Fisch]* **T Lateinisch:** Scarus rubroviolaceus; Farbenprächtig und bunt schillernd erobert dieser Exote die Herzen der Fischliebhaber. Der Papageifisch kann blau, rot, beige oder gepunktet und an der Schwanzflosse rot gefärbt sein. Diese Unterschiede haben allerdings keinen Einfluss auf ihre geschmackliche Qualität, weil sie lediglich von der speziellen Art und ihrer Umgebung abhängen. Der Farbenprächtigste wird hier angeboten, der so genannte Nasenhöcker-Papageifisch. Er wird ca. 60 cm lang und kann bis 3 Kilo Gewicht erreichen. Ihrer hübschen Farben wegen werden sie meist im Ganzen angeboten. Sie sollten nicht geschuppt werden, weil die Farbpigmente direkt am Schuppenansatz sitzen und somit ihre schillernde Farbenpracht zerstört würde. Gegart sind die großen Schuppen und auch die wenigen dicken Gräten im schneeweißen Filet gut sichtbar und leicht zu entfernen.

Papain *[Fachkunde]* **T** Das eiweißspaltende ↑**Enzym** der reifen Papaya. Die ↑**Asiatische Küche** und die Lebensmittelindustrie nutzen Papain als Zartmacher für ↑**Fleisch.** Hier mariniert man das ganze ↑**Rindfleisch** für ↑**Wok**gerichte mit Papain. In den Anbauländern der Papaya wickeln die Hausfrauen das Fleisch in ein Papayablatt, um es über Nacht zart zu machen. Die chemischen Bindungen zwischen ↑**Eiweißen**, die die Bindegewebsfasern sehr fest zusammenhalten, werden durch das Papain aufgelöst. Ähnliche Zartmacherwirkung zeigen das Enzym ↑**Bromelain** aus der frischen ↑**Ananas** (für ↑**Schweinefleisch**) und Ficin aus der frischen ↑**Feige** (für ↑**Geflügel**fleisch). Die reifen Früchte werden püriert, mit etwas Öl verrührt und das Fleisch in diese Marinade gelegt. Nach ca. 2 Tagen ist selbst grobfaseriges Fleisch butterweich, allerdings hat es seinen charakteristischen Geschmack verloren. All diese Enzyme wirken nur roh, außerdem sind sie verdauungsfördernd.

Papas *[Mexicofood]* ↑**Kartoffeln**

Papas asadas *[Mexicofood]* Gebratene ↑**Kartoffeln**

Papas fritas *[Mexicofood]* ↑**Pommes frites**

Papavero *[Ital. Speisekarte]* ↑**Mohn**

Papaya *[Exotische Früchte]* **T Lateinisch:** Carica papaya; **Info:** Die zur Familie der Melonenbaumgewächse gehörende, palmenähnlich aussehende Papaya ist ein schnell wachsendes, 3 bis 4 m hohes, verholztes, latexhaltiges Kraut. Die traubenartig auf den Bäumen wachsenden, meist birnenförmigen, seltener rundlich oder länglich geformten Papayas haben eine ursprünglich grüne und bei Reife gelbe, dünne, lederartige Schale, oftmals mit einer orange gefärbten Stelle. Das hellorange- oder rosafarbene Fruchtfleisch, in dessen Mitte sich die bis zu 700 schwarzen, etwa 3 mm kleinen, essbaren Samenkörner befinden, schmeckt nach Melone. **Ursprung und Geschichte:** Die Papaya stammt wahrscheinlich aus dem südlichen Mexiko und wurde bereits von den Ureinwohnern Mittelamerikas und Brasiliens kultiviert. Spanische Seefahrer lernten den Melonenbaum in Panama kennen und brachten die Pflanze von dort auf die Westindischen Inseln und Mitte des 16. Jahrhunderts nach Manila sowie Ende des 18. Jahrhunderts nach Asien. Papaya wird heute in allen tropischen und subtropischen Gebieten dieser Erde angebaut. Der Name Papaya ist vermutlich auf die Bezeichnung **ababai** zurückzuführen, was in der Sprache der karibischen Ureinwohner so viel wie **Baum der Gesundheit** bedeutet. **Herkunft und Saison:** Papaya werde heute weltweit angebaut und daher auch ganzjährig angeboten. Die Lieferungen kommen meist aus Brasilien, Thailand, Nigeria oder Mexiko. **Inhaltsstoffe:** 100 g Papaya weisen einen Brennwert von Ø 38 kcal/160 kJ auf und enthalten etwa 87 g Wasser, 0,6 g Eiweiß, 0,1 g Fett, 9,8 g Kohlenhydrate und 1,8 g Ballaststoffe. An ↑**Mineralstoffen**, ↑**Spurenelementen** und ↑**Vitaminen** sind Ø 24 mg Kalzium, 0,1 mg Eisen, 3 mg Natrium, 28,4 RE Vitamin A und 61,8 mg Vitamin C enthalten. Der extrem niedrige Kaloriengehalt und die wertvollen Inhaltsstoffe machen sie ideal für die schlanke Küche. Außerdem ist die Papaya reich an verschiedenen eiweißspaltenden Enzymen, vor allem ↑**Papain**, das in seiner Wirkung den körpereigenen Verdauungsenzymen ↑**Pepsin** und Trypsin sehr ähnlich ist und daher bei der Verdauung hilft. In der Küche wird Papain als Fleischzartmacher verwendet. **Arten und Sorten:** Es gibt zwei Arten der Papaya: die kleinere, auf Europas Märkten anzutreffende „hawaiianische Papaya“ mit einem Ø Fruchtgewicht von 500 g und die größere, aber weniger aromatische „mexikanische Papaya“ mit einem Fruchtgewicht von bis zu 5 kg. Die wichtigste Sorte der hawaiianischen Papayas heißt **Solo.** Das rötlich orange, sehr süße, butterweiche Fruchtfleisch erinnert an ↑**Aprikose**, ↑**Melone** und ↑**Himbeere. Reife:** Durchgereifte Früchte erkennt man an der goldgelben Schale, die auf leichten Druck nachgibt. **Zubereitung und Tipps:** Papayas eignen sich hervorragend zum Rohverzehr. Kleine braune Flecken beeinträchtigen die Qualität nicht. Die Frucht wird geschält, der Länge nach halbiert und die Kerne herausgeschabt. In Salaten, Fleisch- und Fischgerichten sowie in Mixgetränken bieten Papayas eine interessante und erfrischende Geschmacksvariante. Da das Fruchtfleisch kaum Säure enthält, schmeckt es pur nur wenig erfrischend; mit ein paar Tropfen ↑**Zitronen**- oder ↑Limetten**saft** kann man den Geschmack abrunden. **Papaya nicht für Geleespeisen verwenden,** da diese durch das eiweißspaltende Papain nicht fest werden. Fleisch dagegen wird durch Papaya zart: Rohes Fleisch mit Papaya-Streifen belegen, einige Stunden ziehen lassen, das Ergebnis ist verblüffend. Papayas können auch zu ↑**Marmelade**, ↑**Chutney** und ↑**Ketschup** verarbeitet werden und passen zu ↑**Schinken** und geräuchertem ↑**Lachs.** Grüne Papaya bereitet man wie ↑**Kürbis** zu, oder lässt sie bei Zimmertemperatur nachreifen.

Papenstück [*Fleischprodukte*] Regionale Bezeichnung für den Hinterschinken ohne ↑**Haxe** und ↑**Hüfte**, i. d. R. hohl ausgelöst

Papeton [*Franz. Speisekarte*] Mit ↑**Ei** gebackenes ↑**Auberginen**püree

Papillote [*Franz. Fachwort*] Gefettete Papierhülle

Pappa [*Ital. Speisekarte*] Brei

Pappardelle [*Ital. Speisekarte*] Sehr breite (etwa 2 cm) ↑Band**nudeln**

Paprika [*Fachkunde*] Obwohl alle Paprikaarten der gleichen Gattung zuzuordnen sind, egal ob mild oder scharf, gibt es eine komplizierte begriffliche Trennung, nicht nur zwischen Paprika und ↑**Chili**. So beschreiben viele Begriffe eine bestimmte Gruppe wie ↑**Gewürzpaprika**, das auch Pepperoni, Pfefferoni oder Peperoncini genannt wird. In anderen Sprachen ist diese Verbindung noch stärker ausgeprägt, so wird im Spanischen das Wort Pimienta sowohl für Paprika als auch für den schwarzen Pfeffer verwendet. Im Englischen ist bei Gemüsepaprika zumeist von Bell Pepper (Glockenpaprika) oder Sweet Pepper, bei scharfen Paprika von Chili oder Hot Pepper die Rede. Weitere Verwirrungen gibt es um den Begriff Chili: Oft ist nicht klar, ob damit die Pflanze, die Frucht oder ein Gericht mit den Früchten gemeint ist. Auch die Schreibweise ist sehr umstritten. So trifft man im englischen Sprachraum auf Versionen wie Chilie, Chilli, Chillie, Chile oder Chille. **Übrigens:** Der Name geht nicht auf den Namen des Landes Chile zurück, sondern leitet sich aus der Nahuatl-Sprachfamilie ab, die von aztekischen Ureinwohnern in Mexiko gesprochen wurde und wird. Die gebräuchlichen Paprikanamen Spanischer Pfeffer, Roter Pfeffer oder ↑**Cayennepfeffer** weisen auch auf eine historische Verknüpfung mit dem Pfefferhandel hin. ↑**Paprika**, ↑**Paprikaschote**

Paprikagemüse [*Unsere Küche*] ↑**Letscho**

Paprikapulver [*Gewürze & Kräuter*] **A** Der Ursprung von Paprika ist unter „Paprikaschoten“ zu finden. **Englisch:** sweet pepper, capsicum; **Französisch:** poivre d'Espagne, piment annuel, piment doux, paprika de Hongrie, piment doux d'Espagne; **Italienisch:** paprica; **Spanisch:** paprika, pimiento dulce, pimiento morrón, pimentón. **Synonym:** Gewürzpaprika, Spanischer Pfeffer. Das Paprikagewürz lernten die Ungarn schon früh zu schätzen. Als die Pflanze woanders noch als Zierstrauch glänzte, war das rote Pulver schon ungarische Spezialität und Nationalgewürz – im 16. Jahrhundert. Zusammen mit ↑**Schmalz**, ↑**Zwiebeln** und ↑**Saurer Sahne** bildet es die Basis der ↑**Ungarischen Küche. Paprika-Sorten:** Gewürzpaprika-Schoten gibt es in allen Formen und Größen: Von der Kegel- über die Kugel- (Kirschpaprika) bis zur Gurkenform, auch die Größen variieren von 2 bis 12 cm Länge. Aus den kleinsten Sorten in den Tropen, den ↑**Chilis**, wird der sehr scharfe „↑**Cayennepfeffer**“ gewonnen. Die fünf in Ungarn gebräuchlichen Sorten von Paprikapulver mit unterschiedlichen Schärfegraden wie der milde Delikatess-Paprika oder der scharfe Rosen-Paprika werden aus ein und derselben Schote gewonnen. Für

Gewürzpaprika wird meist die kegelförmige, längliche Paprikaschote kultiviert, in den Sorten süß und scharf. Die reifen Gewürzpaprikaschoten werden gewaschen, geschnitten, vom Stängel und einem Teil des Samens befreit, getrocknet und schonend vermahlen. Das ↑**Capsaicin**, das dem Paprika seine Schärfe gibt, sitzt in den Scheidewänden und in den Samenkörnern. ↑**Scoville-Einheiten; Delikatess-Paprika** ist das mildeste und feinste unter den Paprikapulvern. Samen und Trennwände werden völlig entfernt. Er besitzt eine leuchtend rote Farbe und schmeckt fruchtig, mild und aromatisch. **Edelsüß-Paprika** ist etwas schärfer, dunkler und nicht ganz so leuchtend in der Farbe. Bei ihm wird ein gewisser Teil an Samen mitverwertet. **Halbsüß-Paprika** enthält schon einen beachtlichen Teil an Samentrennwänden. Er schmeckt schärfer und ist heller in der Farbe. **Rosen-Paprika**, das schärfste der erhältlichen Paprikapulver, enthält die ganze Schote mitsamt Samen und Trennwänden. **Scharf-Paprika** wird nur aus Trennwänden und Samen hergestellt. Ein Produkt minderer Qualität, das es nur in Ungarn gibt. **Umgang mit Paprika:** Paprika, ob mild oder scharf, ist ein gemahlenes Gewürz. Was bedeutet, das sich seine Aromastoffe schnell verflüchtigen. Milden Sorten gibt man eine Lebensdauer von sechs Monaten, scharfe sind zwei Monate länger haltbar. Älteres Paprikapulver schmeckt staubig und scharf, darum ist zu empfehlen, kleine Mengen und gute Marken zu kaufen, die in Aroma-Dosen verpackt sein sollten. **Milder Paprika** ist ein Löffelgewürz, das man löffelweise zu den Gerichten gibt. Er gibt den Gerichten Aroma und Farbe. **Aber Vorsicht:** Erst eine Geschmacksprobe machen, denn Paprika verschiedener Herstellerfirmen besitzen oft unterschiedliche Schärfegrade. **Rosen-Paprika** ist dagegen für Schärfe zuständig. Ihn gibt man messerspitzenweise zu den Gerichten, und zwar erst gegen Ende der Garzeit. **Delikatess- oder Edelsüß-Paprika** entfaltet sein Aroma beim Kochen. Am besten bekommt es ihm, wenn man ihn kurz in nicht zu heißem Fett anschmort. **Achtung:** Paprikapulver enthält merkliche Zuckermengen und darf nicht überhitzt oder scharf angebraten werden, da er sonst bitter wird, außerdem verliert er an Farbe und Würzkraft. Darum vor der Zugabe die Hitze reduzieren oder sofort mit Flüssigkeit ablöschen. Am besten erst kurz vor Ende der Garzeit mit Paprikapulver würzen. **Geschmack:** Warm, voll und fruchtig. Schärfegrad variiert je nach Paprikasorte. **Verwendung in der Küche:** ↑**Würztabelle**; Paprikapulver macht die Sauce sämig, ist also ein kalorienarmes Bindemittel. Das feine, süßliche Aroma verträgt sich gut mit scharfen und deftigen Gerichten. **Gesundheitlicher Wert:** Paprikapulver besitzt dreimal so viel ↑**Carotin** wie ↑**Karotten**, daneben das kreislaufstabilisierende ↑**Vitamin P**. Das Capsaicin, das dem Gewürzpaprika seine Schärfe gibt, wirkt appetitanregend und bakterientötend. **Würzkombinationen mit Paprika:** Harmoniert mit ↑**Tomaten**, ↑**Zwiebel**, ↑**Knoblauch**, ↑**Kümmel** und ↑**Majoran.** Wenn Paprika nicht zu sehr dominiert, können die Gerichte mit allen ↑**Mediterranen Gewürzen** und Frischkräutern wie ↑**Basilikum**, ↑**Petersilie**, ↑**Minze**, ↑**Salbei**, ↑**Rosmarin**, ↑**Bergminze**, ↑**Thymian**, ↑**Lorbeer**, ↑**Fenchel**samen, ↑**Myrte**, ↑**Wacholder** und ↑**Estragon** vollendet werden

Paprikasch [*Ungarische Küche*] **T** Begriff aus der ungarischen Küchenkultur. Paprikasch unterscheidet sich vom ↑**Pörkölt** darin, dass es nur zu weißem ↑**Fleisch** (↑**Geflügel**) unter Zugabe von ↑**saurer Sahne** oder einem Gemisch aus saurer und süßer ↑**Sahne**, mit etwas weniger ↑**Zwiebeln** und mit ↑**Paprika** zubereitet wird. Man könnte auch sagen, dass Paprikasch die feinere, salonfähigere Variante des Pörkölts ist.

Paprikaschoten [*Gemüse*] **T Lateinisch:** Capsicum annuum. **Synonym:** Paprika, Gemüsepaprika, Gewürzpaprika, Tomatenpaprika, Süßpaprika, Spanischer Pfeffer. **Englisch:** capsicum, sweet pepper, bell pepper, peppers; **Französisch:** poivron, piment doux; **Italienisch:** peperoni; **Spanisch:** pimientos. **Info:** Botanisch gesehen sind Paprikaschoten keine Schoten, sondern Beeren. Sie wachsen auf ein- oder mehrjährigen, buschartigen, 1 bis 1,5 m hohen Pflanzen und gehören botanisch gesehen zur Familie der Nachtschattengewächse. Es gibt etwa 2000 verschiedene Paprikaarten, mild genauso wie brennend scharf, mit verschiedensten Aromen, als kleine Beeren oder blockförmiges Gemüse, glatt oder faltig, grün, rot, gelb, orange, purpur oder schwarz. Die Paprikapflanze stellt hohe Anforderungen, vor allem an Licht und Wärme, und wurde darum in Europa zuerst nur in den Mittelmeer- und Balkanländern angebaut; heute ist Paprika auch in Mitteleuropa teils in Freiland-, teils in Gewächshauskulturen vertreten. Die europäischen Hauptanbaugebiete sind Spanien, Italien, Ungarn, Frankreich, Niederlande, Griechenland, Rumänien und Israel. **Grüne, gelbe und rote Paprikaschoten** gehören zum milden Paprika, der erst vor wenigen Jahrzehnten gezüchtet wurde und in sehr kurzer Zeit als Gemüsepaprika wirtschaftliche Bedeutung erlangt hat. **Ursprung und Geschichte:** Archäologische Funde aus Mexiko und Peru verweisen darauf, dass zumindest gesammelte wild wachsende Formen seit ca. 8000 Jahren genutzt werden. Seit mindestens 5000 Jahren werden Paprika in Mittel- und Südamerika auch kultiviert und als Gewürz und Heilmittel verwendet. Die spanischen Entdecker glaubten zuerst eine Form von Pfeffer gefunden zu haben, was sich in der ursprünglichen Bezeichnung „spanischer Pfeffer" niedergeschlagen hat. Im Englischen heißt Paprika bis heute genau wie der einer ganz anderen Pflanzenfamilie angehörige Pfeffer schlicht „pepper". Die Spanier brachten die neu entdeckten Pflanzen im 15. Jahrhundert nach Europa. Von hier aus wurde Paprika von portugiesischen Seefahrern zuerst nach Afrika und dann weiter nach Indien und China verbreitet und relativ schnell in die lokale Küche und Kultur integriert. In Europa wiederum haben die Türken Paprika im Zuge der osmanischen Feldzüge auf dem Balkan verbreitet. Der alte deutsche Name „türkischer Pfeffer" und die ersten nachweislichen Paprikakulturen aus der Zeit um 1585 in der Umgebung von Brünn zeugen davon. In West- und Südwesteuropa hat man Paprika lange Zeit entweder nur als Zierpflanze angebaut oder höchstens als Gewürz verwendet. Erst in der Mitte des 20. Jahrhunderts wurden die ersten Paprikasorten ohne den brennend scharfen Inhaltsstoff ↑**Capsaicin** gezüchtet, der so genannte süße Paprika. Damit stieg der weltweite Anbau von Paprika sprunghaft an und erlangte als vitaminreiches ↑**Gemüse** große Bedeutung. **Inhaltsstoffe:** Paprika enthalten vor allem ↑**Vitamin C** und A. Jedoch ist der jeweilige Anteil je nach Sorte und Reifegrad sehr verschieden, rote und andere bunt gefärbte Sorten enthalten meist mehr als doppelt so viel ↑**Vitamine** wie grüne Sorten. Die um 1950 gezüchteten süßen oder milden Paprikaschoten enthalten fast kein Capsaicin mehr. Pfefferoni enthalten etwa 5-mal so viel, ungarische scharfe Paprika etwa 10-mal so viel, Peperoncini etwa 50-mal so viel und sehr scharfe Arten (↑**Tepin**, ↑**Habanero**) etwa 1000-mal mehr von dem scharf schmeckenden Alkaloid. ↑**Chili. Grüner Paprika:** 100 g grüner Paprika weisen einen Brennwert von ∅ 26 kcal/110 kJ auf und enthalten etwa 90 g Wasser, 0,9 g Eiweiß, 0,12 g Fett, 6,4 g Kohlenhydrate und 1,8 g Ballaststoffe. An ↑**Mineralstoffen**, ↑**Spurenelementen** und ↑**Vitaminen** sind etwa 9 mg Kalzium, 0,5 mg Eisen, 2 mg Natrium, 63,2 mg Vitamin A (RE) und 89,3 mg Vitamin C enthalten. **Roter und Gelber Paprika:** 100 g frische rote und gelbe Paprika enthalten ∅ 35 kcal/147 kJ, 87,3 g Wasser, 0,55 mg Eisen, 2,13 mg Betacarotin, 0,12 mg Vitamin B_2 und 139 mg Vitamin C. Besonders reife, rote Früchte enthalten etwas mehr ↑**Betacarotin** und Vitamin C als die gelben. **Zubereitung und Tipps:** Bei allen Gemüsepaprika werden vor dem Verzehr der Stielansatz, die Scheidewände und Kerne entfernt. Sie werden entweder roh als Salat, gefüllt und geschmort als Hauptgericht, gekocht bzw. geschmort als Beilage verwendet. Bei vielen Rezepten ist es wichtig, Paprika zu häuten, was nicht so leicht wie bei Tomaten geht. **Folgendermaßen geht man vor:** Den Backofen auf 220° C vorheizen. Die Paprika halbieren, das Kerngehäuse entfernen und mit der Schnittfläche nach unten auf ein mit Alufolie ausgekleidetes Backblech legen. Backen, bis die Haut der Paprika schwarz wird und sich Blasen bilden. Die fertige Paprika in einen luftdichten Behälter (geschlossene Dose, Tiefkühlbeutel etc.) geben und darin etwas abkühlen lassen. Dadurch schälen sie sich leichter. Nun die Haut abziehen und das Fruchtfleisch weiterverarbeiten. Sauerkonserven, Paprikamark und das berühmte „↑**Ajvar**" werden hauptsächlich aus roten Paprikaschoten hergestellt. ↑**Würztabelle.** ↑**Spitzpaprika**

Paprikaspeck [*Österr. Küche*] An der Luft getrockneter, in ↑**Rosenpaprika** gewälzter ↑**Speck**

Paprizieren [*Unsere Küche*] Kräftig mit Paprika würzen.

Paquet de lapin [*Franz. Speisekarte*] **A** ↑**Roulade** aus ↑**Kaninchenfleisch**

Paradeiser [*Österr. Küche*] ↑**Tomaten**

Paradiesäpfel [*Österr. Küche*] Tomaten rund

Paradiesfeigen [*Österr. Küche*] ↑**Bananen**

Paradieskörner [*Gewürze & Kräuter*] ↑**Kubebenpfeffer**

Paraffinöl [*Fachkunde*] ↑**E 905**

Parantha [*Intern. Länderküche*] Begriff aus der indischen Küche für mehrschichtiges, mit ↑**Butter** gebratenes ↑**Fladenbrot**

Paranuss [*Allgem. Nährmittel*] **T Lateinisch:** Berholletia excelsa. **Synonym:** Brasilnüsse, Brasilkastanien, Amazonasmandeln, Juvianüsse, Tucanüsse. **Englisch:** brazil nut; **Französisch:** noix du Brésil; **Italienisch:** noce del Brasile, noce pará; **Spanisch:** nuez de Brasil, nuez del pará. **Info:** Paranüsse gehören zu den Tropffruchtgewächsen und sind die Samen des im Amazonasgebiet beheimateten, bis 40 m hohen Paranussbaums. Zwischen 20 und 40 Paranüsse sind in einer bis zu 2 oder 3 kg schweren Kapselfrucht enthalten. Diese wird „Pots" genannt und ist holzig, hart, dick und kugelig. Die Paranuss selbst ist 4 bis 5 cm lang und hat eine dreieckige Form. Die Schale ist sehr hart, und der enthaltene Kern ist gelblich und mittelweich. Paranüsse werden nicht kultiviert, die Kapseln fallen in der Regenzeit (November bis März) von den Bäumen ab und werden dann eingesammelt. **Herkunft und Saison:** Im Winter werden Paranüsse aus Brasilien und Venezuela angeboten. **Inhaltsstoffe:** 100 g Paranüsse weisen einen Brennwert von ∅ 645 kcal/2700 kJ auf und enthalten etwa 7 g Wasser, 14,3 g Eiweiß, 67,2 g Fett, 3,6 g Kohlenhydrate und 6,7 g Ballaststoffe. An ↑**Mineralstoffen** sind ∅ 670 mg Phosphor, 645 mg Kalium, 160 mg Magnesium, 130 mg Kalzium, 3,4 mg Eisen und 2 mg Natrium enthalten. Paranüsse zählen mit den Macadamianüssen zu den fetthaltigsten Nüssen überhaupt. Dieses Fett enthält 71 % ↑**ungesättigte Fettsäuren** und ist sehr gesund. **Zubereitung und Tipps:** Der Geschmack erinnert an ↑**Kokosnüsse**. Die Kerne werden als ↑**Snack** gereicht, sind oft Bestandteil von Knabberartikeln (↑**Studentenfutter**), in ↑**Kuchen**, Obsttorten und ↑**Keksen** oder als ↑**Konfekt** mit ↑**Schokolade** überzogen. In den Anbauländern verarbeitet man sie zu Mehl und Speiseöl. **Schimmelige oder verdorbene Paranüsse können krebserregende Aflatoxine, ein hoch giftiges Stoffwechselprodukt des Schimmelpilzes Aspergillus flavus, enthalten.**

Parasiten [*Gesundheit*] **T** Zu ihnen gehören Zecken, Flöhe und Läuse. Diese leben **auf** dem Körper von Warmblütern, saugen Blut, um sich davon zu ernähren, und übertragen dabei Krankheiten wie Malaria. Es gibt aber auch Parasiten **im** Inneren eines Wirtes (Mensch oder Tier). Am bekanntesten sind ↑**Bandwürmer**, Spulwürmer und Madenwürmer. **1. Madenwürmer** (Oxyuren): Madenwürmer verursachen Afterjucken und Stuhldrang. Bei Mädchen kann es zu einer Entzündung der äußeren Geschlechtsteile kommen. Die Madenwürmer sind im Stuhl sichtbar. Sie sind etwa 1 Zentimeter lang und von heller Farbe. Madenwürmer werden durch kothaltigen Staub, der mit Wurmeiern versetzt ist, und durch unsaubere Lebensmittel übertragen. Die Würmer legen nachts in den Analfalten tausende von Eiern ab. Das verursacht starkes Afterjucken. Durch Kratzen bleiben diese unter den Fingernägeln hängen und gelangen so oft wieder in den Mund. **Vorbeugende Maßnahmen:** Gründliches Händewaschen nach jedem Stuhlgang. Nägel mit einer Nagelbürste reinigen; **2. Bandwürmer:** Bandwürmer fallen meistens durch unerklärlichen Gewichtsverlust ihres Trägers auf. Hinzu kommen unklare Bauchbeschwerden. Im Stuhl sind weißliche Teile des bis zu 10 Meter langen Bandwurmes sichtbar. Bandwürmer werden durch Larven, die Finnen, übertragen. Diese befinden sich häufig in nicht erhitzten Fleischwaren, z. B. ↑**Hackfleisch**, ↑**Mett**, nicht richtig durchgebratenem ↑**Fleisch** oder ↑**Fisch**. Der Bandwurm wird nach seinem Überträger benannt: ↑**Fuchsbandwurm**, oft erkenntlich an Gelbsucht; **Hundebandwurm**, oft erkenntlich an Reizhusten; **Fischbandwurm**, oft erkenntlich an hoher Blutarmut. Hunde- und Fuchsbandwurm werden übertragen durch schlecht oder gar nicht gewaschene Pilze oder Waldfrüchte, die bodennah wachsen. **Vorbeugende Maßnahmen:** Nur gut erhitztes Fleisch oder Fisch essen. ↑**Waldbeeren** und -↑**Pilze** gründlich waschen oder durchgaren. An Hunde kein Fleisch verfüttern, das verdorben oder für den menschlichen Verzehr nicht geeignet ist. Hunde, die sich überwiegend im Freien bewegen, nie in die Nähe von Speisen kommen lassen. Jeder Hund schüttelt sich und kann so Parasiten oder deren Larven und Eier verbreiten. Darum haben Hunde nach einem ausgedehnten Spaziergang oder Ausflug nichts in einem Restaurant verloren. Aber welcher Wirt will das schon einem stolzen Hundebesitzer erklären? Zudem kommt ein solches Verhalten in einer Kleinstadt einem Konkursantrag gleich. **Parasiten sind oft Reiseandenken:** Bei tropischen Erkrankungen und Wurmbefall, die aus dem Urlaub mitgebracht werden, können sowohl bei der Diagnose als auch bei der Behandlung erhebliche Probleme entstehen. **3. Spulwürmer** (Askariden): Vorkommen weltweit, aber gehäuft in Entwicklungsländern mit feuchtwarmem Klima. **Symptome:** starke Bauchschmerzen (Koliken); Atembeschwerden (bronchitische Beschwerden). Sie sind ca. 15 bis 20 Zentimeter lang und hell gefärbt. Spulwürmer sind im Stuhl sichtbar. Sie werden durch kothaltigen Staub, der Wurmeier enthält, übertragen. Die Eier befinden sich oft auf ungewaschenem Gemüse oder Salat, der mit Fäkalien gedüngt wurde. Werden diese Nahrungsmittel nicht gründlich gesäubert, kann es zu einer Infektion kommen. **Vorbeugende Maßnahmen:** Mit Fäkalien gedüngte Gemüse gründlich waschen und nach Möglichkeit nicht roh essen. **Weitere Urlaubsparasiten: 4. Peitschenwurm** (Trichuriasis): Vorkommen in warmen, feuchten Klimazonen. Ansteckung bei verunreinigter Nahrung bzw. über Bodenpartikel. **Symptome:** Durchfall; Blutarmut. **Vorbeugende Maßnahmen:** Nur genügend durchgekochte oder geschälte Lebensmittel genießen, nie barfuß laufen. **5. Hakenwurm:** warmfeuchtes Klima; gelangt über die Haut (Füße) in den Körper. Besonderer Risikobereich sind unsaubere Toiletten **(nie barfuß betreten!). Beschwerden:** Bauchschmerzen, Herzschwäche, Blutarmut. **6. Fadenwurm** (Strongyloides): Vorkommen in den Tropen; Infektionspforte meist die Fußhaut. **Folgen:** Magenschmerzen, Durchfälle, Hautentzündungen. **Vorbeugende Maßnahmen:** Nie barfuß laufen; **7. Trematoden** (Schafsegel; Lungenegel): verschiedene Typen im Orient, Afrika, Lateinamerika. Infektionsquellen sind unterschiedlich, z. B. Wasserkresse, Süßwasserfische, Krabben, Garnelen. **Folgen:** Bauchschmerzen, Durchfälle; **Lungenegel:** Atemnot und Bluterbrechen. **Vorbeugende Maßnahmen:** Nie rohen Fisch, Gemüse immer gegart, keine Salate essen. **8. Trichinen:** Hier dank der gesetzlichen Fleischbeschau kein Problem, Infektionsgefahr besteht in vielen Urlaubsregionen jedoch beim Verzehr von rohem oder ungenügend gegartem ↑**Schweinefleisch.** Die Larven der Trichinen wandern durch die Darmwand und gelangen in die Muskulatur, wo sie schmerzhafte Entzündungen auslösen können. **Hygiene ist das Wichtigste:** Bei Wurminfektionen unbedingt zum Arzt gehen. Eine medikamentöse Behandlung ist unumgänglich. Bei einer Infektion mit Maden- oder Spulwürmern sollte diese Behandlung nach einiger Zeit wiederholt werden. **Tipps zur Selbsthilfe** – Man sollte während der Infektion folgende Hinweise beachten: **1.** Nach jedem Stuhlgang die Analgegend mit Wasser waschen oder feuchte Tücher benutzen. **2.** Nach jedem Gang auf die Toilette die Hände mit Seife waschen und die Fingernägel gründlich bürsten. **3.** Nachtzeug und Bettwäsche, Handtücher und Waschlappen sollten ausgekocht werden. **4.** Darauf achten, dass sich Mitbewohner nicht infizieren, indem sie Waschzeug etc. von befallenen Personen benutzen. ↑**Nematoden** & ↑**Lebensmittelvergiftungen**

Parasolpilz [*Speisepilze*] **T Lateinisch:** Macrolepiota procera. **Synonym:** Riesenschirmpilz, Parasoli. ↑**Waldpilze. Kurzbeschreibung:** Großer, stattlicher Blätterpilz mit großen bräunlichen Schuppen und einem gleichfarbigen Buckel auf dem Hut, bräunlich genattertem, langem Stiel und einer derben, verschiebbaren Manschette. **Hut:** 10–30 cm breit, jung eiförmig oder wie eine Keule, später wie ein aufgespannter Regenschirm mit kleinem braunen Buckel und schließlich ganz flach, beim Aufschirmen reißt die Hutoberhaut auf. **Stiel:** schlank, bis 40 cm lang, 2 cm oder noch breiter, zäh und hohl, nach unten dicker werdend und in einer Knolle endend. Er lässt sich leicht aus dem Hutfleisch lösen. Dort, wo Hut und Stiel beim jungen Pilz verbunden waren, sitzt ein dicker, ausgerissener, derber Ring, der sich verschieben lässt. **Fleisch:** weich, zart, leicht schwammig, unveränderlich, anfangs saftig, im Hut weich, im Stiel holzig, zäh und faserig brechend, Geruch angenehm, Geschmack nussartig. **In der Küche:** Die Stiele sind nicht zum Verzehr geeignet, weil sie zu zäh und holzig sind, ebenso wenig sind alte Hüte zu empfehlen. Die Hüte junger Pilze sind halb geöffnet und sehr wohlschmeckend, wenn man sie paniert (oder auch unpaniert) wie ↑**Schnitzel** brät (ungewaschen, nur mit feuchtem Lappen gesäubert und in große Stücke geteilt). **Vorsicht: Roh ist der Riesenschirmpilz giftig und verursacht Störungen im Magen-Darm-Trakt. Allergische Reaktionen auf das Pilzeiweiß möglich. Vorkommen:** Juli – Oktober, einzeln oder gesellig, auf Wiesen, im lichten Laub- und Nadelwald, an Wald-, Weg- und Straßenrändern, auf Lehm-, Kalk- und Sandböden. **Verwechslungsmöglichkeiten:** Vor allem mit dem kleineren Safranschirmpilz (Macrolepiota rachodes), dessen Fleisch bei Berührung oder Schnitt safranrötlich anläuft. Er ist ebenfalls essbar. Eine Reihe kleinerer Schirmpilze ist z. T. recht giftig, doch man kann sie kaum mit dem wesentlich größeren, mit seinem schuppigen Hut auffälligen Riesenschirmpilz verwechseln.

Parboiled Reis [*Allgem. Nährmittel*] **A** Der Name entstammt dem Parboiling-Verfahren. Hierbei wird der ↑**Reis** zunächst in heißem Wasser eingeweicht. Anschließend werden die wertvollen Mineralien unter hohem Druck aus der äußeren ↑**Silberhaut** in den inneren Reiskern gepresst. So wird sichergestellt, dass die ↑**Mineralstoffe** (↑**Calcium**, ↑**Eisen**, ↑**Fluor**, ↑**Magnesium**, ↑**Vitamin** B_1, B_2, B_6) zum großen Teil erhalten bleiben. Durch die Entfernung des Silberhäutchens verlängert sich die Haltbarkeit von Parboiled Reis, die ↑**Ballaststoffe** bleiben aber wie ein Teil des ursprünglichen Geschmacks auf der Strecke. Beim „Parboiling"-Verfahren wird zusätzlich die Oberflächenstärke gehärtet, weshalb der Reis beim Kochen nicht mehr verklebt. Im Rohzustand hat der Reis eine gelbliche Farbe. Die Quell-Garung mit 2½-facher Volumenmenge Flüssigkeit empfiehlt sich. Garzeit: 15–20 Minuten.

Pardillo [*Weinkunde*] Spanische Weißweinrebe, die auch Pardina genannt wird. Angebaut wird sie in Albacete, Badajoz und Cuenca nahe der portugiesischen Grenze. Sie liefert mittelmäßige Weine.

Parellada [*Weinkunde*] Eine der wichtigen Weißweinreben für die spanische ↑**Cava**-Herstellung. Sie ist sehr ertragreich und von hoher Güte. Zu finden im Conca de Barberá, Costers del Segre, Penedès und Tarragona.

Parenterale Ernährung [*Gesundheit*] ↑**Künstliche Ernährung**

Parer [*Franz. Fachwort*] Parieren, von überflüssigen Haut-, Fett-, Blut- und Sehnenteilen befreien

Parfait [*Unsere Küche*] **R Französisch:** perfekt; **1.)** Parfaits sind feinste ↑**Farcen** (homogene glatte Massen) aus edlen Teilen wie ↑**Gänse**- und Enten**leber**, ↑**Hummer** und anderen ↑**Krustentieren**, ↑**Fisch** usw., auf kalter oder warmer (meistens pochiert) Basis zubereitet. ↑**Mousse; 2.)** Es gibt aber auch Eisparfaits, das „Halbgefrorene" oder „Rahmgefrorene". Die Parfaits glacés (frz.) entstehen aus ↑**Zucker**, ↑**Ei**, ↑**Eigelb**, ↑**Sahne**, mit Geschmackszutaten wie ↑**Likör**, ↑**Vanille**, ↑**Zimt**, ↑**Bittermandelöl**, gemahlenen ↑**Nüssen**, ↑**Lebkuchen**, ↑**Mandelmilch**, ↑**Schokolade**, ↑**Aprikose**, ↑**Erdbeere**, ↑**Mandarine** usw. **Grundrezept für Eisparfait:** 3 Eier; 3 Eigelb; 100 g Zucker und ½ l Schlagsahne. **Geschmackszutaten:** Likör 6–8 cl; ↑**Fruchtmark** (ungesüßt) ⅛–¼ l; ↑**Nugat**, Schokolade, ↑**Mandeln**, ↑**Pistazie**, ↑**Haselnüsse**, Lebkuchen usw. (100 g gemahlen). **Zubereitung:** In einem Kessel oder einer Schüssel werden im heißen Wasserbad die Eier und Eigelb mit dem Zucker zu einer ca. 50° C warmen, schaumig-cremigen Masse aufgeschlagen und anschließend auf Eis so lange geschlagen, bis sie kalt ist. Steif geschlagene Sahne und Geschmackszutaten unterziehen und in Formen füllen. Das Parfait in der Tiefkühltruhe mindestens 8 Stunden auskühlen. Zum Anrichten in Scheiben schneiden und entsprechend garnieren.

Parfait de foie gras frais [*Franz. Speisekarte*] Frisches ↑Gänseleber**parfait**, kalt serviert

Parfait glacé [*Franz. Speisekarte*] ↑**Halbgefrorenes**

Parfümieren [*Unsere Küche*] **T** Einer Speise einen bestimmten Hauch von Geschmack verleihen, durch Zugabe von feinen Würzflüssigkeiten und **Aromastoffen** wie ↑**Orangenblütenwasser**, ↑**Rosenwasser**, ↑**Vanille**, ↑**Likör**, ↑**Branntwein**

Parfümiert [*Weinkunde*] Weine, die ein stark aromatisches und aufdringliches Bukett haben

Pargo [*Span. Speisekarte*] ↑See**brasse**

Parieren [*Unsere Küche*] **T** Von den edlen Fleischteilen bei ↑**Schlacht**- und **Wildtieren** sowie größeren ↑**Fischen** werden minderwertige Teile wie anhängendes Fett, Kleinfleisch, Knorpel, kleine Knochen, Gräten und Sehnen entfernt. Diese abparierten Produkte heißen „Parüren". Sie werden ausgekocht als ↑Grund**brühe** für ↑**Fonds**, Suppen und ↑**Saucen** verwendet. Aus Kleinfleisch bereitet man ↑**Hackfleisch**, Füllungen oder ↑**Ragouts**.

Paris ail [*Franz. Speisekarte*] Pariser ↑Schweine**wurst** mit ↑**Knoblauch**

Paris-Brest [*Franz. Speisekarte*] **A** Gefüllter ↑**Brandteigring** mit ↑**Crème** oder ↑**Schlagsahne** und ↑**Mandelstiften**

Pariser Butter [*Unsere Küche*] **R Französisch:** beurre café de Paris. Für 250 g ↑**Butter** werden eine zerdrückte ↑**Knoblauch**zehe, zwei gehackte ↑**Sardellenfilets**, zwei verrührte, ganz frische ↑**Eier** und jeweils ein EL ↑**Petersilie** und ↑**Schnittlauch** benötigt. Zum Abschmecken verwendet man ↑**Madeira** und ↑**Cognac**. Erst die weiche Butter schaumig gerührt, dann die Zutaten nach und nach dazugegeben, die Eier zuletzt. Mit **Salz** und **Pfeffer** abschmecken.

Pariser Creme [*Backstube*] **R** 250 ml ↑**Sahne** mit 250 g ↑**Blockschokolade** langsam aufkochen. Crème über Nacht im Kühlschrank kalt werden lassen. Die erstarrte Pariser Creme mit etwas ↑**Rum** parfümieren und einem Mixer schaumig rühren. Zum Verarbeiten die Creme in einen Dressiersack füllen.

Pariser Rolle [*Fleischprodukte*] Regionale Bezeichnung für gerollten Bauchspeck vom Schwein ohne Knochen, Knorpel, ↑**Schwarte**

Parisien [*Franz. Speisekarte*] **A** Gefüllte ↑Zitronen**biskuits** mit Mandelcreme und ↑**kandierten Früchten**

Parisienne, à la [*Speisegarnitur*] **A Speisegarnitur für Fleisch** – Bratenscheiben oder Kurzgebratenes werden mit heißen ↑**Artischocken**böden angerichtet, die mit weißem ↑**Ragout** von ↑**Champignons** und ↑**Pökelzunge** gefüllt sind. Beilage: ↑**Nusskartoffeln. Fisch und Krustentiere** – mit dicker, würziger ↑**Mayonnaise**. Garnituren nach Material

Parma Historischer Speisename [*Speisegarnitur*] **A** 1. Italienische Provinz mit gleichnamiger Hauptstadt; 2. Gerichte mit diesem Garniturnamen beinhalten ↑Parma**schinken** und ↑**Tomaten**

Parmentier Historischer Speisename [*Speisegarnitur*] **A** Antonie Auguste (1837–1813), erwarb sich Verdienste um die Einführung der ↑**Kartoffel** als Nahrungsmittel. **1.** Dementsprechend werden Gerichte mit hohem Kartoffelanteil mit dem Garniturnamen „Parmentier" oder **à la parmentier** bezeichnet, z. B. Gemüsecrèmesuppe „Parmentier" oder „à la parmentier", mit ↑**Kartoffelpüree**, ↑**Gratin** usw. **2.** in Salzwasser blanchierte Kartoffelwürfel, die in ↑**Butter** im Ofen weiter gebraten werden

Parmesan (Parmigiano Reggiano) [*Käse*] **T Englisch:** parmesan cheese; **Französisch:** parmesan; **Italienisch:** parmigiano; **Spanisch:** queso de Parma. **Herkunft:** Italien/Provinz Parma; **Käsesorte:** strohgelb bis schwarz, glänzender ↑**Hartkäse**, 32 % ↑**Fett i. Tr.**; **Milch:** rohe oder erhitzte Kuhmilch; **Teig:** hellgelb, trocken, körnig; **Geschmack:** mild und würzig; **Info:** Er wird nur in der Weidezeit, April bis November, hergestellt. Es wird unterschieden zwischen den ein, zwei und drei Jahre gelagerten Qualitäten, die mit dem Alter an Aroma und Preis zunehmen (fresco, vecchio, stravecchio). **Verwendung:** Gerieben wird der Parmesan auch zu ↑**Pasta** gereicht, ansonsten genießt man ihn gebrochen mit einem guten Glas ↑**Wein** und Beilagen wie ↑**Paprika** und ↑**Oliven(-öl)**.

Parmigiana [*Ital. Speisekarte*] ↑**Auberginen**auflauf

Parozzo [*Ital. Speisekarte*] ↑**Mandel**gebäck

Parrillero [*Intern. Länderküche*] **Argentinisch:** Griller, also die Person, die ↑**Fleisch** grillt

Parsley [*U.S. Kitchen*] ↑**Petersilie**

Parsnips [*U.S. Kitchen*] ↑**Pastinaken**

Parüren [*Unsere Küche*] Die durch das Beschneiden von Fisch- oder Fleischstücken entstandenen Reste. ↑**Parieren**

Parve [*Jüdische Küche*] **T** (Hebräisch für „neutral", Jiddisch: **parev**) ist ein im Zusammenhang mit der ↑**Kashrut**, dem jüdischen Speisegesetz, verwendeter Begriff. Als parve werden Lebensmittel bezeichnet, die weder ↑**Fleisch**- noch ↑**Milchprodukte** enthalten, bzw. Utensilien, die nur für parve-Lebensmittel Verwendung finden.

Pasa Ezme [*Orientalische Küche*] **A** Begriff aus der türkischen Küchenkultur für pürierten ↑**Schafskäse** und ↑**Tomaten** mit ↑**Kräutern.** ↑**Türkische Küche**

Pasas [*Mexicofood*] ↑**Rosinen**

Pascaline [*Franz. Speisekarte*] ↑Oster**lamm**

Pasilla Chili [*Gewürze & Kräuter*] **T Schärfe 3–5 = 5000–15 000** ↑**Scoville-Einheiten.** Dieser Chili hat seinen Namen nach dem spanischen Wort für „Rosine", weil er eine sehr runzlige Haut hat. Wegen seines würzigen Geschmacks wird er oft für ↑**Mole** und Saucen verwendet. Er gilt als der Vorfahre von ↑**Anaheim.** ↑**Chili**

Paski Sir [*Käse*] **Herkunft:** Kroatien/Insel Pag; **Käsesorte:** ↑**Hartkäse**, Parmesan-ähnlich; **Milch:** ↑**Schafsmilch**; **Geschmack:** durch die salzigen ↑Insel**kräuter** besonders würzig; **Info:** Luftgetrocknet zählt er zu den besten Käsesorten der Welt.

Passata, -o [*Ital. Speisekarte*] ↑**Püree**

Passatelli [*Ital. Speisekarte*] **A** „Die durch ein Sieb Gestrichenen": Brotnudeln mit ↑**Eiern**, in regional unterschiedlichen Formen, die früher zum Osterfest verzehrt wurden. Ursprünglich aus der Emilia Romagna, sind heute an der ganzen Adria bis in die Marken bekannt. Während es sich in der Romagna um eine Art Spätzle handelt, sind die Passatelli der Adria, vor allem die aus Urbino, eher fadenförmig wie zu dick geratene ↑**Vermicelli**. Die Rezeptur ist mehr oder minder gleich: Die Masse besteht aus **Semmelbrösel**, geriebenem ↑**Parmesankäse**, etwas ↑**Mehl**, ↑**Ei** und ↑**Markknochen** und wird in Fleischbrühe gegart. Die Verwandtschaft zu den süddeutschen ↑**Markklößchen** ist unverkennbar. In manchen Gegenden färbt man sie mit fein gehacktem ↑**Spinat** grün.

Passé [*Franz. Fachwort*] **1.** überreif; **2.** verblichen, verwelkt; **3. Käse:** abgelagert; **4. Wein:** überaltert

Passe thé [*Franz. Fachwort*] Teesieb

Passe vite [*Franz. Fachwort*] Passiergerät, Presse, Mixer

Passeirer Speck/Schinken [*Fleischprodukte*] Tiroler ↑**Schinken**spezialität

Passendale [*Käse*] **Herkunft:** Belgien/Flandern; **Käsesorte:** ↑**Schnittkäse** mit harter Rinde, mit einer leichten Flora bedeckt, 50 % ↑**Fett i. Tr.**; **Milch:** pasteurisierte Kuhmilch; **Teig:** feste Konsistenz mit kleinen, unregelmäßigen Löchern; **Geschmack:** vollmundig; **Info:** Er wird nach einem alten Klosterrezept hergestellt und ist besonders in England sehr beliebt. **Form:** wie ein ↑**Bauernbrot**; **Gewicht:** 3 kg; **Reifung:** mindestens 45 Tage bei gemäßigter Luftfeuchtigkeit

Passer [*Franz. Fachwort*] Passieren, durch ein Sieb gießen, durch ein Passiertuch geben und drehen

Passe-Tout-Grain [*Weinkunde*] Einfacher Rotwein aus dem Burgund, aus einem Drittel ↑**Pinot Noir** und zwei Dritteln ↑**Gamay**

Passieren [*Unsere Küche*] **T** Das ↑**Durchpassieren** von Suppen, ↑**Soßen** und anderen Flüssigkeiten durch ein Sieb oder Tuch, ebenso das Durchstreichen von ↑**Mus**, ↑**Füllsel**, ↑**Brät**, ↑**Beeren** oder schon gekochten Speisen durch ein Passiersieb, damit feste oder unerwünschte Teile zurückbleiben. Die Substanz wird dabei zermust.

Passiertuch [*Fachkunde*] Leinen- oder Mulltuch zum Abfiltern von Flüssigkeiten

Passionsblume [*Wildkräuter, -blüten & -früchte*] **T Lateinisch:** Passiflora incarnata; **Standort:** Die krautige, kletternde Pflanze ist nicht in Europa heimisch. Sie stammt aus Südamerika, dem tropischen Asien und wurde hier als Zierpflanze (Zimmerpflanze, Kübelpflanze) eingeführt. Ein sonniger, geschützter Standort, durchlässiger, nährstoffreicher, aber nicht zu leichter Boden bzw. ein ausreichend drainierter Pflanzkübel mit guter Blumenerde werden mit vielen der wunderschönen und duftenden Blüten belohnt. P. incarnata ist relativ winterhart, sollte aber in kälteren Lagen besser als Kübelpflanze gehalten und frostfrei, aber kühl und hell überwintert werden. **Geschmack:** fruchtig-aromatisch, der „Maracuja" ähnlich; **Verwendung in der Küche:** Die eiförmigen Beerenfrüchte können zum Aromatisieren für ↑**Limonaden**, ↑**Jogurt** usw. verwendet werden. **Wirkung in der Volksmedizin:** Zubereitungen aus dem blühenden Kraut haben eine beruhigende, schlaffördernde, krampflösende und blutdrucksenkende Wirkung und werden bei nervöser Unruhe verwendet.

Passionsfrucht [*Exotische Früchte*] **T Lateinisch:** Passiflora edulis. **Synonym:** Purpurgranadilla, Rote Passionsfrucht. **Englisch:** passion fruit; **Französisch:** fruit de la passion; **Italienisch:** passiflora; **Spanisch:** fruta de la pasión. **Info:** Die zur Familie der Passionsblumengewächse gehörende Passionsfrucht ist eine mehrjährige, rebenartige Kletterpflanze, die pro Jahr 5–7 m lange Ranken ausbildet und insgesamt eine Länge von ca. 80 m und eine Höhe von bis zu 10 m erreichen kann. Der kommerzielle Anbau erfolgt in weinähnlichen Kulturen. Aus den einzeln stehenden, wohlriechenden, 5–8 cm großen, an der Basis purpurroten und an den Spitzen weißen Blüten entwickeln sich die runden bis eiförmigen, 5–10 cm großen Früchte mit ihrer typisch glatten, wachsbehafteten, lederartigen, purpurfarbenen bis braunvioletten Schale mit schwachen weißen Flecken. Über 400 Passiflora-Pflanzen gibt es – mit unterschiedlichen Früchten. Neben der orangefarbenen ↑**Granadilla** und der grünen ↑**Maracuja** wird hier meist die Purpurgranadilla als Passionsfrucht angeboten. Wie ihre Verwandten schmeckt sie erfrischend, leicht weinsäuerlich, wie ein Gemisch aus ↑**Pfirsichen**, ↑**Aprikosen**, ↑**Erdbeeren** und ↑**Himbeeren**. Die Frucht enthält etwa 250 kleine, dunkelbraune bis schwarze, angenehm knusprig schmeckende Samen, eingebettet in geleeartige, gelbe bis orangefarbene, fleischigen Saft enthaltende Samenbeutel. **Ursprung und Geschichte:** Passionsfrüchte stammen ursprünglich aus den Tropen Südamerikas, aus dem Gebiet zwischen Süd-Brasilien, Paraguay und Nord-Argentinien. Im 18. Jahrhundert kamen Passionsfrüchte nach Afrika und weiter nach Australien und von dort aus gegen Ende des 19. Jahrhunderts auch bis nach Hawaii. **Herkunft und Saison:** Passionsfrüchte werden das ganze Jahr über, meist aus Anbaugebieten in Südafrika, Simbabwe oder Kenia, in kleineren Mengen angeboten. **Inhaltsstoffe:** 100 g Passionsfrucht weisen einen Brennwert von ∅ 97 kcal/405 kJ auf und enthalten 63 g Wasser, 2,2 g Eiweiß, 0,7 g Fett, 23,4 g Kohlenhydrate und 10,4 g Ballaststoffe. An ↑**Mineralstoffen**, ↑**Spurenelementen** und ↑**Vitaminen** sind ∅ 12 mg Kalzium, 1,6 mg Eisen, 28 mg Natrium, 70 mg Vitamin A (RE) und 30 mg Vitamin C enthalten. **Zubereitung und Tipps:** Passionsfrüchte können nach der Ernte nicht nachreifen, daher sollte man keine grünen, sondern nur purpurfarbene oder dunkelviolette kaufen. Ihren höchsten Reifezustand und damit den besten Geschmack erreichen sie, wenn die lederartige Haut leicht faltig wird. Passionsfrüchte werden frisch verzehrt und dafür in der Mitte auseinander geschnitten, eventuell mit ↑**Zitronensaft** beträufelt und ausgelöffelt. Um den Saft zu gewinnen, schlägt man das Fruchtgelee mit einem Mixer auf und streicht danach die Masse durch ein Sieb, um den Saft aufzufangen.

Passito [*Weinkunde*] Italienische Bezeichnung für teilgetrocknete oder rosinierte Beeren und die daraus hergestellten Weine. Die Beeren werden entweder so lange am Weinstock gelassen, bis sie eingeschrumpft sind, oder nach der Ernte in der Sonne oder in dafür eingerichteten Lagerräumen getrocknet. Das im Beerensaft enthaltene Wasser wird sich durch Verdampfung reduzieren, es entsteht eine Konzentration des Zuckers. Die winzige Menge Saft, die in den Beeren übrig bleibt, ist so süß, dass die ↑**Hefe**, bevor sie allen ↑**Zucker** in ↑**Alkohol** umgesetzt hat, häufig abstirbt und folglich der nichtvergorene Restzucker diesen Weinen eine enorme Restsüße verleiht. Es gibt jedoch auch völlig trockene Passitoweine.

Passoire [*Franz. Fachwort*] Sieb, Durchschlag

Pasta [*Allgem. Nährmittel*] **T** Italienische Bezeichnung für ↑**Nudeln** und ↑**Teigwaren.** Die Pasta wird gemäß einem gesetzlichen Reinheitsgebot nach absolut puristischen Regeln hergestellt: Charakteristisch ist die Fertigung aus ↑**Hartweizengrieß** ohne Zugabe von ↑**Eiern.** 95 % der Produktion in Italien sind eifrei hergestellt, während in Deutschland 95 % Teigwaren mit Ei sind. Auf dieser unverfälschten Basis entstehen über 200 Pastasorten und unzählige Rezepte. Verschiedene Formen und Namen prägen die Vielfalt der Pasta-Sorten. **Die bekanntesten Varianten lassen sich in folgende Gruppen einteilen: 1. Pasta lunga**, lange Nudeln. **2. Fettucce**, Bandnudeln. **3. Tubi**, Hohlnudeln. **4. Forme speciale**, besondere Formen; **Namensendungen und ihre Bedeutung: -elle** = breit, z. B. Tagliatelle; **-ette** = schmal, z. B. Lasagnette; **-ine/ini** = klein, z. B. Spaghettini, Tortellini; **-oni** = groß, z. B. Cannelloni, Tortelloni; **-nidi** = Enden formen sich zu Nestern; **Rigate** = geriffelt, **Lisce** = glatt, **Mezze** = abgeschnitten/verkürzt. **Die bekanntesten Pastasorten: Anelli**, Ringe; **Anellini**, kleine Ringe; **Agnolotti**, runde, gefüllte Nudeln; **Barbine**, Nudelnester aus Fadennudeln; **Bavette**, schmale Bandnudeln; **Bavettine**, kleine, schmale Bandnudeln; **Bigoli**, dicke Spaghetti; **Bucatini**, dünne Hohlnudeln; **Campanelle**, kurze, gerollte Röhrennudeln; **Canalini**, dünne Nudel mit Kanalform; **Cannelloni**, dicke Nudelröhren zum Füllen; **Capellini**, lange Fadennudeln, Engelshaar; **Capelli d'angelo**, Nudelnester aus Fadennudeln; **Cappelletti**, gefüllte Hütchen; **Casarecce, Castellane**, gedrehte Nudeln; **Cataneselle**, leicht gebogene Röhren; **Cavatelli**, Röhrennudeln; **Cellentani**, Locken; **Chifferi**, Hörnchen; **Chitarrine Caserecce**, Bandnudeln, apfelstrudelförmig aufgerollt; **Conchiglie**, Muschelnudeln; **Cotelli/Cavatappi**, Korkenzieher; **Creste di Gallo**, Hahnenkämme; **Ditali**, Hütchen; **Ditalini**, Fingerhütchen, sehr kurze Hohlnudeln; **Eliche**, Spiralnudeln; **Fagottini**, gefüllte Teigtäschchen; **Farfalle**, Schmetterlinge; **Farfalle Tonde**, seitlich runde Farfalle; **Farfalle Tricolori**, dreifarbige Schmetterlinge; **Farfalline**, kleine Schmetterlinge; **Farfalloni**, große Schmetterlinge; **Fettuccine**, Bandnudeln; **Filini**, dünne, schmale Suppennudeln; **Fiocchi Rigati**, wie Farfalle, aber ohne Zacken; **Fisarmoniche**, gedrehte Nudel mit Wellen; **Fusilli**, Spiralen; **Fusilli Corti**, kurze Spiralnudeln; **Fusilli Lunghi**, lange Spiralnudeln; **Fusilli Lunghi Bucati**, gedrehte Nudel; **Fusilli Napoletani**, gedrehte Hohlnudel; **Garganelli**, kurze, gerollte Röhrennudeln; **Gemelli**, gedrehte Nudeln; **Girandole**, kleine gedrehte Nudeln; **Gnocchi**, Nockerl; **Gnocchetti Sardi**, schmale Öhrchen; **Gobetti**, kleine, stark gedrehte Nudeln; **Gramigna**, sehr kurze, dünne Hohlnudeln; **Grattini**, kleine Klumpen aus Nudelteig; **Lancette**, kleine, schmale Schmetterlingsnudel; **Lasagne**, Nudelteigplatten, gibt es auch in Spinatgrün; **Lasagnette**, Bandnudeln; **Lasagnette Caserecce**, Bandnudeln, apfelstrudelförmig aufgerollt; **Linguine**, schmale Bandnudeln; **Maccheroni**, lange Hohlnudeln; **Mafaldine**, Bandnudeln am Rand geriffelt; **Maltagliati**, wörtlich: schlecht geschnittene Nudeln; **Mezzelune**, halbmondförmige Nudeln, auch gefüllt; **Orecchiette**, Öhrchen; **Paglia e Fieno**, Stroh und Heu: gelbe und grüne Bandnudeln; **Paglia e Fieno Caserecce**, gelbe und grüne Bandnudeln, apfelstrudelförmig aufgerollt; **Pappardelle**, breite Bandnudeln; **Pasta Integrale**, Vollkornnudeln; **Penne**, schräg abgeschnittene Röhren; **Penne Lisce**, glatte Penne; **Penne Rigate**, geriffelte Penne; **Mezze Penne Rigate**, halbe Penne; **Pennette**, kleine Penne mit kurzer Garzeit; **Pici**, handgemachte Spaghetti aus der Toskana, 24 Min. Kochzeit, mit Enten- oder Wildschweinragout; **Pipe Rigate**, stark gebogene, geriffelte Röhren; **Pipette Rigate**, stark gebogene, kleine geriffelte Röhren; **Puntine**, sehr kleine Suppennudeln; **Pizzoccheri**, Buchweizennudeln; **Quadretti**, viereckige Suppennudeln; **Ravioli**, rechteckige, gefüllte Nudeltaschen; **Reginette**, Bandnudeln, am Rand geriffelt; **Riccioli**, gedrehte Nudeln; **Rigatoni**, dicke, geriffelte Röhren; **Mezze Maniche Rigate**, halbe Rigatoni; **Risi**, kleine, reiskornförmige Nudeln; **Risoni**, reiskornförmige Nudeln; **Rotelle/Ruote**, Räder; **Sedani**, leicht gebogene, dicke Röhren; **Sedanini**, leicht gebogene, dünne Röhren; **Sorprese**, gedrehte Suppennudeln; **Spaccatelle**, kurze, gebogene Nudeln; **Spaghetti**, lange bis extralange Nudeln; **Spaghetti alla Chitarra**, viereckige Spaghetti; **Spaghettini**, sehr dünne Spaghetti; **Spaghettoni**, dicke Spaghetti; **Stellione**, Sternchen; **Strangozzi**, handgemachte Spaghetti aus Umbrien/Marken, 24 Min. Kochzeit; **Stringoli**, kurze Nudelröllchen; **Tagliatelle**, Bandnudeln; **Taglierini**, dünne Bandnudeln; **Tempestine**, sehr kleine, runde Nudeln; **Torchietti**, gedrehte Nudeln; **Tortellini**, ringförmige Nudeltaschen; **Tortelloni**, große, gefüllte Teigtaschen; **Tortiglioni**, gerippte und gedrehte Hohlnudeln; **Tripolini**, lange, breite, gewellte Nudel; **Trenette**, schmale Bandnudeln mit Wellenrand; **Vermicelli**, sehr dünne Spaghetti, Fadennudeln; **Vermicellini**, sehr, sehr dünne Spaghetti; **Ziti/Zitoni**, dicke, kurze Maccheroni. **Übrigens:** Pasta macht nicht dick. Im Gegenteil, sie ist gesund. Die Kalorienbomben sind die üppigen Saucen. ↑**Nudelsorten**

Pasta – Teig selber machen [*Allgem. Nährmittel*] **R Rezept für hausgemachte Nudeln:** Selbst in Italien wird heute meist industriell hergestellte Pasta verwendet, die in guter Qualität angeboten wird. Man findet zwei Sorten: „Pasta secca", aus ↑**Hartweizengrieß** und Wasser hergestellt, und die „Pasta'all uova" mit ↑**Eiern** im Teig. Die hausgemachte Variante ist arbeitsaufwändig, der Geschmack frischer Pasta ist jedoch unübertroffen. **Maßeinheiten und Abkürzungen: Becher** = 250 ml; **EL** = leicht gehäufter EL oder 20 ml; **TL** = gestrichener Teelöffel oder 5 ml; **g** = Gramm; **kg** = Kilogramm; **ml** = Milliliter; **l** = Liter. **Die Verwendung bester Zutaten ist wichtig:** Die Eier sollten auf jeden Fall frisch sein und einen festen, gelben ↑**Dotter** aufweisen, als ↑**Mehl** sind ↑**Weizenmehle** mit hoher Qualität oder ↑**Hartweizengrieß** zu empfehlen, der aus einer besonders „kleberreichen" Weizensorte hergestellt wird. Dieser Kleberanteil (Getreideeiweiß) ist wichtig für die Kocheigenschaft der Teigwaren. **Als Faustregel gilt:** 1 Ei/100 g ↑**Mehl**, dazu 1 EL ↑**Öl** und 1/4 TL ↑**Salz**. Anstelle des Öls lassen sich auch Wasser, ↑**Milch** oder sogar ↑Weiß**wein** verwenden. Alle Zutaten sollten die gleiche Temperatur haben. **Eiernudeln – Grundrezept für 4 Personen:** 300 g Mehl; 3 Eier; knapp 1 TL Salz; 2–3 EL ↑**Olivenöl. Zubereitung:** Das Mehl auf eine glatte Arbeitsfläche sieben, in die Mitte eine Vertiefung drücken und die Eier hineingeben, salzen und das Öl darüberträufeln. Mit einer Gabel die Eier mit Salz und Öl verquirlen, dabei bereits etwas Mehl untermischen. Von Hand immer mehr Mehl einarbeiten und weiterkneten, bis eine Teigkugel entsteht, dabei mit dem Handballen die Masse immer wieder fest zusammendrücken. Ist der Teig zu trocken, etwas Öl oder Wasser einarbeiten. Es dauert 10–15 Min., bis die Masse glatt und elastisch ist. Für die Teigzubereitung lässt sich auch eine Küchenmaschine einsetzen, der Teig ist dann jedoch noch einmal unbedingt von Hand kräftig durchzukneten. In Klarsichtfolie eingewickelt, lässt man ihn dann an einem kühlen Ort (nicht im Kühlschrank) etwa 1 Stunde lang ruhen. **Tipp:** Pastateig sollte ziemlich trocken und fest sein. Ist der Teig zu feucht, lässt er sich nur schlecht verarbeiten. Um die richtige Konsistenz zu erhalten, sollte man deshalb mehr Mehl darunterkneten. Der Knetvorgang ist äußerst wichtig, um elastischen, gut formbaren Teig zu erhalten. Nach 5 bis 10 Min. die Probe machen: Der Teig ist fertig, wenn er sofort seine ursprüngliche Form annimmt, nachdem man mit dem Finger hineingedrückt hat. In diesem Zustand ist der Teig allerdings noch zu elastisch, als dass man ihn rollen könnte. Deshalb die Ruhepause. **Ausrollen:** Den Teig in 3–4 Stücke teilen, die Arbeitsfläche leicht bemehlen und den Teig mit einer Nudelrolle nach allen Seiten hin dünn ausrollen (ca. 2 mm für flache Pasta, ca. 3 mm für ↑**Lasagne** oder Ravioli). Nicht über den Rand hinaus rollen, weil die Ränder dann hauchdünn werden und sich schlecht weiterverarbeiten lassen. Bei Bedarf Unterlage und Nudelholz wiederholt mit Mehl bestäuben. Danach ca. 20 Min. trocknen lassen. Zur Weiterverarbeitung gefüllter Pasta wie ↑**Tortellini** oder ↑**Ravioli** den Teig noch feucht verarbeiten. Viel Zeit und Mühe wird gespart, wenn man zum Ausrollen eine Teigmaschine verwendet. Die kleinen Teigstücke werden dabei 4- bis 5-mal bei immer engerer Walzeneinstellung durchgedreht, bis der Teig die gewünschte Dicke erreicht hat und nach einer kurzen Trockenphase dann von Hand oder mit weiterem Zubehör in die gewünschte Form geschnitten wird. **Tipp:** Wird der Teig nicht sofort geschnitten, sollte er zuerst mit einem sauberen, trockenen Geschirrtuch und dann mit einem feuchten abgedeckt werden. Das verhindert, dass der Teig austrocknet und bricht. **Das Schneiden/Ausformen der Pasta:** Vor dem Schneiden muss die Pasta kurz trocknen, bis sie sich leicht lederartig anfühlt. Für ↑**Tagliatelle** (8 mm breit) oder ↑**Fettucine** (5 mm breit) den Teig zu einer losen Rolle von ca. 5 cm Breite aufrollen und mit einem langen, sehr scharfen Messer Nudelstreifen in der gewünschten Breite schneiden. Den von Hand oder mit Hilfe der Nudelmaschine ausgerollten Teig schneidet man in ca. 8 x 12 cm große Stücke, wenn ↑**Lasagne-Platten** benötigt werden. Für ↑**Cannelloni** werden ca. 10 x 10 cm große Teigplatten vorbereitet, die dann gefüllt und anschließend aufgerollt werden. Für ↑**Pappardelle** den Teig mit einem gezackten Teigrädchen in ca. 2 cm breite Streifen schneiden, ↑**Farfalle** entstehen aus 4 x 4 cm kleinen Rechtecken mit gezacktem Rand, die man in der Mitte zu Schleifchen zusammendrückt. Für ↑**Ravioli** die Teigplatte in zwei gleiche Hälften teilen, im Abstand von 3 cm mit einem TL die Füllung aufsetzen, die Zwischenräume mit Eiweiß oder Wasser bestreichen, dann die zweite Teigplatte vorsichtig auflegen, von Hand festdrücken und mit einem Teigrädchen Ravioli ausschneiden. Auf ein trockenes Tuch legen und 30 Min. lang ruhen lassen. Für ↑**Tortellini** aus dem Teig Kreise ausstechen, dann einzeln füllen, zu einem Halbkreis umlegen und am Rand mit Wasser oder ↑**Eiweiß** versiegeln. Jeden Kreis um den Zeigefinger legen und beide Enden gut aufeinanderdrücken. Vor dem Kochen 20 Min. ruhen lassen. **Pasta färben:** Aromatische Nudeln in natürlichen Farben herzustellen erfordert etwas Zeit. Sowohl die Optik als auch der Geschmack lohnen jedoch den Aufwand. Für „Pasta verde" (grüne Nudeln) wird frischer, fein gehackter und am besten unter Zugabe von Salz in der Küchenmaschine pürierter ↑**Spinat** in einer Menge von ca. 70 g auf 100 g Mehl mit dem Teig verarbeitet. Wird dem Teig 1 EL ↑**Tomatenmark**/Ei oder 2 g ↑**Safran**pulver zugesetzt, so erhält man „Pasta gialla" (gelb-orangefarbene Nudeln). 2 kleine, gekochte Knollen pürierte ↑**Rote Beete** machen den Teig zu „Pasta rossa" (rote Nudeln). Gehackte, gemischte ↑**Kräuter** (1 TL/100 g Mehl) lassen Nudeln grün gesprenkelt erscheinen. **Pasta trocknen:** Teig auf ein flaches, mit Küchenpapier ausgelegtes Tablett oder einen Gitterrost legen und an einen trockenen, luftigen Ort stellen. **Regelmäßig wenden**, bis er knusprig und völlig trocken ist. Bandnudeln trocknet man, indem man die Nudeln entweder auf ein Kuchengitter legt und trocknen lässt oder die Pasta über einen Holzstiel hängt, der z. B.

über zwei Stühle gelegt wird. Nachdem die Nudeln restlos getrocknet sind, bewahrt man sie in einem luftdichten Behälter auf. **Pasta kochen:** Pasta richtig zu kochen ist einfach und erfordert wenig Übung. Nur durch Probieren lässt sich feststellen, wann der richtige Garzeitpunkt erreicht ist. Pasta sollte weich, aber noch bissfest sein („↑**al dente**"). Bei der Zubereitung daran denken, dass die Pasta beim Abtropfen oder Verrühren in Sauce weitergart. Die Kochzeit ist je nach Form, bei vorgefertigten Produkten je nach Hersteller verschieden. Frische Nudeln sind schneller gar als Trockenprodukte. **Weitere Tipps zum Kochen:** Der Kochtopf muss ausreichend groß sein, damit die Nudeln genügend Bewegungsraum haben. Als Faustformel für die Wassermenge gilt: 250 g Pasta = 2,5 l Wasser, 500 g Pasta = 4 l Wasser, 750 g Pasta = 5–6 l Wasser. Erst das Wasser aufkochen lassen, dann salzen (knapp 1–2 EL auf 4 l Wasser). Die Nudeln auf einmal hineingeben, kurz umrühren, dass sie nicht aneinander oder am Topf festkleben. Zugedeckt wieder zum Kochen bringen. Wiederholt umrühren. Bei frisch zubereiteter Pasta Öl zufügen, Trockennudeln ohne Öl kochen. Die Pasta im offenen Topf fertig kochen, dabei immer wieder mit einer Gabel auflockern und 3 Min. vor Ende der Garzeit erstmals probieren. Das Kochwasser sollte nicht allzu stark sprudeln. Selbstgemachte, frische Pasta benötigt je nach Teigstärke nur zwischen 2 und 5 Min. Garzeit. Für gekaufte Pasta sollte man die Kochzeit auf der Verpackung beachten. Sie kann bis zu 15 Min. betragen. Trotzdem sollte man zwischendurch die Garprobe machen, eine Nudel aus dem kochenden Wasser herausfischen und probieren, um den richtigen Zeitpunkt nicht zu verpassen. **Tipp:** Sind die Nudeln bereits gar, schnell eine Tasse kaltes Wasser zugießen, um den Garvorgang zu stoppen. Die Pasta durch ein Sieb abgießen, leicht rütteln, nicht vollständig abtropfen lassen, nicht mit Wasser abschrecken (sonst werden Geschmacks- und Nährstoffe herausgeschwemmt). Mit der vorbereiteten ↑**Sauce** in eine warme Schüssel geben und sorgfältig mischen. **Rohe Portionsgrößen:** Pasta als Suppeneinlage ca. 20 g/Person, Pasta als Vorspeise: ca. 50–60 g/Person, Pasta als Beilage: ca. 80–100 g/Person, Pasta als Hauptgericht: ca. 100–150 g/Person

Pasta e ceci [*Ital. Speisekarte*] ↑**Kichererbsen**suppe mit ↑**Nudeln**

Pasta e fagioli (fasoi) [*Ital. Speisekarte*] ↑**Bohnen**suppe mit ↑**Nudeln**

Pasta Filata [*Käse*] ↑**Filatakäse** oder ↑**Brüh**- und ↑**Knetkäse**

Pasta frolla [*Ital. Speisekarte*] ↑**Mürbeteig**

Pastas y Arrozes [*Span. Speisekarte*] ↑**Teigwaren** und ↑**Reis**

Pastasciutta [*Ital. Speisekarte*] ↑**Nudeln** mit Würzsauce

Pasteken [*Obst*] ↑**Wassermelonen**

Pastel [*Span. Speisekarte*] Kuchen

Pasteli [*Griech. Speisekarte*] Begriff aus der griechischen Küchenkultur für ↑**Sesam** mit ↑**Honig** gesüßt

Pastella [*Ital. Speisekarte*] ↑**Pfannkuchenteig**

Pastèque [*Franz. Speisekarte*] ↑**Wassermelone**

Pastetchen [*Unsere Küche*] **T** Kleine ↑**Blätterteig**formen, die mit warmen oder kalten Füllungen serviert werden. Im Französischen werden sie als „bouchées" bezeichnet.

Pastete [*Unsere Küche*] **A Lateinisch:** pasta = Teig; **Englisch:** pie; **Französisch:** pâté; **Italienisch:** pasticcio; **Spanisch:** pastel. Pasteten ohne Teig heißen ↑**Terrinen.** Ursprünglich eine warme Fleischspeise im ↑**Mürbe**- oder ↑**Blätterteig.** Der Begriff ist heute erweitert und umfasst auch Geflügel-, Wild-, Fisch-, Leber-, Eier- oder Gemüsepasteten, die entweder in einem Teigrand (↑**Pastetenteig**) oder in einer Pastetenform gegart oder gebacken (überbacken) sind. Der Fantasie sind in der Gestaltung von Pasteten keine Grenzen gesetzt. Die Pastetenmasse wird als ↑**Farce** bezeichnet und kann verschiedene Einlagen von ↑**Fleisch** oder ↑**Fisch**, ↑**Gemüse**stückchen, ↑**Pilze** etc. enthalten. **Pasteten werden kalt oder warm gegessen.** Ist die Pastete als kaltes Gericht gedacht, wird sie nach dem Auskühlen mit ↑**Aspik** ausgegossen. Am bekanntesten ist die Pâté de foie, die ↑**Gänseleber**pastete.

Pastetengewürz [*Gewürze & Kräuter*] **R Man unterscheidet zwei Pastetengewürze:** ein intensiveres für dunkles Fleisch und ein leichteres für die ↑**Mousses** (Schaumbrote). ↑**Würztabelle**; **1.** Das Gewürz für dunkles Fleisch wird aus: ↑**Nelken**, ↑**Ingwer**, ↑**Piment**, weißem ↑**Pfeffer**, schwarzem Pfeffer, ↑**Paprika**, ↑**Lorbeerblatt**, ↑**Muskatblüte**, ↑**Basilikum**, ↑**Thymian** und ↑**Majoran** gefertigt. **2.** Das leichtere Gewürz entsteht aus Lorbeerblatt, Majoran, Basilikum, Thymian, Piment, weißem Pfeffer, Nelken, Muskatblüte und ↑**Muskatnuss.** Beide Gewürzmischungen werden feinst zermahlen und müssen mit Salz vermischt werden. Pastetengewürz gibt es als Fertigmischung in Delikatessengeschäften.

Pastetenteig [*Unsere Küche*] **R** ↑**Mürbeteig** für ↑**Fleisch**-, ↑**Fisch**- oder ↑**Gemüse**pasteten. **Grundrezept:** 500 g ↑**Mehl;** 160 g ↑**Schmalz;** 8 g ↑**Salz;** heißes Wasser, bis der Teig gut knetbar ist. Über Nacht ruhen lassen! ↑**Pork Pie**

Pasteurisieren [*Fachkunde*] **T** Der Begriff ist nach dem französischen Chemiker **Louis Pasteur** (1822–1895) benannt. Pasteurisieren ist ein Verfahren zur Haltbarmachung von meist flüssigen Lebensmitteln wie ↑**Milch**, ↑**Fruchtsäften**, aber auch für ↑**Obst** und ↑**Sauergemüse.** Diese werden kurzfristig bis auf eine Kerntemperatur von **unter 100° C** erhitzt. Die Kerntemperatur ist je nach Verfahren und Lebensmittel unterschiedlich hoch, jedoch nie über 100° C. Dieses Verfahren wird bei Lebensmitteln angewandt, bei denen **keine** lange Erhitzung erwünscht ist (im Gegensatz fläche in den ↑**Käse** „hineinwachsen". Hierdurch kann der Eindruck entstehen, der Käse sei „schimmelig". Dieser Vorgang ist jedoch völlig natürlich und beeinträchtigt den Geschmack in keiner Weise.

Penicillium roqueforti [*Fachkunde*] Schimmelpilz für ↑**Roquefort**-Käse und andere blau-grün geäderte Käsesorten. Ähnliche Arten wie auch auf ↑**Gorgonzola**- und ↑**Stilton**käse. Konidien 0,45–0,5 mm, Kolonien gut wachsend, bläulichgrün bis grün, Rückseite gelb bis grünlich, mit breitem, spinnenwebähnlichem Rand. Bildet manchmal weiße Sektoren. Durch die Schimmelkulturen Penicillium roqueforti haben die Käsesorten einen unverwechselbaren kräftig-pikanten Geschmack. ↑**Edelschimmel**

Penne [*Ital. Speisekarte*] ↑Röhren**nudeln**

Penne rigate [*Ital. Speisekarte*] Kurze, schräg geschnittene Hohlnudel, die geriffelt ist, um besser Sauce aufnehmen zu können

Pepe [*Ital. Speisekarte*] ↑**Pfeffer**

Peperini [*Ital. Speisekarte*] Sehr kleine, körnerförmige Suppennudeln, werden auch als „ancini di pepe" (Pfefferkörner) bezeichnet.

Peperonata [*Ital. Speisekarte*] ↑**Lescó**, Gericht aus gedünsteten ↑**Paprikaschoten**, ↑**Zwiebeln** und ↑**Tomaten**

Peperoncini, peperoni [*Ital. Speisekarte*] ↑**Chili**- bzw. ↑**Paprikaschoten**

Pépin [*Franz. Fachwort*] Kern

Pepinillos [*Span. Speisekarte*] Kleine ↑**Gurken**

Pepino [*Exotische Früchte*] **T** **Lateinisch:** Solanum muricatum. **Synonym:** Melonenbirne. **Englisch:** pepino, mellowfruit; **Französisch:** pépino, poire melon. **Info:** Die zur Familie der Nachtschattengewächse gehörende Pepino ist wie die entfernten Verwandten ↑**Tomate** und ↑**Kartoffel** ein etwa 1 m hoher, krautiger Halbstrauch, der an Stützen kultiviert wird. Die meist eiförmigen, seltener rundlichen, 10–20 cm großen, 150–500 g schweren Früchte haben eine glatte, sehr dünne, unreif grünliche und reif crèmefarbene bis gelbliche, essbare Schale mit purpurfarbenen bis violetten Streifen. Das Fruchtfleisch ist weißlich, gelblich orange bis goldgelb, bei Vollreife angenehm weich, und enthält zwei getrennte Hohlräume mit wenigen oder keinen Samen. **Ursprung und Geschichte:** Die ursprüngliche Heimat der Pepino ist Südamerika, wahrscheinlich das Gebiet zwischen Peru und Kolumbien. Sie wird heute in den warmen Andentälern von Kolumbien bis Chile, aber auch in Neuseeland, Florida, Kalifornien und Südspanien angebaut. **Herkunft und Saison:** Pepino werden das ganze Jahr über in kleineren Mengen angeboten. In den Frühjahrs- und Sommermonaten kommen die Angebote meist aus spanischer Produktion, in den Herbst- und Wintermonaten aus Chile. **Inhaltsstoffe:** 100 g Pepinos haben einen Zuckergehalt von ∅ 8 g, viel ↑**Provitamin A** und ↑**Vitamin C** (∅ 50 mg). **Geschmack:** Süßlich, erinnert an eine Mischung aus ↑**Melone** und ↑**Birne**. **Reife:** Durchgereifte Früchte sind crèmefarben, die Schale gibt auf leichten Druck nach. **Zubereitung und Tipps:** Reife Pepinos können mit der Schale wie ↑**Äpfel** gegessen werden. Sie eignen sich aber auch zum Garen, werden wie ↑**Kürbis**se zubereitet oder wie ↑**Melonen** verzehrt. Wegen der fehlenden Säure empfindet man den Geschmack als etwas fade, dem kann man mit etwas ↑**Zitronen**- oder ↑Limetten**saft**, ↑**Ingwer** oder einem ↑**Orangenlikör** abhelfen.

Pepitas [*Mexicofood*] Geschälte ↑**Kürbiskerne**

Pepolino [*Ital. Speisekarte*] Wilder ↑**Thymian**

Pepper [*U.S. Kitchen*] ↑**Pfeffer**

Pepsin [*Käse*] ↑**Enzym**, das im Magensaft enthalten ist. Es ist wichtig für den Abbau von ↑**Eiweiß** aus der Nahrung. In Käsereien wird Pepsin zur Dicklegung von ↑**Milch** eingesetzt.

Pequeno almoco [*Span. Speisekarte*] Frühstück

Pequi [*Exotische Früchte*] **Lateinisch:** Caryocar brasiliense. Brasilianischer Baum mit essbaren Früchten. Sie sind sehr geruchsintensiv. Mit ihnen wird ↑**Likör** hergestellt. Man sollte sich vor den Stacheln der Früchte hüten. Aus dem Fruchtfleisch extrahiert man ein ↑**Speiseöl** für den Haushalt, aus dem Kern ein wohlriechendes Öl für kosmetische Zwecke. Die Frucht ist ein exzellentes Stärkungsmittel, vergleichbar mit dem ↑**Lebertran** aus Fischen. ↑**Brasilianische Küche.** Bei Rheuma wird mit dem Öl massiert.

Pera [*Käse*] **Herkunft:** Kolumbien; **Käsesorte:** weißer ↑**Frischkäse** (Queso Blanco); **Milch:** Kuhmilch

Pera [*Span. Speisekarte*] ↑**Birne**

Pera Helena [*Span. Speisekarte*] ↑**Birne „Hélène"**

Perca [*Span. Speisekarte*] ↑**Barsch**

Percebes [*Span. Speisekarte*] **A** Die sehr schmackhaften Felsenentenmuscheln findet man an den Felsen der Kantabrischen Küste. Sie besitzen einen langen, lederartigen Körper, der in einer Art Kralle endet. Das Muskelfleisch ist rosa, von sehr intensivem Duft und Geschmack. Am besten schmecken sie lauwarm.

Perch [*U.S. Kitchen*] ↑**Barsch**

Perche au Chablis [*Franz. Speisekarte*] **R** Der Süßwasser↑**barsch** hat ganz hervorragendes Fleisch. Er wird in eine feuerfeste Form gelegt, mit ↑**Butter**flocken und gehackten ↑**Schalotten** belegt, gesalzen, gepfeffert, mit heißem ↑**Chablis** übergossen, etwa 20 Min. gedünstet, mit zerbröckeltem ↑**Weißbrot** und geriebenem ↑**Käse** bestreut und im Rohr überbacken

Perdiz [*Span. Speisekarte*] **T** Das Rebhuhn ist der Grundpfeiler der spanischen Wild- und Jagdküche. Rebhuhn a la moda de Alcántara und Rebhuhn mit Schokolade sind zwei Klassiker, zu denen außerdem Perdiz escabechada, a la toledana und die Salate mit Rebhuhnfleisch hinzukommen.

Perdreau [*Franz. Speisekarte*] Weniger als ein Jahr altes ↑**Rebhuhn**, delikates ↑**Wildgeflügel**, saftig und doch fettarm

Perdreau en chartreuse – perdrix aux choux [*Franz. Speisekarte*] **R** Ein ↑**Rebhuhn** wird gespickt und angebraten. Einen geräumigen Topf legt man mit ↑**Speck**scheiben aus, darauf kommen ↑**Karotten**, ↑**Zwiebel**würfel, ↑**Petersilie**, ↑**Thymian**, ↑**Lorbeerblatt** und in kochendem Wasser gebrühtes ↑**Weißkraut**, ↑**Pfeffer**, ↑**Salz** und magerer ↑**Räucherspeck**; auf dieses Bett wird das Rebhuhn gelegt, mit Weißkraut bedeckt und im Rohr fertiggeschmort.

Perdrix aux lentilles [*Franz. Speisekarte*] **R** Ein ↑**Rebhuhn** wird mit ↑**Speck**scheiben umwickelt, in ↑**Zwiebeln**, ↑**Karotten**, ↑**Knoblauch**, ↑**Petersilie**, ↑**Salz** und ↑**Pfeffer** gedünstet und mit ↑**Linsen** und Würstchen serviert

Peretti-Tomaten [*Gemüse*] **T** Haben eine längliche Form und enthalten weniger Wasser, mehr ↑**Zucker** und schmecken etwas mehlig. Die bekannteste Sorte ist „San Marzano": benannt nach dem Dorf in Süditalien, wo sie bereits Anfang des 19. Jahrhunderts angebaut, zu Brei gekocht und nach Neapel und Rom geliefert wurden. In den 1960er-Jahren entwickelte sich eine florierende Industrie daraus. Die schönen Früchte werden zu Pelatti (geschälte Tomaten in Dosen) verarbeitet, aus den anderen wird Püree gemacht.

Périgord Historischer Speisename [*Speisegarnitur*] **A** Ehemalige Grafschaft im südwestlichen Frankreich mit Hauptstadt Périgueux, jetzt zum Département Dordogne gehörig; bekannt durch ihren Handel mit Trüffeln. Sie werden wegen ihres Aromas zu besonders feinen Gerichten, Pasteten und als Einlage zu ganz edlen Suppen verwendet. Speisegarnitur **à la périgourdine** = „wie im Périgord": **1.** Als Füllungen für Geflügel und Fisch immer mit Trüffeln, auch in Verbindung mit Gänseleber; **2.** Als Suppeneinlage für klare Suppen, z. B. ↑**Oxtail**, sind Trüffelscheiben und Blattgold vorgesehen.

Periquita [*Weinkunde*] Rotweinrebe mit verschiedenen Namen, in ganz Südportugal verbreitet. Ihr zweitwichtigster Name ist Castelão Francês. Ihre Weine sind fleischig und fruchtig und können jung getrunken werden. Trotzdem haben sie ein gutes Alterungspotenzial. Auf der Halbinsel Setúbal (Ribatejo) ist sie die wichtigste Rebsorte. In einfachen Weinen zeigen sich oft Wildaromen, die manchmal auch unangenehm sein können.

Perlage [*Weinkunde*] Internationale Bezeichnung für die Perlen im Schaumwein; je feiner die Perlen, desto besser die Qualität.

Perlan [*Weinkunde*] ↑**Chasselas**

Perlant [*Franz. Fachwort*] Perlend, spritzig

Perlbohnen [*Fachkunde*] **1.** ↑**Hülsenfrüchte:** Perlbohnen sind die feinsten und besten ↑**Weißen Bohnen**. Die Hülsen sind so dünnschalig und eingezogen, dass sich die runden, kleinen Samen deutlich abzeichnen. **2.** ↑**Kaffee:** Perlbohnen sind in ihrer äußeren und geschmacklichen Form etwas Besonderes. Normalerweise befinden sich zwei Bohnen mit der flachen Seite gegeneinander liegend in einer Kaffeekirsche. Manchmal fehlt aber eine der zwei Bohnen, sodass die verbleibende Bohne „allein aufwächst". Dabei wächst sie innerhalb der Kirschen-Innenwand entlang und wird über die Monate rund oder „perlenförmig". In der so entstehenden Bohne konzentriert sich die elegante Fülle des Kaffeearomas.

Perle [*Weinkunde*] Die deutsche Weißweinrebe Perle wurde in den 50er-Jahren gemeinsam von Scheu und Dr. H. Breider in Würzburg gezüchtet. Sie verfügt über einen recht guten Ertrag von 110–130 hl/ha und ein ↑**Mostgewicht** von 60–80° ↑**Öchsle**. Die Rebe stellt nur geringe bis mittlere Ansprüche an Boden und Lage.

Perles du nizâm [*Franz. Fachwort*] ↑**Sago**perlen

Perlgerste [*Allgem. Nährmittel*] ↑**Gerste**, ↑Gersten**graupen**

Perlgraupen [*Allgem. Nährmittel*] **A** Perlgraupen werden durch Schälen, Schleifen und Polieren von Gerstenkörnern hergestellt. Hierdurch entsteht die etwas kugelige Graupenform. Je nach Absiebung unterscheidet man große, mittlere und kleine ↑**Graupen**. Sie eignen sich vorzüglich als Beigabe zu Suppen und Eintöpfen und haben eine Garzeit von 30–40 Minuten. Kalte, gare Perlgraupen passen auch in herzhaft abgeschmeckte Salate.

Perlhuhn [*Fachkunde*] Die Perlhühner sind eine Familie der Hühnervögel (Galliformes). Schon zu Zeiten der Antike begann ihre Haltung als Haustiere. Die Wildform des heutigen Hausperlhuhns ist das Helmperlhuhn. Der deutsche Name **Perlhuhn** leitet sich von dem dunklen Gefieder mit den vielen kleinen weißen Punkten ab. Perlhühner sind 40–70 cm lang, haben einen kurzen, nach unten gerichteten Schwanz. Sie zählen hier, obwohl gezüchtet, wegen ihres Geschmacks und des dunklen Fleischs zum ↑**Wildgeflügel.**

Perlpilz [*Speisepilze*] **T Lateinisch:** Amanita rubescens. **Synonym:** Rötender Wulstling. ↑**Waldpilze**. Sehr schmackhafter Speisepilz, der leicht mit dem **lebens-**

	Perlpilz	Panterpilz
Hutrand	wenig oder gar nicht gerieft	deutlich gerieft
Manschette	deutlich gerieft	ungerieft, glatt
Lamellen	erst weiß, dann rötlich gefleckt	weiß
Knolle	nicht wulstig, in Stiel übergehend gekerbt oder warzig beringt	deutlich wulstiger Rand, Stiel wächst aus Knolle mehr oder weniger glatt
Fleisch	bei Druck, Verletzungen oder Madenfraß rötlich verfärbend	weiß

gefährlich giftigen Pantherpilz (Amanita pantherina) **verwechselt** werden kann, der zur gleichen Zeit an gleichen Standorten wächst. Nur die genaue Kenntnis der wesentlichen Merkmale hilft, beide Pilze sicher zu unterscheiden! **In der Küche:** Guter Speisepilz, **roh jedoch giftig.** Das Gift wird beim Erhitzen völlig zerstört. **Vorsicht:** Der Pilz ist leicht verderblich und kann dann Verdauungsstörungen hervorrufen. Bei Trockenheit sind solche verdorbenen Exemplare nicht leicht zu erkennen. **Vorkommen:** Juni–Anfang November im Laub- und Nadelwald, auf Sand-, Kalk- und Lehmböden, nicht jedoch in Mooren, häufig und gesellig, vom Flachland bis in die Kammlagen der Mittelgebirge.

Perlwein [*Weinkunde*] Es handelt sich um einen Wein, dem Kohlensäure zugesetzt wird oder der bereits natürliche ↑**Kohlensäure** enthält. Die Kohlensäure entsteht durch einen zweiten Gärungsvorgang. Perlwein muss bei einer Temperatur von 20° C einen Überdruck von 1,0–2,5 bar aufweisen. Alkoholgehalt mind. 7 %.

Perlzwiebeln [*Gemüse*] Haselnussgroße, wie Perlen oder Silber schimmernde Brutzwiebeln, eine Zuchtform des ↑**Lauchs.** ↑**Silberzwiebeln**

Permeabilität [*Fachkunde*] Durchlässigkeit

Perna de vitela [*Span. Speisekarte*] ↑**Kalbskeule**

Pernice [*Ital. Speisekarte*] ↑**Rebhuhn**

Perniziöse Anämie [*Fachkunde*] Mangelerscheinung durch zu wenig ↑**Vitamin** B_{12}

Pernod [*Hausbar*] **T** Französischer ↑**Anislikör** mit 40 %Vol. Der Pernod ist eine Destillation von ↑**Sternanis**, abgerundet durch erlesene Kräuter. Für ↑**Cocktails**, zum Mischen und pur Trinken. Wird mit Wasser im Verhältnis 1:5 gemischt.

Perroquet [*Hausbar*] **R** Erfrischender, halbherber ↑**Aperitif** aus Frankreich. 4 cl ↑**Pernod** oder ↑**Ricard;** 1 cl ↑**Pfefferminzsirup;** 14 cl eiskaltes klares Wasser. Die Zutaten auf einige Eiswürfel in ein Longdrinkglas geben, mit eiskaltem Wasser auffüllen und leicht umrühren. Ohne Dekoration servieren.

Persane, à la [*Speisegarnitur*] **A Speisegarnitur für Koteletts und Nüsschen von Hammel und Lamm** – Gebratene ↑**Auberginen**scheiben, gebackene ↑**Zwiebelscheiben. Sauce:** tomatierter Hammel- oder ↑**Lammfond** mit Streifen von abgezogenen ↑**Paprikaschoten**

Persico [*Hausbar*] **T** Persico bedeutet ↑**Pfirsich** auf Esperanto, eine Kunstsprache, die sich nie durchgesetzt hat. Diese Spirituose mit 33 %Vol. enthält Pfirsichkern-, Bittermandel-, Pfirsichblütendestillat und Auszüge aus Sandelholz, Rosen, Nelken sowie anderer ↑**ätherischer Öle.** Wie ↑**Absinth** ist auch Persico ein ehemaliges Modegetränk aus dem 19. Jahrhundert, das durch seine gesundheitsgefährdenden Inhaltsstoffe (Blausäure) lange Zeit verboten war. Mit entsprechend veränderter Rezeptur entwickelt sich diese Spirituose zum In-Getränk der Barszene. Persico mit eiskaltem ↑**Mineralwasser** im Verhältnis 2:1 gemixt und einem Spritzer ↑**Zitrone** versehen, vollzieht einen Farbwechsel von Orange zu Zartrosé. Pur oder als Grundlage extravaganter ↑**Cocktails** kann Persico auch mit ↑**Sekt,** ↑**Champagner** oder ↑**Mineralwasser** aufgegossen werden. Der in den 1970ern moderne Verschnitt mit Kirschsaft, der unter der Bezeichnung „Saurer mit Persico" lief, hatte nichts mit dem Original-Persico zu tun und war nichts anderes als ↑**Bittermandel**aroma mit Kirschsaftkonzentrat und ↑**Alkohol.**

Persil [*Franz. Speisekarte*] ↑**Petersilie**

Persillade [*Gewürze & Kräuter*] Grüne Würzpaste aus feingehackter ↑**Petersilie** und ↑**Knoblauch,** zum Würzen von ↑**Fleisch**

Persillade de tête [*Franz. Speisekarte*] Schweinskopf- und Zungensülze

Persillé [*Speisegarnitur*] **A** Mit Petersilie zubereitet oder bestreut

Persille des Aravis [*Käse*] **Herkunft:** Frankreich/Savoie (Aravis-Pass); **Käsesorte:** ↑**Weichkäse** mit grünem ↑**Edelschimmel** innen; **Milch:** rohe ↑**Ziegenmilch**

Persimon [*Exotische Früchte*] ↑**Kaki**

Persipan [*Unsere Küche*] **Lateinisch:** persicus = Pfirsich – **Marzipan-Ersatz** – Persipan ist eine marzipanähnliche Backmasse, die aus geschälten süßen oder entbitterten und zerkleinerten ↑**Aprikosen**- oder ↑**Pfirsich**kernen mit ↑**Kartoffelstärke** und der 1,5-fachen Menge ↑**Puderzucker** besteht. Persipan wird in Bäckerei und Konditorei zum Verzieren von Gebäck und Formen von Zuckerwaren als Ersatz für ↑**Marzipan** verwendet (der Gehalt an ↑**Zucker** und Zuckerarten darf höchstens 74 Massenprozent, der Wassergehalt höchstens 8 Massenprozent des Fertigproduktes betragen; ein Stärkezusatz bis 0,2 Massenprozent ist zulässig).

Pesca [*Ital. Speisekarte*] ↑**Pfirsich**

Pescada a portuguesa [*Span. Speisekarte*] ↑**Schellfisch** auf portugiesische Art, ↑**Portugaise, à la**

Pescadilla [*Span. Speisekarte*] ↑**Merlan**

Pescados y mariscos [*Span. Speisekarte*] ↑**Fische** und Meerestiere

Pescanoce [*Ital. Speisekarte*] ↑**Nektarine**

Pesce [*Ital. Speisekarte*] ↑**Fisch**

Pesce rano [*Ital. Speisekarte*] Großes ↑**Petermännchen**

Pesce spada [*Ital. Speisekarte*] ↑**Schwertfisch**

Pessach [*Jüdische Küche*] **T** Das Pessachfest beginnt am Abend des 14. Nissan und dauert sieben Tage. Außerhalb Israels feiert man noch einen zweiten Sederabend und einen achten Tag Pessach. Die ersten und die letzten beiden Tage sind volle Feiertage, dazwischen liegen vier Halbfeiertage **Chol Hamoed.** Dies sind Werktage (Halbfeiertage) des Festes, an denen die nötige Arbeit erlaubt ist. Pessach gehört zu den drei Wallfahrtsfesten, an denen man zum Tempel nach Jerusalem pilgerte. **Pessach – 4 verschiedene Namen: 1. Chag Hamazzot:** Das Fest des ungesäuerten Brotes, der Mazzot. Dies beruht auf dem Gebot, nur ungesäuertes Brot zu essen. Es soll an den schnellen Auszug aus Ägypten erinnern, als die Israeliten keine Zeit hatten, Brote zu backen. **2. Pessach – Überschreitungsfest; a)** Das Wort bedeutet **überschreiten.** Beruht darauf, dass der Todesengel die Häuser der Israeliten übersprang und verschonte, als er die ägyptischen Erstgeborenen tötete. **b)** Das Fest des Pessach-Lammes und seiner Opferung; **3. Sman Cherutenu:** die Zeit der Befreiung. Betont den historischen Aspekt des Festes. Die Befreiung der Israeliten aus Ägypten und seine Wandlung zu einem freien Volk. **4. Chag Ha'awiw:** das Frühlingsfest. Deutet auf die Jahreszeit hin, in die der Beginn der Ernte, insbesondere der Gerstenernte, fiel. **Verbot von Gesäuertem, „Chamez und Mazza":** Einzigartig für Pessach ist das Verbot, Chamez zu genießen oder auch nur zu besitzen. Chamez ist ein Teig aus den Getreidearten ↑**Weizen**, ↑**Dinkel**, ↑**Gerste**, ↑**Hafer** oder ↑**Roggen**, der mit Wasser vermischt wurde und gären konnte. Jede Speise, die auch noch so einen kleinen Teil Gesäuertes enthält, heißt Chamez. Religiöse Juden nehmen dieses Verbot des Chamez-Essens und -Besitzes sehr ernst. **1. Bedikat Chamez:** Das Haus wird gereinigt und alles Chamez wird weggeräumt. Am Vorabend vor Pessach wird das Haus während einer religiösen Zeremonie mit Hilfe einer Kerze untersucht. Die letzten gefundenen Reste werden am nächsten Morgen verbrannt. **2. Pessach-Geschirr:** Es wird an Pessach eigenes Geschirr benutzt, wobei gewisse Haushaltsgegenstände des ganzen Jahres rituell gereinigt (gekoschert) werden können. **3. Der Verkauf von Chamez:** Haltbare Lebensmittel und Kosmetika, die Chamez enthalten, können über Pessach an einen Nichtjuden verkauft werden.

Pestizid [*Gesundheit*] Sammelbezeichnung für Pflanzenschutz- und Schädlingsbekämpfungsmittel. Man unterscheidet Pestizide gegen Insekten (Insektizide), gegen Unkräuter (Herbizide) und gegen Pilze (Fungizide). Pestizide sind für den Menschen giftige Stoffe. Ihr zulässiger Gehalt in Lebensmitteln ist durch entsprechende Grenzwerte festgelegt (↑**ADI**). Die amtliche Lebensmittelüberwachung überprüft Lebensmittel auf ihren Gehalt an Pestiziden. Über 800 verschiedene Pestizide werden EU-weit in der Landwirtschaft eingesetzt, für 73 gibt es Grenzwerte. Für alle anderen Schädlingsbekämpfungsmittel können die nationalen Behörden Höchstmengen festlegen. Bei Untersuchungen in der Europäischen Union und Norwegen befanden sich in 39 % der Stichproben Pestizidrückstände unterhalb der nationalen Grenzwerte, in Deutschland waren es 33 %. Bei 3 % der europaweit untersuchten 41 000 Früchte- und Gemüseproben wurden die Grenzwerte für Pestizidrückstände überschritten, in Deutschland bei 2 %. In 13 % aller Proben fanden sich Rückstände gleich mehrerer Pestizide.

Pesto [*Ital. Speisekarte*] **R** Das berühmteste „Pesto alla Genovese" darf in keiner italienischen Küche fehlen. Es ist eine klassische Spezialität von der ligurischen Riviera im Nordwesten Italiens. Pesto ist eine Kräutergewürz-Mischung aus frischem ↑**Basilikum**, kaltgepresstem ↑**Olivenöl**, ↑**Pinienkernen**, ↑**Knoblauch** und geriebenem ↑**Hartkäse.** In Genova (Genua) wird das Basilikum mit anderen Zutaten auch heute noch ganz traditionell im Holzmörser zerstoßen, was auf italienisch „pastare" heißt und den Namen „pesto" erklärt.

Pet-de-nonne [*Franz. Speisekarte*] ↑**Nonnenfürzchen**, -seufzer

Peterchen [*Gewürze & Kräuter*] ↑**Petersilie**

Peterfisch [*Fisch*] **T Lateinisch:** Zeus Faber. **Synonym:** Heringskönig. **Englisch:** John Dory; **Französisch:** Saint Pierre; **Italienisch:** pesce San Pietro; **Spanisch:** pez de San Pedro. Bis 40 cm groß, 1,5 kg schwer, großmäulig, platter, doch aufrecht schwimmender Fisch, lange Stachelstrahlen an den Rückenflossen, großer schwarzer Fleck an den Flanken, grau-gelbliche Farbe. Kommt in Mittelmeer und Nordatlantik vor. **In der Küche:** Große Delikatesse mit köstlich blättrigem weißen Fleisch und nussartig süßem Aroma.

Peterlein [*Gewürze & Kräuter*] ↑**Petersilie**

Peterli [*Schweizer Küche*] Schweizer Bezeichnung für ↑**Petersilie**

Peterling [*Gewürze & Kräuter*] ↑**Petersilie**

Petermann [*Fisch*] Bezeichnung für den ↑**Knurrhahn**

Petermann, Horst [*Berühmte Köche*] **Horst Petermann**, geboren und aufgewachsen in Hamburg – Er gilt heute als der beste Koch im Raum Zürich und als einer der besten der Schweiz. Seine „Kunststuben" in Küsnacht vor den Toren Zürichs sind seit mehr als zwanzig Jahren eine Institution und Ziel von Feinschmeckern aus aller Welt. Er ist – zusammen mit Philippe Rochat – das einzige „Membre de la Haute Cuisine de France" außerhalb Frankreichs sowie Mitglied von „Les Grandes Tables du Monde – Traditions & Qualité". Zu seinen zahlreichen Auszeichnungen zählen 19 Punkte im „Gault Millau", 2 Sterne im „Guide Michelin", die Bewertung als „Number 1 of Europe/Best Restaurant of Europe" im New Yorker „Zagat Survey" und die Aufnahme unter die Spitzenköche des Jahres im „Aral Schlemmer Atlas 2005". Rechtzeitig zu seinem sechzigsten Geburtstag legt Petermann sein Opus Magnum vor, das Kochbuch, das die Highlights aus seiner Küche vereinigt. Während andere sich längst auf ihren Lorbeeren ausruhen, sucht Petermann weiterhin Tag für Tag nach Perfektion in der Küche.

Petermännchen [*Fisch*] T **Lateinisch: Trachinus draco** – großes P. – **Trachinus vipera** – kleines P. **Englisch:** weeverfish, dragonfish; **Französisch:** vive à tête royonnée. **Synonym:** Stachelfisch, Höllenfisch, Drachenhuf. Dieser 30–50 cm lange Fisch mit gelbgrauen Streifen lebt bevorzugt an sandigen Stellen des Atlantischen Ozeans, der Nord- und Ostsee und nähert sich zum Laichen den flachen Stränden. Der Kopf ist von unten nach oben abgeschrägt. **Petermännchen gehören zu den gefährlichsten europäischen Gifttieren.** In der Rückenflosse und im Kiemendeckel hat er mit Giftdrüsen verbundene Stacheln, schon geringste Mengen des Giftes können schmerzhafte Verletzungen mit schwerwiegenden Symptomen hervorrufen. **Symptome:** Der Schmerz setzt sofort ein und breitet sich auf benachbarte Körperregionen aus. Meist entwickelt sich eine starke Gewebeschwellung, eventuell bilden sich flüssigkeitsgefüllte Blasen. Nach 24 Stunden erscheint die Wunde oft taub und gefühllos. Allgemeine Symptome wie Brechreiz, Kreislaufkollaps oder Fieber sind selten. **Erste Hilfe:** Wunde von Stacheln oder Geweberesten befreien und desinfizieren. Falls nicht sofort ärztliche Hilfe erreicht werden kann, Eintauchen der betroffenen Extremität in tolerierbar heißes Wasser (ca. 45° C). Um dabei Verbrennungen zu vermeiden, Kontrolle der Wassertemperatur durch gesunde Extremität oder Begleitperson. Weitere Therapie der Symptome durch einen Arzt. **Im Wasser in Strandnähe zur Vorsicht immer wasserfeste Strandschuhe tragen. In der Küche:** Da Petermännchen sehr schmackhaft und als Speisefisch hoch geschätzt sind, sollte beim Kauf und Verzehr darauf geachtet werden, dass sämtliche Dornen und Stacheln entfernt wurden. Bei der Zubereitung ganzer, frischer Tiere sollten stabile Gummihandschuhe getragen werden. Im Handel wird das Petermännchen irreführend oft als „Seeforelle“ bezeichnet.

Petersfisch [*Übersetzer*] **Auch:** ↑**Peterfisch. Englisch:** John Dory; **Französisch:** Saint Pierre; **Italienisch:** pesce San Pietro; **Spanisch:** pez de San Pedro

Petersilie [*Gewürze & Kräuter*] T **Lateinisch:** Petroselinum latifolium. **Synonym:** Peterlein, Peterchen, Peterling, Suppenwurzel, Gartenteppich. **Englisch:** parsley; **Französisch:** persil; **Italienisch:** prezzemolo; **Spanisch:** perejil. **Info:** Petersilie gehört zur Familie der Doldenblütengewächse und ist eine zweijährige, kahle Krautpflanze mit einer spindelförmigen, fleischigen Wurzel. Glatte Petersilie ist kräftiger im Geschmack und hat ein wesentlich feineres Aroma als die krause französische Petersilie, die zwar eine Weiterzüchtung der glatten Variante ist, jedoch eher dekorativen Zwecken dient. **Ursprung:** Die Petersilie stammt aus Europa, und zwar aus dem westmediterranen Raum, wahrscheinlich aus Sardinien. Zwei verschiedene Varianten wurden gezüchtet: **1.** Wurzelpetersilie (**petroselinum tuberosum**) hat eine weiche, essbare Wurzel, die als aromatisches Gemüse verzehrt wird. **2.** Blattpetersilie (**petroselinum latifolium, petroselinum crispum**) wird dagegen nur der Blätter wegen angebaut, die in vielen europäischen Ländern gehackt als Garnitur beliebt sind. Obwohl Petersilie bereits in einem frühen griechischen Pflanzenbuch aus dem 3. Jahrhundert v. Chr. erwähnt ist, haben die Griechen die Pflanze nicht gegessen, sondern mit dem heiligen Kraut die Götter verehrt und damit die Sieger ihrer öffentlichen Wettkämpfe bekränzt. Die Römer gaben der Petersilie einen ähnlich kultischen Stellenwert, schätzten sie aber auch in der Küche. Sie waren es wahrscheinlich auch, die die Petersilie nach Mitteleuropa brachten, wo sie dann aber wieder in Vergessenheit geriet. Erst ab dem 16. Jahrhundert erlangte sie wieder Bedeutung. Heute ist sie das Standardgewürz in der europäischen Küche. **Die Haupterntezeit** von Blattpetersilie aus dem Freiland ist von Juni bis November, unter Glas gezogene Ware ist ganzjährig verfügbar. Die einzelnen Stämmchen werden am Boden abgezupft, dadurch können sich neue Triebe entwickeln. Petersilienwurzeln werden ab Oktober/November geerntet. **Inhaltsstoffe:** Petersilie enthält ↑**ätherische Öle**, ↑**Eisen**, die ↑**Vitamine A**, und ↑E und besonders große Mengen an ↑**Vitamin C** (150–180 mg pro 100 g!). **Verwendung in der Küche:** ↑**Würztabelle**; Petersilie ist das Gewürzkraut Nr. 1 in der europäischen Küche. Man hackt nur die Blätter, die Stängel nicht wegwerfen, auch wenn sie nicht sofort gebraucht werden, sondern einfrieren! Man kann sie später z. B. im Kartoffelwasser oder im ↑**Bouquet garni** für ↑**Fonds**, Suppen und ↑**Soßen** mitkochen. Auch die fein gehackten Blätter können eingefroren werden. Petersilie würzt fast alle salzigen Gerichte, passt zu allen Gemüsen und Salaten, hellen Soßen und allen Suppen, von der klaren ↑**Fleischbrühe** bis zum ↑**Eintopf**. **Vom richtigen Umgang mit Petersilie:** Wer selbst Petersilie anpflanzt, sollte möglichst die glatten Sorten wählen. Glattblättrige Petersilie schmeckt aromatischer, voller und zugleich milder. Petersilie ist eine anspruchslose Pflanze, die am besten im Halbschatten gedeiht und tiefgründigen, nahrhaften Boden liebt. Sie wächst aber auch im Blumentopf oder auf dem Balkon. Man sät sie im frühen Frühjahr aus. Leichte Fröste machen den jungen Pflanzen nämlich nichts aus. Der Samen hat eine sehr lange Keimzeit von 4–6 Wochen, und die jungen Pflanzen entwickeln sich erst allmählich. Ernten kann man, sobald die Pflanzen einigermaßen kräftig sind. Am besten immer für den Frischverbrauch. Petersilie zu trocknen ist nicht empfehlenswert, denn sie verliert beim Trocknen ihr Aroma. **Achtung: Glattblättrige kann man manchmal mit der ähnlichen, giftigen Hundspetersilie verwechseln. Beim Ernten aufpassen und alle verdächtigen Blätter aussortieren.** Petersilie gibt es den ganzen Winter über frisch zu kaufen. Auch wenn man glattblättrige Petersilie leicht angewelkt beim Gemüsehändler oder auf dem Markt entdeckt: Sie schmeckt auch so noch besser als die krause. Außerdem erholt sie sich leicht, wenn man sie ins Wasser stellt, oder – noch besser – sie gut abspült und feucht in Küchenkrepp schlägt und in den Kühlschrank legt. Auf diese Weise kann man Petersilie auch ein paar Tage aufheben. Eine andere Methode: Petersilie waschen, gut trockentupfen und in einen fest verschließbaren Behälter legen. Beide Methoden haben den Vorteil: Die Petersilie ist frisch und auch trocken, wenn man sie braucht. **Wirkung in der Volksmedizin:** Harntreibend, krampflösend, uteruserregend. **Achtung!** Wegen ihrer uteruserregenden Wirkung wurde die Petersilie in früheren Zeiten als Abtreibungsmittel verwendet. Schwangere Frauen sollten also keine großen Mengen essen.

Petersilienbutter [*Unsere Küche*] ↑**Beurre maître d'hotel**

Petersilienwurzel [*Gemüse*] **R Lateinisch:** Petroselinum crispum convar. **Synonym:** Peterwurz, Wurzelpetersilie. **Englisch:** hamburger parsley, parsley root; **Französisch:** persil racine. **Info:** Die Petersilienwurzel gehört zu der botanischen Familie der Doldenblütler, es handelt sich um die weiche, essbare, etwa 20 cm lange und 3–5 cm dicke Rübe der glatten Petersilie. **Herkunft und Saison:** Wurzelpetersilie wird im September/Oktober geerntet und dann das ganze Jahr über aus Lagerbeständen angeboten; **Inhaltsstoffe:** Wurzelpetersilie ist nicht besonders nahrhaft, sie enthält ∅ nur 2,3 % ↑**Kohlenhydrate** (z. B. Karotten: 8,71 % Kohlenhydrate), aber sehr viel ↑**Vitamin C**, pro 100 g ∅ 41 mg. **Zubereitung und Tipps:** Die aus dem südöstlichen Mittelmeerraum stammende Wurzel besitzt einen würzig-herben Geschmack und wird als ↑**Gemüse** oder zur Würzung von ↑Fleisch**brühen** verwendet. Sie sollte wie die Blattpetersilie fester Bestandteil vom ↑**Suppengrün** sein. Das weißfleischige Wurzelgemüse lässt sich auch zu feinen Pürees oder legierten Cremesuppen verarbeiten. Als Kochgemüse schmeckt die Wurzel besonders lecker, wenn sie mit ↑Wald**honig** glaciert und mit ↑Weiß**weinessig** abgeschmeckt serviert wird. Die Blätter der Petersilienwurzel können wie die glatte ↑Blatt**petersilie** verwendet werden.

Petha [*Intern. Länderküche*] Allgemeiner Begriff aus der indischen Küche für Süßwaren aus ↑**Früchten**, ↑**Zucker** und ↑**Kewrawasser**

Pétillant [*Weinkunde*] Leicht perlender Wein aus Frankreich. Er hat gut halb so viel bar wie ein ↑**Champagner**. Der bekannteste Pétillant stammt aus dem an der Loire gelegenen Dorf Vouvray.

Pétiller [*Franz. Fachwort*] Zischen

Petit [*Franz. Speisekarte*] Klein

Petit beurre [*Franz. Speisekarte*] Butterkeks

Petit blanc [*Franz. Speisekarte*] Einfacher, offener Weißwein

Petit chou [*Franz. Speisekarte*] ↑**Windbeutel**

Petit coq [*Franz. Speisekarte*] ↑**Hähnchen**

Petit déjeuner [*Franz. Speisekarte*] Frühstück

Petit gris [*Franz. Speisekarte*] Kleine graue Schnecken, die wie ↑**Weinbergschnecken** zubereitet werden

Petit noir [*Kaffee*] In Frankreich ein kleiner, starker schwarzer ↑**Kaffee**

Petit oignon blanc [*Franz. Speisekarte*] ↑**Frühlingszwiebel**

Petit pain [*Franz. Speisekarte*] Kleines, knuspriges Brötchen

Petits pois [*Franz. Speisekarte*] Frische, junge, grüne ↑**Erbsen**, zart und süß

Petits pois à la française [*Franz. Speisekarte*] **A** Frische grüne ↑**Erbsen** mit ↑**Butter**, kleinen ↑**Zwiebeln**, Salatherzen, ↑**Speck**, ↑**Salz**, ↑**Pfeffer**, etwas ↑**Zucker** und ↑**Petersilie**

Petits pois à l'anglaise [*Franz. Speisekarte*] Grüne ↑**Erbsen** mit ↑**Butter**

Petits pois de la planèze [*Franz. Speisekarte*] Besonders zarte grüne ↑**Erbsen** aus der Auvergne

Petit radis [*Franz. Speisekarte*] ↑**Radieschen**

Petit salé [*Franz. Speisekarte*] Gepökeltes ↑**Schweinefleisch**

Petit salé aux choux (aux lentilles) [*Franz. Speisekarte*] **A** Gepökeltes ↑**Schweinefleisch** mit ↑**Kohl** (bzw. mit ↑**Linsen**)

Petit Verdot [*Weinkunde*] Rote Rebsorte, traditionelle Zutat der Bordeauxweine, kann jedoch wegen ihrer späten Reife (später noch als ↑**Cabernet Sauvignon**) nur in den besten Jahren verwendet werden. Wie Cabernet Sauvignon hat Petit Verdot kleine, dickschalige Beeren, die tieffarbige und tanninreiche Weine hervorbringen. In guten Jahren wird Petit Verdot den Bordeauxweinen als „Würze" in kleinen Mengen zugesetzt, oft nur wenige Prozent. Da völlige Reife bei dieser Rebsorte vielleicht einmal in vier Jahren vorkommt, wird sie von vielen Winzern als schwierig betrachtet, obwohl ihre Qualität unumstritten ist. So hat sich die Zahl der mit Petit Verdot bepflanzten ha in Kalifornien und Chile vermehrt. In diesen wärmeren Anbaugebieten scheint die von der Rebe geforderte längere Reifeperiode gesichert, sodass man in Zukunft Weinen mit ihrem Namen häufiger begegnen dürfte.

Petite marmite [*Franz. Speisekarte*] **A** Kleiner Suppentopf bzw. klare ↑**Kraftbrühe** mit ↑**Rindfleisch**, ↑**Geflügel(klein)**, ↑**Rindermark**, ↑**Gemüse** und ↑**Croûtôns** ggf. mit geriebenem ↑**Käse**. ↑**Marmite**

Petite oie [*Franz. Speisekarte*] ↑**Gänseklein**

Petit-Manseng [*Weinkunde*] Die edlere von den beiden weißen Manseng-Rebsorten. Besonders im Jurançon, aber auch an anderen Orten des südwestlichen Frankreichs ist sie verbreitet. Sie hat kleine, dickschalige Beeren und kann bis weit in den Spätherbst am Stock hängen bleiben. Bei Befall mit Edelfäule kann die Petit-Manseng Alkoholgrade bis 20 % erreichen. Sie ist für edelsüße Weine geeignet.

Petits fours [*Franz. Speisekarte*] **T** ↑**Konfekt**, kleines Gebäck, Dessertbäckerei. Die kleinen, meist viereckigen Backstücke sind sehr süß. Zu den Petits fours gehören neben ↑Mandel**biskuits**, Butterbiskuits auch winzige gefüllte Törtchen, die die Gebäckplatte bereichern.

Petits gâteaux (secs) [*Franz. Speisekarte*] Teegebäck

Pe-tsai [*Asiatische Küche*] ↑**Japankohl**

Petschenja [*Intern. Länderküche*] Begriff aus der ukrainischen Küchenkultur für einen ↑**Eintopf** (russisch: Zharkoe) in unterschiedlichsten Ausführungen. Klassisch wird er in kleinen Töpfchen zubereitet und serviert.

Pets-de-nonne [*Franz. Speisekarte*] Mit ↑**Puderzucker** bestreute, kleine ↑**Brandteig**krapfen

Pettine [*Ital. Speisekarte*] ↑**Jakobsmuscheln**

Petto [*Ital. Speisekarte*] Brust(fleisch)

Petunienblüten [*Wildkräuter, -blüten & -früchte*] **T** **Lateinisch:** Petunia hybrida; Petunienblüten sind essbar und zum Kandieren geeignet. ↑**Kandieren von Blüten – Mehr Information:** ↑**Essbare Blüten**

Peyrigoux [*Käse*] **Herkunft:** Frankreich/Aquitanien; **Käsesorte:** kranzförmiger ↑**Weichkäse** mit gemischter Rinde, 60 % ↑**Fett i. Tr.**; **Milch:** Kuhmilch; **Geschmack:** mild-würzig, sehr cremig

Pez de San Pedro (Gallo) [*Span. Speisekarte*] ↑**Petersfisch**

Pez espada [*Span. Speisekarte*] ↑**Schwertfisch**

Pfalz [*Weinkunde*] Die Pfalz ist flächenmäßig das größte deutsches Weinanbaugebiet. Bis 1992 offiziell als Rheinpfalz bezeichnet. Schon im Mittelalter galt die Pfalz als der „Weinkeller des Heiligen Römischen Reiches", propter vini copiam. Das pfälzische Weinbaugebiet erstreckt sich entlang der Osthänge des Haardtgebirges, genau zwischen Bockenheim im Norden bis Schweigen im Süden an der französischen Grenze. Das Gesamtgebiet ist unterteilt in die beiden Bereiche Mittelhaardt-Deutsche Weinstraße und Südliche Weinstraße. Es sind etwa 23 500 ha mit Reben bestockt. Der Wein wächst auf Löß und Buntsandstein, aber auch Muschelkalk, Granit und Schiefer. Dadurch ist der Geschmack der Weine entsprechend vielfältig, wovon die Gastronomie mit den deftigen Pfälzer Spezialitäten, aber auch die Sterneküche profitiert. Während die Gewächse an der nördlichen und mittleren Weinstraße frisch und aromatisch sind, haben die Weine der südlichen Weinstraße oft mehr Fülle und erinnern an die Elsässer Weißweine. Spitzenreiter unter den Reben ist der ↑**Riesling** (über 20 %), die ↑**Müller-Thurgau** (18 %) und der Blaue ↑**Portugieser** (10 %). Weitere Weißweinsorten sind ↑**Kerner**, ↑**Morio-Muskat**, ↑**Scheurebe** und Neuzüchtungen. Unter den Rotweinen dominiert zwar der Blaue Portugieser, aber der ↑**Dornfelder** gewinnt an Boden. Der ↑**Spätburgunder** hat sich ebenfalls etabliert und hebt gerade bei Spitzenwinzern zu ganz neuen Höhenflugen ab. Zu den führenden Weinbauorten der Pfalz zählen heute: Birkweiler, Deidesheim, Edesheim, Bad Dürkheim, Forst, Freinsheim, Gimmeldingen, Kallstadt, Königsbach, Leinsweiler, Leistadt, Nußdorf, Neustadt, Ruppertsberg, Schweigen, Siebeldingen, Ungstein, Wachenheim, Zell u. a.

Pfälzer Bratwurst [*Regionale Spezialität*] **T** Unterscheidet sich wegen einer anderen Gewürzmischung geschmacklich von der ↑**Fränkischen** und ↑**Thüringer Bratwurst**, die Fleischzusammenstellung ist gleich. Sie wird mit ↑**Sauerkraut** gegessen.

Pfälzer Saumagen [*Regionale Spezialität*] **R** Gefüllter Schweinemagen mit Kartoffelanteil. Die Füllung des Saumagens besteht aus ↑Schweine**nacken** und -schulter, roher ↑**Bratwurst**masse, ↑**blanchierte**n kalten Kartoffelstücken, gewürfelten ↑**Zwiebeln** und ↑**Gewürzen:** ↑**Salz**, ↑**Pfeffer**, ↑**Muskat**, getrockneter ↑**Majoran**, ↑**Koriander**, ↑**Nelkenpulver**, ↑**Thymian**, ↑**Kardamom** (gemahlen), getrockneter ↑**Basilikum** und ↑**Lorbeerblatt** (gemahlen). **Zubereitung: 1.** Das Fleisch in grobe Würfel schneiden. ↑**Vorwiegend festkochende Kartoffeln** schälen, in ca. 1 cm große Würfel schneiden und blanchieren. Fleisch, Kartoffelwürfel und Bratwurstmasse vermischen und mit der Würzmischung abschmecken. **2.** Saumagen unter fließendem kalten Wasser gründlich waschen, trockentupfen. Zwei Ausgänge mit Küchengarn fest zubinden. Die Füllmasse durch die dritte Öffnung in den Magen füllen. Diese Öffnung ebenfalls gut zubinden (den Magen nicht zu prall füllen, damit er nicht platzt). **3.** Reichlich Salzwasser zum Kochen bringen, Hitze reduzieren. Saumagen in das Wasser geben und bei geringer Hitze 3 Stunden garen, nicht kochen lassen. **4.** Saumagen aus dem Sud nehmen, abtropfen lassen und servieren oder **5.** danach in einem Bräter in heißem ↑**Butterschmalz** anbraten und im auf 200° C vorgeheizten Backofen knusprig backen. Dazu frisches ↑**Bauernbrot**, ↑**Kartoffelpüree** oder ↑**Salzkartoffeln**, ↑**Sauerkraut** und Pfälzer ↑**Wein** servieren. Den Saumagen erst am Tisch in Scheiben schneiden. **6.** Sollte etwas vom Saumagen übrig bleiben, kann man ihn am nächsten Tag in Scheiben schneiden und in zerlassener ↑**Butter** goldbraun braten.

Pfannenrühren [*Asiatische Küche*] **T** **Asiatische Gartechnik:** Im stark erhitzten Wok werden kleine Portionen mit wenig Fett sehr schnell gegart. **Vorteile:** Verkürzte Zubereitungszeit. Aroma, Farbe, Konsistenz und Inhaltsstoffe (↑**Vitamine** etc.) der Lebensmittel bleiben erhalten. ↑**Chinesische Garmethode**

Pfannkuchen [*Unsere Küche*] **T** **1.** Ist ein ↑**Eierkuchen**, ↑**Palatschinken** oder auch ↑**Crépe**; **Englisch:** pancake; **Französisch:** crêpe; **Italienisch:** crespella, frittata; **Spanisch:** crepe, tortilla. **2.** Ist ein ↑**Krapfen** (Faschingskrapfen, meist mit ↑**Aprikosen**marmelade gefüllt). Wird jedoch fast überall als „Berliner" angepriesen. Außer in Berlin selbst, dort wird er unter dem Namen „Pfannkuchen" verkauft.

Pfannkuchenteig [*Unsere Küche*] **R** Das **Grundrezept:** ergibt 4–6 süße Pfannkuchen (∅ 25 cm) je nach Dicke: 2 Eier Größe L; 120 g Mehl = 4 gehäufte EL; 30 g Zucker = 4 gehäufte TL; 200 ml Milch (genau abmessen); 2 Prisen Salz. Alle Zutaten **der Reihe nach** in einer Schüssel mit einem Schneebesen oder dem Handrührgerät aufschlagen, durch ein Sieb passieren und ca. 1/2 Stunde ruhen lassen. Bei pikanten Pfannkuchen den Zucker weglassen, mehr salzen, einen Hauch ↑**Muskat** verwenden und ggf. mit frisch gehackten ↑**Kräutern** vollenden. ↑**Crêpes** oder ↑**Palatschinken**

Pfeffer [*Gewürze & Kräuter*] **A Lateinisch:** Piper nigrum; **Englisch:** pepper; **Französisch:** poivre; **Italienisch:** pepe; **Spanisch:** pimienta. **Herkunft:** Pfeffer stammt wahrscheinlich aus den Monsunwäldern Indiens. Hauptanbaugebiete sind Tropenländer wie Indien, Brasilien, Malaysia, Sri Lanka, Vietnam und Indonesien. Die Pfefferpflanze gehört zu einer Familie mit etwa 700 Arten. Der immergrüne, tropische Pfefferstrauch trägt seine ersten Früchte drei Jahre nach der ersten Pflanzung. Die Pfefferfrüchte stehen in Trauben bzw. Rispen mit bis zu 30 Beeren dicht zusammen, sie sind rund, erbsengroß, zunächst grün, dann rot und zuletzt gelb, von einer dünnen Fruchtschale umgeben. **Geschichte:** 400 v. Chr. wurde der Pfeffer erstmals vom griechischen Philosophen Theophrast beschrieben. Um 50 n.Chr. schreibt ein römischer Geschichtsschreiber in seiner Abhandlung über die Naturgeschichte, dass der lange Pfeffer fast 4-mal so teuer sei wie der schwarze. 176 n. Chr. wurde von den Römern Zoll auf Pfeffer erhoben. 408 n. Chr. verlangten die Goten nach dem Sieg über die Römer neben Gold und Silber auch Pfeffer als Zahlung. Durch die Nachfrage nach Pfeffer stiegen die Preise im Römischen Reich ins Unermessliche. Pfeffer wurde buchstäblich mit Gold aufgewogen. Im Mittelalter galten einzelne Pfefferkörner als Zahlungsmittel. Steuern, Leibeigene und ganze Ländereien wurden in Pfeffer gezahlt. Pfeffer war für Vasco da Gama ein Grund, den Seeweg nach Indien zu suchen. Der Pfeffer hat so den Kolonialismus entscheidend geprägt. Mit Pfeffer konnte man viel Geld verdienen. Venedig und Genua führten lange Kriege um das Pfeffermonopol, und Pfeffer war die Grundlage für den ungeheuren Reichtum der Ostindien-Kompanien Hollands und Englands. **Die Beeren werden in unterschiedlichen Reifestadien geerntet. 1. Grüner Pfeffer:** Zuerst kommen die unreifen, grünen Beeren dran. Dieser Pfeffer hat ein zartes, fruchtiges Aroma und wird meistens (lose oder am Zweig) in Essig- oder Salzlake eingelegt, konserviert, durch Spezial- oder Gefriertrocknung haltbar gemacht. Diese Körner sind nicht hart, sondern zerbeissbar. Eingelegter grüner Pfeffer bleibt immer ungemahlen und wird verwendet zu: Suppen (Tomaten-, Geflügelsuppe), Paprikaeintopf, ↑**Saucen** (↑**Vinaigrette**, hellen Saucen), gegrilltem ↑**Fisch**, ↑**Fleisch**, Kurzgebratenem und ↑**Steaks**, ↑**Pasteten**, Fleisch- und ↑**Wurst**füllungen, ↑**Wild**gerichten, pikanten Salaten, ↑**Tatar**, Eiergerichten, ↑Kräuter**quark**, Pfefferbutter, ↑**Omelettes**, ↑**Käse**, pikanten, aber auch süßen ↑**Desserts** (frische ↑**Feigen** oder ↑**Erdbeeren** flambiert mit ↑**Grand Marnier** und einzelnen grünen Pfefferkörnern). **2. Schwarzer Pfeffer:** kann als würzig-scharf beschrieben werden. Er besteht aus ganzen, unreif geernteten, ungeschälten und nach dem Trocknen schwarz-braun und runzelig gewordenen Früchten. Der „Echte Pfeffer" sollte in der Küche vorzugsweise frisch gemahlen werden und passt zu fast allen Gerichten, ausgenommen Süßspeisen. **3. Weißer Pfeffer:** Man lässt die johannisbeerartigen Beeren rot ausreifen, dann wird die überreife Fruchtschale durch Waschen und Trocknen entfernt. Darum sind diese Körner kleiner und glatter. Weißer Pfeffer ist weniger scharf, aber aromatischer als der schwarze. Vorsicht beim Schärfen: Weißer Pfeffer hat einen sehr starken Eigengeschmack und kann pur angewendet die Speisen erschlagen. Darum ist es ratsam, ihn mit schwarzem Pfeffer und ↑**Piment** in der Pfeffermühle zu mischen. Zum Aromatisieren ist er sehr empfehlenswert. Besonders gut passt er zu: Hellem Fleisch, Saucen (Salat-, Käse-, Fondue-, weißen Saucen), Suppen (klaren und gebundenen hellen Suppen), feinem ↑**Gemüse** (↑**Bohnen**, ↑**Kohl**, ↑**Karotten**), Fisch (gekocht), Aufläufen, ↑**Hähnchen**, ↑**Geflügel**, Nudelgerichten, ↑**Risotto**, Salzgebäck, ↑**Pfeffernüssen** usw. **4. ↑Rosa Pfeffer – lateinisch:** Schinus terebinthifolius Raddi. Rosa Pfeffer gehört nicht zur Gattung der Pfeffergewächse, sondern stammt von einem südamerikanischen Baum, dem brasilianischen Pfefferbaum. Rosa Pfeffer hat ein mildes bis leichtes Pfefferaroma, schmeckt dabei fruchtig, wenig scharf und leicht süßlich. Rosa Pfeffer dient überwiegend der optischen Verschönerung in transparenten Pfeffermühlen oder als Dekoration. Dies nicht zuletzt wegen seiner magenschleimhautreizenden Wirkung. **5. Langer Pfeffer:** heißt auch Stangenpfeffer, Balinesischer Pfeffer, Jaborandi-Pfeffer oder Bengalischer Pfeffer – er sieht ein bisschen aus wie dunkelbraune, harte Haselkätzchen. Der Geschmack ist schärfer als schwarzer Pfeffer und warm, mit süßlichen Obertönen (er trägt den Duft von Piment und ↑**Muskat** in sich), das trockene Gewürz riecht nicht. Langer Pfeffer ist ein tropisches Klettergewächs mit etwa 3 cm langen Ähren in Zapfenform, die durchs Trocknen hellbraun werden. Diese fast schon in Vergessenheit geratene Pfeffersorte erlebt derzeit ein Comeback, nachdem sie schon im Mittelalter in Europa und in Südasien bekannt und sehr geschätzt war, noch lange bevor der schwarze Pfeffer verwendet wurde. Langer Pfeffer ist ideal zum Würzen von Wildgerichten; **Inhaltsstoffe:** Das Fleisch der

Pfefferfrüchte enthält Ölzellen, die aromatische und scharf schmeckende Stoffe enthalten. Die würzenden Inhaltsstoffe sind ↑**ätherische Öle** und Alkaloide, von denen das Piperin den brennenden Geschmack bewirkt. **Im Handel erhältlich:** Weißer und schwarzer Pfeffer, gemahlen und in ganzen Körnern, in allen Lebensmittelgeschäften. Grüner Pfeffer in Dosen oder Gläsern und rosa Pfeffer in kleinen Gläsern oder Dosen in Feinkostgeschäften. Fertig gemahlenen Pfeffer zu kaufen ist nicht empfehlenswert, er schmeckt bald nicht mehr würzig, sondern langweilig scharf. Wie aufregend Pfeffer schmecken kann, merkt man, wenn man ganz frisch gemahlenen probiert. **Geschmack:** Brennend würzig und scharf. Am schärfsten und wenigsten fruchtig und voll im Geschmack ist schwarzer Pfeffer. Weißer Pfeffer schmeckt würziger. Am mildesten und krautigsten ist der grüne Pfeffer, er hat einen warmen und holzigen Geruch. **Umgang mit Pfeffer:** Pfeffer ist nach ↑**Salz** das Gewürz Nr. 2. Seine Beliebtheit ist beachtlich, denn ungefähr 70 g verbraucht jeder Deutsche pro Jahr, hauptsächlich weißen Pfeffer. Verwendet man ganze Körner (für klare Suppen, ↑**Marinaden** oder ↑Fisch**sud**), dann die Flüssigkeit vor dem Servieren durch ein Sieb geben. Ganzen Pfeffer lässt man mitkochen, gemahlenen Pfeffer immer erst gegen Ende der Garzeit zugeben, sonst verfliegen die Aromastoffe. Gerösteter Pfeffer wird schnell bitter. Wie fein oder grob man ihn mahlt, ist Geschmackssache. Die eingelegten, frischen, grünen Pfefferkörner nimmt man bei Bedarf aus der ↑**Lake** und spült sie kurz mit lauwarmem Wasser ab. Restlichen Pfeffer gut verschließen, kühl und dunkel lagern. Wenn die Pfefferkörner mit Lake bedeckt sind, halten sie sich im Kühlschrank noch drei bis vier Wochen. Auch grüner Pfeffer kommt kurz vor Ende der Garzeit an Saucen oder aufs Pfeffersteak, und zwar entweder mit der Gabel zerdrückt oder ganz (wenn man gern auf die saftigen frischen Körner beißt). **Gesundheitlicher Wert:** Appetitanregend; zu große Mengen sollten Magenkranke aber nicht essen. Frisch gemahlener Pfeffer (ohne ↑**Rosa Pfeffer**) ist gut für alle Arterien- und Venenleiden.

Pfefferknöterichblüten [*Wildkräuter, -blüten & -früchte*] **T Lateinisch:** Polygonum hydropiper. Pfefferknöterichblüten sind essbar und schmecken brennend scharf wie ↑**Chili. Mehr Information:** ↑**Essbare Blüten**

Pfefferkraut [*Gewürze & Kräuter*] ↑**Basilikum**, aber auch ↑**Bohnenkraut**

Pfefferminze [*Gewürze & Kräuter*] ↑**Minze**

Pfefferminzsirup [*Hausbar*] **T** Der zumeist grüne Pfefferminzsirup hat einen sehr eigenwilligen, durchdringenden Geschmack und sollte sehr sparsam eingesetzt werden, da in den meisten Fällen wenige Tropfen für den beabsichtigten geschmacklichen oder farblichen Effekt genügen.

Pfefferminztee [*Tee*] **A Lateinisch:** Mentha piperita. Teeähnliches Erzeugnis aus getrockneten und fein geschnittenen Blättern der Pfefferminzstaude, einer Kreuzung zwischen grüner Minze und Wasserminze. Es enthält Menthol, ↑**Gerbstoffe** und ↑**ätherische Öle.** Aus den Blättern lässt sich ein bekömmlicher Tee zubereiten, dazu werden sie mit kochendem Wasser übergossen. Pfefferminztee wirkt krampflösend, Gallenfluss anregend und beruhigend. Dadurch Verwendung bei krampfartigen Beschwerden im Magen-Darm-Trakt und in den Gallenwegen sowie bei Übelkeit. Er schafft in Kombination mit anderen Wirkstoffen Abhilfe bei Verstopfung (Obstipation).

Pfeffernüsse [*Backstube*] **R** Zur Weihnachtszeit sind ↑**Lebkuchen** verschiedenster Machart in aller Munde. **Pfeffernüsse:** Haben eine weiße Zuckerglasur, manchmal auch ↑**Schokoladen**überzug. Die kleinen, mundgerechten Stücke aus Lebkuchenteig zeichnen sich durch ihre typische Würze aus. **Zutaten:** 500 g ↑**Honig** erwärmen; 300 g ↑**Zucker** darin auflösen; 3 ↑**Eier;** 15 g ↑**Hirschhornsalz;** 1 geh. TL ↑**Zimt;** 1 Msp. ↑**Nelken;** 1 Msp. ↑**Muskat;** 1 Msp. ↑**Ingwer;** 1 Msp. ↑**Kardamom;** 1 Msp. ↑**Piment;** oder ersatzweise 2 Beutel ↑**Lebkuchengewürz;** ½ geh. TL weißen ↑**Pfeffer** hinzufügen; 1 kg gesiebtes ↑**Mehl** nach und nach unter die Masse kneten. Aus dem Teig kleine Kugeln von 2 cm Durchmesser formen, auf ein gefettetes Backblech legen und 15 bis 20 Min. im vorgeheizten Ofen bei 180° C goldgelb backen. 100 g ↑**Puderzucker** mit etwas Wasser anrühren, kurz aufkochen oder ↑**Blockschokolade** vorsichtig im Wasserbad bei maximal 40° C schmelzen und die abgekühlten Pfeffernüsse damit glasieren.

Pfefferoni [*Gewürze & Kräuter*] **T Lateinisch:** Capsicum annuum. **Synonym:** Roter oder grüner Chili. **Info:** Rote und grüne Pfefferoni sind scharfe Paprikaarten, die Früchte sind etwa 5–20 cm lang. ↑**Paprikaschoten; Herkunft und Saison:** Zwischen Mai und September kommen Pfefferoni hauptsächlich aus inländischer Produktion. Einige Zeit davor meist aus Ungarn, im Spätsommer und Herbst üblicherweise aus Italien. In den Wintermonaten werden Pfefferoni aus Ägypten und Jordanien angeboten. **Inhaltsstoffe:** 100 g frische rote und grüne Pfefferoni enthalten ∅ 37/155 kJ, 87,3 g Wasser, 0,55 mg Eisen, 2,13 mg Betacarotin, 0,12 mg Vitamin B_2 und 139 mg Vitamin C. Besonders reife, rote Früchte enthalten mehr ↑**Betacarotin** und ↑**Vitamin C. Zubereitung und Tipps:** Pfefferoni werden vorwiegend als Würzmittel, seltener als ↑**Gemüse** verwendet. Sie sind auch in vielen Mischgewürzen, in ↑**Curry** und ↑**Ketschup** enthalten. Das scharf schmeckende Alkaloid ↑**Capsaicin** steckt hauptsächlich in den Kernen und Scheidewänden. Durch ihr Entfernen kann man die Schärfe vermindern. Capsaicin verursacht Hautreizungen, daher sollte man darauf achten, beim Schneiden von Pfefferoni weder Mund noch Augen mit den Händen zu berühren. Und wenn es doch einmal zu scharf gewesen ist: **Wasser trinken hilft nicht, weil Capsaicin nur fett- und nicht wasserlöslich ist.** Den brennenden Geschmack bekämpft man am besten mit ↑**Jogurt** (auch auf Lippen und Augenlidern), ↑**Brot**, gekochtem ↑**Reis**, ↑**Zucker** oder Süßigkeiten. ↑**Chili** & ↑**Scoville-Einheiten**

Pfeffer-Pothast [*Regionale Spezialität*] **A** Westf. Eintopfgericht, dem ↑**Gulasch** ähnlich, aus geschmorten ↑**Rindfleischwürfeln** mit viel ↑**Zwiebeln**. Der typische Geschmack kommt vom ↑**Pfeffer** und den ↑**Kapern**. Gebunden wird nicht mit ↑**Mehl**, sondern mit geriebenem ↑**Weißbrot**.

Pfeffersauce à la minute [*Unsere Küche*] **R** Zu einem zarten, rosa gegrillten Pfeffersteak gehört eine cremige, pikante Pfeffersoße: Den Bratensatz von einem ↑**Steak** mit ↑**Cognac** ablöschen, flambieren und mit etwas ↑**Rotwein** gut durchkochen lassen (bis aller ↑**Alkohol** verdampft oder ausgebrannt ist). Diesen ↑**Bratenfond** durch ein feines Sieb in ein kleines Stieltöpfchen (↑**Sautoir**) passieren und nach Bedarf ↑**Demi-glace** dazugeben. Die Soße etwas reduzieren lassen, mit Schneebesen oder ↑**Zauberstab** eiskalte ↑**Kräuterbutterstückchen** einrühren, mit einigen grünen ↑**Pfefferkörnern** und etwas geschlagener (ungesüßter) ↑**Sahne** vollenden. Nicht mehr aufkochen lassen, sonst geht die Bindung verloren. Wenn das passiert, kann man aber die Soße mit einigen Tropfen in Wasser aufgerührter Speisestärke retten. Dazu ↑**Altöttinger Semmelspätzle**. *(Anm. d. Autors: Dieses Rezept ist dem Altöttinger Bürgermeister Herbert Hofauer gewidmet.)*

Pfefferschoten [*Gewürze & Kräuter*] ↑**Chili**

Pfeilwurzmehl [*Allgem. Nährmittel*] ↑**Maniok**

Pferdebananen [*Exotische Früchte*] Kochbananen

Pferdefleisch [*Fleischprodukte*] **T** Ist in Teilstückbeschaffenheit sowie Be- und Verarbeitung dem ↑**Rindfleisch** ähnlich, jedoch wegen ethischer Ablehnung wenig beliebt und selten gefragt. **Wie schmeckt Pferdefleisch?** Es hat einen natürlich würzigen Geschmack, der zwischen Rind- und ↑**Wildfleisch** liegt. **Wie sieht Pferdefleisch aus?** Es ist von dunkelroter, intensiver Farbe, Fohlenfleisch dagegen heller, vergleichbar mit ↑**Kalbfleisch**.

Ø Inhaltsstoffe à 100 g/103 kcal/431 kJ

Wasser in %	75,2
Eiweiß in %	20,6
Fett in %	2,7
Mineralstoffe in %	1,0
Cholesterin in mg/kg	60,0
Eisen in mg/kg	4,7
Zink in %	3,7

Das Fleisch: Pferdefleisch hat eine feste Konsistenz und muss vor dem Verzehr mindestens 3–4 Wochen ↑**abhängen**. Seine Garzeit ist fast doppelt so hoch wie die des Rindfleischs. **Die Fleischteile des Pferdes und deren Verwendung: A Nacken** – Schmorbraten Gulasch und Sauerbraten; **B Brust** – Gulasch; **C Bug oder Bogen** – Rouladen, Schmorbraten und Gulasch; **D Roastbeef** – Steaks, Fondue und edle Braten; **E Hüfte** – Steaks, Rouladen und Schmorbraten; **F Unterschale** – Rouladen, Schmorbraten und Sauerbraten; **G Oberschale** – Rouladen und Steaks; **H Bauchlappen** – Wurst oder Ragout; **I Filet** – Steaks

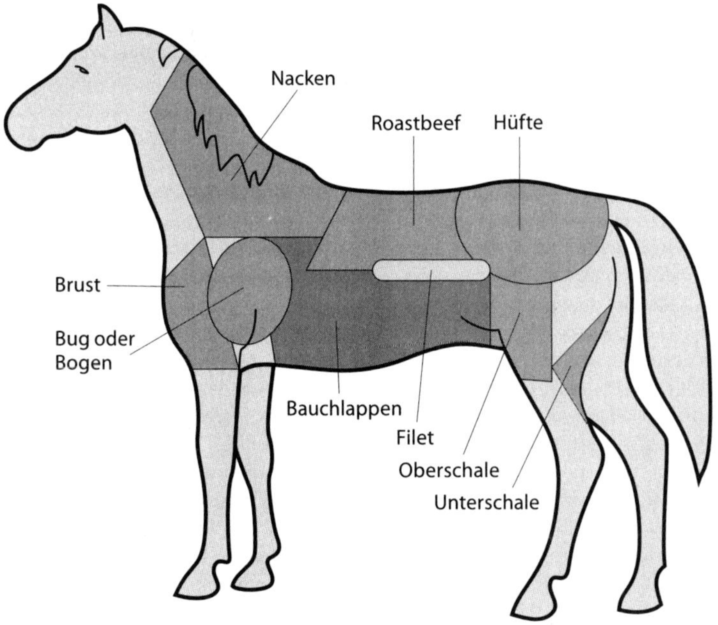

Pfiff [*Österr. Küche*] Altwiener Achtelmaß einer Flüssigkeit

Pfifferling [*Speisepilze*] **T Lateinisch:** Cantharellus cibarius. **Synonym:** Dotterpilz, Eierschwammerl, Rehling. ↑**Waldpilze. Englisch:** chanterelles; **Französisch:** chanterelles, girolles; **Italienisch:** funghi canterelli; **Spanisch:** Cantarelas. **Info:** Die zur Familie der Leistenpilze gehörenden Pfifferlinge haben einen bis zu 1 bis 12 cm großen, dottergelben oder in Buchenwäldern fast weißen Hut. Der Hut ist anfangs gewölbt, mit eingerolltem Rand und mit zunehmendem Alter kreisel- bis trichterförmig eingesenkt mit wellig gelapptem bis flatterigem Rand. An der Unterseite des Hutes laufen dicke, dottergelbe, unregelmäßige, wiederholt gegabelte und oft netzig verbundene Lamellen am Stiel weit herab. Der Stiel ist hell- bis dottergelb, nach oben verdickt und allmählich in den Hut übergehend. Das feste und im Stiel längsfaserige Fruchtfleisch ist gelblichweiß bis dottergelb, gerandet und hat einen ausgezeichneten, zarten, feinen und würzigen, leicht pfefferartigen Geschmack und einen ein wenig an Aprikosen erinnernden Geruch. **Ursprung und Geschichte:** Pfifferlinge kommen praktisch auf der gesamten Nordhalbkugel vor, insbesondere in Nadelwäldern, seltener auch in Laubwäldern. Sie wachsen auf Moos- und Nadelböden unter Kiefern und Fichten sowie unter dürrem, abgefallenem Laub. **Herkunft und Saison:** Inländische Pfifferlinge werden von Juli bis September gesammelt und angeboten. Die meisten Pfifferlinge kommen aus dem südöstlichen Europa, vor allem aus Bulgarien, Serbien, der Ukraine sowie Polen und werden dort von Mai bis Oktober geerntet. **Inhaltsstoffe:** 100 g Pfifferling weisen einen Brennwert von ∅ 12 kcal/50 kJ auf und enthalten etwa 91,5 g Wasser, 1,52 g Eiweiß, 0,49 g Fett, 2,20 g Kohlenhydrate und 0,77 g Mineralstoffe. An ↑**Vitaminen** sind ∅ 0,02 mg Vitamin B_1, 0,23 mg Vitamin B_2, 6,00 mg Vitamin C und 6,50 mg Niacin enthalten. Pfifferlinge sollten nicht in allzu großen Mengen und nur klein geschnitten sowie gut gekaut verzehrt werden, da sie schwer verdaulich sind. **Zubereitung und Tipps:** Pfifferlinge sind, nur in ↑**Butter** gebraten, mit ↑**Salz**, ↑**Pfeffer** und ↑**Petersilie** gewürzt, die klassische Beilage zu Salat, Fleisch-, Wild- und Eierspeisen. Außerdem werden sie gerne für ↑**Saucen** und ↑**Terrinen** oder als Suppeneinlagen verwendet. Gedünstete Pfifferlinge in ↑**Vinaigrette** eingelegt kommen als Vorspeise gut an.

Pfingstrosenblüten [*Wildkräuter, -blüten & -früchte*] **T Lateinisch:** Paeonia spp.; Pfingstrosenblüten, besonders die gefüllten Sorten, verwendet man am besten gekocht. **Mehr Information:** ↑**Essbare Blüten**

Pfirsich Melba [*Unsere Küche*] **R** Süße Köstlichkeit aus vitaminreichen Sommerfrüchten mit erfrischendem ↑Vanilleeis. **Grundrezept für 4 Portionen:** 4 sehr reife ↑**Pfirsiche**; Saft von 1/2 ↑**Zitrone**; 1 Päckchen Bourbon-↑**Vanillezucker**; 250 g ↑**Himbeeren**; 4 große Kugeln ↑**Vanilleeis. Zubereitung:** Abgezogene Pfirsiche halbieren, entsteinen, in Spalten schneiden. Auf vier Desserttellern dekorativ anrichten. Mit Zitronensaft beträufeln und mit Vanillezucker bestreuen. Himbeeren im Mixer pürieren (mit etwas ↑**Zitronensaft** und ↑**Zucker** abschmecken). Jeweils 1 Kugel Vanilleeis neben die Pfirsichspalten setzen. Mit dem Himbeerpüree überziehen und sofort servieren.

Pfirsiche [*Obst*] **T Lateinisch:** Prunus persica; **Englisch:** peach; **Französisch:** pêche; **Italienisch:** pesca; **Spanisch:** melocotón. **Info:** Pfirsiche gehören zur Familie der Rosengewächse. Die Frucht ist 5 bis 10 cm groß, rundlich oder oval-rundlich geformt und hat eine sortenabhängig unterschiedlich ausgeprägte Naht vom Stiel bis zur Spitze verlaufend. Die in ihrer Grundfarbe grünliche bis gelbliche, mehr oder weniger stark behaarte Schale zeigt rote oder orange gefärbte Bäckchen, Flecken, Punkte oder Streifen. Das Fruchtfleisch ist weißlich oder gelblich und umschließt einen 1,5 bis 2,5 cm großen Stein, der den Samen enthält. **Ursprung und Geschichte:** Der ursprünglich aus China stammende Pfirsich wurde dort bereits vor über 4000 Jahren vor allem wegen seiner schönen Zweige und Blüten kultiviert. Im Altertum wurden Pfirsiche in Persien, Griechenland und von den Römern angebaut; in Mitteleuropa und Amerika sind sie etwa seit dem 16. Jahrhundert bekannt. Die Bezeichnung Pfirsich geht auf das mittelhochdeutsche Wort **pfersic** zurück, das sich vom lateinischen Wort für persische Pflaume **prunus persica** ableitet. **Herkunft und Saison:** Die Saison für Pfirsiche beginnt bereits Anfang Mai mit den ersten Lieferungen aus Spanien und Marokko und erstreckt sich den ganzen Sommer bis in den September hinein mit Ware aus Spanien, Italien und Griechenland. Die inländische Pfirsichsaison beginnt etwa Mitte Juli und dauert dann bis Ende August. In den Wintermonaten kommen Pfirsiche in kleineren Mengen aus Israel, den USA und Südafrika. **Inhaltsstoffe:** 100 g Pfirsich weisen einen Brennwert von ∅ 43 kcal/180 kJ auf und enthalten etwa 86 g Wasser, 0,7 g Eiweiß, 0,1 g Fett, 11,1 g Kohlenhydrate und 2 g Ballaststoffe. An ↑**Mineralstoffen**, ↑**Spurenelementen** und ↑**Vitaminen** sind ∅ 5 mg Kalzium, 0,1 mg Eisen, 53,5 RE Vitamin A sowie 6,6 mg Vitamin C enthalten. **Zubereitung und Tipps:** Pfirsiche zählen wegen ihres aromatischen und saftigen Fruchtfleisches zu den edelsten Steinobstarten und werden naturgemäß meist roh verzehrt. Für die Industrie spielt der Pfirsichanbau für ↑**Konserven** eine wichtige Rolle. **Aufbewahrung:** Ihr ganzes feines Aroma entfalten diese saftigen Früchte nur, wenn sie am Baum ausreifen, dann sind sie aber für den Transport zu weich. Darum erreichen die hier angebotenen Exemplare die Güteklasse der vollreifen Pfirsiche nie. Nachgereifte Pfirsiche, die beim Einkauf schon einen leicht weinartigen Duft ausströmen, sollten in kürzester Zeit verzehrt werden, da sie auch gut gekühlt nicht mehr lagerfähig sind. Es gibt die Pfirsichsorten „Red Heaven" mit goldgelbem Fruchtfleisch und „South Heaven" mit weißgelbem Fruchtfleisch. Sie werden zu ↑**Saft**, ↑**Nektar**, Konserven, ↑**Kompott**, ↑**Fruchteis**, ↑**Likör**, ↑**Trockenfrüchten**, ↑**Konfitüre**, ↑**Bowlen** und ↑**Wein** weiterverarbeitet. Als Nebenprodukt in der verarbeitenden Industrie fallen die ölhaltigen Samen in den Steinen an. Sie dienen der Herstellung von ↑**Likör**, z. B. „↑**Persico**", sowie als Mandelersatz zur Zubereitung des marzipanähnlichen ↑**Persipan**. Die Samen enthalten **Blausäure** und sind **roh giftig.**

Pflanzen(öl)creme [*Fette*] Wird aus verschiedenen hochwertigen pflanzlichen Ölen und Fetten hergestellt. ↑**Pflanzenfette**; Pflanzencremes haben meist ein Butteraroma. Sie sind gesund und sehr gut zum Braten geeignet. Ihre Vorteile: **1.** stark erhitzbar; **2.** sie spritzen beim Braten kaum; **3.** sie sind sehr einfach zu dosieren.

Pflanzenfette [*Fette*] **T** Ist ein Fett bei Zimmertemperatur flüssig, nennt man es **Öl**, ist es fest, heißt es **Fett**, im halb flüssigen Zustand **Creme**. Alle Fette und Öle sind aus ↑**Glycerin** und ↑**Fettsäuren** in verschiedenster Kombination aufgebaut. Es gibt: ↑**Gesättigte Fettsäuren** – ↑**Einfach ungesättigte Fettsäuren** – ↑**Mehrfach ungesättigte Fettsäuren.** Pflanzenfette werden aus verschiedenen Früchten und Samen gewonnen, die gepresst, zentrifugiert oder extrahiert werden. Man unterscheidet sie in: **Fruchtfleischfette** – z. B. ↑**Olivenöl**, ↑**Palmöl**, ↑**Avocadoöl**, ↑**Kokosfett** und **Samenfette** – z. B. ↑**Arganöl**, ↑**Distelöl**, ↑**Sonnenblumenöl**, ↑**Maiskeimöl**, ↑**Sesamöl**, ↑**Leinöl**, ↑**Sojaöl**, ↑**Weizenkeimöl**, ↑**Walnussöl**, ↑**Erdnussöl**, ↑**Haselnussöl**, ↑**Kürbiskernöl**, ↑**Rapsöl**, ↑**Traubenkernöl.** Pflanzenfette dienen als Back-, Koch- und Bratfett und zur Herstellung von ↑**Margarine.** Als ↑**Speiseöl** sind sie ein wertvolles Lebensmittel. Das trifft besonders auf Pflanzenfette zu, die einen hohen Gehalt an ↑**Linolsäure** haben. **Geschmeidige Pflanzenfette, Softfette oder Pflanzencremes** – verbinden die guten Eigenschaften fester Fette beim Erhitzen mit den Vorzügen von Streichfetten: Auch gekühlt bleiben sie streichbar (**soft**), bei Zimmertemperatur noch immer ausreichend fest. Sie werden aus ↑**Gehärteten Fetten** oder einer Mischung von festen Pflanzenfetten und Öl hergestellt. ↑**Trans-Fettsäuren.** Die Soft-Fette oder Pflanzencremes sind meist neutral im Geschmack, mit besonders hohem Rauchpunkt, das bedeutet, sie können über 250° C erhitzt werden, ohne dass öliger Rauch aufsteigt. Außerdem zersetzen sie sich bei den hohen Temperaturen nicht so schnell. Sie sind ideal zum Braten und Frittieren. ↑**Speiseöl, Fett & Öl**

Pflanzengummis [*Fachkunde*] Gehören zur Gruppe der ↑**Mehrfachzucker** (Polysaccharide) und sind Ausscheidungen von Pflanzen. Sie treten bei Beschädigung oder bei Befall mit Bakterien und Pilzen aus. Zu ihnen gehören ↑**Gummi arabicum**, Latex und Karayagummi. Pflanzengummis setzt man als Quellstoffe bei Lebensmitteln ein, da sie in der Lage sind, Wasser zu binden. Auch werden sie z. B. Kaugummis zugesetzt. ↑**E 414**

Pflanzenkohle [*Fachkunde*] ↑**E 153**

Pflanzenschutzmittel [*Gesundheit*] Pflanzenschutzmittel gehören zu den ↑**Pestiziden.** Sie sind chemische Verbindungen zur Vorbeugung und Behandlung von Pflanzenkrankheiten und zum Abtöten von Unkräutern und Schädlingen. Sie werden in der Landwirtschaft eingesetzt, um Ernteverluste zu senken. Pflanzenschutzmittel wie DDT sind giftig. Grenzwerte legen ihren zulässigen Gehalt in Lebensmitteln fest (↑**ADI**). Die amtliche Lebensmittelüberwachung kontrolliert die Nahrung auf ihren Gehalt an Rückständen von Pflanzenschutzmitteln.

Pflanzl [*Österr. Küche*] ↑**Frikadelle**

Pflastersteine [*DDR-Küche*] ↑**Lebkuchen**

Pflaumen [*Obst*] **T Lateinisch:** Prunus domestica; **Englisch:** plums; **Französisch:** prunes; **Italienisch:** prugne; **Spanisch:** ciruelas. **Info:** Die zur Familie der Rosengewächse gehörenden Pflaumen sind die 3 bis 6 cm großen, rund bis ovalen, weichfleischigen, schlecht steinlöslichen, blau, rot oder gelb gefärbten Vertreter der wahrscheinlich aus der ↑**Schlehe (prunus spinosa)** hervorgegangenen Kulturpflaume (**prunus domestica**), deren Fruchtfleisch überwiegend grünlich-gelb bis orange-gelb ist und zu der auch die ↑**Zwetschgen**, ↑**Renekloden** und ↑**Mirabellen** gehören. **Ursprung und Geschichte:** Die ursprünglich aus Kleinasien stammende Kulturpflaume wurde in Griechenland schon vor 2500 Jahren nachweislich kultiviert und kam im 2. Jahrhundert v. Chr. nach Italien. Seit damals wurden sie immer wieder gekreuzt, sodass im Laufe der Jahrhunderte eine große Sorten- und Artenvielfalt entstand. **Herkunft und Saison:** Pflaumen werden meist aus italienischer Produktion von Mitte Juni bis Mitte Juli und aus heimischem Anbau von Mitte Juli bis Mitte August angeboten. In den Wintermonaten kommen Pflaumen aus südamerikanischen oder südafrikanischen Anbaugebieten auf den Markt. **Inhaltsstoffe:** 100 g Pflaumen weisen einen Brennwert von ∅ 48 kcal/206 kJ auf und enthalten etwa 83 g Wasser, 0,8 g Eiweiß, 0,6 g Fett, 13 g Kohlenhydrate und 1,5 g Ballaststoffe. An ↑**Mineralstoffen**, ↑**Spurenelementen** und ↑**Vitaminen** sind ∅ 4 mg Kalzium; 0,1 mg Eisen, 32,3 RE Vitamin A sowie 9,5 mg Vitamin C enthalten. Pflaumen sind hervorragende Energiespender, jedoch wirken sie – in größeren Mengen verzehrt – abführend und harntreibend. **Arten und Sorten:** Im Gegensatz zu den Zwetschgen sind Pflaumen hier nicht besonders verbreitet: Die wichtigsten Sorten in Mitteleuropa sind die **Ruth Gerstetter**, eine eiförmige, Anfang Juli reifende Echte Pflaume. Daneben spielt die runde **Magna Glauca,** die von Ende Juli bis Anfang August reift, eine gewisse Rolle. Die **Japanische Pflaume,** eine runde oder ovale, ausgesprochen große Sorte mit glänzend gelber oder roter Schale, sehr weichem und saftigem Fruchtfleisch, ist durch Importe aus der südlichen Hemisphäre bekannt geworden. **Zubereitung und Tipps:** Pflaumen werden gerne roh verzehrt oder als Nachtisch mit ↑**Vanilleeis** serviert. Auch werden sie zu ↑**Kompotten** oder ↑**Marmeladen** verarbeitet oder als Kuchenbelag verwendet. Pflaumen begleiten häufig Rezepte mit ↑**Schwein** oder ↑**Wild** und werden in der asiatischen Küche zu süß-sauren ↑**Saucen** oder auch zu ↑**Wein** verarbeitet. **Aufbewahren – so geht's:** Wenn die Pflaumen frisch sind und keine schlechten Stellen haben, können die Früchte ohne Weiteres drei bis vier Tage im Gemüsefach des Kühlschranks aufbewahrt werden. **Vorher nicht waschen!** Keine Früchte kaufen, die am Stielansatz schon schrumplig sind. Pflaumen von guter Qualität sind prall, und sie umgibt eine wachsähnliche Schicht, die an Reif erinnert. Dadurch welken Pflaumen nicht so schnell.

Pflaumen, getrocknete [*Allgem. Nährmittel*] **T** ↑**Backpflaumen**

Pflaumenmus [*Unsere Küche*] **A Englisch:** plum purée; **Französisch:** purée de prunes; **Italienisch:** marmellata di prugne; **Spanisch:** puré de ciruela. Pflaumenmus ist ein dick eingekochter Brei aus ↑**Zwetschgen,** ↑**Zucker,** ↑**Zimt,** ↑**Nelken** sowie je nach Rezept etwas ↑**Essig** und dient als Brotaufstrich, Zutat zu Backwaren und ↑**Mehlspeisen.** Das in Österreich als ↑**Powidl** bekannte Mus wird im Gegensatz hierzu nur aus Zwetschgen, ohne Zucker und ↑**Gewürze** hergestellt. Durch den Wasserentzug bei der Zubereitung und den Zuckergehalt ist Pflaumenmus nach dem Einkochen in fest verschlossenen Gläsern über mehrere Jahre haltbar.

Pflaumensauce [*Gewürze & Kräuter*] **R** Pflaumensauce gilt als eines der ältesten chinesischen Würzmittel und gehört als ↑**Dip** zur ↑**Peking-Ente** und passt ideal zu frittierten oder gegrillten Speisen. Die dickflüssige dunkle ↑**Sauce** wird aus ↑**Pflaumen,** ↑**Zucker** und ↑**Gewürzen** hergestellt und besitzt ein fruchtig süß-saures Aroma. **Grundrezept:** 500 g ↑**Pflaumen;** 2 ↑**Knoblauchzehen;** 1 ↑**Ingwerstück,** ca. 2 cm lang; 1 ↑**Chilischote,** ohne Kerne; 2 ↑**Frühlingszwiebeln;** 1 EL ↑**Pflanzenöl;** 4 EL ↑**Hoisin-Sauce;** 4 EL ↑**Austernsauce;** 3 EL ↑**Sojasauce;** 3 EL ↑**Sherry,** trocken (Fino); 3 EL gelbe ↑**Bohnenpaste;** 1 EL ↑**Zucker;** 1 EL ↑**Reisessig;** 1 ↑**Mandarinenschale,** getrocknet; 1 ↑**Sternanis-Stückchen;** 200 ml ↑**Pflaumenwein;** 1 EL ↑**Sesamöl;** Knoblauch, Ingwer, Frühlingszwiebeln sehr fein hacken und im heißen Öl andünsten, aber keine Farbe annehmen lassen. Die entsteinten Pflaumen mit den restlichen Zutaten hinzufügen, alles aufkochen und bei milder Hitze ohne Deckel 20–30 Min. dicklich einkochen. Die Mandarinenschale herausfischen, die ↑**Sauce** mit dem ↑**Zauberstab** pürieren und abkühlen lassen. Sie hält sich im Kühlschrank, in einem Schraubdeckelglas gut verschlossen, bis zu einem halben Jahr.

Pflücksalat [*Gemüse*] **T** Pflücksalate bilden keine Köpfe, bei ihnen wachsen die Blätter immer wieder nach, nachdem sie einzeln geerntet wurden. Sie sind schnellwüchsig und von unterschiedlicher Färbung. Der Name Pflücksalat bezieht sich auf die Ernteweise. Die Blätter der kleinen Büsche sind zarter als die der großen. Für die Zubereitung werden die Blätter nur gezupft und anschließend gründlich gewaschen. Der feine Salat harmoniert gut mit leichten ↑**Vinaigrettes,** ↑**Putenbrust** und ↑**Champignons.** Im Handel wird er von Mai bis Oktober als Freilandware lose angeboten. Ganzjährig kommt er auch als Topfpflanze mit Wurzeln in den Verkauf. Beim Einkauf ist darauf zu achten, dass die Blätter knackig sind und an den Schnittstellen keine rostfarbenen Stellen zeigen. Pflücksalat ist zum sofortigen Verzehr bestimmt und eignet sich nicht zur Aufbewahrung. Im Topf ist er etwa 10 Tage im Kühlschrank haltbar. ↑**Blattsalate**

Pflütten [*Franz. Speisekarte*] Elsässer ↑**Kartoffelklöße** mit geschlagenen Eiern, Mehl oder Grieß

Pfund = ℔ [*Fachkunde*] Ist eine in Deutschland übliche, aber veraltete Bezeichnung für die Gewichtseinheit von 500 g

Pharisäer [*Kaffee*] **R** Eine norddeutsche Kaffeespezialität. Wie entstand der **Pharisäer?** Der Ursprung soll bei einer Tauffeier 1873 nahe Husum an der Nordsee liegen, zu der auch der Pastor eingeladen war, der als strenger Abstinenzler bekannt war. Wo er nur konnte, wetterte er gegen den Alkoholgenuss. Weshalb Gastgeber und Gäste beschlossen, den obligatorischen ↑**Rum** versteckt zu genießen. Er wurde daher zusammen mit dem ↑**Kaffee** in die Tassen der Gäste gefüllt und mit einer Sahnehaube gekrönt, die verhinderte, dass der typische Geruch den Trick verraten würde. Der Kaffee floss reichlich, und so wurde die Stimmung immer gelöster, worauf sich der Pastor keinen Reim machen konnte. Bis er aus Versehen ebenfalls einen Kaffee mit Rum bekam. „Oh, Ihr Pharisäer" soll er daraufhin laut ausgerufen haben, woher das Getränk bis heute seinen Namen hat. In der feinen Gastronomie oder in den berühmten Kaffeehäusern Wiens bereitet man ihn mit einem doppelten ↑**Mokka** oder ↑**Espresso,** erhitztem Rum, ↑**Zucker,** einem Spritzer ↑**Zitrone,** Schlagsahne (Obers), ↑**Zimt** und ↑**Kakaopulver** zu.

Phasin [*Fachkunde*] **T Giftiges Glycosid,** ein ↑**Eiweiß,** das in allen rohen ↑**Hülsenfrüchten,** also ↑**Grünen Bohnen,** ↑**Erbsen** usw., enthalten ist. Es gehört zu den Lektinen und löst schon bei kleineren Mengen schwere Vergiftungserscheinungen aus. **Grüne Bohnen und Hülsenfrüchte nie roh essen!** Wie alle ↑**Lektine** wird Phasin durch längeres Kochen unschädlich, das ↑**Eiweiß** zerfällt, sodass die Hülsenfrüchte genießbar werden. Leichte Vergiftungen werden als „Magenverstimmung" meist nicht weiter beachtet. Jedoch können schon wenige rohe grüne Bohnen zu schweren Darmentzündungen führen, größere Mengen sogar tödlich sein.

PHB-Methylester [*Fachkunde*] ↑**E 218**

PHB-Methylester-Natrium [*Fachkunde*] ↑**E 219**

PHB-Ester [*Fachkunde*] ↑**E 214**

PHB-Ester-Natrium [*Fachkunde*] ↑**E 215**

PHB-n-Propylester [*Fachkunde*] ↑**E 216**

PHB-n-Propylester-Natrium [*Fachkunde*] ↑**E 217**

Phenole im Wein [*Weinkunde*] Gehören zu der Gruppe der ↑**Sekundären Pflanzenstoffe** und beeinflussen das Aussehen, das Aroma, den Körper und die Nachhaltigkeit eines Weines. **Phenolverbindungen wird große gesundheitliche Bedeutung zugeschrieben, folgende Wirkungen wurden bereits nachgewiesen: 1.** Senkung der Thromboseneigung; **2.** Anhebung des „guten" ↑**HDL**- und Senkung des „bösen" ↑**LDL-Cholesterins**; **3.** ↑**Antioxidative** Wirkung (Hemmung der LDL-Cholesterinoxidation); **4.** Gefäßentspannung und Gefäßerweiterung. Die wichtigste Bedeutung der ↑**Phenole** liegt in ihrer antioxidativen Wirkung. Sie verhindern schädigende Sauerstoffreaktionen und hemmen die Bildung der Freien ↑**Radikalen**, die für die Entstehung von Krebs und Herzgefäßkrankheiten verantwortlich gemacht werden. In **Weißweinen** liegt der Gesamtgehalt zwischen 150 und 400 Milligramm, in **Rotweinen** zwischen 500 und 4000 Milligramm pro Liter.

Phenylalanin [*Fachkunde*] ↑**Aminosäure**

Phenylketonurie [*Gesundheit*] Föllingsche Krankheit; Abkürzung: PKU. Die Phenylketonurie ist eine angeborene Stoffwechselkrankheit, die auf einer Störung des Aminosäurestoffwechsels beruht. Die Krankheitsursache liegt darin, dass die Aminosäure Phenylalanin im Körper nicht abgebaut werden kann. Sie reichert sich an und wird vermehrt im Harn ausgeschieden. Das führt zu einem „mäuseurinartigen" Geruch des Harns. Bleibt die Krankheit unerkannt und unbehandelt, führt sie zu Pigmentarmut, Krampfneigung und Verhaltensstörungen. Zur Früherkennung der Phenylketonurie wurde deshalb ein staatliches Screening-Programm eingeführt. Dabei erfolgt eine Blutuntersuchung bei Säuglingen zwischen dem 5. und 7. Lebenstag. Ist der Screening-Test positiv, muss eine phenylalaninfreie Diät gehalten werden. Vom Kleinkindalter an ist dann eine phenylalaninarme bzw. -kontrollierte Diät notwendig. Hierbei wird die Eiweißzufuhr und damit die des Phenylalanins reduziert. Zumeist sind keine Fleisch- und Wurstwaren erlaubt. Um jedoch den Eiweißbedarf zu decken, werden phenylalaninfreie Proteinersatzpräparate eingesetzt. Es wird eine möglichst lebenslange Einhaltung der phenylalaninarmen Diät empfohlen.

Pho [*Intern. Länderküche*] Begriff aus der vietnamesischen Küchenkultur für eine Reisnudelsuppe mit ↑**Huhn** oder ↑**Fleisch**. Pho ist in Vietnam das verbreitetste Gericht. ↑**Vietnamesische Küche**

Pho phia [*Asiatische Küche*] Begriff aus der thailändischen Küchenkultur für ↑**Frühlingsrollen**

Pholiote du peuplier [*Franz. Speisekarte*] ↑**Stockschwämmchen**

Phosphatisiertes Distärkephosphat [*Fachkunde*] ↑**E 1413**

Phosphor bzw. Phosphat [*Gesundheit*] **T** Im Körper eines Erwachsenen befinden sich etwa 700 g Phosphor in organischen Verbindungen, davon der Hauptteil in Knochen und Zähnen. Im menschlichen Organismus kommt Phosphor als Phosphat vor und ist für den gesamten Stoffwechsel mit verantwortlich: Es dient als Baustoff in Knochen und Zähnen. Vor allem im Energiestoffwechsel wird Phosphor benötigt. **Empfohlene Zufuhr:**

Alter	**Phosphor** mg/Tag
Säuglinge	
0 bis unter 4 Monate	120
4 bis unter 12 Monate	300
Kinder	
1 bis unter 4 Jahre	500
4 bis unter 7 Jahre	600
7 bis unter 10 Jahre	800
10 bis unter 13 Jahre	1250
13 bis unter 15 Jahre	1250
Jugendliche und Erwachsene	
15 bis unter 19 Jahre	1250
19 bis unter 25 Jahre	700
25 bis unter 51 Jahre	700
51 bis unter 65 Jahre	700
65 Jahre und älter	700
Schwangere	800
Stillende	900

Der Phosphorbedarf wird bei einer ausgewogenen Ernährung gedeckt, jedoch bei einigen Erkrankungen wie Alkoholismus kann die aufgenommene Menge nicht ausreichend sein. **Phosphorhaltige Lebensmittel:** Besonders proteinreiche Lebensmittel wie ↑**Fleisch** und ↑**Fisch**, ↑**Milch** und ↑**Milchprodukte**, ↑**Getreide** und ↑**Hülsenfrüchte**, aber auch ↑**Brot** und ↑**Käse** enthalten viel Phosphor. So genannte Phosphate werden Lebensmitteln (Süßigkeiten, ↑**Cola**, ↑**Limonade**, ↑**Schmelzkäse**, ↑**Wurst** und vielen Fertiggerichten) als Stabilisatoren und Verdickungsmittel zugesetzt (↑**E 338**, ↑**E 339**, ↑**E 340**, ↑**E 341**, ↑**E 345**). **Phosphormangel:** zeigt sich bei Kindern in verzögertem Wachstum, schlechter Knochen- und Zahnbildung sowie ↑**Rachitis**. Die Symptome ähneln ↑**Kalzium**- und ↑**Vitamin-D**-Mangel. Phosphormangel führt zu

Gewichtsverlust und Müdigkeit. Auch anormaler Appetit (starkes Verlangen nach phosphorhaltigen Substanzen, die keine Lebensmittel sind – Kreide, Ton, Kalk o. Ä.) gehört zu den Symptomen. Ein Mangel an Phosphor kann lange Zeit verborgen bleiben, da Phosphor aus den Knochen abgebaut wird. Bei Einnahme von zu viel ↑**Calcium** und zu wenig Phosphor kann es zur Bildung von Nierensteinen kommen. Tierversuche zeigen, dass Phosphormangel neben dem bereits erwähnten Gewichtsverlust zu einem unzureichenden Ausbau des Skeletts und im Extremfall zum Tod durch Kräfteverfall führen kann. **Überdosierung und Vergiftung:** Bei einem übermäßig hohen Phosphatanteil in der Nahrung kommt es zu einer gestörten Aufnahme anderer ↑**Mineralstoffe** und ↑**Spurenelemente.** Zu viel Phosphor führt im Körper zu Störungen im Calciumhaushalt, was bedeutet, dass die Calciumverwertung behindert wird. Darüber hinaus wird die Nebenschilddrüse angeregt, mehr Hormone zu produzieren. Diese Hormone bewirken, dass Calcium aus den Knochen gelöst wird, um den Calciumspiegel im Blut konstant zu halten. Dieser Teufelskreis führt zu einem verstärkten Abbau der Knochensubstanz. Dies wiederum begünstigt die gefürchtete ↑**Osteoporose**. Ein Colagetränk hat sehr hohe Phosphatkonzentrationen, Kinder, Jugendliche und Senioren sollten so selten wie möglich Cola trinken. ∅ **Phosphorgehalt in 100 g Lebensmittel:** ↑**Weizenkeime**: 1100 mg; ↑**Weizenkleie:** 1143 mg; ↑**Knäckebrot:** 301 mg; ↑**Bohnen, weiß**: 426 mg; ↑**Erbsen:** 375 mg; ↑**Sojabohnen:** 550 mg; ↑**Feta:** 400 mg; ↑**Gouda:** 443 mg; ↑**Emmentaler:** 627 mg; ↑**Parmesan:** 840 mg; ↑**Ölsardinen** (Dosenware): 434 mg; ↑**Schweinefleisch:** 204 mg; ↑**Pistazien:** 500 mg; ↑**Paranüsse:** 674 mg; ↑**Walnüsse:** 410 mg

Phosphorsäure [*Fachkunde*] ↑**E 338**

pH-Wert [*Gesundheit*] Abkürzung für Potenz (**p**) und Maß für die Wasserstoffionenkonzentration (**H**). Der pH-Wert ist das Maß für die Säure- und Basenstärke einer Lösung. Er umfasst einen Wertebereich von 0 bis 14. Der saure Bereich liegt unter dem Wert 7. Magensaft hat z. B. einen pH-Wert von 2 bis 3 und ist somit sauer. Ein Wert von unter pH 4,5 bedeutet auch, dass Sporen nicht mehr auskeimen können. Produkte mit einem pH unter 4,5 lassen deshalb die Herstellung von ↑**Sauerkonserven** zu, die auch bei einer reduzierten Hitzebehandlung noch stabil bleiben. Wasser hat einen pH-Wert von 7 und ist neutral. Mikroorganismen können sich in einem für sie optimalen Bereich besonders gut vermehren. Als basischen Bereich bezeichnet man die Werte über 7. Der pH-Wert von Körperflüssigkeiten ist wichtig für viele Vorgänge im Körper. Deshalb gibt es verschiedene Mechanismen, die Veränderungen des pH-Wertes verhindern bzw. ausgleichen. Für Enzyme spielt er eine große Rolle, da sie nur bei bestimmten pH-Werten aktiv sein können. ↑**Säure- und Basenhaushalt**

Phyllochinon [*Gesundheit*] **T** ↑**Vitamin K** ist seit 1929 bekannt. Es kommt in verschiedenen Formen vor. **1.** Pflanzen bilden Phyllochinon oder K1, das über die Nahrung aufgenommen wird. **2.** In der Darmflora des Menschen wird eine andere Form von Vitamin K gebildet, nämlich K2 oder Menachinon. Es deckt die Hälfte des täglichen Bedarfs, sodass ein Vitamin-K-Mangel nur selten auftritt. **Funktion im Körper:** Vitamin K beschleunigt die Blutgerinnung, indem es sich an der Synthese von Gerinnungsfaktoren beteiligt. Durch eine Zusammenarbeit mit ↑**Proteinen** und ↑**Calcium** beeinflusst es auch die Bildung und Erhaltung der Knochen. **Vitamin-K-Mangel:** Ein Vitamin-K-Mangel entsteht selten; wenn, dann weniger durch falsche Ernährung als durch den Einfluss von Krankheiten oder Medikamenten (z. B. Antibiotika). Fehlt dem Körper Vitamin K, dann treten Blutungen häufiger auf, und das Blut braucht länger, um zu gerinnen. **Vitamin-K-Lieferanten:** Vitamin K wird von den Darmbakterien in Form von K2 in ausreichender Menge gebildet. K1 steckt aber auch in Pflanzen, besonders in grünen ↑**Blattgemüsen** (z. B. ↑**Spinat**) und ↑**Kohl**arten (↑**Sauerkraut**, ↑**Blumen**-, ↑**Rosen**-, ↑**Rot**- und ↑**Grünkohl**). Über die Nahrungskette gelangt das Vitamin auch in ↑**Fleisch**, ↑**Leber** und ↑**Milch.** Weiter ist es enthalten in ↑**Weizen**, ↑**Kopfsalat**, ↑**Tomaten**, ↑**Erbsen**, ↑**Bohnen.** Bei der Zubereitung von Nahrungsmitteln, die Vitamin K enthalten, entstehen keine großen Verluste durch Hitze. Licht allerdings kann das Vitamin in zu hell gelagerten Lebensmitteln zerstören. Darum sollte Milch nie in durchsichtigen Glasgefäßen aufbewahrt werden. **Täglicher Bedarf:** Über die Nahrung nimmt der Körper täglich ∅ 400 µg des Vitamins auf und verbraucht davon etwa die Hälfte. Die empfohlene Vitamin-K-Tagesdosis liegt bei ∅ 70 µg. Der genaue Bedarf kann allerdings nur geschätzt werden. Eine Überdosierung zieht im Normalfall keine Nebenwirkungen nach sich. Um den ∅ Tagesbedarf an Vitamin K zu decken, reichen folgende Mengen der betreffenden Lebensmittel: 200 g ↑Bratkartoffeln; 30 g Blumenkohl; 20 g ↑Blattspinat; 10 g ↑Petersilie; 90 g ↑Kalbsleber. **Zusätzliche Ergänzungen:** für Osteoporosepatienten und Menschen, deren Blutungsneigung erhöht ist. Auch Säuglingen gibt man Gaben von Vitamin K, da ihre Darmflora noch nicht genug produziert und sie über die Nahrung wenig aufnehmen. Bestimmte Krankheiten des Verdauungssystems (z. B. ↑**Morbus Crohn**, ↑**Zöliakie**), Lebererkrankungen, Krebs sowie Kalziummangel können einen Vitamin-K-Mangel hervorrufen; in solchen Fällen ist eine Nahrungsergänzung ebenfalls erforderlich. Vorsichtig mit Vitamin-K-haltigen Lebensmitteln sollten Menschen sein, deren Blutgerinnung medikamentös beeinflusst wird (ASS-, Marcumar-, Coumadin-Patienten).

Phylloteig [*Orientalische Küche*] ↑**Yufkateig** & ↑**Börek**

Physalis [*Exotische Früchte*] **T Lateinisch:** Physalis peruviana. **Synonym:** Kapstachelbeere. **Info:** Physalis gehören zur Familie der Nachtschattengewächse und sind starkwüchsige, einjährige, dem Wuchs nach den ↑**Tomaten** ähnliche, bis 1 m hohe Pflanzen. Die 10–15 mm großen, orangefarbenen Beerenfrüchte mit essbaren Samenkörnern sind lampionähnlich von einer grünen Hülle umgeben, die sich aus dem aufgeblasenen Blütenkelch entwickelt hat. Die papierdünne Hülle färbt sich bei Reife gelb, durch Trocknung bräunlich und sieht aus wie Pergament. Die Beeren schmecken saftig, süß, mit leicht säuerlichem Nachgeschmack an ↑**Stachelbeeren** und ↑**Ananas** erinnernd. Grüne Beeren sind sauer. **Ursprung und Geschichte:** Die ursprünglich in den südamerikanischen Andengebieten in Peru und Chile beheimatete Physalis wurde seit Jahrhunderten auf den lokalen Märkten angeboten. Zu Beginn des 19. Jahrhunderts kamen die Pflanzen mit den ersten Siedlern an das Kap der Guten Hoffnung und von dort weiter nach Australien. Erst in der zweiten Hälfte des 20. Jahrhunderts wurden Physalis erstmals von Südafrika auf die europäischen Märkte gebracht, was ihr den deutschen Beinamen Kapstachelbeere einbrachte. Der Name Physalis geht übrigens auf das griechische Wort für Blase zurück. **Herkunft und Saison:** Physalis kommen das ganze Jahr über aus südamerikanischen Anbaugebieten, meist Kolumbien, auf den Markt. In den Wintermonaten gibt es zusätzliche Angebote aus Südafrika. **Inhaltsstoffe:** 100 g Physalis weisen einen Brennwert von ∅ 220 kcal/921 kJ auf und enthalten etwa 85 g Wasser, 1,9 g Eiweiß, 0,7 g Fett und 11,2 g Kohlenhydrate. An ↑**Mineralstoffen**, ↑**Spurenelementen** und ↑**Vitaminen** sind ∅ 9 mg Kalzium, 1 mg Eisen, 72 RE Vitamin A sowie 11 mg Vitamin C enthalten. **Zubereitung und Tipps:** Physalis werden fast ausschließlich roh verzehrt und vor allem wegen ihres hübschen Kelchblattes gerne als Dekoration für ↑**Desserts** und kalte Platten verwendet. Wegen ihres hohen ↑**Pektin**gehalts sind Physalis aber auch zur Herstellung von ↑**Marmeladen** geeignet, manchmal werden sie wie ↑**Rosinen** getrocknet und dann in ↑**Schokolade** getaucht als Praline serviert. In der Naturmedizin wird die Physalis wegen ihrer harntreibenden und reinigenden Wirkung bei Nierenentzündungen, ↑**Gicht**, Nieren- und Blasensteinen sowie bei Beschwerden des Harnwegsystems eingesetzt.

Phytinsäure [*Gesundheit*] Gehört zu den ↑**bioaktiven Substanzen** und dient in ↑**Hülsenfrüchten**, ↑**Getreide** und ↑**Ölsamen** als Speicher für ↑**Phosphat** und ↑**Energie**. Phytinsäure kann ↑**Mineralstoffe** wie ↑**Calcium**, ↑**Eisen** und ↑**Zink** unlöslich binden. Sie wurde früher als unerwünschter Inhaltsstoff in Lebensmitteln angesehen, da die gebundenen Mineralstoffe vom Körper nicht aufgenommen werden können. Heute weiß man, dass diese Eigenschaft in einer ausgewogenen ↑**Mischkost** keinen wesentlichen Nachteil darstellt. Im Gegenteil, Phytinsäure gilt als gesundheitsfördernd. Sie verzögert z. B. den Abbau von ↑**Stärke** im Körper mit der Folge, dass die Blutzuckerkonzentration gut reguliert werden kann. Darüber hinaus werden krebshemmende Eigenschaften von Phytinsäure diskutiert.

Phytoöstrogene [*Gesundheit*] Gehören zu den ↑**bioaktiven Substanzen**, die in Pflanzen gebildet werden. Ihren Namen erhielten sie, weil sie dem Hormon „Östrogen" vom Aufbau und der Wirkung ähneln. Phytoöstrogene werden in zwei Gruppen aufgeteilt: **1. Isoflavonoide:** kommen nur in tropischen ↑**Hülsenfrüchten**, z. B. ↑**Sojabohnen**, vor; **2. Lignane:** Sie sind Bestandteil von pflanzlichen Zellwänden und damit weit verbreitet, z. B. in ↑**Pflanzenfetten**, ↑**Vollkorn**produkten und ↑**Leinsamen**. Phytoöstrogene zeigen geschlechtshormonähnliche Wirkungen. Deshalb wird untersucht, dass sie Brust- und Gebärmutterhalskrebs vorbeugen können. Unterstützt wird diese Theorie durch Beobachtungen bei Bevölkerungsgruppen, die regelmäßig Sojabohnen essen (z. B. Japanerinnen) und viel seltener an Brustkrebs erkranken als z. B. Europäerinnen, in deren Kost wenig Phytoöstrogene enthalten sind.

Phytosterin [*Gesundheit*] Gehören zu den ↑**bioaktiven Substanzen**. Sie werden von Pflanzen gebildet und ähneln von Aufbau und Struktur dem ↑**Cholesterin**. Man nimmt deshalb an, dass sie um die Aufnahme im Darm mit dem tierischen Cholesterin konkurrieren und so die Aufnahme von Nahrungscholesterin reduzieren können. Das könnte eine geringere Erhöhung des Cholesterinspiegels im Blut nach sich ziehen. Phytosterine sollen auch eine Schutzwirkung gegen Dickdarmkrebs haben. Sie kommen vor allem in fettreichen Samen (z. B. ↑**Sojabohnen**, ↑**Sonnenblumenkerne**, ↑**Sesam**kerne) und den daraus gewonnenen Ölen vor. **Raffinierte Öle enthalten im Gegensatz zu kaltgepressten Ölen keine Phytosterine mehr.**

Pi(n)ci [*Ital. Speisekarte*] Gerollte ↑**Spaghetti**

Piadina [*Ital. Speisekarte*] Teigfladen aus ↑**Pastateig**

Piatto del giorno [*Ital. Speisekarte*] Tagesmenü

Pibales grillées [*Franz. Speisekarte*] Gegrillte winzige ↑**Aale** (Aalbrut), auch „angulas" oder „civelles" genannt. ↑**Glasaal**

Picadillo de res [*Mexicofood*] ↑Rinder**hackfleisch**

Picadillo te ternera [*Mexicofood*] ↑**Hackfleisch** vom ↑**Kalb**

Picadon [*Käse*] **T Herkunft:** Frankreich/Rhône-Alpes; **Käsesorte:** kleiner, runder ↑**Weichkäse**, mind. 45 % ↑**Fett i. Tr.**; **Rinde:** mit weißem oder bläulichem ↑**Edelschimmel** überzogen; **Milch:** ↑**Ziegenmilch**; **Teig:** fein, fest, gereift – bröckelig; **Geschmack: frisch** – milchig, säuerlich – **gereift** – nussig. **Beste Zeit:** September bis November; **Verwendung:** pur auf ↑**Bauern-**

geschnittene ↑**Zwiebeln** in ↑**Butter** ohne Farbe zu nehmen anrösten; trockenen ↑**Patnareis** dazugeben und glasig werden lassen; mit ↑**Bouillon** auf das Doppelte des Reisvolumens auffüllen; würzen und ohne Umrühren zugedeckt im Rohr ca. 18 bis 20 Min. dünsten. Pilaf für Vorspeisen werden meist so angerichtet, dass der Pilafreis aus einer Ringform (↑**Bordure**) gestürzt und die den Namen gebende Garnitur in Form eines ↑**Ragouts** in die Mitte gegeben wird.

Pilaw [*Orientalische Küche*] Orientalisches Reisgericht mit ↑**Hähnchen** oder ↑**Hammelfleisch**

Pilchard [*Fisch*] Ausgewachsene, bis zu 30 cm große ↑**Sardinen**

Pilgermuschel [*Fisch*] ↑**Jakobsmuschel**

Pilgrimser Art [*Speisegarnitur*] **A** Ganze Fische oder Portionsstücke vom Süßwasserfisch werden im Ofen gebacken. Den Bratensatz mit saurem Rahm sämig einkochen, vermischt mit Streifen (**Julienne**) von ↑**Sauren Gurken.** Den Fisch auf der Soße anrichten, dazu ↑**Püree** von grünen ↑**Erbsen** und ↑**Salzkartoffeln.**

Pilieren [*Franz. Fachwort*] Stoßen, zermalmen, mit einem ↑**Mörser** zerstoßen

Pillus [*Ital. Speisekarte*] **R** Eine sardische Pastaspezialität. Bandnudeln wie ↑**Pappardelle:** Der ↑**Pastateig** ist mit ↑Wild**fenchel** gewürzt. Die ↑**Nudeln** werden in Rinder- oder ↑Schafs**bouillon** gekocht und auf einem Bett von ↑**Schafskäse** serviert.

Pilsator [*Bier*] Ostdeutsche Bierspezialität – weniger herb als ↑**Pils** und weniger malzig als ↑**Export**

Pilsener [*Bier*] Auch **Pils** oder **Bier** nach **Pilsner Brauart:** nach der böhmischen Stadt Pilsen (tschechisch: Plzeň) benanntes, ↑**untergäriges Bier** mit starkem Hopfenaroma und höchstens 12,5 % Stammwürzegehalt. Pils ist das meistgetrunkene ↑**Bier** Deutschlands. Hopfenbetont, schlank und spritzig im Geschmack, mit feinem Schaum. Pils wird aus vorgekühlten Tulpen oder Pokalen getrunken – Temperatur: 7–8° C. Übrigens: Ein Pils, das 7 Min. braucht, ist garantiert schal, ohne Kohlensäure im Glas. Eine feste Schaumkrone und ein frisches Bier bekommt man mit zweibis dreimal Nachzapfen in etwa 3 Min. **Pilsgeschichte:** Das ursprüngliche Pilsner Bier war ein dunkles, trübes, warm vergorenes Bier mit einem so schlechten Ruf, dass es fässerweise aus Protest auf dem Rathausplatz von Pilsen ausgeschüttet wurde. In seiner Not berief der Pilsner Martin Stelzer, Braumeister des „Bürgerlichen Brauhauses" in Pilsen, 1842 den bayerischen Braumeister Josef Groll aus Vilshofen (in Niederbayern) nach Pilsen, um den Böhmen ein gutes Bier zu brauen. Josef Groll braute somit am 5. Oktober 1842 den ersten Sud nach Pilsner Brauart. Dieser wurde erstmals am 11. November 1842 öffentlich ausgeschenkt und eröffnete so den weltweiten Siegeszug dieser Bierspezialität. Zunächst setzte sich aber für diese untergärigen Biere der Begriff „nach Bayerischer Brauart" durch, der erst später zu Pilsner Brauart geändert wurde. Das Bier, gebraut nach Pilsner Brauart, wurde als Lagerbier und Exportbier auch außerhalb Böhmens sehr beliebt. Bald nannten sich viele Biere, nicht nur in Deutschland, **Pilsner**, **Pilsener** oder auch nur **Pils**. Der deutlichste Unterschied des Pilsner Bieres im Vergleich zum obergärigen Vollbier ist wohl der leicht bittere Hopfengeschmack. Für Pilsener Urquell wird der berühmte Hopfen um die nordböhmische Stadt Saaz (Žatec) angepflanzt. Charakteristisch für diese Biersorte sind der vollere, malzigere Geschmack und die goldgelbe Farbe. **Info:** Das Original Pilsner aus Böhmen ist nicht vergleichbar mit den vor allem in Norddeutschland gebrauten Pilssorten, die einen viel bittereren/herberen Geschmack aufweisen und auch bei weitem nicht so voll und malzig schmecken. Die Bezeichnung Pilsner ist in der Schweiz nicht zugelassen. Dort heißt es „Spezialbier". Laut einem Abkommen mit Tschechien darf die Bezeichnung „Pilsner" dort nicht verwendet werden. Im Gegenzug verzichtet Tschechien auf die Bezeichnung „Emmentaler" für Käse.

Pilze [*Fachkunde*] **T Englisch:** mushrooms; **Französisch:** champignons; **Italienisch:** funghi; **Spanisch:** setas. Es sind essbare Fruchtkörper von höheren Sporenpflanzen. Sie enthalten 85 bis 90 % Wasser, viel ↑**Eiweiß** und leichtverdauliche ↑**Kohlenhydrate** (keine ↑**Stärke**), ↑**Fett**, ↑**Vitamine** und ↑**Mineralstoffe.** Man unterscheidet: ↑**Zuchtpilze** (z. B. ↑**Champignons**, ↑**Scheidlinge**, ↑**Shiitake**, ↑**Austernpilze** und ↑**Egerlinge**) und ↑**Waldpilze** (z. B. ↑**Pfifferlinge**, ↑**Steinpilze**, ↑**Butterpilze** und ↑**Trüffel**). Beim Einkauf sollten Pilze saftig und fest sein. Sie sollten trocken und luftig, nicht aber im Kühlschrank gelagert werden. Gerichte von Waldpilzen sollten nicht aufgewärmt werden. Wegen ihres hohen Wassergehaltes und ihrer zarten Struktur verderben Pilze sehr schnell. Champignons und Pfifferlinge eignen sich auch zum Einfrieren. Sie werden vor dem Einfrieren 3 bis 4 Min. blanchiert oder fertig gegart und dann eingefroren. Zuchtpilze sind auch in rohem Zustand essbar und wohlschmeckend. Alle anderen Pilze eignen sich – auch aus geschmacklichen Gründen – nicht für den Rohverzehr. Sie enthalten Giftstoffe (Hämolysine), die rote Blutkörperchen zerstören. Hämolysine werden durch Erhitzen zerstört, deshalb können alle gegarten Gerichte mit Speisepilzen ohne Bedenken gegessen werden.

Pilze einfrieren [*Speisepilze*] **T** Pilze schmecken zwar frisch am besten, allerdings lassen sie sich auch gut konservieren. Zum Einfrieren eignen sich nur junge Pilze. Sie müssen sehr frisch geputzt, in dünne Scheiben geschnitten und 2 bis 4 Min. ↑**blanchiert** werden. Nach dem Abkühlen in eiskaltem Wasser trocken tupfen und bei minus 18° C lose ausgebreitet einfrieren. Wenn sie hart sind, in eine vorgekühlte Lagerbox füllen. Tiefgefroren sind Pilze ca. 6 Monate haltbar und werden unaufgetaut zu Soßen und Suppen gegeben und mitgekocht.

Pilze in der Ernährung [*Fachkunde*] **T** Pilze enthalten wenig ↑**Energie** (im Durchschnitt 25 bis 35 kcal/100 g Frischware). Der ↑**Eiweißgehalt** liegt zwischen 1 bis 3 g je 100 g Frischware. Unter den ↑**Mineralstoffen** sind insbesondere ↑**Kalium**, ↑**Phosphor** und ↑**Selen** zu nennen. Weitere Vorzüge sind der hohe ↑**Vitamin** B_1-, B_2- und D-Gehalt. Im Gegensatz zu ↑**Waldpilzen** enthalten ↑**Zuchtpilze** keine bedenklichen Mengen an toxischen Schwermetallen wie Cadmium und Quecksilber. Die Weltgesundheitsorganisation (WHO) empfiehlt, nicht mehr als 250 g Wildpilze pro Woche zu essen. Damit ist man, was die Schwermetallbelastung und die Strahlenbelastung angeht, auf der sicheren Seite. Gebiete, in denen nach der Reaktorkatastrophe von Tschernobyl 1986 radioaktiver Regen niederging, weisen immer noch erhöhte radioaktive Werte bis zu 3000 Bequerel/Kilogramm auf (Werte sind beim zuständigen Landratsamt zu erfahren).

Pilze lagern [*Speisepilze*] **T** Generell sind Pilze wegen ihres hohen Wassergehaltes und ihrer zarten Struktur nicht lange lagerfähig. Verderbliche Arten wie ↑**Tintlinge** müssen bald nach der Ernte verarbeitet werden, da sie sonst regelrecht zerfließen. Am besten lassen sich noch einige ↑**Röhrlinge** aufbewahren, sofern sie luftig und kühl gelagert sind. Es empfiehlt sich allerdings, sie spätestens am nächsten Tag zu verarbeiten. ↑**Champignons** und ↑**Austernpilze** können in offenen Schalen im Kühlschrank 3 bis 4 Tage lagern, aber nicht zusammen mit ↑**Obst** und ↑**Zwiebeln**, da Pilze durch das austretende Ethylen schnell altern.

Pilze trocknen [*Speisepilze*] **T** Waldpilze schmecken zwar frisch am besten, allerdings lassen sie sich auch gut konservieren. Zum Trocknen eignen sich besonders die vielen Röhrlingsarten. Man schneidet dazu die Pilze in nicht zu dünne Scheiben, legt sie nebeneinander auf ein Vlies oder Kuchengitter und trocknet sie an warmer Luft. Im Sommer kann das im Freien, im Herbst im Backofen bei Temperaturen um 35° C sein. Es dauert 2–3 Tage. Getrocknete Pilze werden am besten in Gläsern mit Schraubverschluss aufbewahrt. Sie eignen sich als Würzmittel in Suppen, ↑**Saucen**, Eintöpfen, ↑**Ragouts** und Fleischgerichten. Damit Trockenpilze ihr volles Aroma entfalten können, sollten sie vor der Zubereitung mit warmem Wasser übergossen werden, 20–30 Min. einweichen und dann nur kurz mitkochen. Besonders sandige Pilze wie getrocknete Morcheln, Pfifferlinge usw. sehr gründlich und so lange in lauwarmem Wasser waschen, bis am Boden des Waschgefäßes kein Sandkorn mehr zu sehen oder spüren ist.

Pilze Zubereitung [*Unsere Küche*] **T Säubern:** Je nachdem, wie man seine Pilze zubereiten möchte, müssen sie unterschiedlich gesäubert werden. Bei Wildpilzen wirft man auf jeden Fall schimmlige und madige Teile weg, evtl. sind bei manchen Pilzen auch die zähen Stiele (z. B. ↑**Parasolpilz**) nicht genießbar. Wurzelreste, Laub, Tannennadeln usw. werden am besten mit einem Messer, mit Küchenkrepp oder einem Pinsel entfernt. Bei manchen Pilzen (Butterpilze) wird die Kappenhaut abgezogen. **Pilzsorten mit Schwamm** wie ↑**Steinpilze**, ↑**Butterpilze** oder ↑**Maronen auf keinen Fall waschen**, da die Pilze sofort das Wasser aufnehmen, beim Garen zäh werden und ihr Aroma verlieren. Pilze mit Lamellen wie Pfifferlinge, Morcheln oder Reizker werden generell mit einem weichen Pinsel gereingt, können aber bei starker Versandung sehr schnell in stehendem, kaltem Wasser gewaschen und auf Küchenkrepp getrocknet werden. Pilze, die getrocknet werden sollen, reinigt man sorgfältig mit einem Pinsel. Sand wird beim Einweichen im Wasser vor der Zubereitung entfernt. **Wichtig!** Ein Pilzgericht sollte mindestens 10 bis 15 Min. durchkochen. Das gilt besonders für Waldpilze, um eventuelle Larven des ↑**Fuchsbandwurms** abzutöten. Zu langes Garen jedoch schadet den Pilzen und lässt sie hart und zäh werden. ↑**Waldpilze niemals roh essen!** ↑**Zuchtpilze** können auch roh verzehrt werden. Reste von Pilzgerichten können auch am nächsten Tag noch gegessen werden, wenn man sie schnell abkühlen lässt und anschließend im Kühlschrank bei ca. 2 bis 4° C lagert. Vor dem Verzehr sollten sie dann schnell auf über 70° C erwärmt werden. Pilze sind sehr schwer verdaulich, darum schneidet man sie in kleine Stücke oder Scheiben, kaut sie gut, isst nicht zu große Mengen, vor allem nicht abends. **Tipps zum Einlegen:** ↑**Würztabelle**

Pilzsuppe [*Übersetzer*] **Englisch:** mushroom soup; **Französisch:** soupe de champignons; **Italienisch:** zuppa di funghi; **Spanisch:** sopa de seta

Piment [*Gewürze & Kräuter*] **T Lateinisch:** Pimenta dioica. **Synonym:** Nelkenpfeffer, Gewürzkörner, Neugewürz, Jamaikapfeffer. **Englisch:** allspice, Jamaica pepper, myrtle pepper, pimento; **Französisch:** toute-épice, piment, piment Jamaïque, poivre aromatique, poivre de la Jamaïque; **Italienisch:** pimento, pepe di Giamaica; **Spanisch:** pimienta de Jamaica, pimienta gorda, pimienta dulce, guayabita (Südamerika). **Ursprung:** Jamaika ist Ursprungs- und heute noch Hauptexportland. Zwar wird Piment auch in anderen mittelamerikanischen Staaten (Mexiko und Honduras) angebaut, aber in wesentlich schlechterer Qualität. **Herkunft:** Piment sind vor der Reife gepflückte und getrocknete Beeren des Pimentbaums, die als Gewürz ähnlich wie ↑**Pfeffer**körner verwendet werden. Das nelkenähnliche Aroma des Piment wird vor allem in der ↑**Karibischen Küche** geschätzt. Jamaika ist für scharfe ↑**Jerk**-Pasten bekannt, mit denen man ↑**Fleisch** vor dem Grillen einreibt und mariniert. In Europa ist Piment vor allem in England beliebt, wo man es für Schmor- und Suppengerichte sowie sauer eingelegtes ↑**Gemüse** verwendet. **Erhältlich als:** ganze Körner oder gemahlen; **Geschmack:** Geruch und Geschmack von Piment erinnern an eine Mischung aus ↑**Nelke**, ↑**Muskat**, ↑**Pfeffer** und ↑**Zimt**. **Verwendung in der Küche:** ↑**Würztabelle**. Typisches ↑**Currygewürz**, unentbehrlich für die ↑**Wurst**herstellung und in der ↑**Worcestersauce** - Sparsam verwendet, passt er sich allen exotischen Gewürzen an. Von gemahlenem Piment nur kleine Mengen kaufen und schnell verbrauchen. In der Küche des Autors ist eine Pfeffermühle für Pimentkörner reserviert. **Wirkung in der Volksmedizin:** Appetitanregend

Piment doux [*Franz. Speisekarte*] ↑**Gemüsepaprika**

Piment du chili [*Franz. Speisekarte*] Kleine Pfefferschote, ↑**Chili**

Pimentos [*Span. Speisekarte*] Dickfleischige, rote ↑**Paprikaschoten**, frisch oder konserviert

Pimentos recheados [*Span. Speisekarte*] Gefüllte ↑**Paprikaschoten**

Pimienta [*Span. Speisekarte*] ↑**Pfeffer**

Pimientos rellenos [*Mexicofood*] Gefüllte ↑**Paprika**

Pimientos verdes [*Mexicofood*] Grüne ↑Gemüse**paprika**

Pimpernell [*Gewürze & Kräuter*] **T** **Lateinisch:** Sanguisorba minor. **Synonym:** Bibernell, kleiner Wiesenknopf, Blutstillerin, Blutströpfchen, Braunelle, Drachenblut, Falsche Bibernelle, Herrgottsworte, Körbelskraut, Költeltskraut, Rote Bibernelle, Sperberkraut, Wiesenbibernelle, Wurmkraut, Becherblume, Kleine Bibernelle, Welsche Bibernelle, Gartenbibernelle, Kleines Blutkraut, Megenkraut, Nagelkraut, Pimpinelle oder Pimpernelle. **Englisch:** little burnet; **Französisch:** pitfiprenelle; **Italienisch:** pimpinella. **Herkunft:** Pimpernelle ist in Deutschland und Zentraleuropa zu Hause. Das doldenartige Gewächs kommt wild auf Geröllhalden und an Wegrändern vor. Es gedeiht auch unter Bäumen im Halbschatten. **Erhältlich als:** Pimpernell gibt es nur bei Spezialkräuterhändlern und manchmal im Sommer auf Märkten. Am ehesten in und um Frankfurt zu bekommen, da es zur **Frankfurter** ↑**Grünen Soße** gehört. **Anbau:** Wer im Sommer frische Kräuter für Salate, ↑**Quark** oder ↑**Saucen** mag, sollte es mit dieser anspruchslosen, hübschen Pflanze einmal versuchen. Man sät sie im Frühjahr aus. Ernten kann man, wenn die Pflänzchen kräftig sind, bis in den Winter hinein. Im folgenden Frühjahr treibt sie wieder aus. **Geschmack:** Die grünen Blätter schmecken gurkenähnlich, leicht nussartig, mild. **Verwendung in der Küche:** ↑**Würztabelle**; **Konservierung:** Pimpernell lässt sich nicht trocknen, man kann sie aber einfrieren. **Wirkung in der Volksmedizin:** steinlösend, mildert Asthma. Appetitanregend, sehr vitaminreich

Pimpernuss [*Allgem. Nährmittel*] ↑**Pistazien**

Pimpinelle [*Gewürze & Kräuter*] ↑**Pimpernell**

Pimprenelle [*Franz. Speisekarte*] ↑**Pimpernell**

Piña [*Span. Speisekarte*] ↑**Ananas**

Piña Colada [*Hausbar*] **R** (Von span. Piña = ↑**Ananas**), beliebter tropischer ↑**Cocktail**. Sie ist die bekannteste aller Coladas und steht wie kaum ein anderer Cocktail für die Karibik. Grundsätzlich besteht die Piña Colada aus ↑**Rum**, ↑**Kokosnusscreme** und Ananassaft. Heute wird sie häufig mit ↑**Sahne** zubereitet, allerdings ist sie auch ohne cremig. Der Geschmack einer Piña Colada hängt sehr vom Rum ab, ist aber in der Regel cremig, leicht fruchtig und süß. Sehr gut geeignet ist Rum aus der Dominikanischen Republik und Kuba. **Beispiel mit dominikanischem Rum:** 6 cl Bermudez Don Armando; 4 cl Kokosnusscreme; 0–2 cl Sahne; 8 cl Ananassaft. Hier wurde ein sehr milder achtjähriger brauner Rum verwendet. Beim kräftigeren braunen Rum von Barceló oder Brugal sollte weniger genommen werden, bei weißem etwas mehr. **Beispiel mit kubanischem Rum:** 5 cl Havana Club 3 Años; 4 cl Kokosnusscreme; 0–2 cl Sahne; 8 cl Ananassaft. Obwohl hier weißer Rum zum Einsatz kommt, ist die optimale Dosierung geringer als im ersten Beispiel. Das liegt am kräftigen dominanten Geschmack des kubanischen Rums. Mit Abstrichen lässt sich die Kokosnusscreme auch durch Kokosnuss-Barsirup ersetzen. Dann sollte man je nach Sirup die Dosierung verringern, da er oft konzentrierter und sehr süß ist. Ungesüßte Kokosnussmilch ist ungeeignet. **Zubereitung:** Zutaten im ↑**Shaker** mit Eis kräftig schütteln, in großes Becherglas auf zerkleinertes Eis abseihen. Mit Ananasstück und ↑**Cocktailkirsche** garnieren. **Alternative Zubereitung:** Zutaten mit Ananasstücken und zerkleinertem Eis im Mixer pürieren.

Pinard [*Franz. Speisekarte*] Gewöhnlicher ↑**Landwein**

Pince [*Franz. Fachwort*] Zange

Pincée [*Franz. Fachwort*] Prise, Fingerspitze voll

Pincette [*Franz. Fachwort*] Feuerzange. ↑**Feuerzangenbowle**

Pinchos [*Intern. Länderküche*] Sinnbildlich übersetzt: die Aufgespießten. In Nordspanien gibt es statt ↑**Tapas** eine raffinierte Variante, die **Pinchos**, in heiß und kalt. Die Vielfalt und der Geschmack hängen vom Koch ab, aber „Pinchos" mit gegrilltem ↑**Fleisch** sind eindeutig die besten. Der Name kommt von den kleinen Scheiben ↑**Baguette**, garniert mit verschiedenen Salaten, ↑**Meeresfrüchten**, ↑**Schinken**, ↑**Käse** und ↑**Gemüse**, die mit einem kleinen Holzspieß festgesteckt sind. Die Hochburg der Pinchos ist die baskische Stadt San Sebastián.

Pine nuts [*U.S. Kitchen*] ↑**Pinienkerne**

Pineapple [*U.S. Kitchen*] ↑**Ananas**

Pineau de la Loire, Pineau d'Anjou [*Weinkunde*] ↑**Chenin Blanc**

Pinenc [*Weinkunde*] Diese Weißwein-Rebe kommt aus dem Südwesten Frankreichs (Béarn).

Pinienhonig [*Allgem. Nährmittel*] **T** Dunkler, dicker und zähflüssiger ↑**Honig** mit charakteristischem Pinienaroma. Dank seines kräftig ausgeprägten Geschmacks eine ideale Zutat zu würzigen Kuchen und ↑**Desserts**.

Pinienkerne [*Allgem. Nährmittel*] **T Lateinisch:** Pinus pinea. **Synonym:** Zirbelnuss, Piniennuss. **Englisch:** pine nut; **Französisch:** pignon, pignon de pin; **Italienisch:** pinolo; **Spanisch:** piñon. **Info:** Die Kiefernart mit schirmartiger Krone gehört zur Familie der Piniengewächse und ist einer der charakteristischen Bäume des Mittelmeerraumes. Ihre Früchte, eiförmige, 8–15 cm lange Kiefernzapfen, tragen die etwa 2 cm großen Samen, die reif von selbst herausfallen. Die Hauptproduzenten von Pinienkernen sind China und Pakistan, im Mittelmeerraum Italien, Spanien, Frankreich, Portugal und die Türkei. **Ursprung und Geschichte:** Die aus Kleinasien stammende Pinie hat sich im gesamten mediterranen Raum verbreitet. **Herkunft und Saison:** Die Ernte der Pinienkerne im Mittelmeerraum beginnt im Oktober und dauert bis in den März. Die hier angebotenen Kerne stammen meist aus Italien (Toskana). **Inhaltsstoffe:** 100 g Pinienkerne weisen einen Brennwert von ∅ 669 kcal/2800 kJ auf und enthalten 5 g Wasser, 13,2 g Eiweiß, 60 g Fett, 20,5 g Kohlenhydrate und 1 g Ballaststoffe. An ↑**Mineralstoffen** sind ∅ 600 mg Phosphor, 12 mg Kalzium und 5,2 mg Eisen enthalten. **Zubereitung und Tipps:** Pinienkerne haben einen feinen, mandelähnlichen Geschmack, der sich allerdings erst durch Rösten entfaltet. Pinienkerne spielen eine wichtige Rolle in der kulinarischen Tradition vieler mediterraner Länder, man gibt sie in ↑**Saucen** (↑**Pesto**), Salate und Füllungen und verwendet sie für ↑**Kuchen** und Feingebäck. Pinienkerne sollten trocken, luftig und vor allem kühl gelagert werden, da das in ihnen enthaltene Fett schnell ranzig wird.

Pink fir Apple [*Kartoffelsorte*] ↑**Rosa Tannenzapfen**

Pink Lady® [*Obst*] **T Lateinisch:** Malus domestica. **Synonym:** Cripps Pink. **Info:** Ein mittelgroßer ↑**Apfel** von hoch gebauter bis walzenartiger Form und mittellangem Stiel. Die leicht raue Schale ist in der Grundfarbe grünlich bis gelblich und zur Hälfte bis zu drei Vierteln äußerst attraktiv rosa bis rötlich bedeckt sowie von hellen ↑**Lentizellen** besetzt. Das leicht grobe, crèmefarbene Fruchtfleisch ist sehr fest, saftig und weist wegen seines hohen Zucker- und angenehmen Säuregehalts einen sehr guten, erfrischenden Geschmack auf. **Ursprung und Geschichte:** Pink Lady ist aus einer Kreuzung von Lady Williams und ↑**Golden Delicious** hervorgegangen, die John E. L. Cripps 1979 am Western Department of Agriculture in Stoneville, Australien, gelungen ist und 1997 unter Sortenschutz als „Cripps Pink" und unter Markenschutz als „Pink Lady" verkauft wurde. **Herkunft und Saison:** Pink Lady werden in Mitteleuropa etwa Ende Oktober bis Anfang November geerntet und sind im ↑**Kühllager** bis Ende Februar und im ↑**CA-Lager** bis Ende Mai haltbar. Wegen ihrer extrem langen Vegetationszeit reift Pink Lady nur in sehr guten Lagen wirklich aus. Der Beginn der Genussreife fällt mit dem Erntetermin zusammen.

Pinkel(wurst) [*Regionale Spezialität*] **A** Pinkel ist eine Bezeichnung für die im Oldenburger Land verbreitete Art geräucherter Würstchen. Der Name leitet sich von „Pinkeldarm" (Mastdarm vom Schwein) ab, in den die Würstchen früher gefüllt wurden. In jüngerer Zeit werden auch andere Naturdärme und Kunstdärme verwendet. Pinkel besteht aus ↑**Bauchfleisch**, ↑**Zwiebeln** und ↑**Hafergrütze**, abgeschmeckt mit ↑**Gewürzen** gilt sie als die klassische ↑**Wurst** zu ↑**Grünkohl**, der im Winter Hauptsaison hat.

Pinolo [*Ital. Speisekarte*] ↑**Pinienkern**

Pinones [*Mexicofood*] ↑**Pinienkerne**

Pinot [*Weinkunde*] Bezeichnung von Rebsorten, aus denen hervorragende Rot- und Weißweine hergestellt werden

Pinot Auxerrois [*Weinkunde*] Gehört zur Familie der Burgunderreben. Er wird im ↑**Elsass**, in der ↑**Champagne** und im ↑**Burgund** angebaut. In Deutschland kennt man ihn hauptsächlich aus Baden. Sein Name stammt möglicherweise aus der französischen Grafschaft Auxerrois (zwischen Burgund und ↑**Chablis**). Die Farbe ist blass bis hellgelb. Im Geschmack ist er mild, mit einer leichten Säure.

Pinot Blanc [*Weinkunde*] Weiße Rebsorte und Mitglied der aus Burgund stammenden Pinot-Noir-Familie. Wie ↑**Pinot Gris** (↑**Grauburgunder**) ist Pinot Blanc das Ergebnis einer Mutation der genetisch instabilen ↑**Pinot Noir.** Heutzutage trifft man die Rebsorte in ganz Zentral-Europa an, sie erzielt einen hohen Reifegrad sowie Ertrag. Die von ihr gekelterten Weine sind vollmundig mit hohem Alkoholgehalt, und auch ↑**Barrique**-Ausbau bekommt den besten Exemplaren manchmal gut. In Deutschland ist sie als ↑**Weißburgunder** oder weißer Burgunder bekannt, wird aber hier von der Popularität des Grauburgunders in den Schatten gestellt. Dagegen ist die Rebe in Österreich bekannter, aus ihr gelingen hier hervorragende Trockenbeerenauslesen (TBA) mit langem Reifepotenzial. Die Pinot-Blanc-Weine aus dem ↑**Elsass** können von leicht bis Spätauslese-Qualität (Vendage Tardive genannt) variieren. Vendage Tardive ist das Ergebnis einer späten Ernte, bei der die reifen Beeren voluminöse Weine ergeben, denen es aber häufig an Säure fehlt und die deshalb breit und deftig wirken. Italienische Pinot-Bianco-Weine sind dagegen generell leichter und neutraler, nicht zuletzt durch die sehr hohen Erträge, die ihr hier pro ha abverlangt werden. Zudem wird sie oft als Verschnittpartner in Weißweinen benutzt, wobei das Etikett keine weiteren Hinweise erlaubt, als dass es sich hier um Bianco, Weißwein, handelt. Bei Qualitätswinzern im Veneto, Trentino und in der Lombardei von erstaunlicher Qualität. Im Friaul oft eigenständig mit eigenem Charakter.

(1578–1642), russischer Nationalheld. Nach ihm wurde das beliebte **Kalbskotelett Pojarski** benannt. **Hier das Grundrezept:** Das Fleisch von einem ausgelösten, fettfreien rohen Kalbskotelett wird fein gehackt, mit ↑**Sauerrahm,** ↑**Salz,** ↑**Pfeffer,** ↑**Muskat** und feinen angeschwitzten ↑**Schalotten**würfeln auf Eis zu einer sehr kalten bindigen Masse verarbeitet. Daraus formt man wieder an dem verbliebenen Kotelettknochen ein Kotelett, paniert es mit Semmelbrösel und brät es in geklärter Butter vorsichtig gar. Garniert wird das Kalbskotelett „Pojarski" mit jungen ↑**Erbsen** und ↑**Spargel**spitzen. ↑**Beurre noisette** serviert man separat. Auch rohes Geflügel- und Lachsfleisch kann genauso zubereitet als **à la Pojarski** auf die Speisekarte gesetzt werden.

Pökelbraten [*Fleischprodukte*] Gepökelter ↑**Schweinebraten**

Pökelbrust [*Fleischprodukte*] **1.** Gepökelte ↑**Rindsbrust** aus Brustmuskeln von Rindern mit anhaftendem Fettgewebe; **2.** Gepökelte ausgelöste und gerollte Kalbsbrust und -bauch

Pökelfleisch [*Fleischprodukte*] ↑**Rauchfleisch** oder ↑**Dörrfleisch**

Pökeln [*Unsere Küche*] **T** Im eigentlichen Sinn bedeutet Pökeln das Haltbarmachen von ↑**Fleisch** und ↑**Fisch** mit Kochsalz. Heute wird darunter die Behandlung von Fleisch und Fleischwaren mit ↑**Nitritpökelsalz** verstanden, um zum einen die Haltbarkeit zu erhöhen und zum anderen die rote Farbe des Fleisches auch nach dem Erhitzen zu erhalten. In 1 kg Pökelsalz ist 5–6 g Natriumnitrat (↑**E 251**) oder -↑**Nitrit** (↑**E 250**) erlaubt. Zum Pökeln wird das Fleisch entweder in eine ↑**Lake** eingelegt, schichtweise mit Pökelsalz bestreut oder über Kanülen mit einer Lake beimpft. Bei der Lake handelt es sich um eine 15- bis 20-prozentige Kochsalzlösung, der Natriumnitrat beigegeben wird. ↑**Laketabelle.** Die Methode, Fleisch einzusalzen und durch den Entzug der Feuchtigkeit haltbar zu machen, ist sehr alt. Beim Pökeln verringert sich auch der Eiweiß- und Mineralstoffgehalt des Fleisches. Ein weiterer Nachteil ist der Nitritgehalt. Nitrit kann unter Hitze zu Nitrosaminen umgewandelt werden, die krebserregend wirken, weshalb man gepökeltes Fleisch, Fleischwaren und Wurst, die Pökelsalz enthalten, nicht grillen sollte. Es gibt verschiedene Methoden des Pökelns, man unterscheidet zwischen: **Nasspökeln:** Dabei wird das Fleisch mit einem Gemisch aus Wasser und Pökelsalz, der so genannten Pökellake, übergossen. Das damit behandelte Fleisch ist nach ca. 4 Wochen fertig durchgesalzen. Nassgepökeltes Fleisch ist nicht so lange haltbar wie trockengepökeltes. **Schnellpökeln:** Schnellpökeln ist eine Abart des Nasspökelns. Das Fleisch wird nicht mit der Salzlake übergossen, sondern diese wird direkt in die Muskeln und in die Adern des Fleischteils gespritzt. Beim Schnellpökeln ist das Fleisch nach ca. 1 Woche fertig durchgesalzen. **Trockenpökeln:** Das mit Pökelsalz eingeriebene Fleisch wird in Fässern gelagert. Aus dem austretenden Fleischsaft bildet sich die so genannte Pökellake. Das damit bedeckte Fleisch ist nach ca. 6–8 Wochen fertig durchgesalzen.

Pökelsalz [*Gewürze & Kräuter*] ↑**Nitritpökelsalz**

Pökling [*Fisch*] Bezeichnung für Bückling

Polenta [*Ital. Speisekarte*] **R** Die Polenta, ursprünglich aus ↑**Buchweizen**mehl gekocht („polenta nera" = schwarze Polenta), ist heute ein aus ↑**Maisgrieß** hergestellter, fester gekochter Brei in vielen Variationen. Für Süßspeisen wird auch ↑Weizen**grieß** genommen. Aus der ↑**italienischen Küche** ist Polenta nicht wegzudenken. Besonders beliebt ist Polenta als Beilage zu Eintöpfen, ↑**Ragouts** und geschmorten, kräftigen Fleischgerichten, egal ob gekocht, geformt und gebraten. **Grundrezept für Polenta**: Zutaten für 4–6 Personen als Beilage: 250 g Maisgrieß; 1 l Wasser; 1 TL ↑**Salz;** Prise ↑**Muskat**; 50 g frisch geriebener ↑**Parmesan. Zubereitung:** In einem hohen, breiten Topf (vorzugsweise mit dickem, schwerem Boden) das Wasser mit dem Salz aufkochen. Die Herdplatte auf kleine Hitze zurückschalten und unter Rühren nach und nach den Maisgrieß zugeben. Den Deckel auf den Topf legen und die Polenta 10 Min. köcheln lassen. Dann den Herd ausschalten, den Parmesan einrühren und 15 Min. ziehen lassen. Servierfertig. **Gebratene Polenta:** Den noch warmen Brei 2 cm dick auf ein mit Folie ausgelegtes Backblech streichen und erkalten lassen. In Rauten oder Quadrate schneiden und in ↑**Olivenöl** braten (auch auf dem Grill möglich). So lassen sich die Polentastücke im Kühlschrank aufheben und auch später gut verarbeiten. **Varianten:** Statt Wasser kann man auch 500 ml ↑**Milch** und 300 ml Wasser nehmen, dann wird die Polenta cremiger. Oder man nimmt halb Milch, halb ↑**Gemüsebrühe** für einen würzigeren Geschmack. ↑**Gelber Mais,** ↑**Maismehl** & ↑**Fumonisine**

Polignac [*Speisegarnitur*] **A Speisegarnitur für Geflügel** – Mit ↑**Champignon**- und ↑**Trüffel**scheiben in Geflügelrahmsauce; **Fisch** – Mit Champignonscheiben in Weißwein-Rahmsauce; **Eier** – Auf Trüffelscheiben oder in ↑**Sauce Périgueux**

Polip(ett)o [*Ital. Speisekarte*] ↑**Krake**

Polish Hill River [*Weinkunde*] Ein neuer, Erfolg versprechender Unterbezirk in der Weinbauregion Clare Valley in Südaustralien

Pollack [*Fisch*] **T Lateinisch:** Gadus pollachius. **Synonym:** Gelbes Kohlmaul. Fisch aus der Familie der ↑**Dorsche**, ähnelt dem ↑**Köhler**, hat aber ein rötlichweißes Maul mit stark verkürztem Oberkiefer und gelbliche Brustflossen. Er wird bis 1 m lang, und sein Fleisch ist von gutem Geschmack. Der Pollack ist etwas feiner als der Köhler, wird aber wie dieser als ↑**Seelachs** gehandelt.

Pollen [*Gesundheit*] Die Bienen sammeln Blütenpollen,

die in den Vorratszellen der Waben gelagert werden. Sie dienen den Ammen und den älteren Larven im Bienenstock als Nahrung. Blütenpollen sind mineralstoff-, vitamin- und eiweißreich. Ein auf dem Markt erhältliches Pollengranulat soll eine appetitanregende Wirkung haben und bei Schwächezuständen helfen. **Allergiker sollten Vorsicht walten lassen.**

Pollo [*Intern. Länderküche*] Begriff aus der mallorquinischen Küchenkultur für ↑**Hähnchen** (in der Regel Freilandtiere)

Pollo al asador [*Span. Speisekarte*] ↑**Hähnchen** vom Spieß

Pollo asado [*Span. Speisekarte*] Brathähnchen

Pollo frito [*Span. Speisekarte*] Backhähnchen. ↑**Backhendl**

Pollo ruspante [*Ital. Speisekarte*] ↑**Masthuhn**

Polnische [*Fleischprodukte*] ↑**Brühpolnische**

Polnische Art [*Speisegarnitur*] ↑**Polonaise**

Polnische Küche [*Intern. Länderküche*] **A** Die Polen sind äußerst gastfreundlich, und die alte Redewendung „Gast im Haus, Gott im Haus" ist immer noch aktuell. Die polnische Küche ist sehr bodenständig. Sie ist den benachbarten Küchen (deutsche, litauische, ukrainische, tschechische, slowakische und weißrussische) nicht unähnlich, was Gewohnheiten und Bestandteile betrifft. Bedingt durch die wechselhafte Geschichte Polens, sind aber auch kulinarische Einflüsse von tatarisch-türkischer, französischer, italienischer, jüdischer sowie orientalischer Küche zu erkennen. In jüngster Vergangenheit haben sich wie überall die Essgewohnheiten den westeuropäischen angepasst. **Traditionen werden aber gepflegt:** So stellt der Heilige Abend ein zentrales kulinarisches Ereignis dar. Es besteht aus einem fleischlosen Menü mit zwölf Speisen, die den zwölf Jüngern Jesu gewidmet sind. Jeder Tischgast sollte im Laufe des Abends von jeder Speise probiert haben. Außerdem wird der Tisch für eine Person mehr, als Leute im Haus sind, gedeckt, sodass ein armer Fremder willkommen ist und mitfeiern kann. Als Nationalgericht der Polen gilt ↑**Bigos**, ein Gericht aus ↑**Sauerkraut** und ↑**Weißkohl**, gedünstet mit mehreren Fleischarten, Wurststücken und Pilzen. Das älteste polnische Gericht ist **żurek**, (↑**Żur**) eine saure Suppe aus ↑Roggenmehl**sauerteig**. Sie wird mit getrockneten Pilzen gekocht, dazu kommen Kartoffeln, klein gehackte Wurst und hartgekochtes Ei. **Allgemeine Essgewohnheiten:** Das Hauptgericht des Tages ist warm und wird zur Mittagszeit, in der Regel gegen 15 Uhr, gereicht. Es besteht meist aus einer Suppe und dem Hauptgericht. Morgens und abends stellen ↑**Wurst** und ↑**Käse** zusammen mit dunklem Roggenbrot die Grundnahrung dar. **Fleisch:** Fleisch spielt noch immer eine wichtige Rolle. Polen belegt im Pro-Kopf-Verbrauch eine weltweite Spitzenposition, die nur noch von den USA getoppt wird. Polnische Wurstwaren sind wegen ihrer hohen Qualität bekannt. Würste, die in Deutschland unter gleichem Namen bekannt sind, weichen oft erheblich vom Original ab. Das gilt z. B. für die „Krakauer": In einigen Gegenden Deutschlands wird darunter eine lange Grill- bzw. Bratwurst von etwa 2 cm Dicke verstanden. In Polen ist die „Krakauer" eine lange, ca. 4–5 cm dicke Trocken- bzw. Räucherwurst, die vor allem als Aufschnitt zum Frühstück oder Abendbrot gereicht wird. **Geflügel:** Die in Deutschland so begehrte polnische Mastgans zum Weihnachtsfest ist in Polen am Heiligen Abend nicht oder nur sehr selten anzutreffen. Das hängt mit der traditionellen katholischen Essenstradition zusammen, an diesem Tag kein Fleisch zu essen. Am 1. oder 2. Weihnachtstag findet man die ↑**Gans** schon eher, wobei neuerdings der Truthahn (↑**Pute**) bevorzugt wird. **Fisch:** Beliebtester Fisch in Polen ist der ↑**Karpfen**. Die Zubereitungsarten reichen von gebraten über gekocht, in ↑**Aspik** (jüdische Art) usw. Oft gegessen werden ↑**Dorsch,** ↑**Heringe** und ↑Ostsee**lachs,** aber auch Süßwasserfische wie ↑**Forelle,** ↑**Wels,** ↑**Zander,** ↑**Hecht** usw., der ↑**Aal** spielt eher eine untergeordnete Rolle. Eine Besonderheit stellt der Ostseefisch **Kargulena** dar, er gehört zur Familie der ↑**Dorsch**e und wird in Polen paniert und gebacken verzehrt. **Gemüse:** Neben ↑**Kartoffeln** bildet ↑**Weißkohl** das Hauptgemüse. ↑**Gemüse** wird in Polen noch immer voll durchgegart – die „bissfeste" Zubereitung ist selten. Gänzlich unbekannt in der polnischen Küche ist z. B. ↑**Grünkohl** – er wird hier als reines Schweinefutter angesehen und ist nicht für den menschlichen Verzehr gedacht. Gleiches gilt für ↑**Holunderbeeren**, sie werden weder zu Saft noch anderweitig verarbeitet. Dagegen finden sich ↑**Aroniabeeren** nicht in der deutschen Küche. **Gewürze und Kräuter:** Hauptwürze ist in Polen der ↑**Majoran. Beilagen:** ↑**Pfannkuchen** werden in Polen sowohl süß als ↑**Dessert** als auch als Beilage zu anderen Gerichten (↑**Barszcz**) gegessen. Kartoffeln werden am häufigsten gestampft zubereitet. Pell- und Salz- bzw. Petersilienkartoffeln sind eher selten. Eine traditionelle **polnische Nachspeise** ist Kuchen. Am häufigsten werden Hefekuchen mit ↑**Rosinen,** ↑**Nüss**en etc. gebacken. Beispiele sind Rouladen (Mohnrollen), Apfel-, Quark- und Pfefferkuchen. Sehr beliebt sind auch Berliner Pfannkuchen (↑**Krapfen**) mit ↑**Rosenkonfitüre. Milchprodukte:** Am bekanntesten ist der ↑**Weißkäse** – ein schnittfester Frischkäse, der vielfach noch im eigenen Haus hergestellt wird. **Übrigens:** Die Selbstversorgung hatte in Polen bis vor kurzem noch einen sehr hohen Stellenwert, jüngst hat die Eigenproduktion deutlich abgenommen. Generell wird aber immer noch erheblich mehr eingemacht als in Deutschland. **Charakteristisch für die polnische Küche sind aber die regionalen Spezialitäten:** In **Pommern** wird mit Vorliebe eine breite Palette von Fischgerichten sowie **„racuchy drożdzowe"** (Hefeklöße) serviert. In der **masurischen Küche** sind deutsche, russische und polnische Einflüsse sichtbar. Eine bekannte Spezialität ist eine Suppe aus mehreren Fischarten und aus Krebsfleisch, mit Waldkräutern abgeschmeckt. Vollendet wird sie mit brennenden Birkenzweigen, die man in die Suppe legt, um sie noch aromatischer zu machen. Außerdem bekommt man den **„kartacz"**, einen grauen Riesenkloß aus geriebenen Kartoffeln mit Fleischfüllung. Die nordöstliche Region **Suwałki** ist bekannt für ihre Kartoffelspeisen. Die Küche der östlichen Grenzgebiete (genannt **Kresy**) enthält vorwiegend Gerichte nach Rezepten aus Lwów (Lemberg). Speisen wie **„kiszka"** (Kartoffelwurst), **„babka ziemniaczana"** (ein Kartoffelkuchen aus geriebenen Kartoffeln) **„kulebiak"** (ausgerollter ↑**Hefeteig**, mit Kraut, gekochtem Reis, Eiern und Fisch gefüllt und gebacken) werden gerne serviert. Dazu gibt es ukrainischen ↑**Borschtsch**, eine mit saurer Sahne verfeinerte Suppe aus Kraut und verschiedenen Gemüsearten. **Masowien** ist für ↑**Krapfen** (**pączki** = Mz. **pączek** = Ez.), gefüllt mit Konfitüren und süßen Cremes, die ↑**Kuttel**suppe (↑**flaki**), **„pyzy z serem"** (Kartoffelklöße aus geriebenen Kartoffeln mit Käsefüllung) und Rinderrouladen (**zrazy wołowe**) bekannt. **In Großpolen** (Wielkopolska) erinnern viele Gerichte an Schlesien. Feinschmecker schätzen hier besonders die erstklassigen Entengerichte sowie Kartauschen (**kartacze**), mit Fleisch, Pilzen oder mit Kraut und Pilzen gefüllte große Klöße oder Kartoffelklöße mit Weißkäse und Kräutern, außerdem serviert man in dieser Region Dampfnudeln. Zum Standardmenü der Küche der **Beskiden** gehört ↑**Eisbein**, das in einem ↑**Würzsud** aus ↑**Bier** und viel Gemüse gedünstet wird. Von hier stammt auch die aus ↑**Molke** zubereitete saure Roggenmehlsuppe (żurek) und eine Sauerkrautsuppe mit viel (geräuchertem) Schweinefleisch (**kapuśniak**). Die Bergbewohner aus der Region (**Podhale**) der Tatra und des Tatravorlandes produzieren guten Schafskäse wie **brendza** und **oscypek** (geräucherten Schafskäse) und sind bekannt für Gerichte mit gebratenem Hammelfleisch. Übrigens gibt es hier ein geheim gehaltenes Rezept, Fleisch einzupökeln. Populär ist auch die aus Schweinskopfbrühe gekochte, mit einer Schüssel Kartoffeln servierte Sauerkrautsuppe **„kwaśnica"**. Ein besondere Rolle spielen die in der **schlesischen Küche** zubereiteten Kartoffelspeisen. Am berühmtesten sind grüne Klöße aus gekochten und rohen, geriebenen Kartoffeln. Populär sind ebenfalls Speisen aus Weiß- und Rotkraut (das Letztere wird unter Zugabe von Schweinebauch zubereitet) und ↑**Rinderrouladen.** Unter den Süßspeisen ist ein **Dessert** aus gemahlenem ↑**Mohn** mit ↑**Honig**, ↑**Rosinen**, ↑**Mandeln** und ↑**Nüssen**, das auf dünne Weißbrotschnitten verteilt, mit ↑**Milch** übergossen und kalt serviert (**makówki**) wird, zu empfehlen, genau wie **„moczka"** (ein weihnachtlicher Trockenobstpudding). Die **Küche der Lubliner Region** steht eindeutig unter dem Einfluss der österreichischen, insbesondere der ↑**Wiener Küche.** Piroggen mit Käse-Kartoffel-Füllung (**pierogi ruskie**) und **„kutia"** (eine süße Suppe aus Getreide und Trockenobst) sind sehr populär. Genauso eine fettlose Schweinefleischsülze mit kalter Senfsoße, sie gilt als typische kalte Vorspeise. Ein traditionelles Gericht zum Osterfest ist der weiße ↑**Borschtsch** (**barszcz biały**) aus geräuchertem Fleisch mit weißen Würsten. Die Suppe wird mit saurer Sahne verfeinert. Unter den Nachspeisen ist der mit Vanillecrème oder Schokolade übergossene Wiener Quarkkuchen sehr beliebt. Bei der Zubereitung all dieser Spezialitäten werden nach wie vor die Schätze der Wälder, Wiesen, Felder, Flüsse und Seen genutzt. Ohne Grütze, Fische, Krebse, Wild und Waldfrüchte wäre die polnische Kochkunst nicht das, was sie ist. **Nichtalkoholische Getränke** – Getrunken wird in Polen sehr viel mehr ↑**Tee** als ↑**Kaffee**, nicht nur zum Frühstück, sondern auch am Nachmittag und am Abend. Kaffee wird vorwiegend „auf Türkische Art", d. h. mit Satz und viel ↑**Zucker**, aber selten mit ↑**Milch** oder ↑**Sahne** zubereitet. Kaffee und Tee werden oft in Gläsern serviert. Neben ↑**Mineralwasser** gibt es zu den Mahlzeiten häufig ↑**Kompott**getränke (Einmachflüssigkeit von ↑**Obst**) und ↑**Buttermilch. Alkoholische Getränke** – Alkohol darf in Polen nicht auf der Straße getrunken werden. ↑**Bier** wird in Polen ausschließlich nach ↑**Pilsener** Brauart gebraut. Fast jede größere Stadt hat eine eigene Brauerei. Bekannte Marken sind Żywiec, Okocim, EB, Lech oder Tyskie. Sehr beliebt, vor allem bei Frauen, ist Bier mit Fruchtsirup gemischt. Wein wird in Polen immer beliebter, neben selbst angebauten wilden Sorten hat slowakischer trockener Rotwein einen besonderen Stellenwert. Mit dem Eintritt in die EU ist der Preis für ↑**Wein** gefallen, jedoch sind europäische Marken noch immer relativ teuer. Bevorzugte Geschmacksrichtung bei Weinen ist halbtrocken bis sehr lieblich, nur einige Rotweinsorten werden trocken ausgebaut bevorzugt. Bekannt ist Polen für seinen ausgezeichneten ↑**Wodka** wie Chopin, Sobieski, Wyborowa. Wodka wird in der Regel pur getrunken; **żubrówka** – in Deutschland unter dem Namen **Grasovka** vertrieben – ist Wodka, der durch die Zugabe von Bisongras ein besonderes Aroma bekommt. Dazu wird einfach ein Halm dieses Grases in die Wodkaflasche getan. Der polnische Name leitet sich aus dem Wort Żubr (dt. Wisent) ab – im Nordosten Polens leben Wisente noch in freier Wildbahn. Żubrówka wird pur oder mit Apfelsaft gemischt getrunken. Das Goldwasser aus Gdańsk wird hingegen mit 22-karätigen Goldflöckchen angereichert.

Polonaise [*Speisegarnitur*] **A 1. à la polonaise**, polnische Art – **Speisegarnitur** für **Blumenkohl**, **Spargel** – Hartgekochtes, gehacktes ↑**Eigelb**, ↑**Petersilie**

und/oder feine ↑**Kräuter**, mit in ↑**Butter** angerösteten ↑**Semmelbrösel** vermischen und über das ↑**Gemüse** streuen. **2. brioche polonaise:** ↑**Hefekuchen** mit ↑**Rum** oder ↑**Kirschlikör** tränken, ↑**Konditorcrème** und ↑**kandierten Früchten** füllen. Mit einer ↑Baisermasse und geriebenen ↑**Mandeln** den ↑**Kuchen** einhüllen, bei 200° C 3–4 Min. backen.

Polpa [*Ital. Speisekarte*] Mageres ↑**Fleisch**; Fruchtfleisch

Polpett(in)a [*Ital. Speisekarte*] Klößchen; ↑**Klopse**

Polpettone [*Ital. Speisekarte*] ↑**Hackbraten**

Polpo [*Ital. Speisekarte*] ↑Moschus**krake**

Polpo [*Ital. Speisekarte*] ↑**Polyp**

Pölser/Pølser [*Fleischprodukte*] ↑**Wiener** oder Frankfurter **Würstchen** werden in Dänemark Pølser genannt und sind dort Bestandteil des allgegenwärtigen ↑**Hot Dog.** Pølser werden mit einem roten Farbstoff (↑**Karmin**) eingefärbt, der auch im ↑**Campari** enthalten ist und von Läusen stammt. (rød pølse oder kogt pølse.)

Polvo (em vinho) [*Span. Speisekarte*] ↑**Tintenfisch** (in Rotweinsauce gekocht)

Poly(1-vinyl-2 -pyrrolidone) [*Fachkunde*] ↑**E 1202**

Polydextrose [*Fachkunde*] ↑**E 1200**

Polyethylenwachsoxidat [*Fachkunde*] ↑**E 914**

Polyglycerin -Polyricinoleat [*Fachkunde*] ↑**E 475**

Polyglycerinester von Speisefettsäuren [*Fachkunde*] ↑**E 476**

Polylgallat [*Fachkunde*] ↑**E 310**

Polyoxyethylen- (40) stearat [*Fachkunde*] ↑**E 431**

Polyoxyethylen- sorbitan- Tristearat (Polysorbat 65) [*Fachkunde*] ↑**E 436**

Polyoxyethylen-sorbitan- Monolaurat (Polysorbat 80) [*Fachkunde*] ↑**E 433**

Polyoxyethylen-sorbitan-Monopalmiat (Polysorbat 40) [*Fachkunde*] ↑**E 434**

Polyoxyethylen- sorbitan- Monostearat (Polysorbat 60) [*Fachkunde*] ↑**E 435**

Polyphenole [*Gesundheit*] **T Synonym: Gerbsäuren.** Polyphenole gehören zu den ↑**bioaktiven Substanzen** in Pflanzen. Sie sind in schwarzem ↑**Tee**, ↑**Walnüssen** und ↑**Trauben** enthalten, verursachen deren herben Geschmack und können vermutlich die Entstehung von Krebs verhindern, da sie Zellen vor genetischen Schäden schützen. Polyphenole kommen in fast allen Pflanzen vor. Sie befinden sich oft in oder direkt unter der Schale. Deshalb sollten ↑**Vollkorn**produkte und ungeschältes ↑**Obst** und ↑**Gemüse** bevorzugt werden.

Polyphosphate [*Fachkunde*] ↑**E 452**

Polysaccharid [*Fachkunde*] Vielfachzucker, also ein ↑**Kohlenhydrat**, das in viele Moleküle spaltbar ist. Die einzelnen Zuckerbausteine sind über glykosidische Bindungen miteinander verbunden. Die Strukturen können linear oder verzweigt sein. Beispiele für Polysaccharide sind ↑**Stärke**, ↑**Cellulose**, ↑**Pektin**, ↑**Gummi arabicum** etc.

Pom Pom Pilz [*Speisepilze*] **T** Der ursprünglich aus China stammende Pilz wird mittlerweile erfolgreich gezüchtet. Er besticht mit 32 verschiedenen Aromastoffen, duftet nach ↑**Kokos**, ↑**Limonen** und ↑**Citrus.** ↑**Zuchtpilze**

Pomelo [*Exotische Früchte*] **T Lateinisch:** Citrus paradisi x Citrus maxima; **Info:** Pomelos gehören zur Familie der Rautengewächse und sind um 1970 in Israel aus einer Rückkreuzung zwischen ↑**Grapefruit** (citrus paradisi) und ↑**Pampelmuse** (citrus maxima) entstanden. Die 15–25 cm großen, birnenförmigen Früchte haben eine grüne bis gelbe, sehr dicke Schale, die sich leicht vom Fruchtfleisch löst. Das ist gelblich, schmeckt süßlich herb, weniger bitter als das der Grapefruits. **Herkunft und Saison:** Pomelos werden von Oktober bis Mai vorwiegend aus Israel angeboten. **Zubereitung und Tipps:** Der Geschmack von Pomelos erinnert an ↑**Brombeeren.** Die Schale ist sehr dick und undurchlässig, deshalb können Pomelos auch bei Zimmertemperatur einige Wochen ohne Qualitätsverlust gelagert werden. Übrigens schmecken sie umso besser, je schrumpeliger die Schale ist. Ausgehöhlte Früchte lassen sich gut mit Salaten füllen.

Pomeranze [*Exotische Früchte*] **T Englisch:** sour orange; **Französisch:** orange amère, bigalade. **Synonym:** Bitterorange, Sevillaorange. **Info:** Aus Pomeranzenschale wird ↑**Orangeat** gemacht. Verarbeitet werden die halbierten Früchte, die eingesalzen importiert werden. Nach dem Entsalzen und Überbrühen werden die Schalen von Fruchtfleisch und Kerngehäuse befreit und unter Druck in Zuckerlösungen von steigender Konzentration kandiert. Vielfach wird das fertige Orangeat noch glasiert. Es schmeckt aromatisch-bitter und süß und ist orangenfarbig mit leichtem Braunton. Die abgeschälten, nicht kandierten Pomeranzenschalen dienen in der Likörindustrie zum Aromatisieren mancher Kräuter- und Bitterliköre. ↑**Orangenlikör.** Eine Abart der Pomeranze, die Curaçaofrucht, liefert den Grundstoff für den ↑**Curaçao**, einen berühmten Pomeranzenlikör. **Ursprung und Geschichte:** Curaçaofrüchte wachsen auf der Venezuela vorgelagerten Insel Curaçao, auf Haiti und in südeuropäischen Ländern. Im Gegensatz zur süßen ↑**Apfelsine**, die erst im 16. Jahrhundert nach Europa kam, lässt sich die Pomeranze schon im 9. Jahrhundert in Arabien und kurze Zeit später in Spanien und Nordafrika nachweisen. Im Jahre 1002 brachten die Sarazenen den Baum mit nach Sizilien. Vermutlich verbreiteten auch die Kreuzfahrer die Pomeranzenkultur. **Aussehen:** grünlich-gelbe Früchte; **Geschmack:** aromatisch-bitter und süß. **Mit Orangeat würzt man:** in der häuslichen Bäckerei. Weihnachtgebäck, Stollen, Süßspeisen, Konfekt; **Gesundheitlicher Wert:** In der Hausmedizin spielt Tee aus Pomeranzenblättern, seltener auch Blütentee, eine Rolle. Unreife Pomeranzen gelten als magenstärkendes Mittel, zerkleinert und im Aufguss verwendet. Kleine grüne Pomeranzen benutzte man in der spätmittelalterlichen Heilkunde als „Fontanellkugeln". Bei langwierigen Krankheiten wurden dem Patienten gewaltsam Löcher in die Haut geätzt, so genannte Fontanellen. In sie legte man kleine Pomeranzen. Man war der Meinung, dass alle Krankheitsstoffe sich in der Frucht sammelten.

Pomerol [*Weinkunde*] Das Pomerol ist zwar ein kleines Weinanbaugebiet im Bordeaux, aber mit sehr guten, sehr berühmten und sehr teuren Weinen. Es sind weichere und schneller reifende Weine als in anderen Regionen von Bordeaux. Die Weine wachsen auf unterschiedlichen Böden, Lehm, Sand oder Kies. Die Hauptrebsorte ist der ↑**Merlot**. Nachbargebiet ist Lallande-de-Pomerol mit bezahlbaren und guten Weinen. Im Pomerol gibt es bis heute noch keine offizielle Klassifizierung wie in den anderen Spitzenweinregionen.

Pommade [*Franz. Speisekarte*] **1.** Paste aus hartem ↑**Eigelb**, geriebenem ↑**Käse**, ↑**Gewürzen** und ↑**Olivenöl**; **2.** ↑Knoblauch**mayonnaise**, ↑**Aioli**

Pommard [*Weinkunde*] **1.** Französischer Weinort in der Region Burgund, im Département Côte-d'Or, ein Teil der Côte de Beaune. **2.** Die Appellation Pommard (↑**AOC**) verfügt über 28 Premier ↑**Cru**-Lagen. Angebaut werden ausschließlich Rotweine aus der Rebsorte ↑**Pinot Noir**. Sie zählen zu den bekanntesten, roten Burgunderweinen. Die kalkhaltigen Lehmböden verleihen den Weinen ihren eigenständigen Charakter. Sie sind tief granatrot, mit intensivem Johannisbeer-, Brombeer- und Moschusbukett. **Abgang:** Lange anhaltend, von kräftigen Tanninen und einer guten Säurepräsenz geprägt. Seine weiche Ausgewogenheit erlangt der Pommard nach 4–10 Jahren der Flaschenreifung.

Pomme [*Franz. Speisekarte*] ↑**Apfel**, manchmal auch pomme en l'aire

Pomme d'amour [*Franz. Speisekarte*] **1.** ↑**Tomate**; **2.** ↑**Apfel** mit ↑**Zuckerguss** am Stiel

Pomme en robe [*Franz. Speisekarte*] ↑**Apfel im Schlafrock**

Pomme hérisson [*Franz. Speisekarte*] Mit ↑**Mandel**splittern gespickter, gebratener ↑**Apfel**

Pommeau [*Franz. Speisekarte*] Erfrischender, mildsüßer ↑**Apfelwein** (Aperitifwein). ↑**Cidre**,

Pommes à la bernoise [*Franz. Speisekarte*] ↑**Rösti**

Pommes à la berrichon [*Franz. Speisekarte*] **R** ↑**Kartoffeln** mit ↑**Speck** und ↑**Zwiebeln**

Pommes à la boulangère [*Franz. Speisekarte*] **R** Kartoffel- und Zwiebelscheiben, im Ofen gebacken

Pommes à la crème [*Franz. Speisekarte*] **R** ↑Rahm**kartoffeln** mit ↑**Creme fraîche** und feinen ↑**Kräutern**

Pommes à la dauphinoise – gratin dauphinois [*Franz. Speisekarte*] **R** Rohe Kartoffelscheiben werden mit ↑**Milch**, geschlagenen ↑**Eiern**, geriebenem ↑**Käse**, ↑**Salz**, ↑**Pfeffer**, ↑**Muskatnuss** und etwas ↑**Sahne** vermischt, in eine feuerfeste, mit ↑**Knoblauch** ausgeriebene Auflaufform gefüllt, mit ↑**Butter**flocken belegt und im Rohr gebacken. ↑**Kartoffelgratin**

Pommes à la normande [*Franz. Speisekarte*] **R** Rohe Kartoffelscheiben mit gehacktem ↑**Lauch** und ↑**Petersilie**, im Ofen gebacken

Pommes à la paysanne [*Franz. Speisekarte*] **R** Braungebratene ↑**Kartoffeln** mit ↑**Kräutern**

Pommes à l'anglaise [*Franz. Speisekarte*] ↑**Salzkartoffeln** aus dem Wasser oder Dampf

Pommes à l'huile en salade [*Franz. Speisekarte*] Kartoffelsalat. ↑**Kartoffelgewürze**

Pommes allumettes [*Franz. Speisekarte*] **R** Streichholzkartoffeln. Rohe, nicht zu mehlige ↑**Kartoffeln** schneidet man in Zündholzform. Die dünnen Stäbchen werden gewaschen, mit Küchenkrepp getrocknet und anschließend frittiert.

Pommes Anna [*Franz. Speisekarte*] **R** Form der Bratkartoffeln. Rohe, gewaschene und getrocknete Kartoffelscheiben in eine Kuchen- oder Auflaufform schichten, salzen, pfeffern und mit ↑**Butter**flocken bestreut im Rohr backen

Pommes au four [*Franz. Speisekarte*] **R** Würfel von mehlig-festkochenden ↑**Kartoffeln** mit ↑**Speck**streifen, gehackten ↑**Zwiebeln**, ↑**Knoblauch**, ↑**Kräuter** und ↑**Salz** vermischen, in einer feuerfesten, eingefetteten Form mit ↑**Bouillon** übergießen und im Rohr backen.

Pommes Berny [*Franz. Speisekarte*] **R** Wie bei ↑**Pommes croquettes** wird eine Kartoffelmasse hergestellt, nur dass unter die fertige Masse gehackte ↑**Trüffel** gemischt und die runden Bällchen in ↑**Ei** und ↑**Mandeln** paniert und frittiert werden.

Pommes bonne femme [*Franz. Speisekarte*] **R** Bratäpfel mit einer ↑**Butter**-↑**Vanille**-↑**Zucker**füllung und ↑**Johannisbeer**gelee

Pommes château [*Franz. Speisekarte*] **R** Die „Schlosskartoffeln" werden aus rohen festkochenden ↑**Kartoffeln** zu Halbmonden geschnitten (tourniert), anschließend kurz ↑**blanchiert**, dann in der Pfanne mit geklärter ↑**Butter** braun gebraten und mit gehackter ↑**Petersilie** vollendet.

Pommes chips [*Franz. Speisekarte*] **R** Die Chipskartoffeln (nicht zu mehlige ↑**Kartoffeln**) werden mit einem speziellen Hobel in ganz feine Scheiben gehobelt, anschließend gewaschen, mit Küchenkrepp getrocknet und frittiert. Sie können kalt (z. B. mit ↑**Paprika** bestäubt) und warm als Beilage serviert werden.

Pommes comtoises [*Franz. Speisekarte*] **A** Kartoffelauflauf mit ↑**Sahne** und ↑**Käse**

Pommes croquettes [*Franz. Speisekarte*] ↑**Kartoffelkroketten**

Pommes dauphine [*Franz. Speisekarte*] **A** Mit ↑**Brandteig** vermischte, frittierte kleine Kartoffelklößchen. ↑**Dauphinekartoffeln**

Pommes de terre [*Franz. Speisekarte*] Korrekte französische Bezeichnung für ↑**Kartoffeln**, wobei auf Speisekarten oft nur „pommes“ steht

Pommes duchesse [*Franz. Speisekarte*] ↑**Herzoginkartoffeln**

Pommes en chemise [*Franz. Speisekarte*] ↑**Kartoffeln** in der Schale, Pellkartoffeln

Pommes en püree [*Franz. Speisekarte*] ↑**Kartoffelpüree**

Pommes en robe des champs [*Franz. Speisekarte*] Pellkartoffeln (↑**Kartoffeln** im Kleid des Feldes)

Pommes fondantes [*Franz. Speisekarte*] **R** Die großen, oval geschnittenen ↑**Kartoffeln** werden in einer feuerfesten Form nebeneinander gelegt, mit ↑**Butter** übergossen und gewürzt. Von beiden Seiten hellgelb braten, mit zerlassener Butter servieren.

Pommes frites [*Franz. Speisekarte*] **R** Die Kartoffelstäbchen werden aus rohen, halbmehligen ↑**Kartoffeln** zu ein Zentimeter dicken Stäbchen geschnitten, gewaschen, mit Küchenkrepp getrocknet, hellgelb bei ca. 140° C vorgebacken (blanchiert) und bei 180° C goldbraun fertig frittiert.

Pommes gaufrettes [*Franz. Speisekarte*] **R** Kartoffelwaffeln. Sie werden mit einem Spezialhobel, dem Buntmesser, aus rohen, halbmehligen ↑**Kartoffeln** gemacht. Um die Waffelform zu erhalten, wird der Hobel dabei einmal von der Länge und einmal von der Breite über die Kartoffel geschoben. Die fertigen Waffeln werden gewaschen, mit Küchenkrepp trockengetupft und nicht zu heiß knusprig frittiert.

Pommes Jean [*Unsere Küche*] Eine von Autor Hans-Joachim Rose 1978 erfundene Kartoffelzubereitungsart. ↑**Pommes Marie**

Pommes lyonnaises [*Franz. Speisekarte*] ↑**Bratkartoffeln** mit ↑**Zwiebeln** und ↑**Petersilie**

Pommes Macaire [*Franz. Speisekarte*] **R** Kartoffelplätzchen: Mehlige Pellkartoffeln werden durchgepresst, mit gewürfeltem und angeröstetem ↑**Speck**, ↑**Salz**, ↑**Pfeffer**, ↑**Muskat**, ↑**Eigelb** und fein gehackter ↑**Petersilie** gewürzt. Zu einer festen Masse verarbeiten, kleine Plätzchen formen und in der Pfanne mit ↑**Butter** beidseitig braun braten.

Pommes Marie [*Unser Küche*] **R** Eine von Autor Hans-Joachim Rose 1978 erfundene Kartoffelzubereitungsart. **Gewidmet:** Maria Straubinger aus dem oberbayerischen Burghausen zum Dank für viele Jahre herzliche Zusammenarbeit. **Rezept für 4 Beilagenportionen:** Vier erkaltete Pellkartoffeln (ca. 200 g) einer nicht zu mehligen Sorte und eine Zwiebel (ca. 50 g) wie ↑**Berner Röst** grob in eine Schüssel raspeln. Dazu 1 ↑**Ei**, etwas ↑**Salz**, frisch gem. ↑**Pfeffer**, etwas gemahlenen ↑**Kümmel**, Hauch ↑**Muskat**, Prise ↑**Majoran** und einen geh. EL ↑**Mehl** geben. Die Zutaten mit einem Kochlöffel zu einer saftigen Masse verrühren (nicht kneten). Mit Esslöffel Klößchen ausstechen und in einer nicht zu heißen Pfanne mit Pflanzenöl goldbraun ↑**backen**. **Pommes Jean (Ableitung) – Als Hauptgericht oder zu einem Salatteller:** In die oben beschriebene Masse werden feine erkaltete Würfel von trocken gedünsteten ↑**Champignons**, gekochtem ↑**Schinken** und reichlich ↑**Schnittlauch**röllchen gemischt (nicht geknetet). Nach dem Backen auf Küchenfolie abtropfen lassen und in einem Bett aus marinierten Blattsalaten anrichten, mit frischen gehackten ↑**Salatkräutern** bestreut servieren.

Pommes mignonnettes [*Franz. Speisekarte*] Frittierte oder gebratene Kartoffelstäbchen

Pommes mousseline [*Franz. Speisekarte*] **R** Schaumkartoffeln, Kartoffelschnee aus mehligen ↑**Kartoffeln** (durch die Kartoffelpresse drücken, nur mit ↑**Butter**, ↑**Salz**, ↑**Muskat** würzen und mit dem Schneebesen durchmischen)

Pommes nature [*Franz. Speisekarte*] ↑**Salzkartoffeln**

Pommes noisette [*Franz. Speisekarte*] **R** Nusskartoffeln, haselnussgroß ausgestochene rohe ↑**Kartoffeln** ↑**blanchieren** und in geklärter ↑**Butter** fertig braten

Pommes nouvelles [*Franz. Speisekarte*] Neue ↑**Kartoffeln**

Pommes paille [*Franz. Speisekarte*] **R** Strohkartoffeln benötigen wie Streichholzkartoffeln (↑**Pommes allumettes**) viel Geduld beim Schneiden: Die rohen, nicht zu mehligen ↑**Kartoffeln** werden hier in feine Streifen (↑**Juliennes**) geschnitten und nach dem Waschen und Trocknen knusprig frittiert.

Pommes parisiennes [*Franz. Speisekarte*] **R** Pariser ↑**Kartoffeln**. Ausgestochene Kartoffelbällchen ↑**blanchieren** und sehr hell in ↑**Butter** gar dünsten, mit ↑**Petersilie** und ↑**Kräutern** vollenden.

Pommes Parmentier [*Franz. Speisekarte*] Braun gebratene Kartoffelwürfelchen

Pommes persillées [*Franz. Speisekarte*] **R** Petersilienkartoffeln: Gedämpfte oder kleine neue ↑**Pellkartoffeln** in ↑**Butter** und frisch gehackter ↑**Petersilie** servieren.

Pommes poêlées [*Franz. Speisekarte*] **A** Geschälte rohe kleine ↑**Kartoffeln**, in der Pfanne gebraten

Pommes pont-neuf [*Franz. Speisekarte*] **R** Ähnlich den ↑**Pommes frites**, allerdings von doppelter Stärke. Die rohen Stäbchen werden bei ca. 140° C in der Fritteuse vorgebacken (↑**blanchiert**) und dann bei ca. 180° C goldbraun frittiert.

Pommes rissolées [*Franz. Speisekarte*] Knusprig braun gebratene Kartoffelwürfel

Pommes sarladaises [*Franz. Speisekarte*] ↑**Bratkartoffeln**

Pommes sautées [*Franz. Speisekarte*] Kurz in Butter gebratene ↑**Kartoffeln**

Pommes sautées crues [*Franz. Speisekarte*] **A** Rohe ↑**Kartoffeln** in Scheiben, mit Fett in der Pfanne gebraten. ↑**Acrylamid**

Pommes soufflées [*Franz. Speisekarte*] **R** Aufgeblähte **Kartoffeln**, die recht aufwändig vorzubereiten sind: Geschälte, nicht zu mehlige Kartoffeln zu vierkantigen Würfeln tournieren (formen). Von den Würfeln schneidet man ca. 3 mm dicke Scheiben ab, wäscht und trocknet sie mit Küchenkrepp. In einer mäßig warmen Fritteuse (130–150° C) werden die Scheiben in einem Korb unter ständigem Schütteln vorgebacken. Danach kommen die noch warmen, ↑**blanchierten** Scheiben in sehr heißes ↑**Fett** und werden bei ca. 220° C fertig gebacken. Dabei blähen die Kartoffeln auf, die man dann sofort heiß serviert.

Pommes vapeur [*Franz. Speisekarte*] Dampfkartoffeln

Pomo [*Ital. Speisekarte*] ↑**Apfel** (auch **mela**)

Pomodori pelati [*Ital. Speisekarte*] Ganze geschälte ↑**Tomaten** in Dosen

Pomodoro [*Ital. Speisekarte*] ↑**Tomate**

Pompadour Historischer Speisename [*Speisegarnitur*] **A** 1. Jeanne Antoinette, Marquise de (1721–1764), Favoritin Ludwigs XV., mit eigener Porzellanmanufaktur; 2. **à la Pompadur – Speisegarnitur** für **Fleisch** – mit ↑**Artischockenböden**, ↑**Nusskartoffeln** und ↑**Sauce** Choron; **Fisch** – mit ↑**Champignons** und ↑**Trüffeln.** Feines „↑**Ragout**" aus ↑**Gänseleber**, ↑Kalbs**zunge**, Champignons und Trüffeln in ↑**Madeirasauce**

Pompelmo [*Ital. Speisekarte*] ↑**Pampelmuse**

Ponce [*Kaffee*] **T** Italienischer ↑**Kaffee** mit ↑**Rum**

Ponche [*Span. Speisekarte*] ↑**Sherry**

Pont l'évêque [*Käse*] **T Herkunft:** Frankreich/Normandie; **Käsesorte:** quadratischer ↑**Weichkäse** mit gewaschener Rinde, 45 % ↑**Fett i.Tr.**; **Milch:** rohe Kuhmilch; **Teig:** weich, speckig, geschmeidig; **Geschmack:** leicht herb; **Info:** Vermutlich ist der Pont-l'évêque die älteste aus der Normandie stammende, noch heute hergestellte Käsesorte. ↑**Stinker-Käse; Weinempfehlung:** ↑**Cidre**, aber auch kräftige Rotweine

Ponty [*Ungarische Küche*] ↑**Karpfen**

Popcorn [*Allgem. Nährmittel*] **T** Im eigentlichen Sinn ein Maisnährmittel. **Inhaltsstoffe:** 100 g Popcorn enthalten ∅ 353 kcal/1476 kJ, 5 g Fett, 67,2 g Kohlenhydrate, 12,7 g Protein, 0,48 mg Betacarotin, 2,9 mg Vitamin E und 1,7 mg Eisen. Helle Maiskörner werden erhitzt, dabei platzen sie auf. Das Volumen erhöht sich um das 20- bis 30-fache, weil das enthaltene ↑**Eiweiß** denaturiert (ausflockt). Es wird ohne Zusatzstoffe hergestellt, gesüßt, gesalzen, mit Käse, Paprika oder Karamell gewürzt. Popcorn ist weltweit ein beliebter Knabberartikel.

Popone [*Ital. Speisekarte*] ↑**Melone**

Popover [*U.S. Kitchen*] Luftiges Gebäck aus ↑**Muffin**formen

Poppers [*Intern. Länderküche*] Begriff aus der ↑**Tex-Mex-Küche** für gefüllte ↑**Chilischoten der Sorte** ↑**Poblano**

Poppy seed [*U.S. Kitchen*] ↑**Mohn**

Porc [*Franz. Speisekarte*] Küchensprache: männliches kastriertes ↑**Schwein** bzw. ↑**Schweinefleisch**

Porcelet [*Franz. Speisekarte*] Ferkel, junges ↑**Schwein**, bis 2 Monate alt

Porchette [*Franz. Speisekarte*] Mit seinen ↑**Innereien**, ↑**Kräutern** und ↑**Knoblauch** gefülltes ↑**Spanferkel**

Porchetto [*Ital. Speisekarte*] ↑**Spanferkel**

Porcino (Fungo) [*Ital. Speisekarte*] ↑**Steinpilz**

Porco asado [*Span. Speisekarte*] ↑**Schweinebraten**

Pork [*Engl. Speisekarte*] ↑**Schweinefleisch**

Pork chop [*Engl. Speisekarte*] Schweinekotelett

Pork Pie [*Intern. Länderküche*] **A** Diese typisch englische, nahrhafte, flache, runde ↑**Pastete** besteht aus speziellem ↑**Mürbeteig**, gefüllt mit einer gut gewürzten Mischung aus ↑**Schweinemett**, gewürfeltem ↑**Schweinefleisch**, ↑**Schinken** und ↑**Gelee** bzw. ↑**Aspik.** In fast jedem Pub steht der „Pork Pie" auf der Karte. Serviert wird er – warm oder kalt – mit „↑**Pickles**", sauer eingelegtem ↑**Gemüse,** und Salat. Je nach Geschmack kann man auch verschiedene ↑**Chutneys** dazu essen. In den ↑**Pastetenteig** kommen traditionell nur Wasser, ↑**Mehl**, ↑**Schweineschmalz** und ↑**Salz.** Am besten wird er, wenn Wasser und Fett gemeinsam erhitzt werden. Die Mischung wird dann direkt mit einem Holzlöffel ins Mehl verrührt und weiter verarbeitet, sobald der Teig so weit abgekühlt ist, dass man ihn anfassen kann. Außer diesem Klassiker gibt es viele Arten von ↑**Pies** auf der Insel, mit Füllungen aus ↑**Beef**, ↑**Geflügel**, ↑**Wild**, ↑**Gemüse**, ↑**Kräutern** oder ↑**Früchten**.

Pork to stew [*Engl. Speisekarte*] ↑**Schweinefleisch** zum Kochen

Pörkölt [*Ungarische Küche*] **A** ↑**Ragout**ähnliches Gericht aus der ↑**Ungarischen Küche** (meistens ↑**Rind**-, aber auch ↑**Schweine**-, ↑**Hammelfleisch** oder ↑**Kutteln**). Wird mit viel ↑**Gewürzpaprika** zubereitet, das aber erst zum Schluss in das Gericht kommt. Beim Pörkölt spielen die vielen klein geschnittenen Zwiebeln eine große Rolle (gleiche Menge wie Fleisch), und die Sauce, die sich dadurch bindet, ist dick. Sie wird nur mit ganz wenig ↑**Brühe** oder Wasser zubereitet und mit reichlich ↑**saurer Sahne** vollendet.

Porras [*Span. Speisekarte*] In ↑**Öl** ausgebackene Teigkringel

Porree [*Gemüse*] ↑**Lauch**

Porridge [*Intern. Länderküche*] **A** In Wasser gekochte ↑**Haferflocken**, beliebte Frühstückbeigabe in angelsächsischen Ländern. ↑**Hafer**

Porro [*Ital. Speisekarte*] ↑**Lauch**; Porree

Port Salut [*Käse*] **T Herkunft:** Frankreich; **Käsegruppe:** halbfester ↑**Schnittkäse**, 50 % ↑**Fett i.Tr.**; **Milchart:** Kuhmilch; **Geschmack:** fein-würzig; **Teig:** geschmeidig-zart; **Wein-Tipp:** leichte Rotweine wie ↑**Beaujolais** oder trockene Weißweine wie der ↑**Muscadet; Geschichte:** Vor über 180 Jahren erfanden Trappistenmönche die Rezeptur für den Port Salut (sprich: Pohr Ssalü), dem sie stolz den Namen ihres Klosters gaben.

Porter [*Bier*] Dunkles ↑**obergäriges Bier** in England

Porterhouse Steak [*Fleischprodukte*] **T** Wird an der dicksten Stelle des halbierten Rinderrückens mit ↑**Fi-**

let und ↑**Lende** geschnitten und ist wesentlich größer als das ↑**T-Bone-Steak**, 4–8 Zentimeter dick und mindestens ein ↑**Pfund** schwer

Portion [*Fachkunde*] Anteilig abgemessene Menge

Porto [*Span. Speisekarte*] ↑**Portwein**

Portokalada [*Griech. Speisekarte*] Griechische ↑**Orangenlimonade**

Portugaise, à la Portugiesische Art [*Speisegarnitur*] **A Speisegarnitur für große Fleischstücke** – mit ↑**Duxelles** gefüllte ↑**Tomaten**, ↑**Schlosskartoffeln** und ↑**Sauce portugaise; Fisch** – Mit ↑**Tomatenwürfeln**, ↑**Knoblauch**, ↑**Zwiebeln** und ↑**Petersilie**

Portugieser [*Weinkunde*] Diese Traube wurde erstmals 1860 in Deutschland erwähnt. Sie ist die meistverbreitete Rotweinsorte, stellt nur sehr geringe Ansprüche an Lage und Boden. Der Ertrag liegt bei etwa 150–180 hl/ha und das Mostgewicht je nach Reife zwischen 55 und 80° ↑**Öchsle**. Die blaue Portugiesertraube ergibt hellrote einfache, süffige Weine, die jung getrunken werden. Die hauptsächlich in Österreich und Deutschland angebaute Rebe hat zahlreiche Synonyme wie Autrichien, Azul, Badener, Blaue Feslauertraube, Brina, Feslauer, Imbrina, Kékoporto, Kraljevina Crvena, Modra Porotugalka, Moravna, Mor Portugieser, Oporto, Oporto Kék, Portugais Bleu, Portugaljka, Portugalska Modre, Portughese, Portugizac Crni, Raisin des Roses, Rana Modra, Ranina, Skore Cerne und Vöslauer

Portugiesischer Wein [*Weinkunde*] Von allen großen europäischen Weinbauländern darf Portugal für sich in Anspruch nehmen, das unbekannteste zu sein. Nach der offiziellen Statistik trinken Portugiesen mit über 55 l pro Kopf und Jahr nicht viel weniger Wein als Franzosen und Italiener. Außer Madeira und Portwein hat das Land eine Palette unterschiedlichster Weine zu bieten, darunter etliche, die es verdienten, in Europa bekannter zu sein, da sie zum Teil von ganz außerordentlicher Qualität sind. Portugals Winzer halten den traditionellen Qualitätsweinbau in Ehren. Kein Wunder, zählt er doch zu den ältesten in Europa. Wahrscheinlich wurden Reben bereits in vorrömischer Zeit von den Phöniziern kultiviert. Heute stehen in Portugal rund 370 000 ha unter Reben, jährlich werden 5–8 Mill. hl Wein erzeugt. Ganz grob teilt sich diese Ernte in drei Kategorien auf: **1. Vinho generoso**, worunter die Likörweine wie ↑**Portwein**, ↑**Madeira**, Moscatel fallen; **2. Vinho verde**, jene nordportugiesische Spezialität, und **3. Vinho maduro**, der normale Trinkwein. Bereits 1756 begannen Bestrebungen, den Portwein durch gesetzlich festgelegte Herkunfts- und Herstellungsbestimmungen vor betrügerischen Manipulationen zu schützen. Inzwischen gibt es neben Portwein und Madeira zwölf weitere, jeweils mit eigener DOC-Regelung genau festgelegte Gebiete: **1.** Algarve; **2.** die vier Gebiete Lagos, Portimão, Lagoa und Tavira sowie **3.** Bairrada, Bucelas, Carcavelos, Colares, Dão, Douro, Setúbal und **4.** das Gebiet des Vinho Verde, zu denen inzwischen 31 IPR-Weinbaugebiete hinzugekommen sind wie: Alcobaça, Cartaxo, Lafões, Pinhel, Óbidos, Borba, Torres Vedras, Santarém u. a. Auf sie alle zusammen entfällt rund ein Viertel der portugiesischen Weinernte. Noch ist die gesamte portugiesische Weinwelt wegen der Angleichung an das EU-Weinrecht im Umbruch, und noch finden sich viele traditionelle Bezeichnungen wie Reserva oder Garrafeira, die entweder verschwinden oder neu definiert werden. Zur Kontrolle der Einhaltung dieser gesetzlichen Bestimmungen fungiert dabei das direkt dem Landwirtschaftsministerium unterstellte Instituto da Vinha e do Vinho. Die am meisten exportierten portugiesischen Weine sind Portwein, obwohl er nur 2–5 % der portugiesischen Produktion ausmacht, und Roséwein, wobei Markennamen wie Mateus oder Lancer's in kaum einem Verkaufsregal fehlen. Tatsächlich wird auch in Portugal viel Roséwein getrunken, jedoch in erheblich besserer Qualität. Die Besten der Vinhos maduros kommen aus dem Douro-Gebiet, allen voran der legendäre Barca Velha, der beste portugiesische Rotwein überhaupt. Der Montes Claros, Colares, Dão, Torres Vedras, der Quinta do Carmo aus Borba u. a. können sowohl als Weiß- als auch Rotweine herausragend, sogar bemerkenswert sein. Mit einem Alkoholgehalt zwischen 11,5–13 %Vol. haben sie oft erstaunliche Rasse und Charakter. Sie können hervorragend altern und sich dabei zu feinnervigen, reifen und eleganten Weinen entwickeln, die zu den besten Europas gehören. Portwein und Madeira gehören zu Vinho generoso, bei beiden handelt es sich um gespritete Weine, das heißt, dass diesen Weinen nach der Gärung Alkohol (Branntwein) zugesetzt wird. Guter Portwein ist sehr konzentriert und wirkt in der Jugend unausgewogen. Gute Jahrgänge von kompetenten Erzeugern sind jahrzehntelang haltbar; die Reife erreichen die Weine oft erst nach 20 Jahren. Daneben ist vor allem der **vinho verde** bekannt. Dabei handelt es sich um weißen oder roten Wein aus dem Nordwesten Portugals. Er ist leicht, sollte jung getrunken werden und enthält oft natürliche Kohlensäure, weshalb er sehr spritzig schmeckt.

Portulak [*Wildkräuter, -blüten & -früchte*] **A Lateinisch:** Portulaca oleracea. **Synonym:** Sommerportulak, Gewürzportulak, Gemüseportulak, Postelein, Burzelkraut, Bürzelkraut, Bürzelkohl, Kreusel, Sauburtzel. **Englisch:** purslane, common purslane, kitchengarden purslane; **Französisch:** pourpier; **Italienisch:** portulaca; **Spanisch:** verdolaga, verdolaga grande. Portulak ist Blattgemüse und Würzkraut zugleich. Die Wildform des Portulaks stammt aus Griechenland und Gebieten Vorderasiens bis zum westlichen Himalaja. Portulak ist heute ein relativ unbekanntes Gemüse. Er wird in Deutschland, den Niederlanden, Frankreich und Belgien angebaut. Die Blätter des

Portulaks sind fleischig, grün bis rötlich-gelb und eiförmig. **Inhaltsstoffe:** 100 g frischer Portulak enthalten ∅ 26 kcal/108 kJ, 89,8 g Wasser, 2,5 g Ballaststoffe, 151 mg Magnesium, 3,6 mg Eisen, 4 µg Jod und 22 mg Vitamin C. **Würzinfo:** Portulak zum Würzen darf nicht mitgekocht werden, sonst verliert er sein Aroma. **Geschmack:** Die zarten Portulakblättchen schmecken leicht salzig und manchmal etwas bitter. **Verwendung in der Küche:** Das ↑**Gemüse** kann roh als Salat und gekocht wie ↑**Spinat** zubereitet werden. Eingelegt nimmt man ihn zu Gurken-, Tomaten- und Kopfsalat, aber auch zu ↑**Soßen**, Kräutersuppen, Quark- und Eierspeisen, zu gedünsteten ↑**Tomaten**, ↑**Paprika**, ↑**Gurken** und ↑**Zwiebeln** sowie zum Verfeinern von ↑**Mayonnaise** und ↑**Kräuterbutter**.

Portwein [*Weinkunde*] Einer der berühmtesten Süßweine der Welt mit 19 %Vol. kommt aus Portugal. Er wird in verschiedenen Stilen auf den Markt gebracht. Für den Portwein werden bis zu 20 Rebsorten vermischt, diese Verschnitte tragen keine Jahrgangsbezeichnung. Das Basisverfahren bei der Herstellung der Portweine ist für jede Variante gleich. Durch Zugabe von hochprozentigem ↑**Branntwein** wird die Gärung abgebrochen, bevor der gesamte im Beerensaft enthaltene ↑**Zucker** in ↑**Alkohol** umgesetzt ist. Oft wird dazu ↑**Cognac** benutzt. Im Prinzip darf es Branntwein jeder Herkunft sein, so lange dieser aus Beerensaft hergestellt wurde. Der Alkoholgehalt beschädigt die Zellstruktur der ↑**Hefe**, die dabei abstirbt, wodurch die Gärung zum Stillstand kommt. Der unvergorene Restzucker verleiht dem Wein seine Süße. Das Wichtigste bei der Produktion von Port ist eine schnelle Ausbeute von Farbe und Gerbstoffen, die sich in den Schalen der Beeren befinden. Früher wurde dies durch Stampfen erreicht, wobei die Maische und der werdende Wein mit den Füßen ständig bewegt wurden. Diese Methode ist arbeits- und kostenintensiv, weshalb heute die Technik der Rémontage angewandt wird. Pumpen besprühen die Schalen, die oben auf dem Wein im Gärtank schwimmen, mit dem eigenen Wein. Die Gärung beschränkt sich auf zwei bis drei Tage, bis ein Alkoholgehalt von 6–9 % erreicht ist. Auch bleibt bei Portwein der Wein nach der Gärung nicht auf den Schalen, da der hochprozentige Alkohol des Branntweins auch die bitter schmeckenden ↑**Gerbstoffe** auslöst, die die Qualität des Portweins beeinträchtigen würden. Die verschiedenen Portstile entstehen nach der Gärung durch die Ausbaumethoden in Holzfass, Flasche oder einer Kombination von beiden. Der dunklere, rote Portwein ist in der Regel jünger als sein hellerer Bruder, der durch lange Lagerung die ↑**Trauben**-Farbe immer mehr verliert. ↑**Portugiesischer Wein**

Positivliste [*Fachkunde*] Listet alle gesetzlich zugelassenen Stoffe abschließend auf. **Nicht aufgeführte Stoffe sind grundsätzlich nicht erlaubt.**

Poste [*Franz. Fachwort*] Posten, Arbeitsbereich, Teil einer Küchenbrigade

Postre [*Span. Speisekarte*] Nachspeise

Pot [*Franz. Speisekarte*] Kochtopf; Kanne, Krug

Pot argue [*Franz. Speisekarte*] Presskaviar von ↑**Barben**

Pot au feu [*Franz. Speisekarte*] **A 1.** französisches Eintopfgericht aus verschiedenen Fleischsorten (Topf im Feuer) in zwei Gängen serviert – zuerst die ↑**Brühe**, danach ↑**Fleisch** und ↑**Gemüse.** Ein großes, saftiges Stück ↑**Ochsenfleisch** wird drei Stunden mit ↑**Salz**, ↑**Karotten**, ↑weißen **Rüben**, ↑**Lauch**, ↑**Sellerie**, einer vorher im Fett gebräunten ↑**Zwiebel**, ↑**Petersilienwurzel**, ↑**Thymian**, ↑**Knoblauch**, ↑**Nelke** und ↑**Lorbeerblatt** gar geköchelt, mit ↑**Pfeffer** und ↑**Muskat** vollendet. ↑**Suppenfleisch** & ↑**Tafelspitz**; **2.** großer, hitzebeständiger Suppentopf (Feuertopf)

Pot de crème [*Franz. Speisekarte*] **A** Eiercreme im feuerfesten Näpfchen gegart

Pot de filets de harengs [*Franz. Speisekarte*] Eingelegte ↑**Heringsfilets**

Pot roast [*Engl. Speisekarte*] ↑**Rinderschmorbraten**

Potage [*Franz. Speisekarte*] Oft eine gebundene, aber auch ↑**Klare Suppe**, wird in Frankreich meist abends gegessen

Potage à la Dubarry [*Franz. Speisekarte*] **A** Kartoffelrahmsuppe mit ↑**Blumenkohl**

Potage à la parisienne [*Franz. Speisekarte*] **A** Kartoffelrahmsuppe mit ↑**Lauch**

Potage à la paysanne [*Franz. Speisekarte*] ↑**Gemüsesuppe**

Potage à la reine [*Franz. Speisekarte*] ↑**Geflügel**rahmsuppe

Potage à l'oseille [*Franz. Speisekarte*] **A** Mit ↑**Mehlbutter** und ↑**Eigelb** gebundene ↑**Gemüse**suppe mit ↑**Sauerampfer**, ↑**Kartoffeln** und frisch gehackten ↑**Kräutern** vollendet

Potage ambassadeur [*Franz. Speisekarte*] **A** Suppe aus frischen ↑**Erbsen**, mit gedünsteten Streifen von ↑**Sauerampfer** und ↑**Kopfsalat**

Potage au chou-fleur [*Franz. Speisekarte*] **A** Mit ↑**Mehlbutter** und ↑**Eigelb** gebundene ↑**Blumenkohl**suppe wird mit frisch gehackten ↑**Kräutern** vollendet.

Potage au potiron [*Franz. Speisekarte*] **A** Mit ↑**Mehlbutter** gebundene ↑**Kürbis**suppe auf ↑**Milch**basis, mit ↑**Croûtons** serviert und frisch gehackten ↑**Kräutern** vollendet

Potage aurore [*Franz. Speisekarte*] **A** Mit ↑**Tapioka**, ↑**Eigelb** und ↑**Sahne** gebundene ↑**Kürbis**suppe mit ↑**Tomaten**, ↑**Kartoffeln** und ↑**Butter** verfeinert und frisch gehackten ↑**Kräutern** vollendet

Potage aux champignons [*Franz. Speisekarte*] **A** Mit ↑**Mehlbutter**, ↑**Sahne** und ↑**Eigelb** gebundene ↑**Champignon**suppe, die mit ↑**Fleischbrühe** und ↑**Milch** gekocht und frisch gehackten ↑**Kräutern** vollendet wird.

Potage aux vermicelles [*Franz. Speisekarte*] Nudelsuppe

Potage Bagration [*Franz. Speisekarte*] **A** Klare Suppe mit ↑**Tomaten**würfeln, ↑**Kalbfleisch**würfeln oder ↑**Seezungen**streifen mit ↑**Makkaroni**stückchen

Potage bilibi [*Franz. Speisekarte*] **A** Muschelsuppe aus ↑**Fischbrühe** (aus Fischköpfen und Gräten mit ↑**Petersilie**, ↑**Lorbeerblatt** und ↑**Thymian** gekocht) mit ↑**Weißwein**, ↑**Sahne**, ↑**Sellerie**, ↑**Zwiebel**, ↑**Salz**, ↑**Pfeffer** und ↑**Miesmuscheln**. Diese Suppe wird entweder sehr heiß oder sehr kalt gegessen.

Potage bonne femme [*Franz. Speisekarte*] ↑**Fleisch**- oder ↑**Geflügel**suppe mit ↑**Kartoffeln**, ↑**Lauch** und ↑**Kerbel**

Potage clair [*Franz. Speisekarte*] Klare Fleischbrühe, ↑**Consommé**

Potage condé [*Franz. Speisekarte*] **A** Gebundene ↑**Geflügelbrühe** mit Püree aus ↑**Roten Bohnen**

Potage crécy [*Franz. Speisekarte*] **A** Pürierte ↑**Karotten**suppe mit ↑**Kartoffeln**, ↑**Zwiebeln**, in ↑**Butter** gerösteten ↑**Croûtons** serviert und frisch gehackter ↑**Petersilie** vollendet

Potage crème de céleri [*Franz. Speisekarte*] **A** Mit ↑**Mehlbutter**, ↑**Sahne** und ↑**Eigelb** gebundene ↑**Sellerie**cremesuppe mit geraspelten Sellerieknollen: Sie wird mit in ↑**Butter** gerösteten ↑**Croûtons** serviert und frisch gehackten ↑**Kräutern** vollendet.

Potage crème de concombre [*Franz. Speisekarte*] **A** Mit ↑**Mehlbutter** und ↑**Sahne** gebundene ↑**Gurken**suppe mit passierten ↑**Kartoffeln**, feinen Gurkenwürfeln und frischem gehackten ↑**Borretsch** vollendet

Potage favorite [*Franz. Speisekarte*] Rahmsuppe mit gedünstetem ↑**Kopfsalat** und ↑**Spargel**stücken

Potage fermière [*Franz. Speisekarte*] **A** Rahmsuppe mit gedünstetem ↑**Gemüse**

Potage germiny [*Franz. Speisekarte*] **A** Suppe mit ↑**Sauerampfer**, ↑**Bouillon**, ↑**Sahne**, ↑**Eigelb**, weißem ↑**Pfeffer** und ↑**Cayennepfeffer**, die eisgekühlt serviert wird

Potage jardinière [*Franz. Speisekarte*] **A** Klare ↑**Gemüse**suppe mit ↑Bauch**speck**

Potage lié [*Franz. Speisekarte*] Gebundene, dicke Suppe

Potage long champ [*Franz. Speisekarte*] **A** Gebundene ↑**Erbsen**suppe mit ↑**Sauerampfer**streifen

Potage Marigny [*Franz. Speisekarte*] **A** Gebundene Suppe mit grünen ↑**Erbsen** und kleinen ↑**Grünen Bohnen**stückchen

Potage Nemours [*Franz. Speisekarte*] **A** Gebundene ↑**Kartoffel**suppe

Potage oxtail clair [*Franz. Speisekarte*] Klare ↑**Ochsenschwanz**suppe mit ↑**Madeira** oder ↑**Sherry**. ↑**Oxtail**

Potage Parmentier [*Franz. Speisekarte*] ↑**Kartoffel**rahmsuppe

Potage purée [*Franz. Speisekarte*] Püreesuppe, gebundene Suppe

Potage queue de bœuf [*Franz. Speisekarte*] **A** Gebundene ↑**Ochsenschwanz**suppe mit verschiedenem gewürfelten ↑**Gemüse**, gewürzt mit ↑**Piment** und ↑**Sherry** vollendet

Potage Saint Cloud [*Franz. Speisekarte*] **A** Die berühmte Pariser Suppe der „Concierge" (Hausmeisterin) aus ↑**Kartoffeln** und ↑**Lauch**

Potage Saint-Germain [*Franz. Speisekarte*] **A** Püreesuppe aus frischen grünen ↑**Erbsen**, ↑**Kopfsalat** usw.

Potage santé [*Franz. Speisekarte*] **A** Gebundene ↑**Kartoffel**suppe mit ↑**Sauerampfer** und ↑**Kerbel**

Potage velouté [*Franz. Speisekarte*] Crèmesuppe

Potage vichyssois [*Franz. Speisekarte*] Sämige kalte Kartoffelsuppe. ↑**Vichyssoisse**

Potager [*Franz. Speisekarte*] Koch, zuständig für die Zubereitung aller Suppengerichte

Potages clairs, liés [*Franz. Speisekarte*] Klare Suppen, gebundene Suppen

Potages et soupes [*Franz. Speisekarte*] Suppen waren lange Zeit das Hauptnahrungsmittel der einfachen Leute in Frankreich. Der Suppentopf stand immer am Feuer. Heute isst der Franzose Suppen fast nur noch am Abend; sie sind stets mit viel Liebe zubereitet und schmecken entsprechend gut.

Potato pancakes [*U.S. Kitchen*] ↑**Kartoffelpuffer**

Potato salad [*U.S. Kitchen*] ↑**Kartoffelsalat**

Potato skins [*U.S. Kitchen*] Gebackene, ausgehöhlte ↑**Kartoffeln** mit Füllung

Potato wedges [*U.S. Kitchen*] Kartoffelecken mit und ohne Schale frittiert

Potatoes [*U.S. Kitchen*] ↑**Kartoffeln**

Potatoes au gratin [*U.S. Kitchen*] ↑**Kartoffelgratin**

Potée [*Franz. Speisekarte*] **A** Topfvoll – gemeint ist immer ein deftiger ↑**Eintopf** aus (gepökeltem) ↑**Fleisch**, ↑**Wurst**, ↑**Kohl** und sonstigem ↑**Gemüse**. In Frankreich hat jede Provinz ihr Rezept. Statt Fleisch kann auch ↑**Fisch** enthalten sein,

Potée auvergnate – gaupe aux choux auvergnats [*Franz. Speisekarte*] **R** Suppe mit ↑**Kohl** und anderem ↑**Gemüse**, ↑**Pökelfleisch**, ↑**Wurst**einlage, manchmal auch ↑**Hammel**rippchen, gewürzt mit gehackten ↑**Zwiebeln**, ↑**Knoblauch**, ↑**Lorbeerblatt**, ↑**Thymian**, ↑**Salz** und ↑**Pfeffer**; die Suppe wird über Brotscheiben gegossen und das ↑**Fleisch** mit ↑**Cornichons** gegessen

Potiron [*Franz. Speisekarte*] ↑**Kürbis**

Potize [*Österr. Küche*] **A** ↑**Hefeteig** ca. 1 cm dick ausrollen, wie einen Strudel mit ↑**Nuss**- oder ↑**Mohn**füllung belegen, von zwei Seiten her einrollen und in einer länglichen Form backen

Potje flesh [*Intern. Länderküche*] Flämische ↑**Terrine** (↑**Pastete**) aus drei Fleischsorten von Kalb, Kaninchen und Huhn

Pottasche [*Backstube*] **T** Kaliumkarbonat – weißes, laugig schmeckendes ↑**Salz**, das als ↑**Backtreibmittel** verwendet wird. ↑**Honig**- und ↑**Lebkuchen**teige lockert man manchmal mit Pottasche auf. Das Kohlendioxid zur Teiglockerung wird freigesetzt, wenn der Teig etwas Säure enthält oder diese in ihm durch Mikroorganismen gebildet wurde. Darum lässt man den Teig vor dem Backen längere Zeit bei Zimmertemperatur ruhen. Für 500 g ↑**Mehl** benötigt man 6 g Pottasche. Gut verschlossen hält sich dieses Triebmittel max. 8 Monate.

Potted beef [*Engl. Speisekarte*] Englische ↑**Rindfleisch**paste, Brotaufstrich, in Delikatessengeschäften erhältlich

Potted chicken [*Engl. Speisekarte*] Englische ↑**Hühnerfleisch**paste, Brotaufstrich, in Delikatessengeschäften erhältlich

Potted ham [*Engl. Speisekarte*] Englische ↑**Schinken**paste, Brotaufstrich, in Delikatessengeschäften erhältlich

Potted salmon [*Engl. Speisekarte*] Englische ↑**Lachs**paste, Brotaufstrich, in Delikatessengeschäften erhältlich

Potthucke [*Regionale Spezialität*] ↑**Dibbelabbes**

Poubelle [*Franz. Fachwort*] Abfalleimer

Pouco passado [*Span. Speisekarte*] Halb durchgegart (ist im spanischen Sommer nicht ratsam)

Poudre [*Franz. Fachwort*] Pulver

Poudrer [*Franz. Fachwort*] Bestäuben

Poularde [*Unsere Küche*] In der klassischen Küche ist die Poularde ein junges, gemästetes ↑**Hähnchen** oder Hühnchen ab 1200 g. Poulardenfleisch ist hell, wohlschmeckend und sehr zart. Das Idealgewicht einer Poularde liegt zwischen 1500 und 2200 g. Es ergibt je nach Größe und Zubereitungsart 4–6 Portionen.

Poularde à la broche [*Franz. Speisekarte*] **A** ↑**Masthuhn**, gesalzen, gepfeffert, mit ↑**Speck** umwickelt und am Spieß gebraten

Poularde aux morilles [*Franz. Speisekarte*] **A** ↑**Masthuhn** mit einer Sahne-↑**Morchel**soße

Poularde de Bresse rode [*Franz. Speisekarte*] **A** Gebratenes ↑**Masthuhn** aus Bourg-en-Bresse, berühmt für sein weißes Fleisch, von besonders feinem Geschmack. ↑**Bresse-Poularde**

Poularde demi-deuil [*Franz. Speisekarte*] **A** ↑**Masthuhn** in ↑**Gemüsebrühe** gekocht, mit ↑**Trüffel**scheiben und ↑**Gemüse** garniert

Poularde sautée à l'angevine [*Franz. Speisekarte*] **R** ↑**Masthuhn**, in Stücke zerteilt, in ↑**Butter** gedünstet, in einer ↑**Soße** aus ↑**Knoblauch**, ↑**Zwiebeln**, ↑**Thymian**, ↑**Salz**, ↑**Pfeffer**, ↑**Champignons**, ↑**Tomaten**, trockenem ↑**Weißwein** und ↑**Sahne** mit ↑**Grünen Bohnen**, ↑**Erbsen**, ↑**Karotten** und ↑**Weißen Rübchen** serviert

Poule [*Franz. Fachwort*] ↑**Suppenhuhn**, Henne

Poule au pot [*Franz. Speisekarte*] **A 1.** Im Wasser gegartes ↑**Suppenhuhn**; **2.** Eintopf mit ↑**Huhn**, ↑**Rindfleisch** und ↑**Gemüse**

Poule de mer [*Franz. Speisekarte*] ↑**Peterfisch**

Poule verte [*Franz. Speisekarte*] „Grünes, falsches ↑**Huhn**" aus ↑**Hackfleisch** und ↑**Kohl**

Poulet [*Franz. Speisekarte*] Junges ↑**Masthuhn**, 8–16 Wochen alt

Poulet à la broche [*Franz. Speisekarte*] **A** ↑**Hähnchen** am Spieß

Poulet à la reine [*Franz. Speisekarte*] **A** ↑**Hähnchen** (mit Beilagen) in ↑**Sauce suprême**

Poulet à l'estragon [*Franz. Speisekarte*] **A** ↑**Hähnchen** in einer ↑**Soße** aus ↑**Weißwein**, ↑**Salz**, ↑**Pfeffer**, ↑**Speck**, ↑**Zwiebeln** und ↑**Estragon**

Poulet archiduc [*Franz. Speisekarte*] **A** Gebratenes ↑**Hähnchen** mit ↑**Paprika**, ↑**Zwiebeln** und ↑**Sauce hongroise**

Poulet célestin [*Franz. Speisekarte*] **R** ↑**Hähnchen**, in Stücke zerteilt, in ↑**Butter** gebräunt, mit ↑**Cognac** flambieren und mit ↑**Champignons**, ↑**Tomaten**, ↑**Weißwein**, etwas konzentrierter ↑**Fleischbrühe**, ↑**Salz**, ↑**Pfeffer** und ↑**Cayennepfeffer** dünsten. Das Gericht mit gehackter ↑**Petersilie** und ↑**Knoblauch** bestreut servieren.

Poulet dauphinois [*Franz. Speisekarte*] **R** Ein ausgelöstes ↑**Hähnchen** wird mit ↑**Trüffel** und ↑**Gänseleber** gefüllt in eine Schweineblase gewickelt, in ↑**Hühnerbrühe** mit ↑**Cognac**, ↑**Madeira** und etwas **Weißwein**, ↑**Salz** und ↑**Pfeffer** ↑**pochiert**.

Poulet effilé [*Franz. Fachwort*] Ausgenommenes ↑**Hähnchen** mit Hals und ↑**Innereien**

Poulet en barbouille [*Franz. Speisekarte*] **A** ↑**Hähnchen** in Rotwein-Blut-Sauce

Poulet éviscéré [*Franz. Fachwort*] Ausgenommenes ↑**Hähnchen** ohne Hals und ↑**Innereien**

Poulet fermier [*Franz. Speisekarte*] ↑**Hähnchen** vom Bauernhof

Poulet marengo [*Franz. Speisekarte*] **A** ↑Hähnchenragout

Poulet prêt à cuire, p.a.c. [*Franz. Fachwort*] Küchenfertiges ↑**Hähnchen**

Poulet rôti [*Franz. Speisekarte*] ↑**Brathähnchen**

Poulet sauté [*Franz. Speisekarte*] Schnell angebratene und gegarte ↑**Hähnchen**teile

Poulette [*Franz. Speisekarte*] Junges ↑**Hühnchen**

Pouligny Saint-Pierre [*Käse*] **T Herkunft:** Frankreich/Département Centre (Vallée de la Brenne); **Käsesorte:** ↑**Weichkäse**, mind. 45 % ↑**Fett i. Tr.**; **Milch:** ↑**Ziegenmilch**; **Teig:** fein strukturiert, zart; **Geschmack:** dezentes, feines Ziegenaroma, leicht säuerlich, nussig; **Info:** Wegen seiner charakteristischen Form trägt der Pouligny Saint-Pierre (sprich: Pulinji Sän pijär) auch den Spitznamen „Pyramide" oder „Eiffelturm". **Weinempfehlung:** trockene, fruchtige Weißweine von der Loire wie einen weißen Touraine; **Verwendung:** frisch – im Salat oder warm auf ↑**Toast**, gereift – pur als ↑**Dessert**

Poulpe [*Franz. Speisekarte*] ↑**Oktopus**

Poulpe en potee [*Franz. Speisekarte*] **R** Für dieses baskische Gericht wird eine große Krake (↑**Oktopus**) in Stücke geschnitten und zusammen mit ↑**Zwiebeln**, ↑**Tomaten**, ↑**Knoblauch**, ↑**Salz**, ↑**Pfeffer** und ↑**Petersilienwurzel** ca. 2 Std. weichgedünstet, mit etwas Wasser aufgegossen; etwa 15 Min. vor Beendigung der Kochzeit werden in ↑**Olivenöl** gebackene, mit Knoblauch eingeriebene Brotscheiben in den Topf gelegt

Poultry [*U.S. Kitchen*] ↑**Geflügel**

Poumon [*Franz. Speisekarte*] Lunge

Pound [*Fachkunde*] Englische Gewichtseinheit; Abk.: lb = 453,59 g

Pouprion [*Franz. Speisekarte*] Kleine ↑**Krake**

Pour acquit [*Franz. Fachwort*] Betrag erhalten

Pourboire [*Franz. Fachwort*] Trinkgeld

Pourpier [*Franz. Speisekarte*] ↑**Portulak**

Pourri [*Franz. Fachwort*] Verfault

Pourriture [*Weinkunde*] Französisch für die von der Pilzart ↑**Botrytis Cinerea** verursachte Fäulnis, die die Reben vor allem bei feuchtem Wetter befallen kann. Im ungünstigsten Fall kann sie eine ganze Ernte ruinieren und wird dann als Roh- oder Graufäule bezeichnet. Im günstigsten Fall aber spielt sie eine wichtige Rolle bei der Produktion der berühmtesten Süßweine der Welt und wird dann Pourriture Noble (Edelfäule) genannt.

Pousse [*Franz. Fachwort*] Sprössling, Trieb

Pousse-cafés [*Hausbar*] ↑**Couleurs**

Poussin [*Franz. Speisekarte*] ↑**Stubenküken**

Poutargue [*Franz. Speisekarte*] Getrockneter, gesalzener, zu flachen Würstchen gepresster ↑**Rogen** von Meeräschen, wird in Scheiben geschnitten verzehrt. Diese Spezialität aus der Provence nennt man auch „Weißen Kaviar".

Povese [*Österr. Küche*] ↑**Pofesen**

Powidl [*Intern. Länderküche*] **A** Der Powidl (auch Powidel, **Tschechisch:** povidle) ist ein Zwetschgen- oder ↑**Pflaumenmus** und eine typische Spezialität aus der Böhmischen Küche. Im Gegensatz zu ↑**Marmelade** oder ↑**Konfitüre** wird Powidl nur durch Einkochen ohne ↑**Zucker** oder ↑**Gelier-** und ↑**Konservierungsstoffe** hergestellt. Die Süße ist nur die natürliche Süße der Frucht. Powidl wird stundenlang gekocht, bis die nötige Konsistenz und Süße erreicht wird. Die Früchte sollten erst sehr spät geerntet werden und bevorzugt auch schon Nachtfrost überstanden haben, damit sich genügend Zucker bilden konnte. Der Powidl ist in Österreich und Böhmen die Grundlage für ↑**Buchteln**, ↑**Kolatschen**, ↑**Powidltascherln**, den Powidlkuchen und für die Germ(↑**Hefe**)↑**knödel**, wird aber auch als Brotaufstrich verwendet. Powidl ist lang haltbar und wird in traditionellen Tontöpfen aufbewahrt. Die bäuerliche Powidl-Herstellung war ein spätherbstliches Gesellschaftsereignis, bei dem das Mus gemeinschaftlich in großen Mengen als Wintervorrat und natürliches Süßungsmittel (vergleichbar mit ↑**Apfelkraut**) hergestellt wurde. Da das zäh Gekochte unentwegt kräftig gerührt werden muss, löste man sich bei der schweren Muskelarbeit ab. Die tschechische Powidl-Bezeichnung **povidle** gibt es nur als Mehrzahl und kommt vom **povídat** = erzählen.

Powidldatschkerln [*Intern. Länderküche*] **R** (Povidlové tasticky), **Powidlknödel**, eine typische Spezialität aus der ↑**Böhmischen** und ↑**Wiener Küche**. Gekochte, erkaltete, sehr mehlige **Kartoffeln** reiben oder durch den Fleischwolf drehen, mit ↑**Mehl**, ↑**Salz** und ↑**Eiern** zu einem ↑**Knödelteig** verarbeiten. Kleine Knödel formen, die je mit 1 TL ↑**Pflaumenmus** (Powidl) gefüllt werden. ↑**Knödel** in kochendem Salzwasser bei schwacher Hitze in 5 bis 7 Min. garen. Mit gebräunter ↑**Butter**, angerösteten ↑**Semmelbrösel** oder gemahlenem ↑**Mohn** und ↑**Zucker** bestreut servieren. Zucker und ↑**Zimt** gesondert reichen.

Powidlfüllung [*Intern. Länderküche*] **R** Typische Spezialität aus der ↑**Böhmischen Küche.** ↑**Pflaumenmus** wird mit ↑**Zitronenschale**, ↑**Zimt**, ↑**Rum** sowie ↑**Zucker** nach Bedarf abgeschmeckt und mit geriebenen ↑**Pfefferkuchen** gebunden.

Powidltatscherl [*Österr. Küche*] **R** Nicht zu verwechseln mit den ↑**Powidldatschkerln.** Powidltatscherl ist die mit ↑**Pflaumenmus** gefüllte und in Salzwasser gekochte, flache, halbkreisförmige Speise aus ↑**Kartoffelteig**. Mit gebräunter ↑**Butter**, angerösteten ↑**Semmelbrösel** oder gemahlenem ↑**Mohn** und ↑**Zucker** bestreut servieren.

Pozole oder Posole [*Mexicofood*] **A Mexikanisches Nationalgericht** – Herzhafter Gemüseeintopf mit ↑**Tomaten**, Salatstreifen, ↑**Gurken**, ↑**Radieschen**, ↑**Schweine-** oder ↑**Hühnerfleisch** und ↑**Weißem Mais** (↑**Hominy**). Die Kochzeit beträgt 2–3 Stunden, bis der ↑**Mais** gar ist. Pozole ist Festtagsgericht und traditionelles Neujahrsessen der Pueblo-Indianer und wird mit roter Chilisauce, ↑**Brot** oder ↑**Tortillas** aufgetragen. „Pozolli" bedeutet Schaum: Wenn die Maiskörner in der Suppe kochen, öffnen sie sich wie Blumen und produzieren Schaum.

ppm [*Gewürze & Kräuter*] Der englische Ausdruck **parts per million (ppm**, zu Deutsch: **Teile pro Million)** steht für ein Millionstel Teil. ↑**Chili**, ↑**Scoville-Einheiten** & ↑**Capsaicin**

Präbiotika [*Fachkunde*] Mit dem Begriff Präbiotika umschreibt man für den Menschen unverdauliche Lebensmittelbestandteile, die durch selektive Stimulation einer begrenzten Zahl von Bakterienstämmen im Dickdarm indirekt eine Verbesserung der menschlichen Gesundheit bewirken sollen. Unter selektiver Stimulation versteht man das bevorzugte Wachstum bzw. eine erhöhte Stoffwechselaktivität der gewünschten Bakterienstämme. Zu den Präbiotika gehören unverdauliche ↑**Kohlenhydrate** und Nahrungsfasern. ↑**Ballaststoffe**

Prägeln [*Schweizer Küche*] Schweizer Bezeichnung für „in der Pfanne braten"

Prager Knöpf [*Fleischprodukte*] Regionale Bezeichnung für grob gekörnte ↑**Brühwürste**

Prager Schinken [*Regionale Spezialität*] **R** Ein roher, geräucherter ↑**Schinken** wird ↑**ausgelöst**, über Nacht gewässert, in salzlosem Wasser mit ↑**gespickter Zwiebel** gekocht und anschließend von der ↑**Schwarte** und überschüssigem ↑**Fett** befreit. Der abgekühlte und trockene Schinken wird in nicht zu dünn ausgerollten Brotteig aus ↑**Sauerteig** eingeschlagen, auf ein bemehltes Blech gelegt und je nach Größe 2–3 Stunden im vorgeheizten Backofen bei ca. 160° C gebacken. Den charakteristischen Geschmack bekommt diese Spezialität von ↑**Kräutern** wie ↑**Thymian**, ↑**Majoran**, ↑**Estragon**, ↑**Melisse**, ↑**Schnittlauch**, ↑**Basilikum** usw., die auf den ausgerollten Teig gestreut werden, bevor der Schinken darin eingewickelt wird. Wichtig ist, dass der Schinken komplett im Brotteig eingeschlagen ist.

Prager Schlögel [*Österr. Küche*] Ganze gepökelte ↑**Schweinekeule**

Praires [*Franz. Speisekarte*] ↑**Venusmuscheln**, die roh wie ↑**Austern** gegessen werden

Prairie Oyster [*Hausbar*] **R** Die Prärie-Auster ist eines der ältesten Hausmittel gegen den ↑**Kater**. Je nach persönlichem Befinden kann der Drink mit oder ohne ↑**Alkohol** zubereitet werden. **Bekannt sind zwei Variationen: 1. Rezept:** 4 cl ↑**Brandy** oder nicht; 6 cl Tomatensaft; 1 ↑**Barlöffel** ↑**Olivenöl**; 2 Tropfen ↑Rotweinessig; 2 Tropfen ↑**Tabasco**; 2 Spritzer ↑**Worcester**soße; ↑**Pfeffer** frisch aus der Mühle; 1 ↑**Eigelb**; 1 Sektschale. Alle Zutaten (außer Eigelb) im Rührglas vermischen. Den Drink in die Sektschale gießen und vorsichtig das Eigelb daraufsetzen und in einem Zug austrinken. **2. Rezept:** 2 Spritzer Worcestersoße; 1 Barlöffel Olivenöl; 2 Spritzer Tabasco; Pfeffer; Salz; 6 cl. Brandy oder nicht; 1 EL ↑**Tomatenketschup**; 1 Eigelb; ↑**Paprikapulver** (süß) oder ↑**Cayennepfeffer**; 1 Cocktailglas. Alle Zutaten in obiger Reihenfolge ins Cocktailglas geben. Das Eigelb in die Mitte des Glases platzieren und mit Paprika oder Cayenne würzen. Den Drink **nicht** verrühren, in einem Zug austrinken.

Prälatenkäse [*Käse*] **Herkunft:** Österreich. ↑**Trappistenkäse**

Pralin [*Franz. Speisekarte*] **1.** ↑**Krokant**; **2.** Mandelmasse; Mischung aus gerösteten ↑**Mandeln** oder ↑**Haselnüssen** und ↑**karamelisiertem** ↑**Zucker**

Praline [*Unsere Küche*] **T** Sammelbegriff für mundgerechte Süßwaren aus ↑**Schokolade**. Sie dürfen höchstens 15 g schwer sein und bestehen aus verschiedenen Füllungen, z. B. ↑**Mandeln**, ↑**Marzipan**, ↑**Nougat**, ↑**Gelee**, ↑**Weinbrand**, ↑**Likör**, ↑**Krokant** und ↑**Früchten** mit einem Schokoladenüberzug.

Praliner [*Franz. Speisekarte*] In ↑**Zucker** rösten

Präparieren [*Unsere Küche*] Zubereiten, vorbereiten

Prärieauster [*Hausbar*] ↑**Prairie Oyster**

Präserve [*Fachkunde*] Abgepackte, nur beschränkt haltbare Lebensmittel; Halbkonserve. ↑**Konserven**

Prato do dia [*Span. Speisekarte*] Tagesgericht

Pratzerl, vorderes [*Österr. Küche*] Fuß vom Vorderviertel des ↑**Schweins**

Prawns [*Fisch*] Englische Bezeichnung für große ↑**Garnelen** oder Tiefseekrabben

Prebiotika [*Fachkunde*] Lösliche Nahrungsfasern mit spezifischem gesundheitlichen Zusatznutzen vor allem für die Darmgesundheit. **Beispiel:** ↑**Jogurt** mit prebiotischen Nahrungsfasern

Preblending [*U.S. Kitchen*] Vormischen.

Pre-Dinner-Cocktail [*Hausbar*] Vor-dem-Essen-↑**Aperitif**

Préemballé [*Franz. Fachwort*] Abgepackt

Preheat [*U.S. Kitchen*] Vorheizen

Preiselbeere [*Wildkräuter, -blüten & -früchte*] **A Lateinisch:** Vaccinium vitis-idaea; **Englisch:** cranberries; **Französisch:** airelles rouges; **Italienisch:** mirtilli rossi; **Spanisch:** arándanos rojos. **Info:** Die zur Familie der Heidekrautgewächse gehörende Preiselbeere ist ein kleiner, bis 30 cm flacher, weit verzweigter Strauch, der vorzugsweise auf trockenen Böden in Kiefernwäldern und auf Rentierflechtenheiden ohne dichtes Unterholz wächst. Die glockenförmigen, weißlichen bis rosafarbenen Blüten erscheinen von Mai bis Juni und entwickeln bis zum Spätsommer und Herbst die scharlachroten bis dunkelroten, 8–15 mm großen Beeren an kurzen Stielen nahe am Erdboden, die allerdings erst nach Auftreten der ersten Nachtfröste ihre volle Reife erlangen. Preiselbeeren werden von Anfang September bis Ende Oktober gesammelt und danach bis Ende November hauptsächlich aus Schweden und Finnland auf den Märkten angeboten. **Ursprung und Geschichte:** Die ursprünglich aus dem nördlichen Eurasien stammende Preiselbeere war bereits den indianischen Ureinwohnern Nordamerikas bekannt: Sie nutzten sie als Mittel gegen Erkältungen, wuschen Wunden mit dem Saft der Amerikanischen Cranberry und legten in Preiselbeersaft getränkte Umschläge auf, um das Gift aus Pfeilwunden zu ziehen. In Nordamerika gilt eine Hühnersuppe mit Preiselbeersaft bis heute als wirksames Hausmittel gegen Erkältungen und Blasenentzündungen. **Geschmack:** Die reifen roten Früchte schmecken extrem herb-säuerlich und sind roh ungenießbar. **Verwendung in der Küche:** Preiselbeeren können zu ↑**Marmeladen**, Fruchtmus, ↑**Kompott** oder Saft verarbeitet werden. Das Gelee aus dem wertvollen Wildobst lässt als süß würzende Verfeinerung vor allem ↑**Fleisch**- und ↑**Wild**gerichte, ↑**Geflügel** und gebackenen ↑**Käse** geschmacklich aufblühen. Preiselbeersaft wird außerdem von Barkeepern wegen seines speziellen Geschmacks in verschiedene Drinks gemixt. In Finnland ist geschlagener ↑**Preiselbeerpudding** mit ↑**Sahne** eine beliebte Nachspeise. **Inhaltsstoffe:** 100 g Preiselbeeren weisen einen Brennwert von ∅ 48 kcal/200 kJ auf und enthalten etwa 82 g Wasser, 0,4 g Eiweiß, 0,2 g Fett, 12,7 g

Kohlenhydrate und 4,2 g Ballaststoffe. An ↑**Mineralstoffen**, ↑**Spurenelementen** und ↑**Vitaminen** sind ∅ 7 mg Kalzium, 0,2 mg Eisen, 1 mg Natrium, 4,6 RE Vitamin A sowie 13,5 mg Vitamin C enthalten. **Wirkung in der Volksmedizin:** Mit den getrockneten Blättern wird ↑**Tee** aufgebrüht, der in seiner Wirkung auf die Harnorgane mit der der Bärentraube vergleichbar, aber etwas schwächer ist. Die in den Preiselbeeren enthaltenen Pro-Anthocyane behindern die Anlagerung von Bakterien an Zellwänden der menschlichen Blase und Nieren und vermeiden eine drohende Infektion der empfindlichen Schleimhäute.

Preiselbeerpudding, Geschlagener [*Regionale Spezialität*] **R** Dieses Dessert ist ursprünglich im Norden Europas zu Hause. Einen dünnen Grießbrei aus ↑**Preiselbeer**saft und ↑**Zucker** kochen. Nach dem Erkalten mit einem Rührgerät so lange schaumig aufschlagen, bis eine homogene, zartrosa ↑**Creme** entstanden ist. Hier ist Preiselbeersaft sehr schwer zu finden, darum sei verdünnter Preiselbeersirup empfohlen. **Grundrezept:** 3 Tassen Preiselbeersaft; 6 EL Zucker; 1/2 Tasse ungekochter ↑**Weizengrieß**

Preiselbeersirup [*Hausbar*] **A** Diesen Sirup aus dem Saft von ↑**Preiselbeeren**, Wasser und ↑**Zucker** erhält man im Fachhandel oder Reformhaus. Er ist von dunkelroter Farbe, sehr süß und wird hauptsächlich für alkoholfreie ↑**Cocktails**, ↑**Milchshake** oder in der Küche für ↑**Dessert**s verwendet.

Prémontana [*Franz. Speisekarte*] Mit ↑**Wacholder** geschmortes ↑**Rindfleisch**, eine Spezialität aus Korsika

Prepare [*U.S. Kitchen*] Vorbereiten, zubereiten

Préparer [*Franz. Fachwort*] Herrichten

Preserves [*U.S. Kitchen*] ↑**Marmelade**

Press [*U.S. Kitchen*] Drücken

Pressburger Gulasch [*Österr. Küche*] Rindergulasch mit ↑**Butternudeln.** ↑**Gulasch**

Pressburger Teig [*Österr. Küche*] Schwerer ↑**Hefeteig** mit viel ↑**Butter**

Presshonig [*Allgem. Nährmittel*] Wird durch Auspressen nicht erwärmter Honigwaben gewonnen. ↑**Honig**

Pression, à la [*Franz. Speisekarte*] ↑**Bier** vom Fass

Presskaviar [*Fisch*] Aus Rogenresten zusammengepresster echter ↑**Kaviar**

Presssack [*Fleischprodukte*] **R Weitere Bezeichnungen:** Schwartenmagen, Blunzen, Schweinskopfsülze, Presskopf, Saumagen; **Beschreibung:** Der weiße Presssack hat eine rundliche Form. Seine Größe bestimmt der verwendete Schweinemagen oder Kunstdarm. **Verzehr:** Kalt in Scheiben, mit ↑**Bauernbrot** oder, vor allem im Sommer, mit ↑**Essig**, ↑**Öl** oder ↑**süß-saurer Marinade** und ↑**Zwiebel**ringen angerichtet. **Geschichte:** Der Name „Presssack" entstand, weil er früher nach dem Garen zum Abkühlen zwischen zwei Holzplatten leicht gepresst wurde, damit sich die Einlagen gleichmäßig verteilen. **Zutaten:** Presssack besteht aus ↑**Schweine**- und ↑**Kopffleisch**, ohne Fett und Sehnen und einem geringen Anteil von in ↑**Würzsud** gekochten ↑**Schwarten**. Diese Einlage wird mit ↑**Pfeffer**, ↑**Muskatblüte**, ↑**Ingwer** und ↑**Kümmel** gewürzt, mit ↑**Aspik** versetzt und essigsaurer ↑**Brühe**, für den „Roten Presssack" mit Schweineblut angereichert. **Herstellung:** Das Fleisch wird vorgekocht, in Würfel geschnitten und mit sehr delikat abgeschmeckter Aspik- bzw. Schwartenbrühe übergossen. Diese Masse füllt man in Kunstdärme oder Schweinemägen, bindet sie zu und ↑**pochiert** sie ca. 1 1/2 Stunden in Salzwasser. Um eine gleichmäßige Verteilung des Fleisches im Presssack zu erreichen, wird das Ganze, während es abkühlt, häufig gewendet.

Prestling [*Obst*] ↑**Erdbeeren**

Presto [*Kartoffelsorte*] **Kochtyp:** ↑**Vorwiegend festkochende Kartoffeln; Herkunft:** Deutschland; **Jahr der Zulassung:** 2001; **Schale:** gelb; **Fleisch:** gelb; **Knolle:** oval; **Reifezeit:** sehr früh

Presukaca [*Käse*] **Herkunft:** Bosnien-Herzegowina; **Käsesorte:** gereifter ↑**Knetkäse; Milch:** ↑**Schafs**- oder ↑**Ziegenmilch**

Prêt à manger [*Franz. Fachwort*] ↑**Fast Food**, Schnellimbiss

Preußenkaffee [*Kaffee*] ↑**Kaffeeersatz**

Prezzemolo [*Ital. Speisekarte*] ↑**Petersilie**

Prieto Picudo [*Weinkunde*] Spanische Weißweinrebe, die in León und Zamora leichte Weine erzeugt

Prik [*Asiatische Küche*] Begriff aus der thailändischen Küchenkultur für ↑**Chili**

Prim [*Käse*] ↑**Braunkäse**

Prime rib roast [*Fleischprodukte*] **T** Wird aus dem mageren Kern der vorderen Hochrippe von möglichst jungen Tieren geschnitten. Es gibt unterschiedliche Dicken und Größen, je nachdem, wie viel Rippen der Braten umfassen soll. Eine übliche Haushaltsgröße sind zwei bis drei Rippen.

Primelblüten [*Wildkräuter, -blüten & -früchte*] **T Lateinisch:** Primula spp. Primelblüten verfeinern nicht nur ↑**Butter**mischungen, ↑**Käse** und Salate, sondern auch ↑**Omelettes**, Reisgerichte und Suppen, außerdem sind sie zum Kandieren geeignet. ↑**Kandieren von Blüten – Mehr Information:** ↑**Essbare Blüten**

Primeur [*Weinkunde*] Nicht näher festgelegte Bezeichnung für eine Gruppe genau benannter französischer ↑**A.O.C.-Weine**, die ab dem dritten Donnerstag im November des Lesejahres in den Handel gebracht werden dürfen (Heuriger). Wesentliche Voraussetzung für einen derart frühen Verkauf ist die ↑**Macération carbonique**, ein kurzes Gärverfahren, durch die der Wein eine besondere Leichtigkeit, Frische und Fruchtigkeit erhält, zumal, wenn er aus ↑**Gamay** bereitet wird, der sich dafür besonders eignet. Primeur-Weine (rot, rosé und weiß) werden heute aus vielen Teilen Frankreichs angeboten, aus Mâcon, von den Coteaux du Lyonnais, den Côtes du Rhône, Coteaux du Languedoc, Côtes du Roussillon, aus Gaillac, der Touraine, insbesondere aber aus dem ↑**Beaujolais.** Es handelt sich ausschließlich um jung zu trinkende Weine, die nicht oder nur beschränkt lagerfähig sind.

Primeurs [*Franz. Speisekarte*] **T** Die ersten ↑**Frühgemüse.** In Frankreich kommen sie aus den „marais"; das sind besonders gut bewässerte Gebiete an der Loire und in der Provence: ↑**Spargel**, ↑**Artischocken**, kleine, zarte ↑**Karotten**, ↑**Bohnen** und ↑**Erbsen**, ↑**Blumenkohl**, ↑**Fenchel** und ↑**Tomaten**, die in der Provence „pommes d'amour" (Liebesäpfel) genannt werden.

Primitivo [*Weinkunde*] Rote Rebsorte, die hauptsächlich in Apulien im Süden Italiens angebaut wird und höchstwahrscheinlich mit dem kalifornischen ↑**Zinfandel** identisch ist. Über deren Vergangenheit ist wenig bekannt. Erst Ende des 19. Jahrhunderts wird die Rebsorte in Apulien erwähnt, während sich gleichzeitig Zinfandel in Kalifornien etablierte, aber schon Anfang des 19. Jahrhunderts an der amerikanischen Ostküste angebaut wurde. Primitivo ergibt alkoholstarke, tieffarbige Rotweine, die lange Zeit nur zur Verbesserung von leichten Rotweinen eingesetzt wurden. In Kalifornien ist Zinfandel mittlerweile sehr geschätzt und sogar zur Mode-Erscheinung geworden, nachdem man zuerst mit einer als Weißwein gekelterten Version, White Zinfandel genannt, die Aufmerksamkeit der Konsumenten auf diese Rebsorte lenkte. Diese gute Nachricht hat mittlerweile auch Apulien erreicht, weshalb manche Winzer ihre Primitivo-Weine als Zinfandel auf den Markt bringen.

Primizia [*Ital. Speisekarte*] Frühobst

Primizio [*Weinkunde*] Seit einiger Zeit eine italienische Variante des französischen Primeur

Primo piatto [*Ital. Speisekarte*] Erster Gang. ↑**Italienische Küche**

Princess [*Kartoffelsorte*] **Kochtyp:** ↑**Festkochende Kartoffeln** – „Speckige Kartoffel" genannt; **Herkunft:** Deutschland; **Jahr der Zulassung:** 1998; **Schale:** gelb; **Fleisch:** gelb; **Knolle:** oval; **Reifezeit:** früh

Princesse, à la Prinzessinen Art [*Speisegarnitur*] **A** Speisegarnitur für **Geflügel, Kalbsbries, kleine Fleischstücke** und **Kurzgebratenes** – ↑**Spargel**spitzen in ↑**Butter** oder ↑**Rahm**, ↑**Trüffel**scheiben als Dekor; **Sauce:** ↑**Sauce allemande**

Princesses [*Franz. Speisekarte*] Delikatessbohnen, junge, kleine, zarte ↑**Grüne Bohnen**

Printanier, à la [*Speisegarnitur*] **A Speisegarnitur für große und kleine Fleischstücke, Geflügel** – Umlegt mit glacierten ↑**Karotten**, ↑**Weißen Rübchen**, ↑**Erbsen** und ↑**Spargel**spitzen in ↑**Butter; Sauce:** klarer, leicht gebundener ↑**Fond**

Printen (Aachener Printen) [*Backstube*] **R** Als ↑**Aachener Printen** bezeichnet man ein Weihnachtsgebäck aus ↑**Lebkuchen**teig. **Grundrezept:** 500 g ↑**Rübensirup**; 200 g ↑**Farinzucker** – **Folgende Gewürze oder fertiges** ↑**Aachener Printengewürz** aus 2 EL ↑**Zimt;** 1 TL ↑**Nelken;** 1 1/2 TL ↑**Anis;** 1/2 TL ↑**Sternanis;** 1/2 TL ↑**Kardamom;** 1/2 TL ↑**Piment;** 1/2 TL ↑**Ingwer;** 1/2 TL ↑**Koriander;** 1 Prise ↑**Salz;** 750 g ↑**Mehl;** 80 g ↑**Orangeat;** ↑**Oblaten;** Abrieb einer unbehandelten ↑**Orangen**schale. **Zubereitung:** Den Sirup mit dem Farinzucker unter Rühren erhitzen, bis der Zucker gelöst ist. Auf Handwärme abkühlen lassen. Zwischenzeitlich das Orangeat ganz klein hacken und mit der Orangenschale vermischen. Nun alle ↑**Gewürze**, das Orangeat, die Sirupmasse mit in 3 EL ↑**Rosenwasser** oder ↑**Arrak** aufgelöster ↑**Pottasche** (1 EL) und das gesiebte Mehl auf eine Arbeitsfläche geben, vermischen und sehr gut verkneten. Sollte der Teig zu fest werden, ↑**Milch** oder Wasser unterarbeiten. Den Teig zugedeckt bei Zimmertemperatur (ca. 20° C) **4–5 Tage** ruhen lassen. Danach teilt man den Teig, rollt ihn portionsweise ca. 1/2 cm dick aus und schneidet daraus 2 cm breite und 7 bis 10 cm lange Streifen. Anschließend legt man die Portionsstücke auf Oblaten oder auf ein gut gefettetes, bemehltes Blech. In der Mitte des Ofenrohres bei 180° C ca. 15 bis 20 Min. nicht zu stark durchbacken.

Prinzessbohnen [*Gemüse*] ↑**Grüne Bohnen**

Pris [*Franz. Fachwort*] Angedickte, geronnene oder gefrorene Flüssigkeit, z. B. Saucen

Prise [*Unsere Küche*] **T** Würzmaß. Die Menge eines Gewürzes, das zwischen Daumen und Zeigefinger gehalten werden kann, aber auch eine Messerspitze voll

Pritamin [*DDR-Küche*] Paprikamark aus Tomatenpaprika

Prjaniki [*Intern. Länderküche*] Begriff aus der russischen Küchenkultur für kleine, runde Gewürzkuchen

Probiotika [*Gesundheit*] **T** Pro bios bedeutet „für (= pro) das Leben (= bios)". Als Probiotika werden Lebensmittel wie ↑**Milchprodukte** bezeichnet, die probiotisch wirkende, lebende ↑**Bakterien** enthalten. Seit der Antike benutzt der Mensch Milchsäurebakterien zur Konservierung leicht verderblicher Lebensmittel. Neben der konservierenden Wirkung wurde Ende des 19. Jahrhunderts am Pasteur-Institut eine positive Wirkung der ↑**Milchsäurebakterien** auf die Darmflora festgestellt, was jedoch erst durch neuere Untersuchungen mit zellbiologischen Methoden auch eindeutig nachgewiesen werden konnte. Probiotische Keime sind resistent gegen Magensäure und Gallenflüssigkeit und können so den Magen-Darm-Trakt ungeschädigt passieren, um sich auf der Oberfläche des Dickdarms ansiedeln zu können und diesen durch die Bildung eines Biofilms vor Angriffen schädlicher Keime zu schützen. Dieser Biofilm muss ständig erneuert werden. Prinzipiell sind Lebensmittel mit probiotischen Kulturen als ↑**Nahrungsergänzungsmittel** zu verstehen. Sie sind keinerlei Ersatz für Medikamente bei der Behandlung akuter Erkrankungen. Sie stärken aber das Immunsystem, regen den

Stoffwechsel an und helfen die Darmflora auszubalancieren. Manchen probiotischen Milchprodukten wird zusätzlich ↑**Inulin** beigefügt. ↑**Lactobacillus acidophilus** oder ↑**Lactobacillus casei**

Probiotische Lebensmittel [*Gesundheit*] ↑**Probiotika**

Profiteroles [*Backstube*] **T 1.** Brandteigkrapfen in Erbsengröße als Einlage für ↑**Kraftbrühe. 2.** Kleine Windbeutel aus ↑**Brandteig**, pikant mit Cremes und Pürees, süß mit Konditorcremes, Konfitüre, Schlagsahne oder Eis gefüllt, oft mit warmer Schokoladensauce

Prolin [*Fachkunde*] ↑**Aminosäure**

Promille [*Fachkunde*] Promille bedeutet „ein Tausendstel" und ist Maß für den Alkoholgehalt im Blut. ↑**Blutalkoholgehalt.** 1 Promille entspricht 1 g ↑**Alkohol** in 1 l Blut.

Promotion [*Franz. Fachwort*] Sonderangebot

Proof [*U.S. Kitchen*] US-Maßeinheit für ↑**Alkoholgehalt.** Man erhält in den USA den Alkoholgehalt, indem man die Proof-Zahl einfach durch 2 teilt: **80 proof : 2 = 40 % Vol.**

Propionsäure [*Fachkunde*] ↑**E 280**

Propolis [*Gesundheit*] Mit Propolis oder Kittharz dichten die Bienen ihren Stock ab und schützen ihn vor Zugluft und schädlichen Mikroorganismen. Damit ist es das wertvollste und wichtigste Hygienemittel der Bienen. Propolis enthält 60 verschiedene Substanzen, darunter ↑**Flavonoide** und ↑**ätherische Öle.** Es kann als Homöopathikum bei verschiedenen Hauterkrankungen eingesetzt werden. Propolisprodukte sind roh, als Tinktur, Salbe oder Tropfen rezeptfrei in der Apotheke zu erwerben. Allerdings entwickelt sich bei manchen Menschen eine Kontaktallergie, indem sie Hautausschläge oder Quaddeln bekommen.

Proportional [*Fachkunde*] Verhältnismäßig, entsprechend

Propylenglycolalginat [*Fachkunde*] ↑**E 405**

Propylenglycolester von Speisefettsäuren [*Fachkunde*] ↑**E 477**

Propyl-p-hydroxybenzoat [*Fachkunde*] ↑**E 216**

Prosciutto [*Ital. Speisekarte*] ↑**Schinken**

Prosecco [*Weinkunde*] Weiße Rebsorte, die vor allem im Veneto im Nordosten Italiens zu ↑**Schaumwein** verarbeitet wird, weshalb Prosecco irrtümlich oft als italienischer Schaumwein im Allgemeinen verstanden wird. Es werden aber auch Stillweine aus der Rebe gekeltert, die allerdings selten über die Landesgrenze hinauskommen. Prosecco als Schaumwein gibt es in halbtrockenen und trockenen Versionen. Früher entstanden die halbtrockenen Weine auf „natürliche" Weise: Die Gärung hörte im Winter auf, bevor der gesamte ↑**Zucker** in ↑**Alkohol** umgesetzt war, wodurch eine Restsüße und ↑**Kohlensäure** übrig blieben. Heutzutage werden die meisten Prosecco-Schaumweine völlig trocken vergoren auf den Markt gebracht. Eine halbtrockene Version ist dabei nicht das Ergebnis winterlicher Kälte, sondern moderner Kellertechnik, die eine temperaturkontrollierte Gärung ermöglicht.

Prost [*Übersetzer*] **Im Hotel Englisch:** Cheers; **Französisch:** A la votre santé; **Italienisch:** Cin-cin, salute; **Spanisch:** Salud

Prostokwascha [*Intern. Länderküche*] Begriff aus der russischen Küchenkultur für ein Sauermilchgetränk

Protein [*Fachkunde*] ↑**Eiweiß**

Protozoen [*Fachkunde*] **Lateinisch:** protozoa; Einzellige Mikroorganismen (0,01 bis 0,1 mm), die vorwiegend im Wasser leben. Protozoen kommen gehäuft im Klärschlamm vor und sind Bestandteil fast jeden Abwassers mit biologisch abbaubaren Substanzen. Sie sind teils frei oder festsitzend und bilden Kolonien. **Als Seuchenerreger sind sie verantwortlich für:** Amöbenruhr, Bilharziose (durch Hakenwürmer), Giardia (schwere Darminfektionen), aber auch Malaria, Tsetse- bzw. Schlafkrankheit (durch die Anopheles- bzw. Tsetse-Mücke).

Provatura [*Käse*] ↑**Provolone**

Provençale, à la Provençalische Art [*Speisegarnitur*] **A 1.** Frühere französische Provinz, umfassend die jetzigen Départements Basses-Alpes, Bar und Bouches-du-Rhône; **2. à la Provençale, provençalische Art – Speisegarnitur** für **große** und **kleine Fleischstücke** – ↑**Tomates concassées** mit gehacktem ↑**Knoblauch,** ↑**Petersilie** und ↑**Olivenöl** gewürzt, in ↑**Artischockenböden** gefüllt, ↑**Grüne Bohnen** in ↑**Butter** und ↑**Schlosskartoffeln. Warme provençalische Sauce** – ↑**Sauce Provençial** – gebundener tomatierter ↑**Bratenfond** mit gehacktem ↑**Estragon. Kalte provençalische Sauce – Provençale froide:** ↑**Aioli; 3. Speisegarnitur für Fisch** – Tomates concassées, Knoblauch, ↑**Lavendel** und Olivenöl

Provence-Basilikum [*Gewürze & Kräuter*] **T** Wächst buschiger als der Genoveser Basilikum Aton und hat kleinere Blätter

Provence-Kräuter [*Gewürze & Kräuter*] Fein abgestimmte Mischung getrockneter Kräuter

Provenchon [*Weinkunde*] Rote spanische Rebsorte aus Aragonien und Cañamero

Provision [*Franz. Fachwort*] Vorrat, Proviant

Provitamin A [*Gesundheit*] ↑**Vitamin-Tabelle** – ↑**Vitamin A** oder ↑**Betacarotin**

Provolone [*Käse*] **T Herkunft:** Italien/Norditalienische Provinzen Cremona, Piacenza, Brescia, Verona, Vicenza, Rovigo, Padua und auch Lodi, Bergamo, Mantua und Trient (trotz seines süditalienischen Ursprungs); **Käsesorte:** ↑**Hartkäse** (Würzkäse), 44 % ↑**Fett in Tr.; Milch:** rohe und erhitzte Kuhmilch; **Rinde:** nicht essbar, dünn, glatt, gelblich; **Teig:** leicht gelblich, fest; **Geschmack** – jung: mild – gereift: pikant bis scharf; **Weinempfehlung:** Jung lässt er sich mit allen trockenen und perlenden Weißweinen (z. B. ↑**Prosecco**) kombinieren, in reiferem Zustand mit kräftigen italienischen Rotweinen. **Info:** Süditalienische bzw. sizilianische ↑**Provatura** und Provolone werden zum Teil aus ↑**Büffelmilch** gemacht, beide sollten frisch verzehrt werden.

Prügelkrapfen [*Österr. Küche*] Altwiener ↑**Mehlspeise**, über prügelförmiger Walze geformt und über offenem Feuer gebacken

Prugne [*Ital. Speisekarte*] ↑**Pflaumen**

Prune [*Franz. Speisekarte*] ↑**Pflaume**

Pruneau [*Franz. Speisekarte*] Dörr-, ↑Trocken**pflaume**

Pruneaux à l'armagnac [*Franz. Speisekarte*] Getrocknete ↑**Pflaumen**, in ↑**Armagnac** eingelegt

Prunelle [*Franz. Speisekarte*] ↑**Schlehe**

Prünellen [*Allgem. Nährmittel*] Geschälte, entsteinte und getrocknete Pflaumen, meist gepresst im Delikatessengeschäft erhältlich

Prunes [*U.S. Kitchen*] ↑**Backpflaumen**

Psalliote champêtre [*Franz. Speisekarte*] ↑Feld**champignon**

Psalliote de couche [*Franz. Speisekarte*] ↑Zucht**champignon**

Psalliote des bois [*Franz. Speisekarte*] Kleiner ↑Wald**champignon**

Psarossoupa [*Griech. Speisekarte*] Begriff aus der griechischen Küchenkultur für Fischsuppe in Variationen je nach Gegend und Koch

Psarossoupa Avgolemono [*Griech. Speisekarte*] **A** Begriff aus der griechischen Küchenkultur für eine köstliche, leicht säuerliche Fischsuppe, mit ↑**Kartoffeln**, ↑**Karotten** und grob gehackten ↑**Eiern**, vollendet mit ↑**Petersilie** und ↑**Zitronensaft**

PSE-Fleisch [*Fachkunde*] PSE ist die Abkürzung für pale = blass, soft = weich und exudative = wässrig. Diese Bezeichnung bezieht sich auf ↑**Schweinefleisch.** PSE-Fleisch ist blassrosa, feuchtglänzend und schrumpft beim Zubereiten stärker als andere Fleischqualitäten. PSE ist qualitativ nicht hochwertig. Das Fleisch stammt von Tieren, die an einer angeborenen Stressempfindlichkeit litten.

Pseudoherkunftsbezeichnung [*Fachkunde*] Angabe, die wegen zufälliger Synonyme irrtümlich als geografische Herkunft gedeutet wird. **Beispiel:** ↑**Wiener Würstchen** – sie wurden von einem Fleischer namens Wiener kreiert, oder das ↑**Kasseler**, das auch nicht aus Kassel, sondern Berlin kommt.

Pseudoplastisch [*Fachkunde*] Strukturviskose: Lebensmittel werden mit wachsender Beanspruchung immer flüssiger.

Psistaria [*Griech. Speisekarte*] Griechischer Grillimbiss

Psito [*Griech. Speisekarte*] Begriff aus der griechischen Küchenkultur für auf Holzkohle gegrillte ↑**Lamm**- oder ↑**Ziegenfleischstücke**

Psyllium [*Wildkräuter, -blüten & -früchte*] **T** Gehört zur Familie der Plantaginaceae (Wegerich). **Es wird unterschieden in: 1.** Blondes Psyllium (**Lateinisch:** Plantaginaceae odorata Forsk.): hat schleimstoffhaltige Samen, die zur Herstellung von Getränken und ↑**Speiseeis**, besonders in Indien, genutzt werden; **2.** Schwarzes Psyllium (**Synonym:** Flohsamen, Flohkraut): wird kultiviert wegen seines hohen Schleimstoffgehaltes im Samen und wird als pflanzliches Abführmittel mit Quellstoffen in der Medizin verwendet (zusammen mit ausreichender Flüssigkeitszufuhr). Es dient zur Behandlung von Stuhlverstopfung und bildet weichen Stuhl, wenn eine erleichterte Darmentleerung z. B. bei Einrissen in der Afterschleimhaut, Hämorrhoiden, nach operativen Eingriffen, in der Schwangerschaft und bei Reizdarm notwendig ist.

Pu Erh Tee [*Tee*] Pu Erh Tee unterscheidet sich von den bekannten orthodoxen Tees durch seine spezielle Fermentation. Produktionsschritte: **1)** Pflücken der frischen Blätter; **2)** Durchkneten der frischen Blätter; **3)** Welken für ca. 5 Stunden; **4)** Leichtes Anrösten mit trockener Hitze bei 80° C bis 100° C für rund 20–40 Sekunden; **5)** Rollen für 30–50 Min.; **6)** Shaping (das Blatt in Form bringen); **7)** Trocknen unter freiem Himmel; **8)** Erneutes Rollen; **9)** Shaping (das Blatt in Form bringen); **10)** Trocknen unter freiem Himmel. Das Rohmaterial ist fertig und wird als Qing Mao Tee bezeichnet. In diesem Zustand wird der Tee gelagert. Bei Auftrag wird wie folgt weiterproduziert: **11)** Fermentation mit Wasser über einen Zeitraum von 40–50 Tagen bei einer Temperatur im Teeblatt von unter 60° C. Die Blätter werden in dieser Zeit regelmäßig gewendet. Raumtemperatur und Raumfeuchte sowie die Zufuhr von Sauerstoff müssen im richtigen Verhältnis stehen. Je nach Wasserqualität werden während dieser Nachfermentation künstlich Bakterien injiziert. **12)** Sortieren und Mischen; **13)** Abtötung der Bakterien durch trockene Hitze bei über 150° C. Je länger der Tee danach lagert, desto wertvoller wird seine Qualität.

Pucalka [*Intern. Länderküche*] Bezeichnung aus der ↑**Böhmischen Küche** für vorgekeimte und ↑ge**puffte** ↑**Erbsen**

Puchero [*Span. Speisekarte*] **R** Ein reichhaltiger, etwas abenteuerlich anmutender ↑**Eintopf** von den Kanarischen Inseln aus: ↑**Rindfleisch** (↑**Suppenfleisch**), ↑**Schweinefleisch** (Schulter), ↑**Kichererbsen**, über Nacht eingeweicht und abgetropft, ↑**Nelken**, ↑**Kreuzkümmel** gemahlen, ↑**Zwiebeln**, ↑**Tomaten**, festkochenden ↑**Kartoffeln**, ↑**Süßkartoffeln**, jungen ↑**Maiskolben**, ↑**Karotten** und ↑**Zucchini**, ↑**Weißkohl**, ↑**Kürbis**fleisch, ↑**Birnen**, ↑**Grünen Bohnen**, ↑**Olivenöl**, ↑**Knoblauch**, ↑**Safran**, ↑**Chorizo**, ↑**Salz** und frischer ↑**Minze**. Dieser Eintopf wird auch in Argentinien in ähnlicher Zusammensetzung zubereitet.

Puck, Wolfgang [*Berühmte Köche*] **Wolfgang Puck**, *1949 in Sankt Veit an der Glan, Kärnten, A – ist ein österreichischer Starkoch, der heute in Kalifornien, USA, lebt und arbeitet. Puck ist einer der bekanntesten Köche, die europäische und asiatische Küchen kombinieren. Heute betreibt er unter seinem Namen viele Dutzend Franchise-Restaurants in Amerika und in Japan. Auf keiner Speisekarte seiner Restaurants fehlt das ↑**Wiener Schnitzel** (↑**Wiener Küche**). In seinem Imperium beschäftigt er über 5000 Mitarbeiter, und sein Jahresumsatz wird auf über 100 Mio. $ geschätzt. Seit Jahren ist es bei den Organisatoren in Los Angeles Tradition, das Wolfgang-Puck-Catering mit dem kulinarischen Teil der Oscar-Verleihung zu beauftragen. Wolfgang Puck wurde gar unter die Riege der 100 einflussreichsten Amerikaner gewählt.

Pückler-Muskau Historischer Speisename [*Speisegarnitur*] **A** Hermann, Fürst (1785–1871), Feinschmecker, berühmter Gartenbauarchitekt. Ein Berliner Konditor namens Schulz kreierte in der Mitte des 19. Jahrhunderts das berühmte „↑**Fürst-Pückler-Eis**", ursprünglich eine dreischichtige, dreifarbige Eisbombe mit Maraschino, Makronen und Schlagsahne.

Pudding [*Unsere Küche*] **A** **Englisch:** pudding; **Französisch:** pouding; **Italienisch:** budino; **Spanisch:** budín. Ein ↑**Pudding** (oder ↑**Flammeri**) ist eine meist kalt servierte Süßspeise, die durch Aufkochen von ↑**Milch** mit ↑**Stärke**, ↑**Grieß** oder ↑**Eiern** zubereitet wird. Es wird – je nach Rezept – Grieß, ↑**Reis**, ↑**Stärkemehl**, ↑**Sago** oder ↑**Grütze** mit Zucker in Wasser, ↑**Wein**, Milch oder ↑**Fruchtsaft** gekocht, mit ↑**Eigelb** und ↑**Eischnee** vermischt und nach dem Erkalten gestürzt. Heutzutage werden sehr verschiedene Arten von industriell hergestelltem Pudding angeboten, meist von großen Molkereien. Für die Zubereitung zu Hause wird auch ↑**Instant**pulver (↑**Pudding-Pulver**) angeboten. Puddinge können mit verschiedenen weiteren Zutaten aromatisiert werden. Serviert werden sie mit ↑**Kompott**, Fruchtsaft (auch -sirup) oder einer süßen ↑**Sauce**. Eine dickflüssige niederländische Variante heißt ↑**Vla**.

Pudding à la diplomate [*Speisegarnitur*] **A** Pudding aus kandierten Früchten und **Aprikosen**marmelade, Eiercreme zwischen Schichten von in Milch getränktem **Hefeteiggebäck** oder in **Rum**, **Kirsch** getränktem **Löffelbiskuit**, mit ↑**Crème anglaise**, ↑**Crème bavaroise** oder **Schokoladensauce** überzogen und gekühlt serviert

Puddinggrundcreme [*Unsere Küche*] ↑**Konditorcreme**

Puddingpulver [*Süßwaren*] Der wichtigste Rohstoff hierfür ist reine, besonders bindefähige ↑**Maisstärke**. Daneben enthält es ↑**Reis-** und ↑**Weizenstärke**, ↑**Zucker**, ↑**Glucose**, ↑**Lactose** sowie je nach Puddingpulversorte fettarmen ↑**Kakao** (für Schokogeschmack), ↑**Kaffee**extrakt, Karamellpulver (Karamellgeschmack), Samenkerne (z. B. ↑**Mandeln**), ↑**Trockenfrüchte** (z. B. ↑**Bananenflocken**), kandierte Früchte, Genusssäuren, Kochsalz, natürliche und naturidentische ↑**Aromastoffe**, färbende Lebensmittel oder ↑**Farbstoffe**. Produkte mit ↑**Malz**, ↑**Karamell**, ↑**Schokolade**, Kakao und ↑**Quark** dürfen nicht gefärbt werden. **Im Handel sind verschiedene Pulver erhältlich: 1) Puddingpulver zum Mitkochen:** Wird in kochende Milch, Wasser, ↑**Fruchtsaft** oder ↑**Wein** eingerührt, Zucker wird zugegeben, aufgekocht. Nach einigen Stunden Kühlung gestürzt; **2) Zum Einrühren in die heiße Milch:** Braucht nicht mehr aufzukochen; **3) Kalt einrühren:** Instant-Puddingpulver ohne Kochen u. ohne Zuckerzugabe in kalte Milch einrühren. Nach 20 Min. servierfähig.

Puderzucker [*Backstube*] **T** **Englisch:** icing sugar; **Französisch:** sucre en poudre; **Italienisch:** zucchero a velo; **Spanisch:** azúcar en polvo. Eine staubfein gemahlene, feinste ↑**Raffinade**. P. wird zum Bepudern und zum Dekorieren von Gebäckstücken, ↑**Desserts**, Torten und ↑**Früchten**, für Gebäck aus Eischnee-Baisers, Makronen, Zimtsterne usw. verwendet. Die Glasuren für Torten und Gebäckstücke macht man auch aus Puderzucker. Da Zucker unbegrenzt haltbar ist, verliert er auch nach noch so langer Lagerzeit weder Süßkraft noch Streufähigkeit. Voraussetzung ist allerdings, dass er absolut trocken, am besten in gut verschließbaren Dosen, aufbewahrt wird. ↑**Zucker**

Pudim de leite [*Intern. Länderküche*] Begriff aus der regionalen brasilianischen Küchenkultur für einen ↑**Pudding**, der aus süßer ↑**Kondensmilch** und ↑**Karamellsirup** gemacht wird. ↑**Brasilianische Küche**

Pudim flan [*Span. Speisekarte*] **Karamel**pudding

Puerros [*Span. Speisekarte*] ↑**Lauch**

Puffbohnen [*Allgem. Nährmittel*] **T** Sind eher als ↑**Dicke Bohnen** bekannt

Puff-Mais [*DDR-Küche*] Popcorn

Puffreis [*Allgem. Nährmittel*] Unter Druck mit Dampf behandelter Reis. In Frühstücksgetreideprodukten und mit Schokolade überzogen in Tafelform

Puffs [*Hausbar*] **A** In diesem Fall sind Puffs Mischungen aus ↑**Milch** und ↑**Spirituosen**, die im ↑**Shaker** geschüttelt und dann mit ↑**Mineral-** oder ↑**Sodawasser** aufgegossen werden.

Puikula/Mandelkartoffel [*Kartoffelsorte*] **Kochtyp:** ↑**Vorwiegend festkochende Kartoffeln; Herkunft:** Finnland/Lappland; **Jahr der Zulassung:** 1940; **Schale:** gelb; **Fleisch:** tiefgelb, sehr guter Geschmack; **Knolle:** lang; **Reifezeit:** spät; **Anmerkungen:** Feinschmeckersorte

Puits [*Franz. Fachwort*] Brunnen; Vertiefung, Mulde im Teig

Puits d'amour [*Franz. Speisekarte*] **A** „Liebesbrunnen", kleines, süßes ↑**Blätter-** oder ↑**Brandteiggebäck** mit ↑**Konfitüre-** oder aromatisierter ↑**Konditorcreme**füllung

Pul Biber [*Gewürze & Kräuter*] **A** Türkischer Plättchenpaprika ist eine vor allem in der türkischen Küche verwendete Würzmischung aus ↑**Paprika**, ↑**Chili**, ↑**Salz**, ↑**Pflanzenöl** und ↑**Gewürzen** für Gerichte mit scharf-feuriger Note. Besonders für ↑**Kebab** und

↑**Gyros** geeignet. Beim Kauf unbedingt auf die Bezeichnung „Seidenchilipfeffer" achten, es bedeutet, dass der Chili ohne Körner gemahlen wurde. Das macht die Schärfe weicher, aber nicht weniger scharf. Pul Biber sollte kräftig dunkelorangerot sein, stark nach Paprika duften und die Finger rot färben, wenn man ihn reibt. Trockener, blasser Biber ist alt. Ist das Gewürz weich und leicht feucht, dann ist es frisch. Es gibt auch schwarzen Pul Biber, der kommt aus Urfa, ist geröstet, sehr scharf und hat eine Art „Bratenaroma".

Pularda [*Span. Speisekarte*] ↑**Poularde**

Pulcini [*Ital. Speisekarte*] Kleine ↑**Suppennudeln**, abgeleitet von pulce = Floh

Puligioni [*Ital. Speisekarte*] **A** Gefüllte Nudeltaschen ähnlich den „↑**Agnolotti**", gefüllt mit ↑**Ricotta**, ↑**Kräutern** und geriebener, unbehandelter Orangenschale

Pulpe [*Franz. Speisekarte*] ↑**Fruchtmark**

Pulpo [*Span. Speisekarte*] Krake, ↑**Tintenfisch**

Pulque [*Hausbar*] Alkoholisches, mexikanisches Nationalgetränk aus vergorenem Agavensaft. Die Tolteken und Azteken verwendeten Pulque schon vor Hunderten von Jahren zu religiösen Zeremonien. Ein wesentlich bekannteres Getränk aus vergorenem Agavensaft ist der ↑**Tequila**.

Pulschder [*Regionale Spezialität*] ↑**Dibbelabbes**

Pultost [*Käse*] **Herkunft:** Norwegen. Der **Pultost** ist ein reiner Kuhmilchkäse mit niedrigem Fettgehalt (10 %). Er wird aus Molke hergestellt und oft nach seiner Herkunftsregion benannt. Er kann ähnlich wie ↑**Gjetost** verarbeitet werden, indem ↑**Sahne**, Gewürze und aromatische ↑**Kräuter** als ↑**Geschmacksverstärker** zugesetzt werden.

Pumpernickel [*Backstube*] Eine westfälische Brotspezialität, aus Roggenbrot gebacken. Schmeckt je nach Teigführung (↑**Sauerteig** bis max. 10 %, sonst ↑**Hefe**) süß oder süß-säuerlich. Hat keine Kruste, aber eine feste, saftige Krume. Pumpernickel unterscheidet sich durch sein Backverfahren von den üblichen Broten. Es wird in geschlossenen Kästen bei 90–170° C, langsam ansteigend, bis zu 24 Std. lang gebacken. Dadurch verwandelt sich ein Teil der ↑**Stärke** in ↑**Zucker**, was dem Brot seinen süßlichen Geschmack gibt. **Inhaltsstoffe:** 100 g Pumpernickel enthalten ∅ 187 kcal/783 kJ, 971 mg Fett, 37,4 g Kohlenhydrate, 6,47 g Eiweiße, 8,53 g Ballaststoffe, 562 mg Natrium, 2,65 mg Eisen und 1 mg Vitamin E. Es ist besonders lange haltbar und wird abgepackt in Scheiben oder als Taler verkauft. Wegen seines charakteristischen Geschmacks und seiner leicht feuchten Konsistenz ist Pumpernickel nicht nur als Brotmahlzeit, sondern auch als Zutat in Salaten vielseitig verwendbar.

Pumpkin [*U.S. Kitchen*] Amerikanischer ↑**Kürbis**

Pumpkin Soup [*Intern. Länderküche*] **T** Gelb, leicht scharf und für den deutschen Gaumen recht exotisch ist eine Kürbissuppe mit ↑**Ingwer**, die so zubereitet nur in der Karibik zu finden ist. Wer den Geschmack von frischem Ingwer (Ginger) nicht mag, sollte diese Suppe nicht essen, da vergleichsweise große Mengen der aromatischen Wurzel beim Kochen verwendet werden. ↑**Kreolische Küche**

Punika [*Kartoffelsorte*] **Kochtyp:** ↑**Festkochende Kartoffeln** – „Speckige Kartoffel" genannt

Punsch [*Hausbar*] **A** Das Mischgetränk stammt aus Indien, wo es aus den fünf Grundzutaten ↑**Arrak**, ↑**Zucker**, ↑**Zitrone**, Wasser und ↑**Tee** hergestellt wurde. International wird Punsch heiß oder kalt zubereitet. Warmer Punsch ist ein Heißgetränk und ↑**Grog** oder ↑**Toddie** ähnlich, während der kalte Punsch mit Früchtegarnituren den ↑**Bowlen** zuzuordnen ist. Die Grundvariante des heißen Punschs besteht aus ↑**Rotwein**, ↑**Rum**, ↑**Orangen** und ↑**Gewürzen** wie ↑**Anis** und ↑**Zimt**. Eine früher bekannte Variation, inzwischen aber in Vergessenheit geraten, ist die ↑**Feuerzangenbowle**. Durch die hohe Temperatur und den zugesetzten Zucker wirkt der ↑**Alkohol** sehr schnell. Bei der Zubereitung sollte darauf geachtet werden, dass das Getränk nur erhitzt und nicht gekocht wird, damit das Aroma und der Alkohol erhalten bleiben. In Nordfriesland ist eine Variante mit ↑Kümmel**schnaps** beliebt. In den USA ist Punsch aus Cider (↑**Apfelwein**) mit Gewürzen wie Zimt, ↑**Nelken** und ↑**Muskatnuss** Tradition.

Punsch royal [*Intern. Länderküche*] ↑**Feuerzangenbowle**

Punt e Mes [*Hausbar*] Before Dinner-↑**Cocktail** – Übersetzt: Anderthalb Punkte. Der 17 %ige ↑**Vermouth** aus Mailand duftet nach ↑**Orangen**, schmeckt nach ↑**Chinarinde** und sollte als ↑**Aperitif** wegen seiner leicht sirupartigen Konsistenz mit Eis, ↑**Soda** und ↑**Zitrone** getrunken werden.

Punta di petto [*Ital. Speisekarte*] Bruststück

Puppenwürstchen [*Regionale Spezialität*] Kleine Würstchen verschiedener Kategorien; fast ausschließlich zur Weihnachtszeit im Angebot. Sie werden für die Kinder hergestellt, die mit ihrem Kaufladen oder ihrer Puppenküche Verkaufen bzw. Kochen spielen wollen.

Pur Chèvre [*Käse*] **Herkunft:** Frankreich; Käse aus 100 % ↑**Ziegenmilch**

Purea [*Ital. Speisekarte*] ↑**Püree**

Purée [*Franz. Speisekarte*] Püree, Mus, Brei

Püree [*Unsere Küche*] ↑**Kartoffelpüree**, Mus oder Brei von ↑**Gemüse** oder ↑**Obst**

Purée de carottes briardes [*Franz. Speisekarte*] **A** ↑**Karotten**, mit ↑**Reis** gekocht und durch ein Sieb gedrückt

Purée de tomates [*Franz. Speisekarte*] ↑**Tomatenmark** aus vollreifen ↑**Tomaten**

Purée Parmentier [*Franz. Speisekarte*] **A** Dicke ↑**Kartoffelsuppe** mit ↑**Lauch**, ↑**Sahne** und gehackter ↑**Petersilie**

Purée Saint-Germain [*Franz. Speisekarte*] Püree aus frischen ↑**Erbsen**

Purée soubise [*Franz. Speisekarte*] ↑**Zwiebelpüree** (mit ↑**Reis**)

Purée vendéenne [*Franz. Speisekarte*] ↑**Bohnenpüree**

Purée, mousse de foie [*Franz. Speisekarte*] Gemisch aus pürierter ↑**Gänseleber** mit ↑**Farce** oder ↑**Speck**

Puri [*Intern. Länderküche*] Begriff aus der indischen Küche für frittiertes ↑**Vollkorn-Fladenbrot**

Pürieren [*Unsere Küche*] **T** Feste Substanzen zu Brei zerstampfen, durch ein Sieb streichen, mit Mixstab oder im Mixer zerkleinern

Purim [*Jüdische Küche*] **T** Wird gefeiert zur Erinnerung an die Errettung des jüdischen Volkes vor der Vernichtung. Hier griff der Gott Israels nicht durch ein übernatürliches Wunder ein, sondern durch das Wirken der göttlichen Vorsehung im normalen Ablauf der Ereignisse. Deshalb ist Purim ein Symbol des Durchhaltens und Überlebens des jüdischen Volkes trotz aller Verfolgungen und daher ein Freudenfest. **Die eigentliche Mitzwa (Gebot), sich an Purim zu freuen, wird durch ein Festmahl erfüllt.** Ausnahmsweise darf man an Purim unbegrenzt ↑**Wein** und ↑**Alkohol** trinken, bis man nicht mehr zwischen dem bösen Haman und dem guten Mordechaj unterscheiden kann. Es gibt **kein** Arbeitsverbot, aber es ist Sitte, sich bereits am Purim-Nachmittag von der Arbeit zurückzuziehen, sich besser zu kleiden und dann das Purim-Mahl einzunehmen. Da Purim ein Freudenfest ist, sollte sich auch der arme Mann freuen können und muss daher mit Speisen und Geld beschenkt werden. Damit sich die Armen für die Gaben nicht beschämt fühlen müssen, hat jeder Jude die Pflicht, einen anderen Juden zu beschenken. Dies heißt Mischloach Manot, das „Senden von Gaben". Praktisch bedeutet dies die Pflicht eines jeden Erwachsenen, zwei fremden Personen je zwei tafelfertige Speisen zu schenken bzw. zu senden. Daraus entwickelten sich die Hamantaschen (oder Hamanohren), ein mit ↑**Nüssen**, ↑**Mandeln**, ↑**Quark**, ↑**Mohn** usw. gefülltes Gebäck zum Verzehr und zum Verschenken. Heute werden jedoch hauptsächlich Wein, Früchte, Süßigkeiten, Gebäck etc. verschenkt.

Purine [*Gesundheit*] ↑**Purin-** & ↑**Harnsäuretabelle**

Purpurgranadilla [*Exotische Früchte*] ↑**Passionsfrucht**

Pusztabrot [*Backstube*] **T** Ein ↑**Mischbrot** aus ↑**Weizenmehl** und mind. 10 % gekochten ↑**Kartoffeln**, die auch durch Kartoffeltrockenprodukte ersetzt werden können.

Pute [*Fleischprodukte*] **T** **Englisch:** turkey; **Französisch:** dinde; **Italienisch:** tacchino, -a; **Spanisch:** pavo, -a. Gemeint ist das weibliche Pendant zum Truthahn (Puter). Dieser Vogel wird auch unter dem Namen Truthenne, Pockerl, Indian oder Welschhahn verkauft. Puter stammen vom mittelamerikanischen Wildtruthahn ab, der nach Europa gebracht wurde. Gourmets schätzen ihn wegen seiner verschiedenen Fleischsorten. Die einen bevorzugen das helle, zarte Brustfleisch, andere lieben das dunkle, kräftig schmeckende Schenkelfleisch. Ein ausgewachsenes Tier bringt es auf bis zu 8 kg und Baby-Puten auf 2 bis 4 kg. Der Begriff Pute wird für alle Erzeugnisse vom Truthahn verwendet. Es wird unterschieden in: „junge Pute" (9 bis 13 Wochen gemästet, 2 bis 3,5 kg schwer) und „ältere Pute" (14 bis 16 Wochen gemästet, 3,5 bis 6 kg schwer). Diesen Unterschied erkennt man am gesamten geschlachteten Tier. Bei dem jungen Truthahn ist das Brustbein noch weich und knorpelig. Bei der älteren Pute ist es verknöchert. Zum Braten und Füllen sollten nur junge Vögel verwendet werden. Um beim späteren Tranchieren die Unterkeulen schneiden zu können, müssen vor dem Braten die sehr harten Sehnen gezogen werden. Da sie meist sehr fest sitzen und in die Hand einschneiden können, fasst man sie mit einem Tuch und zieht sie einzeln heraus. ↑**Würztabelle/Truthahn, gefüllt.** Das Angebot an frischer und tiefgekühlter Ware ist groß, wobei wegen des hohen Gewichts vorwiegend Teilstücke im Handel angeboten werden. **Die Teilstücke sind:** Putenbrust, Putenrollbraten, Putenkeule und Putenschnitzel. Putenfleisch eignet sich zum Braten, Schmoren, Grillen und Schnetzeln. **Inhaltsstoffe:** 100 g frisches Putenfleisch enthalten ⌀ 216 kcal/904 kJ, 15 g Fett, 20,6 g Eiweiß, 0,4 µg Vitamin B_{12} und 74 mg Cholesterin. Putenfleisch ist kalorien- und cholesterinarm, leicht verdaulich und wird zunehmend als Putenwurst mit weniger Fettanteil als normale ↑**Brühwurst** immer beliebter.

Putney [*Käse*] ↑**Ziegenkäse** aus Vermont/USA

Putrescin [*Fachkunde*] Ein biogenes Amin, das in Lebensmitteln aus der ↑**Aminosäure** Ornithin entsteht. Es ist in frischem Fleisch enthalten, und seine Menge nimmt mit der Dauer der Lagerung zu. Der Putrescingehalt gibt einen Hinweis (Indikator) auf die Frische des Fleischs. Je mehr sich ermitteln lässt, desto älter ist es.

Puttaal [*Fisch*] Bezeichnung für ↑**Aalrutte**

Puttonyos [*Weinkunde*] In Ungarn bei der Lese gebrauchte Körbe oder Butten, die als traditionelle Maßeinheiten für den Tokaji Aszú verwendet werden. Je nach Anzahl der Butten (puttonyos, ca. 20 kg) Trockenbeerenausleseteig, der einem Göncer Fass (136 l) Grundwein beigegeben wird, spricht man von einem (selten) Aszú 2 puttonyos (zweibuttigen Aszú) bis Aszú 6 puttonyos, wobei der dreibuttige mindestens 60 g/l, der sechsbuttige mindestens 150 g/l Restzucker enthalten muss. Je größer die Zahl der Butten, desto gehaltvoller, körperreicher und süßer ist der Tokajer.

Putzen [*Unsere Küche*] Entfernen von ungenießbaren, welken oder harten Teilen und Schalen bei ↑**Gemüse**, ↑**Pilzen** und ↑**Obst**

Puzol [*Käse*] **Herkunft:** Spanien; **Käsesorte:** ↑**Frischkäse**; **Milch:** ↑**Schafsmilch**, manchmal auch eine Mischung aus Schafs- und Kuhmilch; **Info:** Puzol möglichst rasch verzehren. Er eignet sich auch zur Zubereitung von Süßspeisen.

Puzzone di Moena [*Käse*] Auch „Spretz Tzaorì"; **Herkunft:** Italien/Trentino (Val di Fassa); **Käsesorte:** ↑**Schnittkäse**, 45 % ↑**Fett i.Tr.**; **Milch:** rohe Vollmilch der Kuh; **Teig:** weich, fast buttrig; **Geschmack:** überraschend schmackhaft, vollmundig; **Duft:** (puzzone = von kräftigem Geruch), sehr intensiv, durchdringend; **Info:** Der 8 bis 10 kg schwere Puzzone di Moena gehört zu den besten Käsen im Trentino, er kann frisch und gereift gegessen werden. Bis zu seiner Reife – 5 Monate in feuchten Grotten – ist er angenehm leicht. Danach zwiespältig: Entweder man mag ihn oder nicht.

PVC [*Fachkunde*] **Abkürzung für Polyvinylchlorid:** PVC ist ein Kunststoff, der Weichmacher enthält. Er ist unter anderem als Material für Lebensmittelverpackungen (Frischhaltefolien) zugelassen. Ein Bestandteil des PVC – Vinylchlorid – kann in die verpackten Lebensmittel übergehen. Die Menge an Vinylchlorid als Rückstand in Lebensmitteln ist gesetzlich festgelegt.

Pyramide Geschützte Herkunftsbezeichnung [*Käse*] ↑**Valençay**

Pyrenäenkäse [*Käse*] ↑**Ossau Iraty (ossoh irrati)**

Pyridoxin ↑**Vitamin B_6** [*Gesundheit*] Unter Vitamin B_6 versteht man alle sechs biologisch aktiven Formen von Pyridoxin, die sich bei Stoffwechselvorgängen ineinander umwandeln können. Pflanzen und Mikroorganismen stellen B_6 her. Der menschliche Körper nimmt es über den Darm auf und leitet es ins Blut, verschiedene Organe und in die Muskulatur weiter. Damit der Mensch B_6 verarbeiten kann, benötigt er ein anderes Vitamin der B-Gruppe, nämlich ↑**Vitamin B_2**; **Funktion im Körper:** U. a. übernimmt Vitamin B_6 im ↑**Stoffwechsel** die Aktivierung von ↑**Aminosäuren**, der Bausteine der Nahrungsproteine, die mit seiner Hilfe in körpereigene Proteine eingebaut werden können. Es unterstützt das Immunsystem bei seiner Arbeit und beeinflusst die Blutgerinnung. **Vitamin-B_6-Mangel:** Wegen der weiten Verbreitung von Vitamin B_6 in der Natur, sowohl in pflanzlicher als auch in tierischer Nahrung, tritt Mangel selten auf. Sollte das doch einmal der Fall sein, z. B. während der Schwangerschaft oder bei Einnahme der „Pille", so äußert er sich meist mit Hautproblemen, Entzündungen und Störungen des Immun- und Nervensystems, mit Reizbarkeit oder Schlafstörungen. **Vitamin-B_6-Lieferanten:** $_6$ ist Bestandteil von ↑**Fleisch**, ↑**Fisch**, ↑**Innereien**, verschiedenen Gemüsesorten wie ↑**Broccoli**, ↑**Mais**, ↑**Bohnen**, ↑**Spinat**, ↑**Pilze**, ↑**Linsen**, ↑**Kartoffeln**, ↑**Nüsse**, ↑**Bananen**, ↑**Hefe** und ↑**Vollkorn**produkte. Bei der Zubereitung von Nahrungsmitteln (tierische Produkte) beträgt der Verlust rund 20 % oder mehr. **Täglicher Bedarf:** Der Tagesbedarf an Vitamin B_6 hängt von verschiedenen Faktoren ab, wie der Eiweißaufnahme oder der individuellen Konstitution. Je mehr ↑**Eiweiß** der Mensch zu sich nimmt, desto mehr Vitamin B_6 benötigt er. Durchschnittlich setzt man einen Wert von 1,6–2,1 mg an, Schwangere und Stillende benötigen mehr Vitamin B_6. **Überdosis:** Zu viel von diesem Vitamin kann zu Nervenschäden führen, aber nur bei einer Aufnahme von mehr als 1 g pro Tag über längere Zeit hinweg. Schätzungsweise rund 10 % der Deutschen leiden an leichtem Vitamin-B_6-Mangel. Um den ∅ Tagesbedarf an Vitamin B_6 zu decken, reichen folgende Mengen der betreffenden Lebensmittel: 400 g ↑**Avocado**; 350 g ↑**Sonnenblumenkerne**; 300 g ungeschälter, roher ↑**Reis**; 250 g ↑**Hirseflocken**; 250 g frischer ↑**Lachs**; 200 g ↑**Bananen**chips. Einen Mehrbedarf an B_6 haben Schwangere, Stillende, Frauen, die die „Pille" nehmen oder Diät halten, Alkoholiker, Menschen mit erhöhtem Cholesterinspiegel, Raucher und Menschen mit Leber- und Nierenkrankheiten, Stoffwechselstörungen und Krebs.

Pyrrolizidinalkaloide [*Gesundheit*] Einige Pyrrolizidinalkaloide sind hepatotoxisch (leberschädigend) und kanzerogen (krebserzeugend). Dazu gehören auch Arzneipflanzen wie ↑**Beinwell**, ↑**Huflattich** u. a. Meist kommen sie in diesen Pflanzen in bedeutungslos niedrigen Dosen vor.

Q

Q.b.A [Weinkunde] „**Qualitätswein bestimmter Anbaugebiete**“. Offizielle Bezeichnung für Weine, die qualitativ über Tafel- und Landweinen liegen, aber unter Prädikatsweinen. Sie dürfen mit ↑**Alkohol** angereichert werden.

Q.m.P. [*Weinkunde*] „Qualitätswein mit Prädikat“: Höchste Qualitätsstufe für deutsche Weine

QS [*Gesundheit*] Am 12. Oktober 2001 wurde die **QS Qualität und Sicherheit GmbH** ins Leben gerufen. Vertreter aus der gesamten Wirtschaft reagierten damit auf Lebensmittelskandale und die darauf folgende Verunsicherung der Verbraucher. Neu daran ist, dass sich Organisationen und Verbände aus allen Stufen – der Produktion, Verarbeitung und Vermarktung von ↑**Fleisch** – unter einem Dach zusammengeschlossen haben. Dieser Schritt hin zum aktiven Verbraucherschutz ist bisher weltweit einmalig. Die sechs Gesellschafter haben durch die Gründung der QS ein stufenübergreifendes Qualitätssicherungssystem geschaffen. Beginnend mit dem Fleischbereich, wird das QS-System in Zukunft auch in anderen Lebensmittelbereichen umgesetzt. So wurde am 5. Februar 2004 der offizielle Startschuss bei ↑**Obst** und ↑**Gemüse** für die Eingliederung in das QS-System gegeben. Das QS-Prüfzeichen gibt genau formulierte und nachvollziehbare Kriterien für die gesamte Produktionskette vor. Dabei ist das QS-System nicht einseitig auf eine bestimmte Produktionsart ausgerichtet. Vielmehr ist es sowohl für Erzeuger offen, die konventionell produzieren, als auch für Betriebe, die sich einer ökologisch orientierten Lebensmittelproduktion verschrieben haben. QS ist kein staatliches Zeichen, orientiert sich aber mit seinem dreistufigen Kontrollsystem an den in der Regierungserklärung 2001 von der damaligen Verbraucherschutzministerin Renate Künast gestellten Forderungen nach Gütesiegeln für die ökologische und konventionelle Landwirtschaft sowie einer gläsernen Produktion. Die Kriterien des QS-Systems werden von produktspezifischen Fachbeiräten entwickelt, die aus den an der Produktionskette beteiligten Wirtschaftskreisen bis hin zum Lebensmitteleinzelhandel stammen. Dadurch wird eine höchstmögliche Praxisnähe geschaffen. Die Teilnahme am QS-System ist jedoch freiwillig. Ziel des Bündnisses ist es, die Produktionsprozesse der Lebensmittel von Feld und Stall bis zur Ladentheke transparent zu machen und dadurch das Vertrauen der Verbraucher in die Erzeugung, Verarbeitung und Vermarktung von Lebensmitteln aktiv zu stärken. Das geschieht durch eine durchgängige Dokumentation und die Einhaltung der von QS festgelegten Produkt- und Prozessvorgaben. Die geforderte Qualität wird beim Übergang zur nächsten Prozessstufe kontrolliert.

Quabbelfett [*Fleischprodukte*] Regionale Bezeichnung für die Fettwamme, Bauchfett vom ↑**Schwein**

Quadratdezimeter [*Fachkunde*] Flächenmaß = 0,01 m^2 **Quadratmeter** [*Fachkunde*] Grundeinheit der Flächenmaße

Quadratmillimeter [*Fachkunde*] Flächenmaß = 0,000001 m^2

Quadratzentimeter [*Fachkunde*] Flächenmaß = 0,0001 m^2

Quadricci, quadretti, quadrattini [*Ital. Speisekarte*] Quadratische ↑**Nudeln** unterschiedlicher Größe aus ↑**Hartweizengrieß** und Wasser

Quadrucci [*Ital. Speisekarte*] Viereckige ↑Eier**nudeln**

Quaglia [*Ital. Speisekarte*] ↑**Wachtel**

Qualität (von Lebensmitteln) [*Fachkunde*] **Lateinisch:** qualitas oder qualitatis = Beschaffenheit, Eigenschaft, Zustand; Qualität bezeichnet positive Beschaffenheiten, Eigenschaften oder Zustände von Stoffen, Objekten oder Vorgängen, aber auch Güte und Wert. Bei einem Produkt gibt es teilweise gesetzlich festgelegte Merkmale, die insbesondere für Standardsorten gelten, um die Beschaffenheit wie Äußeres, Inneres, Konsistenz, Geruch und Geschmack zu beschreiben. Der Handel legt Kriterien der Schwankungsbreite eines Produktes, wie Aufmachung, Werbefähigkeit, Lagerfähigkeit und Haltbarkeit, fest.

Qualitätsfleisch [*Fachkunde*] Spitzenqualität, die sich vom üblichen Marktangebot durch positive Eigenschaften abhebt. Voraussetzung ist eine zielgerichtete Produktion mit Richtlinien für Haltung, Fütterung, Schlachtung, Erzeugung, Gewinn und Vermarktung, sie unterliegt einer ständigen Kontrolle. Auch Nähr-, Genuss- und Verarbeitungswerte müssen bestimmte Anforderungen erfüllen.

Qualitäts-Schaumwein [*Weinkunde*] Deutscher Qualitätsschaumwein muss eine amtliche Prüfnummer haben und vor dem Verkauf mindestens 6 Monate gelagert werden. Dann darf dieser auch als „Sekt“ bezeichnet werden. Wenn der Qualitätsschaumwein mindestens neun Monate auf der Hefe gelagert war und in der Flasche vergoren wurde, darf auf dem Etikett „Flaschengärung“ ausgewiesen werden. Der Deutsche Qualitätsschaumwein b. A. muss zu 100 % aus Trauben eines der 13 deutschen Anbaugebiete hergestellt sein.

Qualitätswein [*Weinkunde*] Als Qualitätswein werden deutsche Weine bezeichnet, die einer höheren Gütebeln, ↑**Sardellen**filets, ↑**Petersilie** und ↑**Kapern**, abgeschmeckt mit ↑**Senf**, ↑**Weinessig**, ↑**Apfelsaft**, ↑**Salz**, ↑**Cayennepfeffer** und ↑**Olivenöl**; **2.** Warme weiße Kalbssamtsauce (↑**Velouté**) mit ↑**Weißwein**, gehackten ↑**Schalotten**, ↑**Kräutern** und ↑**Weinessig**; **3.** ↑**Mayonnaise** mit gehackten Schalotten, Kräutern und Senf

Ravioles (Ravioli) [*Intern. Länderküche*] **A** Italienische Spezialität: kleine, mit ↑**Schinken**- oder ↑Spinat**farce** gefüllte Nudeltäschchen, in ↑**Bouillon** gekocht und mit ↑**Parmesan** bestreut, auch mit ↑**Tomatensoße** serviert. ↑**Pasta**

Ravioli amari [*Ital. Speisekarte*] **A** Spezialität von der Mittelmeerinsel Pantelleria: Ravioli gefüllt mit ↑**Ricotta** und ↑**Pfefferminze**

Ravioli dolci [*Ital. Speisekarte*] **A** Spezialität von der Mittelmeerinsel Pantelleria: Ravioli gefüllt mit süßem ↑**Quark** und ↑**Zimt**

Ray [*U.S. Kitchen*] ↑**Rochen**

Raya [*Span. Speisekarte*] ↑**Rochen**

Ražnjići [*Intern. Länderküche*] **A** Serbokroatisch: s ražnja = vom Rost: Bezeichnung für ein Gericht vom Balkan, das üblicherweise aus zwei Grillspießen (Spießchen) und einer Beilage (gebratene ↑**Kartoffeln** oder ↑**Djuvecreis**) besteht. Manchmal werden verschiedene Fleischsorten verwendet (normal ist ↑**Schweinefleisch**), die mit Gemüsestücken (↑**Paprika**, ↑**Zwiebeln** etc.) gegrillt und mit ↑**mediterranen Gewürzen** mariniert werden.

Razza [*Ital. Speisekarte*] ↑**Rochen**

Rebeln [*Unsere Küche*] Getrocknete ↑**Kräuter** von Stielen abbröseln bzw. Zerbröseln von getrockneten Kräutern. ↑**Gerebelt**

Rebhuhn [*Fleischprodukte*] **A Lateinisch:** Perdix perdix. **Synonym:** Feldhuhn, Gabelhuhn. **Englisch:** partridge; **Französisch:** pedreau; **Italienisch:** pernice; **Spanisch:** perdiz. Der taubengroße Hühnervogel ist hier in freier Wildbahn immer seltener anzutreffen und darum geschützt. Größere Mengen wild lebender Rebhühner gibt es noch in Spanien und Schottland. **In der Küche: Erkennungsmerkmale** – Frische Rebhühner oder die ähnlichen Rothühner aus der Zucht sind nur im Herbst erhältlich, wobei nur junge, gut abgehangene Tiere zum Braten geeignet sind. Man rechnet pro Person ein Rebhuhn. Ältere Vögel haben graue Füße, abgerundete Schwungfedern, einen stumpfen Schnabel und harte, nicht biegsame Knochen. Sie sind sehr zäh, lassen sich aber noch für Pasteten, Eintöpfe oder Suppen verwenden und müssen ca. zwei bis drei Stunden geschmort werden. Junge Rebhühner haben dunkelrotes Fleisch mit kräftigem Wildgeschmack und können nach allen ↑**Wildgeflügel**rezepten im Ganzen im Ofen gebraten werden. Die Vögel nicht waschen, sondern nur mit einem Tuch auswischen, salzen, pfeffern und mit dünnen Speckstreifen umwickeln. Das ↑**Bridieren** und ↑**Bardieren** ist wichtig, damit das zarte Brüstchen nicht austrocknet. In einer heißen Pfanne die Rebhühner gleichmäßig anbraten und dann für 15 Min. im Ofen bei ca. 200° C garen. Als Bei- und Einlagen passen alle im Herbst angebotenen ↑**Gemüse**, ↑**Früchte**, ↑**Pilze** und ↑**Nüsse** sowie ↑**Sauerkraut** mit ↑**Ananas** oder ↑**Champagner**. Man kann junge Rebhühner auch füllen, dadurch erhöht sich aber die Garzeit beträchtlich. Es besteht die Gefahr, dass das Fleisch austrocknet und an Aroma verliert.

Reblaus [*Weinkunde*] Die um 1860 nach Europa eingeschleppte amerikanische Pflanzenlaus vernichtete innerhalb von zwei Jahrzehnten sehr viele Weinberge. Erst die Idee, europäische Reben auf amerikanische Wurzelstöcke aufzupfropfen, die immun gegen die Reblaus sind, konnte den Weinbau retten.

Reblochon de Savoie Geschützte Herkunftsbezeichnung [*Käse*] **T Herkunft:** Frankreich; **Käsesorte:** halbfester, zartgelber ↑**Schnittkäse**, mind. 45 % ↑**Fett i.Tr.**; **Milch:** ↑**Rohmilch** von den drei örtlichen Rinderrassen Abondance, Montbéliard und Tarine; **Rinde:** safrangelb; **Teig:** fein strukturiert, zart; **Geschmack:** nussartig, vollmundig, butterig, rahmig; **Info:** Reblochon (sprich:Rö blo schong dö Sawoa) wird mit zunehmendem Alter flüssiger. **Geschichte:** Diesen ↑**Käse** haben gewitzte Bauern im 14. Jahrhundert kreiert. Zu jener Zeit bezahlten sie ihre Pacht mit einem Teil ihrer Milchproduktion, dem so genannten „fruit". Wenn nun die Landbesitzer kamen, um die ↑**Milch** abzumessen, molk der Bauer seine Kühe nur zum Teil, um den Pachtanteil niedrig zu halten. Sobald der Grundbesitzer fort war, wurde die restliche Milch gemolken. Diese sehr fetthaltige zweite Milch, das Ergebnis des „Reblâche" (Milchbetrugs), war Basis für den Reblochon. **Weinempfehlung:** Vor allem Weißweine aus der gleichen Region, aber auch fruchtige Rotweine wie ↑**Beaujolais** harmonieren sehr gut. **Verwendung:** Durch seine sahnige Milde passt der Reblochon nicht nur zum knusprigen Frühstücksbrötchen, sondern auch geschmolzen in Aufläufe oder andere warme Gerichte.

Rebschnitt [*Weinkunde*] Eine der wichtigsten Arbeiten des Winzers im Winter. Durch den Rebschnitt wird der Ertrag der Rebe im Herbst stark beeinflusst. Im Allgemeinen gilt das Menge-Güte-Gesetz, wonach die Qualität der Weine bei geringerem Ertrag immer besser wird. Dies ist aber in der Hauptsache bei den Spitzenreben der Fall. Bei Massenträgern gibt es eine Grenze, bei der die Qualität sich bei kleinerer Menge nicht mehr verbessert.

Rebsortenspiegel [*Weinkunde*] Anzahl der verschiedenen Rebsorten eines Weinbaulandes, Anbaugebietes oder einzelnen Betriebes

Réchaud [*Franz. Fachwort*] **1.** Wärmeschrank; **2.** Speise- und Tellerwärmer; **3.** Tischkocher für ↑**Fondues**, ↑**Glühwein**, ↑**Flambées** usw.; **4.** Als Réchaud wird auch eine Warmhalteplatte bezeichnet.

Rechnung [*Übersetzer*] **Englisch:** bill; **Französisch:** addition; **Italienisch:** conto; **Spanisch:** cuenta

Rechts drehende Milchsäure [*Milchprodukte*] ↑**Lactobacillus acidophilus**

Recielle [*Ital. Speisekarte*] Mittelbreite ↑Band**nudeln** aus Pantelleria, mit beidseitig gewelltem Rand

Recioto [*Weinkunde*] Bezeichnung aus dem Veneto für süß-aromatische italienische Qualitätsweine aus teilweise getrockneten Trauben. Wenn sie trocken ausgebaut werden, heißen sie Amarone. Diese Weine werden auf die gleiche Weise wie ↑**Passito**-Weine produziert.

Récoltant [*Weinkunde*] Französischer Weinerzeuger, Weingut

Récolte [*Weinkunde*] Weinernte, Jahrgang

Recommandé [*Franz. Fachwort*] Empfohlen

Recondo al horno [*Mexicofood*] Rinderfilet

Record [*Kartoffelsorte*] **Kochtyp:** ↑**Mehlig kochende Kartoffeln** – „Mehlige" oder „Runde" genannt; **Herkunft:** Niederlande; **Jahr der Zulassung:** 1964; **Schale:** gelb; **Fleisch:** hellgelb; **Knolle:** oval; **Reifezeit:** mittelspät; **Anmerkungen:** Geschmackvolle Sorte für Kartoffelpüree

Reçu [*Franz. Fachwort*] Erhalten, empfangen; Quittung

Red cabbage [*U.S. Kitchen*] ↑**Rotkohl**

Red Duke of York [*Kartoffelsorte*] **Kochtyp:** ↑**Vorwiegend festkochende Kartoffeln; Herkunft:** Schottland; **Jahr der Zulassung:** 1942; **Schale:** rot; **Fleisch:** gelb, angenehm cremiger, sehr guter Geschmack; **Knolle:** rund; **Reifezeit:** sehr früh; **Anmerkungen:** Auch „roter Erstling" genannt

Red Hot Peppers Chili [*Gewürze & Kräuter*] **T Schärfe 9–10 = 95 000–150 000** ↑**Scoville-Einheiten.** Ein ↑**Habanero**-Verwandter aus der Karibik oder Westafrika, auch **Lampion Chili** genannt. Ca. 3–4 cm lang, in Gelb, Orange und Rot zu finden. Die genaue Sorte kann wechseln, aber man bekommt sie in Deutschland fast überall in „Afrikashops". ↑**Chili**

Red Moon [*Hausbar*] **R** Ein ↑**Cocktail**, in dem der ↑**Grenadine-Sirup** dominiert. Manche empfinden ihn daher als zu süß. 2 cl ↑**Cognac;** 4 cl Grenadine; 1 cl frisch gepresster ↑**Zitronensaft;** 2 cl ↑**Kokosnuss-Likör.** Zusammen mit Eis gut schütteln. Anschließend in ein Longdrinkglas mit Eis geben und mit ↑**Soda** auffüllen. Dekoration: Zitronenscheibe und ↑**Cocktailkirsche**

Red Savina [*Gewürze & Kräuter*] **Schärfe 10 & mehr.** Die Red-Savina-Züchtung aus der Habanero-Familie ist mit 577 000 gemessenen ↑**Scoville Einheiten** momentan die schärfste Chilischote der Welt. Von der Farbe her tief rot. Ansonsten vom Aussehen her wie ↑**Habanero**, mit einer etwas deutlicher eingesunkenen Spitze.

Red Snapper [*Fisch*] **T Lateinisch:** lutjanidae; **Englisch:** red snapper, snapper; **Französisch:** vivaneau rouge, vivaneau campeche, Lutjanides, vivaneaux; **Italienisch:** lutiano rosso, lutiani; **Spanisch:** pargo del golfo. Der Red Snapper aus der Familie Lutjanidae ist ein begehrter Seefisch, der eingedeutscht auch „Roter Schnapper" genannt, 2–3 kg schwer und hauptsächlich im Westatlantik gefischt wird. Seinen Namen trägt er zu Recht, den die Farbskala des Red Snappers geht von einem rosa-silbrigen Schimmer über Pink bis zu einem hellen Rot. Selbst die Flossen machen bei dem Farbenspiel mit. Nur an der Basis der Brustflossen befindet sich ein schwarzer Fleck. Den Namen Schnapper erhielt er, weil er ein großes Maul hat. Wenn ein ganzer Red Snapper in den Kochtopf gleitet, schnappt er hörbar nach Luft, bevor er in den Sud eintaucht. Das helle, fein-aromatische, feste, etwas trockene Fleisch hat nur wenige, aber gut erkennbare Gräten und eignet sich für traumhafte Rezepte.

Réduction [*Franz. Fachwort*] Stark eingekochte Flüssigkeit (↑**Essenz**). Das ein- oder mehrmalige Reduzieren von Flüssigkeit beim Kochen von ↑**Saucen** oder Suppen bewirkt eine Verdickung ohne ↑**Bindemittel.**

Réduire [*Franz. Fachwort*] Eine Flüssigkeit eindicken, einkochen

Reduktionsdiät [*Gesundheit*] **T** Eine Reduktionsdiät zur Gewichtsabnahme ist empfehlenswert, wenn das Körpergewicht bei einem **Body-Mass-Index (↑BMI)** über 30 angelangt ist. Durch das Übergewicht treten verstärkt Risikofaktoren wie Bluthochdruck (Hypertonie), erhöhte **Blutfettwerte** (Hyperlipidämien), Zucker (↑**Diabetes mellitus**), erhöhte **Harnsäure**werte (Hyperurikämie) und Beschwerden des Bewegungsapparates auf. Reduktionsdiät muss fettarm bzw. kalorienreduziert, kohlenhydrat- und ballaststoffreich sein, darf aber nicht unter 1200 kcal pro Tag liegen. Ziel ist eine langsame, stetige Abnahme von höchstens 500 g pro Woche und die Stabilisierung des erreichten Gewichts. Einseitige Reduktionsdiäten wie ↑**Crash-Diäten**, die hohe Gewichtsabnahmen in kurzer Zeit versprechen, können langfristig gesundheitsgefährdend wirken und haben den so genannten ↑**Jo-Jo-Effekt. Neben der Reduktionsdiät sind für eine dauerhafte Gewichtsabnahme wichtig: 1.** Ändern des Ess- und Trinkverhaltens, ↑**Durstlöscher; 2.** Einüben neuer Verhaltensweisen; **3.** Erwerben von ↑**Ernährungs**wissen; **4.** regelmäßige sportliche Betätigung. Dauererfolge lassen sich am besten durch eine Langzeittherapie in einer Gruppe unter ärztlicher Aufsicht sowie Zusammenarbeit mit ausgebildeten Fachkräften erzielen. ↑**Diät zur Gewichtsreduktion bei Adipositas** & ↑**Übergewicht**

Reduzieren [*Unsere Küche*] Flüssigkeit auf die gewünschte Konzentration langsam einkochen, dabei verringert sich der Gehalt an Wasser, und der Geschmack wird verstärkt.

Referenzwerte [*Gesundheit*] ↑**D-A-CH-Wert**

Refosco [*Weinkunde*] Rote Rebsorte, die in Italien fast ausschließlich in Friuli (Friaul-Julisch Venetien) angebaut wird. Man vermutet, dass sie mit der französischen Mondeuse Noire identisch ist. In Slowenien wird sie „Terrano" genannt. Aus Refosco können konzentrierte, in der Frucht manchmal an ↑**Merlot** erinnernde Rotweine gekeltert werden. Was den internationalen Durchbruch bisher verhindert hat, ist die relativ hohe Säure, die vor allem in Jahren mit wenig Sonnenschein sehr vordergründig wirkt. In Italien aber wird diese Säure als lange Lebensgarantie betrachtet, wenn auch gereifte Exemplare bis jetzt kaum außerhalb Italiens auf dem Markt gehandelt wurden. Eine gute Lage, die eine lange Reife gewährleistet, sowie niedrige Erträge bringen das Potenzial von Refosco ans Licht. In aktuellen Versionen fällt sie weniger hart und ↑**tannin**reich aus. Teilweise wird Refosco erfolgreich in ↑**Cuvée**s verwendet.

Refraichieren [*Franz. Fachwort*] Gekochtes bzw. Blanchiertes in Eiswasser oder unter kaltem Wasser schockartig abkühlen

Régal [*Franz. Speisekarte*] Leckerbissen, Lieblingsgericht, Festmahl

Regenbogenforelle [*Fisch*] **T** **Lateinisch:** Oncorhynchus mykiss – Salmo irideus (veraltet); **Englisch:** rainbow trout, steelhead trout; **Französisch:** truite arcen-ciel; **Italienisch:** trota arcobaleno, trota iridea; **Spanisch:** trucha arco iris. Wurde im Jahr 1880 aus Nordamerika eingeführt. Sie verträgt wärmeres und sauerstoffärmeres Wasser als die heimische ↑**Bachforelle**, ist daher für Teichwirtschaften besonders geeignet und dort die überwiegend gezogene Forelle, was sie auch sehr preiswert macht. Das Fleisch der schillernden, schön gefärbten, getupften Forelle ist hell, zart und wohlschmeckend, jedoch nicht ganz so fein im Geschmack wie das der ↑**Forellen** aus freien Gewässern. Das Fleisch enthält pro 100 g ∅ 19,5 g ↑**Eiweiß** und 2,0 g ↑**Fett**. Das Gewicht liegt pro Fisch zwischen 400 und 500 g. **Zubereitung:** „↑**blau gekocht**" mit zerlassener ↑**Butter**; auf ↑**Müllerin-Art**, in Butter gebraten; **Paniert** und in Fett gebacken; in ↑**Wein** gedünstet und gefüllt oder geräuchert.

Regensburger [*Fleischprodukte*] **A** ↑**Brühwurst** mit herzhafter ↑**Majoran**note aus feinem ↑**Brät** mit einer Einlage aus geschrotetem ↑**Schweinefleisch**. Mageres Schweinefleisch wird fein gekuttert, mit ↑**Nitritpökelsalz** und ↑**Gewürzen** sowie dem geschroteten Schweinefleisch vermischt. Anschließend füllt man die Masse in Rinderkranzdärme, bindet sie zu kurzen Würsten von etwa 10 cm und einem Durchmesser von etwas über 4 cm ab. Dann räuchert man die Regensburger über Buchenholz und brüht sie. Regensburger können heiß oder kalt gegessen werden. Sie sind Grundlage für den Regensburger Wurstsalat, der mit einer ↑**süß-sauren Marinade** aus ↑**Essig**, ↑**Öl**, gehackten ↑**Zwiebeln** und ↑**Senf** zubereitet wird. Erfunden wurde die Regensburger in der zweiten Hälfte des 19. Jahrhunderts von einem unbekannten Metzgermeister. „Original Regensburger" dürfen nur Würste genannt werden, die man im engeren Stadtgebiet hergestellt.

Régime – régimier [*Franz. Fachwort*] Diät, Schonkost – Diätkoch

Regionale deutsche Küche [*Regionale Spezialität*] Die traditionelle, regionale ↑**Deutsche Küche** ist so umfangreich, dass sie in der **Küchenbibel** nicht ausführlich dargestellt werden kann.

Réglisse [*Franz. Speisekarte*] **Lakritze**, Süßholz

Regner [*Weinkunde*] Der bekannte Züchter Georg Scheu schuf 1929 auch diese Sorte und nannte sie nach einer Kollegin. Die Rebe stellt nur schwache Ansprüche an Lage und Boden. Der Ertrag liegt ungefähr bei 100 hl/ha.

Reguengos [*Weinkunde*] Anbaugebiet in der portugiesischen Region Alentejo

Regusano Geschützte Herkunftsbezeichnung [*Käse*] **T** **Herkunft:** Sizilien/Provinz Ragusa; **Käsesorte:** reibfähiger ↑**Hartkäse**, 40 % ↑**Fett i. Tr.**; **Milch:** rohe Vollmilch von der Kuh; **Geschmack:** würzig und pikant; **Verwendung:** süditalienische Nudelgerichte; **Info:** ungewöhnliche ↑**Caciocavallo**-Sorte; **Reifung:** mehrere Monate; **Gewicht:** 10–16 kg; **Variante:** „Regusano pepate" heißt eine Variante mit ganzen schwarzen ↑**Pfefferkörnern**.

Reh [*Fleischprodukte*] **A** **Englisch:** deer; **Französisch:** chevreuil; **Italienisch:** capriolo, cerbiatto; **Spanisch:** corzo. Rehfleisch ist gut abgehangen zart, wohlschmeckend und sehr fettarm. Je jünger das Tier, desto zarter ist sein ↑**Fleisch**. Rehbraten kann man über Nacht in ↑**Buttermilch** oder eine ↑**Beize** aus Rotwein und Gewürzen (ohne ↑**Salz**) einlegen, aber auch direkt verarbeiten. Der Rücken, die Keule oder Teile davon (Unterschale, Oberschale, große und kleine Nuss) eignen sich am besten zum Braten. Jedes Teil kann mit ↑**Grünem Speck** gespickt oder ↑**bardiert** werden. Dadurch wird das fettarme Wildfleisch nicht trocken. Besonders saftig bleibt der Braten, wenn man ihn bei hoher Temperatur anbrät und bei mittlerer rosa gart. Den Blatt- oder Rollbraten brät man nicht rosa, er wird in einer würzigen Soße weich geschmort. Hals- und Brustfleisch verwendet man meistens für ↑**Ragout**. ↑**Würztabelle.** Die im Handel angebotenen Tiere sind meist schon abgezogen, wiegen 12–20 kg und sollten möglichst nicht über 3 Jahre alt sein, da ihr Fleisch sonst grobfaserig, zäh und schwer verdaulich ist. Außerhalb der Jagdsaison wird Rehfleisch tiefgekühlt im Handel angeboten. Adressen von Jägern oder Jagdverbänden erhält man beim Landratsamt. ↑**Wild** & ↑**Jagdzeiten für heimisches Wild**

Reherl [*Österr. Küche*] ↑**Pfifferling**

Rehfellchen [*Speisepilze*] ↑**Habichtspilz**

Rehling [*Speisepilze*] ↑**Pfifferling**

Rehrücken [*Übersetzer*] **Englisch:** roast saddle of venison; **Französisch:** civet de chevreuil; **Italienisch:** sella di caprido; **Spanisch:** lomo de corzo

Rehrückenform [*Österr. Küche*] Kastenform

Reibe [*Hausbar*] **T** Wird verwendet, um ↑**Muskatnüsse**, ↑**Haselnüsse** usw. klein zu reiben; speziell wenn man „↑**Egg-Noggs**" mixen will, ist eine Reibe unbedingt erforderlich.

Reibeisen [*Österr. Küche*] Raffel

Reichensteiner [*Weinkunde*] Die Rebe ging aus einer Kreuzung von ↑**Müller-Thurgau**, Madeleine d'Angevine & Calabreser-Fröhlich in den1970er-Jahren in Geisenheim am Rhein hervor. Der Reichensteiner verlangt frostgeschützte, mittlere Lagen und fruchtbare Böden. Die Erträge liegen regelmäßig in der Höhe des Müller-Thurgau.

Reichhaltig [*Weinkunde*] Die Weine sind nicht unbedingt süß, vermitteln jedoch einen Eindruck von opulenter Fülle.

Reif [*Weinkunde*] Weine, die ein optimales Geschmacksbild haben, werden als reif bezeichnet. Lagerung oder hohe Qualität und Reifegrad des Lesegutes bewirken Reife.

Reifegrad [*Weinkunde*] Maß für die Reife der Weintrauben und die damit verbundene Entscheidung, sie zu lesen. ↑**Beerenreife** & ↑**Mostgewicht**

Reifen von Käse [*Käse*] **T** Käse reift durch Milchsäuregärung und Lagerung. Dabei wandeln Mikroorganismen den Käseteig um, indem sie Abbauprodukte wie Ethanol und Acetoin bilden und zum charakteristischen Aroma der Käsesorte beitragen. Während der Reifezeit entwickeln sich Geschmack und Geruch. Gereifte Sorten sind ↑**Weich-**, ↑**Schnitt-** und ↑**Hartkäsesorten**. Zu den nichtgereiften Käsesorten gehören ↑**Frischkäse**, ↑**Quark** und ↑**Schichtkäse.**

Reindl, Rein, Reine [*Österr. Küche*] Österreichische und süddeutsche Bezeichnung für einen flachen Brat- oder Schmortopf, Fachausdruck **„Kasserolle"**

Reindling [*Backstube*] **A** Begriff aus der regionalen österreichischen Küchenkultur für einen Hefekuchen, der gefüllt und gerollt in Schneckenform oder in einer Kranzkuchen- oder Gugelhupfform gebacken wird. Es ist ganz einfach: Der vorgegangene, nicht zu feste ↑**Hefeteig** wird gut durchgeknetet und auf einer bemehlten Arbeitsfläche ca. 1 cm dick länglich ausgerollt. Mit zerlassener ↑**Margarine** oder ↑**Butter** bestrichen und mit ↑**Zucker,** ↑**Zimt** und ↑**Rosinen** bestreut, Alternative: ↑**Äpfel,** ↑**Mohn** usw. Fest schneckenförmig zusammenrollen und in einer gefetteten Backform („Reine", Gugelhupf- oder Kranzkuchenform) bei ca. 180° C (Heißluft: 165° C) etwa 60 Min. backen. Nach dem Auskühlen aus der Form stürzen.

Reine, à la [*Speisegarnitur*] **A 1. Speisegarnitur für viele feine Zubereitungsarten** – meist mit ↑Kalbs**bries,** ↑**Champignons,** ↑**Trüffeln** in Geflügelrahmsauce – ↑**Bouchée à la reine,** ↑**Consommé à la reine,** ↑**Potage à la reine; 2.** vollfleischiges Huhn oder körnergefüttertes ↑**Masthähnchen** und ↑**Poularde**

Reineclauden [*Obst*] **T Lateinisch:** Prunus domestica var. italica. **Synonym:** Ringlotte, Reneklode. **Info:** Die zur Familie der Rosengewächse gehörenden Reineclauden sind die rundlichen, 3 bis 7 cm großen, grün, gelb, rot oder blau gefärbten Vertreter der wahrscheinlich aus der ↑**Schlehe** (Prunus spinosa) hervorgegangenen Kulturpflaume (Prunus domestica), zu der auch die ↑**Pflaumen,** ↑**Zwetschgen** und ↑**Mirabellen** gehören. Das Fruchtfleisch ist grünlichweiß, aromatisch und meist süß. **Ursprung und Geschichte:** Die ursprünglich aus Kleinasien stammende Kulturpflaume wurde in Griechenland schon vor 2500 Jahren nachweislich kultiviert und kam im 2. Jahrhundert v. Chr. nach Italien. Seit damals wurden sie immer wieder gekreuzt, sodass im Laufe der Jahrhunderte eine große Sorten- und Artenvielfalt entstanden ist. Ihren Namen bekamen die Reineclauden von einer im 16. Jahrhundert lebenden französischen Königin Claudia, auf Französisch Reine Claude. **Herkunft und Saison:** Reineclauden werden in kleineren Mengen aus heimischer, italienischer oder französischer Produktion von Mitte bis Ende August angeboten. **Arten und Sorten:** Die **Große grüne Reineclaude** reift Mitte August und hat eine rundliche Form sowie eine deutlich sichtbare Naht. Die Schale ist gelblich-grünlich oder bräunlich-gelb mit einigen rotbraunen Flecken. Das gut steinlösliche, gelbgrüne Fruchtfleisch ist weich, sehr saftig und von süßem, edel würzigem und kräftigem Geschmack. Die **Graf Althans Reineclaude** reift Ende August, ist großfrüchtig und hat eine rosa bis rötlichblau gefärbte Schale. Das rötlichgelbe, weiche, saftige, geleeartige Fruchtfleisch ist sehr aromatisch und angenehm süß-säuerlich. **Inhaltsstoffe:** 100 g Reineclauden weisen einen Brennwert von ∅ 55 kcal/230 kJ auf und enthalten etwa 83 g Wasser, 0,8 g Eiweiß, 0,6 g Fett, 13 g Kohlenhydrate und 1,5 g Ballaststoffe. An ↑**Mineralstoffen,** ↑**Spurenelementen** und ↑**Vitaminen** sind ∅ 4 mg Kalzium, 0,1 mg Eisen, 32,3 RE Vitamin A sowie 9,5 mg Vitamin C enthalten. **Zubereitung und Tipps:** Reineclauden sind in Frankreich und Teilen Nord-West-Deutschlands sehr beliebt; in Süddeutschland, Österreich sowie auf dem Balkan spielen Zwetschgen die größere Rolle. Sie werden frisch gegessen oder zu ↑**Konserven,** ↑**Trockenobst** und ↑**Branntwein** weiterverarbeitet.

Reinheitsgebot [*Fachkunde*] Der Ursprung des Reinheitsgebots wurzelt in der deutschen Geschichte. Bereits aus dem Jahr 1156, zur Zeit Kaiser Barbarossas, gibt es erste Ratschläge, „schlechte Bierherstellung zu bestrafen". Am 23. April 1516 schließlich hat der bayerische Herzog Wilhelm IV. vor dem Landständetag zu Ingolstadt das Reinheitsgebot für deutsches ↑**Bier** verkündet und damit einen bis heute gültigen Qualitätsmaßstab gesetzt. Es ist die älteste, heute noch gültige lebensmittelrechtliche Vorschrift der Welt und gilt als das erste Verbraucherschutzgesetz. Es besagt: **„Ganz besonders wollen wir, dass forthin allenthalben in unseren Städten, Märkten und auf dem Lande zu keinem Bier mehr Stücke als allein Gersten, Hopfen und Wasser verwendet und gebraucht werden sollen. Wer diese Anordnung wissentlich übertritt und nicht einhält, dem soll von seiner Gerichtsobrigkeit zur Strafe dieses Fass Bier, so oft es vorkommt, unnachgiebig weggenommen werden.“** Das Reinheitsgebot sollte den damaligen Verbraucher vor Panschereien und Gesundheitsrisiken schützen und ist heute – ergänzt um den Begriff ↑**Hefe** (die es damals noch nicht gab) – im deutschen Biersteuergesetz festgelegt. Bayern machte 1918 sogar seine Zugehörigkeit zur Republik davon abhängig, dass das Reinheitsgebot im gesamten Deutschen Reich gelte! 1919 versicherten alle deutschen Brauereien ihre formlose Untertanentreue zum Gesetz. Seit 1994 ist der 23. April offiziell der Tag des Reinheitsgebotes und des deutschen Bieres. Ein Urteil des Europäischen Gerichtshofes von 1987 besagt, dass wegen des freien Warenverkehrs innerhalb der Europäischen Union in Deutschland auch solche Biere verkauft werden dürfen, die nicht nach dem Reinheitsgebot hergestellt sind. Sie können andere Rohstoffe (unvermälzte ↑**Gerste**, ↑**Mais**, ↑**Reis**, ↑**Hirse**) oder Zusatzstoffe enthalten, müssen aber eindeutig gekennzeichnet sein.

Reinzuchthefe [*Fachkunde*] **R** Werden überall dort eingesetzt, wo Gärmaischen aus ↑**Obst** erzeugt werden sollen. Reinzuchthefe ist eine durch gezielte Züchtung mit hervorragenden Eigenschaften versehene Aromahefe. Sie sorgt für eine zügige und sichere Gärung, die Entfaltung und den Ausbau des fruchteigenen Aromas. Pro 10 kg ↑**Maische** werden 2–3 g Reinzuchthefe zugegeben.

Reis [*Allgem. Nährmittel*] **A Lateinisch:** Oryza sativa; **Englisch:** rice; **Französisch:** riz; **Italienisch:** riso; **Spanisch:** arroz. **Info:** Reis ist das wichtigste Getreide der tropischen und subtropischen Zone. Er gehört zur Familie der Gräser und umfasst botanisch gesehen ca. 8000 Sorten. Das Korn bleibt bei der Reife von Deck- und Vorspelze fest umschlossen. Deshalb muss der Reis wie andere ↑**Spelzgetreidearten** geschält werden, bevor er verzehrt werden kann. Nach ↑**Weizen** ist Reis das wichtigste Nahrungsmittel der Menschheit. **Geschichte:** Reis gehörte zusammen mit ↑**Hirse**, Weizen, ↑**Gerste** und ↑**Sojabohnen** zu den fünf heiligen Erntegewächsen, die der chinesische Kaiser Shen-Nung im Jahre 2800 v. Chr. beim Frühlingsfest selbst angepflanzt haben soll. Im frühen ersten Jahrtausend v. Chr. brachten Kaufleute und Krieger den Reis über Indien und Persien nach Nordafrika und in den östlichen Mittelmeerraum. Griechen und Römer schätzten den Reis als Delikatesse und als Medizin. Um 1000 n. Chr. pflanzten die Mauren die ersten Reiskulturen in Europa. Mit der Eroberung der Neuen Welt führten die Portugiesen den Reis in Brasilien und die Spanier in Teilen Süd- und Zentralamerikas ein. In Nordamerika wurde Reis erstmals 1685 im heutigen South Carolina angebaut. **Anbaugebiete heute:** China, Indien, Indonesien und Japan sind heute die wichtigsten Anbaugebiete. Der größte Teil der Ernte wird direkt dort verbraucht. In Europa konzentriert sich der Reisanbau auf Portugal, Spanien und Italien. Der hier angebotene Reis kommt hauptsächlich aus den USA und aus Italien. Der Pro-Kopf-Verbrauch in Deutschland liegt bei ca. 3,5 kg pro Jahr. Zum Vergleich: Ein Thailänder verbraucht 128 kg. **Nährwert:** Reis enthält von allen Getreidesorten am wenigsten ↑**Eiweiß** und sollte deshalb in Verbindung mit eiweißhaltigen Lebensmitteln verzehrt werden. Sein Fettgehalt entspricht dem des Weizens; er ist leicht verdaulich, vitamin- und mineralstoffreich. Der ernährungsphysiologische Wert sinkt mit dem Bearbeitungsgrad des Reiskornes. **Vollkornreis** enthält in seinem Silberhäutchen und im Keim die wertvollen Vitamine B_1, B_2 und Niacin sowie Eisen (↑**folgende Tabelle**). Die das Reiskorn umgebenden Schalen enthalten ↑**Ballaststoffe**, die gut sättigen und verdauungsfördernd wirken. ↑**Parboiled Reis** enthält etwa 80 % der ursprünglichen Vitamine und Mineralstoffe, **Weißreis** dagegen weniger als ein Drittel. Zum Ausgleich wird er heute oft künstlich mit Vitaminen und Eisen angereichert. Im Schnellkochreis sind nur noch Spuren von ↑**Vitaminen** und ↑**Mineralstoffen** enthalten. Reis eignet sich gut bei Nieren-, Herz- und Magendiäten, da er leicht verdauliche Stärke, wenig ↑**Natrium** und viel ↑**Kalium** enthält. Aus diesem besonderen Natrium/Kalium-Verhältnis ergibt sich seine entwässernde Wirkung auf den Körper.

∅ Nährstoffe pro 100 g Reis:

Weißreis		Vollkornreis	
Energie ∅ 366 kcal/153 1kJ		Energie ∅ 355 kcal/1485 kJ	
Protein	7 g	Protein	7,5 g
Fett	0,7 g	Fett	2 g
Kohlenhydrate	78 g	Kohlenhydrate	72 g
Ballaststoffe	1,4 g	Ballaststoffe	4 g
Calcium	6 mg	Calcium	25 mg
Magnesium	40 mg	Magnesium	120 mg
Eisen	0,6 mg	Eisen	2 mg
Natrium	6 mg	Natrium	9 mg
Kalium	100 mg	Kalium	150 mg
Phosphor	120 mg	Phosphor	300 mg
Vitamin B_1	0,06 mg	Vitamin B_1	0,4 mg
Vitamin B_2	0,03 mg	Vitamin B_2	0,08 mg
Niacin	2,6 mg	Niacin	6,3 mg

Durch Polieren und Schleifen des Reiskorns werden das nährstoffreiche Silberhäutchen, der Keim und die

Aleuronschicht entfernt. Weißer Reis ist für die Ernährung relativ wertlos, zumal er auch kaum noch Ballaststoffe enthält. Bei dem (elfenbeinfarbenen) Parboiled Reis bleiben die Vitamine zum größten Teil erhalten, da sie vor dem Schälen mit Hochdruck ins Innere des Reiskorns gepresst werden. Zieht man Parboiled Reis dem Naturreis (brauner Reis) vor, der ungeschält und unpoliert ist, sollte er mit ballaststoffreichen Lebensmitteln wie Hülsenfrüchten (die gleichzeitig eiweißhaltig sind) oder Gemüse kombiniert werden. **Eigenschaften:** Reissorten lassen sich in zwei Hauptgruppen einordnen, in Langkorn- und Rundkornreis. Der **Langkornreis**, auch Brühreis oder Patna genannt, hat einen hohen Kleberanteil, ist 6–8 mm lang und 1–2 mm dick. Das Korn ist hart und glasig, es kocht sich trocken und körnig. **Flüssigkeitsmenge:** 1 Tasse Reis; 2 Tassen Flüssigkeit; **Garzeit:** Naturreis 30 bis 35 Min.; weißer Reis 20 bis 25 Min.; **Verwendungsmöglichkeiten:** Beilagen, Eintöpfe, Suppen und Füllungen. Der **Rundkornreis** oder Milchreis hat einen hohen Stärkeanteil, ist 4–6 mm lang und nur 2–3 mm dick. Das Korn ist weich und kalkig und kocht sich breiig und klebrig. **Flüssigkeitsmenge:** 1 Tasse Reis; 4 Tassen Flüssigkeit; **Garzeit:** Naturreis 40 bis 45 Min.; weißer Reis 30 bis 35 Min.; **Verwendungsmöglichkeiten:** Süßspeisen, Breie. **Wichtigstes Merkmal für die Qualitätsstufen ist der Anteil an gebrochenem Reis. Es gibt vier Stufen:** Spitzenreis höchstens 5 % Bruchanteil; Standardreis höchstens 15 % Bruchanteil; Haushaltsreis höchstens 25 % Bruchanteil; Bruchreis mit mehr als 40 % Bruchanteil. Je höher der Anteil an gebrochenen Körnern ist, umso mehr Stärke tritt beim Kochen aus, und umso mehr klebt der Reis. In der Regel wird der Bruchreis zu Reismehl und Reisgrieß verarbeitet. **Zubereitung und Lagerung im Haushalt:** Reis, der in zu viel Wasser gekocht wird, verliert mit dem überschüssigen Kochwasser viele Nährstoffe. Deswegen sollte die Wassermenge abgemessen werden (↑**oben**). Reis sollte trocken, luftig, dunkel und frei von Fremdgerüchen gelagert werden; am besten in der Originalverpackung. In luftdichten Gläsern oder Dosen wird er mit der Zeit muffig. Bei richtiger Lagerung hält sich weißer Reis zwei Jahre. Braunreis sollte nicht so lange aufbewahrt werden, da er im Keim ↑**Fett** enthält und mit der Zeit ranzig wird. Gekochter Reis muss im Kühlschrank gelagert werden. **Wildreis:** Schwarzer ↑**Wildreis** ist botanisch gesehen gar kein Reis, sondern der Samen eines wild wachsenden Wassergrases. ↑**Schwarzer Reis**

Reisessig [*Gewürze & Kräuter*] Eine aus ↑**Reiswein** hergestellte Tafelwürze, die meist weiß und manchmal rot ist. Der am häufigsten verwendete ist der chinesische ↑**Essig**, der in Feinkostgeschäften erhältlich ist.

Reismehl [*Allgem. Nährmittel*] Saucenbinder, mit der Getreidemühle (**Achtung:** Vollkornreis verwenden) selbst mahlen oder im Bioladen mahlen lassen. Auch als Mehlersatz bei ↑**Zöliakie** einsetzbar.

Reismilch [*Allgem. Nährmittel*] In der ↑**Vegane**n Küche verwendeter Ersatz für Kuh**milch**↑

Reisnudeln [*Allgem. Nährmittel*] **R 1.** Sie bestehen aus ↑**Reismehl** und Wasser. Diese Nudeln sehen milchig durchsichtig aus und sind als breite Bandnudeln (**sen yai**), sehr schmale Bandnudeln (**sen mii**) oder Fadennudeln (**sen lek**) erhältlich. Reisnudeln sind aus der asiatischen, vor allem der Thai-Küche nicht wegzudenken. Es gibt sie in jedem Asia-Laden. Sie werden beim Kochen matschig. Es reicht, sie in heißem Wasser einige Min. einzuweichen, besonders, wenn sie gebraten werden oder in eine Suppe sollen. Sie schmecken zart nach ↑**Reis** und verbinden sich besser als die schlüpfrigen ↑**Glasnudeln** mit anderen Aromen. Werden Reisnudeln mit Stäbchen gegessen, behalten sie ihre Länge. Kommen sie in Suppen, schneidet man sie mit der Küchenschere in 10 cm lange Stücke. Mit verschiedenen ↑**Gemüsen** gebraten, sind sie eine attraktive Alternative als Beilage oder für Nudelpfannen. Sie sind Bestandteil von japanischen, chinesischen, indischen, thailändischen, malaysischen, aber auch europäschen Rezepten, überwiegend in Suppen, pfannengerührten Gerichten und den gebratenen Nudeln auf thailändische Art (**pad thai**). **2.** Bezeichnung für italienische oder griechische ↑**Teigwaren** aus ↑**Hartweizengrieß**, reiskorngroß. Genannt werden sie: ↑**Risoni**, Manestra, Orzo oder ↑**Kritharaki**.

Reiswasser [*Gesundheit*] **R** Wasser, in dem Reis gekocht wurde, ist ein wirksamer Bakterienkiller, ein Heilmittel bei Durchfall und Bauchweh und kann auch als fiebersenkendes Mittel eingesetzt werden. In tropischen und asiatischen Ländern gehört Reiswasser als täglicher Getränkebegleiter zu allen Mahlzeiten und dient als gesunder Durstlöscher. **Zum Nachkochen:** 1–2 EL Vollkornreis, 1 l Wasser, 1 EL ↑**Meersalz**, Kochzeit 1 Stunde.

Reiswein (Sake) [*Weinkunde*] Aus geschälten Reiskörnern, die mit einer aus Schimmelpilzen gewonnenen Substanz vergoren wurden (12–17 Vol.-% Alkohol), gewonnenes Getränk, das nach Sherry schmeckt.

Reizker [*Speisepilze*] **T Lateinisch:** Lactarius deliciosus. **Synonym:** Echter Reizker, Edelreizker, Edler Kiefernreizker. Essbarer trichterförmiger Blätterpilz mit karottenfarbigem Saft. ↑**Waldpilze**; **Hut:** Hut orangefarben mit dunkleren kreisförmigen Zonen, alt grün überlaufen, anfangs gewölbt, später flach vertieft, 6–12 cm, glatt, feucht schmierig; **Lamellen:** orange, starr, brüchig; **Stiel:** orange, 3–9 cm hoch, brüchig, hohl; **Fleisch:** weißlich, jung mit orange-rotem Milchsaft, mild. Der ebenfalls essbare Blutreizker hat jung dunkelroten Milchsaft. **In der Küche:** Der echte Reizker zählt wegen seines feinen, milden Geschmacks zu den besten Speisepilzen, besonders gebraten; **Vorkommen:** In Nadelwäldern, bei Kiefern, im Gras, hauptsächlich auf kalkhaltigen Böden, zerstreut, von Juli – Oktober; **Verwechseln:** mit dem **„Giftreizker"**, der aber am crèmefarbigen Sporenpulver und an dem leicht herablaufenden Milchsaft, der weiß bleibt und scharf schmeckt, zu erkennen ist.

Relais [*Franz. Fachwort*] Gasthaus, Raststätte

Relais de campagne [*Franz. Fachwort*] Schön gelegenes Landgasthaus

Relais routier [*Franz. Fachwort*] Gaststätte für Fernfahrer, meist gutbürgerliche Küche zu vernünftigen Preisen

Relève [*Franz. Speisekarte*] Gericht oder Gang innerhalb einer Speisefolge zwischen Suppe oder Vorspeise. Im Allgemeinen heute aber das Hauptgericht meist ein großes Bratenstück.

Relevé [*Franz. Speisekarte*] Pikant, würzig, scharf

Relish [*Engl. Speisekarte*] **T** Kalte Würzsauce, z. B. ↑**Barbecue** Relish. Mit ↑**Essig**, ↑**Wein** und ↑**Gewürzen** dick eingekochte ↑**Gemüse** wie ↑**Zwiebeln**, ↑**Pilze** oder ↑**Gurken**. Zwiebelrelish z. B. wird zu ↑**Schweinefleisch** gereicht.

Remarka [*Kartoffelsorte*] **Kochtyp:** ↑**Mehlig kochende Kartoffeln** – „Mehlige" oder „Runde" genannt; **Herkunft:** Niederlande; **Jahr der Zulassung:** 1991; **Schale:** hellgelb; **Fleisch:** hellgelb; **Knolle:** oval; **Reifezeit:** mittelspät

Remolachas [*Span. Speisekarte*] ↑**Rote Beete**

Remouillage [*Franz. Speisekarte*] ↑**Fleischextrakt**

Rémoulade [*Unsere Küche*] **R** Wird von der ↑**Mayonnaise** abgeleitet und ist eine kalte ↑**Sauce**, die zu kalten Speisen wie ↑**Fisch**, ↑**Krustentieren**, ↑**Fleisch** (z. B. ↑**Roastbeef**) und hartgekochten ↑**Eiern**, aber auch zu gebackenem Fischfilet sowie frittiertem ↑**Gemüse** und ↑**Pilzen** serviert wird. Remoulade wird mit fein gehackten ↑**Sardellen**, ↑**Gewürzgurken**, ↑**Kapern**, ↑**Senf**, ↑**Petersilie** und anderen ↑**Kräutern** nach Geschmack verfeinert, mit ↑**Salz**, ↑**Pfeffer**, ↑**Worcester** und ↑**Zitronensaft** abgeschmeckt. In **Remoulade „Wiener Art"** mischt man zusätzlich ↑**Kaviar**. Tafelfertige Remoulade aus dem Handel muss 50 % Fett enthalten.

Renaissance Historischer Speisename [*Speisegarnitur*] **A** 1. Wiedergeburt, moderner Stil in Anlehnung an die klassischen Formen **à la Renaissance**; 2. **Speisegarnitur** für **große Bratenstücke** und **Geflügel** – Mit gedünstetem, glasiertem Frühlingsgemüse und Braten- oder Geflügelrahmsauce

Renetten [*Obst*] **T** Späte, haltbare Apfelsorten, etwas säuerlich, fest und würzig. Renetten verwendet man gerne für hocharomatische ↑**Apfelweine**, darum werden sie vielerorts als reine Mostäpfel angebaut. ↑**Äpfel**

Renken [*Fisch*] **T Lateinisch:** Coregonidae. **Synonym:** Felchen, Maränen, Anken. **Englisch:** houting; **Französisch:** hautin. Die Renken sind Süßwasserfische und gehören zur großen Familie der Lachsfische aus der Linie der Coregonidae. Diese Fische haben einen silberglänzenden, schlanken Körper, der seitlich abgeflacht ist. Sie tragen größere Schuppen als Forellen oder Saiblinge und zwischen Rücken- und Schwanzflosse eine Fettflosse. Die Schwanzflosse ist tief eingeschnitten. Wegen der großen Artenvielfalt werden sie in **Schwebrenken** und **Bodenrenken** unterschieden. Erstere sind im Freiwasser lebende Fische, die sich von Plankton ernähren. **Bodenrenken** leben in Bodennähe und ernähren sich dort von Kleintieren. Zudem gibt es, wie bei allen Lachsfischen, wandernde Renken. Ihr Verbreitungsgebiet reicht vom mittleren und nördlichen Europa bis nach Russland, Sibirien, zur arktischen Küste und Nordamerika. **1. Blaufelchen; Lateinisch:** Coregonus lavaretus. **Synonym:** Große Schwebrenke, Ostseeschnäpel. **Englisch:** powan, whitefish, lavaret, houting, shelly; **Französisch:** lavaret; **Italienisch:** coregone lavarello, **Spanisch:** corégono. **2. Edelmaräne; Lateinisch:** Coregonus oxyrhynchus. **Synonym:** Nordseeschnäpel, Schnäpelnase. **Englisch:** shelly, gwyniad; **Französisch:** corégone; **Italienisch:** coregona bondella; **Spanisch:** corégono. **3. Kleine Bodenrenke; Lateinisch:** Coregonus pidschina; **Englisch:** humpback whitefish. **4. Sandfelchen; Lateinisch:** Coregonus nasus. **Synonym:** große Bodenrenke, große Maräne. **Englisch:** lake whitefish; **Russisch:** tschir. 5. **Zwergmaräne; Lateinisch:** Coregonus albula. **Synonym:** kleine Maräne. **Englisch:** whitefish; **Französisch:** corégone blanc; **Italienisch:** coregone bianco; **Spanisch:** corégono blanco. **Verwendung:** In Ländern der nördlichen Erdhalbkugel gehören Renken zu den wichtigsten Speisefischen, sie sind nicht nur ihres Fleisches wegen hoch geschätzt, auch ↑**Rogen** und Leber sind ausgesprochene Delikatessen. Größere Renken wie der Nordseeschnäpel eignen sich zum Braten oder Grillen. Kleinere Renken mit zarterem Fleisch wie die Zwergmaräne eignen sich zum Marinieren wie Heringe und schmecken auch geräuchert ausgezeichnet. Die Blaufelchen gehören zu den feinsten und teuersten Tafelfischen. Sie werden meist nur frisch zubereitet (in ↑**Butter** gebraten) gegessen. Durchschnittlich erreichen Renken eine Größe von 50 – 60 cm und ein Gewicht bis zu 3 kg. Fangsaison ist April bis Anfang Oktober.

Renne [*Franz. Speisekarte*] ↑**Rentier**

Renversé [*Franz. Fachwort*] Gestürzt, umgestülpt (z. B. ↑**Flan**)

Repas [*Franz. Speisekarte*] Mahl(zeit), (Fest-)Essen

Repas à toute heure [*Franz. Fachwort*] Durchgehend warme Küche

Repas de midi [*Franz. Speisekarte*] Mittagessen

Repas rapide [*Franz. Fachwort*] Schnelle Küche, ↑**Fast Food**

Requeson [*Mexicofood*] ↑**Frischkäse**

Requin taupe [*Franz. Speisekarte*] ↑**Heringshai**

Resch [*Österr. Küche*] Knusprig

Reserva [*Weinkunde*] Im spanischen und portugiesischen Weinbau Bezeichnung einer höheren Qualitätsstufe für besonders ausgesuchte, vinifizierte und ausgebaute Weine. Anders als im französischen Weinrecht (↑**Réserve**). In Spanien bei Rotweinen Mindestlagerung von 36 Monaten, davon 12 im Eichenfass, bei Weiß- und Roséweinen analog 24 bzw. 6 Monate – Qualitäten, die langsamer reifen und langlebiger sind als normale Abfüllungen (wie Vino de crianza, Vino anejo). Die Bezeichnung entspricht in etwa dem italienischen ↑**Riserva**. Eine noch höhere Qualitätsstufe wird im Spanischen als Gran Reserva, bei portugiesischen Weinen als Garrafeira deklariert. Diese Weine setzen einen qualitativ guten, zumindest normalen Jahrgang voraus.

Réserve [*Weinkunde*] Eine auf französischen Weinetiketten mitunter anzutreffende Bezeichnung (auch Grande Réserve). Anders als beim spanischen oder portugiesischen ↑**Reserva** oder dem italienischen ↑**Riserva** jedoch zumeist ohne rechtliche Bedeutung. Eine Réserve personnelle im Elsass sollte jedoch eine höhere Qualität als die normale Abfüllung bezeichnen, und bei größeren Handelshäusern mit eigenem Weingut wird so z. T. die Erzeugerabfüllung gekennzeichnet.

Resorption [*Fachkunde*] ↑**Absorption**

Reste [*Unsere Küche*] ↑**Parüren**

Restlaktose [*Gesundheit*] **T Unverträglichkeitsreaktionen bei ↑Milch bzw. ↑Käse:** Das mengenmäßig wichtigste ↑**Kohlenhydrat** in der Milch ist die Laktose (↑**Milchzucker**). Sie besteht aus den Einfachzuckern ↑**Glukose** und Galaktose und wird bei der Verdauung in die beiden Bestandteile getrennt. ↑**Laktose** ist als Auslöser der Nahrungsmittel-Unverträglichkeit gegen Milch bekannt. Da sie bei der Käsereifung abgebaut wird und im gereiften Käse nur geringe Spuren vorhanden sind (Restlaktose), wird dieser meist gut vertragen.

Restrukturiert [*Fachkunde*] Fachliche Bezeichnung für zusammengesetzt. Fleisch, das aus kleinen Fleischstücken und nicht aus einem kompakten Muskelstück hergestellt wird (z. B. ↑**Formfleisch** oder ↑Formvorder**schinken**). Mit dieser Herstellungstechnologie ist es möglich, eine Fleisch-Art anzubieten, die preislich günstiger ist als bei ganzen kompakten Muskelstücken. Nährwerte (↑**Eiweiß**, ↑**Fett**, ↑**Kohlenhydrate**) sowie die Beschaffenheit (Geruch, Farbe, Geschmack usw.) sind vergleichbar mit einem traditionellen Produkt.

Restzucker [*Weinkunde*] Begriff, mit dem der totale Gehalt an Zucker angedeutet wird, der nach der Gärung im fertigen Wein übrig geblieben ist. Selbst völlig trockene Weine verfügen über Restzucker, da die Hefe entweder bestimmte Zuckeranteile während der Gärung nicht in Alkohol umsetzen kann oder die Hefe vorzeitig abstirbt. Die Menge ist jedoch meist so gering, dass sie nicht auf der Zunge wahrgenommen werden kann. Restzucker wird normalerweise in Gramm pro Liter ausgedrückt. Dabei werden Weine mit weniger als 2 g/l Restzucker trocken genannt. Es gibt jedoch viele Weine, die über einen höheren Restzuckergehalt verfügen und trotzdem nicht süß schmecken, weil ein hohes Maß an Säure oder Gerbstoff (wie Tannin) den Eindruck von Süße ausgleicht. Manchen Weinen wird nach der Gärung unvergorener, süßer Traubensaft (Süßreserve genannt) zugesetzt, um sie gehaltvoller zu machen. In diesem Falle spricht man von einer zugesetzten Restsüße.

Rete di maiale [*Ital. Speisekarte*] ↑**Schweinenetz**

Rétes [*Ungarische Küche*] **A** Ungarischer **Strudel** oder palacsinta (↑**Palatschinken**), mit ↑**Äpfeln**, ↑**Nüssen**, ↑**Mohn** oder ↑**Quark**creme gefüllt.

Retinol ↑**Vitamin A**, Beta-Carotin, Betacarotin [*Gesundheit*] **T** und ↑**Carotinoide** – Vitamin A ist ein fettlösliches Retinol, das hauptsächlich in tierischen Nahrungsmitteln, aber auch in Form von Carotinoiden (Pflanzenfarbstoffen) als so genanntes Provitamin A aufgenommen werden kann. **Die höchste Vitamin-A-Wirksamkeit hat dabei das Betacarotin.** In der Leber wird Vitamin A gespeichert und von dort über das Blut zu den Zellen transportiert. Die Carotinoide werden im Dünndarm zu Retinol gespalten und über die Lymphe transportiert. **Funktion im Körper: Vitamin A** steuert das Wachstum, die Bildung von Haut, Schleimhäuten, Knorpelgewebe und schützt das Zahnfleisch. Es bildet den Sehpurpur (Rhodopsin) in den Stäbchen und Zapfen der Netzhaut. Auch bei der Entwicklung der Plazenta und des Fötus sowie für die Produktion von Testosteron ist es wichtig. Carotinoide, die im Körper in Retinol umgewandelt werden, sind für den Menschen ebenfalls essenziell (lebenswichtig). Da sie selbst Sauerstoff an sich binden, fungieren sie als so genannte ↑**Antioxidanzien**. Auch die ↑**Vitamine C** und ↑**Vitamine E** haben diese Fähigkeit. **Vitamin-A-Mangel:** Man vermutet, dass es einen Zusammenhang zwischen Vitamin-A-Mangel und Krebs bzw. Kreislaufkrankheiten und Grauem Star gibt. **Möglicherweise ist Vitaminmangel einer der Mitauslöser dieser Krankheiten.** Diabetes und Mukoviszidose können umgekehrt Auslöser für einen niedrigen Vitamin-A-Spiegel sein. Ein Vitamin-A-Mangel macht sich oft erst nach einem Zeitraum von mehreren Monaten bemerkbar. Die Symptome können verschiedene Formen wie Nachtblindheit oder Akne annehmen. Bei starkem Mangel können Wachstumsstörungen, Gewebeschäden, Infekte, Atemwegs- und Durchfallerkrankungen sowie Augenkrankheiten bis zur Erblindung auftreten. Um den Mangel therapeutisch zu beheben, werden in schweren Fällen sehr hohe Dosen Vitamin A von bis zu 150 000 I.E. (= ↑**Internationale Einheiten** = 45 mg) pro Tag gegeben. **Vitamin-A-Lieferanten:** Tierische Produkte wie ↑**Fisch**, ↑**Leber**, ↑**Milchprodukte**, ↑**Eier** enthalten viel Retinol. Die Carotinoide finden sich in Pflanzen, die gelb-rot-orange gefärbt sind. Dazu gehören ↑**Karotten,** ↑**Paprika,** ↑**Aprikosen,** ↑**Kirschen,** ↑**Grapefruits,** ↑**Rote Beete,** ↑**Papaya,** aber auch ↑**Spinat,** ↑**Fenchel,** ↑**Broccoli,** ↑**Petersilie,** ↑**Feldsalat** usw. **Täglicher Bedarf:** Es gibt verschiedene Möglichkeiten, die Menge an Vitamin A in Lebensmitteln anzugeben: als ↑**Internationale Einheiten** (IE) oder als mg Retinol oder Carotin. Hierbei entsprechen 3,33 IE Vitamin A = 1 µg Retinol = 6 µg Betacarotin. Der durchschnittliche Tagesbedarf an Vitamin A beträgt etwa 0,9 mg; für schwangere oder stillende Frauen sowie Jugendliche darf es entsprechend mehr sein. Am günstigsten ist es, Vitamin A in Form von Retinol und Carotin (wovon man 2 mg täglich benötigen würde, um den Vitamin-A-Bedarf zu decken) zu sich zu nehmen; so macht man sich die Wirkung der Carotinoide als ↑**Radikalfänger** zu Nutze. **Tipp:** Provitamin A wird aus gekochtem ↑**Gemüse** besser und im Rohzustand nur in Verbindung mit Fett (Salatöl, ↑**Dip**, Butterbrot usw.) resorbiert. Um den ∅ Tagesbedarf an Vitamin A zu decken, reichen folgende Mengen: 200 g ↑**Camembert;** 200 g ↑**Tunfisch;** 3 l ↑**Vollmilch;** 150 g ↑**Butter;** 50 g rote Paprika; 50 g Karotten; 100 g Spinat; 250 g Aprikosen. **Vitamin A kann man auch überdosieren:** Da ein Zuviel nicht wie bei den wasserlöslichen Vitaminen einfach ausgeschieden wird, ist hier Vorsicht geboten. Diese Hypervitaminose entsteht bei längerer Einnahme von mehr als 30 mg am Tag und äußert sich mit Schmerzen, Schwindel und Erbrechen. Außerdem kommt es längerfristig zu allgemeiner Schwäche und Erschöpfung, trockener Haut, Lippenentzündungen, Haarverlust, Kopfschmerzen, Lebervergrößerung, reduzierter oder ausbleibender Menstruation und schmerzhaften Schwellungen der Knochen und Gelenke. Bei zu viel ↑**Lebertran** hat man z. B. Schädigungen der Augen-Hornhaut beobachtet. Zu viel Vitamin A in der Schwangerschaft kann zu Missbildungen des Kindes führen. Daher sollten Schwangere nicht mehr als 10 000 I.E. (das entspricht etwa 3 mg) Retinol pro Tag aufnehmen. Eine Überdosierung kann allerdings nur bei Einnahme des aktiven Vitamins A entstehen, Provitamin A (Carotinoide) darf man in beliebiger Menge zu sich nehmen. Eine Umwandlung dieser Vorstufen in Vitamin A wird dem Bedarf angepasst. Ein Zuviel an Carotinoiden wird vor allem in der Haut abgelagert und färbt diese gelblich-orange.

Retsina [*Weinkunde*] Dieser griechische Weißwein wird seit ca. 3000 Jahren aus der Savatiano- und der Roditystraube gewonnen. Der berühmteste Retsina kommt aus Attika. Dem Wein wird bei der Gärung 1 kg Pinienharz auf 1 hl Wein zugesetzt. Dadurch entsteht der „harzige" Geschmack. Anfangs gewöhnungsbedürftig, schmeckt aber gut zu deftigem Essen und Fischgerichten. Ursprünglich verwendete man das Harz, um den Wein vor ↑**Oxidation** zu schützen. In der Antike wurden die Fassränder mit Pinienharz eingerieben, um sie abzudichten.

Rettich [*Gemüse*] ↑**Bierrettich** oder ↑**Schwarzer Rettich**

Rettichblüten [*Wildkräuter, -blüten & -früchte*] **T Lateinisch:** Raphanus sativus; Rettichblüten sind zum Kandieren geeignet. ↑**Kandieren von Blüten – Mehr Information:** ↑**Essbare Blüten**

Rettichsprossen [*Gemüse*] **T** Rettichsamensprossen sind 3–5 cm lang und enthalten natürliche schimmelhemmende Stoffe, weshalb sie den meisten Sprossenmischungen beigefügt werden. Mit ihrem scharf-würzigen Geschmack sind sie als Brotbelag und für Salate geeignet. Personen mit empfindlichem Magen sollten jedoch wegen der Schärfe vorsichtig sein. ↑**Sprossen**

Reuben Sandwich [*U.S. Kitchen*] Warmes ↑**Corned Beef** auf dunklem Brot, mit ↑**Sauerkraut**

Reuilly [*Weinkunde*] Kleine Appellation an der Loire westlich von Bourges in der Nähe von Quincy. Es wird ein trockener Weißwein aus der ↑**Sauvignon Blanc** Rebe, Rosé und ein Rotwein aus ↑**Pinot Noir** gewonnen.

Revani [*Griech. Speisekarte*] **A** Begriff aus der griechischen Küchenkultur für einen einfachen ↑**Rührteigkuchen** aus ↑**Eiern** und ↑**Grieß,** mit ↑**Zuckersirup** getränkt

Réveillon [*Franz. Speisekarte*] Abendessen, Nachtmahl

Revenieren [*Franz. Fachwort*] **T** Schnelles Anbraten von ↑**Fleisch,** ↑**Fisch,** ↑**Gemüse** in ↑**Fett.** Dadurch schließen sich die Poren, und der Saft bleibt erhalten.

Revithia soupa [*Griech. Speisekarte*] Begriff aus der griechischen Küchenkultur für eine Suppe aus ↑**Kichererbsen**

Revuelto [*Mexicofood*] ↑**Rührei**

Reynière, Grimold de le [*Berühmte Köche*] **Grimold de le Reynière** (1758–1837) gilt neben ↑**Brillat-Savarin** als Begründer der Restaurant- und Gastronomiekritik.

Rhabarber [*Obst*] **T Lateinisch:** Rheum rhabarbarum; **Englisch:** rhubarb; **Französisch:** rhubarbe; **Italienisch:** rabarbaro; **Spanisch:** ruibarbo. **Info:** Der zur Familie der Knöterichgewächse (Polygonaceae) gehörende Rhabarber ist eine ↑**Rhizom**staude, die auf den bis zu 60 cm langen und 3–5 cm breiten, kräftigen, glatten und kahlen Stielen ihre großen, rundlich bis ovalen oder herzförmigen, wellig gekrausten Blätter entwickelt. Die Stiele sind grün mit grünem Fruchtfleisch, rot mit grünem Fruchtfleisch oder rot mit rotem Fruchtfleisch. Obwohl Rhabarber botanisch gesehen ein ↑**Gemüse** ist, wird er ausschließlich wie ↑**Obst** verwendet. **Ursprung und Geschichte:** Die fleischigen Wurzeln des chinesischen Rhabarbers oder Medizin-Rhabarbers (Rheum palmatum) wurden bereits um 2700 v. Chr. in einem chinesischen Kräuterbuch als Heilmittel beschrieben. Schon um Christi Geburt wurden getrocknete und geriebene Wurzeln gehandelt. Im 18. Jahrhundert begann man erstmals in England, die fleischigen Blattstiele zu nutzen und verschiedene Speise-Rhabarbersorten (Rheum rhaponticum und Rheum rhabarbarum) als Gemüse kommerziell anzubauen. In Mitteleuropa wurde diese Form der Nutzung erst in der Mitte des 19. Jahrhunderts bekannt, und heute wird Rhabarber in allen gemäßigten Zonen der Erde angebaut. Der Name Rhabarber hat übrigens den gleichen Wortstamm wie der Frauenname Barbara, was übersetzt so viel wie „die Fremde" bedeutet, ebenso wie die Barbarei als Bezeichnung für Rohheit und Wildheit oder die Barbaren als die Fremden schlechthin. Der botanische Name Rheum rhabarbarum bedeutet also eigentlich nichts anderes als „fremde Wurzel". **Herkunft und Saison:** Rhabarber wird von Januar bis April vorwiegend aus niederländischem oder belgischem Gewächshausanbau angeboten. Die inländische Produktion beginnt im April ebenfalls mit Treibhausware und geht dann bis Ende Juli mit Angeboten aus dem Freilandanbau weiter. **Inhaltsstoffe:** 100 g (gekochter) Rhabarber weisen einen Brennwert von ∅ 117 kcal/490 kJ auf und enthalten etwa 66 g Wasser, 0,4 g Eiweiß, 0,1 g Fett, 31,2 g Kohlenhydrate und 2 g Ballaststoffe. An ↑**Mineralstoffen**, ↑**Spurenelementen** und ↑**Vitaminen** sind ∅ 145 mg Kalzium, 0,2 mg Eisen, 1 mg Natrium, 6,9 mg Vitamin A (RE) und 3,3 mg Vitamin C enthalten. Die Rhabarberstangen enthalten ↑**Apfel-** und ↑**Zitronensäure** und ein wenig ↑**Oxalsäure**, die sich vor allem in den (deshalb) ungenießbaren grünen Blättern sammelt. Dem Rhabarber wird eine blutreinigende und darmregulierende Wirkung nachgesagt, weshalb er gerne für Frühjahrskuren herhalten muss. **Zubereitung und Tipps:** Ausschließlich die saftig-fleischigen Stiele des Rhabarbers sind nach Abzug der äußeren, faserigen Haut zum Verzehr geeignet und werden gekocht, in ↑**Zucker** getaucht oder mit ↑**Salz** gegessen. Wegen der enthaltenen Oxalsäure sollte Rhabarber niemals in Aluminiumtöpfen gekocht und **nie roh gegessen** werden. Er eignet sich hervorragend zur Zubereitung von ↑**Kompott** und ↑**Marmelade** sowie Kuchen und ↑**Sorbets**. Für das stumpfe Gefühl an den Zähnen ist Kalziumoxalat verantwortlich, das durch die Verbindung mit ↑**Milchprodukten** wie ↑**Sahne**, ↑**Vanillesauce** oder ↑**Milch** entsteht und besonders an den Zähnen haftet. **Tipp:** Rhabarber erst blanchieren, dann zuckern und nach Belieben weiterverarbeiten. Rhabarber kann in ein feuchtes Tuch gewickelt im Kühlschrank ca. drei Tage aufbewahrt werden. Beim Einkauf darauf achten, dass die Schnittstellen saftig und die Stangen knackig sind. Menschen mit Nieren- oder Gallensteinleiden, Diabetiker, Rheumatiker und Gichtkranke sollten vor dem Verzehr von Rhabarber ihren Arzt fragen.

Rheinanke [*Fisch*] ↑**Renken**

Rheinfront [*Weinkunde*] Berühmtester Teils des Anbaugebietes ↑**Rheinhessen**. Es erstreckt sich von Dienheim bis Nackenheim. Die bekanntesten Orte sind Nierstein und Oppenheim.

Rheingau [*Weinkunde*] Der Rheingau ist eines der kleinsten Weißweingebiete Deutschlands. Am Fuße des Taunus gelegen, überblickt es den Rhein, der von Süden kommend ab Mainz für 25 km fast genau nach Westen fließt. Die Rebflächen liegen auf dem rechten, also nördlichen Ufer und haben die idealste Lage – genau nach Süden –, wobei das Kleinklima des bis zu 1 km breiten Stroms den Reben in besonderem Maß zugute kommt. Nach dem Gesetz gehören die Weine von Hochheim, östlich von Wiesbaden am Main gelegen, sowie die von Assmannshausen und Lorch ebenfalls zum Rheingau, obwohl die beiden Letzteren bereits jenseits des Rheinknies bei Bingen im eigentlichen Rheintal liegen. Die Weine des Rheingaus waren und sind weltbekannt. Von einem kleinen, wenn auch zunehmenden Rotweinanteil abgesehen, ist der Rheingauer Wein vor allem Riesling. Er wird auf etwa 80 % der Rebfläche von 3200 ha angebaut, gefolgt von 11 % ↑**Spätburgunder** und 3 % ↑**Müller-Thurgau**. Nach Jahrzehnten der Irrungen gelang es jungen, dynamischen Winzern, das edle Potenzial der Rieslingtraube erkennbar herauszustellen. Ein ↑**Riesling** von einem der Spitzenweingüter im Rheingau ist sicherlich einer der besten Weine der Welt. Das gesamte Gebiet ist im Bereich Johannisberg zusammengefasst. Zwischen Hochheim im Osten und Rüdesheim im Westen (ohne Lorch und Assmannshausen, deren Weine anders geartet sind) gibt es 14 Weinbauorte, von denen neun am Rhein und fünf etwas weiter zurück liegen: Hochheim, Wiesbaden, Walluf, Eltville, Rauenthal, Kiedrich, Erbach, Hattenheim, Oestrich, Hallgarten, Winkel, Johannisberg, Geisenheim und Rüdesheim; ferner jene weltberühmten grands crus (heute auch „Erste Gewächse" genannt) – Schloss Johannisberg, Schloss Vollrads und Steinberg, deren Weine ohne zusätzliche Angabe eines Gemeindenamens in den Handel kommen, so wie seit einiger Zeit der Geheimrat „J". Es ist der erste bemerkenswerte Versuch in der Bundesrepublik Deutschland, aus dem Labyrinth der Lagenbezeichnungen auszubrechen und einen Typenwein auf höchstem Niveau zu erzeugen.

Rheinhessen [*Weinkunde*] Rheinhessen, das größte deutsche Weinanbaugebiet mit ca. 26 000 ha Ertragsrebfläche, wird in die Bereiche Nierstein, Bingen und Wonnegau eingeteilt. Aus Rheinhessen kommt jährlich etwa ein Viertel der deutschen Weinmosternte. Das Gebiet wird im Norden und Osten vom Rhein begrenzt (jenseits des Stromes befinden sich der ↑**Rheingau** bzw. die Hessische Bergstraße), im Westen von der Nahe und im Süden von der Rheinpfalz. Zentrum des Weinhandels und größte Stadt des Gebietes ist Mainz. ↑**Müller-Thurgau**, ↑**Silvaner** und ↑**Ries-**

ling sind die dominierenden weißen Rebsorten. Der ↑**Graue Burgunder** und ↑**Weiße Burgunder** haben einen geringen Anteil. Etwa 10 % der Rebflächen füllen Neuzüchtungen wie ↑**Scheurebe**, ↑**Kerner**, ↑**Bacchus**, ↑**Faber**, ↑**Huxelrebe** und ↑**Morio-Muskat** aus, obwohl auch hier, wie in anderen Weinbaugebieten, der Anbau spürbar zurückgeht. Die beiden führenden Rotweinsorten sind ↑**Portugieser** und ↑**Spätburgunder**. 80 % der Weine laufen unter nichtssagenden Großlagenamen und kommen durchweg als mehr oder weniger anspruchslose Konsumweine auf den Markt. Lediglich drei Regionen Rheinhessens heben sich mit einem deutlichen Eigencharakter ihrer Weine ab: **1.** der Raum um Bingen mit einigen hervorragenden Rieslingweinen; **2.** die Rotweininsel um Ingelheim mit beachtlichen Spätburgunderweinen; **3.** die unvergleichliche Rheinfront um Nierstein, die Krone der rheinhessischen Weine, die mit Rieslingen großartigen Formats, voll Körper, Struktur und Eleganz brilliert, die mit den übrigen Weinen des Bereichs Nierstein und darüber hinaus denen des gesamten Hügellandes nichts gemein haben. Trotz der sehr unterschiedlichen Weine gibt es den Rheinhessen-Silvaner. Er wird von vielen Winzern aus allen Teilen Rheinhessens ohne Lagenamen auf dem Etikett als trockener, bekömmlicher Alltagswein angeboten. Als die qualitativ wichtigsten Weinbauorte Rheinhessens gelten heute: Alsheim, Bechtheim, Bingen, Bodenheim, Dienheim, Flörsheim-Dalsheim, Guntersblum, Laubenheim, Ludwigshöhe, Nackenheim, Nierstein, Oppenheim, Selzen, Uelversheim und Worms.

Rheinpfalzweine [*Weinkunde*] Weine aus dem Weinbaugebiet zwischen Rheinebene und Hardtgebirge. ↑**Pfalz**

Rheinsalm [*Fisch*] Bezeichnung für Rhein-Lachs, der als ausgestorben galt, aber wieder angesiedelt wird.

Rheinwein [*Weinkunde*] Wein aus dem größten deutschen Weinbaugebiet, das die Rheinpfalz, Rheinhessen, den Rheingau sowie den Mittelrhein umfasst.

Rhizom [*Fachkunde*] Ein Rhizom (**Wurzelstock**) ist botanisch gesehen ein meist unterirdisch oder dicht über dem Boden wachsendes Sprossachsensystem **(kein Wurzelsystem!)** mit kurzen, verdickten Knoten (in denen Reservestoffe gespeichert sind), von dem nach unten die eigentlichen Wurzeln und nach oben die Blatttriebe ausgehen. Die besten Beispiele sind ↑**Kartoffeln**, ↑**Maniok**, ↑**Ginseng**, ↑**Ingwer** usw.

Rhodos [*Weinkunde*] Griechische Insel und Herkunft einiger trockener Rot- und Weißweine, z. B. Soleil und Chevalier de Rhodes von der Genossenschaft C.A.I.R. sowie der Likörwein Muscat

Rhubarbe [*Franz. Speisekarte*] ↑**Rhabarber**

Rib Eye Steak [*Fleischprodukte*] **T** Rib Eye-Steaks werden aus dem mageren Kern der Hochrippe von möglichst jungen ↑**Rind**ern geschnitten. Diese Steaks zeigen einen deutlichen Fettkern, das Auge (Eye), und sind mit etwa zwei Zentimetern Dicke mindestens 250 g schwer.

Rib of Beef [*Engl. Speisekarte*] Die ↑**Hochrippe** mit Rippen am Stück, jedoch ohne Teile der Wirbelsäule. ↑**Rindfleisch**

Riba [*Intern. Länderküche*] Begriff aus der russischen Küchenkultur für ↑**Fisch**

Ribele [*Unsere Küche*] Graupengroße Nudelteigbröckchen als Suppeneinlage, schwäbische Spezialität. ↑**Eiergraupen**

Ribes [*Ital. Speisekarte*] ↑**Johannisbeere**

Rib-Eye-Roast [*Engl. Speisekarte*] Bratenstück aus dem Kernstück der ↑**Hochrippe** ohne Hochrippendeckel und Knochen. ↑**Rindfleisch**

Ribisel [*Österr. Küche*] Rote ↑**Johannisbeeren**

Riblji paprikaš [*Intern. Länderküche*] **A** Umgangssprachlich fiš-paprikaš, berühmtes Gericht aus Slawonien und Kroatien. Es handelt sich dabei um Suppe mit ↑**Karpfen** mit viel ↑**Paprika**. Dazu werden traditionell hausgemachte ↑**Nudeln** serviert. Die Suppe ist auch in Ungarn bekannt, dort wird sie **halàszlé** genannt.

Riboflavin [*Gesundheit*] ↑**Vitamin B$_2$** ist ein Komplex aus mehreren Vitaminen: Riboflavin, ↑**Folsäure**, ↑**Niacin** und ↑**Pantothensäure.** Es kommt in der Natur als gelblicher Pflanzenfarbstoff vor und kann nur von Pflanzen und Mikroorganismen gebildet werden. **Funktion im Körper:** Alle vier Bestandteile des Vitamins B$_2$ übernehmen als Koenzyme wichtige Funktionen im Protein- und Energiestoffwechsel. Außerdem spielen sie eine Rolle im Nervensystem, wo sie bestimmte Hormone kontrollieren. **Vitamin-B$_2$-Mangel:** Weil Vitamin B$_2$ so verschiedene Aufgaben hat, führt ein Mangel auch zu unterschiedlichen Störungen. Riboflavin kommt vor allem in Milch und ↑**Eiern** vor. Jugendliche in der Pubertät, schwangere oder stillende Frauen und solche, die die Pille nehmen, Raucher, Vegetarier, Alkoholiker und Menschen, die sich fettreich ernähren, bestimmte Krankheiten oder erhöhte Stressbelastung haben, brauchen mehr Vitamin B$_2$. ↑**E 101**

Riboflavin-5- phosphat [*Fachkunde*] ↑**E 101a**

Ribolla gialla [*Weinkunde*] Weiße Rebsorte angeblich italienischen Ursprungs, die in Friuli-Venezia Giulia angebaut wird. Ribolla Gialla ergibt elegante, leicht blumige Weine, deren Charakter rasch verschwindet, wenn man dem Rebstock einen zu hohen Ertrag abverlangt. Das Interesse der Winzer für die Rebsorte, die schon 1289 in einem Dokument der Stadt Udine erwähnt wurde, nahm über die Jahre immer mehr ab. Im Zuge der in Mode kommenden, rebsortenreinen Weine nimmt ihre Popularität dennoch wieder zu. Sogar ↑**Barrique**-Ausbau wird praktiziert, um Ribolla Gialla internationale Kundschaft zu verschaffen. Man trifft sie in Griechenland als Robola, im ehemahligen Jugoslawien als Rebula an.

Ribollita [*Ital. Speisekarte*] ↑**Bohnen** (wiedergekocht), aufgewärmte Bohnensuppe aus der Toskana

Rib-roast [*Engl. Speisekarte*] Hochrippenbraten mit Knochen. ↑**Rindfleisch**

Ribs [*U.S. Kitchen*] ↑**Rippchen**

Rib-steak [*Engl. Speisekarte*] Hochrippenscheibe mit Knochen; Kotelett. ↑**Rindfleisch**

Rib-Steak, boneless [*Engl. Speisekarte*] Hochrippenscheibe ohne Knochen. ↑**Rindfleisch**

Ricard [*Hausbar*] Französischer Anislikör, wird meist mit Wasser vermischt getrunken (↑**Aperitif**)

Ricciarelli, ricciavellini [*Ital. Speisekarte*] ↑**Mandelgebäck** von der Insel Pantelleria

Riccio di mare [*Ital. Speisekarte*] ↑**Seeigel**

Ricciola [*Ital. Speisekarte*] Bernsteinmakrele

Ricciolini [*Ital. Speisekarte*] Spezialität aus Kalabrien: lockenförmige ↑**Nudeln** aus ↑**Hartweizengrieß** und Wasser

Rice [*U.S. Kitchen*] ↑**Reis**

Riche [*Franz. Fachwort*] Reich, ergiebig, üppig

Richelieu, Historischer Speisename [*Speisegarnitur*] **A** 1. Armand Jean du Plessis, Herzog von (1585–1642), französischer Kardinal und Staatsmann; **à la Richelieu;** **2. Speisegarnitur für Fleisch** – Gedünsteter ↑**Kopfsalat** mit ↑**Trüffeln** und ↑**Tomates concassées**, dazu ↑**Schlosskartoffeln; Fisch** – paniert, gebacken, dazu mit Trüffeln aromatisierte ↑**Kräuterbutter**

Rickeys [*Hausbar*] **R** Sommer-↑**Longdrinks; Zutaten:** Ganze **unbehandelte** ↑**Limette** oder ↑**Zitrone** geviertelt, x-beliebige Spirituose (↑**Branntwein**, ↑**Weinbrand**, ↑**Likör**); keine ↑**Kräuter-** oder ↑**Emulsionsliköre** (z. B. ↑**Eierlikör**, ↑**Baileys** usw.), ↑**Rohrzucker**, ↑**Honig** oder ↑**Früchtesirup**, Wasser, ↑**Soda**, ↑**Ginger Ale** oder ↑**Tonic Water. Zubereitung:** Im großen ↑**Tumbler** wird die geviertelte Zitrusfrucht mit dem Holzstößel ausgedrückt, die Frucht im Glas belassen, ↑**Zucker** hinzugeben und gut mit der Spirituose verrühren, dann ↑**Crushed Ice** hinzugeben und nochmals gut verrühren. **Servieren:** ohne Garnitur mit dickem Trinkhalm; **Info:** Der Unterschied zu den ↑**Juleps** ist die Zitrusfrucht, die im Glas mit einem Stößel ausgedrückt wird. Bei den Juleps ist es die ↑**Minze**. Außerdem hat der Julep keinen Saftanteil.

Ricotta [*Käse*] **T Herkunft:** Italien; **Käsesorte:** milchig weißer ↑**Weichkäse**, 70 % ↑**Fett i. Tr.; Milch:** ↑**Schafsmilch**-↑**Molke** mit Milchzusatz; **Teig:** fast streichbar; **Info:** Ricotta gibt es in verschiedenen Arten. Die Herstellung unterscheidet sich aber meist nur durch die Art der Hitzebehandlungen. Einige Sorten werden zusätzlich noch geräuchert, gesalzen, getrocknet oder gebacken. Eine Besonderheit unter den Ricottasorten ist der „Ricotta di bufala", der aus ↑**Büffelmilch** hergestellt wird und selbst im Erzeugerland Italien recht selten ist. Er gilt unter Kennern als Delikatesse. **Verschiedene Ricotte:** Ricotta di bufala (Büffelmilch); Ricotta di pecora (Schafsmilchkäsemolke, ungesalzen); Ricotta di vacca (Kuhmilchkäsemolke, ungereift, ungesalzen); Ricotta piemontese (Kuhmilchkäsemolke, ungesalzen); Ricotta pecorina (Kuhmilchkäsemolke, ungesalzen); Ricotta romona (Kuhmilchkäsemolke, ungesalzen); Ricotta salata (Schafsmilchkäsemolke, gesalzen); Ricotta salata al forno (Kuhmilchmolke, gebacken, gesalzen); Ricotta salata affumicata (Kuhmilchkäsemolke, geräuchert); Ricotta sardina (Schafsmilchkäsemolke, ungesalzen); Ricotta secca (Kuhmilchkäsemolke, gereift, fester und harter Reibekäse); Ricotta siciliana (Schafsmilchkäsemolke, ungesalzen); Ricotto tipo moliterno (Schafsmilchkäsemolke, ungesalzen); Ricotta tipo dolce (Kuhmilchkäsemolke, ungereift, ungesalzen); Ricotta tipo forte (Kuhmilchkäsemolke, gereift, gesalzen); Ricotta vaccina (Schafsmilchkäsemolke, ungesalzen); **Verwendung:** Meist wird der Ricotta ohne Weiterbehandlung frisch verzehrt.

Ried [*Weinkunde*] Österreichische Bezeichnung für Einzellage

Rieselfähigkeit – Mittel zur Erhaltung der … [*Fachkunde*] Diese Mittel sollen das Zusammenballen und Verkleben trockener Pulver wie ↑**Mehl** oder ↑**Kochsalz** verhindern. Zu den eingesetzten Verbindungen zählen Knochenmehl – das außerdem zur Anreicherung von Mehl mit ↑**Calcium** verwendet wird. ↑**Polyphosphate** bzw. **E 452**

Riesengarnelen [*Fisch*] **T Englisch:** king prawns; **Französisch:** crevettes; **Italienisch:** gamberoni imperiale; **Spanisch:** camarones. **Weitere Bezeichnungen:** Gambas, White Prawns, Tigers, Shrimps. **Irrtümliche Bezeichnungen:** ↑**Hummerkrabben** und ↑**Scampi**. Man unterscheidet zwei Gruppen: **1.** Die geschmacklich feineren, aber auch teureren **Seawater**-(Seewasser-)Garnelen mit Hauptfanggebieten im Pazifik, Indischen Ozean und Atlantik. **2.** Die weichfleischigen, nicht so aromatischen und darum günstigeren **Freshwater**-(Süß- oder Brackwasser-)Garnelen, die in Flussmündungen und Brackwasserseen, am Indopazifik, an südamerikanischen und afrikanischen Küsten vorkommen.

Riesengebirge [*Käse*] **Herkunft:** Tschechien/nördliches Böhmen; **Käsesorte:** ↑**Frischkäse**, der den Namen seiner Ursprungsregion trägt; **Milch:** ↑**Ziegenmilch; Info:** Er reift einige Tage in einem feuchten Keller.

Riesengrenadille [*Exotische Früchte*] ↑**Barbadine**

Riesenschirmpilz [*Speisepilze*] ↑**Parasolpilz**

Rieslaner [*Weinkunde*] Weiße Rebsorte, die das Ergebnis einer der vielen ↑**Silvaner**-↑**Riesling**-Kreuzungen ist. Auch hier sollten die Vorteile des Rieslings ohne seine Nachteile erreicht werden. Die aus Rieslaner produzierten Weine sind nicht ohne Klasse, die Rebsorte hat aber einige Nachteile, die eine weitere Verbreitung, zumindest in Deutschland, verhindern. Zwar hat sie eine geringe Winterfrostempfindlichkeit, reift aber spät, wofür sie die besten Lagen im Weinberg braucht. Dies wiederum ist oft unwirtschaftlich, da Riesling im Vergleich höhere Preise pro Flasche erzielt.

Riesling [*Weinkunde*] Hauptanbaugebiet ist Deutschland. Riesling ist die bekannteste deutsche Weißweinsorte für Weine aller Qualitätsstufen und gilt unter vielen Experten als die edelste weiße Traube der Welt. Die Herkunft des Rieslings ist – wie bei fast allen älteren Rebsorten – sehr umstritten. So wird er nachweislich schon im 9. Jahrhundert erwähnt, 1430 wird ein Ruslingsgarten bei Worms beschrieben. Der Name „Riesling" erscheint erstmals um 1511. **Verbreitung:** Schwerpunkt Mitteleuropa und Nachbargebiete mit Norditalien – Südosteuropa bis Ukraine – Nordamerika – Australien und Südafrika. Die Traube ist klein bis mittelgroß, geschultert und dichtbeerig. Die Beere ist klein bis mittelgroß, rund, grüngelb, schwarz punktiert und an der Sonnenseite gelbbraun. Ihr Geschmack ist saftig, fruchtig, säuerlich und bei Vollreife würzig süß. Die spätreifende Sorte benötigt beste Lagen. Ihr Anbau ist problemlos. Sie ist für fast alle Böden und Erziehungsarten geeignet. Alle Qualitätsstufen vom einfachen ↑**Tafelwein** bis zur ↑**Trockenbeerenauslese** sind möglich. Der Riesling bringt in mittleren Jahren einen leichten, angenehmen und anregenden Wein für den Alltag. Aber in guten Jahren einen harmonischen, eleganten, blumigen Wein mit einem Bukett, das an Pfirsich erinnert. In großen Jahren bringt er aus sehr guten Lagen absolute Spitzenweine, die durch ihre elegante Säure bestechen und sehr lange lagerfähig sind. Trockene Spätlesen und ältere Weine trinkt man zu kräftigeren Speisen. Edelsüß werden sie als ↑**Aperitif** oder zu ↑**Desserts** getrunken. **Weitere Bezeichnungen für diese Rebsorte sind:** Weißer Riesler, Rieslinger, Rössling, Moselriesling, Rheingauer, Johannisberg, Hochheimer Klingelberger, Kleinriesling, Gewürztraube, Pfefferl, Rheinriesling (Österreich), Gentil Aromatique, Petracine (Frankreich), Riesling Renano Bianco, Reno (Italien), Ryzlink rynslcy (Tschechien, Slowakei), Starovetski (Slowenien), Graschevina (Kroatien), Rajnai Rizling (Ungarn) und White Riesling, Johannisberg (USA). **Nicht** mit dem Original-Riesling identisch sind ↑**Welschriesling,** ↑**Schwarzriesling,** Greyriesling, Emeraldriesling und Goldriesling.

Riesling Italico [*Weinkunde*] Italienische Bezeichnung für die weiße Rebsorte ↑**Welschriesling,** die außer ihrem Namen nichts mit dem echten ↑**Riesling** zu tun hat. Jedoch können die von ihr produzierten Weine aufregender sein, als vermuten lässt. **Synonyme:** Laskiriesling, Olaszriesling

Riesling-Hochgewächs [*Weinkunde*] ↑**Riesling**-Qualitätsweine, die während der Lese durch ein spezielles Kontrollverfahren erfasst werden. Diese Weine müssen mit 7° ↑**Öchsle** über den vorgeschriebenen Grenzwerten liegen und bei der amtlichen Prüfung mindestens 3 Punkte erreichen.

Riffelbeeren [*Wildkräuter, -blüten & -früchte*] ↑**Preiselbeeren**

Rigatino [*Ital. Speisekarte*] ↑Schweine**speck**

Rigatoni [*Ital. Speisekarte*] ↑Röhren**nudeln**

Rigide Kontrolle [*Gesundheit*] **T** Dieser Begriff umschreibt eine bestimmte Verhaltensweise und Einstellung zum Essen. Bei einer rigiden Kontrolle räumt man sich selbst keine Spielräume mehr ein. Das drückt sich darin aus, dass man sich bestimmte Lebensmittel verbietet, z. B.: „Ab morgen esse ich keine ↑**Schokolade** mehr". Es liegt aber in der Natur des Menschen, dass man dieses selbst auferlegte Verbot nicht lange durchhält. Verbietet man sich bestimmte Gerichte, beispielsweise bei einer Diät, führt das in der Regel nur zu Heißhunger auf die verbotenen Speisen, und nach einem „Ausrutscher" ist bei vielen die Hemmschwelle überschritten. Nach dem Motto: „Jetzt ist es eh egal", sind alle guten Vorsätze vergessen. Nicht selten kommt es dann zum zügellosen Essen, weil es ja keine Einschränkungen mehr gibt. **Rigide Kontrollen** sollten durch **flexible Kontrollen** ersetzt werden, denn das Essverhalten ist dann nicht mehr so störanfällig wie bei strengsten Vorsätzen, die die Gefahr bergen, dass sich Essstörungen entwickeln. Es sollten keine Nahrungsmittel verboten sein, und ein kleiner Ausrutscher, z. B. ein Zuviel an ↑**Fett,** kann durch weniger in den nächsten Tagen wieder ausgeglichen werden.

Rillettes [*Franz. Speisekarte*] **A 1.** ↑Schweinefleisch**pastete** im eigenen ↑**Schmalz** eingemacht; **2.** ↑**Kaninchen**-, ↑**Geflügel**-, ↑Gänse**mett** als Vorspeise oder Brotaufstrich

Rillettes d'oies, pain de campagne grillé [*Franz. Speisekarte*] **A** ↑**Gänsefleisch**stückchen, in ↑**Gänseschmalz** mit etwas ↑**Paprika** und ↑**Salz** eingekocht, dazu geröstetes Landbrot

Rillons [*Franz. Speisekarte*] Grieben von Rinder-, Schweine-, Gänse- oder ↑Enten**flomen**

Rimot(t)e [*Franz. Speisekarte*] ↑**Maisbrei**, auch gezuckert

Rind [*Fachkunde*] ↑**Milch**- und ↑**Fleisch**produzent. Je nach Geschlecht und Alter wird das Hausrind in: **Kälber** (Rinder im 1. Lebensjahr); **Jungbullen** (männliche Jungrinder); **Färsen** (weibliche Jungrinder bis zum ersten Kalben); **Bullen** (geschlechtsreife männliche Rinder); **Ochsen** (kastrierte männliche Rinder) und **Kühe** (weibliche Rinder nach dem Kalben) unterschieden. ↑**Rindfleisch**

Rinderbraten [*Fleischprodukte*] **R Englisch:** roast beef; **Französisch:** rôti de bœuf; **Italienisch:** arrosto di manzo; **Spanisch:** asado de vaca. Einen guten, zarten Rinderbraten erzielt man mit reifem, abgehangenem Fleisch. In der Regel wird ↑**Rindfleisch** 4–5 Wochen gereift. Man spricht vom „↑**Abhängen**". Ferner ist die

Struktur des Fleisches wichtig. Bevorzugt wird marmoriertes Fleisch, am besten vom ↑**Ochsen** (Fleisch, das leicht mit Fett durchwachsen ist). Außerdem ist die fachgerechte Schnittführung der aus der Rinderkeule oder der Schulter stammenden Stücke wichtig. **Zubereitung:** Ein Rinderbraten aus der Keule kann vor dem Braten gespickt werden, damit er nicht trocken wird. Außerdem bekommt er eine besondere Geschmacksnote, wenn man ihn vor dem Braten mit grobem ↑**Dijonsenf** bestreicht, der ca. 2 Stunden in das rohe Fleisch einziehen sollte. Erst unmittelbar vor dem Anbraten mit ↑**Salz**, gemahlenem ↑**Piment** und ↑**Pfeffer** würzen. Das Fleisch wird bei kräftiger Hitze angebraten, damit sich die Poren schnell schließen und die Saftigkeit erhalten bleibt. Nach dem Anbraten wird der Braten bei ca. 140° C im Ofen gegart. Zwischendurch immer wieder den Bratensatz mit Wasser oder Brühe ablöschen und den Braten damit übergießen. Einen feinen Geschmack bekommt der Rinderbraten, wenn er mit ↑**Röstgemüse** (↑**Mirepoix**) fertig gebraten wird. Eine weitere Geschmacksvariante erreicht man, wenn geräucherte Speckschwarten mitgebraten werden. Kurz vor Ende der Bratzeit den Braten aus der Kasserolle nehmen und in einer Pfanne bei 220° C knusprig braun vollenden. Zwischenzeitlich aus dem Bratensatz mit dem Röstgemüse die Soße fertigen. Den Braten vor dem Anschneiden immer zum Entspannen in Alufolie wickeln und einige Min. warm stellen.

Rinderbutte [*Fleischprodukte*] Regionale Bezeichnung für den Darm des ↑**Rind**es, der z. B. als Wursthülle Verwendung findet

Rinderfilet [*Fleischprodukte*] **T** Der lange Muskel auf der inneren Seite des Rinderrückens, das zarteste, schmackhafteste, aber auch teuerste Stück vom Rind, vor allem, wenn es von einem jungen ↑Mast**ochsen** stammt. ↑**Rindfleisch**

Rindergewiegtes [*Fleischprodukte*] ↑Rinder**hackfleisch**

Rindergulasch [*Unsere Küche*] ↑**Gulasch**

Rinderhackbraten [*Übersetzer*] **Englisch:** meat loaf; **Französisch:** rôti haché de bœuf; **Italienisch:** polpettone di manzo; **Spanisch:** asado picada de vaca. ↑**Hackbraten**

Rinderkotelett [*Fleischprodukte*] Scheibe aus dem hinteren Wirbelbereich, der ↑**Hochrippe**

Rinderlende [*Übersetzer*] **Englisch:** sirloin; **Französisch:** filet de bœuf; **Italienisch:** filetto di manzo; **Spanisch:** solomillo

Rinderrouladen [*Unsere Küche*] **R Englisch:** beef olives; **Französisch:** paupiettes de bœuf; **Italienisch:** involtini di manzo; **Spanisch:** rollos de vaca, lonjas. Die Rinderroulade gilt als das deutsche Nationalgericht schlechthin, das erwartungsgemäß mit ↑**Kartoffelpüree** und ↑**Rotkohl** serviert werden muss. In Wirklichkeit geht es der Roulade wie allen anderen „Nationalgerichten", sie erscheinen immer weniger auf den Speiseplänen der Restaurants ihrer Heimat. Damit die Roulade nicht in Vergessenheit gerät, hier das **Grundrezept für 4 Personen: Füllung:** 1 große ↑**Gemüsezwiebel**; 2 kleine ↑**Gewürzgurken;** ↑**Senf;** 8 Scheiben gut durchwachsenen geräucherten ↑**Speck. Zutaten zum Schmoren:** 3 ↑**Karotten;** 2 ↑**Zwiebeln**; 1 Stange ↑**Lauch;** 4 Rinderrouladen (vom Metzger aus der Keule schneiden lassen); Bratfett oder ↑**Pflanzenöl;** ↑**Salz** und ↑**Pfeffer;** ↑**Gemüse**- oder ↑**Fleischbrühe;** etwas süße oder ↑**saure Sahne** und ↑**Tomatenmark** nach Geschmack. **Zubereitung:** Die Füllung der Rouladen vorbereiten. Dazu die Zwiebel in kleine Würfel schneiden und die Gewürzgurken der Länge nach halbieren. Die Zutaten zum Schmoren (Karotten, Zwiebeln und Lauch) in Stücke schneiden. Die Rinderrouladen auf einer Arbeitsfläche ausbreiten, ggf. noch etwas plattieren, mit Senf bestreichen, jeweils mit zwei Scheiben Speck, je einer Gewürzgurkenhälfte und den Zwiebelwürfeln belegen, leicht salzen, pfeffern und zur Roulade fest aufrollen. Mit je 2 Zahnstochern (aus Holz, kein Plastik verwenden), Rouladennadeln oder einer Rouladenklemme fixieren. Die Fleischrollen in einer hohen Pfanne oder einem großen Topf im heißen Fett von allen Seiten kräftig anbraten. Die Rouladen mit dem gewürfelten Gemüse bedecken, etwas Gemüse- bzw. Rinderbrühe zugeben und etwa 1 1/2 Stunden zugedeckt schmoren lassen, dabei immer wieder etwas Brühe dazugießen. Nach der Garzeit für das Fleisch die Rouladen herausnehmen und warm stellen. Das Schmorgemüse in der Soße mit dem ↑**Zauberstab** pürieren, durch ein Sieb passieren und nach Geschmack mit Sahne, wenig Tomatenmark verfeinern und ggf. mit in Wasser oder Rotwein angerührter ↑**Stärke** binden und fertig abschmecken. Die Füllung muss nicht traditionell sein, man kann nach Geschmack und Fantasie variieren, z. B. mit gehackten vorgegarten ↑**Champignons** (↑**Duxelles**), ↑**Nüssen**, ↑**Hackfleisch**, ↑**Gemüse**stücken.

Rinderschinken [*Fleischprodukte*] ↑**Schinken** & ↑**Bündner Fleisch**

Rinderschmorbraten [*Unsere Küche*] **R Grundrezept:** Für Rinderschmorbraten verwendet man am besten ein Teilstück aus der Schulter, das so genannte „dicke Bugstück", Teile aus der Keule werden zu trocken. Das Rindfleisch dünn mit grobem (↑**Dijon**) ↑**Senf** bestreichen und am besten über Nacht einziehen lassen. In einem halbhohen Schmortopf ↑**Butterschmalz** erhitzen, den Braten von allen Seiten scharf anbraten und wieder aus dem Topf nehmen. Vorbereitetes Röstgemüse (↑**Mirepoix**) so lange anrösten, bis es leicht braun ist, ↑**Tomatenmark** und ↑**Rosenpaprika** kurz mitrösten, mit ↑Rotwein (↑**Burgunder**-Braten) oder ↑**Brühe** ablöschen, würzen (↑**Salz**, gem. ↑**Pfeffer**, gem. ↑**Piment**), den Braten dazugeben und im geschlossenen Topf garen (pro kg – ca. 90 Min.).

Wenn man zu viel Flüssigkeit zufügt, wird aus dem Schmoren schnell ein Kochen, und das Fleisch wird zäh. Um genügend Sauce zu erhalten, sollte man erst am Ende den ↑**Bratenfond** mit Brühe oder Rotwein verlängern. Dazu den Rinderschmorbraten herausnehmen und warm stellen (wie alle Braten vor dem Anschneiden „ruhen" lassen, damit beim Anschneiden kein Bratensaft ausläuft). Das ↑**Gemüse** in der Sauce pürieren, mit in Wasser aufgerührter ↑**Stärke** abbinden, aufkochen lassen, mit Salz, Pfeffer, Senf, ↑**Muskatnuss** nachwürzen und durch ein Spitzsieb passieren. Fleisch immer quer zur Faser aufschneiden.

Rindersuppe [*Übersetzer*] **Englisch:** beef broth; **Französisch:** bouillon, consommé; **Italienisch:** brodo, consommé; **Spanisch:** caldo. ↑**Fleischbrühe**

Rindertalg-Nierenfett [*Fette*] Hartes, nicht streichbares, weißes Fett (Schmelzpunkt: 40–50° C), das aus den Fettpartien des ↑**Rind**es (Gekröse, Eingeweide, Netzfett) gewonnen wird. Farbe grauweiß bis gelb, je nach ↑**Carotin**gehalt, das im Futter des Rindes war. ↑**Tierfette** & ↑**Tieröle.** Verwendung als Back- oder Speisefett oder, nach mechanischer Behandlung, als geschmeidiges ↑**Ziehfett.** ↑**Feintalg:** bei höchstens 60° C ausgeschmolzenes, gereinigtes Produkt. Wird im Haushalt kaum gebraucht, nur für ↑**Yorkshire-** oder ↑**Plumpudding.**

Rinderwahnsinn [*Fachkunde*] ↑**BSE**

Rindfleisch [*Fleischprodukte*] **T Englisch:** beef; **Französisch:** (viande de) bœuf; **Italienisch:** carne bovina, monzo; **Spanisch:** carne de buey vaca. Rindfleisch ist ein Sammelbegriff für Fleisch, das vom Hausrind stammt. **Es wird unterschieden in:** Ochsenfleisch, Mastochsenfleisch, Jungrindfleisch und Bullenfleisch. **Inhaltsstoffe:** 100 g frisches Rindfleisch enthalten ∅ 155 kcal/ 649 kJ, 8,58 g Fett, 19,6 g Eiweiß, 4,8 µg Vitamin B_{12}, 5,08 mg Zink und 60 mg Cholesterin. Fleisch von jungen Rindern ist vergleichsweise hell, kräftig und mager. Fleisch von älteren Tieren ist dunkel und mit Fettablagerungen versehen. Die Qualität des Rindfleischs hängt vom Alter, dem Gewicht und von der Aufzucht der Schlachttiere ab. Genauso wichtig ist allerdings auch das ↑**Abhängen** der Fleischstücke, denn frisch geschlachtet wird Rindfleisch beim Garen nicht zart, sondern zäh. Erst nach einer Reifezeit von 4–5 Wochen bekommt das ↑**Fleisch** sein typisches Aroma, wird mürbe und zart. **Beim Einkauf und Verarbeiten sollte man folgende Punkte beachten: 1.** Das Fleisch muss eine sattrote Farbe haben, denn je älter das Rind war, desto dunkler ist das Rot (in der Regel kommt aber nur das Fleisch junger Tiere in den Handel); **2.** Rindfleisch sollte über einen frischen Geruch verfügen, nach dem Einschneiden müssen die Schnittflächen schön glänzend sein und einen Fingerdruck bald wieder ausgleichen; **3.** Nach dem Einkauf ist das Fleisch auszupacken und zugedeckt in einer Schüssel im Kühlschrank aufzubewahren. Rindfleisch lässt sich einfrieren und hält so maximal 2 Monate. **4.** Das von feinen Fettadern durchzogene Fleisch ist nach der Zubereitung saftig und aromatisch. **5.** Mageres Fleisch kann dagegen beim Braten leicht trocken werden. Um es saftig zu halten, kann man es vor dem Braten mit ↑**Grünem Speck** ↑**spicken,** außerdem muss es während des Bratvorgangs häufig mit Bratensaft (↑**Fond**) begossen werden. **6.** ↑**Rinderbraten**

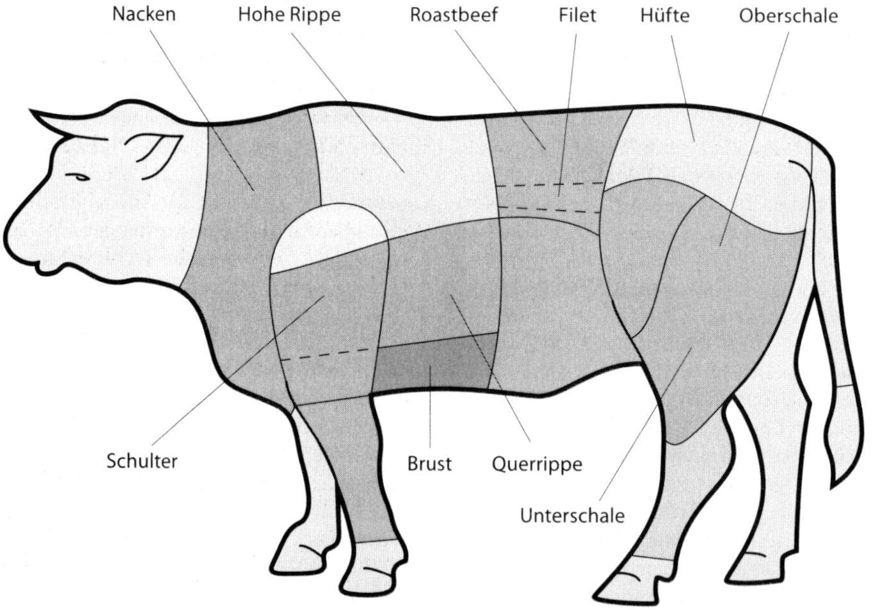

wird besonders saftig und mürbe, wenn das Fleisch mariniert wird. 7. Bratenfleisch, aber auch Stücke zum Kochen (z. B. ↑**Tafelspitz**) sollten immer erst im heißen Fett angebraten werden, sodass sich die Fleischporen schnell schließen und kein Fleischsaft austreten kann. **8.** Es ist ratsam, große Fleischstücke nach dem Braten in Alufolie einzuwickeln und 10 Min. ruhen zu lassen. Dadurch kann sich der Fleischsaft im Inneren verteilen und läuft beim Anschneiden nicht heraus. **9.** Gekochte Fleischteile in der Brühe auskühlen lassen, damit sie nicht austrocknen. **10.** Das Fleisch ist quer zur Faser aufschneiden. **Die einzelnen Fleischteile vom Rind: Nacken, Hals oder Kamm:** Nackenfleisch gehört zwar zu den fleischreichsten und fettärmsten Teilstücken des Vorderviertels, es wird aber wegen der groben Struktur überwiegend weiterverarbeitet. Ausgelöst und pariert, eignet es sich als ↑**Gulasch** zum Kochen und Schmoren. **Fehlrippe**, auch **Hohe Rippe oder Hochrippe** genannt: ist der im Vorderviertel gelegene Teil der Rückenmuskulatur. Die Fehlrippe ist in der Zusammensetzung dem ↑**Roastbeef** ähnlich. Sie eignet sich als Bratenstück, insbesondere für ↑**Sauerbraten**. Das ausgelöste Kernstück ist auch sehr gut abgehangen zum Kurzbraten geeignet. Das im Handel auch als Siegel- oder Zungenstück bezeichnete Fleisch hat einen kleinen kernigen Fettanteil, der ihm besonders beim ↑**Grillen** einen unverwechselbar feinen Geschmack verleiht. **Bug** bzw. **Schulter** ist das größte Teilstück des Vorderviertels, das ausgebeint und weiter zerlegt wird in: **Dickes Bugstück:** ist relativ mager und das wertvollste Teilstück des Bugs. Es liefert zartfaserige Stücke zum Braten im Ofen, ↑**Rouladen** und sehr gut abgehangen auch ↑**Steaks.** Im Verkauf wird das Fleisch im Stück und ohne Knochen angeboten. Es eignet sich auch bestens zum Schmoren von Sauerbraten und mariniert zu Geschnetzeltem. **Mittelbug** oder **Schaufelstück:** Das Fleisch erhält seinen saftigen und kräftigen Geschmack durch eine Sehne, die das Schulterstück in der Mitte durchzieht. Diese Sehne wird beim Garen butterweich. Es ist ohne Knochen im Angebot zu erhalten und sehr gut geeignet für ↑**Ragout**, ↑**Eintopf**gerichte, Suppen und zum Schmoren von Bratenstücken. Das **Falsche Filet** ist in der Form ähnlich dem Filet, aber kleiner und sehnenreicher. Auch dieses Schulterstück ist von einer dicken Sehne durchzogen, die beim Schmoren das Fleisch saftig und weich werden lässt. Das Fleisch wird im Handel im Stück ohne Knochen angeboten. Man verwendet es zum Kochen von Eintöpfen, zum Schmoren von Gulasch und für Sauerbraten oder sehr gut abgehangen in Scheiben geschnitten auch für Steaks. Beim Kurzbraten wird die Sehne aber nicht weich. **Restbug:** Das Fleisch ist grobfaserig und hauptsächlich Verarbeitungsfleisch für ↑**Hackfleisch**. Es liefert entsehnt aber auch Rollbraten und Gulasch. Es wird im Stück ohne Knochen zum Verkauf angeboten, ist auch sehr gut für Eintopfgerichte und zum Schmoren verwendbar. Die **Brustspitze** hat einen hohen Knochen- und Fettgewebeanteil. Sie wird als ↑**Suppenfleisch**, in Eintopfgerichten und im Stück mit dem Brustbein, in gepökelter und ungepökelter Art angeboten. Der **Brustkern** ist ein gut durchwachsenes Teilstück der Rinderbrust. Es hat nicht so viel Fett und Knochen wie die Brustspitze. Man erhält das Fleisch gepökelt und ungepökelt. Es ist sehr gut für ↑**Tellerfleisch**, Suppen und Eintöpfe. Die **Querrippe** ist ein gut durchwachsenes Fleischstück und wird im Stück mit Knochen verkauft. Man verwendet es für Suppen und Eintöpfe. Das Fleisch der **Spannrippe** ist mit Fettadern durchzogen und enthält einige Knorpel. Wird im Stück mit oder ohne Knochen verkauft. Es ist ideal für ↑**Brühen** und Eintöpfe. **Ochsenbein, Hinterhesse, Vorderhesse oder Haxe:** hat einen hohen Knochen- und Sehnenanteil. Zerlegt und entsehnt, findet man sie als Gulasch- und Suppenfleisch sowie in Form von Beinscheiben. Das Fleisch behält auch sehr weich gekocht noch seine Form. Die Sehnen werden beim Garen butterweich und entwickeln ein feines Aroma. **Verwendung:** Im Handel werden die 4–5 cm dicken Scheiben mit Markknochen angeboten. Beinscheiben werden in Zusammenhang mit der ↑**BSE**-Problematik heute eher kritisch gesehen. Das Fleisch kann man ohne Knochen bei seinem Metzger bestellen. Es ist bestens geeignet zum Kochen von kräftigen Brühen und zum Schmoren. Der **Rücken** oder das **Roastbeef** zählt zu den wertvollsten Teilstücken. Es wird vor allem für Steaks verwendet, aber auch als Bratenstück. Charakteristisch sind sein magerer Fleischkern (der lange Rückenmuskel) und die mehr oder weniger starken Fetteinlagerungen, die saftige, aromatische Fleischgerichte ergeben. Das Fleisch verfügt über eine sehr feine, faserige Struktur und ist daher sehr zart, wenn es gut abgehangen ist. Aus dem Rinderrücken geschnittene Steaks werden unter verschiedenen Bezeichnungen angeboten. Sie stammen aus den klassischen Steakländern und geben dem Verbraucher einen Hinweis, aus welchem Teil der Rückenmuskulatur das Steak geschnitten wurde. **Rumpsteak:** wird als Fleischscheibe aus dem hinteren Teil des Roastbeefs geschnitten. Es ist rund 200 g schwer, ohne Knochen und eignet sich bestens zum Kurzbraten. **Sirloin-Steak:** unterscheidet sich vom Rumpsteak nur im Gewicht. Es ist mit 400 g doppelt so schwer. **Porterhouse-Steak:** wird als dicke Scheibe aus dem mittleren Teil des Roastbeefs mit ↑**Filet** geschnitten und kann mit Knochen als Gesamtstück 800 g bis 1000 g wiegen. Es wird vorzugsweise auf dem Rost gebraten. Porterhouse-Steak aus europäischer Zucht zählt zum **BSE**-Risikomaterial und ist momentan nicht im Angebot. Ware aus Südamerika kann bedenkenlos gegessen werden. **T-Bone-Steak:** wird als Scheibe aus dem mittleren

Roastbeef mit dem Filet geschnitten. Sein Knochen (**Englisch: bone**) hat die Form eines T. Es kann als Gesamtstück bis zu 700 g wiegen. T-Bone-Steak aus europäischer Zucht zählt zum **BSE**-Risikomaterial und ist momentan nicht im Angebot. Ware aus Südamerika kann bedenkenlos gegessen werden. **Entrecôte oder Zwischenrippenstück:** wird aus dem vorderen Teil des Roastbeefs geschnitten, zwischen der 9. und 13. Rippe. Ohne Knochen wiegt es rund 200 g. Steaks aus diesem Teil des Rückens werden auch als ↑**Ribeye-Steak** bezeichnet, wenn sie ohne Knochen und rund 300 g schwer sind, oder als Rippensteaks, wenn sie mit Knochen und rund 500 g schwer sind. Rippensteaks aus europäischer Zucht zählen zum **BSE**-Risikomaterial und sind momentan nicht im Angebot. Ware aus Südamerika kann bedenkenlos gegessen werden. **Filet oder Lende** ist das zarteste und teuerste Teilstück des Rindes. Das Filet liegt unterhalb des Rückens. Nach dem Abtrennen von Fettgewebe bleibt das reine Muskelfleisch mit feiner Faserstruktur. Es liefert hervorragendes Grill- und Bratenfleisch und lässt sich angebraten in Blätterteig backen. (↑**à la Wellington**) – In Scheiben oder Würfel geschnitten wird es zu Spezialitäten wie ↑**Beefsteak**, ↑**Tournedo**, ↑**Châteaubriand**, ↑**Filet mignon**, Bœuf ↑**Stroganoff** und ↑**Fondue**fleisch oder ↑**Carpaccho** verarbeitet. Die **Keule** ist das schwerste und fleischreichste Teilstück, das weiter zerlegt wird in: **Hüfte:** Das Fleisch ist sehr saftig und zart, da es mit feinen Fettadern durchzogen ist. Im Handel bekommt man es im Stück ohne Knochen und geschnitten angeboten. Wird zum Schmoren, aber gut abgehangen auch für Steaks verwendet (Hüftsteak). **Kugel:** auch „Nuss", ist ein sehr fettarmes und trockenes Fleisch. Im Angebot im Stück, geschnitten oder als mageres Beefsteakhack. Geeignet zum Schmoren für Gulasch, Rouladen, Schmorbraten oder Geschnetzeltes. Wird im Stück ohne Knochen verkauft und ist zum Kochen zu schade. **Oberschale:** Wird im Handel gut abgehangen als Fleisch für Rouladen oder Steaks angeboten. Ist auch bestens geeignet für Geschnetzeltes, Schmorbraten, Kurzgebratenes, zum Grillen oder für Fondue. **Unterschale, Schwanzstück:** typisches Bratenstück für Spießbraten, Schmorbraten, Sauerbraten. Sehr gut abgehangen auch für flachere Rouladen und Steaks. Im Handel häufig im Stück, auch als ↑**Tafelspitz**, **Pastorenstück**, **Bürgermeisterstück**. **Schwanzrolle:** Die Rolle ist das zarte Muskelfleisch aus der Unterschale. Das Fleisch wird als Stück ohne Knochen angeboten. Wenn sie sehr gut abgehangen ist, eignet sie sich zum Schmoren für Sauerbraten, zum Braten im Ofen oder zum Kurzbraten von Steaks. Der **Schwanz: Ochsenschwanz** ist als ↑**Ragout** oder als Suppenfleisch eine Köstlichkeit. Das Fleisch hat einen ausgeprägt kräftigen Geschmack. Es wird vorwiegend in kleinen Stücken angeboten. **Rinderknochen:** Markknochen ergeben ausgekocht kräftige Brühen oder Fonds, Grundlagen für Suppen, ↑**Saucen** und Eintöpfe. ↑**BSE: Bestehen Unsicherheiten wegen der Herkunft des Fleischs, sollte man auf Rinderknochen verzichten.**

Rindfleischetikettierung [*Fleischprodukte*] Herkunftssicherungssystem für ↑**Rind**- und ↑**Kalbfleisch**, das wegen ↑**BSE** eingeführt wurde

Rindfleischsülze [*Fleischprodukte*] ↑**Corned beef**

Rindssolber [*Regionale Spezialität*] Gepökeltes ↑**Rindfleisch**, i. d. R. im Schnellpökelverfahren hergestellt ↑**Pökeln**

Rindswurst [*Fleischprodukte*] **T** Diese ↑**Brühwurst** aus reinem ↑**Rindfleisch**, -sfett und würzenden Zutaten wurde 1894 in Frankfurt erfunden, weil Meister Gref von der Metzgerei Gref-Völsing für seine jüdischen Kunden eine ↑**koscher**e Alternative zu den Frankfurter Würstchen aus ↑**Schweinefleisch** suchte. Rindswürste werden grundsätzlich heiß gegessen. Übrigens: Die Metzgerei Gref-Völsing verkauft die echte Frankfurter Rindswurst noch immer in der Hanauer Landstraße.

Ring [*Käse*] ↑**Irischer Käse**

Ringelblumenblüten [*Wildkräuter, -blüten & -früchte*] **T Lateinisch:** Calendula officinalis; Ringelblumenblüten verfeinern mit ihrem pfeffrig-säuerlichen Aroma nicht nur ↑**Butter**mischungen, **Käse** und Salate, sondern auch ↑**Omelettes**, Reisgerichte und Suppen. Gekocht in ↑**Reis**, ↑**Fisch** oder ↑**Milch**speisen, geben die Blütenblätter eine gelbe Farbe ab, weshalb sie auch als ↑**Safran**ersatz eingesetzt werden können. Sie machen sich auch sehr gut in Gemüsesuppen, wenn sie erst kurz vor dem Servieren zerzupft dazugegeben werden. Ringelblumenblüten sind auch zum Kandieren geeignet. ↑**Kandieren von Blüten – Mehr Information:** ↑**Essbare Blüten**

Ringeltaube [*Fleischprodukte*] **Lateinisch:** Columba palumbus. Die Ringeltaube ist die größte, häufigste und am weitesten verbreitete ↑**Taube** Europas.

Ringlotte [*Obst*] ↑**Reineclaude**, ↑**Mirabellen**

Riñonada [*Span. Speisekarte*] ↑**Kalbsnierenbraten**

Riñones [*Span. Speisekarte*] ↑**Nieren**

Rip [*Engl. Speisekarte*] ↑**Hochrippe.** ↑**Rindfleisch**

Ripieno [*Ital. Speisekarte*] Gefüllt

Rippchen [*Fleischprodukte*] Gepökelte und meist angeräucherte Schweinerippen

Rippenkotelett [*Fleischprodukte*] Scheibe aus dem Kotelettstrang

Rippenmangold [*Gemüse*] ↑**Mangold**

Rippenspeer [*Fleischprodukte*] Das Rippenstück vom ↑**Schwein**, meist gepökelt und geräuchert. ↑**Kasseler**

Rippenstück [*Übersetzer*] **Englisch:** whole piece rib; **Französisch:** entrecôte; **Italienisch:** bistecca; **Spanisch:** solomillo

Ripperl, gekocht [*Österr. Küche*] ↑**Kasseler**

Ris [*Franz. Speisekarte*] ↑Kalbs**bries**

Ris de veau à la maréchale [*Franz. Speisekarte*] **A** Gebratenes ↑Kalbs**bries**, mit ↑**Spargel**spitzen und ↑**Trüffel**scheiben garniert

Ris de veau à l'oseille [*Franz. Speisekarte*] **A** ↑Kalbs**bries** mit ↑**Karotten**, kleinen ↑**Zwiebeln**, gedünsteten ↑**Tomaten** und ↑**Sauerampfer**püree

Riserva [*Weinkunde*] Italienische Bezeichnung für Weine, die nach der Gärung einer längeren Reifeperiode unterzogen werden, entweder im Holzfass, in der Flasche oder einer Kombination von beiden. Üblicherweise werden nur die besten Weine für Riserva ausgesucht und heben sich so von der normalen Abfüllung ab. Es handelt sich dabei um eine Version, die so hochwertig ist, dass sie nicht nur eine längere Reifezeit übersteht, sondern diese auch braucht, um an Qualität zu gewinnen. Der normale Wein kann zwar gut sein, verfügt aber meistens nicht über das Potenzial für eine lange Lagerung. Das italienische Weingesetz sieht für diese höhere Qualitätsstufe zusätzliche Anforderungen vor. Außer der gesetzlich festgelegten Reifeperiode müssen die Weine auch einen höheren Alkoholgehalt haben.

Risikofaktoren [*Gesundheit*] Bedingungen, die das Risiko von Krankheiten erhöhen. Treten mehrere Risikofaktoren wie genetische Disposition, Bluthochdruck, erhöhte Blutfettwerte, Bewegungsmangel, Rauchen und Übergewicht gleichzeitig auf, so ist das Risiko hoch, dass eine Herz-Kreislauf-Erkrankung (z. B. Herzinfarkt) entsteht.

Risikogruppe [*Gesundheit*] Bilden Menschen, die ↑**Risikofaktoren** für die Entstehung einer Krankheit aufweisen oder durch mangelhafte Versorgung mit bestimmten ↑**Nährstoffen** ein erhöhtes Risiko für ihre Gesundheit eingehen. **Im Bereich der Ernährung haben Wissenschaftler folgende Risikogruppen ausgemacht:** Schwangere, Stillende, Säuglinge, Kinder, Senioren, Leistungssportler und chronisch Kranke. Sie haben alle einen erhöhten Bedarf an Nährstoffen und tragen bei Mangelversorgung ein verstärktes Risiko.

Risi-pisi [*Unsere Küche*] Auch Risibisi genannt. ↑**Reis** mit ↑**Erbsen** und anderen Zutaten vermischt

Riso [*Ital. Speisekarte*] ↑**Reis**

Riso di avorio [*Ital. Speisekarte*] **T** „Elfenbeinreis": Rundkornreissorte, die in Italien angebaut wird und sich bestens für ↑**Risotto** eignet

Risoni [*Ital. Speisekarte*] **T** Reiskornförmige ↑**Nudeln** aus ↑**Hartweizengrieß**, wie griechische ↑**Kritharaki**. Suppeneinlage

Risotto [*Ital. Speisekarte*] **R** Reisspezialität aus Norditalien, ursprünglich Vorspeise aus ↑**Rundkornreis**, ↑**Zwiebeln** und ↑**Parmesan**. **Grundrezept:** Reis wird mit Zwiebeln im Fett geröstet und nach und nach mit Fleisch-, Wild-, Geflügel- oder ↑Fisch**brühe** aufgegossen. Zuletzt mischt man ↑**Butter** und geriebenen ↑**Parmesankäse** darunter. **Variationen:** z. B. mit ↑**Weißwein**, ↑**Safran**, ↑**Tintenfisch**tinte, ↑**Pilzen**; **Wichtig:** Risotto ständig rühren! Wenn der Reis „al dente" ist, Butter und gleiche Menge geriebenen Käse unterrühren. Risotto muss außen cremig und innen bissfest sein. Risotto immer frisch zubereiten, vorgekocht und aufgewärmt wird Pampe daraus.

Risotto alla Milanese [*Intern. Länderküche*] **R** Weltbekannte Risottoart. Unter den fertigen ↑**Risotto** wird ↑**Butter**, geriebener ↑**Parmesan** und in etwas ↑**Brühe** aufgelöster ↑**Safran** eingerührt.

Rispentomaten [*Gemüse*] **T Lateinisch:** Lycopersicon esculentum. **Synonym:** Strauchtomaten. **Info:** Rispentomaten sind runde ↑**Tomaten**, die als komplette Rispen mit 3–6 Früchten angeboten werden. Neben einer gefälligen optischen Präsentation sind so geerntete Tomaten nicht so oft an ihrer Oberfläche verletzt und daher haltbarer. **Herkunft und Saison:** Inländische Rispentomaten werden von Ende April bis Oktober angeboten. Zusätzlich kommen Rispentomaten vor allem aus den Niederlanden und Italien. **Zubereitung und Tipps:** Die Tomate hat als eines der feinsten Fruchtgemüse mittlerweile die ganze Welt erobert. Das rote Fruchtfleisch hat einen pikanten, würzigen Geschmack und ist leicht verdaulich.

Rissole [*Österr. Küche*] In ↑**Backteig** gehülltes, gebackenes ↑**Fleisch**

Rissolé [*Franz. Speisekarte*] Speisen knusprig gebacken oder gebraten, braun ↑**karamellisieren**

Rissoles [*Franz. Speisekarte*] **A** ↑**Blätterteig**taschen, mit Fisch- oder Fleischfülle, goldbraun frittiert

Ristretto [*Kaffee*] Klein, stark, schwarz, wirksam: konzentrierter Espresso mit zwei Dritteln der normalen Wassermenge

Ritterkrebs [*Fisch*] Synonym für ↑**Languste**

Ritz [*Fachkunde*] Schweizerischer Hotelier, Begründer der größten europäischen Hoteldynastie

Rivaner [*Weinkunde*] Bezeichnung für ↑**Müller-Thurgau** in Luxemburg, wo sie die am häufigsten angebaute Rebsorte ist

Rivesaltes [*Weinkunde*] Gebiet nördlich von Perpignan im französischen Département Pyrénées-Orientales, mit aufgespriteten Dessert-Rotweinen aus der **Grenache**- und der ↑**Malvasiertraube**

Riz [*Franz. Speisekarte*] ↑**Reis**

Riz à l'impératrice [*Franz. Speisekarte*] **R** Kalte Speise aus gekochtem ↑**Reis** mit ↑**Zucker**, ↑**Sahne**, ↑**Ei**, ↑**Vanille**, ↑**kandierten Früchten**, ↑**Aprikosen**marmelade

Riz au lait [*Franz. Speisekarte*] ↑**Milchreis** (↑**Pudding**)

Riz basmati [*Franz. Speisekarte*] ↑**Basmati**

Riz blanc, mat, usiné [*Franz. Speisekarte*] Weißer, geschälter ↑Rundkorn**reis**

Riz brun, complet, décortiqué [*Franz. Speisekarte*] Brauner, ungeschälter Natur-, ↑Voll**reis**

Riz condé [*Franz. Speisekarte*] Süßer ↑**Milchreis**

Riz créole [*Franz. Speisekarte*] **A** ↑**Pilawreis** mit ↑**Pfefferschoten** und ↑**Tomaten**

Riz paddy, naturel [*Franz. Speisekarte*] Ungeschälter ↑Natur**reis**

Riz Patna [*Franz. Speisekarte*] Geschälter, polierter ↑Langkorn**reis**

Riz pilaf [*Franz. Speisekarte*] ↑**Pilaw**, ↑**Pilaf**, jeweils eine ↑**Reis**-Zubereitung

Riz poli, glacé [*Franz. Speisekarte*] Polierter ↑Rundkorn**reis**

Riz sauvage [*Franz. Speisekarte*] ↑**Wildreis**

Rjaschenka [*Intern. Länderküche*] Begriff aus der russischen Küchenkultur für ↑**Jogurt** mit ↑**Karamellsirup**

Roast [*Engl. Speisekarte*] Braten, gebraten, rösten, geröstet

Roast beef [*Engl. Speisekarte*] ↑**Rinderbraten**

Roast lamb [*Engl. Speisekarte*] ↑**Lammbraten**

Roast pork [*Engl. Speisekarte*] ↑**Schweinebraten**

Roastbeef [*Fleischprodukte*] Teil des Rinderrückens zwischen der letzten Rippe und der Keule. ↑**Rindfleisch**

Roastbeef, dickes [*Fleischprodukte*] ↑**Hüfte**

Rob Roy [*Hausbar*] ↑**Manhattan**

Robinet [*Franz. Fachwort*] Wasserhahn

Robinta [*Kartoffelsorte*] **Kochtyp:** ↑**Festkochende Kartoffeln** – „Speckige Kartoffel" genannt; **Herkunft:** Niederlande; **Jahr der Zulassung:** 1992; **Schale:** hellrot; **Fleisch:** weiß; **Knolle:** oval; **Reifezeit:** mittelfrüh

Robiola di Roccaverano Geschützte Herkunftsbezeichnung [*Käse*] **Herkunft:** Italien/Provinz Asti, Alessandria und Gemeinden, zusammengefasst in einem DOC-Gebiet; **Käsesorte:** dünnhäutiger, beige bis strohgelber junger ↑**Weichkäse** mit ↑**Lamm**- oder ↑Zicklein**lab**; **Milch:** teilentrahmte Kuhmilch mit ↑**Schafs**- und ↑**Ziegenmilch** verfeinert; **Teig:** äußerst weich und kompakt; **Geschmack:** leicht und mild, beinahe süß; **Info:** Von den zahlreichen piemontesischen Robiola-Käsesorten ist der Robiola di Roccaverano der berühmteste. Er hat Kultstatus. **Verwendung:** Der Robiola di Roccaverano wird auch in ↑**Olivenöl** im Glas angeboten. Man genießt ihn in seiner Heimat mit Mostarda d'uva (konzentrierter Traubensaft mit Früchten) und ein wenig Öl oder verfeinert ihn, indem man aromatische Alba-↑**Trüffel** darüberreibt. **Größe:** 300 g schwere zylindrische Stücke, ∅ 15 cm, 5 cm hoch; **Reifung:** zehn Tage nach der Herstellung verzehrfertig

Robola [*Weinkunde*] Griechischer Weißwein aus Kefalonia, sehr empfehlenswert zu Fischgerichten

Robuchon, Joël [*Berühmte Köche*] **Joël Robuchon** *1945 in Paris, Inhaber unzähliger Auszeichnungen und Sterne, für viele Gastro-Kritiker der beste Koch der Welt. Ist mit Paul ↑**Bocuse**, Frédy ↑**Girardet** sowie Eckart ↑**Witzigmann** als bester Koch des Jahrhunderts gekürt worden. Die Küchenlegende aus Frankreich ist in der ganzen Welt zu Hause und Autor vieler Publikationen. Meilensteine seines Wirkens waren Monaco, Tokio, Macao und Las Vegas. Eigentlich wollte er nach seinem 50. Lebensjahr nicht mehr kochen, ist aber heute erfolgreicher denn je. Er hat geschmackangebende Restaurants in Paris, Monte Carlo, London, Tokio und Las Vegas eröffnet, das vorerst Letzte im New Yorker Hotel Four Seasons (2006).

Robust [*Weinkunde*] Herzhaft, kräftiger Wein und recht gehaltvoll

Robusta Kaffee [*Kaffee*] **Lateinisch:** coffea canephora. Hierbei handelt es sich um eine ↑**Kaffee**sorte, die im 19. Jahrhundert in Afrika entdeckt wurde. Robusta verträgt mehr Sonne als Arabica, ist schnellwüchsiger, ertragreicher und widerstandsfähiger gegen Schädlinge. Robusta gewann schnell große wirtschaftliche Bedeutung (Marktanteil 25–30 %), zumal er auch in den niederen tropischen Regionen – zwischen Meereshöhe und 1000 Metern – angebaut werden kann. Robustabohnen sind qualitativ eher mittelmäßig, was zu einem niedrigeren Weltmarktpreis führt. Sie haben einen erdigen, rauen Geschmack, eine rundliche, unregelmäßige Form und enthalten im Vergleich zu ↑**Arabica** doppelt so viel ↑**Koffein** (Arabica 1–2 %, Robusta 2–4 %). In deutschen Kaffeemischungen ist der Anteil von Robusta im Vergleich zu Griechenland, Italien, Frankreich und Spanien eher gering. Dort ist Robusta für den kräftigen, herben Geschmack des Kaffees verantwortlich. Innerhalb der Robustasorten gibt es erhebliche Qualitätsunterschiede, die hochwertigsten finden sich im italienischen Espresso wieder, hier verbessern sie die ↑**Crema**bildung.

Rocamadour [*Käse*] **T Herkunft:** Frankreich/Midi-Pyrenées; **Käsesorte:** ↑**Weichkäse**, 45 % ↑**Fett i.Tr.**; **Milch:** rohe ↑**Ziegenmilch** der Rassen „Alpine" oder „Saanen" (die Zahl der Ziegen pro ha ist auf zehn Tiere beschränkt). Das Futter muss aus hochwertigen Zutaten (reichhaltiges Getreide) bestehen. **Teig:** weich, wird während der Reifung immer fester; **Geschmack:** frisch: leicht säuerlich und hefig, gereift: nussartig; **Info:** Die strengen Kriterien machen den ↑**Käse** zu einer seltenen Köstlichkeit. In seiner langen Geschichte wurde der Rocamadour (**sprich:** Rokamadur) nicht nur als Nahrungsmittel geschätzt, sondern im 15. Jahrhundert auch als Zahlungsmittel für Pachten und Steuern akzeptiert. **Weinempfehlung:** trockene Weißweine, besonders aus dem Bergerac

Rocambole [*Franz. Speisekarte*] ↑**Perlzwiebel** – Diese kleine ↑**Zwiebel** ist dem ↑**Knoblauch** im Geschmack sehr ähnlich. Allerdings ist die Rocambole sehr viel milder.

Rochat, Philippe [*Berühmte Köche*] **Philippe Rochat** *1953, ist mit 19 von möglichen 20 Punkten von Gault-Millau und im „Michelin" mit drei Sternen ausgezeichnet und zurzeit einer der besten, wenn nicht der beste Koch überhaupt. Nachdem er 16 Jahre in Crissier unweit des Genfer Sees beim legendären Fredy **Girardet** arbeitete, die letzten sieben Jahre als Küchenchef, übernahm er 1996 das Restaurant. Es waren große Schuhe, die ihm der legendäre Fredy Girardet hinterließ: Über ein Vierteljahrhundert hatte er kulinarische Maßstäbe gesetzt. Philippe Rochat führte das Haus weiter, mit unglaublichem Erfolg. Seine Frau Franziska Rochat-Moser, Juristin und Sportlerin, gewann 1997 den Marathon von New York. 2002 kam sie bei einer Skitour in einer Lawine um. Nach einer Trauer-Auszeit in Lappland fing Philippe Rochat wieder mit der Arbeit an. Inzwischen ist der Schweizer Starkoch mit dem französischen Verdienstorden ausgezeichnet worden.

Roche aux Moines [*Weinkunde*] Eine der besten Lagen im Anjou an der Loire, bekannt für gute weiße Dessertweine

Rochen [*Fisch*] **T** **Englisch:** skate/ray; **Französisch:** raie; **Italienisch:** razza; **Spanisch:** raya. Ein Knorpelfisch mit segelartigen Flügeln. Der größte ist der Riesenmanta, der zwei Tonnen wiegen kann. Nur kleine Rochen werden im Ganzen angeboten. Von größeren Exemplaren kommen nur die Flügel in den Handel, die stark vergrößerten und mit dem Körper verwachsenen Brustflossen. Rochen haben keine Gräten, sondern ein knorpeliges Skelett. Die Nagel- oder Keulenrochen sind genau wie der Spitzrochen begehrte Konsumfische. Mit einem ∅ Fettgehalt von 0,2 % gehören sie zu den echten Magerfischen. Um den Schleim und den oft tief sitzenden Sand zu entfernen, muss die Haut gründlich mit Bürste, Wasser und ↑**Salz** (oder ↑**Essig**) gesäubert werden. In Frankreich, Italien und den Niederlanden gilt der Rochen als Delikatesse. **Für die Zubereitung** kommen nur die flügelförmigen Verbreiterungen des Körpers und die Brustflossen in Frage. Deshalb gibt es viel Abfall. Soll der Rochen gekocht werden, kann man auch danach noch die oft mit Sand durchsetzte Haut abziehen. Die Filets werden vor dem Zubereiten von der lederartigen Haut sowie vom knorpeligen Skelett gelöst und die Sehnen entfernt. Rochenfilets müssen frisch zubereitet werden und schmecken am besten, wenn sie in brauner ↑**Butter** gebraten werden. Das Fleisch schmeckt auch gedünstet und geräuchert.

Rocoto Chili [*Gewürze & Kräuter*] **T** **Schärfe 8 = 50 000–75 000** ↑**Scoville-Einheiten** Auch als **manzana** bekannt. Ca. 7,5 cm lang, gelb, grün oder rot. Hat dickes Fruchtfleisch und schwarze Samen, schmeckt fruchtig-scharf. Wird in den Anden, Mittelamerika und Mexiko angebaut. Für Saucen, Füllungen und als Gemüse. ↑**Chili**

Rodaballo [*Span. Speisekarte*] ↑**Steinbutt**

Rodizio [*Intern. Länderküche*] **T** Begriff aus der regionalen brasilianischen Küchenkultur, beschreibt eine besondere Art des Schlemmens. Bei den so genannten „↑**Churrascarias**“ oder „↑**Churrasco**“ wird das „Rodízio“ angeboten: Zu einem Pauschalpreis kann man von mehreren Fleischsorten (Filetstücke, Rippchen, Hühnerherzen, Würstchen usw.), die vom Kellner am Spieß an den Tisch gebracht und dann direkt in dünne Streifen auf den Teller herunter geschnitten werden, so viel essen, wie man will und kann. Salate, ↑**Reis** und andere Beilagen runden diese Fleischorgie ab, die man am besten mit einem guten ↑Verdauungs**schnaps** beschließt. Früher als „Hölle für Vegetarier“ bezeichnet, bieten gute Rodízios heute üppige Salatbuffets an. Auch Fischliebhaber kommen auf ihre Kosten. ↑**Brasilianische Küche**

Roe [*U.S. Kitchen*] ↑**Rogen**

Rogen [*Fisch*] **Englisch:** roe; **Französisch:** œufs de poisson; **Italienisch:** bottarga; **Spanisch:** huevas de pez. Als Rogen werden die unbefruchteten, nicht abgelaichten Eier des weiblichen Fisches bezeichnet. Rogen wird meist gesalzen oder geräuchert ↑**Kaviar.** Mit Ausnahme der Kaviargewinnung fällt Fischrogen als Abfall- oder Nebenprodukt beim Schlachten der Fische an und wird häufig zusammen mit anderen Fischteilen zu ↑**Fischmehl** verarbeitet. Rogen kann auch gekocht, dann in Scheiben geschnitten und kalt oder gegrillt gegessen werden. Außerdem stellt man aus gekochtem Rogen Rogenwurst, Pasten **(**↑**Taramas)** und kaviarähnliche Produkte her. **Inhaltsstoffe:** Rogen zeichnen sich durch ihren hohen ↑**Eiweiß**- und Vitamingehalt aus. Trotz des relativ geringen Fettanteils (je nach Fischsorte) ist die Menge an fettlöslichem ↑**Vitamin A** (Retinol) hoch. 100 g Rogen enthalten ∅ 136 kcal/569 kJ.

Roggen [*Allgem. Nährmittel*] **T** **Lateinisch:** Secale cereale; **Englisch:** rye; **Französisch:** seigle; **Italienisch:** segale; **Spanisch:** centeno. Angebaut wird meist Winterroggen, da er gegenüber dem Sommerroggen bessere Erträge bringt. Roggen ist ein kräftig und aromatisch schmeckendes Brotgetreide. Er enthält besonders viel ↑**Eisen**, ↑**Kalium**, ↑**Phosphor**, ↑**Magnesium** und ↑**Ballaststoffe**. Das ↑**Eiweiß** von Roggen ist hochwertiger als das von ↑**Weizen**. Zur Brotherstellung muss Roggen mit ↑**Sauerteig** verwendet werden, da ↑**Hefe** allein zur Lockerung des Teiges nicht ausreicht. Leichter verdaulich wird Roggen durch ↑**Darren**. Gekochte Roggenkörner schmecken mit ↑**Erbsen** und ↑**Karotten** als Salat, mit ↑**Nüssen** als Gemüsefüllung. Mit Roggen wird Kornbranntwein hergestellt.

Roggenbier [*Bier*] Statt ↑Gersten**malz** wird Roggenmalz verwendet. Roggenbier ist ↑**obergäriges Bier.**

Roggenbrot [*Backstube*] **T** Besteht aus mindestens 90 % ↑**Roggen** und bis zu 10 % ↑**Weizen**. Als Teiglockerungsmittel ist ↑**Sauerteig** (enthält Sauerteighefen) erforderlich. Die Säure sorgt auch für eine längere Haltbarkeit der Roggenbrote (7 bis 9 Tage). Es schmeckt aromatisch kernig, leicht säuerlich und am besten, wenn es einige Tage alt ist.

Roggenmehl [*Allgem. Nährmittel*] **T** Neben Weizen- das einzige Getreidemehl, das überall auf der Welt zum Brotbacken benutzt wird. Der Glutengehalt ist ausreichend hoch, jedoch unterscheidet sich das im Roggen enthaltene ↑**Gluten** von dem im Weizen. Darum ist Roggenteig auch immer leicht klebrig und schwierig in der Verarbeitung. Ein Grund, warum Roggenmehl oft mit anderen Mehlen gemischt und beim Brotbacken ↑**Sauerteig** verwendet wird. Es gibt ebenso viele Roggenmehlsorten wie Weizenmehle, in verschiedenen Farben und Typen. Für ↑**Pumpernickel** und andere feste, meist kastenförmige Roggenbrotarten benutzt man grob gemahlenen Vollkornroggen, während man für dunkle und knusprige Krustenbrote feines Roggenmehl ↑**Type 997** ohne ↑**Kleie** und Keim verwendet.

Rogner [*Fisch*] ↑**Hering**

Rognon [*Franz. Speisekarte*] ↑**Niere**

Rognon de veau [*Franz. Speisekarte*] ↑**Kalbsniere**

Rognone [*Ital. Speisekarte*] ↑**Niere**

Rognonnade d'agneau [*Franz. Speisekarte*] ↑**Lammrückenstück** mit den ↑**Nieren**

Rognonnade de veau [*Franz. Speisekarte*] Kalbsrückenstück oder ↑**Kalbsrollbraten** mit den ↑**Nieren**

Rognons de mouton sautés au vin blanc [*Franz. Speisekarte*] **R** Angeröstete ↑**Hammel**nieren in einer weißen ↑**Soße**; bestehend aus ↑**Butter**, ↑**Mehl**, mit trockenem ↑Weiß**wein**, ↑**Champignons**, ↑**Zitronensaft**, ↑**Petersilie**, ↑**Salz**, ↑**Pfeffer**, ↑**Muskatnuss** und konzentriertem Fleischsaft (↑**Glace**), serviert mit in Butter gerösteten ↑**Croûtons**

Rognons de veau au madère [*Franz. Speisekarte*] **R** Gewürfelte ↑Kalbs**nieren** mit Streifen von gekochtem ↑**Schinken** und ↑**Champignons** in ↑**Butter** braten, mit ↑**Calvados** flambieren, mit ↑**Madeira** und ↑**Sahne** aufgießen, reduzieren lassen und mit ↑**Salz**, ↑**Pfeffer**, ↑**Muskatnuss** und ↑**Petersilie** würzen

Roh, blutig [*Übersetzer*] **Englisch:** raw, rare; **Französisch:** cru, seignant; **Italienisch:** crudo; **Spanisch:** crudo, sangriento. ↑**Blutig**

Rohkost [*Gesundheit*] **T** Dahinter verbergen sich mehrere Ernährungskonzepte, bei denen die Gewichtsreduktion nicht im Vordergrund steht. Sie lassen sich in zwei große Gruppen unterteilen: **1.** Rohkosternährung mit Fleischverzehr und **2.** rein vegetarische Rohkosternährung. Gemeinsam haben beide Gruppen, dass sie vorwiegend oder ausschließlich nicht erhitzte Lebensmittel enthalten, wobei auch solche einbezogen werden, die während der Verarbeitung höheren Temperaturen ausgesetzt sind (↑**Honig**, kalt gepresste ↑**Öle**, ↑**Trockenfrüchte**, Trockenfisch und -fleisch). Nahrungsmittel mit Zusatzstoffen werden nicht gegessen. **Vorteile der Rohkost:** In roher Form genossen, bleiben ↑**Vitamine**, ↑**Enzyme** und ↑**Mineralstoffe** in der Nahrung vollständig erhalten. Die Darmfunktion kann sich durch die zahlreichen ↑**Ballaststoffe**, die zugleich den ↑**Cholesterin**spiegel senken, verbessern. Als vorübergehende Heilnahrung kann Rohkost bei chronischer Verstopfung bzw. Darmträgheit die Eigenregulierung des Körpers wieder in Gang setzen. Wer mehr Rohkost in seinen Speiseplan aufnehmen möchte, sollte seine ↑**Ernährung** langsam umstellen, damit sich der Darm an die ungewohnten Mengen an Ballaststoffen gewöhnen kann. Langsames Essen und gründliches Kauen sind wichtig, damit die rohen Speisen besser verdaut werden können. Die in Rohkost enthaltenen ↑**sekundären Pflanzenstoffe** haben zellschützende Wirkungen. **Nachteile der Rohkost:** Es gibt kein medizinisches Argument, Rohkost dauerhaft anderen Ernährungsformen vorzuziehen. **Im Gegenteil:** Wer ausschließlich ungekochte Nahrung zu sich nimmt, kann dem Organismus nicht die Energie zuführen, die er braucht. Der Energiegehalt von Rohkost ist in Bezug auf die Menge der aufgenommenen Nahrung niedrig, das heißt, bei normalen Portionen besteht die Gefahr der Unterversorgung. Ernährungswissenschaftler lehnen Rohkost als ausschließliche Ernährungsform generell ab. Viele wichtige ↑**Nährstoffe** sind in Lebensmitteln enthalten, die ungekocht nicht genießbar sind, andere kann der Körper aus zubereiteten Lebensmitteln wesentlich besser aufnehmen. Menschen mit erhöhtem Nährstoffbedarf – wie Kranke und Schwangere – sollten sich keinesfalls ausschließlich von Rohkost ernähren. Rohes ↑**Obst**, ↑**Gemüse** und ↑**Getreide** sind reich an Fasern, Säuren und anderen Stoffen, die zu Gärungsprozessen und Blähungen führen können. Viele Menschen vertragen Rohkost deshalb auch nach einer Gewöhnungsphase nur in Maßen. Auf viele wertvolle Lebensmittel müssen Rohköstler außerdem verzichten: Dazu zählen die Grundnahrungsmittel und ↑**Kohlenhydrat**lieferanten wie ↑**Kartoffeln**, ↑**Reis**, ↑**Nudeln** und ↑**Brot.** Giftstoffe in rohem Gemüse oder Obst, wie zum Beispiel in ↑**Grünen Bohnen** oder ↑**Rhabarber,** verbieten den ungekochten Verzehr. Bakterien in Rohmilch oder ↑**Salmonellen**, auf ↑**Eiern** oder in ↑**Fleisch**, die sonst durch Erhitzen abgetötet werden, stellen eine zusätzliche Gefahr dar. Rohkost ist deshalb besonders in warmen Ländern problematisch. ↑**Lebensmittelvergiftung**

Rohkostplatte [*Übersetzer*] **Englisch:** raw vegetables, crudités; **Französisch:** assiette de crudités; **Italienisch:** crudità, insalata di verdure crude; **Spanisch:** plato de legumbres crudas

Rohkostsalate [*Gemüse*] ↑**Blattsalate**

Rohmilch [*Milchprodukt*] Eine nicht behandelte Kuhmilch mit natürlichem Fettgehalt von ca. 3,8–4,5 %. Rohmilch wird in den Molkereien weiterverarbeitet. Für Verbraucher ist Rohmilch in der Regel nicht zugänglich, da das Risiko, Krankheitserreger aufzunehmen, zu groß ist. Für den Frischverzehr ist sie in Form von ↑**Vorzugsmilch** erhältlich. Um Lebensmittelinfektionen zu vermeiden, wird empfohlen, Rohmilch abzukochen.

Rohrkarpfen [*Fisch*] Eine zur Familie der ↑**Karpfen** gehörende Fischgattung (Leuciscus)

Rohrnudeln [*Regionale Spezialität*] **R** Eine schmackhafte, urbayerische Mehlspeise, die sich von den

↑**Dampfnudeln** davon unterscheidet, dass die Rohrnudeln in der Röhre goldbraun gebacken, während die Dampfnudeln in einem fest verschlossenen Topf geschmort werden. Grundlage ist ein süßer ↑**Hefeteig**, der mit ↑**Rosinen** und abgeriebener (unbehandelter) ↑**Zitronenschale** angereichert wird. In einer Backreine etwas ↑**Butter** zerlaufen lassen, aus dem Teig mit einem Esslöffel gleichgroße, fast kinderfaustgroße Stücke stechen, zu Kugeln formen, im Fett der Backreine wälzen und nebeneinander schichten. Rohrnudeln kann man auch mit ↑**Früchte**n oder ↑**Nüsse**n füllen, dazu lässt man die Rosinen weg und rollt das entsprechende ↑**Obst** in die Teigkugel ein. **Wichtig**! Nur frisches, kein tiefgekühltes Obst nehmen, das lässt zu viel Wasser. Nun die vorbereiteten Rohrnudeln zugedeckt an einem warmen Ort ca. 30 Min. gehen lassen und anschließend im Backofen bei 220° C 30 Min. backen, bis die Rohrnudeln goldbraun aussehen und gut aufgegangen sind. Während des Backvorgangs das Rohr nicht öffnen. Die Nudeln mit dem knusprig braunen Fuß aus der Bratreine stechen, noch warm mit ↑**Puderzucker** betreuen und mit ↑**Kompott** oder ↑**Vanillesauce** servieren.

Rohrzucker [*Allgem. Nährmittel*] ↑**Zuckerrohr** oder **„Brauner Rohrzucker"**

Rohschinken [*Fleischprodukte*] Rohe, gepökelte und geräucherte Ware aus der ↑**Schweine**keule, dem ↑**Kotelett**strang oder ↑**Nacken**

Rohwurst [*Fleischprodukte*] Wird nur aus rohem ↑**Fleisch** hergestellt, dazu gehören ↑**Salami** oder Dauerwurst, ↑**Landjäger**, ↑**Tee**- oder ↑**Mettwurst**. Der Verbraucher verzehrt aber kein rohes Fleisch, vielmehr macht der Reifeprozess eine Rohwurst genießbar und lange haltbar. Für eine Rohwurst der Spitzenqualität sind die wichtigsten Zutaten: Hochwertiges Muskelfleisch von ↑**Schwein**, ↑**Rind** oder ↑**Geflügel**, ↑Schweine**speck**, in den südeuropäischen Ländern und Ungarn Esel- und ↑**Pferdefleisch**. Welche Fleischsorte in welcher Menge verarbeitet wird, richtet sich nach der jeweiligen Rezeptur. Das magere Fleisch und der Speck werden zerkleinert (der Fachmann spricht hier von ↑**Kuttern**), bis die Fleischteilchen die gewünschte Größe (der Fachausdruck hierfür ist Körnung) haben. Dem gekutterten Fleisch werden Gewürze zugegeben (↑**Pfeffer**, ↑**Paprika**, ↑**Muskat**); die Zugabe von „Starterkulturen" (= lebende Mikroorganismen, die z. B. auch bei der ↑**Jogurt**herstellung eingesetzt werden) setzt den Reifungsprozess in Gang; ↑**Nitritpökelsalz** sorgt dafür, dass die ↑**Wurst** ihre rote Farbe behält, außerdem ist die Zutat sehr wichtig für die Haltbarkeit. ↑**Innereien** und Blut dürfen in keiner hochwertigen Rohwurst enthalten sein. Je nach Endprodukt wird die Masse in Hüllen (Hüllen = Tuch-, Faser-, Kunst- oder Naturdärme) gefüllt oder zu Dreiecken, Blöcken oder Trapezen geformt. Anschließend reift die Wurst unter ganz bestimmten Bedingungen in Klimakammern. Wichtig sind die richtige Temperatur, Luftumwälzung und, wenn die Wurst geräuchert werden soll, die Zufuhr von Rauch. Durch den Reifeprozess bekommt die Wurst ihr typisches Aroma, verliert bis zu 40 % ihres Gewichtes an Wasser und erlangt dadurch ihre lange Haltbarkeit. Der Reifeprozess ist abhängig von dem gewünschten Rohwurstaroma und der Festigkeit. Hierbei schwankt die Reifezeit zwischen 2 und 8 Wochen. Rohwürste sind wegen ihres geringen Wasser- und hohen Salzgehalts gut haltbar und ungekühlt (über +10° C) lagerfähig.

Roigabradeldi [*Franz. Speisekarte*] ↑**Kartoffeln** mit ↑**Speck** und ↑**Zwiebeln**, eine Elsässer Spezialität

Rolinhos de carne [*Span. Speisekarte*] ↑**Rouladen**

Roll [*U.S. Kitchen*] Aufrollen; Brötchen

Rollbraten [*Fleischprodukte*] **T** Im Zusammenhang belassenes, ausgelöstes, gerolltes Fleisch, die Tierart wird angegeben (z. B. Kalbsrollbraten). **Tipp:** Darauf achten, dass der Braten fachlich gebunden und nicht ins Netz gestopft worden wird. Dann bleibt die knusprige Kruste nämlich nach dem Braten im Netz hängen.

Rolle [*Weinkunde*] Weiße Rebsorte, die unter diesem Namen im Süden Frankreichs bekannt ist, während sie in Italien, vor allem auf Sardinien, ↑**Vermentino** genannt wird. Die aus ihr bereiteten Weine können aromatisch und körperreich sein, ähnlich wie weiße ↑**Côtes-du-Rhône**-Weine. In Italien gibt es jedoch eine Tendenz, die Beeren früh zu ernten, wodurch die Weine mehr Säure haben, aber an Aroma und Körper einbüßen.

Rollè [*Ital. Speisekarte*] ↑**Rollbraten; Roulade**

Rollgerstel [*Österr. Küche*] ↑**Graupen**

Rollholz [*Unsere Küche*] Küchengerät zum Ausrollen von Teigmassen: Nudelholz

Rollmops [*Fisch*] **A** Die Verfahrensweise ist wie beim ↑**Bismarckhering**: In Heringsfilets ohne Kopf und Schwanzflosse werden länglich geschnittene Gewürzgurkenstücke eingerollt und in eine säuerlich-würzige Fischmarinade eingelegt. Die Füllung beträgt dabei höchstens 20 % des Rollmopsgewichtes. Gabelrollmöpse sind kleine, mundgerechte Rollmöpse aus Heringsfiletstreifen. ↑**Marinaden**

Rollot [*Käse*] **Herkunft:** Frankreich; **Käsesorte:** ↑**Weichkäse** mit gemusterter ↑**Rotschmiere**, 45–50 % ↑**Fett i.Tr.**; **Milch:** rohe Kuhmilch; **Teig:** hellgelb bis gelb, speckig mit wenigen ↑**Bruch**löchern; **Geschmack:** kräftig-pikant, erinnert an den ↑**Romadur**; **Info:** Der Rollot wird als flacher Zylinder oder in Herzform mit 200 bis 300 g auf dem Markt angeboten, ∅ 8,5 cm und 3,5 cm hoch. **Reifung:** Je nach Größe 2 bis 4 bzw. 6 bis 7 Monate. ↑**Stinker-Käse**

Rolls [*U.S. Kitchen*] ↑**Brötchen** (Mz.)

Rollschinken [*Fleischprodukte*] ↑**Schinken**erzeugnis, bestehend aus Ober- und Unterschale, teilweise mit ↑**Schwarte**

Rollwurst [*Intern. Länderküche*] Dänische Spezialität aus gepökelten ↑**Rindfleisch**stücken, sie darf zum Weihnachtsfest nicht fehlen. Wird in Grönland aus ↑**Lammfleisch** hergestellt.

Romado [*Fisch*] Zu den ↑**Meeräschen** gehörender Fisch des Mittelmeeres

Romadur [*Käse*] **T Herkunft:** Belgien; **Käsesorte:** rindenloser ↑**Weichkäse,** mit ↑**Rotschmiere,** bis zu 60 % ↑**Fett i. Tr.**; **Milch:** Kuhmilch, ursprünglich ↑**Schafsmilch**; **Teig:** (gereift), weichschnittig, jedoch nicht fließend, mattglänzend, weiß bis hellgelb mit geringer ↑**Bruch**lochung. **Geschmack:** leicht mild bis kräftig, pikant; **Geruch:** mehr oder weniger durchdringend; **Info:** Woher der Romadur seinen Namen hat, ist nicht klar. Manche Käsehistoriker führen ihn auf das französische remoudre (nachmelken) zurück, andere auf den fetten spanischen Schafskäse Ramadon. Mitte des 15. Jahrhunderts entwickelte sich der „Remoudou" zu einer beliebten Spezialität. Heute nennt sich die Standardsorte „Romadur". ↑**Weißlacker** und ↑**Limburger** sind eng verwandt. **Getränkeempfehlung:** Passt besonders gut zum ↑**Bier**, aber auch zu kräftigem ↑**Rotwein.** **Verwendung:** Beim Romadur wird die ↑**Rotschmiere** nicht mitgegessen, man schabt sie vor dem Genuss ab. **Form:** Stange, Länge 8 cm, Höhe 3 cm; **Reifung:** Der Romadur wiegt manchmal nur 200 g und reift schnell (etwa 2 bis 4 Wochen, höchstens 2 Monate). Er wird während des ersten Monats regelmäßig gewaschen. **Andere bekannte Romadur-Arten: 1. Deutschland/Allgäu; Käsesorte:** Weichkäse mit Rotschmiere, 30 % ↑**Fett i. Tr.**; **Milch:** Kuhmilch; **Teig:** weiß-gelb weich, aber nicht fließend; **Geschmack:** vollmundig, mild bis leicht pikant; **Info:** Der Romadur ähnelt dem Limburger Käse und wird seit etwa 1830 in Deutschland, hauptsächlich im Allgäu, hergestellt. Als typische „Brotzeitkäse" zum Bier spielen sowohl Limburger als auch Romadur im Bierland Bayern eine große Rolle. Im berühmten Kloster Andechs bekommt man zu dem von Mönchen ausgeschenkten Bier auch einen Romadur- „Backsteinkas". **2. Österreich; Käsesorte:** Weichkäse mit Rotschmiere, 35 % Fett i. Tr.; **Milch:** pasteurisierte Kuhmilch; **Teig:** weich, hellgelbe Färbung; **Geschmack:** würzig; **Info:** Romadur wird in kleineren, länglichen Quadern und in runder Form als ↑**Weinkäse** angeboten.

Romain lettuce [*U.S. Kitchen*] ↑**Romanasalat**

Romaine [*Speisegarnitur*] **A 1.** Römischer Salat; **à la romaine; 2. Speisegarnitur** für **Kurzgebratenes** und **Geflügel** – ↑**Blattspinat** mit ↑**Parmesankäse** vollendet oder ↑**Erbsen** mit ↑**Schinken**streifen und ↑**Sauce romaine**

Romana Salat [*Gemüse*] **T Lateinisch:** Lactuca sativa var. longifolia. **Synonym:** Kochsalat, Lattich, Römischer Salat. **Info:** Der zur Familie der Korbblütengewächse gehörende Romana-Salat ist ein so genannter ↑**Bindesalat**. Die Blätter bilden keinen Kopf aus, sind im Vergleich zu den Schnitt- oder Pflücksalaten derber und nehmen im Laufe ihres Wachstums eine steilere, schräg aufwärts gerichtete Stellung ein. Die länglichen, ungeteilten, starkrippigen, etageförmig um einen Mittelstrunk angeordneten Blätter werden bis zu 40 cm hoch und weisen bei vielen Sorten leicht nach innen gebogene Blattspitzen auf. Romana-Salat geht weniger schnell in die Blüte als die übrigen Gartensalate, er verträgt daher höhere Temperaturen, ist aber auch wesentlich frostempfindlicher. Der Anbau erfolgt meist in mediterranem Klima, bei älteren Sorten müssen die Blätter noch zusammengebunden werden. Neuere Züchtungen sind selbstschließend, sodass der Salat nicht mehr gebunden werden muss, um ein helles Salatherz zu erhalten. Die Struktur der Blätter des Romana-Salats ist etwas kräftiger als die der Kopfsalate, daher eignen sie sich hervorragend zum Dünsten. Die Blattrippen erhalten dabei einen an ↑**Spargel** erinnernden, etwas herberen und herzhafteren Geschmack; **Herkunft und Saison:** Romana-Salat aus heimischem Anbau wird von September bis Oktober angeboten. Importe kommen vorzugsweise aus Italien, Frankreich und Spanien. Es gibt ihn von November bis Mai in ausreichenden Mengen; **Inhaltsstoffe:** 100 g Romana-Salat weisen einen Brennwert von ∅ 16 kcal/65 kJ auf und enthält etwa 94 g Wasser, 1,6 g Eiweiß, 0,2 g Fett, 2,4 g Kohlenhydrate und 1,7 g Ballaststoffe. An ↑**Mineralstoffen**, ↑**Spurenelementen** und ↑**Vitaminen** sind ∅ 36 mg Kalzium, 1,1 mg Eisen, 8 mg Natrium, 260 RE Vitamin A sowie 24 mg Vitamin C enthalten. Alle Lactuca-Arten enthalten einen weißlichen Milchsaft, insbesondere in den Stängeln und Blütenständen. Dieser Milchsaft, von dem sich auch die lateinische Bezeichnung Lactuca ableitet, enthält den Bitterstoff Lactucin, der in besonderem Maße den Wohlgeschmack mitbestimmt und eine beruhigende und schlaffördernde Wirkung hat. **Zubereitung und Tipps:** Romana-Salat eignet sich sowohl zum Dünsten als Kochgemüse (wie ↑**Kohl** oder ↑**Spinat**), wobei eher die äußeren, festeren Blätter genommen werden, als auch zum Rohgenuss als Salat. Dabei sollte man sich auf die inneren, bleicheren und weniger rauen Blätter beschränken. Wegen seiner festeren Blätter ist Romana-Salat etwas haltbarer als die meisten Kopf- oder Pflücksalate und kann gekühlt problemlos 3–5 Tage aufbewahrt werden. ↑**Blattsalate** oder ↑**Grüner Salat**

Romanesco [*Gemüse*] ↑**Blumenkohl**

Romanow [*Speisegarnitur*] **A 1.** Romanow, russisches Bojarengeschlecht, aus dem der letzte russische Kaiser stammte. **2.** Gefüllte Gurken und Kartoffeltörtchen mit einem ↑**Ragout** aus ↑**Champignons** und ↑**Selleriewürfeln**; **3.** ↑**Erdbeeren „Romanow"**

Romarin [*Franz. Speisekarte*] ↑**Rosmarin**

Rombi [*Ital. Speisekarte*] Trapezförmig dünn ausgerollter ↑**Nudelteig**

Rombo [*Ital. Speisekarte*] ↑**Scholle**

Rombosse [*Intern. Länderküche*] ↑**Apfel** im ↑**Mürbeteig**, eine Spezialität aus Belgien

Römerbraten [*Regionale Spezialität*] **A** Gepökelter und geräucherter ↑**Schweinebauch**, gekocht und überbraten

Römer-Salat [*Gemüse*] ↑**Romana-Salat**

Römertopf [*Unsere Küche*] **T** Feuerfester, poröser Tonkochtopf, der nicht glasiert ist. Er wurde nach dem schon von den Römern verwendeten Tontopf benannt. Er wird vor Gebrauch in Wasser gelegt, damit er sich vollsaugen kann. Im Tontopf werden Speisen mit einem Minimum oder gar keiner Flüssigkeit gegart. Saft, ↑**Aroma**, Geschmack, ↑**Nährstoffe** und ↑**Vitamine** bleiben großteils erhalten. Das Gargut behält seinen kräftigen und artspezifischen Geschmack.

Romesco [*Gewürze & Kräuter*] **R** Klassische Würzpaste aus Spanien **Grundrezept:** ↑**Mandeln** und ↑**Nüsse** auf einem Backblech verteilt im Backofen bei ca. 200° C 15 Min. hellbraun rösten. ↑**Knoblauch**zehen und ↑**Weißbrot**würfel in etwas heißem Olivenöl bei kleiner Hitze hellbraun rösten und zusammen mit den Nüssen im Mixer pürieren. Abgezogene, entkernte ↑**Tomaten** und ↑**Paprikamark** dazugeben und untermischen. Eventuell noch etwas ↑**Olivenöl** zufügen. Die Paste mit ↑**Essig**, ↑**Salz** und ↑**Pfeffer** abschmecken.

Romina [*Kartoffelsorte*] **Kochtyp:** ↑**Vorwiegend festkochende Kartoffeln**

Römische Bohnen [*Allgem. Nährmittel*] ↑**Käferbohnen**

Römischer Kohl [*Gemüse*] ↑**Mangold**

Römischer Kümmel [*Gewürze & Kräuter*] ↑**Kreuzkümmel**, aber auch ↑**Schwarzer Kümmel**

Römischer Quendel [*Gewürze & Kräuter*] ↑**Thymian**

Romorantin [*Weinkunde*] Rebsorte für leichte Weine aus der Region Cheverny an der Loire

Rompope [*Mexicofood*] **A** Süßes alkoholisches Getränk mit ↑**Eiern** & ↑**Vanille**

Roncal Geschützte Herkunftsbezeichnung [*Käse*] **Herkunft:** Spanien/Region Ronca (Provinz Navarra); **Käsesorte:** gelbweißer ↑**Hartkäse**, unter 50 % ↑**Fett i. Tr.**; **Milch:** vollfette Milch von Rasa- und Lacha-Milchschafen (↑**Schafsmilch**); **Teig:** strohgelb, fest und gelblich mit unregelmäßigen Löchern; **Rinde:** grauorange bis braun, dick und hart mit eingeprägten traditionellen Motiven; **Geschmack:** besonders pikantes Aroma; **Info:** Roncal, einer der besten Hartkäse Spaniens, wird nur von Dezember bis Juli produziert. **Form:** rund, 8 bis 12 cm hoch; **Gewicht:** 2 bis 3 kg; **Reifung:** Mindestens 4 Monate in kühlen Reifekellern. Während dieser Zeit wird er häufig gewendet und gewaschen, damit sich kein ↑**Edelschimmel** bildet.

Ronce des haies [*Franz. Speisekarte*] ↑**Brombeere**

Rond de gîte à la noix [*Franz. Speisekarte*] Scheibe aus der Kugel bzw. Nuss der ↑**Rinderkeule**

Rondinella [*Weinkunde*] Italienische Rotweinrebe aus der Lombardei und Venetien

Rondo [*DDR-Küche*] DDR-Kaffeemarke

Rooibos Tee (Rotbusch) [*Tee*] **T** Rooibos (**gesprochen:** Roibusch) ist ein gesunder, vielseitig anwendbarer Tee aus Südafrika. Geerntet wird er von einem 1,50 Meter großen Busch, die nadelähnlichen Blätter werden fermentiert. **Inhaltsstoffe:** Eine Tasse aufgebrühter Rooibos enthält: 300 mg ↑**Eiweiß**, 47 mg ↑**Potasche**, 28 mg ↑**Magnesium**, 18 mg ↑**Kalzium**, 15,7 mg ↑**Vitamin C**, 10 mg ↑**Phosphate**, 2,8 mg ↑**Eisen**, 1,2 mg ↑**Mangan** und ↑**Fluor** – kein Coffein und nur 1 % Bitterstoffe. Pro Tasse nimmt man einen schwach gestrichenen TL Rooibos, übergießt ihn mit kochendem Wasser und lässt ihn 3–5 Min. ziehen. Die Ziehzeit beeinflusst lediglich die Intensität von Farbe und Geschmack, nicht die Stärke, wie sonst bei Tee. Anders als schwarzer Tee verändert Rooibos weder Farbe noch Geschmack, wenn man ihn erkalten und länger stehen lässt. Man kann ↑**Zucker**, ↑**Milch**, ↑**Zitrone** oder ↑**Rum** beigeben. Mit der gleichen Menge heißen Orangensafts (mit Frucht) bekommt man einen vorzüglichen ↑**Punsch**. Rooibos ist ein ideales Heilmittel gegen Kleinkind-Koliken. Ein wenig Rooibos in die Milch geben lindert Krämpfe, beruhigt nervöse Kinder und sorgt für einen gesunden Nachtschlaf. Rooibos stimuliert die Bildung von ↑**Muttermilch** und versorgt die Babys mit Mineralien über die Milch, den Embryo über das Blut während der Schwangerschaft. Eine äußerliche Anwendung von kaltem Rooibos-Tee sorgt für eine reine Haut (bei Akne, Hautausschlag und Ekzemen) und hilft bei Windelausschlag. Rooibos wirkt beruhigend auf das zentrale Nervensystem von Erwachsenen, darum ist er das ideale Getränk vor dem Zubettgehen, besonders bei Schlaflosigkeit. Bei einer Magenverstimmung oder einem nervösen Magen tut Rooibos gut. Mediziner sind sich einig, dass die in Rooibos enthaltenen Wirkstoffe Allergiesymptome wie Heuschnupfen und Asthma lindern. Rooibos kann man auch zum Färben verwenden, z. B. für eine leichte Haartönung. Sowohl Rooibos-Tee als auch seine Blätter sind guter Blumendünger.

Roos [*Käse*] ↑**Meira**

Rootbeer [*U.S. Kitchen*] Alkoholfreie ↑**Limonade** mit Kräuterauszügen

Ropogos Malascult [*Ungarische Küche*] Begriff aus der ungarischen Küchenkultur für gebratenes ↑**Spanferkel**

Roquefort [*Käse*] **R** **Herkunft:** Frankreich; **Käsesorte:** halbfester ↑**Schnittkäse** mit blauem ↑**Edelschimmel**, 52 % ↑**Fett i. Tr.**; **Milch:** rohe ↑**Schafsmilch**; **Teig:** weiche, bröckelige Konsistenz, auf der Zunge schmelzend; **Geschmack:** dezent nach Schaf, pikant, salzig, ausgeprägt, intensiv; **Info:** Der Roquefort (**sprich:** Rock for) wird bereits seit 2000 Jahren hergestellt. Wie der ↑**Reblochon** reift er in feuchten Höhlen im südfranzösischen Zentralmassiv. Der Roquefort ist vergleichbar mit dem bayerischen ↑**Bavaria blue**, dem italienischen ↑**Gorgonzola**, dem englischen ↑**Stilton** und dem amerikanischen ↑**Blue Cheese**. **Verwendung:** Um sein pikantes Aroma voll zur Geltung zu bringen, sollte man den Roquefort bei Zimmertemperatur mit ↑**Weißbrot** genießen. Das „Roquefort-Dressing", eine Salatsoße aus zerdrücktem Roquefortkäse, ↑**Zitronensaft**, ↑**Sahne**, ↑**Zucker** und gehackter ↑**Petersilie**, bereichert jeden ↑**Blattsalat**; **Weinempfehlung:** Sehr gut passt ein ↑**Süßwein**, ein Sauternes oder ein Likörwein wie der Muskateller.

Roquette [*Franz. Speisekarte*] ↑**Rucola**

Rory O'More [*Hausbar*] ↑**Manhattan**

Rosa [*Kartoffelsorte*] **Kochtyp:** ↑**Vorwiegend festkochende Kartoffeln**; **Herkunft:** Frankreich; **Jahr der Zulassung:** 1935; **Schale:** hellrot, mit flachen Augen; **Fleisch:** hellgelb, würzig, sehr guter, herzhafter Geschmack; **Knolle:** langoval; **Reifezeit:** spät

Rosa Pfeffer [*Gewürze & Kräuter*] **T** Etwas süßlicher Geschmack, dem ↑**Wacholder** ähnlich, der sich auch als Ersatz eignet. Der rosa Pfeffer stammt aus Brasilien, der in Europa erhältliche stammt meist von der Insel Réunion. ↑**Pfeffer. Vorsicht! Kann die Schleimhäute reizen.**

Rosa Tannenzapfen [*Kartoffelsorte*] **Kochtyp:** ↑**Festkochende Kartoffeln** – „Speckige Kartoffel" genannt; **Herkunft:** Deutschland; **Jahr der Zulassung:** 1850; **Schale:** rosa; **Fleisch:** hellgelb, delikat; **Knolle:** lang; **Reifezeit:** sehr spät; **Anmerkungen:** exzellente Salatkartoffel

Rosado [*Weinkunde*] Einer von zwei spanischen Begriffen für Rosé. Mit Rosado werden hellfarbene Roséweine bezeichnet, während dunklere Versionen **„clarete"** genannt werden.

Rosara [*Kartoffelsorte*] **Kochtyp:** ↑**Vorwiegend festkochende Kartoffeln**; **Herkunft:** Deutschland; **Jahr der Zulassung:** 1990; **Schale:** rot; **Fleisch:** gelb; **Knolle:** langoval; **Reifezeit:** sehr früh – früh

Rosato [*Weinkunde*] Italienische Bezeichnung für Rosé und Roséweine

Rosbif [*Franz. Speisekarte*] ↑**Roastbeef**, Lenden-, Rostbraten von ↑**Rind** – in Frankreich aber auch vom ↑**Pferd**

Rosbife [*Span. Speisekarte*] ↑**Roastbeef**

Roscas [*Mexicofood*] Süße Teilchen

Rosch ha Schana [*Jüdische Küche*] **T** Das **jüdische Neujahrsfest, „rosh ha-schanah"** oder auch **„rosch ha-schana"** geschrieben, fällt in den September, laut jüdischem Kalender auf den ersten Tischri. Da der jüdische Kalender mit Mondmonaten von 28 bis 29 Tagen rechnet und einen Schaltmonat alle paar Jahre kennt, wechselt das genaue Datum nach westlichem Kalender von Jahr zu Jahr. In einem orthodoxen jüdischen Haushalt ist es üblich, an diesem Tag eine Frucht der neuen Saison zu servieren, die von keinem Familienmitglied bis dahin gegessen wurde. Die Samaritaner feiern ihr Rosch-Haschanah im Frühling. Aus dem jiddischen Gruß „Gut Rosch", etwa: „Gutes Neujahr" – Rosch = Kopf (des Jahres), wurde schließlich der deutsche Neujahrswunsch „Guter Rutsch". Am Rosch ha Schana wird kein scharfes oder mariniertes Essen serviert und keine Gerichte in dunklen Farben. Das kommende Jahr soll heiter und süß sein! Der Tisch wird feierlich gedeckt. In der Mitte des Tisches – ↑**Äpfel**, ↑**Honig**, ↑**Granatäpfel**, ↑**Datteln**, ↑**Rote Beete**, ↑**Karotten** – Symbole der Fruchtbarkeit. Man taucht ein Stückchen Äpfel in Honig ein und sagt: „Das kommende Jahr soll süß sein." Man genießt den Granatapfel und murmelt: „Sollen wir so viel Verdienste haben, wie ein Granatapfel Körner hat." Es wird auch Fisch serviert – unbedingt mit Kopf: „Damit man den Kopf nicht verliert."

Rose [*Fleischprodukte*] **1.** Die Kalbsnuss nennt man auch Kugel oder Rose. Das Fleisch ist sehr zart und mager. Es wird aus der Keule geschnitten, im Stück oder in Scheiben ohne Knochen. Es gehört zu den teuren Fleischstücken. Geeignet für Schmorbraten, zum Kurzbraten, Grillen und als Schnitzel. **2.** Fettrand vom ↑**Rumpsteak**

Rosé [*Unsere Küche*] ↑**Garpunkte**

Rosella [*Kartoffelsorte*] **Kochtyp:** ↑**Festkochende Kartoffeln** – „Speckige Kartoffel" genannt; **Herkunft:** Deutschland; **Jahr der Zulassung:** 1991; **Schale:** rot; **Fleisch:** tief-gelb, ausgezeichneter Geschmack; **Knolle:** oval; **Reifezeit:** mittelfrüh

Rosemarie [*Gewürze & Kräuter*] ↑**Rosmarin**

Rosenapfel [*Exotische Früchte*] **T Lateinisch:** Eugenia Jambos; **Thailändisch:** chom phu; **Saison:** April – Juni/November – März. Der Rosenapfel, auch unter der Bezeichnung Javaapfel bekannt, wächst auf einem immergrünen, dicht belaubten Baum, der bis zu 12 m hoch werden kann und bis in Höhen von 2000 Metern gedeiht. Ab dem 4. Jahr trägt der Baum seine ersten Früchte, wobei ein ausgewachsener Baum nur bis zu 2 kg Früchte hervorbringen kann. Angebaut wird der Rosenapfel in den asiatischen Tropen. Name: Tatsächlich duftet der Rosenapfel ein wenig nach Rosen. Die sehr dünne Schale mit seiner typischen Glockenform leuchtet in verschiedenen Lackfarben, grün, grün-gelb, zartrosa oder pink-weiß. Am besten schmeckt der köstliche ↑**Apfel** gekühlt. Er ist dann leicht säuerlich und frisch und hat eine knusprig-knackige Konsistenz, wenn er reif ist und frisch gepflückt wurde. Er wird meist roh als ↑**Obst** gegessen, manchmal zu ↑**Marmelade** verarbeitet. Die süßesten Sorten sind am teuersten.

Rosenblütenblätter [*Wildkräuter, -blüten & -früchte*] **T Lateinisch:** Rosa spp. Sie bereichern Getränke und Speisen nicht nur durch ihre Farbe, sondern auch durch ihren Duft. Sie verfeinern ↑**Gelees** und ↑**Pasteten** und werden zum Würzen von ↑**Essig**, ↑**Likör**,

↑**Sirup** und ↑**Wein** verwendet. Rosenblütenblätter sind ideal für ein Liebesmahl, z. B. auf ↑**Risotto.** Besonders aromatische Blütenblätter kann man über 48 Stunden in Wasser einweichen und mit ↑**Gelierzucker** aufkochen. ↑**Rosenkonfitüre** – Rosenblütenblätter sind auch zum Kandieren geeignet. ↑**Kandieren von Blüten – Mehr Information:** ↑**Essbare Blüten**

Rosenkohl [*Gemüse*] **T Lateinisch:** Brassica oleracea convar. fruticosa var. Gemmifera. **Synonym:** Brüsseler Sprossen, Kohlsprossen, Sprossenkohl. **Englisch:** Brussels sprouts; **Französisch:** chou de Bruxelles; **Italienisch:** cavolo di Bruxelles; **Spanisch:** coles de Bruselas, repollita. **Info:** Der zur Familie der Kreuzblütengewächse gehörende Rosenkohl wird in den Achseln der Stängelblätter gebildet. Die wie walnussgroße, geschlossene Kohlköpfe aussehenden Knospen sind hell- bis dunkelgrün, manchmal auch rötlich gefärbt und würden sich – wenn nicht geerntet – im folgenden Jahr zu einer Blüte entwickeln. **Ursprung und Geschichte:** Rosenkohl soll in seiner heutigen Form bereits im 13. Jahrhundert in der Gegend um Brüssel gezüchtet worden sein. Bekannt wurde er allerdings erst gegen Mitte des 19. Jahrhunderts als „Brüsseler Sprossen". Heute wird Rosenkohl vorwiegend in Gebieten entlang der europäischen Atlantikküste, in Mitteleuropa, Japan und Nordamerika angebaut. **Herkunft und Saison:** Rosenkohl hat von Ende August bis Anfang Dezember Saison und wird in diesem Zeitraum aus inländischer Produktion auf den Märkten angeboten. Daneben gibt es den ganzen Winter über und im zeitigen Frühjahr konstant Importe, vorwiegend aus Belgien und den Niederlanden. **Inhaltsstoffe:** 100 g (gekochter) Rosenkohl weisen einen Brennwert von ⌀ 39 kcal/165 kJ auf und enthalten etwa 84 g Wasser, 2,7 g Eiweiß, 0,5 g Fett, 8,7 g Kohlenhydrate und 2,6 g Ballaststoffe. An ↑**Mineralstoffen**, ↑**Spurenelementen** und ↑**Vitaminen** sind ⌀ 36 mg Kalzium, 1,2 mg Eisen, 21 mg Natrium, 71,9 mg Vitamin A (RE) und 62 mg Vitamin C enthalten. **Zubereitung und Tipps:** Rosenkohl wird nur gekocht gegessen. Man reicht ihn als Beilage, als Gemüsegericht, mit zerlaufener ↑**Butter** oder mit ↑**Muskat** und Butter gewürzt oder aber mit ↑**Béchamelsauce** überbacken. ↑**Würztabelle.** Vor dem Kochen werden die äußeren Blätter entfernt, der Strunk zur Verkürzung der Garzeit kreuzweise eingeschnitten und die Röschen unter fließendem Wasser gewaschen. Die Köpfchen dürfen nicht zu weich in Salzwasser gekocht oder gedünstet werden. Rosenkohl lässt sich (blanchiert) als Vorspeise, in ↑**Backteig** getunkt frittieren oder als Suppe servieren und passt als Beilage gut zu kurz gebratenem ↑**Fleisch** wie ↑**Steaks,** ↑**Schnitzel,** ↑**Geflügel,** ↑**Lamm** und ↑**Wild.** Beim Einkauf sollten die Rosenkohlröschen keine gelblichen, sondern hell- bis dunkelgrüne Blätter haben, die fest am Kopf anliegen. Am besten schmecken die Röschen, wenn sie schon ein wenig Frost abbekommen haben, denn die im ↑**Kohl** enthaltene ↑**Stärke** wird dann in ↑**Zucker** umgewandelt, was ihn geschmacklich milder und leichter verdaulicher macht. **Lagerung:** im Gemüsefach etwa 2–3 Tage

Rosenkonfitüre [*Jüdische Küche*] **A** ↑**Konfitüre,** die aus Blütenblättern von Rosen (besonders der betäubend duftenden Sorte **rosa centifolia**) gekocht wird. Zur Herstellung wird ein ↑**Sirup** aus ↑**Zucker** und Wasser gekocht, in den die Rosenblätter eingestreut werden. Die Flüssigkeit verfärbt sich daraufhin zuerst grünlich violett, nimmt nach dem Hinzufügen von ↑**Zitronensaft** jedoch einen leuchtenden, durchscheinend rubinroten Ton an. Durch Variieren der Zutaten können verschiedene Rosenkonfitüren und -gelees zubereitet werden. Rosenkonfitüre ist ein Gericht der jüdischen, arabischen, türkischen und russischen Küche. Traditionell wird sie im Sommer zu einem Glas kalten Wassers genossen und im Winter statt Zucker in den ↑**Tee** gegeben.

Rosenkranz [*Regionale Spezialität*] Rundgewickelte ↑**Bratwurst;** Ursprung: Münsterland

Rosenlikör [*Hausbar*] **T** Oder **Rosenmaraschino** aus stark duftenden Rosenblättern schmeckt köstlich als ↑**Digestif** und eignet sich hervorragend für eine ↑Rosen**bowle.** Als Rose Royale mit ↑**Champagner,** ↑**Prosecco** oder ↑**Sekt** aufgegossen, wird Rosenlikör zu einem vorzüglichen ↑**Aperitif.**

Rosenpaprika [*Gewürze & Kräuter*] ↑**Paprikagewürz**

Rosenspitz [*Fleischprodukte*] Regionale Bezeichnung für die ↑**Hüfte**

Rosenstück [*Fleischprodukte*] Regionale Bezeichnung für dickes Beinfleisch der Rinderkeule

Rosenwasser [*Unsere Küche*] **T** Das bei der Destillation von Rosenöl anfallende Wasser wird als Aromastoff zum Parfümieren von Backwaren und Süßspeisen verwendet. Es ist Bestandteil von ↑**Marzipan** und in Apotheken erhältlich.

Rose's Lime Juice [*Hausbar*] ↑**Lime Juice**

Rosette [*Weinkunde*] Weißwein aus einem kleinen Gebiet nördlich von Bergerac. Angebaute Rebsorten: ↑**Semillon,** ↑**Sauvignon blanc** und ↑**Muscadelle**

Rosette du Beaujolais [*Franz. Speisekarte*] Luftgetrocknete oder geräucherte ↑**Wurst**

Roseval [*Kartoffelsorte*] **Kochtyp:** ↑**Vorwiegend festkochende Kartoffeln; Herkunft:** Frankreich; **Jahr der Zulassung:** 1950; **Schale:** dunkelrot; **Fleisch:** gelb, sehr guter Geschmack; **Knolle:** langoval; **Reifezeit:** mittelfrüh/spät

Roséwein [*Weinkunde*] Rosé entsteht ausschließlich aus Rotweintrauben. Eine Ausnahme bilden Roséchampagner und so genannte Schillerweine (↑**Rotlinge**), die das Ergebnis einer Mischung aus Rot- und Weißweintrauben oder deren Maische sind. Der Unterschied zu sonstigem Rotwein ist, dass der Most sehr schnell von den Schalen getrennt und wie ein Weißwein ausgebaut wird. Durch die frühzeitige

Separierung des Mostes von den Schalen ergibt sich eine geringe Farbextraktion, da die rote Farbe beim Rotwein nur aus den Schalen kommt. Die helle Farbe kann aber auch andere Ursachen haben, z. B. extrem hohe Erträge, Fehler bei der Weinbereitung etc. Diese Rotweine dürfen – entsprechende blass- bis hellrote Farbe vorausgesetzt – auch als Rosé bezeichnet und verkauft werden. Fast alle Weinbaugebiete der Erde produzieren Roséweine, eine reine Rosétraube aber gibt es nicht. Bekannte deutsche Roséweine sind ↑**Weißherbst**, ↑**Badischer Rotgold**. In Österreich wird der „↑**Schilcher**" aus der Steiermark auch als „Gleichgepresster" bezeichnet, und in der deutschsprachigen Schweiz nennt man den Rosé „Süßdruck".

Rosinen [*Allgem. Nährmittel*] **T** Trockenfrüchte aus Trauben; **Englisch:** raisin; **Französisch:** raisin sec; **Italienisch:** uvetta; **Spanisch:** pasa. **Inhaltsstoffe:** 100 g Rosinen enthalten ∅ 298 kcal/1248 kJ, 32,2 g Traubenzucker (Glucose), 782 mg Kalium, 31 mg Calcium und 0,12 mg Vitamin B_1. Rosinen werden in der Türkei, Griechenland, Bulgarien, Spanien, Frankreich, Kalifornien, Südafrika und Australien produziert. Trauben werden an der Luft oder in Öfen getrocknet. Man unterscheidet die Sorten ↑**Korinthen** (kernlos, klein, dunkel), ↑**Zibeben** (viele Kerne, groß, fleischig), ↑**Sultaninen** (kernlos, hell, süß) und Traubenrosinen (saftig, groß, aus ↑**Muscat**traube). Bei unsachgemäßer Lagerung werden Rosinen hart. Legt man sie einige Zeit in warmes Wasser oder warmen Saft, werden sie wieder prall. Anschließend schnell verarbeiten.

Rosmarin [*Gewürze & Kräuter*] **T Lateinisch:** Rosmarinus officinalis. **Synonym:** Meertau, Rosemarie, Weihrauchkraut, Kranzenkraut, Antonkraut. **Englisch:** rosemary; **Französisch:** rosmarin; **Italienisch:** rosmarino; **Spanisch:** romero. **Info:** Rosmarin gehört zur Familie der Lippenblütengewächse und ist ein immergrüner, stark duftender, bis zu 150 cm hoher Halbstrauch mit dicht verzweigten Ästchen. Die kleinen, kurzgestielten, ledrigen, dunkelgrünen Blätter sind zusammengerollt und wirken dadurch wie kleine Nadeln. **Ursprung:** Der im Mittelmeerraum heimische Rosmarin war den Juden und den Ägyptern bereits im Altertum heilig. Ebenso den Griechen, die ihn der Aphrodite geweiht hatten und einen Wein aus den aromatischen Blättern zubereiteten; bei den Römern schmückten der Venus geweihte Rosmarinkränze die Hausaltäre. Um die Zeit Karls des Großen ein Symbol für Treue und „das" Hochzeitskraut, ehe es Jahrhunderte später von der Myrte abgelöst wurde. **Erhältlich als:** Das ganze Jahr über werden die Blätter und Triebspitzen vom immergrünen Rosmarin frisch geerntet angeboten; zum Trocknen vorgesehene Zweige schneidet man am besten zur Blütezeit. **Anbau:** Rosmarin kann man zwar aussäen, aber die Mühe lohnt kaum, denn der Samen keimt in Mitteleuropa sehr schlecht und langsam. Besser ist es, man kauft sich in einer Gärtnerei eine Pflanze. Mehr braucht man für einen Normalhaushalt nicht. Rosmarin lässt sich aber auch leicht aus Ablegern ziehen. Dazu im Sommer einen Zweig in Torf-Sand-Gemisch stecken, in die Sonne stellen, nicht zu viel gießen. Nach kurzer Zeit bekommt der Ableger Wurzeln. **Standort:** Rosmarin benötigt einen sonnigen Platz und leichten, evtl. mit Sand vermischten Boden. Ab Spätsommer nicht mehr düngen, nur noch sparsam gießen und nicht mehr so häufig Zweige abschneiden. Dann übersteht er den Winter besser. **Geschmack:** Rosmarin schmeckt harzig und bitterwürzig und riecht ähnlich wie Weihrauch. Frisch schmeckt er pikanter, die getrockneten Nadeln sind harziger und dumpfer im Geschmack. **Verwendung in der Küche:** ↑**Würztabelle**; Rosmarin sollte nur sehr sparsam verwendet werden, da er hohe Würzkraft besitzt. Vor allem in den Küchen Südfrankreichs und Italiens wird Rosmarin geschätzt. **Wirkung in der Volksmedizin:** In der Naturmedizin wird Rosmarin zur Stärkung der Herz- und Kreislauffunktionen und als Ausgleich bei Nervenleiden empfohlen. Er soll auch die Gallen- und Magensaftproduktion anreichern sowie bei Migräne, Kopfschmerzen, Konzentrationsstörungen, chronischen Krankheiten, Depressionen, Stress, Schwächezuständen und Epilepsie eine unterstützende Wirkung zeigen. Die in Rosmarin enthaltenen kampferähnlichen ätherischen Öle und Gerbstoffe wendet man auch gegen niedrigen Blutdruck, Erschöpfungszustände und Nachlassen der Spannkraft an – und zwar äußerlich als Badezusatz oder innerlich als Tropfen oder Rosmarinwein.

Rosmarino [*Ital. Speisekarte*] ↑**Rosmarin**

Rosolio [*Hausbar*] ↑**Rosenlikör**

Rossara [*Weinkunde*] Gute italienische Rotweinrebe, zum Beispiel für ↑**Bardolino**

Rossese [*Weinkunde*] Ligurische Rotweinrebe. Liefert gute Weine, die jung getrunken werden sollten.

Rossini, Gioacchino [*Berühmte Köche*] **A 1.** Gioacchino (1792–1868), berühmter Opernkomponist, nicht minder berühmter Amateurkoch und Feinschmecker. Nach ihm wurden verschiedene Gerichte und eine Speisegarnitur benannt, die immer ↑**Gänseleber**, ↑**Trüffel** und ↑**Madeira** beinhaltet, z. B. **à la Rossini; 2. Speisegarnitur** für **kleine Fleischstücke** und **Kurzgebratenes:** Mit Gänseleberscheiben, Trüffeln und Champignons **Sauce:** mit Madeira vollendete, gebundene ↑Kalbsjus; **Speisegarnitur** für **Makkaroni:** ↑**Makkaroni** mit ↑**Butter** und frisch geriebenem ↑**Parmesan** binden, mit ↑**Trüffeln** und ↑**Gänseleber**würfel vermischen und ↑**Madeirasauce** umkränzen

Rosskartoffel [*Gemüse*] ↑**Batate**

Rosskastanien [*Fachkunde*] **T** Kastanien sind ein vielseitiger und wertvoller Rohstoff. ↑**Edelkastanien.** Nach den beiden Weltkriegen dienten sie als Nahrung (↑**Öl** und ↑**Mehl**) und als Futter für die Haustiere.

Allerdings sind Kastanien roh ungenießbar und sogar schwach giftig. Sie enthalten das Gift „Aesculin", das bei Genuss Erbrechen, Lähmungserscheinungen und Angstgefühle hervorruft. Den Namen Rosskastanien haben sie, weil sie an Pferde verfüttert wurden. Auch heute noch dienen sie im Winter als Futter für ↑**Schalenwild**.

Rossler [*Hausbar*] Badischer Spezialitätenbrand mit 40 %Vol. aus ↑**Topinambur**-Knollen

Rost [*Unsere Küche*] ↑**Grill**

Rostbraten [*Österr. Küche*] ↑**Hochrippe**

Röstbrotscheiben (Toasts) [*Unsere Küche*] Beidseitig geröstete Weißbrotscheiben für Schnittchen (↑**Sandwich**,) als Beilage oder Unterlage (↑**Croûton**) für kleine Fleischstücke, manchmal ausgehöhlt und mit ↑**Ragouts** etc. gefüllt.

Rösten [*Unsere Küche*] **T** Verfahren, bei dem Lebensmittel erhitzt werden mit: **1.** direkter Wärme auf einer Herdplatte; **2.** Wärmestrahlung im Grill; Das Gargut wird mit oder ohne Fett in einer heißen Pfanne geröstet und muss dabei ständig gerührt werden, damit es nicht anbrennt.

Rösten von Kaffee [*Kaffee*] Kaffeebohnen werden in Heißluft geröstet, nachdem sie fermentiert worden sind (↑**Gärung**). Während des Röstvorgangs bildet sich der charakteristische Geschmack, Geruch und das Aussehen. Beim Rösten verlieren die Bohnen viel Flüssigkeit, die Zuckerstoffe werden verbrannt, ein Teil des ↑**Tannins** und der ↑**Fette** wird reduziert – insgesamt 18 bis 22 % gehen an Gewicht verloren.

Röster [*Österr. Küche*] Weichgedünstetes ↑**Obst**, ↑**Mus** oder ↑**Kompott** als Beilage zu ↑**Mehlspeisen**. ↑**Zwetschgen**-, ↑**Marillen**-, ↑**Kirschen**-, ↑**Holunder**röster

Röstgemüse [*Unsere Küche*] ↑**Mirepoix**

Rösti [*Unsere Küche*] ↑**Berner Rösti**

Rosticciana [*Ital. Speisekarte*] Geschmortes ↑**Schweinefleisch**

Rostiger Ritter [*Regionale Spezialität*] ↑**Armer Ritter**

Rot 2 G [*Fachkunde*] ↑**E 128**

Rot- bzw. Weißklee [*Wildkräuter, -blüten & -früchte*] **T Lateinisch:** Trifolium pratense; **Info:** Rotklee ist eine eiweißreiche Futter- und eine wertvolle und gesunde Nahrungspflanze. Was frühere Generationen wussten und in Notzeiten zu nutzen verstanden, wird neu entdeckt. **Standort:** Die Pflanze liebt es sonnig, trockene bis mäßig feuchte, nährstoffreiche, tiefgründige Böden; **Geschmack:** fein würzig; **Verwendung in der Küche:** Für die Küche können sowohl die Blüten als auch die Keimsprossen genutzt werden. Die gezupften Blüten vom Rotklee sind eine besondere Leckerei in Salaten und Suppen. Die getrockneten Blütenköpfe verwendet man gemahlen als „Getreidezusatz" beim Brotbacken. Samen zur ↑**Sprossen**anzucht werden immer öfter in Bioläden und Reformhäusern angeboten. Die ganze Pflanze kann auch als ↑**Tee** genossen werden. Dazu trocknet man das frisch erblühte Kraut. **Wirkung in der Volksmedizin:** Rotklee enthält hoch wirksame Phytoöstrogene. Diese haben sich als hilfreich bei der Vorbeugung von Gefäßerkrankungen, zur Linderung allgemeiner Alterserscheinungen und bei der Linderung von Wechseljahresbeschwerden bewährt. Rotklee macht zwar nicht jünger, hilft aber, die Gesundheit zu stärken und das Wohlbefinden zu verbessern. Auf jeden Fall eine wertvolle Abwechslung im Speiseplan – **Mehr Information:** ↑**Essbare Blüten**

Rot kochen [*Asiatische Küche*] **A** Begriff aus der chinesischen Küchenkultur. Hierfür wird **Schweine-** oder ↑**Geflügelfleisch** in einem ↑**Würzsud** aus Wasser, ↑**Salz**, ↑**Pfeffer** oder ↑**Chili**, ↑**Lauch**, ↑ **Ingwer**, ↑**Knoblauch** und dunkler ↑**Sojasoße** ganz weich gekocht. In der Brühe erkalten lassen, dann in hauchdünne Scheiben schneiden und mit beliebigem Gemüse servieren. Oder in mundgerechte Stücke schneiden, im Wok anbraten und mit Gemüse und Soße vollenden. Das Gleiche passiert beim „Weiß Kochen", nur mit dem Unterschied, dass in der Grundbrühe die Sojasoße fehlt.

Rotauge [*Fisch*] **T Lateinisch:** Rutilus rutilus. Auch Rotkarpfen: ein zur Familie der ↑**Karpfen** gehörender Süßwasserfisch. Er ist auf dem Rücken graugrün, an den Seiten gelblich, an den Bauch-, After- und Schwanzflossen blutrot gefärbt. Die goldgelbe Iris des Auges trägt einen roten Punkt. Der Fisch ähnelt der ↑**Plötze**, er wird 20–30 cm lang und 0,5–0,8 kg schwer. Das Fleisch ist grätenreich und spielt in der feinen Küche keine Rolle.

Rotbarbe [*Fisch*] Mittelmeerfisch der felsigen Küstengewässer mit sehr schmackhaftem Fleisch. ↑**Rouget**

Rotbarsch [*Fisch*] **T Lateinisch:** sebastus marinus – sebastus mentella – sebastus viviparus; **Englisch:** redfish, ocean perch; **Französisch:** (grand) sébaste, racasse du nord; **Italienisch:** scorfano di Norvegia; **Spanisch:** gallineta (nordica). Rotbarsche leben an den Küsten von Grönland, Norwegen und Island, haben rosaweißes, festes, fettes Fleisch und gehören zu den beliebtesten Seefischen. Sie werden zwischen 40 und 70 cm (maximal 1 m) lang und bis zu 15 kg schwer. ↑**Goldbarsch**; **Inhaltsstoffe:** 100 g frischer Rotbarsch enthalten ∅ 102 kcal/428 kJ, 3,61 g Fett, 18,6 g Eiweiß, 2,3 µg Vitamin D, 1,25 mg Vitamin E, 99 µg Jod und 42 mg Cholesterin. Sein Fleisch zeichnet sich durch einen hohen Gehalt an ↑**Jod** aus. Wegen der harten Schuppen und Stachelstrahlen bleibt nichts anderes übrig, als den Fisch zu filetieren. Die Filets eignen sich hervorragend zum Braten und Dünsten. Rotbarsch gibt es auch tiefgekühlt und geräuchert.

Rote [*Fleischprodukte*] Regionale Bezeichnung für eine ↑**Brühwurst** nach Art der ↑**Rindswurst**

Rote Banane [*Exotische Früchte*] **T Lateinisch:** Musa sapientium; **Info:** Spezielle Form der Obstbananen mit einer anfangs grünlichen, später hellroten bis dunkelroten Schale. Ihr Fruchtfleisch ist lachsfarben, und sie sind süßer als die üblichen Obstbananen. **Herkunft und Saison:** Rote Bananen werden das ganze Jahr über in kleineren Mengen aus mittelamerikanischer Produktion angeboten. **Zubereitung und Tipps:** Rote ↑**Bananen** haben einen ähnlichen Geschmack wie die bekannten Obstbananen. Sie enthalten mit zunehmender rötlicher Färbung mehr ↑**Vitamin A**, sind also noch gesünder als ihre gelben Verwandten.

Rote Beete [*Gemüse*] Auch: Bete. **R Lateinisch:** Beta vulgaris ssp. vulgaris var. Conditiva. **Synonym:** Ranne, Rande, Salatbete, Salatrübe, rote Rübe. **Englisch:** beetroot, red beet; **Französisch:** betterave rouge; **Italienisch:** barbabietole; **Spanisch:** remolachas. **Info:** Die Rote Beete gehört zur Familie der Gänsefußgewächse und ist eine tief wurzelnde, daher weitgehend gegen Trockenheit unempfindliche, erst im zweiten Jahr blühende Pflanze mit dunkelgrünen oder rötlichen Blättern und essbaren Knollen. Die außen und innen braunroten bis tief dunkelroten Knollen sind kugelrund, plattrund, birnenförmig oder länglich zylindrisch geformt. Sie weisen bei einem Querdurchmesser von 4–12 cm ein Gewicht von 100 bis 600 g auf. Selten gibt es gelbe oder gar weiß gefärbte Knollen, sehr dekorativ ist die aus Italien stammende „Chioggia" mit weißen und roten Ringen. **Ursprung und Geschichte:** Rote Beete stammt wie die Futterrübe, ↑**Zuckerrübe** und der ↑**Mangold** von der im Mittelmeergebiet und Vorderasien verbreiteten Strandrübe (Beta maritima) ab, hat sich jedoch früh bis in die Steppen Asiens und in Mitteleuropa verbreitet. Erste Berichte über ihre Heilwirkungen hat Hippokrates schon vor 2500 Jahren verfasst, indem er Rote Beete und Roten Wein beschrieb. Im Mittelalter wurde Rote Beete als Mittel gegen Blutkrankheiten angesehen. Seit dem 16. Jahrhundert stehen sie auf Europas Speiseplänen, jedoch bis zu Beginn des 20. Jahrhunderts von Ärzten bei Schwächezuständen verordnet. **Herkunft und Saison:** Die Saison für Rote Beete beginnt im Mai mit den ersten jungen und kleinen Knollen, die zusammen mit den Blättern als Bund angeboten werden. Ab August gibt es dann die ausgereiften Knollen bis in das nächste Frühjahr hinein. **Inhaltsstoffe:** 100 g (gekochte) Rote Beete weisen einen Brennwert von ∅ 44 kcal / 185 kJ auf und enthalten etwa 85 g Wasser, 1,7 g Eiweiß, 0,2 g Fett, 10 g Kohlenhydrate und 2 g Ballaststoffe. An ↑**Mineralstoffen**, ↑**Spurenelementen** und ↑**Vitaminen** sind ∅ 16 mg Kalzium, 0,8 mg Eisen, 77 mg Natrium, 3,5 mg Vitamin A (RE) und 3,6 mg Vitamin C enthalten. Sie sind ein außerordentlich nahrhaftes und gesundes Gemüse. Sie enthalten neben ↑**Pro-Vitamin-A** die ↑**Vitamine** B_1, B_2, B_6 und C sowie reichlich ↑**Folsäure** und ↑**Eisen.** Dem hohen Anteil an ↑**sekundären Pflanzenwirkstoffen**, vor allem den roten Anthocyanen, wird in neueren Forschungen eine wichtige Rolle in der vorbeugenden Wirkung gegen Krebs zugeschrieben. Der Farbstoff „Betacyan", ein stickstoffhaltiges Anthocyan mit ↑**cholesterin**auflösender Wirkung, ist vor allem in jungen Rote Beete enthalten und nimmt mit zunehmender Reife ab. Er wird auch als Lebensmittelfarbstoff verwendet und verursacht eine intensive Rotfärbung, die jedoch nicht hitzebeständig ist. Der menschliche Körper scheidet den Farbstoff vollständig aus, entsprechend sind Harn und Stuhl gefärbt. **Zubereitung und Tipps:** Rote Beete werden zuerst unter fließendem Wasser sorgfältig gewaschen, die vorhandenen Blätter abgezupft. Anschließend kocht man sie ca. 1 Stunde in Salzwasser gar. Erst danach schneidet man die Wurzel- und Blattansätze ab und schält die Knollen. So bleibt der Saft drin, Mineralstoff- und Aromaverlust beim Kochen werden vermieden. Rote Beete werden immer separat mit der Schale gekocht und nie mit den Speisen zusammen, da diese einen muffigen Geschmack annehmen würden. ↑**Würztabelle.** Sehr beliebt als warme Gemüsebeilage oder als Salat, der mit ↑**Essig**, ↑**Salz** und ↑**Kümmel** angemacht wird. Junge Rote Rüben schmecken roh sehr gut und werden als Salat oder als ↑**Rohkost** mit ↑**Zitronensaft**, ↑**Äpfeln**, ↑**Nüssen**, ↑**Karotten** oder ↑**Zitrusfrüchten** zubereitet. Als Würzpaste werden die gekochten, erkalteten Knollen geraspelt, mit ↑**Meerrettich**, etwas Salz, ↑**Zucker**, Essig oder Zitronensaft vermischt und zu gekochtem ↑**Fleisch**, Kurzgebratenem und ↑**Steaks** serviert. Diese Paste ist in der ↑**Polnischen** (↑**Buraki**) und ↑**Jüdischen Küche** (↑**Chrein**) bekannt. Wer das schon mal probiert hat, kann nicht mehr davon lassen. Bekannt ist ↑**Borschtsch**, die ursprünglich aus der Ukraine stammende Suppe mit ↑**Kraut.** Das russische Nationalgericht wird im Winter heiß und im Sommer kalt gegessen. **Lagerung:** Ungekochte Rote Beete halten sich im Gemüsefach des Kühlschranks bis zu einer Woche. Dazu schlägt man die Knollen am besten in Papier ein. Bereits gekochte Knollen werden luftdicht verpackt im Kühlschrank maximal zwei Tage gelagert, besser aber am nächsten Tag verbraucht. **Tipp:** Benutztes Küchengeschirr oder auch Flecken auf Kleidungsstücken entfernt man am besten mit Essig und heißem Wasser.

Rote Bohnen [*Übersetzer*] ↑**Kidneybohnen**

Rote Bohnenpaste [*Gewürze & Kräuter*] **A** Die ↑**Vitamin B**-reichen roten ↑**Bohnen** werden gekocht, fein püriert und mit ↑**Rohrzucker** gesüßt. Die so gewonnene Bohnenpaste wird in der ↑**Chinesischen Küche** für gedämpfte Beilagen, zur ↑**Peking-Ente** oder zum ↑**Spanferkel** serviert. In der ↑**Japanischen** und ↑**Koreanischen Küche** serviert man sie oft zu ↑**Desserts.**

Rote Bratwurst [*Regionale Spezialität*] **T** Diese ↑**Wurst** (kurz: Die Rote) ist eine beliebte schwäbische Spezialität, vor allem in Stuttgart und Region. Sie besteht aus reinem ↑**Schweinefleisch**, hat große Ähnlichkeit mit einer ↑**Bockwurst** und ist würzig im Geschmack.

Damit sie beim Grillen nicht aufplatzt, wird die Haut kreuzweise eingeschnitten.

Rote Currypaste [*Gewürze & Kräuter*] **A** Thailändische scharfe Gewürzmischung: ↑**Gäng Massaman.** Außer der Roten (**gäng ped bäng**) gibt es mehrere Arten thailändischer ↑**Curry-Pasten.** Die bekanntesten sind die Grüne (**gäng kiau wan**) mit ↑**Koriander**blättern und grünen ↑**Chilis** oder mit Nussgeschmack und die Gelbe (**namjai**) mit ↑**Galgant,** ↑**Kurkuma** und ↑**Zitronengras.**

Rote Dattel [*Exotische Früchte*] ↑**Jujube**

Rote Grütze [*Unsere Küche*] **R** Ein Renner unter den Desserts in Norddeutschland, besonders wenn im Frühsommer Kirschen und Beeren reif sind. Sie ist schnell gemacht und sehr erfrischend. **Grundrezept der Mutter des Autors:** 250 g rote ↑**Johannisbeeren;** 125 g schwarze Johannisbeeren; 125 g ↑**Himbeeren;** 250 g ↑**Erdbeeren;** 250 g süße ↑**Kirschen;** 60 g ↑**Speisestärke;** 250 g ↑**Zucker;** 1 ↑**Vanilleschote;** 1 ↑**Zitrone;** ↑Prise **Salz.** Zunächst die roten und schwarzen Johannisbeeren und die Himbeeren waschen, von den Stielen befreien und mit 1/2 l Wasser, Salz und der halbierten Vanilleschote aufkochen lassen. Vom Herd nehmen und den Saft ziehen lassen. Inzwischen die Kirschen waschen, halbieren und die Kerne entfernen. Die Erdbeeren waschen und halbieren oder vierteln. Nun den Johannisbeer-Himbeersaft durch ein feines Sieb in einen Messbecher gießen und die Fruchtmasse gut durchstreichen. Die Fruchtkörner haben nichts in der roten Grütze verloren. Den entstandenen Saft mit Wasser auf 1 l auffüllen. Saft zum Anrühren für die Speisestärke abnehmen. Den Saft zusammen mit dem Saft der Zitrone und dem Zucker erneut aufkochen und mit der kalt angerührten Speisestärke andicken. Die Kirschen und Erdbeeren unterheben und die Grütze in eine mit Wasser ausgespülte Glasschüssel umfüllen. Damit sich keine Haut bildet, mit Zucker bestreuen. Nach dem Abkühlen die Grütze im Kühlschrank auskühlen lassen. Serviert wird sie je nach Geschmack mit kalter ↑**Milch,** ↑**Sahne,** ↑**Vanillesauce** oder ↑**Speiseeis.**

Rote Johannisbeeren [*Übersetzer*] **Englisch:** red currants; **Französisch:** groseilles rouges; **Italienisch:** ribes rosso; **Spanisch:** grosellas rojas

Rote Linsen [*Allgem. Nährmittel*] ↑**Linsen**

Rote Rübe [*Österr. Küche*] ↑**Rote Beete**

Rote Salatzichorie [*Gemüse*] ↑**Blattsalate**

Rote Sülzwurst [*Fleischprodukte*] ↑**Blutwurst**

Rote Williams Christ [*Obst*] **T Lateinisch:** Pyrus communis var. sativa. **Synonym:** Red Bartlett, Max Red Bartlett, Max Red. **Info:** Die Rote Williams Christ ist eine mittelgroße, glockenförmige ↑**Birne** von klassischer Form, mit glatter, leicht bucklig-höckeriger oder beuliger Oberfläche sowie eingesenktem, oft schief angesetztem Stiel und leichten Falten vom Kelch bis zur Bauchmitte. Die raue Schale hat eine mahagonirote Deckfärbung auf undeutlich erkennbarem, grünlichem oder gelblichem Grund und graubraune, unauffällige ↑**Lentizellen** sowie eine leichte, netzartige Berostung. Das gelblich-weißliche bis crèmefarbene, saftige und weiche Fruchtfleisch weist den feinen, sehr süßen, kräftigen, schmelzenden, edlen und typisch parfümierten Williamsgeschmack auf. **Ursprung und Geschichte:** Rote ↑**Williams Christ** ist eine Mutation der gelben „Williams Bon Chrétien" mit mahagoniroter Schale, wurde 1947 in Oregon, USA, entdeckt und als „Max Red Bartlett" verbreitet. **Herkunft und Saison:** Sie werden in Mitteleuropa von Mitte August bis Anfang September geerntet und sind – (bei Überlagerung verlieren sie das typische Aroma) – im ↑**Kühllager** maximal bis Mitte Oktober, im ↑**CA-Lager** bis höchstens Mitte Dezember haltbar. Dementsprechend werden Williams Christ nur von Mitte August bis Ende September aus inländischer und italienischer Produktion angeboten. Aus Südamerika gibt es von Ende Januar bis Ende Februar – insbesondere aus Argentinien – hervorragende Qualitäten, danach noch kleinere Angebote aus Südafrika, Australien und Neuseeland.

Rote Zwiebel [*Gemüse*] **T Lateinisch:** Allium cepa; **Info:** Die zur Familie der Liliengewächse gehörende rote Zwiebel hat ein mildes bis süßliches Aroma und einen würzigen Geschmack – im Vergleich zur Gelben Zwiebel weniger stechend scharf –, allerdings nur begrenzte Haltbarkeit. Wegen ihrer dekorativen, leuchtend roten bis bläulich roten oder fast violetten Hautfarbe und dem rötlich marmorierten Fleisch wird die meist zugespitzt, seltener auch abgeflacht geformte ↑**Zwiebel** in frischen, dekorativen Salaten verwendet. **Herkunft und Saison:** Im zeitigen Frühjahr werden Rote Zwiebeln vorwiegend aus Italien angeboten, manchmal sogar als Bundzwiebeln mit Grün. Im Sommer und Herbst kommen sie abgetrocknet meist aus dem Inland. **Zubereitung und Tipps:** Rote Zwiebeln werden vor allem in der südeuropäischen und orientalischen Küche zu Ringen geschnitten in Orangen- oder ↑**Blattsalaten** sowie mit ↑**Antipasti** und in der mitteleuropäischen Küche zu Würfeln geschnitten im ↑**Kartoffelsalat** verwendet.

Rotelle, rotelli, rotellini [*Ital. Speisekarte*] ↑**Nudeln** in der Form kleiner Wagenräder mit sechs Speichen

Rötender Wulstling [*Speisepilze*] ↑**Perlpilz**

Roter Chili [*Gewürze & Kräuter*] ↑**Chili**

Roter Delicious [*Obst*] **T Lateinisch:** Malus domestica; **Info:** ↑**Apfel**sorte mit großen bis sehr großen Früchten von hoch gebauter Form und mit den typischen fünf Höckern um den Kelch. Die glatte Schale ist in ihrer Grundfarbe grünlich gefärbt, jedoch fast vollständig hellrot bis dunkelrot gestreift bis verwaschen bedeckt. Das schneeweiße, mittelfeste, saftige Fruchtfleisch hat einen rein süßlichen Geschmack mit einer ganz leichten, angenehmen Säure. **Mutanten und Typen:**

„Starking Delicious" und „Starkrimson" sind so intensiv dunkelrot gestreift, dass die einzelnen Streifen nur sehr schwer erkennbar sind und die ganze Frucht bedeckt gefärbt erscheint. **Ursprung und Geschichte:** Roter Delicious ist ein Zufallssämling und wurde 1895 in Iowa, USA, entdeckt und als „Red Delicious" verbreitet. Im vergangenen Jahrhundert entwickelten sich die Typen dieser Sortengruppe zu einer der weltweit wichtigsten Apfelsorten. **Herkunft und Saison:** Rote Delicious werden in Mitteleuropa zwischen Anfang und Mitte September geerntet und sind im ↑**Kühllager** bis Ende November und im ↑**CA-Lager** bis Ende Februar haltbar. Der Beginn der Genussreife fällt mit dem Erntetermin zusammen.

Roter Erstling [*Kartoffelsorte*] ↑**Red Duke of York**

Roter Kappes [*Gemüse*] ↑**Rotkohl**

Roter Kopfsalat [*Gemüse*] ↑**Blattsalate**

Roter Kren [*Jüdische Küche*] ↑**Buraki** oder ↑**Chrein**

Roter Zentner [*Gemüse*] **T Lateinisch:** Cucurbita maxima; **Info:** Diese alte französische Kürbissorte ist flachrund und leuchtend orange. Sie hat einen Durchmesser von 20–30 cm, und die Früchte sind etwa 10 kg schwer. **Herkunft und Saison:** Obwohl die Lagerfähigkeit des Roten Zentner gut ist und mehrere Monate beträgt, wird er in Deutschland nur kurze Zeit im Herbst angeboten. **Zubereitung und Tipps:** Das Fruchtfleisch ist intensiv orange, schmeckt aromatisch und wird meist zu Beilagen verarbeitet. ↑**Kürbis**

Rotforelle [*Fisch*] Bezeichnung für ↑**Saibling**

Rotgipfler [*Weinkunde*] Weißweinrebsorte mit nur geringem Ertrag. Regionaler österreichischer Wein, kräftig im Geschmack, von guter Qualität. Wird oft als Verschnitt mit ↑**Zierfandler** (z. B. für Gumpoldskirchener) verwendet.

Rothschild, Historischer Speisename [*Speisegarnitur*] **A** 1. Nach Baron Philippe de Rothschild (*13. 4. 1903 in Paris, † 20. 1. 1988 in Paris) benannt: 2. Kleine Plätzchen aus ↑**Löffelbiskuitmasse**, dressiert, mit gehobelten ↑**Mandeln** bestreut, gebacken, der Boden wird mit ↑**Kuvertüre** getränkt; 3. Erbe und Patron des berühmten Weingutes Château Mouton in Pauillac bei Bordeaux, Förderer der Kochkunst

Rothuhn [*Fleischprodukte*] ↑**Rebhuhn**

Roti [*Intern. Länderküche*] **1. roti** – Begriff aus der indischen Küchenkultur für eine mit ↑**Curry** gewürzte Mischung aus ↑**Hühnerfleisch** und ↑**Kartoffeln**, die in ein ↑**Fladenbrot** eingerollt wird. **2. roti sada** – einfaches indisches ungesäuertes Fladenbrot oder **3. roti makhani** – indisches ungesäuertes Butterfladenbrot aus ↑**Attamehl** oder ein **4.** thailändischer ↑**Bananenpfannkuchen**

Rôti [*Franz. Speisekarte*] Braten, Bratenstück

Rôti de porc [*Franz. Speisekarte*] ↑**Schweinebraten**

Rôti mariné [*Franz. Speisekarte*] ↑**Sauerbraten**

Rôtie [*Franz. Speisekarte*] Geröstete (bestrichene, belegte) Brotscheibe

Rôtie galloise [*Franz. Speisekarte*] ↑**Käseschnitte**

Rotini [*U.S. Kitchen*] Spiralförmige ↑**Nudelsorte**

Rôtir [*Franz. Fachwort*] Anbraten, braten

Rôtisserie [*Franz. Speisekarte*] Französisches Restaurant, das hauptsächlich Grillspezialitäten anbietet

Rôtisseur [*Franz. Speisekarte*] Koch, zuständig für große Bratenstücke

Rôtisseur-Senf [*Gewürze & Kräuter*] Grobkörniger ↑**Dijonsenf**, den man zum Braten und Kochen verwendet

Rôtissoir [*Franz. Fachwort*] Bratreine oder Bräter ohne Deckel, mit sehr hoch gezogenen Wänden für große ↑**Braten** und ↑**Geflügel**

Rotkabis [*Gemüse*] ↑**Rotkohl**

Rotkappe [*Speisepilze*] **T Lateinisch:** Leccinum versipelle (L. rufum). **Synonym:** Espen-Rotkappe. ↑**Waldpilze**. **Hut:** orangerot, gelbbraun ausblassend (seltener braunrot), erst kugelig, später polsterförmig, Rand mit überhängendem Saum, 8–18 cm, trocken; **Röhren:** jung grau (oder weißlich), später graugelb, am Stiel tief ausgebuchtet; **Stiel:** weißlich mit schwärzlichen oder rotbräunlichen Schüppchen, kräftig, derb, 8–20 cm hoch; **Fleisch:** weiß, grau-violett anlaufend, beim Zubereiten dunkel werdend, fest, mild. **In der Küche:** vorzüglicher, sehr ergiebiger Speisepilz. Bei der Zubereitung färbt sich das Pilzfleisch schwarz, worunter der Geschmack nicht leidet. **Vorkommen:** Im Laubwald, besonders unter Birken und Zitterpappeln (Espen), Juni – Oktober; **Verwechslung:** Es gibt keine ähnlichen Giftpilze.

Rotkarpfen [*Fisch*] Bezeichnung für das ↑**Rotauge**

Rotkohl [*Gemüse*] **T Lateinisch:** Brassica oleracea convar. capitata var. capitata f. rubra. **Synonym:** Blaukraut, Rotkraut, Roter Kabis, Roter Kappes. **Englisch:** red cabbage; **Französisch:** chou rouge; **Italienisch:** cavolo rosso; **Spanisch:** repolla morado. **Info:** Rotkohl gehört zur Familie der Kreuzblütengewächse und ist fast mit dem ↑**Weißkraut** identisch. Rotkohl hat jedoch einen noch etwas fester gewachsenen Kopf und erhält durch den wasserlöslichen Pflanzenfarbstoff Anthocyan seine typische Farbe. **Ursprung und Geschichte:** Rotkohl stammt von dem ursprünglich an den Mittelmeer- bzw. Atlantikküsten vorkommenden Meerkohl ab und war den Griechen, Römern und Kelten schon in der Antike bekannt. Es galt als das Heilmittel schlechthin und wurde in Form von Krautwickeln bei Rheuma, Gicht, Schwellungen und Prellungen eingesetzt. Heute wird Rotkohl in Westeuropa, den Ostseeländern, in Russland und seinen Nachbarstaaten, China, Japan und den USA angebaut. **Herkunft und Saison:** August – März – Rotkohl wird das ganze Jahr über aus inländischem Anbau, aber auch aus Polen angeboten; seine beste Qualität jedoch erreicht er von September bis April. **Inhaltsstoffe:** 100 g Rotkohl weisen einen Brennwert von ⌀ 24 kcal/100 kJ auf und enthalten etwa 91 g Wasser, 1,4 g Eiweiß,

0,2 g Fett, 4 g Kohlenhydrate und 2,5 g Ballaststoffe. An ↑**Mineralstoffen**, ↑**Spurenelementen** und ↑**Vitaminen** sind ∅ 230 mg Kalzium, 0,5 mg Eisen, 13 mg Natrium, 430 mg Vitamin A (RE) und 30 mg Vitamin C enthalten. Bei allen Gemüsesorten geht ↑**Vitamin C** durch das Garen verloren, nicht beim Rotkohl. Diese Besonderheit verdankt er seinem Ascorbingehalt, einer Vorstufe des Vitamin C, das erst durch Kochen in Vitamin C umgewandelt wird, sich aber durch zu langes Kochen und mehrmaliges Aufwärmen verliert. **Zubereitung und Tipps:** Rotkohl hat eine sehr feste Zellstruktur und ist deshalb schwerer verdaulich als Weißkohl. Besonders magenempfindliche Personen sollten Rotkohl mit dem verdauungsfördernden und blähungsmindernden ↑**Kümmel** würzen. Rotkohl kann roh als Salat mit ↑**Zwiebeln** und ↑**Äpfeln** oder als ↑**Rohkost** zubereitet werden, meistens wird es als ↑**Gemüse** genutzt (↑**Blaukraut kochen**). Er ergibt eine passende Beilage zu ↑**Gänse-**, ↑**Enten- und** ↑**Wild**braten oder ↑**Schweinefleisch** und findet sich neben der traditionellen ↑**Rinderroulade**. Rotkohlköpfe sollten mindestens 500 g schwer sein, jedoch auch nicht mehr als 2 kg wiegen. Beim Einkauf unbedingt darauf achten, dass die Blätter unbeschädigt und ohne helle Flecken sind, sie sollen den Kopf fest umschließen. Normalerweise sehen die äußeren Blätter wie gewachst aus, ein Zeichen dafür, dass der Rotkohl vor kurzem geerntet wurde. Fehlen diese bewachsten Blätter, weiß man, dass die Außenblätter bereits verwelkt waren. Rotkohl, der zunächst bläulich aussieht, verfärbt sich beim Kochen rot. Durch ↑**Essig**, ↑**Zitronensaft** oder einen säuerlichen Apfel im Gemüse wird die rote Farbe verstärkt.

Rotling [*Weinkunde*] Ein Wein, der durch Verschneiden von weißen und roten Trauben oder deren Maische (nicht aber deren Most oder Wein) erzeugt wird. ↑**Roséwein**

Rotollo [*Ital. Speisekarte*] **A** Eine den ↑**Cannelloni** ähnliche Teigrolle, gefüllt mit ↑**Gemüse** und im Backofen mit Sauce ↑**Béchamel** und ↑**Parmesan** gebacken

Rotolo [*Ital. Speisekarte*] ↑**Rollbraten**

Rotsalzen [*Unsere Küche*] Pökeln

Rotscheer [*Fisch*] Gespaltener ↑**Stockfisch**

Rotschmiere [*Käse*] Ein Gemisch von Bakterien (**brevibacterium linens**), die auf bestimmten Käsesorten vorkommen. Sie färben den Käse rötlich bis orangerot und tragen zu seiner charakteristischen Reife bei. Typische Vertreter sind ↑**Tilsiter**, ↑**Romadur**, ↑**Limburger**, ↑**Almkäse**; aber auch beim ↑**Camembert** treten zum Schluss der Reifung mehr und mehr Rotschmierebakterien auf.

Rotwein [*Übersetzer*] **Englisch:** red wine; **Französisch:** vin rouge; **Italienisch:** vino rosso; **Spanisch:** vino tinto. ↑**Wein**

Rotwild [*Fleischprodukte*] ↑**Schalenwild** oder ↑**Wild**

Rotwurst [*Fleischprodukte*] ↑**Blutwurst**

Rotzungen [*Fisch*] **T Lateinisch:** Limanda limanda. **Synonym:** Scharbe, Kliesche. **Englisch:** dab; **Französisch:** limande; **Italienisch:** limanda; **Spanisch:** limanda; **Portugiesisch:** Solha escura do mar do Norte. Die Rotzunge oder Kliesche ist eine ↑**Plattfisch**art aus der Familie der Pleuronectidea. Sie lebt bevorzugt auf sandigem Boden in marinen Gewässern mit Tiefen von 6–70 m. Als eine der häufigsten Plattfischarten ist die Kliesche in der gesamten Nordsee und deren Küstenbereichen verbreitet. Der Bestand dieser Fischart in der Nordsee wird auf etwa 1,5 Millionen Tonnen geschätzt. Das typische Kennzeichen der Kliesche ist die über der Brustflosse halbkreisförmig gebogene Seitenlinie. Sie wird oft mit der ↑**Scholle** oder der ↑**Flunder** verwechselt, obwohl sie an dieser Linie eindeutig von allen anderen Plattfischarten zu unterscheiden ist. **Echte Rotzungen** (**pleuronectes microcephalus**) werden im Handel auch Limonden, Nordseelimonden, glatte oder fette Rotzunge genannt. Sie sind rotbraun mit hellen Streifen. Die Augen stehen auf der rechten Seite senkrecht übereinander. Die Rückenflosse endet über den Augen. Kopf und Maul sind sehr klein. Sie wird 40–50 cm lang. **Hundszungen**, Nordseerotzungen, Aalbutt (**pleuronectes cynoglossus**), werden 30–50 cm lang und bis 1 kg schwer. Sie sind graubraun mit schwärzlicher Brustflosse und graubläulichen Flossensäumen. Die Augen stehen schräg übereinander. Die Rückenflosse beginnt hinter den Augen. Rotzungen werden als Ersatz für die echte Seezunge angeboten, ohne jedoch deren Güte zu erreichen. **Falsche Rotzungen**, Flügelbutt, Blendling (**lepidorhombus whiff**), schlanke Fische, bis 1½ kg schwer, gelblichbraun bis braun, mit rauer Beschuppung und mit über der Brustflosse stark ausgebogener Seitenlinie. Sie gehören zur Familie der Schollen und kommen fälschlich als Rotzungen in den Handel.

Rouelle [*Franz. Speisekarte*] Runde ↑**Fleisch**scheibe aus der ↑**Kalbskeule**, aber auch von ↑**Fisch**, ↑**Kartoffeln** und ↑**Gemüse**

Rouennaise, à la [*Speisegarnitur*] **A 1. Speisegarnitur** mit Geflügel-, meist Entenleber; **2.** Frisch geschlachtetes Geflügel im eigenen Blut geschmort, oder mit ↑**Sauce rouennaise**

Rouge au piment [*Franz. Speisekarte*] Rote ↑**Paprikasauce**

Rouge ordinaire [*Franz. Speisekarte*] Gewöhnlicher, billiger roter ↑**Tafelwein**

Rouget [*Franz. Speisekarte*] ↑**Rotbarbe** – Es gibt zwei Sorten: **„Rouget barbet"**, auch „surmulet", „rouget de roche" oder „bécasse de mer" genannt, und **„Rouget grondin"** oder „triglie". Von Feinschmeckern wird „rouget barbet" bevorzugt

Rouget grillé [*Franz. Speisekarte*] Gegrillte ↑**Rotbarbe**

Rougets à l'orientale – rougets froids à l'orientale [*Franz. Speisekarte*] **R 1.** ↑**Rotbarben** werden in ↑**Weißwein** mit ↑**Tomaten**, ↑**Olivenöl**, ↑**Koriander**,

↑**Safran,** ↑**Petersilie,** ↑**Salz,** ↑**Pfeffer,** ↑**Thymian** und ↑**Lorbeerblatt** gedünstet. **2.** im ↑**Sud** erkaltete Rotbarbe mit ↑**Zitronen**scheiben garniert

Rougette [*Käse*] **Herkunft:** Aus Frankreich stammend, vor allem in Süddeutschland produziert; **Käsesorte: Weichkäse,** 65% ↑**Fett i.Tr.; Milch:** Kuhmilch; **Geschmack:** mildwürzig; **Info:** entweder pur oder auch heiß als so genannter „Ofenkäse"

Rouille oder rouïo [*Franz. Speisekarte*] **R** Eine feurigscharfe, rostrote Knoblauchmayonnaise aus der Provence, die traditionelle Beigabe für ↑**Bouillabaisse. Grundrezept:** 3 große ↑**Knoblauch**zehen; 1 große, scharfe, rote, getrocknete ↑**Chili**schote ohne Samen; ↑**Salz;** ein Stückchen altes ↑**Weißbrot,** in etwas warmem Wasser einweichen; ausdrücken und mit den ↑**Gewürzen** verarbeiten; 3 ↑**Eigelb;** frisch gemahlenen ↑**Pfeffer,** 1/4 TL Safranfäden in 2 TL heißem Wasser oder ↑**Brühe** einweichen; ca. 400 ml feines ↑**Olivenöl.** Man zerstößt alles mit dem Eigelb und dem aufgelösten ↑**Safran** in einem ↑**Mörser** und gibt dann unter kräftigem Rühren tropfenweise das Öl dazu. So entsteht eine Art ↑**Mayonnaise.**

Rouladen [*Unsere Küche*] **A** Pikant gefüllte Rollen aus dünn geschnittenem ↑**Fleisch,** ↑**Wild,** ↑**Fisch** oder ↑**Kohlblättern** usw. – Es gibt auch süße Rouladen, z. B. aus ↑**Biskuitteig,** mit ↑**Sahne,** ↑**Crème** und ↑**Früchten** gefüllt.

Rouladenstück [*Fleischprodukte*] ↑**Oberschale** vom Rind

Roulé [*Franz. Speisekarte*] Biskuitrolle mit ↑**Marmeladenfüllung**

Rouleau [*Franz. Speisekarte*] Rolle, Walze, Teigrolle, Nudelholz

Rouleau de printemps [*Franz. Speisekarte*] ↑**Frühlingsrolle**

Round [*U.S. Kitchen*] Rund

Round steak [*U.S. Kitchen*] **T** Aus der ↑**Rinderkeule** – Die Round Steaks und Bottom Round Steaks stammen aus der Kugel oder Blume und sind nur von ganz jungen Tieren superzart. Sie müssen sehr gut abgehangen sein und werden dann meistens geschmort.

Roussanne [*Weinkunde*] Weiße Rebsorte, die vor allem als Verschnittpartner der robusteren ↑**Marsanne** in den Weißweinen des Rhônetals dient.

Roussette [*Franz. Speisekarte*] ↑**Katzenhai**

Roussette [*Weinkunde*] Weiße Rebsorte, die hauptsächlich in der Savoie (Savoyen) im Osten Frankreichs angebaut wird. Die auch als Altesse bekannte Rebsorte ergibt recht körperreiche und fast exotisch aromatische Weine.

Roux [*Franz. Speisekarte*] **T** Einbrenne, ↑**Mehlschwitze.** Nicht mehr zeitgemäße Art, ↑**Saucen,** ↑**Gemüse** mit ↑**Butter** oder ↑**Fett** und ↑**Mehl** zu binden. Je nach Anröstzeit ist sie weiß (blanc), hellbraun (blond) oder braun (brun).

Royale [*Speisegarnitur*] **A 1.** ↑**Eierstich; 2. à la royale – Speisegarnitur** für **pochierte Klößchen** von **Fisch** oder **Geflügel** – mit ↑**Sauce royale**

Rüben, Speiserüben [*Gemüse*] **T Lateinisch:** Brassica rapa var. Rapa; **Englisch:** turnip; **Französisch:** navet, navet commun, navet potager; **Italienisch:** rapa, napo, navone; **Spanisch:** nabo hortelano, nabo. **Info:** Rübe ist die botanische Bezeichnung für das unterirdische Speicherorgan einer Pflanze und entsteht aus der Verdickung der Hauptwurzel. Die Rübe kann aber auch zum Teil über den Erdboden hinausragen oder sich ganz darüber befinden (↑**Sellerie,** ↑**Kohlrabi**). **Geschichte:** Rüben waren bereits Griechen und Römern der Antike bekannt. Vor der Verbreitung der ↑**Kartoffel** gehörten Speiserüben im Mittelalter wegen ihres hohen Nährwertes zu den wichtigsten Nahrungsmitteln von Mensch und Tier. **Speiserüben:** Zur Art **„Brassica"** zählen die ↑**Kohlrübe** oder auch die ↑**Teltower Rübchen,** zur Art **„Beta"** die ↑**Runkelrübe,** die ↑**Zuckerrübe** und auch die ↑**Rote Beete. 1. Mairübe** oder Teltower Rübchen – **Lateinisch:** Brassica rapa L. Die **Mairübe** ist häufig gelblich bis gelbbraun, klein und kugelförmig bis plattrund. Das weiße Fleisch ist weniger ausgeprägt im Geschmack als das der feinen Teltower Verwandten. Die zarten Blätter können wie ↑**Spinat** zubereitet werden. Am besten schmeckt die Mairübe gedünstet, glasiert, in Gemüsetöpfen oder roh im Salat. **Teltower Rübchen** sind die feinsten Speiserüben. Sie haben ein besonderes Aroma; es entfaltet sich erst richtig, wenn sie leicht angebraten und mit etwas ↑**Puderzucker** glasiert werden. Sie empfehlen sich zu ↑**Braten,** ↑**Schweine**- oder ↑**Lamm**koteletts, ↑**Bratwurst** und ↑**Enten**braten. Die **Herbstrüben** sind weißfleischige, kleine runde Rübchen mit rosa bis purpurnem oder grünem Farbton. Ideal schmecken sie gekocht und püriert; auch gut im ↑**Auflauf** oder ↑**Eintopf.** Sie haben pro 100 g einen Brennwert von ∅ 9 kcal/43 kJ. Alle Rüben sind reich an ↑**Vitaminen A, B** und **C. 2. Kohlrübe** oder ↑**Steckrübe** – **Lateinisch:** Brassica napus L. var. napobrassica; **3.** ↑**Karotte,** „gelbe Rübe" – **Lateinisch:** Daucus carota; **4.** ↑**Knollensellerie** – **Lateinisch:** Apium graveolens L.; **5.** ↑**Kohlrabi** – **Lateinisch:** Brassica oleracea L., entstanden durch eine Kreuzung aus wildem ↑**Kohl** und der wilden weißen Rübe. **6.** ↑**Pastinaken** – **Lateinisch:** Pastinaca sativa L. **7.** ↑**Petersilienwurzel** – **Lateinisch:** Petroselinum crispum convar. radicosum; **8. Rettich** – ↑**Bierrettich** – **Lateinisch:** Raphanus sativus; **9. Rote Rübe** – ↑**Rote Beete** – **Lateinisch:** Beta vulgaris var. conditiva Alef. **10.** ↑**Zuckerrübe** – **Lateinisch:** Beta vulgaris ssp. altissima

Rubens [*Käse*] **Herkunft:** Belgien; **Käsesorte:** ↑**Schnittkäse** mit kleiner Lochung und grünlicher Rinde; **Info:** Ein Porträt des flämischen Malers, der eine Vorliebe für üppige Damen hatte, ziert diesen rundlichen, 3 kg schweren ↑**Käse.**

Rubinette® [*Obst*] **T Lateinisch:** Malus domestica.

Synonym: Rafzubin. **Info:** Rubinette ist ein kleiner bis mittelgroßer ↑**Apfel** mit ungewöhnlich langem Stiel. Die raue Schale ist in der Grundfarbe grünlichgelb und in der Deckfarbe zu drei Vierteln orangerot bis rostfarben-rot gestreift, geflammt oder marmoriert sowie leicht feinschuppig berostet. Die zahlreichen ↑**Lentizellen** zeigen sich als dichte Roststerne. Das gelbe, mittelfeste, feinzellige, sehr saftige Fruchtfleisch hat bei einem sehr hohen Zucker- und Säuregehalt ein hervorragend würziges und gleichzeitig intensiv fruchtiges Aroma; bei Geschmackstests liegt Rubinette fast immer auf einem der vordersten Plätze. **Mutanten und Typen:** „Rubinette Rosso" ist eine interessante und stärker rot gefärbte Mutante, die sich jedoch derzeit noch im Stadium der Prüfung befindet. **Ursprung und Geschichte:** Rubinette wurde 1966 als Zufallssämling von ↑**Golden Delicious** und ↑**Cox Orange** von Walter Hauenstein in Rafz, Schweiz, entdeckt und 1982 von der Baumschule Hauenstein AG erstmals auf den Markt gebracht. **Herkunft und Saison:** Rubinette wird in Mitteleuropa von Ende September bis Anfang Oktober geerntet und ist im ↑**Kühllager** bei 0° C bis +1° C bis Ende November und im ↑**CA-Lager** bis Ende Januar lagerfähig. Der Beginn der Genussreife fällt mit dem Erntetermin zusammen. **Qualitätsmerkmale:** Die Rubinette bleibt lange Zeit saftig, wird kaum mürbe und schmeckt besonders süßfruchtig. Da sie auch nicht zu groß gerät, eignet sie sich als „Kinderapfel".

Rubinia [*Kartoffelsorte*] **Kochtyp:** ↑**Vorwiegend festkochende Kartoffeln.** Frühreifende Sorte

Rubinpigment BK [*Fachkunde*] ↑**E 180**

Rübkohl [*Gemüse*] ↑**Kohlrabi**

Rübli [*Schweizer Küche*] Schweizerische Bezeichnung für ↑**Karotten**

Rübsen [*Fachkunde*] Eine Ölfrucht, dem ↑**Raps** ähnlich. Als Stammpflanze gilt der Feldkohl (Brassica campestris), ein in Europa und Asien weit verbreitetes Wildkraut. Rübsen wurde im Mittelalter erstmals in Europa kultiviert.

Rübstiel [*Gemüse*] ↑**Stielmus**

Ruby Cabernet [*Weinkunde*] Rote Rebsorte, die das Ergebnis einer Kreuzung zwischen ↑**Carignan** und ↑**Cabernet Sauvignon** ist. Die Kreuzung, die 1948 in Kalifornien zustande kam, sollte den Charakter von Cabernet Sauvignon mit der Produktivität der Carignanrebe verbinden. Dies gelang nur zum Teil: Zwar verträgt Ruby Cabernet Hitze relativ gut, sie bringt aber keine wirklich bemerkenswerten Weine hervor. Sie wird in Kalifornien vorwiegend wegen ihrer Farbe in Verschnitten mit anderen Rebsorten zu einfachen Weinen verarbeitet, obwohl man sie auch als reinsortigen Wein antrifft.

Rückenmark [*Fleischprodukte*] Fortsetzung des Gehirns innerhalb der Wirbelsäule. Rückenmark von ↑**Rind** oder ↑**Kalb** ist vielseitig verwendbar. Das Kalbsrückenmark gilt als Delikatesse. Rückenmark von Rindern zählt zum ↑**BSE-Risikomaterial** und ist deshalb nicht im Angebot.

Rückstände [*Gesundheit*] In Lebensmitteln verbliebene unerwünschte Stoffe, die beim Anbau von Nutzpflanzen oder der Aufzucht von Tieren oder bei der Herstellung von Lebensmitteln eingesetzt wurden. Rückstände sind z. B. Pflanzenschutzmittel, Antibiotika (in der Tierzucht) oder PVC (in der Verpackung). Die ↑**Höchstmengen** an Rückständen in Lebensmitteln werden gesetzlich in der Rückstandshöchstmengen-Verordnung geregelt. Die Einhaltung der gesetzlich vorgeschriebenen Höchstmengen kontrolliert die amtliche Lebensmittelüberwachung der Bundesländer. Das zusätzliche Lebensmittel-Monitoring von Bund und Ländern liefert repräsentative Daten über den Gehalt an Rückständen unerwünschter Stoffe in Lebensmitteln. Jährlich werden dafür rund 4600 Proben untersucht.

Rucola [*Wildkräuter, -blüten & -früchte*] **T Lateinisch:** Eruca sativa. **Synonym:** Rauke, Salatrauke, Senfkohl, Ölrauke, Raukelkohl, Ruke, Arugula. **Englisch:** rocket; **Italienisch:** rucola. **Info:** Der zur Familie der Kreuzblütengewächse gehörende Rucola ist eine Wiederentdeckung eines alten Würzkrautes. Die glatten oder löwenzahnähnlich gezackten jungen Blätter schmecken angenehm aromatisch, erdnussartig, leicht pfeffrig und mäßig scharf, senfähnlich. **Ursprung:** Der ursprünglich im Mittelmeerraum bis in den Vorderen Orient beheimatete Rucola war schon im Mittelalter beliebtes Würzkraut und wurde auch in der Medizin verwendet. In Indien und Brasilien wird Rucola heute auch angebaut, um Brennöl aus den Samenkörnern zu gewinnen. **Herkunft und Saison:** Rucola wird inzwischen ganzjährig angeboten; in den Wintermonaten vor allem aus Südeuropa sowie Zypern und Israel, den ganzen Sommer und Herbst aus heimischer Produktion. **Verwendung in der Küche:** Rucola eignet sich als Küchenkraut und als Salat. Der scharfe Samen kann wie ↑**Senf** verwendet werden. Blüten und Öl sind ebenfalls sehr schmackhaft. Junger Rucola ist roh oder gedünstet ein Hit. In Italien isst man Rucola-Salat gerne mit geriebenem ↑**Parmesan** und ↑**Walnussöl** oder genießt die hervorragende Harmonie mit ↑**Aceto balsamico.** Rucola passt mit ↑**Tomaten** gut zu ↑**Fisch,** auch zu Pfannengerichten und Pastasaucen und macht sich als Salat mit gehackten ↑**Zwiebeln,** ↑**Salz,** ↑**Pfeffer,** ↑**Zucker** und ↑**Zitronensaft** oder klein geschnitten als delikate Einlage in Nudel-, Reis- und Kartoffelsalat besonders gut. Wegen seines starken Geschmacks ist Rucola solo weniger geschätzt. Noch beliebter bei Feinschmeckern ist die Wilde Rauke (Ölrauke). Sie ist seltener als die Kulturrauke, hat ein intensives bitter-scharfes Aroma und ist an ihren stärker gezahnten Blättern zu erkennen. Die Blätter sollen vor dem Erscheinen des Blütenstängels gepflückt werden, weil sie dann nicht so scharf sind. **Rucola frisch halten:** Für ein bis zwei Stunden in lauwarmes, gezuckertes Wasser legen. Das Wasser dann abschütten, Rucola in eine verschließbare Plastikbox betten und mit einem feuchten Tuch bedecken. Verschlossen hält sich Rucola so tagelang! Diesen Frischhaltetipp kann man auch für ↑**Petersilie** oder ↑**Kerbel** anwenden. **Inhaltsstoffe:** Rauke enthält viel ↑**Betacarotin,** ↑**Kalium,** ↑**Kalzium,** ↑**Eisen,** ↑**Magnesium,** ↑**Natrium,** ↑**Phosphor,** aber auch ↑**Nitrat.** Es wurden 500–8000 mg/kg gemessen, auch Bioprodukte hatten teilweise einen relativ hohen Nitratwert (Umweltinstitut München). Darum sollte Rucola nicht gedüngt werden (auf keinen Fall mit Stickstoff), nur nachmittags an sonnigen Tagen geerntet und nur als würzige Einlage verwendet werden. Wer trotzdem Salat daraus bereiten will, sollte ihn mit viel ↑**Vitamin C** genießen, mit ↑**Zitrone** oder auch ↑**Knoblauch,** um die Wirkung der ↑**Nitrosamine** zu schwächen. Rucola nicht als Wintergemüse verwenden, Stängel abschneiden. **Verwendung in der Volksheilkunde:** Die Rauke ist eine alte Kulturpflanze, die bereits im griechischen Altertum bekannt war. Ihre Samen sind harntreibend und verbessern die Verdauung. Mit ihrem hohen Jodgehalt wird ihr eine positive Wirkung auf Schilddrüsenprobleme zugeschrieben. **Anbau: Die Salatrauke** – Rucola cultiva, Eruca sativa, auch Roquette genannt, ist eine anspruchslose, aber sehr wertvolle Salatpflanze und ein Würzkraut. Die Blätter sind nicht so stark geschlitzt wie die der mehrjährigen Art. Warmer Standort, Sonne. Durchlässiger, humoser Boden. Die Salatrauke kann in Töpfen gehalten werden und ist auch für das Frühbeet gut geeignet. Aussaat im Frühjahr ab März in Zwei-Wochen-Abständen bis Herbst (bis September, unter Vlies Ernte bis in den Winter hinein). Keimtemperatur 15–20° C, Keimdauer 10–15 Tage. Gute Vor-, Nach- und Beikulturpflanze, in Reihen 15–20 cm oder breitwürfig, 5–10 mm tief, verziehen auf 15 cm Abstand. Frisch gewonnenes Saatgut keimt schlecht, man sollte einige Monate warten. Gleichmäßige Feuchtigkeit ist notwendig. Auch als Beetumrandung geeignet. Bei Hitze und Trockenheit sofortige Blütenbildung, Farbe weißlich bis hellgelb. Ernte bei 10–15 cm Höhe, nur junge Blätter nehmen, ältere sind scharf. Blätter nicht zu tief abschneiden, dann gibt es eine zweite bzw. dritte Ernte. Nach 2–3 Wochen nachsäen. Die Blätter können geringe Frostgrade vertragen. **Die wilde Rauke** – Diplotaxis tenuifolia/muralis oder Rucola selvatica, ist mehrjährig, kann öfters geschnitten werden und ist frostfest. Aussaat März – August, im Gewächshaus oder auf der Fensterbank ganzjährig. Reihenabstand 15–20 cm, Saattiefe 5–10 mm, Keimdauer 14–25 Tage bei 15–20° C Bodentemperatur. Sie wächst langsamer und hat eine dem Löwenzahn ähnliche Rosette. Die jungen, grünen Blätter werden im Gewächshaus oder auf der Fensterbank ganzjährig, immer kurz vor der (gelben) Blüte geerntet und als Salatwürze verwendet. Blüten sofort entfernen, dadurch entwickeln sich mehr Blätter. Die wilde Rauke muss wegen ihrer Größe ständig zurückgeschnitten werden. **Würzrauke:** Rucola-Hybride Runway (Kiepenkerl) ist mildwürzig mit nussigem Geschmack. Sie vereinigt die Eigenschaften beider Raukenarten. Ernte nach 4–6 Wochen. Rauke sollte immer im vollen Sonnenlicht stehen und z. B. auf vorjährigen Beeten von ↑**Kohlrabi,** ↑**Karotten** und ↑**Roter Beete** nachgebaut werden. Mischkultur beider Kräuter mit ↑**Ringelblumen,** ↑**Salat** und ↑**Zwiebeln.** Ungünstig sind ↑**Borretsch,** ↑**Erbsen,** ↑**Gartenkresse,** ↑**Kapuzinerkresse,** ↑**Kerbel,** ↑**Koriander,** ↑**Mangold,** ↑**Sellerie,** ↑**Spinat.** Rauke niemals vor oder nach anderen Kreuzblütlern anbauen. Jährlich den Standort wechseln.

Rühreier [*Unsere Küche*] **R Englisch:** scrambled eggs; **Französisch:** œufs brouillés; **Italienisch:** uova strapazzate; **Spanisch:** huevos revueltos. Man sollte meinen, dass Rühreier einfach zuzubereiten sind. Aber im Restaurant erlebt mancher Gast eine böse Überraschung, auf dem Teller liegt eine trockene, bröselnde Masse. Vielleicht hat das Gericht ja den falschen Namen? Sicher würde sich ein neuer Name („Schiebeeier oder geschobene Eier") positiver auf das Endergebnis auswirken! **Grundrezept:** für saftige Rühreier (geschobene Eier): Den Inhalt frischer Eier in eine Schüssel gleiten lassen und darauf achten, dass keine Eierschalensplitter dabei sind. Die ↑**Eier** mit etwas ↑**Meersalz,** frischem ↑**Pfeffer** aus der Mühle würzen und mit einem Schneebesen aufschlagen. In der vorgeheizten Pfanne (nicht zu heiß) etwas ↑**Butter** (kein Öl, außer ↑**Albaöl**) zerfließen lassen (Butter soll nicht braun werden) und die aufgeschlagenen Eier dazugeben. Nun sofort die jeweils gestockte Masse vom Pfannenrand Richtung Pfannenmitte schieben. Wenn so nach wenigen Sekunden die gesamte Eiermasse saftig gestockt ist, die Pfanne schnell vom Feuer nehmen, die Rühreier etwas auflockern und umgehend anrichten. Am besten mit frischem ↑**Schnittlauch** bestreut servieren.

Rührglas [*Hausbar*] Zum Vermischen größerer Mengen für einen ↑**Cocktail** nimmt man ein Rührglas. So wird gewährleistet, dass jeder Gast das gleiche Geschmackserlebnis hat, da jeder die gleiche Menge Zutaten und ↑**Alkohol** in seinem Drink vorfindet. Das Getränk wird kurz mit Eis oder ↑**Crushed Ice** im Rührglas vermischt und dann in die Gläser abgegossen. Besonders geeignet bei Sirups und zähflüssigen Substanzen.

Rührteig [*Backstube*] **R** Halbflüssiger, gerührter Kuchenteig, der immer in einer Form gebacken wird. Rührteig kommt in der Regel ohne ↑**Backtriebmittel** aus, es ist aber ratsam, eines zu verwenden. Er besteht aus ↑**Fett,** ↑**Zucker,** ↑**Eiern,** ↑**Mehl** und etwas ↑**Back-**

pulver, alle Zutaten müssen die gleiche Temperatur haben. Die Menge der Zutaten eines Rührteigs richtet sich nach dem Gewicht der Eier. Auf 500 g Eier (das sind ca. 8 Stück) kommen je 500 g Fett, Zucker und Mehl. Eier in ↑**Eigelbe** und ↑**Eiweiße** trennen. Eiweiße mit 1/3 des Zuckers schnittfest schlagen und unter die fertig verrührte Masse heben – so werden Teig und Kuchen lockerer. Für einen Rührteig ist das Rühren wichtig, das bringt Luft in den Kuchen und macht ihn „leichter". Dabei spielt auch die Reihenfolge eine Rolle, in der die Zutaten zugefügt werden. **1. Teigvariante:** Zuerst Eigelb mit Zucker und dann das Fett unterrühren: Der Kuchen wird besonders luftig und steigt beim Backen sehr hoch. **2. Teigvariante:** Zuerst das Fett mit Zucker und dann das Eigelb einrühren: Der Kuchen wird sehr feinporig und zart. **3. Teigvariante:** Wenn alle Zutaten gleichzeitig gerührt werden, ergibt dies einen sehr saftigen, schweren, festen Kuchen, ↑**Eischwerkuchen** genannt. **Wichtig!** In jedem Fall wird nicht mehr gerührt, wenn das Mehl untergemischt wurde, sonst wird der Teig klebrig! **Tipp:** Backofen auf 175° C Umluft vorheizen. Kuchenform mit Butter ausstreichen und mit ↑**Semmelbrösel** oder ↑**Biskuit**brösel ausstreuen.

Ruländer [*Weinkunde*] Erstmalig wird der Begriff Ruländer in Verbindung mit Wein 1711 erwähnt. Der Name bezieht sich auf einen Kaufmann namens Ruland aus Speyer, der diese Sorte verbreitete. Der Ruländer wird zwischen ↑**Riesling** und ↑**Silvaner** eingestuft. Der Ertrag liegt bei ca. 90–100 hl/ha und das Mostgewicht bei 80° ↑**Öchsle**. Immer mehr Ruländerweine werden als Grauburgunder angeboten. Das ist die in anderen Weinbauländern gebräuchliche Bezeichnung, übersetzt ↑**Pinot gris**, ↑**Pinot grigio**.

Rum [*Hausbar*] **T** Ein guter Rum gehört in jede Hausbar. Schließlich ist er eine der beliebtesten ↑**Spirituosen** und in vielen ↑**Cocktails** wiederzufinden. Rum ist ein Destillat aus einem Gemisch von ↑**Melasse** oder gehäckseltem ↑**Zuckerrohr**, Wasser und Zuckerrohrsaft. Er wird in der Karibik, in Mittelamerika, Südamerika sowie Australien, auf Madagaskar, Mauritius, Réunion, den Philippinen und den Kanaren produziert, jedoch die Qualität eines echten Jamaika-Rums ist kaum zu übertreffen. Der Name Rum stammt wahrscheinlich vom Wort „Rumbuillon" ab, das für Krawall, Krach und laute Feste steht. Es erlaubt Rückschlüsse auf ein schon damals hochprozentiges Getränk, das in seiner jetzigen Form seit etwa 1620 bekannt ist. Heute unterscheidet man zwischen weißem und braunem Rum und den vier verschiedenen Handelsbezeichnungen: **1. Original Rum** – wird importiert und unverändert verkauft; **2. Echter Rum** – Original Rum, wird im Verbraucherland auf Trinkstärke (min. 37,5 %) herabgesetzt; **3. Rum-Verschnitt** – Mischung aus Rum, Wasser und Neutralalkohol, die min. 5 % Original Rum enthält. Alkoholgehalt min. 37,5 %; **4. Kunst-Rum,** z. B. ↑**Strohrum** – In Österreich: Inländer-Rum 40 %Vol. und 80 %Vol.; **Hochprozentiger Rum:** In den Haupterzeugerländern (Kuba, Jamaica, Haiti etc.) wird der so genannte Originalrum mit Alkoholgehalt zwischen 65 und 80 %Vol. hergestellt. Er wird nach der Lagerung unverschnitten und ohne Verdünnung beim Hersteller abgefüllt und direkt exportiert. **Brauner Rum:** Brauner Rum erhält seine Färbung einerseits durch die zum Teil mehrere Jahre dauernde Lagerung in Holzfässern und andererseits durch gebrannten ↑**Zucker** (Zuckersirup), den man hinzufügt. Der im Handel erhältliche „echte braune Rum" ist auf Trinkstärke von mindestens 37,5 %Vol. herabgesetzter Originalrum. Wegen seines kräftigeren Aromas eignet sich brauner Rum besonders für aromatische, charakteristische Drinks, Cocktails, Desserts, Gebäcke und Heißgetränke. Echter brauner Rum ist besser verträglich als der Weiße Rum. Durch Alterung in Holzfässern (mehr als 5 Jahre) verliert der Rum ↑**Alkohol**, erhält eine dunkle originale Fassfarbe und baut die ↑**Fuselöle** ab. **Weißer Rum:** Weißer Rum mit mindestens 37,5 %Vol. hat einen weicheren Geschmack als der „echte braune" Rum. Er eignet sich daher zum Mixen von feinen Cocktails besser, denn er überdeckt das Aroma der anderen Zutaten nicht so stark. Der weiße Rum reift nicht so lange wie der braune und wird hauptsächlich in Stahltanks gelagert, damit er nicht braun wird.

Rumah Makan [*Intern. Länderküche*] **T** Begriff aus der indonesisch/balinesischen Küchenkultur, bedeutet übersetzt „Esshaus". Gemeint ist ein Restaurant der Mittelklasse mit meist nicht sehr umfangreicher Speisekarte, die oft als Schild an der Wand hängt. Die Preise sind moderat. Die Qualität ist wie überall auf der Welt leicht erkennbar: Je mehr Einheimische anzutreffen sind, desto besser ist die Küche. ↑**Indonesische Küche**

Rumen [*Fleischprodukte*] Regionale Bezeichnung für ↑**Kutteln**

Rumohr Historischer Speisename [*Speisegarnitur*] **A** Karl Friedrich, Freiherr von (1785–1843), war ein weitgereister Kunsthistoriker, Schriftsteller und Gastrosoph, der u. a. das Werk „Der Geist der Kochkunst" schrieb. Er setzt sich darin mit unterschiedlichen Kochtechniken, Nahrungsmitteln und ihrem Gebrauch auseinander und wollte die deutschen Hausfrauen zudem mit seinem Buch ermutigen, die traditionelle deutsche Küche beizubehalten. Die Hotelfachschule in Lübeck wurde nach ihm benannt.

Rumpsteak [*Übersetzer*] **Englisch:** rumpsteak; **Französisch:** rumsteak; **Italienisch:** bistecca di manzo; **Spanisch:** bistec de vaca. ↑**Entrecôte** oder ↑**Zwischenrippe**

Rumtopf [*Hausbar*] **R** Als Rumtopf bezeichnet man eine Konservierungsmethode für frisches Obst mit hochprozentigem ↑**Rum** oder ↑**Arrak** und ↑**Zucker.**

Dazu verwendet man in der Regel ein sehr gut schließendes Gefäß aus Glas, Keramik oder Steingut. **Vorbereitung:** Man nimmt zum Rumtopf alle Früchte, die vom Frühjahr bis zum Herbst reifen, und legt sie nacheinander in das Gefäß mit Deckel ein. Südfrüchte wie ↑**Ananas,** ↑**Bananen,** ↑**Kiwi,** ↑**Mango,** ↑**Nektarinen,** ↑**Papaya,** ↑**Pfirsiche** und ↑**Zuckermelonen** eignen sich ebenfalls. ↑**Äpfel,** ↑**Quitten, schwarze** ↑**Johannisbeeren,** ↑**Heidelbeeren** oder ↑**Brombeeren** sind nicht geeignet! Die „Hygiene" ist wichtig für das Gelingen des Projekts. Sporen an Früchten können leicht zum Umkippen führen. Auch sollte man zum Umrühren besser einen Edelstahl- als einen Holzlöffel verwenden. Nur absolut einwandfreies und gewaschenes reifes Obst in den Rumtopf geben. Die Früchte sollen unbeschadet, nicht überreif und dürfen an keiner Stelle „angegammelt" oder gar angeschimmelt sein. Bei Beerenfrüchten und Steinobst besonders auf Maden achten. Jede Lage Obst benötigt etwa 6 Wochen zum Reifen. **Zubereitung:** Mit ↑**Erdbeeren,** den ersten Sommerfrüchten, fängt ein klassischer Rumtopf an. Jeweils 500 g gewaschene, verlesene und abgetrocknete Früchte in 250 g Zucker für ca. eine Stunde ziehen lassen. Die Früchte in den Rumtopf geben und so viel Rum darübergeben, dass die Obstschicht mindestens zwei Finger breit mit Rum bedeckt ist. Man kann die Früchte auch mit einem passenden Teller beschweren. Der Rum sollte mindestens 54 % Alkohol haben, ansonsten werden die Früchte nicht richtig konserviert. **Faustregel fürs Ansetzen:** Auf 500 g Früchte und 250 g Zucker kommen 0,7 l Rum. Anschließend wird der Topf verschlossen an einen kühlen Platz gestellt. Sobald die nächsten Saison-Früchte reif sind, wird wie mit den Erdbeeren fortgefahren. Mit dem Unterschied, dass man jetzt pro 500 g Obst nur noch 200 g Zucker und ca. 0,3 l Rum braucht. Bei jeder Fruchtzugabe erst den Rum mit Zucker verrühren, bis der sich aufgelöst hat. **Wichtig:** Auch wenn viele Obstsorten gleichzeitig auf dem Markt sind, sollte immer nur im Abstand von zwei Wochen eingelegt werden. Danach den Topf immer gut verschließen und an einen kühlen Platz stellen. Zwischendurch beobachten, ob noch genügend Flüssigkeit im Topf ist, denn der Rum soll immer über den Früchten stehen. Bei Bedarf nachgießen. **Früchteauswahl – im Juni:** Erdbeeren waschen, abtropfen lassen und entstielen. Große Früchte halbieren oder vierteln. **Im Juli:** ↑**Süßkirschen** waschen, abtropfen lassen, entstielen und entsteinen. ↑**Stachelbeeren** (rundum einstechen). ↑**Aprikosen** und ↑**Pfirsiche** mit kochendem Wasser überbrühen und etwa 5 Min. stehen lassen. Die Früchte enthäuten, halbieren, entsteinen und in kleinere Stücke schneiden. **Im August:** ↑**Sauerkirschen** und ↑**Mirabellen** waschen, abtropfen lassen, entstielen und entsteinen. ↑**Nektarinen** wie Aprikosen und Pfirsiche abziehen, halbieren, entsteinen, in Würfel schneiden. Zucker- und ↑**Honigmelone** halbieren und die Kerne mit einem Löffel herausschaben. Melone in Spalten schneiden, schälen und in kleinere Stücke schneiden. Feste Bananen schälen und in nicht zu dünne Scheiben schneiden. **Im September:** ↑**Pflaumen** oder ↑**Zwetschgen** waschen, abtropfen lassen, entstielen, entsteinen und vierteln. Ananas-, Mango-, Kiwi- und Papayastücke eignen sich ebenfalls. **Im Oktober:** Zum Abschluss ↑**Weintrauben** waschen, abtropfen lassen, entstielen, halbieren und entkernen. Das Gefäß gut verschlossen, kühl und dunkel aufbewahren. Bei jeder Fruchtzugabe den Rumtopf vorsichtig mit einem sauberen Metall- oder Kunststofflöffel durchrühren. **Genussreife:** Frühestens am 1. Advent kann man den Rumtopf eröffnen. Besonders gut ist er aber, wenn er länger steht. Selbst nach vier oder fünf Jahren oder später kann man ihn noch genießen. Voraussetzung ist, dass er weiter „gepflegt" wird, d. h. dass gegebenenfalls Rum nachgefüllt und in regelmäßigen Abständen kontrolliert wird, ob die Früchte noch von Flüssigkeit bedeckt sind. **Pflege:** Wenn der Rumtopf zu gären beginnt, schmecken die Früchte bitter und sauer, er kann nur noch weggeschüttet werden. Folgende Ursachen können dazu führen: Der Aufbewahrungsort ist zu warm – Die Früchte waren nicht einwandfrei – Es ist zu wenig Zucker im Gefäß – Es wurde mit einem Holzlöffel umgerührt – Der Rum war nicht stark genug. **Genießertipp** – Den fertigen Rumtopf kann man so genießen: pur; pur mit ↑**Schlagsahne;** pur mit Schlagsahne in ↑**Crêpes** gefüllt; zu ↑**Flammeris** und ↑Vanille**pudding;** zu ↑**Quark**- und ↑**Jogurt**speisen; zu ↑**Milchreis;** mit ↑**Vanilleeis**

Rund [*Weinkunde*] Harmonischer und voller Wein

Runde Tomaten [*Gemüse*] **T Lateinisch:** Lycopersicon esculentum. **Synonym:** Paradeiser. **Info:** ↑**Tomaten** gehören, wie auch ↑**Kartoffeln** und ↑**Paprika**, zu den Nachtschattengewächsen. Unter den Tausenden Sorten sind die runden Tomaten mit etwa 70 % die meistverbreitete Gruppe. Die leuchtend roten, runden Früchte haben einen Durchmesser von 45–65 mm. **Herkunft und Saison:** Neben den heimischen Tomaten, die von Ende Mai bis Oktober angeboten werden, stammen Tomaten meist aus Spanien (Kanarische Inseln), Italien und aus Gewächshäusern in den Niederlanden oder Belgien. Die Tomate hat als eines der feinsten Fruchtgemüse mittlerweile die ganze Welt erobert. Das rote Fruchtfleisch ist pikant, würzig im Geschmack und leicht verdaulich.

Runder Fenchel [*Gewürze & Kräuter*] ↑**Anis**

Rundkornreis [*Allgem. Nährmittel*] ↑**Reis**

Rundstück [*Regionale Spezialität*] **R** Norddeutsche Bezeichnung für große, runde Brötchen (Semmel). **Rundstück, warm:** Brötchen aufschneiden, mit zwei Scheiben warmem ↑**Schweine**- oder ↑**Rinderbraten** belegen und etwas gebundener Bratsoße übergießen

Ruote, ruote di carro [*Ital. Speisekarte*] ↑**Nudeln** in Form kleiner Wagenräder mit sechs Speichen

Ruou thouc [*Intern. Länderküche*] Medizinwein – ein Begriff aus der vietnamesischen Küchenkultur für Reisschnaps, pur oder mit ↑**Kräutern,** der auch bei Frauen sehr beliebt ist. ↑**Vietnamesische Küche**

Rupfen [*Unsere Küche*] Geflügel abbrühen und die Federn auszupfen

Rupfhauben [*Regionale Spezialität*] **R** Niederbayerische Mehlspeise. Einfachen ↑**Nudelteig** aus ↑**Quark,** ↑**Zucker** und ↑**Eigelb** dünn ausrollen, in 10 mal 10 cm kleine Vierecke ausschneiden, zu Hauben geformt in einen flachen Topf mit dickem Boden einsetzen und in ↑**Vanillemilch** mit Deckel kochen. Wenn die Rupfhauben die Milch aufgesaugt und sich eine hellbraune Kruste gebildet hat (die berühmten „bayerisch" Rahmerl oder Krusterl), sofort mit ↑**Kompott** aus Früchten der Saison servieren.

Rusk [*U.S. Kitchen*] ↑**Zwieback**

Russen [*Österr. Küche*] Marinierte ↑**Heringe**

Russenfisch [*Fisch*] ↑**Stockfisch**

Russet [*Kartoffelsorte*] **Kochtyp:** ↑**Mehlig kochende Kartoffeln** – „Mehlige" oder „Runde" genannt

Russische Eier [*Unsere Küche*] **R Französisch:** œuf à la russe. Die klassische Variante besteht aus halbierten hart gekochten Eiern, deren ↑**Eigelb** durch ein Sieb gestrichen und mit würzigen Zutaten wie ↑**Senf,** ↑**Mayonnaise,** ↑**Sardellen,** ↑**Kapern,** ↑**Kräutern** usw. vermischt wieder in die Eiweißmulden dressiert werden. Auf die Eier setzt man noch ein Häufchen ↑**Kaviar,** woher sie ihren Namen haben. Meist gibt es zu den Eihälften Kartoffel- oder Fleischsalat. Garnituren wie Lachs- oder Schinkenröllchen usw. können je nach Region mit verwendet werden.

Rußnase [*Fisch*] Bezeichnung für ↑**Zährte**

Rustici [*Ital. Speisekarte*] ↑**Mandel**kekse

Rustique [*Franz. Speisekarte*] Ländlich, rustikal

Rutabago [*Gemüse*] ↑**Steckrüben**

Rutte [*Fisch*] ↑**Aalbutt**

Ruwerweine [*Weinkunde*] Den ↑**Mosel**weinen ähnliche Weine mit leicht erdigem Geschmack. Die wichtigsten Weinorte sind Grünhaus, Waldrach, Kasel und Eitelsbach.

Rye bread [*U.S. Kitchen*] ↑**Roggenbrot**

Rye Whiskey [*Hausbar*] Oder nur Rye, ist der intensiver und würziger schmeckende ältere Bruder des **Bourbon,** dessen ↑**Maische** mindestens 51 % ↑**Roggen** enthalten muss. Er war der ursprüngliche ↑**Whiskey** in ganz Nordamerika. Erst zum Ende der Prohibition (1919–1932) schwand seine Popularität, Bourbon bzw. ↑**Tennessee Whiskey** liefen ihm den Rang ab.

Ryefield [*Käse*] ↑**Irischer Käse**

Ryotei [*Intern. Länderküche*] Bezeichnung für sehr teure, traditionell geführte japanische Restaurants, die von außen nicht als solche zu erkennen sind. Um überhaupt ein Ryotei besuchen zu können, muss man von einem Stammgast empfohlen und eingeführt werden. Das heißt, dass man als normaler Tourist keine Chance hat, in einem Ryotei zu speisen. Meist wird das Essen nach alter traditioneller Art von einer Bedienung im Kimono serviert. Die Speisen werden in kunstvollen kleinen Portionen auf erlesenem Geschirr serviert.

S

Saale-Unstrut [*Weinkunde*] Zweitkleinstes und nördlichstes deutsches Weinbaugebiet mit über tausendjähriger Geschichte. Heute konzentriert sich der Weinbau auf malerische Terrassen im Saaletal zwischen Weißenfels und Bad Kösen um Naumburg, im angrenzenden Unstruttal zwischen Steigra und Freyburg südlich von Halle mit einer Exklave am Süßen See westlich von Halle, die in die beiden Bereiche Schloss Neuenburg und Thüringen eingeteilt sind. Klein- und Hobbywinzer bewirtschaften ein Fünftel der Rebfläche, doch haben seit Beginn der Neunziger-Jahre erste private Weingüter (G. Born, K. R. Deckert, U. Lützkendorf, B. Thürkind, das Schlossweingut Klosterhäseler u. a.) auf sich aufmerksam gemacht. Die Böden sind sehr unterschiedlich, und während um Naumburg Buntsandstein vorherrscht, dominiert um Freyburg Muschelkalk. Das Klima im Regenschatten des Harzes zählt zu den trockensten aller deutschen Weinbaugebiete (500 mm mittlere Niederschlagsmenge) und ist weitgehend kontinental geprägt mit deutlicher Spätfrostgefährdung. Es werden daher überwiegend früh- bis mittelreife Sorten angepflanzt, allen voran der ↑**Müller-Thurgau** (ca. ein Drittel der Rebfläche) und der ↑**Silvaner** (knapp ein Sechstel). Andere Sorten wie ↑**Weißer Burgunder,** ↑**Gutedel,** ↑**Traminer** und ↑**Riesling** spielen kaum eine Rolle. 15 % entfallen auf rote Sorten. Die Weine sind durchweg trocken und werden überwiegend durch die Winzervereinigung Freyburg/Unstrut und das Landesweingut Kloster Pforta in den Handel gebracht. Steigra, Dorndorf, Großjena und Burgscheidungen sind als Weinorte bekannt.

Saarweine [*Weinkunde*] Den ↑**Mosel**weinen ähnliche Weine. Bekannte Weinorte sind Serrig, Ockfen, Wiltingen, Oberemmel, Ayl, Wawern und Kanzem.

Sabaar Pulver [*Gewürze & Kräuter*] **R** Unentbehrlich für den typischen Geschmack der reichlich scharfen, südindischen vegetarischen Küche. Dieses Würzpulver enthält außer ↑**Kreuzkümmel** und viel ↑**Chili** schwarzen ↑**Senf,** ↑**Bockshornklee** sowie geröstete ↑**Linsen** oder ↑**Bohnen.**

Sabardin [*Franz. Speisekarte*] Stark gewürzte ↑**Wurst** mit in ↑**Weißwein** gekochten ↑**Kutteln,** ↑**Schweinefleisch** und ↑**-innereien** im Schweinedarm

Sabayon [*Unsere Küche*] **R Italienisch: „↑Zabaione"** – Warm aufgeschlagene Eierschaumcreme, die je nach Gebrauch und Verwendung süß oder pikant ist. Eine süße Sabayon wird mit einer Prise ↑**Salz** und wie im Grundrezept mit ↑**Zucker** und ↑**Wein** oder auch mit ↑**Likör** gewürzt, eine würzige Sabayon würzt man mit ↑**Pfeffer,** Salz, ↑**Muskat** und ↑**Kräutern**; Wein oder ↑**Champagner. Grundrezept:** 200 ml ↑**Riesling;** 3 ↑**Eigelb** (absolut frisch!); 25 g Zucker; Prise Salz. Den Wein, das Eigelb und den Zucker in einen Rührkessel oder eine Glasschüssel geben und im heißen Wasserbad zu einem steifen Schaum schlagen. Aufpassen, dass die Creme nicht zu heiß wird, ab ca. 60° C gerinnt das Eigelb. Je nach Wunsch als Zugabe zu einem süßen ↑**Auflauf** oder einem ↑**Flan.**

Sablé [*Franz. Speisekarte*] Gebäck aus ↑**Sandteig** (mit Zutaten wie ↑**Marmelade,** ↑**Schokolade** usw.)

Sabodet [*Franz. Speisekarte*] ↑**Kochwurst** aus ↑**Schweinekopf** und **-fleisch**. Wird in Scheiben geschnitten und angeröstet gegessen.

Sabronade [*Franz. Speisekarte*] ↑**Ragout** aus ↑**Schweinefleisch,** ↑**Schinken** und ↑**Gemüse**

Saç [*Orientalische Küche*] **A** Dieses sehr dünne türkische ↑**Fladenbrot** aus ↑**Weizenmehl,** Wasser, ↑**Pflanzenöl** und ↑**Hefe** ist nach der heißen Eisenplatte benannt, auf der es gebacken wird. Es hat üblicherweise einen Durchmesser von etwa 30 bis 70 Zentimetern und ist in Deutschland durch den ↑**Dürüm Döner** bekannt geworden.

Sac kavurma [*Orientalische Küche*] Begriff aus der türkischen Küchenkultur für scharf angebratene ↑**Lammfleisch**stücke in der Pfanne serviert. ↑**Türkische Küche**

Saccharin [*Fachkunde*] Kristallines weißes Pulver zum Süßen von Speisen mit 550-fach höherer Süßkraft als ↑**Zucker.** Die Verwendung von Saccharin ist deklarationspflichtig. ↑**E 954**

Saccharomyzeten [*Fachkunde*] ↑**Hefe**- oder Sprosspilze (Bäckerhefe, Bierhefe u. a.)

Saccharose [*Fachkunde*] Chemische Bezeichnung für Rohr- und Rübenzucker. ↑**Zucker**

Saccharoseacetatisobutyrat [*Fachkunde*] ↑**E 444**

Saccharomyces [*Weinkunde*] ↑**Hefen,** die für die Gärung notwendig sind

Sacher Historischer Speisename [*Speisegarnitur*] **A** **1.** Franz, Küchenchef beim österreichischen Fürsten Metternich, kreierte 1832 als 16-jähriger Kochlehrling die weltberühmte ↑**Sachertorte** zu Ehren des Fürsten. **2.** Eduard (1830–1892), Sohn Franz Sachers, verfeinerte die Torte mit Marillenmarmelade und Schokoladenglasur und gründete im Jahre 1876 das traditionsreiche Hotel Sacher in Wien. **3.** Anna, Gattin Eduard Sachers (1859–1930), führte das Hotel nach seinem Tod weiter und wurde sehr populär. In ihrem Hause ging die Hocharistokratie der k. u. k.-Monarchie Österreich-Ungarn ein und aus.

Sachergulasch *[Österr. Küche]* ↑**Gulasch** – ↑**à la minute** – Rindergulasch zubereitet aus Rinderfiletspitzen. ↑**Stroganoff**

Sachertorte *[Intern. Länderküche]* **A** Schokoladentorte mit Marillen(↑**Aprikosen**)↑**marmelade** und ↑**Kuvertüre**-Überzug, die zuerst im Jahre 1832 vom damals 16-jährigen Kochlehrling ↑**Franz Sacher** im zweiten Ausbildungsjahr am Hofe des Fürsten Metternich hergestellt wurde. Sie gilt als eine der berühmtesten kulinarischen Spezialitäten Wiens. Die Bezeichnung **„Original Sacher-Torte"** wurde vom Wiener Hotel Sacher, das im Jahre 1876 vom Sohn Franz Sachers gegründet wurde, als ein Markenzeichen registriert, die Rezeptur der von diesem Haus hergestellten Torten wird geheim gehalten. Bis 1965 gab es einen langjährigen Rechtsstreit mit dem Café Demel um diesen Namen, da dieses schon seit langer Zeit ebenfalls eine „Original Sacher-Torte" herstellte. Mittlerweile heißt diese Torte **„Demels Sacher-Torte"**. Sie unterscheidet sich von der „Original Sacher-Torte" dadurch, dass sich die Marmeladeschicht nicht unter dem Schokoladenüberzug, sondern in der Mitte der Torte befindet.

Sachet *[Franz. Fachwort]* Beutel, Säckchen

Sachsen *[Weinkunde]* Sachsen ist das östlichste und kleinste Anbaugebiet in Deutschland. Es wird nur auf etwa 300 ha Wein angebaut. Das Zentrum des Anbaus liegt um Meißen und Radebeul. Das Gebiet ist in die Bereiche Meißen, Dresden und Elstertal eingeteilt. Die Böden sind sehr unterschiedlich und reichen von Verwitterungsgestein bei Pillnitz über Granit mit Lößauflagen in den Steillagen von Meißen und Radebeul, Buntsandstein bei Zadel bis zu Lößlehm und Schwemmlandböden. Das Klima ist eher trocken und kontinental mit teilweise sehr kalten Wintern und deutlicher Spätfrostgefährdung sowie mitunter heißen Sommern. Qualität und Quantität unterliegen daher den wohl größten Schwankungen von allen deutschen Weinbaugebieten. Die dominierende Rebsorte ist der ↑**Müller-Thurgau**, gefolgt von ↑**Weißem Burgunder**, ↑**Riesling**, ↑**Grauem Burgunder** (Ruländer) und ↑**Traminer.** Die Weine sind durchweg trocken, markant und beachtenswert, wenn auch außerhalb Sachsens nur schwer erhältlich. Sie stammen überwiegend vom Sächsischen Staatsweingut Schloß Wackerbarth in Radebeul bzw. der Winzergenossenschaft in Meißen. 44 % der Rebfläche befinden sich derzeit in der Hand von rund 1200 Klein- oder Hobbywinzern, erste Weingüter haben sich etabliert. Neben den bereits genannten sind Weinbauorte wie Proschwitz (Katzensprung), Seußlitz, Sörnewitz und Pillnitz (Königlicher Weinberg) in Sachsen zu finden.

Saflor *[Wildkräuter, -blüten, & -früchte]* ↑**Färberdistel**

Safran *[Gewürze & Kräuter]* **A Lateinisch:** Crocus sativus; **Englisch:** saffron; **Französisch:** safran; **Italienisch:** zafferano; **Spanisch:** azafrán. **Ursprung:** Orient, Spanien, Frankreich. **Info:** Safran stammt wahrscheinlich aus dem Nahen Osten, wird heute von Spanien bis Indien angebaut. Hochburgen sind Iran und Kaschmir (Nordwest-Indien). Europas bester Safran kommt aus der Gegend La Mancha in Spanien. Weniger teure Qualitäten (Safran naturell) enthalten zusätzlich die gelben Blütennarben, die keinen eigenen Geschmack haben. Der Krokusverwandte blüht im Herbst hellviolett, die Blüten haben orangefarbene Staubfäden. Für ein Kilo Safran braucht man die Staubfäden von ca. 100 000 Blüten. Safran ist seit jeher das teuerste Gewürz der Welt. Sein Preis zieht mit dem des Goldes gleich. Wenn in Urlaubsländern Safran billig angeboten wird, ist es kein echter Safran. Man sollte nur Safranfäden kaufen, der gemahlene Safran ist nicht 100 %ig rein. Seitdem Safran gehandelt wird, wird er auch gefälscht. Guter, frischer Safran muss dunkelorangerot sein. So werden u. a. Ringelblumen oder indischer Kurkuma als Safran verkauft oder damit gestreckt. Auch überalterter, zu stark getrockneter oder mit Glyzerin behandelter Safran wird angeboten. Darum ist es wichtig, die Qualität genau zu prüfen, bevor man viel Geld ausgibt. **Erhältlich als:** stark gelb färbende Staubfäden ganz oder gemahlen; **Geschmack:** intensiver Geruch, leicht bitterer Geschmack, nicht süß. Schmeckt er süßlich, wurde er mit hoher Wahrscheinlichkeit mit Glyzerin „aufgewertet". Weicht man die orangeroten zarten Staubfäden in warmem Wasser ein, so erhält man eine wohlriechende, aber streng, bittersüß schmeckende, leuchtend orangerote Lösung, die sehr intensiv ist. **Verwendung in der Küche:** Safran ist teuer, doch die Würzkraft seiner Fäden ist einzigartig. Zum Aromatisieren und Färben von Speisen genügt ein Hauch des teuren Gewürzes. **Bekannte Safrangerichte sind:** Das italienische ↑**Risotto alla Milanese** – die provençalische Fischsuppe ↑**Bouillabaisse** und das spanische Nationalgericht ↑**Paella.** Safran taucht aber auch in einigen Kuchenrezepten auf, wo er sowohl Geschmack als auch Farbe gibt („Safran macht den Kuchen gelb"). Zum Backen oder für Süßspeisen werden die Safranfäden wie oben beschrieben in heißer Flüssigkeit (Wasser, ↑**Wein**, ↑**Milch** usw.) eingeweicht. Nach kurzem Ziehen können mit der gelb gefärbten, aromatisierten Flüssigkeit (ohne Fäden) Kuchen und Massen gewürzt werden. **Safran pur passt auch:** in ↑**Fleischbrühe;** Saucen für ↑**Fisch** oder ↑**Krustentiere;** ↑**Ratatouille;** Fischsuppen; ↑**Hammelfleisch**gerichte; ↑**Hähnchen** und ↑**Poularde;** pikanten ↑**Reis** und ↑**Couscous.** Für ↑**Pudding,** ↑**Flammeri** und ↑**Hefeteig** nur die Flüssigkeit verwenden. **Würzkombinationen mit Safran:** Er verträgt sich mit allen ↑**mediterranen Gewürzen** und ↑**Kräutern**. Teilweise werden in alten Rezepten sehr große Mengen an Safran vorgegeben. Heute weiß man: Sehr hohe Mengen wirken giftig und können Fehlgeburten auslösen. Einige Gramm besten Safrans können tödlich sein. Da Safran lichtempfindlich ist, muss er dunkel aufgehoben werden. **Wirkung in der Volksmedizin:** Nervenanregend und krampfstillend

Saft [*Hausbar*] ↑**Fruchtsaft**

Saftgetränk [*Hausbar*] ↑**Fruchtsaftgetränk**

Saftig [*Weinkunde*] Ausgeprägte Restsüße, die von feiner Säure begleitet wird. Die Weine sind vollmundig und sehr fruchtig.

Saftpresse [*Hausbar*] Jeder ↑**Cocktail** lebt von seinen Zutaten. Frisch gepresste ↑**Fruchtsäfte** sind durch nichts zu ersetzen. Deshalb sollte eine Fruchtpresse in keiner Hausbar fehlen.

Safu [*Exotische Früchte*] **T Englisch:** safu; **Französisch:** safou. Diese kleinen, kartoffelgroßen (etwas länglicher) Früchte stammen aus Zentralafrika. Die Schalenfarbe schimmert von hellblau, rötlich bis dunkelviolett. Diese wilde, sehr fettreiche Ölfrucht aus der botanischen Familie der Burseraceae erinnert in Konsistenz und Geschmack an deftige ↑**Avocados.** Wie bei vielen Wildarten ist der genießbare Teil im Verhältnis zur ganzen Frucht eher gering, dafür aber sehr konzentriert. Im Querschnitt besteht die Safu aus einem relativ großen Kerngebilde, darum befindet sich das ca. 5 mm dicke Fruchtfleisch, das mit der Schale essbar ist. Die baumreife Frucht ist noch sehr hart, farblich aber schon voll ausgebildet. Bei zunehmender Reife (Lagerung bei Raumtemperatur) gibt die Safu auf Fingerdruck leicht nach. Ab jetzt beginnt die Genussreife, wobei ihr Geschmack aber nicht jedermanns Sache ist. **Geschmack:** Cremig wie Avocados und angenehm säuerlich-zitronig. Wenn die Safu noch weicher wird, beginnt sich die Schale und das Fleisch etwas braun zu färben, der Geschmack wird deftiger und die Säure verschwindet. Noch länger gelagert trocknet die Safu leicht an, wodurch das Aroma noch herzhafter wird und an ↑**Salami** erinnert. Da die Safu sehr gut zum Trocknen geeignet ist, kann man das ganze Jahr von ihrem ungewöhnlichen Geschmack profitieren. **Tipp:** Harte Safus, die schnell nachreifen sollen, werden am besten in eine Plastiktüte oder -schale gelegt und an einen warmen Ort gestellt, damit ein tropisches Klima nachgeahmt werden kann. Ab und zu lüften, damit die Frucht nicht zu ↑**schimmeln** anfängt.

Sagan, à la [*Speisegarnitur*] **A Speisegarnitur** mit püriertem ↑**Kalbshirn** und ↑**Champignon**köpfen in ↑**Madeirasauce**, dazu ↑**Risotto**

Saganaki [*Griech. Speisekarte*] **A** Begriff aus der griechischen Küchenkultur für panierten, gebackenen ↑**Schafskäse**

Sage [*U.S. Kitchen*] ↑**Salbei**

Sage Derby [*Käse*] **Herkunft:** England/Grafschaft Derbyshire; **Käsesorte:** hellgelber, grün marmorierter ↑**Schnittkäse**, 48 % ↑**Fett i.Tr.**; **Milch:** pasteurisierte Kuhmilch; **Rinde:** Die natürliche, kaum ausgebildete Rinde ist essbar, wenn man sie von einer ungenießbaren, grünen Wachsschicht befreit hat. **Teig:** weich, jedoch schnittfest und fast ohne Löcher; **Geschmack:** mild-delikat, das ↑**Salbei**aroma tritt deutlich hervor. **Info:** Sage Derby ist ein häufig angebotener englischer ↑**Derby,** dem frische Salbeiblätter die grüne Maserung geben. **Form:** wagenradförmiger Laib; **Größe:** ∅ 38 cm, Höhe 12 cm; **Gewicht:** ca. 14 kg; **Reifung:** Die Reifezeit beträgt 2 bis 3 Monate. Kann auch bis zu einem Jahr dauern, falls ein strengerer Geschmack gewünscht wird.

Sägefisch [*Fisch*] **Lateinisch:** Pristis pristis. **Synonym:** Schwerthai oder Sägerochen. Der gewöhnliche Sägefisch ist eine Art aus der Überordnung der Rochen und vom Aussterben bedroht. Er hat wie andere Rochen einen flachen Körper mit einer schwarz-weißen Unterseite, kann bis zu 5 Meter lang werden und eine Tonne wiegen. Das auffälligste Merkmal des Sägefisches ist seine Säge, ein flaches, langes Schwert, bestückt mit scharfen Schuppen an beiden Seiten. Diese „Säge" macht etwa 25 % der Gesamtkörperlänge des Tieres aus. Sie dient sowohl zum Angriff als auch zur Verteidigung. Eine Säge hat 12–30 Schuppenpaare, die die Zähne darstellen. Die Sägezähne wachsen auch nach Abbruch ständig nach. Sägefische sind an Küsten, Flussmündungen, Buchten und Flüssen der tropischen und subtropischen Gewässer auf der ganzen Welt beheimatet. Obwohl sie in so vielen Lebensräumen überleben können, sind Sägefische heutzutage selten geworden. Sie werden als Souvenir und für angeblich medizinische Zwecke gejagt. Sägefische werden jedoch immer häufiger aus Zufall getötet, da sie sich in Netzen verfangen, die für andere Fische und Meerestiere gedacht waren. Wenn sich die Zähne im Netz verfangen, können sie nicht mehr entkommen.

Sagne [*Ital. Speisekarte*] Nudelart aus den Abruzzen. Sehr breite, schräg geschnittene Pappardelle. ↑**Pasta.** Eine der ältesten bekannten Nudelformen überhaupt und Vorläufer der ↑**Lasagne.**

Sago [*Unsere Küche*] Gekörnte ↑**Stärke**, wird aus verschiedenen tropischen Pflanzen, z. B. Sagopalme, ↑**Maniok** oder ↑**Kartoffelstärke** gewonnen. Die kleinen Kügelchen, Perlen oder Flocken aus dem mehligen Mark der jeweiligen Pflanze dienen als Einlage für Suppen und zum Binden von Süßspeisen, ↑**Pudding**, ↑**Kaltschalen** und ↑**Grützen**. „Echter Sago" ist nur der aus der Sagopalme (= Palmsago). Sie wächst in Indien, Sri Lanka, Java, Malaysia und auf den Philipinen.

Sagrantino [*Weinkunde*] Rote Rebsorte, die vornehmlich in Umbrien, Zentral-Italien, in der Gegend von Montefalco angebaut und zu wuchtigen, tieffarbigen und oft tanninreichen Weine verarbeitet wird. Aus getrockneten Sagrantinotrauben wurden traditionell nach dem ↑**Passito**verfahren auch Süßweine hergestellt, heute werden fast nur die trockenen Versionen angeboten.

Sahne [*Milchprodukte*] **T Englisch:** cream; **Französisch:** crème; **Italienisch:** panna; **Spanisch:** nata. Schlagsahne, süße Sahne, Rahm oder Schlagobers ist ein ↑**Milchprodukt** und bezeichnet den Rahm, der bei roher, unbehandelter ↑**Milch** nach oben steigt und abgeschöpft wird. Industriell wird die Sahne in so genannten Separatoren so lange zentrifugiert (geschleudert), bis sich die schwerere Magermilch nach außen abgesetzt hat und die spezifisch leichtere Sahne innen zurückbleibt. ↑**Butter** wird aus Sahne hergestellt, mit ihr werden Speisen, Suppen und Soßen verfeinert, fest geschlagen krönt sie Süßspeisen, Getränke und Backwaren. **Inhaltsstoffe:** 100 g Schlagsahne (mindestens 30 % Fett) enthalten ∅ 288 kcal/1206 kJ, 30 g Fett, 0,18 mg Betacarotin, 1,1 µg Vitamin D, 90 mg Cholesterin. Sahne ist nicht nur reich an ↑**Fett**, ↑**Cholesterin** und fettlöslichen ↑**Vitaminen**, sondern auch an ↑**Milcheiweiß**. Wie die Milch wird auch die Sahne verschiedensten Methoden der Haltbarmachung unterzogen. Sie wird mit entrahmter Milch gemischt und so auf die verschiedenen Fettstufen eingestellt. **Sahnesorten:** ↑**Kaffeesahne** – (nicht schlagbar) für heiße Getränke und Gebäck – Fettgehalt mindestens 10 %; ↑**Saure Sahne** – **Synonym:** Sauerrahm – (nicht schlagbar) säuerlich, kochfest, geeignet für ↑**Gratins**, ↑**Dips**, ↑**Soßen** und ↑**Desserts** – Fettgehalt zwischen 10 und 35; **Schlagsahne** – (schlagfähig, geeignet für Suppen, Soßen, Cremes, Nachtische, auf Kuchen, Gratins und als Garnitur) – mindestens 30 % Fett; **Tipp:** Sahne wird beim Schlagen immer steif, wenn sie **1.** mindestens 30 % Fett enthält; **2.** mindestens 1 Tag im Kühlschrank auf 5–6° C durchgekühlt wurde; **3.** die Schüssel, in der die Sahne geschlagen wird, aus Glas oder Metall besteht; **4.** und diese auch gut gekühlt und sauber ist. Frische Sommersahne vom Bauern mit hohem Milcheiweißgehalt lässt sich schlecht steif schlagen.

Sahnebonbons [*Süßwaren*] **R** Sahnebonbons oder Toffees sind schnell selber gemacht und bei jeder Kinderparty der Hit. **Grundrezept:** 1/4 l ↑**Sahne;** 1 Päckchen Bourbon-↑**Vanillezucker;** 250 g ↑**Zucker;** 1 EL ↑**Honig.** Alle Zutaten in einen Topf geben und unter Rühren so lange kochen lassen, bis die Bonbonmasse dick wird und Blasen schlägt. Sie wird erst hellgelb und schließlich goldbraun. Dauer ca. 20–30 Min. Die Masse auf ein Backblech (mit Backpapier belegt) gießen, glatt streichen, abkühlen lassen, in Streifen, Rauten oder Quadrate schneiden. Auseinander brechen, in Zellophan wickeln und in einer Dose aufbewahren.

Sahnesoße [*Unsere Küche*] **T** Mit ↑**Sahne** angereicherte, gebundene Soße

Saibling [*Fisch*] **T Lateinisch:** Salmo alpinus; **Englisch:** charr, lake trout; **Französisch:** omble chevalier; **Italienisch:** salmerino alpino; **Spanisch:** salvelino. Saimling, Goldforelle, Rotforelle, ist ein zur Familie der ↑**Lachse** gehörender Fisch. Er bevorzugt die Alpenseen, die Seen Skandinaviens, Schottlands, Nordrusslands und Kanadas, dort kann er bis 80 cm lang und 10 kg schwer werden. Das rosafarbene Fleisch der Saiblinge mit einer ∅ Länge von 25–30 cm und einem ∅ Gewicht von ca. 500 g ist noch besser als das der Forelle. Ähnlich ist der sehr schmackhafte Bachsaibling (S. fontinalis), der in Teichen gezüchtet wird und wie die ↑**Regenbogenforelle** aus Nordamerika eingeführt wurde.

Saignant [*Franz. Speisekarte*] **Garstufe beim Grillen oder Braten:** Das ↑**Fleisch** ist außen knusprig braun, innen rosa und hat einen tiefroten Kern. ↑**Garpunkte**

Saijoor [*Asiatische Küche*] Indonesische Gemüsesuppen, wichtiger Bestandteil der ↑**Indonesischen Reistafel**

Saindoux [*Franz. Speisekarte*] ↑**Schweineschmalz**

Saint Agur [*Käse*] **T Herkunft:** Frankreich/Auvergne; **Käsesorte:** halbfester ↑**Schnittkäse**, mit blauem ↑**Edelschimmel**, 60 % ↑**Fett i. Tr.; Milch:** Kuhmilch; **Geschmack:** cremig-würzig mit mildem Blauschimmelgeschmack; **Reifung:** mindestens 2 Monate in Gewölben; **Weinempfehlung:** ↑**Süßweine** wie Sauternes, trockener ↑**Sekt** oder edle Rotweine wie ↑**Châteauneuf-du-Pape; Verwendung:** ↑**Saucen**, ↑**Dressings** und ↑**Dips**, zum Überbacken von ↑**Gratins** und **Lamm**koteletts

Saint Bernard de Passendale [*Käse*] **Herkunft:** Belgien/Kloster Saint Bernard de Passendale (nördlich von Ypres); **Käsesorte:** ↑**Schnittkäse**

Saint Nectaire [*Käse*] **T Herkunft:** Frankreich/Auvergne (Region Mont-Dore); **Käsesorte:** halbfester ↑**Schnittkäse**, mind. 45 % ↑**Fett i. Tr.; Rinde:** graupurpurfarben mit weißen, gelben und roten ↑**Edelschimmel**flecken überzogen; **Milch:** Kuhmilch; **Teig:** weich, elastisch, fast speckig; **Geschmack:** Reicht von leicht erdig-würzig bis mild-gehaltvoll. Er zergeht auf der Zunge und entfaltet dabei ein fein-herbes Aroma mit Noten von ↑**Salz**, ↑**Walnüssen** und ↑**Gewürzen. Info:** Typisch für den Saint Nectaire (**Sprich:** Ssäng Nektähr) ist sein unverwechselbarer Geruch nach dunklem feuchten Keller und ↑**Roggen**stroh, auf dem er während der Reifung lagert. **Weinempfehlung:** leichte und fruchtige Rotweine, z. B. ↑**Beaujolais**

Saint Pierre [*Fisch*] ↑**Petersfisch**/Heringskönig

Saint-Albray [*Käse*] **T Herkunft:** Frankreich/Jurançon (Pyrenäen); **Käsesorte:** ↑**Weichkäse** mit weiß-orangerotem ↑**Edelschimmel,** 50 % ↑**Fett i. Tr.; Milch:** Kuhmilch; **Geschmack:** delikat, fein-würzig; **Form:** in der Form einer sechsblättrigen Blüte mit einem Loch in der Mitte; **Info:** Seit einiger Zeit gibt es auch Saint-Albray (**sprich:** Ssängt Albrä) mit ↑**Blauschimmel;**

Getränkeempfehlung: Weine aus ↑**Bordeaux** wie Saint-Emilion oder Médoc oder ein ↑**Bier**

Sainte-Maure de Touraine Geschützte Herkunftsbezeichnung [*Käse*] **T Herkunft:** Frankreich/Touraine; **Käsesorte:** ↑**Weichkäse** mit weißem ↑**Edelschimmel,** 45 % ↑**Fett i.Tr.; Milch:** ↑**Ziegenmilch; Teig:** fast pastenartig, im Kern leicht brüchig und unter der Rinde cremig; **Geschmack:** dezentes, aber charakteristisches Ziegenaroma, pilzartig; **Info:** Das sicherste Erkennungszeichen des Sainte-Maure de Touraine (**Sprich:** Sänt Mohr dö Turähn) ist der Strohhalm. Er dient dazu, den rollenförmigen Käse zusammenzuhalten und den Kern zu durchlüften. **Wichtig!** Stammt der Käse nicht aus dem geografisch genau festgelegten Gebiet an der Loire, oder erfüllt er nicht alle Anforderungen der strengen Appellation d'Origine, heißt er schlicht Sainte-Maure. In Deutschland wird er unter der Marke „Soignon" angeboten. **Weinempfehlung:** leichte, fruchtige Rot- und Weißweine von der Loire: Chinon, Cabernet d'Anjou oder Touraine blanc; **Form:** 15 cm lange und 5 cm dicke Rolle; **Verwendung:** in Scheiben zum ↑**Aperitif** oder im Ofen gebacken

Sainte-Menehould [*Speisegarnitur*] **A Speisegarnitur** für **gekochte Schweinsfüße** – mit ↑**Senf** oder in Senfsauce mit ↑**Zwiebeln,** ↑**Essig** und ↑**Kräutern**

Saint-Emilion [*Weinkunde*] **1.** Saint-Emilion ist die größte Unterregion von ↑**Bordeaux** mit vielen Spitzenweinen. Wie im benachbarten ↑**Pomerol** fallen auch hier die Weine weicher aus als am anderen Flussufer. Bei den Rebsorten stehen ↑**Merlot,** ↑**Cabernet Sauvignon** und ↑**Cabernet Franc** im Vordergrund. **2.** Saint-Emilion ist auch eine andere Bezeichnung für die Rebsorte ↑**Ugni blanc** bzw. ↑**Trebbianorebe** im ↑**Cognac**-Gebiet. Hat dort die ↑**Folle-blanche-Rebe** fast völlig verdrängt, da sie ertragreich ist und sich recht gut zum Brennen eignet (viel Säure, wenig Alkohol).

Saint-Estèphe [*Weinkunde*] Eines der sechs Anbaugebiete/Gemeinden des ↑**Haut-Médoc,** woher einige der Spitzen-Bordeaux-Weine stammen. Saint-Estèphe zählt zu den ältesten Weinbaugebieten dort. Schon im 13. Jahrhundert wurde hier Wein angebaut.

Saint-Germain [*Speisegarnitur*] **A Speisegarnitur** mit frischen oder getrockneten grünen ↑**Erbsen** oder Erbsenpüree

Saint-Honoré Historischer Speisename [*Speisegarnitur*] **A** Schutzpatron der französischen ↑**Bäcker**

Saint-Hubert [*Speisegarnitur*] **A 1.** Schutzpatron der Jäger; **2. Speisegarnitur** für **Wild** – mit Wildpüree-, ↑**Sauce** mit ↑**Madeira** und ↑**Cognac.** ↑**Chasseur, à la**

Saint-Julien [*Weinkunde*] Untergebiet des ↑**Haut-Médoc,** einem Bereich im ↑**Bordeaux**

Saint-Mandé [*Speisegarnitur*] **A Speisegarnitur** mit ↑**Erbsen,** grünen ↑**Bohnen** und ↑**Pommes Macaire**

Saint-Paulin [*Käse*] **T Herkunft:** Frankreich/Bretagne und Normandie; **Käsesorte:** halbfester ↑**Schnittkäse** bzw. ↑**Butterkäse,** mit gelber, fast orangeroter Rinde, mindestens 40 % ↑**Fett i.Tr.; Milch:** Kuhmilch; **Teig:** strohgelb bis cremeweiß, weich, geschmeidig, speckig mit einzelnen kleinen, linsengroßen Löchern; **Geschmack:** ganz zart, mild, leicht säuerlich; **Info:** Früher wurde der Saint-Paulin (**sprich:** zäng poläng) ausschließlich in Klöstern hergestellt. Um 1930 kam er als erster aus pasteurisierter ↑**Milch** hergestellter ↑**Käse** in den Handel. **Weinempfehlung:** Trockene Weißweine oder ein Rosé de Côtes de Provence

Saint-Pierre [*Franz. Speisekarte*] ↑**Petersfisch**

Saisieren [*Franz. Fachwort*] Anbraten

Saitlinge [*Unsere Küche*] Wursthäute, Dünndärme von ↑**Schafen,** stehen bei Wert und Konsum an der Spitze der Wurstherstellung, sie sind essbare, zarte Wursthüllen.

Sajtok [*Ungarische Küche*] Begriff aus der ungarischen Küchenkultur für ↑**Käse**

Sajtos ropogós tallér [*Ungarische Küche*] Diese knusprige Käsewaffel ist ein beliebtes ungarisches Salzgebäck.

Sake [*Hausbar*] **T** Sherryartiges, sehr beliebtes Nationalgetränk der Japaner mit einem Alkoholgehalt von 12 bis 17 %Vol. Er wird auch als Reiswein bezeichnet, obwohl es sich nicht um einen ↑**Wein** handelt, sondern um ein vergorenes alkoholisches Getränk aus ↑**Reis.** Er wird meist heiß oder warm aus Porzellanschalen getrunken oder gekühlt als ↑**Cocktail** serviert. Sake spielt in der japanischen Religion und bei gesellschaftlichen Ereignissen eine wichtige Rolle. Der Brauvorgang, der auf eine mehrere Jahrhunderte alte Tradition zurückgeht, dauert etwa sechs Wochen. Dabei wird zuerst geschälter und gedämpfter Reis, **„koji"** genannt, mit einem kultivierten ↑**Schimmelpilz** und Wasser vermischt. Diese Mischung wird erhitzt und danach in großen Fässern, manchmal unter Zusatz von ↑**Hefe,** vergoren. Danach filtert man den nun trinkfertigen Sake ab. Er enthält den Würzstoff ↑**Mirin,** was wie Medium ↑**Sherry** schmeckt. Deshalb wird Sake auch zum Würzen verwendet.

Sakuski [*Intern. Länderküche*] **A** Russische Vorspeisen. Zu den Sakuski zählen vor allem ↑**Kaviar,** ↑**Lachs** und andere Fischspeisen, marinierte ↑**Steinpilze,** ↑**Gemüse,** ↑**Pasteten** usw.

Sal [*Span. Speisekarte*] ↑**Salz**

Salad Blue [*Kartoffelsorte*] **Kochtyp:** ↑**Festkochende Kartoffeln** – „Speckige Kartoffel" genannt; **Herkunft:** Schottland; **Jahr der Zulassung:** unbek.; **Schale:** dunkelblau; **Fleisch:** blau/violett; **Knolle:** rundoval; **Reifezeit:** mittelfrüh

Salada de atum [*Span. Speisekarte*] ↑**Tunfisch**salat

Salada mista [*Span. Speisekarte*] Gemischter Salat

Salade [*Franz. Speisekarte*] Salat im Allgemeinen

Salade à l'huile de noix [*Franz. Speisekarte*] Salat, mit ↑**Walnussöl** zubereitet

Salade américaine [*Franz. Speisekarte*] **A** Salat aus

↑**Kopfsalat**, ↑**Gurken**, ↑**Mais**, ↑**Hühnerfleisch**, harten ↑**Eiern** und ↑**Ananaswürfeln**
Salade ardennaise [*Franz. Speisekarte*] Kartoffelsalat mit Würstchenscheiben
Salade arlésienne [*Franz. Speisekarte*] **A** Salat aus ↑**Artischockenböden**, ↑**Kartoffeln**, ↑**Endivien**, ↑**Tomatenvierteln**, ↑**Anchovis**, ↑**Estragon**
Salade Carmen [*Franz. Speisekarte*] **A** Salat aus ↑**Erbsen**, ↑**Paprikaschoten**, ↑**Hühnerfleisch** und ↑**Langkornreis**
Salade catalane [*Franz. Speisekarte*] **A** ↑**Reissalat** mit ↑**Paprikaschoten**, ↑**Spargelspitzen** und ↑**Sardellen**
Salade composé, mixte [*Franz. Speisekarte*] Gemischter Salat, mit verschiedenen Zutaten je nach Jahreszeit
Salade crue [*Franz. Speisekarte*] ↑**Rohkost**salat
Salade de bœuf [*Franz. Speisekarte*] **A** Salat aus gekochtem ↑**Rindfleisch**, ↑**Kartoffeln**, ↑**Tomaten** und ↑**Zwiebeln**
Salade de bœuf parisienne [*Franz. Speisekarte*] **R** Gekochtes, dünn aufgeschnittenes ↑**Rindfleisch** mit ↑**Essig**-↑**Öl**-↑**Dressing** (↑**Vinaigrette**), Scheiben von gekochten ↑**Eiern**, gekochten ↑**Pellkartoffeln**, ↑**Zwiebeln** und je nach Jahreszeit grünen ↑**Erbsen**, ↑**Tomaten**, gekochten ↑**Karotten** und ↑**Petersilie** vermischt
Salade de cervelas [*Franz. Speisekarte*] ↑**Wurstsalat**
Salade de fruits [*Franz. Speisekarte*] Obstsalat
Salade de laitue [*Franz. Speisekarte*] ↑**Kopfsalat**
Salade de lentilles [*Franz. Speisekarte*] **R** ↑**Linsen**salat mit fein geschnittenen ↑**Zwiebeln**, ↑**Knoblauch**, ↑**Karotten** in Scheiben, scharfem ↑**Dijonsenf**, ↑**Olivenöl** und gebratenen ↑**Speck**scheiben. Abgeschmeckt mit ↑**Pfeffer**, ↑**Salz** und frisch gehackter ↑**Petersilie**
Salade de mâche [*Franz. Speisekarte*] ↑**Feldsalat**
Salade de museau [*Franz. Speisekarte*] ↑**Ochsenmaulsalat**
Salade de pommes de terre [*Franz. Speisekarte*] ↑**Kartoffelsalat.**
Salade de saison [*Franz. Speisekarte*] Salat der Jahreszeit
Salade des midinettes [*Franz. Speisekarte*] **A** ↑**Reissalat** mit grünen ↑**Erbsen**
Salade d'oranges [*Franz. Speisekarte*] **A** Salat aus ↑**Orangen**stückchen, ↑**Rosine**, ↑**Zucker** und ↑**Rum**
Salade flamande [*Franz. Speisekarte*] **A** Salat aus ↑**Chicorée**, ↑**Kartoffeln**, ↑**Zwiebeln** und ↑**Heringsfilets**
Salade folle, gourmande [*Franz. Speisekarte*] **A** Feinschmeckersalat aus frischen, bunten ↑**Blattsalaten** mit kostbaren Zutaten (↑**Krebsschwänzen**, ↑**Gänseleber**, ↑**Trüffeln** usw.)
Salade francillon [*Franz. Speisekarte*] **A** Salat mit ↑**Kartoffeln**, ↑**Muscheln** und ↑**Trüffelscheiben**
Salade italienne [*Franz. Speisekarte*] **A** Italienischer Salat aus klein gewürfelten ↑**Karotten**, ↑**Weißen Rübchen**, ↑**Kartoffeln**, ↑**Erbsen** und ↑**Spargelstücken**
Salade japonaise [*Franz. Speisekarte*] **A** Japanischer Salat aus klein gewürfelten ↑**Orangen**, ↑**Ananas** und ↑**Tomaten** in ↑**Crème fraîche** auf ↑**Blattsalaten** angerichtet
Salade monégasque [*Franz. Speisekarte*] Kleine Mittelmeerfische mit ↑**Tomaten** auf ↑**Reis**
Salade niçoise [*Franz. Speisekarte*] ↑**Nicoise**
Salade panachée [*Franz. Speisekarte*] Gemischter Salat
Salade romaine [*Gemüse*] ↑**Römer-Salat**
Salade russe [*Franz. Speisekarte*] **R** ↑**Russischer Salat** – Die französische Variante: auf Salat aus verschiedenen gekochten klein gewürfelten ↑**Gemüsen** und ↑**Kartoffeln** und kräftig abgeschmeckter ↑**Mayonnaise** mit Scheiben gepökelter ↑**Zunge** oder ↑**Wurst**
Salade variée [*Franz. Speisekarte*] Gemischter Salat
Salade verte [*Franz. Speisekarte*] Grüner ↑**Blattsalat**
Salade vigneronne [*Franz. Speisekarte*] **A** Salat aus ↑**Löwenzahn** oder ↑**Feldsalat**, mit gebratenem ↑**Speck** in ↑**Nussöl**
Salade Waldorf [*Franz. Speisekarte*] ↑**Waldorfsalat**
Saladier [*Franz. Speisekarte*] **1.** Tiefe Schüssel, in der ein Salat am Tisch ohne Probleme angemacht werden kann; **2.** Koch, der zuständig für die Zubereitung von Salaten ist
Salads [*U.S. Kitchen*] Salate
Salaisons [*Franz. Speisekarte*] Gesalzenes, Gepökeltes
Salak [*Exotische Früchte*] ↑**Schlangenfrucht**
Salaka [*Intern. Länderküche*] Begriff aus der russischen Küchenkultur für den atlantischen ↑**Hering**
Salam [*Gewürze & Kräuter*] Indischer ↑**Lorbeer**
Salam(ell)a [*Ital. Speisekarte*] ↑**Kochwurst**
Salamander [*Unsere Küche*] Küchengerät zum schnellen Überbacken bzw. Bräunen von Speisen
Salame [*Ital. Speisekarte*] ↑**Salami;** Wurst
Salami [*Fleischprodukte*] Berühmte italienische oder ungarische ↑**Rohwurst** aus ↑**Esel-** und ↑**Schweinefleisch** sowie ↑**Speck**, kräftig gewürzt, fest gewickelt und 4–6 Monate an der Luft getrocknet. Wobei sich die Wurst mit trockenem ↑**Edelschimmel** überzieht und ihr klassisches Aroma entwickelt.
Salamoia [*Ital. Speisekarte*] ↑**Lake;** Beize
Salanaise [*Franz. Speisekarte*] Würzsauce und ↑**Dip** (zum Eintunken kleiner Happen)
Salat [*Übersetzer*] **Englisch:** salad; **Französisch:** salade; **Italienisch:** insalata; **Spanisch:** ensalada. ↑**Blattsalate**
Salat als Zubereitung [*Unsere Küche*] **A** Hauptzutaten sind frisches ↑**Blattgemüse**, ↑**Wurzelgemüse** und andere Gemüsesorten, ↑**Pilze**, ↑**Kartoffeln**, ↑**Reis**, ↑**Obst**, ↑**Geflügel**, ↑**Fisch** und ↑**Fleisch**. Salat wird mit verschiedenen Salatsoßen angemacht. ↑**Marinade, süß-sauer** & ↑**Mayonnaise;** Salat kann als Vorspeise, Beilage oder Hauptspeise gegessen werden. ↑**Blattsalate** (z. B. ↑**Kopfsalat**)
Salat Tunisienne [*Intern. Länderküche*] **R** Traditioneller

tunesischer Salat. Grundzutaten: ↑**Grüner Salat**, ↑**Tomaten**, ↑**Peperoni**, ↑**Tunfisch**, ↑**Zwiebeln** und ↑**Oliven**. Abgeschmeckt mit ↑**Zitronensaft**, ↑**Salz**, ↑**Pfeffer** und ↑**Olivenöl**

Saláták [*Ungarische Küche*] Begriff aus der ungarischen Küchenkultur für Salate

Salatalar [*Orientalische Küche*] Begriff aus der türkischen Küchenkultur für verschiedene Salate. ↑**Türkische Küche**

Salatgurke [*Gemüse*] ↑**Gurke**

Salato [*Ital. Speisekarte*] Gesalzen; gepökelt

Salatrims [*Fachkunde*] **T** Gruppe kalorienreduzierter ↑**Triglyzeride** mit **6 kcal/g** bzw. **25 kJ/g.** Fettersatzstoffe. Die gesetzliche Kennzeichnung ist „brennwertgemindertes Fett (Salatrims)" mit dem Hinweis „kann bei übermäßigem Verzehr zu Magen- und Darmbeschwerden führen". Ferner muss darauf hingewiesen werden, dass das Produkt nicht für Kinder bestimmt ist. Die Änderungen des Nährstoffgehaltes bei Salatrims sind besonders für Diabetiker und Hersteller diabetischer Lebensmittel von Bedeutung. Bei der Verarbeitung müssen bestimmte Kennzeichnungselemente beachtet werden. Die Änderung der Diätverordnung verlangt z. B. eine Analyse der Brennwerte (↑**oben**), die für den Verbraucher angegeben werden muss.

Salatrüben [*Gemüse*] ↑**Rote Beete**

Salbei [*Gewürze & Kräuter*] **T Lateinisch:** Salvia officinalis. **Synonym:** Muskatellerkraut, Gartensalbei, Edelsalbei, Altweiberschmecken. **Englisch:** sage; **Französisch:** sauge; **Italienisch:** salvia; **Spanisch:** salvia; **Info:** Der zur Familie der Lippenblütengewächse gehörende Salbei ist ein immergrüner, mehrjähriger, 60–100 cm hoher, reich verzweigter Halbstrauch. Es gibt ca. 700 verschiedenen Arten. **Ursprung:** Der ursprünglich aus dem Mittelmeerraum stammende Salbei war schon den Griechen im Altertum heilig und wurde von den Römern als Heilmittel geschätzt. Der Name Salbei leitet sich vom lateinischen Wort für retten, heilen (salvere) ab. In Mitteleuropa galt er seit Karl dem Großen als Heil- und Wunderpflanze, jedoch hielt er erst im Mittelalter Einzug in die europäischen Küchen. Der Name Muskatellerkraut leitet sich übrigens von der bis vor einem Jahrhundert geübten Praxis ab, mäßige Weine durch Zugabe des Muskatellersalbei (Salvia sclarea) in geschmacklich gehaltvolle Muskatellerweine zu verwandeln. Auch bei der Bierherstellung wurde Salbei verwendet. **Herkunft und Saison:** Die vor der Blüte im Mai bis Juni gesammelten Blätter des Wiesensalbeis werden auf dem Markt angeboten. **Anbau:** Salbei selbst zu ziehen ist ganz einfach. Er gedeiht in Töpfen so gut wie im Garten, im Halbschatten wie in der Sonne (nur vor starken Frösten muss man ihn schützen). Man kann ihn aussäen, besser allerdings kauft man sich eine Jungpflanze. Eine große Staude reicht für den Bedarf einer Familie. In milden Wintern kann man das ganze Jahr über ernten. **Inhaltsstoffe:** Salbeiblätter enthalten u. a. **Kampfer, einige östrogenähnliche Substanzen** sowie verschiedene ↑**Gerbstoffe; Geschmack:** Streng, würzig-bitter, kampferähnlich. Getrocknete Blätter schmecken harzig, frische Blätter duftiger und frischer. **Erhältlich als:** Frisch bekommt man Salbei manchmal auf Märkten oder in guten Gemüsegeschäften. Getrocknete Blätter bekommt man ganz, gerebelt oder gemahlen in Lebensmittelgeschäften. **Verwendung in der Küche:** ↑**Würztabelle.** Die in der Küche eingesetzten jungen Blätter haben eine starke Würzkraft und sollten nur in kleinen Mengen verwendet werden. **Wirkung in der Volksmedizin:** Wirkt heilend auf Magenschleimhäute und alle Atemwege (Salbeitee). In der Naturmedizin wird die Wirkung des Salbeis als entzündungshemmend, schmerzstillend, schweißhemmend und verdauungsfördernd beschrieben. Eingesetzt wurde Salbei traditionell in der Frauenheilkunde als ↑**Aphrodisiakum**, bei Störungen des Menstruationszyklus' oder bei Beschwerden in der Menopause und als Abtreibungsmittel. Salbei kann die Milchbildung hemmen: Darum sollten Schwangere und Stillende auf den Genuss von Salbei verzichten.

Salbeiblüten [*Wildkräuter, -blüten & -früchte*] **T Lateinisch:** Salvia spp. sclarea. Vor allem vom Muskateller-Salbei sind zum Kandieren geeignet. Schwangere und Stillende sollten auf den Genuss von Salbei verzichten. ↑**Kandieren von Blüten – Mehr Information:** ↑**Essbare Blüten**

Salbeihonig [*Allgem. Nährmittel*] Dünnflüssiger ↑**Honig**, kommt in der Regel aus Kalifornien. Er hat eine helle Bernsteinfarbe und schmeckt pikant-fruchtig. Eine kostbare und teure Rarität.

Salbeitee [*Tee*] **R** Teeähnliches Erzeugnis aus den Blättern der Salbeipflanze. **Zutaten für 2 Portionen:** ½ l Wasser; 1 TL Salbeiblätter; je nach Geschmack etwas Pfefferminze oder Melisse dazugeben; evtl. Honig zum Süßen. **Zubereitung:** Blätter mit kochendem Wasser übergießen und 3–4 Min. kochen lassen. Dann mit Pfefferminze oder Melisse verfeinern und weitere 10 Min. zugedeckt ziehen lassen. Tee abseihen und evtl. süßen. Dieser Tee kann gegen Halsschmerzen getrunken oder auch gegurgelt werden. Schwangere und Stillende sollten auf den Genuss von Salbeitee verzichten, denn er enthält östrogenähnliche Substanzen, die die Milchbildung hemmen können.

Salchicas a la parilla [*Span. Speisekarte*] Grillwürste

Salchichas [*Mexicofood*] Würstchen

Salchichería [*Span. Speisekarte*] Wurstfachgeschäft, in dem nur geräucherte Wurstwaren, aber kein frisches ↑**Fleisch** angeboten werden

Salchichón [*Span. Speisekarte*] Spanische ↑**Dauerrohwurst** vom iberischen Schwein, salamiähnlich

Sale [*Ital. Speisekarte*] ↑**Salz**

Salé [*Franz. Speisekarte*] Gesalzen/gepökelt

Salenta [*Kartoffelsorte*] **Kochtyp:** ↑**Vorwiegend festkochende Kartoffeln**

Salers Geschützte Herkunftsbezeichnung [*Käse*] **T Herkunft:** Frankreich/Auvergne; **Käsesorte:** ↑**Schnittkäse**, 45 % ↑**Fett i. Tr.**; **Milch:** Rohe Milch der Salers-Kühe, die im Sommer auf vulkanischen Bergwiesen geweidet haben. Diese Böden sind reich an ↑**Mineralstoffen** wie ↑**Phosphor**, ↑**Kalium** und ↑**Magnesium**, die sich auch auf die ↑**Milch** übertragen. **Teig:** schnittfest, geschmeidig; **Geschmack:** aromatisch, leicht säuerlich, herb mit erdverbundenem Aroma; **Info:** Der Salers (**sprich:** Salärs) gehört zu den ältesten Käsesorten überhaupt. **Weinempfehlung:** leichte ↑**Beaujolais**-Weine oder Weine aus dem Loire-Tal; **Verwendung:** pur am Ende einer Mahlzeit; zu ↑**Äpfeln**, ↑**Walnüssen**, ↑**Trauben** oder roten ↑**Früchten**

Salgalik, Yak Biber Chili [*Gewürze & Kräuter*] **T Schärfe 4–5 = 9000–10 000** ↑**Scoville-Einheiten.** Eine türkische Sorte, die man auch in Deutschland bekommt. Wird in Rot und Grün angeboten. Milder als die holländischen ↑**Pepperoni.** ↑**Chili**

Salière [*Franz. Fachwort*] Salzstreuer

Salina [*Weinkunde*] Insel nördlich von Sizilien, produziert den Marsala di Lipari

Salm [*Fisch*] Anderes Wort für ↑**Lachs**, nach der lateinischen Bezeichnung salmo

Salmis [*Franz. Speisekarte*] ↑Geflügel**ragout** in dunkler ↑**Sauce**

Salmis [*Österr. Küche*] Braunes ↑**Ragout** oder ↑**Haschee** aus ↑**Wild**, ↑**Wildgeflügel**

Salmling [*Fisch*] Bezeichnung für den ↑**Saibling**

Salmo salar [*Fisch*] Atlantischer ↑**Lachs**

Salmón [*Span. Speisekarte*] ↑**Lachs**

Salmón ahumado [*Span. Speisekarte*] Geräucherter ↑**Lachs**

Salmone [*Ital. Speisekarte*] ↑**Lachs**

Salmonellen [*Fachkunde*] **T** Bewegliche Bakterienspezies (Enterobacteriaceae), wurde 1885 zum ersten Mal von dem amerikanischen Tierarzt Daniel Elmer Salmon isoliert, der auch der Namensgeber ist. Es gibt zahlreiche Arten, darunter viele, die für den Menschen ungefährlich sind, sogar Teil seiner Darmflora sind, andere hingegen verursachen Krankheiten. **Was machen Salmonellen?** Krankheitserregend für den Menschen sind vor allem Salmonella enteritidis, Salmonella typhimurium, Salmonella arizonae und Salmonella paratyphi. Diese verursachen Salmonellose, Darmentzündungen (Gastroenteritis), Typhus und Paratyphus. Salmonellose als Masserkrankung tritt häufig beim unhygienischen Arbeiten mit Lebensmitteln in Restaurants und Großküchen auf, z. B. in Hotels, Kantinen, Altenheimen und Krankenhausküchen. **Die größte Gefahr besteht aber im privaten Haushalt** durch den Verzehr von unsachgemäß gelagerten Lebensmitteln, in denen sich diese Bakterien befinden. Salmonellen wachsen besonders gut auf Lebensmitteln, die einen hohen Gehalt an Wasser haben und reich an ↑**Eiweiß** sind wie: ↑**Hackfleisch;** rohes oder nur angebratenes ↑**Fleisch;** bestimmte Fleischerzeugnisse, wie z. B. frische ↑**Mettwurst** und Frischwurst-Aufschnitt; ↑**Frischfisch** und ↑**Räucherfisch;** ↑**Geflügel;** ↑**Wildfleisch;** ↑**Krusten**-, ↑**Schalen**- und ↑**Weichtiere;** ↑Eier; Eierspeisen; ↑**Milch;** ↑**Milchprodukte;** ↑**Weichkäse;** ↑**Speiseeis;** ↑**Halbgefrorenes;** ↑**Mayonnaise;** Feinkostsalate; Sahnetorten und Backwaren mit Eiercrèmefüllungen z. B. ↑**Tiramisu** usw. Nach dem Verzehr von mit Salmonellen befallenen Lebensmitteln setzen die Salmonellen ihr Gift in Magen und Darm frei. Die Inkubationszeit beträgt 8 bis 48 Stunden, die Erkrankung dauert drei bis sieben Tage, macht sich durch Fieber, Kopfschmerzen, Übelkeit, Erbrechen und Bauchkrämpfe bemerkbar. Die Schwere der Krankheit hängt von der Anzahl der Erreger ab. Kleinkinder und Personen über 60 Jahre erkranken meist schwer, manchmal endet die Vergiftung tödlich. **Beim geringsten Verdacht sofort den Arzt oder das nächste Krankenhaus aufsuchen! Übertragung:** Nach wenigen Tagen klingen zwar diese Symptome wieder ab, jedoch besteht weiterhin Ansteckungsgefahr, da die Salmonellen noch für etwa 4 Wochen über den Stuhl ausgeschieden werden. Der Übertragungsweg der Krankheitserreger erfolgt dann meist über die nach dem Stuhlgang oder der Harnentleerung unzureichend gesäuberten Hände direkt oder indirekt (z. B. durch Berührung von Lebensmitteln) in den Mund. Erkrankte Personen werden als ↑**Ausscheider** bezeichnet. Personen, die in der Gastronomie oder Gemeinschaftsverpflegung arbeiten, werden daraufhin untersucht. Deshalb sind Salmonellosen nach dem Bundesseuchengesetz beim Gesundheitsamt meldepflichtig. **Eine Immunität wird nicht erworben. Beim Umgang mit Lebensmitteln ist zu beachten: 1.** häufiges Händewaschen; **2.** Lebensmittel durcherhitzen oder ausreichend kühlen, da Salmonellen sich bei Zimmertemperatur sehr schnell vermehren. **3.** Salmonellen können sich bei Kühlschranktemperatur (unter 7° C) nur langsam oder gar nicht vermehren; **4.** Salmonellen werden durch starkes Erhitzen der Speisen auf über 70° C Kerntemperatur (Braten, Backen, Kochen) abgetötet. **5.** Es können vermehrt Salmonellen auf ↑**Geflügelfleisch** (und im Auftauwasser) vorkommen, darum das Schneidebrett oder andere Utensilien, die damit in Verbindung kommen, nach dem Arbeitsvorgang sofort heiß abwaschen und nicht für die Verarbeitung roher Lebensmittel (z. B. Salat) verwenden. **6.** ↑**Enteneier** sind stark gefährdet und sollten immer 10 Min. lang kochen. 7. Wichtig sind auch ausreichende Garzeiten in der ↑**Mikrowelle**, da bei zu kurzer Garzeit in den erwärmten Speisen „kalte Nester“ verbleiben, in denen die Erreger überleben können. **8.** Küchengeschirr und -besteck sollten nach Gebrauch gründlich gereinigt werden (am besten in der Spülmaschine). ↑**Lebensmittelvergiftung**

Salmonete [*Span. Speisekarte*] ↑**Meerbarbe**

Salome [*Kartoffelsorte*] **Kochtyp:** ↑**Festkochende Kartoffeln** – „Speckige Kartoffel" genannt; **Herkunft:** Deutschland; **Jahr der Zulassung:** 2001; **Schale:** gelb; **Fleisch:** gelb; **Knolle:** oval; **Reifezeit:** sehr früh

Salon [*Franz. Fachwort*] Salon, Gesellschaftszimmer

Salon de dégustation [*Franz. Speisekarte*] Probierstube für ↑**Wein**

Salon de glace [*Franz. Speisekarte*] Eisdiele

Salon de thé [*Franz. Speisekarte*] Teestube

Salonbeuscherl [*Österr. Küche*] Wiener Spezialität ↑**Lüngerl**

Salpeter [*Fachkunde*] Natrium- und Kaliumsalze der Salpetersäure; Umrötungsstoff bei gepökelten Fleischerzeugnissen

Salpicon [*Franz. Speisekarte*] **A** Feines ↑**Ragout** – In sehr kleine Würfelchen geschnittenes, gares ↑**Fleisch,** (↑**Fisch,** ↑**Geflügel,** ↑**Krustentiere),** ↑**Gemüse** oder gewürfelte ↑**Früchte** werden mit einer stark gebundenen, weißen oder braunen ↑**Sauce** vermischt. Salpicon verwendet man meist zum Füllen von kleinen Teigpasteten, ↑**Artischockenböden** etc., aber auch ↑**Reisringen** und ↑**Omelettes.**

Salsa [*Gewürze & Kräuter*] **R** Eigentlich steht der Begriff Salsa in der spanischen Sprache für ↑**Sauce** im Allgemeinen. Hier ist aber eine traditionelle scharfe Soße gemeint, die aus geschnittenen ↑**Tomaten** (rot) oder ↑**Tomatillos** (grün), ↑**Zwiebeln,** ↑**Paprika,** ↑**Chili,** ↑**Knoblauchzehen** und ↑**Pfeffer** sowie – je nach Rezept – weiteren Zutaten hergestellt wird. Obwohl die Salsa meist kalt als Dip verwendet wird, kocht man sie.

Salsa mayonesa [*Mexicofood*] ↑**Mayonnaise**

Salsa verde [*Ital. Speisekarte*] Grüne Soße. Wie „Frankfurter ↑**Grüne Soße**", aber mit mehr ↑**mediterranen Kräutern,** ↑**Knoblauch** und ↑**Olivenöl**

Salsa vinagreta [*Mexicofood*] ↑**Vinaigrette**

Salse [*Österr. Küche*] Alte Bezeichnung für einen sirupdick eingekochten ↑**Fruchtsaft.** In alten Kochbüchern auch Bezeichnung für ↑**Sauce.**

Salsiccia [*Ital. Speisekarte*] Würstchen

Salsifis à la provençale [*Franz. Speisekarte*] **A** ↑**Schwarzwurzeln,** in ↑**Olivenöl** gedünstet, mit ↑**Petersilie** und ↑**Knoblauch** gewürzt

Salsifis blanc [*Franz. Speisekarte*] Haferwurzel, wird in Frankreich als feines ↑**Wurzelgemüse** verwendet

Salsifis noir [*Franz. Speisekarte*] ↑**Schwarzwurzel**

Salsiz [*Schweizer Küche*] Schweizer ↑**Rohwurstsorte**

Salt [*Engl. Speisekarte*] ↑**Salz**

Saltimbocca [*Ital. Speisekarte*] **R** „Spring in den Mund": Sehr dünnes kleines ↑**Kalbsschnitzel** mit ↑**Parmaschinken** und frischem ↑**Salbeiblatt** belegt, in ↑**Butter** gebraten; **1.** Kalbsschnitzel vorsichtig mit der glatten Seite des Fleischklopfers sehr dünn klopfen. Fleisch nur sehr schwach salzen und pfeffern. **2.** Auf jedes Schnitzel 1 Scheibe Schinken und 1 Salbeiblatt legen, mit Holzspießchen feststecken. **3.** In der Pfanne etwas Butter zerlassen, Schnitzelchen hineingeben, pro Seite bei schwacher Hitze 2 bis 3 Min. braten, herausnehmen und abgedeckt warm stellen. **4.** Bratensatz mit etwas ↑**Weißwein** ablöschen und kräftig aufkochen. Mit einem Schneebesen eiskalte Butterflocken in die Sauce einrühren, nicht mehr kochen lassen und abschmecken. Die Schnitzelchen nochmals kurz durch die Pfanne ziehen, damit sie heiß werden. Auf vorgewärmten Tellern anrichten und mit der Sauce beträufeln. Dazu passen kleine neue ↑**Kartoffeln** oder ↑**Risotto alla milanese.**

Salume [*Ital. Speisekarte*] ↑**Wurst**

Salvia [*Ital. Speisekarte*] ↑**Salbei**

Salz [*Fachkunde*] **T Englisch:** salt; **Französisch:** sel; **Italienisch:** sale; **Spanisch:** sal. **Was ist Salz?** In der Regel wird darunter Koch- oder Speisesalz verstanden, das zu 98 % aus Natriumchlorid NaCl besteht. 1 g Salz besteht aus 0,4 g ↑**Natrium** und 0,6 g ↑**Chlorid.** Salz ist wichtigster Würzstoff für Speisen. Eigentlich ist es kein Gewürz, sondern eine mineralische Würze. Salz versorgt den Menschen mit lebensnotwendigen ↑**Mineralstoffen,** ist unentbehrlich für unseren Körper und übernimmt **lebenswichtige Aufgaben:** Es reguliert den Wasserhaushalt, erhält die Gewebespannung aufrecht, ist Bestandteil aller Verdauungssäfte und an der Reizübertragung von Muskel- und Nervenzellen beteiligt. Der Körper eines Erwachsenen enthält etwa 150 bis 300 g Salz und benötigt täglich 3 bis 5 g zum Ausgleich des Verlusts durch Schwitzen und Ausscheidungen (bei starkem Schwitzen oder einigen Erkrankungen bis zu 20 g). **Salz in Lebensmitteln:** 6 bis 8 g des täglichen Bedarfs werden bereits über die üblichen Lebensmitteln gedeckt. Vor allem durch ↑**Brot,** Backwaren, ↑**Fleisch,** ↑**Wurst** und ↑**Milchprodukte.** Eine größere Menge Salz enthalten Fertiggerichte oder Dosengemüse. Durch das Zusalzen beim Kochen kommen noch einmal 1 bis 2 g dazu. **Folgende Salzgehalte sind ∅ in 100 g verzehrfertigen Lebensmitteln enthalten:** Brötchen 1,4 g; Salzhering 15 g; Salami 4,2 g; Salzstangen 4,5 g; Tomatenketschup 3,0 g; **Fazit:** Die meisten Menschen überschreiten die empfohlene Tageszufuhr von 5 g Kochsalz erheblich. **Salz und Gesundheit:** Eine übermäßige Kochsalzaufnahme führt aber zur Entstehung von Bluthochdruck, ↑**Arteriosklerose,** Herzinfarkt, Nierenversagen usw. Auch ein Zusammenhang zwischen Magenkrebs und hoher Salzzufuhr kann nicht ausgeschlossen werden. Einige Menschen besitzen eine erhöhte Salzempfindlichkeit und reagieren mit krankhaft erhöhtem Blutdruck. Da für die blutdrucksteigernde Wirkung das Natrium, möglicherweise auch das Chlorid verantwortlich ist, kann eine Verringerung der Kochsalzaufnahme den Blutdruck senken. Salzmangel kommt unter normalen Lebensbedingungen in Europa nicht vor; **Vorkommen:** Salz befindet sich vor allem im Meerwasser, in Salzseen oder -wüsten und in Steinsalzlagern unter der Erde. **Siedesalz:** wird in großen, industriell betriebenen Salinen aus einer gesättigten Sole (etwa 312 g NaCl pro Liter) gewonnen. Dazu werden Bohrlöcher in die salzführende Schicht getrieben und unterirdisch Wasser in den Salzstock gepresst. Das hier fest gebundene Salz wird so gelöst zutage gepumpt. In den Salinen kann nun aus der Sole das Siedesalz sowohl nach dem Thermokompressionsverfahren (Bad Reichenhall) hergestellt als auch in einer Vakuum-Verdampferanlage (Bad Friedrichshall) rekristallisiert werden. Die Siedesalzprodukte werden anschließend getrocknet und weiteren Verarbeitungsprozessen unterzogen, bis die Standardqualität eines weißen Tafelsalzes erreicht ist. Mit Rieselhilfen und der Bearbeitung durch chemische Bleichmittel wird das Salz in verschiedene Körnungen klassiert. Allerdings gehen die von Natur aus enthaltenen Mineralien und Spurenelemente bei der Verarbeitung verloren. Biologische Produkte werden nach der Gewinnung nicht weiter chemisch behandelt, Zusatzstoffe werden nicht zugesetzt. Dieses natürliche Salz enthält viele wichtige Mineralien und Spurenelemente. **Steinsalz:** kommt in großen Salzlagerstätten (Bad Salzungen, Bad Friedrichshall, Bad Reichenhall, in Österreich, Frankreich und England) vor. Diese haben sich vor rund 200 Millionen Jahren durch das Verdunsten früherer Salzseen oder Meeresteile gebildet. Steinsalz ist das aus Salinen und Salzbergwerken gewonnene Salz, das von Bergleuten in tiefen, unterirdischen Salzlagern abgebaut wird. Hierzu werden mächtige Kammern erstellt, die Gewinnung erfolgt durch Bohr- und Sprengarbeiten. Anschließend wird das Salz zutage gefördert, zerkleinert, gereinigt und für die einzelnen Anwendungsgebiete aufbereitet. Steinsalz ist fast reines Natriumchlorid. ↑**Meersalz:** Meerwasser enthält neben anderen Salzen auch Kochsalz. Im Mittelmeerraum und anderen klimatisch günstigen Gebieten wird Kochsalz gewonnen, indem die Sonnenwärme das Meerwasser in Salzgärten verdunsten lässt oder durch Elektrodialyse. Rund 30 % des Speisesalzes stammen aus dem Meer. **Verkauf:** Im Angebot gibt es Salz in drei Feinheitsgraden: Grob, mittel und fein. Durch spezielle Verfahrenstechniken ist aber eine große Vielfalt an Zusätzen, Geschmacks- und Gewürzstoffen hinzugekommen. So gibt es im Handel sowohl Jod-, Fluor- und Vitaminsalz als auch Kräuter-, Knoblauch- und Gewürzsalz. Jod oder Fluor im Salz können dabei helfen, einen Mangel an ↑**Spurenelementen** auszugleichen. **Jodsalz:** Pro Kilogramm wird das Salz mit 15 bis 25 Milligramm ↑**Jod** angereichert. Dieses wichtige Spurenelement beugt einer Jod-Mangelkrankheit, der ↑**Kropf**erkrankung, vor. Da Deutschland ein Jod-Mangelgebiet ist, empfiehlt sich jodiertes Speisesalz. ↑**Fluorid:** wird meistens als Zusatz in jodiertem Speisesalz angeboten. Fluorid beugt ↑**Karies** vor. ↑**Gewürz- und Kräutersalze:** sind in der Regel jodiert und haben Zusätze aus Kräutern (↑**Basilikum**) und Gewürzen (↑**Sellerie**, ↑**Knoblauch**). Die Würzkraft hilft, den Salzverbrauch zu senken. **Salz in der Küche:** Salz spielt nicht nur beim Würzen, sondern auch beim Konservieren eine große Rolle, so beim Einsalzen von ↑**Fisch**, ↑**Pökeln** von Fleisch und ↑**Speck**, beim Einmachen von ↑**Gemüse. Weitere Eigenschaften:** Salz ist wasserlöslich, geht also in Nahrungsmittel über oder löst sich aus diesen. Salz zieht Feuchtigkeit an und verklumpt. **Tipp:** Selbst bei Süßspeisen sollte eine Prise Salz nicht vergessen werden, es gibt geschmackliche Fülle und rundet ab. ↑**Kochsalz**

Salz- oder Würzbutter [*Unsere Küche*] **R** ↑**Butter** bei Raumtemperatur weich werden lassen, mit etwas ↑**Salz** würzen, gut verrühren oder mit anderen ↑**Gewürzen** und ↑**Kräutern** nach Geschmack verfeinern. ↑**Canapée**, ↑**Kräuterbutter**

Salzblume [*Gewürze & Kräuter*] ↑**Fleur de Sel**

Salzburger Bauernkäse [*Käse*] **Herkunft:** Österreich; **Käsesorte:** ↑**Schnittkäse**, 45 % ↑**Fett i. Tr.**; **Milch:** pasteurisierte Kuhmilch; **Teig:** hell- bis goldgelb, geschmeidig; **Geschmack:** fein würzig bis leicht pikant

Salzburger Landkäse [*Käse*] **Herkunft:** Österreich; **Käsesorte:** ↑**Schnittkäse**, 55 % ↑**Fett i. Tr.**; **Milch:** pasteurisierte Kuhmilch; **Teig:** geschmeidig, sehr leicht zu schneiden; **Geschmack:** mild bis fein würzig

Salzburger Nockerl [*Österr. Küche*] **R Grundrezept:** 6 ↑**Eier**; gut 1/4 l ↑**Milch;** 50 g ↑**Butter;** 2 gestrichene EL Bourbon-↑**Vanillezucker;** 140 g ↑**Zucker;** 6 gestrichene EL ↑**Mehl;** 2 gestrichene EL ↑**Puderzucker**. Den Backofen auf 230° C vorheizen. Die Eier sehr sorgfältig in ↑**Eiweiße** und ↑**Eigelbe** trennen. In einer feuerfesten flachen Form die Milch mit der Butter und dem Vanillezucker aufkochen. Inzwischen die 6 Eiweiße zu einem sehr festen Schnee schlagen, dabei nach und nach die Hälfte des Zuckers zugeben. 2 Eigelb und den restlichen Zucker schaumig aufschlagen, das Mehl darüber sieben und alles vorsichtig unter den Eischnee heben. Von dieser Masse setzt man mit einem großen Löffel Nocken (daher auch der Name) in die Form mit der kochenden Milch, bestäubt alles mit Puderzucker und schiebt es für 8–10 Min. in den heißen Ofen und backt die Nockerl goldgelb. **Achtung:** Während des Backens das Ofenrohr auf keinen Fall öffnen.

Salzeigelb [*Allgem. Nährmittel*] Bestandteil der industriell gefertigten ↑**Mayonnaise**

Salzfischerzeugnisse [*Fisch*] Das Salzen bewirkt eine begrenzte Konservierung und Reifung des Fisches durch eiweißabbauende ↑**Enzyme**. Salzfischerzeugnisse werden in verschiedenen Aufgüssen, insbesondere in ↑**Pflanzenöl,** in den Handel gebracht. **Zu den bekannten Produkten gehören: 1.** mildgesalzener, gereifter ↑**Matjeshering** mit 6 bis 20 g Salz pro 100 g Fischgewebswasser und mindestens 12 % Fett; **2.** hartgesalzene Fische (Fetthering, ↑Voll**hering,** ↑**Yhlen**hering, ↑**Sardellen,** ↑**Seelachs** usw.) mit ∅ über 20 g Salz pro 100 g Fischgewebswasser und geringerem Fettgehalt; **3.** Herings- oder Sardellenfilets in Öl oder Aufguss; **4.** ↑**Lachs**scheiben oder -schnitzel in Öl; **5.** Fisch- und Krebstierpasten wie Sardellenpaste oder Lachspaste; **6.** Seelachs/Lachsersatz; **7.** ↑**Kaviar** (gesalzener Rogen verschiedener Störarten); **8.** ↑**Deutscher Kaviar** aus gefärbtem Rogen versch. Fischarten; diese müssen gekennzeichnet sein; **9.** Fisch- und Krebstierpasten, Lachsersatz und Fischrogen dürfen gefärbt werden.

Salzgurken [*Unsere Küche*] **R** Sind in osteuropäischen Ländern sehr beliebt. Salzgurken zeichnen sich durch einen hohen Gehalt an ↑**Mineralstoffen,** ↑**Milchsäure** und ↑**Vitaminen** aus. **Polnisches Rezept:** 6 bis 8 %ige Salzlösung aus ↑**Meersalz,** ↑**Gurken,** Eichenblätter, Kirschblätter, Johannisbeerblätter, ↑**Dill,** frisches ↑**Basilikum,** frischer ↑**Estragon,** frischer ↑**Koriander,** frisches ↑**Bohnenkraut, nach Geschmack;** ↑**Meerrettich**stücke, ↑Schwarze **Pfeffer**körner. **Zubereitung:** Verwendet werden nur erntefrische (keine gelben!), nicht zu große, unbeschädigte Gurken. Die Menge richtet sich nach der Gefäßgröße. Für die Salzlösung ein Gewichtsteil Salz mit fünf Gewichtsteilen Wasser kochen, 24 Stunden stehen lassen, filtern und anschließend mit so viel Wasser verdünnen, dass eine sechs- bis achtprozentige Lösung entsteht, d. h. es müssen sechs bis sieben Gewichtsteile Wasser hinzugefügt werden. **Die Hygiene ist für ein gutes Gelingen sehr wichtig!** In einem sehr sauberen Holzfass, Glas- bzw. Tongefäß den Boden mit Eichen-, Kirsch- und Johannisbeerblättern bedecken. Dill in ca. 5 cm lange Stücke schneiden, einen Teil auf die Blätter legen. Die gründlich mit kaltem Wasser gewaschenen Gurken senkrecht in das Gefäß stellen, die Meerrettichstücke, restlichen Gewürze sowie einige Pfefferkörner schichtweise um sie und über ihnen verteilen. Mit reichlich Salzlösung bedecken, mit einer mit einem Gewicht beschwerten Holzscheibe bzw. einem Porzellanteller abschließen und alles mit einem sauberen Leinentuch bedecken. Die Gurken müssen komplett untergetaucht sein. Das Gewicht (z. B. sauberer Stein) darf die Gurken nicht zerdrücken. Nach dem Beginn der natürlichen Gärung einige Tage später werden die eingelegten Salzgurken ca. 3 Monate in einen kühlen Raum zum Reifen gestellt. ↑**Gärungsgemüse**

Salzheringe [*Fisch*] ↑**Heringe,** die meistens schon an Bord der Fangschiffe ausgenommen, gesalzen und in Tonnen verpackt werden. Das Salz konserviert die Fische und macht sie gleichzeitig genießbar.

Salzkartoffeln [*Unsere Küche*] **T Englisch:** boiled potatoes; **Französisch:** pommes nature; **Italienisch:** patate lesse; **Spanisch:** patatas hervidas. Sind geschälte, in leicht gesalzenem Wasser gekochte, meist festkochende ↑**Kartoffeln.** Beim Kochen werden die meisten ↑**Nähr-** und ↑**Mineralstoffe** ausgeschwemmt und mit dem Kochwasser weggeschüttet. Ernährungsphysiologisch sind Pell- oder Dampfkartoffeln vorzuziehen, da nur die hitzeempfindlichen ↑**Vitamine** (z. B. ↑**Vitamin C**) verloren gehen.

Salzkraut oder Salzkräuter [*Gewürze & Kräuter*] **R** Mit ↑**Salz** und ggf. ↑**Olivenöl** konservierte frische ↑**Gartenkräuter,** sie sind erstaunlich gut haltbar und behalten ihre grüne Farbe. **Zubereitung:** Die frischen ↑**Kräuter** und deren zarte Stängel werden grob zerkleinert und mit der Küchenmaschine zu einer Art Kräuterbrei verarbeitet. Olivenöl verwendet man, wenn Kräuter wenig Eigenfeuchtigkeit besitzen, wie ↑**Salbei,** ↑**Rosmarin,** ↑**Lavendel,** ↑**Thymian** oder ↑**Bohnenkraut.** Auf diese Art lassen sich einzelne Kräuter konservieren, aber auch vorzügliche Kräutermischungen herstellen. Je nach Geschmack auch mit ↑**Knoblauch** und ↑**Chili. Nur mit Salz konserviert man am wirkungsvollsten:** ↑**Estragon,** ↑**Liebstöckel** und ↑**Kerbel** – Diese Kräuter sind dann variabel einsetzbar, für Suppen, Saucen, Fischgerichte, Salate oder Eintöpfe. **Mit Salz und Olivenöl konserviert man am wirkungsvollsten:** Salbei, Rosmarin, Thymian, Lavendel, Bohnenkraut, ↑**Bärlauch** und ↑**Basilikum.** Oder zusammengestellte Kräutermischungen, die mit Knoblauch, Chili, Salz und Öl die persönliche Würznote unterstreichen. **Empfohlenes Mischungsverhältnis von Salz und Kräutern:** 25 g ↑**Meersalz** für 100 g trockene Kräuter. Wer Öl verwendet, kommt mit deutlich weniger Salz aus. **Tipp:** Da diese konservierten Kräuter über eine intensive Würzkraft verfügen, ist es ratsam, die fertigen Produkte in möglichst kleine Gläser mit Schraubdeckel abzufüllen. Bei den ölhaltigen Salzkräutern sorgt eine Ölschicht für luftdichten Abschluss und verhindert so die Oxidation. Die Kräuter, die nur mit Salz verarbeitet wurden, erhalten eine dünne Abdeckung aus grobem Meersalz. Kühl und dunkel lagern. **Verwendung in der Küche:** Salzkräuter lassen sich wie alle frischen Kräuter zur Vollendung einer Speise verwenden, jedoch erübrigt sich oft eine weitere Salzzugabe wegen des hohen Salzgehaltes.

Salzmandeln [*Allgem. Nährmittel*] Süße ↑**Mandeln,** die gebrüht, enthäutet, in Öl geröstet und mit grobem ↑**Salz** bestreut werden.

Salzsäure [*Fachkunde*] ↑**E 507**

Salzstangen [*Backstube*] **T** Stabförmiges Gebäck aus ↑**Weizen-** oder ↑**Roggenmehl,** vor dem Backen in ↑**Natronlauge** getaucht und mit grobem ↑**Salz** bestreut.

Sambal [*Gewürze & Kräuter*] **T** Sammelbegriff für scharfe Pasten aus ↑**Chili**schoten. Sambal stammt ursprünglich aus Indonesien, wo es einen wesentlichen Bestandteil der Küche (↑**Indonesische Reistafel**) darstellt. Die Basis des Sambals ist das Sambal Oelek. Es besteht aus zerstoßenem Gewürzpaprika mit ↑**Zucker** und ↑**Salz. Davon ausgehend gibt es folgende Sambalsorten: 1. Sambal Assem:** zusätzlich mit ↑**Tamarinde** und zerstampften ↑**Garnelen; 2. Sambal Goreng:** zusätzlich mit ↑**Zwiebeln**, ↑**Knoblauch**, ↑**Koriander** und ↑**Kümmel; 3. Sambal Manis:** zusätzlich mit ↑**Paprikapulver; 4. Sambal Cuka:** erdnusshaltig; **5. Sambal Badjak:** besonders würzig. Mit Sambal werden Speisen gewürzt, es wird auch als Dip oder Beilage gereicht. Mit den Sambals würzt man Fleischgerichte für die Reistafel, sie geben aber auch in der europäischen Küche ↑**Saucen**, Suppen, ↑**Hackfleisch**- und ↑**Fleisch**gerichten die pikante Schärfe (↑**Pfeffer** ist nicht mehr notwendig). Nach Gebrauch Sambal im Glas glattstreichen und mit Öl bedecken, kühl aufbewahren!

Sambuca [*Hausbar*] Farbloser, klarer ↑**Likör** aus Italien mit 38–42 %Vol. Ein ↑**Holunder**brand wird mit ↑**Anis**, ↑**Sternanis**, ↑**Süßholz** und anderen Gewürzen aromatisiert. Er ist mit einem Zuckeranteil von mindestens 350 g pro Liter Fertiggetränk recht süß. Es gibt viele Hersteller, der hier bekannteste ist der Sambuca Molinari.

Samen zum Keimen [*Fachkunde*] **T** Kleine Wunder der Natur. Durch das Keimen werden die Samen nicht nur zum Leben erweckt, sondern verstärken sogar noch ihren Anteil besonders hochwertiger Wirkstoffe, ↑**Fett**, ↑**Eiweiß**, ↑**Vitamine**, ↑**Mineral**- und ↑**Ballaststoffe.** Die Sprossenzucht ahmt die natürlichen Bedingungen des Keimens und Wachsens in der Natur nach. Sie ist unabhängig von Wetter, Jahreszeit oder eigenem Garten, jederzeit auf kleinstem Raum möglich. Während des Keimens steigern sich die Mineralstoffe, insbesondere ↑**Calcium**, ↑**Natrium**, ↑**Zink** und ↑**Mangan**. Noch auffälliger ist der enorme Anstieg an Vitaminen: Im Vergleich zum Samenkorn enthalten die ↑**Sprossen** ca. viermal so viel ↑**Betacarotin** und ↑**Vitamin C** und ca. 3- bis 30-mal soviele Vitamine des B-Komplexes. Keimlinge enthalten auch viele Faserstoffe und sind oft bekömmlicher als ihre Samen. **Welche Samen eignen sich? Von den Getreidesamen:** ↑**Weizen**, ↑**Gerste**, ↑**Hafer**, ↑**Roggen**, ↑**Hirse**, ↑**Reis** und ↑**Mais. Von den** ↑**Hülsenfrüchten:** gelbe ↑**Sojabohnen**, ↑**Mungobohnen**, ↑**Adzukibohnen**, ↑**Kichererbsen**, grüne ↑Garten**erbsen** und ↑**Linsen**, ↑**Alfalfa**, ↑**Bockshornklee. Gut geeignet sind auch:** ↑**Rettich**, ↑**Kresse**, ↑**Leinsamen**, ↑**Sesam**, ↑**Sonnenblumenkerne**, ↑**Buchweizen** und ↑**Kürbissamen**. Unbehandelte Samen mit guter Keimfähigkeit kauft man am besten in Fachgeschäften, Naturkostläden, Reformhäusern oder Betrieben mit kontrolliert biologischem Anbau. Zum Keimen **ungeeignet** sind **Bohnensamen** (ausgenommen Soja-, Mungo- und Adzukibohnen) sowie **Samen** von **Pflanzen**, deren **Blätter ungenießbar** oder **sogar giftig** sind.

Samenfette [*Fette*] **1. Kokosfett:** gewonnen aus dem Kokosnusskernfleisch der Kokospalme. Durch Auspressen des getrockneten Fruchtfleisches (Kopra) bei 70–80° C und anschließende Raffination kann die weiße Fettmasse gewonnen werden. Kokosfett schmilzt bei ca. 25° C. Kokosfett besitzt einen sehr hohen Anteil an ↑**gesättigten Fettsäuren** und wird hauptsächlich als Back- und Bratfett („Palmin"), als Bestandteil von Kunstspeisefetten und als Rohstoff bei der Margarineherstellung verwendet. **2.** ↑**Palmkernfett** bzw. ↑**Palmfett:** aus den haselnussgroßen, sehr harten Samenkernen der Ölpalme (aus dem Fruchtfleisch: ↑**Palmöl**). Weißes, fast geruchloses Fett, wie Kokosfett. Einsatz in der Speisefettherstellung. **3.** ↑**Kakaobutter:** Ist bei Zimmertemperatur fest und spröde (Schmelzpunkt: ca. 35° C) und bleibt unterhalb des Schmelzpunktes hart, ohne zu schmieren. ↑**Kakao**butter schmilzt im Mund unter starker Wärmebindung, d. h. mit deutlich kühlendem Effekt, was die Süßwarenindustrie als großen Vorteil sieht. **4.** ↑**Baumwollsaatöl (Cotton-Öl):** aus der Saat der Baumwollstauden nach dem Entfasern und Schälen gewonnen. Baumwollsaatöl nimmt den Hauptanteil der Weltproduktion an Pflanzenölen ein und wird vorwiegend zur Backfettgewinnung (↑**Shortenings**) eingesetzt. Hoher Gehalt an ↑**Linolsäure. 5.** ↑**Maiskeimöl:** Nebenprodukt der ↑**Maismehl**- und ↑**Maisstärke**gewinnung. Nach der Raffination ein hellgelbes, häufig verwendetes ↑**Speiseöl. 6.** ↑**Sesamöl:** Die der Leinsaat ähnlichen Samen ergeben nach der vorzugsweise eingesetzten Kaltpressung ein linolsäurereiches, dunkelgelbes ↑**Öl**. Sesamöl dient als Speiseöl sowie als Margarinerohstoff. **7.** ↑**Sonnenblumenöl:** Nach dem Schälen der Sonnenblumenkerne gewinnt man das hellgelbe, sehr geschätzte Öl, das auch in der Margarineindustrie verwendet wird. Haupterzeuger: Osteuropa, USA; **8.** ↑**Leinöl:** wird aus den Früchten des Leins (Flachs), der „Ölsaat", gewonnen. Die Hauptmenge findet nach Extraktion technische Verwendung, z. B. in der Lackindustrie. Das kaltgepresste, goldgelbe Öl wird hauptsächlich in der Reformernährung eingesetzt. Sehr hoher Gehalt an ↑**Linolensäure. 9.** ↑**Erdnussöl:** Die Erdnuss zählt zu den Leguminosenarten (↑**Bohnen**, ↑**Erbsen**). Die Samen ergeben nach der Pressung oder Extraktion ein hellgelbes Öl. Eine Raffination ist unbedingt erforderlich, um den Geschmack einiger typischer Kohlenwasserstoffe im Rohöl zu entfernen. Einsatz vor allem in der Margarineindustrie. **10.** ↑**Erdnussbutter:** geröstete, gemahlene ↑**Erdnüsse**, mit Erdnussöl versetzt. **11.** ↑**Sojaöl:** aus den Samen der ↑**Sojabohne** meistextrahiertes Öl. Soja ist heute mengenmäßig die wichtigste ölliefernde Pflanze. Von allen Ölsaaten liefert die Sojabohne die proteinreichsten, als Kraftfutter begehrten Pressrückstände. Sojaöl ist zu einem der wichtigsten Rohstoffe in der Margarineproduktion geworden. Darüber hinaus fällt das als ↑**Emulgator** dienende Sojalecithin an, das bei der Produktion von ↑**Margarine**, ↑**Schokolade**, ↑**Teigwaren** und Gebäck eingesetzt wird. **12.** ↑**Rapsöl:** aus den kleinen, schwarzen Rapssamen, der zu den Kohlarten gehört. ↑**Speiseöl & Öl**

Sämig kochen [*Unsere Küche*] **T** Suppe oder ↑**Soße** ohne Salz so lange köcheln, bis sie leicht dicklich werden, erst dann würzen. Zu dünn geratene Suppen oder Saucen können auch mit ↑**Kartoffel**- oder ↑**Stärkemehl** (zuvor mit etwas Wasser glattrühren) gebunden werden. Kurzes Aufkochen reicht.

Sämmerinnenrolle [*Regionale Spezialität*] Rolle der Schweinekeule

Sammetblumenblüten [*Wildkräuter, -blüten & -früchte*] **T Lateinisch:** Tagetes tenuifolia. Die Sammetblume oder Gewürztagetes hat zahlreiche Blütchen, die nach Zitrus duften, sie und die Blätter geben Salaten, ↑**Fisch** und asiatischen Gerichten eine außergewöhnliche Note. **Mehr Information:** ↑**Essbare Blüten**

Samos [*Weinkunde*] Griechischer Dessertwein der Insel Samos, süß und alkoholreich (12–14 %Vol.). Der Alkohol wird dem Most bereits vor oder zu Beginn der Gärung zugesetzt.

Samosas [*Intern. Länderküche*] **R** Indische Teigtaschen, die im Ofen gebacken oder in Fett frittiert werden können. Sie sind mit würzig abgeschmeckten Zutaten wie **Kartoffeln, Gemüse, Obst**, ↑**Fleisch**, ↑**Fisch** etc. gefüllt und werden oft als Vorspeise serviert oder etwas größer geformt überall am Straßenrand verkauft. **Grundrezept** für ca. 15 Stück: 50 g zerlassene ↑**Margarine** oder ↑**Butter;** 300 g ↑**Dinkel**- oder ↑**Weizenvollkornmehl;** 1 Prise ↑**Salz;** 150–180 ml Wasser. Mehl in eine Schüssel sieben und mit dem warmen ↑**Fett**, Salz und Wasser zu einem geschmeidigen Teig verkneten. Der Teig darf noch feucht sein, da er in der Ruhezeit (30 Min.) etwas nachquillt. In der Zwischenzeit die gewünschte Füllung zubereiten. Samosateig noch einmal kräftig durchkneten, zu einer Rolle formen, in 15 Teile schneiden und die Teile zu runden, dünnen Fladen ausrollen. Jeweils 1 EL Füllung auf eine Hälfte des Teigfladens setzen und die andere darüberklappen. Nun den halbmondförmigen Samosa am Rand fest zusammenpressen, in eine Hand nehmen und mit der anderen Hand (zwischen Daumen und Zeigefinger) Stück für Stück den Rand übereinander falten, sodass die Rundung fest verschlossen ist. Jeder Samosa sollte 10–12 dieser gepressten Falten haben. Auf ein gefettetes Blech legen und bei 190° C ca. 15–18 Min. backen.

Samowar [*Tee*] Russischer Heißwasserbereiter aus Kupfer oder Messing für die Teebereitung

Samso [*Weinkunde*] Traditionelle spanische Rotweinrebe aus dem Penedès, die heute kaum noch verbreitet ist

Samsø [*Käse*] **Herkunft:** Dänemark; **Käsesorte:** gepresster ↑**Schnittkäse,** 45 % ↑**Fett i.Tr.; Rinde:** Naturrinde, manchmal mit bedrucktem gelben Wachsüberzug; **Milch:** pasteurisierte Kuhmilch; **Teig:** fest mit kleiner Lochung, enthält manchmal Kümmel; **Geschmack:** aromatisch; **Info:** Ursprünglich eine Kopie des Schweizer ↑**Emmentalers**, in seiner Konsistenz ähnlich dem ↑**Danbo; Form:** rund, ∅ 45 cm; **Gewicht:** etwa 14 kg; **Reifung:** 3 bis 6 Monate

Samtfußrübling [*Speisepilze*] **T Lateinisch:** Flammulina velutipes. **Synonym:** Winterpilz, Winterrübling, Samtfuß oder Samtfußrübling. **Japanisch:** Enokitake oder Enokidake – ↑**Waldpilze** & ↑**Zuchtpilze; Geschichte des Anbaus:** Der Samtfußrübling war einer der ersten Speisepilze überhaupt, der gezielt kultiviert wurde. So wird sein Anbau erstmals in der späten T'ang-Dynastie in China zwischen 800–900 n. Chr. erwähnt. Es ist überliefert, dass man damals reife Fruchtkörper auf frischen Baumstubben (Baumstümpfen) verrieb, mit guten Aussichten, später an diesen Plätzen Pilze zu ernten. **Hut:** leuchtend goldgelb bis rostbraun, flach gewölbt, alt verbogen und am Rand gestreift, 3–10 cm, klebrig, speckig glänzend; **Lamellen:** gelblich-weiß, etwas weit auseinander stehend; **Stiel:** dunkelbraun, braunschwarz, samtig überzogen, gleichmäßig dick, zäh; **Fleisch:** blassgelb, zart; **Bedeutung als Speisepilz:** In Japan ist er bekannt als **enokitake** und nach dem ↑**Shiitake** der meistangebaute Speisepilz. **Vorkommen:** Von Oktober – März an totem Laubholz, besonders Weiden, Buchen, Pappeln, Linden, Rosskastanien, büschelig, häufig; **Verwechslungsmöglichkeiten:** mit dem ↑**Stockschwämmchen**, aber auch mit dem **giftigen** grünblättrigen Schwefelkopf und dem ungenießbaren Tannenflämmling.

Samtig [*Weinkunde*] Rotweine, die reich an Extrakt- und Farbstoffen, elegant und harmonisch sind

Samtrot [*Weinkunde*] Mutation aus dem ↑**Schwarzriesling**. In geringem Umfang in Württemberg angebaut.

Samtsauce [*Unsere Küche*] ↑**Velouté**

San Cucino [*Unsere Küche*] Schutzpatron der Köche – eine authentische Erfindung von Prof. Rudolf Seitz. Am 14. Juli 1411, am Tag des Heiligen Camillus, wurde Domenico Pentola, der Sohn des Weinbauern Bruno und seiner Frau Prisca, geboren. Er erlernte den Beruf seines Vaters. Von seiner Mutter lernte er kochen. Mit 17 Jahren trat er in das kleine Kloster San Francesco alle Erbe bei Ponte Piave ein. Er war nicht nur ein wortstarker Prediger, sondern auch ein ausgezeichneter Koch. Seine Mitbrüder sagten: „Egli predica col cucchiaio" (Er predigt mit dem Löffel). Der Ruhm seiner Kochkunst drang bis in den Vatikan. Papst Famixtus III. rief ihn zu sich und ließ sich köstliche Speisen bereiten. Er war erstaunt über seine Theologie: „Mangiare e bere tene insieme corpo et anima" (Essen und Trinken hält Leib und Seele zusammen). Trotz der Achtung, die Fra Cucino – so nannte man ihn – in Rom genoss, bat er, zu seinen Brüdern und Kräutern zurückkehren zu dürfen. Hier wurde er mit größter Begeisterung empfangen. Bis zu seinem Lebensende aßen die Menschen von nah und fern seine Speisen und hörten seine Worte mit großer Andacht. Am 26. September 1495, am Tag der Ärzte und Märtyrer Kosmas und Damian, starb Fra Cucino. Er hatte noch ein Glas Brunello getrunken. Seine letzten Worte waren: „Vino buono, vita buona!“ Papst Setus I., der Nachfolger von Papst Famixtus III., sprach ihn ein Jahr nach seinem Tode heilig. San Cucino hat kein eigenes Heiligtum. Alle guten Küchen stehen unter seinem Einfluss. Er hat zahllose Verehrer. Wer sie um Hilfe in der Küche anfleht, wird erhört. Sagt man. Ora pro nobis.

San Giovese [*Weinkunde*] Rotweinrebe, wird für die größten italienischen Weine wie ↑**Vino Nobile,** ↑**Brunello,** ↑**Chianti** verwendet. Warme Geschmacksnoten wie Tabak oder Leder in Kombinationen mit Kräuter- und Blumenaromen zeichnen den sehr guten, geschmackvollen und lagerfähigen Wein aus.

San Juan [*Weinkunde*] Wichtiges argentinisches Weinanbaugebiet mit vielen Dessertweinen

San Pietro [*Ital. Speisekarte*] ↑**Petersfisch**

Sancerre [*Weinkunde*] Einer der bekanntesten Weißweine Frankreichs, der nach dem gleichnamigen Ort benannt und sehr robust und langlebig ist. Er gedeiht am Westufer der Loire, auf Ton und Kiesel mit kalkigem Untergrund, in einer Gegend, wo früher der Rotwein dominierte. Heute werden hier aus der Rebsorte ↑**Sauvignon Blanc** hauptsächlich sortenreine, verblüffend elegante Ergebnisse erzielt.

Sanciau [*Franz. Speisekarte*] ↑**Krapfen**, oft mit ↑**Honig** gefüllt

Sancocho [*Weinkunde*] Traubenkonzentrat für ↑**Sherry**

Sandaal [*Fisch*] **Englisch:** sandeel; **Französisch:** lançon équille; **Spanisch:** aguacioso, lanzón, volador. Kleiner, langgestreckter Seefisch, der in Schwärmen die Küstengegenden der Nordsee bewohnt. In der Küche werden Sandaale vorwiegend paniert und gebacken.

Sanddorn „Vitamin-C-Strauch“ [*Wildkräuter, -blüten & -früchte*] **T Lateinisch:** Hippophae rhamnoides; **Englisch:** sea buckthorn berry; **Französisch:** arbasse, epine marante grisette. **Info:** Der Sanddorn gehört zur botanischen Familie der Ölweidengewächse und wächst wild in ganz Europas, bis Ostasien. Da Sanddorn zweihäusig ist, braucht man eine männliche und einen weibliche Pflanze, um die Früchte zu ernten. Die Beeren werden hier von Ende August bis Anfang Oktober reif. **Standort:** Die Pflanze liebt es sonnig. Sie benötigt sandige, gut durchlässige Böden in Küstennähe (Dünen), sandige Flussufer und Kiesböden in Alpen und Alpenvorland. **Verwendung in der Küche:** Für den Frischverzehr haben die Beeren nur geringe Bedeutung. Die aromatischen, sauren, leuchtend orangefarbenen Früchte werden allein oder mit anderen Früchten gemischt und zu ↑**Marmelade**, Mus, Säften, Keksfüllungen, Kindernahrung, ↑**Konserven** oder Würzmitteln verarbeitet. Auch herzhafte Speisen können mit den Beeren verfeinert werden, z. B. ↑**Soßen**. Im Winter ist heißer Sanddornsaft mit ↑**Honig** genau das Richtige zum Aufwärmen, Genießen und Gesundbleiben. **Er ist ein Powerpaket voll Vitamin C mit 200 – 300 mg bzw. 1300 mg bei Wildfrüchten. Inhaltsstoffe:** 100 g Sandorn enthalten ∅ 89 kca/373 kJ, ungewöhnlich viel Fett, die Vitamine A, E, Carotin, Flavonglucoside, Äpfelsäure und erstaunlicherweise Vitamin B_{12}. **Wirkung in der Volksmedizin:** Die vitaminreichen Sanddornbeeren sind stoffwechselanregend, abwehrstärkend und kreislauffördernd. Außerdem wirken sich Sanddornbeeren und ihre Zubereitungen positiv auf die Blutgefäße aus und fördern die Harnausscheidung. Das kostbare Öl wirkt entzündungshemmend, erfrischt trockene Haut, hilft bei Hautallergien und kann als Sonnenschutz aufgetragen werden. Es ist auch hervorragend zur Babypflege geeignet.

Sandelholz [*Gewürze & Kräuter*] **T Lateinisch:** Ptocarpus santalinus; **Englisch:** sandalwood; **Französisch:** santal. Das getrocknete, harte, außen schwarzbraune, innen blutrote Kernholz des in Südindien, auf den Philippinen und Sri Lanka wachsenden Sandelbaumes findet wegen seiner Farb- und Geschmacksstoffe als Würz- und natürliches Färbemittel Verwendung. Mit dem zu Puder verarbeiteten Holz tragen die indischen Brahmanen ihre Kastenzeichen im Gesicht auf. **In der Küche:** Mit dem fein gemahlenen Sandelholz werden Backwaren, Puddings, Fruchtgelees und Tee aromatisiert, in Dänemark Fischgerichte, in Indien ↑**Pilaws. Sandelholz in der Volksheilkunde:** Kühlende und beruhigende Wirkung auf Körper und Geist, besonders auf das Kreislauf-, Verdauungs- und Nervensystem, sowie die Atmung. Lindert Fieber und Durstgefühl sowie Brennen bei fast allen Entzündungen und hemmt die Schweißabsonderung. In der Aromamedizin wird das ätherische Öl des Sandelholzes vielseitig eingesetzt. Es enthält einen Stoff, der eine ähnliche chemische Struktur wie das Sexualhormon Testosteron aufweist. **Sandelholz zum Räuchern:** Der Rauch des Sandelholzes ist fein ätherisch, würzig und holzig. Es kann sehr gut einzeln verräuchert werden, mischt sich aber auch gut mit anderen Räucherstoffen und gilt als ↑**aphrodisierend (oleum santali)**. Zum Räuchern gibt es Holzchips aus dem Kernholz, Späne oder Pulver.

Sandfelchen [*Fisch*] Art der ↑**Renken**

Sandgebäck [*Backstube*] **R** Hier wird Sandgebäck hauptsächlich zur Weihnachtszeit hergestellt und gegessen, anders in Großbritannien, dort gehört es zum Fünf-Uhr-Tee; **Grundrezept:** 250 g ↑**Zucker;**

1 ↑**Ei;** 375 g ↑**Mehl;** 250 g ↑**Butter;** 125 g ↑**Mandeln,** gemahlen; ↑**Vanillezucker;** 1/2 TL ↑**Backpulver. Herstellung:** Zuerst alle Zutaten (gekühlt) mit Ausnahme von Mehl und Backpulver verkneten und danach erst das mit dem Backpulver versiebte Mehl kurz unterarbeiten. Es entsteht eine Art Mürbeteig, der kommt ca. 1/2 Stunde zum Entspannen in den Kühlschrank. Danach wird er mit Hilfe eines Fleischwolfs (mit entsprechendem Vorsatz) oder Teigpresse ausgepresst und beliebig geformt, (z. B. S-Form, Herz, Stangen etc.) auf ein mit Backpapier belegtes Blech gelegt und bei 175° C ca. 15 Minuten gebacken. Natürlich kann man den Sandteig auch ausrollen und ausstechen.

Sandia [*Mexicofood*] ↑**Wassermelone**

Sandkuchen [*Backstube*] **R** Einfacher Rührkuchen ohne Backtriebmittel. **Grundrezept für eine Springform mit Kranzeinsatz (16 cm):** 3 ↑**Eier;** 125 g weiche ↑**Butter;** 125 g ↑**Zucker;** Prise ↑**Salz;** 60 g ↑**Mehl;** 60 g ↑**Speisestärke;** Butter und Mehl für die Form; ↑**Puderzucker** zum Bestäuben. **Zubereitung:** Butter und Zucker schaumig rühren. Die Eier trennen. Das Eigelb in die Butter-Zuckermasse rühren. Das Eiklar extra sehr steif schlagen (keine Plastikschüssel verwenden). Das Mehl und die Speisestärke in die Teigmasse sieben und glattrühren. Zum Schluss das Eiweiß unterheben. Die Kuchenform einfetten und mit Mehl ausstreuen. Den Teig in die Form geben und bei 200° C ca. 35 Min. backen. Nach den Abkühlen den Kuchen aus der Form lösen und mit Puderzucker bestäuben.

Sandre [*Franz. Speisekarte*] ↑**Zander**

Sandwein [*Weinkunde*] Die Trauben von auf Sandböden gepflanzten Rebstöcken ergeben meist elegante, duftige und eher säurearme Weine. Zu den bekanntesten Sandweinen zählen der französische Vin de Sables von den Sandbänken an der Mittelmeerküste des Languedoc-Roussillon, der portugiesische Colares aus den Sanddünen des gleichnamigen Gebietes in der Nähe von Lissabon sowie die Weine aus dem österreichischen Weinbau-Gebiet Neusiedlersee (Seewinkel) und der ungarischen Tiefebene um Alföld.

Sandwich Historischer Speisename [*Speisegarnitur*] **A 1.** First Earl of (1718–1792), leidenschaftlicher Spieler, wurde zum Schöpfer des Sandwich, da er sich keine Zeit für Mahlzeiten nahm. **2.** Dünne Weiß- oder Schwarzbrotscheiben, mit ↑**Butter** bestrichen, nach Belieben belegt, je zwei Scheiben zusammengeklappt und die Brotkruste ringsum säuberlich abgeschnitten.

Sandwich de milanesa [*Intern. Länderküche*] Begriff aus der argentinischen Küchenkultur für ein ↑**Schnitzel**-↑**Sandwich.** ↑**Argentinische Küche**

Sandwichbrot [*Backstube*] **Französisch:** „pain de mie“. **mie** bezeichnet im Französischen die Brotkrume. Bei Sandwichbrot handelt sich um ein Brot, bei dem Wert auf feine, wattige und weichere, saftigere Krume gelegt wird, die Kruste dagegen spielt nur eine untergeordnete Rolle. Hergestellt in Kastenform aus Weizenauszugsmehl. Enthält im Gegensatz zu anderen Weißbrotarten keinen Zusatz von ↑**Roggenmehl.**

Sandzucker [*Allgem. Nährmittel*] ↑**Kristallzucker**

Sangaree [*Hausbar*] **R** Sangarees gehören zu den ↑**Longdrinks**, die kalt oder warm zubereitet werden können. Kalte Sangarees werden im Longdrinkglas und warme Sangarees in Punschgläsern serviert. Sie unterscheiden sich von den ↑**Toddys**, indem sie stets mit einem Gewürz gemixt werden, außerdem charakterisiert sie das gewählte alkoholische Getränk, z. B. Bier Sangaree, Port Sangaree usw. **Zutaten:** ↑**Zucker** (↑**Honig,** ↑**Sirups**); Spirituosen (↑**Liköre,** ↑**Branntwein,** ↑**Weinbrand,** ↑**Dessertwein,** ↑**Apfelwein,** ↑**Fruchtweine**); Kräuter- und ↑**Emulsionsliköre** (z. B. ↑**Eierlikör**) sind ungeeignet. Der Aufguss kann aus ↑**Ale-,** ↑**Porter-Bier,** ↑**Tee,** ↑**Mineralwasser** bestehen. Gewürze (↑**Muskatnuss,** ↑**Ingwer,** ↑**Curry**). **Zubereitung:** Im Gästeglas mit Eiswürfel verrühren, bei warmen Sangarees das Eis weglassen und ein heißes Aufgussgetränk verwenden. **Garnitur:** Muskat, Ingwer oder Curry auf das fertige Getränk geben. **Servieren:** zu kalten Sangarees Trinkhalm beigeben

Sangiovese [*Weinkunde*] Die am häufigsten angebaute rote Rebsorte Italiens und als Hauptbestandteil der Chiantiweine international bekannt und geschätzt. Obwohl sie in ganz Italien verbreitet ist, handelt es sich um verschiedene Unterarten der Sangiovese, die sich den verschiedenen Regionen angepasst haben und zu unterschiedlichen Weinstilen verarbeitet werden. Die in der Toskana angebaute Sangiovese bringt die besten (und auch teuersten) Weine hervor. Sangiovese ist generell eine spätreifende Rebsorte, die deshalb die besten Lagen im Weinberg fordert, worauf die Sonne am längsten strahlt. Die Rebe verfügt generell über viel Säure, die in schlechten Jahren die Weine dominieren kann. Sangiovese erbringt sowohl leichte Rotweine mit kirschähnlicher Frucht, als auch seriöse, tieffarbene, nach Veilchen, Kirsch, Teer und Tee duftende Exemplare, die in der Jugend oft schwer von ↑**Barolo** zu unterscheiden sind. Sangiovese bestimmt, rein wie im ↑**Brunello di Montalcino,** oder überwiegend wie in ↑**Chianti** und ↑**Vino Nobile di Montepulciano,** alle in der Toskana produzierten Rotweine.

Sanglier [*Franz. Speisekarte*] ↑**Wildschwein**

Sangría [*Hausbar*] **A** Traditionelles, spanisches, ↑**kohlensäure**haltiges Getränk aus Rotwein, ↑**Fruchtsaft,** ↑**Zucker** und manchmal ↑**Likör**en. Sangría wird nach zahlreichen verschiedenen Rezepten zubereitet, kalt mit Eis und Fruchtstücken serviert. Sie ist sehr erfrischend und vor allem im Sommer beliebt.

Sangrita [*Hausbar*] **R** ↑**Cocktail** aus dem südamerikanischen Raum und vor allen Dingen in Mexiko sehr populär. Dort ist er schon als Mixgetränk in fast jedem ↑**Alkohol** führenden Geschäft zu bekommen. Traditionell wird Sangrita getrennt mit ↑**Tequila** gereicht. Ein festgelegtes Rezept für Sangrita gibt es nicht, die meisten aber gehen von einem fast gleichen Anteil an Tomaten- und frisch gepresstem Orangensaft aus. Vor allen Dingen ist Sangrita aber ein scharfes Getränk. **Grundrezept:** ca. 1 Tasse Tomatensaft; ca. 1 Tasse Orangensaft; 1/2 Tasse ↑**Limettensaft**; 3 TL ↑**Grenadine Sirup** und ↑**Cayennepfeffer.** Alles auf Eis mixen. Statt Cayennepfeffer kann man auch einen Schuss ↑**Tabasco** nehmen, was aber geschmacklich nicht optimal ist.

Sanguinaggio; sanguinaccio [*Ital. Speisekarte*] ↑**Blutwurst**

Sankt Laurant [*Weinkunde*] In Tschechien und Österreich verbreitete rote Rebsorte. In Deutschland vor allem in der Pfalz. Zu seinem Namenspatron, dem heiligen Lorenz (10. August), kommt er wohl wegen seiner frühen Reife. **Farbe:** tiefrot, **Geschmack:** samtig, feine Säure und mittlerer Körper.

Sans dosage [*Weinkunde*] Franz. Schaumwein ohne **liqueur d'expédition**, ohne Versanddosage, also vollkommen trocken, trockener als brut. Von manchen Firmen auch als Extra brut, Brut sauvage, Dosage zéro o.Ä. bezeichnet. ↑**Champagner**

Santa Clara [*Weinkunde*] Kalifornisches Weinanbaugebiet am Südende der Bucht von San Fransisco

Santa Fe Grande [*Gewürze & Kräuter*] **T Schärfe 6 = 20 000–30 000** ↑**Scoville-Einheiten.** Diese Chilisorte wird hauptsächlich in Mexiko angebaut. Sie heißt dort **„caribe"**, in gelbem Zustand auch **„guero"** (blond). **Aussehen**: Von der Form her konisch, 7–8 cm lang. Die Oberfläche der Frucht ist glatt und wachsig. Die Farbe geht von Grün über Gelb und Orange in Rot über. Diese Sorte ist ähnlich vielseitig verwendbar wie der ↑**Jalapeño.** Oft sind sie allerdings schärfer, weshalb sie eher zum Würzen genommen werden. Auch lassen sie sich wegen ihres dicken Fruchtfleischs nur schlecht trocknen.

Santa Maria [*Obst*] **T Lateinisch:** Pyrus communis var. sativa. **Synonym:** Frühe Morettini. **Info:** Santa Maria oder Frühe Morettini ist eine mittelgroße Birnensorte mit schlanker, gleichförmiger Flaschenform, langem Stiel und glatter, grünlich-gelber und weißlich bereifter Schale, die sonnenseitig attraktiv hellrot verwaschen gefärbt ist. Das feste und saftige, crèmefarbene Fruchtfleisch weist einen fein gewürzten, angenehm süß-säuerlichen, fein parfümierten, ausgezeichneten Geschmack auf. **Ursprung und Geschichte:** Santa Maria ist eine Kreuzung von ↑**Williams Christ** mit „Coscia" und wurde 1951 von Alessandro Morettini in Florenz, Italien, gezüchtet und herausgegeben. **Herkunft und Saison:** Santa Maria wird in Südeuropa von Mitte bis Ende Juli geerntet und ist im ↑**Kühllager** bis Mitte Oktober, im ↑**CA-Lager** bis Ende Dezember haltbar. Dementsprechend wird Santa Maria von Juli bis November aus italienischer oder türkischer Produktion angeboten. ↑**Birne**

Santa Mavra [*Weinkunde*] Griechischer Rotwein aus Levkas

Sante [*Kartoffelsorte*] **Kochtyp:** ↑**Vorwiegend festkochende Kartoffeln; Herkunft:** Niederlande; **Jahr der Zulassung:** 1981; **Schale:** gelb; **Fleisch:** hellgelb; **Knolle:** rundoval; **Reifezeit:** mittelfrüh

Santola [*Span. Speisekarte*] ↑**Meeresspinne**

Saponine [*Gesundheit*] Wichtige Bestandteile der Nahrungsmittel, die zu den ↑**sekundären Pflanzenstoffen** zählen. Am saponinreichsten sind ↑**Hülsenfrüchte** (↑**Bohnen,** ↑**Erbsen**) und ↑**Getreide** (↑**Hafer,** ↑**Gerste**), aber auch ↑**Spargel,** ↑**Zwiebeln** und ↑**Knoblauch.** Das Wort Saponine ist vom lateinischen „Sapo" = Seife abgeleitet, denn sie wirken wie biologische Seifen, indem sie unerwünschte Stoffe herauslösen und entfernen.

Sapote [*Exotische Früchte*] **T Englisch:** Egg fruit; **Französisch:** Canistel. **Synonym:** Amarillo, Eifrucht, Lucuma. Beheimatet ist die zur Familie der Sapotaceae gehörende Frucht im tropischen Zentral- und Südamerika. Im Inneren verbergen sich 1–3 braun glänzende Kerne. Die dünne Schale schimmert gelblich bis bräunlich und lässt sich leicht vom Fruchtfleisch abziehen, wenn die reife Frucht weich wird und die Farbe eines hartgekochten ↑**Eigelbes** annimmt. Bei dieser Konsistenz besitzt die Frucht ein zuckrig-buttriges Aroma, erinnert an die Streusel eines Butterkuchens bzw. an rohen Plätzchenteig. Sehr populär ist die Sapote in Kuba, wo sie frisch gegessen und zu Kuchen und Torten verarbeitet wird. In Chile wird sie sogar als Nationalfrucht verehrt.

Sapote Mamey [*Exotische Früchte*] **T Englisch:** Mamey; **Französisch:** Sapote Mamey. Die Sapoten wachsen an 12–30 m hohen Bäumen, blühen und fruchten in Zentralamerika von Oktober bis April, in Florida von Juli bis Oktober. Sie gehören botanisch zur Familie der Sapotaceae und stammen aus den Tropen Zentralamerikas. Heute erstreckt sich ihr Anbau bis nach Florida, darüber hinaus wird sie auf den Philippinen und in Australien kultiviert. **Die Frucht:** Die elliptische Frucht ist eine einsamige Beere, die bis zu 20 cm groß werden kann. Sie ist rund bis oval, teilweise zugespitzt und wird von einer derben, 1,5 mm dicken, braunen Schale umgeben. Bei Vollreife ist die Haut rötlich gefärbt. Das Fruchtfleisch trägt eine kräftige orangerote Färbung und hat eine saftige, weiche, breiig-faserige Konsistenz. Der dunkelbraune, 10 cm lange Samen besitzt einen hellen Längsstreifen. **Geschmack:** Wer einen Geschmack von natürlicher Himbeer- oder Erdbeerschokolade nicht versäumen will, muss die Sapote Mamey einmal probiert haben, jedoch enthält sie nahezu keine Fruchtsäuren und schmeckt daher übersüß. Neben dem Frischverzehr eignet sie sich zur Herstellung eines süßen ↑**Milchshakes.** Unreife

Früchte enthalten viel ↑**Gerbsäure** und sind ungenießbar. **Inhaltsstoffe:** 100 g der Sapote Mamey enthalten ∅ 94 kcal/394 kJ, beachtenswerte ∅ 20–30 mg ↑**Vitamin C**, und sie ist reich an ↑**Kohlenhydraten**. Der Kern der Mamey sapote gibt ein konzentriertes ↑**Marzipan**aroma ab und ist essbar. Gekocht oder geröstet und mit ↑**Kakao** gemischt verwendet man ihn zum Herstellen von ↑**Schokolade**.

Sapotilla [*Exotische Früchte*] **T Englisch:** sapodilla, chikoo, naseberry; **Französisch:** sapotille, sapote chico; **Italienisch:** sapodilla, chico; **Spanisch:** sapotilla. Der Ursprung der Sapotille liegt im tropischen Zentralamerika bis nach Costa Rica. Auch im nördlichen Südamerika, in Südflorida, in Indien und den Tropen Südostasiens wird sie angebaut. Die Beerenfrucht wächst einzeln oder in Büscheln hängend an einem immergrünen, bis zu 20 m hohen Baum, der 20–40 % Gummi enthält. Aus den Ästen, Blättern und aus dem Stamm wird der Milchsaft gewonnen, der als Basis für die ↑**Kaugummi**produktion dient. Größe, Form und Geschmack der Sapotillen sind variabel. Die Sapotille ist ganzjährig verfügbar, wird aber nur selten per Luftfracht nach Europa importiert. In ihrer Heimat ist die Frucht eine der beliebtesten Rohspeisen. **Die Frucht:** Die kartoffelbraune Frucht ist länglich-oval, etwa so groß wie eine ↑**Aprikose**, kann aber auch apfelgroß werden. Die verzehrbare Schale ist relativ dünn und rau. Darunter verbirgt sich hellbraunes, saftig festes und ein wenig körniges Fruchtfleisch, das von Milchsaftkanälen durchzogen ist, wodurch es in einzelne Segmente zerfallen kann. Die anfangs grüne Frucht wird mit zunehmender Reife zimtbraun und weich. Beim Einkauf darauf achten, dass die Früchte bereits braun sind; noch harte reifen aber bei Zimmertemperatur in einer Woche nach. Reife, weiche Sapotillen sollte man nicht mehr lagern. **Geschmack:** Der Geschmack der vollreifen Sapotille ist außerordentlich süß, er erinnert an „birnige" ↑**Schokolade** mit einem Hauch von ↑**Zimt**. Zum Verzehr wird die Frucht quer oder längs mit einem Messer halbiert. Der schwarz glänzende, 2 cm lange, harte Kern lässt sich leicht herauslösen. Je nach Belieben kann das Fruchtfleisch ausgelöffelt oder kleiner geschnitten mit der Schale verzehrt werden. **Inhaltsstoffe:** 100 g Sapotille enthalten ∅ 86 kcal/360 kJ. **In der Naturmedizin:** wird der Sud der gekochten Schalen gegen Fiebererkrankungen angewendet.

Sapparot [*Exotische Früchte*] ↑**Ananas**

Sapsago [*Käse*] **Herkunft:** USA; **Käsesorte:** kleiner, kegelförmiger, grünlicher ↑**Hartkäse**, ohne Rinde; **Milch:** entrahmte Kuhmilch; **Teig:** hart und trocken; **Geschmack:** eigenwilliger ↑**Kräuter**geschmack mit dem Aroma von getrocknetem Klee. **Info:** Sapsago ist die amerikanische Variante des ↑**Schabzieger**, einem harten Reibekäse aus der Schweiz, wo er schon vor über 500 Jahren gemacht wurde. Auch in Pulverform zum Würzen erhältlich. **Gewicht:** ca. 200 g

Sarago [*Ital. Speisekarte*] ↑**Brasse**

Sarah Wiener [*Berühmte Köche*] **Sarah Wiener,** geb. 1962 in Wien, ist eine österreichische Fernsehköchin in Deutschland, Unternehmerin und Restaurantbesitzerin. Sie hat sich ohne Ausbildung ganz nach oben gearbeitet. Ihr Name ist zwischenzeitlich als Markenname beim Deutschen Patentamt geschützt. Bekannt wurde sie deutschlandweit durch die ARD-Doku „Abenteuer 1900" – Ende 2004, verschiedene Fernsehsendungen, insbesondere die Kochshow von Johannes B. Kerner und die Publikationen – Kochen mit Sarah Wiener 2004; Geschmack hat immer Saison: frische deutsche Eier 2005 und Sarah Wieners Mediterrane Küche 2006.

Sarcelle d'été [*Franz. Speisekarte*] **T** Die kleine, in Afrika überwinternde ↑Wild**ente** (Knäkente) hat ein bräunliches, sehr feines, leicht bitteres Fleisch. Die jungen Enten werden gerne gebraten und mit ↑**Orangen**sauce serviert.

Sarcelle d'hiver [*Franz. Speisekarte*] Krickente, die kleinste ↑Wild**ente** – Ihr Fleisch ist schmackhaft, aber schwer verdaulich. **In Deutschland steht die Krickente auf der Artenschutzliste.**

Sarda, sardella [*Ital. Speisekarte*] ↑**Sardine**

Sardalya sarmasi [*Orientalische Küche*] **A** Begriff aus der türkischen Küchenkultur für gefüllte ↑**Weinblätter** mit ↑**Sardinen.** ↑**Türkische Küche**

Sarde, à la Sardische Art [*Speisegarnitur*] **A Speisegarnitur** für **große Fleischstücke** – ↑**Kroketten** aus ↑**Reis** mit ↑**Käse**, ferner ↑**Champignons** und ↑**grüne Bohnen** oder ↑**Gurken**stücke in ↑**Butter. Sauce:** Klare Tomatensoße

Sardelle [*Fisch*] **Lateinisch:** Engraulis encrasicholus; **Englisch:** anchovies; **Französisch:** anchois; **Italienisch:** acciuga; **Spanisch:** anchoas. Kleine, etwa 10–20 cm lange, sehr schlanke Schwarmfische, die von Frühjahr bis September laichen. Die kleinen, fettreichen ↑**Heringe** werden bis zu zwei Jahre in Salzlake eingelegt und kommen als ↑**Anchovis** in ↑**Speiseöl** oder als Paste auf den Markt. Die Reifung von Anchovis aus ↑**Sprotten** dauert nur ca. drei Monate. Bekannte Handelssorten sind Holländische oder Brabanter, Triester oder Mittelmeer-Sardellen. Filetstücke von besonders großen und fleischigen Sardellen sind im Handel als ↑**Appetitsild** oder ↑**Gabelbissen** erhältlich. Sie sind mit ↑**Zucker**, ↑**Salz** und ↑**Gewürzen** eingelegt oder werden als Sprotten (↑**Kieler Sprotten**) geräuchert.

Sardellenbutter [*Unsere Küche*] **R Französisch:** burre d'anchois. Eine aus frischer, schaumig geschlagener ↑**Butter** (250 g), feinst zerkleinerten ↑**Sardellen** (80 g) oder Sardellenpaste und ↑**Zitronensaft** hergestellte Würzbutter, die oft noch mit ↑**Paprikapulver** verfeinert wird

Sardellenpaste [*Fisch*] Fein zerkleinerte, zu einer Paste verriebene Sardellen. Das Fabrikat kommt in Tuben in den Handel. Sardellenpaste kann bis zu 0,5 % Bindemittel enthalten. Der Salzgehalt beträgt maximal 20 %.

Sardelles [*Griech. Speisekarte*] Begriff aus der griechischen Küchenkultur für ↑**Sardellen**

Sardinas [*Span. Speisekarte*] ↑**Sardinen**

Sardinas asado [*Span. Speisekarte*] Gebratene ↑**Sardinen**

Sardinas en aceite [*Span. Speisekarte*] Sardinen in ↑**Olivenöl**

Sardine à l'huile [*Franz. Speisekarte*] ↑**Ölsardinen**

Sardinen [*Fisch*] **T Englisch:** sardine; **Französisch:** sardine; **Italienisch:** sardina; **Spanisch:** sardina. Sardinen sind Seefische und in ihrem Aussehen dem ↑**Hering** sehr ähnlich. Sie kommen an der Atlantikküste und im Mittelmeer vor. Größere Sardinen nennt man ↑**Pilchard. Inhaltsstoffe:** 100 g frische Sardinen enthalten ⌀ 114 kcal/476 kJ, 4,54 g Fett, 19,4 g Eiweiß, 32 µg Jod, 8 µg Vitamin D, 0,5 mg Vitamin E und 15 mg Cholesterin. Sie zeichnen sich durch ihren hohen Gehalt an ↑**Jod** und ↑**Vitamin D** (Calciferol) aus. In der Küche können Sardinen frittiert, gegrillt, gebraten und gedünstet oder zu ↑**Eintopf** zubereitet, aber auch geräuchert, gesalzen und tiefgefroren weiterverarbeitet werden. Hauptsächlich legt man sie aber gekocht und in ↑**Olivenöl** ein und bringt sie als ↑**Ölsardinen** in den Handel. Kleine Sardinen sind so genannte russische Sardinen oder **Kronsardinen;** darunter versteht man geköpfte und ausgeweidete kleine Heringe aus der östlichen Ostsee, die in ↑**Essig** mit scharfen Gewürzen mariniert werden. Nicht zulässig ist die Bezeichnung norwegische Sardinen für ↑**Sprotten** oder ähnliche kleine Heringsfische.

Sardines fraîches grillées avec beurre [*Franz. Speisekarte*] Frische ↑**Sardinen,** mit ↑**Butter** gegrillt

Sarma [*Orientalische Küche*] Begriff aus der türkischen Küchenkultur für gefüllte ↑**Weinblätter.** ↑**Türkische Küche**

Sarpo Mira [*Kartoffelsorte*] **Kochtyp:** ↑**Vorwiegend festkochende Kartoffeln; Herkunft:** Ungarn; **Jahr der Zulassung:** unbek.; **Schale:** hellrot; **Fleisch:** gelb; **Knolle:** langoval, gleichmäßig; **Reifezeit:** spät

Sarrasin [*Franz. Speisekarte*] ↑**Buchweizen**

Sarriette [*Franz. Speisekarte*] ↑**Bohnenkraut**

Sashimi [*Intern. Länderküche*] **A** Der in der japanischen Küche sehr beliebte allerfrischeste, rohe ↑**Fisch** aus Süß- und Meerwasser sowie andere ↑**Meeresfrüchte,** in hauchdünne Scheiben oder Würfel geschnitten und mit unterschiedlichen Saucen, ↑**Wasabi** und eingelegtem ↑**Ingwer** (↑**Gari**) serviert. Häufig wird Sashimi gemeinsam mit ↑**Sushi** gegessen, dazu trinkt man traditionell ↑**Grünen Tee,** japanisches ↑**Bier** oder ↑**Sake.** Die wichtigste Regel für Sashimi ist, dass der Fisch absolut frisch (ohne Fischgeruch) ist. Wenn man nicht nahe an einem Fischereihafen lebt, ist es empfehlenswert, auf tiefgekühlten Fisch zurückzugreifen. Noch leicht gefrorener Fisch lässt sich auch besser schneiden. Hier dürfen die meisten Süßwasserfische wegen ↑**Nematoden** und Wurmlarven nicht roh gegessen werden, daher werden für Sashimi fast nur Meeresfische verwendet. Sashimi kann nur mit einem extrem scharfen Messer korrekt geschnitten werden. Das ästhetische Schneiden und Anordnen auf dem Teller – der nach Möglichkeit nicht rund sein sollte – macht einen wichtigen Teil des Sashimi-Genusses aus. Einige Fisch- und Meeresfrüchtesorten für Sashimi in japanischen Restaurants sind: Akagai, Abgeschnittene ↑**Klaffmuschel;** Anago, ↑**Meeraal;** Awabi, eine ↑**Meeresschnecke;** Ebi, ↑Groß**garnele;** Hamachi, ↑**Gelbschwanz;** Hotate-gai, ↑**Jakobsmuschel;** Ika, ↑**Kalmare;** Katsuo, ↑**Bonito;** Khaki, ↑**Auster;** Kisutch, ↑**Lachs;** Kohada, ↑**Kaiserbarsch;** Makajki, ↑**Schwertfisch;** Maguro, ↑**Tunfisch;** Miru-gai, ↑Strand**klaffmuschel;** Saba, ↑**Makrele;** Tai, ↑**Brasse;** Tako, ↑**Riesenkrake;** Unagi, ↑**Aal**

Saskatoons [*Wildkräuter, -blüten & -früchte*] **Lateinisch:** Amelanchier alnifolia. **Synonym:** Apfelbeeren. Botanisch gehören Saskatoons zur Gattung der ↑**Äpfel** und sind wie die ↑**Birnen** Scheinfrüchte. Die tief dunkelrot bis purpurfarbigen Früchte sind etwas größer als Blaubeeren und werden von Juli bis August geerntet. Sie kommen aus Kanada, wo sogar eine Provinzstadt ihren Namen trägt. Bei den dortigen Ureinwohnern waren die Beeren schon als Nahrung, Medizin und Handelsware geschätzt. Saskatoons schmecken wie eine Mischung aus ↑**Kirsche** und ↑**Mandel** und vereinigen alle guten Eigenschaften von Beerenfrüchten in sich. Hier sind sie kaum bekannt und nur als getrocknete Früchte oder in Fruchtsirup mariniert erhältlich. In der Küche harmonieren die blaubeerähnlichen Früchte mit ↑**Fleisch** und ↑**Fisch,** verleihen ↑**Desserts** einen besonderen Charakter und können mit anderen Früchten und Gemüsesorten kombiniert werden. In ihrer Heimat werden frische Saskatoons in ↑**Gelees,** ↑**Marmeladen** und ↑**Kuchen** verarbeitet, ihr Saft gibt ↑**Marinaden** und ↑**Dressings** einen feinen Geschmack und getrocknet gelten sie als leckerer Snack. Auch ihr ernährungsphysiologischer Wert ist nicht zu verachten, sie enthalten viel ↑**Vitamin C,** ↑**Mineralien** und ↑**sekundäre Pflanzenstoffe.** Ihre vielen Samen machen sie außerdem zu kleinen ↑**Ballaststoff**bomben. Getrocknete Saskatoons haben ein ausgeprägtes Mandelaroma, einen angenehmen Biss und entfalten im Mund einen typischen Beerengeschmack, der an ↑**Heidelbeeren** erinnert. In Apfel- oder Traubensaft eingelegt, können die Früchte nach einer halben Stunde wie frische Beeren verwendet werden.

Satar [*Gewürze & Kräuter*] **R** Als Zatar, Zahtar, Za'tar oder Zatar bezeichnet man in der arabischen Welt eine feine Gewürzmischung aus gemahlenen Gerber-Sumach-Früchten (Rhus coriaria), geröstetem sischen manchmal mit „Fumé" bezeichnet wird, wird als typisch für Sauvignon-Blanc-Weine betrachtet. Traditionell ist sie zusammen mit ↑**Sémillon** ein fester Bestandteil der in ↑**Bordeaux** produzierten Süßweine, obwohl sie auch für die hier produzierten trockenen Weißweine immer wichtiger wird. Die Rebe hat ihre zweite Heimat in Neuseeland gefunden. Die hier von ihr produzierten Weine sind sehr fruchtbetont und zeichnen sich durch ein intensives Bukett aus. Auch Süd-Afrika und Chile produzieren immer mehr Sauvignon Blanc. Wobei es sich hier vielmehr um Weine handelt, die aus Sauvignon Vert produziert werden. Einer Rebsorte, die nur im Namen Sauvignon Blanc ähnelt. Sauvignon Blanc wird in Kalifornien häufig in Eichenholz ausgebaut oder für kurze Zeit gereift, wodurch diese Weine im Vergleich zum „Original" vollmundiger und weicher wirken. Die Idee des Holzkontaktes kam auch den Italienern, vor allem in Friuli-Venezia-Giulia. Aber auch an der Loire wird mit Sauvignon Blanc experimentiert, und der Holzfassausbau ist kein Tabu mehr.

Sava *[Kartoffelsorte]* **Kochtyp:** ↑**Festkochende Kartoffeln** – „Speckige Kartoffel" genannt; **Herkunft:** Dänemark; **Jahr der Zulassung:** 1981; **Schale:** gelb; **Fleisch:** gelb; **Knolle:** oval; **Reifezeit:** mittelfrüh

Savagnin *[Weinkunde]* Weißweinrebe aus dem französischen Jura. Die Savagnin ist eine qualitativ hochwertige Rebsorte mit Aromen, erinnert an ↑**Traminer**. Jedoch wird diese Traube wegen ihrer Ertragsarmut nur sehr selten angebaut. Sortenrein ausgebaut wird aus ihr der sehr teure ↑**Vin Jaune** gewonnen. Im Elsass gibt es die Variante Savagnin Rosé (Klevner), weitere Namen: Paien; Heida; Savagnin jaune; Millerantraube; Savagnin vert; Traminer; Salvagnin; Nature; Fromente; Gringet; Gentil blanc; Edeltraube; Formentin; Viclair; Frenschen weiss; Meunier blanc; Tramini feher

Savarin *[Franz. Speisekarte]* **A** Feiner, in Ringform (Savarinform) gebackener ↑**Hefekuchen**, noch heiß mit ↑**Sirup** und ↑**Spirituosen** durchtränkt, kann mit beliebiger Füllung serviert werden

Saveur, la *[Franz. Fachwort]* Geschmack, Beigeschmack

Savoureux *[Franz. Speisekarte]* Schmackhaft, köstlich, lecker

Savouries *[Intern. Länderküche]* Heiß servierte, ungesüßte und oft pikant gewürzte Nachspeisen. ↑**Menü**; eine schottische Tradition (Savoury), die erst seit kurzem wieder aufgefrischt wurde. ↑**Schottische Küche** & ↑**Loch Fyne Toasts**

Savoyard, à la *[Speisegarnitur]* **A** Gericht, immer mit ↑**Käse** und ↑**Kartoffeln** oder ↑**Kartoffelgratin** mit geriebenem Käse und ↑**Crème fraîche**

Savoyer Kohl *[Gemüse]* ↑**Wirsing**

Sawiwanez *[Intern. Länderküche]* Begriff aus der ukrainischen Küchenkultur für ↑**Rouladen** aus ↑**Fleisch**, ↑**Kohl** oder ↑**Teig**

Sbriciolana *[Ital. Speisekarte]* ↑**Wurst** mit ↑**Fenchelsamen**

Sbrinz Switzerland *[Käse]* **Herkunft:** Schweiz; **Käsesorte: Hartkäse**, mind. 45 % ↑**Fett i. Tr.**; **Milch:** ↑**Rohmilch** von Kühen, die ohne Silage gefüttert werden. Die Verwendung von Zusatzstoffen ist in der Käseherstellung verboten. **Teig:** elfenbeinfarbig bis hellgelb, keine bzw. vereinzelte bis 0,6 cm große Lochung, leicht bis mittelbrüchig, eher trocken; grießige bis körnige Kristalle wahrnehmbar; schnitt- und hobelfähig; **Geschmack:** Ausgeprägt würziger, salziger, saurer und zugleich süßlicher Grundgeschmack unterstreicht die fruchtige Note von gerösteter ↑**Chicoréewurzel**. **Info:** Ur-Käse der Schweiz

Sc. Cumberland *[Unsere Küche]* ↑**Cumberland**

Sc. Hollandaise *[Unsere Küche]* ↑**Hollandaise**

Sc. Mayonnaise *[Unsere Küche]* ↑**Mayonnaise**

Sc. Paloise *[Franz. Speisekarte]* **A** Sc. ↑**Béarnaise** statt mit ↑**Estragon** mit Pfefferminzreduktion aufschlagen und gehackten Minzblättern vollenden

Scaffas *[Hausbar]* ↑**Couleurs**

Scallions *[U.S. Kitchen]* ↑**Schalotten**

Scalloped *[U.S. Kitchen]* ↑**Austern** und ↑**Muscheln** in der Schale zubereitet und angerichtet

Scallops *[U.S. Kitchen]* ↑**Jakobsmuscheln**

Scalogno *[Ital. Speisekarte]* ↑**Schalotte**

Scalopp(in)a *[Ital. Speisekarte]* ↑**Schnitzel**

Scaluni *[Käse]* **Herkunft:** Italien/Sizilien (Hochebene Ibleo in der Provinz Ragusa); **Käsesorte:** ↑**Hartkäse**; **Milch:** der Rinderrasse Modicana; **Geschmack:** Das Aroma steigert sich mit dem Alter von süßlich-delikat zu pikant, während die Konsistenz an Körnigkeit zunimmt. **Reifung:** Während der Reifezeit wird der Käselaib mit ↑**Öl** und ↑**Essig** abgerieben; zur Unterstützung des bis zu 2-jährigen Reifeprozesses und zum Schutz gegen Ungeziefer und ↑**Schimmel**. ↑**Ragusano**

Scamorza *[Käse]* **T Herkunft:** Italien/Kampanien; **Käsesorte:** ovaler, halbfester Schnitt-↑**Frischkäse**, gelb, mit dünner Rinde, 45–50 % ↑**Fett i. Tr.**; **Milch:** Kuhmilch; **Teig:** gelblich und für einen Frischkäse sehr geschmeidig, kompakt; **Geschmack:** angenehm frisch; **Form:** klein, oft birnenartig, paarweise zusammengebunden; **Info:** Ein alter, für Mittel- und Süditalien typischer, mit ↑**Mozzarella** und ↑**Provolone** verwandter Käse, der ursprünglich aus ↑**Büffelmilch** gemacht wurde. Er gehört zu den ↑**Filatakäsen. Verwendung:** Scamorza eignet sich als Ersatz für Mozzarella. Dient aber vorwiegend zum Kochen oder Überbacken und wird für ↑**Pizza** verwendet. Als besondere Delikatesse gilt die geräucherte Variante.

Scampi *[Fisch]* Mz.: Scampo, **nie** Scampis. ↑**Kaisergranaten**

Schabefleisch *[Unsere Küche]* Rohes, durch den Fleischwolf getriebenes, fett- und sehnenfreies ↑**Rindfleisch**. ↑**Tatar**

Schabekugel *[Fleischprodukte]* Regionale Bezeichnung für die ↑**Rindernuss**

Schabelappen *[Fleischprodukte]* Regionale Bezeichnung für den Schaufeldeckel (Schulter)

Schabziger *[Käse]* ↑**Ziger**

Schächten *[Jüdische Küche]* **T** Schlachten von Tieren ohne vorherige Betäubung. Islamische und jüdische Gesetze schreiben das rituelle Schächten von Tieren (außer Schwein) vor. Durch das Schächten sollen unnötige Qualen aus Achtung und Respekt vor der Kreatur erspart bleiben. Im Judentum wird dieses Verfahren besonders streng gehandhabt. Nur ein ausgebildeter Schächter darf mit einem vorgeschriebenen rasierklingenscharfen Schächtmesser rituell schlachten. Mit nur einem Stich schneidet er Halsschlagader und Luftröhre bis zur Wirbelsäule durch. Dieser schnelle Schnitt hat eine plötzliche Stockung der Blutzufuhr zum Hirn zur Folge. Das Tier wird sofort bewusstlos. Jede kleinste Verzögerung bei der Führung des Schnittes in den Hals ist verboten. Weil Juden und Moslems der Genuss von Blut streng verboten ist, muss es bis auf den letzten Tropfen herauslaufen. Anschließend wird das Fleisch in Salz eingelegt, damit es kleine verbliebene Reste an Blut aufsaugt. Nicht geschächtete Tiere dürfen nicht gegessen werden. In Deutschland ist die Schächtung seit 1995 mit wenigen Ausnahmen verboten.

Schaden *[Österr. Küche]* Alte Bezeichnung für ↑**Wels**

Schädlinge *[Fachkunde]* Insekten und Nager, z. B. Kornkäfer, Maus

Schadstoffe in der Nahrung *[Gesundheit]* Alle Substanzen, die über die Nahrung in den menschlichen Körper gelangen und ihn schädigen können. Überwiegend versteht man darunter chemische Substanzen, für deren Vorhandensein in der Nahrung der Mensch selbst verantwortlich ist. Dazu zählen: **1.** Schadstoffe, die bei der Herstellung oder Verarbeitung in die Lebensmittel gelangen (= Rückstände, z. B. Dioxine, Pestizide, Schwermetalle, Masthilfsmittel), und **2.** solche, die sich aus mangelnder Hygiene in Lebensmitteln anreichern (= Verunreinigungen, z. B. Bakterien, Schimmelpilzgifte). Weitere Schadstoffe können jedoch auch natürliche Inhaltsstoffe in pflanzlichen und tierischen Lebensmitteln sein, die je nach Menge und/oder Einwirkungsdauer schädliche bzw. giftige Wirkungen auf den Menschen ausüben können. Zu ihnen gehören: ↑**Coffein** in Kaffee; ↑**Solanin** in grünen **Kartoffeln** und **Tomaten**; verschiedene giftige Substanzen in rohen, ↑**Grünen Bohnen** und ↑**Hülsenfrüchten**; ↑**Mutterkorn**alkaloid in Getreide; Blausäure in ↑**Bittermandeln**; Pilzgifte ↑**Waldpilze**; ↑**Alkohol**; Myristicin in ↑**Muskatnuss**; Saxitoxin in ↑**Muscheln** und ↑**Austern** sowie Fischgifte. ↑**Fischvergiftung** & ↑**Lebensmittelvergiftungen**. Eine zunehmende Belastung der Lebensmittel mit chemischen Substanzen kann nach neueren Untersuchungen nicht festgestellt werden.

Schaf *[Fachkunde]* Die Stammform des Hausschafes ist der Mufflon, der in der Steinzeit auch in Mitteleuropa weit verbreitet war. Von Schafen gewinnt der Mensch ↑**Fleisch**, ↑**Milch** und Wolle. Schafe werden unterteilt in: **Lamm** (weibliches oder männliches Schaf, bis 12 Monate altes Jungtier), **Hammel** (kastriertes, männliches Schaf), **Widder** (über 12 Monate altes, nicht kastriertes männliches Schaf) und **Aue** (Mutterschaf). **Bekannte Schafrassen:** Merinoschafe, Deutsches schwarzköpfiges Fleischschaf, Texelschaf, Leineschaf, Ostfriesisches Milchschaf und Heidschnucke.

Schaffleisch *[Fleischprodukte]* **T** Ist Fleisch, das von Schafen stammt, die älter als 2 Jahre sind, oder vom ↑**Hammel. Inhaltsstoffe:** 100 g frisches Schaffleisch enthalten ∅ 212 kcal/888 kJ, 17,2 g Fett, 17,2 g Eiweiß, 70 mg Cholesterin, 0,22 mg Vitamin E und 2,6 µg Vitamin B_{12}. **Folgende Fleischstücke unterscheidet man:** Keule, Brust, Schulter, Hals, Karree; **Innereien:** Leber, Nieren, Zunge; **Tipp:** Schaf- oder Hammelfleisch wird in Deutschland wegen seines starken Eigengeschmacks und des talkigen Fetts selten verwendet, in der feinen Küche bevorzugt man ↑**Lamm**fleisch.

Schafgarbe *[Wildkräuter, -blüten & -früchte]* **T Lateinisch:** Achillea millefolium; **Info:** Die zarten, jungen, doppelt gefiederten Blättchen können im Frühjahr verwendet werden. **Standort:** Die anspruchslose Pflanze liebt es sonnig und trocken. Kommt häufig an Wegrändern, auf Äckern und Ödland vor. **Geschmack:** Junge Blätter haben ein fein-herbes, mild-würziges Aroma. Ältere Blätter sind aromatisch und deshalb als Gewürz gut geeignet, sollten aber wegen ihrer Bitterkeit sparsam verwendet werden. **Verwendung in der Küche:** Gerichte mit ↑**Pilzen** und ↑**Bohnensprossen**, Suppen, Salate, ↑**Kräuterbutter**, ↑**Würzpasten** und ↑**Dips** können mit Schafgarbe verfeinert werden. Die Blüten passen gut in Teemischungen. **Wirkung in der Volksmedizin:** kreislaufwirksam, blutstillend, krampflösend, stoffwechselanregend, harntreibend, verdauungsfördernd, gallentreibend, menstruationsregulierend. **Mehr Information:** ↑**Essbare Blüten**

Schafmilch *[Milchprodukte]* Die Schafmilch ist in der Konsistenz sahnig und hat ein feines Mandelaroma. Im Gegensatz zu ↑**Ziegenmilch** hat die Schafmilch keinen aufdringlichen Eigengeschmack und wird deshalb von Feinschmeckern bevorzugt. Die Zusammensetzung der Inhaltsstoffe von Schafmilch ist in manchen Punkten anders als die von Kuh-, Ziegen- oder Stutenmilch.

Milchlieferant	Fett ∅	Eiweiß ∅	Orotsäure (Vit. B_{13}) ∅
Schaf	7,4	5,5	350 mg/l
Ziege	4,5	2,9	63 mg/l
Kuh	3,7	3,4	100 mg/l
Pferd	1,9	2,9	18 mg/l

Der Anteil an ↑**Fett**, ↑**Eiweiß** und ↑**Orotsäure** ist bedeutend höher als bei anderen Tierarten. Erstaunlich ist zudem, dass trotz hohen Fettgehalts die Fetttröpfchen in der Schafmilch sehr fein verteilt sind und dass ihre Eiweißzusammensetzung für den Menschen besser verträglich zu sein scheint als bei anderen Milcharten. Daher ist die Schafmilch eine gute Alternative für Personen mit Kuhmilchallergien. Außerdem ist der hohe Anteil an Orotsäure (↑**Vitamin B_{13}**) zu betonen, er übersteigt den der Kuhmilch um ein 3-faches. Sie verfügt zudem über einen sehr hohen Anteil an ↑**Linolsäure**, die krebshemmend wirkt. **Fazit:** Die Schafmilch ist nicht nur wohlschmeckend und gesund, sie kommt auch der aktuellen Entwicklung im Bereich der Ernährungsgewohnheiten entgegen.

Schafskäse [*Käse*] **Englisch:** sheep's milk cheese; **Französisch:** fromage de brébis; **Italienisch:** pecorino; **Spanisch:** queso de oveja, manchego. Schafskäse wird aus ↑**Schafmilch** (eiweiß- und fettreicher als Kuhmilch) oder einer Mischung aus Schafmilch und Kuhmilch hergestellt und muss in Deutschland mindestens 25 % Schafmilch enthalten. Es gibt ihn als ↑**Frisch**-, ↑**Weich**-, ↑**Schnitt**- und ↑**Hartkäse.** Schafskäse wird überwiegend in Frankreich, Süd- und Osteuropa hergestellt. Die bekannten Sorten sind in der Küchenbibel aufgeführt. Der Geschmack der Schafskäsesorten ist je nach Reife und Herstellungsverfahren sehr unterschiedlich.

Schal [*Weinkunde*] Leer und matt schmeckender Wein, bedingt durch Überalterung

Schale Gold [*Österr. Küche*] ↑**Mokka** mit heißer, aufgeschäumter ↑**Milch** (österr. Kaffeespezialität)

Schalenobst [*Obst*] **T** Ein im Handel üblicher Sammelbegriff für ↑**Mandel**, ↑**Haselnuss**, ↑**Walnuss**, ↑**Paranuss**, ↑**Kokosnuss** usw. Sie werden so genannt, weil ihr Fruchtfleisch von einer harten Schale umgeben ist.

Schalentiere [*Fisch*] Zu den Schalen- und ↑**Weichtieren** zählen die ↑**Meeresschnecken**, verschiedene Muschelarten, ↑**Achat**- und ↑**Weinbergschnecken** sowie ↑**Schildkröten.** ↑**Krusten**- & ↑**Schalentiere**

Schalenwild [*Fachkunde*] In deutschen Wäldern: ↑**Rot**-, ↑**Dam**-, ↑**Reh**- und ↑**Schwarzwild**

Schälerbsen [*Allgem. Nährmittel*] Getrocknete gelbe ↑**Erbsen**

Schales [*Regionale Spezialität*] ↑**Dibbelabbes**

Schalotte [*Gemüse*] **T Lateinisch:** Allium ascalonicum. **Synonym:** Aschlauch, Askalonzwiebel, Eschlauch. **Englisch:** shallot; **Französisch:** échalote; **Italienisch:** scalogni; **Spanisch:** chalotes. **Info:** Schalotten gehören zur Familie der Liliengewächse und sind Verwandte von ↑**Zwiebel** und ↑**Knoblauch**, bei denen sich ein kleines, 3–5 cm großes, längliches oder birnenförmiges Büschel von Zwiebeln ausbildet. Unter der kupferrot oder rötlich braun gefärbten, glänzenden und trockenen Schale dieser zusammengesetzten Zwiebel befinden sich – jeweils in Paaren – 10 bis 30 eiförmige oder dreikantige, gelb oder bräunlich gefärbte Tochterzwiebeln mit dem für Schalotten typischen feinen und milden, pikant-würzig-süßlichen Geschmack. **Ursprung und Geschichte:** Die aus dem Raum Vorderasien oder Naher Osten stammenden Schalotten wurden von Kreuzfahrern nach Europa gebracht. Der Name der Schalotte leitet sich in allen europäischen Sprachen von der in einer Küstenebene südwestlich von Tel Aviv gelegenen Stadt „Aschkelon" ab. **Herkunft und Saison:** Schalotten aus inländischer, ungarischer oder französischer Produktion werden von August bis November geerntet und angeboten. Den ganzen Winter über bis in den April des Folgejahres wird der Markt aus Lagerbeständen versorgt. **Inhaltsstoffe:** 100 g (frische) Schalotten weisen einen Brennwert von ∅ 21 kcal/90 kJ auf und enthalten etwa 92 g Wasser, 1,5 g Eiweiß, 0,2 g Fett, 3,3 g Kohlenhydrate und 1,5 g Ballaststoffe. An ↑**Mineralstoffen**, ↑**Spurenelementen** und ↑**Vitaminen** sind ∅ 37 mg Kalzium, 1,2 mg Eisen, 12 mg Natrium, 60 mg Phosphor, 4 mg Magnesium und 13 mg Vitamin C enthalten. **Zubereitung und Tipps:** Die angenehm duftenden Schalotten sind vor allem in der nordfranzösischen Küche ein beliebtes Gewürz und haben sich von dort aus einen festen Platz in der gehobenen Küche erobert. Im Vergleich zur Zwiebel besitzen sie einen zarteren, feineren und milderen Geschmack, sind besser bekömmlich und zergehen beim Kochen viel leichter. Schalotten sollten im Gegensatz zu den Zwiebeln nicht angebräunt werden, sie bekommen dann wie Knoblauch einen bitteren Geschmack. **Geschmack:** Milder und feiner als Zwiebeln mit leichtem Knoblauchanklang; **Würzkombinationen mit Schalotten:** zu allen frischen Kräutern, besonders zu den ↑**Fines herbes**

Schalottenbutter [*Unsere Küche*] **R** Weiche ↑**Butter** mit ausgelassenem ↑**Rindermark** schaumig rühren, dann mit feinst gehackten ↑**Schalotten**, ↑**Weißwein**, frischer, glatter, gehackter ↑**Petersilie**, ↑**Pfeffer** und ↑**Salz** vollenden.

Schälrippchen (gepökelt) [*Fleischprodukte*] (Gepökelte) Fleischrippchen mit mindestens 1 cm Fleischabdeckung; (gepökelte) Brustspitze (dicke Rippen) hat eine dickere Abdeckung

Schani [*Österr. Küche*] Kellner

Schanigarten [*Österr. Küche*] Kleiner Gastgarten auf der Straße

Scharbe [*Fisch*] ↑**Rotzunge**

Scharbock Kraut – Blüten – Knospen [*Wildkräuter, -blüten & -früchte*] **T Lateinisch:** Ficaria spp.; **Info:** Die Blätter enthalten reichlich ↑**Vitamin C** und können vor und während der Blüte als Salat gegessen werden. **Achtung! Nach der Blüte enthalten die Blätter giftiges Protoanemonin. Standort:** Die Pflanze liebt es schattig bis halbschattig sowie tiefgründige, stickstoffhaltige, feuchte Böden. Zu finden in feuchten

Laubwäldern und Gebüschen und auf feuchten Wiesen. **Verwendung in der Küche:** Die Blütenknospen der Scharbockskrautblüten können in Essig eingelegt als Kapern verwendet werden. Blätter verfeinern vor der Blüte Kräutersuppen und Mischsalate. **Wirkung in der Volksmedizin:** Früher waren die Blätter ein wichtiges Frühlingsgemüse gegen die Vitamin-C-Mangelkrankheit Skorbut (Scharbock). Daher soll auch der Name kommen. **Mehr Information:** ↑**Essbare Blüten**

Schärdinger Affineur Weinkäse [*Käse*] **Herkunft:** Österreich; **Käsesorte:** ↑**Weichkäse,** 55 % ↑**Fett i.Tr.**; **Milch:** pasteurisierte Kuhmilch; **Teig:** geschmeidig; **Geschmack:** zart-pikant, mit einem Hauch der ↑**Zweigelt**traube

Scharena Sol [*Gewürze & Kräuter*] **R** Buntes Salz – gemeint ist eine bulgarische Gewürzmischung, die zum größten Teil aus ↑**Bohnenkraut** (Tschubritza) besteht. In Deutschland wird die Gewürzmischung danach als Tschubritza bezeichnet und gehandelt. Neben dem Bohnenkraut finden sich im Scharena Sol ↑**Paprika** oder ↑**Chili**, versch. ↑**Kräuter**, gerösteter ↑**Mais** und ↑**Salz**. Diese Mischung wird für das Würzen von Fleisch- und Suppengerichten verwendet. Die Mischung gibt es mittlerweile bei Gewürzhändlern.

Scharf anbraten [*Unsere Küche*] **T** Bezeichnung bei ↑**Fleisch**, das in heißem ↑**Fett** bei starker Hitze rundherum angebraten wird, sodass sich sofort die Poren schließen und eine braune, schmackhafte Kruste entsteht.

Scharfe Bohnenpaste [*Gewürze & Kräuter*] **T** Diese sehr geschmackvolle Gewürzpaste besteht aus fermentierten schwarzen ↑**Bohnen**, ↑**Sojabohnen**paste, ↑**Chili-**, ↑**Sesamöl** und weiteren 10 Gewürzen. Sie kann vielen asiatischen Gerichten eine ganz besondere, feine Note geben.

Schaschlik [*Intern. Länderküche*] **R Russisch**: Am Spieß gegrillte Fleischstückchen mit Leber-, Nieren-, Speck- und Zwiebelscheiben dazwischen. Hier ein gegrillter oder im eigenen Saft gebratener Fleischspieß, der laut Vorschrift ein bestimmtes Mischungsverhältnis der Zutaten aufweisen muss (beispielsweise mindestens 30 % Magerfleisch). Bei der Zubereitung werden gewürzte ↑**Rind-**, ↑**Kalb-**, ↑**Schweine-** und/oder ↑**Schaffleisch**würfel zusammen mit ↑**Speck** und ↑**Innereien** (↑**Nieren** und/oder ↑**Leber**) sowie weiteren Zutaten wie ↑**Paprika**, ↑**Tomaten**, ↑**Gurken** und ↑**Zwiebeln** (jeweils zerkleinert) auf Holzspieße gesteckt. Schaschlik kann mit einer würzigen ↑**Tomatensoße** und etwas ↑**Curry** abgerundet serviert werden.

Schattenmorelle [*Obst*] Sauerkirschenart. ↑**Kirschen**

Schaufel [*Fleischprodukte*] Schaufelähnlicher Knochen der Schulter

Schäuferl [*Regionale Spezialität*] **T 1.** Fleischteilstück von der Schweineschulter, bei dem beim Verkauf nicht ausdrücklich auf das Vorhandensein von Knochen und/oder Knorpeln hingewiesen werden muss. Auch die ↑**Schwarte** ist ohne besonderen Hinweis einbezogen. Meistens lautet das Angebot dann **„wie gewachsen"**; **2.** Schulter vom ↑**Rot-**, ↑**Dam-** und ↑**Rehwild**

Schaumbrot [*Unsere Küche*] ↑**Mousseline**

Schaumig rühren [*Unsere Küche*] Cremes oder Teige mit dem Schneebesen so lange rühren, bis die Masse genügend Luft aufgenommen hat und schaumig wird

Schaumkräuter [*Wildkräuter, -blüten & -früchte*] **T Lateinisch:** Cardamine; Schaumkräuter sind essbar und schmecken scharf. **Mehr Information:** ↑**Essbare Blüten**

Schaumverhüter [*Fachkunde*] Gehören zu den kennzeichnungspflichtigen Lebensmittelzusatzstoffen. Sie verhindern ein Überkochen bzw. Überschäumen bei der Herstellung von Lebensmitteln. Es gibt nur einen als Lebensmittelzusatzstoff in der EU zugelassenen Schaumverhüter, nämlich ↑**E 900**

Schaumwein [*Weinkunde*] Allgemeiner Begriff für Weine, die Kohlensäure aufweisen und deshalb beim Öffnen der Flaschen und Einschenken im Glas schäumen. Der Schaum wird fachlich mit **„↑Mousseux"** bezeichnet, das je nach Empfinden auf der Zunge als „grob", „aggressiv", „fein", „kurz" oder „lang" beurteilt wird. Zusätzlich wird dabei das Aufsteigen der Kohlensäure im Glas betrachtet, was auch als Qualitätskriterium bei der Beurteilung des Weins herangezogen wird. Denn je langsamer, gerader und feiner die Bläschen oder Perlen emporsteigen (↑**Perlage**), desto höher die Qualität. Das Maß und die Qualität der Kohlensäure wird von der Produktionsmethode bestimmt und kann je Weintyp unterschiedlich sein. Das ↑**Champagner**verfahren ergibt die hochwertigsten Schaumweine, es ist aber auch einer der arbeits- und kostenintensivsten Prozesse. Für geringere Qualitäten wird deshalb oft die Tank- oder Charmatmethode angewandt, wobei die zweite Gärung sich nicht wie bei der Champagnermethode in der Flasche abspielt, sondern in Behältern oder Tanks. Die kostengünstigste und am meisten praktizierte Methode ist, dem Wein über Carbonatoren Kohlensäure zuzusetzen.

Schawuot [*Jüdische Küche*] **A** Schawuot ist der Yom Tow (Feiertag), an dem das Volk Israel die Thora als Ganzes erhalten hat, 49 Tage nach ↑**Pessach**. Es ist eines der drei Schalosch Regalim (Pilgerfeste). Viele Leute schmücken ihr Heim vorher mit frischen Blumen als Erinnerung an den Berg Sinai, einen einst kargen Ort, der voll erblühte, als die Thora auf seinem Gipfel übergeben wurde. In der Thora heißt es: „Und ich bin herniedergefahren, dass ich sie errette aus der Ägypter Hand und sie herausführe aus diesem Land in ein gutes und weites Land, in ein Land, darin Milch und Honig fließt." Auch bei der Zubereitung der Speisen an Schawuot fließen Milch und Honig. Es gibt vorwiegend Süß- und Milchspeisen wie ↑**Blinzes** (gefüllte dünne Pfannkuchen), ↑**Palatschinken**, ↑**Kreplach** (gefüllte Teigtaschen wie Maultaschen), ↑**Strudel** und ↑**Piroggen**. Besonders die Milchspeisen symbolisieren das Geschehen am Berg Sinai. Außerdem sind sie wichtig, weil der numerische Wert des Wortes Chalaw (Milch) 40 ist und Moses 40 Tage auf dem Berg Sinai warten musste, bevor er die Gebote Gottes erhielt. Bei den Süßspeisen sind vor allem Kuchen in der Form der Gesetzestafeln oder kegelförmige Gebäcke beliebt, die den Berg Sinai darstellen sollen. Weiterhin ist man stolz auf die großen, runden, aus sieben Schichten bestehenden Kuchen, die die sieben Himmel symbolisieren, die der Herr bei der Gottesoffenbarung zum Berg hinabstieg. Neben zahlreichen süßen Speisen gibt es aber auch Fleischgerichte. Während der zwei Festtage werden je zwei Hauptmahlzeiten eingenommen. Dabei wird darauf geachtet, dass die erste Mahlzeit aus Milchgerichten und die zweite aus Fleischgerichten besteht. Gemischt werden dürfen diese beiden Speisen nicht. Orthodoxe Familien trennen fleischiges und milchiges Geschirr. Beide Mahlzeiten sollen an die Hauptspeisen des Pessachfestes erinnern, an das Pessachlamm und an das Friedensopfer. Somit ist Schawuot eigentlich eine Verlängerung von ↑**Pessach. Schawuot ist auch das Fest der Früchte**. An diesem Tag werden die ersten Früchte in Körben in den Heiligen Tempel gebracht und mit großer Pracht dargeboten. Darum haben viele Leute den Brauch, an Schawuot zum ersten Mal im Jahr eine Sommerfrucht zu essen und darüber den Segensspruch Schehechejanu zu sagen.

Scheese [*Allgem. Nährmittel*] [**sprich:** „schies", von **engl.** „cheese"] ↑**Veganer**- (milch- und labfreier) ↑**Käse** aus ↑**Sojamilch**

Scheibenbeefsteak [*Fleischprodukte*] Steak aus der Oberschale, von ↑**Kalb** oder ↑**Schwein**; Tierart muss angegeben sein

Scheibenhonig [*Allgem. Nährmittel*] Wabenhonig, süddeutsche Spezialität. Frisch in Jungfernwaben lagernder ↑**Honig**, der zu den feineren Sorten gehört.

Scheiterhaufen [*Regionale Spezialität*] **R** Typisch bayerische Mehlspeise, die Hauptgericht, aber auch Nachtisch sein kann. **Herstellung:** Altbackene Semmeln in Scheiben schneiden. ↑**Eier** mit ↑**Milch**, ↑**Puderzucker** und etwas ↑**Salz** verquirlen und die Semmelscheiben darin einweichen, bis alle Flüssigkeit aufgesogen ist. Inzwischen ↑**Äpfel** schälen und in dünne Scheiben schneiden. Eine Auflaufform buttern und den Boden mit Semmelscheiben auslegen, darauf eine Schicht Apfelscheiben geben, mit einigen ↑**Rosinen** und einem Gemisch aus ↑**Zimt** und ↑**Zucker** bestreuen. Dann wieder eine Schicht Semmelscheiben usw. so lange fortfahren, bis alles aufgebraucht ist. Die oberste Schicht sollten Semmelscheiben sein. Butterflocken auf der Oberfläche verteilen und den Scheiterhaufen im Backofen bei 180° C ca. 40–50 Min. backen und warm servieren. Dazu passt ↑**Vanille**- oder ↑Frucht**soße**

Schellack [*Fachkunde*] ↑**E 905**

Schellfisch [*Fisch*] **T Lateinisch:** Gadus aeglefinus; **Englisch:** haddock; **Französisch:** aiglefin, eglefin; **Italienisch:** eglefino, nasello; **Spanisch:** eglefino. Verwandter des ↑**Kabeljaus**, gehört zur Dorschfamilie und zu den gefährdeten Tierarten. Er kann bis zu 1 m lang und 20 kg schwer werden. Rücken und Kopf sind dunkel, die Seiten grau, der Bauch ist weiß gefärbt. Sein weißes Fleisch ist schmackhafter als das des Kabeljaus. **Inhaltsstoffe:** pro 100 g ∅ 69/334 kJ; Eiweiß: 18,2 g; Fett: 0,5 g; Jod: 243 µg; Kleinere Fische werden im Ganzen angeboten, sie eignen sich gut zum Pochieren oder Dünsten, größere kommen als Filet auf den Markt. Geräuchert gilt der Schellfisch als Delikatesse.

Schenkel [*Fleischprodukte*] Keule

Scherzel, schwarzes [*Österr. Küche*] ↑**Oberschale** vom ↑**Rind**

Scherzl [*Österr. Küche*] Der Anschnitt oder das letzte Stück eines Brotlaibes

Scheurebe [*Weinkunde*] Eine Züchtung aus ↑**Silvaner** und ↑**Riesling**, benannt nach ihrem Erfinder Dr. Georg Scheu. Die Rebe liefert sehr körperreiche, duftige Weine, die opulent wirken. Das kräftige, würzige Bukett erinnert besonders als Auslese an den Duft schwarzer ↑**Johannis**- und ↑**Waldbeeren**. Die Scheurebe erreicht mühelos ergiebige Erträge und hohe Reifegrade, weshalb man sie oft als ↑**Beerenauslese** (BA) und ↑**Trockenbeerenauslese** (TBA) ausbaut.

Schiaccia(in)a [*Ital. Speisekarte*] Brei; Fladen aus ↑**Brotteig**

Schiaffettoni, schiaffettuni [*Ital. Speisekarte*] **A** Deftige Spezialität aus Kalabrien. Handgemachte große ↑Röhren**nudeln** mit einem Durchmesser zwischen den dicksten ↑**Makkaroni** und ↑**Cannelloni.** ↑**Pasta.** Entweder mit einem **„**↑**Ragù** di totani" (Tintenfischragout) oder mit einer Masse aus gehacktem ↑**Wildschwein**fleisch, ↑**Salami** und gekochten ↑**Eiern** gefüllt und in einer sehr würzigen ↑**Tomatensauce** serviert.

Schiaffoni [*Ital. Speisekarte*] ↑**Makkaroni**

Schiava [*Weinkunde*] Eine im Trentino wichtige Traube, die mittlerweile sehr gute Weine entstehen lässt. In Südtirol ein Massenwein, aber er gewinnt an Qualität. Auch als Vernatsch bekannt, man findet ihn im Kalterer See und im St. Magdalener.

Schichtkäse [*Käse*] **T Herkunft:** Deutschland; **Käsesorte:** ↑**Frischkäse**, 20 % ↑**Fett i. Tr.**; **Milch:** pasteurisierte Kuhmilch; **Info:** Schichtkäse ist eine besondere Form des ↑**Quarks**. Er wird nicht wie Quark vor dem Abfüllen zentrifugiert, sondern geschnitten in die Verpackung geschichtet. In seiner Konsistenz ist er stichfest und besteht aus drei Schichten, wobei die mittlere Schicht fettreicher ist als die beiden äußeren. Er wird mit bestimmten ↑**Milchsäurebakterien** und ↑**Lab** hergestellt, darum ist sein Aroma fein säuerlich. Es gibt viele Hundert verschiedene Arten von Schichtkäse. Er kann mit frischen ↑**Kräutern** und ↑**Gewürzen** pikant oder süß mit ↑**Früchten** zubereitet werden. Um das Aroma zu verstärken, wird er oft mit Kräutern, ↑**Nüssen** oder Früchten bestreut. Schichtkäse eignet sich als ↑**Dip**, zum Füllen von ↑**Teigwaren** oder als Brotaufstrich. Vom Schichtkäse ist es nur ein Schritt zu ↑**Rahm**- und ↑**Doppelrahm-Frischkäse**, hergestellt aus Vollmilch mit ↑**Sahne**zusatz, meist in Quaderform verpackt.

Schied [*Fisch*] ↑**Rapfen**

Schienale [*Ital. Speisekarte*] Rückenstück

Schienale [*Ital. Speisekarte*] ↑Rücken**mark**

Schier [*Fleischprodukte*] Fettarm

Schilcher [*Weinkunde*] Typisch österreichische Spezialität: Rosé-Wein, der ausschließlich in der österreichischen Steiermark so genannt werden darf, wenn er zu 100 % aus der Sorte ↑**Blauer Wildbacher** gekeltert wurde.

Schildkröten [*Fisch*] **T Englisch:** turtle; **Französisch:** tortue; **Italienisch:** tartaruga; **Spanisch:** tortuga. Manche Schildkröten gelten als Delikatesse und werden vom Menschen intensiv bejagt. Die rücksichtslose Verfolgung von Meeresschildkröten hat zur Gefährdung mehrerer Arten geführt. Nach dem **Washingtoner Artenschutzabkommen**, das Deutschland 1976 ratifizierte, ist die Einfuhr von Meeresschildkröten, deren Fleisch oder Schildpatt in die EU verboten. Die in alten Kochbüchern beschriebene Schildkrötensuppe kann also original nicht mehr nachgekocht werden. Als Ersatz für das Schildkrötenfleisch verwendet man Fleisch und Maske vom ↑**Kalbskopf**, das man beim Fleischer bestellen kann. Die Zubereitung erfolgt wie von der jeweiligen Rezeptur verlangt. Bezeichnet werden diese Gerichte auf der Speisekarte mit „nach Schildkrötenart" oder **„↑Mock Turtle". ↑Lady Curzon**

Schildkrötengewürz [*Gewürze & Kräuter*] **R** Für ↑**schildkröten**ähnliche Gerichte oder ↑**Consommé „↑Lady Curzon"** benötigt man die entsprechend passenden Aromen. **Würzmischung à la Autor Rose beinhaltet folgende Gewürze:** Je eine kräftige Prise ↑**Kümmel**, ↑**Estragon**, ↑**Cayennepfeffer**, ↑**Fenchelsamen**, ↑**Muskatblüte**, ↑**Oregano**, ↑**Zitronenschale**; 1 kleinen Zweig ↑**Thymian**; 1 TL ↑**Koriander**samen und weiße ↑**Senfkörner**; kl. Stück ↑**Ingwer**; 3 ↑**Gewürznelken**; 1kl. ↑**Lorbeerblatt**; 20 weiße ↑**Pfefferkörner**. Alle Gewürze im Mörser zerstoßen, in ein Mullsäckchen füllen und zubinden. Diese Gewürzmenge reicht für ca. 6 l Suppe oder ↑**Soße**, bei Kalbskopf (en tortue) ca. 4 l und harmoniert sehr gut mit ↑**Sherry** und ↑**Madeira**.

Schildkrötensuppe [*Übersetzer*] **Englisch:** turtle soup; **Französisch:** potage tortue; **Italienisch:** brodo di tartaruga; **Spanisch:** sopa de tortuga

Schill [*Fisch*] Bezeichnung für ↑**Zander**

Schillerlocken [*Fisch*] Räucherfisch (heißgeräuchert), hergestellt aus enthäuteten, in Streifen geschnittenen, grätenfreien Bauchseiten des ↑**Dornhais**. Während des Räucherns ringeln sich die Streifen lockenartig auf.

Schillerwein [*Weinkunde*] Blassrot schillernder Wein aus grünen und blauen Trauben. ↑**Roséwein**

Schimmelkäse [*Käse*] Käsesorten, deren Geschmack, Konsistenz und Aussehen maßgeblich durch Wachstum eines gezielt eingesetzten ↑**Edelschimmel**s bestimmt ist, bei denen nicht nur außen (wie bei ↑**Camembert**), sondern auch innen ↑**Schimmel** wächst (z. B. ↑**Roquefort**). Oft wurde dieser Schimmel speziell in den Käselaib gespritzt. Man unterscheidet ↑**Blau**-, ↑**Rot**- und ↑**Weißschimmel**käse.

Schimmelpilze [*Gesundheit*] **T** Schimmel ist ein aus Schimmelpilzen gebildeter Belag, er schimmert weißlich, grünlich oder bläulich. **Schimmelpilze auf Lebensmitteln stellen nicht nur ein großes Ärgernis dar, sie sind zumeist auch gesundheitsgefährdend.** Gefürchtet sind dabei jene Schimmelpilze, die das hoch giftige und krebserregende Aflatoxin bilden. Als besonders gefährdet gelten Lebensmittel wie ↑**Erdnüsse**, ↑**Sojabohnen**, ↑**Getreide**, ↑**Weizen**, ↑**Reis**, ↑**Mais**, ↑**Gerste**, ↑**Erbsen**, ↑**Bohnen**, ↑**Obst** und ↑**Früchte**, in denen nach Schimmelbefall Aflatoxine nachgewiesen werden konnten. Auf ↑**Fleisch** und in ↑**Milchprodukten** kommen sie nur selten vor. **Grundsätzlich ist vor dem Verzehr verschimmelter Lebensmittel dringend zu warnen. Auch ein großzügiges Abschneiden der verschimmelten Stellen auf Brot oder Schnittkäse stellt keine Lösung dar, da die Aflatoxine erheblich in die Tiefe dringen und auch dort vorhanden sind, wo das bloße Auge sie nicht mehr erkennt.** So gefürchtet die Schimmelpilze in manchen Lebensmitteln zu Recht sind, so beliebt sind sie für Kenner und Genießer in den zahlreichen Schimmelkäse-Sorten, aber auch bei vielen Salamiarten. Zum Einsatz kommt hier so genannter Kultur- oder ↑**Edelschimmel**. Diese Pilze sind völlig harmlos und speziell für die Käse- oder Fleischwarenherstellung von ausgebildeten Fachkräften in Labors gezüchtet worden. Die eingesetzten Edelschimmel heißen z. B. ↑**Penicillium roqueforti** & ↑**Penicillium candidum.**

Schinken [*Fleischprodukte*] **T Englisch:** ham, gammon; **Französisch:** jambon; **Italienisch:** prosciutto; **Spanisch:** jamón. Das Wort **Schinken** bezeichnet ursprünglich das „Bein" im Sinne von „Knochen". Mit „Schinken" im übertragenen Sinn werden seit dem 18. Jahrhundert alte, schwere, damals in Schweinsleder gebundene Bücher bezeichnet, der Begriff wird aber auch scherzhaft für wuchtige Gemälde, die

„Ölschinken“, verwendet und schließlich für das Gesäß, was anatomisch nicht ganz korrekt ist. In der Küchensprache werden die hinteren Oberschenkel vom ↑**Schwein** Schinken genannt. Sie gelten als sein wertvollstes Fleisch. Der hier beschriebene Begriff wird aber vor allem für fertig zubereitete Schinken verwendet, die meist kalt gegessen werden. Dazu werden sie je nach Zubereitungsart gepökelt, gekocht, gebraten, getrocknet (luftgetrocknet) oder geräuchert. Wenn nur der Begriff „Schinken“ verwendet wird, ist immer der Schinken vom Schwein gemeint. Geschmack, Milde und Zartheit eines Schinkens hängen von vielen Faktoren ab: **1.** von der Art und Dauer der Schweineaufzucht; **2.** vom Futter; **3.** von den Methoden der Fleischbehandlung; **Schinken werden nach ihrer Zubereitungsart aufgegliedert: 1. Kochschinken:** Er wird erst gepökelt oder leicht geräuchert und dann gekocht. Berühmt ist der ↑**Prager Schinken**, der geschmort oder im Brotteig gebacken auch für warme Gerichte verwendet wird. Kochschinken ist nur kurze Zeit haltbar. Als **Vorderschinken** darf nach deutschem Lebensmittelrecht auch das ähnlich wie Schinken verarbeitete Fleisch der Schweineschulter bezeichnet werden. **Formschinken** oder **Formfleischvorderschinken** ist ein Imitat aus zerkleinertem Fleisch und Fleischresten (mit zusammen einem Gewichtsanteil von 40–60 %), die mit ↑**hydrolisiertem** (zerlegtem) Bindegewebe, Dickungs-, Bindemitteln, weiteren Zusatzstoffen und Wasser zu einem Teig verarbeitet und schließlich zu einer schnittfesten Masse gegart werden. In der Gastronomie (als Pizzabelag) und der Lebensmittelindustrie wird er häufig statt Kochschinken verwendet. **2. Räucherschinken:** Er hat seinen Ursprung in kälteren und feuchteren Regionen, in denen das Fleisch bei der bloßen Trocknung zu verderben droht. Durch das Räuchern hat er einen kräftigeren Geschmack, wird aber nicht so zart wie der nur luftgetrocknete. Typisch: ↑**Westfälischer Schinken**, ↑**Ammerländer Schinken** und der stark geräucherte ↑**Schwarzwälder Schinken.** Geräuchert wird in speziellen modernen Räucherkammern oder traditionell in einer so genannten Kate (Hütte). Gute Räucherschinken sind mager, saftig, zart mild im Geschmack und gelten als Delikatesse. Hervorzuheben ist hier der Holsteiner ↑**Katenrauchschinken.** Weitere Räucherschinken sind: **Lachsschinken** (aus dem Kotelettstrang des Schweins), **Saftschinken** (geräucherter Schinken ohne Knochen), **Nuss-** und **Kugelschinken** (aus dem Nussstück der hinteren Schweinekeule), **Kernschinken** (aus Unter- oder Oberschale des Schweins). **Weitere Bezeichnungen sind:** Knochenschinken, Spaltschinken, Rollschinken, Schinkenspeck und schwarz Geräuchertes. **3. Rohschinken** oder **luftgetrockneter Schinken** wird vor allem in Südeuropa hergestellt, wo das Klima langsames Trocknen ermöglicht. Bekannt ist der italienische ↑Parma**schinken**, der leicht gepökelt und dann für mehr als ein Jahr an der Luft getrocknet wird. Der spanische ↑Serrano**schinken** wird auf vergleichbare Weise hergestellt. Eine besondere Spezialität ist der **jamón ibérico** (auch „pata negra“ genannt), der ausschließlich von frei lebenden, halbwilden Schweinen stammt, die sich von Eicheln der Korkeiche ernähren. **Schinkenspezialitäten:** Rinderschinken wird immer beliebter, die zarten luftgetrockneten Teile aus dem Schlegel sind kräftig im Geschmack und kalorienarm. 100 g haben einen ∅ Brennwert von nur 170 kcal/711 kJ. Der berühmteste Rinderschinken ist das ↑**Bündner Fleisch** aus der Schweiz. Es gibt noch Rindersaftschinken (aus dem Schwanzstück junger Mastrinder) und Kalbsschinken, der besonders gut zu Spargel passt. Als spezielle Delikatessen zählen die Schinken von: Bär, ↑**Wildschwein**, ↑**Hirsch**, ↑**Rentier** und ↑**Lamm.**

Schinkenbein [*Fleischprodukte*] Regionale Bezeichnung für das Hintereisbein vom ↑**Schwein**

Schinkenbombe [*Fleischprodukte*] Regionale Bezeichnung für eine pastetenähnliche ↑**Brühwurst**

Schinkenbraten [*Fleischprodukte*] Braten aus der Schweinekeule mit ↑**Schwarte**

Schinkenschmalz [*Fleischprodukte*] Schmalzspezialität mit beigemengtem, feingewolftem, gekochtem Schinken

Schinkenspeck [*Fleischprodukte*] Frischfleischteilstück aus der Schweinekeule, gepökelt und geräuchert

Schinkentorte [*Regionale Spezialität*] ↑Fleisch**pastete** in der Teighülle mit ↑**Aspik**

Schinkenwurst [*Fleischprodukte*] Schnittfeste ↑**Brühwurst** mit gewürfelten Schinkenstücken

Schioppettino [*Weinkunde*] Seltene, alte rote Rebsorte aus dem Friaul, die bereits im 13. Jahrhundert erwähnt wurde. Kann vorzügliche dunkle, aromatische Weine ergeben.

Schisch Kebab [*Orientalische Küche*] **A** Im Orient und Nordafrika beliebte kleine Spieße mit zartem, mariniertem ↑**Lamm**, ↑**Rind** oder ↑**Geflügel**, über Holzkohle gegrillt. Die Auswahl des Fleisches und die Marinade sind sehr wichtig für Schisch Kebab. Verwendet werden in der Türkei hauptsächlich sehnenfreie Stücke von Schulter oder Keule des männlichen Lamms. **Für die Marinade:** ↑**Olivenöl**, ↑**Milch**, ↑**Zwiebelsaft**, ↑**Salz** und ↑**Pfeffer** gut mischen. Fleisch in dieser Marinade 10–15 Min. leicht kneten oder über Nacht im Kühlschrank einziehen lassen. Fleisch im Wechsel mit ↑**Tomaten**- und ↑**Paprika**stücken aufspießen.

Schlachtfette [*Fette*] Sind tierische Fette von ↑**Schwein**, ↑**Rind**, ↑**Gans**, ↑**Huhn** etc. **Eingeteilt in:** Sehr weiches Fett (↑**Schmalz**) bis härteres Fett (↑**Rindertalg**). Der größere Teil der Fette geht in die Industrie zur Fabrikation von Seifen, Kerzen, als Back- oder ↑**Ziehfett** in Bäckereien für Teige (↑**Blätterteig**). **Die Lagerung:** Schlachtfette müssen dunkel, kühl und trocken gelagert werden, um das Ranzigwerden oder den Schimmelbefall zu verhindern. Rindertalg kann so Monate frisch bleiben. Schmalz sollte im Kühlschrank gelagert werden, wo es sich einige Wochen hält, es kann aber schnell an Qualität verlieren und ranzig bis seifig schmecken. Gewürztes Schmalz und ↑**Griebenschmalz** sollten wegen der Einlagen schnell verbraucht werden. ↑**Tierfette** & ↑**Tieröle**

Schlachtfleisch [*Fleischprodukte*] ↑**Schlachttiere**

Schlachtplatte [*Übersetzer*] **Englisch:** cold meats; **Französisch:** choucrote alsacienne; **Italienisch:** crauti all'alsaziana

Schlachtschüssel [*Unsere Küche*] **R** Dieses Essen entspringt in Deutschland einer langen Tradition, die heute noch in Herbst- und Wintermonaten gepflegt wird. Verwendet werden Schlachtteile vom ↑**Schwein** wie: Bauch (↑**Wellfleisch**), Kopf, ↑**Stichfleisch**, Haxen, Stücke aus der Keule sowie Herz, Zunge und Nieren, aber auch ↑**Kronfleisch**, wenn vorhanden. Diese Stücke werden im ↑**Würzsud** ca. 1½ Stunde leicht köchelnd gegart. Angesetzt wird dieser mit einem ↑**Gewürzsäckchen** (↑**Pfefferkörner**, ↑**Lorbeer**, ↑**Nelke**, ↑**Majoran**, ↑**Wacholder**), ↑**Salz**, ↑**Zwiebeln** und ↑**Knoblauch.** Ist das Fleisch fertig, werden noch frische Blut- und Leberwürste in dem Sud erhitzt. Vor dem Servieren das Fleisch portionieren und auf heißem ↑**Sauerkraut** mit den Würsten anrichten. ↑**Senf**, ↑**Meerrettich** und grobes Salz werden mitserviert. Bei größeren Gruppen werden die Fleischstücke auf großen Holzbrettern, die die gesamte Tischplatte abdecken, abgeladen. Jeder kann sich nach Bedarf vom Fleisch etwas abschneiden und direkt vom Brett essen. Als Beilage werden meist frisches ↑**Bauernbrot**, Meerrettich, manchmal auch ↑**Kartoffeln** und Sauerkraut gereicht. In früheren Zeiten wurden anschließend die Blut- und Leberwürste gereicht, weil sie aus den Fleischresten der Schlachtschüssel frisch zubereitet wurden.

Schlachttiere [*Fleischprodukte*] ↑**Schwein**, ↑**Rind**, ↑**Kalb**, weniger ↑**Lamm**, ↑**Hammel**, ↑**Ziege** und seltener das ↑**Pferd**

Schlacke im Körper [*Gesundheit*] Die moderne Ernährungswissenschaft hat längst bewiesen, **dass es keine Schlacken im Körper gibt.** Abfallprodukte des Stoffwechsels (wie Wasser, Kohlendioxid, ↑**Harnsäure** und Ammoniak) werden komplett abgebaut und ausgeschieden – auch ohne spezielle Ernährung, Diät oder Fasten. ↑**Entschlackung**

Schlackwurst [*Fleischprodukte*] ↑**Zervelatwurst**

Schlafmützenblüten [*Wildkräuter, -blüten & -früchte*] **T Lateinisch:** Eschscholzia californica; Schlafmützenblüten sind essbar – **Mehr Information:** ↑**Essbare Blüten**

Schlagen [*Unsere Küche*] Luft in eine Masse oder Flüssigkeit mit Gabel, Schneebesen oder Handrührgerät einschlagen

Schlagobers [*Österr. Küche*] ↑**Sahne**

Schlagsahne [*Milchprodukte*] **Englisch:** whipped cream; **Französisch:** crème chantilly; **Italienisch:** panna montata; **Spanisch:** nata batida. Frische, stark abgekühlte, fest geschlagene ↑**Sahne**

Schlangenbohnen [*Gemüse*] **T Synonym:** Langbohnen, Spargelbohnen; Schlangenbohnen, auch Schnurbohnen genannt, stammen wahrscheinlich aus Afrika. Sind mit den ↑**Erbsen** verwandt, werden bis über 50 cm lang und wie junge ↑**Grüne Bohnen** verwendet. Sie sind in 2 Varianten erhältlich: hellgrün mit leicht fasrigem Fruchtfleisch und dunkelgrün mit feinerem Fruchtfleisch. Sie haben einen typischen Bohnengeschmack. In der Küche so frisch wie möglich verwenden; nur die Enden entfernen und in mundgerechte Stücke schneiden.

Schlangenfleisch [*Fleischprodukte*] **T** Schlangenfleisch ist wohl das Exotischste, was der Markt zu bieten hat. Verzehrt wird es hauptsächlich in China, hier gehört es seit über 2000 Jahren zur Esskultur. Auch in den USA besteht ein nennenswerter Markt. In Deutschland erhält man das besonders magere Schlangenfleisch meist nur in Spezialitätenrestaurants oder -geschäften; **Inhaltsstoffe:** 100 g Schlangenfleisch enthalten ∅ 98 kcal/410 kJ, 3,7 g Fett, 16,1 g Eiweiß. Aussehen und Geschmack erinnern an ↑**Geflügelfleisch.**
Schlangenfleisch in der Küche: Obwohl in einigen Rezepten darauf hingewiesen wird, Schlangenfleisch nicht ganz durchzugaren, ist das Durchbraten oder -kochen zu empfehlen, da das Fleisch Salmonellen enthalten kann. Liegt die Kerntemperatur kurzzeitig um 80° C, werden die Bakterien abgetötet.

Schlangenfrucht – Salak [*Exotische Früchte*] **Englisch:** salak; **Französisch:** salak, fruit du cobra. Aus Südostasien stammt diese Palmenfrucht, die hauptsächlich in Thailand, Malaysia und Indonesien angebaut wird. Salaks wachsen in kugelförmigen Büscheln an 5 m hohen Palmen mit langen, stacheligen Blättern. Die Früchte sind birnenförmig, zugespitzt, ca. 5–10 cm lang und 5 cm breit. Den Namen erhielt die Frucht wegen ihrer geschuppten, braun glänzenden, dünnen und harten Schale, die sich aber leicht vom Fruchtfleisch ablösen lässt. Das Fruchtfleisch besteht aus drei Teilen, ist auch bei Reife relativ fest und elfenbeinfarben. Es schmeckt süß-säuerlich mit einem Erdbeeraroma. Die Salak wird in Südostasien frisch verzehrt und sehr geschätzt. Aus Indonesien sollen die besten Früchte kommen. Sie sind ganzjährig in kleinen Mengen verfügbar.

Schlangenknöterichblätter [*Wildkräuter, -blüten & -früchte*] Sind von April–August für Rohkostsalate und spinatartige Gemüse verwendbar. ↑**Blätter essen**

Schlangenkraut [*Gewürze & Kräuter*] ↑**Estragon**

Schlegel [*Fleischprodukte*] Österreichische, schweizerische und süddeutsche Bezeichnung für Keule von ↑**Schlachttieren**

Schlegelbraten [*Fleischprodukte*] Braten aus der Schweinekeule mit Knochen und ↑**Schwarte**

Schlegelwurst [*Regionale Spezialität*] ↑**Blutwurst** mit Anteilen vom mageren ↑**Schweinefleisch** aus dem Schlegel

Schlehen [*Wildkräuter, -blüten & -früchte*] **T Lateinisch:** Prunus spinosa. **Synonym:** Schlehdorn, Schwarzdorn. **Englisch:** sloe; **Französisch:** prunelle; **Spanisch:** endrina. **Info:** Schlehen gehören zu den Rosengewächsen. Von der Schlehe können sowohl die Blüten als auch die pflaumenähnlichen Steinfrüchte verwendet werden. Die blauschwarzen, kugeligen, 1 cm großen, bereiften Früchte wachsen auf Sträuchern mit sehr langen und spitzen Dornen. **Standort:** Die Pflanze liebt sonnige Wegränder und Gebüsche sowie kalkhaltige, steinige Böden. **Geschmack:** Roh schmecken die Früchte aromatisch, stark zusammenziehend. Sie hinterlassen einen pelzigen Geschmack. **Verwendung in der Küche:** Die Blüten können im Frühjahr gesammelt, getrocknet, pur oder gemischt mit anderen ↑**Kräutern** für ↑**Tees** verwendet werden. Schlehen sind sehr gerbstoff- und säurehaltig und werden darum nach dem ersten Frost gesammelt, dann sind sie milder und süßer. Die Früchte mit großem Kern und wenig Fruchtfleisch (das sich nicht vom Kern löst) werden zu ↑**Branntwein**, ↑**Likör**, ↑**Wein** und Saft verarbeitet, außerdem können aus den Früchten ↑**Marmeladen**, ↑**Gelees** und ↑**Sirup** zubereitet werden. Der zusammenziehende Geschmack bleibt hier allerdings erhalten. Eine Köstlichkeit für kalte Wintertage ist ein Schlehenlikör. Er eignet sich auch gut zum Verfeinern von süßen und herzhaften Gerichten. **Für den Schlehenbrand** vergären die Früchte nur sehr schwer, da sie sehr viele Bitterstoffe und ↑**Gerbstoffe** enthalten. Die Alkoholausbeute einer Schlehenmaische beträgt oft nicht mehr als 2 bis 3 l ↑**Alkohol** pro 100 l Maische. Der Geschmack des Schnapses erinnert an ↑**Kirschwasser**. **Wirkung in der Volksmedizin:** Der Tee aus den Blüten hat eine schwach abführende, harntreibende und auswurffördernde Wirkung. Zubereitungen aus den Früchten gelten als Stärkungsmittel, denn sie enthalten viel ↑**Vitamin C** und helfen bei Erkältungs- und Atemwegserkrankungen.

Schlei [*Fisch*] **T Lateinisch:** Tinca vulgaris; **Englisch:** tench; **Französisch:** tanche; **Spanisch:** endrina. Süßwasserfisch aus der Familie der ↑**Karpfen**, der mit 30 cm Länge und 1/2 kg Gewicht in den Handel kommt. Der Körper ist olivgrün, an den Seiten und unten heller, im Allgemeinen aber ist die Farbe sehr veränderlich. Der Schlei hat abgerundete Flossen, dicke, schleimige Haut und kleine Schuppen. Goldschleie haben einen rötlichgoldenen Schimmer und schwarze Flecken. Schleie bevorzugen langsam fließendes und stehendes Gewässer mit schlammigem Grund und werden hauptsächlich in Teichen gezüchtet. Das Fleisch ist zart, weiß, fett, sehr wohlschmeckend und leicht süßlich, es lässt sich blau kochen, frittieren und braten; die Haut ist lederartig und schwer verdaulich. Schleie, die aus schlammigen Gewässern stammen, haben oft einen unangenehmen Modergeschmack und müssen deshalb vor dem Schlachten mehrere Tage in klarem, fließendem Wasser gehalten werden.

Schleifen [*Backstube*] Fachausdruck für: Teiglinge von Brötchen glätten. Diese werden zwischen einer mit Mehl bestäubten Platte und der flachen Hand schnell in kleinem Kreis gerollt, bis die Brötchen außen schön rund und glatt geworden sind. Heute wird diese Arbeit meist von Maschinen erledigt.

Schlepp [*Österr. Küche*] ↑**Ochsenschwanz**

Schlesinger [*Unsere Küche*] Teigschaber

Schlesische Bratwurst [*Regionale Spezialität*] **A** Eine weiße ↑**Bratwurst** aus ↑**Kalbfleisch** und ↑**Weißwein**, die traditionell nur zu Weihnachten und Neujahr gefertigt wird und oft als schlesische ↑**Weißwurst** bezeichnet wird. Diese Bratwurst wird langsam in ↑**Butter** sehr hell gebraten und traditionell mit weihnachtlicher ↑**Lebkuchen**soße serviert.

Schlesisches Himmelreich [*Regionale Spezialität*] **R** Dieses traditionelle Fleischgericht aus Schlesien wird aus Schweinebauch zubereitet, der in Wasser zusammen mit ↑**Backobst**, ↑**Zimt** und ↑**Zitronenschale** gekocht wird. Der süßliche ↑Koch**sud** wird mit einer hellen ↑**Mehlschwitze** gebunden. Serviert wird der in Scheiben geschnittene Schweinebauch mit dem Backobst und ↑**Kartoffeln.**

Schleuderhonig [*Allgem. Nährmittel*] Wird mit Zentrifugen aus den stockwarmen Waben herausgeschleudert. ↑**Honig**

Schlicht [*Weinkunde*] Einfacher Wein, aber nicht ohne Charme

Schlickkrapfen [*Österr. Küche*] Kleine gefüllte Nudelteigtaschen, den ↑**Kärntner Nudeln** ähnlich, aber kleiner, meist mit Fleischfülle

Schlieferl [*Österr. Küche*] Hörnchenförmige ↑**Nudeln**, gut als Beilage geeignet

Schloss Orth [*Käse*] **Herkunft:** Österreich; **Käsesorte:** ↑**Schnittkäse**, 45 % ↑**Fett in Tr.**; **Milch:** pasteurisierte Kuhmilch; **Teig:** schnittfest, geschmeidig, mit vereinzelter Kleinlochung; **Geschmack:** mild cremig

Schlossbraten [*Fleischprodukte*] Regionale Bezeichnung für die Rinderhüfte

Schlosskartoffeln [*Unsere Küche*] ↑**Pommes château**

Schlosskäse [*Käse*] **Herkunft:** Österreich; **Käsesorte:** ↑**Weichkäse**, 35 % bzw. 55 % ↑**Fett i. Tr.**; **Milch:** pasteurisierte Kuhmilch; **Teig:** hellgelb, weich; **Geschmack:** kräftig und würzig

Schlossknochen [*Fleischprodukte*] Beckenknochen

Schlotte [*Exotische Früchte*] ↑**Physalis**

Schlussbraten [*Fleischprodukte*] Regionale Bezeichnung für die Rinderhüfte

Schlüterbrot [*Backstube*] Spezialbrot aus ↑**Roggen-**

mehl mit besonders aufgeschlossener ↑**Kleie.** Das schokoladenfarbige Brot schmeckt angenehm aromatisch.

Schlutzkrapfen [*Österr. Küche*] Kleine gefüllte ↑**Nudelteigtaschen,** den ↑**Kärntner Nudeln** ähnlich, aber kleiner, meist mit Fleischfülle

Schmaltier [*Fachkunde*] Einjähriges, unbeschlagenes (nicht tragendes) weibliches ↑**Rotwild**

Schmalz [*Fette*] Zu Speisefett ausgebratenes tierisches Fett, z. B. ↑**Schweineschmalz,** ↑**Gänseschmalz,** auch ↑**Butterschmalz**

Schmalzfleisch [*Fleischprodukte*] Fettreiche Schweinefleischkonserve

Schmalzgebäck [*Backstube*] ↑**Hefeteiggebäck,** das früher hauptsächlich in ↑**Schweineschmalz,** später in ↑**Butterschmalz** gebacken wurde. Nach heutigen ernährungsphysiologischen Erkenntnissen verwendet man nur ↑**Pflanzenfett.**

Schmalzkoch [*Österr. Küche*] **A** Alte Bezeichnung für eine aus ↑**Grieß,** ↑**Milch** und ↑**Butterschmalz** bereitete Süßspeise

Schmalznudeln [*Backstube*] ↑**Berliner Pfannkuchen**

Schmalzrüben [*Gemüse*] ↑**Steckrüben**

Schmand [*Milchprodukte*] ↑**Crème fraîche**

Schmankerl [*Österr. Küche*] Bayerische und österr. Bezeichnung für Leckerbissen, in Österreich besonders für süße ↑**Mehlspeisen**

Schmarr(e)n [*Österr. Küche*] **A** Österr. warme Süßspeise aus ↑**Mehl** oder ↑**Grieß,** ↑**Eiern** und ↑**Milch.** Ein ↑**Pfannkuchen,** den man nach dem Garen in der Pfanne zerrupft (zerstückelt) und meist mit Kompott serviert. ↑**Kaiserschmarrn**

Schmelzen [*Unsere Küche*] Das Übergießen oder Anschwenken von ↑**Teigwaren** oder ↑**Gemüse** mit heißer ↑**Butter**

Schmelzglasur [*Unsere Küche*] ↑**Fondant**

Schmelzkartoffeln [*Unsere Küche*] **R Englisch:** fondant potatoes; **Französisch:** pommes fondantes; **Italienisch:** patate fondenti; **Spanisch:** patatas fundientes. Kleine, geschälte, nicht zu mehlige Kartoffeln mit gewürzter Gemüsebrühe und einigen Butterflocken in einer Auflaufform mit Deckel im Ofen garen, ohne Farbe nehmen zu lassen. Wenn die Kartoffeln gar sind, sollte auch die Flüssigkeit von den Kartoffeln aufgesogen sein. Sofort servieren.

Schmelzkäse [*Käse*] Käseerzeugnis, das streichfähig oder schnittfest sein kann. Schmelzkäse wird keimfrei hergestellt und kann monatelang kühl gelagert werden. Bei seiner Herstellung wird zerkleinerter ↑**Käse** (z. B. ↑**Frischkäse** oder ↑**Cheddar**) unter Druck und heißem Dampf sowie unter Zusatz von Schmelzsalzen geschmolzen, mit Würzmischungen versehen, erhitzt, in Formen gefüllt und abgekühlt. **Schmelzkäse gibt es in verschiedenen Fettgehaltsstufen:** z. B. Dreiviertelfettstufe (30 % ↑**Fett i. Tr.**), Fettstufe (40 % Fett i. Tr.), Vollfettstufe (45 % Fett i. Tr.) und Doppelrahmstufe (60 % Fett i. Tr.). Zu den Schmelzkäsesorten gehören der ↑**Kochkäse,** dessen Grundlage ↑**Sauermilch**quark ist, und der Räucherkäse, ein schnittfester Schmelzkäse, der nach der Herstellung noch geräuchert wurde. Auch Käsetorten wie Walnusstorte zählen dazu.

Schmer [*Fleischprodukte*] ↑**Flomen** oder ↑**Schweineschmalz**

Schmetten [*Österr. Küche*] ↑**Sauerrahm**

Schmetterlingssteak [*Fleischprodukte*] Doppeltes Schweinesteak, meist aus der Lende geschnitten (aufgeklappt)

Schmierwurst [*Fleischprodukte*] Regionale Bezeichnung für eine streichfähige ↑**Rohwurst.** ↑**Mettwurst**

Schmocken [*Unsere Küche*] Veralteter Ausdruck für Räuchern

Schmolle [*Backstube*] Österreichische Bezeichnung für Brot-↑**Krume**

Schmoren [*Unsere Küche*] **A** Eine Garart. Geschmort werden Gerichte, die einen kräftigen Geschmack bekommen sollen und eine ziemlich lange Garzeit haben. Zum Schmoren braucht man einen flachen Topf (Bräter) mit festem Boden und gut schließendem Deckel, da die Gerichte im geschlossenen Bräter gegart werden. Für das Schmoren ist ↑**Fleisch** mit festem Gewebe, fettes Fleisch (z. B. ↑**Gans,** ↑**Ente**) oder gefülltes ↑**Gemüse** geeignet. Durch starkes Anbraten in heißem Fett entwickeln sich Röst- und Geschmacksstoffe, die mit viel Flüssigkeit gute Soßen ergeben. Beim Schmoren werden hitzeempfindliche ↑**Vitamine** zerstört, weil die Lebensmittel lange Zeit stark erhitzt werden. Nährstoffe, die wasserlöslich sind, gehen nicht verloren, wenn die Flüssigkeit als ↑**Soße** ein Bestandteil des Gerichtes bleibt. Schmorfleisch ist schwerer verdaulich als gedünstetes Fleisch.

Schmuckkörbchenblüten [*Wildkräuter, -blüten & -früchte*] **T Lateinisch:** Cosmos sulphureus; Schmuckkörbchenblüten schmecken frisch in Salaten; verfeinern Essig und geben Buttermischungen die besondere Note – **Mehr Information:** ↑**Essbare Blüten**

Schnackler [*Österr. Küche*] Schluckauf

Schnäpel [*Fisch*] **T Lateinisch:** Coregonus oxyrhynchus. Ein zur Familie der ↑**Lachse** gehörender Fisch, dessen Heimat Nord- und Ostsee sind. Der Oberkiefer ragt weit vor. Der Rücken ist grünlichgrau, Seiten und Bauch sind weiß. Der **Ostseeschnäpel (c. lavaretus)** lebt in der östlichen Ostsee, von hier zieht er zum Laichen in die Haffe und Flüsse. Das Fleisch ist sehr schmackhaft und eignet sich zur Zubereitung aller bekannten Fischgerichte.

Schnaps [*Hausbar*] Als Schnaps bezeichnet man umgangssprachlich ↑**Branntwein**e und ↑**Edelbrände.** **1.** ↑**Branntwein:** Der Alkoholgehalt liegt zwischen 32 und 50 % Vol. Klare Branntweine wie ↑**Wodka** werden aus ↑**Getreide** oder ↑**Kartoffeln;** ↑**Korn,** ↑**Aquavit,** Kümmel, Doppelkümmel mit Geschmackszusätzen wie ↑**Kümmel**, ↑**Nelken**, ↑**Zitronenschalen** und ↑**Koriander** hergestellt. Gewürz- und ↑**Kräuterbitter** entstehen durch Zusatz von bitteren und aromatischen Pflanzenauszügen. **2.** ↑**Edelbrände:** werden aus ↑**Wein** oder vergorenen ↑**Maischen** gewonnen, der Alkoholgehalt liegt bei mindestens 38 %Vol.; zu ihnen gehören ↑**Arrak** (aus verzuckerter Reismaische mit ↑**Betelnüssen**), ↑**Cachaça** (aus frischem ↑**Zuckerrohrsaft**), Kornbrände (aus vergorenen Maischen von ↑**Weizen**, ↑**Roggen** oder ↑**Gerste**), Obstbrände (aus vergorenen ↑**Beeren**, ↑**Steinobst** oder ↑**Kernobst**), ↑**Rum** (aus vergorener Maische des Zuckerrohrs), ↑**Weinbrand** oder intern. Brandy (aus Wein).

Schnecken [*Fachkunde*] Werden in Land- und ↑**Meeresschnecken** eingeteilt und gehören zu den ↑**Schalentieren.** ↑**Achat**- und ↑**Weinbergschnecken**

Schneeballen [*Österr. Küche*] In ↑**Butterschmalz** gebackene ↑**Mehlspeise**

Schneerute [*Österr. Küche*] Schneebesen

Schneidebrett [*Unsere Küche*] **T Holzbretter** waren früher in der Küche Standard. Heute werden sie kaum mehr verwendet, weil man weiß, dass in den kleinen Fugen (Einschnitte) Bakterien siedeln, die sich durch Abspülen nicht entfernen lassen. **Plastikbretter** bieten Bakterien keine Angriffsflächen, weil sie die Feuchtigkeit nicht aufsaugen und daher frei von ihnen bleiben. Dafür werden die Messerklingen beim Schneiden schneller stumpf! **Glasbretter**: hergestellt aus Panzerglas. Auf der leicht gewellten Oberfläche können sich keine Bakterien ansiedeln. Sie sind hygienisch, pflegeleicht und bruchfest.

Schneiderkarpfen [*Fisch*] ↑**Karausche**

Schneidsemmel [*Österr. Küche*] Altbackene Semmel, meist kleinwürfelig geschnitten für ↑**Semmelknödel** oder Füllmassen

Schnellimbiss [*Fachkunde*] ↑**Fast-Food**

Schnellkochen [*Fachkunde*] **T** Gartechnik, bei der Lebensmittel unter Druck in einem fest verschlossenen Spezialtopf (↑**Schnellkochtopf**) entweder mit Flüssigkeit, dann entspricht es Druckkochen, oder in einem Siebeinsatz, dann ist es Druckdämpfen, gegart werden. Die Temperaturen beim Schnellkochen liegen durch die Druckerhöhung weit über 100° C. Zum Schnellkochen eignen sich ↑**Fleisch**, ↑**Gemüse**, ↑**Hülsenfrüchte** und ↑**Kartoffeln.** Die Garzeit ist bei dieser Kochtechnik verkürzt. Dadurch werden hitzeempfindliche ↑**Vitamine** geschont.

Schnellkochreis [*Allgem. Nährmittel*] **T** Auch Quick- oder Minutenreis genannt, ist ein Weißreis, der vorgekocht, getrocknet bzw. gefriergetrocknet wird und dann nur noch eine Kochzeit von 3 bis 5 Min. hat. Minutenreis ist ernährungsphysiologisch unbedeutend, weil er außer ↑**Stärke** keinen Nährwert hat.

Schnellkochtopf [*Fachkunde*] Luftdicht verschließbarer Kochtopf, in dem der Dampf einen hohen Druck erreicht, wodurch die Temperatur auf etwa 120° C ansteigt und die Speisen schneller gar werden. ↑**Schnellkochen**

Schnepfen [*Fleischprodukte*] **Englisch:** snipe; **Französisch:** bécasse; **Italienisch:** baccaccia; **Spanisch:** becada. **Synonym:** Brachvogel, Bekassine. Schnepfen sind Zugvögel, die hauptsächlich im Herbst geschossen wurden. Als Wildgeflügel waren sie bis in die 1970er-Jahre sehr begehrt. Die Eingeweide mit Inhalt (außer Magen) wurden mitgebraten oder zum so genannten „**Schnepfendreck**" verarbeitet. Da Schnepfen heute in Europa auf der Artenschutzliste stehen, ist ihr Verzehr strafbar.

Schnetzeln [*Unsere Küche*] ↑**Fleisch**, ↑**Fisch** oder ↑**Gemüse** in dünne Streifen oder Blätter schneiden

Schnittchen [*Unsere Küche*] **T** Zubereitung meist aus ↑**Weißbrot**scheiben in Quadraten, Rechtecken, Dreiecken oder rund ausgestochen, mit ↑**Fleischwaren**, ↑**Wurst**, ↑**Käse**, ↑**Fisch** oder anderen ↑**Feinkosterzeugnissen** und ↑**Delikatessen** belegt, meist mit einer ↑**Garnitur** versehen; ↑**Sandwich** oder ↑**Canapés**

Schnitte, Scheibe [*Übersetzer*] **Englisch:** slice; **Französisch:** tranche; **Italienisch:** fetta; **Spanisch:** rebanada

Schnittkäse [*Käse*] Schnittkäse lässt sich in zwei Gruppen einordnen. Die erste Gruppe hat eine klebrig bis schmierige, gelb-orange-rote bis bräunliche Rinde (↑**Rot**- bzw. ↑**Gelbschmiere**), die zweite eine dicke, graue Rinde. **1.** Die Käsesorten der ersten Gruppe werden in Salzlake, Apfelwein, Wein eingelegt und reifen in feuchten Kellern, sodass der Feuchtigkeitsgehalt erhalten bleibt. So entstehen eine kräftige, sahnige Konsistenz, ein starker, pikanter Geschmack und die klebrige Schmiere auf der Rinde. **Beispiele sind:** ↑**Weinkäse** (Deutschland), ↑**Epoisse** (Frankreich), ↑**Stinking Bishop** (Großbritannien), ↑**Milleens** (Irland), ↑**Brick Cheese** (USA), ↑**Cheddar** (Großbritannien, Neuseeland, Kanada, Australien); **2.** Die Käsesorten der zweiten Gruppe werden bei der Herstellung länger gepresst, um ihnen mehr Flüssigkeit zu entziehen. Anschließend werden sie gewaschen, was ihnen eine leicht orangerosa Färbung der Rinde verleiht. Bei der Lagerung im Keller entsteht ein grauer Schimmelbelag, der regelmäßig abgewaschen oder abgebürstet wird. Dadurch kann sich eine ledrige Rinde bilden, die den Käse schützt und vor weiterem Austrocknen bewahrt. Diese Sorten haben eine elastische Konsistenz. **Beispiele sind:** ↑**Butterkäse** (Deutschland), ↑**Tilsiter** (Deutschland), ↑**Havarti** (Dänemark), ↑**Raclette** (Frankreich, Schweiz), ↑**Port Salut** (Frankreich), ↑**Kasseri** (Griechenland), ↑**Edamer** (Holland), ↑**Taleggio** (Italien), ↑**Gubbeens** (Irland), ↑**Monterey Jack** (USA). ↑**Käse**

Schnittkohl [*Gemüse*] ↑**Grünkohl**

Schnittlauch [*Gewürze & Kräuter*] **A Lateinisch:** Allium schoenoprasum. **Synonym:** Graslauch. **Englisch:** chives; **Französisch:** ciboulette, civette; **Italienisch:** erba cipollina; **Spanisch:** cebolleta. **Info:** Schnittlauch gehört zur Familie der Lauchgewächse und ist eine ausdauernde Lauchart mit einer etwa 1–2 cm großen unterirdischen Zwiebel, aus der sich die 15–30 cm langen, röhrenförmigen Blätter und – zwischen Juli und September – ein Blütenstiel mit einer rötlichen bis violetten, kugeligen Blüte an der Spitze entwickelt. Man findet ihn auch wild wachsend, zum Beispiel an Flussufern. **Ursprung und Geschichte:** Der wahrscheinlich aus Zentralasien stammende Schnittlauch war zumindest den Römern bereits bekannt. Sie bereiteten daraus eine grüne ↑**Sauce** zu ↑**Eiern** oder gekochtem ↑**Fleisch** (Vorläufer der Frankfurter ↑**Grünen Soße**). In Mitteleuropa ist er bereits seit der Zeit Karls des Großen heimisch. **Herkunft und Saison:** Frischer Schnittlauch wird im Winter aus Gewächshaus- und in den Monaten Mai bis Oktober aus Freilandkulturen angeboten. Ebenso kann man ihn tiefgefroren, getrocknet und gefriergetrocknet kaufen. **Inhaltsstoffe:** Schnittlauch enthält beachtliche Mengen der ↑**Vitamine A** und C, viele ↑**Mineralstoffe** sowie flüchtige Spuren von schwefelhaltigen, ↑**ätherischen Ölen. Geschmack:** Scharf würzig nach ↑**Zwiebel**, jedoch wesentlich zarter, feiner, frischer und krautiger. Dickere Blattröhren schmecken schärfer, die zarten, dünnen haben ein milderes Aroma. **Zubereitung und Tipps:** Schnittlauch ist ein in Europa beliebtes Universal-Küchengewürz. Trotz seiner Robustheit ist er sehr empfindlich, weshalb einige Punkte zu beachtet sind. **1.** Schnittlauch muss ganz frisch sein. Wenn man ihn nicht sofort braucht, ins Wasser stellen oder feucht in Küchenpapier gewickelt in den Kühlschrank legen, nicht ohne vorher das Gummiband zu entfernen. So hält er sich ein bis zwei Tage. Wenn die Spitzen braun werden, ist es höchste Zeit, ihn zu verbrauchen. Er schmeckt schnell scharf und unangenehm bitter. **2.** Man darf Schnittlauch niemals hacken. Mit einem scharfen Messer oder einer Küchenschere wird er in kleine Röllchen geschnitten. Da Schnittlauch zur Zwiebelfamilie gehört und ätherische schwefelige Öle enthält, die sich schnell zersetzen, wenn sie mit Luft in Verbindung kommen, und dann unangenehm nach ↑**Schwefel** riechen, muss er nach dem Schneiden schnell verwendet werden. **3.** Schnittlauch darf nicht kochen, er gehört erst im letzten Moment an die Speisen und das reichlich, wenn man möchte, denn Schnittlauch überwürzt kein Gericht. Schnittlauch ist unentbehrlich in: ↑**Kräuterquark**, ↑**Kräuterbutter**, Frankfurter grüner Soße, den französischen „↑**Fines herbes**"; warmen Eiergerichten wie ↑**Rührei**; ↑**Omelette**; ↑**Spiegelei** und ↑**Quiche**; Eiersalat (Scheiben von hartgekochten Eiern in einer ↑Knoblauch**mayonnaise**, mit ↑**Schinken**streifen); Gebundenen hellen Suppen und Saucen, zu Fleisch, ↑**Fisch** und ↑**Meeresfrüchten**, anstatt ↑**Petersilie** passt er aber auch auf klare Suppen und Eintopfgerichte; sowie alle Salate (alleine oder mit anderen frischen ↑**Kräutern**). **Gesundheitlicher Wert:** Schnittlauch wird magenstärkend, verdauungsfördernd, schwach abführend und blutdrucksenkend empfunden. Außerdem soll er Blähungen lindern und harntreibend wirken. **Anbau:** Mehrjährig. Warme, feuchte, humusreiche, sonnige Lagen, möglichst sandige Lehmböden, kalkhaltig. Teichnähe ist vorteilhaft. Vermehrung durch Aussaat oder Teilung. Teilung sollte sowieso alle 2–3 Jahre erfolgen, um den dichten Wuchs zu erhalten. Sonst Aussaat im April, 20–30 Samen pro Horst aussäen, Abstand etwa 25 x 25 cm. Keimzeit bis zu einem Monat. Schnittlauch hat nur beschränkte Keimfähigkeit. Immer feucht halten. Viel Kompostdüngung, etwas Algenkalk. Regelmäßig gießen. Häufig schneiden, aber etwa zwei Fingerbreit über dem Boden belassen. Niemals ausrupfen. Erntebeginn etwa vier Wochen nach dem Auflaufen. Verfrühen, indem man ein Einmachglas darüberstülpt, das aber an warmen Tagen wieder entfernt werden muss. Blüten mit Halmen ständig entfernen, sie sind holzig. Bei Randbepflanzung von Gemüsebeeten vertreibt er durch seinen scharfen Geruch viele Schadinsekten. Besonders zusammen mit ↑**Knoblauch**, ↑**Petersilie**, ↑**Pimpernelle**, ↑**Rosmarin** und ↑**Thymian.** Mischkultur mit ↑**Dill**, ↑**Erdbeeren**, ↑**Kapuzinerkresse**, ↑**Kohlrabi**, ↑**Karotten** (Randbepflanzung gegen Fliegen), Obstbäumen, ↑**Pastinaken**, Petersilie, Pimpernelle, ↑**Ringelblumen**, Rosen, Rosmarin, ↑**Sellerie**, ↑**Spinat**, Thymian, ↑**Tomaten** und ↑**Wein.** Ungünstig sind ↑**Bohnen**, ↑**Erbsen**, ↑**Gartenkresse**, ↑**Kohl**, ↑**Koriander**, ↑**Rote Beete**. Vor dem Winter kann man einen Schnittlauchballen ausgraben, einige Wochen einschlagen, dann ca. 16 Std. in warmes Wasser von 45° C legen, in einen Topf pflanzen und im (hellen) Zimmer aufstellen. Durch die Wärmebehandlung schlägt er schnell aus. Die Temperatur sollte 15° C nicht überschreiten, sonst werden die Schlotten weich und gelb. Oder ihn eingetopft im Freien stehen lassen, bis es friert, und dann ins Haus holen. Schnittlauch alle 3–4 Jahre umpflanzen. Es gibt verschiedene Pflanzsorten. **Schnittlauch „Profusion"** (Allium schoenoprasum „Sterile"): Sorte, die keinen Samen ansetzt. Die Blüten bleiben länger zart. Interessant für Gerichte mit ↑**essbaren Blüten.** Höhe 40 cm. Schnittlauch **„Staro"** ist grobröhrig. Ernte kurz vor Verwendung. **Winterschnittlauch Allium species:** Höhe 40 cm. Ernte von Sept.–Mai, aber langsam wachsend. Der **wilde Schnittlauch** auf den Wiesen kann schon ab Mitte Februar geerntet werden. Die dünnen Stängel sind allerdings scharf und schmecken auch nach Knoblauch, sie werden schnell hart und ungenießbar. **Allium tuberosum**, der chinesische Schnittlauch oder ↑**Knolau** schmeckt nach Knoblauch. Er ist winterhart, hat glatte, dickliche schmale Blätter bis 20 cm Höhe und benötigt lockere, humose, nur mäßig feuchte Erde. Blüte weiß.

Schnittlauchblüten [*Wildkräuter, -blüten & -früchte*] **T**

Geschmacklich besonders reizvoll sind die blauen Blüten des Schnittlauchs, speziell in Salaten. **Mehr Information:** ↑**Essbare Blüten**

Schnittsalate *[Gemüse]* ↑**Blattsalate**

Schnittsellerie *[Gemüse]* **T** Oder Würzsellerie – **Lateinisch:** Apium graveolens var. secalinum); **Englisch:** cutting celery, soup celery; **Französisch:** célery à couper. Der Schnittsellerie gehört wie der ↑**Knollensellerie** und der ↑**Staudensellerie** zur Familie der Doldenblütler. Er ist eine Sellerievariation, die nur eine kleine oder keine Knolle ausbildet und der Wildform am ähnlichsten ist. Seine breitfiedrigen, glänzenden Blätter werden wie glatte ↑**Petersilie** verwendet, haben jedoch einen intensiven Selleriegeschmack und eignen sich daher ausgezeichnet zum Würzen. **Tipp:** Schnittsellerie kann gut getrocknet werden, da er einige Monate sein Aroma bewahrt.

Schnitz *[Franz. Speisekarte]* ↑**Backobst** mit ↑**Speck**, in ↑**Wein** geschmort, eine Spezialität aus dem ↑**Elsass** und Lothringen

Schnitzel *[Unsere Küche]* **T Englisch:** cutlet; **Französisch:** escalope; **Italienisch:** scaloppina, fettina; **Spanisch:** escalopa. Dünne sehnen-, knochen- und fettfreie, in der Regel mit ↑**Mehl**, ↑**Ei** und ↑**Semmelbrösel** panierte, in ↑**Fett** gebackene Fleischscheibe, meist vom ↑**Kalb** (↑**Wiener Schnitzel** = orig. 2 panierte Kalbsschnitzel aus der Keule geschnitten) oder ↑**Schwein** (Schnitzel Wiener Art), aber auch von ↑**Pute**, ↑**Rind**, ↑**Reh**, ↑**Hirsch** und ↑**Wildschwein**. Sofern die Tierart nicht angegeben ist, handelt es sich in Deutschland um ↑**Schweinefleisch**, das immer quer zur Faser geschnitten sein sollte. Folgende Fleischteile eignen sich: Oberschale, Nuss, Rücken. In der „offiziellen" Literatur werden Schnitzel nie aus dem Rücken geschnitten, jedoch sind sie aus keinem anderen Teil zarter. Nicht panierte Schnitzel werden als „Naturschnitzel" bezeichnet, z. B „Naturschnitzel vom Kalb". Wird das Schnitzel nach einer bestimmten Garnitur benannt oder nach einer speziellen Rezeptur zubereitet, heißt es auf der Speisekarte z. B. „Kalbsschnitzel à la milanaise" oder „Mailänder Schnitzel" usw. Es gibt so viele Schnitzelarten, dass man ein eigenes Buch darüber schreiben könnte.

Schnitzel à la Holstein *[Speisegarnitur]* **A** ↑**Holsteiner Schnitzel**

Schnitzel, gesteakt *[Fleischprodukte]* Durch einen Mürbeschneider (↑**Steaker**) getriebenes Schnitzel

Schöberl *[Regionale Spezialität]* **R** Süddeutsche Bezeichnung für **1.** gesalzenen ↑**Biskuitteig**, dünn und schnell gebacken, mit ↑**Kräutern**, ↑**Pilzen**, ↑Fleisch**farce** oder ↑**Hirn** bestrichen, gerollt, in Scheiben geschnitten, vor dem Anrichten noch kurz im Backofen gebräunt. **2.** 200 g ↑**Wald**- oder ↑**Zuchtpilze** oder ↑Kalbs**hirn**, etwas ↑**Butter**, gehackte ↑**Petersilie**, ↑**Salz**, ↑**Pfeffer**, 1 Brötchen, 2 ↑**Eier**, 2–3 EL ↑**Semmelbrösel.** Das Brötchen zerkleinern und in etwas warmer ↑**Milch** einweichen. Die fein gewürfelten Pilze oder das Hirn in Butter dünsten und mit dem ausgedrückten Brötchen, dem ↑**Eigelb** und allen Zutaten gut vermischen. Aus dem ↑**Eiweiß** steifen Schnee schlagen, zum Schluss unter die Masse ziehen, in eine feuerfeste, gefettete, bemehlte Form geben und bei mittlerer Hitze 30 bis 40 Min. backen. Nach dem Auskühlen in Scheiben schneiden und vor dem Anrichten noch einmal kurz im Backofen bräunen. Schöberl dienen als Einlage für ↑**klare Suppe**n.

Schock *[Fachkunde]* Veraltete Zähleinheit, 1 Schock = 60 Stück

Schockfrosten *[Fachkunde]* Sehr schnelles Eindringen der Kälte bis in den Kern der Produkte, bei einer Gefriergeschwindigkeit von mindestens 1 cm je Stunde auf eine Kerntemperatur von mindestens minus 18° C; weitere Lagerung bei minus 32° C. Diese schnellen Einfriergeschwindigkeiten lassen sich mit handelsüblichen Tiefkühlgeräten aber nicht erzielen, da hierzu Temperaturen von −40° C bis −95° C und tiefer benötigt werden. Je höher die Einfriergeschwindigkeit, desto mehr Eigenfeuchtigkeit bleibt erhalten. Den Wassermolekülen wird keine Zeit zur Bindung gelassen. Somit bilden sich keine groben Eiskristalle in den Zellwänden. Auf Grund der feinen Mikro-Kristalle tauen die gefrosteten Lebensmittel viel schneller auf. Da die Zellstruktur nicht durch Eiskristalle zerstört wurde, tritt auch keine Flüssigkeit aus. So können sogar empfindlichste Lebensmittel wie Kalbsleber, Pilze oder ausgarnierte Sahnetorten eingefroren werden.

Schokoguss *[Backstube]* ↑**Glasuren** oder ↑**Kuvertüre**

Schokokuss *[Süßwaren]* ↑**Negerkuss**

Schokolade *[Süßwaren]* **Aztekisch:** Xocolatl bedeutet „bitteres Wasser" bzw. „Kakaowasser". ↑**Kakao.** Schokolade ist Nahrungs- und Genussmittel, das aus Kakaomasse, ↑**Zucker**, ↑**Kakaobutter**, ↑**Milchprodukten**, ↑**Aromastoffen** sowie bestimmten Zusätzen (↑**Nüsse**, ↑**Rosinen**, ↑**Alkohol**) besteht. **Inhaltsstoffe:** 100 g **dunkle Schokolade** hat einen hohen Nährwert von ∅ 502–573 kcal/2100–2400 kJ; **Milchschokolade** liegt mit ∅ 550 kcal/2302 kJ pro 100 g in der Mitte. Das entspricht ungefähr einem Viertel des Tagesbedarfs eines Erwachsenen. Außerdem enthält sie an Nährstoffen ∅ pro 100 g: ∅ 6 g Protein; ∅ 27 g Lipide (Fette); ∅ 54 g Kohlenhydrate; ∅ 9 g Ballaststoffe; ∅ 1 g Wasser. Mineralstoffe ∅ pro 100 g: ↑**Kalium:** 400 mg (Tagesbedarf 2–3 g). ↑**Magnesium:** 300 mg (Tagesbedarf 300–400 mg). ↑**Phosphor:** 280 mg (Tagesbedarf 1 g). ↑**Chlor:** 100 mg (Tagesbedarf 3–5 g). ↑**Calcium:** 100 mg (Tagesbedarf 1 g). ↑**Natrium:** 12 mg (Tagesbedarf 2–3 g). ↑**Eisen:** 3 mg (Tagesbedarf 15 mg). ↑**Kupfer:** 1 mg (Tagesbedarf 1,5 mg). ↑**Nickel:** 0,26 mg (Tagesbedarf 0,2–0,5 mg). ↑**Zink:** 0,2 mg (Tagesbedarf 15 mg). ↑**Fluor:** 0,05 mg (Tagesbedarf 1 mg). ↑**Jod:** 0,005 mg (Tagesbedarf 0,2 mg). Sie wirkt durch ihren

Gehalt an ↑**Theobromin** leicht anregend, verursacht bei Missbrauch Migräne, unreine Haut, macht dick und krankhaft süchtig. In kleinen Mengen ist Schokolade ein gesunder Muntermacher. ↑**Mood Food; Herstellung:** Schokolade wird aus Kakaobohnen hergestellt, die geröstet, gereinigt, zerkleinert und zur Kakaomasse verarbeitet werden. Je nach Rezept verwendet man unterschiedliche Mengen an Kakaobutter, Zucker, ↑**Milchpulver** und anderen Zutaten. Das Verrühren und Mischen der Zutaten erfolgt in einem überdimensionierten Mixer und dauert etwa 30 Min. Aus den verschiedenen flüssigen und festen Zutaten ist eine feste, knetfähige und feinkörnige Schokoladenmasse geworden, die jetzt schon fast den Geschmack der fertigen Schokolade hat. Jedoch mit einem „sandigen" Gefühl auf der Zunge, da die einzelnen Körner noch zu groß sind. Damit die Schokolade eine möglichst weich schmelzende Konsistenz bekommt, wird die Kakaomasse in einem Raffineur durch mehrere Walzen hauchdünn gewalzt (je nach Sorte etwa 25 tausendstel mm) und anschließend „conchiert", was sie sehr hochwertig macht. Beim ↑**Conchieren** wird die Schokolade in der ↑**Conche** gerührt und auf bis zu 90° C erwärmt. Das Conchieren dauert etwa 12 bis 48 Stunden, kann bei hochwertiger Schokolade aber auch 72 bis 90 Stunden dauern. Durch das stundenlange Erwärmen und Rühren verteilt sich das Fett der Kakaobutter gleichmäßig um die Teilchen, Sauerstoff und Wärme entziehen der zarten flüssigen Masse außerdem Feuchtigkeit sowie unerwünschte Geruchs- und Geschmacksstoffe. Wenn es das Schokoladenrezept verlangt, wird gegen Ende des Conchierens noch einmal Kakaobutter hinzugegeben. Nachdem die Schokoladenmasse die Conche verlassen hat, „impft" man sie mit einigen Fettkristallen und lässt sie langsam auf einer ganz bestimmten Temperaturkurve auf ca. 28° C abkühlen. Durch das Impfen und langsame Abkühlen erhält die Schokolade ihren matten seidigen Glanz und den Bruch, das Knack-Geräusch beim Zerbrechen der Tafeln. Außerdem wird durch den Vorgang des Temperierens die Bildung von Fettreif verhindert, der zwar keinen Einfluss auf den Geschmack hat, die weißen Flecken, die dabei entstehen können, sehen allerdings nicht sehr appetitlich aus. Zum Schluss wird die Schokolade in Tafelformen gegossen oder zum Umhüllen von Pralinen oder Schokoriegeln verwendet. Nachdem die Schokolade ihre Form bekommen hat, wird sie gekühlt und dann verpackt. Es gibt sie in Geschmacksrichtungen wie Vollmilch, ↑**Nugat** und ↑**Mokka** oder mit Fruchtgeschmack und verschiedenen Zusätzen wie ↑**Erdnüssen**, ↑**Haselnüssen** und ↑**Puffreis.** Weiße Schokolade besteht nur aus Kakaobutter, Zucker und ↑**Milchpulver.** ↑**Tablieren von Schokolade**

Schokolade aus Mallorca [*Gesundheit*] **T Stammt von den Früchten des Johannisbrotbaums.** Ursprünglich stammt der äußerst hitze- und trockenresistente Baum, der 15 bis 20 m hoch wird, von der arabischen Halbinsel. Er ist immergrün, spendet in den heißen Ländern wohltuenden Schatten, ist mit ↑**Bohnen** und ↑**Erbsen**, aber auch mit Akazien verwandt und bildet ebenfalls typische große, nahrhafte ↑**Hülsenfrüchte** aus. In ländlichen Gegenden wird ↑**Johannisbrot** traditionell genutzt; es wird frisch verzehrt, zu Saft gepresst, zu Sirup verarbeitet oder zu alkoholischen Getränken vergoren. Aus unscheinbaren Blüten, die im Herbst erscheinen, entwickeln sich die schokoladenbraunen, 10 bis 25 cm langen, geraden oder gebogenen, glänzenden Hülsenfrüchte mit wulstigem Rand. Sie sind nach knapp einem Jahr reif und können dann noch über Monate am Baum hängen bleiben. Das Fruchtfleisch ist anfangs weich und aromatisch-süß, wird später hart und ist dann lange haltbar. Frisch oder trocken kann es unverarbeitet gegessen werden. Auf Mallorca wird es zu Carobpulver vermahlen, das dem Kakaopulver sehr ähnlich ist. Der natürliche Zuckergehalt und das spezielle fruchtig-karamellige Aroma erinnern auch geschmacklich an ↑**Kakao.** Im Unterschied zu diesem ist ↑**Carob**pulver aber sehr fettarm und frei von anregenden Substanzen wie ↑**Coffein** und ↑**Theobromin.** Es ist ↑**ballaststoff**reich und enthält reichlich ↑**Calcium** und ↑**Eisen,** wodurch es als diätetisches Lebensmittel und für Kinder geeignet ist. Carobpulver ist außerdem frei von ↑**Cholesterin,** ↑**Lactose** und ↑**Gluten** und deswegen auch für Lebensmittelallergiker eine Alternative zu ↑**Schokolade.** Carobpulver kann Kakaopulver in allen Funktionen ersetzen. Es eignet sich für Marmorkuchen genauso wie für ↑**Mousse,** ↑**Pudding** oder ↑**Milchshakes.**

Schokoladensoße [*Unsere Küche*] **R** Süße Soße, mit der Mehlspeisen gesüßt werden und die bei Kindern sehr beliebt ist. In den Tropen werden exotische Fleisch- und Fischgerichte mit würzig scharfen Schokoladensaucen serviert. Die hier übliche besteht aus ↑**Milch,** ↑**Kakao** und ↑**Zucker,** meist einem oder mehreren Bindemitteln und wird entweder warm oder kalt angerührt. Ihre Konsistenz reicht von cremig bis zähflüssig und die Farbe von hell- bis dunkelbraun. Man kann sie im Handel fertig in Flaschen bzw. als Pulver in Päckchen erwerben oder selber machen. **Hier zwei Rezepte: 1.** 200 g ↑Zartbitter**kuvertüre,** 50 g Zucker, 1/2 l Milch, 1/2 ↑**Vanilleschote,** 2 EL ↑**Amaretto**sirup und Kakaopulver nach Bedarf; oder **2.** 100 g ↑Zartbitter**schokolade,** 100 g Sahne, 20 g ↑**Butter,** ↑**Puderzucker** und Kakaopulver nach Geschmack. Jeweils die Schokolade grob zerkleinern und mit der Flüssigkeit im Wasserbad bei ca. 45° C schmelzen. Die anderen Zutaten je nach Gusto zufügen.

Schokoriegel [*Süßwaren*] Eine mit Schokolade überzogene längliche Süßigkeit, wesentlich größer als eine ↑**Praline.** Je nach Sorte sind Schokoriegel mit ↑**Kara-**

mell, ↑**Nüssen**, ↑**Marzipan** oder verschiedenen ↑**Cremes** gefüllt. Der kleine Snack für zwischendurch, der angeblich so leicht ist, steckt voller **versteckter Fette**, beinhaltet weder ↑**Ballaststoffe** noch ↑**Vitamine** und keine ↑**sekundären Pflanzenstoffe**. Da nach neuesten Studien 20 % der Kinder zu dick sind (↑**Kinderernährung**), ist es wichtig zu wissen, wie groß der Brennwert der bekanntesten Schokoriegel ist. **Balisto – 20 g pro Riegel** = 103 **kcal/kJ** 430 // **100 g** = 514 **kcal/kJ** 2147; **Bounty – 57 g pro Riegel** = 269 **kcal/kJ** 1123 // **100 g** = 471 **kcal/kJ** 1968; **Duplo – 18 g pro Riegel** = 99 **kcal/kJ** 414 // **100 g** = 544 **kcal/kJ** 2273; **Kinder Riegel pro Riegel – 21 g** = 117 **kcal/kJ** 489 // **100 g** = 556 **kcal/kJ** 2323; **Kinder-Country pro Riegel – 24 g** = 132 **kcal/kJ** 551 // **100 g** = 561 **kcal/kJ** 2344; **Kitkat – 45 g pro Riegel** = 226 **kcal/kJ** 944 // **100 g** = 502 **kcal/kJ** 2097; **Knoppers – 50 g pro Riegel** = 263 **kcal/kJ** 1099 // **100 g** = 526 **kcal/kJ** 2198; **Mars – 54 g pro Riegel** = 244 **kcal/kJ** 1019 // **100 g** = 451 **kcal/kJ** 1884; **Milchschnitte – 28 g pro Riegel** = 117 **kcal/kJ** 489 // **100 g** = 417 **kcal/kJ** 1742; **Milky Way – 26 g pro Riegel** = 115 **kcal/kJ** 480 // **100 g** = 441 **kcal/kJ** 1842; **Nuts – 50 g pro Riegel** = 251 **kcal/kJ** 1049 // **100 g** = 502 **kcal/kJ** 2097; **Snickers – 59 g pro Riegel** = 284 **kcal/kJ** 1187 // **100 g** = 482 **kcal/kJ** 2014; **Tiger Stick – 19 g pro Riegel** = 116 **kcal/kJ** 485 // **100 g** = 609 **kcal/kJ** 2544; **Twix – 58 g pro Riegel** = 277 **kcal/kJ** 1157 // **100 g** = 478 **kcal/kJ** 1997

Scholet [*Jüdische Küche*] Jüdischer Bohneneintopf ↑**Tscholent**

Scholle [*Fisch*] **A Lateinisch:** Pleuronectes; **Englisch:** plaice, sole; **Französisch:** carrelet, plie; **Italienisch:** passera (di mare); **Spanisch:** solla/platecha. Die Scholle, auch Goldbutt genannt, ist ein delikater Seefisch und gehört zu den **Plattfischen**. **Inhaltsstoffe:** 100 g frische Scholle enthalten Ø 90 kcal/377 kJ, 1,9 g Fett, 17,9 g Eiweiß, 52,5 µg Jod, 3 µg Vitamin D, 2 µg Vitamin B_{12} und 42 mg Cholesterin. Die Scholle zeichnet sich durch ihren sehr geringen ↑**Fett**- und damit ↑**Kalorien**- sowie durch ihren hohen ↑**Jodgehalt** aus. Schollen sind in europäischen Küstengewässern beheimatet. Sie werden ca. 90 cm lang und bis zu 7 kg schwer. Angeboten werden jedoch nur ca. 40 cm lange und 400 g schwere Exemplare. Nach der Überwinterung werden die kleinen, sehr schmackhaften Fische als Maischollen angeboten. Frische Schollen erkennt man an den leuchtend orangefarbenen Punkten auf ihrer Haut. Sind diese nicht mehr sichtbar, bestehen berechtigte Zweifel an ihrer Frische. Es gibt sie als Frischfisch oder tiefgefroren, ganz oder als Filet. **In der Küche:** Schollen lassen sich gut im Ganzen grillen, frittieren und panieren. Am besten schmecken sie aber mehliert, in der Pfanne mit ↑**Pflanzenfett** gebraten und mit ↑**Butter** fertig gemacht. Dazu einige ↑**Kartoffeln**, ein toller Salatteller oder frische ↑**Prinzessbohnen** mit etwas ausgelassenem ↑**Speck** und ↑**Zwiebeln**. Die einzelnen Filets lassen sich auch gut rollen, in Weißwein dünsten und füllen.

Schomlauer Nockerl [*Ungarische Küche*] ↑**Somlói galuska**

Schönen [*Weinkunde*] Jahrtausende alte Methode zur Klärung und Stabilisierung von Weinen. Dem Wein im Fass werden bestimmte Stoffe zugesetzt, die sich am Boden als Trub absetzen, sodass der Wein von den Schwebstoffen getrennt werden kann. Klärstoffe waren und sind Eiweiß, Hausenblase, Gelatine, Bentonit oder heute Chemikalien.

Schonkost [*Gesundheit*] **T** Dieser lebensmittelrechtlich nicht näher geklärte Begriff wird allgemein als leicht verdauliche Krankenkost verstanden. **Allgemeine Schonkost:** Bei vielen Krankheiten genügt eine Schonkost, die speziellen Krankheitsprozessen und individuellen Bedürfnissen angepasst werden kann. Bei kranken inneren Organen, besonders Magen, Darm und Leber, wurden früher verschiedene Schonkostformen eingesetzt, die bei Magengeschwüren aus ↑**Milch**, ↑**Eiern** und Schleimen bestand. Der Nutzen solcher Diäten war allerdings zweifelhaft, sie hatten manchmal sogar schädliche Nebenwirkungen. **Wegen Mangels an ↑Ballaststoffen kam es zu ausgeprägter Verstopfung.** Milch und Eier bewirken zwar zunächst eine Neutralisierung der Säure im Magen, allerdings kommt es nach 1–2 Stunden zu einer verstärkten Bildung von Magensäure. ↑**Magensaft.** Solch einseitigen Diäten ist eine ↑**leichte Vollkost** vorzuziehen, bei der Lebensmittel weggelassen werden, die erfahrungsgemäß Beschwerden verursachen. Dies kann individuell sehr verschieden sein. Die allgemeine Schonkost ist eine biologisch vollwertige Kost in leicht verdaulicher Form. Schonende Zubereitungsweisen sollen die Nahrungsmittel aufschließen, dabei ihre Nähr- und Wertstoffe bestmöglich erhalten und Aromastoffe entwickeln. Zu empfehlen sind ↑**Dünsten**, ↑**Dämpfen**, ↑**Kochen**, fettarmes ↑**Grillen** bei leichter Hitze und ↑**Garen in der Aluminiumfolie.** Empfehlenswert sind täglich 5–6 kleinere Mahlzeiten. ↑**Diät**

Schonzeiten für deutsche Binnenfische [*Fachkunde*] **T Schonzeiten** laut § 5 der Verordnung zur Ausübung der Fischerei in den Binnengewässern (Binnenfischereiordnung – BiFO). **Folgende Fischarten dürfen gar nicht gefangen werden: Bachneunauge** (Lampetra planeri), **Barbe** (Barbus barbus), **Edelkrebs** (Astacus astacus), **Finte** (Alosa fallax), **Flußneunauge** (Lampetra fluviatilis), **Maifisch** (Alosa alosa), **Meeresneunauge** (Petromyzon marinus), **Nase** (Chondrostoma nasus), **Nordseeschnäpel** (Coregonus oxyrhynchus), **Ostgroppe** (Cottus poecilopus), **Stör** (Acipenser sturio), **Ziege** (Pelecus cultratus). **Die in der Tabelle aufgeführten Fischarten haben folgende Schonzeiten:**

Schonzeit	vom	bis zum
Bachforelle (Salmo trutta fario)	1. Oktober	31. März
Bachschmerle (Noemacheilus barbatulus)	1. März	31. Mai
Binnenstint (Osmerus eperlanus spirinchus)	1. März	30. April
Bitterling (Rhodeus sericeus amarus)	1. April	30. Juni
Döbel (Leuciscus cephalus)	1. April	30. Juni
Elritze (Phoxinus phoxinus)	1. April	30. Juni
Hasel (Leuciscus leuciscus)	1. März	31. Mai
Hecht (Esox lucius)	15. Februar	30. April
Lachs (Salmo salar)	1. Juli	31. März
Meerforelle (Salmo trutta trutta)	1. Juli	31. März
Große Maräne (Coregonus lavaretus)	1. Oktober	31. Dezember
Kleine Maräne (Coregonus albula)	1. November	31. Dezember
Quappe (Lota lota)	1. Dezember	31. März
Schlammpeitzger (Misgurnus fossilis)	1. April	31. Juli
Steinbeißer (Cobitis taenia)	1. April	31. Juli
Wels (Silurus glanis)	1. Mai	30. Juni
Westgroppe (Cottus gobio)	1. März	31. Mai
Zährte (Vimba vimba)	1. Mai	31. Juli
Zope (Abramis ballerus)	1. April	31. Mai

Mindestmaße laut § 4 der Verordnung zur Ausübung der Fischerei in den Binnengewässern (Binnenfischereiordnung – BiFO)

Aal (Anguilla anguilla), außer Blankaale	45 cm
Aland (Leuciscus idus)	25 cm
Äsche (Thymallus thymallus)	30 cm
Bachforelle (Salmo trutta forma fario)	30 cm
Barsch (Perca fluviatilis)	17 cm
Hecht (Esox lucius)	45 cm
Karpfen (Cyprinus carpio)	40 cm
Lachs (Salmo salar)	60 cm
Große Maräne (Coregonus lavaretus)	30 cm
Kleine Maräne (Coregonus albula)	12 cm
Meerforelle (Salmo trutta trutta)	45 cm
Quappe (Lota lota)	20 cm
Rapfen (Aspius aspius)	35 cm
Schleie (Tinca tinca)	25 cm
Sumpfkrebs (Astacus leptodactylus)	11 cm
Wels (Silurus glanis)	90 cm
Zander (Stizostedion lucioperca)	45 cm

Schonzeiten für heimisches Wild [*Fachkunde*] ↑**Jagdzeiten für heimisches Wild**

Schonzeiten und Mindestmaße deutscher Seefische [*Fisch*] **T Landesverordnung über die Ausübung der Fischerei in den Küstengewässern – Konsolidierte Fassung** (Schleswig-Holsteinische Küstenfischereiordnung – KüFO) vom 23. Juni 1999, geändert durch Landesverordnung vom 10. Februar 2005, in Kraft seit dem 18. Februar 2005; **§ 1 Geltungsbereich**. Diese Verordnung gilt für die Küstengewässer nach § 1 Nr. 2 des Landesfischereigesetzes. Sie gilt für jede Art der Fischerei, soweit nicht durch Rechtsakte der Europäischen Union etwas anderes bestimmt wird. Sie gilt nicht für zugangsberechtigte Fischereifahrzeuge unter der Flagge anderer Mitgliedsstaaten nach Anhang 1 der VO (EG tgba.org) Nr. 2371/2002. **§ 2 Mindestmaße, Mindestgewicht, Schonzeiten, Fangbeschränkungen**. (1) Für die nachstehend aufgeführten Fischarten gelten folgende Mindestmaße, gemessen von der Kopfspitze bis zum Ende der Schwanzflosse, und Schonzeiten: (**Schonmaße seit 18. 2. 2005, siehe Tabelle nächste Seite**)

Schopfbraten [*Österr. Küche*] ↑**Nacken**

Schopftintling [*Speisepilze*] **T Lateinisch:** Coprinus comatus. ↑**Waldpilze**; Tintlinge sind Speisepilze und kommen in Gärten und an Straßenrändern vor. Zu den Tintlingen gehört auch der Faltentintling (**coprinus atramentarius**), **Hut:** weiß, in der Mitte bräunlich, alt am Rand schwärzlich, walzenförmig, 6–10 cm, faserig-schuppig **Lamellen:** weiß, dann rosa, bräunlich, zuletzt schwarz, samt Hut tintenartig zerfließend; **Stiel:** weiß, 10–20 cm hoch, mit verschiebbarem Ring, hohl; **Fleisch:** weiß, weich, zart, angenehmer Geruch und Geschmack. **In der Küche:** guter Speisepilz, auch Suppenpilz, so lange die Lamellen weiß sind. Tintlinge sollten sofort zubereitet werden, da sie schnell verderben und zu schwarzer Tinte zerfließen. Er ist zur Herstellung von Pilzextrakt geeignet. Nach Verzehr muss bis zu zwei Tage auf Alkohol verzichtet werden, da sonst Vergiftungserscheinungen (nicht lebensgefährlich) wie Hitzegefühl, Rötungen, Schwindel, Atemnot und Erbrechen auftreten können. Die Vergiftungserscheinungen lassen nach einer halben bis mehreren Stunden wieder nach. Sie können nach wiederholter Alkoholeinnahme zurückkehren. **Verwechslungen:** Es gibt keine ähnlichen Giftpilze!

Art	Nordsee	Ostsee	Schlei/Trave	Schonzeit
Aal	35 cm	35 cm		
Aalmutter	23 cm	23 cm		15.09.–31.01.
Lachs	60 cm	60 cm		01.10.–31.12.
Meerforelle	40 cm	40 cm		für Fische im Laichkleid, silbrige Fische mit losen Schuppen sind ausgenommen
Hering	20 cm	11 cm		
Steinbutt	30 cm	30 cm		01.06.–31.07. (in der Ostsee)
Glattbutt	30 cm	30 cm		01.06.–31.07. (in der Ostsee)
Scholle/Goldbutt	27 cm	25 cm		01.02.–30.04. (weibl. Scholle)
Flunder	25 cm	25 cm	25 cm	01.02.–30.04.
(weibl. Flunder)				
Scharbe/Kliesche	23 cm	23 cm		
Seezunge	24 cm	24 cm		
Dorsch/Kabeljau	35 cm	38 cm		
Schellfisch	30 cm			
Wittling	27 cm	23 cm		
Makrele	30 cm			
Finte	30 cm			
Meeräsche	40 cm	40 cm		
Seebarsch, Wolfsbarsch	36 cm	36 cm		
Zander	40 cm	40 cm		15.02.–15.05. (in der Elbe und Nebengewässern)
Hummer, gemessen von der Spitze des Stirnhorns bis zum Hinterende des Brustpanzers	11 cm			15.07.–31.08.
Hummer, eiertragend, weiblich				ganzjährig
Herzmuschel				01.05.–30.06.
Miesmuschel, außerhalb des Nationalparks	4 cm	4 cm		15.04.–14.07.
Ostseeschnäpel	40 cm	40 cm		01.12.–28.02.

Schoppenwein [*Weinkunde*] Übliche Bezeichnung in Deutschland für offene Weine (vins de carafe), meist in 0,2-l- oder 0,25-l-Gläsern angeboten, sowie für Weine, die in Literflaschen abgefüllt und verkauft werden. In beiden Fällen handelt es sich zumeist um eher einfachere, jedoch keineswegs minderwertige Weine.

Schöpsenfleisch, Schöpsernes [*Österr. Küche*] ↑**Lamm-**, ↑**Hammelfleisch**

Schorle [*Österr. Küche*] Gespritzter: Mischung aus ↑**Wein** oder ↑**Fruchtsaft** und ↑**Mineralwasser**

Schorrippe [*Fleischprodukte*] Regionale Bezeichnung für die ↑**Hochrippe**

Schotten [*Österr. Küche*] ↑**Quark**

Schottische Eier [*Intern. Länderküche*] **A** Fast-Food-Spezialität aus der ↑**Schottischen Küche** und weltweit einzigartig. Sie bestehen aus sehr hart gekochten ↑**Eiern**, die in ↑Wurst**brät** gerollt und dann frittiert werden. Das Resultat sind interessant schmeckende, fetttriefende, harte Kugeln, die die Schotten den britischen ↑**Fish and Chips** vorziehen.

Schottische Küche [*Intern. Länderküche*] **A** Die Schottische Küche hat mit der berüchtigten englischen Esskultur nicht viel gemeinsam trotz gemeinsam bewohnter Insel. Geprägt wurde die einfache schottische Küche durch die Nähe zum Meer und die karge Landschaft. Grundnahrungsmittel sind nach wie vor ↑**Fleisch**, ↑**Fisch**, ↑**Schalen- und Krustentiere** sowie ↑**Getreide**produkte wie ↑**Hafer**. ↑**Porridge** (Hafer- oder Gerstenbrei) war früher die Speise der Bauern und der ärmeren Bevölkerungsschichten. Die Esskultur der gehobenen Schichten wurde stark von dem Freundschaftsvertrag von 1295–1560 mit Frankreich (**Auld Alliance**) beeinflusst und zeigt sich bis heute in der Vorliebe für ↑**Käse** und gute ↑**Weine**. Auch die schottische Küche blieb nicht von den Einflüssen der multikulturellen ↑**Fastfood**-Gesellschaft verschont. Sie konnte aber ihren bodenständigen Charakter erhalten. Wie überall in Europa flossen auch hier internationale kulinarische Elemente ein, insbesondere die der ↑**chinesischen** und ↑**indischen Küche**. Eine traditionelle schottische Mahlzeit läuft nach dem so genannten Service à la russe-Schema ab: Suppe/Vorspeise – Hauptspeise – Käse – Süßspeise oder Pudding. Dem Pudding folgt oft noch ein ↑**Savoury**, eine pikante Nachspeise. **Fisch:** Die schottische Küche verwendet viele Fischsorten. Zu den bekanntesten gehört der Atlantische ↑**Lachs** (Salmo salar). Wildlachs (Scottish Salmon) wird in den zahlreichen schottischen Flüssen und Lochs in der Zeit von Februar bis September gefangen und dem Lachs aus den Lachsfarmen vorgezogen. Er ist im Geschmack und der Fleischstruktur wesentlich besser und wird frisch, geräuchert oder mariniert angeboten. Auch der nahe Verwandte des Lachses, die ↑**Forelle** (Trout), wird in Flüssen gefangen oder in Teichwirtschaften aufgezogen. ↑**Hering** ist eine weitere Fischart, die aus der schottischen Küche nicht wegzudenken ist. Der bekannteste Vertreter ist hier der goldbraun geräucherte ↑**Kippers**. Der beste soll aus dem Loch Fyne stammen. ↑**Haddock** – Schellfisch ist der nächste wichtige Speisefisch. Zumal ↑**Fish and Chips** in Schottland ohne Haddock undenkbar wäre. Berühmt sind auch die überbackenen ↑**Muscheln** (Scotch Scollops). ↑**Rindfleisch:** Einen international hervorragenden Ruf besitzt das Fleisch der Aberdeen-↑**Angus-Rinder**. Es ist äußerst saftig und schmackhaft. Das in Schottland beliebteste Stück ist nicht etwa das ↑**Filet**, sondern das so genannte **pop's eye**, ein Stück aus der hinteren ↑**Haxe**. ↑**Rinderrouladen** (Scotch Beef Olives) gehören zu den typischen Spezialitäten. ↑**Schaffleisch:** Vor allem ↑**Lammfleisch** ist eine Delikatesse, durch die Heidekräuter und die salzige frische Seeluft besonders würzig. Spezialitäten sind ↑**Haggis** oder der ↑**Lamb and Kidney Pie**. Bekannte Schafsorten sind das „Blackface", „Shetland" oder das „Cheviot". Haupt-Lammzeit in den Highlands ist der April. In den Lowlands beginnt die Lammzeit bereits Ende Februar. ↑**Wild:** Auch der **schottische Wildreichtum** lässt kaum kulinarische Wünsche offen. Neben ↑**Rotwild**, ↑**Fasanen** und ↑**Hasen** leben in Schottland die originalen ↑**Moorhühner**. Die Jagdsaison beginnt traditionell am 12. August. ↑**Käse:** Die Schotten stellen auch ganz hervorragenden Käse her, der den Vergleich mit dem vom Festland nicht zu scheuen braucht. **Kuchen und Gebäck:** Zu jedem schottischen Tee gehören ↑**Scones**, ↑**Crumpets**, ↑**Shortbread** etc. Diese Backwaren sind auch Teil der englischen ↑**Tea Time** und auch auf dem Kontinent bekannt. **Fast-Food:** In Schottland hat sich neben der traditionellen, französisch beeinflussten Küche eine eigenständige Fast-Food-Kultur entwickelt. Dazu gehört beispielsweise der ↑**High Tea** oder die ↑**Schottischen Eier**. **Getränke:** Neben dem allgegenwärtigen ↑**Whisky** trinken die Schotten viel ↑**Schwarztee**, süße ↑**Limonaden** und ↑Stark**bier**. Traditionell werden auch ↑**Beeren**- und ↑**Fruchtweine** sowie ↑**Met** hergestellt.

Schötzennieren [*Gemüse*] ↑**Schwarzwurzeln**

Schrewen [*Fleischprodukte*] Regionale Bezeichnung für ↑**Grieben**

Schrippe [*Backstube*] Ost- und mitteldeutsche Bezeichnung für Brötchen

Schröpfen [*Österr. Küche*] **T** Kreuzweises Einschneiden (Abstände ca. 1 cm) der Schwarte großer ↑**Schweinefleisch**stücke vor dem Würzen, Braten oder Schmoren, damit das überflüssige ↑**Fett** ausbraten und die ↑**Gewürze** aufgenommen werden können.

Schrot [*Allgem. Nährmittel*] **T** Mahlprodukt aus dem ganzen Getreidekorn. Es gibt den Grobschrot, der halbe oder noch fast ganze Körner enthält, und den Feinschrot, der fast mehlartig ist. Schrot enthält viele ↑**Vitamine**, ↑**Ballast**- und ↑**Mineralstoffe**. Er ist aber schneller verderblich, weil die fetthaltigen Keime nicht entfernt werden. Schrot passt auch ins Frischkornmüsli. **Dazu sollte Schrot in Wasser und nicht in Milch eingeweicht werden**, da Phytinsäure im Schrot mit dem ↑**Calcium** der ↑**Milch** unlösliche Komplexe bildet. Dadurch kann Calcium im Darm nicht aufgenommen werden. Zum Schrot zählen Vollkornschrot und Backschrot.

Schroten [*Fleischprodukte*] Grobes Zerkleinern mit dem Wolf, i. d. R. durch eine 8- bis 10-mm-Scheibe

Schrumpffolie [*Fachkunde*] Folie, auch als Wursthülle, die sich beim Eintauchen in heißes Wasser an das Verpackungs- bzw. Füllgut anfügt, ohne Hohlräume entstehen zu lassen

Schtschi [*Intern. Länderküche*] **A** Russisches Eintopfgericht aus ↑**Hammel**-, ↑**Rind**- oder ↑**Schweinefleisch** mit ↑**Sauerkraut**, ↑**Gemüse**, ↑**Gewürzen**, ↑**Tomatenmark** und ↑**Sauerrahm**

Schübling [*Schweizer Küche*] Wurstsorte, etwas gröber und größer als die ↑**Knacker**

Schuepet [*Regionale Spezialität*] Knusprige, braune Kruste von ↑**Dampfnudeln**

Schuft [*Fleischprodukte*] Regionale Bezeichnung für die Rinderhüfte

Schuhbeck, Alfons [*Berühmte Köche*] **Alfons Schuhbeck**, *1949 in Traunstein D – seit 2002 Inhaber der Südtiroler Stuben am Platzl in München. Alfons Schuhbeck gehört mit seinen Sternen und Auszeichnungen zweifellos zur ersten Garde der deutschen Kochkünstler. Hat aber im Gegensatz zu vielen seiner Kollegen keinerlei Berührungsängste in Sachen „Hausmannskost". Seine Gangerl, Schmankerl und Magentratzerl sind mittlerweile nicht nur in Bayern bekannt. Neben über 20 veröffentlichten Büchern erreichte er vor allem durch zahlreiche Fernsehauftritte große Popularität. Neben seiner regelmäßigen Kochsendung, die er in urwüchsigem Bayerisch moderiert, ist er Stammgast in vielen Talk- und Fernsehshows.

Schulspeisung [*DDR-Küche*] Mittagessen in der Schule

Schulter [*Österr. Küche*] Blatt, Bug

Schulterdeckel [*Österr. Küche*] **T** Dieses Fleisch, das auf der Schulter des ↑**Rind**es sitzt, ist besonders gut für ↑**Schmorbraten** geeignet.

Schulterfilet [*Österr. Küche*] **T** Neben dem Schulterdeckel sitzt das so genannte Schulterfilet, nicht zu verwechseln mit dem „echten" ↑**Filet** am Rücken des Tieres. Das Schulterfilet des ↑**Rind**es wird, wie der Schulterdeckel, für ↑**Ragout** oder ↑**Schmorbraten** verwendet.

Schulterschinken [*Fleischprodukte*] ↑**Schinken** aus dem Vorderteil wird als **Vorderschinken** (Schulterschinken) bezeichnet und kommt meistens geformt und gepresst als Dosenschinken auf den Markt. Nicht zu verwechseln mit dem Formschinken, der ein Imitat ist.

Schulterspitz [*Österr. Küche*] **T** Vom ↑**Kalb** ist im Gegensatz zum Schulterspitz des ↑**Rind**es nur zum ↑**Voressen** zu verwenden, während das ↑**Rindfleisch** zu ↑**Ragout** und Kochfleisch verarbeitet wird.

Schunken [*Österr. Küche*] ↑**Schinken**

Schupfnudeln [*Regionale Spezialität*] **R** Auch **Fingernudeln** oder **Bubaspitzle**, eine traditionelle regionale Beilage in der Pfälzer, badischen, oberschwäbischen, Allgäuer, altbayerischen Küche und mit den italienischen ↑**Gnocchi** verwandt. Sie bestehen aus am Vortag gekochten, sehr mehligen ↑**Kartoffeln**, die mit ↑**Ei**, ↑**Mehl**, ↑**Salz** und ↑**Muskat** zu einem Teig verarbeitet werden. Die Zubereitung ist recht einfach: Man formt aus dem Teig lange, ca. 3 cm dicke Würste, schneidet daraus ca. 1 cm dicke Scheiben, rollt sie zu fingerförmigen ↑**Nudeln** und gart sie anschließend 2–3 Min. in Salzwasser. Sie sind dann bereits servierfertig, werden aber oft noch in der Pfanne mit ↑**Butter** gebräunt. Schupfnudeln sind ideale Beilage zu Gerichten mit **Sauerkraut**, aber auch als Süßspeise z. B. mit ↑**Mohn** oder in ↑**Zimt**sahne geschmort.

Schuss [*Unsere Küche*] Viele Rezepte verlangen „einen Schuss ↑**Wein**" oder „einen Schuss ↑**Essig**". Damit ist eine Flüssigkeitsmenge von ca. 3–4 cl gemeint.

Schüssel, Schale [*Übersetzer*] **Englisch:** bowl; **Französisch:** bol; **Italienisch:** scodella; **Spanisch:** fuente

Schuster-Kotelett [*Fleischprodukte*] Scheibe Schweinebrustspitze oder Schweinebauch in Rippenstärke geschnitten und knusprig gebraten

Schusterlaibchen, Schusterlaberl [*Österr. Küche*] Brötchen aus ↑**Weizen**- und etwas ↑**Roggenmehl**, mit ↑**Kümmel** bestreut

Schüttelbecher [*Hausbar*] ↑**Shaker**

Schüttelbrot [*Backstube*] **R** Südtiroler Brotspezialität in Pizzaform. **Grundrezept:** 250 g ↑**Weizenmehl** (Type 550); 250 g ↑**Roggenmehl** (Type 1370) oder gleiche Menge ↑**Dinkelmehl;** 100 g ↑**Roggenschrot** (Ausmahlungsgrad: mittel); 1 Würfel frische ↑**Hefe;** 1 TL ↑**Zucker;** 1/4 TL ↑**Salz;** 1/8 l ↑**Buttermilch;** 1/8 l Wasser; je 1/2 TL gem. ↑**Kümmel**; grob zerstoßene ↑**Korianderkörner**; ↑**Anis** und ↑**Fenchel**saat. **1.** Teig zu einer Kugel formen, mit Mehl bestäubt und abgedeckt an einem warmen Ort etwa eine Stunde gehen lassen. **2.** Den Teig auf einer leicht bemehlten Arbeitsfläche noch einmal kräftig durchkneten. Teig in 20 Portionen teilen und jeweils zu einer Kugel formen. Jede Portion zu einem runden, etwa 5 mm dicken Fladen mit 15 cm Durchmesser ausrollen. **3.** Die Fladen auf ein bemehltes Backblech legen. Teigoberfläche mehrmals mit einer Gabel einstechen und die Fladen noch einmal abgedeckt etwa 20 Min. ruhen lassen. **4.** Teigfladen im vorgeheizten Backofen bei 210° C, Umluft 190° C, Gas Stufe 4–5 etwa 10 Min. backen. Nach dem Backen luftig aufbewahren, damit die Fladen trocknen. **Tipp:** Das trockene Schüttelbrot hält sich in fest verschlossenen Behältern mehrere Wochen.

Schutzgas [*Fachkunde*] Die Verbraucher verlangen natürliche Produkte, die lange frisch bleiben. Um diesen Ansprüchen gerecht zu werden, empfiehlt sich die Verpackung unter Schutzgas. **Bei normaler Verpackung verändern Produkte ihren Wassergehalt:** Trockene Produkte nehmen Luftfeuchtigkeit auf, die anderen geben Feuchtigkeit an die Luft ab. Außerdem beeinträchtigt der natürliche Befall mit ↑**Hefen**, ↑**Schimmelpilzen** und ↑**Bakterien** schnell die Verzehrfähigkeit! Um das Wachstum von Mikroorganismen zu hemmen und den Wassergehalt zu kontrollieren, wird von Lebensmittelproduzenten und -industrie vermehrt eine **modifizierte Atmosphäre** (Schutzgas) eingesetzt, die die Luft oder das Vakuum in der Verpackung ersetzt. Folgende Gasarten werden verwendet: **1.** ↑**Kohlendioxid** (CO_2) wird häufig in Schutzatmosphären eingesetzt, da es das Wachstum und die Vermehrung von Bakterien verhindert. **2.** ↑**Stickstoff** (N_2) wird zur Verdrängung des Luftsauerstoffs in den Verpackungen eingesetzt und verhindert Lebensmitteloxidation bzw. -verderb. **3.** ↑**Sauerstoff** (O_2) bewirkt in höheren Konzentrationen in Frischfleisch-Verpackungen über die gesamte Lagerzeit hinweg den Erhalt der roten Fleischfarbe.

Schutzpatron aller Köche [*Unsere Küche*] ↑**Laurentius, Sankt**

Schutzpatron der Köche [*Unsere Küche*] ↑**San Cucino** – eine authentische Erfindung von Prof. Rudolf Seitz

Schwabenkorn [*Allgem. Nährmittel*] ↑**Dinkel**

Schwäbische Kalbsvögel [*Regionale Spezialität*] **A** Kalbfleischroulade aus der Keule geschnitten

Schwäbisches Voressen [*Regionale Spezialität*] **A** Gulaschähnliche Spezialität aus ↑**Kutteln** und ↑**Nieren**

Schwalbennest [*Regionale Spezialität*] **R** Gericht aus flach geklopftem ↑Schweine**schnitzel**, das mit ↑**Salz**, ↑**Pfeffer** gewürzt und ↑**Senf** bestrichen wird. In dieses Schnitzel wickelt man wie bei einer Roulade eine rohe ↑**Schinken**scheibe und ein gekochtes ↑**Ei**. In ↑**Butterschmalz** anbraten, mit ↑**Brühe** ablöschen und mit Deckel gar schmoren. ↑**Soße** mit ↑Weiß**wein** verfeinern, mit ↑**Stärke** binden und umrandet von verschiedenen ↑**Gemüsen** und gekochten ↑**Kartoffeln** anrichten.

Schwalbennester-Suppe [*Asiatische Küche*] ↑**Vogelnestersuppe**

Schwämme [*Speisepilze*] ↑**Pilze**

Schwammerl [*Österr. Küche*] ↑**Pilze**

Schwammgurke [*Exotische Früchte*] ↑**Luffa**

Schwanzstück [*Österr. Küche*] Oberer Teil der Rinderkeule

Schwärtelbraten [*Regionale Spezialität*] **T** Regionales Gericht aus verschiedenen deutschen Gegenden. Immer ist aber ein ↑**Schweinebraten** mit ↑**Schwarte** gemeint, meist aus der Schulter oder dem Bauch mit knuspriger Kruste.

Schwarten [*Fleischprodukte*] **1.** Teile der gebrühten und enthaarten Haut des ↑**Schweins**; **2.** gebrühte und enthaarte Fuß- und Kopfhaut vom ↑**Kalb**; **3.** gebrühte und enthaarte Fußhaut sowie ↑**Ochsenmaul** des Rindes sind der Schwarte gleichgestellt

Schwartenmagen [*Fleischprodukte*] ↑**Presssack** im Schweinemagen

Schwarzafrikanische Küche [*Intern. Länderküche*] Umfasst die kulinarischen Gewohnheiten der Bevölkerung Afrikas südlich der Sahara (Westafrika, Zentralafrika und Ostafrika). Wie der Schwarze Kontinent selbst besteht auch die afrikanische Küche aus vielen Gegensätzen, oft geprägt von den ehemaligen Kolonialmächten. Im Allgemeinen ist die Grundlage einer afrikanischen Mahlzeit ein aus zerstoßenen Körnern (↑**Mais** und ↑**Hirse**) und Wurzeln (meist ↑**Maniok**) hergestellter Brei. Vielerorts dient dieser Brei als Ersatz für ↑**Brot** und andere Beilagen. Alle Zutaten werden im Mörser zerstoßen, bis ein dicker Brei entsteht, der mit den Fingern gegessen werden kann. Dazu werden Eintöpfe oder Saucen gereicht, die je nach Region aus ↑**Gemüse**, selten ↑**Fleisch**, an den Küsten oft aus ↑**Fisch** bestehen. Dazu werden viele ↑**Früchte** gegessen, darunter ↑**Ananas**, ↑**Kochbananen** und ↑**Zitrusfrüchte**. Als Gemüse kommen vor allem ↑**Blattgemüse** und wild wachsende Pflanzen in den Topf. ↑**Erdnüsse** dienen als Vitaminspender, zur Speiseöl-Herstellung und als Gewürzbeilage. ↑**Afrikanische Küche**

Schwarzbeeren [*Wildkräuter, -blüten & -früchte*] ↑**Waldheidelbeeren**

Schwarzbier [*Bier*] Spritziges, ↑**untergäriges Bier** mit Ø 5 % ↑**Alkohol**. Die dunkle Farbe erhält das Schwarzbier durch die Verwendung dunkler Röstmalze. Am besten bei 8° C aus einem Schwarzbierpokal genossen. Der Geschmack kann stark variieren.

Schwarzbrot [*Backstube*] Begriff für Brote mit dunkler ↑**Krume**. Sie können aus ↑**Vollkornmehl** und **-schrot** (Roggenschrot) oder aus hellen Mehlsorten mit färbenden Zusätzen wie ↑**Zuckercouleur**, ↑**Malzsirup** oder ↑**Malzmehl** bestehen. Schwarzbrot wird meist mit ↑**Sauerteig** hergestellt. Es gibt in Deutschland unzählige Schwarzbrotsorten, zu den bekanntesten zählen **Holsteiner**, **Hamburger**, **Rheinisches** und **Oldenburger Schwarzbrot**. Auch die so genannten **Landbrote** sind meist Schwarzbrote. ↑**Pumpernickel** ist ein Spezialschwarzbrot, das sich durch seinen leicht süßlichen, aromaintensiven Geschmack von anderen Schwarzbrotsorten unterscheidet. ↑**Brot**

Schwarzdorn [*Wildkräuter, -blüten & -früchte*] ↑**Schlehen**

Schwarze Bohnen [*Allgem. Nährmittel*] **T 1.** Kleine ↑**Sojabohnen**, die fermentiert und gewürzt wurden und getrocknet oder in Dosen im Handel sind. Schwarze Bohnen eignen sich vor allem für chinesische Fleisch- und Gemüsegerichte. Die matt- bis blauschwarzen runden oder länglichen Bohnen kochen mehlig und behalten ihre Form. Geschmack: würzig mit leicht süßlicher Note. Mit ↑**Chili**, ↑**Ingwer**, ↑**Kreuzkümmel**, Gewürz**nelken**↑, ↑**Knoblauch** und ↑**Tomaten** lassen sie sich verfeinern. **2.** Schwarze Gartenbohnen (**spanisch**: frijoles negros) gehören in der Karibik, in Mittel- und Südamerika zu den Grundnahrungsmitteln und eignen sich mit ihrem nussigen Aroma für ↑**Mais**- und ↑**Hirse**gerichte, Salate und deftige Eintöpfe. Allerdings geben sie beim Kochen ihre schwarze Farbe ab. ↑**Brasilianische Küche**. Schwarze Bohnen sind nicht nur schmackhaft, sie enthalten auch wertvolle Antioxidantien. Bei den Bohnenkernen gilt: je dunkler – desto gesünder. ↑**Hülsenfrüchte**

Schwarze Johannisbeeren [*Übersetzer*] **Englisch:** black currants; **Französisch:** cassis, groseilles noires; **Italienisch:** ribes nero; **Spanisch:** grosella negra

Schwarze Linsen [*Allgem. Nährmittel*] ↑**Linsen**

Schwarze Sapote [*Exotische Früchte*] **T Englisch:** black sapote, black persimmon; **Französisch:** sapote noir. Die schwarze Sapote stammt nicht aus der gleichen Familie wie die weiße Sapote, sondern ist das nach den ↑**Kakis** wichtigste Ebenholzgewächs. Ihr Ursprung und Hauptanbau liegt in Mexiko und Zentralamerika. Die anfangs olivgrüne Schale dieser Frucht verfärbt sich mit zunehmender Reife dunkelgrün bis schwärzlich (bei einigen Sorten gelbgrünlich), unter der sich musartiges, schwarzes Fruchtfleisch befindet. Geschmacklich erfüllt die schwarze Sapote Träume von edelstem ↑**Mousse au chocolat.** Die reife Frucht ist butterweich und lässt sich leicht eindrücken. In der Mitte verbergen sich 4–5 etwa 2 cm große, glatte Kerne. **Inhaltsstoffe:** Außerordentlich reich an ↑**Vitamin C**. 100 g enthalten Ø 192 mg.

Schwarzer Heilbutt [*Fisch*] ↑**Heilbutt, schwarz**

Schwarzer Koriander [*Gewürze & Kräuter*] ↑**Schwarzer Kümmel**

Schwarzer Kümmel [*Gewürze & Kräuter*] **T Lateinisch:** Nigella Sativa. **Synonym:** Schwarzer Sesam, Römischer Kümmel, Schwarzer Koriander, Zwiebelsamen. **Englisch:** nigella, fennel flower, onion seed, gith; **Französisch:** cheveux de Vénus, nigelle, poivrette; **Italienisch:** nigella, grano nero; **Spanisch:** niguilla, pasionara; **Türkisch:** Cörekotu siyah, Çörek otu, Çöreotu. **Info:** Beim schwarzen Kümmel handelt es sich um den Samen der Nigella-Pflanze, die in Ägypten wächst und etwa 30–60 cm hoch wird. **In der Küche:** Er hat einen leicht harzigen Geschmack und wird in der ↑**Arabischen Küche** unter ↑**Soßen**, Suppen, Salate gemischt oder gemahlen unter Brotteig oder Kaffeepulver gegeben. Ungemahlen auf ↑**Fladenbrot** und Gebäck gestreut und mitgebacken. Er verleiht Speisen einen leichten ↑**Zwiebel**geschmack und dient als ↑**Pfeffer**ersatz. **Wirkung in der Volksmedizin:** Schwarzer Kümmel war schon das Heilmittel der Pharaonen und wird heute noch als Hausmittel bei Blähungen, Durchfall und Gallenkoliken verwendet.

Schwarzer Reis [*Asiatische Küche*] **R** Schwarzer Reis ist eine langkörnige Reissorte, die in Japan und Thailand angebaut wird. Das eigentliche Reiskorn ist weiß, die Haut unter dem Strohmantel hingegen ist schwarz gefärbt. Da diese Haut nicht entfernt wird, bleibt die Schwarzfärbung erhalten, d. h. schwarzer Reis ist nur als ungeschliffener ↑**Reis** (Naturreis) erhältlich. Die beste Garmethode für schwarzen Reis ist die Wasser-Garung. Zum Kochen ist sehr viel Wasser nötig, empfehlenswert ist hier die sechsfache Menge bezogen auf den Reis. Die Garzeit beträgt etwa 20 Min.

Schwarzer Rettich [*Gemüse*] **R Lateinisch:** Raphanus sativus var. niger. **Synonym:** Ackerrettich, Winterrettich. **Info:** Der zur Familie der Kreuzblütengewächse gehörende schwarze Rettich ist eine bis zu 1 m hohe, krautige Pflanze mit aufrechtem Stiel und einer schwarzen, mit Korkgewebe umgebenen Hauptwurzel, der rundlichen Rübe. Das Fruchtfleisch des schwarzen Rettichs ist so weiß wie das des weißen Rettichs. **Ursprung und Geschichte:** Rettich stammt von dem im östlichen Mittelmeergebiet vorkommenden Strandrettich (Raphanus maritimus) ab, der bereits eine verdickte Wurzel hat. Der Rettich war schon für die Ägypter vor 4000 Jahren eine wichtige Kulturpflanze. Man sieht ihn auf Abbildungen in Tempeln und Grabstätten. Im Laufe der Jahrhunderte ist eine Vielfalt an Kulturformen entstanden. ↑**Bierrettich; Herkunft und Saison:** Schwarzer Rettich aus inländischer Produktion wird ab Anfang Oktober geerntet und danach den ganzen Winter über in kleineren Mengen aus Lagerbeständen angeboten. **Inhaltsstoffe:** Die heilenden Kräfte verdankt der schwarze Rettich seinen Hauptwirkstoffen, den schwefelhaltigen Senfölen. Sie verursachen den typischen Geruch und Geschmack und wirken gegen Bakterien und Pilze – besonders gut in den Schleimhäuten des Verdauungstraktes, in dem sie auch die Gallensaftproduktion anregen. Seine ätherischen Öle lösen zähen Erkältungsschleim in den Atemwegen. **Zubereitung und Tipps:** Der Saft des schwarzen Rettichs ist ein bekanntes Hustenmittel. Dazu wird der Deckel (nicht die Wurzel) der Knolle abgeschnitten und die Knolle innen so weit ausgehöhlt, dass noch etwa 1 cm Fruchtfleisch am Rand übrig bleibt. Anschließend werden einige kleine Löcher mit einer kleineren Stricknadel in den Boden gestochen. Das beim Aushöhlen entfernte Fruchtfleisch wird danach, vermischt mit Kandiszucker und Honig, wieder in den hohlen Rettich gefüllt, der Deckel aufgesetzt und die Rettichknolle etwa 10–12 Stunden lang so auf einem Behälter platziert, dass der Honig-Rettich-Saft durch die gestochenen Löcher im Boden abläuft.

Schwarzer Sesam [*Gewürze & Kräuter*] ↑**Schwarzer Kümmel**

Schwarzgeräuchertes [*Fleischprodukte*] **T** Gepökeltes ↑**Schweinefleisch** aus der Keule, der Schulter oder vom Bauch, das 4–5 Tage bei 50–55° C dunkel geräuchert wird. Zum Räuchern wird meist harziges Kienholz aus dem Wurzelstock der Kiefern und Tannenreisig verwendet.

Schwarzgeselchtes [*Österr. Küche*] Schwarzgeräuchertes

Schwarzkohl [*Gemüse*] **T Lateinisch:** Brassica oleracea convar. acephala var. viridis; **Englisch:** kale, borecole; **Französisch:** chou cavalie; **Italienisch:** cavalo nero. Schwarzkohl ist ein robuster, winterharter Vertreter der Sprosskohlarten mit intensivem Geschmack. **Herkunft:** Der Schwarzkohl stammt vermutlich aus dem östlichen Mittelmeerraum oder aus Asien. Er ist einer der ältesten und robustesten Vertreter der ↑**Kohl**familie und hält Temperaturen zwischen –15° C bis weit über 30° C aus. Mit dem Sklavenhandel kam er nach Nordamerika. Er war dort lange Zeit nur in den Südstaaten bekannt. **Einkauf:** Beim Kauf sind kleinblätterige Köpfe zu bevorzugen. Sie sollten fest, grün und makellos sein. Die glatten, dicken, geäderten Blätter können je nach Sorte glatte oder gekräuselte Ränder haben. Die hellen Blattrippen sind hart und vor allem bei älteren Exemplaren nicht essbar. Der Schwarzkohl schmeckt intensiv, ist aber trotzdem milder als der ↑**Grünkohl; Nährwert:** Schwarzkohl ist mit dem Grünkohl die Kohlart mit den höchsten ↑**Eiweiß**- und ↑**Kohlenhydrat**werten, außerdem ist er reich an ↑**Vitamin A** und **C**, ↑**Kalium** und ↑**Folsäure.** 100 g essbarer Anteil enthalten roh ∅ 31 kcal/129 kJ. **Verwendung:** Die Blätter werden unter fließendem Wasser gründlich gewaschen. Und die harten Blattrippen entfernt. Schwarzkohl kann wie ↑**Spinat** zubereitet bzw. ↑**gedämpft**, ↑**geschmort** oder ↑**sautiert** werden. Roh verleiht er Salaten eine pikante Note. **Lagerung:**

S. hält sich im Kühlschrank mehrere Tage. Mit der Lagerdauer nimmt allerdings die Tendenz zur Bitterkeit zu. Er kann eingefroren werden, muss dazu vorher 2–3 Min. ↑**blanchiert** werden.

Schwarzriesling [*Weinkunde*] Deutsche Bezeichnung für die rote Rebsorte ↑**Pinot Meunier**, die einer der Bestandteile des ↑**Champagners** ist. Sie wird in Deutschland hauptsächlich in Württemberg angebaut. Schwarzriesling verfügt über Merkmale, die sie für eins der kühlsten Weinbaugebiete wie Deutschland ideal machen: einen späten Austrieb, weshalb Frühlingsfrost keine Gefahr darstellt, sowie eine relativ frühe Reife, noch vor ↑**Riesling**. Die aus ihr gewonnenen Weine zeichnen sich durch eine vordergründige Frucht aus und sollten jung getrunken werden. Kirschnoten charakterisieren den in USA, Frankreich und Deutschland angebauten Wein meist mittlerer Qualität.

Schwarzsauer [*Regionale Spezialität*] ↑**Blutwurst**

Schwarztee [*Tee*] **T Englisch:** black tea; **Französisch:** thé noir; **Italienisch:** té nero; **Spanisch:** té negro. Unter Schwarztee versteht man alle fermentierten (gegärten) Teesorten, die aus den Blättern des immergrünen Teestrauches Camellia sinensis (L.) gewonnen werden. Grüner Tee ist nicht fermentiert und wird deshalb auch als teeähnliches Erzeugnis bezeichnet. Die bekanntesten Teesorten sind: **Assam-Tee:** dunkler Tee mit würzigem Aroma, benannt nach der indischen Provinz Assam (größtes Teeanbaugebiet der Welt); **Darjeeling-Tee:** heller Tee mit fein duftigem Aroma aus dem nordindischen Distrikt Darjeeling; **Ceylon-Tee:** Tee mit goldener Farbe und herbem Aroma, stammt aus den Hochländern Sri Lankas (ehemals Ceylon); **Englische Mischung:** dunkler Tee auf Basis von Ceylon-Tee mit verschiedenen indischen Tees gemischt; **Ostfriesische Mischung:** dunkler Tee, Mischung auf Basis von Assam-Tee. Schwarztee sollte nicht länger als 5 Min. ziehen, sonst geht sein typisches Aroma verloren. Er regt an oder wirkt beruhigend, da im Tee ↑**Coffein** (auch Tein genannt) und ↑**Gerbstoffe** vorhanden sind. Die Wirkung ist abhängig von der Dauer des Ziehens. Je länger der Tee zieht, desto stärker seine eher beruhigende Wirkung. Schwarztee wird auch nach der Größe des Teeblattes unterschieden: ↑**Blatt-Tee**, ↑**Broken**-Tee: mechanisch gebrochene Blätter; ↑**Fannings** oder ↑**Dust**: fast gemahlen, im Aufgussbeutel verwendet. ↑**Tee**

Schwarzwälder Kirschtorte [*Backstube*] **R** Eine der beliebtesten Torten der Welt, unterliegt aber keiner festgelegten Rezeptur. In jedem deutschen Café kann man sie genießen und jeder macht sie anders. **Roses Grundrezept für den Boden:** 6 ↑**Eier**; 175 g ↑**Zucker**; 1 P Bourbon-↑**Vanillezucker**; Prise ↑**Salz**; 120 g ↑**Mehl**; 40 g ↑**Stärkemehl**; 40 g ↑**Kakaopulver**; 2 EL gemahlener ↑**Zimt**; 1 kleine Prise **Nelkenpulver. Für die Füllung:** 1 Glas (500 g) entsteinte ↑Sauer**kirschen** (Konserve); 1 EL ↑**Zitronensaft**; 4 EL Stärkemehl; 10 EL Zucker; ¾ l süße eiskalte ↑**Sahne**; 4 cl ↑**Kirschwasser**; ↑**Schokoladen**späne zum Bestreuen. **Zubereitung:** Die Eier trennen, Eiklar und ca. 50 g Zucker in einer fettfreien Schüssel (kein Plastik) sehr steif schlagen, kalt stellen. Eigelb mit dem restlichen Zucker, Vanillezucker, Salz und 4 cl Kirschwasser in eine Schüssel geben, im nicht zu heißen Wasserbad cremig aufschlagen und anschließend auf Eiswürfeln so lange weiter schlagen, bis die Masse abgekühlt ist. Den Eischnee auf die Eigelbmasse geben, das Mehl mit dem Kakao und den Gewürzen darübersieben, mit einem Schneebesen vorsichtig vermischen. Springform (26 cm) am Boden mit Backpapier belegen, Teig einfüllen, im vorgeheizten Backofen bei 175° C auf der 2. Leiste von unten 25–30 Min. backen. Den Biskuitboden abkühlen lassen, aus der Form lösen und zweimal in gleichmäßig dicken Lagen durchschneiden. **Füllung:** Sauerkirschen abgießen, 1/4 l Sauerkirschsaft mit Zitronensaft, 4 EL Zucker und dem Stärkemehl unter ständigem Rühren gut aufkochen lassen, Sauerkirschen unterheben (einige Kirschen zum Garnieren zurückbehalten) und erkalten lassen. **Die Torte:** Sahne mit 6 EL Zucker zu steifem Schnee schlagen und die Hälfte in einen Spritzbeutel mit mittelgroßer Tülle füllen. Den untersten Boden dünn mit Sahne bestreichen, darauf 3 oder 4 Sahneringe mit dem Spritzbeutel auftragen. Dazwischen 1/3 der Kirschmasse verteilen. Zweiten Boden aufsetzen, leicht andrücken, mit dem Kirschwasser beträufeln, restliche Kirschmasse verteilen und mit Sahne bestreichen. Nun den dritten Boden auflegen, andrücken, etwas dicker mit Sahne bestreichen, ringsum Sahnerand anspritzen. 16 Tortenstücke markieren, mit der im Spritzbeutel verbliebenen Sahne 16 Tupfen auf die Torte spritzen. Kirschen auf die Tupfen setzen, Schokoladespäne in die Mitte raspeln. Torte mindestens 1 Stunde sehr kalt stellen.

Schwarzwälder Schinken [*Fleischprodukte*] Wird ausschließlich im Schwarzwald hergestellt und unterliegt strengen regionalen Bestimmungen. Er wird von Hand nach überlieferten Rezepten gesalzen und gewürzt. Vier bis sechs Wochen dauert die Pökelung der Keule. Anschließend wird der ↑**Schinken** in der Luft getrocknet, bevor er über Tannenholz schonend geräuchert wird. Typisch für den Schwarzwälder Schinken sind sein rauchiges Aroma, der herzhafte Geschmack und die typische dunkle Farbe. **Inhaltsstoffe:** 100 g Schwarzwälder Schinken enthalten Ø 230 kcal/963 kJ, 24 % Eiweiß und 10 % Fett.

Schwarzwälder Schinkenspeck [*Regionale Spezialität*] Gepökeltes ↑**Rauchfleisch** vom durchwachsenen Schweinebauch nach Schwarzwälder Art geräuchert. ↑**Schwarzwälder Schinken**

Schwarzwurst [*Fleischprodukte*] ↑**Blutwurst.**

Schwarzwurzel [*Gemüse*] **A Lateinisch:** Scorconera hispanica. **Synonym:** Winterspargel, Schötzenmiere, Skorzoner Wurzel. **Englisch:** black salsify; **Französisch:** scorsonère, salsifis noirs; **Italienisch:** scorzonera; **Spanisch:** salsifí. **Info:** Die zur Familie der Korbblütengewächse gehörende Schwarzwurzel ist eine 60–120 cm hohe, ausdauernde, mehrjährige und frostharte Wiesenpflanze, die im ersten Jahr die begehrte zarte, süßliche – im Geschmack an eine Mischung zwischen ↑**Austern**, ↑**Spargel** und ↑**Artischocken** erinnernde – Wurzel und im Folgejahr goldgelbe und leicht nach ↑**Schokolade** duftende Blüten bildet. Die glatte, walzenförmige und möglichst unverzweigte, 30–50 cm lange und 3–4 cm dicke Wurzel hat eine braune bis braunschwarz gefärbte, samtige, korkartige Rinde und eine spindelartig geformte Wurzelspitze. Die Rinde und das cremeweiß gefärbte fleischige Innere der Schwarzwurzel ist von Milchröhren durchzogen, aus denen bei Verletzung ein weißlicher, klebriger, bekömmlicher Milchsaft austritt, der jedoch an der Luft relativ schnell oxidiert, sich braun verfärbt und schwer zu entfernende Flecken hinterlässt. **Ursprung und Geschichte:** Die in Spanien beheimatete Schwarzwurzel wurde in ihrer Wildform vom Altertum bis ins Mittelalter für medizinische Zwecke genutzt. Man sprach ihr heilende Kräfte gegen die Pest oder bei Schlangenbissen zu. Die ersten Kulturformen gab es im 17. Jahrhundert, seitdem ist auch ihre Verwendung als ↑**Gemüse** bekannt. Bis in die Mitte des 20. Jahrhunderts waren die aromatischen Wurzeln hoch geschätzt, sind danach aber als „Winterspargel" oder „Arbeiterspargel" aus der Mode gekommen. Jetzt ist eine Renaissance dieses schmackhaften, gesunden Gemüses zu beobachten. **Herkunft und Saison:** Schwarzwurzeln können von Oktober bis April laufend geerntet werden und kommen meist aus belgischer, französischer oder niederländischer, seltener aus heimischer Produktion. **Inhaltsstoffe:** 100 g Schwarzwurzeln weisen einen Brennwert von ⌀ 15 kcal/65 kJ auf und enthalten etwa 74 g Wasser, 3,3 g Eiweiß, 0,2 g Fett, 18,6 g Kohlenhydrate und 3,3 g Ballaststoffe. An ↑**Mineralstoffen**, ↑**Spurenelementen** und ↑**Vitaminen** sind ⌀ 60 mg Kalzium, 0,7 mg Eisen, 20 mg Natrium und 8 mg Vitamin C enthalten. Schwarzwurzeln werden gerne als leichte ↑**Vollkost** empfohlen, sie weisen einen ähnlichen Nährwert wie ↑**Erbsen** und ↑**Bohnen** auf, sind allerdings wegen der Wirkstoffe im Milchsaft sowie des hohen ↑**Mineralstoff**- und ↑**Vitamin**anteils bekömmlicher. **Geschmack:** Erinnert zwar ein wenig an ↑**Spargel**, die erdige, zart nussige Komponente macht sie jedoch unverwechselbar. **Zubereitung und Tipps:** Im Allgemeinen werden Schwarzwurzeln dem Spargel ähnlich zubereitet, jedoch ist das Schälen der langen und dünnen, mit Erde behafteten Wurzeln nicht ganz einfach. Zuerst wird die Erde unter fließendem Wasser sorgfältig abgebürstet. Danach können die Schwarzwurzeln einige Zeit in Wasser eingelegt und wie Spargel roh mit einem Sparschäler geschält werden, wobei sie sofort, bevor sie dunkel anlaufen, in Zitronenwasser gelegt werden. Am besten verwendet man Handschuhe beim Schälen, da der austretende Saft (Milch) die Haut schwarz färbt. Schwarzwurzeln können aber auch wie ↑**Kartoffeln** ungeschält in Salzwasser garen, die Rinde wird dann hinterher vorsichtig abgezogen. Gekochte Schwarzwurzeln schmecken ausgezeichnet in Salaten, mit ↑**Semmelbrösel** oder ↑**Backteig** paniert und frittiert oder mit ↑**Petersilie** in heißer Butter geschwenkt. Die klassische Art: mit ↑**Béchamelsauce** oder Sauce ↑**Hollandaise** und ↑**Schinken**. Sie passen gut zu gebratenem ↑**Rind**-, ↑**Kalb**- oder ↑**Schweinefleisch**, ↑**Steak**, ↑**Schnitzel** und ↑**Fisch**. **In der Volksmedizin:** Schwarzwurzeln entgiften die Leber, sie fördern die Bildung roter Blutkörperchen, bekämpfen Osteoporose und wirken der Entkalkung der Knochen im Alter entgegen. **Einkauf:** Die Oberfläche der Wurzeln muss glatt und das Fruchtfleisch hell und saftig sein. **Lagerung:** Im Kühlschrank, eingeschlagen in Papier, bleiben Schwarzwurzeln etwa 14 Tage frisch.

Schwedenbomben [*Österr. Küche*] ↑**Negerkuss**, Schokokuss, Mohrenkopf

Schwedische Küche [*Intern. Länderküche*] **A** Sie ist wie die ihrer Nachbarn Norwegen und Finnland eine einfache Küche, die nur wenig international bekannte Gerichte hervorgebracht hat. Vor allem ↑**Fisch**, ↑**Krusten- und Schalentiere** dominieren den Speiseplan, aber auch ↑**Hackfleisch** und ↑**Wild** (↑**Rentier**- oder ↑**Elchfleisch**) erfreuen sich großer Beliebtheit. Trotz der zunehmenden Verbreitung von Fast Food sind die Schweden sehr gesundheitsbewusst und achten auf ihre Ernährung. Im Allgemeinen gibt es drei Mahlzeiten pro Tag: Ein leichtes Frühstück (**frukost**), das Mittagessen (**lunch** – in ländlichen Gebieten die Hauptmahlzeit, in den Städten oft nur ein kleinerer, warmer Imbiss) und das Abendessen (**middag**). Mit dem Trinken wartet man, bis der Gastgeber ein **skål** ausgesprochen hat. Es ist üblich, sich selbst von den Gerichten auf dem Tisch zu bedienen. Deshalb gilt es als unhöflich, Reste auf dem eigenen Teller zu lassen. **Frühstück:** Zu einem typisch schwedischen Frühstück gehören ↑**Kaffee**, ↑**Fruchtsaft**, ↑**Knäckebrot** oder belegte Brötchen, ↑**Eier** und **filmjölk** (eine Art ↑**Buttermilch**). **Hauptmahlzeit:** ist auf dem Lande das Mittagessen und besteht gewöhnlich aus einem Gang. Am Wochenende oder zu besonderen Anlässen ist das Mahl oft umfangreicher. Beliebte Gerichte sind **sill** (↑**Hering**), **köttbullar** (Fleischbällchen), **gravad lax** (roher marinierter ↑**Lachs**), **janssons frestelse** (Kartoffelauflauf), **potatis** (↑**Kartoffeln**) und **lingonsylt** (↑**Preiselbeeren**). Im August sind **kräftskivor** (Krebs-Feste) eine beliebte Tradition. Zu ganz besonderen Anlässen gibt es ein **smörgåsbord** (Schwedenbuffet). Donnerstags ist es Brauch, zuerst gelbe **ärt-**

soppa (↑**Erbsen**suppe) und dann ↑**Eierkuchen** mit ↑**Sahne** und ↑**Konfitüre** zu essen. Außer der traditionellen eigenen Küche schätzen Schweden aber auch die Vielfalt internationaler Gerichte; vor allem die ↑**französische,** die ↑**italienische** und die ↑**amerikanische Küche** üben einen bedeutenden Einfluss auf das Land aus. **Süßspeisen: (kanel-)bullar;** (↑**Zimt-**) Schnecken; **pepparkaka;** ↑**Pfefferkuchen; lussekatter;** ein ↑**Safran**gebäck, das vor allem zwischen dem Luciafest (13.12.) und Weihnachten gebacken wird. Wie überall in Skandinavien sind die Preise für Bier, Wein und Spirituosen hoch. In den gewöhnlichen Lebensmittelgeschäften werden nur das alkoholschwache **lättöl** (Leichtbier) und das **folköl** (Volksbier) verkauft. **Mellanöl** (Mittelbier) und **starköl** (Starkbier), Wein, Likör und Spirituosen sind nur im **Systembolag-Laden** zu haben.

Schwefel [*Gesundheit*] **T** Für alle Organismen von ↑**essenziell**er Bedeutung, da es in den meisten Proteinen (↑**Eiweiß**) vorkommt. Im Körper eines Erwachsenen mit einem Durchschnittsgewicht von 70 kg sind ca. 150 g Schwefel enthalten. **Der Tagesbedarf wird auf knapp 900 mg geschätzt.** Reiner Schwefel ist für den Menschen nicht giftig, da er unverändert den Darm passiert und wieder ausgeschieden wird. In den Verbindungen Sulfit, Sulfat und Sulfid ist der Schwefel Baustoff für einige ↑**Aminosäuren**. Weiterhin ist er in den ↑**Vitaminen** B_1 und H (↑**Biotin**) sowie in ↑**Insulin** enthalten. Besonders schwefelreich sind Haare, Nägel und Bindegewebe. Im Wachstum und beim Umbau von Gewebe wird besonders viel Schwefel benötigt. **Schwefelhaltige Lebensmittel:** sind vor allem eiweißhaltige Produkte wie ↑**Eier** und ↑**Milch**, da zwei häufige Aminosäuren schwefelhaltig sind. Weniger Schwefel befindet sich in ↑**Fleisch** und pflanzlichen Lebensmitteln. Schwefelhaltige Pflanzen sind vor allem ↑**Knoblauch** und der wegen seines senfigen Geschmacks immer beliebtere ↑**Bärlauch; Mangelerscheinungen:** nicht bekannt; **Überdosierung und Vergiftungen:** Eine Reihe von Schwefelverbindungen sind in höheren Dosen giftig. Sie können im Körper zu krankhaften Veränderungen führen und z. B. die ↑**Vitamine** der B-Gruppe zerstören, die Wirkung von ↑**Enzymen** hemmen und die von krebserregenden Substanzen verstärken.

Schwefeldioxid [*Fachkunde*] ↑**E 220**

Schwefeln [*Fachkunde*] Die Behandlung von Lebensmitteln mit Schwefeldioxid (entsteht beim Verbrennen von Schwefel), schwefliger Säure und ihren Salzen. Ziel ist die Haltbarmachung oder das Bleichen von Lebensmitteln. Geschwefelt werden z. B. alkoholfreier ↑**Wein,** ↑**Kartoffelerzeugnisse,** ↑**kandierte Früchte,** ↑**Trockenfrüchte** (z. B. ↑**Rosinen** außer ↑**Korinthen,** ↑**Aprikosen,** ↑**Äpfel,** ↑**Ananas**), ↑**Sago,** ↑**Gerstengraupen**, getrocknete Gemüsesorten (z. B. ↑**Spargel,** ↑**Zwiebel,** ↑**Sellerie**) und Zuckerarten (z. B. raffinierter ↑**Zucker,** ↑**Glukosesirup**, Flüssigzucker). **Sind Lebensmittel geschwefelt, muss dies auf der Verpackung gekennzeichnet sein.**

Schwefelsäure [*Fachkunde*] ↑**E 513**

Schweif [*Fleischprodukte*] ↑**Ochsenschwanz**

Schweiferl [*Österr. Küche*] Schweineschwänzchen

Schwein [*Fachkunde*] Schweine stammen vom ↑**Wildschwein** ab und sind neben dem ↑**Rind** das für die Ernährung wichtigste Haustier. Im Gegensatz zu den anderen Nutztieren liefert es nur ein verwertbares Produkt, sein Fleisch. Die bekanntesten Schweinerassen in Deutschland sind

Deutsche Landrasse (DL)	60 %
Piétrain (Pi)	22 %
Deutsches Edelschwein (DE)	12 %
Leicoma	3 %

Man legt heute viel Wert auf fleischreiche und fettarme Züchtungen. Mastschweine werden um den 9. Lebensmonat mit einem Gewicht von etwa 100 kg geschlachtet. Fleisch von Ebern wird nicht verzehrt, da es durch seinen Hormongehalt unangenehm riecht und so nicht zum Verzehr geeignet ist.

Schweinebraten [*Unsere Küche*] **R Englisch:** joint of pork; **Französisch:** rôti de porc; **Italienisch:** arrosto di maiale; **Spanisch:** asado de cerdo. Der wohl beliebteste deutsche Braten kommt vom ↑**Schwein** und kann vom Bauch, aus der Schulter, dem ↑**Nacken** oder der Keule mit oder ohne ↑**Schwarte** und Knochen sein. Die Schwarte wird im Rautenmuster eingeschnitten. Um einen würzigen Braten zu erhalten, sollte man das Fleisch mit ↑**Salz,** ↑**Pfeffer,** etwas ↑**Majoran**, fein geschnittenem ↑**Knoblauch** und ↑**Kümmel** würzen, einmassieren und über Nacht ziehen lassen. Den Backofen auf 250° C vorheizen. Röstgemüse = franz. ↑**Mirepoix** in ca. 3 x 3 cm kleine Stücke schneiden. In einem hohen Bräter das Fleisch und, wenn vorhanden, klein gehackte Knochen in heißem Speiseöl von allen Seiten anbraten. Das geschnittene Gemüse hinzugeben, kurz mitrösten und mit etwas Wasser, ↑**Gemüse-** oder ↑**Fleischbrühe** ablöschen. Braten mit Schwarte nicht anbraten, sondern mit der Schwarte nach unten in die Brühe legen und vorgaren. Wenn die Fleischseite braun ist, den Braten wenden und alle 15 Min. mit ↑**Bier** oder/und Bratensaft begießen, das gilt auch für einen Braten ohne Schwarte. Den Braten bei ca. 160° C garen. Für ca. 2 kg Gewicht rechnet man etwa 90–100 Min. Den Braten in den letzten 10 Min. mit 250° C nachbräunen. Schweinebraten und Knochen aus dem Bräter nehmen und die Soße durch ein Sieb in einen Topf gießen, ggf. mit etwas Fleischbrühe ergänzen. Je nach Geschmack mit Salz, Pfeffer nachwürzen. Soße mit in kaltem Wasser aufgelöster ↑**Stärke** (kein Mehl) binden. Die klassische Schweinebratensoße sollte klar, braun und nicht zu dickflüssig sein. Eine besonders köstliche Soße bekommt man, wenn der Bratenfond mit dem weichen Röstgemüse in einem Mixer oder mit dem Zauberstab püriert wird. In diesem Fall wird die aufgemixte Soße durch ein Spitzsieb passiert und braucht nicht abgebunden werden. Vor dem Anschneiden den Braten immer etwas ruhen (entspannen) lassen. Dazu serviert man im deutschen Süden ↑**Semmel**- oder ↑**Kartoffelknödel/-klöße**, ↑**Spätzle** oder ↑**Nudeln** und im Norden ↑**Kartoffeln**.

Schweinebrustspitze [*Fleischprodukte*] Fettes Teilstück der Schweinehälfte mit Knorpel und Knochen

Schweinefleisch [*Fachkunde*] **T Englisch:** pork; **Französisch:** porc; **Italienisch:** maiale; **Spanisch:** cerdo. Schweinefleisch stammt von jungen Mastschweinen, die bei der Schlachtung etwa acht bis neun Monate alt sind und ca. 100 kg wiegen. Das hellrote Fleisch ist saftig, zart und feinfaserig. Bereits 48 Stunden nach dem Schlachten ist es ausgereift. Eine besondere Delikatesse ist ↑**Spanferkel**. Die jungen Schweine sind nicht älter als sechs Wochen und wiegen zwischen 12 und 20 Kilogramm. Beim Schwein hat das Geschlecht der Tiere keinen Einfluss auf die Fleischqualität. Als Mitte des 20. Jahrhunderts der Scheinefleischverbrauch wegen des wachsenden Gesundheitsbewusstseins zurückging, wurden den Verbraucherwünschen entsprechend magere Schweine gezüchtet. Sie besitzen etwa 50 % weniger Speck als ihre Vorfahren, dafür mehr Fleisch und 16 statt zwölf Rippen. Selbst ursprünglich fette Teilstücke wie Bauch haben mehr und mehr Fleischanteile. Mittlerweile hat sich aber herumgesprochen, dass mageres Fleisch nicht immer den optimalen Genuss bietet, darum greift der Feinschmecker an der Fleischtheke vermehrt nach marmorierten Teilstücken – also nach Fleisch, bei dem zwischen den Muskelfasern ein höherer Anteil an ↑**Fett** eingelagert ist. Denn Fett ist ein wichtiger Geschmacksträger und sorgt bei der Zubereitung für saftiges Fleisch und herzhaften Genuss. **Kopf/Backe:** Das Fleisch vom Schweinekopf wird sehr oft für ↑**Sülzen** und in der traditionellen ↑**Schlachtschüssel** verwendet. Aber auch in deftigen Eintöpfen oder kräftigen Suppen sorgt es für einen guten Geschmack. Ob leicht gepökelt, gegart oder kalt aufgeschnitten und mit ↑**Senf** bestrichen – die Schweinebacke ist ein herzhafter Imbiss. **Nacken:** Vom Schweinenacken, auch Hals oder Kamm genannt, werden vier Spezialitäten angeboten: **1.** wie gewachsen, als kräftiger Nackenbraten; **2.** ausgelöst, ebenfalls zum Braten; **3.** in Scheiben geschnitten, mit Knochen als Nackenkotelett; **4.** ausgelöst in Scheiben geschnitten als Steaks. Für welches Stück man sich auch immer entscheidet, man erhält ein durchwachsenes und daher besonders saftiges Stück Fleisch. Der Nacken eignet sich hervorragend für Rollbraten, Schmorgerichte, Kurzgebratenes, Gulasch und auch zum Grillen. Als Kasseler ist der Nacken, gepökelt und leicht angeräuchert, ebenfalls eine Delikatesse. **Schulter/Bug:** Die Schweineschulter, auch als Bug oder Blatt bekannt, ist in zwei Sorten erhältlich: **1.** wie gewachsen, also mit Knochen, natürlichem Fettbesatz und Schwarte; **2.** ausgelöst, entschwartet mit geringem Fettgehalt. Die Schweineschulter eignet sich ideal für saftige Braten, je nach Vorliebe mit oder ohne Kruste. Auch für leckere Rollbraten, köstliches Geschmortes oder delikaten Gulasch ist sie sehr zu empfehlen. **Rückenspeck:** auch Kernstück, Fetter oder Grüner Speck, ist bei der Verfeinerung von Fleischgerichten, Eintöpfen und Suppen ein guter Geschmacksträger. Beim Spicken hält er Bratenstücke von Rind und Wild schön saftig und als Umhüllung Pasteten in Form. **Kotelett:** Die beliebten Teilstücke Stielkotelett und Filetkotelett gewinnt man aus dem Kotelett (Karree). Die Form der Stielkoteletts ergeben sich durch die eingewachsenen Rippen- und Wirbelknochen. Ausgelöst schneidet man das Kotelettstück in ca. 1 cm dicke Scheiben und erhält so Schweinesteaks oder Schnitzel. Auch die Schmetterlingssteaks kommen aus diesem Stück, sie werden auf besondere Weise geschnitten, damit die typische Schmetterlingsform entsteht. Diese Teilstücke sind sehr zart und werden bevorzugt zum Grillen, Kurzbraten und Schmoren verwendet. Es lassen sich daraus auch saftige Braten, panierte und unpanierte Koteletts, Schnitzel, Steaks oder gepökelt gekochte Rippchen und Kasseler zubereiten. Das feinste und zarteste Teilstück ist das hintere, knochenarme Karree, aus dem man die heiß begehrten, mageren Filetkoteletts (**Lummer-Kotelett**) schneidet. **Filet:** Die langen Muskel auf der inneren Seite des Schweinesattels, die unterhalb des Rückenknochens liegen, sind die Filets. Sie sind eine Delikatesse und werden hauptsächlich kurzgebraten oder geschnetzelt. **Keule**, **Schlegel** oder ↑**Schinken:** Das ist der Rohstoff aller Schinkensorten, gekocht, geräuchert oder luftgetrocknet. Für die warme Küche lassen sich aus der Keule vier Teilstücke schneiden: **1.** Oberschale; **2.** Unterschale; **3.** Nussschinken und **4.** Hüfte bzw. Schinkenspeck. Die Keule ist bestens zum Kochen, Braten, Schmoren und Grillen geeignet. **Schinkenbraten** sollte man immer mit einer dünnen Fettschicht garen, damit er herzhaft schmeckt und vor allem saftig bleibt. Außerdem erhält der Braten so sein typisches Aroma. Aus der **Unterschale** lassen sich die besten Braten zubereiten und aus der **Oberschale** saftige ↑**Schnitzel** schneiden. Auch aus dem **Nussschinken** lassen sich Braten und Schnitzel zubereiten. Die **Hüfte** oder der **Schinkenspeck** eignet sich gut für Braten, Schnitzel, Steaks, Gulasch und Fonduefleisch. **Vorder-** und **Hintereisbein/Haxen:** Das Eisbein wird auch Schinkenbein oder Haxe genannt. Man findet dieses Stück an der Schulter und am Schinken (Vorder- und Hintereisbein). Frisch oder auch gepökelt eignet es sich hervorragend zum Braten, Kochen und Grillen. Mit einem kühlen Bier ist eine saftige Grillhaxe ein kulinarisches Erlebnis, besonders in Bayern. Die Berliner lieben ihr leicht gepökeltes, gekochtes Eisbein mit Sauerkraut. **Bauch:** Den Schweinebauch, eines der preiswerteren Teilstücke, kann man mit oder ohne Rippchen und mit oder ohne Schwarte kaufen. Er wird frisch, gesalzen oder geräuchert angeboten und eignet sich hervorragend zum Kochen, Schmoren und als Braten (flach oder gerollt). Man kann mit Schweinebauch köstliche Rouladen und das „falsche Kotelett" zubereiten. Er macht sich außerdem gut auf dem Grill und gefüllt. **Dicke Rippe/Brustspitze:** Die dicke Rippe, die zwischen Bauch und Schulter liegt, enthält grobfaseriges Fleisch. Ob kochen, braten, schmoren, grillen – die dicke Rippe lässt sich auf jede Art zubereiten. Sie ist für würziges Gulasch, saftige Rippchen oder herzhafte Eintöpfe gut. 100 g Schweinefleisch enthalten Ø 153 kcal/640 kJ, 8,8 g Fett, 20,4 g Eiweiß, 25 mg Magnesium, 3,5 mg Zink, 0,89 mg Vitamin B_1, 0,22 mg Vitamin B_2 und 70 mg Cholesterin.

Schweinegelatine [*Allgem. Nährmittel*] Besteht überwiegend aus ↑**Eiweiß**. Durch ihren Einsatz in Kombination mit anderen Geliermitteln erhalten die Produkte ihre typische Konsistenz und hohe Transparenz. Rinderprodukte werden seit dem Ausbruch der Rinderseuche ↑**BSE** zum Herstellen von Fruchtgummi nicht mehr verwendet.

Schweinegulasch [*Unsere Küche*] **T** **Englisch:** pork goulash; **Französisch:** goulache de porc; **Italienisch:** spezzatino di maiale; **Spanisch:** gulasch de cerdo. Schweinegulasch ist ein Gericht, von dem es weltweit Hunderte von Rezepten gibt. Geschnitten wird es meist aus der Schulter (Bug oder Blatt) und dem Frikandeau (**Hüfte** oder **Schinkenspeck**), aber auch aus der dicken Rippe, die zwischen Schulter und Bauch liegt und besonders saftig ist. Schweinegulasch hat eine kürzere Kochzeit als Rindergulasch. Es wird nicht so kräftig abgeschmeckt und in der Farbe heller gehalten. ↑**Gulasch** & **Würztabelle**

Schweinekamm [*Fleischprodukte*] ↑**Nacken**

Schweinemasken [*Fleischprodukte*] Sind Kopfschwarten des ↑**Schweins** mit anhaftendem Fett-, Binde- und Muskelgewebe

Schweinemett [*Fleischprodukte*] **A** Schweinehackfleisch, ↑**Hackepeter**, Thüringer Mett ist meist zum Rohverzehr bestimmt und nur mit ↑**Salz**, ↑**Zwiebeln** und ↑**Gewürzen** abgeschmeckt. Ausgangsmaterial ist grob entfettetes, sehr frisches, gut durchgekühltes ↑**Schweinefleisch.**

Schweinemoppe [*Fleischprodukte*] Schweinestichfleisch (Einstichstelle am Hals, zum Ausbluten)

Schweinenackensteak [*Fleischprodukte*] Scheibe aus dem ↑Schweine**nacken**, ohne Knochen. ↑**Würztabelle**

Schweinenetz [*Fleischprodukte*] **T** Ein feines, netzartiges Fettgewebe aus dem Bauchfell des ↑**Schweins**. In der Küche wird es zum Zusammenhalten von Gerichten wie ↑**Rouladen** oder ↑**Hackbraten**, aber auch gefülltem ↑**Fisch** verwendet, um sie zu Beginn des Garens vor dem Auseinanderfallen zu bewahren. Im Lauf des Garprozesses löst es sich vollständig auf. Schweine- oder Schweinsnetz sollte beim Metzger vorbestellt werden, da es in der Regel nicht vorrätig ist.

Schweinenierenbraten [*Fleischprodukte*] **A** Auch: Schweinsnierenbraten, ist entschwarteter, knochen- und knorpelfreier Schweinebauch mit eingerollten Schweinenieren. Die Nieren werden vor dem Verarbeiten vom Fett, den Arterien und Harnleiter befreit und über Nacht in ↑**Milch** eingelegt. Um einen würzigen Braten zu erhalten, sollte man das Fleisch mit ↑**Salz**, ↑**Pfeffer**, etwas ↑**Majoran**, fein geschnittenem ↑**Knoblauch** und ↑**Kümmel** würzen, einmassieren und über Nacht ziehen lassen. ↑**Schweinebraten**

Schweinepfeffer [*Fleischprodukte*] **A** Gulaschspezialität, die von Region zu Region anders zubereitet wird. Im Gegensatz zu einem ↑**Gulasch** sind im Schweinepfeffer weder ↑**Tomaten** noch ↑**Tomatenmark.**

Schweinernes [*Österr. Küche*] ↑**Schweinefleisch**

Schweineschmalz [*Fette*] **R** **Englisch:** lard; **Französisch:** saindoux; **Italienisch:** strutto di maiale; **Spanisch:** manteca de cerdo. Schweineschmalz ist butterweich, von körniger Beschaffenheit und mattweißer Farbe. Es wird durch das Ausschmelzen von Schweinefettgewebe (↑**Flomen** und Rückenfett) gewonnen. Reines Schweineschmalz hat einen Schmelzpunkt von 26–40° C. Schweineschmalz oder -fett besteht aus Ø 40 % ↑**gesättigter,** Ø 48 % ↑**einfach ungesättigter** (einschließlich kleiner Mengen Palmitolsäure) und Ø 12 % ↑**mehrfach ungesättigter Fettsäure.** Wie beim Geflügel variiert auch beim Schweinefett das Verhältnis von ↑**Omega-6** zu ↑**Omega-3** je nach Futter der Tiere. Der Gehalt an ↑**Vitamin D** ist nicht unerheblich. Reines Schweineschmalz lässt sich etwa 12 Monate im Kühlschrank aufbewahren. Wie das Gänsefett ist Schweineschmalz stabil und wird gerne zum kalorienreichen Braten und Backen bzw. Frittieren verwendet. ↑**Fett.** Traditionell schmorte man früher Kohl und Sauerkraut mit Schweineschmalz an, was man ab und zu auch heute noch (vor allem im Winter) ohne schlechtes Gewissen machen kann. Um 1900 wurde es sehr viel verwendet, darum findet man in vielen alten Kochbüchern noch die Begriffe „Schmalzgebackenes oder ↑**Schmalzgebäck**". **Schweineschmalz als Brotaufstrich à la Rose:** Das frische, ca. 150° C heiße Griebenfett in einem breiten Topf passieren und wieder auf den Herd stellen. Darin kleine Würfel von ↑**Zwiebeln** und ↑**Äpfeln** mit frischen ↑**Thymian**- und ↑**Majoran**zweigen, etwas ↑**Beifuß** und ↑**Knoblauch** so lange dünsten, bis die Flüssigkeit (das Wasser) verdampft ist. Die Einlage soll aber nicht braun werden. Kräuterzweige und -blätter entfernen, nach dem Stocken, wenn das Schmalz noch weich ist, gut aufrühren und nach Geschmack mit einem Teil der ↑**Grieben** anreichern. In kleine verschließbare Gläser gefüllt, dunkel und kühl eingelagert, hält sich dieses Schweineschmalz ca. 1 Monat. Schmeckt hervorragend auf frischem ↑**Bauernbrot** mit ↑**Pfeffer**, ↑**Salz** und ↑**Schnittlauch**röllchen. ↑**Tierfette & Tieröle**

Schweinsfuß [*Österr. Küche*] Spitzbein, Pfote ohne Klaue

Schweinshaxe [*Übersetzer*] **Englisch:** pig's trotter; **Französisch:** jarret de porc; **Italienisch:** zampetto di maiale; **Spanisch:** pata de cerdo

Schweinsherz [*Fleischprodukte*] Gehört zu den ↑**Innereien** und wird, gekocht, gegrillt, als ↑**Ragout** oder zu ↑**Wurst** verarbeitet

Schweinsjungfer [*Österr. Küche*] Schweinefilet

Schweinskarree [*Fleischprodukte*] ↑**Schweinefleisch**

Schweinskäs [*Fleischprodukte*] **R** Auch Stuttgarter Leberkäs genannt; ist dem altbayerischen ↑**Leberkäs** ähnlich und besteht **nur** aus feinst zerkleinertem (gekuttertem) ↑**Schweinefleisch** (↑**Brät**) meist mit ↑**geschrotete**r Schweinefleischeinlage. Die Herstellung und die ↑**Gewürze** sind dieselben wie beim bayerischen Bruder plus Zusatz von ↑**Majoran** und etwas ↑**Kümmel**.

Schweinskotelett [*Übersetzer*] **Englisch:** pork chop; **Französisch:** côte de porc; **Italienisch:** costoletta di maiale; **Spanisch:** chuleta de cerdo

Schweinslunge [*Fleischprodukte*] Gehört zu den ↑**Innereien**. Wird gekocht und als saure ↑**Lunge** oder zu ↑**Wurst** verarbeitet.

Schweinsnieren [*Fleischprodukte*] **T** Gehören zu den ↑**Innereien** und ergeben nur dann ein wohlschmeckendes Gericht, wenn sie von jungen Tieren stammen, vor dem Verarbeiten von Fett, Arterien und Harnleiter befreit und über Nacht in ↑**Milch** eingelegt werden.

Schweinsnüsschen [*Fleischprodukte*] Kleine, runde Stücke aus den Schweinekeulen, die unter der großen Nuss liegen

Schweinsrücken [*Fleischprodukte*] Besteht aus dem ↑Schweins**karree**, dem ↑Schweins**lenden**stück und dem ↑**Filet**

Schweinsschnitzel [*Fleischprodukte*] ↑**Schnitzel**

Schweinsstelze [*Österr. Küche*] ↑**Eisbein**, ↑**Haxe**

Schweinswürstl [*Fleischprodukte*] **A** Regionales, kleines, schlankes, der Nürnberger ↑**Rostbratwurst** ähnliches, pikant gewürztes Bratwürstchen. Das fein gekutterte ↑**Brät** wird mit ↑**Majoran** und ↑**Kümmel** gewürzt und mit kernigem, geschrotetem ↑**Speck** vollendet. Schweinswürstel kommen gebrüht auf den Markt, werden **ohne** ↑**Pökelsalz** hergestellt und sind kaum größer als ein Zeigefinger. Sie kommen zu viert oder auch zu sechst vom Rost auf den Teller und werden als urbayerische Spezialität mit ↑**Sauerkraut** und oft mit Soße serviert.

Schweinszunge [*Fleischprodukte*] **A** Gehört zu den ↑**Innereien**. Wird gekocht (ist erst gar, wenn sich die Haut an der Zungenspitze lösen lässt), abgezogen und im Fond erkaltet. Zum Hauptgericht der Länge nach geschnitten, paniert und als gebackenes Schweinszüngerl mit Kartoffelsalat serviert, zu ↑**Wurst** (Zungenwurst) oder Pastete verarbeitet.

Schweizer Käse [*Übersetzer*] **Englisch:** Swiss cheese; **Französisch:** fromage suisse; **Italienisch:** formaggio svizzero; **Spanisch:** queso de suizo

Schweizer Küche [*Schweizer Küche*] **A** Gibt es als solche nicht. Kein Wunder in einem Land mit 4 Amtssprachen und in der Mitte Europas. Hier verbinden sich Einflüsse aus der ↑**deutschen**, ↑**französischen** und ↑nord**italienischen Küche**. Jedoch wie überall hat jede Region ihre Spezialitäten, Gerichte, die meist aus „Arme-Leute-Rezepten" entstanden sind, sich aber im Laufe der Zeit kulinarisch entwickelten. In allen Regionalküchen der Schweiz erkennt man die Dominanz von Käse, Butter, Sahne und anderen Milchprodukten. Warum? Weil sich rund 80 % der schweizerischen Agrarfläche nur für die Tierhaltung eignen. So kommen auch frisches Gemüse und Getreideprodukte auf schweizerischen Tischen ein wenig zu kurz. Lediglich Kartoffeln sind ein fester Bestandteil der traditionellen Schweizer Küche. Trotzdem kann man in der Schweiz einzigartig gut essen. Naturnahe, gehaltvolle Produkte werden von berühmten Köchen zu herausragenden Speisen verarbeitet und präsentieren zuhause und in der Welt einzigartige Kochkunst. Zu den bekanntesten Gerichten der Schweizer Küche gehören das ↑**Käsefondue**, ↑**Berner Rösti**, die ↑**Berner Platte** (oder Schlachtplatte) und das ↑**Zürcher Geschnetzelte** sowie ↑**Raclette**, verschiedene Fleisch**fondues** und Käsegerichte allgemein. Ebenso ist auch die **Walliser Platte** mit den besten Spezialitäten aus der Region, wie geräucherter Speck, Hartwurst, Hobelkäse, ↑**Ochsenmaulsalat**, Roggenbrot und ↑**Bündner Fleisch** sehr beliebt. Auch ↑**Weine** und ↑**Edelbrände** aus der Schweiz haben weltweit hohes Ansehen. Typisch für die Schweizer Küche sind auch die diversen Wähen (Blechkuchen). Daneben besitzt die Schweiz eine große Tradition im Bereich der Süßwaren und der ↑**Schokolade**herstellung, international bekannt sind auch Backwaren wie die Aargauer Rüeblitorte (Karottentorte) oder die Zuger Kirschtorte. Um 1900 entwickelte der Schweizer Arzt Maximilian Oskar ↑**Bircher-Benner** das mittlerweile weltberühmte ↑**Birchermüesli**.

Schweizer Schnitzel [*Unsere Küche*] ↑**Cordon bleu** ohne ↑**Schinken**

Schwemmklößchen [*Regionale Spezialität*] Diese kleinen Klößchen aus Mehl oder Grieß werden als Suppen- oder Eintopfeinlage, aber auch in Kompott und

Fruchtsuppen verwendet. Rezept: 1/4 l ↑**Milch**, 2 EL ↑**Butter**, ↑**Muskat**, ↑**Salz** aufkochen, 100 g Mehl oder 125 g Grieß auf einmal hineinschütten und zum Kloß abbrühren. 2 ↑**Eier** trennen. Das ↑**Eigelb** in die auf ca. 60° C abgekühlte Masse einrühren, kalt werden lassen und den ↑**Eischnee** unterziehen. Klößchen mit zwei Teelöffeln abstechen und in Suppe, ↑**Würzsud** oder gewürzter Milch gar ziehen lassen. Der Teig kann wie ↑**Brandteig** nicht gelagert werden.

Schwenkbraten [*Regionale Spezialität*] **R** Eine regionale, traditionelle Spezialität aus dem Saarland. Für gewöhnlich besteht der Schwenkbraten aus mehreren Scheiben ↑**Schweinefleisch** vom ↑**Nacken** (ohne Knochen), die mit ↑**Salz**, ↑**Knoblauch**, ↑**Pfeffer** und gegebenenfalls noch anderen Gewürzen wie ↑**Wacholder**, ↑**Senf** oder ↑**Paprika** eingerieben werden. Wichtig ist, dass die Fleischscheiben ca. 24 Stunden lang mit grob gehackten ↑**Zwiebeln** kalt gestellt werden und marinieren. Die Bratenstücke werden auf einem runden Gitterrost, der an Ketten in einem Metallgestell aufgehängt ist, über kräftiger Buchenholzglut von jeder Seite ca. 15 Min. geschwenkt, bis sie gut gebräunt und gar sind.

Schwenken [*Unsere Küche*] Flüssige oder feste Speisen in einem Gefäß nicht rühren, sondern hin und her schwenken oder durch kreisförmige Bewegungen im Gefäß rotieren lassen, wobei sich alle Bestandteile vermischen und nicht zerdrückt werden.

Schwenkkartoffeln [*Unsere Küche*] Frische ↑**Salzkartoffeln** in zerlassener ↑**Butter** schwenken

Schwenkpfanne [*Unsere Küche*] **T** Hochrandige Pfanne zum schnellen Braten kleiner ↑**Fleisch**-, ↑**Geflügel**-, ↑**Fisch**stücke usw., zum Schwenken von ↑**Gemüse** in ↑**Butter**, zum Aufschlagen von ↑**Saucen**. ↑**Sauteuse**

Schwer [*Weinkunde*] Alkoholreicher Wein, der viel ↑**Extrakt** aufweist

Schwermetalle [*Gesundheit*] Als ↑**Spurenelemente** (z. B. ↑**Molybdän**, ↑**Cobalt**, ↑**Kupfer**) für Menschen lebensnotwendig, können aber andererseits giftig wirken, indem sie sich im Körper anreichern und ↑**Enzyme** hemmen (z. B. ↑**Blei**, ↑**Cadmium**, ↑**Quecksilber**). **Schwermetallquellen, die der Mensch verursacht, sind:** Abgase von Kraftfahrzeugen, Abfalldeponien, schwermetallhaltige Werkstoffe, Bergbau und Chemikalien.

Schwertfisch [*Fisch*] **R Lateinisch:** Xiphias gladius; **Englisch:** swordfish; **Französisch:** espadon, poisson épé; **Italienisch:** pesce spada; **Spanisch:** pez espada, emperador. Der zu den makrelenartigen Großfischen zählende Schwertfisch ist ein Verwandter des ↑**Tunfischs**. Seinen Namen hat er von dem schwertförmigen Fortsatz seines Oberkiefers. Dieses riesige Schwert, das ein Drittel seiner gesamten Körperlänge einnimmt, benutzt er als Waffe, um seine Beute durch heftige Bewegungen zu betäuben und dann zu töten. Bis zu 5 m lang und 350 kg schwer kann dieser Mittelmeerbewohner werden. Wegen des zarten, nach Kalb schmeckenden Fleisches ist er auf den Fischmärkten sehr begehrt. Das feste, trockene Fleisch schmeckt am besten, wenn es wie ein Steak gebraten wird. Dazu sollte es mit einer ↑**Marinade** aus ↑**Zitronensaft** und ↑**Olivenöl** bepinselt werden. Auch auf ↑**Blattspinat** angerichtet ist er ein Gedicht.

Schwertmuschel [*Fisch*] **T Lateinisch:** Ensis directus; **Spanisch:** navaja; Schwertmuscheln sind fünfmal so lang wie breit und leicht gebogen. Ihre Schalen sind weiß mit glänzend brauner Außenhaut. Sie filtrieren wie alle Muscheln Plankton. Ursprünglich war sie an der amerikanischen Ostküste heimisch, wurde aber vermutlich 1978 in Larvenform im Ballastwasser eines Schiffes in die Deutsche Bucht verschleppt. Von dort aus breiteten sich die Muscheln schnell entlang der Wattenmeerküste und im Limfjord aus. Bereits 1980 wurden ihre Schalen massenhaft an die Strände Nordfrieslands gespült. Entgegen ersten Befürchtungen scheint diese eingeschleppte Art die heimischen Muschelarten nicht zu verdrängen. In der ↑**mediterranen Küche** werden die kleineren Muscheln (bis zehn oder zwölf Zentimeter lang und zwei Zentimeter breit) bevorzugt. Sie werden roh verzehrt oder dienen als Einlage in Reisgerichten und Suppen. ↑**Muscheln**, ↑**Krusten-** & ↑**Schalentiere**

Schweser [*Fleischprodukte*] Regionale Bezeichnung für das ↑**Bries**

Schwimmend ausbacken [*Unsere Küche*] ↑**Frittieren**

Schwitzen [*Unsere Küche*] Auch Anschwitzen genannt: ↑**Mehl**, ↑**Zwiebeln** usw. in ↑**Butter** oder ↑**Fett** andünsten

Sciacarello [*Weinkunde*] Rotweinrebe aus Südwestkorsika, erzeugt langlebige Weine mit pfeffrigem Bukett. Gute Tafeltraube.

Scialatelli [*Ital. Speisekarte*] **A** Nudelspezialität aus Neapel und von der Amalfi-Küste. Der Name leitet sich von „scialacquatore" = Verschwender ab. Im neapolitanischen Dialekt wird das Wort adjektivisch für einen besonderen Genuss benutzt. Diese Art von ↑**Pappardelle** sind breit und dick (5 mm), aus ↑**Hartweizengrieß**, ↑**Milch**, ↑**Olivenöl**, ↑Eiern, geriebenem ↑**Käse**, mit ↑**Majoran** oder ↑**Basilikum** gewürzt und in grobe Stücke geschnitten. Dazu gehört ein klassischer ↑**Sugo** , in den Restaurants an der Küste sind sie Grundlage für ↑**Frutti di mare** . Im bäuerlichen Kampanien werden sie mit „polpettine di salsiccia" (Klößchen aus Wurstmasse) und ↑**Auberginen** zubereitet.

Sciroppo [*Ital. Speisekarte*] ↑**Sirup**

Scones [*Intern. Länderküche*] **A** Süße, weiche Milchbrötchen aus ↑**Hefeteig**, die mit ↑**Schlagsahne** und ↑**Marmelade** gefüllt zur ↑**Tea-Time** in England, Schottland, Irland usw. gereicht werden

Scoop [*U.S. Kitchen*] Sehr große Eiskugel

Scorfano [*Ital. Speisekarte*] ↑**Drachenkopf**, Skorpionsfisch, Seeskorpion

Scorpion de mer [*Franz. Speisekarte*] ↑**Fisch** aus der Familie der Skorpionsfische wie ↑**Drachenkopf**

Scorza [*Ital. Speisekarte*] Schale (von Früchten)

Scorzonera [*Ital. Speisekarte*] Schwarzwurzeln

Scorzoni [*Ital. Speisekarte*] Schwarze ↑**Trüffel**

Scotch Bonnet Chili [*Gewürze & Kräuter*] **T Schärfe 10 = 150 000–300 000** ↑**Scoville-Einheiten.** Etwa 2,5 cm lange Schote. Hellgelb, grün oder rot; hat ein äußerst scharfes, fruchtiges und rauchiges Aroma. Mit dem ↑**Habanero** verwandt. Anbau auf Jamaika und anderen Inseln der Karibik. Ideal für scharf-würzige Saucen und Curry-Gerichte. ↑**Chili**

Scotch Whisky [*Hausbar*] Beim schottischen Whisky wird unterschieden zwischen Malt und Grain. **Malt-Whisky** (Malz-Whisky): ↑**Branntwein** nur aus angekeimter ↑**Gerste.** Nach der Keimung wird das Getreide meist über Torfrauch getrocknet. Dadurch erhält der Whisky seinen rauchigen Geschmack. Das ↑**Malz** (gekeimtes und getrocknetes Getreide) wird zerkleinert und mit Wasser eingeweicht zur Maische, die man dann mit ↑**Hefe** zum Gären bringt. Danach wird zweimal destilliert. Das Destillat lagert jahrelang in Eichenholzfässern. Der beste Malt-Whisky reift 8–12 Jahre. Reiner Malt-Whisky (↑**Single Malt**) ist intensiver im Geschmack als Grain-Whisky und trägt meist eine Altersangabe. **Grain-Whisky** (Korn-Whisky): Branntwein aus vorwiegend ungemälztem Getreide (↑**Roggen,** ↑**Mais,** ↑**Hafer,** Gerste) und Gerstenmalz, ähnlich wie Kornbranntwein hergestellt, Räuchern und Trocknen entfallen. Die Lagerzeit ist kürzer als bei Malt. Der Grain-Whisky ist Hauptbestandteil des ↑**Blended-Whisky.**

Scotch woodock [*Intern. Länderküche*] **A** Begriff aus der schottischen Küchenkultur, auch unter „↑**Savouries**" bekannt. Dies ist eine traditionell heiß servierte Nachspeise, bestehend aus ↑**Sardellen** auf ↑**Toast**scheiben mit ↑**Rührei.**

Scottiglia [*Ital. Speisekarte*] Fleischtopf (von „scotto" = zerkocht)

Scoville-Einheiten [*Fachkunde*] Die so genannte Chili-Schärfe, die durch das ↑**Capsaicin** entsteht, wird in Scoville-Einheiten angegeben, benannt nach dem amerikanischen Pharmawissenschaftler Wilbur L. Scoville. Dieser hatte 1912 ein Verfahren entwickelt, bei dem die zu untersuchenden Chilischoten mit Alkohol versetzt und zermahlen wurden. Die entstandene alkoholische Capsaicinlösung wurde mit Wasser verdünnt, bis ausgewählte Probanden keine Schärfe mehr im Mund verspürten. Das Verdünnungsverhältnis ergab die Maßeinheit. Heute werden moderne HPLC-Geräte (High Pressure Liquid Chromatographen) eingesetzt, die eine wesentlich genauere und vom menschlichen Geschmacksempfinden unabhängige Messung ermöglichen. In der Schärfetabelle erhält man eine ungefähre Angabe der Schärfe einzelner Chilisorten.

Schärfe	Sorte	Scoville-Einheiten
10	Habanero, Scotch Bonnet	150 000–300 000
9	Tepin, Chiltepin	75 000–95 000
8	Rocoto, Thai, Pequin	50 000–75 000
7	Cayenne, Aji-Sorten, de Arbol, Tabasco	35 000–45 000
6	Serrano	20 000–30 000
5	Jalapeño, ung. Kirschpaprika	10 000–15 000
4	Cascabel	6000–9000
3	Dutch Red	3000–5000
2	Poblano, Guajillo	2000–2500
1	Anaheim, New Mexican	500–1500
0	Gemüsepaprika	0

↑**Chili & Capsaicin**

Scrambled eggs [*U.S. Kitchen*] ↑**Rühreier**

Scrapie-Krankheit [*Gesundheit*] Die Schafkrankheit Scrapie (oder Traberkrankheit) hat ähnliche Symptome wie ↑**BSE.** Vermutlich infizierten sich britische Rinder durch Proteinzusatz im Futter, der aus Gehirnen infizierter Schafe bestand. Anfang der Achtzigerjahre reduzierten englische Tiermehlfabriken ihre Temperaturen der Verarbeitung auf etwa 80° C, um Geld zu sparen. Die Hitze reichte nicht, die Scrapie-Erreger verendeter Schafe zu zerstören. Als dieses Tiermehl an Rinder verfüttert wurde, entstand die Krankheit BSE.

Screw Driver [*Hausbar*] **R** Before Dinner ↑**Cocktail** – Das Rezept ist einfach: 4 cl ↑**Wodka** werden in einem kleinen ↑**Tumbler** auf Eiswürfel mit frisch gepresstem Orangensaft aufgefüllt serviert.

Seafood [*Fachkunde*] Englische Übersetzung des deutschen Begriffs ↑**Meeresfrüchte.** „Meeresfrüchte" ist allerdings ein Sammelbegriff für alle essbaren Tiere aus dem Meer, die nicht zu den Wirbeltieren gehören. Der Begriff „Seafood" umfasst alle im Meer lebenden Tiere, also auch Wirbel- und Säugetiere.

Seamoss [*Intern. Länderküche*] **A** Hierbei handelt es sich um ein Milchgetränk, das sehr gesund und bekömmlich ist, aber nur in der Karibik zu haben ist. Ein algenähnliches Gewächs aus dem Meer wird eingeweicht, gekocht und ausgepresst. Zurück bleibt eine geleeartige Substanz, die mit ↑**Milch,** ↑**Zucker** und ↑**Gewürzen** wie ↑**Muskat** sowie fein zerstoßenem Eis vermischt wird. Die Heimat des Milchshakes ist Trinidad. ↑**Kreolische Küche**

Seau [*Franz. Fachwort*] Eimer

Seau à glace [*Franz. Fachwort*] Eiskübel, Weinkühler

Sébaste [*Franz. Speisekarte*] ↑**Rotbarsch**

Sebze corbasi [*Orientalische Küche*] Begriff aus der türkischen Küchenkultur für Gemüsesuppe. ↑**Türkische Küche**

Sec [*Weinkunde*] **Französisch für trocken.** Der Begriff bezieht sich gewöhnlich auf Schaumweine und ist ein Indiz für das Maß an Restsüße in einem Wein. Ein Wein mit der Bezeichnung „Sec" hat weniger als 10 g/l Restzucker und ist vom Geschmack her trocken. Obwohl ähnlich, ist der Begriff nicht ganz mit der deutschen Geschmacksangabe trocken identisch, da das deutsche Weingesetz den Restzuckergehalt eines deutschen Weines abweichend festlegt. **Secco:** Italienisch für trocken.

Sechskornbrot [*Backstube*] Ein würziges ↑**Weizen-** u. Roggenschrotbrot, dem sechs verschiedene Körnerarten wie ↑**Roggen**, ↑**Hafer**, ↑**Gerste**, ↑**Hirse**, ↑**Leinsamen** und ↑**Sesam** geschrotet beigefügt werden

Secura [*Kartoffelsorte*] **Kochtyp:** ↑**Vorwiegend festkochende Kartoffeln.** Frühreifende Sorte

Sedafin [*Kartoffelsorte*] **Kochtyp:** ↑**Vorwiegend festkochende Kartoffeln; Herkunft:** Chile; **Jahr der Zulassung:** unbekannt; **Schale:** gelb; **Fleisch:** hellgelb, kräftiger Kartoffelgeschmack; **Knolle:** rund; **Reifezeit:** mittelfrüh bis spät

Sedanini [*Ital. Speisekarte*] Geriffelte, leicht gebogene ↑Röhren**nudeln**, Ähnlichkeit mit ↑**Staudensellerie**

Sedano [*Ital. Speisekarte*] ↑**Sellerie**

Seeaal [*Fisch*] **Englisch:** conger; **Französisch:** daube/congre; **Italienisch:** grongo; **Spanisch:** congrio. Seeaal ist der in Küstennähe lebende ↑**Aal**, aber auch die deutsche Handelsbezeichnung für ↑**Dornhai.**

Seebarsch [*Übersetzer*] **Englisch:** sea bass; **Französisch:** loup de mer; **Italienisch:** branzino, spigola, lupo di mare; **Spanisch:** lubina

Seeds [*U.S. Kitchen*] Samen, Körner

Seefahrerbier [*Bier*] Wird nur noch am zweiten Freitag im Februar im Bremer Ratskeller gebraut, zur so genannten Schiffermahlzeit. Wenn Matrosen am Ende des Winters wieder auf große Fahrt gingen, wurde ihnen zum Abschied das sehr malzige Seefahrerbier angeboten.

Seefisch [*Fisch*] ↑**Fisch**

Seeforelle [*Fisch*] Die Seeforelle (**salmo lacustris**) und die Meerforelle (**salmo trutta**) sind nach neuerer Auffassung nur Formen der Bachforelle, die sich dem Leben im See bzw. im Meer und Fluss angepasst haben. Beide erreichen eine erstaunliche Größe (bis zu 15 kg Gewicht). Die Seeforelle bewohnt die Alpen- und Hochalpenseen, die ↑**Meerforelle** Nord- und Ostsee, von wo sie zum Laichen in die Flüsse aufsteigt. Die Meerforelle ähnelt dem ↑**Lachs**, ihr Fleisch ist ebenfalls rot und gleichwertig in der Qualität.

Seegurke [*Übersetzer*] **Englisch:** sea cucumber; **Französisch:** holothuri; **Italienisch:** aloturia; **Spanisch:** cohombro de mar

Seehase [*Fisch*] **Lateinisch:** Cyclopterus lumpus. **Synonym:** Lumpfisch. **Englisch:** lump, lumpfish, lumpsucker, sea hen; **Französisch:** lompe, cycloptère; **Italienisch:** lompo, ciclottero; **Spanisch:** ciclóptero, liebre de mar. Ein Fisch von etwa 60 cm Länge und 4–5 kg Gewicht, der in allen nördlichen Meeren, besonders in Nord- und Ostsee vorkommt. Sein Leib ist plump, die Bauchflosse zu einer breiten Haftscheibe verwachsen. Mit dieser saugt er sich nach Art eines Schröpfkopfes an Steinen und Felsen fest. Der Seehase ist als Speisefisch von untergeordneter Bedeutung. Nur sein Rogen wird in der Lebensmittelindustrie verarbeitet und als „↑**Deutscher Kaviar**" (Seefischkaviar) angeboten.

Seehecht [*Fisch*] **T Lateinisch:** Merluccius vulgaris; **Englisch:** hake; **Französisch:** merlu commun; **Italienisch:** nasello, merluzzo; **Spanisch:** merluza. Schlanker räuberischer Nordsee- und Atlantikfisch, bis 16 kg schwer, mit perlgrauem Rücken und weißlichem Bauch. Der Seehecht aus dem Atlantik ist von besonders guter Qualität. Sein Fleisch ist fester und schmackhafter als das der Seehechte aus anderen Gewässern. Sein zartgelbes, weißes Fleisch kann wie das vom ↑**Kabeljau** auf alle Arten zubereitet werden. Er wird im Handel als ganzer Fisch, als Filet, frisch oder tiefgefroren angeboten. **Inhaltsstoffe:** pro 100 g ∅ 83 kcal/350 kJ, Eiweiß: 17 g, Fett: 1,4 g

Seeigel [*Fisch*] **T Englisch:** sea urchins; **Französisch:** oursins; **Italienisch:** ricci di mare; **Spanisch:** erizos. Stachelhäuter, die sich in Küstennähe aufhalten. In Südfrankreich und Italien werden die „Kastanien des Meeres" als Leckerbissen geschätzt. Die reifen Eierstöcke (Seeigelrogen) gelten sogar als Delikatesse. **Achtung!** Im Wasser in Strandnähe zur Vorsicht immer wasserfeste Strandschuhe tragen. Denn nicht nur Seeigel, sondern auch ↑Petermännchen und andere Tiere oder Gegenstände können einem schmerzhafte Verletzungen zufügen.

Seekarpfen [*Fisch*] ↑**Streifenbrasse**

Seelachs [*Fisch*] **T Englisch:** pollack, saithe, coalfish; **Französisch:** lieu noir, lieu jaune; **Italienisch:** merluzzo imperiale; **Spanisch:** abadejo. Der Seelachs oder ↑**Köhler** und der echte ↑**Lachs** haben nichts gemeinsam. Seinen deutschen Namen verdankt er den lachsähnlich eingefärbten Schnitzeln in Öl. Er kommt im Nordatlantik vor und sieht dem ↑**Kabeljau** ähnlich. Seelachs wird bis zu 60 cm lang. Sein Fleisch ist gräulich und wird beim Garen heller. Seelachs wird frisch oder tiefgefroren als Filet angeboten. **Inhaltsstoffe:** 100 g gedünsteter Seelachs enthalten ∅ 79 kcal/329 kJ, 897 mg Fett, 18,3 g Eiweiß, 0,2 mg Jod, 0,8 µg Vitamin D und 0,36 mg Vitamin E. Seelachs zeichnet sich vor allem durch sein fettarmes, leicht verdauliches Fleisch und seinen hohen ↑**Jod**gehalt aus. In der Küche eignet er sich zum Dünsten, Kochen, Grillen oder Braten, macht eine gute Figur im Fischgulasch und ist ideal für ↑**Fischfrikadellen. Wie wird Seelachs industriell verarbeitet?** Ganz und in Stücken geräuchert; in Öl eingelegt, nachdem er salzgar (genussfähig) gemacht, geräuchert oder angeräuchert und in Scheiben oder Schnitzel geschnitten worden ist. Diese Erzeugnisse sind für eine beschränkte Zeit haltbar gemacht, müssen kühl gelagert werden und sind zum alsbaldigen Verbrauch bestimmt. Ihre Bezeichnung lautet: Seelachs, Seelachsscheiben, Seelachsschnitzel, Lachsersatz, gefärbt, in Öl. Auch entsprechende Zubereitungen des ↑**Pollacks** kommen als Seelachs in den Handel. ↑**Lachsersatz**

Seelaube [*Fisch*] Bezeichnung für die ↑**Mairenke**

Seeohr [*Fisch*] ↑**Abalone**

Seesaibling [*Fisch*] **T** Rotforelle, Rotfisch, Ritter. Diese Unterart des Wandersaiblings ist in Seen der bayrischen und österreichischen Alpen verbreitet. Er ist etwa 10 bis 75 cm lang. Rücken grün bis braun, die Unterseite hell: Alle ↑**Saiblinge** sind sehr schmackhaft und werden wie ↑**Forellen** zubereitet.

Seeschnecken [*Fisch*] ↑**Meeresschnecken**

Seeschwalbe [*Fisch*] Bezeichnung für den Knurrhahn

Seespinne [*Fisch*] ↑**Meeresspinne**

Seestör [*Fisch*] ↑**Heringshai**

Seetang [*Fachkunde*] **Englisch:** laver, seaweed; **Französisch:** varech; **Italienisch:** alghe marine; **Spanisch:** algas. Die Küstenbewohner der Erde haben Seetang schon immer als wichtige und natürliche Nahrungsquelle genutzt. Vor allem Japaner, aber auch Koreaner, Peruaner und Kanadier schätzen ihn. ↑**Algen**; Seetang wird auch für die Produktion des vielseitigen Kohlenhydrats ↑**Alginat** verwendet.

Seeteufel [*Fisch*] **R Lateinisch:** Lophius piscatorius; **Englisch:** angler fish; **Französisch:** lotte; **Italienisch:** coda di rospo, rana pescatrice; **Spanisch:** rape. Furchterregend sieht er aus, der Seeteufel: mit seinem riesigen Kopf, den unansehnlichen Hautwucherungen und den Unheil verkündenden Stachelstrahlen, die aus seiner Rückenflosse ragen. Kein Wunder, dass er im Handel selten als ganzer Fisch angeboten wird. Nach dem Fang werden die meisten direkt zum Verkauf vorbereitet und von Kopf, Haut sowie Innereien befreit. So abschreckend sein Äußeres sein mag, umso köstlicher ist das Filetfleisch. Der bis zu zwei Meter lange und 40 Kilo schwere Seeteufel ist ein Grundfisch, der in Küstenregionen und in Tiefen von über 1000 m lebt. Seine wichtigsten Verbreitungsgebiete sind der Nordatlantik und das Mittelmeer. Aber auch in amerikanischen Gewässern von Neufundland bis Brasilien und im Golf von Guinea bis in die Neuseelandzone wird er gefischt. Der Seeteufel gehört zur Familie der Anglerfische und wurde einst als ↑**Hummer** der armen Leute bezeichnet. Mittlerweile ist Hummerfleisch im Einkauf fast günstiger. Die Bäckchen vom Seeteufel gelten als Delikatesse, tauchen aber im Handel so gut wie nie auf. **In der Küche:** Das grätenlose, feste Fleisch erinnert geschmacklich an ↑**Krustentiere** und lässt sich genauso unkompliziert zubereiten. So kann man es mit ↑**Zitronensaft**, ↑**Salz** und ↑**Cayennepfeffer** würzen, mit ↑**Butter** bepinseln und in einer ↑**Kokotte** mit ↑**Knoblauch**, ↑**Butter** und ↑**Weißwein** im Ofen bei 180° C 10–15 Min. garen. Nach der halben Zeit umdrehen. Auf ↑**Blattspinat** mit Sc. ↑**Choron** anrichten, dazu ↑**Wildreis** servieren.

Seetierfett [*Fette*] ↑**Tierfette & Tieröle**

Seewolf [*Übersetzer*] **Englisch:** wolffish; **Französisch:** loup de mer; **Italienisch:** lupo di mare; **Spanisch:** perrito del norte. ↑**Steinbeißer**

Seezunge [*Fisch*] **T Lateinisch:** Solea vulgaris; **Englisch:** sole; **Französisch:** sole; **Italienisch:** sogliola; **Spanisch:** lenguado común. Ein lang-ovaler ↑**Plattfisch**, der zu den Edelfischen gehört, bis 50 cm lang und 4 kg schwer wird. Dieser bedeutende Speisefisch kommt von Südskandinavien bis Nordafrika vor. Die Augenseite (Oberseite) ist meistens grau bis graubraun, die Blindseite (Unterseite) hell. Das Seezungenfleisch ist weiß, fest, sehr schmackhaft und enthält pro 100 g ∅ 17,5 g Eiweiß und 1,4 g Fett. Seezungen werden das ganze Jahr über angeboten. Sie sind zum Dünsten, Braten, Füllen geeignet und zählen als Seezungenröllchen zu den Delikatessen in der gehobenen Küche.

Segale [*Ital. Speisekarte*] ↑**Roggen**

Segundo, segundo plata [*Span. Speisekarte*] Hauptspeise

Sehr gut [*Übersetzer*] **Im Hotel Englisch:** Very good; **Französisch:** Très bien; **Italienisch:** Molto bene, ottimo; **Spanisch:** Muy bien

Seiche [*Franz. Speisekarte*] ↑**Tintenfisch**

Seidel [*Fachkunde*] **Altes Hohlmaß:** 1 Wiener Seidel = 2 Pfiff = 0,354 l; Bayern: 0,535 l

Seigle [*Franz. Speisekarte*] ↑**Roggen**

Seihen [*Hausbar*] ↑**Abseihen**

Seimhonig [*Allgem. Nährmittel*] Um ihn zu gewinnen, werden die Waben erhitzt und ausgepresst, wodurch der ↑**Honig** an Reinheit und Frische verliert.

Seirass del Fren [*Käse*] **Herkunft:** Italien/Alto Canavese; **Info:** Es handelt sich um einen ↑**Ricotta** (seirass), der mit ↑**Pfeffer**, ↑**Salz**, ↑**Kümmel**, rotem ↑**Chili** oder wildem ↑**Fenchel**samen verfeinert wird.

Seitan [*Gesundheit*] Ein Produkt aus konzentriertem ↑**Weizen**eiweiß (↑Weizen**gluten**) von fleischartiger Konsistenz, das in der veganen Küche häufig als Fleischersatz verwendet wird. Da Seitan kein **Cholesterin** enthält, kann es auch für entsprechende Diäten eingesetzt werden und dient zur Herstellung wurstähnlicher Aufschnitte. Es kann gebraten, frittiert, gekocht oder auch gedämpft werden, hat einen kräftigen Geschmack und passt in jeden ↑**Eintopf**.

Sekt [*Hausbar*] **T Englisch:** sparkling wine; **Französisch:** vin mousseux; **Italienisch:** spumante; **Spanisch:** vino espumoso. Die im deutschsprachigen Raum hergestellten Schaumweine werden als weiße, rote und roséfarbene Sekte angeboten, die das gesamte geschmackliche Spektrum zwischen trocken (brut) und lieblich (süß, doux) abdecken. Die Qualitäten reichen von sehr bescheiden bis zu hochwertigen, nach Champagnerverfahren produzierten Exemplaren. Die erste deutsche Sektkellerei wurde 1826 gegründet. Die meisten Sektweine werden aus Grundweinen verschiedener Herkunft produziert. Heißt es auf dem Etikett aber „Deutscher Sekt", betrifft es einen Schaumwein, der ausschließlich aus deutschen Grundweinen erzeugt wurde. Häufig werden diese Schaumweine unter dem Namen eines bestimmten Anbaugebietes, oft sogar unter einer Einzellagenbezeichnung sowie einer Jahrgangsangabe auf den Markt gebracht. Es kann sich dabei um köstliche Weine handeln, vor allem, wenn sie aus ↑**Riesling** gekeltert wurden. Die besten Exemplare sind sogar lagerfähig. Für die Verwendung in der Bar empfiehlt sich ein trockener, weißer Sekt; je nach Geschmack kann aber auch mit einer anderen Sorte experimentiert werden. Wird in einem Rezept ↑**Champagner** verlangt, so kann in der Regel durchaus auch ein hochwertiger Sekt verwendet werden. Den Namen Champagner dürfen nur französische Schaumweine tragen, die nach bestimmten Richtlinien aus dem Gebiet Champagne nordöstlich von Paris im Département Reims hergestellt werden.

Sekundäre Pflanzeninhaltsstoffe [*Fachkunde*] Riesige, noch wenig erforschte Gruppe pflanzlicher Substanzen. Einige von ihnen wirken sich positiv auf die Gesundheit aus, indem sie den Körper vor schädlichen Einflüssen und krebserregenden Substanzen schützen. Beispiele: ↑**Flavonoide** im ↑Rotwein, ↑**Betacarotin** im ↑**Gemüse** usw.

Sekundäre Pflanzenstoffe [*Gesundheit*] **T** Abkürzung: **SPS** – Sekundäre Pflanzenstoffe und ↑**bioaktive Substanzen** sind Verbindungen, die in geringen Mengen in Pflanzen gebildet werden, dort aber wichtige Aufgaben erfüllen. Sekundäre Pflanzenstoffe sind z. B. ↑**Farbstoffe** in ↑**Blüten,** Wachstumsregulatoren, Farb- und Geschmacksstoffe in ↑**Früchten**, Schutzstoffe vor Schädlingen und Krankheiten. Man schätzt, dass es etwa 10 000 verschiedene sekundäre Pflanzenstoffe gibt. Zu ihnen zählen ↑**Carotinoide,** Phytolstrogene, Phytosterine, Polyphenole, ↑**Saponine,** Terpene, Phytinsäure, ↑**Sulfide** und Protease-Inhibitoren. Sekundäre Pflanzenstoffe aus Lebensmitteln wirken physiologisch vor allem im Magen-Darm-Trakt und gelten als gesundheitsfördernd. Sie wirken antioxidativ und stehen daher im Ruf, krebsvorbeugend sowie antibakteriell und antiviral zu wirken. Sie schützen Körperzellen vor Freien Radikalen und verlangsamen die Zelloxidation. Einige der sekundären Pflanzenstoffe können ↑**Cholesterin** senken, da sie mit ihm einen unlöslichen Komplex bilden, der die Aufnahme von Cholesterin in den Blutkreislauf hemmt. Darum ist es so wichtig, täglich frisches Gemüse, ↑**Vollkorn**produkte und ↑**Hülsenfrüchte** auf seinem Teller zu haben. Da sekundäre Pflanzenstoffe teilweise hitzeempfindlich sind, ist es aber auch ratsam, ab und zu rohes ↑**Gemüse** (immer mit etwas ↑**Pflanzenöl**) zu essen, bzw. Gemüse schonend und nur kurz zu garen (dämpfen und dünsten), da dann noch viele der wertvollen ↑**Nährstoffe** erhalten bleiben.

Sel fin, de table [*Franz. Speisekarte*] ↑Tafel**salz**

Selamatan [*Intern. Länderküche*] Ein gesellschaftlich eingenommenes Festessen und ein Begriff aus der indonesischen Küchenkultur, im Niederländischen als „Rijstafel" (↑**Indonesische Reistafel**) übersetzt. Das mittlerweile weltweit bekannte Menü besteht aus einer Vielzahl von ↑**Fleisch**sorten, ↑**Gemüse**n, Salaten, ↑**Fisch**, ↑**Currygerichte**n und Würzpasten. ↑**Indonesische Küche**

Selchen [*Österr. Küche*] Räuchern

Selcher [*Fachkunde*] Im sudetendeutschen Sprachgebrauch übliche Berufsbezeichnung für Wurstmacher; genauer: „Fleischer und Selcher"

Selchfleisch [*Österr. Küche*] Räucherfleisch; gepökeltes, geräuchertes ↑**Schweinefleisch**

Selchkarree [*Österr. Küche*] Rohes ↑**Kasseler**

Selchspeck [*Österr. Küche*] ↑**Räucherspeck**

Selchsuppe [*Österr. Küche*] Suppe, die sich beim Kochen von gepökeltem ↑**Fleisch** ergibt

Sélection des Grains Nobles [*Weinkunde*] Französische Bezeichnung, Äquivalent für ↑**Beerenauslese**. Das Lesegut muss eine minimale Reife zwischen 110 und 120° ↑**Öchsle** haben und ist fast immer auch von Edelfäule befallen. Die Weine verfügen alle über Restsüße. Wie süß sie tatsächlich schmecken, ist wiederum von der Rebsorte, dem Säuregehalt, aber vor allem vom Produzenten abhängig.

Selen [*Gesundheit*] **T Essenzielles Spurenelement.** Im Körper kommt es in den Zähnen und Knochen sowie in ↑**Enzyme**n vor. In einigen Shampoos befindet sich ein 2,5 %-iger Zusatz an Selen als Antischuppenmittel. Auch in einer Reihe von Medikamenten gegen Hauterkrankungen befindet sich Selen. So wird es als therapieunterstützendes Medikament bei der Behandlung der Schuppenflechte angewandt. Es muss aber auch darauf hingewiesen werden, dass einige Selenverbindungen hoch giftig sind und im Verdacht stehen, krebserregend zu wirken. So wird Selen beispielsweise auch zu den **krebserregenden Inhaltsstoffen des Tabakrauches** gezählt. **Funktionen im Körper:** Selen ist Bestandteil eines Enzyms, das verstärkt die Umwandlung von ↑**Freien Radikale**n, vor allem von Wasserstoffperoxid veranlasst. Außerdem ist es an der Aktivierung der Schilddrüsenhormone beteiligt. Selen spielt eine Rolle in der Immunabwehr und bei der Entgiftung bzw. Ausleitung von Schwermetallen. Es bildet dabei mit einigen Schwermetallen stabile Metallselenide, die aus dem Magen-Darm-Trakt nicht resorbiert und somit ausgeschieden werden. **Schätzwerte für eine angemessene Zufuhr:**

Alter	Selen µg/Tag
Säuglinge	
0 bis unter 4 Monate	5–15
4 bis unter 12 Monate	7–30
Kinder	
1 bis unter 4 Jahre	10–40
4 bis unter 7 Jahre	15–45
7 bis unter 10 Jahre	20–50
10 bis unter 13 Jahre	25–60
13 bis unter 15 Jahre	25–60
Jugendliche und Erwachsene	
15 bis unter 19 Jahre	30–70
19 bis unter 25 Jahre	30–70
25 bis unter 51 Jahre	30–70
51 bis unter 65 Jahre	30–70
65 Jahre und älter	30–70
Schwangere	30–70
Stillende	30–70

Die Aufnahme von Selen aus der Nahrung ist in den Industrienationen bei einer normalen abwechslungsreichen Ernährung gerade ausreichend. **Selenhaltige Nahrung:** ↑Eier sind einer der Hauptlieferanten von Selen sowie ↑**Fisch**, ↑**Fleisch**, ↑**Leber**, ↑**Getreide**produkte und ↑**Nüsse.** Selen wird an ↑**Eiweiß** gebunden aufgenommen. **Mangelerscheinungen:** Welche Folgen ein Mangel an Selen haben kann, ist noch nicht vollständig erfasst. Studien deuten jedoch einen Zusammenhang zwischen Bluthochdruck und verschiedenen Herzkrankheiten an. Auch Verbindungen zwischen Selenmangel und der Häufigkeit von Leber-, Darm- und Lungenkrebs sind in Studien dargelegt worden. Zudem gibt es Hinweise darauf, dass Selenmangel zur Unfruchtbarkeit bei Männern führen kann. Die Reifung der Spermien ist bei Selenmangel gestört, ihre Beweglichkeit verringert sich.

Self-rising flour [*U.S. Kitchen*] Mischung aus ↑**Mehl** und ↑**Backpulver**

Sella [*Ital. Speisekarte*] ↑**Rücken**, eigentlich Sattel

Sellerie, Knollensellerie [*Gemüse*] **R Lateinisch:** Apium graveolens var. rapaceum. **Synonym:** Wurzelsellerie, Zeller, Eppich. **Englisch:** celery; **Französisch:** céleries; **Italienisch:** sedano; **Spanisch:** apio. **Info:** Knollensellerie gehört zur Familie der Doldenblütengewächse und ist eine zweijährige Pflanze, bei der sich im ersten Jahr die Wurzel zu einer breitrunden, 10–20 cm großen Knolle mit dünner, harter, weiß-beiger oder bräunlicher Rinde und weißlichem, schwammigen bis festen Fleisch entwickelt. **Ursprung und Geschichte:** Sellerie ist eine heimische Kulturpflanze, die von der in salzigen und sumpfigen Küstengebieten im Mittelmeerraum vorkommenden Wilden Sellerie oder Sumpfsellerie (Apium graveolens var.graveolens) abstammt. Sellerie wird bereits von Homer in der Odyssee erwähnt; die Griechen des Altertums bekränzten die Sieger sportlicher Anlässe mit Sellerielaub und flochten Totenkränze daraus. Die heutigen Sellerie-Sorten gehen auf Züchtungen im Italien des 17. Jahrhunderts zurück und waren bereits 100 Jahre später eine der beliebtesten Küchenpflanzen Mitteleuropas. Seine überraschend schnelle Verbreitung verdankt er auch der ihm nachgesagten potenzsteigernden Wirkung. **Herkunft und Saison:** Bereits Ende Mai kommen die ersten frischen Knollen mit zartem Grün aus Geschütztem Anbau auf den Markt. Die Hauptangebote aus Freilandanbau gibt es von Anfang September bis Ende November. **Im Handel erhältlich:** Sellerieknollen vor allem im Herbst bis Frühling; Staudensellerie ganzjährig in guten Gemüsegeschäften; Selleriesamen gemahlen als Selleriepulver oder Selleriesalz; Sellerieblätter getrocknet als Sellerieflocken. **Geschmack:** Stangen, Blätter, Samen und Knolle haben denselben Geschmack – süßlich scharf und würzig, entfernt an ↑**Liebstöckel** erinnernd. **Inhaltsstoffe:** 100 g Knollensellerie weisen einen Brennwert von ⌀ 41 kcal/170 kJ auf und enthalten 87 g Wasser, 1,5 g Eiweiß, 0,3 g Fett, 9,2 g Kohlenhydrate und 1,8 g Ballaststoffe. An ↑**Mineralstoffen**, ↑**Spurenelementen** und ↑**Vitaminen** sind ⌀ 43 mg Kalzium, 0,7 mg Eisen, 100 mg Natrium und 8 mg Vitamin C enthalten – sowie ätherische Öle, Kochsalz, Kieselsäure, Mangan und Spuren von Kupfer. **Gesundheitlicher Wert:** Sellerie wirkt harntreibend, appetitanregend, fieberhemmend, schleimlösend, blähungstreibend, entwässernd und hat einen günstigen Einfluss auf Nieren- und Blasenleiden. Als gepresster Saft wird er in Schlankheitskuren verwendet, sollte jedoch bei Nierenproblemen mit Vorsicht genossen werden. Wegen seines ↑**Salz**gehalts ist er ein angenehmer Ersatz bei kochsalzarmen Diäten. **Zubereitung und Tipps:** Knollensellerie ist in der heimischen Küche als unverzichtbarer Bestandteil von ↑**Suppengrün** in jedem Suppenansatz oder im Röstgemüse (↑**Mirepoix**) in vielen Saucenansätzen zu finden, ist würzende Einlage in Suppen und Eintopfgerichten. Roh eignet er sich für ↑**Rohkost**salate und ist fester Bestandteil des „↑**Waldorfsalates**". In Frankreich ist er häufig eine Ergänzung zum „↑**Bouquet garni**", und auch in Italien wird Sellerie in ähnlichen Kombinationen verwendet, zum Beispiel mit ↑**Zwiebeln**, ↑**Karotten**, ↑**Lauch** und ↑**Oregano** in Fleischsoßen (↑**Sugo**) oder mit Zwiebeln, ↑**Knoblauch**, Karotten, ↑**Zitronen**schale und ↑**Majoran** oder ↑**Thymian** im ↑**Ossobuco**, der Kalbshaxe italienischer Art. In der Feinschmeckerküche kann man mit geraspeltem oder fein geschnittenem Knollensellerie herzhafte, deftige Gerichte würzen wie ↑**Fisch**- und ↑**Muschel**sud; die ↑**Panade** von ↑**Backfisch**; Geflügelfüllungen und Geflügelsuppen, Geflügelsalat (mit ↑**Ananas**, ↑**Nüssen**, ↑**Eiern**, ↑**Mayonnaise** oder ↑**Sauerrahm**, ↑**Senf** und ↑**Zitronensaft**); ↑**Hackfleisch**gerichte; Kartoffelsalat (mit Mayonnaise oder Sauerrahm, Zwiebeln und ↑**Äpfeln**); ↑**Kartoffel**-, ↑**Linsen**- oder Gemüsesuppe; gebratene ↑**Leber**; ↑**Rouladen**; gegrillte ↑**Tomaten**; ↑**Tomatensauce**; Tomatensaft usw. **Würzkombinationen:** Sparsam verwendet, verstärkt er den Geschmack anderer frischer ↑**Kräuter**, zu viel Sellerie übertönt ihn. **Aufbewahren:** Sellerieknollen in der Küche sind völlig problemlos. Sie bleiben mindestens eine Woche im Kühlschrank frisch, sie laufen an Schnittstellen zwar an, aber behalten ihren angenehmen Geschmack, wenn man sie luftdicht abgeschlossen aufhebt.

Selleriekohl [*Gemüse*] ↑**Chinakohl**

Selleriesalz [*Gewürze & Kräuter*] **T** Mit pulverisiertem ↑Knollen**sellerie** gewürztes Kochsalz. Selleriesalz kommt in der Hausbar als Würzmittel in ↑**Kater**getränken (↑**Pick-me-ups**) und Kreationen aus Gemüsesäften zum Einsatz; wegen des sehr starken Eigengeschmacks sollte es äußerst vorsichtig dosiert werden.

Selles-sur-Cher [*Käse*] **T Herkunft:** Frankreich/Loiretal (Centre); **Käsesorte:** ↑**Weichkäse**, 45 % ↑**Fett i. Tr.**; **Milch:** ↑**Ziegenmilch**; **Teig:** fein strukturiert von festerer Konsistenz; **Rinde:** Ihre graue Färbung erhält die essbare Rinde durch das Bestäuben mit Holzkohle. Sie reguliert die Feuchtigkeit auf der Oberfläche, gibt ihr einen blauen Schimmer, schützt den ↑**Käse** vor dem Austrocknen und schafft somit eine gute Grundlage für das Wachstum von ↑**Edelschimmel**. **Geschmack:** charakteristisch, aber zurückhaltend nach ↑**Ziege**, mild, nussig; **Form:** rund, ∅ 9 cm, 2,5 cm hoch mit abgeschrägten Kanten, auch herzförmig – **Gewicht:** 150 g; **Reifung:** Selles-sur-Cher (**sprich:** Säll sür Schär) reift 21 Tage in trockenen Reifekellern, wobei die Molke ganz abläuft. **Weinempfehlung:** Weiß- und ↑**Rotweine** der Loire wie ein trockener Touraine blanc, ein leichter, fruchtiger Chinon oder Bourgueil (rot). **Beste Zeit:** Mai bis Oktober

Selma [*Kartoffelsorte*] **Kochtyp:** ↑**Festkochende Kartoffeln** – „Speckige Kartoffel" genannt; **Herkunft:** Deutschland; **Jahr der Zulassung:** 1972; **Schale:** gelb; **Fleisch:** dunkelgelb; **Knolle:** lang; **Reifezeit:** mittelfrüh

Selo de Origem [*Weinkunde*] Auch als Selo de Garantia bezeichnet. Eine nummerierte Kontrollbanderole (nur beim Vinho Verde als Rückenetikett), die über die Korken portugiesischer Weine aus einem DOC-Gebiet geklebt werden. So garantiert die autorisierte Gebietskörperschaft die Herkunft des Weines aus dem festgelegten Weinbaugebiet gemäß den bestehenden Verordnungen.

Selterswasser [*Hausbar*] Allgemeiner Name für ↑**Mineralwasser**. Original aber ein alkalisch-salzsäurehaltiges Mineralwasser aus Niederselters in Nordhessen.

Selvaggina [*Ital. Speisekarte*] ↑**Wild**

Sema [*Fleischprodukte*] Regionale Bezeichnung für die ↑**Unterschale**

Semi di mele – di melone – d'orzo – di grana – di peperoni – di cicoria [*Ital. Speisekarte*] Kleine ↑**Nudeln** aus ↑**Hartweizengrieß** und Wasser, geformt wie Samenkerne und -körner. ↑**Kritharaki**

Semi-essenzielle Aminosäuren [*Fachkunde*] Arginin, Histidin: zwei Aminosäuren, die vom menschlichen Organismus nicht immer in ausreichender Menge gebildet werden können (z. B. im Säuglingsalter)

Semifreddo [*Ital. Speisekarte*] ↑**Halbgefrorenes**

Sémillon [*Weinkunde*] Weiße edle Rebsorte, die vornehmlich im Südwesten Frankreichs angebaut wird und für die berühmten Süßweine des Bordeaux mitverantwortlich ist. Wobei das Verschnittverhältnis zwischen Sémillon und ↑**Sauvignon Blanc** meist vier zu eins ist. Auch in den trockenen weißen Bordeauxweinen dominiert Sémillon den Verschnitt, obwohl sich der Trend unaufhaltsam Richtung Sauvignon Blanc entwickelt. Die von Sémillon gekelterten Weine sind tieffarbig und vollmundig, verfügen jedoch in der Jugend über wenig Aroma. Langjährige Lagerung ergibt wunderbar charaktervolle Weine. Sémillon trifft man auch in Chile und Kalifornien. In Australien wird sie oft mit ↑**Chardonnay** verschnitten.

Semini [*Ital. Speisekarte*] Kleine, spindelförmige ↑**Nudeln**

Semisweet [*U.S. Kitchen*] Halbsüß

Semmelbrösel [*Österr. Küche*] ↑**Paniermehl**

Semmelbutter [*Österr. Küche*] **R** Garniert manche österreichischen und bayerischen Nachspeisen: Dafür lässt man ↑**Butter** in der Pfanne zerfließen, erhöht dann die Temperatur, gibt fein geriebene Semmeln dazu und röste das Ganze schnell an. Die knusprigen Brösel über die fertigen Gerichte streuen und heiß servieren.

Semmelknödel [*Regionale Spezialität*] **R Englisch:** bread dumplings; **Französisch:** boulettes de pain; **Italienisch:** canederli di pane, tirolesi; **Spanisch:** albondiga de pan. **Grundrezept:** Zutaten für 10 Knödel: 500 g altbackene Semmeln bzw. Brötchen; 1 kleine ↑**Zwiebel**, feinst gewürfelt; etwas ↑**Butter**; 1/2 l ↑**Milch**; 1 EL ↑**Mehl**; 2 EL gehackte ↑**Petersilie**; 4 ↑**Eier**; 1 TL ↑**Salz**; ↑**Pfeffer** und ↑**Muskat**. Das Rezept kann problemlos halbiert oder verdoppelt werden. **Herstellung:** Semmeln mit der Brotmaschine in sehr dünne Scheibchen schneiden. Zwiebeln in Butter anschwitzen und dazugeben. Die kochend heiße Milch darübergießen, mit einem Holzlöffel gut durchmischen und zugedeckt 10 Min. quellen lassen. Danach noch mal wenden. Wenn die Masse handwarm ist, Mehl, Eier, Gewürze und Petersilie dazugeben, sehr gut durchkneten und ca. 30 Min. ruhen lassen. Mit nassen Händen einen Probeknödel formen und in einen großen flachen Topf mit reichlich kochendem Salzwasser einlegen. Wenn sich vom Knödel nichts abkocht, die anderen Knödel formen und dazugeben. Die Semmelknödel aufkochen lassen und 20 Min. halb zugedeckt am Siedepunkt **ziehen**, nicht mehr kochen lassen. ↑**Knödel**

Semmelkren [*Österr. Küche*] **R Grundrezept:** 2 altbackene Semmeln (in dünne Scheiben geschnitten); 0,35 l ↑**Fleischbrühe**; ↑**Salz**; ↑**Pfeffer**; ↑**Muskat**; Spritzer ↑**Zitronensaft**; 4 cl ↑**Sahne**; 15–20 g frisch geriebener ↑**Meerrettich.** Für den Semmelkren die Semmeln mit heißer Brühe übergießen und zum Kochen bringen (nach einigen Min. sollte eine breiige Masse entstehen). Dann die Masse mit einem Schneebesen aufschlagen, würzen, zuletzt den Meerrettich und die Sahne einrühren. Ideale Beilage zum gekochten ↑**Tafelspitz.**

Semmeln [*Österr. Küche*] Überwiegend aus ↑**Weizenmehl** hergestellte Brötchen

Semmelspätzle, Altöttinger [*Regionale Spezialität*] **R** Eine Spätzleart, erfunden 2001 von H. J. Rose. Das Rezept schenkte er im Februar 2002 der Wallfahrerstadt Altötting (urkundlich). **Originalrezept für ca. 25 Beilagenportionen**: aus 1 l ca. 50° C warmer ↑**Milch**, 750 g bzw. 14–16 ↑**Eiern** (je nach Größe), 1 kg ↑**Weizenmehl**, ↑**Salz**, ↑**Pfeffer** und frisch ger. ↑**Muskatnuss** eine Art ↑**Pfannkuchen**teig herstellen. Nun soviel ↑**Semmelbrösel** dazugeben (ca. 500 g), bis ein zäher, nicht tropfender Spätzleteig entsteht, der so lange mit der Küchenmaschine geschlagen wird, bis sich Blasen ausbilden. Den Teig durch die Spätzlereibe ins kochende Salzwasser reiben. Aufkochen lassen, sofort mit einem Schaumlöffel zum Abschrecken in kaltes Wasser geben und im Sieb abtropfen lassen. ↑**Pflanzenöl** untermischen, damit nichts zusammenklebt. Die ↑**Spätzle** in einer beschichteten Pfanne mit ganz wenig ↑**Butterschmalz** goldbraun anschwenken. Ideal als Beilage zu allen Soßengerichten oder als Süßspeise mit ↑**Zimt-Zucker** bestreuen und ↑**Kompott** dazu servieren.

Semmelstoppelpilz [*Speisepilze*] **T Lateinisch:** Hydnum repandum; ↑**Waldpilze; Hut:** weißlich, semmelfarben, gewölbt, dann unregelmäßig verbogen, 5–15 cm, dickfleischig; **Stiel:** etwas heller, kurz und dick. Unterseite mit blassgelben, zarten, brüchigen Stacheln; **Fleisch:** weißlich, mild, später pfefferig, alt bitterlich, bei Verletzungen bräunend. **In der Küche:** jung ein guter Speisepilz; **Vorkommen:** von Juli – November in Laub- und Nadelwäldern, manchmal büschelig; **Verwechselungen:** Es gibt keine ähnlichen Giftpilze! In Nadelwäldern eine kleinere, stärker ockerrötliche, völlig milde Form (Rotgelber Semmelstoppelpilz – var. H. rufescens).

Semmelwürfel [*Österr. Küche*] Knödelbrot

Semolino [*Ital. Speisekarte*] ↑**Grieß**

Semoule [*Franz. Speisekarte*] ↑**Grieß**

Semoule au lait [*Franz. Speisekarte*] ↑**Grieß**brei mit ↑**Milch**

Senape [*Ital. Speisekarte*] ↑**Senf**

Senf [*Gewürze & Kräuter*] **A Englisch:** mustard; **Französisch:** moutarde; **Italienisch:** senape, mostarda; **Spanisch:** ajenabo, mostaza. **Man unterscheidet drei Saatsorten: 1.** Die milde **Gelbsenfsaat (sinapis alba,** auch englischer Senf genannt) wird vorwiegend in Kanada, Ungarn und vereinzelt auch in Deutschland angebaut. Das Korn ist fast rund und 2–2,5 mm groß. **2.** Die **Braunsenfsaat (brassica nigra)** überspielt die äußerst geringe Größe (1,5 mm) mit enormer Schärfe. Sie ist nicht nur in Kanada und Ungarn, sondern auch in Italien und Indien zu Hause. **3.** Schließlich gibt es noch die goldbraunen Körner der **Braunsenfsaat (brassica juncea)**, die die beiden anderen Saaten aufs Schärfste übertreffen. Sie stammen vorwiegend aus Ungarn und Kanada. **Senf oder Mostrich ist eines der ältesten und gesündesten Gewürze.** Der Name Mostrich (spätlatein. mustardum = scharfer Most) verweist auf Most als zugesetzte Flüssigkeit. **Die Zubereitung von Senf ist ganz einfach:** Man vermischt die gemahlenen Senfkörner mit Wasser, Essig, Salz und kann weitere Gewürze wie ↑**Kräuter**, ↑**Zucker**, ↑**Paprika**, ↑**Cayennepfeffer**, ↑**Champagner**, ↑**Most** oder ↑**Wein** dazugeben, um verschiedene Geschmacksnoten zu erhalten. Ein besonders feines Aroma gibt etwas ↑**Knoblauch**. Die Schärfe ist abhängig von der verwendeten Saat. Das heißt, je mehr braune Senfsaat verwendet wird, desto schärfer ist der Senf. Nach einer Reifezeit von ca. 14 Tagen ist er verzehrfertig. Senf enthält ↑**ätherische Öle**, die den Appetit anregen, die Verdauung fördern und die Speisen bekömmlicher machen. Darum ist es ratsam, fettreiche Gerichte mit Senf zu servieren. **Man unterscheidet fünf Grundsorten:** mild, mittelscharf, scharf, extrascharf und süß. **Milder Senf** – Ein Delikatess- oder Tafelsenf, wird vorwiegend aus gelber Senfsaat hergestellt und ist feinwürzig im Geschmack und für die Zubereitung von Senfsoßen, ↑**Mayonnaise** oder Senfbutter geeignet. **Mittelscharfer Senf** – Für diesen Delikatess- oder Tafelsenf wird gleich viel braune und gelbe Senfsaat verwendet. Im Geschmack ist er leicht würzig, wird gerne zum Bestreichen von ↑**Rinderrouladen** und zum Verfeinern von Füllungen verwendet. **Scharfer Senf** – wird aus einem großen Teil brauner und einem kleinen Teil gelber Senfsaat hergestellt. Im Geschmack ist er sehr pikant und passt gut zu Würstchen. **Extrascharfer Senf** – besteht überwiegend aus scharfer brauner Senfsaat und ist von feurig-scharfem Geschmack. Er passt zu fetten Fleischgerichten wie ↑**Schweinebraten** und ↑**Eisbein. Süßer Senf** – Die gelbe und braune Senfsaat wird grob vermahlen, geröstet und mit Zucker gesüßt. Der Senf erhält dadurch seinen typisch süßlichen, karamellartigen Geschmack. Er wird in Bayern vorwiegend zu ↑**Weißwurst** und zum ↑**Leberkäs** gegessen, Salatsoßen werden damit abgeschmeckt. **Spezielle Senfsorten: Meerrettich-Senf** – Mittelscharfer oder scharfer Senf, der durch frisch geriebenen ↑**Meerrettich** einen würzigen Geschmack erhält. Er ist pikant-scharf und wird besonders für die Zubereitung von Senfsahne, zum geräucherten ↑**Forellen**filet oder zur ↑**Rinderzunge** empfohlen. **Rôtisseur-Senf** – Mittelscharfer, grob gemahlener Senf mit einem großen Teil ganzer Senfkörner. Der Senf ist deshalb nicht so hitzeempfindlich, wodurch sein ausgefallenes Aroma auch beim Braten weitgehend erhalten bleibt. Durch seinen pikant-würzigen Geschmack ist er ideal für die Zubereitung von Schweine- oder ↑**Rinderbraten. Champagner-Senf** – Mittelscharfer Rôtisseur-Senf, wird bei der Herstellung mit Champagner verfeinert. Im Geschmack feinaromatisch, würzig, eignet er sich bestens für feine Senfsoßen, gedünsteten ↑**Fisch** wie ↑**Lachs**, ↑**Zander** oder ↑**Seezunge. Dijon-Senf** – Er ist nach der französischen Senfmetropole Dijon benannt und wird mit Weißwein und dem Saft unreifer Trauben hergestellt. Im Handel ist er mild, mittelscharf und extrascharf erhältlich, als grober und feiner Senf. Sein Geschmack reicht von fein bis würzig. Er eignet sich zum Würzen von ↑**Hackfleisch** und ↑Fleisch**farce**, auch für ↑**Vinaigrette. Pfeffer-Senf** – Mittelscharf mit grob zerkleinerten grünen ↑**Pfeffer**körnern. Dieser pikant-würzige Senf ist für die Zubereitung von ↑**Fondue**soßen, zum ↑**Beizen** von ↑**Rindfleisch**, ↑**Kaninchen** und für Schmorgerichte mit kräftigem Geschmack sehr zu empfehlen. ↑**Schmoren; Vollkorn-Senf** – Mittelscharfer, besonders kerniger Senf, bei dem nur ein geringer Teil der gelben und braunen Senfsaaten vermahlen werden. Geschmacklich ist er aromatisch-würzig und besonders für körnige Senfsoßen zu ↑**Geflügel**, ↑**Fleisch**, ↑**Gemüse** oder ↑**Fischröllchen** zu empfehlen. **Grill-Senf** – In der Geschmacksrichtung pikant-aromatisch, ↑**Paprikapulver** gibt ihm die besondere Note. Er wird zum Bestreichen von Fleisch, Fisch und Geflügel verwendet, würzt Grill- oder Bratgut pikant. **Kräuter-Senf** – Im Handel gibt es ihn in den Sorten mild, mittelscharf und scharf. Seinen mild-würzigen bis aromatisch-scharfen Geschmack machen ↑**Estragon**, ↑**Kerbel** oder ↑**Kräuter der Provence** aus. Mit ihm lassen sich ↑**Geflügel**- und **Fischrouladen** bestreichen. ↑**Senfkörner: Geschmack:** Die ganzen Körner schmecken zuerst angenehm nussig, dann aber meerrettichähnlich scharf. Die Körner des schwarzen Senfs schmecken wesentlich schärfer als die des weißen. **Mit Senfkörnern würzt man:** Senfgurken, ↑**Senffrüchte**, ↑**Mixed Pickles** und ↑**Rote Beete.** Senfkörner sind auch in vielen Wurstsorten enthalten. **Senfmehl:** Gehört in viele ↑**Curry**mischungen. Senfmehl rührt man mit Wasser an und verwendet es wie Tafelsenf. ↑**Englischer Senf; Würzkombinationen mit Senf:** Sparsam verwendet, unterstreicht Senf den Geschmack anderer Zutaten. **In der warmen Küche:** Senf verleiht Soßen einen feinen, kräftigen Geschmack. Aber nur, wenn er gegen Ende der Garzeit eingerührt wird und so sein Aroma behält. **Aufbewahrung:** Senf immer in fest verschlossenen Gläsern oder Tuben kühl aufbewahren. Aroma, Geschmack und Schärfe bleiben so mindestens 2 Monate voll erhalten.

Senfburger [*Regionale Spezialität*] ↑Hack**steak** mit Senfwürzung

Senffrüchte [*Unsere Küche*] **Italienisch:** Mostarda di frutta. – Die kunstvollste Art, Früchte haltbar zu machen, ist das Einlegen in Zuckersirup mit Senföl. Spezialisten auf diesem Gebiet sind die Italiener. Die Herstellung setzt fundiertes Wissen, große Erfahrung und viel Handarbeit voraus. Da auch das zur Produktion benötigte Senföl hier im Handel nicht erhältlich ist, wird es kaum gelingen, echte Senffrüchte herzustellen. **Senffrüchte aus Italien:** Pfirsiche, Aprikosen, Birnen, Reineclauden, Kirschen, Orangen, Clementinen, Karambolen, Melonen, Feigen und Ananas. Senffrüchte serviert man zu Gegrilltem oder zum ↑**Fondue**, und sie passen sehr gut zu gekochtem ↑**Rindfleisch**, ↑**Wild**, ↑**Fisch**, kaltem ↑**Fleisch** jeder Art und ↑**Käse. Aufbewahren:** Ungeöffnet, kühl und dunkel gelagert ist ein Glas mindestens 1/2 Jahr haltbar. Einmal geöffnet, wird es fortan im Kühlschrank aufbewahrt, da das enthaltene Senföl mit dem Sauerstoff reagieren und einen leichten Knoblauchgeschmack annehmen kann.

Senfgurken [*Gemüse*] Vollreife, geschälte und in längliche Stücke geschnittene ↑**Gurken**, die in eine Flüssigkeit aus ↑**Essig** und anderen Zutaten eingekocht wurden und in Gläsern oder Töpfen aufbewahrt werden.

Senfkörner [*Gewürze & Kräuter*] **T Lateinisch:** Sinapis alba. Der ↑**Senf** wird bereits seit Jahrtausenden kultiviert. Verwendet werden die ockergelben bis hellbraunen, getrockneten kugeligen Samen, Durchmesser von 1–2 mm. Kaut man sie, entwickeln sie einen scharfen Geschmack und beim Rösten einen reichen, nussigen Duft. Senfkörner werden für ↑Fisch**marinaden** und ↑Fleisch**beizen**, zum Einlegen von ↑**Gurken**, ↑**Mixed Pickles**, ↑**Kürbissen**, kleinen ↑**Zwiebeln**, ↑**Tomaten**, zum Würzen von scharfen Soßen und bei der ↑**Wurst**bereitung genutzt. Sie geben ↑**Sülzen** und ↑**Aspik**gerichten, eingelegtem ↑**Sauergemüse**, ↑**Weißkohl**, ↑**Wirsing**, ↑**Rosenkohl** und ↑**Sauerkraut** einen besonders würzigen Geschmack. Ihre Schärfe verschwindet beim Kochen völlig, daher sollte man die frisch gemahlenen Senfsamen so spät wie möglich zu den Speisen geben. Gemahlen werden die Körner zu den unterschiedlichsten Senfsorten verarbeitet, die vom bayerisch-süßen bis zum Dijonsenf eine breite Geschmackspalette bilden. Gemahlene Samen werden in England auch mit Wasser zu einer Paste angerührt und zum Würzen von Eintöpfen und pikanten Saucen verwendet. ↑**Englischer Senf.** Zur Herstellung von Speisesenf wird nur selten schwarzer, sondern hauptsächlich weißer und brauner Senf verwendet.

Senfmehl [*Gewürze & Kräuter*] Fein gemahlene weiße bzw. schwarze Senfkörner. ↑**Englischer Senf**

Senfpulver [*Gewürze & Kräuter*] Würzmischung aus gemahlenen, entölten weißen ↑**Senfkörnern** mit ↑**Cayennepfeffer.** ↑**Englischer Senf**

Senfsoße [*Unsere Küche*] **T** Meist eine ↑**Béchamel** oder ↑**Velouté** mit ↑**Mustard** oder ↑**Dijonsenf** vollendet. **Achtung!** Der deutsche und österreichische handelsübliche mittelscharfe oder scharfe Senf ist zum größten Teil sehr markant mit Essig, ↑**Kurkuma** (leicht bitter) und anderen Gewürzen versetzt und deshalb ungeeignet. ↑**Würztabelle**

Senkhonig [*Allgem. Nährmittel*] Leck-, Tropf-, Lauf-, Senk- oder Jungfernhonig fließt direkt nach dem Zerschneiden ohne Erwärmung aus zerkleinerten Honigwaben.

Sensorik [*Fachkunde*] Das Prüfen und Beurteilen von Lebensmitteln anhand von Farbe, Geruch, Geschmack, Aussehen und Beschaffenheit. Die Sensorik dient der Qualitätsbeurteilung von Lebensmitteln.

Separated [*U.S. Kitchen*] Getrennt

Separator [*Fachkunde*] **1.** Milch, die in die Molkerei oder Käserei geliefert wird, kommt als Erstes in eine Zentrifuge (Separator). Dort wird sie gereinigt und entrahmt. Bei bis zu 6000 Umdrehungen pro Minute schleudert die Fliehkraft die schwere Magermilch nach außen, der leichtere Rahm sammelt sich in der Mitte. Beide Milchbestandteile werden getrennt abgeleitet. Schmutzpartikel und Bakterien sind noch schwerer als Magermilch und werden daher am weitesten nach außen getrieben und dann abgeschieden. **2.** Maschine zum Trennen von **a)** Fleisch und Sehnen bzw. von **b)** Knochen und Fleisch; **a)** ↑Weich**separatorenfleisch**, **b)** Hartseparatorenfleisch. Separator-Maschinen sind aufwändige und sehr teure Maschinen in der Wurstindustrie.

Separatorenfleisch [*Fachkunde*] Separatorenfleisch ist „Restfleisch", das maschinell von grob ausgelösten Knochen getrennt wird. Dieses Restfleisch hat keine Fleischstrukturen mehr, es besteht hauptsächlich aus der Knochenhaut. Das gilt als gefährlich, weil bei dieser Produktionsform im Separator Rückenmark infizierter Rinder in das Fleisch gelangen könnte. **Seit dem 1. Oktober 2000 ist in Deutschland die Verwendung von Rind- Separatorenfleisch verboten.** Separatorenfleisch von ↑**Schweinen** und ↑**Geflügel** geht in die Wurstproduktion.

Separieren [*Weinkunde*] Klären des Weißweinmostes mit Hilfe von Separatoren, einer Art großer Schleuder. Es werden aber neben den Trübstoffen auch positive Inhaltsstoffe herausgefiltert.

Sepia [*Fisch*] **T** **Englisch:** common sepia, cuttlefish; **Französisch:** seiche; **Italienisch:** seppia; **Spanisch:** sepia. **1.** Zehnarmiger ↑**Tintenfisch**: Der ↑**Kopffüßer** gehört neben ↑**Schnecken** und ↑**Muscheln** zu den so genannten ↑**Weichtieren**, die meist gegart und mariniert als Vorspeise serviert werden. **2.** Als Sepia bezeichnet man auch den schwarzbraunen Farbstoff, der aus dem Sekret des Tintenbeutels von Tintenfischen hergestellt wird.

Sepiole [*Franz. Speisekarte*] ↑**Tintenfisch**

Seppia, seppiolina [*Ital. Speisekarte*] ↑**Tintenfisch**, kleiner Tintenfisch

Sepra Geschützte Herkunftsbezeichnung [*Käse*] **Herkunft:** Portugal/Baixo Alentejo (Serpa); **Milch:** ↑**Rohmilch** von Merino-Schafen. ↑**Schafsmilch; Teig:** Alle drei Käsearten sind sehr beliebt: **1.** „amanteigado", zerlaufend und weich; **2.** „meio-curado", halbfest; **3.** „curado", hart. **Beste Zeit:** Januar bis April; **Größe:** verschiedene Formen, meist 1,5 bis 2 Kilogramm schwer, auch als „merendeira" mit 250 g; **Geschmack:** markant, aber sahnig; **Info:** Alle Rohmilch-↑**Schafskäse**, die in Portugal im Frühjahr angeboten werden, besitzen einen unvergleichlich hausgemachten Charakter. Bei der Produktion werden meist weiße Wolltücher verwendet.

Septikämie [*Fachkunde*] Fäulnis erregend, Blutvergiftung, Infektion

Septisch [*Fachkunde*] Fäulnis erregend

Serafina [*Kartoffelsorte*] **Kochtyp:** ↑**Festkochende Kartoffeln** – „Speckige Kartoffel" genannt

Serbisches Gulasch [*Österr. Küche*] **A** ↑**Gulasch:** Zwei verschiedenfarbige ↑**Paprikaschoten** werden, in Streifen geschnitten, kurz vor dem Ende der Garzeit mitgedünstet. Rindergulasch mit Würfeln abgezogener ↑**Tomaten** garnieren.

Sereh [*Gewürze & Kräuter*] **T** Dieses Pulver aus den getrockneten Knollen und Halmen des indischen ↑**Zitronengras**es schmeckt angenehm nach ↑**Zitrone** und ↑**Melisse**. In der ↑**indonesische**n **Küche** verwendet man es zum Würzen von Suppen, einiger ↑**Sambal**sorten und in der europäischen von ↑**Karotten** und ↑**Erbsen**, Salat, Kräutersaucen und Eierspeisen oder dort, wo ↑**Zitronenmelisse** passt.

Serena [*Käse*] **Herkunft:** Spanien; **Käsesorte:** 1,2 kg schwerer, weicher ↑**Schnittkäse**; **Milch:** ↑**Rohmilch** von Merino-Schafen. ↑**Schafsmilch**; **Reifung:** einen Monat; **Info:** Der nur im Frühjahr nach jahrhundertealter Tradition handwerklich hergestellte ↑**Käse** ist eine sehr teure Spezialität aus 21 Gemeinden der Provinz Badajoz im Südwesten der Extremadura.

Sérieux [*Franz. Speisekarte*] Glas ↑**Bier** vom Fass, normalerweise $^1/_2$ l

Serin [*Fachkunde*] Aminosäure

Seroendeng [*Gewürze & Kräuter*] **T** Dieses Mischgewürz besteht aus geraspelter ↑**Kokosnuss**, ↑**Erdnüssen**, ↑**Salz**, ↑**Zucker** und verschiedenen ↑**Gewürzen**. Da es nicht so scharf ist, stellt man es gesondert zur ↑**Indonesischen Reistafel**, damit sich jeder Gast nach Belieben bedienen kann. Sein milder Nussgeschmack gibt würzigen Fleischsaucen ein volles Aroma und bietet einen angenehmen Kontrast zu scharfen Speisen.

Serosa [*Fachkunde*] Auch Goldschlägerhäutchen. Eine die inneren Organe überziehende Haut

Serotonin, das „Glückshormon" [*Fachkunde*] **T** Ein wesentlicher Bestandteil des menschlichen Hormonsystems. Ebenso wie ↑**Kohlenhydrate** die geistige Leistungsfähigkeit ankurbeln, beeinflusst Serotonin Appetit und Schlaf, steuert den Sexualtrieb, die Körpertemperatur und hat Auswirkungen auf die Gemütslage. Ausreichend Serotonin im Körper macht ruhig und ausgeglichen. Grundsätzlich kann man sagen, dass ein erhöhter Serotonin-Spiegel Wohlbefinden bzw. Glücksgefühl auslöst (daher auch der Name Glückshormon). So wird bei Verliebten ein stark erhöhter Serotoninspiegel gemessen. Extremer Serotoninmangel führt zu emotionaler Überempfindlichkeit oder sogar zu aggressivem Verhalten. Dauerhafte Mangelerscheinungen können zahlreiche psychische Erkrankungen wie Depressionen, Angst, Belastungs-, Schlaf- oder Essstörungen fördern. Auch schmerzvolle Migräne-Attacken sind oft auf einen Serotoninmangel zurückzuführen. **Schon seit den Achtzigerjahren werden die Entstehung des Serotonins und die Zusammenhänge mit der Nahrungsaufnahme wissenschaftlich untersucht**. Serotonin ist ein Neurotransmitter, ein Botenstoff, der Signale zwischen Nervenzellen überträgt. Nur so können Reize richtig verarbeitet werden. Serotonin wirkt vor allem im Gehirn, also dort, wo auch Gefühle entstehen. Dabei spielt die essenzielle Aminosäure Tryptophan als Vorstufe zu Serotonin eine wichtige Rolle. Diese lebensnotwendige Aminosäure kann der Körper nicht selbst produzieren. Sie muss durch die Nahrung zugeführt werden und ist unter anderem in ↑**Schokolade**, ↑**Bananen**, ↑**Pflaumen**, ↑**Trauben**, ↑**Äpfeln**, ↑**Ananas**, ↑**Eiern** und ↑**Milch** enthalten. Tryptophan benötigt – wie andere neutrale Aminosäuren auch – ein Transportmolekül, um ins zentrale Nervensystem gelangen zu können. Durch die Zufuhr von kohlehydratreichen Nahrungsmitteln lässt sich die Konzentration von Tryptophan im Blut vergrößern. Die Ausschüttung von ↑**Insulin** nach dem Genuss von ↑**Kohlenhydrate**n bewirkt neben der Blutzuckerregulation auch eine gesteigerte Aufnahme von Aminosäuren (mit Ausnahme von Tryptophan) in die Muskelzellen. Während die anderen Aminosäuren zu den Muskeln abwandern, hat das Tryptophan freie Bahn zum Gehirn.

Serpa Geschützte Herkunftsbezeichnung [*Käse*] **Herkunft:** Portugal/Beja (Berge östlich von Alentejo); **Käsesorte:** Bergkäse ähnlich dem ↑**Serra**, auch was Größe und Konsistenz angeht. Er ist lediglich fetter, strenger im Geruch und pikanter. **Milch:** ↑**Schafsmilch**

Serra Geschützte Herkunftsbezeichnung [*Käse*] **Portugiesisch** „queijos da serra"; **Herkunft:** Portugal/Serra da Estrela; **Käsesorte:** Harter ↑**Bergkäse**, 45 % ↑**Fett i. Tr.**; **Milch:** Rohe ↑**Schafsmilch**, die mit Blüten oder Blättern einer Distelart (Cynara cardunculus) dickgelegt wird. Sie ersetzt hier, wo es keine Rinder gibt, das tierische ↑**Lab**; **Teig:** geschmeidig, gelegentlich mit Lochung; **Rinde:** hellgelb, hart, manchmal gerissen; **Form:** klein, rund, ∅ 16 bis 18 cm, 6 bis 7,5 cm hoch; **Gewicht:** 1,5 bis 2 kg; **Reifung:** mindestens 30 Tage, zunächst in feuchten Räumen und anschließend in sehr trockenen, kalten Kellern oder Höhlen. Die Reifezeit kann auf einige Monate ausgedehnt werden, dabei wird der Teig härter, die Rinde glatt und der ↑**Käse** kräftiger im Geschmack. **Info:** Der Serra wird, wie alle portugiesischen Bergkäse, in reiner Handarbeit hergestellt.

Serrano Chili [*Gewürze & Kräuter*] **T Schärfe 6 = 20 000–30 000** ↑**Scoville-Einheiten**. Etwa 5 cm lang, glatt, läuft rund aus. Ein roter oder grüner ↑**Chili** mit einer beißend-intensiven Schärfe. Anbau in Mexiko und im Südwesten der USA. Nach ↑**Jalapenos** der am häufigsten verwendete Chili in Mexiko und den USA. Für ↑**Guacamole**, gebratene Gerichte und **Salsa.**

Serrat del Triado [*Käse*] **Herkunft:** Spanien/Pyrenäen; **Käsesorte:** Ziegelförmiger ↑**Hartkäse** mit 2,5 kg Gewicht; **Milch:** rohe ↑**Schafsmilch**; **Teig:** in sehr reifem Zustand ausgesprochen trocken und bröckelig; **Geschmack:** würzig; **Reifezeit:** etwa 3 Monate. **Info:** Charakteristisch ist seine zylindrische Form mit dem Sternenmuster in der gelben Rinde.

Servela [*Schweizer Küche*] Schweizerische Bezeichnung für ↑**Zervelatwurst**

Servelatwurst [*Fleischprodukte*] Veraltet für ↑**Zervelatwurst**

Service [*Franz. Speisekarte*] **1.** Bedienung; **2.** Trinkgeld; **3.** (Essens-)Gang; **4.** Tischgeschirr

Service à toute heure [*Franz. Speisekarte*] Essen zu jeder Tageszeit

Service compris [*Franz. Speisekarte*] Service inbegriffen, z. B. bei Rechnungstellung im Restaurant

Service compris, s.c. [*Franz. Speisekarte*] Bedienung, Trinkgeld inbegriffen

Service en sus [*Franz. Speisekarte*] Bedienung, Trinkgeld werden zusätzlich berechnet

Service non compris, s.n.c. [*Franz. Speisekarte*] Bedienung, Trinkgeld nicht inbegriffen

Servicestation [*Fachkunde*] Eine bestimmte Anzahl an Tischen in einem Restaurant, für den der ↑**Chef de rang** zuständig ist

Servieren [*Fachkunde*] Vorlegen

Serviette [*Fachkunde*] **Englisch:** napkin; **Französisch:** serviette; **Italienisch:** tovagliolo; **Spanisch:** servilleta. Im Sprachgebrauch das Mundtuch. In der gehobenen Gastronomie werden Servietten auch zum Anrichten gebackener Speisen verwendet.

Serviette de bain, la [*Franz. Fachwort*] Handtuch

Serviette de table, la [*Franz. Fachwort*] Serviette (bei Tisch)

Sesam [*Allgem. Nährmittel*] **Englisch:** sesame seed; **Französisch:** sésame; **Italienisch:** sesamo. Ölsaatpflanze, die in Asien, Süd- und Zentralamerika kultiviert wird. Sesamsamen sind tropfenförmig und unterschiedlich in ihrer Farbe: schwarz (nussiges Aroma), braun (intensives Aroma) und hell (mildes Aroma). Aus ihnen werden Sesamöl und Süßwaren gemacht. **Inhaltsstoffe:** 100 g Sesamsamen enthalten ∅ 534 kcal/2236 kJ, 50,4 g Fett, 17,7 g Eiweiß, 2,53 mg Vitamin E, 458 mg Kalium, 738 mg Calcium und 7,78 mg Zink. Europäer aromatisieren mit Sesam Brot- und Backwaren, in Afrika und Asien wird er zum Brei. Junge Blätter der Sesampflanze werden in Westafrika auch als Suppengemüse genutzt.

Sesame [*U.S. Kitchen*] ↑**Sesam**

Sésame [*Franz. Speisekarte*] ↑**Sesam**

Sesamo [*Ital. Speisekarte*] ↑**Sesam**

Sesamöl [*Fette*] **T** Sesamöl ist ein ↑**Speiseöl**, das aus den weißen und schwarzen Samen der tropischen Sesampflanze gewonnen und in zwei verschiedenen Sorten angeboten wird. Das helle Sesamöl presst man aus den hellen, naturbelassenen Samen und das dunkle aus den gerösteten Sesamkörnern. Das Sesamöl ist eines der feinsten, aber auch der teuersten ↑**Pflanzenöle.** Völlig geruchsfrei, besitzt es einen leicht nussigen, angenehmen Geschmack und sehr kräftiges Aroma. Es eignet sich gut zur Zubereitung von feinen Salaten, zum Marinieren von ↑**Geflügel**, zum Einlegen von ↑**Gemüse** und Zubereitung ostasiatischer Gerichte. **Sesamöl wird nur zum Würzen, Abschmecken der Speisen und niemals zum Braten verwendet.** Da Sesamöl reich an ↑**mehrfach ungesättigten Fettsäuren** ist, können ↑**Freie Radikale** durch Oxidation, Lichteinwirkung usw. diese leicht schädigen und es schnell verderben lassen. Deshalb ist Sesamöl nur begrenzt haltbar – und sollte nur in kleinen Mengen gekauft werden. ↑**Öl**

Sesos [*Span. Speisekarte*] ↑**Hirn**

Setas [*Span. Speisekarte*] ↑**Pilze**

Séteau [*Franz. Speisekarte*] Kleine ↑**Seezunge**

Setúbal [*Weinkunde*] Weinanbaugebiet und Stadt südöstlich von Lissabon mit einem bekannten Moscatel

Sevian [*Asiatische Küche*] Eine Glasnudelart, die übersetzt „Chinesisches Gras" heißt. In Indien macht man daraus zart-knusprige Süßspeisen. ↑**Glasnudeln**

Sèvre-et-Maine [*Weinkunde*] Ein Bezirk in der südlichen Bretagne, der bekannt für hervorragenden Muscadet ist

Sex on the Beach [*Hausbar*] **R** In seiner ursprünglichen Form ein süßlicher, fruchtiger ↑**Cocktail.** Das wohl bekannteste Rezept aus den USA wird mit ↑**Moosbeeren**nektar gemixt. Da dieser in Deutschland teuer und schwer erhältlich ist, existieren hier viele Variationen, bei denen der ↑**Nektar** durch andere Zutaten ersetzt wird, womit sich auch jedes Mal der Geschmack ändert. **Das wahrscheinliche Originalrezept:** 4 cl ↑**Wodka;** 2 cl ↑**Pfirsich**likör; 6–8 cl Moosbeeren-Nektar; 6–8 cl Orangensaft; **Amaretto-Variante:** 4 cl Wodka; 4 cl ↑**Ananassaft;** 3 cl ↑**Zitronen**- oder Limettensaft (frisch gepresst); 2 cl ↑**Amaretto;** 1,5 cl ↑**Preiselbeersirup;** 1 cl Pfirsichlikör; **Tequila-Silver-Variante:** 2 cl Pfirsichlikör; 4 cl ↑**Tequila** silver; 2 cl ↑**Grenadine;** Orangensaft nach Wahl; **Fruchtsaft-Variante:** 4 cl Ananassaft; 4 cl Kirschsaft; 4 cl Orangensaft; 4 cl Wodka; 2 cl Pfirsichlikör; **Hudson Bar: Sex On The Beach:** 4 cl Wodka; 4 cl Pfirsichlikör; 2 cl Preiselbeersirup; 2 cl Zitronensaft; 8 cl Orangensaft. **Zubereitung:** Alle angegebenen Zutaten im Shaker kurz und kräftig mit 3–4 Eiswürfeln ↑**shaken.** Dann in ein ↑**Longdrinkglas** abseihen und einige frische Eiswürfel dazugeben. Zur Dekoration eine ↑**Cocktailkirsche** und eine Orangenscheibe am kleinen Holzspieß oder Sticker über das Glas legen.

Sfogliatella [*Ital. Speisekarte*] ↑**Blätterteig**tasche

Sformato [*Ital. Speisekarte*] ↑**Auflauf;** Pudding (Bedeutung: verformt)

SFTGFO [*Tee*] Special Fine Tippy Golden Flowery Orange. ↑**Tee**

Sfurzat [*Weinkunde*] Italienische Bezeichnung für einen Rotwein aus dem Valtellina (dem Norden der Lombardei). Es handelt sich um einen ↑**Passito-Wein**, der aber völlig trocken ist und erst als Sfurzat auf den Markt gebracht werden darf, wenn er einen Mindestalkoholgehalt von 14,5 % aufweist. Die Sfurzatweine werden aus der ↑**Nebbiolo**traube bereitet, der gleichen Rebsorte, die für ↑**Barolo** und ↑**Barbaresco** gekeltert wird. Die Weine können auch als Sforzato oder Sfursat bezeichnet sein.

Sgombro [*Ital. Speisekarte*] ↑**Makrele**

Shabu shabu [*Intern. Länderküche*] Begriff aus der japanischen Küchenkultur für eine Art ↑**Fondue**, das am Tisch zubereitet wird

Shadfisch [*Fisch*] ↑**Kaiserbarsch**

Shaker [*Hausbar*] Auch Schüttelbecher: Herzstück einer jeden Cocktailbar und das wichtigste Werkzeug, um ↑**Cocktails** zu mixen. Im Shaker werden alle Zutaten geschüttelt und gleichzeitig gekühlt. Beim Kauf eines Shakers sollte man immer zu einem Qualitätsprodukt greifen. **Keine Plastikware.**

Shank [*Engl. Speisekarte*] Keule, Schenkel

Shank cross cut [*Engl. Speisekarte*] Beinscheibe

Shao Chinesische Garmethode [*Asiatische Küche*] **T** Einer der am meisten gebrauchten chinesischen Küchenbegriffe. Diese Methode ist dem ↑**Men** ähnlich, weil zunächst auch in Öl rundum angebraten, dann mit Flüssigkeit aufgegossen und langsam geschmort wird. Der Unterschied liegt in der zweiten Phase des Garprozesses. Da lässt man nämlich die Flüssigkeit einkochen (wie man das aus der ↑**Französischen Küche** kennt). Man fügt immer wieder kleine Mengen frischer Zutaten und Gewürze hinzu, sodass zum Schluss nur ein wenig ↑**Sauce** zum ↑**Fleisch** übrig ist. Bei der Men-Methode hat man mehr Sauce. ↑**Kochen im Wok** oder ↑**Asiatisch Kochen**

Sharonfrucht [*Exotische Früchte*] Eine veredelte Kakizüchtung aus Israel. ↑**Kaki.** Sie entfaltet schon in einem schnittfesten und knackigen Zustand ihr volles Aroma, hat keine Kerne, eine sehr weiche Schale und eine attraktive Strahlenmitte. Man isst sie wie einen ↑**Apfel.**

Sharp [*U.S. Kitchen*] Scharf

Shaved ice [*Hausbar*] Englische Bezeichnung für ↑**geschabtes Eis**

Shellfish [*U.S. Kitchen*] ↑**Schalentiere**, ↑**Meeresfrüchte**

Sherbet [*U.S. Kitchen*] ↑**Sorbet**

Sherry [*Hausbar*] Zählt zur Gruppe der „versetzten Weine" und stammt aus dem spanischen Weinbaugebiet Andalusien, wo er in einem genau abgegrenzten DO-Gebiet rund um das spanische Jerez de la Frontera und Sanlúcar de Barrameda angebaut wird. Es handelt sich um Weine, denen nach der Gärung ↑**Alkohol** (in Form von ↑**Weingeist**, Aguardiente genannt) zugesetzt und die anschließend zu verschiedenen Stilen ausgebaut werden, zu ↑**Amontillado**, ↑**Fino**, ↑**Manzanilla** und ↑**Oloroso**. Der überwiegende Teil dieses berühmten spanischen Dessertweins stammt aus der ↑**Palomino-Rebe**. Weitere Rebsorten sind Pedro Ximenez (kurz: PX), Mantúo, Albillo und Cañocaza. Die Gärung wird bei den meisten Sherrysorten mit der so genannten ↑**Florhefe** eingeleitet, die auf der Weinoberfläche einen luftdichten Teppich bildet. Besonders wichtig ist die fachgerechte Lagerung – die mindestens ein Jahr dauert – in so genannten Soleras. Das sind Fässer, die zum Reifen in mehreren Lagen übereinander gestapelt werden, wobei der älteste Sherry stets in der untersten Schicht lagert. ↑**Solerasystem.** Der Alkoholgehalt des Sherry beträgt im Allgemeinen 17 %Vol., er kann aber auch bis 24 %Vol. ansteigen.

Sherry-Essig [*Allgem. Nährmittel*] **T** Die Heimat des ↑**Sherry** ist die Region um die alte Stadt Jerez de la Frontera im Südwesten Spaniens. Der **„Vinagre de Jerez"** kommt von dort und ist der Inbegriff des spanischen ↑**Weinessigs**. Er wird ausschließlich aus Sherryweinen D. O. Jerez-Xéréz-Sherry und Manzanilla de Sanlúcar hergestellt, reift mindestens 6 Monate in Eichenfässern und ist fester Bestandteil der gehobenen Gastronomie. Vinagre de Jerez Reserva muss mindestens 2 Jahre in Fässern reifen. Dies geschieht in kirchenschiffähnlichen Gewölben, den so genannten „Bodegas", nach dem klassischen ↑**Solera-System**. Dabei wandert der Essig ähnlich dem Umfüllrhythmus beim ↑**Aceto Balsamico** tradizionale im Laufe seiner 20- bis 30-jährigen Reife durch eine Batterie von Fässern, die jeweils älteren Essig beinhalten. Der alte Sherryessig „Reserva" besticht durch ein reiches Bukett und unverwechselbares Aroma. Er ist mahagonifarben, konzentriert, sehr intensiv im Geschmack und wird daher immer sehr sparsam verwendet. Sherryessig eignet sich hervorragend zum Würzen von Saucen, Salaten und Fischgerichten, zum Marinieren von dunklem ↑**Fleisch** und ↑**Wild**gerichten, aber auch für raffinierte Süßspeisen.

Sherwood [*Käse*] ↑**Gloucester**

Shetland Black [*Kartoffelsorte*] **Kochtyp:** ↑**Vorwiegend festkochende Kartoffeln; Herkunft:** Schottland/Shetlandinseln; **Jahr der Zulassung:** 1900; **Schale:** schwarz/violett; **Fleisch:** gelb mit lila Ring, guter cremiger Geschmack; **Knolle:** ovalrund; **Reifezeit:** mittelfrüh

Shichimi tōgarashi [*Gewürze & Kräuter*] **A** Sehr scharfe japanische Gewürzmischung, die zu Suppen und anderen deftigen Gerichten serviert wird. Die ungewöhnliche Geschmackskombination besteht aus:↑**Chili**, ↑**Szechuanpfeffer**, ↑**Seetang**, ↑**Sesam** und ↑**Orangenschale.**

Shigellen [*Gesundheit*] Krankheitserregende Bakterienspecies, die die Shigellenruhr verursachen. Eine Übertragung erfolgt durch direkte oder indirekte Schmierinfektion, entweder über die kontaminierte Hand, Gegenstände oder befallene Lebensmittel, besonders ↑**Milch** und ↑**Milchprodukte** sowie Wasser. Schon wenige Shigellen (10 bis 100) können zu einer Erkrankung führen. Als Erregerquellen kommen Kranke und ↑**Ausscheider** in Frage. ↑**Salmonellen** und ↑**Lebensmittelvergiftung.** Die Ansteckungsgefahr ist vor allem von der Menge der ausgeschiedenen Erreger und der Stuhlkonsistenz sowie dem hygienischen Verhalten des Erkrankten abhängig. Der Ausbruch der Krankheit (Inkubationszeit) erfolgt ein bis sieben Tage nach der Übertragung. Die Shigellenruhr beginnt mit Bauchkrämpfen, schmerzhaftem Stuhldrang, Fieber und Durchfall. In typischen Fällen kommt es täglich zu 20 bis 30 Stuhlentleerungen (schleimig-blutig). Die Krankheitsdauer beträgt etwa eine Woche. Für Personen mit gutem Allgemeinzustand sind Bettruhe und ↑**Leichte Vollkost** als Therapie ausreichend. ↑**Diät bei Durchfall.** Bei geschwächten, sehr jungen oder sehr alten Menschen können die Flüssigkeitsverluste kritisch werden. **Beim geringsten Verdacht sofort den Arzt oder das nächste Krankenhaus aufsuchen.** Zur Vorsorge sind hygienisch einwandfreie Lebensbedingungen (WC, Bad, Lebensmittelhygiene, Verhinderung des Fliegenbefalls) entscheidend. Dies gilt vor allem bei einer Reise durch warme Länder. Achtung bei hygienisch bedenklichem Wasser, nicht durchgegartem Fleisch, ungeschältem Obst, rohem Gemüse und Salaten. **Die Shigellenruhr unterliegt der Meldepflicht beim Gesundheitsamt.**

Shiitake-Pilz [*Speisepilze*] **T Lateinisch:** Lentinula edodes. **Synonym:** Eichenpilz, Tongku. ↑**Zuchtpilze; Info:** Die zur Familie der Egerlingsarten gehörenden Shiitake-Pilze haben einen kreisrunden oder unregelmäßig runden, hell- bis dunkelbraun gefärbten, charakteristisch melierten Hut mit einem Durchmesser von 2 bis 10 cm. Oft findet man weißliche bis bräunliche Schuppen oder tiefe Risse in der Hutoberfläche.

Die Hüte sind bei jungen Pilzen gewölbt, glockenförmig, später niedergedrückt und ähneln umgekehrten Untertassen. Die Lamellen auf der Hutunterseite sind weiß oder zartgelb und werden mit zunehmendem Alter bräunlich. Der Stiel ist weiß oder bräunlich und weist braune Schuppen auf. Das Fruchtfleisch ist weiß bis leicht gräulich, fest und kann im Stiel sogar etwas hart und ledrig sein. Der Geschmack ist aromatisch, sehr fein, aber leicht säuerlich. Auch in getrocknetem Zustand verliert dieser Pilz nichts von seinem hervorragenden Aroma, sondern verströmt einen sehr intensiven Duft nach ↑**Knoblauch**. **Ursprung und Geschichte:** Shiitake kommen ursprünglich aus China und wachsen dort wild als Weißfäulepilze auf abgestorbenem Holz von Eichen und Buchen, seltener auf Kastanien, Erlen, Birken oder Espen. In der fernöstlichen Medizin ist Shiitake seit etwa 2000 Jahren bekannt und wird als Heilmittel geschätzt. Buddhistische Mönche brachten Shiitake im 16. Jahrhundert nach Japan, wo die Kulturarten erheblich modernisiert und die Produktion verbessert wurden, sodass Japan heute der weltweit führende Produzent von Shiitake ist. In Europa und Amerika begann man erst in der zweiten Hälfte des 20. Jahrhunderts damit, Shiitake zu kultivieren. In Japan wird der Pilz häufig auf einem Baum namens **shii** angebaut, und da **take** Pilz heißt, bedeutet der Name Shii-Take oder Shiitake **Baum-Pilz**. In China wiederum heißt Pilz **gu**, dort wird er **shiang-gu** genannt. **Herkunft und Saison:** Shiitake züchtet man mittlerweile auch in Europa. Die Pilze sind das ganze Jahr über frisch erhältlich. Getrocknete Shiitake werden aus Japan exportiert und in Asia-Läden angeboten. **Inhaltsstoffe:** Der Shiitake ist ein hochwertiges und gesundes Nahrungsmittel, das in den aktuellen Zeitgeist (↑**Anti-Aging**) passt. Er soll helfen, die Abwehrkräfte des Körpers und der Nieren zu stärken und ↑**Cholesterin**überschüsse zu senken bzw. abzubauen. 100 g frische Shiitakepilze enthalten ∅ 40 kcal/168 kJ, 12,3 g Kohlenhydrate, 0,12 g Kalium, 0,44 mg Eisen, 10 µg Jod, 2 µg Vitamin D und 0,17 mg Vitamin B_2. **Zubereitung und Tipps:** Frische Shiitake-Pilze müssen nicht geputzt werden, lediglich verhärtete Stiele sollte man kürzen. Die Pilze werden ganz, halbiert oder in Scheiben geschnitten verarbeitet und eignen sich praktisch für jedes Pilzgericht. Man sollte sie immer erst zum Schluss würzen, da sie die Flüssigkeit und den Geschmack von anderen Zutaten aufnehmen. Diese Edelpilze haben in Japan eine vergleichbare Bedeutung wie der Zuchtchampignon in Europa. In der asiatischen Küche wird der Shiitake wegen seines aromatischen, unverwechselbaren Geschmacks sehr geschätzt und hauptsächlich als Suppengrundlage sowie als Beilage zu ↑**Reis** verwendet.

Shirataki [*Asiatische Küche*] Japanische ↑**Glasnudeln**

Shiraz [*Weinkunde*] In Australien und Süd-Afrika gängige Bezeichnung für die rote Rebsorte ↑**Syrah**

Shokudo [*Intern. Länderküche*] Begriff aus der japanischen Küchenkultur für eine Kantine

Shooter [*Hausbar*] Unter einem „Kurzen" bzw. englisch **Shooter** versteht man einen ↑**Cocktail**, der in einem 2-cl- bzw. 4-cl-Glas serviert wird und in einem Zug getrunken werden kann. Zu den bekannten Shootern zählen: ↑**B-52**; ↑**Fire Ball**; ↑**Kamikaze**; ↑**Orgasmus**

Short [*Engl. Speisekarte*] Mürbe

Short hundredweight [*Fachkunde*] Angelsächsische Gewichtseinheit; Abk. short cwt = 45,359 kg. Andere Bezeichnung auch: central cwt

Short rib [*Engl. Speisekarte*] Blattrippe

Short ton [*Fachkunde*] Angelsächsische Gewichtseinheit; Abk.: cwt; 20 cwt = 907,1185 kg

Shortbread [*Intern. Länderküche*] **R** Schottisches bzw. englisches Mürbeteiggebäck, das zur ↑**Tea-Time** gereicht wird. Bei diesem Gebäck wird der ↑**Mürbeteig** mit einem Anteil von ↑**Reismehl** gebacken, dünn ausgerollt, in Formen ausgestochen und mit grobem ↑**Zucker** bestreut gebacken.

Shortcake [*U.S. Kitchen*] Kuchen mit Früchten und Sahne

Shortdrink [*Hausbar*] **T** ↑**Cocktail** mit einem Volumen von 5 bis 10 cl, maximal 12 cl. Die meisten klassischen Cocktails sind Shortdrinks. **Es gibt vier typische Gruppen: 1. Klassische, stark alkoholische Shortdrinks** – Diese Gruppe basiert oft auf ↑**Wodka**, ↑**Gin** oder ↑**Whisky**, sehr häufig mit ↑**Vermouth**. Außerdem gehören zu dieser Gruppe die ↑**Aperitifs** und die ↑**Sours** sowie die stärkeren ↑**Digestifs**. Sie können meist mit Eis oder ↑**Soda** verlängert werden. Wird die Flüssigkeitsmenge stark erhöht, entsteht ein alkoholisch schwächerer ↑**Longdrink. 2. Dessertcocktails** – Dazu gehören die alkoholschwächeren Digestifs sowie ↑**Flips** und ↑**Eggnogs**. **3.** ↑**Champagner**-, ↑**Prosecco**- und ↑**Sektcocktails**; **4.** ↑**Shooters** – Sie sind eine noch junge Modeerscheinung und werden meist im Ritual auf ex getrunken.

Shortenings [*Engl. Speisekarte*] Koch- und ↑**Bratfette**

Shortloin [*Engl. Speisekarte*] ↑**Roastbeef** mit Knochen und ↑**Filet**

Shoulder [*Engl. Speisekarte*] Schulter

Shoyu [*Asiatische Küche*] ↑**Sojasauce**nart

Shredded [*Engl. Speisekarte*] Gerieben

Shrimp [*Fisch*] **T Französisch:** crevettes – zehnfüßige; ↑**Garnele**, also ein Krebs. In den englischsprachigen Urlaubsländern werden Shrimps in den unterschiedlichsten Größen angeboten: von „tiny shrimp" für Cocktails, Suppen usw. bis zu „jumbo shrimp", von denen einige für eine Mahlzeit reichen. Aber überall in der Welt gilt: Je größer die Shrimps, desto teurer!

Shropshire Blue [*Käse*] **T Herkunft:** England; **Käsesorte:** Halbfester, mit ↑**Annatto** gefärbter ↑**Blauschimmelkäse**, 55 % ↑**Fett i. Tr.**; **Milch:** Kuhmilch; **Teig:** kräftig marmoriert mit Blauschimmel-Äderung, orangerot, cremig-fest, etwas krümelig; **Rinde: rau**, braun; **Ge-**

schmack: säuerliches, fast weinartiges Aroma mit Spuren von ↑**Orangen** und ↑**Zitronen**, leicht süßlicher Nachgeschmack; **Form:** mittelgroßer Zylinder; **Reifezeit:** 2–3 Monate; **Getränkeempfehlung:** mittelschwere Rotweine wie ↑**Bordeaux** oder ↑**Chianti**, oder ein dunkles ↑**Ale.** Keine ↑**Süßweine; Verwendung:** Mit seinem imposanten Aussehen verschönert der Shropshire Blue jede Käseplatte. Vergleichbar mit anderen Blauschimmel-Sorten. Sehr sparsam verwenden. Geeignet zum Füllen von ↑Ofen**kartoffeln** und ↑**Cordon bleu**, Überbacken von ↑**Geflügel**-, Kartoffel- oder ↑**Gemüsegerichten** und Verfeinern von ↑**Saucen**

Shuan Chinesische Garmethode [*Asiatische Küche*] **T** Diese Garmethode wird nicht in der Küche, sondern am Tisch wie das ↑**Fondue** zelebriert. Die Flüssigkeit (meist eine kräftige ↑**Brühe**), die auf einem Stövchen oder ↑**Réchaud** erhitzt wird, nennt man Shuan. – Das in sehr feine Scheiben geschnittene ↑**Fleisch:** ↑**Rind,** ↑**Lamm,** ↑**Nieren,** ↑**Leber** oder auch ↑**Hühnchen.** Das bekannteste Gericht dieser Art ist der „Mongolische ↑**Feuertopf** mit ↑**Lammfleisch**". ↑**Kochen im Wok** oder ↑**Asiatisch Kochen**

Siaskas [*Franz. Speisekarte*] ↑**Frischkäse** mit ↑Kirschlikör und ↑**Sahne**, eine Spezialität aus den Vogesen

Sibbkäs [*Käse*] Hessische Bezeichnung für ↑**Quark**

Sicak meze tabagi [*Orientalische Küche*] Begriff aus der türkischen Küchenkultur für einen warmen Vorspeisenteller. ↑**Türkische Küche**

Sichuan-Art [*Asiatische Küche*] Auch Szechuan-Art – z. B. ↑**Ente** oder ↑**Rindfleisch.** Nach Sichuan-Art bedeutet: Ein äußerst scharfes Gericht, da in der Region Sichuan nur scharf gekocht wird. ↑**Chinesische Küche**

Sicilienne, à la [*Speisegarnitur*] **A Speisegarnitur** mit gefüllten **Tomaten,** Reistörtchen oder ↑**Kartoffelkroketten**

Side Car [*Hausbar*] **R** Berühmt gewordener Klassiker aus der Hemingway-Ära: 2 cl ↑**Cognac** (ersatzweise ↑**Weinbrand**), 2 cl ↑**Curaçao**, ↑**Triple sec** oder ↑**Cointreau** und 2 cl ↑**Zitronensaft**, im ↑**Shaker** gemixt und im ↑**Cocktailglas** serviert

Sidro [*Ital. Speisekarte*] Obstwein. ↑**Fruchtwein**

Sieb [*Unsere Küche*] Küchengerät zum Sieben, Durchseihen oder Durchstreichen von Zutaten

Siedegebäck [*Backstube*] Besteht aus leichtem, fettarmem ↑**Hefeteig**, der viel ↑**Vollei** und zusätzlich ↑**Eigelb** enthält. Das Abbacken der Gebäcke erfolgt in 175° bis 180° C heißem Siedefett. **Beispiele:** ↑**Krapfen,** ↑**Donuts** usw.

Sieden [*Unsere Küche*] **T** Im Gegensatz zum sprudelnden Kochen bewegt sich beim Sieden die Oberfläche der Flüssigkeit kaum oder nur ganz leicht. Sieden ist schonender als Kochen, empfindliches Gargut, z. B. ↑**Fisch** oder **Klöße**, wird nicht so leicht zerstört. Klare Suppen und ↑**Fonds** bleiben oder werden klar.

Siedewurst [*Österr. Küche*] ↑**Kochwurst**

Siegelrippe [*Fleischprodukte*] Rückenstück zwischen Hals und Hochrippe

Siegerrebe [*Weinkunde*] Durch die Verschmelzung von Madeleine d'Angevin & ↑**Gewürztraminer** gelang Dr. Georg Scheu 1929 die Züchtung dieser weißen Rebsorte. Die Siegerrebe wächst in geschützten Lagen am besten, wobei die Qualität des Bodens niedrig sein kann. Das Mostgewicht liegt bei 85–100° ↑**Öchsle**, die Weine sind sehr extraktreich und können ausbalancierte und würzige Weine ergeben.

Siegfried [*Kartoffelsorte*] **Kochtyp:** ↑**Vorwiegend festkochende Kartoffeln**

Sieglinde [*Kartoffelsorte*] **Kochtyp:** ↑**Festkochende Kartoffeln** – „Speckige Kartoffel" genannt; **Herkunft:** Deutschland; **Jahr der Zulassung:** 1935; **Schale:** gelb; **Fleisch:** gelb, hervorragender Geschmack; **Knolle:** langoval; **Reifezeit:** früh

Sigara börek [*Orientalische Küche*] **A** Begriff aus der türkischen Küchenkultur: ↑**Blätterteig**röllchen gefüllt mit ↑**Schafskäse.** ↑**Türkische Küche**

Sigarette [*Ital. Speisekarte*] ↑Röhren**nudeln** von Zigarettenlänge und -stärke. Geeignet für ↑**Pasticcio** mit ↑**Innereien** von ↑**Hühnern** und ↑**Pilzen**

Sigma [*Kartoffelsorte*] **Kochtyp:** ↑**Festkochende Kartoffeln** – „Speckige Kartoffel" genannt

Signal [*Kartoffelsorte*] **Kochtyp:** ↑**Mehlig kochende Kartoffeln** – „Mehlige" oder „Runde" genannt

Silano [*Ital. Speisekarte*] ↑**Caciocavallo**

Silber [*Fachkunde*] ↑**E 174**

Silberhaut [*Fachkunde*] Wertvollster Bestandteil eines ↑**Reiskorns** ist die Silberhaut, die den Kornkern umschließt. Sie liefert die ↑**Vitamine** B_1, B_2 und B_3, aber auch das wichtige ↑**Vitamin E.** An ↑**Mineralstoffen** sind vor allem ↑**Kalium,** ↑**Magnesium** und ↑**Eisen** zu nennen. Viele ↑**Ballaststoffe** sitzen ebenfalls dort.

Silberpapier [*DDR-Küche*] Alufolie

Silberzwiebel [*Gemüse*] **Lateinisch:** Allium cepa var. cepa; **Englisch:** silverskin onion; **Französisch:** petit oignon blanc; **Italienisch:** zuccato cipolline perline. Die Silberzwiebeln gehören zur botanischen Familie der Liliengewächse. Sie sind besonders kleine Speisezwiebeln mit weiß bis silbrig schimmernder Außenhaut. Sie erreichen einen Durchmesser von nur 15 bis 35 mm und gehören, obwohl sie den ↑**Perlzwiebeln** zum Verwechseln ähnlich sehen, aus botanischer Sicht nicht derselben Art an. Die kalorienarmen (100 g: 16 kcal/65 kJ), sehr milden Zwiebelchen werden selten frisch angeboten, sondern nur zu ↑**Sauerkonserven** und ↑**Mixed Pickles** verarbeitet.

Sild [*Fisch*] **T** Norwegische Bezeichnung für den ↑**Hering.** ↑**Kronsild** sind kleine, entgrätete Heringe ohne Kopf. Dagegen bezeichnet man als ↑**Appetitsild** mild gesalzene, gekräuterte Filets der ↑**Sprotte.** Mit dem Sild können die Skandinavier besonders gut umgehen. Ihre ↑**Marinaden** genießen Weltruf. ↑**Bismarckhering**

Siliciumdioxid [*Fachkunde*] ↑**E 551**

Silizium [*Gesundheit*] **T** Der Körper lagert Silizium vor allem in Bindegeweben und Knochen ein. **Bedarf:** Der tägliche Bedarf wird auf ∅ 40 Milligramm geschätzt. Silizium ist in pflanzlichen Lebensmitteln wie ↑**Kartoffeln**, einer Reihe von ↑**Getreide**sorten, ↑**Spinat** und ↑**Obst** enthalten. **Mangelerscheinungen:** Ein Siliziummangel kann zu Wachstumsstörungen und einer Reihe von Hauterkrankungen wie chronischen Ekzemen und Juckreiz führen. Brüchige Nägel und Haarausfall können auch Symptome eines Siliziummangels sein. Ernstere Folgen kann die dadurch verminderte Elastizität bestimmter Anteile der Blutgefäßwände haben. ↑**Kollagen**mangel; ↑**Osteoporose**

Silure [*Franz. Speisekarte*] ↑**Wels**

Silvaner [*Weinkunde*] Saftige Weißwein-Traube, die zumeist einen milden, feinfruchtigen Wein mit verhaltener Säure liefert. Die Eigenschaften des Bodens finden sich in ihr wieder. Schwere Böden bringen kräftige Weine, auf leichten Böden sind sie frischer und ausdrucksvoller. Der Silvaner kann in Franken zu aufregenden Ergebnissen führen, jedoch auch Weine hervorbringen, die zwar über Körper und zugleich Säure verfügen, aber eher neutral im Bukett sind. Möglicherweise hat diese Rebsorte ihren Ursprung in Transsilvanien, dem heutigen Siebenbürgen (Rumänien). Der Silvaner genoss in der ersten Hälfte des 20. Jahrhunderts große Popularität, die nach dem 2. Weltkrieg zu Gunsten der früher reifenden und ertragreicheren ↑**Müller-Thurgau** rasch abnahm. Nur in Franken scheint seine Position unbedroht. Die Rebe gedeiht hier auf den relativ feuchten und schweren Tonböden, die für den Anbau von ↑**Riesling** ungeeignet sind, da dieser auf den eher kalten Böden in den meisten Jahren nicht genügend ausreifen kann. Silvaner hat die gleiche Mühe, sich im ↑**Elsass** (dort: Sylvaner) zu behaupten. Ihr Rückgang hängt mit der Zunahme von ↑**Pinot Blanc** zusammen. Beide Rebsorten bevorzugen denselben Boden, wobei Pinot Blanc aber höhere Erträge als Sylvaner erzielt, weniger Säure hat und nicht zuletzt modischer ist. Bei Ertragsbegrenzung in guten Jahrgängen und Lagen erzielt man mit Silvaner kräftige, „den Mund tapezierende" Weine, die zu Fisch und hellem Fleisch passen. Edelsüße Auslesen sind als ↑**Aperitif** oder zum Nachtisch zu empfehlen. **Mit zu dieser Familie gehören:** Silvania (Italien), Johannisberger, Gros-Rhin (Schweiz), Arvine Grande (Wallis), Silvain Vert, Gentil Vert (Frankreich), Zelena Sedmogradlca, Silvanai Zeleni (Slowenien, Kroatien), Zold Szilvani (Ungarn), Cynifal Zeleny, Moravka, Silvänske (Tschechien), Franken Riesling, Monterey Riesling, Sonoma Riesling (USA)

Simit [*Orientalische Küche*] Begriff aus der türkischen Küchenkultur für die Sesambrezel. ↑**Türkische Küche**

Simmern [*Österr. Küche*] Andere Bezeichnung für köcheln

Simone [*Kartoffelsorte*] **Kochtyp:** ↑**Festkochende Kartoffeln** – „Speckige Kartoffel" genannt; **Herkunft:** Deutschland; **Jahr der Zulassung:** 1996; **Schale:** gelb; **Fleisch:** gelb; **Knolle:** langoval; **Reifezeit:** mittelfrüh

Simples, les [*Franz. Speisekarte*] Aromatische ↑**Küchenkräuter**

Simsonbrot [*Backstube*] **A** ↑**Roggenbrot** aus dem vollen Korn. Die Getreidekörner werden eingeweicht, zu Brei zerquetscht und mit ↑**Hefe** oder ↑**Sauerteig** zu einem Teig angesetzt. Der grobe Teig wird 12 Std. lang in Kästen bei mäßiger Hitze gebacken. Dadurch wird das wertvolle Brot besonders gut verdaulich und bekömmlich. ↑**Brot**

Sin [*Span. Speisekarte*] ohne

Sin Crianza [*Weinkunde*] Spanisch für „ohne Erziehung" und Bezeichnung für Weine, die im Jahr nach der Ernte auf den Markt gebracht werden. Die Weine werden deshalb auch mit Vino Joven, jungen Weinen, angedeutet. Da die Periode zwischen Ernte und Vermarktung kurz ist, bedeutet dies, dass die Weine nur sehr beschränkt oder gar nicht im Holz gelagert wurden. Es handelt sich nahezu ausschließlich um unkomplizierte Produkte, die zum baldigen Trinken gedacht sind.

Singapore Sling [*Hausbar*] **R** ↑**Cocktail**klassiker im ↑**Longdrink**glas. Keiner weiß mehr, wann und wo genau der Singapore Sling das Licht der Barwelt erblickte, weshalb es auch unzählige Variationen gibt. Von jeder wird behauptet, sie sei das Original. **Die geläufigste und „originalste" Version:** 6 cl ↑**Gin**; 4 cl ↑**Zitronensaft**; 2 cl ↑**Zuckersirup**; 2 cl ↑Kirsch**likör**; 6 cl ↑**Mineralwasser** (Originalrezeptur mit kaltem ↑**Jasmintee**) zum Auffüllen; Zitrone; ↑**Cocktailkirsche**. **Zubereitung:** Im Shaker, der mit ein paar Eiswürfeln gekühlt ist, werden Gin, Zuckersirup und Zitronensaft ordentlich miteinander gemischt. Vorsichtig durch ein Barsieb auf Eis in ein ↑**Longdrinkglas** geben. Auf das im Shaker verbliebene Eis etwas ↑**Soda** oder ↑**Mineralwasser** gießen und ausschwenken, dann das Glas bis einen kleinen Finger breit unter dem Rand damit auffüllen. 1–2 cl Kirschlikör für einen guten Farb- und Geschmackseffekt über den fertigen Drink laufen lassen. Mit ↑**Zitrone** oder ↑**Cocktailkirschen** garnieren.

Siphon [*Hausbar*] ↑**Mineralwasser**spender für ↑**Longdrinks**

Sire de Scey [*Käse*] **Herkunft:** Frankreich/Département Doubs (Cléron); **Käsesorte:** halbfester ↑**Schnittkäse**; **Milch:** erhitzte Kuhmilch; **Teig:** leuchtend goldgelb; **Geschmack:** charaktervoll, kräftig, fruchtig; **Reifezeit:** 6 Monate bis zu einem Jahr; **Größe:** kleine runde Laibe von ∅ 30–33 cm und 10 cm Höhe; **Info:** „Sire de Scey", verwandt mit dem Schweizer ↑**Appenzeller** und dem französischen ↑**Beaufort**, wurde 1999 auf der New Yorker Lebensmittelmesse mit einer Goldmedaille ausgezeichnet.

Sirloin Steak [*U.S. Kitchen*] Lendensteak, in Deutschland auch ↑**Rumpsteak.** Es wird ohne Knochen aus dem flachen ↑**Roastbeef** geschnitten.
Sirniki [*Intern. Länderküche*] Begriff aus der russischen Küchenkultur für kleine, dicke ↑Quark**pfannkuchen**
Sirok [*Intern. Länderküche*] Russische Küchenkultur: sehr trockener, süßer ↑**Quark** in Würfelform, mit Glasur überzogen
Sirop [*Franz. Speisekarte*] ↑**Sirup**, ↑**Läuterzucker**
Sirop de canne [*Hausbar*] Sirup aus ↑**Rohrzucker**
Sirtema [*Kartoffelsorte*] **Kochtyp:** ↑**Vorwiegend festkochende Kartoffeln.** Frühreifende Sorte
Sirup [*Allgem. Nährmittel*] **T** Konzentrierte, dickflüssige Zuckerlösung, die durch Auflösen von ↑**Zucker** in Wasser, Fruchtsäften oder Pflanzenauszügen oder durch Eindicken wässriger ↑**Zuckerrüben**auszüge hergestellt wird. ↑**Stärke**sirup hat eine geringe Süßwirkung und dient als Zusatz bei ↑**Marmeladen**, Süßwaren usw.
Siskebab [*Orientalische Küche*] **A** ↑**Schisch Kebab** & ↑**Türkische Küche**
Skate [*U.S. Kitchen*] ↑**Rochen**
Skewers [*U.S. Kitchen*] Spieße
Skim milk [*U.S. Kitchen*] ↑**Magermilch**
Skirt Steak [*U.S. Kitchen*] ↑**Fajitas**
Skorbut [*Gesundheit*] Mangelkrankheit, verursacht durch das Fehlen von ↑**Vitamin C** bei ↑**Ernährung** ohne frisches ↑**Gemüse**, ohne ↑**Früchte**, Salat etc. (früher Seefahrerkrankheit)
Skorbutkraut [*Wildkräuter, -blüten & -früchte*] ↑**Löffelkraut**
Skordalia [*Griech. Speisekarte*] **A** ↑**Knoblauch**salat
Skubanki [*Intern. Länderküche*] **A** Böhmische Speise aus ↑Kartoffel**nocken**, mit zerlassener ↑**Butter** übergossen und ↑**Mohn** bestreut
Sladko [*Jüdische Küche*] **T** Konfitüre-Spezialitäten, die sowohl zur Balkanküche als auch zur jüdischen Küche gehören. Traditionell werden diese Konfitüren auf einem kleinen Glasteller zusammen mit einem Teelöffel und einem Glas Wasser serviert. Sladko unterscheidet sich von anderen Konfitüren dadurch, dass der ↑**Zucker** zunächst allein zu einem Sirup gekocht wird, dem man anschließend die Früchte hinzufügt. Für Sladko werden zum Teil auch Zutaten verwendet, die nach mitteleuropäischem Geschmack ungewöhnlich sind. So kennt die ostjüdische Küche Varianten, bei denen ↑**Rettich** in ↑**Honig** gekocht oder ↑**Konfitüre** aus ↑**Karotten** oder ↑**Rote Beete** hergestellt wird.
Slaw [*U.S. Kitchen*] Kurz für Cole Slaw, Krautsalat
Slibowitz [*Hausbar*] Serbischer ↑Zwetschgen**branntwein** von blassgelber Farbe, mit einem Alkoholgehalt von 40–60 %Vol.
Slices [*U.S. Kitchen*] Scheiben
Slicrofi [*Ital. Speisekarte*] **A** Auch: Zlikrofi. Spezialität aus dem Friaul (Gorizia) und Slowenien. Bonbonförmige Teigtaschen (auch „caramella"), gefüllt mit ↑**Kartoffeln**, ↑**Pancetta** und ↑**Zwiebeln**
Sling [*Hausbar*] **A** Slings sind den ↑**Punschen** sehr ähnlich, werden in ↑**Longdrinkgläsern** mit Eiswürfeln serviert. Zutaten für diese Klassiker sind eine Basisspirituose, ↑**Zitrone**, ein Fruchtsirup und ↑**Sodawasser** oder ↑**Limonade.** Früher wurde ein Sling auch warm mit ↑**Tee** aufgefüllt, z. B. ↑**Singapore Sling.** Die Slings gehören zu den interessantesten ↑**Cocktails**, da das Mixen Fachwissen erfordert.
Slivered [*U.S. Kitchen*] In Scheiben
Sloppy Joes [*U.S. Kitchen*] Hamburgerbrötchen mit ↑**Hackfleisch**soße. Sehr beliebt in US-Schulcafeterien
Slow cooker [*Jüdische Küche*] Auch Crockpot – elektrisches Gerät, in dem Gerichte bei niedrigen Temperaturen lange Zeit gegart werden. In Deutschland kaum erhältlich. Ermöglicht selbstständiges Garen von Eintöpfen, Fleischgerichten, Soßen usw., ohne dass sie umgerührt werden müssen und anbrennen.
Slow Food [*Fachkunde*] **T** Slow Food ist ein internationaler **Non-Profit-Verein**, der 1986 als Antwort auf die rasante Ausbreitung des ↑**Fast Food** in Italien gegründet wurde, da man den Verlust der Esskultur und der Geschmacksvielfalt befürchtete. **„Nur langsam kann man genießen"** ist der Grundgedanke. Slow Food stellt die Verbindung zwischen **Ethik und Genuss** dar. **Slow Food fördert:** natürliche Landwirtschaft, artgerechte Viehzucht und nachhaltige Fischerei – das traditionelle Lebensmittelhandwerk –, die **Öko-Gastronomie** sowie die Erhaltung der regionalen Geschmacksvielfalt. Slow Food will **die kulturelle Würde des Essens wahren**, die **Geschmacksensibilität** fördern und für den Schutz der biologischen Vielfalt kämpfen.
Smaragd [*Weinkunde*] Ab dem Jahrgang 1987 verwendete Weinkategorie (für den 1986er lautet die entsprechende Bezeichnung noch ↑**Honifogl**), die in der Wachau das höchste Qualitätsniveau ausdrückt und Weinen mit einem natürlichen Mindestalkoholgehalt von 12 % Vol. vorbehalten ist. Diese Weine sollten allein aus den besten Rieden (Lagen) stammen und werden nur in guten und besseren Jahrgängen erzeugt. Sie sind nicht aufgezuckert und müssen völlig durchgegoren sein, wobei ein natürlicher Restzucker bis maximal 9 g/l – was in Österreich bis zum Weingesetz von 1993 als halbtrocken galt – erlaubt ist. In der Regel sind dies Weine der Spätlese- oder Auslesekategorie, doch dürfen diese Bezeichnungen nicht zusätzlich auf dem Etikett erscheinen. Smaragd-Weine kommen ausschließlich in der 0,75-l-Flasche (oder in halben Flaschen) in den Handel und müssen einen mindestens 49 mm langen Korken mit Jahrgangsbrand aufweisen. Sie dürfen nicht vor dem 1. Mai des auf die Ernte folgenden Jahres in den Handel gebracht werden. Alle diese Weine unterliegen der Kontrolle durch die ↑**Vinea Wachau.**

Smetana [*Intern. Länderküche*] Ein Begriff aus der russischen Küchenkultur für ↑**Sauerrahm**

Smitane [*Franz. Speisekarte*] **A** Saure ↑**Sahne** mit ↑**Senf** und ↑**Essiggemüse** gewürzt

Smithwicks [*Bier*] Irisches, malzig schmeckendes Braunbier, bekannt unter der Marke **Kilkenny**

Smoked [*U.S. Kitchen*] Geräuchert

Smooth [*U.S. Kitchen*] Weich, glatt

Smoothie [*U.S. Kitchen*] Cremiger Drink aus ↑**Milch** oder ↑**Obst**

Smörgåsbord [*Intern. Länderküche*] Ein beliebtes schwedisches Festessen, heißt übersetzt ein Tisch voller Butterbrote. An den bescheidenen Ursprung von Schwedens Nationalgericht erinnert heute nur noch der Name. Hinter dem Smörgåsbord verbirgt sich ein reichhaltiges Buffet von kalten und warmen Speisen. Zu finden ist so ziemlich alles, was die ↑**Schwedische Küche** an Leckerbissen hergibt. Alleine bis zu zwanzig verschiedene Heringszubereitungen, gebeizter und geräucherter Lachs, Krabben, roter Maränenkaviar, diverse warme Fleisch- und Fischgerichte, mittlerweile auch Pastavariationen, Salate, Pasteten, Wurst, Käse und eine reiche Auswahl an Desserts. Übertroffen wird das Smörgåsbord nur noch vom **Julbord** in der Weihnachtszeit.

Smørrebrød [*Intern. Länderküche*] **A** Als Smørrebrød wird in Dänemark eine fantasievoll belegte Brotscheibe bezeichnet. Sie kann aus Mischbrot, Vollkorn oder Weizen bestehen und wird mit ↑**Butter** bestrichen. Der Belag ist reichlich und besteht oft aus Salatblättern, **Fisch**, **Heilbutt**creme, **Rührei** und Gemüsesalat. Auch alle Arten von ↑**Käse**, ↑**Wurst**, ↑**Fleisch**, ↑Eiern und ↑**Soßen** werden miteinander kombiniert. So kann ein Smørrebrød je nach Zusammenstellung eine beachtliche Höhe erreichen. Traditionell wird dabei auf frische Zutaten geachtet.

Snacks [*Gesundheit*] Im Allgemeinen versteht man unter einem „Snack" eine kleine Mahlzeit zwischen den Hauptmahlzeiten oder den Ersatz einer traditionellen Mahlzeit oder kleine, mundgerechte Happen, beliebig belegt und appetitlich garniert, für Partys aller Art oder kleine, durchaus gesunde Gerichte, die man ↑**Healthy Snacking** nennt. Snacks haben sich hauptsächlich in der hektischen Alltagsnische eingenistet, in der oft wenig Zeit zum Einkaufen und Kochen bleibt. Mit knurrendem Magen sucht man auf die Schnelle etwas zu essen; meist folgt der Griff zum „↑**Fast Food**" im herkömmlichen Sinn. Das erfüllt zwar seinen sättigenden Zweck, schmeckt aber oft nicht wirklich und ist auf Dauer weder ausgewogen noch figurfreundlich, außerdem fehlen meist wichtige ↑**Nährstoffe**. Gerade ↑**Vitamine**, ↑**Spurenelemente**, ↑**sekundäre Pflanzenstoffe**, ↑**bioaktive Substanzen** und ↑**Mineralstoffe** sind für den Körper lebensnotwendige ↑**Wirkstoffe**. Ist die Zufuhr dieser Substanzen zu gering, reagiert der Körper mit diversen Mangelerscheinungen (Immun- und Konzentrationsschwäche, Hauterkrankungen, Abgeschlagenheit, Muskel- und Antriebsschwäche, Störungen der Fruchtbarkeit, Blutarmut etc.). ↑**Kinderernährung**, ↑**Junk Food** & ↑**Ernährung**

Snapper [*U.S. Kitchen*] ↑**Barsch** und ↑**Red Snapper**

Snowpeas [*U.S. Kitchen*] ↑**Zuckererbsen** in der Schote

Soave [*Weinkunde*] Italienischer strohgelber Weißwein aus Venetien. In diesem Verschnittwein muss mindestens 70 % ↑**Garganega** verwendet werden, häufig angefüllt mit ↑**Trebbiano**, ↑**Chardonnay** oder ↑**Pinot Bianco**. Erhältlich von leichter (10,5 Vol. %) bis schwerer (16 Vol. % Alkoholgehalt) Beschaffenheit. Soave gibt es auch als ↑**Schaumwein**.

Soba-Nudeln [*Asiatische Küche*] **T** Diese japanische Spezialität aus ↑**Buchweizenmehl** ist etwas für geduldige Genießer. Man bringt sie in ungesalzenem Wasser zum Kochen und stoppt das Sieden mit einer Tasse kalten Wassers. Erneut aufkochen und das Ganze wiederholen, bis die Nudeln gar sind. Sie passen mit ihrem leicht nussigen Geschmack auch in europäische Salate, klare Suppen und ersetzen europäische Nudeln. ↑**Ramen**

Soba-ya [*Intern. Länderküche*] Begriff aus der japanischen Küchenkultur für ein Nudel-Lokal

Sobrassada de Mallorca [*Intern. Länderküche*] **T** Typische Wurstspezialität mit geschützter geografischer Angabe. Dieses Produkt der Balearen-Insel wird aus rohem, sorgfältig ausgewähltem und an der Luft getrocknetem Schweinehackfleisch hergestellt. Es stammt ausschließlich von den auf Mallorca beheimateten schwarzen Schweinen (katalan. porc negre). Dabei handelt es sich um eine Rasse, die nach traditionell überlieferter Weise gezüchtet und gefüttert wird. Die wichtigsten ↑**Gewürze** für diese Wurst sind ↑**Meersalz**, ↑**Pfeffer**, scharfer ↑**Paprika**, ↑**Rosmarin**, ↑**Thymian**, ↑**Oregano** und natürliche Aromastoffe. Die Wurstmasse wird in Därme abgefüllt, wo sie nach traditionellen Verfahren langsam reift. Ihr Geschmack ist angenehm mild auf der Zunge, und die Gewürze bleiben im Nachgeschmack erhalten. **Sorten:** Werden nach Form und Beschaffenheit des Darms bzw. der Hülle, die für die Sobrassada verwendet wird, unterschieden – **Longaniza:** Verwurstung in dünnen Därmen mit einer Länge von maximal 50–60 cm. **Rizada:** Verwurstung in dicken Därmen. **Semirizada:** Verwurstung in mittelgroßen Därmen mit etwa 500–800 g Gewicht. **Cular:** Verwurstung im Endstück des Schweinedarms. **Bufeta:** Von halbrunder Form und einem Gewicht, das bis zu 8 kg betragen kann. **Bisbe:** Hierbei handelt es sich um die größtmögliche Form der Abfüllung, bei der die Wurstmasse in den Schweinemagen abgefüllt wird. **Poltrú:** Verwurstung in der Schweineblase. **Tarrina:** Neuartige Präsentierungsform der Wurstmasse in Gefäßen bis

200 g, die leichter aufzubewahren sind. So wird auch eine längere Haltbarkeit garantiert. Bei der in der Terrine verkauften Sobrassada aus Mallorca handelt es sich um eine getrocknete Wurstmasse, die nach Entfernung des Darms unter höchsten Hygienestandards abgefüllt wird.

Sobremesa, de [*Span. Speisekarte*] Nachtisch, auch ↑**Postres**

Sobronade [*Franz. Speisekarte*] **A** Kräftige Bauernsuppe aus ↑**Schweinefleisch** und ↑**Gemüse**, ↑**Weißen Bohnen** und ↑**Rüben**

Socca [*Franz. Speisekarte*] **A** Große dünne Fladen aus ↑**Kichererbsen**mehl, pizzaähnlich, am besten aus dem Holzkohleofen, pikant oder süß, eine Spezialität aus Nizza

Soda [*Fachkunde*] Große, farblose, eisartige, monokline Kristalle, die aus wässerigen Lösungen unterhalb von 32° C auskristallisieren. Soda wird u. a. für die Herstellung von Glas, Seife und Waschmittel sowie zur Wasserenthärtung verwendet und dient bei Backwaren als Triebmittel. ↑**Natriumbicarbonat** & ↑**E 500**

Sodas [*Hausbar*] **A** Sodas sind erfrischende ↑**Longdrinks** mit wenig ↑**Alkohol**. Hierbei werden die alkoholischen Zutaten oft ↑**abgespritzt** und mit ↑**Mineral**- oder ↑**Sodawasser** aufgefüllt.

Sodawasser [*Hausbar*] **T** ↑**Mineralwasser** aus der Gruppe der alkalischen Säuerlinge. Internationale Bezeichnung: ↑**Soda**. Sodawasser enthält mehr ↑**Natrium** als das gewöhnliche Mineralwasser, nämlich mindestens 570 mg/l, schmeckt daher leicht nach Lauge und ist Bestandteil zahlreicher Mischgetränke. Wenn für ein Cocktailrezept Sodawasser verlangt wird, kann man auch normales kohlensäurehaltiges Mineralwasser nehmen.

Sodbrennen [*Gesundheit*] Ein brennendes Gefühl in Magengegend und Speiseröhre. Verursacht wird es durch das Aufsteigen des Magensaftes in die Speiseröhre. **Die häufigsten Ursachen dafür sind:** zu stark gewürztes Essen; üppige Mahlzeiten; Schwäche des Schließmuskels zwischen Magen und Speiseröhre; übermäßiger ↑**Alkohol**-, ↑**Kaffee**- oder Zigarettenkonsum; ↑**Übergewicht**; Medikamenteneinnahme; Schwangerschaft (Gebärmutter drückt auf den Magen) und Zwerchfellbruch. Um Sodbrennen zu vermeiden, sollte man Übergewicht abbauen, Rauchen, Kaffee und Alkohol reduzieren bzw. ganz meiden. Genau wie Lebensmittel, die Sodbrennen hervorrufen können (scharfe und saure Speisen und Getränke, fett- und zuckerreiche Speisen). ↑**Antazida**

Sofrito [*Intern. Länderküche*] ↑**Caldereta**

Soft shell [*U.S. Kitchen*] Zu den feinsten und besten ↑**Krabben** zählen die amerikanischen Blaukrabben, die als Soft shell – nach der Häutung – eine Delikatesse sind.

Softdrink [*Hausbar*] Alkoholfreies Getränk, im Gegensatz zu so genannten Harddrinks, den ↑**Spirituosen**. Zu den Softdrinks zählen Erfrischungsgetränke, ↑**Mineral**- und ↑**Tafelwasser** sowie ↑**Instant**getränke.

Softeis [*Unsere Küche*] Halbgefrorenes, industriell vorgefertigtes ↑**Speiseeis**, das sofort gegessen werden muss. ↑**Eiskrem**

Softened [*U.S. Kitchen*] Weich (gemacht)

Sogliola [*Ital. Speisekarte*] ↑**Seezunge**

Soguk Meze tabagi [*Orientalische Küche*] Begriff aus der türkischen Küchenkultur für einen gemischten kalten Vorspeisenteller. ↑**Türkische Küche**

Soguk Mezeler [*Orientalische Küche*] Begriff aus der türkischen Küchenkultur für „Kalte Vorspeisen". ↑**Türkische Küche**

Soigné, à la [*Franz. Speisekarte*] Gepflegt, sorgfältig zubereitet. Aber auch negativer Ausdruck hinter vorgehaltener Hand: **„Gesalzene Rechnung"**.

Sojabohne [*Allgem. Nährmittel*] **T Englisch:** soy beans; **Französisch:** pois chinois, soja. Die Sojabohne gehört zu den ↑**Hülsenfrüchten**, ihre Heimat ist Ostasien. Schon 1000 vor Christus gibt es in China schriftliche Zeugnisse von ihr. Sie kam aber erst Ende des 19. Jahrhunderts nach Europa und Amerika. Sojabohnen werden in Kanada, in den USA, in Brasilien und Russland kultiviert. Die Pflanze wächst an einem etwa 80 cm hohen Strauch. Die braungelben, stark behaarten Hülsen enthalten 2 bis 3 rund-ovale Samen, die weiß, gelb oder schwarzbraun sind. Wegen ihres hohen Gehalts an ↑**Eiweiß** und ↑**Fett** wird die Sojabohne vielfältig genutzt. **Inhaltsstoffe:** 100 g frische Sojabohnen enthalten ∅ 126 kcal/527 kJ und etwa 5,9 g Fett, 10,4 g Kohlenhydrate, 11,9 g Eiweiß, 0,4 mg Betacarotin, 3,1 mg Eisen, 0,3 mg Vitamin E, 0,44 mg Vitamin B_1 und 29 mg Vitamin C. Die Sojabohne zeichnet sich durch ihr biologisch hochwertiges Eiweiß und ihre gute Nährstoffzusammensetzung aus. Dadurch spielt sie eine bedeutende Rolle in der Welternährung. Aus Sojabohnen werden Sojaöl, Backfette, Bratfette, Lecithin (Phospholipide) gewonnen und nach Abzug des Öls aus dem Presskuchen Sojamilch, Sojaquark (↑**Tofu**) und Sojajogurt hergestellt. Außerdem werden Sojabohnen zu Sojamehl und ↑**Sojasoße** verarbeitet. Die chinesische Küche war die Erste, die Sojakeimlinge als Gemüse anbot. Die Sojabohne ist im Visier der Gentechnik. Immer mehr gentechnisch veränderte Sojabohnen werden in den USA angebaut. Für Verarbeitungszwecke dürfen sie nach Deutschland eingeführt und die daraus gewonnenen Produkte (z. B. Lecithin in der Schokolade) verkauft werden. Sie müssen entsprechend der ↑**Novel Food**-Verordnung gekennzeichnet werden.

Sojabohnenkeime [*Gemüse*] ↑**Sojasprossen**

Sojacreme [*Allgem. Nährmittel*] **T** Verdickte ↑**Sojamilch**, die je nach Konsistenz an ↑**Sahne**, ↑**Quark** oder ↑**Sauerrahm** erinnert. Ersatz für ↑**Crème fraîche**

Sojaeiweiß [*Fachkunde*] ↑**Sojaprotein**

Sojamehl [*Allgem. Nährmittel*] **T** Aus gedämpften gelben ↑**Sojabohnen.** ↑**Eiweiß**reich, enthält viel ↑**Fett,** ↑**Mineralstoffe** und ↑**Vitamine.** Sojamehl kann ohne Geschmacksveränderung mit ↑**Vollkornmehl** im Verhältnis 1:4 gemischt werden. **Tipp:** Für alle, die ↑**Eier** meiden wollen oder müssen: Ein gestrichener EL ↑**Sojamehl** ersetzt ein **Eigelb** (immer Vollsojamehl und keine entfetteten Produkte nehmen).

Sojamilch [*Allgem. Nährmittel*] Aus 12 Stunden lang eingeweichten, zerkleinerten und pürierten ↑**Früchten** hergestellt. Sie enthält mehr ↑**Eisen** als ↑**Kuhmilch,** die Hälfte an ↑**Kalorien** und ↑**Fett**, kein ↑**Natrium,** kein ↑**Cholesterin,** ca. 1/6 der Kalziummenge (die aber besser resorbiert wird), aber ebenso viel ↑**Eiweiß** und ähnlich viel ↑**Vitamin B.**

Sojaöl [*Fette*] **T** Extrahiert wird dieses hellgelbe ↑**Speiseöl** aus den eiweißreichen ↑**Sojabohnen.** Raffiniertes Sojaöl gehört zu den meistverwendeten Grundprodukten, es wird als Speiseöl genutzt und häufig mit anderen Ölsorten verschnitten. Sein Geschmack ist neutral. Es wird für Salatmarinaden, Reisgerichte und zum Dünsten verwendet, ebenso für die Herstellung von Bratfetten, ↑**Margarine** und Backfetten. Sojaöl enthält Ø 26 % ↑**Ölsäure,** Ø 55 % **Linolsäure** und Ø 6 % ↑**Linolensäure.** Da Sojaöl reich an ↑**mehrfach ungesättigten Fettsäuren** ist, können ↑**Freie Radikale** durch Oxidation, Lichteinwirkung usw. diese leicht schädigen und es schnell verderben lassen. Deshalb ist Sojaöl nur begrenzt haltbar. ↑**Öl**

Sojaprotein [*Fachkunde*] Eine der billigsten und doch wertvollsten ↑**Eiweiß**quellen der Welt. Das Protein ist sehr hochwertig und wichtiger Bestandteil einer ↑**vegetarischen Ernährung**, wobei es als Fleischersatz oder -ergänzung dient. Um Letzteres herzustellen, wird das ↑**Sojaöl** aus den ↑**Bohnen** extrahiert, die danach zu fettarmem ↑**Sojamehl** vermahlen werden. Das Mehl wird mit Wasser zu einem Teig vermischt, den man in Wasserdampf erhitzt. Anschließend können Farb- und Geschmacksstoffe hinzugefügt werden. Der Teig wird dann durch eine Düse gepresst, sodass er ↑**Hackfleisch** oder gewürfeltem ↑**Fleisch** ähnelt.

Sojaquark [*Allgem. Nährmittel*] **T** Aus ↑**Sojamilch** unter Zusatz eines Gerinnungsmittels hergestellt, ist geschmacksneutral. Verwendung: roh, gekocht, gebraten, überbacken, frittiert und gegrillt. ↑**Tofu**

Sojasauce [*Gewürze & Kräuter*] **T** Diese braune, dünnflüssige Sauce, die schon vor Jahrtausenden in China entwickelt wurde, ist ein fester Bestandteil der ↑**Asiatischen Küchen.** Die traditionell durch natürliche Gärung hergestellte Sojasauce reift mindestens 1 Jahr und dient zum Würzen von ↑**Fleisch,** ↑**Fisch,** ↑**Geflügel,** ↑**Gemüse** und Eierspeisen. Geschmacklich ähnelt sie gebratenem Fleisch, ist aber rein vegetarisch aus ↑**Sojabohnen** und ↑**Weizen** hergestellt.

Sojaschrot [*Allgem. Nährmittel*] Aus ganzen Früchten, mit nussartigem Geschmack, zum Brotbacken verwendbar. ↑**Sojamehl**

Sojasprossen [*Gemüse*] **Lateinisch:** Glycine max; **Englisch:** bean sprouts; **Französisch:** germes de soja; **Italienisch:** germogli di soia; **Spanisch:** brotes de soja. **Info:** Es handelt sich um Keimlinge, 3–5 cm lang , schmal, weiß mit hellgelben bis hellgrünen Köpfen. Sojasprossen müssen mehrere Tage keimen, da sie einen hemmenden Stoff für die ↑**Eiweiß**verdauung enthalten, der von den Keimlingen erst nach ein paar Tagen abgebaut werden kann. ↑**Hülsenfrüchte; Herkunft und Saison:** Sojasprossen werden ganzjährig aus inländischer Produktion angeboten; **Inhaltsstoffe:** Sojasprossen kann man roh oder kurz gegart verzehren, sie sind sehr schmackhaft, vitaminreich und werden als Salat oder Gemüsebeilage nicht nur in der ↑**Asiatischen Küche** geschätzt. **Geschmack:** Ihr Geschmack ist wesentlich feiner als der von zum Beispiel Mungobohnenkeimlingen, man kann ihn als herb und saftig beschreiben. ↑**Sojabohnen; Tipp:** Sojasprossen sollen wie alle Sprossen vor dem Rohverzehr oder Garen unter fließendem Wasser gut abgespült werden. ↑**Sprossen**

Solanin [*Gesundheit*] **T** Giftige Substanz (toxisches Alkaloid), die von einigen Nachtschattengewächsen gebildet wird. Solanin kommt in grünen Stellen an ↑**Kartoffeln** (entstehen durch Lichteinwirkung), Kartoffelkeimen und ↑**Grünen Tomaten** vor. Kartoffeln sollten deshalb vor Licht geschützt und dunkel gelagert werden. Die grünen Stellen immer großzügig wegschneiden. Beim Kochen geht nur ein kleiner Teil Solanin ins Kochwasser über. Solanin hemmt ↑**Enzyme** und **führt zu Vergiftungen**, die sich in Übelkeit, Erbrechen, Kopfschmerzen, Mattigkeit, Durchfall und Atemnot äußern.

Solara [*Kartoffelsorte*] **Kochtyp:** ↑**Mehlig kochende Kartoffeln** – „Mehlige" oder „Runde" genannt; **Herkunft:** Deutschland; **Jahr der Zulassung:** 1989; **Schale:** gelb; **Fleisch:** gelb; **Knolle:** oval; **Reifezeit:** mittelfrüh

Soldes [*Franz. Fachwort*] Ausverkauf

Sole [*Fachkunde*] Technische Bezeichnung für wässerige Kochsalzlösungen. Sole wird im Lebensmittelbereich zur Kühlung von ↑**Bier** benutzt.

Sole [*Franz. Fachwort*] ↑**Seezunge**

Sole à la ligne [*Franz. Speisekarte*] Geangelte ↑**Seezunge** aus dem Atlantik, sehr fein

Sole à la normande [*Franz. Speisekarte*] **A** ↑**Seezunge** in ↑Sahne**soße** mit ↑**Champignons** und manchmal mit ↑**Austern**

Sole de roche, targeur [*Franz. Speisekarte*] ↑Zwerg**butt**, klein, aber wohlschmeckend

Sole grillée à l'estragon [*Franz. Speisekarte*] **A** Gegrillte ↑**Seezunge** mit zerlassener ↑**Butter**, die mit ↑**Zitronensaft** und ↑**Estragon** gewürzt ist

Sole marguery [*Franz. Speisekarte*] **A** Pochierte ↑**Seezunge** in ↑Weißwein**sauce** mit ↑**Muscheln** und ↑**Garnelen**

Sole meunière [*Franz. Speisekarte*] ↑**Meunière, à la (Müllerin Art)**

Sole Montreuil [*Franz. Speisekarte*] **A** Pochierte ↑**Seezunge** in ↑**Weißweinsauce** mit ↑**Garnelen**püree und ↑**Kartoffeln**

Sole Orly [*Franz. Speisekarte*] **A** ↑**Seezunge** im ↑**Backteig** mit ↑**Tomatensauce** und ↑**Petersilie**

Sole poche, beurre fondu [*Franz. Speisekarte*] **A** Im Ganzen gekochte ↑**Seezunge** mit zerlassener ↑**Butter**

Soleier [*Unsere Küche*] **R** Beliebter Snack in Kneipen und auf Partys, vor allem im Norden Deutschlands; **Grundrezept:** Eier hart kochen. Ca. 150 g Salz mit 1 l heißen Wassers vermischen, die Eier leicht anschlagen, sodass sie Risse in der Schale bekommen. In das Salzwasser legen. Ist die Salzlake stark genug, sollten die Eier darin schwimmen, ansonsten nachsalzen. Je nach Geschmack nun die Eier mindestens 2 Tage in der ↑**Lake** ruhen lassen. Am leicht grünlich verfärbten Eigelb erkennt man, dass die Eier gut durchgezogen sind. Wer Spaß am Experimentieren hat, kann noch andere Gewürze in das Salzwasser geben, z. B. ↑**Zucker**, ↑**Kümmel**, ↑**Zwiebeln**, ↑**Essig**, ↑**Lorbeer**, ↑**Pfefferkörner**, ↑**Senfsaat** usw. Dafür muss die Lake mit den jeweiligen Gewürzen aufkochen, abkühlen und vor dem Einlegen der Eier passiert werden. Soleier lassen sich in großen Einmachgläsern bis zu 14 Tage kühl lagern.

Solerasystem [*Weinkunde*] Lagerung, die bei der Sherryproduktion Standard ist. Das Verfahren wird weltweit bei der Erzeugung von Weinen angewandt, die Jahr für Jahr die gleiche Qualität aufweisen sollen und ohne Jahrgangsangabe auf dem Markt erscheinen. Dazu werden unterschiedliche Grundweine aus verschiedenen Jahrgängen und Rebsorten ausgewählt, die notwendig sind, um diesen „Hausstil" zu konstruieren. Beim Sherry werden diese aus verschiedenen Jahrgängen stammenden Grundweine in übereinander gelagerten Fässern gereift. Dabei befindet sich jeweils der jüngste Wein in den Fässern der obersten Reihe, der älteste Wein ganz unten. Diesen Fässern verdankt das System seinen Namen, da Solera von Suelo (Boden) abgeleitet ist. Durch das partielle Vermischen der verschiedenen Fässer bleibt ein gleichbleibender Geschmack erhalten. Dabei wird jeder Fassreihe (Criadera genannt) Wein entnommen und den darunter liegenden Fässern zugeleitet. Aus der untersten Reihe wird letztendlich der Wein entnommen, der auf Flaschen gezogen und verkauft wird. ↑**Florhefe**

Solist [*Kartoffelsorte*] **Kochtyp:** ↑**Vorwiegend festkochende Kartoffeln**; **Herkunft:** Deutschland; **Jahr der Zulassung:** 1999; **Schale:** gelb; **Fleisch:** hellgelb; **Knolle:** langoval; **Reifezeit:** extrem früh

Soljanka [*Intern. Länderküche*] **R** Dickflüssige, würzige und säuerliche Suppe der russischen und ukrainischen Küche. Ihr Ursprung liegt wahrscheinlich im 17. Jahrhundert in der Ukraine. Man unterscheidet drei Arten, je nachdem, ob ↑**Fleisch**, ↑**Fisch** oder ↑**Pilze** die vorherrschende Zutat ist. Gemeinsam ist allen, dass sie ↑**Salzgurken** und deren ↑**Lake** enthalten, oft auch ↑**Kohl**, ↑**Salzpilze**, ↑**Sauerrahm** und ↑**Dill.** Zuerst wird Gurkenlake aufgekocht und mit ↑**Fleisch-** oder ↑**Fischbrühe** aufgefüllt. Für **„Fleischsoljanka"** werden gekochtes ↑**Rindfleisch**, ↑**Schinken**, ↑**Würstchen**, ↑**Hühnerbrust** und blanchierter ↑**Weißkohl** mit Salzpilzen, Salzgurken, ↑**Tomaten**, ↑**Zwiebeln**, ↑**Oliven**, ↑**Kapern**, ↑**Petersilie** und ↑**Dill** – alles klein geschnitten – vermengt und mit Sauerrahm in einen Topf gegeben, mit der Brühe übergossen und im Backofen kurz gegart, ohne zu kochen. **„Fischsoljanka"** wird ähnlich zubereitet, doch werden in der Brühe fein geschnittene ↑**Wurzelgemüse** mitgekocht, und das Fleisch wird durch Fisch (wie ↑**Stör** und ↑**Lachs**) sowie ↑**Flusskrebs** ersetzt. Zum Schluss wird mit etwas ↑**Zitronensaft** vollendet. Für **„Pilzsoljanka"** wird zuerst gehobelter Weißkohl in ↑**Butter** mit ↑**Essig**, Tomaten und Salzgurken mit wenig Flüssigkeit gedünstet. Davon getrennt werden Pilze und Zwiebeln ebenfalls gedünstet und geriebene ↑**Zitronenschale** dazugegeben. Kohl und Pilze werden in mehreren Lagen übereinander geschichtet, mit ↑**Semmelbrösel** bestreut, mit Butter beträufelt und kurz überbacken. In Deutschland wurde Soljanka durch ihre Verbreitung in der DDR-Gastronomie bekannt und ist jetzt auch als Handelsware erhältlich.

Sollgewicht [*Gesundheit*] Wird nach dem ↑**Broca-Index** berechnet und ist an die Stelle des noch in den 1990er-Jahren empfohlenen Idealgewichts getreten. Das Sollgewicht oder auch „Wohlfühlgewicht" gibt das Körpergewicht eines Menschen an, das in einem relativ breiten Bereich schwanken kann, ohne dass gesundheitliche Schäden zu befürchten sind.

Solomillo asado [*Span. Speisekarte*] ↑**Lenden**braten

Solper [*Fleischprodukte*] Regionaler Sammelbegriff für gepökeltes ↑**Schweinefleisch**

Som tam thai [*Asiatische Küche*] Begriff aus der thailändischen Küchenkultur für ↑**Papayasalat**

Som tam thai pak choi [*Asiatische Küche*] Begriff aus der thailändischen Küchenkultur für Papayasalat mit Garnelen

Somen-Nudeln [*Asiatische Küche*] **T** Diese Nudeln kommen aus Japan und bestehen aus ↑**Weizen** und Wasser oder ↑**Eigelb**. Sie ähneln dünnen ↑**Spaghetti** und werden wie ↑**Soba-Nudeln** gegart. ↑**Ramen**-Dicke japanische Weizennudeln heißen „↑**Udon**" und schmecken in einer kräftigen ↑**Brühe** am besten. Es gehört in Japan zum guten Ton, Nudeln laut zu schlürfen.

Somlói galuska [*Ungarische Küche*] **R** Begriff aus der ungarischen Küchenkultur für Schomlauer Nockerln, die auf den ersten Blick wie ↑**Tiramisu** aussehen. **Grundrezept für die einfache Ausführung:** Mit ↑**Weinbrand** oder ↑**Rum** getränkte ↑**Biskuitteig**würfel werden mit eingelegten ↑**Rosinen** und abgezogenen, gehackten

↑**Mandeln** bestreut, mit sehr steif geschlagener ↑**Sahne**, ↑**Schokoladensauce** und ↑**Kakao** abgedeckt.

Sommelier [*Weinkunde*] **T Englisch:** cellar master; **Französisch:** sommelier; **Italienisch:** sommelier; **Spanisch:** sumiller. Der Sommelier (Weinkellner) ist innerhalb des Restaurants für die Beratung der Gäste bei deren Weinauswahl zuständig. Idealerweise wird der Sommelier versuchen, die Wahl der Weine auf die Speisen abzustimmen oder umgekehrt. Abgesehen von seiner beratenden Rolle ist der Sommelier für den Einkauf der Weine, die Weinkartenpflege und die Lagerung der Flaschen zuständig. **Anmerkung des Autors:** Über Geschmack lässt sich streiten, sagt man, und das trifft vor allem beim Wein zu. Gerade hier handelt es sich um ein sensibles und subjektives Empfinden, weshalb letztendlich der Gast den Wein wählen sollte, zumal er auch die Rechnung bezahlen muss. Übereifriges Umsatzdenken, Überheblichkeit und Snobismus verderben in manchen Gastronomie-Tempeln schnell den Spaß an Wein und exzellenter Küche.

Sommerwurst [*Fleischprodukte*] Regionale Bezeichnung für schnittfeste ↑**Rohwurst**

Somptueux [*Franz. Speisekarte*] Prächtig, reichlich

Son [*Franz. Speisekarte*] Kleie, Keim und Schale des ↑**Getreide**korns

Sondennahrung [*Gesundheit*] Zufuhr flüssiger oder breiiger Nahrung mittels einer Sonde (Schlauch), die dann eingesetzt wird, wenn ein Mensch nicht mehr essen kann, will oder darf. Die Sondennahrung setzt man z. B. nach Operationen ein. Dabei wird der obere Verdauungsweg (Mund und Speiseröhre) umgangen, indem ein Schlauch durch Mund oder Nase eingeführt und bis in den Magen oder Zwölffingerdarm geschoben wird. So erhält der Patient alle notwendigen Nährstoffe, und die Funktionen des Darms werden weitgehend aufrechterhalten. ↑**Enterale Ernährung**

Sonja [*Kartoffelsorte*] **Kochtyp:** ↑**Festkochende Kartoffeln** – „Speckige Kartoffel" genannt

Sonneberger Rostbratwurst [*Regionale Spezialität*] Würzigere Variante der ↑**Fränkischen Bratwurst**, bei gleicher Fleischzusammenstellung

Sonnenblumenblüten [*Wildkräuter, -blüten & -früchte*] **T Lateinisch:** Helianthus annuus. Von Sonnenblumen werden nur die äußeren Strahlenblüten genommen und in süßen Breispeisen (Grießbrei, Reisbrei usw.) gekocht – **Mehr Information:** ↑**Essbare Blüten**

Sonnenblumenhonig [*Allgem. Nährmittel*] Von cremiger Konsistenz mit einem besonders süßen, dezenten Geschmack und stark blumigem Aroma. Ebenso wie die Blüte hat auch er eine leuchtend sonnengelbe Farbe. ↑**Honig**

Sonnenblumenkerne [*Allgem. Nährmittel*] **T** Sonnenblumen stammen ursprünglich aus Amerika und werden heute weltweit angebaut. Die Kerne haben eine schwarze Schale, manchmal auch mit weißen Streifen. Es gibt sie geschält und ungeschält, das Fruchtfleisch ist sehr aromatisch. Sie dienen dem Verfeinern von Müsli, Brot- und Backwaren, Salaten und Gemüsegerichten. Zum Knabbern kommen sie auch geröstet und gesalzen auf den Markt. Die Kerne enthalten Sonnenblumenöl. **Inhaltsstoffe:** 100 g Sonnenblumenkerne enthalten ∅ 548 kcal/2296 kJ, 49 g Fett, 22,5 g Eiweiß, 12,3 g Kohlenhydrate, 17 µg Betacarotin, 618 mg Phosphor, 0,1 g Calcium und 37,8 mg Vitamin E.

Sonnenblumenknolle [*Gemüse*] ↑**Topinambur**

Sonnenblumenöl [*Fette*] **T** Wird aus den Kernen der Sonnenblumen gewonnen. Kaltgepresst ist es besonders köstlich und hat einen milden Nussgeschmack. Das helle Öl hält sich lange Zeit und eignet sich für alle Salatmarinaden, zum Dünsten von ↑**Gemüse**, Braten und Backen, überdies wird es zur Herstellung von ↑**Margarine** genutzt. Das ↑**Öl** setzt sich aus ∅ 5 % Palmitinsäure, ∅ 2 % Stearinsäure, ∅ 20 bis 40 % ↑**Ölsäure** und ∅ 50 bis 70 % ↑**Linolsäure** zusammen. ↑**Speiseöl**

Sonnenblumensprossen [*Gemüse*] **T** Diese ca. 2 cm langen Sprossen werden aus geschälten Sonnenblumenkernen gezogen. Im Geschmack sind sie kräftig nussig und schmecken gut in Obstsalaten und ↑**Müslis**. Kurz erhitzt eignen sie sich für Füllungen von ↑**Pfannkuchen** (↑**Crêpes**), sie werden auch über süße und pikante Aufläufe gestreut.

Sopa [*Span. Speisekarte*] Suppe

Sopa de ajo [*Span. Speisekarte*] ↑**Knoblauch**suppe

Sopa de bogavante [*Span. Speisekarte*] ↑**Hummercreme**suppe

Sopa de cangrejos [*Span. Speisekarte*] ↑**Krebs**suppe

Sopa de cebolla [*Span. Speisekarte*] ↑**Zwiebelsuppe**

Sopa de espárragos [*Span. Speisekarte*] ↑**Spargel**suppe

Sopa de gallina [*Mexicofood*] Hühnersuppe

Sopa de legumes [*Span. Speisekarte*] ↑**Gemüse**suppe

Sopa de lentejas [*Span. Speisekarte*] ↑**Linsen**suppe

Sopa de peixe [*Span. Speisekarte*] ↑**Fisch**suppe

Sopa de pescado [*Intern. Länderküche*] Begriff aus der mallorquinischen Küchenkultur für Fischsuppe

Sopa de tomate [*Span. Speisekarte*] ↑**Tomaten**suppe

Sopa de verdura [*Intern. Länderküche*] Begriff aus der mallorquinischen Küchenkultur für Gemüsesuppe

Sopa del día [*Span. Speisekarte*] Tagessuppe

Sopa do Espirito Santo [*Intern. Länderküche*] „Heilig-Geist-Suppe" (Nur zum Heilig-Geist-Fest auf den Azoren) besteht meist aus Rinderbrühe, Weißkohl und aufgeweichtem Brot.

Söpli [*Gewürze & Kräuter*] ↑**Ysop**

Soppressata [*Ital. Speisekarte*] ↑**Presssack**

Sorbet [*Franz. Speisekarte*] **A** ↑**Speiseeis** aus ↑**Zucker**, Wasser, steif geschlagenem ↑**Eiklar** oder etwas ↑**Schlagsahne**, ↑**Fruchtsaft**, ↑**Likör**, ↑**Sekt**, ↑**Wein** oder ↑**Edelbrand** (z. B. ↑**Kirschwasser**), manchmal aromatisiert mit ↑**Zitronenschale**, ↑**Orangen**schale oder ↑**Nelken**. Wird gerne zwischen Fisch- und

Fleischgang angeboten. Alle Sorbetrezepte sehen den Einsatz einer Sorbetière (Eismaschine) vor. Die rührt die Flüssigkeit während des Einfrierens durch und verhindert damit, dass die Eiskristalle zu groß werden. **Tipp für alle, die keine Eismaschine besitzen:** Nach dem ersten Anfrieren das Sorbet einige Male aus der Tiefkühltruhe nehmen und mit dem Schneebesen immer wieder gut durchrühren. Wichtig ist, dass die Temperatur zum Gefrieren so **tief** (–18° C) wie möglich liegt. ↑**Fruchteis**, ↑**Fruchtsorbet**, ↑**Granita**, ↑**Granizado**, ↑**Wassermelone** & ↑**Raspito**

Sorbetière [*Franz. Fachwort*] Gerät zur Herstellung von ↑**Sorbets**

Sorbinsäure [*Fachkunde*] Organische Säure, die in bestimmten ↑**Früchten** enthalten ist und wegen ihrer Wirksamkeit gegen Bakterien als ↑**Konservierungsmittel** verwendet wird ↑**E 200**

Sorbit [*Fachkunde*] ↑**E 420**

Sorbitanmonolaurat [*Fachkunde*] ↑**E 493**

Sorbitanmonooleat [*Fachkunde*] ↑**E 494**

Sorbitanmonopalmitat [*Fachkunde*] ↑**E 495**

Sorbitanmonostearat [*Fachkunde*] ↑**E 491**

Sorbitantristearat [*Fachkunde*] ↑**E 492**

Sorbole [*Obst*] ↑**Speierling**

Sorghumhirse [*Allgem. Nährmittel*] **T** Wirtschaftlich bedeutendste Hirsesorte, die in Afrika, Australien, Indien, Pakistan, China und Russland kultiviert wird. Sie kann Dürreperioden überstehen. Die Körner sind rot, braun, gelb oder weiß. Mit Sorghumhirse werden Breie, Fladenbrote und Suppen zubereitet, aber auch Öl, Stärke, Alkohol und Wachs werden daraus gewonnen. In der Hirse liegt das B-Vitamin ↑**Niacin** gebunden vor und kann vom Menschen nicht aufgenommen werden. Deshalb herrscht Niacinmangel in Ländern, in denen sie als Grundnahrungsmittel dient.

Sorrel [*Fachkunde*] **A 1.** Hibiskusblütenart, die besonders in der Karibik für erfrischende Tees verwendet wird. **2.** Roter Weihnachtscocktail aus einem Absud dieser karibischen Hibiskusblüte, der mit Rohrzucker und Rum à la ↑**Daiquiri** gemixt wird und besonders reich an ↑**Vitamin C** ist. **3.** ↑**Sauerampfer**

Sorvete [*Span. Speisekarte*] ↑**Fruchteis**

Soße, Sauce [*Unsere Küche*] **Lateinisch:** salsa; „gesalzene Brühe" – Soße oder Tunke ist eine gebundene oder ungebundene, suppenähnliche, süße oder pikante Flüssigkeit, die zusätzlich zu einer Speise gereicht wird. Die Soße hat die Aufgabe, eine Speise zu verfeinern, zu binden oder geschmacklich abzurunden. Die Industrie stellt fertige Soßen bzw. Soßenbasis her, in Form von Soßenpulver, Soßenwürfeln, Soßenkonzentraten oder tischfertigen Soßen. ↑**Grundsaucen** & ↑**Sauce**

Soto [*Intern. Länderküche*] Begriff aus der indonesischen Küchenkultur für eine Suppe, die mit ↑**Kokosmilch** verdickt wird. Soto Ayam (Hühnersuppe) findet man am häufigsten. ↑**Indonesische Küche**

Sott'olio [*Ital. Speisekarte*] In ↑**Öl** eingelegt

Sottaceti [*Ital. Speisekarte*] In ↑**Essig** eingelegte Gemüse (↑**Mixed Pickles**)

Soubise [*Speisegarnitur*] **A 1.** Charles de Rohan, Prinz von (1715–1787), Marschall von Frankreich; **2.** Zwiebelpüree mit ↑**Reis** gebunden zu Fleisch oder Geflügel; **3.** Sauce Soubise, Sc. ↑**Hollandaise** mit ↑**Schlagsahne** und gedünsteten, pürierten Zwiebeln

Souchong [*Tee*] Das vierte und fünfte Blatt, somit die größte Teeblattsorte, ergibt einen dünnen Aufguss. ↑**Tee**

Sou-fassum [*Franz. Speisekarte*] **A** Wirsingkohl**rouladen** mit ↑**Hackfleisch**, gehacktem ↑**Speck**, ↑**Mangold**, ↑**Zwiebeln** und ↑**Reis**

Soufflé [*Franz. Speisekarte*] **A** ↑**Auflauf** mit steifgeschlagenem ↑**Eiklar**, süß oder pikant

Soufflé glacé [*Franz. Speisekarte*] Eisauflauf, Schaumeis. ↑**Omelette surprise**

Soufflé tous parfums [*Franz. Speisekarte*] ↑**Auflauf** in verschiedenen Geschmacksrichtungen

Souffler [*Franz. Fachwort*] Aufblähen, -blasen, soufflieren

Soul-Food [*U.S. Kitchen*] **A** Bezeichnung für die traditionelle Küche der Afroamerikaner mit Schwerpunkt in den Südstaaten der USA. Aus einer Küche des Mangels entstanden, sind heute viele dieser Gerichte fester Bestandteil der amerikanischen Küche und auch international beliebt, z. B. ↑**Spare ribs** oder ↑**Chicken wings**. Ursprünglich mussten sich die Schwarzen Amerikas während der Sklaverei und in der Zeit danach mit minderwertigen oder billigen Lebensmitteln zufrieden geben, oder mit Schlachtabfällen (Schweinsfüße, Schweinsohren, Hühnerflügel), die keine andere Verwendung fanden. Dennoch gelang es ihnen, daraus nahrhafte und wohlschmeckende Gerichte zuzubereiten, die von einer Generation an die nächste weitergegeben wurden. Daneben bildeten selbstgejagte bzw. -gefischte Tiere (Eichhörnchen, Opossum, ↑**Catfish**) sowie ↑**Mais**, ↑**Reis**, ↑**Yams** und ↑**Süßkartoffeln** die Sättigungsgrundlagen dieser Küche. Sie hat einige Gemeinsamkeiten mit ↑**Cajun-Food**, ist aber wesentlich bodenständiger.

Soumaintrain [*Käse*] **Herkunft:** Frankreich/Bourgogne; **Käsesorte:** ↑**Weichkäse** mit faltiger, leicht rötlicher ↑**Edelschimmel**rinde, 45 % ↑**Fett i.Tr.**; **Milch:** rohe Kuhmilch; **Teig:** bei Reife sehr weich, fast fließend; **Geschmack:** je nach Reife mild bis kräftig; **Reifung:** ca. 2 Monate, in dieser Zeit wird der Soumaintrain mehrfach mit Salzwasser gewaschen; **Gewicht:** 400 g; **Info:** Dieser Bauernkäse wird in reiner Handarbeit hergestellt.

Soupa fakes [*Griech. Speisekarte*] **A** Begriff aus der griechischen Küchenkultur für eine einfache ↑**Linsensuppe**

Soupe [*Franz. Speisekarte*] Nahrhafte, rustikale Suppe

Soupe à l'ail [*Franz. Speisekarte*] ↑**Knoblauch**suppe

Soupe à l'oignon gratiné au fromage [*Franz. Speisekarte*] **A** Leicht gebundene ↑**Zwiebelsuppe** (↑**Würztabelle**), mit gebackenen Weißbrotscheiben (↑**Croûtons**) belegt und ↑**Käse** überbacken
Soupe au cresson [*Franz. Speisekarte*] **R** Suppe mit ↑**Milch**, ↑**Kerbel**, ↑**Kresse**, ↑**Butter**, ↑**Eigelb** und gerösteten Brotscheiben (↑**Croûtons**)
Soupe au pistou [*Franz. Speisekarte*] Art ↑**Minestrone** mit ↑**Pistou**
Soupe aux clams [*Franz. Speisekarte*] **R** Suppe mit ↑**Muscheln**, ↑**Speckwürfeln**, ↑**Lauch**, ↑**Zwiebeln**, ↑**Sellerie**, ↑**Paprikaschoten**, ↑**Tomaten**, ↑**Kartoffeln**, ↑**Thymian**, ↑**Salz** und ↑**Pfeffer**
Soupe aux poissons [*Franz. Speisekarte*] Passierte Fischsuppe aus pürierten ↑**Fischen**
Soupe cultivateur [*Franz. Speisekarte*] Gemüsesuppe
Soupe de poissons [*Franz. Speisekarte*] Fischsuppe, ersetzt in Frankreich ein ganzes Essen
Soupe d'épeautre [*Franz. Speisekarte*] Dinkelsuppe (mit ↑**Lammfleisch** oder ↑**Wurst** und ↑**Gemüse**)
Souper [*Franz. Speisekarte*] Spätes Abend-, Nachtessen
Soupirs de nonne [*Franz. Speisekarte*] Mit ↑**Puderzucker** bestreute, kleine ↑**Brandteig**krapfen
Souple [*Franz. Fachwort*] Geschmeidig, schmiegsam, weich
Sour [*Hausbar*] **A** Als „Sour" bezeichnet man einen ↑**Cocktail**, der aus einer ↑**Spirituose**, ↑**Zitronensaft** und ↑**Zucker** besteht. Manche Sours enthalten darüber hinaus auch Orangensaft und statt Zitronensaft wird manchmal Limettensaft verwendet. Die bekanntesten Sours sind: ↑**Whiskey** Sour, ↑**Gin** Sour, ↑**Pisco** Sour und ↑**Amaretto** Sour. Die Sours sind verwandt mit den ↑**Fizzes** und ↑**Collinses**.
Sour cream [*U.S. Kitchen*] ↑**Saure Sahne**
Sour dough [*U.S. Kitchen*] ↑**Sauerteig**: Berühmt sind das Sauerteig-Brot aus San Francisco und die Sauerteig-Biskuits
Sour dough starter [*U.S. Kitchen*] Rohe ↑**Sauerteig**masse
Source [*Franz. Speisekarte*] Quelle, Quellwasser
Sourdons [*Franz. Speisekarte*] Herzmuscheln
Sous la croûte au sel [*Franz. Speisekarte*] … In Salzkruste
Sous-chef [*Franz. Fachwort*] Stellvertretender Küchenleiter
Souskai [*Intern. Länderküche*] **R** Gericht aus ↑**Avocado**würfeln, die in ↑**Limettensaft**, ↑**Knoblauch**, ↑**Chili**schoten, ↑**Salz** und ↑**Piment** mariniert wurden
Sousón [*Weinkunde*] Spanische Rotwein-Rebe, angebaut im Ribeira, Rías Baixas
Southern Comfort [*Hausbar*] **T** 40-prozentiger Likör aus New Orleans. Die Grundlage ist ↑**Bourbon Whiskey**, der mit Pfirsichlikör, ↑**Pfirsichen**, ↑**Zitrusfrüchten** und ↑**Kräutern** verfeinert wird. Southern Comfort gehört zu den „Allroundern" in jeder Bar, er wird pur und ↑**On the rocks** getrunken. Da er sich hervorragend mit nahezu allen ↑**Spirituosen** verträgt, ist er auch ideale Grundlage für fantasie- und geschmackvolle Mixgetränke. Als ↑**Longdrink** mit ↑**Ginger Ale** oder Orangensaft aufgegossen, steht er ganz oben auf der Hitliste.
Souvaroff, à la [*Speisegarnitur*] **A 1. Speisegarnitur** für **Federwild** oder **Geflügel:** Das ↑**Geflügel** wird mit ↑**Gänseleber** und ↑**Trüffeln** gefüllt und in einem verschlossenen Gefäß geschmort. **2.** Kleines, mit (↑**Aprikosen**-)↑**Marmelade** gefülltes ↑**Sandteig**gebäck
Souvlaki [*Griech. Speisekarte*] **A** Begriff aus der griechischen Küchenkultur für Spieße aus ↑**Schweine**- oder ↑**Lammfleisch** unterschiedlicher Größe, original vom Holzkohlegrill. Wichtig ist, nicht zu mageres Fleisch zu nehmen. Beliebig können auch Paprikastücke, Zwiebeln oder andere Gemüse dazwischengesteckt werden.
Soy sauce [*U.S. Kitchen*] ↑**Sojasoße**
Spagat [*Österr. Küche*] Bindfaden bzw. Wurstgarn
Spaghetti [*Ital. Speisekarte*] Meist aus ↑**Hartweizengrieß** hergestellte lange, dünne ↑**Nudeln** von 2 mm Durchmesser
Spaghetti alla chitarra [*Ital. Speisekarte*] ↑**Chitarra**
Spaghetti Carbonara [*Intern. Länderküche*] **R** Spaghetti ↑**al dente** kochen. ↑**Eier**, ↑**Sahne**, ↑**Salz**, ↑**Pfeffer** und frisch geriebenen ↑**Parmesan** vermischen (so viel Parmesan nehmen, dass die Masse dickflüssig wird). Feine Würfel von gekochtem ↑**Schinken** mit etwas ↑**Olivenöl** in einer großen Pfanne anbraten, die gekochten Spaghetti abtropfen lassen und zu dem Schinken geben. Rühren oder schwenken, bis die Schinkenwürfel verteilt sind. Dann die Ei-Sahne-Parmesan-Mischung dazugeben und leicht stocken, **nicht zu flüssig und nicht zu hart** werden lassen. Dazu Salat.
Spalla [*Ital. Speisekarte*] ↑**Vorderschinken**
Spalterbsen [*Allgem. Nährmittel*] Getrocknete oder gelbe ↑**Erbsen**
SPAM [*Fachkunde*] In Amerika produziertes Dosenfleisch. Bei der Einführung im Jahr 1937 wurde das Dosenfleisch noch **„Hormel spiced ham"** (**Hormel gewürzter Schinken**) genannt. Danach wurde ein Wettbewerb ausgeschrieben, bei dem Konsumenten aufgefordert wurden, einen Namen zu kreieren. So wurde das „sp" von spiced und das „am" von ham zu **SPAM** zusammengefügt. Der **Classic SPAM** besteht aus ↑**Schweinefleisch** (∅ 91 %), Wasser, ↑**Salz**, Verdickungsmittel, ↑**Zucker**, ↑**Antioxidationsmittel** und ↑**Konservierungsmittel**. Weitere Geschmacksrichtungen sind: SPAM Oven Roasted Turkey (**Truthahn**) – seit 1971 SPAM Smoke Flavored (Rauchgeschmack); SPAM Lite (∅ 50 % weniger Fett) – seit 1986 SPAM Less Sodium (∅ 25 % weniger Salz)
Spanakópittes [*Griech. Speisekarte*] **A** Begriff aus der griechischen Küchenkultur für mit ↑**Spinat** gefüllte Teigtaschen

Spanferkel [*Fleischprodukte*] **Englisch:** sucking pig; **Französisch:** porcelet; **Italienisch:** porchetta; **Spanisch:** cochinillo, lechón, tostón. Junges, noch säugendes ↑**Schwein** im Alter von 6 Wochen und ca. 20 kg schwer.

Spaniens Weinregionen [*Weinkunde*] Die spanische Weingeschichte reicht bis in vorchristliche Zeit zurück. Die Phönizier gründeten Cadiz und pflanzten die ersten Reben. Die Weine aus Spanien waren schon bei den Griechen und Römern bekannt und beliebt. Exportiert wurden die spanischen Tropfen seit 1492, als die Christen in Granada die Mauren besiegten und die Jahrhunderte gotischer und maurischer Herrschaft beendeten. – Auch Spanien blieb vom großen Reblausangriff Ende des 19. Jahrhunderts nicht verschont. Die traditionellen Weine gerieten in Vergessenheit und wurden erst in den 70er-Jahren des vergangenen Jahrhunderts wieder entdeckt. Heute werden aus international traditionellen Rebsorten gute Weine zu meist günstigen Preisen gemacht, das brachte der Weinindustrie einen bedeutenden Aufschwung. Die Landschaft Spaniens ist ebenso vielfältig wie das Weinangebot. **Geografisch lässt sich das Land grob in drei Weinregionen unterteilen: 1.** Norden (Rioja, Ribera del Duero, Navarra, Penedès): Von hier stammen die besten Weine des Landes. **2.** Mitte (Valencia, La Mancha, Valdepeñas, Alicante): In La Mancha werden hauptsächlich Tafelweine aus der Traube Airén erzeugt. Airén ist mittlerweile die am häufigsten angebaute Sorte weltweit. **3.** Süden (Jerez, Málaga): Die Temperaturen werden im Süden immer höher, das Klima trockener. Von hier kommen die bekannten, hervorragenden Aperitifweine wie ↑**Sherry**, ↑**Montilla** und **Málaga**. Die Rebsorten sind traditionell international. Zu den einheimischen Sorten zählen ↑**Tempranillo**, ↑**Granacha** und ↑**Monastrell**, ↑**Verdejo**, ↑**Viura**, ↑**Palomino**, ↑**Albarino**, ↑**Malvasia**, ↑**Moscatel**, ↑**Prallada** und ↑**Xarello**. Das Weingesetz besteht seit 1972. Das Instituto Nacional de Denominaciónes de Origen (I.N.D.O.) überwacht die verschiedenen Herkunftsbezeichnungen (DO). Es gibt **vier Qualitätsstufen: 1.** DOC (Denominación de Origen Calificada) – Diese höchste Stufe bezeichnet „klassifizierte Weine mit Ursprungsbezeichnung", bisher nur in Rioja. **2.** DO (Denominación de Origen) – Dieses Prädikat gilt für bestimmte Weinbaugebiete mit kontrollierter Herkunftsbezeichnung. Entspricht der französischen ↑**AOC** oder der italienischen ↑**DOC**-Klassifizierung. **3.** Vino de la Tierra (Landwein) – Die Herkunft der Landweine muss auf dem Etikett angegeben werden. Rebsorte, Herstellungsmethode und Mindestalkoholgehalt sind vorgegeben. **4.** Vino de Mesa (Tafelwein) – Einzige Anforderung dieser einfachen Weine ist der EU-Ursprung. **Regionen innerhalb Spaniens: Andalusien; Aragón; Asturia; Baskien; Extremadura; Galicien; Kastilien-La Mancha; Kastilien-León; Katalonien; Madrid; Murcia; Navarra; Rioja; Spaniens Inseln; Valencia**

Spanische Küche [*Span. Speisekarte*] **A** Die Küche Spaniens ist so vielfältig wie das Land und blickt auf eine sehr lange Tradition zurück. Von den Römern über die Vandalen und Westgoten bis hin zu den Mauren hat jede Epoche ihre Spuren in der Küche hinterlassen. Das Übrige formte sich aus der geografischen Lage. Es ist schwierig in Spanien, von einer typischen Küche zu sprechen, auch wenn es einige sehr bekannte Gerichte gibt. Im Land sind die Regionalküchen präsent. Unterschieden wird in sechs verschiedene kulinarische Regionen, die auf die spanische Hauptküche treffen. Der **Norden**, darunter Galicien, Bilbao, San Sebastian, Pamplona bieten vor allem Fisch und Meeresfrüchte. Aus Asturien kommt nicht nur ein exzellenter Käse, sondern auch „↑**Fabada**", ein typisches Eintopfgericht. In **Cataluña**, gelegen im Nordosten Spaniens, ist **„cazuela"** (Eintopf von dicken Bohnen) ein Hauptgericht. Typisch sind Käse, **„butifarra"** (Würstchen) sowie regionale Saucen. Die wohl bekannteste Sauce ist **„ali-oli"** aus Knoblauch und Olivenöl. Reis ist ein Hauptbestandteil der Gerichte in **Valencia** sowie der ganzen mediterranen Umgebung, variiert mit Fleisch, Huhn, Meeresfrüchten oder Gemüse. Von hier kommt die berühmte ↑**Paella**. Aus **Murcia** stammt zudem eine sehr geschmackvolle Reisplatte namens **„caldera"** oder auch **„calderon"**. **Andalusien** liegt im Süden von Spanien und ist bekannt für seine frittierten Gerichte, besonders **„pescaíto"** (frittierter Fisch). Die „↑**Gazpacho**" ist hier zuhause und der **„Jabugo"**-Schinken, eine Spezialität aus der Provinz Huelva. Obwohl in der spanischen Küche die Saucen relativ unbekannt sind, werden in der Region Aragon an den Pyrenäen sehr schmackhafte Gerichte mit **„chilindrones"** (marinierende Saucen aus Tomaten und Paprika) zubereitet. Zusätzlich ist die Region für ihren feinen Schinken bekannt, der hauptsächlich in **Teruel** hergestellt wird. **Zentralspanien** ist vor allem für sein Grillfleisch bekannt, darunter Lamm- und Kalbfleisch, Spanferkel und junge Ziegen. Sie werden langsam über dem Feuer geröstet. Auch sehr gute Käsesorten, Schinken und Würste kommen aus dieser Region. Die **Kanarischen Inseln** sind berühmt für einzigartige Fischgerichte, eine schmackhafte Sauce namens „↑**Mojo** picón" und tropische Früchte wie ↑**Bananen**, ↑**Papayas** usw. Die **Balearen** – bestehend aus den vier Hauptinseln Mallorca, Menorca, Ibiza und Formentera sowie elf kleineren Inseln – bieten eine eigenständige Küche mit einzigartigen Spezialitäten. **Die spanische Küche ist: 1.** Keine raffinierte Küche, eher einfach und frisch. **2.** Sehr abwechslungsreich, stark ausgeprägte regionale Gerichte. **3.** Viel ↑**Fleisch**, viel ↑**Fisch** und ↑**Meeresfrüchte**, ↑**Gemüse** nur als Beilage. **4.** Fast ausschließliche Verwendung von ↑**Olivenöl**. **5.** Sehr sparsame Verwendung von ↑**Gewürzen** und ↑**Kräutern** (mit extremen Ausnahmen). **6.** Zutaten bleiben in fertigen Gerichten meist erkennbar (keine pürierten oder durchgedrehten Gerichte). **7.** ↑**Knoblauch** wird reichlich verwendet. **8.** Die Speisen werden meist nur schnell gegart. ↑**Soßen** sind relativ selten. **9.** Salate sind oft völlig ungewürzt. ↑**Öl**, ↑**Essig**, ↑**Salz** und ↑**Pfeffer** stehen auf dem Tisch. **10.** In ganz Spanien sind Eintopfgerichte mit ↑**Hülsenfrüchten** und kalte Gemüsesuppen sehr beliebt. **Mahlzeiten:** Das spanische Frühstück (**desayuno**) ist recht karg. Es besteht in der Regel aus einem ↑**Kaffee** und einem Stück Gebäck, ↑**Croissant** oder ein paar ↑**Keksen.** In Spanien wird später als in Deutschland gegessen. So beginnt das Mittagessen zwischen 13.30 und 15.30 Uhr. Eine normale Mahlzeit besteht aus zwei Gängen plus Nachtisch. **Vorspeise bzw. der erste Gang (Primer Plato)** besteht aus Gemüse, Eintöpfen, Suppen oder Salat. **Hauptgericht bzw. der zweite Gang (Segundo Plato)** sind Fleisch- oder Fischgerichte, die oftmals mit ↑**Pommes frites** serviert werden. Zum Essen wird stets ↑**Weißbrot** gereicht, getrunken wird Wasser (ohne Kohlensäure) und ↑**Wein** (Rotwein). **Zum Nachtisch** wird ↑**Obst**, ↑**Pudding**, ↑**Speiseeis** oder ↑**Jogurt** gereicht. Das Abendessen zwischen 21 und 22.30 Uhr ist ebenfalls eine warme Mahlzeit. Auch außerhalb der normalen Essenszeiten nehmen Spanier in Kneipen zu ↑**Bier** oder ↑**Wein** eine Kleinigkeit zu sich, so genannte ↑**Tapas** oder ↑**Pinchos.** ↑**Kanarische Küche** & ↑**Mallorquinische Küche**

Spanische Zwiebel [*Gemüse*] Auch Metzgerzwiebel genannt, ist eine besonders große, lieblich schmeckende ↑**Zwiebel**, die auf vielerlei Art zubereitet und verarbeitet werden kann. Wegen ihrer Größe ist sie ideal zum Füllen geeignet.

Spanischer Pfeffer [*Gewürze & Kräuter*] ↑**Paprika, Gewürz**

Spanish omelette [*U.S. Kitchen*] ↑**Omelette** mit Gemüsefüllung, oft scharf gewürzt

Spare ribs [*Unsere Küche*] **R** Englische Bezeichnung für gegrillte Rippenstücke (frische Schälrippchen) vom ↑**Schwein. Würzmischung à la Rose für asiatische Spare ribs:** Speiseöl, ↑**Meersalz**, ↑**Knoblauch**, geriebene ↑**Zwiebel**, gem. ↑**Pfeffer**, ↑**Ingwer**, ↑**Cayennepfeffer** und ↑**Chinagewürz** zu einer Paste verrühren. Rippchen mindestens eine Stunde vor dem Braten mit der Paste einpinseln und 60–90 Min. bei 150° C im Ofenrohr mit etwas Wasser in der Reine garen, sonst werden sie trocken, dabei alle 15 Min. wenden. Ggf. auf dem Holzkohlegrill vollenden, mit reichlich ↑**Barbecuesauce** bestreichen und servieren. **Würzmischung à la Rose für pikante Spare rips:** Speiseöl, Meersalz, Knoblauch, geriebene Zwiebel, gem. Pfeffer, ↑**Majoran**, gem. ↑**Kümmel**, etwas ↑**Thymian** und gem. ↑**Beifuß** zu einer Paste verrühren und wie oben beschrieben fortfahren. Die Ofentemperatur beträgt ca. 180° C. Am Ende der Garzeit ist das Rippchenfleisch schön ausgebraten und butterweich. Das Fett ergibt ein sehr schmackhaftes Schmalz. Rippchen vom Rind sind in Texas beliebt und heißen dann **Beef ribs.**

Spargel [*Gemüse*] **R Lateinisch:** Asparágus officinalis; **Englisch:** asparagus; **Französisch:** asperge; **Italienisch:** asparagi; **Spanisch:** espárragos. **Info:** Spargel gehört zur Familie der Liliengewächse und ist eine mehrjährige Staude, bei der nur der etwa 35 cm tief unter der Erdoberfläche liegende Wurzelstock (Rhizom) überwintert. Im Frühjahr treiben mehrere Sprosse aus, die als Spargel geerntet werden. Die eigentlichen Früchte des weiblichen Spargels, unreif grüne und mit zunehmender Reife rote Beeren, sind leicht giftig und für den menschlichen Verzehr ungeeignet. Die heute überwiegend angebauten Hybridsorten sind männlich und haben keine oder nur vereinzelt beerentragende Pflanzen. **Ursprung und Geschichte:** Die Griechen der Antike kannten Spargel, verwerteten ihn aber nur im medizinischen Bereich. Jedenfalls erwähnt Hippokrates Spargel und beschreibt die harntreibende und stopfende Wirkung. Bei den Römern wurde Spargel bereits kultiviert und als Vorspeise geschätzt. In Mitteleuropa entstanden Anfang des 17. Jahrhunderts die ersten Anbaugebiete für Grünspargel. Bleichspargel kennt man seit Mitte des 18. Jahrhunderts, jedoch begann er sich erst gegen Ende des 19. Jahrhunderts von Norddeutschland aus durchzusetzen. Heute wird Spargel auf allen Kontinenten in Ländern mit gemäßigt warmem Klima angebaut und weltweit als Delikatesse geschätzt. Er wächst auf humushaltigen, sandigen Böden, was an seinem geraden Wuchs erkennbar ist, da er sich nicht durch feste Erde arbeiten muss. **Herkunft und Saison:** Bereits ab Mitte März wird Spargel vorwiegend aus Spanien, Frankreich, Holland und Griechenland angeboten. Auch osteuropäische Länder wie Polen und Ungarn haben den Spargelmarkt entdeckt und bieten ihre Stangen an. **In Deutschland gibt es zwei große Spargelanbaugebiete.** Das norddeutsche erstreckt sich von Braunschweig über Hannover, Osnabrück und Münster bis an Nordsee und Elbe, das süddeutsche liegt in den Regionen um Schrobenhausen, Schwetzingen, Darmstadt und Ingelheim. Die heimische Spargelsaison beginnt – je nach Witterung – ab Mitte April und dauert bis zum Johannistag, 24. Juni, dann wird der letzte Spargel gestochen. **Es gibt weißen, grünen und violetten Spargel. Der weiße Spargel ist in Deutschland am beliebtesten.** Er schmeckt besonders zart und mild, muss aber – im Gegensatz zu grünem – geschält werden. **Grüner Spargel** wächst auf leichten bis mittelschweren Böden, oberirdisch, wird durch Sonnenlicht grün und bei der Ernte kurz über dem Boden abgeschnitten. Grüner Spargel muss bis auf die weißen Schäfte nicht geschält werden und hat einen kräftigen, etwas herben Geschmack. **Violetter Spargel** wird besonders in Frankreich und in der Schweiz bevorzugt. Geschmacklich liegt er zwischen weißem und grünem Spargel. Er muss wie der weiße Spargel geschält werden. Da Spargel relativ teuer ist und es ihn nur kurze Zeit gibt, sollte man beim Einkauf nur den Besten nehmen. Dick oder dünn ist dabei eigentlich egal. **Folgendes ist beim Einkauf zu beachten:** Frischer Spargel ist knackig, saftig-fest und nicht biegsam, er bricht leicht; hat eine glänzende Schale, die beim Aneinanderreiben der Stangen quietscht; saftige Schnittflächen und geschlossene weiße (oder manchmal zart blau-rötliche) Köpfe. Sind die Schnittflächen grau, braun oder gar angeschimmelt, deutet das auf einen längeren Transport oder falsche Lagerung hin. **Inhaltsstoffe:** 100 g Spargel haben einen Brennwert von ∅ 23 kcal/96 kJ und enthalten etwa 90 g Wasser, 2,3 g Eiweiß, 0,2 g Fett, 4,5 g Kohlenhydrate und 2,1 g Ballaststoffe. An ↑**Mineralstoffen**, ↑**Spurenelementen** und ↑**Vitaminen** sind ∅ 21 mg Kalzium, 0,9 mg Eisen, 2 mg Natrium, 58,3 RE Vitamin A und 13,2 mg Vitamin C enthalten. Spargel wirkt wegen seiner Asparaginsäure entwässernd und regt die Nierentätigkeit an (**weshalb der Urin so stark riecht**). Außerdem enthält er die für die Blutbildung wichtige ↑**Folsäure. Zubereitung und Tipps:** Weißer oder violetter Spargel wird nach dem Waschen immer – vom Kopf zum Schnittende hin – gleichmäßig und dünn geschält. Erst danach sollten die mitunter holzigen Enden (bei frischem Spargel 1–2 cm, bei älterem Spargel 4–5 cm) abgeschnitten werden. Die Schalen und Abschnitte werden mit kaltem Wasser angesetzt, ca. 20 Min. gekocht und abgegossen. In dem entstandenen ↑**Sud**, der mit ↑**Salz**, ↑**Zucker**, ↑**Butter** und ein wenig ↑**Zitronensaft** gewürzt wird, kann man nun den Spargel garen. Je nach Dicke ist er nach 15 bis 25 Min. Kochzeit fertig. Spargel wird am besten aufrecht stehend portionsweise mit einer Schnur zusammengebunden, gegart und sollte im Gegensatz zu anderem ↑**Gemüse** nicht knackig, sondern weich sein. Spargel sättigt nicht, ist kalorienarm und doch eine Kalorienbombe, weil Feinschmecker auf Buttersaucen, ↑Öl**marinaden**, ↑**Fleisch** und ↑**Schinken** als Begleitung schwören. **Typische Spargelgerichte sind:** Spargelcremesuppe, Spargelsalat, gekochter oder gedünsteter Spargel mit Butter oder Sauce ↑**Hollandaise**, ↑**Schinken** und jungen (neuen) ↑**Kartoffeln. Küchen- und Gesundheitstipp:** Es geht auch kalorien- und cholesterinarm. Spargelsauce muss nicht unbedingt ein schlechtes Gewissen verursachen. Dazu bindet man den Spargelsud (↑**Fond**) mit etwas ↑Spei**sestärke** (Mondamin), hellt die entstandene ↑**Sauce** mit etwas ↑**Sahne** auf und vollendet sie mit fein gehackten frischen ↑Frühlings**kräutern**. Wenn dazu ein gegrilltes Fischfilet und kleine Pellkartoffeln serviert werden, fühlt man sich anschließend garantiert frühlingsfrisch. Eine Spargelcremesuppe lässt sich genauso kochen, hierfür kann der gebundene Spargelfond mit etwas ↑**Milch** angereichert werden. Als Einlage dienen klein geschnittene gegarte Spargelstücke, die Krönung ist ein Sträußchen ↑**Gartenkresse**. Nicht verbrauchter Spargelsud wird portioniert und eingefroren; er dient so das ganze Jahr über als wertvoller und gesunder Gemüsefond zur Zubereitung von Suppen, Saucen und ↑**Dressings**. Die Industrie verarbeitet Spargel zu Konserven, Tockenprodukten und Tiefkühlkost weiter. **Lagerung:** Ungeschälter Spargel lässt sich im Gemüsefach des Kühlschrankes bis zu 4 Tage frisch halten, wenn er in ein feuchtes Tuch eingeschlagen ist. Einfrieren verlängert die kurze Saison. Dazu werden die Stangen geschält, die Enden weggeschnitten, der Spargel gewaschen und trockengetupft, **nicht blanchiert** in Gefrierdosen oder Folienbeutel gepackt und am tiefsten Punkt der Tiefkühltruhe eingefroren. Eingefrorener Spargel kann vier bis sechs Monate lagern. Gegart wird er wie frischer, man gibt ihn unaufgetaut in den kochenden ↑**Sud.**

Spargelbohnen [*Gemüse*] ↑**Schlangenbohnen** & **Grüne Bohnen**

Spargelkohl [*Gemüse*] ↑**Broccoli**

Spargelsalat [*Gemüse*] **1.** Eine besondere Spielart des Garten-Lattichs ist der Spargelsalat (Lactuca sativa var. angustana). Dieser bildet keine Blattrosette wie die Lattichsorten und kommt damit der Wildform noch sehr nahe. Die heute fast vergessene Sorte liefert ein spargelartiges Gemüse, wenn die Sprossachsen geschält werden. ↑**Lattich. 2.** Gegarte, mit ↑**Vinaigrette** marinierte ↑**Spargel**stangen oder ideenreich angemachte Spargelstücke

Spargelspitzen [*Übersetzer*] **Englisch:** asparagus tips; **Französisch:** pointes d'asperges; **Italienisch:** punte d'asparagi; **Spanisch:** puntas de espárragos

Spargelsuppe [*Übersetzer*] **Englisch:** asparagus soup; **Französisch:** potage crème d'asperges; **Italienisch:** minestra di asparagi; **Spanisch:** crema de espárragos

Spätburgunder [*Weinkunde*] Die Rebsorte stammt wahrscheinlich aus dem Burgund, der Anbau lässt sich bis in das 4. Jahrhundert zurückverfolgen. Diese Traube ist die wichtigste und edelste Qualitätsrotweinsorte des gemäßigten Klimas. Wobei gerade die neue Winzergeneration im gesamten deutschen Rotweinbereich aus allen Anbaugebieten hervorragende Qualitäten produziert. Nicht umsonst trägt sie das Prädikat „König der Rotweine". Ihre Bedeutung ist vergleichbar mit ↑**Cabernet Sauvignon** für heißere Weinbaugebiete. **Der Anbau in allen deutschen Weinbaugebieten nimmt stark zu.** Sie gedeiht am besten auf lockeren, warmen und fruchtbaren Böden, wobei eine gute Lage eine sehr große Rolle spielt. Das Mostgewicht liegt bei ca. 100° ↑**Öchsle**, der Ertrag bei 100 hl/ha. Gefährdet ist die Sorte wegen ihrer Überempfindlichkeit gegenüber der Reisigkrankheit, die den Anbau an der

↑**Ahr** fast zum Erliegen brachte. Die Weine sind tief rubinrot (burgunderrot), manchmal von einem warmen Braunton durchstrahlt. Besonders im Jungwein kann die Frucht des Weines an die von ↑**Brombeeren** erinnern und begeistert durch Kirscharomen, mit zunehmender Reife durch Fruchtigkeit (rote ↑**Johannisbeere**, ↑**Pflaume**) und Nuss-Noten. Ein vollmundiger und samtiger Wein mit viel Tiefe. Reife und Säure machen die Spätburgunderweine lange haltbar. Kräftige Burgunder sind sehr gut für ↑**Barrique** geeignet. Sie passen zu kräftigen ↑**Braten**, ↑**Wild** oder ↑**Käse**. In Frankreich ist sie die Hauptsorte in Burgund (Côte de Beaune), wo sie ihre Qualität meist erst nach zehn Jahren voll entfalten. In der Champagne ist der Spätburgunder neben ↑**Pinot Meunier** und ↑**Chardonnay** eine der Trauben für ↑**Champagner**. Weitere Anbaugebiete sind Österreich, Norditalien, Lombardei, Südtirol, Schweiz, Portugal und Südosteuropa. In Übersee ist er in Nord- und Südamerika, Australien und Südafrika im Anbau. Spätburgunder ist identisch mit dem ↑**Pinot Noir** oder Pinot Nero. Weitere Reben dieser Familie sind Pignol (Italien), Burgundac Crni (Slowenien, Kroatien), Rounci (Tschechien), Kisburgundi Kelc (Ungarn) und Pinot Tinto (Portugal).

Spatel [*Unsere Küche*] Küchengerät aus Holz oder Metall zum Wenden von Bratgut

Spätlese [*Weinkunde*] **Englisch:** late harvest; **Französisch:** récolte tardive; **Italienisch:** vino di primo scelta. Spätlese ist eine Ernte nach der Hauptlese, die in Deutschland vorher angemeldet werden muss. Diese späte Lese ergibt nicht nur einen höheren Reifegrad und deshalb einen höheren Alkohol-Gehalt im späteren Wein, sondern auch mehr Aroma und Geschmack. Der gesetzlich festgelegte Reifegrad liegt je nach Anbaugebiet zwischen 76° und 95° ↑**Öchsle**. Nach dem ↑**Kabinett** ist die Spätlese die nächste Stufe der Prädikatshierarchie bei ↑**Qualitätsweinen**. Sie dürfen nicht angereichert und erst im März nach der Ernte gehandelt werden. Je nach Sorte, Herkunft und Jahrgang zeigen die Weine ab dem fünften Jahr ihr optimales Geschmacksbild. Sie sind vollmundig und körperreich.

Spätrot [*Weinkunde*] Österreichische Rotweinrebe, dort meist mit dem Rotgipfler verschnitten. In Deutschland wird die Rebe nur wenig angebaut.

Spatule [*Franz. Fachwort*] Spachtel/Palette

Spätzle [*Unsere Küche*] **R Englisch:** small flour dumplings; **Französisch:** petits gnocchi de farine; **Italienisch:** gnocchetti di farina, spatzli. **Synonym:** Spätzli oder Spatzen. Diese schwäbische Mehlspeise (↑**Teigwaren**) ist als Beilage statt ↑**Kartoffeln** usw. sehr beliebt, besonders für deftige und saucenreiche Gerichte. Man kann sie fertig kaufen oder selbst machen. **Grundrezept für 4 Personen:** 500 g ↑**Weizenmehl;** 5 ↑**Eier**; 150–200 ml lauwarmes Wasser; ↑**Salz** und ↑**Muskat.** Mehl und ↑**Gewürze** in einer Schüssel vermischen, Eier dazugeben und langsam so viel lauwarmes Wasser hinzufügen, bis der Teig sehr zäh, aber dickflüssig ist. Nun so lange schlagen, bis er Blasen wirft. Durch eine Spätzlereibe den Teig direkt ins kochende Salzwasser treiben. Die Könner schaben sie vom Brett. Wenn die Nudeln oben schwimmen, werden sie mit dem Schaumlöffel aus dem kochenden Wasser gehoben und sofort in sehr kaltem Wasser abgeschreckt. Die Spätzle durch ein Sieb abgießen und mit etwas ↑**Pflanzenöl** vermischen, so kleben sie nicht zusammen. In einer Pfanne mit ↑**Butter** anrösten. Ein beliebtes deutsches Gericht sind die ↑**Käsespätzle**.

Spearmint [*U.S. Kitchen*] ↑**Pfefferminze**

Speck [*Fleischprodukte*] **Englisch:** bacon; **Französisch:** lard; **Italienisch:** lardo; **Spanisch:** bacon. Das unter der Haut von ↑**Schweinen** liegende Fettgewebe einschließlich ↑**Schwarte** (Haut).

Speck, grüner [*Fleischprodukte*] ↑**Grüner Speck**

Speckhäckerle [*Regionale Spezialität*] **R** Schlesischer Brotaufstrich: Gegartes ↑**Rauchfleisch**, auch gekochtes ↑**Schweinefleisch**, ↑**Zwiebeln**, ↑**Äpfel**, ↑**Salzgurken**, gewässerte ↑**Salzheringe** oder ↑**Matjes** durch die feine Scheibe des Fleischwolfs drehen, mit ↑**Zitronensaft**, ↑**Pfeffer** und ↑**Senf** abschmecken. Passt auch zu ↑**Pellkartoffeln.**

Speckige Kartoffeln [*Fachkunde*] ↑**Festkochende Kartoffeln**

Speckknödel [*Übersetzer*] **Englisch:** bacon dumplings; **Italienisch:** canederli allo speck; **Spanisch:** albondiga de bacon

Speckplatz [*Regionale Spezialität*] ↑Speck**pfannkuchen**

Speckrosen [*Fleischprodukte*] Aus Speckscheiben (roher ↑**Schinken** oder Bauernspeck) für Garniturzwecke angefertigte Blumen

Speckwürfel [*Unsere Küche*] **T** In vielen Rezepten wird fein gewürfelter Speck verlangt; gemeint ist immer gepökelter und geräucherter, roher Schweinebauch. Er wird am Stück oder auch als Frühstücksbacon in Scheiben angeboten. Damit er leichter fein zu würfeln ist, sollte er vor dem Schneiden angefroren werden.

Speckwurst [*Fleischprodukte*] ↑**Blutwurst**

Spéculaus [*Franz. Speisekarte*] ↑**Spekulatius**

Speichel [*Verdauung*] Flüssigkeit, die von Speicheldrüsen und Drüsen gebildet wird, deren Ausgang in der Mundhöhle liegt. Der Mensch produziert am Tag 1 bis 2 l Speichel. Seine Aufgabe ist es, Mundhöhle und Zähne zu schützen und zu reinigen und vor allem die Nahrung für die ↑**Enzyme** (Verdauung) und den Weitertransport einzuspeicheln. Die Verdauung bzw. Aufspaltung der ↑**Stärke** beginnt schon in der Mundhöhle, da der Speichel das stärkespaltende Enzym Amylase enthält. Schon ein optischer Reiz oder der Wohlgeruch einer Speise können den Speichelfluss auslösen.

Speierling [*Obst*] **T Lateinisch:** Sorbus domestica; **Englisch:** service berry (apple); **Französisch:** sorbe, corme. **Info:** Der Speierling zählt zu den ältesten und schönsten Obstbäumen, im Jahr 1993 wurde er zum „Baum des Jahres" ernannt. Das seltene Gewächs aus der Familie der Rosengewächse ist in Mittel- und Südeuropa heimisch. Er wird bis zu 20 m hoch und schmückt sich mit gefiederten Blättern. Die Erntezeit fällt in den September bis Oktober. In Vergessenheit geraten ist der Speierling (von „Ausspeien"), weil er meist unreif verzehrt wurde und daher sein volles Aroma nicht entwickeln konnte. Die 2–4 cm großen, birnenförmigen Speierlinge müssen erst vom Baum abfallen, wenn sie eine bronzefarbene Schale annehmen und weich sind oder 2–3 Wochen kühl gelagert werden (vergleichbar mit den ↑**Mispeln**). Sobald das Fleisch aber weich wird, entwickelt sich ein milder, süß-säuerlicher, mehliger Geschmack, der an ↑**Bratäpfel** erinnert. Speierlinge sind sehr gesund, enthalten 40 mg ↑**Vitamin C.** Der Saft wird dem ↑**Apfelwein** in geringen Mengen (1 bis 3 %) statt Schwefel zugegeben, um diesen haltbarer zu machen. Nur gelegentlich ist der Speierling auf Wochenmärkten anzutreffen, hauptsächlich wird er zu ↑**Konfitüre**, ↑**Most**, ↑**Wein** oder ↑**Essig** verarbeitet.

Speis [*Österr. Küche*] Speisekammer

Speisedistel [*Gemüse*] ↑**Artischocke**

Speiseeis [*Fachkunde*] **Geschichte:** Eiscreme wurde wahrscheinlich in China um 2000 v. Chr. erfunden, das Rezept für Wassereisspeisen erstmals von dem italienischen Reisenden Marco Polo im späten 13. Jahrhundert nach Europa gebracht. Der Genuss von Eiscreme, die man damals überwiegend aus ↑**Büffelmilch** herstellte, wurde ab dem 17. Jahrhundert sehr beliebt. **Industriell gefertigtes Speiseeis** wird heute aus ↑**Milch**, ↑**Sahne** oder Wasser mit ↑**Zucker**, ↑**Kakao**, Obst, Geschmacksstoffen und Bindemittel hergestellt. Die Zusammensetzung wird in der ↑**Speiseeisverordnung** geregelt. Speiseeis ist ein ausgesprochen wertvolles Lebensmittel, denn es enthält gleich sieben wichtige Vitamine: Die fettlöslichen ↑**Vitamine A, D, E** und **K** sowie die wasserlöslichen ↑**Vitamine** B_1, B_2 und C. Zudem ist es reich an ↑**Mineralstoffen**, und der Gehalt an ↑**Eiweiß** liegt um bis zu 30 % höher als bei einer vergleichbaren Menge Frischmilch. Milchspeiseeis enthält zusätzlich noch ↑**Calcium**. Beachtenswert ist auch der zumeist hohe Energiegehalt, der auf den Zucker- und Fettanteil zurückzuführen ist. **Hochwertige Zutaten:** Grundlage für die Speiseeis-Herstellung, bei der Hygiene besonders groß geschrieben wird, sind die frischen ↑**Molkereiprodukte** sowie Zucker. Hinzu kommen je nach Sorte weitere Zutaten wie ↑**Obst**, ↑**Nüsse**, ↑**Mocca**, ↑**Schokolade**. Zunächst werden die Zutaten vermischt, wobei eine glatte und geschmeidige Masse entsteht, die der Fachmann als Mix bezeichnet. Nachdem das Milchfett durch ↑**Homogenisieren** fein im Mix verteilt wurde, folgt als letzter Teil der warmen Produktionsphase das ↑**Pasteurisieren** gegen unerwünschte Keime. Nach kurzer Reifezeit folgt der zweite, kalte Teil der Speiseeis-Herstellung: das Gefrieren und Härten. Dabei gefriert der Mix zu feinen Kristallen, die verquirlt und ähnlich dem Schlagen von Sahne mit Luft oder Stickstoff verrührt werden. Aus dem Gefrierbehälter wird die Eiskrem gefroren entnommen und in kleinere Gefäße oder Formen gefüllt, die dann in einem Kühlraum bei minus 36° C gelagert werden. **Die sieben Grundsorten:** Je nach Mindest-Qualitätsanforderung unterscheidet die Speiseeisverordnung sieben verschiedene Grundsorten, die neben den nachstehend genannten charaktergebenden Bestandteilen weitere Zutaten enthalten dürfen: **1. Eiskrem** wird aus Zucker, Milch oder Magermilch, aus Sahne oder Butter hergestellt. Zugelassen sind nur frisches Obstfruchtfleisch und Obsterzeugnisse, außerdem natürliche Geschmacks- und Geruchsstoffe. Überzüge dürfen aus Schokolade und Glasur (mit Pflanzenfett) bestehen. Eiskrem muss mindestens 10 % Milchfett enthalten (Fruchteiskrem mindestens 8 %). **2. Einfacheiskrem** unterscheidet sich von ↑**Eiskrem** nur durch einen deutlich geringeren Gehalt an Milchfett (mindestens 3 %). **3. Fruchteis** besteht aus Zucker, Wasser, frischem Obst, Fruchtfleisch, Obstmark oder Obstsaft sowie aus natürlichen Geschmacks- und Geruchsstoffen. Der Obstanteil muss mindestens 20 % betragen (bei Zitroneneis mindestens 10 %). **4. Milchspeiseeis** zeichnet sich durch einen Milchanteil von mindestens 70 % aus. **5. Rahmeis** oder **Sahneeis** enthält mindestens 60 % Schlagsahne, außerdem Zucker sowie natürliche Geschmacks- und Geruchsstoffe. **6. Kremeis** wird aus Eiern, Zucker, Milch und natürlichen Geschmacks- und Geruchsstoffen hergestellt. Bei Kremeis werden mindestens 270 g ↑**Vollei** oder 100 g ↑**Eidotter** auf 1 l Milch verwendet. **7. Kunstspeiseeis** braucht keine der genannten Mindestanforderungen (↑**Ei-**, Obst-, Schlagsahne- oder Milchgehalt) zu erfüllen. Es darf künstliche Geschmacks- und Geruchsstoffe enthalten und mit – wenigen und ausdrücklich zugelassenen – künstlichen Farbstoffen gefärbt sein. Innerhalb dieser sieben Grundsorten gibt es zahlreiche Eisvarianten, vom Eis am Stiel bis zum ↑**Sorbet. Die Gastronomie bereitet Speiseeis unterschiedlich zu:** Französische Eiskrem wird mit Eigelb angereichert. ↑**Vanillesauce**; ↑**Parfaits** und ↑**Mousse** sind Eiskremsorten, die während des Gefriervorgangs nicht geschlagen werden. ↑**Softeis** besteht aus den gleichen Zutaten wie normale Eiskrem, ohne fest gefroren zu sein. **Auszug aus der Speiseeisverordnung: 1. Speiseeis ist eine gefrorene oder halbgefrorene Zubereitung** aus Milch, Milchprodukten, Trinkwasser, Zucker, Zuckerarten, Eiprodukten, Früchten, Fruchtsäften, Pflanzenfetten oder aus Mischungen;

Zugaben wie Nüsse, Backwaren, Zuckerwaren, Obstkonserven, Honig oder alkoholische Getränke sind erlaubt. 2. **Die für die Herstellung von Speiseeis bestimmten Grundmischungen müssen vor dem Einfrieren pasteurisiert werden.** Ausgenommen sind die oben aufgeführten Zugaben; 3. **Das Gewicht des Speiseeises darf 450 g je Liter Fertigprodukt nicht unterschreiten. Speiseeispulver zur Herstellung von Speiseeis: 1.** Speiseeispulver (Rahmeispulver, Milcheispulver, Sorbetpulver, Wassereispulver usw.) ist eine hitzebehandelte, haltbare Mischung, die nach Zugabe von Trinkwasser, pasteurisierter Milch oder pasteurisiertem Rahm, mit oder ohne Zusätze/n von Aromen, Früchten, Fruchtsäften, Nüssen, Schokolade usw. in gefrorenem oder halbgefrorenem Zustand Speiseeis ergibt. **2.** Flüssige Zubereitungen zur Herstellung von gefrorenem oder halbgefrorenem Speiseeis sind hitzebehandelte, haltbare Mischungen, die mit oder ohne Aromen, Früchte/n, Fruchtsäfte/n, Nüsse/n, Schokolade usw. in gefrorenem oder halbgefrorenem Zustand Speiseeis ergeben. **3.** Für Speiseeis, das nach den Absätzen 1 und 2 hergestellt wird, gelten die Vorschriften für Speiseeis; **Zusatz:** In einigen europäischen Ländern ist die Verwendung von Fetten erlaubt, die nicht aus Milch hergestellt wurden. ↑**Stabilisatoren** wie ↑**Carboxymethylcellulose E 466**, pflanzliches ↑**Gummi E 414** und ↑**Alginate E 400 – E 405** werden ebenso verwendet sowie ↑**Emulgatoren**.

Speiseeis-Lagerung [*Fachkunde*] Speiseeis ist sehr empfindlich und für Bakterien besonders anfällig! Jedoch bei –18° C im ****Sterntiefkühlfach ist Speiseeis längere Zeit lagerfähig. Angetautes Eis sofort verbrauchen, keinesfalls wieder einfrieren. ↑**Salmonellengefahr.** ↑**Lebensmittelvergiftung**

Speisefett [*Fette*] Pflanzliche und/oder tierische Fette, die zur Ernährung des Menschen geeignet sind. Sie sind wegen der Fettsäurenstruktur (enthalten viele ↑**gesättigte Fettsäuren**) bei 20° C (Zimmertemperatur) streichbar, aber schnittfest. Speisefette, die aus pflanzlichen und tierischen Rohstoffen gemischt sind, nennt man Fettmischungen. Zu den Speisefetten zählen ↑**Margarine**, ↑**Butter**, ↑**Talg**, ↑**Kokosfett** und ↑**Palmkernfett**. ↑**Tierfette**, ↑**Tieröle**, ↑**Speiseöl**, ↑**Fett & Öl**

Speisegelatine [*Allgem. Nährmittel*] Geschmacksneutrales, farbloses Geliermittel. ↑**Gelatine**

Speisekarte [*Übersetzer*] **Englisch:** menu; **Französisch:** carte, menu; **Italienisch:** menu, carta; **Spanisch:** carta

Speisenamen auf Speisekarten [*Fachkunde*] **A** Seit Menschengedenken werden besonders feine oder außergewöhnliche Speisen berühmten Persönlichkeiten und Landschaften gewidmet. Verstreut über den gesamten Globus findet man in vergangenen Hochkulturen immer wieder Jahrtausende alte Hinweise dafür. Eine besondere Begabung, malerische Bezeichnungen für Gerichte zu entwickeln, besaßen die Chinesen. Auch Ägypter, Griechen und Römer verewigten ihre Götter, Politiker, Sportler und Krieger in Speisen. Selbst im Osmanischen Reich war diese Sitte üblich. In Mitteleuropa griffen die italienischen und französischen Köche diese uralte Tradition erst im 16. Jahrhundert auf. So wurden Staatsmänner, Heerführer, Diplomaten, Dichter, Komponisten, Schauspielerinnen mit dem Zusatz **à la** der Nachwelt überliefert. Mancher Staatsmann oder Heerführer wurde durch seinen Koch berühmter als durch seine politischen oder militärischen Taten. In der heutigen Zeit ist die Bezeichnung der Gerichte sachlicher geworden, man versucht sich in einer allgemeinverständlichen Speisenerklärung. In der klassischen Küche haben historische Speisenbezeichnungen bei einem festlichen Menü ihren Platz.

Speisenfolge [*Fachkunde*] Zusammenstellung von Speisen unter Berücksichtigung gastronomischer Regeln. ↑**Menü**

Speiseöl [*Fette*] **T** Die im Handel angebotenen Speiseöle stammen entweder von einer Pflanzenart oder sind eine Mischung aus mehreren Pflanzenölen. Gemischte Öle werden als ↑**Tafelöl**, Speiseöl oder ↑**Pflanzenöl** bezeichnet und sind meist raffiniert. Raffinierte Öle eignen sich in der Küche für die Zubereitung von warmen und kaltgepresstes Öl von kalten Speisen und Salaten. Die Auswahl beim Speiseöl ist inzwischen sehr groß: Die Palette reicht vom neutralen Tafelöl über feinste kaltgepresste ↑**Nussöle**, Öl als Butterersatz (↑**Albaöl**) bis zum wertvollsten aller Öle, dem ↑**Arganöl**. Speiseöle, die nach einer Ölpflanze benannt sind, dürfen nur aus dem reinen, unvermischten Öl dieser Pflanze bestehen. Tafel-, Salat-, Koch-, Back- oder Mischöl dürfen hingegen aus Mischungen verschiedener pflanzlicher Öle hergestellt werden. Für den Geschmack sind zunächst die verwendeten Pflanzen ausschlaggebend. Aber auch die Art des Gewinnens und Bearbeitens spielt eine Rolle. Man unterscheidet vor allem raffinierte und kaltgepresste bzw. kaltgeschlagene Öle, die immer als „kaltgepresst" oder auch „kaltgeschlagen" gekennzeichnet sein müssen. Steht zusätzlich noch „naturbelassen", „nicht raffiniert" oder „nativ" auf dem Etikett, so ist das kein Qualitätsmerkmal. Nicht gekennzeichnet wird das normale raffinierte Öl, das durch Warmpressung oder/und Extraktion gewonnen wurde. **Raffinierte Öle** – Die gemahlenen Früchte, Samen und Kerne werden unter Wärmezufuhr ausgepresst, oder/und das Öl wird durch Extrahieren, d. h. mit Lösungsmitteln, herausgezogen. Diese Öle werden danach raffiniert, indem sie von allen Geschmacks-, Geruchs-, Farb- und unerwünschten Begleitstoffen befreit werden. **Vorteile:** Sie sind preiswert, da der Ölertrag höher ist als bei der Kaltpressung. Sie sind lange haltbar, haben einen neutralen Geschmack und sind deshalb vielseitig zu verwenden. **Nachteil:** Viele ↑**Vitamine** und wertvolle Inhaltsstoffe gehen dabei verloren. **Kaltgepresste bzw. -geschlagene Öle** – Die Kaltpressung benötigt ganz besondere Sorgfalt bei der Auswahl der Rohstoffe. Schonend und ohne zusätzliche Wärmebehandlung wird das Öl bei diesem Verfahren aus den Pflanzen gepresst. Durch die Reibungswärme kann das Öl eine Temperatur bis zu 70° C erreichen. Die Öle werden danach meist nur noch gefiltert, abgefüllt und nicht raffiniert. **Vorteil:** Geschmacksstoffe und ↑**fettlösliche Vitamine** wie das ↑**Provitamin A** und ↑**Vitamin E** bleiben erhalten. **Nachteile:** Teuer, da Ertrag gering – Nicht lange haltbar – Gefahr durch höhere Schadstoffbelastung. **Wichtig:** Die Öle vieler Pflanzen sind reich an der lebenswichtigen ↑**Linolsäure**. Diese ↑**mehrfach ungesättigte Fettsäure** kann den ↑**Cholesterin**spiegel senken. Der Bedarf pro Tag liegt bei 10 g. **Überblick über den Linolsäure-Gehalt pro EL Öl (15 g):** ↑**Distelöl** 11,0 g; ↑**Traubenkernöl** 9,8 g; ↑**Sonnenblumenöl** 9,0 g; ↑**Walnussöl** 8,6 g; ↑**Maiskeimöl** 8,5 g; ↑**Sojaöl** 8,0 g; ↑**Kürbiskernöl** 7,7 g; ↑**Sesamöl** 6,4 g; ↑**Erdnussöl** 3,6 g; ↑**Olivenöl** 1,2 g; **Tipp: Da Öl schnell ranzig wird, sollte Folgendes beachtet werden:** Angebrochene Flaschen und Dosen mit kaltgepresstem Öl halten sich 4–6 Wochen, angebrochene Flaschen und Dosen mit raffiniertem Öl 3–6 Monate, ungebrochene Flaschen und Dosen 1–2 Jahre. Flaschen und Dosen sollen dunkel, verschlossen und kühl aufbewahrt werden. Durch Wärme und Licht kann das ↑**Öl** oxidieren. ↑**Tierfette**, ↑**Tieröle** & **Fett**

Speisepilze in der Küche [*Fachkunde*] Innerhalb der artenreichen Gruppe der Pilze haben die Speisepilze nur einen kleinen Anteil. Sie werden unterteilt in: ↑**Zucht**- oder Kultur**pilze**, die auf Substraten wie Stroh, Holz oder Kompost kultiviert werden, und ↑**Waldpilze**, die gesammelt werden müssen. Bis auf ↑**Steinpilze** und ↑**Pfifferlinge** werden die wichtigsten Speisepilze inzwischen kultiviert. Ihr delikater Geschmack hat viele Liebhaber. Die Zubereitungsmöglichkeiten als Hauptgericht, Beilage, im Salat oder als Würze in Suppen und ↑**Saucen** lassen keine Wünsche offen. ↑**Pilze – Waldpilze & Zuchtpilze**

Speisequark [*Käse*] **Herkunft:** Deutschland; **Käsesorte:** ↑**Frischkäse**, 40 % ↑**Fett i. Tr.**; **Milch:** Kuhmilch; **Teig:** streichfähig; **Geschmack:** mild, milchig, leicht säuerlich; **Info:** Speisequark mit einem hohen Fettanteil bietet man mit ↑**Kräutern**, ↑**Früchten** oder pur an. Er ist sehr gut zum Backen verwendbar, für ↑**Käsekuchen** oder ↑**Quark**-Öl-Teig.

Speiseröhre [*Verdauung*] Ein etwa 25 cm langer Muskelschlauch, der Mundhöhle und Magen miteinander verbindet. Zwischen Magen und Speiseröhre befindet sich eine Klappe, die verhindert, dass der Mageninhalt in die Speiseröhre zurückfließt. Innen ist sie mit einer Schleimhaut ausgekleidet. Die Speiseröhre transportiert innerhalb von etwa 2 Min. den Nahrungsbrei vom Mund in den Magen.

Speiseröhrenentzündung [*Gesundheit*] ↑**Diät bei Entzündung der Speiseröhre**

Speisesalz [*Gewürze & Kräuter*] ↑**Salz & Kochsalz**

Speisestärke [*Fachkunde*] Sammelbegriff für Erzeugnisse wie ↑**Kartoffel**-, ↑**Mais**- oder ↑**Reismehl**, die zum Binden von Suppen und ↑**Saucen**, zur Herstellung von Süßspeisen und zur Verfeinerung von Backwaren verwendet werden.

Speisetalg [*Fette*] ↑**Tierfette & Tieröle**

Speisewürze [*Gewürze & Kräuter*] **T** Flüssige oder pastenförmige Zubereitungen, die entstehen, indem eiweißreiche Stoffe pflanzlicher oder tierischer Herkunft abgebaut werden. Sie haben einen würzigen, fleischbrühartigen Charakter, der den Eigengeschmack von Speisen verfeinern soll. ↑**Würze**

Spekulatius [*Backstube*] **T** Kräftig gewürztes Weihnachtsgebäck, das ohne Triebmittelzusatz aus ↑**Mürbeteig** in figürlich geschnitzte Holzformen gedrückt und dann gebacken wird.

Spelze [*Fachkunde*] Trockene häutchenartige Schale bzw. das Hüllblatt um die Fortpflanzungsorgane der Blüten von Süßgräsern bzw. Getreidearten (↑**Spelzgetreide**). Bei den wirtschaftlich genutzten Getreidearten müssen die Spelzen vor der Weiterverwendung abgeschält werden.

Spelzgetreidearten [*Allgem. Nährmittel*] **T Amarant – Botanik:** Pseudogetreide, Fuchsschwanzgewächs (Amaranthaceae). „Amaranthus" ist griechisch und bedeutet „unsterblich" oder „nicht welkend". **Herkunft:** Asien, Zentral- und Südamerika. Wunderkorn der Azteken. **Inhaltsstoffe:** Hochwertiges Eiweiß, ungesättigte Fettsäuren, wichtige Mineralstoffe und Spurenelemente wie Calcium, Magnesium und Eisen. **Besonderheit:** Glutenfrei, damit für ↑**Zöliakie**-Kranke und Allergiker geeignet, ↑**cholesterin**senkend. **Verwendung:** Gepoppt im ↑**Müsli**, Flocken, ↑**Mehl** als Zutat für ↑**Brot** und ↑**Teigwaren**, zum Kochen und Backen (als Zutat zu Backgetreide, da ohne ↑**Gluten**), ↑**Pfannkuchen**, ↑**Fladen**. Wegen des hohen Calcium- und Eisengehalts für Kindernahrung empfohlen. **Buchweizen – Botanik:** Pseudogetreide, Knöterichgewächs. **Herkunft:** Mittel- und Ostasien. **Inhaltsstoffe:** Eisen, Phosphor, Kalium, Calcium, Magnesium, Fluor, Kieselsäure, Vitamine B_1, B_2, B_6, viel Lecithin. **Besonderheit:** Reich an ↑**Lysin** – wichtig für das Knochenwachstum. Buchweizen ist leicht verdaulich. **Verwendung:** Zum Kochen und Backen wie Getreide. Zusatz zu Backrezepten = Geschmacksanhebung. Als exotische Beilage statt ↑**Reis**. Brei, ↑**Heidensterz** und ↑**Auflauf**. **Dinkel – Botanik:** Alte, weit verbreitete Kulturform des Weizens, anspruchslos und robust. **Herkunft:** Bis zu Beginn des 20. Jahrhunderts in großen Mengen in Mitteleuropa angebaut , dann vom ertragreicheren Weizen verdrängt. **Inhaltsstoffe:** Eiweiß,

Kalium, Phosphor, reichlich Eisen. **Besonderheit:** Hoher Kleberanteil, feines nussartiges Aroma. **Verwendung:** Zum Kochen und Backen wie ↑**Weizen**, auch gemischt. Verwendung in Brot- und Backwaren sowie Teigwaren (Eierpfannkuchen aus ↑**Dinkelmehl**). **Gerste–Botanik:** Spelzgetreide, spelzenlose Züchtung: Nacktgerste. **Herkunft:** Himalaja. Im antiken Griechenland das wichtigste Getreide. **Inhaltsstoffe:** Fett, Eiweiß, Kohlenhydrate, Kalium, Calcium, Phosphor und Kieselsäure. Vitamine Niacin, B_1, B_2 und E. **Besonderheit:** Der hohe Kieselsäuregehalt beugt Bindegewebsschwäche, Bandscheibenleiden und Gelenkerkrankungen vor. Gerstenschleim ist Heilkost bei Magen- und Darmerkrankungen. **Verwendung:** Gebäck, Getreidegerichte, Getränke. Als Körner, Mehl, ↑**Graupen** (poliertes, geschliffenes Korn), ↑**Grieß**, ↑**Malz** (Biomalz, ↑**Malzkaffee**, ↑**Bier**). Suppeneinlage (Graupen oder Rollgerste). **Grünkern–Botanik:** Unreifer Dinkel, auf Spezialdarren vor allem im Buchenholzrauch gedörrt. **Herkunft:** ↑**Dinkel. Inhaltsstoffe:** Eiweiß, Phosphor, Eisen. **Besonderheit:** Würziges Aroma, hohes Sättigungsvermögen. **Verwendung:** Suppen und Getreidegerichte. Mit ↑**Kräutern** gewürzte ↑Grünkern**bratlinge** werden warm aus der Pfanne oder auch kalt Fleischbratlingen gleichgesetzt, sind bekömmlicher und preisgünstig. Als Kaltverpflegung für Brotzeiten gut geeignet. Grünkern wirkt verdauungsfördernd. **Hafer–Botanik:** Hellgelbes, langgestrecktes, spindelförmiges Korn, von glatten, glänzenden Spelzen umschlossen. **Anbau:** Überall in gemäßigten Klimazonen. **Verwendung:** In erster Linie Futtermittel. Für Kinder und Erwachsene, aber auch zu Schonkost und Diät werden hochwertige Nahrungsmittel hergestellt, die sich durch ihre leichte Verdaulichkeit auszeichnen, ↑**Haferflocken**, Hafermark, Hafergrütze, Hafermehl. **Hirse–Botanik:** Sorten Rispenhirse (Speisehirse) und Kolbenhirse (Vogelfutter). **Herkunft:** Asien, von Indien und China nach Europa und Afrika. Bereits in der Jungsteinzeit kultiviert, zählt somit zu den ältesten Getreidearten. **Inhaltsstoffe:** Kieselsäure, Magnesium, Kalium, Calcium, Phosphor, Fluor und Eisen. Vitamine B_1, B_2, A und C. **Besonderheit:** Schmackhaft und leicht verdaulich. Die Mineralstoffe sind günstig für das Knochengerüst, gegen Haarausfall und brüchige Nägel, auch zur Erhöhung der Sehkraft. Glutenfreies Getreide. Die Nährstoffe sind im ganzen Korn enthalten (nicht nur in den äußeren Schichten): keine Schälverluste. **Verwendung:** Mehl als Zusatz zum Vollkorngebäck, macht knusprig. Für Getreidegerichte, nicht nur süß, auch pikant: zur Abwechslung mal Hirsotto statt ↑**Risotto**. Brei, ↑**Müsli** und ↑**Auflauf. Kamut–Botanik:** Urform des Weizens. „Triticum turgidum polonicum", Vorfahr des heutigen Hartweizens „triticum durum". **Herkunft:** Ägypten **Inhaltsstoffe:** Bis zu 40 % mehr Eiweiß, Aminosäuren, Vitamine, Mineralstoffe und ungesättigte Fettsäuren als jede bekannte Weizensorte. **Besonderheit:** Laut Legende 1948 in einer Grabstätte im ägyptischen Dashare gefunden. Angeblich vom Entdecker zur Familienfarm nach Montana geschickt. Vergessen, dann 1977 erfolgreich angebaut. Eine Story, die marktgerecht erfunden wurde? Fest steht: Seit 1990 ist Kamut anerkannt als neue Sorte. Für Weizenallergiker geeignet. Reagiert kaum auf Kunstdünger und Pestizide – ideal für Biolandbau. **Verwendung:** Zum Kochen und Backen wegen des hohen Eiweißgehaltes und der guten Klebereigenschaften ideal. ↑**Brote** und Backwaren bleiben lange frisch. Für kochfeste Teigwaren ohne Zugabe von ↑**Eiern** (↑**cholesterinfrei**). Green Kamut aus jungen Blättern für Hochenergiedrinks und Zusatz für ↑**Teigwaren. Mais–Botanik:** Nach Kornmerkmalen unterteilt (Hartmais, Zahnmais, Mehlmais). **Herkunft:** Zentralamerika. **Inhaltsstoffe:** Fette, Vitamine, Mineralstoffe. Es fehlen jedoch die wichtigen Eiweißstoffe. **Besonderheit:** Braucht große Mengen Dünger. Gegen Schädlingsbefall sind Pestizide erforderlich. **Verwendung:** Hauptsächlich Futtermittel. Für die menschliche Ernährung: ↑**Maismehl**, Maisgrieß, ↑**Maiskeimöl**, ↑**Cornflakes** (Maisflocken), ↑**Popcorn**, Knabberartikel; **Quinoa–Botanik:** Pseudogetreide, Gänsefußgewächs (Chenopodiàceae). Auch Kiwicha, Perureis, Reismelde, Inkakorn genannt. **Herkunft:** Südamerika. Grundnahrungsmittel, das den Inkas heilig war. **Inhaltsstoffe:** Hochwertiges Eiweiß und essenzielle Aminosäuren, Calcium, Phosphor und Eisen. **Besonderheit:** In der Schale natürliche Bitterstoffe (Saponine), die blutverdünnend wirken. Quinoa vor dem Verzehr/Verarbeiten gut polieren/waschen. Glutenfreies Getreide. **Verwendung:** Zutat zu ↑**Brot** und ↑**Teigwaren**, beim Kochen und Backen Zutat zur Geschmacksbeeinflussung. Gekocht wie ↑**Reis** als Beilage, in Suppen, ↑**Eintöpfen** und ↑**Aufläufen. Reis–Botanik:** Spelzgetreide. Natur- oder Vollreis: Halbrohreis nach Entspelzung. Tausende verschiedene Sorten. **Herkunft:** Südostasien, China, Korea, Japan, Indien, Iran, Philippinen, Italien. **Inhaltsstoffe:** Eiweiß, Fett und Kohlenhydrate, Kalium, Calcium, Magnesium und Phosphor. Vitamine: B-Komplex und E. **Besonderheit:** Natriumarm, wirkt stark entwässernd. Als diätetisches Lebensmittel besonders wertvoll bei Nierenerkrankungen, Rheuma, Ödemen sowie Herz- und Gefäßleiden. Glutenfrei. **Verwendung:** Körnergericht, Reisschleim. Reismehl eignet sich zum Andicken von Soßen und Suppen und zur Herstellung von ↑**Pudding**. ↑**Rundkornreis** für Süßspeisen, ↑**Langkornreis** für herzhafte Gerichte. **Roggen–Botanik:** lat. „secale cereale", gehört zur Familie der Gräser (Gramiereen). **Herkunft:** Kleinasien. Seit Jahren ist der Anbau rückläufig, obwohl genügsam. Wird angebaut, wo Weizen nicht gedeiht. **Inhaltsstoffe:** Kalium, Calcium, Phosphor, Fluor, Kieselsäure, Jod, Folsäure und Eisen. Vitamine der B-Reihe. **Besonderheit:** Würzig kräftiger Geschmack. Wirkt blutreinigend und regt die Darmfunktion an. Durch hohen Anteil von Klebereiweiß gut geeignet zur Brotherstellung. Als Triebmittel ist Sauerteig erforderlich. Die Säure sorgt auch für eine längere Haltbarkeit der Roggenbrote. **Verwendung:** ↑**Brot**, ↑**Brötchen**, Getreidegerichte, ↑**Knäckebrot**; **Weizen-Botanik:** lat. „triticum", gehört zur Familie der Gräser (Gramineae). Heute das wichtigste Brotgetreide der Erde. **Herkunft:** In Troja nachgewiesen. Entwicklungsgeschichtlich lassen sich alle Weizensorten auf 3 Grundtypen zurückführen: Dinkelreihe (42 Chromosomen), Emmerreihe (28 Chromosomen) und Einkornreihe (14 Chromosomen). **Inhaltsstoffe:** Kalium, Phosphor, Magnesium und Kieselsäure. Vitamine B_1, B_2, B_6, die Vitamin-A-Vorstufe Karotin, die im Körper zu A umgewandelt wird. Die wertvollsten Bestandteile befinden sich im Keim und in den Randschichten. **Besonderheit:** Milder Geschmack, leicht verdaulich, Zusammensetzung der Inhaltsstoffe entlastet und harmonisiert die inneren Sekretionen. Sehr gute Backeigenschaften durch hohen Kleberanteil. Weizen spricht auf Düngung an – seine Erträge lassen sich am besten steigern. **Verwendung:** ↑**Brot**, ↑**Brötchen**, Feingebäck. Für ↑**Teigwaren** wird ↑**Durum** (↑**Hartweizen**) verwendet.

Sperelli [*Allgem. Nährmittel*] Nudelspezialität

Spezi [*Hausbar*] Getränk aus ↑**Limonade** und ↑**Cola**

Spezial [*Bier*] Festbiere, die für bestimmte Anlässe wie Oktoberfest, Cannstatter Wasen etc. gebraut werden. Auch gibt es Oster- und Weihnachtsbier, meist untergärig und stärker als Export, diesem jedoch sonst sehr ähnlich.

Spezialbier [*Bier*] ↑**Pilsener**

Spezie [*Ital. Speisekarte*] ↑**Gewürze**

Spezzat(in)o [*Ital. Speisekarte*] Ragout; ↑**Gulasch**

Spickaal [*Fisch*] Geräucherter Flussaal

Spickbraten [*Fleischprodukte*] Mit Speckstreifen durchzogener ↑**Rinderbraten**

Spicken [*Unsere Küche*] **T** Mageres Fleisch entlang der Faser mit fetten Speckstreifen durchziehen, um das Austrocknen beim Braten zu verhindern. **1.** Mit der Spicknadel: Beim Spicken zieht man Speckstreifen (Durchmesser ca. 1 cm) mit einer Spicknadel durch das Fleisch, stets längs zur Fleischfaser. **2.** Spicken mit Messer: Längs zur Fleischfaser mit Messer einstechen, Löcher mit einem Kochlöffelstiel etwas erweitern. Speckstreifen, die kurz gefroren wurden (sind dadurch steif), in die Löcher stecken. ↑**Bigarrieren** & ↑**Lardieren**

Spickgans [*Regionale Spezialität*] Gepökelte und kalt geräucherte Gänsebrust, eine pommersche Spezialität

Spiedini [*Ital. Speisekarte*] Spieße, z. B. spiedini di fegatini: Hühnerleberspieße

Spiegeleier [*Unsere Küche*] **Englisch:** fried eggs, sunny side up; **Französisch:** œufs sur le plat; **Italienisch:** uova al tegame; **Spanisch:** huevos fritos. In wenig ↑**Butter**, bei nicht zu starker Hitze gebratene ↑**Eier**. Bei klassischen Spiegeleiern ist das ↑**Eigelb** noch flüssig und sollte in der Mitte vom ↑**Eiklar** platziert sein. Mit ↑**Salz** und weißem ↑**Pfeffer** würzen.

Spiegelgießen [*Unsere Küche*] Bei kalten Buffets wird die silberne Anrichteplatte vor dem Belegen mit einem feinen Film aus flüssigem ↑**Aspik** ausgekleidet. Er verhindert das Wegrutschen der aufgelegten Speisen.

Spierling [*Fisch*] Bezeichnung für ↑**Stint**

Spießbraten [*Fleischprodukte*] **A 1.** Meist ein ↑**Schweinerollbraten** mit je nach Region verschiedenen Füllungen (↑**Zwiebeln**, ↑**Kräuter** oder ↑**Backpflaumen**). Braten kann auch mariniert sein. Ein Spießbraten ist oft der Höhepunkt einer Party, wenn er über Holzkohle oder am offenen Feuer gegrillt wird. **2.** Spießbraten sind auch in ganz Südamerika beliebt. Sie sind meist aus ↑**Rindfleisch**.

Spigola [*Ital. Speisekarte*] Seebarsch. ↑**Barsch**

Spina bifida [*Fachkunde*] Offener Rücken beim Säugling: mögliche Folge von ↑**Folsäure**mangel während der Schwangerschaft

Spinach [*U.S. Kitchen*] ↑**Spinat**

Spinaci [*Ital. Speisekarte*] ↑**Spinat**

Spinat [*Gemüse*] **T Lateinisch:** Spinacia oleracea. **Synonym:** Blattspinat, Wurzelspinat. **Englisch:** spinach; **Französisch:** épinard; **Italienisch:** spinaci; **Spanisch:** espinacas. **Info:** Spinat gehört zur Familie der Gänsefußgewächse und ist eine einjährige, normalerweise im Sommer blühende Pflanze mit hell- oder dunkelgrünen, rundlichen bis lanzettförmigen, kräftigen, oft leicht gewellten Blättern. Frischer Spinat wird entweder maschinell mit Wurzeln (Wurzelspinat) oder mit der Hand ohne Wurzeln (↑**Blattspinat**) geerntet; der Unterschied: mehr Waschabfall beim Wurzelspinat. **Ursprung und Geschichte:** Spinat ist ein ↑**Blattgemüse**, das ursprünglich aus Vorderasien, möglicherweise Persien stammt und wahrscheinlich mit den Mauren im 11. Jahrhundert nach Europa kam. Hier wurde Spinat erst im 19. Jahrhundert zu einer geschätzten Fastenspeise, weil er schon zeitig im Frühjahr geerntet werden konnte. **Herkunft und Saison:** Obwohl Spinat im Prinzip ganzjährig angeboten wird, liegt seine Hauptsaison zwischen März und Juni sowie zwischen September und Oktober. Frische Spinatblätter erkennt man an den saftig-knackigen und dunkelgrünen Blättern. Die sollten nach dem Einkauf nicht mehr gelagert, sondern sehr schnell verarbeitet werden. Spinat gehört zu den populärsten Blattgemüsen und wird dank Konservierungs- und Tiefkühltechnik das ganze Jahr angeboten. **Inhaltsstoffe:** 100 g Spinat weisen einen Brennwert von ⌀ 21 kcal/90 kJ auf und enthalten etwa 90 g Wasser, 2,9 g Eiweiß, 0,3 g Fett, 3,5 g Kohlenhydrate und 2,7 g Ballaststoffe. An ↑**Mineralstoffen**, ↑**Spurenelementen** und ↑**Vitaminen** sind ⌀ 400 mg

Kalium, 99 mg Kalzium, 5,2 mg Eisen, 79 mg Natrium, 670 mg Vitamin A (RE) und 28 mg Vitamin C enthalten. Spinat ist reich an Eisen, **ist aber nicht das eisenreichste Gemüse.** Dafür enthält er große Mengen an ↑**Kalium**, das für die Reizleitung verantwortlich ist und entwässernd wirkt. Spitzenwerte erreicht der Spinat auch beim ↑**Betacarotin**, das als ↑**Antioxidationsmittel** die Zellen vor aggressiven ↑**Freien Radikalen** schützt. Spinat hat viel von der zur ↑**Vitamin-B**-Gruppe gehörenden ↑**Folsäure**, die Darmkrebs vorbeugen soll, und ↑**Ballaststoffe**. Aber er ist auch reich an ↑**Nitrat** und ↑**Oxalsäure**. Blanchieren reduziert den Nitratgehalt bis zu 70 %. **Gekochten Spinat nicht wiederholt aufwärmen, da sich dabei das Nitrat in das krebserregende ↑Nitrit umwandelt. Bei Säuglingen und Kleinkindern kann dies zu einer lebensbedrohlichen Blausucht führen.** Erst Erwachsene haben körpereigene Enzyme, die eine gefährliche Anreicherung verhindern. **Zubereitung und Tipps:** Frischer, junger Spinat muss sorgfältig verlesen und in viel kaltem Wasser gründlich gewaschen werden, um den Nitratgehalt zu senken und um ihn vollständig von Erde und Sand zu befreien. Allzu harte Stiele sind zu entfernen und die Blätter in nur wenig Wasser aufzusetzen. Sie sind schnell gar, fallen rasch auf einen Bruchteil ihres Volumens zusammen und bleiben grün, wenn sie nach dem ↑**Blanchieren** kalt abgeschreckt werden. Nachdem man die überschüssige Nässe herausgedrückt hat, ist er für die weitere Verarbeitung bereit. ↑**Würztabelle. Das Kochwasser unbedingt weggießen.** Im Spätsommer ist der zarte Sommerspinat im Angebot, der sich mit seiner feinherben, süßsäuerlichen Note als supergesunder Salat empfiehlt, da bei der Zubereitung kaum ↑**Vitamine** verloren gehen. Außerdem hat er wegen der starken Sonnenbestrahlung keinen so hohen Nitratanteil wie Frühlings- oder Herbstspinat. Als Gemüsebeilage wird er gedünstet, gehackt oder püriert, er wird zu Saft, Suppe, ↑**Pfannkuchen**, ↑**Auflauf**, ↑**Pudding**, Salat und Torte. In der feinen Küche ist er Bestandteil einer Garnitur, die als „↑**Florentiner Art**" oder „à la florentine" bezeichnet wird.

Spiralbraten [*Fleischprodukte*] **T** Flache Rinderbratenstücke werden mit einer Speckauflage innen gerollt. Es entsteht eine Speckspirale.

Spirituosen [*Hausbar*] Alkoholreiche Getränke wie ↑**Branntweine** und ↑**Liköre**

Spitzbein [*Fleischprodukte*] **T** Der Schweinsfuß oder das Schweinspfötchen. Das Spitzbein ist eine kostengünstige Spezialität, die im Handel meist roh, gepökelt oder geräuchert angeboten wird. Wegen des hohen Gelierstoffanteils eignet sich der ↑**Fond** gekochter, frischer Schweinsfüße ausgezeichnet für die Zubereitung von ↑**Sülzen** und ↑**Sauerfleisch**. Man braucht weder ↑**Gelatine** noch ↑**Aspik**.

Spitzbrust [*Fleischprodukte*] Brustkern mit Knochen vom ↑**Lamm**, ist ideal für Eintopfgerichte

Spitzkäse & Co. [*Käse*] **Herkunft:** Deutschland; **Käsesorte:** ↑**Sauermilchkäse**, unter 10 % ↑**Fett i. Tr.**; **Milch:** Kuhmilch; **Teig:** geschmeidig, fest; **Geschmack:** mildaromatisch bis leicht pikant; ↑**Handkäse**

Spitzkohl [*Gemüse*] **T** Blaugrüne Abart des ↑**Weißkohls**, der hauptsächlich zu ↑**Sauerkraut** verarbeitet wird. Die Blätter des Spitzkohls müssen beim Einkauf frisch und knackig sein. Anders als viele ↑**Kohl**sorten ist der Spitzkohl nicht so robust. Im Dunkeln aufbewahrt, hält er sich außerhalb des Kühlschranks bei 12–15° C eine Woche frisch.

Spitzkuchen [*Backstube*] **R** Gehört zu den ↑**Lebkuchen**: Ihre Hochsaison ist Weihnachten. **Spitzkuchen**: dreieckig geformter Lebkuchenteig, oft mit ↑**Schokolade** überzogen. 350 g ↑**Honig;** 175 g ↑**Roggenmehl;** 175 g ↑**Weizenmehl;** 150 g rumgetränkte ↑**Rosinen;** 100 g gemahlene ↑**Mandeln;** 15 g ↑**Lebkuchengewürz;** 1 EL ↑**Kakao;** abgeriebene Schale einer unbehandelten ↑**Orange;** 10 g ↑**Natron;** 1 TL ↑**Backpulver. Für den Guss:** 200 g ↑**Kuvertüre**. Den Honig auf 40° C erhitzen und mit den restlichen Zutaten zu einem Teig verkneten. 1 Stunde kühlen lassen. Das Backblech mit Backpapier auslegen oder einfetten. Den Teig zu 3 cm dicken Rollen formen, auf das Blech legen und leicht flachdrücken. Bei 175–200° C 20 Minuten backen. Nach dem Erkalten werden die Rollen in Dreiecke geschnitten. Die Kuvertüre im Wasserbad schmelzen, die frischen Spitzkuchen damit einpinseln und trocknen lassen. Während der normale Lebkuchen einige Zeit Lagerung braucht, um weich und aromatisch zu werden, kann man die Spitzkuchen noch am selben Tag vernaschen. Was übrig bleibt, in einer Dose aufbewahren. So trocknen sie nicht aus und behalten ihr Aroma.

Spitzpaprika [*Gemüse*] **T** Süßer Spitzpaprika ist länger, dünner und süßer als andere Paprikaschoten und hat ein sehr mildes Aroma. Das liegt daran, dass sich im Fruchtgehäuse weniger Körner als in anderen Arten befinden. Spitzpaprika gibt es in Rot, Grün oder Gelb. ↑**Paprika**. Die Früchte wachsen senkrecht nach oben, sind anfangs hellgelb und länglich spitz zulaufend, reifen dann leuchtend rot ab. Spitzpaprika mit seinem milden Geschmack wird, frisch oder gedünstet, mit allen möglichen pikanten Leckereien gefüllt. Auch mit Sauerkraut. Eingemacht ist er delikat. ↑**Einwecken**

Spitzwegerich [*Wildkräuter, -blüten & -früchte*] **T Lateinisch:** Plantago lanceolata; **Info:** Am besten werden die frischen Blätter kurz vor der Blütezeit geerntet. **Standort:** Die Pflanze liebt sonnige Plätze, trockene Wiesen und Wegränder. **Geschmack:** frisch würzig; **Verwendung in der Küche:** Die jungen, zarten, kaliumreichen Blättchen passen gut in Frühlingssalate und Kräutersuppen. **Wirkung in der Volksmedizin:** harntreibend, schleimlösend, auswurffördernd, verdauungsfördernd, adstringierend, stoffwechselanregend, wundheilend, blutstillend, leicht antibiotisch

Split peas [*U.S. Kitchen*] ↑**Spalterbsen**

Spoon [*U.S. Kitchen*] Löffel

Spoon-Cocktail [*Hausbar*] Ein leckeres, beispielhaftes Produkt der ↑**Molekulargastronomie** bzw. „wissenschaftlichen Gastronomie". Für Spoon-Cocktails werden Fruchtmark, aromatische Flüssigkeiten oder Liköre mit einem Algenzucker vermischt und in ein Gefäß mit Kalziumlaktat getropft. Dort, wo das Laktat auf die Alginat-Mischung trifft, bilden sich geordnete Molekülstrukturen, und eine weiche Hülle entsteht. Beim Zerdrücken am Gaumen wird die Flüssigkeit aus dem Innern wieder freigegeben. Spooncocktails, die als ↑**Aperitif** auf Porzellanlöffeln serviert werden, sind der Renner in so genannten „In locations".

Sporen [*Fachkunde*] Äußerst widerstandsfähige Ruhe- und Schutzform von Bakterien und Pilzen. In dieser Form können sie schlechte Lebensbedingungen überstehen, z. B. Kochen oder Gefrieren. Diese Temperaturen töten die Mikroorganismen nicht ab, sie können später wieder wachsen. Als Sporen bezeichnet man auch die Samen von Pilzen.

Sport und Energieverbrauch [*Gesundheit*] **T** Sport und viel Bewegung sorgen für einen höheren Energieverbrauch. Die Energiemenge, die durch gesteigerte körperliche Aktivität verbraucht wird, wird aber sehr häufig überschätzt. Beispiel: Um die Menge an ↑**Kalorien**, die in einem kleinen ↑**Bier** stecken, zu verbrennen, muss man etwa 15 Min. schwimmen. Auch der Trainingszustand und die Kondition einer Person beeinflussen den Energieverbrauch. **Zum Vergleich einige Sportarten, Alltagsaktivitäten und ihr jeweiliger Energieverbrauch bei 30 Min. Ausübung ohne Unterbrechung für eine 70 kg schwere Person:** Sitzen und Schreiben ∅ **60 kcal/240 kJ**; leichte Arbeiten im Stehen und Putzen ∅ **126 kcal/504 kJ**; Badminton: als Freizeitspiel im Doppel ∅ **126 kcal/504 kJ**; Basketball: in **20-minütigem** Freizeitspiel ∅ **154 kcal/616 kJ**; Bergsteigen: Bergwandern und Klettern auf Felsen ∅ **306 kcal/1224 kJ**; Fußball ∅ **405 kcal/1620 kJ**; **sportliches Gehen:** Energieverbrauch ist abhängig von der Geschwindigkeit und Dauer bei 5 km/Stunde ∅ **126 kcal/504 kJ;** bei 8 km/Stunde ∅ **252 kcal/1008 kJ: Gymnastik:** bei lockerer Gymnastik ∅ **162 kcal/648 kJ**; bei intensiver Gymnastik ∅ **453 kcal/1812 kJ; Jogging oder Laufen:** Dauerlauf bei 8 km/Stunde ∅ **282 kcal/1128 kJ;** Dauerlauf bei 16 km/Stunde ∅ **564 kcal/2256 kJ**; Nordic-Walking ∅ **340 kcal/1424 kJ; sonstige sportliche Aktivitäten:** Handball: als Freizeitsport ∅ **306 kcal/1224 kJ**; Kegeln ∅ **126 kcal/504 kJ;** Krafttraining **243 kcal/972 kJ;** Fahrrad fahren bei 8–12 km/Stunde ∅ **260 kcal/1089 kJ;** Schwimmen: erhöhtes Tempo (Brust und Kraulen) ∅ **640 kcal/2680 kJ;** Ski Alpin ∅ **306 kcal/1224 kJ;** Squash ∅ **315 kcal/1260 kJ;** Tanzen (Gesellschaftstanz) ∅ **147 kcal/588 kJ;** Tennis: Einzel als Freizeitsport ∅ **234 kcal/936 kJ;** Volleyball: als Freizeitsport ∅ **135 kcal/540 kJ;** Wandern mit Rucksack bei 5 km/Stunde ∅ **210 kcal/840 kJ**

Sporulation [*Fachkunde*] Sporenbildung von Mikroorganismen und Pilzen

Sprat [*Franz. Speisekarte*] ↑**Sprotte**

Spread [*U.S. Kitchen*] (Brot-)Aufstrich

Sprengling [*Fisch*] Bezeichnung für die ↑**Äsche**

Spretz Tzaori [*Käse*] ↑**Puzzone di Moena**

Sprig [*U.S. Kitchen*] Zweig

Springbock [*Fleischprodukte*] **T Lateinisch:** Antidorcas marsupialis; **Herkunft und Verfügbarkeit:** Der Springbock ist eine der kleinsten wild lebenden Antilopenarten mit einem Gewicht von ca. 30 kg. Er ist die am häufigsten vorkommende Antilope, lebt in Süd-Afrika, Namibia sowie Botswana und fühlt sich in der Trockenheit der Halbwüsten Karoo oder Kalahari am wohlsten. **Jagd:** Springböcke werden von professionellen Jägern gejagt. Jagdzeit: März bis August. In Deutschland findet man inzwischen gutes Springbockfleisch (Filet, Lende und 4er-Schnitt aus der Keule, Gulasch) in Fleischabteilungen großer Kaufhäuser und Delikatessengeschäfte. Das frische vakuumierte Fleisch kann von April bis August importiert werden. Das gefrorene Fleisch kommt von Juni bis Oktober auf den Markt. **Springbockfleisch in der Küche:** Das frische, schön rote Fleisch hat einen wunderbar würzigen Geschmack und sollte so natürlich wie möglich zubereitet werden. Nicht nur der Rücken, auch die Teile aus der Keule ergeben sehr zarte Steaks. ↑**Antilopenfleisch**

Springerle [*Backstube*] **R** Traditionelles Bilderplätzchen (wie ↑**Spekulatius**) zur Weihnachtszeit aus einem Eierschaumteig mit Anis. Dieses Gebäck ist in Süddeutschland, Teilen von Österreich, der Schweiz und Ungarn bekannt. **Grundrezept:** 4 Eier mit 500 g Puderzucker cremig aufschlagen; 500 g gesiebtes Mehl mit 1 Msp. Hirschhornsalz; 1 EL gemahlenen Anis; geriebene Schale von 1/2 unbehandelter Zitrone unterheben und dann verkneten. Teig ca. 2 Std. ruhen lassen. Der Teig wird in feine Modeln gedrückt und so geformt. Der Name kommt von einem beliebten Motiv, dem Reiter (Springer). Der Springerleteig soll fein und geschmeidig sein, damit auch die zartesten Motivdetails abgebildet werden. Vor dem Backen trocknet dieses Gebäck je nach Größe 24 Stunden. Springerle gehen beim Backen auf. Dank der Festigkeit, die der Teig durch das Trocknen erhalten hat, bläht sich das Motiv nicht auf, sondern es entstehen die gewünschten Füßchen. Damit das Trocknen funktioniert, ist der Springerlemodel nicht so tief wie ein Lebkuchenmodel. Am nächsten Tag den Backofen auf 160° C vorheizen und die Plätzchen auf der mittleren Schiene backen. Die Springerle vor dem Verzehr in einer Dose kühl und trocken mindestens 4 Wochen aufbewahren, damit sie weich werden.

Springform [*Backstube*] Die moderne **Springform** ist

eine runde oder herzförmige Backform aus Blech mit Antihaftbeschichtung, ein Schnappmechanismus löst deren Randteil vom auswechselbaren Boden. Verwendet wird diese Form für Torten und Kuchen aus ↑**Rührteig. Unterschiedliche Springformböden sind: 1.** glatter Boden für Torten; **2.** Boden mit einem Loch in der Mitte für Ringkuchen; **3.** Boden mit verschiedenen Verzierungen

Sprinkle [*U.S. Kitchen*] Streuen, bestreuen

Spritzbeutel [*Unsere Küche*] Auch ↑**Dressiersack** genannt. Dieser Beutel kann mit verschieden großen, geformten Tüllen (↑**Stern**- und Loch**tüllen**) bestückt werden und dient zum Einfüllen von ↑Spritz**glasur**, ↑**Schlagsahne**, Cremes, Massen und dgl., zum Dekorieren von Torten, Gebäck, Süßspeisen, Speisen der kalten Küche usw. sowie zur Herstellung von ↑**Spritzgebäck**.

Spritzen [*Unsere Küche*] Alte Bezeichnung für „füllen"; aber auch für ↑**Pökeln**

Spritzflasche [*Hausbar*] Auch Dash-Bottle genannt, ist für Flüssigkeiten, die spritzerweise ausgeschenkt oder in einen ↑**Cocktail** eingebracht werden müssen

Spritzgebäck [*Backstube*] **F** Als Feingebäck zur Kaffeetafel oder in der Weihnachtszeit ist Spritzgebäck in der Keksmischung unverzichtbar. **Grundrezept:** 250 g ↑**Butter** mit 250 g ↑**Zucker;** 1 TL ↑**Bourbon-Vanille**zucker oder das Mark einer 1/2 Vanilleschote und den Schalenabrieb einer 1/2 unbehandelten ↑**Zitrone** schaumig rühren. 5 ↑**Eigelb** oder 3 ↑**Eier**, 125 g geriebene ↑**Mandeln** oder ↑**Haselnüsse** zufügen und zum Schluss 375–400 g gesiebtes ↑**Mehl** unterkneten. Den mittelfesten Teig in nicht zu großen Portionen in einen ↑**Spritzbeutel** mit großer Sterntülle füllen. Backblech mit Backpapier auslegen und dicke Streifen mit wenig Abstand auf das Papier spritzen. **Wichtig:** Das Spritzgebäck vor dem Backen ca. 1 Stunde kalt stellen, damit es knusprig wird und nicht zerläuft. Ofen auf 200° C oder 175° C Umluft vorheizen. Spritzgebäck auf der mittleren Schiene ca. 10–12 Min. hell backen. Ist Spritzgebäck zu braun, wird es trocken. Die Gebäckstücke auf einem Kuchenrost abkühlen lassen. Ca. 200 g ↑**Schokoladenglasur** in einem tiefen Gefäß im Wasserbad schmelzen und das Spritzgebäck zur Hälfte eintauchen. Vor dem Servieren Kuchenglasur fest werden lassen.

Spritzglasur [*Backstube*] **R** Eine ↑**Glasur** zum Verzieren und Überziehen von Kuchen und Gebäck. ↑**Puderzucker** wird mit ↑**Eiklar** und einigen Tropfen ↑**Zitronensaft** so lange verrührt, bis die Masse dick und spritzfähig ist.

Spritzig [*Weinkunde*] Leicht und angenehm säuerlich frischer Weißwein, unterstützt von einem gewissen Gehalt an ↑**Kohlensäure**.

Sprossen [*Gemüse*] ↑**Getreidekeimlinge**

Sprossenkohl [*Gemüse*] ↑**Rosenkohl**

Sprotte [*Fisch*] **T** Auch Breitling – **Lateinisch:** Clupeaspratus; **Englisch:** sprat; **Französisch:** mélette, esprot; **Italienisch:** sprotto; **Spanisch:** espadin. 20 cm langer, schwarmbildender Heringsfisch. Wichtiger Speisefisch aus Nord- und Ostsee, der hauptsächlich an den Mündungen von Elbe, Weser, Jade, Eider und an der belgischen Küste gefangen wird. Sprotten kommen aber auch in Mittelmeer und Nordatlantik vor. Sprotten werden meist geräuchert (↑**Kieler Sprotte**) oder mariniert mit einem Zucker-Salz-Gemisch zu ↑**Anchovis** konserviert. **Inhaltsstoffe:** 100 g frische Sprotten enthalten ∅ 214 kcal/856 kJ, 16,6 g Fett, 16,7 g Eiweiß, 55 µg Jod, 20 µg Vitamin D und 0,26 mg Vitamin B_6. Sprotten haben fettreiches Fleisch und werden in mediterranen Ländern auch frisch angeboten. Sie sind zum Braten, Dünsten, Grillen und Backen geeignet.

Sprudeln [*Österr. Küche*] Quirlen

Sprudler [*Österr. Küche*] Quirl

Sprue [*Gesundheit*] ↑**Zöliakie**

SPS [*Fachkunde*] ↑**Sekundäre Pflanzenstoffe**

Spuma [*Ital. Speisekarte*] Schaum, Mousse

Spumante [*Weinkunde*] Italienisch für ↑**Schaumwein**e, die oft nach dem ↑**Champagner**verfahren produziert werden und auf dem Flaschenetikett durch die Bezeichnung Metodo classico gekennzeichnet sind.

Spumone [*Ital. Speisekarte*] Schaumgebäck, auch halbgefrorene Mousse

Spungata [*Ital. Speisekarte*] ↑**Biskuit**kuchen

Spurenelemente [*Gesundheit*] **T** Auch Mikroelemente: Sammelbezeichnung für die chemischen Elemente, die mit einem Anteil von unter 0,01 % in den Zellen von Lebewesen vorkommen. Es gibt über 20 Spurenelemente, die für den Menschen und für Säugetiere lebensnotwendig (essenziell) sind: ↑**Arsen;** ↑**Chrom;** ↑**Cobalt;** ↑**Eisen;** ↑**Jod;** ↑**Kupfer;** ↑**Lithium;** ↑**Mangan;** ↑**Molybdän;** ↑**Selen;** ↑**Vanadium;** ↑**Zink** und ↑**Zinn.** Diese Spurenelemente sind meistens in ↑**Enzymen**, ↑**Vitaminen** und ↑**Hormonen** enthalten. Ein Mangel an Spurenelementen führt zu Störungen des Wachstums und der Fruchtbarkeit. Der Tagesbedarf eines Erwachsenen an Spurenelementen liegt zwischen einigen Milligramm (z. B. bei Eisen, Zink und Jod) sowie mehreren hundert Mikrogramm (z. B. bei Molybdän, Chrom und Selen). **Einige Spurenelemente wirken bei höherer Dosierung stark toxisch (giftig).** Hierzu zählen **Kupfer, Chrom, Molybdän, Zinn** und **Arsen**. Zu den Spurenelementen im weiteren Sinn gehören einige in höherer Dosierung benötigte Elemente, die man auch zu den **Mineralstoffen** rechnet: **Calcium** für den Aufbau von Knochen- und Zahnsubstanz, **Magnesium**, das für die Funktion der Muskelzellen unentbehrlich ist, **Natrium** und **Kalium**, die bei der Weiterleitung von Nervenreizen eine große Rolle spielen.

Squaquerone [*Käse*] **Herkunft:** Italien/Emilia Romagna; **Käsesorte:** ↑**Weichkäse**, 45 % ↑**Fett i. Tr.;**

Milch: pasteurisierte Vollmilch der Kuh; **Teig:** streichfähig, halbflüssig; **Geschmack:** sehr wohlschmeckend; **Info:** Variante des frischen ↑**Stracchino**

Square [*U.S. Kitchen*] Viereckig

Squash [*U.S. Kitchen*] Sammelbegriff für Kürbissorten: Sommer-Squash (↑**Zucchini**) und Winter-Squash (↑Garten**kürbis**)

Squeezer [*Hausbar*] Saftpresse

St. Laurent [*Weinkunde*] Rote Rebsorte, deren Vorkommen im 17. Jahrhundert im ↑**Elsass** belegt ist, heutzutage aber vornehmlich in Tschechien und vor allem Österreich allein oder im Verschnitt gute Ergebnisse erzielt. Die Rebe treibt früh aus, was im Elsass eher zu Frühlingsfrostschäden führen kann als im geschützteren Burgenland. Die hier produzierten Rotweine können von belanglos bis hochwertig reichen. Wenn eine Ertragseinschränkung in Kauf genommen wird, entstehen aus St. Laurent konzentrierte, tieffarbige Rotweine, denen sogar ↑**Barrique**-Ausbau gut bekommt.

St. Patron [*Käse*] **Herkunft:** Österreich; **Käsesorte:** ↑**Schnittkäse**, 55 % ↑**Fett i. Tr.**; **Milch:** pasteurisierte Kuhmilch; **Teig:** goldgelb, zartschmelzend; **Geschmack:** würzig-kräftig

St.-Jakobs-Muscheln [*Fisch*] ↑**Jakobsmuscheln**

Stäbchen [*Asiatische Küche*] **T Das asiatische Essbesteck – Der richtige Gebrauch von Essstäbchen.** Den meisten Liebhabern asiatischer Küche ist bereits bekannt, wie die Essstäbchen gehalten werden. Das untere Stäbchen wird zwischen Daumen und Ringfinger eingeklemmt und stabil gehalten. Das obere Stäbchen wird mit Daumen, Zeigefinger und Mittelfinger ähnlich wie ein Stift gehalten und ist dadurch beweglich:

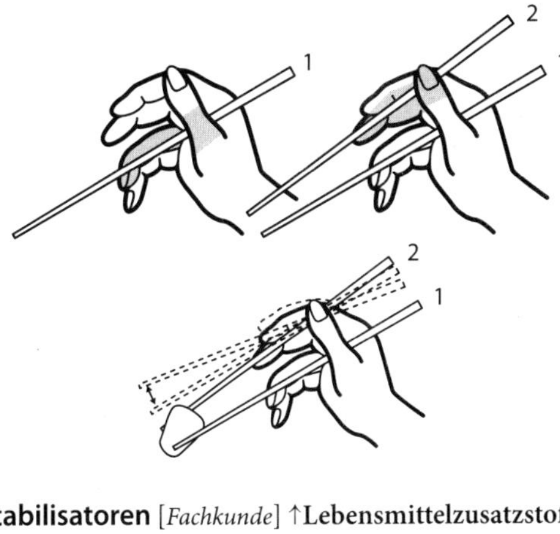

Stabilisatoren [*Fachkunde*] ↑**Lebensmittelzusatzstoffe**, die Lebensmittel lagerfähig machen und zur Dauerhaftigkeit und Unveränderlichkeit beitragen. Sie verhindern oder verzögern Veränderungen in Geschmack, Geruch, Aussehen und Beschaffenheit und sind mit ↑**E-Nummern** gekennzeichnet.

Stachelannone [*Exotische Früchte*] **T Englisch:** soursop; **Französisch:** corossol. Die Stachelannone ist eine leicht bedornte, herzförmige Frucht, misst etwa 15–20 cm in der Länge und wird in der Regel 800–1000 g schwer. Sie stammt aus der gleichen Familie wie die bekanntere ↑**Cherimoya**. Beheimatet ist die Frucht in den Tropen Zentralamerikas, heutzutage wird sie darüber hinaus in Südamerika, Afrika und in Südostasien angebaut. Bei Reife wird sie sehr weich und strömt einen angenehmen Duft nach ↑**Zitronen** bis ↑**Erdbeeren** aus, im Geschmack unglaublich säuerlich-cremig und erfrischend zugleich. Wie bei allen Annonenarten sind die Früchte aus vielen Einzelfrüchten zusammengesetzt (sog. Sammelfrüchte), und jede enthält einen kleinen, 2 cm langen, schwarzen Kern.

Stachelbeeren [*Obst*] **T Lateinisch:** Ribes uva-crispa. **Synonym:** Knurschele, Knürschele, Agrasl, Mungatzen, Meitschgale, Mauchale, Chrosle. **Englisch:** gooseberries; **Französisch:** groseille à maquereau; **Italienisch:** uva spina; **Spanisch:** uva espina. **Info:** Die zur Familie der Stachelbeerengewächse gehörende Stachelbeere ist ein bis zu 3 m hoher, buschiger Strauch mit graubraunen, dornenbesetzten Zweigen und rundlichen bis fünfeckigen Blättern. Aus den grünlichen oder rötlichen Blüten entwickeln sich 15–30 mm große, gelbe, grüne, weiße, rote oder braune Früchte mit einer glatten, von Flaumhaaren bedeckten Schale. Das weiche, saftige Fruchtfleisch mit seinen kleinen, essbaren Kernen hat einen äußerst angenehm süß-sauren Geschmack. Die Früchte bilden sich – im Gegensatz zu den verwandten ↑**Johannisbeeren** – einzeln aus. **Ursprung und Geschichte:** Die aus dem Himalayagebiet stammenden Stachelbeeren kommen heute in Europa wild wachsend in Gebüschen, oft an Waldrändern vor. Seit dem 14. oder 15. Jahrhundert werden sie kultiviert; im 19. Jahrhundert jedenfalls waren schon etwa 100 Kultursorten bekannt. Vor allem in Großbritannien ist die Kultivierung verschiedenster Stachelbeersorten im privaten Garten sehr beliebt. **Herkunft und Saison:** Die Stachelbeersaison beginnt Ende Mai mit den ersten Lieferungen aus Ungarn, erreicht im Juli ihren Höhepunkt mit Ware aus Inlandsprodukten und wird mit Stachelbeeren aus polnischem und niederländischem Anbau bis in den September hinein verlängert. **Inhaltsstoffe:** 100 g frische Stachelbeeren haben einen Brennwert von ∅ 44 kcal/185 kJ und enthalten etwa 85 g Wasser, 0,8 g Eiweiß, 0,2 g Fett, 8,5 g Kohlenhydrate und 2,9 g Ballaststoffe. An ↑**Mineralstoffen**, ↑**Spurenelementen** und ↑**Vitaminen** sind ∅ 30 mg Kalzium, 0,6 mg Eisen, 2 mg Natrium, 35 RE Vitamin A sowie 35 mg Vitamin C enthalten. Stachelbeeren sind wegen ihres hohen Vitamin- und Mineralstoffgehalts als besonders wertvolles ↑**Obst** anzusehen. Insbesondere die rötlich gefärbten Sorten weisen einen hohen Anteil an Anthocyanen auf, einen wichtigen ↑**sekundären Pflanzen-**

wirkstoff. Außerdem sind Stachelbeeren reich an ↑**Silizium** für das Bindegewebe. **Zubereitung und Tipps:** Stachelbeeren isst man in der Regel roh mit oder ohne Zucker, verwendet sie aber auch für Obstkuchen, ↑**Gelees**, ↑**Sorbets** und ↑**Sirupe** sowie in ↑**Chutneys** und Fruchtsalaten. Gelegentlich werden Fleisch- oder Fischgerichte mit ihnen garniert. Die meist in Körbchen aus Pappe angebotenen Stachelbeeren sollten noch ihre Stiel- und Blütenansätze haben, weil ihnen sonst beim Lagern Saft verloren geht. Wichtig ist auch, dass die Ansätze genau wie die feinen Härchen auf den Beeren nicht schlaff sind. Die Früchte sind am besten von gleicher Größe und prall. Zum Rohessen nur reife Stachelbeeren einkaufen, bei denen die Schale dünn und durchsichtiger ist. Festere Beeren eignen sich eher zum Kochen und Backen. Damit Stachelbeeren beim Backen nicht aufplatzen, mehrmals mit einer Nadel einstechen. **Aufbewahrung:** Bei der Länge der Aufbewahrung kommt es auf den Reifegrad der Stachelbeeren an. Weiche, reife Früchte mit glatter, durchscheinender Schale halten sich im Kühlschrank noch 6–7 Tage. Beeren, die noch etwas hart sind, aber trotzdem schon aromatisch duften, können noch bis zu 10 Tagen aufbewahrt werden. Die Stachelbeeren aber immer eher neben- als übereinander lagern. Grüne, noch unreife und harte Beeren halten sich im Kühlschrank sogar bis zu drei Wochen. Sollten sie dort jedoch nicht richtig nachreifen, kann man sie immer noch zum ↑**Einwecken** verwenden.

Stachys [*Exotische Früchte*] Japanische ↑**Kartoffeln:** Verwandter des hier verbreiteten, wild wachsenden ↑**Sumpfziest**. Die Knollen sind schmackhaft, nährstoffreich, leicht verdaulich und für Diabetiker geeignet.

Stack [*U.S. Kitchen*] Schicht, schichten

Stadtwurst [*Regionale Spezialität*] Ursprünglich fränkische ↑**Brühwurst**, mit grober Fleischeinlage und ↑**Majoran** abgeschmeckt. Kommt meist im Ring, geräuchert und ungeräuchert zum Verkauf. ↑**Nürnberger Stadtwurst**

Stalk [*U.S. Kitchen*] Stange

Stammwürze [*Bier*] Der prozentuale Gehalt an gelöstem Malzextrakt in 100 g Würze und damit wesentlich für den Alkoholgehalt des Bieres und die davon abhängige Biersteuer

Stamperl (österr.) [*Österr. Küche*] Schnapsglas

Stampf [*Regionale Spezialität*] ↑**Kartoffelpüree**

Stampfkartoffeln [*Unsere Küche*] ↑**Kartoffelpüree**

Ständer [*Fleischprodukte*] Stelzen beim Federvieh

Stand-Sterilisation [*Fachkunde*] Klassische Konservierungs-Sterilisationsmethode für Fleischerzeugnisse in Dosen

Stängelsellerie [*Gemüse*] ↑**Staudensellerie**

Stanizeln [*Österr. Küche*] Tüten

Staphylokokken [*Fachkunde*] Eitererreger; kugelförmige Bakterien in meist traubenförmiger Anordnung

Stärke [*Fachkunde*] Gehört zu den ↑**Kohlenhydraten** und ist ein ↑**Mehrfachzucker** (Polysaccharid). Sie besteht aus den Einheiten Amylose und Amylopektin, die wiederum aus vielen Traubenzuckerbausteinen (↑**Glucose**) aufgebaut sind. Stärke wird von Pflanzen gebildet. Dort dient sie als Reserve und wird in den Speicherorganen (z. B. in Zwiebel, Wurzel, Knolle, Rübe) und in Samen gesammelt. Stärkepulver besitzt die Eigenschaft, sich in heißem Wasser zu lösen und nach Erkalten gelatineähnlich zu werden (Puddingeffekt). Diese Fähigkeit wird in Küche und Backstube genutzt. Die Lebensmittelindustrie stellt mit Stärke Backwaren, Bindemittel, Pulver (↑**Sauce**, Suppe, ↑**Pudding**), ↑**Sago**, Stärkesirup und Süßwaren her. ↑**Modifizierte Stärke.** Die ↑**Verdauung** der Stärke beginnt schon im Mund. Das Enzym Amylase im Speichel spaltet die Amylose und das Enzym Glucosidase das Amylopektin bis zum einfachen ↑**Traubenzucker**- bzw. Glucosebaustein.

Stärkeacetat [*Fachkunde*] ↑**E 1420**

Stärkemehl [*Allgem. Nährmittel*] Besonders hoher Stärkegrad macht den Unterschied zu den Back- und Suppenmehlen aus. Die Stärke- und Bindemehle werden aus verschiedenen Körner-, Hülsen-, Knollen- und Wurzelfrüchten hergestellt. Es gibt Weizenstärke, Reisstärke, Maisstärke (Mondamin) oder Kartoffelstärke.

Stärkenatriumoctenylsuccinat [*Fachkunde*] ↑**E 1450**

Stärkesirup [*Fachkunde*] ↑**Glukosesirup**

Starterkulturen [*Fachkunde*] Diese Mikroorganismen, im Labor gezüchtet, entfalten ihre Wirkung beim Reifen von ↑**Käse**, ↑**Rohwurst** oder Rohpökelwaren. **Vorteil:** geringeres Reiferisiko, kürzere Reifezeit, natürlicher Geschmack.

Starters [*U.S. Kitchen*] Vorspeisen

Staubzucker [*Österr. Küche*] ↑**Puderzucker**

Staudensellerie [*Gemüse*] **T Lateinisch:** Apium graveolens var. Dulce. **Synonym:** Bleichsellerie, Stangensellerie, Stielsellerie, Stangenzeller. **Englisch:** celery; **Französisch:** céleri à côtes, céleri-branche; **Italienisch:** sedano; **Spanisch:** apio. **Info:** Staudensellerie gehört zur Familie der Doldenblütengewächse und ist wie der Knollensellerie eine zweijährige Pflanze, die aber im Gegensatz zu diesem nur ganz kleine und schwache Knollen ausbildet, die an den 60–70 cm hohen, kräftigen, bis zu 4 cm dicken, fleischigen, hohlen oder vollen, weißen, gelblich-grünen bis sattgrünen Blattstielen sitzen. Im Gegensatz zum Knollensellerie wächst Stauden- oder Bleichsellerie zum größten Teil oberirdisch. Deshalb enthält er mehr Vitamin C. **Herkunft und Saison:** Staudensellerie wird hier von Juli bis Ende Oktober geerntet und in diesem Zeitraum aus inländischer Produktion angeboten. In den Herbst- und Wintermonaten wird das Angebot mit Lieferungen vorwiegend aus Israel ergänzt. **Inhaltsstoffe:** 100 g Staudensellerie weisen einen Brennwert von ∅ 16 kcal/65 kJ auf und enthalten etwa 93 g Wasser,

0,7 g Eiweiß, 0,1 g Fett, 3,6 g Kohlenhydrate und 1,7 g Ballaststoffe. An ↑**Mineralstoffen**, ↑**Spurenelementen** und ↑**Vitaminen** sind ∅ 40 mg Kalzium, 0,4 mg Eisen, 87 mg Natrium, 13,4 mg Vitamin A (RE) und 7 mg Vitamin C enthalten. **Zubereitung und Tipps:** Die Stangen werden gewaschen, die Wurzelenden entfernt und sehr kräftige Stängel eventuell geschält. Die angenehm und mild-würzig schmeckenden Stiele und die zarten Herzblätter werden üblicherweise roh zu Salaten verarbeitet oder die leicht gewölbten Stiele als ↑**Snack** (↑**Dipgemüse**) mit ↑**Roquefortcrème**, ↑**Frischkäse** oder ↑**Weichkäse** gefüllt. Ansonsten lässt sich Stangensellerie als Gemüse dünsten, in Fleischgerichten mitschmoren oder frittieren. Auch als Suppe, in Eintöpfen und Aufläufen macht er sich ausgezeichnet. Besonders gut kommt er zur Geltung, wenn er wie ↑**Spargel** zubereitet wird. Fein geschnitten gibt er vielen Gerichten erst die richtige Würze. Staudensellerie lässt sich hervorragend mit ↑**Käse**, ↑**Hollandaise** usw. überbacken. Dazu werden die gar gedünsteten Stauden halbiert, belegt, überzogen und als Beilage zu Kurzgebratenem, besonders Lamm, serviert. Mit ihrem hohen Gehalt an ↑**ätherischen Ölen** eignen sich die frischen oder getrockneten und fein geschnittenen Blätter zum Würzen von Salaten, Speisen und Suppen. Staudensellerie kann in einem Plastikbeutel durchaus ein bis zwei Wochen lang im Kühlschrank aufbewahrt werden.

Steak [*Fleischprodukte*] **T** Ein Steak, egal von welchem Fleisch, ist immer etwas Besonderes. Es ist mehr als nur ein Stück Fleisch. Steaks sind niemals so dünn geschnitten wie ↑**Schnitzel**. Meist handelt es sich um eine gebratene oder gegrillte Fleischscheibe vom ↑**Rind**. Um den richtigen Fleischgenuss zu bekommen, sollte ein Steak mindestens 1,5 cm stark sein. **Was benötigt man?** Damit Steaks gelingen und nicht trocken werden, ist viel Anfangshitze (ca. 300° C) nötig, auf einem Holzkohle-, einem Spezialgrill oder in einer Pfanne mit sehr dickem Boden, egal ob Guss oder Stahl. Das Fleisch muss frei von Knochen, Sehnen und übermäßigem ↑**Fett** sein. Außer beim Rumpsteak, das immer mit „↑**Rose**", Decksehne und dem Rückenfett gegrillt oder gebraten wird, was einen unverwechselbaren Geschmack ergibt (Decksehne vorher einschneiden, damit sich das Fleisch nicht aufrollt). **Welches Fleisch ist ideal? 1. Rindersteaks:** Sie müssen gut abgehangen sein und können in einer salzlosen, öligen Marinade eingelegt werden. Will man ganz sicher sein, dass die Steaks nicht zäh und hart werden, fügt man der Marinade fein gehackte, reife Papaya zu. Die Inhaltsstoffe (↑**Papain**) dieser Frucht machen den ältesten Ochsen zart, das Fleisch verliert aber deutlich an Eigengeschmack. **Salzen oder nicht salzen?** Ein zart abgehangenes Rindersteak wird immer **unmittelbar** vor dem Grillen oder Braten gewürzt. Die Anfangshitze schließt die Würze ins Fleisch mit ein. Ein nachträglich gewürztes Steak nimmt die Würze nicht mehr auf, sie bleibt auf der Oberfläche. Das Fleisch kann seinen vollen Geschmack nicht mehr entfalten. Wenn ein gesalzenes Rindersteak einige Zeit darauf warten muss, gegrillt zu werden, brechen die Zellwände auf, der Fleischsaft läuft aus, und das Fleisch wird trocken. Auch auf dem Grill oder in der Pfanne schließen sich die Poren nicht mehr, und der verbliebene Fleischsaft verdunstet. Den gleichen Effekt erzielt der Metzger, wenn er ein Steak durch den „↑**Steaker**" jagt. Schade ums Geld. Nur ↑**Leber** wird erst nach dem Garen gesalzen, sie wird sonst hart. **Ideale Rindersteaks sind:** ↑**Rumpsteak**, ↑**Filet** von der Rinderlende und ↑**Hüftsteaks** aus der Keule, die rosa gegrillt oder gebraten werden. **Folgende Steaksorten kann man als klassische amerikanische Steaks bezeichnen: Beef Cubed Steak** – dünnes, fettarmes kleines Steak aus Keule oder Schulter geschnitten. Kann meist nur durch Maschinenbehandlung (Steaker) kaufähig gemacht werden. ↑**Chateaubriand** – doppeltes Filetsteak, aus dem dicksten Teil des Filets, entspricht der französischen Bezeichnung. **Club Steak** – aus dem Mittelrücken geschnitten, bis zu 2,5 Zentimeter dick, Muskelfleisch von einer Fettschicht umgeben, kann Rippen und Rückgratknochen enthalten. Heißt dann **Rib Club Steak. Chuck Steak** – 200 bis 250 g schwer, wird aus dem zartesten Teil der Schulter geschnitten, ist aber nur sehr gut abgehangen bisszart. **Delmonico Steak** – auch Rib-Eye-Steak oder Rib Eye Roast, wenn es größer geschnitten wird. **Flank Steak** – aus dem unteren Rippenbereich, dem „Rinderlappen" unterhalb des Filets, 1,5 bis zwei Pfund schwer. Sollte mariniert, sehr gut abgehangen und nicht ganz durchgebraten werden. Quer zur Faser schneiden. ↑**Filet Mignon** – Filetsteak, 250 bis 300 g schwer, aus dem besten Teil des Filets. Bezeichnung entspricht dem französischen Begriff. ↑**Tournedos** und ↑**Tenderloin Steak. Minute Steak** – meist vom NY Strip (flaches ↑**Roastbeef**), aber auch von der ↑**Hüfte** (Sirloin). ↑**Porterhouse Steak** – aus dem Rücken geschnitten, noch größer als das T-Bone Steak, vier bis acht Zentimeter dick, mit größerem Filetanteil. **Rib Eye Steak** – wird aus dem mageren Kern der Hochrippe von möglichst jungen Tieren geschnitten. Es zeigt einen deutlichen Fettkern, das Auge (Eye), und ist mit etwa zwei Zentimetern Dicke etwa 300 g schwer. **Round Steak** – aus der Keule. Die Round Steaks und Bottom Round Steaks stammen aus der Kugel oder Blume. Sie sind sehr schmackhaft, aber nicht super-zart und werden darum geschmort. **Rump Steak** – entspricht nicht dem hier üblichen ↑**Rumpsteak**, sondern wird aus dem Hüftdeckel (Hinterkeule) geschnitten. Es ist eher ein preiswertes Stück und nur sehr gut abgehangen bisszart. **Sirloin Steak** – Lendensteak, hier Rumpsteak. Das Sirloin Steak wird ohne Knochen aus dem flachen Roastbeef geschnitten. **Skirt Steak** – Fleisch aus dem inneren Rippenbogen, Bauchlappen, sehnig. Wird für ↑**Fajitas** verwendet und kann nicht kurz gebraten werden. **Strip Steak** – auch New York Strip Steak, vom hohen Roastbeef. Ein gut marmoriertes Stück, das sehr gut abgehangen sein muss. **Tenderloin Steak** – gleichbedeutend mit Filet Steak. ↑**Tournedos** – mittelgroße Filetsteaks. ↑**T-Bone-Steak** – Steak mit T-förmigem Knochen, auf einer Seite das Roastbeef, auf der anderen Seite das Filet. Im Gegensatz zum Porterhouse Steak ist der Filetanteil geringer. Gewicht 500 bis 750 g. **Nicht vergessen:** Beim Grillen von Rindersteaks kann die Möglichkeit der verschiedenen ↑**Garpunkte** genutzt werden. **2. Schweinesteaks:** Das Fleisch sollte nicht schlachtfrisch verbraucht werden, sondern 2–3 Tage reifen. Schweinesteaks können auch mariniert werden, das geht bei ↑**Schweinefleisch** ohne ↑**Öl**, aber mit ↑**Salz**. Mit ↑**Gewürzen** kann man beim Schweinefleisch ruhig experimentieren, jedoch vorsichtig mit ↑**Knoblauch**, ↑**Curry**- und ↑**Paprikapulver** werden beim Grillen und Braten sehr schnell bitter. **Ideal sind:** ↑**Nacken** (Hals, Kamm), Lende, Filet; Oberschale und Nuss. **Schweinefleisch immer durchbraten.** Gepökeltes Fleisch sollte **nie** gegrillt oder gebraten werden. **3. Putensteaks:** Auch ↑**Puten**steaks können mariniert werden, aber das ist Geschmacksache. Putenfleisch schmeckt besser, wenn es frisch ist. **Ideal** ist die Brust. **Geflügelfleisch muss wegen der Salmonellengefahr immer durchgebraten werden. Tipp:** Beim Einkauf darauf achten, dass der Fleischer das Steakfleisch auf keinen Fall durch den Steaker lässt. Es wäre ein deutlicher Hinweis darauf, dass das Fleisch **1.** von älteren Tieren stammt, **2.** noch ↑**abhängen** müsste oder **3.** nicht fachgerecht geschnitten wurde. Das Zellgewebe wird zerstört, was das Fleisch unnötig trocken werden lässt. ↑**Grillen**

Steak à cheval [*Franz. Speisekarte*] **A** ↑**Beefsteak** mit ↑**Spiegelei**

Steak au poivre vert [*Franz. Speisekarte*] **A** ↑Rindersteak, mit grünem ↑**Pfeffer** gebraten

Steaker [*Fleischprodukte*] **T** Oder Mürbschneider: Gerät zum Einschneiden der Fleischfasern, um das ↑**Fleisch** schnell mürbe zu machen. Diese Methode dient dem Metzger, nicht genügend abgehangenes, nicht fachlich geschnittenes Fleisch oder Fleisch von älteren Tieren genusstauglich zu machen. Dem Verbraucher ist dieses Fleischstück nicht zu empfehlen, da es zwar kaubar, aber nach dem Garen trocken ist.

Steakletten [*Fleischprodukte*] Gesteaktes Fleisch in Portionen. ↑**Steaker** & **Steak**

Steamed [*U.S. Kitchen*] Gedämpft

Steamer [*Fachkunde*] ↑**Konvektomat**

Stearinsäure [*Fachkunde*] ↑**E 570**

Stearoyltartrat [*Fachkunde*] ↑**E 483**

Steccato [*Ital. Speisekarte*] Gespickt

Stechrippe [*Fleischprodukte*] **1.** ↑**Rindfleisch**: Brust; **2.** ↑**Schweinefleisch**: Brustspitz(e) mit Knochen

Steckrübe [*Gemüse*] **A** ↑**Kohlrübe**

Steen [*Weinkunde*] In Süd-Afrika gängige Bezeichnung für ↑**Chenin Blanc**. Dort ist sie die am häufigsten angebaute weiße Rebsorte. Wie in allen heißen Anbaugebieten wird sie vornehmlich wegen ihrer Säure geschätzt. Steen wird hier wie in ihrer Heimat im französischen Loiretal zu Weinen verschiedener Art verarbeitet, zu ↑**Schaumwein**, trockenem und halbtrockenem Stillwein und Süßwein. Sogar ↑**Sherry**-ähnliche Weine und ↑**Weinbrand** werden aus ihr erzeugt.

Steert [*Fleischprodukte*] Regionale Bezeichnung für den ↑**Ochsenschwanz**

Steertstück [*Fleischprodukte*] Regionale Bezeichnung für die ↑**Unterschale** vom ↑**Rind**

Steffi [*Kartoffelsorte*] **Kochtyp:** ↑**Festkochende Kartoffeln** – „Speckige Kartoffel" genannt; **Herkunft:** Deutschland; **Jahr der Zulassung:** 2000; **Schale:** gelb; **Fleisch:** gelb; **Knolle:** oval; **Reifezeit:** mittelfrüh

Steiermark [*Weinkunde*] In dieser Gegend Österreichs greifen pannonisches und mediterranes Klima ineinander, gute Voraussetzungen für ausgezeichnete Weine. Von hier stammen rassige Weißweine mit feinen Fruchtnoten. ↑**Welschriesling**, Gelber ↑**Muskateller**, ↑**Sauvignon blanc** ebenso wie ↑**Chardonnay** sind die Aushängeschilder. In der Südoststeiermark ist der ↑**Traminer** eine Spezialität. Ganz im Westen hat der ↑**Schilcher**, gewonnen aus der ↑**Blauen Wildbacherrebe**, mit seinem rassigen Charme das Sagen. Zwischen diesen beiden Weinbaugebieten liegt die mediterran beeinflusste Südsteiermark, die mit ihren großen Weinen von steilen Lagen international mit der Toskana verglichen wird.

Steifmachen [*Unsere Küche*] **T** ↑**Fleisch** oder ↑**Geflügel** bei schwacher Hitze in Fett anbraten, um nur die Poren zu schließen. Das Bratgut soll keine Farbe annehmen. ↑**Muscheln** werden in Wasser und ↑**Zitronensaft** nur kurz erhitzt, um fest zu werden, aber nicht gar gekocht.

Steinaal [*Fisch*] ↑**Dornhai**

Steinbeeren [*Wildkräuter, -blüten & -früchte*] ↑**Preiselbeeren**

Steinbeißer [*Fisch*] **T Lateinisch:** Anarhichas lupus; **Englisch:** Atlantic catfish; **Französisch:** loup atlantique; **Italienisch:** Lupo di mare, bavosa lupa; **Spanisch:** perro. Besonders schön ist der Atlantikbewohner nicht mit seinem dicken, runden Kopf und dem furchteinflößenden Gebiss, mit dem er ↑**Muscheln** und ↑**Austern** mühelos knackt. Das hat ihm den Namen Steinbeißer eingebracht. Wolfszähnen und quer gestreiftem Körper verdankt er auch den Beinamen „Gestreifter ↑**Seewolf**". Im Handel wird der bis zu 20 Kilogramm schwere Steinbeißer in Koteletts und Filets geteilt. So wird er dann als **Karbonadenfisch** oder **Loup-filet** angeboten, was zur Verwechslung mit dem **loup de mer**, dem ↑**Wolfsbarsch**, führen kann. Und um die Verwirrung komplett zu machen:

Auch die Bezeichnung ↑**Katfisch** ist für den Steinbeißer durchaus üblich. Wobei der echte ↑**Catfisch** (amerikanischer Wels) ein Süßwasserbewohner ist, der hauptsächlich aus der Zucht kommt und auf Deutsch **Katzenwels** heißt, weil sein Kopf mit den Barthaaren dem einer Katze gleicht. Als Einzelgänger bevorzugt der Steinbeißer steinigen Grund, bisweilen auch Sand oder schlammige Böden, wo er Seeigel und größere Krebse findet. Am liebsten jedoch knackt er Schnecken, Muscheln und Austern. Kein Wunder, dass sein weißes, festes und relativ fettes Fleisch hervorragend schmeckt. Zum Braten und Backen, aber auch zum Räuchern ideal.

Steinbier [*Bier*] Natursteine werden über dem offenen Feuer erhitzt und in die Maische getaucht. Der Malzzucker karamellisiert auf der Steinoberfläche. Bei der Nachgärung werden diese Steine dann erneut in das Bier gegeben, so erhält es einen rauchigen Geschmack wie ↑**Rauchbier**. ↑**Warmes Bier**

Steinbuscher [*Käse*] **Herkunft:** Deutschland; **Käsesorte:** halbfester ↑**Schnittkäse**, 35 % ↑**Fett i. Tr.**; **Milch:** Kuhmilch; **Teig:** geschmeidig; **Geschmack:** mild bis leicht pikant

Steinbutt [*Fisch*] **T Lateinisch:** Rhombus maximus; **Englisch:** turbot; **Französisch:** turbot; **Italienisch:** rombo (chiodato); **Spanisch:** rodaballo. Plattfisch aus der Familie der ↑**Schollen**. Die Augenseite ist höckerig (Steine), die Färbung ein Braun in mehreren Schattierungen. Die Länge kann mehr als 1 m, das Gewicht bis 35 kg betragen, üblich ist eine Handelsgröße von 45 bis 50 Zentimeter. Als ↑**Babysteinbutt** kommen sie in den Handel, wenn das Gewicht max. 1 kg beträgt. Der Steinbutt lebt in Nord- und Ostsee, an den europäischen Küsten des Atlantischen Ozeans und im Mittelmeer. Er hat nur ∅ 1,8 % Fett und 17 % Eiweiß und ist wegen seines wohlschmeckenden, festen, reinweißen Fleisches hoch geschätzt. In Deutschland gilt er neben der ↑**Seezunge** als feinster Seefisch. **Verwendung:** Dünsten, Backen, Grillen.

Steiner, Hans-Paul [*Berühmte Köche*] **Hans-Paul Steiner,** *1942 im Remstal, D – erhielt nach Stationen im Berner Oberland, Lausanne und London in der Plieninger „Traube" in Stuttgart seinen ersten Stern. 1980 kaufte er das Restaurant „Zum Hirschen" im badischen Sulzburg südlich von Freiburg im Breisgau und machte es zu einer der ersten gastronomischen Adressen. Bereits 1981 wurde Hans-Paul Steiner mit dem Michelin-Stern ausgezeichnet, 1995 folgte der zweite. Seine Gastronomie ist geprägt von der großen klassischen Küche, die Steiner in moderner, leichter Form und in immer neuen Kreationen präsentiert. Es ist die Beständigkeit der Küche, die Steiner bekannt machte, und seine Publikation „Kochen macht glücklich", 2001.

Steinfeder [*Weinkunde*] Name einer Grasart sowie Bezeichnung für eine der drei Qualitätskategorien für Weißweine aus der Wachau. Die Kategorien wurden vom Winzerverband Vinea Wachau als zusätzliche Qualitätsgarantie ins Leben gerufen und beziehen sich auf Weißweine unterschiedlichen Alkoholgehalts: Steinfeder ist der leichteste Wein, erzeugt aus Lesegut, das vor dem Anreichern einen Reifegrad zwischen 73° und 83° ↑**Öchsle** erreicht haben muss. Der maximale Alkoholgehalt darf im fertigen Wein jedoch nicht über 10,7 % liegen und ist mit dem deutschen Kabinett vergleichbar. Die Rebsorten, aus denen Steinfederweine bereitet werden, sind meist ↑**Grüner Veltliner** und ↑**Riesling**. Die beiden folgenden Kategorien nach Reifegrad sind ↑**Federspiel** und ↑**Smaragd.**

Steinfrüchte [*Obst*] Botanische Bezeichnung für Früchte mit fleischiger Außenhülle und harter, verholzter Innenschicht der Fruchtwand wie ↑**Aprikosen**, ↑**Kirschen**, ↑**Kokosnüsse**, ↑**Litchi**, ↑**Longan**, ↑**Mandeln**, ↑**Mangos**, ↑**Mirabellen**, ↑**Nektarinen**, ↑**Oliven**, ↑**Pfirsiche**, ↑**Pflaumen**, ↑**Rambutan**, ↑**Renekloden**, ↑**Susinen**, ↑**Walnüsse** und ↑**Zwetschgen.**

Steinhäger [*Hausbar*] ↑Wacholder**branntwein**. Der Alkoholgehalt beträgt mindestens 38 %Vol.

Steinheuer, Hans-Stefan [*Berühmte Köche*] **Hans-Stefan Steinheuer,** *1959 in Bad Neuenahr, D – übernahm ab 1985 den elterlichen Landgasthof „Zur Alten Post" in Bad Neuenahr. Bekannt wurde er durch die kräftigen Aromen seiner Speisen, Eifler Rehgerichte und die verwendeten regionalen Produkte. Schon seit Jahren ist Steinheuer eine überregionale Berühmtheit, hat seine eigene Fernsehsendung „Lebensart" bei N-TV. In der Veranstaltungsreihe „Gourmet & Wein" agierte Steinheuer seit Beginn als Galionsfigur und verhalf diesem außergewöhnlichen Event und somit der Region Ahr, Rhein, Eifel zu weit reichendem Erfolg und Anerkennung. Auch seine Publikation „Steinheuer – Das Kochbuch" ist ein Erfolg.

Steinkrautblüten [*Wildkräuter, -blüten & -früchte*] **T Lateinisch:** Alyssum maritimum; Steinkrautblüten sind essbar – **Mehr Information:**↑**Essbare Blüten**

Steinmetzbrot [*Backstube*] Wird aus dem vollen Korn von ↑**Weizen** oder ↑**Roggen** oder Mischung beider gebacken. Die Getreidekörner werden in einem aufwändigen Verfahren von der strohigen Außenschale befreit, der Keim bleibt erhalten und wird mit den aufbereiteten Körnern gemahlen. So bleiben die wertvollsten Bestandteile erhalten. Das Brot wird bei gleichmäßiger Hitze in Kästen gebacken.

Steinobst [*Obst*] **T** Sammelbezeichnung für Obstsorten mit einem Kern. ↑**Steinfrüchte**

Steinobstwein [*Weinkunde*] ↑**Fruchtwein**

Steinofenbrot [*Backstube*] Meist deftiges ↑**Bauern-** oder ↑Land**brot** mit ↑**Sauerteig**, ohne Backform, wie früher in den gemauerten Backöfen am Lande üblich, auf heißen Natur- oder (heute) Kunststeinplatten gebacken. Diese Brote haben eine aromatisch knusprige Kruste und sind lange haltbar.

Steinpilz [*Speisepilze*] **T** **Lateinisch:** Boletus edulis; ↑**Waldpilze; Englisch:** boletus edulis, porc mushrooms; **Französisch:** cèpes; **Italienisch:** funghi porcini, porcini; **Spanisch:** setas. **Info:** Der zur Familie der Röhrlingsartigen gehörende Steinpilz hat einen 8 bis 20 cm großen Hut und einen nach unten verdickten Stiel. Der Hut ist in der Jugend fast weiß und später hell- bis dunkelbraun gefärbt. In der Jugend hat er eine weiße, später kahle und glatte sowie schließlich eine schmierige Bereifung. Die Form des Hutes ist in der Jugend fast kugelig, dann polsterförmig bis flach gewölbt; die Oberhaut ist nicht abziehbar. Der an der Unterseite des Hutes befindliche Schwamm ist erst weiß, dann grünlichgelb und schließlich olivgrün und sehr leicht vom Hutfleisch zu lösen. Der Stiel ist blassbraun, anfangs fast kugelig sowie später keulenfömig und schließlich zylindrisch geformt mit weißlichem Adernetz. Das in der Jugend feste und später schwammige Fruchtfleisch ist in allen Altersphasen weiß, lediglich knapp unter der Hutoberhaut rötlichbraun bis violett gefärbt. Steinpilze haben einen sehr typischen Pilzgeruch und einen milden, sehr angenehmen, leicht nussartigen Geschmack. Der Sommer-Steinpilz oder Eichen-Steinpilz (**boletus aestivalis reticulatus**) hat einen stellenweise zerrissenen und blassen, oft deutlich feinfilzigen bis schorfigen, nicht klebrigen Hut sowie ein weiches, fast schwammiges Fruchtfleisch und ein ausgeprägteres Stielnetz. Der Geruch ist nicht so intensiv, jedoch angenehm, und der Geschmack ist fast etwas süßlich und angenehm mild. **Ursprung und Geschichte:** Schon immer sammelten die Menschen Steinpilze. Noch im 19. Jahrhundert galten Steinpilze in Mitteleuropa als das Fleisch der armen Leute. Sie wurden als Vorrat für karge Wintermonate getrocknet. **Herkunft und Saison:** Heimische Steinpilze werden von Juni bis Oktober gesammelt und auf den Märkten angeboten. Steinpilze aus der Türkei, Rumänien und Bulgarien werden bereits ab Juni und Steinpilze aus Polen bis in den November hinein angeboten. Steinpilze stehen in Deutschland unter Naturschutz. Sie dürfen zwar gesammelt und verzehrt werden, der Handel mit hier gesammelten Exemplaren ist jedoch verboten. **Inhaltsstoffe:** 100 g Steinpilze weisen einen Brennwert von ∅ 17 kcal/70 kJ auf und enthalten 88,6 g Wasser, 2,77 g Eiweiß, 0,40 g Fett, 4,10 g Kohlenhydrate und 0,81 g ↑**Mineralstoffe.** An ↑**Vitaminen** sind ∅ 0,03 mg Vitamin B_1, 0,37 mg Vitamin B_2, 2,50 mg Vitamin C und 4,90 mg Niacin enthalten. **Arten und Sorten:** **1.** Der Fichtensteinpilz (**boletus edilis**) kommt in Mitteleuropa von Juni bis Oktober in Nadel- und Laubwäldern, vor allem unter Fichten, auf sauren Böden oder auf Weiden vor. **2.** Der Sommersteinpilz oder Eichensteinpilz (**boletus aestivalis**) kommt von Mai bis August in Laubwäldern oder in Parkanlagen vor, vor allem unter Eichen oder Buchen. **3.** In Nordeuropa ist der rötliche Kiefernsteinpilz (**boletus pinophilus**) Sammelobjekt. **4.** Sehr selten ist der ebenfalls ausgezeichnet schmeckende Schwarzhütige Steinpilz Boletus aereus, der nur in wärmeren Gegenden vorkommt. **Verwechslung:** Nur mit dem ungenießbaren Gallenröhrling (**tylopilus felleus**), der dunkle statt helle Netzzeichnung am Stiel und später rosa Sporen an den Röhrenmündungen aufweist. Gallenröhrlinge verderben durch ihren bitteren Geschmack ein ganzes Pilzgericht. Wer sich beim Sammeln nicht sicher ist, kann gefahrlos eine Geschmacksprobe machen, indem er am frisch aufgeschnittenen Fleisch leckt. **Zubereitung und Tipps:** In geringen Mengen können Steinpilze roh gegessen werden, z. B. in Salaten und kleinen Vorspeisen wie ↑**Carpaccio.** Steinpilze werden gegrillt, gebraten oder in Suppen, ↑**Soßen** und als Beilage zu ↑**Fleisch** für Garnituren, ↑**Pasteten** und ↑**Terrinen** genossen. Man kann sie trocknen und einlegen. Jedoch schmecken sie frisch am besten. Ideal sind Steinpilze mit ihrem nussigen Aroma als Beilage zu ↑**Wild** oder ↑**Wildgeflügel.** Sie gelingen ausgezeichnet in ↑**Butter** mit ↑**Schalotten** gebraten, mit etwas ↑**Weißwein** abgelöscht, ↑**Salz,** ↑**Pfeffer** und einem Hauch gemahlenem ↑**Kümmel** sowie frisch gehackter ↑**Petersilie** vollendet.

Steinpilz-Champignons [*Speisepilze*] **T** Braunköpfige Art der sonst weißköpfigen ↑**Champignons.** Die Köpfe schmecken würziger, ihr Duft erinnert an ↑**Anis.**

Steirischer Bergkäse [*Käse*] **Herkunft:** Österreich; **Käsesorte:** ↑**Hartkäse,** ca. 45 % ↑**Fett i. Tr.; Milch:** silofreie Bergbauern-Kuhmilch; **Teig:** zart-geschmeidig, von schnittfester Konsistenz; **Geschmack:** mild-aromatisch (auffallender Unterschied zu anderen österreichischen Bergkäsen)

Steirischer Bierkäse [*Käse*] **Herkunft:** Österreich; **Käsesorte:** ↑**Schnittkäse,** ca. 35 % ↑**Fett i. Tr.; Milch:** frische Bergbauern-Kuhmilch; **Teig:** zart-geschmeidiger Teig, schnittfeste Konsistenz; **Geschmack:** aromatisch-pikant

Stelle, stellette, stelletine, stelline, stelloni [*Ital. Speisekarte*] Sternchenförmige ↑**Nudeln** verschiedener Größe aus ↑**Hartweizengrieß** und Wasser, hauptsächlich Suppeneinlage. ↑**Pasta**

Stelze [*Österr. Küche*] Schweinshaxe, ↑**Eisbein**

Stemmed [*U.S. Kitchen*] Von den Stielen befreit

Sterilisieren [*Unsere Küche*] **T** Ein Konservierungsverfahren, bei dem Lebensmittel durch längeres Erhitzen auf über 100° C länger haltbar werden. Die Hitze bewirkt zwar das Abtöten vermehrungsfähiger Keime, zerstört aber auch ↑**Vitamine** und verändert das Lebensmittel geschmacklich sehr stark.

Sterine [*Fachkunde*] Komplexe ↑**Alkohole** mit hohem Molekulargewicht, z. B. ↑**Cholesterin**

Sterlet [*Fisch*] **Lateinisch:** Acipenser ruthenus; Fisch aus der Familie der ↑**Störe,** lebt in den Flüssen des Schwarzen und Kaspischen Meeres und wird bis 1 m lang und 6 kg schwer. Er ist ein geschätzter Speisefisch und liefert echten ↑**Kaviar.**

Sternanis [*Gewürze & Kräuter*] **A Lateinisch:** Illicium verum; **Englisch:** star anise, chinese anise; **Französisch:** anis de la Chine, anis étoile; **Italienisch:** anice stellato; **Spanisch:** badián, badiana, anís estrella. **Herkunft:** Südchina; **Aussehen:** Braunrote Samenhülsen sehen aus wie winzige Seesterne. **Zum Würzen verwendete Teile:** Samen und Samenhülsen. **Im Handel erhältlich:** Sternanis gibt es in allen gut sortierten Märkten zu kaufen. **Geschmack:** Ähnlich wie ↑**Anis,** nur feiner und zugleich bitterer, an ↑**Fenchel** und ↑**Lakritze** erinnernd. **Mit Sternanis würzt man:** Vor allem ↑**Schweinefleisch**-, ↑**Hühner**-, ↑**Gänse**- und ↑**Enten**gerichte der ↑**Chinesischen Küche**. Sternanis ist auch in chinesischen Gewürzmischungen enthalten. In der deutschen Küche verwendet man ihn wie ↑**Anis. Würzkombinationen mit Sternanis:** Wegen seines ausgeprägten Eigengeschmacks sollte man ihn nur von ↑**Pfeffer,** ↑**Fenchel,** ↑**Nelken,** ↑**Ingwer** und ↑**Zimt** begleiten lassen. Dieses uralte chinesische Gewürz wird hier sehr selten verwendet (dafür aber in der Industrie zur Herstellung von Anisgetränken, von Kräuterlikören, von Hustensaft, Bonbons und Zahnpasta). Wer original chinesisch kochen will, sollte aber Sternanis unbedingt in seiner Gewürzsammlung haben. Die Anschaffung lohnt sich, auch wenn man nicht so oft chinesisch kocht. Ungemahlen hält er sich mindestens drei Jahre. Sternanis kocht man ganz mit, entweder nimmt man ein bis zwei Zacken oder einen ganzen Stern, je nachdem, wie intensiv das Aroma schmecken soll. Nach dem Kochen nimmt man die Zacken wieder aus der Speise. Einen ganzen Stern kann man ruhig mitservieren. **Gesundheitlicher Wert:** Das reizmildernde und schleimfördernde Sternanisöl ist in Hustensäften enthalten.

Sternbraten [*Fleischprodukte*] **1.** Gerollter ↑**Rinderbraten** mit strahlenförmigen Einschnitten, die mit ↑**Speck** ausgelegt werden; **2.** Eine andere Bezeichnung für dickes ↑**Beinfleisch** aus der Rinderkeule

Sternfett [*Fette*] Schwammiges Fettgewebe zwischen Ober- und Unterschale

Sternrose [*Fleischprodukte*] Regionale Bezeichnung für die Nuss, aber auch für dickes ↑**Beinfleisch** aus der Rinderkeule

Sterntülle [*Unsere Küche*] Austauschbarer Teil eines ↑**Spritz**- oder ↑Dressier**beutels.** Zum dekorativen Aufspritzen von ↑**Schlagsahne,** ↑**Cremes,** weichen Massen, Teigen usw.

Sterz [*Österr. Küche*] ↑**Polenta**

Stevia [*Wildkräuter, -blüten & -früchte*] **Lateinisch:** Stevia rebaudiana Bertoni (Familie Compositae). **Synonym:** Süßkraut. **Die Pflanze:** Der kleine, ca. 50 bis 100 cm hohe Strauch stammt aus der Familie der Korbblütler. Stevia ist eine mehrjährige, nicht winterharte, blattreiche Pflanze mit lanzettförmigen Blättchen und kleinen, weißen, unscheinbaren Blüten. **Ursprung:** zwischen Paraguay, Argentinien und Brasilien; **Herkunft:** Paraguay; **Geschichte:** Seit Jahrhunderten wird Stevia von der Urbevölkerung im Dreiländereck Paraguay, Brasilien und Argentinien als Heilpflanze und zum Süßen von ↑**Mate-Tee** genutzt und ist dort unter dem Namen **caá-heé** (Honigblatt) oder **yerba dulce** bekannt. Die Europäer kamen erst 1887 in Kontakt mit der Stevia, deren Blätter (auch getrocknet) 15- bis 30-mal süßer sind als Zucker. Die Pflanze liefert praktisch keine Kalorien (0,21 kcal pro Gramm), ist vitaminschonend, nicht schädlich für die Zähne, nicht gärfähig und so eine **echte Alternative für Diabetiker**. Bei gesunden Erwachsenen senkt Steviosid, die süß schmeckende Substanz aus den Steviablättern, den Blutzuckerspiegel, verbessert die Glucosetoleranz und hat eine blutdrucksenkende Wirkung. Antioxidativ und vitaminschonend bietet Stevia auch für die Industrie viele Möglichkeiten. Der rein pflanzliche Süßstoff könnte hier beispielsweise künstliche Süßstoffe in Getränken, Brotaufstrichen und Süßwaren ersetzen. Im gesamten asiatischen Raum und auch in der Schweiz sind Stevia-Produkte bereits erhältlich, doch in der EU nicht legal zu erwerben. Es fehlt die notwendige Zulassung, die wegen fehlender Forschungsdaten noch nicht erteilt worden ist. Ein Expertenausschuss der Weltgesundheitsorganisation (WHO) und der Food and Agriculture Organisation hat Süßstoffen aus Stevia einen ↑**ADI** (= acceptable daily intake)-Wert erteilt, mit dem die Aufnahme einer gewissen Tagesdosis durch Lebensmittel befristet erlaubt ist. Daraus folgt zwar nicht zwangsläufig die Zulassung, doch wenn auch die restlichen noch fehlenden Informationen und Forschungsergebnisse erbracht sind, könnten in Zukunft auch in Deutschland Stevia-Produkte erhältlich sein. Die frischen Blätter selbst können auch verwendet werden, dank ihrer sehr großen Süßkraft braucht man nicht viel. Die Süße ist bis zu einer Erhitzung von 200° C beständig.

Stew [*Engl. Speisekarte*] Schmor-↑**Eintopf** oder ↑**Ragout**

Stiacciata [*Ital. Speisekarte*] ↑**Hefefladen**

Stichfleisch [*Fleischprodukte*] **T** Entsteht rund um die Einstichstelle beim Ausbluten von ↑**Schweine**n oder ↑**Rindern.** Es wird normal zu Tierfutter verarbeitet oder in der Tierkörperbeseitigungsanlage vernichtet. Bei der Hausschlachtung jedoch wird Stichfleisch vom Schwein gerne gekocht und zur so genannten ↑**Schlachtschüssel** mit serviert. Stichfleisch muss beim Metzger vorbestellt werden.

Stickstoff [*Fachkunde*] Ein Element, das in der Umwelt natürlich vorkommt. Beispielsweise enthalten alle ↑**Aminosäure**n Stickstoff als Baustein. Wegen seiner Eigenschaften (verhindert Lebensmitteloxidation bzw. -verderb) wird Stickstoff als ↑**Schutzgas** zum Verpacken und als Kältemittel zum Tiefgefrieren und

Kühlen von ↑**Speiseeis**, ↑**Obst**, ↑**Fleisch**, ↑**Fisch** und anderen Lebensmitteln eingesetzt.

Stiefmütterchenblüten [*Wildkräuter, -blüten & -früchte*] **T** Beliebte Dekoration für Desserts und ↑**Kuchen**, auch als Süßigkeit, da sie zum Kandieren sehr gut geeignet sind. ↑**Kandieren von Blüten. Mehr Information:** ↑**Essbare Blüten**

Stiel [*Fleischprodukte*] Regionale Bezeichnung für den ↑**Ochsenschwanz**

Stielkotelett [*Fleischprodukte*] Scheibe aus dem Kotelettstrang des Brustbereiches ab 3. Rippe

Stielmus [*Gemüse*] **A** Oder Rübstiel. So werden die essbaren Stiele der Mai- (↑**Teltower Rübchen**) oder ↑**Zuckerrüben** bezeichnet. Sie werden blanchiert, zerkleinert und in einer hellen ↑**Sauce** geschmort.

Stielsellerie [*Gemüse*] ↑**Staudensellerie**

Stier [*Fleischprodukte*] Männliches ↑**Rind**

Stierkalb [*Fleischprodukte*] Männliches ↑**Kalb**

Stiffado [*Griech. Speisekarte*] **A** Begriff aus der griechischen Küchenkultur für ↑**Rindfleisch**- oder ↑Kaninchen**gulasch** mit ↑**Zwiebel**gemüse in einer würzigen ↑**Tomaten-Zimt-Sauce**

Stillen [*Gesundheit*] **T** Bis zum 5. Monat ist ↑**Muttermilch** (Frauenmilch) die geeignetste Säuglingskost. Stillen ist die natürliche Form der ersten Ernährung des Kindes. In den ersten Tagen nach der Geburt enthält die Muttermilch, in dieser Zeit auch als „Vormilch" bezeichnet, einen hohen Eiweißgehalt und viele Schutzstoffe. ↑**Kolostralmilch.** Durch die Muttermilch erhält das Baby einen natürlichen Schutz vor Infektionen und Allergien. So beugt beispielsweise der Schutzstoff Immunglobulin A (IgA) Infektionen in Magen und Darm vor. Die reife Muttermilch enthält mehr ↑**Fett** und weniger ↑**Eiweiß** als Vormilch und ist in ihrer Zusammensetzung den Bedürfnissen des Säuglings angepasst. Stillen bedeutet auch eine intime Beziehung zur Mutter und vermittelt dem Säugling Geborgenheit. Dieser innige Kontakt ist wichtig für die gesunde psychische und körperliche Entwicklung. Positiv wirkt sich das Stillen auch auf die Entwicklung von Kiefer und Zähnen des Säuglings aus. Wenn möglich, sollte der Säugling bis zum 5. Monat ausschließlich mit Muttermilch ernährt werden. Kann oder will eine Mutter nicht stillen, sollte der Säugling industriell hergestellte Milchnahrung (adaptierte Säuglingsnahrung) erhalten. **Die Herstellung im eigenen Haushalt ist aus ernährungsphysiologischen und hygienischen Gründen in den ersten sechs Lebensmonaten nicht zu empfehlen.**

Stilles Mineralwasser [*Hausbar*] Natürliches ↑**Mineralwasser** ohne ↑**Kohlensäure**

Stilton [*Käse*] **T Herkunft:** England seit 1690, „König der englischen Käse"; **Käsesorte:** ↑**Blauschimmel**, ↑**Schnittkäse**, 48–55 % ↑**Fett i. Tr.**, mit ↑**Sahne** angereichert; **Milch:** pasteurisierte Kuhvollmilch; **Teig:** gelblich, krümelig, mit blauen ↑**Edelschimmel**adern durchzogen; **Rinde:** raue, braunweiße, runzlige Naturrinde; **Geschmack:** Mild und rein bis pikant. Stilton ist milder als andere Blauschimmelkäse. **Form:** zylindrische runde Laibe, ∅ 20 bis 30 cm, 40 cm hoch (groß) oder 25 cm hoch (klein). Diese Form unterscheidet den Stilton von ↑**Gorgonzola** und ↑**Roquefort. Gewicht:** 2 bis 4,5 kg; **Reifung:** Eine Woche dauert es, bis unter ständigem Wenden die ↑**Molke** abgelaufen ist. Erst nach achtwöchiger Vorreife pflegt man die Stilton-Zylinder anzustechen, damit sich der Schimmelpilz ausbreiten kann. Die endgültige Reife erreicht er zwischen 6 und 12 Monaten bei hoher Luftfeuchtigkeit. **Weißer Stilton** wird ziemlich jung verkauft, während der „Blaue" sechs Monate zum Reifen braucht. Der „Weiße" ist bröckelig und mild, ohne Blauschimmeladern, dennoch von unverwechselbarem Geschmack. **Info:** Wer sich einen ganzen Käse zulegt, schneidet die Rinde deckelförmig ab und zerlegt dann den Käse horizontal. Der Rindendeckel wird zur Lagerung wieder aufgelegt. **Weinempfehlung:** ↑**Portwein. Beste Zeit:** November bis April

Stinco [*Ital. Speisekarte*] ↑**Keule**, Haxe

Stinker-Käse [*Käse*] **Die stinkigsten Käsesorten kommen aus Nordfrankreich.** Der **Vieux Boulogne** wurde als weltweit am stärksten stinkender ↑**Käse** gekürt. Die Sorte machte das Rennen in einem Test mit einer computergesteuerten elektronischen Nase sowie einer Jury aus 19 Freiwilligen, wie die Cranfield-Universität in Bedfordshire mitteilte. Der aus dem nordfranzösischen Boulogne-sur-Mer stammende Käse verdankt sein Aroma der mit Bier gewaschenen Rinde. Sein besonders starker Geruch kommt zustande, weil die **Enzyme** im ↑**Bier** und im ↑**Käse** miteinander reagieren. Auf dem zweiten Platz landete der Kuhmilch-Käse **Pont d'Evêque** aus der Normandie. Sein Geruch kommt vom Waschen der Rinde mit Salzlauge. Ein mindestens drei Wochen alter ↑**Camembert** stänkerte sich auf den dritten Platz. Der **Puant Macéré** aus Lille („eingelegter Stinker"), eine Art ↑**Maroilles**, wird zweimal gesalzen und reift länger, ebenso der **Baguette Laonnaise**, ↑**Gris de Lille** und ↑**Dauphin** oder Dauphine. Letzterer stammt aus Hainaut und zeichnet sich durch einen extrem strengen Geruch und sehr würzigen Geschmack aus. ↑**Rollot** ist ein traditionsreicher ↑**Rotschmiere**käse aus der Picardie, den schon Ludwig XIV. besonders gerne mochte. Der birnenförmige **Boulette d'Avesnes** wird von Hand geformt und mit ↑**Kräutern** und ↑**Gewürzen** aromatisiert. Man verwendet dazu Stücke von ↑**Maroilles**-Laiben, die bei der Verarbeitung zerbrechen. Zwischen sechs Monate und zwei Jahre alter englischer ↑**Cheddar** und italienischer ↑**Parmesan** gehörten zu den am wenigsten riechenden Käsesorten. Kuhmilchkäse sind die durchdringendsten Stinker.

Stinking Bishop [*Käse*] **Herkunft:** Großbritannien; **Käsesorte:** ↑**Schnittkäse** mit ↑**Rotschmiere. Milch:**

Kuhmilch; **Teig:** kräftig, sahnig; **Geschmack:** pikant; **Geruch:** stark durchdringend; **Info:** Während der Reifezeit wird der Käse mit einem Birnenwein gewaschen, der aus Früchten der Sorte „Stinking Bishop" angesetzt wurde. Der Name für den Käse ergab sich von selbst. **Reifung:** in feuchten Kellern

Stint [*Fisch*] **T Lateinisch:** Osmerus eperlanus; **Englisch:** smelt; **Französisch:** eperlan; **Italienisch:** eperlano; **Spanisch:** eperlano. Kleiner Lachsfisch der nordeuropäischen Küstengewässer und Flussmündungen. Er ist der einzige Süßwasserfisch der Schellfamilie und wird von Kennern nicht nur wegen des zarten, wohlschmeckenden Fleisches, sondern auch wegen seiner außerordentlich schmackhaften Leber geschätzt. In frischem Zustand hat sein Fleisch einen gurkenähnlichen Geruch. Das übliche Gewicht liegt bei 1000 bis 1500 g. Gefangen werden die Stinte nur in der kalten Jahreszeit, und zwar ausschließlich in der Dämmerung. Grundsätzlich sollte nach dem Fanggebiet gefragt werden, denn Fische aus unreinen Gewässern schmecken auch so. Stinte kommen auch geräuchert oder mariniert auf den Markt.

Stippen [*Fleischprodukte*] Mit einer dünnen Nadel oder „Stippgabel" in die Hülle von hausgemachter ↑**Wurst** stechen, damit Luft entweichen kann.

Stir [*U.S. Kitchen*] Rühren, umrühren

Stir-fry, stir-fries [*Asiatische Küche*] Pfannenrühren; schnelles pfannengerührtes chinesisches Gemüsegericht

Stirrer [*Hausbar*] Ein Stäbchen, mit dem der ↑**Cocktail** umgerührt wird. Besonders bei Cocktails mit Eis (↑**Crushed Ice** oder Würfel) sollte ein Stirrer ins Glas gegeben werden. Ebenso eignet sich der Stirrer, um ↑**Obst** oder sonstige Zutaten im Cocktailglas zu erwischen.

Stoccafisso [*Ital. Speisekarte*] ↑**Stockfisch**

Stock [*U.S. Kitchen*] ↑**Klare Brühe** oder ↑**Fond**

Stockbrot [*Regionale Spezialität*] **R** Was ist eine Party mit Kids und Lagerfeuer ohne Stockbrot und ↑**Stockwurst**? Für das Stockbrot wird ein einfacher Hefebrot- oder ↑**Pizza**teig hergestellt, der nach dem Gären in fingerdicke Rollen um einen sauberen Ast oder Stock gewickelt und am Lagerfeuer mit gelegentlichem Drehen gebacken wird. Der Spaß ist programmiert, wenn keine Metallteile verwendet werden, an denen sich die Kinder verbrennen könnten. **Grundrezept:** 500 g Vollkorn-↑**Weizenmehl;** 1 P. ↑Back**hefe**; 1 TL Salz; ca. $^1/_4$ l Wasser; etwas ↑**Pflanzenöl**

Stocken lassen [*Unsere Küche*] Oder fest werden lassen; **1.** Mit ↑**Bindemittel** verrührte Speisen im Kühlschrank erstarren lassen oder **2.** aufgeschlagenes ↑**Ei** oder Eimischungen (↑**Eierstich**) unter Hitzeeinwirkung fest werden lassen

Stockenten [*Unsere Küche*] **A Lateinisch:** Anas platyrhynchos. Die Stockente ist eine Vogelart aus der Familie der Entenvögel. Sie ist die häufigste und am weitesten verbreitete Entenart und gehört zum ↑**Wildgeflügel**. Stockenten kommen auf der ganzen Nordhalbkugel der Erde vor. Als Stadtente lebt sie in Parks größerer Städte und an Gewässern. Sie ist die bekannteste wild lebende Ente, und mit ihrem dunklen, würzigen Fleisch ein begehrter Braten. Frisch gibt es sie aus heimischen Beständen von September bis Januar. Tiefgekühlt das ganze Jahr über, hauptsächlich aus Osteuropa. Weibliche Vögel sind etwas kleiner als die männlichen. Nur junge Tiere sind zart und aromatisch. Man erkennt sie an den hellen, leicht einreißenden Schwimmhäuten. Ältere Exemplare schmecken tranig.

Stockfische [*Fisch*] **T Englisch:** lutefish/died cod; **Französisch:** morue salée; **Italienisch:** stoccafisso/baccalà; **Spanisch:** bacalao salado. Ausgenommene, gereinigte Magerfische (z. B. ↑**Kabeljau**, ↑**Schellfisch**, ↑**Köhler**), die ohne Salzung an der Luft getrocknet werden. Man unterscheidet verschiedene Erzeugnisse: **Rotscheer** ist gespaltener; **Tiling** ganzer, ungespaltener Stockfisch; **Russenfisch** ist so gespalten, dass Kopf- und Schwanzenden noch zusammenhängen. Die Bedeutung des Stockfisches hat mit der Verbesserung der Transportmittel und der Einführung von Kühlwagen und -räumen stark abgenommen, jedoch ist er in der ↑**spanischen**, ↑**portugiesischen** und ↑**brasilianischen Küche** noch immer von großer Bedeutung. Stockfisch muss vor dem Genuss gewässert werden. Zur Förderung der Quellfähigkeit wird die Ware mit Alkalien, insbesondere mit ↑**Soda** und Kalk behandelt.

Stockschwämmchen [*Speisepilze*] **T Lateinisch:** Kuehneromyces mutabilis; ↑**Waldpilze** & ↑**Zuchtpilze**. Dieser kleine, ockerfarbene Blätterpilz, der gern als Suppenpilz verwendet wird, kommt noch nur aus dem Wald, die ersten Zuchtversuche verlaufen aber sehr positiv. **Kurzbeschreibung:** Büschelig und oft in großer Zahl an Holz wachsender Blätterpilz von honig- bis gelbbrauner Farbe, mit hellerer Mitte und dunklerem Rand; **Hut:** im trockenen Zustand honiggelb, ockergelb, feucht dagegen zimtfarben bis gelbbraun, erst gewölbt, dann flach ausgebreitet. In der Mitte oft leicht gebuckelt und deutlich heller, weil der Pilz vom Scheitel her trocknet, dagegen ist der recht breite Randstreifen feuchter und darum dunkler. Hutrand leicht gerieft und durchscheinend dünn, Hutoberhaut glatt, seltener mit kleinen Schüppchen besetzt, nass glänzend, schlüpfrig, 3–8 cm Durchmesser; **Blätter:** erst hellbraun, dann allmählich rost- oder dunkelbraun, dünn, gedrängt, am Stiel angewachsen und leicht herablaufend; **Stiel:** mit kleinem vergänglichen Ring, über dem Ring etwas heller, darunter dunkler, an der Basis fast schwarz, mit kleinen, flockigen Schuppen besetzt, walzenförmig, hohl, gleichmäßig dick, 5–8 cm hoch, unten oft büschelig verwachsen; **Fleisch:** recht dünn, nur in der Hutmitte etwas voller, gelblich, im Stiel bräunlich; **Geruch:** angenehm würzig – pilzig. **Geschmack:** mild; **Sporenstaub:** rostbraun (oft auf darunter wachsenden Hüten zu sehen). **In der Küche:** sehr gute und geschätzte Speisepilze (nur die Hüte), besonders geeignet für Suppen, Eintöpfe und ↑**Ragouts**, aber auch zum Trocknen. Getrocknete Stockschwämmchen haben ein sehr intensives Aroma und sollten nur sparsam verwendet werden. **Vorkommen:** Mai – November im Laub- und Nadelwald an Stümpfen und liegenden Stämmen, mitunter auch am Stamm lebender Bäume, besonders an Rotbuche, Birke, Weide, aber auch an Fichte, seltener an Weißbuche, Ulme, Esche usw., mitunter an einem Stamm zu vielen Hunderten, vom Flachland bis in höhere Gebirgslagen; **Verwechslungsmöglichkeiten: 1.** Mit dem essbaren, weißstieligen Stockschwämmchen (Wässrigen Mürbling) **Psathyrella piluliformis**, auch **Psathyrella hydrophila**, dessen Stiel glatter, heller und ringlos ist. **2. Mit dem stark giftigen Nadelholzhäubling (Galerina marginata), dessen Stiel glatt und der dem Stockschwämmchen sehr ähnlich ist.** Er wächst an Nadelholz in höheren Gebirgslagen und schmeckt nach Mehl. **Der Pilz enthält das tödliche Gift Amanitin, das auch im Grünen Knollenblätterpilz enthalten ist. 3. Mit dem Grünblättrigen Schwefelkopf (Hypholoma fasciculare), der ebenfalls stark giftig ist, aber auch gallebitter – Vergiftungen sind deshalb kaum möglich.** Der Pilz ist heller, ringlos, mit schmutzig schwefelgelbgrünen Lamellen, wächst an gleichen Standorten und zur gleichen Zeit.

Stockwurst [*Regionale Spezialität*] **T 1.** Die Stockwurst ist eigentlich die Urform der heutigen ↑**Münchner Weißwurst**. Diese altbayerische Spezialität aus ↑**Kalb**- bzw. ↑**Rind**- und **Schweinefleisch** hat ein dickeres Kaliber, ein gröberes, anders gewürztes ↑**Brät** und ist kürzer als die Weißwurst. Wegen ihrer gedrungenen Form (**Bayerisch:** g'stockert) und weil sie nach der Herstellung auf Stöcke gehängt wurden, erhielten diese Würste ihren Namen. Sie werden nur noch selten von Münchner oder oberbayerischen Metzgern hergestellt. **2.** Eine in Norddeutschland bekannte Grillwurstvariante, zu der alle möglichen Wurstsorten (↑**Lyoner**, ↑**Wiener** usw.) verwendet werden, die an einem Stock aufgespießt über offenem Feuer (Lagerfeuer) erhitzt oder gebraten werden. Dabei darf auch das ↑**Stockbrot** nicht fehlen. Ein Riesenspaß für Kinder!

Stof [*Fachkunde*] **Altes Hohlmaß:** Bayern: 0,267 l; Preußen: 1,145 l

Stoffwechsel [*Verdauung*] Alle chemischen Abläufe im Körper. Dazu gehört z. B. auch die Verwertung der über den Darm aufgenommenen kleinsten Bausteine der Nahrung. Er kann sie zur Energiegewinnung nutzen (z. B. Glucose aus den Nahrungskohlenhydraten) oder sie so wieder zusammensetzen, wie er es braucht (z. B. Aminosäuren aus Nahrungseiweiß). Er wechselt ständig Stoffe in andere um. Eine wichtige Zentralstelle für die Stoffwechselvorgänge ist die Leber, die u. a. auch die Entgiftung schadhafter Stoffe übernimmt.

Stoffwechselstörung [*Verdauung*] Krankhafte Veränderung von chemischen Abläufen im Körper. Stoffwechselstörungen können erworben oder auch vererbt sein. Sie können auf einem Schaden oder verminderter, fehlender Aktivität von bestimmten ↑**Enzymen** (Enzymdefekt) beruhen. Chemische Reaktionen können dadurch blockiert werden. Zu ihnen zählen z. B. Ahornsirupkrankheit, Galaktosmie und ↑**Zöliakie**. Anderen Stoffwechselstörungen liegen verschiedene Ursachen zu Grunde, z. B. bei der Zuckerkrankheit (↑**Diabetes mellitus**) und den Fettstoffwechselstörungen.

Stollen [*Backstube*] Der Christstollen oder Weihnachtsstollen ist ein brotähnlicher ↑**Kuchen**, der – dick mit ↑**Puderzucker** bedeckt – an das gewickelte Christkind erinnern soll. Der schwere ↑**Hefeteig** besteht hauptsächlich aus viel ↑**Butter, Milch** und ↑**Mehl**, ↑**Ei**, ↑**Gewürzen** wie ↑**Kardamom** und ↑**Zimt** und Einlagen aus ↑**Zitronat**, ↑**Rosinen**, ↑**Mandeln**. Die genaue Zusammenstellung ist meist geheim. Der Bekannteste seiner Art ist der Dresdner Christstollen, der schon 1530 erwähnt wurde. Er wird auf dem Dresdner Striezelmarkt, dem ältesten Weihnachtsmarkt Deutschlands, angeboten.

Stone [*Fachkunde*] Angelsächsische Gewichtseinheit (= 6,35 kg); Abk.: st.

Stone crabs [*U.S. Kitchen*] ↑Stein**krebse**

Stopfelzieher [*Österr. Küche*] Korkenzieher

Stopfen [*Unsere Küche*] **1.** Veraltet für füllen; **2.** In Deutschland verbotenes gewaltsames Füttern von Mastgänsen. Der Futterbrei wird der ↑**Gans** in den Schnabel gestopft und dann durch Streichen des Halses in Richtung Körper in den Magen gebracht.

Stopfleber [*Fachkunde*] Leber stark gemästeter ↑**Gänse**. Das Stopfen von Gänsen ist in Deutschland verboten, der Verzehr von Stopfleber aber nicht.

Stör [*Fisch*] **Lateinisch:** Acipenserstuno; **Englisch:** sturgeon; **Französisch:** esturgeon; **Italienisch:** storione; **Spanisch:** esturion. Aus dem Rogen des Störs und seiner Verwandten (↑**Hausen** und ↑**Sterlet**) wird der begehrte ↑**Kaviar** gewonnen. Die bekanntesten sind ↑**Beluga**, ↑**Ossietra** und ↑**Sevruga**. Der Stör ist mit bis zu 4 m Länge ein großer Fisch in Atlantik, Mittelmeer, Schwarzem und Kaspischem Meer. Er hat vier Bartfäden unter dem Maul. Zum Laichen steigt er in die Flüsse auf. Das Fleisch ist wohlschmeckend, weiß bis zartrosa und kommt frisch, geräuchert und gesalzen in den Handel. Alle Störarten sind vom Aussterben bedroht. Ursache ist die Überfischung sowie der unkontrollierte Handel mit Störeiern, deswegen ist seit April 1998 der Handel mit Kaviar genehmigungspflichtig.

Storione [*Ital. Speisekarte*] ↑**Stör**

Störkoch [*Fachkunde*] Selbstständig arbeitender Mietkoch, der im Auftrag vor Ort beim Kunden kocht und sehr flexibel ist. Der Störkoch muss in meist fremder Umgebung vom romantischen Abendessen zu zweit bis zu einem Galamenü für mehrere Personen alles zaubern können. Zu den Dienstleistungen des Mietkoches gehören in der Regel Einkauf, Organisation und der Abwasch. Sie sind nicht mit einem Partyservice zu verwechseln. Auch Gastronomiebetriebe beschäftigen Störköche, um kurzfristige Engpässe bei Urlaub und Krankheit zu überbrücken.

Stortini, stortoni [*Ital. Speisekarte*] Kurz geschnittene, wellenförmige ↑**Nudeln**. Der Name bedeutet die „Krummen, Gewundenen". „Stortoni" entsprechen „armonie". ↑**Pasta**

Storzapreti [*Franz. Speisekarte*] **A** Klößchen aus gehacktem ↑**Blattgemüse** und frischem ↑**Broccio**-Käse, eine Spezialität von Korsika

Stößel [*Hausbar*] Handliches rundes Holzstück zum Pressen und Zerquetschen von ↑**Limetten** wie im ↑**Caipirinha** oder auch ↑**Minze**, z. B. im ↑**Mojito**

Stotzen [*Schweizer Küche*] Schweizerische Bezeichnung für Keule von ↑**Schlachttieren**

Stout [*Bier*] Englisches Bier, das aus Reis- und Maismalz gebraut wird, stark gehopft ist und bis ∅ 25 % Stammwürze enthält

Stoven [*Unsere Küche*] ↑**Schmoren**, ↑**Dünsten**, ↑**Dämpfen**

Stracchino [*Käse*] **Herkunft:** Italien/Lombardei; **Käsesorte:** ↑**Weichkäse**, mit dem ↑**Gorgonzola** verwandt, aber ohne ↑**Blauschimmel. Milch:** pasteurisierte Vollmilch der Kuh; **Teig:** weich, butterartig; **Geschmack:** mildwürzig delikat, leicht süßlich; **Info:** Dieser ↑**Käse** hat keine Rinde und muss innerhalb weniger Tage aufgebraucht werden, weil er dazu neigt, wie ein ↑**Hefeteig** aufzugehen. **Verwendung:** Nicht zum Kochen geeignet, aber gerne als ↑**Dip** mit rohen ↑**Gemüse**sorten angeboten

Stracci [*Ital. Speisekarte*] Lappen, Lumpen: Unregelmäßig geschnittene Streifen von ↑**Nudelteig** mit ↑**Eiern** und ↑**Buchweizenmehl**. Mit ↑Fleisch**ragouts** oder den berühmten ↑**Malfatti.**

Stracciatella [*Ital. Speisekarte*] **1.** Stracciatella (von ital. stracciato, zerrissen, zerfetzt): Sahneeis mit geraspelter Zartbitterschokolade; **2.** Einlaufsuppe mit ↑**Parmesan**; **3.** ↑**Ricotta**-Creme (↑**Frischkäse**) oder ↑**Jogurt** mit ↑Zartbitter**schokolade**

Strack [*Unsere Küche*] Gerade, steif

Stracotto [*Ital. Speisekarte*] ↑**Rinderschmorbraten**

Strainer [*Hausbar*] Englische Bezeichnung für ein ↑**Barsieb**

Strangolapreti [*Ital. Speisekarte*] ↑**Strozzapreti**

Strankalen, Strankerln [*Österr. Küche*] ↑**Grüne Bohnen**

Strasbourgeoise, à la Straßburger Art [*Speisegarnitur*] **A Speisegarnitur** für **gedünstetes** oder **gebratenes Geflügel**, vor allem **Gans**, sowohl für **Rind**- als auch für **Schweinefleisch** – Gedünstetes ↑**Sauerkraut**, dicke Brust**speck**-, Apfel- und ↑**Gänseleber**scheiben in ↑**Butter** gebraten oder ↑**Leberklößchen. Sauce:** Fond leicht gebunden.

Strascinati [*Ital. Speisekarte*] Blätter aus ↑**Nudelteig**

Straube [*Österr. Küche*] ↑**Schmalzgebäck**

Strauchbasilikum Magic Blue [*Gewürze & Kräuter*] **T** Mehrjährig, immergrün. Für Kübel und Wintergarten. Blüten blauviolett, zieht Insekten magisch an wegen des wunderbaren Geruchs. Überwinterung frostfrei, hell, bei niedrigen Temperaturen. ↑**Basilikum**

Strauchtomaten [*Gemüse*] ↑**Rispentomaten**

Strauße [*Fleischprodukte*] **T** Für die Fleischproduktion werden die Laufvögel mindestens 14 Monate lang in Freigehegen aufgezogen. Ein 90 bis 100 Kilogramm schweres Tier liefert 22 kg verwertbares ↑**Fleisch**, das hauptsächlich aus den Keulen gewonnen wird. Das Leder der graublauen Haut ist heiß begehrt, auf die Federn wartet die Bekleidungsindustrie. Straußenfleisch unterscheidet sich stark von anderem ↑**Geflügelfleisch**, es hat einen ganz eigenen, hervorragenden Geschmack, ähnelt eher dem ↑**Rindfleisch**, ist ↑**cholesterin**- sowie fettarm und wird auch wegen der Freilandhaltung immer beliebter.

Straußwirtschaft [*Weinkunde*] Auch Besen- oder Heckenwirtschaft: eine bestimmte Art von Weinlokal, wo der Besitzer zu bestimmten Zeiten selbst hergestellte Weine (auch Apfelwein) und Säfte ausschenkt. Der Name leitet sich von einer Stange ab, an die vor dem Eingang ein Föhrenbusch oder Reisigbesen gesteckt wird. In Österreich nennt man diese Lokale „Buschenschank" und vor allem in und um Wien „Heuriger". Typisch für solche Lokale ist die zumeist rustikale Einrichtung, oft in umgebauten Scheunen mit einfachen Sitzbänken, sowie eine Auswahl einfacher, oft deftiger Speisen und vor allem die urgemütliche, sehr familiäre Atmosphäre. Der Betrieb einer Straußwirtschaft entspricht dem einer Gaststätte und ist genehmigungspflichtig. Die Genehmigung wird gemäß den einzelnen landesrechtlichen Verordnungen in der Regel auf vier bis sechs Monate des Jahres beschränkt. Die Vorschriften für das Betreiben erließ bereits Kaiser Karl der Große im Erlass **capitulare de villis vel curtis imperii** aus dem Jahr 791. Diese gelten zum Teil noch heute und sind in Deutschland und Österreich ähnlich.

Stravecchio [*Weinkunde*] Italienische Bezeichnung für „sehr alt", die man vornehmlich auf Etiketten von Destillaten und manchmal von ↑**Vin Santo** antrifft. Oft sind es Getränke, die ein Verschnitt verschiedener Jahrgänge sind und im ↑**Solera-System** gereift werden. Da bei dieser Lagerungsmethode die älteren Fässer immer wieder mit jungem Wein aufgefüllt werden, ist nicht deutlich, wie alt der älteste Wein im Solera tatsächlich ist.

Straw [*Hausbar*] Engl. Trinkhalm

Strawberries [*U.S. Kitchen*] ↑**Erdbeeren**

Street Food [*Fachkunde*] **1.** Trendwort für eine kleine, meist warme ↑**Fastfood**-Mahlzeit, die man an Imbissen, Kiosken oder Drive Ins kauft und dann nebenbei auf der Straße verzehrt. ↑**Junk Food; 2.** Es kann sich aber auch um ein kleines All-in-one-Menü handeln, serviert in einem praktischen Transportbehälter. Diese Art ist vor allem in Japan sehr beliebt. ↑**Bento**

Streichhölzer [*Übersetzer*] **Englisch:** matches; **Französisch:** allumettes; **Italienisch:** fiammiferi; **Spanisch:** cerillas

Streifenbrasse [*Fisch*] **T** Dieser barschartige Fisch zählt zur Familie der ↑**Meerbrassen** (Sparidae), der noch weitere ausgezeichnete Speisefische angehören. Die Streifenbrasse hat relativ weiches, zartes Fleisch, das zum Braten und Grillen, Backen und Dünsten geeignet ist. Sie hat einen hohen Rücken, und ihr Körper ist seitlich zusammengepresst. Wegen dieser auffälligen Form wurde sie früher auch „Seekarpfen" genannt. Typisch ist die lange Rückenflosse, die elf harte, spitze Stachelstrahlen besitzt. Streifenbrassen können bis zu 60 cm groß werden, erreichen meist aber nur 35–40 cm.

Stremellachs [*Fisch*] Heißgeräucherter, in Streifen geschnittener Lachs. ↑**Lachs**

Strenges Brät [*Österr. Küche*] ↑**Brät** mit geringem Fremdwasseranteil

Streuwürze [*Gewürze & Kräuter*] Festes, mischfähiges, auf Basis von Speisesalz hergestelltes Erzeugnis, dem weitere Zutaten wie ↑**Geschmacksverstärker**, ↑**Hefe**, getrocknetes ↑**Gemüse**, ↑**Pilze**, ↑**Gewürze** und für eine bessere Rieselfähigkeit ↑**Stärke** oder ↑**Fett** zugegeben werden.

Strichetti [*Ital. Speisekarte*] Schmetterlingsnudeln. ↑**Pasta**

Striezel [*Österr. Küche*] Hefezopf oder Milchbrötchen

String beans [*U.S. Kitchen*] ↑**Grüne Bohnen**

Stringozzi [*Ital. Speisekarte*] Kurze Nudeln. ↑**Pasta**

Strip Steak [*U.S. Kitchen*] Auch New York Strip Steak, vom hohen ↑**Roastbeef**

Striploin [*Fleischprodukte*] ↑**Roastbeef** im Lendenwirbelbereich, ohne Knochen, sauber pariert

Strisce [*Ital. Speisekarte*] Bandnudeln. ↑**Pasta**

Striwle [*Franz. Speisekarte*] Elsässer Bezeichnung für ↑**Teigwaren.** ↑**Spätzle**

Stroganoff [*Intern. Länderküche*] **R 1.** Nowgoroder Kaufmannsdynastie, erwarb sich große Verdienste um die Erschließung Sibiriens und wurde in den Grafenstand erhoben. Ihr zu Ehren wurde eine kulinarische Spezialität benannt. **2. Bœuf Stroganoff** – Dieses weltbrühmte Gericht (↑**Gulasch**) wird aus der Spitze eines gut abgehangenen ↑**Rinderfilets** bereitet. Dazu wird das Fleisch in feine Streifen geschnitten und bei sehr hoher Temperatur, ohne es zu würzen, kurz in wenig neutralem Pflanzenöl zischend angebraten (nur dass sich die Poren schließen, da das Fleisch sonst austrocknet) und warm gestellt. In der noch heißen Pfanne fein gewürfelte ↑**Schalotten** anrösten, den Bratensatz samt Schalotten mit ↑**Weinbrand** ablöschen bzw. flambieren. In diesen Fond gibt man feine Streifen von geschälten ↑**Gewürzgurken**, abgezogenen, entkernten, gewürfelten ↑**Tomaten**, in Scheiben geschnittene ↑**Champignons** und würzt mit scharfem ↑**Dijonsenf**, einem Spritzer ↑**Worcester**, ↑**Salz** und ↑**Pfeffer**. Mit ↑**saurer Sahne** binden und bei starker Hitze noch etwas reduzieren lassen, vom Feuer nehmen, die Filetstreifen untermischen und anrichten. Auf keinen Fall das Fleisch kochen lassen, es wird trocken.

Strohrum [*Hausbar*] **T** Wird wie echter ↑**Rum** aus (zugekauftem) ↑**Zuckerrohr** und Zuckerrohrmelasse mit anschließender Destillation in Österreich erzeugt. „Stroh Original 80" (früher „Stroh Inländer-Rum", die Bezeichnung „Rum" ist heute jedoch nur noch für Getränke aus Zuckerrohr-Melasse erlaubt) mit 80 % Alkoholgehalt wird nur selten pur getrunken. Es sind auch Sorten mit 40 oder 60 % Alkohol erhältlich. Oft wird er auch statt künstlichem Rumaroma beim Backen oder Kochen benutzt. Er gilt als beliebter Geschmacksverstärker von ↑**Kuchen** und Süßspeisen oder wird zur Verfeinerung bei ↑Zucker**glasuren** verwendet. Wegen des starken Eigengeschmacks sollte auf den österreichischen „Strohrum" bei der Zubereitung von Mixgetränken verzichtet werden.

Strohwein [*Weinkunde*] Bezeichnung für ↑**Trockenbeerenauslese**, deren Trauben auf Strohmatten getrocknet wurden

Strömling [*Fisch*] Bezeichnung für den kleinen ↑**Hering** der Ostsee

Strommaräne [*Fisch*] Bezeichnung für ↑**Äsche**

Strozzapreti [*Ital. Speisekarte*] **T** „Priesterwürger": Kein Mord am Mönch, sondern die volkstümliche Annahme, dass Priester besonders gerne, gut und übermäßig essen, bis sie fast daran ersticken oder ihr enges Halstuch sie würgt. In italienischen Regionen verbindet man unterschiedliche ↑**Pastasorten** damit. In den Abruzzen heißen überlange Spaghetti (bis zu 10 Meter!) so, in Kampanien ↑Kartoffel**gnocchi**, die aussehen wie ↑**Spätzle**, und im Norden manche Canederli (↑**Knödel**). Hier ist eine apulische Nudelspezialität gemeint: Eine kleine, spindelförmige, zweifach gedrehte Nudel, die wie ein zusammengedrehtes Halstuch aussieht (auch „strangolapreti" oder „strangula-prievete"). Zu ↑**Ragouts**, da sie sehr gut ↑**Sauce** aufnehmen.

Strucolo [*Ital. Speisekarte*] Nusskuchen mit ↑**Rum**

Strudel [*Backstube*] **R** In einem hauchdünn ausgezogenen Teig werden Lebensmittel, z. B. frisches ↑**Obst**, blanchiertes ↑**Gemüse**, gegartes ↑**Fleisch**, gegartes und gewürztes ↑**Hackfleisch** etc. eingerollt und gebacken. ↑**Apfelstrudel.** Für diese Spezialität fertigt man einen sehr elastischen Teig, der beim Ausziehen nicht reißen darf. **Grundrezept für Strudelteig:** ↑**Weizen-**

mehl ↑**Type 405**; etwas ↑**Pflanzenöl**; warmes Wasser; einige Tropfen ↑**Essig**; ↑**Eigelb** und ↑**Salz** zu einem ausziehbaren, weichen Teig kräftig kneten und an einem warmen Ort – zugedeckt und mit Öl bestrichen – ruhen lassen. Man bereitet den Strudelteig zu, bevor die Füllung gemacht wird. Teig auf einem bemehlten Tuch hauchdünn ausziehen und mit der Füllung vom Tuch wie eine ↑**Roulade** auf ein Backblech abrollen. Der Strudel sollte nicht höher als 10–12 cm sein. Mit Butter bepinseln, bei mittlerer Hitze backen und mit der ↑**Nadelprobe** testen, ob er durch ist.

Strudelteig [*Backstube*] ↑**Strudel**

Struffbutt [*Fisch*] Bezeichnung für ↑**Flunder**

Stubenküken [*Fleischprodukte*] Die kleinen Hähnchen sind 6 Wochen alt und wiegen 350–500 g. Man rechnet pro Person ein Stubenküken.

Stück [*Weinkunde*] Deutsches Weinfass mit einem Fassungsvermögen von 1200 l = Stück, Halbstück = 600 l, Viertelstück = 300 l

Studentenblumenblüten [*Wildkräuter, -blüten & -früchte*] **T Lateinisch:** Tagetes tenuifolia; Studentenblumenblüten sind essbar und entwickeln ihr volles Aroma, wenn sie in ↑**Butter** angeschwitzt werden. **Mehr Information:** ↑**Essbare Blüten**

Studentenfutter [*Allgem. Nährmittel*] **T** Knabbermischung: ↑**Trockenfrüchte** wie ↑**Rosinen**, verschiedene ↑**Nüsse**, ↑**Mandeln** und ↑**Erdnüsse**. 100 g Studentenfutter mit Erdnüssen enthalten ∅ 483 kcal/1932 kJ, 33,1 g Fett, 30,4 g Kohlenhydrate, 15,2 g Eiweiß, 81 mg Calcium, 1,94 mg Eisen und 8,37 mg Vitamin E. ↑**Brainfood**

Stufato [*Ital. Speisekarte*] Langsam geschmort, gedünstet, z. B. ↑**Ragout** oder ↑**Schmorbraten**

Stufatu [*Franz. Speisekarte*] **A** ↑Fleisch**ragout** mit ↑**Tomaten** und ↑**Zwiebeln**, meist zu ↑**Teigwaren**, eine Spezialität aus Korsika

Stuff [*U.S. Kitchen*] Füllen

Stuffed [*U.S. Kitchen*] Gefüllt

Stuhlverstopfung [*Gesundheit*] ↑**Diät bei chronischer Stuhlverstopfung**

Stumpfe Balze [*Fleischprodukte*] Regionale Bezeichnung für die Unterschale

Stutenmilch [*Milchprodukte*] **Stutenmilch** ist die ↑**Milch** weiblicher Pferde, die einzige Nahrung der Fohlen in den ersten Lebensmonaten. Pferdemilch ist in ihrer chemischen Zusammensetzung der Frauenmilch am ähnlichsten, sie enthält wenig ↑**Eiweiß**, wenig ↑**Fett**, viel ↑**Milchzucker** und viele ↑**ungesättigte**, essenzielle ↑**Fettsäuren**. In manchen asiatischen Ländern (Mongolei) gilt vergorene Stutenmilch (↑**Kumis**) als Nationalgetränk. Stutenmilch stärkt die körpereigene Abwehr, lindert die Beschwerden bei Keuchhusten, hilft bei Rheuma, ↑**Arteriosklerose** und ↑**Osteoporose** sowie bei allen Störungen der Magen-Darm-Funktion und der Darmflora. Äußerliche und innere Anwendung (Getränk) wirkt sich auf Hauterkrankungen positiv aus. Sie wird deshalb in pflegender Kosmetik eingesetzt.

Inhaltsstoffe im Vergleich ∅ = Durchschnittswert	Kuhmilch	Stutenmilch	Frauenmilch
Eiweiß (g) ∅	3,3	**2,2**	1,1
Fett (g) ∅	3,5	**1,5**	4,0
Kohlenhydrate (g) ∅	4,8	**6,3**	7,1
davon Lactose (g) ∅	4,6	**6,2**	7,0
Mineralstoffe (g) ∅	0,7	**0,4**	0,2
davon Calcium (mg) ∅	120	**110**	31
davon Eisen (mg) ∅	0,05	**0,1**	0,03
Vitamin C (mg) ∅	2,0	**15,0**	4,0
Energie (kcal/kJ) ∅	68/285	**46,5/195**	69/290

Su [*Asiatische Küche*] **T** Der japanische ↑**Reisessig** ist milder und hat einen geringeren Säuregehalt als üblicher ↑Obst**essig**. Reisessig lässt sich gut für ↑**Rohkost**salate verwenden, ist aber ebenso zum Marinieren von ↑**Fleisch** und ↑**Fisch** geeignet. Klassische Verwendung findet er beim Würzen von ↑**Sushi**-Reis.

Sub gluei [*Asiatische Küche*] Begriff aus der thailändischen Küchenkultur für eine Suppe mit ↑**Bananen** und ↑**Chili**

Sub khao pod [*Asiatische Küche*] Begriff aus der thailändischen Küchenkultur für ↑**Maissuppe**

Subenhara [*Käse*] **Herkunft:** Niederlande; **Käsesorte:** ↑**Weichkäse**, 50 % ↑**Fett i. Tr.**; **Milch:** Kuhmilch; **Teig:** hellgelb, von ↑**Brennnesseln** durchzogen; **Rinde:** Die wachsüberzogene Rinde ist nicht essbar; **Geschmack:** sehr würzig; **Info:** Es gibt den ↑**Käse** auch mit ↑**Kümmel** oder ↑**Knoblauch**.

Submarine [*U.S. Kitchen*] Längliches ↑Weißbrot**sandwich**

Subric [*Franz. Speisekarte*] **A** Kleine ↑**Kroketten** aus gehackten oder pürierten Zutaten (aus ↑**Fleisch**, ↑**Fisch**, ↑**Gemüse**, aber auch ↑**Früchten**)

Succès [*Franz. Speisekarte*] **A** (Erfolg) ↑**Biskuit**-, ↑**Bai**sertörtchen mit ↑**Krokant**-↑**Buttercrème**

Sucette [*Franz. Speisekarte*] Lutscher

Sucette glacée [*Franz. Speisekarte*] ↑**Speiseeis** am Stiel

Suckling pig [*U.S. Kitchen*] ↑**Spanferkel**

Sucre brut [*Franz. Speisekarte*] Brauner ↑**Zucker**, Rohzucker

Sucre de canne [*Franz. Speisekarte*] ↑**Rohrzucker**

Sucre de raisin [*Franz. Speisekarte*] ↑**Traubenzucker**

Sucre en morceaux [*Franz. Speisekarte*] ↑**Würfelzucker**

Sucre glace [*Franz. Speisekarte*] ↑**Puderzucker**

Sucre semoule [*Franz. Speisekarte*] ↑Streu**zucker**, fein gemahlen

Sucre, sucré [*Franz. Speisekarte*] ↑**Zucker**, gezuckert

Sucreries [*Franz. Speisekarte*] Süßigkeiten, ↑**Konfekt**, Zuckerwerk

Sucrier [*Franz. Fachwort*] Zuckerdose

Sud [*Unsere Küche*] Mit ↑**Gewürzen** und ↑**Wurzelgemüse** zubereitetes Kochwasser für ↑**Fleisch**, ↑**Geflügel**, ↑**Fisch** oder ↑**Gemüse.** ↑**Würzsud**

Südafrikanische Küche [*Intern. Länderküche*] **A** Die so genannte Kap-Küche (wegen des Kaps der Guten Hoffnung) ist die Küche der Republik Südafrika, ihre Einflüsse sind aber auch in Nachbarstaaten spürbar (z. B. Namibia). Die Kap-Küche ist kein einheitliches Gebilde und wird von den verschiedenen Bevölkerungsgruppen in Südafrika für sich ausgelegt und beansprucht. Jede Provinz in Südafrika setzt ihren eigenen Schwerpunkt. In Kwa Zulu-Natal z. B. dominieren indische Einflüsse, im Westkap sind es malaiische, in Gauteng die der Buren. ↑**Fleisch:** ist eine der Hauptzutaten der Kap-Küche. Am beliebtesten ist ↑**Lammfleisch**, gefolgt von ↑**Rindfleisch.** ↑**Schweinefleisch** hingegen ist kaum verbreitet. Sehr populär ist ↑**Wildbret**, besonders in ländlichen Gebieten, zunehmend aber auch im städtischen Bereich. Besonders beliebt ist das Fleisch der ↑**Springböcke** sowie ↑**Oryxantilope**, ↑**Kudu**, ↑Elen**antilope** und Warzenschwein. Generell lässt sich sagen, dass jedes Fleisch verarbeitet und verzehrt wird. Selbst exotische Tierarten wie Stachelschwein sind eine willkommene Abwechslung. **Fisch:** Erstaunlicherweise spielt Fisch eine untergeordnete Rolle unter den Zutaten, obwohl der Atlantik entlang der Westküste eines der artenreichsten und ergiebigsten Gewässer der Welt ist. An den Küsten (hier speziell Westküste und Kapregion) und in den großen Städten wie Johannesburg, Durban oder Kapstadt wird mehr ↑**Fisch** gegessen. Die starke Zunahme des Tourismus und eine verbesserte Infrastruktur haben Fisch populärer gemacht, besonders die ↑**Langusten** (im englischen Sprachraum: **crayfish**). Nur die farbige Bevölkerung, darunter traditionell viele Fischer, isst regelmäßig Fisch. **Geflügel:** Überwiegend werden ↑**Hühner** verarbeitet und zubereitet. Äußerst schmackhaft ist das ↑Haus**perlhuhn**. Hauptsächlich für den Export ist das Fleisch des ↑**Strauß** bestimmt. Dieses gesunde und fettarme Fleisch erfreut sich immer größerer Beliebtheit, auch in Europa. **Gemüse:** Gemüse wird selten, wie in Europa üblich, als Beilage gereicht, sondern ist meistens Bestandteil der verschiedenen Gerichte. Populär sind ↑**Kürbis**, ↑**Zwiebeln**, ↑**Karotten**, ↑**Bohnen**, ↑**Mais**, ↑**Kartoffeln.** ↑**Blattsalate** werden selten gegessen. Erwähnenswert ist die Waterblommetjie **Aponogeton distachyos**, die „Afrikanische Wasserähre", eine Wasserpflanze, die in den Wintermonaten geerntet wird. **Süßspeisen:** Es dominieren deftige, schwere, stark gesüßte Speisen wie ↑**Trifle**, ↑**Malva Pudding**, ↑**Koeksisters** oder ↑**Melktert**. Obwohl alle Obstsorten angebaut werden, sind diese überwiegend für den Export bestimmt.

Südburgenland [*Weinkunde*] Im kleinsten Weinbaugebiet Österreichs, dem Südburgenland, nimmt der ↑**Welschriesling** eine starke Stellung ein. Anfang des 20. Jahrhunderts noch zu Ungarn gehörend, werden heute überwiegend österreichische Rebsorten kultiviert. Teilweise entstehen hier hervorragende Rotweine. Der erdig-mineralische Charakter der Weine ist den schweren, stark lehmigen Böden zuzuschreiben. **Rebsorten:** ↑**Zweigelt**, ↑**Blaufränkisch**, Welschriesling und ↑**Weißburgunder.** Eine regionale Spezialität ist der ↑**Uhudler**, ein einfacher, herber ↑**Rosé.**

Südfrüchte [*Fachkunde*] Sammelbegriff für alle exotischen essbaren Früchte, die aus warmen, subtropischen und tropischen Gebieten (z. B. Mittelmeerländer, Südamerika, Südafrika, Sri Lanka) stammen und in nördlichen Klimazonen nicht gedeihen. Dazu zählen ↑**Zitrusfrüchte**, ↑**Ananas**, ↑**Avocados**, ↑**Bananen**, ↑**Feigen** und ↑**Datteln.**

Sudhaus [*Bier*] Beim Bierbrauen in Sudkesseln bzw. Sudpfannen entsteht hier aus Maische und Hopfen das für die Gärung fertige Grundbier.

Südstaatenküche der USA [*U.S. Kitchen*] **A** Die Küche der **Südstaaten** unterscheidet sich eindeutig von der restlichen US-amerikanischen Küche. Sie ist sowohl von den geografischen und klimatischen Eigenheiten der Gegend beeinflusst als auch von den Bewohnern der Südstaaten. Besonders bemerkenswert sind hier die Einflüsse der ↑**afrikanischen Küche**, die Sklaven aus ihrer Heimat mitgebracht hatten, der Indianer-Küche, der irischen, französischen und spanischen Geschmacksrichtungen. Gebratene und frittierte Gerichte bzw. Gebäcke sind typisch für die Südstaatenküche. ↑**Barbecue** ist Nationalessen in Tennessee und Texas. Die Weißen wehrten sich zwar gegen die kulturellen Einflüsse der African-Americans. Es nutzte nichts: Diese Küchentraditionen gewannen schnell an Boden, da die Sklaven das Regime in den Küchen der Farmen und Plantagen übernahmen und schon die Kinder der Weißen mit den Rezepten aufwuchsen. Das Resultat waren ursprünglich afrikanische Kochtechniken, verbunden mit einheimischen Zutaten und traditionell europäischen Gerichten. In jüngster Vergangenheit gewinnt die Südstaatenküche immer mehr Fans in ganz USA. Typische Gerichte und Zutaten der Südstaatenküche sind: ↑**Grits** (Grütze aus klein gehacktem, gekochtem Mais, meist mit Butter), ↑**Kekse**, Maisbrot, ↑**Catfish**, ↑**Okra**, ↑**Wassermelonen**, ↑**Grüne Tomaten** (↑**Tomatillos**), ↑**Pfirsiche**, ↑**Reis** und ↑**Mais.** Gebratenes ↑**Hühner**- oder ↑**Geflügel**- sowie ↑**Schweinefleisch**, ↑**Schinken** und ↑**Speck**, besonders beliebt ist hier der ↑**Bacon** zum Frühstück. ↑**Soul-Food**, ↑**Kreolische Küche**, ↑**Cajun-Food** und ↑**Tex-Mex-Essen.**

Südtiroler Küche [*Intern. Länderküche*] **A** Die Küche der Region Trentino – Südtirol (**Italienisch:** Trentino – Alto Adige) hat mit den anderen Regionalküchen Italiens wohl am wenigsten gemeinsam. Hier ist der Einfluss des nördlichen Nachbarn Tirol deutlich zu spüren, und auch die slawische, österreichische und ungarische Küche wirkt sich aus. So besitzt der ↑**Weißkohl** einen hohen Stellenwert, der als ↑**Sauerkraut** (**Italienisch:** crauti) verarbeitet wird. ↑**Knödel** – im Trentino **canederli** genannt – werden hier wie in Tirol geschätzt und aus Brotresten zubereitet, die oft mit ↑**Käse,** ↑**Speck,** ↑**Hackfleisch,** ↑**Grieben** oder ↑**Zwiebeln** verfeinert oder gefüllt werden. Ohne ↑**Kartoffeln** lässt sich die Küche Südtirols nicht vorstellen, sie werden hauptsächlich zu Knödel und Salat verarbeitet. Das berühmte ↑**Schüttelbrot,** das früher zu fast jeder Mahlzeit gereicht wurde, wird heute von den modernen Brotsorten verdrängt. Eine Besonderheit dieser Regionalküche sind die Brot- und Mehlsuppen, die mit Speck, ↑**Graupen** und ↑**Gemüse** bereitet werden. Die einfachste Mehlsuppe wird nur mit ↑**Mehl,** ↑**Schweineschmalz,** ↑**Salz** und Wasser gekocht. Sehr beliebt ist ↑**Schweinefleisch,** das sowohl als ↑**Braten** als auch in geräucherter Form als beliebter ↑**Bauernspeck** auf den Tisch kommt. Gemeinsam mit Tirol und Teilen Süddeutschlands gibt es hier auch die Vesper, eine Brotzeit, die am Nachmittag eingenommen wird und aus Bauernspeck, ↑**Kartoffelkas,** ↑**Brot** und ↑**Wein** besteht. **Einige typische Gerichte: zuppa di farina tostata** (Mehlsuppe), **canederli di pan grattato** – Speckknödel (↑**Semmelknödel**), **polenta con zucca** – (↑**Polenta** mit Kürbis), **Zelten** – (Weihnachtskuchen aus ↑**Trockenobst,** ↑**Mandeln,** ↑**Nüssen** und ↑**Weizenmehl**), ↑**Schweinsbraten. Weinbau:** Im Tal um die Etsch, in den Gebieten um Meran und Terlan sowie der Überetsch befinden sich die Zentren des Südtiroler Weinbaues. Hier orientiert man sich noch immer stark an deutschen Rebsorten wie ↑**Müller-Thurgau,** ↑**Riesling** und ↑**Traminer.** Fast alle Weine, die hier produziert werden, sind mit dem ↑**DOC-Prädikat** versehen. Erst in den 1990er-Jahren begannen sich auch französische Rebsorten wie ↑**Cabernet Sauvignon** und ↑**Pinot Noir** sowie einheimische Sorten wie der „Rote ↑**Lagrein**" durchzusetzen. ↑**Bier:** Die Bierproduktion in Südtirol hat eine lange Tradition und geht auf das Jahr 985 zurück. Die größte in Meran ansässige Brauerei existiert seit 1857.

Suédoise [*Franz. Speisekarte*] Früchte in Sirup, Fruchtsaft-, Wein- oder Likörgelee

Suer [*Franz. Fachwort*] Schwitzen, anschwitzen

Suet [*U.S. Kitchen*] ↑**Schmalz,** (Nieren-)Talg

Süffig [*Weinkunde*] Weine, die leicht und harmonisch sind. Meist von einfacher Qualität, gute Zechweine für jeden Tag.

Suffolk-Schinken [*Engl. Speisekarte*] Englische Spezialität. In ↑**Lake,** ↑**Bier** und ↑**Zucker** gepökelter, goldbraun geräucherter ↑**Schinken**

Sugar [*U.S. Kitchen*] ↑**Zucker**

Sugar Baby [*Obst*] **T Lateinisch:** Citrullus lanatus; **Info:** Sugar Baby ist die kommerziell wichtigste Wassermelonensorte. Die Früchte sind rundlich, klein bis mittelgroß und haben eine gleichmäßig gefärbte dunkelgrüne bis schwarzgrüne Schale, ein kräftig rot gefärbtes, sehr saftiges und süßes Fruchtfleisch. **Jupiter** ist ein beliebter, fast kernloser Typ. **Herkunft und Saison:** Sugar Baby wird von Ende Mai bis September in konstanten Mengen angeboten. Die für die europäischen Märkte wichtigsten Anbaugebiete sind in Spanien, Italien, Griechenland und Ungarn, außerhalb der Hauptsaison auch in Israel. In den Wintermonaten gibt es Importe vorwiegend aus dem mittelamerikanischen Costa Rica. ↑**Wassermelonen**

Sugar free [*U.S. Kitchen*] Zuckerfrei

Sugo [*Österr. Küche*] Gehaltvolle ↑**Tomatensoße**

Sugo dell'arrosto [*Ital. Speisekarte*] Bratensaft; ↑**Soße**

Sugo di carne [*Ital. Speisekarte*] ↑Fleisch-**Fond**

Sugu [*Exotische Früchte*] **T Englisch:** sugu; **Französisch:** sougou. Die Sugus sind kleine, braune Kugeln aus Zentralafrika. Eine wilde Frucht, bei der nur das wenige Millimeter dicke, klebrige Fruchtfleisch mit der dünnen, samtigen Schale essbar ist. Der Geschmack erinnert an schmelzende ↑Karamell**schokolade** mit einer Konsistenz von cremigem ↑**Marzipan.** Die Saison reicht von Februar bis Ende März/April.

Suimono [*Intern. Länderküche*] Begriff aus der japanischen Küchenkultur für ↑**Klare Brühe** mit diversen Einlagen

Sukiyaki [*Intern. Länderküche*] **A** Japanisch: **„Auf Pflugscharen braten".** Heute ist Sukiyaki ein traditionelles japanisches ↑**Nabe**gericht und wie das ↑**Fondue** hier ein Gericht für kalte Tage. In Japan ist es Teil des Menüs an japanischen Bonenekai-Partys zum Jahresende. Sukiyaki besteht hauptsächlich aus hauchdünn geschnittener ↑**Rinderlende,** ↑**Tofu,** Konnyaku – Nudeln (Nudeln aus ↑**Maniok**) oder als Ersatz ↑**Glasnudeln,** ↑**Lauch,** ↑**Zwiebeln,** ↑**Chinakohl,** ↑**Enoki-Pilzen** oder ↑**Shiitake.** Die Zutaten werden in einer gusseisernen Pfanne unter starker Hitze mit ↑**Sojasauce** und ↑**Mirin** in Sekunden gegart, in eine Schale mit gequirltem ↑**Ei** getunkt und gegessen. Sukiyaki wird meistens direkt am Tisch zubereitet. **Geschichte:** Um die Arbeit auf den Reisfeldern zu erleichtern, wurden im 2. Jahrhundert Rinder von der koreanischen Halbinsel nach Japan eingeführt. Die Rinder wurden aber nur als Lasttiere angesehen, da es das buddhistische Gesetz verbot, Vierbeiner als Nahrungsmittel zu sehen und zu töten. Nur Soldaten wurde während der Kriegszeiten ↑**Rindfleisch** gegeben, um sie bei Kräften zu halten. Zuhause wollten die Soldaten auf ihre neue Leibspeise nicht verzichten, was aber problematisch war, da das Zubereiten von Rindfleisch im Haus als Frevel angesehen wurde. Um die ältere Generation nicht vor den Kopf zu stoßen, bereitete man das Ur-Sukiyaki auf dem Feld auf glühend heißen Pflugscharen zu. Nach längerem Kontakt mit dem Westen in der **Meiji-Zeit** (1886–1912) wurde Rindfleisch immer populärer. Als selbst der Kaiser begann, nach westlicher Art Fleisch zu essen, taten es ihm seine Untertanen sehr bald nach. Damals entwickelte sich Sukiyaki zu seiner heutigen Form.

Sukkade [*Backstube*] Kandierte Fruchtschale der ↑**Zitronatzitrone.** ↑**Zitronat**

Sulfate [*Fachkunde*] Salze der Schwefelsäure, kommen in der Natur als Glaubersalz (Natriumsulfat = Abführmittel), Bittersalz (Magnesiumsulfat) und Gips (Calciumsulfat) vor. In der Lebensmittelindustrie werden die Verbindungen Kalium-, Calcium- und Aluminiumsulfate als Trägerstoffe z. B. von Aromastoffen, als Klärmittel für Trinkwasser und als Säureregulatoren z. B. bei der Gemüseverarbeitung zugesetzt.

Sulfide [*Gesundheit*] **T** ↑**Bioaktive Substanzen** in Pflanzen, die ↑**Schwefel** enthalten. Sie kommen z. B. in ↑**Meerrettich,** ↑**Zwiebeln,** ↑**Knoblauch** und ↑**Lauch** vor und sind verantwortlich für deren scharfes Aroma. Sulfide wirken bei Pflanzen und Menschen gegen unerwünschte Bakterien, Viren und Pilze. Man vermutet, dass Sulfide die Entstehung von Krebszellen verhindern. Sulfide verlieren ihre Wirkung beim Erhitzen und beim Kontakt mit Sauerstoff. **Für eine optimale Ausnutzung der Sulfide sollte man frischen Knoblauch und frische Zwiebeln essen (z. B. im Salat).** ↑**Sekundäre Pflanzenstoffe**

Sulfitlaugen-Zuckerkulör [*Fachkunde*] ↑**E 150b**

Sultan kebap [*Orientalische Küche*] **A** Begriff aus der türkischen Küchenkultur für ↑**Kalbfleisch**geschnetzeltes in ↑**Tomatensauce.** ↑**Türkische Küche**

Sultana-Trauben [*Allgem. Nährmittel*] ↑**Rosinen**

Sultaninen [*Allgem. Nährmittel*] Sind hellgelbe, kernlose ↑**Rosinen** aus der Sultanatraube, die in der Türkei angebaut wird. Wegen ihrer Größe auch „fürstliche Rosinen" genannt.

Sulz [*Österr. Küche*] ↑**Sülze**

Sülze [*Unsere Küche*] **T Englisch:** jelly; **Französisch:** (viande à la) gelée; **Italienisch:** gelatina di carne; **Spanisch:** aspic. **Sülze** oder **Sulz** (süddeutsch, österreichisch und schweizerisch) ist ein kaltes, schnittfestes Gericht mit grob zerkleinerten Zutaten (↑**Fleisch,** ↑**Fisch,** ↑**Wurst** und/oder ↑**Gemüse**) in essigsaurem ↑**Würzsud.** Sülze erstarrt beim Erkalten zu ↑**Gelee,** weil sie entweder aus Sulzbrühe gekocht oder aus mit ↑**Gelatine** angereicherter Brühe. Die so genannte Sulzbrühe lässt sich selbst durch aufwändiges Auskochen von Kalbsfüßen oder anderen ↑**kollagen**reichen Fleischarten wie ↑**Spitzbein,** ↑**Eisbein** und Schweineschwarten herstellen. Sülzen gießt man in die unterschiedlichsten Formen. Nach dem Auskühlen und Erstarren werden sie gestürzt. Praktisch sind Kastenformen oder Terrinenformen, man kann aber auch kleine Becherförmchen, Souffléförmchen, Tassen usw. verwenden. Tellersülzen werden im Teller selbst serviert und nicht gestürzt. Dafür ist jede Art von tiefen Tellern geeignet. Wichtig ist, dass die Zutaten dekorativ eingelegt werden. Im Unterschied zu ↑**Aspik** ist Sülze leicht trüb, weil man die ↑**Brühe** nicht klärt. ↑**Klären. Tipp:** Wenn die Sülze in einer Kastenform zubereitet wurde, kann man sie mit einem in heißes Wasser getauchten Messer mühelos in Scheiben schneiden.

Sulzfelder Meterbratwurst [*Regionale Spezialität*] **T** Wie der Name schon sagt, wird diese Bratwurst entsprechend ihrer Länge abgemessen und ist etwa 10 bis 15 mm dick. Man bestellt „einen 1/2 Meter" oder für den sehr großen Hunger „einen ganzen Meter". Diese ↑**Wurst** wird zu einer Schnecke gedreht und auch so gebraten und meistens mit Sauerkraut serviert. Die Sulzfelder Meterbratwurst ist nicht so kräftig gewürzt wie die ↑**Fränkische Bratwurst.**

Sülzfleisch [*Unsere Küche*] ↑**Sauerfleisch**

Sülzkotelett [*Fleischprodukte*] Ein mit ↑**Garnitur** in ↑**Aspik** eingelegter, in Portionen geschnittener, gepökelter und gegarter ↑**Schweinerücken** (ohne Knochen)

Sulzpastete [*Fleischprodukte*] ↑**Fleisch** oder **Fisch-**↑**Pastete,** mit ↑**Aspik** ausgegossen

Sülzwurst [*Fleischprodukte*] Sülzwurst oder ↑**Sülze** der Spitzenqualität enthält in ↑**Aspik** eingeschlossen überwiegend sehnenarmes ↑**Fleisch,** Fettgewebe und ↑**Schwarten,** jedoch keine ↑**Innereien.** Unter den Festbestandteilen muss der Fleischanteil überwiegen. Sülzwurst oder Sülze, zu der anderes als ↑**Schweinefleisch** verarbeitet wird, ist entsprechend kenntlich zu machen, z. B. Rindfleischsülze, Wurstsülze usw.

Sumach, Sumak [*Gewürze & Kräuter*] **T Lateinisch:** Rhus coriaria Linne. **Synonym:** Essigbaum, Färberbaum, Gerbersumach, Sizilianischer Zucker. **Englisch:** sumac, sicilian sumac; **Französisch:** sumac; **Italienisch:** sommacco; **Spanisch:** zumaque. Ein aus der getrockneten, mittelfein zerkleinerten Frucht des Gerber- bzw. Essigbrotbaumes gewonnenes Gewürz. Es schmeckt leicht säuerlich und wird vorwiegend rohen Speisen wie Salaten beigefügt. In der Türkei ist Sumach ein beliebtes Tischgewürz; man streut die gemahlenen Früchte großzügig über verschiedene Gerichte, vor allem ↑**Reis,** Reiseintöpfe und ↑**Döner kebap.** In südöstlichen Mittelmeerländern wie Libanon, Syrien und Ägypten werden die Früchte mit wenig Wasser gekocht, wobei ein intensiv saurer, roter Sud für Fleisch- oder Gemüsegerichte entsteht. In Amerika diente er den Indianern zur Herstellung traditioneller saurer Getränke und wird heute eher selten verwendet. **Die Früchte des hier bekannten Essigbaums (ein Zierbaum** Rhus hirta, früher Rhus typhina) **und alle Teile, vor allem der Milchsaft, sind in großen Mengen schwach giftig. Einige in Nordamerika verbreitete Sorten sind nicht nur ungenießbar, sondern auch extrem giftig (Giftsumach).**

Sumatra-Küche [*Intern. Länderküche*] ↑**Indonesische Küche**

Summerred [*Obst*] **T Lateinisch:** Malus domestica;

Info: Summerred ist ein durch seine attraktive Färbung das Frühsortiment belebender ↑**Apfel**, von mittelgroßer, rundlicher, in der Grundfarbe grün-gelber Frucht mit zahlreichen auffälligen ↑**Lentizellen** und sonnenseitig dunkelrot gefärbter Schale. Das sehr saftige, grünliche bis cremefarbene Fruchtfleisch ist mittelfest, säuerlich mit leicht parfümiertem, harmonischem Geschmack. **Ursprung und Geschichte:** Summerred ist durch freie Bestäubung des Sämlings S-4-8, einer Kreuzung zwischen ↑**McIntosh** und ↑**Golden Delicious**, entstanden und wurde 1964 von der Obstversuchsstation Summerland in British Columbia (Kanada) herausgegeben. **Herkunft und Verfügbarkeit:** Summerred werden in Mitteleuropa ab Anfang August geerntet und sind im ↑**Kühllager** bei +2° C bis +4° C bis Mitte Oktober haltbar. Genussreife und Erntetermin sind identisch.

Summer-sausage [*U.S. Kitchen*] Amerikanische Spezialität in Form einer grob gekörnten ↑**Rohwurst** (↑**Salami**)

Sumoll [*Weinkunde*] Spanische Rotweinrebe um Barcelona, Conca de Barberá

Sumpfbiberfleisch [*Fleischprodukte*] **T** Sumpfbiber- oder Nutriafleisch hat im Vergleich zu anderen Fleischarten relativ viele ↑**Kalorien**, ist hellrot bis intensiv rot, zart, saftig, würzig, bekömmlich und erinnert an ↑**Wild**. Die geschlachteten Tiere wiegen 2,5 bis 3 kg. Das ↑**Fett** ähnelt dem ↑**Schweinefett**. Das Fleisch ist reich an ↑**Eiweiß**, ↑**Jod** und ↑**ungesättigten Fettsäuren**. Zubereitet wird es wie ↑**Kaninchenfleisch**. Das gebratene Sumpfbiberfleisch ist zart, aber fest im Biss und geschmacklich kräftiger, würziger und aromatischer. Sehr delikat ist die Nutrialeber, geschmacklich ähnlich der ↑**Geflügelleber**. **Zubereitung:** Vor dem Verzehr ca. 48 Stunden abhängen lassen und für 8 bis 12 Stunden in ↑**Buttermilch** oder ↑Essig**beize** einlegen.

Sumpfziest [*Wildkräuter, -blüten & -früchte*] **Lateinisch:** Stachys palustris; **Info:** Der Sumpfziest kommt an feuchten Gräben, feuchten Stellen in Wäldern und an Wegrändern vor. An seinen unterirdischen Ausläufern bilden sich im Herbst weiße Speicherknollen, die von Schweinen gern gefressen werden. Daher wird die Pflanze auch „Schweinsrübe" genannt. **Verwendung:** Eine verwandte Art, der Knollenziest (**Stachys sieboldii miq.**), auch japanische Kartoffel oder Chinese Artischocke genannt, ist eine alte Gemüseart, die von einigen Hobbygärtnern wieder angebaut wird. Die Knollen sind ein optimales Wintergemüse, weil sie frosthart sind und somit nach Bedarf den ganzen Winter über geerntet werden können. ↑**Stachys**

Sundae [*U.S. Kitchen*] Eisbecher mit ↑**Früchten** und ↑**Soße**

Sunflower oil [*U.S. Kitchen*] ↑**Sonnenblumenöl**

Sunny side up [*U.S. Kitchen*] Einseitig gebratene ↑**Spiegeleier**

Superette [*Franz. Fachwort*] Kleiner Lebensmittelmarkt mit Selbstbedienung

Supérieur [*Weinkunde*] Französische Bezeichnung für Weine, die für qualitativ hochwertiger gehalten werden als eine Normalabfüllung, da sie gesetzlich über einen höheren Mindestalkoholgehalt (meistens ein halbes Prozent) verfügen müssen. Die Angabe „Supérieur" ist freiwillig und sollte nicht unbedingt als Qualitätsgarantie verstanden werden.

Superiore [*Weinkunde*] Italienische Bezeichnung für ↑**DOC**-Weine, die für qualitativ hochwertiger gehalten werden als eine Normalabfüllung, da sie gesetzlich über einen höheren Mindestalkoholgehalt (meistens 1 %) verfügen müssen. Zusätzlich müssen diese Weine eine längere Reifezeit einhalten, entweder im Fass, in der Flasche oder einer Kombination von beiden. Die gesetzlichen Auflagen implizieren eine höhere Beerenreife, damit einen höheren Alkoholgehalt, was theoretisch als Qualitätsgarantie angesehen wird.

Suppe, klare [*Unsere Küche*] **T** ↑**Brühe** oder ↑**Bouillon**, die durch langsames, lang anhaltendes Auskochen von ↑**Fleisch** und/oder **Knochen** mit viel **Wurzelgemüse** hergestellt wird. ↑**Suppenfleisch**. Ein Schuss ↑**Sherry** und ein Hauch ↑**Muskat** zum Abschluss ergeben ein besonders feines Aroma. ↑**Klären.** ↑**Würztabelle/Oxtail**

Suppen [*Übersetzer*] **Englisch:** soups; **Französisch:** potages; **Italienisch:** minestre; **Spanisch:** sopas

Suppenbasil [*Gewürze & Kräuter*] ↑**Basilikum**

Suppenfleisch [*Unsere Küche*] **R** Meist gekochtes, nicht zu mageres ↑**Rindfleisch.** Soll das Suppenfleisch beim Kochen nicht auslaugen, muss es im kochenden Wasser, besser noch angebraten, angesetzt werden. Wird eine kräftige ↑**Fleischbrühe** gewünscht, setzt man das ↑**Fleisch** in kaltem Salzwasser an. Um eine klare ↑**Brühe** zu erhalten, muss sie laufend abgeschäumt bzw. abgefettet werden und darf mit dem Fleisch nur knapp unter dem Siedepunkt ziehen, höchstens leicht köcheln. ↑**Tafelspitz**. Nach der halben Garzeit wird dem Fleisch das **Suppengrün** und nach erneutem Abschäumen die ↑**Gewürze** zugefügt. (↑**Pfeffer**körner, ↑**Piment**, ↑**Thymian**zweig, ↑**Liebstöckel**), ↑**Muskat** und Restsalz erst zum Schluss. Als Beilagen eignen sich frischer geraspelter ↑**Meerrettich** oder Meerrettichsoße (↑**Würztabelle** & **Semmelkren**), ↑**Senf**- oder ↑**Grüne Soße**. Ist das Suppenfleisch zum Kaltaufschneiden bestimmt, lässt man es in der Brühe abkühlen. So bilden sich am Fleisch keine trockenen Ränder.

Suppengewürz [*Gewürze & Kräuter*] **R** Mischung von Gewürzen (↑**Salz**, ↑**Pfeffer**, ↑**Koriander**, ↑**Macis** oder ↑**Muskat**) aus Würz- und Suppenkräutern (↑**Petersilie**, ↑**Liebstöckel**, ↑**Thymian**) und würzenden Gemüsen (↑**Karotten**, ↑**Petersilienwurzeln**, ↑**Tomaten**, ↑**Lauch**, ↑**Pastinaken**, ↑**Zwiebeln**, ↑**Knoblauch** und ↑**Sellerie**). ↑**Suppengrün**

Suppengrün, Suppenkraut [*Gewürze & Kräuter*] **A Englisch:** pot-herbs, soup mix; **Französisch:** mirepoix; **Italienisch:** verdura da minestra; **Spanisch:** verdura. **Herkunft:** Suppengrün wird in ganz Europa verwendet. **Aussehen:** Suppengrün ist eine Kombination von Würzgemüsen, die vornehmlich zum Aromatisieren von Suppen und Saucen verwendet werden, die Zusammensetzung ist regional verschieden. **Hauptbestandteile im klassischen Suppengrün sind: ↑Lauch, ↑Karotten, ↑Sellerie, ↑Petersilienwurzel. Diese Gewürze passen auch dazu: ↑Knoblauch, ↑Pastinaken, ↑Petersilienstängel, ↑Liebstöckel, ↑Tomaten, ↑Zwiebeln. Im Handel erhältlich:** Suppengrün, gebündelt und frisch, gibt es das ganze Jahr, wirklich gutes, frisches Suppengrün gibt es allerdings nur vom Herbst bis zum Frühjahr. **Geschmack:** Der Geschmack ist immer sehr kräftig, herzhaft und würzig. **Verwendung in der Küche:** Nur frisches Suppengrün benutzen, das gründlich geputzt und gewaschen sein muss. Dann je nach Bedarf zerkleinern. Für Saucen und Fleischtöpfe, bei denen das Gemüse fast zerschmoren soll, möglichst klein würfeln oder in feine Streifen (**↑Julienne**) schneiden und vorher kurz anschmoren, das macht seinen Geschmack intensiver. Das gilt auch für Gerichte, die eine kurze Garzeit haben. Je feiner das Suppengrün zerkleinert ist, desto schneller kocht das Aroma heraus. Für Gerichte, die eine längere Garzeit haben oder bei denen das Gemüse angeröstet wird (**↑Mirepoix**), können die Würfel wesentlich größer (ca. 2 x 2 cm) sein. Nimmt man das Suppengrün nur als Würze, die man vor dem Servieren entfernt, dann kommt es nur grob zerteilt gleich von Anfang an in den Topf (z. B. bei gekochtem **↑Rindfleisch** oder klaren **↑Brühen**). Will man das Suppengrün aber noch als Einlage servieren, dann erst zum Ende der Kochzeit zugeben, damit es nicht verkocht, aber weich ist. **Mit Suppengrün würzt man:** Kräftige Eintöpfe; Gemüsesuppen; Brühen; **↑Fonds.** Saucenansätze; **Saucen; Braten;** Fischgerichte; Schmorfleisch (**↑Rinderbraten, ↑Sauerbraten, ↑Esterhazy, ↑Böfflamott);** Erbsensuppe (mit **↑Zwiebeln, ↑Pfeffer** und **↑Majoran**); Linsensuppe (mit Zwiebeln, **↑Thymian**, Pfeffer, **↑Speckwürfeln** und **↑Essig**); Kartoffelsuppe (mit Zwiebeln, **↑Lorbeerblatt** und Pfeffer); kräftige Fleischbrühen (mit schwarzem Pfeffer, Lorbeerblatt, Zwiebeln); **↑Hühnerbrühen** (mit Zwiebeln, weißem Pfeffer, einer Prise **↑Muskat**); Braune Saucen zu Schmorfleisch oder im Ofen gebratenem **↑Fleisch** (Mirepoix in die **↑Reine** geben, mit Wasser oder **↑Wein** angießen und die passenden Gewürze mitschmoren lassen, immer wieder angießen); **↑Marinaden** für **↑Wild** (mit **↑Wacholderbeeren, ↑Piment**, Pfefferkörnern und Rotwein); Wildgulasch; **↑Muschelsud** (hier evtl. die Karotten weglassen, statt dessen mit Zwiebeln und weißem Pfeffer, Salz und Wein würzen); Fischgerichte der neuen **↑Französischen Küche** (**↑Nouvelle Cuisine**). **Würzkombinationen mit Suppengrün:** alle kräftigen Kräuter der deftigen Küche, z. B. **↑Thymian, ↑Lorbeer** oder **↑Majoran**

Suppenhuhn [*Fleischprodukte*] **T** Bei diesem **↑Geflügel** handelt es sich um etwa zwei Jahre alte Legehennen. Sie sind zum Braten viel zu zäh, allerdings ergeben sie durch langes Kochen eine aromatische **↑Brühe.** Suppenhühner wiegen durchschnittlich 1500–2000 g, das reicht für 1–1,5 l **↑Hühnerbrühe.** Das weich gekochte Fleisch dient klein geschnitten als Einlage für Suppen, **↑Fricassée** oder Salat, die Haut wird nicht mit verwendet.

Suppennudeln [*Allgem. Nährmittel*] Winzlinge unter den **↑Teigwaren**, die in die klare Suppe kommen. Dazu gehören Sternchen, Buchstaben, Fadennudeln, Muscheln und Schleifchen.

Suppenrolle [*Fleischprodukte*] Regionale Bezeichnung für die gerollte **↑Dünnung**

Suppenscheibe [*Fleischprodukte*] **↑Beinscheibe** vom **↑Rind**

Suppenwurzel [*Gewürze & Kräuter*] **↑Petersilie**

Supper [*Fachkunde*] Internationale Bezeichnung für spätes Abendessen, Mahlzeit vor dem Zubettgehen

Supplément [*Franz. Speisekarte*] Beilage; Ergänzung; Nachschlag

Suprême [*Franz. Speisekarte*] **1.** „Das Beste". **2.** In Rezeptnamen eine übliche Bezeichnung für **↑Geflügel**brust, **↑Fisch**filet usw., Gericht aus dem besten Stück eines Tieres; **3. à la suprême** – raffinierte Zubereitungsart; **4. ↑Sauce suprême**

Sur [*Österr. Küche*] **↑Beize** zum ↑Ein**pökeln** von Fleisch (ergibt das **„↑Surfleisch"** = Pökelfleisch)

Sur le pouce [*Franz. Speisekarte*] „Auf dem Daumen", **↑Snacks** für den kleinen Hunger

Sur lie [*Weinkunde*] Französisch für „Hefesatzlagerung", auch **„tirage sur lie"** genannt: Bezeichnung eines Weinbereitungsverfahrens für Weißweine. Dabei wird der fertige Wein nach der Gärung für eine Zeitlang auf seiner Hefe in Fass oder Tank gelagert. Dieses Verfahren begünstigt die so genannte **↑Malolaktische Gärung** und wird vor allem bei der Produktion von **↑Muscadet**-Weinen von der Loire angewandt. Die Sur-Lie-Methode wird eingesetzt, um dem Wein mehr Geschmack zu geben. Die Hefe, die in ihrer Arbeit durch die entstandene Alkoholbildung immer mehr gehemmt wird, stirbt ab, wobei ihre Zellstruktur durch das von ihr selbst gebildete Eiweiß vernichtet wird (Autolysis genannt). Bei diesem Prozess entstehen chemische Verbindungen, die zur Bildung der Aroma- und Geschmacksstoffe beitragen. Ein Teil der bei der Gärung entstandenen Kohlensäure bleibt im Wein aufgelöst, wodurch der Wein oft ein leichtes Prickeln auf der Zunge verursacht, was den Eindruck von Frische verstärkt. Die Muscadet-Weine sollten knochentrocken sein. Die Weine eignen sich meist **nicht** für längere Lagerung.

Surati [*Käse*] **Herkunft:** Indien/Bombay (Stadt Surat); **Käsesorte:** ↑**Büffelkäse; Info:** Der Surati ist nahrhaft und berühmt für seine medizinischen Eigenschaften. Der ↑**Büffelmilch** wird pflanzliches ↑**Lab** zugesetzt (Hindus sind Vegetarier). Die ↑**Bruch**masse reift dann in der ↑**Molke** und wird in großen Töpfen aufbewahrt.

Surbauch [*Österr. Küche*] Gepökelter Schweinebauch, der meist auch geräuchert, selten aber gegart ist

Surchoix [*Franz. Speisekarte*] Auslese, erste Qualität, erste Wahl

Sureau, le [*Franz. Speisekarte*] ↑**Holunder**

Surf and turf [*U.S. Kitchen*] Eine in den USA beliebte ↑**Steak** & ↑**Hummer**-Kombination

Surface, grande [*Franz. Fachwort*] Groß-, Supermarkt

Surfleisch [*Österr. Küche*] Bezeichnung für gepökeltes Fleisch, auch in Bayern geläufig

Surgelé [*Franz. Fachwort*] Gefroren, tiefgekühlt

Surhaxe [*Fleischprodukte*] Gepökeltes ↑**Eisbein**

Surimi [*Fisch*] Ein Fischprodukt, das in Japan auf Jahrhunderte alte Tradition zurückgeht und seit einigen Jahren von der Tiefkühl- und Fischindustrie neu entdeckt wurde. Hergestellt aus magerem Fischfleisch, das zerkleinert, ausgepresst, gesiebt, wieder fein gemahlen, zu einer breiigen Masse verarbeitet, mit ↑**Zucker** und ↑**Salz**, ↑**Polyphosphat** und ↑**Sorbit** stabilisiert und aromatisiert wird. Das moderne Surimi ist fast völlig geruchs- und geschmacksfrei, dazu blütenweiß. Es wird aus dem Alaska-↑**Pollack** direkt auf großen Fabrikschiffen hergestellt. Es ist die Grundlage von „Fisch-Crabmeat", das auch hier angeboten wird. Über die Anteile von Krebsfleisch wird der Verbraucher jedoch nicht aufgeklärt. Wegen der Deklarationspflicht der Industie erfährt der Verbraucher wenigstens, dass auch ↑**Hühnereiweiß**, Wasser, ↑**Stärke**, ↑**Sorbit** und pflanzliches ↑**Eiweiß** im Surimi enthalten ist. Dieses Produkt wird in Stäbchen, kleinen runden Stücken oder als nachgebildete Krabbenscheren, Krebs- oder Garnelenschwänzen angeboten. Der Gesetzgeber schreibt für Surimi die Bezeichnung **„Krebsfleischimitat"** vor.

Surprise [*Franz. Speisekarte*] Überraschung (Menu surprise, der Gast weiß bei der Bestellung nicht, was er bekommt)

Sus, en [*Franz. Speisekarte*] Noch dazu, zusätzlich; mit Aufpreis

Sushi [*Asiatische Küche*] **R** Das japanische Nationalgericht erfreut sich auch in Europa zunehmender Beliebtheit. Sushi ist ein optisch ansprechend zubereitetes, japanisches Gericht, das hauptsächlich aus kaltem Reis, rohem oder geräuchertem Fisch und Algen besteht. Weitere Zutaten sind Gemüse und Ei. Hin und wieder findet man auch Variationen mit Fleisch, diese gehören jedoch nicht zum traditionellen Sushi. Der Name Sushi stammt von den gleichlautenden Adjektiv sushi (modernes Japanisch: sui), was sauer, säuerlich bedeutet und einen essigartigen Geschmack beschreibt. Der gekochte Reis wird beim Auskühlen mit einer Würzmischung (Sushi-zu) aus Reisessig, Salz und Zucker versetzt (die Zugabe von ↑**Mirin** ist möglich, wenn auch nicht üblich) und erhält damit den Sushi-typischen, leicht süß-sauren Geschmack und einen deutlichen Glanz. Neben dem Sushi-zu dienen ↑**Wasabi** und ↑**Sojasauce** als Würzmittel. Als Beilage wird ↑**Gari** gereicht, er wirkt verdauungsfördernd und neutralisiert den Geschmack zwischen den verschiedenen Sushigängen. Passende Getränke zum Sushi sind ↑**Grüner Tee**, japanisches ↑**Bier** (beispielsweise Asahi oder Kirin). ↑**Sake** (Reiswein) passt nicht zu Sushi, da er sich geschmacklich nicht mit dem essigsauren Reis verträgt. Eine beliebte Ergänzung zu Sushi ist ↑**Miso-Suppe**. Sushi ist eine ausgewogene, fett- und kalorienarme Mahlzeit, zu der jodhaltige Meeresalgen gehören. **Gibt es gesundheitliche Risiken beim Sushi-Verzehr?** Immerhin besteht Sushi zum größten Teil aus rohem Fisch. Veterinäruntersuchungsämter haben Sushi-Zubereitungen sensorisch, mikrobiologisch, chemisch-physikalisch und parasitologisch untersucht. Das Resultat: Über 70 % der untersuchten Sushi-Erzeugnisse waren nicht zu beanstanden. Rund 83 % wiesen unbedenkliche Gesamtkeimzahlen auf. Doch zeigten die Untersuchungen auch, dass die Keimzahlen während der Zubereitung schnell ansteigen. Die staatlichen Stellen kamen zu dem Ergebnis, dass Herstellung und Verzehr von Sushi aus frischem oder gefrorenem Fisch kein Problem darstellen, wenn optimale hygienische Bedingungen eingehalten werden. Der verwendete Wasabi wirkt zudem auf natürliche Weise desinfizierend. **Das größere gesundheitliche Risiko besteht im Befall der rohen Fisch-Produkte mit Parasiten.** Laut internationalen Untersuchungen haben tödlich verlaufende ↑**Fischvergiftungen** durch den vermehrten Verzehr von Sushi und anderen rohen Fischgerichten zugenommen. ↑**Anisakiasis**, ↑**Parasiten**, ↑**Nematoden**. Der Mensch nimmt die im rohen Fisch enthaltenen winzigen Wurmeier unbemerkt auf. Aus den Eiern schlüpfen die parasitischen Würmer, die sich im ausgewachsenen Zustand sogar unter der Haut entlangschlängeln und dort Reizungen hervorrufen oder in Leber und Lunge (seltener) vordringen. Die Symptome können erst ein bis vier Jahre nach der Infektion auftreten, sodass die Betroffenen den Wurmbefall oft nicht mit dem Sushi-Verzehr in Verbindung bringen. Die Wurmeier werden zuverlässig abgetötet, wenn der gefrorene Fisch vor dem Verzehr mindestens 24 Stunden bei extrem tiefen Temperaturen (–200° C) gelagert wird, was in Japan und Holland inzwischen üblich ist, in Deutschland noch nicht. **Nicht alle Fischarten sind für den rohen Verzehr geeignet! Alle Süßwasserfische, ungeräucherter ↑Lachs und ↑Heringe sind problematisch.** So dürfen die holländischen ↑**Matjes** heute nur noch aus zuvor tiefgefrorenem Fisch zubereitet werden. Als problematisch sind auch bestimmte Algen einzustufen, mit denen Sushi angereichert wird. Die jodreichen Algen bergen nämlich nach Ansicht von Ernährungsexperten gerade für bereits ausreichend jodversorgte Europäer gesundheitliche Risiken. Die durch Sushi aufgenommenen höheren Jodmengen können zu einer Überfunktion der Schilddrüse oder zu Hauterkrankungen führen. Diese Gefahr besteht für Erwachsene nur bei häufigem, ausgiebigem Verzehr von Sushi; **kleine Kinder sollten kein Sushi essen. Sushi-Zutaten:** ↑**Avocado**, ↑**Gurken**, ↑**Pilze**, aber vor allem roher Fisch und ↑**Meeresfrüchte** werden mit klebrigem ↑**Reis** zu äußerst schmackhaften Häppchen kombiniert. **Reis:** Für Sushi ist nur der weiße ↑**Rundkornreis** geeignet. Als Alternative zu dem teuren japanischen Reis kann man italienischen ↑**Risotto**reis (↑**Vialone**) verwenden. ↑**Nori** (getrockneter Seetang): Nori ist ungeröstet oder geröstet zu bekommen. Die beste Qualität weist eine dunkle, fast schwarze Farbe auf. Es wird für Maki (Rollen) oder Temaki (handgerollte Rollen) verwendet. Bei ungeröstetem Nori wird eine Seite über einer offenen Flamme vor Gebrauch geröstet. Immer die geröstete Seite belegen. Das angebrochene Nori wird fest verschlossen und dunkel aufbewahrt. ↑**Gari** (eingelegter ↑**Ingwer**); ↑**Wasabi** (japanischer ↑**Meerrettich**) – eine der wichtigsten Zutaten der Sushi-Küche. Er wird in geringer Menge in die ↑**Sojasoße** eingerührt oder zwischen Reis und Zutaten gestrichen. ↑**Su** (Reisessig) – dieser japanische Essig ist milder als europäische Essigsorten und eignet sich hervorragend für Reis und rohen Fisch. ↑**Obstessig** kommt dem Su im Geschmack sehr nahe. ↑**Mirin** (Reiswein) – süßer Reiswein (**Sake**), geschmacklich mild und mit leichtem Alkoholgehalt, sehr aromatisch. ↑**Shiso-Blätter** – Die Shiso-Pflanze ist in Europa als Hanfnessel bekannt und gehört zur Minzenfamilie. Die roten oder hellgrünen Blätter werden zu weißem Fisch (↑**Heilbutt**, ↑**Meerbrasse**) genommen. ↑**Asatsuki**-↑**Lauchzwiebeln** werden in der Sushi-Küche klein gehackt und mit Maguro (↑**Tunfisch**) in Temaki gerollt. ↑**Geröstete Sesamsamen** – weiße oder schwarze Sesamsamen werden in der Sushi-Küche zum Dekorieren von Inside-Out-Maki verwendet. ↑**Kaiwarena**-↑**Rettichsprossen** sind auch hier erhältlich. Am besten die Samen im Reformhaus kaufen und selbst ziehen. Sie eignen sich allein als Füllung oder in Kombination mit Tunfisch in Maki oder Temaki. ↑**Avocados** – müssen sehr reif sein. Sie eignen sich hervorragend in Kombination mit Lachs, ↑**Shrimps**, ↑**Krabben**- und ↑**Krebsfleisch** und für **California Rolls Inside-Out**. ↑**Gurken** – für Sushi-Rollen wird nur das weiße Fleisch von kleinen, festen Gurken verwendet. Die Schale und die Kerne müssen sorgfältig entfernt werden. Für **Füllungen** geeignet sind: dünner grüner ↑**Spargel**, ↑**Endiviensalat**, italienischer ↑**Lollo Bianco** oder ↑**Lollo Rosso**, ↑**Spinat** und ↑**Mangold**blätter. **Sushi-Arten: Chirashi-Sushi** – mit Sushi-Reis gefüllte Schale, belegt mit rohem Fisch oder Gemüse; **Futo-Maki** – dicke Sushi-Rollen; **Hako-Sushi** – in Holzform gepresste Sushi; **Temaki-Sushi** oder **„handrolls"** – zur Tüte handgerollter Seetang, mit Reis und verschiedenen Füllungen wie: **Maki-Sushi** – Sushi-Rolle in Seetang mit Füllung; **Kappa-Maki** – dickes Maki-Sushi mit Gurken; **Tekka-Maki** – Maki-Sushi mit Tunfisch; **Nigiri-Sushi** – Sushi mit Belag; **Noso-Maki** – in ein halbes Blatt Nori gerollte Sushi; **California Rolls Inside-Out** – handgeformte Sushi-Rolle mit Füllung „nach außen gekehrt".

Sushi-ya [*Intern. Länderküche*] Japanisches Sushi-Restaurant. ↑**Japanische Küche** oder ↑**Sushi**

Susina [*Ital. Speisekarte*] ↑**Zwetschge**

Susinen [*Obst*] Bezeichnung für rote Eierpflaumen oder auch „Japanische Pflaumen", sie blühen sehr früh und werden deshalb in Mittelmeerländern bereits ab Juni reif.

Süß [*Weinkunde*] **Englisch:** sweet; **Französisch:** doux; **Italienisch:** dolce; **Spanisch:** dulce. Nach dem deutschen Weingesetz die Bezeichnung für einen Wein, dessen Restzuckergehalt mindestens 45 g/l beträgt. Ein Süßwein ist deutlich süß, sollte aber zugleich über ein gewisses Maß an Säure verfügen, um diese Süße auszugleichen.

Süße Balsampflaume [*Exotische Früchte*] ↑**Ambarella**

Süße Passionsfrucht [*Exotische Früchte*] ↑**Granadillas**

Süße Tomaten [*Fachkunde*] ↑**Gentomate**

Süßerbsen [*Gemüse*] ↑**Zuckerschoten**

Süßfenchel [*Gewürze & Kräuter*] ↑**Fenchel**

Süßholz [*Gewürze & Kräuter*] ↑**Lakritze**

Süßkartoffel [*Exotische Früchte*] Süßkartoffeln oder ↑**Bataten**, wie die Wurzelknollen auch heißen, sind eine gesunde Abwechslung zur Speisekartoffel. Ihr Geschmack liegt zwischen ↑**Kartoffeln** und ↑**Karotten**. Sie können wie diese zubereitet werden. Botanisch gesehen sind sie mit Kartoffeln jedoch nicht verwandt.

Süßmilchkäse [*Käse*] ↑**Labkäse**

Süßreserve [*Weinkunde*] Bezeichnung für ein Mittel, mit dem Weine gesüßt werden. Zu diesem Zweck darf entweder unvergorener ↑**Traubensaft** oder ein Konzentrat aus ihm (rektifiziertes Traubenmostkonzentrat) herangezogen werden. Zugabe von ↑**Zucker** (Saccharose) ist in deutschen Weinen nicht erlaubt. Saccharose darf ausschließlich vor der Gärung zugesetzt werden, um einen höheren Alkoholgehalt im späteren Wein zu erreichen. Diese Zugabe wird Anreichern genannt und oft fälschlich mit Süßung verwechselt. Deutsche ↑**Qualitätsweine mit Prädikat**, der höchsten Qualitätsstufe, dürfen nicht gesüßt werden. Eventuelle Süße bei diesen Weinen ist ausschließlich auf nichtvergorenen Restzucker zurückzuführen, der vom Beerensaft selber stammt.

Süß-saure Marinade [*Unsere Küche*] ↑**Marinade, Süß-saure**

Süßspeisen [*Übersetzer*] **Englisch:** desserts; **Französisch:** entremets sucrés, desserts; **Italienisch:** dolci; **Spanisch:** dulces, postres

Süßstoffe [*Fachkunde*] **Englisch:** sweetener; **Französisch:** saccharine; **Italienisch:** saccarina; **Spanisch:** sacarina. Süßstoffe sind extrem süße Ersatzstoffe für Rohr- bzw. Rübenzucker, 30- bis 3000-fach süßer. Süßstoffe sind nicht energiehaltig, nicht kariesfördernd und werden im Körper insulinunabhängig verstoffwechselt. Daher sind sie für ↑**Diabetiker** geeignet. Sie werden in diätetischen Lebensmitteln und in Leichtprodukten als Zuckerersatz eingesetzt. **Allerdings sind alle Süßstoffe appetitanregend, was zur Folge haben kann, dass die eingesparten Kalorien beim nächsten Heißhungeranfall doppelt und dreifach eingenommen werden.** Über die Langzeitwirkung von Süßstoffen ist wenig bekannt. Seit 1879 ist der älteste Süßstoff Saccharin bekannt. Heutige Süßstoffe haben keinen Beigeschmack mehr und sind hitzebeständig, sie können synthetische Verbindungen (z. B. Aspartam, Cyclamat) und natürlichen Ursprungs (z. B. Glycirrhicin aus der Wurzel der Süßholzpflanze) sein. Die in Deutschland zugelassenen synthetischen Süßstoffe sind Saccharin, Cyclamate, Aspartame und Acesulfam-K sowie Mischformen. Immer wieder taucht in den Medien die Meldung auf, Süßstoffe seien krebserregend. Nach den derzeit vorliegenden, sehr umfangreichen Untersuchungsergebnissen sind die in Deutschland erlaubten nicht gesundheitsschädlich. Um jegliches Risiko für den Menschen auszuschließen, hat die Weltgesundheitsorganisation (WHO) eine obere Sicherheitsgrenze (↑**ADI**) für den täglichen Süßstoffverbrauch Erwachsener festgesetzt: **1. Saccharin:** ↑**E 954** 0–2,5 mg/kg Körpergewicht: Ein 70 kg schwerer Mensch könnte etwa 11 Tabletten verzehren, wenn 1 Tablette 16 mg Saccharin enthält; **2. Cyclamat:** ↑**E 952** 0–11 mg/kg Körpergewicht: Bei einem 70 kg schweren Menschen entspricht das der Menge von etwa 21 handelsüblichen Mischsüßtabletten, wenn eine Tablette 40 mg Cyclamat und 4 mg Saccharin enthält; **3. Aspartame:** ↑**E 951** 0–40 mg/kg Körpergewicht: Ein 70 kg schwerer Mensch könnte etwa 155 Tabletten bzw. 140 TL Streusüße pro Tag verzehren, wenn 1 Tablette 18 mg Aspartame bzw. 1 TL 0,02 g Aspartame enthält; **4. Acesulfam-K:** ↑**E 950** 0–9 mg/kg Körpergewicht: Ein 70 kg schwerer Mensch könnte 31,5 Tabletten pro Tag zu sich nehmen bei einem Acesulfam-K-Gehalt von 20 mg pro Tablette. **Weitere Süßstoffe, die zumeist in fertigen Produkten enthalten sind: Thaumatin** ↑**E 957; Neohesperidin** ↑**E 959; Isomalt** ↑**E 953; Maltit** ↑**E 965; Lactit** ↑**E 966; Xylit** ↑**E 967. Noch nicht zugelassene Süßstoffe:** Alitame/Sucralose/↑**Stevia**/Lugdunam

Süßtafel [*DDR-Küche*] Ein ↑**Schokolade**-ähnliches Produkt

Süßungsmittel, alternative [*Gesundheit*] Statt mit ↑**Zucker** oder ↑**Süßstoff** kann mit pürierten ↑**Früchten** oder ↑**Trockenobst** gesüßt werden. Bei Vollwerternährung wird auch **Honig,** ↑**Ahornsirup,** ↑**Melasse,** ↑**Zuckerrohrgranulat,** ↑**Malzzucker** und ↑**Apfel-** oder ↑**Birnen**dicksaft verwendet. Allgemein sollten alle Süßungsmittel nur in Maßen verzehrt werden. Entscheidend ist nicht, um wie viel gesünder alternative Mittel im Vergleich zu isolierten Zuckern sind, sondern die Menge. Süßungsmittel sind keine Lebens-, sondern ↑**Genussmittel.**

Süßwaren [*Fachkunde*] Bereits den Göttern im alten Ägypten wurden Süßigkeiten geopfert. Als Süßstoff diente bis ins Mittelalter ↑**Honig,** der später durch ↑**Zucker** verdrängt wurde. Zu den ältesten Süßigkeiten gehören ↑**Lakritze** und ↑**Ingwer** aus dem Fernen Osten sowie ↑**Marzipan** aus Europa. Erst im frühen 19. Jahrhundert wurden Süßwaren von der Industrie in größeren Mengen hergestellt. Heute werden weltweit jährlich mehrere Millionen Kilogramm produziert. Fachlich gesehen sind Süßwaren durch intensive Verarbeitung veränderte, süße Nahrungsmittel. Den Grundstoffen Zucker oder Honig werden weitere Zutaten wie **Aromen** und **Gewürze,** ↑**Nüsse,** ↑**Früchte,** ↑**Fette** und ↑**Öle,** ↑**Gelatine,** ↑**Emulgatoren,** ↑**Farbstoffe,** ↑**Eier,** ↑**Milchprodukte** und ↑**Schokolade** oder ↑**Kakao** zugefügt. Süßwaren lassen sich zwei Gruppen zuordnen; diese unterscheiden sich in der Art ihrer Zubereitung und durch die Tatsache, dass Zucker beim Erhitzen verschiedene Phasen der Kristallisation von weich bis hart ausbildet. Typische weiche Süßigkeiten, cremig und leicht zu kauen, sind Füllungen von ↑**Pralinen** und ↑**Bonbons.** Typische harte Süßigkeiten sind ↑**Sahnebonbons** (Toffees), Bonbons und Karamellen. Weitere Beispiele für Süßwaren sind ↑**Nougat,** ↑**Marshmallows,** Schokolade in vielen Formen (als Tafel oder geformt, teilweise gefüllt), ↑**kandierte Früchte,** ↑**Marzipan,** ↑**Zuckerwatte,** ↑**Popcorn,** Lakritze und ↑**Kaugummi.** Auch einige Backwaren wie ↑**Kekse** und Gebäck werden als Süßwaren bezeichnet.

Süßwasserfische [*Fisch*] **T** Werden überwiegend in Teichen gezüchtet oder Fischzüchter setzen die Brut ins freie Gewässer, sodass die Fische zwar wild aufwachsen, aber später wieder gefangen werden. Das Fleisch dieser Fische ist zart und oft sehr grätenreich.

Süßwein [*Weinkunde*] ↑**Dessertwein**

Süübäggli [*Schweizer Küche*] **A** ↑Rollschinken, bei dem das Fett gitterförmig eingeschnitten, mit ↑**Nelken** gespickt und bei ca. 200° C im Rohr überbacken wird

Suwarov [*Speisegarnitur*] **A** Nach dem Feldherrn (1730–1800), der das russische Heer über den Schweizer Gotthardpass führte, ist eines der berühmtesten ↑**Fasanen**gerichte benannt. Der junge Fasan „Suwarov" wird angebraten und in einer mit ↑**Blät-**

Tagliatelle, taglierini; tagliolini [*Ital. Speisekarte*] 0,5–1 cm breite ↑**Teigwaren**

Taglilienblüten [*Wildkräuter, -blüten & -früchte*] **T** Taglilienblüten schmecken wunderbar knackig-nussig und passen gut in den Obstsalat und auf Käseplatten. Ein Hochgenuss, wenn sie mit einer leichten Käsesahnecreme gefüllt sind.Taglilienknospen entwickeln ihr volles Aroma, wenn sie in ↑**Butter** angeschwitzt werden. Die Blüten wirken leicht harntreibend. **Mehr Information:** ↑**Essbare Blüten**

Tahin [*Gewürze & Kräuter*] **T** Oder Tahina – Begriff aus der griechischen Küchenkultur für eine Paste aus gemahlenem ↑**Sesam** mit leicht bitterem, nussigem Geschmack und bindender Wirkung. Sie wird zur Herstellung von ↑**Hummus** und Sesamsaucen benötigt und ist im Orient als Küchengewürz unersetzlich.

Taiyaki [*Intern. Länderküche*] Japanisches Gebäck in Form eines Fisches. Traditionell ist es gefüllt mit **Anko,** einer süßen ↑**Roten Bohnenpaste,** doch es gibt auch Variationen mit ↑**Vanille-Creme** und anderen Geschmacksrichtungen.

Tajima-ushi [*Intern. Länderküche*] ↑**Kobe-Rind**

Tajine [*Orientalische Küche*] **A** Die Tajine ist ein uraltes traditionelles Kochgeschirr, das Berber und Nomaden bis heute auf den Tisch stellen. Auch die Gerichte, die darin zubereitet werden, nennt man „Tajine". Jeder Tajinetopf ist ein von Hand gemachtes Unikat und daher mit leichten Abweichungen in Form und Farbe sowie unterschiedlichen Größen. Sein großer Vorteil ist das schonende Dampfgaren. Was ihn für ↑**Eintöpfe** aller Art ideal macht: Neben köstlichen Geflügel- und Fleischgerichten lassen sich erlesene Fischkreationen sowie ↑**Gemüse** in vielen Variationen zubereiten – der eigenen Fantasie sind dabei keine Grenzen gesetzt. Der Kochtopf besteht aus einer dickwandigen tönernen Platte, die meist auf einem Holzkohlefeuer erhitzt wird oder auch auf einen Gasherd gestellt werden kann. Eine Tajine ist schwer zu ersetzen. Ein Römertopf könnte an ihre Stelle treten, da jedoch die Speisen Öl enthalten, wäre er anschließend nicht mehr als Römertopf zu gebrauchen. Am besten ist eine Tajine durch einen normalen Kochtopf zu ersetzen (kein Dampftopf). **Gerichte aus der Tajine unterliegen einer bestimmten Zubereitungsform: 1. Fleischgerichte:** Das Fleisch wird in Öl angebraten und etwas gewürzt. Anschließend werden die restlichen Zutaten über das Fleisch gegeben, gewürzt und dann im verschlossenen Topf gedämpft. Wenn nötig, wird weiteres Wasser zugegossen, umgerührt wird aber nicht. **2. Fischgerichte:** Bei Fischgerichten wird zuerst eine Lage hartes Gemüse – zum Beispiel Karottenstreifen – in den Topf gelegt, damit der Fisch nicht anhaftet und beim Herausnehmen zerfällt. Der Fisch wird also auch nicht angebraten. ↑**Arabische,** ↑**Marokkanische** & ↑**Tunesische Küche**

Take away [*Intern. Länderküche*] Restaurants, in denen das Essen zur Mitnahme eingepackt wird. Meist ↑**Fast-Food**-Restaurants, in Asien eine Tradition auch in gehobener Gastronomie. ↑**Bento**

Takoyaki [*Intern. Länderküche*] Begriff aus der japanischen Küchenkultur für Teigbällchen, gefüllt mit vorgegarten ↑**Oktopus**stücken

Taleggio Geschützte Herkunftsbezeichnung [*Käse*] **T Herkunft:** Italien/Provinzen Bergamo, Brescia, Como, Cremona, Lecco, Lodi, Mailand, Novara, Pavia und Treviso; **Käsesorte:** halbfester ↑**Schnittkäse,** 48 % ↑**Fett i. Tr.; Milch:** rohe Kuhmilch; **Rinde:** samtig rau, schimmelfleckig bunt; **Teig:** cremigweiß bis strohgelb, bröckelig mit einzelnen Löchern; **Geschmack:** süßlich aromatisch, im Kern leicht säuerlich, manchmal mit trüffelartigem Nachgeschmack; **Reifung:** 40 Tage. **Info:** Der Taleggio ist viereckig und wiegt ca. 2 kg. **Weinempfehlung:** solide Rotweine wie ↑**Merlot** oder ↑**Pinot Nero**

Talg [*Fette*] **T** Talg ist das körnige Fett von Wiederkäuern (z. B. ↑**Rind,** ↑**Schaf**) mit niedrigem Schmelzpunkt (etwa 30° C), das aus der Nähe der Nieren stammt. Talg hat eine gelbliche Farbe und eine feste Konsistenz. Er kann ausgelassen und dann zum Braten und Backen von Speisen (z. B. Christstollen) verwendet werden. Tiefgekühlt und verpackt kann er zwei Monate haltbar sein. ↑**Tierfette & Tieröle**

Talgdrüse der Ente [*Fachkunde*] ↑**Bürzel**

Talkum [*Fachkunde*] ↑**E 553b**

Talleyrand, Historischer Speisename [*Speisegarnitur*] **A 1.** Charles Maurice, Herzog von Périgord (1754–1838), bedeutende Persönlichkeit beim Wiener Kongress, großer Feinschmecker. Der große ↑**Caréme** wirkte mehrere Jahre in seiner Küche. **2. à la Talleyrand – Speisegarnitur zu Fleisch** mit Käsemakkaroni und Trüffelsauce. **3. Speisegarnitur** zu Eier-Curry-↑**Omelett** mit ↑Kalbs**bries. 4. Gebäck** – Hefekuchen mit Ananasstücken

Tamale [*Mexicofood*] Begriff aus der mexikanischen Küchenkultur für aufwändig herzustellende gedämpfte Maiskolbenblätter, pikant oder süß gefüllt

Tamarillo [*Exotische Früchte*] **T Lateinisch:** Cyphomandra betacea. **Synonym:** Baumtomate. **Englisch:** tamarillo, treetomato; **Französisch:** tamarillo, tomate en arbre; **Italienisch:** tamarillo; **Spanisch:** tamarillo, tomate de arbol. **Info:** Die zur Familie der Nachtschattengewächse gehörende Tamarillo ist ein kleiner, teilweise verholzter, 3–6 m hoher, immergrüner, baumartiger Strauch. Die Früchte sind länglich eiförmig oder an den Enden gespitzt, 5–10 cm lang und 3–5 cm dick und haben eine tiefrote, blutrote, orange oder gelbe, glatte, harte, ledrige Schale, die manchmal dunkel längsgestreift ist. Sie haben auffallend lange Stiele. Das orangerote bis cremegelbe Fruchtfleisch ist im Aufbau der Tomate ähnlich, außen saftig fest und zu den beiden Samenbehältern hin weicher und süßer. Die essbaren, weichen Samen sind flach, dünn und fast kreisförmig. Der Geschmack ist leicht herb, süßsäuerlich, erinnert kaum an ↑**Tomaten. Ursprung und Geschichte:** Tamarillos sind ursprünglich in den Anden Südamerikas beheimatet, in Peru, Chile oder Bolivien. Zu Beginn des 20. Jh. wurden sie in ganz Südamerika, auf dem afrikanischen Kontinent, in Kalifornien und Neuseeland verbreitet. **Herkunft und Saison:** Tamarillos sind zwar theoretisch das ganze Jahr über aus ihren Anbaugebieten in Südamerika oder Afrika verfügbar, werden aber hier nur selten und in geringen Mengen angeboten. **Inhaltsstoffe:** 100 g Tamarillos weisen einen Brennwert von ∅ 57 kcal/240 kJ auf und enthalten 86 g Wasser, 1,7 g Eiweiß, 0,8 g Fett und 10,6 g Kohlenhydrate. An ↑**Mineralstoffen,** ↑**Spurenelementen** und ↑**Vitaminen** sind ↑**Kalium,** ↑**Kalzium,** ↑**Magnesium,** ↑**Eisen** und ↑**Phosphor** sowie ↑**Vitamin C,** ↑**Vitamin A,** ↑E sowie die ↑**B-Vitamine** enthalten. **Zubereitung und Tipps:** Die äußerst druckempfindlichen Tamarillos sollte man kühl lagern und rasch verbrauchen. Die Früchte vor der Verarbeitung dünn schälen oder überbrühen und die bittere Haut abziehen. Dann können sie je nach Rezept wie Tomaten in pikanten Salaten verwendet oder als exotische Beilage zu ↑**Fisch-** und ↑**Fleisch**gerichten gereicht werden. Üblicherweise isst man Tamarillos roh, dazu werden sie halbiert, mit ↑**Zucker** oder ↑**Salz** bestreut oder mit ↑**Zitronensaft** beträufelt ausgelöffelt. **Wichtig:** Wenn in Rezepten ↑**Grüne Tomaten** verlangt werden, sind unreife Tamarillos gemeint.

Tamarinde [*Exotische Früchte*] **Lateinisch:** Zizyphus mauritania. **Synonym:** Sauerdattel, indische Dattel. **Englisch:** tamarind; **Französisch:** tamarin; **Italienisch:** tamarindo; **Spanisch:** tamarindo. **Info:** In allen tropischen Zonen wird der Tamarindenbaum als Zierbaum und wegen seiner Früchte kultiviert. Die zimtfarbene ↑**Hülsenfrucht** enthält ein herbsäuerliches Fruchtmark, mit dem Gewürzsoßen (↑**Worcester**), Erfrischungsgetränke und Süßwaren hergestellt werden. In Lateinamerika ist mit Wasser und ↑**Zucker** gemischter Tamarindensaft ein beliebtes Getränk. **Inhaltsstoffe:** 100 g Tamarinde weisen einen Brennwert von ∅ 238 kcal/1010 kJ auf sowie 570 mg Kalium und 1,3 mg Eisen. Der 20 %ige Fruchtsäureanteil besteht aus ∅ 97 % ↑**Weinsäure** sowie ↑**Apfel-,** Bernstein-, ↑**Zitronen-** und ↑**Oxalsäure.** Der Säuregehalt wirkt verdauungsfördernd.

Tamarisauce [*Gewürze & Kräuter*] **T** Natürlich vergorene ↑**Sojasauce** ohne ↑**Weizen** in vielen Variationen. Sie gilt als älteste Gewürzsauce der Welt und wird seit dem 15. Jh. nach traditionellen, aber je nach Herkunft verschiedenen Rezepten im ostasiatischen Raum gebraut. In einem langen Reifeprozess entwickeln sich Aroma und Geschmack. **Chinesische T.:** leicht salzig und dickflüssig; **Indonesische T.:** dünnflüssiger und süßlich; **Japanische T.:** dünnflüssig und würzig-aromatisch. Diese hoch aromatische Würzsoße wird teelöffelweise für Reisgerichte, ↑**Teigwaren,** ↑**Fleisch,** ↑**Fisch,** ↑**Geflügel,** ↑**Wild,** ↑**Gemüse,** Suppen, ↑**Saucen** und zum Nachwürzen verwendet. ↑**Asiatische Küche**

Tamis [*Franz. Fachwort*] Sieb zum Durchstreichen oder Sieben (franz. tamiser), z. B. ↑**Mehl**

Tanche, la [*Franz. Speisekarte*] ↑**Schleie**

Tandoori [*Intern. Länderküche*] **R 1.** Ein Tandoori ist ein zylindrischer Holzkohleofen aus Lehm, ursprünglich aus Indien. Sein Aussehen kann als Fass ohne Deckel beschrieben werden, in dem das Essen über Holzkohle gehängt wird. Dieser Ofen wird zum Kochen einiger ostindischer Gerichte wie Tandoori-Hühnchen benötigt. Er wird auch in anderen Teilen Südostasiens verwendet. Das Wort Tandoor (tandoori ist das Adjektiv) stammt von den Hindi-Worten Tandūr und Tannūr. **2.** Die indische Gewürzmischung „↑**Tandoori-Masala**" wird zum Grillen verwendet.

Tandoori-Masala [*Gewürze & Kräuter*] **R** Diese indische Gewürzmischung zum Grillen besteht zu gleichen Teilen aus gemörsertem ↑**Kreuzkümmel,** ↑**Koriander,** rotem ↑**Cayennepfeffer** und einigen Tropfen roter Speisefarbe (↑**E 124 und** ↑**E 102**) sowie ↑**Senf,** ↑**Zimt,** ↑**Muskatnuss,** ↑**Macis,** ↑**Nelken,** ↑**Lorbeerblätter,** ↑**Knoblauch,** ↑**Zwiebeln,** ↑**Ingwer,** ↑**Kardamom,** ↑**Salz** und ↑**Zitronensaft.**

Täng thai naam gatih [*Asiatische Küche*] Begriff aus der thailändischen Küchenkultur für ↑**Honigmelone** in ↑**Kokosmilch**

Tangelo [*Obst*] ↑**Mandarine**

Tangerinen [*Obst*] **T Lateinisch:** Citrus reticulata x Citrus aurantium. **Info:** Tangerinen gehören zur Familie der Rautengewächse und sind aus einer Rückkreuzung von ↑**Mandarine** (Citrus reticulata) und ↑**Pomeranze** (Citrus aurantium) entstanden. Ihr Name leitet sich von der Stadt Tanger in Marokko ab. Sie sind etwas kleiner als Mandarinen, Schale und Fruchtfleisch sind intensiver orange gefärbt. Die meisten Sorten sind kernlos und haben einen weniger stark ausgeprägten Zitrusgeschmack. **Ursprung und Geschichte:** Tangerinen werden von November bis Februar aus dem mediterranen Raum, hauptsächlich aus Spanien, angeboten. Im Juli und August gibt es manchmal Lieferungen aus Argentinien oder Brasilien. **Geschmack:** Tangerinen haben weniger Säure als Mandarinen, schmecken köstlich süß und haben ein ausgezeichnetes, angenehm erfrischendes Aroma.

Tangor [*Obst*] ↑**Mandarine**

Tangy [*U.S. Kitchen*] Scharf

Tankard [*U.S. Kitchen*] Kanne oder größerer Bierkrug

Tannat [*Weinkunde*] Rote Rebsorte, die hauptsächlich im Südwesten Frankreichs angebaut wird und Hauptbestandteil der Madiran-Weine ist. Tannat verdankt ihren Namen den vielen Farb- und Gerbstoffen, die in ihren Beerenschalen enthalten sind. Diese ↑**Tannine** lassen die Weine, zumindest in der Jugend, hart und verschlossen erscheinen, weshalb das französische

Tarteletteformen [*Unsere Küche*] Kleine, runde, flache Backförmchen

Tartelettes à la périgourdine [*Franz. Speisekarte*] **A** ↑Blätterteigpastetchen mit ↑**Gänseleber** in einer ↑**Trüffel**-↑**Madeirasoße** gefüllt

Tarti nette [*Franz. Speisekarte*] Streichfertige ↑**Mettwurst** aus dem Elsass

Tartine [*Franz. Speisekarte*] **T** Häppchen nach Art der ↑**Canapés.** Anders als bei diesen ist bei Tartines das Toasten des Brotes nicht erforderlich, also die französische Art der ↑**Sandwichs.**

Tartrat [*Fachkunde*] Salz der Weinsäure

Tartrazin [*Fachkunde*] ↑**E 102**

Tartufato, a [*Ital. Speisekarte*] **A** Z. B. ↑**Makkaroni,** vermischt mit gehobelten weißen ↑**Trüffeln**

Tartufo [*Ital. Speisekarte*] ↑**Trüffel**

Tartufo di mare [*Ital. Speisekarte*] Raue ↑**Venusmuschel**

Taschenkrebs [*Fisch*] **T Lateinisch:** Cancer pagurus; **Englisch:** common crab; **Französisch:** tourteau; **Italienisch:** granciporro; **Spanisch:** cangrejo. Taschenkrebse gehören zu den Kurzschwanzkrabben. Sie kommen in der Nordsee, dem Atlantik und im Mittelmeer vor, werden bis 30 cm breit und 1 kg schwer. Eine 10 cm große Krabbe liefert Ø 100 g Fleisch. Hier ist von September – November Saison. **Nährstoffgehalt:** Der Krebs ist reich an Vitamin B_{12}, Zink und Vitamin E. **In der Küche:** Die Krebse werden wie ↑**Hummer** lebend gekocht. Die Scheren der Taschenkrebse, die vor Helgoland gefangen werden, kommen als ↑**Knieper** auf den Tisch und sind eine Spezialität.

Tascherl [*Österr. Küche*] Tasche aus Kartoffelteig

Tasse [*Übersetzer*] **Englisch:** cup; **Französisch:** tasse, bol (groß); **Italienisch:** tazza; **Spanisch:** taza

Tasser gal [*Franz. Speisekarte*] ↑**Blaubarsch**

Tastevinage [*Weinkunde*] Besondere Etikettierung bei bestimmten Burgundern, die nach eingehender Probe von einem Ausschuss der Confrérie du Tastevin ausgewählt wurden und nach Entrichtung einer bestimmten Gebühr das besondere Etikett der Bruderschaft tragen, auf dem der Name des Abfüllers (Händler oder Erzeuger) ebenfalls erscheint. Die betreffenden Weine gelten als tastevinés. Dies ist ein Hinweis auf, aber keineswegs eine Garantie für höhere Qualität.

Tatar [*Unsere Küche*] **R Englisch:** raw beef, steak tartar; **Französisch:** steak tartare; **Italienisch:** bistecca alla tartara; **Spanisch:** bistec a la tártara. Tatar wird aus entfettetem, reinem ↑Rinder**hackfleisch,** fein geschnittenen ↑**Sardellen**filets, gehackten ↑**Kapern,** ↑**Eigelb,** ↑**Senf,** gehackten ↑**Cornichons,** gehackten ↑**Schalotten,** ↑**Paprikapulver,** etwas ↑**Olivenöl** und ↑**Cognac** sowie frischen ↑**Kräutern** hergestellt. Zum Anrichten kann das rohe Tatar in der Mitte des Tellers mit einem rohen Eigelb (ohne Schale) gekrönt und mit den Zutaten umlegt werden. So kann sich jeder nach eigenem Geschmack das Tatar würzen und mischen. Angemachtes Tatar muss wie alle Hackfleischprodukte gut gekühlt in kürzester Zeit verzehrt werden. **Nur frisch vom Fleischer gewolftes Tatar und nie ein abgepacktes Produkt roh essen.** Wegen erhöhter Salmonellengefahr ist Tatar von den Speisekarten deutscher Restaurants verbannt und kann nur in privaten Küchen zubereitet werden. **Achtung! Besonders in warmen Urlaubsländern besteht ein sehr hohes Gesundheitsrisiko beim Verzehr roher Fleischprodukte.** ↑**Lebensmittelvergiftung**

Tatlilar [*Orientalische Küche*] Begriff aus der türkischen Küchenkultur für ↑**Desserts** und Süßspeisen. ↑**Türkische Küche**

Taube [*Fleischprodukte*] **R Englisch:** pigeon; **Französisch:** pigeonnau; **Italienisch:** piccione, colomba; **Spanisch:** pichon. Wildtauben sind, wie alles ↑**Wildgeflügel,** geschmacklich viel intensiver als Zuchttauben. Ihr Gewicht liegt zwischen 300 und 400 g, das Fleisch ist rötlich und aromatisch, der Geschmack erinnert leicht an ↑**Wild.** Zum Braten sollten nur junge Tauben verwendet werden, und zwar am besten im Frühjahr, dann sind sie besonders zart und schmackhaft. **Erkennungsmerkmale junger Tauben:** Dicke Schnäbel, helle Haut und biegsame Knochen. **Zubereitungstipp à la Rose:** Die jungen küchenfertigen Tauben werden vor dem Braten halbiert und der Brustknochen ausgelöst. Um das Fleisch saftig zu halten, dünn mit grünem ↑**Speck** bardieren (umwickeln), nur mit ↑**Salz,** ↑**Pfeffer** würzen und in ↑**Olivenöl** von beiden Seiten scharf anbraten. ↑**Schalotten,** ↑**Knoblauch** und ↑**Rosmarinzweig** dazugeben und die Taubenhälften bei kleiner Hitze (je Seite 4–5 Min.) fertig braten. Die Tauben warm stellen und für die Sauce den Bratensatz mit ↑**Cognac** ablöschen, etwas Geflügel- oder ↑Gemüse**fond** sowie einige ↑**Safran**fäden dazugeben und alles bis auf die Hälfte reduzieren. Sauce passieren mit ↑**Sherryessig,** Salz, Pfeffer und ↑**tomates concassées** fertig machen. Pro Personen benötigt man 2–3 Taubenhälften, wird die Taube gefüllt, reicht eine im Menü. Durch die Füllung dauert die Garzeit aber länger, was das zarte Fleisch trocken werden lässt.

Taubnesselblüten [*Wildkräuter, -blüten & -früchte*] **T Lateinisch:** Lamium album. **Standort:** Die Pflanze ist sehr anspruchslos, sie gedeiht auf den unterschiedlichsten Plätzen. **Geschmack:** sehr aromatisch, fein herb. **Verwendung in der Küche:** in Frühlingssalaten, Buttermischungen, Würzessig, Wein und Honig. **Wirkung in der Volksmedizin:** Reizmildernd, schwach auswurffördernd, entzündungshemmend, harntreibend. **Mehr Information:** ↑**Essbare Blüten**

Taupe [*Franz. Speisekarte*] ↑**Heringshai**

Taurin [*Gesundheit*] Taurin ist eine Substanz, die im menschlichen Körper gebildet werden kann. Es entsteht bei Stoffwechselabläufen, z. B. Verstoffwechslung der Aminosäure Cystein, und kommt in fast allen Pflanzen und Tieren vor. Taurin verbindet sich in der Leber mit Gallensäuren zu Gallensalzen bzw. Taurocholsäuren. 1824 wurde die Substanz erstmals aus Ochsengalle gewonnen und erhielt daher den Namen Taurin, abgeleitet vom griechischen „tauros“ = Stier. Bekannt geworden ist Taurin erst durch so genannte „Energy-Drinks“. Diese Getränke mit anregender Wirkung enthalten ↑**Coffein** und Taurin. Möglicherweise ist nicht allein das Coffein für die Wirkung verantwortlich. Es gibt aber keine Hinweise darauf, dass Taurin als so genannter Neurotransmitter wirkt, also bei der Informationsübermittlung von Nervenzelle zu Nervenzelle mitwirkt und deshalb anregend wirkt oder die Wirkung des Coffeins beeinflusst. **„Energy-Drinks“** werden häufig mit ↑**Alkohol** gemischt, um die Wirkung zu verstärken. **Davon ist dringend abzuraten,** vor allem, wenn noch Auto gefahren wird.

Tausendjährige Eier [*Asiatische Küche*] Tausendjährige oder chinesische Eier sind ↑**Enten**- oder ↑Hühnereier, die auf unkonventionelle Art haltbar gemacht werden. Um Eier länger lagern zu können, kamen findige Chinesen in grauer Vorzeit auf die Idee, sie mehrere Monate lang (ca. 100 Tage) in einer Mischung aus Kalk, Holzkohlenasche, Erde, Reisschalen und Salzwasser zu konservieren. Während dieser Lagerzeit tritt eine Art Edelfäule ein, bei der das ↑**Eiweiß** durch enzymatischen Abbau gelatineartig wird und eine Farbe wie Bernstein annimmt. Das ↑**Eigelb** wird grün und quarkartig. Der bei dieser Fäulnis entstehende Geruch ist nicht jedermanns Sache. Die so konservierten Eier werden ungekocht mit verschiedenen Soßen verzehrt.

Tava yemekleri [*Orientalische Küche*] Begriff aus der türkischen Küchenkultur für verschiedene Pfannengerichte. ↑**Türkische Küche**

Tavérna [*Griech. Speisekarte*] Griechisches Esslokal traditioneller Art, meist einfach, aber stimmungsvoll dekoriert. Die Grenzen zwischen Restaurant und Taverne verschwimmen oft.

Tavuk corbasi [*Orientalische Küche*] Hühnersuppe. ↑**Türkische Küche**

Tavuk sote [*Orientalische Küche*] **A** ↑**Hähnchen**fleischstreifen in pikanter Sauce. ↑**Türkische Küche**

Tavuk yahnisi [*Orientalische Küche*] **A** ↑**Huhn** in ↑**Tomatensauce** mit ↑**Lauchzwiebeln.** ↑**Türkische Küche**

Taza [*Span. Speisekarte*] Tasse

T-bone-steak [*Fleischprodukte*] Steak mit T-förmigem Knochen. Auf einer Seite befindet sich das ↑**Roastbeef,** auf der anderen das ↑**Filet.** Im Gegensatz zum ↑**Porterhouse Steak** ist der Filetanteil geringer. Gewicht zwischen 600 und 1000 g. ↑**Steaks** oder ↑**Rindfleisch**

Té [*Span. Speisekarte*] ↑Tee

Tea Time [*Tee*] Teezeit. Damit ist nicht nur die englische Tradition gemeint, gegen fünf Uhr nachmittags Tee zu trinken, sondern der gesamte Tagesablauf wird von der **Tea time** bestimmt. So sorgt gleich nach dem Aufwachen der **Early morning tea,** der noch vor dem Frühstück getrunken wird, für einen schwungvollen Start in den Tag. Zum reichhaltigen englischen Breakfast mit ↑**Porridge,** ↑**Rühreiern** und ↑**Bacon** gibt es ebenfalls Tee. Zwischen Lunch und Dinner ist der **Afternoon tea** oder **Five o'clock tea** angesagt. Dazu reichen die Briten ↑**Sandwichs,** ↑**Toast,** ↑**Sandgebäck** und die traditionellen ↑**Scones.** Diese süßen, weichen Teebrötchen werden mit buttrig geschlagener ↑**Sahne** und ↑**Marmelade** serviert. Mit dem ↑**High tea,** zu dem kalter Braten, Salate, ↑**Obst** und ↑**Kuchen** gereicht werden, lassen die Engländer und Schotten den Tag dann ausklingen.

Teaspoon [*Engl. Speisekarte*] Teelöffel

Tee [*Tee*] **T Englisch:** tea; **Französisch:** thé; **Italienisch:** té; **Spanisch:** té. Tee ist nach Wasser das am meisten getrunkene Getränk der Erde. Die Welt-Teeproduktion wird auf 2,5 Mio. Tonnen jährlich geschätzt. Hiervon werden ca. 15 000 Tonnen nach Deutschland importiert. Tee ist ein anregendes Getränk aus den Blättern des Teestrauches, der in den Tropen und Subtropen wächst, Feuchtigkeit und Wärme braucht. Teeblätter enthalten 1,8–4,2 % ↑**Koffein** (Tein), etwa 5–12 % ↑**Gerbstoffe,** in geringer Menge Theophyllin und ätherisches Öl (Teeöl). Diese Inhaltsstoffe wirken harntreibend, gefäßerweiternd und regen die Herztätigkeit an. **Aroma** – ↑**Aromatisierte Tees** werden immer beliebter. Die Grundlage dafür sind vor allem schwarze, aber auch grüne und halbfermentierte Tees. Sie werden mit Aromastoffen besprüht und/oder mit getrockneten Blüten, Schalen- oder Fruchtstücken versetzt. Eine der bekanntesten Sorten ist ↑**Jasmin Tee. Zubereitung:** Pro Tasse rechnet man einen gehäuften TL Blätter, gestrichenen TL ↑**Broken** oder einen Teebeutel. So berühmte Teetrinker wie die Ostfriesen und die Engländer rechnen einen TL pro Tasse und einen TL extra für die Kanne. Damit die Teeblätter sich voll entfalten können, gießt man zuerst nur etwas sprudelnd kochendes Wasser darüber, lässt sie kurz zugedeckt ziehen und gießt dann mit dem restlichen, nicht mehr kochenden Wasser auf. Sehr kalkhaltiges Wasser sollte mehrmals aufwallen. Allerdings beeinträchtigt zu lange gekochtes Wasser den Geschmack. Bei zu stark aufbereitetem Leitungswasser (↑**Trinkwasser**) ist es besser, ↑**Mineralwasser** ohne ↑**Kohlensäure** zu verwenden. Nach dem Aufbrühen den Tee ziehen lassen: Nach 2–3 Min. hat er sein Tein/Koffein abgegeben und wirkt anregend. Nach weiteren 2–3 Min. hat sich das enthaltende Tannin – Gerbsäure – gelöst. Es sorgt dafür, dass der Tee beruhigt. Zum Schluss den Tee kurz umrühren und in eine andere, mit heißem Wasser ausgespülte Teekanne gießen. Ebenso wichtig ist, dass die Kanne nur für Tee verwendet wird. Nach dem Gebrauch ist sie nur mit heißem Wasser auszuspülen, denn die Verwendung eines Reinigungsmittels ist verpönt. Viele

Teekenner schätzen das Getränk pur, andere mit ↑**Zucker** und ↑**Sahne** oder ↑**Milch.** Auch Tee mit Zitrone ist sehr beliebt und kalt äußerst erfrischend, jedoch ist Schwarztee oder ↑**Grüner Tee** wegen des hohen Anteils an Koffein vor dem Zubettgehen nicht zu empfehlen. **Tipps:** Teekannen sollten aus Keramik, Glas oder Porzellan sein, da diese Materialien die Wärme besser speichern. Aluminium oder Gusseisen verändern den Geschmack von Tee. Die Teekanne sollte vorgewärmt werden, damit das Wasser, mit dem die Teeblätter überbrüht werden, so lange wie möglich am Siedepunkt bleibt. Tee mit Milch schmeckt milder, aber die Milch verstärkt die Ausfällung der Gerbstoffe, wodurch sich die Tasse verfärbt. **Aufbewahrung:** Tee muss genauso sorgfältig behandelt werden wie ↑**Kaffee.** Man sollte zum Aufbewahren möglichst luftdichte, dunkle Glas- oder Porzellangefäße verwenden. In ihnen bleibt er für etwa 18 Monate frisch. Sonnenlicht schadet der Qualität. **Folgend einige Begriffe, die bestimmte Qualitäten oder Eigenschaften bezeichnen: „Orange“** bedeutet königlich und wird mit „besonders gut“ gleichgesetzt. **„Pekoe“** kommt aus dem Chinesischen, bedeutet „weißer Flaum“ und bezeichnet die jungen, noch zarten Blätter. **„Golden“:** Hinweis auf die goldbraune Spitze (**tips**). Wird nur bei Darjeeling- bzw. Assam-Blatt-Tees verwendet. **„Flowery“** deutet auf ein blumiges Aroma hin. **Ausschlaggebend für die Qualität ist der Zeitpunkt der Ernte:** Frühlingspflückung: first flush (1.); Sommerpflückung: second flush (2.); Herbstpflückung: autumnals. Zu den besten Qualitäten zählen first und second flush, Schwarztee aus kontrolliert ökologischem Anbau (köA). **Blattgrade:** Die nach dem Tee-Herstellungsprozess entstandenen Blattfragmente werden nach traditionellen Bezeichnungen sortiert. Es leiten sich die besonderen Eigenschaften eines Tees wie Farbe und Aroma daraus ab.

Blatt-Tees	Broken Tees
Orange Pekoe = O.P.	Broken Orange Pekoe = B.O.P.
Flowery Orange Pekoe = F.O.P.	Broken Orange Pekoe1 = B.O.P.1
Golden Flowery Orange Pekoe = G.F.O.P.	Flowery Broken Orange Pekoe = F.B.O.P.
Tippy Golden Flowery Orange Pekoe = T.G.F.O.P.	Golden Flowery Broken Orange Pekoe = G.F.B.O.P.
Fine Tippy Golden Flowery Orange Pekoe = F.T.G.F.O.P.	

Teeähnliche Erzeugnisse [*Tee*] Aufgussgetränke, die aus geeigneten getrockneten Pflanzenteilen zubereitet werden. Die verwendeten Pflanzenteile sind nicht fermentiert (gegärt). Dazu zählen ↑**Früchte**- und ↑**Kräutertees.**

Teebutter [*Österr. Küche*] Bezeichnung für Markenbutter (Qualitätsbezeichnung)

Teegebäck [*Backstube*] Feines Kleingebäck aus Sandteig. ↑**Sandgebäck**

Teelöffel [*Übersetzer*] **Englisch:** teaspoon; **Französisch:** petite cuillère, cuillère à thé; **Italienisch:** cucchiaino da té; **Spanisch:** cuchrilla

Teewurst [*Fleischprodukte*] In Teewurst ist kein Tee enthalten, sondern sie ist eine Spezialität aus Hinterpommern (heute Polen). Sie erhielt ihren Namen nach dem Essverhalten der damaligen Zeit (um 1850). Da war es üblich, am Nachmittag Tee zu trinken, und das schwer arbeitende Volk bevorzugte dazu einen herzhaften Imbiss. Man ließ sich statt süßer Backwaren eine feine, geräucherte Streichwurst schmecken. Diese mittlerweile im gesamten deutschsprachigen Raum verbreitete Spezialität ist eine pikant gewürzte ↑Streich**mettwurst** mit würzigem, feinsäuerlichem Geschmack, aus reinem ↑**Schweinefleisch** und ↑**Speck,** fein oder grob und geräuchert. ↑**Rohwurst**

Teff [*Allgem. Nährmittel*] **T Synonym:** Zwerghirse. Getreide aus der Familie der Süßgräser. Diese Kulturhirse stammt aus Äthiopien und ist in Afrika ein wichtiges Nahrungsmittel. Die winzigen Samenkörner (weniger als 1 mm Durchmesser) kommen halbnomadischen Lebensweisen entgegen: Man kann das Saatgut für ein ganzes Feld in einer Hand tragen. Teff hat einen hohen ↑**Eisen**- und ↑**Calcium**gehalt. Der Geschmack gilt als angenehm. Die Verarbeitungsprodukte von Teff enthalten kein ↑**Gluten.** Damit stellt Teff einen Rohstoff für glutenfreie Backwaren dar und ist geeignet für Menschen, die an der Stoffwechselkrankheit ↑**Zöliakie** leiden. In Äthiopien ist Teffmehl Grundlage für den Hefeteig, aus dem das äthiopische Nationalgericht ↑**Injera** besteht, ein weiches, auf heißen Tonplatten gebackenes Fladenbrot.

Teflon [*Fachkunde*] Dieser hitze- und relativ kratzfeste Kunststoff, mit dem Pfannen und anderes Geschirr beschichtet wird, ermöglicht fettloses Braten.

Tegole [*Ital. Speisekarte*] Ziegel: leicht gekrümmte, dreikantige Hohlnudel, längsgerillte und mit ↑**Tomaten** rosa gefärbte ↑**Pasta**

Teiglockerungsmittel [*Backstube*] **T** Chemische Stoffe oder Mikroorganismen, die im Teig Gase bilden und ihn so mit Bläschen durchsetzen. Dadurch geht der Teig auf und wird locker. Man unterscheidet biologische, chemische und mechanische Teiglockerung. **Biologische Teiglockerung:** Zu den biologischen Teiglockerungsmitteln gehören: **1.** ↑**Hefe** – Sie wird hauptsächlich zur Herstellung von Hefebackwaren aus ↑**Weizenmehl** verwendet. **2.** ↑**Sauerteig** – Er wird zur Herstellung von Brotteigen aus ↑**Roggenmehl** eingesetzt, enthält Sauerteighefen und andere Mikroorganismen wie Milch- und Essigsäurebakterien.

Beim Gärprozess spalten die Hefen ↑**Kohlenhydrate** (insbesondere Traubenzucker) enzymatisch in Äthanol (↑**Alkohol**) und Kohlendioxid (Gas). Im Laufe der Teigbereitung und des Backprozesses wird das Gas durch Kontakt mit Feuchtigkeit und bei Wärme freigesetzt. Der Zusatz von Teiglockerungsmitteln bewirkt eine bessere Verdauung und Abbau von ↑**Nährstoffen.** **Chemische Teiglockerung:** Dazu gehören **Backpulver, Hirschhornsalz, Pottasche** und **Natron.** Bei ihnen kommt es durch Wasser-, Säure- oder Hitzeeinwirkung zur Gasbildung. ↑**Backpulver** sollte erst zum Schluss zusammen mit dem gesiebten ↑**Mehl** zum Teig gegeben und sofort gebacken werden. ↑**Pottasche** sollte nur für säurehaltige Teige verwendet werden, z. B. ↑**Lebkuchenteig.** ↑**Hirschhornsalz,** eine Ammoniumverbindung, sollte wegen seines starken Geruchs und Geschmacks nur für würziges Gebäck wie Lebkuchenteig verwendet werden. ↑**Natron,** die Kurzform von Natriumhydrogencarbonat ($NaHCO_3$). Man findet Natron oder Kaiser-Natron in den Supermärkten bei den Backzutaten. Natron ist ein weißes, feines Pulver und zersetzt sich oberhalb einer Temperatur von 65° C unter Abspaltung von Wasser und Kohlendioxid zu Natriumcarbonat. Es ist ein Bestandteil von Backpulver, kann aber auch in reiner Form verwendet werden. **Mechanische Teiglockerung:** Dem Teig wird durch intensives Kneten, Rühren oder Aufschlagen Luft zugeführt oder sehr steif geschlagener ↑**Eischnee** wird vorsichtig untergehoben (sonst fällt er zusammen). Das Gebäck muss sofort gebacken werden, da sonst Luft entweicht.

Teigwaren [*Allgem. Nährmittel*] **A Englisch:** pasta; **Französisch:** pâtes; **Italienisch:** pasta; **Spanisch:** pastas. Der Begriff steht allgemein für ↑**Nudeln.** Teigwaren sind Nährmittel aus getrocknetem (länger haltbar) oder frischem Weizenteig. Besondere Verwendung finden ↑**Hartweizen,** manchmal auch ↑**Dinkel,** ↑**Amarant** und ↑**Buchweizen.** Man unterscheidet zwischen Eierteigwaren und eifreien Teigwaren. Je nach den Rohstoffen wird auch zwischen Grießteigwaren (aus ↑**Grieß**) und Mischteigwaren (aus ↑**Mehl** und Grieß) unterschieden. Der ↑**Nudelteig** kann aus Weiß- oder ↑**Vollkornmehl** bzw. -grieß hergestellt sein. Teigwaren bzw. Nudeln gibt es in verschiedenen Farben (mit ↑**Tomate,** ↑**Paprika** oder ↑**Spinat** gefärbt) und Formen. Sie eignen sich als Suppeneinlage, für Aufläufe, als Hauptspeise und als Beilage. ↑**Spätzle** gehören auch zur Gruppe der Teigwaren. Als Grundzutaten werden Mehl (es gibt extra Spätzlemehl, aber üblich ist Weizenmehl der ↑**Type 405**) und/oder Grieß, Eier, Wasser und ↑**Salz** benötigt. ↑**Pasta. Leitsätze für Teigwaren** vom 2. 12. 1998 (BAnz. Nr. 66a vom 9. 4. 1999, GMBl. Nr. 11 S. 231 vom 26. 4. 1999). **I. Allgemeine Beurteilungsmerkmale; A. Begriffsbestimmungen und Herstellung:** Teigwaren im Sinne dieser Leitsätze sind beliebig geformte Erzeugnisse, die aus Getreidemahlerzeugnissen mit oder ohne Verwendung von Hühnereiern und/oder anderen Zutaten durch Einteigen, Formen und Trocknen ohne Anwendung eines Gärungs- oder Backverfahrens hergestellt werden. Sie werden zuweilen vor dem Trocknen mit heißem Wasser oder Wasserdampf behandelt. Dazu gehören auch Instant-Teigwaren, ausgenommen frittierte Erzeugnisse. Frische Teigwaren (Frischteigwaren und Nudelteig) sind Teigwaren, die bei der Herstellung nicht getrocknet oder lediglich angetrocknet werden. Sie werden zuweilen mit heißem Wasser oder mit Wasserdampf behandelt, auch pasteurisiert und gekühlt oder tiefgefroren. ↑**Ei,** a) Vollei. Vollei im Sinne dieser Leitsätze ist die aus dem Inhalt frisch aufgeschlagener Hühnereier gewonnene Eimasse oder handelsübliches pasteurisiertes Vollei mit einem Trockenmassegehalt von mindestens 23 %. Vollei wird auch in getrockneter Form verwendet. ↑**Trockenei.** b) ↑**Eigelb:** Eigelb im Sinne dieser Leitsätze ist das aus dem Inhalt frisch aufgeschlagener Hühnereier abgetrennte Eigelb oder handelsübliches pasteurisiertes Eigelb mit einem Trockenmassegehalt von mindestens 48 %. Eigelb wird auch in getrockneter Form verwendet. %Angaben beziehen sich auf das Gewicht. **B. Beschaffenheitsmerkmale:** Der Wassergehalt (Feuchte), ausgenommen bei frischen Teigwaren (Frischteigwaren und Nudelteig), beträgt höchstens 13 %. Der Gehalt an Speisesalz (Natriumchlorid) beträgt höchstens 1 %. Als Zutaten werden üblicherweise verwendet: Getreidemahlerzeugnisse aus Hartweizen, ↑**Weichweizen,** Dinkel, ↑**Roggen,** Mahlerzeugnisse aus Buchweizen, ↑**Gerste,** ↑**Hafer,** ↑**Hirse,** ↑**Mais,** ↑**Reis,** ↑**Triticale** für Mehrkorn-Teigwaren, Speisesalz, jodiertes Speisesalz, ↑**Meersalz,** Vollei, Eigelb, ↑**Eiklar,** auch tiefgefroren oder getrocknet, ↑**Milch,** ↑**Milchpulver** jeweils in verschiedenen Fettgehaltsstufen,↑**Gemüse,** ↑**Kräuter,** ↑**Pilze** in geeigneter Zubereitung (z. B. Mark, Saft, Pulver, Konzentrat) sowie ↑**Gewürze,** färbende Lebensmittel, ↑Weizen**gluten,** ↑**Milcheiweißerzeugnisse,** ↑**Sojaerzeugnisse,** ↑**Trinkwasser. C. Bezeichnung und Aufmachung:** Für Erzeugnisse, die mindestens den folgenden Beurteilungsmerkmalen entsprechen, sind die kursiv gedruckten Verkehrsbezeichnungen üblich. Teigwaren, die nicht mindestens den verkehrsüblichen Eigehalt aufweisen, werden als Teigwaren, Nudeln oder Pasta, auch in Wortverbindungen (z. B. Bandnudeln) oder je nach Form, z. B. als Spätzle, Makkaroni, Spaghetti, bezeichnet; gleiches gilt für ↑**Nudelteig.** Bei frischen Teigwaren wird das Wort „frisch" in die Verkehrsbezeichnung einbezogen. Bei Teigwaren und frischen Teigwaren, die mindestens den verkehrsüblichen Eigehalt aufweisen, wird in der Verkehrsbezeichnung das Wort „Eier" vorangestellt. Bei Teigwaren und frischen Teigwaren mit besonderen Zutaten (z. B. Gemüse, ↑**Spinat**), die den Charakter des Erzeugnisses bestimmen, werden diese als Bestandteil der Verkehrsbezeichnung aufgeführt. Wenn auf „Frischei" hingewiesen wird, werden ausschließlich Hühnereier mit Merkmalen der Güteklasse A verwendet, die im Herstellerbetrieb aufgeschlagen und in frischem Zustand verarbeitet worden sind. Die Bezeichnung „Frischei" kann auch für Vollei aus Hühnereiern mit Merkmalen der Güteklasse A aus (nach der Eiprodukte-Verordnung) zugelassenen Betrieben verwendet werden, wenn die Eiprodukte dort durch ↑**Pasteurisierung** vorbehandelt, bei Temperaturen von höchstens 4° C entsprechend der Eiprodukte-Verordnung gelagert und befördert, innerhalb von 24 Stunden an die Teigwarenhersteller geliefert und dort kurzfristig verarbeitet werden. **II. Besondere Beurteilungsmerkmale:** Eier-Teigwaren, z. B. Eier-Nudeln, Eier-Pasta, Eier-Spätzle, enthalten mindestens 100 g Vollei oder die entsprechende Menge Eigelb oder die entsprechende Menge Vollei- und/oder Eigelbprodukte auf 1 kg Getreidemahlerzeugnisse. Eier-Teigwaren mit verbalen oder bildlichen Hinweisen auf hohen Eigehalt, z. B. Eier-Teigwaren mit 4 Eiern, Hausmacher Eier-Nudeln, Hausmacher Eier-Spätzle, enthalten mindestens 200 g Vollei oder die entsprechende Menge Eigelb oder die entsprechende Menge Vollei- und/oder Eigelbprodukte auf 1 kg Getreidemahlerzeugnisse. Eier-Teigwaren mit verbalen oder bildlichen Hinweisen auf besonders hohen Eigehalt, z. B. Eier-Teigwaren mit 6 Eiern, enthalten mindestens 300 g Vollei oder die entsprechende Menge Eigelb oder die entsprechende Menge Vollei- und/oder Eigelbprodukte auf 1 kg Getreidemahlerzeugnisse. Gemüse-Teigwaren und Kräuter-Teigwaren enthalten Gemüse oder Kräuter in einer Menge, die die Farbe und den Geschmack bestimmt. Bei ↑**Vollkorn**-Teigwaren besteht der Anteil an Getreidemahlerzeugnissen ausschließlich aus Vollkornmahlerzeugnissen.

Teilentrahmte Milch [*Milchprodukte*] ↑**Fettarme Milch**

Teilentrahmter Jogurt [*Milchprodukte*] ↑**Fettarmer Jogurt**

Teilentrahmter Kefir [*Milchprodukte*] ↑**Fettarmer Kefir**

Tejocote [*Exotische Früchte*] **Französisch:** Tejocote, Texocotl. Die in Mexiko kultivierte, kirschgroße Frucht schmeckt wie ein kleiner, wilder, konzentrierter ↑**Apfel.** Die Tejocote wird frisch gegessen oder zu ↑**Konfitüre** und ↑**Marmelade** verarbeitet.

Teleme [*Käse*] **Herkunft:** USA/Kalifornien; **Käsesorte:** ↑**Hartkäse; Milch:** vollfette Kuhmilch; **Rinde:** Seine Naturrinde wird mit Reismehl bestäubt und entwickelt eine rostrote Farbe; **Reifezeit:** 10 Tage bis 2 Monate

Teller [*Übersetzer*] **Englisch:** plate; **Französisch:** assiette; **Italienisch:** piatto; **Spanisch:** plato

Tellerfleisch [*Österr. Küche*] **A** Gekochtes ↑**Suppenfleisch** vom ↑**Rind,** aber auch ↑**Schwein,** in Scheiben geschnitten, mit etwas Brühe, oft mit ↑**Meerrettich** serviert. ↑**Tafelspitz,** ↑**Rindfleisch/Brustkern** & ↑**Ochsenfleisch**

Tellersülze [*Fleischprodukte*] **A** ↑Fleisch**sülze** im tiefen Teller portioniert, manchmal mit ↑**Ei**-, ↑**Gewürzgurken**scheiben und ↑**Gemüse** als Einlage. Häufig wird auch in Scheiben geschnittener kalter Braten oder Kleinfleisch in ↑**Aspik** eingegossen verwendet.

Teltower Rübchen [*Gemüse*] **R Lateinisch:** Brassica rapa sativa mima teltoviensis; **Französisch:** navets de teltow. **Info:** Diese Zuchtform der weißen Rüben, die wie übergroße Radieschen aussehen und zur Senf-Familie zählen, verdankt ihren Namen dem brandenburgischen Teltow, einer Region zwischen Nuthe, Dahme und Spree, südwestlich von Berlin. Die kleinen, märkischen oder Teltower Rübchen waren bereits im Mittelalter bekannt und sind von Oktober bis in den Dezember erhältlich. **Anbau:** Teltower Rübchen kann man auch selbst im Garten anbauen. Geeignet sind vor allem nährstoffärmere, leichtere Böden, zum Beispiel Sandböden. Die Aussaat erfolgt Ende Juli/Anfang August für eine Ernte ab Oktober. Bei einer Fläche von zehn Quadratmetern können sieben bis zehn Wochen nach der Aussaat ca. zwei bis drei kg ↑**Rüben** geerntet werden. **Geschmack:** Geschmacklich sind es die feinsten Speiserüben, die der deutsche Anbau hervorbringt. Die Mischung aus Süße und Schärfe mit einer ↑**Kohlrüben**- und ↑**Rettich**note machen die winzigen, meist braunen Wurzeln zu einer neu entdeckten Gemüsedelikatesse. **In der Küche:** Als Beilage zu ↑**Enten**braten, ↑**Bratwurst,** Kurzgebratenem wie ↑**Steaks,** ↑**Schweine**- oder ↑**Lamm**koteletts haben die Teltower Rübchen Einzug in alle Feinschmeckerküchen gehalten. Ihr Aroma entfaltet sich erst richtig, wenn sie in einem breiten, flachen Brattopf mit **Butter** leicht angebraten und mit etwas ↑**Puderzucker** glasiert werden. Für diese Variante werden die Rübchen geschält, längs geviertelt oder olivenförmig zugeschnitten (↑**tourniert**). Nach dem ↑**Glasieren** mit **Cayennepfeffer** und **Salz** würzen und Wasser aufgießen, bis die Rübchen gerade bedeckt sind. Mit Deckel ca. 15–20 Min. köcheln lassen, bis die Flüssigkeit beinahe ganz verkocht ist. Zum Vollenden etwas kalte ↑**Butter** zugeben und die Rübchen bei kleinster Flamme in dem leicht karamellisierten ↑**Fond** mit frischer, gehackter ↑**Petersilie** anschwenken. Sofort servieren, auf keinen Fall lange warm halten. **Inhaltsstoffe:** Brennwert pro 100 g frische Rübchen ⌀ 9 kcal/43 kJ. Alle Rüben sind reich an ↑**Vitaminen A, B** und ↑**C.** ↑**Kohl,** ↑**Kohlrübe** & ↑**Rüben**

Tempeh [*Asiatische Küche*] Klebriges, fleischähnliches Produkt aus fermentierten ↑**Edelpilzen** und enthülsten gelben **Sojabohnen.** Es stammt ursprünglich aus Indonesien, hat einen nussigen Geschmack, ist reich an ↑**Eiweiß,** liefert ↑**Vitamin** B_{12} und kann als Ersatz für Fleisch in fast jedem Rezept dienen.

Temperieren [*Unsere Küche*] Schonendes Erwärmen oder Abkühlen von Flüssigkeiten

Tempranillo [*Weinkunde*] Eine der wichtigsten spanischen Rebsorten schlechthin, wenn es um große ↑**Rioja**-Weine geht. Diese sehr feine rote Traubensorte besticht durch ihr ausgeprägtes Bukett und ist der Star unter Spaniens Sorten. Die Weine haben ein fruchtiges Bukett mit leichtem Himbeerton, sind säurearm, geschmeidig, mit warmen Aromen wie Tabak oder Leder, leicht, erreichen früh Trinkreife und sind von tiefdunkler, exzellenter Farbe. Im Verschnitt mit ↑**Cabernet Sauvignon** entstehen äußerst interessante Weine. **Verbreitung:** Im Anbaugebiet ltioja Alta steht sie auf 60 %, in Rioja Alavesa auf 80 % der Gesamtrebfläche; weite Verbreitung auch in der Provinz La Mancha und in Estremadura. Unter verschiedenen Namen wird sie in Portugal in den Regionen Alentejo, Dao und im Douro angebaut. Auch zu finden in Argentinien, Kalifornien, Frankreich, Griechenland, Marokko und Südafrika. **Weitere Reben dieser Familie:** Aragonez, Tinta Roriz, Tinta Santiago (Portugal), Cencibel, Jacivera, Tinto Fino, Tinto Pais, Ull de Llebre und Verdiell (Spanien)

Temps de cuisson [*Franz. Fachwort*] Garzeit

Tempura [*Intern. Länderküche*] **A** Japanische Zubereitungsvariante frittierter ↑**Meeresfrüchte** oder ↑**Gemüse.** In einen ↑**Backteig** aus ↑**Weizenmehl,** ↑**Ei** und Wasser getaucht, werden diverse ↑**Fleisch-**, ↑**Fisch-**, ↑**Pilz-** und ↑**Gemüse**sorten sowie Sprösslinge und junge Blätter danach in heißem (140–190 °C) Öl schnell ausgebacken. Diese Zubereitungsart und auch das Wort **Tempura** wurden vermutlich im 16. Jh. aus dem Portugiesischen bzw. Lateinischen (tempora) der Jesuiten-Missionare bzw. der damaligen portugiesischen Handelssegler übernommen. Tempura ist im Gegensatz zu sonstigen Gebräuchen der ↑**Japanischen Küche** sehr fetthaltig und wird daher eher selten als Hauptspeise verzehrt, sondern als Beilage zu Gerichten, ↑**Reis** und anderen fettarmen Speisen. Nach der Zubereitung sollte Tempura sofort gegessen werden, da es sonst matschig wird.

Tender [*U.S. Kitchen*] Zart

Tenderloin Steak [*Engl. Speisekarte*] Gleichbedeutend mit Filetsteak

Tenderons [*Fleischprodukte*] Scheiben von der ↑**Kalbs-**, ↑**Rinderbrust** mit dem Knorpel bzw. Knochen oder Schweinebauch mit/ohne ↑**Schwarte.** Die Tierart wird grundsätzlich angegeben, z. B. „Schweine-Tenderons".

Tendineux [*Franz. Fachwort*] ↑**Fleisch:** sehnig, zäh

Tendre [*Franz. Speisekarte*] ↑**Fleisch:** zart, mürbe, weich; ↑**Brot:** frisch gebacken

Tendrons (de veau) [*Franz. Speisekarte*] Knorpelige Brustscheibe (vom ↑**Kalb**)

Tenedor [*Span. Speisekarte*] Gabel

Tenero [*Ital. Speisekarte*] Zart, weich

Tennis-Schulter [*Fleischprodukte*] Schweineschulter wie gewachsen mit Fuß und ↑**Haxe**

Tenside [*Fachkunde*] Organische Stoffe, die durch ihren Molekülaufbau in der Lage sind, die Grenzflächen- oder Oberflächenspannungen von Flüssigkeiten herabzusetzen

Tenuta [*Weinkunde*] Italienischer Begriff für Hof oder Gut, auf dem Landbau betrieben wird. Auf Flaschenetiketten bezieht sich der Begriff auf ein Gut, das auch, aber nicht ausschließlich, Wein produziert. ↑**Azienda**

Tepanir [*Käse*] **Herkunft:** Georgien. Käse aus entrahmter saurer Kuh- oder ↑**Schafsmilch,** reift 1 Woche lang in Holzbehältern

Tepin oder Pequin Chili [*Gewürze & Kräuter*] **T Schärfe 9 = 75 000–95 000** ↑**Scoville-Einheiten.** Etwa 6–10 mm lang. Leuchtend orange bis rot. Ist eng mit den wilden Chilis in Mexiko verwandt. Der feurig scharfe Geschmack hält nicht lange an. Anbau in Südamerika und in Wüstengegenden. Ideal für Suppen und Schmortopf. ↑**Chili**

Teppichmuscheln [*Übersetzer*] **Englisch:** short-necked clam; **Französisch:** moules japonaises; **Italienisch:** vongole verace; **Spanisch:** almejas japonesas

Tequila [*Hausbar*] **T** Mexikos Nationalgetränk erfreut sich auch in Deutschland zunehmend großer Beliebtheit. Er kommt mit mindesten 38 % Vol. auf den Markt. Tequila ist nach dem gleichnamigen Städtchen in Jalisco benannt, 50 Kilometer nördlich von Guadalajara. Die bekannteste Spirituose Mexikos wird aus dem vergorenen Saft der Maguey-Agave destilliert. Außerhalb von Tequila befinden sich riesige Agaven-Felder, die ausschließlich zur Herstellung von Tequila angebaut wurden. Die Agave hat dickfleischige, stark safthaltige Blätter, aus denen ein bis zu 12 Meter langer Blütenschaft wächst. Die Agavenherzen sind bis zu 70 Kilo schwer und enthalten bis zu 12 l Saft. **Die weißen und braunen Tequilasorten unterscheiden sich deutlich. Weißer Tequila:** wird sofort nach der Destillation abgefüllt und behält dadurch das klare Aussehen und den frischen Geschmack. Um aber Tequila glaskar und mit dem Vermerk „fino" zu bekommen, wird er zwei Mal destilliert. **Brauner Tequila:** wird nach der Destillation ein bis drei Jahre in Eichenholzfässern gelagert, erhält dadurch seine zarte, goldgelbe Farbe und ein schweres, fast rauchiges Aroma. **Verwendung:** Tequila wird in Mexiko meist pur getrunken. Es werden aber auch viele ↑**Cocktails** mit Tequila zubereitet. Die berühmtesten sind ↑**Tequila Sunrise** und ↑**Margarita. Wie trinkt man Tequila? 1.** Teuren, gelagerten Tequila sollte man wie ↑**Cognac** unbedingt pur trinken. **2.** Bei einfachem weißen Importtequila: Etwas Salz auf den Handrücken geben, ablecken, Tequila trinken, in ein ↑**Limetten**achtel beißen. **3.** Bei einfachem braunen Importtequila: Tequila trinken und in eine mit ↑**Zimt** bestreute halbe Orangenscheibe beißen.

Tequila Sunrise [*Hausbar*] **R** Der **Tequila Sunrise** (engl. Tequila Sonnenaufgang) ist ein fruchtiger, süßer ↑**Cocktail.** Er verdankt seinen Namen der charakteristischen Farbabstufung von gelblich-orange (oben) über orange bis orangerot (unten). 1 Teil ↑**Tequila;** 3 Teile Orangensaft; 1 Schuss ↑**Grenadine;** 1 Schuss ↑**Zitronen**- oder ↑**Limettensaft** (optional); 1–2 Eiswürfel (optional). Üblicherweise nimmt man für einen Tequila Sunrise ein hohes, schmales ↑**Longdrinkglas.** Dann gießt man den Tequila und den Orangensaft hinein und verrührt die beiden Bestandteile mit dem Eis. Nun kippt man das Glas leicht und lässt vorsichtig einen Schuss Grenadine am Rand ins Glas laufen. Die Grenadine setzt sich unten ab. Will man noch Zitronen- oder Limettensaft hinzugeben, gießt man ihn am besten bei aufrechtem Glas in die Mitte des Getränks. Alternativ kann man ihn auch über einen Löffel gießen, der knapp über die Oberfläche gehalten wird, damit der Saft oben bleibt und sich nicht zu sehr mit dem Orangensaft vermischt. Jetzt rührt man den Sunrise nur noch vorsichtig um, bis sich ein fließender Farbübergang gebildet hat. Ein Tequila Sunrise wird mit Orangenscheibe am Glasrand und Trinkhalmen serviert.

Terasi [*Gewürze & Kräuter*] **T** Paste aus getrockneten, gemahlenen Garnelen mit ↑**Salz,** wird für ↑**Nasi-Goreng** verwendet. **Herkunft:** Indonesien, Malaysia, Thailand. **Aroma:** Schmeckt nach leichtem Fischaroma, etwas salzig. Der Geruch ist gewöhnungsbedürftig. **Verwendung:** Vor der Zubereitung mit etwas Wasser oder ↑**Sojasauce** verrühren. Die Würze ist intensiv, daher sparsam verwenden. **Einkauf/Aufbewahrung:** Fertige Garnelenpaste ist in Asienläden erhältlich. Getrocknete Garnelenpaste ist kühl aufbewahrt lange haltbar. **Ersatz:** Als Ersatz für Garnelenpaste können gehackte ↑**Sardellen** oder ↑**Sardellenpaste** verwendet werden.

Teriyaki [*Intern. Länderküche*] **T** Ursprünglich eine japanische Kochtechnik, bei der ↑**Fisch,** ↑**Fleisch** (besonders ↑**Rindfleisch** oder ↑**Geflügel**) oder auch ↑**Gemüse** mit einer speziellen Teriyaki-Soße mariniert und dann gebraten, gegrillt oder geschmort wird. Das japanische Wort **teri** bedeutet Glanz, **yaki** so viel wie grillen, schmoren. ↑**Sukiyaki.** Die Teriyaki-Soße besteht aus einer Mischung von ↑**Sojasoße,** ↑**Mirin,** ↑**Zucker,** ↑**Essig** sowie Gewürzen und ist für den Glanz, die Zartheit des Fleisches und den besonderen Geschmack der Speisen verantwortlich. Man kann sie in Asienläden fertig gemischt bekommen. Mittlerweile heißen auch westliche oder mexikanische Gerichte, die mit dieser ↑**Soße** und Kochtechnik zubereitet sind, **Teriyaki.**

Terminologie [*Fachkunde*] Gesamtheit der Fachausdrücke eines Gebietes

Ternera [*Span. Speisekarte*] ↑**Kalbfleisch**

Teroldego [*Weinkunde*] Rote Rebsorte, die ausschließlich im Trentino in Süd-Tirol angebaut wird. Ihr vollständiger Name lautet Teroldego Rotaliano, abgeleitet vom Campo Rotaliano, der Ebene nördlich der Stadt Trento, wo die Rebe am besten gedeiht. Aus Teroldego wurde lange Zeit außer einem nicht weiter bemerkenswerten Rosé ein unkomplizierter, fruchtiger Rotwein gekeltert, der mehr Komplexität aufgewiesen hätte, würde das italienische Weingesetz nicht den großzügigen Ertrag von 120 hl/ha und mehr erlauben. Heute gehört die Teroldego, dank der neuen Winzergeneration, zu den interessantesten Rotwein-Reben im Trentino.

Terpen [*Fachkunde*] Ungesättigte Kohlenwasserstoffe: kommen in ätherischen Ölen mit charakteristischem Geruch vor.

Terra Rossa [*Weinkunde*] Ein weltbekannter, 15 Kilometer langer und bis 1500 Meter breiter Streifen roter Erde in Südaustralien, in der Region Coonawarra. Er wird vollständig für den Weinbau genutzt. Angepflanzt werden u. a. ↑**Cabernet Sauvignon** und ↑**Riesling.** Unter einer dünnen Schicht eisenhaltiger Erde befinden sich Kalk- und Sandböden. Doch nicht nur in Australien finden sich Landschaften mit **terra rossa,** an vielen Stellen der Welt sind derartige Böden Garant für Fruchtbarkeit und hohen Gehalt an ↑**Mineralstoffen.** Im rheinhessischen Weinbaugebiet liefert z. B. diese fossile Bodenart mit einem relativ hohen Tongehalt fruchtige Weine mit viel Körper und hohem Mineralgehalt. Die etwas dunklere Bodenfarbe erwärmt sich im Frühjahr schneller, wodurch an günstigen Standorten interessante Rieslingweine entstehen. Sie bietet aber auch gutes Potenzial bei der Rotweinerzeugung.

Terret Blanc [*Weinkunde*] Eine Rebe aus dem französischen Midi (Picpoul-de-Pinet)

Terret Noir [*Weinkunde*] Eine der roten Rebsorten für **Châteauneuf du Pape,** wird auch im französischen Midi angebaut.

Terrincho Velho Geschützte Herkunftsbezeichnung [*Käse*] **Herkunft:** Portugal; **Käsesorte:** ↑**Weichkäse; Milch:** ↑**Rohmilch** der Rinderrasse Churra da Terra Quente: **Teig:** cremig; **Größe:** 800–1200 g

Terrine [*Franz. Speisekarte*] **A 1.** Als Terrine versteht man im ursprünglichen Sinn eine ovale Porzellanschüssel mit Deckel, in der z. B. Suppen serviert werden. **2.** Eine Terrine besteht aus einer gewürzten feinen Füllung (↑**Farce**) von ↑**Gemüse,** ↑**Wild,** ↑**Fleisch,** ↑**Fisch** oder ↑**Geflügel,** ohne Teighülle, aber eventuell mit einer Umhüllung durch Scheiben von ↑**Grünem Speck.** Terrinen sind häufig als kalte Vorspeisen auf Speisekarten zu finden. Sie werden in einer Kastenform (Terrinenform) im Wasserbad gegart. In der Konsistenz ähneln die Fleischterrinen der ↑**Leberwurst.** Geschmacklich variieren sie je nach Einlagen.

Terrine de grives [*Franz. Speisekarte*] ↑**Krammetsvögelpastete**

Terrine de volaille, gelée au Xeres [*Franz. Speisekarte*] ↑**Geflügel**pastete in ↑**Aspik,** mit ↑**Sherry** gewürzt

Testatori, testaroli [*Ital. Speisekarte*] Ligurische Spezialität: rautenförmige ↑**Nudeln,** dazu ↑**Pesto**

Tészták [*Ungarische Küche*] Begriff aus der ungarischen Küchenkultur für ↑**Desserts**

Tête [*Franz. Fachwort*] **1.** Bedeutet im Französischen eigentlich Kopf und bezeichnet daher in der Regel den Gipfel einer Sache. Ein vin de tête oder eine tête de cuvée oder tête de cru meint daher den besten ↑**Wein,** den der Winzer oder das Weingut von diesem Jahrgang erzeugt hat. **2.** Kopf; in der Küchensprache meist ↑**Kalbs**- oder ↑Schweine**kopf,** ganz oder in Stücken

Tête d'ail [*Franz. Speisekarte*] ↑**Knoblauch**knolle

Tête d'aloyau [*Franz. Speisekarte*] Äußerster Teil des ↑**Roastbeefs,** ↑**Rumpsteak** vom ↑**Rind**

Tête d'asperge [*Franz. Speisekarte*] ↑**Spargel**kopf, -spitze

Tête de Moine Switzerland [*Käse*] **T Herkunft:** Schweiz; **Käsesorte:** ↑**Schnittkäse** mit ↑**Rotschmiere,** mind. 51 % ↑**Fett i. Tr.; Milch:** Vollfette Rohmilch von Kühen, die ohne Silage gefüttert werden. Die Verwendung von Zusatzstoffen ist in der Käseherstellung verboten. **Teig:** elfenbeinfarbig bis kräftig hellgelb (je nach Jahreszeit); 1–8 mm große, vereinzelte kleine Spalten. **Geschmack:** blumig-würzig, mit fortgeschrittener Reifung ausgeprägter. **Info:** Die Mönche des Klosters Bellelay in den Schweizer Alpen stellten diesen kleinen, dicken und runden, 20 cm hohen ↑**Käse** bereits vor 800 Jahren her. **Gewicht:** 700 g bis 2 kg. **Reifung:** 3–4 Monate. **Verwendung:** Der Tête de Moine (übersetzt Mönchskopf) sollte geschabt und nicht geschnitten werden. Dazu schneidet man zuerst den Deckel ab, danach kann man mit einem speziellen Schneidegerät, der „↑**Girolle**", die Scheiben kreisförmig in Volants abhobeln. Eine ideale Geschmackskombination ergibt sich mit frischem ↑**Obst.**

Tête de nègre [*Franz. Speisekarte*] ↑**Mohrenkopf**

Tête de porc [*Franz. Speisekarte*] ↑Schweinskopf**sülze**

Tête de veau tortue [*Franz. Speisekarte*] **R** Gekochter ↑**Kalbskopf** mit ↑**Zunge** und ↑**Hirn,** in Stücke zerteilt, in einer ↑**Soße** aus ↑**Butter,** gehackter ↑**Zwiebel,** ↑**Mehl,** ↑**Tomatenmark,** etwas ↑**Essig,** ↑**Bouillon,** ↑**Salz,** ↑**Pfeffer,** ↑**Salbei,** ↑**Basilikum,** ↑**Majoran,** ↑**Thymian,** ↑**Rosmarin,** ↑**Petersilie** und ↑**Madeira.** ↑**Schildkrötengewürz.** Als traditionelle Einlage verwendet man ↑**Trüffel,** ↑**Champignons,** ↑**Cornichons,** ↑**Oliven,** ↑**Krebsschwänze,** ↑**Hahnenkämme** und ↑**Croûtons.**

Tête de veau vinaigrette [*Franz. Speisekarte*] ↑**Kalbskopf** in ↑Essigkräuter**sauce**

Tetilla [*Käse*] **T Spanisch:** Queso Tetilla (**sprich:** Tetíja). **Herkunft:** Spanien/Galizien; **Käsesorte:** ↑**Butterkäse** mit gelber Rinde, 45 % ↑**Fett i. Tr.; Milch:** rohe oder pasteurisierte ↑**Milch** von Friesenkühen oder der regionalen Rasse Rubia Gallega. **Teig:** cremig-weich, elastisch, elfenbeinfarben; **Geschmack:** säuerlich und salzig, fettreich am Gaumen. **Form:** birnenförmige Zitze. **Reifung:** 7 Tage lang (oft gar bis zu 20 Tagen) an einem kühlen, nicht allzu feuchten Ort. Nach diesem verhältnismäßig kurzen Reifeprozess entsteht ein weicher, cremiger, von einer Textur gekennzeichneter Butterkäse. Sein Geschmack ist mild, milchig, leicht säuerlich. Er hat einen Durchmesser von 9–15 cm, in der Höhe erreicht er 10–15 cm, das Gewicht kann zwischen 0,5 und 1,5 Kilo schwanken. **Verwendung:** In Galicien serviert man den Tetilla gern in kleinen Würfeln, oft mit etwas ↑**Quitten**mark bzw. -paste dazu.

Tétine [*Franz. Speisekarte*] Euter, Zitze

Teufels... [*Unsere Küche*] Als Bestandteil einer Speisen- oder Sortenbezeichnung setzt man eine rote, deftige Würzung voraus.

Teufelsgurken [*Gemüse*] Besonders scharf eingelegte Gewürzgurken

Teufelssoße [*Unsere Küche*] **R** Rein fachlich gesehen gibt es in der klassischen Küche gar keine Teufelssoße, trotzdem existieren wahrscheinlich genauso viele Rezepte für diese Soße wie kochfreudige Feinschmecker. Ein jeder hat seine spezifische Geschmacksnote und sein Geheimnis. Im Allgemeinen ist die Teufelssoße (intern. Name: Sauce Diabolo) eine Ableitung der ↑**Mayonnaise,** rosafarbig, süß-scharf abgeschmeckt. Man muss aber nicht unbedingt eine fette Mayonnaise verwenden, kalorienärmere Produkte wie **Schmand,** schnittfester **Jogurt** usw. ergeben auch ein leckeres Ergebnis. **Teufelssoße à la Rose:** mit ↑**Tomatenketschup,** ↑**Tomatenmark,** ↑**Ajvar,** ↑**Pflaumenmus,** ↑**Weinbrand,** ↑**Cayennepfeffer,** ↑**Worcester,** etwas scharfem ↑**Senf** und ↑**Salz.**

Teufelstoast [*Unsere Küche*] **R** Gegrillte dünne Scheiben von der ↑**Rinder**- oder ↑**Schweinelende** auf ↑**Blattsalat** wird mit leicht angewärmter ↑**Teufelssoße** bedeckt und einer ↑**Pfefferoni** vollendet. ↑**Lomito**

Teviotdale [*Käse*] **Herkunft:** Schottland. Hierbei handelt es sich um eine ↑**Bonchester**-Spezialität, die durch das Verschmelzen mehrerer Laibe erreicht wird. Man presst vier einzelne, fertig gereifte Käse unter Druck zusammen und lässt den Käseblock nochmals für 16–18 Wochen nachreifen. Das Ergebnis ist eine weitere Steigerung des bereits vorhandenen cremigen Charakters mit noch ausgeprägteren delikaten Geschmackseigenschaften.

Tex-Mex-Küche [*U.S. Kitchen*] **A** Die **Tex-Mex-Küche** bezeichnet einen Kochstil der ↑**Mexikanischen Küche,** der im Süden der USA sehr beliebt ist und sich durch den Einsatz scharfer ↑**Gewürze,** ↑**Fleisch** und ↑**Bohnen** auszeichnet. Der Ursprung der Tex-Mex-Küche liegt bei den Mayas und den spanischen Eroberern. Fleisch-, ↑**Weizen**- und ↑**Milchprodukte** brachten die Spanier, während Maistortillas, Bohnen und ↑**Chili**schoten ihre Wurzeln bei den mexikanischen Ureinwohnern haben. Die Basis der Tex-Mex-Küche bildet die mexikanische Küche, deren bekanntestes Produkt die ↑**Tortilla** ist. Es werden viele authentische Gerichte als ↑**Enchiladas,** ↑**Burritos** und ↑**Flautas** damit bereitet. In USA werden Maistortillas frittiert, diese ↑**Tostadas** oder ↑**Tacos** werden verschieden gefüllt und serviert. Die mexikanische Küche wird in ganz Amerika mit dem Namen von Texas verknüpft, das früher ein Teil Mexikos war. So entstand im Laufe der Jahre eine gemischte Form der mexikanischen Küche – eben die Tex-Mex-Küche.

Tfina [*Intern. Länderküche*] **A** Ein nordafrikanisches (Algerien, Marokko) ↑**Ragout** aus ↑**Rinderbrust,** ↑**Kalbsfüßen,** ↑**Kichererbsen** oder ↑**Weißen Bohnen,** ↑**Kartoffeln** und vorgekochten gepellten ↑**Eiern** mit ↑**Knoblauch,** ↑**Paprika,** ↑**Olivenöl** und ↑**Honig**

TGFOP [*Tee*] Abkürzung für Tippy Golden Flowery Orange Pekoe. ↑**Tee**

Thai Chili [*Gewürze & Kräuter*] **T Schärfe 6 = 50 000–75 000** ↑**Scoville-Einheiten;** ca. 4 cm lang, dünn, mit spitzem Ende. Dünnes Fruchtfleisch mit vielen Samen, feurig scharf. Grün oder rot. Wird in Thailand, Asien und Kalifornien angebaut. Ideal für gerührte, gebratene Wokgerichte und alle asiatischen Speisen. ↑**Chili**

Thai-Basilikum Thai magic [*Gewürze & Kräuter*] **T** Gewinner des „All American Selection"-Preises. Süßlich würzig für Salat, ↑**Fisch,** Suppen, ↑**Fleisch.** Blüte pink-violett. ↑**Basilikum**

Thai-Galgant [*Gewürze & Kräuter*] ↑**Galgant**

Thai(land)-Küche [*Asiatische Küche*] **A** In Thailand wird Kochen und Essen groß geschrieben. Kein Wunder, dass man an jeder Straßenecke und an jedem Strand kleine mobile Garküchen findet, bei denen man von der gebackenen ↑**Banane** bis hin zu gebratenen ↑**Nudeln** fast alles finden kann, wonach einem der Sinn steht. Überall wird gebrutzelt und gekocht. Typisch sind die frischen Zutaten und die Vielfalt an ↑**Gewürzen.** In Bangkok gibt es in fast jeder Shopping-Mall ein so genanntes „Foodcenter", wo man bis zu 30 kleine Imbisse findet, mit Angeboten von ↑**Ente** über ↑**Huhn** und ↑**Fisch** bis zu Speisen für ↑**Vegetarier. Geschichte:** Ursprünglich spiegelte die thailändische Küche eine Lebensart wider, die eng mit dem Wasser verbunden ist. Hauptbestandteile der Gerichte waren im Wasser lebende Tiere, Wasserpflanzen und Kräuter, Fleisch wurde gemieden. Heute isst man in Thailand verhältnismäßig viel Fleisch. Die traditionellen Garmethoden der thailändischen Küche waren Schmoren, Backen oder Grillen. Chinesen führten Braten, Pfannenrühren und Frittieren ein. Seit dem 17. Jh. prägten portugiesische, holländische, französische und japanische Einflüsse die thailändische Küche. Zu dieser Zeit wurde von portugiesischen Missionaren das ↑**Chili** eingeführt. **Info:** Neben den vielen ↑**Snacks,** die die Thais während des ganzen Tages überall essen können, wird die Hauptmahlzeit abends eingenommen. Dabei steht der ↑**Reis** im Mittelpunkt, der in einem großen Topf oder einer Schüssel serviert wird. Das thailändische Wort für Essen ist gleichzeitig auch das Wort für „Reis essen". Essen ist in Thailand eine gesellige Angelegenheit. Normalerweise bestellen zwei Personen drei Gerichte zusätzlich zu ihrem Reis, drei Personen bestellen vier Gerichte usw. Die Personen wählen von den gemeinsam bestellten Speisen das aus, was sie versuchen möchten, und geben es auf ihren Teller mit dem Reis. Üblicherweise werden die Speisen nacheinander probiert und nicht auf dem Teller vermischt. Im Gegensatz zu der westlichen Speisefolge: Vorspeise, Hauptspeise und Nachtisch serviert man in Thailand alle Speisen (auch Suppen) und den Reis auf einmal. Die Speisen ergänzen sich idealerweise in der Geschmacksrichtung: Zu Scharfem kommt etwas Süß-Saures. Es werden mindestens zwei Gerichte und eine Suppe serviert. Die Nachspeise tischt man wie in Europa zum Schluss auf. Sie besteht meist aus frischen Früchten. Gegessen wird mit Löffel und Gabel, der Löffel wird dabei in die rechte Hand genommen und die Gabel in die linke. Die meist mundgerecht geschnittenen Gerichte schiebt man dann mit der Gabel auf den Löffel. **Essstäbchen kommen nur bei Nudelgerichten zum Einsatz.** Suppen isst man mit einem Löffel in der typisch asiatischen Form. Thais essen gern sehr scharf, ↑**Chilis** oder ↑**Chilipaste** werden häufig verwendet. Da Europäer diese Schärfe kaum aushalten können, nimmt die Gastronomie bei entsprechender Bestellung Rücksicht darauf.

Thailändische Curry-Pasten [*Gewürze & Kräuter*] **R Thailändisch:** prik kaeng oder prik gaeng. Diese teuflisch scharfe Würzpaste schmeckt besser als sie riecht. Folgende Zutaten werden im Mixer zu Paste verarbeitet: Krabbenpaste (im Asiahandel), frische grüne, entkernte ↑**Chilis,** ↑**Knoblauch,** ↑**Zwiebeln,** ↑**Zitronengras** (nur der untere Teil), ↑**Koriander**grün, ↑**Limette** mit Schale, ↑**Galgant**wurzel, ↑**Kurkuma,** ↑**Korianderwurzel,** ↑**Kreuzkümmel,** ↑**Korianderkörner,** ↑**Pfefferkörner,** etwas ↑**Pflanzenöl** und ↑**Salz.** Im Kühlschrank kann die Paste in einem Schraubglas länger gelagert werden.

Thanksgiving [*U.S. Kitchen*] Erntedank in den USA, feiert man am 4. Donnerstag im November. In der Feiertags-Rangfolge wird es noch höher bewertet als Weihnachten. Die Thanksgiving-Speise ist der Truthahn. ↑**Pute** & ↑**Würztabelle**

Thaumatin [*Fachkunde*] Süßstoff mit der 2000- bis 3000-fachen Süßkraft von Kristallzucker (↑**Saccharose**) ↑**E 957**

Thé [*Franz. Speisekarte*] ↑**Tee**

Theobromin [*Gesundheit*] **T** Substanz, die dem ↑**Coffein** ähnlich ist. Sie kommt in ungefährlichen Mengen in ↑**Kakao** und ↑**Schokolade** vor. Ungefährlich allerdings nur für den Menschen, denn Tiere wie Hunde oder Pferde verarbeiten die Substanz viel schlechter, und darum kann sie für sie sogar tödlich sein. Eine Tasse (150 ml) Kakaogetränk enthält ∅ 0,1–0,3 g Theobromin. Es regt das zentrale Nervensystem an, wirkt jedoch schwächer als die meisten Alkaloide. Es erweitert die Blutgefäße, wirkt harntreibend und hustenlindernd.

Thermenregion [*Weinkunde*] In Niederösterreich südlich von Wien, ist wohl eines der bekanntesten Weingebiete Österreichs. Die Region erstreckt sich entlang des Wienerwaldes, beginnend in Perchtoldsdorf über Mödling und Baden bis Wr. Neustadt. Die Heurigenkultur in der Thermenregion existiert seit Jahrhunderten. Wein und warmes Thermalwasser waren schon immer Anziehungspunkt für Erholungssuchende. ↑**Zierfandler** und ↑**Rotgipfler** sind die Spezialitäten, aus denen nicht selten betörende Prädikatsweine gekeltert werden. Gumpoldskirchen, Baden, Traiskirchen sowie Tattendorf im Steinfeld sind erwähnenswert. Hier wird ↑**Pinot Noir** und ↑**St. Laurent** erfolgreich angebaut.

Thermidor [*Speisegarnitur*] **A** Hummerrezept, nach dem Theaterstück von Victor Sardou, zu dessen Uraufführung 1894 im Restaurant „Maire's" am Pariser Boulevard St.-Denis erstmals „Hummer Thermidor" serviert wurde: Hummerstücke werden mit Senfkörnern und ↑**Sauce Bercy** vermischt, in der ausgelösten Schale mit ↑**Sauce Mornay** überbacken serviert. Klassiker für die Monate Juli und August.

Thermolabil [*Fachkunde*] Wärmeempfindlich

Thermooxidiertes Sojaöl verestert mit **Monodiglyceriden** von Speisefettsäuren [*Fachkunde*] ↑**E 479b**

Thermostabil [*Fachkunde*] Bedeutet widerstandsfähig gegen Erhitzung über 100° C, ohne Veränderung in Geschmack und Geruch; der Begriff wird vor allem bei ↑**Gewürzen** verwendet.

Thiabendazol [*Fachkunde*] ↑**E 233**

Thiamin [*Gesundheit*] **T** Das Vitamin ist lebensnotwendig und überall im gesunden Körper verteilt, sowohl in den wichtigen Organen als auch in Geweben und Muskulatur. **Funktion im Körper:** ↑**Vitamin B_1** spielt im Kohlenhydrat- und Fettstoffwechsel als Coenzym eine wichtige Rolle. Es trägt dazu bei, dass der Körper Energie aus der Nahrung gewinnen kann. Weiterhin übernimmt es bestimmte Funktionen im Nervensystem. **Vitamin-B_1-Mangel:** äußert sich in Symptomen wie Muskelatrophie (Muskelschwund) und Herzinsuffizienz, die unter dem Namen ↑**Beri-Beri** zusammengefasst werden. In den Industrieländern taucht die Krankheit meist im Zusammenhang mit Alkoholismus oder schwerer Fehlernährung auf, ist aber eher selten. **Leichtere Mangelerscheinungen hingegen treten häufig auf.** Da hier meist geschälter ↑**Reis** und ↑**Weißmehl** statt ↑**Vollkorn**produkte gegessen werden, die Menschen häufig Stresssituationen ausgesetzt sind, haben viele einen leichten Vitamin-B_1-Mangel, der sich beispielsweise in Schlaf- und Konzentrationsstörungen, Appetitlosigkeit, Reizbarkeit und Verdauungsstörungen äußert. Hält dieser Zustand über längere Zeit an, kann er zu Herz-Kreislauf-Störungen, Muskelkrämpfen und Depressionen führen. **Vitamin-B_1-Lieferanten:** Die wichtigsten Lieferanten für Thiamin sind ↑**Getreide** und ↑**Naturreis.** Aber auch in ↑**Schweinefleisch,** ↑**Kartoffeln** und verschiedenen ↑**Hefe**produkten wie ↑**Bier** sind Anteile dieses Vitamins enthalten. Wird das Vitamin aus Pflanzen aufgenommen, wird es direkt vom Körper verwertet; aus tierischen Quellen muss es erst durch ↑**Enzyme** aufgespalten werden. Da Vitamin B_1 sehr empfindlich ist, können durch Erhitzen und Lagerung Verluste entstehen, ebenso durch ↑**Gerbsäure** aus ↑**Tee,** ↑**Kaffee** und ↑**Wein,** die das Vitamin oxidieren lässt. Schweinefleisch und Vollkorngetreide sind am reichhaltigsten, was Vitamin B_1 betrifft. Es ist außerdem in ↑**Leber,** ↑**Hülsenfrüchten**, Kartoffeln , ↑**Obst** und ↑**Gemüse** enthalten. **Täglicher Bedarf:** Der menschliche Körper enthält etwa 30 mg Vitamin B_1, ist aber auf eine ständige Zufuhr angewiesen. Je nach Energieverbrauch benötigt er mehr oder weniger davon, speichern kann er es nur kurz. Eine Tagesaufnahme für Erwachsene von 1,0–1,3 mg ist ebenso viel, wie durchschnittlich verbraucht wird. Eine Überdosierung ist kaum möglich, da ein Zuviel über die Nieren ausgeschieden wird. Durch einseitige Ernährung und Verzicht auf Vollkornprodukte haben viele Menschen einen leichten Vitamin-B_1-Mangel. Stress, Leistungssport, Einnahme der Pille, Schwangerschaft, Stillzeit, Rauchen, Alkohol und bestimmte Krankheiten sind ebenfalls Faktoren, die einen Mangel begünstigen. **Um den ∅ Tagesbedarf an Vitamin B_1 zu decken, reichen folgende Mengen der betreffenden Lebensmittel:** 200 g Haferflocken; 50 g Sonnenblumenkerne; 150 g mageres Schweinefleisch. Menschen mit erhöhtem Bedarf sollten deshalb die Tagesdosis nach Absprache mit einem Arzt auf 5–10 mg erhöhen.

Thick [*U.S. Kitchen*] Dick

Thieltges Helmut [*Berühmte Köche*] **Helmut Thieltges,** *1955 in Dreis, D – Hat nicht bei den Meistern der Kochkunst gelernt, sondern stand gemeinsam mit seiner Mutter am Herd. Deutschlands derzeit gefeiertster Küchenchef kocht im familieneigenen „Waldhotel Sonnora" in Dreis und hat im starken Familienbund ein sicheres Gespür für feinfühlige Zubereitungen und die Harmonie der verschiedenen Aromen entwickelt. Helmut Thieltges' kontinuierlicher Aufstieg begann 1978 und wird seit 2000 immer wieder mit 3 Michelinsternen gekürt.

Thighs [*U.S. Kitchen*] (Hühner-)schenkel

Thon [*Franz. Speisekarte*] ↑**Tunfisch**

Thon à la casserole [*Franz. Speisekarte*] **A** ↑**Tunfisch** in einer ↑**Soße** mit ↑**Speck,** ↑**Weißwein,** ↑**Knoblauch,** ↑**Schalotten,** ↑**Butter** und ↑**Zitronensaft**

Thon à l'huile [*Franz. Speisekarte*] ↑**Tunfisch,** in ↑**Öl** eingelegt

Thon basquais [*Franz. Speisekarte*] **A** ↑**Tunfisch** in einer ↑**Soße** mit ↑**Paprikaschoten,** ↑**Tomaten,** ↑**Zwiebeln,** ↑**Knoblauch** und gehackten ↑**Eiern**

Thorner Kathrinchen [*Internationale Küche*] **Polnisch:** pierniki toruńskie, katarzynki. ↑**Lebkuchen,** benannt nach ihrer Entstehungsstadt Thorn. In Polen haben sie einen ähnlichen Status wie die Nürnberger ↑**Lebkuchen** in Deutschland.

Thousand Island Dressing [*U.S. Kitchen*] **R** Die Thousand Islands gibt es tatsächlich, eigentlich sind es 1864 große und kleine Inseln. Ihnen wurde diese weltberühmte, rosafarbige, mild würzige Salatsoße gewidmet. Der Ursprung liegt östlich vom kanadischen Kingston auf halbem Wege zwischen Toronto und Montréal. **Grundrezept:** 4 kleine ↑**Gewürzgurken** sehr fein hacken; 2 ↑**Schalotten** sehr fein hacken oder reiben; 1 rote ↑**Paprikaschote** im Backofen erhitzen, bis die Schale platzt, Haut abziehen, Schote sehr fein hacken. 8 ↑**Eigelb** von hartgekochten ↑**Eiern** durch ein Sieb streichen; 200 g ↑Salat**mayonnaise** oder trocken gelegten ↑**Jogurt;** $^1/_8$ l ↑**Sahne;** $^1/_8$ l ↑**Ketschup;** 1 EL ↑**Tomatenmark;** Saft von 2 ↑**Zitronen;** 2 cl ↑**Weinbrand. Würzen nach Geschmack mit:** ↑**Salz,** ↑**Zucker,** etwas ↑**Senf,** ↑**Cayennepfeffer,** ↑**Worcester,** ↑**Rotweinessig**

Threonin [*Fachkunde*] ↑**Aminosäure**

Thrombose [*Fachkunde*] Blutpfropfenentstehung in den Adern. **Drei Faktoren sind für die Entstehung einer Thrombose verantwortlich: 1.** Verlangsamung des Blutstroms; **2.** Änderung der Blutzusammensetzung; **3.** Veränderung an den Gefäßwänden. ↑**LDL-Cholesterin**

Thujon [*Fachkunde*] **Absinthol, Tanaceton:** Farblose Flüssigkeit mit einem mentholartigen Geruch, seit Jahrhunderten als gesundheitsschädliches Betäubungsmittel bekannt und der Hauptwirkstoff in der Spirituose ↑**Absinth.** In ausreichend hoher Dosierung ist Thujon ein sehr starkes Nervengift und kann Verwirrtheit sowie epileptische Krämpfe hervorrufen. Als ↑**ätherisches Öl** ist Thujon unter anderem in ↑**Thymian,** ↑**Wermut,** ↑**Rosmarin** und ↑**Salbei** enthalten.

Thüringer Mett [*Regionale Spezialität*] **R** Mit ↑**Zwiebeln,** ↑**Pfeffer** und ↑**Salz** gewürztes, entsehntes ↑Schweine**hackfleisch** mit geringem Fettanteil, zum Rohessen geeignet. ↑**Schweinemett** & ↑**Hackepeter**

Thüringer Rostbratwurst [*Regionale Spezialität*] **T** Die größte der rohen ↑**Bratwürste** schmeckt kräftig, ist bis 20 cm lang, etwa 15 mm dick und sollte traditionell über Holzkohle gebraten werden. Man isst sie, mit ↑**Senf** bestrichen, in einer aufgeschnittenen Semmel. Thüringer Rostbratwürste sind wahrscheinlich älter als ↑**Nürnberger Rostbratwürste** (anno 1462), denn sie wurden bereits im Jahre 1404 erstmalig erwähnt.

Thymian [*Gewürze & Kräuter*] **T Lateinisch:** Thymus vulgaris. **Synonym:** Römischer Quendel, Kuttelkraut, Quendel, Gartenthymian. **Englisch:** thyme; **Französisch:** thym; **Italienisch:** timo; **Spanisch:** tomillo. **Info:** Der zur Familie der Lippenblütengewächse gehörende Thymian ist ein immergrüner, verzweigter, 40 cm hoher Halbstrauch mit vierkantigen, kurz behaarten, leicht verholzten Stängeln und winzig kleinen Blättern. Von Mai bis September erscheinen an den Triebspitzen weiße oder rosa gefärbte Blüten. **Ursprung:** Der ursprünglich aus Südeuropa stammende Thymian wurde bereits in der Antike von den Ägyptern wegen seiner keimtötenden Wirkung zum Einbalsamieren ihrer Toten benutzt. Bei den Griechen diente er als Räuchermittel. Der Name Thymian leitet sich aus dem griechischen Wort für Geist, Mut oder Rauch (thymós) ab. Römische Legionäre nahmen vor der Schlacht ein Thymianbad, und die Kreuzritter erhielten vor ihrem Aufbruch einen Strauß Thymian. **Herkunft und Saison:** Thymian wird zu Blühbeginn oder während der Vollblüte zwischen April und Anfang September geerntet und steht in dieser Zeit in kleineren Mengen frisch zur Verfügung. **Geschmack:** Gartenthymian schmeckt würzig scharf mit einem leichten Anklang an Nelken. Er ähnelt dem Majoran, mit dem er verwandt ist, schmeckt aber pikanter und voller. **Quendel,** der wilde Feldthymian, schmeckt nicht so intensiv, hat aber einen leichten Zitronengeschmack. Stärker nach Zitrone schmeckt eine Abart des Gartenthymians, der ↑**Zitronenthymian. Verwendung in der Küche:** ↑**Würztabelle** Die Verwendung von Thymian in der Küche ist vielfältig, er wird immer mitgekocht und würzt Suppen, zahlreiche Gemüsegerichte, gegrilltes ↑**Fleisch,** ↑**Fisch** und wird für Füllungen bei fetteren Bratengerichten verwendet. Zitronenthymian eignet sich besonders gut für ↑**Kräuterbutter,** ↑**Geflügel,** Fisch, scharfe ↑**Gemüse,** Fruchtsalat und ↑**Konfitüren. Wirkung in der Volksmedizin:** Thymian wird als Hustenmittel, bei Magen-Darm-Beschwerden und Blasenentzündungen empfohlen. Äußerlich als Spülung bei Entzündungen im Mund- und Rachenraum oder als Umschlag bei schlecht heilenden Wunden. Das im Thymian und schwächer im Quendel enthaltene ↑**ätherische Öl** Thymol wirkt bakterientötend, krampflösend und fördert die Fettverdauung.

Thymianblüten [*Wildkräuter, -blüten & -früchte*] **T Lateinisch:** Thymus spp. Thymianblüten passen gut in Suppen. **Mehr Information:** ↑**Essbare Blüten**

Thymianhonig [*Allgem. Nährmittel*] Aus Südeuropa und Asien. Seine ↑**ätherischen Öle** geben diesem Honig ein volles und intensiv-herbes Kräuteraroma. In seiner Qualität ist er cremig-kristallin. ↑**Honig**

Ti-Blätter [*Intern. Länderküche*] Die Blätter der Keulenlilie (**Lateinisch:** Cordyline terminalis) sind im Geschmack dem ↑**Spinat** sehr ähnlich. Beim berühmten

↑**Luau** in Polynesien (Hawaii) werden Fleisch, Geflügel oder Fisch (↑**Laulau**) mit ihnen umwickelt und im ↑**Imu** (Erdofen) gebacken.

Tibouren [*Weinkunde*] Alte Rotwein-Rebsorte aus der Provence

Tiburon [*Mexicofood*] ↑**Hai**

Tiède [*Franz. Fachwort*] Lauwarm

Tief/Tiefe [*Weinkunde*] Ein so beschriebener Wein will aufmerksam genossen sein. An ihm ist mehr, als der erste Eindruck verrät; sein Geschmack entfaltet sich auf der Zunge zu ungeahnten Dimensionen. Tiefe Farbe bedeutet dagegen nur dunkle Farbe. Alle wirklich feinen Weine haben Tiefe.

Tiefkühlen oder Tiefgefrieren [*Fachkunde*] **T** Konservierungsverfahren, mit dem Lebensmittel länger haltbar gemacht werden. Die Temperatur soll höchstens −18° C betragen. Dann stellen die ↑**Enzyme** ihre Aktivität ein, das Wachstum von Mikroorganismen wird gehemmt. Zum Tiefgefrieren sind Fertiggerichte, Backwaren, ↑**Fisch,** ↑**Obst,** ↑**Gemüse,** ↑**Fleisch** und andere Lebensmittel geeignet. Als „Schockfrosten" bezeichnet man ein beschleunigtes Verfahren zum Tiefgefrieren, z. B. mit Hilfe von Stickstoff oder Kohlendioxid. Beim Schockfrosten arbeitet man mit Temperaturen unter −40° C, damit sich nicht zu große Eiskristalle bilden, die das Lebensmittel beschädigen. Dieses Verfahren wird vor allem bei ↑**Kräutern**, Gemüse und Fisch angewandt. Fisch, der zum Rohverzehr geeignet ist, wird mindestens 24 Stunden bei −200° C gefrostet. ↑**Sushi** & ↑**Matjes. Haltbarkeitsdauer:** ↑**Schweinefleisch** mager 6 Monate, fettes 4 Monate; ↑**Rindfleisch** 8–12 Monate; ↑**Kalbfleisch** 6–10 Monate; ↑**Hackfleisch** 3 Monate; ↑**Innereien** 6–8 Monate; magerer **Fisch** 5–7 Monate; fetter **Fisch** 2–4 Monate; **Fischfilet** max. 5 Monate; **Fertiggerichte** (schon zubereitete) mind. 3 Monate **ohne Beeinträchtigung der Qualität. Einfriertauglich** (roh oder zubereitet): Mageres, abgehangenes Rindfleisch, mageres Schweinefleisch, Kalbfleisch, ↑**Geflügel,** ↑**Wild,** gedünstetes Fleisch, fertig zubereitete Fleisch- und Gemüsegerichte, Suppen, fertige Backware (z. B. ↑**Toastbrot**), ↑**Speiseeis,** ↑**Sahne. Verpackungen:** Küchenfertig portioniertes Fleisch (roh oder zubereitet) luftdicht in Plastikbehälter verpacken. Zwischen die flach gelegten portionierten Stücke legt man Alu- oder Klarsichtfolie, um später ein Trennen zu erleichtern.

Tiefkühlfleisch [*Unsere Küche*] **T** Durch Kälteeinwirkung konserviertes ↑**Fleisch;** Gefriergeschwindigkeit mindestens 1 cm je Stunde auf eine Kerntemperatur von minus 18° C, weitere Lagerung bei mindestens minus 20° C. ↑**Tiefkühlen**

Tiefkühlkette [*Fachkunde*] ↑**Gefrierkette**

Tiefkühlkost [*Gesundheit*] **T** Bezeichnung für industriell hergestellte Lebensmittel, die durch das Verfahren der Tiefkühlung konserviert werden. Zur Tiefkühlkost zählen sowohl tiefgefrorene Zutaten für die Weiterverarbeitung als auch Fertiggerichte. Die Lagertemperatur von Tiefkühlkost darf höchstens −18° C betragen. Die Produktpalette reicht von Beilagen wie ↑**Gemüse** und ↑**Pommes frites** bis zu kompletten Mahlzeiten. ↑**Convenience** & ↑**Convenience Food.** ↑**Speiseeis** fällt nicht unter den Begriff Tiefkühlkost. Im Haushalt selbst eingefrorene Lebensmittel werden als Gefriergut bezeichnet. Wissenschaftler sind sich heute einig, dass das Tiefgefrieren die schonendste Konservierungsform für Lebensmittel ist. Zudem ist der Vitamin- und Nährstoffgehalt bei tiefgefrorenen Produkten auch nach mehreren Monaten noch deutlich höher als bei solchen, die wenige Tage bei Zimmertemperatur gelagert wurden. Während tiefgefrorenes Gemüse mit frischem Gemüse gut konkurrieren kann, sogar längere Zeit aufbewahrtem Frischgemüse überlegen ist, sind fertige Speisen oder ganze Gerichte kritischer zu betrachten. Diese gefrorenen Fertigprodukte haben mit Natürlichkeit nichts mehr zu tun. Sie werden von Lebensmitteltechnikern und -chemikern kreiert und durch ausgefeilte Technik mit Farb-, Aroma- und Geschmacksstoffen sowie verschiedenen ↑**Verdickungsmitteln** und ↑**Emulgatoren** hergestellt. Trotzdem werden diese Produkte gekauft, und ihr Markt wird auch zukünftig weiter wachsen. **Tipp:** Beim Einkauf auf die Zutatenliste achten: Nur Varianten mit wenig ↑**Fett,** ohne ↑**Geschmacksverstärker** und ↑**Farbstoffe** wählen.

Tiefseekrabben [*Fisch*] Leben in allen Weltmeeren in Tiefen von 200–700 m. Die besten Qualitäten stammen aus kalten Gewässern wie die Nordmeer-, Eismeer- oder Grönlandkrabbe der nördlichen Hemisphäre oder die Tiefseekrabben der südlichen Hemisphäre. **Weitere internationale Bezeichnungen:** Shrimps, Coronas, Camerones, Crevetten und für größere Exemplare Prawns.

Tierfette und Tieröle [*Fette*] **T** Ist ein Fett bei Zimmertemperatur flüssig, nennt man es **Öl,** ist es fest, **Fett,** im halbflüssigen Zustand **Creme.** ↑**Pflanzencreme** & ↑**Pflanzenfette.** Alle Fette und Öle sind aus ↑**Glycerin** und ↑**Fettsäuren** in verschiedenster Kombination aufgebaut. Die Grundarten der Fettsäuren sind: ↑**Gesättigte Fettsäuren;** ↑**Einfach ungesättigte Fettsäuren;** ↑**Mehrfach ungesättigte Fettsäuren. Tierische Fette und Öle** gewinnt man durch Auspressen und Ausschmelzen, man unterscheidet ↑**Milchfett** wie ↑**Butter** und Körperfette wie ↑**Geflügelfett,** ↑**Kalbsnierenfett,** ↑**Rindertalg,** ↑**Schweineschmalz,** ↑**Fischfett,** ↑**Fischöl** und ↑**Lebertran. Seetierfette und -öle:** In ungereinigtem Zustand werden diese als **Trane** bezeichnet. Zur Geschmacks- und Geruchsbeseitigung werden die Trane i. d. R. hydriert. Man unterscheidet zwischen Körperölen und Leberölen. Bei den Seetierfetten und -ölen überwiegen **ungesättigte Fettsäuren** mit zum Teil mehr als 3 Doppelbindungen. Außerdem besitzen sie meist einen hohen ↑**Vita-**

min-A- und -↑D-Anteil. **Walöle:** Die Verarbeitung der dicken Fettschichten der Blau-, Buckel- und Finnwale in kontinuierlichen Nassschmelzverfahren erfolgt direkt auf den Fangschiffen. Walöle dürfen heute nicht mehr zu kommerziellen Zwecken in die EU eingeführt werden. Gehärtete Walöle wurden als Rohstoffe bei der ↑**Margarine**- und Seifenherstellung verwendet. **Leberöle** von ↑**Walen** und ↑**Fischen:** Durch den hohen Vitamin-A- und -D-Gehalt werden die Leberöle von ↑**Dorsch,** ↑**Schellfisch,** ↑**Kabeljau** und ↑**Heilbutt** sowie das Wal-Leberöl zu Medizinallebertran verarbeitet. Um den Vitaminanteil nicht zu schädigen und eine Veränderung der oxidationsanfälligen **mehrfach ungesättigten Fettsäuren** zu verhindern, ist eine schonende Aufarbeitung (z. B. selektive Anreicherung mit flüssigem Propan) und eine sauerstoff-, licht- und wärmegeschützte Lagerung notwendig.

Tiernahrung [*Fleischprodukte*] Nicht zum menschlichen Genuss bestimmte Teile von Schlachttierkörpern und deren Eingeweide. Tiernahrung muss als solche kenntlich gemacht werden. **Es besteht Deklarationspflicht!**

Tiger-Prawn, Riesen-, Jumbo-, King- oder Black- [*Fisch*] Größte ↑**Garnele** unter den Krustentieren. Gefarmt oder gefischt wird sie im Indischen Ozean und West-Pazifik.

Tilapia [*Fisch*] **T Lateinisch:** Oreochromis spec. Sammelbezeichnung für über 1000 Fischarten, die zur Familie der Buntbarsche gehören. Sie kommen in den Flüssen und Seen der tropischen und subtropischen Gebiete von Afrika, Madagaskar, Südamerika und Asien vor. Wirtschaftlich sind nur rund 30 Arten interessant. In der Europäischen Union hat der Nil-Tilapia die größte Bedeutung. Sein kompakter, rundlicher Körper ist braungrau und hat eine lange, durchgängige Rückenflosse; der hellere Mosambik-Tilapia hat dunkle Längsstreifen. Für die Zucht wurde der Tilapia erst vor relativ kurzer Zeit entdeckt. Das frische Filet mit rund 300 g leckeren, festen Fleisches und einem leicht nussigen Geschmack ist mittlerweile Standard in der Feinschmeckerküche. Die meisten Tilapia-Arten haben rein weißes Fleisch, nur der Rote Tilapia ist am rötlichen Schuppenkleid und am rosa Filet erkennbar; auch er wird erfolgreich gezüchtet.

Tilleul [*Franz. Speisekarte*] ↑**Lindenblüte**

Tilsiter [*Käse*] **Herkunft:** Deutschland; **Käsesorte:** fester ↑**Schnittkäse** mit ↑**Rotschmiere** und harter Rinde, 45 % ↑**Fett i. Tr.; Milch:** vollfette Kuhmilch. **Teig:** kompakt, von hellgelber Farbe, unregelmäßige schlitzförmige und gerstenkorngroße Lochungen. **Geschmack:** herzhaft, kräftig; manchmal mit Kümmel. **Reifung:** 5 Monate. Während der ersten Monate werden die Käsebrote oder -laibe regelmäßig gebürstet und mit Salzwasser, dem Rotschmierekultur zugesetzt ist, gewaschen. **Form:** rund, ∅ 25 cm oder als Block. **Gewicht:** etwa 4,5 kg. **Info:** Der einzige Käse von Weltrang, der eindeutig auf deutschem Boden entstanden ist. Er stammt aus der Stadt Tilsit an der Memel. Sie wurde 1406 vom Deutschen Ritterorden in dem Teil Osteuropas gegründet, den Deutschland an die ehemalige UdSSR verlor. Die Russen nannten die Stadt Sowetsk.

Timate [*Kartoffelsorte*] **Kochtyp:** ↑**Vorwiegend festkochende Kartoffeln**

Timbale [*Franz. Speisekarte*] **A 1.** Kleine Sturzform oder Becher für ↑**Reis,** ↑**Pasteten,** ↑**Farcen,** ↑**Gelees,** ↑**Sülzen,** ↑**Fleisch**- oder ↑**Gemüsesoufflés. 2.** ↑**Mürbeteig**törtchen mit ↑**Ragout** aus ↑**Gemüse,** ↑**Risotto** usw. **3.** ↑**Pastete** mit ↑**Cremes,** ↑**Speiseeis,** ↑**Früchte**n

Timbale financière [*Franz. Speisekarte*] Warme ↑**Pastete,** gefüllt mit ↑**Ragout** aus ↑**Innereien** vom ↑**Hammel,** mit ↑**Madeira**-↑**Trüffel**soße

Timo [*Ital. Speisekarte*] ↑**Thymian**

Tinta barocca [*Weinkunde*] Vom Ursprung her eine portugiesische rote Rebsorte, die vor allem für Portweine angebaut wird. Die dickschaligen Beeren ergeben tieffarbige, wenn auch leicht rustikale Weine. Der große Vorteil der Rebe ist, dass sie kühlere Wetterbedingungen gut verträgt, weshalb sie sich in den Weinbergen des Douro-Gebietes auch mit weniger sonnigen Lagen zufrieden gibt. In Süd-Afrika wird sie vornehmlich für portähnliche Weine angebaut, obwohl immer öfter völlig trockene, rein aus Tinta barocca gekelterte Weine auf dem Markt erscheinen.

Tintenfisch [*Fisch*] **R Lateinisch:** Sepia officinalis; **Englisch:** cuttlefish; **Französisch:** seiche; **Italienisch:** seppia, calamaro; **Spanisch:** jibias, calamares. Der Tintenfisch ist eine Unterart der ↑**Kalmare,** ein ↑**Weichtier** mit zahlreichen Fangarmen, das an den Küsten und in den Tiefen der wärmeren Meere lebt. Bei eiliger Flucht und zur Verteidigung spritzt er einen tintenähnlichen Saft aus, der das Meerwasser undurchsichtig macht und den Fisch tarnt. Dieser Farbstoff wird von gefangenen Tintenfischen gewonnen, mit ↑**Gummi arabicum** verarbeitet und als Sepiafarbe für die Malerei gehandelt. Aus den an die Küsten der Meere angeschwemmten Rückenschalen gestorbener Tintenfische, die man Sepiaschalen nennt, werden Formen zum Gießen von Goldarbeiten hergestellt. Singvögeln dienen die Sepiaschalen zum Wetzen der Schnäbel. Sie werden auch zu Zahnpulver zerrieben und dienen ferner als Poliermittel. **Im Handel:** Tintenfische gibt es frisch, tiefgefroren, als Konserve oder geräuchert. Vor allem handtellergroße Exemplare sind sehr schmackhaft. Besonders begehrt sind die fleischigen Arme, die ebenfalls tiefgefroren und oft schon vorgebacken angeboten werden. Die 8–15 cm langen Tintenfische gelten nicht nur in Italien, Spanien und Portugal, sondern zunehmend auch in Mitteleuropa als Leckerbissen. Besonders geröstet hat der Tintenfisch einen angenehmen Geschmack. **Inhaltsstoffe:** In Tintenfischfleisch sind viele hochwertige ↑**Nährstoffe,** aber auch viel ↑**Cholesterin;** 100 g frischer Tintenfisch enthalten ⌀ 81 kcal/339 kJ, 0,97 g Fett, 15,8 g Eiweiß, 79,6 g Wasser, 2,17 mg Eisen, 20 µg Jod, 5,3 µg Vitamin B_{12} und 125 mg Cholesterin. **Die bekanntesten Arten sind:** Achtarmige Gemeine Krake (↑**Octopus** vulgaris Lam); Zehnarmiger Gemeiner Tintenfisch (Sepia officinalis L.); Pfeilkalmar (Todarodes sagittatus). **In der Küche:** Tintenfische gründlich waschen, dabei die feine Haut abziehen (wird bitter), Kopf und Arme aus dem Körper ziehen, ↑**Chitin**stab und Tintenblase entfernen und noch einmal waschen. Köpfe wegwerfen, Arme in kleine Stücke schneiden, Tuben ganz lassen oder in Ringe schneiden. So vorbereitet, können die Tintenfische (Sepia) gedünstet, gebraten, paniert, gegrillt und frittiert werden. Wenn sie nicht zu groß sind, werden sie in der Regel schnell weich. Die Tuben sind gefüllt, gedünstet oder gebacken besondere Leckerbissen. Größere Tintenfische und ↑**Kalmare** müssen vor dem Grillen, Braten, Backen und Füllen in ↑**Würzsud** vorgegart werden. Nach 30 Min. sind sie meistens weich und können weiterverarbeitet werden. Octopusse benötigen bis zu 2 Stunden (und mehr) Garzeit. Die Tinte verwendet man in der Küche zum Färben und Zubereiten von ↑**Nudeln** und ↑**Reis** (z. B. ↑**Risotto**).

Tintling [*Speisepilze*] ↑**Schopftintling**

Tinto [*Weinkunde*] Spanisch und portugiesisch für rot. Vino Tinto (in Portugiesisch Vinho Tinto) bedeutet also Rotwein.

Tinto de Requeña [*Weinkunde*] Spanische Rotweinrebe, welche auch Bobal oder Valenciana Tinta genannt wird. Erzeugt in Albacete, Alicante, Cuenca, Utiel-Requeña und Valencia gute Roséweine.

Tioro [*Franz. Speisekarte*] ↑**Ttoro**

Tip, Tippy [*Tee*] Bezeichnung für die hellen Blattteile des Tees (Blattspitzen). Kein Qualitätsmerkmal!

Tip-steak [*Fleischprodukte*] ↑**Steak** aus der ↑**Nuss** von ↑**Rind,** ↑**Kalb** oder ↑**Schwein**

Ti-Punch [*Hausbar*] Getränk aus ↑**Rum,** ↑**Rohrzucker** oder -↑**sirup** und ↑**Limetten**

Tiramisu [*Ital. Speisekarte*] **R** Zieh mich hoch! Berühmte italienische Süßspeise: Aufgeschlagene Eiercreme mit ↑**Mascarpone** wird auf ↑**Löffelbiskuits** gestrichen, die mit heißem, sehr starkem ↑**Espresso** aromatisiert, mit etwas ↑**Weinbrand** oder ↑**Amaretto** einzeln und schnell getränkt wurden. Eine zweite Lage darauf, mit einer dicken Schicht ↑**Kakaopulver** abdecken. Im Kühlschrank mindestens 8 Stunden durchkühlen lassen. **Grundrezept für die Eiercreme (reicht für eine 25 x 15 cm Form und zwei Lagen Biskuit):** Mit dem Schneebesen schlägt man 3 ↑**Eigelb** und 3 EL feinen Zuckers (Weihnachten mit gleicher Menge ↑**Honig** und etwas ↑**Zimt**), mit 1 P. Bourbon-↑**Vanillezucker** und geriebener, unbehandelter ↑**Zitronenschale** hellgelb cremig auf. Anschließend 300 g Mascarpone unter die Masse rühren. Tiramisu ist kein Sommerdessert und sollte in kürzester Zeit verzehrt werden. ↑**Lebensmittelvergiftung** oder ↑**Salmonellen**

Tirel, Guillaume [*Berühmte Köche*] **Guillaume Tirel** (wahrscheinlich *1312, †1395), auch Taillevent (Schneidewind) genannt, war ab 1381 Chefkoch König Karls V. von Frankreich. Auf ihn geht maßgeblich eines der frühesten und einflussreichsten westlichen Kochbücher, das **„Le Viandier"**, zurück. Er verfasste das Manuskript um 1375, gedruckt wurde es 1489. Diese Rezeptsammlung, die möglicherweise auf Anregung des Königs entstand, beeinflusste die ↑**Französische Küche** und die französischen Kochbücher für Jahrhunderte.

Tirochtipiti [*Griech. Speisekarte*] **A** Oder auch Chtipiti ist ein Begriff aus der griechischen Küchenkultur für eine pikante, scharfe Paste aus ↑**Schafskäse,** ↑**Olivenöl,** ↑**Paprika,** ↑**Cayennepfeffer,** ↑**Knoblauch,** ↑**Zitronensaft.**

Tiroler Art [*Speisegarnitur*] **A** ↑**Tyrolienne, à la**

Tiroler Bauernwurst [*Regionale Spezialität*] Österreichische ↑**Rohwurst**

Tiroler Bergbauernkäse [*Käse*] **Herkunft:** Österreich; **Käsesorte:** ↑**Hartkäse,** 45 % ↑**Fett i. Tr.; Milch:** silofreie, rohe Kuhmilch; **Teig:** geschmeidig; **Geschmack:** aromatisch, rauchig, leicht süßlich

Tiroler Bergbauernkäse – Feiner Tiroler [*Käse*] **Herkunft:** Österreich; **Käsesorte:** ↑**Schnittkäse,** 55 % ↑**Fett i. Tr.; Milch:** silofreie, pasteurisierte Kuhmilch; **Teig:** geschmeidig, schnittfest; **Geschmack:** feiner, cremiger Charakter

Tiroler Bergbauernkäse – Milder Inntaler [*Käse*] **Herkunft:** Österreich; **Käsesorte:** ↑**Schnittkäse,** 55 % ↑**Fett i. Tr.; Milch:** silofreie, pasteurisierte Kuhmilch; **Teig:** geschmeidig, schnittfest; **Geschmack:** mild, aromatisch

Tiroler Bergkäse [*Käse*] **Herkunft:** Österreich; **Käsesorte:** ↑**Hartkäse,** 45 % ↑**Fett i. Tr.; Milch:** silofreie, rohe Kuhmilch; **Teig:** zart schmelzend, geschmeidig; **Geschmack:** kräftig, aromatisch, pikant

Tiroler Emmentaler [*Käse*] **Herkunft:** Österreich; **Käsesorte:** ↑**Hartkäse,** 45 % ↑**Fett i. Tr.; Milch:** silofreie, rohe Kuhmilch; **Teig:** geschmeidig; **Geschmack:** aromatisch, nusskernartig, leicht süßlich

Tiroler Felsenkeller Käse [*Käse*] **Herkunft:** Österreich; **Käsesorte:** ↑**Hartkäse,** 45 % ↑**Fett i. Tr.; Milch:** silofreie, rohe Kuhmilch; **Teig:** schmelzend, geschmeidig; **Geschmack:** kräftig, aromatisch, pikant

Tiroler Graukäse [*Käse*] **Herkunft:** Österreich; **Käsesorte:** ↑**Sauermilchkäse,** beinahe fettfrei. ↑**Handkäse; Milch:** pasteurisierte Magermilch; **Teig:** topfigmarmoriert, außen speckig, innen mit weißem Kern; **Geschmack:** rassig würzig, ein wenig säuerlich

Tiroler Knödel [*Übersetzer*] **Englisch:** Tyrolean dumplings; **Französisch:** boulettes à la tirolienne; **Italienisch:** canederli tirolesi, polpetta; **Spanisch:** albondiga de tirol. ↑**Österreichische Küche**

Tiropitakia [*Griech. Speisekarte*] **A** Begriff aus der griechischen Küchenkultur für kleine, pikante, mit ↑**Schafskäse** gefüllte Teigtaschen

Tirosalata [*Griech. Speisekarte*] **A** Creme aus Feta (auch als **Kopanisti** bekannt)

Tischa'a be'aw [*Jüdische Küche*] **T** Jüdische Trauerzeit und Fastentage: Es wird weder ↑**Fleisch** gegessen, noch ↑**Wein** getrunken (außer an einem dazwischen fallenden Schabbat oder bei einer Beschneidungsfeier). Die Fasttage beginnen gewöhnlich erst am Morgen und enden mit dem Sonnenuntergang. Jom Kippur und der 9. Aw sind jedoch die höchsten Fasttage, und das Fasten beginnt bereits am Vorabend bis Sonnenuntergang des folgenden Tages. Fällt ein Trauertag bzw. ein Fasttag auf einen Schabbat, wird der Trauertag gewöhnlich auf Sonntag verlegt (mit Ausnahme von Jom Kippur, wo selbst am Schabbat gefastet wird, zumal Jom Kippur ja auch als Schabbat Schabbatot – Schabbat der Schabbate – bezeichnet wird). Man isst ein kräftiges Abendmahl vor Sonnenuntergang ohne Fleisch und Wein. Vor dem Fasten wird noch ein gekochtes ↑**Ei** mit Asche bestreut gegessen, als Zeichen der Trauer für die Tempelzerstörung.

Tischfertig [*Fleischprodukte*] Menüs, Menükompositionen oder Einzelprodukte, die nach dem Erwärmen tafelfertig serviert werden

Titandioxid [*Fachkunde*] ↑E 171

Titbits [*Asiatische Küche*] Begriff aus der thailändischen Küchenkultur für kleine, spielerisch und kreativ angerichtete Vorspeisen, Beilagen oder ↑**Snacks.** Zu den Titbits gehören auch ↑**Frühlingsrollen.**

Titling [*Fisch*] Ganzer, ungespaltener ↑**Stockfisch**

Toast [*Unsere Küche*] **A 1.** Geröstete feinporige ↑**Weißbrot**scheiben, meist kastenförmig. **2.** Als Gericht: mit verschiedenen Zutaten belegt und garniert, bei Bedarf auch überbacken. **Beispiele:** Schinken-Käse-Toast; **Toast Hawaii** mit ↑**Schinken** und ↑**Ananas** belegt, mit ↑**Käse** überbacken usw.

Tocai friulano [*Weinkunde*] Weiße Rebsorte, die hauptsächlich in Nordost-Italien (Friuli-Venezia Giulia) angebaut wird. Die aus Tocai Friulano produzierten Weine sind leicht und trocken. Sie zeichnen sich aus durch strohgelbe Farbe, die in Grün übergehen kann, und duften nach Obst, Feldblumen und einer typischen Bittermandelnote. Die Rebsorte ist nicht verwandt mit dem Tokay d'Alsace, der mittlerweile von der EU nicht mehr zugelassenen Elsässer Bezeichnung für Pinot Gris. Ebensowenig hat Tocai Friulano mit dem weltberühmten ungarischen Süßwein Tokaji zu tun.

Tocino [*Span. Speisekarte*] ↑**Speck**

Tocino de cielo [*Span. Speisekarte*] **Himmelsspeck:** ein Gebäck aus ↑**Eigelb** und ↑**Zucker**

Tocopherol ↑**Vitamin E** [*Gesundheit*] **T** Seit 1968 ist Vitamin E als essenzieller Nährstoff bekannt, der nur von Pflanzen gebildet werden kann. In der Natur kommen acht Vitamin-E-Stoffgemische vor. Beim Menschen wirkt das so genannte **alpha-Tocopherol** am besten. Von dem mit der Nahrung aufgenommenen Vitamin E werden etwa dreißig % im Dünndarm resorbiert (der Rest wird ausgeschieden) und über den ganzen Körper in fast alle Gewebe verteilt. **Funktion im Körper:** Vitamin E ist ein wichtiges Antioxidans. Das heißt, es sitzt zusammen mit anderen ↑**Antioxidantien** auf der Zellmembran und schützt die Zelle vor ↑**Freien Radikalen** und Sauerstoffradikalen. Diese entstehen durch Stoffwechselvorgänge oder werden aus der Umwelt aufgenommen und können Krankheiten, möglicherweise auch Krebs, auslösen. Auch beim Eiweißstoffwechsel wirkt Vitamin E mit, schützt weiterhin die Zellen, unterstützt das Immunsystem und verhindert das Verklumpen von Blutplättchen. **Vitamin-E-Mangel:** tritt selten auf, da es in vielen Nahrungsmitteln enthalten ist. Sollte dennoch zu wenig davon resorbiert werden, werden zuerst die Reserven aufgebraucht, die im Körperfett gespeichert sind. Beschwerden treten deshalb erst nach längerer Zeit auf. Es kann zu Konzentrations- und Muskelschwächen kommen. Das Immunsystem wird geschwächt, der Schutz vor Infektionen fehlt. Es steht zu vermuten, dass Krankheiten wie Krebs, Rheuma, ↑**Diabetes,** ↑**Arteriosklerose** und Schlaganfall Vorschub geleistet wird. **Vitamin-E-Lieferanten:** Vitamin E kommt ausschließlich in Pflanzen vor, in besonders hoher Konzentration in ↑**Weizenkeimen**. Alle Arten von ↑**Pflanzenölen** enthalten große Mengen, allerdings kann die Aufnahme des Vitamins durch die ebenfalls enthaltenen ungesättigten Fettsäuren beeinträchtigt werden. ↑**Butter,** ↑**Nüsse** und ↑**Gemüse** wie (↑**Soja-**)↑**Bohnen,** ↑**Grünkohl,** ↑**Schwarzwurzeln,** ↑**Spargel** sind gute Vitamin-E-Lieferanten. ↑**Fleisch,** ↑**Fisch** und ↑**Käse** enthalten weit weniger. Geringe Verluste entstehen durch Lagern und Erhitzen. Vitamin E kann künstlich hergestellt werden; weil das Vitamin durch industrielle Verarbeitung von Lebensmitteln verloren geht. Hier gleichen die Hersteller den Verlust teilweise mit dem synthetischen **alpha-Tocopherylacetat** aus. **Täglicher Bedarf:** Eine Unterversorgung mit Vitamin E entsteht nur selten, da die empfohlenen sechs bis acht Milligramm pro Tag normalerweise mit der Nahrung aufgenommen werden. Diese Richtlinie gilt aber nicht, wenn auch viele ungesättigte Fettsäuren mit der Nahrung aufgenommen werden. Dann erhöht sich der Bedarf bei Männern auf etwa 14 mg, bei Frauen auf etwa 12 mg. Schwangere und Stillende benötigen entsprechend mehr. **Um den ∅ Tagesbedarf an Vitamin E zu decken, reichen folgende Mengen der betreffenden Lebensmittel: 200 g Schwarzwurzeln** (Konserve); 20 g ↑**Sonnenblumenöl;** 100 g ↑**Vollkornkeks;** 150 g ↑**Studentenfutter** mit ↑**Erdnüssen;** 200 g ↑**Tomaten**salat. Einen erhöhten Bedarf haben Raucher sowie Menschen, die großen Belastungen oder Stress ausgesetzt sind, auch Herzkranke und immungeschwächte Patienten. Eine übermäßige Aufnahme von Vitamin E ist kaum möglich, da erst ab etwa 3000 mg Blutgerinnung, Verdauung und Muskelkraft beeinträchtigt werden können. ↑**E 306** – ↑**E 309**

Tod man gai [*Asiatische Küche*] Begriff aus der thailändischen Küchenkultur für kleine ↑**Frikadellen** aus ↑**Hühnerfleisch**

Tod man plaah [*Asiatische Küche*] Begriff aus der thailändischen Küchenkultur für kleine ↑**Frikadellen** aus ↑**Fleisch**

Toddy [*Hausbar*] **A** **1.** Zuckerhaltiger Pflanzensaft von Kokos- und Dattelpalme. Grundstoff zum Brennen von ↑**Arrak.** **2.** Hochprozentiger ↑**Cocktail** aus ↑**Branntwein,** ↑**Zucker,** Eis und Wasser, ähnlich dem ↑**Grog,** der in Schottland, England, Schweden u. a. kalt oder warm getrunken wird

Tofu [*Gesundheit*] **T** Oder Sojabohnenkäse ist ein quarkähnliches Erzeugnis, das aus Sojamilch hergestellt wird. Die Sojamilch wird mit Hilfe von Säuren oder Salzen ausgeflockt und abgepresst. **Inhaltsstoffe:** 100 g Tofu enthalten ⌀ 92 kcal/385 kJ, 5,3 g Fett, 0,62 g Kohlenhydrate, 10,6 g Eiweiß und 81,5 g Wasser. Inhaltlich glänzt Tofu mit wenig ↑**Kalorien,** viel ↑**Eiweiß** und wenig ↑**Kohlenhydraten.** In der ostasiatischen Küche spielt Tofu eine große Rolle. Tofu kann ↑**Milchprodukte,** ↑**Fleisch** und ↑**Fisch** ersetzen, hat kaum Eigengeschmack. Er kann gekocht, gegrillt, gedünstet und gebraten werden. Tofu ist auch geeignet als Suppeneinlage, für Salate, Aufläufe und als Brotaufstrich. Es gibt ihn frisch, als Konserve oder Pulver. Ganz **frischer Tofu** ist fast geschmacksneutral. **Geräucherter Tofu:** Hierbei handelt es sich meist gar nicht um ein geräuchertes Produkt, sondern um Tofu, der in süßer ↑**Sojasauce** gekocht wurde.

Tokajer [*Weinkunde*] Oft benutzter Name für Tokaji, einen der bemerkenswertesten Süßweine der Welt, der aus dem Weinbaugebiet Tokaj-Hegyalja im Nordwesten Ungarns stammt. Rebsorte: Furmint. Der Alkoholgehalt der Tokajerweine beträgt 13–15 %. Es gibt zwei Gruppen von Tokajer-Weinen: **1.** die **Tokaji-Szamorodni,** die entweder trocken oder halbtrocken sind, und **2.** die **Tokaji-Aszú,** die aus von ↑**Edelfäule** befallenen Beeren gekeltert werden. Auch hier handelt es sich um eine Auslese: Die edelfaulen Beeren werden ausselektiert und in Puttonyos genannte kleine Fässer (30 l) gefüllt, während die anderen Beeren gepresst werden. Die Tokaji-Aszú-Weine sind das Ergebnis eines Verschnitts von normalem Wein und der edelfaulen Beeren aus den Puttonyos. Das Etikett gibt dabei Aufschluss über das Verhältnis zwischen einem Fass normalen Rebensafts (Göncer, Inhalt 130 l) und der Zahl der Puttonyos, die ihm zugegeben werden, um anschließend zu vergären. Dabei können zwischen ein bis sechs Puttonyos einem Göncer beigemischt werden. Je mehr Puttonyos, desto süßer der spätere Wein. Ein Wein, der ausschließlich aus dem Vorlauf der edelfaulen Beeren erzeugt wird, ist der sehr seltene **Tokaji-Eszencia.** Dieser Saft hat einen so hohen Gehalt an Zucker, dass die Hefe abstirbt, bevor sie ihre Aufgabe zu Ende gebracht hat. Das Ergebnis ist ein sehr süßer Wein bei niedrigem Alkoholgehalt (6–10 %).

Tokány [*Ungarische Küche*] **A** Begriff aus der ungarischen Küchenkultur. Hier wird ↑**Schweinefleisch** in dünne Streifen geschnitten. Bei einigen Tokánygerichten spielt der ↑**Paprika** nur eine untergeordnete Rolle, er kann eventuell auch ganz wegbleiben. Dafür treten andere ↑**Gewürze** und Zutaten wie ↑**Pfeffer** und ↑**Majoran** bzw. ↑**Tomaten,** ↑**Räucherspeck,** ↑**Wurst,** ↑**Pilze** und grüne ↑**Erbsen** in den Vordergrund.

Tokay d'Alsace [*Weinkunde*] Traditionell die elsässische Bezeichnung für einen aus ↑**Pinot Gris** gekelterten Weißwein. Die Verwechslungsgefahr mit dem mindestens so berühmten ungarischen Wein Tokaji (auch oft Tokajer geschrieben), der jedoch aus der Rebsorte Furmint gekeltert wird, veranlasste die EU, den Elsässern den Gebrauch des Namens zu verbieten. Proteste führten zu dem Kompromiss, dass der elsässische Wein befristet Tokay Pinot Gris genannt werden darf.

Toleranzwert [*Fachkunde*] Höchstkonzentration, dessen Überschreitung das Lebensmittel verunreinigt oder im Wert vermindert

Tollatschen, pommersche [*Regionale Spezialität*] **R** Kinderfaustgroße Klöße aus: 250 g ↑**Mehl;** 100 g ↑**Zucker;** 75 g ↑**Semmelbrösel;** 1 TL ↑**Salz;** 75 g ↑**Rosinen;** 1/2 ↑**Zitrone,** unbehandelt und abgerieben; 1 Spur ↑**Anis;** 1 Spur ↑**Kardamom;** 1 Spur ↑**Zimt;** etwas ↑**Thymian;** 50 g weiches ↑**Griebenschmalz;** 1/8 l Schweineblut (beim Schlachter bestellen); 2 l ↑**Fleischbrühe** oder ↑**Wurstsuppe.** **Zubereitung:** Erst die trockenen Zutaten mischen, dann das weiche Schmalz und das Schweineblut unterrühren, einen Teig daraus kneten und kinderfaustgroße Klöße formen. Die Klöße in der heißen Brühe in 20 Min. gar ziehen lassen. Dann herausnehmen und in eine vorgewärmte Schüssel schichten. Die Tollatschen können heiß gegessen werden. Man kann sie aber auch abkühlen lassen, in Scheiben schneiden, in Schmalz braten und mit gebratenen Apfelscheiben servieren. Sie gehören zu einer typischen pommerschen ↑**Schlachtschüssel** mit vielen verschiedenen Rezepten. Wer sich die Arbeit nicht machen möchte, kann Tollatschen auch beim Fleischer kaufen, hier bekommt man dann meistens eine Blutwurst mit geschrotetem ↑**Zerealienanteil.**

Tom Collins [*Hausbar*] **R** Alkoholhaltiger ↑**Cocktail,** der auf dem klassischen ↑**Sour** aufbaut, aber zusätzlich ↑**Soda** enthält. Die Zutaten werden auf Eiswürfeln verrührt, ins Glas abgeseiht und dort mit Soda aufgefüllt. **Grundrezept:** 6 cl ↑**Spirituose;** 4 cl ↑**Zitronensaft;** 1 cl ↑**Zuckersirup;** ↑**Soda.** Am bekanntesten ist der Tom Collins. **Je nach Spirituose heißt der Collins:** ↑**Gin:** Tom Collins; ↑**Wodka:** Joe Collins oder Wodka Collins; ↑**Bourbon Whiskey:** Colonel Collins; ↑**Canadian Whiskey:** Captain Collins; ↑**Irish Whisky:** Mike Collins; ↑**Scotch Whisky:** Sandy Collins; ↑**Calvados:** Jack Collins; ↑**Cognac:** Pierre Collins; ↑**Pisco:** Pisco Collins; ↑**Weißer Rum:** Pedro Collins; ↑**Brauner Rum:** Rum Collins; ↑**Tequila:** Pepito Collins oder Ruben Collins

Tom khaa gai [*Asiatische Küche*] Begriff aus der thailändischen Küchenkultur für Hühnersuppe mit ↑**Zitronengras**

Tom xao mia [*Intern. Länderküche*] Begriff aus der vietnamesischen Küchenkultur für ↑**Riesengarnelen,** gebraten mit ↑**Zuckerrohr** – ↑**Vietnamesische Küche**

Tom yam gung [*Asiatische Küche*] Begriff aus der thailändischen Küchenkultur für sauer-scharfe ↑**Garnelen**suppe

Tomaten [*Gemüse*] **T Lateinisch:** Lycopersicon esculentum. **Synonym:** Paradiesapfel, Liebesapfel, Cocktailtomaten, Fleischtomate, Rispentomaten, Romatomate, Runde Tomate. **Englisch:** tomatoes, love apple; **Französisch:** tomates, pomme d'amour; **Italienisch:** pomodori; **Spanisch:** tomates; **Österreichisch:** Paradeiser. **Info:** Tomaten sind Beerenfrüchte und gehören zur Familie der Nachtschattengewächse. Die Pflanze ist niederliegend oder kletternd und kann bis zu 2 m hoch werden. Die gelblichen Blüten erscheinen von Mai bis Oktober, und ab August beginnen die ursprünglich grünen Früchte zu reifen und färben sich rot. Tomaten gehören weltweit zu den beliebtesten Gemüsesorten, davon zeugen die ihr verliehenen Namen wie Liebesapfel, Goldapfel oder Paradeiser. Die heute wichtigsten Anbauländer sind China, die USA, Italien und Türkei. **Ursprung und Geschichte:** Die Azteken kultivierten die **tomatl** als Nutz- und Heilpflanze in Mittel- und Südamerika. Von den Spaniern wurde sie dann im 16. Jh. mit der Kartoffel nach Europa gebracht. Die ersten nach Europa gebrachten Früchte waren wahrscheinlich gelb, wie der italienische Name **pomo d'oro** (goldener Apfel) vermuten lässt. Tomaten wurden in Europa lange Zeit wegen ihrer schön leuchtenden Früchte nur als Zierpflanze verwendet. Sie galten wegen ihrer Zugehörigkeit zu den Nachtschattengewächsen und des strengen, ungewöhnlichen Geruchs der grünen Pflanzenteile als giftig. Lediglich als Heilpflanze schrieb man den Tomaten gewisse Wirkungen zu, weshalb sie in Frankreich auch **pomme d'amour** (Liebesapfel) oder in Deutschland **Tollapfel** genannt wurde. **Herkunft und Saison:** Neben den hier angebauten Tomaten, die von Ende Mai bis Oktober angeboten werden, stammen Tomaten meist aus Spanien (Kanarische Inseln), Italien und aus Gewächshäusern in den Niederlanden oder Belgien. **Inhaltsstoffe:** 100 g Tomaten haben einen Brennwert von ⌀ 22 kcal/90 kJ und enthalten 93 g Wasser, 0,8 g Eiweiß, 0,3 g Fett, 4,6 g Kohlenhydrate und 1,1 g Ballaststoffe. An ↑**Mineralstoffen**, ↑**Spurenelementen** und ↑**Vitaminen** sind ⌀ 5 mg Kalzium, 0,4 mg Eisen, 9 mg Natrium, 62,3 mg Vitamin A (RE) sowie 19,1 mg Vitamin C enthalten. ↑**Grüne Tomaten** enthalten – genauso wie die grünen Teile der Tomatenpflanze – ↑**Solanin,** das typische Gift der Nachtschattengewächse. Solanin kann Bauchweh, Krämpfe und Durchfall verursachen. **In reifen Tomaten ist Solanin nicht mehr enthalten.** Tomaten enthalten vor allem ↑**Carotinoide** (↑**Betacarotin**), die im Körper zu ↑**Vitamin A** umgebaut werden. Der Farbstoff der Tomaten, das Lycopin, soll außerdem gegen Krebsleiden vorbeugen. Der geschmacklich wichtigste Bestandteil der Tomate sind freie Glutaminsäuren. Diese wirken als ↑**Geschmacksverstärker** und geben allen Speisen eine feine Abrundung. **Zubereitung und Tipps:** ↑**Würztabelle.** Die Tomate hat als eines der feinsten Fruchtgemüse die ganze Welt erobert. Das rote Fruchtfleisch hat einen pikanten, würzigen Geschmack und ist leicht verdaulich. **Der Stängelansatz muss immer rausgeschnitten werden,** er enthält das **giftige Solanin,** das sich auch in alten oder zu hell gelagerten ↑**Kartoffeln** bildet. Nach dem Einkauf die Früchte aus der Tüte nehmen und an einen luftigen Platz legen. Möglichst kühl und trocken (nicht im Kühlschrank) lagern, ideal sind 10–13° C. Tomaten nicht mit ↑Salat**gurken** aufbewahren. Tomaten setzen Äthylen frei, ein natürliches Gas, das die Gurken weich werden lässt. Vor dem Kochen sollte man Tomaten häuten, denn die Schalen bleiben fest und sind schwer verdaulich. Dazu schneidet man den Stängelansatz heraus und die Tomatenhaut an der unteren Seite kreuzförmig ein. In kochendem Wasser blättern diese Schnittstellen nach ca. einer Minute auf. Die Tomaten werden sofort in eiskaltem Wasser abgeschreckt, so löst sich die Haut fast von selbst ab. Es gibt eine gentechnisch veränderte Tomate mit dem Namen „↑**Flavr-Savr-Tomate**" oder „Anti-Matsch-Tomate".

Tomatenketschup [*Gewürze & Kräuter*] ↑**Ketschup**

Tomatenmark [*Allgem. Nährmittel*] **T** Püriertes und konzentriertes ↑**Tomaten**fleisch ohne Kerne und Schalen, normal ungewürzt. Mittlerweile gibt es mit verschiedenen ↑**Kräutern** und ↑**Knoblauch** aromatisiertes Tomatenmark. Diese Aromen kochen allerdings in länger köchelnden ↑**Saucen**, Suppen und Speisen aus.

Tomatensaft [*Übersetzer*] **Englisch:** tomato juice; **Französisch:** jus de tomates; **Italienisch:** succo di pomodoro; **Spanisch:** jugo de tomates

Tomatensalat [*Übersetzer*] **Englisch:** tomato salad; **Französisch:** salade de tomates; **Italienisch:** insalata di pomodori; **Spanisch:** Ensalada de tomates. ↑**Würztabelle**

Tomatensoße [*Unsere Küche*] **R Englisch:** tomato sauce; **Französisch:** sauce tomate; **Italienisch:** salsa di pomodoro; **Spanisch:** salsa de tomates. Tomatensauce ist eine einfache, auf gekochten, passierten Eier- oder Flaschentomaten basierende Sauce aus der ↑**Italienischen Küche**, Grundlage vieler Gerichte. ↑**Pizza.** Verfeinert wird die italienische Tomatensauce mit verschiedenen Gemüsesorten wie ↑**Zwiebeln**, ↑**Karotten**, ↑**Sellerie** und ↑**Knoblauch.** Sie werden mit den ↑**Tomaten** in ↑**Olivenöl** angedünstet, mitgekocht, dann passiert und abgeschmeckt. Die Sauce muss mindestens eine Stunde mit Deckel bei ganz schwacher Hitze köcheln. Fertig ist sie, wenn sich auf der Oberfläche die typischen Fettaugen bilden und eine eigene Bindung entsteht. Stehen keine vollreifen Eiertomaten zur Verfügung, können auch Dosentomaten und Tomatenmark als Ersatz dienen. Eine aufwändigere Form der Tomatensauce gehört zu den warmen ↑**Grundsaucen** der klassischen Küche. Sie wird mit geräuchertem Speck und Röstgemüse angesetzt, mit ↑Weißwein, ↑**Brühe** oder ↑**Fischfond** aufgefüllt, mit Tomatenmark angereichert und gebunden. Grundgewürze sind: ↑**Lorbeer**, ↑**Bohnenkraut**, ↑**Oregano**, ↑**Piment**, ↑**Thymian**, ↑**Rosmarin**, ↑**Wacholderbeeren** und ↑**Salbei.** Abgeschmeckt wird mit ↑**Meersalz**, ↑**Pfeffer**, ↑**Chili**, ↑**Essig**, ↑**Zucker**, ↑**Basilikum** und ↑**Muskatnuss.**

Tomatensuppe [*Übersetzer*] **Englisch:** tomato soup; **Französisch:** potage aux tomates; **Italienisch:** zuppa di pomodori; **Spanisch:** sopa de tomate. ↑**Würztabelle**

Tomates [*Span. Speisekarte*] ↑**Tomaten**

Tomates concassées [*Franz. Speisekarte*] Würfel von abgezogenen, entkernten ↑**Tomaten** & ↑**Würztabelle**

Tomates farcies à la provençale [*Franz. Speisekarte*] **R** ↑**Tomaten** mit ↑**Knoblauch**, ↑**Zwiebeln** und ↑**Petersilie** gefüllt und auf einer gebutterten Form im Rohr gebacken

Tomates verdes [*Mexicofood*] ↑**Tomatillos**

Tomatieren [*Franz. Fachwort*] Mit ↑**Tomatenmark** oder ↑**Tomatensauce** vermischen

Tomatillos [*Mexicofood*] **T Lateinisch:** Physalis philadelhica, Solanaceae. Ein hierzulande noch wenig bekannter Verwandter der Tomate, der aus Mittelamerika stammt, eine süß-säuerlich schmeckende Frucht mit einem zarten Hauch von ↑**Zitrone** und ↑**Apfel.** Tomatillos sehen wie kleine grüne Tomaten aus und werden auch „tomates verdes" genannt, haben aber nichts mit den ↑**Tomaten** gemeinsam. Die Beerenfrüchte wachsen an einer 90–120 cm hohen Pflanze und erreichen einen Durchmesser von nur 3 cm. Sie reifen dabei in einer papierartigen Hülle heran, die sie wie ein brauner Kelch umgibt. Dabei ändern sie ihre Farbe von grün zu gelblich oder violett. Tomatillos sind frisch kaum erhältlich, jedoch im Delikatessenhandel in Dosen. In der ↑**Tex-Mex** – oder ↑**Mexikanischen Küche** werden Tomatillos in der Regel gegart, man kann sie aber auch roh als Salat verzehren. Da sie fester sind als Tomaten, eignen sie sich gut als Einlage für Saucen. Tomatillos sind auch in der bekannten mexikanischen ↑**Mole** enthalten und dienen außerdem zum Verfeinern zahlreicher Gerichte wie ↑**Tacos**, ↑**Burritos**, ↑**Enchiladas** sowie diverser Fleischgerichte. Rohe Tomatillos kommen fein geschnitten in ↑**Gazpacho** und ↑**Guacamole.** Zur Vorbereitung wäscht man das klebrige Harz am Stängelansatz ab und entfernt das Kerngehäuse. Tomatillos dürfen nicht mit ↑**Grünen Tomaten** verwechselt werden, diese enthalten giftige Substanzen und können beim Verzehr **tödliche Vergiftungen** hervorrufen.

Tomatisieren [*Unsere Küche*] Tomatenmark zugeben

Tomato fix [*Allgem. Nährmittel*] Instant-Tomatenpulver

Tomatosupa [*Griech. Speisekarte*] GriechischeTomatensuppe

Tome des Bauges Geschützte Herkunftsbezeichnung [*Käse*] **T Herkunft:** Frankreich/Savoyen (Rhône-Alpes-Gebiet); **Käsesorte:** ↑**Schnittkäse**, mind. 40 % ↑**Fett i.Tr.**; **Milch:** Rohe Kuhmilch, ausschließlich von Kühen der Rassen Abondance, Tarine und Montbéliard, die mindestens 120 Tage auf den Weiden und Bergwiesen Savoyens verbringen. **Teig:** weicher, schmelzender, blassgelber, fruchtiger Teig. **Rinde:** Besonders charakteristisch ist seine unebene graue Rinde, die sich während der Reifung mit gelben und roten ↑**Edelschimmel**punkten überzieht. **Geschmack:** fruchtig. **Reifung:** nach der Herstellung in Kupferkesseln reift der junge Käse mindestens 40 Tage in feuchten, kalten Kellern. **Größe:** Höhe 3–5 cm. **Gewicht:** 1,1–1,4 kg. **Info:** Die bäuerlichen ↑**Käse** tragen eine grüne Plakette, die in Käsereien hergestellten eine rote. **Verwendung:** ↑**Nüsse**, ↑**Trockenpflaumen**, ↑**Äpfel**, ↑**Fenchel**, ↑**Tomaten** oder ↑**Chicorée** harmonieren sehr gut mit dem Tome des Bauges (**sprich:** Tomm de Boosch). Auch Suppen oder Nudelgerichten gibt er eine besondere Raffinesse. **Weinempfehlung:** Weine aus Savoyen

Tomette de Thônes [*Käse*] **Herkunft:** Frankreich; **Käsesorte:** Halbfester ↑**Schnittkäse** mit krustiger Naturrinde, 35 % ↑**Fett i.Tr.**; **Milch:** rohe Bergmilch der Savoyer Hochalpenkühe. **Geschmack:** herzhaft würzig

Tomme d'Abondance [*Käse*] **Herkunft:** Frankreich/Chablais; **Käsesorte:** gepresster ↑**Schnittkäse**, 20–40 % ↑**Fett i.Tr.**; **Milch:** Kuhmilch; **Form:** rund, ∅ 35–45 cm, 8 cm hoch, mit leicht gewölbtem Rand. **Gewicht:** 7–12 kg. **Reifung:** 4 Monate in kühlen, feuchten Reifekellern; wird in schwacher ↑Salz**lake** gewaschen

Tomme de Beaudé à l'ancienne [*Käse*] **Herkunft:** Frankreich; **Käsesorte:** wild aussehend, sehr salzarmer ↑**Hartkäse**, 45 % ↑**Fett i.Tr.**; **Rinde:** mit in allen Farben blühender Naturrinde. **Geschmack:** würzig-elegantes Aroma. **Reifung:** in feuchten Kellerräumen

Tomme de Gascogne [*Käse*] **Herkunft:** Frankreich; **Käsesorte:** aromatischer, von Hand hergestellter

↑**Hartkäse,** 40 % ↑**Fett i.Tr.; Reifung:** 16 Monate im ausgewogenen Klima des Lot-et-Garonne

Tomme de Savoie [*Käse*] **T Herkunft:** Frankreich/Savoyen; **Käsesorte:** ↑**Bergkäse,** 20–40 % ↑**Fett i.Tr.; Milch:** ursprünglich entrahmte Kuhmilch, mittlerweile bei einigen Sorten Vollmilch. **Rinde:** Typisch ist seine dünne, trockene Rinde, deren grauer ↑**Edelschimmel**rasen bunt gesprenkelt ist. In seiner Heimat wird der Tomme de Savoie (**sprich:** tomm dö za woa) mit Rinde verzehrt. **Teig:** Weiche klebrige Konsistenz. Gleich unter der Rinde ist der Tomme de Savoie graugelb. **Geschmack:** riecht zwar nach Keller, ist aber mild und cremig. **Reifung:** In den Reifehöhlen drückt der Käser während der Reifezeit den Schimmelpilz mehrmals mit der Hand in den blassgelben Teig. **Weinempfehlung:** trockene Vin de Savoie oder weiße Elsässer

Tomme Vaudoise [*Käse*] **Herkunft:** Schweiz; **Käsesorte:** Er gehört zu den wenigen Schweizer ↑**Weichkäsen. Teig:** sehr cremige Konsistenz. **Info:** Seine Reifezeit beträgt höchstens 10 Tage.

Tong Qwa [*Exotische Früchte*] **T Synonym:** Wintermelone, Wachskürbis, Wax Melon, Tung Kwa. Asiatischer ↑**Kürbis** mit ↑**Zucchini**-ähnlichem Aroma, unterschiedlicher Größe und Länge, kann bis 50 kg schwer werden. Für Eintöpfe und Suppen.

Tongku [*Speisepilze*] **T** Würzige ostasiatische Pilzart, die in Dosen konserviert in Delikatessengeschäften erhältlich ist.

Tongue [*Engl. Speisekarte*] ↑**Zunge**

Tonics [*Hausbar*] Herbe, erfrischende ↑**Shortdrinks** aus ↑**Branntwein,** werden mit ↑**Tonicwater** aufgegossen

Tonkatsu [*Intern. Länderküche*] Begriff aus der japanischen Küchenkultur für ↑**Schweineschnitzel**

Tonnarelli [*Ital. Speisekarte*] Variante der viereckigen ↑**Chitarra**-Spaghetti aus Latium

Tonneau [*Weinkunde*] Frankreich: Weinfass mit einem Fassungsvermögen von 4 Barrique = 900 l

Tonno [*Ital. Speisekarte*] ↑**Tunfisch**

Tontopf [*Unsere Küche*] Längliche Deckelkasserolle aus poröser Keramik. ↑**Römertopf**

Too gnooh [*Asiatische Küche*] Begriff aus der thailändischen Küchenkultur für ↑**Sojasprossen**

Toothpicks [*U.S. Kitchen*] Zahnstocher

Top loin steak [*Engl. Speisekarte*] ↑**Rumpsteak** mit Knochen

Topfen [*Österr. Küche*] ↑**Quark**

Topfengolatsche [*Österr. Küche*] Quarktasche

Topfenhaluschka [*Intern. Länderküche*] **R** Eine typische Spezialität aus der Böhmischen Küche: ↑**Nudelteig** ausrollen und trocknen lassen. In unregelmäßige, größere Stücke schneiden oder reißen und in Salzwasser kochen. Abseihen, abschrecken und in zerlassener ↑**Butter** anschwenken; leicht salzen. Beim Anrichten mit trockenem, leicht gesalzenem ↑**Quark** bestreuen und mit gerösteten ↑**Speckwürfeln** übergießen.

Topinambur [*Gemüse*] **A Lateinisch:** Helianthus tuberosus. **Synonym:** Erdartischocke, Erdapfel, Erdbirne, Erdschocke, Erdsonnenblume, Ewigkeitskartoffel, Indianerknolle, Jerusalemartischocke, Kleine Sonnenblume, Knollensonnenblume, Zuckerkartoffel. **Englisch:** Jerusalem artichoke; **Französisch:** topinambour, artichaut de Jérusalem. **Info:** Der zur Familie der Korbblütengewächse gehörende und eng mit der Sonnenblume verwandte Topinambur ist eine ausdauernde, bis zu 3 m hohe, buschige Pflanze, an deren Sprossbasis unterirdische Ausläufer entspringen, die an ihren Spitzen zu kleinen bis mittelgroßen, frostharten, kartoffelähnlichen, buckligen Rhizomknollen anschwellen. Die 4–10 cm großen Knollen haben eine gelbbraune oder violett-rötliche, glatte oder stark verknorpelte Schale, gelbweißes, knackiges, saftiges Fruchtfleisch und einen angenehm süßlichen, artischockenähnlichen bis nussartigen Geschmack. **Ursprung und Geschichte:** Topinambur stammt aus Südamerika und wurde bereits von den Indianern über den ganzen amerikanischen Kontinent bis nach Kanada verbreitet. Wegen der Unaussprechlichkeit seines indianischen Namens bekam er von den Europäern seinen Namen nach einem kanadischen Indianerstamm. Französische Seefahrer brachten die Knollen zu Beginn des 17. Jh. nach Frankreich, von wo sie sich schnell in ganz Europa verbreiteten und bis zur Einführung der ↑**Kartoffel** ein Grundnahrungsmittel in Europa waren. Heute spielt Topinambur in Europa eine sehr untergeordnete Rolle und wird wegen ihrer einfachen Kultivierung als Viehfutter oder Gründüngung angebaut. **Herkunft und Saison:** Topinambur wird von Anfang November bis April in kleineren Mengen vorwiegend aus heimischer Produktion angeboten. **Inhaltsstoffe:** 100 g Topinambur weisen einen Brennwert von ∅ 33 kcal/140 kJ auf und enthalten 78 g Wasser, 2,4 g Eiweiß, 0,4 g Fett, 17,4 g Kohlenhydrate und 1,6 g Ballaststoffe. An ↑**Mineralstoffen,** ↑**Spurenelementen** und ↑**Vitaminen** sind 14 mg Kalzium, 3,4 mg Eisen, 4 mg Natrium, 2 mg Vitamin A (RE) und 4 mg Vitamin C enthalten. Topinambur enthält keine Stärke, sondern ein ↑**Kohlenhydrat** namens ↑**Inulin,** das unter Enzymeinwirkung in eine speziell für Diabetiker verträgliche ↑**Zucker**form umgewandelt wird. Deshalb wird er auch als **Diabetiker-Kartoffel** bezeichnet. **Zubereitung und Tipps:** Gebacken, gedünstet, püriert, roh, gekocht oder mariniert, auch roh als Salat geraspelt und mit ↑**Zitronensaft** verfeinert schmeckt diese Knolle sehr gut. Gekocht entwickelt sie ein nussartiges, süßliches Aroma, das sich durch gerösteten ↑**Sesam** noch betonen lässt. Sie wird roh in Salate geschnitten oder als Vorspeise serviert und passt gut zu ↑**Lauch** und ↑**Geflügel.** Gegart sind Topinambur ein ausgezeichneter Ersatz für ↑**Wasserkastanien** und Kartoffeln. Sie lassen sich am besten gleich nach dem Kochen schälen, wenn sie noch heiß sind. Ein wenig ↑**Nussöl** unter Topinambur-Püree gibt ihm ein trüffelähnliches Aroma. Am Oberrhein kennt man die Pflanze vorwiegend als 40 %igen **Rossler,** eine ↑**Spirituose,** aus den Knollen gebrannt.

Topping [*U.S. Kitchen*] Überzug, Belag

Toque [*Franz. Fachwort*] Kochmütze

Torchio, torchietti [*Ital. Speisekarte*] Pastasorte aus Kampanien, wie gewundene Tüten mit einer weiten, trichterförmigen Öffnung. Sie erinnert entfernt an Meeresschnecken. Gut für Gerichte mit reichlich Sauce.

Torchon [*Franz. Fachwort*] Putzlappen

Tordelli [*Ital. Speisekarte*] Halbmondförmige Teigtaschen

Tordo [*Ital. Speisekarte*] Drossel

Törggelen [*Ital. Speisekarte*] Südtiroler Weinfest

Toronja [*Mexicofood*] ↑**Grapefruit**

Torréfie [*Franz. Fachwort*] Rösten (Kaffee usw.)

Torroncino [*Ital. Speisekarte*] Eis mit Torrone

Torrone [*Ital. Speisekarte*] Nougatspezialität aus ↑**Mandelmilch,** ↑**Honig** und ganzen ↑**Mandeln**

Torrontes [*Weinkunde*] Rebsorte aus Cordoba, Galicien. Ergibt körperarme Weißweine mit guter Säure

Torta [*Ital. Speisekarte*] Kuchen, Torte

Torta [*Mexicofood*] Begriff aus der mexikanischen Küchenkultur für große belegte Brötchen, größer: torta cubana.

Torta del Casar [*Käse*] **T Herkunft:** Spanien/Extremadura; **Käsesorte:** ↑**Weichkäse** mit dünner Rinde; **Milch:** ↑**Rohmilchkäse** aus sehr dicker Vollmilch von Schafen. Die ↑**Schafsmilch** gerinnt durch die Zugabe eines aus ↑**Artischocken** gewonnenen ↑**Enzyms. Teig:** weich, elfenbeinartig, leuchtende Farbe. **Geschmack:** sehr butterartig, vollmundig mit herbem Hintergrundgeschmack, Schafsmilcharoma und intensivem Duft. **Info:** Torta del Casar ist einer der gefragtesten und teuersten Käse auf dem spanischen Markt, er wird für die Zubereitung zahlreicher Gerichte verwendet, besonders aber als Beilage zu den Spezialitäten aus iberischem ↑**Schweinefleisch,** eine Kombination mit ganz spezieller Note.

Torta mantovana [*Ital. Speisekarte*] ↑**Hefe**kuchen mit Mandelsplittern

Torte [*Backstube*] **A Lateinisch:** spätlateinisch **tōrta** = rundes Brot, Brotgebäck; **Englisch:** fancy cake; **Französisch:** tarte, gâteau; **Italienisch:** torta, crostata; **Spanisch:** tarta. Eine Torte ist ein feiner, aus mehreren Schichten bestehender Kuchen, der nach dem Backen der Teigböden mit verschiedenen ↑**Cremes** oder ↑**Früchten** gefüllt und anschließend verziert wird. Diese Kunst übt ein eigener Berufsstand aus, der ↑**Konditor,** früher Zuckerbäcker. Die meisten Torten basieren auf gebackenen ↑**Biskuit**- oder ↑**Mürbeteigen,** auch kombiniert. Sie werden häufig nach ihrer Füllung aus Cremes oder ↑**Milchprodukten** benannt, z. B. Buttercremetorte, Sahnetorte (mit geschlagener ↑**Sahne**), Jogurtcremetorte oder Käsesahnetorte (aus ↑**Quark**). Aromatisiert sind sie je nach Rezept mit ↑**Vanille,** ↑**Kakao,** ↑**Kaffee,** gemahlenen ↑**Nüssen,** frischen oder ↑**kandierten Früchten** sowie ↑**Spirituosen.** Torten sind oft überzogen: mit ↑**Schokolade,** ↑**Marzipan** oder der Creme der Füllung, mit ↑**Glasuren** oder ↑**Kuvertüre.** Wichtigstes Handwerkszeug zum Garnieren ist der Spritzbeutel, auch Dressiersack genannt. Blätter, Blüten und andere Dekorationen aus geformter Marzipanmasse oder Schokolade und Früchten vervollständigen das Kunstwerk. Einfacher sind Obsttorten, sie bestehen meist aus einer einzelnen gebackenen Teigschicht, sind mit frischen oder gedünsteten Früchten belegt. Zum Schluss wird der Belag mit ↑**Tortenguss** oder Fruchtsaft, der mit ↑**Gelatine** gebunden ist, bedeckt.

Tortelette [*Franz. Speisekarte*] Törtchen aus ↑**Mürbeteig**boden. Gemeint ist sowohl der gebackene Boden als auch das gefüllte fertige Törtchen.

Tortellini, tortelloni [*Ital. Speisekarte*] Kleine, mit Fleisch- oder ↑Spinat**farce** gefüllte Teigringe, Variante der ↑**Ravioli**

Tortenform [*Österr. Küche*] Springform

Tortenguss [*Backstube*] ↑**Glasur** oder ↑**Fondant**

Tortiglioni [*Ital. Speisekarte*] ↑Röhren**nudeln**

Tortilla [*Mexicofood*] **R** Flacher, kreisrunder Brotfladen. Das Grundnahrungsmittel Mexikos – aus ↑**Mais** (meistverbreitet) oder ↑**Weizen.** Was die ↑**Kartoffeln** den Deutschen, die ↑**Nudeln** den Italienern und der ↑**Reis** den Asiaten ist, das sind Tortillas für die Mexikaner: ein preiswertes Grundnahrungsmittel und Beilage für viele Gerichte. Die echten Tortillas bestehen aus einfachen Zutaten, sind aber nicht ganz einfach herzustellen. Selbst in Mexiko kaufen die meisten Menschen die Fladen auf dem Markt oder in Tortillarias. **1. Hier das Grundrezept mit** ↑**Maismehl:** 3 Tassen ↑**Masa Harina;** $^{1}/_{2}$ TL ↑**Salz;** $1^{1}/_{2}$ bis 2 Tassen lauwarmes Wasser. Zutaten mit einer Gabel in einer Schüssel vermengen, zu einem Ballen formen und kneten, bis der Teig fest, glatt und nicht mehr klebrig ist. Mit einem Tuch abdecken und eine Stunde ruhen lassen. Den Tortillateig in 12 Portionen teilen. Die Portionen zu Kugeln formen und nach und nach auf einer leicht bemehlten Fläche zu sehr dünnen Fladen ausrollen. Nacheinander die Fladen auf einer heißen Platte (Comal) oder in einer heißen Pfanne in wenig Öl von jeder Seite etwa 30 Sekunden backen. Fertig sind sie, wenn die Ränder trocken aussehen und die Mitte sich wölbt. Dabei mit einem Pfannenwender vorsichtig platt andrücken. Fertige Tortillas beiseite legen und stapeln oder zum Warmhalten in ein Tuch schlagen. **2. Tortillas aus Weizenmehl:** 450 g ↑**Mehl;** 1 TL Salz; 1 TL ↑**Backpulver;** 1 EL ↑**Schmalz;** 180 ml kaltes Wasser. **Zubereitung:** Alle trockenen Zutaten vermischen, das Schmalz in kleinen Stücken oder Flocken dazugeben. So viel kaltes Wasser hinzufügen und gut durchkneten, bis ein fester Teig entsteht. Den Tortillateig in 12 Portionen teilen. Die Portionen zu Kugeln formen und nach und nach auf einer leicht bemehlten Fläche zu sehr dünnen Fladen ausrollen. Ohne Fett in einer Pfanne Tortillas gut eine Minute von jeder Seite braten, bis sich kleine braune Blasen zeigen. Zugedeckt warm halten, sonst werden sie hart.

Tortino [*Ital. Speisekarte*] Törtchen

Tortue [*Franz. Speisekarte*] ↑**Schildkröte**

Toscane, à la [*Speisegarnitur*] **A** Mit Parmesankäse und Schinken

Tossed salad [*U.S. Kitchen*] Gemischter Salat

Tostada [*Mexicofood*] **T** Gebratene, flache belegte ↑Maismehl**tortillas.** Manchmal auch in Schüsselform gebogen, oft belegt mit ↑**Bohnen,** ↑**Fleischsoße,** ↑**Tomaten,** Salat, ↑**Salsa**

Tostadas [*Span. Speisekarte*] ↑**Toast**

Totan(ett)o [*Ital. Speisekarte*] ↑**Tintenfisch,** Pfeilkalmar

Tôt-fait [*Franz. Speisekarte*] Kuchen mit Zitronen- oder Vanillearoma

Touille [*Franz. Speisekarte*] ↑**Heringshai**

Toulouse, Historischer Speisename [*Speisegarnitur*] **A** 1. Hauptstadt des französischen Départements Haute-Garonne, berühmt für ihr Geflügel. 2. **à la toulousaine,** auf Toulouser Art – mit ↑**Ragout** aus Geflügelklößchen, ↑Kalbs**bries,** ↑**Hahnenkämmen** und -herzen, ↑**Champignons** und ↑**Trüffeln** in weißer Sauce (↑**Suprême**)

Touren [*Backstube*] ↑**Blätterteig** mehrfach ausrollen (einfach oder doppelt) und wieder zusammenfalten, damit er blättrig aufgeht

Touristenwurst [*Regionale Spezialität*] 1. ↑**Rohwurst,** schnittfest, grob gekörnt. 2. ↑**Brühwurst,** grob gekörnt

Tournant [*Franz. Fachwort*] **Springer** – Koch, der alle Küchenposten beherrscht und die anderen Köche einer Brigade vertritt

Tourné [*Franz. Fachwort*] Gedreht: 1. in Form gebracht, tourniert. 2. geronnen, schlecht geworden, sauer (↑**Milch**)

Tournedos [*Franz. Speisekarte*] **T** ↑**Medaillons** – Ursprünglich runde, dicke, gegrillte Scheiben aus dem Kopf oder der Spitze des ↑Rinder**filets,** meistens mit Küchengarn gebunden (damit es hoch bleibt). Übertragen auch für rundgeschnittene Scheiben aus anderem ↑**Fleisch** oder ↑**Fisch.** Portionsgewicht: 100–125 g.

Tournedos Rossini [*Franz. Speisekarte*] **R** Kleine Scheiben gegrilltes ↑Rinder**filet** auf getoastetem ↑**Weißbrot,** mit in ↑**Butter** gebratenen ↑**Trüffel-** und ↑**Gänseleber**scheiben, mit einer ↑**Soße** aus dem ↑Braten**fond** und ↑**Madeira.** ↑**Rossini**

Tournedos Saint-Germain [*Franz. Speisekarte*] **A** Kleine gegrillte Scheibe ↑Rinder**filet,** an einem Püree von frischen grünen ↑**Erbsen** angerichtet

Tournesol [*Franz. Speisekarte*] ↑**Sonnenblumen**

Tournieren [*Franz. Fachwort*] **tourner** = drehen. Bedeutet das gefällige runde oder rhombenförmige Zuschneiden von ↑**Kartoffeln** (↑**Schlosskartoffeln**), ↑**Karotten,** ↑**Rübchen,** ↑**Kohlrabi,** ↑**Knollensellerie,** ↑**Zucchini** etc.

Tourte [*Franz. Speisekarte*] **A** Runde ↑**Pastete** mit Teigdeckel aus ↑**Blätter-** oder ↑**Mürbeteig,** mit ↑**Fleisch-,** ↑**Geflügel-,** ↑**Wild-,** ↑**Fisch-** oder ↑**Gemüse**füllung – aber auch mit ↑**Früchten,** ↑**Cremes** usw.

Tourte Gascogne [*Franz. Speisekarte*] **A** ↑**Blätterteig**pastete, mit Apfelscheiben gefüllt, mit ↑**Armagnac** aromatisiert

Tourte lyonnaise [*Franz. Speisekarte*] **A** ↑**Blätterteig**pastete mit ↑**Kartoffeln,** gehackten ↑**Zwiebeln,** ↑Schweine**wurst,** geriebenem ↑**Käse,** ↑**Butter** gefüllt, mit ↑**Salz** und ↑**Pfeffer** abgeschmeckt

Tourte charolaise [*Franz. Speisekarte*] ↑**Birnen**torte mit ↑**Sahne**

Tourte de bléa [*Franz. Speisekarte*] Torte, garniert mit ↑**Rüben,** ↑**Pinienkerne** und ↑**Korinthen**

Tourte lorraine [*Franz. Speisekarte*] **A** Lothringer ↑**Pastete** aus ↑**Kalb-** und ↑**Schweinefleisch** mit ↑**Eiern,** ↑**Sahne** und aromatischen ↑**Kräutern**

Tourteau fromagé [*Franz. Speisekarte*] Kuchen mit ↑**Ziegenfrischkäse**

Tourteau prune [*Franz. Speisekarte*] ↑**Blätterteig**kuchen mit ↑**Pflaumenmus**

Tourteau, crabe [*Franz. Speisekarte*] ↑**Taschenkrebs**

Tourton [*Franz. Speisekarte*] Flacher ↑**Buchweizen**kuchen

Toute-épice [*Franz. Speisekarte*] ↑**Piment**

Toxikose [*Fachkunde*] Vergiftung

Toxine [*Gesundheit*] Giftig wirkende Stoffwechselprodukte von ↑**Bakterien.** Substanzen, die Organismen schädigen, indem sie die physiologischen Stoffwechselabläufe stören. **Diese meist wasserlöslichen Giftstoffe können zu akuten oder chronischen Vergiftungen und zum Tod führen. Man unterscheidet: Pflanzliche Toxine** wie Pilzgift, ↑**Solanin** und **Toxine von Tieren** wie Schlangengift, Gift von Fischstacheln, **Toxine von Mikroorganismen** wie ↑**Salmonellen,** ↑**Schimmel.** ↑**Lebensmittelvergiftungen**

Toxisch [*Fachkunde*] Giftig

Tozzetto [*Ital. Speisekarte*] ↑**Biskuit**

Traberkrankheit [*Fachkunde*] ↑**Scrapie-Krankheit**

Traganth [*Fachkunde*] ↑**E 413** Verdickungsmittel

Train de côtes, le [*Franz. Speisekarte*] ↑**Hochrippe,** Rostbratenstück

Traisental [*Weinkunde*] Das kleinste und jüngste Weinbaugebiet Niederösterreichs hat eine uralte Weintradition, die bis in die frühe Bronzezeit zurückreicht. Es wird im Norden durch die Donau begrenzt und erstreckt sich an beiden Seiten der Traisen bis hin zur niederösterreichischen Landeshauptstadt St. Pölten. Weinbauorte wie Inzersdorf, Nussdorf, Getzersdorf und Reichersdorf liegen inmitten von Weinbergen. Auf einer Wingertfläche von 680 ha finden ↑**Grüner Veltliner,** ↑**Riesling** und alle Spielarten der ↑**Burgunder**familie ideale Voraussetzungen vor. Die zum Teil winzig kleinen Terrassenweingärten, die vor langer Zeit in den Löß gegraben wurden, bringen ausgezeichnete Weine mit knackiger Frucht und herzerfrischender Finesse hervor. Die führenden Betriebe erreichen außerordentliche Qualitäten und zählen zu den besten Weißweinproduzenten des Landes.

Traiteur [*Franz. Fachwort*] Feinkosthändler, -laden

Tramezzino [*Ital. Speisekarte*] **A** Beliebte ↑**Sandwich**variante. **Die Klassiker:** ↑**Tunfisch** mit ↑**Ei,** ↑**Shrimps** mit ↑**Rucola,** Prosciutto (↑**Schinken**) mit ↑**Mozzarella**

Traminer [*Weinkunde*] (Weißweinrebsorte) Ein in fast ganz Euorpa und den USA angebauter Wein, der seine Herkunft im norditalienischen Tramin hat. Top-Qualitäten sind selten, dann aber sehr delikat. Die guten und sehr guten Qualitäten erinnern in ihrer trockenen oder süßen Harmonie an asiatische Früchte und aromatischen Rosenduft.

Tramini [*Weinkunde*] Der ungarische Name für Traminer, eine Spielart des ↑**Gewürztraminers**

Tranche [*Franz. Speisekarte*] Eine Scheibe von gebratenem oder gekochtem ↑**Fleisch. Gegenteil:** Escalope = Fleischschnitte oder ↑**Schnitzel** von rohem Fleisch.

Tranchieren [*Franz. Fachwort*] Das fachgerechte Zerlegen, Abschneiden, Zuschneiden, Schneiden (in Scheiben) von gegartem ↑**Geflügel,** ↑**Fisch,** ↑**Fleisch** oder ↑**Wild** in Portionsgrößen

Transfettsäuren [*Gesundheit*] Gehören zu den ↑**ungesättigten Fettsäuren.** Sie kommen in kleinen Mengen in ↑**Butter,** ↑**Milch,** ↑**Milchprodukten,** ↑**Schaf**- und ↑**Rindfleisch** vor. Neben diesen natürlichen Vorkommen entstehen große Mengen Transfettsäuren bei industrieller Härtung von ungesättigten Pflanzenölen und Fetten. Dies geschieht bei der Raffination sowie beim Erhitzen und Braten der Öle bei hohen Temperaturen. Durch den Einsatz dieser gehärteten Fette finden sich Transfettsäuren in industriell erzeugten Lebensmitteln wieder. Insbesondere in fettreichen Snacks wie ↑**Chips** oder ↑**Pommes frites,** also Speisen, die in der ↑**Fritteuse** bereitet wurden. Betroffen sind viele ↑**Margarine**- und ↑**Mayonnaise**sorten, verschiedene ↑**Kekse,** Salzgebäcke, Kuchen, Füllungen von ↑**Schokolade,** ↑**Nuss-Nougat**-Cremes und andere Süßigkeiten. Auch Fertigsuppen und -soßen können enorme Mengen an Transfettsäuren enthalten. Ähnlich wie ↑**gesättigte Fettsäuren** erhöhen die Transfettsäuren das **schlechte** ↑**LDL-Cholesterin** im Blut, verringern zusätzlich das **gute,** herzschützende ↑**HDL-Cholesterin** und sorgen für einen Anstieg der ↑**Triglyzeride** (Normalfette). **Das Risiko von Herz-Kreislauf-Erkrankungen steigt.**

Trappistenkäse [*Käse*]

Herkunft Deutschland	Herkunft Österreich
Käsesorte: ↑**Schnittkäse**	**Käsesorte:** ↑**Schnittkäse**
45 % ↑**Fett i. Tr.**	50 % ↑**Fett i. Tr.**
Milch: Kuhmilch	**Milch:** vollfette Kuhmilch
Teig: schnittfest, geschmeidig, mit Bruchlochung	**Teig:** schnittfest, geschmeidig, mit Bruchlochung
Geschmack: mild-säuerlich, dezent herb	**Geschmack:** mild-säuerlich, dezent herb
Form: Block, aber auch als kleiner Laib	**Form:** Block, aber auch als kleiner Laib
Gewicht: 1,5 kg (rund), 2 kg (Block)	**Gewicht:** 1,5 kg (rund), 2 kg (Block)
Reifung: 1 Monat bei 10 bis 12° C in einem feuchten Reifekeller	**Reifung:** 1 Monat bei 10 bis 12° C in einem feuchten Reifekeller
	Info: führt auch den Namen Prälatenkäse

Trattoria [*Ital. Speisekarte*] Einfaches Restaurant

Trauben [*Obst*] **T Lateinisch:** Vitis vinifera ssp. Sativa; **Englisch:** grapes; **Französisch:** raisins; **Italienisch:** grappoli d'uva; **Spanisch:** uvas. Kurzbezeichnung für Wein- bzw. ↑**Tafeltrauben. Info:** Die zur Familie der Rebengewächse gehörenden Tafeltrauben sind sommergrüne Klettersträucher oder Lianen, meist mit Winkelranken. Die weichfleischigen, bis 40 mm großen, runden, ovalen, birnen- oder bananenförmigen Beeren sind grün, gelb, bernsteinfarben oder rosé, rot, braun, blau bis schwarzblau gefärbt. Unter der dickfleischigen Schale befindet sich das saftreiche, mehr oder weniger farbstoffhaltige Fruchtfleisch in 2–4 Fächern, die jeweils einen krustigen oder harten Samenkern enthalten. **Ursprung und Geschichte:** Die Europäische Wildrebe **vitis vinifera ssp. sylvestris** stammt vom Kaspischen Meer und war bis in die zweite Hälfte des 19. Jh. in den gemäßigten Zonen Europas und Vorderasiens als Liane, die in Waldbäumen rankte, weit verbreitet. Mit dem Beginn der intensiven Nutzung der Wälder wurden die Bestände an Wildreben langsam vernichtet. Die Europäische Weinrebe **vitis vinifera ssp. sativa** (die Subspezies **sativa** bedeutet so viel wie **die kultivierte**) wird seit mindestens 5000 Jahren vom Menschen kultiviert. Schon die Ägypter stellten aus den Trauben Wein her, den sie bei ihren Tempelritualen verwendeten. In der Antike waren Wein und frische Tafeltrauben sehr beliebt. Die Römer waren es auch, die für die Verbreitung der Reben im gesamten Mittelmeerraum bis ins nördliche Europa sorgten. Mit der Kolonialisierung wurde die Europäische Weinrebe ab dem 15. Jh. auf andere Kontinente verbreitet. Weinreben werden heute in fast allen Regionen der Erde kultiviert, jedoch bleibt der Mittelmeerraum wegen der klimatischen

Voraussetzungen – warm und gemäßigt – das weltweit größte und kommerziell bedeutendste Anbaugebiet. **Herkunft und Saison:** Tafeltrauben werden inzwischen beinahe ganzjährig angeboten. Die Saison dauert von Juli bis November mit großen Mengen vor allem aus Italien, Griechenland, Spanien und der Türkei. Kleinere Mengen heimischer Tafeltrauben gibt es von August bis Oktober. In den Wintermonaten kommen sie aus der südlichen Hemisphäre, vor allem Südafrika, Chile, Argentinien und Brasilien. **Inhaltsstoffe:** 100 g frische Trauben weisen einen Brennwert von ⌀ 63 kcal/265 kJ auf und enthalten 80 g Wasser, 0,6 g Eiweiß, 0,4 g Fett, 17,1 g Kohlenhydrate und 1 g Ballaststoffe. An ↑**Mineralstoffen**, ↑**Spurenelementen** und ↑**Vitaminen** sind ⌀ 14 mg Kalzium, 0,3 mg Eisen, 2 mg Natrium, 10 RE Vitamin A sowie 4 mg Vitamin C enthalten. Die Beeren enthalten ↑**Traubenzucker**, der schnell ins Blut geht und sofort Energie liefert. In den Schalen sitzen verdauungsfördernde ↑**Ballaststoffe**, die den Darm anregen und gleichzeitig entwässernd wirken. Die Traubenkuren im Herbst wurden schon im Mittelalter angeboten. Die Schale der farbigen Beeren enthält Anthocyane, das sind ↑**sekundäre Pflanzenstoffe**, denen eine vorbeugende Wirkung bei Krebs und Herz-Kreislauf-Erkrankungen nachgesagt wird. **Arten und Sorten:** Von der Europäischen Weinrebe sind derzeit etwa 10 000 Sorten bekannt. Tafeltrauben werden nach der Schalenfarbe in weiße oder grüne und in rote oder blaue Trauben unterteilt. Nach der Anzahl ihrer Samen unterscheidet man kernlose Sorten oder solche mit Kernen. **Die wichtigsten weißen Sorten sind: 1. Sultana, Sultaninen, Perlette, Thompson Seedless, Sonaka Seedless:** Kernlose Trauben erfreuen sich steigender Nachfrage und sind bei Kindern beliebt. Es sind dies die kleinen (Sultana) oder mittelgroßen (Thompson Seedless) sowie längliche, mit dünner Schale und süßem, saftigem Fruchtfleisch, kompakte konische Trauben. Sie stammen von den alten griechischen **Korinther Trauben** ab. **2. Italia** oder **Regina:** preiswerte Alternative zu Muskattrauben. Sehr große, rundliche Früchte mit großen Kernen (Datteltrauben), die beim Hineinbeißen richtig knacken und einen sehr süßen Saft besitzen. **3. Aledo:** weichschalige, helle Traube, die von Oktober bis Dezember den Markt versorgt. Wird aus Spanien geliefert oder kommt als **New Cross** im Frühjahr aus der südlichen Hemisphäre. **Bekannte blaue Trauben: 1. Flame Seedless:** kernlos, klein, dünne Schale, sehr süßes und saftiges Fruchtfleisch, meist aus Chile. **Weitere rote/blaue kernlose Sorten sind: Red Flame, Flame Tokay und Ribol. 2. Cardinal:** große, ovale Früchte, festes, fleischiges Fruchtfleisch, etwas fade, nicht sehr süß. **3. Michele Palieri:** eine mittelfrühe Sorte, deren guter Geschmack erst bei richtiger Ausreife zur Geltung kommt. Die Beeren sind blau und leicht oval. In unreifem Zustand (halb grüne Beeren) ist der Geschmack unbefriedigend. Herkunft: Italien. **4. Regina Nera** oder **Rosaki noir:** ist die blaue, sehr knackige und schmackhafte Form der weißen Regina-Traube. Sie wird aus Italien und Griechenland eingeführt. **5. Barlinka:** eine Sorte, die nur in den Frühjahrsmonaten auf dem Markt ist. Sie wird aus Südafrika, Neuseeland, Australien, Argentinien und Chile eingeführt. **6. Dan Ben Hannah:** süße, rundbeerige Sorte, sie wird aus Israel, ab März auch aus Südafrika importiert. **Muskattrauben:** Königin der Trauben, duftet leicht nach Muskat, mit wunderbarem Honigaroma. Sehr große Trauben, in weißen (blassgrün, goldfarben) und blauen (rot oder schwarz) Sorten. **Zubereitung und Tipps:** Trauben reifen nach der Ernte nicht weiter nach. Darum ist beim Einkauf darauf zu achten, dass die Trauben einerseits nicht zu unreif und andererseits nicht überlagert sind. Frische Trauben erkennt man an den prallen und glänzenden Beeren, am Duftfilm sowie an saftig grünen, nicht welken Rispen. Trauben sollten erst unmittelbar vor dem Frisch-Verzehr abgewaschen werden und eignen sich **entkernt** auf Obstkuchen und in Fruchtsalaten. Tafeltrauben werden auch gerne in ↑**Saucen** zu ↑**Federwild** und als Begleiter von ↑**Käse** gereicht.

Traubenkernöl [*Fette*] **T** Aus getrockneten ↑**Traubenkernen**. Der Geschmack ist mild, leicht süßlich bis bitter. Das Öl muss nach der Pressung noch raffiniert werden. Es ist olivgrün, reich an ↑**mehrfach ungesättigten Fettsäuren** und ↑**Vitamin E**, von äußerst fetter, dicker Konsistenz. Es riecht nach ↑**Nüssen** und ↑**Bohnen. Herstellung:** Aus dem frischen Weintraubentrester werden die feuchten Traubenkerne ausgesiebt. Die Ausbeute ist gering, denn aus zehn Tonnen Trauben entnimmt man ca. 500 kg feuchte Traubenkerne, die anschließend unter ständigem Rühren bei 70–80° C getrocknet werden. Danach werden die Kerne nochmals gereinigt. Letztendlich bleiben nur 300 kg zur Ölbereitung übrig! Nach dem kalten Pressen in einer Schneckenpresse gewinnt man ganze fünf Liter reines Traubenkernöl aus 300 kg Rest-Kernen. Nach 14-tägiger Lagerung wird das klare Öl abgezogen, es ist genussfertig. **Verwendung:** hauptsächlich für ↑**Blattsalate.** ↑**Speiseöl & Öl**

Traubensaft [*Hausbar*] Naturreiner, alkoholfreier Saft frischer ↑**Weintrauben**

Traubenzucker [*Fachkunde*] **1.** ↑**Glucose:** Wird schnell vom Körper aufgenommen. **2.** Traubenzucker ist in ↑**Most** und ↑**Wein** enthalten. Bei der Gärung wandelt die ↑**Hefe** den Traubenzucker in ↑**Alkohol** und ↑**Kohlensäure** um. Durch die Zugabe von ↑**Rohrzucker** kann ein Wein angereichert werden, wobei die Hefe den Rohrzucker in Traubenzucker und ↑**Fruchtzucker** spaltet.

Trauttmannsdorff Historischer Speisename [*Speisegarnitur*] **R 1.** Ferdinand, Graf (1825–1870), österreichischer Staatsmann. Nach ihm ist das Dessert.

2. Reis Trauttmannsdorff benannt. **Grundrezept für 6 Personen:** 120 g ↑**Zucker;** 1/8 l ↑**Milch;** 6 cl ↑**Maraschino;** 1 ↑**Vanille**stange; 0,4 l ↑**Schlagsahne;** 200 g ↑Rundkorn**reis;** 9 weiße Blatt ↑**Gelatine;** 200 g ↑**kandierte Früchte;** 2 Prisen ↑**Salz.** Den Rundkornreis waschen, mit Salz, Zucker und Vanille in der Milch aufkochen, bei schwacher Hitze unter ständigem Rühren ausquellen, Vanille herausnehmen und den Reis erkalten lassen. Gelatine in kaltem Wasser quellen lassen, ausdrücken, im erwärmten Maraschino auflösen und unter die steif geschlagene Sahne mischen. Von den kandierten Früchten einige zum Garnieren zurücklassen, die anderen grob hacken. Reis mit Gelatinesahne und kandierten Früchten vermengen, in eine kalt ausgespülte Schüssel oder Puddingform füllen und auskühlen lassen. Den Sahnereis auf eine Platte stürzen, mit den kandierten Früchten garnieren und mit Wein- oder Fruchtsoße servieren.

Travers [*Franz. Speisekarte*] Schweinerippchen

Trebbiano [*Weinkunde*] Italienische Bezeichnung für die weiße Rebsorte ↑**Ugni Blanc.** Trebbiano ist weltweit eine der am häufigsten angepflanzten Rebsorten. Bei entsprechender Sorgfalt und einem Zusatz von ↑**Chardonnay** entstehen schöne, leichte Weißweine mit Qualität. Sie wird bekanntlich im Bianco di Custoza, Lugana, verwendet und ist in Umbrien sortenrein sehr überzeugend. In Frankreich ist die Rebe als Saint-Emilion oder Ugni-blanc bekannt. Niedriger Alkoholgehalt sowie hohe Säure der aus ihr hergestellten Basisweine macht Trebbiano für die Weinbrandproduktion nahezu ideal. Sie ist Hauptbestandteil des ↑**Cognac.**

Treber [*Bier*] Malzrückstände beim Bierbrauen (nach dem Läutern), als Tierfutter geeignet

Trebolgiano [*Käse*] **Herkunft:** Argentinien; **Käsesorte:** Hartkäse. **Info: Trebolgiano Chico** reift 12 Monate, während der **Trebolgiano Grande** 18 Monate benötigt und dabei hart und krümelig wird.

Treff [*Kartoffelsorte*] **Kochtyp:** ↑**Mehlig kochende Kartoffeln** – „Mehlige" oder „Runde" genannt

Treibgas [*Fachkunde*] Zählt zu den Lebensmittelzusatzstoffen. Treibgase pressen ein Lebensmittel aus seinem Behältnis heraus, schäumen pastös-cremige Lebensmittel wie ↑**Frischkäsezubereitung,** ↑**Eiscreme** oder ↑**Schlagsahne** auf. Dadurch wird optisch das Volumen vergrößert (↑**Speiseeis** wird nach Volumen und nicht nach Masse verkauft), außerdem ist es bei tiefen Temperaturen leichter zu portionieren. ↑**E 290** & ↑**E 938** bzw. ↑**E 949**

Treibhausgemüse [*Gesundheit*] **T** ↑**Gemüse,** das im Gewächshaus bzw. unter Glas angebaut wird. Dazu gehören ↑**Blattsalate,** ↑**Tomaten,** ↑**Bohnen,** ↑**Gurken,** ↑**Paprika,** ↑**Radieschen** usw. Sie haben einen höheren Nitratgehalt als Freilandgemüse, da sie intensiver gedüngt wurden und es an Sonnenschein mangelte. Deshalb sollte man Gemüsesorten, die von Natur aus ↑**Nitrat** anreichern (z. B. ↑**Feldsalat,** ↑**Spinat,** ↑**Grüner Salat,** ↑**Rettich** oder Radieschen) im Winter nicht so oft essen und ausgewiesenes Freilandgemüse (Bio) bevorzugen.

Treipen [*Intern. Länderküche*] Luxemburger ↑**Blutwurst**

Treixadura [*Weinkunde*] Spanische Rotweinrebe aus Galicien und Ribeiro mit ausgeprägtem Traubenbukett

Tremper [*Franz. Fachwort*] Eintauchen, anfeuchten, aufweichen – wässern, tränken – Bei ↑**Wein:** mit Wasser mischen

Trenette [*Ital. Speisekarte*] Aus ↑**Hartweizengrieß** hergestellte flache, lange ↑**Spaghetti** mit gewelltem Rand

Trennkost [*Gesundheit*] Verbreitete umstrittene Diätform, die durch zeitlich verschobene Aufnahme bestimmter ↑**Nährstoffe** die Verdauungstätigkeit des Körpers verändern und dadurch eine Gewichtsabnahme erreichen soll.

Trennmittel [*Fachkunde*] Technische Hilfsstoffe, eingesetzt in: Trockenpulvern, um die Fließfähigkeit zu steigern – Backwaren, damit sie sich besser aus den Backformen lösen – Süßwaren, um ein Zusammenkleben zu vermeiden. Zu den Trennmitteln gehören Trennwachse, Trennfette, Trennöle, Trennmehle und Silikone.Trennmittel müssen mit den ↑**E-Nummern** (↑**E 901** – ↑**E 904**) deklariert werden.

Trepat [*Weinkunde*] Rotweinrebe, heimisch im nordspanischen Conca de Barberá und Costers del Segre, wo aus ihr vor allem ↑**Rosé**weine gekeltert und auch ↑**Schaumweine** produziert werden.

Tresse [*Franz. Speisekarte*] Zopfbrot

Trester [*Weinkunde*] **1.** Die Rückstände von Beerenschalen, Kernen und Kämmen, die nach dem Pressen zurückbleiben. **2.** Branntwein, der aus Obst- oder Traubenresten gewonnen wird (z. B. ital. ↑**Grappa**)

Trévise [*Franz. Speisekarte*] ↑**Radicchio**

Triammoniumcitrat [*Fachkunde*] ↑**E 380**

Triangoli [*Ital. Speisekarte*] **T** Dreieckige ↑**Ravioli** aus Umbrien, leicht abgeflachte gleichschenklige Dreiecke, auf zwei Seiten mit gewelltem Rand. Diese typischen Winternudeln sind gefüllt mit ↑**Trüffeln** oder ↑**Artischocken.** Werden mit cremiger Sauce gegessen.

Trichine [*Fachkunde*] **Lateinisch:** Trichinella spiralis. Schmarotzender Fadenwurm in fleischfressenden Säugetieren. ↑**Parasiten**

Trichinose, Trichinellose [*Gesundheit*] Eine Krankheit, die bei Ratten, Schweinen, Bären, Katzen, Hunden **und beim Menschen** (Trichinellose) durch Befall mit Larven einer parasitischen ↑**Nematode** oder ↑**Fadenwurm**es hervorgerufen wird. Trichin(ell)ose zieht man sich meist durch den Verzehr infizierten ↑**Schweinefleisch**es zu. Trotz strengster Gesetze zur Fleischbeschau kann Trichinenbefall bei der Prüfung übersehen werden. Trichinenzysten im ↑**Schweinefleisch** werden durch vollständiges Gefrieren bei

−15° C über 21 Tage vernichtet oder bei −30° C für etwa 25 Stunden. Trichinenlarven im ↑**Fleisch,** die nicht eingekapselt sind, lassen sich durch Erwärmen auf 66° C abtöten. ↑**Pökeln** oder ↑**Räuchern** bieten keinen Schutz. Nachdem die Larven durch die Verdauungssäfte im Darm aus ihren Kapseln befreit sind, verursachen die heranreifenden Trichinen schwere Darmreizungen. Zu den Symptomen einer Infektion zählen Leibschmerzen, Übelkeit, Erbrechen und wässriger Stuhl. Wenn die Larven in die Blutbahn gelangen, schwillt das Gesicht an, ist aufgedunsen, besonders um die Augen, der Kopf schmerzt. Es kann sogar zum Delirium kommen. In vielen Fällen wird auch die Herzmuskulatur geschädigt. Das Einnisten der Larven in die Muskeln zeigt sich in Muskelkrämpfen und Gelenkschmerzen. Trichinosepatienten erholen sich innerhalb von sechs Monaten, nachdem sich die Larven eingekapselt haben. Etwa 5 % der Fälle enden tödlich. ↑**Parasiten**

Triethylcitrat [*Fachkunde*] ↑**E 1505**

Trifle [*Intern. Länderküche*] **A** Britische Süßspeise, die auch in Südafrika sehr beliebt ist. Sie besteht aus einer Mischung von ↑**Puddingcreme,** ↑**Früchten,** ↑**Sandkuchen,** ↑**Götterspeise** und ↑**Schlagsahne.** Die meisten Trifles enthalten eine kleine Menge ↑**Alkohol** (↑**Port,** süßen ↑**Sherry** oder ↑**Madeira**) – nichtalkoholische Versionen enthalten ↑**Fruchtsaft,** da Flüssigkeit nötig ist, um den Kuchen zu durchfeuchten. Ein gut gemachtes Trifle erfüllt nicht nur geschmackliche Ansprüche, sondern ist meist durch die Farben der Früchte und der Götterspeise sowie durch den Kontrast der gelben Puddingcreme und der weißen ↑**Sahne** eine dekorative Tischbereicherung.

Trigle [*Franz. Speisekarte*] ↑**Knurrhahn**

Triglia [*Ital. Speisekarte*] ↑**Meerbarbe**

Triglyzeride [*Gesundheit*] **1.** Fettmoleküle, die sich aus ↑**Glycerin** und 3 ↑**Fettsäuren** zusammensetzen: a). ↑**Gesättigte,** b). ↑**Einfach ungesättigte** und c). ↑**Mehrfach ungesättigte Fettsäuren. 2.** Neben zu hohem ↑**Cholesterin,** Bluthochdruck und Rauchen gehören Triglyzeride zu den wichtigsten Risikofaktoren für das Auftreten der allgemeinen Adernverkalkung (↑**Arteriosklerose**) und ihrer gefürchteten Folgeerkrankungen, allen voran Herzinfarkt und Schlaganfall. **3.** Triglyzeride sind typische Körperfette. Im Unterhautfettgewebe tragen sie zur Temperaturisolierung gegen Kälte bei. Zudem schützt ein Fettpolster Knochen und innere Organe vor Verletzungen. **4.** Triglyzeride sind die besten Energiespeicher: 1 kg Körperfett liefert etwa 7000 kcal Energie. Der normalgewichtige Erwachsene hat etwa 10 kg Fett, was einer Energiereserve von 70 000 kcal entspricht! Die Fähigkeit, Fett zu speichern, war in der Evolutionsgeschichte überlebensnotwendig, doch heute erweist sie sich bei entsprechenden Gewohnheiten als gefährlich. **5.** Da ↑**Herz-Kreislauf-Erkrankungen** noch immer Todesursache Nummer 1 in Deutschland sind, sollte man folgende Maßnahmen beachten, um dem Risiko vorzubeugen. **Weniger Fett:** Die tägliche Fettzufuhr der Deutschen liegt bei mehr als 40 % der Nahrung pro Tag (inklusive ↑**versteckter Fette** in Fertigprodukten), mehr als 30 % ist jedoch ungesund. **Bessere Fettzusammensetzung:** ↑**Omega-3-Fettsäuren** wirken günstig, besonders ungünstig dagegen ↑**Trans-Fettsäuren,** die sich in ↑**Frittierfett,** billiger ↑**Margarine** und ↑**Schokoriegeln** finden. **Alkohol reduzieren:** Bei erhöhten Triglyzeridwerten sollte der Alkoholkonsum deutlich unterhalb des berühmten Gläschens am Abend liegen. **Bewegung im Ausdauerbereich („Laufen, ohne zu schnaufen"):** Ausdauersport senkt Triglyzeride, Cholesterin, Blutdruck und erhöht das „gute" ↑**HDL-Cholesterin.**

Trîlèye [*Intern. Länderküche*] Belgische Biersuppe

Trincadeira Preta [*Weinkunde*] Eine ertragreiche portugiesische Rotweinrebsorte, die früher nur am Douro angebaut wurde. Heute ist sie auch in der Region Dâo weit verbreitet. Im Alentejo werden aus der Trincadeira sehr gute rebsortenreine Weine produziert. Die Rebe erbringt sehr würzig duftende, fruchtige Rotweine. Unter dem Namen Espadeiro ist sie eine der Hauptsorten in der roten Variante des Vinho Verde und unter Tinta Amarella eine der weniger wichtigen Sorten für Portwein. **Weitere Namen:** Mortagua, Crato Preto, Tinta Amarella, Mortagua Preto, Moreto Mortagua, Murteira, Espadeiro Do Sul, Mourisco Vero, Mourteiro, Tinta Carvallera, Trincadeira, Padeiro Bravo, Portugal, Rabo De Ovelha Tinto, Preto Martinho, Preto Rifete, Rosete Espalhado, Rifete, Rosete Espanhol, Crato Tinto

Trinken [*Fachkunde*] **T** Die Aufnahme von Flüssigkeit. Der Körper verliert den Tag über beträchtliche Mengen an Wasser, über die Haut oder er scheidet es aus. Dieses Wasser muss ständig ersetzt werden. Wer zu wenig trinkt, riskiert eine Übersäuerung des Organismus und Nierenerkrankungen. ↑**Säuren-Basen-Haushalt. Primäres Trinken:** Es besteht ein unmittelbarer Bedarf des Körpers an Flüssigkeit; **Sekundäres Trinken:** Der Körper hat keinen Bedarf an Flüssigkeit, und trotzdem wird sie dem Körper zugeführt. Für Kinder und Jugendliche, Sportler, Senioren und Menschen, die eine ↑**Diät** machen oder ↑**fasten,** ist eine ausreichende Zufuhr von Flüssigkeit besonders wichtig. Als ausreichend gilt: Jugendliche und Erwachsene brauchen täglich ∅2,5 l Flüssigkeit. Die Hälfte dieser Menge nimmt man mit fester Nahrung auf. Die andere Hälfte (1–1,5 l) sollten getrunken werden. Zu empfehlende Durstlöscher sind: ↑**Mineral**-, Leitungs-, ↑**Quell**- und ↑**Tafelwasser** oder schwach gesüßte ↑**Kräuter**- und ↑**Früchtetees.** – ↑**Gemüse**- und ↑**Obstsäfte** sollten mit Wasser verdünnt, ↑**Tee** und ↑**Kaffee** nur in Maßen genossen werden. ↑**Milch** ist als vollwertiges Lebensmittel nicht als Durstlöscher geeignet. ↑**Durst**

Trinkhalm [*Übersetzer*] **Englisch:** straw; **Französisch:** paille; **Italienisch:** cannuccia; **Spanisch:** paja

Trinkröhrchen [*DDR-Küche*] Trinkhalm – Strohhalm

Trinkwasser [*Fachkunde*] Trinkwasser ist Grundwasser, Quellwasser oder Oberflächenwasser, das aufbereitet wurde und für den menschlichen Verzehr geeignet ist. Es enthält verschiedene ↑**Spurenelemente** (z. B. ↑**Fluor**), gelöste Salze, aber auch unerwünschte Stoffe (z. B. ↑**Nitrat** aus der landwirtschaftlichen Düngung). Die Trinkwasserverordnung schreibt auch den Keimgehalt (**Escherichia coli – Enterokokken – Coliforme Bakterien**) vor, er muss bei 100 ml bei 0 liegen. Trinkwasser muss geruch- und geschmacklos, farblos und klar sein. Es dient zur Herstellung von Speisen, Lebensmitteln und Getränken. **Deutsche Grenzwerte für Trinkwasser: Chemische Parameter; Auszug aus der neuen deutschen Trinkwasserverordnung vom 1. Januar 2003**

Parameter	Grenzwert mg/l	Bemerkungen
Teil I: Chemische Parameter, deren Konzentration sich im Verteilungsnetz einschließlich der Hausinstallation in der Regel nicht mehr erhöht		
Acrylamid	0,0001	Der Grenzwert bezieht sich auf die Restmonomerkonzentration im Wasser, berechnet auf Grund der maximalen Freisetzung nach den Spezifikationen des entsprechenden Polymers und der angewandten Polymerdosis
Benzol	0,001	
Bor	1	
Bromat	0,01	
Chrom	0,05	Zur Bestimmung wird die Konzentration von Chromat auf Chrom umgerechnet
Cyanid	0,05	
1,2-Dichlorethan	0,003	
Fluorid	1,5	
Nitrat	50	Die Summe aus Nitratkonzentration in mg/l geteilt durch 50 und Nitritkonzentration in mg/l geteilt durch 3 darf nicht größer als 1 mg/l sein
Pflanzenschutzmittel und Biozidprodukte	0,0001	Pflanzenschutzmittel und Biozidprodukte bedeuten: organische Insektizide, organische Herbizide, organische Fungizide, organische Nematizide, organische Akarizide, organische Algizide, organische Rodentizide, organische Schleimbekämpfungsmittel, verwandte Produkte (u. a. Wachstumsregulatoren) und die relevanten Metaboliten, Abbau- und Reaktionsprodukte. Es brauchen nur solche Pflanzenschutzmittel und Biozidprodukte überwacht zu werden, deren Vorhandensein in einer bestimmten Wasserversorgung wahrscheinlich ist. Der Grenzwert gilt jeweils für die einzelnen Pflanzenschutzmittel und Biozidprodukte. Für Aldrin, Dieldrin, Heptachlor und Heptachlorepoxid gilt der Grenzwert von 0,00003 mg/l
Pflanzenschutzmittel und Biozidprodukte insgesamt	0,0005	Der Parameter bezeichnet die Summe der bei dem Kontrollverfahren nachgewiesenen und mengenmäßig bestimmten einzelnen Pflanzenschutzmittel und Biozidprodukte
Quecksilber	0,001	
Selen	0,01	
Tetrachlorethen und Trichlorethen	0,01	Summe der für die beiden Stoffe nachgewiesenen Konzentrationen
Teil II: Chemische Parameter, deren Konzentration im Verteilungsnetz einschließlich der Hausinstallation ansteigen kann		
Antimon	0,005	
Arsen	0,01	
Benzo-(a)-pyren	0,00001	

Parameter	Grenzwert mg/l	Bemerkungen
Blei	0,1	Grundlage ist eine für die durchschnittliche wöchentliche Wasseraufnahme durch Verbraucher repräsentative Probe; hierfür soll nach Artikel 7 Abs. 4 der Trinkwasserrichtlinie ein harmonisiertes Verfahren festgesetzt werden. Die zuständigen Behörden stellen sicher, dass alle geeigneten Maßnahmen getroffen werden, um die Bleikonzentration in Wasser für den menschlichen Gebrauch innerhalb des Zeitraums, der zur Erreichung des Grenzwertes erforderlich ist, so weit wie möglich zu reduzieren. Maßnahmen zur Erreichung dieses Wertes sind schrittweise und vorrangig dort durchzuführen, wo die Bleikonzentration in Wasser für den menschlichen Gebrauch am höchsten ist
Cadmium	0,005	Einschließlich der bei Stagnation von Wasser in Rohren aufgenommenen Cadmiumverbindungen
Epichlorhydrin	0,0001	Der Grenzwert bezieht sich auf die Restmonomerkonzentration im Wasser, berechnet auf Grund der maximalen Freisetzung nach den Spezifikationen des entsprechenden Polymers und der angewandten Polymerdosis
Kupfer	2	Grundlage ist eine für die durchschnittliche wöchentliche Wasseraufnahme durch Verbraucher repräsentative Probe; hierfür soll nach Artikel 7 Abs. 4 der Trinkwasserrichtlinie ein harmonisiertes Verfahren festgesetzt werden. Die Untersuchung im Rahmen der Überwachung nach § 19 Abs. 7 ist nur dann erforderlich, wenn der pH-Wert im Versorgungsgebiet kleiner als 7,4 ist
Nickel	0,02	Grundlage ist eine für die durchschnittliche wöchentliche Wasseraufnahme durch Verbraucher repräsentative Probe; hierfür soll nach Artikel 7 Abs. 4 der Trinkwasserrichtlinie ein harmonisiertes Verfahren festgesetzt werden
Nitrit	0,5	Die Summe aus Nitratkonzentration in mg/l geteilt durch 50 und Nitritkonzentration in mg/l geteilt durch 3 darf nicht höher als 1 mg/l sein. Am Ausgang des Wasserwerks darf der Wert von 0,1 mg/l für Nitrit nicht überschritten werden
Polyzyklische aromatische Kohlenwasserstoffe	0,0001	Summe der nachgewiesenen und mengenmäßig bestimmten nachfolgenden Stoffe: Benzo-(b)-fluoranthen, Benzo-(k)-fluoranthen, Benzo-(ghi)-perylen und Indeno-(1,2,3-cd)-pyren
Trihalogenmethane	0,05	Summe der am Zapfhahn des Verbrauchers nachgewiesenen und mengenmäßig bestimmten Reaktionsprodukte, die bei der Desinfektion oder Oxidation des Wassers entstehen: Trichlormethan (Chloroform), Bromdichlormethan, Dibromchlormethan und Tribrommethan (Bromoform); eine Untersuchung im Versorgungsnetz ist nicht erforderlich, wenn am Ausgang des Wasserwerks der Wert von 0,01 mg/l nicht überschritten wird
Vinylchlorid	0,0005	Der Grenzwert bezieht sich auf die Restmonomerkonzentration im Wasser, berechnet auf Grund der maximalen Freisetzung nach den Spezifikationen des entsprechenden Polymers und der angewandten Polymerdosis

Triolein [*Fachkunde*] (Olein, Ölsäureglycerinester), kommt in ↑**Ölen** und ↑**Fetten** vor

Tripa [*Franz. Speisekarte*] **A** ↑Schafs**kutteln** mit ↑**Spinat** und ↑**Kräutern**, eine Spezialität aus Korsika

Tripas [*Span. Speisekarte*] ↑**Kutteln**

Tripe [*Engl. Speisekarte*] ↑**Kutteln**

Tripe à l'djotte [*Intern. Länderküche*] Belgische ↑**Wurst** aus ↑**Schweinefleisch** und ↑**Grünkohl**

Tripes [*Franz. Speisekarte*] Gereinigte gebrühte ↑**Kutteln** (Pansen, Kaldaunen) von ↑**Rind,** ↑**Kalb** oder ↑**Schaf,** in Streifen geschnitten und in kräftig abgeschmeckter ↑**Bouillon** gegart

Tripes à la mode [*Franz. Speisekarte*] **R** Gereinigte gebrühte ↑**Kutteln,** in kleine viereckige Stücke geschnitten, in ↑**Apfelwein** und manchmal etwas ↑**Calvados,** mit ↑**Zwiebeln,** ↑**Karotten,** halbierten Kalbsfüßen,

↑**Petersilie,** ↑**Knoblauch,** ↑**Thymian,** ↑**Lorbeerblatt,** ↑**Salz,** ↑**Pfeffer,** ↑**Nelken,** ↑**Muskatnuss,** ↑**Ingwer,** etwas ↑**Zimt** und weißen ↑**Pfefferkörnern** bei kleinem Feuer in einem fest verschlossenen irdenen Topf im Rohr etwa zehn Stunden gegart, mit ↑**Dampfkartoffeln** serviert

Tripes à l'alésienne [*Franz. Speisekarte*] **A** ↑**Kutteln,** mit ↑**Sellerie,** ↑**Tomaten,** ↑**Thymian,** ↑**Lorbeerblatt** und ↑Weiß**wein** gekocht

Triphosphate [*Fachkunde*] ↑**E 450b** & ↑**E 451**

Triple crème [*Käse*] Dreifach-Rahm-Käse, süßlich cremig, oft aromatisiert, 60–75 % ↑**Fett i.Tr.**

Triple decker [*U.S. Kitchen*] Dreistöckiges ↑**Sandwich**

Triple-sec [*Hausbar*] Farbloser klarer ↑**Likör** aus Bitterorangenschalenölen und Gewürzen, süß und trocken mit 39 % Vol., dem ↑**Cointreau** und ↑**Curaçao** sehr ähnlich. Bei Blue Curaçao wird nur noch blauer Farbstoff hinzugefügt.

Tripmadamblüten [*Wildkräuter, -blüten & -früchte*] **T** **Lateinisch:** Sedum reflexum. **Info:** Tripmadamblüten sind essbar. Die pflegeleichte Pflanze mit den spitzen, blaugrünen Blättern schmeckt erfrischend säuerlich, leicht bitter und ist ein leckerer Vitaminspender im Frühling. **Standort:** Die Pflanze liebt sonnige Plätze und trockene, felsige oder sandige Böden. **Verwendung in der Küche:** Tripmadamblüten passen gut in Salate, Kräutersuppen, Kräuterdressings und -↑**Dips** sowie ↑**Gemüse** und ↑**Soßen.** **Wirkung in der Volksmedizin:** Die in der Pflanze enthaltenen Gerbstoffe sollen eine positive Wirkung bei Bluthochdruck und Arterienverkalkung haben. **Mehr Information:** ↑**Essbare Blüten**

Tripotch [*Franz. Speisekarte*] Stark gewürzte ↑**Blutwurst** aus ↑**Innereien** vom ↑**Schaf,** seltener vom ↑**Kalb**

Tripoux [*Franz. Speisekarte*] **R** ↑Lamm**kutteln,** ↑**Schinken,** ↑**Schweinefleisch,** ↑**Knoblauch** und ↑**Petersilie** fein gehackt, mit ↑**Salz** und ↑**Pfeffer** gewürzt, in Stücke vom ↑**Hammel**magen und -darm gewickelt, werden mit geschnittenem ↑**Gemüse,** ↑Speck**schwarten** und ↑Weiß**wein** im irdenen Topf fest verschlossen sechs Stunden gegart

Trippa [*Ital. Speisekarte*] ↑**Kutteln**

Tristel [*Österr. Küche*] Bezeichnung für den Hals beim ↑**Rind**

Tritello [*Ital. Speisekarte*] Grütze

Triticale [*Allgem. Nährmittel*] Getreidesorte (X Triticosecale Wittm.), eine Kreuzung aus Weizen (Triticum sativum L.) als dem weiblichen und Roggen (Secale cereale L.) als dem männlichen Partner. Daher auch die Namensmischung aus „Triti-cum" und „se-cale". Sie wurde gezüchtet, um die Anspruchslosigkeit des Roggens mit der Qualität des Weizens zu verbinden. Die ersten Triticalesorten mit weiter Verbreitung kamen aus Polen. Vorteile Weizen: gute Backfähigkeit, hoher Ertrag, kurzes Stroh. Vorteile Roggen: verträgt raues Klima, wenig Ansprüche an Bodenqualität. Geschmack und Inhaltsstoffe liegen zwischen ↑**Weizen** und ↑**Roggen.**

Trocken [*Weinkunde*] **Englisch:** dry; **Französisch:** sec; **Italienisch:** secco; **Spanisch:** seco. Als „trocken" bezeichnet man Weine dann, wenn sie keine geschmacklich erkennbare Restsüße mehr besitzen. Der ↑**Wein** darf höchstens 2 g/l mehr ↑**Zucker** als ↑**Säure** enthalten, nur dann ist die Bezeichnung „trocken" laut weingesetzlicher Bestimmung zulässig. Der Gesamtzuckergehalt darf nur 9 g/l betragen. ↑**Schaumwein** bzw. ↑**Sekt** darf eine Restsüße von 17–35 g/l haben. Die Bezeichnung „trocken" darf nur dann verwendet werden, wenn diese Voraussetzungen erfüllt sind. Wenn der Wein ein Deutsches Gütesiegel erhält, besteht dies aus den Farben gelb/schwarz. Trocken ist nicht sauer, ein guter trockener Wein muss reif sein. Trockene Weine sind alkoholreicher als andere Weine, da der vorhandene Zucker fast vollständig vergoren ist.

Trockenbeerenauslese (TBA) [*Weinkunde*] Dieses ↑**Prädikat** bezieht sich auf den Zustand der Beeren im Moment der Ernte. Diese Qualitätsstufe ist die höchste, die deutsche Weine aufgrund ihres Reifegrades bekommen können. Die Beeren werden dabei so lange am Weinstock gelassen, bis sie durch Edelfäule (↑**Botrytis**) eingeschrumpft sind und ähnlich wie ↑**Rosinen** aussehen. Die winzige Menge Saft, die in den Beeren übrig bleibt, ist so süß, dass, würde aller im Saft enthaltene ↑**Zucker** vergoren, ein ↑**Wein** mit einem Alkoholgehalt von über 21 % Vol. entstünde. In diesem sehr süßen Most kann die ↑**Hefe** nur mit größten Schwierigkeiten funktionieren. Sie stirbt ab, bevor sie ihre Aufgabe völlig zu Ende gebracht hat, weshalb Trockenbeerenausleseweine selten mehr als 8 % ↑**Alkohol** aufweisen. Der nichtvergorene Restzucker verleiht den Weinen eine enorme Süße. Der vom Weingesetz erforderliche Reifegrad für Trockenbeerenauslese liegt zwischen 150 und 154° **Öchsle,** weshalb die Weine nur in hervorragenden Jahren produziert werden können. Durch die extrem späte Lese erreichen sie ein Mostgewicht bis zu 250° Öchsle. Wegen der sehr beschränkten Menge sowie des Arbeitsaufwands bei der Ernte sind diese Weine so selten, dass sie häufig nur auf Weinversteigerungen als Raritäten erworben werden können. Die Trockenbeerenauslesen sind sehr lange haltbar, meist sogar über 100 Jahre.

Trockenei [*Allgem. Nährmittel*] Wird in der Regel ohne Konservierungsstoffe oder Zusatzstoffe pasteurisiert und sprühgetrocknet. Einsatz in Großbäckereien, Kantinen und der Teigwarenindustrie. 1 kg Trockenvollei entspricht 90 Eiern. 1 kg Trockeneigelb entspricht 125 Eiern. Trockeneipulver kann bis 18 Monate gelagert werden.

Trockenerbsen [*Allgem. Nährmittel*] ↑**Erbsen**

Trockenfleisch [*Schweizer Küche*] **T** Das Walliser Trockenfleisch hat sich aus alter Tradition entwickelt, um das Fleisch zu erhalten und dauerhafte Reserven zu schaffen. Heute gehört es zu den einfachen, ursprünglichen Gerichten der Schweiz. Das besonders trockene und sonnige Klima im Wallis sowie die häufigen Winde im Rhônetal und seinen Seitentälern erlaubten es, das Fleisch eher zu trocknen als zu räuchern. **Herstellungsmethode:** Das Walliser Trockenfleisch wird aus den besten Stücken von ↑**Rind**erkeulen gewonnen. Die sorgfältig ausgewählten Fleischstücke werden fünf Wochen lang in einem Gemisch von ↑**Salz,** ↑**Kräutern** und ↑**Gewürzen** gewälzt, dessen Zusammensetzung das Geheimnis jedes Herstellers ist. Anschließend werden die Stücke mehrere Wochen lang zum Trocknen aufgehängt, **nicht geräuchert.** Der Gewichtsverlust beträgt dabei 40–50 %. In dieser Phase prägen sich die typischen Aromen aus.

Trockenfrüchte [*Allgem. Nährmittel*] ↑**Dörrobst** & ↑**Trockenobst**

Trockenmarinade [*Unsere Küche*] **T** (Trockenbeize) Hierbei reibt man ↑**Fleisch** oder **Fisch** mit ↑**Kräutern** und ↑**Gewürzen** ein, ggf. noch mit etwas ↑**Pflanzenöl.** Die Dauer einer Marinade liegt zwischen 12 und 48 Stunden.

Trockenmasse [*Käse*] Ist das, was übrig bleibt, wenn einem Lebensmittel das Wasser entzogen wird. Sie setzt sich aus dem verbleibenden ↑**Eiweiß,** ↑**Kohlenhydraten,** ↑**Fetten** und ↑**Mineralstoffen** zusammen. ↑**Fettgehalt in der Trockenmasse Abkürzung: Fett i. Tr.**

Trockenmilch [*Milchprodukte*] ↑**Milchpulver**

Trockenobst [*Allgem. Nährmittel*] Reife Früchte, die in Anlagen, im Ofen oder an der Sonne getrocknet werden und eine Restfeuchtigkeit von 20 % besitzen: ↑Trocken**aprikosen,** ↑Trocken**äpfel,** ↑Trocken**pflaumen,** ↑Trocken**birnen,** ↑Trocken**pfirsiche,** ↑**Rosinen,** ↑**Feigen,** ↑**Datteln** und ↑**Bananen.** Trockenobst ist reich an ↑**Ballaststoffen.** Wird es mit höheren Temperaturen getrocknet, spricht man von **Backobst.** ↑**Dörrobst**

Trockenpflaumen [*Allgem. Nährmittel*] ↑**Backpflaumen**

Trockenpökelung [*Unsere Küche*] Verfahren, bei dem ↑**Salz** trocken in Fleischstücke eingerieben wird. ↑**Katenrauchschinken**

Trofie, trofiette [*Ital. Speisekarte*] **T** Spiral- oder schraubenförmige ↑**Nudeln** aus Ligurien. Sie sind dünn, ca. 4 cm lang, von Hand geformt, entstammen eigentlich lang gezogenen, gedrehten Klößchen (den so genannten „trofie"). Die typischen Nudeln für das echte ↑**Pesto genovese,** auch zur Soße mit kleinen ↑**Meeresfrüchten.**

Trogmuscheln [*Fisch*] In der Nordsee leben drei Arten von Trogmuscheln: Dicke Trogmuschel – **Lateinisch:** Solid Mactra, Spisula solida; Gedrungene Trogmuschel – **Lateinisch:** Subtruncate Mactra, Spisula subtruncata; Kleine Trogmuschel – **Lateinisch:** Spisula elliptica. Trogmuscheln kommen nur an einigen Stellen des Wattenmeeres in Sand- und Schlickböden vor, z. B. bei Sylt und Eiderstedt. Sie leben ab 5 m Wassertiefe flach im Boden vergraben und ernähren sich filtrierend. Die kräftigen dreieckigen Schalen sind an ihren schlitzförmigen Seitenzähnen (neben dem Hauptschloss) gut zu erkennen. Gefischt werden in Deutschland jährlich um die 100 t. ↑**Muscheln**

Troisgros, Pierre & Jean [*Berühmte Köche*] Das Restaurant Troisgros in Roanne (Loire), Frankreich, gehört zu den Wiegen der ↑**Nouvelle Cuisine.** Hier wirkten über Jahrzehnte die Brüder Pierre & Jean Troisgros, die zu den Gründervätern der neuen französischen Kochkunst gehören. Pierre und Jean machten ihre Kochlehre in Pariser Häusern und begegneten in ihren Wanderjahren Paul ↑**Bocuse,** mit dem sich eine große Freundschaft entwickelte. Das Trio wurde im Team der „Pyramide" von Altmeister Fernand ↑**Point** aufgenommen, dem Urvater der zeitgenössischen Küche. Alles Weitere ist mittlerweile Legende. Jean stirbt im Jahre 1983. Ein neues Duo bildet sich im Jahre 1984 mit Pierre und seinem Neffen Michel. Der ist zum Glück schon als kleines Kind in den Topf gefallen und hat alle guten Anlagen geerbt. Heute leiten Michel und seine Frau Marie-Pierre das renommierte Restaurant mit Erfolg.

Trollinger [*Weinkunde*] Deutscher Name für eine rote Rebsorte, die in Italien als Schiava bekannt ist. Sie wird hier hauptsächlich in Süd-Tirol angebaut und gelangte im 17. Jh. nach Württemberg, wo sie Trollinger (nach ihrer Herkunft Tirol) genannt wurde. Heute noch ist ihre Verbreitung fast ausschließlich auf Württemberg beschränkt, sie zählt zu den lokalen Spezialitäten. Trollinger liefert hellrote Weine, die frisch, blumig, fein-rassig und feinfruchtig schmecken. Muskattrollinger ist eine seltene Spielart.

Trompette-de-la-mort [*Franz. Speisekarte*] ↑**Herbsttrompete**

Troncon [*Franz. Speisekarte*] Längs abgeschnittene Scheibe eines länglichen, beliebigen Lebensmittels; **tronçons:** wörtlich – Stummel, z. B. Stücke von kleineren Fischen.

Tropfhonig [*Allgem. Nährmittel*] Leck-, Tropf-, Lauf-, Senk- oder Jungfernhonig: ↑**Honig,** der direkt nach dem Zerschneiden ohne Erwärmung aus zerkleinerten Honigwaben fließt

Tropicanas [*Hausbar*] Erfrischende und süßliche ↑**Longdrinks**; die mit ↑**Kokos** hergestellten werden **coladas** genannt

Troquet [*Franz. Fachwort*] Einfache Gaststätte, Schänke

Trot(ell)a [*Ital. Speisekarte*] ↑**Forelle**

Trou du milieu [*Franz. Speisekarte*] Gläschen ↑**Branntwein** in der Mitte des ↑**Menüs,** um das Loch zu füllen

Trou normand [*Franz. Speisekarte*] Gläschen ↑**Calvados** in der Mitte des ↑**Menüs,** um das Loch zu füllen

Trouchia [*Franz. Speisekarte*] **A** ↑**Omelette** mit ↑**Man-**

gold- oder ↑**Spinatblättern,** ↑**Kerbel,** ↑**Petersilie,** ggf. ↑**Basilikum** und geriebenem ↑**Parmesankäse,** manchmal mit ↑**Tomatenmark,** wird oft kalt gegessen. Spezialität aus Nizza

Trousseau [*Weinkunde*] Rote Rebsorte aus dem französischen Jura

Trout [*U.S. Kitchen*] ↑**Forelle**

Trovato, Gaetano [*Berühmte Köche*] **Gaetano Trovato,** *1960 auf Sizilien, I – seit 1982 Chef de cuisine im Restaurant Arnolfo, Colle di Val d'Elsa, Siena – Bekannt für seine kontinuierlichen Bewertungen, die Tauben- und Spanferkelgerichte sowie die Publikation „L'arte del Gusto in Toscana", November 2003. 1997 „Tre Forchette", die höchste Auszeichnung des Gambero Rosso, Höchstwertung 1999–2006, „16,5 Points"; Guide Espresso 2000 – 2006, „100 Points"; Guide Veronelli 2001–2006, „Academia della Cucina Italiana"

Troyes, Fromage de [*Käse*] **Herkunft:** Frankreich/Elsass und Champagne; **Käsesorte:** rindenloser runder ↑**Frischkäse,** 70 % ↑**Fett i. Tr.; Milch:** Kuhmilch; **Teig:** weich, cremig mit leichten Bruchlöchern; **Geschmack:** frisch und vollmundig, am besten direkt nach der Herstellung. **Info:** Auf seiner weißen Oberfläche sieht man den Abdruck einer Käsematte. **Größe:** 2 kg schwer, ∅ 20 cm, 8 cm Höhe

Trübli [*Schweizer Küche*] ↑**Johannisbeeren**

Trucha [*Span. Speisekarte*] ↑**Forelle**

Trucha ahumada [*Span. Speisekarte*] Geräucherte Forelle

Trucha del mar [*Span. Speisekarte*] ↑**Lachsforelle**

Trufas [*Span. Speisekarte*] ↑**Trüffel**

Truffado [*Franz. Speisekarte*] **A** ↑**Auflauf** mit ↑**Kartoffelscheiben,** ↑**Zwiebeln** und ↑**Knoblauch**

Truffe [*Franz. Speisekarte*] ↑**Trüffel**

Trüffel [*Speisepilze*] **T Lateinisch:** Tuber melanosporum. ↑**Waldpilze. Englisch:** truffles; **Französisch:** truffes; **Italienisch:** tartufi; **Spanisch:** trufas. **Info:** Die zur Familie der **tuberaceae** gehörenden Trüffeln sind etwa 30 cm unter der Erde wachsende Knollenpilze, die bevorzugt an den Wurzeln von Eichen, Weiden, Linden und Pappeln vorkommen. Sie haben einen unregelmäßig knollig oder kugelig geformten, 3–10 cm großen Fruchtkörper und keinen Stiel. Trüffeln werden mittels des feinen Geruchssinns speziell ausgebildeter Schweine oder Hunde aufgespürt und dann vom Menschen ausgegraben. **Ursprung und Geschichte:** Die ersten Hinweise auf die Trüffeln finden sich bereits vor 5000 Jahren in Mesopotamien. Auch bei den Griechen und Römern des Altertums waren sie als Delikatesse geschätzt. Einen kulinarischen Zenit erreicht die Trüffel zu Beginn des 18. Jh. in Frankreich, als die kostbare Knolle bei keinem Bankett am königlichen Hof fehlen durfte. Die größte je gefundene weiße Trüffel wog 2,5 Kilogramm und wurde 1953 dem damaligen US-Präsidenten Harry S. Truman geschickt. **Die weiße Trüffel** (Tuber magnatum) ist außen grauweiß, gelb oder ockergelb gefärbt. Das Fruchtfleisch ändert seine Farbe, je nachdem, mit welchem Baum die Trüffel in Symbiose lebt. Bei Pappeln oder Weiden ist ihr Fruchtfleisch fast weiß, bei Eichen oder Linden hellbraun mit roten Flecken. Ihr Fruchtfleisch ist fest und kompakt und von zahlreichen weißen Adern durchzogen. Weiße Trüffeln sind die edelste und teuerste Trüffelart, ein Kilogramm **Tartufo bianco del Piemonte, Tartufo bianco di Alba** oder **Tartufo bianco di Acqualagna** kann je nach Qualität bis zu 5000 € kosten. In Aroma und Geschmack erinnern sie an ↑**Knoblauch** und ↑**Gorgonzola.** Rund um die italienische Stadt Alba wachsen die begehrtesten Exemplare. **Die schwarze Trüffel** (Tuber melanosporum) hat ein zuerst rötliches und bei Reife schwarz-violettes Fruchtfleisch, das von weißen Adern durchzogen ist. Die Äderchen verfärben sich an der Luft rötlich. Der Fruchtkörper ist mit kleinen, sechskantigen Warzen übersät. Sie stammt aus den Trüffelwäldern Frankreichs (**schwarze Périgordtrüffel**) oder Italiens (**Pregiato di Norcia** sowie **Pregiato di Spoleto**) und weist einen unvergleichlichen Waldduft auf. **Die Sommertrüffel** (Tuber aestivum) duftet angenehm pilzähnlich, jedoch bei weitem nicht so ausgeprägt wie die Edeltrüffel. Der Fruchtkörper ist dunkelbraun bis schwarz und hat eine grobe Struktur. Das Fruchtfleisch ist gelb- bis hellbraun gefärbt und weist deutliche Äderchen auf. Sommertrüffeln sind preisgünstiger, da man sie leichter findet. **Herkunft und Saison:** Die geschmacklich nicht so edlen **Sommertrüffeln** werden von Mai bis Dezember aus Italien und Frankreich angeboten. **Weiße Trüffeln** kommen von Oktober bis Ende Dezember aus dem Piemont, der Emilia Romagna, aus Marken und Venetien, Istrien und Dalmatien oder dem Tessin. **Schwarze Trüffeln** kommen von Dezember bis März ebenfalls aus Norditalien oder aus Frankreich auf den Markt. **Inhaltsstoffe:** Die Tatsache, dass Trüffel als ↑**Aphrodisiakum** bekannt sind, liegt weniger an ihren Inhaltsstoffen als an ihrem Geruch: Die Pilzknollen enthalten das Pheromon Androstenol, das mit jugendlicher Fruchtbarkeit assoziiert wird. Tatsächlich wird es vom Menschen nicht vor der Pubertät produziert, erreicht in und kurz nach der Pubertät seinen Höhepunkt, um dann schnell wieder abzufallen. Junge Männer produzieren etwa dreimal so viel davon wie junge Frauen. In einem Experiment wurde festgestellt, dass sowohl Männer von Frauen als auch Frauen von Männern unter dem Einfluss einer winzigen Menge Androstenol als sensibler, intelligenter, sexuell attraktiver, wärmer, freundlicher und vertrauensvoller empfunden wurden. Ob die – vorwiegend weiblichen – Trüffelschweine von ähnlichen Motiven getrieben sind und auf der Suche nach dem vermeintlich jugendlichen Eber zu Trüffelexperten werden, wird manchmal angenommen, wurde aber bisher noch nicht wissenschaftlich erforscht. **Zubereitung und Tipps:** Trüffel gelten als das teuerste Lebensmittel der Welt und sind das Glanzstück auch der raffiniertesten Küche. Das unvergleichliche Aroma der frischen Knollen lässt die Herzen von Feinschmeckern höher schlagen. Die weiße Trüffel wird roh, in hauchdünnen Scheiben, mit speziellen Trüffelhobeln über hausgemachte ↑**Nudeln** oder andere Speisen gehobelt. Die schwarze Trüffel wird zu Einlage in ↑**Pasteten** (speziell zu ↑**Gänseleber**), ↑**Terrinen,** ↑**Galantinen**, aber auch zu ↑**Saucen** verarbeitet. Schon bevor man Trüffeln zubereitet, sollte man das exquisite Aroma ausnutzen, indem man frische, hartgekochte Eier anschlägt und sie mit den frischen Trüffelschalen für 32–48 Stunden in einem gut verschlossenen Glas parfümiert. Diese Eier schmecken sehr gut mit ↑**Toast** und ↑**Butter** als Vorspeise. Genauso kann man ↑**Reis** und Nudeln aromatisieren. Anschließend kann man die Trüffelschalen in einem ↑**Mörser** zerstampfen und mit etwas ↑**Salz** vermischen. Diese pikante Würzmischung eignet sich hervorragend zu gebratenem ↑**Fleisch,** ↑**Geflügel** und delikaten Saucen.

Trüffel-Kotelett [*Unsere Küche*] Mit Trüffeln gespicktes Kotelett

Trüffelmasse [*Unsere Küche*] **A** Das Pendant zu ↑**Nugat** ist die Trüffelmasse. Sie bildet den Grundstock für eine ↑**Pralinen**art mit zartem Schmelz, die der Trüffel ähnelt und auch mit ↑**Trüffeln** oder Trüffelaroma angereichert werden darf. Erfunden zur Vermählung der spanischen Prinzessin Maria Theresia mit Ludwig XIV. (Sonnenkönig) von Frankreich. Zutaten sind ↑**Sahne,** ↑**Kakao,** ↑**Zucker,** Zuckerarten oder ↑**Honig,** ↑**Nüsse** (↑**Haselnüsse**), ↑**Mandeln,** ↑**Pistazien** usw., aromatische ↑**Spirituosen** (↑**Rum,** ↑**Weinbrand,** ↑**Whisky,** ↑**Calvados**) und ↑**Liköre** (↑**Cointreau,** ↑**Grand Marnier,** ↑**Chartreuse,** ↑**Crème de Cassis,** ↑**Kirschlikör,** ↑**Tia Maria**).

Trüffeloliven [*Speisegarnitur*] **T** Olivenförmig zugeschnittene **Trüffeln**

Truffes en feuilleté [*Franz. Speisekarte*] **A** ↑**Trüffeln** mit ↑**Hackfleisch,** in ↑**Blätterteig** gebacken

Truffes en pâte [*Franz. Speisekarte*] ↑**Trüffeln**, in Teig gebacken

Truffes sous la cendre [*Franz. Speisekarte*] **R** Frische ↑**Trüffeln**, gesalzen, gepfeffert, mit ↑**Cognac** begossen, in eine ↑**Speck**scheibe gewickelt und mit Alufolie dicht verschlossen, in Asche gebacken

Truite (de rivière, arc-en-ciel) [*Franz. Speisekarte*] ↑**Forelle** (Bach-, Regenbogenforelle)

Truite à la crème [*Franz. Speisekarte*] **A** ↑**Forelle** in Sahnesoße mit **Champignons** oder in einer **Sahne**-Weißwein**soße**

Truite à la Vienne Gemeint ist die Haut-Vienne. Benannt nach dem gleichlautendem Fluss. Also nicht nach Wiener Art. [*Franz. Speisekarte*] **R** ↑**Forelle,** in ↑**Butter** gedünstet, auf ↑**Blattspinat** mit ↑**Zitronensaft** beträufelt, ↑**Semmelbrösel** und Butterflocken bestreut, im Ofen überbacken.

Truite arc-en-ciel [*Franz. Speisekarte*] ↑**Regenbogenforelle**

Truite au bleu [*Franz. Speisekarte*] **A** ↑**Forelle** blau. ↑**Blau kochen**

Truite au lard [*Franz. Speisekarte*] **A** ↑**Forelle,** mit ↑**Speck**scheiben gebraten

Truite au riesling [*Franz. Speisekarte*] **A** ↑**Forelle,** in einem ↑Wein**sud** gekocht, mit zerlassener ↑**Butter**

Truite aux amandes [*Franz. Speisekarte*] **A** ↑**Forelle** mit einer ↑**Butter**-Sahne**soße** und gerösteten ↑**Mandel**blättchen

Truite belle meunière [*Franz. Speisekarte*] **A** ↑**Forelle** nach Art der schönen ↑**Müllerin;** ↑**Meunière, à la**

Truite couffinée [*Franz. Speisekarte*] **A** Gebackene ↑**Forelle,** in einen dünnen ↑**Pfannkuchen** aus ↑**Buchweizenmehl** gewickelt

Truite de mer, sauce verte [*Franz. Speisekarte*] **R** ↑**Lachsforelle,** in einem ↑**Sud** mit ↑**Weißwein,** Wasser, ↑**Salz,** ↑**Lorbeerblatt,** ↑**Thymian,** ↑**Petersilie,** ↑**Karotten,** ↑**Zwiebel,** ↑**Pfeffer** und etwas ↑**Orangen**schale gekocht und kalt mit einer ↑**Mayonnaise** serviert, unter die frische gehackte ↑**Kräuter** (↑**Petersilie,** ↑**Kerbel,** ↑**Estragon,** ↑**Kresse,** ↑**Schnittlauch**) und ↑**Kapern** gemischt wurden

Truite en chemise [*Franz. Speisekarte*] **R** ↑**Forelle,** mit ↑**Kräuterbutter** gefüllt, in gebuttertes Papier gewickelt, im Rohr gebacken und mit ↑**Zitronen**scheiben serviert

Truite farcie [*Franz. Speisekarte*] **R** ↑**Forelle** mit einer Füllung aus ↑**Salz,** ↑**Pfeffer,** ↑**Weißbrot,** ↑**Champignons,** ↑**Schalotten,** ↑**Sahne** und ↑**Kräutern**, in ↑**Butter** und ↑Weiß**wein** gedünstet. In Béarn wird sie mit einer Füllung aus ↑**Gänseleber,** Weißbrot, ↑**Ei,** Salz und Pfeffer serviert.

Truite fario [*Franz. Speisekarte*] ↑**Bachforelle**

Truite navarraise [*Franz. Speisekarte*] **A** ↑**Forelle,** mit ↑**Schinken** und ↑**Kartoffel**scheibchen gebraten

Truite saumonée [*Franz. Speisekarte*] ↑**Lachsforelle**

Truite sautée aux noix [*Franz. Speisekarte*] Mit ↑**Walnüssen** gebratene ↑**Forelle**

Trüsche [*Fisch*] ↑**Rotzunge**

Truta [*Span. Speisekarte*] ↑**Forelle**

Truthahn [*Österr. Küche*] ↑**Pute**

Truthühner [*Fachkunde*] (Meleagridinae) sind eine Unterfamilie der ↑**Fasane** und gehören zu den Hühnervögeln. Es gibt nur zwei Arten von Truthühnern: Das **Truthuhn** (Meleagris gallopavo) stammt aus Ost- und Südamerika und wird über einen Meter lang. Das Haustruthuhn, bekannter als Truthahn, ↑**Pute** oder Truter, war eines der wenigen Haustiere im präkolumbianischen Amerika; nach der Entdeckung Amerikas durch Kolumbus verbreitete sich die Zucht weltweit, heute gehört es zu den wichtigsten Zuchtgeflügeln. Das **Pfauentruthuhn** (Agriocharis ocellata) aus Yucatán (Mexiko) ist deutlich kleiner und zierlicher gebaut.

Tryptophan [*Fachkunde*] Essenzielle ↑**Aminosäure**

Ts'ang Chinesische Garmethode [*Asiatische Küche*] **T** Bei der Ts'ang-Methode (Braten und Dünsten) werden alle Zutaten einfach pfannengerührt und auf einer Platte angerichtet. Dann bereitet man aus einer zuvor angerührten Mischung eine ↑**Sauce,** mit der man den Bratensatz ablöscht und dann über die Zutaten gießt. Nun lässt man das Gericht abkühlen und serviert es kalt. Ts'ang nennt man aber auch das Kalt-Vermischen und das dazugehörige Vorbereiten, Marinieren und Würzen der Zutaten, eine Art Salat also. Auch hier werden die üblichen Würzmittel verwendet: ↑**Sesamöl,** ↑**Essig,** ↑**Sojasauce,** kräftige ↑**Brühe,** geschnittene ↑**Frühlingszwiebeln,** ↑**Ingwer** und ↑**Knoblauch.** Salat ist in der ↑**Chinesischen Küche** keineswegs ein vegetarisches, sondern ein Nudelgericht mit vielerlei rohen, gekochten und sonstigen Zutaten, die alle zusammen oder einzeln gewürzt und mariniert werden und schließlich kalt vermischt auf den Tisch kommen. ↑**Kochen im Wok** oder ↑**Asiatisch Kochen**

Tsa Tsai [*Asiatische Küche*] Wurzelknollen eines asiatischen Kohlgewächses, die geschnitten und eingesalzen wie ↑**Salzgurken** konserviert werden. Diese eingesalzenen Wurzeln (chinesisches ↑**Sauerkraut**) werden in der regionalen ↑**Chinesischen Küche** von Sichuan genutzt und hier unter verschiedenen Namen wie „Salzgemüse", „Senfgemüse" oder „gesalzener ↑**Rettich**" in asiatischen Lebensmittelgeschäften und Restaurants angeboten. Eingesalzenes Tsa Tsai hat eine senfgelbe bis grünlich-braune Farbe, eine fleischige, bissfeste Konsistenz und einen intensiven, salzigen und unverwechselbaren Geschmack. Es ist traditioneller Bestandteil meist einfacher Gerichte, dient auch als Fleischersatz oder wird pur in kleinen Mengen zum Abschluss von Mahlzeiten genossen, weil es den Speichelfluss und die Verdauung anregt.

Tsai Faskomillo [*Griech. Speisekarte*] (↑**Salbei**) Griechischer Bergtee mit sehr intensivem Eigengeschmack

Tsai mavro [*Griech. Speisekarte*] Griechischer schwarzer ↑**Tee**

Tsai vounisio [*Griech. Speisekarte*] Begriff aus der griechischen Küchenkultur für einen sehr aromatischen ↑**Tee** aus Bergkräutern

Tscholent [*Jüdische Küche*] **R** Auch **chamin, scholet** oder **tschulent** genannt, bezeichnet eine Reihe von Gerichten der Jüdischen Küche, die über viele Stunden hinweg bei geringster Hitze geschmort oder gedünstet werden. Ihre Entstehung ist durch die Sabbat-Gesetze bedingt, die einem frommen Juden verbieten, am Schabbat ein Feuer zu entfachen. Ein bereits entfachtes Feuer darf aber genutzt werden. Die Jüdische Küche kennt daher eine Vielzahl von Gerichten, die vom späten Freitagnachmittag bis Sabbat-Mittag vor sich hinschmoren können. Es gibt Tscholent-Variationen aus ↑**Fleisch,** ↑**Getreide** und ↑**Gemüse** sowie eine Kombination von Mehlklößen (↑**Kugl**) und ↑**Trockenobst. Tscholent für Sabbat. Zutaten:** 1 Glas braune ↑**Bohnen;** 1 Glas ↑**Weiße Bohnen;** 1/2 Glas ↑**Graupen;** 1/2 Glas ↑**Pflanzenöl** oder 3 EL ↑**Gänse-** oder ↑**Hühnerschmalz;** 2 große ↑**Zwiebeln;** 1 EL rotes, scharfes ↑**Paprikapulver;** 1 ↑**Knoblauch**zehe; 250 g geräuchertes ↑**Rindfleisch** oder geräucherte ↑**Gänsekeule;** 3 Fleischknochen; 3 ↑**Markknochen;** ↑**Salz. Zubereitung:** Öl oder Fett in einem großen, hohen Topf erhitzen. Gehackte Zwiebeln darin goldbraun anrösten. Vom Feuer nehmen, Paprika dazugeben, mit 1/4 Glas Wasser löschen. Bohnen und Graupen zugeben und unter Rühren fünf Min. dünsten. Mit Salz würzen und mit Wasser aufgießen, sodass der Topf fast voll ist. Aufkochen. Knochen, Knoblauch und Fleisch zufügen, ca. 1/2 Stunde kochen. Vom Feuer nehmen, danach eventuell noch mal würzen. Topf mit einem gut sitzenden Deckel oder Alufolie fest verschließen. Im Backofen bei 150° C 12–15 Stunden garen. Nachsehen, ob noch genügend Flüssigkeit vorhanden ist, bevor das Gericht über Nacht im Backofen bleibt, andernfalls Wasser zugießen. Falls der Tscholent 1 Stunde vor dem Servieren zu flüssig ist, Deckel abnehmen und noch bräunen lassen. Nicht umrühren, damit die Bohnen nicht matschig werden. Das Gericht soll nicht suppig sein, sondern saftig und braun. Zum Tscholent kann auch ein Kugl serviert werden, das im Topf mitschmort.

Tschubritza [*Gewürze & Kräuter*] **R** Bulgarisches Universalgewürz für Eintöpfe und ↑**Fleisch,** hauptsächlich aus ↑**Bohnenkraut,** ↑**Bockshornklee,** scharfem ↑**Paprika,** geröstetem ↑**Maismehl** und ↑**Salz**

Tsipouro [*Hausbar*] Griechischer ↑**Schnaps** aus ↑**Trauben**

Tsit Kwa [*Exotische Früchte*] **Synonym:** Mokwa, Haargurke, Haarmelone. Asiatische Kürbisfrucht, die bis 50 cm lang werden kann. Verwendung findet die ↑**Zucchini**-ähnliche Frucht als Wokgemüse (↑**Stirfries**).

Tsui Chinesische Garmethode [*Asiatische Küche*] **T** Rohes oder gegartes ↑**Fleisch** oder ↑**Gemüse wird** in ↑**Wein** oder anderem ↑**Alkohol** mariniert, bevor man es serviert. Das ergibt den so genannten „Effekt des Betrunkenseins", wie beim „Betrunkenen Hühnchen". So behandelt man hauptsächlich Zutaten, die auf eine besonders schonende Weise zubereitet wurden, z. B. nach der Methode ↑**Chien.** Man lässt ↑**Frühlingszwiebeln,** ↑**Ingwer** und ↑**Knoblauch,** ↑**Geflügel**fleisch, ↑**Fisch** und ↑**Schalentiere** kurzzeitig in Wein (↑**Schnaps**) ziehen. ↑**Kochen im Wok** oder ↑**Asiatisch Kochen**

Tsukenmono [*Intern. Länderküche*] Begriff aus der japanischen Küchenkultur für eingelegtes ↑**Gemüse**

Ttoro, tioro [*Franz. Speisekarte*] **A** Baskische Fischsuppe oder ↑**Frikassee** aus kleinen, vorher in ↑**Olivenöl** angebratenen ↑**Fischen** und ↑**Meeresfrüchten** in ↑**Tomaten,** ↑**Paprikaschoten,** ↑**Knoblauch,** ↑**Essig,** ↑**Pfeffer** und ↑**Semmelbrösel** (Vorläufer der ↑**Bouillabaisse**)

Tubetti(ni) [*Ital. Speisekarte*] ↑Röhren**nudeln**

Tucunaré [*Intern. Länderküche*] **A** Fischeintopf. Dazu wird der ↑**Fisch** mit gehackten ↑**Zwiebeln,** ↑**Knoblauch** und ↑**Chicorée** angebraten, mit heißer Brühe, die mit **Maniokmehl** angedickt wurde, aufgegossen und mit gehackten ↑**Paprikaschoten** und ↑**Tomaten** vollendet. ↑**Brasilianische Küche**

Tucupí [*Intern. Länderküche*] **T** Saft der ↑**Maniokwurzel** (Rückstand der Maniokmehlfabrikation), dessen wichtigste Komponente die Blausäure ist. **Unbehandelt (roh) wirkt dieser Saft sofort tödlich.** Trotzdem ist er wichtiger Bestandteil der regionalen brasilianischen Küchenkultur. Durch langes Kochen verliert Tucupí seine giftige Wirkung und verwandelt sich in eine kulinarische Köstlichkeit. ↑**Brasilianische Küche**

Tuile [*Franz. Speisekarte*] (Ziegel), ziegelförmige ↑**Mandel**plätzchen aus ↑**Rührteig**

Truite de lac [*Franz. Speisekarte*] ↑See**forelle** aus tiefen Alpenseen

Tulpenkelche [*Wildkräuter, -blüten & -früchte*] **T Lateinisch:** Tulipa spp. Die Tulpenkelche eignen sich als essbare Becher für pikante Vorspeisen. **Mehr Information:** ↑**Essbare Blüten**

Tuma [*Käse*] **Herkunft:** Italien/Sizilien; **Käsesorte:** ↑**Frischkäse; Milch:** ↑**Schafsmilch. Info:** Frischer ↑**Pecorino** kommt unter dem Namen **Tuma** in den Handel, ist im Geschmack leicht süßlich: ein delikater Tafelkäse.

Tumbet [*Intern. Länderküche*] **A** Begriff aus der mallorquinischen Küchenkultur für Gemüseauflauf mit ↑**Kartoffeln,** ↑**Zucchini,** ↑**Paprikaschoten,** ↑**Auberginen** und ↑**Zwiebeln.** Ideales Sommeressen.

Tumbler [*Hausbar*] **T** Flaches Becherglas. Kleine Tumbler haben 15 cl Volumen und werden für ↑**Sours** oder ↑**Shortdrinks** verwendet. In Tumblern mit bis zu 25 cl Volumen (↑**Longdrink**glas) können ↑**Coolers** oder ↑**Highballs** serviert werden. Die Wahl des Tumblers richtet sich immer nach der Menge des Getränks.

Tumor [*Gesundheit*] Krankhafte Neubildung von Gewebe. Die Entstehung von bösartigen Tumoren wird als Krebs bezeichnet. Ein Tumor kann durch krebserregende Stoffe in Speisen wie ↑**Nitrosamine** ausgelöst werden.

Tun Chinesische Garmethode [*Asiatische Küche*] **T** „Verschlossen dämpfen", das heißt dämpfen in einem fest verschlossenen Gefäß. Nach der Tun-Methode blanchiert man die Zutaten 1–2 Min. in kochendem Wasser und schreckt sie anschließend kurz mit kaltem Wasser ab. Danach wird das Gericht fertig gewürzt, mit allen Zutaten versehen und bereits dekorativ angerichtet, bevor der Garprozess beginnt. Durch das langsame Dämpfen wird Fleisch oder ↑**Gemüse** extrem zart und ergibt ein leichtes Gericht, das sich für eine Diät eignet. Tun ist im Gegensatz zur schnellen ↑**Chinesischen Küche** ein langwieriger Garprozess. Er dauert von mindestens 30–40 Min. bis zu 3–6 Stunden. ↑**Kochen im Wok** oder ↑**Asiatisch Kochen**

Tuna [*Exotische Früchte*] ↑**Kaktusfeige**

Tunesische Küche [*Intern. Länderküche*] **T** Die traditionelle tunesische Küche ist ausgesprochen schmackhaft, vielfältig, sehr deftig und bietet abwechslungsreiche Gaumenfreuden. Angereichert mit ↑**Olivenöl,** ↑**Mediterranen Kräutern** und orientalischen ↑**Gewürzen**, bekommen die Speisen ihren speziellen Geschmack. Diese Küche verbindet Orient und Okzident und ist eher mediterran als orientalisch orientiert. Es wird vorwiegend scharf und hauptsächlich „rot" gekocht, also mit Tomaten, Paprika usw. Beliebte Gewürze wie ↑**Pfeffer,** ↑**Kreuzkümmel,** ↑**Koriander,** ↑**Safran,** ↑**Knoblauch,** viele ↑**Kräuter,** Gewürzmischungen und Würzpasten (↑**Harissa**) werden auch im benachbarten Marokko verwendet. Gerichte mit ↑**Lamm** und ↑**Huhn,** an der Küste mit ↑**Fisch** und ↑**Meeresfrüchte**n dominieren. Sie werden von ↑**Gemüse** (↑**Tomaten,** ↑**Karotten,** ↑**Kartoffeln,** ↑**Kichererbsen,** ↑**Bohnen,** ↑**Paprika** u. a.) begleitet. Zu den Obstsorten, die auf den Märkten angeboten werden, gehören ↑**Datteln,** ↑**Orangen,** ↑**Aprikosen,** ↑**Wassermelonen,** ↑**Pfirsiche,** ↑**Kaktusfeigen** usw. Die tunesische gehört zu der maghrebinischen Küche. Das Wort Maghreb bedeutet „Westen" im Arabischen und bezeichnet die islamischen Länder westlich von Ägypten, insbesondere Algerien, Tunesien und Marokko. Wobei die französische Esskultur die tunesische stark beeinflusst. Brot (das klassische ↑**Fladenbrot** oder ↑**Baguette**s nach französischem Vorbild) und Wasser begleiten die Mahlzeiten. Standardgetränke sind der espressoähnliche ↑**Kaffee** sowie ↑**Tee,** beide stark, heiß und sehr süß in kleinen Gläsern serviert. Der Tee wird z. T. mit ↑**Pinien**kernen und ↑**Mandel**stückchen versetzt oder – als Thé à la menthe – mit ↑**Pfefferminze** gereicht. Der Kaffee ist als „au lait" auch mit ↑**Milch** erhältlich. Das Angebot an Erfrischungsgetränken reicht von ↑**Cola** und ↑**Limonade** über ↑**Mineralwasser** ohne ↑**Kohlensäure** bis hin zu frisch gepresstem Orangensaft, Karottensaft etc. Im Islam ist ↑**Alkohol** zwar verboten, in den großen Städten und den Tourismusgebieten wird er jedoch verkauft. Dazu gehört traditionell der ↑**Wein.** Die Geschichte des Weinanbaus hat eine sehr lange Tradition und reicht bis zur Zeit der Karthager zurück. Man keltert Rot-, Weiß- und Roséweine, die meist stark und halbtrocken sind. Süßlicher im Geschmack sind ↑**Muskateller** aus Kelibia und ↑**Sekt** aus Thibar. Die Hauptanbaugebiete liegen aber am Cap Bon, bei Bizerta und rund um Mornag (bei Tunis). **Rotweine:** Haut Mornag; Châteaux de Carthage; Magon (schwer); Pinot (schwer) sowie Chateau Feriani.

Roséweine: Sidi Reis (trocken); Gris de Hammamet; Gris de Tunisie; Château Mornag. **Weißweine:** Blanc de Blanc; Muscat de Kelibia (trocken, unbedingt probieren). Von recht guter Qualität ist das heimisch gebraute ↑**Bier „Celtia"**. Unter den ↑**Spirituosen** dominiert der Feigenschnaps **Boukha** und der Dattellikör **Thibarine** aus Thibar. Den Palmenschnaps **Laghmi** erhält man in den Oasen nur im Frühjahr, da er ausschließlich frisch getrunken werden kann. **Tunesische Tischsitten:** Traditionellerweise sitzt man zum Essen auf dem Boden um einen niedrigen Holztisch herum. Tunesier essen mit den Fingern aus einer gemeinsamen Schüssel oder von einem Teller. Brot benutzt man, um Saucen und Essen aufzunehmen. Die westliche Art, von getrennten Tellern und mit Besteck zu essen, hat sich in den Städten inzwischen eingebürgert. Ein Gastgeber besteht meist darauf, dass die Gäste einen zweiten oder dritten Nachschlag nehmen. Die Höflichkeit gebietet es. Wenn aber nichts mehr geht, zeigt man mit dem Wort **„el-Hamdullah"** (Gott sei Dank), dass die Mahlzeit geschmeckt hat. **Bekannte tunesische Gerichte:** ↑**Couscous** ist das maghrebinische Nationalgericht; ↑**Bric à l'œuf;** ↑**Tajine;** ↑**Cassecroûte;** ↑**Chorba;** ↑**Makhroudh;** ↑**Meschoui;** ↑**Odja;** ↑**Ojja Merkuez;** ↑**Chakchouka;** ↑**Mechouya;** ↑**Salade tunisienne;** ↑**Doulma;** ↑**Brochette;** ↑**Felfel;** ↑**Leblebi;** ↑**Baklaoua;** ↑**Baklava;** ↑**Ghrayba**

Tunfisch [*Fisch*] **T** Sammelbegriff für verschiedene Tunfischarten, z. B.: **Gelbflossentun – Lateinisch:** Thunnus albacares. **Weißer Tun – Lateinisch:** Thunnus alalunga. **Bonito – Lateinisch:** Sarda sarda. **Synonym:** Pelannid. **Unechter Bonito – Lateinisch:** Auxis thazard; **Englisch:** tuna fish, atlantic bluefin tuna; **Französisch:** thon, thon rouge; **Italienisch:** tonno rosso; **Spanisch:** atún rojo, bonito. Tunfische gehören zur Gattung der ↑**Makrelen.** Sie kommen im Mittelmeer, Schwarzen Meer, Atlantik, Pazifik und allen warmen und gemäßigten Meeren vor. Allgemein lässt sich sagen, dass Tunfische der Gattung Thunnus zwischen 1 und 5 m lang und zwischen 45 und 900 kg schwer werden. Da viele verschiedene Arten zu dieser Gruppe gehören, schwanken auch die Angaben zu Länge und Größe erheblich. Gefangen werden Tunfische mit Angel oder Harpune. Sie haben eine bläuliche Haut, dunkelrotes, sehr schmackhaftes, fettreiches, aber festes Fleisch. Das feinste Fleisch dieses Fischs sitzt an Brust und Bauch und schmeckt ähnlich wie ↑**Kalbfleisch;** das Rückenfleisch ist meist ziemlich trocken. Tunfischfleisch kann gegrillt, gebraten, gedünstet, gebacken und geschmort werden. Außer beim Steak wird die Haut generell entfernt. **Inhaltsstoffe:** 100 g frischer Tunfisch enthalten ∅ 222 kcal/53 kJ, 15 g Fett, 22 g Eiweiß, 50 µg Jod, 0,82 mg Zink, 5,4 µg Vitamin D, 0,4 µg Vitamin B_{12} und 70 mg Cholesterin. Tunfische zeichnen sich durch ihren hohen Gehalt an ↑**Jod,** ↑**Omega-3-Fettsäuren** und ↑**Vitamin** B_{12} (Cobalamin) aus. In der japanischen Küche ist der Tunfisch sehr begehrt und wird dort auch roh gegessen. Dazu wird er sofort nach dem Fang bei –200° C schockgefrostet. Tunfisch gibt es in Deutschland meist als Konserve in Öl oder in Wasser. Das Angebot an frischem oder tiefgefrorenem Tunfisch ist noch sehr gering.

Tung Kwa [*Exotische Früchte*] ↑**Tong Qwa**

Tung-Ku-Pilze [*Asiatische Küche*] Gibt es hier nur getrocknet zu kaufen. Vor Verwendung in warmem oder heißem Wasser einweichen. Zubereitet werden nur die großen rundlichen Kappen, die Stiele sind hart und ungenießbar. ↑**Shiitake**pilze ersetzen Tung-Ku-Pilze gleichwertig, und sie werden seit Jahren hier gezüchtet.

Tunke [*Fachkunde*] ↑**Soße**

Turbigo [*Franz. Speisekarte*] **A Lamm**nieren mit Würstchen, ↑**Champignons** und dick eingekochter ↑**Tomatensauce**

Turbot(in) [*Franz. Speisekarte*] ↑**Steinbutt** (kleiner)

Turbot grillé [*Franz. Speisekarte*] **A** ↑**Steinbutt** vom Grill, mit verschiedenen ↑**Soßen** serviert

Türken [*Österr. Küche*] ↑**Mais**kolben

Türkenbrot [*Orientalische Küche*] Karamellisierte ↑**Erdnüsse**

Turkey [*U.S. Kitchen*] ↑**Truthahn**

Turkey sandwich [*U.S. Kitchen*] Putensandwich

Türkische Getränke [*Orientalische Küche*] **T** ↑**Wein:** In der türkischen Tradition ist das Trinken von ↑**Wein** relativ neu, denn unter der osmanischen Herrschaft wurde kein Wein getrunken. Nach dem Fall des osmanischen Reichs im Jahre 1919 begann die Türkei mit der Produktion von Wein. Heute ist die Türkei einer der weltweit größten Weinhersteller. Die besten Trauben wachsen im Südwesten und in der Zentraltürkei. Dort werden inzwischen respektable Rotweine, Weißweine und Roséweine produziert. Importierte Weine sind teurer als türkische Weine. **Teehäuser sind in der Türkei sehr beliebt:** Die Männer sitzen dort beisammen und diskutieren über Sport, Politik und was die Welt bewegt. Frauen sieht man dort normalerweise nicht. Hier und zu Hause trinkt man gerne **Apfel Tee:** süßer ↑**Tee,** man genießt ihn heiß oder kalt; ↑**Schwarzer Tee:** ist dem ↑**Earl Grey** Tee ähnlich, jedoch stärker und etwas bitter; ↑**Pfefferminz Tee:** hervorragender Durstlöscher; ↑**Grüner Tee** ist weniger bekannt. ↑**Kaffee:** Türkischer Kaffee. Er wird in einer kleinen Tasse serviert und entweder süß, mittelsüß oder schwarz getrunken. ↑**Bier: Efes** ist die größte Bierbrauerei mit Sitz in Izmir. **Raki** (Raký): ist ein alkoholisches Getränk, das aus der Wurzel des ↑**Anis** produziert wird. Lässt sich geschmacklich am besten mit ↑**Ouzo** oder ↑**Pernod** vergleichen. Er hat eine klare Farbe, aber sobald man Wasser dazumischt, wird er milchig weiß. Deshalb wird Raki auch „Löwenmilch" genannt. Nach Überzeugung der Türken kann Raki, wenn er im richtigen Maß getrunken wird, sogar vorbeugend gegen Krankheiten wirken. Dennoch verbietet der Koran indirekt den Konsum von ↑**Alkohol.** Dies ist eine Frage der Interpretation, denn die meisten Leute vermeiden das Trinken von Alkohol nur am Tag vor dem Freitagsgebet. **Ayran:** Ist ein mit Wasser verdünnter, gesalzener ↑**Jogurt.** Er wirkt positiv bei Magenbeschwerden und gleicht den Flüssigkeits- und Salzhaushalt aus. **Salgam:** Ein ↑**Sirup** aus ↑**Rote Beete,** der sehr gerne zusammen mit Raký getrunken wird. Ihm wird nachgesagt, dass er die Auswirkungen von zu hohem Alkoholgenuss lindert.

Türkische Küche [*Orientalische Küche*] **A** Eine lange Tradition, die auf eine einfache, turkstämmige und nomadische Küche zurückgeht. So wurde früher fast ausschließlich Schaffett zum Kochen verwendet. ↑**Olivenöl** ist erst seit relativ kurzer Zeit im Gebrauch. Geprägt wurde sie durch den Kontakt mit der ↑**indischen**, persischen und islamisch-↑**arabischen Küche** sowie durch die Kochtraditionen der Völker des Mittelmeerraumes und des Kaukasus. So konnte sich bereits in historischer Zeit eine hohe Esskultur entwickeln, die schon bald auf die ↑**griechische** und die Balkan**küche** ausgestrahlt hat. Auch der ↑**Jogurt** ist ein Beitrag der Türken und heute weltweit der Name für dieses Milchprodukt. Der wichtigste Beitrag zur gesamteuropäischen Esskultur war sicherlich die Vermittlung der Kaffeetradition (↑**Mokka**) aus dem arabischen Raum. Soweit es die muslimischen Bevölkerungsteile betrifft, gelten die Speisevorschriften des Islam von ↑**Haram** (verboten) und ↑**Helal** (erlaubt). Das ↑**Schächten,** der ↑**Ramadan** und das ↑**Zuckerfest** werden beachtet. **Das Frühstück** – **„↑Kahvaltı“** – besteht aus ↑**Weißbrot,** ↑**Schafskäse,** grünen und schwarzen ↑**Oliven,** ↑**Tomaten,** ↑**Gurken,** ↑**Konfitüre** und ↑Schwarztee. Die Grundlage des türkischen Essens sind neben ↑**Milchprodukten** und verschiedenen ↑**Gemüsen** die aus ↑**Weizenmehl** hergestellten Back- und ↑**Teigwaren.** **„Ekmek“** ist das gewöhnliche Weißbrot, **„↑Pide“** ein Fladenbrot, **„simit“** die Sesambrezel. **„Manti“** sind Teigtaschen ähnlich den ↑**Tortellini.** Außerdem gibt es sehr viele Variationen von ↑**Börek,** dünnen Teigfladen mit verschiedenen Füllungen wie ↑**Spinat,** ↑**Schafskäse,** ↑**Hackfleisch,** ↑**Kartoffeln** und grünen ↑**Linsen.** Eine weitere türkische Spezialität ist ↑**Pilav.** Er wird entweder aus geschroteten Weizenkörnern (↑**Bulgur**) oder aus ↑**Reis** bereitet, der mit ↑**Butter** gekocht wird. **Gegrilltes Fleisch:** ↑**Schweinefleisch ist gläubigen Moslems untersagt.** Sowohl ↑**Kebap** als auch Börek haben ihren Ursprung in der Zeit der türkischen Nomaden. **Die hier bekanntesten türkischen Grillgerichte sind: Schisch-** oder ↑**Şis Kebap** (das Wort **„↑Schaschlik“** kommt daher), ↑**Döner Kebap,** ↑**Izgara** und ↑**Köfte. Gemüse:** Man ist immer wieder überrascht über die türkischen Varianten in der Gemüsezubereitung. Die Angebote auf den Märkten machen es deutlich: Frisches Gemüse hat in der türkischen Küche den höchsten Stellenwert. Es wird gebraten, frittiert oder mit Jogurt serviert. Gemüsegerichte werden allein oder mit Fleisch warm gegessen oder auch mit Olivenöl zubereitet und kalt gegessen. Die einfachsten und meistservierten Gemüsegerichte sind ↑**Zucchini** oder ↑**Auberginen** kombiniert, mit ↑**Tomaten,** grünen ↑**Pepperoni** und ↑**Zwiebeln** ergänzt, die in Butter oder Olivenöl in ihrem eigenen Saft langsam gegart werden. Diese Gerichte werden oft mit Jogurtsoße **„↑Cacik“** serviert. Bekannte Gerichte sind: ↑**Dolma,** ↑**Sarma** und ↑**Börek. Vorspeisen:** ↑**Meze** ist der Name von kleinen Vorspeisen, die mit alkoholischen Getränken konsumiert werden, z. B. ↑**Wein** oder ↑**Raki.** Am wenigsten Aufwand machen ↑**Honigmelonen** und cremiger Schafskäse, der mit frischem ↑**Brot** serviert wird. Typische „Meze-Menüs“ bestehen aus getrockneten oder marinierten ↑**Makrelen,** Gemüse mit dicker Jogurtsauce und ↑**Knoblauch** oder Teller mit kaltem Gemüse, das zuvor gekocht oder in Olivenöl gebraten wurde (pikante „Böreks“ und ↑**Lahmaçun**). **Fisch:** Die Türkei ist von Meer umgeben (Schwarzes Meer, Marmarameer, Ägäis und östliches Mittelmeer). In türkischen Fischrestaurants ist es üblich, sich den ↑**Fisch** selber auszusuchen und dann frisch zubereiten zu lassen. An der Schwarzmeerküste dominieren **„↑Hamsi“** (↑**Sardellen**) die Speisekarte, man kennt sehr viele Gerichte mit den kleinen schmackhaften Fischen. ↑**Dessert:** Die berühmtesten Süßigkeiten aus der Türkei sind ↑**Lokum** (Fruchtkonfekt), ↑**Türkischer Honig** und **Baklava,** Blätterteiggebäck mit Nüssen und Honig. Andere bekannte süße Nachspeisen sind ↑**Halva** und **„Firin sütlac“**, überbackener ↑**Milchreis.**

Türkische Vorspeisen [*Orientalische Küche*] **T** Die ↑**Meze** werden kalt oder warm in kleinen Schalen oder Tellern serviert. Sie sind den spanischen ↑**Tapas** ähnlich, unterscheiden sich aber im Geschmack. Traditionell werden sie in die Mitte des Tisches gestellt, und man isst gemeinsam davon. Geschmack und Vielfältigkeit sind keine Grenzen gesetzt.

Türkischer Tee und Kaffee [*Orientalische Küche*] **T** ↑**Tee** (Çay geschrieben, „tschai“ gesprochen) wird zu jeder Gelegenheit angeboten und getrunken. **Geschichte:** Als das osmanische Reich zerschlagen wurde, verlor die Türkei den Kaffeelieferanten Jemen und damit das eigentliche Nationalgetränk, den ↑**Kaffee.** Kemal Paşa Atatürk gab den Auftrag, Ersatz zu suchen, und man entdeckte an der feuchtwarmen Küste des Schwarzen Meeres günstige Bedingungen für den Anbau von Tee. Seit dieser Zeit ist Çay das Nationalgetränk in der Türkei. Immer noch trinken die Türken gern Kaffee. Er wird im Cezve (das Kännchen mit dem Stiel) zubereitet und serviert. Man erhitzt gleichzeitig Kaffeepulver, Wasser und ↑**Zucker** bei kleiner Flamme. Wenn die Flüssigkeit schäumend aufkocht, serviert man den **kahve** in kleinen Mokkatassen. Drei Arten kann man bestellen: **sade** (für ungezuckert), **orta** (für mittel/wenig Zucker) und **sekerli** (für süß).

Türkischer Honig [*Süßwaren*] **Türkisch:** sade lokum: gibt es oft auf Jahrmärkten zu kaufen. Es handelt sich hierbei um eine leicht aufgeschlagene, helle, mehr oder weniger zähe Masse, die aus ↑**Zucker,** ↑**Glucosesirup,** ↑**Eiweiß,** ↑**Reismehl** und ↑**Zitronen**aroma, mit oder ohne Zusatz von ↑**Gelatine** hergestellt wird. Das „Innenleben" besteht aus ↑**Mandeln,** ↑**Pistazien,** ↑**Nüssen,** ↑**Honig,** ↑**kandierten Früchten**, geschmacks- und geruchsgebenden Stoffen. In Riegelform, mit oder ohne ↑**Schokoladen**überzug.

Türkischer Weizen [*Orientalische Küche*] ↑**Maiskörner**, getrocknet

Turmeric [*Gewürze & Kräuter*] ↑**Kurkuma** oder ↑**E 100**

Turnips [*U.S. Kitchen*] ↑**Weiße Rübchen**

Turóscsusza [*Ungarische Küche*] Ungarische ↑**Quark**taschen

Turque, à la [*Speisegarnitur*] **A Speisegarnitur** für ↑**Pilawreis** – Beilage aus mit gehacktem ↑**Schaffleisch,** ↑**Reis** und ↑**Duxelles** gefüllten ↑**Auberginen** oder ↑**Paprikaschoten**

Turrón [*Span. Speisekarte*] **T** Typisch spanische Süßigkeit aus ↑**Zucker,** ↑**Mandeln** und ↑**Honig,** die zur Weihnachtszeit gehört. Zu den Klassikern gehören: **Turrón** aus Alicante, der ganze Mandeln enthält – **Turrón** aus Jijona, der mit zerriebenen Mandeln hergestellt wird, und **Turrón** guirlache aus ganzen Mandeln und ↑**Karamell.** Heute gibt es aber auch zahlreiche ausgefallene turrones aus der modernen spanischen ↑**Konditor**kunst.

Turteltaube [*Fachkunde*] **Lateinisch:** Streptopelia turtur; **Englisch:** Eurasian turtle dove; **Französisch:** tourterelle. Turteltauben stehen in Teilen Europas unter Naturschutz und sind darum für den Verzehr nicht geeignet.

Tuttifrutti [*Ital. Speisekarte*] **A** Gemischte ↑**Früchte,** gewürfelt und gedünstet. Werden kalt, meist mit ↑**Speiseeis,** serviert.

TVP [*Allgem. Nährmittel*] Abkürzung für „textured vegetable protein" bzw. „texturiertes vegetabiles Protein" (auch Sojagranulat). Aus ↑**Sojabohnen** gewonnen und meist in getrockneter Form angeboten. Gibt fleischlosem ↑**Chili con carne,** Suppen oder Pastasaucen einen herzhaften Biss (z. B. „↑**Bolognese**"). Vorsicht bei Verdauungsschwäche: TVP kann Beschwerden verstärken.

Twistis [*Hausbar*] **T** Bestehen aus ↑**Fruchtsirup,** ↑**Fruchtsaft** oder **Nektar,** ↑**Likör** und einer ↑**Spirituose** nach Wunsch. Die Zutaten werden im Rührglas verrührt und dann auf ↑**Crushed Ice** in der ↑**Flöte** oder Sektschale serviert.

Tworig [*Intern. Länderküche*] **A** Ukrainischer ↑**Quark,** ist etwas trockener und süßer als der deutsche. Er wird mit unterschiedlichen Beilagen wie ↑**Rosinen,** ↑**Beeren** und sogar ↑**Schokolade** gegessen. ↑**Ukrainische Küche**

Tybo [*Käse*] **Herkunft:** Dänemark/Insel Seeland; **Käsesorte:** ↑**Schnittkäse,** 45 % ↑**Fett i.Tr.; Geschmack:** mildwürzig. **Info:** Tybo gehört zu den ältesten dänischen Käsesorten. Seine Konsistenz ähnelt dem ↑**Danbo,** die rote Schutzhülle ist nicht essbar.

Tyn Grug [*Käse*] **Herkunft:** Wales/Grafschaft Dyfedd; **Käsesorte:** ↑**Rohmilchkäse** aus Kuhmilch

Type 5 Korn Mischmehl [*Allgem. Nährmittel*] **T** ↑**Weizen/**↑**Roggen/**↑**Dinkel/**↑**Gerste/**↑**Hafer – Kräftiges Brotmehl mit Feinschrotanteilen:** Der Ausmahlungsgrad des Mehls wird mit einer Typenzahl angezeigt. Die Typenzahl gibt in Milligramm den Gehalt an unverbrennbaren Bestandteilen (Asche) pro 100 g ↑**Mehl** an. Je dunkler das ↑**Mehl** (je höher die Typenzahl), umso reicher sind die Bestandteile an ↑**Vitaminen,** ↑**Ballaststoffen** und ↑**Mineralstoffen**. Alle Mehltypen können miteinander vermischt werden.

Type 1000 Mischmehl [*Allgem. Nährmittel*] **T Weizen/Roggenmischmehl – Für dunkleres Bauernbrot:** Der Ausmahlungsgrad des Mehls wird mit einer Typenzahl angezeigt. Die Typenzahl gibt in Milligramm den Gehalt an unverbrennbaren Bestandteilen (Asche) pro 100 g ↑**Mehl** an. Je dunkler das ↑**Mehl** (je höher die Typenzahl), umso reicher sind die Bestandteile an ↑**Vitaminen**, ↑**Ballaststoffen** und ↑**Mineralstoffen**. Alle Mehltypen können miteinander vermischt werden.

Type 1050 Weizenmehl [*Allgem. Nährmittel*] **T Dunkles, ausgesprochenes Brotmehl – Für Graubrot mit kräftigem Eigengeschmack:** Auch als „braunes" Mehl bekannt, besitzt dieses kräftige Weizenmehl einen Ausmahlungsgrad von 85 %. Ein Teil der ↑**Spelzen** und des ↑**Keimlings** werden beim Mahlen entfernt, sodass es leichter und etwas heller als 100 %iges Vollkornmehl ist. Sein Mineralstoffgehalt beträgt jedoch nur etwa ein %, denn den größten Teil der Vitamine B_1, B_2 und E, der Inhaltsstoffe ↑**Folsäure,** ↑**Pantothensäure,** ↑**Nikotinsäure** und ↑**Biotin** trägt das Getreide in den äußersten Schichten des Korns und im Keim. Der Ausmahlungsgrad des Mehls wird mit einer Typenzahl angezeigt. Die Typenzahl gibt in Milligramm den Gehalt an unverbrennbaren Bestandteilen (Asche) pro 100 g ↑**Mehl** an. Je dunkler das ↑**Mehl** (je höher die Typenzahl), umso reicher sind die Bestandteile an ↑**Vitaminen,** ↑**Ballaststoffen** und ↑**Mineralstoffen**. Alle Mehltypen können miteinander vermischt werden.

Type 1150 Roggenmehl [*Allgem. Nährmittel*] **T Brotmehl, zum Mischen mit Weizenmehlen – Für Graubrot, Kommissbrot:** Der Ausmahlungsgrad des Mehls wird mit einer Typenzahl angezeigt. Die Typenzahl gibt in Milligramm den Gehalt an unverbrennbaren Bestandteilen (Asche) pro 100 g ↑**Mehl** an. Je dunkler das ↑**Mehl** (je höher die Typenzahl), umso reicher sind die Bestandteile an ↑**Vitaminen**, ↑**Ballaststoffen** und ↑**Mineralstoffen**. Alle Mehltypen können miteinander vermischt werden.

Type 1370 Roggenmehl [*Allgem. Nährmittel*] **T Für Kommissbrot und andere kräftige Brotsorten:** Der Ausmahlungsgrad des Mehls wird mit einer Typenzahl angezeigt. Die Typenzahl gibt in Milligramm den Gehalt an unverbrennbaren Bestandteilen (Asche) pro 100 g ↑**Mehl** an. Je dunkler das ↑**Mehl** (je höher die Typenzahl), umso reicher sind die Bestandteile an ↑**Vitaminen**, ↑**Ballaststoffen** und ↑**Mineralstoffen**. Alle Mehltypen können miteinander vermischt werden.

Type 1590 Roggenmehl [*Allgem. Nährmittel*] **T Für Mischbrot:** Der Ausmahlungsgrad des Mehls wird mit einer Typenzahl angezeigt. Sie gibt in Milligramm den Gehalt an unverbrennbaren Bestandteilen (Asche) pro 100 g ↑**Mehl** an. Je dunkler das ↑**Mehl** (je höher die Typenzahl), umso reicher sind die Bestandteile an ↑**Vitaminen**, ↑**Ballaststoffen** und ↑**Mineralstoffen**. Alle Mehltypen können miteinander vermischt werden.

Type 1600 Weizenmehl [*Allgem. Nährmittel*] **T Hartweizenmehl – sehr gut für Nudeln/Pasta:** Der Ausmahlungsgrad des Mehls wird mit einer Typenzahl angezeigt. Sie gibt in Milligramm den Gehalt an unverbrennbaren Bestandteilen (Asche) pro 100 g ↑**Mehl** an. Je dunkler das ↑**Mehl** (je höher die Typenzahl), umso reicher sind die Bestandteile an ↑**Vitaminen**, ↑**Ballaststoffen** und ↑**Mineralstoffen**. Alle Mehltypen können miteinander vermischt werden.

Type 1700 Weizenmehl [*Allgem. Nährmittel*] **T Backschrot (ohne Keimling):** Der Ausmahlungsgrad des Mehls wird mit einer Typenzahl angezeigt. Sie gibt in Milligramm den Gehalt an unverbrennbaren Bestandteilen (Asche) pro 100 g ↑**Mehl** an. Je dunkler das ↑**Mehl** (je höher die Typenzahl), umso reicher sind die Bestandteile an ↑**Vitaminen**, ↑**Ballaststoffen** und ↑**Mineralstoffen**. Alle Mehltypen können miteinander vermischt werden.

Type 1740 Roggenmehl [*Allgem. Nährmittel*] **T Für Schrotbrot:** Der Ausmahlungsgrad des Mehls wird mit einer Typenzahl angezeigt. Die Typenzahl gibt in Milligramm den Gehalt an unverbrennbaren Bestandteilen (Asche) pro 100 g ↑**Mehl** an. Je dunkler das ↑**Mehl** (je höher die Typenzahl), umso reicher sind die Bestandteile an ↑**Vitaminen**, ↑**Ballaststoffen** und ↑**Mineralstoffen**. Alle Mehltypen können miteinander vermischt werden.

Type 1800 Roggenmehl [*Allgem. Nährmittel*] **T Backschrot (ohne Keimling):** Der Ausmahlungsgrad des Mehls wird mit einer Typenzahl angezeigt. Sie gibt in Milligramm den Gehalt an unverbrennbaren Bestandteilen (Asche) pro 100 g ↑**Mehl** an. Je dunkler das ↑**Mehl** (je höher die Typenzahl), umso reicher sind die Bestandteile an ↑**Vitaminen**, ↑**Ballaststoffen** und ↑**Mineralstoffen**. Alle Mehltypen können miteinander vermischt werden.

Type 2000 Weizenmehl und Dinkelmehl [*Allgem. Nährmittel*] **T Vollkornmehl – für Vollkorngebäck und Vollkornbrot. Dunkel und reich an Ballaststoffen:** Der Ausmahlungsgrad des Mehls wird mit einer Typenzahl angezeigt. Sie gibt in Milligramm den Gehalt an unverbrennbaren Bestandteilen (Asche) pro 100 g ↑**Mehl** an. Je dunkler das ↑**Mehl** (je höher die Typenzahl), umso reicher sind die Bestandteile an ↑**Vitaminen**, ↑**Ballaststoffen** und ↑**Mineralstoffen**. Alle Mehltypen können miteinander vermischt werden.

Type 405 Weizenmehl [*Allgem. Nährmittel*] **T Haushaltsmehl** – Hellstes Mehl mit den besten Klebeeigenschaften und geringem Eigengeschmack. In Deutschland das am meisten verbreitete Mehl. Feines Kuchenmehl für ↑**Torten**, ↑**Kuchen** und Plätzchen, vor allem ↑**Mürbeteig**, ↑**Sandteige** und ↑**Biskuit**. Es besitzt einen Ausmahlungsgrad von 50 %, das heißt, etwa die Hälfte des Ausgangsgewichtes an Weizen fällt an Mehl an. Die Randschichten und der Keimling des Getreides sind größtenteils entfernt, sein Mineralstoffgehalt liegt unter 0,50 %. Der Ausmahlungsgrad des Mehls wird mit einer Typenzahl angezeigt. Sie gibt in Milligramm den Gehalt an unverbrennbaren Bestandteilen (Asche) pro 100 g ↑**Mehl** an. Je dunkler das ↑**Mehl** (je höher die Typenzahl), umso reicher sind die Bestandteile an ↑**Vitaminen**, ↑**Ballaststoffen** und ↑**Mineralstoffen**. Alle Mehltypen können miteinander vermischt werden.

Type 550 Weizenmehl [*Allgem. Nährmittel*] **T Weißbrotmehl** – Dunkler als die Type 405: **Für fast alle Brotsorten, Brötchen, Hefeteige und Blätterteige ist dieses kleberstarke Mehl bestens geeignet. Sein Mineralstoffgehalt liegt zwischen 0,50 und 0,63 %. Man bekommt es nicht nur in Bioläden und Reformhäusern, sondern in fast jedem Supermarkt. Es eignet sich besser als das weit verbreitete Weizenmehl der Type 405 zum Backen von Brot und Brötchen.** Der Ausmahlungsgrad des Mehls wird mit einer Typenzahl angezeigt. Sie gibt in Milligramm den Gehalt an unverbrennbaren Bestandteilen (Asche) pro 100 g ↑**Mehl** an. Je dunkler das ↑**Mehl** (je höher die Typenzahl), umso reicher sind die Bestandteile an ↑**Vitaminen**, ↑**Ballaststoffen** und ↑**Mineralstoffen**. Alle Mehltypen können miteinander vermischt werden.

Type 610 Roggenmehl [*Allgem. Nährmittel*] **T Feinmehl:** Der Ausmahlungsgrad des Mehls wird mit einer Typenzahl angezeigt. Sie gibt in Milligramm den Gehalt an unverbrennbaren Bestandteilen (Asche) pro 100 g ↑**Mehl** an. Je dunkler das ↑**Mehl** (je höher die Typenzahl), umso reicher sind die Bestandteile an ↑**Vitaminen**, ↑**Ballaststoffen** und ↑**Mineralstoffen**. Alle Mehltypen können miteinander vermischt werden.

Type 630 Weizenmehl [*Allgem. Nährmittel*] **T Helleres Mehl für Kleingebäck:** Der Ausmahlungsgrad des Mehls wird mit einer Typenzahl angezeigt. Sie gibt in Milligramm den Gehalt an unverbrennbaren Bestandteilen (Asche) pro 100 g ↑**Mehl** an. Je dunkler das ↑**Mehl** (je höher die Typenzahl), umso reicher sind die Bestandteile an ↑**Vitaminen,** ↑**Ballaststoffen** und ↑**Mineralstoffen.** Alle Mehltypen können miteinander vermischt werden.

Type 700 Mischmehl [*Allgem. Nährmittel*] **T Weizen/Roggenmischmehl – für Bauernbrot:** Der Ausmahlungsgrad des Mehls wird mit einer Typenzahl angezeigt. Sie gibt in Milligramm den Gehalt an unverbrennbaren Bestandteilen (Asche) pro 100 g ↑**Mehl** an. Je dunkler das ↑**Mehl** (je höher die Typenzahl), umso reicher sind die Bestandteile an ↑**Vitaminen,** ↑**Ballaststoffen** und ↑**Mineralstoffen.** Alle Mehltypen können miteinander vermischt werden.

Type 812 Weizenmehl [*Allgem. Nährmittel*] **T Noch dunkler als 630 – ideal als Grundmehl für helle und dunkle Mischbrote oder dunkle Kleingebäcke:** Der Ausmahlungsgrad des Mehls wird mit einer Typenzahl angezeigt. Sie gibt in Milligramm den Gehalt an unverbrennbaren Bestandteilen (Asche) pro 100 g ↑**Mehl** an. Je dunkler das ↑**Mehl** (je höher die Typenzahl), umso reicher sind die Bestandteile an ↑**Vitaminen,** ↑**Ballaststoffen** und ↑**Mineralstoffen.** Alle Mehltypen können miteinander vermischt werden.

Type 815 Roggenmehl [*Allgem. Nährmittel*] **T Helleres Feinmehl:** Der Ausmahlungsgrad des Mehls wird mit einer Typenzahl angezeigt. Sie gibt in Milligramm den Gehalt an unverbrennbaren Bestandteilen (Asche) pro 100 g ↑**Mehl** an. Je dunkler das ↑**Mehl** (je höher die Typenzahl), umso reicher sind die Bestandteile an ↑**Vitaminen,** ↑**Ballaststoffen** und ↑**Mineralstoffen.** Alle Mehltypen können miteinander vermischt werden.

Type 997 Roggenmehl [*Allgem. Nährmittel*] **T Für helles Roggenbrot:** Der Ausmahlungsgrad des Mehls wird mit einer Typenzahl angezeigt. Sie gibt in Milligramm den Gehalt an unverbrennbaren Bestandteilen (Asche) pro 100 g ↑**Mehl** an. Je dunkler das ↑**Mehl** (je höher die Typenzahl), umso reicher sind die Bestandteile an ↑**Vitaminen,** ↑**Ballaststoffen** und ↑**Mineralstoffen.** Alle Mehltypen können miteinander vermischt werden.

Tyramin [*Gesundheit*] Ein biogenes Amin, das aus der Aminosäure Tyrosin gebildet wird. Tyramin kommt als natürlicher Bestandteil in ↑**Orangen,** ↑**Bananen,** ↑**Spinat,** ↑**Schokolade** und ↑**Käse** vor. Als Gewebshormon bewirkt es den Anstieg des Blutdrucks und das Zusammenziehen der Gebärmuttermuskulatur. Außerdem tritt Tyramin beim bakteriellen Abbau von Eiweißen als Abbauprodukt von Aminosäuren auf. Menschen, die eine erhöhte individuelle Empfindlichkeit gegen Tyramin aufweisen, reagieren auf dieses biogene Amin mit einer Überempfindlichkeitsreaktion (Lebensmittelintoleranz). Tyramin kann dann im Körper den Blutdruck und Blutzucker erhöhen, die Muskulatur erregen und Migräne auslösen. Der Gehalt an Tyramin in Lebensmitteln steigt mit deren zunehmender Reifung.

Tyrolienne, à la Tiroler Art [*Speisegarnitur*] **A Speisegarnitur** für **Kurzgebratenes** und **Geflügel** – Gebratene Tomatenviertel ohne Haut und Kerngehäuse und frittierte ↑**Zwiebelringe. Sauce:** eingekochter, mit kalter ↑**Butter** gebundener ↑**Fond**

Tyropitakia [*Griech. Speisekarte*] ↑**Tiropitakia**

Tyrosalata [*Griech. Speisekarte*] **A** Auch **Chtipiti,** ↑**Tirochtipiti:** pikante, scharfe Paste aus ↑**Schafskäse,** ↑**Olivenöl,** ↑**Paprika,** ↑**Gewürzen**

Tyrosin [*Fachkunde*] ↑**Aminosäure**

Tzatziki [*Griech. Speisekarte*] **R** Begriff aus der griechischen Küchenkultur für gut gekühlten ↑**Jogurt** mit fein gehacktem ↑**Knoblauch,** ↑**Salatgurken** ohne Kerngehäuse, ↑**Salz,** ↑**Olivenöl** und viel gehacktem ↑**Dill. Tipp:** Im Allgemeinen ist Jogurt zu flüssig, um daraus Tzaziki zu machen, schnittfester Jogurt ist schwer zu bekommen und ↑**Quark** nur eine Notlösung. **Also legt man Jogurt trocken:** Dazu wird ein sauberes Leintuch in eine Schüssel gelegt, darauf schüttet man den Jogurt (500 ml Jogurt ergeben ca. 100 g schnittfesten Jogurt), bindet das Tuch zu einem Sack und hängt diesen an einem kühlen Ort so auf, das die ↑**Molke** in die Schüssel ablaufen kann. Nach 5–6 Stunden ist der Jogurt trocken. Die ablaufende Molke ergibt gut gekühlt ein köstliches, gesundes und durstlöschendes Getränk.

U

Überbacken [*Unsere Küche*] ↑**Gratinieren**

Überbrühen [*Unsere Küche*] ↑**Blanchieren**

Überflämmen [*Unsere Küche*] Schnelles Überbacken mit starker Oberhitze oder mit einem Brenner

Übergewicht [*Gesundheit*] **T** Fettleibigkeit ist meist die Folge einer langfristigen Überschreitung der aufgenommenen individuellen Energiemenge. Geht die Ansammlung von Körperfett erheblich über das normale Maß hinaus, wird dies als ↑**Adipositas** bezeichnet. Unbestritten besteht ein Einfluss genetischer Faktoren auf das Körpergewicht. Man kann sein Übergewicht durch Disziplin in den Griff bekommen. Im Einzelfall kann das schwierig sein, vor allem, wenn jahrelang falsches Essverhalten anerzogen und praktiziert wurde. Übergewicht begünstigt nicht nur die Entstehung von Herz-Kreislauf-Erkrankungen, sondern gilt in den Industrieländern als der am weitesten verbreitete **ernährungsabhängige Risikofaktor. Therapie:** Langfristige Umstellung auf fettarme, energiereduzierte, kohlenhydrat- und ballaststoffreiche Ernährung, gleichzeitig verhaltenspsychologisches Training und aktive Bewegungstherapie. Kurzfristig angelegte Diäten oder Radikalkuren ohne ärztliche Betreuung führen zu körperlichen Schäden. ↑**Diät zur Gewichtsreduktion**

Übergießen [*Unsere Küche*] **T** (Begießen, beschöpfen): Bratgut während des Garens immer wieder mit dem ausgekochten Fett, Bratensaft oder mit einer anderen Flüssigkeit (Wasser, ↑**Bier,** ↑**Wein,** ↑**Brühe, Fond**) anfeuchten, damit es nicht austrocknet. ↑**Bratenstücke, groß**

Überglänzen [*Unsere Küche*] ↑**Glacieren**

Überkrusten [*Unsere Küche*] So überbacken, dass eine Kruste auf der Oberfläche entsteht ↑**Gratinieren & Salamander**

Überläufer [*Fleischprodukte*] ↑**Wildschwein** im zweiten Lebensjahr, Gewicht bis 45 kg

Übersäuerung [*Gesundheit*] Oder: Azidose, Störung des ↑**Säure-Basen-Haushalts** im Körper. Dabei sinkt der pH-Wert des Blutes unter 7,36 (normal 7, 41). Das heißt, der Säuregrad des Blutes nimmt zu. Ein innerhalb sehr enger Grenzen stabiler ↑**pH-Wert** des Blutes ist wichtig. Er spielt bei ↑**Enzymen** eine große Rolle, da sie ihre volle Aktivität nur bei bestimmten pH-Werten entfalten können.

Überziehen [*Unsere Küche*] **T 1.** Ein fertiges Gericht mit einer dicken ↑**Sauce,** ↑**Creme,** ↑**Gelee** u. Ä. bedecken. **2.** Gebäckstücke mit Guss oder ↑**Torten** mit Creme begießen oder bestreichen

Überzugsmittel [*Fachkunde*] ↑**Lebensmittelzusatzstoffe,** die zum größten Teil mit ↑**E-Nummer** ausgezeichnet sind. Es sind Stoffe, die verzehrbar sind und verschiedene Aufgaben erfüllen, sie: **1.** fördern den Glanz von Lebensmitteln; **2.** schützen vor Geruchs- und Geschmacksverlusten; **3.** schützen vor Feuchtigkeitverlust, z. B. Polyethylenwachs-Oxydate bei Citrusfrüchten (zum Verzehr nicht geeignet) oder ↑**Bienenwachs; 4.** verlängern die Frische von Lebensmitteln; **5.** verfestigen Lebensmittelgewebe, z. B. Calciumcarbonat auf ↑**Erdbeeren; 6.** heben den Geschmack von Lebensmitteln, z. B. ↑**Tortenguss,** aromatisierter Zuckerguss. Zu den Überzugsmitteln gehören ↑**Casein,** ↑**Gelatine,** ↑**Fette,** ↑**Pektine,** ↑**Emulgatoren,** ↑**Eigelb,** Bienenwachs, ↑**Gummi arabicum.**

Überzwerch [*Fleischprodukte*] Regionale Bezeichnung für die ↑**Dünnung**

Überzwerchnierenstück [*Fleischprodukte*] Regionale Bezeichnung für die ↑**Dünnung**

Ubichinon 50 ↑**Vitamin Q_{10}** [*Gesundheit*] **T** Ist an der Sauerstoffaufnahme der Zellen und ihrer Energieproduktion beteiligt. Zugleich hat Coenzym Q_{10} die Aufgabe, im Körper ↑**Freie Radikale** abzufangen beziehungsweise ihre Entstehung zu verhindern. Ubichinone heißen diese Substanzen, weil sie im Prinzip von allen lebenden Zellen synthetisiert werden können (lateinisch ubique = überall). Q_{10} ist mehr ↑**Nährstoff** als Vitamin. Es ist keine Substanz, die von außen zugeführt werden muss, da der Körper sie in ausreichenden Mengen selbst herstellen kann. **Der Körper setzt relativ große Mengen an Coenzym Q_{10} um.** Darum sind Mangelerscheinungen bis jetzt nicht bekannt. Möglicherweise ist die körpereigene Produktion von Coemzym Q_{10} aber reduziert, wenn die Versorgung mit anderen ↑**Nährstoffen** und ↑**Vitaminen** schlecht ist. **Q_{10} in Lebensmitteln:** Besonders viel in ↑**Mais,** ↑**Soja** und ↑**Nüssen** und in den aus ihnen gewonnenen Ölen. Auch ↑**Fleisch** und ↑**Fisch** enthalten viel Coenzym Q_{10}.

Ubiquitär [*Fachkunde*] Bedeutet in der Ökonomie Ware, die überall vorhanden ist

Ubriaco del Piave [*Käse*] **Herkunft:** Italien/Veneto; **Rinde:** Die spätere Rinde ist vom ↑**Wein** dunkelrot und sehr hart. **Teig:** kompakt, weiß; **Geschmack:** einzigartig würzig mit deutlichen Anklängen von Wein. **Info:** Nach einer Reifezeit von 20 Tagen werden die 5 Kilo schweren Laibe in frischen ↑**Trester** aus roten Trauben gelegt. Dazu verwendet man die Traubensorten ↑**Cabernet** oder ↑**Merlot.**

Uccell(ett)i [*Ital. Speisekarte*] Singvögel

Udonnudeln [*Asiatische Küche*] Aus Japan stammen die aus ↑**Weizenmehl** und Wasser hergestellten Udonnudeln. In ungekochtem Zustand erinnern sie an ↑**Tagliatelle.** Während des Garens quellen die vormals flachen ↑**Nudeln** auf, werden weiß und dick, sodass sie dicken ↑**Spaghetti** ähneln. ↑**Ramen**

Ugli [*Exotische Früchte*] **T Lateinisch:** Citrus paradisi x Citrus reticulata. **Info:** Minneolasorte, die zur Familie der Rautengewächse gehört. Sie ist 1930 aus einer in Jamaika erfolgten Kreuzung zwischen ↑**Mandarine** (Citrus reticulata) und ↑**Grapefruit** (Citrus paradisi) hervorgegangen. Die 10–15 cm großen Früchte haben eine dicke, sehr faltige, intensiv orange oder grüne Schale und sind von ungleichmäßiger Form. Das Fruchtfleisch ist saftig und rosa oder hell orange gefärbt und praktisch kernlos. Der vielsagende Name leitet sich vom englischen Wort für hässlich (ugly) ab. **Herkunft und Saison:** Ugli aus Jamaika werden hier von Anfang Februar bis Ende Mai angeboten. **Zubereitung und Tipps:** Ugli vereinen die positiven Eigenschaften der ↑**Minneolas,** ↑**Grapefruits** und ↑**Apfelsinen.** Sie sind leicht zu schälen. Es können entweder die Spalten wie bei Minneolas verzehrt werden oder die Frucht wird wie Grapefruits halbiert und ausgelöffelt. Ugli sind – siehe Widerspruch zwischen Aussehen und Geschmack – eine interessante, äußerst wohlschmeckende Rarität.

Ugni blanc [*Weinkunde*] Französische Bezeichnung für die italienischen ↑**Trebbiano.** In beiden Ländern ist sie die am häufigsten angebaute weiße Rebsorte. In Frankreich wird sie für die ↑**Cognac**- und ↑**Armagnac**produktion verwendet, jedoch ist das mit ihr bepflanzte Areal vor allem in Südfrankreich so groß, dass Ugni Blanc fast in allen hier hergestellten Weinen ein fester Bestandteil ist. Das Hauptmerkmal der Rebe ist ihre Fähigkeit, enorme Erträge per ha zu produzieren, wobei sehr neutrale Weine entstehen. Der niedrige Alkoholgehalt macht die aus ihr gewonnenen Basisweine für die ↑**Destillation** sehr geeignet, während in warmen Weinbaugebieten ihr hoher Säuregehalt geschätzt wird.

UHT [*Fachkunde*] ↑**Ultrahocherhitzt**

UHT-Milch [*Milchprodukte*] ↑**H-Milch**

Uhudler [*Weinkunde*] Eine erst seit 1993 wieder erlaubte Rarität aus dem Südburgenland (Österreich). Nachdem die Reblaus den größten Teil der Weinberge vernichtete, wurden um 1900 amerikanische Reben nach Europa importiert, aus denen heute der Uhudler gekeltert wird. Nur ↑**Direktträger** von dort dürfen den Namen tragen. Er ist geschützt und darf ausschließlich im Bezirk Jennersdorf, Güssing und Oberwart verwendet werden. Der modern Uhudler wird aus mehreren weißen und roten Direktträgersorten hergestellt. Die beliebtesten Weinreben sind Concord, Isabella, Elvira, Clinton, Ripadella und Noah. Ein typisch roter Uhudler – leuchtendes Rot, fruchtige Nase – erinnert im Abgang an Waldbeeren. Der sehr seltene weiße Uhudler – strohgelb, erdiger Geruch, erinnert im Geschmack entfernt an nicht geharzten ↑**Retsina.**

Ujházi tyúk levesist [*Ungarische Küche*] Begriff aus der ungarischen Küchenkultur für eine Hühnersuppe mit ↑Faden**nudeln**

Ukama [*Kartoffelsorte*] **Kochtyp:** ↑**Vorwiegend festkochende Kartoffeln.** Frühreifende Sorte

Ukeley [*Fisch*] Weißfisch (Alburnus lucidus), gehört zur Familie der ↑**Karpfen.** Er ist 10–12 cm lang, am Rücken grünlichblau, an den Seiten und am Bauch silberglänzend. Aus den Schuppen wird durch Kochen mit Ammoniak die so genannte Perlenessenz (**Essence d'Orient**) zur Herstellung künstlicher Perlen gewonnen. Sonst dient er als Köder beim Angeln und wird manchmal geräuchert angeboten.

Ukrainische Küche [*Intern. Länderküche*] **A** Eine sehr vielfältige Küche mit Elementen unterschiedlicher europäischer Küchen (↑**Polnische,** ↑**Deutsche,** ↑**Jüdische,** ↑**Türkische** und ↑**Ungarische Küche**). Am stärksten von altslawischen Traditionen beeinflusst. Die ukrainischen Einwanderer pflegen ihre Kochtradition in zahlreichen europäischen und nordamerikanischen Restaurants. Besonderheit der ukrainischen Küche ist die Vielfalt der meist einheimischen Lebensmittel, wobei der Schwerpunkt auf ↑**Kartoffeln** und ↑**Schweinefleisch** liegt. Wie in allen europäischen Ländern bevorzugt die Jugend immer mehr ↑**Fast Food** wie ↑**Hamburger,** ↑**Hot Dogs** und ↑**Döner** (dort „Schaurma" genannt, vom arabischen „Schawarma") sowie eher traditionell belegte Brötchen und ↑**Piroggen.** Die bekanntesten Gerichte sind ↑**Borschtsch,** ↑**Soljanka** und ↑**Warenyky. Essgewohnheiten:** Alle Mahlzeiten sind eher deftig. Das Hauptgericht des Tages ist warm und wird zur Mittagszeit gegen 14 Uhr gereicht. Es besteht aus einer Suppe, dem Hauptgericht und ↑**Dessert. Trinkgewohnheiten:** Getrunken wird viel mehr ↑**Tee** als ↑**Kaffee,** nicht nur zum Frühstück, sondern auch am Nachmittag und am Abend. Neben ↑**Mineralwasser** (aus den zahlreichen Quellen aus Transkarpatien) gibt es zu den Mahlzeiten häufig ↑**Kompott**getränke aus ↑**Obst** (↑**Uswar** – ein ↑**Kompott** aus getrockneten ↑**Früchten** und ↑**Honig**) und ↑**Kwass.** An alkoholischen Getränken ist ↑**Wodka** (ukrainisch: **horilka**) traditionell beliebt, obwohl sich der Verbrauch verringert hat. Bekannte Marken sind: Paprikawodka (**perzowka**), Honigwodka (**medowa**), unterschiedliche Kräuterwodkas (**nastojanka**). ↑Haus**branntweine** (**samogon**) sind sehr verbreitet. ↑**Bier** und ↑**Wein** in- und ausländischer Produzenten gewinnen immer mehr an Bedeutung. ↑**Fleisch** spielt eine wichtige Rolle. Vor allem Schweinefleisch, aber auch ↑**Rinder**- und ↑**Hammelfleisch.** ↑**Hühner**-, ↑**Gänse**- und ↑**Entenfleisch** sind ebenfalls beliebt. ↑**Kaninchen** werden auf dem Lande verzehrt. Unter anderem sind die Ukrainer für ihre Liebe zum ↑Schweine**speck** (**salo**) bekannt. Spezialität ist auch eine sehr rohe ↑**Blutwurst,** die am Tag nach der Schweineschlachtung zubereitet wird. Beliebtester ↑**Fisch** in der Ukraine ist der ↑**Karpfen.** Die Zubereitungsarten reichen von gebraten bis gekocht, in ↑**Aspik** usw. Gern gegessen werden ↑**Dorsch, Hering** und **Lachs,** aber auch Süßwasserfische wie ↑**Forelle,** ↑**Wels,** ↑**Zander,** ↑**Hecht,** ↑**Aal** usw. **Gemüse:** Neben Kartoffeln ist ↑**Weißkohl** das Hauptgemüse. Salate sind sehr beliebt. ↑**Pilze** werden auch viel verwendet. **Beilagen:** Kartoffeln kommen als Pell-, Salz-, Brat- und Petersilienkartoffeln und als ↑**Knödel** auf den Tisch. Auch unterschiedliche ↑**Teigwaren** wie ↑**Nudeln** und ↑**Mehlklöße** sind sehr beliebt. ↑**Brot** wird zu allen Hauptgerichten serviert. ↑**Pfannkuchen** kennt man in der Ukraine sowohl süß als ↑**Dessert** wie auch pikant als Beilage. **Gewürze und Kräuter:** ↑**Meerrettich** und ↑**Senf** müssen sehr scharf sein. **Milchprodukte:** Ukrainischer ↑**Quark** oder ↑**Tworig** bzw. ↑**Syr** ist etwas trockener und süßer als der deutsche. Beliebt sind unterschiedliche Milchgetränke wie ↑**Kefir,** ↑**Prostokwascha** und ↑**Rjaschenka. Desserts:** verschiedene Sorten Kuchen, Torten, ↑**Wareniks,** frische und überbackene Früchte, ↑**Speiseeis,** ↑**Honig** und ↑**Quark**zubereitungen

ULO-Lager [*Fachkunde*] Eine Weiterentwicklung des ↑**CA-Lagers** ist das ULO-Lager (Ultra Low Oxygen), bei dem der Sauerstoffgehalt extrem knapp an der für eine Aufrechterhaltung der biologischen Reifeaktivität von Obst notwendigen Mindestgrenze gehalten wird. Die Reifung wird so extrem verlangsamt. ↑**Früchte** bleiben monatelang frisch. Erst im Handel, wenn sie wieder normalen Temperatur- und Sauerstoffbedingungen ausgesetzt sind, reifen sie weiter und verderben dann oft auch sehr schnell.

Ultrahocherhitzt [*Fachkunde*] Dieses Verfahren konserviert vor allem Milch. Dabei wird die Milch für mindestens eine Sekunde mit Hilfe eines Dampfstoßes auf 135–150°C erhitzt. Anschließend wird die Milch heruntergekühlt. Durch die hohen Temperaturen werden die ↑**Eiweiße** zwar verändert, aber nicht zerstört. Es erfolgen geringere Vitaminverluste (hitzeempfindliche ↑**B-Vitamine**) als beim Sterilisieren oder Kochen der Milch, weil die Dauer der Erhitzung kürzer ist. Ultrahocherhitzte Milch hat einen „Kochgeschmack", der bei entrahmter oder teilentrahmter UHT-Milch (= ↑**H-Milch**) stärker in den Vordergrund tritt, wegen des geringeren Fettgehaltes. Der Kochgeschmack verliert sich bei längerer Lagerung. H-Milch ist ohne Kühlung bis zum Mindesthaltbarkeitsdatum lagerfähig.

Umami [*Fachkunde*] Steht für eine der Grundqualitäten des Geschmacks, besser noch für den 5. ↑**Geschmackssinn** auf der Zunge, „einen guten Geschmack". Der neue Geschmack Umami ist nur schwer zu beschreiben, am ehesten noch mit herzhaft, würzig, pikant, fleischig, voll, intensiv oder wohlschmeckend. Der Träger des Umami-Geschmacks ist die Glutaminsäure, eine ↑**Aminosäure,** die auch als ↑**Geschmacksverstärker** arbeitet („Glutamate" = Salze der Glutaminsäure). Durch die moderne ↑**Ernährung** mit sehr hohen Anteilen an Industrienahrung (hier werden hauptsächlich Geschmacksverstärker verwendet) haben große Teile aller Altersgruppen das Erschmecken von natürlich gewürzten Speisen verlernt. Selbst aufwändig zubereitete Gerichte ohne Geschmacksverstärker (also nicht „Umami") werden als „nicht schmackhaft" bezeichnet, was so manchen Koch an den Rand der Verzweiflung treibt. Das ist einer der Gründe, warum sogar berühmte Köche „heimlich" ↑**Glutamat** als Geschmacksverstärker verwenden. Asiatische Köche haben dieses Problem nicht, in ihren Küchen wird seit über 2000 Jahren ↑**Ve-tsin** verwendet. Glutamat findet sich in der Natur in vollreifen ↑**Tomaten,** ↑**Fleisch** und reifem ↑**Käse.**

Umberfisch [*Fisch*] **T** Auch Großer Seriola, eine Stachel**makrele,** die aus dem Westatlantik stammt. Am bekanntesten und schmackhaftesten ist der rote Umberfisch aus dem Golf von Mexiko, der aber gnadenlos überfischt ist.

Ume-Pflaume [*Asiatische Küche*] Das japanische Wort „Ume" wird mit „Pflaume" übersetzt. Jedoch sieht sie anders aus und schmeckt auch ganz anders als die hier bekannte ↑**Pflaume** oder ↑**Zwetschge.** Diese sauren Früchte sehen ähnlich aus wie ↑**Aprikosen** mit einer grünen, zuweilen rötlichen Farbe. Sie wachsen nur in Japan, China, Korea und Taiwan und reifen im Juni. Ume und japanische Kultur sind untrennbar verbunden. Die besten Früchte wachsen in der Kishu-Gegend, in der Präfektur Wakayama nahe der Stadt Osaka. Aus ihnen stellt man den berühmten japanischen Pflaumenlikör und -wein her. Durch den hohen, vitaminreichen Zitronensäuregehalt sind die sehr festen Früchte zwar extrem sauer, aber auch eine prädestinierte Grundlage für appetitanregende bzw. verdauungsfördernde Getränke vor oder nach einem guten Essen.

Umlage [*Österr. Küche*] ↑**Garnitur**

Umrötungshilfsstoffe [*Fleischprodukte*] Hilfsmittel zur Stabilisierung der Pökelfarbe in Fleischerzeugnissen, z. B. ↑**Ascorbinsäure**

Umschlagen [*Weinkunde*] Sammelbegriff für jede Art von Eintrübung und/oder andere negative Veränderung beim Wein, die durch Bakterien hervorgerufen wird, die Weinsäure und Glycerin zersetzen. Dadurch steigt der Gehalt an flüchtigen Säuren und Milchsäure.

Umstechen [*Österr. Küche*] ↑**Ausstechen** – ↑**Ragout**stücke mit einem Gitterlöffel aus der ↑**Sauce** heben und mit einer Gabel in ein anderes Geschirr legen. Zum Servieren mit passierter, abgeschmeckter, gebundener Sauce übergießen.

Umurke [*Österr. Küche*] Dialektwort für ↑**Gurke**

Unausgewogen [*Weinkunde*] Weine, die kein Gleichgewicht haben. Die Harmonie zwischen Süße und Säure ist nicht vorhanden.

Underdone [*Engl. Speisekarte*] ↑**Garpunkt** beim ↑**Grillen** von ↑**Fleisch.** Es wird nur so lange gebraten, dass der Kern noch leicht rot ist.

Underliner [*Hausbar*] Untersetzer für Cocktails und Getränke. Neben kleinen Silber- oder Glastellern kann man auch Stoff- oder Papierservietten nutzen. Bierdeckel haben unter einem ↑**Cocktail** nichts verloren.

Une fine [*Franz. Speisekarte*] Glas ↑**Cognac**

Ungarische Art [*Speisegarnitur*] **A** ↑**à la Hongroise**

Ungarische Küche [*Ungarische Küche*] **A** Sie verdankt ihren Ruf den bekannten Gerichten und Produkten wie ↑**Gulasch,** dem Paprikahuhn (**csirke paprikas**), der ↑**Eszterházytorte** oder der ungarischen ↑**Salami,** die zum Standardrepertoire der internationalen Küche gehören. Einige Erzeugnisse spiegeln die geografische und kulturelle Vielfalt des Landes wider, das kulinarisch von Weidehaltung sowie Obst- und Gemüseanbau geprägt ist. ↑**Ungarns Weinanbaugebiete** sind mit hochwertigen und bekannten Produkten wie ↑**Tokajer** und anderen guten Weißweinen gesegnet, besonders aus dem Gebiet rund um den „Balaton" (Plattensee). Dort wird auch Fisch gefangen, besonders der beliebteste Speisefisch „Fogosch" (↑**Zander**). Er wird gerne frittiert oder als Fischgulasch verzehrt. Weniger bekannt ist die große Tradition Ungarns im Bereich der Back- und Süßwaren. Davon zeugen unter anderem die ↑**Palatschinken,** Eszterházytorte, ↑**Dobosschnitten** oder ↑**Schomlauer Nockerln.** Eine zentrale Rolle in der ungarischen Küche nehmen ↑**Paprika** (frisch, als Pulver oder püriert) und ↑**Sauerrahm** ein, mit denen gewürzt und abgeschmeckt wird. Im 20. Jh. war vor allem der Koch Károly ↑**Gundel** stilprägend für die ungarische Küche, viele Rezepte gehen auf ihn zurück, und noch heute gibt es sein renommiertes Restaurant in Budapest, das „Gundel".

Ungarns Weinbaugebiete [*Weinkunde*] Erst seit der Öffnung des Eisernen Vorhangs ist es möglich, die große Auswahl ungarischer Weine kennenzulernen. Von der Sonne verwöhnt und mit moderner Kellertechnik ausgestattet, stellen sich harmonische Weine vor. Der Tokajer Aszú aus der berühmten Weingegend **Tokaj-Hegyalja,** „der Wein der Könige bzw. der König der Weine", wächst auf vulkanischem Gestein. An den Berghängen um **Eger** gedeihen die Erlauer Mädchentraube (Weißwein), die bekannten Rotweine Erlauer Stierblut und ↑**Blaufränkischer.** Im süd-südöstlichen **Bükk-Gebirge** wurden bereits im Mittelalter aromareiche Weißweine gekeltert. Die Weingegend **Mátraalja** ist durch Weißweine wie Lindenblatt, ↑**Welschriesling,** Grauer Mönch und ↑**Chardonnay** bekannt. Der berühmteste Rotwein der **Soproner** Weingegend ist der Blaufränkische. Die blumige Mórer Mädchentraube und der ↑**Traminer** gedeihen in der Weingegend um **Mór.** Seit langem sind die Rotweine rund um **Szekszárd** erstklassig. In der Weingegend **Mecsekalja** reifen ausgezeichnete Weißweine wie Welschriesling, ↑**Furmint** und Chardonnay. Dem fruchtbaren Boden der Weinbaugebiete **Badacsony, Balaton-Felvidék** und **Somló** verdanken die Winzer elegante, fruchtige Weine aus Blaustängler, Grauer Mönch, Welsch- und ↑**Rheinriesling.** Harmonische Weißweine erzeugt man auch im Gebiet **Villány-Siklós,** bekannter sind dort allerdings die roten Sorten Opporto, Blaufränkischer, ↑**Kadarka,** ↑**Cabernet Sauvignon,** ↑**Cabernet Franc** und ↑**Merlot.** Auch die leichten, wohlschmeckenden roten und weißen ↑**Sandweine** aus **der Tiefebene** sind bekannt.

Ungesättigte Fettsäuren [*Gesundheit*] Im Gegensatz zu ↑**Gesättigten Fettsäuren** sind bei ungesättigten ↑**Fettsäuren** noch molekulare Bindungen frei. Nach Anzahl der freien Bindungen werden sie als ↑**Einfach, zweifach** oder **mehrfach ungesättigte Fettsäuren** bezeichnet. Sie verringern das Thromboserisiko, senken erhöhten Blutdruck, reduzieren den Insulinbedarf bei Altersdiabetes, fördern Knochenwachstum und beugen ↑**Osteoporose** vor, helfen gegen Rheuma, regen den Gallenfluss an und schützen vor Krebs. **Enthalten sind:** einfach ungesättigte Fettsäuren, z. B. in ↑**Rapsöl,** ↑**Olivenöl** oder ↑**Erdnussöl.** Zweifach ungesättigte Fettsäuren, z. B. in ↑**Linolsäure.** Mehrfach ungesättigte Fettsäuren oder Polyensäuren, z. B. in Rapsöl, ↑**Leinöl** oder ↑**Fischölen. Empfehlung: 10,0 g/Tag.** Um diese Zufuhr zu erreichen, sind folgende Mengen des betreffenden Lebensmittels notwendig: 10 g Rapsöl, kalt gepresst; 16 g ↑**Weizenkeimöl;** 16 g ↑**Sonnenblumenöl;** 23 g ↑**Walnuss** europäisch; 107 g Olivenöl

Unharmonisch [*Weinkunde*] Wein minderwertiger Qualität, bei dem das Verhältnis von Säure, Alkohol und Zucker/Süße nicht stimmt.

Uni [*Unsere Küche*] Glatt, unverziert

Unicum [*Hausbar*] Name eines ungarischen ↑**Magenbitters** (Kräuterlikör, ↑**Digestif**). Er geht zurück auf den angeblichen Ausruf „Das ist ein Unicum" von Joseph II., Kaiser von Österreich und König von Ungarn, als er den Likör das erste Mal von seinem Hofarzt Dr. Zwack erhalten hatte. Der Kräuterschnaps und Magenbitter ist ein Extrakt aus über 40 verschiedenen ↑**Kräutern** und Wurzeln. Die Brennerei Zwack wurde 1840 in Pest gegründet und stellt den ↑**Likör** nach Familienrezept her. Die Produktion wurde nach dem Zweiten Weltkrieg eingestellt, als die Brennerei verstaatlicht wurde. Familie Zwack führte sie bis 1989 in Italien weiter. Nach der Wende kaufte sie die Brennerei wieder zurück und nahm die Herstellung des Originals wieder auf.

Universalhobel [*Unsere Küche*] Küchengerät zum Schneiden und Formen von ↑**Kartoffeln,** ↑**Gemüse** usw.

Unterernährung [*Gesundheit*] Werden über einen längeren Zeitraum zu wenig ↑**Energie** und zu wenig lebensnotwendige (essenzielle) ↑**Nährstoffe** aufgenommen, spricht man von Unterernährung. Die Folgen sind Mangelkrankheiten und Gewichtsverlust. Zu Unterernährung führen auch Essstörungen wie ↑**Magersucht** (Anorexia nervosa) und Ess-/Brechsucht (↑**Bulimie**). Unterernährung ist in den Industrieländern die Folge von Essstörungen. Im Gegensatz zu Entwicklungsländern, wo Nahrungsmangel die häufigste Ursache ist.

Unterfilet [*Fleischprodukte*] Regionale Bezeichnung für das ↑**Roastbeef**

Untergäriges Bier [*Bier*] Die Unterschiede zwischen unter- und ↑**obergärigem Bier** sind in der ↑**Bierhefe** zu suchen. Untergärige Hefe setzt sich nach dem Brauen am Boden des Gärbottichs ab, sie braucht zum Arbeiten Temperaturen zwischen 4 und 9° C. Bevor Carl von Linde 1876 Kühlmaschinen erfand, konnten untergärige Biere nur im Winter gebraut werden. Oder dort, wo man im Winter Eis aus den Seen hacken konnte, um es in tiefen Kellern oder Höhlen bis in den Frühling aufzubewahren. So wurden in Bayern und Württemberg schon vom 16. Jh. an fast nur untergärige Biere gebraut. Als Kühlmaschinen eingesetzt wurden, wurde überall mehr untergäriges Bier getrunken. **Verträglichkeit:** Die unterschiedlichen Hefestämme produzieren Alkohol in unterschiedlicher chemischer Zusammensetzung. Es kann passieren, dass empfindliche Genießer vor allem auf untergärige Biere mit Gallenbeschwerden reagieren.

Untergewicht [*Gesundheit*] Kann eine Folge von ↑**Unterernährung** und Mangelernährung sein. Dabei liegt das Körpergewicht unter dem Normalgewicht. Es gibt jedoch keine eindeutige Grenze, ab wann man von Untergewicht spricht. Es wird individuell bewertet. Als Grundlage für die Berechnung von Untergewicht dienen der ↑**Body-Mass-Index (BMI)** und/oder der ↑**Broca-Index.** Die WHO setzte 1986 einen BMI-Grenzwert von unter 20 für Untergewicht fest.

Untergießen [*Unsere Küche*] Bratenflüssigkeit mit Wasser, ↑**Brühe,** ↑**Bier,** ↑**Wein** ergänzen, sodass der Boden max. 1 cm damit bedeckt ist. ↑**Bratenstücke, groß**

Unterheben [*Unsere Küche*] **T** 1. Zum Lockern einer Masse. **2.** Bei sehr empfindlichen Lebensmitteln werden verschiedene Zutaten nicht miteinander verrührt, sondern untergehoben, z. B. ↑**Schlagsahne** oder ↑**Eischnee** unter Teige und Cremes, weil dabei die Luftbläschen in der aufgeschlagenen Masse weniger zerstört werden. **3.** ↑**Dressing** unter einen zarten ↑**Blattsalat** heben

Unterkeule [*Fleischprodukte*] Regionale Bezeichnung für die Unterschale

Unterschale [*Fleischprodukte*] Teilstück der Rinder- und ↑**Kalbskeule**

Unterschnitt [*Fleischprodukte*] Regionale Bezeichnung für die Unterschale

Unterspickt [*Österr. Küche*] Mit ↑**Fett** durchzogenes ↑**Fleisch**

Unze [*Fachkunde*] ↑**Ounce**

Uovo [*Ital. Speisekarte*] ↑**Ei**

Up to date [*Kartoffelsorte*] **Kochtyp:** ↑**Vorwiegend festkochende Kartoffeln; Herkunft:** Großbritannien; **Jahr der Zulassung:** 1894; **Schale:** ocker; **Fleisch:** weiß, kräftiger Geschmack; **Knolle:** oval; **Reifezeit:** spät; **Anmerkungen:** sehr gute Backeigenschaften

Urda [*Käse*] **Herkunft:** Rumänien; **Käsesorte:** ↑**Weichkäse** ohne Rinde, 45 % ↑**Fett i. Tr.; Milch:** vollfette ↑**Schafsmilch; Gewicht:** 3–60 kg; **Reifung:** in gesalzener ↑**Milch** in Metallbehältern konserviert

Uri [*Exotische Früchte*] Japangurken

Ursprungsbezeichnung [*Fachkunde*] ↑**Geschützte Ursprungsbezeichnung**

Uruguay [*Weinkunde*] Mit 20 000 ha Rebfläche und 1 Million hl viertgrößtes Weinland Südamerikas. Es werden hauptsächlich ↑**Chardonnay,** ↑**Riesling,** ↑**Sémillon,** ↑**Sauvignon,** ↑**Syrah,** ↑**Cabernet Sauvignon,** ↑**Cabernet Franc** und ↑**Merlot,** aber auch ↑**Trebbiano,** ↑**Tannat** und ↑**Gewürztraminer** angebaut.

US-amerikanische Küche [*U.S. Kitchen*] **A** Wird üblicherweise als Sammelbegriff für die regional unterschiedlichen Küchen der USA gebraucht. Sie besteht trotz vieler Vorurteile nicht nur aus ↑**Fast Food** wie ↑**Hamburger,** ↑**Speiseeis,** ↑**Donuts,** ↑**Cola** oder ↑**Hot Dog.** Wenn man sich einmal vergegenwärtigt, wie viele Lebensmittel ursprünglich aus Nord- und auch Südamerika stammen, erhält man eine Vorstellung davon, auf welch reiche Fülle an Nahrungsmitteln die US-Amerikaner zurückgreifen können. Die Küche dort entwickelte sich vor allem durch die Einflüsse der Einwanderer und die geografisch-klimatischen Gegebenheiten. Bekannt und auch in Europa beliebt sind ↑**Spare ribs** oder ↑**Chicken wings,** die aus dem so genannten ↑**Soul-Food** der Afroamerikaner entstammen. In der **Kalifornischen Küche** wiederum mischen sich asiatische und mediterrane Einflüsse, ↑**Fisch,** ↑**Meeresfrüchte** und ↑**Gemüse** werden bevorzugt. Die ↑**Südstaatenküche** greift vor allem auf ↑**Reis,** ↑**Mais** und ↑**Geflügel** zurück. Speziell in Louisiana wird oft das sehr scharfe ↑**Cajun-Food** serviert. Eine typisch amerikanische Küche gibt es eigentlich gar nicht. Andererseits sind es aber gerade die Einflüsse der Eroberer, Siedler und Immigranten, die die Küche so vielfältig machen und dann eben doch das Typische darstellen. Die

US-Küche ist stellenweise sehr fett, an Butter wird nicht gespart. Mexikanische Gerichte erfreuen sich großer Beliebtheit und werden als ↑**Tex-Mex-Küche** bezeichnet. Die ↑**Mexikanische Küche** ist vielleicht die ursprünglichste amerikanische Küche. Dazu gehören ↑**Tortillas,** ↑**Enchiladas** und ↑**Tacos.** Die Engländer gründeten ab 1600 ihre ersten Siedlungen in Virginia. Auch sie erweiterten ihre Esskultur durch die Verwendung lokaler Zutaten wie Mais, ↑**Ahornsirup** und ↑**Truthahn.** Letzterer stellt auch das traditionelle Gericht für zwei Feiertage dar: Weihnachten und Thanksgiving, das amerikanische Erntedankfest. ↑**Englische Küche.** Deutsche Spuren in der Küche der USA: Man glaubt es kaum, aber der berühmte „Hamburger“ scheint seinen Ursprung in Deutschland gehabt zu haben, bevor er die amerikanischen Herzen eroberte. Auch die ↑**Wurstwaren** und das ↑**Bier** brachten die Deutschen mit in ihr bevorzugtes Siedlungsgebiet, den Mittelwesten. Der „Hot Dog“ dürfte somit auch seine Wurzeln in der ↑**Deutschen Küche** haben. Italiens Einfluss: In den Vereinigten Staaten ist man zwar vielfach der Meinung, man hätte ↑**Pizza** und ↑**Pasta** selbst erfunden, tatsächlich aber ist die weite Verbreitung dort das Ergebnis der italienischen Einwanderungswelle im späten 19. Jh. ↑**Italienische Küche.** Afrikas Kochkunst: Afrikaner waren in den Südstaaten lange Zeit in erster Linie eines, nämlich Sklaven. Als solche arbeiteten sie häufig in den Küchen ihrer Herrschaften. Sie führten das ↑**Barbecue** und darüber hinaus würzige Saucen, geräuchertes Fleisch, Fettgebäck (Donuts-Vorläufer), aber auch viel Gemüse ein. Asiens Einfluss: Asiaten wanderten bevorzugt in den nächstliegenden Bundesstaat Kalifornien ein. Ihr Verdienst war es, mexikanische Gerichte wie Chilis oder Tacos mit asiatischen Gemüsefüllungen zu versehen. Einige Gerichte, die heute typisch asiatisch anmuten, wurden fern der Heimat erfunden, wie das ↑**Shop Suey,** eine Art Resteverwertung eines asiatischen Kochs in San Francisco. Frankreichs Einfluss: Franzosen zeichnen für die ↑**Kreolische** und Cajun-**Küche** verantwortlich, die in den Südstaaten zu finden ist. Franzosen, die sich in der Neuen Welt zuerst in Kanada ansiedelten, wurden von dort vertrieben. Sie wurden im Süden, in Louisiana, ansässig. Die Cajun-Küche entstammt gebildeten französischstämmigen Familien, die sich bevorzugt in New Orleans niederließen. Die Kreolische Küche hat neben französischen auch spanische, englische und afrikanische Einflüsse. ↑**Französische Küche.** Die Küche der Juden hat die heutige Speisekarte der USA deutlich mitgestaltet. Die aus ihrer Heimat in Europa und Russland vertriebenen Juden brachten ihre Spezialitäten in den 30er- und 40er-Jahren des vergangenen Jahrhunderts mit in die neue Heimat. ↑**Jüdische Küche. Typisch amerikanische Speisen – Zum Frühstück:**

Zum Frühstück	
Pancakes	Pfannkuchen mit ↑**Ahornsirup**
Biscuits and Gravy	Salzige Schmalzbrötchen mit gewürztem ↑**Hackfleisch** in ↑**Sauce**
French Toast	In Ei gewälzter und ausgebackener Toast mit Zimt und Sirup ↑**Arme Ritter**
Hash Browns	Gebratene, sehr dünne Kartoffelstreifen
Omelettes	Jede Form von gefüllten Eierpfannkuchen
Belgian Waffles	Waffeln mit Sirup oder Früchten
Zum Lunch (Mittagessen), Bar Food, Appetizer:	
Club Sandwich	↑**Sandwich** mit ↑**Speck** und ↑**Putenbrust,** ↑**Blattsalaten,** ↑**Tomate** und ↑**Mayonnaise**
↑**Hamburger**	Brötchen, ↑**Frikadelle** und dann alles darauf, was der Gaumen verlangt
Chicago Style Pizza	Teig, ↑**Käse** und obendrauf die ↑**Sauce**
NY Style Pizza	New York ↑**Pizza** – dünner Teig und Belag sind etwas europäischer
Buffalo Wings	↑**Hähnchen**-Flügel in würzigem ↑**Backteig** frittiert
↑**Barbecue**	Alles Gegrillte mit ↑**Barbecue-Sauce**
↑**Steaks**	Sind in der Regel vom ↑**Rind**
Prime Rib	Butterzartes ↑**Rindfleisch**
↑**Fried Chicken**	Paniertes und frittiertes (Back-) ↑**Hähnchen**
Fried Ocra	Paniertes und frittiertes ↑**Gemüse**
↑**Grits**	Eine Art ↑**Grieß**brei, Grütze
↑**Cole Slaw**	Süßer Krautsalat
↑**Baked Beans**	Gebackene ↑**Bohnen** in allen Variationen
↑**Hot Dogs**	Würstchen im Milchbrötchen mit vielen Extras
↑**Cesar's Salad**	Bekannter Salat, mit geriebenem Parmesan u. a.
Blackened Catfish	↑**Catfish** gegrillt
Gumbo	Südstaatensuppe mit ↑**Okra,** ↑**Reis,** ↑**Fisch,** ↑**Hähnchen**
↑**Sloppy Joe**	Fleischsauce auf Milchbrötchen
Philly Sandwich	Sandwich mit Käse und ↑**Steak** sowie Gewürzsoße auf Milchbrötchen
↑**BLT Sandwich**	Sandwich mit ↑**Bacon,** (Lettuce) Salatblättern, (Tomato) Tomate, Mayonnaise
Reuben Sandwich	↑**Corned Beef** mit ↑**Sauerkraut** und Käse auf Brötchen
Petty Melt	Cheeseburger auf Kümmelbrot

Lebensmitteln, die nach kurzer Zeit eine unmittelbare Gefahr für die menschliche Gesundheit darstellen könnten, ist anstelle des Mindesthaltbarkeitsdatums das Verbrauchsdatum anzugeben. (2) Diesem Datum ist die Angabe „Verbrauchen bis" voranzustellen, verbunden mit **1.** dem Datum selbst oder; **2.** einem Hinweis darauf, wo das Datum in der Etikettierung zu finden ist. Diesen Angaben ist eine Beschreibung der einzuhaltenden Aufbewahrungsbedingungen hinzuzufügen. (3) Das Datum besteht aus der unverschlüsselten Angabe von Tag, Monat und gegebenenfalls Jahr in dieser Reihenfolge. (4) Lebensmittel nach Absatz 1 dürfen nach Ablauf des Verbrauchsdatums nicht mehr in den Verkehr gebracht werden. **Anmerkung des Autors:** auch nicht verschenkt!

Verdauung [*Fachkunde*] Der Körper benötigt, um leben zu können, ↑**Nährstoffe**, ↑**Mineralien**, ↑**Vitamine** und ↑**Energie**, die ihm durch die Nahrung zugeführt werden. Diese Nahrung wird verdaut, um vom Körper verwertet zu werden. Der Verdauungsapparat ist ein langer, von Schleimhaut ausgekleideter Schlauch, dem Drüsen zugeordnet sind. Ihre Sekrete dienen dem Abbau der aufgenommenen Nahrungsmittel. Unter Verdauung versteht man die Zerkleinerung der aufgenommenen Nahrung, ihre Lösung in Wasser und den Abbau durch ↑**Enzyme** und ↑**Fermente** in einfache Bestandteile, die dann von der Schleimhaut des Magen-Darm-Kanals aufgenommen werden kann. **Zum Verdauungstrakt gehören:** Mundhöhle, Speiseröhre, Magen, Dünndarm, Leber mit Gallenblase, Bauchspeicheldrüse, Dickdarm, Mastdarm und Analkanal. **Der Verdauungsvorgang – Mundverdauung:** Abbeißen, Kauen und Einspeicheln der Nahrung. Jetzt beginnt bereits die Verdauung: Stärke (Mehrfachzucker) wird durch Speichel-Amylase (Ptyalin) zu Zweifachzucker abgebaut. Schlucken des eingespeichelten Bissens. **Magenverdauung:** Bildung von Magensaft (Gastrin). Peristaltische Bewegungen (knetendes Zusammenziehen) der Magenmuskulatur verstärken die Absonderung von verdauendem Magensaft. Die in der Mundhöhle begonnene Verdauung von Stärke geht weiter. Beginn der Eiweißverdauung durch Kathepsin und Pepsin. Einwirkung des Labferments auf die Milcheiweiße. Salzsäurewirkung im Magensaft. Bakterienvernichtung und Verquellung. **Darmverdauung:** Bildung von Bauchspeichel: Pankreas-Amylase spaltet Zweifachzucker zu Einfachzucker. Trypsinogen und Chynotrypsine, Pankreaslipase und Cholesterinesterase bauen einen Teil der Fette zu Glycerin und Fettsäure ab. Die Gallensäuren zerteilen die Fette. Erepsin bauen Eiweiße in Aminosäuren ab. Maltase, Saccharase und Galaktosidase bauen die Zucker zu Traubenzucker ab. Darmlipase baut Fett in Fettsäuren ab. **Nährstoffaufnahme im Dünndarm:** ↑**Eiweiß** wird in Form von ↑**Aminosäuren** – ↑**Kohlenhydrate** in Form von ↑**Traubenzucker** – ↑**Fette** als ↑**Glycerin** und ↑**Fettsäuren** aufgenommen. Im Dickdarm werden unverdauliche Nahrungsbestandteile durch Darmbakterien zersetzt. Der Rest wird dann eingedickt und über den After als Stuhl ausgeschieden.

Verdauungssäfte [*Verdauung*] Werden in Drüsen (z. B. Speicheldrüse, ↑**Bauchspeicheldrüse**) gebildet und in Mund, Magen und Darm abgesondert. Sie enthalten ↑**Enzyme**, die die Nahrung in ihre Bausteine zerlegen. Zu den Verdauungssäften zählen Speichel, Magensaft, Galle, Bauchspeichel.

Verdauungstrakt [*Verdauung*] Gesamtheit aller Organe, die die Aufnahme der verzehrten Nahrungsmittel gewährleisten: Mund, Speiseröhre, Magen, Leber, Bauchspeicheldrüse (= Pankreas), Dünn- und Dickdarm, Rektum und Anus

Verde [*Weinkunde*] Portugiesisch für grün. Bezeichnet einen jungen Wein, der nicht nur weiß, sondern auch rot sein kann.

Verdejo [*Weinkunde*] Eine der besten Weißweintrauben Spaniens. Wird fast exklusiv im Nordwesten, in Avila, Rueda, Segovia und Valladolid angebaut. Dort meist zusammen mit ↑**Palomino** und ↑**Macabeo** zu einem trockenen, frischen Weißwein verarbeitet. Sortenrein gelingen runde, körper- und glycerinreiche Weine. Ein anderer wichtiger Verschnittpartner des Verdejo ist ↑**Sauvignon Blanc.** Nicht nur im Zuge der Moderebsorten hat die Anpflanzung von Sauvignon Blanc zugenommen.

Verdello [*Weinkunde*] Weißwein-Rebsorte von den Kanarischen Inseln

Verderb [*Gesundheit*] Verschlechterung bestimmter Qualitätsmerkmale von Lebensmitteln, des Geschmacks, Geruchs, der Beschaffenheit und des Aussehens. Der Verderb eines Lebensmittels hängt von Temperatur, Licht, Feuchtigkeit, pH-Wert und Hygiene ab. Konservieren bzw. Haltbarmachen von Lebensmitteln verzögert den Verderb. Konservieren kann durch ↑**Ultrahocherhitzen,** ↑**Sterilisieren,** ↑**Pasteurisieren**, Trocknen, Salzen, ↑**Säuern**, ↑**Pökeln,** ↑**Räuchern** und ↑**Tiefgefrieren** erfolgen.

Verdicchio [*Weinkunde*] Diese charaktervolle weiße Rebsorte ist die wichtigste in den Marken südöstlich der Toskana und lässt sich bis zu den Etruskern zurückverfolgen. Die hohen Erträge (über 100 hl/ha), die vom italienischen Weingesetz erlaubt sind, sowie der Zusatz von bis zu 15 % ↑**Trebbiano** trüben ihr Potenzial jedoch. Die Rebe wird vorrangig wegen ihres hohen Säuregehalts geschätzt und deshalb oft zur Produktion von Schaumweinen benutzt. Traditionell wurden die Stillweine aus Verdicchio auf der Maische vergoren, was den Wein tiefer in der Farbe und voller im Geschmack erscheinen lässt. Diese Methode trifft jedoch nicht mehr den heutigen Geschmack, und moderne Kellertechniken ergeben jetzt saubere, relativ neutrale, frische und helle Weißweine von sehr schöner Qualität. Dass Verdicchio mehr kann, beweisen Exemplare, die aus den besten Weinbergslagen der Unterzone Matelica stammen. Auch hier gilt, dass vor allem niedrigere Erträge der erste Schritt zu mehr Qualität sind.

Verdickungsmittel [*Fachkunde*] Sind natürlich vorkommende oder künstlich hergestellte Substanzen, die den Lebensmitteln eine gewisse Viskosität verleihen und deren Konsistenz verändern. In der Lebensmittelindustrie werden Gelier- und Verdickungsmittel für die Zubereitung von vielen Fertigprodukten verwendet. Sie müssen als ↑**Lebensmittelzusatzstoffe** auf der Verpackung deklariert werden. Da Gelier- und Verdickungsmittel die Eigenschaft haben, Wasser zu binden, können sie dazu verwendet werden, den Nährwert gezielt herabzusetzen. Zu diesem Zweck werden sie häufig in so genannten „Light-Produkten" eingesetzt. In der Lebensmittelindustrie werden folgende Verdickungsmittel verwendet: Alginsäure (↑**E 400**), Agar-Agar (↑**E 406**), Caragen (↑**E 407**), Johannisbrotkernmehl (↑**E 410**), Guarkernmehl (↑**E 412**), Tagnat (↑**E 413**), Gummi arabicum (↑**E 414**), Xanthan (↑**E 415**), Karaya (↑**E 416**), Tarakernmehl (↑**E 417**), Gellan (↑**E 418**), Pektin (↑**E 440**), Zellulose (↑**E 460**), Zelluloseether (↑**E 461**, ↑**E 463**–↑**E 466**), modifizierte Stärke (↑**E 1404**, ↑**E 1410**, ↑**E 1412**–↑**E 1414**, ↑**E 1420**, ↑**E 1422**, ↑**E 1440**, ↑**E 1442**, ↑**E 1450**, ↑**E 1451**). Viele Gelier- und Verdickungsmittel werden von menschlichen Verdauungsenzymen nicht abgebaut. Sie sind daher als ↑**Ballaststoffe** einzuordnen. ↑**Emulgatoren**

Verdil [*Weinkunde*] Spanische Weißweinrebe, die bei Alicante und Murcia angebaut wird

Verdoncho [*Weinkunde*] Spanische Weißweinrebe, die in La Mancha und Manchuela angebaut wird

Verdura, ortaggi [*Ital. Speisekarte*] ↑**Gemüse**

Verduras [*Span. Speisekarte*] ↑**Gemüse**

Verdure [*Franz. Speisekarte*] Salat, grüne ↑**Kräuter**; Grünzeug

Verduzzo [*Weinkunde*] Rote Rebsorte aus dem Friaul. Ergibt trocken sehr schöne, aber auch leicht süße Dessertweine. Eine angenehme Alternative zum ↑**Picolit.**

Veredelter Kaffee [*Kaffee*] Oder magenschonender ↑**Kaffee**, ist speziell behandelt und darum besser bekömmlich. Dabei werden den Kaffeebohnen durch Wasserdampf und hohen Druck Reiz- und Bitterstoffe entzogen. Sie können bei empfindlichen Menschen Beschwerden in Magen, Galle und Leber verursachen. Das ↑**Coffein** ist noch enthalten.

Vergine [*Ital. Speisekarte*] Kalt gepresst (eigentlich: jungfräulich, rein)

Vergissmeinnichtblüten [*Wildkräuter, -blüten & -früchte*] **T Lateinisch:** Myosotis spp. **Standort:** halbschattig, mullhaltige, feuchte Lehmböden. **Info:** Besonders in Laub-, Misch- und Nadelwäldern, aber auch in Auenwäldern und auf Bergwiesen wächst die zarte Pflanze gern. Den blauen Blüten, die an Augen erinnern, könnte die Pflanze ihren deutschen Namen zu verdanken haben. Vergissmeinnichtblüten sind essbar und auch zum Kandieren geeignet. ↑**Kandieren von Blüten – Mehr Information:** ↑**Essbare Blüten**

Verhackertes [*Österr. Küche*] **R** Brotaufstrich aus fein gehacktem ↑**Räucherspeck** (durch den Fleischwolf gedreht), mit ↑**Knoblauch,** ↑**Pfeffer** und ↑**Majoran** gewürzt. ↑**Buschenschank**-Spezialität aus der Steiermark und dem Burgenland

Véritable [*Franz. Speisekarte*] Echt

Verity [*Kartoffelsorte*] **Kochtyp:** ↑**Vorwiegend festkochende Kartoffeln – mehlig; Herkunft:** Großbritannien; **Jahr der Zulassung:** 1998; **Schale:** weiß; **Fleisch:** gelb; **Knolle:** oval; **Reifezeit:** spät

Verjus [*Franz. Speisekarte*] Saft von unreifen ↑**Trauben,** wird in Frankreich zum Würzen von ↑**Saucen** und ↑**Dijonsenf** verwendet

Verkutzen [*Österr. Küche*] Verschlucken

Verlängerter [*Kaffee*] **T 1.** Man erhält in Italien einen **„Verlängerten"** (↑**Caffè lungo**), wenn die Espressotasse beim Brühvorgang bis knapp unter den Rand vollgelaufen ist. **2.** In Österreich ein bestellter ↑**Kaffee** mit Wasser extra. Verlängert mit ↑**Milch** wäre er eine **„**↑**Melange".**

Verlesen [*Österr. Küche*] Das Kontrollieren und Säubern von ↑**Beeren,** ↑**Hülsenfrüchten,** ↑**Blattsalat**- oder ↑**Blattgemüse**

Verlorene Eier [*Unsere Küche*] **R Englisch:** poached eggs; **Französisch:** œufs pochés; **Italienisch:** uova affogate; **Spanisch:** huevos escalfados. Verlorene oder pochierte Eier sind eine beliebte Vorspeise, vor allem, wenn sie „à la florentine" auf fein gewürztem ↑**Blattspinat** serviert werden. Als Hauptgericht mit einer delikaten Senfsoße sind sie ein guter Tipp für ein fleischloses ↑**Menü. Zubereitung:** Man lässt aufgeschlagene ↑**Eier** einzeln vorsichtig ins leicht köchelnde Essig-Salzwasser gleiten und so lange ziehen, bis der gewünschte Garpunkt erreicht ist. Durch den ↑**Essig** wird das ↑**Eigelb** in der Mitte des ↑**Eiklars** eingeschlossen. Die Eier sollten absolut frisch sein.

Vermentino [*Weinkunde*] Alte weiße Rebsorte, die unter diesem Namen in ganz Italien, aber vor allem in Sardinien und auf Korsika angebaut wird, während sie im Süden Frankreichs unter dem Namen ↑**Rolle** bekannt ist. Die Weine, die sie hervorbringt, sind aromatisch und zeichnen sich durch Frische aus, eine Eigenschaft, die in warmen Weinanbaugebieten sehr geschätzt wird. Sie ist in Südfrankreich immer öfter anzutreffen, zum Beispiel zusammen mit ↑**Roussanne** und ↑**Marsanne** in weißen Côtes du Roussillon-Weinen, oder reinsortig als ↑**AOC Bellet**, eines der kleinsten Appellation d'Origine Contrôlée-Gebiete Frankreichs.

Vermicelles [*Franz. Speisekarte*] Feine Suppennudeln (↑Faden**nudeln**)

Vermicelli [*Ital. Speisekarte*] **T** Würmchen: Neapolitanische Bezeichnung für spezielle ↑**Spaghetti** von mittlerer Stärke (1,8–2 mm), vor allem mit „vongole veraci" (↑**Venusmuscheln**)

Vermicellini [*Ital. Speisekarte*] **T** Neapolitanische Bezeichnung für sehr dünne Spaghetti (1,5 mm), auch „capelli d'angelo" (Engelshaar). Man isst sie mit ↑**Meeresfrüchten** wie ↑Baby**tintenfischen**, kleinen ↑**Muscheln** und ↑**Garnelen.**

Vermicelloni [*Ital. Speisekarte*] Neapolitanische Bezeichnung für die dickste Spaghettisorte mit einem Durchmesser von 2–2,4 mm.

Vermouth (Wermut) [*Hausbar*] Wermut (Vermouth – internationale Schreibweise) ist nichts anderes als mit ↑**Zucker** und ↑**Kräutern** aromatisierter ↑**Wein.** Diese Mischung war schon unter den Römern bekannt, die aber statt Zucker ↑**Honig** verwendeten. Die Herstellung von Vermouth unterliegt in der EU keiner besonderen Gesetzgebung, lediglich der Alkoholanteil muss zwischen 15 und 18 % liegen. Dementsprechend haben die unterschiedlichen Firmen verschiedene Herstellungsverfahren und streng geheime Rezepte. Man kann Wermut in drei verschiedene Arten unterteilen: **1. Rosso:** Der Rote mit 15 % Vol. ist der süßeste und meistverkaufte von allen. Da zur Herstellung von Wermut immer Weißwein verwendet wird, nimmt man zum Färben ↑**Karamell. 2. Bianco:** Der Weiße mit 15 % Vol., ebenfalls süßlicher Wermut, wird meist als ↑**Aperitif** getrunken. **3. Dry:** Der Trockene mit 18 % Vol. wird vor allem für ↑**Cocktails** wie ↑**Martini** verwendet. Trockener oder sehr trockener Vermouth – dry bzw. extra dry – darf maximal 40 g Zucker haben und weist gegenüber den süßeren Vermouthsorten einen höheren ↑**Alkohol**gehalt auf.

Vermouth Cassis [*Hausbar*] **R** Fruchtiger ↑**Aperitif** aus einem Teil ↑**Crème de Cassis** und 6 Teilen trockenen ↑**Vermouths**

Vernaccia [*Weinkunde*] Italienischer Allgemeinbegriff für weiße und rote nicht verwandte Rebsorten. Der Name **„vernaccia"** ist hier bei Weinen sehr verbreitet. Wahrscheinlich deshalb, weil er auf denselben Ursprung wie das Wort **„vernacolo"** (einheimisch) zurückgeht. Am bekanntesten sind die Weißen „Vernaccia di San Gimignano" in der Toskana und „Vernaccia di Oristano" auf Sardinien sowie der rote „Vernaccia di Serrapetrona" aus den Marken.

Vernaccia di San Gimignano [*Weinkunde*] Eine alte Weißweinrebe aus der Toskana mit Charakter. Erbringt meist leichte Weine, in der Farbe blasses Goldgelb, im Duft fein und elegant, mit Nuancen von Mandelblüten und Feuerstein. Nach einjähriger Fasslagerung beim Erzeuger darf der Wein den Zusatz ↑**Riserva** führen. Die Weine aus Vernaccia di San Gimignano zeichnen sich durch Frische und eine gewisse Neutralität aus, was manche Produzenten zu Experimenten mit ↑**Barrique** veranlasst.

Vernatsch [*Weinkunde*] Rotweinrebe: ein in Norditalien und Süddeutschland beliebter, leichter, süffiger Tafelwein aus Südtirol, Deutschland, Österreich oder Frankreich, von mittlerer Qualität, mit fruchtigen, nussigen Aromen. Der in Südtirol als Vernatsch angebaute Wein hat mit den ↑**Vernaccia**-Weinen nichts zu tun. Er entspricht vielmehr dem in Württemberg verbreitet angebauten ↑**Trollinger.**

Verpackung [*Fachkunde*] Dient der erleichterten Handhabung und bietet Schutz vor mikrobiologischen, thermischen, chemischen und mechanischen Beeinträchtigungen

Verschnitt [*Weinkunde*] Ein Wein, der das Ergebnis einer Mischung verschiedener Moste oder Grundweine ist. ↑**Assemblage**

Verser [*Franz. Fachwort*] Ein-, ausschenken; verschütten

Verseuse, la [*Franz. Fachwort*] Kaffeekanne

Versoffene Jungfrau [*Regionale Spezialität*] ↑**Armer Ritter**

Versteckte Fette [*Gesundheit*] **T** Sind mit dem bloßen Auge in Lebensmitteln nicht erkennbar. Sie sind in ↑**Wurst,** ↑**Käse,** ↑**Mayonnaise,** ↑**Nüssen,** Kuchen, Gebäck, ↑**Saucen**, frittierten und panierten Speisen enthalten. Sie unterscheiden sich von den „sichtbaren" Fetten, z. B. dem Fettrand am ↑**Schinken,** den ↑**Speisefetten** und ↑**Speiseölen.** Versteckte Fette machen einen Großteil der Fettzufuhr aus. Für eine fettarme Kost ist es wichtig, sich über den Gehalt an versteckten Fetten in Lebensmitteln zu informieren. ↑**Nährstofftabelle. Wie reduziert man versteckte Fette?** Fettarmen ↑**Wurst**- und ↑**Käsesorten** den Vorzug geben. Statt ↑**Nussnougatcreme** besser ↑**Marmelade** oder ↑**Honig** aufs Brot. Vollfette ↑**Milchprodukte** gegen fettarme austauschen (1,5 % bzw. 30 % Fett i.Tr. beim Käse). Statt ↑**Chips** und ↑**Erdnüsse** lieber ↑**Gemüsestückchen,** ↑**Obst** oder ↑**Salzstangen** den Vorzug geben. Statt ↑**Schokolade** lieber ↑**Gummibärchen,** Obst oder ↑**Trockenfrüchte** naschen. ↑**Müsli** ohne ↑**Nüsse,** ↑**Sonnenblumenkerne** und Schokostückchen kaufen. Statt zu ↑**Brat**- oder ↑**Bockwurst** besser zu ↑**Putensteak** oder ↑**Hähnchen**brust greifen. ↑**Pommes frites,** ↑**Bratkartoffeln,** ↑**Kroketten** oder ↑**Rösti** meiden und ↑**Vollkornreis,** ↑Vollkorn**nudeln** oder ↑**Pellkartoffeln** wählen. Obstkuchen statt ↑Sahne**torte,** ↑**Hefegebäck** statt ↑**Blätterteig** bzw. ↑**Biskuit**schnitten. ↑**Eintöpfe,** Suppen, ↑**Saucen,** ↑**Fonds** über Nacht in den Kühlschrank stellen – dann das erstarrte Fett abnehmen. Fettfrei Saucen binden: Statt ↑**Sahne** oder ↑**Crème fraîche** geht's fettfrei und genauso lecker mit pflanzlichen Bindemitteln, püriertem Gemüse oder Kartoffelpüreeflocken.

Versteckte Würstchen [*Regionale Spezialität*] In ↑**Brot**- oder Semmel**teig** gehüllte und mitgebackene Würstchen

Verstopfung [*Gesundheit*] **T** Der Stuhl entleert sich zu selten (weniger als 3-mal die Woche), in zu kleinen Mengen und oft auch unter Schmerzen. Bei Verstopfung ist der Stuhl meist hart und bröckelig. Verstopfung ist eine typische Zivilisationskrankheit. Die häufigste Ursache für diese Darmträgheit ist eine einseitige oder unregelmäßige, ballaststoffarme Ernährung. Auch mangelnde Bewegung spielt eine entscheidende Rolle. Menschen mit sitzender oder stehender Tätigkeit klagen besonders oft über Verdauungsbeschwerden. Um Verstopfung zu therapieren und vorzubeugen, empfiehlt sich eine Kost mit ↑**ballaststoffreichen Lebensmitteln**. Bei Problemen mit der Ernährungsumstellung wird auch zeitweise auf natürliche Ballaststoffpräparate wie ↑**Milchzucker** (Laktulose) oder ↑**Weizenkleie** zurückgegriffen. ↑**Ballaststoffe** aus ↑**Getreide** werden durch die Verdauungssäfte nicht abgebaut und quellen in Wasser auf. Sie erhöhen das Volumen des Nahrungsbreis und regen die Darmtätigkeit an. Der Stuhl bleibt weich, und die Passage des Speisebreis durch den Verdauungstrakt wird kürzer. Ballaststoffe fördern so eine regelmäßige Stuhlentleerung. Reich an Ballaststoffen sind ↑**Vollkorn**produkte, ↑**Hülsenfrüchte**, ↑**Gemüse**, ↑**Sauerkraut**, ↑**Obst** und ↑**Trockenfrüchte** (besonders ↑**Trockenpflaumen**). Abführmittel können Verstopfungsprobleme nicht dauerhaft lösen und haben unerwünschte Nebenwirkungen. Sie können bei Dauergebrauch zu Darmträgheit führen. Auch natürliche Abführmittel können den Darm träge machen, **da er sich langfristig an die Stimulation von außen gewöhnt.** Wichtig zur Vorbeugung gegen Verstopfung ist körperliche Bewegung, denn sie fördert eine normale Darmtätigkeit.

Vert [*Franz. Speisekarte*] Grün

Vert pré [*Speisegarnitur*] **A** 1. vert pré bedeutet „grün wie die Wiese" und zeigt an, dass für ein Gericht vor allem viele Kräuter und/oder grünes Gemüse verwendet wurden. 2. **Speisegarnitur** für **gegrilltes Fleisch** – ↑**Brunnenkresse**, ↑**Kräuterbutter** und ↑**Strohkartoffeln**; 3. **Speisegarnitur** für **weißes Fleisch** und **Geflügel** – Grüne ↑**Erbsen**, ↑**Bohnen** und ↑**Spargel**spitzen mit ↑**Sauce verte**

Verza [*Ital. Speisekarte*] ↑**Wirsing**

Verzehrfertig [*Fachkunde*] Zum sofortigen Verzehr geeignet

Vesiga [*Fisch*] Rückenmark des ↑**Störs**, vor allem des ↑**Hausens**. Gilt als Delikatesse, ist in russischen Fischpasteten.

Vespolina [*Weinkunde*] Diese Rebe wird im Nord-Piemont reinsortig als leichter Rotwein für jeden Tag angesehen. Manchmal auch im Verschnitt mit ↑**Nebbiolo.**

Ve-tsin [*Gewürze & Kräuter*] **T** Traditionelles Gewürz, ↑**Geschmacksverstärker** aus Algen. Seit über 2000 Jahren fester Bestandteil der ↑**Chinesischen Küche.** Hier kaum erhältlich, als Ersatz wird synthetisch hergestelltes ↑**Glutamat** verwendet, meist in viel zu hoher Dosierung, weshalb es in Verruf geraten ist. ↑**Umami** & ↑**E 621**

Vezzena [*Käse*] **Herkunft:** Italien/Südtirol (Vezzena-Pass); **Käsesorte:** ↑**Hartkäse**, 40 % ↑**Fett i. Tr.; Milch:** teilentrahmte rohe Kuhmilch; **Geschmack:** sehr schmackhaft, pikant; **Gewicht:** 8–10 kg; **Reifung:** mindestens ein Jahr in Berggrotten

Vialone Nano (Riso) [*Allgem. Nährmittel*] **T** Norditalienischer ↑**Reis** aus Bio-Anbau, dessen runde, kleine Körner dunkler und rauer sind als beim herkömmlichen Reis. Er hat mehr Amylose, eine Stärke, die beim Kochen nicht so weich wird. Er eignet sich für ↑**Minestrone** und andere Suppen, flüssigere Risotti und leichte Reissalate. Der Vialone Nano wächst nur alle drei Jahre auf den Feldern, die mit einer wechselnden Fruchtfolge bewirtschaftet werden. Dadurch erholt sich der Boden und gibt der Pflanze genügend ↑**Nährstoffe**, ↑**Vitamine** und ↑**Eiweiß.**

Viande [*Franz. Speisekarte*] **T** Ausdruck höchster Fleischqualität. In Frankreich züchtet man Vieh weniger im Interesse einer möglichst großen Fleischausbeute, sondern vor allem im Hinblick auf Geschmack und Qualität. Beste Ergebnisse liefern die weißen ↑**Charolais**-Rinder aus der Bourgogne, die ↑**Lämmer** und ↑**Hammel**, die auf den Salzwiesen der Normandie weiden (genannt **„pré-sale"**), **Kälber**, die bis zu drei Monaten mit ↑**Milch** ernährt werden, ↑Mast**schweine** aus dem Elsass, ↑Haus**kaninchen** und junge ↑**Ziegen.** Sparsame Hausfrauen und geniale Köche verwenden jedes Stück der Schlachttiere. Beliebte Spezialitäten sind **„queues de mouton"**, Hammelschwänzchen, **„pieds de porc"**, Schweinefüße, **„tripes"**, ↑**Kutteln**, und **„tête de veau"**, ↑**Kalbskopf.** Wenn in einem volkstümlichen Gasthof hinter einem **„côte"** das Wort **„cheval"** steht, handelt es sich um ↑**Pferdefleisch**, das nach längerem ↑**Abhängen** sehr zart sein kann.

Viande froide, la [*Franz. Speisekarte*] Kalter Braten

Viandox [*Franz. Speisekarte*] Klare ↑**Bouillon** aus ↑**Fleischextrakt** (als Getränk)

Vichy Historischer Speisename [*Speisegarnitur*] **R** 1. ↑**Mineralwasser** aus dem gleichnamigen Heilbad in der Auvergne. 2. **à la Vichy, Vichy Karotten** – Zubereitungsart für Karotten – Nach dem Schälen werden die Karotten in Scheiben geschnitten und in einer ↑**Sauteuse** mit ↑**Zucker** und ↑**Butter** leicht ↑**karamellisiert.** Danach mit Mineralwasser (Vichywasser) und einer Prise ↑**Salz** bei geschlossenem Deckel dünsten. Mit eiskalten Butterflocken binden und gehackter ↑**Petersilie** vollenden, danach nicht mehr kochen lassen. Dieses schmackhafte, gesunde Gemüse passt vor allem zu kurzgebratenem ↑**Fleisch** oder ↑**Fisch.** Statt mit Butter kann auch mit einigen Tropfen in Wasser aufgelöster ↑**Speisestärke** gebunden werden.

Vichyssoise [*Franz. Speisekarte*] **A** Durchpassierte, sämige, eisgekühlte sommerliche ↑**Kartoffel-Lauch**suppe, die im Winter heiß gegessen wird, serviert man gesalzen, gepfeffert, mit ↑**Crème fraîche** verfeinert und ↑**Schnittlauch** bestreut.

Vicious Vampire [*Gewürze & Kräuter*] **T** Extrem scharfe ↑**Chili-Sauce** aus roten Cayenne-Chilis, ↑**Salz,** ↑**Essig** und hoch konzentriertem Chili-Extrakt mit einem ↑**Capsaicin**-Gehalt von 100 000–120 000 ↑**Scoville-Einheiten.** Sie wird von der Suncoast Peppers GmbH hergestellt und vertrieben. Aufgrund ihrer extremen Schärfe eignet sich die Sauce hauptsächlich dazu, große Speisenmengen wie Suppen oder Eintöpfe zu würzen, da sie für kleinere Mengen kaum dosierbar ist. Ein oder zwei Tropfen in einem 10-l-Topf sind meist ausreichend.

Victoria [*Speisegarnitur*] **A Speisegarnitur** für **Fisch** – Mit ↑**Langusten**medaillons, ↑**Trüffel**scheiben und anderen kostbaren Zutaten

Victoriaseebarsch [*Fisch*] **T** Süßwasserfisch (heißt eigentlich Nilbarsch und wurde erst 1960 zu Versuchszwecken im afrikanischen Victoriasee ausgesetzt): Das feste, hellrosa Fleisch des Barsches lässt alles mit sich machen, was die Küche zulässt: Braten, Kochen, Dünsten, Grillen, Einlegen. Er hat einen relativ starken Eigengeschmack und ist deshalb vom Tipp für Feinschmecker zur Delikatesse für alle avanciert. Er wird aus Afrika inzwischen frisch und tiefgefroren in alle Teile der Welt exportiert, besonders nach Belgien, Frankreich, Deutschland und USA, nach Italien und Spanien. Der Victoriabarsch weist eine der höchsten Konzentrationen der gesunden ↑**Omega-3-Fettsäuren** aller auf dem Weltmarkt vorhandenen Speisefische auf.

VIDE [*Weinkunde*] Angabe auf einigen italienischen Weinflaschen: Sie stammen von Mitgliedern der Associazione Vitivinicoltori Italiani di Eccellenza, einem Zusammenschluss von rund 30 Spitzenweingütern. Der so ausgezeichnete Wein wurde einer Prüfung unterzogen und dank seiner überdurchschnittlichen Qualität mit der nummerierten Kontrollbanderole VIDE versehen. Ziel der Vereinigung ist es, nur die besten Weine der Mitgliedsbetriebe auszuzeichnen und auf diese Weise höchste Qualität zu erreichen.

Vieilles vignes [*Weinkunde*] Französisch für „alte Rebstöcke". Diese Angabe, die nicht der gesetzlichen Kontrolle unterliegt, soll ein Hinweis auf Weine sein, die aus dem Rebgut alter Stöcke sind und damit ein gehobenes Produkt darstellen. Das Alter der Rebstöcke wird oft als Qualitätsfaktor betrachtet. Dabei gilt die Annahme, dass ältere Rebstöcke bessere Weine hervorbringen als junge. Rebstöcke brauchen durchschnittlich bis zu drei Jahren, um einen Stamm und ein Wurzelsystem aufzubauen. Während dieser Wachstumsphase werden eventuell heranwachsende Trauben entfernt, wodurch die Pflanze all ihre Energie in ihre Entwicklung konzentrieren kann. Nachdem die Pflanze zwei- bis dreimal Frucht getragen hat, kann sie Wein produzieren. Die Ertragsmenge nimmt aber mit dem Alter des Weinstocks ab, was zugleich eine Qualitätszunahme bedeuten kann: je geringer der Ertrag, desto hochwertiger (und teurer) das Erntegut. Diese Maxime ist der Leitfaden des französischen Weingesetzes, das eine stärkere Ertragsbeschränkung stufenweise mit immer höher werdenden kontrollierten Herkunftsbezeichnungen belohnt. Da die Angabe „Vieilles Vignes" gesetzlich nicht geschützt ist, bleibt ungeklärt, wie alt ein Rebstock sein muss, um diese Bezeichnung zu rechtfertigen. ↑**Appellation d'Órigine Contrôllée.**

Vieiras [*Span. Speisekarte*] Kamm-Muscheln. ↑**Jakobsmuschel**

Vienna [*Kartoffelsorte*] **Kochtyp:** ↑**Festkochende Kartoffeln** – „Speckige Kartoffel" genannt; **Herkunft:** Deutschland; **Jahr der Zulassung:** 2004; **Schale:** gelb, glatt, leicht genetzt, flache Augen; **Fleisch:** hellgelb, sehr guter Geschmack; **Knolle:** langoval; **Reifezeit:** früh

Viennoise, à la [*Speisegarnitur*] **A Wiener Art – Speisegarnitur** für **panierte, kurzgebratene Schnitzel** von ↑**Kalb,** ↑**Schwein,** ↑**Geflügel** oder ↑**Fisch** mit hartgekochten, gehackten ↑**Eiern,** ↑**Petersilie,** ↑**Anchovis,** ↑**Oliven,** ↑**Kapern** und ↑**Zitronen**scheiben

Vier Gewürze [*Gewürze & Kräuter*] Vorrevolutionäre Gewürzmischung aus Frankreich. ↑**Quatre-Epices**

Viertelstück [*Weinkunde*] Deutsches Weinfass mit einem Fassungsvermögen von 300 l. 1200 l = Stück, Halbstück = 600 l

Vietnamesische Küche [*Asiatische Küche*] **T** In Vietnam überwiegt die Agrarwirtschaft: ↑**Reis,** ↑**Sorghumhirse,** ↑**Mais,** ↑**Maniok,** ↑**Süßkartoffeln,** ↑**Obst,** ↑**Gemüse,** ↑**Kaffee** und ↑**Tee** sind Hauptanbauprodukte, also beste Voraussetzungen für eine der besten Küchen der Welt. Die vietnamesische Küche ist der japanischen sehr ähnlich. Die meisten Gerichte fallen unter die Kategorie „Leicht", jedoch ohne Geschmack und Substanz zu vernachlässigen. Diese Küche wird sich ganz sicher im Westen ausbreiten, da sie für europäische Gaumen wie geschaffen ist. Die Speisen sind bekömmlich und basieren auf ↑**Reis** und ↑**Nudeln.** Hierzu gibt es ↑**Gemüse,** ↑**Fleisch,** ↑**Huhn,** ↑**Fisch** und ↑**Meeresfrüchte.** Die vietnamesische Küche ist auch durch die französische Besatzungszeit geprägt. So findet man vielerorts französisches ↑**Baguette.** Die französische ↑**Consommé** ist die Grundlage vietnamesischer Suppen und französisch sind viele Küchen-Ausdrücke. Eines der wichtigsten Gewürze der vietnamesischen Küche, das ↑**Zitronengras,** heißt ↑**Citronelle,** und die überall anzutreffende Gewürzpaste aus zerstoßenen ↑**Krabben,** schwarzem ↑**Pfeffer** und ↑**Koriander** heißt **paté.** Dazu gibt es in Vietnam eine Tradition französischen Dinierens. Vor dem Großen Krieg gab es in Vietnam eine große Zahl rein französischer Restaurants, insbesondere in Saigon. In einigen Punkten unterscheidet sich die vietnamesische Küche jedoch klar von der französischen: Es wird wesentlich weniger ↑**Fett** oder ↑**Öl** verwendet, auch die gängigste Zubereitungsart ist asiatisch, das kurze, fast fettlose Anbraten in der ↑**Wok**-Pfanne. Fleisch ist in der vietnamesischen Küche weniger wichtig als Fisch und Meeresfrüchte. Das Land ist überaus reich an Krabben – nicht nur Meereskrabben, sondern auch solche, die in Bewässerungskanälen leben. Was Fleisch betrifft, so ziehen Vietnamesen ↑**Rindfleisch** dem ↑**Schweinefleisch** vor, da ihnen das Schweinefleisch zu fett ist. Berühmt sind Vietnams ↑**Frühlingsrollen,** die roh oder gebraten gegessen und manchmal auch (mit Hilfe von Stäbchen) in Salatblätter eingewickelt werden. Daneben gibt es viele Nudelsuppen, die mit Gemüse, Fleischstücken, Fisch oder ↑**Eiern** entweder als Snack, zum Frühstück oder als ganze Mahlzeit gegessen werden. Verzehrt werden ↑**Tauben,** Hunde, ↑**Schlangen** (das noch schlagende Schlangenherz ist dem Ehrengast vorbehalten), ↑**Schildkröten** und ↑**Wild.** Eine ganz besondere Spezialität sind ↑**Enteneier,** die einige Tage vor dem Schlüpfen des Kükens, d. h. inklusive Füßen und Federn, gekocht gegessen werden. Es gibt mittlerweile wieder westlich orientierte Restaurants; jedoch nur da, wo viele Touristen unterwegs sind. Sie werden auch fast ausschließlich von Ausländern und wenigen wohlhabenden Vietnamesen besucht. Daneben gibt es zahllose Straßenstände, wo im Freien gekocht und gegessen wird. Der Gast nimmt in einem zur Straße hin offenen Raum Platz. In jedem Fall sollte man mit Stäbchen umgehen können, denn westliche Esswerkzeuge findet man nur in Touristenlokalen. **Wesentliche vietnamesische Zutaten sind:** ↑**Basilikum,** ↑**Bohnensprossen,** ↑**Chili,** ↑**Essig,** ↑**Fischsoße,** ↑**Frühlingszwiebeln,** ↑**Ingwer,** ↑**Karotten,** ↑**Knoblauch,** ↑**Kokosmilch,** ↑**Kopfsalat,** ↑**Koriander,** ↑**Limone,** ↑**Minze,** ↑**Paprika,** ↑**Rettich,** ↑**Schalotten,** ↑**Schnittlauch,** ↑**Zitronengras** und ↑**Zuckerrohr. Im Süden wird schärfer gekocht als im Norden.** Allgemein aber nicht so scharf wie in Thailand. Zum Frühstück isst man gerne verschiedene Suppen. Zur **„com"**, der Mahlzeit, die wörtlich übersetzt eigentlich Reis heißt, darf dieses Grundnahrungsmittel nicht fehlen. **„Pho"**, eine Reisnudelsuppe mit Huhn oder Fleisch, ist das verbreitetste vietnamesische Gericht. Überall in den Städten stehen Suppenküchen und bieten **pho** aus dünn geschnittenem Reispapier, mit Fleisch und frischen ↑**Kräutern** an. Jeden Morgen werden die Zutaten dafür – Fleisch, ↑**Nudeln,** ↑**Eier,** ↑**Gewürze** – frisch eingekauft. Mittags werden alle Geräte aus dem Haus geholt und aufgebaut. Einige Stunden muss die Suppe kochen, um gut und würzig zu schmecken. Dann wird sie jedem Kunden nach Wunsch gereicht – mit ↑**Hühnerfleisch,** ↑**Hirn,** ↑**Leber** oder ↑**Herz,** mit Koriander oder ohne, scharf oder eher mild. Die **Frühlingsrolle:** Sie ist wahrscheinlich eine Adoption aus der chinesischen Küche. Aber im Gegensatz zur chinesischen Sitte, Frühlingsrollen zu frittieren, werden sie in der Küche Vietnams weitgehend ohne Fett zubereitet. Im Süden heißen sie **„cha gio"** und im Norden **„nem"**. Das dünne Reispapier wird je nach Wunsch mit Rindfleisch, Huhn, Schweinefleisch, Krabben oder verschiedenen Gemüsen gefüllt. Sehr beliebt sind aber auch: **„cha cha"** – über Holzkohle gegrilltes Fischfilet, **„muc xao chua ngot"** – ↑**Tintenfische,** süß-sauer gebraten, sowie **„tom xao mia"** – ↑**Riesengarnelen,** gebraten mit Zuckerrohr. Es gibt auch in der vietnamesischen Küche ↑**Currys,** aber sie sind stets weniger scharf als die indischen oder thailändischen Currys. Sie erhalten ihren spezifischen Geschmack hauptsächlich vom Koriander, Chili wird nur in kleinen Mengen dazugegeben. Wie in allen südostasiatischen Ländern, so gibt es auch in Vietnam eine stark würzige Fischsauce, **„nouc nam"**. Sie wird nicht nur in gekochten Gerichten verwendet, sondern ist auch Salatwürze. Als Salat wird aber nicht nur Gemüse, sondern auch rohes Fleisch zubereitet. Es gibt in keiner anderen südostasiatischen Küche so viele Gerichte, deren Zutaten roh bleiben. Das bedeutet aber auch, dass man sich einer größeren Gesundheitsgefährdung aussetzt als in der ↑**Chinesischen** oder ↑**Thailändischen Küche.** Dem Reisenden wird empfohlen, gekochte Speisen zu bevorzugen. Zu jeder Mahlzeit wird getrunken. Die Auswahl besteht immer aus ↑**Bier** und ↑**Reisschnaps,** pur oder mit Kräutern. Als **„Ruou Thuoc"** – Medizinwein – ist der Reisschnaps auch bei Frauen sehr beliebt. **In Vietnam wird vor allem Tee getrunken:** Kommt man zu Vietnamesen ins Haus, bekommt man als Gast traditionellerweise immer eine Tasse grünen Tees, es gilt als unhöflich, nicht zumindest einen Schluck zu trinken. Die Schale wird immer wieder aufgefüllt, jedoch wird nicht erwartet, dass alles getrunken wird. In Restaurants wird grüner Tee in der Regel gratis serviert; spezielle Teesorten müssen bezahlt werden. Kaffee wird in Vietnam ebenfalls konsumiert – in kleinen Mengen und sehr stark; Ausländern wird häufig heißes Wasser zum Verdünnen gereicht. Auch zum Kaffee gibt es die obligatorische Tasse Tee. Bier wird unter Lizenz ausländischer Braukonzerne gebraut, es gibt aber auch vietnamesische Marken, die durchaus empfehlenswert sind. Aus den Früchten Vietnams, die oft in Europa nicht frisch erhältlich sind (wie ↑**Mangostane,** ↑**Longane,** ↑**Durian** und ↑**Zimtapfel**) werden viele Säfte gemacht. Beliebt als Getränk ist die ↑**Kokosnuss,** gekühlt wird sie direkt mit dem Strohhalm ausgesaugt.

Vieux Boulogne [*Käse*] ↑**Stinker-Käse**

Vif, vivant [*Franz. Fachwort*] Lebendig

Vigneron [*Weinkunde*] Franz. Weinbauer oder Winzer

Vigneronne, à la [*Speisegarnitur*] **A Winzer Art** – Mit herbstlichen Zutaten; über Rebenholz gegrillt, dazu ↑**Salade vigneronne**

Vignoble [*Weinkunde*] Franz. Weinberg oder -garten

Vijariego [*Weinkunde*] Spanische Weißweinrebsorte aus der Extremadura, La Mancha und von den Kanarischen Inseln

Viskosität [*Fachkunde*] Fließeigenschaft, meist zähflüssig

Vin [*Franz. Speisekarte*] ↑**Wein**

Vin blanc [*Franz. Speisekarte*] Weißwein

Vin bourru [*Franz. Speisekarte*] Junger ↑**Wein**

Vin de Blanquette [*Weinkunde*] ↑**Blanquette de limoux**

Vin de garde [*Weinkunde*] Französische Bezeichnung für einen lange lagerfähigen Wein, dessen Qualität dadurch besser wird. So gelten die 1961er, 1970er, 1975er, 1982er, 1986er, 1990er roten Bordeaux als klassische vins de garde jüngster Zeit.

Vin de l'année [*Weinkunde*] Französische Bezeichnung (wörtlich: Wein des Jahres) für einen Wein der jüngsten Ernte, der noch kein Jahr alt ist, unabhängig von seiner Qualität. Hier als ↑**Primeur,** in Österreich als ↑**Heuriger** bekannt.

Vin de neige [*Franz. Speisekarte*] ↑**Eiswein**

Vin de paille [*Franz. Speisekarte*] Hochprozentiger ↑**Strohwein**

Vin de pays [*Weinkunde*] In Deutschland ↑**Landwein,** in Italien „vino con indicazione geografica tipica". Anders als dort allerdings stellt der Vin de pays in Frankreich heute mit ca. 15 % einen erheblichen Anteil an der nationalen Weinerzeugung. Dort gibt es 102 Vins de pays mit unterschiedlich großen Gebieten. Diese können mehrere Départements umfassen wie die Zonen des „Vin de pays du Jardin de France", des „Vin de pays du Comté Tolosan" oder aber auch nur wenige ha wie das Gebiet des „Vin de pays des Coteaux Charitois" an den Hängen oberhalb von La Charité sur Loire unweit von Pouilly. Französische Landweine dürfen nur aus empfohlenen Rebsorten und mit einem Hektarhöchstertrag von 80 bzw. 90 hl/ha erzeugt werden. Sie müssen je nach Region mindestens 9–11 % Vol. Alkohol aufweisen. Rotweine dürfen nicht mehr als 125, Weiß- und Roséweine nicht über 150 mg/l SO_2 (Schwefeldioxid) enthalten.

Vin de sable [*Franz. Speisekarte*] ↑**Sandwein**

Vin du buffet [*Franz. Speisekarte*] ↑**Wein** einfacher, aber guter Qualität

Vin en pichet [*Franz. Speisekarte*] (Offener) ↑**Wein** im Krug

Vin fin [*Weinkunde*] Wenig präziser Begriff in Frankreich für einen Wein gehobener Qualität, ähnlich wie „grand vin". Theoretisch könnte sich jeder Wein so nennen, und dies ist wohl auch der Grund, warum heute statt des früheren „Vins fins de la Côte de Nuits" die Bezeichnung „Côte de Nuits-Villages" benutzt wird.

Vin fou [*Franz. Speisekarte*] Verrückter ↑**Wein,** moussierender Weißwein

Vin Jaune [*Weinkunde*] „Gelber Wein" aus dem nordostfranzösischen Jura, dessen Farbe, Duft und Geschmack an Sherry erinnert. Nicht nur sein Charakter ist einzigartig, auch die Rebsorte (↑**Savagnin**), aus der der cremige und fein nussige, seltene Wein gekeltert wird. Er ist von sechs Jahren an trinkbar und außerordentlich langlebig (bis 100 Jahre).

Vin nouveau [*Weinkunde*] Französisch für den neuen Wein, der soeben erst oder kürzlich seine Gärung beendet hat und fertig ist. In Deutschland als ↑**Primeur,** in Österreich als ↑**Heuriger** bekannt.

Vin ordinair [*Weinkunde*] Der einfache, gewöhnliche Wein, eine gesetzlich nicht mehr verwendete Kategorie

Vin pétillant [*Franz. Speisekarte*] Leicht moussierender ↑**Wein**

Vin santo [*Ital. Speisekarte*] ↑**Dessertwein**

Vin viné [*Franz. Speisekarte*] Mit **Alkohol** verstärkter ↑**Süßwein**

Vinagre [*Span. Speisekarte*] ↑**Essig**

Vinagre de Jerez [*Gewürze & Kräuter*] ↑**Sherryessig**

Vinaigre [*Franz. Speisekarte*] ↑**Essig**

Vinaigrette [*Unsere Küche*] **R** Klassische Salatsauce aus $^{1}/_{4}$ ↑**Essig** und $^{3}/_{4}$ ↑**Pflanzenöl,** ↑**Senf,** ↑**Pfeffer** und ↑**Salz.** Sie wird mit fein gehackten ↑**Kräutern,** ↑**Zwiebeln** (↑**Schalotten**) oder ↑**Knoblauch** vollendet. Vinaigrette kann aber auch in den verschiedensten Geschmacksrichtungen hergestellt werden, z. B. mit hartgekochten, gehackten ↑**Eiern,** ↑**Sardellen,** geriebenem ↑**Roquefort** usw.

Vincisgrassi [*Ital. Speisekarte*] **A** Besonders üppige Form der ↑**Lasagne.** Vincisgrassi stammt aus den Marken und wird dort traditionell ohne ↑**Tomaten,** nur mit ↑**Béchamel**sauce im Ofen überbacken. Dieses Gericht hat sich in Süditalien verbreitet, wo es auch mit Tomaten zubereitet wird. Die Füllungen sind unterschiedlich, sie bestehen aber immer aus ↑**Innereien** von ↑**Huhn** und ↑**Kalb** (↑**Bries,** ↑**Hirn**) sowie ↑**Speck.** Dazu kommen mancherorts auch ↑**Wurst** (↑**Mortadella** oder ↑**Salami**) oder ↑**Lammfleisch.**

Vinegar [*U.S. Kitchen*] ↑**Essig**

Vino blanco [*Span. Speisekarte*] Weißwein. ↑**Wein**

Vino tinto [*Span. Speisekarte*] Rotwein. ↑**Wein**

Vinifikation [*Weinkunde*] Internationaler Begriff für die Weinbereitung

Vinny [*Käse*] **Herkunft:** England; **Käsesorte:** ↑**Hartkäse** mit ↑**Blauschimmel,** 40–46 % ↑**Fett i. Tr.; Milch:** Kuhmilch; **Teig:** rissig; **Rinde:** harte bis halbfeste, dicke Naturrinde; **Form:** rund, ⌀ 15 cm, 20,5 cm hoch; **Gewicht:** 4,5 kg; **Reifung:** 12–18 Monate

Vino [*Ital. Speisekarte*] ↑**Wein**

Viognier [*Weinkunde*] Eine alte weiße Rebe von der Rhône für die berühmten Weine Condrieu, Château-Grillet und für weiße Côte Rôtie. Liefert sehr schwankende und geringe Erträge.

Violaxanthin [*Fachkunde*] ↑**E 161e**

Violets [*Franz. Speisekarte*] ↑**Muscheln,** die wegen ihres Jodgehalts leicht bitter schmecken und roh mit ↑**Zitronensaft** beträufelt gegessen werden

Violette de Toulouse [*Franz. Speisekarte*] ↑**Veilchen** – ↑**Essbare Blüten**

Viroflay [*Speisegarnitur*] **A Speisegarnitur** für **Kurzgebratenes** – ↑**Artischockenböden,** gefüllt mit kleinen abgeschmeckten Kugeln aus ↑**Blattspinat,** mit ↑**Sauce** Mornay überbacken, dazu ↑**Schlosskartoffeln**

Visciole [*Ital. Speisekarte*] ↑Sauer**kirschen**

Vissinada [*Griech. Speisekarte*] Griechische Limonade aus Sauerkirschensirup

Vitamin A [*Gesundheit*] **T** ↑**Renitol,** u. a. in Leber enthalten; beeinflusst Sehschärfe, Wachstum. ↑**Vitamin-Tabelle**

Vitamin B_1 [*Gesundheit*] **T** ↑**Thiamin,** u. a. in ↑**Schweinefleisch** enthalten; beeinflusst Kohlenhydratstoffwechsel, Funktion des Nervensystems, Darm- und Herzmuskeltätigkeit. ↑**Vitamin-Tabelle**

Vitamin B_2 [*Gesundheit*] **T** ↑**Riboflavin,** u. a. in ↑**Nieren,** ↑**Leber,** ↑**Schweinefleisch** enthalten; beeinflusst Wachstum, Aufbau des roten Blutfarbstoffes, Fettstoffwechsel. ↑**Vitamin-Tabelle**

Vitamin B_3 [*Gesundheit*] **T** Bekannter unter der Bezeichnung ↑**Niacin.** Der Vitamincharakter des Niacins ist umstritten, weil es der Körper nicht nur über die Nahrung (durch Zuführung des Vitaminmoleküls) aufnehmen, sondern auch selbst aus einer Aminosäure (dem Tryptophan) bilden kann. Es wird in der Leber gespeichert und im Urin ausgeschieden. Das von Pflanzen stammende Vitamin B_3 muss der Körper umwandeln, da es im Abbaustoffwechsel als Enzymbaustein dient. ↑**Vitamin-Tabelle**

Vitamin B_5 [*Gesundheit*] **T** Kennt man als ↑**Pantothensäure.** Dieser Name (Pantothen = überall vorhanden) weist auf die weite Verbreitung des Vitamins B_5 in Nahrungsmitteln hin. ↑**Vitamin-Tabelle**

Vitamin B_6 [*Gesundheit*] **T** ↑**Pyridoxin,** u. a. in Geflügel, Schweinefleisch, Rinderleber enthalten, reguliert Leberfunktion, Funktion des Nervensystems, Blutbildung. ↑**Vitamin-Tabelle**

Vitamin B_9 [*Gesundheit*] **T** Bekannter unter der Bezeichnung ↑**Folsäure.** Wird manchmal auch als Pteroylglutaminsäure bezeichnet. Von den B-Vitaminen ist es das am stärksten hitzeempfindliche Vitamin. ↑**Vitamin-Tabelle**

Vitamin B_{12} [*Gesundheit*] **T** ↑**Cobalamin** u. a. in Fleisch und Leber enthalten; bei Mangelerscheinungen: Blutarmut, Appetitmangel, Nervosität. ↑**Vitamin-Tabelle**

Vitamin B_{13} [*Gesundheit*] **T** ↑**Orotsäure,** u. a. in ↑**Buttermilch,** ↑**Sauermilchprodukten,** ↑**Schafjogurt,** Schafsauermilch (enthalten 4- bis 5-mal so viel Orotsäure wie Kuhmilchprodukte). Die Orotsäure erhöht den Energiegehalt in den Herzmuskelzellen. Dadurch ist das Herz besser gegen Stress und starke Belastungen geschützt, denn es kann sich auf eine schnelle Beanspruchung einstellen und ermüdet auch nicht so schnell.

Vitamin C [*Gesundheit*] **T** ↑**Ascorbinsäure,** in Obst- und Gemüsesorten enthalten. ↑**Vitamin-Tabelle**

Vitamin D [*Gesundheit*] **T** ↑**Calciferol,** wird auch „**Sonnenscheinvitamin**" genannt, weil es vom Körper mit Hilfe der ultravioletten Strahlen der Sonne aus einer Vorstufe, die sich in der Haut befindet, selber gebildet wird. Vitamin D als solches kommt sonst nur in tierischen Nahrungsmitteln und in ↑**Pilzen** vor. Es ist wie die ↑**Vitamine A, E** und **K** fettlöslich und kann daher auf Vorrat gegessen werden. Vitamin D gehört zur Gruppe der antirachitischen Vitamine, es ist für die Skelettentwicklung, besonders für den Calcium- und Phosphatstoffwechsel notwendig. Wie andere fettlösliche Vitamine ist es nicht lichtempfindlich, seine Träger müssen aber vor dem Ranzigwerden bewahrt werden. Vitamin D enthält drei Bestandteile, Provitamin D_2, D_3 und D_4, die sich aus verschiedenen Vorstufen durch ultraviolette Bestrahlung bilden, u. a. in ↑**Kalbfleisch,** ↑**Schweineleber** enthalten. Es wirkt entzündungshemmend bei Herzmuskelschwäche. ↑**Vitamin-Tabelle**

Vitamin E [*Gesundheit*] **T** ↑**Tocopherol,** u. a. in ↑**Grünem Salat,** ↑**Reis** und ↑**Weizenkeimen** enthalten. ↑**Vitamin-Tabelle**

Vitamin F [*Gesundheit*] **T** Kein eigentliches Vitamin, sondern ein Gemisch von ungesättigten Fettsäuren, und zwar von Linol-, Linolen- und Arachidonsäure. Pflanzliche Fette enthalten nur ↑**Linol-** und ↑**Linolensäure,** die tierischen außerdem Arachidonsäure.

Vitamin H [*Gesundheit*] **T** ↑**Biotin,** u. a. in ↑**Leber** enthalten; bei Mangelerscheinung Austrocknung der Haut, Haarausfall, ↑**Akne;** ↑**Vitamin-Tabelle**

Vitamin K [*Gesundheit*] **T** ↑**Phyllochinon,** u. a. in ↑**Fleisch** und ↑**Leber** enthalten, bei Mangelerscheinung Blutungsneigung. ↑**Vitamin-Tabelle**

Vitamin P [*Gesundheit*] **T** Dieses Vitamin verdankt den Buchstaben P seiner Bedeutung als **Permeabilitätsvitamin.** Unter Permeabilität ist Durchlässigkeit zu verstehen, und zwar im Fall dieses Vitamins der Durchlässigkeit der Zellmembranen. ↑**Vitamin P** ist die veraltete Bezeichnung für eine Gruppe von ↑**Sekundären Pflanzeninhaltsstoffen** (↑**Flavonoide**), auch Rutin genannt. Es sind Pflanzenwirkstoffe oder Pflanzenfarbstoffe, die das System der kleinen Blutgefäße gesund erhalten. Die Kapillaren werden durch Vitamin P gestärkt und vor Infektionen geschützt. ↑**Vitamin C** und **P** wirken gemeinsam bei Erkältungskrankheiten und verkürzen die Krankheitsdauer. Vitamin P wird bei Diabetes, Allergien und einer allgemeinen Schwäche der kleinen Blutgefäße erfolgreich eingesetzt. Das Rutin, eine hoch wirksame Substanz aus der Gruppe der Bioflavine, findet sich in ↑**Buchweizen,** ↑**Paprika,** in ↑**Orangen-** und ↑**Zitronenschalen,** ↑**Hagebut-**

ten, ↑**Roten Beeten** und schwarzen **Johannisbeeren.** Durch Kochen wird das Vitamin zerstört, bzw. es tritt ins Kochwasser über. Der tägliche Bedarf ist nicht genau bestimmt, soll aber bei ca. 100 mg liegen.

Vitamine [*Gesundheit*] **T** Organische Verbindungen, die der Organismus nicht selbst bilden kann und die deshalb in kleinen Mengen mit der Nahrung zugeführt werden müssen. Vitamine übernehmen im Körper Regulierungs- und Schutzfunktionen. Sie liefern selbst keine Energie, sind aber für den Ablauf des Stoffwechsels notwendig. **Vitaminmangel führt zu Avitaminosen** (Skorbut, Beri-Beri). Bei Unterversorgung kommt es zu Störungen im Stoffwechsel und bei völligem Mangel zum Tod. Vitamine sind an der Bildung von Hormonen, Blutzellen, Stoffen des Nervensystems und genetischem Material beteiligt. Wenn man sich schlapp und müde fühlt, kann das an falscher **Ernährung** liegen. **Die wichtigsten Vitamine im Überblick** – ↑**Vitamine:** ↑**A**/↑**Betacarotin**/↑**B_1**/↑**B_2**/↑**B_3**/↑**B_5**/↑**B_6**/↑**B_9**/↑**B_{12}**/↑**B_{13}**/↑**C**/↑**D**/↑**E**/↑**F**/↑**H**/↑**K**/↑**P**/↑**Q_{10}**. Statt der täglichen Ration ↑**Fastfood** und ↑**Schokoriegel** sollte man seinem Körper frische, vitaminreiche Kost zuführen, denn er benötigt diese Stoffe für viele Prozesse, die im Körper ablaufen, vor allem für ein reibungsloses Funktionieren des ↑**Stoffwechsels**. Gesunde, ausgewogene ↑**Ernährung** deckt den täglichen Vitaminbedarf des Menschen vollkommen, außerdem ist sie ein wichtiger Beitrag für das Allgemeinbefinden. Idealerweise sollte man mehrmals täglich kleine Vitaminbomben, also ↑**Obst,** ↑**Gemüse** oder ↑**Blattsalat,** zu sich nehmen. Zu Beginn des 20. Jh. sind Mediziner den Vitaminen bei der Erforschung der ↑**Mangelkrankheiten** auf die Spur gekommen. Der Name „Vitamin" ist eine Zusammensetzung aus den lateinischen Wörtern „vita" (Leben) und „amin", was auf die chemische Struktur – eine organische Stickstoffverbindung – verweist. Die 18 hier aufgeführten und von Wissenschaftlern identifizierten Vitamine werden nach ihren Lösungseigenschaften in fettlösliche und wasserlösliche eingeteilt. Die fettlöslichen ↑**Vitamine A, D, E** und **K** werden generell mit fetthaltigen Lebensmitteln aufgenommen. Weil sie in den Fettdepots des Körpers gespeichert werden können, müssen sie nicht jeden Tag ergänzt werden. Die wasserlöslichen Vitamine – acht ↑**B-Vitamine** und ↑**Vitamin C** – können nicht gespeichert werden (mit Ausnahme einiger B-Vitamine). Nur ↑**Vitamin D** kann der Körper selber ausreichend produzieren. Alle anderen Vitamine müssen täglich über die Nahrung zugeführt werden. Darüber hinaus können fettlösliche Vitamine die Wirkung anderer Vitamine hemmen und bei übermäßiger Einnahme sogar schwere Vergiftungen hervorrufen. Beispiel: ↑**Vitamin A.** Überdosierungen führen zu Hypervitaminosen. ↑**Vitamin-Tabelle**

Vitaminverluste [*Fachkunde*] **T** Entstehen bei der Lagerung, Zubereitung oder ↑**Konservierung** von Lebensmitteln. Dabei können ↑**Enzyme** und Mikroorganismen oder Umweltbedingungen wie Feuchtigkeit, Hitze, Luft und Licht zu einer Verringerung des Vitamingehaltes führen. Vitaminverluste lassen sich bei frischen Lebensmitteln durch kurze Lagerungszeiten im Haushalt sowie schonende Zubereitung vermeiden. Gartechniken wie Dämpfen oder Dünsten sind hierfür besonders geeignet.

Vitello [*Ital. Speisekarte*] Gerollte ↑**Kalbsbrust**schnitte. ↑**Kalbfleisch**

Vitello tonnato [*Ital. Speisekarte*] ↑**Kalbfleisch** in ↑**Tunfisch**sauce

Vitellottes [*Franz. Speisekarte*] Violette ↑**Kartoffeln,** vom Aussterben bedroht

Vitoulet [*Intern. Länderküche*] Belgische ↑Kalbfleisch**frikadelle**

Viura [*Weinkunde*] Diese in Spanien häufige Rebsorte (in Nordspanien die häufigste) spielt außer beim Wein auch bei der ↑**Cava**-Herstellung eine große Rolle. Ein anderer Name ist Macabéo.

Vive [*Franz. Speisekarte*] ↑**Petermännchen**

Vla [*Intern. Länderküche*] Sehr beliebter ↑**Pudding** in den Niederlanden, der aus den gleichen Zutaten besteht wie herkömmlicher Pudding, aber flüssiger ist. Es gibt ihn nur fertig zubereitet in Einwegverpackungen. Typisch für Vla ist das große Angebot an Geschmacksrichtungen. Neben traditionellen Pudding-Sorten wie ↑**Schokolade,** ↑**Vanille,** ↑**Sahne,** ↑**Erdbeere, Karamell** drängen in jüngster Zeit zunehmend ausgefallenere Geschmacksrichtungen wie ↑**Zitrone** oder ↑**Traube** auf den Markt. ↑**Natillas**

Vogelmiereblüten [*Wildkräuter, -blüten & -früchte*] **T Lateinisch:** Stellaria media. **Info:** Vogelmiereblüten sind ein wertvolles Frühgemüse, das viele ↑**Vitamine** und ↑**Mineralstoffe** enthält. **Standort:** Die Pflanze gilt als Stickstoffzeigerpflanze und liebt es halbschattig, etwas feucht, humos und nährstoffreich. **Geschmack:** nussig-mild, fein-würzig mit leicht säuerlichem Beigeschmack. **In der Küche:** Frisch in Frühlingssalaten, Kräutersuppen, ↑**Quark-** und ↑**Käsezubereitungen. Wirkung in der Volksmedizin:** äußerlich gegen Hautirritationen und juckende trockene Hautausschläge, positive Wirkung auf Darm, Magen und Lunge. **Mehr Information:** ↑**Essbare Blüten**

Vogelnest [*Fleischprodukte*] Regionale Bezeichnung für ein ↑**Hackfleisch**erzeugnis

Vogelnestersuppe [*Asiatische Küche*] Es handelt sich dabei tatsächlich um Teile eines echten Vogelnestes, und zwar um den gelatineartigen Überzug des Nestes kleiner Schwalben, der Salganen, die am südchinesischen Meer beheimatet sind. Die Nester sind sehr protein- und vitaminreich durch die Nahrung des Vogels, die aus ↑**Seetang** und Meerespflanzen besteht. Vogelnestsuppe wird in Asien als Zeichen für großen Luxus angesehen.

Vogerlsalat [*Österr. Küche*] ↑**Feldsalat,** Rapunzelsalat

Voiture [*Franz. Fachwort*] Servicewagen auf Rädern

Volaille [*Franz. Speisekarte*] Das gesamte ↑Haus**geflügel** wie ↑**Huhn,** ↑**Gans,** ↑**Ente,** ↑**Taube** und ↑**Truthahn** fällt unter diesen französischen Sammelbegriff. Hierzu zählt das ↑**Wild**geflügel nicht.

Vol-au-vent [*Franz. Speisekarte*] Hohe, runde ↑**Blätterteig**pastete mit Deckel, gefüllt mit pikanten ↑**Ragouts** von ↑**Geflügel,** ↑**Fisch** oder ↑**Fleisch,** die warm serviert wird.

Voljski [*Käse*] **Herkunft:** Russland/Wolgaregion; **Käsesorte:** Kuhmilchkäse von elastischer Konsistenz mit dünner Rinde, der in Blöcken von 2–3 kg verkauft wird.

Voll/vollmundig [*Weinkunde*] Alkoholreiche Weine, die auch einen hohen Gehalt an Extrakten aufweisen

Vollbier [*Bier*] Die meisten deutschen Biere sind „Vollbiere" mit einer ↑**Stammwürze** von ∅ 11–16 %. ↑**Bier**

Vollei [*Fachkunde*] Die aus dem Inhalt frisch aufgeschlagener Hühnereier mittleren Gewichts (**M**) gewonnene Eimasse bzw. handelsüblich pasteurisiertes Vollei mit einem Trockenmassegehalt von mindestens 24 %. Bei Verwendung von Eiern anderer Gewichtsklassen wird ein etwaiger Mangel an ↑**Eigelb** ausgeglichen. Vollei wird genauso wie ↑**Trockenei** hauptsächlich in industriell hergestellten ↑**Teigwaren** und ↑**Speiseeis** als Zutat verwendet. Vollei wird auch in getrockneter Form verwendet. 100 g Vollei beinhalten ∅ 154 kcal/646 kJ; 100 g Vollei-Pulver beinhalten ∅ 566 kcal/2369 kJ

Vollfettstufe [*Milchprodukte*] Fettgehaltsstufe (45–49,9 % in der ↑**Trockenmasse**) verschiedener Käsesorten ↑**Fett i. Tr.**

Vollhering [*Fisch*] Gefangener ↑**Hering** kurz vor dem Ablaichen mit Milch und ↑**Rogen**

Vollkonserve [*Fachkunde*] Auch unter hoher Hitzeeinwirkung unbegrenzt haltbares Konservenerzeugnis

Vollkorn [*Allgem. Nährmittel*] **Englisch:** whole-wheat; **Französisch:** (pain) complet; **Italienisch:** integrale; **Spanisch:** integrales. **1.** Das an Länge und Umfang optimal ausgebildete Getreidekorn. **2.** Der aus dem ganzen Getreidekorn gemahlene Vollkornschrot enthält einen höheren Anteil an ↑**Vitaminen,** ↑**Eiweiß,** ↑**Mineral-** und ↑**Ballaststoffen** als ↑**Weißmehl.**

Vollkornbrot [*Backstube*] **Englisch:** whole-wheat bread; **Französisch:** pain complet; **Italienisch:** pane integrale; **Spanisch:** pan integral. Vollkornbrot wird aus 90 % ↑**Vollkornmehl** hergestellt. Im Vollkornmehl sind alle Bestandteile des Getreidekorns (Randschichten, Keimling, Stärkekörper) enthalten. Mehle mit einem geringeren Ausmahlungsgrad dürfen höchstens zu 10 % Gewichtsanteilen zugesetzt werden. Es gibt Vollkornbrote, die aus ↑**Roggen-** und/oder ↑**Weizenvollkornmehl** bestehen. ↑**Pumpernickel** ist beispielsweise eine Vollkornbrotsorte. Mehrkornbrote wie „7-Korn-Brot" oder „Hafer-Fit-Brot" sind in der Regel keine Vollkornbrote. Sie bestehen nicht aus 90 % Vollkornmehl, sondern setzen sich aus mehreren Getreidesorten zusammen. Vollkornbrot enthält im Vergleich zu anderen Brotsorten mehr ↑**Vitamine,** ↑**Mineralstoffe,** ↑**Eiweiß** und vor allem mehr ↑**Ballaststoffe.** Dadurch haben Vollkornbrote auch einen höheren Sättigungswert. **Vollkornbrot unterstützt eine gesunde, ballaststoffreiche Ernährung.**

Vollkornnudeln [*Übersetzer*] **Englisch:** whole-wheat pasta; **Französisch:** pâtes au blé complet; **Italienisch:** pasta integrale; **Spanisch:** pasta integral

Vollkost [*Gesundheit*] **T** Vollwertige Kost, die den täglichen Bedarf an allen lebensnotwendigen Nähr- und Wirkstoffen sowie ↑**Energie** abdeckt. Außerdem beachtet sie ernährungsmedizinische Erkenntnisse zur Vorbeugung von Krankheiten und ist, wenn möglich, den üblichen Ernährungsgewohnheiten angepasst. Daneben gibt es die ↑**leichte Vollkost.** Sie meidet bestimmte Gerichte und Lebensmittel, um keine Unverträglichkeit auszulösen, zum Beispiel blähende Lebensmittel wie ↑**Bohnen** oder ↑**Blumenkohl.** Leichte Vollkost erhalten Patienten nach operativen Eingriffen am Magen-Darm-Trakt, bei ↑**Lebensmittelintoleranzen** oder nach einer akuten Entzündung der Bauchspeicheldrüse.

Vollsojamehl [*Allgem. Nährmittel*] **T** Aus enthülsten **Sojabohnen,** dient hauptsächlich als Bindemittel und Ei-Ersatz. 1 EL Vollsojamehl und 2 EL Wasser ersetzen ein ↑**Ei.**

Vollwertige Ernährung [*Gesundheit*] **T** Mit ↑**Vollwertkost** isst man bewusst und gesunderhaltend. Dieser Ernährung gebührt im Zeitalter von ↑**Fastfood,** ↑**Tiefkühlkost** (↑**Convenience-Food**) und ↑**Vollkonserven** ein hoher Stellenwert. Krankheiten wie ↑**Karies,** ↑**Diabetes,** ↑**Gicht,** Herz-Kreislauf-Erkrankungen und ↑**Fettsucht** können durch falsche Nahrungsmittelauswahl (zu viel, zu fett, zu süß, zu salzig, zu hoher Alkoholkonsum) und falsche küchentechnische Verwendung (zu starkes und zu langes Kochen oder Braten) verursacht werden. So ist bei vielen Jugendlichen ein kritischer Mangel an ↑**Jod,** ↑**Eisen** und anderen ↑**Spurenelementen** sowie ↑**Vitaminen** zu beobachten, da deren Essgewohnheiten – zum Teil von der Werbung verführt – stark zu einseitigem Konsum von ernährungsphysiologisch minderwertigen Nahrungsmitteln tendieren. ↑**Snacks;** ↑**Junk Food.** Vielseitig, alles mit Maß: wenig ↑**Fett** und fettreiche Lebensmittel – würzig, aber nicht salzig – wenig Süßes – viele **Vollkorn**produkte – reichlich ↑**Gemüse,** ↑**Kartoffeln** und ↑**Obst** – wenig tierisches ↑**Eiweiß** – reichlich ↑**trinken** – öfters kleinere Mahlzeiten – schmackhaft und schonend zubereiten (↑**Healthy Snacking**) – mit Verstand ↑**Alkohol** trinken

Vongola [*Ital. Speisekarte*] ↑**Venusmuschel**

Vongole verace [*Ital. Speisekarte*] ↑**Venusmuscheln**

Vorarlberger Bergkäse [*Käse*] **Herkunft:** Österreich; **Käsesorte:** ↑**Hartkäse,** 45 % ↑**Fett i. Tr.; Milch:** silofreie, rohe Kuhmilch; **Teig:** gelblich, schnittfest; **Geschmack:** arttypisch, aromatisch, fein würzig

Vorarlberger Emmentaler [*Käse*] **Herkunft:** Österreich; **Käsesorte:** ↑**Hartkäse, 45 %** ↑**Fett i. Tr.; Milch:** rohe, naturbelassene Sennereimilch von der Kuh; **Teig:** elfenbeinfarbig bis gelblich, schnittfest; **Geschmack:** mild-nussig bis aromatisch

Vorbereitungen für Service [*Unsere Küche*] Oder Küchenabläufe, nennt man fachlich ↑**Mise en place**

Vorbrust [*Fleischprodukte*] **1.** ↑**Rindfleisch:** Brust; 2. ↑**Schweinefleisch:** Brustspitz(e)

Vorderbein [*Fleischprodukte*] ↑**Eisbein** bzw. ↑**Haxe** aus der Schulter

Vordere Stelze [*Österr. Küche*] ↑**Haxe** aus dem Vorderviertel von ↑**Schwein,** ↑**Kalb,** ↑**Rind** oder ↑**Schaf**

Vorderes Pratzerl [*Österr. Küche*] Beinfleisch vom Vorderviertel

Vorderkeule [*Fleischprodukte*] Schulter

Vorderschinken [*Fleischprodukte*] ↑**Schinken** aus der Schulter des Schweins (Vorderextremität), Vorder- oder Schulterschinken genannt

Voressen [*Intern. Länderküche*] Ist in der österreichischen Küchenkultur ↑**Gulasch** und in der Schweiz ein ↑**Ragout**

Vorgerichte [*Unsere Küche*] ↑**Vorspeisen**

Vorlagebesteck [*Fachkunde*] Große Gabel und Löffel zum Servieren von Speisen

Vorratsschädlingsbekämpfung [*Fachkunde*] Die Vorbeugung gegen Schädlingsbefall und die Bekämpfung von Schädlingen. **Vorbeugung:** Dazu gehört die Reinigung von Räumen und das Vermeiden von Feuchtigkeit, Auspacken und Entfernen von Kartons aus allen Lagerräumen. **Bekämpfung:** zumeist nicht unproblematisch wegen möglicher Rückstände. Folgende Möglichkeiten gibt es: Begasung mit Giften, die gegen Insekten wirksam sind, Kälte oder Erhitzung, Fallen für Mäuse. **Zu den häufig vorkommenden Vorratsschädlingen gehören:** Kellerschnecken, Milben, Staubläuse, Speckkäfer, Brotkäfer, Mehlkäfer, Kornkäfer, Mehlmotten, Ameisen, Fliegen (Fleisch-, Gold-, Schmeiß- und Stubenfliege), Schaben, Ratten und Mäuse.

Vorschlag [*Österr. Küche*] Sitzt beim ↑**Rind** im Hinterviertel an der Innenseite des Schenkels

Vorschussmehl [*Österr. Küche*] Bestes **Mehl**

Vorspeisen [*Unsere Küche*] **Englisch:** appetizers; **Französisch:** hors-d'œvres; **Italienisch:** antipasti; **Spanisch:** entremeses. Kalte oder warme kleine Gerichte, die am Anfang des Menüs gereicht werden und den ↑**Appetit** anregen sollen. ↑**Hors d'œuvre**

Vorteig [*Österr. Küche*] ↑**Hefeteig**

Vorverpacken [*Fachkunde*] Eine Ware vor dem Verkauf an den Endverbraucher verpacken. Wichtig für Selbstbedienungstheken in der Lebensmittelabgabe.

Vorwiegend festkochende Kartoffeln [*Fachkunde*] **T** Gestaffelt nach den drei Kocheigenschaften (**festkochend – vorwiegend festkochend – mehlig kochend**) von Kartoffelsorten, die auf dem Markt angeboten werden, sind die vorwiegend festkochenden Sorten am beliebtesten, da sie universell einsetzbar sind. **Form:** meist länglich dick – birnenförmig – bauchig. **Info:** Diese Sorten bewegen sich je nach Eigenschaft zwischen den stärkehaltigsten Kartoffeln der mehlig kochenden und den stärkearmen Knollen der festkochenden Art. Vorwiegend festkochende sind die anpassungsfähigsten unter den gesunden Kellerkindern. Ein Teil von ihnen bietet einerseits eine Grundlage für püreeartige Speisen mit einem „stückigen" Charakter, der andere Teil zeigt in der Kocheigenschaft den sämigen Charakter mehlig kochender Sorten. Um den persönlichen Ansprüchen gerecht zu werden, sollte man experimentieren, bis die passende Sorte gefunden ist. **Kocheigenschaften:** Vorwiegend festkochende Kartoffeln entwickeln gegart eine mittlere Festigkeit, die der Gabel kaum Widerstand entgegensetzt. Die Schale springt beim Kochvorgang nicht oder nur wenig auf. Diese Kartoffelsorte ist mäßig festkochend, schwach oder nicht mehlig, angenehm feucht bis trocken, fein- bis ziemlich feinkörnig. **Anwendung:** Kartoffeln dieser Sorte sind geeignet als Beilage für Gerichte mit Sauce und Dip, Aufläufe, Suppen, Eintopfgerichte, Kartoffelpuffer, als Salz-, Pell- oder Bratkartoffeln sowie Pommes frites etc., die schwimmend in Fett gebacken werden. ↑**Kartoffeln** und **Acrylamid**

Vorzugsmilch [*Milchprodukte*] In Deutschland die einzige Milch, die in rohem Zustand und so, wie sie von den Vorzugsmilchkühen gewonnen wird, in den Verkehr gebracht wird. Vorzugsmilch ist nicht verändert oder behandelt, sondern nach dem Melken lediglich gefiltert und mit ihrem natürlichen Fettgehalt sofort auf mindestens +4° C gekühlt. Sie darf nur von Betrieben verkauft werden, die zur Vorzugsmilcherzeugung amtlich zugelassen sind. Kein Nahrungsmittel wird in Deutschland so akribisch untersucht und überwacht wie die Vorzugsmilch. Sie wird im Betrieb verpackt oder in Kannen an Großverbraucher abgegeben. Da Vorzugsmilch nicht hitzebehandelt ist, muss sie vom Betrieb innerhalb von 24 Stunden verkauft werden. Im Kühlschrank ist sie bei geschlossener Verpackung zwei Tage haltbar und sollte abgekocht werden, wenn sie nicht sofort verbraucht wird. **Die wichtigsten Inhaltsstoffe:** 100 ml Vorzugsmilch enthalten ∅ 87,2 g Wasser, 120 mg Kalzium, 12 mg Magnesium, 3,3 g Eiweiß, 3,8–4,5 g Fett, 93 mg Phosphat, 0,1 mg Eisen, 0,4 mg Zink, 4,8 g Zucker, 0,043 mg Vitamin A, 0,1 mg Vitamin E, 0,2 mg Vitamin B_2 und 1,7 mg Vitamin C. Die Inhaltsstoffe schwanken sehr und sind abhängig von Futter und Jahreszeit. ↑**Milch**

Vorzugsstücke [*Fleischprodukte*] Fleischteilstücke, die von Verbrauchern bevorzugt werden

W

Wabenhonig [*Allgem. Nährmittel*] Der reinste, aber auch teuerste ↑**Honig,** der in den frisch von Bienen gebauten, verschlossenen und unberührten Waben in den Handel kommt.

Wachau [*Weinkunde*] Der Ursprung des Weinbaus in der Wachau geht zurück in die Zeit der keltischen Besiedlung, doch erst die Römer machten ihn zur Weinkultur. Einen bedeutenden Erlass gab Kaiser Joseph II. im Jahr 1784 heraus, als er das Ausschenken eigener Weine in den Weinbaubetrieben gestattete und somit die „Buschenschank" schuf, wie die **„↑Straußwirtschaft"** dort genannt wird. Die Wachau zählt mit ihren steilen uralten Terrassen entlang der Donau zu den schönsten Weinlandschaften der Welt. Auf Urgestein gedeihen ↑**Rheinriesling** und Grüner ↑**Veltliner,** während auf den Lößböden im Tal ↑**Neuburger** und ↑**Müller-Thurgau** gepflanzt werden. **Bekannte Weinlagen:** Dürnsteiner „Himmelssteige", Loibner „Kaiserwein", Spitzer „Tausendeimerberg" „Ried Achleiten" und „Ried Klaus". Die Gebietsvereinigung Vinea Wachau Nobilis Districtus setzt voll auf Gebietsschutz und die drei anerkannten Weinkategorien ↑**Steinfeder,** ↑**Federspiel** und ↑**Smaragd.**

Wachauer Marillenlikör [*Hausbar*] Berühmter ↑**Aprikosen**likör, eine Spezialität aus Niederösterreich mit 30 % Vol.

Wacholder [*Gewürze & Kräuter*] **T Lateinisch:** Juniperus communis. **Synonym:** Machandel, Kranawitt. **Englisch:** juniper; **Französisch:** genièvre; **Italienisch:** ginepro; **Spanisch:** enebro. **Info:** Wacholder sind die runden, dunkelblauen, erbsengroßen Beeren eines immergrünen Busches aus der Familie der Nadelhölzer. Die Beeren brauchen zwei Jahre bis zur Reife. Wacholder wächst auf Steppenheiden, Heideland und auch im Gebirge in ganz Europa. **Ursprung:** am östlichen Mittelmeer und auf dem Balkan. **Aussehen:** Wacholderbeeren sind eigentlich keine Beeren, sondern Beerenzapfen, also Scheinbeeren. In frischem Zustand sind sie blau bereift, getrocknet dunkelbraun-rot bis schwarz-braun. **Geschmack:** bitter-harzig mit einem feinen süßen Anklang. **Verwendung in der Küche:** ↑**Würztabelle.** Man verwendet sie zum Kochen auf zweierlei Weise: Lässt man sie länger mitkochen oder mitziehen, zum Beispiel in einer ↑**Marinade,** in ↑**Sauerkraut,** Saucen oder Schmorbraten, gibt man die ganzen Beeren an die Gerichte, da sie längere Zeit brauchen, um ihr Aroma an die Speisen abzugeben. Verwendet man sie dagegen für schnelle Saucen oder zum Braten, dann zerdrückt man sie mit der Breitseite des Messers, umso das sehr intensive Aroma zu bekommen. Gut vertragen sich Wacholderbeeren mit ↑**Alkohol,** wenn er als ↑**Beize** oder als Zutat zu einem Gericht gehört, sowie im Wacholderlikör und als Aromagewürz für viele Gin-Sorten. Ganze Beeren kann man mindestens zwei bis drei Jahre aufheben, denn dunkel gelagert verlieren sie ihr Aroma kaum. **Wirkung in der Volksmedizin:** Wacholder spielte schon immer eine Rolle als Gewürz und in der Heilkunde. Die harzigen, leicht bitteren Beeren entwässern und helfen bei Magen- und Darmverstimmungen, Leber- und Herzleiden. Wacholderöl hilft bei Gelenkerkrankungen, Flechten. Tee aus Wacholderbeeren wird bei Blasen- und Harnleiden verordnet, er wirkt schweiß- und harntreibend sowie lindernd bei Rheuma und ↑**Gicht.** Für gesunde Menschen ist Wacholder harmlos, jedoch sollten ihn Personen mit Nierenschwäche und Schwangere meiden.

Wachsbohnen [*Gemüse*] Oder Butterbohnen sind ↑**Brechbohnen** mit gelben Hülsen, deren Fleisch im Geschmack zarter ist als das der grünen Brechbohnen. Sie eignen sich besonders für Salat. ↑**Grüne Bohnen**

Wachse [*Fachkunde*] Fettähnliche Substanzen. Es gibt tierische (Bienenwachs), pflanzliche (Carnaubawachs), teil- und vollkünstliche Wachse. In der Lebensmittelindustrie werden Wachse eingesetzt wie ↑**Bienenwachs** ↑**E 901** für Backwaren als Trennmittel und für ↑**Kaugummis** als Kaumassegrundstoff, ↑**Carnaubawachs** ↑**E 903** für Süßwaren als Trenn- und Poliermittel und ↑**Polyethylenwachsoxidate** ↑**E 914** für frische ↑**Früchte** als Fruchtbehandlungsmittel zum Schutz vor Feuchtigkeitsverlusten. Wachse auf Lebensmitteln werden mit ↑E-Nummern angezeigt.↑**E 901** – ↑**E 914**

Wachskürbis [*Exotische Früchte*] ↑**Tong Qwa**

Wachtel [*Fleischprodukte*] **T Englisch:** quail; **Französisch:** caille; **Italienisch:** quaglie; **Spanisch:** codorniz. Sie zählt zum Wildgeflügel, ist das kleinste Federwild aus der Familie der Feldhühner und stammt aus dem Nahen Osten. Heute kommen die Wachteln aus Zuchtfarmen in Deutschland, Norditalien, Schweiz, England und Japan. Als Wildvögel sind sie streng geschützt. Sie werden küchenfertig frisch oder tiefgefroren angeboten, wiegen etwa 120 g. Wachteln sind schnell gar und aromatischer als Hähnchen. Das Fleisch ist dunkelrot und schmeckt nussig, wildähnlich. Sie werden vor dem Garen mit ↑**Grünem Speck** umwickelt (bardiert), da sie leicht austrocknen. Sie können mit oder ohne Füllung geschmort und gebraten werden. ↑**Rebhuhn. Inhaltsstoffe:** 100 g frisches

Wachtelfleisch enthalten ∅ 175 kcal/700 kJ, 9,5 g Fett, 22,4 g Eiweiß, 67 g Wasser, 44 mg Cholesterin, 0,7 mg Vitamin E und 0,14 mg Vitamin B_1. Auch die Eier (↑**Wachteleier**) begeistern jeden Feinschmecker.

Wachtelbohnen [*Allgem. Nährmittel*] **T** Auch Pintobohnen genannt. Die kleinen braunen Bohnen sind mit feinen hellen Punkten gesprenkelt und erinnern an Wachteleier. Anbaugebiet ist der Balkan. Sie sind mittelgroß und kochen relativ weich, aber fester als ↑**Weiße Bohnen** und haben einen milden Geschmack. Als ↑**Gewürze** passen ↑**Thymian,** ↑**Bohnenkraut,** ↑**Knoblauch** und ↑**Zitronensaft.** ↑**Hülsenfrüchte**

Wachteleier [*Allgem. Nährmittel*] **A** Delikatesse, die wie Hühnereier zubereitet wird. Blickfang für kalte Platten, ↑**Canapés,** in Salaten sowie ↑**Aspik.** Zum Garnieren von Buffets. Eier von Legewachteln sind ∅ 3,3 cm lang, 2,5 cm breit und 10 g schwer. Jedes ↑**Ei** sieht anders aus. Sie können grün, weiß, bläulich sein, oft gelblich gescheckt. Das ganze Jahr frisch oder gekocht eingelegt erhältlich. Frische Wachteleier bei ca. 7–8° C gekühlt lagern.

Wackelpudding oder **Wackelpeter** [*Unsere Küche*] **R** Fruchtgelee, Götterspeise – **Englisch:** jello = **amerik.** jelly = **brit.** Je nach Geschmack verwendet man unterschiedliche Säfte (z. B. Apfel-, Kirsch-, Orangen-, Ananassaft). **Zubereitung:** Saft nach Wahl oder die verschiedenen Säfte 1–2 Min. kochen lassen, dann auf 250 ml Flüssigkeit einen gestrichenen TL ↑**Agar-Agar** (2,5 g) dazugeben. Der Saft kann mit ↑**Zucker** oder anderen Süßungsmitteln nachgesüßt werden. Den gekochten Fruchtsaft zum Gelieren entweder in ein geeignetes ebenes Gefäß (z. B. flache Schale) gießen und nach dem Erstarren mit kleinen Förmchen lustige Geleefiguren ausstechen oder die Flüssigkeit in Dessertschälchen erstarren lassen, auf einen Teller stürzen und mit ↑**Vanille**- oder einer Frucht**soße** servieren. **Party-Gag für Erwachsene:** In den warmen (nicht heißen), aber noch flüssigen Wackelpudding eine neutrale **Spirituose** (↑**Wodka,** ↑**Korn** usw.) einrühren, die Menge beim Rezept berücksichtigen und in Miniformen portionieren.

Waddelrut [*Österr. Küche*] ↑**Unterschale**

Wade [*Österr. Küche*] ↑**Beinfleisch**

Wadschenkel [*Österr. Küche*] ↑**Beinfleisch**

Wadschinken, Wadschunken [*Österr. Küche*] Dickes Beinfleisch oder ausgelöstes von der Rinderkeule

Waffeln [*Backstube*] **R Englisch:** wafers, waffles; **Französisch:** gaufres; **Italienisch:** cialde; **Spanisch:** barquillos. Dünne, im Waffeleisen hergestellte und daher wabenartig geprägte Gebäcke in Herzform, rund oder eckig ausgebacken. Der Waffelteig kann mit ↑**Schmand,** ↑**Crème fraîche,** ↑**Eiern,** ↑**Zitronenschale** und ↑**Rum** verfeinert werden. Waffeln schmecken frisch gebacken am besten. **Grundrezept:** 125 g ↑**Butter** oder ↑**Margarine;** 125 g ↑**Zucker;** Prise ↑**Salz;** 1 P. Bourbon ↑**Vanillezucker,** 6 ↑**Eigelb;** 250 g ↑**Mehl;** 1 TL ↑**Backpulver;** ¼ l ↑**Milch;** 6 ↑**Eiklar;** geriebene Schale einer unbehandelten ↑**Zitrone. Zubereitung:** Die Milch leicht erwärmen, die Eier trennen. Darauf achten, dass im Eiklar kein Eigelb ist, weil der Schnee sonst nicht steif wird. Die weiche Butter mit Vanillezucker und Salz schaumig rühren. Im Wechsel den Zucker und die Eigelb einzeln unterrühren. Mit der Zitronenschale würzen. Das Mehl mit dem Backpulver mischen, sieben und nach und nach im Wechsel mit der Milch zur Butter-Eiermasse geben, bis ein dickflüssiger Teig entsteht. Er sollte aber nicht zu zähflüssig sein, sondern eher cremig. Die Eiklar steif schlagen und vorsichtig unter den Waffelteig heben. Den Teig mindestens 30 Min. ruhen lassen, damit das Mehl quellen kann. Evtl. mit etwas Milch verdünnen. Das Waffeleisen vorheizen und mit geschmacksneutralem ↑**Pflanzenöl** einfetten. Knapp 2 EL Teig einfüllen. Er sollte sich bis auf einen ca. 2 cm breiten Abstand zum Rand ausbreiten. Das Waffeleisen schließen, die Waffeln hellbraun backen und auf einem Küchenrost abkühlen lassen, damit sie knusprig bleiben. Wenn man sie übereinander stapelt, werden sie weich. Frisch mit ↑**Puderzucker** bestreut schmecken sie am besten.

Waffles [*U.S. Kitchen*] ↑**Waffeln**

Wagashi [*Intern. Länderküche*] Japanische Süßigkeiten, die hauptsächlich zur Teezeremonie serviert werden. Der Ehrfurchtpartikel „O" wird vorangestellt, und man spricht von **„okashi"**. In der alten Hauptstadt Kyôto wird die Schönheit und Eleganz der Wagashi ganz besonders gepflegt. Anderswo werden zu verschiedenen Gelegenheiten andere **„kashi"** in einem anderen Stil serviert. Es gibt keine Rezepte für die Herstellung der Kashi, sie werden von Generation zu Generation, von Meister zu Meister übertragen. Der Respekt vor den Meistern dieser Kunst ist viel zu groß, als dass man nach der Rezeptur fragt. ↑**Omogashi**

Wagyu-Beef [*Fleischprodukte*] (Wa = Japanisch, Gyu = Rind): Japanische Rinderrasse, bekannt als ↑**Kobe-Rind.** Kobe-Beef ist das beste und teuerste ↑**Rindfleisch** der Welt. Die ↑**Steaks** sind unvergleichlich aromatisch. Mit seiner intensiven Fettmaserung zergeht Wagyu-Beef saftig und zart auf der Zunge. Da Exporte selbst heute kaum möglich sind, kann das feine Fleisch nur in Japan genossen werden. Anfang der 90er-Jahre wurden deshalb die ersten Wagyu-Züchtungen in Australien und in den USA gestartet. Auch hier besteht das Futter der Tiere aus mineralhaltigem ↑**Mais,** ↑**Alfalfa,** Gras, ↑**Gerste** und sogar ↑**Bier.** Im Gegensatz zu herkömmlichem Rindfleisch sind im Wagyu-Beef hohe Anteile an ↑**ungesättigten Fettsäuren.**

Wähe [*Schweizer Küche*] Schweizer Blechkuchen

Wait to be seated [*U.S. Kitchen*] „Ein Platz wird angewiesen" (eigentlich: Warten Sie, bis Sie gesetzt werden): Freie Platzwahl gibt es nur in wenigen US-Restaurants, allein schon wegen der Unterteilung in „smoking" und „non-smoking areas".

Wakame [*Intern. Länderküche*] Aus der Braunalge „Undaria pinnatifida" ist eine häufige Zutat in der japanischen Küche, z. B. für ↑**Miso-Suppe**, die dadurch ein kräftigeres Aroma erhält. Wakame ist jodhaltig (10 mg/100 g Trockensubstanz) und enthält unter anderem auch Alginsäure, die zur Entgiftung des Darmes beitragen soll. Diese Alge wird seit kurzem auch in der Bretagne erfolgreich angebaut und vermarktet.

Waldbeeren [*Gesundheit*] **T** Im Spätsommer und Herbst gehen die Beerensammler in die Wälder und hoffen auf reiche Ausbeute an Heidel-, Preisel-, Walderdbeeren, wilden Brom-, Stachel- und Himbeeren. Jedoch kann der Genuss von Waldbeeren (und Speisepilzen) wegen des ↑**Fuchsbandwurm**es gefährlich sein. Von dieser Krankheit befallene Füchse (auch Katzen und Hunde) verteilen die Eier dieses Parasiten bei ihren nächtlichen Streifzügen durch Feld und Wald an niedrigen Büschen und Sträuchern. Über den Mund nimmt der Mensch diese Eier auf und wird so unfreiwillig zum Zwischenwirt. **Man kann aber leicht vorbeugen:** Früchte, Pilze und Kräuter sollten vor dem Verzehr gründlich gewaschen werden. Eher unbedenklich sind Beeren, die höher als 70 cm am Strauch wachsen. Ganz sicheren Schutz bietet das Erhitzen. Schon bei 50° C werden die Eier innerhalb weniger Minuten abgetötet, bei 70° C sofort. Was gekocht, gebraten oder gebacken wurde, darf bedenkenlos verzehrt werden. Tiefgefrieren genügt dagegen nicht. ↑**Parasiten**, ↑**Nematoden** und ↑**Lebensmittelvergiftungen**

Wälder [*Käse*] **Herkunft:** Österreich; **Käsesorte:** ↑**Schnittkäse**, 50 % ↑**Fett i. Tr.**; **Milch:** frische, silofreie Sennereimilch von der Kuh; **Teig:** einfarbiger, gelblicher Teig, schnittfest; **Geschmack:** arttypisch, würzig, aber nicht kräftig

Walderdbeerblüten und Blätter [*Wildkräuter, -blüten & -früchte*] **T Standort:** Die beliebte Pflanze liebt Sonne, leicht feuchte Böden in Laub- und Mischwäldern und lichten Nadelforsten. ↑**Walderdbeeren. Verwendung in der Küche:** Von der Walderdbeerpflanze können nicht nur die aromatischen roten Erdbeeren, sondern auch die Blüten und Blätter in der Küche verwendet werden. Sie verfeinern Buttermischungen, Obstsalate und Quarkspeisen. Außerdem können die Erdbeerblätter pur oder in Kräuterteemischungen verwendet werden, sie ergeben einen köstlichen, erfrischenden Tee, der heiß und kalt getrunken werden kann. **Tipp für eine aromatische Teemischung:** Walderdbeerblätter, Himbeerblätter, Brombeerblätter und Pfefferminzblätter nach Geschmack dosieren. Fermentiert schmecken die Blätter ähnlich wie Schwarztee, sind aber frei von ↑**Teein. Wirkung in der Volksmedizin:** Der Tee aus den Blättern wirkt leicht zusammenziehend und bei Durchfall stopfend. **Mehr Information:** ↑**Essbare Blüten**

Walderdbeere [*Wildkräuter, -blüten & -früchte*] **T Lateinisch:** Fragaria vesca. **Info:** Walderdbeeren gehören zur Familie der Rosengewächse und wachsen auf sandig-lehmigen Böden in Laub- oder Mischwäldern, vorzugsweise am Rand von kleinen Lichtungen oder Wegen. Die 8–15 cm hohen Stauden besitzen lange oberirdische Ausläufer mit Tochterrosetten, die sich bei Bodenkontakt bewurzeln und so ausgedehnte Teppiche bilden. **Ursprung und Geschichte:** Walderdbeeren sind in ganz Europa bis Zentralasien und Nordamerika beheimatet. Aus archäologischen Funden weiß man, dass Walderdbeeren mit zu den ersten von Menschen gesammelten Früchten gehören. Sie waren bereits in der Steinzeit bekannt und wurden in der Antike von römischen Dichtern gepriesen. Im Mittelalter wurden Walderdbeeren auf großen Flächen kultiviert, ohne jedoch die Fruchtgröße merklich steigern zu können. Nach der Entdeckung der großfrüchtigen amerikanischen Scharlacherdbeere im 18. Jh. wurden Walderdbeeren nicht weiter kultiviert und wieder in ihr ursprüngliches Gebiet – wild wachsend im Wald – zurückgedrängt. **Herkunft und Saison:** Walderdbeeren bzw. die auf den Märkten angebotene kultivierte Form der ↑**Monatserdbeeren** werden von Juni bis in den Spätherbst hinein in kleinen Mengen angeboten. **Inhaltsstoffe:** 100 g Walderdbeeren weisen einen Brennwert von ∅ 30 kcal/125 kJ auf und enthalten 88 g Wasser, 0,6 g Eiweiß, 0,4 g Fett, 7,0 g Kohlenhydrate und 2,3 g Ballaststoffe. An ↑**Mineralstoffen**, ↑**Spurenelementen** und ↑**Vitaminen** sind ∅ 14 mg Kalzium, 0,4 mg Eisen, 1 mg Natrium, 2,7 RE Vitamin A sowie 8 mg Vitamin C enthalten. **Verwendung in der Küche:** Walderdbeeren sind viel aromatischer als Kulturerdbeeren und reich an Vitaminen und Mineralstoffen. Walderdbeeren sollte man nie unter einem harten Wasserstrahl abbrausen, sondern immer nur kurz in kaltes Wasser tauchen. Die gewaschenen ↑**Erdbeeren** gut abtropfen lassen oder vorsichtig trockentupfen. Stiele und Blätter immer erst nach dem Waschen entfernen, da sonst das Aroma verwässert wird. Man zuckert die Erdbeeren erst kurz vor dem Servieren, sonst verlieren sie zu viel Saft, werden weich und schlaff.

Waldhonig [*Allgem. Nährmittel*] Entsteht nicht aus Blütennektar, sondern aus den Ausscheidungen einiger Blattlausarten, die den Saft von Tannen, Fichten oder anderen Baumarten saugen, ihn aber nur unvollständig verdauen. Den süßen Rest scheiden die Blattläuse als gut sichtbare Tropfen auf den Nadeln aus. Diese süßen Tropfen werden von Waldameisen, Bienen und auch Wespen eingesammelt. Auf Grund seiner Herkunft wird Waldhonig Honigtauhonig genannt. Er ist von dunkler Farbe mit malzartigem Aroma und herbwürzigem Geschmack, enthält viel ↑**Fruchtzucker** und bleibt somit lange flüssig.

Waldknoblauch [*Wildkräuter, -blüten & -früchte*] ↑**Bärlauch**

Waldmeister [*Wildkräuter, -blüten & -früchte*] **T Lateinisch:** Galium odorata; **Englisch:** woodruff; **Französisch:** aspérule; **Italienisch:** asperula; **Spanisch:** aspérula. **Info:** Waldmeisterblüten sind essbar, und die Blätter werden als Gewürz verwendet. Allerdings enthält er den Aromastoff ↑**Cumarin.** Wegen der gesundheitsschädlichen Wirkung von Cumarin (führt zu Leberschäden, Kopfschmerzen, Benommenheit, und es besteht Verdacht auf Krebserregung) darf Waldmeister in Deutschland nicht zur Herstellung von Aromen verwendet werden. **Standort:** Er wächst wild in ganz Europa in lichten Laubwäldern. **Verwendung in der Hausbar:** Waldmeister wird kurz vor dem Blühen gepflückt. Frisches Waldmeisterkraut dient zum Aromatisieren von ↑**Maibowle.** Es sollten aber nicht mehr als 3 g Kraut für ein Liter Bowle verwendet werden. **Mehr Information:** ↑**Essbare Blüten**

Waldorfsalat [*Unsere Küche*] **R** Klassiker der Salatküche, wurde im berühmten New Yorker Hotel Waldorf-Astoria kreiert und ist aus der Mode gekommen. Diesen Salat bereitet man aus säuerlichen (↑**Boskop**) Äpfeln und rohem ↑**Sellerie** in feinen Streifen (↑**Julienne**) zu. Die Julienne mit zerkleinerten ↑**Walnusskernen,** einer leichten ↑**Mayonnaise** oder ↑**Sauerrahm,** etwas ↑**Zitronensaft,** ↑**Salz,** ↑**Cayennepfeffer** und einem Spritzer ↑**Worcester-Sauce** vermischen. Waldorfsalat passt wunderbar zu einem herbstlichen Buffet, bei dem kalte ↑**Wildspezialitäten** (Hasenpastete, Rehrücken usw.) präsentiert werden oder man serviert ihn im Salatnest mit Walnüssen garniert und warmem ↑**Toast.**

Waldpilze [*Speisepilze*] **T** Herbstzeit ist Pilzezeit, geerntet wird von Juni bis Oktober. Doch Vorsicht, gesammelt werden nur Pilze, die man sicher kennt. Im Zweifelsfall fragt man bei einer Pilzberatungsstelle nach. Manche Speisepilze haben gefährliche Doppelgänger. **Bei möglichen Vergiftungen sollte immer der Rat einer Giftnotrufzentrale eingeholt werden.** Von rund 2500 Wald- und Wiesenpilzen sind etwa 50 Sorten essbar. Waldpilze sind herrlich aromatisch, sie haben viel Geschmack, kaum Kalorien und kein Fett. Für die schlanke Küche sind sie also ideal. Pilze bestehen vor allem aus Wasser. Der Anteil beträgt bis zu 90 %. Die Sporengewächse enthalten etwa zwei Gramm Eiweiß, die Menge ist vergleichbar mit der ↑**Kartoffel,** jedoch sind sie schwerer verdaulich und aus diesem Grund bei Magenempfindlichkeit nicht zu empfehlen. Pilze sollten sehr gut gekaut werden, weil die Zellwände, die ↑**Chitin** enthalten, unverdaulich sind. Sie enthalten Vitamine der B-Gruppe (↑**Niacin,** ↑**Pantothensäure,** ↑**Folsäure**) und ↑**Vitamin D,** das in anderen Gemüsesorten kaum vorkommt. Sie liefern auch wertvolle ↑**Mineralstoffe** wie ↑**Kalium,** ↑**Eisen,** ↑**Phosphor,** ↑**Selen** und ↑**Mangan.** Dazu kommen ↑**Kohlenhydrate** und ↑**Ballaststoffe.** 100 g Pilze haben einen Nährwert von etwa 15 kcal/63 kJ. Die beliebtesten und bekanntesten Waldpilze sind: ↑**Maronenpilze (Röhrlinge),** ↑**Pfifferlinge,** ↑**Steinpilze** und ↑**Butterpilze. Wildpilze bringen aber auch Schadstoffe auf den Tisch:** Insbesondere Maronen- und Rotfußröhrlinge weisen seit Tschernobyl eine höhere Cäsiumbelastung auf. Waldpilze speichern außerdem ↑**Kadmium,** ↑**Blei** und ↑**Quecksilber.** Im Vergleich zu anderen pflanzlichen Lebensmitteln haben Wildpilze einen außerordentlich hohen Gehalt an diesen und anderen Schwermetallen. Im Pilzkörper kann die Konzentration fünfmal höher sein als im Waldboden. Die ↑**WHO** sieht die „wöchentlich duldbare Aufnahmemenge“ bei 0,5 mg Kadmium und 0,3 mg Quecksilber. Die meisten Wildpilze liegen jedoch darunter. **Vorsicht ist trotzdem geboten.** Kadmium und Blei schädigen Leber und Nieren. Quecksilber beeinträchtigt das Nervensystem. **Darum sollte man nicht mehr als 250 g Waldpilze pro Woche essen, Kleinkinder, Schwangere und Stillende sollten ganz auf Waldpilze verzichten.** ↑**Zuchtpilze** sind dagegen kein Problem. Sie enthalten fast keine Schadstoffe und keine Schwermetalle. **Damit der Pilzgenuss von Anfang an ohne Reue bleibt, sind folgende Tipps zu beachten: 1.** Die Pilze werden beim Sammeln im Wald abgeschnitten oder herausgelöst, nicht ausgerissen. **2.** Bekannte Pilze können abgeschnitten werden, unbekannte Pilze löst man für eine exakte Bestimmung heraus, um eventuell wichtige Erkennungsmerkmale nicht zu zerstören, z. B. die von lappigen Hüllresten umgebene Knolle an der Stielbasis der tödlich giftigen Knollenblätterpilze. **3.** Nie an oder in der Nähe von Standorten mit hoher Schadstoffbelastung sammeln, dazu zählen unter anderem viel befahrene Straßen, Fabrikschornsteine, Bergwerke, Plätze und Parks in Stadtregionen sowie Chemiestandorte. **4.** Manche Pilze vertragen sich besonders schlecht mit Alkohol, es droht bei gleichzeitigem Genuss sogar Vergiftungsgefahr. Also Hände weg vom Bier oder dem Gläschen Wein, sollte man beispielsweise netzstielige Hexenröhrlinge, Falten- oder Glimmertintlinge auf dem Teller haben. **Der Verlauf einer Pilzvergiftung kann tödlich sein, darum beim geringsten Verdacht und dem Auftreten von Symptomen wie Brechreiz, Atemnot, Schwindelgefühl usw. sofort den nächsten Arzt, das nächste Krankenhaus aufsuchen oder den Notarzt holen. Wenn möglich, die Reste der verzehrten Speise mitnehmen.** Wie bereitet man Waldpilze zu? Waldpilze putzen, nicht waschen. Sie können dann einen Tag lang an einem luftigen, kühlen Platz (nicht der Kühlschrank) ausgebreitet werden. **In der Küche:** Zu fast allen Waldpilzen passen ↑**Salz,** ↑**Pfeffer,** ↑**Petersilie,** ↑**Zwiebeln** und ↑**Knoblauch,** ↑**Schnittlauch** und ↑**Kerbel.** Ein Hauch gemahlener ↑**Kümmel** bewirkt ein Geschmackswunder. Zu ↑**Maronen** schmeckt ↑**Thymian** gut. Vor allem bei Pilzen mit starkem Eigengeschmack wie ↑**Pfif-**

ferlingen und ↑**Steinpilzen** vorsichtig würzen. Pilze am besten in feine Scheiben schneiden, in einer Pfanne mit etwas ↑**Butter** oder neutralem ↑**Pflanzenöl** immer gut durchbraten. **Früher wurde davor gewarnt, Reste von gegarten Pilzen am nächsten Tag noch einmal zu servieren. Es besteht keine Gesundheitsgefahr, wenn man folgende Hinweise beachtet:** Die Pilzspeise nach der Zubereitung schnell abkühlen lassen und abgedeckt im Kühlschrank aufbewahren. Auch nach drei Tagen darf das Gericht noch schnell erhitzt und gegessen werden. **So legt man Pilze ein:** Zum Einlegen sollte man nur kleine, feste Pilze auswählen, die ganz oder höchstens halbiert verarbeitet werden. Gesäuberte und geputzte Pilze zuerst fünf Min. in Salzwasser blanchieren. Einen ↑**Würzsud** aus ↑**Weinessig**, ↑**Zucker**, ↑**Kräutern** und ↑**Gewürzen** kochen. Die Pilze darin kurz aufwallen lassen und kochend heiß in saubere Verschlussgläser füllen. Die Gläser dunkel und kühl lagern. Luftzieher wegwerfen. **Wie lagert man getrocknete Pilze?** Am besten dunkel in verschlossenen Schraubdeckelgläsern aufbewahren. So verlieren sie ihr Aroma nicht und sind vor Schädlingen geschützt.

Walewska, à la [*Speisegarnitur*] **A Speisegarnitur** für **pochierten Fisch** – meist ↑**Seezunge**, mit ↑**Languste**n- und ↑**Trüffel**scheiben in überbackener ↑**Sauce Mornay**

Walfleisch [*Fisch*] Spielt in der europäischen Ernährung keine Rolle mehr. Die kommerzielle Jagd auf Wale, um Walöl, Fischbein, Fleisch und verschiedene Nebenprodukte zu gewinnen, ist nicht mehr zeitgemäß. Nahezu alle Walarten sind wegen der industrialisierten Fangmethoden früherer Jahre vom Aussterben bedroht und dürfen deshalb seit 1982 nach einem Beschluss der Internationalen Walfangkommission nicht mehr gejagt werden. Für einige Indianerstämme und Inuit (Eskimo) ist das Walfleisch jedoch wichtige Nahrungsquelle, deshalb gilt der Beschluss nicht für sie. Da in einigen Ländern wie Japan Walfleisch als Delikatesse gilt, werden trotz Verbots jährlich noch Hunderte von Walen erlegt. Es gibt Hinweise darauf, dass Wale bereits in prähistorischer Zeit als Nahrungsmittel und wegen ihres Öles gejagt wurden.

Waller [*Österr. Küche*] ↑**Wels**

Walnuss [*Allgem. Nährmittel*] **T Lateinisch:** Juglans regia; **Englisch:** walnut; **Französisch:** noix (de Grenoble); **Italienisch:** noce; **Spanisch:** nuez. **Info:** Die Walnuss ist die Steinfrucht des echten Walnussbaumes, der zur Familie der Walnussgewächse (Juglandaceae) zählt. Der 10–25 m hohe Baum mit breiter, kugeliger Krone trägt weibliche Blüten in Ähren stehend und männliche Blüten als gelbe, hängende Kätzchen. Daraus entwickeln sich eiförmige bis kugelige Früchte mit einer erst glatten und grünen Schale, die im Verlauf der Reife braun und rissig wird. Die reifen Nüsse fallen vom Baum oder werden mit Rüttelmaschinen von den Bäumen geholt. Danach löst man die Fruchthülle, bürstet, trocknet und bleicht sie (meist mit Chemikalien). Walnüsse enthalten zwei hirnförmige Fruchthälften. Die Hauptanbaugebiete liegen in den USA (Kalifornien 50 % der globalen Produktion) und in Mitteleuropa. **Ursprung und Geschichte:** Die ursprüngliche Heimat der Walnuss liegt wahrscheinlich im Nordosten Indiens oder in China. Griechen und Römern waren Walnüsse bereits bekannt. **Herkunft und Saison:** Walnüsse werden zwischen September und Ende Oktober geerntet. **Inhaltsstoffe:** 100 g frische Walnüsse enthalten ∅654 kcal/2616 kJ, 62,5 g Fett, 14,4 g Eiweiß, 87 mg Calcium, 48 µg Betacarotin, 6,04 mg Vitamin E und 2 µg Vitamin K. Sie zeichnen sich durch ihren hohen Gehalt an ↑**Vitamin E** aus. Walnüsse sind zwar insgesamt sehr fettreich, senken aber den ↑**Cholesterin**spiegel und gelten wegen ihrer Inhaltsstoffe als „vegetarisches Fleisch". Das aus Walnusskernen kalt gepresste, vor allem in Frankreich sehr geschätzte Walnussöl ist wegen seines hohen Gehaltes an ↑**ungesättigten Fettsäure**n ein wertvolles Nahrungsmittel. **Zubereitung und Tipps:** Im Fernen Osten werden unreife, grüne, schon im Juni gepflückte Walnüsse sauer eingelegt und sind als „schwarze Nüsse" eine beliebte Beilage zu asiatischen Gerichten. In Europa und in Amerika isst man Walnüsse pur, verwendet sie für ↑**Dessert**s, ↑**Kuchen**, ↑**Pralinen** und Füllungen, gibt sie in Salate und ↑**Saucen**, reicht sie zu ↑**Käse** oder überzieht sie mit ↑**Schokolade.** Walnüsse sollten luftig und trocken gelagert werden. Nicht in die Nähe von anderen Lebensmitteln mit starkem Eigengeruch legen. Das in ihnen enthaltene Nussöl nimmt schnell Fremdgerüche auf.

Walnussessig [*Gewürze & Kräuter*] **T** Mit verschiedenen ↑**Kräutern** und ↑**Walnüsse**n aromatisierter Speiseessig, der gern zum Beizen von ↑**Wild**, aber auch für zarte ↑**Blattsalate** verwendet wird.

Walnussöl [*Fette*] **T** Hochwertiges ↑**Speiseöl.** Man verwendet die Samen aus reifen, teilweise auch gerösteten ↑**Walnüssen.** Es ist von blasser bis hellgelber Farbe, relativ dünnflüssig, hat einen intensiven, nussigen Geschmack. Das sehr teure und kostbare Walnussöl wird nur in geringen Mengen hergestellt und zeichnet sich durch einen besonders hohen Gehalt an ↑**ungesättigte Fettsäuren** aus (∅50–73 % ↑**Linolsäure,** ∅3–9 % ↑**Linolensäure** und ∅18–36 % ↑**Ölsäure**). Es ist auch gekühlt nur begrenzt haltbar. Das beste Walnussöl wird durch Kaltpressung gewonnen, einfachere Qualitäten durch Heißpressung oder chemische Extraktion. Im Handel wird es oft auch mit anderen Ölen vermischt angeboten. Es hat einen nussartigen, würzigen Geschmack und wird für ↑**Cocktailsaucen** und Salate, zum Aromatisieren von Gebäck und Süßspeisen verwendet. ↑**Öl**

Walnuts [*U.S. Kitchen*] **Walnüsse**

Walöl [*Fette*] ↑**Tierfette und Tieröle**

Walten [*Käse*] ↑**Gloucester**

Walterspiel Historischer Speisename [*Berühmte Köche*] **A** Alfred Walterspiel (1881–1960), gebürtiger Elsässer, war einer der ideenreichsten Köche seiner Zeit. Als Hotelier 1909 Mitbegründer des Hotels **Atlantic** in Hamburg – dreieinhalb Jahrzehnte lang Chef des Münchner Hotels **Vier Jahreszeiten** mit dem Restaurant „Walterspiel", Verfasser von: „Meine Kunst in Küche und Restaurant" und für viele kulinarische Klassiker verantwortlich.

Wamme [*Fleischprodukte*] Der euterige Teil des Schweinebauches, in der Regel ohne ↑**Schwarte**

Wammerl [*Fleischprodukte*] Frischer oder geräucherter Schweinebauch, eine bayerische Spezialität

Wampe [*Fleischprodukte*] Bauchteil beim ↑**Wild**

Wan Tan [*Asiatische Küche*] **T** Kleine, meist mit ↑**Hackfleisch** gefüllte Teigtaschen. Sie werden angebraten, in ↑**Sojasauce** getunkt oder als Suppeneinlage gegessen.

Wandel [*Österr. Küche*] Kastenform

Wani [*Exotische Früchte*] **T Lateinisch:** Mangifera caesia; **Englisch:** wani, kemang; **Französisch:** wani, kemang. **Herkunft:** Die Wani ist eine wilde Unterart der ↑**Mango.** Die besten Wanis stammen aus Bali, sie werden nur im indonesischen, malaiischen Raum kultiviert und sind hier nicht zu bekommen. **Frucht:** Die Früchte werden sehr reif und weich mit der Schale verzehrt (bei wilden Früchten kein Problem) und sollten weicher als ↑**Mangos** sein. Das Fruchtfleisch ist extrem cremig-breiig, faserig. **Geschmack:** zwischen Mango und supersüßen ↑**Birnen** mit säuerlichem Aroma. **Saison:** Die Hauptsaison reicht von November bis März.

Wanst [*Fleischprodukte*] Regionale Bezeichnung für den ↑**Pansen**

Wanzenbeeren [*Obst*] Schwarze ↑**Johannisbeeren**

Wanzenkraut [*Gewürze & Kräuter*] ↑**Koriander**

Wareniki oder Warenyky [*Intern. Länderküche*] **R** Gehören zur osteuropäischen bzw. slawischen Küche. Hierbei handelt es sich um gefüllte halbmondförmige Teigtaschen, die man zum Frühstück oder am Abend isst. Man fertigt einen Nudelteig aus **Weizenmehl,** Wasser, **Salz,** nach Geschmack auch mit ↑**Ei** an. ↑**Pasta Teig selber machen.** Die Füllung besteht üblicherweise aus ↑**Quark,** Eiern, ↑**Zucker** und Salz. Alternativ aus einer Obstfüllung mit Zucker. Wareniki mit Obstfüllung werden größer gehalten, und den Teig rollt man nicht so dünn aus, damit der Obstsaft nicht ausläuft. Von den russischen ↑**Pelmeni** unterscheiden sie sich in der Form und dadurch, dass sie nicht mit roher Fleischfüllung gemacht werden. Eine andere Art wird „faule" Wareniki genannt, weil sie mit weniger Aufwand gemacht werden: Man nimmt die Zutaten für die Füllung und mischt sie mit ↑**Mehl.** Diese Mischung rollt man und schneidet die Rolle in zylinderförmige Stückchen von etwa zwei Zentimeter Länge. Die Stückchen werden mit den Schnittseiten in Mehl eingetaucht und in gesalzenem Wasser gekocht. Man spart also die separate Teigvorbereitung und Teigfüllung. Wareniki werden mit ↑**Butter,** Smetana (↑**Saurer Sahne**) oder Warenje (↑**Konfitüre**) serviert.

Wargel [*Regionale Spezialität*] ↑**Rinderrollbraten**

Wärmeplatte [*Übersetzer*] **Englisch:** hot plate; **Französisch:** chauffe-plat; **Italienisch:** scaldavivande; **Spanisch:** calentador

Warmes Bier [*Bier*] In früheren Jahrhunderten war es üblich, Bier warm zu trinken. Alle Tavernen verfügten damals über große, offene Kamine, an denen Eisenstachel hingen, die sich stark erhitzten. Diese Stachel wurden dann einfach in das frisch gezapfte Bier getaucht, was zur Folge hatte, dass der im Bier verbliebene Malzzucker karamellisierte. Dieses „Stacheln" gab dem Bier einen besonderen Geschmack, der dem des ↑**Steinbiers** ähnelte.

Warmhaltegefäß [*Fachkunde*] ↑**Bain-marie-Kasserolle**

Warschauer Art [*Speisegarnitur*] **A Speisegarnitur** für **gebratenes Seefischfilet** – bestreut mit grob gehacktem ↑**Ei,** gehackter, gekochter ↑**Rote Beete** und gehackter ↑**Petersilie;** ↑**nappiert** mit viel brauner ↑**Butter,** in der ↑**Semmelbrösel** angebräunt wurden.

Warung [*Intern. Länderküche*] Begriff aus der indonesischen Küchenkultur für die einfachen Essstände an jeder Straße (Garküchen), oft mit Tisch und Bank davor. Es sind die Lokale des einfachen Mannes, wo man hingeht, um sich auszuruhen, zu essen und andere Leute zu treffen. Hier gibt es das billigste, oft auch beste und frischeste Essen. Man bekommt meist nur ein Gericht, wie z. B. ↑**Soto Ayam** oder ↑**Gado Gado.** ↑**Indonesische Küche**

Wasabi [*Gewürze & Kräuter*] **A** Wasabia japonica oder Eutrema japonica, auch **Japanischer Meerrettich, Wassermeerrettich** oder **Bergstockrose** genannt, ist eine zur Familie der Kreuzblütengewächse gehörende Pflanze, die in der japanischen Küche als sehr scharfes Gewürz dient. Echter Wasabi ist deutlich schärfer als selbst der schärfste europäische ↑**Meerrettich.** Vor der „modernen Zeit" war Wasabi das einzige scharfe Gewürz, das japanischen Köchen zugänglich war. Die Schärfe der hellgrünen Gewürzzubereitung rührt wie beim Meerrettich und scharfen ↑**Senf** von flüchtigen Senfölen her. Wasabi brennt daher nicht wie ↑**Chili** auf der Zunge, sondern im Rachen und in der Nase. Es wird in kleinen Mengen meist zusammen mit Sojasoße zu ↑**Sushi** oder ↑**Sashimi** gereicht. Die Senföle töten im Darm unerwünschte Bakterien ab und fördern (ebenso wie der hiesige Meerrettich) die Verdauung. Die Schärfe ist unterschiedlich stark, am schärfsten ist frisch aus der Wurzel zubereiteter Wasabi. Ganz klassisch wird dabei ein Stück Hai-Leder mit seinen winzigen, in der Haut sitzenden Zähnchen als Reibe benutzt; heute nimmt man meist Metallreiben. Aber auch das in Restaurants viel verwendete Trockenpulver ist noch sehr scharf, die Schärfe bildet sich allerdings erst einige Min. nach dem Anrühren des Pulvers mit Wasser. Das Pulver selbst schmeckt ziemlich langweilig. Da die Senföle oxidationsempfindlich sind, sollten Wasabi-Tuben nach dem Öffnen sofort wieder verschlossen und im Kühlschrank gelagert werden. Frisch geriebener Wasabi oder solcher aus angerührtem Pulver verliert seine Würzkraft sogar schon nach etwa einer halben Stunde, bei den Tuben wird dies durch Konservierungsmittel und den luftdichten Verschluss verlangsamt. Auch das Pulver muss unbedingt in luftdichten Dosen aufbewahrt werden, wenn es seine Würzkraft längere Zeit behalten soll. Im Handel wird oft mit ↑**Chlorophyll** grün eingefärbter gewöhnlicher Meerrettich oder sogar ein Meerrettich-Senf-Gemisch als Wasabi verkauft, da dies in der Herstellung billiger ist. Echter Wasabi kann nur direkt an Bach-Ufern wachsen, sodass die möglichen Anbauflächen naturgemäß ziemlich beschränkt sind. Auch Japan selbst kann seinen Eigenbedarf längst nicht mehr decken und importiert große Mengen aus Taiwan, China und dem Nordwesten der USA.

Washed [*U.S. Kitchen*] Gewaschen

Wasser [*Gesundheit*] **T Englisch:** water; **Französisch:** eau; **Italienisch:** acqua; **Spanisch:** agua. **Wasser ist für den Menschen unentbehrlich.** Er kann zwar längere Zeit ohne feste Nahrung überleben, jedoch nur wenige Tage ohne Wasser. Trinkt ein Mensch längere Zeit nichts, kommt es zu Kreislaufversagen oder Bluteindickung. Verliert ein Mensch 15–20 % Körperwasser, tritt der Tod ein. ↑**Trinken & Säure-Basen-Haushalt.** Der menschliche Körper besteht zur Hälfte und mehr aus Wasser. Im zunehmenden Alter nimmt der Wassergehalt des Körpers ab. Im Alter von bis zu 25 Jahren besteht der Körper zu etwa 60 % und um die 70 Jahre zu 50 % aus Wasser. Ein Hauptanteil des Wassers, das der Körper täglich aufnimmt, wird für die Ausscheidung von Stoffwechselprodukten und Salzen über die Niere benötigt. Viele Stoffwechselprodukte können aber nur ausgeschieden werden, wenn sie in einer bestimmten Konzentration im Wasser gelöst sind, also ausreichend Flüssigkeit im Körper vorhanden ist. Eine weitere wichtige Aufgabe ist die Regulierung der Körpertemperatur. Neben anderen Mechanismen trägt auch das Schwitzen dazu bei, die Körpertemperatur auf einer konstanten Temperatur von 37° C zu halten, unabhängig davon, wie kalt oder warm es außerhalb des Körpers ist. Dies ist notwendig, da der menschliche Organismus nur dann reibungslos funktionieren kann. Würde der Körper die ständig anfallende Wärme nicht abgeben, käme es schnell zur Temperaturerhöhung, die bei über 41° C zum tödlichen Hitzeschlag führt. **Wasser ist in allen tierischen und pflanzlichen Lebensmitteln enthalten:** in ↑**Eiern** (∅ 75 %), ↑**Milch** (∅ 87–90 %), ↑**Fisch** und ↑**Fleisch** (∅ 50–80 %), ↑**Kartoffeln** (∅ 75–80 %), ↑**Gemüse** (∅ 85–95 %) und ↑**Obst** (∅ 80–85 %). Wasser wird täglich über Urin, Haut, Lunge und Stuhl abgegeben, sodass eine regelmäßige Wasserzufuhr unerlässlich ist. Für Jugendliche und Erwachsene empfiehlt sich zwischen 25 und 35 ml Wasser pro kg Körpergewicht. Das entspricht bei einem Gewicht von 65 kg etwa 1,6–2,2 l Flüssigkeit pro Tag. Rund 40 % davon werden über die feste Nahrung aufgenommen. Der Rest stammt aus Getränken. Der Mensch braucht deshalb abhängig vom Alter noch rund 1–1,5 l Flüssigkeit aus Getränken. Bei heißem Klima, anstrengender körperlicher Arbeit, Sport, aber auch bei Fieber, Erbrechen und Durchfall ist der Wasserbedarf erhöht. Dann sollte man mehr trinken. Beim Sport verliert der Körper pro Stunde zwischen 0,5 und 1 l Schweiß, das bedeutet, dass man vor, während oder spätestens nach dem Sport für Ersatz sorgen muss. ↑**Mineralwasser** & ↑**Trinkwasser**

Wasseraktivität [*Fachkunde*] „↑**Aw-Wert**“

Wasserbad [*Unsere Küche*] **T 1. Im Wasserbad arbeiten:** Empfindliche ↑**Cremes** und ↑**Sauce**n werden über heißem Wasser im Dampf aufgeschlagen. Das Wasser darf niemals sprudelnd kochen und sollte den Schüsselboden nicht berühren – weil ↑**Eigelb** in der Speise bei ca. 60° C stocken würde. **2. Im Wasserbad garen:** Dabei wird die Form mit der zu garenden Speise (z. B. ↑**Eierstich,** ↑**Crème caramel**) in das mit heißem Wasser gefüllte Gefäß in den vorgeheizten Backofen gestellt. ↑**Bain-marie**

Wasserbinder [*Fachkunde*] ↑**Hydrolisiert**

Wassereis [*Unsere Küche*] **Englisch:** sherbet, slush puppy; **Französisch:** granité; **Italienisch:** granita; **Spanisch:** granita. Industriell gefertigtes Wassereis besteht aus Wasser, ↑**Zucker** und künstlichen ↑**Aromastoffen.** Die feine Küche kennt das Wassereis unter dem Namen ↑**Sorbet.** ↑**Geschabtes Eis,** ↑**Raspito,** ↑**Granita,** ↑**Granizado** & ↑**Wassermelone**

Wasserenthärtung [*Fachkunde*] Bei einer Enthärtung des Wassers wird der Gehalt an Calciumsalzen durch ein Ionenaustauschverfahren verringert. Bei diesem Verfahren wird Calcium zum Teil gegen Natrium ausgetauscht. Da die Menge an Calciumsalzen die Härte des Wassers ausmacht, erhält man durch Enthärtung weniger kalkhaltiges Wasser. Enthärtetes Wasser ist im Haushalt vorteilhafter als hartes Wasser. Es verursacht keine Kalkflecken und schont Haushaltsgeräte (z. B. Waschmaschine) und Hausinstallationen vor Kalkablagerungen.

Wasserhärte [*Fachkunde*] Wird in Härtegrad angegeben und ist ein Maß für den Gehalt an Calciumsalzen im Wasser. Es gibt verschiedene Härtebereiche, die in Grad deutscher Härte gemessen werden: Härtebereich I = 0–7° dH (weiches Wasser); Härtebereich II = 8–14° dH (normalerweise ideales Trinkwasser); Härtebereich III = 15–21° dH (hartes Wasser) und Härtebereich IV = mehr als 21° dH (sehr hartes Wasser). Hartes und sehr hartes Wasser belasten die Umwelt, weil man mehr Waschmittel, Duschgel, Seife und Shampoo verbraucht, was die Abwässer entsprechend belastet. Zum Entfernen von Kalkflecken auf Fliesen, Armaturen und Sanitärkeramik sind säurehaltige Reinigungsmittel notwendig. Auch dadurch wird das Abwasser mehr als nötig belastet. Ob Trinkwasser weich oder hart ist, hat nichts mit der Qualität des Wassers als Lebensmittel zu tun. Erst wenn das Wasser anderen Verwendungszwecken zugeführt wird, ist die Härteeigenschaft des Wassers von Bedeutung.

Wasserkastanien [*Gemüse*] **T Lateinisch:** Eleocharis dulcis; **Chinesisch:** Ma tai; **Englisch:** Chinese water chestnut, waternut; **Französisch:** liseron d'eau. Wasserkastanien sind Samen einer einjährigen Wasserpflanze der Gattung Tropa und in der ↑**Asiatischen Küche** weit verbreitet. Sie verbergen unter ihrer braunen, blättrigen Schale eine knackige weiße, leicht süßlich schmeckende Knolle, das Aroma ist stark nussig. Wasserkastanien werden roh in Salaten oder klein gehackt und mit gehacktem ↑**Schweinefleisch** sowie ↑**Garnelen** als Füllung verwendet. Das Kastanienmehl dient zum Binden. Hauptsächlich werden Wasserkastanien in Dosen angeboten. Sollte man jedoch das Glück haben, sie frisch auf dem Markt zu bekommen, achtet man darauf, dass sie keine Druckstellen haben.

Wasserkresse [*Wildkräuter, -blüten & -früchte*] ↑**Brunnenkresse**

Wasserlösliche Vitamine [*Fachkunde*] **Dazu gehören:** Vitamin B_1 (↑**Thiamin**); Vitamin B_2 (↑**Riboflavin**); Vitamin B_6 (↑**Pyridoxin**); Vitamin B_{12} (↑**Cobalamin**); Vitamin B_{13} (↑**Orotsäure**); Vitamin C (↑**Ascorbinsäure**); ↑**Niacin;** ↑**Pantothensäure;** ↑**Folsäure** und ↑**Biotin.** Wasserlösliche Vitamine haben gemeinsam, dass sie im Körper nicht speicherfähig sind (Ausnahme: B_{12}) und deshalb regelmäßig mit der Nahrung zugeführt werden müssen. ↑**Fettlösliche Vitamine** hingegen sind speicherfähig. Bei ihnen sind gefährliche Überdosierungen bekannt.

Wassermelone [*Obst*] **T Lateinisch:** Citrullus lanatus; **Englisch:** watermelon; **Französisch:** melon d'eau, pastèque; **Italienisch:** anguria, cocomero; **Spanisch:** sandía. **Info:** Die zur Familie der Kürbisgewächse gehörenden Wassermelonen sind einjährige, ähnlich ihren nahen Verwandten ↑**Kürbis** und ↑**Gurke** am Boden rankende Pflanzen. Die rundlichen bis eiförmigen, 30–80 cm langen und 20–50 cm dicken, bis zu 20 kg schweren Früchte weisen eine glatte, hell- bis dunkelgrüne, marmorierte oder gestreifte Außenrinde sowie darunter eine weiße Innenrinde auf, zusammen etwa 1–2,5 cm dick. Das Fruchtfleisch ist tief- oder weinrot, gelblich, weißlich oder grünlich gefärbt, und die – bei kernlosen Arten wenigen – kleinen, braunen oder schwarzen, essbaren Kerne sind im Gegensatz zu den ↑**Zuckermelonen,** bei denen die Kerne in der Mitte konzentriert sind, über das gesamte Fruchtfleisch verteilt. **Ursprung und Geschichte:** Wassermelonen stammen ursprünglich aus dem südlichen Afrika, wahrscheinlich aus der Kalahari. Noch heute werden die dort vorkommende Wildformen, von den Eingeborenen **„tsamma"** genannt, als Wasserlieferanten geschätzt und aus den gerösteten Samen ein gehaltvoller, proteinreicher Brei hergestellt. Vor etwa 4000 Jahren wurden Wassermelonen bereits von den Ägyptern kultiviert, und sie verbreiteten sich langsam im angrenzenden Mittelmeergebiet. Im 9. Jh. n. Chr. erscheinen sie erstmals in Indien, im 11. Jh. in China. Die Mauren brachten sie zwischen dem 10. und 12. Jh. auch in das westliche Mittelmeergebiet und verbreiteten sie in Spanien. Die spanischen Seefahrer wiederum brachten sie im 16. Jh. auf den amerikanischen Kontinent, wo sie bei den nordamerikanischen Indianern schnell großen Anklang fanden. Durch Weitergabe der Samen von Stamm zu Stamm verbreiteten sich Wassermelonen schneller über den gesamten Kontinent als die europäischen Einwanderer. **Herkunft und Saison:** Wassermelonen werden von Ende Mai bis September in konstanten Mengen angeboten. Die für die europäischen Märkte wichtigsten Anbaugebiete sind in Spanien, Italien, Griechenland und Ungarn, außerhalb der Hauptsaison auch in Israel. In den Wintermonaten gibt es Importe vorwiegend aus dem mittelamerikanischen Costa Rica. **Arten und Sorten:** Von den etwa 150 für den kommerziellen Anbau bekannten Sorten haben nur wenige wirtschaftliche Bedeutung erlangt: **Sugar Baby** ist eine weit verbreitete, dunkelgrüne, fast runde, kleinere Sorte mit einem Gewicht von etwa 3–5 kg und tief dunkelrotem Fleisch. Eine in Europa weit verbreitete Sorte ist die großfruchtige, 8–15 kg schwere, ovale bis walzenförmige **Crimson Sweet** mit ihrer dunkelgrün-hellgrün gestreiften Rinde und dem roten bis weinroten Fruchtfleisch. **Inhaltsstoffe:** 100 g Wassermelonen weisen einen Brennwert von ∅ 37 kcal/158 kJ auf und enthalten etwa 91 g Wasser, 0,6 g Eiweiß, 0,4 g Fett, 7,2 g Kohlenhydrate und 0,5 g Ballaststoffe. An ↑**Mineralstoffen,** ↑**Spurenelementen** und ↑**Vitaminen** sind ∅ 8 mg Kalzium, 0,2 mg Eisen, 2 mg Natrium, 36,6 RE Vitamin A sowie 9,6 mg Vitamin C enthalten. **Reife:** Die innere Qualität einer bereits auseinander geschnittenen Melone erkennt man an der Farbe und Konsistenz des Fruchtfleisches. Bei ganzen Wassermelonen kann man mit ein wenig Erfahrung durch Klopfen den Reifezustand feststellen: Unreife Früchte haben einen metallischen, reife Früchte einen typisch singenden und überreife Früchte einen eher dumpfen Klang. **Zubereitung und Tipps:** Wassermelonen werden meist roh gegessen, oft aber auch zu Obstsalaten, ↑**Kaltschalen,** ↑**Sorbets,** ↑**Bowlen** und ↑**Granités,** eine Art ↑**geschabtes Eis,** verarbeitet. ↑**Granita,** ↑**Granizado** & ↑**Raspito.** Wassermelonen schmecken gekühlt am besten, doch sollte die Temperatur für die Aufbewahrung nicht unter 10°C betragen, da das Fleisch an Aroma und Farbe verliert. Länger als eine Woche Lagerung ist nicht zu empfehlen. Angeschnittene Früchte können mit Klarsichtfolie geschützt werden und sind noch einige Tage haltbar, insofern ist es kein Problem, halbe Melonen zu kaufen. Hier erkennt man den Reifezustand am besten. Wegen ihres hohen Wasser- und niedrigen Zuckergehaltes ist die Wassermelone als hervorragender Durstlöscher in den Tropen genauso geschätzt wie hier. **Gesundheit:** Wassermelonen wirken nierenreinigend.

Wässern [*Unsere Küche*] Auslaugen unerwünschter Stoffe wie ↑**Salz,** Bitterstoffe, Blut usw.

Wasserreis [*Allgem. Nährmittel*] ↑**Wildreis**

Wasserrüben [*Gemüse*] ↑**Teltower Rübchen**

Wasserspinat [*Exotische Früchte*] ↑**Kang Kong**

Wasserziehen [*Fachkunde*] Absetzen von Wasser aus gequollener ↑**Stärke** bei Mehlspeisen, infolge Überlagerung

Water chestnuts [*U.S. Kitchen*] ↑**Wasserkastanien**

Watercress [*U.S. Kitchen*] ↑**Brunnenkresse**

Waterzooi [*Intern. Länderküche*] **R** Flämisches Nationalgericht mit gerösteten ↑**Weißbrotscheiben,** bei Bedarf mit ↑**Sahne. Zutaten:** 500 g ↑**Aal,** küchenfertig; 500 g ↑**Karpfen,** küchenfertig; ↑**Salz;** ↑**Pfeffer,** weiß; 1 große ↑**Zwiebel;** 1↑**Staudensellerie;** 1 Bd. glatte ↑**Petersilie;** 4 ↑**Thymianzweige;** 3 ↑**Salbeiblätter;** 2 kleine ↑**Lorbeerblätter;** 100 g ↑**Butter;** 125 ml ↑**Weißwein,** trocken; 4 EL ↑**Semmelbrösel. Zubereitung:** Den gehäuteten Aal sowie den Karpfen waschen, trockentupfen, beides in 5 cm große Stücke teilen und mit Salz und Pfeffer würzen. Zwiebeln fein würfeln, vom Sellerie die Blätter beiseite legen und die Stängel in Streifen schneiden. Kräuter fein hacken. Lorbeerblätter ganz fein zerreiben. Eine ovale Kasserolle mit einem Teil der Butter einfetten. Zwiebeln und Sellerie hineingeben. Die Fischstücke abwechselnd mit den Kräutern einschichten und mit der restlichen Butter belegen. Wein und so viel Wasser angießen, dass der Fisch eben bedeckt ist. Gut salzen und pfeffern und zugedeckt ca. 20 Minuten garen lassen. Danach die Semmelbrösel in den ↑**Fischfond** einstreuen, um ihn damit zu binden, und weitere fünf Minuten ohne Deckel köcheln lassen. Die gewaschenen Sellerieblätter mittelgrob hacken, über das Waterzooi streuen und in der Kasserolle servieren. Dazu kann man ↑**Baguette,** aber auch ↑**Bauernbrot** reichen.

Weck, Wecke, Wecken, Weckerl [*Österr. Küche*] Bezeichnung für längliches Weizenbrötchen oder Weizenbrot, Brötchen

Weckewerk [*Regionale Spezialität*] Wursterzeugnis mit ↑**Zerealien**anteil; Herkunft Kasseler Raum

Wedges [*U.S. Kitchen*] Kartoffelecken, werden meist mit der Schale wie ↑**Pommes frites** frittiert

Wegerichblüten [*Wildkräuter, -blüten & -früchte*] **T Lateinisch:** Plantago. Wegerichblüten schmecken fein würzig. **Mehr Information:** ↑**Essbare Blüten**

Weggli [*Schweizer Küche*] Schweizerische Bezeichnung für Brötchen

Wegwarte [*Gemüse*] ↑**Chicorée**

Wegwarteblüten [*Wildkräuter, -blüten & -früchte*] **T** Schmecken lecker mit ↑**Zitronen** und ↑**Sardinen,** verfeinern Buttermischungen, Obstsalate und Quarkspeisen, außerdem sind sie zum Kandieren geeignet. ↑**Kandieren von Blüten.** Diese hellblauen Blüten müssen am Vormittag gesammelt werden, da sie sich um die Mittagszeit schließen. **Mehr Information:** ↑**Essbare Blüten**

Wei Chinesische Garmethode [*Asiatische Küche*] **T** Man vergräbt das Bratgut in glühender Holzkohle, glimmender Kohle, heißem Sand, zwischen heißen Steinen oder in heißem ↑**Salz.** So bereitet man Nahrungsmittel zu, die von Natur aus eine dicke Kruste oder Schale haben (z. B. ↑**Bataten**), oder solche, die man leicht in eine schützende Verpackung hüllen kann (z. B. Lotosblätter, Lehm oder Speckscheiben). Weil die Chinesen kaum moderne Backöfen haben, wird sehr viel nach Wei gebacken. ↑**Kochen im Wok** oder ↑**Asiatisch Kochen**

Weich [*Weinkunde*] Weine, die nur wenig Säure besitzen und das im Geschmacksbild zeigen

Weichgekochte Eier [*Übersetzer*] **Englisch:** soft-boiled eggs; **Französisch:** œufs à la coque; **Italienisch:** uova alla coque; **Spanisch:** huevos en cáscara

Weichkäse [*Käse*] Labkäsesorten mit weichem Teig, die folgende Merkmale gemeinsam haben können: einen weißen Überzug von Edelschimmel: ↑**Brie,** ↑**Camembert;** einen Überzug aus ↑**Rot-** oder ↑**Gelbschmiere:** ↑**Romadur,** ↑**Münsterkäse;** Grün- und ↑**Blauschimmel**(käse) im Teig: ↑**Gorgonzola,** ↑**Roquefort**

Weichkäse mit Weiß- und Blauschimmel [*Käse*] **Herkunft:** Deutschland; **Käsesorte:** ↑**Weichkäse,** 50 % ↑**Fett i. Tr.; Milch:** Kuhmilch; **Teig:** weich, elastisch; **Geschmack:** von sahnig-aromatisch bis vollmundig

Weichkäse mit weißer Rinde [*Käse*] Diese Käsesorten bilden eine weiße, undeutliche Rinde aus. Bei seiner Herstellung wird der ↑**Quark** nur leicht entwässert, sodass ein möglichst hoher Molkegehalt erhalten bleibt. Dadurch ändert sich die Konsistenz des Käses während des Reifungsprozesses von trocken und krümelig zu cremig und beinahe flüssig, wie man es vom ↑**Brie** oder ↑**Camembert** kennt. Der hohe Feuchtigkeitsgehalt und die feuchten Bedingungen, unter denen der Käse reift, bieten gute Voraussetzungen für den typischen weißen, pelzigen ↑**Edelschimmel,** der durch ↑**Penicillium candidum** hervorgerufen wird. Der Geschmack erinnert an geschmolzene ↑**Butter** und frische ↑**Pilze** und verstärkt sich mit dem Reifegrad. **Beispiele:** ↑**Camembert** (Deutschland,

Frankreich); ↑**Münster** (Frankreich); ↑**Brie** (Deutschland, Frankreich); ↑**Chèvre** (Frankreich); ↑**Chaource** (Frankreich); ↑**Bonchester** (Schottland)

Weichseln [*Österr. Küche*] ↑Sauer**kirschen**

Weichseparatorenfleisch [*Fleischprodukte*] Maschinell von Sehnen befreites ↑**Fleisch.** ↑**Separator**

Weichtiere [*Fisch*] Die Weichtiere sind nach den Gliederfüßern der artenreichste Stamm im Tierreich. **Für die Küche interessant:** Schnecken – Muscheln – Kopffüßer (Tintenfische). Weichtiere schützen sich mit einer harten Kalkschale (bei einigen Schnecken und den Kopffüßern nur noch innerlich vorhanden). **1. Klassische Gastropoden:** z. B. ↑**Weinbergschnecken,** ↑**Achatschnecken. 2.** ↑**Meeresschnecken:** z. B. ↑**Abalone. 3.** ↑**Muscheln** (Bivalvia) – Merkmale: Zwei kalkige Schalenhälften sind durch ein Scharnier verbunden und verschließbar. Mantel bedeckt die Kiemen, Fuß dient häufig als Graborgan. Beispiele: ↑**Austern,** ↑**Miesmuscheln,** ↑**Jakobsmuscheln** usw. 4. ↑**Kopffüßer** (Caphalopoda): allgemeine Bezeichnung ↑**Tintenfische.** Es sind Räuber, die sich von Muscheln, Schnecken, Krebsen und Fischen ernähren und bei Bedrohung ein dunkles Sekret (= Tinte) ausstoßen. Zu dieser Gruppe gehören: **1.** Octopodidae (↑**Krake,** ↑**Oktopus**): 8 Arme, 2 Reihen Saugnäpfe. 2. Sepiidae, Lolignidae (↑**Sepia,** ↑**Kalmar**): 8 Arme und 2 Tentakeln, 2–4 Reihen Saugnäpfe

Weidenröschenblüten [*Wildkräuter, -blüten & -früchte*] **T Lateinisch:** Epilobium. Weidenröschenblüten sind essbar und schmecken fein-herb. **Mehr Information:** ↑**Essbare Blüten**

Weidloch [*Fachkunde*] After vom ↑**Wild**

Weihnachtsgans [*Unsere Küche*] ↑**Martinigans**

Weihnachtsstollen [*Backstube*] ↑**Stollen**

Weihnachtswürstchen [*Intern. Länderküche*] **T** 1. ↑**Schlesische Bratwürste,** im Aussehen der ↑**Münchner Weißwurst** ähnlich, jedoch geschmacklich ganz anders. 2. **„Julepølse“:** grauweiße, aus Norwegen stammende Fleischwurst, die gebraten serviert wird. Diese Würste, die es nur zu Weihnachten gibt, sehen auf den ersten Blick aus wie sehr dicke deutsche Bratwürste, haben eine undefinierbare Konsistenz und einen gewöhnungsbedürftigen Geschmack.

Weihrauchkraut [*Gewürze & Kräuter*] ↑**Rosmarin**

Wein [*Weinkunde*] **Englisch:** wine; **Französisch:** vin; **Italienisch:** vino; **Spanisch:** vino. Wein ist ein alkoholhaltiges Getränk, das aus ↑Wein**trauben** durch alkoholische Gärung (Fermentation) hergestellt wird. Weine unterscheiden sich durch die Rebsorten, aus denen sie gemacht werden: **1. Rotwein** wird aus roten Trauben durch Maischegärung (Maische = zerquetschte Beeren) gewonnen. Zu den bekanntesten Rotweinrebsorten gehören ↑**Cabernet-Sauvignon,** ↑**Pinot noir,** ↑**Merlot** und ↑**Bordeaux. 2. Weißwein** wird nicht durch Maischegärung, sondern durch Gärung des Mostes (= naturtrüber Traubensaft) hergestellt. Einige bekannte Weißweinrebsorten sind: ↑**Riesling,** ↑**Burgunder,** ↑**Kerner,** ↑**Traminer,** ↑**Silvaner,** ↑**Müller-Thurgau. 3.** ↑**Roséwein** wird aus roten und weißen Trauben bzw. Entfernung der Schale von Rebsorten roter Trauben durch Mostgärung gewonnen. Zu den Roséweinsorten gehört der Weißherbst, er besteht nur aus Trauben roter Rebsorten, die auf dem Etikett vermerkt sein müssen. **4.** ↑**Rotling** (Verschnitt aus weißen und blauen Trauben). **Deutsche Weine werden in vier Güteklassen unterteilt: 1.** ↑**Tafelwein:** muss aus den sechs dafür ausgewiesenen Anbaugebieten **1.** Albrechtsburg (Meißen-Sachsen); **2.** Bayern (Untergebiete Donau, Lindau und Main); **3.** Neckar; **4.** Oberrhein (Untergebiete Burgengau und Römertor); **5.** Rhein-Mosel (Untergebiete Mosel und Rhein); **6.** Stargarder Land (Landkreis Mecklenburg-Strelitz, gilt als nördlichste deutsche Weinbauregion) stammen und mind. 8,5 % Vol. Alkohol enthalten. **2.** ↑**Landwein:** enthält mindestens 9 % Vol. Alkohol und ist ein „gehobener“ Tafelwein. **4. Qualitätswein bestimmter Anbaugebiete – Q.b.A.:** unterer Rang des deutschen Qualitätsweins. **5. Qualitätswein** mit **Prädikat:** Er muss aus einem der 13 deutschen Anbaugebiete stammen, die Trauben müssen ein bestimmtes Mostgewicht besitzen (für jedes Anbaugebiet und jede Rebsorte gesondert festgelegt); der Alkoholgehalt darf durch Anreichern mit Zucker vor der Gärung erhöht werden; dies wird von der Weinbehörde geprüft und der Wein mit einer Prüfnummer versehen. Zu den **Qualitätsweinen mit Prädikat – QmP** zählen ↑**Kabinett,** ↑**Spätlese,** ↑**Auslese,** ↑**Beerenauslese,** ↑**Trockenbeerenauslese** und ↑**Eiswein.** Die Einstufung erfolgt nach Charakter der Weine, ↑**Mostgewicht** der Trauben (Deutschland ↑**Öchsle**-Grade), nach Anbaugebiet, Lesezeitpunkt und Zustand der Trauben. Bei Weinen mit Prädikat (= ↑**Gütesiegel**) ist eine Anreicherung des Mostes mit Zucker nicht erlaubt; dies wird von der Weinbehörde geprüft und der Wein mit einer ↑**Prüfnummer** versehen. Der Reifegrad wird mit den im Most vorhandenen Inhaltsstoffen bestimmt. Diese bestehen bis zu 90 % aus vergärbarem Zucker, was einen Hinweis auf den Reifegrad der Trauben gibt. Vom Mostgewicht ist der Alkoholgehalt des Weines abhängig, der aus dem vergärbaren Zucker gebildet wird. Aus 16 g Zucker pro Liter entsteht ca. 1 % Vol. ↑**Alkohol.** Somit müssen Trauben für einen Wein mit 10 % Vol. Alkohol etwa 160 g Zucker pro l enthalten.

Wein – Inhaltsstoffe [*Weinkunde*] ↑**Phenole im Wein**

Weinaroma [*Weinkunde*] Als Aroma bezeichnet man die Geschmacks- und Dufteindrücke eines Weines. Wenn Weine eine gut ausgeprägte Fruchtnote besitzen, gelten sie als aromatische Weine. Mehr als 600 Geschmacks- und Duftstoffe sind hier maßgeblich.

Aromabeschreibung für deutsche Weißweine		
Riesling	**Müller-Thurgau**	**Silvaner**
Apfel, Aprikose, Rosenblüte, Butteraromen, Pfirsich	Grüner Apfel, Honig, Muskat, Zitrusfrucht	Apfel, Birne, Heu, Stachelbeere
Kerner	**Grauburgunder Weißburgunder**	**Edelsüße Weine**
Aprikose, Birne, Schwarze Johannisbeere	Ananas, Aprikose, Birne, Zitrone	Honig, Karamell, Pfirsich, Mango, Rosine, Dörrobst
Aromabeschreibung für deutsche Rotweine		
Spätburgunder	**Portugieser**	**Dornfelder**
Erdbeere, Brombeere, Kirsche, Veilchen	Rote Johannisbeere, Sauerkirsche, Himbeere, Waldbeere	Sauerkirsche, Brombeere, Schwarze Johannisbeere, Heidelbeere
Schwarzriesling	**Lemberger**	**Trollinger**
Süßkirsche, Erdbeere, Veilchen, getrocknete Pflaume	Schwarze Johannisbeere, Brombeere, Sauerkirsche	Rote Johannisbeere, Sauerkirsche

Weinbeere [*Österr. Küche*] Kleine, schwarze Rosinenart

Weinbeißer [*Österr. Küche*] Längliche kleine ↑**Lebkuchen**

Weinbergschnecken [*Fleischprodukte*] **R Lateinisch:** Helix pomatia; **Englisch:** edible snails; **Französisch:** escargots; **Italienisch:** lumache, chiocciole; **Spanisch:** caracoles. **Weinbergschnecken** werden schon seit der Antike in Frankreich und Italien gesammelt, wurden von den Römern in Schneckengärten gezüchtet und sind dort heute noch als Delikatesse geschätzt. Die Weinbergschnecke war in ganz Mitteleuropa verbreitet, mit einigen Ausläufern Richtung Osteuropa. Heute werden Schnecken hauptsächlich gezüchtet, weil durch vermehrtes Sammeln wilde Weinbergschnecken selten geworden sind. Zuchtschnecken ernährt man mit ausgesuchten Pflanzen, damit sie nicht bitter schmecken. Klassisch zubereitet werden Weinbergschnecken als Vorspeise, indem die gegarte Schnecke im eigenen Gehäuse mit ↑**Kräuterbutter** überbacken wird. Speziell in hiesigen Weinbaugebieten kann man viele andere Zubereitungsarten kennenlernen. **Vorbereitung:** Im Spätherbst, wenn sich die Weinbergschnecken ein Fettpolster für die Überwinterung zugelegt haben, sind sie am delikatesten. Vor der Verarbeitung werden Schnecken vier Tage ohne Nahrung gehalten, sodass ihr Verdauungssystem völlig entleert ist. Vor dem Zubereiten werden sie dann gründlich in Salzwasser abgebürstet, gewaschen und in sprudelnd kochendem Salzwasser getötet. Nach fünf Min. Kochen wird das Wasser abgeschüttet, die Schnecken im kalten Wasser abgeschreckt, aus dem Schneckenhaus entfernt, die Mitteldarmdrüse wird weggeschnitten. Die Schnecken werden nun für ca. eine Stunde eingesalzen und anschließend unter fließendem Wasser so lange gewaschen, bis der restliche Schleim weg ist. So sind sie koch- oder gefrierfertig. Will man die Schneckenhäuser benutzen, müssen sie mit ↑**Soda** gereinigt und in kochendem Wasser sterilisiert werden. **Zubereitung:** In einem speziellen ↑**Würzsud** gart man die Schnecken und verwendet dafür: $^1/_2$ l ↑**Wein** je Liter Wasser; ↑**Petersilien**stängel oder -**wurzeln;** etwas ↑**Anis;** ↑**Nelken;** ↑**Thymian;** ↑**Salbei;** ↑**Lorbeer;** ↑**Piment;** ↑**Zwiebeln;** ↑**Karotten;** ↑**Sellerie;** ↑**Knoblauch;** ↑**Salz** und ↑**Pfeffer.** Diesen Fond lässt man ca. eine Stunde köcheln und passiert ihn ab. In einem Topf ganz fein gewürfelte ↑**Schalotten** und Knoblauch anschwitzen, die Schnecken dazugeben und mit dem frischen Fond auffüllen. Nach kräftigem Aufkochen abschäumen und die Schnecken ca. 2–3 Stunden bei schwacher Hitze und mit Deckel weich köcheln. Im Fond erkalten lassen und für weitere Verarbeitung und Rezepte bereitstellen. Wer sich diesen Aufwand sparen möchte, kann Weinberg- oder ↑**Achatschnecken** in ganz Europa vorgekocht, gefroren oder eingedost erwerben. **Inhaltsstoffe:** 100 g gegarte Schnecken enthalten je nach Jahreszeit ∅ 61 kcal/255 kJ, 12 g Eiweiß, 0,5 g Fett, 2 g Kohlenhydrate, 60 mg Calcium, 70 mg Chlor, 380 mg Kalium, 100 mg Magnesium, 250 mg Natrium, 140 mg Phosphor, 500 mg Schwefel und 4 mg Eisen.

Weinblätter [*Griech. Speisekarte*] **A** Die jungen Blätter der Weinrebe eignen sich vortrefflich als Hülle für allerlei pikant gewürzte Füllungen und werden in der griechischen und türkischen Küche verarbeitet. Als kalte Vorspeise z. B. mit ↑**Reis** oder als Hauptgericht mit ↑**Hackfleisch** gefüllt und in Eier-Zitronen-Sauce serviert, sind sie ein Hochgenuss. Die Weinblätter können auch von hiesigen Winzern kommen. Sie sollten aber unbedingt jung, zart und frisch gepflückt sein, ansonsten eingelegte Handelsware verwenden.

Weinbrand [*Hausbar*] **Englisch:** brandy; **Französisch:** cognac; **Italienisch:** brandy; **Spanisch:** coñac. Deutsche Bezeichnung für einen ↑**Branntwein,** der aus ↑**Wein** hergestellt und nach Art des „Cognac" mindestens sechs Monate lang in Eichenholzfässern lagert. Wird am Etikett auf lange Lagerung hingewiesen, muss der Weinbrand mind. zwölf Monate gelagert worden sein. Hinweise auf die Lagerzeit geben Buchstaben am Etikett: „↑V.O.", „↑V.S.", „↑V.S.O.P.". Mindestalkoholgehalt: 38 % Vol. Da sich die Produktion von Weinbrand nicht auf ein bestimmtes Anbaugebiet beschränkt, wie es in Frankreich der Fall ist, kann man im Handel auf eine erheblich größere Bandbreite unterschiedlich teurer Produkte zurückgreifen.

Bei der Zubereitung von Mixgetränken kann Weinbrand genommen werden, auch wenn die Rezeptur ↑**Cognac** verlangt.

Wein-Branntweinessig [*Allgem. Nährmittel*] **T** Mischung aus ↑**Wein** und ↑**Branntwein.** Mit seinem aromatischen Geschmack eignet er sich für Salatmarinaden und ↑**Sülzen.** ↑**Essig**

Weinbratwurst [*Fleischprodukte*] Meist eine sehr fein gekutterte ↑**Bratwurst** mit ↑**Weißwein,** regional auch mit Rotwein abgeschmeckt

Weinessig [*Allgem. Nährmittel*] **T** Aus Rotwein, Weißwein, Apfelwein oder Dessertwein hergestellter, besonders aromatischer ↑**Essig.** Guter Weinessig ist immer Gärungsessig, zu 100 % aus reinem weißen oder roten Traubensaft (↑**Wein**) gemacht. Der Säureanteil ist mit 6 % vorgeschrieben. Empfehlenswert für Salatmarinaden, Fisch- und Fleischgerichte. Echter Winzer-Essig gibt Aufschluss über Jahrgang und Weinsorte.

Weingeist [*Fachkunde*] Äthylalkohol, Äthanol, Ethanol oder Spiritus vini. Reiner, unvergällter ↑**Alkohol** mit einem Alkoholgehalt von 96 % Vol. Wird unter anderem in verdünnter Form verwendet zum Ansetzen von ↑**Likören,** Schnäpsen, Tinkturen. Weingeist ist in der Apotheke erhältlich.

Weingeistessig [*Allgem. Nährmittel*] **T** Nur für Genusszwecke (↑**Weingeist**), aus ↑**Alkohol**

Weingut [*Weinkunde*] Ein Weinproduzent darf seinen Betrieb nur dann „Weingut" nennen, wenn alle Dinge rund um Weinberg und Keller in unmittelbarer Eigenverantwortung geschehen (eigene Weinberge, eigene Kellerei). Die Arbeiten werden in allen Bereichen selbst ausgeführt.

Weinhandel, Weinversand [*Weinkunde*] Beide Bezeichnungen besagen, dass das betreffende Unternehmen mit Wein handelt. Die Verantwortung für die verkauften Weine liegt jedoch bei den entsprechenden Erzeugern.

Weinkäse [*Käse*] **Herkunft:** Deutschland; **Käsesorte:** ↑**Weichkäse,** 50 % ↑**Fett i. Tr.; Milch:** Kuhmilch; **Teig:** weichschnittig; **Geschmack:** milder als andere Käsesorten mit ↑**Rotschmiere**

Weinkellerei [*Weinkunde*] Der Betrieb füllt Weine ab oder lässt Weine abfüllen. Sie müssen dann mit den Begriffen „Abfüller (Name der) Weinkellerei" etikettiert werden. Die Verantwortung für die Qualität liegt bei der Weinkellerei.

Weinlage [*Weinkunde*] Als Lage bezeichnet man einen Weinberg und dessen Umgrenzung. Diese Lagen sind in einem eigenen Kataster, einer Art Grundbuch, festgehalten. Die zum größten Teil mit historischen Namen versehenen Flächen sind damit festgelegt. Nur Weine aus dem entsprechenden Gebiet dürfen diesen bestimmten Namen tragen. Man unterscheidet die Einzellage (eine Fläche von mind. fünf ha), die aus einer einzigen Rebfläche besteht, und die Großlage, in der Flächen zusammengefasst sind und deren Erträge gleichwertige Weine liefern. Qualitätsweine müssen zumindest zu 75 % aus einer Einzellage und zum Rest aus der nächsten Einzel- oder Großlage stammen.

Weinlagerung [*Weinkunde*] Wein sollte bei einer konstanten Kellertemperatur zwischen 12 und 17° C in geruchsfreien Räumen gelagert werden. Wird diese Temperaturgrenze überschritten, altert der Wein schneller. Vor allem Heizölgeruch und Autoabgase können im Laufe von einigen Jahren durch den Korken in den Wein gelangen. Die Flaschen müssen liegend aufbewahrt werden, sodass der Korken ständig vom Wein feucht gehalten wird und nicht austrocknen kann. Trocknet er aus, schrumpft er und wird luftdurchlässig.

Weinsäure [*Fachkunde*] ↑**E 334** und ↑**E 472c**

Weinschaumcreme [*Übersetzer*] **Englisch:** sabayon; **Französisch:** sabayon; **Italienisch:** zabaione; **Spanisch:** sabayon. ↑**Zabaione**

Weinschaumsoße, französische [*Unsere Küche*] **R Französisch:** ↑**Chaudeau. Grundrezept:** 4 ↑**Eigelb** mit Saft und Abrieb von 1/2 unbehandelten ↑**Zitrone,** 160 g ↑**Zucker** und 200 ml ↑**Weißwein** im heißen Wasserbad in einer Metallschüssel so lange aufschlagen, bis die Masse schaumig, cremig und ca. 45° C warm ist, dann die Schüssel aus dem Wasserbad nehmen und die Masse so lange weiterschlagen (ca. 5 Min.), bis sie lauwarm ist. Schälchen oder Sektschalen befüllen, garnieren und sofort servieren.

Weinsiegel [*Weinkunde*] Das Deutsche Weinsiegel ist ein anerkanntes ↑**Gütezeichen. 1.** Rot für liebliche Weine. **2.** Grün für halbtrockene Weine. **3.** Gelb für trockene Weine. Auch die Prämierungsschleifen der regionalen Landesweinprämierungen, der ↑**DLG** und Bundesweinprämierung können als Gütezeichen angesehen werden.

Weinstein [*Weinkunde*] Schwer lösliches Kaliumsalz (Kaliumhydrogentartrat) der Weinsäure, das in Flaschen ein Depot bildet. Weinstein ist ein Qualitätsmerkmal, da ↑**Weinsäure** und ↑**Kalium** nur in reifen Trauben vorhanden ist. Vorsichtiges Ausgießen des Weines unter Verzicht des letzten Schluckes in der Flasche beschert trotz Weinsteins einen unbeschwerten Genuss. Kaliumhydrogentartrat wird in ↑**Backpulver** verwendet.

Weinstraße [*Weinkunde*] Der Bereich Südliche Weinstraße gehört zum deutschen Anbaugebiet „Pfalz", früher als Oberhaardt bekannt. Es zieht sich von Neustadt an der Weinstraße bis nach Schweigen an der französischen Grenze. Bei den weißen Sorten dominiert der ↑**Riesling.** ↑**Silvaner,** ↑**Müller-Thurgau** oder ↑**Kerner** spielen mengenmäßig eine wesentliche Rolle. Traditionell ist die Südliche Weinstraße Burgunderland. ↑**Weißburgunder** und ↑**Grauburgunder,** inzwischen aber auch ↑**Chardonnay** und ↑**Auxerrois** finden hier auf kalkdurchsetzten Böden beste Voraussetzungen, ihre jeweiligen Charaktereigenschaften zu entwickeln. ↑**Scheurebe** und ↑**Gewürztraminer** erleben eine kleine Renaissance, ebenso der ↑**Muskateller.** Übrigens die einzige Rebsorte, deren Wein nach Trauben riecht und auch schmeckt. Bei den roten Rebsorten dominiert der ↑**Spätburgunder,** und am ↑**Dornfelder** führt heute kein Weg mehr vorbei. Die milden Sorten ↑**Portugieser** und ↑**Schwarzriesling** sind nach wie vor etabliert. So etwas wie eine Pfälzer Spezialität ist der ↑**Sankt Laurent.** Auch internationale rote Rebsorten findet man an der Weinstraße. Neben ↑**Cabernet Sauvignon,** ↑**Merlot** ist sogar ↑**Syrah** im Anbau. Hinzu kommen die Neuzüchtungen **Cabernet Dorsa, Cabernet Cubin** oder **Cabernet Dorio.** Bei dieser großen Auswahl ist das Qualitätsniveau der Südlichen Weinstraße entsprechend unterschiedlich. Jedoch einige weit über den Durchschnitt hinausragende Betriebe dokumentieren, dass bei entsprechendem Einsatz durchaus hervorragende Weine erzeugt werden können. Unter diesen Gesichtspunkten verdienen heute Orte wie Birkweiler, Leinsweiler, Siebeldingen, Schweigen, Edesheim, Landau u. a. besondere Beachtung.

Weintrauben [*Übersetzer*] **Englisch:** grapes; **Französisch:** raisins; **Italienisch:** grappoli di uva; **Spanisch:** uvas. ↑**Trauben**

Weiß kochen [*Asiatische Küche*] ↑**Rot kochen**

Weißbarsch [*Fisch*] **T** Seebarsch des Nordatlantiks, zwischen 500 und 1000 g schwer, mit weißem, wohlschmeckendem Fleisch. Der Weißbarsch wird meist ↑**blau gekocht,** gebraten oder gegrillt.

Weißbier [*Bier*] Helles, ↑**obergäriges Bier,** z. B. Berliner Weiße. ↑**Weizenbier**

Weißbrät [*Fleischprodukte*] Mit ↑Koch**salz** (ohne ↑**Nitrit**) hergestelltes ↑**Brät**

Weißbrot [*Backstube*] Aus hellem ↑**Weizenmehl** gebackenes ↑**Brot.** ↑**Weizenbrot**

Weißburgunder [*Weinkunde*] Weißweinrebsorte: Weißer Burgunder oder ↑**Pinot Blanc.** In Italien, Frankreich, Deutschland und Österreich angebaut, erfreut sich dieser Wein mit der guten Qualität und den frischen Aromen von Früchten sowohl als trockener als auch als süßer Wein zunehmender Beliebtheit. Diese Rebe hat sich im Laufe der Jahre aus dem Ruländer entwickelt. Ihre Geschichte reicht bis in das 14. Jh. zurück. Der Weiße Burgunder wird meist auf sehr warmen Lagen angebaut, sie stellt sehr hohe Ansprüche an den Boden. Das Mostgewicht liegt zwischen 80–95° Öchsle, der Ertrag bei ca. 75 hl/ha. Im Süden wird sie im Weinberg häufig mit ↑**Chardonnay** vermischt. Verbreitung in Deutschland vornehmlich in ↑**Baden,** der ↑**Pfalz,** ↑**Rheinhessen**-↑**Nahe,** ↑**Saale Unstrut** und ↑**Sachsen. Wichtig auch in Frankreich:** in ↑**Chablis** allein; mit Chardonnay im Burgund, Grundsorte der Weißen Burgunderweine im Elsass, Österreich, Tschechien, Slowenien, Norditalien, Chile und Kalifornien. Häufig ist diese Rebe erst bei Traubenreife sicher vom Blauen Spätburgunder und Ruländer zu unterscheiden. Die Sorte bringt hohe Reife, falls ↑**Botrytis** keine vorzeitige Lese erforderlich macht. Das ↑**Weinaroma** reicht vom an pikanten Apfel erinnernden Qualitätswein bis zur wuchtig-reifen, fruchtigen Spätlese oder zur edelsüßen Auslese. Aus ihr werden feinfruchtige ↑**Sekte** bereitet. Bekannt ist die Traube auch als Pinot Chardonnay, Blanc de Champagne, Auvernat Franco, Pino Bianco, ↑**Pino Grigio** (Italien), Feherburgundi (Ungarn), Rulandsky Bile und Roci Bile (Tschechische Republik).

Weiße Bohnen [*Allgem. Nährmittel*] **A Lateinisch:** Phaseolus spp.; **Englisch:** butter beans; **Französisch:** haricots blancs; **Italienisch:** cannellini, fagioli bianchi; **Spanisch:** judías blancas. **Info:** Bohnen gehören zu den Schmetterlingsblütlern und sind Kletterpflanzen, die sich bis zu 7 m hoch winden können. Die Blüten sind weiß, manchmal auch gelblich oder violett. Die in den 10–20 cm langen Hülsen enthaltenen Samen sind die Bohnen. Im Gegensatz zu ↑**Grünen Bohnen** werden Bohnenkerne erst im reifen Zustand geerntet. **Ursprung und Geschichte:** ↑**Hülsenfrüchte** gehören weltweit zu den wichtigsten Kulturpflanzen und sind für viele Völker der bedeutendste Eiweißlieferant. In Teilen Europas wurden Weiße Bohnen schon zu prähistorischen Zeiten angebaut. Es gibt sie in verschiedenen Größen, die feinsten sind die kleinen weißen ↑**Perlbohnen. Herkunft und Saison:** Weiße Bohnen sind eine cremefarbige Abart der ↑**Schwarzen Bohne,** die das ganze Jahr über aus heimischer oder europäischer Produktion angeboten werden. Das größte Angebot steht im August und September zur Verfügung. Läden mit orientalischen und südländischen Lebensmitteln sind Fundgruben für die verschiedensten Bohnensorten. **In der Küche:** Weiße Bohnen werden, wenn sie nicht vorgegart aus der Dose kommen, vor dem Kochen am besten über Nacht eingeweicht und mit dem Einweichwasser gekocht. Die Garzeit liegt je nach Sorte zwischen 45 und 60 Min. Schneller geht es, wenn man dem Kochwasser eine Prise ↑**Natron** zufügt. Wichtig ist, dass weiße Bohnen erst zum Schluss der Garzeit – wenn sie schon weich sind – gesalzen werden, sonst bleiben sie hart. Aber Vorsicht, sie zerkochen sehr leicht und sollten deshalb nicht zu lange garen. Am besten sind sie, wenn sie noch einen milchig-weißen Kern haben. Weiße Bohnen sind mild im Geschmack, überdecken andere Aromen nicht und können gut statt ↑**Kartoffeln** als Sättigungsbeilage serviert werden. Mit ↑**Rauchfleisch,** ↑**Zwiebeln,** ↑**Knoblauch,** ↑**Tomaten,** ↑**Majoran,** ↑**Piment,** ↑**Muskatnuss,** ↑**Bohnenkraut,** ↑**Thymian** und ↑**Basilikum** vertragen sie sich hervorragend. Da Weiße Bohnen in den Küchen der ganzen Welt zuhause sind, passen sie sich allen Gewürzen und Würzmischungen an. Also keine Angst vor ↑**Cayennepfeffer** und ↑**Chili,** ↑**Kreuzkümmel,** ↑**Lorbeerblatt,** ↑**Oregano,**

↑**Paprikapulver,** ↑**Weißwein** und ↑**Zucker. Inhaltsstoffe:** 100 g (gekochte) weiße Bohnen haben einen Brennwert von ∅ 139 kcal/580 kJ und enthalten 58 g Wasser, 9,7 g Eiweiß, 0,4 g Fett, 25,1 g Kohlenhydrate und 6,3 g Ballaststoffe. An ↑**Mineralstoffen** und ↑**Vitaminen** sind ∅ 90 mg Kalzium, 3,7 mg Eisen und 6 mg Natrium enthalten. **Alle rohen Bohnen enthalten giftige Eiweißverbindungen, so genannte Toxalbumine, deren Wirkstoff Phasin bereits bei kleineren Mengen Vergiftungserscheinungen auslöst. Durch Kochen wird das giftige Phasin zerstört.** ↑**Bohnen**

Weiße Grundsauce [*Unsere Küche*] **A** Die weißen Grundsaucen lassen sich in vier Grundsaucen mit Ableitungen unterteilen. Aus dem ↑**Fond blanc** entsteht die ↑**Velouté** de veau (Kalb), woraus die ↑**Sauce allemande** abgeleitet wird. Aus dem Fond de volaille (Geflügel) entsteht die Velouté de volaille, aus ihr leitet man die ↑**Sauce suprême** ab. Der ↑**Fond** de poisson (Fisch) ergibt die Velouté de poisson, eine Ableitung hiervon ist die ↑**Sauce au vin blanc.** ↑**Milch** ist die Grundlage für die Sauce ↑**Béchamel,** die vierte weiße Grundsauce. Weiße Grundsaucen werden zu gekochtem ↑**Schlachtfleisch,** ↑**Geflügel,** ↑**Fisch** und **Gemüse** gereicht.

Weiße Lebkuchen [*Backstube*] **R Weiße Nürnberger Lebkuchen:** Sie gibt es nur in rechteckiger Form auf ↑**Oblaten. 1. Grundrezept:** 8 ↑**Eigelb** werden mit 300 g ↑**Zucker** dickschaumig gerührt, dann mit 100 g im Ofen goldbraun gerösteten ↑**Mandelblättern,** ein wenig abgeriebener, unbehandelter ↑**Zitronenschale,** 100 g fein geschnittenem ↑**Zitronat** und ↑**Orangeat,** 1 TL ↑**Kardamom** und 1/2 TL ↑**Hirschhornsalz** vermischt; danach zieht man den sehr festen Schnee von 8 ↑**Eiweiß** locker darunter und zuletzt 300 g gesiebtes ↑**Mehl.** Oblaten in Spielkartengröße schneiden, die Masse mit dem Messer 1 cm dick und glatt daraufstreichen. Auf jeden Kuchen ein ganz dünn geschnittenes schräges Viereck von Zitronat legen, besiebt mit feinem Zucker. Weiße Lebkuchen backt man auf bemehlten Blechen bei mäßiger Hitze. **Für den Überzug:** 100 g ↑**Puderzucker** wird mit 1 ↑**Eiklar** schaumig gerührt. Damit die noch warmen Kuchen bepinseln. **2. Grundrezept:** Man rührt 500 g sehr feinen Zucker mit vier ganzen Eiern in der Küchenmaschine dickschaumig, gibt die abgeriebene Schale einer unbehandelten Zitrone, 60 g klein geschnittenes Zitronat und 80 g Orangeat, den Saft einer 1/2 Zitrone, 60 g geschälte, fein gestiftelte Mandeln, 15 g ↑**Zimt,** 4 g ↑**Nelkenpulver,** 1/2 TL Hirschhornsalz dazu und zuletzt 500 g gesiebtes Mehl. Den Teig auf einem Brett ca. 3 mm dick ausrollen und in beliebige Stücke schneiden. Ein Blech wird mit Oblaten belegt, die Stückchen mit Abstand zueinander darauflegen und bei mäßiger Hitze backen.

Weiße Roux [*Unsere Küche*] ↑**Mehlschwitze**

Weiße Rübchen [*Gemüse*] ↑**Teltower Rübchen**

Weiße Sapote [*Exotische Früchte*] **T Englisch:** white sapote, mexican apple; **Französisch:** sapote blanche. **Info:** Die Weiße Sapote stammt aus den subtropischen Hochlagen Mexikos und Zentralamerikas und gehört botanisch betrachtet zu den Rutaceae-Gewächsen. Heutzutage wird sie in Kalifornien, auf Hawaii, in Südafrika, Australien und Israel kultiviert. Die Erntezeit in Zentralamerika reicht von März bis Mai, durch die vielen Anbauländer sind die weißen Sapoten aber ganzjährig verfügbar. Die etwa apfelgroße Frucht wird von einer dünnen, grünen, essbaren Schale umgeben, unter der sich cremiges, elfenbeinfarbenes bis gelbes Fruchtfleisch verbirgt. Bei voller Reife, am besten, bevor die Frucht so weich ist, dass sie fast zerfließt, ist sie am delikatesten. Man hat den Eindruck, in schmelzenden ↑**Pudding** mit einem Aroma von weißer ↑**Schokolade** und ↑**Banane** einzutauchen. In der Frucht befinden sich 3–4 weiße, längliche, ungenießbare Kerne. Die Sapote ist reich an **Zucker** und, obwohl es sich um eine ↑**Zitrusfrucht** handelt, verspürt man keinen Anklang von Säure. Die Frucht enthält immerhin ∅ 20 mg/100 g ↑**Vitamin C.** Sie soll blutdrucksenkend und allgemein beruhigend wirken.

Weiße Soße [*Unsere Küche*] ↑**Velouté**

Weiße Zwiebel [*Gemüse*] **T Lateinisch:** Allium cepa. **Info:** Die zur Familie der Liliengewächse zählende weiße Zwiebel ist milder als die gelbe Zwiebel und weist einen leicht süßlichen Geschmack auf. Die meist birnenartig, seltener auch abgeflacht geformte ↑**Zwiebel** ist besonders gut lagerfähig und eignet sich vor allem zum Füllen. **Herkunft und Saison:** Weiße Zwiebeln aus heimischen und südeuropäischen Anbaugebieten werden den ganzen Sommer über frisch und bis in das folgende Frühjahr aus Lagerbeständen angeboten. **Zubereitung und Tipps:** Roh schmecken sie wegen ihrer angenehmen Süße sehr gut. Zum Anbraten sind sie jedoch weniger geeignet, weil sie dabei deutlich weniger Aroma als gelbe Zwiebeln entwickeln.

Weißer Burgunder [*Weinkunde*] ↑**Weißburgunder**

Weißer Kaiser [*Käse*] **Herkunft:** Österreich; **Käsesorte:** ↑**Weichkäse,** 50 % ↑**Fett i. Tr.; Milch:** pasteurisierte Kuhmilch; **Teig:** weich bis schnittfest; **Geschmack:** angenehm mild bis leicht würzig

Weißer Mais [*Mexicofood*] Es handelt sich um eine spezielle Sorte, die größer als die normale gelbe ist. Der weiße Mais hat einen harten Kern, eine weiße Ummantelung und ist in Zimbawe, Angola und Tansania Grundnahrungsmittel. Weißer **„Cacahuazintle“**-Mais dient in Mexiko zur Herstellung von **„**↑**Pozole“,** einem klassischen und sehr beliebten Maiseintopf. Exportiert wird diese Maissorte nur selten.

Weißer Rohrzucker [*Hausbar*] Ist in Europa (z. B. für ↑**Caipirinhas**) nicht immer erhältlich. Das liegt daran, dass weißer Raffinade-Zucker aus ↑**Zuckerrohr** deutlich billiger als aus ↑**Zuckerrüben** hergestellt werden kann. Wegen der hohen Schutzzölle und Stützpreise der EU ist weißer Rohrzucker hierzulande sehr teuer. ↑**Demerara-Zucker** & ↑**Zuckersorten**

Weißer Rum [*Hausbar*] ↑**Rum**

Weißer Tee [*Tee*] In der Regel ist weißer Tee ein schwach anfermentierter Tee. Diese Fermentation vollzieht sich während des Welkprozesses auf natürlichem Wege. ↑**Tee**

Weißer Tunfisch [*Fisch*] Einziger Tunfisch mit weißem Fleisch. ↑**Albacore**

Weißes Fleisch [*Unsere Küche*] Oder helles Fleisch stammt überwiegend von ↑**Schwein,** ↑**Kalb,** ↑**Hähnchen,** ↑**Truthahn** oder ↑**Kaninchen.**

Weißes Scherzel [*Österr. Küche*] Das ↑**Falsche Filet** oder die Rolle in der Rinderkeule

Weißfische [*Fisch*] Gehören zur Familie der ↑**Karpfen** und zum Sammelbegriff „Karpfenfische". Zu den Weißfischen zählen u. a. ↑**Barben,** ↑**Bleie** oder ↑**Brassen,** ↑**Plötzen,** ↑**Ukeley** oder ↑**Rotaugen** und ↑**Schleie.**

Weißherbst [*Weinkunde*] Bezeichnung für einen deutschen Wein, der ausschließlich aus roten Rebsorten als Weißwein bereitet wird. In Deutschland darf ein Wein nur als Weißherbst bezeichnet werden, wenn er aus einer einzigen roten Rebsorte (oft ↑**Spätburgunder** oder ↑**Pinot Noir**) hergestellt wurde, deren Name auf dem Etikett angegeben sein muss. Da der Most roter Beeren ohne Schalen (in denen sich der rote Farbstoff befindet) vergoren wird, sind diese Weine meist sehr hellblass-rosa. Weißherbstweine dürfen nur als Qualitätswein eines bestimmten Anbaugebietes (↑**QbA**) oder als Qualitätswein mit Prädikat (↑**QmP**) auf den Markt gebracht werden.

Weißkabis [*Gemüse*] **Weißkohl**

Weißkäse [*Käse*] Schnittfester ↑**Frischkäse,** der aus Kuh-, aber auch ↑**Ziegen-** und ↑**Schafsmilch** bestehen kann

Weißkraut [*Gemüse*] **A Lateinisch:** Brassica oleracea convar. capitata var. capitata f. alba. **Synonym:** Weißkohl, Kabis, Kappes. **Englisch:** white cabbage; **Französisch:** chou blanc; **Italienisch:** cavolo bianco; **Spanisch:** repollo. **Info:** Weißkraut gehört zur Familie der Kreuzblütengewächse und bildet einen runden, flachrunden oder spitzen, 0,5 kg–2 kg schweren Kopf mit eng anliegenden, weißen, fest oder lockerer übereinander gelagerten Blättern, die mit einer feinen, leicht glänzenden Wachsschicht überzogen sind. **Ursprung und Geschichte:** Weißkraut stammt ursprünglich von dem an den Mittelmeer- bzw. Atlantikküsten vorkommenden Meerkohl ab und war schon in der Antike Griechen, Römern und Kelten bekannt. Es galt als das Heilmittel schlechthin und wurde in Form von Krautwickeln bei Rheuma, Gicht, Schwellungen und Prellungen eingesetzt. Die Verarbeitung zu ↑**Sauerkraut** ist wahrscheinlich zumindest genauso lange bekannt und wurde angeblich von den Chinesen erfunden. Heute wird Weißkraut vor allem in Westeuropa, den Ostseeländern, den GUS-Staaten, China, Japan und den USA angebaut. **Herkunft und Saison:** Weißkraut kommt das ganze Jahr über aus inländischem Anbau, wird aber auch als Importware aus europäischen Produktionen angeboten; seine beste Qualität hat es im Zeitraum von September bis April. **Inhaltsstoffe:** 100 g Weißkraut weisen einen Brennwert von ⌀ 24 kcal/100 kJ auf und enthalten etwa 91 g Wasser, 1,4 g Eiweiß, 0,2 g Fett, 4 g Kohlenhydrate und 2,5 g Ballaststoffe. An ↑**Mineralstoffen,** ↑**Spurenelementen** und ↑**Vitaminen** sind ⌀ 230 mg Kalzium, 0,5 mg Eisen, 13 mg Natrium, 430 mg Vitamin A (RE) und 30 mg Vitamin C enthalten. **Gesundheit:** Bei allen anderen Gemüsesorten geht ↑**Vitamin C** durch das Garen mehr oder weniger verloren. Nicht beim Weißkraut, es enthält Ascorbigen, einer Vorstufe des Vitamin C, das erst durch Erhitzen zu Vitamin C umgewandelt wird. Kocht man das Kraut zu lange, verliert sich das Vitamin C aber. ↑**Sekundäre Pflanzenstoffe** wie Glucosinolate sind nicht nur für den charakteristischen Geschmack des Weißkrauts verantwortlich, sie übernehmen auch eine wichtige Funktion zum Schutz der Zellen und beugen Infektionen vor. Den Wirkstoff S-Methylcysteinsulfoxid findet man hauptsächlich im Kohl, er hält die Magen- und Darmschleimhaut gesund und soll gegen Magengeschwüre helfen. **Einkauf:** Die Frische erkennt man an den kräftigen, festen und matt glänzenden Blättern. Weißkraut ist fast immer frisch im Angebot, da es Frühkohl von Mai bis Juni, mittelfrühes Kraut von Juli bis Oktober und späte Sorten von November bis Dezember gibt. **Lagerung:** Im Gemüsefach bis zu 14 Tagen, in angeschnittener Form sollte es stets in Haushaltsfolie eingeschlagen werden. Von Hüllblättern und dem Wurzelstock befreit, lässt es sich in einem kühlen, luftigen Keller auf strohbedeckten Brettern gut lagern. Gesunde Köpfe können dort auch mit den Hüllblättern an den Strünken aufgehängt werden. **Zubereitung und Tipps:** ↑**Würztabelle.** Die äußeren Blätter sowie die größeren Blattrippen werden entfernt, der Kopf gewaschen, geviertelt und der Strunk herausgeschnitten. Die Viertel werden gewürfelt oder fein geschnitten gegart. Für Salat verwendet man die feinen Streifen roh oder ↑**blanchiert.** Für ↑**Rouladen** schneidet man den Strunk mit einem spitzen Messer heraus und blanchiert die ganzen Köpfe in kochendem Wasser. Die vorgegarten Blätter lassen sich leichter vom Kopf ablösen und reißen nicht. Der milde Krautgeschmack sollte nicht von allzu vielen Gewürzen überlagert werden; ein wenig ↑**Kümmel** vermindert die blähende Wirkung. Weißkohl passt gut zu ↑**Lamm-** und ↑**Hammelfleisch,** ↑**Bratwürsten** und gekochten ↑**Kartoffeln.** Er wird nicht nur als gefüllter Kohlkopf, sondern auch in Suppen, Eintöpfen, als Hülle für Rouladen, in Aufläufen und als „↑**Bayerisch Kraut**" verwendet.

Weißkrautsalat [*Übersetzer*] **Englisch:** coleslaw; **Französisch:** salade de chou blanc; **Italienisch:** insalata di cavolo bianco; **Spanisch:** ensaladas de coles. ↑**Würztabelle**

Weißlacker [*Käse*] **T Herkunft:** Deutschland; **Käsesorte:** halbfester ↑**Schnittkäse,** 50 % ↑**Fett i. Tr.; Milch:** Kuhmilch; **Teig:** zart, weich bis geschmeidig, mit walnussgroßen Bruchkörnern; **Rinde:** lackglänzend; **Geschmack:** kräftig bis scharf, salzig; **Duft:** durchdringend, sehr streng; **Reifung:** Den in Holzkästen gefüllten ↑**Bruch** zerschneidet der Käser in Würfel, die dann in Formkästen bis zu zehn Monate reifen müssen. **Info:** Seine „Erfinder", die Brüder Josef und Anton Kramer aus Wertach im Allgäu, entwickelten diesen durstfördernden Käse 1876 aus dem „Backsteinkäse", einem Allgäuer Limburger, und ließen ihn als ersten Käse der Welt patentieren. In einem 2 kg schweren Würfel Weißlacker stecken ca. 19 l Milch. **Getränkeempfehlung:** viel ↑**Bier**

Weißmehl [*Allgem. Nährmittel*] Auszugsmehl aus ↑**Weizen.** Kleiefreies, sehr helles Mehl mit niedrigem Ausmahlungsgrad (0–40 %) und der Mehltype 405. Das bedeutet, dass viele ursprüngliche Inhaltsstoffe nicht mehr enthalten sind und der Anteil an ↑**Vitaminen,** ↑**Mineralstoffen** und ↑**Ballaststoffen** deutlich geringer ist als bei ↑**Vollkornmehl.** Dadurch haben Weißmehl und dessen Erzeugnisse einen geringeren Sättigungswert.

Weißreis [*Allgem. Nährmittel*] ↑**Schnellkochreis**

Weißwein [*Übersetzer*] **Englisch:** white wine; **Französisch:** vin blanc; **Italienisch:** vino bianco; **Spanisch:** vino blanco. ↑**Wein**

Weißwurst [*Fleischprodukte*] ↑**Münchner Weißwurst**

Weitling, Weidling [*Österr. Küche*] Rührschüssel aus Porzellan, Metall oder Steingut

Weizen [*Allgem. Nährmittel*] **T** 6000 Jahre alte Kulturpflanze, die weltweit angebaut wird. Diese Getreideart ist das wichtigste Back- und Brotgetreide in gemäßigten und subtropischen Gebieten. Weizen wird heute in vielen Zuchtformen in allen Erdteilen angebaut und in folgende Sorten unterschieden: ↑**Durumweizen,** ↑**Hartweizen:** glasige, harte Körner; werden zu Teigwaren weiterverarbeitet; ↑**Weichweizen:** weiche bis halbharte Körner; werden zu Grieß, Mehl und Vollkornprodukten weiterverarbeitet und als ganzes oder geschrotetes Korn genutzt. Weizen wird auch zu Grieß, Mehl, Stärke, Graupen, Kornbranntwein, Kaffee-Ersatz, Malz und Weizenbier verarbeitet. **Inhaltsstoffe:** 100 g Weizen liefern ∅ 313 kcal/1310 kJ, 61 g Kohlenhydrate, 11,7 g Eiweiß, 3,31 mg Eisen, 2,69 mg Zink, 1,35 mg Vitamin E und 17 µg Vitamin K. Sommergetreide besitzt hohe Backfähigkeit, Winterweizen und Wintergetreide bringen höhere Erträge.

Weizenauszugsmehl [*Allgem. Nährmittel*] ↑**Auszugsmehl**

Weizenbier [*Bier*] ↑**Obergäriges Bier** aus Weizenmalz mit ∅ 5,5 % ↑**Alkohol,** schwach gehopft, dadurch malzaromatischer Geschmack. Außerdem mit viel Kohlensäure versetzt. Als „Naturtrübes" oder „Hefeweizen" sehr hefehaltig. Je nach Röstungsgrad auch als „helles" - oder „dunkles Hefe" bekannt. Oder als klar gefiltertes „Kristallweizen". Genau wie Gerstenbier ist auch Weizenbier als Vollbier oder als Starkbier erhältlich. **Geschichte:** Als die bayerischen Herzöge die Herstellung von Gerstenmalz monopolisierten, um den Preis zu treiben, entstand diese Biersorte. Weizenbier gilt als bayerische Spezialität, hat aber längst seinen bundesweiten Siegeszug angetreten. Der Weizenmalzanteil beträgt mindestens 50 %, der Rest ist Gerstenmalz. Einige Weizenbiere sind aus reinem Weizenmalz hergestellt. Oft wird das Weizen direkt nach der Hauptgärung in Flaschen abgefüllt und gärt in der Flasche nach. Wenn es im Sommer in den Biergärten hoch hergeht, ist Hochsaison für Weizenbier.

Weizenbock, Weizendoppelbock [*Bier*] Obergäriger Verwandter des Bockbieres, mit Weizenmalz eingebraut

Weizenbrot [*Backstube*] Eine Brotsorte, die aus mindestens 90 % ↑**Weizenmehl** der ↑Mehl**type 405** oder **550** besteht. Dem Weizenbrot können insgesamt bis zu 10 % ↑**Roggenmehl** und bis zu 3 % ↑**Fett,** ↑**Zucker** und ↑**Milchpulver** zugesetzt sein. Im Gegensatz zu Roggenbrot ist Weizenbrot kürzer haltbar und hat einen neutraleren Geschmack. Zu den Weizenbroten gehören ↑**Weißbrot,** ↑**Sandwich**brot, ↑**Baguette** und ↑**Toastbrot.**

Weizenflocken [*Allgem. Nährmittel*] Geschälte, speziell behandelte Weizenkörner

Weizengrieß [*Allgem. Nährmittel*] ↑**Grieß**

Weizenkeim [*Allgem. Nährmittel*] **T** Embryo des Weizenkorns, sitzt in seinem Inneren. Besonders reich an ↑**Eiweiß,** ↑**Fett,** ↑**Mineralstoffen,** ↑**Fermenten,** ↑**Enzymen** und ↑**Vitaminen.** Wird Weizen zu ↑**Vollkornmehl** oder **-schrot** verarbeitet, ist der Keim noch enthalten. Sonst werden Weizenkeime bei der Vermahlung von Weizen zu Auszugsmehl entfernt. Aus Weizenkeimen werden Backwaren, Getreidefrühstückserzeugnisse und Getreidekeimöle hergestellt. Ein hoher Anteil von Weizenkeimen führt wegen des hohen Fettanteils zu schnellerer Verderblichkeit.

Weizenkeimmehl [*Allgem. Nährmittel*] Braun oder weiß, muss aber mindestens 10 % Weizenkeimanteile enthalten. Mit Weizenkeimmehl gebackene Brote gelten als besonders gesund, da Weizenkeime außerordentlich nahrhaft sind. Diese Brote sind angenehm nussig im Geschmack.

Weizenkeimöl [*Fette*] **T** Wird aus dem Keim des Weizenkornes gewonnen, hat eine goldgelbe Farbe und den typisch feinen Getreidegeschmack. Es ist besonders für kalte Speisen, ↑**Rohkost** und ↑**Blattsalate** geeignet. Der hohe Gehalt an ↑**Vitamin E** (Tocopherol) und ↑**Vitamine** der B-Gruppe machen es zu einem beliebten ↑**Speiseöl,** es enthält ∅ 30 % ↑**Ölsäure,** ∅ 44 % ↑**Linolsäure** und ∅ 11 % ↑**Linolensäure.** Da die ↑**Vitamine** durch Sauerstoff sehr schnell zerstört werden, sollte es möglichst frisch verwendet werden.

Weizenkleie [*Allgem. Nährmittel*] **T** Besteht aus den Keimlingen und den fast mehlfreien Randschichten des Weizenkorns. Sie fällt als Nebenprodukt der Müllerei bei der Herstellung von hellen Weizenmehlen an. Weizenkleie enthält wenig ↑**Fett,** ↑**Eiweiß,** verdauliche ↑**Kohlenhydrate** und etwa 50 % ↑**Ballaststoffe.** Weizenkleie und kleiereiche Produkte können durch ihren hohen Anteil an Ballaststoffen Verstopfung vorbeugen. Es muss aber gleichzeitig auf ausreichende Flüssigkeitszufuhr geachtet werden. **Wirkung:** weichere Konsistenz des Stuhls, Volumenvergrößerung und Verkürzung der Transitzeit (Zeit, die der Nahrungsbrei für seine Passage durch den Verdauungstrakt benötigt). Weizenkleie gibt es lose oder als Tabletten.

Weizenmehl [*Allgem. Nährmittel*] Mehl, das aus weichem Weizen (nicht Durum-, ↑**Hartweizen**) hergestellt wird. ↑**Weißmehl**

Weizensprossen [*Gemüse*] **T** Aus ungeschälten Weizenkörnern werden ca. 1 cm lange Keimlinge gezogen. Sie sind im Geschmack süßlich und durch ihren hohen Stärkegehalt leicht mehlig. Zu empfehlen sind sie roh als Brotbelag, für Obstsalate, ↑**Müsli,** süße ↑**Quark**speisen und ↑**Kompotte** oder kurz erhitzt in süßen Aufläufen und Getreidepuffern. ↑**Sprossen & Bratlinge**

Weizenvollkornmehl [*Allgem. Nährmittel*] **T** Durch seinen Ausmahlungsgrad von 100 % besitzt dieses Mehl alle Inhaltsstoffe des ganzen Weizenkorns. Man sollte es nicht mit Weizenschrot (Type 1700) verwechseln, dem zur besseren Lagerfähigkeit der Keimling entfernt wurde und dem dadurch bereits Teile seiner wertvollen Stoffe fehlen. **Vollkornmehle besitzen grundsätzlich keine Typenzahl.** Vollkornmehl gibt es in verschieden feinen Ausmahlungen. Fein gemahlenes Vollkornmehl eignet sich für fast alle Verwendungsarten, Vollkornschrot nur für derbe Teige. Es muss möglichst frisch verwendet werden, bedingt durch den Fettgehalt des Weizenkeimlings kann es bei langer Lagerung ranzig werden.

Well done [*Engl. Speisekarte*] Gut durchgebraten (Fleisch). ↑**Garpunkte**

Wellen [*Unsere Küche*] Anbrühen

Wellfleisch [*Unsere Küche*] **T** In leicht wallendem ↑**Würzsud** gekochtes Bauchfleisch mit Schwarte und ohne Brustrippen, von frisch geschlachteten ↑**Schweinen.** Würzsud à la Rose: ↑**Salz,** ↑**Knoblauch,** ↑**Liebstöckel** und ↑**Zwiebel.** Ins ↑**Gewürzsäckchen** kommen: ↑**Koriander,** ↑**Kümmel,** ↑**Lorbeerblatt,** ↑**Majoran,** ↑**Nelken,** ↑**Pfeffer,** ↑**Piment,** ↑**Senfkörner,** ↑**Thymian** und ↑**Wacholderbeeren.** Dieses gekochte Schweinefleisch wird oft mit frisch geriebenem oder geraspeltem ↑**Meerrettich,** frischem Pfeffer aus der Mühle, grobem Salz oder ↑**Senf** zu ↑**Sauerkraut** und ↑**Kartoffeln** gereicht. Das Wellfleisch ist neben ↑**Blut-** und ↑**Leberwurst,** ↑**Zunge** und ↑**Herz** auch Hauptbestandteil der ↑**Schlachtschüssel.**

Wellholz [*Unsere Küche*] Roll- oder Nudelholz

Wellhornschnecke [*Fisch*] **A Lateinisch:** Buccinum undatum. **Internationale Bezeichnungen:** buccin, bulot, common whelk, buckie, wulk, buccinidae. Wellhornschnecken sind ↑**Meeresschnecken** mit spiralförmigem Haus und gehören zu den ↑**Meeresfrüchten.** Man findet Wellhornschnecken an den Küsten des nördlichen Eismeers bis zur tropischen Äquatorzone. Sie sind hier überall, vor allem aber in England, Frankreich, Spanien und Italien beliebt. Auf den Märkten werden sie dort hauptsächlich lebend, aber auch gebrüht ohne Gehäuse angeboten. Ihr Fleisch ist nicht besonders zart, aber sehr aromatisch. In Deutschland sind Wellhornschnecken nur ein Beifangprodukt und haben heute, im Gegensatz zu früher, keine kulinarische Bedeutung mehr. Rohe Wellhornschnecken (**bulot**) kocht man in leicht gesalzenem Wasser mit etwas ↑**Suppengemüse** und lässt sie anschließend im Sud erkalten. Je nach Größe sind sie in 10–20 Min. gar (↑**Strandschnecken** benötigen 5–10 Min., ↑**Weinbergschnecken** ca. 2 Stunden). Sobald die Schnecken abgekühlt sind, zieht man das Fleisch mit einem kleinen Spieß aus der Schale und kann es so weiter verarbeiten. Wellhornschnecken werden mit ↑**Kräutern** und ↑**Zitronensaft** zubereitet und kalt angeboten, dienen aber auch zur Bereicherung von Fischsalaten, Fisch-, Reis- und Nudelgerichten sowie ↑**Ragouts. Inhaltsstoffe:** pro 100 g Wellhornschnecke ∅: Energie: 88 kcal/368 kJ, Eiweiß 19,4 g, Fett: 1,0 g

Wellington [*Speisegarnitur*] **R 1.** Das vom Schweizer Küchenchef Charles Senn 1930 kreierte Rinderfilet mit ↑**Duxelles** in ↑**Blätterteig** hat den britischen Feldherrn Arthur Wellesley Herzog von Wellington (1769–1852) zum Namenspatron. **2.** Das **Rinderfilet à la Wellington** wird folgendermaßen zubereitet: Das Filet so parieren, dass es gleich dick ist (Kopf und Spitze wegschneiden), dann das Stück mit ↑**Pfeffer** und ↑**Salz** würzen, rundherum gut anbraten, abkühlen lassen, mit ↑**Senf** und Duxelles bestreichen und mit dünnen Scheiben ↑**Grünen Speck**s umwickeln. In einem Blätterteigmantel eingeschlagen wird das Filet nun im Ofen bei ca. 180° C gebacken. Auf keinen Fall darf das Rinderfilet durchgebraten sein. ↑**Nadelprobe.** Diese Zubereitungsart kann auch für Medaillons oder Tournedos, also einzelne Portionen, angewendet werden. Bei Rinderfilet und ↑**Wild** passt eine ↑**Madeira**- oder ↑**Trüffelsauce**; bei ↑**Kalb** oder ↑**Schwein** eine ↑**Sc. Robert.**

Wellness [*Gesundheit*] Lebensphilosophie, bei der Genuss, Harmonie, Gesundheit und Wohlbefinden im Vordergrund stehen. Körper und Geist werden durch das Anregen aller Sinne in einen harmonischen Einklang gebracht. Eine wichtige Rolle spielt dabei eine natürliche und bewusste ↑**Ernährung.**

Wels, Waller [*Fisch*] **A Lateinisch:** Silurus glanis; **Englisch:** sheat-fish, european catfish; **Französisch:** silure, mal; **Italienisch:** siluro; **Spanisch:** siluro. Der Wels ist der größte und gefräßigste europäische Süßwasserfisch, kann bis zu 3 m lang und 250 kg schwer werden. Das schuppenlose Breitmaul hat die typisch langen Bartfäden. Er lebt in Bodensee und Donau. Das Fleisch ist fast grätenlos, sehr wohlschmeckend, fett, fest und muss von jungen Fischen sein, bei älteren ist es tranig und zäh. Zum Braten wird die Haut kreuzweise eingeschnitten, damit sie sich in der Pfanne nicht aufrollt. In ↑**Backteig** oder ↑**Blattgemüsemantel** gegart, wird der Waller filetiert, also ohne Haut und Gräten verwendet. Wird er portioniert im Sud gegart, werden die Stücke vor dem Anrichten vorsichtig aus dem Fond gehoben, gehäutet und von der Gräte gelöst.

Welsa [*Kartoffelsorte*] **Kochtyp:** ↑**Mehlig kochende Kartoffeln** – „Mehlige" oder „Runde" genannt

Welsche Nüsse [*Obst*] ↑**Walnüsse**

Welschhasel [*Wildkräuter, -blüten & -früchte*] ↑**Haselnüsse**

Welschhuhn [*Fachkunde*] ↑**Pute, Truthahn**

Welschkohl [*Gemüse*] ↑**Wirsing**

Welschkorn [*Allgem. Nährmittel*] Getrocknete Maiskörner

Welschriesling [*Weinkunde*] Weiße Rebsorte, die außer dem Namen mit dem ↑**Riesling** wenig gemeinsam hat. Es ist die gleiche Rebsorte, die in Italien als Riesling Italico, in Ungarn als Olaszriesling und in Tschechien als Laskiriesling bekannt ist. Exemplare aus Italien, vor allem Süd-Tirol, Friuli-Venezia Giulia und den Colli Bolognesi in der Emilia Romagna zeigen, dass bei gewissenhafter Arbeit schmackhafte Weine aus dieser Rebe entstehen können. Im österreichischen Burgenland werden bei passendem Wetter sogar Trockenbeerenauslesen aus ihr gemacht.

Welschzwiebel [*Gemüse*] ↑**Lauch**

Welsh rarebits [*Engl. Speisekarte*] **R** Überbackene Käsespezialität aus England. **Grundrezept des „Leckerbissens aus Wales":** 125 g ↑**Chester**käse reiben, mit 2 EL hellem ↑**Bier,** 30 g ↑**Butter,** 1 TL ↑**Paprika,** ↑**Salz,** ↑**Pfeffer** und etwas ↑**Englischem Senf** im heißen Wasserbad oder bei schwacher Hitze unter Rühren zu einer Masse verarbeiten. **Zubereitung:** Einige Weißbrotscheiben toasten, die Käsemasse dick draufstreichen und mit der Oberhitze des Backofens oder dem ↑**Salamander** überbacken, bis der ↑**Käse** zu zerfließen beginnt; nett garnieren und sofort (heiß) servieren.

Wen Chinesische Garmethode [*Asiatische Küche*] **T** Diese Garmethode entspricht wohl am ehesten dem hier üblichen Dünsten. Die Zutaten werden zunächst mit **Gewürzen** in etwas **Pflanzenöl** angebraten, dann mit einer kleinen Menge Wasser oder **Brühe** aufgegossen und 10–15 Min. bei geringer Hitze unter sanftem Rühren geköchelt. Kurz vor dem Servieren kann man die **Sauce** noch mit **Maisstärke,** die mit Wasser und **Wein** verrührt wurde, durch kurzes Aufkochen binden und mit einer Prise **Ve-tsin** würzen. **Kochen im Wok** oder **Asiatisch Kochen**

Wensleydale [*Käse*] **Herkunft:** England/Yorkshire; **Käsesorte:** salziger Käse mit Buttermilchgeschmack und natürlicher Rinde; **Milch:** ursprünglich ↑**Schaf-** oder ↑**Ziegenmilch,** industrielle Fertigung mit Kuhmilch; **Verwendung:** in England traditionelle Beilage zum berühmten ↑**Apple Pie. Info:** Ein Wensleydale aus biodynamischer Produktion wird in Otterbury in Northumbria aus roher ↑**Milch** von Ayrshire-Kühen und friesischen Milchschafen hergestellt.

Werktagskotelett [*Regionale Spezialität*] Scheibe Schweinebauch, natur oder paniert zubereitet

Wermut [*Fachkunde*] **T 1.** Die krautartige Pflanze, die stark aromatisch, aber gar nicht angenehm riecht und sehr bitter ist, wird in der Küche selten verwendet. Man macht Liköre oder (Brannt-)Wein aus ihr, in der Fischküche werden mit ihr Soßen verfeinert. ↑**Noilly Prat. 2.** ↑**Vermouth**

Wespennest [*Österr. Küche*] Mandelbackwerk

Westermann, Antoine [*Berühmte Köche*] **Antoine Westermann,** der **„König des Elsass",** geboren in Wissembourg in Bas-Rhin – seit 1971 Küchenchef und Inhaber des seit 1994 mit 3 Sternen ausgezeichneten Restaurants „Burehiesel" in Straßburg und somit eines der 20 besten Restaurants Frankreichs. Hier, inmitten eines wunderschönen Parks, in dem es von Störchen wimmelt, wirkt der Autodidakt und traditionsbewusste Avantgardist der elsässischen Küche. Antoine Westermann hat seine Laufbahn 1960 am Büfett des Bahnhofs von Straßburg begonnen und zählt heute zu den besten Köchen der Welt. Seine Bücher: **Die Haushaltsküche eines großen Chefs, 2000; Die hohe französische Küche, 2000**

Western Sandwich [*U.S. Kitchen*] **A** Brotscheibe mit ↑**Rührei,** ↑**Käse** und ↑**Pilzen**

Westfälinger [*Regionale Spezialität*] Streichfähige, grob gekörnte ↑**Rohwurst** in Würstchenform. ↑**Mettwurst**

Westfälischer Schinken [*Fleischprodukte*] Die Münsterländer Tieflandsbucht, halb umschlossen von Teutoburger Wald, Eggegebirge, Rothaargebirge und Sauerland, ist das Ursprungsgebiet des traditionellen westfälischen ↑**Schinkens,** der sich urtypisch in Form und Geschmack präsentiert. Schon im 12. Jh. konnte man diese Schinkenspezialität in Köln erwerben. Noch heute wird der Schinken nach mindestens 1000-jähriger Tradition hergestellt. Von Generation zu Generation wurde die Kunst, diesen Schinken zu bereiten, weitergereicht. Ausgangsstoff ist die Hinterkeule des Schweins, die auch heute noch per Hand verarbeitet wird. So wird sie mit Knochen fünf Wochen gepökelt, reift und trocknet anschließend für drei bis fünf Monate über kaltem Buchenholz- und Wacholderreisigrauch, bis der „Westfälische Schinken“ seine typische dunkelrote Farbe mit goldgelber Schwarte erlangt und das einzigartige charakteristische Aroma ausprägt. Erst nach einer Gesamtreifezeit von zwei bis drei Monaten wird der Knochen entfernt. Mittlerweile gibt es auch eine luftgetrocknete Variante mit besonders leichtem und zartem Duft.

Westmoreland [*Speisegarnitur*] **A** 1. Grafschaft im Nordwesten Englands mit der Hauptstadt Appleby. 2. Nur kurzgebratenes Fleisch wird mit dieser **Speisegarnitur** gereicht: ↑**Mixed Pickles** werden mit ↑**Demiglace**-Sauce angeschwenkt und auf dem Fleisch angerichtet.

Westphalian ham [*U.S. Kitchen*] Geräucherter ↑**Schinken**

Wff [*Käse*] Die Angabe Wff vom englischen „water fat free“ bezieht sich auf den Wassergehalt in der fettfreien Käsemasse. Mit ihr lässt sich ↑**Käse** nach seiner Festigkeit einteilen, also wie weich oder hart er ist. Entscheidend ist das Verhältnis von Trockenmasse zu Wassergehalt. Entzieht man einem Käse alle Wasseranteile, bleiben ↑**Fett**, ↑**Eiweiß**, ↑**Milchzucker**, ↑**Milchsäure** sowie ↑**Salz**, ↑**Vitamine** und ↑**Enzyme** übrig, die ↑**Trockenmasse.** Je größer ihr Anteil, umso härter der Käse. ↑**Fett i.Tr.**

Wheat [*U.S. Kitchen*] ↑**Weizen**

Whipped Cream [*Engl. Speisekarte*] 1. ↑**Schlagsahne.** 2. In einer Bar versteht man darunter halbsteif geschlagene Sahne.

Whisk(e)y [*Hausbar*] Das Wort Whisky kommt ursprünglich vom gälischen „uisgebaugh“ (Wasser des Lebens). Schnell auf Englisch ausgesprochen, hört es sich wie **wys-ger-baw** an, was dann verkürzt zu Whisky wurde. Whisky ist ein Getreidebrand mit typisch rauchigem Geschmack und einem Mindestalkoholgehalt von 40 % Vol. **Whisky oder Whiskey, das ist hier die Frage.** Das **e** wird nur bei Irish und American Whiskeys eingeschoben. Bis Anfang des 20. Jh. wurde auch der schottische Whiskey mit **e** geschrieben, danach ließ man es wegen der besseren Unterscheidung weg. Beim Canadian Whiskey ist die Schreibweise unterschiedlich. **Arten:** Man kann Whiskey in Scotch Whisky, Irish Whiskey, Bourbon Whiskey und Canadian Whisk(e)y unterteilen. Sie unterscheidet der Geschmack, die Herstellung und die Zutaten. ↑**Scotch Whisky:** Obwohl mit Sicherheit schon lange vorher Whisky gebrannt wurde, ist der Scotch Whisky erstmals 1494 urkundlich erwähnt worden: In den Urkunden des schottischen Schatzamtes steht, dass ein Ordensbruder den Auftrag bekam, Whisky zu produzieren: „Acht Bollen ↑**Malz** für Bruder Cor, um damit Aqua Vitae (Lebenswasser) zu machen.“ Es dauerte jedoch noch eine Weile, bis die ersten soliden Destillerien gebaut wurden. Scotch Whisky wird aus ↑**Gerste**, ↑**Weizen**, ↑**Hafer** und ↑**Roggen** gebrannt. Er zählt zu den wichtigsten Exportartikeln Schottlands. ↑**Irish Whiskey:** Seine Geschichte weist viele Parallelen zum Scotch auf. Die ersten Brennereien entstanden im 17. Jh. nahe den Städten Dublin und Cork. Sie arbeiteten meist nur für den Hausgebrauch. Das Getreide für den irischen Whiskey wird im Unterschied zum Scotch Whisky nicht über Torffeuer, sondern über Kohlefeuer getrocknet. Deshalb ist der irische Whiskey etwas sanfter im Geschmack. Außerdem wird er dreimal und nicht zweimal destilliert. Nach der Destillation ist eine Lagerzeit von mindestens drei Jahren vorgeschrieben. Für den berühmten ↑**Irish Coffee** sollte man irischen Whiskey benutzen. ↑**Bourbon Whiskey:** Seine Heimat sind die USA. Er wird heute aus mindestens 51 % ↑**Mais** gebrannt, dazu kommen noch Gerste und Roggen. Er muss mindestens drei Jahre in Weißeichenfässern lagern, bevor er in Flaschen abgefüllt wird. ↑**Canadian Whisk(e)y:** In Kanada werden Mais, Roggen, Weizen und Gerste verwendet, hoch konzentriert destilliert, anschließend ↑**geblendet** und mindestens drei Jahre gelagert. Oft liegt die Lagerzeit sogar weit darüber. Canadian Whiskey schmeckt von allen Whiskey-Typen am leichtesten und zartesten.

Whiskey Sour [*Hausbar*] ↑**Sour**

White bread [*U.S. Kitchen*] ↑**Weißbrot**

White Lady [*Hausbar*] **R** Before Dinner ↑**Cocktail** – 2 cl Dry ↑**Gin**, 2 cl ↑**Curaçao**, ↑**Triple sec** oder ↑**Cointreau** sowie 2 cl ↑**Zitronensaft**, im ↑**Shaker** zubereitet und im Cocktailglas serviert

White meat [*U.S. Kitchen*] Das weiße Fleisch – also ↑**Geflügel**- und ↑**Schweinefleisch** – hat in USA an Bedeutung gewonnen.

White Port [*Hausbar*] Der jüngste Ableger der ↑**Portwein**-Familie wird aus den weißen Trauben der Portwein-Region im portugiesischen Douro-Tal produziert und ist wegen seiner Trockenheit eine Alternative zum Fino-↑**Sherry.** White Port wird stets gut gekühlt serviert.

White Russian [*Hausbar*] **R Englisch:** Weißer Russe, ein alkoholisches Mixgetränk auf ↑**Wodka**-Basis. Überdies besteht dieser ↑**Cocktail** aus Kaffeelikör (meist ↑**Kahlua**) und ↑**Sahne** bzw. ↑**Milch.** Die beiden alkoholischen Zutaten werden im ↑**Shaker** mit Eis geschüttelt und dann in ein Whiskyglas abgeseiht; ob das Eis mit ins Glas kommt, hängt vom Geschmack des Barkeepers ab. Anschließend wird dem Cocktail eine Sahnehaube aufgesetzt. Ein feststehendes Verhältnis der Zutaten gibt es nicht. Der Black Russian (= Schwarzer Russe) ist eine Variante, bei der auf Sahne bzw. Milch verzichtet wird.

White, Marco Pierre [*Berühmte Köche*] **Marco Pierre White** ist Großbritanniens erfolgreichster Koch. Das Kürzel **„MPW“** versteht in London fast jeder. Dahinter verbirgt sich der klangvolle Name Marco Pierre

White – Starkoch des Landes, der sich seinen Titel hart erarbeitete und mittlerweile Chef eines Imperiums ist, das 50 Millionen Pfund wert ist. Nennt einige von Londons feinsten Restaurants sein Eigen. Dazu gehören u. a. das „Mirabelle“, das „L'Escargot“ und das „Quo Vadis“. Nachdem er als Jugendlicher Erfahrungen in den Küchen der besten Köche des Landes gesammelt hatte, eröffnete er mit einem Kredit von nur 20 000 Pfund sein erstes Restaurant, das „Harvey“ im Londoner Stadtteil Wandsworth, und erwarb dort im Alter von 25 Jahren seinen ersten Michelin-Stern. Damit war White der jüngste Koch aller Zeiten, dem diese Ehre zuteil wurde. Er ist überhaupt der einzige Brite, der drei Michelin-Sterne gewinnen konnte. Vor kurzem wurde er zum „Koch des Jahrzehnts“ gekürt. **1999 gab Marco Pierre White seine drei Sterne zurück.** Begründung: „Es ist aufregender, Sterne zu jagen, als sie zu verteidigen.“

WHO [*Fachkunde*] Weltgesundheitsorganisation

Whole wheat [*U.S. Kitchen*] ↑**Vollkornweizen**

Wickelbraten [*Fleischprodukte*] Rollbraten

Wie geht es Ihnen/Dir? [*Übersetzer*] Im Hotel **Englisch:** How are you? **Französisch:** Comment ça va? **Italienisch:** Come sta/i? **Spanisch:** Cómo està/eres usted/tú?

Wie gewachsen [*Fleischprodukte*] Bezeichnung für Fleischteilstücke mit Knochen

Wiegen [*Unsere Küche*] Kleinhacken von ↑**Kräutern** mit einem speziellen Wiegemesser, das ein oder zwei Klingen hat

Wien [*Weinkunde*] In keiner anderen Großstadt hat der Wein eine derartige Bedeutung erlangt wie in Wien. Auf rund 700 ha Rebfläche verteilen sich etwa 500 Betriebe, die zu 85 % Weißwein anbauen. Auf Schiefer, Schotter, Lehm und Löß gedeihen Grüner ↑**Veltliner** (Hauptsorte), ↑**Weißburgunder,** ↑**Chardonnay** und ↑**Riesling.** Als rote Sorten findet man ↑**Zweigelt** und ↑**Cabernet Sauvignon.** Das Wesen des Wiener Weines lässt sich am besten am Wiener ↑**Heurigen** ergründen. Rund 95 % des Wiener Weines werden dort im stimmungsvollen Ambiente abgesetzt. Weinorte gibt es zu beiden Seiten der Donau, die bekanntesten Stadtviertel mit Weinbau sind im Bereich von Kahlenberg und Nussberg, also Heiligenstadt, Nussdorf, Sievering, Neustift am Walde und Grinzing. Die Weine vom Bisamberg werden in Stammersdorf, Strebersdorf und Jedlersdorf gekeltert, im Süden Wiens liegen die Weinorte Oberlaa und Mauer.

Wiener Art [*Speisegarnitur*] **A** ↑**Viennoise, à la**

Wiener Beuschel [*Österr. Küche*] Lungenhaschee. ↑**Lüngerl, Saures**

Wiener Eiskaffee [*Österr. Küche*] ↑**Vanilleeis** mit einem kalten ↑**Mokka** und viel ↑**Schlagsahne** (Schlagobers). Österr. Kaffeespezialität

Wiener Küche [*Österr. Küche*] **A** Die **Wiener Küche** ist eine eigenständige Küche mit verschiedenen Ursprüngen. Sie ist weder böhmisch noch adriatisch oder ungarisch; sie ist eine „Melange“, eine Mischung, geboren aus dem Vielvölkerstaat, von bürgerlicher Hofküche, verfeinerter Bauernkost: von allem etwas. Der italienische Einfluss (seit 1600) lässt sich an bis heute gebräuchlichen Namen von Zutaten und Gerichten ablesen: Risibisi (venezianisch risi e bisi), Melanzani, Maroni, Biskotte (Löffelbiskuit) etc. Im 18. Jh. begann sich der französische Einfluss durchzusetzen – analog zur französischen Etikette und Sprache in der Diplomatie –, und so wurde etwa die Suppe in gutbürgerlichen Kreisen zur „Bouillon“. Aber Wien ist auch traditionsbewusst und nostalgisch. Die Erneuerung gastronomischer Entwicklungen der jüngsten Vergangenheit begann in Wiens Küchen. Was selten gelingt, nämlich Bewährtes neu zu definieren, ohne die Tradition in Vergessenheit geraten zu lassen, schaffte die „Neue Wiener Küche“ Ende der 1970er-Jahre. Sie schuf eine Synthese von Überliefertem und Neuem. Werner ↑**Matt** (seit 2003 in Pension) war für Österreichs Küchen das, was Paul ↑**Bocuse** für die französische und Eckart ↑**Witzigmann** für die deutsche Küchenlandschaft bedeuteten. Der Meisterkoch führte die leichte, marktfrische und kreative Küche 1975 in Österreich ein und hat diese gesellschaftsfähig gemacht; ohne ihn hätte das „österreichische Küchenwunder“ womöglich nicht stattgefunden. **Typische Gerichte der Wiener Küche: Rindsuppen** (↑**Bouillon**) mit zahlreichen Einlagen (↑**Schöberln,** ↑**Fritatten,** ↑**Lungenstrudel,** ↑**Leberknödel** usw.); ↑**Tafelspitz** mit ↑**Apfel-** oder ↑**Semmelkren,** ↑**Schnittlauch**sauce und ↑**Dillrahmbohnen; Wiener Schnitzel,** traditionell 2 dünne panierte Scheiben vom **Kalb** (Keule), – außer die Bezeichnung hat den Zusatz „vom ↑**Schwein** bzw. ↑**Pute** oder ↑**Huhn**“ – wird meist nur mit einem gemischten Salat serviert; **Wiener Saftgulasch** (↑**Gulasch**) – ↑**Beuschel** (auch **Salonbeuschel**) – ↑**Kalbslüngerl** sauer – **Gebackene Leber** mit Erdäpfelsalat – Altwiener ↑**Zwiebelrostbraten** mit ↑**Braterdäpfel** – **Schinkenfleckerl(n),** Schinkennudeln – **Schopfbraten** (↑**Schweinebraten** vom Nacken) mit ↑**Semmelknödel** und ↑**Sauerkraut** – ↑**Selchfleisch** mit Sauerkraut und ↑**Knödel** – ↑**Kaiserschmarrn** – ↑**Powidl** – ↑**Powidldatschgerln** – ↑**Topfen**-↑**Strudel** in ↑**Vanillesauce** – **Germknödel** (↑**Mehlklöße**) – ↑**Marillenknödel** – ↑**Apfelstrudel** – ↑**Palatschinken** – ↑**Sacher-Torte.** Die Wiener Küche wird oft mit der Österreichischen Küche gleichgesetzt und ist auch in ganz Österreich verbreitet, dennoch haben die einzelnen Regionen ihre eigenen Spezialitäten entwickelt.

Wiener Masse [*Backstube*] ↑**Biskuit**

Wiener Würstchen [*Fleischprodukte*] **Englisch:** frankfurters; **Französisch:** saucisses de Francfort; **Italienisch:** wurstel; **Spanisch:** salchichas de Frankfurt. Sie heißen so in Deutschland und in der Schweiz („Wienerli“), dagegen werden sie in Österreich und anderen

Ländern „Frankfurter Würstchen" genannt, was häufig zu Verwechslungen führt. Die hier meist nur „Wiener" genannte Wurst bezeichnet eine dünne, angeräucherte ↑**Brühwurst** im ↑**Saitling**, die eine Abwandlung des original Frankfurter Würstchens ist. **Der Streit um den Ursprung dieses Würstchens ist alt: 1.** In Frankfurt am Main kennt man die Frankfurter seit dem Mittelalter. Die Bevölkerung behauptet, auch die Wiener Würstchen seien hier erfunden. **2.** Nach einer anderen Geschichte hatte 1805 ein nach Wien eingewanderter Metzger namens Johann Georg Lahner (1772–1845) dort mit einer „Frankfurter" genannten Würstchenvariante großen Erfolg. Lahner, der aus Gasseldorf in der Fränkischen Schweiz stammte, erlernte das Metzgerhandwerk in Frankfurt. Anfang des 19. Jh. zog er nach Wien und bot dort seine Würstchen an, allerdings mit **Rindfleisch** (heute ∅ 30 % Anteil) in leicht veränderter Rezeptur. Zur damaligen Zeit trennte die strenge Zunftordnung in Frankfurt noch Schweine- und Rindermetzger, in Wien aber nicht. Hier war Lahner frei, Rind- und Schweinefleisch zu mischen. **3.** Eine andere Legende erzählt von einem Herrn Wiener, der als Angestellter einer Berliner Weinstube als Erfinder und Namenspatron der Würstchen gilt. **4.** Es gab ein Berliner Lokal gleichen Namens, in dem die Würstchen hergestellt und verkauft wurden.

Wiener, Sarah [*Berühmte Köche*] ↑**Sarah Wiener**

Wies'nbier [*Bier*] Das Bier auf dem Oktoberfest ist zwar ein stärker eingebrautes Bier, jedoch kein Stark- oder Bockbier.

Wiesen-Bärenklaublüten [*Wildkräuter, -blüten & -früchte*] **T Lateinisch:** Heracleum sphondylium. Wiesen-Bärenklaublüten sind essbar und schmecken fein würzig. **Mehr Information:** ↑**Essbare Blüten**

Wiesenchampignon [*Speisepilze*] **T Lateinisch:** Agaricus campestris – ↑**Waldpilze.** Der heimische Wiesenchampignon zählt zur Gattung der ↑**Egerlinge** oder ↑**Champignons**, die man im Sommer häufig auf Wiesen, im Grasgelände und auf gedüngten Feldern antrifft. Er besitzt dieselben geschmacklichen Eigenschaften wie die kultivierte Art und ist dieser sehr ähnlich. **Verwechslungen** sind möglich mit den an denselben Standorten vorkommenden **giftigen Karbolchampignons: Fleisch** weiß, **karbolartig riechend, Hutrand und Knolle beim Ankratzen chromgelb anlaufend.** Essbare Wiesenchampignons laufen weder gelb an, noch riechen sie nach Tinte.

Wiesenkümmel [*Gewürze & Kräuter*] ↑**Kümmel**

Wiesenschaumkraut [*Wildkräuter, -blüten & -früchte*] **T Lateinisch:** Cardamine pratense; **Standort:** Die Pflanze liebt es sonnig bis halbschattig sowie feuchte und humose Böden. Sehr häufig auf Waldwiesen. **Geschmack:** scharf, kresseartig. **Verwendung in der Küche:** junge Blätter zu Salat, ganze Pflanze fein gehackt in ↑**Frischkäse,** ↑**Quark** und kalten würzigen ↑**Soßen** und ↑**Dips. Wirkung in der Volksmedizin:** Der hohe ↑**Vitamin-C**-Gehalt stärkt die Abwehrkräfte, der ↑**Tee** wirkt schleim- und krampflösend.

Wie viel [*Übersetzer*] **Englisch:** how much; **Französisch:** combien; **Italienisch:** quanto; **Spanisch:** cuánto

Wild [*Fachkunde*] **T Englisch:** game, venison; **Französisch:** gibier; **Italienisch:** selvaggina, cacciagione; **Spanisch:** caza. Wild ist ein Sammelbegriff für Tiere, deren Fleisch dem Menschen als Nahrung dient, die aber zumeist wild leben und gejagt werden. Es nimmt unter den Fleischarten eine gewisse Sonderstellung ein, denn es wird nicht oft serviert. Zwar kann man es dank Tiefkühl- und Konservierungstechnik jederzeit kaufen, doch legt man im Allgemeinen Wert auf frisches Wild. Der Abschuss von heimischem Wild ist an die ↑**Jagdzeiten** gebunden. Die häufigsten Wildsorten sind: **Rehwild:** ↑**Reh,** ↑**Rehbock,** ↑**Kitz; Rotwild:** ↑**Schmaltier,** ↑**Hirsch,** Jungtier; **Schwarzwild:** ↑**Wildsau,** ↑**Eber,** ↑**Überläufer,** ↑**Frischling; Niederwild:** ↑**Hase,** ↑**Kaninchen; Damwild:** ↑**Damhirsch,** Schmaltier, Kalb (wird heute auch in Gehegen gehalten); **Wildgeflügel:** ↑**Wachtel,** ↑**Fasan,** ↑**Rebhuhn,** ↑**Wildente.** Typische Kennzeichen von Wildfleisch sind die dunkelrote Farbe und der „Wildgeschmack". Wildfleisch von jungen Tieren ist feinfaserig, zart und aromatisch. Grundsätzlich sollte man Wildfleisch ganz durchgaren. Teile von Reh- und Rotwild, die zum Kurzbraten geeignet sind, können, um nicht trocken zu werden, rosa gebraten werden. Wild jeder Art muss gut ↑**abhängen,** bevor es verarbeitet wird. Entsprechend schonend zubereitet, eignet sich Wildfleisch wegen seines geringen Fettgehaltes auch für magenempfindliche Personen.

Wild rice [*U.S. Kitchen*] ↑**Wildreis**

Wildbeeren [*Wildkräuter, -blüten & -früchte*] ↑**Holunder**

Wildbret [*Fleischprodukte*] Allgemeine Erzeugnisse aus Wildfleisch oder Wildbraten, von Haar- und Federwild. ↑**Wild**

Wildente [*Fachkunde*] **T Englisch:** wild duck; **Französisch:** canard sauvage; **Italienisch:** anitra selvatica; **Spanisch:** pato silvestre. Verschiedene Wasservögel wie ↑**Stockenten,** ↑**Knäkenten,** ↑**Krickenten** usw. Wildenten werden im Herbst geschossen und sind als Jungtiere begehrtes Wildbret. Deutsche Jäger erlegen sie von Oktober bis Dezember. Ältere Tiere erkennt man sofort am strengen, tranigen Geruch. Junge Wildenten sollten wie alles Wildgeflügel ganz frisch sein. Sie dürfen nicht zu lange ↑**abhängen.** Für den Verzehr können sie gefüllt oder ungefüllt serviert werden.

Wilder Knoblauch [*Wildkräuter, -blüten & -früchte*] ↑**Bärlauch**

Wilder Majoran [*Gewürze & Kräuter*] ↑**Oregano**

Wilder Thymian [*Gewürze & Kräuter*] ↑**Thymian**

Wilder Wermut [*Gewürze & Kräuter*] ↑**Beifuß**

Wildessenz [*Unsere Küche*] Eingekochter (konzentrierter), ungesalzener ↑**Wildfond**

Wildfleisch [*Fleischprodukte*] Fleisch von waidgerecht abgeschossenen, wild lebenden Tieren, die zum menschlichen Genuss geeignet sind. Dazu gehören: ↑**Rehe**, ↑**Hirsche**, ↑**Hasen**, ↑**Wildschweine**, ↑**Wildenten**. ↑**Jagdzeiten**

Wildgeflügel [*Fachkunde*] ↑**Wild**

Wildgewürz [*Gewürze & Kräuter*] **R** Diese Gewürzmischung unterstreicht den typischen Geschmack von Wildbraten oder Kurzgebratenem von Reh, Hirsch und Hase, Wildsaucen, Wildschweingulasch, Wildgeschnetzeltem, Rehragout, geschmorten Hasenkeulen usw. **Grundmenge:** 1 großes ↑**Lorbeer**blatt; 6 ↑**Wacholder**beeren; 5 schwarze ↑**Pfeffer**körner; 4 ↑**Piment**körner; 2 ↑**Nelken. Nach Geschmack:** ↑**Thymian**, ↑**Rosmarin**, ↑**Estragon**, ↑**Salbei**, ↑**Ingwer**pulver, ↑**Zitronenschale** (unbehandelt), getrocknete ↑**Steinpilze. Diese Würzmittel passen auch:** ↑**Orangenschale** (unbehandelt), Senfpulver (↑**Englischer Senf**), getrocknete ↑**Champignons**, ↑**Paprikapulver**, ↑**Beifuß**. Die Gewürze kurz vor Gebrauch in einem Mörser zerstoßen oder in einer elektrischen Gewürzmühle (Kaffeemühle) ohne Salz feinst mahlen – dabei darauf achten, das sie nicht zu heiß werden. Für Saucen und Braten unbedingt ↑**Röstgemüse** oder ↑**Suppengrün** und ↑**Tomaten** mitverwenden. Wildgewürz harmoniert sehr gut mit ↑**Wald**- oder ↑**Preiselbeeren** sowie ↑**Waldhonig**, womit die Gerichte vollendet werden können.

Wildkaninchen [*Fachkunde*] **T** Unterliegen keiner ↑**Schonzeit**. Sie lassen sich wie Hauskaninchen nach Hasen-Rezepten zubereiten. Das Fleisch dieser Tiere ist dunkler und nicht so zart wie das der Haustiere, aber viel aromatischer. Es eignet sich bestens zum Braten, aber auch für Schmorgerichte.

Wildkräuter [*Fachkunde*] **A** Seit Urzeiten sammeln Menschen Kräuter, sei es zu Heilzwecken oder um Speisen damit zu würzen und verfeinern. Wenn im Frühjahr das erste junge Grün sprießt, beginnt die Zeit der Wildkräuter. Die Natur ist ein gedeckter Tisch, man muss ihre Gaben nur zu nutzen wissen. In den modernen Gesellschaften geht jedoch das Wissen um Wildkräuter mehr und mehr verloren. Da niemand mehr darauf angewiesen ist, Nahrungs- und Heilkräuter selber zu sammeln, verpassen die Menschen manche Gaumenfreude mit gesundheitsfördernder Wirkung. Wildkräuter schmecken nicht nur besser als gewöhnliche Einheitsware aus dem Supermarkt, sie sind auch besonders reich an ↑**Vitaminen**, ↑**Spurenelementen** und so genannten ↑**sekundären Pflanzenstoffen. Hier die bekanntesten Wildkräuter:** ↑**Bärlauch:** die frischen Blätter als Gemüse oder Gewürz. Medizinisch: appetitanregend; ↑**Beifuß:** die frischen Blattpflanzenspitzen als Gewürz. Medizinisch: appetitanregend, verdauungsfördernd, gallenflussregelnd; **Beinwell:** ↑**Beinwellblüten:** die frischen Blätter und Wurzel als Gemüse und Tee. Medizinisch: magenfreundlich, entzündungshemmend; **Berberitze:** die frischen Früchte als Kompott und Saft. Medizinisch: wirkt leber- und gallenfreundlich; **Birke:** die frischen Blätter als Gemüse und Salate. Medizinisch: nierenfreundlich, entwässernd, blutreinigend; **Breit-** und ↑**Spitzwegerich:** die frischen Blätter für Gemüse und Salate. Medizinisch: vitamin- und mineralstoffreich, magenfreundlich; ↑**Brennnessel:** die frischen, jungen Blätter, Zweigspitzen und Krautspitzen als Gemüse, Suppe, Salat. Medizinisch: faserstoff-, vitamin- und mineralstoffreich; ↑**Brombeer**blätter: frische Blätter als Tee, Gemüse, Salat. Medizinisch: vitamin- und mineralstoffreich; ↑**Erdbeer**blätter: frische Blätter als Tee, Gemüse, Salat. Medizinisch: reich an Mineralstoffen; ↑**Gänseblümchenblüten:** die frischen Blätter und Blütenknospen als Gewürz, Dekor, Suppe, Salat. Medizinisch: Sie regen den Stoffwechsel an. ↑**Gundermann:** die frischen Blätter und Krautspitzen für Salate und Suppenwürze. Medizinisch: mineralstoffreich, appetitanregend; ↑**Himbeer**blätter: frische Blätter für Gemüse und Salate. Medizinisch: reich an Vitaminen und Mineralstoffen; ↑**Hirtentäschelkrautblüten:** frische Blätter und Krautspitzen als Salat- und Gemüsebeigaben. Medizinisch: darmanregend, vitamin- und mineralstoffreich; ↑**Huflattichblätter:** frische Blätter für Suppen und Gemüse. Medizinisch: magenfreundlich, appetitanregend; **Linde:** ↑**Lindenblüten:** frische Blätter als Beilage für Salat, Gemüse, aufs Butterbrot. Medizinisch: allgemeines Wohlbefinden; ↑**Löwenzahn:** frische, junge Blätter als Beilage für Salat, Suppe, Gemüse. Medizinisch: gut für Galle, Magen, Leber; **Lungenkraut:** frische Blätter für Salat, Suppe, Teezubereitung. Medizinisch: reich an Kieselsäure und Mineralstoffen; **Nachtkerze:** ↑**Nachtkerzenblüten:** frische Wurzeln als Gemüse, Salat. Medizinisch: magen- und darmfreundlich; ↑**Pastinaken:** frische Blätter, Krautspitzen, Wurzel als Gemüse und Gewürz. Medizinisch: appetit- und darmanregend; ↑**Quendel:** das frische Kraut als Ersatz für Thymian. Medizinisch: verdauungsfördernd; ↑**Sauerampfer:** die frischen, jungen Blätter und Krautspitzen als Gemüse, Salat. Medizinisch: appetitanregend, mineralstoffreich; ↑**Schafgarbe:** frische, junge Blätter im Frühjahr als Salatbeilage. Medizinisch: regt Leber und Darm an; ↑**Scharbockskrautblütenknospen:** die frischen Knospen und junge Blätter im Frühjahr zum Würzen und als Salatbeilage. Medizinisch: vitaminreich, verdauungsfördernd; **Schlehen:** die frischen Früchte zu Marmelade verarbeiten. Medizinisch: appetitanregend; **Sumpfdotterblume:** die frischen Blätter als Salat und Gewürz. Medizinisch: vitaminreich, verdauungsfördernd; ↑**Vogelmiere:** das frische, ganze Kraut als Gewürz und Salatbeilage. Medizinisch: reich an Vitaminen und Mineralstoffen; ↑**Wegwarteblüten:** die frischen, jungen Blüten im Frühjahr für Süßspeisen, die Blätter als Beilage zu Gemüse, Salaten, Saucen. Medizinisch: appetitanregend, fördern Leber-, Gallestoffwechsel; **Weiße Taubnessel:** ↑**Taubnesselblüten:** die frischen Blätter zu Gemüse, Salaten, als Gewürz. Medizinisch: reich an Vitaminen und Mineralstoffen; **Wiesenbocksbart:** das frische, junge Kraut im Frühjahr kurz vor der Blüte wie Spargel oder Salat. Medizinisch: magenfreundlich, reich an Vitaminen und Mineralstoffen; **Wiesenklee:** die frischen Blüten und Blätter als Salatbeilage. Medizinisch: appetitanregend, leberfreundlich; **Wiesenknöterich:** die frischen Blätter als Beilage zu Gemüsen, Salaten. Medizinisch: innere und äußere Blutungen, bei Magen- und Darmkatarrhen, starken Durchfällen und Ruhr. Grundbestandteil der Gurgelmittel, gegen Entzündungen der Mundhöhle und Mandeln, nach dem Zahnziehen. Auf entzündete Schleimhäute und geschwollene Stellen legen.

Wildreis [*Allgem. Nährmittel*] **T** Samen einer nordamerikanischen Graswasserpflanze, die bis zu 1,80 m hoch wird. Aus botanischer Sicht besteht keine Verwandtschaft mit herkömmlichem Reis. Das Rispengras wurde von Indianern sehr geschätzt und war ein Hauptnahrungsmittel. Die Samenkörner sind dunkel bis schwarz, 1,5 cm lang und an den Enden spitz zulaufend. Wildreis ist sehr teuer, weil der kommerzielle Anbau sehr schwierig und die Ernte trotz des Einsatzes von Maschinen sehr aufwändig ist. Deshalb wird Wildreis meist nur mit normalem Reis gemischt angeboten. Im Vergleich zu Reis der Gattung Oryza enthält Wildreis wesentlich mehr Anteile an ↑**Eiweiß,** ↑**Eisen,** ↑**Magnesium** und ↑**Zink.** Zudem enthält Wildreis weniger ↑**Kalorien.** Empfohlene Garmethode für Wildreis ist die Quell-Garung, bei Hinzugabe der vierfachen Volumenmenge Flüssigkeit. Die Garzeit beträgt 35–40 Min. ↑**Reis**

Wildsalat [*Unsere Küche*] Die Herstellungsgrundlage für industriell gefertigten Wildsalat ist Fleisch von ↑**Reh,** ↑**Hase,** ↑**Rebhuhn,** ↑**Fasan** oder anderen heimischen Wildarten, das geschnitten, gekocht, gegart worden ist. Der Wildfleischanteil beträgt mindestens 20 %. Die Tierart muss gekennzeichnet sein.

Wildschwein [*Fachkunde*] **T Englisch:** wild boar; **Französisch:** sanglier; **Italienisch:** cinghiale; **Spanisch:** jabalí. Junge Wildschweine (Frischlinge, höchstens 15 Monate alt) liefern zarte und leichtverdauliche Braten, saftige ↑**Steaks** und pikante ↑**Ragouts.** Aber auch Überläufer können ein durchaus schmackhaftes Fleisch haben. **Das Fleisch von Sauen ist nur gebeizt verwendbar und das eines Ebers nicht genießbar.** Ein Frischling wiegt bis zu 30 kg, ein Überlaufer, das 2-jährige Tier, bringt bis zu 40 kg auf die Waage, und ältere Tiere können bis 200 kg schwer werden. Es ist empfehlenswert, das Fleisch zu beizen und nur Rücken oder Keule zum Braten zu verwenden. Wildschweinfleisch gibt es während des ganzen Jahres, da die Tiere keiner ↑**Schonzeit** unterliegen. Ausnahme sind nur Sauen, die Frischlinge führen, diese dürfen zwischen Mitte März und Ende Juli nicht gejagt werden. Am schmackhaftesten ist frisches Wildschweinfleisch im November/Dezember.

Wildsoße [*Unsere Küche*] ↑**Würztabelle**

Williams Christ Birne [*Obst*] **T Lateinisch:** Pyrus communis var. Sativa. **Synonym:** Bartlett, Bon Chrétien. **Info:** Die Williams Christ ist eine mittelgroße, glockenförmige Sorte von klassischer Birnenform, mit glatter, leicht bucklig-höckeriger oder beuliger Oberfläche sowie eingesenktem, oft schief angesetztem Stiel. Die Schale ist grün bis hellgelb und sonnenseitig manchmal schwach verwaschen matt gerötet und von graubraunen ↑**Lentizellen** übersät. Das gelb-weiße, sehr saftige und weiche Fruchtfleisch weist den feinen, süßen, kräftigen, schmelzenden, edlen und typisch parfümierten Williamsgeschmack auf. Williams ist die Standard-Birne schlechthin, jede andere Birnensorte wird an ihr gemessen. Sie eignet sich vorzüglich als Tafelbirne, für die ↑**Konserven**industrie, zum ↑**Dörren** und zum ↑**Schnaps**brennen. In den USA sind etwa 75 % der gesamten Birnen-Anbaufläche mit Bartlett bepflanzt, ein Großteil davon wird allerdings in der Konservenindustrie verarbeitet. **Ursprung und Geschichte:** Williams Christ ist ein Sämling unbekannter Abstammung, der um 1770 von Mr. Stair aus Aldermaston in Berkshire, England, gefunden und ursprünglich „Stair Pear" genannt wurde. Verbreitet wurde die Sorte ab 1814 unter dem Namen „Williams Bon Chrétien" vom Baumschulbesitzer Richard Williams aus Turnham Green in Middlessex, England. Der amerikanische Farmer Enoch Bartlett brachte die Williamsbirne in die USA, wo sie unter dem Namen „Bartlett" sehr schnell verbreitet wurde. Williams Christ ist heute die beliebteste und weltweit gesehen die wirtschaftlich wichtigste Birnensorte. **Herkunft und Saison:** Williams Christ werden in Mitteleuropa von Mitte August bis Anfang September geerntet und sind im ↑**Kühllager** maximal bis Mitte Oktober, im ↑**CA-Lager** bis höchstens Mitte Dezember haltbar. Bei Überlagerung verlieren sie das typische Aroma, deshalb werden Williams Christ auch nur von Mitte August bis Ende September aus inländischer und italienischer Produktion angeboten. Aus Südamerika gibt es von Ende Januar bis Ende Februar – insbesondere aus Argentinien – hervorragende Qualitäten, danach noch kleinere Angebote aus Südafrika, Australien und Neuseeland. ↑**Birne**

Wilstermarschkäse [*Käse*] **Herkunft:** Deutschland; **Käsesorte:** ↑**Schnittkäse,** 45 % ↑**Fett in Tr.; Milch:** Kuhmilch; **Teig:** schnittfest, geschmeidig, mit Bruchlochung; **Geschmack:** mild-säuerlich, dezent herb; **Info:** wird oft in Schweineblasen eingehüllt

Windbeutel [*Backstube*] Gefülltes Gebäck aus ↑**Brandteig**

Windbeutel mit Sahne [*Übersetzer*] **Englisch:** profiterole; **Französisch:** profiteroles, chou(x) à la crème; **Italienisch:** profiteroles, bignè con crema; **Spanisch:** suspiro de monja

Windsor [*Käse*] ↑**Gloucester**

Wine by the glass [*U.S. Kitchen*] Offener ↑**Wein**

Wings [*U.S. Kitchen*] Flügel

Winkler, Heinz [*Berühmte Köche*] **Heinz Winkler,** *1949 in Brixen - Südtirol, I - seit 1991 Inhaber der Residenz Heinz Winkler in Aschau am Chiemsee, Bayern, D - Bekannt wurde er durch seine „Cuisine Vitale" und viele Publikationen. Der dienstälteste Koch in der deutschen kulinarischen Champions' League der Sterneköche hat im Verlauf seines Wirkens die Kochkunst in Deutschland beeinflusst wie nur wenige zuvor. Anfangs in der Szene belächelt, ist er heute Vorbild namhafter Köche und Wegbereiter aller, die durch seine Schule gingen. Heinz Winklers Kreativität brachte ihm höchste Ehrungen und Auszeichnungen: 2001 das Bundesverdienstkreuz am Blauen Bande und seit 19 Jahren ununterbrochen 3 Sterne im Guide Rouge (Michelin).

Winterkohl [*Gemüse*] ↑**Grünkohl**

Wintermelone [*Exotische Früchte*] ↑**Tong Qwa**

Winterrettich [*Gemüse*] ↑**Schwarzer Rettich**

Winterspargel [*Gemüse*] ↑**Schwarzwurzeln**

Winterzwiebel [*Gemüse*] ↑**Frühlingszwiebel**

Winzergenossenschaft [*Weinkunde*] Die erste Winzergenossenschaft der Welt entstand am Bodensee. Sie wurde gegründet, um die Vermarktungschancen zu verbessern, um bessere Preise zu erzielen und damit die Lebensverhältnisse der armen Winzer zu verbessern. In Frankreich werden die Winzergenossenschaften „cooperative vinicole" und in Italien „cantina sociale" genannt.

Winzermeister, Winzer [*Weinkunde*] „Weinbauer", aus dem lateinischen „vinitor" abgeleitet. Die in Deutschland traditionelle Bezeichnung für einen Weinproduzenten, der noch in den Weinbergen arbeitet, aber auch für den Kellereibereich zuständig ist. Winzer ist schon lange ein Lehrberuf.

Wir möchten bitte noch ein Glas Bier. [*Übersetzer*] Im Hotel **Englisch:** We'd like another glass of beer, please. **Französisch:** Encore un verre de bière, s'il vous plaît. **Italienisch:** Può portarci un bicchiere di birra bionda. **Spanisch:** Otra vaso de cerveza, por favor.

Wirsing [*Gemüse*] **T Lateinisch:** Brassica oleracea convar. capitata var. sabauda. **Synonym:** Wirsingkraut, Wirsching, Savoyer Kohl, Welschkohl. **Schweizer Deutsch:** Wirz; **Englisch:** savoy cabbage; **Französisch:** chou frisé; **Italienisch:** verza, cavolo verzotto; **Spanisch:** col rizada. **Info:** Wirsing gehört zur Familie der Kreuzblütengewächse und ist ein sehr enger Verwandter von ↑**Weiß**- und ↑**Rotkohl;** sie alle gehören zu der Gruppe der ↑Kopf**kohle**. Wirsing bildet wie Kraut je nach Sorte große, runde bis ovale Köpfe mit eng anliegenden Blättern aus, die jedoch stark gekraust bis blasig gewellt sind. In seiner Form leitet der Wirsing vom Kopf- zum Blätterkohl über, da die blasig aufgewellten Außenblätter abspreizen und die Kopfbildung lockerer, mit fast salatähnlichem Kopf ist. Später reifende Sorten haben dunkelgrüne Außenblätter und einen ausgeprägteren Kohlgeschmack, während frühreifende Sorten meist ein helleres und zartes Herz aufweisen. **Ursprung und Geschichte:** Vorläufer des Wirsings mit eng den Strunk umgebenden, gekrausten Blättern wurden möglicherweise schon von den alten Römern genutzt; als Herkunftsland des Wirsings wird Italien vermutet. Wirsing wird heute vor allem in Westeuropa, in geringerem Maße auch in Nord- und Osteuropa, im westlichen Mittelmeergebiet und im Osten der USA angebaut. **Herkunft und Saison:** Wirsing ist ein typisches Herbst-Wintergemüse und wird aus heimischer Produktion, zum Teil ergänzt mit Importen aus Italien, den Winter über in ausreichenden Mengen angeboten. **Inhaltsstoffe:** 100 g Wirsing weisen einen Brennwert von ∅ 50 kcal/210 kJ auf und enthalten 83 g Wasser, 3,3 g Eiweiß, 0,7 g Fett, 10 g Kohlenhydrate und 2 g Ballaststoffe. An ↑**Mineralstoffen,** ↑**Spurenelementen** und ↑**Vitaminen** sind ∅ 135 mg Kalzium, 1,7 mg Eisen, 43 mg Natrium, 890 mg Vitamin A (RE) und 120 mg Vitamin C enthalten. Wirsing ist äußerst reich an Mineralstoffen wie ↑**Eisen,** ↑**Calcium,** ↑**Phosphor,** ↑**Natrium** und ↑**Magnesium** sowie an ↑**Vitamin C** und wertvollem ↑**Eiweiß.** Den in Wirsing ebenfalls reichlich vorhandenen ↑**sekundären Pflanzenwirkstoffen** wird eine besondere Rolle bei der vorbeugenden Wirkung gegen Krebs und eine Stärkung des Immunsystems zugeschrieben. Die äußeren Blätter enthalten mehr ↑**Nährstoffe** als das Herz und sollten, falls unversehrt, immer mitverwendet werden. Wirsing hat aber auch sehr viel ↑**Nitrat** und sollte vor der Zubereitung immer blanchiert werden. **Das Wasser nicht mehr verwenden. Zubereitung und Tipps:** Wirsing muss gründlich gewaschen werden, da sich zwischen den krausen Blättern nicht nur Sand befindet, sondern auch unliebsame Gäste nisten können. Danach wird er ohne den inneren Strunk blattweise oder klein geschnitten und meist als ↑**Gemüse** zubereitet. Von allen Kohlarten weist Wirsing den ausgeprägtesten Kohlgeschmack auf und eignet sich deshalb und auch wegen seiner langen Garzeit ideal für Eintöpfe. Wirsing passt gut zu ↑**Wild,** ↑**Schweine-,** ↑**Rind-** und ↑**Lammfleisch,** Kurzgebratenem, ↑**Leber** und ↑**Edelfisch.** Aus großen Wirsingblättern lassen sich besonders pikante ↑Kohl**rouladen** zubereiten. Einen Nachteil hat **Wirsing:** Er verursacht wie alle Kohlarten Blähungen. Bei Empfindlichkeit sollte mit ↑**Kümmel,** ↑**Anis,** ↑**Fenchel**- oder ↑**Dill**samen gewürzt werden. **Klassische Gewürze:** ↑**Räucherspeck,** ↑**Zwiebeln,** ↑**Knoblauch,** Kümmel gem.,

↑**Pfeffer.** Mit ↑**Sahne** und ↑**Muskatnuss** vollenden. **Einkauf:** Wirsing wird das ganze Jahr frisch im Handel angeboten, jedoch ist Früh- und Herbstwirsing delikater im Geschmack. Die Frische erkennt man an den kräftigen, festen und frisch riechenden Blättern. **Lagerung:** bis 14 Tage im Gemüsefach.

Wirz [*Schweizer Küche*] Schweizer Bezeichnung für ↑**Wirsing**

Wissler, Joachim [*Berühmte Köche*] **Joachim Wissler,** *1963 in Nürtingen, D – seit 2000 im Restaurant Vendôme, Schlosshotel Bensberg – Bergisch Gladbach. Bekannt für seine Sterne, die er seiner schnörkellosen, klassischen Küche mit raffinierten und mutigen Aromen verdankt. 2002 die Veröffentlichung von „Joachim Wisslers Sterneküche". Er war 2003 & 2005 Koch des Jahres und wurde 2006 mit 3 Sternen (Michelin) gekürt.

Witloof [*Gemüse*] ↑**Chicorée**

Wittling [*Fisch*] ↑**Merlan**

Witzigmann, Eckart [*Berühmte Köche*] **Eckart Witzigmann,** *1941 in Badgastein, A, war 1979 der erste deutschsprachige Koch überhaupt und dritter Koch weltweit außerhalb Frankreichs, der drei Michelin-Sterne verliehen bekam (für sein Münchner Restaurant Aubergine). Witzigmann trägt außerdem neben Paul ↑**Bocuse,** Joël ↑**Robuchon** und Frédy ↑**Girardet** den Titel „Koch des Jahrhunderts", der ihm vom Gault Millau verliehen wurde. Während seiner Lehr- und Wanderjahre landete er in der „Auberge de l'Ill" in Illhäusern bei den Brüdern ↑**Haeberlin,** wo er den direkten Kontakt zur „↑**Nouvelle cuisine**" hatte, die ihn fortan prägen sollte. Eckart Witzigmann konnte die neue französische Küche vor Ort bei ihren Päpsten studieren, so waren außer Marc & Paul Haeberlin u. a. auch die Brüder ↑**Troisgros** und Paul Bocuse seine Lehrer. Witzigmann ist seit 1993 mit zahlreichen Projekten unternehmerisch sehr erfolgreich tätig, und seine Kochbücher erreichen höchste Auflagen. Zu den bekanntesten zählen: 2001, „Unser Kochbuch", mit Alfred ↑**Biolek** (ausgezeichnet mit dem Deutschen Bücherpreis) – 2002, „Europa-Küche" – 2003, „Rezepte, wie wir sie mögen", mit A. Biolek. Im Herbst 2006 startete seine neue Dinnershow „Witzigmann & Roncalli Bajazzo", gemeinsam mit dem legendären Zirkusdirektor Bernhard Paul.

Wo sind die Toiletten, bitte? [*Übersetzer*] Im Hotel **Englisch:** Where are the restrooms, please? **Französisch:** Où sont les toilettes, s'il vous plaît? **Italienisch:** Dove sono i bagni per favore? **Spanisch:** Donde están los servicíos, por favor?

Wodka [*Hausbar*] **T** Das russische Nationalgetränk Wodka hat seinen Ursprung in Polen und Russland, vermutlich als Medizin, wie bei vielen anderen ↑**Spirituosen.** In Krakau und Danzig produzierten die ersten Destillerien bereits im 15. Jh., in Schweden im 16. Jh. Da in den nördlichen Ländern kein Wein angebaut werden kann, musste man sich mit ↑**Getreide** wie ↑**Gerste,** ↑**Roggen** und ↑**Hafer** behelfen und dieses brennen. In Deutschland wurde in der Zeit Friedrichs des Großen (1712–1786) erstmals Wodka produziert. Friedrich verbot allerdings die Verarbeitung von ↑**Kartoffeln** zu ↑**Alkohol,** um einer Hungersnot vorzubeugen. Nach dem Tod des Königs schossen die Brennereien wie Pilze aus dem Boden, Mitte des 19. Jh. gab es an die 14 000 Hersteller im Reich. Der Wodka heute (**Polnisch:** wódka, **Russisch:** Wässerchen, **Ukrainisch:** horilka = Brennwasser) ist ein meist farbloser ↑**Branntwein** aus reinem, fein filtriertem Alkohol, den man aus Kartoffeln oder ↑**Korn** gewinnt. Der Mindestalkoholgehalt beträgt 40 % Vol. Er zeichnet sich besonders durch seinen fast neutralen Geschmack und das Fehlen von Kopfweh verursachenden ↑**Fuselölen** und Aromen oder fermentierten Stoffen aus. Da aber manche Leute ihren ↑**Kater** zu lieben scheinen, gibt es mittlerweile zahlreiche Wodkasorten auf dem Markt, die mit so exotischen Zutaten wie ↑**Schlehen,** ↑**Sherry,** ↑**Vanille,** ↑**Limetten,** ↑**Kräutern** oder Büffelgras aromatisiert werden. Wodka wird in seinen Herkunftsländern gern pur getrunken, er sollte dann aber eiskalt serviert werden. Da er in sehr vielen ↑**Cocktails,** z. B. ↑**Swimmingpool** und ↑**Bloody Mary,** verwendet wird, sollte er in keiner Bar fehlen.

Wodka Sour [*Hausbar*] **R** Before Dinner ↑**Cocktail** – 4 cl ↑**Wodka,** 2 cl ↑**Zitronensaft** und ein bis zwei Barlöffel ↑**Läuterzucker,** im ↑**Shaker** zubereitet und im kleinen ↑**Tumbler** serviert

Wohlfahrt, Harald [*Berühmte Köche*] **Harald Wohlfahrt,** *1953 in Loffenau, Baden-Baden, D – Seit Herbst 1980 Küchenchef im Restaurant „Schwarzwaldstube", Hotel Traube, Tonbach, Baiersbronn, und seit 1992 Inhaber dreier Sterne im Michelin. Bekannt wurde Wohlfahrt durch sein Mosaik von Jakobsmuscheln und Périgordtrüffel sowie seine Publikationen: 1998 – „Feines aus meiner Küche" und 2000 – „Feine Desserts aus meiner Küche". Er wurde 2006 von Bundespräsident Horst Köhler mit dem Bundesverdienstkreuz am Bande geehrt.

Wohlfühlgewicht [*Gesundheit*] ↑**Sollgewicht**

Wok [*Asiatische Küche*] **T** Traditionelles Kochgerät in China und anderen asiatischen Ländern. Ursprünglich hatte der Wok eine gänzlich runde Form und saß in einem Feuerring, sodass die Hitze unten sehr hoch war und an den Rändern schnell abnahm. Der Wok wurde wahrscheinlich aus einer Not heraus geboren: dem Mangel an Brennholz. Daher musste die Zubereitung schnell gehen. Eine Portionierung der Speisen in mundgerechte Stücke beschleunigt das Kochen ebenfalls. Zudem hat Konfuzius Schlachtwerkzeuge vom Esstisch verbannt. Im Wok werden die Speisen mit einer der Rundung des Woks angepassten Schaufel schnell durcheinandergerührt, sodass stets nur ein geringer Teil der Speisen direkten Kontakt mit der heißesten Stelle im Wok hat. Der Rest zieht an den kälteren Wänden nach oben und gart dort behutsam. Wichtig für das Wok-Kochen ist eben diese Schaufel. Ein normaler Löffel oder eine Bratschaufel ist ungeeignet. Nichts darf zu lange an der heißesten Stelle des Woks liegen bleiben, sonst verbrennt es. Woks gibt es aus fast jedem Material: Gusseisen, Edelstahl, Stahlemail, Kupfer – je nach Geldbeutel. Ein Wok aus Gusseisen muss regelmäßig eingeölt werden, sonst rostet er. Edelstahlwoks haben meist einen sehr gut wärmeleitenden Boden und sind daher für Elektroherde besser geeignet. Elektrisch geheizte Woks sind nicht zu empfehlen.

Wolfen [*Unsere Küche*] Zerkleinern mit dem ↑**Fleischwolf**

Wolfsbarsch [*Fisch*] **T Englisch:** bass; **Französisch:** loup de mer oder bar; **Italienisch:** branzino oder spigola; **Spanisch:** robelo. Unumstrittener Spitzenreiter der Meeresfische für die feine Küche. Die Spitzenqualitäten werden in mühsamer Handarbeit vor den europäischen Atlantikküsten mit beköderten Langleinen gefangen, was seinen hohen Preis erklärt. Mittlerweile wird der „Seewolf" in Frankreich, Italien und der Türkei erfolgreich gezüchtet. Sein festes Fleisch nimmt dem Koch so schnell nichts übel, selbst wenn es zu lange oder zu heiß gegart wird, zerfällt es nicht sofort. Nicht zu verwechseln ist er mit dem ↑**Katfisch,** der hierzulande nicht selten als ↑**Seewolf** an den Fischtheken angeboten wird.

Wolgawurst [*Fleischprodukt*] **T** Eine österreichische ↑**Brühwurst;** hergestellt aus ↑**Schweinefleisch,** ↑**Speck** mit ↑**Rindfleisch** und kräftig mit frischem ↑**Knoblauch** und ↑**Gewürzen** abgeschmeckt. Wolgawurst wird im ↑**Kaltrauch** mehrmals getrocknet und ist so lange haltbar. Sie schmeckt zu frischem ↑**Bauernbrot** am besten.

Wollwurst [*Regionale Spezialität*] **T** Bayerische ↑**Bratwurst**spezialität. Eine Art ↑**Weißwurst** ohne Haut und ↑**Kräuter,** die gebraten und meist mit ↑**Bratensoße** serviert wird.

Wologodski [*Käse*] **Herkunft:** Russland/Wolgaregion: **Käsesorte:** runder, geräucherter Käse aus Kuhmilch mit einem Gewicht von 2 kg

Wooden [*U.S. Kitchen*] Aus Holz

Worcestersoße [*Gewürze & Kräuter*] **A Englisch:** Worcestershiresauce. Pikante, dunkle Sauce auf der Grundlage von ↑**Essig,** ↑**Melasse,** ↑**Sherry** und ↑**Soja.** Hinzu kommen weitere Gewürze wie ↑**Nelken,** ↑**Tamarinden**mus, ↑**Koriander,** ↑**Piment,** ↑**Ingwer,** ↑**Senf,** ↑**Muskat,** ↑**Anchovis,** ↑**Pfeffer,** ↑**Chili,** ↑**Schalotten,** ↑**Knoblauch** und ↑**Lorbeer.** Die genaue Zusammensetzung ist aber Geheimnis der Hersteller. **Ursprung und Geschichte:** Laut Überlieferung ist sie 1837 entstanden, dem Jahr der Thronbesteigung Queen Victorias. Damals ging ein ehemaliger Gouverneur von Bengalen mit einem Saucenrezept, das er aus den Kolonien mitgebracht hatte, in eine Drogerie seiner Heimatstadt, um sich die Sauce originalgetreu zusammenstellen zu lassen. Das Ergebnis befriedigte ihn aber überhaupt nicht. Er holte die Sauce darum gar nicht ab, sie blieb zehn Jahre im Keller der Drogerie stehen, bis man einmal beim Entrümpeln auf sie stieß. Man probierte sie wieder – und diesmal war man hellauf begeistert. Schon wenige Jahre später gehörte die Worcestershiresauce zum Standardgewürz in allen feinen englischen Haushalten. Sehr viel weiß man über die Herstellung der pikanten Sauce nicht, nur, dass sie in Holzfässern jahrelang reifen muss, bevor sich ihr Geschmack entwickelt. Worcestershiresauce oder Worcestersauce ist eine intensive Würzsauce. Man verwendet sie darum nur spritzerweise, und zwar kurz vor dem Servieren, um einem Gericht ganz zum Schluss den letzten pikanten Pfiff zu geben. **Geschmack:** säuerlich, scharf und pikant. **Mit Worcestershiresauce würzt man:** Tomatensaft pikant, mit ↑**Salz** und ↑**Pfeffer** – den Cocktail „↑**Prairie Oyster**" – ↑**Ragout fin** – helle ↑**Frikassees** für die pikante Hintergrundschärfe – ↑**Marinaden** für kräftige Salate, z. B. – ↑**Kartoffelsalat** – ↑**Feldsalat** – ↑**Fleischbrühe** – Eintöpfe (als pikante Note zusätzlich zu den anderen Gewürzen). **Würzkombinationen mit Worcestershiresauce:** Sie passt, sparsam verwendet, zu allen Gewürzen.

Wraps [*Mexicofood*] **A** Gefaltete, gefüllte Teighüllen, die wie ↑**Sandwiches** verwendet werden. Man kann dazu ↑**Tortillas,** selbst gebackene dünne ↑**Eierpfannkuchen** oder auch ↑**Fladenbrot** verwenden. Typische Füllungen sind Salate, Fleischsoßen, ↑**Käse,** ↑**Salsas.** Aber auch ↑**Chili con carne,** gegrilltes ↑**Gemüse,** ↑Fleisch**ragouts** usw. lassen sich darin eintüten. Letztendlich sind der Fantasie keine Grenzen gesetzt. Damit die Füllung nicht herausfällt, folgendermaßen arbeiten: Die Füllung in der Mitte verteilen, dabei einen Rand frei lassen. Teigfladen an den Seiten rechts und links jeweils ca. 4 cm breit einschlagen. Nun von unten vorsichtig aufrollen. Wraps zum Schluss halbieren und in Servietten wickeln.

Wrucken [*Gemüse*] ↑**Steckrüben**

Wuchtig [*Weinkunde*] Körperreicher und voller Wein, der auf schweren Böden gedeiht

Wunsen [*Asiatische Küche*] Begriff aus der thailändischen Küchenkultur für ↑**Glasnudeln**

Würfelzucker [*Allgem. Nährmittel*] **T** Die ↑**Raffinade** wird angefeuchtet, in Würfelform gepresst und anschließend wieder getrocknet. Mit Würfelzucker werden hauptsächlich heiße Getränke gesüßt. Brauner Würfelzucker wird aus braunem ↑**Zucker** hergestellt und gibt ↑**Tee,** ↑**Kaffee** oder ↑**Espresso** den besonderen Geschmack.

Würgel [*Regionale Spezialität*] Rolle aus der Keule von ↑**Rind** oder ↑**Kalb**

Würmer [*Gesundheit*] ↑**Parasiten** und ↑**Nematoden**

Würmer in Fischen [*Gesundheit*] ↑**Nematoden** – oder Breiter ↑Fisch**bandwurm** – oder ↑**Finne (Biologie)**

Wurmlauch [*Wildkräuter, -blüten & -früchte*] ↑**Bärlauch**

Wurmsalz [*Hausbar*] ↑**Maguey-Wurm**

Wurst [*Fleischprodukte*] **Englisch:** sausage; **Französisch:** saucisses; **Italienisch:** salsiccia; **Spanisch:** salchichas. In Deutschland gibt es weit über 1000 verschiedene Wurstsorten, die sich dank ihrer hohen Qualität im In- und Ausland großer Beliebtheit erfreuen. Schon im Mittelalter wurden Vorschriften zum Wurstmachen erlassen. So bestimmte die Marktordnung von Landshut aus dem Jahr 1256, dass Würste nur aus gutem Schweinefleisch hergestellt werden durften. Auch heute regeln Gesetze, Verordnungen und Leitsätze die Wurstherstellung und gewährleisten die hohe Qualität. Über 40 % des deutschen Schlachtfleisches wird in Form von Wurst und Fleischerzeugnissen verzehrt. Diese Mengen werden hauptsächlich industriell hergestellt. Zur Wurstproduktion wird möglichst frisches Fleisch, vor allem vom ↑**Schwein,** ↑**Rind** und ↑**Kalb,** aber auch von ↑**Lamm,** ↑**Geflügel** und ↑**Wild** verwendet. Als qualitätsbestimmender Bestandteil der Wurst ist ein Mindestgehalt an Fleischeiweiß ohne Bindegewebseiweiß, also an schierem Muskelfleisch (Magerfleisch), für fast jede Wurstsorte vorgeschrieben. Zubereitet wird eine Wurst in der Regel aus zerkleinertem ↑**Fleisch,** ↑**Speck,** ↑**Salz** und ↑**Gewürzen,** bei bestimmten Sorten auch unter Verwendung von Blut und ↑**Innereien.** Für regionale Spezialitäten wie den ↑**Pfälzer Saumagen** werden zusätzlich ↑**Kartoffeln** oder ↑**Hafergrütze** für die niedersächsische ↑**Grützwurst** zugefügt. Für die Wurstherstellung wird das Fleisch entbeint, soweit nötig von Sehnen befreit, mit dem Fleischwolf zerkleinert und mit Gewürzen versetzt. Für sehr feine Würste wird die Masse zusätzlich mit dem ↑**Kutter** zu einem homogenen Teig verarbeitet. Das so gewonnene ↑**Brät** wird mit genauen Mengen Salz und Gewürzen abgeschmeckt, ggf. mit Zutaten wie ↑**Schinkenstücke,** ↑**Pistazien,** ↑**Paprika,** ↑**Senfkörner** usw. angereichert und in Hüllen gefüllt. Als Wursthüllen dienen Naturdärme, Blasen, Mägen oder Kunsthüllen, auch Gläser und Konservendosen werden verwendet. **Typische Wurstgewürze:** ↑**Koriander,** ↑**Knoblauch,** ↑**Kümmel,** ↑**Majoran,** ↑**Muskatnuss,** ↑**Muskatblüte,** ↑**Nelke,** ↑**Petersilie,** ↑**Pfeffer,** ↑**Piment,** ↑**Thymian,** ↑**Zitronenschale,** ↑**Zwiebeln** und ↑**Zucker.** Je nach Sorte konserviert man die Wurst durch Kochen oder Backen bzw. durch Trocknen und/oder Räuchern. Nach Art der Herstellung und verwendeten Zutaten unterscheidet man zwischen ↑**Roh-,** ↑**Brüh-** oder ↑**Kochwurst.** ↑**Wurstwaren. Wurst bewahrt man am besten wie folgt auf: Rohwurst:** kühler und trockener Ort, z. B. Speisekammer oder Keller bei 10° C; **Brüh- und Kochwürste:** im Kühlschrank (0–2° C) in Frischhaltefolie

Wurstäpfel [*Regionale Spezialität*] Meist eine feine ↑**Leberwurst** in ↑**Hammelblasen** gefüllt und in Apfelform hergerichtet

Würstchen [*Fleischprodukte*] In Portionen abgeteilte Fleischerzeugnisse nach ↑**Brüh-,** ↑**Koch-,** ↑**Rohwurstart** hergestellt und meist in ↑**Saitlinge** gefüllt

Würstchen erhitzen [*Unsere Küche*] **T** ↑**Debreziner,** ↑**Wiener,** ↑**Blut-** und ↑**Leberwürste,** ↑**Regensburger,** ↑**Münchner Weißwurst:** Wie kann man verhindern, dass die Würste im Topf aufplatzen? Wasser aufkochen, salzen, damit die Würste nicht auslaugen, Würstchen einlegen, Deckel schließen, **Herd ausschalten,** 10–15 Min. ziehen lassen.

Wurstfett [*Fette*] Fett, das bei der Herstellung von ↑**Kochwurst** anfällt und gern als Brotaufstrich genommen wird

Wurstkraut [*Gewürze & Kräuter*] ↑**Majoran**

Wurstkuchen [*Regionale Spezialität*] ↑Wurst**pastete** in Teighülle

Wurstmasse [*Fleischprodukte*] ↑**Brät**

Wurstsalat [*Unsere Küche*] **A** Salat aus verschiedenen Wurstsorten, in Scheiben oder Streifen mit ↑**Zwiebelringen,** ↑**Salz,** ↑**Pfeffer,** ↑**Essig** und ↑**Pflanzenöl** gewürzt und ↑**Schnittlauch** vollendet. ↑**Marinade, süß-sauer. Schweizer Wurstsalat:** Dieser Variante wird in Streifen geschnittener ↑**Emmentaler** ↑**Käse** zugefügt.

Wurstsuppe [*Fleischprodukte*] Kesselbrühe, in der Wurstwaren, speziell ↑**Kochwürste,** im Naturdarm gegart wurden. ↑**Metzelsuppe**

Wurstwaren [*Fachkunde*] Fleischerzeugnisse. Zu ihnen gehören Würste und wurstartige Erzeugnisse. Sie sind entweder roh oder gekocht und manchmal zusätzlich geräuchert. ↑**Wurst. Es gibt folgende Sorten: 1.** ↑**Rohwürste:** streichfähige Sorten, z. B. Mettwurst-, Streichwurst- und Teewurstsorten und schnittfeste Sorten, z. B. Landjäger, Plockwurst, Salami. **2.** ↑**Brühwürste:** z. B. Leberkäse, Lyoner, Gelbwurst, alle Brühwürstchen, Mortadella, Bierschinken, Schinkenwurst. **3.** ↑**Kochwürste:** z. B. Blutwurst, Leberwurst, Leberpasteten, Sülzwürste

Württemberg [*Weinkunde*] Fünftgrößtes deutsches Weinbaugebiet mit etwa 11 000 ha Weinanbaufläche. Das Zentrum des Weinanbaus liegt zwischen Ludwigsburg und Heilbronn bzw. in Stuttgart und ist stark zersplittert. Die meisten Weine werden in Kleinbetrieben erzeugt und an Winzergenossenschaften geliefert. **Das Gebiet ist unterteilt in fünf Bereiche – Kocher-Jagst-Tauber – Württembergisches Unterland – Remstal-Stuttgart – Oberer Neckar** sowie **Württembergischer Bodensee** und erstreckt sich vom Taubergrund im Norden bis zum Bodensee, dessen größerer Teil jedoch zum Anbaugebiet Baden gehört. Die Bodenverhältnisse sind sehr unterschiedlich, die Lagen sind vergleichsweise hoch gelegen (durchweg zwischen 200 und 400 m NN), das Klima ist kühler und weist mehr Niederschläge während der Vegetationsperiode auf als das benachbarte Baden mit der Oberrheinischen Tiefebene. Anders als Baden gehört Württemberg wie die übrigen deutschen Weinbaugebiete zur Weinbauzone A. Die vielen Weinbauinseln sind meist Südhänge, die sich dank ihrer mikroklimatischen Vorzüge in besonderer Weise für den Weinbau eignen. Württemberg ist neben der wesentlich kleineren Ahr das einzige deutsche Weinbaugebiet, in dem rote Rebsorten mit 56 % der Fläche überwiegen, darunter einige, die in Deutschland sonst kaum anzutreffen sind, wie ↑**Trollinger,** ↑**Schwarzriesling** und ↑**Lemberger.** Der nur hier angebaute ↑**Samtrot** wird sehr gepflegt, während der in der übrigen deutschen Rotweinerzeugung dominierende ↑**Spätburgunder** in Württemberg nur einen sehr kleinen Flächenanteil erreicht. Unter den weißen Sorten fehlen derartige lokale Sorten. Hier führt der ↑**Riesling** eindeutig vor ↑**Müller-Thurgau,** ↑**Kerner** und **Silvaner.** Übrige Weißweinsorten spielen quantitativ keine Rolle. Eine Besonderheit des württembergischen Weinbaus ist der nur hier erzeugte **„Schillerwein"**, ein ↑**Rotling** aus weißen und roten Rebsorten. Die Württemberger, statistisch Deutschlands eifrigste Weintrinker, genießen ihre Weine zum größten Teil selbst. In jüngerer Zeit gehen in Württemberg wie im benachbarten Baden führende Weingüter und manche Winzergenossenschaft neue Wege in der Weinerzeugung, indem sie sich auf bewährte Qualitätssorten konzentrieren, die Erträge deutlich begrenzen, die Gärung sorgfältiger durchführen und die Weine wieder im Holzfass, z.T. im ↑**Barrique** ausbauen. Die inzwischen vorliegenden ersten Ergebnisse können sich sehen lassen und dokumentieren, dass das qualitative Potenzial des württembergischen Weinbaus auf breiter Basis noch keineswegs ausgeschöpft ist. **Bedeutende Weinbauorte sind:** Abstatt, Asperg, Bad Cannstatt, Bönnigheim, Brackenheim, Flein, Grantschen, Gündelbach, Gundelsheim, Heilbronn, Kleinbottwar, Maulbronn, Mundelsheim, Neckarzimmern, Neipperg, Schozach, Schwaigern, Stetten, Stuttgart, Untertürkheim, Verrenberg, Weikersheim und Weinsberg.

Würzbissen [*Unsere Küche*] Käsegebäck, das zum Teil noch mit ↑**Oliven,** ↑**Sardellen** usw. belegt wird

Würzburg [*Weinkunde*] Liegt in Unterfranken am Main und hat etwa 130 000 Einwohner. Seit 741 ist Würzburg Bischofssitz, seit 1582 eine Universitätsstadt und bis heute das Zentrum des fränkischen Weinanbaus und -handels.

Würzburger Bratwurst [*Regionale Spezialität*] Entspricht in der Größe und Würzung der ↑**Thüringer Rostbratwurst,** sie enthält aber zusätzlich einen Anteil weißen ↑**Frankenweins.**

Würze [*Gewürze & Kräuter*] Industriell hergestellte Zubereitung aus eiweißhaltigen, meist pflanzlichen Rohstoffen wie ↑**Sojaschrot** und ↑**Weizenkleber.** Das Produkt erinnert geschmacklich an ↑**Fleischbrühe** und bildet mit ↑**Salz** ergänzt die Grundlage für Flüssigwürzen, ↑**Brühwürfel** und ↑**Gekörnte Brühe.** In der Lebensmittelindustrie findet Würze breite Anwendung, um einen „fleischigen" Geschmackseindruck hervorzurufen, der fachlich ↑**Umami** genannt wird. Zur Herstellung von Würze wird ↑**Eiweiß** entweder mit Salzsäure verkocht und anschließend mit Natriumcarbonat oder Natronlauge neutralisiert, wobei auch Kochsalz entsteht, oder bei einer neueren Methode mit ↑**Enzymen** aus ↑**Schimmelpilzen** und ↑**Schweine-**↑**Innereien** aufgelöst. Würze, die nicht direkt für ↑**Konserven** und Fertiggerichte verwendet wird, kommt mit ↑**Zuckerkulör** gefärbt als Flüssigwürze, getrocknet als „Gekörnte Brühe" oder zusätzlich mit ↑**gehärtetem Fett** verkittet als ↑**Brühwürfel** auf den Markt. Dabei werden in der Regel noch weitere ↑**Geschmacksverstärker,** ↑**Aromastoffe,** ↑**Malz-** und ↑**Milchzucker,** ↑**Karamell** und anderes hinzugegeben. **„**↑**Gemüsebrühe"** enthält darüber hinaus kleine Mengen getrockneten ↑**Gemüses**, „Fleischbrühe" noch mindestens 670 Milligramm ↑**Fleischextrakt** pro Liter (gemäß EU-Beurteilungskriterien). Nach deutschem Lebensmittelrecht muss Würze nicht mehr namentlich, sondern nur allgemein als „Aroma" deklariert werden. Sie bleibt unter Umständen durch den Zusatz „mit **Soja, Weizen**" oder ähnlichen Formulierungen erkennbar.

Wurzelgemüse [*Fachkunde*] Dazu zählt man alle Pflanzen, deren Wurzelverdickungen zum Verzehr geeignet sind. Zum Wurzelgemüse gehören ↑**Rettich,** ↑**Rüben,** ↑**Pastinaken,** ↑**Karotten,** ↑**Kartoffeln,** ↑**Kohlrabi,** ↑**Meerrettich,** ↑**Rote Beete** und ↑**Schwarzwurzeln.**

Wurzeln [*Gemüse*] ↑**Karotten**

Wurzelsellerie [*Gemüse*] ↑**Knollensellerie**

Wurzelwerk [*Österr. Küche*] ↑**Suppengrün**

Würzen [*Fachkunde*] ↑**Würztabelle**

Würzer [*Weinkunde*] Die Rebe Würzer wurde 1932 in Alzey von Dr. Georg Scheu gezüchtet. Sie verfügt über einen mittleren bis hohen Ertrag von 90–130 hl/ha. Meist werden Mostgewichte bis zu 85° ↑**Öchsle** erreicht. Durch die Kreuzung von ↑**Gewürztraminer** & ↑**Müller-Thurgau** sind die Ansprüche an Boden und Lage sehr hoch. Die Weine haben einen muskatartigen bis würzigen Charakter. Der Würzer wird vor allem in ↑**Rheinhessen** und in kleineren Mengen auch an der ↑**Nahe** angebaut.

Würzfleisch [*DDR-Küche*] ↑**Ragout fin**

Würzig [*Weinkunde*] Oft benutzter Ausdruck für pikante Weine

Würzmittel [*Fachkunde*] Sammelbezeichnung für aromagebende Stoffe, die zum Würzen von Speisen und Lebensmitteln dienen. **Man unterscheidet folgende Würzmittel: Gewürze:** ↑**Küchenkräuter,** getrocknete und konservierte ↑**Gewürze; Würzstoffe:** z. B. ↑**Salz,** ↑**Zucker,** ↑**Vanillin** und andere ↑**Aromen; Ge-**

würzmischungen: z. B. ↑**Curry; Gewürzkonzentrate:** Extrakte aus Gewürzen oder Gewürzmischungen, z. B. ↑**Rosmarinextrakt; Gewürzzubereitungen:** z. B. ↑**Sambal,** ↑**Essig,** ↑**Senf**

Würzpasten [*Gewürze & Kräuter*] **A** In der mediterranen Küche gehören pastenähnliche, kräftig abgeschmeckte Würzdips als Geschmacksabrundung von Suppen, ↑**Saucen** und Salaten usw. zu den Spezialitäten. **Typische Zutaten sind:** ↑**Basilikum** oder andere ↑**Kräuter** in größeren Mengen – Frischer ↑**Knoblauch** – Geriebener ↑**Hartkäse** wie ↑**Parmesan** oder ↑**Pecorino** – ↑**Pinien** – ↑**Mandeln** – ↑**Wal-** oder ↑**Haselnüsse** – Schwarze oder grüne ↑**Oliven** – ↑**Safran.** Abgezogene, entkernte ↑**Tomaten.** Entkernte ↑**Chilischoten** – Geröstetes, geriebenes, eingeweichtes oder frisches ↑**Weißbrot. Zubereitung:** Die verschiedenen Zutaten werden je nach Geschmack und Zusammenstellung in einem Mörser oder Mixer zu Brei verarbeitet. Die gewünschte ↑**mayonnaise**nähnliche Konsistenz erhält die Paste durch die Zugabe von ↑**Olivenöl.** Bekanntes Beispiel ist das italienische ↑**Pesto,** das besonders gut zu ↑**Nudeln** schmeckt. Klassiker aus Frankreich sind ↑**Tapenade,** ein äußerst pikanter Dip, der als Würze zu allen **Fisch-** und ↑**Fleisch**gerichten sowie Suppen passt, und ↑**Rouille,** traditionelle Beigabe zu ↑**Bouillabaisse.** Die spanische Version mit Tomaten, Knoblauch und ↑**Nüssen** heißt ↑**Romesco.**

Würzsoßen [*Gewürze & Kräuter*] Seit Jahrhunderten sind Würzsoßen fester Bestandteil der ↑**Asiatischen Küche,** die inzwischen, geschmacklich angepasst, auch den Weg nach Europa gefunden haben. Diese Zubereitungen mit würzendem Geschmack sind pflanzlich und/oder tierischer Herkunft. **Bekannte Würzsoßen:** ↑**Sojasaucen,** ↑**Relish,** ↑**Herbadox,** ↑**Worcester-Sauce** sowie die deutschen flüssigen ↑Speise**würzen** von namhaften Herstellern. Sie alle werden als Geschmacksabrundung verwendet oder sind traditionelle Beigaben zu tafelfertigen Speisen.

Würzsud [*Unsere Küche*] Kräftig gewürztes Kochwasser zum Garen von Fleisch, Fisch usw. Die Zusammensetzung der Würzmittel richtet sich nach dem jeweiligen Gargut. ↑**Würztabelle,** ↑**Blaukochen,** ↑**Muscheln kochen,** ↑**Wellfleisch**

Würzwein [*Weinkunde*] Weine, die durch Zugabe von Aroma/Würze ihren Weingeschmack verändert haben. Ein Beispiel dafür ist der geharzte griechische ↑**Retsina.**

Wybeeri [*Schweizer Küche*] Schweizer Bezeichnung für ↑**Rosinen**

Wynants, Pierre [*Berühmte Köche*] **Pierre Wynants,** *1939 in Saint-Josse-Ten-Noode, B – Nach seinen Lehr- und Wanderjahren tritt er eine Interimstelle als Chefkoch beim Prinzen von Lüttich an, dem heutigen König Albert II., 1962 übernimmt er das Jugendstil-Restaurant seines Vaters, das „Comme chez Soi“ in Brüssel. 1970 erwirbt er ein Diplom der Académie Culinaire de France, und im darauf folgenden Jahr wird er Maître Sommelier. Auch an Auszeichnungen fehlt es dem Chefkoch nicht: Im Laufe der Jahre wurden er und sein Restaurant u. a. mit dem 1er Prix Prosper Montagné, dem Oscar-Club der Gastronomen, dem Clé d'Or Gault Millau, der Silbermedaille des Tourismus und der Goldmedaille der Stadt Brüssel ausgezeichnet. Darüber hinaus wurde Wynants zum Ritter des Ordre du Mérite Agricole Français geschlagen. Der 1984 zum Chefkoch des Jahres gekürte Wynants gewann den Grand Prix de l'Art de la Cuisine, 1988 – 19,5 Punkte im Gault Millau – 1991 den Grand Prix de l'Art de la Cuisine, Académie Internationale de la Gastronomie und 2003, 7 place mondiale au classement de la revue „Restaurant“. Die Küche von „Comme chez Soi“ wird von Kennern allgemein als die beste Belgiens betrachtet. Die leichten und fantasievollen Gerichte machten Pierre Wynants berühmt, genau wie seine Publikation „Comme chez Soi“ (1985).

X

Xanthan [*Fachkunde*] Verdickungsmittel ↑**E 415**

Xanthophyll [*Fachkunde*] Gelber Pflanzenfarbstoff

Xarel-lo-Rebe [*Weinkunde*] Katalanische Weißweintraube

Xerès [*Weinkunde*] Spanische Schreibweise für ↑**Sherry**

Xiang-Birne [*Exotische Früchte*] **„Mongolische Birne"**: sehr saftig, wird wie ein frischer ↑**Apfel** verzehrt

Xifias [*Griech. Speisekarte*] **R** Begriffe aus der griechischen Küchenkultur für: **1.** Scheibe vom ↑**Schwertfischfilet**, gegrillt wie ein ↑**Steak. 2.** Spieß mit marinierten großen (ca. 2,5 cm) Fischwürfeln (Schwertfisch, ↑**Seeteufel** oder ↑**Kabeljau**). ↑**Marinade:** Geriebene ↑**Zwiebel,** zerdrückte ↑**Knoblauch**zehen, zermahlene ↑**Lorbeerblätter**, etwas ↑**Olivenöl,** ↑**Zitronensaft,** ↑**Paprika,** ↑**Pfeffer**, gehackte ↑**Petersilie,** ↑**Meersalz.** Die Fischwürfel sollten mindesten 3 Stunden im Kühlschrank marinieren.

Xinxim de galinha [*Intern. Länderküche*] Begriff aus der regionalen brasilianischen Küchenkultur für ein ↑Hühner**frikassee** mit ↑**Dandê-Öl,** getrockneten ↑**Garnelen** und ↑**Erdnussmark.** ↑**Brasilianische Küche**

Xylit [*Gesundheit*] **T** Kommt in ↑**Kernobst,** Birkensaft und Saft anderer Laubgehölze vor und wird als ↑**Zuckeraustauschstoff** verwendet. Xylit entsteht aus dem ↑**Kohlenhydrat** Xylose. Da der Blutzuckerspiegel nach dem Verzehr von Xylit nicht steigt, ist es auch für ↑**Diabetiker** geeignet. ↑**E 967**

Xylose [*Fachkunde*] Oder Holzzucker. Ein ↑**Kohlenhydrat** mit 50 % der Süßkraft von ↑**Rübenzucker** (Saccharose), kommt aber nicht in freier Form vor. Xylose ist Bestandteil von Baumwollsamenschalen, Stroh, Laubholz und ↑**Aprikosen**kernen. Aus ihr wird der ↑**Zuckeraustauschstoff** ↑**Xylit** gewonnen.

Xynomavro [*Weinkunde*] Rote Rebsorte, die im Norden Griechenlands angebaut wird. Der Name der Rebe deutet auf das hohe Maß an Säure (Xyno) und die in der Jugend tiefschwarze Farbe (Mavro) hin. Bei längerer Lagerung entwickeln sich die Weine hervorragend, obwohl solche Exemplare außerhalb Griechenland selten angetroffen werden. Wegen ihrer hohen Säure wird sie für die Schaumweinproduktion genutzt.

Y

Y, Château [*Weinkunde*] Seit 1959 wird eine trockene Version von ↑**Château d'Yquem** produziert. Ein Weißwein aus nicht edelfaulen Trauben, je zur Hälfte ↑**Sémillon** und ↑**Sauvignon Blanc.** Er trägt den eigenwilligen Namen „Y" (französisch Ygrec = Ypsilon). Geschmacksfülle und Alkoholgehalt sind ähnlich. Er ist aber viel billiger und hat nur eine feine Spur Süße.

Yakiniku-ya [*Intern. Länderküche*] Japanische Restaurants, die sich hauptsächlich auf koreanisches ↑**Barbecue** spezialisiert haben. Meist werden die kleinen Fleischspießchen auf einem Grill am Tisch gebraten. Andere populäre koreanische Gerichte, die in einem Yakiniku-ya angeboten werden, sind zum Beispiel ↑**Bibimbab.**

Yakisoba [*Intern. Länderküche*] Gebratene ↑**Soba-Nudeln** mit ↑**Gemüse,** ↑**Fleisch** oder ↑**Fisch.** Auf japanischen Festen (matsuri) gibt es meist auch Yakisoba-Stände.

Yakitoku-ya [*Intern. Länderküche*] In diesem japanischen Lokal wird vor allem gebratenes ↑**Hühnchen** angeboten.

Yakitori [*Intern. Länderküche*] Eine sehr beliebte Speise in Japan und anderen Ländern Asiens. Traditionelles Yakitori besteht ausschließlich aus Hühnchenteilen und ↑**Gemüse.** Im modernen Sprachgebrauch aber zählen andere Arten ↑**Fleisch,** ↑**Fisch,** ↑**Meeresfrüchte** und vegetarisches Grillgut dazu, das auf Spießchen (kushi) gesteckt und gegrillt wird. Yakitori wird üblicherweise mit **Salz** oder einer würzigen Soße serviert, deren Grundbestandteile ↑**Mirin,** ↑**Sojasauce** und ↑**Zucker** bilden. Die Soße wird auf das aufgespießte Grillgut gestrichen und nach dem Garen als Dip serviert. Yakitori-Stände sind vergleichbar mit hiesigen Imbissständen. Die Japaner lieben sie und suchen sie meist nach der Arbeit auf. **Yakitori-Speisen: yotsumi** – Hühnchenbrust, **atsuage tôfu** – gebratenes ↑**Tofu, enoki maki** – ↑**Enoki-Pilze,** mit ↑**Schweinefleisch** knusprig ummantelt, **piiman** – grüner ↑**Paprika, rebâ** – ↑**Leber**

Yalova salata [*Orientalische Küche*] Begriff aus der türkischen Küchenkultur für einen großen gemischten Salat. ↑**Türkische Küche**

Yam bamie [*Asiatische Küche*] Begriff aus der thailändischen Küchenkultur für Nudelsalat mit ↑**Fisch**

Yam nohmay [*Asiatische Küche*] Begriff aus der thailändischen Küchenkultur für ↑**Bambussprossen**salat

Yam nüa [*Asiatische Küche*] Begriff aus der thailändischen Küchenkultur für ↑**Rindfleisch**salat

Yam plaah mük [*Asiatische Küche*] Begriff aus der thailändischen Küchenkultur für ↑**Tintenfisch**salat

Yam wunsen [*Asiatische Küche*] Begriff aus der thailändischen Küchenkultur für ↑**Glasnudel**salat

Yambalaya [*Intern. Länderküche*] Begriff aus der brasilianischen Küchenkultur für gekochtes, gewürfeltes Hühnerfleisch mit ↑**Schinken,** ↑**Paprika,** ↑**Kichererbsen,** ↑**Reis** und ↑**Pilzen**, mit ↑**Tomatenmark** gebunden

Yams [*Exotische Früchte*] **T Lateinisch:** Dioscorea batatas. **Synonym:** Brotwurzel. **Info:** Bei den zur Familie der Yamswurzelgewächse gehörenden Yams handelt es sich um eine Reihe knollenbildender Kletterpflanzen, die im Westen Afrikas, Asiens und der USA angebaut werden. In Europa werden fast nur Kartoffelyams (Dioscorea batatas) angeboten. Diese Art bildet tief im Boden bis zu 1 m lange und bis zu 2 kg schwere, spindelförmige Wurzelknollen mit mittelbrauner bis rotbrauner, von borstigen Härchen besetzter Schale und neutralem bis angenehm süßlichem Geschmack. **Ursprung und Geschichte:** Der wahrscheinlich aus China stammende Yam diente schon seit Urzeiten als Nahrungsmittel. Yam zählt in Südamerika, Nigeria und auf den Antillen wegen ihres hohen Stärkegehalts und der kartoffelähnlichen Eigenschaften zu den Grundnahrungsmitteln. **Herkunft und Saison:** Yam wird auf den europäischen Märkten von Oktober bis April in kleineren Mengen angeboten und stammt meist aus Brasilien. **Inhaltsstoffe:** 100 g (frische) Yamknolle weisen einen Brennwert von ∅ 100 kcal/420 kJ auf und enthalten 70 g Wasser, 22,4 g Kohlenhydrate und 5,6 g Ballaststoffe. An ↑**Mineralstoffen,** ↑**Spurenelementen** und ↑**Vitaminen** sind ∅ 0,7 mg Eisen, 0,3 mg Zink und 10 mg Vitamin C enthalten. **Zubereitung und Tipps:** Yams werden wie ↑**Kartoffeln** gegart und verzehrt. Dafür werden die Wurzeln geschält, in Würfel geschnitten und 10–20 Min. in Salzwasser gekocht. Yam ist auch in dünne Scheiben geschnitten, geröstet oder frittiert sehr schmackhaft. In Afrika werden die gekochten Knollen zu Brei gestampft, in Japan meist gerieben verzehrt. **Folgende Sorten werden unterschieden:** Kartoffelyam, Gelber Yam, Weißer Yam, Wasseryam, Chinesischer Yam und Bitterer Yam.

Yaourt [*Franz. Speisekarte*] ↑**Jogurt**

Yaprak sarma [*Orientalische Küche*] **A** Begriff aus der türkischen Küchenkultur für gefüllte ↑**Weinblätter.** ↑**Türkische Küche**

Yard [*Fachkunde*] Englisches Längenmaß = 0,914 m

Yayla corbasi [*Orientalische Küche*] **A** Einfache ↑**Rindfleischsuppe** mit ↑**Jogurt.** ↑**Türkische Küche**

Yeast [*U.S. Kitchen*] ↑**Hefe**

Yecla [*Weinkunde*] Rotweinregion westlich von Alicante auf etwa 650 m Höhe, bekannt für alkoholbetonte Weine

Yesil salata [*Orientalische Küche*] ↑**Blattsalate** je nach Saison. ↑**Türkische Küche**

Yhlen [*Fisch*] Ausgelaichter, schlanker ↑**Hering**

Yien Chinesische Garmethode [*Asiatische Küche*] **T** Oberbegriff für Marinieren und Einsalzen von Fleischstücken oder ↑**Gemüse** mit grobem Salz und Salpeter. Die Zutaten werden vor oder nach dem Einsalzen noch erhitzt. ↑**Kochen im Wok** oder ↑**Asiatisch Kochen**

Ymer [*Intern. Länderküche*] Dänische jogurtähnliche, weiße Speise, die es dort schon seit ca.1930 gibt. Der Kenner isst **Ymer** mit gezuckerten Schwarzbrotkrümeln, „Ymerdrys" genannt, da Ymer einen säuerlichen Geschmack hat.

Yokan [*Intern. Länderküche*] Süßspeise der japanischen Küche, die aus ↑**Agar-Agar (Japanisch:** kanten), ↑**Zucker** und gemahlenen ↑**Azuki-Bohnen** hergestellt wird. Die Komponenten werden mit Wasser vermischt, erhitzt, in eine Form gegossen, wo die Masse erkaltet und erstarrt. Meist werden daraus dann rechteckige Blöcke geschnitten. Da Yokan lange haltbar ist, dient sie auch als Geschenkartikel. Diese Süßspeise entstand während der Edo-Periode 1603–1867, als Zucker in Japan eingeführt wurde.

Yorkshire Historischer Speisename [*Speisegarnitur*] **A** Größte Grafschaft Englands mit dem Titel eines Herzogtums und der gleichnamigen Hauptstadt; **à la yorkaise: 1. Speisegarnitur** für **Eier** oder **kleine Gerichte** mit **York-Schinken. 2.** Würziger Auflauf (↑**Yorkshire Pudding**) als Beilage für Roastbeef. **3. Speisegarnitur** für **Geflügel** – verschiedene Gemüsesorten und ↑**Madeirasauce** zu ↑**Geflügel,** das mit ↑Kalbs**farce** und ↑**Schinken** gefüllt ist

Yorkshire Pudding [*Engl. Speisekarte*] **R** Dieser ↑**Pfannkuchen** oder ↑**Auflauf** ist ein berühmtes Produkt der ↑**Englischen Küche:** ↑**Kalbsnierenfett** wird mit ↑**Mehl** fein gehackt, mit ↑**Milch** und ↑**Eigelb** zu einer dicken Masse gerührt und mit ↑**Salz,** ↑**Pfeffer** und ↑**Muskat** gewürzt. Sehr steif geschlagenen Eiweißschnee unterheben, die Masse in einer Pfanne wie Pfannkuchen in 2–3 Zentimeter dicken Scheiben backen oder in Portionsauflaufformen füllen, ins Wasserbad stellen und im Ofen garen. Ideal als Beilage zu ↑**Roastbeef.**

Yoshoku-ya [*Intern. Länderküche*] Japanische Restaurants, die sich auf westliche Speisen spezialisiert haben. Die Gerichte sind jedoch stark japanisiert worden.

Yquem [*Weinkunde*] ↑**Château d'Yquem**

Ysop [*Gewürze & Kräuter*] **A Lateinisch:** Hyssopus officinalis. **Synonym:** Bienenkraut, Chilchsuppe, Duftisoppe, Gewürzysop, Hisopo, Isop, Ispen, Söpli. **Englisch:** hyssop; **Französisch:** hysope, hyssope, herbe sacrée; **Italienisch:** issopo, ossopo; **Spanisch:** hisopo. **Herkunft:** wächst in Kleinasien und ganz Europa. **Aussehen:** Der bis zu einem Meter hohe, sehr buschige Strauch hat vierkantige Stängel und schmale, lanzettenartige Blätter. Er blüht ab Juli in blauvioletten, manchmal auch rosa oder weißen kleinen Lippenblüten. **Zum Würzen verwendete Teile:** die jungen Triebspitzen. **Im Handel erhältlich:** Ysop ist heute aus der Mode gekommen. Es gibt ihn selten frisch auf Märkten, und auch getrocknet erscheint er nicht im Handel. Das mehrjährige Kraut gehörte einst in jeden Bauern- und Apothekergarten. Um an Ysop zu kommen, kann man entweder in Spezialgärtnereien kleine Jungpflanzen erwerben oder Samen selber im Garten aussäen. **Im Garten:** Ysop gedeiht am besten auf sandigem, leicht kalkhaltigem Boden. Ernten kann man die jungen Blatttriebe den ganzen Sommer über bis in den Herbst hinein. Trocknen lässt sich Ysop nicht so gut, beim Tiefkühlen behält er dagegen sein Aroma. **Geschmack:** bitter, leicht minzig mit einem Anklang an ↑**Kampfer. Verwendung in der Küche:** ↑**Würztabelle** und ↑**Kräuter einfrieren. Wirkung in der Volksmedizin:** Die ↑**ätherischen Öle,** Gerb- und Bitterstoffe sind verdauungsfördernd.

Ysopblüten [*Wildkräuter, -blüten & -früchte*] **T Lateinisch:** Hyssopus officinalis. Ysopblüten sind zum Kandieren geeignet: ↑**Kandieren von Blüten** und ↑**Ysop. Mehr Information:** ↑**Essbare Blüten**

Yuba [*Intern. Länderküche*] Sehr proteinreiche Spezialität der japanischen Küche: Erhitzte ↑**Sojabohnenmilch** bildet in rechteckigen Wannen eine Haut, die vorsichtig abgezogen, auf dünne Stöckchen gehängt und getrocknet wird. Im trockenen Zustand werden die rechteckigen Milchhautblätter dann gefaltet oder zu Stäbchen gerollt. Zum Verzehr werden die Blätter mit einem feuchten Tuch rehydratisiert, die Stäbchen direkt in Wasser eingeweicht. Yuba hat einen cremigen, nussähnlichen Geschmack und ist ein vollwertiger Fleischersatz. Andere Speisen werden auch damit eingewickelt, gebraten, gedünstet oder frittiert. Die frittierten Yuba-Stäbchen mit ihrer braunen Maserung ähneln Bambusholz.

Yuccawurzel & -blüten [*Wildkräuter, -blüten & -früchte*] **T Lateinisch:** Yucca spp. **Info:** Es gibt ca. 40 verschiedene Yucca-Arten. Sie gehören zu den Palmlilien-Gewächsen, die schon seit mehreren tausend Jahren den indianischen Ureinwohnern Mexikos als wichtige Nutzpflanze dienen. Roh oder gekocht, als ↑**Tee** aufgebrüht und getrunken – die Yucca ist vielseitig nutzbar. Blüten, Blätter, Stamm werden meist mit Fleisch in Eintöpfen gegessen. Die Wurzeln mit anderen Gemüsen, seltener mit Fleisch. Neben ↑**Chlorophyll,** ↑**Mineralstoffen,** ↑**Spurenelementen,** ↑**Enzymen** und ↑**Vitaminen** sind es vor allem die ↑**Saponine,** die zu den ↑**sekundären Pflanzenstoffen** gehören und den Verzehr von Yucca so interessant machen. **Mehr Information:** ↑**Essbare Blüten**

Yufkateig [*Orientalische Küche*] **R** Auch Phylloteig genannt. Teig aus ↑**Mehl**, Wasser, ↑**Salz** und einem Schuss ↑**Pflanzenöl**, der wie ein ↑**Brotteig** hergestellt (ohne ↑**Hefe**) wird und vor dem Verarbeiten mindestens 30 Min. ruhen muss. Ein etwa ↑**Ei**-großes Stück Teig auf einer mit ↑**Stärke** bemehlten Arbeitsfläche so dünn wie möglich ausrollen und mit den Händen wie einen ↑**Strudelteig** ausziehen. Eher rechteckig als rund. Rechteckige Stücke ausschneiden, mit Füllung belegen, rollen und die ↑**Böreks** in Fett schwimmend ausbacken. Wer sich die Arbeit ersparen möchte, kann die etwa 40–60 cm großen Teigblätter, die zu orientalischen Pasteten, Aufläufen und Teigtaschen mit ↑**Hackfleisch** weiterverarbeitet werden, in türkischen Lebensmittelgeschäften kaufen. Es gibt sie dort im Kühlregal, drei Stück im Paket.

Yung Chinesische Garmethode [*Asiatische Küche*] **A** Hierbei ist „Langsames Ausbacken bei milder Hitze" gemeint. Das Öl ist ca. 150° C heiß und darf nur ganz leise wallen, wenn man das Gargut hineingleiten lässt; so können die Zutaten 10–15 Min. darin garen, ohne zu verbrennen. Beim Ausbacken à la Yung muss bereits vorher gewürzt werden. ↑**Kochen im Wok** oder ↑**Asiatisch Kochen**

Yvorne [*Weinkunde*] Bedeutender Weinort im Chablais in der Westschweiz

Z

Zabady [*Milchprodukt*] Ägyptischer ↑**Jogurt**, der aus gekochter ↑**Büffelmilch** hergestellt wird. Nach dem Erhitzen wird die Milch mit den Starterkulturen Lactobacillus bulgaricus, Streptococcus thermophilus und 2–3 % Zabady vom Vortag beimpft und in eine Porzellanschale umgefüllt. Danach muss die Büffelmilch gekühlt reifen.

Zabaione [*Ital. Speisekarte*] **R** Französisch: **„↑Sabayon"**. Weltbekannte Weinschaumcreme aus Italien. Zubereitet aus Weißwein oder ↑**Marsala,** ↑**Zitronensaft,** ↑**Zucker,** ↑**Eigelb,** ganzen ↑**Eiern**, zum Aromatisieren verwendet man ↑**Curaçao,** ↑**Rum** oder ↑**Maraschino.** Alle Zutaten werden in einer Schüssel oder im Kessel in einem nicht zu heißen Wasserbad (ca. 80° C) so lange geschlagen, bis der Schaum cremig fest ist. **Achtung:** Die Masse nicht überhitzen, sonst gibt es süße ↑**Rühreier.** Den fertigen Eierschaum sofort warm in ↑**Champagner**flöten füllen und mit geriebenen ↑**Amaretti** bestreut servieren.

Zabber [*Fleischprodukte*] Regionale Bezeichnung für den Rinderhals

Zacharoplastíon [*Griech. Speisekarte*] Griechische Konditorei

Zacherl, Ralf [*Berühmte Köche*] **Ralf Zacherl,** *1971 in Wertheim, D – Nach seinen Lehr- und Wanderjahren ist er seit 2003 Fernsehkoch beim TV-Sender Pro Sieben „Zacherl einfach kochen". Sein Credo: Jeder kann ohne großen Aufwand einfache, aber geschmackvolle Gerichte zaubern. Aus wenigen Zutaten kreiert Ralf Zacherl große Gerichte. Außerdem ist er Mitglied der „Kochprofis – Einsatz am Herd" auf RTL 2, im „Planet Cook" des Kinderkanals sowie in Kerners Kochsendungen regelmäßig zu sehen. Bekannt machten ihn seine abgefahrenen Leckereien, Kochkurse und Publikationen. Zacherl bekam bereits im Alter von 26 Jahren einen Michelin-Stern und 16 Punkte von Gault-Millau verliehen.

Zackenbarsche [*Fisch*] **R Lateinisch:** Cephalopholis argus; **Englisch:** comb grouper; **Französisch:** mérou royal; **Italienisch:** cernia rossa; **Spanisch:** gitano. Bezeichnung für zahlreiche, relativ träge Knochenfische mit großen Kiefern, die in allen subtropischen und tropischen Meeren vertreten sind. Zackenbarsche sind Einzelgänger mit großem Revier, das sie energisch verteidigen. Sie bevorzugen Spalten und Höhlen. Ihre Größe kann sehr unterschiedlich sein: So wird der Riesenzackenbarsch 3,5 Meter lang, die kleineren Arten werden nicht länger als 20 Zentimeter. Sie haben auf dem vorderen Teil ihrer Rückenflossen zwischen 9 und 11 vorstehende Stacheln. Der Zackenbarsch ist ein ausgezeichneter Speisefisch, dessen Fleisch klassisch gegrillt, aber auch nach allen Regeln der Kunst pochiert, gedünstet und gebraten werden kann. Ein Gaumenschmaus ist es, aus dem Filet ein ↑**Carpaccio** zu zaubern. Dazu das Fleisch in der Tiefkühltruhe anfrieren, in dünne Scheiben geschnitten auf einem kalten Teller schön anordnen, mit einer ↑**Sauce** aus ↑**Limetten**saft, ↑**Schalotten**würfeln, ↑**Senf,** ↑**Salz** und ↑**Pfeffer** ca. eine halbe Stunde marinieren und mit frischem ↑**Baguette** servieren. **Der Fisch muss absolut frisch sein.**

Zafferano [*Ital. Speisekarte*] ↑**Safran**

Zäher Wein [*Weinkunde*] Wein, der ölig aus der Flasche läuft (manche alten ↑**Dessertweine** oder Weine, wenn sie ↑**rahnig** sind)

Zähes Fleisch [*Fleischprodukte*] **T** Ein alter Köchetrick, verraten von Hans-Joachim Rose: Zähes Suppenfleisch oder größere Fleischstücke zum Schmoren werden mit Salz und ↑**Natron** eingerieben, danach lässt man es zwei Stunden ziehen. Das Fleisch wird so vorbereitet weicher beim Garen. Wenn das Fleisch schon im Topf ist und nicht weich werden will, kann man das Natron dem Kochwasser zusetzen. Man erreicht damit denselben Effekt. Für zähe ↑**Steaks** wird ↑**Papain** empfohlen.

Zahmgeflügel [*Fleischprodukte*] ↑**Hausgeflügel**

Zahnbrasse [*Fisch*] **A** Dickkopfzahnbrasse. **Lateinisch:** Dentex gibbosus; Großaugenzahnbrasse; **Lateinisch:** Dentex macrophthalmus; **Englisch:** dogsteeth, dentex; **Französisch:** denté; **Italienisch:** dentice; **Spanisch:** dentón. Edler Mittelmeer- und Atlantikfisch, der auf viele Arten zubereitet werden kann. Als Speisefisch ist er sehr begehrt. Meist wird er gebraten oder gegrillt. Vorsichtig ↑**pochiert** oder gedämpft, mit zerlassener ↑**Butter** serviert, kommt sein ausgeprägter Geschmack noch mehr zum Ausdruck.

Zahnstocher [*Übersetzer*] **Englisch:** tooth pick; **Französisch:** cure-dent; **Italienisch:** stuzzicadento; **Spanisch:** palillo

Zährte [*Fisch*] **T Lateinisch:** Vimba vimba – Blau-, Rußnase (Abramis vimba); **Englisch:** vimba bream; **Französisch:** zanthe; **Holländisch:** Blauwneus. Die Zährte gehört zu den Brassen aus der Familie der ↑**Karpfen.** Sie lebt in der Nord-, Ostsee, im Schwarzen und Kaspischen Meer und steigt zum Laichen in die Flüsse. Sie wird 40 cm lang und 1/2 kg schwer. Das Maul springt mit der verlängerten und verdickten Nase (daher der Name) sehr weit vor. Als Speisefisch spielt sie in der Gourmetküche keine große Rolle, Angler schätzen ihr Fleisch dagegen sehr.

Zahtar [*Gewürze & Kräuter*] ↑**Satar**

Zakussotschny [*Käse*] **Herkunft:** Armenien; **Käsesorte:** ↑**Weichkäse** aus Kuhmilch, der einen Monat reift

Zalema [*Weinkunde*] Spanische Weißweinrebe aus der Gegend von Sevilla, die immer seltener angebaut wird. Liefert milde, schnell oxidierende Weine.

Zamet [*Regionale Spezialität*] ↑**Kartoffelpüree**

Zamorano [*Käse*] **Herkunft:** Spanien/Kastilien-León; **Käsesorte:** ↑**Hartkäse; Milch:** ↑**Schafsmilch** der Churra-Rasse; **Geschmack:** leicht säuerlich-pikant; **Reifung:** 3–12 Monate; **Größe:** 2–3 kg

Zampone [*Ital. Speisekarte*] Gefüllter Schweinsfuß

Zanahorias [*Span. Speisekarte*] ↑**Karotten**

Zander [*Fisch*] **T Lateinisch:** Lucioperca sandra. **Synonym:** Schiel, Schill. **Englisch:** pike-perch; **Französisch:** sandre; **Italienisch:** sandra, luccioperca; **Spanisch:** lucioperca; **Ungarn** und **Österreich:** Fogosch. Ein eurasischer Süßwasserfisch, der warme, flache, einigermaßen saubere Gewässer in ganz Europa sowie die Haffe der Ostsee bewohnt. Der etwa 40–100 cm lange, grün-graue Fisch ist vom Rücken bis zu den Flanken dunkel gebändert, hat einen hechtförmigen Kopf und einen spindelförmigen Leib. Die zweigeteilte Rückenflosse ist in Längsreihen dunkel punktiert. Das endständige große Maul mit vielen kleinen Zähnen und so genannten Hundszähnen (Fangzähnen) rüstet den Raubfisch perfekt aus. Der Zander ist ein sehr beliebter Speisefisch mit feinem, wohlschmeckenden, weißen Fleisch. Die Filets werden meist gebraten oder in ↑**Weißwein** ↑**pochiert** und mit einer feinen ↑**Sauce** serviert. Er eignet sich auch zum Dünsten sowie für Suppen und Pasteten. **Inhaltsstoffe:** 100 g frischer Zander enthalten ∅ 84 kcal/352 kJ, 0,73 g Fett, 19,2 g Eiweiß, 4 μg Jod, 0,2 μg Vitamin D und 1,6 μg Vitamin B_{12}. Der Zander zeichnet sich durch sein mageres Fleisch aus. Geräuchert oder tiefgefroren verliert er aber seinen aromatischen Geschmack.

Zarter Wein [*Weinkunde*] Ein leichter Weiß- oder Rotwein wird als „zart" bezeichnet.

Zarzuela [*Span. Speisekarte*] **R** Eine bekannte spanische Fischpfanne, die mit wenig ↑**Kräutern** und ↑**Gewürzen** zubereitet wird. **Zubereitung:** ↑**Zwiebeln** und ↑**Knoblauch** in feine Würfel schneiden, ↑**Petersilie** grob hacken, getrocknete **Tomaten** in feine Streifen schneiden. Frische abgezogene Tomaten entkernen und in Würfel schneiden. ↑**Zitrone** auspressen. ↑**Tintenfisch** waschen und in Ringe schneiden. ↑**Mies-** und ↑**Herzmuscheln** gründlich waschen und den Bart entfernen. ↑**Seeteufel** und ↑**Seehecht** in mundgerechte Stücke schneiden, ↑**Scampi** von Schale und Darm befreien. ↑**Olivenöl** erhitzen, Zwiebeln und Knoblauchwürfel anschwitzen. Die Mies- und Herzmuscheln dazugeben und unter stetem Wenden mitdünsten, bis sich die Muscheln geöffnet haben. Die Scampi und den Fisch in einer extra Pfanne anbraten, die getrockneten Tomaten und Tomatenwürfel dazugeben, kurz mitbraten und zu den Muscheln geben. Mit ↑**Salz,** ↑**Pfeffer** und ↑**Zitronensaft** würzen und zum Schluss die Petersilie dazugeben.

Zauberstab [*Unsere Küche*] **T** Oder Stabmixer: sehr nützliches Küchengerät, das die Küchenarbeit erleichtert. Man kann mit ihm schnell eine ↑**Soße** aufschäumen, noch feste Einlagen zerkleinern, Suppen oder ↑**Früchte** pürieren und aus ↑**Kräutern** ↑**Würzpasten** herstellen. Beim Kauf sollte man darauf achten, dass er aus Edelstahl ist. Stabmixer aus Kunststoff haben in der Regel eine kürzere Lebensdauer.

Zaungierschblüten [*Wildkräuter, -blüten & -früchte*] **T Lateinisch:** Aegopodium podagraria. Zaungierschblüten sind essbar und schmecken aromatisch. **Mehr Information:** ↑**Essbare Blüten**

Zederton [*Weinkunde*] Durch die Lagerung in Eichenholzfässern entwickelt der Weißwein ein leichtes Zedernholzaroma, das in Geruch und Geschmack erkennbar ist.

Zedrat [*Gewürze & Kräuter*] Andere Bezeichnung für ↑**Zitronat**

Zeller [*Österr. Küche*] Österreichische Bezeichnung für ↑**Knollensellerie**

Zellulose [*Verdauung*] Ein ↑**Kohlenhydrat,** dient als Gerüst- und Stützsubstanz der Pflanzen, ist ein unverdaulicher ↑**Ballaststoff,** der die Bewegung der Darmzotten und die Tätigkeit der Darmdrüsen anregt. ↑**Ballaststoffreiche Nahrungsmittel.** Die Spaltung erfolgt im ↑**Dickdarm,** wobei sich Gase, niedere ↑**Fettsäuren** und ↑**Milchsäuren** bilden.

Zeltel [*Österr. Küche*] Alte österreichische Bezeichnung für kleine Süßigkeiten, Bonbons usw.

Zentiliter [*Fachkunde*] Abk.: cl; Hohlmaß = 0,01 ↑**Liter**

Zentimeter [*Fachkunde*] Abk.: cm; Längenmaß = 0,01 ↑**Meter**

Zenzero [*Ital. Speisekarte*] ↑**Ingwer**

Zéphir [*Franz. Speisekarte*] **A** Leichte Schaumspeise, Schaumauflauf; **Pudding,** pikant oder süß, warm oder kalt

Zéphir de homard au coulis [*Franz. Speisekarte*] Südfranzösische ↑**Hummersuppe** ↑**Bisque d'écrevisses**

Zerealien [*Allgem. Nährmittel*] Internationale Bezeichnung für ↑**Getreide**

Zerealienwurst [*Fleischprodukte*] Fleischerzeugnis mit Getreide- oder Feldfruchtzusätzen, z. B. ↑**Grützwurst** oder Kartoffelwurst

Zerlassene Butter [*Unsere Küche*] **A** Frische ↑**Butter** bei schwacher Hitze schmelzen lassen, kurz abschäumen, ohne Bodensatz (↑**Molke**) in kleine, angewärmte Butterpfännchen abfüllen und zu gebratenem oder gekochtem ↑**Fisch,** feinem ↑**Gemüse** (wie ↑**Spargel**) usw. servieren

Zerlegen [*Unsere Küche*] Meist ist damit das Zerlegen

von ↑**Wild** oder ↑**Geflügel** im rohen Zustand gemeint. Das Tier wird zum Garen in Portionsstücke oder zur weiteren Verarbeitung zerlegt.

Zervelatwurst [*Fleischprodukte*] Auch als Schlackwurst bekannt, ist eine gut gewürzte, geräucherte ↑**Rohwurst** aus ↑**Rindfleisch,** ↑**Schweinefleisch** und ↑**Speck.**

Zerwirken [*Unsere Küche*] ↑**Zerlegen**

Zesten [*Franz. Speisekarte*] Hauchdünne Streifen aus der Schale von unbehandelten↑ **Zitrusfrüchten**

Zestenreißer [*Hausbar*] **A** Zweizackige Gabel mit Klinge an einer der Innenseiten. Hiermit werden kleine Stücke aus unbehandelter Zitrusschale und Fruchtfleisch gelöst. Diese ↑**Zesten** werden dann zum Aromatisieren über dem ↑**Cocktail** ausgedrückt (↑**abspritzen**), die Reste können je nach Rezept mit dem Cocktail serviert werden.

Zeytinyagli Dolma [*Orientalische Küche*] **A** Verschiedene Gemüsesorten gefüllt mit ↑**Reis,** ↑**Pinienkernen** und ↑**Korinthen.** ↑**Türkische Küche**

Zhoug [*Gewürze & Kräuter*] **R** Die bekannte, sehr scharfe Würzpaste aus dem Jemen wird in Arabien zu ↑**Fleisch,** ↑**Fisch,** aber auch Salaten verwendet. Folgende Zutaten verarbeitet man in einem Mixer zu Paste: Frische grüne, entkernte ↑**Chilis,** ↑**Knoblauch,** reichlich ↑**Korianderblätter,** Koriandersamen, ↑**Kreuzkümmel,** ↑**Kardamom,** schwarzen ↑**Pfeffer** und ↑**Olivenöl.** Die Paste hält sich im Schraubglas monatelang im Kühlschrank.

Zibeben [*Österr. Küche*] Bis 2 cm große, länglich-plattgedrückte, braunschwarze, getrocknete Weinbeeren (↑**Rosinen**). Zibeben kommen aus Izmir (Türkei) und Heraklion (Kreta).

Zibelschueche [*Schweizer Küche*] ↑**Zwiebelkuchen**

Zichorie [*Gemüse*] ↑**Chicorée**

Zichorienkaffee [*Kaffee*] ↑**Kaffee-Ersatz.** Er wird aus den Wurzeln der Chicorium intybus L. (↑**Chicorée**) gewonnen, ein salatähnliches, äußerst ballaststoffreiches (↑**Inulin**) Gewächs.

Ziege [*Fachkunde*] **1. Ziegen gehören zu den Haustieren.** Es sind Wiederkäuer, die 60–70 kg schwer werden. Sie liefern den Menschen **Fleisch,** Wolle (Kaschmirziege), Leder und ↑**Milch.** Von Letzterer gibt eine Ziege durchschnittlich 1000 l im Jahr, woraus sich ca. 90 kg ↑**Ziegenkäse** herstellen lassen. In Deutschland ist die wirtschaftliche Bedeutung der Ziegenhaltung stark zurückgegangen, der größte Teil der Tiere wird in Nebenerwerbsbetrieben gehalten. Aktueller Bestand: ca. 90 000 Tiere. Zum Vergleich: Entwicklungsländer halten etwa 93 % des Weltziegenbestandes. **2. Süßwasserfisch Lateinisch:** Pelecus cultratus. Klein, essbar, aber vom Aussterben bedroht. Er bewohnt einige Donaustauräume sowie die großen Seen der Tiefebene. Die Ziege im Ostseegebiet steigt auch in die Flüsse auf. Größe: ∅ 30–35 cm

Ziegenbart [*Speisepilze*] ↑**Goldgelbe Koralle**

Ziegenfleisch [*Fleischprodukte*] **R** Stammt von jungen Ziegen/Lämmern. Das Zicklein (2–4 Monate) mit einem Schlachtkörpergewicht von 8–10 kg ähnelt in Zusammensetzung und Farbe dem Milchlammfleisch (hellrotes Fleisch) und ist in der Regel zart und schmackhaft. Es eignet sich als Braten am Spieß, im Rohr oder zum Grillen. Dazu wird das Fleisch vorher mit ↑**Salz,** ↑**Pfeffer,** ↑**Rosmarin** und ↑**Knoblauch** eingerieben und mit frischen ↑**Kräutern,** ↑**Zitronenstücken** und – wenn vorhanden – frischem Weinlaub gefüllt. Diese Füllung wird nach dem Garen wieder entfernt. Fleisch von älteren Ziegen (dunkelrotes Fleisch) oder Böcken (kann „Bocksgeruch" haben) eignet sich nicht für die Feinschmeckerküche, kann aber für ↑**Gulasch** und andere Schmorgerichte verwendet werden. **Inhaltsstoffe:** 100 g frisches Ziegenfleisch enthalten ∅ 149 kcal/624 kJ, 7,88 g Fett, 19,5 g Eiweiß, 2 mg Eisen, 3 mg Zink, 3 µg Vitamin B_{12} und 70 mg Cholesterin.

Ziegenkäse [*Käse*] **Englisch:** goat cheese; **Französisch:** fromage de chèvre; **Italienisch:** formaggio di capra; **Spanisch:** queso de cabra. Besonders in Spanien und Frankreich ist Ziegenkäse sehr beliebt und wird dort in großen Mengen produziert. Bei der Herstellung wird frische ↑**Ziegenmilch** mit ↑**Lab** und ↑**Milchsäurebakterien** dickgelegt. Es gibt Ziegenmilchquark und Käsesorten mit einer Reifezeit von einer Woche bis mehreren Monaten. Der Fettgehalt liegt zwischen 48 % und 60 % ↑**Fett i.Tr.** Manchen Sorten werden ↑**Gewürze** und ↑**Olivenöl** zugesetzt. **Man unterscheidet Ziegenkäse: 1.** mit weißem ↑**Edelschimmel**überzug; **2.** mit trockener Rinde; **3.** gewendet in ↑**Kräutern** oder Holzkohle. Ziegenkäse kann zylinder- oder pyramidenförmig sein. Es gibt auch Käse, die aus Ziegen- und Kuhmilch hergestellt werden. Ein Halb-Ziegenmilchkäse besteht aus mindestens 50 % Ziegenmilch. Bekannte Sorten und Mischungen sind: ↑**Valençay,** ↑**Crottin de Chavignol,** ↑**Saint-Maure de Touraine,** ↑**Picodon** und ↑**Pélardon.** Der in Deutschland produzierte Ziegenkäse ist ein halbfester ↑**Schnittkäse** aus roher Ziegenmilch, 50 % ↑**Fett i.Tr.** Der Teig ist schnittfest mit Bruchlochung und Naturrinde. **Geschmack:** edel aromatisch, seine feine Cremigkeit zergeht auf der Zunge.

Ziegenlippe [*Speisepilze*] **T Lateinisch:** Xerocomus subtomentosus. ↑**Waldpilze. Hut:** olivgrau, olivbraun, zimtbraun, flach gewölbt, 6–10 cm, feinfilzig, trocken, etwas rissig. **Röhren:** leuchtend goldgelb, weit. **Stiel:** gelb- bis rotbraun, feinflockig, oben manchmal grobnetzig, unten zugespitzt. **Fleisch:** weiß, gelb, unveränderlich, mild, obstartiger Geruch. **In der Küche:** jung ein guter Speisepilz. **Vorkommen:** von Juli–Oktober häufig in Nadel- und Laubwald. **Verwechslungen:** ähnliche Röhrlinge sind ebenfalls essbar

Ziegenmilch [*Milchprodukte*] **T** Die Milch von Ziegen wird meist zu Käse verarbeitet. **Inhaltsstoffe:** 100 g

Ziegenmilch enthalten Ø 69 kcal/289 kJ, 4,2 g Fett, 4,4 g Kohlenhydrate, 3,4 g Eiweiß, 87,1 g Wasser, 35 µg Betacarotin, 4,1 µg Jod, 0,25 µg Vitamin D, 0,1 µg Vitamin B_{12}. Ziegenmilch hat eine ähnliche Zusammensetzung wie Kuhmilch. **Nach dem Lebensmittel- und Bedarfsgegenständegesetz (LMBG) darf in Deutschland keine Mischung von Ziegen- und Kuhmilch als Trinkmilch angeboten werden.** Trinkmilch besteht laut Definition nur aus Kuhmilch. Mischungen sind lediglich zur Herstellung von ↑**Käse** und ↑**Butter** erlaubt. **Personen, die allergisch auf Lactalbumin und Lactoglobulin in der Kuhmilch reagieren, vertragen Ziegenmilch. Sie stellt also eine Alternative zur Kuhmilch dar.**

Inhaltsstoffe im Vergleich Ø = Durchschnittswert	Kuhmilch	Ziegenmilch
Eiweiß (g) Ø	3,3	**3,6**
Fett (g) Ø	3,5	**4,2**
Kohlenhydrate (g) Ø	4,8	**4,9**
davon Lactose (g) Ø	4,6	**4,8**
Mineralstoffe (g) Ø	0,7	**0,8**
davon Calcium (mg) Ø	120	**127**
davon Eisen (mg) Ø	0,05	**0,1**
Vitamin C (mg) Ø	2,0	**2,0**
Energie (kcal/kJ) Ø	68/285	**74/310**

Ziegenmünster [*Käse*] **Herkunft:** Deutschland; **Käsesorte:** ↑**Weichkäse,** 50 % ↑**Fett i. Tr.; Milch:** rohe ↑**Ziegenmilch; Teig:** cremig-sahnige Konsistenz; **Geschmack:** edel pikante Noten, samtige Oberfläche mit ↑**Weiß**-und **Rotschmiere**kulturen

Ziehen lassen [*Unsere Küche*] **T 1.** Eine Speise, z. B. ↑**Würste** oder ↑**Klöße,** in Flüssigkeit bei unter 100° C Hitze gar werden lassen. **2.** Im Sinne von durchziehen lassen bzw. marinieren: z. B. Gemüse-, Obst- oder Fleischsalate mit ↑**Dressing** in einer zugedeckten Schüssel ziehen lassen.

Ziehfette [*Fette*] **T 1.** Ziehfett wird zum Einziehen in den Teig gebraucht. Es hat eine höhere Schmelztemperatur als herkömmliche ↑**Margarine,** muss aber bei Mundtemperatur (37° C) geschmolzen sein. **2.** Butter-Ziehfett ist ein spezielles, durch ↑**Fraktionierung** hergestelltes Butterfett. Mit der Fraktionierung wird eine Auftrennung der Hart- und Weichfette erreicht. Butter-Ziehfett hat sehr gute plastische Eigenschaften, bei einem Schmelzpunkt, der mit ca. 36° C über dem von Standardbutter liegt. Es wird insbesondere zur Herstellung tourierter Teige eingesetzt. ↑**Touren,** ↑**Blätterteig** oder ↑**Plundergebäck**

Ziehteig [*Backstube*] ↑**Blätterteig** und ↑**Plunderteig** (**Hefeteig**), deren einzelne, durch dünne Fettschichten getrennte Teiglagen durch den beim Backen entweichenden Wasserdampf voneinander abgehoben werden, sodass eine blättrige Gebäckstruktur entsteht.

Ziemer [*Österr. Küche*] Alte Bezeichnung für die wertvollsten Teile des ↑**Wildbrets**: Rücken, Lenden und Kreuz

Zierfandler [*Weinkunde*] Regionale österreichische Weißweinrebsorte, besonders um Gumpoldskirchen angebaut, oftmals als Verschnitt mit ↑**Rotgipfler** verwendet. Die Weine sind würzig und fruchtig im Geschmack und von guter Qualität. Wird auch in Ungarn unter dem Namen Cirfandli angebaut.

Ziger [*Käse*] **Auch: Schabziger. Herkunft:** Schweiz/Kantone Graubünden und Glarus (ältester Schweizer Markenartikel); **Käsesorte:** grüner Kräuterkäse (↑**Frischkäse**); **Milch:** erhitzte saure ↑**Molke** von Kuhmilch; **Teig:** streichbar, weich und leicht krümelig. **Info:** Weißer Ziger wird auf den Glarner Alpen seit dem 8. Jh. hergestellt. Grün wurde er erst im Mittelalter, als er im Kloster Säckingen mit Blauklee gewürzt wurde. Der Ziger muss innerhalb einer Woche frisch gegessen werden. **Ziger ist auch die Basis für den bekannten Schabziger.** Bei dessen Herstellung wird der Ziger kurz gereift und dann mit Zigerkleepulver gemischt und schließlich zur typischen Form gepresst (Schabzigerstöckli). Getrocknet wird er gemahlen, mit dem Pulver wird gewürzt.

Zigeunerbraten [*Unsere Küche*] **A** Ein nach Region verschieden zubereiteter Braten: **1.** Gerollter, mit Paprikapaste gefüllter Schweinebauch; **2.** ungerollt vom ↑Schweine**nacken; 3.** aber auch von der Rinderschulter. Auf jeden Fall ist es ein kräftig mit ↑**Knoblauch,** ↑**Majoran** und ↑**Kümmel** gewürzter Braten, mit einer ↑**Tomaten**-Paprika**sauce** und gedünsteten ↑**Zwiebeln,** ↑**Tomaten**- sowie ↑**Paprika**würfeln als Einlage.

Zigeunerlauch [*Wildkräuter, -blüten & -früchte*] ↑**Bärlauch**

Zillertaler Bergkäse [*Käse*] **Herkunft:** Österreich; **Käsesorte:** ↑**Hartkäse,** 45 % ↑**Fett i. Tr.; Milch:** silofreie, rohe Kuhmilch; **Teig:** fest, aber leicht portionierbar; **Geschmack:** pikant-würzig

Ziminu [*Franz. Speisekarte*] Korsische Fischsuppe, Art ↑**Bouillabaisse**

Zimmertemperatur [*Fachkunde*] Raumtemperatur: Oft sollen Lebensmittel Zimmertemperatur haben oder Speisen bei Zimmertemperatur ruhen, das bedeutet bei 20–24° C.

Zimt [*Gewürze & Kräuter*] **A Lateinisch:** Cinnamomum zeylanicum; **Englisch:** cinnamon; **Französisch:** canelle; **Italienisch:** cannella; **Spanisch:** canela. **Info:** Seit dem Altertum ist Zimt als Gewürz, Arznei, Parfüm und Räucherwerk bekannt. **Ursprung:** Der Zimtbaum ist ein immergrüner kleiner Baum aus der Familie der Lorbeergewächse. Es gibt Hunderte unterschiedlicher Arten, die beiden wichtigsten sind der **Ceylonzimt** mit breiten, ledrigen Blättern und der **Chinazimt** (oder **Kassia**) mit schmaleren, größeren, eiförmigen Blättern. Der Baum (Strauch) wird gefällt, die Rinde in Streifen abgezogen und getrocknet. Aus der Rinde eines 6- bis12-jährigen Zimtbaumes werden die kräftigen, süßlich scharfen Sorten Cassia Lignea (China), Cassia Vera und Corintji (Indonesien) gewonnen und kommen fast ausschließlich als Mehlware in den Handel. Auf industriell gemahlenen Zimt sollte man aber wegen des hohen Anteils an ↑**Cumarin** verzichten. Das feinere, zitronenartig riechende und sehr dünne Ceylon-Canehl wird aus ein- bis zweijährigen Trieben eines Zimtstrauches auf Sri Lanka gewonnen. Es gibt verschiedene billige Qualitäten wie **Cassia-Zimt:** Er zählt zu den weniger edlen Sorten und stammt von ausgewachsenen Bäumen mit dicker Rinde, schmeckt weniger aromatisch, dafür ist er würzkräftiger, dunkler und griffiger. Er wird meist gemahlen und mit Ceylon-Zimt veredelt. **Saigon-Zimt, Pandam-Zimt:** weniger edle Zimtsorten. Wesentlich besser ist **Ceylon-Zimt (Canehl):** kommt nur aus Sri Lanka, ist der edelste, aber auch der teuerste Zimt, den der Markt anbietet. Er stammt von jungen Bäumen. Je dünner die geschälte Rinde, umso feiner das Aroma. Er ist mild süßlich und hat eine helle Farbe. Es enthält fast kein Cumarin und kann in Maßen bedenkenlos konsumiert werden. **Geschmack:** Zimt schmeckt süßlich würzig und feurig. Ceylonzimt hat ein duftiges und blumiges Aroma, Chinazimt oder Cassia sind derber und schärfer. **Verwendung in der Küche:** Vor allem süße Gerichte werden mit Zimt gewürzt: ↑**Reisspeisen**; ↑**Grießbrei**; süße ↑**Saucen** und Suppen; ↑**Obstkompotte** wie ↑**Apfelmus** und ↑**Pflaumenmus; ↑Pudding**; ↑**Marmeladen**; Getränke (↑**Glühwein, ↑Punsch, ↑Kakao, ↑Milchshakes, ↑Kaffee, ↑Tee**); ↑**Gemüse** (↑**Blaukraut, ↑Kürbis, ↑Gurken**); Weihnachtsbäckerei;Torten; Obstsalate; ↑**Bratäpfel;** gebackene ↑**Bananen.** Zimt ist in Kräuterlikören und den meisten Magenbittern enthalten, z. B. in ↑**Chartreuse** und in ↑**Angostura.** In der ↑**Mexikanischen** und der ↑**Arabischen Küche** gehört Zimt an viele Fleischgerichte. Mit Zimt würzt man in einigen deutschen Regionen auch ↑**Leberwurst. Würzkombinationen mit Zimt:** Er passt vor allem zu den süßen Gewürzen wie ↑**Vanille** und ↑**Nelken,** aber auch zu ↑**Koriander, ↑Muskat** und ↑**Piment.** Zusammen mit ↑**Kräutern** und ↑**mediterranen Gewürzen** sollte man ihn nicht verwenden. **Umgang mit Zimt:** Eine beliebte Würzkombination ist Zimtzucker (Zimtpulver und Zucker gemischt) zum Bestreuen von Süßspeisen und Gebäcken. **Zimtpulver** verliert sehr schnell sein Aroma, darum nur in kleinen Mengen kaufen und schnell verbrauchen. ↑**Zimtstangen** verwendet man, wenn das Gewürz mitgekocht werden kann, also für Suppen, ↑**Saucen,** ↑**Glühwein** oder ↑**Kompotte.** Vor dem Servieren werden die Stangen entfernt. Zimtstangen halten mindestens drei bis vier Jahre, wenn man sie dunkel und trocken in einem gut verschlossenem Glas aufhebt. **Achtung!** Industriell hergestellte Lebensmittel wie Zimtsterne oder -plätzchen, Milchreis, Apfelstrudel, Zimtkaugummi usw. enthalten mitunter sehr hohe Dosen Cumarin und sollten darum nur eingeschränkt verbraucht werden. Besonders Kleinkinder sollten nicht zu viele zimthaltige Lebensmittel verzehren. Kinder mit einem Körpergewicht bis 15 kg dürfen täglich **eins** der nachfolgenden Lebensmittel in den angegebenen Mengen verzehren, wenn Zimt aus keiner weiteren Quelle aufgenommen wird: 4 Zimtsterne (je 5,6 g) – 1 Lebkuchen (30 g) – Milchreis mit Zimt und Zucker (200 g) – 2 Müsliriegel (70 g) – Müsli (75 g). Erwachsene sollten auf ↑**Nahrungsergänzungsmittel** verzichten, die auf Zimtbasis hergestellt wurden. **Wirkung in der Volksmedizin:** Völlegefühl, Blähungen, krampfartige Magen-Darm-Störungen und Magenbeschwerden, die ein Mangel an Verdauungssäften hervorgerufen hat

Zimtapfel [*Exotische Früchte*] **T Lateinisch:** annona squamosa. **Synonym:** Schuppenannone. **Englisch:** sweetsop, sugar apple; **Französisch:** pomme canelle; **Italienisch:** mela cannella, anona; **Spanisch:** anón, anona. **Info:** Zimtäpfel gehören wie die ↑**Cherimoyas** zu den Annonenfrüchten, wobei die Cherimoyas auf dem deutschen Markt die größere Rolle spielen. Zimtäpfel sind wesentlich stärker „geschuppt" als Cherimoya, die Schale ist fester und dicker als eine Brotkruste. Die einzelnen Segmente sind anfangs grün, bei Reife werden sie schimmernd gelb-braun, und sie beginnen leicht aufzuplatzen. Zimtäpfel sind sehr konzentriert, d. h. sie enthalten für eine Frucht nur wenig Wasser. Vollreif wird der Zimtapfel sehr weich, zerfällt sogar etwas. In Asia-Läden kann man Zimtäpfel finden und sich von ihrem breiig-süßen Geschmack überraschen lassen. Beim Kauf sollte man auf noch ein wenig festere Früchte achten, bei denen sich aber ein Farbumschlag bereits abgezeichnet hat. So sind sie leichter zu transportieren. Bei Raumtemperatur reifen sie nach, sollten aber nach wenigen Tagen verzehrt werden. **Inhaltsstoffe:** 100 g Zimtäpfel haben einen Brennwert von ∅ 92 kcal/384 kJ.

Zimtbasilikum [*Gewürze & Kräuter*] **A Lateinisch:** Ocium basilicum var. cinnamomum. Es hat violette Stängel, purpurrote Blüten und verbindet ↑**Basilikum** mit dem herrlichen Duft von ↑**Zimt.** Wird frisch oder getrocknet zu Salaten oder Süßspeisen gegeben. Mit Zimtbasilikum lassen sich auch exotische Gerichte gut würzen.

Zimtblüte [*Gewürze & Kräuter*] **T Lateinisch:** Cinnamomum ceylanicum. Die so genannten „Zimtblüten" oder „Cassiaknospen" sind die unreifen, kurz nach der Blüte geernteten und getrockneten Früchte des chinesischen Cassia- oder Zimtbaumes; sie erinnern im Aussehen an Gewürznelken. Damit sie Duft und Geschmack entfalten können, müssen sie fein gemahlen werden. Sie verleihen Speisen der ↑**Chinesischen** oder ↑**Indischen Küche** ein wunderbar zartes Zimtaroma. Hier gehört die Zimtblüte zu den geheimen Gewürzmischungen der Lebkuchenbäcker.

Zinc [*Franz. Fachwort*] Theke, Bar, Schanktisch (früher meist aus Zink); Kneipe, kleine Bar

Zinfandel [*Weinkunde*] Ergiebige rote Rebsorte, die vor allem in Kalifornien angebaut wird, jedoch höchstwahrscheinlich mit dem ↑**Primitivo** aus Apulien im Süden Italiens identisch ist. Ihre genaue Herkunft ist aber nicht eindeutig geklärt. Bei hohen Erträgen entstehen aus dem Zinfandel eher helle Rotweine. Bei niedrigem Ertrag können konzentrierte, alkoholreiche Weine gekeltert werden. Der Ausbau im ↑**Barrique** bekommt ihr dann auch sehr gut. Die Weine sind alkoholreich, samtig, voll mit zartem Bukett, feinem Brombeeraroma – teilweise mit Trüffelnuancen, lange lagerfähig. In Italien kennt man die Rebsorte auch als Primaticcio.

Zingara Historischer Speisename [*Speisegarnitur*] **A** Nach Art spanischer Zigeuner **à la zingara. 1. Speisegarnitur** zu **kurzgebratenem Fleisch, Geflügel** oder **kleinen Fischen** – Diese farbenfrohe Garnitur aus ↑**Mais**körnern, verschiedenfarbigen ↑**Paprikaschoten,** ↑**Karotten,** ↑**Blumenkohl**röschen usw. soll die bunte Tracht der Sinti und Roma andeuten. **2.** Sauce aus ↑**Paprika,** ↑**Tomaten,** dazu ↑**Champignons,** ↑**Pökelzunge**- und ↑**Schinken**streifen

Zink [*Gesundheit*] **T Info:** Zink ist ein lebenswichtiges Spurenelement und im menschlichen Körper neben ↑**Eisen** das am häufigsten vorkommende. Höhere Konzentrationen an Zink sind in den roten Blutkörperchen, den Augen, der Haut und den Haaren sowie der Prostata und der Leber enthalten. Zink ist Kofaktor zahlreicher Enzymsysteme und spielt eine Rolle im Vitamin-A-, im Kohlenhydrat- und im Lipidstoffwechsel. Ferner ist Zink für die Funktion verschiedener Hormone wie ↑**Insulin,** der Schilddrüsen-, Sexual- und Wachstumshormone ↑**essenziell.** Auch im Stoffwechsel von ↑**Nukleinsäure** (Träger der Erbsubstanz) und Proteinen (↑**Eiweißen**) erfüllt Zink wichtige Aufgaben. Zink ist am Zellwachstum beteiligt, spielt eine wichtige Rolle für die funktionierende Immunabwehr und bei der Geschmackswahrnehmung, wobei die daran beteiligten Faktoren noch nicht näher bekannt sind. **Zink in der Ernährung:** Durch gewisse Umstände kann es zu einem erhöhten Bedarf an Zink bzw. zu einem Zinkmangel kommen: bei der Einnahme bestimmter Arzneimittel, bei Personen mit einseitiger Ernährung (↑**Vegetarier,** die auch keine ↑**Eier** oder ↑**Milchprodukte** zu sich nehmen), in der Schwangerschaft und Stillzeit sowie im Wachstum, bei Leistungssportlern, Darmerkrankungen oder erworbener Immunschwäche (↑**AIDS**). **Als Folge sind verschiedene Erkrankungen zu beobachten wie:** ↑**Akne,** ↑**Allergien,** ↑**Diabetes,** Neurodermitis, Krebs, Leber- und Nierenerkrankungen, akute oder chronische Infektionen. **Empfohlene Zufuhr:**

Alter	mg/Tag	
	m	w
0 bis unter 4 Monate	1,0	
4 bis unter 12 Monate	2,0	
1 bis unter 4 Jahre	3,0	
4 bis unter 7 Jahre	5,0	
7 bis unter 10 Jahre	7,0	
10 bis unter 13 Jahre	9,0	7,0
13 bis unter 15 Jahre	9,5	7,0
15 bis unter 19 Jahre	10,0	7,0
19 bis unter 25 Jahre	10,0	7,0
25 bis unter 51 Jahre	10,0	7,0
51 bis unter 65 Jahre	10,0	7,0
65 Jahre und älter	10,0	7,0
Schwangere ab 4. Monat		10,0
Stillende		11,0

Zinkvergiftungen sind nicht bekannt, weil der Körper nicht verwertetes Zink bis zu 90 % beim Stuhlgang ausscheidet. **Zinkhaltige Lebensmittel:** Da die verschiedenen Lebensmittel teilweise sehr unterschiedliche Mengen an Zink enthalten, sollte für eine optimale Versorgung mit dem Spurenelement auf eine abwechslungsreiche Kost geachtet werden. Die tierischen Lebensmittel, ↑**Fisch** und ↑**Meeresfrüchte** einbezogen, enthalten im Vergleich zur pflanzlichen Nahrung größere Mengen an Zink, wobei gerade ↑**Innereien** sehr zinkhaltig sind. Besonders ↑**Austern** zeichnen sich durch sehr hohe Zinkmengen aus. ↑**Milch** enthält relativ geringe Mengen des Spurenelements, dagegen ↑**Milchprodukte** und einige Käsesorten wie ↑**Camembert,** ↑**Schmelzkäse** oder ↑**Emmentaler** recht hohe. Aus der Gruppe der Getreideprodukte sind ↑**Haferflocken,** ↑**Hirse,** ↑**Cornflakes,** ↑**Weizenvollkornmehl** und ↑**Weizenkeime** sehr gute Zinklieferanten. Obwohl viele Gemüsesorten nicht so reich an Zink sind, werden durch den Verzehr von grünen ↑**Erbsen,** ↑**Linsen** und ↑**Sojabohnen** auch hohe Anteile an Zink zugeführt. Weiterhin enthalten ↑**Bierhefe,** ↑**Kakao** und die meisten ↑**Nüsse** viel Zink. Auch einige Küchengewürze sind sehr zinkhaltig, hierzu zählen: ↑**Basilikum,** ↑**Estragon,** ↑**Kümmel,** ↑**Nelken,** ↑**Ingwer,** ↑**Majoran,** ↑**Thymian,** ↑**Rosmarin** und ↑**Salbei.**

Zipollen [*Gemüse*] ↑**Zwiebeln**

Zirrhose [*Fachkunde*] Verhärtung und narbige Schrumpfung eines Organs. ↑**Leberzirrhose**

Ziselieren [*Unsere Küche*] **A** ↑**Fisch**e oder ↑**Bratenstücke** werden oft vor dem Braten zisiliert. **1.** Bei größeren Fischen oder den Filets wird die Haut schräg eingeschnitten, damit das Fleisch gleichmäßig gar wird, sich die Filets nicht wölben, also während des Bratens flach am Pfannenboden liegen bleiben und die Würzung besser einzieht. **2.** Kleinere frische Fische (z. B. ↑**Forellen**) werden auf beiden Seiten leicht eingeschnitten, damit sie beim ↑**Pochieren** nicht platzen und dadurch unansehnlich werden. **3.** Bei einem ↑**Schweinebraten** wird die ↑**Schwarte** rautenförmig eingeschnitten, das lässt sie besser knusprig (kann aufgehen) werden, das Fett kann ausbraten und die Würzaromen dringen ins Fleisch ein. Besonders schmackhaft gelingt der Braten, steckt man ↑**Knoblauch**stifte oder ↑**Nelken** in die zisilierte Schwarte. Bei würzigem ↑**Schinken** aus dem Backofen machen sich auch ↑**Mandel**stifte recht gut.

Zita (zite, ziti, zitoni) [*Ital. Speisekarte*] **T** Besonders dicke und kurze ↑Röhren**nudeln** aus ↑**Hartweizengrieß** und Wasser, mit unterschiedlichen Durchmessern und Längen, aber immer glatter Oberfläche. Sie stammen ursprünglich aus Apulien, sind heute in ganz Süditalien verbreitet. Der Name ist ganz alt: **„zita"** bedeutet so viel wie „Jungfrau", sie wurden früher traditionell bei Hochzeiten serviert. Sie sind die Urform zahlreicher Röhrennudeln. Wenn sie besonders kurz geschnitten sind, heißen sie auch **ditalini,** länger geschnitten **maccheroni,** schräg abgeschnitten **pennette.** Wenn sie einen besonders großen Durchmesser haben, nennt man sie **mezze zite** oder **boccolotti mezzani,** die größten **zitoni** oder **candele** (Kerzen). ↑**Pasta.** Durch ihren großen Durchmesser nehmen sie gut Saucen auf. ↑**Tomatensoße.** Sie schmecken aber auch vermischt mit ↑**Ragù** oder geschichtet mit ↑**Auberginen**scheiben als Auflauf („pasticcio"), im Ofen mit Käsesorten wie ↑**Caciocavallo,** ↑**Provolone** oder ↑**Mozzarella** überbacken.

Zitronat [*Backstube*] **T** Auch ↑**Sukkade** genannt, ist die kandierte Schale der bis zu 2 kg schweren, saftarmen **Zedrat**- oder ↑**Zitronatzitrone,** die im Mittelmeerraum angebaut wird. Die Schalen werden zur Konservierung in Salzwasser gelegt und später in einer hochprozentigen Zuckerlösung gekocht. Zitronat bekommt man im Handel meist als Würfel oder in Schalenstücken, auch mit Zucker überzogen (glasiert). ↑**Kandieren**

Zitronatzitrone oder Zedratzitrone [*Exotische Früchte*] **T Lateinisch:** Citrus medica; **Englisch:** citron; **Französisch:** cedrat; **Italienisch:** cedro. **Herkunft:** Aus Nordindien stammender, immergrüner Strauch oder kleiner Baum aus der Familie der Rautengewächse. Der Zitronatzitronenbaum wird bis zu sechs Meter hoch und wächst heute in allen Gebieten mit Mittelmeerklima. Er trägt gelbe, wulstige, bis zu zwei Kilo schwere Früchte. **Gesundheitlicher Wert:** Das in der Schale enthaltene Zitronenöl regt den Gallenfluss an. **Geschmack:** süßlich nach Zitronenschale mit einem kleinen Muskatton im Hintergrund. **Verwendung in der Küche:** Das saure Fruchtfleisch wird für die Zubereitung von Drinks verwendet. Hauptsächlich wird aber die dicke und weiche Schale verarbeitet, die kandiert grün-gelb ist, den Handelsnamen „Sukkade" oder „↑**Zitronat**" trägt und als Backzutat verwendet wird. **Würzkombinationen mit Zitronat:** Es passt zu ↑**Rosinen,** ↑**Orangeat** und zur Gewürzmischung für Weihnachtsgebäck. ↑**Lebkuchengewürz**

Zitrone [*Obst*] **T Lateinisch:** Citrus limon; **Englisch:** lemon; **Französisch:** citron; **Italienisch:** limone; **Spanisch:** limón. **Info:** Zitronen gehören zur Familie der Rautengewächse. Die kleinen, buschigen, etwa 3–5 m hohen Bäume sind kräftig bedornt und tragen einzeln oder in Trauben große, weiße Blüten, die an den Spitzen meist leicht violett gefärbt sind. Die Früchte sind mittelgroß, bis 10 cm lang und etwa 6 cm dick, walzen- oder eiförmig mit einer klar ausgeprägten Spitze. Die Schale ist meist gelb, kann aber auch hellgrün oder orangegelb sein und löst sich nicht vom Fruchtfleisch. Das hellgelbe Fruchtfleisch ist sehr saftig und sauer und weist einige Kerne auf. Zitronen werden für den Frischmarkt und für die industrielle Verwertung angebaut. Der Saft ist eine wichtige Basis für viele Erfrischungsgetränke und dient zum Würzen von Speisen. Die als Nebenprodukt anfallenden ätherischen Öle verwendet man als Basis für Aromastoffe. Zitronen werden heute in den tropischen und subtropischen Regionen Europas, Afrikas und Amerikas angebaut, allerdings wegen ihrer Frostempfindlichkeit nur in andauernd warmen Gebieten. Die weltweit wichtigsten Anbaugebiete sind die USA (Kalifornien), Italien, Spanien, Türkei und Griechenland. **Ursprung und Geschichte:** Die wahrscheinlich aus Indien stammenden Zitronen wurden erstmals in China kultiviert. Mit arabischen Händlern gelangten sie schon zur Zeit der Römer zuerst in den Nahen Osten und weiter bis auf römische Märkte, wo sie als Luxusfrüchte gehandelt wurden. Wahrscheinlich existierten in verschiedenen Regionen des römischen Reiches auch schon erste Zitrusplantagen mit Zitronen und ↑**Pomeranzen.** Etwa im 12. Jh. wurden Zitronen und ↑**Limetten** von den Kreuzfahrern aus Syrien und Palästina an die südlichen Küsten Italiens und Frankreichs gebracht. Bereits ab dem 13. Jh. verbreitete sich die Zitrone im gesamten Mittelmeerraum. Bei den Entdeckern des 15. und 16. Jh.s war sie wahrscheinlich schon als Mittel gegen ↑**Skorbut** bekannt und wurde von ihnen somit in die ganze Welt verbreitet, darunter in ihr heutiges Hauptanbauland USA. Zitronen werden nach der Ernte für den Export gewaschen und verlieren so ihren natürlichen Schutz, die Wachsschicht. Deshalb wird die Schale dann mit ↑**Konservierungsmitteln** ↑**E 230**–↑**E 233,** ↑**E 912** & ↑**E 914** behandelt, um die Früchte vor Austrocknung und Infektionen zu schützen. Bei „unbehandelten" Zitronen ist zwar die Schale zum Verzehr geeignet, allerdings sind sie wesentlich weniger lang haltbar. **Achtung! Behandelte Zitronenschale niemals in Speisen und Getränken verwenden. Herkunft und Saison:** Zitronen aus dem Mittelmeerraum kommen heute zum Großteil aus Spanien, kleinere Mengen aus Zypern, Griechenland und Italien. Das Angebot ist das ganze Jahr über konstant, wenn auch die Mengen naturgemäß in den Sommermonaten kleiner sind. Zwischen Mai und November werden auch Zitronen aus Argentinien, Südafrika und Uruguay angeboten. **Inhaltsstoffe:** 100 g Zitrone weisen einen Brennwert von ⌀ 29 kcal/120 kJ auf und enthalten 86 g Wasser, 1,1 g Eiweiß, 0,3 g Fett, 9,3 g Kohlenhydrate und 2,8 g Ballaststoffe. An ↑**Mineralstoffen**, ↑**Spurenelementen** und ↑**Vitaminen** sind ⌀ 26 mg Kalzium; 0,6 mg Eisen; 2 mg Natrium; 2,9 mg Vitamin A (RE) und 53 mg Vitamin C enthalten. ↑**Zitronensaft** hat sehr gute antiseptische Eigenschaften und ist ein ausgezeichneter Durstlöscher. Der hohe Gehalt an Vitamin C ist schon sehr lange bekannt, heißer Zitronensaft ist ein bewährtes Hausmittel gegen Erkältungen. **Zubereitung und Tipps:** Zitronen sind zu sauer, als dass man sie pur essen könnte. Sie intensivieren aber den Geschmack anderer Früchte und verhindern, dass bestimmte Obst- und Gemüsesorten sich in direktem Luftkontakt verfärben. Zitronen werden zum Aromatisieren von Suppen, ↑**Saucen,** ↑**Gemüse,** ↑**Kuchen,** ↑**Konditorcreme** und ↑**Sorbets** verwendet. Zitronensaft wird manchmal statt ↑**Essig** in ↑Salat**marinaden** verarbeitet und benutzt, um ↑**Fleisch** oder ↑**Fisch** zu ↑**marinieren** und es mürbe zu machen. Unbehandelte, getrocknete Zitronenschale kann man als Gewürz im Lebensmittelhandel kaufen. Außerdem gibt es Zitronenschale, vermischt mit ↑**Pfeffer** und ↑**Knoblauch**pulver, unter der Bezeichnung Lemon-Pepper. **Würzkombination:** Zitronenschale und Zitronensaft passen zu allen ↑**Gewürzen** und ↑**Kräutern**.

Zitronenbasilikum [*Gewürze & Kräuter*] **A Lateinisch:** Ocimum citriodorum. Zitronenbasilikum wird hauptsächlich in Indonesien und Thailand verwendet. Es hat einen angenehmen Geruch nach ↑**Limetten,** ist fein säuerlich und wird meist roh als ↑**Garnitur** mitgegessen. Mit seinem frischen Zitrusaroma passt es am besten zu ↑**Fisch.** ↑**Basilikum**

Zitronenbergamotteblüten [*Wildkräuter, -blüten & -früchte*] **T** Aromatische Einlagen in Salaten. **Mehr Information:** ↑**Essbare Blüten**

Zitronengelb [*Unsere Küche*] Geriebene Schale unbehandelter ↑**Zitronen**

Zitronengras [*Gewürze & Kräuter*] **A Lateinisch:** Cymbopogon citratus. **Synonym:** Lemongras, Citronella. **Englisch:** lemon grass, citronella; **Französisch:** verveine des Indes; **Italienisch:** cimbopogone, citronella; **Spanisch:** zacate de limón, te de limón, caña de limón, citronella, hierba de limón. **Info:** Das zur Familie der Süßgrasgewächse gehörende Zitronengras ist ein in dichten Büscheln wachsendes, etwa 2 m hohes tropisches, schilfartiges, dickes Gras mit langen, spitzen Blättern und einem deutlichen Zitronenduft. In Südostasien sind etwa 55 Arten bekannt, wobei das Ostindische (**cymbopogon flexuosus**) und das Westindische Zitronengras (**cymbopogon itratus**) in großem Umfang angebaut werden. Von der Pflanze wird jedoch nur der untere Teil verwendet, da sie oben zu faserig ist. **Herkunft und Saison:** Das in den Tropen Südostasiens beheimatete Zitronengras wird in Indien seit Jahrhunderten nicht als Gewürz, sondern für die Parfümherstellung und als Heilkraut verwendet. Es wird das ganze Jahr über – vorwiegend aus Thailand – in kleinen, aber konstanten Mengen angeboten. **Verwendung in der Küche:** Das subtropische Gras, dessen Ölzellen ein zitronenähnliches Aroma freisetzen, wird zur Würzung vieler ostasiatischer Speisen verwendet und ist in ↑**Saucen** und **Marinaden** sehr beliebt. Das angenehme Aroma ist sehr dezent; ähnelt entfernt der ↑**Zitronenmelisse** und passt zu allen pikanten Fleischgerichten, ↑**Geflügel,** ↑**Fisch** und ↑**Meeresfrüchten**, in Suppen oder ↑**Fonds.** Die robusten Halme werden ganz als Gewürz mitgekocht, aber nicht mitgegessen, da sie auch nach dem Kochen faserig bleiben.

Zitronenkraut [*Gewürze & Kräuter*] ↑**Zitronenmelisse**

Zitronenkraut [*Wildkräuter, -blüten & -früchte*] ↑**Eberraute**

Zitronenlimonade [*Übersetzer*] **Englisch:** lemonade; **Französisch:** citronade; **Italienisch:** limonata; **Spanisch:** limonada de limón

Zitronenmelisse oder Melisse [*Gewürze & Kräuter*] **A Lateinisch:** Melissa officinalis. **Synonym:** Bienenkraut, Melisse, Zitronenkraut. **Englisch:** balm, lemon balm, sweet balm, balm gentle, balm-mint; **Französisch:** baume, citronelle, mélisse, herbe citron; **Italienisch:** melissa, cedronella, erba limona; **Spanisch:** balsamita maior, toronjil, toronjiña. **Info:** Die zur Familie der Lippenblütengewächse gehörende Zitronenmelisse ist eine 30–70 cm hohe Pflanze mit vierkantigem, haarig verzweigtem Stängel, auf dem die eiförmigen, gezähnten, hellgrünen Blätter sitzen. Ihre Blüten (Juli und August) sind weiß, leicht gelblich oder hellblau gefärbt. Die Bezeichnung Zitronenmelisse oder einfach nur Melisse ist identisch und betrifft dieselbe Pflanze; der Zusatz Zitrone weist nur auf den zitronenartigen Geschmack der Melisse hin. **Herkunft und Saison:** Die im östlichen Mittelmeergebiet oder Westasien beheimatete Zitronenmelisse leitet ihren Namen vom griechischen Wort für Bienenblatt (**melisso phýllon**) ab; sie war den antiken Griechen nicht nur Heilpflanze, sondern wurde wegen ihres Nektarreichtums auch als Bienenfutterpflanze hoch geschätzt. Im 11. Jh. kam sie über Spanien nach Mitteleuropa. Sie wird das ganze Jahr über aus südeuropäischen Anbaugebieten, teilweise auch aus heimischer Produktion, angeboten. **Geschmack:** Sie duftet und schmeckt wie ↑**Zitrone. Standort:** Wer einen Garten hat und ein paar der sehr anspruchslosen Stauden pflanzt, hat vom Frühjahr bis zum Winter frische Melissenblätter. Angeboten wird Zitronenmelisse auch im Blumentopf für die Fensterbank, dadurch hat man auch weniger Insekten, die den Duft nicht mögen. **Verwendung**

in der Küche: Zum Aromatisieren, Würzen und Garnieren werden die jungen, frischen Blätter und Triebe (beste Würzkraft) verwendet. Zitronenmelisse eignet sich besonders für Blatt- und Rohkostsalate, Kräutermarinaden, kalte Kräutersaucen, ↑**Kräuterbutter,** Tomatengerichte und vollendet würzige und scharfe Gerichte, wie sie in asiatischen Ländern sehr geschätzt werden. Erfrischende ↑**Desserts,** ↑**Sorbets,** ↑**Eistees** und ↑**Liköre** sowie fruchtige ↑**Cocktails** aromatisiert man mit den frischen Melisseblättern, die sich dazu als leichte, extravagant schmeckende Dekoration präsentieren. **Konservierung:** lässt sich nur tiefgekühlt konservieren, beim Trocknen verliert sie ihr Aroma. **Wirkung in der Volksmedizin:** Als Heilkraut wird Zitronenmelisse gegen Verdauungsbeschwerden und Blähungen, insbesondere jedoch als Nervenberuhigungsmittel und gegen nervöse Schlafstörungen verwendet. Das aromatische, beruhigende, kühlende Kraut wirkt fiebersenkend und krampflösend. Es hemmt die Schilddrüsenaktivität und ist antibakteriell. Äußerliche Anwendung bei Herpes, Wunden, ↑**Gicht** und Insektenstichen. Als Auflage entspannt sie die Blutgefäße.

Zitronensaft [*Unsere Küche*] **T** Ist meist Bestandteil und Aromastoff von Getränken, Salatsaucen usw. Dank seines hohen ↑**Vitamin-C-**Gehalts kann frischer Zitronensaft Krankheiten vorbeugen. Das Fruchtfleisch der ↑**Zitrone** wurde früher bei der kommerziellen Herstellung von ↑**Citronensäure,** $C_6H_8O_7$, eingesetzt und findet heute bei der Herstellung von Zitronensaft-Konzentrat Verwendung. Als antibakterielles Mittel reichen nur zwei EL Zitronensaft pro Liter Wasser aus, um alle Choleraerreger darin abzutöten, fanden argentinische Forscher heraus. Diese Entdeckung ist für tropische Gebiete mit akuter Cholerагefahr von großer Bedeutung, weil sich Zitronensaft als billiges Gegenmittel anbietet. ↑**Lebensmittelvergiftungen**

Zitronensäure [*Weinkunde*] Traubenmost enthält relativ wenig Zitronensäure (bis 500 mg/l). Nur Weine mit ↑**Botrytis** haben höhere Werte. In manchen Ländern außerhalb Deutschlands ist eine geringe Beimischung zur Erhöhung der Haltbarkeit gestattet. ↑**Citronensäure & E 330**

Zitronenschale [*Gewürze & Kräuter*] **T** Herkunftsland Südeuropa. **Handelsform:** Die Schalen von unbehandelten frischen ↑**Zitronen** werden getrocknet und gemahlen. Wegen ihres Gehalts an ätherischem Zitronenöl sind sie vielseitig verwendbar. Zum Abschmecken von Obstsalat, süßem ↑**Quark,** Weihnachtsgebäck, Obstkuchen und -torten, ↑**Punsch** sowie ↑**Bratensoßen** genügt meist ein Hauch. **Zum Aromatisieren dürfen die Schalen von handelsüblichen Zitronen nicht verwendet werden, sie sind mit ↑Konservierungsmitteln ↑E 230–↑E 233, ↑E 912 & ↑E 914 behandelt und somit gesundheitsschädlich.** Die im Bioladen angebotene ungespritzte Ware ist zwar teurer und hält nicht lange, kann aber mit gutem Gewissen verwendet werden.

Zitronentagetesblüten [*Wildkräuter, -blüten & -früchte*] **T** Werden mit Hackfleisch gefüllt, in Pfannkuchenteig getaucht und frittiert. **Mehr Information:** ↑**Essbare Blüten**

Zitronenthymian [*Gewürze & Kräuter*] **A Lateinisch:** Thymus x citriodorus. **Info:** Von Thymian gibt es viele Sorten, die sich in Farbe und Geschmack unterscheiden. Zitronenthymian ist eine davon, wiederum mit vielen Zuchtformen. Er stammt aus der Familie der Lippenblütler. **Herkunft:** Mitteleuropa. **Erscheinungsform:** kriechender oder aufrechter Wuchs. Büschel von dunkelgrünen, sehr kurz gestielten, länglich-lanzettförmigen, ganzrandigen und nach unten eingerollten, filzig behaarten Blättern. Sie sind blassrosa bis violett. **Geschmack:** Jede Art hat eine ganz eigene Zitronennote. Das starke Aroma ergibt guten Kräutertee. **Verwendung in der Küche:** Das Küchenkraut passt sehr gut zu ↑**Fisch,** ↑**Eiern** sowie Rahmsaucen und harmoniert mit ↑**Lammfleisch.** Zitronenthymian verfeinert Süßspeisen und Dessertsoßen. **Wirkung in der Volksmedizin:** Appetitanregend, verdauungsfördernd, krampflösend, beruhigend, den Hustenreiz lindernd, desinfizierend auf Ausscheidungsorgane und menstruationsregulierend. Der spanische Zitronenthymian (**tomillo limón**) besticht mit einem reichhaltigen, ganz eigenen minzigen Zitronenaroma und wirkt auch gegen Erkältungen.

Zitrullengurken [*Obst*] ↑**Wassermelonen**

Zitrusfrüchte [*Obst*] **T Englisch:** citrus fruit; **Französisch:** agrumes; **Italienisch:** agrumi; **Spanisch:** agrios. Gattung der Rautengewächse mit etwa 60 Arten, die heute in allen subtropischen Gebieten kultiviert werden. Die wichtigsten Arten: ↑**Apfelsinen** in vielen Sorten, ↑**Pomeranzen** mit kleinen, dickschaligen, bitteren Früchten, ↑**Mandarinen,** ↑**Zitronen,** ↑**Limetten,** ↑**Grapefruits** usw.

Zitza [*Weinkunde*] Griechischer (Epirus) trockener Weißwein aus der ↑**Debina Traube**

Zivilisationskrankheiten [*Gesundheit*] In Industrieländern verbreitete Krankheiten, bei deren Entstehung eine unausgewogene, fettreiche Ernährung eine wesentliche Rolle spielen kann. **Beispiele sind:** Herz-Kreislauf-Krankheiten, ↑**Arteriosklerose,** ↑**Diabetes,** ↑**Osteoporose.** ↑**Ernährungsabhängige Krankheiten**

Zlikrofi [*Ital. Speisekarte*] ↑**Slicrofi**

Znaimer Gulasch [*Österr. Küche*] Rindergulasch mit in Streifchen geschnittenen ↑**Salzgurken.** ↑**Gulasch**

Znaimer Gurken [*Intern. Länderküche*] **R** Auch Pfeffergurken: typische Spezialität aus der ↑**Böhmischen Küche.** Es sind kleine, fingerlange ↑**Gewürzgurken,** die kurz in Salz eingelegt und mehrfach mit kochend heißem Essigsud überbrüht wurden. Den unverwechselbaren Geschmack bringt eine abschließende heiße ↑**Marinade** aus **Essig,** mit frischen Kirschblättern, ↑**Lorbeer,** schwarzem ↑**Pfeffer,** ↑**Dill** und ↑**Zucker.**

Zöliakie [*Gesundheit*] **T** Eine Erkrankung des Dünndarms im Kindesalter, bei der dieser überempfindlich auf ↑**Gluten** (Klebereiweiß) der Getreidearten ↑**Weizen,** ↑**Grünkern** (↑**Dinkel**), ↑**Hafer,** ↑**Roggen** und ↑**Gerste** reagiert. Im Erwachsenenalter wird die Krankheit als **Sprue** bezeichnet. Um allergische Reaktionen zu vermeiden, muss auf den Verzehr von ↑**Getreide** sowie daraus erzeugte Produkte **total verzichtet** werden. ↑**Mais,** ↑**Reis** und ↑**Hirse** enthalten kein Gluten. Auch ↑**Milch** und ↑**Käse** sind glutenfrei, es sei denn, man würde sie z. B. mit Weizenkeimen anreichern. Das Gluten verursacht krankhafte Veränderungen an der Dünndarmschleimhaut, schädigt die Dünndarmzotten. Dadurch wird die Nahrung unzureichend ausgenutzt (Malabsorption). Symptome der Zöliakie sind Durchfälle und ein erhöhter Fettgehalt des Stuhles. Steht die Diagnose Zöliakie nach einer Untersuchung der Dünndarmschleimhaut (Dünndarmbiopsie) fest, kann die Krankheit nur durch eine lebenslange glutenfreie Ernährung erfolgreich behandelt werden. **Auch** ↑**Bier * muss gemieden werden. Vorsicht ist auch bei Fertiggerichten und anderen Produkten geboten,** die ↑**Mehl** als Bindemittel enthalten, z. B. ↑**Kroketten,** ↑**Wurstwaren,** ↑**Fischkonserven,** ↑**Fleischextrakte,** industriell gefertigtes ↑**Speiseeis** und Süßigkeiten. **Uneingeschränkt erlaubt sind glutenfreie** ↑**Lebensmittel** wie ↑**Gemüse,** ↑**Reis,** ↑**Mais,** ↑**Kartoffeln,** ↑**Obst,** ↑**Milch,** ↑**Fleisch,** ↑**Fisch** sowie speziell für eine glutenfreie Ernährung hergestellte diätetische Erzeugnisse, die mit dem Symbol einer durchgestrichenen Weizenähre oder durch den Aufdruck „glutenfrei" kenntlich gemacht sind. * **Alle Biersorten, die nur aus Maismaische gebraut sind** (wie das mexikanische **Corona**), **dürfen getrunken werden.** Weitere Informationen geben Arzt und Apotheker. ↑**Diät bei Zöliakie**

Zombie [*Hausbar*] **R** Sehr starker ↑**Cocktail** aus ↑**Rum** und ↑**Fruchtsäften,** der nach seiner Wirkung auf den Trinker benannt wurde. Alle Rezeptvariationen enthalten mindestens drei, oft aber fünf oder sechs Sorten Rum, darunter auch hochprozentige (über 70 %). Dazu kommen ↑Frucht**liköre** und verschiedene Fruchtsäfte. Der sanfte, fruchtige Geschmack bewirkt, dass **der extrem hohe Alkoholgehalt** verschleiert wird. **Folgende Variante gilt als Originalrezept:** 1 cl weißer Rum; 2 cl goldener Rum; 1 cl brauner Rum; 1 cl Kirsch-↑**Brandy;** 1 cl ↑**Apricot Brandy;** 4 cl Ananas-Saft; 2 cl Orangensaft; 3 cl ↑**Lime Juice;** 1 cl ↑**Papaya**-Saft; 0,5 cl ↑**Mandelsirup.** Kurz mit Eis im ↑**Shaker** schütteln, abgießen, mit Pfefferminzblatt, ↑**Limetten**scheibe und ↑**Ananas**stücken garnieren, die mit 73 %igem Rum beträufelt werden (keinen ↑**Strohrum** verwenden).

Zooanthroponose [*Fachkunde*] ↑**Zoonose**

Zoonose [*Fachkunde*] **Synonym:** Tierseuche, Tierkrankheit. **Definition:** Als **Zoonosen** bezeichnet man Erkrankungen, die Tiere befallen. Sie können durch Viren, Bakterien, Pilze, ↑**Protozoen** und Parasiten verursacht werden. Tiere stellen somit ein Reservoir für Krankheitserreger dar. Umgekehrt kann aber auch der Mensch wieder Tiere infizieren. Es gibt verschiedene Arten von Zoonose, z. B. **Zooanthroponose:** Tierkrankheiten werden auf den Menschen übertragen. Bekannt geworden sind vor allem Tularämie (Hasenpest), Vogelgrippe, SARS, West-Nil-Fieber usw. **Anthropozoonose:** Dabei wird die Infektion ausschließlich vom Menschen auf ein Tier übertragen.

Zuber [*Weinkunde*] Eine heute kaum noch gebrauchte kleinere Holzbütte, mit in den Dauben eingelassenem Griff

Zucca [*Ital. Speisekarte*] ↑**Kürbis**

Zuccherino [*Ital. Speisekarte*] Zuckerplätzchen

Zucchero [*Ital. Speisekarte*] ↑**Zucker**

Zucchetti [*Ital. Speisekarte*] ↑**Zucchini**

Zucchettini [*Gemüse*] ↑**Zucchini**

Zucchini [*Gemüse*] **R Lateinisch:** Cucurbita pepo. **Synonym:** Coccozelle, Gemüsekürbis, Gurkenkürbis. **Englisch:** courgette, zucchini; **Französisch:** zucchini, courgettes; **Italienisch:** zucchine; **Spanisch:** calabacines. **Info:** Zucchini sind Markkürbisse, die wie alle ↑Som**merkürbisse** frühreif geerntet werden. Sie haben eine weiche, glatte Schale, die grün oder gelb, manchmal gestreift oder marmoriert ist. Die Früchte sind etwa 15–40 cm lang, ihre Form ist gurken- oder walzenförmig, sechskantig, mit abgerundetem Ende. **Herkunft und Saison:** Zucchini wurden ursprünglich im Mittelmeerraum angebaut (Italien, Frankreich), werden aber seit langer Zeit auch hier kultiviert. Sie werden aus Deutschland, Italien und Spanien das ganze Jahr über in gleich bleibender Qualität angeboten. **Inhaltsstoffe:** 100 g Zucchini haben einen Brennwert von 14 kcal/60 kJ und enthalten 94 g Wasser, 1,2 g Eiweiß, 0,1 g Fett, 2,9 g Kohlenhydrate und 1,2 g Ballaststoffe. An ↑**Mineralstoffen,** ↑**Spurenelementen** und ↑**Vitaminen** sind ∅ 15 mg Kalzium, 0,4 mg Eisen, 3 mg Natrium, 34 mg Vitamin A (RE) und 9 mg Vitamin C enthalten. **Reife:** Durchgereifte, frische Früchte besitzen eine glänzende, feste, fleckenlose Schale. **Geschmack:** Früchte bis etwa 20 cm Länge sind besonders zart im Geschmack, der an Nüsse und Gurken erinnert. **Zubereitung und Tipps:** Zucchini gut waschen, an beiden Enden kappen. In Scheiben, Streifen oder Würfel schneiden. Nur sehr große Früchte schälen. Roh als Salat, gekocht oder gebraten als ↑**Gemüse** schmecken Zucchini am besten. Sie passen zu allen ↑**Fisch-,** ↑**Fleisch**- sowie ↑**Geflügel**gerichten und lassen sich mit anderen Gemüsesorten kombinieren. Mit den gelben, genießbaren ↑**Zucchiniblüten** lässt sich Essen toll dekorieren. Zucchini gehören in die ↑**Medi-**

terrane Küche und mit ↑**Knoblauch,** ↑**Zwiebeln,** ↑**Tomaten,** ↑**Auberginen** und ↑**Paprika** ins ↑**Ratatouille.** Oft werden sie auch gefüllt, im Ofen gebacken, überbacken, geschmort, frittiert oder gegrillt. Als Beilage zum ↑**Steak** oder Grillfisch schmecken Zucchinistücke (auch in Schiffchenform tourniert) nur in etwas ↑**Butter** angeschwenkt, mit ↑**Salz,** ↑**Pfeffer,** Knoblauch und ↑**Muskat** gewürzt. Als ↑**Antipasti** werden die Zucchini in 1 cm dicke Scheiben geschnitten, mit Pfeffer und Salz gewürzt und auf dem Grill von beiden Seiten gebräunt. Mit ↑**Zitronensaft** und ↑**Olivenöl** mariniert, ergeben sie nach dem Abkühlen eine kulinarische Vorspeise, die man mit frisch gehackten ↑**Kräutern** noch verfeinern kann. **Tipp:** Im Gemüsefach des Kühlschranks halten sich frische Zucchini 2–3 Wochen.

Zucchiniblüten [*Wildkräuter, -blüten & -früchte*] **R Lateinisch:** Cucurbita spp. Alle Kürbis- und Zucchiniblüten sind für Suppen und Eintöpfe geeignet, wenn die grünen Kelche und die Fortpflanzungsorgane vorher entfernt wurden. In ↑**Eigelb** und ↑**Mehl** gewendet und frittiert, mit etwas ↑**Salz** oder ↑**Zucker** bestreut, sind Zucchiniblüten eine Leckerei für die sommerliche leichte Küche – in der italienischen Küche werden sie als Vorspeisen geschätzt. In Frankreich werden die Blüten mit ↑**Hackfleisch** gefüllt, zugebunden und in der Pfanne gebraten. Geerntet werden sie immer nur morgens, denn ab Mittag welken die Blüten schon. **Mehr Information:** ↑**Essbare Blüten**

Zuccotto [*Ital. Speisekarte*] **R** Klassisches Schokoladenhalbgefrorenes (↑**Parfait**) mit gehackten Nüssen in der Biskuittorte. Eine Spezialität aus der Toskana: Hierfür wird die Eismasse in einer mit ↑**Biskuit(teig)** ausgekleideten Schüssel gefroren. Die Biskuitstreifen werden mit ↑**Rum,** ↑**Maraschino** oder ↑**Amaretto** getränkt. Vor dem Servieren die Eistorte auf eine Platte stürzen und dick mit Puderzucker, dann mit Kakao bestäuben.

Zuchtpilze [*Speisepilze*] **T** Wer nicht nur im Herbst gerne Pilze isst, kann auf Zuchtpilze zurückgreifen. Am bekanntesten ist der ↑**Champignon,** der schon seit 350 Jahren kultiviert wird, doch auch ↑**Austernpilze** und die japanischen ↑**Shiitake** sind mittlerweile überall erhältlich. Kultivierte Pilze sind weniger schadstoffbelastet als wild wachsende und immer erhältlich. Gut züchten lassen sich ↑**Braunkappen,** ↑**Kräuterseitlinge,** ↑**Grifola-Pilze** und der chinesische ↑**Pom Pom.** Weitere Zuchterfolge erhofft man sich von folgenden Pilzen: **Judasohr** (Auricularia auricula-judae); **Blazei Champignon** (Agaricus blazei); **Südlicher Ackerling** (Agrocybe aegerita cylindracea); **Leberpilz** (Fistulina epatica); **Samtfuß-Rübling** (Flammulina velutipes); **Klapperschwamm** (Grifola frondosa); **Stockschwämmchen** (Kuehneromyces mutablis); **Weißer Rasling** (Lyophyllum decastes); **Ulmen Rasling** (Lyophyllum ulmarium); **Gelber Seitling** (Pleurotus citrinopileatus); **Rosa Seitling** (Pleurotus eous); **Laserkraut Seitling** (Pleurotus eryngii); **Tuber-regium Seitling** (Pleurotus tuberregium); **Nameko Schüppling** (Pholiota nameko); **Krause Glucke** (Sparassis crispa); **Tannenglucke** (Sparassis laminosa) und **Lackporling** (Ganoderma lucidum). In jüngster Zeit sind sogar ↑**Trüffel** gezüchtet worden. Dazu werden die Wurzeln junger Bäume mit Trüffel-Myzel geimpft. Das edle Gewächs bleibt dennoch teuer, denn die Zucht ist aufwändig, und die Erträge sind noch gering. **Nährstoffe:** Zuchtpilze sind reich an ↑**Vitamin B_1,** ↑**B_2,** ↑**Pantothensäure,** ↑**Biotin,** ↑**Kalium** und ↑**Kupfer** und sorgen somit für Ausgeglichenheit und ruhige Nerven. **Nur Zuchtpilze dürfen roh verzehrt werden.** In vielen Wildpilzen kommen Blutgifte (Hämolysine) vor, die die roten Blutkörperchen zerstören können. Diese Stoffe werden durch Erhitzen zerstört. **Zuchtpilze in der Küche:** Kein Schälen, kein Waschen und viele Möglichkeiten der Zubereitung wie Kochen, Dünsten, Grillen, Schmoren, Trocknen und Einlegen. **Wichtige Tipps:** Pilze nicht waschen, weil sie durch das Wasser schnell aufquellen und an Geschmack verlieren. Besser mit einem Küchentuch abreiben, bei Zuchtpilzen ist auch das selten nötig. Essen kann man den ganzen Pilz, also meistens auch den Stiel. Es sei denn, er ist ausgetrocknet und zäh. Vertrocknete oder verschmutzte Enden am besten sparsam abschneiden. ↑**Pilze. Konventionelle Produkte:** In der Zucht wachsen die Pilze auf Substraten – Stroh, Holz oder Kompost. In der konventionellen Zucht unterliegen die Substrate keinen besonderen Anforderungen. Um den Befall mit unerwünschten Erregern wie Schimmelpilzen oder Pilzfliegen zu verhindern, wird ständig mit Formalinlösungen entseucht. Die Chemie-Keule führt allerdings zu Resistenzen. Rückstände aus belasteten Substraten und chemischen Mitteln sind möglich. **Biologische Produkte:** In der Bio-Pilz-Zucht müssen die Substrate aus dem ↑**KBA-Anbau** stammen. So darf nur auf KBA-Stroh, unbelastetem Holz, Spänen oder Sägemehl sowie Kompost aus kontrolliert-biologischer Erzeugung gezüchtet werden. **Chemische Mittel zur Desinfizierung der Hallen sind verboten** – die Bio-Züchter verwenden heißen Dampf. Die Ernteausbeute ist geringer, der Arbeitsaufwand größer als im konventionellen Anbau.

Zucker [*Fachkunde*] **Englisch:** sugar; **Französisch:** sucre; **Italienisch:** zucchero; **Spanisch:** azúcar. Fast 114 Millionen Tonnen Zucker werden weltweit im Jahr erzeugt, davon sind 60 % ↑**Rohrzucker** und 40 % ↑**Rübenzucker.** Aus der Sicht der Ernährungswissenschaftler sind Zucker süß schmeckende, in der Natur vorkommende ↑**Kohlenhydrate.** Dazu gehören primär ↑**Traubenzucker,** ↑**Milchzucker,** ↑**Malzzucker,** ↑**Fruchtzucker** und ↑**Saccharose** (wird vor allem aus ↑**Zuckerrüben** und ↑**Zuckerrohr** gewonnen). **Was ist**

Zucker? Ausschließlich Rohr- oder Rübenzucker, der sich im Körper je zur Hälfte in Frucht- und Traubenzucker aufspaltet! **Geschichte:** In der Antike war Zucker unbekannt, gesüßt wurde mit Bienenhonig oder pflanzlichen Süßstoffen. Vermutlich gelangten der Zucker und die Kenntnisse der Zuckergewinnung erst während der Kreuzzüge nach Europa. Rohrzucker gedeiht nur im tropischen Klima, daher war er früher so teuer, dass er nur für Reiche erschwinglich war. So wurde Zucker zu einer begehrten Ware und zum wichtigsten Produkt des frühen Welthandels. Das änderte sich, als der deutsche Chemiker Andreas Sigismund Marggraf 1747 auf den Zuckergehalt der Runkelrübe aufmerksam wurde. Sein Nachfolger Franz Carl Achard errichtete 1801 die erste Zuckerrübenfabrik der Welt. 100 g Rübenzucker haben einen Brennwert von ∅485 kcal/2031 kJ.

Zuckeralkohol [*Gesundheit*] ↑**Zuckeraustauschstoffe**

Zuckerarten [*Fachkunde*] ↑**Zucker**

Zuckeraustauschstoffe [*Gesundheit*] Chemisch gesehen keine ↑**Zucker,** sondern höherwertige ↑**Alkohole.** Sie erhöhen den Blutzuckerspiegel nicht, werden ohne ↑**Insulin** im Körper verwertet und sind deshalb für ↑**Diabetiker** geeignet. Zuckeraustauschstoffe schmecken wie Zucker, fördern aber keine ↑**Karies** und ersetzen in diätetischen Lebensmitteln den Zucker (Saccharose). Im Gegensatz zu ↑**Süßstoffen** haben Zuckeraustauschstoffe ↑**Kalorien,** zum Teil aber weniger als Zucker. Darum werden sie auch in viel größeren Mengen als Süßstoffe verwendet, da ihre Süßkraft eher der des Zuckers gleicht. Aus gesundheitlicher Sicht sind sie zwar unbedenklich, können aber in größeren Mengen (mehr als 20–30 g pro Tag) abführend wirken, weil sie im Darmtrakt nur langsam aufgenommen (resorbiert) werden, dort Wasser binden und dann den Stuhl verflüssigen. Zuckeraustauschstoffe werden u. a. aus ↑**Früchten** und ↑**Gemüse** gewonnen: Fuchtzucker (↑**Fructose**) und Zuckeralkohole ↑**Xylit,** ↑**Sorbit,** ↑**Mannit,** ↑**Isomalt** und ↑**Lactit.**

Zuckerbäcker [*Backstube*] ↑**Konditor**

Zuckercouleur [*Allgem. Nährmittel*] **T** Ein Erzeugnis aus dunkelbraun gebranntem ↑**Zucker** (Karamell), mit Wasser zu einer ↑**Sauce** gelöst. Sie hat keine süßende Wirkung mehr. Als ↑**Lebensmittelfarbstoff** (↑**E 150**) färbt sie ↑**Colagetränke,** Zuckerwaren, ↑**Spirituosen,** ↑**Essig,** ↑**Fleischbrühen** und besonders zu hell geratene Saucen braun.

Zuckererbsen [*Gemüse*] Oder Kaiserschoten haben breite, längliche grüne Hülsen mit unreifen, aber essbaren kleinen Samen. Sie besitzen von allen Erbsensorten den höchsten Zuckergehalt und innen keine ungenießbare Pergamentschicht. Deshalb schmecken sie süß, fleischig und können mit Hülse verzehrt werden. **Herkunft:** Kenia, Israel und Südafrika. **Geschmack:** süßlich. **Inhaltsstoffe:** 100 g Zuckererbsen haben einen Brennwert von ∅55 kcal/230 kJ. An ↑**Mineralstoffen,** ↑**Spurenelementen** und ↑**Vitaminen** besitzen sie sehr viel Vitamin B_1 und E, Kalium, Magnesium, Phosphor und Calcium. **Verwendung in der Küche:** Stielansätze abschneiden, Zuckerschoten in Salzwasser 2–3 Min. ↑**blanchieren.** Mit kaltem Wasser abschrecken, dann bleiben sie schön grün. In Butter geschwenkt und nur ganz schwach mit ↑**Pfeffer,** ↑**Muskat** und ↑**Bohnenkraut** gewürzt, als Gemüsebeilage oder als Zutat von Salaten. ↑**Erbsen**

Zuckerester [*Fachkunde*] ↑**E 473**

Zuckerfest – Seker bayram [*Orientalische Küche*] Das Zuckerfest wird am Ende des Fastenmonats ↑**Ramadan** gefeiert und dauert drei Tage. Es beginnt, wenn im Monat Shawwal der Mond (die Mondsichel) das erste Mal zu sehen ist. Es ist ein fröhliches Familienfest, bei dem Muslime Allah dafür danken, dass er ihnen die Stärke gegeben hat, das Fasten durchzustehen. Das Zuckerfest ist neben dem ↑**Opferfest** das wichtigste Fest des Islam, für das die Häuser geputzt und geschmückt werden. In islamischen Ländern ist es ein öffentlicher Feiertag. Das Zuckerfest ist auch ein Anlass, Frieden zu schließen und sich nach einem Streit wieder zu versöhnen. Innerhalb der Familie oder im Freundeskreis werden Geschenke verteilt. Besonders die Kinder bekommen Süßigkeiten oder Geld geschenkt. Traditionell werden auch Bedürftige bedacht. Diese Almosen heißen **zakat al-fitr.** Fast alle Muslime gehen am ersten Tag des Zuckerfestes zum Gebet in die Moschee oder in einen Gebetsraum. Wenn der Andrang zu groß ist, findet das Gebet im Freien statt. Viele Muslime tragen am Zuckerfest neue Kleidung, und die Frauen verzieren ihre Hände mit Henna. Es gibt Umzüge oder Volksfeste. Das erste Zuckerfest wurde vermutlich vom Propheten Mohammed, seinen Verwandten und Freunden im Jahr 624 nach dem Sieg im Kampf von **Jang-e-badar** gefeiert.

Zuckerglyceride [*Fachkunde*] ↑**E 474**

Zuckerguss [*Backstube*] ↑**Glasuren**

Zuckerhut [*Hausbar*] **T** Ein in Hut- oder Kegelform gepresster Kristallzucker. In dieser traditionellen Form wurde früher der ↑**Zucker** gehandelt. Er ist die wichtigste Zutat für eine ↑**Feuerzangenbowle.**

Zuckerkartoffel [*Gemüse*] ↑**Topinambur**

Zuckerkrankheit [*Gesundheit*] **Lateinisch:** Diabetes mellitus. Die Zuckerkrankheit ist eine Stoffwechselkrankheit, bei der die Verwertung der ↑**Kohlenhydrate,** besonders des Traubenzuckers (↑**Glucose**), gestört ist. Ursache ist ein absoluter (**Typ I**) oder relativer (**Typ II**) Insulinmangel im Körper. ↑**Insulin** hat die Aufgabe, den Blutzuckerspiegel zu senken. Beim ↑**Diabetiker-Typ I** bildet die Bauchspeicheldrüse kein bzw. zu wenig ↑**Insulin.** Deshalb muss der Blutzuckerspiegel durch Insulinspritzen geregelt werden. Beim ↑**Diabetiker-Typ II** wird zunächst noch Insulin gebildet, jedoch kann es wegen des vermehrten

Fettgewebes nicht ausreichend wirken. Als Hormon wirkt Insulin über einen Rezeptor mit dem Schlüssel-Schloss-Prinzip. Bei Übergewichtigen ist das „Schloss" verändert, sodass nicht ein, sondern viele Schlüssel (= Insulin) zur Senkung des Blutzuckerspiegels notwendig werden. **Übergewichtige Typ-II-Diabetiker sollten deshalb unbedingt abnehmen.** Es empfiehlt sich eine energiereduzierte ↑**Mischkost,** auf fünf bis sechs sehr kleine Mahlzeiten am Tag verteilt. **„↑Diabetes Diät"** – **„↑Diät zur Gewichtsreduzierung"** – **„↑Leichte Vollkost"** oder **„↑Krankendiät".** Bei Diabetes mellitus steigt der Nüchternblutzucker über 126 mg/100 ml Blut. **Typische Symptome sind:** Erhöhter Blutzucker, Zuckerausscheidung im Urin, starker Durst, Harndrang, verzögerte Wundheilung und Kraftlosigkeit. Folgeschäden durch Gefäßveränderungen können an Augen, Nieren und Füßen auftreten.

Zuckerkulör *[Fachkunde]* ↑**Zuckercouleur**

Zuckerl *[Österr. Küche]* Bonbon

Zuckermais *[Gemüse]* **R** Im Unterschied zu Futtermais hat Zuckermais einen erheblich höheren Zuckergehalt. Seine Kolben mit gelben oder rötlichen Körnern, umhüllt von grünen Blättern, sind kleiner und früher reif. Zuckermais sollte so frisch wie möglich zubereitet werden, da sich der Zucker schnell in Stärke umwandelt. **Herkunft:** Deutschland, Italien, Spanien, Frankreich, Amerika, Balkan. **Inhaltsstoffe:** 100 g Zuckermaiskörner haben einen Brennwert von ∅ 76 kcal/325 kJ. An ↑**Mineralstoffen,** ↑**Spurenelementen** und ↑**Vitaminen** verfügen sie über 3,3 g Eiweiß, 1,2 g Fett, 19,2 g Kohlenhydrate, viel Kalium, Phosphor, Vitamin A und C. **Reife:** Beim Einritzen der Körner muss milchiger Saft austreten. **Geschmack:** Milchig süß. Alte Kolben sind hart und schmecken nach Stärke. **Klassisch zubereitet:** Maiskolben aus den Blättern lösen und die klebrigen Fäden abziehen. Enden und Spitzen abschneiden. Kolben in Wasser **ohne Salz** (Körner werden sonst zäh), aber mit einer Prise ↑**Zucker** und ↑**Butter** in ca. 15–20 Min. gar kochen. Danach den Zuckermais in einer Pfanne mit wenig Butter bei mittlerer Hitze anbraten. Zum Anrichten mit Salz und Pfeffer würzen, mit frisch gehackten Gartenkräutern bestreuen. In beide Enden jeweils eine Gabel stecken und die Körner genussvoll vom Kolben knabbern. Oder die Körner mit einem scharfen Messer vom Kolben ablösen und lose zu Salaten oder in Gemüse mischen.

Zuckermelone *[Obst]* **T Lateinisch:** Cucumis melo. **Info:** Die zur Familie der Kürbisgewächse gehörenden Zuckermelonen sind einjährige, ähnlich ihren Verwandten ↑**Kürbisse** und ↑**Gurken** am Boden rankende Pflanzen mit 1,5–2 m langen Ranken. Die rundlichen bis eiförmigen, 15–30 cm langen und 8–15 cm dicken, bis zu 4 kg schweren Früchte haben eine glatte bis genetzte, mehr oder weniger stark gerippte, manchmal warzige Rinde. Die Außenrinde ist weißlich, hellgrün oder grüngelb gefärbt und verfärbt sich bei Vollreife zu gelb, orangegelb oder rosa. Das weiße, grüne, gelbe, gelborange oder orange Fruchtfleisch hat einen süßen, meist aromatischen Geschmack und enthält – im Gegensatz zu ↑**Wassermelonen,** bei denen die Kerne im gesamten Fruchtfleisch verteilt sind – die flachen, weißlichen Kerne in der Mitte, in Fächern konzentriert. **Ursprung und Geschichte:** Ursprünglich sind Zuckermelonen wahrscheinlich im tropischen und subtropischen Westafrika beheimatet. Die ersten nachweislichen Kulturen gab es bereits vor mehr als 4000 Jahren im alten Ägypten und im damaligen Persien, von wo sie sich im Laufe der Jahrhunderte im Mittleren Osten und bis nach Asien verbreiteten. Im 16. Jh. kamen die Zuckermelonen mit den spanischen Seefahrern auf den amerikanischen Kontinent. **Arten und Sorten:** Da Zuckermelonen seit Jahrtausenden kultiviert werden, entstanden im Laufe der Zeit viele Sorten, von denen heute etwa 500 wirtschaftliche Bedeutung erlangt haben. Nach ihren äußeren Merkmalen werden sie in ↑**Netzmelonen,** die von einem weißen bis hellbraunen, korkartigen Netz überzogen sind, und in die glattschaligen, gerippten oder gefurchten ↑**Honigmelonen** unterteilt. So wie die stark gerippten, oft mit Warzen bedeckten, jedoch nicht genetzten „Warzenmelonen" oder ↑**Cantaloupe Melonen.** Die bekannteste Zuckermelone ist die **Honig-Melone,** die feinste die ↑**Charentais-Melone.** Aber auch alle anderen Sorten haben saftiges, aromatisches Fruchtfleisch in Hellgelb bis Lachsrot zu bieten. **Herkunft und Saison:** Zuckermelonen werden von Mai bis Oktober in konstanten Mengen angeboten, die Saison geht von Juni bis September. Die wichtigsten Lieferländer sind Spanien, Italien, Griechenland und Israel. In den Wintermonaten gibt es Importe aus mittel- und südamerikanischen Anbaugebieten, meist aus Costa Rica, Mexiko oder Brasilien. **Inhaltsstoffe:** 100 Zuckermelone weisen einen Brennwert von ∅ 54 kcal/231 kJ auf und enthalten 89 g Wasser, 0,9 g Eiweiß, 0,3 g Fett, 8,4 g Kohlenhydrate und 0,8 g Ballaststoffe. An ↑**Mineralstoffen,** ↑**Spurenelementen** und ↑**Vitaminen** gibt es ∅ 11 mg Kalzium, 0,2 mg Eisen, 9 mg Natrium, 332,4(!) RE Vitamin A sowie 42,2 mg Vitamin C. Insbesondere orangefleischige Zuckermelonen besitzen einen sehr hohen Gehalt an ↑**Provitamin A,** jenem Schönheitsvitamin, das verjüngend auf Knochen, Zähne, Haut, Augen, Haare und Nägel wirken soll. **Reife:** Durchgereifte Früchte erkennt man am intensiven, aromatischen Duft, an den Rissen um den Stiel oder am leicht geschrumpften Stiel. **Geschmack:** je nach Sorte mehr oder weniger süß und aromatisch. **Zubereitung und Tipps:** Zuckermelonen sollten nur vollreif – und kurz vorher eingekühlt – verzehrt werden. Die Früchte werden in der Regel längs auseinander geschnitten, die

Kerne mit einem Löffel entfernt und die beiden Hälften dann in Segmente geschnitten. Zuckermelonen schmecken als Vorspeise mit gekochtem oder rohem Schinken, insbesondere ↑Parma- oder ↑Serrano**schinken,** ausgehöhlt und mit ↑**Portwein** gefüllt oder mit ↑**Geflügel-**, ↑**Krabben**- oder ↑**Krebs**salaten. Salaten mit ↑**Reis** oder ↑**Huhn** verleihen sie eine besondere Note. Als Dessert werden Zuckermelonen in Obstsalaten, ↑**Speiseeis** oder ↑**Sorbet**s verwendet.

Zuckerrand [*Hausbar*] ↑**Crusta**

Zuckerrohr [*Fachkunde*] **T Lateinisch:** Saccharum officinarum. Eine Pflanze aus der Familie der Süßgräser, die schilfartig mehrere Meter hoch wächst und etwa 20 Jahre alt wird. Die Blätter sind bis 2 m lang und raukantig. Die Blüten stehen in großen, glänzend behaarten Rispen. Für die Nutzung sind die Halme bzw. Stängel begehrt. Diese schießen 4 m hoch, sind bis zu 7 cm dick und verschieden gefärbt. Zu zwei Dritteln ihrer Länge sind die Stängel mit einem lockeren, weißen Mark angefüllt. Dies ist der zuckerhaltige, essbare Teil. Bis zur Entdeckung der Zuckerrübe war das Zuckerrohr die einzige Quelle, um Zucker zu gewinnen. Als ursprüngliche Standorte gelten Indien, aber auch Neuguinea und China, die genaue Herkunft ist unklar. Heute wird Zuckerrohr weltweit angebaut und stellt etwa 60 % der Zuckerproduktion. Hauptanbauländer sind Indien, Australien, Thailand, Südafrika, die Karibischen Inseln wie Kuba, Jamaika, die Dominikanische Republik und Brasilien. **Inhaltsstoffe:** 100 g Rohrzucker besitzen einen Brennwert von ∅ 396 kcal/1657 kJ, 18 mg Kalzium, 5 mg Phosphor, 7 mg Magnesium, 1,8 mg Natrium, 33 mg Kalium, 1 mg Eisen, 10 mg Schwefel, 0,06 mg Zink, 0,004 mg Chrom. Im Zuckerrohr stecken mit einem Anteil von fast 18 % viele wertvolle ↑**Mineralstoffe,** die in der Zuckerrübe nicht enthalten sind. Zur Gewinnung von ↑**Zucker** wird der Stängel zerquetscht, abgepresst oder durch Wasser ausgelaugt. So erhält man den Zuckersaft, der dann so lange eingedampft wird, bis die Zuckerkristalle zurückbleiben. Bei der Zuckerherstellung fällt Melasse (sirupartiger Rückstand mit etwa 40–50 % Zucker) an, mit der ↑**Rum** und andere ↑**Spirituosen** hergestellt werden. ↑**Brauner Rohrzucker**

Zuckerrüben [*Fachkunde*] Die Urform der Zuckerrübe, die wilde Runkelrübe, gehört zur Familie der Gänsefußgewächse und ist an den Küsten des Mittelmeers und der europäischen Atlantikküsten bis Schottland und Südschweden beheimatet. Die heutige Zuckerrübe (eine zweijährige Pflanze) entstand durch Züchtung aus dieser Runkelrübe. Sie gedeiht auf nährstoffreichen, tiefgründigen Lehmböden, in Gebieten mit nicht zu feuchtem Klima, in dem die mittlere Temperatur während der Wachstumsperiode bei etwa 20° C liegt. Deutschland ist nach Frankreich das größte Anbaugebiet. Mit Hilfe des Sonnenlichts produziert die unauffällige Zuckerrübe aus Bodenwasser und Kohlendioxid der Luft das Kohlenhydrat ↑**Zucker** als reines Naturprodukt. Die geernteten Rüben enthalten ∅ 12–21 % Rübenzucker und liefern zwei Fünftel des weltweit produzierten Zuckers. In der Zuckerfabrik werden die Rüben gewaschen, geschnitzelt. Der Zucker wird ihnen durch ein Extraktionsverfahren entzogen. Dabei geht der Zucker durch die Zellwände der Rüben in das dabei verwendete Wasser über. Diesem Zuckersaft wird durch Verdampfen das Wasser entzogen, bis sich dann bei einem bestimmten Verhältnis von Zucker und Wasser schlagartig Kristalle bilden. In großen Drehbehältern wird die Masse bei ständiger Bewegung abgekühlt, die Kristalle wachsen dabei weiter an. Durch Zentrifugieren wird der zwischen den Kristallen verbliebene Sirup abgeschleudert. Zurück bleibt gelbbrauner Rohzucker, der mit Wasser und Wasserdampf mehrmals gereinigt wird, bis die ↑**Raffinade** übrig bleibt, ein reiner weißer Zucker von bester Qualität. Die erste Rübenzuckerfabrik der Welt entstand 1801 in Cunern/Schlesien. ↑**Zucker**

Zuckerrübensirup [*Allgem. Nährmittel*] **R** Der eingekochte, karamellisierte Saft gedämpfter ↑**Zuckerrüben** ist ein würzig-süßer Brotaufstrich und besonders schmackhaft auf ↑**Quark.** Eine Marinade von Zuckerrübensirup gibt einem leicht gepökelten **Schinken** den letzten Pfiff, bevor er im Rohr bei sanfter Hitze gegart wird.

Zuckerschoten [*Gemüse*] ↑**Zuckererbsen** & ↑**Erbsen**

Zuckersirup [*Hausbar*] **R** Farbloser, flüssiger ↑**Zucker,** der überall da verwendet wird, wo sich Kristallzucker schlecht auflöst: z. B. in eisgekühlten ↑**Cocktail**s oder in der Küche beim Aufschlagen von ↑**Eiweiß. Rezept:** Auf 1 l Wasser 1 kg Zucker geben. Aufkochen, ggf. abschäumen und nach dem Erkalten in Flaschen abfüllen. Je länger der Sirup kocht, umso dickflüssiger wird er. Bei ↑**Rohrzucker**sirup spricht man von **Sirop de Canne** oder **Sucre de Canne.** ↑**Läuterzucker** ist Sirup aus Kristallzucker, und Kandissirup wird aus hellbraunem ↑**Kandiszucker** gewonnen.

Zuckersorten [*Fachkunde*] **Basterdzucker:** fein kristallin, für Backwaren, feucht, krümelig, inverthaltig. ↑**Invertzucker. Brauner Zucker:** Sammelbezeichnung für alle Zucker mit brauner Farbe. **Dekorierzucker:** feinster Puderzucker, oft mit Fett umhüllt, zur Dekoration, da er auf warmem Gebäck nicht schmilzt. **Demerara-Zucker:** weißer Rohrzucker, mit ↑**Melasse** aus ↑**Zuckerrohr** versetzt. Bildet große, leicht klebrige, braune Kristalle. Für die Herstellung von Gebäck und Süßigkeiten. **Einmachzucker:** grobkörnige Raffinade, die besonders rein und durch die grobe Struktur ideal zum Einmachen von ↑**Obst** und ↑**Gemüse** ist. Enthält kein ↑**Pektin. Farin:** feiner, brauner Zucker, mit Sirup braun gefärbt. **Flüssiger Zucker:** von Nahrungsmittelindustrie genutzt; Zucker in Wasser gelöst. **Fondant:** gerührte Masse aus gekochtem Zucker und Glukosesirup, für ↑**Glasuren** auf Gebäck und ↑**Torten,** für Füllungen in Süßwaren, ↑**Pralinen** und ↑**Konfekt. Fruchtzucker:** ↑**Fructose. Gelierzucker:** für ↑**Konfitüren,** ↑**Gelees** und ↑**Marmeladen.** Aus ↑**Raffinade** mit Pektin, ↑**Zitronensäure** oder ↑**Weinsäure** als Geliermittel. **Grießzucker:** grobkörnige ↑**Raffinade. Hagelzucker:** sieht aus wie kleine Hagelkörner, zum Verzieren von Gebäck. **Instantzucker:** schnell lösliche Raffinade. **Invertzucker:** durch Hydrolyse (Inversion) von ↑**Saccharose** entstandenes Gemisch, halb aus Traubenzucker (↑**Glucose**), halb aus Fruchtzucker (Fructose). **Isoglucose:** auch „Glucose-Fructosesirup", „High fructose corn Sirup" – in Getränken und Obstkonserven verwendetes, durch Stärkeabbau gewonnenes Produkt, das zu 51 % Glucose i.TS (TS = **Trockensubstanz**) und 42 % Fructose i.TS besteht. Vorwiegend aus Mais- oder Weizenstärke hergestellt. **Kandisfarin:** brauner Kandis mit kleineren Kristallen. **Kandiszucker:** auch Krachzucker – Zuckerkristalle von unterschiedlicher Größe und Farbe; entstehen durch langsames Auskristallisieren reiner Zuckerlösung. Um braunen Kandis zu erhalten, wird karamellisierter Zucker zugefügt; gleiche Süßkraft wie Raffinade. **Karamell:** durch langsames Erhitzen von Zuckerarten entstehende braune Masse. Je nach Erhitzungsdauer von hell- bis dunkelbrauner Farbe und aromatischem bis herbem Karamellgeschmack. **Läuterzucker:** klarer, dickflüssiger Sirup aus Zucker und Wasser, u. a. für die Herstellung von Mixgetränken, da auch kalt schnell löslich. **Maltose** (↑**Malzzucker**)**:** aus Stärke gewonnener Zucker für die Produktion von ↑**Alkohol. Melasse:** als dunkelbrauner Sirup verbleibender „Produktionsrest" der Zuckerherstellung; dient der Alkohol- oder Hefenherstellung, wird auch als Viehfutter verwertet. Mit Melasse aus Zuckerrohr wird ↑**Rum** produziert. **Milchzucker: „**↑**Laktose",** „Sandzucker" – in der Milch vorkommend, besteht aus Glucose und Galactose. Wird von vielen Menschen, besonders Nichteuropäern, nicht vertragen (genetisch bedingt). **Muskovade:** ungereinigter und unraffinierter brauner Rohrzucker. **Perlzucker:** andere Bezeichnung für ↑**Hagelzucker. Pilézucker:** ↑**Weißzucker** aus Zuckerplatten in Stücken. **Puderzucker:** Staubzucker – fein gemahlene Raffinade. **Raffinade:** meistgebrauchter weißer Haushaltszucker aus Zuckerrohr oder Zuckerrüben, durch Raffination gereinigt. Besteht zu mind. 99,7 % aus Saccharose, muss besonderen Reinheitsanforderungen entsprechen. Wird in verschiedenen Korngrößen hergestellt. **Raffinose:** nicht süß schmeckender Zucker, kommt in vielen Pflanzen vor. **Rohrzucker:** Zucker, aus Zuckerrohr hergestellt. Enthält auch ↑**Mineralstoffe,** ↑**Spurenelemente** und ↑**Vitamine. Seidenzucker:** fein verarbeiteter Zucker für edle Verzierungen. **Sirup:** ↑**Ahornsirup,** Rübensirup, Birnendicksaft u. a., durch mehrmaliges Kochen des Saftes hergestellt. Hoher Zuckeranteil: Ahornsirup 65 %, Rübensirup 62 %, Birnendicksaft 78 %. **Stärkezucker:** alle aus ↑**Stärke** (z. B. Maisstärke) hergestellten Zuckerarten. In der Industrie zunehmend verbreitet, häufige Alternative zu Zucker. **Traubenzucker:** aus Stärke hergestellt, auch ↑**Dextrose. Vanillezucker:** feiner weißer Zucker mit echtem ↑**Vanille**mark gemischt. **Vanillinzucker:** statt echter Vanille wird ↑**Vanillin**-Aroma mit feinem weißen Zucker vermischt. **Weißzucker:** auch „Grundsorte", Vorform der Raffinade. **Würfelzucker:** angefeuchtete Raffinade zu Würfeln gepresst, anschließend wieder getrocknet. **Zuckeralkohole:** ↑**Zuckeraustauschstoffe** (↑**Sorbit,** ↑**Xylit** und ↑**Mannit**). Bedeutsam für nicht insulinpflichtige **Diabetiker. Zuckerstreusel:** holländischer Brotbelag zum Frühstück aus eingefärbtem Zucker. **Zuckerkulör:** Lösung aus ↑**Karamell,** zum Färben von Speisen verwendet. **Zuckerlompen:** werden aus Zuckerrohr hergestellt. Die ungleichmäßigen Stücke werden gepresst und passen gut zu vielen heißen Getränken. Sie lösen sich schneller als Kandis.

Zuckerstoffwechsel [*Verdauung*] Biochemische Vorgänge, mit denen der Organismus Energie aus ↑**Zucker** gewinnt. Die ↑**Kohlenhydrate** haben an der ↑**Ernährung** der Menschen den größten Anteil. Bei der Verdauung und Verarbeitung aller ↑**Kohlenhydrate** entsteht als Endprodukt die ↑**Glucose** (Traubenzucker), die im Blut den Blutzucker bildet. Auch der Stoffwechsel der Fette und mancher Proteine führt letztendlich zur Entstehung von Glucose. Sie ist der wichtigste „Treibstoff", der in den Muskeln und anderen Körperteilen zur Energiegewinnung dient, und ist in allen Zellen und fast allen Körperflüssigkeiten enthalten. Die Steuerung ihrer Konzentration und Verteilung gehört zu den wichtigsten Vorgängen im Organismus. Von vergleichsweise untergeordneter Bedeutung für die menschliche Physiologie sind einige andere Zucker, insbesondere die ↑**Lactose,** auch ↑**Milchzucker** genannt, in der ↑**Milch.**

Zuckerwatte [*Süßwaren*] Auch gesponnener ↑**Zucker:** wurde um 1830 in Amerika erfunden und wird vor allem auf Jahrmärkten, der Kirmes und Weihnachtsmärkten verkauft. Eine spezielle Maschine stellt Zuckerwatte aus gewöhnlichem Haushaltszucker her. Hierbei wird der Zucker an einer Heizwendel (Heizelement in der Mitte der Maschine) bis zum Fließpunkt erhitzt und durch die Zentrifugalkraft vom Spinnkopf weggeschleudert. Auf dem Weg vom Spinnkopf weg erstarrt der flüssige Zucker zu Fäden und wird in einer runden Wanne als Zuckerwatte mit einem Stab aufgewickelt. Die entstehenden Fäden sind nicht kristallin wie das Ausgangsprodukt, sondern amorph und somit weich wie Watte.

Zumo de fruta [*Span. Speisekarte*] Fruchtsaft

Zumo de naranja [*Span. Speisekarte*] Orangensaft

Zunge [*Fleischprodukte*] **R Englisch:** tongue; **Französisch:** langue; **Italienisch:** lingua; **Spanisch:** lengua. Eines der feinsten Teile der Schlachttiere. Die Zunge wird frisch, gepökelt oder geräuchert zu leckeren Gerichten und zu Zungenwurst verarbeitet. Als Lebensmittel zählt die Zunge von **Rind, Kalb,** ↑**Schaf** und ↑**Schwein** zu den **Innereien. Inhaltsstoffe:** 100 g frische Rinderzunge enthalten ∅ 195 kcal/816 kJ, 13 g Fett, 16 g Eiweiß, 2,95 mg Eisen, 0,13 mg Vitamin B_1 und 108 mg Cholesterin. Die Grundzubereitung ist bei allen Zungenarten die gleiche. Zuerst muss die Zunge gekocht werden, was unterschiedlich lange dauern kann. Rinderzungen benötigen fast 2 Stunden, Lammzungen sind meistens schon nach 45 Min. gar. Eine Zunge ist gar, wenn sich die Zungenhaut leicht von der **Zungenspitze** lösen lässt. **Die Gewürze für das Kochwasser:** ↑**Salz** (außer bei Pökelzungen), ↑**Pfeffer,** ↑**Piment,** ↑**gespickte Zwiebel.** In der Regel lässt man die Zungen, nachdem die Haut abgezogen ist, vor der Weiterverarbeitung im ↑Koch**fond** erkalten.

Zungen [*Fisch*] Bezeichnung für gewisse Plattfischarten, z. B. ↑**Seezunge** und ↑**Rotzunge**

Zungenbraten [*Fleischprodukte*] Braten vom Rinderhals

Zungenbutter [*Unsere Küche*] **R** Schaumig gerührte ↑**Butter** und ↑**Püree** von gepökelter ↑Rinder**zunge,** abgeschmeckt mit ↑**Zitronensaft,** ↑**Cayennepfeffer** und ↑**Worcester**

Zuppa [*Ital. Speisekarte*] Zwei Bedeutungen: **1.** Suppe; 2. Süßspeise; „Zuppa inglese" aus Vanillecreme und in Rum getauchtem Biskuit

Żur [*Intern. Länderküche*] **R** Saure Mehlsuppe, traditionelles polnisches Gericht auf der Basis einer Wurst-**Gemüse-** oder ↑**Fleischbrühe** sauer abgeschmeckt. Typische Zutaten sind: **Grundbrühe;** ↑**Mehl;** ↑**Zwiebeln;** ↑**Knoblauch;** ↑**Kartoffeln;** ↑**Gemüse** – was vorhanden ist; trockene ↑**Pilze;** geräucherter ↑Schweine**speck;** ↑**Schweinerippchen;** ↑**Kabanossi** oder sonstige Wurst; ↑**Kefir** oder ↑**Buttermilch.** Der polnische Name Żur leitet sich vom deutschen Wort sauer ab. Man braucht nur wenige billige Zutaten und kann größere Mengen davon kochen. Diese Suppe war früher bei der armen Bevölkerung Standardessen und ist wegen der vielen ↑**Kohlenhydrate** sehr nahrhaft. Dieses in Polen beliebte Gericht wird unter dem Namen **„żurek śląski"** als Tütensuppe verkauft. ↑**Polnische Küche**

Zur Rose abziehen [*Unsere Küche*] **A** So bezeichnet man das **schnelle** Einrühren von kochend heißer ↑**Milch** in schaumig aufgeschlagene Eimasse, die dann unter ständigem Rühren mit einem Kochlöffel auf Feuer zu einer sämigen Masse abbindet. Wird der Zeitpunkt verpasst und die Masse zu heiß, gerinnt das ↑**Ei,** und die Flüssigkeit flockt aus. Die richtige Konsistenz der Masse ist dann erreicht, wenn man den Löffelrücken mit der Masse überzieht und beim Draufblasen ein rosenblattförmiges Gebilde entsteht. Nun wird die Masse sofort vom Herd genommen, in ein vorbereitetes, eisgekühltes Gefäß passiert und auf Eis kaltgerührt. Zur Rose werden ↑**Vanillesoße,** ↑**Milchspeiseeis,** ↑**Bayerische Creme** usw. abgezogen.

Züricher Geschnetzeltes [*Schweizer Küche*] **R** Fein blättrig geschnittenes (fachlich **Emincé** genannt) Kalbfleisch in Käse-Sahnesoße mit Champignons ist das Nationalgericht der Schweiz schlechthin und wird mit ↑**Berner Rösti** serviert. **Grundrezept** – 2/3 ↑**Kalbfleisch** und 1/3 ↑**Champignons** werden in feine Scheibchen geschnitten. Das geschnetzelte Fleisch bei hoher Temperatur mit ↑**Butterschmalz** sehr schnell anrösten und warm stellen. In derselben Pfanne sehr fein gehackte ↑**Zwiebeln** in ↑**Butter** anbraten, die Champignons dazugeben, mit ↑**Weißwein,** ↑**Demiglace** und ↑**Sahne** ablöschen. Diese ↑**Sauce** einreduzieren lassen, mit ↑**Zitronensaft** verfeinern und etwas geraspeltem ↑**Emmentaler Käse** binden. Das Fleisch wieder in die Sauce legen, erwärmen (nicht kochen) und anrichten. Mit rohen, hauchdünnen Champignonscheiben garnieren.

Zurichten [*Österr. Küche*] ↑**Parieren**

Zusatzstoff Zulassungsverordnung [*Fachkunde*] **Hinweise der chemischen Untersuchungsanstalten** – Vielen Lebensmitteln werden zum Zwecke der Konservierung, des besseren Aussehens oder aus technologischen Gründen ↑**Konservierungsstoffe,** ↑**Farbstoffe,** ↑**Kutterhilfsmittel** und andere Stoffe zugesetzt. In speziellen Verordnungen ist geregelt, welchen Lebensmitteln diese Stoffe zugesetzt werden dürfen und wie die Deklaration bei der Abgabe an den Endverbraucher zu erfolgen hat. Diese Hinweise sollen gastronomische Betriebe und Einrichtungen zur Gemeinschaftsverpflegung (z. B. Kantinen) auf die erforderliche und richtige Deklaration von Zusatzstoffen aufmerksam machen und so Beanstandungen bei Betriebskontrollen durch die Lebensmittelüberwachung vermeiden helfen. **Zusatzstoff: Kenntlichmachung. 1.** ↑**Konservierungsstoffe** ↑**E 200**–↑**E 252,** ↑**E 280**–↑**E 290,** ↑**E 925** und ↑**E 926** – sind erlaubt und üblich bei Fischhalbkonserven (Bismarckhering, Rollmops, Lachsersatz), Fleischsalat, Sauerkonserven, Kartoffelsalat, Zitrusfrüchten, Dessertsaucen. Hauptsächlich werden Sorbinsäure und Benzoesäure, seltener PHB-Ester und Ameisensäure verwendet. Diphenyl, Orthophenylphenol und Thiabendazol sind nur zum Konservieren der Oberfläche von Zitrusfrüchten zugelassen. Sie müssen nur dann auf der Speisekarte angegeben werden, wenn behandelte Zitrusfrüchte mit Schale an den Gast abgegeben werden. „Mit Konservierungsstoff … Name des(r) Konservierungsstoffe(s)"; oder „Konserviert mit … Name des(r) Konservierungsstoffe(s)". **2.** ↑**Antioxidationsmittel** ↑**E 300**–↑**E 321** – sind erlaubt, wobei nach der neuen Zusatzstoffzulassung die Antioxidationsmittel in Lebensmitteln gekennzeichnet werden müssen: „mit Antioxidationsmitteln". **3.** ↑**Geschmacksverstärker** ↑**E 600**–↑**E 632** – sind erlaubt, müssen nun jedoch nach der neuen Zusatzstoffverordnung ebenfalls kenntlich gemacht werden: „mit Geschmacksverstärker". ↑**Umami. 4.** ↑**Süßstoffe** ↑**E 950**–↑**E 1518** – sind erlaubt und üblich z. B. für kalorienreduzierte Lebensmittel, brennwertverminderte Erfrischungsgetränke, süße Soßen und Suppen, Pudding, Cremespeisen, Feinkostsalate, Mayonnaisen, Senf. Werden mehrere Zuckerarten und Süßungsmittel verwendet, muss die Kenntlichmachung lauten: **Süßungsmittel (Name des/der Süßungsmittel/s) – hier muss auf die genaue Bezeichnung geachtet werden: nicht Süßstoff, sondern Süßungsmittel.** Tafelsüßen und andere Lebensmittel, die Aspartam enthalten, dürfen nur mit Kenntlichmachung in den Verkehr gebracht werden. Ein Hinweis muss die Aufschrift tragen: **„Enthält eine Phenylalaninquelle"**. Tafelsüßen mit einem Gehalt an Zusatzstoffen der Nr. ↑**E 420,** ↑**E 421,** ↑**E 953,** ↑**E 965**–↑ **E 967** und andere Lebensmittel mit einem Gehalt an diesen Zusatzstoffen von mehr als 100 g in 1 kg oder Liter dürfen nur mit einem bestimmten Hinweis in den Verkehr gebracht werden. Der Hinweis muss die Aufschrift tragen: **„Abführende Wirkung bei übermäßigem Verzehr". 5. Lebensmittel**-↑**Farbstoffe** ↑**E 100**–↑**E 180,** ↑**E 579** und ↑**E 585** einschließlich ↑**Zuckercouleur** erlaubt und üblich z. B. bei Belegfrüchten, sterilisierten Erdbeer-Konserven, Kunstspeiseeis, Lachsersatz, Deutschem Kaviar, bestimmten Likören, Campari, alkoholfreien Erfrischungsgetränken (Zuckercouleur), fertigen Bratensoßen (Zuckercouleur). Bei mit Eisenglukonat geschwärzten Oliven: „mit Farbstoff", „geschwärzt". **6.** ↑**Phosphate** ↑**E 450** sind erlaubt. Bei Fleischerzeugnissen mit einem Gehalt an Zusatzstoffen von ↑**E 338**–↑**E 341,** ↑**E 450**–↑**E 452,** muss Phosphat angegeben werden („mit Phosphat"). **7.** ↑**Schwefeldioxid** ↑**E 220** – erlaubt und üblich z. B. bei Meerrettich, Kartoffelerzeugnissen, rohem Kartoffelkloßteig, Trockenfrüchten („geschwefelt"). **8.** ↑**Chinin** und Chininsalze – erlaubt und üblich bei alkoholfreien Erfrischungsgetränken (z. B. Tonic Water) – „chininhaltig". **9.** ↑**Koffein** – erlaubt und üblich bei alkoholfreien Erfrischungsgetränken (z. B. Cola, Limonaden) - „koffeinhaltig". **10.** ↑**Wachse** ↑**E 901**–↑**E 914** – müssen bei frischen Zitrusfrüchten, Melonen, Äpfeln und Birnen kenntlich gemacht werden, sofern die Oberfläche behandelt wurde („gewachst"). **11.** Jodiertes ↑**Speisesalz** – allgemein erlaubt „Jodsalz". ↑**E-Nummern** oder ↑**E-Nummern Tabelle. Anmerkung:** Die vorgeschriebenen Angaben sind gut sichtbar, in leicht lesbarer Schrift und unverwischbar anzugeben. Sie sind bei der Abgabe von Lebensmitteln in Gaststätten auf Speise- und Getränkekarten und bei der Speise/dem Getränk oder in Fußnoten anzubringen, wenn bei der Speise/dem Getränk mit einer Kennziffer oder einem anderen Zeichen auf diese Fußnote klar hingewiesen wird. **Beispiel:** „Belegtes Brot mit Lachsersatz" – (mit Konservierungsstoff, mit Farbstoff) oder „Belegtes Brot mit Lachsersatz" (s. Fußnote(n) Nr. ...). Für die Angabe der Zusatzstoffe in Fußnoten wird folgende Nummerierung empfohlen: Nr. 1 Mit Konservierungsstoff Sorbinsäure; Nr. 2 Mit Konservierungsstoff Benzoesäure; Nr. 3 Mit Konservierungsstoff PHB- Ester; Nr. 4 Mit Konservierungsstoff Ameisensäure; Nr. 5 Mit Farbstoff; Nr. 6 Mit Süßstoff Saccharin; Nr. 7 Mit Süßstoff Cyclamat; Nr. 8 Mit Süßstoff Aspartam, enthält Phenylalanin; Nr. 9 Mit Süßstoff Acesulfam; Nr. 10 Mit Phosphat; Nr. 11 Geschwefelt; Nr. 12 Chininhaltig; Nr. 13 Koffeinhaltig

Zutaten [*Fachkunde*] Sammelbezeichnung für alle zur Produktion von Lebensmitteln verwendeten Stoffe, die auch im Endprodukt enthalten sind und während der Herstellung nicht wieder entfernt wurden. Zutaten müssen auf Verpackungen angegeben werden, und zwar in der Reihenfolge ihres Gehaltes.

Zweigelt [*Weinkunde*] **T** Rotweinrebe: säurereicher und gerbstoffhaltiger, fruchtiger und kräftiger Wein aus Österreich von mittlerer bis guter Qualität, sehr lagerfähig. In den Zwanzigerjahren kreuzte Fritz Zweigelt ↑**Blaufränkisch** x ↑**Sankt Laurent.** Das Ergebnis reift früher als Blaufränkisch und bringt teilweise hohe Erträge auf fruchtbaren, nährstoffreichen Böden. **Farbe:** hellrot; **Geschmack:** kräftige Säure mit gehaltvollem Körper; **Verbreitung:** in Österreich die populärste rote Rebsorte, wird versuchsweise in Württemberg angebaut. **Speiseempfehlung:** Wildgeflügel, Enten, Gänse, Wild, Rind, Lasagne, Hartkäse, Edelpilzkäse

Zwerchfell [*Fleischprodukte*] ↑**Kronfleisch**

Zwetschge [*Obst*] **T Lateinisch:** Prunus domestica var. oeconomica. **Synonym:** Quetsche, Zwetsche. **Englisch:** plum; **Französisch:** quetsche; **Italienisch:** prugna, susina; **Spanisch:** ciruela. **Info:** Die zur Familie der Rosengewächse gehörenden 3–6 cm großen Zwetschgen sind die rundovalen, blau gefärbten Vertreter der wahrscheinlich aus der ↑**Schlehe (prunus spinosa)** hervorgegangenen Kulturpflaume (**Prunus domestica**), zu der auch die ↑**Pflaumen,** ↑**Reineclauden** und ↑**Mirabellen** gehören. Sie sind länglich, eiförmig mit spitzen Enden, festfleischig, und ihr Stein löst sich gut. **Ursprung und Geschichte:** Griechen kultivierten die aus Kleinasien stammende Kulturpflaume nachweislich schon vor 2500 Jahren. Sie gelangte im 2. Jh. v. Chr. nach Italien. Seitdem wurde sie immer wieder gekreuzt, sodass es im Laufe der Zeit zu einer großen Sorten- und Artenvielfalt kam. **Herkunft und Saison:** Zwetschgen werden den ganzen Sommer über von Ende Juli und je nach Saisonverlauf bis Anfang Oktober aus heimischer Produktion angeboten. **Inhaltsstoffe:** 100 g Zwetschgen weisen einen Brennwert von ∅ 55 kcal/230 kJ auf und enthalten etwa 83 g Wasser, 0,8 g Eiweiß, 0,6 g Fett, 13 g Kohlenhydrate und 1,5 g Ballaststoffe. An ↑**Mineralstoffen,** ↑**Spurenelementen** und ↑**Vitaminen** sind ∅ 4 mg Kalzium, 0,1 mg Eisen, 32,3 RE Vitamin A sowie 9,5 mg

Vitamin C enthalten. **Arten und Sorten:** Die großfrüchtige, ovale. **Ersinger Frühzwetschge** reift Ende Juli bis Anfang August, ist dunkelviolett bereift und hat eine leichte Naht. Das Fruchtfleisch ist fest, saftig, grüngelb und schmeckt angenehm süß-säuerlich. Die **Bühler Frühzwetschge** ist eine mittelgroße, ovale und dunkelblau stark bereifte Sorte, die Mitte August reift. Das Fruchtfleisch ist fest, gelbgrün, nicht besonders saftig und weist einen süß-säuerlichen, angenehm würzigen Geschmack auf. Die derzeit wichtigsten Sorten sind die Anfang bis Mitte August reifenden **Cacaks Schöne,** die Ende August reifenden **Cacaks Beste** sowie die Anfang September reifenden süßen **Cacaks Fruchtbare.** Diese Sorten sind großfrüchtig, dunkelblau gefärbt und duften stark. Das Fruchtfleisch ist grüngelb, gut steinlöslich, sehr fest, saftig und von ausgezeichnetem Geschmack. Außerdem zeichnen sich diese Sorten durch hohe Transportfestigkeit und sehr gute Lagerfähigkeit aus. Dem italienischen Sortenkreis gehören die **Bosnische,** die **Italienische,** die **Elbetaler** und die **Fellenberg** an. Sie reifen Ende August bis Anfang September und sind mittelgroß bis großfrüchtig, dunkelblau und bereift. Das Fruchtfleisch ist grüngelb, fest, saftig und sehr gut im Geschmack. Sie sind lagerfähig und werden oft bis Ende Oktober bei anhaltend guter Qualität angeboten. Die Mitte September reifende, rundliche **President** ist die größte Zwetschgensorte und hat ein pflaumenähnliches Aussehen. Die Schale ist dunkelviolett bis leicht rötlich und das Fruchtfleisch sehr saftig und angenehm im Geschmack. Geschmacklich bisher unübertroffen ist die von Mitte bis Ende September reifende **Hauszwetschge** mit ihren kleinen, dunkelblau gefärbten und stark bereiften Früchten und gelbem, festem Fruchtfleisch. Wegen ihrer problembehafteten Produktion wird sie jedoch immer seltener angeboten; in der ↑**Schnaps**erzeugung spielt sie eine wichtige Rolle. **Zubereitung und Tipps:** Zwetschgen werden roh gegessen, als Kuchenbelag, **Kompott** (↑**Powidl** bzw. ↑**Pflaumenmus**) oder Süßspeisen. Auf dem Balkan wird aus ihr ↑**Slibowitz** gebrannt.

Zwetschgendatschi [*Backstube*] **R** Flacher Zwetschgenkuchen aus ↑**Hefeteig.** Die frischen, entkernten Zwetschgen werden vor dem Belegen gerne mit Zucker, Zimt und einem Hauch gem. Nelken gewürzt.

Zwetschgenknödel [*Intern. Länderküche*] **R** Zwetschgenknödel („**svestkové knedlíky**") sind eine typische Spezialität aus der ↑**Böhmischen Küche.** ↑**Knödel** aus Kartoffel- (↑**Knödelteig**) oder Topfenteig (↑**Quarkteig**) werden mit entkernten, sehr reifen ↑**Zwetschgen** gefüllt (die Kerne werden durch ↑**Würfelzucker** ersetzt) und im gesalzenen Wasser gekocht. Anschließend wälzt man sie in ↑**Semmelbrösel,** die vorher in heißer ↑**Butter** gebräunt wurden. Zum Servieren bestreut man die Knödel mit ↑**Puderzucker.**

Zwetschgenkompott [*Unsere Küche*] ↑**Würztabelle**

Zwetschgenwasser [*Hausbar*] ↑Obst**branntwein** aus vergorenen ↑**Zwetschgen** ohne ↑**Alkohol**- und ↑**Zucker**zusatz (Obstwasser). Mindestalkoholgehalt: 40 % Vol. ↑**Slibowitz**

Zwetschkenpfeffer [*Österr. Küche*] Mus aus gedörrten ↑**Pflaumen**

Zwetschkenröster [*Österr. Küche*] ↑Pflaumen**kompott**

Zwieback [*Backstube*] ↑**Dauerbackware,** wird durch zweimaliges Backen eines durch ↑**Hefe** gelockerten Teiges hergestellt. Es gibt die Sorten **Einfachzwieback:** bestehend aus hellem ↑**Weizenmehl,** ↑**Vollmilch** oder ↑Mager**milchpulver,** ↑**Margarine** oder ↑**Butter; Kinderzwieback:** enthält als Fett nur Butter und Vollmilch; **Vollkornzwieback:** besteht statt aus hellem ↑**Weizenmehl** aus ↑**Vollkornmehl; Röstzwieback:** hat einen hohen Anteil an ↑**Ei** und ↑**Zucker.**

Zwiebel spicken [*Unsere Küche*] ↑**Gespickte Zwiebel**

Zwiebelhäuptel [*Österr. Küche*] ↑**Zwiebel**

Zwiebelkuchen [*Backstube*] **R Fränkisch:** Zwiebelplootz; **Französisch:** ↑**Quiche – Im Elsass:** ↑**Flammekueche; Schweizerisch:** Bölleflade. Am Zibelemärit in Bern „Zibelechueche" genannt und „Zwiebelwähe" in Basel. Als traditionelle Fasnachtsspeise gehört sie zum Morgestraich und zur 3-tägigen Fasnacht. In vielen deutschen Weinbauregionen gilt der Zwiebelkuchen im Herbst als traditioneller Begleiter des ↑**Federweißen** und wird dort meist in so genannten „↑**Besenwirtschaften**" („↑**Straußwirtschaften**") angeboten. In Franken fehlt er bei keiner ↑**Kirchweih.** Der Zwiebelkuchen ist ein flacher Blechkuchen, eckig oder rund, aus einem speziellen, etwas festeren Hefe- oder ↑**Mürbeteig.** Dieser wird mit einer Mischung aus angeröstetem Räucherspeck, Zwiebeln, gewürztem Sauerrahm oder Sahne, ggf. Quark und Eiern bestrichen. Beim Elsässer Flammkuchen bleiben Speck und Zwiebeln vor dem Backen roh. **Grundrezept für den Teig:** 350 g ↑**Mehl;** 30 g ↑**Hefe;** 1 ↑**Ei;** 60 g ↑**Butter;** ca. 120 ml lauwarmes Wasser; 1 TL ↑**Zucker;** 1 EL **gem.** ↑**Kümmel;** 1/2 TL ↑**Salz. Für den Belag:** 1 kg ↑**Zwiebeln;** 150 g ↑**Rauchfleisch;** 1 Becher (150 g) ↑**Sauerrahm;** 300 g ↑**Magerquark;** 2 Eier; 2 EL Kümmel. **Zubereitung des Teigs:** ↑**Hefeteig. Zubereitung des Belags:** Das Rauchfleisch würfeln, in Butter anbraten. Die in Ringe geschnittenen Zwiebeln dazugeben, bei schwacher Hitze etwa 20 Min. mitdünsten und dann abkühlen lassen. Den Quark mit Sauerrahm und Eiern verrühren, mit ↑**Pfeffer,** Salz, ↑**Kümmel** und ↑**Muskatnuss** abschmecken und mit der Zwiebel-Speckmasse vermischen. Den Belag auf dem ausgerollten Hefeteigboden verteilen. 30 Min. bei 190 °C Ober- und Unterhitze im vorgeheizten Ofen backen. **Tipp:** Den Kümmel über Nacht in wenig Wasser legen. So entfaltet er seinen Geschmack besser und wird weicher. Kümmelwasser im Teig mit verwenden.

Zwiebeln [*Gemüse*] **A Lateinisch:** Allium cepa. **Syno-**

nym: Küchenzwiebeln, Speisezwiebeln, Bollen, Zipollen. **Englisch:** onions; **Französisch:** oignons; **Italienisch:** cipolle; **Spanisch:** cebollas. **Info:** Die mit Tulpen und Narzissen verwandte Zwiebel gehört in die Familie der Liliengewächse. Das unterirdische Speicherorgan – der Zwiebelkuchen – dient eigentlich zur Überwinterung der Pflanze und ist rund bis birnenförmig, hat einen Durchmesser bis zu 10 cm. Sie hat mehrere aus äußeren Blättern entstandene Schichten, die nach und nach absterben und zu hauchdünnen und bräunlichen Schalen vertrocknen. Die verschiedenen Zwiebelsorten unterscheiden sich jedoch in Form, Größe, Farbe und Geschmack ganz erheblich und werden frisch als Jungzwiebel oder ↑**Lauch,** halbtrocken als ↑**Schalotten** oder trocken als gelbe, rote oder weiße Speisezwiebel angeboten. Je nach Gebiet und Anbaumethode sind die Zwiebeln bei feuchterem Klima und dichterem Bestand eher rundlich bis birnenförmig, bei trockenerem Klima und weiterem Stand eher flach geformt. **Ursprung und Geschichte:** Die Küchenzwiebel (**allium cepa**) stammt aus den Steppengebieten des west- und mittelasiatischen Raumes, wahrscheinlich aus dem Gebiet des heutigen Afghanistan. Sie ist eine der ältesten Kulturpflanzen und wird schon seit mehr als 5000 Jahren als Heil-, Gewürz- und Gemüsepflanze kultiviert. Bei den Ägyptern waren Zwiebeln Opfergabe für die Götter, Zahlungsmittel für die beim Pyramidenbau eingesetzten Sklaven und Wegzehrung für die Reise ins Jenseits; davon zeugen die im Grab des Tutenchamun gefundenen Zwiebelreste. Eine über 4000 Jahre alte sumerische Keilschrift enthält Angaben zu Gurken- und Zwiebelfeldern, und im Kodex Hammurabi, der ältesten Gesetzessammlung der Menschheit, wurden Brot- und Zwiebelzuteilungen für die Armen festgelegt. Bei den Römern zählten Zwiebeln zu den Grundnahrungsmitteln der weniger Begüterten. Römische Legionäre verbreiteten die **„Cepula"** in Mitteleuropa. Hier wurden sie zu einer der am meisten verbreiteten Gemüsearten, durften auf keiner Tafel damaliger Zeit fehlen und dienten im Mittelalter auch als Amulett gegen die Pest. Ab dem 15. Jh. begann man in Holland vielfältige, in Form, Farbe und Geschmack unterschiedliche Sorten gezielt zu züchten. **Herkunft und Saison:** Die Saison für Zwiebeln beginnt im Mai. Ab da werden den ganzen Sommer über frische Zwiebeln geerntet und angeboten. Die den Markt bis ins nächste Frühjahr hinein versorgende Lagerware wird im Spätsommer geerntet. Nach der Anbaumethode unterscheidet man zwischen Sommerzwiebeln und Winterzwiebeln. Sommerzwiebeln werden im zeitigen Frühjahr gesät und im August oder September geerntet, wobei insbesondere spätere Sorten von fester Konsistenz bis in den März des Folgejahres lagerfähig sind. Die saftigeren und milderen Winterzwiebeln – besser gesagt Überwinterungszwiebeln – werden im August gesät, reifen im nächsten Frühjahr heran und können ab Juni geerntet werden. Sie sind jedoch nur kurze Zeit lagerfähig. **Arten und Sorten:** Die kleinen braunen Küchen- oder Haushaltszwiebeln sind am bekanntesten und universal einsetzbar. Milder und leicht süßlich im Geschmack ist die spanische Gemüse- oder ↑**Metzgerzwiebel,** sie misst bis 15 cm Durchmesser und hat ein Gewicht von 200 g und mehr. Diese Riesen unter den Zwiebeln eignen sich hervorragend roh für Salate (reine Zwiebelsalate, aber auch kombiniert mit ↑**Paprika**), zum Schmoren und Kochen, als Zwiebelgemüse, in ↑**Sauce**n, Suppen, als gebackene ↑**Zwiebelringe,** besonders aber zum Füllen mit ↑**Hackfleisch.** Die roten, fast süßen Zwiebeln aus Kalabrien/Süditalien schmecken in Kombination mit Orangen, die weißen mit ihrem pikanten Geschmack werden zur Dekoration eingesetzt. Unentbehrlich in der feinen Küche sind die sehr würzigen, elegant-pikant schmeckenden ↑**Schalotten.** Die haselnussgroßen ↑**Silberzwiebeln** und winzig kleinen ↑**Perlzwiebeln** (**Allium ampeloprasum**) bis maximal 28 mm Durchmesser sind im Grunde nur für die Sauerkonserven-Industrie interessant und werden süß-sauer eingelegt. Nahe Verwandte der Speisezwiebeln sind die Lauch- oder ↑**Frühlingszwiebeln,** bei denen das Laub mitgegessen wird. Mit ihrem mildwürzigen Aroma eignen sie sich für Salate, Eierspeisen (↑**Omelettes**), asiatische Gerichte sowie Suppen und schmecken als Gemüsebeilage in gedünsteter Form vorzüglich. **Inhaltsstoffe:** 100 g (rohe) Zwiebeln weisen einen Brennwert von ∅ 36 kcal/150 kJ auf und enthalten 88 g Wasser, 1,3 g Eiweiß, 0,3 g Fett, 5,6 g Kohlenhydrate und 2 g Ballaststoffe. An ↑**Mineralstoffen,** ↑**Spurenelementen** und ↑**Vitaminen** sind 20 mg Kalzium, 0,2 mg Eisen, 3 mg Natrium, 135 mg Kalium, 42 mg Phosphor, 50 mg Schwefel, 1,5 µg Selen und 6,4 mg Vitamin C enthalten. Unter den Mineralstoffen und Spurenelementen ist der für den typischen Zwiebelgeruch und -geschmack verantwortliche ↑**Schwefel** hervorzuheben, der auch das Tränen der Augen beim Zwiebelschälen und -schneiden verursacht. Zwiebeln lassen aber nicht nur weinen, sondern sind auch sehr gesund. Neben Mineralstoffen enthalten sie gesundheitsfördernde ↑**sekundäre Pflanzenstoffe.** Besonders erwähnenswert ist der hohe Gehalt an **Quercetin,** das hemmend gegen Magenkrebs wirkt. Das im ↑**ätherischen Öl** enthaltene **Allysulfit** und das natürliche Antibiotikum **Allicin** fördern die Verdauung, schützen vor Herzerkrankungen und wirken keimtötend. Die Zwiebel ist eine der besten pflanzlichen Quellen für ↑**Selen. Zubereitung** – In der Küche unterscheidet man: **1.** Küchen-, Speise- oder Gewürzzwiebeln; scharfe, gelbe Zwiebeln zum Würzen und Kochen; **2.** Gemüsezwiebeln – nicht so scharf, können auch roh gegessen werden; **3.** Rote Zwiebeln – große rote Zwiebeln, mit feinerem, süßlichem Geschmack und dadurch besonders für Salate geeignet; **4.** Frühjahrszwiebeln – unreife, weiße Zwiebelchen, die man zusammen mit dem Grün für Salate und als Würze verwendet. **Tipps:** Zwiebeln bekommen einen bitteren Geschmack, wenn sie gequetscht werden oder geschnitten zu lange der Luft ausgesetzt sind. Man sollte Zwiebeln immer erst unmittelbar vor dem Verzehr zerkleinern. Am besten mit einem scharfen Messer. Um den Zwiebelgeschmack zu mildern, kann man die geschnittenen Zwiebeln kurz blanchieren, mit heißer Marinade übergießen, leicht andünsten oder mit etwas Fett anbraten. Dadurch säuern sie auch nicht so schnell, weshalb angemachte Salate (z. B. ↑**Kartoffelsalat**) länger haltbar sind.

Zwiebelpulver [*Gewürze & Kräuter*] Hauptsächlich aus der gelben Zwiebel hergestellt. Der getrocknete Saft schmeckt knoblauchähnlich. Französische Ware kann mit ionisierenden Strahlen behandelt worden sein. ↑**Lebensmittelbestrahlung**

Zwiebelringe [*Unsere Küche*] **T 1. Backen:** Mehlierte, dick geschnittene Zwiebelringe werden frittiert. Nach dem Bräunen lässt man sie auf Küchenkrepp abtropfen. ↑**Onions rings. 2. Geschmort:** ↑**Würztabelle**

Zwiebelrostbraten [*Regionale Spezialität*] **R** Süddeutsche bzw. österreichische Spezialität, die schnell zubereitet ist. Dazu werden zwei dünne Scheiben aus dem mittleren Teil des ↑**Roastbeefs** benötigt. **Zubereitung:** ↑**Mehl** und ↑**Paprikapulver** vermischen, ↑**Zwiebelringe** darin wenden, anschließend goldgelb ↑**frittieren** und auf ↑**Küchenkrepp** abtropfen lassen. Rostbratenscheiben mit scharfem ↑**Dijonsenf** dünn bestreichen, salzen, pfeffern, in wenig ↑**Pflanzenöl** bei nicht zu großer Hitze beidseitig rosa braten und warm stellen. Den Bratensatz (er darf nicht schwarz sein) mit ↑**Brühe** oder ↑**Rotwein** ablöschen und aufgießen, ein Drittel der Zwiebeln zugeben und mit der ↑**Sauce** aufkochen. Gebratenes Fleisch hineinlegen und ein paar Min. ziehen lassen (nicht kochen). Mit den restlichen knusprigen Zwiebeln garnieren und zu ↑**Bratkartoffeln,** ↑**Spätzle** oder ↑**Nudeln** servieren.

Zwiebelsprossen [*Wildkräuter, -blüten & -früchte*] **T** Eine Neuheit auf dem Markt. Dabei handelt es sich um ca. 4 cm lang ausgekeimte Sprossen aus Gemüsezwiebel-Saat. Die Zwiebelsprossen sind idealer Ersatz für rohe Zwiebeln. Sie sind von aromatischem, kräftigem, aber trotzdem mildem Geschmack, zudem sehen sie sehr dekorativ aus. Die Sprossen wirken antibakteriell und stärken das Immunsystem. Vor allem bei hohem Fleischverzehr sollte man regelmäßig Zwiebelsprossen essen, da sie die Verdauung unterstützen und unerwünschte Fäulnisprozesse im Darm verhindern. Sie eignen sich als Salatbeigabe, zum Garnieren (an Fischgerichten) und als Brotbelag. **Herstellung:** Waschen und Einweichen (ca. 12 Stunden) der Saat, Wachstum über 10 Tage bei regelmäßiger Lüftung und Bewässerung, während der letzten drei Tage künstliche Beleuchtung zum Grünen. **Haltbarkeit:** 12 Tage ab Abpackdatum bei 2–7° C. Zwiebelsprossen passen zu fast allen Gerichten.

Zwiebelsuppe [*Übersetzer*] **Englisch:** onion soup; **Französisch:** soupe à l'oignon; **Italienisch:** zuppa di cipolle; **Spanisch:** sopa de cebolla. Diese berühmte, kräftig gewürzte Suppe wird in Variationen auf der ganzen Welt genossen. Am berühmtesten ist die überbackene Zwiebelsuppe, deren Ursprung in den Pariser Markthallen liegt. ↑**Würztabelle**

Zwiebelwähe [*Schweizer Küche*] ↑**Zwiebelkuchen**

Zwischengericht [*Fachkunde*] ↑**Entrée & Sorbet**

Zwischenrippe [*Unsere Küche*] **R** Oder Mittelrippenstück von jungen Rindern ist nach der nötigen Reife (↑**Abhängen**) ein butterweiches Stück aus der Mitte des flachen ↑**Roastbeefs.** Eine Scheibe daraus wird als ↑**Rumpsteak** oder Entrecôte bezeichnet. Aus der Zwischenrippe (mit dem typischen Fettauge) wird auch das berühmte „↑**Rib eye steak**", 350–550 g schwer und 4–6 cm dick, sowie der ↑**Zwiebelrostbraten** geschnitten. Sie ist nicht nur zum ↑**Kurzbraten,** sondern auch zum ↑**Schmoren** geeignet. **Zubereitung:** Die Zwischenrippe beim Fleischer ausgelöst bestellen. Fett vom Rippenstück kreuzweise einritzen, mit ↑**Salz,** ↑**Pfeffer,** grobem ↑**Dijonsenf** würzen und einige Stunden ↑**marinieren** lassen. ↑**Butterschmalz** im Bräter erhitzen, das Fleisch darin rundherum kurz und scharf anbraten, ↑**Mirepoix** mit ↑**Lorbeer,** ↑**Majoran,** ↑**Rosmarin** und ↑**Thymian** dazugeben. Das Fleisch im vorgeheizten Backofen bei 100° C etwa 2½ Stunden rosa braten und vor dem Anschneiden ruhen lassen. ↑**Garprobe**

Zwiwelwaia, tarte à l'oignon [*Franz. Speisekarte*] **A** ↑**Zwiebelkuchen** mit ↑**Crème fraîche,** ↑**Eiern** und ↑**Speck,** eine Spezialität aus dem Elsass

Zwölffingerdarm [*Verdauung*] Ein 25–30 cm langer Abschnitt des Dünndarms, der im rechten Oberbauch liegt. In ihn münden der Ausgang der Bauchspeicheldrüse und der galleableitende Kanal. Hier vermischt sich der Nahrungsbrei mit Bauchspeichel und Gallenflüssigkeit, die die Nahrung in ihre Bestandteile zerlegen, die dann für die ↑**Resorption** (Aufnahme) geeignet sind.

Zymase [*Weinkunde*] Ein Enzymkomplex der Weinhefe. Mit Hilfe der Zymase spaltet sich der ↑**Zucker** in ↑**Alkohol** und ↑**Kohlendioxid.** Die Zymase ist keine einheitliche Verbindung, sondern eine Reihe von Teilenzymen. Es sind mindestens 12 Enzyme an der alkoholischen Gärung beteiligt.

Zytotoxin [*Fachkunde*] Zellgift

Würztabelle

Willkommen auf den Spuren des Geschmacks

Rein sprachlich gesehen gibt es keinen Unterschied zwischen Kräutern und Gewürzen, das Wort Würze stammt nämlich vom altniederdeutschen „wurt“ und „wurtia“ ab bzw. vom gotischen „waurts“, was Pflanze bedeutet. Die moderne Archäologie geht heute davon aus, dass die Wiege der Gewürze in Indien liegt und die Menschen schon vor 50 000 Jahren in der Altsteinzeit herausfanden, dass bestimmte Blätter und Früchte den Geschmack der Speisen verbesserten und sie bekömmlicher machten. Kaum ein anderes Lebensmittel hat den Lauf der Geschichte so stark beeinflusst wie die Gewürze. Sie führten zur Entdeckung Amerikas, verursachten Kriege und gehörten neben Gold, Edelsteinen und Seide zu den ältesten Handelsgütern der Welt. Sowohl in der Mythologie als auch im Aberglauben spielten sie eine wesentliche Rolle. Teilweise wurden Gewürze so wertvoll, dass sie in purem Gold aufgewogen wurden. Araber, Venezianer, Portugiesen, aber auch deutsche Kaufleute wurden unermesslich reich durch den Handel mit Gewürzen.

Der tägliche Umgang mit den Grundgewürzen Salz und Pfeffer ist auf Dauer eine langweilige Geschmacksangelegenheit.
Die Kunst des richtigen Würzens ist kein Geheimnis. Patentrezepte oder genaue Mengenangaben gibt es kaum. Man kann sich hierbei nur auf seine Erfahrung, Finger- und Zungenspitzengefühl verlassen. Schon ein kleiner Hauch Muskat peppt das Gemüse auf, einige Kümmelkörner geben den Bratkartoffeln ein neues Gesicht und wenig Ingwer im Rotkohl eröffnet ungeahnte Geschmackswelten.
Um zu lernen, wie man richtig würzt, braucht es nur Mut, Grundwissen und das Beachten folgender Grundsätze: **1.** Ein Gewürz soll Geschmack und Aroma einer Speise betonen. **2.** Eine Speise gilt als vorbildlich gewürzt, wenn sich die Gewürze nur schwer definieren lassen. **3.** Kräuter und Gewürze sollen nicht oder nur kurz mitkochen. **4.** Zum Abschmecken lieber Gewürze oder Kräuter nehmen statt Salz.

Was sind Gewürze?
Aromatische oder scharf schmeckende Pflanzenteile (Samen, Blüten, Rinden). Sie enthalten meist ätherische Öle, die für den typischen Geschmack verantwortlich sind. Oft werden Gewürze in fertigen Mischungen angeboten.

Wie unterscheiden sich Gewürze?
1. Frucht- und Samengewürze (Pfeffer, Paprika, Muskat, Kümmel) **2.** Blütengewürze (Safran, Nelken) **3.** Rindengewürze (Zimt) **4.** Getrocknete Blattgewürze zählen zu den Gewürzen, in frischem Zustand bezeichnet man sie als Küchen- und Würzkräuter (Basilikum, Bohnenkraut, Majoran) **5.** Wurzeln (Knoblauch, Ingwer)

Wie behandelt man seine Gewürze?
1. Nie zu große Mengen kaufen, da sie im Laufe der Zeit ihr Aroma verlieren. **2.** Sie müssen kühl und dunkel aufbewahrt werden (nie in der Nähe der Kochstelle). **Was passiert mit den Gewürzen, wenn sie mit der fertigen Speise eingefroren werden? 1.** Gewürze wie **Bohnenkraut, Majoran, Muskat, Paprikapulver, Pfeffer, Knoblauch** verlieren an Geschmack. Man sollte sie nach Möglichkeit erst nach dem Auftauen der Speise zugeben oder das Gericht nachwürzen. **2. Basilikum, Dill, Estragon, Salbei, Thymian** sind gegenteilig, sie verstärken beim Einfrieren ihren Geschmack. Gerichte mit diesen Würzkräutern vor dem Einfrieren ganz vorsichtig oder erst beim Wiedererhitzen würzen.

Was sind Kräuter?
Kräuter wachsen fast überall und das schon seit Menschengedenken. So kochten beispielsweise die Assyrer schon mit Dill und Thymian. Auch die alten Griechen hatten ein besonderes Verhältnis zu Kräutern; fast jedes wurde einem ihrer Götter gewidmet. Aufzeichnungen in der „Materia Medica“ des Griechen Pedanios Dioskurides aus der Mitte des ersten Jahrhunderts n. Chr. beschrieben schon mehr als 600 Kräuter mit Hinweisen zu Aufzucht, Pflege und Lagerung. Nach der Christianisierung brachten die Benediktiner viele Kräuter aus dem Mittelmeerraum über die Alpen zu uns. So wurden im Mittelalter die Klostergärten zur wichtigsten Stätte des Kräuteranbaus. Sie wurden haupsächlich als

Medizin genutzt. Karl der Große förderte den Anbau mediterraner Pflanzen. Unter seiner Anordnung wurden Liebstöckel, Melisse, Minze, Kerbel, Majoran, Salbei und Thymian kultiviert. Im späten Mittelalter ging das Wissen über die Heilkraft der Kräuter auf die Apothekerzunft über. Jede Apotheke hatte ihren eigenen Kräutergarten. Für wild wachsende Kräuter waren die „Kräuterweiber" zuständig. Sie belieferten Apotheken, mixten Liebestränke, Wundsalben oder auch Abführmittel und heilten auf eigene Faust, weshalb sie bis in die Neuzeit immer wieder als Hexen verfolgt wurden. Wirklich populär wurde die Kräuterheilkunde ab dem 15. Jahrhundert mit der Erfindung des Buchdrucks. Das „Kräuterbuch" wurde fast so wichtig wie die Bibel. Für die Küche wurden die Kräuter erst im 17. Jahrhundert entdeckt, als man begann, Kräuter und Heilpflanzen auf größeren Feldern anzubauen, wobei Anbau, Vermarktung und Verarbeitung in einer Hand lagen. Nachdem nicht nur Drogisten und Apotheker, sondern auch die Märkte beliefert wurden, erlebten die Küchenkräuter ihren Siegeszug in der Küche. Ungeklärt ist bis heute, warum Ende des 19. Jahrhunderts die aromatischen Kräuter fast völlig aus den deutschen Küchen verschwanden. Erst mit der kulinarischen Entdeckung der mediterranen Länder durch den Tourismus kehrten gesunde Kräuter wie Rucola (die deutsche Rauke) wieder in unsere Küchen zurück und sind mittlerweile aus unseren Rezepten nicht mehr wegzudenken.

Wie setzt man Kräuter richtig ein?
Kräuter sollen genau wie Gewürze den Geschmack der Speisen abrunden und deren Eigenart unterstreichen. Ein Übermaß schadet dem Genuss und der Gesundheit (wie bei Ingwer, Pfeffer, Salz). Richtiges Würzen beschert dagegen mehr Lebensfreude und bessere Verdauung. Frische Kräuter dürfen auf keinen Fall mitkochen, man gibt eine Hälfte in das fertige heiße Gericht und streut die andere Hälfte als schmackhafte Dekoration darüber. In kalten Gerichten ist immer Platz für frische Kräuter, hier dienen Blumen, Pflanzen-, Baum- und Kräuterblüten nicht nur als Geschmacksveredler, sondern auch als appetitanregender Augenschmaus, denn: „Das Auge isst mit".

Das Würzen
Ein Gewürz darf das Aroma einer Speise nicht überdecken, sondern soll es verfeinern, vertiefen und unterstreichen. Abhängig von Essgewohnheiten, aber auch von historischen und geografischen Unterschieden, gibt es eine Vielzahl würzender Stoffe. Zum Beispiel: Speisesalz aus Meerwasser und als Mineral; Zucker und andere Süßungsmittel wie Honig, Ahornsirup und Sirup aus Obstsäften, auch Süßstoffe; Kräuter in frischer, getrockneter und anderer konservierter Form; Pflanzen wie Knoblauch, Meerrettich oder Pilze; Gewürze, ganzteilig (Kümmel, Nelken) oder gemahlen (Zimt, Muskat); Gewürzmischungen, gemahlen (Currypulver) und ganzteilig (Kräuter der Provence); Aromaten wie Zwiebel-, Sellerie-, Knoblauchsalz; fertige Würzzubereitungen wie Essig, Senf, Sojasoße, flüssige Speisewürze und parfümierte Öle. Viele dieser Zutaten werden heute industriell gefertigt und im Einzelhandel angeboten, sodass gesundes und abwechslungsreiches Würzen für jeden Haushalt unabhängig von Saison und Standort möglich ist. Auch die Kombination fertiger Würzzubereitungen wie Ketschup oder Senf von der Würze zur Beilage ist gegeben. Unter den natürlichen Gewürzen gibt es einige, von denen schon ein Hauch genügt, um eine Speise zu aromatisieren (Muskat, Nelken, Majoran, Thymian, Knoblauch, Safran). **Frische Küchenkräuter haben eine ausgezeichnete und dabei doch milde Würzkraft.** Die gebräuchlichsten (Petersilie, Schnittlauch, Kresse) lassen sich auch aus dem Blumentopf oder -kasten ernten. Sie sind wertvolle Geschmacks- und Vitaminträger, die deshalb niemals mitkochen dürfen. **Wann würzt man?** Die Anwendung von Gewürzen kann jederzeit erfolgen, es wird von der rohen Zutat bis zum servierfertigen Gericht gewürzt. **Man unterscheidet: 1.** Würzen vor der Zubereitung, Salzen und Pfeffern von Fleisch und Säuern von Fisch vor dem Braten, insbesondere das Einlegen für Stunden bis Tage in eine Marinade **2.** Würzen während der Zubereitung: Zufügen von Gewürzen jeglicher Art während des Kochens und Bratens, wobei genauer Zeitpunkt und die augenblickliche Hitze einen entscheidenden Einfluss auf den Wohlgeschmack der Speise haben können **3.** Würzen nach der Zubereitung: Teils als Dekoration der Speise (Anrichten mit frischen Kräutern), teils als Verwendung der Würze während der Mahlzeit (frischer Meerrettich oder Pfeffer auf ein Steak), aber auch zum Nachwürzen, um die Speise dem individuellen Geschmack anzugleichen.

Würzen ist keine Kunst, wenn man die Gewürze kennt

In der Küchenbibel sind alle bekannten Gewürze, Würzmischungen, Würzsoßen, Kräuter und Kräutermischungen aufgeführt, genau erklärt und verschiedenen Speisen zugeordnet, die im Charakter zu diesen Gewürzen passen. Die Tabelle gibt einen Überblick über die wichtigsten Gewürze, Kräuter und Wurzeln. Die ausführliche Beschreibung und ihren Wert für die Gesundheit in der Hausmedizin finden sich in der Küchenbibel unter dem jeweiligen Namen.

↑**Ajvar** in der Küchenbibel von A bis Z

↑**Anis** – **Würzinfo:** kann andere Gewürze leicht überdecken, sollte darum sparsam dosiert werden. Anis verliert bei der Lagerung schnell an Aroma, dies lässt sich auch durch Einfrieren nicht verhindern. **Geschmack:**

süßlich-würzig, stark aromatisch, lakritzenartig. **Verwendung – In der Backstube:** vor allem in der Weihnachtsbäckerei für **Lebkuchen, Pfeffernüsse, Anisplätzchen, Printen** und **Honigkuchen,** aber auch zum Backen von Brot, Kuchen und Krapfen (Fettgebackenes). **In der süßen Küche:** Eierpfannkuchenteig, Milchsuppen, Grießbrei, Reisspeisen, Obstsuppen, Obstsalat, Aufläufe, Apfel- oder Birnenkompott, Obstgerichte, Pflaumenmus (neben Koriander) und eingekochte Marmeladen. **In der Feinschmeckerküche:** süßliche Gemüsesalate, Pilze, Rotkohl, Gurken, Kürbis, Karotten, süßsaure Soßen, Geflügelfüllungen, Schweinebraten und in kleinen Mengen auch in Bratwürsten. Anis mit Alkohol verbessert Marinaden. **In der exotischen Küche:** Die indische Küche würzt damit Curries, Fisch- und Gemüsegerichte. **In der Hausbar:** Anisöl dient zur Herstellung beliebter alkoholischer Getränke wie griechischem Ouzo, türkischem Raki, französischem Pastis, dem süßen Likör Anisette und es aromatisiert Punsch.

↑**Aromat** in der Küchenbibel von A bis Z

↑**Austernsoße** in der Küchenbibel von A bis Z

↑**Bärlauch** – **Würzinfo:** Da Bärlauch beim Trocknen den größten Teil des Aromas verliert, sollte er nur frisch oder tiefgefroren verwendet, kann aber auch als Pesto verarbeitet werden. Verwendet werden die fein gehackten Blätter für alle Gerichte, die ein feines Knoblaucharoma vertragen. **Geschmack:** Bärlauch ist mit dem Knoblauch verwandt, aber viel feiner und nicht so scharf. Die Blätter besitzen einen knoblauchähnlichen Geschmack ohne den störenden Mund- oder Körpergeruch, der dem Knoblauchgenuss folgt. Ein Grund, warum er immer beliebter wird. **Verwendung:** Die gestielten Blätter verwendet man wie Schnittlauch und die Wurzelknolle wie Knoblauch: **In der Feinschmeckerküche:** Als Pesto, Bärlauchspinat, würzt Salate, Soßen und Suppen oder er wird fein geschnitten über Butterbrot oder Käse gestreut.

↑**Basilikum** – **Würzinfo:** Basilikum zählt zu den bekanntesten und beliebtesten mediterranen Gewürzkräutern und ist aus der französischen und besonders der italienischen Küche nicht wegzudenken. Sein empfindliches Aroma wird beim Kochen rasch zerstört, daher verwendet man das Basilikum meist roh, zerkleinert oder in ganzen Blättern und streut ihn beim Anrichten über kalte oder warme Speisen. Verwendet werden hauptsächlich die Blätter, die immer mit der Schere oder einem scharfen Messer geschnitten und nicht gehackt werden. Wegen des kräftig-würzig-warmen Dufts und Geschmacks sollte Basilikum nur sparsam verwendet werden, außerdem dient er in der Diät-Küche als Pfefferersatz. **Geschmack:** Frische Basilikumblätter haben ein starkes und charakteristisches, sehr angenehmes Aroma, das sich mit keinem anderen Gewürz vergleichen lässt. **Verwendung – In der kalten Küche:** Salate, Gurken, Tomaten, Kräuterbutter. Typisches und bekanntes Beispiel ist **„insalata caprese“** (Capri-Salat) aus Tomatenscheiben, **Mozzarella** und frischen Basilikumblättern, gewürzt mit Rotweinessig, Olivenöl, Meersalz und Pfeffer. **In der Feinschmeckerküche:** harmoniert Basilikum sehr gut mit **Knoblauch, Rosmarin, Salbei** und **Bohnenkraut.** Es passt zu: Kurzgebratenem Kalb-, Lamm-, Hähnchen- und Schweinefleisch sowie Fischgerichten, Frikadellen, Tomatensauce, Kräutersauce, Pasta und Pizza. **In der Kräuterküche:** Kräuteröle, -essige und ↑**Pesto. In der Gemüseküche:** Bohnen, Spinat, Auberginen, Erbsen, Kohl, Mais, Tomatengerichte

↑**Beifuß** – **Würzinfo:** Das beliebte Küchenkraut passt besonders gut zu fetten und schweren Fleischgerichten, sollte aber sparsam, getrocknet oder frisch verwendet werden. Es ist das typische Gewürz für die „Weihnachtsgans“. Im einfachsten Fall legt man einige getrocknete Beifußzweige in die Bauchhöhle der Gans; bei gefüllten Gänsen wird die Fülle mit Beifuß gewürzt. Beifuß harmoniert auch gut mit mediterranen Gewürzen wie Thymian, Rosmarin, Lorbeer. **Geschmack:** herb aromatisch, leicht bitter mit balsamischem Geruch. **Verwendung – In der kalten Küche frisch:** grüne Salate, Schmalzbrote, Kräutermayonnaise und fette Käsegerichte (z. B. mit Feta.) **In der Feinschmeckerküche:** Schweine-, Hammel- und Entenbraten, aber auch für Wildschweinbraten, Sauerbraten und Gerichte mit braunen Soßen, fetten Fisch wie z. B. Aal sowie in Geflügelfüllungen mit Äpfeln, Zwiebeln und Maroni. **In der Kräuterküche:** Kräuteröle und Essige. **In der Gemüseküche:** Gemüsepfannen und Hülsenfrüchte

↑**Bohnenkraut** – **Würzinfo:** Bohnenkraut wird seit Jahrhunderten zu kräftigen und deftigen Gerichten gegeben, bekanntlich macht es schwere Speisen verdaulicher. Das würzkräftige Aroma wird hauptsächlich für Gemüse, besonders aber für Eintopfgerichte (hier sollte man das Bohnenkraut zwar immer mitkochen lassen, jedoch nicht zu lange, sonst verliert es sein Aroma) benötigt. Die Stängel und Blätter werden sowohl frisch als auch getrocknet oder zermahlen verwendet. **Geschmack:** Bohnenkraut schmeckt kräftig würzig, herzhaft pfeffrig und herber als der verwandte Oregano. Frisches Kraut schmeckt runder, getrocknetes intensiver und schärfer. Es weist einen stark aromatischen Geruch auf, der an Thymian erinnert. **Verwendung – In der Gemüseküche:** Bohnen, Linsen, Erbsen, Aufläufe, grüne Bohnen, eingelegtes Gemüse, Rot- und Weißkohl, Kürbis, Pilzgerichte, Sauerkraut, Schmortomaten (statt Oregano), Auberginen (mit Knoblauch und Cayenne). **In der kalten Küche:** Tomaten-, Gurken-, Kartoffelsalat, Mayonnaisen und Fleischsalate. **In der Feinschmeckerküche:** Kräutersoßen, Kochfisch, Aal, Bratkartoffeln, Ragouts, zu Hasenbraten, Schweine- und Hammelfleisch, Brathuhn, Gewürzmischungen für Würste, in Leberwurst als Pfefferersatz und in Pasteten. **In der Kräuterküche:** Das Öl von eingelegtem Kraut bereichert Blattsalate. **Würzkombinationen mit Bohnenkraut:** Sein derber Geschmack überdeckt leicht andere Gewürze, darum sparsam dosieren. Bohnenkraut passt zu Petersilie (z. B. in grünen Bohnen); mit Suppengrün, Zwiebeln, Lorbeer und Knoblauch in Hülsenfruchtgerichte. Mit Knoblauch, Sellerieblättern und Würzpilzen oder Rosmarin verfeinert es Lammbraten. Mit Oregano und Majoran verträgt es sich nicht. Aus gleichen Teilen Bohnenkraut, Basilikum und Rosmarin kann man einen Diät-Pfeffer mischen, z. B. zum Würzen von Käse. Es kann auch Oregano oder Speisesalz ersetzen, wenn diese ärztlich verboten sind.

↑**Borretsch** – **Würzinfo:** Borretschblätter welken schnell. Wer sie kauft und ein paar Tage aufheben will, sollte sie sofort in Wasser stellen. Auch die Blüten können verwendet werden (**Kandieren von Blüten** oder **Essbare Blüten**). Borretsch nicht mitkochen, nur kurz mit erwärmen; die einzige Ausnahme sind Fleischfüllungen. Die jungen Blätter werden fein geschnitten, so ist das Aroma am intensivsten. Wegen seines milden Aromas verträgt er sich mit allen frischen Kräutern. **Geschmack:** Borretsch ist ein echtes Sommergewürz, durch seinen erfrischenden und gurkenähnlichen Geschmack vielseitig einsetzbar. **Verwendung – In der Backstube:** Borretschblüten eignen sich zum Kandieren. **In der kalten Küche:** Einlegegurken, in Gurken-, Tomaten-, Blatt- und Kartoffelsalat, kalte Fleischgerichte, Jogurt, Käsecreme, Tunken, Dressings, Kräuterbutter, Kräuterquark, Mayonnaisen und die berühmte **Frankfurter Grüne Sauce.** Besonders gut schmeckt Borretsch mit saurem Rahm und gemahlenen Nüssen vermischt oder fein gehackt aufs Brot. **In der Feinschmeckerküche:** Eier-, Fleisch- und Fischgerichte, Suppen, Rahm- und Kräutersaucen sowie Marinaden für Grillgerichte. **In der Gemüseküche:** Borretsch intensiviert den spezifischen Geschmack von Schmorgurken, Spinat, Mangold und Kohlgerichten. **In der Kräuterküche zum:** Blaufärben von Essig. **In der Hausbar** zum: Aromatisieren von Apfelwein und Zitronenlimonade

↑**Bouquet garni** (**Kräutersträußchen**) in der Küchenbibel von A bis Z

↑**Brunnenkresse** – **Würzinfo:** Man verwendet die 6–8 cm langen Triebspitzen, sobald die Knospen jedoch zu blühen beginnen, kann man die Pflanze wegen des bitter-scharfen Geschmacks ihrer Blätter nicht mehr essen. Wegen ihres spezifischen Geschmacks sollte man Brunnenkresse nur „solo" verwenden. Die einzigen Ausnahmen sind: Rahmsuppe mit Meeresfrüchten und einem Hauch Muskat sowie Brunnenkressesalat mit Cocktailtomaten und Zwiebeln, angemacht mit einem leichten Dressing aus Salz, Pfeffer, Olivenöl und Balsamicoessig. **Geschmack:** meerrettichähnlich, aber feiner und aromatischer als Gartenkresse, ganz leicht bitter. **Verwendung – In der kalten Küche:** Klein gehackt wird sie unter Salate, Kräutersoßen, Kräuterquark, Mayonnaise, Remouladen, Frischkäse, Kräuterbutter, frische Frühlingssalate sowie in den winterlichen Kartoffelsalat gemischt und zu kalten Braten serviert. **In der Feinschmeckerküche:** Die ganzen Blätter sind eine pikante Garnitur für gebratenes und gegrilltes Fleisch. Gehackt ist sie wie Kerbel angenehm würzig in einer gebundenen hellen Suppe, in Kartoffelsuppe, Kräutersoßen, Fisch- und Eiergerichten. **Tipp: Die Blätter nicht mitkochen, nur erwärmen**

↑**Cayennepfeffer** – **Lateinisch:** Capsicum frutescens; **Synonym:** Chili – **Würzinfo:** Cayennepfeffer ist ein äußerst scharfes Pulver aus getrockneten, fein gemahlenen Chilischoten. Eingesetzt wird er überall da, wo man eine neutrale Schärfe haben möchte, ohne störenden Nebengeschmack, wie den sauren Geschmack von **Tabasco.** In der Reihe der scharfen Gewürze tritt Cayennepfeffer durch seine feurige Schärfe hervor. Am stärksten erkennt man dies zusammen mit Fleisch und Nüssen. **Verwendung – In der kalten Küche:** Süßsaure Salate, Mixed Pickles, Einmachgewürz für eingelegte Gurken und zum Abschmecken von Fleischsalat, Marinaden, Dips und Dressings. **In der süßen Küche:** Gebackene exotische Früchte, z. B. Bananen. **In der Feinschmeckerküche:** Weiße Saucen in Kalbsfrikassee, scharfe Saucen, Gulasch-, Tomaten- und sonstige scharfe Suppen, Rindfleischgerichte, Gulasch, Fleischragout, Wildgerichte, Steaks, Bratwurst, Hühnerfleischgerichte, Fischragout, Eiergerichte, pikante Aufläufe, dunkle Soßen, Pizza, Fisch- und Muschelsuppen. **In der exotischen Küche:** Salate aus Meeresfrüchten, südamerikanische Fleischtöpfe, Paprika- und Currygerichte, Salsa und Chutneys, Chili con carne. **In der Hausbar:** Tomatensaft. **Würzkombinationen mit Cayennepfeffer:** Er passt außer zu schwarzem Pfeffer zu allen Gewürzen.

↑**Chili** – **Lateinisch:** Capsici Fructus Acer; **Synonym:** Cayennepfeffer – **Würzinfo:** Die Schärfe von Chilis wurde ursprünglich in „Scoville-Einheiten" gemessen. 15 Scoville-Einheiten entsprechen einem **ppm** an Capsaicin plus Capsaicinoiden. Der schärfste der bekannten Chilis ist eine chinesische Sorte, die es auf 200 000 bis 300 000 Scoville bringt. Als Vergleich dazu: Die als sehr scharf bekannten Thai-Chilis kommen auf knapp 100 000 Scoville. Die handelsüblichen Sorten wie der Jalapeño oder der italienische Peperoncini liegen generell unter 5000 Scoville-Einheiten. Da Chili im Gegensatz zum Pfeffer keinen so spezifischen Eigengeschmack hat, passt er überall da, wo eine pikante Hintergrundschärfe zur Abrundung hingehört. Chili wird hauptsächlich als Gewürz in tropischen Gegenden verwendet. Ganze Chilis werden je nach gewünschter Intensität in den Speisen mitgekocht, damit sich die Schärfe gleichmäßig verteilen kann. **Geschmack:** Von Chilis kann man einen scharfen, brennenden Geschmack erwarten. Sobald man sich jedoch an sein Feuer gewöhnt hat, wird man überrascht sein, wie viele verschiedene Geschmacksnuancen sich entfalten können – fruchtig, erdig, rauchig, frisch, süß und blumig. Die größte Vielfalt an Geschmacksnoten findet man bei den mexikanischen Chilis, die man vorsichtig verwenden sollte. **Verwendung: Cayennepfeffer**

↑**Curry** – **Würzinfo:** Unter den Gewürzen nimmt Curry eine Sonderstellung ein. Den „Curry“ gibt es nicht, sondern unzählige Curryarten, und Curry wächst auch nirgendwo. Es gibt zwar **Currykraut**, das hat aber mit dem Currypulver nichts zu tun, genauso wenig wie die Blätter des Currybaumes; die werden feinst zermahlen unter das Currypulver gemischt, schmecken aber selbst nach Mandarinen. Curry ist eine kunstvolle Komposition, die alle Düfte des exotischen Gewürzgartens in sich vereint. Als rein britische Erfindung diente Curry zur Zeit des Kolonialismus als Grundlage, auch in unseren Breiten die Köstlichkeit und geschmackliche Vielfalt der indischen Küche zu charakterisieren. Curry ist besonders geeignet für alle Speisen mit pikantem, süßsäuerlichem Geschmack, z. B. für eine Kombination von Fleisch bzw. Fisch mit Früchten wie Banane, Ananas und Kokosraspeln. Schärferer, herberer Curry passt dabei besser zu Fleischgerichten, milderer Curry zu Süßspeisen, Fischgerichten und Eierspeisen. Die Besonderheit an dieser Würzmischung ist, dass sie die Speisen würzt, aber nicht durstig macht. Curry soll den Geschmack einer Speise nie überdecken, sondern nur ergänzen. **Verwendung – In der kalten Küche:** Blatt- und Gurkensalat, pikanter Quark, Reissalate mit Einlagen aller Art, kalte Saucen für das Fondue (mit Banane, Apfelmus, Schmand und Zitronensaft), Saucen für pikante Salate mit Bananen, Äpfeln oder Ananas und Nüssen. **In der exotischen Küche:** Indonesische Reistafel, jede Art von Fleischstews und -ragouts, Leber, Rind, Kalb, Lamm, Hähnchen und Poularde, Füllungen, geschmorte Äpfel und Bananen, die auch als Fleischbeilage serviert werden. Hackfleisch-, Hühner-, Fisch- und Gemüsegerichte sowie dunkle und helle Soßen. Alle Arten von **Meeresfrüchten**, z. B. Krabben. Pilze, Aufläufe, gebratene Eier oder Rührei (evtl. mit Banane). **Würzkombinationen:** Da Curry eine Mischung aus vielen verschiedenen Gewürzen ist, braucht man ihn kaum mit anderen Gewürzen zu kombinieren. Es sei denn, man will eine im Curry enthaltene Aromanuance besonders hervorheben: Ingwer für Huhn oder Leber, Zimt, Sternanis und Kardamom für Süßspeisen, Curcuma, Cayennepfeffer oder Koriander für Rind oder Hammel. Daneben verträgt sich Curry aber auch mit Grundgewürzen wie Zwiebeln und Knoblauch. Und er verlangt geradezu nach Säuerlichem wie Orangenschale, Zitronensaft, herbem Weißwein oder der Fruchtsäure von Ananas und Apfel oder einer Abrundung durch die Süße von Kokosraspeln oder Bananen.

↑**Dill** – **Würzinfo:** Zum Würzen werden sowohl die Samen als auch das Kraut verwendet. Das Kraut verliert beim Trocknen das meiste seines feinen Aromas, weshalb man Dill nach Möglichkeit nur frisch oder tiefgefroren verwenden sollte. Durch Tiefgefrieren verstärkt sich sein Aroma. Das frische junge Kraut, die Dillsaat, oder auch die ganze Pflanze dienen als Gewürz für Suppen, Soßen und Salate. Die Dillsaat kann als Kümmelersatz verwendet werden. Dill verliert während des Kochens stark an Würzkraft, darum entweder kurz vor dem Servieren zugeben oder bei hellen Saucen, Aal, Krebsen und anderen „großen“ Stücken nur einen Teil (vor allem die Stiele) mitkochen und den Rest an gehackten Spitzen erst am Schluss zugeben. **Geschmack:** Dill hat einen feinen, süßlichen, leicht anisartigen, erfrischenden, aber auch kümmelähnlichen Geschmack. Der Duft und der Geschmack des würzigen Krautes sind angenehm aromatisch und besonders charakteristisch. **Verwendung – In der kalten Küche:** Die Dillspitzen verfeinern Blattsalat, Gurken-, Tofu-, Nudel-, Kartoffel- und Tomatensalat, jeden Rohkost-Teller, skandinavische Fisch- und Fleischsalate, Kräuterbutter, Quarkspeisen, Brotaufstriche, Mayonnaisen, gefüllte Eier, Salatsaucen, Dips und Avocados. **In der Feinschmeckerküche:** Dillsuppen, Gemüse- und klare Suppen, Dill- und Kräutersaucen, zu gekochten Eiern, neuen Kartoffeln, Rind-, Hammel- und Lammfleisch, Schweinebraten, Kasseler Rippchen, Hackfleischgerichten, Schmorgerichten, Rührei. **In der Fischküche:** Helle und grüne Saucen von Kochfisch wie Aal, Schlei usw., Fischsuppen, gekochte Süß- und Salzwasserfische, Scampi, Fischsalate. Dillsamen oder Stängel kommen in den Sud für Krebse, Krabben, Hummer, Langusten oder Fisch (zusammen mit Lorbeerblatt, Pfefferkörnern, Wacholder und evtl. einem Hauch Thymian). Krabben oder Krebse ohne Sauce, nur mit Zitronensaft und reichlich Dill würzen. **Graved Lachs** wird mit Salz, Zucker, Pfeffer und Dill gebeizt. **In der Gemüseküche:** Dillspitzen verfeinern grünes Bohnengemüse, Erbsen, Karotten, geschmorte Tomaten und Gurken, Spinat, Pilze, junge Kartoffeln und gedünsteten Weißkohl. **In der Kräuterküche:** Blüten, Fruchtdolden und die Dillsaat eignen sich zum Einlegen von Gurken, Essiggemüse, Sauerkraut, Senfkürbis sowie zum Aromatisieren von Kräutersenf und Kräuteressigen. **Würzkombinationen mit Dill:** Grundsätzlich verträgt er sich mit allen frischen Kräutern. Da er einen intensiven Eigengeschmack hat, sollte man ihn als Nebengewürz sehr sparsam und als Hauptgewürz lieber solo verwenden.

↑**Estragon** – **Würzinfo:** Estragon gehört in der französischen und italienischen Küche zu den wichtigsten Küchenkräutern. Er hat eine starke Würzkraft und sollte sparsam verwendet werden. Erst beim Kochen entfaltet er sein Aroma und eignet sich hervorragend zum Mitgaren. Die Franzosen entdeckten als Erste ihre Liebe zu diesem Küchenkraut. Eine **Sauce Béarnaise** wäre ohne Estragon undenkbar. Als delikate Vorspeise reicht man im Kaukasus in frische Estragonblätter gewickelte Eierviertel zu Fladenbrot. **Geschmack:** Estragon hat eine starke Würzkraft und sollte sparsam und frisch verwendet werden, da er beim Trocknen sehr viel Aroma verliert. Estragon eignet sich gut zum Einfrieren, dabei verstärkt sich sein Aroma. Der kultivierte Estragon ist leicht süßlich, pfeffrig-aromatisch, an Fenchel und Anis erinnernd. Es gibt jedoch auch eine fast geruchlose und leicht herb schmeckende Sorte, bekannt unter der Bezeichnung „Russischer Estragon". **Verwendung – In der kalten Küche:** Alle Rohkostgerichte, Grüner, Chicorée-, Gurken-, Spargel-, Sellerie-, Karotten-, Tomatensalat, Mayonnaisen, Remouladen, Sc.Tatar, Kräuterbutter, Marinaden, Sauce Vinaigrette. **In der Feinschmeckerküche:** Kalb-, Lamm-, Hammel-, Schweine- und Sauerbraten, Geflügelfrikassee, Leber, Geflügel, Wild, Nudelspezialitäten, Geflügel-, Gemüse- und Kräutersuppen, Graupeneintopf, Fleischbrühen, Kräutersaucen, Sauce Béarnaise, braune und weiße Soßen. **In der Fischküche:** Gekochter Fisch, Fischragouts, Tunfisch, Krabben. **In der Gemüseküche:** Reis, grüne Bohnen, Spargel, Schwarzwurzeln, Artischocken, Karotten, Champignon- und Bohnengerichte, Gurkengemüse, Blumenkohl. **In der Kräuterküche zum Aromatisieren** von: Weinessig, Estragonessig und -senf, Wild-Kräuteressig. Beim Einlegen von Gurken und Kürbis sowie bei der Senfherstellung ist Estragon unentbehrlich.

↑**Fenchel** – **Würzinfo:** Fenchel kommt im Mittelmeerraum vor und wird dort individuell genutzt. Als Gewürz werden die frischen Knollen und die Fenchelfrüchte (auch als Samen bezeichnet) verwendet. **Geschmack:** Süßlich und aromatisch leicht an Anis erinnernd. **Verwendung – In der kalten Küche:** Der halbreife Samen wird zum Einlegen von Gurken, bei der Herstellung von Sauerkraut und Marinaden verwendet. Das junge Kraut bereichert Salate. **In der süßen Küche:** aromatisieren die Samen Pudding und Backwerk. **In der Feinschmeckerküche:** Die reifen Samen verwendet man in Hühner- und Fleischbrühen, süßen Brotsuppen, Fleisch und Geflügel. **In der Fischküche:** Im Kochsud von Fisch verwendet man die Knollen und Samen, ebenso in marinierten Meeresfrüchten. **In der Gemüseküche:** wird das Gemüse in Butter gedünstet. **In der Kräuterküche:** Kräuteressig und die Kräutermischung **„Herbes de Provençe"**

↑**Fines Herbes – feine Kräuter** in der Küchenbibel von A bis Z

↑**Geflügelgewürz** in der Küchenbibel von A bis Z

↑**Glutamat** in der Küchenbibel von A bis Z

↑**Hebadox** in der Küchenbibel von A bis Z

↑**Ingwer** – **Würzinfo:** Verwendet wird die Wurzel der Pflanze. Gemahlener Ingwer ist in fast jeder Küche vorrätig, frischer Ingwer dagegen seltener. Viele herzhafte und süße Speisen gewinnen durch sein Aroma eine besondere, leicht exotische Note. Vor allem fernöstliche Gerichte sind ohne frischen Ingwer undenkbar. Ingwer immer sparsam verwenden. Von der Wurzel Stücke abbrechen, Haut abschaben. Ingwer je nach Rezept raspeln, in Scheibchen oder Würfel schneiden oder durch die Knoblauchpresse drücken. Am besten schmeckt er aber hauchdünn geschnitten. Frischer Ingwer wird unter ständigem Rühren zusammen mit Zwiebeln und Knoblauch angebraten. Kleingehackten Ingwer mit Öl beträufeln, damit wird die Oxidation verhindert. **Geschmack:** Typisch für frischen Ingwer ist sein zitronenartiger, beißend scharfer Geschmack. Die Schärfe des Ingwers wird besonders in asiatischen Gemüse- und Fleischgerichten geschätzt, und seine süßliche Note macht ihn zum idealen Gewürz für Lebkuchen, Gebäck, Pudding und Kuchen aller Art. Ingwerpulver fehlt das Aroma, es hat fast keinen Geschmack mehr, darum nur im Notfall verwenden. Ingwerpulver darf nicht angebraten werden, es wird bitter. Getrockneter Ingwer ist eher aromatisch als scharf und kann daher den frischen nicht wirklich ersetzen. Alte Wurzeln werden faserig und sollten nicht mehr verwendet werden. Sie können bestenfalls als ganze Stücke in einem Gericht mitkochen, müssen aber vor dem Servieren entfernt werden. **Verwendung:** Die frische Ingwerwurzel ist für die Asiatische Küche unentbehrlich, aber auch Europas Küchen haben sie entdeckt, und da passt sie. **In der Backstube:** zu Ingwerplätzchen, Ingwerkuchen, „Weihnachtsgebäck" wie Lebkuchen, Pfefferkuchen, Süßigkeiten wie Ingwerkonfekt und -pralinen. **In der kalten Küche:** zu eingelegten Gurken, Kürbissen. **In der süßen Küche:** zu Kompott, Obstsalaten, Birnen, Marmeladen, Mehlspeisen, Aufläufen. **In der Feinschmeckerküche:** zu Reisgerichten, Geflügelspezialitäten, Pilzgerichten, Fisch- und Wildgerichten, Pasta, Kürbissuppe. **In der Gemüseküche:** zu Rotkohl, Weißen Bohnen, Karotten, Kürbis, Spinat. **In der exotischen Küche:** zu süß-saurem Schweinefleisch (mit Ananas, in einer Sauce aus Tomatenpüree, Sojasauce, Knoblauch, Zwiebeln und Salz), Geflügelleber, Fisch-, Schweineragouts und -currys, geschmorten Geflügelgerichten mit Wokgemüse oder exotischen Früchten, Mango Chutney (mit Zucker, Essig, Curry, Pfeffer und Tamarindenmus), Fisch- und Fleischmarinaden und -beizen. Ingwer sorgt in orientalischen Hackfleisch-, Lamm- und Fischgerichten sowie in Suppen und Saucen für die passende Würze. **In der Hausbar:** Rumtopf, für frische Säfte. Das Gewürz ist in diversen Getränken wie Ingwerwein, Ingwerbier, Ingwerlimonade = Ginger Ale, enthalten. **Zu welchen Gerichten benutzt man kandierten und eingelegten Ingwer?** In Scheiben geschnitten oder als Ganzes serviert zu Fleisch-, Geflügel-, Wild- und Fischgerichten. **In welchen Gerichten benutzt man Ingwersirup?** In asiatische Suppen, Saucen, Marinaden usw. **Würzkombinationen mit Ingwer:** Ingwer passt zu fast allen süßen und salzigen Gerichten, vor allem dann, wenn sie pikant süß-sauer – evtl. mit Wein oder Reiswein – abgeschmeckt werden und auch Früchte enthalten. **Mit den stark aromatischen Kräutern der mediterranen Küche (Oregano, Majoran, Basilikum, Estragon, Lavendel, Rosmarin, Thymian) verträgt er sich nicht.** Da er sehr intensiv im Aroma ist, sollte man ihn nur messerspitz- bzw. grammweise verwenden und vor allem ausprobieren, wie man ihn am liebsten mag: unauffällig im Hintergrund oder vorherrschend im Geschmack.

↑**Kapern** – **Würzinfo:** Kapern sind ein wichtiger Bestandteil einiger Mittelmeerküchen und werden oft mit italienischen Gerichten in Verbindung gebracht: Kapern sind aber nicht unbedingt typisch mediterran. Ohne Kapern schmecken die **Königsberger Klopse** (mit einem Hauch Meerrettich, Senf und Kapernsud) nicht, und die **Remouladensoße** wäre „ohne" nur eine Mayonnaise mit gehackten Gurken. **Tatar** mit gehackten Kapern und etwas Senf wird jeden Feinschmecker überraschen. Kapern kommen immer erst zum Schluss und meist ganz an das heiße Gericht, man lässt sie nur noch kurz durchziehen, nicht kochen. Bei kalten Speisen und Kräutersoßen werden die Kapern fein gehackt. Da sie einen dominierenden, spezifischen Geschmack haben, sollte man sie nur mit wenigen anderen Gewürzen wie Dill, Borretsch, Meerrettich und Schnittlauch verwenden. Zu Basilikum, Oregano und Knoblauch – zusammen mit eingelegten Oliven – passen Kapern hervorragend. **Geschmack:** Ihr Geschmack ist sehr intensiv, herb-würzig mit leichter Schärfe. **Verwendung – In der kalten Küche:** Pikanter Quark, Gemüsesalate und würzige Dressings. **In der Feinschmeckerküche:** Schweine- und Hackfleischgerichte, Fleischragout, Geflügel- und Fleischgerichte, helle Saucen, Tomaten- oder Weinsaucen. **In der Fischküche:** Fischsalate, eingelegter Fisch, Fischgerichte. Kapern halten sich unbegrenzt lange, wenn sie mit Sud bedeckt sind.

↑**Kapuzinerkresse** in der Küchenbibel von A bis Z

↑**Kardamom** – **Würzinfo:** Verwendet werden die Samen der Pflanze, die sehr rasch den Geruch verlieren, besonders, wenn sie gemahlen werden (40 % in einem Jahr). Daher werden im Handel meist die ganzen Früchte (Kapseln) angeboten. Am besten quetscht oder zerstößt man die Kapsel vor dem Gebrauch in einem Mörser. Da Kardamom sehr geschmacksintensiv ist, sollte nur mit einem Hauch gewürzt werden. Kardamom ist in Wurstgewürzen und Backmischungen enthalten sowie Bestandteil vieler Currypulver. Mit seinem wunderbaren, exotischen Aroma wird er vor allem in der persischen, arabischen und indischen Küche verwendet. **Geschmack:** Süßlich, aromatisch, sehr angenehm, an Eukalyptus erinnernd. **Verwendung – In der Backstube:** Gute Weihnachtsbäckerei ist ohne Kardamom undenkbar. Christstollen, Lebkuchen, Pfeffernüsse und andere Weihnachtsgebäcke werden dadurch verfeinert. Außerdem aromatisiert er Brot, Brötchen und Kuchenteige, Gewürz- und Obstkuchen, Apfelkuchen und Marzipan. **In der süßen Küche:** Selbst gemachtes Konfekt, Obstsalate (mit Zucker, Zitrone, gehackten Nüssen und Rum), Süßspeisen aus Dickmilch, Reisauflauf, Schlagsahne für Obstkuchen, Puddings und süße Dessertsoßen. **In der Feinschmeckerküche:** Pilaws (mit Knoblauch, Zwiebeln, Pfeffer, Nüssen und Rosinen), Wild- und Fleischpasteten (mit Zimt, Macis, Ingwer, Nelken, Pfeffer), Hähnchen, Poularden, klare Fleischbrühen, Kürbissuppe, Leberwurst zur **Schlachtschüssel,** Lamm- und Hammelfleischgerichte, Grillspieße mit Innereien, Roastbeef, Hackfleisch, Spare rips, Steaks, Gulasch, Schweinebraten und alle Kalbfleischgerichte. **In der Fischküche:** Alle gebackenen, gebratenen und gekochten Fische wie Karpfen, Schlei, Felchen, Seezungen, Heilbutt, Goldbarsch sowie Krustentiere wie Hummer, Langusten und Krabben schmecken durch eine Prise Kardamom besser. **In der kalten Küche:** Eingelegtes Gemüse, Tomaten- und Zwiebelscheiben, süßliche Marinaden. **In der exotischen Küche:** Fast alle asiatischen und exotischen Gerichte mit Fisch, Schwein-, Lamm-, Hammel- und Hackfleisch. **In der Hausbar:** Punsch und Milchshakes (an Stelle von Zimt). Mit etwas Kardamom parfümieren die Araber ihren Mokka, bevor er überbrüht wird. Auch normale Kaffees und Tees entwickeln Aromen wie Märchen aus „Tausendundeiner Nacht".

↑**Kerbel** – **Würzinfo:** Man erntet Kerbelkraut, ehe sich die kleinen, weißen Blüten bilden, und verwendet die Blätter immer frisch, beim Trocknen verlieren sie fast allen Geschmack. Sie lassen sich jedoch gut einfrieren. Kerbel sollte wie fast alle Kräuter nie mitgekocht werden, da das Aroma nicht kochfest ist. Bei Kerbelsuppe und -soße können die Stängel mitkochen, mit den gehackten Blättern wird vollendet. Kerbel gehört in die **„Frankfurter Grüne Sauce"** und wird für die Herstellung der französischen Kräutermischung **„Fines herbes"** sowie für **Kräuterbutter** verwendet. Intensive Kräuter wie Basilikum oder Thymian erschlagen seinen Geschmack. **Geschmack:** Leicht süßlich, zart anis-, süßholz- oder fenchelähnlich, an Petersilie erinnernd, angenehm aromatisch mit feiner Würze. **Verwendung – In der kalten Küche:** Kartoffelsalat, Quark, Käse, frische Salate, besonders Tomaten- und grüner Salat, Rohkost. **In der Feinschmeckerküche:** Eintopf, Kartoffelsuppe, Tomatensuppe, Kerbelsuppe, Kerbelsauce, Eierspeisen, Geflügel, Speisen mit Lammfleisch. **In der Fischküche:** Zum Grillfisch (mit Petersilie), zu Kräutersaucen aus Fisch**fond. In der Gemüseküche:** Zum Karottengemüse (statt Petersilie), Spinat, zu frischen Erbsengerichten. **In der Kräuterküche:** Kräuteressig

↑**Ketschup** in der Küchenbibel von A bis Z

↑**Knoblauch** in der Küchenbibel von A bis Z

↑**Koriander** – **Würzinfo:** Sowohl die Früchte als auch die Blätter werden verwendet. Da sie jedoch verschiedene Aromen besitzen, können sie einander nicht ersetzen. Die Blätter verlieren beim Trocknen sehr viel Geschmack, weshalb man sie immer frisch oder tiefgefroren verwenden sollte. Koriandersamen sind licht- und luftempfindlich. Samen und Blätter sind Bestandteil des Curry (Gewürz), das getrocknete Koriandergrün ist ein Hauptgewürz indischer Currys. In der europäischen Küche spielt der Koriander eine untergeordnete Rolle. **Geschmack:** Das Aroma der Früchte ist rund, nussig und würzig. Der Geruch von Korianderkraut erinnert an Seife. **Verwendung – In der Backstube:** Weihnachtsgebäck wie Lebkuchen, Pfefferkuchen, Spekulatius und Honigkuchen sowie selbst gebackenes Brot und Brötchen, Apfelpasteten, Apfelkuchen, Biskuits. **In der kalten Küche:** Ganze Korianderkugeln gibt man zu eingelegter Roter Beete (mit Zwiebeln, Kümmel, frischem Ingwer oder Meerrettich), süßsauer eingelegten Gurken, Wild- und Fleischbeizen (mit Lorbeer, Piment, Zwiebeln, Nelken). **In der süßen Küche gemahlen:** zu Marmeladen, Apfelmus oder -kompott, Apfelaufläufen und Pflaumenmus. **In der Feinschmeckerküche:** Fleischgerichte mit Schinken, Lamm, Ziege und den dazugehörigen Soßen, fette Schweinefleischgerichte, Gulasch, Wurst und Pasteten, Geflügel und Geflügelfüllungen. **In der Fischküche:** zu Fischmarinaden. **In der Gemüseküche:** Kartoffelpuffer, deftige Kartoffelgerichte, Rotkohl, Erbsen-, Linsen- und Bohnengerichte, alle Kohlarten, Karotten. **In der Kräuterküche:** Senf. **In der exotischen Küche:** passt das frische Kraut zu allen fernöstlichen Gewürzen, Gewürzmischungen und Gerichten, daher ist es in ganz Asien beliebt.

↑**Kräuter der Provence** in der Küchenbibel von A bis Z

↑**Kresse** in der Küchenbibel von A bis Z

↑**Kreuzkümmel** in der Küchenbibel von A bis Z

↑**Kümmel** – **Würzinfo:** Kümmel würzt hier zu Lande hauptsächlich Kohlgerichte, deftige Eintöpfe, Suppen und herzhafte Kartoffelgerichte. Die Blätter von jungem Kümmelkraut können auch als Salatwürze verwendet werden. Kenner bevorzugen die ganzen Samen, die frisch zermahlen ihre stärkste Würzkraft entfalten. Zu viel Kümmel in Saucen verursacht einen bitteren Geschmack. **Geschmack:** Sein charakteristisches Aroma wie auch sein warmer, leicht bitterer Geschmack machen ihn unverwechselbar. **Verwendung – In der Backstube:** ist er ein wichtiges Brotgewürz, das selbst gebackenem Brot und Brötchen ein feines Aroma verleiht. **In der kalten Küche:** O'bazter, Liptauer oder andere pikante Quarkspeisen (z. B. mit Zwiebeln, Knoblauch und mildem Paprika) sowie Käse, z. B. Kochkäse, bekommt eine vollaromatische Note, genau wie Wurst-, Käse-, Kraut-, Tomatensalate und Rote Beete. **In der Feinschmeckerküche:** Eintöpfe, Stews, Gemüsesuppen (Kartoffel-, Pilzsuppe), Gulaschsuppe (mit Paprika, Knoblauch und Cayennepfeffer), Schweine-, Lamm-, Hammel-, Hack- und Kaninchenfleisch, Gulasch, bayerischer Schweinebraten (mit Knoblauch, Pfeffer und Majoran), grobe **Bratwurst,** Gänse-, Lamm- und Sauerbraten. **In der Fischküche:** Kümmel ist zwar ein markantderbes Gewürz, gehört aber unentbehrlich auch in den Kochsud von Hummer, Langusten und Krebsen sowie gekochtem Fisch, ganz besonders Tunfisch. **In der Gemüseküche:** Wegen seiner verdauungsfördernden Wirkung und des Anti-Bläh-Effekts werden Kohl-, Sauerkraut- und Zwiebelgerichte gern mit Kümmel zubereitet. Aber auch Rote Beete und Kartoffeln werden mit grobem Salz und Kümmel bestreut und gebacken, das Kochwasser von Pellkartoffeln wird mit Kümmel gewürzt. **Würzkombinationen mit Kümmel:** Weil sich das starke und warme, sehr eigene, dominierende Aroma kaum mit anderen Gewürzen kombinieren lässt, sollte man andere Gewürze mit spezifischem Geschmack nur spurweise verwenden. Kümmel verträgt sich aber gut mit Zwiebeln, Knoblauch, Majoran, Zitronenschale, Petersilie und Cayenne.

↑**Lavendel** in der Küchenbibel von A bis Z

↑**Liebstöckel** – **Würzinfo:** Die Blätter des Liebstöckels sind ein traditionelles, deftiges Gewürz in Südeuropa und werden dort wegen ihres charakteristischen Aromas geschätzt. Obwohl die Blätter und die Wurzel denselben Geschmack aufweisen, werden meist nur die Blätter der Pflanze verwendet. Am besten ist es, wenn man sie mitkocht. Jedoch geben die rohen, jungen, zarten Liebstöckelblättchen frisch gehackt allen Gerichten eine besondere Note. Mit der Dosierung sollte man eher sparsam sein; wegen der großen Würzkraft reichen meist schon einige wenige Blättchen. **Schwangere sollten auf Liebstöckel verzichten. Geschmack:** Sehr aromatisch, an Sellerie erinnernd. **Verwendung – In der kalten Küche:** Einige frische Blätter verfeinern Salate (speziell Tomaten und Paprika) und pikant abgeschmeckten Quark, eingelegtes Gemüse. **In der Feinschmeckerküche:** Bunte Gemüsetöpfe, Frühlings-, Kartoffel-, Erbsen- und Bohnensuppe, Gemüse-, Hühner- und Rindfleischbrühen, deftige Pastete z. B. aus Leber (mit Pfeffer, Majoran), Saucen für Schweinebraten (mit Pfeffer und Knoblauch), fein gehackt in Kräutersaucen. **In der Fischküche:** Fischsud und -fonds. **In der Gemüseküche:** Fein gehackt und sparsam dosiert zum Aromatisieren von allen Gemüsesorten. **In der Kräuterküche:** Kräuteressig. **Liebstöckel-Würzkombinationen:** Er passt zu allem, das deftige, kräftige Kräuter verträgt, besonders aber zu Majoran, Zwiebeln, Sellerieblättern und Knoblauch. Liebstöckel in Fonds, Würz-, Gemüse- und Fleischbrühen ersetzt die künstlichen, sehr salzhaltigen, mit Geschmacksverstärkern angereicherten Würzmittel wie gekörnte Brühe, Aromat und flüssige Speisewürze von namhaften Herstellern.

↑**Lorbeerblätter** – **Würzinfo:** Verwendet werden vor allem die getrockneten Blätter, frische Blätter sind zwar aromatisch, aber sehr bitter. **Geschmack:** Aromatisch und bitter. Gute Qualität erkennt man außer am starken Geruch auch an der leuchtend grünen Farbe. **Verwendung – In der kalten Küche:** Zum Einlegen von Gemüse und Gurken, für Rote Beete-Salat (mit Essig, Zwiebeln und Pfeffer). Lorbeer ist unverzichtbar für Marinaden und Pökellaken von Fleisch, Beizen von Wild (mit Nelken, Wacholderbeeren, Piment, Pfefferkörnern, Suppengrün und evtl. Thymian). **In der Feinschmeckerküche:** Würzbrühe von Sülzen, alle Schmorgerichte mit kräftig herzhaftem Geschmack, z. B. **Bœuf bourguignon,** deutscher **Sauerbraten** (mit Suppengrün, Wacholder, Zwiebeln, Nelken, Piment und evtl. Estragon), ebenso italienisches **Osso buco** (in Weißwein-Tomatensauce geschmorte Kalbshaxenscheiben mit Zwiebeln, Zitronenschale, Petersilie, Sellerie, Knoblauch, Pfeffer und einem Hauch Nelke), Soße vom Wildschweinbraten, kräftige Brühen und Ochsenschwanzsuppen, Hammelschmorbraten (mit Knoblauch, Pfeffer, Zwiebel und Rosmarin), Sud für Suppenfleisch, Kalbsfrikassee, säuerliche Speisen mit Innereien wie Kutteln, Herz und Lunge süßsauer (mit Zwiebeln, Pfeffer und Senf- oder Gewürzgurken), braune Suppen, Ragouts und Bratensaucen, Eintöpfe, gekochtes Huhn, weiße pikante Saucen. **In der Fischküche:** zum Einlegen von Fisch (Marinaden für Bismarckhering, Rollmops, Brathering usw.), Sud für Kochfisch (mit Piment, Nelken, Senfkörnern, Pfeffer, Zwiebeln, Dillsamen oder mit Bouquet garni). **In der Gemüseküche:** Sauerkraut, Kartoffelsuppe und -gerichte, Hülsenfrüchte und Bohnensuppen (mit Suppengrün, Zwiebeln, Pfeffer und Majoran oder Bohnenkraut), Rotkohl (mit Nelken, Zwiebeln, Wacholderbeeren, Apfelstücken und Rotwein). **In der Kräuterküche:** gehört Lorbeer zum **Bouquet garni** und in den Kräuteressig

↑**Majoran** – **Würzinfo:** Meist wird mit den gerebelten und getrockneten Blättern samt Blütenteilen gewürzt. Man sollte möglichst immer frischen Majoran verwenden, da er beim Trocknen sehr viel von seinem feinen Aroma verliert. Er eignet sich sehr gut zum Einfrieren. Mit Majoran kann man Speisen leicht überwürzen, darum ist es wichtig, ihn recht sparsam zu verwenden. **Geschmack:** Charakteristisch ist seine Dominanz, er ist süßlich, leicht bitter. **Verwendung – In der kalten Küche:** Für vegetarische Brotaufstriche zusammen mit Äpfeln und Zwiebeln. **In der Feinschmeckerküche:** Vor allem deftige Gerichte auf Schinken-, Speck- oder Schweinefleischbasis, fettes Geflügel samt Füllungen (Gänse und Enten, mit Äpfeln, Weißbrot, Pfeffer, evtl. Rosinen), Hülsenfruchtsuppen wie Bohnensuppe (Vorsicht im Zusammenspiel mit Bohnenkraut), Erbsensuppe (mit Suppengrün, Zwiebeln, Pfeffer, Lorbeer oder Liebstöckel und Petersilie), Linsensuppe (mit Suppengrün, Zwiebeln und Lorbeer, Essig und Zucker süß-sauer abschmecken), Graupensuppe (Grundbrühe aus Schinken-, Enten- oder Gänseknochen mit Suppengrün, Zwiebeln, Knoblauch), Bratkartoffeln aus rohen Kartoffeln **(Vorsicht: Acrylamide)** mit Zwiebeln und Pfeffer, Hammeleintopf (mit Zwiebeln, Knoblauch, Pfeffer, Thymian oder Rosmarin und Lorbeer), Schweinebraten (mit Pfeffer, Knoblauch, evtl. gemahlenem Kümmel oder Nelkenpulver eingerieben), Schweinegulasch (mit Zwiebeln, Knoblauch, Tomaten, Muskat, Cayennepfeffer und gemahlenem Kümmel), Rindergulasch mit Zwiebeln, Tomatenmark, Paprika, Pfeffer, Knoblauch, gehacktem Kümmel und Zitronenschale, Schweineschmalz (mit Beifuß, Zwiebeln und Äpfeln), gebratene Leber mit Zwiebeln und Äpfeln, Leberknödel (Leber durchgedreht mit angerösteten Zwiebeln, etwas Knoblauch, Zitronenschale und glatter Petersilie). Majoran gibt Wurstwaren den letzten Pfiff, wie Nürnberger Stadtwurst, Regensburgern, Leber-, Blut- und Bratwürsten, aber auch Hackfleischgerichten, Leberpastete, Hühnerfleisch, Nieren, Braten-, Kräuter- und Sahnesaucen. **In der Fischküche:** Raffinierte Fischsalate. **In der Gemüseküche:** Alle Gerichte mit Hülsenfrüchten, Kartoffeln und Pilzen. Vegetarische Bratlinge. **Würzkombinationen mit Majoran:** Als Hauptgewürz sollte man den sehr deftigen Majoran nur mit Grundgewürzen verwenden. Sparsam dosiert verträgt er sich auch mit Thymian, Salbei oder Rosmarin, überhaupt nicht dagegen mit Oregano, dem er zu ähnlich ist. Nie mehr als eins dieser intensiven Gewürze mit Majoran kombinieren, obwohl manche Kochbücher dies vorschlagen. Man bekommt nämlich nur einen undefinierbaren Würzmix, aber keinen spezifischen Geschmack.

↑**Mediterrane Gewürze** in der Küchenbibel von A bis Z

↑**Meerrettich** in der Küchenbibel von A bis Z

↑**Minze** in der Küchenbibel von A bis Z

↑**Mohn** in der Küchenbibel von A bis Z

↑**Muskatblüte** in der Küchenbibel von A bis Z

↑**Muskatnuss** – **Würzinfo:** In westlichen Ländern bevorzugt man Muskat für süße Speisen, z. B. Kuchen, Kekse (Lebkuchen) und Kompotte; Muskatnuss passt auch gut ins Schweizer Käsefondue. Ein besonderer Klassiker ist mit Muskat gewürzter Spinat, wie man ihn in Italien für Nudelfüllungen verwendet. Am beliebtesten ist Muskat jedoch in Holland geblieben, wo man Muskat und Muskatblüte (Macis) gerne für Kohl, Kartoffeln und anderes Gemüse verwendet, aber auch für Fleisch, Suppen, Eintöpfe und Saucen. **Geschmack:** Sowohl die Nuss als auch die Blüten haben einen harzigen und warmen Geschmack. Das Aroma der Muskatnuss ist intensiv, würzig und unvergleichlich. Die braunen Nüsse würzen mit feurigsüßer und stark aromatischer Schärfe. Die **Muskatblüte** hat einen ebenfalls würzigen, süßlich-bitteren, jedoch etwas lieblicheren Geschmack. Muskatnuss-Pulver verliert seinen Geschmack sehr rasch; am besten reibt man die nötige Menge Muskat immer frisch von einer ganzen Nuss. **Verwendung – In der Backstube:** Weihnachtsgebäck und andere pikante Gebäcke, Käsekuchen. **In der kalten Küche:** Pikante Quarkspeisen. **In der süßen Küche:** Alle süßen Apfelgerichte und -gebäcke, Obstsuppen, Birnen- und Pflaumenkompotte, besonders gut mit Zimt. **In der Feinschmeckerküche:** Fleischbrühe, Gemüse- und Tomatensuppe, Kalbfleischgerichte, Enten- und Gänsebraten, Fleischragout, Frikadellen und andere Hackfleischgerichte sowie pikanten Reis, Pasta oder Käsefondue. Muskat gehört in jede helle Soße, besonders die **Béchamelsauce** mit Wacholderbeeren und Lorbeer. **In der Fischküche:** Kräftig gewürzte Fischragouts und Saucen von allen gedünsteten oder gekochten Fischsorten. **In der Gemüseküche:** Alle Gemüsesorten (speziell Blumenkohl, Kohlrabi und Spinat) und Kartoffelgerichte, besonders Kartoffelpüree. **In der Hausbar:** Alexander Nr. 1, heiße Getränke wie Kakao, Glühwein, Rotweinpunsch und Teepunsch. Alle Milchmixgetränke schmecken noch besser und pikanter durch einen Hauch Muskat.

↑**Nelken** – **Würzinfo:** Die Blütenknospen des Nelkenbaumes sind getrocknet und gemahlen erhältlich. Ganze Nelken werden häufig zusammen mit Zwiebeln und Lorbeerblättern zum Würzen von Eintopfgerichten, Schmorgerichten, Marinaden und eingelegtem Gemüse verwendet. Gemahlene Nelken aromatisieren Weihnachtsgebäck, Gewürzgebäck, dunkle Saucen, Kompott, Obstsuppen und eingemachte Früchte. Nelken und Nelkenpulver sollten sehr sparsam dosiert werden. **Geschmack:** Stark aromatischer und süßer Geruch, starker und brennender Geschmack. Nelken haben ein ausgeprägtes warm-duftiges Aroma. Ihr Geschmack kann je nach Dosierung von süßlichwürzig bis zu scharf variieren. **Verwendung – In der Backstube:** Weihnachtsgebäck und Obstbackwerk. **In der kalten Küche:** Herstellung von süßsauren Essigkonserven wie Kürbis und Gurken. **In der süßen Küche:** Obstkompotte, Kaltschalen und heiße Fruchtsuppen. Dazu ein Mullsäckchen mit Nelken, Zimt und Ingwerstückchen füllen und mitkochen, ebenso bei Birnen und Zwetschgen. **In der Feinschmeckerküche:** Fleischbrühe und **Fonds,** Bier- oder Rotweinsauce, Schmorgerichte, Sauerbraten oder Rouladen, Wildfleischgerichte und pikante Reisgerichte. Mit Nelken spickt man die Schwarte von Schinken- und Schweinebraten (in die Einschnitte stecken). **In der Fischküche:** Sud für fetten Fisch wie Aal oder Karpfen. **In der Gemüseküche:** Weißkohl, Rotkohl, Rote Beete und ganz vorsichtig bei Grünkohl. **In der Hausbar:** Glühwein, Punsch und andere Heißgetränke. **Würzkombinationen mit Nelken:** In Süßes und Süß-Saures passen vor allem Zimt, Kardamom, Zitronenschale. Salzige Gerichte vertragen sich am besten mit Pfeffer, Lorbeer und Zwiebeln. Mit frischen, intensiv duftenden Kräutern vertragen sich Nelken dagegen nicht besonders gut. Klassisch ist die Kombination Zwiebeln und Lorbeerblatt, mit einer Nelke zusammengesteckt (**gespickte Zwiebel**). Gemahlene Nelken sind Bestandteil vieler Currysorten.

↑**Oregano** in der Küchenbibel von A bis Z

↑**Paprika, Gewürz** – **Würzinfo:** Durch das Entfernen der Samen und der Scheidewände wird der mildere und farblich intensivere Delikatesspaprika gewonnen. Bei der Produktion der billigeren und schärferen Sorten wie Rosenpaprika werden diese Pflanzenteile wieder zugesetzt. Paprika in der warmen Küche benötigt etwas Fett, um seine typische Farbe, sein Aroma und seinen intensiven Geschmack entfalten zu können. Das Pulver direkt in das Bratfett rühren, so bleibt auch das Vitamin A weitgehend erhalten. Allerdings darf das Fett nicht zu heiß sein, sonst bekommt das Gewürz einen bitteren Geschmack. Paprika ist das traditionelle Gewürz der ungarischen Küche. Was wären Paprikaschnitzel, Szegediner Gulasch und Serbisches Reisfleisch ohne Paprika? Er unterstützt die Schärfe von Pfeffer, verströmt ein anregendes Aroma, bindet kalorienarm und gesund Flüssigkeiten. Wegen seiner intensiven Farbe eignet sich Paprika auch zum Färben von Speisen. **Geschmack:** Süß und aromatisch. Einige Varianten sind sehr mild, andere wiederum ziemlich scharf. **Verwendung – In der Backstube:** Käsegebäck. **In der kalten Küche:** Weicher Käse und pikante Quarkmischungen, Fisch- und Fleischsalat. **In der Feinschmeckerküche:** Alle Tomatengerichte, alle scharfen, pikanten hellen und dunklen Saucen und Suppen (Gulasch-, Fisch-, Tomaten-, Gemüsesuppe), Ragouts, Gulasch und Schmorgerichte, gebratenes Schweine-, Kalb-, Lamm-, Rind-, Hack- und Geflügelfleisch, Eierspeisen, Pizza. **In der Fischküche:** Fischgulasch und -ragout, gekochter, gegrillter und gebratener Fisch. **In der Gemüseküche:** Gemüse wie grüne Bohnen, Weißkohl, Gurken, Paprikaschoten usw., pikanter Reis, Kartoffelgerichte, Aufläufe. **In der exotischen Küche:** Spanische und türkische Fleisch- und Reisgerichte

↑**Pastetengewürz** in der Küchenbibel von A bis Z

↑**Petersilie** – **Würzinfo:** Die ganze Pflanze strömt das charakteristische Aroma aus, bei der Wurzel ist es jedoch am intensivsten. Verwendet werden vor allem Blätter und Stängel, bei einigen Sorten kann auch die Wurzel als Gemüse zubereitet werden. Zur Schonung ihrer Vitamine, des Geruchs und seiner frischen, würzigen Note wird Petersilie nicht mitgekocht, sondern in der Regel fein gehackt und erst kurz vor dem Anrichten der Speise zugesetzt, allenfalls kurz in Olivenöl angebraten oder gedünstet. **Geschmack:** Frisch würzig, leicht bitter. **Verwendung:** Da Petersilie in alle pikanten Gerichte passt, könnte man an dieser Stelle ein Buch darüber schreiben. Darum nur kurz: Petersilie passt nicht in Süßspeisen. **Besonders hervorzuheben ist aber der Gebrauch – In der kalten Küche:** Fein gehackt in Kräuterbutter, Kräuterquark, Dressings, Salaten, Rohkost, Mayonnaisen. **In der Feinschmeckerküche:** Geflügel und Fleischfüllung, Eiergerichte. **In der Fischküche:** aromatisiert Petersilie Süß- und Seewasserfische.

↑**Pfeffer** in der Küchenbibel von A bis Z

↑**Piment** – **Würzinfo:** Verwendet werden die unreifen, aber getrockneten Beeren, die wie Nelken riechen. **Geschmack:** Wie Zimt, Nelken, Muskat und Pfeffer zusammen, fein, mild und doch markant. **Verwendung – In der Backstube:** Lebkuchengewürz, in Gugelhupf und Pflaumenkuchen. **In der kalten Küche:** Eingelegte Kürbisse (mit Ingwer), Pfeffergürkchen, Gewürzgurken und Mixed Pickles. **In der süßen Küche:** Obstkompotte besonders von Pflaumen und Äpfeln, Pudding und Obstsalat jeder Art. **In der Feinschmeckerküche:** Helle und dunkle Soßen, Fleischsuppen und Suppenfleisch (mit Suppengrün, Zwiebeln, Lorbeer, Pfefferkörnern), Ochsenschwanzsuppe, klar oder gebunden, Fleischbeize und Pökellake sowie Marinaden und Saucen für Wild (mit Lorbeer, Suppengewürz, Petersilienstängeln, Zwiebeln, Pfeffer, Rotwein und Weinessig). Mischungen zum Würzen von Wurst, Leberkäse, Leberknödeln, Farcen und Pastetenfüllungen, Frikassees und Sauerbraten (mit Zwiebeln, Wacholder, Pfeffer, evtl. Estragon), Hammel- und Hackfleischgerichten, alle Herz-, Zungen- und Nierengerichte, Ragouts und Nudelsaucen. **In der Fischküche:** Fischsuppen, Fischsud, Fischgewürz, **Fischmarinaden** wie Gabelbissen, eingelegte Heringe und Bratheringe **In der Gemüseküche:** Sauerkraut, Kohleintöpfe. **In der Hausbar:** Glühwein. **Würzkombinationen mit Piment:** Sparsam verwendet passt er sich allen exotischen Gewürzen an.

Pizzagewürz – **Würzinfo:** Man kann es fertig kaufen, aber auch selber herstellen. Es dient zum Würzen der Pizzasoße, ob roh oder gekocht, aber auch zum Verfeinern von Teigwaren, Aufläufen und Saucen mit hohem Tomatenanteil sowie von typisch italienischen Fleischgerichten. **Besteht aus:** Cayennepfeffer, Basilikum, Bohnenkraut, Knoblauchpulver, Liebstöckel, Oregano, Paprikapulver, Pfeffer, Tomatenpulver, Thymian, Salz, Rosmarin, Zwiebelpulver. **Wichtig!** Das markante Aroma des Oregano sollte bei dieser Gewürzkomposition im Vordergrund stehen.

↑**Pimpernelle** – **Würzinfo:** Gibt es nur bei Spezialkräuterhändlern, manchmal im Sommer auf Märkten. Am ehesten in und um Frankfurt zu bekommen, da es ein wichtiges Kraut für die berühmte **Frankfurter Grüne Soße** ist. Sie wird immer erst den fertigen Speisen zugefügt, mitgekocht verliert sie ihr frisches Aroma. **Geschmack:** Frisch, leicht bitter, zusammenziehend, mit einem an Gurken erinnernden Aroma. **Verwendung – In der kalten Küche:** Mit in Essig oder Zitronensaft eingelegter Pimpernelle werden Salate angereichert. Fein gehackt schmecken die jungen Blätter auf Butter- oder Quarkbrot, in Kräuterbutter, allen frischen Salaten, Kräutermayonnaisen und grünen Soßen. **In der Feinschmeckerküche:** Kräutersaucen, Kräutersuppen und Eintöpfe (statt Petersilie), Eierspeisen (statt Schnittlauch). **In der Gemüseküche:** Salzkartoffeln und Gurkengemüse (statt Dill). **In der Kräuterküche:** Mit Estragon, Zwiebeln, Thymian, Knoblauch und Borretsch zusammen wird Pimpernelle zur Herstellung von Kräuter- und Gewürzessig verwendet. **In der Hausbar:** zur Aromatisierung von kalten Getränken. **Würzkombinationen mit Pimpernell:** Einen dominierenden Geschmack hat Pimpernelle nicht. Aber ihr Nussaroma ist eine harmonische Abrundung für alle Kräuterkombinationen. Pimpernell kommt, wie alle frischen Kräuter, ganz zum Schluss an die Speisen. Hitze verträgt ihr zartes Aroma nicht.

↑**Portulak** in der Küchenbibel von A bis Z

↑**Rosa Pfeffer** in der Küchenbibel von A bis Z

↑**Rosenwasser** in der Küchenbibel von A bis Z

↑**Rosmarin** – **Würzinfo:** Da Rosmarin zu den stärksten Blattgewürzen zählt, sollte die Dosierung sehr sorgfältig erfolgen. Verwendet werden die kleinen, nadelähnlichen Blätter. Anders als viele andere Kräuter verträgt Rosmarin langes Kochen ohne Geschmacksverlust. Frische Rosmarinblätter weisen einen reineren Geruch als getrocknete auf und werden daher bevorzugt. **Geschmack:** Stark aromatisch, an Eukalyptus und Kampfer erinnernd, harzig und teilweise leicht bitter. **Verwendung – In der kalten Küche:** macht reichlich Rosmarin schwarze Oliven noch schmackhafter, wenn sie mit Essig, Salz, Knoblauch und Pfeffer ca. 14 Tage eingelegt werden. Außerdem aromatisiert er Käse und pikanten Kräuterquark. **In der Feinschmeckerküche:** Gegrilltes Fleisch, Lamm-, Geflügel-, Kalbfleisch- und Wildgerichte, Soßen, Eintopf, Tomaten- und Kräutersuppen. **In der Fischküche:** gegrillte Fischgerichte. **In der Gemüseküche:** Gemüsebrätlinge, Pilz- und Kartoffelgerichte, gegrilltes Gemüse, Risotto, Füllungen in Teigwaren. **In der Kräuterküche:** Mit Rosmarin setzt man Öl zum Grillen und Braten an, am besten natives Olivenöl. **Würzkombinationen mit Rosmarin:** Am besten passt er zu Thymian, Petersilie und Knoblauch. In Kräuterkombinationen, z. B. mit der Mischung Kräuter der Provence, sollte man ihn nur äußerst sparsam verwenden. In der mediterranen Küche nimmt man zum Kochen (vor allem für Schmorgerichte, Gemüse und Saucen) ganze Zweige, die man wie fast alle mitgekochten Kräuter vor dem Servieren entfernt. Verwendet man getrockneten Rosmarin, zum Beispiel für Braten, dann sollte man die Nadeln zwischen den Händen zerreiben. **Achtung** – sein intensiver Geschmack übertönt leicht den der anderen Zutaten. Die ätherischen Öle, die das Rosmarin-Aroma ausmachen, verfliegen allerdings sehr schnell, übrig bleibt nur der bittere Gerbstoffgeschmack. Im Allgemeinen reicht für einen Braten die Menge, die man zwischen drei Finger nehmen kann. Für einen kaum spürbaren Hauch von Rosmarinaroma reicht es, kurz vor dem Servieren ein wenig der zerstoßenen Nadeln an das Gericht zu geben.

↑**Safran** in der Küchenbibel von A bis Z

↑**Salbei** – **Würzinfo:** Salbei besitzt eine sehr starke Würzkraft und neigt zur Dominanz, deshalb darf er nur sehr sparsam verwendet werden. So reicht ein frisches Blatt für eine Scheibe Leber oder Kalbfleisch. Das Aroma entfaltet sich voll, wenn das frische Kraut bei Fleischgerichten mitgebraten wird. Mit Salbei würzt man vor allem italienische Kalbfleischgerichte wie „**Saltimbocca** alla Romana" und „**Osso buco**", aber auch in Südfrankreich ist er hoch geschätzt. In England wird Salbei gerne in Füllungen und Saucen verarbeitet. **Geschmack:** Typisch, sehr aromatisch, manchmal sogar leicht bitter, zusammenziehend. Der Geruch kann als kühl, kräftig herb mit holziger Note beschrieben werden. Salbei schmeckt nur frisch wirklich gut, getrocknet wirkt er streng wie Medizin. **Verwendung – In der kalten Küche sehr sparsam:** Fein geschnitten in Salatdressings, Marinaden, Würzpasten, Mayonnaise und Dips, zu Kräuterquark, Frischkäse, Rahmkäse und Kräuterbutter, zum Einlegen von Gurken, im Tomatensalat mit Zwiebeln und Knoblauch. **In der Feinschmeckerküche:** Lamm-, Hammel-, Kalb-, Wild-, Schweine- und Kaninchenbraten (mit Salbeiblättern gespickt) sowie die dazugehörigen Saucen. Gegrillte Fleischspießchen (Salbei zwischen die Fleischstücke gesteckt), Hackfleisch- und Geflügelgerichte. Salbei passt aber auch gut zu allen Innereien wie Herz, Leber und Nieren, Tomatengerichten, Pasta und Pizza. Fein zu Bratkartoffeln. **In der Fischküche:** Fetter Grillfisch wie Aal, aber auch in der Aalsuppe und sparsam verwendet zu Fischsalaten. **In der Gemüseküche:** Gemüsebrätlinge und Hülsenfrüchte. **In der Kräuterküche:** Kräuteressige und -öle. **Würzkombinationen mit Salbei:** Er passt nur zu Grundgewürzen wie Knoblauch oder Zwiebeln. **Schwangere und Stillende sollten auf den Genuss von Salbei verzichten.**

↑**Sauerampfer** in der Küchenbibel von A bis Z

↑**Schildkrötengewürz** in der Küchenbibel von A bis Z

↑**Schnittlauch** in der Küchenbibel von A bis Z

↑**Schwarzer Kümmel** in der Küchenbibel von A bis Z

↑**Senf** in der Küchenbibel von A bis Z

↑**Sojasauce** in der Küchenbibel von A bis Z

↑**Speisewürze** in der Küchenbibel von A bis Z

↑**Sternanis** in der Küchenbibel von A bis Z

↑**Suppengewürz** in der Küchenbibel von A bis Z

↑**Suppengrün, Suppenkraut** in der Küchenbibel von A bis Z

↑**Szechuanpfeffer** in der Küchenbibel von A bis Z

↑**Tabasco™** in der Küchenbibel von A bis Z

↑**Thymian** – **Würzinfo:** Thymian hat ein sehr intensives Aroma, beim Würzen ist also Vorsicht geboten, denn ein Hauch zu viel kann ein Gericht verderben. Es ist möglich, ihn mitzukochen und mitzubraten. Man nimmt zum Kochen einzelne Blätter und kleine Zweige. Bei Saucen lässt man die Zweige unzerkleinert kurz mitgaren und entfernt sie vor dem Servieren. Frischer Thymian für kalte Speisen: Die Blätter werden abgestreift und sehr fein gehackt. Getrockneten Thymian zwischen den Fingern zerbröseln. **Geschmack:** stark aromatisch, herb-bitter, rauchig, warm. Der Duft ist holzig-würzig mit zarter blumig-duftiger Note. **Verwendung – In der kalten Küche nur frisch und ganz dezent:** Blatt-, Gurken-, Tomaten- und Selleriesalate, Salatdressings und Kräuterbutter, ein wenig mehr in Marinaden. **In der süßen Küche ein feiner Hauch:** süße Cremes. **In der Feinschmeckerküche:** Blut- und Leberwurst, Leberknödel und Pasteten, Frikadellen und Füllung für Geflügel, Eintöpfe, Braten-, Kräuter-, Wild- und Pastasaucen sowie Tomatengerichte und Pizzas. **In der Fischküche:** Fischfonds. **In der Gemüseküche:** Kartoffelgerichte, Tomaten, Kürbis, Auberginen, Paprika, Hülsenfrüchte und Gemüsesuppen. **In der Kräuterküche:** mit Melisse und Estragon zusammen für Kräuteressig und -öle, zum Aromatisieren von Honig. **Würzkombinationen mit Thymian:** Wegen seines intensiven, unverwechselbaren Aromas verträgt sich Thymian am besten mit Zwiebeln, Petersilie oder Lorbeer. Bei der Kombination mit anderen kräftigen Mittelmeerkräutern sollte man sich entscheiden, welches Kraut Hauptgewürz sein soll und welches im Hintergrund zu bleiben hat. Würzen mit Majoran zusammen (nur in Spuren) bringt feine Ergebnisse. **Achtung: Beim Umgang mit Thymian braucht man Fingerspitzengefühl. Würzbeispiel: Ein gestrichener Teelöffel getrockneten Thymians hat die dreifache Würzkraft wie dieselbe Menge der frischen, gehackten Blätter (ausreichend für 10–12 l Fleischbrühe).**

↑**Vanille** – **Würzinfo:** Die Vanillestange der Länge nach aufschneiden und mit einem spitzen Messer das Mark herauskratzen. Mark und Stange weiter verarbeiten, am Ende des Arbeitsvorgangs die ausgelaugte Schote entfernen. Mit Vanille kann man alle Süßspeisen würzen, das milde Aroma entwickelt sich mit Zucker und einer Prise Salz noch besser. **Geschmack:** weiches und sehr angenehmes Aroma. **Verwendung – In der Backstube:** Kuchen und Biskuits. **In der süßen Küche:** Quark, Pudding und Speiseeis. **Würzkombinationen:** Vanille passt auch zu Zimt, Nelken und allem, was mit Kakao oder Schokolade zubereitet wird, sowie zu Speisen und Gebäck, die mit einem Schuss Rum gewürzt werden. Ein Hauch von Vanille harmonisiert mit Kalb- und Geflügelfleisch oder Fisch und verleiht Hummer- und Lachs-Gerichten eine unvergleichlich delikate Note. Vanillestangen wie auch Vanillezucker sollten trocken, gut verschlossen und getrennt von anderen Gewürzen aufbewahrt werden.

Vanillezucker in der Küchenbibel von A bis Z

↑**Wacholder** – **Würzinfo:** Die Verwendung von Wacholder ist für gesunde Menschen harmlos. **Personen mit Nierenschwäche und Schwangere sollten auf ihn verzichten. Geschmack:** sehr aromatisch mit süßlichen, fast terpentinartigen Akzenten, ähnlich dem südamerikanischen **rosa Pfeffer. Verwendung – In der kalten Küche:** Marinaden und Beizen von Wild- und Wildgeflügel, hierzu werden die Wacholderbeeren vor dem Würzen zerdrückt. Wegen seiner Geschmacksintensität sehr vorsichtig dosieren. **In der Feinschmeckerküche:** alle Gerichte, die markant mit Knoblauch und Kümmel abgeschmeckt sind. Rind-, Schweine-, Schaf- und Wildfleischgerichte, Schweine- und Sauerbraten sowie die dazugehörigen Saucen, Tomatensauce, Bechamelsauce, Dillsauce. **In der Fischküche:** Sud für Kochfisch, Fischmarinaden. **In der Gemüseküche:** Sauerkraut, Rote Beete. **Vorsicht beim Würzen** – Es genügen zwei oder drei ganze Beeren für 1/4 l Sauce, wenn Wacholder im Hintergrund bleiben soll. Wünscht man ein intensives Aroma, die vier- bis fünffache Menge nehmen. Für Aroma im Hintergrund bei einem Gericht für vier Portionen reichen fünf bis acht Beeren aus, für ein kräftiges Wacholderaroma nimmt man das Doppelte. Vor dem Servieren die Gewürze immer entfernen. **Würzkombinationen mit Wacholder:** Wacholder verträgt sich gut mit Petersilie, Thymian, Majoran, Lorbeer, Zwiebeln und Knoblauch sowie mit fast allen **mediterranen Gewürzen.** Wacholderbeeren sind oft in fertigen Gewürzmischungen wie Marinadengewürzen, Beizgewürzen und Fischsudgewürzen enthalten.

↑**Waldmeister** in der Küchenbibel von A bis Z

↑**Worcestersauce** in der Küchenbibel von A bis Z

↑**Ysop** – **Würzinfo:** Da Ysop ein sehr intensives Gewürz ist, genügt eine Staude für den normalen Haushalt. **Wichtig!** Ysopblätter nie mitkochen, denn dann verlieren sie an Aroma. Man hackt die frischen Blättchen und streut sie über das fertige Gericht. Die Stängel können kurz vor Ende der Garzeit dem Gericht beigefügt werden, man entfernt sie aber wieder vor dem Servieren. Da Ysop einen sehr intensiven bitteren Geschmack hat, sollte man beim Würzen vorsichtig sein. **Geschmack:** Herb würzig, aromatisch und leicht bitter, liegt geschmacklich zwischen Oregano und Salbei. **Verwendung – In der kalten Küche:** Fleischsalate, rohe Tomaten, Quark und Kräuterkäse, in Salatdressings und Marinaden. **In der Feinschmeckerküche:** Kräutersauce und -suppen, Leberknödel oder -nocken, Ragout und Rouladen, Sauerbraten, Wild und Waldpilze (statt Petersilie). **In der Fischküche:** Fischragout mit Sauce auf Rotweinbasis. **In der Gemüseküche:** Für robuste Gerichte wie Kartoffel- oder Bohnensuppen (an Stelle von **Bohnenkraut**) sowie Sellerie, Hülsenfrüchte, Kartoffelgerichte und Gemüsepfannen. **In der Kräuterküche:** Kräuteressige, -öle und Tee. **Würzkombinationen mit Ysop:** Da im Geschmack Anklänge an **Thymian** und **Salbei** sind, sollte man ihn nicht zusammen mit diesen Kräutern gebrauchen. Sparsam verwendet, passt er sonst zu allen frischen Kräutern.

↑**Zimt** in der Küchenbibel von A bis Z

↑**Zitronenmelisse** oder ↑**Melisse** in der Küchenbibel von A bis Z

↑**Zitronenschale** in der Küchenbibel von A bis Z

↑**Zitronenthymian** in der Küchenbibel von A bis Z

Die Speisentabelle

Für jeden Geschmack scheint zwar ein würziges Kraut gewachsen, jedoch stellt sich oft die Frage: Welches kann ich bei meinem geplanten Essen verwenden? Wer weiß schon, dass man für ein Gericht mit verschiedenen Kräutern und/oder Gewürzen weniger oder kein Salz braucht? Kräftiges Würzen mit Salz überdeckt den charakteristischen Geschmack vieler Speisen und ist ungesund. Mit Kräutern und Gewürzen kann man das Essen pikant ohne Salz abschmecken.

Heute nutzen wir etwa 500 verschiedene Würzmittel, um Speisen geschmacklich zu veredeln. Die 100 wichtigsten und geläufigsten sind hier alphabetisch aufgeführt:
Angostura, Anis, Basilikum, Beifuß, Bittermandel, Bohnenkraut, Borretsch, Cayennepfeffer, Chili, Cognac, Curry, Currykraut, Dill, Essig, Estragon, Fenchelsamen, Fenchel, Garam Masala, Glutamat, Grüner Pfeffer, Honig, Ingwer, Kakao, Kapern, Kardamom, Karotten, Kerbel, Ketschup, Knoblauch, Kokos, Koriander, Korianderblätter, Kresse, Kreuzkümmel, Kümmel, Kurkuma, Lauch, Lavendel, Liebstöckel, Liköre passend, Limettenschale, Lorbeerblatt, Majoran, Meerrettich, Minze, Mohn, Muskatblüte gemahlen, Muskatnuss, Nelken, Noilly Prat, Nüsse, Orangenblütenwasser, Orangenschale, Oregano, Paprikapulver, Peperoni, Petersilie, Petersilienwurzel, Piment, Pimpernelle,

Preiselbeeren, Räucherspeck, Reisessig, Rosenwasser, Rosmarin, Rotwein, Rum, Safran, Salz, Sambal Olek, Schalotte, Schwarzer Kümmel, Schwarzer Pfeffer, Sellerie, Selleriesalz, Senf, Senfkörner, Sherry, Sojasauce, Sternanis, Suppengewürz, Tabasco, Thymian, Tomate, Trüffel, Vanille, Ve-tsin, Wacholderbeere, Waldmeister, Waldpilze, Weißer Pfeffer, Weißwein, Worcester, Zimt, Zitrone, Zitronengras, Zitronenmelisse, Zitronenschale, Zucker, Zwiebel. Wer Gewürze vorsichtig ausprobiert, wird neue Geschmackswelten entdecken. In der folgenden Tabelle sind ca. 130 Gerichte alphabetisch geordnet. Hier finden sich auch die Kräuter und Gewürze, die geschmacklich zum Produkt passen und gemeinsam oder einzeln angewandt werden können. **Aber immer gilt: „Weniger ist besser als mehr".**

Zur Tabelle

Das Grundgewürz Salz (am besten Meersalz) ist in der Tabelle meist nicht aufgeführt. Ausnahme: die Süßspeisen. Bei Vanille ist immer das Mark der echten Vanille gemeint; bei Zwiebeln können auch Schalotten verwendet werden. Statt der angegebenen Butter kann ↑Albaöl verwendet werden. Es ersetzt Butter geschmacklich und cholesterinfrei. Alle angegebenen Gewürze oder Würzmittel sind in der Küchenbibel erklärt. Wenn ganze Gewürze mitkochen sollen und das Passieren der Sauce oder Suppe nicht möglich ist, nimmt man einen ↑Gewürzbeutel. Bei einigen Gerichten ist die Würzreihenfolge wichtig, sie ist entsprechend benannt.

Aal grün		
Zubereitung: Fischsud ca. 1/2 Std. köcheln, dann passieren. Aalstücke einlegen, ca. 15 Min. ziehen lassen und mit Sud warm stellen. Sud für Soße bis auf die Hälfte reduzieren, mit aufgelöster Stärke sämig binden, aufkochen lassen, Crème fraîche einrühren, abschmecken, mit Kräutern vollenden. Aalstücke ohne Sud in Schüssel mit Kräutersauce anrichten. Dazu Salzkartoffeln und ↑**Gurkensalat** servieren. **Service:** Es passen alle frischen Gartenkräuter zum Bestreuen, besonders Dill und Petersilie.	**Klassischer Fischsud:** Zwiebeln, Lorbeerblatt, Nelke, Beifuß, Petersilienstängel, Karotte, Lauch, Pfeffer, weiß, einige Fenchelsamen. **Sauce:** Dill gehackt, Essig oder Zitronensaft, Stärke, Crème fraîche	**Diese Würzmittel passen auch: Fischsud:** Anis, Knoblauch, Liebstöckel. **Sauce:** Petersilie gehackt, grüner Pfeffer, Worcester, Zitronengras, Senf (Dijon), Weißwein oder Noilly Prat
Artischocken		
Zubereitung: Nie im Eisen- oder Aluminiumtopf kochen!	**Klassischer Sud aus:** Wasser, Butter, Zitrone, etwas Zucker	
Auberginen-Scheiben als Beilage zu Kurzgebratenem		
Zubereitung: Auberginen mit Schale in 1 cm dicke Scheiben schneiden. Ca. 10 Min. schmoren und 10 Min. ziehen lassen. **Service:** Zum Bestreuen passen alle frischen Gartenkräuter.	**Klassisch gewürzt mit:** In Reihenfolge – in Olivenöl Zwiebelwürfel anrösten, Tomatenwürfel, Knoblauch, Auberginen, Pfeffer, Oregano, Rosmarin, Safran, Thymian	**Diese Würzmittel passen auch:** Majoran statt Oregano, Lavendel statt Rosmarin, Paprikapulver, Cayennepfeffer
Auberginen-Scheiben als kalte Vorspeise		
Zubereitung: Auberginen mit Schale der Länge nach in 1 cm dicke Scheiben schneiden, etwas salzen, ausweinen lassen, abspülen, trockentupfen und beidseitig grillen.	**Klassische Marinade:** In Reihenfolge mit Schneebesen rühren – Zitronensaft, Knoblauch, Pfeffer, Olivenöl. Marinade über die noch warmen Scheiben gießen und gut ziehen lassen.	**Diese Würzmittel passen auch:** Petersilie frisch gehackt, etwas frischer Thymian
Auflauf aus altbackenen Semmeln und Obst		
Zubereitung: (In Reihenfolge) Semmelscheiben mit lauwarmer Milch einweichen. Eigelb mit Zucker und Würzzutaten schaumig rühren, Früchte, Semmel- und Eiermasse vermischen. Sehr steifen Eischnee unterheben, bei mittlerer Hitze backen. **Service:** Es passen Vanille- oder Fruchtsoßen.	**Klassisch gewürzt mit:** Salz, Vanille, Zimt, unbehandelter geriebener Zitronenschale, Zucker	**Diese Würzmittel passen auch:** Angostura (Tropfen), Anis, Nelken gem., Honig statt Zucker, Ingwer gem. oder feine Scheiben, Kardamom, passende Liköre,

Auflauf aus altbackenen Semmeln und Obst (Fortsetzung)		
		Muskatblüte, Muskatnuss, grüner Pfeffer, Orangenblütenwasser, Sternanis, Rosenwasser, Piment
Baked Beans		
Zubereitung: Zwiebeln anrösten, mit Sauce ablöschen, würzen, über die trockenen, vorgegarten roten oder weißen Bohnen geben, ohne Rühren im Rohr bei mittlerer Hitze 4 Std. abgedeckt backen.	**Klassisch gewürzt mit:** Tomatensauce, gehackten Zwiebeln, Worcestersauce, Pfeffer, Senf und Melasse	**Diese Würzmittel passen auch:** Statt Melasse brauner Zucker, Cayennepfeffer, Bohnenkraut
Beerenkompott, nicht abgebunden		
Zubereitung: Beeren zuckern, mit etwas Wasser ansetzen und zum Kochen bringen. Dabei nach Geschmack die Würzmittel zufügen. Ganz vorsichtig rühren, damit die Beeren nicht kaputtgehen. Kochzeit ca. 3 Min. **Service:** Kalt mit Speiseeis	**Klassisch gewürzt mit:** Salz, Zucker, Vanille, Zitronensaft & -schale (unbehandelt)	**Diese Würzmittel passen auch: 1.** Anis, Honig statt Zucker, Ingwer, Kardamom, Limettensaft & -schale, Rum. **2.** Orangenlikör – z. B. Triple Sec, Grand Marnier usw. **3.** Minze, Weißwein, Zitronengras
Beize für Hammel, ganze Stücke		
Zubereitung: Gewürze zerstoßen und die Würzmischung mit etwas Olivenöl herstellen. Das Fleisch damit einmassieren und über Nacht abgedeckt kalt ziehen lassen.	**Klassisch gewürzt mit:** Kein Salz – Olivenöl, Anis oder Anisschnaps, Knoblauch, Lorbeer, Oregano, Pfeffer, Piment, Minze, Rosmarin, Senfkörnern, Thymian, Zitrone, Wacholderbeeren, Zwiebeln (etwas kräftiger würzen als Lamm)	**Diese Würzmittel passen auch:** Lavendel statt Rosmarin, Koriander statt Thymian
Beize für Rindfleisch zum Schmoren		
Zubereitung: Beize aus Wasser und Essig mit den Gewürzen erst aufkochen, dann kalt das Gemüse dazugeben und das Fleisch mindesten 24 Std. einlegen. Beize aus Rotwein nicht kochen.	**Klassisch gewürzt mit:** Kein Salz – Wasser, Essig, Koriander, Pfeffer, Piment, Senfkörnern, Lorbeerblatt, Karotten, Lauch, Sellerie, Petersilienwurzel, Zwiebeln	**Diese Würzmittel passen auch:** Rotwein statt Wasser und Essig, Estragon, Knoblauch, Liebstöckel geschnitten, Nelke, Thymian, Wacholder, Zitronenschale
Birnen in Rotwein für Wild		
Zubereitung: Die Gewürze ins Säckchen. Birnen im Sud gar köcheln und erkalten lassen. Dann erst Gewürzsäckchen entfernen.	**Sud klassisch gewürzt mit:** Rotwein, Nelke, Salz, Vanille, Zimtstange, Zucker	**Diese Würzmittel passen auch: 1.** Angostura (Spritzer), Ingwer, Pfeffer (Hauch), Piment, Sternanis, Anis, Kardamom; **2.** oder Lebkuchengewürz
Birnen in Weißwein		
Zubereitung: Wie Birne in Rotwein. **Service:** Mit Vanilleeis und Schokoladensoße	**Klassisch gewürzt mit:** Weißwein, Anis, Nelken, Salz, Vanille, Zimt, Zitronensaft & -schale, Zucker	**Diese Würzmittel passen auch:** Bittermandelaroma, Honig statt Zucker, Ingwer, Kardamom, Muskatnuss oder -blüte, Piment

Blattsalate		
Zubereitung: Mischungsverhältnis 1Teil Essig – 4 Teile Öl. Das Öl in den Essig rühren. Blattsalate immer erst beim Anrichten marinieren. **Service:** Es passen alle frischen Gartenkräuter zum Würzen, Vollenden und Bestreuen.	**Klassisch gewürzt mit:** Rotwein-, Früchte- oder Kräuteressig, Knoblauch (Hauch), Pfeffer, Senf, Zucker, hochwertigstes Pflanzenöl, Zwiebeln feinst gehackt	**Alternativ:** Zitrone statt Essig, Sahne oder Jogurt statt Öl, dann aber ohne Zwiebeln
Blattspinat		
↑**Spinat**		
Blaukraut		
Zubereitung: Fein gehackte Zwiebeln in Gänseschmalz anbraten, mariniertes Blaukraut dazu, mit Deckel nicht zu weich kochen. In den Würzbeutel Lorbeer, Nelke, Pfeffer, Piment und nach Geschmack andere Gewürze geben. Mit etwas angerührter Kartoffelstärke abziehen und mit Preiselbeeren vollenden.	**Klassisch mariniert mit:** Salz, Obstessig, Äpfel, Zucker. Gut durchkneten und über Nacht ziehen lassen.	**Diese Würzmittel passen auch, Gewürze müssen aber im Beutel mitgekocht werden:** Rotwein statt Essig, Anis, Ingwer, Kardamom, Koriander, zur Weihnachtszeit etwas Zimt
Blumenkohl – Als Beilage ohne Soße		
Zubereitung: Blumenkohl in mundgerechte Röschen teilen, im Sud maximal 3 Min. (mit Biss) köcheln, sofort servieren. Sud für Sauce geeignet. **Service:** Es passen alle frischen Gartenkräuter zum Bestreuen, vor allem Petersilie, gehackte Eier, Nüsse und Muskat (Hauch).	**Klassisch gewürzt mit:** Wasser (nur so viel, dass die Röschen bedeckt sind), Butter oder Albaöl, Salz, Zucker, Zitronensaft. Den Sud kräftig abschmecken.	**Diese Würzmittel passen auch auf den garen Blumenkohl:** Geraspelter Emmentaler Käse oder Semmelbrösel in Butter oder Albaöl geröstet, vermischt mit fein gehackten, hart gekochten Eiern
Blumenkohlsuppe		
Zubereitung: Sehr kleine Blumenkohlröschen sowie die klein geschnittenen Stängel mit Butter andünsten, $^{1}/_{2}$ Gemüsebrühe, $^{1}/_{2}$ Milch und Gewürze (im Beutel) dazugeben. Gar köcheln. Legieren mit Sahne und Eigelb oder Stärke. Nicht mehr kochen, vollenden mit Muskat. **Service:** Es passen alle frischen Gartenkräuter, besonders Kresse, aber auch gehackte Eier und Nüsse zum Bestreuen.	**Klassisch gewürzt mit:** Kümmel, Liebstöckel, Lorbeer, Pfeffer weiß, Zitronensaft, etwas Zucker	**Diese Würzmittel passen auch:** Estragon und Fenchelsamen statt Kümmel, Knoblauch (mit andünsten), Worcester, Cayennepfeffer, Zitronengras statt Zitronensaft
Bohnengemüse aus Brech-, Stangen- oder Saubohnen		
Zubereitung: Bohnen und Hülsenfrüchte nie roh verzehren. Bohnen in so viel leicht gesalzenem Wasser blanchieren, dass sie gerade bedeckt sind. Abgießen und das Kochwasser auffangen. Die Bohnen in eiskaltem Wasser abschrecken. In einem Topf feine Würfel Räucherspeck und Zwiebeln in etwas Butter andünsten, mit Bohnenwasser ablöschen, nach dem Aufkochen mit Speisestärke sämig abbinden, würzen, mit Sahne, Petersilie und Muskat vollenden. Die Bohnen dazugeben, 5 Min. ziehen lassen, den Bohnenkrautzweig entfernen und servieren.	**Klassisch gewürzt mit:** Butter, Räucherspeck, Zwiebeln, Hauch Knoblauch, Pfeffer, Bohnenkraut, Muskatnuss, Petersilie, Sahne	**Diese Würzmittel passen auch:** Paprika, Thymian, Oregano, Rosmarin, Tomatenwürfel. Bei dieser Kombination mit frischem Basilikum bestreuen.

Bohnensuppe aus weißen Bohnen		
Zubereitung: Weiße Bohnen einweichen. Zwiebelwürfel, Knoblauch und Schwarte von Rauchfleisch anrösten, abgezogene Tomaten und etwas Paprikapulver kurz mitrösten, mit Einweichwasser ablöschen und Gemüsebrühe auffüllen. Bohnen und Stück Rauchfleisch dazu, aufkochen, abschäumen und ca. 90 Min. köcheln. Dann Lauchstreifen, Karotten-, Sellerie- und Petersilienwurzelwürfel sowie die gewünschten Gewürze im Säckchen ca. 30 Min. mitköcheln lassen. Erst wenn Bohnen weich sind, vorsichtig salzen.	**Klassisch gewürzt mit:** Bohnenkraut, Kümmel, Majoran, Lorbeerblatt, Piment, Thymian, Wacholder. **Vollenden mit:** Liebstöckel und Petersilie fein gehackt, sowie Muskatnuss und frischem Pfeffer.	**Diese Würzmittel passen auch:** Currykraut statt Wacholder, Kreuzkümmel statt Kümmel, Oregano statt Majoran, Dill statt Petersilie, Korianderblätter statt Liebstöckel, Cayennepfeffer oder Sambal Olek
Bolognese (Fleischsoße)		
Zubereitung: Durch die grobe Scheibe vom Fleischwolf: Rindfleisch, Zwiebeln, Knoblauch, Karotten, Sellerie, Petersilienwurzeln. Fleisch anbraten, Tomatenmark und Paprikapulver kurz mitrösten, großzügig mit Weißwein ablöschen, abgezogene Tomaten und Gemüse dazu und ca. 45 Min. köcheln lassen. Ab jetzt die Gewürze im Säckchen ca. 45 Min. mitköcheln lassen. Mit fein gehacktem Liebstöckel und frischem Pfeffer vollenden. Bolognese bindet von selber durch die Gemüseeinlage.	**Klassisch gewürzt mit:** Weißwein (nie mit Rotwein) Salz, Pfeffer, Lorbeer, Thymian, Oregano, Bohnenkraut, Rosmarin	**Diese Würzmittel passen auch:** Statt Rindfleisch – jede andere Fleischsorte. Ggf. mit Fleisch- oder Gemüsebrühe verlängern, dann mit etwas Stärke binden. Statt Pfeffer Cayennepfeffer. Statt Liebstöckel, Petersilie. Mit Muskat vollenden.
Bowlen		
Zubereitung: Früchte werden direkt in die Bowlenschüsseln gegeben, überwiegend mit Wein und Schnaps übergossen und längere Zeit kalt gestellt. Kurz vor dem Servieren wird die Bowle dann mit eiskaltem Prosecco - Sekt - Champagner oder auch Sodawasser aufgegossen. In eine Bowle gehören keine Eiswürfel.	**Klassisch gewürzt mit:** Zitronenschale (unbehandelt), ↑**Waldmeister**	**Diese Würzmittel passen auch:** Anis, Honig, Ingwerwurzel, Limetten, Minze, Orangenblütenwasser, Orangenschale, Sternanis
Bratensoße dunkel		
Zubereitung: Gehackte Knochen sehr gut anrösten, Fett abgießen, mit Zwiebeln, Karotten, Sellerie, Petersilienwurzel weiterrösten. Tomatenmark, Paprikapulver dazu, mit Wein (Weißwein oder Rotwein) ablöschen und etwas Brühe dazugeben, reduzieren lassen, erneut mit Brühe ablöschen. Vorgang 3x wiederholen, dann mit Brühe auffüllen und 3 Std. köcheln lassen, jetzt die Gewürze (ohne Salz) dazu und noch mal ca. 1 Std köcheln lassen. Soße passieren, mit Stärke leicht binden und abschmecken.	**Klassisch gewürzt mit:** Knoblauch, Kümmel, Liebstöckel fein geschnitten, Lorbeer, Majoran, Nelke, Pfeffer, Piment, Thymian, Wacholder. Mit Muskat vollenden.	**Diese Würzmittel passen auch:** Estragon, Senfkörner, getrocknete Waldpilze. Grüne Pfefferkörner als Einlage in die fertige Soße.
Bratkartoffeln		
Zubereitung: Keine rohen Kartoffeln (↑**Acrylamid**), sondern Pellkartoffeln von vorwiegend festkochenden oder speckigen Sorten verwenden. Kartoffeln am besten über Nacht auskühlen lassen. Beschichtete Pfanne benutzen, um Fett zu sparen. **Service:** Es passen alle frischen Gartenkräuter zum Vollenden und Bestreuen.	**Klassisch gewürzt mit:** Pfeffer, Kümmel, Zwiebeln	**Schmeckt bestens mit:** Majoran, Räucherspeck gewürfelt. **Diese Würzmittel passen auch:** Rosmarin frisch, Thymian frisch, Zweig jeweils mitbraten, dann entfernen.
Bratwurst (Hausmacher)		
Zubereitung: Eiskaltes frisches Schweinefleisch, 1/2 Schulter, 1/2 Bauch in grobe Würfel schneiden, mit Salz (kein Pökelsalz), den Gewürzen und einigen Eiswürfeln vermischen und 2 x durch die grobe Scheibe vom Fleischwolf drehen. Masse darf nicht warm werden,	**Klassisch gewürzt mit:** Beifuß, Knoblauch, gemahlenem Kümmel, Majoran, Muskat, Muskatblüte, Thymian, Zwiebeln,	**Diese Würzmittel passen auch:** Anis oder Fenchelsamen gemahlen statt Koriander, Bohnenkraut, Cayennepfeffer, Grüner

Bratwurst (Hausmacher) (Fortsetzung)		
dann gut durchkneten, mit Wurstpresse in Schafssaitlinge füllen und nach gewünschter Größe abdrehen. Nicht zu fest stopfen, sonst platzen die Würste beim Braten. Die Würste können auch roh, kalt angeräuchert werden.	schwarzer Pfeffer, Koriander gemahlen	Pfeffer, Honig, Nelken gemahlen, Nüsse gehackt, Paprikapulver, Weißwein, Zitronenschale
Broccoli – als Beilage ohne Soße		
Zubereitung: Wie Blumenkohl. Die Garzeit ist kürzer. Tiefkühlware ist vorblanchiert und muss sehr schnell zum Kochen gebracht werden. Meist ist dieser Broccoli nach einer Minute schon weich. **Service:** Es passen frische oder geröstete Mandelsplitter zum Bestreuen.	**Klassisch gewürzt mit:** Wasser (nur so viel, dass die Röschen bedeckt sind), Butter oder Albaöl, Salz, Zucker, Zitronensaft. Den Sud kräftig abschmecken.	**Service:** Natürlich belassen oder mit geraspeltem Emmentaler Käse und Mandelblättern bestreut kurz überbacken.
Brotsuppe (mit Sauerteigbrot)		
Zubereitung: Kräftig Fleischbrühe mit Knoblauch, Kümmel, Muskatnuss, Pfeffer, Thymian abschmecken und heiß über dünne Scheiben von altbackenem, ggf. angeröstetem Bauernbrot gießen. **Service:** Es passen alle frischen Gartenkräuter zum Bestreuen, besonders Schnittlauch.	**Klassisch serviert mit:** Einlage aus kleinen heißen Blut- und Leberwürsten, sowie braun gerösteten Zwiebelscheiben	**Diese Würzmittel passen auch:** Anis, Sherry
Carpaccio klassisch		
Zubereitung: Rinderfilet in der Tiefkühltruhe anfrieren, mit der Aufschnittmaschine in hauchdünne Scheiben schneiden und dekorativ auf einem flachen Teller ordnen. Mit der Marinade beträufeln und mit frischem Pfeffer, Parmesanspänen, Schnittlauch- oder Lauchzwiebelröllchen vollenden.	**Marinade ist klassisch gewürzt mit:** (Reihenfolge einhalten) Senfpulver, Zitronensaft, Balsamicoessig, Salz, Pfeffer und Olivenöl zu einer sämigen Emulsion verrühren.	
Chicorée – gedünstet, als Beilage oder kleine Mahlzeit		
Zubereitung: Wurzelkeil mit spitzem Messer gründlich ausschneiden, Chicorée ggf. mit gek. Schinken umwickeln. Feine Würfel von Zwiebeln und Knoblauch in etwas Butter andünsten, mit Gemüsebrühe ablöschen und würzen. Den Chicorée ca. 20 Min. mit Deckel garen. Mit Muskat vollenden und mit Sud servieren. **Service:** Es passen alle frischen Gartenkräuter zum Bestreuen. **Achtung:** Chicorée darf nicht in eisernen Töpfen, Pfannen oder Schüsseln zubereitet werden – er verfärbt sich schwarz.	**Klassisch gewürzt mit:** Zwiebeln, Knoblauch, weißem Pfeffer, Muskatnuss. **Wird der Chicorée im Ofen gegart, dann ohne Deckel schmoren –** Vollenden mit schwarzem Pfeffer und Tomatenwürfeln.	**Diese Würzmittel passen auch:** Weißwein, Schinken, Cayennepfeffer. **Wenn Kalorien keine Rolle spielen:** Mit Hollandaise, ohne Sud servieren, oder mit Käse oder Béchamel überbacken.
Chili con carne		
Zubereitung: Sehr klein gewürfeltes Rindfleisch (½ cm) braun anrösten, fein gewürfelte Zwiebeln und Knoblauch dazugeben, wenn goldbraun, Paprikapulver kurz mitrösten. Mit dem Kochwasser von braunen oder roten Bohnenkernen auffüllen, ca. 45 Min. mit Deckel köcheln. Jetzt würzen und reichlich abgezogene, entkernte sowie gewürfelte Tomaten dazugeben. Zum Ende der Garzeit mit den Einlagen noch einmal gut aufkochen lassen. **Service:** Es passen alle frischen Gartenkräuter zum Bestreuen, besonders Kresse.	**Klassisch gewürzt mit:** Zwiebeln, Knoblauch, Paprika, Tomaten, Oregano, Bohnenkraut, Thymian, Cayennepfeffer oder fein geschnittenen Chilischoten, Piment, Kreuzkümmel, schwarzem Pfeffer und etwas Rohrzucker (macht die Schärfe runder und gibt Fülle).	**Einlagen für die europäische Variante:** Gewürfelte ↑**Tomatillos** (tomates verdes) und Maiskörner aus der Dose sowie frische Paprikaschoten. Die Einlage entspricht der Größe des Fleisches.

Coq au vin		
Zubereitung: Mit Pfeffer und Salz gewürzte Hähnchenteile in Mehl wenden und in Olivenöl anbraten, mit Cognac flambieren. Fleisch mit dem gelösten Bratensatz aus dem Topf nehmen. Speckstreifen, Schalotten und Knoblauch anrösten, zum Schluss etwas Tomatenmark, mit Rotwein ablöschen und auffüllen. Hühnerfleisch, frische halbierte (braune) Champignons und Gewürzbeutel in den Topf geben und fertig schmoren. Das typische Gewürz für „Coq au vin“ sind die Lorbeerblätter. Ist die Sauce zu suppig, vor dem Anrichten das Fleisch ausstechen und mit etwas Stärke leicht binden. **Service:** Es passen alle frischen Gartenkräuter zum Bestreuen. **Beilage:** Baguette ist Tradition.	**Klassisch gewürzt mit:** Räucherspeck, Zwiebeln, Knoblauch, Cognac, Tomatenmark, Rotwein (in der Regel soll zur Zubereitung derselbe Wein verwendet werden, der auch zum Essen getrunken wird), aber auch Rosé und Weißwein, Champignons, Lorbeerblätter, Estragon, Nelke, Pfeffer, Thymian	**Diese Würzmittel passen auch:** Paprikapulver, Rosmarin, Muskat – bei Weißweinvariante Karottenscheiben, Staudenselleriestückchen. **Diese Beilagen passen auch:** Reis, Kartoffeln
Currysoße		
Zubereitung: Zwiebeln, Knoblauch, frischer geschälter Ingwer, grob gewürfelte Äpfel, Bananen, Ananas, Aprikosen, Pfirsich und geschnittenes Zitronengras in Butter anbraten, mit Apfel-, Pfirsichsaft und Kokosmilch ablöschen bzw. auffüllen. Die Gewürze dazugeben, durchkochen lassen, mit Mango Chutney vollenden und dem Zauberstab pürieren, dann passieren.	**Klassisch gewürzt mit:** Curry, Cayennepfeffer, Kardamom gemahlen, Piment, Sojasoße, Sternanis, weißer Pfeffer, Bittermandelöl, Rohrzucker. **Vollendet mit:** Limettensaft, gemahlene Muskatblüte, Kokoscreme, Sahne und ggf. nach dem passieren eingeweichte Rosinen. Diese Currysoße bindet selbst.	**Diese Würzmittel passen dazu:** Weißwein, Korianderblätter, Lorbeerblatt, Worcestersauce
Currywurstsoße		
Zubereitung: Angedünstete gewürfelte Zwiebeln, reichlich blanchierte, gehäutete und entkernte, sehr reife Tomaten, in wenig Gemüsebrühe zerkochen, dann würzen, mit Mixer oder Zauberstab feinst pürieren, aufkochen, dann passieren. Die Soße muss recht dickflüssig und angenehm scharf sein.	**Klassisch gewürzt mit:** Tomatenmark, Salz, weißem Pfeffer, Cayennepfeffer, gemahlenem Ingwer, Hauch gemahlener Zimt und Nelken, Essig, Zucker, Piment, edelsüßer Paprika, Worcestersauce und Currypulver	**Diese Würzmittel passen auch:** Frische, abgezogene rote Paprika, Knoblauch, Orangensaft, Sternanis
Dillsoße warm		
Zubereitung: Die Grundlage einer exzellenten Dillsauce ist eine weiße Samtsauce ↑**Velouté. Fond zum Auffüllen der Mehlschwitze:** Zwiebeln, Knoblauch, Lauch, Petersilienwurzel, Sellerie, in etwas Butter anschwitzen, mit Grundbrühe (Fisch-, Fleisch- oder Gemüse) auffüllen, ca. 30 Min. köcheln, entsprechend würzen und nach weiteren 15 Min. passieren. Statt mit Mehlschwitze kann mit aufgerührter Stärke gebunden, etwas Sahne mit Eigelb (Liaison) und Muskat vollendet werden. **Service:** Es passen alle frischen Gartenkräuter, besonders aber Dillspitzen zum Würzen, Vollenden und Bestreuen.	**Soße klassisch gewürzt mit:** Fenchel- und Dillkraut, Lorbeer, Pfeffer, Wacholder, Senfkörner, Kümmel, Liebstöckel fein geschnitten, Zitronensaft	**Diese Würzmittel passen auch:** Anis, Cayennepfeffer, Grüne Pfefferkörner, Noilly Prat (bei Fischfond), Piment, Senf, Weißwein, Worcestersauce

Djuvecreis als schnelle Beilage zu Kurzgebratenem		
Zubereitung: Feine Würfel von Räucherspeck, Zwiebeln und Knoblauch in Olivenöl anrösten, mit Gemüsebrühe ablöschen und darin gewürfelte (1/2 cm) Tomaten, Paprika, Karotten, Okra*, Auberginen und Zucchini sowie Erbsen garen. Dieses gare Gemüse wird mit dem Fond und reichlich Ajvar unter gekochten Reis gemischt. **Service:** Es passen alle frischen Gartenkräuter zum Bestreuen, besonders Petersilie	**Klassisch gewürzt mit:** Bohnenkraut, Oregano, Rosmarin, Thymian, schwarzem Pfeffer. *Beim Kochen sondert Okra einen weißen Schleim ab, der zwar ein gutes Bindemittel ist, im Djuvecreis aber nicht benötigt wird. Darum blanchiert man Okra ca. 5 Min. in Essigwasser und schreckt sie danach kalt ab.	**Diese Würzmittel passen auch:** Cayennepfeffer, Muskatnuss, Piment
Eiersalat exotisch		
Zubereitung: Hart gekochte Eier in Scheiben schneiden, schnittfester Jogurt, Gewürze, Zwiebeln, Ananas, Champignons, Pfirsich, gares, kaltes Geflügelfleisch. **Service:** Es passen Zitronenmelisse und Jasminblüten zum Bestreuen, aber auch Schnittlauch und Korianderkraut.	**Klassisch pikant gewürzt mit:** Cayennepfeffer, Ingwer, Knoblauch, Mango-Chutney, Tomatenketschup, Sojasoße, Tabasco, Zitronensaft, Zucker	**Diese Würzmittel passen auch:** Grüner Pfeffer, fein geschnittenes Currykraut, Honig statt Zucker, Limettensaft statt Zitronensaft, Muskatblüte gemahlen
Eiersalat pikant		
Zubereitung: Hart gekochte Eier in Scheiben schneiden, Mayonnaise, Gewürze, Zwiebel, Gewürzgurken, Sardellen, Streifen von gekochtem Schinken, Rind- oder Schweinefleisch, ggf. Rote Beete dazugeben und vorsichtig mischen. **Service:** Es passen alle frischen Gartenkräuter zum Bestreuen, Würzen und Vollenden.	**Klassisch pikant gewürzt mit:** Essig, Pfeffer, Senf, Worcester, Zitronensaft,	**Dieses Würzmittel passt auch:** Knoblauch
Eierspeisen pikant		
Zubereitung: Wichtig sind immer frische Eier. Bei der Zubereitung werden die aufgeschlagenen Eier gewürzt und ggf. mit passenden Kräutern angereichert. Zutaten wie Zwiebeln, Speck, Pilze, Krabben usw. werden extra gegart, erst dann mit dem flüssigen Ei vermischt oder zur fertigen, noch saftigen Eierspeise gegeben. Omelettes schneidet man längs der Mitte auf und füllt sie. **Service:** Es passen alle frischen Gartenkräuter zum Bestreuen, Würzen und Vollenden.	**Klassisch gewürzt mit:** frischem Pfeffer	**Diese Würzmittel passen auch:** Grüne Pfefferkörner, Piment, Kümmel gemahlen, Majoran, Paprika, Cayennepfeffer, Tabasco, Muskat. **Asiatisch abgeschmeckt mit:** Knoblauch, Sojasoße, Chili, Korianderblättern
Eisbein		
Zubereitung: Zu diesem beliebten Berliner Gericht benötigt man eine gepökelte hintere Schweinehaxe, die erst in ca. 90 Min. im Würzsud weich geköchelt, dann mit Erbspüree und Sauerkohl serviert wird.	**Klassisch gewürzter Sud mit:** ganz wenig Salz, gespickten Zwiebeln und Gewürzsäckchen mit Kümmel, Majoran, Senfkörnern und Pfeffer	**Diese Würzmittel passen auch:** Karotten, Petersilienwurzel, Lauch, Sellerie, Liebstöckel, Knoblauch, Koriander, Piment, Thymian, Beifuß
Ente, gefüllt		
Zubereitung: In eine Schüssel 2 klein gewürfelte, altbackene Semmeln, 2–3 frische, etwas festere Birnen in Stücken, einige Rosinen, 2 Eier, gehackte Petersilie, die Gewürze sowie die Innereien (die mit einer kleinen Zwiebel und einer Knoblauchzehe durch den Fleischwolf gedreht wurden) dazugeben. Die Masse gut durchkneten, fest in die vom Bauchfett befreite	**Birnenfüllung klassisch gewürzt mit:** Beifuß, Birnenschnaps, Knoblauch, Muskat, Petersilie, Pfeffer, Thymian, Zimt, Zwiebeln	**Diese Würzmittel passen auch:** Balsamicoessig statt Birnenschnaps, etwas Weißwein, Prise Zucker

Ente, gefüllt (Fortsetzung)		
↑**Ente** stopfen und die Öffnung zunähen. Die Fettdrüse im Bürzel entfernen. Die Garzeit einer 2000 g schweren Ente beträgt ca. 2 Std., gefüllt verlängert sie sich um 35 Min., dabei sollte man sie öfter drehen und mit dem Bratenfond übergießen. Vor Ende der Garzeit muss die Brust mindestens 30 Min. oben liegen. Vor dem Tranchieren die Ente vorsichtig halbieren, die Füllung ganz herausnehmen und in Scheiben geschnitten zu den Fleischstücken servieren. Soße extra reichen.		
Erbsen (grüne Markerbsen) als Beilage		
Zubereitung: Frische Erbsen dürfen wie Bohnen bzw. Hülsenfrüchte nur gekocht oder blanchiert gegessen werden. Feine Räucherspeck- und Zwiebelwürfel in Butter andünsten, mit Wasser ablöschen, frische oder TK-Erbsen dazu und mit Deckel 10 Min. köcheln. Jetzt würzen und ohne Deckel ca. 5 Min. (bis die Flüssigkeit reduziert ist) weiterdünsten. Mit etwas frisch gehackter Petersilie, Sahne und Muskat vollenden. **Service:** Es passen alle frischen Gartenkräuter zum Bestreuen.	**Klassisch gewürzt mit:** Bohnenkraut, Muskat, Pfeffer, Zucker	**Diese Würzmittel passen auch:** Backobst, Cayennepfeffer, Essig, Gewürznelken, Schinken, Knoblauch, Liebstöckel fein geschnitten, Piment, Thymian, Tomatenwürfel, feine Streifen (Julienne) von Kopfsalat
Fasan, gefüllt – Nur ganz junge Fasane verwenden.		
Zubereitung: Einige Esskastanien (Maronen) schälen, weich dünsten, mit einer mehligen Pellkartoffel zerdrücken. Diese Masse mit rohem Ei, gehackter Fasanen- oder Geflügelleber, grob gehackten Pistazien und Gewürzen vermischt in den ↑**Fasan** füllen. Die Öffnung zunähen oder zustecken. Die Schenkel mit Küchengarn an den Körper binden (dressieren), den Fasan mit Scheiben von grünem Speck umwickeln und ebenfalls festbinden. Den Vogel rundherum anbraten und im vorgeheizten Backofen bei ca. 220° C etwa 30 Min. mit etwas Röstgemüse (Zwiebeln, Karotten, Sellerie) braten. Während des Bratens den Bratensatz mit etwas Brühe ablöschen und einige zerdrückte Wacholderbeeren in den Bräter geben. Den Fasan mit Bratenfond öfters begießen. Nach der Garzeit den Vogel herausnehmen und warm stellen. – Den Bratenfond mit dem Zauberstab aufmixen, durch ein Sieb in einen Topf gießen, mit saurer Sahne und ggf. etwas Stärke binden. Mit einigen Tropfen Kirschwasser, Salz, Pfeffer und Preiselbeeren vollenden. Vor dem Tranchieren den Fasan erst vorsichtig halbieren, die Füllung ganz herausnehmen und in Scheiben geschnitten zum Fasan servieren. Soße extra reichen.	**Die Füllung klassisch gewürzt mit:** Hauch von gemahlenen Nelken und Zimt, Pfeffer, Piment, Wacholder feinst gehackt, Pistazien oder Walnüssen. **Die Soße klassisch gewürzt mit:** Pfeffer, Wacholder, Ingwer, Thymian, Lorbeer, getrockneten Waldpilzen (Aroma), einige Tropfen Honig, Kirschwasser oder Himbeergeist, Preiselbeeren	**Diese Würzmittel passen auch in die Soße:** Anis, Cayennepfeffer, Kardamom, Himbeeressig (sehr vorsichtig), Rosmarin, Grüner Pfeffer in die fertige Soße
Fenchelgemüse als Beilage zu Fisch		
Zubereitung: Feine Zwiebelwürfel und Knoblauch in Olivenöl anschwitzen, mit Weißwein ablöschen. Einige Würfel von abgezogenen und entkernten Tomaten sowie den in Scheiben geschnittenen Fenchel dazugeben und würzen. Bei geschlossenem Deckel ca. 10 Min. dünsten, dann mit fein geschnittenem Fenchelgrün, Petersilie, ggf. etwas Sahne und Muskat vollenden. **Service:** Es passen alle frischen Gartenkräuter zum Bestreuen.	**Klassisch gewürzt mit:** Olivenöl, Zwiebel, Knoblauch, Weißwein, Anis, Cayennepfeffer, Thymian, Zitronensaft, Muskatnuss	**Diese Würzmittel passen auch:** Selleriesalz, Piment, gehackte Nüsse, Sherry oder Noilly Prat, Basilikum

Frikadellen von gemischtem Hackfleisch (Schwein, Rind)		
Zubereitung: Altbackene Brötchen (für je 200 g Fleisch – eins) – eingeweicht in Wasser oder Milch, sehr trocken ausgedrückt, feine Zwiebelwürfel, Ei (à 200 g Fleisch – 1 Ei), Pfeffer, Petersilie zu dem eiskalten frischen Hackfleisch geben und sehr gut durchkneten. Falls zu weich, Semmelbrösel dazu.	**Klassisch gewürzt mit:** Pfeffer, Zwiebel, Petersilie **… wenn Kalbsbrät zum Hackfleisch gemischt wird, mit:** Basilikum, Kapern, Muskat **… wenn Käsewürfel ins Hackfleisch kommen:** etwas Kreuzkümmel	**Diese Würzmittel passen auch:** Knoblauch, Kümmel gemahlen, Liebstöckel sehr fein geschnitten statt Petersilie, Majoran, Muskatblüte, Nüsse, Paprikapulver, gegarte Pilze gehackt, Sardellen gehackt
Fruchtsoße aus frischen oder TK-Beeren		
Zubereitung: Erdbeeren, Himbeeren, rote Johannisbeeren, schwarzer Johannisbeerlikör (Cassis) eine Weile mit Zucker und Gewürzen ziehen lassen. Dann die Beeren im Mixer pürieren und durch ein Sieb streichen. Die rohe Soße mit Gelierzucker (Gewichtsanweisung befolgen) bei starker Hitze mindestens 3 Min. unter ständigem Rühren sprudelnd kochen, von der Kochstelle nehmen und sofort randvoll in vorbereitete Deckelgläser füllen. Wenn ganze Gewürze mitgekocht wurden, erst passieren.	**Klassisch gewürzt mit:** Zucker oder Honig, Prise Salz, Vanillezucker, Zitronensaft	**Diese Würzmittel passen auch:** Bittermandel, Cayennepfeffer, Kardamom, Ingwer, Liköre passend, Limettenschale & -saft, Muskatblüte gemahlen, Orangenblütenwasser, Orangenschale & -saft, Rosenwasser, Rum, Sternanis, Zitronengras. Grüne Pfefferkörner in die fertige, noch heiße Fruchtsoße geben.
Gans, gefüllt		
Zubereitung: Eine junge frische ↑**Gans,** küchenfertig, etwa 2100 g, wie beschrieben vorbereiten und von innen und außen würzen. **Für die Füllung:** Aus einem eingeweichten, trocken ausgedrückten Brötchen, zwei Eiern, Gewürzen, einer geschälten und gewürfelten Birne und Apfel, einer fein gewürfelten Zwiebel und der Leber, einigen Rosinen und steinlosen Backpflaumen (in wenig Cognac eingeweicht) eine Masse herstellen. Die Füllung fest in die Gans stopfen und die Öffnung zunähen oder zustecken. Einen Bräter auf der mittleren Schiene in den vorgeheizten Backofen schieben und die Gans bei ca. 220° C eine halbe Std. bräunen lassen. Den Backofen auf 140° C stellen, die Gans mit etwas Wasser begießen und langsam 1 3/4 Std. garen. Zwischendurch die Gans immer wieder mit Bratenfond begießen. Nach der Garzeit die Gans aus Bräter heben und trocken im Backofen bei ca. 250° C knusprig vollenden. Zwischenzeitlich den Bratenfond auf dem Herd einkochen, bis das Gänseschmalz klar wird. Darauf achten, dass der Bratensatz nicht zu dunkel wird. Das reine Gänseschmalz abgießen und den Bratensatz mit Geflügel- oder Gemüsebrühe ablöschen, vom Bräterboden lösen, würzen, gut durchkochen, durch ein Sieb gießen und mit Stärke binden. Vor dem Tranchieren die Gans vorsichtig halbieren, die Füllung ganz herausnehmen und in Scheiben geschnitten zu den Fleischstücken servieren. Soße extra reichen	**Die Gans klassisch gewürzt mit:** Salz, Pfeffer, Majoran, Beifuß. **Die Füllung klassisch gewürzt mit:** Apfel, Birnen, Zwiebeln, Majoran, Pfeffer, Thymian, Beifuß. **Die Soße klassisch gewürzt mit:** Piment, Pfeffer, Ingwer, Kardamom oder Sternanis, Knoblauch, Muskatnuss	**Diese Würzmittel passen auch in die Füllung:** Statt Äpfel und Birnen – Esskastanien. **Diese Würzmittel passen dann in die Soße:** Bohnenkraut, Liebstöckel fein geschnitten, Rosmarin, Salbei. Dann Ingwer, Kardamom oder Sternanis weglassen.

Geflügelragout		
Zubereitung: Immer das dunkle Fleisch aus den roh ausgelösten Keulen von Hähnchen oder Pute verwenden (Knochen und Sehnen für den Fond extra auskochen). Es wird gewürfelt, mit Speck-, Zwiebelwürfeln und etwas Knoblauch angebraten, papiziert, Tomatenmark zugefügt, kurz mitgeröstet, dann mit Weiß-, Rotwein oder Rosé abgelöscht, mit Fond oder Wasser aufgefüllt, gewürzt und gar geköchelt. Fleisch ausstechen, warm stellen und den Würzfond passieren. Gewünschte Einlagen wie frische Pilze, Karotten in Scheiben, Erbsen usw. in Butter anschwitzen, mit dem Fond auffüllen, durchkochen, mit in Flüssigkeit aufgerührter Speisestärke binden, nachwürzen, mit Sahne und Muskat vollenden, das Fleisch dazugeben und servieren. **Service:** Es passen alle frischen Gartenkräuter zum Bestreuen.	**Würzfond klassisch gewürzt mit:** Speckwürfeln, Zwiebeln, Knoblauch, Paprika, Kümmel gemahlen, Lorbeer, Majoran, Nelke, Pfeffer, Piment, Salbei, Thymian, Wein, Tomate. **Die Soße klassisch gewürzt mit:** Cayennepfeffer, Worcester, Muskatnuss, Zitrone, Zitronenschale. **Einlage:** Erbsen, Karotten, Sellerie, Lauch, Zucht- und Waldpilze, Schwarzwurzel- oder Spargelstücke, Tomatenwürfel, Pistazien oder Pinienkerne.	**Diese Würzmittel passen auch in den Fond:** Anis, Lavendel, Oregano, Rosmarin, Bohnenkraut, Wacholderbeeren. **Diese Würzmittel passen auch in die Soße:** Dijon-Senf, Safran
Geflügelsalat exotisch		
Zubereitung: Fleisch von der gegrillten oder gekochten kalten Poularde (ohne Haut) in 1 cm große Stücke schneiden. Ananas, Pfirsiche gleich groß, blanchierte Champignons geviertelt und Mandeln. Mit sämigem Dressing vermischen, im Salatbett anrichten und mit Orangenfilets und geviertelten Feigen garnieren.	**Dressing klassisch gewürzt mit:** Leichte Salatmayonnaise mit etwas Tomatenketschup, Cayennepfeffer, Curry, Mango-Chutney, Sojasoße, Zitronensaft, Honig, Knoblauch, hauchdünnen Ingwerscheiben	**Diese Würzmittel passen dazu:** Grüner Pfeffer, Kokos, Korianderblätter, Kreuzkümmel, Limetten, Sternanis, Zimt, Zwiebeln
Gemüseallerlei ohne grüne Bohnen		
Zubereitung aus frischem rohen Gemüse: 1/2 cm große Würfel von Karotten, weißen Rüben, Sellerie oder Petersilienwurzeln. In 1 cm große Stücke: Spargel, Schwarzwurzeln oder Staudensellerie statt Knollensellerie. Erbsen oder Bohnenkerne (Saubohnen) in etwas Butter mit feinen Zwiebelwürfeln und etwas Knoblauch andünsten und mit so viel Wasser auffüllen, bis das Gemüse gerade bedeckt ist. Sehr sanft mit Deckel ca.10 Min. köcheln, dann würzen, mit Stärke binden und frischer Sahne und einem Hauch Muskat vollenden. **Service:** Es passen alle frischen Gartenkräuter zum Bestreuen, besonders Petersilie.	**Klassisch gewürzt mit:** Pfeffer, etwas Zucker, Bohnenkrautzweig (zum Anrichten entfernen), gehackte Petersilie und Muskatnuss	**Diese Würzmittel passen auch:** Cayennepfeffer, Piment, Liebstöckel fein geschnitten (statt Petersilie), gehobelte Nüsse
Gemüseauflauf		
Zubereitung: ↑**Auflauf.** Gemüse in Ringe, Würfel oder kleine Röschen schneiden und wie beschrieben vorbereiten (nie ganz roh verwenden). Ei mit Crème fraîche, Petersilie, Salz, Pfeffer und Muskat verrühren, dem Gemüse untermischen und in eine gefettete Auflaufform geben. Semmelbrösel darüberstreuen, mit Butterflöckchen belegen und im vorgeheizten Backofen bei ca. 200° C 30–35 Min. backen. **Service:** Es passen alle frischen Gartenkräuter zum Bestreuen, besonders Petersilie.	**Klassisch gewürzt mit:** Muskatnuss, Pfeffer, Petersilie	**Diese Würzmittel passen auch:** Bohnenkraut, Fenchelknolle, Zwiebel, Knoblauch, Kümmel gemahlen, Oregano, Paprika, Piment, Thymian, Tomaten, Käse statt Semmelbrösel (dann die Butter weglassen)

Gemüsesuppe italienisch (Minestrone)		
Zubereitung: Luftgetrockneter Bauchspeck (Pancetta), Zwiebeln und Knoblauch in feinen Würfeln mit Olivenöl andünsten. Gewürfelter Staudensellerie, Karotten, festkochende Kartoffeln und Tomaten, Erbsen, große weiße Bohnen (Borlotti) sowie Lauch und Wirsingstreifen, (im Frühjahr) Spargelspitzen dazugeben und in Gemüsebrühe gar kochen (keine Fleischbrühe). Mit Weißbrotecken belegen, die mit frischem Parmesan bestreut sind, und anrichten. **Service:** Es passen alle frischen Gartenkräuter zum Bestreuen.	**Klassisch gewürzt mit:** Bohnenkraut, Lorbeer, Oregano, Pfeffer, Rosmarin, Thymian und Salbei, mit Muskat vollenden	**Diese Würzmittel passen dazu:** Safran, dann mit Basilikum vollenden
Grießbrei		
Zubereitung: 1 l Milch, Prise Salz, 125 g Grieß, 100 g Zucker, etwas Butter, 1 Eigelb, 1 Eiweiß. Die Milch mit dem Salz (und ggf. etwas geriebener Zitronenschale) in einem Topf zum Kochen bringen. Den Grieß unter ständigem Rühren mit dem Schneebesen langsam hineingeben und bei schwacher Hitze ausquellen lassen (das geht recht schnell). Nach dem Quellen Zucker, Gewürze und die Butter zugeben. Den Grieß vom Herd nehmen und das Eigelb einrühren. Das sehr steif geschlagene Eiweiß und ggf. vorbereitetes Obst (Bananen-, Pfirsich-, Äpfel-, Birnenstücke usw., Nüsse oder Rosinen) vorsichtig unter den Grieß heben. Grießbrei wird warm oder kalt, mit etwas (Rohr-) Zucker, gezuckertem Zimt oder Kakao, serviert. Als Beilage eignen sich Obstkompotte.	**Klassisch gewürzt mit:** Salz, Vanille, abgeriebener Zitronenschale, Zucker	**Diese Würzmittel passen auch in die Milch:** Kardamom, Muskatblüte gemahlen, Orangenschale, Sternanis (nach dem Aufkochen entfernen). Rum, Rumaroma, Bittermandelaroma. Mit Zitronenmelisse garnieren.
Grießnockerl, -klößchen oder -knödel		
Grießnockerl – Suppeneinlage: Die Regel für die Zutaten lautet: 1 Eischwer (Gewicht des Eis) Butter und 2 Eischwer (doppeltes Gewicht des Eis) Nockerlgrieß. Die weiche Butter schaumig rühren, mit Salz und Muskat würzen, Eier nacheinander einrühren. Zuletzt den Grieß beigeben. Den Grießteig nicht ruhen lassen, sondern direkt nach dem Anrühren verarbeiten! Mit 2 TL aus der Masse gleichmäßige Nockerl formen und auf einen nassen Teller legen. Salzwasser zum Kochen bringen, die Nockerl einlegen und 10 Min. bei leichtem Köcheln gar ziehen lassen. Dabei sollten die Nockerl doppelt groß aufgehen. **Service:** Man serviert sie in abgeschmeckter Bouillon, mit Schnittlauch bestreut, es passen aber auch alle frischen Gartenkräuter dazu.	**Grießklößchen – Suppeneinlage oder Beilage: Zutaten:** 100 g Grieß, 1/4 l Milch, 1 El. Butter, 2 Eier, Salz und Muskatnuss **Zubereitung:** Milch mit Butter, Salz und Muskatnuss aufkochen lassen, den Grieß mit einem Schneebesen einrühren und mit einem Kochlöffel auf der Flamme so lange rühren, bis sich die Masse vom Topf löst (wie beim Brandteig). Etwas abkühlen lassen und die Eier nacheinander gut unterrühren. Mit dem Löffel kleine Klößchen formen und in leicht köchelnde Bouillon oder Salzwasser einlegen. Die Klößchen sind nach ca. 10 Min. gar gezogen.	**Grießknödel – Beilage: Zutaten:** 1 l Milch, Salz, 350 g Grieß, 3–4 Eier. **Zubereitung:** wie bei Grießklößchen. Beim Formen (tennisballgroß) mit einigen gerösteten Weißbrotwürfeln (Croûtons) füllen. In leicht köchelndem Salzwasser ca. 15 Min. gar ziehen lassen. **Diese Würzmittel passen auch in die Milch, wenn die Grießknödel als Dessert dienen:** Zucker, Vanille, abgeriebene Zitronenschale, Sternanis

Grüne Bohnen (Prinzessbohnen) als Beilage		
Zubereitung: Bohnen und Hülsenfrüchte nie roh verzehren. Feinste Würfel von Räucherspeck und Zwiebeln in Butter andünsten, mit etwas Gemüsebrühe ablöschen, würzen, mit frischer Sahne anreichern, blanchierte Bohnen dazugeben, aufkochen lassen und als Bukett anrichten. Dabei den Würzsud weiter köcheln lassen (er bindet durch die Sahne ab), Bohnenkrautzweig entfernen und die Bohnen übergießen. **Service:** Es passen alle frischen Gartenkräuter zum Bestreuen, besonders Petersilie.	**Klassisch gewürzt mit:** Butter, Räucherspeck, Zwiebeln, Hauch Knoblauch, Pfeffer, Bohnenkraut, Muskatnuss, Petersilie, Sahne	**Diese Würzmittel passen auch:** Paprika, Thymian, Oregano, Rosmarin, Tomatenwürfel. Bei dieser Kombination mit frischem Basilikum bestreuen.
Grünkohl		
Vorbereitung: Nur Grünkohl mit Frost verwenden. Man muss ihn immer sehr gut waschen, blanchieren und das Kochwasser wegschütten. Blätter mit eiskaltem Wasser abschrecken, von den Blattrippen zupfen, trocken ausdrücken und grob hacken. Auch die Blattrippen entsorgen. **Zubereitung:** In Gänseschmalz feine Zwiebelwürfel andünsten, mit etwas Puderzucker bestäuben, hellgelb karamellisieren lassen und mit Fleischbrühe ablöschen. Grünkohl dazugeben, würzen und geräucherte Schweinebacke oder Bauchfleisch ca. 1Std. bei kleiner Hitze mit Deckel schmoren. Darauf achten, dass der Kohl schön saftig bleibt und nicht anbrennt. Klassisch wird der Grünkohl mit Haferflocken abgebunden, danach muss er aber noch ca. 10 Min. köcheln. Wird der Grünkohl mit Kassler oder sehr würzigen Würsten (Polnische, weiche Mettwürste) statt Rauchfleisch serviert, die Einlagen ca. 15 Min. vor Kochende in den Grünkohl legen und vorsichtig erwärmen. Den Kohl immer erst zum Servieren mit etwas Senf und einem Hauch Muskat vollenden. Grünkohl schmeckt aufgewärmt am nächsten Tag am besten. **Als Beilage passen:** Kleine Pellkartoffeln vom Vortag in grobe Würfel schneiden, wenn sie klein genug sind, ganz lassen. In einer Pfanne mit etwas Pflanzenöl kross braten und nach dem Salzen bei milder Hitze mit Zucker karamellisieren. Dabei die Pfanne ständig in Bewegung halten, damit der Zucker nicht anbrennt.	**Klassisch gewürzt mit:** Gänseschmalz, Zwiebeln, Puderzucker, Brühe, Pfeffer, Piment oder Nelkenpulver, Senf, Muskatnuss	**Wenn auf Schweinebacke oder Bauchfleisch verzichtet wird:** Gewürfelter Räucherspeck in Schmalz anbraten, dann weiter wie beschrieben. **Wird der Grünkohl mit Bremer Pinkel (Grützwurst) serviert:** Die Pinkelwürste ca. 30 Min. mit dem Grünkohl schmoren. Zusätzlich wird noch Pinkel aufgeschnitten und unter den Grünkohl gemischt. Danach braucht der Kohl nicht mehr mit Haferflocken abgebunden zu werden.
Gurkengemüse als Beilage zu Fisch oder Kurzgebratenem		
Zubereitung: Die Gurken schälen, längs halbieren (die Kerne entfernen) und in 1 cm dicke Scheiben schneiden. Zwiebeln und Gurken in Butter anschwitzen, mit Brühe ablöschen, würzen und ca. 20 Min. schmoren. Mit Dill, Petersilie und Senf, ggf. Sahne oder Sauerrahm vollenden. Falls zu flüssig, mit etwas Speisestärke binden. **Service:** Es passen alle frischen Gartenkräuter zum Bestreuen, besonders Borretsch.	**Klassisch gewürzt mit:** Zwiebel, Dill, Kümmel gemahlen, Majoran, Petersilie, Pfeffer, Senf	**Diese Würzmittel passen auch:** Anis, Bohnenkraut, Estragon. **Oder:** Knoblauch, Paprika, Safran, Tomatenwürfel, Oregano, Cayennepfeffer. **Bei dieser Kombination:** Kümmel, Majoran und Senf weglassen
Gurkensalat		
Zubereitung: Gurken hobeln, salzen, ziehen lassen, Wasser abschütten, dann erst würzen, mit Kräutern und Pflanzenöl vollenden. Gut durchziehen lassen. **Service:** Es passen alle frischen Gartenkräuter zum Bestreuen, besonders aber Dill, Petersilie oder Borretsch.	**Klassisch gewürzt mit:** Pfeffer, Essig, Zucker, Petersilie, Dill oder Borretsch, Pflanzenöl oder Sauerrahm	**Diese Würzmittel passen auch:** Knoblauch, Zwiebeln oder Meerrettich

Hähnchen, gefüllt		
Klassische Zubereitung: Aus einem eingeweichten, trocken ausgedrückten Brötchen, Ei und in etwas Butter angedünsteten feinen Würfeln von Zwiebeln, durchwachsenem Speck, Geflügelherz, -magen, -leber, Pilzen (Maronen, Champignons, Steinpilze), Petersilie, Salz, Pfeffer, etwas Thymian und Muskat eine Masse herstellen. Das Innere mit Pfeffer und Salz würzen, mit der Masse füllen, die Öffnung zustecken oder zunähen. Das Hähnchen in einen Bräter legen, mit zerlassener Butter bestreichen und im vorgeheizten Backofen mit Röstgemüse bei 200–225° C ca. 45–60 Min. braten. Nach 10 Min. das Gemüse umrühren, nach weiteren 10 Min. mit Weißwein ablöschen, nach weiteren 10 Min. mit Gemüsebrühe aufgießen. Während der restlichen Garzeit das Hähnchen alle 10 Min. mit dem Bratenfond begießen. Zum Servieren das Hähnchen warm stellen, den Bratenfond mit dem Gemüse in einen kleinen Topf leeren, mit Salz, Pfeffer, Prise Thymian würzen, mit dem Zauberstab pürieren, durch ein Sieb streichen und mit etwas Sahne vollenden. Vor dem Tranchieren das Hähnchen vorsichtig halbieren, die Füllung ganz herausnehmen und in Scheiben geschnitten zu den Fleischstücken servieren. Soße extra reichen.	**... mit asiatischer Füllung:** 50 g Langkornreis (Brühreis oder Patna) in doppelter Menge Gemüsebrühe bei schwacher Hitze mit Deckel garen (bis die Flüssigkeit aufgesogen ist). Den Reis mit kleinen Stücken frischer Babyananas, einige Rosinen, Pilzen (Champignons, Mu-err oder Shiitake), Sojasauce, Salz, Pfeffer und Chinagewürz anreichern. Diese Masse in das mit Pfeffer und Salz gewürzte Innere füllen, die Öffnung zustecken oder zunähen. Das Hähnchen in einen Bräter legen, mit Pflanzenöl bestreichen und im vorgeheizten Backofen mit Zwiebelwürfeln und der restlichen Ananas bei 200–225° C ca. 45–60 Min. braten. Nach 10 Min. umrühren, nach weiteren 10 Min. mit Sherry ablöschen, nach weiteren 10 Min. mit Gemüsebrühe aufgießen. Während der restlichen Garzeit das Hähnchen alle 10 Min. mit dem Bratenfond begießen. Zum Servieren das Hähnchen warm stellen, den Bratenfond mit der Einlage in einen kleinen Topf leeren, mit Salz, Cayennepfeffer, Knoblauch und Sojasoße würzen, mit dem Zauberstab pürieren, durch ein Sieb streichen, mit etwas Speisestärke binden und Rohrzucker abschmecken.	**... mit italienischer Füllung:** 50 g Langkornreis (Brühreis oder Patna) in doppelter Menge Gemüsebrühe bei schwacher Hitze mit Deckel garen (bis die Flüssigkeit aufgesogen ist). Für die Füllung 100 g Lauch klein würfeln, genauso zwei abgezogene, entkernte Tomaten, einen Mozzarella und etwas Gorgonzola. Alles mit Thymian, Oregano, Salz und Pfeffer abschmecken, zu einer Masse verrühren, in das mit Pfeffer und Salz gewürzte Innere füllen und die Öffnung zustecken oder zunähen. Das Hähnchen in einen Bräter legen, mit Olivenöl bestreichen und im vorgeheizten Backofen mit reichlich Lauchstücken bei 200–225° C ca. 45–60 Min. braten. Nach 10 Min. den Lauch umrühren, nach weiteren 10 Min. mit Weißwein ablöschen, nach weiteren 10 Min. mit Gemüsebrühe aufgießen. Während der restlichen Garzeit das Hähnchen alle 10 Min. mit dem Bratenfond begießen. Zum Servieren das Hähnchen warm stellen, den Bratenfond mit dem Gemüse in einen kleinen Topf leeren, mit Salz, Pfeffer, Knoblauch, Muskat und Tomatenmark würzen, mit dem Zauberstab pürieren, durch ein Sieb streichen und mit Sahne vollenden. Vor dem Tranchieren das Hähnchen vorsichtig halbieren, die Füllung herausnehmen und in Scheiben zu den Fleischstücken servieren. Soße extra reichen.

Hähnchen zum Grillen		
Zubereitung: Die Hähnchen werden mit der Würzmischung mindestens 6 Std. vor dem Grillen innen und außen gewürzt. Vor dem Aufstecken auf die Grillstange bekommt jedes Hähnchen einen Strauß glatter Petersilie in die Bauchöffnung.	**Klassische Gewürzmischung aus:** Salz, Bohnenkraut, Lorbeer, Majoran, Muskatnuss, Paprika, Pfeffer, Rosmarin, Thymian, Zwiebelpulver (Granulat). Die trockenen Kräuter und den Pfeffer in der elektrischen Gewürzmühle (Kaffeemühle) fein pulvrig mahlen und erst dann mit den restlichen Gewürzen vermischen.	**Diese Würzmittel passen auch:** Cayennepfeffer, Curry, Ingwer gemahlen, Kardamom, Nelkenpulver, Piment, Sternanis, Kreuzkümmel, Knoblauchpulver (Granulat)
Hammelbraten		
Zubereitung: Das Hammelfleisch mindesten 6 Std. vor dem Braten mit der Paste würzen. Beim Hammel einige Zitronenstücke mitbraten, dadurch wird der etwas strenge Geschmack gemildert (unbehandelte Zitronen).	**Klassisch gewürzt mit:** Knoblauch, Salz, Pfeffer, Rosmarin, Thymian, abgezogenen, entkernten Tomatenwürfeln, Petersilie, Zwiebeln, Zitronensaft und Olivenöl im Mörser zerreiben.	**Diese Würzmittel passen auch:** Anis, Beifuß, Lavendel, Liebstöckel statt Petersilie, Nelke, Oregano, Pfefferminze oder Salbei, Piment
Hasenbraten, geschmort		
Zubereitung: Die gespickten Hasenteile mindestens 24 Std. in einer Marinade einlegen, die zur Soße mitverwendet wird. Das Fleisch aus der Marinade nehmen und mit Küchenkrepp trocken tupfen. Die Marinade durch ein Sieb gießen und die Flüssigkeit auffangen. Fleisch im Bräter nicht zu scharf anbraten und beiseite legen. Im gleichen Bräter Räucherspeck und das Gemüse aus der Marinade anrösten, mit Cognac ablöschen, ausbrennen lassen, mit der aufgefangenen Flüssigkeit auffüllen, das Wild dazugeben und im Backofen bei mittlerer Hitze gar schmoren, dabei die Bratenstükke öfters drehen und mit dem Fond übergießen. Nach dem Garen das Fleisch warm stellen, den Bratenfond in ein Gefäß leeren, mit dem Zauberstab pürieren und durch ein Sieb streichen. Die Soße ggf. mit etwas Speisestärke binden und vollenden.	**Die Marinade für Hasen wird klassisch gewürzt mit:** Rotwein, Zwiebeln, Karotten, Sellerie, Petersilienwurzel, Lorbeer, Pfeffer, Thymian, Wacholderbeeren. **Die Hasensoße wird klassisch gewürzt mit:** Cognac, Preiselbeeren, Zitronensaft, Sauerrahm	**Diese Würzmittel passen auch in die Marinade:** Balsamicoessig, Knoblauch, Koriander, Salbei, Zitronenschale. **Diese Würzmittel passen auch in die Soße:** Portwein, gehackte Backpflaumen, Crème fraîche, gemahlene Hasenleber, Zimt
Hirschbraten, geschmort		
Zubereitung: Die gespickten Hirschfleischteile (vom Dam-, Rot- oder Sikawild), am besten aus der Keule, mindestens 24 Std. in einer Marinade einlegen, die zur Soße mit verwendet wird. Die Fleischteile aus der Marinade nehmen und mit Küchenkrepp trocken tupfen. Die Marinade durch ein Sieb gießen und die Flüssigkeit auffangen. Fleisch im Bräter nicht zu scharf anbraten und beiseite legen. Im gleichen Gefäß Räucherspeck, das Gemüse aus der Marinade (Tannenzweig entfernen) und abgezogene Tomaten anrösten, mit Rotwein ablöschen, der aufgefangenen Flüssigkeit auffüllen, den Hirschbraten dazugeben und im Backofen bei mittlerer Hitze gar schmoren, dabei den Braten öfters drehen und mit dem Bratenfond übergießen. Nach	**Die Marinade für Hirsch wird klassisch gewürzt mit:** Rotwein, Zwiebeln, Karotten, Petersilienwurzel, Sellerie, Lorbeer, Pfeffer, Piment, Senfkörnern, Tannenzweig, Nelke, Thymian, Wacholder. **Die Hirschsoße wird klassisch gewürzt mit:** Preiselbeeren, Tomaten, klein geschnittenen Waldpilzen, Sauerrahm	**Diese Würzmittel passen auch in die Marinade:** Kreuzkümmel, Orangenstücke (mitbraten), Knoblauch, Rosmarin, Salbei. **Diese Würzmittel passen auch in die Hirschsoße:** Holundersaft, Kirschsaft oder Cassis, Maronenmus (Edelkastanien), Crème fraîche statt Sauerrahm

Hirschbraten, geschmort (Fortsetzung)		
dem Garen das Fleisch warm stellen, den Bratenfond in ein Gefäß leeren, mit dem Zauberstab pürieren und durch ein Sieb streichen. Die Soße ggf. mit Speisestärke binden und vollenden.		
Hühnerfrikassee ohne Mehlschwitze		
Zubereitung: In ca. 2 l Würzwasser eine Poularde zugedeckt (bei schwacher Hitze) etwa 60 Min. weich köcheln. Ein Suppenhuhn braucht mindestens doppelt so lange. Herausnehmen, die Brühe abseihen und beiseite stellen. Die Haut entfernen und das Fleisch in mundgerechte Stücke schneiden. In einem Topf mit Butter feine Zwiebelwürfel, frische, geviertelte Champignons, Spargelstücke und Erbsen andünsten, mit Weißwein ablöschen und so viel Hühnerbrühe auffüllen, wie Soße benötigt wird. Nach dem Aufkochen mit in Weißwein aufgelöster Speisestärke und frischer Sahne sämig abbinden. Abschmecken, das Hühnerfleisch zufügen, noch einmal kurz erhitzen und ggf. mit einer Liaison aus Sahne und 2 Eigelb vollenden. Dann aber nicht mehr kochen lassen. **Service:** Es passen alle frischen Gartenkräuter zum Bestreuen.	**Das Kochwasser wird klassisch gewürzt mit:** Salz, Pfefferkörnern, einer gespickten Zwiebel, Thymian, Bund Suppengrün. **Die Frikasseesoße wird klassisch gewürzt mit:** Cayennepfeffer, Muskatnuss, Worcester	**Diese Würzmittel passen auch ins Kochwasser:** Knoblauch, Liebstöckel, Piment. **Diese Würzmittel passen auch in die Soße:** Grüner Pfeffer, Kapern, Shiitake-Pilze
Kalbsbraten, geschmort, Stücke aus Schulter oder gerollt		
Zubereitung: Kalbsschulter oder Rollbraten über Nacht mit Olivenöl, Rosmarin, Thymian und Knoblauch marinieren. In einem Bräter das Fleisch von allen Seiten braun anbraten und beiseite stellen. Im selben Gefäß gewürfelte Zwiebeln, Karotten, Sellerie, Knoblauch, Lauch und Petersilienwurzel anrösten. Wenn sich eine schöne Farbe gebildet hat, etwas Tomatenmark kurz mitrösten und anschließend mit einem kräftigen Schuss Rosé ablöschen. Weiter rösten, bis alle Flüssigkeit verdunstet ist, und wieder ablöschen. Das Ganze dreimal wiederholen, wodurch die zukünftige Soße zusätzliche Bräunung und mehr Geschmack erhält. Wenn dieser Vorgang abgeschlossen ist, gibt man das Kalbfleisch wieder in den Topf und füllt mit Kalbsfond auf (wenn nicht vorhanden, kann man auch Wasser nehmen!), bis das Fleisch halb bedeckt ist, und gibt die Gewürze dazu. Den Braten im Backofen ohne Deckel bei 180° C gar schmoren. Anschließend das weiche Kalbfleisch warm stellen, die Bratensoße mit einem Zauberstab pürieren, durch ein Sieb passieren und ggf. mit Kalbsfond verlängern. Die Soße mit in Wein aufgerührter Speisestärke abbinden, abschmecken und mit Sahne vollenden. **Service:** Es passen alle frischen Gartenkräuter zum Bestreuen.	**Den Soßenansatz würzt man klassisch mit:** Pfefferkörnern weiß, Lorbeerblättern, Salbei, Thymian, Tomatenmark, Weißwein oder Rosé, Nelken, Kalbsfond, Beifuß. **Vollendet wird die Sauce mit:** Cayennepfeffer, einem Hauch Muskatnuss und Vanille. **Diese Würzmittel passen auch in die Soße:** grüner Pfeffer **oder** (ohne Vanille) gewürfelte Tomaten und Zitronensaft, Basilikum zum Bestreuen **oder** (ohne Vanille) frische Pilze (Champignons, Pfifferlinge)	**Diese Würzmittel passen auch in den Soßenansatz:** Liebstöckel, Oregano, Piment
Kalbsbraten, Stücke aus der Keule und Rücken		
Zubereitung: Die Fleischstücke vor dem Braten mindestens 6 Std. marinieren. Den Kalbsbraten in einem Bräter braun anrösten und im vorgeheizten Backofen bei ca. 180° C braten, dabei öfters umdrehen. Das Fleisch darf nach dem Braten noch leicht rosa sein. Ist es ganz durchgebraten, wird es durch den geringen	**Klassisch gewürzt mit:** Salz, Pfeffer, Thymian, Knoblauch	**Diese Würzmittel passen auch:** Oregano, Piment, Salbei

Kalbsbraten, Stücke aus der Keule und Rücken (Fortsetzung)		
Fettanteil trocken. Während man den Bratensatz für die Natursoße (Kalbsjus) löst, kann der Braten in Alufolie gewickelt entspannen. **Service:** Es passen alle frischen Gartenkräuter zum Bestreuen.		
Kalbsbrust, gefüllt		
Zubereitung: Kalbsbrust von der Brustspitze ohne Knochen (vom Metzger eine tiefe Tasche einschneiden lassen), mit Salz, Pfeffer und Thymian innen und außen würzen. **Die Füllung:** 3 Semmeln vom Vortag klein würfeln, mit ⅛ l heißer Milch übergießen und 10 Min. stehen lassen. Dazu kommen feine, in Butter angedünstete Zwiebelwürfel, gehackte Petersilie, 2 Eier, Pfeffer und Muskat. Masse gut vermischen, nicht zu fest in die Kalbsbrust füllen (sie platzt leicht) und die Öffnung zunähen. Die gefüllte Kalbsbrust von beiden Seiten anbraten und im Backofen 1½–2 Std. garen. Nach 30 Min. Bratzeit Röstgemüse und Tomatenstücke dazugeben und 30 Min. mitrösten. Mit Weißwein ablöschen, den Bratenfond reduzieren, mit Kalbsfond, Gemüsebrühe oder Wasser bis auf ein Viertel der Fleischhöhe auffüllen und fertig schmoren. Das Fleisch dabei öfter mit Bratenfond übergießen, dann herausnehmen und zugedeckt warm stellen. Den Fond ggf. mit Flüssigkeit verdünnen, pürieren, mit Speisestärke binden, aufkochen lassen, abschmecken, durch ein Sieb passieren und mit saurer Sahne vollenden. Das Fleisch mit der Füllung in Scheiben schneiden, die Sauce getrennt dazu servieren.	**Das Röstgemüse:** Gewürfelte Zwiebeln, Sellerie, Karotten, Tomaten, Petersilienwurzel und Knoblauch. **Die Sauce, klassisch gewürzt mit:** Muskatnuss, Pfeffer, Thymian, saurer Sahne	**Diese Würzmittel passen auch in die klassische Füllung:** Gedünstete Champignons oder Pfifferlinge, Erbsen, klein gewürfelte Paprikaschoten, fein gewürfelter gekochter Schinken. **Diese Würzmittel passen auch ins Röstgemüse:** Räucherspeck, Liebstöckel. **Diese Würzmittel passen auch in die Sauce:** Anis, Cayennepfeffer, Paprika, Piment, Rosmarin, Safran oder Senf **oder** Vanille, Zimt – dann aber Nüsse und Rosinen in die Füllung
Kalbsfrikassee		
Zubereitung: Fleisch von Schulter oder Nacken würfeln, mit Zwiebeln und Knoblauch andünsten, mit Weißwein ablöschen und Kalbsfond (oder Wasser) auffüllen, würzen und gar köcheln. Fleisch ausstechen, warm stellen und den Würzfond passieren. Frische Champignons in Scheiben und Erbsen (ggf. Spargelstücke) in Butter anschwitzen, mit dem Fond auffüllen, aufkochen, mit in Weißwein aufgerührter Speisestärke binden, legieren, nachwürzen, mit Muskat und Zitronensaft vollenden, das Fleisch dazu geben. Nicht mehr kochen lassen. **Service:** Es passen alle frischen Gartenkräuter zum Bestreuen.	**Würzfond klassisch gewürzt mit:** Zwiebel, Lorbeer, Nelke, Pfeffer, Piment, Thymian, Weißwein, Knoblauch. **Die Soße klassisch gewürzt mit:** Cayennepfeffer, Worcester, Muskatnuss, Zitrone, einem Hauch Vanille. **Dieses Würzmittel passt auch in die fertige Soße:** Grüner Pfeffer	**Diese Würzmittel passen auch, wenn Curry ins Frikassee soll:** Sherry statt Weißwein, Zitronengras, Ingwer, Honig, Kardamom und Sternanis in den Würzfond. **Die Soße asiatisch gewürzt mit:** Curry, Sherry statt Weißwein, Sojasoße statt Worcester **Diese Würzmittel passen auch in die fertige Soße:** Klein geschnittene getrocknete Pflaumen, ganze Mandeln
Kalbsragout		
Zubereitung: Fleisch von Schulter oder Nacken würfeln, mit Zwiebeln und Knoblauch anbraten, paprizieren, Tomatenmark zufügen, kurz mitrösten, dann mit Weißwein oder Rosé ablöschen, mit Kalbsfond (oder Wasser) auffüllen, würzen und gar köcheln. Fleisch ausstechen, warm stellen und den Würzfond passieren. Gewünschte Einlagen in Butter anschwitzen, mit dem Fond auffüllen, durchkochen, mit in Flüssigkeit aufgerührter Speisestärke binden, nachwürzen, mit Sahne	**Würzfond klassisch gewürzt mit:** Zwiebeln, Lorbeer, Nelke, Paprika, Pfeffer, Piment, Thymian, Wein, Tomate, Knoblauch **Die Soße klassisch gewürzt mit:** Cayennepfeffer, Worcester, Muskatnuss, Zitrone, Zitronenschale	**Diese Würzmittel passen auch in den Würzfond:** Lavendel, Oregano, Safran, Dijonsenf

Kalbsragout (Fortsetzung)		
und Muskat vollenden, das Fleisch dazugeben und servieren. **Service:** Es passen alle frischen Gartenkräuter zum Bestreuen.	**Einlage:** Erbsen, Karotten, Sellerie, Lauch, Zucht- und Waldpilze. Schwarzwurzel- oder Spargelstücke. Tomatenwürfel, Pistazien oder Pinienkerne	
Kaninchenragout		
Zubereitung: Schulter, Hals und Rücken mit den Knochen in mundgerechte Stücke schneiden, mit Speck-, Zwiebelwürfeln und Knoblauch anbraten, paprizieren, Tomatenmark zufügen, kurz mitrösten, dann mit Weißwein oder Rosé ablöschen, mit Fond oder Wasser auffüllen, würzen und gar köcheln. Fleisch ausstechen, warm stellen und den Würzfond passieren. Gewünschte Einlagen in Butter anschwitzen, mit dem Fond auffüllen, aufkochen, mit in Flüssigkeit aufgerührter Speisestärke binden, nachwürzen, mit Sahne und Muskat vollenden, das Fleisch dazugeben und servieren. **Service:** Es passen alle frischen Gartenkräuter zum Bestreuen.	**Würzfond klassisch gewürzt mit:** Speckwürfeln, Zwiebeln, Paprika, Kümmel gem., Lorbeer, Majoran, Nelke, Pfeffer, Piment, Salbei, Thymian, Wein, Tomate, Knoblauch. **Die Soße klassisch gewürzt mit:** Cayennepfeffer, Worcester, Muskatnuss, Zitrone, Zitronenschale. **Einlage:** Erbsen, Karotten-, Sellerie- und Lauchstreifen. Zucht- und Waldpilze. Schwarzwurzel- oder Spargelstücke. Tomatenwürfel, Pistazien oder Pinienkerne	**Diese Würzmittel passen auch in den Fond:** Anis, Bohnenkraut
Karottengemüse als Beilage		
Zubereitung: Kleine geschälte Frühkarotten mit Rohrzucker oder Honig in Butter karamellisieren und mit so viel Wasser auffüllen, das sie fast bedeckt sind. Würzen, ca. 5–7 Min. mit Deckel köcheln lassen, mit in Wasser aufgelöster Speisestärke abbinden, mit Sahne, viel frisch gehackter Petersilie und Muskat vollenden. **Service:** Es passen alle frischen Gartenkräuter zum Bestreuen, vor allem Petersilie.	**Klassisch gewürzt mit:** Butter, Pfeffer, Rohrzucker, Honig, Petersilie, Muskat	**Diese Würzmittel passen auch:** Honig, Cayennepfeffer, Dill, Ingwer, Korianderblätter, Kreuzkümmel
Kartoffelgemüse		
Zubereitung: Speckige Kartoffeln kochen, pellen und in nicht zu feine Scheiben schneiden. In Butter Speck- und Zwiebelwürfel andünsten, mit Fleischbrühe auffüllen, aufkochen lassen, würzen (für die Kräuter ein Würzsäckchen oder Teeei verwenden) und nach 15 Min. Köcheln mit in Wasser aufgelöstem Kartoffelmehl binden. Noch einmal gut aufkochen lassen, den Würzbeutel entfernen, Kartoffelscheiben zufügen, ca. 10 Min. ziehen lassen, nachwürzen und mit Sauerrahm, Muskat und frisch gehackter Petersilie vollenden. **Service:** Es passen alle frischen Gartenkräuter zum Bestreuen und Vollenden.	**Klassisch gewürzt mit:** Rauchfleisch, Zwiebeln, Knoblauch, Pfeffer, Bohnenkraut, Kümmel, Majoran, Muskat	**Diese Würzmittel passen auch:** Cayennepfeffer, Frühlingszwiebeln, rote Paprikaschoten, gekochter Schinken, Paprikapulver, Schnittlauch, Sahne
Kartoffelsuppe		
Zubereitung: Mehlig kochende Kartoffeln würfeln. Von geräuchertem Bauchspeck die Schwarte abschneiden und in einem Topf ausbraten. Speck fein würfeln und in dem Fett kross anbraten. Schwarte entfernen, fein gewürfelte Zwiebeln und Knoblauch zufügen, anschwitzen, mit Gemüse- oder Fleischbrühe ablöschen und auffüllen. Die Kartoffeln, gewürfelte	**Klassisch gewürzt mit:** Räucherspeckwürfeln oder Schinkenwürfeln, Zwiebeln, Knoblauch, Kümmel, Lorbeer, Majoran, Thymian, Liebstöckel, Petersilie, Pfeffer, Muskatnuss	**Diese Würzmittel passen auch:** Dillsamen, Cayennepfeffer, Frühlingszwiebeln

Kartoffelsuppe (Fortsetzung)		
Karotten, Sellerie, Petersilienwurzel und geschnittenen Lauch zufügen und mit Deckel zum Kochen bringen. Abschäumen, würzen (für die Kräuter ein Würzsäckchen oder Teeei verwenden), nach ca. 20 Min. Köcheln gehackten Liebstöckel und Petersilie in den Topf geben und kurz mitkochen lassen. Den Gewürzbeutel entfernen, die Kartoffelsuppe mit dem Zauberstab sämig pürieren, mit frisch gemahlenem Pfeffer und Muskat würzen. Vorsicht bei Salz. **Service:** Würstchen klein schneiden, in der Kartoffelsuppe erwärmen und mit frischen Gartenkräutern bestreuen. Besonders Petersilie oder Schnittlauch, im Sommer Borretsch.		
Knoblauchspaghetti		
Zubereitung: Erstklassiges Olivenöl in einer geräumigen Pfanne leicht erhitzen. Kleine, von Schale und Darm befreite Garnelenschwänze darin andünsten und pro Portion 3 Knoblauchzehen in feinen Scheiben dazugeben. Würzen, frisch gehackte Petersilie einstreuen und verrühren. Die ganz frisch, al dente gekochten, nicht abgeschreckten Spaghetti dazugeben, sehr gut vermischen und sofort anrichten. Frisch geraspelten Parmesankäse dazu servieren. **Service:** Es passen alle frischen Gartenkräuter zum Bestreuen.	**Klassisch gewürzt mit:** Knoblauch, Meersalz, Pfeffer, Cayennepfeffer, Zitronensaft, Petersilie. **Diese Einlagen passen auch:** Tomatenwürfel, Pinienkerne, Meeresfrüchte statt Garnelen	**Diese Würzmittel passen auch:** Limetten- statt Zitronensaft, Dill statt Petersilie
Knoblauchsuppe, gebunden		
Zubereitung: Frische Knoblauchzehen (3–4 Stck. pro Portion) halbieren und den evtl. vorhandenen grünen Keim in der Mitte entfernen. Zwiebeln und Knoblauchzehen klein würfeln und in einem Topf mit neutralem Pflanzenöl leicht andünsten. Nicht braun werden lassen, der Knoblauch wird schnell bitter. Mit Weißwein ablöschen, $^1/_2$ l Gemüse- oder Fleischbrühe sowie $^1/_2$ l Milch auffüllen, würzen (für die Kräuter ein Würzsäckchen oder Teeei verwenden) und 10 Min. köcheln lassen. Für die Bindung Semmelbrösel einstreuen und weitere 5 Min. köcheln lassen. Den Gewürzbeutel entfernen, mit Zauberstab glatt pürieren, mit in Weißwein aufgerührter Speisestärke abziehen, aufkochen lassen, fein geschnittene Lauchzwiebelröllchen dazugeben, mit Sahne, Muskat und ggf. frischem geschnittenen Bärlauch vollenden. **Service:** Es passen alle frischen Gartenkräuter zum Bestreuen, besonders Schnittlauch und Kresse.	**Klassisch gewürzt mit:** Zwiebeln, Knoblauch, Weißwein, Pfefferkörnern, Piment, Thymian, Lorbeer, Wacholderbeeren zerdrückt, Muskatnuss, Cayennepfeffer	**Diese Würzmittel passen auch:** Liebstöckelstängel mitkochen und vor dem Pürieren entfernen
Kohlrabigemüse		
Zubereitung: Junge, zarte Kohlrabis schälen und in dünne Stifte schneiden. Die feinen Kohlrabiblätter fein hacken, zum Würzen aufheben. Kohlrabi in Butter andünsten, würzen und mit Gemüsebrühe oder Wasser knapp bedeckt auffüllen. Mit Deckel ca. 10 Min. köcheln lassen (nicht zu weich), den größten Teil der fein gehackten Kohlrabiblätter hinzufügen, mit in Flüssigkeit aufgerührter Speisestärke binden, Sahne dazu und evtl. nachwürzen. **Service:** Kurz vor dem Servieren	**Klassisch gewürzt mit:** Petersilie, Muskatnuss, Pfeffer	**Diese Würzmittel passen auch:** Räucherspeck, Knoblauch, Liebstöckel fein geschnitten zu den Kohlrabiblättern

Kohlrabigemüse (Fortsetzung)		
die restlichen gehackten Blätter über das Kohlrabigemüse streuen. Es passen auch alle frischen Gartenkräuter, besonders Petersilie.		
Kohlrouladen		
Zubereitung: Aus einem Weißkrautkopf den Strunk mit einem spitzen Messer keilförmig herausschneiden und den Kopf schwimmend in Salzwasser blanchieren. Dabei lösen sich mühelos die einzelnen Blätter vom Kopf, ohne zu zerreißen. Die Blätter abschrecken, die Rippen abflachen, trockentupfen und auf einer Arbeitfläche so ausbreiten, dass jeweils ein Füllblatt entsteht, bei dem die Blattrippen nach innen bzw. zur Mitte zeigen. Aus Hackfleisch eine würzige Masse herstellen ↑**Frikadellen**, jeweils einen rohen Klops auf die Krautblätter legen, Ränder einschlagen, aufrollen, mit einem Faden binden oder einem Spießchen zusammenstecken. Krautrollen in einem Schmortopf mit Fett von allen Seiten braun anbraten, aus dem Topf heben, Zwiebeln, die zerrupften Blätterreste und abgezogene Tomatenstücke anbraten, mit Brühe ablöschen, die Rouladen in den Topf legen und im Ofen ohne Deckel garen. Bei Bedarf etwas Brühe zugießen. Nach ca. 30 Min. Garzeit die Kohlrouladen vorsichtig aus dem Topf heben und warm stellen. Den Bratenfond mit Brühe verlängern, mit dem Zauberstab fein pürieren, aufkochen, mit in Flüssigkeit aufgerührter Speisestärke binden, nachwürzen, mit Sahne und Muskat vollenden. **Service:** Es passen alle frischen Kräuter zum Bestreuen. Den restlichen blanchierten Krautkopf für Krautsalat in feine Streifen schneiden.	**Klassisch gewürzt mit:** Pfeffer, gemahlem Kümmel, Majoran, Muskat, Petersilie. **Das Hackfleisch kann man auch zubereiten mit:** Vorgekochtem Reis, gehackten Nüssen, zerbröseltem oder fein gewürfeltem Käse (Feta, Mozzarella, Emmentaler usw.)	**Diese Würzmittel passen auch:** Rauchfleischwürfel, Tomatenmark, Weißwein, Paprika, Knoblauch, Thymian, Oregano, Sauerrahm. **Bei Käse in der Hackmasse:** Kreuzkümmel. **Bei Hackfleisch von Schaf:** Zitronensaft, Korianderblätter
Kräuterbutter		
Zubereitung: Raumwarme Butter und fein gehackte frische oder aufgetaute Kräuter (keine getrockneten) werden mit zerriebenem Knoblauch, Schalotten und Gewürzen schaumig gerührt. **Verhältnis:** 2/3 Butter, 1/3 Kräuter. **Kräuterverhältnis:** 1/3 Petersilie, 1/3 Schnittlauch, 1/3 andere Kräuter	**Klassisch gewürzt mit:** Zwiebeln und Knoblauch zerrieben, Petersilie, Schnittlauch, Dill, Estragon, Kerbel, Liebstöckel, Sauerampfer, Kresse, Borretsch, Pimpernell, Zitronenmelisse, Pfeffer, Weinbrand, Worcester, Zitronensaft. **Kräuterbutter für Grillspezialitäten:** Piment, Thymian, Oregano und Basilikum, ggf. Herbadox	**Diese Würzmittel passen auch:** Limettensaft statt Zitronensaft, Cayennepfeffer, Madeira statt Weinbrand
Kräutersoße, warm		
Zubereitung: Grundlage ist ein kräftiger Fond von Kalb, Rind, Fisch oder Gemüse und ggf. Milch (1/2 Menge). Den aufkochenden Fond würzen, mit in Flüssigkeit (Weißwein) aufgerührter Speisestärke binden, Sahne zufügen, abschmecken und passieren. Die Kräuter erst kurz vor dem Anrichten in die Soße einrühren. Sollen Spinatblätter mitverwendet werden, vor dem Gebrauch blanchieren. **Service:** Es passen	**Den Fond klassisch gewürzt mit:** Zwiebeln, Knoblauch, Gewürznelken, Pfeffer, Piment, Lorbeerblatt, Wacholderbeeren zerdrückt, Liebstöckel fein geschnitten. **Die Soße klassisch**	**Diese Würzmittel passen auch in den Fond:** Estragon, Sellerie oder -blätter, Fenchel oder Dillsamen, Salbei, Thymian. **Diese Würzmittel passen auch in die Soße:** Senf, Cayennepfeffer, Selleriesalz

Kräutersoße warm (Fortsetzung)		
alle frischen Gartenkräuter zum Bestreuen, Vollenden und Würzen, besonders frisch gehackter Bärlauch.	**gewürzt mit:** Weißwein, Worcester, Zitrone, Muskatnuss, ggf. frisch geriebener Meerrettich	
Krautsalat, bayerisch		
Zubereitung: Weißkraut fein schneiden oder hobeln und kurz (einige Sekunden) in kochendem Wasser blanchieren. Junges Sommerkraut nicht blanchieren. Nach dem Abschütten nicht abschrecken. In Pflanzenöl ausgelassene feine Speckwürfel und darin glasig geröstete Zwiebelwürfel zufügen, würzen und kräftig durchkneten. Der Krautsalat muss mindestens 2 Std. durchziehen und sollte beim Servieren nicht kalt, sondern besser noch lauwarm sein. **Service:** Frische Kresse zum Bestreuen	**Klassisch gewürzt mit:** Speck, Zwiebeln, Weinessig, Kümmel ganz oder gemahlen, Salz, Pfeffer, Zucker, Pflanzenöl	**Dieses Würzmittel passt auch:** Hauch Muskat
Kürbis, eingelegt		
Zubereitung: Kürbis großzügig schälen und in 2 cm große Würfel schneiden. Essigwasser 1:1 mit Gewürzen im Beutel oder Teeei aufkochen, über den Kürbis gießen und zugedeckt einen Tag kühl stehen lassen. Zucker in einem Topf leicht karamellisieren, mit dem Essigsud ablöschen, nach Geschmack würzen, die marinierten Kürbisstücke zufügen und leicht glasig, aber noch mit Biss kochen. Die Kürbisstücke in heiß ausgespülte, sehr saubere Gläser füllen, den Gewürzbeutel entfernen, Sud noch einmal aufkochen, sofort in die Gläser füllen und fest verschließen.	**Essigsud klassisch gewürzt mit:** Zimtstange, Nelken, Zitronenschale, Anis oder Dillsamen, Piment, Senfkörnern, Essig. **Kürbis klassisch gewürzt mit:** Zucker, Honig, Ingwer	**Diese Würzmittel passen auch in den Essigsud:** Knoblauch, Kardamom
Kürbissuppe		
Zubereitung: Kürbis schälen, entkernen, von Fasern befreien und würfeln. Zwiebeln und Knoblauch in Butter andünsten, Kürbis dazugeben und schmoren lassen. Mit Weißwein ablöschen und $^3/_4$ Brühe sowie $^1/_4$ Milch auffüllen. Würzen, weich kochen, Gewürzsäckchen entnehmen und mit dem Zauberstab die Einlagen pürieren. Mit in Flüssigkeit (Weißwein) aufgerührter Speisestärke binden, Sahne zufügen, abschmecken. Zum Anrichten einen Klacks Sauerrahm und einige Tropfen Kürbiskernöl auf die Suppe geben. **Service:** Es passen alle frischen Gartenkräuter zum Bestreuen, besonders Kresse. **Tipp:** Die Kürbiskerne waschen, trockentupfen und ohne Fett rösten. Sie können zum Bestreuen von Suppen und Salaten verwendet werden.	**Klassisch gewürzt mit:** Butter, Zwiebeln, Knoblauch, Weißwein, Milch, Gemüse- oder Fleischbrühe, Pfeffer, Piment, Ingwer (frisch), Kardamom, Muskatnuss, Sahne, Sauerrahm, Kürbiskernöl. **Diese Würzmittel passen auch zum Abschmecken:** Einige Safranfäden, Cayennepfeffer, Muskatblüte gemahlen, gehackte Nüsse	**Mit diesen Gemüsesorten kann man den Suppenansatz geschmacklich variieren:** ¾ Kürbis – $^1/_4$ Gemüse. Petersilienwurzel, Karotten und Sellerie oder nur Kartoffeln. **Diese Würzmittel passen auch in den Suppenansatz:** Dillsamen, Lorbeer, Nelke, Liebstöckel, Kümmel und Wacholderbeere im Gewürzsäckchen
Lammfleisch zum Kurzbraten		
Zubereitung: Das portionierte Lammfleisch einige Stunden in eine ölige Marinade ohne Salz einlegen, dann abtupfen und erst unmittelbar vor dem Grillen oder Braten salzen.	**Klassisch gewürzt mit:** Pfeffer gestoßen, Piment gestoßen, Knoblauch fein gewürfelt (nicht zerquetscht), Rosmarin- und Thymianzweig, Zitronenschale	**Diese Würzmittel passen auch:** Bohnenkraut, Estragon, Lavendel, Oregano

Lammragout		
Zubereitung: Fleisch von Schulter oder Nacken würfeln, mit Zwiebeln und Knoblauch anbraten, paprizieren, Tomatenmark zufügen, kurz mitrösten, mit Weißwein oder Rosé ablöschen, Wasser auffüllen, würzen und gar köcheln. Fleisch ausstechen, warm stellen und den Würzfond passieren. Gewünschte Einlagen wie frische Pilze, Karotten in Scheiben, Erbsen usw. in Butter anschwitzen, mit dem Fond auffüllen, durchkochen, mit in Flüssigkeit aufgerührter Speisestärke binden, nachwürzen, mit Muskat und ggf. Sahne vollenden, das Fleisch dazugeben und servieren. **Service:** Es passen alle frischen Gartenkräuter zum Bestreuen.	**Würzfond klassisch gewürzt mit:** Zwiebelwürfeln, Knoblauch, Paprika, Kümmel, Lorbeer, Majoran, Nelke, Pfeffer, Piment, Thymian, Wein, Tomatenmark. **Diese Würzmittel passen auch in den Würzfond:** Lavendel, Oregano, Rosmarin. **Klassische Einlagen:** Erbsen, Karotten, Staudensellerie, Lauchringe oder Zucht- und Waldpilze oder Schwarzwurzelbzw. Spargelstücke oder Tomatenwürfel, Pistazien bzw. Pinienkerne. **Die Soße klassisch gewürzt mit:** Cayennepfeffer, Worcester, Muskatnuss, Zitrone, Zitronenschale. **Diese Würzmittel passen auch in die fertige Soße:** Grüner Pfeffer, (Dijon-) Senf	**Exotisch gewürzt mit:** Cayennepfeffer, Ingwer, Honig, Knoblauch, Korianderblättern, Kreuzkümmel, Limettenschale, Lorbeerblatt, Muskatnuss, Piment, Sternanis, Sojasauce, Tomatenmark, Zimt, Zwiebeln. **Diese Würzmittel passen auch in den Würzfond, wenn Curry dabei ist:** kein Tomatenmark, Sherry statt Weißwein, Zitronengras, Kardamom und Sternanis. **Die Soße asiatisch gewürzt mit:** Sherry statt Weißwein, Sojasoße statt Worcester, Chilischoten, chin. Mixed Pickles. **Diese Würzmittel passen auch in die fertige asiatische Soße:** Klein geschnittene getrocknete Pflaumen. **Exotische Einlagen:** Mu-err Pilze, ganze Mandeln, Paprikaschoten, Sojasprossen, Bambussprossen
Lauchgemüse als Beilage		
Zubereitung: Das Hellgrüne und Weiße vom gründlich gewaschenen Lauch in Ringe bzw. Streifen schneiden. Erst feine Zwiebelwürfel, dann den Lauch auf in Butter gebräunten Räucherspeckwürfeln andünsten, mit Brühe oder Weißwein ablöschen, würzen und bei geschlossenem Deckel ca. 10 Min. schmoren. Mit in Flüssigkeit aufgerührter Speisestärke binden, ggf. nachwürzen, mit Muskat und Sahne vollenden. **Service:** Es passen alle frischen Gartenkräuter zum Bestreuen.	**Klassisch gewürzt mit:** Räucherspeck, Zwiebeln, Knoblauch, Cayennepfeffer, Kümmel gemahlen, Piment, Muskatnuss, Sahne	**Diese Würzmittel passen auch:** Crème fraîche, Weißwein, Zitronensaft oder Tomatenwürfel und Pinienkerne oder Waldpilze
Leber natur, gebraten		
Zubereitung: 1. Achtung! Die geschnittene Leber kann man vor dem Braten leicht einwürzen, aber **immer erst nach dem Braten salzen**, sonst wird sie hart. **2.** Bei „gebackener (panierter) Leber“ die Eier salzen. **3.** Kalbs-, Lamm-, Reh-, Rotwild- und Gänseleber rosa braten, Schweine- und Geflügelleber wenig mehr, aber nie ganz durch, sie wird sonst bitter. **4.** Rinderleber oder Leber von älteren Tieren ist zum Kurzbraten nicht geeignet. **Service:** Es passen alle frischen Gartenkräuter zum Bestreuen, besonders Petersilie.	**Schweineleber klassisch gewürzt mit:** Majoran, Pfeffer. **Kalbsleber klassisch gewürzt mit:** Pfeffer, Thymian oder Salbei. **Lammleber klassisch gewürzt mit:** Pfeffer, Knoblauch, Estragon, Rosmarin. **Gänseleber klassisch gewürzt mit:** Pfeffer, Piment, Cognac, Kardamom, Muskatblüte. **Geflügelleber klassisch gewürzt mit:** Speck- und	

Leber natur gebraten (Fortsetzung)		
	Zwiebelwürfeln, Knoblauch, Pfeffer, Thymian, Majoran. **Reh- und Rotwildleber klassisch gewürzt mit:** Pfeffer, Portwein, Wacholder oder Wildgewürz	
Leberknödel		
Zubereitung: Leberknödel aus Kalbs-, Schweine- oder Rinderleber. Dazu werden Zwiebeln, Knoblauch, Petersilie, Majoran und Thymian in Butter angeschwitzt und mit der Leber gemahlen. Diese Masse würzen und mit in Milch eingeweichtem, ausgedrücktem Weißbrot, Mehl und Eiern vermischen. Ist der Teig zu weich, einige Semmelbrösel einarbeiten, die Masse darf aber nicht fest und trocken werden. Die Leberknödel mit nassen Händen zu Knödeln von etwa 5–7 cm Stärke formen oder mit zwei angefeuchteten EL längliche Klöße abstechen. Diese lässt man entweder in Brühe, Suppe oder Würzsud garziehen und richtet sie klassisch auf Sauerkraut oder als Suppeneinlage an. **Service:** Es passen alle frischen Gartenkräuter zum Bestreuen. **Variante:** Regional (in Süddeutschland und Österreich) werden die Leberknödel mit geschnittenen Semmeln wie Semmelknödel zubereitet und vor der Verwendung als Suppeneinlage braun frittiert.	**Klassisch gewürzt mit:** Pfeffer, abgeriebener Zitronenschale (unbehandelt) und Muskatnuss	
Linsensuppe		
Zubereitung: Linsen über Nacht in so viel Wasser einweichen, dass sie gut bedeckt sind. Für die Zubereitung reichlich fein gewürfelten Bauchspeck und Zwiebelwürfel in einem Topf anbraten, Linsen mit dem Einweichwasser zufügen, aufkochen lassen und dabei abschäumen. Mit Fleisch- oder Gemüsebrühe auffüllen und ca. 30 Min. köcheln lassen. Zwischenzeitlich festkochende Kartoffeln, Karotten, Sellerie, Petersilienwurzeln, abgezogene Tomaten und Lauch würfeln, mit dem Gewürzbeutel zur Suppe geben und nochmals ca.30 Min. köcheln lassen. Erst salzen, wenn die Linsen weich sind. Den Gewürzbeutel entfernen, mit in Flüssigkeit aufgerührter Speisestärke die Suppe binden, ggf. nachwürzen und mit Muskat vollenden. **Service:** Mit heißen Würstchen in der Suppe und gutem Obstessig extra servieren. Es passen alle frischen Gartenkräuter zum Bestreuen, besonders Petersilie und Schnittlauch.	**Klassisch gewürzt mit:** Räucherspeck, Zwiebeln, Knoblauch, Bohnenkraut, Koriander, Lorbeerblatt, Liebstöckel, Pfeffer, Piment, Thymian, Muskat. **Als Einlage passen auch:** Spätzle oder Nudeln	**Diese Würzmittel passen auch:** Anis, Cayennepfeffer, Kümmel, Majoran, Paprikapulver, Zucker, Worcester
Mangold		
1. Zubereitung: Blattmangold, mit schmalen Rippen und breiten Blättern, **wird wie Blattspinat zubereitet.** Bei der Zubereitung sind der Wurzelansatz und eventuell braun gefärbte Stellen auf den Blättern zu entfernen, danach muss der Mangold gründlich gewaschen werden. Wegen des hohen Nitratgehalts den Mangold immer erst blanchieren. **Das Kochwasser weggießen.**	**2. Zubereitung: Stielmangold,** bei dem man die dicken, fleischigen, geschälten und von den Blättern befreiten Stiele nimmt. **Ihn bereitet man wie Spargel, Schwarz-**	**Blattmangold klassisch gewürzt wie Spinat:** Mit Pfeffer, Salz, Knoblauch und Muskat. **Stielmangold als Gemüse:** Nach dem Blanchieren der Stängel und Blätter alles getrennt

Mangold (Fortsetzung)		
Dann werden die blanchierten Blätter grob gehackt in ausgelassenen feinen Speckwürfeln mit darin glasig angedünsteten, sehr feinen Zwiebelwürfeln angeschwenkt, gewürzt und ggf. mit geschlagener ungesüßter Sahne vollendet. Gehackter Blattmangold wird oft mit klassischer Béchamelsauce gebunden serviert, was aber nicht mehr zeitgemäß ist. **Service:** Es passen alle frischen Gartenkräuter zum Bestreuen.	**wurzeln oder Staudensellerie zu.** Dazu werden die Stiele von den Blättern getrennt, geschält oder nur die gröbsten Fäden abgezogen. Wegen des hohen Nitratgehalts den Mangold immer erst blanchieren. **Das Kochwasser weggießen.** Zuerst die Stiele in Butter andünsten, mit Wasser angießen, mit Salz, Zucker, Zitronensaft würzen, ca. 10 Min. mit Biss garen. Zum Anrichten mit Pfeffer und Muskat vollenden, mit Hollandaise servieren. **Service:** Es passen alle frischen Gartenkräuter zum Bestreuen.	in Streifen schneiden. Zuerst die Stiele in Butter andünsten, mit Wasser oder Gemüsebrühe angießen, würzen mit Salz, Zucker, Zitronensaft, ca. 10 Min. mit Biss und dann weitere 5 Min. zusammen mit den Blättern garen. Mit in Flüssigkeit aufgerührter Speisestärke binden, ggf. nachwürzen und mit Muskat und Sahne vollenden. **Service:** Es passen alle frischen Gartenkräuter zum Bestreuen.
Meerrettichsoße für gekochtes Rindfleisch (Tafelspitz)		
Zubereitung: Für die Soße verwendet man 1/2 Milch und 1/2 Brühe. Sie wird gewürzt, mit in Flüssigkeit aufgerührter Speisestärke gebunden, kurz durchgekocht, passiert und mit Sahne und Muskat vollendet. Erst unmittelbar vor dem Anrichten den frisch geriebenen Meerrettich unter die Soße rühren, da die Würze und das Aroma innerhalb kurzer Zeit verfliegt. **Service:** Es passen alle frischen Gartenkräuter zum Bestreuen, auch Preiselbeeren.	**Klassisch gewürzt mit:** Dillsamen, Kümmel, Liebstöckel, Lorbeer, Wacholder, Nelke, Pfeffer, Piment. **Vollenden mit:** Muskatnuss, Sahne oder Crème fraîche und frischem Meerrettich	**Diese Würzmittel passen auch:** Anis, Weißwein, Koriander, Knoblauch, Senf. **Als Soßeneinlage:** Grüner Pfeffer oder feine Streifen von Lauch, Karotten und Sellerie oder Rote Beete. **Auch hier gilt:** Meerrettich immer erst zum Anrichten beifügen
Milchreis		
Zubereitung: Grundrezept; 1/2 l Milch, 125 g Rundkornreis, 1 EL Zucker, Prise Salz. Die Milch mit Gewürzen aufkochen, den Reis hineinrühren, aufkochen lassen und bei kleinster Hitze unter gelegentlichem Rühren aufquellen lassen. Zum Auskühlen mit Klarsichtfolie belegen, das verhindert die Hautbildung. **Service:** Milchreis ist heiß und kalt ein Genuss. Es passen Zucker mit Zimt, Zitronenmelisse, Schokoladenraspeln und gehackte Nüsse sowie frische Beeren zum Bestreuen.	**Klassisch gewürzt mit:** Salz, Vanille, Zucker, geriebener unbeh. Zitronenschale. **Folgende Obstsorten kann man in den fertigen, noch heißen Reis vorsichtig einrühren:** Gehackte Nüsse, Bananen, Mandarinen, rohe Blau- und Erdbeeren, Apfel- oder Birnenstücke, Rosinen, Backpflaumen	**Diese Würzmittel passen auch: Folgende Gewürze mit der Milch aufkochen und dann abseihen:** Anis, Ingwer, Kardamom, Limettenschale unbehandelt, Minze, Orangenschale unbeh., Sternanis, Zitronengras. **Folgende Würzmittel wahlweise mit dem Reis in die Milch einrühren:** Apfelstücke, Zwetschgenviertel, Honig, Kakao, Bittermandelaroma, Kokosmilch, Liköre passend, Muskatblüte gemahlen, Orangenblütenwasser, frische Preiselbeeren, Rosenwasser, Rum, Safran

Nieren sauer, von Kalb oder Schwein		
Zubereitung: Traditionelles Gericht der süddeutschen Küche. Die gesäuberten und in Milch eingelegten Nieren werden für die Zubereitung in feine Streifen geschnitten, kurz in Butter gebraten und aus der Pfanne genommen. Den Bratensatz mit etwas Tomatenmark und Paprika einfärben, mit Fleischbrühe ablöschen, würzen, loskochen, reduzieren lassen und abseihen. In einer anderen Pfanne feine Würfel von geräuchertem Speck und Zwiebeln in Butter glasig anrösten, den Bratenfond hinzugeben, mit in Flüssigkeit aufgerührter Speisestärke binden, abschmecken, die Nieren in der Sauce erwärmen, nicht mehr aufkochen und mit einer Beilage wie z. B. Semmelknödel servieren. **Service:** Es passen alle frischen Gartenkräuter zum Bestreuen.	**Den Bratensatz klassisch gewürzt mit:** Tomatenmark, Paprika, Pfeffer, Piment, Thymian, Salbei oder Rosmarin, Salz, Kümmel. **Die Soße klassisch gewürzt mit:** Speckwürfeln, Zwiebeln, Essig oder Zitronensaft	**Diese Würzmittel passen auch in den Bratensatz:** Estragon, Knoblauch, Weißwein. **Diese Würzmittel passen auch in die fertige Soße:** Cayennepfeffer, Muskatnuss, Senf, Worcester
Nierenragout		
Zubereitung: Die gesäuberten und in Milch eingelegten Nieren werden für die Zubereitung in mundgerechte Würfel geschnitten, in Butter gebraten und warm gestellt. Rindernieren sind nicht geeignet! In einem flachen Schmortopf feine Würfel von geräuchertem Speck und Zwiebeln in Butter glasig anrösten, klein gewürfelte Karotten, Lauchstreifen, Knoblauchscheiben und abgezogene, entkernte, gewürfelte Tomaten kurz mitrösten, mit Rotwein ablöschen und Fleisch- oder Gemüsebrühe auffüllen. Würzen, ca. 20 Min. köcheln lassen, Gewürzbeutel entfernen, mit in Flüssigkeit aufgerührter Speisestärke binden, abschmecken, ggf. mit Sauerrahm vollenden, über die warmen Nierenwürfel geben und ein wenig ziehen lassen. **Service:** Es passen alle frischen Gartenkräuter zum Bestreuen.	**Klassisch gewürzt mit:** Räucherspeck, Zwiebeln, Tomate, Knoblauch, Karotten, Lauch. **Im Gewürzbeutel:** Koriander, Thymian, Lorbeerblatt, Majoran, Wacholderbeere, Nelken, Pfefferkörner. **Die Soße klassisch abgeschmeckt mit**: Worcester, Zitrone, Zucker, Essig, Muskatnuss, Sauerrahm	**Diese Würzmittel passen auch in den Gewürzbeutel:** Anis statt Koriander, Piment. **Diese Würzmittel passen auch in die Soße:** Cognac, Cayennepfeffer, grüner Pfeffer, Senf, Basilikum zum Vollenden
Obstsalat		
Zubereitung: Bevor man mit dem Zerschneiden vom Obst beginnt, muss der Würzfond hergestellt werden: ⅓ Apfelsaft, ⅓ Ananassaft und ⅓ Pfirsichsaft, der entsprechend parfümiert wird. Fruchtsalat soll erfrischen, auf keinen Fall zu süß oder nach Alkohol (spritig) schmecken. Erlaubt sind alle frischen Früchte, geschält, entsteint, entkernt und nicht färbenden, je bunter, desto besser. Geschälte Äpfel vor dem Zerkleinern in den Würzfond legen, damit sie nicht braun werden. Nur feste Bananen verwenden und von Zitrusfrüchten nur die Filets. Wenn mit Dosenfrüchten, dann immer mit dem Saft. Entsprechend weniger Zuckersirup verwenden. Den Fruchtsalat gut durchgezogen und kalt servieren. Nach spätestens18 Std. verbrauchen. Nüsse, Schokoladenraspel und Minze nur über den angerichteten Fruchtsalat streuen.	**Den Würzfond klassisch zubereiten mit:** passenden, nicht färbenden Likören wie z. B. Grand Marnier und Maraschino, Angostura, Zuckersirup, Zitronensaft, Vanillezucker	**Diese Würzmittel passen auch:** Ingwer gemahlen, Piment – ein Hauch und nur ganz fein gemahlen, Bittermandelaroma, grüne Pfefferkörner, Kokosmilch, Limettensaft, Rum, Honig, Orangenblütenwasser, Rosenwasser, Zimtstangen (vor dem Anrichten entfernen)

Ochsenschwanzragout		
Zubereitung: Die einzelnen Ochsenschwanzsegmente gut anbraten, dann fein gewürfelten Räucherspeck, reichlich Zwiebelwürfel und Knoblauch mitbraten, paprizieren, Tomatenmark zufügen, kurz mitrösten, mit kräftigem Rotwein ablöschen. Zum Auffüllen Fleisch- oder Gemüsebrühe (oder Wasser) verwenden und nach dem Abschäumen solange köcheln lassen bis das Fleisch fast weich ist. Das kann ggf. bis zu 2 Std. dauern. Zwischenzeitlich die Gemüseeinlage in 1 cm große Würfel schneiden, mit den Gewürzen (im Beutel) zum Ragout geben und alles bei kleiner Hitze fertig garen, ohne viel zu rühren. Wenn das Fleisch weich ist, Gewürzbeutel entfernen, Sauce ggf. mit Brühe verlängern, Ragout mit in Flüssigkeit aufgerührter Speisestärke binden, nachwürzen und mit Madeira vollenden. **Service:** Es passen alle frischen Gartenkräuter zum Bestreuen.	**Den Ansatz klassisch gewürzt mit:** Räucherspeck, Zwiebeln, Knoblauch, Paprikapulver, Tomatenmark, Rotwein. **Im Gewürzsäckchen:** Koriander, Kümmel, Liebstöckel, Lorbeerblatt, Majoran, Nelke, Pfeffer, Piment (wichtig), Thymian. **Klassische Einlage**: Karotten, Sellerie. **Vollenden mit:** Cayennepfeffer, Madeira, Muskatnuss	**Diese Würzmittel passen auch in den Gewürzbeutel:** Anis, Ingwer, Kreuzkümmel (sehr sparsam), Wacholderbeeren, Zitronenschale. **Als Einlage passen auch:** Petersilienwurzel und Lauch, aber auch Champignonköpfe oder Pfifferlinge – dann vorher den Ochsenschwanz ausstechen und das klassische Gemüse in der Sauce pürieren. Bei Pilzen zusätzlich mit Sherry vollenden. **Diese Würzmittel passen auch zum Vollenden:** Dijonsenf, grüner Pfeffer
Oxtail clair		
Einfache Zubereitung: Die einzelnen Ochsenschwanzsegmente gut anbraten, mit reichlich Zwiebelwürfeln und Knoblauch weiterbraten, grob gewürfelte Tomaten zufügen und mit kräftigem Rotwein ablöschen. Zum Auffüllen Fleisch- oder Gemüsebrühe (oder Wasser) verwenden und ca. 2 Std. köcheln lassen, dabei immer wieder abschäumen. Zwischenzeitlich das Suppengemüse in kleine Würfel schneiden, nach halber Kochzeit mit den Gewürzen zur Suppe geben und alles bei kleiner Hitze, ohne dass es sprudelt, fertig garen. Wenn das Fleisch weich ist, die Suppe vorsichtig durch ein Tuch passieren, beiseite stellen (und zum Klären eiskalt herunterkühlen). Den Ochsenschwanz ausstechen, auslösen, das Fleisch in eine Schüssel pressen und mit einem Gewicht beschwert erkalten lassen. Zum Servieren die Oxtail erhitzen, nachwürzen, mit Madeira, Sherry und Muskat vollenden. Den gepressten Fleischblock in kleine Würfel schneiden und in den heißen Suppentassen verteilen, ebenso andere Einlagen. **Service:** Dazu passen Käsestangen aus Blätterteig (Fleurons) und alle frischen Gartenkräuter zum Bestreuen. Auf die geklärte Oxtail keine Kräuter streuen.	**Ansatz klassisch gewürzt mit:** Zwiebel, Tomate, Rotwein. **Klassische Gewürze im Beutel:** Ingwer, Koriander, Kümmel, Lorbeerblatt, Majoran, Nelke, Pfeffer, Piment (wichtig), Liebstöckel, Thymian. **Suppengemüse:** Karotten, Knoblauch, Lauch, Petersilienwurzel, Sellerie. **Vollendet mit:** altem Balsamico, Madeira, Sherry, Muskatnuss. **Diese Einlagen passen auch:** Blattgold und Trüffeln, Eierstich, frische Champignonscheiben	**Professionelle Zubereitung: Soll die Oxtail glasklar wie eine Kraftbrühe (Consommé) werden (geklärt), dann folgendermaßen vorgehen:** Rohes Suppengemüse und rohes, billiges, mageres Rindfleisch durch den Fleischwolf drehen, in einem hochwandigen Topf mit Eiklar, Eiswürfeln, Madeira, Sherry sowie ggf. Balsamico vermischen und die eiskalte Suppe kräftig einrühren. Auf starker Hitze ständig (vom Topfboden aus) rühren, bis die Suppe grau wird und auszuflocken beginnt. **Jetzt die Suppe auf keinen Fall mehr bewegen,** sondern warten, bis sie sprudelnd durch die dicke Klärschicht bricht. Hitze sofort drosseln und die klare Oxtail ca. 15 Min. ausköcheln lassen. Dann die Klärschicht vorsichtig abheben und entsorgen, die Suppe durch ein sauberes Tuch passieren und ggf. nachschmecken. Vorsicht jetzt mit Madeira, Sherry und Balsamico, sie können die klare Suppe trüben.

Paprika einlegen		
Zubereitung der Marinade: Wasser, Salz, Zucker und Weißweinessig nach Geschmack in einem Topf zum Kochen bringen. **Vorbereitung zum Einlegen:** Rote Paprikaschoten der Länge nach halbieren, das Kerngehäuse entfernen und mit der Schnittfläche nach unten auf ein mit Alufolie ausgekleidetes Backblech legen. Im Ofen bei 220° C backen, bis die Haut der Paprika schwarz wird und sich Blasen bilden. Die fertige Paprika in einen luftdichten Behälter (geschlossene Dose, Tiefkühlbeutel etc.) geben und darin abkühlen lassen. Dadurch schälen sich die Paprika dann leichter. Nun die Haut abziehen, das Fruchtfleisch in 2–3 cm breite Streifen schneiden. In gut gesäuberte Einweckgläser einige Pfefferkörner, halbierte Knoblauchzehen, einen Zweig Dill und ein Lorbeerblatt geben. Gläser mit den Paprikastreifen füllen und bis etwa 1/2 cm unter den Rand mit der Salz-Essiglake aufgießen. **Einwecken:** Gläser nach Vorschrift gut verschließen und im Wasserbad einwecken. Abkühlen lassen und an einem kühlen, dunklen Ort mindestens zwei Wochen ziehen lassen. Haltbar ca. 6 Monate.	**Diese Würzmittel passen auch in die Marinade:** Essigessenz, Süßstoff statt Zucker. **Diese Würzmittel passen auch in das Einweckglas:** Senfkörner, Meerrettich, Ingwer	**Wichtig:** Roter Paprika enthält Fruchtzucker, darum Vorsicht mit der Süße. Bei Pfefferoni auf Zucker ganz verzichten.
Pilze, sauer eingelegt		
Zubereitung der Marinade: Wasser, Salz, Weinessig, Zucker (wenig) nach Geschmack, mit Gewürzen aufkochen und passieren. **Zubereitung:** Zum Einlegen werden nur kleine, feste Pilze wie Champignons und Steinpilze im Ganzen oder halbiert verwendet. Pilze säubern und ca. 5 Min. in kochendem Sud garen, dabei abschäumen. Mit einem Schaumlöffel die heißen Pilze bis 3 cm unter den Rand in Verschlussgläser füllen, den Sud noch mal aufkochen, die Pilze damit bedecken und die Gläser fest verschließen. Gläser und Deckel müssen steril sein. Abkühlen lassen und an einem kühlen, dunklen Ort zumindest zwei Wochen ziehen lassen. Haltbar ca. 3 Monate.	**Klassisch gewürzt mit:** Essig, Dillsamen, Lorbeerblatt, Nelke, Piment, Wacholderbeeren, schwarzem Pfeffer, Zucker	**Diese Würzmittel passen auch in die Marinade:** Ingwer, Meerrettich, Senfkörner, Chili
Pizzasauce		
Zubereitung: gekochte Pizzasauce: Reichlich feine Zwiebelwürfel und fein geschnittener Knoblauch in Olivenöl glasig dünsten. Abgezogene, grob gewürfelte Tomaten und einige rote, abgezogene, fein gewürfelte Paprikaschoten darin mitdünsten. Mit Tomatenmark anreichern, Weißwein ablöschen und würzen. Das Ganze unter Rühren mindestens 30 Min. durchkochen, bis eine Paste entsteht. Vollendet wird diese Pizzasoße mit fein gehackter Petersilie und Basilikum. Vor der Verwendung oder Einlagerung die Gewürzsträuße entfernen. Pizzasoße eignet sich gut zum einwecken, aber nicht zum Einfrieren, da sich der Geschmack markant verändert.	**Klassisch gewürzt mit:** Zwiebeln, Knoblauch, Tomatenmark, Weißwein, Cayennepfeffer, Meersalz, Pfeffer, Bohnenkrautsträußchen, Oregano-, Thymian- und Rosmarinzweig, Liebstöckel, Petersilie und Basilikum fein gehackt. **Diese Würzmittel passen auch in die Soße:** Zucker, Paprikapulver	**Zubereitung: rohe Pizzasauce:** Dosentomaten mit dem Zauberstab nicht zu fein pürieren, Tomatenmark, Olivenöl und die Gewürze einrühren. Mit frisch gehackter Petersilie und Basilikum vollenden. Durchziehen lassen. **Klassisch gewürzt mit:** Olivenöl, Tomatenmark, Meersalz, Pfeffer, Cayennepfeffer, Zwiebelgranulat, Paprikapulver, Knoblauchgranulat, getrocknete Kräuter wie: Bohnenkraut, Liebstöckel, Oregano, Thymian und Rosmarin

Quarark mit Früchten		
Zubereitung: Bevor die frischen, geschnittenen Früchte in den cremigen Quark gerührt werden, sollte er fertig abgeschmeckt sein. Bei der Verwendung von Dosenware Vorsicht mit Zucker. Die Früchte erst abtropfen lassen. **Service:** Es passen gehackte Nüsse und Minze zum Bestreuen.	**Klassisch gewürzt mit:** Honig oder Zuckersirup, passenden Likören oder Sirups, Salz, Vanille, Zitronensaft und -schale	**Diese Würzmittel passen auch:** Anis, Curry, Bittermandel, Ingwer, Limettenschale, Orangenblütenwasser, Orangenschale, Preiselbeeren, Rosenwasser, Rotwein, Rum, Zimt
Quark mit Kräutern		
Zubereitung: Den Quark erst mit Sahne oder Milch geschmeidig aufrühren und dann würzen. Keine getrockneten Kräuter verwenden. **Service:** Es passen frische oder tiefgekühlte Gartenkräuter zum Würzen, Vollenden und Bestreuen (Schnittlauch, Dill und Kresse).	**Klassisch gewürzt mit:** Kümmel gemahlen, Pfeffer, Zitronensaft	**Diese Würzmittel passen auch:** Meerrettich, Knoblauch, Senf, Worcester, Zwiebeln, Paprikapulver, Tomaten- und Paprikawürfel, dann mit frischem Basilikum vollenden
Rahmsauce pikant		
Zubereitung: Nussgroß gehackte Kalbsknochen und Räucherspeckschwarte sehr gut anrösten, Fett abgießen, mit Zwiebeln, Karotten, Sellerie, Petersilienwurzel weiterrösten. Tomatenmark und Knoblauch kurz mitrösten, mit Weißwein oder Rosé ablöschen, Brühe dazugeben und reduzieren lassen. Erneut mit Brühe ablöschen, Vorgang 3x wiederholen, dann mit Brühe auffüllen und 3 Std. köcheln lassen. Jetzt die Gewürze (ohne Salz) dazu und noch mal ca. 1 Std. köcheln lassen. Soße passieren, mit in Flüssigkeit aufgerührter Speisestärke binden, abschmecken, mit Rahm (je nach Verwendung süße oder saure Sahne) und Muskat vollenden. **Service:** Es passen alle frischen Gartenkräuter zum Bestreuen (wenn gebunden).	**Klassisch gewürzt mit:** Räucherspeckschwarte, Zwiebeln, Karotten, Sellerie, Petersilienwurzeln, Tomatenmark, Knoblauch, Weißwein, Lorbeer, Thymian, Wacholder, Pfeffer, Sahne oder Sauerrahm, Muskatnuss	**Diese Würzmittel passen auch:** Cayennepfeffer, Estragon, Liebstöckel, Senf, Sherry
Rehbraten		
Zubereitung der Keule: Von der gut abgehangenen Rehkeule die Knochen hohl auslösen und klein hacken (oder lassen). Das Rehfleisch mit einem spitzen, scharfen Messer dünn häuten und ggf. beizen. Wurde die Keule offen ausgelöst, mit Küchengarn binden (bridieren). Das marinierte, gebeizte oder naturbelassene Fleisch mit grünem Speck spicken, mit Gewürzen einreiben und von allen Seiten gut anbraten. Die Knochen und Sehnen sowie Räucherspeck zugeben, mitrösten, Wacholderbeeren zerdrücken, in den Ansatz geben, mit Cognac ablöschen (**Vorsicht: Stichflamme**), mit Rotwein oder Rotweinbeize und Fleischbrühe angießen. Im heißen Backofen ca. 45 Min. braten lassen, dabei die Keule gelegentlich wenden und immer wieder mit dem Bratensaft übergießen. Röstgemüse und Gewürze zur Rehkeule geben und in weiteren 45 Min. fertig garen; gelegentlich mit Rotwein begießen. Die Keule herausnehmen, in Alufolie wickeln und ca.15 Min. ruhen lassen. Zwischenzeitlich den Bratensatz mit Fleischbrühe loskochen und durch ein Sieb passieren. Dabei das weiche Röstgemüse sofern möglich mit durchdrücken, Preiselbeeren, Portwein und Sahne	**Klassisch gewürzt – der Braten mit:** Pfeffer, Piment**; der Bratenansatz mit:** Räucherspeck, Wacholderbeeren, Cognac, Rotwein oder Beize, Brühe; **der Soßenansatz mit:** Zwiebeln, Knoblauch, Karotten, Petersilienwurzel, Sellerie, Tomate, Salbei, Senfkörnern, Thymian, Ingwer, Koriander, Lorbeerblatt, Orangenschale, Pfeffer, Preiselbeeren, Rotwein, Waldpilzen getrocknet und gerieben, Zitronenschale **die Soße mit:** Portwein, Preiselbeeren, Sahne, Zitronensaft, Muskatnuss. **Diese Würzmittel passen auch in die Soße:**	**Zubereitung des Rückens:** Den gebeizten oder naturbelassenen ganzen Rehrücken sorgfältig parieren (von Haut bzw. Sehnen befreien) und mit grünem Speck spicken. Eine Grillstange oder Ähnliches in den Rückenmarkkanal treiben, damit sich der Rücken beim Braten nicht aufrollt. Fleisch mit Gewürzen einreiben und Butter bestreichen. Den Rehrücken in eine passende Pfanne setzen und in den gut vorgeheizten Backofen (250–300° C) schieben. Nach ca. 15 Min. (rosa gebraten) bzw. 25 Min. (durchgebraten) den Ofen ausschalten und

Rehbraten (Fortsetzung)		
zugeben, cremig einkochen lassen, bei Bedarf mit in Flüssigkeit aufgerührter Speisestärke binden und nachwürzen. **Service:** Es passen alle frischen Gartenkräuter zum Bestreuen.	Johannisbeerkonfitüre statt Preiselbeeren, Crème fraîche oder saure Sahne **(sehr vorsichtig dosieren)** Cayennepfeffer, Honig, Kreuzkümmel, Nelken, Muskatblüte, Kardamom, Sternanis, Zimt, Vanille	den Rehrücken 20 Min. bei langsam nachlassender Hitze behutsam fertig garen. **Tipp:** Für kalte Buffets den Rücken immer rosa braten.
Rehragout		
Zubereitung: Fleisch von Schulter, Brust, Haxen oder Nacken würfeln, mit Räucherspeckschwarten, Zwiebeln und Knoblauch anbraten, Tomatenmark zufügen, kurz mitrösten, dann mit kräftigem Rotwein ablöschen, mit Wildfond (Brühe oder Wasser) auffüllen, würzen und gar köcheln. Fleisch ausstechen, warm stellen und den Würzfond passieren. Gewünschte Einlagen wie frische Pilze, Karotten in Scheiben in Butter anschwitzen, mit dem Ragoutfond auffüllen, durchkochen, mit in Flüssigkeit aufgerührter Speisestärke binden, nachwürzen, mit Sahne und Muskat vollenden, das Fleisch dazugeben und servieren. **Service:** Dazu passen Johannisbeergelee oder Preiselbeeren, frische Gartenkräuter zum Bestreuen, besonders Kresse sowie gehackte Nüsse.	**Klassisch gewürzt mit:** Räucherspeckschwarte, Zwiebeln, Knoblauch, Tomatenmark, Rotwein, Ingwer, Piment, Thymian, Lorbeer, Majoran, Nelken, Rosmarin, Wacholderbeeren, Preiselbeeren, Muskatnuss, Zitronensaft, Zitronenschale. **Klassische Einlage:** Karotten, Sellerie, Petersilienwurzel, Waldpilze oder Champignons	**Diese Würzmittel passen auch:** Senf (Dijon), Cayennepfeffer, Himbeeressig statt Zitronensaft
Reis – exotisch süß-scharf mit Bananen als Beilage zu gegrillten Riesengarnelen, Fisch oder Geflügelfleisch		
Zubereitung: Unpolierten Langkornreis (Vollkorn) in Salzwasser körnig kochen. Abschütten, unter fließendem Wasser erkalten und abtropfen lassen. Feine Zwiebel- und Knoblauchwürfel in der Pfanne mit wenig Butter andünsten, pro Portion eine halbe Banane hineinschneiden, mit Ananassaft anfeuchten und würzen. Bei mittlerer Hitze den Reis dazugeben und alles so lange schwenken oder rühren, bis sich eine weiche, kompakte Masse gebildet hat. **Service:** Es passen frische Minzeblätter zum Bestreuen, auch gehackte Nüsse und Sprossen.	**Klassisch gewürzt mit:** Zwiebeln, Knoblauch, Curry, Cayennepfeffer, Ingwer, Mango-Chutney, Rohrzucker, ggf. Rosinen	**Diese Würzmittel passen auch:** Honig statt Rohrzucker, Sambal Olek statt Cayennepfeffer, Kreuzkümmel, Piment, Safran
Reisauflauf, süß		
Grundrezept: 125 g Milchreis, ½ l Milch, 1 Prise Salz, 1 EL Butter, 1 TL Zucker, 2–3 Eier, Zitronenschale (unbehandelt), ggf. 250 g reife Früchte, ggf. 100 g Quark. **Früchtebeispiel:** Rosinen, enthäutete Aprikosen oder Pfirsiche, geschälte Äpfel oder Birnen, entsteinte Kirschen oder Zwetschgen usw. Keine stark safthaltigen Früchte verwenden. **Zubereitung:** Rundkornreis waschen, in gesalzener Milch mit halbierter Vanilleschote und Zitronenschale weichkochen, ausquellen und erkalten lassen. Aromaträger entfernen. Eiweiß mit Zucker zu sehr steifem Schnee schlagen. Aus Butter, Zucker, Eigelb und Würzmitteln eine schaumige Masse rühren. Den lauwarmen Reis (ggf. klein geschnittenes Obst) langsam unter die Schaummasse rühren, danach Eischnee unterheben und das Ganze in eine eingefettete Auflaufform geben. Bei mäßiger Hitze Reisauflauf ca. 45 Min. goldgelb backen. **Service:** Es passen Zucker, Zimt, Schokoladenraspel zum Bestreuen oder Himbeersoße.	**Die Schaummasse klassisch gewürzt mit:** Zucker, Vanillezucker, Prise Salz, Zimt, Kardamom. **Zur Weihnachtszeit mit:** Lebkuchengewürz aus Zimt, Nelken, Piment, Koriander, Ingwer, Kardamom, Muskatnuss oder Macis, Anis und Sternanis – Honig statt Zucker	**Diese Würzmittel passen auch:** Arrak oder Rum

Rosenkohl als Beilage ohne Soße		
Vorbereitung: Vor dem Kochen werden die äußeren Blätter entfernt, der Strunk zur Verkürzung der Garzeit kreuzweise eingeschnitten und die Röschen unter fließendem Wasser gewaschen. Den Rosenkohl in kochendem Salzwasser 5 Min. blanchieren und anschließend in eiskaltem Wasser schockartig kalt machen. Zur weiteren Zubereitung muss der Rosenkohl trocken sein. Da er in ca. 3 Min. tischfertig ist, sollte das Hauptgericht bereit zum Anrichten sein. **Zubereitung:** Feinste Würfel vom Räucherspeck in Butter ausbraten. Feinste Zwiebelwürfel kurz mitdünsten, den Rosenkohl dazu geben, würzen, mit etwas Kochfond, Sahne zugedeckt durchkochen, bis alles sämig bindet. Mit einem Hauch Muskat vollenden und anrichten. **Service:** Es passen alle frischen Gartenkräuter zum Bestreuen (Petersilie und Kresse).	**Klassisch gewürzt mit:** Räucherspeck, Zwiebel, Pfeffer, Sahne, Muskatnuss	**Diese Würzmittel passen auch:** Knoblauch, Koriander, Piment
Rote Beete kochen		
Vorbereitung: Rote Beete immer mit Schale und unangeschnitten kochen. Erst gegart schälen und weiterverarbeiten.	**Das Kochwasser klassisch gewürzt mit:** Kümmel, Pfeffer	**Diese Würzmittel passen auch:** Anis, Koriander, Senfkörner
Sauerkraut kochen		
Zubereitung: Zwiebel in feine Streifen schneiden, im Schmalz glasig dünsten und mit Wein ablöschen. Sauerkraut auseinander zupfen, in den Topf geben und mit Brühe auffüllen, bis das Kraut fast bedeckt ist. Gewürze im Beutel dazugeben und leicht köchelnd mit Deckel ca. 45 Min. garen. Abschmecken und mit in Wasser aufgerührter Speisestärke binden. **Service:** Es passen alle frischen Gartenkräuter zum Bestreuen, besonders Kresse.	**Klassisch gewürzt mit:** Gänseschmalz, Zwiebeln, Weißwein trocken, Brühe, Kümmel, Lorbeer, Nelke, Pfeffer, Wacholder. **Abgeschmeckt klassisch mit:** Zucker oder Honig, Salz	**Diese Würzmittel passen auch – zu pikant abgeschmecktem Kraut:** Räucherspeck, Knoblauch, Majoran, Paprikapulver, Tomate; **zu süß abgeschmecktem Kraut:** Äpfel, Ananas, Cayennepfeffer, Sternanis, Nüsse, Weintrauben (abgezogen und entkernt), Champagner statt Wein
Schweinebrust, gefüllt		
Vorbereitung: Vom Metzger eine Schweinebrust ausbeinen, eine Tasche einschneiden und die Schwarte rautenförmig einschneiden lassen. Vor dem Befüllen die Brust innen mit Salz und außen mit Gewürzmischung einreiben. **Die klassische Füllung besteht aus:** Hackfleisch vom Schwein, das man wie Frikadellenmasse würzt und herstellt, oder grobem Bratwurstbrät vom Metzger, nach eigenem Geschmack und mit frischen gehackten Kräutern vollendet. Die Brust damit nicht zu prall füllen (sie platzt leicht) und mit Küchengarn zunähen. **Zubereitung:** In einem Bräter von allen Seiten gut anbraten, Röstgemüse und Tomatenstücke dazugeben, mitrösten lassen und mit Brühe, Bier oder Wasser ablöschen. Im vorgeheizten Ofen bei ca. 200° C 1 1/2–2 Std. garen. Zuerst mit der Schwarte nach unten, nach der Hälfte der Zeit wenden. Während der ersten Hälfte der Garzeit immer wieder mit Wasser ablöschen, damit das Röstgemüse nicht verbrennt. Nach dem Wenden mit heißer Brühe oder Wasser und Bier bis auf ein Viertel der Fleischhöhe auffüllen, würzen	**Die Brust klassisch gewürzt mit einer Gewürzpaste aus:** zerdrücktem Knoblauch, gemahlener Kümmel, Majoran, Nelkenpulver, Pfeffer, Salz, Thymian und Pflanzenöl. **Diese Würzmittel passen auch in die klassische Füllung:** gedünstete Champignons oder Pfifferlinge, Erbsen, klein gewürfelte Paprikaschoten, fein gewürfelter gekochter Schinken, Pistazien. **Das Röstgemüse:** gewürfelte Zwiebel, Sellerie, Karotten, Tomaten, Petersilienwurzel und Knoblauch. **Die Sauce, klassisch gewürzt**	**Diese Würzmittel passen auch ins Röstgemüse:** Räucherspeck. **Diese Würzmittel passen auch in die Sauce:** Anis, Paprika, Rosmarin, Senf

Schweinebrust, gefüllt (Fortsetzung)		
und fertig garen. Das Fleisch dabei öfter mit Bratenfond übergießen. Die fertige Schweinebrust aus der Soße heben und zum Entspannen zugedeckt warm stellen. Den Fond mit dem Gemüse pürieren, ggf. mit in Flüssigkeit aufgerührter Speisestärke abziehen, aufkochen lassen, abschmecken, durch ein Sieb passieren und ggf. mit Crème fraîche vollenden. **Service:** Das Fleisch mit Füllung in Scheiben schneiden, die Sauce getrennt servieren. Alle frischen Gartenkräuter passen zum Bestreuen.	**mit:** Bier, Liebstöckel und Piment … **vollendet mit:** Muskatnuss und Cayennepfeffer	
Schweinefleisch mager, zum Kurzbraten asiatisch mariniert		
Würzmischung aus: Pflanzenöl, frischer Ananas fein geschnitten, Cayennepfeffer oder geschnittenen Chilischoten, Honig, Ingwer, Knoblauch, Kokos, Limettenschale, Lorbeerblatt, Muskatblüte gemahlen, Piment, schwarzem Pfeffer, Sojasauce, Zimt, Zitronengras, Zwiebeln. Das Fleisch vor dem Braten noch salzen.	Bei Gewürzmischungen für Schweinefleisch ohne Pflanzenöl kann Salz mit verwendet werden.	**Diese Würzmittel passen auch:** Sherry, Korianderblätter
Schweinefleisch mager, zum Kurzbraten europäisch mariniert		
Würzmischung aus: Pflanzenöl, Pfeffer, Petersilie, Knoblauch, Kümmel, Majoran, Thymian, Zwiebeln. Das Fleisch vor dem Braten salzen. **Service:** Es passen alle frischen Gartenkräuter zum Bestreuen, Kräuterbutter, Meerrettich oder Buraki.	Bei Gewürzmischungen für Schweinefleisch ohne Pflanzenöl kann Salz mit verwendet werden.	**Diese Würzmittel passen auch:** Cayennepfeffer, Muskatnuss, Nelken gemahlen, Oregano, Paprika, Piment, Senfkörner zerdrückt, Wacholderbeeren
Schweinegulasch		
Zubereitung: Fleisch im Topf anbraten, geschnittene Zwiebeln (gleiche Menge wie Fleisch) mitbräunen. Abgezogene Tomaten oder Tomatenmark, Knoblauch und Paprikapulver dazugeben, kurz mitrösten, dann mit Bier ablöschen, mit Brühe auffüllen, würzen und ca. 45 Min. köcheln lassen. Ist das Fleisch weich, das Gulasch mit in Flüssigkeit aufgerührter Speisestärke abziehen, aufkochen lassen, abschmecken und mit Muskatnuss und Sauerrahm vollenden. Vor dem Anrichten die Lorbeerblätter entfernen. **Service:** Es passen alle frischen Gartenkräuter zum Bestreuen.	**Klassisch gewürzt mit:** Zwiebeln, Tomaten, Knoblauch, Paprikapulver, Bier, Lorbeer, Majoran, Nelkenpulver, Pfeffer gemahlen Piment gemahlen, Muskatnuss, Sauerrahm	**Diese Würzmittel passen auch:** Cayennepfeffer, Oregano, Thymian, Senf
Senfsoße, warm		
Zubereitung: Feine Zwiebelwürfel in Butter glasig andünsten, dann Knoblauch und Gewürze zufügen. Je nach Verwendung mit dunklem Bier, Noilly Prat, Weißwein oder Fond ablöschen, mit 1/2 Brühe und 1/2 Milch auffüllen und einige Min. kochen lassen. Mit in Flüssigkeit aufgerührter Speisestärke abbinden, aufkochen lassen, abschmecken, mit verrührtem Eigelb und Sahne legieren. Soße passieren, vollenden mit Mustard oder Dijon-Senf und Crème fraîche. **Service:** Es passen alle frischen Gartenkräuter zum Bestreuen.	**Den Ansatz klassisch gewürzt mit:** Zwiebeln, Knoblauch, Senfkörnern, Lorbeer, Wacholder, Nelken, Pfeffer, Piment. **Die Soße abgeschmeckt mit:** Cayennepfeffer, Worcester, Zitronensaft, Muskatnuss, Dijonsenf oder Mustard, Crème fraîche	**Dieses Würzmittel passt auch in den Ansatz:** Estragon

Spinat in Rahmsoße		
Vorbereitung: Frischen Sommerspinat gründlich waschen, blanchieren, kalt machen, trocken ausdrücken und durch den Fleischwolf drehen. Nur Freilandware oder ein Tiefkühlprodukt verwenden. **Kochwasser weggießen. Zubereitung:** In einem Topf ganz feine Speckwürfel mit etwas Butter auslassen und darin sehr feine Zwiebelwürfel und Knoblauch glasig andünsten. Mit Milch auffüllen (ca. ⅓ zur Spinatmenge), Gewürzsäckchen dazu geben, aufkochen, mit in Flüssigkeit aufgerührter Speisestärke sehr cremig abbinden, aufkochen lassen, den Spinat dazugeben, abschmecken und mit Sahne und Muskat vollenden.	**Der Ansatz wird klassisch gewürzt mit:** Speckwürfeln, Zwiebelwürfeln, Knoblauch. **Im Gewürzsäckchen sind:** Wacholderbeeren, Lorbeerblatt, Nelke, weißer Pfeffer. **Abgeschmeckt wird mit:** Pfeffer, Salz, Muskat und Muskatblüte	
Sülze		
Vorbereitung: Kalbsfüße oder andere kollagenreiche Fleischarten wie Spitzbeine und Schweineschwarten gründlich waschen, mit kaltem Wasser ansetzen, aufkochen, abschäumen. **Zubereitung:** Eisbein und Suppengemüse dazugeben, wieder aufkochen und abschäumen. Etwa 1 Std. auf kleinem Feuer köcheln lassen. Jetzt die Gewürze dazugeben und mindestens eine weitere Std. mehr ziehen als kochen lassen, bis das Eisbein weich ist. Das gare Fleisch von den Knochen lösen, in gleichmäßige Stückchen schneiden, mit gewürfelten sauren Gurken und Karotten (aus der Brühe) vermischt in einer Form verteilen. Die Brühe vorsichtig passieren, abschmecken und damit die Form auffüllen. Sehr praktisch sind Formen aus Edelstahl, weil sich die Sülze daraus am leichtesten stürzen lässt, wenn man die Form kurz in heißes Wasser taucht. Form aus anderen Materialien vorher mit Klarsichtfolie auslegen. **Service:** Es passen alle frischen Gartenkräuter, Schnittlauch und Zwiebelwürfel zum Bestreuen.	**Sulzbrühe klassisch angesetzt mit:** Karotten, Zwiebeln, Knoblauch, Petersilienwurzel, Sellerie, Lauch. **Sulzbrühe klassisch gewürzt mit:** Koriander, Kümmel, Liebstöckel, Lorbeer, Nelke, Pfeffer schwarz, Piment. **Sulzbrühe klassisch abgeschmeckt mit:** Essig, Zucker, Muskatnuss	**Diese Würzmittel passen auch in die Sulzbrühe:** Senfkörner, Thymian, Wacholderbeeren. **Die Sulzbrühe kann auch abgeschmeckt werden mit:** Sherry, Zitrone
Tomaten, abgezogen, geviertelt und geschmort		
Info: Diese Tomaten schmecken göttlich und können für alle kurzgebratenen Fleisch- und Fischgerichte sowie Reis und Pasta verwendet werden. Zum Einmachen in Gläsern oder Einfrieren auf **alle Kräuter** verzichten. **Vorbereitung:** Zum Abziehen schneidet man von reifen Tomaten den Stängelansatz heraus und an der unteren Seite die Tomatenhaut kreuzförmig ein. In kochendem Wasser blättern diese Schnittstellen nach ca. einer Minute auf. Die Tomaten sofort in eiskaltem Wasser abschrecken, die Tomatenhaut entfernen, die Früchte vierteln und entkernen. **Zubereitung:** In einer kleinen, hohen Schwenkpfanne feine Zwiebel- und Knoblauchwürfel mit Olivenöl glasig dünsten, die Tomatenstücke dazugeben, nach Verwendung würzen, ca. 2–3 Min. durchschmoren lassen und vor dem Anrichten Gewürzzweige entfernen. **Service:** Es passen alle frischen Kräuter zum Bestreuen, besonders Petersilie und Basilikum.	**Klassisch gewürzt mit:** Zwiebeln, Knoblauch, Cayennepfeffer, Oregano, gemahlenem Piment, gehackter Petersilie, Rosmarin, Thymian, etwas Weißwein, Prise Zucker, Basilikum zum Vollenden	**Diese Würzmittel passen auch:** Essig statt Weißwein, Estragon statt Thymian, grüner Pfeffer, Kardamom, Lorbeerblatt, Nelken gemahlen, Paprikapulver, Safran, schwarzer Pfeffer, Tabasco statt Cayennepfeffer

Tomatensalat		
Info: Wichtig für den Geschmack sind vollreife Früchte. Auf billige, wässrige Treibhausware im Winter sollte man besser verzichten. **Zubereitung:** Tomaten mit einem scharfen Messer in Stücke und Zwiebeln in Ringe schneiden, würzen, mischen, mit Olivenöl und Kräutern vollenden und vor dem Servieren etwas ziehen lassen. **Service:** Es passen alle frischen Kräuter zum Würzen, Vollenden und Bestreuen, besonders Petersilie oder Schnittlauch sowie Basilikum.	**Klassisch gewürzt mit:** Meersalz, frischem Pfeffer, Zwiebeln, Knoblauch, Olivenöl. Wenn normaler Essig verwendet wird: mit etwas Zucker Volumen geben. Bei Balsamico und Sherryessig nicht nötig. **Einlagen:** Schafskäse, Mozzarella, Pinienkerne, Paprikastreifen	**Diese Würzmittel passen auch:** Chilischoten, Korianderblätter, Worcester, Zitrone
Tomatensuppe		
Vorbereitung: Zum Abziehen schneidet man von reifen Tomaten den Stängelansatz heraus und an der unteren Seite die Tomatenhaut kreuzförmig ein. In kochendem Wasser blättern diese Schnittstellen nach ca. einer Minute auf. Die Tomaten sofort in eiskaltem Wasser abschrecken, die Tomatenhaut entfernen, die Früchte vierteln und entkernen. **Klassische Zubereitung:** Zwiebeln, Karotten und Staudensellerie klein würfeln, Knoblauch grob hacken und alles in Butter glasig andünsten. Die vierfache Menge (dieses Ansatzes) an Tomatenstücken dazugeben, mit Brühe auffüllen, aufkochen lassen, würzen und mindestens 30 Min. köcheln lassen. Je länger die Suppe köchelt, desto besser und gesünder wird sie. Sind keine frischen Tomaten vorhanden, Dosenware und Tomatenmark verwenden. Die Suppe mit dem Zauberstab pürieren, mit etwas Crème fraîche binden, noch mal aufkochen lassen, abschmecken und mit gekochtem Reis oder gerösteten Weißbrotwürfeln (Croûtons) anrichten. Mit einem Klacks Crème fraîche und einem Basilikumblatt dekoriert servieren. **Service:** Es passen auch alle frischen Gartenkräuter zum Bestreuen.	**Klassisch gewürzt mit:** Gemüse- oder Fleischbrühe, aber auch Fischfond (dann mit Noilly Prat statt Gin), Zwiebeln, Knoblauch, Karotten, Sellerie, abgezogenen Tomaten, Gin, Cayennepfeffer, Piment, Wacholderbeeren, Zucker, Muskatnuss. **Diese Würzmittel passen auch:** Räucherspeck, Dillsamen, Petersilienwurzel, Liebstöckel, Lorbeerblatt, Nelken, Oregano, Rosmarin, Salbei, Safran, Pfeffer, Weißwein, Worcestersoße, Sahne statt Crème fraîche	**Exotisch abgeschmeckt mit:** Currykraut, grünem Pfeffer, Ingwer, Korianderblättern, Orangensaft, Orangenschale, Sherry, Vanille. **Einlage:** Orangenfilets
Truthahn, gefüllt		
Tipp: Nur junge Puten mit einem Gewicht von 2–3,5 kg verwenden. **Vorbereitung:** Truthahn von den Schenkelsehnen befreien, innen und außen würzen und ca. 1 Std. im Kühlschrank ziehen lassen. Inzwischen die Füllung zubereiten. **Zubereitung der Füllung (Farce):** Eine große Gemüsezwiebel und 100 g Champignons fein würfeln, in Butter andünsten und kalt werden lassen. 100 g gewürfeltes altbackenes Weißbrot in 100 ml warmer Geflügelbrühe einweichen (dann gut auspressen und zerrupfen), 100 g gekochten Schinken, 200 g geschälte und gehackte Kastanien, 1 Bd. fein gehackte glatte Petersilie, 200 g Kalbsbrät (vom Metzger), ein Ei und Gewürze zu einer Farce verarbeiten. Die Pute nicht zu prall füllen, die Öffnung mit Küchengarn zunähen. Das Geflügel bridieren (formen und binden), grüne Speckscheiben auf die Brust legen und festbinden. Den Vogel in eine tiefe Bratreine (Brust nach oben) mit Wasser setzen. **Zubereitung des Geflügels.** In der ersten Stunde im vorgeheizten Ofen	**Klassisch gewürzt mit:** Beifuß, Dijonsenf, Majoran, Pfeffer, Thymian, Zitronensaft. **Die Füllung klassisch gewürzt mit:** Zwiebeln, Knoblauch, Petersilie, Pfeffer, Muskat	**Diese Würzmittel passen auch:** Paprika, Salbei

Truthahn, gefüllt (Fortsetzung)		
bei ca. 220° C braten, danach auf 180° C zurückdrehen. Den Truthahn mehrmals mit dem Bratensaft übergießen oder bestreichen. Nach ²/₃ der Bratzeit den Speck entfernen. Die Bratzeit richtet sich nach der Größe des Geflügels. Bei jungen Tieren rechnet man ebenso viel Stunden wie das Gesamtgewicht in Kilogramm minus 30 % (also: 4 kg Truthahn inkl. Füllung = 4 Std. minus 30 % = rund 2,5–3 Std. Bratzeit). Mit Thermometer gemessen ist er gar, wenn das Innere der Keule eine Temperatur von 85° C hat. Das Brustfleisch sollte 80° C und die Füllung 75° C im Kern erreichen. Man nimmt den garen Truthahn aus dem Ofen und lässt ihn je nach Größe, abgedeckt mit Alufolie, 20–35 Min. ruhen. Dadurch setzt sich der Saft, und das Fleisch ist leichter zu tranchieren. Dies erfolgt auf einem Arbeitsbrett mit einem möglichst scharfen Messer. Brustseite nach oben und zunächst die Keulen am Hüftgelenk abtrennen. Unter- und Oberkeulen trennen und filetieren, dabei parallel zum Knochen schneiden. Die Flügel am Schultergelenk abtrennen und komplett lassen. Um die Brust zu filetieren, zunächst am Brustknochen entlang schneiden, dann diagonal Filetstücke schneiden, erst von der einen Brusthälfte, dann von der anderen. Das Fleisch auf eine vorgewärmte Servierplatte legen. Beim gefüllten Truthahn wird die Füllung nach dem Tranchieren herausgenommen. Dazu den Rücken aufschneiden und die Karkasse auseinander spreizen. Den Truthahn vor dem Anrichten wieder in seine ursprüngliche Form zusammensetzen und das Fleisch mit Spießchen zusammenhalten. Die Füllung in Scheiben geschnitten anrichten. Die Soße extra servieren.		
Weißkrautsalat		
Zubereitung ohne Speck: Weißkraut sehr fein hobeln, mit kochendem Wasser überbrühen und in einem Durchschlag gut abtropfen lassen. Noch warm würzen mit Salz, Essig, Kümmel ganz oder gemahlen, Pfeffer, Zucker und Pflanzenöl. Alles sehr gut verkneten. Als zusätzliche Vitaminspritze können Karotten oder bunte Paprikawürfel unter den Salat gehoben werden. Krautsalat gut durchziehen lassen. Niemals eiskalt, sondern bei Raumtemperatur servieren. **Service:** Es passt frische Kresse zum Bestreuen.	**Zubereitung mit Speck:** In der für den Krautsalat benötigten Menge Pflanzenöl feine Räucherspeckwürfel auslassen. Dann feine Zwiebelwürfel darin anschwitzen und diesen sehr heißen Ansatz über das gehobelte, nicht gebrühte Kraut schütten. Mit einem Kochlöffel alles gut vermischen und wie bereits beschrieben ohne Öl würzen und gut verkneten. Gut durchziehen lassen und am besten lauwarm servieren.	**Exotische Zubereitung:** Wird der Krautsalat mit Äpfeln, Ananas, Nüssen angereichert, den gehobelten, überbrühten Kohl erst abkühlen lassen. **Diese Würzmittel passen auch:** Zitronensaft statt Essig, Honig statt Zucker, Ingwer, Dillspitzen, Olivenöl, aber auf Kümmel nicht verzichten.

Wildsoße für kurzgebratenes Reh- oder Hirschfleisch		
Vorbereitung: Für den Ansatz benötigt man klein gehackte Wildknochen, Sehnen, Haut etc., die beim Zurechtschneiden der großen Fleischteile anfallen. Falls das nicht möglich ist, kann man mit billigen Ragoutstücken arbeiten. **Zubereitung des Saucenfonds:** In einem flachen, großen Topf die oben beschriebenen Zutaten braun anrösten, gewürfelten Räucherspeck, Röstgemüse und Tomaten kräftig mitrösten, mit Weinbrand ablöschen und Rotwein auffüllen. Ohne Deckel bei mittlerer Hitze einkochen, bis kaum mehr Flüssigkeit im Topf ist, mit Wasser bedecken, würzen, nicht salzen und erneut einkochen, bis eine konzentrierte Flüssigkeit übrig bleibt. Durch ein Sieb passieren und kalt stellen. Dieser Saucenfond bleibt im Kühlschrank eine gute Woche und eingefroren monatelang frisch. **Die Sauce:** Für die Sauce den Fond aufkochen, würzen und mit dem Zauberstab etwas Johannisbeerkonfitüre und Preiselbeeren einarbeiten. Mit saurer Sahne oder Crème fraîche abbinden und ggf. noch abschmecken. **Service:** Das gebratene Fleisch auf die Soße setzen und entsprechend garnieren.	**Den Soßenansatz klassisch würzen mit:** Räucherspeck, Zwiebeln, Knoblauch, Karotten, Petersilienwurzel, Sellerie, Tomaten, Weinbrand, Rotwein, Ingwer, Koriander, Lorbeerblättern, Orangenschale, Pfeffer, Preiselbeeren, Piment, Salbei, Senfkörnern, Thymian, Waldpilzen getrocknet und gerieben, Wacholderbeeren, Zitronenschale. **In die Soße:** Salz, Pfeffer, Muskatnuss, Zitronensaft, saure Sahne oder Crème fraîche	**Diese Würzmittel passen auch in die Soße (sehr vorsichtig dosieren):** Zimt, Vanille, Kreuzkümmel, Nelken, Muskatblüte, Kardamom, Sternanis, Cayennepfeffer
Würzsud		
Die Zusammensetzung der Würzmittel richtet sich nach dem jeweiligen Gargut. **Zubereitung der Grundbrühe:** In kaltem Wasser klein geschnittenes Suppengemüse (Zwiebeln, Knoblauch, Lauch, Karotten, Sellerie, Petersilienwurzeln) zum Kochen bringen, abschäumen und kräftig würzen, ca. 20 Min. köcheln lassen. **Für Fleisch:** Das Gargut in den passierten, kochenden Sud legen und am Siedepunkt garen. **Für Fisch zusätzlich**: Fenchelknolle, Fischgräten und Köpfe mit verwenden. Sud nicht länger als 15 Min. kochen, sonst wird er bitter und tranig. Nach dem Passieren kräftig abschmecken, mit Weißwein, Noilly Prat oder Essig vollenden. Das Gargut in den kochenden Sud legen und am Siedepunkt garen.	**Sud für Fleisch, klassisch gewürzt mit:** Senfkörnern, Lorbeerblättern, Koriander, Wacholder, Pfeffer, Piment, Majoran, Thymian, Liebstöckel. **Bei rohen Rostbratwürsten zusätzlich mit:** Kümmel, Nelke, Weißweinessig. **Bei Geflügel zusätzlich mit:** getrockneten Pilzen, Muskat, ggf. Wein (weiß, rosé oder rot). **Sud für Fisch, klassisch abgeschmeckt mit:** Fenchel oder Dill, Kümmel, Thymian, Rosmarin, Lorbeerblättern, Wacholder, Weißwein oder Noilly Prat oder Weißweinessig. **Bei Aal zusätzlich mit:** Beifuß	**Exotisch für Fleisch und Geflügel:** In der Grundbrühe Petersilienwurzeln weglassen, dafür Korianderwurzel und Ingwer verwenden, oder **rot kochen** – Fleisch mit dunkler Sojasoße in der Grundbrühe garen und erkalten lassen.
Zwetschgenkompott		
Zubereitung: Nicht zu reife Zwetschgen halbieren und entsteinen. Zucker in einen Topf, vorsichtig erwärmen, hellbraun karamellisieren und mit Rotwein ablöschen. Würzen und nach kurzem Aufkochen die starken Aromaten wie Nelken, Sternanis usw. wieder entfernen. Zwetschgen zufügen und mit Deckel bei mittlerer Temperatur ca. 5–8 Min. leicht köcheln lassen. Zwetschgen mit Schaumlöffel aus dem Fond heben und kurz zur Seite stellen. Zwetschgenfond mit in wenig kaltem Wasser aufgerührter Speisestärke leicht	**Klassisch gewürzt mit:** Zucker, Rotwein, Salz, Nelken, Vanille, Zimt, Zitronensaft	**Diese Würzmittel passen auch:** Orangensaft statt Rotwein, Honig statt Zucker, Orangenlikör oder Rum, Orangenblütenwasser oder Rosenwasser, Zitronengras statt Zitronensaft, Kardamom, Sternanis, Ingwer, Muskatnuss, Orangenschale, Piment

Zwetschgenkompott (Fortsetzung)		
andicken. Zwetschgen wieder dazugeben, aufkochen und bis zum Servieren kalt stellen. Zwetschgenkompott schmeckt sehr gut zu Speiseeis, Vanillepudding und Kaiserschmarrn. **Service:** Es passen gehackte Nüsse zum Bestreuen.		
Zwiebelringe geschmort als Beilage für Steaks		
Zubereitung: Zwiebeln in nicht zu feine Scheiben schneiden und in Butter hellbraun rösten, ggf. Knoblauch dazugeben, mit Rotwein oder Bier ablöschen, würzen und so lange bei mittlerer Hitze schmoren, bis die Flüssigkeit bindet. **Service:** Es passen alle frischen Gartenkräuter zum Bestreuen.	**Klassisch gewürzt mit:** Knoblauch, Rotwein oder Bier, Kümmel gemahlen, Majoran, Pfeffer, Piment, Muskatnuss	
Zwiebelsuppe, überbacken		
Zubereitung: Zwiebelringe in Butter glasig dünsten, mit Weißwein ablöschen und kräftiger Brühe auffüllen. Würzen und auf kleiner Flamme ca. $^1/_2$ Std. köcheln lassen. Zwischenzeitlich Baguette in Scheiben schneiden, in Butter rösten und mit Knoblauch abreiben. Die Suppe mit in wenig kaltem Wasser aufgerührter Speisestärke leicht andicken und mit Muskat abschmecken. In Tassen füllen, die Brotscheiben drauflegen, mit geriebenem Käse (Gruyère, Emmentaler oder alter Gouda) bestreuen und im vorgeheizten Backofen bei ca. 250° C goldbraun überbacken. **Service:** Es passen alle frischen Gartenkräuter zum Bestreuen.	**Klassisch gewürzt mit:** Knoblauch, Oregano, Lorbeerblatt, Thymian	**Diese Würzmittel passen auch:** Paprikapulver, Tomatenwürfel (tomates concassées), Safran

Die E-Nummern-Tabelle

„Papi, was heißt denn das auf der Verpackung? E 340?" fragte mich meine Tochter vor einiger Zeit. Sie wollte nicht glauben, dass ich als Koch nicht wusste, was E 340 ist. Sollte dieses Wissen nicht Voraussetzung in meinem Beruf sein? Das Wissen darum, was man verarbeitet oder isst. Nach dieser kleinen familiären Niederlage suchte ich nach Antworten. Ich weiß jetzt, dass E 340 Phosphat ist, das in nichtalkoholischen, aromatisierten Getränken wie Cola, in Fleisch- und Wurstwaren, Frisch- und Schmelzkäse, Speiseeis, Fischstäbchen, Kartoffelerzeugnissen, Milchprodukten und anderen industriell gefertigten Lebensmitteln enthalten ist. Es steht in Verdacht, Hyperaktivität bei Kindern auszulösen. Also nicht unbedingt gesund. Hinter den E-Nummern verbergen sich Farbstoffe, Konservierungsmittel, Antioxidantien, Emulgatoren, Stabilisatoren, Säureregulatoren, Verdickungs- und Geliermittel, Süß- und Zuckeraustauschstoffe, Geschmacksverstärker, Trennmittel und Enzyme. Sie sorgen zwar für Schönheit, Haltbarkeit und Geschmack unserer Nahrung, ob sie aber bekömmlich sind, ist sehr fraglich. In der Werbung und auf der Verpackung erfahre ich nicht, was genau in den Lebensmitteln steckt. Wir Verbraucher tappen meist im Dunkeln, wenn wir uns über die entsprechenden Inhaltsstoffe informieren möchten. Die Lebensmittelindustrie hält sich mit Angaben zur Zusammensetzung der Zusatzstoffe in ihren Produkten zurück. Viele E-Nummern sind zwar von Amts wegen ungiftig, aber nicht immer unbedenklich. Die Konservierungsstoffe E 233 beispielsweise fördern im Tierversuch Blasenkrebs, der Farbstoff E 102 kann Allergien auslösen, das Antioxidans E 310 kann bei Säuglingen zu lebensbedrohender Blausucht führen. Daher stellt sich die Frage, ob der Einsatz einiger dieser Stoffe überhaupt notwendig ist. Gibt es keine Alternativen? Wie kann die Aufnahme bedenklicher Stoffe möglichst niedrig gehalten werden? Allergische Reaktionen sind heute schon fast die Regel und nicht mehr die Ausnahme. Inhaltsstoffe in Lebensmitteln müssen ausführlich gekennzeichnet sein, damit der Verbraucher eventuelle Risiken einschätzen kann. Kaum jemand weiß, was sich hinter den E-Nummern auf Verpackungen verbirgt, darum informieren die folgenden Tabellen über die insgesamt 303 E-Nummern, ihre Wirkung, ob sie nützen oder schaden.

Die nachfolgenden Beschreibungen wurden sorgfältig recherchiert. Die Angaben basieren auf öffentlich zugänglichen Informationen der „Verbraucher Initiative e. V.". Für die Richtigkeit und Vollständigkeit dieser Liste kann dennoch keine Gewähr übernommen werden.

E-Nr.	Analyse
E 100	Name: **Kurkumin;** Substanzgruppe: **Farbstoffe** **Vorkommen:** Wird aus Curcuma longa (Gelbwurz) gewonnen, kann auch künstlich hergestellt werden. **Eigenschaften:** Gelber bis orangener Farbstoff. Wird nicht nur zur Färbung, sondern auch als Gewürz- oder Aromastoff verwendet. Durch Kurkumin kann die gleiche Färbung wie durch den Safran erreicht werden. Aus Kostengründen wird eher Kurkumin verwendet, geschmacklich reicht es nicht an Safran heran. **Verwendung in Lebensmitteln:** Färbung von Currypulver, Kartoffelflocken, Konfitüre, Margarine, Marmelade, Reis-Fertiggerichte, Senf (hier bis zu 300 mg/kg). **Symptome:** Meist keine Symptome, allergische Reaktionen sind möglich.
E 101	Name: **Riboflavin, Lactoflavin, Vitamin B_2;** Substanzgruppe: **Farbstoffe** **Vorkommen:** In vielen Pflanzen, tierischen Organen, Milch und Eiern. **Eigenschaften:** Bildet gelbe nadelförmige Kristalle, schwer in Wasser löslich, wird entweder künstlich hergestellt oder von gentechnisch modifizierten Mikroorganismen produziert. **Verwendung in Lebensmitteln:** Gelbfärbung fetthaltiger Nahrungsmittel: Cremespeisen, Desserts, Käse, Mayonnaise, Speiseeis, Süßwaren, Suppen, Teigwaren, ebenfalls in mit Vitaminen angereicherten Produkten. **Bei einer Vermarktung als Vitaminpräparat gilt es als Lebensmittel. Symptome:** Ein erhöhter Vitamin-B_2-Spiegel. Wird über den Urin ausgeschieden. Es sind keine Vergiftungserscheinungen bekannt. **Höchstmenge:** Keine Beschränkung (qs = quantum satis).

E-Nr.	Analyse
E 101a	Deklariert als: **Riboflavin E 101;** Name: **Riboflavin-5-phosphat; Lactoflavin Phosphatester;** Substanzgruppe: **Farbstoffe** **Vorkommen:** Wird chemisch aus Riboflavin hergestellt (E 101). **Eigenschaften:** Gelber Farbstoff. **Verwendung in Lebensmitteln:** Für alle Lebensmittel zugelassen, Gelbfärbung von Cremespeisen, Desserts, Käse, Mayonnaise, Speiseeis, Süßwaren, Suppen, Teigwaren. **Symptome:** Es sind keine Vergiftungserscheinungen bekannt. **Höchstmenge:** Keine Beschränkung (qs = quantum satis).
E 102	Name: **Tartrazin;** Substanzgruppe: **Farbstoffe; Vorkommen:** Wird künstlich hergestellt. **Eigenschaften:** Azofarbstoff, zitronengelb, gut wasserlöslich. **Verwendung in Lebensmitteln:** Zur Färbung von Käserinden und Kunstdärmen, in aromatisiertem Schmelzkäse, Süßwaren, Brausen, Brausepulver, Dessertspeisen, Puddingpulver, feinen Backwaren, Fischpasten, Krebspasten, Fruchtbranntweinen, Fruchtlikören, Fruchtweinen, Kräuterbranntweinen, Kräuterlikören, nichtalkoholischen, aromatisierten Getränken, Senf. Farblack für Dragees, kann auch bei und in Arzneimitteln enthalten sein. Dann muss aber ein Warnhinweis auf dem Beipackzettel darauf hinweisen, dass Tartrazin mit den anderen Wirkstoffen zusammenwirken kann. Eine Mischung von E 104 und E 110 ersetzt oft das Tartrazin. **Symptome:** Allergische Reaktionen sind möglich, vor allem bei Personen, die auf Azetylsalizylsäure und/oder Benzoesäure allergisch reagieren. **Rechtsgrundlage:** Durch EU-Regelung für viele Lebensmittel zugelassen. **Höchstmenge:** Je nach Anwendung 50–500 mg/kg.
E 104	Name: **Chinolingelb;** Substanzgruppe: **Farbstoffe** **Vorkommen:** Wird künstlich hergestellt. **Eigenschaften:** Gelb, wasserlöslich, in pflanzlichen Ölen nicht löslich, Chinolin-Farbstoff. **Verwendung in Lebensmitteln:** In Brausen, Desserts, Getränken, Kaugummi, Kunstspeiseeis, Räucherfisch, Süßwaren; kann mit blauen Farbstoffen kombiniert werden, um Grüntöne zu erhalten. Arzneimittel: Färbung von Dragees. **Symptome:** Allergische Reaktionen sind möglich. **Rechtsgrundlage:** In den USA für Lebensmittel verboten. **Höchstmengen:** 50–500 mg/kg; meist werden 20–30 mg/kg verwendet.
E 110	Name: **Gelborange S, Sunsetgelb FCF;** Substanzgruppe: **Farbstoffe** **Vorkommen:** Wird künstlich hergestellt. **Eigenschaften:** Gelborange, wasserlöslich, Azofarbstoff. **Verwendung in Lebensmitteln:** In Aprikosenmarmelade, Backwaren, Biskuits mit Orangengelee, Fertigsuppen, Fruchtkonserven, Getränken, Jogurtcreme, Käsesauce, Krabben, Kunsthonig, Kunstspeiseeis, Marzipan, Paniermehl, Puddingpulver, Schokoladenmixgetränken, Süßwaren, Zitronenquark. Arzneimittel: zur Färbung von Dragees. **Symptome: Schädlich!** Im Tierversuch wurde die Bildung von Geschwülsten beobachtet. Es steht nicht fest, ob die Ergebnisse auf den Menschen zu übertragen sind. Pseudoallergien und das hyperkinetische Syndrom (Hyperaktivität) sind bei empfindlichen Personen möglich. Dies trifft vor allem auf diejenigen zu, die auf Azetylsalizylsäure und Benzoesäure empfindlich reagieren. Man vermutet, dass E 110 **Asthma** und **Hautreaktionen** sowie **Neurodermitis** auslösen kann. **Höchstmengen:** Je nach Anwendungsgebiet 50–100 mg/kg; ADI-Wert: 0–2,5 mg/kg
E 120	Name: **Cochenille; Karminsäure, Karmin;** Substanzgruppe: **Farbstoffe** **Vorkommen:** Sekret des Weibchens der Cochenille-Schildlaus. Die Tiere leben auf einem in Mexiko kultivierten Kaktus. Heute ist auch die künstliche Herstellung möglich. **Eigenschaften:** Einziger zugelassener Lebensmittelfarbstoff von Tieren. Wasserlöslich. **Verwendung in Lebensmitteln:** In alkoholischen Getränken, mit Fruchtgeschmack aromatisierten Frühstücksgetreideprodukten, Konfitüre, rot geädertem Käse, Süßwaren. Heute wird der Farbstoff immer seltener eingesetzt und durch andere ersetzt. **Symptome:** Pseudoallergien sind bei empfindlichen Personen möglich. Dies trifft vor allem auf Menschen zu, die auf Azetylsalizylsäure und Benzoesäure empfindlich reagieren. **Höchstmenge:** 50–300 mg/kg, in Überzügen bis 500 mg/kg
E 122	Name: **Azorubin, Carmoisin;** Substanzgruppe: **Farbstoffe** **Vorkommen:** Wird künstlich hergestellt. **Eigenschaften:** Rot, wasserlöslich, Azofarbstoff, chemisch E 123 sehr ähnlich. **Verwendung in Lebensmitteln:** In Biskuitrollen, brauner Sauce, Fertigprodukten, Fertigsuppen, Fruchtkonserven, Getränken, Kunstspeiseeis, Marzipan, Paniermehl, Pudding, Puddingpulver, Süßwaren, Zuckerwaren. **Symptome:** Pseudoallergien und das hyperkinetische Syndrom (Hyperaktivität) sind bei empfindlichen Personen möglich. Dies trifft vor allem auf Menschen zu, die auf Azetylsalizylsäure und Benzoesäure empfindlich reagieren. Man vermutet, dass der Zusatzstoff **Asthma** und **Hautreaktionen** wie **Neurodermitis** auslösen kann. Die Datenlage ist nicht eindeutig. **Höchstmengen:** Je nach Anwendungsgebiet 50–500 mg/kg; ADI-Wert: 0–4 mg/kg

E-Nr.	Analyse
E 123	Name: **Amaranth;** Substanzgruppe: **Farbstoffe** **Vorkommen:** Wird künstlich hergestellt. **Eigenschaften:** Rot, gut wasserlöslich, Azofarbstoff. **Verwendung in Lebensmitteln:** Amercano (bis max. 100 mg/l), Aperitifweine (bis max. 30 mg/l), Bitter Soda (bis max. 100 mg/l), Erzeugnisse mit einem Alkoholgehalt unter 15 % (bis max. 30 mg/l), Farblack für Dragees, Fischrogen (bis max. 30 mg/kg), Spirituosen (bis max. 30 mg/l). **Symptome: Kann Krebs auslösen!** Allergische Reaktionen sind möglich. Pseudoallergien und das hyperkinetische Syndrom (Hyperaktivität) sind bei empfindlichen Personen möglich. Dies trifft vor allem auf Menschen zu, die auf Azetylsalizylsäure und Benzoesäure empfindlich reagieren. Man vermutet, dass der Zusatzstoff **Asthma** und **Hautreaktionen** wie **Neurodermitis** auslösen kann. **Rechtsgrundlage:** In den USA ist der Zusatzstoff verboten, da der Verdacht auf eine krebserregende Wirkung besteht. Der Beweis hierzu fehlt aber noch. ADI-Wert: 0–0,8 mg/kg
E 124	Name: **Cochenillerot A; Ponceau 4R;** Substanzgruppe: **Farbstoffe** **Vorkommen:** Wird künstlich hergestellt. **Eigenschaften:** Rot, wasserlöslich, Azofarbstoff, chemisch sehr ähnlich mit E 123. **Verwendung in Lebensmitteln:** In Brausen, Farblack für Dragees, Fruchtgelees, Getränken, Käseüberzügen, Konfitüren (bis max. 100 mg/kg), Lachsersatz, Marmeladen (bis max. 100 mg/kg), Salsichon, spanischer Chorizo-Wurst, Süßwaren. **Symptome:** Allergische Reaktionen sind möglich. Pseudoallergien und das hyperkinetische Syndrom (Hyperaktivität) sind bei empfindlichen Personen möglich. Dies trifft vor allem auf Menschen zu, die auf Azetylsalizylsäure und Benzoesäure empfindlich reagieren. Man vermutet, dass der Zusatzstoff **Asthma** und **Hautreaktionen** wie **Neurodermitis** auslösen kann. Im Tierversuch wurden keine Vergiftungserscheinungen festgestellt. **Höchstmengen:** Je nach Anwendungsgebiet 50–500 mg/kg; ADI-Wert: 0–4 mg/kg
E 127	Name: **Erythrosin;** Substanzgruppe: **Farbstoffe** **Vorkommen:** Wird künstlich hergestellt. **Eigenschaften:** Rosa bis roter, wasserlöslicher Farbstoff, Fluorescinfarbstoff (= besteht aus Jodverbindungen). **Verwendung in Lebensmitteln:** In Cocktailkirschen, Dragees als Farblack, zur Färbung von Kirschen in Fruchtsalat ohne Färben der anderen Früchte, kandierten Kirschen in Dosen, Obstsalat in Dosen. **Symptome: Kann Krebs auslösen!** Allergische Reaktionen sind möglich. Es besteht Klärungsbedarf, ob Erythrosin allgemein vertragen wird. Es steht im Verdacht, das hyperkinetische Syndrom (Hyperaktivität) auszulösen. Es besteht die Gefahr, dass anorganische Jodverbindungen entstehen können, die nierenschädigend sind. **Höchstmengen:** Je nach Anwendungsgebiet 150–200 mg/kg; ADI-Wert: 0–1,0 mg/kg
E 128	Name: **Rot 2G;** Substanzgruppe: **Farbstoffe** **Vorkommen:** Wird künstlich hergestellt. **Eigenschaften:** blauroter Azofarbstoff. **Verwendung in Lebensmitteln:** Nur bei Breakfast Sausages und Hackfleisch mit Getreideanteil. **Symptome:** Pseudoallergien und das hyperkinetische Syndrom (Hyperaktivität) sind bei empfindlichen Personen möglich. Dies trifft vor allem auf Menschen zu, die auf Azetylsalizylsäure und Benzoesäure empfindlich reagieren. Man vermutet, dass der Zusatzstoff **Asthma** und **Hautreaktionen** wie **Neurodermitis** auslösen kann. Es besteht der Verdacht der mutagenen Wirkung (Veränderungen am Erbgut). **Höchstmengen:** 20 mg/kg; ADI-Wert: 0–0,1 mg/kg
E 129	Name: **Allurarot AC;** Substanzgruppe: **Farbstoffe** **Vorkommen:** Wird künstlich hergestellt. **Eigenschaften:** Rot, wasserlöslich, Azofarbstoff. **Verwendung in Lebensmitteln:** In Bitter Soda, Bitter Vino, Brausen, Breakfast Sausages und Hackfleisch mit Getreideanteil, Dessertspeisen, englischem Frühstücksfleisch (Luncheon Meat), Getränken, Süßwaren. **Symptome:** Pseudoallergien und das hyperkinetische Syndrom (Hyperaktivität) sind bei empfindlichen Personen möglich. Dies trifft vor allem auf Menschen zu, die auf Azetylsalizylsäure und Benzoesäure empfindlich reagieren. Man vermutet, dass der Zusatzstoff **Asthma** und **Hautreaktionen** wie **Neurodermitis** auslösen kann. Es gibt keine Kenntnisse, was E 129 im menschlichen Körper bewirkt. Allergische Reaktionen sind möglich. **Risiko noch unklar! Höchstmengen:** Je nach Anwendungsgebiet 50–500 mg/kg; ADI-Wert: 0–47 mg/kg
E 131	Name: **Patentblau V;** Substanzgruppe: **Farbstoffe** **Vorkommen:** Wird künstlich hergestellt. **Eigenschaften:** Wasserlöslich, gehört zu den Triphenylmethanfarbstoffen, wird im menschlichen Organismus nicht aufgenommen. **Verwendung in Lebensmitteln:** Färbung von Getränken, Süßwaren, Oberflächen von Eiern und anderen Lebensmitteln. Ist auch in Glasuren enthalten. **Symptome:** Allergische Reaktionen sind möglich. **Höchstmengen:** Je nach Anwendungsgebiet 100–500 mg; ADI-Wert: 0–15 mg/kg

E-Nr.	Analyse
E 132	Name: **Indigotin, Indigokarmin;** Substanzgruppe: **Farbstoffe** **Vorkommen:** Blätter des Färberwaids (in Indien kultiviert), werden heute künstlich hergestellt. **Eigenschaften:** Blauer Farbstoff, wasserlöslich. **Verwendung in Lebensmitteln:** In alkoholfreien Getränken, Dragees, Kunstspeiseeis, Likör, Süßwaren. **Symptome: Es ist erwiesen, dass E 132 das Erbgut schädigt!** Allergische Reaktionen sind möglich. Bei vorhandenem Nitrit besteht die Gefahr der Bildung von Nitrosaminen. **Höchstmengen:** Je nach Lebensmittel zwischen 50 und 500 mg/kg; ADI-Wert: 0–5 mg/kg
E 133	Name: **Brillantblau FCF;** Substanzgruppe: **Farbstoffe** **Vorkommen:** Wird künstlich hergestellt. **Eigenschaften:** Blau, wasserlöslich, gehört zu den Triphenylmethanfarbstoffen. **Verwendung in Lebensmitteln:** In englischen Gemüsekonserven (Processed Mushy and Garden Peas), zum Färben von Getränken und Süßwaren. **Symptome:** Im Tierversuch wurden nach hohen Dosierungen Ablagerungen in den Lymphgefäßen und in den Nieren festgestellt. **Höchstmengen:** Je nach Anwendungsgebiet 100–500 mg/kg; ADI-Wert: 0–10 mg/kg
E 140	Name: **Chlorophyll, Chlorophylline;** Substanzgruppe: **Farbstoffe** **Vorkommen:** Kommt in allen Pflanzen vor. Ist entscheidend für die Fotosynthese. **Eigenschaften:** Nicht in Wasser löslich. **Verwendung in Lebensmitteln:** Ohne Beschränkung für alle Lebensmittel zugelassen. Färbung von grünem Gemüse, Kaugummi, Konfitüre, Likören, Limonaden, Marmelade, Süßwaren. Wird auch in Arzneimitteln und Kosmetika verwendet. **Symptome:** Es sind keine Vergiftungserscheinungen bekannt.
E 141	Deklariert als: **Chlorophyll;** Name: **Kupferhaltige Komplexe der Chlorophylle und Chlorophylline;** Substanzgruppe: **Farbstoffe** **Vorkommen:** Werden künstlich aus Chlorophyll hergestellt (Anreicherung mit Kupfer). **Eigenschaften:** Wasserlöslich, fettlöslich. **Verwendung in Lebensmitteln:** Ohne Beschränkung für alle Lebensmittel zugelassen. Färbung von grünem Gemüse, Geleeartikeln, Kaugummi, Konfitüre, Likören, Limonaden, Marmelade, Speiseeis, Süßwaren. Wird auch in Arzneimitteln und Kosmetika verwendet. **Symptome:** Es sind keine Vergiftungserscheinungen bekannt. Allergische Reaktionen sind möglich. Man steht einer Einlagerung von Schwermetallen skeptisch gegenüber. **Höchstmengen:** ADI-Wert: 0–15 mg/kg
E 142	Name: **Grün S; Brillantsäuregrün BS;** Substanzgruppe: **Farbstoff** **Vorkommen:** Wird künstlich hergestellt. **Eigenschaften:** Grün bis blau erscheinender Farbstoff. **Verwendung in Lebensmitteln:** Erbsen in Dosen, Ostereierfarben, Pfefferminzgelee, Pfefferminzsoße, Süßwaren. **Symptome: Erbgut schädigend!** Der Stoff wird nicht vom Körper aufgenommen, sondern unverändert ausgeschieden. **Höchstmengen:** Zwischen 100–500 mg/kg
E 150a	Name: **Zuckerkulör; einfache Zuckerkulör;** Substanzgruppe: **Farbstoffe** **Vorkommen:** Wird aus Invertzucker, Traubenzucker oder Zucker hergestellt. **Eigenschaften:** Bräunliche bis schwarze Farbstoffe, die nach verbranntem Zucker riechen und bitter schmecken. **Verwendung in Lebensmitteln:** In alkoholischen Getränken wie z. B. Whiskey, in Essig, Fertigsaucen, Malzbrot, Marmeladen, Süßwaren, Wurst. Allgemein für Lebensmittel ohne Höchstmengenbeschränkung zugelassen (quantum satis). Es gibt spezielle Reinheitsanforderungen. **Symptome:** Zuckerkulör gilt als unbedenklich.
E 150b	Deklariert als: **Zuckerkulör;** Name: **Sulfitlaugen-Zuckerkulör;** Substanzgruppe: **Farbstoffe** **Vorkommen:** Wird aus Invertzucker, Traubenzucker oder Zucker hergestellt. **Eigenschaften:** Bräunliche bis schwarze Farbstoffe, die nach verbranntem Zucker riechen und bitter schmecken. **Verwendung in Lebensmitteln:** In alkoholischen Getränken (z. B. Whiskey), in Essig, Fertigsoßen, Malzbrot, Marmelade, Spirituosen, Süßwaren, Wurst. Es besteht eine allgemeine Zulassung ohne Höchstmengenbeschränkung (quantum satis). Manche Lebensmittel sind aus Täuschungsgründen ausgeschlossen. Es gibt spezielle Reinheitsanforderungen. **Symptome: Risiko noch unklar! Höchstmengen:** ADI-Wert: 200 mg/kg
E 150c	Deklariert als: **Zuckerkulör;** Name: **Ammoniak-Zuckerkulör;** Substanzgruppe: **Farbstoffe** **Vorkommen:** Wird aus Invertzucker, Traubenzucker oder Zucker hergestellt. **Eigenschaften:** Bräunliche bis schwarze Farbstoffe, die nach verbranntem Zucker riechen und bitter schmecken. **Verwendung in Lebensmitteln:** In alkoholischen Getränken (z. B. Whiskey), in aromatisierten Frühstücksgetreideflocken (mit Fruchtgeschmack), Essig, Fertigsoßen, Malzbrot, Marmelade, Spirituosen, Süßwaren, Wurst. Es besteht eine allgemeine Zulassung ohne Höchstmengenbeschränkung (quantum satis). Manche Lebensmittel sind aus Täuschungsgründen ausgeschlossen. Es gibt spezielle Reinheitsanforderungen. **Symptome: Risiko noch unklar! Höchstmengen:** ADI-Wert: 200 mg/kg

E-Nr.	Analyse
E 150d	Deklariert als: **Zuckerkulör;** Name: **Ammonsulfit-Zuckerkulör;** Substanzgruppe: **Farbstoffe** **Vorkommen:** Wird aus Invertzucker, Traubenzucker oder Zucker hergestellt. **Eigenschaften:** Bräunliche bis schwarze Farbstoffe, die nach verbranntem Zucker riechen und bitter schmecken. **Verwendung in Lebensmitteln:** In alkoholischen Getränken (z. B. Whiskey), Essig, Fertigsoßen, Malzbrot, Marmelade, Spirituosen, Süßwaren, Wurst. Es besteht eine allgemeine Zulassung ohne Höchstmengenbeschränkung (quantum satis). Manche Lebensmittel sind aus Täuschungsgründen ausgeschlossen. Es gibt spezielle Reinheitsanforderungen. **Symptome: Risiko noch unklar! Höchstmengen:** ADI-Wert: 200 mg/kg
E 151	Name: **Brillantschwarz BN, Schwarz PN;** Substanzgruppe: **Farbstoffe** **Vorkommen:** Wird künstlich hergestellt. **Eigenschaften:** Schwarzer Azofarbstoff. **Verwendung in Lebensmitteln:** In Fischprodukten (deutscher Kaviar / Fischrogen), Lakritz, Saucen, Süßwaren. Wird auch in Arzneimitteln und Kosmetika verwendet. Für bestimmte Lebensmittel zugelassen. **Symptome:** Im Tierversuch sind keine toxischen Reaktionen festgestellt worden. Allergische Reaktionen sind möglich, vor allem bei Personen, die auf Azetylsalizylsäure und / oder Benzoesäure allergisch reagieren. Der Stoff steht im Verdacht, **Asthma** und **Hautreaktionen** auszulösen. **Höchstmengen:** Je nach Anwendung 50–500 mg/kg
E 153	Name: **Pflanzenkohle;** Substanzgruppe: **Farbstoffe** **Vorkommen:** Wird durch die unvollständige Verbrennung von Pflanzenteilen gewonnen. **Eigenschaften:** Schwarzer Farbstoff, nicht in Alkohol, pflanzlichen Ölen und Wasser löslich. **Verwendung in Lebensmitteln:** Dragees, Morbier-Käse, Süßwaren. Schwarze Wachsüberzüge bei Käse, Färben von Verpackungsmaterial. Es besteht eine allgemeine Zulassung ohne Höchstmengenbeschränkung (quantum satis). Manche Lebensmittel sind aus Täuschungsgründen ausgeschlossen. **Symptome:** Wird als unschädlich eingestuft. Der Stoff wird bei Vergiftungen zur Neutralisierung eingesetzt.
E 154	Name: **Braun FK;** Substanzgruppe: **Farbstoffe** **Vorkommen:** Wird künstlich hergestellt. **Eigenschaften:** Ist eine Mischung von sechs Azofarbstoffen. **Verwendung in Lebensmitteln:** Ausschließlich zur Färbung von Englischem Räucherhering (Kippers) zugelassen. **Symptome:** Der Stoff und seine Metaboliten (Produkte der biochemischen Umwandlungen – Stoffwechselreaktionen – im Organismus) stehen bei höheren Dosierungen im Verdacht, innere Organe zu schädigen. **Höchstmenge:** 20 mg/kg; ADI-Wert: 0–0,15 mg/kg
E 155	Name: **Braun HTK;** Substanzgruppe: **Farbstoffe** **Vorkommen:** Wird künstlich hergestellt, Azofarbstoff. **Eigenschaften:** Brauner Azofarbstoff. **Verwendung in Lebensmitteln:** In Dessertspeisen, Gebäck, Würzmitteln. **Symptome:** Über den Stoff gibt es kaum Berichte. Die Auswirkungen auf den Stoffwechsel im Körper sind nicht geklärt. Allergische Reaktionen sind möglich, vor allem bei Personen, die auf Azetylsalizylsäure und / oder Benzoesäure allergisch reagieren. Der Stoff steht im Verdacht, **Asthma** und **Hautreaktionen** auszulösen. In hohen Konzentrationen wurden im Tierversuch Ablagerungen in Nieren und Lymphknoten beobachtet. **Höchstmenge:** Je nach Anwendungsgebiet 50–500 mg/kg; ADI-Wert: 0–3 mg/kg
E 160a	Name: **Carotin, alpha-Carotin, beta-Carotin, gamma-Carotin;** Substanzgruppe: **Farbstoffe** **Vorkommen:** Wird aus Pflanzen gewonnen, kann aber auch künstlich hergestellt werden. **Eigenschaften:** Gemisch von mehreren Karotinen. Gelbe, orange bis rote Farbstoffe, gut fettlöslich. **Verwendung in Lebensmitteln:** In Butter (im Winter), Cremes, Desserts, Fetten, Käse, Legehennenfutter zur Eidotterfärbung, Margarine, Marzipan, Mayonnaisen, Ölen, Speiseeis, Suppenpulver, zum Färben von Fruchtgetränken, Puddings, Eispulver, Jogurt. Manche Lebensmittel sind aus Täuschungsgründen ausgeschlossen. Bei manchen Produkten gibt es eine Höchstmengenbeschränkung. **Symptome:** Man geht davon aus, dass die Stoffe mit Sicherheit unbedenklich sind. Betacarotin wird eine vorbeugende Wirkung gegen Krebs-, Herzkranzgefäß- und Nervenerkrankungen unterstellt. Wird im Körper zu Vitamin A umgewandelt. Es besteht eine allgemeine Zulassung ohne Höchstmengenbeschränkung (quantum satis). Künstlich hergestelltes Betacarotin sollte wegen fehlender toxikologischer Bewertungen nicht eingesetzt werden. **Höchstmengen:** ADI-Wert: 0–5 mg/kg
E 160b	Deklariert als: **Carotinoid;** Name: **Bixin;** Substanzgruppe: **Farbstoffe** **Vorkommen:** In Bixa orellana (Annatto-Strauch). **Eigenschaften:** Gelber Farbstoff. **Verwendung in Lebensmitteln:** In Desserts, feinen Backwaren, Knabbererzeugnissen aus Erdnüssen, Getreide, Kartoffeln, Nüssen oder Stärke, Likören, Schmelzkäse, Snacks. **Symptome:** Es sind keine Vergiftungserscheinungen bekannt. **Risiko noch unklar! Zulassung:** Nur für bestimmte Lebensmittel zugelassen. Höchstmenge 10–20 mg/kg; **Höchstmengen:** ADI-Wert: 0–0,65 mg/kg

E-Nr.	Analyse
E 160c	Deklariert als: **Carotinoid;** Name: **Capsanthin;** Substanzgruppe: **Farbstoffe** **Vorkommen:** Wird aus den reifen Schoten von Capsicum anuum (Paprika) gewonnen. **Eigenschaften:** Orangeroter Farbstoff, löslich in Fetten, empfindlich gegen Licht und Hitze. **Verwendung in Lebensmitteln:** In Fertigprodukten, Fischkonserven, Fleischkonserven, Futtermittelzusatz zur Färbung von Eiern und Mastgeflügelfleisch, in gepufften oder extrudierten Knabbererzeugnissen, Gewürz, Konfitüre, Marmelade, Mayonnaisen, Saucen, Schmelzkäse, Süßwaren (Marzipan), Suppen, Wurst, Wurstprodukten (z. B. Würstchen). Es besteht eine allgemeine Zulassung ohne Höchstmengenbeschränkung (quantum satis). Manche Lebensmittel sind aus Täuschungsgründen ausgeschlossen. Es gibt Höchstmengenbeschränkungen. **Symptome:** Es sind keine Vergiftungserscheinungen bekannt.
E 160d	Deklariert als: **Carotinoid;** Name: **Lycopin;** Substanzgruppe: **Farbstoffe** **Vorkommen:** Natürlich in Tomaten und Hagebutten. Aus 1 kg Tomaten werden 20 mg Lycopin gewonnen. Der Stoff kann auch künstlich hergestellt werden. **Eigenschaften:** Orange-roter Farbstoff. Reagiert empfindlich auf Licht und Sauerstoff. **Verwendung in Lebensmitteln:** In Nahrungsergänzungsmittel, selten in Kuchen und Süßwaren, Soßen, Suppen. Die Zulassung ist auf bestimmte Lebensmittel beschränkt. **Symptome:** Hat einen Beigeschmack nach Tomate. Lycopin gilt als unbedenklich. Künstlich hergestelltes Lycopin sollte wegen fehlender toxikologischer Bewertungen nicht eingesetzt werden. **Höchstmenge:** 50–300 mg/kg, in Überzügen bis 500 mg/kg
E 160e	Deklariert als: **Carotinoid;** Name: **Beta-apo-8'-carotinal;** Substanzgruppe: **Farbstoffe** **Vorkommen:** In Gemüse und Zitrusfrüchten, wird künstlich hergestellt. **Eigenschaften:** Reagiert empfindlich auf Licht und Sauerstoff. Löslich in pflanzlichen Ölen. Wird eingesetzt, um das Ranzigwerden von Lebensmitteln zu verzögern. **Verwendung in Lebensmitteln:** Anfärben von Getränken und Zuckerwaren, Cremes, Dressing, fetthaltigen Soßen. Die Zulassung ist auf bestimmte Lebensmittel beschränkt. **Symptome:** Es sind keine Vergiftungserscheinungen bekannt. **Risiko noch unklar! Höchstmenge:** 50–300 mg/kg, in Überzügen bis 500 mg/kg; ADI-Wert: 0–5 mg/kg
E 160f	Deklariert als: **Carotinoid;** Name: **Beta-apo-8'-Carotinsäureethylester;** Substanzgruppe: **Farbstoffe** **Vorkommen:** Wird künstlich hergestellt. Kommt in Gras, Leber und Orangen vor. **Eigenschaften:** Gelber Farbstoff. Wird eingesetzt, um das Ranzigwerden von Lebensmitteln zu verzögern. **Verwendung in Lebensmitteln:** In Cremes (Geschmacksrichtung Pfirsich), Desserts (Geschmacksrichtung Pfirsich), Nahrungsergänzungsmitteln, Würzmitteln. Futtermittelzusatz zum Anfärben von Eidottern. Die Zulassung ist auf bestimmte Lebensmittel beschränkt. **Symptome:** Es sind keine Vergiftungserscheinungen bekannt. **Risiko noch unklar! Höchstmenge:** 50–300 mg/kg, in Überzügen bis 500 mg/kg; ADI-Wert: 0–5 mg/kg
E 161b	Deklariert als: **„Xanthophyll";** Name: **Lutein;** Substanzgruppe: **Farbstoffe** **Vorkommen:** Wird aus Algen und Brennnesseln gewonnen. **Eigenschaften:** Gelber bis orangener Farbstoff. Fettlöslich. **Verwendung in Lebensmitteln:** In Backmitteln für feine Backwaren, Dessertspeisen, Füllungen, Nahrungsergänzungsmitteln, Überzügen, Würzmitteln, Ölextrakten zur Färbung von Butter und Teigwaren, Futtermittelzusatz in der Geflügelmast zur Gelbfärbung der Eidotter. Die Zulassung ist nur auf einige Lebensmittel beschränkt. **Symptome:** Gilt als unbedenklich. **Höchstmenge:** 50–300 mg/kg, in Überzügen bis 500 mg/kg
E 161g	Deklariert als **„Xanthophyll";** Name: **Canthaxanthin;** Substanzgruppe: **Farbstoffe** **Vorkommen:** Wird künstlich hergestellt. Kommt in Algen, Fischen, Flamingofedern, Krustentieren und Pfifferlingen vor. **Eigenschaften:** Gelber bis orangener Farbstoff. Er ist in Fetten löslich, in Wasser dagegen nicht. **Verwendung in Lebensmitteln:** Nur zur Färbung von Saucisses de Strasbourg (Wurstwaren) zugelassen. In Bräunungsmitteln, die oral aufgenommen werden, ist der Zusatzstoff verboten, da er sich bei hohen Dosen in der Retina (Netzhaut des Auges) einlagert. **Symptome:** Es liegen keine ausreichenden Untersuchungen vor. In der Kombination mit Betacarotin wurden im Tierversuch Schädigungen der Augen beobachtet. **Höchstmenge:** 15 mg/kg; ADI-Wert: 0–25 mg/kg
E 162	Name: **Betanin, Beetenrot;** Substanzgruppe: **Farbstoffe** **Vorkommen:** Kommt vor allem in der Roten Rübe vor. **Eigenschaften:** Wasserlösliche Substanz. Reagiert empfindlich auf Licht und Wärme. **Verwendung in Lebensmitteln:** In Essig, Fruchtgelee, Frühstücksgetreideprodukten, Jogurt, Kaugummi, Marmelade, Saucen, Speiseeis. Es besteht eine allgemeine Zulassung ohne Höchstmengenbeschränkung (quantum satis). Manche Lebensmittel sind aus Täuschungsgründen ausgeschlossen. **Symptome:** Im Tierversuch gab es keine schädlichen Wirkungen.

E-Nr.	Analyse
E 163	Name: **Anthocyane;** Substanzgruppe: **Farbstoffe** **Vorkommen:** Wird aus roten Beeren, Rotkohl und roten Traubenrückständen gewonnen. **Verwendung in Lebensmitteln:** In Backmitteln für feine Backwaren, Brause, Fruchtgelee, Konfitüre, Marmelade, Obstkonserven, Speiseeis, Süßwaren, Überzügen. Es besteht eine allgemeine Zulassung ohne Höchstmengenbeschränkung (quantum satis). Manche Lebensmittel sind aus Täuschungsgründen ausgeschlossen. **Symptome:** Es sind keine Vergiftungserscheinungen bekannt.
E 170	Name: **Calciumcarbonat (Kalk);** Substanzgruppe: **Säureregulatoren, Trennmittel, Farbstoffe** **Vorkommen:** Wird aus Natriumcarbonat (Soda) und Calciumsalzen gewonnen. Dabei fällt Calciumcarbonat als Niederschlag aus. **Eigenschaften:** Weißer bis grauer Farbstoff. **Verwendung in Lebensmitteln:** In Dragees, Süßwaren, Überzügen. Es besteht eine allgemeine Zulassung ohne Höchstmengenbeschränkung (quantum satis). Manche Lebensmittel sind aus Täuschungsgründen ausgeschlossen. **Symptome:** Gilt als unbedenklich. Es liegen keine genauen Untersuchungen vor.
E 171	Name: **Titandioxid;** Substanzgruppe: **Farbstoffe** **Vorkommen:** Natürlich in Steinen und Küstensand. **Eigenschaften:** Weißes Metall. **Verwendung in Lebensmitteln:** In Dragees, Süßwaren. Titandioxid wird auch in Kosmetika verwendet. Es besteht eine allgemeine Zulassung ohne Höchstmengenbeschränkung (quantum satis). Manche Lebensmittel sind aus Täuschungsgründen ausgeschlossen. **Symptome:** Kann nicht aufgenommen werden und gilt als ungiftig.
E 172	Name: **Eisenoxid, Eisenhydroxid;** Substanzgruppe: **Farbstoffe** **Vorkommen:** Wird künstlich hergestellt. **Eigenschaften:** Hitzestabil, lichtbeständig. Gelbe, rote oder schwarze Varianten. **Verwendung in Lebensmitteln:** In Dragees, Käserinden, Oliven, Süßwaren, Verpackungsmaterial. Allgemein zugelassen für Lebensmittel ohne Höchstmengenbeschränkung (quantum satis). **Symptome:** Die Verbindungen werden nicht vom Körper aufgenommen. Es sind keine Vergiftungserscheinungen bekannt.
E 173	Name: **Aluminium;** Substanzgruppe: **Farbstoffe** **Vorkommen:** Wird durch Elektrolyse aus Bauxit gewonnen. **Eigenschaften:** Silbergraues Metall. **Verwendung in Lebensmitteln:** Dekoration von feinen Backwaren, Dekoration von Kuchen, in Überzügen von Zuckerwaren (z. B. Lakritz). Wird selten eingesetzt. Aufnahme auch über Konservendosen, Medikamente und Laugengebäck. **Symptome: Schädlich!** Man vermutet einen Zusammenhang mit der **Alzheimer-Krankheit.**
E 174	Name: **Silber;** Substanzgruppe: **Farbstoffe** **Vorkommen:** Edelmetall. **Verwendung in Lebensmitteln:** Zur Entkeimung von Trinkwasser, in Likören, Überzügen von Süßwaren, Verzierung von Pralinen. **Symptome:** Gilt in geringen Mengen als unbedenklich, erst ab mehreren Gramm kann es zu Vergiftungserscheinungen kommen. Silber wird im Gewebe eingelagert. Eine Aufnahme kann auch über silbernes Geschirr und Besteck erfolgen. Bei geringer Aufnahme gilt Silber als unbedenklich.
E 175	Name: **Gold;** Substanzgruppe: **Farbstoffe** **Vorkommen:** Edelmetall. **Verwendung in Lebensmitteln:** In Likören, Überzügen von Pralinen, Verzierung von Pralinen; wird auch in Arzneimitteln verwendet. **Symptome:** Nur bei großen Mengen: Haarausfall, Hautveränderungen, Nierenschäden, Schleimhautveränderungen.
E 180	Name: **Litholrubin BK, Rubinpigment BK, Aluminiumlack;** Substanzgruppe: **Farbstoffe** **Vorkommen:** Wird künstlich hergestellt. **Eigenschaften:** Rot, Azofarbstoff. **Verwendung in Lebensmitteln:** Nur eingesetzt für Käserinde, die zum Verzehr geeignet ist. **Symptome:** Allergische Reaktionen sind möglich. Es besteht der Verdacht, dass Pseudoallergien bei empfindlichen Personen möglich sind und bei Kindern das hyperkinetische Syndrom (Hyperaktivität) ausgelöst wird. Dies trifft vor allem auf Menschen zu, die auf Azetylsalizylsäure und Benzoesäure empfindlich reagieren. Man vermutet, dass der Zusatzstoff **Asthma** und **Hautreaktionen** wie **Neurodermitis** auslösen kann. Höchstmengen: nur für essbare Käserinde zugelassen, ohne Angabe. **Höchstmenge:** quantum satis; ADI-Wert: 0–1,5 mg/kg

E-Nr.	Analyse
E 200	Name: **Sorbinsäure;** Substanzgruppe: **Konservierungsmittel** **Vorkommen:** Wird künstlich hergestellt. Natürlich kommt Sorbinsäure in Ebereschen und Vogelbeeren (Sorbus aucuparia) vor. **Eigenschaften:** Hemmt die Enzymbildung bei Mikroorganismen. Sie entfaltet ihre Eigenschaften im Zellinneren. Wirkt gegen Hefe, teilweise gegen Bakterien, Schimmelpilze und Mikroorganismen, die Aflatoxine produzieren. **Verwendung in Lebensmitteln:** In abgepacktem Schnittbrot, Brühwürsten (gegen unerwünschtes Schimmelwachstum), Essiggemüse, Feinkostprodukten, Geflügelfleisch, Hartwürsten (gegen unerwünschtes Schimmelwachstum), Käse (während der Reifung und zur Haltbarmachung der Haushaltspackungen), Kartoffelzubereitungen, Margarine, Marmelade, Mayonnaisen, Obstsäften (gegen Gärung und Schimmelbefall), Suppenkonzentraten, Tomatenprodukten, Wein (Stabilisierung zur Verhinderung der Nachgärung). **Symptome:** Gilt als unbedenklich. Sorbinsäure wird im Fettsäurestoffwechsel abgebaut. Kann in seltene Fälle eine Unverträglichkeit auslösen und bei empfindlichen Personen Schleimhäute und die Haut reizen. Das allergische Potenzial gilt als gering. **Höchstmengen:** Je nach Anwendungsgebiet 300–2000 mg/kg, in Ausnahmefällen bis 6000 mg/kg; ADI-Wert: 0–25 mg/kg
E 201	Auch als **Sorbinsäure** deklariert; Name: **Natriumsorbat;** Substanzgruppe: **Konservierungsmittel** **Vorkommen:** Wird künstlich hergestellt. **Eigenschaften:** Natriumsalz der Sorbinsäure. Sehr instabil. **Verwendung in Lebensmitteln:** Wird wegen der Instabilität kaum eingesetzt. **Symptome:** Ein Oxidationsprodukt von Natriumsorbat kann das **Erbgut schädigen. Höchstmengen:** Je nach Anwendungsgebiet 300–2000 mg/kg, in Ausnahmefällen bis 6000 mg/kg. ADI-Wert: 0–25 mg/kg
E 202	Auch als **Sorbinsäure** deklariert; Name: **Kaliumsorbat;** Substanzgruppe: **Konservierungsmittel** **Vorkommen:** Wird künstlich hergestellt. **Eigenschaften:** Kaliumsalz der Sorbinsäure. **Verwendung in Lebensmitteln:** In abgepacktem Schnittbrot, Brühwürsten (gegen unerwünschtes Schimmelwachstum), Essiggemüse, Feinkostprodukten, Geflügelfleisch, Hartwürsten (gegen unerwünschtes Schimmelwachstum), Käse (während der Reifung und zur Haltbarmachung der Haushaltspackungen), Kartoffelzubereitungen, Margarine, Marmelade, Mayonnaisen, Obstsäften (gegen Gärung und Schimmelbefall), Suppenkonzentraten, Tomatenprodukten, Wein (Stabilisierung zur Verhinderung der Nachgärung). **Symptome:** Gilt als unbedenklich. **Höchstmengen:** Je nach Anwendungsgebiet 300–2000 mg/kg, in Ausnahmefällen bis 6000 mg/kg.
E 203	Auch als **Sorbinsäure** deklariert; Name: **Calciumsorbat;** Substanzgruppe: **Konservierungsmittel** **Vorkommen:** Wird künstlich hergestellt. **Eigenschaften:** Ein Calciumsalz der Sorbinsäure. Wirkt als Speicher. Bei der Zugabe von Wasser wird über einen längeren Zeitraum Sorbinsäure freigesetzt. **Verwendung in Lebensmitteln:** In abgepacktem Schnittbrot, Brühwürsten (gegen unerwünschtes Schimmelwachstum), Essiggemüse, Feinkostprodukten, Geflügelfleisch, Hartwürsten (gegen unerwünschtes Schimmelwachstum), Käse (während der Reifung und zur Haltbarmachung der Haushaltspackungen), Kartoffelzubereitungen, Margarine, Marmelade, Mayonnaisen, Obstsäften (gegen Gärung und Schimmelbefall), Suppenkonzentraten, Tomatenprodukten, Wein (Stabilisierung zur Verhinderung der Nachgärung). **Symptome:** Gilt als unbedenklich. **Höchstmengen:** Je nach Anwendungsgebiet 300–2000 mg/kg, in Ausnahmefällen bis 6000 mg/kg.
E 210	Name: **Benzoesäure;** Substanzgruppe: **Konservierungsmittel** **Vorkommen:** Wird künstlich hergestellt. Kommt natürlich unter anderem in Heidelbeeren, Johannisbeeren, Pflaumen und Preiselbeeren vor. **Eigenschaften:** Wirkt gegen Schimmel, unerwünschte Nachgärung, schützt Lebensmittel teilweise vor dem enzymatischen und bakteriellen Verderben (mit E 220). **Verwendung in Lebensmitteln:** sehr verbreitet: In Gemüsekonserven, vor allem Sauergemüse wie Essiggurken, sauren Obstkonserven, Fruchtsaftkonzentraten (Zwischenprodukt bei der Herstellung von Fruchtsäften). In Mayonnaisen und mayonnaisehaltigen Feinkostprodukten wie Fleisch- und Wurstsalaten, Marinaden. Im Tierfutter verboten (Katzen reagieren sehr empfindlich). **Symptome:** Benzoesäure wird über die Darmwand aufgenommen und kann bei Menschen Probleme verursachen, die empfindlich auf Azetylsalizylsäure reagieren. Allergische Reaktionen sind möglich. Der Trend geht zu toxikologisch unbedenklicheren Konservierungsmitteln. **Höchstmengen:** Je nach Anwendungsgebiet 300–2000 mg/kg, in Ausnahmefällen bis 6000 mg/kg; ADI-Wert: 0–5 mg/kg

E-Nr.	Analyse
E 211	Deklariert als: **Benzoesäure;** Name: **Natriumbenzoat;** Substanzgruppe: **Konservierungsmittel** **Vorkommen:** Wird künstlich hergestellt. **Eigenschaften:** Natriumsalz der Benzoesäure. **Verwendung in Lebensmitteln:** sehr verbreitet in Gemüsekonserven, vor allem Sauergemüse wie Essiggurken, sauren Obstkonserven, Fruchtsaftkonzentraten (Zwischenprodukt bei der Herstellung von Fruchtsäften). In Mayonnaisen und mayonnaisehaltigen Feinkostprodukten wie Fleisch- und Wurstsalate, Marinaden. Im Tierfutter verboten (Katzen reagieren sehr empfindlich). **Symptome:** Benzoesäure wird über die Darmwand aufgenommen und kann bei Menschen Probleme verursachen, die empfindlich auf Azetylsalizylsäure reagieren. Allergische Reaktionen sind möglich. Der Trend geht zu toxikologisch unbedenklicheren Konservierungsmitteln. **Höchstmengen:** Je nach Anwendungsgebiet 300–2000 mg/kg, in Ausnahmefällen bis 6000 mg/kg.
E 212	Deklariert als: **Benzoesäure;** Name: **Kaliumbenzoat;** Substanzgruppe: **Konservierungsmittel** **Vorkommen:** Wird künstlich hergestellt. **Eigenschaften:** Kaliumsalz der Benzoesäure. **Verwendung in Lebensmitteln:** sehr verbreitet in Gemüsekonserven, vor allem Sauergemüse wie Essiggurken, sauren Obstkonserven, Fruchtsaftkonzentraten (Zwischenprodukt bei der Herstellung von Fruchtsäften). In Mayonnaisen und mayonnaisehaltigen Feinkostprodukten wie Fleisch- und Wurstsalate, Marinaden. Im Tierfutter verboten (Katzen reagieren sehr empfindlich). **Symptome:** Benzoesäure wird über die Darmwand aufgenommen und kann bei Menschen Probleme verursachen, die empfindlich auf Azetylsalizylsäure reagieren. Allergische Reaktionen sind möglich. Der Trend geht zu toxikologisch unbedenklicheren Konservierungsmitteln. **Höchstmengen:** Je nach Anwendungsgebiet 300–2000 mg/kg, in Ausnahmefällen bis 6000 mg/kg.
E 213	Deklariert als: **Benzoesäure;** Name: **Calciumbenzoat;** Substanzgruppe: **Konservierungsmittel** **Vorkommen:** Wird künstlich hergestellt. **Eigenschaften:** Calciumsalz der Benzoesäure. **Verwendung in Lebensmitteln:** sehr verbreitet in Gemüsekonserven, vor allem Sauergemüse wie Essiggurken, sauren Obstkonserven, Fruchtsaftkonzentraten (Zwischenprodukt bei der Herstellung von Fruchtsäften). In Mayonnaisen und mayonnaisehaltigen Feinkostprodukten wie Fleisch- und Wurstsalate, Marinaden. Im Tierfutter verboten (Katzen reagieren sehr empfindlich). **Symptome:** Benzoesäure wird über die Darmwand aufgenommen und kann bei Menschen Probleme verursachen, die empfindlich auf Azetylsalizylsäure reagieren. Allergische Reaktionen sind möglich. Der Trend geht zu toxikologisch unbedenklicheren Konservierungsmitteln. **Höchstmengen:** Je nach Anwendungsgebiet 300–2000 mg/kg, in Ausnahmefällen bis 6000 mg/kg.
E 214	Name: **PHB-Ester, Ethyl-p-hydroxybenzoat, p-Hydroxybenzoesäureethylester;** Substanzgruppe: **Konservierungsmittel** **Vorkommen:** Wird künstlich hergestellt. **Eigenschaften:** Starker metallischer Eigengeschmack. Zerstört Eiweiße im Zellkern und in der Zellmembran. Wirkt gegen Hefen, Pilze und Bakterien. **Verwendung in Lebensmitteln:** In Anchosen, Feinkostprodukten, Fischpasten, Garnelenprodukten, gelatinehaltigen Überzügen von Wurst- und Fleischwaren, Marinaden, Würzsoßen. In bestimmten Fällen auch zur Konservierung von Süß- und Backwarenfüllungen. In einigen Ländern in „Käsedeckmassen" und bei der Reifung von Hartkäsen (gegen Schimmelbefall). In USA in geringen Mengen zur Konservierung von Bier (Schutz vor Nachgärung). Auch in Arzneimitteln und Kosmetika. **Symptome:** Man vermutet ein starkes allergisches Potenzial. Leicht betäubende Wirkung auf der Zunge. Wird unverändert ausgeschieden. **Höchstmengen:** Je nach Anwendungsgebiet 300–2000 mg/kg, in Ausnahmefällen bis 6000 mg/kg; ADI-Wert: Vorläufig 0–10 mg/kg
E 215	Deklariert als: **PHB-Ester;** Name: **PHB-Ethylester Natriumsalz, Natriumethyl-p-hydroxybenzoat, p-Hydroxybenzoesäureethylester-Natriumverbindung;** Substanzgruppe: **Konservierungsmittel** **Vorkommen:** Wird künstlich hergestellt. **Eigenschaften:** Natriumsalz des PHB-Esters. Starker metallischer Eigengeschmack. Zerstört Eiweiße im Zellkern und in der Zellmembran. Wirkt gegen Hefen, Pilze und Bakterien. **Verwendung in Lebensmitteln:** In Anchosen, Feinkostprodukten, Fischpasten, Garnelenprodukten, gelatinehaltigen Überzügen von Wurst- und Fleischwaren, Marinaden, Würzsoßen. In bestimmten Fällen auch zur Konservierung von Süß- und Backwarenfüllungen. In einigen Ländern in „Käsedeckmassen" und bei der Reifung von Hartkäsen (gegen Schimmelbefall). In USA in geringen Mengen zur Konservierung von Bier (Schutz vor Nachgärung). Auch in Arzneimitteln und Kosmetika. **Symptome:** Man vermutet ein starkes allergisches Potenzial. Leicht betäubende Wirkung auf der Zunge. Wird unverändert ausgeschieden. **Höchstmengen:** Je nach Anwendungsgebiet 300–2000 mg/kg, in Ausnahmefällen bis 6000 mg/kg.

E-Nr.	Analyse
E 216	Deklariert als: **PHB-Ester;** Name: **PHB-Propylester, Propyl-p-hydroxybenzoat, p-Hydroxibenzoesäureethylester;** Substanzgruppe: **Konservierungsmittel** **Vorkommen:** Wird künstlich hergestellt. **Eigenschaften:** Starker metallischer Eigengeschmack. Zerstört Eiweiße im Zellkern und in der Zellmembran. Wirkt gegen Hefen, Pilze und Bakterien. **Verwendung in Lebensmitteln:** In Anchosen, Feinkostprodukten, Fischpasten, Garnelenprodukten, gelatinehaltigen Überzügen von Wurst- und Fleischwaren, Marinaden, Würzsoßen. In bestimmten Fällen auch zur Konservierung von Süß- und Backwarenfüllungen. In einigen Ländern in „Käsedeckmassen" und bei der Reifung von Hartkäsen (gegen Schimmelbefall). In USA in geringen Mengen zur Konservierung von Bier (Schutz vor Nachgärung). Auch in Arzneimitteln und Kosmetika. **Symptome:** Man vermutet ein starkes allergisches Potenzial. Leicht betäubende Wirkung auf der Zunge. Wird unverändert ausgeschieden. **Höchstmengen:** Je nach Anwendungsgebiet 300–2000 mg/kg, in Ausnahmefällen bis 6000 mg/kg.
E 217	Deklariert als: **PHB-Ester;** Name: **PHB-Propylester Natriumsalz, Natriumpropyl-p-hydroxybenzoat, p-Hydroxibenzoesäureethylester-Natriumverbindung;** Substanzgruppe: **Konservierungsmittel** **Vorkommen:** Wird künstlich hergestellt. Natriumsalz des PHB-Propylester, Propyl-p-hydroxybenzoat. **Eigenschaften:** Starker metallischer Eigengeschmack. Zerstört Eiweiße im Zellkern und der Zellmembran. Wirkt gegen Hefen, Pilze und Bakterien. **Verwendung in Lebensmitteln:** In Anchosen, Feinkostprodukten, Fischpasten, Garnelenprodukten, gelatinehaltigen Überzügen von Wurst- und Fleischwaren, Marinaden, Würzsoßen. In bestimmten Fällen auch zur Konservierung von Süß- und Backwarenfüllungen. In einigen Ländern in „Käsedeckmassen" und bei der Reifung von Hartkäsen (gegen Schimmelbefall). In USA in geringen Mengen zur Konservierung von Bier (Schutz vor Nachgärung). Auch in Arzneimitteln und Kosmetika. **Symptome:** Man vermutet ein starkes allergisches Potenzial. Leicht betäubende Wirkung auf der Zunge. Wird unverändert ausgeschieden. **Höchstmengen:** Je nach Anwendungsgebiet 300–2000 mg/kg, in Ausnahmefällen bis 6000 mg/kg.
E 218	Deklariert als: **PHB-Ester;** Name: **PHB-Methylester, Methyl-p-hydroxybenzoat, p-Hydroxibenzoesäureethylester;** Substanzgruppe: **Konservierungsmittel** **Vorkommen:** Wird künstlich hergestellt. **Eigenschaften:** Starker metallischer Eigengeschmack. Zerstört Eiweiße im Zellkern und in der Zellmembran. Wirkt gegen Hefen, Pilze und Bakterien. **Verwendung in Lebensmitteln:** In Anchosen, Feinkostprodukten, Fischpasten, Garnelenprodukten, gelatinehaltigen Überzügen von Wurst- und Fleischwaren, Marinaden, Würzsoßen. In bestimmten Fällen auch zur Konservierung von Süß- und Backwarenfüllungen. In einigen Ländern in „Käsedeckmassen" und bei der Reifung von Hartkäsen (gegen Schimmelbefall). In USA in geringen Mengen zur Konservierung von Bier (Schutz vor Nachgärung). Auch in Arzneimitteln und Kosmetika. **Symptome:** Man vermutet ein starkes allergisches Potenzial. Leicht betäubende Wirkung auf der Zunge. Wird unverändert ausgeschieden. **Höchstmengen:** Je nach Anwendungsgebiet 300–2000 mg/kg, in Ausnahmefällen bis 6000 mg/kg.
E 219	Deklariert als: **PHB-Ester;** Name: **PHB-Methylester Natriumsalz, Natriummethyl-p-hydroxybenzoat, p-Hydroxibenzoesäureethylester-Natriumverbindung;** Substanzgruppe: **Konservierungsmittel** **Vorkommen:** Wird künstlich aus PHB-Methylester, Methyl-p-hydroxybenzoat hergestellt. **Eigenschaften:** Starker metallischer Eigengeschmack. Zerstört Eiweiße im Zellkern und in der Zellmembran. Wirkt gegen Hefen, Pilze und Bakterien. **Verwendung in Lebensmitteln:** In Anchosen, Feinkostprodukten, Fischpasten, Garnelenprodukten, gelatinehaltigen Überzügen von Wurst- und Fleischwaren, Marinaden, Würzsoßen. In bestimmten Fällen auch zur Konservierung von Süß- und Backwarenfüllungen. In einigen Ländern in „Käsedeckmassen" und bei der Reifung von Hartkäsen (gegen Schimmelbefall). In USA in geringen Mengen zur Konservierung von Bier (Schutz vor Nachgärung). Auch in Arzneimitteln und Kosmetika. **Symptome:** Man vermutet ein starkes allergisches Potenzial. Leicht betäubende Wirkung auf der Zunge. Wird unverändert ausgeschieden. **Höchstmengen:** Je nach Anwendungsgebiet 300–2000 mg/kg, in Ausnahmefällen bis 6000 mg/kg.
E 220	Name: **Schwefeldioxid, schweflige Säure;** Substanzgruppe: **Konservierungsmittel, Antioxidationsmittel** **Vorkommen:** Wird künstlich hergestellt. **Eigenschaften:** Starker, stechender Eigengeschmack, ist chemisch sehr reaktionsfreudig, hemmt bei Konzentrationen von 20 mg/kg das Wachstum von Schimmelpilzen und Hefen; wirkt stark antimikrobiell gegenüber Bakterien, verhindert die enzymatische Bräunung, etwa bei frischen Kartoffeln, oder andere unerwünschte Bräunungsvorgänge, stabilisiert die Farbe von Trockenfrüchten oder bleicht Zucker, unterdrückt Oxidationsprozesse, Milchsäure reagiert empfindlich auf Schwefeldioxid. **Verwendung in Lebensmitteln:** Bleicht Lebensmittel wie Zucker und

E-Nr.	Analyse
E 220 (Fortsetzung)	Meerrettich, Fruchtsäfte, Frucht- und Gemüsezubereitungen, Kartoffelgerichte (verhindert hier das Braunwerden), Knabbererzeugnisse auf Kartoffel- oder Getreidebasis, Marmelade, Meerrettich-Masse, Trockenaprikosen, -birnen, -pfirsiche mit max. 2000 mg/kg, Trockenbananen (1000 mg/kg), Trockenbirnen und Äpfel (600 mg/kg). Vor allem: Wein. Je nach Weinsorte kann mit 1–2 Gläsern schon die tolerierbare Tagesdosis erreicht werden. Trockener, roter Wein hat in der Regel einen geringeren Schwefeldioxidgehalt als weißer, süßer Wein. Schwefeldioxid findet auch Verwendung bei der Konservierung von Kunstseide, Fässern, Korken, Flaschen (in Konzentration von 1–2 %) und Bedarfsgegenständen der Wein-, Getränke- und Lebensmittelindustrie. Die Verwendung von Schwefeldioxid oder Sulfiten auf dem Etikett wird nicht immer angegeben: Bei Wein, da keine Zutatenliste vorgeschrieben ist; wenn Reste von Schwefeldioxid im Endprodukt keine konservierende Wirkung mehr entfalten; wenn es nach dem Zusatz im Verlauf der Verarbeitung wieder entfernt wird, z. B. in Fruchtzubereitungen. **Symptome:** Schon geringe Mengen können bei empfindlichen Menschen zu Übelkeit, Kopfschmerzen, Völlegefühl, Durchfall führen. Allergien und Asthmaanfälle sind möglich. Vor allem Menschen mit einer erniedrigten oder erhöhten Magensaftproduktion sind gefährdet. Schweflige Säure zerstört Vitamin B_1 und Biotin, Vitamin A und C werden dagegen stabilisiert. **Höchstmengen:** Als Summe von Schwefeldioxid und Sulfiten je nach Anwendungsgebiet 30–200 mg/kg (berechnet als Schwefeldioxid), in Ausnahmefällen bis 2000 mg/kg (Trockenfrüchte). Alle übrigen Lebensmittel, die nicht ausdrücklich genannt werden, dürfen max. 10 mg/kg Schwefeldioxid aufweisen. In der Weinproduktion ist das Schwefeln ein allgemein übliches Verfahren zur Haltbarmachung (160–400 mg/l). ADI-Wert: 0–0,7 mg/kg
E 221	Deklariert als: **Schwefeldioxid;** Name: **Natriumsulfit;** Substanzgruppe: **Konservierungsmittel, Antioxidationsmittel** **Vorkommen:** Wird künstlich hergestellt. **Eigenschaften:** Natriumsalz der schwefligen Säure; es enthält 51 % aktives Schwefeldioxid. **Verwendung in Lebensmitteln:** Bleicht Lebensmittel wie Zucker und Meerrettich, Fruchtsäfte, Frucht- und Gemüsezubereitungen, Kartoffelgerichte (verhindert hier das Braunwerden), Knabbererzeugnisse auf Kartoffel- oder Getreidebasis, Marmelade, Meerrettich-Masse, Trockenaprikosen, -birnen, -pfirsiche mit max. 2000 mg/kg, Trockenbananen (1000 mg/kg), Trockenbirnen und Äpfel (600 mg/kg). Vor allem: Wein. Je nach Weinart kann mit 1–2 Gläsern schon die tolerierbare Tagesdosis erreicht werden. Trockener, roter Wein hat in der Regel einen geringeren Schwefeldioxidgehalt als weißer, süßer Wein. Schwefeldioxid findet auch Verwendung bei der Konservierung von Kunstseide, Fässern, Korken, Flaschen (in Konzentration von 1–2 %) und Bedarfsgegenständen der Wein-, Getränke- und Lebensmittelindustrie. Die Verwendung von Schwefeldioxid oder Sulfiten auf dem Etikett wird nicht immer angegeben: Bei Wein, da keine Zutatenliste vorgeschrieben ist; wenn Reste von Schwefeldioxid im Endprodukt keine konservierende Wirkung mehr entfalten; wenn es nach dem Zusatz im Verlauf der Verarbeitung wieder entfernt wird, z. B. in Fruchtzubereitungen. **Symptome:** Schon geringe Mengen können bei empfindlichen Menschen zu Übelkeit, Kopfschmerzen, Völlegefühl, Durchfall führen. Allergien und Asthmaanfälle sind möglich. Vor allem Menschen mit einer erniedrigten oder erhöhten Magensaftproduktion sind gefährdet. Schweflige Säure zerstört Vitamin B_1 und Biotin, Vitamin A und C werden dagegen stabilisiert. **Höchstmengen:** Als Summe von Schwefeldioxid und Sulfiten je nach Anwendungsgebiet 30–200 mg/kg (berechnet als Schwefeldioxid), in Ausnahmefällen bis 2000 mg/kg (Trockenfrüchte). Alle übrigen Lebensmittel, die nicht ausdrücklich genannt werden, dürfen max. 10 mg/kg Schwefeldioxid aufweisen. In der Weinproduktion ist das Schwefeln ein allgemein übliches Verfahren zur Haltbarmachung (160–400 mg/l).
E 222	Deklariert als: **Schwefeldioxid;** Name: **Natriumhydrogensulfit;** Substanzgruppe: **Konservierungsmittel, Antioxidationsmittel** **Vorkommen:** Wird künstlich hergestellt. **Eigenschaften:** Natriumhydrogensulfit ist eine Natriumverbindung der schwefligen Säure; sie enthält 62 % aktives Schwefeldioxid. **Verwendung in Lebensmitteln:** Bleicht Lebensmittel wie Zucker und Meerrettich, Fruchtsäfte, Frucht- und Gemüsezubereitungen, Kartoffelgerichte (verhindert hier das Braunwerden), Knabbererzeugnisse auf Kartoffel- oder Getreidebasis, Marmelade, Meerrettich-Masse, Trockenaprikosen, -birnen, -pfirsiche mit max. 2000 mg/kg, Trockenbananen (1000 mg/kg), Trockenbirnen und Äpfel (600 mg/kg). Vor allem: Wein. Je nach Weinart kann mit 1–2 Gläsern schon die tolerierbare Tagesdosis erreicht werden. Trockener, roter Wein hat in der Regel einen geringeren Schwefeldioxidgehalt als weißer, süßer Wein. Schwefeldioxid findet auch Verwendung bei der Konservierung von Kunstseide, Fässern, Korken, Flaschen (in Konzentration von 1–2 %) und Bedarfsgegenständen der Wein-, Getränke- und Lebensmittelindustrie. Die Verwendung

E-Nr.	Analyse
E 222 (Fortsetzung)	von Schwefeldioxid oder Sulfiten auf dem Etikett wird nicht immer angegeben: Bei Wein, da keine Zutatenliste vorgeschrieben ist; wenn Reste von Schwefeldioxid im Endprodukt keine konservierende Wirkung mehr entfalten; wenn es nach dem Zusatz im Verlauf der Verarbeitung wieder entfernt wird, z. B. in Fruchtzubereitungen. **Symptome:** Schon geringe Mengen können bei empfindlichen Menschen zu Übelkeit, Kopfschmerzen, Völlegefühl, Durchfall führen. Allergien und Asthmaanfälle sind möglich. Vor allem Patienten mit einer erniedrigten oder erhöhten Magensaftproduktion sind gefährdet. Schweflige Säure zerstört Vitamin B_1 und Biotin, Vitamin A und C werden dagegen stabilisiert. **Höchstmengen:** Als Summe von Schwefeldioxid und Sulfiten je nach Anwendungsgebiet 30–200 mg/kg (berechnet als Schwefeldioxid), in Ausnahmefällen bis 2000 mg/kg (Trockenfrüchte). Alle übrigen Lebensmittel, die nicht ausdrücklich genannt werden, dürfen max. 10 mg/kg Schwefeldioxid aufweisen. Bei der Weinproduktion ist das Schwefeln ein allgemein übliches Verfahren zur Haltbarmachung (160–400 mg/l); ADI-Wert: 0–0,7 mg/kg
E 223	Deklariert als: **Schwefeldioxid;** Name: **Natriumdisulfit, Natriummetabisulfit;** Substanzgruppe: **Konservierungsmittel, Antioxidationsmittel** **Vorkommen:** Wird künstlich hergestellt. **Eigenschaften:** Natriumverbindung der schwefligen Säure; sie enthält 67 % aktives Schwefeldioxid. **Verwendung in Lebensmitteln:** Bleicht Lebensmittel wie Zucker und Meerrettich, Fruchtsäfte, Frucht- und Gemüsezubereitungen, Kartoffelgerichte (verhindert hier das Braunwerden), Knabbererzeugnisse auf Kartoffel- oder Getreidebasis, Marmelade, Meerrettich-Masse, Trockenaprikosen, -birnen, -pfirsiche mit max. 2000 mg/kg, Trockenbananen (1000 mg/kg), Trockenbirnen und Äpfel (600 mg/kg). Vor allem: Wein. Je nach Weinart kann mit 1–2 Gläsern schon die tolerierbare Tagesdosis erreicht werden. Trockener, roter Wein hat in der Regel einen geringeren Schwefeldioxidgehalt als weißer, süßer Wein. Schwefeldioxid findet auch Verwendung bei der Konservierung von Kunstseide, Fässern, Korken, Flaschen (in Konzentration von 1–2 %) und Bedarfsgegenständen der Wein-, Getränke- und Lebensmittelindustrie. Die Verwendung von Schwefeldioxid oder Sulfiten auf dem Etikett wird nicht immer angegeben: Bei Wein, da keine Zutatenliste vorgeschrieben ist; wenn Reste von Schwefeldioxid im Endprodukt keine konservierende Wirkung mehr entfalten; wenn es nach dem Zusatz im Verlauf der Verarbeitung wieder entfernt wird, z. B. in Fruchtzubereitungen. **Symptome:** Schon geringe Mengen können bei empfindlichen Menschen zu Übelkeit, Kopfschmerzen, Völlegefühl, Durchfall führen. Allergien und Asthmaanfälle sind möglich. Vor allem Patienten mit einer erniedrigten oder erhöhten Magensaftproduktion sind gefährdet. Schweflige Säure zerstört Vitamin B_1 und Biotin, Vitamin A und C werden dagegen stabilisiert. **Höchstmengen:** Als Summe von Schwefeldioxid und Sulfiten je nach Anwendungsgebiet 30–200 mg/kg (berechnet als Schwefeldioxid), in Ausnahmefällen bis 2000 mg/kg (Trockenfrüchte). Alle übrigen Lebensmittel, die nicht ausdrücklich genannt werden, dürfen max. 10 mg/kg Schwefeldioxid aufweisen. Bei der Weinproduktion ist das Schwefeln ein allgemein übliches Verfahren zur Haltbarmachung (160–400 mg/l); ADI-Wert: 0–0,7 mg/kg
E 224	Deklariert als: **Schwefeldioxid;** Name: **Kaliumsulfit, Kaliummetabisulfit;** Substanzgruppe: **Konservierungsmittel, Antioxidationsmittel** **Vorkommen:** Wird künstlich hergestellt. **Eigenschaften:** Kaliumsalz der schwefligen Säure. **Verwendung in Lebensmitteln:** Bleicht Lebensmittel wie Zucker und Meerrettich, Fruchtsäfte, Frucht- und Gemüsezubereitungen, Kartoffelgerichte (verhindert hier das Braunwerden), Knabbererzeugnisse auf Kartoffel- oder Getreidebasis, Marmelade, Meerrettich-Masse, Trockenaprikosen, -birnen, -pfirsiche mit max. 2000 mg/kg, Trockenbananen (1000 mg/kg), Trockenbirnen und Äpfel (600 mg/kg). Vor allem: Wein. Je nach Weinart kann mit 1–2 Gläsern schon die tolerierbare Tagesdosis erreicht werden. Trockener, roter Wein hat in der Regel einen geringeren Schwefeldioxidgehalt als weißer, süßer Wein. Schwefeldioxid findet auch Verwendung bei der Konservierung von Kunstseide, Fässern, Korken, Flaschen (in Konzentration von 1–2 %) und Bedarfsgegenständen der Wein-, Getränke- und Lebensmittelindustrie. Die Verwendung von Schwefeldioxid oder Sulfiten auf dem Etikett wird nicht immer angegeben: Bei Wein, da keine Zutatenliste vorgeschrieben ist; wenn Reste von Schwefeldioxid im Endprodukt keine konservierende Wirkung mehr entfalten; wenn es nach dem Zusatz im Verlauf der Verarbeitung wieder entfernt wird, z. B. in Fruchtzubereitungen. **Symptome:** Schon geringe Mengen können bei empfindlichen Menschen zu Übelkeit, Kopfschmerzen, Völlegefühl, Durchfall führen. Allergien und Asthmaanfälle sind möglich. Vor allem Menschen mit einer erniedrigten oder erhöhten Magensaftproduktion sind gefährdet. Schweflige Säure zerstört Vitamin B_1 und Biotin, Vitamin A und C werden dagegen stabilisiert. **Höchstmengen:** Als Summe von Schwefeldioxid und Sulfiten je nach Anwendungsgebiet

E-Nr.	Analyse
E 224 (Fortsetzung)	30–200 mg/kg (berechnet als Schwefeldioxid), in Ausnahmefällen bis 2000 mg/kg (Trockenfrüchte). Alle übrigen Lebensmittel, die nicht ausdrücklich genannt werden, dürfen max. 10 mg/kg Schwefeldioxid aufweisen. Bei der Weinproduktion ist das Schwefeln ein allgemein übliches Verfahren zur Haltbarmachung (160–400 mg/l).
E 226	Deklariert als: **Schwefeldioxid;** Name: **Calciumsulfit;** Substanzgruppe: **Konservierungsmittel, Antioxidationsmittel** **Vorkommen:** Wird künstlich hergestellt. **Eigenschaften:** Calciumsalz der schwefligen Säure. **Verwendung in Lebensmitteln:** Bleicht Lebensmittel wie Zucker und Meerrettich, Fruchtsäfte, Frucht- und Gemüsezubereitungen, Kartoffelgerichte (verhindert hier das Braunwerden), Knabbererzeugnisse auf Kartoffel- oder Getreidebasis, Marmelade, Meerrettich-Masse, Trockenaprikosen, -birnen, -pfirsiche mit max. 2000 mg/kg, Trockenbananen (1000 mg/kg), Trockenbirnen und Äpfel (600 mg/kg). Vor allem: Wein. Je nach Weinart kann mit 1–2 Gläsern schon die tolerierbare Tagesdosis erreicht werden. Trockener, roter Wein hat in der Regel einen geringeren Schwefeldioxidgehalt als weißer, süßer Wein. Schwefeldioxid findet auch Verwendung bei der Konservierung von Kunstseide, Fässern, Korken, Flaschen (in Konzentration von 1–2 %) und Bedarfsgegenständen der Wein-, Getränke- und Lebensmittelindustrie. Die Verwendung von Schwefeldioxid oder Sulfiten auf dem Etikett wird nicht immer angegeben: Bei Wein, da keine Zutatenliste vorgeschrieben ist; wenn Reste von Schwefeldioxid im Endprodukt keine konservierende Wirkung mehr entfalten; wenn es nach dem Zusatz im Verlauf der Verarbeitung wieder entfernt wird, z. B. in Fruchtzubereitungen. **Symptome:** Schon geringe Mengen können bei empfindlichen Menschen zu Übelkeit, Kopfschmerzen, Völlegefühl, Durchfall führen. Allergien und Asthmaanfälle sind möglich. Vor allem Menschen mit einer erniedrigten oder erhöhten Magensaftproduktion sind gefährdet. Schweflige Säure zerstört Vitamin B_1 und Biotin, Vitamin A und C werden dagegen stabilisiert. **Höchstmengen:** Als Summe von Schwefeldioxid und Sulfiten je nach Anwendungsgebiet 30–200 mg/kg (berechnet als Schwefeldioxid), in Ausnahmefällen bis 2000 mg/kg (Trockenfrüchte). Alle übrigen Lebensmittel, die nicht ausdrücklich genannt werden, dürfen max. 10 mg/kg Schwefeldioxid aufweisen. Bei der Weinproduktion ist das Schwefeln ein allgemein übliches Verfahren zur Haltbarmachung (160–400 mg/l).
E 227	Deklariert als: **Schwefeldioxid;** Name: **Calciumhydrogensulfit, Caliumbisulfit;** Substanzgruppe: **Konservierungsmittel, Antioxidationsmittel** **Vorkommen:** Wird künstlich hergestellt. **Eigenschaften:** Calciumverbindung der schwefligen Säure. **Verwendung in Lebensmitteln:** Bleicht Lebensmittel wie Zucker und Meerrettich, Fruchtsäfte, Frucht- und Gemüsezubereitungen, Kartoffelgerichte (verhindert hier das Braunwerden), Knabbererzeugnisse auf Kartoffel- oder Getreidebasis, Marmelade, Meerrettich-Masse, Trockenaprikosen, -birnen, -pfirsiche mit max. 2000 mg/kg, Trockenbananen (1000 mg/kg), Trockenbirnen und Äpfel (600 mg/kg). Vor allem: Wein. Je nach Weinart kann mit 1–2 Gläsern schon die tolerierbare Tagesdosis erreicht werden. Trockener, roter Wein hat in der Regel einen geringeren Schwefeldioxidgehalt als weißer, süßer Wein. Schwefeldioxid findet auch Verwendung bei der Konservierung von Kunstseide, Fässern, Korken, Flaschen (in Konzentration von 1–2 %) und Bedarfsgegenständen der Wein-, Getränke- und Lebensmittelindustrie. Die Verwendung von Schwefeldioxid oder Sulfiten auf dem Etikett wird nicht immer angegeben: Bei Wein, da keine Zutatenliste vorgeschrieben ist; wenn Reste von Schwefeldioxid im Endprodukt keine konservierende Wirkung mehr entfalten; wenn es nach dem Zusatz im Verlauf der Verarbeitung wieder entfernt wird, z. B. in Fruchtzubereitungen. **Symptome**: Schon geringe Mengen können bei empfindlichen Menschen zu Übelkeit, Kopfschmerzen, Völlegefühl, Durchfall führen. Allergien und Asthmaanfälle sind möglich. Vor allem Menschen mit einer erniedrigten oder erhöhten Magensaftproduktion sind gefährdet. Schweflige Säure zerstört Vitamin B_1 und Biotin, Vitamin A und C werden dagegen stabilisiert. **Höchstmengen:** Als Summe von Schwefeldioxid und Sulfiten je nach Anwendungsgebiet 30–200 mg/kg (berechnet als Schwefeldioxid), in Ausnahmefällen bis 2000 mg/kg (Trockenfrüchte). Alle übrigen Lebensmittel, die nicht ausdrücklich genannt werden, dürfen max. 10 mg/kg Schwefeldioxid aufweisen. Bei der Weinproduktion ist das Schwefeln ein allgemein übliches Verfahren zur Haltbarmachung (160–400 mg/l).
E 228	Deklariert als: **Schwefeldioxid;** Name: **Kaliumhydrogensulfit, Kaliumbisulfit;** Substanzgruppe: **Konservierungsmittel, Antioxidationsmittel** **Vorkommen:** Wird künstlich hergestellt. **Eigenschaften:** Kaliumverbindung der schwefligen Säure. **Verwendung in Lebensmitteln:** Bleicht Lebensmittel wie Zucker und Meerrettich, Fruchtsäfte, Frucht- und

E-Nr.	Analyse
E 228 (Fortsetzung)	Gemüsezubereitungen, Kartoffelgerichte (verhindert hier das Braunwerden), Knabbererzeugnisse auf Kartoffel- oder Getreidebasis, Marmelade, Meerrettich-Masse, Trockenaprikosen, -birnen, -pfirsiche mit max. 2000 mg/kg, Trockenbananen (1000 mg/kg), Trockenbirnen und Äpfel (600 mg/kg). Vor allem: Wein. Je nach Weinart kann mit 1–2 Gläsern schon die tolerierbare Tagesdosis erreicht werden. Trockener, roter Wein hat in der Regel einen geringeren Schwefeldioxidgehalt als weißer, süßer Wein. Schwefeldioxid findet auch Verwendung bei der Konservierung von Kunstseide, Fässern, Korken, Flaschen (in Konzentration von 1–2 %) und Bedarfsgegenständen der Wein-, Getränke- und Lebensmittelindustrie. Die Verwendung von Schwefeldioxid oder Sulfiten auf dem Etikett wird nicht immer angegeben: Bei Wein, da keine Zutatenliste vorgeschrieben ist; wenn Reste von Schwefeldioxid im Endprodukt keine konservierende Wirkung mehr entfalten; wenn es nach dem Zusatz im Verlauf der Verarbeitung wieder entfernt wird, z. B. in Fruchtzubereitungen. **Symptome:** Schon geringe Mengen können bei empfindlichen Menschen zu Übelkeit, Kopfschmerzen, Völlegefühl, Durchfall führen. Allergien und Asthmaanfälle sind möglich. Vor allem Menschen mit einer erniedrigten oder erhöhten Magensaftproduktion sind gefährdet. Schweflige Säure zerstört Vitamin B_1 und Biotin, Vitamin A und C werden dagegen stabilisiert. **Höchstmengen:** Als Summe von Schwefeldioxid und Sulfiten je nach Anwendungsgebiet 30–200 mg/kg (berechnet als Schwefeldioxid), in Ausnahmefällen bis 2000 mg/kg (Trockenfrüchte). Alle übrigen Lebensmittel, die nicht ausdrücklich genannt werden, dürfen max. 10 mg/kg Schwefeldioxid aufweisen. Bei der Weinproduktion ist das Schwefeln ein allgemein übliches Verfahren zur Haltbarmachung (160–400 mg/l)
E 230	Name: **Biphenyl;** Substanzgruppe: **Konservierungsmittel** **Vorkommen:** Wird künstlich hergestellt. **Eigenschaften:** Aromatischer Kohlenwasserstoff, in Wasser nicht löslich, gut löslich in Benzol, Ether und anderen Kohlenstoffen, reduziert das Wachsen von Schimmelpilzen, wirkt auch gegen einige Bakterien. Es gibt Pilze, die gegen den Stoff resistent sind. **Verwendung in Lebensmitteln:** Nur zur äußeren Behandlung von Zitrusfrüchten, die mit dem Zusatz **„mit Biphenyl behandelt"** gekennzeichnet sein müssen. **Symptome: Kann Krebs auslösen!** Im Tierversuch kam es zu verminderter Fruchtbarkeit, Störungen des Wachstums und Nierenschädigungen. Beschäftigte, die dem Stoff ausgesetzt waren, klagten über Übelkeit und Erbrechen. Es ist nicht klar, ob der Stoff von der Schale in das Fruchtfleisch übertritt (z. B. beim Schälen). Nach Kontakt die Hände gründlich waschen. **Höchstmengen:** 70 mg/kg; ADI-Wert: Vorläufig 0–0,05 mg/kg
E 231	Name: **Orthophenylphenol;** Substanzgruppe: **Konservierungsmittel** **Vorkommen:** Wird künstlich hergestellt. **Eigenschaften:** Aromatischer Kohlenwasserstoff, in Wasser nicht löslich, reduziert das Wachsen von Schimmelpilzen, wirkt auch gegen einige Bakterien. Es gibt Pilze, die gegen den Stoff resistent sind. **Verwendung in Lebensmitteln:** Nur zur äußeren Behandlung von Zitrusfrüchten, die mit dem Zusatz **„mit Orthophenylphenol behandelt"** gekennzeichnet sein müssen. **Symptome:** Im Tierversuch kam es zu verminderter Fruchtbarkeit, Störungen des Wachstums und Nierenschädigungen. Beschäftigte, die dem Stoff ausgesetzt waren, klagten über Übelkeit und Erbrechen. Es ist nicht klar, ob der Stoff von der Schale in das Fruchtfleisch übertritt (z. B. beim Schälen). Nach Kontakt die Hände gründlich waschen. Die endgültige toxikologische Beurteilung fehlt noch. **Höchstmengen:** 12 mg/kg; ADI-Wert: Vorläufig 0–0,02 mg/kg
E 232	Deklariert als: **Orthophenylphenol;** Name: **Natriumorthophenylphenol, Natriumorthopenylphenolat;** Substanzgruppe: **Konservierungsmittel** **Vorkommen:** Wird künstlich hergestellt. **Eigenschaften:** Aromatischer Kohlenwasserstoff, in Wasser nicht löslich, reduziert das Wachsen von Schimmelpilzen, wirkt auch gegen einige Bakterien. Es gibt Pilze, die gegen den Stoff resistent sind. **Verwendung in Lebensmitteln:** Nur zur äußeren Behandlung von Zitrusfrüchten, die mit dem Zusatz **„mit Orthophenylphenol behandelt"** gekennzeichnet sein müssen. **Symptome:** Im Tierversuch kam es zu verminderter Fruchtbarkeit, Störungen des Wachstums und Nierenschädigungen. Beschäftigte, die dem Stoff ausgesetzt waren, klagten über Übelkeit und Erbrechen. Es ist nicht klar, ob der Stoff von der Schale in das Fruchtfleisch übertritt (z. B. beim Schälen). Nach Kontakt die Hände gründlich waschen. **Risiko noch unklar! Höchstmengen:** ADI-Wert: Vorläufig 0–0,02 mg/kg
E 233	Name: **Thiabendazol;** Substanzgruppe: **Konservierungsmittel, Oberflächenbehandlungsmittel** **Vorkommen:** Wird künstlich hergestellt. **Eigenschaften:** In saurem Milieu gut wasserlöslich, wirkt gegen Schimmelpilze. Wird als Pflanzenschutzmittel verwendet. **Verwendung in Lebensmitteln:** Nur zur Oberflächenbehandlung von Zitrusfrüchten und Bananen zugelassen. Diese müssen mit dem Zusatz

E-Nr.	Analyse
E 233 (Fortsetzung)	**„mit Thiabendazol behandelt“** versehen werden. Bei Bananen kann der Zusatz entfallen. **Symptome:** Im Tierversuch kam es zu Blasenkrebs und Nierenschädigungen. Es ist nicht klar, ob der Stoff von der Schale in das Fruchtfleisch übertritt (z. B. beim Schälen). Nach Kontakt die Hände gründlich waschen. **Risiko noch unklar! Höchstmengen:** 3–6 mg/kg Frucht; ADI-Wert: 0–0,3 mg/kg
E 234	Name: **Nisin;** Substanzgruppe: **Konservierungsmittel** **Vorkommen:** Wird künstlich hergestellt. **Eigenschaften:** Wirkt antibiotisch (gegen wenige Bakterien), getrocknet jahrelang haltbar, hitzelabil, wird durch Speichelenzyme, Verdauungsenzyme und einige Mikroorganismen abgebaut. Kommt in Milch und Käse natürlich vor. **Verwendung in Lebensmitteln:** In Grieß- und Tapiokapudding und ähnlichen Erzeugnissen (max. 3 mg/kg), gereiftem Käse, Schmelzkäse (max. 12,5 mg/kg), clotted cream (max. 10 mg/kg). **Symptome:** Es sind keine Vergiftungen bekannt. Wird im menschlichen Verdauungssystem schnell abgebaut. **Höchstmengen:** 3–12,5 mg/kg; ADI-Wert: 0–13 mg/kg
E 235	Name: **Natamycin;** Substanzgruppe: **Konservierungsmittel** **Vorkommen:** Wird künstlich hergestellt. **Eigenschaften:** Wirkt antibiotisch, gegen Bakterien, Viren, Hefen und Schimmelpilze. Es kann zur Resistenz kommen. **Verwendung in Lebensmitteln:** Nur zur Oberflächenbehandlung von getrockneter, gepökelter Wurst, Hart- und Schnittkäse, halbfestem Schnittkäse, auch in Käsedeckmassen auf Kunststoffbasis, die zur Beschichtung von bestimmten Käsen eingesetzt werden. Wird als Arzneimittel eingesetzt. **Symptome:** Gilt als unbedenklich. **Höchstmenge:** 1 mg/cm^2 Oberfläche und darf 5 mm unterhalb der Oberfläche nicht mehr nachzuweisen sein.
E 236	Name: **Ameisensäure;** Substanzgruppe: **Konservierungsmittel** **Vorkommen:** Salze der Ameisensäure. Wird künstlich hergestellt. **Eigenschaften:** Im sauren Milieu wird Formaldehyd freigesetzt, das Hefe und Bakterien hemmt. **Verwendung in Lebensmitteln:** In Sauerkrautkonserven (außer in frischem Sauerkraut), Fruchtsafterzeugnissen. **Symptome:** Kann im Körper abgebaut werden. Gilt nur in größeren Mengen als bedenklich. **Höchstmenge:** 25 mg/kg (berechnet als Formaldehyd).
E 237	Name: **Natriumformiat;** Substanzgruppe: **Konservierungsmittel** **Vorkommen:** Salze der Ameisensäure. Wird künstlich hergestellt. **Eigenschaften:** Im sauren Milieu wird Formaldehyd freigesetzt, das Hefe und Bakterien hemmt. **Verwendung in Lebensmitteln:** In Fruchterzeugnissen. **Symptome:** Kann im Körper abgebaut werden. Gilt nur in größeren Mengen als bedenklich. **Höchstmengen:** 25 mg/kg (berechnet als Formaldehyd).
E 238	Name: **Calciumformiat;** Substanzgruppe: **Konservierungsmittel** **Vorkommen:** Wird künstlich hergestellt. **Eigenschaften:** Im sauren Milieu wird Formaldehyd freigesetzt, das Hefe und Bakterien hemmt. **Verwendung in Lebensmitteln:** In Fruchterzeugnissen. **Symptome:** Kann im Körper abgebaut werden. Gilt nur in größeren Mengen als bedenklich. Wirkt auf der Haut stark ätzend. **Höchstmengen:** 25 mg/kg (berechnet als Formaldehyd).
E 239	Name: **Hexamethylentetramin;** Substanzgruppe: **Konservierungsmittel** **Vorkommen:** Wird künstlich hergestellt. **Eigenschaften:** Im sauren Milieu wird Formaldehyd freigesetzt, das Hefe und Bakterien hemmt. **Verwendung in Lebensmitteln:** Nur zur Konservierung von **Provolone-Käse** zugelassen. **Symptome: Kann Krebs auslösen!**
E 242	Name: **Dimethyldicarbonat;** Substanzgruppe: **Konservierungsmittel** **Vorkommen:** Wird künstlich hergestellt. **Eigenschaften:** Tötet Gärhefen ab, zerfällt in Methanol und Kohlendioxid. Der Stoff darf in den Endprodukten nicht nachzuweisen sein. **Verwendung in Lebensmitteln:** In alkoholfreiem Wein, aromatisierten Getränken auf Wasser- und Fruchtbasis, Kräuteraufgüssen in Dosen, nichtalkoholischen Getränken, Teeaufgüssen in Dosen. Eine Deklaration ist nicht vorgeschrieben. **Symptome:** Gilt als unbedenklich. **Risiko noch unklar!**
E 249	Name: **Kaliumnitrit;** Substanzgruppe: **Konservierungsmittel** **Vorkommen:** Wird aus Kaliumnitrat hergestellt. **Eigenschaften:** Gehört zu den Nitritpökelsalzen, wirkt gegen Bakterien (vor allem gegen Clostridium botulinus). **Verwendung in Lebensmitteln:** In gepökelten Fleisch- und Wursterzeugnissen, auch in Dosen mit Enten- oder Gänseleberpastete. **Symptome: Kann Krebs auslösen!** Wirkt gefäßerweiternd und senkt den Blutdruck. In hohen Dosen entsteht eine Methämoglobinämie (Sauerstoffmangel im Blut). **Vor allem Säuglinge sind stark gefährdet.** Nitrite können im Organismus zu den karzinogenen Nitrosaminen umgewandelt werden. Vitamin C reduziert diese Umwandlung. **Höchstmengen**: Bei gepökelten und anderen Fleischerzeugnissen 50–175 mg/kg; Richtwert bei Fleisch- und Wurstwaren ist 150 mg/kg; ADI-Wert: 0–0,2 mg/kg

E-Nr.	Analyse
E 250	Name: **Natriumnitrit;** Substanzgruppe: **Konservierungsmittel** **Vorkommen:** Wird aus Natriumnitrat hergestellt. **Eigenschaften:** Gehört zu den Nitritpökelsalzen, wirkt gegen Bakterien (vor allem gegen Clostridium botulinus). Das Nitrit ist die aktive Komponente. **Verwendung in Lebensmitteln:** In gepökelten Fleisch- und Wursterzeugnissen, auch in Dosen mit Enten- oder Gänseleberpastete. **Symptome: Kann Krebs auslösen!** Wirkt gefäßerweiternd und senkt den Blutdruck. In hohen Dosen entsteht eine Methämoglobinämie (Sauerstoffmangel im Blut). **Vor allem Säuglinge sind stark gefährdet.** Nitrite können im Organismus zu den karzinogenen Nitrosaminen umgewandelt werden. Vitamin C reduziert diese Umwandlung. **Höchstmengen:** Bei gepökelten und anderen Fleischerzeugnissen 50–175 mg/kg; Richtwert bei Fleisch- und Wurstwaren ist 150 mg/kg; ADI-Wert: 0–0,2 mg/kg
E 251	Auch deklariert als: **Nitrat;** Name: **Natriumnitrat;** Substanzgruppe: **Konservierungsmittel** **Vorkommen:** Wird künstlich hergestellt. **Eigenschaften:** Wird mit Kochsalz zur Trockenpökelung eingesetzt. Die Umwandlung von Nitrat zu Nitrit findet im Lebensmittel unkontrolliert statt. Nitrit wirkt gegen Bakterien (vor allem Clostridium botulinus). **Verwendung in Lebensmitteln:** In Fleisch- und Wurstwaren, Hartkäse, Schnittkäse und Käseimitaten auf Milchbasis, eingelegten Heringen und Sprotten. **Symptome: Kann Krebs auslösen!** Nitrate sind bedenklich. Da sie im Organismus zu Nitriten umgewandelt werden, können die folgenden Symptome auftreten: Wirkt gefäßerweiternd und senkt den Blutdruck. In hohen Dosen entsteht eine Methämoglobinämie (Sauerstoffmangel im Blut). **Vor allem Säuglinge sind stark gefährdet.** Nitrite können im Organismus zu den karzinogenen Nitrosaminen umgewandelt werden. Vitamin C reduziert diese Umwandlung. **Höchstmengen:** Bei gepökelten Fleischerzeugnissen 250 mg/kg, Käse 50 mg/kg, eingelegten Heringen (200 mg/kg); ADI-Wert: 0–5 mg/kg
E 252	Auch deklariert als: **Nitrat;** Name: **Kaliumnitrat;** Substanzgruppe: **Konservierungsmittel** **Vorkommen:** Wird künstlich hergestellt. **Eigenschaften:** Wird mit Kochsalz zur Trockenpökelung eingesetzt. Die Umwandlung von Nitrat zu Nitrit findet im Lebensmittel unkontrolliert statt. Nitrit wirkt gegen Bakterien (vor allem Clostridium botulinus). **Verwendung in Lebensmitteln:** In Fleisch- und Wurstwaren, Hartkäse, Schnittkäse und Käseimitaten auf Milchbasis, eingelegten Heringen und Sprotten. **Symptome: Kann Krebs auslösen!** Nitrate sind bedenklich. Da sie im Organismus zu Nitriten umgewandelt werden, können die folgenden Symptome auftreten: Wirkt gefäßerweiternd und senkt den Blutdruck. In hohen Dosen entsteht eine Methämoglobinämie (Sauerstoffmangel im Blut). **Vor allem Säuglinge sind stark gefährdet.** Nitrite können im Organismus zu den karzinogenen Nitrosaminen umgewandelt werden. Vitamin C reduziert diese Umwandlung. **Höchstmengen:** Bei gepökelten Fleischerzeugnissen 250 mg/kg, Käse 50 mg/kg, eingelegten Heringen (200 mg/kg); ADI-Wert: 0–5 mg/kg
E 260	Name: **Essigsäure;** Substanzgruppe: **Konservierungsmittel, Säuerungsmittel** **Vorkommen:** Kommt natürlich vor. **Eigenschaften:** Durchdringt die Zellwände der Mikroorganismen und denaturiert Proteine, ist gut fettlöslich. **Verwendung in Lebensmitteln:** Bei Obst und Gemüse in Dosen und Gläsern (0,5–3 % Essigsäure), in französischen Spezialbroten (in Konzentration von 0,2–0,4 %), Fisch in allen Variationen (Konserven, verschiedenste Marinaden), Feinkostsalaten, Mayonnaisen, Salatsoßen. **Symptome:** Gilt als unbedenklich. **Höchstmengen:** Allgemein zugelassen ohne Höchstmengenangaben (quantum satis).
E 261	Auch deklariert als: **„Salze" der Essigsäure;** Name: **Kaliumacetat;** Substanzgruppe: **Konservierungsmittel, Säuerungsmittel** **Vorkommen:** Wird aus der Essigsäure hergestellt. **Eigenschaften:** Durchdringt die Zellwände der Mikroorganismen und denaturiert Proteine, ist gut fettlöslich. **Verwendung in Lebensmitteln:** Bei Obst und Gemüse in Dosen und Gläsern (0,5–3 % Essigsäure), in französischen Spezialbroten (in Konzentration von 0,2–0,4 %), Fisch in allen Variationen (Konserven, verschiedenste Marinaden), Feinkostsalaten, Mayonnaisen, Salatsoßen. **Symptome:** Gilt als unbedenklich. **Höchstmengen:** Allgemein zugelassen ohne Höchstmengenangaben (quantum satis).
E 262	Auch deklariert als: **„Salze" der Essigsäure;** Name: **Natriumdiacetat, Natriumacetat;** Substanzgruppe: **Konservierungsmittel, Säuerungsmittel** **Vorkommen:** Wird aus der Essigsäure hergestellt. **Eigenschaften:** Durchdringt die Zellwände der Mikroorganismen und denaturiert Proteine, ist gut fettlöslich. **Verwendung in Lebensmitteln:** Bei Obst und Gemüse in Dosen und Gläsern (0,5–3 % Essigsäure), in französischen Spezialbroten (in Konzentration von 0,2–0,4 %), Fisch in allen Variationen (Konserven, verschiedenste Marinaden), Feinkostsalaten, Mayonnaisen, Salatsoßen. **Symptome:** Gilt als unbedenklich. **Höchstmengen:** Allgemein zugelassen ohne Höchstmengenangaben (quantum satis).

E-Nr.	Analyse
E 263	Auch deklariert als: **„Salze" der Essigsäure;** Name: **Calciumacetat;** Substanzgruppe: **Konservierungsmittel, Säuerungsmittel** **Vorkommen:** Wird aus der Essigsäure hergestellt. **Eigenschaften:** Durchdringt die Zellwände der Mikroorganismen und denaturiert Proteine, ist gut fettlöslich. **Verwendung in Lebensmitteln:** Bei Obst und Gemüse in Dosen und Gläsern (0,5–3 % Essigsäure), in französischen Spezialbroten (in Konzentration von 0,2–0,4 %), Fisch in allen Variationen (Konserven, verschiedenste Marinaden), Feinkostsalaten, Mayonnaisen, Salatsoßen. **Symptome:** Gilt als unbedenklich. **Höchstmengen:** Allgemein zugelassen ohne Höchstmengenangaben (quantum satis).
E 270	Name: **Milchsäure;** Substanzgruppe: **Konservierungsmittel, Antioxidationsmittel, Säuerungsmittel** **Vorkommen:** Wird künstlich hergestellt. **Eigenschaften:** Bei Raumtemperatur farblos bis gelblich, gut wasserlöslich, konserviert erst ab Konzentrationen von mindestens 0,5 %. **Verwendung in Lebensmitteln:** In eingelegtem Gemüse (Kohl, Bohnen, Gurken, Sauerkraut, Oliven, Mixed Pickles etc.), Kindernahrung (verbessert die Verdaulichkeit), Getränken (verbessert ebenfalls die Lagerfähigkeit), Konfekt, Salatsaucen, Softmargarine (zur Geschmacksverbesserung). **Symptome:** Gilt als unbedenklich. **Höchstmengen:** Allgemein zugelassen ohne Höchstmengenangaben (quantum satis).
E 280	Name: **Propionsäure;** Substanzgruppe: **Konservierungsmittel** **Vorkommen:** Wird künstlich hergestellt. **Eigenschaften:** Gut wasserlöslich, unangenehmer, stechender Geruch, blockiert das Enzymsystem von Zellen und Mikroorganismen. Nebenprodukt der Essigherstellung. **Verwendung in Lebensmitteln:** In industriell hergestellten Backwaren, abgepacktem, geschnittenem Brot, Roggenbrot, Kuchen aller Art, besonders schimmelanfälligen Produkten. **Symptome:** Wird wie Fettsäuren in harmlose Stoffe umgewandelt. **Kann Krebs auslösen! Risiko noch unklar! Höchstmengen:** 1000–3000 mg/kg
E 281	Auch deklariert als: **Propionsäure;** Name: **Natriumpropionat;** Substanzgruppe: **Konservierungsmittel** **Vorkommen:** Wird aus der Propionsäure gewonnen. **Eigenschaften:** Gut wasserlöslich, unangenehmer, stechender Geruch, blockiert das Enzymsystem von Zellen und Mikroorganismen. Nebenprodukt der Essigherstellung. **Verwendung in Lebensmitteln:** Vor allem in Feinbackwaren und allen industriell hergestellten Backwaren, abgepacktem, geschnittenen Brot, Roggenbrot, Kuchen aller Art, besonders schimmelanfälligen Produkten. **Symptome:** Wird wie Fettsäuren in harmlose Stoffe umgewandelt. **Kann Krebs auslösen! Höchstmengen:** 1000–3000 mg/kg
E 282	Auch deklariert als: **Propionsäure;** Name: **Calciumpropionat;** Substanzgruppe: **Konservierungsmittel** **Vorkommen:** Wird aus der Propionsäure gewonnen. **Eigenschaften:** Gut wasserlöslich, unangenehmer, stechender Geruch, blockiert das Enzymsystem von Zellen und Mikroorganismen. Nebenprodukt der Essigherstellung. **Verwendung in Lebensmitteln:** Vor allem in Feinbackwaren und allen industriell hergestellten Backwaren, abgepacktem, geschnittenem Brot, Roggenbrot, Kuchen aller Art, besonders schimmelanfälligen Produkten. **Symptome:** Wird wie Fettsäuren in harmlose Stoffe umgewandelt. **Kann Krebs auslösen! Höchstmengen:** 1000–3000 mg/kg
E 283	Auch deklariert als: **Propionsäure;** Name: **Kaliumpropionat;** Substanzgruppe: **Konservierungsmittel** **Vorkommen:** Wird aus der Propionsäure gewonnen. **Eigenschaften:** Gut wasserlöslich, unangenehmer, stechender Geruch, blockiert das Enzymsystem von Zellen und Mikroorganismen. Nebenprodukt der Essigherstellung. **Verwendung in Lebensmitteln:** Vor allem in Feinbackwaren und allen industriell hergestellten Backwaren, abgepacktem, geschnittenem Brot, Roggenbrot, Kuchen aller Art, besonders schimmelanfälligen Produkten. **Symptome:** Wird wie Fettsäuren in harmlose Stoffe umgewandelt. **Kann Krebs auslösen! Höchstmengen:** 1000–3000 mg/kg
E 284	Name: **Borsäure;** Substanzgruppe: **Konservierungsmittel** **Vorkommen:** Wird künstlich hergestellt. **Eigenschaften:** Weiße, schuppige Blättchen, fühlen sich fettig an, Schmelzpunkt 170° C, blockiert Enzymsysteme von Mikroorganismen. **Verwendung in Lebensmitteln:** Nur für Kaviar (Störrogen) zugelassen. Wird auch als Abmagerungsmittel, in Kosmetikartikeln (z. B. Seifen und Pudern gegen fettige Haut), als Wirkstoff gegen Insekten, Pilze und Unkraut, Verseifen von Kerzen, in Textilbeizen, Flammschutzmitteln und Fotoentwicklern verwendet. Borsäure ist in kosmetischen Pflegemitteln für Kinder unter drei Jahren verboten. **Symptome:** Reichert sich in Fettgewebe und Zentralem Nervensystem (ZNS) an und kann Vergiftungserscheinungen auslösen. Heute verzichtet man meist auf diese Substanz. **Höchstmengen:** 4000 mg/kg

E-Nr.	Analyse
E285	Auch deklariert als: **Borsäure;** Name: **Natriumtetraborat, Borax;** Substanzgruppe: **Konservierungsmittel** **Vorkommen:** Natürlich vorkommendes Mineral. **Eigenschaften:** Weiße Kristalle, Schmelzpunkt 742° C, blockiert Enzymsysteme von Mikroorganismen. **Verwendung in Lebensmitteln:** Nur für Kaviar (Störrogen) zugelassen. Wird auch als Abmagerungsmittel, in Kosmetikartikeln (z. B. Seifen und Pudern gegen fettige Haut), als Wirkstoff gegen Insekten, Pilze und Unkraut, Verseifen von Kerzen, in Textilbeizen, Flammschutzmitteln und Fotoentwicklern verwendet. Borsäure ist in kosmetischen Pflegemitteln für Kinder unter drei Jahren verboten. **Symptome:** Reichert sich in Fettgewebe und ZNS an und kann Vergiftungserscheinungen auslösen. Heute wird auf diese Substanz meist verzichtet. **Höchstmengen:** 4000 mg/kg
E290	Name: **Kohlendioxid, Kohlensäure;** Substanzgruppe: **Konservierungsmittel, Packgas, Backtriebmittel** **Vorkommen:** Kommt natürlich vor. **Eigenschaften:** Unbrennbar, farblos, leicht säuerlich schmeckendes Gas, wirkt durch die Verdrängung des Sauerstoffes oder durch pH-Wert-Änderung der Oberfläche. Wird auch als Kühlmittel verwendet. Auch durch Verbrennung von Koks und dem daraus entstehenden Gasgemisch. **Verwendung in Lebensmitteln:** Industrielle Abpackungen von oxidationsempfindlichen Trockenwaren in Verbrauchsverpackungen, z. B. von Fleisch und Käse, Backwaren (halbgebackene Teige, Kuchen, Schnittbrot). Bei Getränken: Einlagerung von Säften, kohlensäurehaltigen Erfrischungsgetränken, in der Weinherstellung (Steuerung des Gärprozesses und Einstellen von Zucker- und Alkoholgehalt). **Symptome:** Gilt als unbedenklich. **Höchstmengen:** Für Lebensmittel allgemein ohne Höchstmengenbeschränkungen zugelassen (quantum satis).
E296	Name: **Apfelsäure;** Substanzgruppe: **Säuerungsmittel** **Vorkommen:** Kommt in allen lebenden Zellen vor. Wird aus natürlichen Quellen biotechnisch hergestellt. **Eigenschaften:** Wirkt leicht geschmacksverstärkend, unterstützt Antioxidationsmittel, vor allem in fetthaltigen Lebensmitteln. **Verwendung in Lebensmitteln:** In Säften, Fertigsuppen, Saucen, Geschmacksstoff in Obsterzeugnissen und Limonaden, auch in zuckerfreien Produkten, Imprägnierung von Verpackungsstoffen (z. B. Käse). **Symptome:** Gilt als unbedenklich und wird im Organismus metabolisiert. **Höchstmengen:** Für Lebensmittel allgemein ohne Höchstmengenbeschränkungen zugelassen (quantum satis).
E297	Name: **Fumarsäure;** Substanzgruppe: **Säuerungsmittel** **Vorkommen:** In vielen Pflanzen und Früchten, wird aus Maleinsäure hergestellt. **Eigenschaften:** Organische Fruchtsäure, schlecht wasserlöslich, ist am menschlichen Zellstoffwechsel beteiligt. **Verwendung in Lebensmitteln:** In Instantpulvern für Getränke (harmoniert gut mit Zitronen- oder Grapefruitgeschmack), geleeartigen Desserts und Süßigkeiten wie etwa Kaugummi, Zuckerwaren, Teigsäuerungsmittel bei Backwaren, Kuchenglasuren, Füllungen bei feinen Backwaren, Wein. **Symptome:** Leicht abführende Wirkung. Gilt als unschädlich. **Höchstmengen:** Höchstmengen je nach Produkt: 1000–4000 mg/kg; ADI-Wert: 6 mg/kg
E300	Name: **Ascorbinsäure, L-Ascorbinsäure, Vitamin C;** Substanzgruppe: **Antioxidationsmittel, Säuerungsmittel, Stabilisatoren, Mehlbehandlungsmittel** **Vorkommen:** Wird künstlich hergestellt. Kommt vor allem in Johannisbeeren, in der Leber, in Paprikaschoten, Weißkohl und Zitrusfrüchten vor. **Eigenschaften:** Fördert die Maschinentauglichkeit der Teige sowie die Krumen- und Porenbildung. Ist gut wasserlöslich und wird über die Nieren (renal) ausgeschieden. **Verwendung in Lebensmitteln:** In Obst- und Gemüsekonserven, verarbeiteten, auch tiefgefrorenen Kartoffelprodukten (verhindert die Braunfärbung), Fleisch- und Wurstwaren, zur Unterstützung der Wirkung des Nitritpökelsalzes bei der Umrötung; hemmt die Bildung toxischer Nitrosamine, zur Stabilisierung in Getränken, z. B. Wein, Bier, Fruchtsaft, in eihaltigen Erzeugnissen, zur Vitaminisierung von Lebensmitteln aller Art, besonders Kindernahrung. **Symptome:** Gilt in den üblichen Mengen als unbedenklich. Eine chronische hohe Einnahme kann wegen der Oxalsäure zu Nierensteinen führen. **Höchstmengen:** Für Lebensmittel ohne Höchstmengenbeschränkungen allgemein zugelassen (quantum satis), auch in Säuglingsfolgenahrung (200–300 mg/kg); ADI-Wert: 0–15 mg/kg
E301	Deklariert als: **Ascorbinsäure;** Name: **Natrium-L-Ascorbat, Natrium-Ascorbat;** Substanzgruppe: **Antioxidationsmittel, Säuerungsmittel, Stabilisatoren, Mehlbehandlungsmittel** **Vorkommen:** Wird aus der Ascorbinsäure gewonnen. **Eigenschaften:** Natriumverbindung der Ascorbinsäure. **Verwendung in Lebensmitteln:** In Obst- und Gemüsekonserven, verarbeiteten, auch tiefge-

E-Nr.	Analyse
E 301 (Fortsetzung)	frorenen Kartoffelprodukten (verhindert die Braunfärbung), Fleisch- und Wurstwaren, zur Unterstützung der Wirkung des Nitritpökelsalzes bei der Umrötung; hemmt die Bildung toxischer Nitrosamine, zur Stabilisierung von Getränken, z. B. Wein, Bier, Fruchtsaft, in eihaltigen Erzeugnissen, zur Vitaminisierung von Lebensmitteln aller Art, besonders Kindernahrung. **Symptome:** Gilt in den üblichen Mengen als unbedenklich. Eine chronische hohe Einnahme kann zu Nierensteinen führen. **Höchstmengen:** Für Lebensmittel ohne Höchstmengenbeschränkungen allgemein zugelassen (quantum satis), auch in Säuglingsfolgenahrung (200–300 mg/kg); ADI-Wert. 0–15 mg/kg
E 302	Deklariert als: **Ascorbinsäure:** Name: **Calcium-L-Ascorbat, Calium-Ascorbat;** Substanzgruppe: **Antioxidationsmittel, Säuerungsmittel, Stabilisatoren, Mehlbehandlungsmittel** **Vorkommen:** Wird aus der Ascorbinsäure gewonnen. **Eigenschaften:** Calciumverbindung der Ascorbinsäure. **Verwendung in Lebensmitteln:** In Fertigprodukten, Obst- und Gemüsekonserven, verarbeiteten, auch tiefgefrorenen Kartoffelprodukten (verhindert die Braunfärbung), in Fleisch- und Wurstwaren, zur Unterstützung der Wirkung des Nitritpökelsalzes bei der Umrötung; hemmt die Bildung toxischer Nitrosamine, in Getränken wie Wein, Bier, Fruchtsaft (zur Stabilisierung), in eihaltigen Erzeugnissen, zur Vitaminisierung von Lebensmitteln aller Art, besonders Kindernahrung. **Symptome:** Gilt in den üblichen Mengen als unbedenklich. Eine chronische hohe Einnahme kann zu Nierensteinen führen. **Höchstmengen:** Für Lebensmittel ohne Höchstmengenbeschränkungen allgemein zugelassen (quantum satis), auch in Säuglingsfolgenahrung (200–300 mg/kg); ADI-Wert: 0–15 mg/kg
E 304	Deklariert als: **Ascorbinsäure oder „Fettsäureester der Ascorbinsäure";** Name: **6-Palmitoyl-l-ascorbinsäure, Ascorbylpalmitat, Ascorbylstearat;** Substanzgruppe: **Antioxidationsmittel, Emulgatoren, Stabilisatoren** **Vorkommen:** Wird künstlich hergestellt. **Eigenschaften:** Fettsäureester der Ascorbinsäure, ist fettlöslich, wirkt zu 40 % wie Vitamin C. **Verwendung in Lebensmitteln:** Bei Obst- und Gemüsekonserven, verarbeiteten, auch tiefgefrorenen Kartoffelprodukten (verhindert die Braunfärbung), Fleisch- und Wurstwaren, zur Unterstützung der Wirkung des Nitritpökelsalzes bei der Umrötung; hemmt die Bildung toxischer Nitrosamine. In Getränken wie Wein, Bier, Fruchtsaft (zur Stabilisierung), eihaltigen Erzeugnissen, zur Vitaminisierung von Lebensmitteln aller Art, besonders Kindernahrung. Wurstwaren (verzögert das Ranzigwerden); auch zur Unterstützung der Wirkung des Nitritpökelsalzes bei der Umrötung von Fleisch- und Wurstwaren, hemmt die Bildung toxischer Nitrosamine. In Hühnerbrühe (Würfelform), Pralinen, Mayonnaise (spart Eier), Käse. **Symptome:** Gilt als unbedenklich. **Risiko noch unklar!** **Höchstmengen:** Ohne Höchstmengenbeschränkungen für Lebensmittel allgemein zugelassen (quantum satis), zugelassen in Säuglingsfolgenahrung (200–300 mg/kg); ADI-Wert: 0 -15 mg/kg
E 306	Name: **Tocopherol, Vitamin E;** Substanzgruppe: **Antioxidationsmittel** **Vorkommen:** Kommt in vielen Pflanzenölen vor. **Eigenschaften:** Fettlöslich, reduziert den Verderb von Fetten, schützt Vitamin A, Carotine, ungesättigte Fettsäuren (Linol- und Linolensäure) vor dem Abbau durch Sauerstoffverbindungen, reduziert die Bildung krebsfördernder Nitrosamine. Empfindlich gegen UV-Strahlung und Sauerstoff, relativ hitzestabil, hat farbstabilisierenden Effekt. **Verwendung in Lebensmitteln:** Generell in fetthaltigen Lebensmitteln, wie Margarine und Pflanzenöl, Dessertsaucen, Fertigdessertprodukten, Bestandteil von Vitaminpräparaten. **Symptome:** Gilt als unbedenklich, wird im Fettsäurestoffwechsel in harmlose Stoffe umgewandelt. **Höchstmengen:** Für Lebensmittel allgemein ohne Höchstmengenbeschränkungen zugelassen (quantum satis); auch für Säuglingsnahrung zugelassen (Höchstmenge: 10 mg/l).
E 307	Deklariert als: **Tocopherol;** Name: **Synthetisches Alpha-Tocopherol, Vitamin E;** Substanzgruppe: **Antioxidationsmittel** **Vorkommen:** Wird künstlich hergestellt. **Eigenschaften:** Ist fettlöslich, reduziert den Verderb von Fetten, schützt Vitamin A, Carotine, ungesättigte Fettsäuren (Linol- und Linolensäure) vor dem Abbau durch Sauerstoffverbindungen, reduziert die Bildung krebsfördernder Nitrosamine. Ist empfindlich gegen UV-Strahlung und Sauerstoff, relativ hitzestabil, hat farbstabilisierenden Effekt. Beständiger gegen oxidative Prozesse als Tocopherol. **Verwendung in Lebensmitteln:** Generell in fetthaltigen Lebensmitteln, wie Margarine und Pflanzenöl, Dessertsaucen, Fertigdessertprodukten, Wurstwaren. **Symptome:** Gilt als unbedenklich, wird im Fettsäurestoffwechsel in harmlose Stoffe umgewandelt. **Höchstmengen:** Für Lebensmittel allgemein ohne Höchstmengenbeschränkungen zugelassen (quantum satis); auch für Säuglingsnahrung zugelassen (Höchstmenge: 10 mg/l).

E-Nr.	Analyse
E 308	Deklariert als: **Tocopherol;** Name: **Synthetisches Gamma-Tocopherol, Vitamin E;** Substanzgruppe: **Antioxidationsmittel** **Vorkommen:** Wird künstlich hergestellt. **Eigenschaften:** Ist fettlöslich, reduziert den Verderb von Fetten, schützt Vitamin A, Carotine, ungesättigte Fettsäuren (Linol- und Linolensäure) vor dem Abbau durch Sauerstoffverbindungen, reduziert die Bildung krebsfördernder Nitrosamine. Ist empfindlich gegen UV-Strahlung und Sauerstoff, relativ hitzestabil, hat farbstabilisierenden Effekt. Beständiger gegen oxidative Prozesse als Tocopherol. **Verwendung in Lebensmitteln:** Generell in fetthaltigen Lebensmitteln, wie Margarine und Pflanzenöl, Dessertsaucen, Fertigdessertprodukten, Wurstwaren. **Symptome:** Gilt als unbedenklich, wird im Fettsäurestoffwechsel in harmlose Stoffe umgewandelt. **Höchstmengen:** Für Lebensmittel allgemein ohne Höchstmengenbeschränkungen zugelassen (quantum satis); auch für Säuglingsnahrung zugelassen (Höchstmenge: 10 mg/l).
E 309	Deklariert als: **Tocopherol;** Name: **Synthetisches Delta-Tocopherol, Vitamin E;** Substanzgruppe: **Antioxidationsmittel** **Vorkommen:** Wird künstlich hergestellt. **Eigenschaften:** Ist fettlöslich, reduziert den Verderb von Fetten, schützt Vitamin A, Carotine, ungesättigte Fettsäuren (Linol- und Linolensäure) vor dem Abbau durch Sauerstoffverbindungen, reduziert die Bildung krebsfördernder Nitrosamine. Ist empfindlich gegen UV-Strahlung und Sauerstoff, relativ hitzestabil, hat farbstabilisierenden Effekt. Beständiger gegen oxidative Prozesse als Tocopherol. **Verwendung in Lebensmitteln:** Generell in fetthaltigen Lebensmitteln, wie Margarine und Pflanzenöl, Dessertsaucen, Fertigdessertprodukten, Wurstwaren. **Symptome:** Gilt als unbedenklich, wird im Fettsäurestoffwechsel in harmlose Stoffe umgewandelt. **Höchstmengen:** Für Lebensmittel allgemein ohne Höchstmengenbeschränkungen zugelassen (quantum satis); auch für Säuglingsnahrung zugelassen (Höchstmenge: 10 mg/l).
E 310	Deklariert als: **Gallat;** Name: **Propylgallat;** Substanzgruppe: **Antioxidationsmittel** **Vorkommen:** Wird künstlich hergestellt. **Eigenschaften:** Verhindert das Ranzigwerden von Fetten, schützt Farbe und Geschmack der Lebensmittel vor Veränderungen durch Luftsauerstoff. **Verwendung in Lebensmitteln:** In fetthaltigen Backwaren und deren Inhaltsstoffen wie z. B. Margarine, Persipan- und Mohnfüllungen, Bratöl, Frittierfett (Pommes frites), Milchpulver, Kaugummi, Marzipan, Nougat, Knabbererzeugnissen, Trockensuppen, Würzmitteln. Darf in Kleinkind- und Säuglingsnahrung nicht enthalten sein **(Kann lebensbedrohliche Blausucht erzeugen). Symptome:** Steht im Verdacht, die Eisenverfügbarkeit zu reduzieren, kann Allergien auslösen, kann Asthma auslösen, kann Hautreaktionen verursachen. **Höchstmengen:** Je nach Produkt: 200–400 mg/kg (Gesamtmenge Gallate); ADI-Wert: 0–0,2 mg/kg
E 311	Deklariert als: **Gallat;** Name: **Octylgallat;** Substanzgruppe: **Konservierungsmittel, Antioxidationsmittel** **Vorkommen:** Wird künstlich hergestellt. **Eigenschaften:** Verhindert das Ranzigwerden von Fetten, schützt Farbe und Geschmack der Lebensmittel vor Veränderungen durch Luftsauerstoff. **Verwendung in Lebensmitteln:** In fetthaltigen Backwaren und deren Inhaltsstoffen wie z. B. Margarine, Persipan- und Mohnfüllungen, Bratöl, Frittierfett (Pommes frites), Milchpulver, Kaugummi, Marzipan, Nougat, Knabbererzeugnissen, Trockensuppen, Würzmitteln. **Symptome:** Steht im Verdacht, die Eisenverfügbarkeit zu reduzieren, kann Allergien auslösen, kann Asthma auslösen, kann Hautreaktionen verursachen. **Toxikologisch weniger kritisch als Propylgallat. Höchstmengen:** Je nach Produkt: 200–400 mg/kg; ADI-Wert: 0–0,2 mg/kg
E 312	Deklariert als: **Gallat;** Name: **Dodecylgallat;** Substanzgruppe: **Konservierungsmittel, Antioxidationsmittel** **Vorkommen:** Wird künstlich hergestellt. **Eigenschaften:** Verhindert das Ranzigwerden von Fetten, schützt Farbe und Geschmack der Lebensmittel vor Veränderungen durch Luftsauerstoff. **Verwendung in Lebensmitteln:** In fetthaltigen Backwaren und deren Inhaltsstoffen wie z. B. Margarine, Persipan- und Mohnfüllungen, Bratöl, Frittierfett (Pommes frites), Milchpulver, Kaugummi, Marzipan, Nougat, Knabbererzeugnissen, Trockensuppen, Würzmitteln. **Symptome:** Steht im Verdacht, die Eisenverfügbarkeit zu reduzieren, kann Allergien auslösen, kann Asthma auslösen, kann Hautreaktionen verursachen. **Toxikologisch weniger kritisch als Propylgallat. Höchstmengen:** Je nach Produkt: 200–400 mg/kg; ADI-Wert: 0–0,2 mg/kg

E-Nr.	Analyse
E 315	Name: **Isoascorbinsäure;** Substanzgruppe: **Antioxidationsmittel, Komplexbildner, Stabilisatoren** **Vorkommen:** Wird künstlich hergestellt. **Eigenschaften:** Chemischer Abkömmling der Ascorbinsäure, aber nur mit 5 % der Vitamin-C-Wirkung, beschleunigt die Umrötung bei der Pökelung, hemmt die Bildung von Nitrosaminen. **Verwendung in Lebensmitteln:** Statt Ascorbinsäure zur Umrötung von Wurst und Schinken bei der Pökelung, bei der industriellen Obst- und Gemüseverarbeitung (muss hier nicht deklariert werden, da technischer Hilfsstoff). **Symptome:** Es wird vermutet, dass der Stoff die Aufnahme von Vitamin C reduziert. **Risiko noch unklar! Höchstmengen:** 500 mg/kg; ADI Wert: 0–6 mg/kg
E 316	Name: **Natriumisoascorbat;** Substanzgruppe: **Antioxidationsmittel, Komplexbildner, Stabilisatoren** **Vorkommen:** Wird künstlich hergestellt. **Eigenschaften:** Natriumisoascorbat ist ein Salz der Isoascorbinsäure. **Verwendung in Lebensmitteln:** Statt Ascorbinsäure zur Umrötung von Wurst und Schinken bei der Pökelung, bei der industriellen Obst- und Gemüseverarbeitung (muss hier nicht deklariert werden, da technischer Hilfsstoff). **Symptome:** Es wird vermutet, dass der Stoff die Aufnahme von Vitamin C reduziert. **Risiko noch unklar! Höchstmengen:** 500 mg/kg; ADI-Wert: 0–6 mg/kg
E 320	Name: **Butylhydroxyanisol (BHA);** Substanzgruppe: **Antioxidationsmittel** **Vorkommen:** Wird künstlich hergestellt. **Eigenschaften:** Gut fettlöslich, hitzestabiles Gemisch zweier Phenolabkömmlinge, in hoher Konzentration, wirkt gegen Bakterien, Hefen und Schimmelpilze. **Verwendung in Lebensmitteln:** In Knabberartikeln, Walnüssen, Kuchenmischungen, Trockensuppen, Würzreis, Süßigkeiten. **Symptome:** Reichert sich im Fettgewebe an, baut evtl. Vitamin D ab, kann Allergien und Kontaktallergien auslösen. **Höchstmengen:** 200–400 mg/kg; ADI-Wert: 0–0,5 mg/kg
E 321	Name: **Butylhydroxytoluol (BHT);** Substanzgruppe: **Antioxidationsmittel** **Vorkommen:** Wird künstlich hergestellt. **Eigenschaften:** Leitet sich vom Toluol ab, gut fettlöslich, hitzebeständig, keine antimikrobielle Wirkung. **Verwendung in Lebensmitteln:** In Kaugummi, Frittier- und Bratenfett, zur Haltbarmachung von Vitaminpräparaten. Kann auch in Kunststoffverpackungen enthalten sein und so in Lebensmittel gelangen. **Symptome:** Reichert sich im Fettgewebe an, baut evtl. Vitamin D ab, kann Allergien und Kontaktallergien auslösen, beeinflusst die Blutgerinnung, die Schilddrüsenparameter und den Fettstoffwechsel. **Kann Krebs auslösen! Höchstmengen**: 200–400 mg/kg; ADI-Wert: 0–0,5 mg/kg
E 322	Name: **Lecithin;** Substanzgruppe: **Antioxidationsmittel, Emulgatoren, Stabilisatoren, Mehlbehandlungsmittel** **Vorkommen:** Wird aus Sojabohnen gewonnen. **Eigenschaften:** Essenzielle Nährstoffe, ein Teil ist wasserlöslich, der andere Teil fettlöslich. **Verwendung in Lebensmitteln:** Als Emulgator in vielen Lebensmitteln, etwa: Mayonnaisen und Salatsaucen, Margarine, Brot- und Backwaren, Schokolade, Instant-Lebensmitteln, Speiseeis, Desserts, Kindernahrung, auch in diätetischen Lebensmitteln. Ermöglicht die Herstellung eifreier Produkte für Hühnerei-Allergiker. Wird auch in der Kosmetikindustrie verwendet. **Symptome:** Gilt als unbedenklich. **Höchstmengen:** Ohne Höchstmengenbeschränkungen für Lebensmittel allgemein zugelassen (quantum satis). Auch für Säuglingsnahrung zugelassen (Höchstmenge: 1 g/l).
E 325	Auch deklariert als: **Salze der Milchsäure;** Name: **Natriumlactat;** Substanzgruppe: **Konservierungsmittel, Säureregulatoren, Schmelzsalze, Festigungsmittel, Geschmacksverstärker** **Vorkommen:** Wird aus der Milchsäure künstlich hergestellt. **Eigenschaften:** Natriumsalz der Milchsäure. **Verwendung in Lebensmitteln:** In Käse, Konfekt, Fleisch und Geflügel, zur Oberflächenbehandlung, zur Verbesserung der geschmacklichen Qualität bei Fertiggerichten, als Festigungsmittel kann es Eier einsparen. **Symptome:** Intoxikationen sind nicht bekannt. **Höchstmengen:** Für Lebensmittel allgemein zugelassen ohne Höchstmengenangaben (quantum satis); jedoch **nicht für Säuglingsnahrung.**
E 326	Auch deklariert als: **Salze der Milchsäure;** Name: **Kaliumlactat;** Substanzgruppe: **Konservierungsmittel, Säureregulatoren, Schmelzsalze, Festigungsmittel, Geschmacksverstärker** **Vorkommen:** Wird aus der Milchsäure künstlich hergestellt. **Eigenschaften:** Kaliumsalz der Milchsäure. **Verwendung in Lebensmitteln:** In fertigem Schaumgebäck, speziellen Backmischungen, z. B. Pasteten (Pie) oder Torten, Käse, Konfekt, Fleisch und Geflügel, zur Oberflächenbehandlung, zur Verbesserung der geschmacklichen Qualität bei Fertiggerichten, als Festigungsmittel kann es Eier einsparen. **Symptome:** Vergiftungserscheinungen sind nicht bekannt. **Höchstmengen:** Für Lebensmittel allgemein zugelassen ohne Höchstmengenangaben (quantum satis); jedoch **nicht für Säuglingsnahrung.**

E-Nr.	Analyse
E 327	Auch deklariert als: **Salze der Milchsäure;** Name: **Calciumlactat;** Substanzgruppe: **Konservierungsmittel, Säureregulatoren, Schmelzsalze, Festigungsmittel, Geschmacksverstärker** **Vorkommen:** Wird aus der Milchsäure künstlich hergestellt. **Eigenschaften:** Calciumsalz der Milchsäure. **Verwendung in Lebensmitteln:** In fertigem Schaumgebäck, speziellen Backmischungen, z. B. Pasteten (Pie) oder Torten, Käse, Konfekt, Fleisch und Geflügel, zur Oberflächenbehandlung, zur Verbesserung der geschmacklichen Qualität bei Fertiggerichten, als Festigungsmittel kann es Eier einsparen. **Symptome:** Vergiftungserscheinungen sind nicht bekannt. **Höchstmengen:** Für Lebensmittel allgemein zugelassen ohne Höchstmengenangaben (quantum satis); jedoch **nicht für Säuglingsnahrung.**
E 330	Name: **Zitronensäure;** Substanzgruppe: **Antioxidationsmittel, Säuerungsmittel, Komplexbildner** **Vorkommen:** Natürlicher Bestandteil von Zitrusfrüchten. **Eigenschaften:** Spielt eine wichtige Rolle im Zitratzyklus. **Verwendung in Lebensmitteln:** In Limonade, Konfitüren, Milchpulver, Kondensmilch, Schmelzkäse, Brühwürsten, Fetten, Backwaren. Säureträger bei Backpulver, Frucht- und Gemüsekonserven, Eiscreme, Fertigsuppen, tiefgefrorenen Fischen und Krabben, im Haushalt als Geliermittel beim Einkochen von Marmeladen, Gelees und Konfitüren. **Symptome:** Gilt als unbedenklich, greift aber den Zahnschmelz an. **Höchstmengen:** Ohne Höchstmengenbeschränkungen für Lebensmittel allgemein zugelassen (quantum satis), einschl. Säuglingsanfangs- und -folgenahrung.
E 331	Deklariert als: **Salze der Zitronensäure;** Name: **Natriumcitrat;** Substanzgruppe: **Antioxidationsmittel, Säuerungsmittel, Schmelzsalze, Komplexbildner** **Vorkommen:** Natürlicher Bestandteil von Zitrusfrüchten. Wird aber künstlich hergestellt. **Eigenschaften:** Natriumsalze der Zitronensäure. **Verwendung in Lebensmitteln:** In Käse in Scheiben, Wein, Limonade, Konfitüren, Milchpulver, Kondensmilch, Schmelzkäse, Brühwürsten, Fetten, Backwaren. Säureträger bei Backpulver, Frucht- und Gemüsekonserven, Eiscreme, Fertigsuppen, tiefgefrorenen Fischen und Krabben, im Haushalt als Geliermittel beim Einkochen von Marmeladen, Gelees und Konfitüren. **Symptome:** Gilt als unbedenklich. **Höchstmengen:** Ohne Höchstmengenbeschränkungen für Lebensmittel allgemein zugelassen (quantum satis), einschl. Säuglingsanfangs- und -folgenahrung.
E 332	Deklariert als: **Salze der Zitronensäure;** Name: **Kaliumcitrat;** Substanzgruppe: **Antioxidationsmittel, Säuerungsmittel, Schmelzsalze, Komplexbildner** **Vorkommen:** Natürlicher Bestandteil von Zitrusfrüchten. Wird aber künstlich hergestellt. **Eigenschaften:** Kaliumsalze der Zitronensäure. **Verwendung in Lebensmitteln:** In Käse, Milchpulver, sterilisierter und ultrahocherhitzter Sahne, Marmeladen, Konfitüren, auch solchen mit reduziertem Zuckergehalt, Dessertmischungen, Knabberartikeln, Süßwaren, Wein, Limonade, Konfitüren, Milchpulver, Kondensmilch, Schmelzkäse, Brühwürsten, Fetten, Backwaren. Säureträger bei Backpulver, Frucht- und Gemüsekonserven, Eiscreme, Fertigsuppen, tiefgefrorenen Fischen und Krabben, im Haushalt als Geliermittel beim Einkochen von Marmeladen, Gelees und Konfitüren. **Symptome:** Gilt als unbedenklich. **Höchstmengen:** Ohne Höchstmengenbeschränkungen für Lebensmittel allgemein zugelassen (quantum satis), einschl. Säuglingsanfangs- und -folgenahrung.
E 333	Deklariert als: **Salze der Zitronensäure;** Name: **Calciumcitrat;** Substanzgruppe: **Säuerungsmittel, Schmelzsalze, Komplexbildner** **Vorkommen:** Natürlicher Bestandteil von Zitrusfrüchten. Wird aber künstlich hergestellt. **Eigenschaften:** Calciumsalze der Zitronensäure. **Verwendung in Lebensmitteln:** Zur Calciumanreicherung in verschiedenen Lebensmitteln, Käse, Konfekt, Wein, Limonade, Konfitüren, Milchpulver, Kondensmilch, Schmelzkäse, Brühwürsten, Fetten, Backwaren. Säureträger bei Backpulver, Frucht- und Gemüsekonserven, Eiscreme, Fertigsuppen, tiefgefrorenen Fischen und Krabben, im Haushalt als Geliermittel beim Einkochen von Marmeladen, Gelees und Konfitüren. **Symptome:** Gilt als unbedenklich. **Höchstmengen:** Ohne Höchstmengenbeschränkungen für Lebensmittel allgemein zugelassen (quantum satis), einschl. Säuglingsanfangs- und -folgenahrung.
E 334	Name: **L(+)Weinsäure, Weinsäure;** Substanzgruppe: **Säuerungsmittel, Säureregulatoren, Komplexbildner** **Vorkommen:** Fruchtsäure, die in vielen Pflanzen (z. B. Weintrauben) vorkommt. **Eigenschaften:** Wird künstlich aus Weinstein hergestellt. **Verwendung in Lebensmitteln:** In Backwaren, Süßwaren, Speiseeis, Limonade, Sülzen, Desserts, Brühwürsten, Fetten. Säureträger bei Backpulver, Frucht- und Gemüsekonserven. **Symptome:** Es sind keine Vergiftungserscheinungen bekannt. **Höchstmengen:** Ohne Höchstmengenbeschränkungen für Lebensmittel allgemein zugelassen (quantum satis). Kekse und Zwieback in Säuglingsentwöhnungsnahrung bis 5000 mg/kg; ADI-Wert: 0–30 mg/kg

E-Nr.	Analyse
E 335	Deklariert als: **„Salze der Weinsäure“**; Name: **Natriumtartrat;** Substanzgruppe: **Säuerungsmittel, Backtriebmittel, Stabilisatoren** **Vorkommen:** Wird künstlich aus Weinstein hergestellt. **Eigenschaften:** Verschiedene Natriumsalze der Weinsäure, die in vielen Früchten gebunden vorkommen. **Verwendung in Lebensmitteln:** In Backwaren, Süßwaren, Speiseeis, Limonade, Sülzen, Desserts, Brühwürsten, Fetten. Säureträger bei Backpulver, Frucht- und Gemüsekonserven. **Symptome:** Es sind keine Vergiftungserscheinungen bekannt. **Höchstmengen:** Ohne Höchstmengenbeschränkungen für Lebensmittel allgemein zugelassen (quantum satis). Kekse und Zwieback in Säuglingsentwöhnungsnahrung bis 5000 mg/kg; ADI-Wert: 0–30 mg/kg
E 336	Deklariert als: **„Salze der Weinsäure“**; Name: **Kaliumtartrat;** Substanzgruppe: **Säureregulatoren, Backtriebmittel, Stabilisator** **Vorkommen:** Bekannt als Weinstein (natürlicher Rückstand bei der Weinherstellung). **Eigenschaften:** Verschiedene Kaliumsalze der Weinsäure, die in vielen Früchten gebunden vorkommen. Im Haushalt wird Weinstein als Backpulver verwendet, durch die langsame Abgabe der Säure kommt es zu einer Teigauflockerung und zur Porenbildung. **Verwendung in Lebensmitteln:** In Kuchenmischungen, Zitronengebäck, geleeartigen Füllungen, Marmeladen, Konfitüren, auch als Kochsalz-Ersatz. In Backwaren, Süßwaren, Speiseeis, Limonade, Sülzen, Desserts, Brühwürsten, Fetten. Säureträger bei Backpulver, Frucht- und Gemüsekonserven. **Symptome:** Es sind keine Vergiftungserscheinungen bekannt. **Höchstmengen:** Ohne Höchstmengenbeschränkungen für Lebensmittel allgemein zugelassen (quantum satis). Kekse und Zwieback in Säuglingsentwöhnungsnahrung bis 5000 mg/kg; ADI-Wert: 0–30 mg/kg
E 337	Deklariert als: **„Salze der Weinsäure“**; Name: **Natrium-Kaliumtartrat;** Substanzgruppe: **Säuerungsmittel, Säureregulatoren, Backtriebmittel** **Vorkommen:** Wird künstlich aus Weinstein hergestellt. **Eigenschaften:** Doppelsalz der Weinsäure. **Verwendung in Lebensmitteln:** Bevorzugt in der Fleisch- und Käseverarbeitung. In Backwaren, Süßwaren, Speiseeis, Limonade, Sülzen, Desserts, Brühwürsten, Fetten. Säureträger bei Backpulver, Frucht- und Gemüsekonserven. **Symptome:** Es sind keine Vergiftungserscheinungen bekannt. **Höchstmengen:** Ohne Höchstmengenbeschränkungen für Lebensmittel allgemein zugelassen (quantum satis). Kekse und Zwieback in Säuglingsentwöhnungsnahrung bis 5000 mg/kg; ADI-Wert: 0–30 mg/kg
E 338	Deklariert als: **„Phosphat“**; Name: **Ortophosphorsäure, Phosphorsäure;** Substanzgruppe: **Konservierungsmittel, Säuerungsmittel, Säureregulatoren, Emulgatoren** **Vorkommen:** Wird künstlich hergestellt. **Eigenschaften:** Salz der Phosphorsäure. **Verwendung in Lebensmitteln:** In nichtalkoholischen aromatisierten Getränken (Cola), sterilisierter und ultrahocherhitzter Milch, eingedickter Milch, Milch- und Magermilchpulver. **Symptome:** Phosphate stehen im **Verdacht, bei Kindern Hyperaktivität** auszulösen. Die Zufuhr von Phosphaten sollte so niedrig wie möglich sein. **Höchstmengen:** 700–2500 mg/kg; ADI-Wert: 0–70 mg/kg
E 339	Deklariert als: **„Phosphat“**; Name: **Natriumorthophosphat;** Substanzgruppe: **Konservierungsmittel, Säuerungsmittel, Säureregulatoren, Emulgatoren, Backtriebmittel** **Vorkommen:** Wird künstlich hergestellt. **Eigenschaften:** Verschiedene Natriumsalze der Phosphorsäure. **Verwendung in Lebensmitteln:** In nichtalkoholischen aromatisierten Getränken (Cola), sterilisierter und ultrahocherhitzter Milch, eingedickter Milch, Milch- und Magermilchpulver. **Symptome:** Phosphate stehen im **Verdacht, bei Kindern Hyperaktivität** auszulösen. Die Zufuhr von Phosphaten sollte so niedrig wie möglich sein. **Höchstmengen:** 700–2500 mg/kg; ADI-Wert: 0–70 mg/kg
E 340	Deklariert als: **„Phosphat“**; Name: **Kaliumorthophosphat;** Substanzgruppe: **Konservierungsmittel, Säuerungsmittel, Säureregulatoren, Emulgatoren, Backtriebmittel** **Vorkommen:** Wird künstlich hergestellt. **Eigenschaften:** Verschiedene Kaliumsalze der Phosphorsäure. **Verwendung in Lebensmitteln:** In nichtalkoholischen aromatisierten Getränken (Cola), Tee, Kräutertee, Schokoladen- und Malzgetränken auf Milchbasis, als Kutterhilfsmittel bei Fleisch- und Wurstprodukten, in Backpulver. Stabilisiert Eiweiß (Kondensmilch, Schlagfähigkeit von Sahne), Kaffeeweißer, Pflanzeneiweißgetränke, Frischkäse, Schmelzkäse, Speiseeis, Desserts, Teige, Überzüge, Panaden, Kartoffelerzeugnisse, Zuckerwaren, Puderzucker, Fischfilets, Fischpaste, Surimi. **Symptome:** Phosphate stehen im **Verdacht, bei Kindern Hyperaktivität** auszulösen. Die Zufuhr von Phosphaten sollte so niedrig wie möglich sein. **Höchstmengen:** 1000–10 000 mg/kg; ADI-Wert: 0–70 mg/kg

E-Nr.	Analyse
E 341	Deklariert als: **„Phosphat"**; Name: **Calciumorthophosphat;** Substanzgruppe: **Konservierungsmittel, Säuerungsmittel, Säureregulatoren, Emulgatoren** **Vorkommen:** Wird künstlich hergestellt. **Eigenschaften:** Verschiedene Calciumsalze der Phosphorsäure. **Verwendung in Lebensmitteln:** In nichtalkoholischen aromatisierten Getränken (Cola), Tee, Kräutertee, Schokoladen- und Malzgetränken auf Milchbasis, als Kutterhilfsmittel bei Fleisch- und Wurstprodukten, Backtriebmittel in Backpulver, stabilisiert Eiweiß (Kondensmilch, Schlagfähigkeit von Sahne), Kaffeeweißer, Pflanzeneiweißgetränke, Frischkäse, Schmelzkäse, Speiseeis, Desserts, Teige, Überzüge, Panaden, Kartoffelerzeugnisse, Zuckerwaren, Puderzucker, Fischfilets, Fischpaste, Surimi. Dicalciumphosphat für Kaugummi (ohne Höchstmengenbeschränkung), Tricalciumphosphat für Trockenlebensmittel in Pulverform. **Symptome:** Phosphate stehen im **Verdacht, bei Kindern Hyperaktivität** auszulösen. Die Zufuhr von Phosphaten sollte so niedrig wie möglich sein. **Höchstmengen:** 1000–10 000 mg/kg; ADI-Wert: 0–70 mg/kg
E 350	Deklariert als: **Salze der Apfelsäure;** Name: **Natriummalate;** Substanzgruppe: **Säureregulatoren** **Vorkommen:** Wird aus natürlichen Quellen hergestellt. **Eigenschaften:** Natriumsalz der Apfelsäure, wirkt leicht geschmacksverstärkend. **Verwendung in Lebensmitteln:** In Konfitüren und Gelees, Säften, Fertigsuppen, Soßen; Geschmacksstoff in Obsterzeugnissen und Limonaden, auch in zuckerfreien Produkten, Imprägnierung von Verpackungsstoffen (z. B. Käse). **Symptome:** Gilt als unbedenklich, wird in harmlose Stoffe umgewandelt. **Höchstmengen:** Ohne Höchstmengenbeschränkungen für Lebensmittel allgemein zugelassen (quantum satis).
E 351	Deklariert als: **Salze der Apfelsäure;** Name: **Kaliummalate;** Substanzgruppe: **Säureregulatoren** **Vorkommen:** Wird aus natürlichen Quellen hergestellt. **Eigenschaften:** Kaliumsalz der Apfelsäure, wirkt leicht geschmacksverstärkend. **Verwendung in Lebensmitteln:** In Konfitüren, Gelees, Säften, Fertigsuppen, Soßen; Geschmacksstoff in Obsterzeugnissen und Limonaden, auch in zuckerfreien Produkten, Imprägnierung von Verpackungsstoffen (z. B. Käse). **Symptome:** Gilt als unbedenklich, wird in harmlose Stoffe umgewandelt. **Höchstmengen:** Ohne Höchstmengenbeschränkungen für Lebensmittel allgemein zugelassen (quantum satis).
E 352	Deklariert als: **Salz der Apfelsäure;** Name: **Calciummalate;** Substanzgruppe: **Säureregulatoren** **Vorkommen:** Wird aus natürlichen Quellen hergestellt. **Eigenschaften:** Calciumsalz der Apfelsäure, wirkt leicht geschmacksverstärkend. **Verwendung in Lebensmitteln:** In Konfitüren, Gelees, Säften, Fertigsuppen, Soßen; Geschmacksstoff in Obsterzeugnissen und Limonaden, auch in zuckerfreien Produkten, Imprägnierung von Verpackungsstoffen (z. B. Käse). **Symptome:** Gilt als unbedenklich, wird in harmlose Stoffe umgewandelt. **Höchstmengen:** Ohne Höchstmengenbeschränkungen für Lebensmittel allgemein zugelassen (quantum satis).
E 353	Name: **Metaweinsäure;** Substanzgruppe: **Säuerungsmittel, Säureregulatoren, Stabilisatoren** **Vorkommen:** Wird chemisch aus Weinstein hergestellt. **Eigenschaften:** Besondere chemische Form der Weinsäure. **Verwendung in Lebensmitteln:** Nur in der Weinproduktion als Stabilisator zugelassen. **Symptome:** Es sind keine Vergiftungserscheinungen bekannt. **Höchstmengen:** 100 mg/l
E 354	Deklariert als: **„Salze der Weinsäure" oder „Tartrat";** Name: **Calciumtartrat;** Substanzgruppe: **Säuerungsmittel, Säureregulatoren, Festigungsmittel** **Vorkommen:** Wird chemisch aus Weinstein hergestellt. **Eigenschaften:** Calciumtartratiat, das Calciumsalz der Weinsäure, kommt in vielen Früchten vor. **Verwendung in Lebensmitteln:** In Backwaren, Süßwaren, Speiseeis, Limonade, Sülzen, Desserts, Brühwürsten, Fetten. Säureträger bei Backpulver, Frucht- und Gemüsekonserven. **Symptome:** Es sind keine Vergiftungserscheinungen bekannt. **Höchstmengen:** Ohne Höchstmengenbeschränkungen für Lebensmittel allgemein zugelassen (quantum satis); Kekse und Zwieback in Säuglingsentwöhnungsnahrung bis 5000 mg/kg; ADI-Wert: 0–30 mg/kg
E 355	Deklariert als: **„Adipat";** Name: **Adipinsäure;** Substanzgruppe: **Säuerungsmittel, Säureregulatoren, Geschmacksverstärker** **Vorkommen:** Im Saft der Roten Beete und der Zuckerrübe. Wird künstlich hergestellt. **Eigenschaften:** Ausgangsstoff zur Herstellung von Nylon, hat einen lang andauernden sauren Geschmack. **Verwendung in Lebensmitteln:** In Füllungen und Überzügen von feinen Backwaren, Trockendesserts, Getränkepulvern, Geleedesserts. **Symptome: Schädlich! Höchstmengen:** 1000–10 000 mg/kg; ADI-Wert: 0–5 mg/kg

E-Nr.	Analyse
E 356	Deklariert als: **„Adipat"**; Name: **Natriumadipat;** Substanzgruppe: **Säuerungsmittel, Säureregulatoren, Geschmacksverstärker** **Vorkommen:** Wird künstlich hergestellt. **Eigenschaften:** Natriumsalz der Adipinsäure, hat einen lang anhaltenden sauren Geschmack. **Verwendung in Lebensmitteln:** In Füllungen und Überzügen von feinen Backwaren, Trockendesserts, Getränkepulvern, Geleedesserts. **Symptome:** Es gibt keine Untersuchungen über negative Wirkungen. **Höchstmengen:** 1000–10 000 mg/kg; ADI-Wert: 0–5 mg/kg
E 357	Deklariert als: **„Adipat"**; Name: **Kaliumadipat;** Substanzgruppe: **Säuerungsmittel, Säureregulatoren, Geschmacksverstärker** **Vorkommen:** Wird künstlich hergestellt. **Eigenschaften:** Kaliumsalz der Adipinsäure, hat einen lang andauernden sauren Geschmack. **Verwendung in Lebensmitteln:** In Füllungen und Überzügen von feinen Backwaren, Trockendesserts, Getränkepulvern, Geleedesserts. **Symptome:** Es gibt keine Untersuchungen über negative Wirkungen. **Höchstmengen:** 1000–10 000 mg/kg; ADI-Wert: 0–5 mg/kg
E 363	Name: **Bernsteinsäure;** Substanzgruppe: **Säuerungsmittel, Geschmacksverstärker** **Vorkommen:** Bernsteinsäure kommt in vielen Harzen, in Algen, Pilzen, Flechten, Tomaten und Rhabarber vor. Wird künstlich hergestellt. **Eigenschaften:** Sie ist ein Zwischenprodukt des Zitronensäure-Zyklus. **Verwendung in Lebensmitteln:** Säuert Desserts und Getränkepulver an, in Suppen und Brühen als Geschmackverstärker. **Symptome:** Wird als unschädlich eingestuft. **Höchstmengen:** 3000–6000 mg/kg
E 380	Deklariert als: **„Salze der Zitronensäure";** Name: **Triammoniumcitrat;** Substanzgruppe: **Säureregulatoren, Stabilisatoren** **Vorkommen:** Wird künstlich aus der Zitronensäure hergestellt. **Eigenschaften:** Triammoniumcitrat bezeichnet das Ammoniumsalz der Zitronensäure. **Verwendung in Lebensmitteln:** In Limonade, Konfitüren, Milchpulver, Kondensmilch, Schmelzkäse, Brühwürsten, Fetten, Backwaren. Säureträger bei Backpulver, Frucht- und Gemüsekonserven, Eiscreme, Fertigsuppen, tiefgefrorenen Fischen und Krabben. Im Haushalt als Geliermittel beim Einkochen von Marmeladen, Gelees und Konfitüren. **Symptome:** Vergiftungserscheinungen sind nicht bekannt. **Risiko noch unklar! Höchstmengen:** Ohne Höchstmengenbeschränkungen für Lebensmittel allgemein zugelassen (quantum satis).
E 385	Name: **Calciumdinatriumethylendiamintetraacetat;** Substanzgruppe: **Antioxidationsmittel, Komplexbildner, Stabilisatoren** **Vorkommen:** Wird künstlich hergestellt. **Eigenschaften** Bindet Metallspuren in Gemüsekonserven, verhindert unerwünschte Farbveränderungen, verhindert das Ranzigwerden von Fetten in Halbfettmargarine und ölhaltigen Fischkonserven, erhält Aussehen und Geschmack gefrorener Schalentiere, verhindert Bräunungsreaktionen bei der Herstellung von Kaffeeprodukten. **Verwendung in Lebensmitteln:** In emulgierten Saucen, Dressings, Dosen- und Glaskonserven von Pilzen, Hülsenfrüchten, Halbfettmargarine und Fischen. Krebs- und Schalentiere in Dosen oder Glaskonserven; in tiefgefrorenen Krebsen. **Symptome:** Bei der Aufnahme größerer Mengen können Schwermetalle aufgenommen und gebunden werden. **Es besteht der Verdacht der Kontaktallergie. Sehr schädlich für Kinder bis zwei Jahre. Höchstmengen:** 75–250 mg/kg; ADI-Wert: 0–2,5 mg/kg
E 400	Name: **Alginsäure;** Substanzgruppe: **Geliermittel, Verdickungsmittel** **Vorkommen:** Natürliche Quelle: Braunalge; Alginsäure wird aus den Zellwänden mittels Sodalösung herausgelöst. **Eigenschaften:** In gesäuerten Produkten instabil, nicht fettlöslich, hitzestabil, fördert in Anwesenheit von Calcium die Gelbildung, stabilisiert Farbe und Konsistenz von Lebensmitteln. **Verwendung in Lebensmitteln:** In Diät- und Light-Produkten, Backwaren, Tiefkühlprodukten, Fertigprodukten wie: Fleisch- und Gemüsekonserven, Suppen, Mayonnaisen und Salatsaucen, Speiseeis. Wird auch in der Kosmetik- und Waschmittelindustrie angewandt. **Symptome:** Bildet mit Spurenelementen (z. B. Eisen) schwerlösliche Verbindungen. Damit kann die Aufnahme von Mineralien und Spurenelementen im Darm erschwert werden. Möglicherweise werden auch Nahrungsproteine reduziert aufgenommen. **Höchstmengen:** Für Lebensmittel allgemein zugelassen ohne Höchstmengenangaben (quantum satis); ADI-Wert: 0–25 mg/kg
E 401	Deklariert als: **Alginat;** Name: **Natriumalginat;** Substanzgruppe: **Geliermittel, Verdickungsmittel** **Vorkommen:** Natürliche Quelle: Braunalge; Alginsäure wird aus den Zellwänden mittels Sodalösung herausgelöst. **Eigenschaften:** In gesäuerten Produkten instabil, nicht fettlöslich, hitzestabil, fördert in Anwesenheit von Calcium die Gelbildung, stabilisiert Farbe und Konsistenz von Lebensmitteln. **Verwendung in Lebensmitteln:** In Diät- und Light-Produkten, Backwaren, Tiefkühlprodukten, Fertigprodukten wie: Fleisch- und Gemüsekonserven, Suppen. Bei der Herstellung von Schmelzkäse, Mayonnaisen

E-Nr.	Analyse
E 401 (Fortsetzung)	und Salatsaucen, Speiseeis. **Symptome:** Bildet mit Spurenelementen (z. B. Eisen) schwerlösliche Verbindungen. Damit kann die Aufnahme von Mineralien und Spurenelementen im Darm erschwert werden. Möglicherweise werden auch Nahrungsproteine reduziert aufgenommen. **Höchstmengen:** Für Lebensmittel allgemein zugelassen ohne Höchstmengenangaben (quantum satis); ADI-Wert: 0–25 mg/kg
E 402	Deklariert als: **Alginat;** Name: **Kaliumalginat;** Substanzgruppe: **Geliermittel, Verdickungsmittel** **Vorkommen:** Natürliche Quelle: Braunalge; Alginsäure wird aus den Zellwänden mittels Sodalösung herausgelöst. **Eigenschaften:** In gesäuerten Produkten instabil, nicht fettlöslich, hitzestabil, fördert in Anwesenheit von Calcium die Gelbildung, stabilisiert Farbe und Konsistenz von Lebensmitteln. **Verwendung in Lebensmitteln:** In Diät- und Light-Produkten, Backwaren, Fertigkuchenmischungen, Tiefkühlprodukten, Fertigprodukten wie: Fleisch- und Gemüsekonserven, Suppen, Mayonnaisen und Salatsaucen. In Milchprodukten, z. B. Speiseeis, vorbehandeltem Schnittkäse, Desserts. Wird auch in der Kosmetik- und Waschmittelindustrie verwendet. **Symptome:** Bildet mit Spurenelementen (z. B. Eisen) schwerlösliche Verbindungen. Damit kann die Aufnahme von Mineralien und Spurenelementen im Darm erschwert werden. Möglicherweise werden auch Nahrungsproteine reduziert aufgenommen. **Höchstmengen:** Für Lebensmittel allgemein zugelassen ohne Höchstmengenangaben (quantum satis); ADI-Wert: 0–25 mg/kg
E 403	Deklariert als: **Alginat;** Name: **Ammoniumalginat;** Substanzgruppe: **Geliermittel, Verdickungsmittel** **Vorkommen:** Natürliche Quelle: Braunalge; Alginsäure wird aus den Zellwänden mittels Sodalösung herausgelöst. **Eigenschaften:** In gesäuerten Produkten instabil, nicht fettlöslich, hitzestabil, fördert in Anwesenheit von Calcium die Gelbildung, stabilisiert Farbe und Konsistenz von Lebensmitteln. **Verwendung in Lebensmitteln:** In Diät- und Light-Produkten, Backwaren Tiefkühlprodukten, Fertigprodukten wie: Fleisch- und Gemüsekonserven, Suppen, Mayonnaisen und Salatsaucen, Speiseeis. **Symptome:** Bildet mit Spurenelementen (z. B. Eisen) schwerlösliche Verbindungen. Damit kann die Aufnahme von Mineralien und Spurenelementen im Darm erschwert werden. Möglicherweise werden auch Nahrungsproteine reduziert aufgenommen. **Höchstmengen:** Für Lebensmittel allgemein zugelassen ohne Höchstmengenangaben (quantum satis); ADI-Wert: 0–25 mg/kg
E 404	Deklariert als: **Alginat;** Name: **Calciumalginat;** Substanzgruppe: **Geliermittel, Verdickungsmittel** **Vorkommen:** Natürliche Quelle: Braunalge; Alginsäure wird aus den Zellwänden mittels Sodalösung herausgelöst. **Eigenschaften:** In gesäuerten Produkten instabil, nicht fettlöslich, hitzestabil, fördert in Anwesenheit von Calcium die Gelbildung, stabilisiert Farbe und Konsistenz von Lebensmitteln. **Verwendung in Lebensmitteln:** In Diät- und Light-Produkten, Backwaren, Tiefkühlprodukten, Fertigprodukten wie: Fleisch- und Gemüsekonserven, Suppen, Mayonnaisen und Salatsaucen, Speiseeis. **Symptome:** Bildet mit Spurenelementen (z. B. Eisen) schwerlösliche Verbindungen. Damit kann die Aufnahme von Mineralien und Spurenelementen im Darm erschwert werden. Möglicherweise werden auch Nahrungsproteine reduziert aufgenommen. **Höchstmengen:** Für Lebensmittel allgemein zugelassen ohne Höchstmengenangaben (quantum satis); ADI-Wert: 0–25 mg/kg
E 405	Deklariert als: **Alginat;** Name: **Propylenglycolalginat;** Substanzgruppe: **Emulgatoren, Geliermittel, Verdickungsmittel** **Vorkommen:** Natürliche Quelle: Braunalge; Alginsäure wird aus den Zellwänden mittels Sodalösung herausgelöst. **Eigenschaften:** In gesäuerten Produkten instabil, nicht fettlöslich, hitzestabil, fördert in Anwesenheit von Calcium die Gelbildung, stabilisiert Farbe und Konsistenz von Lebensmitteln. **Verwendung in Lebensmitteln:** In Fettemulsionen, Knabbererzeugnissen auf Kartoffel- und Getreidebasis, feinen Backwaren, Bier, Kaugummi, Nahrungsergänzungsmitteln. **Symptome:** Bildet mit Spurenelementen (z. B. Eisen) schwerlösliche Verbindungen. Damit kann die Aufnahme von Mineralien und Spurenelementen im Darm erschwert werden. Möglicherweise werden auch Nahrungsproteine reduziert aufgenommen. **Allergische Reaktionen sind möglich. Höchstmengen:** 300 mg–10 g/kg; ADI-Wert: 0–25 mg/kg
E 406	Name: **Agar-Agar;** Substanzgruppe: **Geliermittel, Verdickungsmittel** **Vorkommen:** Rotalgen: Agar wird mit Wasser aus den Zellwänden gelöst. **Eigenschaften:** Pflanzliches Geliermittel, das aus Rotalgen gewonnen wird und sehr reich an Mineralstoffen ist. Agar-Agar ist ein sehr guter Ersatz für tierische Gelatine, sein Kaloriengehalt ist gleich null, und es gilt als wirksames Darmpflegemittel: Es quillt auf und unterstützt die Darmperistaltik, außerdem wirkt es positiv auf das Nervensystem und die Drüsen, Knochen und Bandscheiben. In Flüssigkeit aufgelöst und bis zum Siedepunkt

E-Nr.	Analyse
E 406 (Fortsetzung)	erhitzt, wird es in erkaltendem Zustand fest. Ist unverdaulich, hitzestabil, geschmacksneutral. **Verwendung in Lebensmitteln:** In Tortenguss, Gelees und Marmeladen, Süßwaren, Eiscreme. Ist als Bindemittel unentbehrlich für vegetarische Pasteten oder Desserts. Wird wegen der Unverdaulichkeit als Abführmittel eingesetzt. Wirksame Menge: 4–15 g/Tag (im Lebensmittel normalerweise enthalten 1–2 g/100 g). Verwendung in fettfreien Pharma- und Kosmetikprodukten wie z. B. Salben und Suppositorien. **Symptome:** Wirkt auch positiv auf Knochen und Bandscheiben, enthält alle Spurenelemente, besonders Jod. **Achtung!** Genuss in größeren Mengen kann zu Durchfall führen. Wird als harmlos eingestuft. **Höchstmengen:** Für Lebensmittel allgemein zugelassen ohne Höchstmengenangaben (quantum satis).
E 407	Name: **Carrageen;** Substanzgruppe: **Geliermittel, Verdickungsmittel** **Vorkommen:** Rotalgen; Carrageen wird mit Alkoholen, z. B. Methanol, aus den Zellwänden der Pflanzen herausgelöst, auch durch Extraktion. **Eigenschaften:** Leicht wasserlöslich. **Verwendung in Lebensmitteln:** In Schlankheits- und Light-Produkten, Wein und Bier (beseitigt Trübungen), Babynahrung, Milchprodukten, z. B. wärmebehandelter Sahne, Milchshakes, Eiscreme, Desserts; wird in der Kosmetikindustrie verwendet. **Symptome:** Im Tierversuch wurden Änderungen im Immunsystem und das Entstehen von Geschwüren beobachtet. Der Stoff steht im **Verdacht, Allergien** auszulösen. Man vermutet, dass sich die Aufnahme von Spurenelementen und wichtigen Nährstoffen reduziert. **Risiko noch unklar! Höchstmengen:** Für Lebensmittel allgemein zugelassen ohne Höchstmengenangaben (quantum satis).
E 410	Name: **Johannisbrotkernmehl;** Substanzgruppe: **Geliermittel, Verdickungsmittel** **Vorkommen:** Samen des Johannisbrotbaumes. **Eigenschaften:** Besteht aus Mannose und Galaktose, quillt im Darm, ist unverdaulich, wirkt leicht abführend, senkt den Cholesterinspiegel, reduziert minimal die Proteinverdauung. **Verwendung in Lebensmitteln:** Ist Bindemittel in Diabetiker-Lebensmitteln, Milchprodukten, z. B. Jogurt, Milchmixgetränken, Speiseeis, Salatsoßen, Dressings, Suppen. **Symptome:** Es sind keine vergiftenden Wirkungen bekannt. Man diskutiert über allergische Reaktionen. **Höchstmengen:** Für Lebensmittel allgemein zugelassen ohne Höchstmengenangaben (quantum satis).
E 412	Name: **Guarkernmehl;** Substanzgruppe: **Geliermittel, Verdickungsmittel** **Vorkommen:** Keimling der Guarpflanze. **Eigenschaften:** Ist unverdaulich, bindet Flüssigkeiten. **Verwendung in Lebensmitteln:** In Brot und Backwaren; in Backmitteln und Backgrundstoffen zur Erhöhung der Wasserbindung, Soßen, fertigen Salaten, Eiscreme. Wird in der Kosmetik- und Hundefutterproduktion sowie bei der Papier- und Textilherstellung verwendet. **Symptome:** Kann Allergien auslösen, große Mengen verursachen schmerzhafte Krämpfe und Blähungen. Man diskutiert über Störungen der Proteinverdauung. Eine endgültige Beurteilung fehlt noch. **Höchstmengen:** Für Lebensmittel allgemein zugelassen ohne Höchstmengenangaben (quantum satis).
E 413	Name: **Traganth;** Substanzgruppe: **Geliermittel, Verdickungsmittel** **Vorkommen:** Pflanzensaft der asiatischen Astralagus-Sträucher. Der Saft wird durch Einritzen von Rinden und Ästen gewonnen und anschließend an der Luft getrocknet. **Eigenschaften:** Pflanzengummi, ist ein Gemisch aus zwei Polysacchariden. Es besteht aus einem wasserlöslichen (60–70 %) sowie einem wasserunlöslichen Teil (20–30 %). **Verwendung in Lebensmitteln:** In sauren und erhitzten Lebensmitteln wie Salatdressing, Suppen, Saucen, Schmelz- und Streichkäse. In Backmitteln und Backgrundstoffen zur Erhöhung der Wasserbindung und zur Einstellung der Viskosität der Teige. In Handlotionen, Zahnpasta, Vaginalcremes, Pastillen und Tabletten. **Symptome:** Kann Allergien auslösen, bei Kontakt mit der Haut entsteht eine Entzündungsreaktion. Eine endgültige toxikologische Beurteilung fehlt noch. **Höchstmengen:** Für Lebensmittel allgemein zugelassen ohne Höchstmengenangaben (quantum satis).
E 414	Name: **Arabisches Gummi, Gummi arabicum;** Substanzgruppe: **Trägerstoffe, Füllstoffe, Stabilisatoren, Verdickungsmittel** **Vorkommen:** Harz von verschiedenen afrikanischen Akazienarten. Die Stämme werden eingeritzt. Geerntet wird Pflanzengummi in walnussgroßen Kugeln. **Eigenschaften:** Wasserlöslich, stabilisiert Getränkeschäume, verhindert die Bildung von Eis- und Zuckerkristallen. Polysaccharid. **Verwendung in Lebensmitteln:** In Cola-Getränken, Pils-Bieren (im Ausland), Süßwaren, Eiscreme, in Emulsionen (Dressings u. Ä.), fertigen Kuchenmischungen, in Backmitteln und Backgrundstoffen zur höheren Wasserbindung; in speichellöslichen Klebstoffen von Briefmarken. **Symptome:** Es sind keine Vergiftungserscheinungen bekannt, **Allergien sind möglich. Höchstmengen:** Für Lebensmittel allgemein zugelassen ohne Höchstmengenangaben (quantum satis).

E-Nr.	Analyse
E 415	Name: **Xanthan, Xanthengum;** Substanzgruppe: **Geliermittel, Verdickungsmittel** **Vorkommen:** Wird künstlich hergestellt. **Eigenschaften:** Unverdauliche Stärke. **Verwendung in Lebensmitteln:** In Milch- und Molkereiprodukten, Saucen, Tomatenketschup, Mayonnaisen, Dressings, Fertigpulver; wird in zahlreichen Produkten der Kosmetikindustrie eingesetzt, z. B. kosmetischen Lotionen, Shampoos, Zahnpasta, flüssigen Seifen. **Symptome**: Es sind keine negativen Erscheinungen bekannt. **Höchstmengen:** Für Lebensmittel allgemein zugelassen ohne Höchstmengenangaben (quantum satis).
E 416	Name: **Karaya;** Substanzgruppe: **Geliermittel, Verdickungsmittel** **Vorkommen:** Sekret des indischen Sterculia-Baumes, wird durch Anritzen der Stämme gewonnen. **Eigenschaften:** Hervorragende Quellfähigkeit. **Verwendung in Lebensmitteln:** In Knabbererzeugnissen auf Kartoffel- und Getreidebasis, Überzügen von Nüssen, emulgierten Saucen, Kaugummi, Eierlikör, Nahrungsergänzungsmitteln (quantum satis). **Symptome:** Kann abführend wirken und die Aufnahme von Mineralstoffen reduzieren. **Höchstmengen:** 5–10 g/kg; ADI-Wert: 0–12,5 mg/kg
E 417	Name: **Tarakernmehl;** Substanzgruppe: **Geliermittel, Verdickungsmittel** **Vorkommen:** Samen des Tara-Strauches (Caesalpinia spinosa). **Eigenschaften:** Unverdauliches Polysaccharid. **Verwendung in Lebensmitteln:** Wird in vielen Lebensmitteln verwendet. **Symptome:** Allergische Reaktionen sind möglich. **Höchstmengen:** Für Lebensmittel allgemein zugelassen ohne Höchstmengenangaben (quantum satis).
E 418	Name: **Gellan;** Substanzgruppe: **Geliermittel, Stabilisatoren, Verdickungsmittel** **Vorkommen:** Wird künstlich hergestellt. **Eigenschaften:** Ist unverdaulich, zusammen mit Calcium wasserlöslich. **Verwendung in Lebensmitteln:** In Bratpanaden, Knabbererzeugnissen, Konfitüren, Marmeladen, Gelee. **Symptome:** Wird im Organismus nicht aufgenommen, wirkt abführend. Es sind wenige toxikologische Untersuchungen durchgeführt worden. **Risiko noch unklar! Höchstmengen:** Für Lebensmittel allgemein zugelassen ohne Höchstmengenangaben (quantum satis).
E 420	Name: **Sorbit;** Substanzgruppe: **Trägerstoffe, Feuchthaltemittel, Süßungsmittel** **Vorkommen:** Kommt in vielen Früchten (z. B. Eberesche, Pflaume, Weißdorn) vor. Wird aus Glukose hergestellt. **Eigenschaften:** Wird vor allem als Zuckeraustauschstoff verwendet. Wird nur langsam resorbiert, kann Wasser binden, hitzebeständig. **Verwendung in Lebensmitteln:** In zuckerfreien oder zuckerreduzierten Süßwaren, Diabetiker-Lebensmitteln, Süß- und Backwaren, Emulgatoren, Aromen, Vitaminen, Enzympräparaten. Sorbit dient als Trägerstoff für flüchtige oder instabile Substanzen; Papier-, Leder-, Pelzindustrie; als Bestandteil von Klebstoffen, Leimen und Farben. Lebensmittel mit mehr als 10 % Zuckeraustauschstoffen müssen einen Hinweis tragen: **„kann bei übermäßigem Verzehr abführend wirken“. Symptome:** Wird grundsätzlich als unbedenklich eingestuft. Größere Mengen (mehr als 50 g pro Tag) wirken abführend. Zusätzlich wird man von Blähungen, Bauchschmerzen und Durchfall gequält. **Höchstmengen:** Für Lebensmittel allgemein zugelassen ohne Höchstmengenangaben (quantum satis).
E 421	Name: **Mannit;** Substanzgruppe: **Trägerstoffe, Süßungsmittel** **Vorkommen:** Kommt im Siebröhrensaft der Manna-Esche, in Algen und Pilzen vor. Wird aus Fruktose gewonnen. In China wird Mannit aus Seegras gewonnen. **Eigenschaften:** Wird vor allem als Zuckeraustauschstoff verwendet. Wird nur langsam resorbiert, kann Wasser binden, hitzebeständig. **Verwendung in Lebensmitteln:** In zuckerfreien oder zuckerreduzierten Süßwaren, Diabetiker-Lebensmitteln, Süß- und Backwaren, Soßen, Senf, Marmelade, Vitamin-Brausetabletten; wird zur Produktion von synthetischen Harzen verwendet. Auch als Trägerstoff für Vitamin B_{12} in Kindernahrung. Lebensmittel mit mehr als 10 % Zuckeraustauschstoffen müssen einen Hinweis tragen: **„kann bei übermäßigem Verzehr abführend wirken“. Symptome:** Gilt als unbedenklich, bei Überempfindlichkeiten kommt es zu Durchfall und Erbrechen. **Höchstmengen:** Für bestimmte Lebensmittel zugelassen ohne Höchstmengenangaben (quantum satis).
E 422	Name: **Glycerin, Glycerol;** Substanzgruppe: **Füllstoffe, Feuchthaltemittel** **Vorkommen:** Kommt in allen pflanzlichen und tierischen Zellen vor. Natürlich aus Kokosnussöl (enthält bis 17 % Kokosöl) gewonnen, synthetisch aus Propylen hergestellt. **Eigenschaften:** Bindet Feuchtigkeit in den Lebensmitteln. **Verwendung in Lebensmitteln:** In Fleischerzeugnissen, Kuchen, Konfekt, in Überzügen. **Symptome:** Eigentlich unschädlich, große Mengen können Kopfschmerzen verursachen. **Höchstmengen:** Für Lebensmittel allgemein zugelassen ohne Höchstmengenangaben (quantum satis).

E-Nr.	Analyse
E 431	Name: **Polyoxyethylen-(40)-stearat;** Substanzgruppe: **Emulgatoren** **Vorkommen:** Wird künstlich hergestellt. **Eigenschaften:** Wird im menschlichen Organismus wie Nahrungsfettsäure in andere Substanzen umgewandelt. **Verwendung in Lebensmitteln:** Nur für spezielle Weine zugelassen, ohne Angabe von Höchstmengen. **Symptome:** Gilt als unbedenklich.
E 433	Name: **Polyoxyethylen-sorbitan-monolaurat (Polysorbat 80);** Substanzgruppe: **Emulgatoren, Schaummittel, Komplexbildner** **Vorkommen:** Wird künstlich hergestellt. **Eigenschaften:** Chemisch modifizierte Abkömmlinge von Sorbit. Sie werden wegen ihrer emulgierenden Eigenschaften eingesetzt. Gehen mit wässrigen und fetten Stoffen Verbindungen ein, stabilisieren schaumartige Lebensmittel, sind komplexe Verbindungen aus Fettsäuren, Alkohol und Sorbit. **Verwendung in Lebensmitteln:** In feinen Backwaren, Speiseeis, Desserts, Süß- und Zuckerwaren, Kaugummi, Dressings, Milch- und Sahneimitaten auf pflanzlicher Basis, in Diätlebensmitteln für bestimmte medizinische Zwecke. **Symptome:** Es sind keine negativen Wirkungen bekannt. Im Körper werden sie wie Fettsäuren in andere Substanzen umgewandelt. **Höchstmengen:** 1–10 g/kg; in Nahrungsergänzungsmitteln keine Höchstmengenbeschränkung (quantum satis); ADI-Wert: 10 mg/kg
E 434	Name: **Polyoxyethylen-sorbitan-monolaurat (Polysorbat 40);** Substanzgruppe: **Emulgatoren, Schaummittel, Komplexbildner** **Vorkommen:** Werden künstlich hergestellt. **Eigenschaften:** Chemisch modifizierte Abkömmlinge von Sorbit. Sie werden wegen ihrer emulgierenden Eigenschaften eingesetzt. Gehen mit wässrigen und fetten Stoffen Verbindungen ein, stabilisieren schaumartige Lebensmittel, sind komplexe Verbindungen aus Fettsäuren, Alkohol und Sorbit. **Verwendung in Lebensmitteln:** In feinen Backwaren, Speiseeis, Desserts, Süß- und Zuckerwaren, Kaugummi, Dressings, Milch- und Sahneimitaten auf pflanzlicher Basis, in Diätlebensmitteln für bestimmte medizinische Zwecke. **Symptome:** Es sind keine negativen Wirkungen bekannt. Im Körper werden sie wie Fettsäuren in andere Substanzen umgewandelt. **Höchstmengen:** 1–10 g/kg; in Nahrungsergänzungsmitteln keine Höchstmengenbeschränkung (quantum satis); ADI-Wert: 10 mg/kg
E 435	Name: **Polyoxyethylen-sorbitan-monolaurat (Polysorbat 60);** Substanzgruppe: **Emulgatoren, Schaummittel, Komplexbildner** **Vorkommen:** Werden künstlich hergestellt. **Eigenschaften:** Chemisch modifizierte Abkömmlinge von Sorbit. Sie werden wegen ihrer emulgierenden Eigenschaften eingesetzt. Gehen mit wässrigen und fetten Stoffen Verbindungen ein, stabilisieren schaumartige Lebensmittel, sind komplexe Verbindungen aus Fettsäuren, Alkohol und Sorbit. **Verwendung in Lebensmitteln:** In feinen Backwaren, Speiseeis, Desserts, Süß- und Zuckerwaren, Kaugummi, Dressings, in Milch- und Sahneimitaten auf pflanzlicher Basis, Diätlebensmitteln für bestimmte medizinische Zwecke. **Symptome:** Es sind keine Intoxikationen bekannt. Werden im Organismus wie Fettsäuren in andere Substanzen umgewandelt. **Höchstmengen:** 1–10 g/kg; in Nahrungsergänzungsmitteln keine Höchstmengenbeschränkung (quantum satis); ADI-Wert: 10 mg/kg
E 436	Name: **Polyoxyethylen-sorbitan-monolaurat (Polysorbat 65);** Substanzgruppe: **Emulgatoren, Schaummittel** **Vorkommen:** Werden künstlich hergestellt. **Eigenschaften:** Chemisch modifizierte Abkömmlinge von Sorbit. Sie werden wegen ihrer emulgierenden Eigenschaften eingesetzt. Gehen mit wässrigen und fetten Stoffen Verbindungen ein, stabilisieren schaumartige Lebensmittel, sind komplexe Verbindungen aus Fettsäuren, Alkohol und Sorbit. **Verwendung in Lebensmitteln:** In feinen Backwaren, Speiseeis, Desserts, Süß- und Zuckerwaren, Kaugummi, Dressings, in Milch- und Sahneimitaten auf pflanzlicher Basis, Diätlebensmitteln für bestimmte medizinische Zwecke. **Symptome:** Es sind keine negativen Wirkungen bekannt. Im Körper werden sie wie Fettsäuren in andere Substanzen umgewandelt. **Höchstmengen:** Je nach Anwendungsgebiet: 1–10 g/kg, in Nahrungsergänzungsmitteln keine Höchstmengenbeschränkung (quantum satis); ADI-Wert: 10 mg/kg
E 440	Name: **Pektin;** Substanzgruppe: **Geliermittel, Stabilisatoren, Verdickungsmittel** **Vorkommen:** Kommt in allen Landpflanzen vor. Einen hohen Pektingehalt weisen Äpfel und Zitrusfrüchte auf. **Eigenschaften:** Polysaccharid, teilweise wasserlöslich, bildet in wässrigen Lösungen, zusammen mit Zucker und Säuren, Gele aus. **Verwendung in Lebensmitteln:** In Ketschup oder Mayonnaisen, Konfitüren und Marmeladen, Milchprodukten, kalorienreduzierten Lebensmitteln. **Symptome:** Gilt aus ungefährlich, da es in der normalen Nahrung vorkommt, 90 % der aufgenommenen Pektine werden in harmlose Stoffe umgewandelt. **Höchstmengen:** Für Lebensmittel allgemein zugelassen ohne Höchstmengenangaben (quantum satis).

E-Nr.	Analyse
E 440b	Name: **Amidiertes Pektin;** Substanzgruppe: **Geliermittel, Stabilisatoren, Verdickungsmittel** **Vorkommen:** Pflanzliche Gewinnung aus Orangenschalen und den Pressrückständen der Apfelsaft- und Apfelweinherstellung. **Eigenschaften:** Polysaccharid, teilweise wasserlöslich, bildet in wässrigen Lösungen, zusammen mit Zucker und Säuren, Gele aus. **Verwendung in Lebensmitteln:** In Ketschup oder Mayonnaisen, Konfitüren und Marmeladen, Milchprodukten, kalorienreduzierten Lebensmitteln. **Symptome:** Gilt aus ungefährlich, da es in der normalen Nahrung vorkommt, 90 % der aufgenommenen Pektine werden in harmlose Stoffe umgewandelt.
E 442	Name: **Ammoniumphosphatide, Ammoniumsalze von Phosphatidsäuren;** Substanzgruppe: **Emulgatoren, Stabilisatoren** **Vorkommen:** Werden künstlich hergestellt. **Eigenschaften:** Werden im Körper normal metabolisiert. **Verwendung in Lebensmitteln:** In Kakao und Schokoladenerzeugnissen, Süßwaren auf Kakaobasis. **Symptome:** Es sind keine Vergiftungserscheinungen bekannt. **Risiko noch unklar! Höchstmengen:** 10 g/kg; ADI-Wert: 0–30 mg/kg
E 444	Name: **Saccharoseacetatisobutyrat;** Substanzgruppe: **Stabilisatoren** **Vorkommen:** Wird künstlich hergestellt. **Eigenschaften:** Trübungen in Getränken können stabilisiert werden. **Verwendung in Lebensmitteln:** In aromatisierten, nichtalkoholischen trüben Getränken. **Symptome: Risiko noch unklar! Höchstmengen:** 300 mg/l; ADI-Wert: 0–10 mg/kg
E 445	Name: **Glycerinester aus Wurzelharz;** Substanzgruppe: **Stabilisator** **Vorkommen:** Wird künstlich hergestellt. **Eigenschaften:** Stabilisiert Aussehen und Farbe von Getränken. **Verwendung in Lebensmitteln:** In nichtalkoholischen Getränken. **Symptome:** Gilt als ungefährlich. **Risiko noch unklar! Höchstmengen:** 100 mg/l; ADI-Wert: 0–12,5 mg/kg
E 450	Deklariert als: **Phosphat;** Name: **Diphosphate;** Substanzgruppe: **Konservierungsmittel, Antioxidationsmittel, Säureregulatoren, Trennmittel, Emulgatoren, Schmelzsalze, Backtriebmittel** **Vorkommen:** Sind Natrium-, Kalium- und Calciumsalze der Orthophosphorsäure. Werden künstlich hergestellt. **Eigenschaften:** Können Wasser binden, mit Calcium kommt es bei Milchprodukten zu einer cremigen Konsistenz, verhindern Verklumpen von pulverförmigen Lebensmitteln. **Verwendung in Lebensmitteln:** In Nahrungsergänzungsmitteln (quantum satis), Getränkeweißern, Soßen, Desserts, Backmitteln, Backpulver, Flüssigei, Fleischprodukten, Trockenlebensmitteln u. v. a., auch als Düngemittel, Korrosionsschutzmittel und in der Papierherstellung. **Symptome:** Phosphor steht im **Verdacht, Allergien** auszulösen. Phosphate sollten immer sehr gering dosiert werden. **Höchstmengen:** zwischen 0,5 g und 50 g/kg; ADI-Wert: 0–70 mg/kg
E 451	Deklariert als: **„Phosphat";** Name: **Triphosphate;** Substanzgruppe: **Konservierungsmittel, Antioxidationsmittel, Säureregulatoren, Trennmittel, Emulgatoren, Schmelzsalze, Backtriebmittel** **Vorkommen:** Sind Natrium-, Kalium- und Calciumsalze der Orthophosphorsäure. Werden künstlich hergestellt. **Eigenschaften:** Können Wasser binden, mit Calcium kommt es bei Milchprodukten zu einer cremigen Konsistenz, verhindern Verklumpen von pulverförmigen Lebensmitteln. **Verwendung in Lebensmitteln:** In Nahrungsergänzungsmitteln (quantum satis), Getränkeweißern, Soßen, Desserts, Backmitteln, Backpulver, Flüssigei, Fleischprodukten, Trockenlebensmitteln u. v. a., auch als Düngemittel, Korrosionsschutzmittel und in der Papierherstellung. **Symptome:** Phosphor steht im **Verdacht, Allergien** auszulösen. Phosphate sollten immer sehr gering dosiert werden. **Höchstmengen:** zwischen 0,5 g und 50 g/kg; ADI-Wert: 0–70 mg/kg
E 452	Deklariert als: **„Phosphat";** Name: **Polyphosphate;** Substanzgruppe: **Konservierungsmittel, Antioxidationsmittel, Säureregulatoren, Trennmittel, Emulgatoren, Schmelzsalze, Backtriebmittel** **Vorkommen:** Sind Natrium-, Kalium- und Calciumsalze der Orthophosphorsäure. Werden künstlich hergestellt. **Eigenschaften:** Können Wasser binden, mit Calcium kommt es bei Milchprodukten zu einer cremigen Konsistenz, verhindern Verklumpen von pulverförmigen Lebensmitteln. **Verwendung in Lebensmitteln:** In Nahrungsergänzungsmitteln (quantum satis), Getränkeweißern, Soßen, Desserts, Backmitteln, Backpulver, Flüssigei, Fleischprodukten, Trockenlebensmitteln u. v. a., auch als Düngemittel, Korrosionsschutzmittel und in der Papierherstellung. **Symptome:** Phosphor steht im **Verdacht, Allergien** auszulösen. Phosphate sollten immer sehr gering dosiert werden. **Höchstmengen:** zwischen 0,5 g und 50 g/kg; ADI-Wert: 0–70 mg/kg
E 460	Name: **Cellulose, mikrokristalline Cellulose;** Substanzgruppe: **Füllstoffe, Verdickungsmittel** **Vorkommen:** In allen Pflanzen vorhanden. Wird aus Baumholz, Mais-, Sonnenblumenstielen und Baumwollabfällen gewonnen. **Eigenschaften:** Unverdaulich, in Wasser und üblichen Lösungsmitteln

E-Nr.	Analyse
E 460 (Fortsetzung)	nicht löslich. **Verwendung in Lebensmitteln:** In Speiseeis, künstlicher Sahne, Mikrowellenprodukten, Dressings, Saucen, Kaugummi, kalorienreduzierten Lebensmitteln; Papier- und Textilindustrie. **Symptome:** Gilt als unschädlich. Es gibt keine negativen Nebenwirkungen. **Höchstmengen:** Für Lebensmittel allgemein zugelassen ohne Höchstmengenangaben (quantum satis).
E 461	Name: **Methylcellulose;** Substanzgruppe: **Füllstoffe, Schaummittel, Überzugsmittel, Verdickungsmittel** **Vorkommen:** Abkömmling der Cellulose, wird künstlich hergestellt. **Eigenschaften:** Unverdaulich, wasserlöslich, hält bei den Lebensmitteln Farbe, Form, Konsistenz und Flüssigkeit. **Verwendung in Lebensmitteln:** In Backwaren, Speiseeis, Dressings und Mayonnaisen, Dessertspeisen wie z. B. Jogurt und Puddings, Geleefrüchten, Marmeladen; in Klebstoffen, Tapetenkleister; Farben und Kosmetikindustrie. **Symptome:** Kann abführend und verstopfend wirken, gilt als harmlos. **Höchstmengen:** Für Lebensmittel allgemein zugelassen ohne Höchstmengenangaben (quantum satis); ADI-Wert: 0–25 mg
E 463	Name: **Hydroxypropylcellulose;** Substanzgruppe: **Füllstoffe, Schaummittel, Überzugsmittel, Verdickungsmittel** **Vorkommen:** Abkömmling der Cellulose, wird künstlich hergestellt. **Eigenschaften:** Unverdaulich, wasserlöslich, hält bei den Lebensmitteln Farbe, Form, Konsistenz und Flüssigkeit. **Verwendung in Lebensmitteln:** In Backwaren, Speiseeis, Dressings und Mayonnaisen, Dessertspeisen wie z. B. Jogurt und Puddings, Geleefrüchten, Marmeladen; in Klebstoffen, Tapetenkleister; Farben und Kosmetikindustrie. **Symptome:** Kann abführend und verstopfend wirken, gilt als harmlos. **Höchstmengen:** Für Lebensmittel allgemein zugelassen ohne Höchstmengenangaben (quantum satis); ADI-Wert: 0–25 mg
E 464	Name: **Hydroxypropylmethylcellulose;** Substanzgruppe: **Füllstoffe, Schaummittel, Überzugsmittel, Verdickungsmittel** **Vorkommen:** Abkömmling der Cellulose, wird künstlich hergestellt. **Eigenschaften:** Unverdaulich, wasserlöslich, hält bei den Lebensmitteln Farbe, Form, Konsistenz und Flüssigkeit. **Verwendung in Lebensmitteln:** In Backwaren, Speiseeis, Dressings und Mayonnaisen, Dessertspeisen wie z. B. Jogurt und Puddings, Geleefrüchten, Marmeladen; in Klebstoffen, Tapetenkleister; Farben und Kosmetikindustrie. **Symptome:** Kann abführend und verstopfend wirken, gilt als harmlos. **Höchstmengen:** Für Lebensmittel allgemein zugelassen ohne Höchstmengenangaben (quantum satis); ADI-Wert: 0–25 mg
E 465	Name: **Ethylmethylcellulose;** Substanzgruppe: **Füllstoffe, Schaummittel, Überzugsmittel, Verdickungsmittel** **Vorkommen:** Abkömmling der Cellulose, wird künstlich hergestellt. **Eigenschaften:** Unverdaulich, wasserlöslich, hält bei den Lebensmitteln Farbe, Form, Konsistenz und Flüssigkeit. **Verwendung in Lebensmitteln:** In Backwaren, Speiseeis, Dressings und Mayonnaisen, Dessertspeisen wie z. B. Jogurt und Puddings, Geleefrüchten, Marmeladen; in Klebstoffen, Tapetenkleister; Farben und Kosmetikindustrie. **Symptome:** Kann abführend und verstopfend wirken, gilt als harmlos. **Höchstmengen:** Für Lebensmittel allgemein zugelassen ohne Höchstmengenangaben (quantum satis); ADI-Wert: 0–25 mg
E 466	Name: **Carboxymethylcellulose, Natriumcarboxymethylcellulose;** Substanzgruppe: **Füllstoffe, Schaummittel, Überzugsmittel, Verdickungsmittel** **Vorkommen:** Abkömmling der Cellulose, wird künstlich hergestellt. **Eigenschaften:** Unverdaulich, wasserlöslich, hält bei den Lebensmitteln Farbe, Form, Konsistenz und Flüssigkeit. **Verwendung in Lebensmitteln:** In Backwaren, Puddings, Gelee, Pasteten, Kuchenmischungen, Schmelzkäse, tiefgefrorenen Fischstäbchen. **Symptome:** Gilt als harmlos, längeres Einatmen kann zu Durchfällen führen, vereinzelt allergische Hautreaktionen. **Höchstmengen:** Für Lebensmittel allgemein zugelassen ohne Höchstmengenangaben (quantum satis); ADI-Wert: 0–25 mg
E 470a	Deklariert als: **Salze der Speisefettsäuren;** Name: **Natrium-, Kalium- und Calciumsalze der Speisefettsäuren;** Substanzgruppe: **Emulgatoren, Schaummittel** **Vorkommen:** Werden aus pflanzlichen Fetten hergestellt. **Eigenschaften:** Verursachen den typischen mürben Geschmackseindruck. **Verwendung in Lebensmitteln:** In Zwieback. **Symptome:** Es gibt keine Daten über negative Auswirkungen. **Höchstmengen:** Für Lebensmittel allgemein zugelassen ohne Höchstmengenangaben (quantum satis).

E-Nr.	Analyse
E 470b	Name: **Magnesiumsalze der Speisefettsäuren;** Substanzgruppe: **Emulgatoren, Schaummittel** **Vorkommen:** Werden aus pflanzlichen Fetten hergestellt. **Verwendung in Lebensmitteln:** In Zwieback, Backpulver, Würfelzucker, Zwiebel- und Knoblauchgranulaten. **Symptome:** Es gibt keine Daten über negative Auswirkungen. **Höchstmengen:** Für Lebensmittel allgemein zugelassen ohne Höchstmengenangaben (quantum satis).
E 471	Name: **Mono- und Diglyceride von Speisefettsäuren;** Substanzgruppe: **Emulgatoren, Schaummittel, Mehlbehandlungsmittel** **Vorkommen:** Werden künstlich hergestellt. **Eigenschaften:** Stabilisieren durch ihren wasserlöslichen und fettlöslichen Anteil, fördern die Löslichkeit und Verdaulichkeit verschiedener Stoffe, verbessern die Löslichkeit von Trockenprodukten bei Zugabe von Flüssigkeit, verhindern das Zusammenkleben von abgepackten Lebensmitteln, verbessern die Geschmeidigkeit von streichfähigen Produkten, verhindern Kristallbildung der Fette an Oberflächen. **Verwendung in Lebensmitteln:** In Back- und Konditoreiwaren, Schokoladenprodukten, Margarine, Säuglingsnahrung, Kakaopulver, Milchpulver, Kartoffelpüree, Reis, Nudeln. **Symptome:** Werden als unschädlich eingestuft. Es sind natürliche Bestandteile der Nahrung und werden normal in harmlose Stoffe umgewandelt. **Höchstmengen:** Für Lebensmittel allgemein zugelassen ohne Höchstmengenangaben (quantum satis).
E 472a	Deklariert als: **Salze der Speisefettsäuren;** Name: **Mono- und Diglyceride von Speisefettsäuren, verestert mit Essigsäure;** Substanzgruppe: **Trennmittel, Emulgatoren, Schaummittel, Mehlbehandlungsmittel** **Vorkommen:** Werden künstlich hergestellt. **Eigenschaften:** Hitzebeständig, schwer oxidierbar, verringern den Zutritt von Luft und Feuchtigkeit im Lebensmittel. **Verwendung in Lebensmitteln:** In Wurstüberzügen, getrockneten Früchten, Nüssen, Süßwaren, Speiseeis. **Symptome:** Die Ester gelten als unbedenklich, werden enzymatisch verdaut und abgebaut. **Höchstmengen:** Für Lebensmittel allgemein zugelassen ohne Höchstmengenangaben (quantum satis).
E 472b	Deklariert als: **Salze der Speisefettsäuren;** Name: **Mono- und Diglyceride von Speisefettsäuren, verestert mit Milchsäure;** Substanzgruppe: **Trennmittel, Emulgatoren, Schaummittel, Mehlbehandlungsmittel** **Vorkommen:** Werden künstlich hergestellt. **Eigenschaften:** Hitzebeständig, schwer oxidierbar, verringern den Zutritt von Luft und Feuchtigkeit im Lebensmittel. **Verwendung in Lebensmitteln:** In Back- und Küchenfetten, Backwaren, Pulverdesserts, Schlagcreme. **Symptome:** Die Ester gelten als unbedenklich, werden enzymatisch verdaut und abgebaut. **Höchstmengen:** Für Lebensmittel allgemein zugelassen ohne Höchstmengenangaben (quantum satis).
E 472c	Deklariert als: **Salze der Speisefettsäuren;** Name: **Mono- und Diglyceride von Speisefettsäuren, verestert mit Zitronensäure;** Substanzgruppe: **Emulgatoren, Schaummittel, Mehlbehandlungsmittel** **Vorkommen:** Werden künstlich hergestellt. **Eigenschaften:** Verbessern die Backeigenschaften von Mehlen und einigen Teigen, stabilisieren Fette. **Verwendung in Lebensmitteln:** In Backmargarine, Soßen, Speiseeis, Emulsionen wie z. B. Mayonnaisen, Backhilfsmitteln. **Symptome:** Die Ester gelten als unbedenklich, werden enzymatisch verdaut und abgebaut. **Höchstmengen:** Für Lebensmittel allgemein zugelassen ohne Höchstmengenangaben (quantum satis).
E 472d	Deklariert als: **Salze der Speisefettsäuren;** Name: **Mono- und Diglyceride von Speisefettsäuren, verestert mit Weinsäure;** Substanzgruppe: **Emulgatoren, Schaummittel, Mehlbehandlungsmittel** **Vorkommen:** Werden künstlich hergestellt. **Eigenschaften:** Verbessern die Backeigenschaften von Teigen. **Verwendung in Lebensmitteln:** In Brotteigen, Hefeteigen. **Symptome:** Die Ester gelten als unbedenklich, werden enzymatisch verdaut und abgebaut. **Höchstmengen:** Für Lebensmittel allgemein zugelassen ohne Höchstmengenangaben (quantum satis). **Anmerkung: Die Aufnahme von Weinsäure darf (gesamt aus allen Zusatzstoffen) inklusive dieses Emulgators 30 mg/kg Körpergewicht nicht übersteigen, da es ansonsten zur Beeinträchtigung der Calciumverfügbarkeit kommen kann.**
E 472e	Deklariert als: **Salze der Speisefettsäuren;** Name: **Mono- und Diglyceride von Speisefettsäuren, verestert mit Acetylweinsäure;** Substanzgruppe: **Trennmittel, Emulgatoren, Schaummittel, Mehlbehandlungsmittel** **Vorkommen:** Werden künstlich hergestellt. **Eigenschaften:** Verbessern die Backeigenschaften verschiedener Teige, steigern die Gasbindungsfähigkeit von Hefeteigen, stabilisieren fetthaltige Lebensmittel. **Verwendung in Lebensmitteln:** In Brot- und Brötchenteigen, Margarine, Mayonnaise, Milchmixgetränken. **Symptome:** Die Ester gelten als unbedenklich, werden enzymatisch verdaut und abgebaut.

E-Nr.	Analyse
E 472e (Fortsetzung)	**Höchstmengen:** Für Lebensmittel allgemein zugelassen ohne Höchstmengenangaben (quantum satis). **Anmerkung: Die Aufnahme von Weinsäure darf (gesamt aus allen Zusatzstoffen) inklusive dieses Emulgators 30 mg/kg Körpergewicht nicht übersteigen, da es ansonsten zur Beeinträchtigung der Calciumverfügbarkeit kommen kann.** ADI-Wert: 0–50 mg/kg
E 472f	Deklariert als: **Salze der Speisefettsäuren;** Name: **Mono- und Diglyceride von Speisefettsäuren, verestert mit Essig- und Weinsäure;** Substanzgruppe: **Trennmittel, Emulgatoren, Schaummittel, Mehlbehandlungsmittel** **Vorkommen:** Werden künstlich hergestellt. **Eigenschaften:** Verbessern die Backfähigkeit verschiedener Teige. **Verwendung in Lebensmitteln:** In Brotteigen, Hefeteigen. **Symptome:** Gelten als unbedenklich, werden enzymatisch verdaut und abgebaut. **Höchstmengen:** Für Lebensmittel allgemein zugelassen ohne Höchstmengenangaben (quantum satis). **Anmerkung: Die Aufnahme von Weinsäure darf (gesamt aus allen Zusatzstoffen) inklusive dieses Emulgators 30 mg/kg Körpergewicht nicht übersteigen, da es ansonsten zur Beeinträchtigung der Calciumverfügbarkeit kommen kann.**
E 473	Name: **Zuckerester von Speisefettsäuren;** Substanzgruppe: **Emulgatoren, Schaummittel, Stabilisatoren** **Vorkommen:** Werden künstlich hergestellt. **Eigenschaften:** Verhindern das Austrocknen und das Altbackenwerden, vergrößern das Volumen. **Verwendung in Lebensmitteln:** In Frischobst, nur zur Oberflächenbehandlung (quantum satis), Getränkeweißern (20 g/kg), Kaugummi (10 g/kg), Speiseeis (5 g/kg), Soßen (10 g/kg), Getränken – alkoholischen und nichtalkoholischen (5 g/kg). **Symptome:** Es gibt keine Daten über negative Auswirkungen. Die Stoffe werden enzymatisch verdaut und abgebaut. **Höchstmengen:** Von quantum satis bis zu 20 g/kg; ADI-Wert: 0–20 mg/kg
E 474	Name: **Zuckerglyceride;** Substanzgruppe: **Emulgatoren, Schaummittel, Stabilisatoren** **Vorkommen:** Werden künstlich hergestellt. **Eigenschaften:** Verhindern das Austrocknen und das Altbackenwerden, vergrößern das Volumen. **Verwendung in Lebensmitteln:** In Frischobst, nur zur Oberflächenbehandlung (quantum satis), Getränkeweißern (20 g/kg), Kaugummi (10 g/kg), Speiseeis (5 g/kg), Soßen (10 g/kg), Getränken – alkoholischen und nichtalkoholischen (5 g/kg). **Symptome:** Es gibt keine Daten über negative Auswirkungen. Die Ester gelten als unbedenklich, werden enzymatisch verdaut und abgebaut. **Höchstmengen:** Von quantum satis bis zu 20 g/kg; ADI-Wert: 0–20 mg/kg
E 475	Name: **Polyglycerinester von Speisefettsäuren;** Substanzgruppe: **Emulgatoren, Stabilisatoren** **Vorkommen:** Werden künstlich hergestellt. **Eigenschaften:** Reduzieren das Gelieren von Ölen und das unerwünschte „Spritzen" des Fettes. **Verwendung in Lebensmitteln:** In Nahrungsergänzungsmitteln (quantum satis), Getränkeweißern (0,5 g/kg), Desserts (2 g/kg), Fettemulsionen (5 g/kg), feinen Backwaren (10 g/kg). **Symptome:** Gelten als unschädlich, werden enzymatisch verdaut und abgebaut. **Höchstmengen:** Von quantum satis bis zu 10 g/kg; ADI-Wert: 0–25 mg/kg
E 476	Name: **Polyglycerin-Polyricinoleat;** Substanzgruppe: **Emulgatoren, Stabilisatoren** **Vorkommen:** Wird künstlich hergestellt. **Eigenschaften:** Ermöglicht die Einarbeitung von Wasser in Lebensmittel. **Verwendung in Lebensmitteln:** In fettreduzierten und fettarmen Aufstrichen und Soßen (4 g/kg), Süßwaren auf Kakaobasis, einschließlich Schokolade (5 g/kg). **Symptome:** Im Tierversuch wurden bei hohen Dosen Hypertrophien von Leber und Nieren festgestellt. Es kommt anscheinend zu einer Veränderung der Durchlässigkeit der Darmschleimhaut. Die Folgen sind nicht bekannt. Es fehlen die abschließenden Untersuchungen. **Höchstmengen:** 4 oder 5 g/kg; ADI-Wert: 0–7,5 mg/kg
E 477	Name: **Propylenglycolester von Speisefettsäuren;** Substanzgruppe: **Emulgatoren, Stabilisatoren** **Vorkommen:** Werden künstlich hergestellt. **Eigenschaften:** Wirken speziell auf die Kristallbildung von Hartfetten. **Verwendung in Lebensmitteln:** In Diätlebensmitteln (1 g/kg), Speiseeis (3 g/kg), in feinen Backwaren (5 g/kg), geschlagenen Dessertgarnierungen, außer Sahne (30 g/kg). **Symptome:** Es gibt keine Daten über negative Auswirkungen. **Höchstmengen:** 1–30 g/kg; ADI-Wert: 0–25 mg/kg
E 479	Name: **thermooxidiertes Sojaöl mit Mono- und Diglyceriden von Speisefettsäuren;** Substanzgruppe: **Trennmittel, Emulgatoren** **Vorkommen:** Wird aus Sojaöl gewonnen. **Verwendung in Lebensmitteln:** Nur als Fettemulsion zum Braten zugelassen. **Symptome:** Gilt als nicht gesundheitsschädlich, aber als schwer verdaulich. **Risiko noch unklar! Höchstmengen:** 5 g/kg; ADI-Wert: 0–25 mg/kg

E-Nr.	Analyse
E 481	Name: **Natriumstearoyl-2-lactylat;** Substanzgruppe: **Emulgatoren, Mehlbehandlungsmittel** **Vorkommen:** Aus natürlichen Komponenten hergestellt, chemisch umgesetzt. **Eigenschaften:** Verbessert die Backeigenschaften und stabilisiert den Schaum von Milchprodukten. **Verwendung in Lebensmitteln:** In Diätlebensmitteln (2 g/kg), Schnellkoch-Reis (4 g/kg), Konserven von Fleischerzeugnissen (4 g/kg), Zuckerwaren (5 g/kg), Fettemulsionen (10 g/kg), feinen Backwaren. **Symptome:** Es gibt keine Daten über negative Auswirkungen. **Höchstmengen:** 2–10 g/kg; ADI-Wert: 0–20 mg/kg
E 482	Name: **Calciumstearoyl-2-lactylat;** Substanzgruppe: **Emulgatoren, Mehlbehandlungsmittel** **Vorkommen:** Aus natürlichen Komponenten hergestellt, chemisch umgesetzt. **Eigenschaften:** Calciumverbindung von Fettsäuren. **Verwendung in Lebensmitteln:** In Diätlebensmitteln (2 g/kg), Schnellkoch-Reis (4 g/kg), Konserven von Fleischerzeugnissen (4 g/kg), Zuckerwaren (5 g/kg), Fettemulsionen (10 g/kg), feinen Backwaren. **Symptome:** Es gibt keine Daten über negative Auswirkungen. **Höchstmengen:** 2–10 g/kg; ADI-Wert: 0–20 mg/kg
E 483	Name: **Stearyltartrat;** Substanzgruppe: **Emulgatoren, Mehlbehandlungsmittel** **Vorkommen:** Aus natürlichen Komponenten hergestellt, chemisch umgesetzt. **Eigenschaften:** Zusammengesetzt aus Fettalkohol und Weinsäure. **Verwendung in Lebensmitteln:** In Backwaren außer Brot (4 g/kg), Desserts (5 g/kg). **Symptome:** Es gibt keine Daten über negative Auswirkungen. **Risiko noch unklar! Höchstmengen:** 4–5 g/kg; ADI-Wert: 0–20 mg/kg
E 491	Name: **Sorbitanmonostearat;** Substanzgruppe: **Emulgatoren** **Vorkommen:** Wird künstlich hergestellt. **Eigenschaften:** Gewährleistet eine gute Löslichkeit von getrockneten Produkten, fördert den Lufteinschluss. **Verwendung in Lebensmitteln:** In Nahrungsergänzungsmitteln (quantum satis), Hefe zu Backzwecken (quantum satis), Milch- und Sahneimitaten (5 g/kg), Diabetiker-Lebensmitteln (5 g/kg), Desserts (5 g/kg), Zuckerwaren (5 g/kg), feinen Backwaren (10 g/kg). **Symptome:** Es gibt keine Daten über negative Auswirkungen. **Höchstmengen:** Von quantum satis bis 10 g/kg; ADI-Wert: 0–25 mg/kg
E 492	Name: **Sorbitantristearat;** Substanzgruppe: **Emulgatoren** **Vorkommen:** Wird künstlich hergestellt. **Eigenschaften:** Gewährleistet eine gute Löslichkeit von getrockneten Produkten, fördert den Lufteinschluss. **Verwendung in Lebensmitteln:** In Süßwaren auf Kakaobasis, einschließlich Schokolade (10 g/kg), Nahrungsergänzungsmitteln (quantum satis), Hefe zu Backzwecken (quantum satis), Milch- und Sahneimitaten (5 g/kg), Diabetiker-Lebensmitteln (5 g/kg), Desserts (5 g/kg), Zuckerwaren (5 g/kg), feinen Backwaren (10 g/kg). **Symptome:** Es gibt keine Daten über negative Auswirkungen. **Höchstmengen:** Quantum satis bis 10 g/kg; ADI-Wert: 0–25 mg/kg
E 493	Name: **Sorbitanmonolaurat;** Substanzgruppe: **Emulgatoren** **Vorkommen:** Wird künstlich hergestellt. **Eigenschaften:** Gewährleistet eine gute Löslichkeit von getrockneten Produkten, fördert den Lufteinschluss. **Verwendung in Lebensmitteln:** In Fruchtgelee, Marmeladen (25 mg/kg), Nahrungsergänzungsmitteln (quantum satis), Hefe zu Backzwecken (quantum satis), Milch- und Sahneimitaten (5 g/kg), Diabetiker-Lebensmitteln (5 g/kg), Desserts (5 g/kg), Zuckerwaren (5 g/kg), feinen Backwaren (10 g/kg). **Symptome:** Es gibt keine Daten über negative Auswirkungen. **Höchstmengen:** Quantum satis bis 10 g/kg; ADI-Wert: 0–25 mg/kg
E 494	Name: **Sorbitanmonooleat;** Substanzgruppe: **Emulgatoren** **Vorkommen:** Wird künstlich hergestellt. **Eigenschaften:** Gewährleistet eine gute Löslichkeit von getrockneten Produkten, fördert den Lufteinschluss. **Verwendung in Lebensmitteln:** In Nahrungsergänzungsmitteln (quantum satis), Hefe zu Backzwecken (quantum satis), Milch- und Sahneimitaten (5 g/kg), Diabetiker-Lebensmitteln (5 g/kg), Desserts (5 g/kg), Zuckerwaren (5 g/kg), feinen Backwaren (10 g/kg). **Symptome:** Es gibt keine Daten über negative Auswirkungen. **Höchstmengen:** Quantum satis bis 10 g/kg; ADI-Wert: 0–25 mg/kg
E 495	Name: **Sorbitanmonopalmitat;** Substanzgruppe: **Emulgatoren** **Vorkommen:** Wird künstlich hergestellt. **Eigenschaften:** Gewährleistet eine gute Löslichkeit von getrockneten Produkten, fördert den Lufteinschluss. **Verwendung in Lebensmitteln:** In Nahrungsergänzungsmitteln (quantum satis), Hefe zu Backzwecken (quantum satis), Milch- und Sahneimitaten (5 g/kg), Diabetiker-Lebensmitteln (5 g/kg), Desserts (5 g/kg), Zuckerwaren (5 g/kg), feinen Backwaren (10 g/kg). **Symptome:** Es gibt keine Daten über negative Auswirkungen. **Höchstmengen:** Quantum satis bis 10 g/kg; ADI-Wert: 0–25 mg/kg

E-Nr.	Analyse
E 500	Name: **Natriumcarbonate – Natriumcarbonat, Natriumhydrogencarbonat, Natriumsequicarbonat;** Substanzgruppe: **Säureregulatoren, Trennmittel, Backtriebmittel** **Vorkommen:** Werden künstlich hergestellt, natürliche Vorkommen in Natronseen in Afrika und Amerika. **Eigenschaften:** Natriumcarbonate bestehen aus den Verbindungen: Soda (Natriumcarbonat), Natron (Natriumhydrogencarbonat), Natriumsequicarbonat. Sie lockern Massen und Teige auf und dienen der Volumenvergrößerung. Bestandteil von Backpulver. Das freiwerdende Kohlendioxid sorgt für die Porenbildung und damit lockere Backwaren. Trägerstoffe für Farbstoffe und Aromen und werden auch als Aufschlussmittel bei der Kakao- und Kaffeeverarbeitung eingesetzt; haben die starke Neigung, Wasser anzuziehen. **Verwendung in Lebensmitteln:** In Backmitteln und Backpulver, Kakao- und Kaffeeverarbeitung, Tafelwasserherstellung (zugesetzte Mineralstoffe), Milcherzeugnissen, z. B. Kondensmilch, Schmelzkäse, Sauermilchkäse, Speisesalz, Säuglingsnahrung; z. B. in der Glas-, Papier-, Zellstoff-, Seifen-, Waschmittel- und Feuerlöschmittelindustrie. **Symptome:** In normalen Mengen sind sie unbedenklich, bei Hautkontakt kann es zu Verätzungen kommen. **Höchstmengen:** Natriumcarbonate sind für Lebensmittel allgemein zugelassen ohne Höchstmengenangaben (quantum satis).
E 501	Name: **Kaliumcarbonate – Kaliumcarbonat, Kaliumhydrogencarbonat;** Substanzgruppe: **Säureregulatoren, Trennmittel, Backtriebmittel** **Vorkommen:** Werden künstlich hergestellt. **Eigenschaften:** Kaliumcarbonate bestehen aus den Verbindungen: Pottasche (Kaliumcarbonat), Kaliumhydrogencarbonat. Sie lockern Massen und Teige auf und dienen zur Volumenvergrößerung. Bestandteil von Backpulver. Das freiwerdende Kohlendioxid sorgt für die Porenbildung und damit lockere Backwaren; als Aufschlussmittel. **Verwendung in Lebensmitteln:** Herstellung von Würze, Verarbeitung von Kakao- und Kaffeeersatz, Rosinentrocknung, im Lebkuchenteig. In Backmitteln und Backpulver, Kakao- und Kaffeeverarbeitung, Tafelwasserherstellung (zugesetzte Mineralstoffe), Milcherzeugnissen, z. B. Kondensmilch, Schmelzkäse, Sauermilchkäse, Speisesalz, Säuglingsnahrung; z. B. in der Glas-, Papier-, Zellstoff-, Seifen-, Waschmittel- und Feuerlöschmittelindustrie. **Symptome:** In den normalen Mengen unbedenklich. **Höchstmengen:** Für Lebensmittel allgemein zugelassen ohne Höchstmengenangaben (quantum satis).
E 503	Name: **Ammoniumcarbonate – Ammoniumcarbonat, Ammoniumhydrogencarbonat;** Substanzgruppe: **Säureregulatoren, Trennmittel, Backtriebmittel** **Vorkommen:** Werden künstlich hergestellt. **Eigenschaften:** Ammoniumcarbonate bestehen aus den folgenden Verbindungen: Ammoniumcarbonat, Ammoniumhydrogencarbonat (Hirschhornsalz); traditionell in bestimmten Backwaren als Triebmittel eingesetzt. Diese Eigenschaft beruht auf der Freisetzung von Kohlendioxid. Durch den Backvorgang wird das Ammoniak zum größten Teil ausgetrieben. **Verwendung in Lebensmitteln:** Spezielle Backwaren wie Lebkuchen oder „Amerikaner". **Symptome:** In den normalen Mengen unbedenklich. Bei Hautkontakt kommt es selten zu Reizungen. **Höchstmengen:** Für Lebensmittel allgemein zugelassen ohne Höchstmengenangaben (quantum satis).
E 504	Name: **Magnesiumcarbonate – Magnesiumcarbonat, Magnesiumhydroxycarbonat, Magnesiumhydrogencarbonat;** Substanzgruppe: **Säureregulatoren, Trennmittel, Backtriebmittel** **Vorkommen:** Wird künstlich hergestellt. **Eigenschaften:** Magnesiumcarbonate bestehen aus den folgenden Magnesiumverbindungen: Magnesit, Magnesiumhydrogencarbonat; als Rieselhilfsmittel in pulverförmigen Lebensmitteln sowie als Trägerstoff für Aromen; Trinkwasseraufbereitung und Kakaoverarbeitung. **Verwendung in Lebensmitteln:** In diätetischen Produkten, Kaugummi, Trinkwasseraufbereitung, Speisesalz. **Symptome:** Gilt als harmlos und unschädlich. **Höchstmengen:** Für Lebensmittel allgemein zugelassen ohne Höchstmengenangaben (quantum satis).
E 507	Name: **Salzsäure;** Substanzgruppe: **Säureregulatoren** **Vorkommen:** Wird künstlich hergestellt. **Eigenschaften:** Zur Eiweißspaltung eingesetzt; besonders bei der Herstellung von Würze (Eiweißhydrolyse). **Verwendung in Lebensmitteln:** Bei der Herstellung von Würze (Eiweißaufschluss). **Symptome:** Im fertigen Lebensmittel ist die Säure nicht mehr vorhanden, deshalb gilt sie hier als harmlos. **Höchstmengen:** Für Lebensmittel allgemein zugelassen ohne Höchstmengenangaben (quantum satis).
E 508	Name: **Kaliumchlorid;** Substanzgruppe: **Festigungsmittel, Geschmacksverstärker** **Vorkommen:** Aufbereitung aus dem natürlichen, in Salzlagerstätten abgebauten Kalirohsalz. **Eigenschaften:** Kaliumsalz der Salzsäure; wesentlicher Bestandteil vieler Kalidünger; kann die Gele einiger Verdickungsmittel härten, als Nährstoff für Bierhefen verwendet. **Verwendung in Lebensmitteln:** Als

E-Nr.	Analyse
E 508 (Fortsetzung)	Nährstoffzusatz bei der Züchtung von Bierhefe, Kochsalzersatz. **Symptome:** Gilt in normalen Dosierungen als unschädlich, größere Mengen wirken abführend. **Höchstmengen:** Für Lebensmittel allgemein zugelassen ohne Höchstmengenangaben (quantum satis).
E 509	Name: **Calciumchlorid;** Substanzgruppe: **Festigungsmittel, Geschmacksverstärker, Stabilisatoren** **Vorkommen:** Wird künstlich hergestellt. **Eigenschaften:** Calciumsalz der Salzsäure, bindet Wasser, wird als Trocknungsmittel eingesetzt; Calciumchlorid wird zur Enthärtung und Aufbereitung von Trinkwasser eingesetzt. Empfindliches Obst und Gemüse wird durch ein Bad in Calciumchlorid gehärtet, sodass die Oberfläche eine gewisse Festigkeit bekommt. Erhöht die Eiweißausbeute bei der Käseherstellung, unterstützt Gelbildung und -festigkeit von Geliermitteln. **Verwendung in Lebensmitteln:** Als Nährstoffzusatz bei der Züchtung von Bierhefe, bei der Oberflächenbehandlung von Obst und Gemüse, in der Trinkwasseraufbereitung, Marmeladenherstellung, Käseproduktion, in Kondensmilch. **Symptome:** Gilt in normalen Mengen als unbedenklich. **Höchstmengen:** Für Lebensmittel allgemein zugelassen ohne Höchstmengenangaben (quantum satis).
E 511	Name: **Magnesiumchlorid;** Substanzgruppe: **Festigungsmittel, Geschmacksverstärker** **Vorkommen:** Natürlicherweise im Meersalz enthalten; auch in Solequellen. **Eigenschaften:** Magnesiumsalz der Salzsäure, weißes Kristallpulver, hohe Wasserbindefähigkeit. **Verwendung in Lebensmitteln:** Kochsalzersatz (für Personen mit Bluthochdruck), auch in der Trinkwasseraufbereitung. **Symptome:** Gilt in den üblichen Mengen als unschädlich. **Höchstmengen:** Für Lebensmittel allgemein zugelassen ohne Höchstmengenangaben (quantum satis).
E 512	Name: **Zinn-II-Chlorid;** Substanzgruppe: **Antioxidationsmittel, Säuerungsmittel, Stabilisatoren** **Vorkommen:** Wird künstlich hergestellt. **Eigenschaften:** Zinnsalz der Salzsäure, besteht aus weißen Kristallen, nur in Anwesenheit von Säuren in Wasser klar löslich. **Verwendung in Lebensmitteln:** Dosen- und Glaskonserven von Spargel. **Symptome:** In den normalen Mengen gilt der Stoff als unbedenklich. Hohe Dosen lösen Reizungen im Magen aus. **Höchstmengen:** 25 mg/kg
E 513	Name: **Schwefelsäure;** Substanzgruppe: **Säureregulatoren** **Vorkommen:** Wird künstlich hergestellt. **Eigenschaften:** Farblose, geruchlose, sehr hygroskopische Flüssigkeit. **Verwendung in Lebensmitteln:** Trinkwasseraufbereitung, Stärke- und Eiweißhydrolyse. **Symptome:** Kommt in Lebensmitteln in so geringen Mengen vor, dass sie als unbedenklich eingestuft wird. In höheren Konzentrationen wirkt die starke Säure ätzend. **Höchstmengen:** Für Lebensmittel allgemein zugelassen ohne Höchstmengenangaben (quantum satis).
E 514	Name: **Natriumsulfate – Natriumhydrogensulfat, Natriumsulfat;** Substanzgruppe: **Trägerstoffe, Säureregulatoren, Festigungsmittel** **Vorkommen:** Werden künstlich hergestellt. **Eigenschaften:** Natriumsalz der Schwefelsäure. **Verwendung in Lebensmitteln:** In der Trinkwasseraufbereitung, Trägerstoff für Lebensmittelfarbstoffe, breites Anwendungsgebiet in der Waschmittelindustrie. **Symptome:** Hohe Konzentrationen wirken stark abführend. Konzentration in Lebensmitteln ohne Wirkung. **Höchstmengen:** Für Lebensmittel allgemein zugelassen ohne Höchstmengenangaben (quantum satis).
E 515	Name: **Kaliumsulfate – Kaliumhydrogensulfat, Kaliumsulfat;** Substanzgruppe: **Trägerstoffe, Säureregulatoren, Festigungsmittel** **Vorkommen:** Wird künstlich hergestellt. **Eigenschaften:** Kaliumsalz der Schwefelsäure. **Verwendung in Lebensmitteln:** Nach Bedarf in allen Lebensmitteln, als Trägerstoff. **Symptome:** In hohen Dosen wirken sie abführend. Konzentration in Lebensmitteln ohne Wirkung. **Höchstmengen:** Für Lebensmittel allgemein zugelassen ohne Höchstmengenangaben (quantum satis).
E 516	Name: **Calciumsulfat;** Substanzgruppe: **Trägerstoffe, Säureregulatoren, Festigungsmittel** **Vorkommen:** Wird künstlich hergestellt. **Eigenschaften:** Calciumsalz der Schwefelsäure. **Verwendung in Lebensmitteln**: In Backmischungen, Backgrundstoff für feine Backwaren, als Trägerstoff. **Symptome:** Konzentration in Lebensmitteln ohne Wirkung. **Höchstmengen:** Für Lebensmittel allgemein zugelassen ohne Höchstmengenangaben (quantum satis).
E 517	Name: **Ammoniumsulfat;** Substanzgruppe: **Trägerstoffe** **Vorkommen:** Wird künstlich hergestellt. **Eigenschaften:** Ammoniumsalz der Schwefelsäure. **Verwendung in Lebensmitteln:** Als Trägerstoff, Trägerstofflösungsmittel; als Düngemittel. **Symptome:** Über negative Wirkungen gibt es keine Daten. Die Konzentration in Lebensmitteln ist sehr niedrig. **Höchstmengen:** Für Lebensmittel allgemein zugelassen ohne Höchstmengenangaben (quantum satis).

E-Nr.	Analyse
E 520	Name: **Aluminiumsulfat;** Substanzgruppe: **Festigungsmittel** **Vorkommen:** Wird künstlich hergestellt. **Eigenschaften:** Salz der Schwefelsäure, farblos, wasserlöslich, wird zur Erhaltung der Konsistenz verwendet. **Verwendung in Lebensmitteln:** Eiklar (30 mg/kg), in Obst und Gemüse – kandiert, kristallisiert oder glasiert (200 mg/kg). Auch in Medikamenten und Kosmetikprodukten (Deosprays); in der Textil- und Lederindustrie als Beizmittel und zum Leimen von Papier. **Symptome:** Verbindungen mit Aluminium stehen im Verdacht, zur **Entstehung der Alzheimer-Krankheit** beizutragen. Niereninsuffizienzen reduzieren die Ausscheidung von Aluminium. **Höchstmengen:** 30–200 mg/kg; ADI-Wert: 0–1 mg/kg
E 521	Name: **Aluminiumnatriumsulfat;** Substanzgruppe: **Festigungsmittel** **Vorkommen:** Wird künstlich hergestellt. **Eigenschaften:** Salz der Schwefelsäure. **Verwendung in Lebensmitteln:** Eiklar (30 mg/kg), in Obst und Gemüse – kandiert, kristallisiert oder glasiert (200 mg/kg); auch in Medikamenten und Kosmetikprodukten (Deosprays); in der Textil- und Lederindustrie als Beizmittel und zum Leimen von Papier. **Symptome:** Verbindungen mit Aluminium stehen im Verdacht, zur **Entstehung der Alzheimer-Krankheit** beizutragen. Niereninsuffizienzen reduzieren die Ausscheidung von Aluminium. **Höchstmengen:** 30–200 mg/kg; ADI-Wert: 0–1 mg/kg
E 522	Name: **Aluminiumkaliumsulfat;** Substanzgruppe: **Festigungsmittel** **Vorkommen:** Wird künstlich hergestellt. **Eigenschaften:** Salz der Schwefelsäure. **Verwendung in Lebensmitteln:** Eiklar (30 mg/kg), in Obst und Gemüse – kandiert, kristallisiert oder glasiert (200 mg/kg). Auch in Medikamenten und Kosmetikprodukten (Deosprays); in der Textil- und Lederindustrie als Beizmittel und zum Leimen von Papier. **Symptome:** Verbindungen mit Aluminium stehen im Verdacht, zur **Entstehung der Alzheimer-Krankheit** beizutragen. Niereninsuffizienzen reduzieren die Ausscheidung von Aluminium. **Höchstmengen:** 30–200 mg/kg; ADI-Wert: 0–1 mg/kg
E 523	Name: **Aluminiumammoniumsulfat;** Substanzgruppe: **Festigungsmittel** **Vorkommen:** Wird künstlich hergestellt. **Eigenschaften:** Salz der Schwefelsäure. **Verwendung in Lebensmitteln:** Eiklar (30 mg/kg), in Obst und Gemüse – kandiert, kristallisiert oder glasiert (200 mg/kg). Auch in Medikamenten und Kosmetikprodukten (Deosprays); in der Textil- und Lederindustrie als Beizmittel und zum Leimen von Papier. **Symptome:** Verbindungen mit Aluminium stehen im Verdacht, zur **Entstehung der Alzheimer-Krankheit** beizutragen. Niereninsuffizienzen reduzieren die Ausscheidung von Aluminium. **Höchstmengen:** 30–200 mg/kg; ADI-Wert: 0–1 mg/kg
E 525	Name: **Kaliumhydroxid;** Substanzgruppe: **Säureregulatoren** **Vorkommen:** Elektrolyse, chemisch. **Eigenschaften:** Stark ätzende Verbindung, in fester Form als Kaliumhydroxid (Ätzkali), in flüssiger Konsistenz als Kalilauge, stellt einen bestimmten pH-Wert ein, entfaltet konservierende Wirkung, das Wachstum pathogener Mikroorganismen wird gehemmt. Kalilauge wird vielfach als Aufschlussmittel verwendet, besonders für Milcheiweiß und Rohkakao. **Verwendung in Lebensmitteln:** Zum Aufschluss von Rohkakao, Instant-Tee; wird in der Farbstoff- und Seifenproduktion eingesetzt. **Symptome:** Die Konzentration ist in Lebensmitteln so gering, dass keine negativen Auswirkungen zu erwarten sind. In hohen Konzentrationen ist sie stark reizend. **Höchstmengen:** Für Lebensmittel allgemein zugelassen ohne Höchstmengenangaben (quantum satis).
E 526	Name: **Calciumhydroxid;** Substanzgruppe: **Säureregulatoren** **Vorkommen:** Wird künstlich hergestellt. **Eigenschaften**: Weißes Pulver, kaum in Wasser löslich. Verdünnung mit Wasser wird als Kalkbrei oder Kalkmilch bezeichnet, es wird ein bestimmter pH-Wert eingestellt und stabilisiert. Erhöhung des Säuregrades hemmt das Wachstum pathogener Mikroorganismen, verlängert die Haltbarkeit von eingelegten Eiern durch den Verschluss der Poren, löst den Restzucker aus der Melasse, zur Neutralisation und Reinigung von Brauereiabwässern. **Verwendung in Lebensmitteln:** In der Zuckerindustrie, zur Herstellung von Ei-Ersatz, Konservierung z. B. von Eiern, Muskatnüssen, auch als Therapeutikum gegen Sodbrennen und Durchfall. Gelöschter Kalk wird in Kalkmörtel, Anstrichfarben und Pflanzenschutzmitteln verwendet. **Symptome:** Die Konzentration ist in Lebensmitteln so gering, dass keine negativen Auswirkungen zu erwarten sind. **Höchstmengen:** Für Lebensmittel allgemein zugelassen ohne Höchstmengenangaben (quantum satis).
E 527	Name: **Ammoniumhydroxid;** Substanzgruppe: **Säureregulatoren** **Vorkommen:** Wird künstlich hergestellt. **Eigenschaften:** Gebundene Form von freiem Ammoniak, stellt einen bestimmten pH-Wert ein, unterstützt die Wirkung von konservierenden organischen Säuren. Durch Erhöhung des Säuregrades wird das Wachstum pathogener Mikroorganismen gehemmt, Löslichkeit von Milcheiweiß und Kakao wird verbessert. Wird in der Trinkwasseraufbereitung zur Neutra-

E-Nr.	Analyse
E 527 (Fortsetzung)	lisation von Säuren eingesetzt. **Verwendung in Lebensmitteln:** Kakao- und Milcheiweißverarbeitung, Trinkwasseraufbereitung. **Symptome:** Die Konzentration ist in Lebensmitteln so gering, dass keine negativen Auswirkungen zu erwarten sind. **Höchstmengen:** Für Lebensmittel allgemein zugelassen ohne Höchstmengenangaben (quantum satis).
E 528	Name: **Magnesiumhydroxid;** Substanzgruppe: **Säureregulatoren** **Vorkommen:** Wird künstlich hergestellt. **Eigenschaften:** Weißes, in Wasser schwer lösliches Pulver, wird zum Aufschluss von Eiweißverbindungen eingesetzt. Stellt einen bestimmten pH-Wert ein, entfaltet eine konservierende Wirkung. Durch Erhöhung des Säuregrades wird das Wachstum pathogener Mikroorganismen gehemmt. **Verwendung in Lebensmitteln:**Technischer Hilfsstoff bei der Verarbeitung von Milcheiweiß. **Symptome:** Die Konzentration ist in Lebensmitteln so gering, dass keine negativen Auswirkungen zu erwarten sind. **Höchstmengen:** Für Lebensmittel allgemein zugelassen ohne Höchstmengenangaben (quantum satis).
E 529	Name: **Calciumoxid;** Substanzgruppe: **Säureregulatoren** **Vorkommen:** Wird künstlich hergestellt. **Eigenschaften:** Weißes Pulver, wasserlöslich, Schmelzpunkt bei ca. 2500° C, stellt einen bestimmten pH-Wert ein, entfaltet eine konservierende Wirkung. Durch Erhöhung des Säuregrades wird das Wachstum pathogener Mikroorganismen gehemmt. Zur Aufreinigung von Trinkwasser und Zuckerrohrsaft. **Verwendung in Lebensmitteln:** Als technischer Hilfsstoff in Konfitüren und Gelee, in der Trinkwasseraufbereitung, Zuckerindustrie, Bauindustrie, bei Schädlingsbekämpfungsmitteln und Kosmetikprodukten. **Symptome:** Die Konzentration ist in Lebensmitteln so gering, dass keine negativen Auswirkungen zu erwarten sind. **Höchstmengen:** Für Lebensmittel allgemein zugelassen ohne Höchstmengenangaben (quantum satis).
E 530	Name: **Magnesiumoxid;** Substanzgruppe: **Säureregulatoren, Trennmittel** **Vorkommen:** Wird künstlich hergestellt. **Eigenschaften:** Weißes, bei hohen Temperaturen chemisch stabiles Pulver, wird vorwiegend auf Grund seiner Neutralisationswirkung gegenüber Säuren eingesetzt, wirkt mild regulierend auf die menschliche Magensäure und bindet die Kohlensäure bei der Trinkwasseraufbereitung, verbessert die Rieselfähigkeit von Stoffen und verhindert das Verklumpen. **Verwendung in Lebensmitteln:** Mineralstoffanreicherung in Säuglingsnahrung, als Trennmittel für Kakaoerzeugnisse, Speise- und Gewürzsalze, Trinkwasseraufbereitung. Magnesiumoxid verbessert die Glimmfähigkeit von Tabaken. **Symptome:** Die Konzentration ist in Lebensmitteln so gering, dass keine negativen Auswirkungen zu erwarten sind. **Höchstmengen:** Für Lebensmittel allgemein zugelassen ohne Höchstmengenangaben (quantum satis).
E 534	Name: **Natriumhydroxid;** Substanzgruppe: **Säureregulatoren** **Vorkommen:** Wird durch Elektrolyse hergestellt. **Eigenschaften:** Starke Base, fester Zustand (Ätznatron), stellt einen bestimmten pH-Wert ein. Durch die Erhöhung des Säuregrades wird das Wachstum pathogener Mikroorganismen gehindert. Natronlauge schließt Eiweiß auf und führt bei der Verarbeitung von Oliven zu einer Farbreaktion und Entbitterung, beim Backen wird der Teig aufgelockert. **Verwendung in Lebensmitteln:** Trinkwasseraufbereitung, Herstellung von Würze, Kakaoverarbeitung, in Laugengebäck, Oliven. **Symptome:** Die Konzentration ist in Lebensmitteln so gering, dass keine negativen Auswirkungen zu erwarten sind. In hohen Konzentrationen stark ätzend.
E 535	Auch deklariert als: **„gelbes Blutlaugensalz";** Name: **Natriumferrocyanid;** Substanzgruppe: **Trennmittel, Stabilisatoren** **Vorkommen:** Wird künstlich hergestellt. **Eigenschaften:** Gelbe Kristalle, sind löslich in Wasser und unlöslich in organischen Lösungsmitteln sowie Alkohol. Sie werden wegen ihrer trennenden Wirkung eingesetzt. Ferrocyanide erhalten die Rieselfähigkeit von Speisesalzen, indem sie sich als schützende Hülle um die Kristalle legen und die elektrostatischen Anziehungskräfte vermindern. **Verwendung in Lebensmitteln:** In Speise- und Gewürzsalzen. Nur für Kochsalz und Kochsalzersatz zugelassen. **Symptome:** Bei Beachtung der gesetzlichen Vorschriften kommt es nicht zu negativen Wirkungen. **Höchstmengen:** 20 mg/kg
E 536	Deklariert auch als: **„gelbes Blutlaugensalz";** Name: **Kaliumferrocyanid;** Substanzgruppe: **Trennmittel, Stabilisatoren** **Vorkommen:** Wird künstlich hergestellt. **Eigenschaften:** Gelbe Kristalle, sind löslich in Wasser und unlöslich in organischen Lösungsmitteln sowie Alkohol. Sie werden wegen ihrer trennenden Wirkung eingesetzt. Ferrocyanide erhalten die Rieselfähigkeit von Speisesalzen, indem sie sich als schützende Hülle um die Kristalle legen und die elektrostatischen Anziehungskräfte vermindern. **Verwendung in**

E-Nr.	Analyse
E 536 (Fortsetzung)	**Lebensmitteln:** In Speise- und Gewürzsalzen. Nur für Kochsalz und Kochsalzersatz zugelassen. **Symptome:** Bei Beachtung der gesetzlichen Vorschriften kommt es nicht zu negativen Wirkungen. **Höchstmengen:** 20 mg/kg
E 538	Auch deklariert als: **„gelbes Blutlaugensalz"**; Name: **Calciumferrocyanid;** Substanzgruppe: **Trennmittel, Stabilisatoren; Vorkommen:** Wird künstlich hergestellt. **Eigenschaften:** Gelbe Kristalle, sind löslich in Wasser und unlöslich in organischen Lösungsmitteln sowie Alkohol. Sie werden wegen ihrer trennenden Wirkung eingesetzt. Ferrocyanide erhalten die Rieselfähigkeit von Speisesalzen, indem sie sich als schützende Hülle um die Kristalle legen und die elektrostatischen Anziehungskräfte vermindern. **Verwendung in Lebensmitteln:** In Speise- und Gewürzsalzen. Nur für Kochsalz und Kochsalzersatz zugelassen. **Symptome:** Bei Beachtung der gesetzlichen Vorschriften kommt es nicht zu negativen Wirkungen. **Höchstmengen:** 20 mg/kg
E 541	Name: **Saures Natriumaluminiumphosphat;** Substanzgruppe: **Backtriebmittel** **Vorkommen:** Wird künstlich hergestellt. **Eigenschaften:** Kann Wasser binden, mit Calcium kommt es bei Milchprodukten zu einer cremigen Konsistenz, verhindert Verklumpen von pulverförmigen Lebensmitteln. **Verwendung in Lebensmitteln:** Nur für englische Fertigkuchenmehle (scones) und Biskuitgebäck zugelassen. **Symptome:** Verbindungen mit Aluminium stehen im Verdacht, zur **Entstehung der Alzheimer-Krankheit** beizutragen. Niereninsuffizienzen reduzieren die Ausscheidung von Aluminium. **Höchstmengen:** 1 g/kg; ADI-Wert: 0–1 mg/kg
E 551	Auch deklariert als: **Kieselsäure;** Name: **Kieselsäure, Siliciumdioxid;** Substanzgruppe: **Trägerstoff, Trennmittel** **Vorkommen:** Quarzsand. **Eigenschaften:** Silicat, chemisch sehr stabil, nur durch starke Laugen und Säuren angreifbar, wird im Organismus nicht resorbiert, sondern unverändert ausgeschieden. Bindet Wasser, erhält Fließ- und Rieselfähigkeit. **Verwendung in Lebensmitteln:** In Nahrungsergänzungsmitteln (quantum satis), Lebensmitteln in Form von Komprimaten oder Dragees (quantum satis), Trockenlebensmitteln in Pulverform, z. B. Soßenpulver, Fruchtpulver, Trockensuppen, Gemüsepulver (10 g/kg); Kochsalz oder Kochsalzersatz (10 g/kg), Hartkäse und Schmelzkäse in Scheiben (10 g/kg). Auch in Zahnpasta, Pharmazeutika. **Symptome:** Gilt als unschädlich, wird unverändert ausgeschieden. **Höchstmengen:** Quantum satis bis 10 g/kg
E 552	Auch deklariert als: **Kieselsäure;** Name: **Calciumsilicate;** Substanzgruppe: **Trägerstoff, Trennmittel** **Vorkommen:** Werden künstlich hergestellt. **Eigenschaften:** Calciumsalze der Kieselsäure, weiß bis leicht bräunlich, wasserunlöslich, bilden in Kombination mit Mineralsäuren Gele aus, können große Mengen an Wasser aufnehmen und gleichzeitig fließend bleiben. **Verwendung in Lebensmitteln:** In Nahrungsergänzungsmitteln (quantum satis), Lebensmitteln in Form von Komprimaten oder Dragees (quantum satis), Trockenlebensmitteln in Pulverform, z. B. Soßenpulver, Fruchtpulver, Trockensuppen, Gemüsepulver (10 g/kg); Kochsalz oder Kochsalzersatz (10 g/kg), Hartkäse und Schmelzkäse in Scheiben (10 g/kg). Auch in Zahnpasta, Pharmazeutika. **Symptome:** Gilt als unschädlich, wird unverändert ausgeschieden. **Höchstmengen:** Quantum satis bis 10 g/kg
E 553a	Auch deklariert als: **Kieselsäure;** Name: **Magnesiumsilicat;** Substanzgruppe: **Trägerstoff, Trennmittel** **Vorkommen:** Wird künstlich hergestellt. Natürlich kommt es als Mineral (Talk) vor. **Eigenschaften:** Magnesiumsilicat besteht aus den Magnesiumsalzen der Kieselsäure: Magnesiumsilicat, Magnesiumtrisilicat (auch Meerschaum genannt). Kann Wasser binden, ist selbst wasserunlöslich, nur von starken Säuren angreifbar. **Verwendung in Lebensmitteln:** In Nahrungsergänzungsmitteln (quantum satis), Lebensmitteln in Form von Komprimaten oder Dragees (quantum satis), Trockenlebensmitteln in Pulverform, z. B. Soßenpulver, Fruchtpulver, Trockensuppen, Gemüsepulver (10 g/kg); Kochsalz oder Kochsalzersatz (10 g/kg), Hartkäse und Schmelzkäse in Scheiben (10 g/kg). Auch in Zahnpasta, Pharmazeutika. **Symptome:** Gilt als unschädlich, wird unverändert ausgeschieden. **Höchstmengen:** Quantum satis bis 10 g/kg
E 553b	Deklariert als: **Kieselsäure;** Name: **Talkum;** Substanzgruppe: **Trägerstoff, Trennmittel** **Vorkommen:** Abbau in natürlichen Lagerstätten. Kommt als natürliches, festes, feinschuppiges Mineral vor (Speckstein). **Eigenschaften:** Magnesiumsalz der Kieselsäure, hochwertiges Talkum besteht zu 95 % aus Magnesiumsilicat, sehr feines, weißes bis gräulich kristallines Pulver, fühlt sich fettig an, beständig gegen Säuren, Laugen und Sauerstoff. **Verwendung in Lebensmitteln:** In Kaugummi, Reis, zur Oberflächenbehandlung von Würsten und Geleefrüchten. In Nahrungsergänzungsmitteln (quantum satis), Lebensmitteln in Form von Komprimaten oder Dragees (quantum satis), Trockenlebensmitteln

E-Nr.	Analyse
E 553b (Fortsetzung)	in Pulverform, z. B. Soßenpulver, Fruchtpulver, Trockensuppen, Gemüsepulver (10 g/kg), Kochsalz oder Kochsalzersatz (10 g/kg), Hartkäse und Schmelzkäse in Scheiben (10 g/kg). Auch in Zahnpasta, Pharmazeutika. **Symptome:** Gilt als unschädlich, da es nicht aufgenommen wird. **Muss frei von Asbestfasern sein. Höchstmengen:** Quantum satis bis 10 g/kg
E 554	Auch deklariert als: **Kieselsäure;** Name: **Natriumaluminiumsilicat;** Substanzgruppe: **Trägerstoff, Trennmittel** **Vorkommen:** Wird künstlich hergestellt. **Eigenschaften:** Silicat, chemisch sehr stabil, nur durch starke Laugen und Säuren angreifbar, wird im Organismus nicht resorbiert, sondern unverändert ausgeschieden, bindet Wasser, erhält die Fließ- und Rieselfähigkeit. **Verwendung in Lebensmitteln:** In Süßwaren, Kaugummi. Trägerstoffe für Farbstoffe und Emulgatoren. **Symptome:** Verbindungen mit Aluminium stehen im Verdacht, zur **Entstehung der Alzheimer-Krankheit** beizutragen. Niereninsuffizienzen reduzieren die Ausscheidung von Aluminium. **Höchstmengen:** Quantum satis bis 10 g/kg; ADI-Wert: 0–1 mg/kg
E 555	Auch deklariert als: **Kieselsäure;** Name: **Kaliumaluminiumsilicat;** Substanzgruppe: **Trägerstoff, Trennmittel** **Vorkommen:** Kommt natürlich vor. **Eigenschaften:** Silicat, chemisch sehr stabil, nur durch starke Laugen und Säuren angreifbar. Wird im Organismus nicht resorbiert, sondern unverändert ausgeschieden. Bindet Wasser, erhält die Fließ- und Rieselfähigkeit. **Verwendung in Lebensmitteln:** In Nahrungsergänzungsmitteln (quantum satis), Lebensmitteln in Form von Komprimaten oder Dragees (quantum satis), Trockenlebensmitteln in Pulverform, z. B. Soßenpulver, Fruchtpulver, Trockensuppen, Gemüsepulver (10 g/kg), Kochsalz oder Kochsalzersatz (10 g/kg), Hartkäse und Schmelzkäse in Scheiben (10 g/kg). **Symptome:** Verbindungen mit Aluminium stehen im Verdacht, zur **Entstehung der Alzheimer-Krankheit** beizutragen. Niereninsuffizienzen reduzieren die Ausscheidung von Aluminium. **Höchstmengen:** Quantum satis bis 10 g/kg; ADI-Wert: 0–1 mg/kg
E 556	Auch deklariert als: **Kieselsäure;** Name: **Calciumaluminiumsilicat;** Substanzgruppe: **Trägerstoff, Trennmittel** **Vorkommen:** Kommt natürlich vor. **Eigenschaften:** Silicat, chemisch sehr stabil, nur durch starke Laugen und Säuren angreifbar. Wird im Organismus nicht resorbiert, sondern unverändert ausgeschieden. Bindet Wasser, erhält die Fließ- und Rieselfähigkeit. **Verwendung in Lebensmitteln:** In Nahrungsergänzungsmitteln (quantum satis), Lebensmitteln in Form von Komprimaten oder Dragees (quantum satis), Trockenlebensmitteln in Pulverform, z. B. Soßenpulver, Fruchtpulver, Trockensuppen, Gemüsepulver (10 g/kg), Kochsalz oder Kochsalzersatz (10 g/kg), Hartkäse und Schmelzkäse in Scheiben (10 g/kg). **Symptome:** Verbindungen mit Aluminium stehen im Verdacht, ursächlich mit der **Entstehung der Alzheimer-Krankheit** zu stehen. Niereninsuffizienzen reduzieren die Ausscheidung von Aluminium. **Höchstmengen:** Quantum satis bis 10 g/kg; ADI-Wert: 0–1 mg/kg
E 558	Auch deklariert als **Kieselsäure;** Name: **Bentonit;** Substanzgruppe: **Trägerstoff, Trennmittel, Oberflächenbehandlungsmittel** **Vorkommen:** Kommt natürlich vor (Tongestein vulkanischen Ursprungs). **Eigenschaften:** Besondere Form des Aluminiumsilicats, Quell- und Adsorptionsvermögen hoch, vor allem als Trägerstoff für Lebensmittelfarbstoffe. **Verwendung in Lebensmitteln:** Als Trägerstoff für Farbstoffe. **Symptome:** Verbindungen mit Aluminium stehen im Verdacht, zur **Entstehung der Alzheimer-Krankheit** beizutragen. Niereninsuffizienzen reduzieren die Ausscheidung von Aluminium. **Höchstmengen:** Quantum satis bis 10 g/kg; ADI-Wert: 0–1 mg/kg
E 559	Deklariert als: **Kieselsäure;** Name: **Aluminiumsilicat (Kaolin);** Substanzgruppe: **Trägerstoff, Trennmittel, Oberflächenbehandlungsmittel** **Vorkommen:** Kommt natürlich vor. **Eigenschaften:** Pulverförmig, sehr fein und locker, geruchlos, schmeckt manchmal erdig, nicht wasserlöslich, nicht in Alkohol löslich, resistent gegen Laugen und verdünnte Säuren, wird durch Schwefelsäure zersetzt. **Verwendung in Lebensmitteln:** Als Trägerstoff für Farbstoffe, Trennmittel für Milchpulver. **Symptome:** Verbindungen mit Aluminium stehen im Verdacht, zur **Entstehung der Alzheimer-Krankheit** beizutragen. Niereninsuffizienzen reduzieren die Ausscheidung von Aluminium. **Höchstmengen:** Quantum satis bis 10 g/kg; ADI-Wert: 0–1 mg/kg

E-Nr.	Analyse
E 570	Auch deklariert als: **Speisefettsäure;** Name: **Stearinsäure;** Substanzgruppe: **Oberflächenbehandlungsmittel, Trennmittel, Emulgatoren, Überzugsmittel** **Vorkommen:** Isolierung aus Pflanzenmaterial (z. B. Soja, Raps, Mais oder Baumwolle). **Eigenschaften:** Natürlicher Bestandteil der Fette, wird im Magen-Darm-Trakt gespalten und metabolisiert. **Verwendung in Lebensmitteln:** Als Trennmittel für Kaugummimasse. **Symptome:** Gilt als unbedenklich. **Höchstmengen:** Für Lebensmittel allgemein zugelassen ohne Höchstmengenangaben (quantum satis).
E 574	Name: **Gluconsäure;** Substanzgruppe: **Antioxidantien, Oberflächenbehandlungsmittel, Säureregulatoren, Stabilisatoren** **Vorkommen:** Wird künstlich hergestellt. **Eigenschaften:** Stabilisiert den Säuregehalt, gute Bindungsfähigkeit gegenüber Calcium, unterstützt die Wirkung pflanzlicher Dickungsmittel, bindet Metallspuren, sorgt für eine Farb- und Vitaminstabilität bei Obst und Gemüse, gleichzeitig wird der Fettverderb verzögert. Wird zur Spülung von Getränke-Leitungen genutzt; Papier-, Farb- und Textilindustrie. **Verwendung in Lebensmitteln:** In Desserts, zur Ansäuerung von Getränken (z. B. Limonaden), in verarbeitetem Obst und Gemüse, in Molkerei und Brauerei zur Verhinderung von Milch- und Bierstein. **Symptome:** Wird als harmlos eingestuft. **Höchstmengen:** Allgemein für Lebensmittel ohne Höchstmengenangaben zugelassen (quantum satis).
E 575	Name: **Glucono-delta-lacton;** Substanzgruppe: **Säureregulatoren, Stabilisatoren** **Vorkommen:** Wird aus Gluconsäure hergestellt. **Eigenschaften:** Stellt einen hohen pH-Wert ein und stabilisiert ihn, dadurch wird das Wachstum pathogener Mikroorganismen gehemmt. Reifebeschleuniger bei Wurst- und Fischwaren, farbstabilisierend bei Meeresfrüchten und verarbeitetem Gemüse. **Verwendung in Lebensmitteln:** In Backpulver, Rohwürsten, Fischwaren (Anchosen), Meeresfrüchten, verarbeitetem Gemüse. **Symptome:** Gilt als harmlos. **Höchstmengen:** Für Lebensmittel allgemein zugelassen ohne Höchstmengenangaben (quantum satis), auch zugelassen in Kinderkeksen und -zwieback mit einer Höchstmenge von 5 g/kg.
E 576	Name: **Natriumgluconat;** Substanzgruppe: **Säureregulatoren, Stabilisatoren** **Vorkommen:** Wird aus Gluconsäure hergestellt. **Eigenschaften:** Natriumsalz der Gluconsäure, dient der Säureregulation, verhindert das Verklumpen von feinem Pulver und Kristallen. Ein saurer pH-Wert hat einen konservierenden und antioxidativen Effekt. Dadurch werden pathogene Mikroorganismen am Wachstum gehindert. **Verwendung in Lebensmitteln:** In Desserts. **Symptome:** Wird als harmlos eingestuft, da die Salze normal in andere Substanzen umgewandelt (metabolisiert) werden. **Höchstmengen:** Allgemein für Lebensmittel ohne Höchstmengenangaben zugelassen (quantum satis).
E 577	Name: **Kaliumgluconat;** Substanzgruppe: **Säureregulatoren, Stabilisatoren** **Vorkommen:** Wird aus Gluconsäure hergestellt. **Eigenschaften:** Kaliumsalz der Gluconsäure, dient der Säureregulation, verhindert das Verklumpen von feinem Pulver und Kristallen. Ein saurer pH-Wert hat einen konservierenden und antioxidativen Effekt. Dadurch werden pathogene Mikroorganismen am Wachstum gehindert. **Verwendung in Lebensmitteln:** In Desserts. **Höchstmengen:** Allgemein für Lebensmittel ohne Höchstmengenangaben zugelassen (quantum satis).
E 578	Name: **Calciumgluconat;** Substanzgruppe: **Säureregulatoren, Stabilisatoren** **Vorkommen:** Wird aus Gluconsäure hergestellt. **Eigenschaften:** Calciumsalz der Gluconsäure, dient der Säureregulation, verhindert das Verklumpen von feinem Pulver und Kristallen. Ein saurer pH-Wert hat einen konservierenden und antioxidativen Effekt. Dadurch werden pathogene Mikroorganismen am Wachstum gehindert. **Verwendung in Lebensmitteln:** In Diätlebensmitteln. **Symptome:** Wird als harmlos eingestuft, da die Salze normal in andere Substanzen umgewandelt (metabolisiert) werden. **Höchstmengen:** Allgemein für Lebensmittel ohne Höchstmengenangaben zugelassen (quantum satis).
E 579	Name: **Eisengluconat;** Substanzgruppe: **Stabilisatoren** **Vorkommen:** Wird künstlich hergestellt. **Eigenschaften:** Eisensalz der Gluconsäure. **Verwendung in Lebensmitteln:** Nur zur Schwarzfärbung von Oliven. Das Etikett muss gesondert darauf hinweisen, wenn Oliven geschwärzt sind. **Symptome:** Es sind keine negativen Wirkungen bekannt. **Höchstmengen:** 150 mg/kg (berechnet als Eisen)

E-Nr.	Analyse
E 585	Name: **Eisen-II-lactat;** Substanzgruppe: **Stabilisatoren** **Vorkommen:** Wird künstlich hergestellt. **Eigenschaften:** Eisensalz der Milchsäure. **Verwendung in Lebensmitteln:** Nur zur Schwarzfärbung von Oliven. Das Etikett muss gesondert darauf hinweisen, wenn Oliven geschwärzt sind. **Symptome:** Bei einer Aufnahme von großen Mengen kann es zu einer Erhöhung der Krankheitskeime im Magen-Darm-Trakt kommen. **Höchstmengen:** 150 mg/kg (berechnet als Eisen).
E 620	Name: **Glutaminsäure;** Substanzgruppe: **Geschmacksverstärker** **Vorkommen:** Wird künstlich hergestellt. **Eigenschaften:** Aminosäure, sorgt für einen intensiven und abgerundeten würzig-fleischigen Geschmack. **Verwendung in Lebensmitteln:** Sehr häufig in Fertiggerichten (Fleisch, Fisch, Gemüse) und Tiefkühlprodukten, auch Konserven, Suppen, Würzmitteln (quantum satis), Brühwürfeln, Knabberartikeln (z. B. Kartoffelchips), Gewürzmischungen. **Symptome:** Bei empfindlichen Menschen kann das so genannte „Chinarestaurant-Syndrom" ausgelöst werden. Als Zeichen einer hohen Dosierung kommt es zu Übelkeit, Kopfschmerzen, Nackentaubheit und Gliederschmerzen. Wahrscheinlich werden die Symptome aber durch Histamin ausgelöst. Somit sind allergische Reaktionen möglich. Es besteht auch die Möglichkeit, dass es sich um Stoffwechselstörungen handelt. **Höchstmengen:** 10 g/kg (berechnet als Glutaminsäure); Ausnahme: Würzmittel; ADI-Wert: 120 mg/kg (kann bei Erwachsenen bei der Einnahme von 7–8 g/Tag erreicht werden)
E 621	Name: **Natriumglutamat;** Substanzgruppe: **Geschmacksverstärker** **Vorkommen:** Wird aus Glutaminsäure hergestellt. **Eigenschaften:** Natriumsalz der Glutaminsäure, sorgt für einen intensiven und abgerundeten würzig-fleischigen Geschmack. **Verwendung in Lebensmitteln:** Sehr häufig in Fertiggerichten (Fleisch, Fisch, Gemüse) und Tiefkühlprodukten, auch Konserven, Suppen, Würzmitteln (quantum satis), Brühwürfeln, Knabberartikeln (z. B. Kartoffelchips), Gewürzmischungen, als Kochsalzersatz bei natriumarmer Ernährung. **Symptome:** Bei empfindlichen Menschen kann das so genannte „Chinarestaurant-Syndrom" ausgelöst werden. Als Zeichen einer hohen Dosierung kommt es zu Übelkeit, Kopfschmerzen, Nackentaubheit und Gliederschmerzen. Wahrscheinlich werden die Symptome aber durch Histamin ausgelöst. Somit sind allergische Reaktionen möglich. Es besteht auch die Möglichkeit, dass es sich um Stoffwechselstörungen handelt. **Höchstmengen:** 10 g/kg (berechnet als Glutaminsäure); Ausnahme: Würzmittel; ADI-Wert: 120 mg/kg (kann bei Erwachsenen bei der Einnahme von 7–8 g/Tag erreicht werden)
E 622	Name: **Kaliumglutamat;** Substanzgruppe: **Geschmacksverstärker** **Vorkommen:** Wird aus Glutaminsäure hergestellt. **Eigenschaften:** Kaliumsalz der Glutaminsäure, sorgt für einen intensiven und abgerundeten würzig-fleischigen Geschmack. **Verwendung in Lebensmitteln:** Als Kochsalzersatz bei natriumarmer Ernährung, sehr häufig in Fertiggerichten (Fleisch, Fisch, Gemüse) und Tiefkühlprodukten, auch Konserven, Suppen, Würzmitteln (quantum satis), Brühwürfeln, Knabberartikeln (z. B. Kartoffelchips), Gewürzmischungen. **Symptome:** Bei empfindlichen Menschen kann das so genannte „Chinarestaurant-Syndrom" ausgelöst werden. Als Zeichen einer hohen Dosierung kommt es zu Übelkeit, Kopfschmerzen, Nackentaubheit und Gliederschmerzen. Wahrscheinlich werden die Symptome aber durch Histamin ausgelöst. Somit sind allergische Reaktionen möglich. Es besteht auch die Möglichkeit, dass es sich um Stoffwechselstörungen handelt. **Höchstmengen:** 10 g/kg (berechnet als Glutaminsäure); Ausnahme: Würzmittel; ADI-Wert: 120 mg/kg (kann bei Erwachsenen bei der Einnahme von 7–8 g/Tag erreicht werden)
E 623	Name: **Calciumglutamat;** Substanzgruppe: **Geschmacksverstärker** **Vorkommen:** Wird aus Glutaminsäure hergestellt. **Eigenschaften:** Calciumsalz der Glutaminsäure, sorgt für einen intensiven und abgerundeten würzig-fleischigen Geschmack. **Verwendung in Lebensmitteln:** Als Kochsalzersatz bei natriumarmer Ernährung, sehr häufig in Fertiggerichten (Fleisch, Fisch, Gemüse) und Tiefkühlprodukten, auch in Konserven, Suppen, Würzmitteln (quantum satis), Brühwürfeln, Knabberartikeln (z. B. Kartoffelchips), Gewürzmischungen. **Symptome:** Bei empfindlichen Menschen kann das so genannte „Chinarestaurant-Syndrom" ausgelöst werden. Als Zeichen einer hohen Dosierung kommt es zu Übelkeit, Kopfschmerzen, Nackentaubheit und Gliederschmerzen. Wahrscheinlich werden die Symptome aber durch Histamin ausgelöst. Somit sind allergische Reaktionen möglich. Es besteht auch die Möglichkeit, dass es sich um Stoffwechselstörungen handelt. **Höchstmengen:** 10 g/kg (berechnet als Glutaminsäure); Ausnahme: Würzmittel; ADI-Wert: 120 mg/kg (kann bei Erwachsenen bei der Einnahme von 7–8 g/Tag erreicht werden)

E-Nr.	Analyse
E 624	Name: **Monoammoniumglutamat;** Substanzgruppe: **Geschmacksverstärker** **Vorkommen:** Wird aus Glutaminsäure hergestellt. **Eigenschaften:** Ammoniumsalz der Glutaminsäure, sorgt für einen intensiven und abgerundeten würzig-fleischigen Geschmack. **Verwendung in Lebensmitteln:** Als Kochsalzersatz bei natriumarmer Ernährung, sehr häufig in Fertiggerichten (Fleisch, Fisch, Gemüse) und Tiefkühlprodukten, auch Konserven, Suppen, Würzmitteln (quantum satis), Brühwürfeln, Knabberartikeln (z. B. Kartoffelchips), Gewürzmischungen. **Symptome:** Bei empfindlichen Menschen kann das so genannte „Chinarestaurant-Syndrom" ausgelöst werden. Als Zeichen einer hohen Dosierung kommt es zu Übelkeit, Kopfschmerzen, Nackentaubheit und Gliederschmerzen. Wahrscheinlich werden die Symptome aber durch Histamin ausgelöst. Somit sind allergische Reaktionen möglich. Es besteht auch die Möglichkeit, dass es sich um Stoffwechselstörungen handelt. **Höchstmengen:** 10 g/kg (berechnet als Glutaminsäure); Ausnahme: Würzmittel; ADI-Wert: 120 mg/kg (kann bei Erwachsenen bei der Einnahme von 7–8 g/Tag erreicht werden)
E 625	Name: **Magnesiumdiglutamat;** Substanzgruppe: **Geschmacksverstärker** **Vorkommen:** Wird aus Glutaminsäure hergestellt. **Eigenschaften:** Magnesiumsalz der Glutaminsäure, sorgt für einen intensiven und abgerundeten würzig-fleischigen Geschmack. **Verwendung in Lebensmitteln:** Als Kochsalzersatz bei natriumarmer Ernährung, sehr häufig in Fertiggerichten (Fleisch, Fisch, Gemüse) und Tiefkühlprodukten, auch Konserven, Suppen, Würzmitteln (quantum satis), Brühwürfeln, Knabberartikeln (z. B. Kartoffelchips), Gewürzmischungen. **Symptome:** Bei empfindlichen Menschen kann das so genannte „Chinarestaurant-Syndrom" ausgelöst werden. Als Zeichen einer hohen Dosierung kommt es zu Übelkeit, Kopfschmerzen, Nackentaubheit und Gliederschmerzen. Wahrscheinlich werden die Symptome aber durch Histamin ausgelöst. Somit sind allergische Reaktionen möglich. Es besteht auch die Möglichkeit, dass es sich um Stoffwechselstörungen handelt. **Höchstmengen:** 10 g/kg (berechnet als Glutaminsäure); Ausnahme: Würzmittel; ADI-Wert: 120 mg/kg (kann bei Erwachsenen bei der Einnahme von 7–8 g/Tag erreicht werden)
E 626	Auch deklariert als: **Guanylat;** Name: **Guanylsäure;** Substanzgruppe: **Geschmacksverstärker** **Vorkommen:** Wird künstlich hergestellt. **Eigenschaften:** In jeder tierischen und pflanzlichen Zelle enthalten, besteht überwiegend aus Purin, rundet geschmacklich vorwiegend salzige Lebensmittel ab, häufig in Fertiggerichten. **Verwendung in Lebensmitteln:** In Würzmitteln (quantum satis), Suppen, Soßen, Fertiggerichten, Tiefkühlprodukten, Tomatenprodukten, Fleischerzeugnissen. Allgemein zugelassen mit Ausnahme bestimmter Lebensmittel wie z. B. Milch, Butter, Honig oder Teigwaren. **Symptome:** Die Substanzen werden zu Harnsäure abgebaut. Bei Menschen mit Harnsäureerkrankungen (z. B. Gicht) können akute Schübe ausgelöst werden. Sie sollten Lebensmittel mit Purin meiden. Für gesunde Menschen gilt der Stoff als unbedenklich. **Höchstmengen:** 500 mg/kg (berechnet als Guanylsäure); Ausnahme: Würzmittel (quantum satis).
E 627	Auch deklariert als: **Guanylat;** Name: **Natriumguanylat;** Substanzgruppe: **Geschmacksverstärker** **Vorkommen:** Wird aus Guanylsäure hergestellt. **Eigenschaften:** Natriumsalz der Guanylsäure. In jeder tierischen und pflanzlichen Zelle enthalten, besteht überwiegend aus Purin, rundet geschmacklich vorwiegend salzige Lebensmittel ab, häufig in Fertiggerichten. **Verwendung in Lebensmitteln:** In Würzmitteln (quantum satis), Suppen, Saucen, Fertiggerichten, Tiefkühlprodukten, Tomatenprodukten, Fleischerzeugnissen. Allgemein zugelassen mit Ausnahme bestimmter Lebensmittel wie z. B. Milch, Butter, Honig oder Teigwaren. **Symptome:** Die Substanzen werden zu Harnsäure abgebaut. Bei Menschen mit Harnsäureerkrankungen (z. B. Gicht) können akute Schübe ausgelöst werden. Sie sollten Lebensmittel mit Purin meiden. Für gesunde Menschen gilt der Stoff als unbedenklich. **Höchstmengen:** 500 mg/kg (berechnet als Guanylsäure); Ausnahme: Würzmittel (quantum satis).
E 628	Auch deklariert als: **Guanylat;** Name: **Dikaliumguanylat;** Substanzgruppe: **Geschmacksverstärker** **Vorkommen:** Wird aus Guanylsäure hergestellt. **Eigenschaften:** Kaliumsalz der Guanylsäure. In jeder tierischen und pflanzlichen Zelle enthalten, besteht überwiegend aus Purin, rundet geschmacklich vorwiegend salzige Lebensmittel ab, häufig in Fertiggerichten. **Verwendung in Lebensmitteln:** Kochsalzersatz (wegen seines Eigengeschmacks), in Würzmitteln (quantum satis), Suppen, Saucen, Fertiggerichten, Tiefkühlprodukten, Tomatenprodukten, Fleischerzeugnissen. Allgemein zugelassen mit Ausnahme bestimmter Lebensmittel wie z. B. Milch, Butter, Honig oder Teigwaren. **Symptome:** Die Substanzen werden zu Harnsäure abgebaut. Bei Menschen mit Harnsäureerkrankungen (z. B. Gicht) können akute Schübe ausgelöst werden. Sie sollten Lebensmittel mit Purin meiden. Für gesunde Menschen gilt der Stoff als unbedenklich. **Höchstmengen:** 500 mg/kg (berechnet als Guanylsäure); Ausnahme: Würzmittel (quantum satis).

E-Nr.	Analyse
E 629	Auch deklariert als: **Guanylat;** Name: **Calciumguanylat;** Substanzgruppe: **Geschmacksverstärker** **Vorkommen:** Wird aus Guanylsäure hergestellt. **Eigenschaften:** Calciumsalz der Guanylsäure. In jeder tierischen und pflanzlichen Zelle enthalten, besteht überwiegend aus Purin, rundet geschmacklich vorwiegend salzige Lebensmittel ab, häufig in Fertiggerichten. **Verwendung in Lebensmitteln:** In Würzmitteln (quantum satis), Suppen, Saucen, Fertiggerichten, Tiefkühlprodukten, Tomatenprodukten, Fleischerzeugnissen. Allgemein zugelassen mit Ausnahme bestimmter Lebensmittel wie z. B. Milch, Butter, Honig oder Teigwaren. **Symptome:** Die Substanzen werden zu Harnsäure abgebaut. Bei Menschen mit Harnsäureerkrankungen (z. B. Gicht) können akute Schübe ausgelöst werden. Sie sollten Lebensmittel mit Purin meiden. Für gesunde Menschen gilt der Stoff als unbedenklich. **Höchstmengen:** 500 mg/kg (berechnet als Guanylsäure); Ausnahme: Würzmittel (quantum satis).
E 630	Auch deklariert als: **Inosinat;** Name: **Inosinsäure;** Substanzgruppe: **Geschmacksverstärker** **Vorkommen:** Im Kern jeder lebenden Zelle, besonders in Muskelzellen, zu finden. Wird künstlich hergestellt. **Eigenschaften:** Wirkt appetitanregend, häufig in Fertiggerichten. **Verwendung in Lebensmitteln:** In Würzmitteln (quantum satis), Suppen, Saucen, Fertiggerichten, Tiefkühlprodukten, Tomatenprodukten, Fleischerzeugnissen. Allgemein zugelassen mit Ausnahme bestimmter Lebensmittel wie z. B. Milch, Butter, Honig oder Teigwaren. **Symptome:** Die Substanzen werden zu Harnsäure abgebaut. Bei Menschen mit Harnsäureerkrankungen (z. B. Gicht) können akute Schübe ausgelöst werden. Sie sollten Lebensmittel mit Purin meiden. Für gesunde Menschen gilt der Stoff als unbedenklich. **Risiko noch unklar! Höchstmengen:** 500 mg/kg (berechnet als Guanylsäure); Ausnahme: Würzmittel (quantum satis).
E 631	Auch deklariert als: **Inosinat;** Name: **Dinatriuminosinat;** Substanzgruppe: **Geschmacksverstärker** **Vorkommen:** Natriumsalz der Inosinsäure. Wird aus Inosinsäure hergestellt. **Eigenschaften:** Wirkt appetitanregend, häufig in Fertiggerichten. **Verwendung in Lebensmitteln:** In Würzmitteln (quantum satis), Suppen, Saucen, Fertiggerichten, Tiefkühlprodukten, Tomatenprodukten, Fleischerzeugnissen. Allgemein zugelassen mit Ausnahme bestimmter Lebensmittel wie z. B. Milch, Butter, Honig oder Teigwaren. **Symptome:** Die Substanzen werden zu Harnsäure abgebaut. Bei Menschen mit Harnsäureerkrankungen (z. B. Gicht) können akute Schübe ausgelöst werden. Sie sollten Lebensmittel mit Purin meiden. Für gesunde Menschen gilt der Stoff als unbedenklich. **Höchstmengen:** 500 mg/kg (berechnet als Guanylsäure); Ausnahme: Würzmittel (quantum satis).
E 632	Auch deklariert als: **Inosinat;** Name: **Dikaliuminosinat;** Substanzgruppe: **Geschmacksverstärker** **Vorkommen:** Wird aus Inosinsäure hergestellt. **Eigenschaften:** Kaliumsalz der Inosinsäure. Wirkt appetitanregend, häufig in Fertiggerichten. **Verwendung in Lebensmitteln:** In Würzmitteln (quantum satis), Suppen, Saucen, Fertiggerichten, Tiefkühlprodukten, Tomatenprodukten, Fleischerzeugnissen. Allgemein zugelassen mit Ausnahme bestimmter Lebensmittel wie z. B. Milch, Butter, Honig oder Teigwaren. **Symptome:** Die Substanzen werden zu Harnsäure abgebaut. Bei Menschen mit Harnsäureerkrankungen (z. B. Gicht) können akute Schübe ausgelöst werden. Sie sollten Lebensmittel mit Purin meiden. Für gesunde Menschen gilt der Stoff als unbedenklich. **Höchstmengen:** 500 mg/kg (berechnet als Guanylsäure); Ausnahme: Würzmittel (quantum satis).
E 633	Auch deklariert als: **Inosinat;** Name: **Calciuminosinat;** Substanzgruppe: **Geschmacksverstärker** **Vorkommen:** Wird aus Inosinsäure hergestellt. **Eigenschaften:** Calciumsalz der Inosinsäure. Wirkt appetitanregend, häufig in Fertiggerichten. **Verwendung in Lebensmitteln:** In Würzmitteln (quantum satis), Suppen, Saucen, Fertiggerichten, Tiefkühlprodukten, Tomatenprodukten, Fleischerzeugnissen. Allgemein zugelassen mit Ausnahme bestimmter Lebensmittel wie z. B. Milch, Butter, Honig oder Teigwaren. **Symptome:** Die Substanzen werden zu Harnsäure abgebaut. Bei Menschen mit Harnsäureerkrankungen (z. B. Gicht) können akute Schübe ausgelöst werden. Sie sollten Lebensmittel mit Purin meiden. Für gesunde Menschen gilt der Stoff als unbedenklich. **Höchstmengen:** 500 mg/kg (berechnet als Guanylsäure); Ausnahme: Würzmittel (quantum satis).
E 634	Name: **Calcium-5-ribonucleotid;** Substanzgruppe: **Geschmacksverstärker** **Vorkommen:** Wird aus natürlichen Zellen gewonnen. **Eigenschaften:** In jeder lebenden Zelle vorhanden, entscheidend am Protein-Stoffwechsel beteiligt, vor allem im Zellkern zu finden. **Verwendung in Lebensmitteln:** Vor allem in Würzmitteln. Allgemein zugelassen mit Ausnahme bestimmter Lebensmittel wie z. B. Milch, Butter, Honig oder Teigwaren. **Symptome:** Die Substanz wird zu Harnsäure abgebaut. Bei Menschen mit Harnsäureerkrankungen (z. B. Gicht) können akute Schübe ausgelöst werden. Sie sollten Lebensmittel mit Purin meiden. Für gesunde Menschen gilt der Stoff als unbedenklich. **Risiko noch unklar! Höchstmengen:** 500 mg/kg (berechnet als Guanylsäure); Ausnahme: Würzmittel (quantum satis).

E-Nr.	Analyse
E 635	Name: **Natrium 5'-ribonucleodid;** Substanzgruppe: **Geschmacksverstärker** **Vorkommen:** Wird aus natürlichen Zellen gewonnen. **Eigenschaften:** In jeder lebenden Zelle vorhanden, entscheidend am Protein-Stoffwechsel beteiligt, vor allem im Zellkern zu finden. **Verwendung in Lebensmitteln:** Vor allem in Würzmitteln. Allgemein zugelassen mit Ausnahme bestimmter Lebensmittel wie z. B. Milch, Butter, Honig oder Teigwaren. **Symptome:** Die Substanz wird zu Harnsäure abgebaut. Bei Menschen mit Harnsäureerkrankungen (z. B. Gicht) können akute Schübe ausgelöst werden. Sie sollten Lebensmittel mit Purin meiden. Für gesunde Menschen gilt der Stoff als unbedenklich. **Höchstmengen:** 500 mg/kg (berechnet als Guanylsäure); Ausnahme: Würzmittel (quantum satis).
E 636	Name: **Maltol**; Substanzgruppe: **Geschmacksverstärker, Aromastoffe** **Vorkommen:** Kiefernnadeln. **Eigenschaften:** Vermittelt den Geschmackseindruck von „Karamell". Süßer Geschmack wird gesteigert. **Verwendung:** In Getränken und Desserts, Gebäck, Schokolade, Süßwaren. **Symptome:** Bei hoher Dosierung Veränderung des Blutbildes und der Nervenfunktion im Tierversuch.
E 637	Name: **Ethylmaltol;** Substanzgruppe: **Aromastoffe** **Vorkommen:** Wird künstlich hergestellt. **Eigenschaften:** Intensiver Karamellgeschmack. **Verwendung:** In Getränken, Desserts. **Symptome:** Steht im **Verdacht, Krebs** auszulösen. Mögliches Risiko für Thalassämie-Patienten (eine Erkrankung des blutbildenden Systems).
E 640	Name: **Glycin** und dessen **Natriumsalz;** Substanzgruppe: **Geschmacksverstärker** **Vorkommen:** Wird künstlich hergestellt. **Eigenschaften:** Einfach aufgebaute Aminosäure, leicht süßer Eigengeschmack. **Verwendung in Lebensmitteln:** Süßstofftabletten, Marzipan, in der Oberfläche von Schinken, auch als Trägerstoff, etwa für Farbstoffe und Aromen. **Symptome:** Gilt als unbedenklich. Es gibt keine Daten über negative Auswirkungen.
E 900	Name: **Dimethylpolysiloxan;** Substanzgruppe: **Schaumverhüter** **Vorkommen:** Wird künstlich hergestellt. **Eigenschaften:** Gehört zu den Silikonen. Es verhindert Aufschäumungen, z. B. bei der Herstellung von Konfitüre, Frittierfetten, Pökellaken und das Überschäumen beim Umfüllen. Die Haltbarkeit der Lebensmittel wird verlängert. **Verwendung in Lebensmitteln:** In aromatisierten, nichtalkoholischen Getränken (10 mg/l), Brühen, Suppen (10 mg/l), Fruchtaufstrichen (10 mg/kg), Gelees, Kaugummi (100 mg/kg), Konfitüren, Marmeladen, Rührteig (10 mg/kg), Süßwaren (ohne Schokolade [10 mg/kg]). Silikone werden auch gerne in der Kosmetikindustrie eingesetzt. **Symptome:** Steht im **Verdacht, Krebs** auszulösen. **Höchstmenge:** Je nach Anwendungsgebiet 10–100 mg/kg; ADI-Wert: 0–1,5 mg/kg
E 901	Name: **Bienenwachs;** Substanzgruppe: **Trennmittel, Überzugsmittel, Oberflächenbehandlungsmittel** **Vorkommen:** Kommt natürlich vor. **Eigenschaften:** Besteht aus ca. 75 % Fettsäureester, nicht wasserlöslich in kaltem Alkohol, jedoch löslich in heißem Alkohol, heißen Fetten, ätherischen Ölen, Terpentinöl und Lösungsmitteln wie z. B. Benzol, Chlorkohlenwasserstoffe. Verleiht ein glänzendes, frisches und für den Verbraucher attraktives Aussehen, verzögert den Wasseraustritt. **Verwendung in Lebensmitteln:** Oberflächenbehandlung von frischen Zitrusfrüchten, Äpfeln, Melonen, Birnen, Süßwaren und Schokolade (z. B. Weingummi), Knabbererzeugnissen, feinen Backwaren, Nüssen, Kaffeebohnen, Kaumasse für Kaugummi. Kosmetikindustrie (Make-up, Salben, Lippenstifte, Cremes). Bei der Oberflächenbehandlung von frischen Früchten muss die Deklaration „gewachst" lauten. **Symptome:** Gilt als unbedenklich, da es weder verdaut noch aufgenommen wird. Man diskutiert über ein allergisches Potenzial durch die im Bienenstock verwendeten Medikamente. **Höchstmengen:** Für bestimmte Lebensmittel ohne Angaben von Höchstmengen (quantum satis) zugelassen.
E 902	Name: **Candelillawachs;** Substanzgruppe: **Trennmittel, Überzugsmittel, Oberflächenbehandlungsmittel** **Vorkommen:** Kommt in Wolfsmilchgewächsen (Euphorbiaceen) vor. **Eigenschaften:** Wasserunlöslich, gut löslich in Benzol, Petrolether und Azeton, nur im erhitzten Zustand riecht Candelillawachs wie Bienenwachs, ansonsten geruchlos. **Verwendung in Lebensmitteln:** Zur Oberflächenbehandlung von frischen Zitrusfrüchten, Äpfeln, Melonen, Birnen, Süßwaren und Schokolade (z. B. Weingummi), Knabbererzeugnissen, feinen Backwaren, Nüssen, Kaffeebohnen, Kaumasse für Kaugummi; Beschichtung von Lebensmittelverpackungen, in kosmetischen Produkten, Möbelpolitur, Kerzen und Radiergummis. Bei der Verwendung zur Oberflächenbehandlung von frischen Früchten muss die Deklaration „gewachst" lauten. **Symptome:** Gilt als unbedenklich. **Höchstmengen:** Für bestimmte Lebensmittel ohne Angaben von Höchstmengen (quantum satis) zugelassen.

E-Nr.	Analyse
E 903	Name: **Carnauberwachs;** Substanzgruppe: **Trennmittel, Überzugsmittel, Oberflächenbehandlungsmittel** **Vorkommen:** Blätter der Fächerpalme (Copernicia prunifera). **Eigenschaften:** Unlöslich in Alkohol und Wasser, jedoch mäßig löslich in Fettlösungsmittel, verlangsamt den Wasserverlust. **Verwendung in Lebensmitteln:** Zur Oberflächenbehandlung von frischen Zitrusfrüchten, Äpfeln, Melonen, Birnen, Süßwaren und Schokolade (z. B. Weingummi), Knabbererzeugnissen, feinen Backwaren, Nüssen, Kaffeebohnen, Kaumasse für Kaugummi; Kosmetikindustrie. Bei der Verwendung zur Oberflächenbehandlung von frischen Früchten muss die Deklaration „gewachst" lauten. **Symptome:** Gilt als unbedenklich. **Höchstmengen:** Für bestimmte Lebensmittel ohne Angaben von Höchstmengen (quantum satis) zugelassen; ADI-Wert: 0–50 mg/kg
E 904	Name: **Schellack;** Substanzgruppe: **Trennmittel, Überzugsmittel, Oberflächenbehandlungsmittel** **Vorkommen:** Natürlich gewonnen von den mit Harz überzogenen Zweigen des Lackbaumes (Croton lacciferus). **Eigenschaften:** Unlöslich in Wasser und löslich in Ethanol. Das Harz enthält einen roten Farbstoff. In vollkommen gereinigter und verarbeiteter Form ist Schellack transparent und spröde. Verwendung in Lebensmitteln: In Käseüberzügen, der Stempelfarbe von Eiern, zur Oberflächenbehandlung von frischen Zitrusfrüchten, Äpfeln, Melonen, Birnen, Süßwaren und Schokolade (z. B. Weingummi), Knabbererzeugnissen, feinen Backwaren, Nüssen, Kaffeebohnen, Kaumasse für Kaugummi. In Fußbodenpflegemitteln, Shampoos, Klebstoffen, Tinten, Nagellack. Die Umhüllungen von magensaftresistenten Tabletten bestehen aus Schellack. Bei der Verwendung zur Oberflächenbehandlung von frischen Früchten muss die Deklaration „gewachst" lauten. **Symptome:** Gilt als unbedenklich. **Höchstmengen:** Für bestimmte Lebensmittel ohne Angaben von Höchstmengen (quantum satis) zugelassen.
E 912	Name: **Montansäureester;** Substanzgruppe: **Oberflächenbehandlungsmittel** **Vorkommen:** Gewinnung aus Braunkohle. **Verwendung in Lebensmitteln:** Ausschließlich zur Behandlung der Oberfläche von frischen Zitrusfrüchten zugelassen. Die behandelten Produkte müssen als „gewachst" gekennzeichnet werden. Symptome: Da die Schalen der Früchte nicht verzehrt werden, sind keine negativen Erscheinungen zu erwarten. **Höchstmengen:** Keine Höchstmengenbeschränkung (quantum satis).
E 914	Name: **Polyethylenwachsoxidate;** Substanzgruppe: **Konservierungsmittel, Oberflächenbehandlungsmittel** **Vorkommen:** Wird künstlich hergestellt. **Eigenschaften:** Synthetisches Wachs. **Verwendung in Lebensmitteln:** Nur zur Oberflächenbehandlung von Zitrusfrüchten zugelassen. Nach der Anwendung müssen sie als „gewachst" gekennzeichnet werden. **Symptome:** Da die Schalen nicht gegessen werden, sind keine Symptome zu erwarten. **Höchstmenge:** Keine Beschränkung (quantum satis).
E 927b	Name: **Carbamid;** Substanzgruppe: **Stabilisatoren** **Vorkommen:** Wird künstlich hergestellt. **Eigenschaften:** Ist Endprodukt des Proteinabbaus im menschlichen Organismus. Stabilisiert die Kaugummi-Masse. **Verwendung in Lebensmitteln:** Nur für Kaugummi ohne Zuckerzusatz zugelassen. **Symptome:** Gilt als unbedenklich, da es sich um eine körpereigene Substanz handelt. **Höchstmengen:** 30 g/kg
E 938	Name: **Argon;** Substanzgruppe: **Packgase** **Vorkommen:** Natürlich. **Eigenschaften:** Farb-, geruch- und geschmacklos, schwer wasserlöslich, sehr reaktionsträge. **Verwendung in Lebensmitteln:** In (sauerstoffempfindlichen) Aromen, Milcherzeugnissen. **Symptome:** Gilt als unbedenklich. **Höchstmengen:** Für Lebensmittel allgemein zugelassen ohne Höchstmengenangaben (quantum satis).
E 939	Name: **Helium;** Substanzgruppe: **Packgase** **Vorkommen:** Natürlich. **Eigenschaften:** Edelgas, sehr reaktionsträge. Helium I: verhält sich wie eine gewöhnliche Flüssigkeit. Helium II: dagegen weist eine sehr hohe Wärmeleitfähigkeit auf, besitzt die Fähigkeit, rasch in die engsten Kapillare zu fließen und spontan Gefäßwände wie ein dünner Film zu überziehen. **Verwendung in Lebensmitteln:** In (sauerstoffempfindlichen) Aromen, Milcherzeugnissen. **Symptome:** Gilt als unbedenklich. **Höchstmengen:** Allgemeine Zulassung ohne Höchstmengenangaben (quantum satis).

E-Nr.	Analyse
E 941	Name: **Stickstoff;** Substanzgruppe: **Packgase, Treibgase** **Vorkommen:** Natürlich. **Eigenschaften:** Kann unerwünschte Schaumbildung verhindern. Der Kontakt zwischen flüssigem Stickstoff und Lebensmittel führt zu einem schnellen Tiefgefrieren (Kontaktgefriermittel). **Verwendung in Lebensmitteln:** Bei oxidationsempfindlichen, verpackten Lebensmitteln, z. B. Aromen und Gewürze, bei der Gefriertrocknung von z. B. Obst und Gemüse. **Symptome:** Gilt als unbedenklich. **Höchstmengen:** Allgemeine Zulassung ohne Höchstmengenangaben (quantum satis).
E 942	Name: **Distickstoffmonoxid; Lachgas;** Substanzgruppe: **Treibgase** **Vorkommen:** Wird künstlich hergestellt. **Eigenschaften:** Dezent süßlich schmeckendes, farbloses Gas. Es ist wasserlöslich, unter hohem Druck fettlöslich. **Verwendung in Lebensmitteln:** In Lebensmitteln, bei denen eine Schaumbildung erwünscht ist: Desserts, Fertigpuddings, Sahne (aus Sprühdosen). **Symptome:** Als Zusatzstoff unbedenklich. **Lachgas wird als Droge missbraucht! Höchstmengen:** Allgemeine Zulassung ohne Höchstmengenangaben (quantum satis).
E 948	Name: **Sauerstoff;** Substanzgruppe: **Treibgase** **Vorkommen:** Wird aus der Luft gewonnen. **Eigenschaften:** Erzeugt und stabilisiert die rote Farbe des frischen Fleisches. **Verwendung in Lebensmitteln:** In Lebensmitteln, bei denen Aufschäumen erwünscht ist; Frischfleisch. **Symptome:** Ungiftig. **Höchstmengen:** Allgemeine Zulassung ohne Höchstmengenangaben (quantum satis).
E 950	Name: **Acesulfam K;** Substanzgruppe: **Süßungsmittel** **Vorkommen** Künstlich hergestellt. **Eigenschaften:** Wird schnell aufgenommen und unverändert über den Urin ausgeschieden. Kalorienfrei, gut verträglich, gut wasserlöslich, fast unbegrenzt haltbar, gut zum Backen geeignet, 200-fache Süßkraft von normalem Zucker. In hohen Konzentrationen reduziert sich die Süßkraft, und es tritt ein metallischer Geschmack auf. **Verwendung in Lebensmitteln:** Der Hinweis „mit Süßungsmittel" muss auf dem Lebensmittel zu erkennen sein: In alkoholfreiem Bier (25 mg/l), brennwertverminderten Gelees (1000 mg/kg), brennwertverminderten (oder ohne Zuckerzusatz hergestellten) aromatischen Getränken auf Milch- oder Wasserbasis (350 mg/l), brennwertverminderten Konfitüren (1000 mg/kg), brennwertverminderten Marmeladen (1000 mg/kg), brennwertverminderten (oder ohne Zuckerzusatz hergestellten) Obstkonserven (350 mg/kg), brennwertvermindertes (oder ohne Zuckerzusatz hergestelltes) Speiseeis (800 mg/kg), Feinkostsalaten (350 mg/kg), Fertiggerichten für Übergewichtige (350 mg/kg), Nahrungsergänzungsmitteln für Diäten (350–500 mg/kg), Snacks (350 mg/kg), Süßwaren ohne Zuckerzusatz (500–2500 mg/kg). Wird auch in Arzneimitteln, Mundpflegemitteln und Zahnpasta verwendet. **Symptome:** Wird als unbedenklich eingestuft. **Es kann zu einer Steigerung des Appetits kommen. Höchstmenge:** Je nach Anwendungsgebiet 25–2500 mg/kg oder mg/l; ADI-Wert: 0–9 mg/kg
E 951	Name: **Aspartam;** Substanzgruppe: **Süßungsmittel** **Vorkommen:** Wird künstlich hergestellt. **Eigenschaften:** Besteht aus zwei künstlich kombinierten Aminosäuren (L-Asparaginsäure und L-Phenylalanin). Ist für Diabetiker geeignet, da der Stoff wie ein Protein abgebaut wird. Es ist nicht kalorienarm und nicht hitzestabil (somit nicht zum Kochen und Backen geeignet). Aspartam hat die 200-fache Süßkraft von Haushaltszucker. **Verwendung in Lebensmitteln:** In aromatisierten Süßwaren auf Stärkebasis (2000 mg/kg), Brotaufstrichen (350 mg/kg), Colagetränken (600 mg/kg), Dessertspeisen aller Art (350 mg/kg), Frühstückscerealien (350 mg/kg), Fruchtgetränken (600 mg/kg), Limonaden (600 mg/kg), Obstkonserven (6000 mg/kg), Saucen (350 mg/kg), sehr kleinen Süßwaren ohne Zuckerzusatz zur Erfrischung des Atems (6000 mg/kg), Senf (350 mg/kg), Speiseeis (350 mg/kg), Spirituosen mit einem Alkoholgehalt von weniger als 15 % Vol. (600 mg/l), Zubereitungen aus Milch (350 mg/kg). Auf den Lebensmitteln muss der Hinweis **„mit Süßungsmittel"** vermerkt sein. Außerdem muss der Warnhinweis „mit Phenylalanin" oder „enthält eine Phenylalaninquelle" auf den Lebensmitteln vermerkt werden. **Symptome:** Menschen, die an einer erblichen Stoffwechselstörung (Phenylketonurie) leiden, dürfen kein Aspartam aufnehmen, da ihr Stoffwechsel die darin enthaltene Aminosäure Phenylalanin nicht verarbeiten kann. Eine Anreicherung von Phenylalanin im Körper führt zu ernsthaften Erkrankungen. **Es besteht die Möglichkeit, dass der Körper auf Süßstoffe mit einem gesteigerten Appetit reagiert. Höchstmenge:** Je nach Anwendungsgebiet 25–6000 mg/kg bzw. mg/l; ADI-Wert: 0–40 mg/kg

E-Nr.	Analyse
E 952	Name: **Cyclamat;** Substanzgruppe: **Süßungsmittel** **Vorkommen:** Wird künstlich hergestellt. **Eigenschaften:** Unter dem Begriff Cyclamat werden Cyclohexansulfamidsäure und ihre Calcium- und Natriumsalze verstanden. Die Stoffe werden schnell aufgenommen und ohne Veränderung renal (über die Nieren) ausgeschieden. Fast kalorienfrei, hitzestabil, sehr lange haltbar und für Diabetiker geeignet. Cyclamat hat die 35- bis 70-fache Süßkraft von Haushaltszucker. Bei höheren Mengen tritt ein bitter-metallischer Geschmack auf. **Verwendung in Lebensmitteln:** In brennwertverminderten (oder ohne Zuckerzusatz hergestellten) aromatischen Getränken auf Wasserbasis (400 mg/l), brennwertverminderten (oder ohne Zuckerzusatz hergestellten) Desserts auf Basis von Eiern (250 mg/kg), feinen Backwaren für besondere Ernährungszwecke (1600 mg/kg), Süßwaren ohne Zuckerzusatz (500 mg/kg). Cyclamate werden in Kosmetika und Arzneimitteln verwendet. Sie werden auch als Härtungsmittel für Kunstharze eingesetzt. **Symptome:** In den USA sind diese Stoffe verboten, da sie dort als tumorfördernd angesehen werden. Es kann passieren, dass die Cyclamate in Cyclohexin umgewandelt werden. Im Tierversuch ergab diese Substanz eine mögliche Schädigung der Hoden und der Spermien. Da die renale Ausscheidung schnell erfolgt, ist die Gefahr einer gesundheitlichen Beeinträchtigung gering. **Höchstmenge:** Je nach Anwendungsgebiet 250–2500 mg/kg bzw. mg/l; ADI-Wert: 0–7 mg/kg
E 953	Name: **Isomalt;** Substanzgruppe: **Trägerstoffe, Süßungsmittel** **Vorkommen:** Wird künstlich hergestellt. **Eigenschaften:** Für Diabetiker geeignet. Es ähnelt geschmacklich dem normalen Haushaltszucker, hat aber nur die halbe Süßkraft. **Verwendung in Lebensmitteln:** In Brotaufstrichen, Desserts aller Art, feinen Backwaren, Kaugummi, Marmeladen, Obstzubereitungen, Saucen, Senf, Speiseeis, Süßwaren; als Trägerstoff für flüchtige Aromen oder Vitamine. Lebensmittel mit mehr als 10 % Zuckeraustauschstoffen müssen den Warnhinweis **„Kann bei übermäßigem Verzehr abführend wirken“** tragen. **Symptome:** Größere Mengen führen zu Blähungen und Durchfall. Sonst gilt der Stoff als unbedenklich; ADI-Wert: Nicht festgelegt.
E 954	Name: **Saccharin;** Substanzgruppe: **Süßungsmittel** **Vorkommen:** Wird künstlich hergestellt. Unter Saccharin werden auch die Calcium-, Kalium- und Natriumsalze des Saccharins zusammengefasst. **Eigenschaften:** Kalorienfrei, für Diabetiker geeignet. Die Süßkraft beträgt das 450- bis 550-fache des Haushaltszuckers. Hohe Konzentrationen führen zu einem bitter-metallischen Beigeschmack. **Verwendung in Lebensmitteln:** In Desserts, auch auf Getreidebasis (100 mg/kg), dunklem Bier der Art **„oud bruin“** (80 mg/l) von holländischen und belgischen Brauereien, z. B. Heinecken, Brand usw., Limonaden und anderen Erfrischungsgetränken, süßsauren Obst- und Gemüsekonserven (160 mg/kg), Süßwaren auf Kakao- oder Trockenfruchtbasis (500 mg/kg). Auf den Lebensmitteln muss der Hinweis **„mit Süßungsmittel“** vermerkt sein. Wird in Lippenstiften, Mundwasser, Tabletten und Zahnpasta eingesetzt. **Symptome:** Gilt in den normalen Dosierungen als unbedenklich. Im Tierversuch wurden in hohen Dosierungen vereinzelt Blasentumore festgestellt. **Höchstmenge:** Je nach Anwendungsgebiet 80–3000 mg/kg bzw. mg/l; ADI-Wert: 0–5 mg/kg
E 957	Name: **Thaumatin;** Substanzgruppe: **Geschmacksverstärker, Süßungsmittel** **Vorkommen:** Wird aus den Früchten des Thaumatococcuis danielli Benth. (Heimat: Westafrika) gewonnen. 1 kg Früchte ergibt 6 g Thaumatin. **Eigenschaften:** Wird vom Körper schnell aufgenommen und mit dem Urin unverändert ausgeschieden. Hitzelabil, für Diabetiker geeignet. Süßkraft beträgt etwa das 2500-fache des Haushaltszuckers. **Verwendung in Lebensmitteln:** In brennwertverminderten (oder ohne Zuckerzusatz hergestellten) Lebensmitteln, z. B. Speiseeis (50 mg/l), Kaugummi ohne Zuckerzusatz (50 mg/kg) und Süßwaren ohne Zuckerzusatz (50 mg/kg). Auf den Lebensmitteln muss der Hinweis **„mit Süßungsmittel“** vermerkt sein. **Symptome:** Gilt als unbedenklich. **Höchstmenge:** Je nach Anwendungsgebiet 50–400 mg/kg bzw. mg/l; ADI-Wert: Nicht festgelegt.
E 959	Name: **Neohesperidin DC;** Substanzgruppe: **Süßungsmittel** **Vorkommen:** Wird künstlich hergestellt. **Eigenschaften:** Gut wasserlöslich, sehr stabil, für Diabetiker geeignet, mentholhaltiger Beigeschmack. Süßkraft ist 600- bis 1500-fach stärker als Haushaltszucker. **Verwendung in Lebensmitteln:** In brennwertverminderten Getränken auf Wasserbasis (30 mg/l), Knabbererzeugnissen (50 mg/kg), sehr kleinen Süßwaren ohne Zuckerzusatz zur Erfrischung des Atems (400 mg/kg), Snacks (50 mg/kg). Auf den Lebensmitteln muss der Hinweis **„mit Süßungsmittel“** vermerkt sein. **Symptome:** Es sind keine Vergiftungserscheinungen bekannt. **Höchstmenge:** Je nach Anwendungsgebiet 30–400 mg/kg bzw. mg/l; ADI-Wert: 0–5 mg/kg

E-Nr.	Analyse
E 965	Name: **Maltit;** Substanzgruppe: **Trägerstoffe, Süßungsmittel; Vorkommen:** Wird künstlich hergestellt. **Eigenschaften:** Für Diabetiker geeignet. Die Süßkraft liegt bei 60–90 % der des Haushaltszuckers. **Verwendung in Lebensmitteln:** In Brotaufstrichen, Desserts aller Art, feinen Backwaren, Kaugummi, Marmeladen, Obstzubereitungen, Saucen, Senf, Speiseeis, Süßwaren. Trägerstoff für flüchtige Aromen oder Vitamine. **Symptome:** Größere Mengen führen zu Blähungen und Durchfall. Sonst gilt der Stoff als unbedenklich. Die Lebensmittel mit mehr als 10 % Zuckeraustauschstoffen müssen den Warnhinweis **„Kann bei übermäßigem Verzehr abführend wirken"** tragen. **ADI-Wert:** Nicht festgelegt
E 966	Name: **Lactit;** Substanzgruppe: **Süßungsmittel** **Vorkommen:** Wird künstlich hergestellt. **Eigenschaften:** Für Diabetiker geeignet. Ist lagerfähig und gut löslich. Die Süßkraft entspricht 30–40 % der des Haushaltszuckers. **Verwendung in Lebensmitteln:** In Brotaufstrichen, Desserts aller Art, feinen Backwaren, Kaugummi, Marmeladen, Obstzubereitungen, Saucen, Senf, Speiseeis, Süßwaren. Die Lebensmittel mit mehr als 10 % Zuckeraustauschstoffen müssen den Warnhinweis **„Kann bei übermäßigem Verzehr abführend wirken"** tragen. **Symptome:** Größere Mengen führen zu Blähungen und Durchfall. Sonst gilt der Stoff als unbedenklich. **ADI-Wert:** Nicht festgelegt
E 967	Name: **Xylit;** Substanzgruppe: **Trägerstoffe, Süßungsmittel** **Vorkommen:** Kommt in vielen Pflanzen vor. Wird aber künstlich hergestellt. **Eigenschaften:** Xylit ist für Diabetiker geeignet. Süßkraft und Geschmack ähneln sehr dem normalen Zucker. Auf der Zunge fühlt sich Xylit kühl an. **Verwendung in Lebensmitteln:** In Brotaufstrichen, Desserts aller Art, feinen Backwaren, Kaugummi, Marmeladen, Obstzubereitungen, Saucen, Senf, Speiseeis, Süßwaren. Die Lebensmittel mit mehr als 10 % Zuckeraustauschstoffen müssen den Warnhinweis **„Kann bei übermäßigem Verzehr abführend wirken"** tragen. **Symptome:** Größere Mengen verursachen Blähungen und Durchfälle. **ADI-Wert:** Nicht festgelegt
E 999	Name: **Quillajaextrakt;** Substanzgruppe: **Schaummittel** **Vorkommen:** Wird aus der Rinde des Quillaja-Baums gewonnen. **Eigenschaften:** Saponine stabilisieren den Schaum. **Verwendung in Lebensmitteln:** In aromatisierten nichtalkoholischen Getränken auf Wasserbasis (Ginger Ale). Wird auch in Waschmitteln, Feuerlöschmitteln und Arzneimitteln verwendet. **Symptome:** Es sind keine Vergiftungserscheinungen bekannt, da die Substanzen vom Organismus nicht aufgenommen werden. **Höchstmenge:** 200 mg/l; ADI-Wert: 0–5 mg/kg
E 1105	Name: **Lysozym;** Substanzgruppe: **Konservierungsmittel** **Vorkommen:** Der Stoff ist ein antibakteriell wirkendes Enzym. Er kommt in der Tränenflüssigkeit und im Speichel vor. Wird aus natürlichem Hühnereiweiß gewonnen. **Eigenschaften:** Greift vor allem Clostridium butyricum (Buttersäurebazillus) an. **Verwendung in Lebensmitteln**: In gereiftem Käse. **Symptome:** Gilt als unbedenklich. Kann bei Hühnereiallergikern Reaktionen auslösen. **Höchstmengen:** Allgemein ohne Höchstmengenbeschränkung zugelassen.
E 1200	Name: **Polydextrose;** Substanzgruppe: **Trägerstoffe, Füllstoffe, Feuchthaltemittel** **Vorkommen:** Wird künstlich hergestellt. **Eigenschaften:** Unverdaulich. **Verwendung in Lebensmitteln:** Vor allem in kalorienreduzierten und diätetischen Produkten. **Symptome:** Gilt als unbedenklich, wirkt in größeren Mengen abführend. **Höchstmengen:** Allgemein ohne Höchstmengenbeschränkung zugelassen.
E 1201	Name: **Polyvinylpyrrolidon;** Substanzgruppe: **Trägerstoffe, Überzugsmittel** **Vorkommen:** Wird künstlich hergestellt. **Eigenschaften:** Bindet unerwünschte Trübstoffe bei der Wein- und Bierherstellung (Flockungsmittel). Kann Aromen binden. **Verwendung in Lebensmitteln:** In Nahrungsergänzungsmitteln in Form von Dragees und Komprimaten, (als technischer Hilfsstoff) in der Getränkeindustrie. Eine Deklaration ist nicht vorgeschrieben. Auch in Cremes, Festigern, Haarspray und Klebstoffen. **Symptome:** Gilt als ungefährlich. **Höchstmengen:** Allgemein ohne Höchstmengenbeschränkung zugelassen.
E 1202	Name: **Poly(1-vinyl-2-pyrrolidon);** Substanzgruppe: **Trägerstoffe, Überzugsmittel** **Vorkommen:** Wird künstlich hergestellt. **Eigenschaften:** Bindet unerwünschte Trübstoffe bei der Wein- und Bierherstellung (Flockungsmittel). Kann Aromen binden. **Verwendung in Lebensmitteln:** In Nahrungsergänzungsmitteln in Form von Dragees und Komprimaten, (als technischer Hilfsstoff) in der Getränkeindustrie. Eine Deklaration ist nicht vorgeschrieben. **Symptome:** Gilt als ungefährlich. **Höchstmengen:** Allgemein ohne Höchstmengenbeschränkung zugelassen.

E-Nr.	Analyse
E 1404	Name: **Oxidierte Stärke;** Substanzgruppe: **Trägerstoffe, Modifizierte Stärken, Verdickungsmittel** **Vorkommen:** Wird künstlich hergestellt. **Eigenschaften:** Chemisch modifizierte Stärke.**Verwendung in Lebensmitteln:** In Dressings, Mayonnaisen, Salatsaucen. **Symptome:** Gilt als unbedenklich. **Höchstmenge:** Allgemein ohne Höchstmengenbeschränkung zugelassen.
E 1410	Deklariert als: **modifizierte Stärke;** Name: **Monostärkephosphat;** Substanzgruppe: **Trägerstoffe, Modifizierte Stärken, Verdickungsmittel** **Vorkommen:** Chemisch modifizierte Stärke. **Eigenschaften:** Wird künstlich hergestellt. **Verwendung in Lebensmitteln:** In Backwaren, Cremespeisen, Dressings, Fertiggerichten, Instantprodukten, Puddingspeisen, Saucen, Tiefkühlprodukten. **Symptome:** Gilt als unbedenklich. In den verwendeten Mengen kommt es kaum zu Nebenwirkungen. **Höchstmengen:** Allgemein ohne Höchstmengenbeschränkung zugelassen.
E 1412	Name: **Distärkephosphat (POC);** Substanzgruppe: **Trägerstoffe, Modifizierte Stärken, Verdickungsmittel** **Vorkommen:** Wird künstlich hergestellt. **Eigenschaften:** Chemisch modifizierte Stärke. **Verwendung in Lebensmitteln:** In Backwaren, Cremespeisen, Dressings, Fertiggerichten, Instantprodukten, Puddingspeisen, Saucen, Tiefkühlprodukten. **Symptome:** Gilt als unbedenklich. In den verwendeten Mengen kommt es kaum zu Nebenwirkungen. **Höchstmengen:** Allgemein ohne Höchstmengenbeschränkung zugelassen.
E 1413	Deklariert als: **modifizierte Stärke;** Name: **Phosphatiertes Distärkephosphat;** Substanzgruppe: **Trägerstoffe, Modifizierte Stärken, Verdickungsmittel** **Vorkommen:** Wird künstlich hergestellt. **Eigenschaften:** Chemisch modifizierte Stärke. **Verwendung in Lebensmitteln:** In Backwaren, Cremespeisen, Dressings, Fertiggerichten, Instantprodukten, Puddingspeisen, Saucen, Tiefkühlprodukten. **Symptome:** Gilt als unbedenklich. In den verwendeten Mengen kommt es kaum zu Nebenwirkungen. **Höchstmengen:** Allgemein ohne Höchstmengenbeschränkung zugelassen.
E 1414	Deklariert als: **modifizierte Stärke;** Name: **Acetyliertes Distärkephosphat;** Substanzgruppe: **Trägerstoffe, Modifizierte Stärken, Verdickungsmittel** **Vorkommen:** Wird künstlich hergestellt. **Eigenschaften:** Chemisch modifizierte Stärke. **Verwendung in Lebensmitteln:** In Backwaren, Dessertspeisen, Fertiggerichten, Instantprodukten, Pudding, Tiefkühlprodukten, Tortenfüllungen. **Symptome:** Es sind keine Vergiftungserscheinungen bekannt. **Höchstmengen:** Allgemein ohne Höchstmengenbeschränkung zugelassen.
E 1420	Deklariert als: **modifizierte Stärke;** Name: **Stärkeacetat;** Substanzgruppe: **Trägerstoffe, Modifizierte Stärken, Verdickungsmittel** **Vorkommen:** Wird künstlich hergestellt. **Eigenschaften:** Chemisch modifizierte Stärke. **Verwendung in Lebensmitteln:** In Dessertspeisen, Fertiggerichten, Instantprodukten, Pudding, Tiefkühlprodukten, Tortenfüllungen. **Symptome:** Es sind keine Vergiftungserscheinungen bekannt. **Höchstmengen:** Allgemein ohne Höchstmengenbeschränkung zugelassen.
E 1422	Deklariert als: **modifizierte Stärke;** Name: **Acetyliertes Distärkeadipat;** Substanzgruppe: **Trägerstoffe, Modifizierte Stärken, Verdickungsmittel** **Vorkommen:** Wird künstlich hergestellt. **Eigenschaften:** Chemisch modifizierte Stärke. **Verwendung in Lebensmitteln:** In Backwaren, Dessertspeisen, Fertiggerichten, Instantprodukten, Pudding, Tiefkühlprodukten, Tortenfüllungen. **Symptome:** Es sind keine Vergiftungserscheinungen bekannt. **Höchstmengen:** Allgemein ohne Höchstmengenbeschränkung zugelassen.
E 1440	Deklariert als: **modifizierte Stärke;** Name: **Hydroxypropylstärke;** Substanzgruppe: **Trägerstoffe, Modifizierte Stärken, Verdickungsmittel** **Vorkommen:** Wird künstlich hergestellt. **Eigenschaften:** Chemisch modifizierte Stärke. **Verwendung in Lebensmitteln:** In Fertig- und Tiefkühlprodukten, Pudding, Dessertspeisen. **Symptome:** Es sind keine Vergiftungserscheinungen bekannt. Es gibt keine Informationen. **Höchstmengen:** Allgemein ohne Höchstmengenbeschränkung zugelassen.
E 1442	Deklariert als: **modifizierte Stärke;** Name: **Hydroxypropyl-Distärkephosphat;** Substanzgruppe: **Trägerstoffe, Modifizierte Stärken, Verdickungsmittel** **Vorkommen:** Wird künstlich hergestellt. **Eigenschaften:** Chemisch modifizierte Stärke. **Verwendung in Lebensmitteln:** In Fertig- und Tiefkühlprodukten, Pudding, Dessertspeisen. **Symptome:** Es sind keine Vergiftungserscheinungen bekannt. Es gibt keine Informationen. **Höchstmengen:** Allgemein ohne Höchstmengenbeschränkung zugelassen.

E-Nr.	Analyse
E 1450	Deklariert als: **modifizierte Stärke;** Name: **Stärkenatrium-Octenyl-Succinat;** Substanzgruppe: **Trägerstoffe, Modifizierte Stärken, Verdickungsmittel** **Vorkommen:** Wird künstlich hergestellt. **Eigenschaften:** Chemisch modifizierte Stärke. **Verwendung in Lebensmitteln:** In Lebensmittelschäumen. **Symptome:** Es sind keine Vergiftungserscheinungen bekannt. Es gibt keine Informationen. **Höchstmengen:** Allgemein ohne Höchstmengenbeschränkung zugelassen
E 1505	Name: **Triethylcitrat;** Substanzgruppe: **Trägerstoffe** **Vorkommen:** Wird aus Zitronensäure hergestellt. **Verwendung in Lebensmitteln:** In Eiklarpulver. **Symptome:** Es sind keine Vergiftungserscheinungen bekannt. **Risiko unklar!**
E 1518	Name: **Glycerintriacetat;** Substanzgruppe: **Trägerstoffe** **Vorkommen:** Wird künstlich hergestellt. **Eigenschaften:** Wird als Trägerstoff für Aromen verwendet. **Verwendung in Lebensmitteln:** Kaugummimasse. **Symptome:** Es sind keine Vergiftungserscheinungen bekannt. **Risiko unklar!**

Die Vitamine

Vitamine sind organische Verbindungen, die der Organismus nicht selbst bilden kann und deshalb in kleinen Mengen mit der Nahrung zugeführt werden müssen. Vitamine sind Verbindungen, die im Körper für verschiedene lebensnotwendige Funktionen benötigt werden. **Die wichtigsten Vitamine im Überblick: A/Betacarotin/B_1/B_2/B_3/B_5/B_6/B_9/B_{12}/B_{13}/C/D/E/K/Q_{10}.** Vitamine übernehmen im Körper Regulierungs- und Schutzfunktionen. Sie liefern selbst keine Energie, sind aber für den Ablauf des Stoffwechsels notwendig. Bei Unterversorgung kommt es zu Störungen im Stoffwechsel, und der totale Mangel führt zum Tod. Vitamine sind ferner an der Bildung von Hormonen, Blutzellen, Stoffen des Nervensystems und genetischem Material beteiligt. **Wenn man sich schlapp und müde fühlt, kann das an der Ernährung liegen.** Statt Fast Food und Schokoriegel sollte man seinem Körper frische, vitaminreiche Kost zuführen, die er für viele Prozesse im Körper benötigt, vor allem für das reibungslose Funktionieren des Stoffwechsels. Eine gesunde, ausgewogene Ernährung deckt den täglichen Vitaminbedarf des Menschen vollkommen, ist zudem ein wichtiger Beitrag für das allgemeine Wohlbefinden. Idealerweise sollte man mehrmals täglich kleine Vitaminbomben wie Obst, Gemüse oder Salat zu sich nehmen. Erst Anfang des 20. Jahrhunderts sind Mediziner den Vitaminen auf die Spur gekommen, als sie Mangelkrankheiten erforschten. Der Name „Vitamin" ist eine Zusammensetzung aus dem Lateinischen: vita (Leben) und der Endung -amin, was auf die chemische Struktur, eine organische Stickstoffverbindung, verweist. Die 15 von Wissenschaftlern identifizierten Vitamine werden nach ihren Eigenschaften in fettlösliche und wasserlösliche Vitamine eingeteilt. Die fettlöslichen Vitamine A, D, E und K werden generell mit fetthaltigen Lebensmitteln aufgenommen. Da die Fettdepots des Körpers sie speichern, müssen sie nicht jeden Tag ergänzt werden. Fettlösliche Vitamine können die Wirkung anderer Vitamine hemmen und bei übermäßiger Einnahme schwere Vergiftungen hervorrufen. Die wasserlöslichen Vitamine – neun der B-Vitamine und Vitamin C – können nicht gespeichert werden. Nur Vitamin D und Q_{10} kann der Körper selbst herstellen. Alle anderen Vitamine werden über die Nahrung zugeführt.

Vitamintabelle

1. Fettlösliche Vitamine

Vitamin A Retinol und Carotinoide. Wichtig für: Sehvorgang, Aufbau der Haut und der Schleimhäute, Immunsystem, Wachstum, Zähne, Knorpelbildung, Entwicklung der Plazenta und des Fötus, Produktion von Testosteron. **Kommen vor in:** Karotten, Paprika, Aprikosen, Kirschen, Grapefruits, Rote Beete, Papaya, Spinat, Fenchel, Brokkoli, Petersilie, Feldsalat, Leber und Leberwurst, Fischleberöl, Eigelb, Butter, Käse, angereicherter Margarine, Tunfisch, Vollmilch. **Mangelerscheinungen:** Nachtblindheit, Erblindung, schuppige und trockene Haut (Verhornung der Haut und Schleimhäute), Infektanfälligkeit, Wachstumsstörungen (kein Knochenwachstum), Zahnkaries, Akne, Austrocknen der Hornhautzellen im Auge. Dies führt zu Zellabschleifungen, die die Tränenkanäle verstopfen, und sind häufig Ursache für das Erblinden von Kindern in Entwicklungsländern. Mangel an Vitamin A kann Krebs und Kreislauferkrankungen mit auslösen. Diabetes und Mukoviszidose können umgekehrt Auslöser für einen niedrigen Vitaminspiegel sein. **Gefährdet sind:** Raucher, Menschen mit chronischem Alkoholmissbrauch. Personen, die viel am Computer arbeiten, haben einen erhöhten Bedarf an Vitamin A. **Symptome bei Überdosierung: Leicht:** Übelkeit, Reizbarkeit, unscharfes Sehen, Ausbleiben der Menstruation, Kopfschmerzen, Hautausschlag, Haarausfall, schmerzhaftes Anschwellen der Knochen und Gelenke, Lebervergrößerung. **Schwer:** Wachstumsverzögerungen, Leber- und Milzschäden, Haarausfall, Rheuma, Schädigung der roten Blutkörperchen. **Empfohlene Zufuhr:**

Alter	Retinol			
	mg-Äquivalent/Tag		mg-Äquivalent/MJ (Nährstoffdichte)	
	m	w	m	w
Säuglinge				
0 bis unter 4 Monate	0,5		0,25	0,26
4 bis unter 12 Monate	0,6		0,20	0,21

Alter	Retinol			
	mg-Äquivalent/Tag		mg-Äquivalent/MJ (Nährstoffdichte)	
	m	w	m	w
Kinder				
1 bis unter 4 Jahre	0,6		0,13	0,14
4 bis unter 7 Jahre	0,7		0,11	0,12
7 bis unter 10 Jahre	0,8		0,10	0,11
10 bis unter 13 Jahre	0,9		0,10	0,11
13 bis unter 15 Jahre	1,1	1,0	0,10	0,11
Jugendliche und Erwachsene				
15 bis unter 19 Jahre	1,1	0,9	0,10	0,11
19 bis unter 25 Jahre	1,0	0,8	0,09	0,10
25 bis unter 51 Jahre	1,0	0,8	0,10	0,10
51 bis unter 65 Jahre	1,0	0,8	0,11	0,11
65 Jahre und älter	1,0	0,8	0,12	0,12
Schwangere ab 4. Monat		1,1		0,12
Stillende		1,5		0,14

Empfindlich auf: Wärme, Licht, Luft (O_2). **Kochverluste:** 20–40%; **Durchschnittlicher Tagesbedarf:** an Vitamin A für einen gesunden Erwachsenen: 1,6 mg. Um den durchschnittlichen Tagesbedarf an Vitamin A zu decken, reichen folgende Mengen der betreffenden Lebensmittel aus:

Camembert	200 g
Tunfisch	200 g
Butter	150 g
Paprika rot	50 g
Karotten	50 g
Spinat	100 g
Aprikosen	250 g

Info: Eine längere Einnahme von höheren Dosierungen bei den Vitaminen A sollte nur nach ärztlicher Anordnung geschehen. Während der Schwangerschaft gilt für Vitamin A eine Sicherheitsdosis von maximal 3 mg täglich. Vitamin A kann überdosiert werden, deshalb sollte Lebertran nur maximal drei Monate eingenommen werden und dann nur einen Teelöffel pro Tag. Während der Schwangerschaft sollte wegen der Gefahr von Schäden ganz auf Leber, Lebertran und Vitamin A-Präparate verzichtet werden.

Vitamin Betacarotin **(Provitamin A, β-Vitamin) ↑Vitamin A. Wichtig für:** Vorstufe von Vitamin A; natürliches Antioxidans für den Zellschutz. **Kommt vor in:** gelb-orangem und grünem Obst und Gemüse (Karotten, Peperoni, Spinat, Grünkohl, Brokkoli, Kürbis, Aprikose, Melone, Pfirsich). **Mangelerscheinungen:** ↑**Retinol** (Vitamin A); **Symptome bei Überdosierung:** gelblich verfärbte Haut; **Überdosierung verursacht bei Rauchern „Lungenkrebs", darum sollten Raucher unbedingt auf Betacarotin-Präparate verzichten. Empfindlich auf:** Licht, Luft (O_2). **Kochverluste:** Kochstabil. **Durchschnittlicher Tagesbedarf:** an Betacarotin für einen gesunden Erwachsenen: 2–6 mg.

Vitamin D ↑**Calciferol. Wichtig für:** Knochen- und Zahnbildung durch Einbau von Calcium und Phosphor. **Vorkommen in:** Eigelb, Fisch(öl), Lebertran, Leber, Margarine, Milch **(der Anteil von Vitamin D ist im Sommer bis zu zehnmal höher als im Winter)**, Butter, Hefe, grünes Gemüse, Champignons, Tunfisch, Hering. Vitamin D wird bei ausreichend Sonneneinstrahlung in der Haut gebildet. **Mangelsymptome:** Entkalkung der Knochen, Knochenerweichung, Rachitis (Mangelerkrankung bei Kindern in Städten nördlicher Klimabereiche), Deformation des Brustkorbes und des Schädels sowie O-Beine, Muskelzuckungen und Krämpfe, Leber- und Nierenerkrankungen sowie Störungen in der Fettverdauung. **Gefährdet sind:** Säuglinge, Menschen, die sich wenig im Freien aufhalten. Frauen während der Schwangerschaft und in der Menopause, hier kann es durch die Hormonumstellung zu Osteoporose (Knochen werden brüchig) kommen. **Symptome bei Überdosierung:** Eine Überdosierung ist kaum möglich. Bei längerem Aufenthalt in der Sonne reguliert der Organismus die Produktion von selbst. Überdosierung nur mit Ergänzungspräparaten möglich. **Leicht:** Übelkeit, Gewichtsverlust, Reizbarkeit. **Schwer:** Verzögerung der geistigen und körperlichen Entwicklung bei Kindern, Kalziumentzug aus Knochen und Gewebe. Weil Vitamin D fettlöslich ist und im Körper gespeichert wird, kann übermäßige Zufuhr zu Vitaminvergiftung führen. **Empfohlene Zufuhr:**

Alter	Vitamin D		
	µg/Tag	µg/MJ (Nährstoffdichte)	
		m	w
Säuglinge			
0 bis unter 4 Monate	10	5,0	5,3
4 bis unter 12 Monate	10	3,3	3,4
Kinder			
1 bis unter 4 Jahre	5	1,1	1,1
4 bis unter 7 Jahre	5	0,8	0,9
7 bis unter 10 Jahre	5	0,6	0,7
10 bis unter 13 Jahre	5	0,5	0,6
13 bis unter 15 Jahre	5	0,4	0,5
Jugendliche und Erwachsene			
15 bis unter 19 Jahre	5	0,5	0,6
19 bis unter 25 Jahre	5	0,5	0,6
25 bis unter 51 Jahre	5	0,5	0,6

Alter	Vitamin D		
	µg/Tag	µg/MJ (Nährstoffdichte)	
		m	w
51 bis unter 65 Jahre	5	0,5	0,7
65 Jahre und älter	10	1,2	1,4
Schwangere	5		0,5
Stillende	5		0,5

Empfindlich auf: Robustes Vitamin, es ist luft- und wärmebeständig. **Kochverluste:** bis 180° C 0 %. **Durchschnittlicher Tagesbedarf:** Ca. 10 µg. Um den durchschnittlichen Tagesbedarf an Vitamin D zu decken, reichen folgende Mengen der betreffenden Lebensmittel aus.

Champignons	250 g
Eiersalat	200 g
Lachs	30 g
Forelle, geräuchert	30 g

Info: Eine längere Einnahme von höheren Dosen Vitamin D sollte nur nach ärztlicher Anordnung geschehen. Bei ausreichend Sonnenlicht auf der Haut kann Vitamin D vom Körper selbst durch Cholesterol produziert werden und schützt auch so gegen Rheuma und Multiple Sklerose (MS).

Vitamin E ↑**Tocopherol. Wichtig für:** Natürliches Antioxidans schützt Zellen vor der Zerstörung durch Freie Radikale (aggressiver O_2), Blutbild, Keimdrüsen, Fruchtbarkeit, Eiweißstoffwechsel, Muskelaufbau, vorbeugend in Verbindung mit Vitamin A und C gegen Krebs und Herzinfarkt. **Vorkommen in:** Hauptsächlich in pflanzlichen Ölen und Fetten (z. B.: Weizenkeim-, Sonnenblumen-, Erdnuss-, Maisöl), Margarine, Nüssen, Erdnüssen, Mandeln, Getreidekeimen, Vollkornprodukten und -brot, grünen Blattgemüsen. **Mangelsymptome:** Vitamin-E-Mangel tritt selten auf, da es in vielen Lebensmitteln enthalten ist. Sollte dennoch ein Mangel eintreten, werden erst die im Körperfett eingelagerten Reserven aufgebraucht. Beschwerden treten deshalb erst nach längerer Zeit auf. Das sind: Konzentrations- und Muskelschwäche, Schwächung des Immunsystems, wodurch die Gefahr von Infektionen, Krebs, Rheuma, Diabetes, Arteriosklerose und Schlaganfall steigt. **Gefährdet sind:** Raucher, Menschen, die großen Belastungen ausgesetzt sind, Herzkranke und Personen mit schwachem Immunsystem. Je höher die Zufuhr an mehrfach gesättigten Fettsäuren (tierischen Fetten), desto höher der Vitamin-E-Bedarf. **Symptome bei Überdosierung:** Kopfschmerzen, Übelkeit, vermehrte Blutungsneigung. Obwohl Vitamin E fettlöslich ist und darum vom Körper gespeichert wird, sind Überdosierungen bei normaler Ernährung selten. **Jedoch kann sich bei normaler Ernährung plus Vitamin-E-Präparate eine lebensgefährliche Überdosierung entwickeln. Schätzwerte für eine angemessene Zufuhr:**

Alter	Tocopherol	
	mg-Äquivalent/Tag	
	m	w
Säuglinge		
0 bis unter 4 Monate	3	3
4 bis unter 12 Monate	4	4
Kinder		
1 bis unter 4 Jahre	6	5
4 bis unter 7 Jahre	8	8
7 bis unter 10 Jahre	10	9
10 bis unter 13 Jahre	13	11
13 bis unter 15 Jahre	14	12
Jugendliche und Erwachsene		
15 bis unter 19 Jahre	15	12
19 bis unter 25 Jahre	15	12
25 bis unter 51 Jahre	14	12
51 bis unter 65 Jahre	13	12
65 Jahre und älter	12	11
Schwangere		13
Stillende		17

Durchschnittlicher Tagesbedarf: 10 mg sind als Tagesbedarf ausreichend und gesundheitsfördernd. **Empfindlich auf:** Wärme, Licht, Luft (O_2). **Kochverluste:** 10–55 %. Um den durchschnittlichen Tagesbedarf an Vitamin E zu decken, reichen folgende Mengen der betreffenden Lebensmittel aus:

Schwarzwurzeln, Konserve	200 g
Sonnenblumenöl	120 g
Vollkornkekse	100 g
Studentenfutter mit Erdnüssen	150 g
Tomatensalat	200 g

Info: Vitamin E verbessert die Fließeigenschaften des Blutes auch dann, wenn die Blutgefäße bereits verkalkt sind. Dadurch wird die Sauerstoffverwertung in den Zellen besser. Blutplättchen verkleben weniger, die Gefahr der Thrombosebildung wird reduziert. Erhöhte Cholesterinspiegel werden durch Vitamin E gesenkt und damit das Fortschreiten der Arteriosklerose gestoppt.

Vitamin K ↑**Phyllochinon. Wichtig für:** Blutgerinnung, Knochenbildung, Darmschleimhautresorption, Leberentgiftung. **Vorkommen in:** Grünblättrigem Gemüse, Kohl, Spinat, Kohlrabi, Kopfsalat, Tomaten, Bohnen, Erbsen, Kartoffeln, Sauerkraut, Blumenkohl, blaue Luzerne, Leber, Fleisch, Ei, Sojabohnenöl, Milch. **Mangelsymptome:** erhöhte Blutungsneigung (besonders bei Neugeborenen), Verdauungsstörungen. **Gefährdet sind:** Menschen mit falscher Ernährung, Menschen, die Antibiotika nehmen müssen, und Neugeborene. **Symptome bei Überdosierung:** Vitamin K kann trotz seiner Fettlöslichkeit selten überdosiert werden. **Bei Neugeborenen:** Anämie, Gelbsucht. **Bei Erwachsenen:** Thrombosen, Erbrechen. **Schätzwerte für eine angemessene Zufuhr:**

Alter	Vitamin K	
	µg/Tag	
	m	w
Säuglinge		
0 bis unter 4 Monate	4	
4 bis unter 12 Monate	10	
Kinder		
1 bis unter 4 Jahre	15	
4 bis unter 7 Jahre	20	
7 bis unter 10 Jahre	30	
10 bis unter 13 Jahre	40	
13 bis unter 15 Jahre	50	
Jugendliche und Erwachsene		
15 bis unter 19 Jahre	70	60
19 bis unter 25 Jahre	70	60
25 bis unter 51 Jahre	70	60
51 bis unter 65 Jahre	80	65
65 Jahre und älter	80	65
Schwangere		60
Stillende		60

Empfindlich auf: Licht. **Kochverluste:** bis 5 %. **Durchschnittlicher Tagesbedarf:** Ca. 80 µg. Um den durchschnittlichen Tagesbedarf an Vitamin K zu decken, reichen folgende Mengen der betreffenden Lebensmittel aus:

Bratkartoffeln	200 g
Blumenkohl	30 g
Blattspinat	20 g
Petersilie	10 g
Kalbsleber	90 g

Info: Vitamin K wird durch Eigensynthese im Darm gebildet.

2. Wasserlösliche Vitamine

Vitamin B_1 ↑**Thiamin. Wichtig für:** Nerven, Kohlenhydratstoffwechsel (Leberstoffwechsel: Glykogenspeicherung), Wasserhaushalt. **Vorkommen in:** magerem Schweinefleisch, Innereien (Herz, Leber, Nieren), Fisch, Austern, Kartoffeln, Sojabohnen, Vollkorngetreide, (besonders Haferflocken) ungeschältem Reis, Sonnenblumenkernen, Hefe, Getreidekleie, Nüssen und Hülsenfrüchten, Bierhefe, grünem Blattgemüse, grünen Erbsen und Beerenfrüchten. **Mangelsymptome:** Leistungsabfall, Appetitlosigkeit, Reizbarkeit, Müdigkeit, Muskelkrämpfe, Schlafstörungen, geistige Verwirrung, Störung im Bereich des vegetativen Nervensystems, Beri-Beri (Mangelkrankheit), Muskelschwäche, (Bein-)Krämpfe, Herzstörungen und Herzvergrößerung, in schweren Fällen mit Todesfolge. **Gefährdet sind:** Menschen mit chronischem Alkoholmissbrauch und einseitiger Ernährung. **Symptome bei Überdosierung:** Bei Einnahme des 1000-fachen der empfohlenen Tagesdosis tritt Schock ein. **Empfohlene Zufuhr:**

Alter	Thiamin	
	mg/Tag	
	m	w
Säuglinge		
0 bis unter 4 Monate	0,2	
4 bis unter 12 Monate	0,4	
Kinder		
1 bis unter 4 Jahre	0,6	
4 bis unter 7 Jahre	0,8	
7 bis unter 10 Jahre	1,0	
10 bis unter 13 Jahre	1,2	1,0
13 bis unter 15 Jahre	1,4	1,1
Jugendliche und Erwachsene		
15 bis unter 19 Jahre	1,3	1,0
19 bis unter 25 Jahre	1,3	1,0
25 bis unter 51 Jahre	1,2	1,0
51 bis unter 65 Jahre	1,1	1,0
65 Jahre und älter	1,0	1,0
Schwangere ab 4. Monat		1,2
Stillende		1,4

Empfindlich auf: Wärme, Luft (O_2); Backpulver. **Kochverluste:** 30–80 %. **Durchschnittlicher Tagesbedarf:** Frauen 1,0 mg; Männer 1,2 mg. Um den durchschnittlichen Tagesbedarf an Vitamin B_1 zu decken, reichen folgende Mengen der betreffenden Lebensmittel aus:

Haferflocken	200 g
Sonnenblumenkerne	50 g
Schweinefleisch, mager	150 g

Info: Die Vitamin-B_1-Versorgung ist in unseren Breitengraden oft mangelhaft, Ursache dafür sind hoch ausgemahlene Mehle und einseitige Ernährung (↑**Fast Food**). Menschen mit genügend B_1 im Blut und dem damit verbundenen Hautgeruch werden seltener Opfer von Mücken und anderen lästigen Blutsaugern. Wenn das Vitamin aus Pflanzen aufgenommen wird, kann es direkt vom Körper verwertet werden; aus tierischen Quellen muss es erst durch Enzyme aufgespalten werden.

Vitamin B_2 ↑**Riboflavin** (↑**Laktoflavin**). **Wichtig für:** Verwertung von Fett, Eiweiß und Kohlenhydraten, Schleimhauterhaltung, Energiestoffwechsel, Sehvorgang, Hormonkontrolle im Nervensystem. **Vorkommen in:** Milch, Molke, Käse, Fleisch, Leber, Niere, Eigelb, Gemüse, Vollkorn, Hefe, Keimen, grünen Pflanzen, Brot, Pilzen. **Mangelsymptome:** Rissige Lippen und Mundwinkel, Blutarmut, Lichtempfindlichkeit, Hautveränderungen, Wachstumsstörungen, Erschöpfung, Reizbarkeit, Konzentrationsmangel, Leistungsabfall. **Gefährdet sind:** Raucher, Vegetarier, Jugendliche in der Pubertät, schwangere oder stillende Frauen und solche, die die Pille nehmen. Menschen, die sich fettreich ernähren oder unter Stress leiden. **Symptome bei Überdosierung:** keine bekannt. **Empfohlene Zufuhr:**

Alter	Riboflavin mg/Tag m	Riboflavin mg/Tag w
Säuglinge		
0 bis unter 4 Monate	0,3	
4 bis unter 12 Monate	0,4	
Kinder		
1 bis unter 4 Jahre	0,7	
4 bis unter 7 Jahre	0,9	
7 bis unter 10 Jahre	1,1	
10 bis unter 13 Jahre	1,4	1,2
13 bis unter 15 Jahre	1,6	1,3
Jugendliche und Erwachsene		
15 bis unter 19 Jahre	1,5	1,2
19 bis unter 25 Jahre	1,5	1,2
25 bis unter 51 Jahre	1,4	1,2
51 bis unter 65 Jahre	1,3	1,2
65 Jahre und älter	1,2	1,2
Schwangere ab 4. Monat		1,5
Stillende		1,6

Empfindlich auf: Wärme, Licht. **Kochverluste:** 20–75 %. **Durchschnittlicher Tagesbedarf:** 1,5–1,7 mg. Um den durchschnittlichen Tagesbedarf an Vitamin B_2 zu decken, reichen folgende Mengen der betreffenden Lebensmittel aus:

Champignons, gegart	300 g
Camembert	230 g
Schweineleber	40 g

Info: Vitamin B_2 macht schöne Haut. Überschüssiges Vitamin B_2 wird über die Nieren ausgeschieden.

Vitamin B_6 ↑**Pyridoxin. Wichtig für:** Eiweißstoffwechsel, Leberstoffwechsel, unterstützt das Immunsystem, Nerven, Blutkörperchenbildung, Blutgerinnung, Wachstum. **Vorkommen in:** Fleisch, Innereien, Fisch, Vollkornprodukten, Nüssen, Brot, Reis, Mais, Milch und Milchprodukten, Früchten, Avocados, Bananen, Hefe, Spinat, grünen Bohnen, Broccoli und Kartoffeln. **Mangelsymptome:** Haut- und Schleimhautentzündungen, gewisse Formen von Blutarmut, glatte Zunge, Schüttelkrämpfe, Schwindel, Nierensteine, Nervenschäden, rissige Mundwinkel, Übelkeit. **Gefährdet sind:** Raucher, Jugendliche, schwangere und stillende Frauen und solche, die die Pille nehmen. Menschen, die Diät halten, einen erhöhten Cholesterinspiegel, Stoffwechselstörungen oder Krebs haben. **Symptome bei Überdosierung:** keine bekannt. **Empfohlene Zufuhr:**

Alter	Vitamin B_6 mg/Tag m	mg/Tag w	mg/MJ (Nährstoffdichte) m	mg/MJ (Nährstoffdichte) w
Säuglinge				
0 bis unter 4 Monate	0,1		0,05	0,05
4 bis unter 12 Monate	0,3		0,10	0,10
Kinder				
1 bis unter 4 Jahre	0,4		0,09	0,09
4 bis unter 7 Jahre	0,5		0,09	0,09
7 bis unter 10 Jahre	0,7		0,09	0,10
10 bis unter 13 Jahre	1,0		0,11	0,12
13 bis unter 15 Jahre	1,4		0,13	0,15
Jugendliche und Erwachsene				
15 bis unter 19 Jahre	1,6	1,2	0,15	0,14
19 bis unter 25 Jahre	1,5	1,2	0,14	0,15
25 bis unter 51 Jahre	1,5	1,2	0,15	0,15
51 bis unter 65 Jahre	1,5	1,2	0,16	0,16
65 Jahre und älter	1,4	1,2	0,17	0,17
Schwangere ab 4. Monat		1,9		0,21
Stillende		1,9		0,18

Empfindlich auf: Wärme, Licht. **Kochverluste:** 20–40 %. **Durchschnittlicher Tagesbedarf:** Ca. 1,6–1,8 mg. Um den durchschnittlichen Tagesbedarf an Vitamin B_6 zu decken, reichen folgende Mengen der betreffenden Lebensmittel aus:

Sonnenblumenkerne	350 g
Reis, ungeschält, roh	300 g
Hirse	250 g
Lachs, frisch	250 g
Bananen	200 g

Info: Je mehr Eiweiß man zu sich nimmt, desto höher der Bedarf an Vitamin B_6. Es gibt Muskelkraft. Bananen enthalten einen sehr hohen Anteil. Außerdem spielt es eine wichtige Rolle bei der Biosynthese des „Gute-Laune-Moleküls" ↑**Serotonin** im Gehirn.

Vitamin B_{12} ↑**Cobalamin. Wichtig für:** Blutbildung (rote und weiße Blutkörperchen), Zellteilung (Wachstum), Leber, Haut und Schleimhäute, Nervenfunktion. **Vorkommen in:** Lebensmitteln tierischer Herkunft (Fleisch, Leber, Nieren, Fisch, Austern, Eigelb, Milch- und Milchprodukte, Käse), Sauerkraut und Sanddorn. **Mangelsymptome:** Blutarmut, Nervenschädigungen (Verkümmerung der peripheren Nerven), Gedächtnisschwäche bis hin zur Demenz. **Gefährdet sind:** strenge Vegetarier (Veganer), Personen nach Magenoperationen, alte Menschen und Alkoholiker. **Symptome bei Überdosierung:** keine bekannt. **Empfohlene Zufuhr:**

Alter	Vitamin B_{12}		
	µg/Tag	µg/MJ (Nährstoffdichte)	
		m	w
Säuglinge			
0 bis unter 4 Monate	0,4	0,20	0,21
4 bis unter 12 Monate	0,8	0,27	0,28
Kinder			
1 bis unter 4 Jahre	1,0	0,21	0,23
4 bis unter 7 Jahre	1,5	0,23	0,26
7 bis unter 10 Jahre	1,8	0,22	0,25
10 bis unter 13 Jahre	2,0	0,21	0,24
13 bis unter 15 Jahre	3,0	0,27	0,32
Jugendliche und Erwachsene			
15 bis unter 19 Jahre	3,0	0,28	0,35
19 bis unter 25 Jahre	3,0	0,28	0,37
25 bis unter 51 Jahre	3,0	0,29	0,38
51 bis unter 65 Jahre	3,0	0,33	0,41
65 Jahre und älter	3,0	0,36	0,43
Schwangere	3,5		0,38
Stillende	4,0		0,37

Empfindlich auf: Licht, Luft (O_2). **Kochverluste:** bis 10 %. **Durchschnittlicher Tagesbedarf:** Ca. 3 µg. Um den durchschnittlichen Tagesbedarf an Vitamin B_{12} zu decken, reichen folgende Mengen der betreffenden Lebensmittel aus:

Lachs geräuchert	100 g
Rindfleisch	70 g
Hackfleisch, gemischt	60 g
Kalbsleberwurst	20 g

Info: B_{12} kann nur mit Nahrungsmitteln tierischen Ursprungs aufgenommen werden. Strengen Vegetariern wird empfohlen, zusätzlich Vitamin-B_{12}-Präparate einzunehmen, besser noch ihre Nahrung mit Milch und Eiern zu ergänzen. Vitamin B_{12} verringert die Neigung zu Herz-Kreislauf-Erkrankungen.

Vitamin B_{13} ↑**Orotsäure** (Acidum oroticum). **Wichtig für:** Vitamin B_{13} übernimmt neben der Förderung des Zellwachstums auch wichtige Funktionen im Stoffwechselprozess. Lange Zeit galt es als eine Substanz, die der menschliche Körper nicht herstellen kann und wurde deshalb auch als Vitamin B_{13} bezeichnet. Inzwischen weiß man, dass der Körper das Molekül selbst bilden kann. Vitamin B_{13} kann den Energiegehalt in den Herzmuskelzellen erhöhen. Dadurch ist das Herz besser gegen Stress und starke Belastungen geschützt, denn es kann sich auf eine schnelle Beanspruchung einstellen und ermüdet auch nicht so schnell. B_{13} hilft im internen Zellstoffwechsel, ist essentiell für DNS-Stoffwechsel (aktiviert Nukleinsäure und Proteinbiosynthese), fördert das Zellwachstum, schützt Leberzellen vor aufgenommenen Giften, regeneriert geschädigte Leberzellen. Erhöhte Wirkung in Verbindung mit Magnesium (Calcium-Antagonist). Kann die Bildung von Krebsgeschwülsten verhindern, entwickelt krebshemmende Substanzen. Vitamin B_{13} ist Schlepper für Magnesium, steigert die Blutzellbildung im Knochenmark und ist ein Heilmittel bei Strahlenschäden. **Vorkommen in:** Vitamin B_{13} kommt in der Milch aller Säugetierarten vor. Kuhmilch enthält 100 mg/l, Schafsmilch 325 mg/l. Buttermilch, saure Milch, Quark, Kefir, Jogurt, Sauerkrautsaft, Schafsjogurt (Schafssauermilch enthält 4- bis 5-mal so viel Orotsäure wie ein Kuhmilchprodukt). **Symptome bei Überdosierung:** sind nicht bekannt. **Mangelerscheinungen:** Störung der normalen Bakterienflora von Mundhöhle, Haut, Scheide, Darmflora – genannt Dysbakterie, Leberstoffwechselstörung. Folgen sind: Arterienverkalkung, Gedächtnisschwund, schnelles Ermüden, Desinteresse.

Vitamin H ↑**Biotin. Wichtig für:** Haut und Schleimhautbildung, Haare und Nägel; beteiligt an Kohlenhydrat- und Fettstoffwechsel (Leber), Wachstum. **Vorkommen in:** Eigelb, Leber, Niere, Hirn, Molke, Linsen, grünen Bohnen, Reis, Sojabohnen, Hefe, Keimen, Melasse, Maische (wird im Darm durch Bakterien gebildet). **Mangelsymptome:** Sind sehr selten, falls doch: Hautveränderungen, Haarausfall, Müdigkeit, Depression, Übelkeit, Schmerzen und Appetitlosigkeit. **Symptome bei Überdosierung:** keine bekannt. **Schätzwerte für eine angemessene Zufuhr:**

Alter	Biotin
	µg/Tag
Säuglinge	
0 bis unter 4 Monate	5
4 bis unter 12 Monate	5–10
Kinder	
1 bis unter 4 Jahre	10–15
4 bis unter 7 Jahre	10–15
7 bis unter 10 Jahre	15–20
10 bis unter 13 Jahre	20–30
13 bis unter 15 Jahre	25–35

Alter	Biotin
	µg/Tag
Jugendliche u. Erwachsene	
15 bis unter 19 Jahre	30–60
19 bis unter 25 Jahre	30–60
25 bis unter 51 Jahre	30–60
51 bis unter 65 Jahre	30–60
66 Jahre und älter	30–60
Schwangere	30–60
Stillende	30–60

Empfindlich auf: Wärme, Langzeitbehandlung mit Antibiotika und Sulfonamiden, rohes Eiweiß (Protein Avidin blockiert Funktionen von Biotin; erst beim Konsum von täglich zwölf Eiern über längere Zeit tritt ein Mangel auf). **Kochverluste:** bis 60 %; **Durchschnittlicher Tagesbedarf:** 30–60 mg.

Vitamin B_9 ↑**Folsäure; Wichtig für:** Eiweißstoffwechel, Blutbildung (rote und weiße Blutkörperchen), Zellteilung (Fötusentwicklung), Zellerneuerung, Schleimhäute, Steigerung der Abwehrkräfte. **Vorkommen in:** Gemüse (Spinat, Endivie, Kohlarten, Bohnen, Salat), Weizenkeimen, Sojabohnen, Nüssen, Milch, Orangen, Orangensaft, Mandarinen, Leber, Nieren, Hefe, Eiern, Vollkornprodukten. **Mangelsymptome:** Blutarmut durch zu große rote Blutkörperchen, Entwicklungsstörungen bei Föten (Missbildungen), Schwangerschaftskomplikationen, glatte Zunge, Durchfall. **Gefährdet sind:** Raucher, Menschen mit chronischem Alkoholmissbrauch. **Symptome bei Überdosierung:** Kann eine bestehende perniziöse Anämie (Blutarmut) verschleiern. Gefahr für Epileptiker oder andere Patienten, die Krampfmittel nehmen. **Empfohlene Zufuhr:**

Alter	Nahrungsfolat		
	µg-Äquivalent/Tag	µg/MJ (Nährstoffdichte)	
		m	w
Säuglinge			
0 bis unter 4 Monate	60	30	32
4 bis unter 12 Monate	80	27	28
Kinder			
1 bis unter 4 Jahre	200	43	45
4 bis unter 7 Jahre	300	47	52
7 bis unter 10 Jahre	300	38	42
10 bis unter 13 Jahre	400	43	47
13 bis unter 15 Jahre	400	36	43
Jugendliche und Erwachsene			
15 bis unter 19 Jahre	400	38	47
19 bis unter 25 Jahre	400	38	49
25 bis unter 51 Jahre	400	39	51
51 bis unter 65 Jahre	400	43	54
65 Jahre und älter	400	48	58
Schwangere	600		65
Stillende	600		56

Empfindlich auf: Wärme, Licht, Luft (O_2). **Kochverluste:** 35–100 %. **Durchschnittlicher Tagesbedarf:** 400 µg. **Info:** Östrogene hemmen die Aufnahme von Folsäure. Frauen, die sowohl vor als auch nach den Wechseljahren Östrogene einnehmen, sollten zusätzlich Folsäure nehmen.

Vitamin B_3 ↑**Niacin. Wichtig für:** Herzfunktion, zentrales Nervensystem (Hirn), Haut, Darm, Energiegewinnung (Zellatmung, Kohlenhydrat- und Eiweißstoffwechsel), Blutfarbstoffaufbau senkt in größeren Mengen den Cholesterinspiegel im Blut, wirkt vorbeugend gegen Arteriosklerose. **Vorkommen in:** Fleisch, Leber, Niere, Tunfisch, Lachs, Geflügel, Milch, Vollkorngetreide, Brot, Gemüse, Bierhefe, Pilzen, Erdnüssen, Körnern, Hülsenfrüchten, Früchten. **Mangelsymptome:** Müdigkeit, Appetitverlust, Hautveränderungen, Pellagra (Mangelerkrankung). Erste Symptome: sonnenbrandähnlicher Ausschlag bei Sonnenbetrahlung, spätere Symptome: Rote geschwollene Zunge, Durchfall, Verwirrungszustände, Reizbarkeit, Depressionen, geistige Störungen, Appetitmangel, Gewichtsverlust, Abnahme der körperlichen und geistigen Leistungsfähigkeit. **Gefährdet sind:** Menschen mit einseitigen Diäten, Durchfällen, Magersucht, Durchblutungsstörungen und Tumorerkrankungen. **Symptome bei Überdosierung:** Rotwerden, Kopfweh, Krämpfe, Übelkeit, Juckreiz, Leberschaden, Darmprobleme. **Empfohlene Zufuhr:**

Alter	Niacin	
	mg-Äquivalent/Tag	
	m	w
Säuglinge		
0 bis unter 4 Monate	2	
4 bis unter 12 Monate	5	
Kinder		
1 bis unter 4 Jahre	7	
4 bis unter 7 Jahre	10	
7 bis unter 10 Jahre	12	
10 bis unter 13 Jahre	15	13
13 bis unter 15 Jahre	18	15
Jugendliche und Erwachsene		
15 bis unter 19 Jahre	17	13
19 bis unter 25 Jahre	17	13
25 bis unter 51 Jahre	16	13

Alter	Niacin	
	mg-Äquivalent/Tag	
	m	w
51 bis unter 65 Jahre	15	13
65 und älter	13	13
Schwangere ab 4. Monat		15
Stillende		17

Empfindlich auf: stabil; **Kochverluste:** bis 20 %. **Durchschnittlicher Tagesbedarf:** 13–17 mg. **Info:** Hohe Dosen über längeren Zeitraum können Leberschäden hervorrufen. Wird im Organismus selbst aus der Aminosäure Tryptophan gebildet.

Vitamin B_5 ↑**Pantothen-Säure. Wichtig für:** Steuerfunktion im Gesamtstoffwechsel, Wachstum neuer Haut- und Schleimhautzellen, fördert Wundheilung, beteiligt bei der Bildung von Hormonen. (Wird im Zusammenhang mit folgenden Stoffen genannt: Flavonen, Flavenolen, Flavenonen, Citrin, Hesperidin.) **Vorkommen in:** fast allen Lebensmitteln (z. B.: Eiern, Fleisch, Fisch, Krustentieren, Gemüse, Milch, Käse, Nüssen, Früchten, Vollkorn, Pilzen). **Mangelsymptome:** schlechte Wundheilung, Müdigkeit, Erbrechen, Kopfschmerzen, Schlafprobleme, nervöse Beschwerden, Durchfall, verminderte Infektionsabwehr, Fettleibigkeit und Leberverfettung, Wachstums- und Pigmentstörungen der Haare. **Gefährdet sind:** Senioren, schwangere und stillende Mütter, Diabetiker. **Symptome bei Überdosierung:** keine bekannt. **Schätzwerte für eine angemessene Zufuhr:**

Alter	Pantothensäure
	mg/Tag
Säuglinge	
0 bis unter 4 Monate	2
4 bis unter 12 Monate	3
Kinder	
1 bis unter 4 Jahre	4
4 bis unter 7 Jahre	4
7 bis unter 10 Jahre	5
10 bis unter 13 Jahre	5
13 bis unter 15 Jahre	6
Jugendliche und Erwachsene	
15 bis unter 19 Jahre	6
19 bis unter 25 Jahre	6
25 bis unter 51 Jahre	6
51 bis unter 65 Jahre	6
65 Jahre und älter	6
Schwangere	6
Stillende	6

Empfindlich auf: Wärme. **Kochverluste:** 30–50 %. **Durchschnittlicher Tagesbedarf:** 6 mg. **Info:** Bekannt als „Haut Vitamin", fördert die Heilung bei Sonnenbrand, Verbrennungen und Verletzungen.

Vitamin Q_{10} ↑**Ubichinon 50. Wichtig für:** Bestandteil der Mitochondrien, der Kraftwerke der Zelle, Energiestoffwechsel des Herzens. Ubichinon kann im Stoffwechsel zum Teil selbst hergestellt werden unter der Mitwirkung der Vitamine B_3, B_5, B_6, Folsäure, B_{12} und der Aminosäure Phenylalanin. Die körpereigene Biosynthese nimmt im Alter jedoch ab, besonders im Herzen ab 40 Jahren. In den anderen Organen verringert sich der Q_{10}-Gehalt stetig im Lauf des Lebens. **Vorkommen in:** Fleisch, Eier, Weizen- und Maiskeimöl. **Mangelsymptome:** Herzerkrankungen. **Besonders gefährdet:** ältere Menschen. **Tagesbedarf:** (30 mg) kann nicht genau angegeben werden, da von Alter, Gesundheitszustand und der Herzbelastung abhängig.

Vitamin C ↑**Ascorbinsäure. Wichtig für:** Immunsystem, Zellstoffwechsel, Bildung von Bindegewebe und Knochen, Zahnerhaltung, verbesserte Eisenaufnahme, Blutgefäße, Hormonbildung, Gallensäure, Antikörperbildung, Wundheilung und Narbenbildung, Wachstum des Körpers, natürliches Antioxidans. Vitamin C hemmt die krebserregenden Nitrosamine. **Vorkommen in:** Allen frischen Früchten wie z. B. Zitrusfrüchten, Grapefruits, Kiwis, Melonen, Erdbeeren, Holunderbeeren, schwarzen Johannisbeeren, allen frischen Gemüsen, wie z. B. Tomaten, grünem/rotem Paprika, Salat, Kartoffeln, Petersilie, Rüben und allen frischen Kohlsorten. **Mangelsymptome:** Infektanfälligkeit, (Zahnfleisch-)Blutungen, schlechte Wundheilung, Leistungsabfall, Muskelschwund, Erkältung, Müdigkeit, Konzentrationsstörungen, raue, braune und trockene Haut, Zahnlockerung und -ausfall, Skorbut. **Gefährdet sind:** Raucher, Alkoholiker, Sportler, ältere und stressgeplagte Menschen. **Symptome bei Überdosierung:** Nierensteine und Durchfall sind möglich. Zerstörung von Vitamin B_{12}. Eine Überdosierung ist kaum möglich. Wenn aber nach längerer Überdosierung die Zufuhr verringert wird, kann es für kurze Zeit zu Mangelerscheinungen kommen, bis sich der Körper wieder angepasst hat. **Empfohlene Zufuhr:**

Alter	Vitamin C		
	mg/Tag	mg/MJ (Nährstoffdichte)	
		m	w
Säuglinge			
0 bis unter 4 Monate	50	25	26
4 bis unter 12 Monate	55	18	19
Kinder			
1 bis unter 4 Jahre	60	13	14
4 bis unter 7 Jahre	70	11	12

Alter	Vitamin C		
	mg/ Tag	mg/MJ (Nährstoff-dichte)	
		m	w
7 bis unter 10 Jahre	80	10	11
10 bis unter 13 Jahre	90	10	11
13 bis unter 15 Jahre	100	9	11
Jugendliche und Erwachsene			
15 bis unter 19 Jahre	100	9	12
19 bis unter 25 Jahre	100	9	12
25 bis unter 51 Jahre	100	10	13
51 bis unter 65 Jahre	100	11	14
65 Jahre und älter	100	12	14
Schwangere ab 4. Monat	110		12
Stillende	150		14

Empfindlich auf: Wärme, Licht, Luft (O_2). **Kochverluste:** 30–100 %. **Durchschnittlicher Tagesbedarf:** 100 mg. Um den durchschnittlichen Tagesbedarf an Vitamin C zu decken, reichen folgende Mengen der betreffenden Lebensmittel aus:

Erdbeeren	150 g
Kiwi	150 g
Orangen	200 g
Brokkoli	150 g
Gemüsepaprika	70 g

Info: Über den Tag verteilt versorgen kleine Vitaminbomben in Form von frischem Obst den Organismus besser als eine hoch dosierte Vitamin-C-Brausetablette am Morgen. Das Obst am besten ungeschält essen, da die meisten Vitamine direkt unter der Schale stecken. (**In südlichen Ländern, wo das Wasser oft nicht keimfrei ist, sollte jedes Obst geschält werden, um Krankheiten vorzubeugen.**) Das in Milz und Darmwänden eingelagerte Eisen wird durch Vitamin C wieder in die Blutbahn gebracht und kann dort für den Sauerstofftransport genutzt werden. Da Vitamin C licht- und sauerstoffempfindlich ist, sollten zu lange Lager- und Garzeiten vermieden werden. Das Kochwasser von Gemüse (außer bei stark ↑**Nitrat**haltigen Gemüsen) nie wegschütten, sondern als Grundlage für Suppen und Soßen verwenden.

Purin- & Harnsäuretabelle

Wer ↑**Gicht** hat und auf seine Purinzufuhr achten muss, braucht eine genaue Übersicht, wie viel Purine in den verschiedenen Nahrungsmitteln enthalten ist. Wichtig ist auch zu wissen, wie viel Harnsäure daraus produziert wird. Die folgende Tabelle enthält eine Übersicht über die gängigsten Speisen und Getränke und ihren Gehalt an Purinen sowie eine Umrechnung in den Harnsäurewert. **Wie entsteht Gicht?** Beim Abbau der Purine im Blut entsteht Harnsäure, die bei manchen Menschen, vor allem Männern mit entsprechend genetischer Veranlagung, im Harn nicht in ausreichender Menge ausgeschieden werden kann. Die Folge ist ein erhöhter Harnsäurespiegel im Blut, der in den Gelenken zu Ablagerungen von Harnsäurekristallen führt und die so genannte Gicht hervorruft. In der Folge kann es auch zu Störungen der Nierenfunktion sowie Nierensteinen kommen. **Was kann man gegen Gicht unternehmen?** Purine werden etwa zur Hälfte mit der Nahrung zugeführt und zur anderen Hälfte im Körper selbst gebildet. Dass die Ernährung bei der Entstehung der Gicht eine bedeutende Rolle spielt, zeigt sich darin, dass die Gicht früher fast nur in höheren gesellschaftlichen Schichten vorkam. In Mangelzeiten, z. B. nach Kriegen, nimmt die Häufigkeit von Gicht stark ab. Die Gicht kann zwar relativ einfach mit Medikamenten behandelt werden, sinnvoller ist es jedoch, eine Diät ins Auge zu fassen. Gicht ist häufig mit anderen Zivilisationskrankheiten gekoppelt, die bei einem medikamentösen Erfolg der Gichtbehandlung weiterhin bestehen bleiben. Zuerst sollte ein bestehendes Übergewicht durch eine ↑**Reduktionsdiät** abgebaut, auf die Zufuhr purinreicher Lebensmittel verzichtet und die Fleischzufuhr auf 150 g täglich beschränkt werden. **Man unterscheidet dabei zwischen zwei Diäten: 1.** „streng purinarm" **(ca. 150 mg Harnsäure am Tag)** und **2.** „purinarm" **(ca. 300 mg Harnsäure am Tag).** Erstere ist mehr für akute Gichtanfälle gedacht, da sie langfristig kaum einzuhalten ist. Trotzdem sollte die Ernährung den allgemeinen Regeln entsprechen, da z. B. das relativ purinreiche Vollkornbrot sicher nicht die Ursache für eine Gicht ist. Gleiches gilt für die sehr purinreichen Hülsenfrüchte, wobei hier ein Verzicht recht einfach ist und sicher nicht zu Ernährungsmängeln führt. Praktisch purinfrei sind dagegen Milch und Eier. Für einen Gichtanfall ist in erster Linie ein hoher Fett- und Alkoholkonsum verantwortlich. Aber auch übertriebenes ↑**Fasten** kann den Harnsäurespiegel deutlich ansteigen lassen und einen Gichtanfall auslösen. Da es leichter ist, die aus Purinen gebildete Harnsäure zu bestimmen, wird in Lebensmitteltabellen statt der Purine meist nur die gebildete Harnsäure angegeben, obwohl diese in Lebensmitteln praktisch nicht vorkommt. **Umrechnung:** 1 mg Harnsäure = 0,42 mg Purine
1 mg Purine = 2,4 mg Harnsäure

100 g Lebensmittel – nach ABC	Purin	Harnsäure
Alkoholfreies Bier	6	14
Altbier	2	5
Ananas	8	20
Apfel	6	15
Apfelsaft	3	8
Apfelsine	8	20
Aprikose	8	20
Aprikosen (getrocknet)	32	75
Aubergine	8	20
Austern	38	90
Avocado	13	30
Backhefe (gebrauchsfertig)	312	750
Backhefe (getrocknet)	754	1810

100 g Lebensmittel – nach Werten	Purin	Harnsäure
Fleischextrakt	1459	3500
Backhefe (getrocknet)	754	1810
Bierhefe (getrocknet)	683	1640
Hefeflocken	673	1620
Kalbsbries (Thymusdrüse)	525	1260
Backhefe (gebrauchsfertig)	312	750
Rinderleber	231	554
Kalbsleber	182	460
Makrele, roh, mit Haut	167	400
Rinderlunge	166	399
Miesmuschel (Pfahlmuschel)	154	370
Sojafleisch, trocken	154	370
Sardinen	144	345

100 g Lebensmittel – nach ABC	Purin	Harnsäure
Bambussprossen	6	15
Banane	11	25
Bierhefe (getrocknet)	683	1640
Birnen	6	15
Blumenkohl	19	45
Blutwurst (Rotwurst)	38	90
Bockbier, hell	5	13
Bohnen (weiß, trocken)	75	180
Bohnen (grüne frische Schnittbohnen)	18	42
Bratwurst	54	130
Broccoli	21	50
Brombeeren	6	15
Brötchen	9	21
Buchweizen	62	149
Camembert, 45 % Fett i. Tr.	13	30
Champignon (Zucht-)	25	60
Chicorée	6	15
Chinakohl	10	25
Datteln	21	50
Diätbier	4	10
Doppelbock	6	14
Ei (Vollei)	2	5
Emmentaler, 45 % Fett i. Tr.	4	10
Endiviensalat	4	11
Entenfleisch	64	153
Erbsen (grüne Schoten und Samen)	62	150
Erbsen (Samen, trocken)	70	168
Erdbeeren	11	25
Erdnüsse	42	100
Export	5	11
Fasanenfleisch	62	150
Feldsalat (Rapunzel)	10	24
Fenchel	7	16
Fleischextrakt	1459	3500
Fleischkäse (Leberkäse)	58	130
Forelle (Bach-, Regenbogenforelle)	83	200
Forelle, frisch, ohne Haut	62	148
Frankfurter Würstchen	54	130
Gänsefleisch	69	165
Garnele (Nordsee-)	61	147
Gerstengraupen	34	82
Gouda – alt, 45 % Fett i. Tr.	7	16
Grieß	23	55
Grünkern	34	82
Grünkohl	13	30
Haferflocken	42	100
Hähnchenkeule, gebraten	98	235
Hammelkotelett	61	146
Hammellende	81	195
Harzer Käse, 10 % Fett i. Tr.	10	24

100 g Lebensmittel – nach Werten	Purin	Harnsäure
Schweinenieren	139	334
Huhn mit Haut, gebraten	125	300
Schweineleber	125	300
Heilbutt (weiß)	123	294
Sojabohnenmehl, teilentfettet	123	296
Schweineschulter mit Schwarte, gebraten	116	280
Rinderniere	112	269
Soja Blütenpollen, Pulver	110	265
Rinderherz	107	256
Tunfisch	107	257
Rotbarsch (Goldbarsch)	100	241
Hähnchenkeule, gebraten	98	235
Sojabohnen (Samen, trocken)	92	220
Heringsfilets	88	210
Kalbsniere	88	210
Linsen	84	200
Roher Schinken (geräuchert)	84	200
Sojaschrot	84	200
Forelle (Bach-, Regenbogenforelle)	83	200
Kochschinken	83	198
Pferdefleisch	83	200
Schweineschulter, gebraten	83	200
Hammellende	81	195
Heringe	79	190
Heringsrogen	79	190
Lammfleisch (reines Muskelfleisch)	76	182
Bohnen (weiß, trocken)	75	180
Makrele, roh, ohne Haut	75	180
Hering, grün, ohne Haut	74	178
Hummer	73	175
Leberwurst	73	175
Hasenfleisch	71	170
Lachs (Salm)	71	170
Scholle, roh, mit Haut	71	170
Erbsen (Samen, trocken)	70	168
Mohn	70	154
Gänsefleisch	69	165
Seelachs	68	163
Hirschfleisch	67	160
Rinderzunge	67	160
Sonnenblumenkerne	65	157
Vollkornnudeln, roh	65	157
Entenfleisch	64	153
Kabeljau (Dorsch)	63	150
Kalbfleisch (reines Muskelfleisch)	63	150
Karpfen	63	150
Rehfleisch	63	145
Schweinefleisch (reines Muskelfleisch)	63	150

100 g Lebensmittel – nach ABC	Purin	Harnsäure
Haselnüsse	13	30
Hasenfleisch	71	170
Hecht	58	140
Hefeflocken	673	1620
Heidelbeeren (Blaubeeren) tiefgekühlt	8	20
Heilbutt (weiß)	123	294
Hering, grün, ohne Haut	74	178
Heringe	79	190
Heringsfilets	88	210
Heringsrogen	79	190
Himbeeren	8	18
Hirschfleisch	67	160
Hirse	35	85
Huhn mit Haut, gebraten	125	300
Hummer	73	175
Jagdwurst	54	130
Jogurt, natur, Quark, 20 % Fett i. Tr.	0	0
Kabeljau (Dorsch)	63	150
Kabeljaufilet	50	120
Kaffee (geröstet)	0	0
Kaffeepulverextrakt	0	0
Kalbfleisch (reines Muskelfleisch)	63	150
Kalbsbries (Thymusdrüse)	525	1260
Kalbskotelett	52	125
Kalbsleber	182	460
Kalbsniere	88	210
Kaninchenfleisch	60	145
Karotte (Möhre, Mohrrübe)	6	15
Karpfen	63	150
Kartoffeln	6	15
Kirsche (süß)	6	15
Knäckebrot	25	60
Kochschinken	83	198
Kohlrabi	13	30
Kölsch	2,5	6
Kopfsalat	4	10
Krebs (Fluss-)	25	60
Lachs (Salm)	71	170
Lagerbier (Vollbier, hell)	5	13
Lammfleisch (reines Muskelfleisch)	76	182
Leberpastete (Brühwurstart)	52	125
Leberwurst	73	175
Limburger, 20 % Fett i. Tr.	10	24
Linsen	84	200
Makrele, roh, mit Haut	167	400
Makrele, roh, ohne Haut	75	180
Makrelen	60	145
Malzbier	2	5

100 g Lebensmittel – nach Werten	Purin	Harnsäure
Schweineschulter, roh	63	150
Buchweizen	62	149
Erbsen (grüne Schoten und Samen)	62	150
Fasanenfleisch	62	150
Forelle, frisch, ohne Haut	62	148
Garnele (Nordsee-)	61	147
Hammelkotelett	61	146
Kaninchenfleisch	60	145
Makrelen	60	145
Fleischkäse (Leberkäse)	58	130
Hecht	58	140
Rindfleisch (reines Muskelfleisch)	58	140
Scholle	58	140
Seezunge	55	131
Bratwurst	54	130
Frankfurter Würstchen	54	130
Jagdwurst	54	130
Mortadella, deutsche	54	130
Schellfisch	54	130
Scholle, roh, ohne Haut	54	130
Kalbskotelett	52	125
Leberpastete (Brühwurstart)	52	125
Kabeljaufilet	50	120
Putenschnitzel, roh	50	120
Schweinskotelett	49	11
Wiener Würstchen	46	110
Zander	46	110
Erdnüsse	42	100
Haferflocken	42	100
Austern	38	90
Blutwurst (Rotwurst)	38	90
Sesam	37	88
Tapioka	37	89
Hirse	35	85
Vollkornmehl	35	84
Gerstengraupen	34	82
Grünkern	34	82
Sago	34	82
Steinpilze	34	80
Aprikosen (getrocknet)	32	75
Schwarzwurzeln	29	70
Tofu	29	70
Champignon (Zucht-)	25	60
Knäckebrot	25	60
Krebs (Fluss-)	25	60
Rosenkohl	25	60
Sojasauce	25	60
Weizenvollkornbrot	25	60
Grieß	23	55
Sauerampfer	23	55

100 g Lebensmittel – nach ABC	Purin	Harnsäure
Mandeln (süß)	13	30
Miesmuschel (Pfahlmuschel)	154	370
Milch	0	0
Milchprodukte	0	0
Mischbrot	19	45
Mohn	70	154
Mortadella, deutsche	54	130
Nudeln gekocht	22	52
Orangensaft	5	12
Paprika, grün	4	10
Paprika, rot	6	15
Pferdefleisch	83	200
Pfifferlinge	13	30
Pfirsich	8	18
Pils	5	13
Porree (Lauch)	17	40
Preiselbeeren	5	13
Putenschnitzel, roh	50	120
Radieschen	4	10
Rehfleisch	63	145
Reis (natur, gekocht)	15	35
Reis (weiß, gekocht)	10	25
Rettich	4	10
Rhabarber	2	5
Rinderherz	107	256
Rinderleber	231	554
Rinderlunge	166	399
Rinderniere	112	269
Rinderzunge	67	160
Rindfleisch (reines Muskelfleisch)	58	140
Roggen (ganzes Korn)	20	47
Roher Schinken (geräuchert)	84	200
Rosenkohl	25	60
Rotbarsch (Goldbarsch)	100	241
Rote Beete	8	20
Rotkohl (Blaukraut)	17	40
Sago	34	82
Salatgurke	2	6
Sardinen	144	345
Sauerampfer	23	55
Sauerkraut (abgetropft)	8	20
Schafskäse	13	30
Schellfisch	54	130
Schmelzkäse, 20 % Fett i.Tr.	11	26
Schmelzkäse, 60 % Fett i.Tr.	5	13
Scholle	58	140
Scholle, roh, mit Haut	71	170
Scholle, roh, ohne Haut	54	130
Schwarzwurzeln	29	70
Schweinefleisch (reines Muskelfleisch)	63	150

100 g Lebensmittel – nach Werten	Purin	Harnsäure
Nudeln gekocht	22	52
Broccoli	21	50
Datteln	21	50
Spinat	21	50
Vollkornnudeln, gekocht	21	50
Roggen (ganzes Korn)	20	47
Blumenkohl	19	45
Mischbrot	19	45
Bohnen (grüne frische Schnittbohnen)	18	42
Porree (Lauch)	17	40
Rotkohl (Blaukraut)	17	40
Weizen (ganzes Korn)	17	40
Wirsing	17	40
Reis (natur, gekocht)	15	35
Avocado	13	30
Camembert, 45 % Fett i.Tr.	13	30
Grünkohl	13	30
Haselnüsse	13	30
Kohlrabi	13	30
Mandeln (süß)	13	30
Pfifferlinge	13	30
Schafskäse	13	30
Sellerie (Knolle)	13	30
Zwieback	12	29
Banane	11	25
Erdbeeren	11	25
Schmelzkäse, 20 % Fett i.Tr.	11	26
Chinakohl	10	25
Feldsalat (Rapunzel)	10	24
Harzer Käse, 10 % Fett i.Tr.	10	24
Limburger, 20 % Fett i.Tr.	10	24
Reis (weiß, gekocht)	10	25
Spargel	10	25
Walnüsse	10	25
Brötchen	9	21
Ananas	8	20
Apfelsine	8	20
Aprikose	8	20
Aubergine	8	20
Heidelbeeren (Blaubeeren) tiefgekühlt	8	20
Himbeeren	8	18
Pfirsich	8	18
Rote Beete	8	20
Sauerkraut (abgetropft)	8	20
Wassermelone	8	20
Weintrauben, blau	8	20
Weintrauben, weiß	8	20
Weizenmehl	8	20
Zucchini	8	20

100 g Lebensmittel – nach ABC	Purin	Harnsäure
Schweineleber	125	300
Schweinenieren	139	334
Schweineschulter mit Schwarte, gebraten	116	280
Schweineschulter, gebraten	83	200
Schweineschulter, roh	63	150
Schweinskotelett	49	11
Seelachs	68	163
Seezunge	55	131
Sekt	0	0
Sellerie (Knolle)	13	30
Sesam	37	88
Soja Blütenpollen, Pulver	110	265
Sojabohnen (Samen, trocken)	92	220
Sojabohnenmehl, teilentfettet	123	296
Sojafleisch, trocken	154	370
Sojasauce	25	60
Sojaschrot	84	200
Sonnenblumenkerne	65	157
Spargel	10	25
Spinat	21	50
Spirituosen	0	0
Stärke	0	0
Steinpilze	34	80
Tapioka	37	89
Tee (schwarz)	0	0
Tunfisch	107	257
Tofu	29	70
Tomaten	4	10
Vollkornmehl	35	84
Vollkornnudeln, gekocht	21	50
Vollkornnudeln, roh	65	157
Walnüsse	10	25
Wassermelone	8	20
Wein	0	0
Weintrauben, blau	8	20
Weintrauben, weiß	8	20
Weißbier	6	15
Weizen (ganzes Korn)	17	40
Weizenbier, alkoholfrei	7	17
Weizenbier, hefefrei (Kristallweizen)	4	10
Weizenmehl	8	20
Weizenmehlbrot (Weißbrot)	6	15
Weizenvollkornbrot	25	60
Wiener Würstchen	46	110
Wirsing	17	40
Zander	46	110
Zucchini	8	20
Zwetschgen	8	20
Zwieback	12	29
Zwiebeln	4	9

100 g Lebensmittel – nach Werten	Purin	Harnsäure
Zwetschgen	8	20
Fenchel	7	16
Gouda – alt, 45 % Fett i.Tr.	7	16
Weizenbier, alkoholfrei	7	17
Alkoholfreies Bier	6	14
Apfel	6	15
Bambussprossen	6	15
Birnen	6	15
Brombeeren	6	15
Chicorée	6	15
Doppelbock	6	14
Karotte (Möhre, Mohrrübe)	6	15
Kartoffeln	6	15
Kirsche (süß)	6	15
Paprika, rot	6	15
Weißbier	6	15
Weizenmehlbrot (Weißbrot)	6	15
Bockbier, hell	5	13
Export	5	11
Lagerbier (Vollbier, hell)	5	13
Orangensaft	5	12
Pils	5	13
Preiselbeeren	5	13
Schmelzkäse, 60 % Fett i.Tr.	5	13
Diätbier	4	10
Emmentaler, 45 % Fett i.Tr.	4	10
Endiviensalat	4	11
Kopfsalat	4	10
Paprika, grün	4	10
Radieschen	4	10
Rettich	4	10
Tomaten	4	10
Weizenbier, hefefrei (Kristallweizen)	4	10
Zwiebeln	4	9
Apfelsaft	3	8
Kölsch	2,5	6
Altbier	2	5
Ei (Vollei)	2	5
Malzbier	2	5
Rhabarber	2	5
Salatgurke	2	6
Jogurt, natur, Quark, 20 % Fett i.Tr.	0	0
Kaffee (geröstet)	0	0
Kaffeepulverextrakt	0	0
Milch	0	0
Milchprodukte	0	0
Sekt	0	0
Spirituosen	0	0
Stärke	0	0
Tee (schwarz)	0	0
Wein	0	0

Die Nährstofftabellen

Eine ausgewogene und gesunde Ernährung wirkt sich positiv auf unseren Gesundheitszustand aus. Wir fühlen uns körperlich und seelisch wohl, unser Organismus ist leistungsfähig. Viele Menschen sind sich dessen bewusst. Doch im heutigen Lebensstandard mit seinem schier unermesslichen Angebot an Lebens- und Genussmitteln, Delikatessen und Getränken droht auch Gefahr. Immer mehr Menschen neigen zu schlechten Ernährungsgewohnheiten, verführt durch Medien, Werbung, Berufsleben, Familie oder Freunde. Wie kommt man aus diesem mit Kalorien befrachteten und fetttriefenden Teufelskreis heraus? Erstes Gesetz: Übergewicht runter! Bewegung rauf! **1.** Fettzufuhr verringern; **2.** auf genügend Mineralstoffe, Spurenelemente und Vitamine achten; **3.** mehr ballaststoffreiche Lebensmittel verwenden; **4.** übermäßigen Alkoholgenuss meiden; **5.** Gepökeltes, Geräuchertes und den Kochsalz-Konsum reduzieren; **6.** auf ausreichend Bewegung achten. Es stimmt zuversichtlich, dass immer mehr Menschen wissen möchten, woher ihre Nahrung kommt, wie sich diese zusammensetzt und welche Nährstoffe in unseren Lebensmitteln stecken.

Ein kurzer Überblick

Was sind Nährstoffe?
Nährstoffe sind Bestandteile der Nahrung, die entweder Energie liefern (Eiweiß, Fett, Kohlenhydrate) oder für die Stoffwechselvorgänge im Körper wichtig sind (Vitamine, Mineralstoffe, Spurenelemente).

Warum Eiweiß, Fett, Kohlenhydrate?
Sie sind die drei Hauptbestandteile unserer Nahrung. Fett enthält den höchsten Energiegehalt. Kohlenhydrate und Eiweiß weisen einen gleichwertigen Energiegehalt auf. In der Tabelle sind alle Nährstoffe in Gramm angezeigt.

Wieso Mineralstoffe & Spurenelemente?
Mineralstoffe und Spurenelemente werden über die Nahrung aufgenommen. Sie sind keine Träger von Energie, sondern regeln Stoffwechselvorgänge im Körper und sind für den Aufbau von Körpersubstanzen zuständig. In der Nährstofftabelle sind die bekanntesten aufgeführt.

Weshalb Vitamine?
Vitamine sind kostbar. Der Körper kann sie gar nicht oder nicht in ausreichender Menge selbst bilden. Umso wichtiger, dass wir sie in Form von frischer Nahrung zuführen und den Körper bei der Bildung unterstützen. In der Nährwerttabelle sind die wichtigsten zu finden.

Ballaststoffe?
War man bis 1970 noch der Meinung, Ballaststoffe seien nur Ballast, weiß man es heute besser. Ballaststoffe erfüllen besonders im Magen-Darm-Trakt wichtige Aufgaben. Die unverdaulichen Pflanzenfasern gehören größtenteils zu den komplexen Kohlenhydraten. Durch ihr großes Wasserbindungs- und Quellvermögen sind sie für die Verdauung von großer Bedeutung. Sie binden überschüssige Magensäure und quellen im Darm auf. Die Darmtätigkeit wird gefördert und Verstopfung vorgebeugt. Es wird eine Aufnahme von mindesten 30 g an Ballaststoffen pro Tag empfohlen. Zur Gewichtsreduktion sind Ballaststoffe besonders empfehlenswert, da sie den Magen nur langsam wieder verlassen und dadurch ein längeres Sättigungsgefühl vermitteln.

Was bedeutet Cholesterin?
Cholesterin ist eine lebensnotwendige Grundsubstanz des menschlichen Organismus, unverzichtbarer Bestandteil von Membranen der Körperzellen, Ausgangspunkt für die Bildung von Gallensäure, Hormonen und Vitamin D. Den größten Teil des benötigten Cholesterins bildet der Körper selbst, somit ist er nicht auf die Zufuhr durch die Nahrung angewiesen. Dennoch nehmen wir aus Lebensmitteln tierischen Ursprungs Cholesterin auf. Eine zu energie- und cholesterinreiche Ernährung kann bei genetischer Veranlagung einen Anstieg der Blutlipide bewirken. Ein dauerhaft zu hoher Blutcholesterin-Spiegel ist ein Haupt-Risikofaktor für die Entstehung der Arteriosklerose und führt unbemerkt und schleichend zu Herz-Kreislauf-

Erkrankungen, der Todesursache Nr. 1 in Deutschland. Eine vollwertige und ballaststoffreiche Ernährung, die reich an Obst, Gemüse und Vollkornprodukten ist, sowie eine reduzierte Fettzufuhr, die 30 % der täglichen Energieaufnahme abdeckt, senkt das Risiko. Die tägliche aufgenommene Menge an Nahrungscholesterin sollte unter 300 mg liegen und die Energieaufnahme den Energiebedarf nicht übersteigen.

Eine Tabelle der Bausteine des Lebens

In den alphabetisch geordneten 1000 Tabellen ist der Nährwert bekannter Speisen, handelsüblicher Nahrungsmittel und Getränke aufgezählt. Diese Tabellen sollen schnell und verständlich bei der täglichen Zusammenstellung von Speise-, Diät- und Fitnessplänen helfen. Sie geben einen Überblick über Kalorien oder Joule, die wichtigsten Nährstoffe, Vitamine, Ballaststoffe und Cholesterin.

Die angegebenen Werte sind Auswertungen der Universität Hohenheim und ohne Gewähr!

Legende:

kcal = Kilokalorie (1 kcal = 4184 kJ)
kJ = Kilojoule
g = Gramm
mg = Milligramm (1 mg = 0,001 g)
µg = Mikrogramm (1 µg = 0,001 mg)
TK = Tiefgekühlt

Empfohlene Tagesmenge an Vitaminen, Mineralstoffen und Spurenelementen für gesunde Erwachsene

Eiweiß (Protein)	= 1 g je kg Körpergewicht
Fett	= ca. 55–80 g, ab 65 Jahre ca. 55–60 g
Kohlenhydrate	= ca. 250 g
Ballaststoffe	= ca. 40 g
Natrium (Kochsalz)	= ca. 550 mg
Kalium	= ca. 1 g
Magnesium	= ca. 400 mg
Calcium	= ca. 1 g
Phosphor	= ca. 700 mg
Eisen	= ca. 20 mg
Zink	= ca. 10 mg
A	= ca. 1,6 mg
B	= ca. 6 mg
Folsäure	= ca. 400 µg
B_1	= ca. 1 mg für Frauen, 1,2 mg für Männer
B_2	= ca. 1,7 mg
B_6	= ca. 1,8 µg
C	= ca. 100 mg

100 g Lebensmittel	Energie		Nährstoffe						Mineralstoffe + Spurenelemente							Vitamine							
	kcal	kJ	Wasser	Eiweiß	Fett	Kohlenhydrate	Cholesterin	Ballaststoffe	Natrium	Kalium	Magnesium	Calcium	Phosphor	Eisen	Zink	A (Retinol)	B (Betacarotin)	E (Tocopherol)	Folsäure	B_1 (Thiamin)	B_2 (Riboflavin)	B_6 (Pyridoxin)	C (Ascorbinsäure)
Inhalt in …			g	g	g	g	mg	g	mg	mg	mg	mg	mg	mg	mg	µg	µg	µg	µg	µg	µg	µg	mg
A																							
Aal, frisch	266	1113	59,2	18	21,9	0	181	0	62	194	22	22	242	0,61	1,53	812	0	9200	12	200	300	300	1,38
Aal, geräuchert	290	1213	57,7	15,7	25,6	0	149	0	68	180	21	19	209	0,56	1,32	702	0	7930	10	149	247	216	1,19
Alfalfasprossen (Luzerne)	32	134	90,8	4	0,7	2,2	0	1,6	6	79	27	32	70	1	0,9	16	100	100	17	100	100	0	8,2
Algen, frisch	37	155	90,5	5,9	0,4	2,1	0	0,3	98	127	100	70	11	2,3	1,1	67	400	0	108	200	300	0	0,9
Ananas, frisch	59	247	83,8	0,460	0,150	13,1	0	1,4	2	173	17	16	9	0,40	0,26	0	60	100	4	80	30	75	19
Ananas, Konserve, saftfrei	88	368	77	0,382	0,125	20,3	0	1,25	2	102	16	18	8	0,36	0,29	0	49	93	1	36	14	34	4,34
Apfel, frisch	52	218	85,1	0,3	0,4	11,4	0	2	3	144	6	7	11	0,5	0,1	8	0	500	4	0	0	100	12
Apfel, frisch, geschält	56	234	84,3	0,3	0,4	12,4	0	1,8	3	144	6	3	11	0,4	0,1	3	0	300	3	0	0	100	4
Apfel, gar	51	213	85,4	0,3	0,4	11,1	0	2	2	118	6	7	10	0,4	0,1	8	0	500	2	0	0	0	6,8
Apfel, geschält, Konserve, saftfrei	86	360	77,3	0,2	0,3	19,9	0	1,6	3	86	6	5	10	0,4	0,2	3	0	200	0	0	0	0	0,9
Apfel, getrocknet	279	1167	20	1,8	2,1	61,3	0	10,7	16	541	32	38	59	2,6	0,6	32	200	1800	13	100	100	200	39,6
Apfelbeignets/ Krapfen	184	770	53,8	5,9	3,5	31,7	0	1,5	1246	95	18	17	52	0,6	0,4	0	0	200	2	0	100	100	1
Apfelmus	72	301	80,9	0,2	0,3	16,7	0	1,3	2	81	4	6	7	0,3	0,1	5	0	300	1	0	0	0	4,7
Apfelnektar	65	272	84	0,2	0,2	15,3	0	0	2	63	3	6	6	0,3	0,1	4	0	300	1	0	0	0	3,3
Apfelsaft, frisch gepresst	50	209	87,8	0,3	0,3	10,6	0	0	3	126	6	7	11	0,5	0,1	8	0	500	2	0	0	0	7,4
Apfelstrudel	165	690	62,6	2,19	5,59	26	0	2,5	27	178	14	14	35	0,64	0,32	24	48	1640	5	34	32	51	1,84
Apfelwein	66	276	86,9	0	0	7,3	0	0	2	97	4	5	9	0,3	0,2	0	0	0	1	0	0	0	0
Aprikose, frisch	42	176	86,5	0,9	0,1	8,5	0	1,9	2	280	10	17	20	0,6	0,1	298	1800	500	4	0	100	100	9
Aprikose, frisch, gar	41	172	86,7	0,9	0,1	8,3	0	1,9	2	229	10	17	19	0,6	0,1	290	1700	500	1	0	0	100	5,1

100 g Lebensmittel	Energie		Nährstoffe						Mineralstoffe + Spurenelemente							Vitamine							
	kcal	kJ	Wasser	Eiweiß	Fett	Kohlenhydrate	Cholesterin	Ballaststoffe	Natrium	Kalium	Magnesium	Calcium	Phosphor	Eisen	Zink	A (Retinol)	B (Betacarotin)	E (Tocopherol)	Folsäure	B_1 (Thiamin)	B_2 (Riboflavin)	B_6 (Pyridoxin)	C (Ascorbinsäure)
Inhalt in …			g	g	g	g	mg	g	mg	mg	mg	mg	mg	mg	mg	µg	µg	µg	µg	µg	µg	µg	mg
Aprikosen, getrocknet	249	1042	20	5,32	0,591	50,5	0	11,2	12	1,65	59	100	118	3,84	0,82	0	9520	2660	18	189	236	331	42,5
Aprikosen, Konserve, saftfrei	78	326	78,1	0,738	0,082	17,6	0	1,67	2	163	10	18	16	0,54	0,18	0	1470	452	1	18	23	31	2,02
Aprikosenkonfitüre	272	1138	31,9	0,332	0,037	66,2	0	0,700	1	104	4	7	7	0,42	0,06	0	0,330	92	0	5	5	8	0,332
Aprikosennektar	58	243	85,1	0,329	0,033	13,7	0	0	1	97	5	10	8	0,29	0,11	0	0,706	203	1	12	15	22	1,97
Artischockenböden, Konserve	12	50	90	1,3	0,1	1,4	0	5,9	227	162	14	30	65	0,7	0,1	8	0	1000	6	0	0	0	2,2
Aspik bzw. Sülze	109	456	74,7	19,7	3,24	0,22	55	0,08	466	323	24	16	170	1,65	2,56	1	205	125	10	66	226	382	0,041
Auberginen, frisch, gar	18	75	92,5	1,2	0,2	2,5	0	2,9	2	187	11	13	21	0,4	0,3	7	0	0	6	0	0	100	2,8
Austern, frisch	63	264	83,9	9	1,20	3,91	123	0	112	229	30	45	139	6,7	85	75	0	850	7	160	200	220	0,001
Austern, gar	65	272	83,5	9,15	1,26	4,10	129	0	111	228	30	45	138	6,67	84,6	51	0	802	5	126	147	161	0,001
Avocado, frisch	217	908	69,5	1,9	23,5	0,400	0	3,3	3	503	29	10	38	0,60	0,40	0	72	1300	30	80	150	530	13
B																							
Babypute, frisch	151	632	69,8	22,4	6,79	0	81	0	66	315	28	11	200	1,5	2,1	10	0	100	12	80	140	450	0
Baiser	364	1523	10	5,57	0,100	83,9	0	0	86	78	7	7	11	0,34	0,03	0	0	0	4	8	136	5	0,091
Bambussprossen, Konserve	12	50	94,3	1,6	0,2	0,6	0	1,7	246	309	3	13	37	0,5	0,2	2	0	200	18	0	0	0	1,8
Banane, frisch	95	397	73,8	1,15	0,180	24,4	0	2	1	393	36	9	28	0,55	0,22	0	230	270	20	44	57	370	12
Banane, getrocknet, Bananenchip	290	1212	20	3,51	0,550	65,3	0	6,11	3	1200	110	27	86	1,68	0,67	0	632	742	49	107	141	904	29,3
Barbecuesauce	146	611	57,3	1,84	0,100	31,4	0	1,86	1240	467	38	40	52	0,88	0,44	0	393	1670	20	126	52	145	12
Barsch, frisch, gar	93	398	76,7	21,4	0,692	0	89	0	43	286	30	25	208	0,89	1,37	6	0	1640	12	70	104	199	1,48

100 g Lebensmittel	Energie		Nährstoffe						Mineralstoffe + Spurenelemente							Vitamine							
	kcal	kJ	Wasser	Eiweiß	Fett	Kohlenhydrate	Cholesterin	Ballaststoffe	Natrium	Kalium	Magnesium	Calcium	Phosphor	Eisen	Zink	A (Retinol)	B (Betacarotin)	E (Tocopherol)	Folsäure	B_1 (Thiamin)	B_2 (Riboflavin)	B_6 (Pyridoxin)	C (Ascorbinsäure)
Inhalt in …			g	g	g	g	mg	g	mg	mg	mg	mg	mg	mg	mg	µg	µg	µg	µg	µg	µg	µg	mg
Bataten (Süßkartoffeln)	112	469	68,9	1,6	0,6	24,1	0	3,1	4	413	25	35	45	0,9	0,9	1426	8600	4600	12	100	100	300	30
Bauchspeck, roh, geräuchert	320	1339	54,4	16	28,9	0	60	0	51	136	21	1	49	1,03	1,79	4	0	290	3	711	191	407	0
Baumkuchen	427	1787	20	4,13	22,4	51,9	146	0,819	52	80	13	30	82	0,95	0,62	194	89	1960	11	27	94	29	0,465
Béchamelsoße	85	356	85,5	2,9	6,5	3,8	22	0,2	248	81	8	52	50	0,2	0,4	49	0	200	2	0	100	0	0,9
Bergkäse, Vollfettstufe	384	1607	36,8	28,9	30	0	70	0	300	100	43	1100	700	0,3	5,1	360	0,2	0,9	16	0	300	100	0
Berliner Pfannkuchen	322	1347	32,2	8,42	12,8	43,1	104	2,21	246	113	16	38	101	1,30	0,92	122	46	782	14	49	99	99	0,150
Bienenstich aus Hefeteig	300	1255	42,2	5,69	16,2	33	52	2,07	48	166	28	80	107	0,88	0,69	106	66	2550	10	42	133	57	0,481
Bier	42	176	92,2	0,5	0	3,1	0	0	4	55	10	4	32	0	0	0	0	0	4	0	0	0	0
Bier mit Limonade	34	142	92,8	0,3	0	4,9	0	0	5	20	6	12	16	0,2	0	0	0	0	2	0	0	0	0
Bier, alkoholarm	55	230	87,2	0,5	0	10,9	0	0	4	35	6	3	11	0,2	0	0	0	0	4	0	0	0	0
Bier, alkoholfrei	26	109	93,7	0,4	0	5,3	0	0	3	40	8	5	20	0	0	0	0	0	4	0	0	0	0
Bier, Helles, Export	43	180	92,3	0,3	0	3	0	0	4	35	10	2	10	0	0	0	0	0	4	0	0	0	0
Bier, Starkbier	60	251	89	0,7	0	4,6	0	0	3	40	12	4	50	0	0	0	0	0	4	0	0	0	0
Bierwurst	252	1054	61,4	13,3	22,2	0,21	43	0,060	788	222	18	13	121	1,10	2,04	5	0	335	1	298	157	177	23,5
Big Mac	228	953	55,8	9,9	12,6	18,7	34	1,1	428	220	17	21	115	1,8	1,3	53	200	800	3	200	100	100	0,4
Birne, frisch	53	222	83,4	0,5	0,3	12,4	0	2,8	2	125	7	9	15	0,3	0,2	3	0	400	6	0	0	0	5
Birne, frisch, gar	51	229	83,8	0,5	0,3	12,1	0	2,8	2	102	7	9	14	0,2	0,2	3	0	400	2	0	0	0	2,8
Birnen, geschält, Konserve, saftfrei	84	351	76,5	0,4	0,2	19,9	0	2,5	2	74	6	11	13	0,3	0,3	3	0	400	1	0	0	0	1,1
Birnennektar	68	285	82,9	0,2	0,1	16,4	0	0	1	55	4	7	8	0,2	0,2	2	0	200	2	0	0	0	1,4
Biskuitrolle	273	1142	34,5	3,99	2,57	57,6	84	0,809	74	65	6	20	88	0,85	0,49	59	8	528	8	24	63	40	0,891

100 g Lebensmittel	Energie		Nährstoffe						Mineralstoffe + Spurenelemente							Vitamine							
	kcal	kJ	Wasser	Eiweiß	Fett	Kohlenhydrate	Cholesterin	Ballaststoffe	Natrium	Kalium	Magnesium	Calcium	Phosphor	Eisen	Zink	A (Retinol)	B (Betacarotin)	E (Tocopherol)	Folsäure	B_1 (Thiamin)	B_2 (Riboflavin)	B_6 (Pyridoxin)	C (Ascorbinsäure)
Inhalt in …			g	g	g	g	mg	g	mg	mg	mg	mg	mg	mg	mg	µg	µg	µg	µg	µg	µg	µg	mg
Bismarckhering, Konserve	180	753	66,9	15,5	11,6	3,20	83	0,478	448	201	26	60	158	1,13	0,78	22	5	1370	3	35	124	191	0,761
Bitter-, Kräuter-, Gewürzliköre	249	1042	60	0	0	10	0	0	1	0	100	3	0	0	0	0	0	0	0	0	0	0	0
Blätterteig	418	1750	32,4	4,03	32,4	28,3	92	1,54	451	48	10	15	38	0,63	0,51	227	146	893	5	25	20	71	0,077
Blattsalate mit Jogurtdressing	31	130	92,5	2	1,2	2,4	3,5	1,1	21,4	207,1	10,6	59,3	47,1	0,7	0,3	128,7	1000	400	18,9	100	100	100	10,3
Blattsalate mit Öldressing	94	393	86,6	1,1	8,9	1,3	0	1,3	9,1	205,1	9,5	31,1	26,9	0,9	0,2	146,9	1,3	5,3	20	100	100	100	12,3
Blattspinat, frisch	18	75	91,8	2,5	0,3	0,6	0	2,6	65	633	58	126	55	4,1	0,6	781	4700	1400	56	100	200	200	52
Blattspinat, gar	16	67	92,5	2,3	0,3	0,4	0	2,5	50	326	36	123	51	3,2	0,4	723	4300	1400	12	0,1	0,1	0,1	24,1
Blauschimmelkäse, Rahmstufe	359	1502	41,5	21,6	29,8	1	90	0	1234	120	23	540	360	0,1	5,1	275	100	800	35	0	500	100	0
Blumenkohl, frisch	23	96	91	2,5	0,3	2,3	0	2,9	16	328	17	20	54	0,6	0,2	2	0	100	35	100	100	200	73
Blumenkohl, frisch, gar	18	75	92,3	2,2	0,3	1,6	0	2,7	12	245	15	20	49	0,5	0,2	2	0	100	13	100	100	100	36,3
Blumenkohlsuppe, Trockenprodukt	368	1540	6,6	11	9	60	0	1,4	4450	100	40	150	200	1,5	0,8	0	0	600	12	300	500	200	2
Blutwurst, einfach	344	1439	49,9	15,7	31,4	0,596	33	0,189	649	78	14	18	64	17	1,12	5	16	185	3	74	41	119	0,65
Bohnen, dick, getrocknet	326	1364	6	28,1	2	47,6	0	12	92	1227	135	92	346	6,8	1	44	300	1100	82	700	400	600	52,9
Bohnen, grün, gar	25	105	88,4	2,4	0,2	3,2	0	3,1	2	206	25	63	38	0,8	0,4	56	300	100	8	100	100	200	12,2
Bohnen, grün, Konserve	22	92	89,1	2,2	0,2	2,5	0	2,9	217	140	19	55	33	0,6	0,3	45	200	100	3	0	100	100	4,6

100 g Lebensmittel	Energie		Nährstoffe						Mineralstoffe + Spurenelemente							Vitamine							
	kcal	kJ	Wasser	Eiweiß	Fett	Kohlenhydrate	Cholesterin	Ballaststoffe	Natrium	Kalium	Magnesium	Calcium	Phosphor	Eisen	Zink	A (Retinol)	B (Betacarotin)	E (Tocopherol)	Folsäure	B_1 (Thiamin)	B_2 (Riboflavin)	B_6 (Pyridoxin)	C (Ascorbinsäure)
Inhalt in …			g	g	g	g	mg	g	mg	mg	mg	mg	mg	mg	mg	µg	µg	µg	µg	µg	µg	µg	mg
Bohnen, grün, TK, gar	27	113	87,5	2,6	0,3	3,3	0	3,4	2	204	25	62	37	0,8	0,3	59	300	200	6	100	100	200	8,7
Bohnen, weiß, gar	112	469	62,2	9,1	0,7	16,9	0	7,5	1	473	56	48	181	2,5	1,1	27	200	100	16	200	100	100	0,6
Bohnen, weiß, reif, Konserve	66	276	77,5	5,3	0,4	9,9	0	4,2	195	332	36	33	107	1,5	0,7	15	100	100	13	100	0	0	0,2
Bohneneintopf	69	289	84,1	3,4	3,5	5,7	8	1,7	80	218	17	24	47	0,6	0,7	27	100	400	10	100	100	200	8,2
Bohnenkaffee	2	8	99,4	0,2	0	0,3	0	0	1	66	6	2	2	0,2	0	0	0	0	0	0	0	0	0
Bohnensalat, grün, mit Öl	92	385	81,4	2	8	2,8	0	2,6	207	181	24	56	35	0,7	0,3	47	300	5000	6	0	100	200	10,2
Bohnensalat, Sauerkonserve	14	59	93,5	1,2	0,1	1,6	0	1,5	185	129	15	33	21	0,4	0,2	24	100	100	9	0	0	100	5
Bouillon, einfache Fleischbrühe	4	17	97,6	0,4	0,1	0,4	0	0,2	467	25	3	12	15	0,1	0,1	61	300	0	0	0	0	0	0,4
Bowle, Punsch	108	452	76,3	0,2	0,1	16,7	0	0,5	7	95	10	12	8	0,4	0,2	3	0	0	2	0	0	0	6,3
Brandteig	201	841	63,8	6,43	12,6	15,7	140	0,816	52	96	10	46	98	0,94	0,72	145	46	860	22	49	132	81	0,367
Branntwein aus Getreide	250	1046	63,9	0	0	0,1	0	0	1	3	1	2	5	0	0,1	0	0	0	0	0	0	0	0
Brät/Wurstbrät, frisch	285	1192	58,9	11,5	26,9	0	48	0	831	205	16	8	103	0,66	1,05	3	0	430	2	457	128	268	0
Bratensoße flüssig, verzehrfertig	15	63	90,3	1,7	0,4	1,1	0	0	2545	50,9	7,7	30,2	72,7	0,3	0,1	0	0	0	0	0	0	0	0
Bratensoße, Trockenpulver	149	623	4,25	17	4	11	0	0	2500	500	50	230	700	2	0,20	0	0	100	0	200	240	0	0
Bratfett	879	3678	0,7	0	99,3	0	200	0	1	1	1	1	1	0	0,2	0	0	0	0	0	0	0	0
Brathering, Konserve	193	808	62	14,5	10,5	9,90	69	0,931	422	185	23	56	146	1,06	0,74	20	3	1250	5	43	112	175	0,672

	Energie		Nährstoffe						Mineralstoffe + Spurenelemente							Vitamine							
100 g Lebensmittel	kcal	kJ	Wasser	Eiweiß	Fett	Kohlenhydrate	Cholesterin	Ballaststoffe	Natrium	Kalium	Magnesium	Calcium	Phosphor	Eisen	Zink	A (Retinol)	B (Betacarotin)	E (Tocopherol)	Folsäure	B_1 (Thiamin)	B_2 (Riboflavin)	B_6 (Pyridoxin)	C (Ascorbinsäure)
Inhalt in …			g	g	g	g	mg	g	mg	mg	mg	mg	mg	mg	mg	µg	µg	µg	µg	µg	µg	µg	mg
Bratkartoffeln	124	519	71,2	2,3	5,1	16,5	14	2,5	231	459	24	9	57	0,5	0,4	40	0	200	7	100	100	300	15,1
Bratkartoffeln mit Speck und Zwiebeln	138	577	73,2	2	8,7	12,5	4	2,1	135	294	18	9	43	0,4	0,3	22	0	600	4	100	0	200	10,7
Bratlinge, vegetarisch, frisch	143	598	69,3	9,1	8,2	8,2	0	3,1	420	282	45	47	137	1,9	1,2	3	0	1700	31	100	100	100	0,5
Bratlinge, vegetarisch, Trockenprodukt	293	1226	11,3	16,1	2,1	51,3	0	12,5	1662	729	129	85	370	5,3	2,8	156	800	1100	39	400	200	500	6,1
Bratwürste, gebraten	351	1469	49,3	13,9	33	0,4	64	0,1	504	128	15	9	84	0,9	1,4	2	0	300	0	500	200	300	0,1
Brausen	42	176	89,7	0	0	10	0	0	7	1	2	5	1	0,4	0	0	0	0	0	0	0	0	0
Brausen, kalorienarm	3	13	99,3	0	0	0,4	0	0	5	1	2	21	3	0,4	0	0	0	0	0	0	0	0	0
Brie, Rahmstufe	336	1406	46,1	21,1	27,9	0	92	0	700	150	20	400	190	0,5	3	305	200	700	37	100	300	200	0
Broccoli, frisch, gar	23	96	90,5	3,2	0,2	1,9	0	3	15	298	23	112	79	1,2	0,6	137	800	700	24	100	100	100	61,1
Brombeeren, frisch	30	126	86,3	1,2	1	2,7	0	6,6	3	190	30	45	30	0,90	0,19	0	270	720	34	30	40	50	17
Brombeerkonfitüre	267	1117	31,9	0,442	0,368	64	0	2,43	1	71	11	17	11	0,52	0,08	0	50	133	1	3	5	5	0,626
Brot, eiweißarm, glutenfrei, Diät	221	925	43	1,1	1,2	50,7	0	1,6	962	21	8	58	364	0,5	0,7	10	100	300	1	0	0	0	0
Brötchen, belegt	344	1439	40,6	12,6	20,3	23,2	53,6	0,8	574,2	135	20,2	164,6	262	1	1,8	124,2	100	500	6,3	200	100	100	5,9
Brötchen mit Ölsamen	264	1105	34,3	8,16	3,65	48,8	0	3,31	429	129	39	20	104	1,57	1,12	3	5	2160	11	143	56	102	1
Brötchen/Baguette	248	1038	35,8	7,42	1,35	50,7	0	3,16	451	100	21	16	78	1,33	0,92	3	4	358	9	68	51	84	1

	Energie		Nährstoffe						Mineralstoffe + Spurenelemente							Vitamine							
100 g Lebensmittel	kcal	kJ	Wasser	Eiweiß	Fett	Kohlenhydrate	Cholesterin	Ballaststoffe	Natrium	Kalium	Magnesium	Calcium	Phosphor	Eisen	Zink	A (Retinol)	B (Betacarotin)	E (Tocopherol)	Folsäure	B_1 (Thiamin)	B_2 (Riboflavin)	B_6 (Pyridoxin)	C (Ascorbinsäure)
Inhalt in …			g	g	g	g	mg	g	mg	mg	mg	mg	mg	mg	mg	µg	µg	µg	µg	µg	µg	µg	mg
Brühwürfel, normal	149	623	4,25	17	4	11	0	0	25000	500	50	230	700	2	0,20	0	0	100	0	200	240	0	0
Brühwürfel, fett	317	1326	3,28	13,1	26	8,48	0	0	19300	385	39	177	540	1,54	0,15	0	0	77	0	154	185	0	0
Brunnenkresse, frisch	19	79	91,6	1,6	0,3	2	0	3	12	276	34	180	64	3,1	0,2	692	4200	1000	24	100	200	100	51
Buchweizen	340	1423	12,8	9,07	1,73	71	0	3,7	2	324	85	21	254	3,2	2,5	0	13	844	50	240	150	580	0
Bückling	217	908	63,6	19,1	15,8	0	96	0	123	299	31	63	236	1,03	1,10	20	0	1490	4	33	139	234	0,465
Butter	742	3105	15,3	0,7	83,2	0,6	240	0	5	16	3	13	21	0,1	0,2	653	400	2000	1	0	0	0	0,2
Butter, halbfett	383	1602	51,9	4	39,8	3,5	140	0	80	160	14	115	90	0	0,4	360	200	1000	2	0	0	0	0
Buttercremetorte aus Biskuit	316	1322	43	4,1	19,4	31,4	95	1,18	120	132	19	63	140	0,84	0,62	148	74	683	6	26	97	36	0,375
Butterschmalz	882	3690	0,2	0,3	99,5	0	340	0	2	3	1	6	1	0,2	0,2	883	200	3600	0	0	0	0	0
C																							
Cabanossi	451	1887	36,9	15,2	43,9	0,32	60	0,115	1090	185	23	13	91	1,27	2,15	5	184	377	2	463	190	253	0
Camembert	288	1205	52	21	22,8	0	70	0	700	150	20	500	350	0,3	3	362	200	500	40	0	500	200	0
Cannelloni	173	724	64,3	11,4	8,1	12,9	449	1,3	388	192	20	82	164	2	1,9	193	900	900	7	100	200	100	5,8
Cashewnüsse, geröstet	595	2489	3,9	16,1	48,2	25,3	0	3,2	17	530	255	41	426	4,1	4,8	1	0	1300	25	400	200	300	0
Cervelatwurst	369	1544	42,8	20,1	32,4	0,27	76	0,065	1270	358	28	17	186	1,42	2,46	6	0	396	2	608	221	382	0
Champignons, frisch, gar	15	63	93,3	2,7	0,2	0,5	0	2,1	7	305	11	11	123	1,1	0,5	2	0	100	4	100	400	100	3,8
Champignons, frisch, roh	15	63	93,3	2,7	0,2	0,6	0	2	8	422	13	11	123	1,2	0,5	2	0	100	8	100	400	100	4,9
Champignons, Konserve	14	59	92,9	2,6	0,2	0,5	0	2	306	301	13	18	106	1	0,5	2	0	100	1	0	300	0	1
Champignon-cremesuppe, Trockenprodukt	391	1636	4,7	10,2	25	47	0	0,3	4680	910	60	300	17	1	0,4	3	0	0	11	1200	500	200	2

100 g Lebensmittel	Energie		Nährstoffe						Mineralstoffe + Spurenelemente							Vitamine							
	kcal	kJ	Wasser	Eiweiß	Fett	Kohlenhydrate	Cholesterin	Ballaststoffe	Natrium	Kalium	Magnesium	Calcium	Phosphor	Eisen	Zink	A (Retinol)	B (Betacarotin)	E (Tocopherol)	Folsäure	B_1 (Thiamin)	B_2 (Riboflavin)	B_6 (Pyridoxin)	C (Ascorbinsäure)
Inhalt in …			g	g	g	g	mg	g	mg	mg	mg	mg	mg	mg	mg	µg	µg	µg	µg	µg	µg	µg	mg
Cheddar, Rahmstufe	406	1699	36,1	24,7	34	0	105	0	620	100	25	840	490	0,4	4	403	200	800	20	0	400	100	0
Cheeseburger	217	908	57,9	9,9	12,1	16,8	33	1	406	173	20	125	155	1,4	1,4	50	0	700	5	200	100	100	0,4
Chester	368	1540	38,7	27	28,8	0	68	0	700	90	30	760	500	0,4	3,8	348	200	900	19	0	500	100	0
Chicorée, frisch	17	71	92,1	1,3	0,2	2,3	0	1,3	4	194	13	26	26	0,7	0,2	572	3400	100	37	100	0	100	8,7
Chinakohl, frisch	14	59	94,4	1,2	0,3	1,2	0	1,9	19	144	11	40	30	0,6	0,3	71	400	200	50	0	0	100	26
Chinakohl, frisch, gar	12	50	94,8	1,1	0,3	0,9	0	1,9	15	76	7	40	29	0,5	0,3	68	400	300	19	0	0	100	12,4
Clementinen, frisch	46	192	86,1	0,699	0,299	9	0	2	2	180	11	35	20	0,30	0,10	0	300	300	15	70	20	50	30
Cocktailkirschen	265	1109	33,8	0,390	0,105	64,3	0	0,525	69	134	6	13	12	0,63	0,04	0	30	46	2	28	29	16	5,25
Cola Mix	45	188	88,8	1,7	0	8,9	0	0	5	1	2	12	5	0,2	0	0	0	0	0	0	0	0	0
Colagetränke (coffeeinhaltig)	61	255	84,8	3,3	0	109	0	0	4	1	1	4	6	0	0	0	0	0	0	0	0	0	0
Colagetränke, kalorienarm	4	17	98,8	0	0	0,1	0	0	6	0	1	4	9	0	0,1	0	0	0	0	0	0	0	0
Consommé/ Kraftbrühe	37	155	91,3	6	1,2	0,4	16	0,3	157	119	8	11	60	0,7	1,4	40	200	200	1	0	100	0	1
Corned Beef, deutsche Konserve	126	527	69,8	23,5	3,38	0,202	44	0,038	840	282	22	12	171	1,7	3,29	12	0	258	1	71	161	66	0
Cornflakes	355	1485	5,7	7,15	0,600	79,1	0	4	938	120	14	13	59	2	0,28	0	170	175	6	60	60	70	0
Cornichons, Sauerkonserve	8	33	96,4	0,3	0,1	1,2	0	0,3	374	78	7	13	15	0,3	0,1	29	200	0	3	0	0	0	2,1
Cremetorte	316	1322	43	4,1	19,4	31,4	95	1,18	120	132	19	63	140	0,84	0,62	148	74	683	6	26	97	36	0,375

100 g Lebensmittel	Energie		Nährstoffe						Mineralstoffe + Spurenelemente							Vitamine							
	kcal	kJ	Wasser	Eiweiß	Fett	Kohlenhydrate	Cholesterin	Ballaststoffe	Natrium	Kalium	Magnesium	Calcium	Phosphor	Eisen	Zink	A (Retinol)	B (Betacarotin)	E (Tocopherol)	Folsäure	B_1 (Thiamin)	B_2 (Riboflavin)	B_6 (Pyridoxin)	C (Ascorbinsäure)
Inhalt in …			g	g	g	g	mg	g	mg	mg	mg	mg	mg	mg	mg	µg	µg	µg	µg	µg	µg	µg	mg
Croissant aus Blätterteig	508	2125	10,4	7,08	33,6	44,9	26	2,51	371	135	16	50	110	1,02	0,95	214	239	5350	22	78	135	68	0,317
Currywurst, rot	273	1142	59,7	12,2	25,1	0,33	51	0,058	752	204	19	11	101	0,78	1,22	2	6	273	2	462	134	274	0,072
D																							
Dampfnudeln	163	682	65,6	4,8	6,2	21,7	29	0,8	30	136	16	42	95	1,1	0,7	58	0	1100	31	100	200	100	0,2
Danablu, Rahmstufe	346	1448	44,1	20,2	29,5	0	97	0	1260	97	23	620	400	0,2	3	322	300	800	35	0	500	100	0
Datteln, getrocknet	285	1192	20	2,03	0,509	66,1	0	8,85	5	659	51	66	61	1,93	0,35	0	33	183	17	57	57	114	2,44
Diabetiker Backwaren	352	1473	8	20,2	9,1	46,6	0	12,6	224	695	179	77	460	6	4,3	1	0	4900	56	600	600	300	0
Diabetiker Brotaufstriche	272	1138	21,8	0,2	0	78	0	0	19	5	0	5	0	0	0	0	0	0	0	0	0	0	0
Diabetiker Schokolade	410	1715	2,3	7,7	0	90	0	0	5	2	1	1	0	0	0	0	0	0	0	0	0	0	0
Diabetiker Süßigkeiten	246	1029	2,3	7,7	0	90	0	0	5	2	1	1	0	0	0	0	0	0	0	0	0	0	0
Diabetiker-gebäck	414	1732	11,6	10,3	21,7	44,4	0	9,1	134	397	173	94	438	5,6	4,2	2	0	10,9	21	700	700	300	0
Diabetiker-zucker	237	992	1	0	0	99	0	0	0	0	0	0	0	0	0	0	0	0	0	0	0	0	0
Dickmilch (Sauermilch), entrahmt	34	142	90,7	3,4	0,1	4,2	1	0	50	160	12	120	100	0,1	0,4	0	0	0	4	0	200	100	1
Dickmilch (Sauermilch)	64	268	87,6	3,4	3,5	4	13	0	50	150	12	120	100	0,1	0,4	43	0	100	4	0	200	100	1
Dickmilch (Sauermilch), 10 % Fett	119	498	81,8	3,1	10	3,7	37	0	50	150	11	110	90	0,1	0,3	120	100	300	7	0	200	100	1

100 g Lebensmittel	Energie		Nährstoffe						Mineralstoffe + Spurenelemente							Vitamine							
	kcal	kJ	Wasser	Eiweiß	Fett	Kohlenhydrate	Cholesterin	Ballaststoffe	Natrium	Kalium	Magnesium	Calcium	Phosphor	Eisen	Zink	A (Retinol)	B (Betacarotin)	E (Tocopherol)	Folsäure	B_1 (Thiamin)	B_2 (Riboflavin)	B_6 (Pyridoxin)	C (Ascorbinsäure)
Inhalt in …			g	g	g	g	mg	g	mg	mg	mg	mg	mg	mg	mg	µg	µg	µg	µg	µg	µg	µg	mg
Dickmilch (Sauermilch), teilentrahmt	46	192	89,5	3,4	1,5	4,1	6	0	50	150	12	120	100	0,1	0,4	22	0	100	4	0	200	100	1
Dickmilch, 10 % Fett, mit Früchten	144	602	73,2	2,8	8,7	13,2	33	0,9	40	129	10	100	79	0,1	0,3	34	0	100	4	0	100	0	1,5
Dickmilch mit Müsli	124	519	71,8	4,3	3,9	17,2	10	1,2	55	183	26	104	124	0,6	0,7	36	0	600	7	100	200	100	1,1
Dickmilch, fettarm, mit Früchten	83	347	79,4	2,9	1,3	14,1	5	0,9	42	137	11	106	84	0,1	0,3	19	0	100	4	0	100	0	1,5
Distelöl	881	3686	0,5	0	99,5	0	0	1	0	0	0	0	0	0	0	0	0	44500	0	0	0	0	0
Donauwellen	312	1305	42,9	4,2	19,1	30,7	87	1,83	75	139	22	42	105	1,04	062	138	135	691	6	28	77	42	0,614
E																							
Eclairs aus Brandteig mit Sahne gefüllt	294	1230	50,9	6,65	21,7	18,5	145	1,39	92	153	23	68	146	1,22	0,86	223	101	3070	14	53	141	64	0,336
Edamer	355	1485	41,9	24,8	28,3	0	59	0	600	100	36	800	550	0,3	3,8	305	200	400	21	0	300	100	0
Edelkastanien, frisch, gar	173	724	50,1	2,5	1,9	36	0	8,6	2	300	27	37	80	0,9	0,4	4	0	1300	16	100	200	300	15
Edelkastanien, geröstet	242	1053	44,5	2,3	10,9	33,4	0	7,8	4	557	37	33	74	0,9	0,5	44	300	2900	13	100	100	200	12,5
Edelpilzkäse	304	1272	46,6	22	24	0	59	0	1200	150	45	550	380	0,6	3,5	217	100	500	37	0	500	400	0
Ei/Hühnerei, gar	149	623	75,2	12,4	10,8	0,674	382	0	73	97	10	54	208	1,6	1,37	280	13	2050	53	71	220	97	0
Ei/Hühnerei, roh	154	644	74,1	12,9	11,2	0,700	396	0	144	147	12	56	216	2,10	1,35	276	13	2020	65	100	310	120	0
Eier in Senfsoße	136	569	79,7	7,9	10,2	1	237,8	0	259,6	98,1	13,4	48,7	131,8	1,3	0,8	149,4	0	700	14,1	100	200	100	0,2
Eierlikör	285	1192	47,4	4	7	28	150	0	5	14	4	14	50	0,7	0,5	146	0	600	12	100	200	100	0,3

	Energie		Nährstoffe						Mineralstoffe + Spurenelemente							Vitamine							
100 g Lebensmittel	kcal	kJ	Wasser	Eiweiß	Fett	Kohlenhydrate	Cholesterin	Ballaststoffe	Natrium	Kalium	Magnesium	Calcium	Phosphor	Eisen	Zink	A (Retinol)	B (Betacarotin)	E (Tocopherol)	Folsäure	B_1 (Thiamin)	B_2 (Riboflavin)	B_6 (Pyridoxin)	C (Ascorbinsäure)
Inhalt in …			g	g	g	g	mg	g	mg	mg	mg	mg	mg	mg	mg	µg	µg	µg	µg	µg	µg	µg	mg
Eierpfannkuchen	188	787	67,6	7,7	10,4	13,2	149,5	0,3	72,6	131,8	12,6	76,2	128,7	1	0,9	85,8	0	500	11,4	100	200	100	0,7
Eiersalat	330	1381	56,5	6	32	4	209	0,7	255	222	13	51	160	1,5	0,9	164	0	1100	18	100	100	0	27,8
Eigelb	348	1456	50	16,1	31,9	0,300	1260	0	51	138	16	140	590	7,2	3,8	881	29	5680	130	290	400	300	0
Eis mit Früchten	163	682	71	1,5	8,5	15,5	30	0,3	22	116	8	55	44	0,2	0,2	90	100	400	2	0	100	0	2
Eis mit Früchten, Sahne und Alkohol (Likör)	232	971	55	3,1	11	28,4	85	0	27	264	24	81	89	0,8	0,5	166	200	900	13	100	100	200	13,7
Eis mit Sahne	136	561	77	2,3	9,3	10,7	29	0	34	103	9	83	63	0,1	0,3	107	100	300	3	0	100	0	1,1
Eisbein, vorne, gekocht	209	875	59,7	28,9	10,3	0	77	0	40	183	16	9	79	2,09	2,68	7	0	421	3	354	214	297	0
Eisbergsalat	13	54	94,6	1	0,2	1,6	0	1,8	12	160	7	19	20	0,5	0,2	600	3600	600	12	0	0	0	3,9
Eiweiß/Hühnereiweiß	50	2092	87,2	11,1	0,200	0,700	0	0	170	154	12	11	21	0,20	0,02	0	0	0	15	22	320	12	0,300
Emmentaler, Vollfettstufe	384	1607	36,9	28,7	30	0	90	0	300	100	43	1100	700	0,3	4,6	343	100	500	16	100	300	100	0
Endiviensalat	11	46	95,4	1,8	0,2	0,3	0	1,2	53	346	10	54	54	1,4	0,4	280	1700	1000	18	100	100	100	10
Energieriegel mit Haselnusscreme, Diät	462	1933	6,8	10,5	27,6	42,6	3	9,4	129	470	124	236	322	3,3	1,5	27	100	12200	10	300	500	400	13,3
Ente, frisch	225	941	63,7	18,1	17,2	0	76	0	38	210	22	14	200	2,4	1,84	51	0	0	25	300	200	330	0
Erbsen, grün, frisch	82	343	74,5	6,6	0,5	12,3	0	5	2	304	33	24	108	1,8	0,8	72	400	300	23	300	200	200	25
Erbsen, grün, frisch, gar	84	351	73,7	6,7	0,5	12,6	0	5,3	2	259	34	27	110	1,8	0,8	74	400	300	5	200	100	100	15,6
Erbsen, grün, Konserve	70	293	76,8	6,2	0,5	9,8	0	4,9	222	177	27	26	94	1,3	0,6	58	300	300	2	100	100	100	5,9

100 g Lebensmittel	Energie		Nährstoffe						Mineralstoffe + Spurenelemente							Vitamine							
	kcal	kJ	Wasser	Eiweiß	Fett	Kohlenhydrate	Cholesterin	Ballaststoffe	Natrium	Kalium	Magnesium	Calcium	Phosphor	Eisen	Zink	A (Retinol)	B (Betacarotin)	E (Tocopherol)	Folsäure	B_1 (Thiamin)	B_2 (Riboflavin)	B_6 (Pyridoxin)	C (Ascorbinsäure)
Inhalt in …			g	g	g	g	mg	g	mg	mg	mg	mg	mg	mg	mg	µg	µg	µg	µg	µg	µg	µg	mg
Erbsen, grün, TK, gar	84	351	73,5	6,9	0,5	12,4	0	5,5	2	243	32	26	103	1,7	0,8	72	400	300	4	200	100	100	10,5
Erbsen, reif, frisch, gar	146	611	52,7	12	0,8	22	0	9	11	411	58	26	197	2,5	2	7	0	600	17	300	100	0	0,5
Erbseneintopf	153	640	72	4,3	12,2	6,7	31	2,5	449	228	23	31	65	1,2	0,6	137	600	300	6	100	100	100	5,5
Erbsen-Karottengemüse	61	255	84,8	2,1	3	6,4	3	2,7	84	231	17	51	51	1,4	0,5	834	4100	800	5	100	100	100	5,1
Erdbeeren, frisch	32	134	89,8	0,800	0,400	5,5	0	2	3	145	15	25	25	0,96	0,12	0	50	120	16	30	50	60	65
Erdbeerkonfitüre	268	1121	33,2	295	0,147	65,1	0	0,737	1	55	6	10	9	0,54	0,06	0	9	22	1	3	5	7	2,4
Erdnussbutter	598	2502	0,7	26,1	50	12,2	0	7,6	235	760	180	55	362	2	3	0	0	6800	27	200	100	600	0
Erdnüsse, geröstet, ohne Salz	580	2426	1,6	25,6	49,4	9,4	0	11,4	11	777	182	65	409	2,3	3,4	0	0	8800	48	300	100	400	0
Erdnussflips	529	2213	3	9,69	34,7	45,2	0	4,9	770	165	43	16	107	0,94	0,78	0	157	4990	17	177	43	125	0
Erdnussöl	881	3686	0,4	0	99,4	0,2	1	0	1	1	1	1	1	0,1	0	0	0	10300	0	0	0	0	0
Esrom, Vollfettstufe	314	1314	46,7	22,5	24,9	0	58	0	800	100	50	700	400	0,6	5	297	100	700	18	100	300	100	0
Essig	19	79	93,9	0,400	0	0,600	0	0	20	89	22	15	32	0,50	0,10	0	0	0	0	0	0	0	0
Essigmarinade, Essig/Öl-Vinaigrette	358	1498	53,7	0,4	38,4	3,3	0	0,4	1003	69	10	29	17	0,6	0,2	80	500	2420	3	0	0	0	5,4
Export, Bier, Helles	43	180	92,3	0,3	0	3	0	0	4	35	10	2	10	0	0	0	0	0	4	0	0	0	0
F																							
Feigen, frisch	63	264	82,3	1,3	0,500	12,9	0	2,04	2	240	20	54	32	0,60	0,25	0	48	501	7	46	50	110	2,74
Feigen, getrocknet	284	1188	20	5,86	2,25	58,2	0	9,2	9	1080	90	244	144	2,71	1,13	0	194	2,03	27	167	180	397	9,88

100 g Lebensmittel	Energie		Nährstoffe						Mineralstoffe + Spurenelemente							Vitamine							
	kcal	kJ	Wasser	Eiweiß	Fett	Kohlenhydrate	Cholesterin	Ballaststoffe	Natrium	Kalium	Magnesium	Calcium	Phosphor	Eisen	Zink	A (Retinol)	B (Betacarotin)	E (Tocopherol)	Folsäure	B_1 (Thiamin)	B_2 (Riboflavin)	B_6 (Pyridoxin)	C (Ascorbinsäure)
Inhalt in …			g	g	g	g	mg	g	mg	mg	mg	mg	mg	mg	mg	µg	µg	µg	µg	µg	µg	µg	mg
Feldsalat	14	59	94,2	1,8	0,4	0,7	0	1,8	4	420	13	35	49	2	0,5	650	3900	600	22	100	100	300	35
Fenchelgemüse, frisch	25	105	88,3	2,4	0,3	2,8	0	4,2	86	494	49	109	51	2,7	0,3	783	4700	6000	76	200	100	100	93
Fenchelgemüse, frisch, gar	22	92	88,9	2,4	0,3	2,2	0	4,4	73	276	32	116	51	2,3	0,2	789	4700	6700	30	100	100	100	46,8
Feta	237	992	58,6	17	18,8	0	45	0	1300	150	25	450	360	0,6	2	228	100	500	14	0	300	100	0
Fisch in Kräutersoße	82	343	83,2	10	3,9	1,6	39	0,1	223	156	15	14	92	0,3	0,4	10	0	300	3	0	100	100	1,2
Fischfilet, gedünstet	113	473	75,9	18,6	4,1	0,3	56	0	85	274	33	24	176	0,4	0,6	40	100	1000	8	0	100	200	2,1
Fischfilet, paniert, gar	216	904	57,1	16,9	10,4	13,4	72	0,9	109	251	24	22	157	0,7	0,7	22	100	600	6	100	100	200	1,1
Fischfilet natur, gebraten	118	494	73,8	19	4,2	1	63	0,1	346	269	52	37	187	0,8	0,4	23	0	900	5	100	100	200	0,9
Fischfrikadellen, gar	232	971	60,8	13,7	16,9	6,7	103	0,5	275	195	19	22	138	0,7	0,7	39	0	800	8	100	100	100	0,5
Fischfrikassee, gar	81	339	82,5	12,1	2,7	1,7	48	0,1	58	197	19	13	113	0,4	0,5	21	0	700	3	0	100	100	1,1
Fischkonserve	232	971	63,8	14,8	16,9	1,1	48,9	0,2	715,7	333,3	26	49	208,3	1,4	1,2	55,7	100	3700	3,7	0	200	400	2,1
Fischstäbchen, frittiert	236	1100	46,3	14,2	10,2	21,8	49	1,6	1999	198	27	37	208	0,4	0,7	6	0	400	6	100	100	200	0,4
Fischstäbchen, paniert, TK	118	494	69,9	13,5	1,17	13	61	0,839	248	247	22	19	226	0,47	0,64	17	0	236	10	107	132	300	0,710
Fischstäbchen, gebraten	249	1042	59,8	11,8	15,8	10,9	102,7	0	181,8	218,2	16,4	18,2	182,1	0,6	0,4	9,1	0	0	6,4	0	100	200	0
Flammeri	110	460	76	2,9	3,1	17,3	10,1	0	65,4	135,3	11	105	79,8	0,2	0,3	28,4	0	0,1	3,7	0	100	0	1,4
Fleischbrühe mit Einlage	56	234	89,8	4	3,9	1,3	12	0,5	79	100	7	9	46	0,6	1,1	36	200	900	1	0	0	100	9,3

100 g Lebensmittel	Energie		Nährstoffe						Mineralstoffe + Spurenelemente							Vitamine							
	kcal	kJ	Wasser	Eiweiß	Fett	Kohlenhydrate	Cholesterin	Ballaststoffe	Natrium	Kalium	Magnesium	Calcium	Phosphor	Eisen	Zink	A (Retinol)	B (Betacarotin)	E (Tocopherol)	Folsäure	B_1 (Thiamin)	B_2 (Riboflavin)	B_6 (Pyridoxin)	C (Ascorbinsäure)
Inhalt in …			g	g	g	g	mg	g	mg	mg	mg	mg	mg	mg	mg	µg	µg	µg	µg	µg	µg	µg	mg
Fleischbrühe, einfach, Bouillon	4	17	97,6	0,4	0,1	0,4	0	0,2	467	25	3	12	15	0,1	0,1	61	300	0	0	0	0	0	0,4
Fleischkäse	302	1264	54,9	14,2	27,6	0,19	59	0,045	872	252	21	12	130	0,82	1,44	3	1	324	1	503	155	301	0,239
Fleischkäse, gebraten	349	1460	40,5	12,8	25,5	17,5	57	1,2	642	193	20	19	120	1	1,1	21	100	500	3	300	100	200	14,5
Fleischwurst	283	1184	57,3	14,2	25,3	0,25	50	0,095	789	231	19	11	122	0,78	1,29	2	80	268	1	450	139	273	0,216
Flunder, frisch, gar	112	469	75,7	19,2	3,84	0	60	0	104	298	26	32	204	0,55	0,6	8	0	755	9	198	176	210	0,575
Flusskrebs/ Edelkrebs, frisch, gar	92	385	77,4	19	1,11	1,26	146	0	52	272	25	24	256	1,49	1,3	1	0	94	13	118	73	1540	1,89
Fontina	383	1602	38,5	25,6	31,1	0	116	0	700	100	14	550	500	0,2	3,5	297	100	600	18	0	200	100	0
Forelle, geräuchert	120	502	73,4	21,8	3,56	0	59	0	67	346	26	13	232	0,65	1,21	14	0	1670	5	70	59	179	2,41
Frankfurter Kranz	363	1519	36,6	4,88	24,1	32,1	105	1,48	92	138	24	71	131	0,87	0,66	159	87	2620	9	36	119	44	513
Frikadellen	249	1042	56	21,7	16,1	4,5	78	0,4	102	257	21	12	177	1,9	3,1	36	0	800	3	400	300	300	0,5
Frischkäse	336	1406	53	11	31,5	2,5	103	0	350	90	7	90	150	0,1	0,4	325	200	700	9	0	200	100	0
Frischkäse, Doppelrahmstufe	336	1406	53	11	31,5	2,5	103	0	350	90	7	90	150	0,1	0,4	325	200	700	9	0	200	100	0
Frischkäse, Rahmstufe	282	1180	56,7	13,8	23,6	3,4	77	0	400	110	9	100	160	0,1	0,4	248	100	700	9	100	300	100	0
Frischkäsezubereitung	336	1406	53	11	31,5	2,5	103	0	350	90	7	90	150	0,1	0,4	325	200	700	9	0	200	100	0
Frittierfett	885	3703	0	0	100	30	0	0	0	0	0	0	3	0	0,1	0	0	0	0	0	0	0	0
Fruchtsaftgetränk	47	197	87,9	0,2	0	11,2	0	0,3	4	0	2	19	0	0,4	0,1	0	0	0	1	0	0	0	6

100 g Lebensmittel	Energie		Nährstoffe						Mineralstoffe + Spurenelemente							Vitamine							
	kcal	kJ	Wasser	Eiweiß	Fett	Kohlenhydrate	Cholesterin	Ballaststoffe	Natrium	Kalium	Magnesium	Calcium	Phosphor	Eisen	Zink	A (Retinol)	B (Betacarotin)	E (Tocopherol)	Folsäure	B_1 (Thiamin)	B_2 (Riboflavin)	B_6 (Pyridoxin)	C (Ascorbinsäure)
Inhalt in …			g	g	g	g	mg	g	mg	mg	mg	mg	mg	mg	mg	µg	µg	µg	µg	µg	µg	µg	mg
Früchtecocktail, Konserve, saftfrei	107	448	72,6	0,3	0,1	25,6	0	0,9	2	59	7	12	8	0,3	0,2	11	100	300	0	0	0	0	1
Früchtedickmilch mit Süßstoff	62	259	86,6	3,2	3,2	4,6	12	1	61	150	12	115	91	0,1	0,3	40	0	100	4	0	200	0	1
Früchteeis	132	552	68	1,3	1,36	28,1	5	0,609	20	101	8	50	37	0,25	0,27	14	21	172	5	23	75	32	4,1
Früchteeis mit Sahne	177	741	62,8	2,6	11	16,7	86	0,5	26	124	10	67	75	0,5	0,4	156	100	600	7	0	100	100	5
Früchtejogurt mit Süßstoff	64	268	86,3	3,1	3,5	4,6	13	1	61	159	12	124	91	0,1	0,4	30	0	100	8	0	200	0	1
Früchtemüsli	340	1423	12,6	9,94	6,04	60,3	0	8,48	44	451	110	53	290	3,33	2,5	0	174	2700	37	404	136	283	2,9
Früchtequark mit Süßstoff	73	305	80,3	12,3	0,2	4,6	1	1	52	141	11	115	172	0,4	0,6	2	0	0	17	0	300	100	1
Frühlingsrolle	188	787	60,3	9,4	8,5	18,4	21	1,5	481	197	17	15	83	1,1	1,5	2	0	3600	7	100	100	100	1
G																							
Gans, gar	279	1167	54,3	23,4	20,8	0	77	0	97	470	27	13	201	2,13	1,45	58	0	0	4	107	388	0,736	0
Gänsekeule mit Haut, gar	183	778	66,4	20,5	11,6	0	74	0	93	451	26	13	193	2,04	1,40	56	0	0	3	103	372	706	0
Garnelen, frisch	102	427	75,8	20,3	1,73	0,910	152	0	148	185	37	52	205	1,7	2,30	2	0	4000	7	50	34	104	0
Gebundene Suppe	43	180	91	1,1	2,6	3,4	7,1	0,7	377,8	67	7,8	19	24,1	0,3	0,2	64,1	400	300	1,9	0	0	0	2
Geflügelbrühe	55	230	89,3	6,3	3,1	0,4	24	0,2	124	119	11	13	60	0,7	1,9	37	200	200	2	0	100	100	2
Geflügelmortadella	174	728	65	21	9,82	0,318	81	0,119	987	310	27	23	186	1,26	1,74	19	97	109	9	175	192	495	0,26
Geflügelsalat	136	569	74,1	10,6	9,4	2,2	52	1,1	339	195	16	41	92	0,7	0,6	133	0,6	0,8	7	100	100	200	4
Gelatinepulver	343	1435	15,3	84,4	0	0	0	0	50	20	11	11	0	0,10	0,20	0	0	0	1	1	1	1	0
Gelbwurst	285	1192	59	11,3	26,9	0,28	46	0,047	728	148	18	9	70	0,73	1,20	2	1	261	2	442	129	252	0,06
Geleefrüchte	329	1377	6,45	1,59	0,150	79,1	0	12	85	123	12	99	11	0,74	0,01	0	0	0	0	22	19	0	0

100 g Lebensmittel	Energie		Nährstoffe						Mineralstoffe + Spurenelemente							Vitamine							
	kcal	kJ	Wasser	Eiweiß	Fett	Kohlenhydrate	Cholesterin	Ballaststoffe	Natrium	Kalium	Magnesium	Calcium	Phosphor	Eisen	Zink	A (Retinol)	B (Betacarotin)	E (Tocopherol)	Folsäure	B_1 (Thiamin)	B_2 (Riboflavin)	B_6 (Pyridoxin)	C (Ascorbinsäure)
Inhalt in …			g	g	g	g	mg	g	mg	mg	mg	mg	mg	mg	mg	µg	µg	µg	µg	µg	µg	µg	mg
Gemüsebrühe	18	75	96,6	0,2	1,7	0,5	0	0,4	139	35	3	12	7	0,1	0,1	53	200	1100	1	0	0	0	1
Gemüse-Lasagne	97	406	80,3	6,1	6,2	4	15	1,2	279	168	14	124	101	0,4	0,8	119	200	600	10	0	100	100	6
Gemüseplatte	79	331	81,3	2,6	3,6	8,6	5	2,4	33	304	18	27	55	0,7	0,4	161	800	700	9	100	100	200	13
Gemüserisotto	92	385	76	2,9	2,5	14,2	0	2,6	413	182	22	25	57	1,2	0,4	491	2,4	0,5	4	100	100	100	4
Gemüsesaft, frisch	12	50	96,1	1	0,1	1,8	0	0,2	186	100	9	13	22	0,5	0,2	167	800	300	3	0	0	0	9
Gemüsesalat mit Dressing	98	410	79,8	2,4	7,2	5,8	0	3,3	193	179	17	26	50	1,1	0,4	394	1900	5100	5	100	100	100	30
Gemüsesuppe	27	113	91,3	1,3	0,2	4,7	0	1,3	273,6	167,8	12,5	21,7	29,4	0,5	0,2	40,3	600	200	2,6	0	0	100	6
Gemüsesuppe (Wurzel & Knollen), Trockenprodukt	344	1439	3,9	15	9	50	0	1,1	9000	600	60	100	300	0,2	0,6	3	0	100	7	300	600	200	2
Gemüsesuppe mit Dörrfleisch	55	230	88,2	2,2	3,2	4,3	3	0,8	216	206	13	17	27	0,4	0,3	440	700	200	85	0	0,1	0,1	6
Gemüsesuppe mit Wursteinlage	69	289	86	3,5	3,9	4,1	9,7	1,1	345,4	181,5	13,6	20,9	83,7	0,6	0,4	36,8	500	200	2,6	100	0	100	8
Gerste, Vollkorn	320	1339	11,5	9,84	2,1	64,3	0	9,8	18	444	114	38	342	2,8	2,53	0	1	674	65	430	180	560	0
Getränkepulver	384	1607	3,5	0	0	90	0	0,3	8	2	2	84	134	1,7	0,2	1	0	0	0	700	200	0	0
Getreideflocken	370	1548	10	12,5	7	63,3	0	5,43	7	348	139	54	391	4,6	4,06	0	0	1450	24	590	150	160	0
Getreidesprossen, gekeimt	70	293	80,4	3,2	0,4	13	0	2,5	1	100	50	11	100	0,8	0,9	1	0	300	4	100	0	100	0
Gewürz-, Bitter-, Kräuterliköre	249	1042	60	0	0	10	0	0	1	0	100	3	0	0	0	0	0	0	0	0	0	0	0
Gewürzgurken, Sauerkonserve	12	50	95,6	0,4	0,1	1	0	0,2	263	82	12	14	20	0,4	0,1	20	100	0	2	0	0	0	1,4
Glühwein	105	439	78,3	0,2	0	14,8	0	0,1	3	63	6	9	18	0,6	0,1	0	0	0	1	0	0	0	1,3

100 g Lebensmittel	Energie		Nährstoffe						Mineralstoffe + Spurenelemente							Vitamine							
	kcal	kJ	Wasser	Eiweiß	Fett	Kohlenhydrate	Cholesterin	Ballaststoffe	Natrium	Kalium	Magnesium	Calcium	Phosphor	Eisen	Zink	A (Retinol)	B (Betacarotin)	E (Tocopherol)	Folsäure	B_1 (Thiamin)	B_2 (Riboflavin)	B_6 (Pyridoxin)	C (Ascorbinsäure)
Inhalt in …			g	g	g	g	mg	g	mg	mg	mg	mg	mg	mg	mg	µg	µg	µg	µg	µg	µg	µg	mg
Gorgonzola, Magerstufe	357	1494	43,5	19,4	31,2	0	102	0	1400	260	20	612	356	0,3	2,6	257	100	600	30	100	400	100	1
Götterspeise	70	293	82,3	1,4	0	16,2	0	0	4,4	5,6	3	8	2,8	0,2	0	0	0	0	0	0	0	0	0
Gouda	365	1527	40,1	25,5	29,2	0	114	0	600	100	36	800	550	0,3	3,8	305	200	800	19	0	300	100	0
Grahambrot	212	887	40,8	7,72	1,46	41,4	0	6,43	424	222	91	30	250	2,67	2,03	0	4	1220	34	164	127	239	0
Granatapfel	78	326	78,5	0,700	0,600	16,7	0	2,24	7	290	3	8	17	0,50	0,28	0	40	200	7	50	20	105	7
Grapefruit, frisch	50	209	86,2	0,600	0,150	8,95	0	0,580	2	180	10	18	17	0,34	0,17	0	15	250	11	48	24	28	44
Grapefruitnektar	64	268	83,6	0,274	0,061	14,2	0	0,030	1	77	5	11	9	0,20	0,13	0	8	127	4	19	10	11	12
Grapefruitsaft, frisch gepresst	48	201	87,3	0,547	0,122	8,46	0	0,059	2	154	10	18	17	0,33	0,17	0	15	253	7	39	20	23	26,7
Greyerzer	407	1703	33,6	29	32,3	0	110	0	335	100	37	1000	600	0,4	4	433	200	800	10	100	300	100	0
Grießbrei	126	527	74,6	3,8	5,6	14,9	47	0,4	46	121	11	88	87	0,3	0,5	61	0	300	5	0	100	0	0,6
Grundsoße, braun	59	247	90,8	0,4	5,3	2,7	0	0,2	262	6	3	7	5	0,1	0,1	40	0	1100	0	0	0	0	0,1
Grundsoße, weiß	56	234	90,4	2	4,7	1,7	9	0,1	259	168	10	4	13	0,1	0,2	531	500	100	114	0	100	100	0,5
Grünkern-Vollkorn	324	1356	12,5	10,8	2,7	63,3	0	8,8	3	447	130	22	411	4,2	3,5	0	0	300	50	300	100	300	0
Grünkohl, frisch, gar	29	121	89	3,5	0,7	1,6	0	3,5	29	221	17	181	70	1,3	0,2	699	1200	1500	15	0	100	100	42,5
Grünkohl, Konserve	33	138	86,7	4	0,8	2	0	4	243	278	23	191	74	1,3	0,3	679	4100	1700	4	0	100	100	24,3
Gugelhupf aus Hefeteig	349	1460	30	6,41	16,8	42,5	46	2,76	55	220	25	48	105	1,07	0,74	112	119	4030	19	60	124	83	0,333
Gulaschsuppe, Konserve	110	460	77,7	10,6	6,32	2,58	29	0,759	432	298	20	22	105	1,48	1,97	6	326	485	6	63	111	72	3,2
Gummibären	188	787	51,4	1	0	45	0	0	60	360	110	360	4	4,2	1,4	0	0	0	0	0	0	0	0

100 g Lebensmittel	Energie		Nährstoffe						Mineralstoffe + Spurenelemente							Vitamine							
	kcal	kJ	Wasser	Eiweiß	Fett	Kohlenhydrate	Cholesterin	Ballaststoffe	Natrium	Kalium	Magnesium	Calcium	Phosphor	Eisen	Zink	A (Retinol)	B (Betacarotin)	E (Tocopherol)	Folsäure	B_1 (Thiamin)	B_2 (Riboflavin)	B_6 (Pyridoxin)	C (Ascorbinsäure)
Inhalt in …			g	g	g	g	mg	g	mg	mg	mg	mg	mg	mg	mg	µg	µg	µg	µg	µg	µg	µg	mg
Gurken, frisch	12	50	96	0,6	0,2	1,8	0	0,5	8	141	8	15	23	0,5	0,2	66	400	100	15	0	0	0	8
Gurken, frisch, gar	12	50	96	0,6	0,2	1,8	0	0,6	7	118	8	16	23	0,5	0,2	66	400	100	6	0	0	0	4,4
Gurkensalat	24	100	94,2	1,3	1	2	2,6	0,5	17,1	139	10,4	40,7	37,7	0,4	0,2	27,1	300	100	12,8	0	100	0	7,4
Gyros	201	841	66,6	20,8	11,2	0	60	0	48	343	19	5	177	2,3	3,8	16	0	400	3,2	100	200	200	0
H																							
Hackbraten	203	849	61,6	20,5	11,1	5,2	64	0,5	82	211	16	14	140	1,9	3	24	0	500	3	200	200	200	1
Hackfleisch, gemischt, gar	239	1000	57,3	26,7	14,6	0,411	63	0	38	239	18	6	161	2,15	3,91	14	0	459	2	212	241	180	0
Hafer, ganz	353	1477	12,8	11,7	7,09	59,8	0	5,57	8	355	129	80	342	5,8	4,5	0	0	841	33	520	170	960	0
Haferflocken	370	1548	10	12,5	7	63,3	0	5,43	7	348	139	54	391	4,61	4,06	0	0	1450	24	590	150	160	0
Hagebuttenkonzentrat	246	1029	32	8,9	1,32	42,4	0	0	197	819	175	411	418	0,94	2530	0	6260	1300	25	133	143	123	2060
Hähnchenbrustfilet, frisch	102	427	74,6	23,6	0,700	0	66	0	72	330	27	14	21	0,50	0,70	27	0	250	9	70	90	530	0
Hähnchenleber, gar	147	615	67,3	20,8	4,26	6,05	537	0	82	242	21	17	290	9,19	3,11	15,2	0	387	391	360	2950	774	0,22
Hamburger	240	1004	53,7	10,9	13,3	19,1	36	1,1	443	216	18	21	126	2	1,5	16	0	800	3	200	100	100	0,2
Hartkäse	295	1234	43,5	31,9	18,2	0	43	0	800	100	30	900	600	0,4	4,5	218	100	600	20	0	500	100	0
Hartkäse, Dreiviertelfettstufe	357	1494	32,6	38,5	22,5	0	53	0	1000	100	44	1400	950	0,8	3	273	100	600	6	0	500	100	0
Hartkäse, Magerstufe	168	703	53,7	37,9	1	0	2	0	897	112	34	1076	785	0,6	5	159	100	400	23	0	600	100	0
Hartkäse, Rahmstufe	407	1703	33,6	29	32,3	0	110	0	335	100	37	1000	600	0,4	4	433	200	800	10	100	300	100	0
Hartkäse, Vollfettstufe	384	1607	36,9	28,7	30	0	90	0	300	100	43	1100	700	0,3	4,6	343	100	500	16	100	300	100	0
Haselnüsse, frisch	637	2665	5,2	12	61,6	10,5	0	8,2	2	635	155	225	335	3,8	1,9	5	0	26300	33	400	200	300	3

100 g Lebensmittel	Energie		Nährstoffe						Mineralstoffe + Spurenelemente							Vitamine							
	kcal	kJ	Wasser	Eiweiß	Fett	Kohlenhydrate	Cholesterin	Ballaststoffe	Natrium	Kalium	Magnesium	Calcium	Phosphor	Eisen	Zink	A (Retinol)	B (Betacarotin)	E (Tocopherol)	Folsäure	B_1 (Thiamin)	B_2 (Riboflavin)	B_6 (Pyridoxin)	C (Ascorbinsäure)
Inhalt in …			g	g	g	g	mg	g	mg	mg	mg	mg	mg	mg	mg	µg	µg	µg	µg	µg	µg	µg	mg
Hecht, frisch, gar	94	393	76,9	21,4	0,736	0	87	0	69	263	27	25	226	0,61	0,82	11	0	10100	10	79	55	130	2,82
Hefe	288	1205	2,9	35,6	1,50	32	0	21	50	2000	230	80	1290	20	8	0	0	300	4000	2330	1500	2000	0
Hefeextrakt (Aufstrichpaste)	310	1297	59,6	2,5	32,7	2,5	1	0,3	315	130	15	12	93	1	0,5	232	1400	9800	49	200	300	100	0,2
Hefeteig	302	1264	34,6	7,3	10,7	43,7	58	2,27	323	119	17	41	93	1,15	0,83	88	44	536	49	78	138	133	0,370
Hefezopf	302	1264	32,8	7,48	9,07	46,6	84	2,55	69	205	16	39	101	1,14	0,79	118	47	742	12	54	101	95	0,228
Heidelbeeren, frisch	42	176	84,8	0,600	0,600	7,4	0	4,9	1	73	2	13	13	0,74	0,11	0	34	2,07	6	20	20	60	30
Heidelbeerkonfitüre	271	1134	31,3	0,221	0,221	65,8	0	1,8	0	28	1	5	5	0,46	0,05	0	7	381	0	2	2	7	1,1
Heilbutt, schwarz, geräuchert	186	778	70,2	14	14,6	0	49	0	91	224	22	21	155	0,38	0,45	36	0	851	9	33	54	335	0,667
Hering in Öl, Konserve	335	1402	51,3	14,3	31,3	0	72	0	854	283	27	50	199	0,87	0,77	15	4	13400	3	25	99	166	0,384
Heringsfilet in Sahne-Meerrettichsoße	176	736	70,7	10,7	14,1	1,84	53	0,593	454	219	20	43	149	0,77	0,62	15	4	3980	2	21	71	120	2,27
Heringsfilet in Tomatensoße, Konserve	184	770	68,3	14,9	13,1	1,78	72	0,492	107	351	28	53	210	1,13	0,85	15	170	2110	6	36	107	186	2,97
Himbeeren, frisch	34	1423	84,3	1,3	0,300	4,8	0	6,7	1	170	30	40	45	1	0,53	0	16	912	16	25	50	75	25
Himbeerkonfitüre	268	1121	31,1	0,479	0,111	64,8	0	2,47	0	64	11	15	17	0,55	0,21	0	3	168	1	3	5	8	0,921
Himbeersaft	56	234	85,9	0,498	0,102	12,4	0	0	1	62	13	19	18	0,44	0,28	0	7	388	4	9	16	25	5,75
Hirsch, gar	149	623	66,7	28,1	3,97	0	63	0	64	318	22	10	205	2,4	3,33	1	0	254	5	148	241	178	0

100 g Lebensmittel	Energie		Nährstoffe						Mineralstoffe + Spurenelemente							Vitamine							
	kcal	kJ	Wasser	Eiweiß	Fett	Kohlenhydrate	Cholesterin	Ballaststoffe	Natrium	Kalium	Magnesium	Calcium	Phosphor	Eisen	Zink	A (Retinol)	B (Betacarotin)	E (Tocopherol)	Folsäure	B_1 (Thiamin)	B_2 (Riboflavin)	B_6 (Pyridoxin)	C (Ascorbinsäure)
Inhalt in …			g	g	g	g	mg	g	mg	mg	mg	mg	mg	mg	mg	µg	µg	µg	µg	µg	µg	µg	mg
Hirse, ganzes Korn	331	1385	7,47	9,6	3,60	64	0	13	3	430	170	20	310	9	3,4	0	0	200	30	260	140	750	0
Hirse, geschält, Flocken	354	1481	11,4	9,84	3,9	68,8	0	3,8	3	43	170	20	310	9	1,8	0	0	410	20	433	109	750	0
Hirsebrot, glutenfrei, Diät	253	1059	33,5	4,4	2,2	53,1	0	5,1	324	149	54	31	143	2,3	1,7	10	100	1100	5	200	100	200	0
Hollandaise, warm aufgeschl. Grundsoße	570	2385	30,7	4,3	61,6	1,5	454	0	416	56	9	46	157	1,8	1,1	634	300	2700	13	100	100	100	0,9
Holunderbeeren, frisch	48	201	84	2,5	0,500	7,4	0	4	1	303	30	37	57	1,6	0,21	0	360	1000	17	70	70	250	18
Holundersaft	50	209	87,3	2,34	0,416	8,32	0	0	1	268	31	38	58	1,58	0,22	0	363	1040	11	58	58	208	11,2
Honig	306	1280	24,3	0,380	0	75,1	0	0	7	47	6	5	18	1,3	0,35	0	0	0	0	3	50	159	2,4
Honigkuchen	305	1276	24,3	4,29	1,27	67,3	2	1,82	106	98	15	40	111	1,28	590	5	4	123	3	23	46	75	0,426
Hühnerfrikassee, gar	130	544	78,9	9,6	9,8	1	53	0,1	57	175	18	17	101	0,8	0,7	40	100	400	4	0	100	100	0,6
Hühnerkeule, gar	214	895	59,4	28,2	11,3	0	85	0	104	272	33	17	206	1,95	1,74	34	0	161	15	114	285	314	0
Hülsenfrüchte, reif	278	1163	10,4	22,9	1,4	41,8	0	16,6	26	940	116	50	375	5	3,8	13	0,1	1000	59	800	300	100	1,6
Hülsenfruchtgericht, Konserven	230	962	50,5	9,9	14,5	15	15	6	393	514	53	47	172	2,4	1,4	25	100	300	21	100	100	100	0,6
Hummer, frisch, gar	88	536	77,3	19,1	0,943	0,524	100	0	269	219	24	61	233	1	1,59	1	0	1390	12	102	65	865	1,89
Hüttenkäse	102	427	78,3	12,6	4,3	2,6	16	0	380	80	8	80	140	0,1	0,5	55	0	100	8	0	300	100	0
Hüttenkäse, Magerstufe	82	343	80,1	13,3	1,4	3,3	5	0	380	86	6	68	150	0,1	0,4	17	0	0	7	0	200	100	0
I & J																							
Irish Stew	88	368	82,4	5,1	5,3	4,9	17	1,4	89	193	16	21	57	0,7	1,1	14	0	800	9	0	100	100	11,9

	Energie		Nährstoffe						Mineralstoffe + Spurenelemente							Vitamine							
100 g Lebensmittel	kcal	kJ	Wasser	Eiweiß	Fett	Kohlenhydrate	Cholesterin	Ballaststoffe	Natrium	Kalium	Magnesium	Calcium	Phosphor	Eisen	Zink	A (Retinol)	B (Betacarotin)	E (Tocopherol)	Folsäure	B_1 (Thiamin)	B_2 (Riboflavin)	B_6 (Pyridoxin)	C (Ascorbinsäure)
Inhalt in …			g	g	g	g	mg	g	mg	mg	mg	mg	mg	mg	mg	µg	µg	µg	µg	µg	µg	µg	mg
Jagdwurst	218	912	63,3	16,8	16,8	0,2	59	0,064	738	287	24	10	139	0,93	1,63	3	1	269	2	655	179	411	0,211
Jakobsmuscheln	77	322	80	11,1	0,889	5,9	150	0	205	311	50	69	1551	7,5	2	30	0	500	17	100	190	70	0,600
Jarlsberger, Vollfettstufe	350	1464	41	26,7	26,9	0	69	0	600	120	40	800	530	0,4	4	327	200	800	20	0	400	100	0
Jogurt, 10 % Fett, mit Früchten	144	602	73,2	2,7	8,7	13,2	33	0,9	40	137	10	108	79	0,1	0,4	27	0	100	8	0	100	0	1,5
Jogurt, entrahmt, 0,1% Fett	38	159	89,7	4,3	0,1	4,2	1	0	50	170	13	140	100	0,1	0,4	1	0	0	8	0	200	100	1
Jogurt mit Früchten	99	414	77,7	2,9	3,2	14	12	0,9	42	145	11	114	84	0,1	0,4	28	0	100	8	0	200	0	1,5
Jogurt mit Müsli	126	527	71,6	4,2	4,1	17,2	11	1,2	55	191	26	112	124	0,6	0,7	28	0	600	11	100	200	100	1,1
Jogurt, fettarm, mit Früchten	83	347	79,4	2,9	1,3	14,1	4	0,9	42	145	11	114	76	0,1	0,3	19	0	100	5	0	100	0	1,5
Jogurt, teilentrahmt, 1,5 % Fett	46	192	89,4	3,4	1,5	4,1	5	0	50	160	12	130	90	0,1	0,4	22	0	0	5	0	200	0	1
Jogurt, vollfett, 3,5 % Fett	66	276	87,4	3,3	3,8	4	14	0	50	160	12	130	100	0,1	0,4	33	0	100	9	0	200	100	1
Jogurt, vollfett, mit Früchten	99	414	77,7	2,9	3,2	14	12	0,9	42	145	11	114	84	0,1	0,4	28	0	100	8	0	0,2	0	1,5
Johannisbeeren, rot, frisch	43	180	81	1,1	0,200	7,3	0	7,4	2	240	13	30	30	0,90	0,24	0	40	714	6	40	30	45	36
Johannisbeeren, schwarz, frisch	57	238	78	1,3	0,200	10,3	0	6,8	2	341	17	53	40	1,2	0,29	0	81	1900	8	50	45	80	189
Johannisbeerkonfitüre, rot	272	1138	29,9	0,405	0,074	65,7	0	2,73	1	90	5	12	11	0,51	0,10	0	8	132	0	5	3	5	1,33
Johannisbeerkonfitüre, schwarz	277	1159	28,8	0,479	0,074	66,8	0	2,5	1	127	6	20	15	0,62	0,12	0	15	351	0	5	5	9	6,96

100 g Lebensmittel	Energie		Nährstoffe						Mineralstoffe + Spurenelemente							Vitamine							
	kcal	kJ	Wasser	Eiweiß	Fett	Kohlenhydrate	Cholesterin	Ballaststoffe	Natrium	Kalium	Magnesium	Calcium	Phosphor	Eisen	Zink	A (Retinol)	B (Betacarotin)	E (Tocopherol)	Folsäure	B_1 (Thiamin)	B_2 (Riboflavin)	B_6 (Pyridoxin)	C (Ascorbinsäure)
Inhalt in …			g	g	g	g	mg	g	mg	mg	mg	mg	mg	mg	mg	µg	µg	µg	µg	µg	µg	µg	mg
Johannisbeernektar, rot	68	285	83,3	0,226	0,037	15,5	0	0	1	47	4	10	7	0,24	0,12	0	9	163	1	7	6	8	4,42
Johannisbeernektar, schwarz	71	297	82,6	0,265	0,037	16,1	0	0	1	66	4	15	9	0,31	0,14	0	18	432	1	9	8	14	23,2
K																							
Kabeljau, frisch, gar	90	377	77,7	20,3	0,806	0	60	0	88	289	35	19	1,88	450	602	7	0	429	8	37	55	206	1,01
Kaffee Ersatz	2	8	99,4	0	0	0,5	0	0	4	24	4	3	7	0,1	0	0	0	0	0	0	0	0	0
Kaffee Ersatz m. Kondensmilch und Zucker	14	59	96,7	0,2	0,2	2,7	1	0	7	33	5	10	13	0,1	0,1	3	0	0	0	0	0	0	0
Kaffee Ersatz mit Kondensmilch	6	25	98,6	0,2	0,2	0,8	1	0	7	34	5	11	13	0,1	0,1	3	0	0	0	0	0	0	0
Kaffee Ersatz mit Zucker	10	42	97,5	0	0	2,4	0	0	4	24	4	3	7	0,1	0	0	0	0	0	0	0	0	0
Kaffee mit Kondensmilch	6	25	98,6	0,4	0,2	0,6	1	0	4	74	7	10	8	0,2	0	3	0	0	0	0	0	0	0
Kaffee mit Kondensmilch und Zucker	14	59	96,7	0,4	0,2	2,5	1	0	4	73	6	10	8	0,2	0	3	0	0	0	0	0	0	0
Kaffee mit Milch (Getränk)	4	17	99	0,3	0,1	0,4	0	0	3	69	6	6	5	0,2	0	1	0	0	0	0	0	0	0,1
Kaffee mit Milch und Zucker (Getränk)	12	50	97,1	0,3	0,1	2,3	0	0	3	67	6	6	5	0,2	0	1	0	0	0	0	0	0	0,1
Kaffee mit Zucker	10	42	97,5	0,2	0	2,3	0	0	1	65	6	2	2	0,2	0	0	0	0	0	0	0	0	0

100 g Lebensmittel	Energie		Nährstoffe						Mineralstoffe + Spurenelemente							Vitamine							
	kcal	kJ	Wasser	Eiweiß	Fett	Kohlenhydrate	Cholesterin	Ballaststoffe	Natrium	Kalium	Magnesium	Calcium	Phosphor	Eisen	Zink	A (Retinol)	B (Betacarotin)	E (Tocopherol)	Folsäure	B_1 (Thiamin)	B_2 (Riboflavin)	B_6 (Pyridoxin)	C (Ascorbinsäure)
Inhalt in …			g	g	g	g	mg	g	mg	mg	mg	mg	mg	mg	mg	µg	µg	µg	µg	µg	µg	µg	mg
Kaffee, Instantpulver (trocken)	340	1423	3,3	15,9	0,5	63,7	0	0,2	58	4380	390	168	350	4,4	0,5	0	0	0	1	0	100	0	0
Kaffeesahne	203	849	73	2,8	20	2,6	65	0	40	130	11	100	80	0,1	0,3	240	100	500	5	0	200	0	1
Kaffeeweißer	550	2301	3,7	4	35	55	0	0	200	812	4	20	306	1,1	0,5	20	100	1000	0	0	200	0	0
Kakaogetränk, Pulver, löslich	391	1636	1,9	5,5	6	77,4	0	6	250	410	150	33	190	2,4	1,9	0	0	180	10	60	40	20	0
Kakaopulver	342	1431	5,13	19,8	24,5	10,8	0	32,7	17	1920	414	114	656	12,5	5,73	0	40	680	38	130	400	140	0
Kaki, frisch	71	297	79,1	0,640	0,300	16	0	3	4	170	8	8	25	0,37	0,11	0	1600	800	8	24	30	50	16
Kalbfleisch, mager, gar	137	573	68,4	27,9	2,69	0	73	0	69	210	24	27	202	1,99	4,86	1	0	311	11	61	347	240	0
Kalbsbraten mit Fett, gar	152	636	67	27,2	4,76	0	74	0	68	204	23	27	198	2	4,72	1	0	234	12	61	348	234	0
Kalbsbries, gar	105	439	76,3	19	3,13	0	263	0	81	424	16	4	547	1,87	1,86	6	0	196	16	83	204	29	0,446
Kalbsbrust, Schlachterfüllung	192	803	62,9	18,9	12,7	0,779	88	0,731	1070	375	28	35	205	3,15	3,07	9	596	379	18	144	275	425	2,10
Kalbskotelett mit Fett, gar	172	720	65	26,9	7,04	0	74	0	57	222	24	14	204	3	3,07	1	0	301	13	54	361	295	0
Kalbsleber, gar	146	611	67,3	21,9	3,97	5,55	348	0	60	283	18	8	310	7,64	3,9		0	232	247	257	3090	871	17,3
Kalbsleberwurst	316	1322	51,4	16,8	27,4	1,51	185	0,137	692	236	23	15	207	7,45	3,75	5260	1	359	56	376	1360	468	23,2
Kalbsnieren, gar	116	485	75,6	17,4	4,6	1,23	357	0	174	267	16	11	237	11,3	1,77	252	0	196	83	382	3000	491	10,1
Kalbsvorderhaxe, gar	174	728	64,1	28	6,84	0	73	0	45	235	24	6	205	3,10	2,61	1	0	360	13	51	308	262	0
Kalbszunge, gar	173	724	68,4	18,2	10,2	2,25	94	0	86	211	16	9	191	2,82	2,63	3	0	94	5	150	334	122	2,07
Kaninchen, Hauszucht, gar	188	787	63,3	26,9	8,93	0	87	0	40	290	22	12	187	1,38	1,23	3	0	469	8	64	52	176	0
Karamellbonbons	449	1879	7,8	2,1	17,2	71,1	0	0	320	210	25	95	64	1,5	0	0	0	0	0	0	0	0	0
Karotten, frisch	26	109	89,3	1	0,2	4,8	0	3,6	60	290	18	41	35	2,1	0,6	1574	7800	500	8	100	100	100	7

100 g Lebensmittel	Energie		Nährstoffe						Mineralstoffe + Spurenelemente							Vitamine							
	kcal	kJ	Wasser	Eiweiß	Fett	Kohlenhydrate	Cholesterin	Ballaststoffe	Natrium	Kalium	Magnesium	Calcium	Phosphor	Eisen	Zink	A (Retinol)	B (Betacarotin)	E (Tocopherol)	Folsäure	B_1 (Thiamin)	B_2 (Riboflavin)	B_6 (Pyridoxin)	C (Ascorbinsäure)
Inhalt in …			g	g	g	g	mg	g	mg	mg	mg	mg	mg	mg	mg	µg	µg	µg	µg	µg	µg	µg	mg
Karotten, frisch, gar	21	88	90,6	1	0,2	3,6	0	3,6	29	141	12	42	35	1,9	0,5	1359	6700	500	2	100	0	100	4,5
Karotten, Konserve	21	88	90	0,9	0,2	3,8	0	3,5	253	164	16	41	31	1,5	0,5	1238	6100	500	0	0	0	0	1,6
Karottensaft	22	92	92,5	0,9	0,2	4	0	0,4	419	270	19	43	36	2	0,6	1468	7300	500	3	0	0	0	2,9
Karottensalat	87	364	83,3	0,9	6,8	4,6	0	2,9	224,3	228	15,7	42,7	31,7	0,7	0,4	1536,8	6600	3400	6,5	100	0	100	6,4
Karottensalat, gar, mit Öl	48	201	87,2	0,9	3,2	3,7	0	3,3	259	138	13	42	35	1,8	0,5	1223	6100	2300	2	0	0	100	5,1
Karottensalat, Sauerkonserve	14	59	93,9	0,5	0,1	2,4	0	1,8	213	147	11	24	20	1,1	0,4	654	3200	200	1	0	0	0	1,7
Karpfen, frisch, gar	122	510	73,6	21	4,17	0	83	0	29	337	51	78	261	0,7	1,12	36	0	556	20	63	46	130	0,745
Kartoffelchips	536	2243	7,9	5,5	39,4	40,6	0	3	450	1000	64	52	147	2,3	1	10	100	6100	7	200	100	900	8
Kartoffeleintopf mit Fleisch	134	561	69,5	9,4	4,1	14,8	42	1,2	91	221	15	12	99	1,2	1,9	43	100	400	5	100	100	200	3,9
Kartoffelklöße	107	448	73,5	3	3	16,5	20	2,1	272	235	17	12	56	0,6	0,4	34	0	0,2	5	100	0	0,2	10,2
Kartoffelklöße, gekocht, Trockenprodukt	327	1368	9,7	7,1	1,4	70,2	0	6,3	1180	750	45	40	240	2,4	0,5	0	0	13	100	100	800	20	0
Kartoffelkroketten	268	1121	53	2,4	18	23,4	49	2,4	170	403	22	28	84	0,7	0,6	41	0	300	10	100	100	300	12,5
Kartoffeln, geschält, frisch, gar	70	293	79,6	2	0,1	14,6	0	2,3	2	341	19	6	47	0,4	0,3	1	0	100	3	100	0	200	12,3
Kartoffelpuffer	169	707	66,9	3	10,4	15,4	34	2,2	198	391	21	12	64	0,6	0,4	14	0	300	8	100	100	300	8,1
Kartoffelpüree/Brei	78	326	79,8	2,2	1,8	12,8	2	1,9	117	304	18	25	54	0,3	0,3	15	0	300	4	100	100	200	10,4
Kartoffelpüree – Pulver	329	1377	1,9	8,6	0,6	71	0	14,9	160	1150	69	30	310	2,4	1,2	0	0	300	13	100	200	800	20

100 g Lebensmittel	Energie		Nährstoffe						Mineralstoffe + Spurenelemente							Vitamine							
	kcal	kJ	Wasser	Eiweiß	Fett	Kohlenhydrate	Cholesterin	Ballaststoffe	Natrium	Kalium	Magnesium	Calcium	Phosphor	Eisen	Zink	A (Retinol)	B (Betacarotin)	E (Tocopherol)	Folsäure	B_1 (Thiamin)	B_2 (Riboflavin)	B_6 (Pyridoxin)	C (Ascorbinsäure)
Inhalt in …			g	g	g	g	mg	g	mg	mg	mg	mg	mg	mg	mg	µg	µg	µg	µg	µg	µg	µg	mg
Kartoffelsalat mit Mayonnaise	136	569	73,2	1,9	6,9	14,5	0	2	24,3	381,6	24,2	11,3	40,6	0,7	0,3	0,9	0	3000	3,5	100	0	200	11,7
Kartoffelsalat mit Öl	97	406	77,1	1,9	3,6	13,5	0	2,2	129	313	19	10	46	0,4	0,3	4	0	2200	4	100	0	200	11,5
Kartoffelstärke/Mehl	341	1427	15,7	0,6	0,1	83,1	0	0,1	8	15	6	35	7	1,8	0,2	0	0	0	0	0	0	0	0
Kartoffelsuppe	73	305	86,2	2	5,1	4,7	5	0,8	163	223	12	14	26	0,2	0,2	341	400	100	74	0	100	100	5,1
Käsefondue	373	1561	35,6	21,8	21,6	17,5	50	0,5	405,1	96,6	44,7	862,3	637,1	0,9	4,6	284	100	500	12,7	100	300	100	0,4
Käsekuchen mit Mürbeteig	276	1155	47	8,84	14,1	27,9	118	0,909	48	133	12	68	131	0,91	0,74	141	56	778	12	40	153	65	0,297
Käsesahnetorte	209	874	55,2	5,91	6,24	31,4	94	0,205	50	102	10	65	88	0,62	0,54	96	24	543	9	30	119	40	0,605
Käsesalat	198	828	65,5	13	14,7	3,3	99	0,4	521	158	22	307	256	0,7	1,8	145	100	600	10	200	200	100	7,2
Käsespätzle	267	1117	44,4	13,6	11,4	28,1	135	1,7	300	107	21	211	214	1,3	1,6	158	0	1,6	15	100	200	100	0,2
Kassler	172	720	64,2	16,6	11,4	0,89	51	0	247	231	54	31	122	1,46	1,10	5	0	241	2	627	158	441	0
Kastanienbrot, glutenfrei, Diät	178	745	54,8	1,3	0,8	40,6	0	1,6	208	77	11	11	49	0,6	0,6	6	0	500	3	100	0	0	2,6
Kaugummi	387	1619	4,3	0,101	0	95,2	0	0	0	8	6	10	4	0,50	0,04	0	0	0	0	0	0	0	0
Kaviar, echt	259	1126	26,1	4	1084	15,5	300	47,7	1940	164	3	51	300	1,40	0,95	0	560	5,87	5	100	500	330	14
Kaviar, Ersatz	102	427	63,4	17,8	2,53	1,69	332	0	5260	178	30	51	420	0,55	0,9	125	0	8880	10	977	711	231	21,3
Kefir	50	209	89	3,4	1,5	4,1	6	0	50	150	12	120	100	0,1	0,4	22	0	0	4	0	200	100	1
Kefir, entrahmt	38	159	90,2	3,4	0,1	4,2	0	0	51	152	12	122	101	0,1	0,4	22	0	0	4	0	200	100	1
Kekse	498	2084	5,47	6,24	25,6	59,6	127	1,91	82	70	11	19	93	1,10	0,72	235	49	1240	6	31	42	75	0
Kekse, Vollkorn	471	1971	2	11,5	24,2	51,8	0	8,5	333	317	86	40	368	4,28	2,65	0	42	15,5	24	642	820	254	0,454
Kichererbsen, getrocknet	326	1364	10	17,8	6,4	47,8	0	11,9	37	108	119	124	192	5,9	2,9	141	800	5800	29	500	200	300	23,7
Kidney-Bohnen, Konserve	63	264	77,4	5,5	0,3	9,1	0	5,3	199	341	39	30	103	1,6	0,8	1	0	100	9	100	0	100	0,4
Kieler Sprotte	225	941	63,2	17,6	17,5	0	115	0	105	249	30	94	188	1,79	1,66	65	0	1490	4	33	194	178	0,133

100 g Lebensmittel	Energie		Nährstoffe						Mineralstoffe + Spurenelemente							Vitamine							
	kcal	kJ	Wasser	Eiweiß	Fett	Kohlenhydrate	Cholesterin	Ballaststoffe	Natrium	Kalium	Magnesium	Calcium	Phosphor	Eisen	Zink	A (Retinol)	B (Betacarotin)	E (Tocopherol)	Folsäure	B_1 (Thiamin)	B_2 (Riboflavin)	B_6 (Pyridoxin)	C (Ascorbinsäure)
Inhalt in …			g	g	g	g	mg	g	mg	mg	mg	mg	mg	mg	mg	µg	µg	µg	µg	µg	µg	µg	mg
Kirschen, kandiert	265	1109	33,8	0,390	0,105	64,3	0	0,525	69	134	6	13	12	0,63	0,04	0	30	46	2	28	29	16	5,25
Kirschen, süß	63	264	82,5	0,900	0,300	13,3	0	1,5	3	210	11	17	20	0,40	0,04	0	85	130	6	30	40	54	15
Kirschen, süß, Konserve, saftfrei	91	381	76	0,750	0,250	20,4	0	1,34	3	125	10	18	16	0,36	0,12	0	71	120	1	14	18	20	3,43
Kiwi, frisch	61	255	80,5	1	0,630	10,8	0	3,9	4	295	24	38	31	0,80	0,45	0	370	500	20	17	50	18	71
Kiwikonfitüre	278	1163	29,7	0,368	0,232	67	0	1,44	1	110	9	15	11	0,48	0,18	0	68	92	1	2	5	2	2,62
Klarer, Schnaps, 32 %	185	774	73,3	0	0	0	0	0	1	1	0	0	6	0	0	0	0	0	0	0	0	0	0
Klosterkäse, Rahmstufe	343	1435	44,5	21,1	28,8	0	67	0	800	100	50	700	400	0,4	4	307	200	800	18	100	300	100	0
Knabbergebäck mit Salz	347	1452	9	9	0,500	75,3	0	0,700	1790	124	0	147	130	0,70	0,50	0	0	400	0	10	40	0	0
Knäckebrot	359	1502	7	10,8	1,96	73,4	0	4,58	653	145	31	23	113	1,92	1,34	5	6	519	26	116	87	162	2
Knoblauch, frisch	142	594	62	6,1	0,1	28,4	0	1,8	19	530	35	38	134	1,4	1	0	0	0	16	200	100	400	14
Kochsalzersatz, mineralstoffreich	0	0	10,5	0	0	0	0	0	0	0	0	0	40	45000	0	0	0	0	0	0	0	0	0
Kohlrabi, frisch	25	105	91,6	2	0,1	3,7	0	1,5	32	380	43	68	50	0,9	0,3	33	0,2	0,4	11	0	0	100	64
Kohlrabi, frisch, gar	20	84	92,8	1,9	0,1	2,8	0	1,5	15	182	28	69	48	0,8	0,2	29	200	400	5	0	0	100	40,9
Kohlrübe	22	92	91,6	1,1	0,2	3,7	0	2,4	5	109	7	49	30	0,4	0,1	15	100	200	4	0	0	0	21,2
Kokosfett, gehärtet	880	3682	0,1	0,8	99	0	1	0	2	2	0	2	1	0	0	0	0	2100	0	0	0	0	0
Kokosmakronen	439	1837	13,7	5,38	26,5	44,6	0	8,35	57	295	41	15	82	1,67	0,63	0	2	524	4	19	96	63	0,594
Kokosmilch	24	100	93,8	0,3	0,4	4,9	0	0	47	280	30	27	30	0,1	0,1	0	0	0	4	0	0	0	2

100 g Lebensmittel	Energie		Nährstoffe						Mineralstoffe + Spurenelemente							Vitamine							
	kcal	kJ	Wasser	Eiweiß	Fett	Kohlenhydrate	Cholesterin	Ballaststoffe	Natrium	Kalium	Magnesium	Calcium	Phosphor	Eisen	Zink	A (Retinol)	B (Betacarotin)	E (Tocopherol)	Folsäure	B_1 (Thiamin)	B_2 (Riboflavin)	B_6 (Pyridoxin)	C (Ascorbinsäure)
Inhalt in …			g	g	g	g	mg	g	mg	mg	mg	mg	mg	mg	mg	µg	µg	µg	µg	µg	µg	µg	mg
Kokosnuss-Raspeln	611	2556	2,2	6,2	63,3	6,4	0	20	33	600	90	25	183	3,5	1,5	0	0	1300	6	0	100	200	1
Kompott, gemischte Früchte	58	243	84	0,6	0,3	12,7	0	1,3	2	131	8	13	14	0,3	0,1	12	100	200	1	0	0	0	6,8
Kondensmilch, 10 % Fett	177	741	66,3	8,8	10	12,5	38	0	140	410	33	330	270	0,1	1	120	100	200	6	100	500	100	1,4
Kondensmilch, 4 % Fett	111	464	75,8	7,5	4	10,8	16	0	110	330	26	260	220	0,1	0,8	43	0	100	3	100	400	100	1
Kondensmilch, 7,5 % Fett	133	556	74,4	6,5	7,5	9,7	28	0	100	320	24	240	200	0,1	0,7	82	0	200	4	100	300	100	1
Kondensmilch, gezuckert, 10 % Fett	343	1435	25,6	8	10	54,3	36	0	117	362	24	284	245	0,2	0,9	96	0	200	5	100	400	100	2,5
Konfitüre	279	1167	30,3	0,127	0,149	68,3	0	0,749	1	55	2	3	4	0,37	0,06	0	16	165	1	10	9	15	4,04
Konfitüre mit Fruktose und Süßstoff	70	293	78,8	0,3	0,2	18,2	0	1,9	7	29	1	8	5	0,3	0,1	2	0	700	0	0	0	0	10,4
Königsberger Klopse	141	590	75	9,2	9,4	4,9	76	0,5	68	175	19	38	108	1,4	2	72	0	500	3	100	100	100	0,4
Kopfsalat	12	50	95	1,3	0,2	1,1	0	1,6	10	224	11	37	33	1	0,4	240	1400	600	23	100	100	100	13
Kopfsalat mit Jogurtdressing	46	192	87,4	5,3	1	3,3	3	0,9	308	191	13	86	95	0,7	0,5	114	600	300	19	100	200	100	7,8
Krabben, frisch, gar	93	389	77,4	18,9	1,51	0,775	145	0	146	265	67	91	223	1,75	2,16	1	0	3770	5	40	25	95	1,19
Kräcker	376	1573	4	10,3	3,28	75	0	4,5	977	141	15	67	458	1,6	1,46	13	18	0,804	10	92	74	82	0,002
Kraftbrühe, Consommé	37	155	91,3	6	1,2	0,4	16	0,3	157	119	8	11	60	0,7	1,4	40	200	200	1	0	100	0	1
Krakauer	299	1251	54,5	15,6	26,5	0,29	58	0,067	809	231	21	11	118	1,31	2,41	6	60	285	2	375	181	232	21,8
Krapfen	322	1347	32,2	8,42	12,8	43,1	104	2,21	246	113	16	38	101	1,30	0,92	122	46	782	14	49	99	99	0,150

100 g Lebensmittel	Energie		Nährstoffe						Mineralstoffe + Spurenelemente							Vitamine							
	kcal	kJ	Wasser	Eiweiß	Fett	Kohlenhydrate	Cholesterin	Ballaststoffe	Natrium	Kalium	Magnesium	Calcium	Phosphor	Eisen	Zink	A (Retinol)	B (Betacarotin)	E (Tocopherol)	Folsäure	B_1 (Thiamin)	B_2 (Riboflavin)	B_6 (Pyridoxin)	C (Ascorbinsäure)
Inhalt in …			g	g	g	g	mg	g	mg	mg	mg	mg	mg	mg	mg	µg	µg	µg	µg	µg	µg	µg	mg
Kräuter-, Gewürz-, Bitterliköre	249	1042	60	0	0	10	0	0	1	0	100	3	0	0	0	0	0	0	0	0	0	0	0
Kräutermischung, frisch	56	234	80	3,7	0,8	8	0	5,3	27	647	28	230	85	5,5	1,8	1017	6100	1700	42	200	400	300	70
Kräutertee	0,7	3	99,7	0	0	0,2	0	0	1	9	1	2	0	0,1	0	0	0	0	1	0	0	0	0
Kräutertee mit Zucker	9	38	97,7	0	0	2,2	0	0	1	9	1	2	0	0,1	0	0	0	0	1	0	0	0	0
Krautsalat	59	247	86,3	1,3	4,1	4,1	0	2,6	314	187	21	44	30	0,5	0,2	10	100	3800	30	0	0	100	37
Kresse, frisch	38	159	87,3	4,2	1,4	1,8	0	3	5	550	40	214	38	2,9	0,2	365	2200	700	36	200	200	300	59
Krokant	451	1887	1,14	2,39	12,3	81,9	0	1,64	0	129	31	46	67	0,99	0,39	0	6	5260	14	78	42	63	0,600
Kuhmilch, entrahmt, gekocht	37	155	90,3	3,6	0,1	5,1	2	0	51	153	12	122	102	0,1	0,4	2	0	0	3	0	200	0	0,5
Kuhmilch, gekocht	66	276	87,3	3,4	3,6	4,8	13	0	51	153	12	122	95	0,1	0,4	30	0	100	3	0	200	0	0,9
Kuhmilch, teilentrahmt, gekocht	50	209	89	3,5	1,6	5	6	0	51	153	12	122	97	0,1	0,4	13	0	0	3	0	200	0	0,5
Kuhmilch, Trinkmilch, entrahmt	36	151	90,4	3,5	0,1	5	2	0	50	150	12	120	100	0,1	0,4	2	0	0	4	0	200	100	1
Kuhmilch, Trinkmilch, Milch, fettarm	49	205	89,2	3,4	1,6	4,9	6	0	50	150	12	120	95	0,1	0,4	14	0	0	4	0	200	100	1
Kuhmilch, Trinkmilch, Milch, vollfett	64	268	87,5	3,3	3,5	4,8	13	0	50	150	12	120	93	0,1	0,4	33	0	100	4	0	200	0	1,7

100 g Lebensmittel	Energie		Nährstoffe						Mineralstoffe + Spurenelemente							Vitamine							
	kcal	kJ	Wasser	Eiweiß	Fett	Kohlenhydrate	Cholesterin	Ballaststoffe	Natrium	Kalium	Magnesium	Calcium	Phosphor	Eisen	Zink	A (Retinol)	B (Betacarotin)	E (Tocopherol)	Folsäure	B_1 (Thiamin)	B_2 (Riboflavin)	B_6 (Pyridoxin)	C (Ascorbinsäure)
Inhalt in …			g	g	g	g	mg	g	mg	mg	mg	mg	mg	mg	mg	µg	µg	µg	µg	µg	µg	µg	mg
Kuhmilch, Vorzugsmilch, vollfett	67	280	87,2	3,3	3,8	4,8	14	0	50	150	12	120	93	0,1	0,4	43	0	100	5	0	200	0	1,7
Kunsthonig	336	1406	17,1	0,150	0	82,5	0	0	19	5	0	6	20	0	0,03	0	0	0	0	0	0	0	0
Kürbis – große Sorte, frisch	13	54	95,1	0,5	0,2	2,2	0	1,1	1	140	10	18	17	0,2	0,2	18	100	500	10	100	100	0	11
Kürbis – kleine Sorte, frisch, gar	27	113	92,1	1,4	0,2	4,6	0	0,8	6	292	23	29	43	0,7	0,1	233	1400	100	4	100	0	100	7,8
Kürbiskerne, frisch	561	2347	2,1	24,4	45,6	14,2	0	8,8	18	814	402	41	830	12,5	7	38	200	4000	26	200	300	100	0,2
Kuvertüre	396	1657	1,9	10	10,7	63,9	0	10,1	66	772	142	179	313	4,12	2,23	1	14	244	17	78	366	87	1,10
L																							
Lachs, frisch, gar	131	548	74	18,4	6,34	0	35	0	51	371	29	13	266	1	0,80	41	0	2230	26	170	170	818	1
Lachs, geräuchert	138	577	72,6	19,5	6,71	0	37	0	53	310	29	14	252	0,95	0,89	30	0	2240	20	142	133	638	1
Lakritze	375	1569	5,91	4,31	0,895	86,2	0	1,94	3	171	18	16	43	2,85	0,65	0	0	120	4	32	24	72	1,29
Lammbraten mit Fett, gar	270	1130	56	23,3	19,9	0	91	0	55	192	20	20	190	2,11	4,79	0	0	254	19	63	197	81	0
Lammkeule, mager, gar	180	753	64	27	7,94	0	87	0	62	222	23	21	216	2,32	5,6	0	0	258	22	70	210	94	0
Lammkotelett, gar	259	1084	56,3	24,7	17,9	0	86	0	56	217	24	13	215	2,4	4,6	0	0	242	22	74	213	90	0
Lammkotelett, roh	263	1100	54,8	24,9	18,3	0	79	0	329	251	30	15	223	2,3	5	0	0	1400	6	200	300	200	0
Landjäger	456	1908	36,2	15,2	44,4	0,38	59	0,022	1160	176	22	13	94	1,21	2,17	5	0	343	2	416	177	232	0
Languste, TK, gar	101	423	73,4	20,3	1,49	1,28	138	0	963	419	19	47	204	1,03	1,70	9	0	99	11	6	27	124	1,17
Lasagne al forno	225	941	57	14,3	12,7	13,2	124	1,1	330	173	20	95	162	2,1	2	1291	300	800	28	200	400	200	3,4

100 g Lebensmittel	Energie		Nährstoffe						Mineralstoffe + Spurenelemente							Vitamine							
	kcal	kJ	Wasser	Eiweiß	Fett	Kohlenhydrate	Cholesterin	Ballaststoffe	Natrium	Kalium	Magnesium	Calcium	Phosphor	Eisen	Zink	A (Retinol)	B (Betacarotin)	E (Tocopherol)	Folsäure	B_1 (Thiamin)	B_2 (Riboflavin)	B_6 (Pyridoxin)	C (Ascorbinsäure)
Inhalt in …			g	g	g	g	mg	g	mg	mg	mg	mg	mg	mg	mg	µg	µg	µg	µg	µg	µg	µg	mg
Lauch, frisch, gar	23	96	90,8	2,3	0,3	2,5	0	2,3	4	132	12	93	46	0,8	0,3	168	1000	600	10	0	0	0,2	12,1
Lauchgemüse	76	318	83,3	2,4	5,1	5	1	2	234	212	18	83	48	0,9	0,3	179	900	1400	21	100	100	200	20,6
Laugengebäck	340	1423	12	9,41	2,61	68,5	0	4,1	1180	129	14	65	427	1,46	1,34	9	13	658	9	82	67	75	1
Leberkäs, gebraten	349	1460	40,5	12,8	25,5	17,5	57	1,2	642	193	20	19	120	1	1,1	21	100	500	3	300	100	200	14,5
Leberkäse	269	1125	56,9	17,4	22,2	0,41	69	0,114	811	251	22	15	147	1,76	1,57	7	84	281	9	482	311	323	21,4
Leberknödel	201	841	63,2	12,8	13,6	7	151	0,8	639	186	23	26	166	4,4	2,2	3441	0	500	42	200	800	200	6,1
Leberpastete	299	1250	52,7	17,9	25,1	1,11	173	0,115	807	299	24	15	228	6,60	3,46	469	0	373	49	506	1240	501	1,85
Leberspätzle	192	803	62,4	10,1	10,2	14,9	188	1	268	172	15	24	174	5,9	2,6	3793	100	800	28	100	900	200	7,4
Lebertran	884	3699	0	0	99,8	0	850	0	0	1	0	1	1	0,1	0,1	30000	0	20000	0	0	0	0	0
Leberwurst, einfach	330	1380	53,2	12,4	31,3	0,629	122	0,135	694	114	15	15	96	3,88	2,10	1090	1	295	16	220	361	176	1,17
Leberwurst, fein	328	1372	51,1	15,2	29,4	1,46	160	0,132	663	206	21	13	183	7,05	3,44	5080	1	366	53	402	1300	433	22,4
Lebkuchengebäck	412	1724	15,2	8,77	19,8	49,4	77	5,17	43	325	79	119	193	2,32	1,17	54	579	8870	23	77	231	67	7,28
Leinsamen, frisch	373	1561	6,1	24,4	30,9	0	0	35	0	500	350	230	660	8,2	1,5	80	500	3000	16	300	600	900	0
Liköre	243	1017	53	0	0	29	0	0	1	2	1	2	3	0	0,2	0	0	0	0	0	0	0	0
Likörwein	154	644	73,2	0,2	0	12	0	0	9	75	9	7	12	0,4	0,3	0	0	0	1	0	0	0	0
Limbobohnen	80	335	75,8	4,3	0,3	14,6	0	4	3	181	28	79	61	1,1	0,6	43	300	600	4	200	100	100	10,3
Limburger	270	1130	52,5	23,2	19,7	0	46	0	800	100	20	350	256	0,3	2	240	100	600	34	100	300	100	0
Limonaden	42	176	89,7	0	0	10	0	0	7	1	2	5	1	0,4	0	0	0	0	0	0	0	0	0
Limonaden, kalorienarm	3	13	99,3	0	0	0,4	0	0	5	1	2	21	3	0,4	0	0	0	0	0	0	0	0	0
Linsen, reif, Konserve	77	322	76,9	5,8	0,3	12,3	0	2,6	203	209	33	23	103	1,9	1	4	0	300	10	0	0	100	0,1

100 g Lebensmittel	Energie		Nährstoffe						Mineralstoffe + Spurenelemente							Vitamine							
	kcal	kJ	Wasser	Eiweiß	Fett	Kohlenhydrate	Cholesterin	Ballaststoffe	Natrium	Kalium	Magnesium	Calcium	Phosphor	Eisen	Zink	A (Retinol)	B (Betacarotin)	E (Tocopherol)	Folsäure	B_1 (Thiamin)	B_2 (Riboflavin)	B_6 (Pyridoxin)	C (Ascorbinsäure)
Inhalt in …			g	g	g	g	mg	g	mg	mg	mg	mg	mg	mg	mg	µg	µg	µg	µg	µg	µg	µg	mg
Linseneintopf mit Wurst	141	590	72,5	8	9,2	6,5	20	1,6	390	226	24	25	97	1,3	1,1	61	300	400	5	200	100	200	8,9
Linsengemüse	84	351	80,5	4	3,3	9,3	2	1,8	7	143	22	16	69	1,3	0,7	2	0	200	5	100	0	100	0,5
Linzer Torte	417	1745	20,3	7,54	23,6	43,7	97	3,72	70	198	45	63	161	1,53	0,97	134	83	4800	14	50	134	67	0,349
Litschi, Konserve, saftfrei	98	410	74,3	0,760	0,253	22,7	0	1,45	3	109	10	12	26	0,33	0,12	0	0	468	6	24	24	6	9,08
Löffelbiskuit	414	1732	5	12,2	8,28	71,8	281	1,36	314	140	15	65	332	2,14	1,43	196	9	1530	25	64	196	104	0
Löwenzahn, frisch	55	230	82,7	2,6	0,6	9,1	0	2,6	76	440	36	158	70	3,1	1,2	1317	7900	2500	24	200	200	200	30
M																							
Magermilchpulver	369	1544	2,1	35,5	0,9	51,5	3	0	550	1600	120	1300	1000	0,8	4	14	0	0	21	300	2200	400	10
Maggi	224	937	51,4	25	7	15	0	0	20	500	10	230	0,700	20	0,20	0	0	0	0	4	5	0	0
Mais, Vollkorn	331	1385	12,3	8,54	3,8	64,7	0	9,2	6	330	120	15	256	1,5	2,5	0	923	2010	26	360	200	400	0
Mais, Zuckermais, frisch, gar	90	377	75,4	3,3	1,2	15,7	0	2,9	1	250	48	7	114	0,5	1,1	9	100	100	16	100	100	200	6,7
Mais, Zuckermais, Konserve, saftfrei	76	318	78,2	3,1	1,2	12,6	0	2,8	223	175	38	10	98	0,4	0,9	7	0	100	3	100	100	100	3,2
Maisgrieß	345	1443	11	8,8	1,1	73,8	0	5	1	80	20	4	73	1	0,41	0	264	700	5	130	40	150	0
Maiskeimöl	884	3699	0,1	0	99,9	0	1	0	1	1	0	15	0	1,3	0	23	100	33800	0	0	0	0	0
Maiskekse, glutenfrei, Diät	440	1841	7,4	5,5	16,3	67,1	0	2	276	210	26	117	227	1,1	1,1	8	0	9700	7	0,1	0,2	0	0,4
Maisstärke	351	1469	12,6	0,400	0,080	85,8	0	1	3	7	2	0	30	0,50	0,60	0	0	0	0	0	8	5	0
Makkaroni mit Tomatensoße	168	703	68,2	5,5	10,3	13,3	25	1,2	299	143	20	123	114	0,7	0,6	96	300	900	4	0	100	100	3,5
Makrele in Öl, Konserve	316	1322	53,1	14,9	28,9	0	59	0	836	311	26	15	195	0,79	0,93	44	4	13500	1	82	172	219	0,220

100 g Lebensmittel	Energie		Nährstoffe						Mineralstoffe + Spurenelemente							Vitamine							
	kcal	kJ	Wasser	Eiweiß	Fett	Kohlenhydrate	Cholesterin	Ballaststoffe	Natrium	Kalium	Magnesium	Calcium	Phosphor	Eisen	Zink	A (Retinol)	B (Betacarotin)	E (Tocopherol)	Folsäure	B_1 (Thiamin)	B_2 (Riboflavin)	B_6 (Pyridoxin)	C (Ascorbinsäure)
Inhalt in …			g	g	g	g	mg	g	mg	mg	mg	mg	mg	mg	mg	µg	µg	µg	µg	µg	µg	µg	mg
Makrele, frisch, gar	210	879	63,3	21,5	13,9	0	88	0	105	347	32	14	242	0,99	0,58	61	0	1680	1	114	255	326	0,280
Malzbier	55	230	87,2	0,5	0	109	0	0	4	35	6	3	11	0,2	0	0	0	0	4	0	0	0	0
Mandarinen, frisch	50	209	85,3	0,700	0,300	10,1	0	1,7	1	210	11	33	20	0,30	0,08	0	340	300	7	60	30	23	30
Mandarinen, Konserve, saftfrei	83	347	77,6	0,577	0,247	18,5	0	1,5	2	124	10	34	16	0,28	0,13	0	279	273	1	26	14	10	6,78
Mandeln, frisch	570	2385	5,6	18,7	54,1	3,7	0	15,2	5	835	220	250	455	4,1	2,7	20	100	26100	46	200	600	200	0,8
Mango, frisch	60	251	83,4	0,600	0,450	12,8	0	1,70	5	190	18	12	13	0,40	0,04	0	2770	1000	36	54	50	130	38,7
Mango, Konserve, saftfrei	89	372	76,6	0,499	0,374	20,1	0	1,52	3	112	16	13	11	0,36	0,09	0	2,3	921	8	20	23	58	8,83
Mangold, frisch	25	105	89,7	2,1	0,3	2,9	0	2,6	90	376	81	103	39	2,7	0,3	588	3500	1500	22	100	200	100	39
Maniok (Kassawa)	138	577	62,8	1	0,2	32,1	0	2,9	1	344	65	32	38	1,2	0,6	5	0	0	15	100	0	200	30
Maracuja, frisch (Passionsfrucht)	80	335	77,5	2,4	0,400	13,4	0	1,45	28	340	0	17	57	1,3	0,25	0	240	400	20	20	100	400	24
Maracujasaft	80	335	78,9	2,2	0,326	13,7	0	0	25	295	0	18	57	1,26	0,26	0	237	407	12	17	82	326	14,7
Margarine, 100 % pflanzlich	711	2975	19	0,2	80	0,4	7	0	101	7	13	10	10	0,1	0,2	608	600	16000	1	0	0	0	0,1
Margarine zum Kochen	711	2975	19	0,2	80	0,4	7	0	101	7	13	10	10	0,1	0,2	608	600	16000	1	0	0	0	0,1
Margarine, halbfett	362	1515	56,8	1,6	40	0,4	4	0	390	7	1	12	8	0	0	583	500	6000	0	0	0	0	0
Margarine, Linolsäure 50 %	710	2971	19,4	0,2	80	0,2	1	0	39	38	2	10	20	0,1	0,2	533	200	65000	1	0	0	0	0,2
Marmorkuchen aus Rührteig	391	1636	26,8	6,21	21,7	42,9	141	209	141	105	15	39	163	1,16	0,78	194	89	990	9	33	84	62	0,094

100 g Lebensmittel	Energie		Nährstoffe						Mineralstoffe + Spurenelemente							Vitamine							
	kcal	kJ	Wasser	Eiweiß	Fett	Kohlenhydrate	Cholesterin	Ballaststoffe	Natrium	Kalium	Magnesium	Calcium	Phosphor	Eisen	Zink	A (Retinol)	B (Betacarotin)	E (Tocopherol)	Folsäure	B_1 (Thiamin)	B_2 (Riboflavin)	B_6 (Pyridoxin)	C (Ascorbinsäure)
Inhalt in …			g	g	g	g	mg	g	mg	mg	mg	mg	mg	mg	mg	µg	µg	µg	µg	µg	µg	µg	mg
Marzipan	459	1920	1,91	6,08	17,6	68,6	0	4,93	2	273	72	82	148	1,54	0,88	0	39	8490	31	72	202	50	0,260
Matjesfilet, gesalzen	282	1180	50,2	18	23,6	0	143	0	2690	429	47	64	230	1,44	0,99	52	0	2530	3	44	243	297	0,330
Maultaschen, schwäbisch	180	753	67	10	11,6	8,9	101	1,1	193	198	19	46	103	1,8	1,4	215	0,9	0,9	12	100	100	100	8,2
Mayonnaise, 80 % Fett	745	3117	11,9	1,5	82,5	2	237	0	481	25	5	18	44	0,6	0,2	84	0	7600	3	0	0	0	0
Meerrettich, Konserve	54	226	77,2	2,7	0,3	9,3	0	7,3	226	322	27	99	57	1	1,2	3	0	100	2	0	100	100	30
Mehlmischung für Brot, glutenfrei, Diät	350	1464	12,5	2	0,6	82,7	0	2	3	31	11	9	73	0,9	1	10	100	300	1	100	0	0	0
Mehrkornbrot	219	916	40,7	5,93	0,979	45,7	0	4,79	396	162	44	24	134	1,77	1,33	0	0	712	24	146	77	155	0
Mehrkornflocken mit Zucker/Honig geröstet	315	1318	12,7	9,5	1,73	64,4	0	9,94	7	362	103	31	329	4,44	2,72	0	4	1330	29	310	131	313	0,243
Melone/Honigmelone	38	159	90,2	0,600	0,200	8,28	0	0,240	1	158	3	11	11	0,40	0,10	0	200	100	5	45	50	70	6
Miesmuscheln, frisch, gar	69	289	83,2	10	1,4	3,87	132	0	294	276	36	27	196	5,10	2,69	37	0	707	24	126	161	56	2,01
Miesmuscheln in Öl, Konserve	225	941	64,9	7,72	20,6	2,89	99	0	994	218	31	26	158	4,02	2,12	29	4		20	100	121	42	1,76
Milch (Kuhmilch), entrahmt, gekocht	37	155	90,3	3,6	0,1	5,1	2	0	51	153	12	122	102	0,1	0,4	2	0	0	3	0	200	0	0,5
Milch (Kuhmilch), gekocht	66	276	87,3	3,4	3,6	4,8	13	0	51	153	12	122	95	0,1	0,4	30	0	100	3	0	200	0	0,9

100 g Lebensmittel	Energie		Nährstoffe						Mineralstoffe + Spurenelemente							Vitamine							
	kcal	kJ	Wasser	Eiweiß	Fett	Kohlenhydrate	Cholesterin	Ballaststoffe	Natrium	Kalium	Magnesium	Calcium	Phosphor	Eisen	Zink	A (Retinol)	B (Betacarotin)	E (Tocopherol)	Folsäure	B_1 (Thiamin)	B_2 (Riboflavin)	B_6 (Pyridoxin)	C (Ascorbinsäure)
Inhalt in …			g	g	g	g	mg	g	mg	mg	mg	mg	mg	mg	mg	µg	µg	µg	µg	µg	µg	µg	mg
Milch (Kuhmilch), teilentrahmt, gekocht	50	209	89	3,5	1,6	5	6	0	51	153	12	122	97	0,1	0,4	13	0	0	3	0	200	0	0,5
Milch, Kuhmilch, Trinkmilch, entrahmt	36	151	90,4	3,5	0,1	5	2	0	50	150	12	120	100	0,1	0,4	2	0	0	4	0	200	100	1
Milch, Kuhmilch, Trinkmilch, fettarm	49	205	89,2	3,4	1,6	4,9	6	0	50	150	12	120	95	0,1	0,4	14	0	0	4	0	200	100	1
Milch, Kuhmilch, Trinkmilch, vollfett	64	268	87,5	3,3	3,5	4,8	13	0	50	150	12	120	93	0,1	0,4	33	0	100	4	0	200	0	1,7
Milch, Vorzugsmilch, vollfett	67	280	87,2	3,3	3,8	4,8	14	0	50	150	12	120	93	0,1	0,4	43	0	100	5	0	200	0	1,7
Milcheis	188	787	63	6,59	8,99	19,8	187	0	75	221	18	180	205	1,07	1,02	159	28	856	24	93	283	102	2,28
Milchreis mit Zimt und Zucker	100	418	79,7	2,9	4,3	12	14	0,1	83	122	13	93	79	0,1	0,3	35	0	100	2	0	100	0	0,7
Mineralwasser mit Kohlensäure	0	0	99,7	0	0	0	0	0	12	1	11	35	0	0	0	0	0	0	0	0	0	0	0
Mineralwasser, still	0	0	99,8	0	0	0	0	0	12	1	10	34	0	0	0	0	0	0	0	0	0	0	0
Minestrone – ital. klare Gemüsesuppe	82	343	82,6	4,2	4,5	5,9	11	1,7	24	253	17	26	54	0,8	0,8	107	500	800	8	100	100	100	11,3
Mirabellen, frisch	64	268	82,4	0,700	0,200	14	0	1,3	0	230	15	12	33	0,50	0,10	0	210	500	3	60	40	50	7

100 g Lebensmittel	Energie		Nährstoffe						Mineralstoffe + Spurenelemente							Vitamine							
	kcal	kJ	Wasser	Eiweiß	Fett	Kohlenhydrate	Cholesterin	Ballaststoffe	Natrium	Kalium	Magnesium	Calcium	Phosphor	Eisen	Zink	A (Retinol)	B (Betacarotin)	E (Tocopherol)	Folsäure	B_1 (Thiamin)	B_2 (Riboflavin)	B_6 (Pyridoxin)	C (Ascorbinsäure)
Inhalt in …			g	g	g	g	mg	g	mg	mg	mg	mg	mg	mg	mg	µg	µg	µg	µg	µg	µg	µg	mg
Mirabellen, Konserve, saftfrei	91	381	76,1	0,585	0,167	20,8	0	1,17	0	137	15	13	26	0,43	0,15	0	175	463	1	26	18	23	1,6
Mirabellen-konfitüre	280	1170	30,4	0,258	0,074	68,2	0	0,479	0	86	6	5	12	0,37	0,05	0	39	92	0	7	5	5	0,258
Mischgemüse	71	297	80,8	3,7	2,9	7,3	7	3,6	254	275	25	28	71	1,4	0,6	400	1900	600	28	200	100	100	26,8
Mischgemüse, frisch, gar	34	142	87,5	2,7	0,3	4,8	0	3,7	15	191	17	25	54	1,1	0,4	438	2100	900	5	100	100	100	32,5
Mixed Pickles, Sauerkonserve	151	36	98,4	0,1	0	0,2	0	0,1	464	14	3	9	4	0,1	0,1	6	0	0	0	0	0	0	0,4
Mohn, frisch	473	1979	6,1	20,2	42,2	4,2	0	20,5	21	705	333	1460	854	9,5	10	5	0	4000	60	900	200	400	0
Mohnkuchen aus Hefeteig	334	1397	28,7	7,36	13,9	43,3	32	4,32	54	213	59	223	184	2,04	1,83	57	54	2610	22	124	114	101	0,200
Mohrrüben, frisch	26	109	89,3	1	0,2	4,8	0	3,6	60	290	18	41	35	2,1	0,6	1574	7800	500	8	100	100	100	7
Mohrrüben, frisch, gar	21	88	90,6	1	0,2	3,6	0	3,6	29	141	12	42	35	1,9	0,5	1359	6700	500	2	100	0	100	4,5
Mohrrüben, Konserve	21	88	90	0,9	0,2	3,8	0	3,5	253	164	16	41	31	1,5	0,5	1238	6100	500	0	0	0	0	1,6
Mohrrübensaft	22	92	92,5	0,9	0,2	4	0	0,4	419	270	19	43	36	2	0,6	1468	7300	500	3	0	0	0	2,9
Mokkacreme	195	816	63,4	4,6	10,9	19,5	76	0	48	354	31	99	106	0,6	0,5	133	100	400	4	0	100	0	0,6
Molke	25	105	93,6	0,8	0,2	4,7	2	0	45	130	8	60	40	0,1	0,1	3	0	0	1	0	100	0	1
Mortadella in Dose	308	1289	54,8	12	29,2	0,38	65	0,205	946	301	27	15	149	1,06	1,66	3	12	363	2	658	183	401	25,9
Mozzarella	255	1067	57,8	19	19,8	0	46	0	500	150	20	403	300	0,3	1,7	297	100	600	9	0	300	100	0
Multi-Vitamin-Nektar mit Süßstoff	32	134	91,8	0,5	0,1	6,3	0	0	15	93	7	11	13	0,3	0,1	9	100	200	2	0	0	100	7,9

100 g Lebensmittel	Energie		Nährstoffe						Mineralstoffe + Spurenelemente							Vitamine							
	kcal	kJ	Wasser	Eiweiß	Fett	Kohlenhydrate	Cholesterin	Ballaststoffe	Natrium	Kalium	Magnesium	Calcium	Phosphor	Eisen	Zink	A (Retinol)	B (Betacarotin)	E (Tocopherol)	Folsäure	B_1 (Thiamin)	B_2 (Riboflavin)	B_6 (Pyridoxin)	C (Ascorbinsäure)
Inhalt in …			g	g	g	g	mg	g	mg	mg	mg	mg	mg	mg	mg	µg	µg	µg	µg	µg	µg	µg	mg
Mungbohnensprossen	24	100	88,5	3,2	0,3	1,8	0	5,6	5	134	18	13	49	0,9	0,4	7	0	100	28	100	100	100	11
Mürbeteig	479	2004	11,9	5,11	27,5	53,1	78	2	41	59	11	12	44	0,85	0,60	192	123	806	6	32	22	92	0,065
Müsli	351	1469	11,5	10,4	7,27	60	0	8,06	100	421	109	51	296	3,34	2,55	0	58	3440	44	424	138	279	1,73
Müsli m. Milch, Zucker u. Obst	173	724	59,4	3,2	4,7	28,5	2	2,4	10	289	38	43	97	1,1	0,7	16	100	1800	9	100	100	100	9,4
Müsliriegel	375	1569	24	6,89	18,9	43,9	0	4,35	5	365	84	77	198	2,18	1,45	0	109	7260	28	253	121	141	1,84
N																							
Napfkuchen aus Hefeteig	349	1460	30	6,41	16,8	42,5	46	2,76	55	220	25	48	105	1,07	0,74	112	119	4030	19	60	124	83	0,333
Nasi Goreng	186	778	65,3	11,5	10,3	10,4	36	0,5	248	158	21	9	94	0,8	0,9	17	100	400	3	100	100	200	0,8
Nektarinen, frisch	57	238	83,3	0,900	0,100	12,4	0	2,2	9	212	10	4	22	0,50	0,10	0	440	500	5	20	50	25	8
Nugat	474	1983	2,11	5,23	21,4	65	0	4,97	2	341	79	80	154	2,28	1,02	0	12	8410	25	133	96	110	0,954
Nudelgerichte mit Gemüse	98	410	79,2	7,1	5,9	3,8	109	1,8	202	420	42	138	130	3	1	507	2,5	1,7	32	100	200	200	22,8
Nudelsalat mit Mayonnaise	205	858	65,8	6	17	7,1	45	2,3	316	120	18	23	76	1,1	0,8	346	1600	9900	3	100	100	100	1,9
Nudelsuppe	34	142	92	2,3	1,7	2,4	3	0,2	374	179	12	6	20	0,1	0,2	513	500	0	114	0	100	100	1,4
Nudelteig, hausgemacht, gar	150	632	61,2	5,38	0,517	30,3	0	2,31	1	59	22	10	71	0,51	0,68	0	0	113	10	27	19	23	0
Nudelteig, hausgemacht, roh	363	1519	13	14,4	5,95	62,1	179	3,49	136	161	22	38	163	2,29	1,53	125	6	1180	31	88	150	189	0
Nusshörnchen aus Hefeteig	390	1632	27,4	6,76	22,7	39,8	53	2,41	64	175	29	54	112	1,30	0,82	127	123	5920	22	77	117	96	0,343
Nusskranz aus Hefeteig	364	1523	25,7	5,9	15,7	49,5	20	2,35	39	164	32	59	101	1,22	0,73	51	53	5040	19	75	102	88	0,418
Nusskuchen	456	1907	20	8,77	31,6	34,7	130	4,07	32	233	54	71	159	1,69	1,11	180	108	6440	18	61	174	72	128

100 g Lebensmittel	Energie		Nährstoffe						Mineralstoffe + Spurenelemente							Vitamine							
	kcal	kJ	Wasser	Eiweiß	Fett	Kohlenhydrate	Cholesterin	Ballaststoffe	Natrium	Kalium	Magnesium	Calcium	Phosphor	Eisen	Zink	A (Retinol)	B (Betacarotin)	E (Tocopherol)	Folsäure	B_1 (Thiamin)	B_2 (Riboflavin)	B_6 (Pyridoxin)	C (Ascorbinsäure)
Inhalt in …			g	g	g	g	mg	g	mg	mg	mg	mg	mg	mg	mg	µg	µg	µg	µg	µg	µg	µg	mg
Nuss-Nugatcreme	521	2180	1,35	4,32	29,6	59,6	0	3,93	13	288	60	71	125	1,78	0,85	0	8	4470	15	77	110	68	663
O																							
Obstkuchen aus Hefeteig	144	602	65,7	2,83	3,43	25	19	2,14	12	162	10	19	44	0,68	0,38	27	25	372	11	39	57	63	1,78
Obstkuchen aus Mürbeteig	229	958	51,2	2,82	8,88	34,1	17	2,11	49	140	12	14	57	0,72	0,38	58	72	2090	5	29	36	54	1,52
Obstkuchen aus Rührteig	214	895	56,2	3,43	9,54	28,4	74	1,59	88	120	8	19	86	0,77	0,44	91	51	648	7	29	51	53	1,35
Obstkuchen mit Biskuitboden	157	657	60,4	4,02	1,88	30,6	59	2,08	80	148	11	20	101	0,9	0,48	41	274	946	6	31	70	47	3,71
Obstkuchen, Fertigmischung	518	2167	9,46	7,2	32,7	49,3	0	0,220	690	60	10	50	100	0,50	0,10	0	0	1400	4	40	40	60	0
Obstsalat	87	364	76,1	0,7	0,2	19,5	0	2	2	203	16	17	19	0,4	0,2	16	100	300	8	0	0	100	19,9
Ochsenschwanzsuppe, klar, trocken	126	527	74,2	14,8	6,67	1,74	40	0,603	431	286	20	17	139	1,45	2,54	9	87	274	5	100	138	95	1,61
Öl, pflanzlich	884	3699	0,2	0	99,8	0	1	1	1	1	1	1	0	0	0	4	0	6250	0	0	0	0	0
Oliven, grün, gesäuert	144	602	71,7	1,4	13,9	1,8	0	2,4	2100	45	19	95	17	1,6	0,2	48	300	2000	30	0	100	0	0
Oliven, schwarz, gesäuert	354	1481	41,3	2,2	35,8	4,9	0	3,8	3288	38	16	80	29	1,6	0,2	7	0	500	25	0	100	0	0
Olivenöl	883	3694	0,1	0	99,6	0,2	1	0	1	0	0	1	1	0,1	0,1	157	200	12100	0	0	0	0	0
Omelette	241	1008	63,8	13	20,8	0,8	424	0,4	362	168	13	56	208	2	1,3	271	100	1600	29	0	200	100	3,1
Orangeat	309	1293	21,5	0,400	0,300	74,3	0	2,3	1	70	7	50	7	0,30	0,05	0	200	0	4	40	30	60	4
Orangen, frisch	47	197	85,7	1	0,200	9,19	0	2,2	1	177	14	42	23	0,40	0,10	0	90	240	24	79	42	50	50
Orangenkonfitüre	273	1142	31,7	0,368	0,074	66,4	0	0,811	0	66	5	16	8	0,33	0,05	0	17	44	1	9	5	5	1,84
Orangennektar	63	264	84,1	0,463	0,083	14,4	0	0,113	1	78	8	24	12	0,23	0,09	0	45	123	7	31	16	20	13,9

100 g Lebensmittel	Energie		Nährstoffe						Mineralstoffe + Spurenelemente							Vitamine							
	kcal	kJ	Wasser	Eiweiß	Fett	Kohlenhydrate	Cholesterin	Ballaststoffe	Natrium	Kalium	Magnesium	Calcium	Phosphor	Eisen	Zink	A (Retinol)	B (Betacarotin)	E (Tocopherol)	Folsäure	B_1 (Thiamin)	B_2 (Riboflavin)	B_6 (Pyridoxin)	C (Ascorbinsäure)
Inhalt in …			g	g	g	g	mg	g	mg	mg	mg	mg	mg	mg	mg	µg	µg	µg	µg	µg	µg	µg	mg
Orangensaft mit Süßstoff	23	96	94	0,5	0,1	4,4	0	0,1	12	77	8	24	12	0,2	0,1	8	0	100	1	0	0	0	15,3
Orangensaft, frisch gepresst	45	188	88,2	0,925	0,165	8,79	0	0,226	1	155	15	43	24	0,40	0,10	0	90	246	15	65	34	41	30,9
P																							
Paella	147	615	72,4	11,3	8,9	5,4	48	0,7	159	189	20	15	103	1,4	1,8	84	100	600	22	100	100	200	3,7
Palmenherzen, Konserve, gar	30	126	87,1	2,3	0,1	4,7	0	4	242	201	20	47	77	0,7	0,1	13	100	200	2	0	0	0	2,1
Palmkernfett	879	3678	0,7	0	99,3	0	2	0	0	1	0	0	0	0	0	0	0	33800	0	0	0	0	0
Paniermehl/Semmelbrösel	358	1498	6,8	10,1	2,1	73,5	0	5,3	400	130	23	50	100	1,20	0,90	0	0	400	39	200	50	107	0
Pansen/Kutteln, gar	97,7	409	79,9	16,1	3,65	0	94	0	46	18	7	15	78	1,92	2,43	1	0	79	10	21	84	39	2,4
Papaya, frisch	13	54	94,5	0,520	0,090	2,4	0	1,9	3	211	41	21	16	0,42	0,12	0	560	700	2	30	39	30	82
Paprikaschoten, frisch, gar	20	84	91,1	1,2	0,3	2,9	0	3,7	2	148	12	11	29	0,7	0,2	180	500	2800	4	0	0	200	77,2
Paprikaschoten, gefüllt	80	335	83,7	6	5,3	1,9	70	1,7	146	258	14	18	131	1	0,6	121	300	1300	10	100	100	200	46,9
Paprikaschoten, grün, frisch	20	84	91,1	1,2	0,3	2,9	0	3,6	3	177	12	11	29	0,8	0,2	180	500	2500	10	100	0	300	139
Paprikaschoten, rot, frisch	37	155	87,3	1,3	0,5	6,4	0	3,6	5	260	14	10	30	0,6	0,3	354	2100	2900	28	0	100	400	140
Paprikaschoten, rot, Konserve	23	96	91,3	0,9	0,3	4	0	2,4	201	145	9	9	19	0,3	0,2	198	1200	1900	7	0	100	300	46,1
Paranüsse, frisch	661	2556	4,3	13,6	66,8	3,5	0	8,1	2	645	160	132	675	3,4	4	0	0	7600	16	1000	0	100	0,7
Parmesan	441	1845	27	32,3	34,8	0	82	0	1200	100	44	1200	750	0,6	3,6	415	200	1000	7	0	400	100	0
Passionsfrucht, frisch (Maracuja)	80	335	77,5	2,4	0,400	13,4	0	1,45	28	340	0	17	57	1,3	0,25	0	240	400	20	20	100	400	24

100 g Lebensmittel	Energie		Nährstoffe						Mineralstoffe + Spurenelemente							Vitamine							
	kcal	kJ	Wasser	Eiweiß	Fett	Kohlenhydrate	Cholesterin	Ballaststoffe	Natrium	Kalium	Magnesium	Calcium	Phosphor	Eisen	Zink	A (Retinol)	B (Betacarotin)	E (Tocopherol)	Folsäure	B_1 (Thiamin)	B_2 (Riboflavin)	B_6 (Pyridoxin)	C (Ascorbinsäure)
Inhalt in …			g	g	g	g	mg	g	mg	mg	mg	mg	mg	mg	mg	µg	µg	µg	µg	µg	µg	µg	mg
Pasteten, vegetarisch	212	887	55,1	11,6	11,3	15,9	0	2,1	209	450	63	74	400	4,4	2	4	0	4900	16	1900	700	700	0,8
Pastinaken, frisch	22	92	88,8	1,3	0,4	2,9	0	4,3	8	469	22	51	73	0,6	0,9	3	0	900	57	100	100	100	18
Pastinaken, frisch, gar	17	71	90,6	1,1	0,3	2	0	3,9	4	205	13	47	64	0,5	0,6	3	0	900	11	100	100	100	10,5
Pellkartoffeln	71	297	79,1	2	0,1	14,8	0	2,2	42	411	20	6	50	0,4	0,3	1	0	100	8	100	0	300	17
Perlgraupen/ Gerste	339	1418	12,2	9,65	1,36	71	0	4,63	5	190	65	14	189	2	2,1	0	0	200	20	92	80	220	0
Perlzwiebeln, Konserve, saftfrei	62	259	81,9	1,4	0,2	13,2	0	1,8	225	145	10	40	45	0,7	0,8	0	0	200	0	0	0	0	4
Petersilie, Blätter, frisch	53	222	81,1	4,4	0,4	7,4	0	4,3	33	1000	41	245	128	5,5	0,9	902	5400	3700	47	100	300	200	166
Pfannkuchen	265	1109	46,1	7,9	11,2	32,7	124	1,3	58	111	13	51	109	1,1	0,8	67	0	700	11	0	100	100	0,2
Pfeffernüsse	396	1657	5	7,22	5,24	78,7	46	3,03	75	141	28	41	138	1,77	0,97	32	24	2020	9	42	86	124	0,4
Pferdefleisch, gar	154	644	65,3	29,8	3,52	0,586	65	0	38	292	21	12	163	4,13	2,55	18	0	270	8	76	79	223	0
Pfifferlinge, frisch	12	50	91,1	1,6	0,5	0,2	0	5,6	3	507	14	8	55	6,5	0,6	217	1300	100	21	0	200	0	6
Pfifferlinge, getrocknet	120	502	8	16,4	5,2	2,1	0	58,3	31	4485	135	83	520	57,6	6,1	1355	8100	600	110	200	1700	300	25
Pfifferlinge, Konserve	7	29	94,4	0,9	0,3	0,1	0	3,2	207	247	8	8	29	3,2	0,4	106	600	0	4	0	100	0	1
Pfirsich, frisch	41	172	86,9	0,800	0,100	8,9	0	2,3	1	176	9	7	25	0,48	0,15	0	440	965	3	27	50	25	10
Pfirsiche, Konserve, saftfrei	77	322	78,6	0,655	0,082	17,8	0	2,03	2	102	8	10	19	0,41	0,18	0	360	877	1	12	23	11	2,25
Pfirsichnektar	60	251	84,9	0,330	0,037	14,3	0	0	1	69	5	6	12	0,25	0,11	0	196	443	1	10	17	9	2,48
Pflanzenöl	884	3699	0,2	0	99,8	0	1	1	1	1	1	1	0	0	0	4	0	6250	0	0	0	0	0

100 g Lebensmittel	Energie		Nährstoffe						Mineralstoffe + Spurenelemente							Vitamine							
	kcal	kJ	Wasser	Eiweiß	Fett	Kohlenhydrate	Cholesterin	Ballaststoffe	Natrium	Kalium	Magnesium	Calcium	Phosphor	Eisen	Zink	A (Retinol)	B (Betacarotin)	E (Tocopherol)	Folsäure	B_1 (Thiamin)	B_2 (Riboflavin)	B_6 (Pyridoxin)	C (Ascorbinsäure)
Inhalt in …			g	g	g	g	mg	g	mg	mg	mg	mg	mg	mg	mg	µg	µg	µg	µg	µg	µg	µg	mg
Pflaumen, getrocknet	261	1092	20	3,32	1,11	56,5	0	9,41	11	1220	55	78	100	2,44	0,39	0	1820	4300	11	310	199	199	22,1
Pflaumen, frisch	47	197	85,5	0,600	0,200	10,2	0	1,7	2	220	10	14	18	0,44	0,70	0	366	862	2	70	45	45	5
Pflaumen, Konserve, saftfrei	81	339	77,8	0,495	0,165	18,6	0	1,5	2	130	10	14	16	0,38	0,12	0	301	787	1	31	20	20	1,13
Pflaumenmus	195	816	46,3	0,940	0,220	48	0	2,46	13	137	3	30	5	0,18	0,03	5	10	150	1	16	33	10	0,1
Pflaumensaft	49	205	86,8	0,548	0,162	10,7	0	0	2	190	10	14	19	0,43	0,07	0	361	875	1	57	36	36	3,05
Pils	42	176	92,2	0,5	0	3,1	0	0	4	55	10	4	32	0	0	0	0	0	4	0	0	0	0
Pilze, gemischt, frisch, gar	15	63	93,3	2,7	0,2	0,5	0	2,1	7	305	11	11	123	1,1	0,5	2	0	100	4	100	400	100	3,8
Pilze, gemischt, Konserve	14	59	92,9	2,6	0,2	0,5	0	2	306	301	13	18	106	1	0,5	2	0	100	1	0	300	0	1
Pinienkerne, frisch	576	2410	6,4	24	50,7	7,3	0	7,2	4	600	235	26	510	9,2	4,3	3	0	13600	19	800	200	100	1,9
Pistazien, geröstet, gesalzen	616	2577	2,1	17,5	54,3	15,6	0	6	768	985	130	93	442	3	1,7	23	100	4100	19	500	200	300	7,2
Pizza mit Tomaten, Käse, Salami	265	1107	47,3	8,4	13,7	26,8	11	1,7	367	165	20	75	114	1,3	1	66	100	1400	25	100	200	100	2,8
Plätzchen	489	2046	5,6	7,78	25,6	56,8	97	3,27	84	156	33	49	150	1,72	0,96	164	101	3180	11	46	94	83	0,28
Plätzchen, eiweißarm, glutenfrei, Diät	236	987	40,7	0,3	0,3	56,9	0	1,2	175	13	3	22	137	0	0,1	0	0	100	0	0	0	0	0
Plundergebäck, bunt	309	1293	39,1	4,68	14,4	40	58	1,17	53	103	11	50	70	0,71	0,54	111	83	546	7	31	81	57	0,6
Pommes frites	272	1138	44,5	4,3	13,2	31,1	0	2,2	196	400	20	8	49	0,4	0,3	1	0	6300	6	100	0	300	14,9
Popcorn	369	1544	4	12,7	5	67,2	0	10	3	240	81	11	281	1,7	1,7	0	480	2900	9	300	120	220	0
Porree, frisch, gar	23	96	90,8	2,3	0,3	2,5	0	2,3	4	132	12	93	46	0,8	0,3	168	1000	600	10	0	0	0,2	12,1

	Energie		Nährstoffe						Mineralstoffe + Spurenelemente							Vitamine							
100 g Lebensmittel	kcal	kJ	Wasser	Eiweiß	Fett	Kohlenhydrate	Cholesterin	Ballaststoffe	Natrium	Kalium	Magnesium	Calcium	Phosphor	Eisen	Zink	A (Retinol)	B (Betacarotin)	E (Tocopherol)	Folsäure	B_1 (Thiamin)	B_2 (Riboflavin)	B_6 (Pyridoxin)	C (Ascorbinsäure)
Inhalt in …			g	g	g	g	mg	g	mg	mg	mg	mg	mg	mg	mg	µg	µg	µg	µg	µg	µg	µg	mg
Portulak, frisch	27	113	89,8	1,5	0,3	4,3	0	2,5	2	390	151	95	35	3,6	0,3	177	1100	500	13	0	100	200	22
Pralinen, gefüllt, ohne Alkohol	502	2100	3,17	10,5	32,5	42,5	0	9,62	4	538	135	130	266	3	1,69	0	61	12800	49	116	329	85	0,30
Preiselbeer-konfitüre	270	1130	32,2	0,111	0,184	65,6	0	1,07	1	27	2	6	4	0,37	0,08	0	4	183	0	2	2	1	0,42
Presskopf, weiß	220	921	54,9	22,2	14,2	1,12	79	0,064	2,34	500	37	31	294	1,63	2,65	5	2	338	3	870	273	561	12
Printen	465	1946	3	8,05	21,3	60,2	14	5,47	174	407	77	121	262	2,63	1,33	33	32	6030	11	100	137	106	0,74
Pudding, ohne Alkohol	146	611	68,8	5	4,7	20,6	101	0	64	125	10	86	107	0,6	0,6	83	0	500	8	0	100	0	0,5
Puddingpulver	382	1598	5,18	0,600	0,400	92	0	0,500	320	60	7	15	30	1,4	0	0	0	0	0	0	0	0	0
Puffreis	390	1632	2,5	7,5	2,3	83,5	0	2	3	110	25	6	100	1,06	1,03	0	0	400	19	110	100	75	0
Puffreis mit Zucker geröstet	383	1602	4,23	6,82	2,08	83	0	1,81	3	104	23	6	92	1,09	0,97	0	0	362	9	85	81	63	0,21
Pumpernickel	188	787	44,1	6,49	0,959	37,6	0	8,68	430	290	56	21	232	2,66	2,41	0	4	1000	36	102	98	152	0
Punsch, Bowle	108	452	76,3	0,2	0,1	16,7	0	0,5	7	95	10	12	8	0,4	0,2	3	0	0	2	0	0	0	6,3
Pute mit Haut, gar	253	1059	55,6	27	16,2	0	85	0	60	284	26	24	214	1,33	1,89	11	0	541	13	88	219	405	0
Putenbrust ohne Haut, frisch	107	448	73,7	21,1	0,990	0	60	0	46	330	20	13	200	1	1,8	1	0	900	7	47	110	460	0
Putenkeule mit Haut, gar	189	791	63,9	25,3	9,72	0	88	0	83	279	17	17	174	1,93	2,32	2	0	1330	21	81	224	287	0
Putenschnitzel, gar	145	607	68,2	22,1	4,7	3,3	53	0,4	54	322	20	21	174	1,2	1,9	46	200	900	4	100	100	300	1,7
Q																							
Quark mit Früchten	103	431	73,8	6	0,7	17,5	2	0,8	24	156	12	71	95	0,3	0,4	12	0	100	11	0	200	100	8,2
Quark mit Kräutern, Fettstufe	118	494	73,4	5,4	4,8	12,7	14	2	33	318	16	149	116	2,2	0,9	442	2400	800	21	100	300	100	27,2

100 g Lebensmittel	Energie		Nährstoffe						Mineralstoffe + Spurenelemente							Vitamine							
	kcal	kJ	Wasser	Eiweiß	Fett	Kohlenhydrate	Cholesterin	Ballaststoffe	Natrium	Kalium	Magnesium	Calcium	Phosphor	Eisen	Zink	A (Retinol)	B (Betacarotin)	E (Tocopherol)	Folsäure	B_1 (Thiamin)	B_2 (Riboflavin)	B_6 (Pyridoxin)	C (Ascorbinsäure)
Inhalt in …			g	g	g	g	mg	g	mg	mg	mg	mg	mg	mg	mg	µg	µg	µg	µg	µg	µg	µg	mg
Quark, Fettstufe, 40 % Fett	143	598	76,1	9	10,3	3,2	31	0	40	120	10	110	180	0,1	0,5	120	100	300	13	0	300	100	0
Quark, Halbfettstufe, 20 % Fett	100	418	79,6	10,8	4,4	3,6	16	0	40	120	11	120	180	0,1	0,5	59	0	100	17	0	300	100	0,6
Quark, Magerstufe	75	314	80,7	13,5	0,2	4	1	0	40	140	11	120	190	0,4	0,6	1	0	0	18	0	300	100	0,7
Quarkauflauf mit Früchtesoße	144	602	64,7	6,9	2	23,8	61	1,3	102	122	11	51	129	0,7	0,8	37	0	400	11	0	100	100	3,6
Quarkstrudel	224	937	52	9,5	7,95	27,9	49	1,22	105	136	13	70	136	0,87	0,71	74	55	1600	11	38	144	67	0,234
Quittenkonfitüre	271	1134	31,3	0,1	0,2	64,7	0	2,1	1	75	3	4	7	0,4	0,1	1	0	100	0	0	0	0	0,5
R																							
Radicchio	14	59	94,7	1,2	0,2	1,5	0	1,6	10	240	11	40	27	1,5	0,2	133	800	500	21	100	0	0	28
Radieschen, frisch	15	63	94,1	1	0,1	2,1	0	1,6	17	255	8	34	26	1,5	0,2	4	0	0	19	0	0	100	29
Radler	34	142	92,8	0,3	0	4,9	0	0	5	20	6	12	16	0,2	0	0	0	0	2	0	0	0	0
Ragout fin, Konserve	133	555	74	14,9	7,35	1,85	72	0,021	445	217	18	16	143	1,36	1,74	24	7	184	6	40	149	143	366
Rahm, 30 % Fett	289	1209	63,8	2,5	30	3,2	90	0	30	100	9	80	60	0,1	0,3	360	200	900	4	0	200	0	1
Raclette, Rahmstufe	343	1435	43,9	22,7	28	0	65	0	600	100	34	750	500	0,3	3,7	338	200	800	21	0	300	100	0
Ratatouille mit Auberginen, Tomaten, Zucchini	49	205	89,2	1,2	3,5	3	0	1,9	109	224	14	20	26	0,7	0,2	89	500	1200	12	0	100	100	28,2
Ravioli mit Tomatensoße	171	715	64,3	11,4	8,1	12,9	449	1,3	388	192	20	82	164	2	1,9	193	900	900	7	100	200	100	6,8
Reineclauden, frisch	63	264	81,4	0,800	0,100	13,5	0	2,3	1	245	10	13	25	1,10	0,10	0	180	700	3	50	30	50	6

	Energie		Nährstoffe						Mineralstoffe + Spurenelemente							Vitamine							
100 g Lebensmittel	kcal	kJ	Wasser	Eiweiß	Fett	Kohlenhydrate	Cholesterin	Ballaststoffe	Natrium	Kalium	Magnesium	Calcium	Phosphor	Eisen	Zink	A (Retinol)	B (Betacarotin)	E (Tocopherol)	Folsäure	B_1 (Thiamin)	B_2 (Riboflavin)	B_6 (Pyridoxin)	C (Ascorbinsäure)
Inhalt in …			g	g	g	g	mg	g	mg	mg	mg	mg	mg	mg	mg	µg	µg	µg	µg	µg	µg	µg	mg
Reis, geschält, gar	112	469	72,1	2,56	0,779	23,3	0	0,813	4	59	62	9	122	1,02	0,57	0	0	283	4	81	27	145	0
Reis, geschält, roh	349	1460	12,9	6,83	0,620	77,7	0	1,39	6	103	64	6	120	0,60	0,50	0	0	184	29	60	32	150	0
Reis, parboiled, gar	108	452	72,9	2,22	0,171	24	0	0,494	2	27	11	9	40	1,10	0,61	0	0	110	3	84	9	84	0
Reis, parboiled, roh	351	1469	12	6,5	0,500	78,9	0	1,4	6	150	28	24	110	2,9	1,7	0	0	300	11	440	30	402	0
Reis, ungeschält	349	1460	13,1	7,22	2,2	74,1	0	2,22	10	150	157	23	325	2,60	1,52	0	0	740	16	410	91	670	0
Reis, ungeschält, gar	93	389	76,7	2,02	0,184	20,5	0	0,426	2	19	21	2	38	0,19	0,16	0	0	59	7	10	5	25	0
Reissalat mit Gurken und Dressing	125	523	77,8	1,2	9,3	8,9	0	0,9	375	134	22	43	32	0,6	0,2	49	300	5400	9	0	0	0	5,8
Renke, frisch, gar	110	460	74,9	21	2,79	0	74	0	47	332	27	16	256	1,10	1,90	17	0	2990	22	84	96	330	0,670
Rettich, frisch	14	59	93,5	1	0,2	1,9	0	2,5	18	322	15	33	29	0,8	0,3	2	0	0	17	0	0	100	27
Rhabarber, frisch	13	54	93,7	0,6	0,1	1,4	0	2,3	2	270	13	52	24	0,5	0,2	12	100	300	3	0	0	0	10
Ricotta, Doppelrahmstufe	174	728	71,8	9,5	15	0,3	59	0	90	100	14	274	270	0,4	1,2	320	100	700	16	0	200	0	0
Rinderfilet, gar	152	636	65,7	29,6	3,57	0	73	0	31	227	21	3	155	3,25	5,24	24	0	571	10	67	155	113	0
Rindergulasch mit Soße	101	423	81,8	9,6	6,4	1,3	33	0,3	26	161	11	8	106	1,2	2,6	3	0	300	1	0	100	100	1,8
Rinderhack, gar	223	933	58,4	27,6	12,2	0,683	61	0	40	232	16	6	163	2,73	5,02	20	0	416	2	104	256	106	0
Rinderherz, gar	102	427	76,5	19,2	2,43	0,734	137	0	105	280	24	9	209	5,02	1,96	7	0	268	4	530	1090	274	4,37
Rinderleber, gar	147	615	66,7	22,2	3,49	6,39	342	0	112	282	17	7	347	6,76	4,66	18,1	0	720	226	287	3400	801	18
Rinderniere, gar	102	427	77,4	17,3	3,03	1,10	368	0	177	226	20	11	243	9,32	2,04	396	0	292	177	313	2720	382	8,76

100 g Lebensmittel	Energie		Nährstoffe						Mineralstoffe + Spurenelemente							Vitamine							
	kcal	kJ	Wasser	Eiweiß	Fett	Kohlenhydrate	Cholesterin	Ballaststoffe	Natrium	Kalium	Magnesium	Calcium	Phosphor	Eisen	Zink	A (Retinol)	B (Betacarotin)	E (Tocopherol)	Folsäure	B_1 (Thiamin)	B_2 (Riboflavin)	B_6 (Pyridoxin)	C (Ascorbinsäure)
Inhalt in …			g	g	g	g	mg	g	mg	mg	mg	mg	mg	mg	mg	µg	µg	µg	µg	µg	µg	µg	mg
Rinderrouladen mit Soße	127	531	76,9	10,9	7,7	3,4	38	0,3	58	204	14	8	102	1,2	2,2	14	0	300	1	100	100	100	0,8
Rindertalg	862	3607	2,1	0,8	97	0	100	0	11	6	3	0	7	0,3	0,1	257	200	1300	0	0	0	0	0,1
Rinderzunge, gar	188	787	66,4	16,9	11,5	4,33	102	0	80	255	18	11	160	2,95	2,87	5	0	247	7	130	334	122	2,29
Rindfleisch, fett, gar	208	870	61,1	26,7	11,3	0	63	0	36	185	18	5	190	3,09	5,8	4	0	514	3	58	213	102	0
Rindfleisch, mager, gar	151	632	66,3	28,9	3,8	0	73	0	49	242	21	7	185	3,06	5,12	24	0	573	3	154	310	113	0
Rice Crispies	377	1577	3	6,1	0,900	84,9	0	2	1060	70	30	7	12	0,90	0,90	0	0	600	12	1000	1300	190	0
Roggen, Vollkorn	294	1230	13,7	9	1,7	59,7	0	14	4	510	120	64	360	4,85	3,89	0	12	1960	56	350	170	290	0
Roggen, Vollkornmehl	294	1230	13,7	9	1,7	59,7	0	14	4	510	120	64	360	4,85	3,89	0	12	1960	56	350	170	290	0
Roggenbrötchen	223	933	38,2	6,38	0,968	46,3	0	6,05	452	229	50	20	156	2,18	1,84	0	0	585	23	143	90	150	0
Roggenmehl, Type 1050	318	1331	13,6	8,31	1,3	67,2	0	8,6	1	297	67	20	196	2,63	2,42	0	0	870	70	220	100	350	0
Rohrzucker, braun	396	1657	2,15	0	0	97,4	0	0	2	90	14	55	24	0	0,06	0	0	0	0	6	6	0	0,700
Romadur, Halbfettstufe	179	749	61,2	24	9	0	21	0	800	100	25	400	325	0,3	2,4	108	100	300	22	100	400	100	0
Romanosalat	16	67	94,1	1,6	0,2	1,7	0	1,3	8	290	6	36	45	1,1	0,2	260	1600	600	27	100	0	0	24
Roquefort	362	1515	41	21	31	0	72	0	1600	100	30	662	392	0,5	2,5	318	100	800	16	0	600	200	0
Rosenkohl, frisch, gar	30	126	87,7	4	0,3	2,3	0	4,1	8	193	13	29	76	0,8	0,4	67	400	600	25	100	100	200	50,1
Rosinen	298	1247	18,8	2,46	0,550	66,2	0	5,4	21	782	15	31	110	0,30	0,10	0	30	600	4	120	55	110	1
Rostbratwurst, grob	329	1377	51,1	16,5	29,5	0,29	66	0,051	676	244	24	9	116	0,99	1,67	3	1	332	2	645	182	383	0,068

	Energie		Nährstoffe						Mineralstoffe + Spurenelemente							Vitamine								
100 g Lebensmittel	kcal	kJ	Wasser	Eiweiß	Fett	Kohlenhydrate	Cholesterin	Ballaststoffe	Natrium	Kalium	Magnesium	Calcium	Phosphor	Eisen	Zink	A (Retinol)	B (Betacarotin)	E (Tocopherol)	Folsäure	B_1 (Thiamin)	B_2 (Riboflavin)	B_6 (Pyridoxin)	C (Ascorbinsäure)
Inhalt in …			g	g	g	g	mg	g	mg	mg	mg	mg	mg	mg	mg	µg	µg	µg	µg	µg	µg	µg	mg
Rösti	148	619	71,7	2	9,6	13	19	2,1	174	304	18	8	44	0,4	0,3	45	0	200	3	100	0	200	10,9
Rotbarsch, frisch, gar	125	523	73	21,5	4,3	0	50	0	91	275	31	26	204	0,70	0,57	11	0	1340	12	98	67	334	0,574
Rote Beete, Sauerkonserve	113	473	90,7	1	0,1	5,2	0	1,6	222	212	17	21	30	0,6	0,3	1	0	0	19	0	0	0	3,1
Rote Grütze	118	494	70,6	0,3	0,1	28	0	0	1	53	4	11	10	0,3	0,1	2	0	200	0	0	0	0	3,8
Rote Rüben (Beete), frisch	42	176	86,3	1,5	0,1	8,4	0	2,5	58	336	25	29	45	0,9	0,3	2	0	0	75	0	0	100	10
Rote Rüben (Beete), frisch, gar	32	134	88,9	1,4	0,1	6,1	0	2,4	27	157	16	29	43	0,8	0,3	2	0	0	15	0	0	0	6,2
Rotkohl, frisch	18	75	71,3	1,2	0,1	2,8	0	2	3	207	14	27	23	0,4	0,2	2	0	1,3	20	100	0	100	39
Rum, 38 %	231	971	66,6	0	0	0	0	0	1	2	0	0	5	0,1	0,1	0	0	0	0	0	0	0	0
Rumpsteak	225	941	57,6	28,9	12,1	0	82	0	66	306	26	4	181	2,5	4,8	36	0	1000	1	100	200	200	0
S																							
Saccharin-Cyclamat-Mischung, Tabletten	253	1059	7,6	0	0	0	0	0	10622	0	0	0	0	0	0	0	0	0	0	0	0	0	0
Sachertorte	337	1410	31,2	5,84	14,5	45,7	145	1,79	101	155	23	30	127	1,53	0,79	138	96	907	11	33	100	46	0,045
Salami	360	1506	42,9	19,7	30,8	0,19	72	0,467	1230	381	33	29	185	1,78	2,69	7	4	385	2	520	224	334	0
Salatmayonnaise, 50 % Fett	483	2021	38,9	0,5	52	5	52	0	750	9	2	10	30	0,3	0,1	30	0	5000	1	0	0	0	0
Salzersatz, mineralstoffreich	0	0	10,5	0	0	0	0	0	0	0	0	0	40	45000	0	0	0	0	0	0	0	0	0
Salzkartoffeln	70	293	78,9	2	0,1	14,5	0	2,3	323	338	20	8	48	0,4	0,3	1	0	100	3	100	0	200	12,2
Salzstangen/Salzletten	347	1452	9	9	0,500	75,3	0	0,700	1790	124	0	147	130	0,70	0,50	0	0	400	0	10	40	0	0

100 g Lebensmittel	Energie		Nährstoffe						Mineralstoffe + Spurenelemente							Vitamine							
	kcal	kJ	Wasser	Eiweiß	Fett	Kohlenhydrate	Cholesterin	Ballaststoffe	Natrium	Kalium	Magnesium	Calcium	Phosphor	Eisen	Zink	A (Retinol)	B (Betacarotin)	E (Tocopherol)	Folsäure	B_1 (Thiamin)	B_2 (Riboflavin)	B_6 (Pyridoxin)	C (Ascorbinsäure)
Inhalt in …			g	g	g	g	mg	g	mg	mg	mg	mg	mg	mg	mg	µg	µg	µg	µg	µg	µg	µg	mg
Sanddornbeerenkonzentrat	401	1678	32	6,6	29,8	21,8	0	0	15	593	153	222	49	2,19	0,79	0	7470	2490	49	124	880	519	1410
Sardellen, gesalzen	95	397	61,1	18,5	2,23	0	13	0	6450	392	62	124	263	3,33	1,76	20	0	510	4	56	276	146	0,510
Sardinen in Öl	266	1113	58,4	15,2	23,1	0	12	0	840	330	21	72	205	1,89	2,28	11	4	12700	2	13	137	527	0,220
Sardinen, frisch, gar	138	577	70,7	22,3	5,39	0	18	0	113	374	26	101	260	2,42	3,44	15	0	534	3	18	208	798	0,285
Satsumas, frisch	46	192	86,9	0,759	0,040	9,44	0	0,720	1	215	6	4	17	0,11	0,08	0	17	270	12	34	27	36	61
Sauerampfer, frisch	22	92	91,3	2,3	0,4	2	0	2,6	4	362	41	54	71	8,5	0,5	833	5000	1900	21	100	200	200	47
Sauerkirschen, frisch	58	243	84,4	0,900	0,400	11	0	1,04	2	115	8	8	19	0,60	0,10	0	0,300	130	8	50	60	50	12
Sauerkirschen, Konserve, saftfrei	89	372	77	0,744	0,331	19	0	0,924	2	68	8	10	16	0,51	0,14	0	248	119	1	23	26	23	2,72
Sauerkirschkonfitüre	277	1159	31,2	0,332	0,147	67,1	0	0,383	1	44	3	4	7	0,40	0,05	0	56	24	0	5	7	5	0,442
Sauerkirschnektar	61	255	84,8	0,286	0,113	14	0	0	1	35	3	6	7	0,24	0,09	0	103	46	2	13	16	13	2,29
Sauerkirschsaft	58	243	85,2	0,818	0,323	11,4	0	0	2	98	8	8	19	0,58	0,10	0	294	131	5	40	48	40	7,27
Sauerkraut, frisch, gar	17	71	90,3	1,5	0,3	0,6	0	3,6	290	157	9	50	43	0,5	0,3	3	0	200	4	0	0	100	9,8
Sauerkraut, Konserve	16	67	90,2	1,4	0,3	0,6	0	3,3	431	163	11	47	36	0,4	0,3	3	0	200	1	0	0	100	5,1
Sauermilchkäse, Magerstufe	131	548	63,6	30	0,7	0	3	0	800	100	15	180	270	0,3	1,9	12	0	0	2	0	400	0	0
Saure Sahne, 10 % Fett	117	490	82,2	3,1	10	3,3	37	0	40	140	12	110	90	0,1	0,4	120	100	300	5	0	200	0	1

	Energie		Nährstoffe						Mineralstoffe + Spurenelemente							Vitamine							
100 g Lebensmittel	kcal	kJ	Wasser	Eiweiß	Fett	Kohlenhydrate	Cholesterin	Ballaststoffe	Natrium	Kalium	Magnesium	Calcium	Phosphor	Eisen	Zink	A (Retinol)	B (Betacarotin)	E (Tocopherol)	Folsäure	B_1 (Thiamin)	B_2 (Riboflavin)	B_6 (Pyridoxin)	C (Ascorbinsäure)
Inhalt in …			g	g	g	g	mg	g	mg	mg	mg	mg	mg	mg	mg	µg	µg	µg	µg	µg	µg	µg	mg
Saure Sahne, 20 % Fett	205	858	72,6	2,8	20	3,4	65	0	40	130	11	100	80	0,1	0,4	240	100	600	5	0	200	0	1
Saure Sahne, 30 % Fett	288	1205	63,8	2,5	30	2,4	90	0	30	100	9	80	60	0,1	0,3	360	200	900	4	0	200	0	1
Saure Sahne, 40 % Fett	391	1636	52,7	2,1	42	2	123	0	20	80	8	70	50	0,1	0,3	502	300	1300	4	0	100	0	1
Schafskäse	237	992	58,6	17	18,8	0	45	0	1300	150	25	450	360	0,6	2	228	100	500	14	0	300	100	0
Schalotten, frisch	22	92	92,5	1,5	0,2	3,3	0	1,5	12	334	4	37	60	1,2	0,4	0	0	300	14	0	100	200	13
Schälrippchen, gepökelt	147	615	66,6	17,4	8,3	0,89	51	0	247	243	54	32	127	1,53	1,14	5	0	232	2	655	163	467	0
Schaschlik	232	971	62,4	17,6	17,6	1,1	131	0,3	82	203	19	16	161	3,5	3	25	0	1200	7	400	500	300	3,3
Schaschlik-Grillsoße	75	314	79,8	2,93	2,22	10,1	0	2,8	82	527	45	90	65	2,3	0,60	0	461	1630	20	100	89	174	15,8
Scheibletten (Käsezubereitung)	319	1335	46,3	23,4	24,9	0	58	0	700	100	36	750	470	0,4	3,5	295	200	800	20	0	300	100	0
Schellfisch, frisch, gar	91	381	77,2	20,9	0,733	0	69	0	132	272	42	22	180	0,62	0,45	13	0	422	9	63	84	253	1,44
Schillerlocken/ Dornhai	154	644	71,7	18,5	8,9	0	74	0	17	223	23	34	210	0,51	0,30	240	0	650	3	52	140	200	1
Schinken, gekocht	113	473	73,8	18,4	3,86	0,96	49	0	942	130	19	19	104	1,01	1,67	4	0	167	2	330	169	218	0
Schinken, roh, geräuchert	116	485	69,5	18,3	4,36	0,89	51	0	247	258	58	32	132	1,62	1,19	5	0	219	2	694	169	499	0
Schinken-Käse-Toast	258	1079	52,5	18,8	16,1	9,5	59	0,7	245	157	28	307	276	1,2	2,5	192	0,4	600	6	200	200	100	0
Schinkenwurst	294	1230	56,9	11,5	27,8	0,30	62	0,131	914	284	25	13	140	0,99	1,60	3	10	331	2	631	176	385	0,249

100 g Lebensmittel	Energie		Nährstoffe						Mineralstoffe + Spurenelemente							Vitamine							
	kcal	kJ	Wasser	Eiweiß	Fett	Kohlenhydrate	Cholesterin	Ballaststoffe	Natrium	Kalium	Magnesium	Calcium	Phosphor	Eisen	Zink	A (Retinol)	B (Betacarotin)	E (Tocopherol)	Folsäure	B_1 (Thiamin)	B_2 (Riboflavin)	B_6 (Pyridoxin)	C (Ascorbinsäure)
Inhalt in …			g	g	g	g	mg	g	mg	mg	mg	mg	mg	mg	mg	µg	µg	µg	µg	µg	µg	µg	mg
Schlagsahne, 30 % Fett	289	1209	63,8	2,5	30	3,2	90	0	30	100	9	80	60	0,1	0,3	360	200	900	4	0	200	0	1
Schleie, frisch, gar	89	372	77,1	20,6	0,641	0	87	0	31	319	51	72	218	0,83	1,36	1	0	111	18	70	156	251	0,743
Schmelzkäse	328	1372	50,9	13,2	30,4	0,9	85	0	1100	130	42	600	800	1,2	3,2	297	100	600	6	0	300	100	0
Schmelzkäse, Halbfettstufe	222	929	54,4	27	12	1	27	0	1100	200	30	700	1200	0,9	3	142	100	400	6	0	400	100	0
Schnaps, klar, 32 %	185	774	73,3	0	0	0	0	0	1	1	0	0	6	0	0	0	0	0	0	0	0	0	0
Schnecken aus Hefeteig	335	1402	23,5	5,75	8,15	58,7	29	2,68	33	187	18	32	82	1	0,65	53	47	1440	19	55	93	84	0,237
Schnittkäse	355	1485	41,9	24,8	28,3	0	59	0	600	100	36	800	550	0,3	3,8	305	200	400	21	0	300	100	0
Schnittkäse, Dreiviertelfettstufe	256	1071	50,8	27,4	16	0	37	0	601	120	40	872	561	0,4	4	197	100	400	20	0	400	100	0
Schnittkäse, Fettstufe	313	1310	45,1	26,2	23	0	51	0	603	101	37	804	553	0,4	4	273	100	700	23	0	300	100	0
Schnittkäse, halbfest	291	1218	48,3	20,8	23	0	54	0	1400	100	30	400	300	0,4	3	273	100	700	18	100	300	100	0
Schnittkäse, halbfest, Doppelrahmstufe	426	1782	35,7	19,1	39,1	0	90	0	850	100	50	600	400	0,4	3	468	200	1200	33	0	400	100	0
Schnittkäse, halbfest, Dreiviertelfettstufe	242	1013	54,2	26,5	15	0	35	0	600	100	40	850	570	0,4	4,3	185	100	400	21	100	400	100	0
Schnittkäse, halbfest, Fettstufe	268	1121	50,4	21,7	20	0	47	0	1395	100	30	399	299	0,4	3	239	100	600	18	100	300	100	0

100 g Lebensmittel	Energie		Nährstoffe						Mineralstoffe + Spurenelemente							Vitamine							
	kcal	kJ	Wasser	Eiweiß	Fett	Kohlenhydrate	Cholesterin	Ballaststoffe	Natrium	Kalium	Magnesium	Calcium	Phosphor	Eisen	Zink	A (Retinol)	B (Betacarotin)	E (Tocopherol)	Folsäure	B_1 (Thiamin)	B_2 (Riboflavin)	B_6 (Pyridoxin)	C (Ascorbinsäure)
Inhalt in …			g	g	g	g	mg	g	mg	mg	mg	mg	mg	mg	mg	µg	µg	µg	µg	µg	µg	µg	mg
Schnittkäse, halbfest, Rahmstufe	323	1351	45,1	20	27	0	63	0	1400	100	30	400	300	0,4	3	327	200	800	18	100	300	100	0
Schnittkäse, halbfest, Vollfettstufe	291	1218	48,3	20,8	23	0	54	0	1400	100	30	400	300	0,4	3	273	100	700	18	100	300	100	0
Schnittkäse, Rahmstufe	357	1494	43,1	21,9	30	0	70	0	597	99	33	727	533	0,4	3,7	358	200	900	21	0	400	100	0
Schnittkäse, Vollfettstufe	345	1443	42,7	25,3	27	0	56	0	611	102	37	815	560	0,3	3,9	311	200	400	22	0	300	100	0
Schnittlauch, frisch	27	113	86,3	3,6	0,6	1,6	0	6	3	434	44	129	75	1,9	0,5	50	300	1600	32	100	200	400	47
Schokolade, Block	536	2243	1,4	9,2	31,5	54,1	9	1,36	58	471	86	214	242	2,30	2	53	34	250	10	110	370	110	0
Schokolade, gefüllt, ohne Alkohol	346	1448	19,8	1,45	6,14	69	0	2,23	2	144	30	9	51	1,5	0,40	0	3	94	4	9	34	17	0
Schokolade, Vollmilch-Nuss	521	2180	1,82	8,54	32,4	49,1	9	5,57	75	558	92	204	262	2,38	1,53	24	20	1480	16	88	344	99	1,72
Schokolade, weiß	542	2268	0,546	5,06	30,1	62,5	20	0	74	241	20	185	144	0,28	0,57	58	32	363	8	58	280	70	2
Schokolade, zart, bitter	496	2076	2,01	7,13	32,7	43,8	1	11,8	6	692	149	41	236	4,62	2,07	0	14	498	14	47	144	50	0
Schokoladenmüsli	390	1632	9,04	9,79	11,8	60,4	2	6,8	61	377	104	73	283	3,15	2,47	10	34	2110	31	346	167	224	707
Schokoladensoße	163	682	66,3	4	6,9	20,9	83	0,9	46	175	21	104	121	0,8	0,7	93	0	0,4	6	0	200	100	0,7
Scholle, frisch, gar	105	439	75,7	20,8	2,28	0	50	0	119	279	24	61	201	0,92	0,6	5	0	863	9	270	185	361	1,08

100 g Lebensmittel	Energie		Nährstoffe						Mineralstoffe + Spurenelemente							Vitamine							
	kcal	kJ	Wasser	Eiweiß	Fett	Kohlenhydrate	Cholesterin	Ballaststoffe	Natrium	Kalium	Magnesium	Calcium	Phosphor	Eisen	Zink	A (Retinol)	B (Betacarotin)	E (Tocopherol)	Folsäure	B_1 (Thiamin)	B_2 (Riboflavin)	B_6 (Pyridoxin)	C (Ascorbinsäure)
Inhalt in …			g	g	g	g	mg	g	mg	mg	mg	mg	mg	mg	mg	µg	µg	µg	µg	µg	µg	µg	mg
Schorle, Weinschorle	37	155	93,6	0,1	0	1,3	0	0	17	45	10	25	4	0,3	0,1	0	0	0	1	0	0	0	0
Schupfnudeln	92	385	80,3	6,1	6,2	4	15	1,2	279	168	14	124	101	0,4	0,8	119	200	600	10	0	100	100	6,4
Schwartenmagen	181	757	62,5	19,5	11,1	0,681	162	0,128	1290	957	74	40	512	4,13	6,35	5	165	485	18	1010	592	11900	0,032
Schwarzwälder Kirschtorte	247	1033	56,4	3,9	16,1	21,4	88	0,928	51	105	13	47	77	0,74	0,51	175	169	716	6	29	95	40	0,795
Schwarzwurzel, frisch, gar	15	63	88,8	1,3	0,4	1,2	0	4,2	2	153	15	53	72	3	0,2	3	0	6400	7	100	0	100	2,5
Schwarzwurzel, Konserve	15	63	88,4	1,3	0,4	1,3	0	4,1	218	180	17	50	64	2,3	0,2	3	0	6100	2	0	0	0	0,9
Schwedenmilch, vollfett	67	280	86,9	3,4	3,5	4,7	12	0	49	155	12	124	99	0	0,4	60	0	100	7	0	200	0	2
Schweinefleisch mit Fett, frisch	177	741	68,3	19,9	10,8	0	70	0	73	282	24	9	147	1,75	3,41	6	0	421	3	867	216	548	0
Schweinefleisch, fett, durchwachsen, frisch	215	900	64,3	19,2	15,5	0	60	0	58	279	52	10	133	1,58	1,26	8	0	461	2	720	183	479	0
Schweinefleisch, gar	201	841	60,7	28,7	9,56	0	86	0	55	232	23	7	142	2,48	4,06	7	0	475	3	580	239	368	0
Schweinefleisch, gepökelt, gar	137	573	68,1	17,4	7,13	0,851	57	0	2,37	223	29	30	126	1,55	2,85	4	0	210	2	721	178	482	0
Schweinefleisch, mager, frisch	136	569	72,2	21,2	5,6	0	70	0	75	300	25	2	170	1,09	2	6	0	410	3	900	230	500	0
Schweinefleisch, gepökelt, geräuchert, gar	139	581	67,6	17,3	7,45	0,889	59	0	2,48	233	30	31	131	1,62	2,97	4	0	219	2	754	186	503	0
Schweinehack, gar	264	1105	55,5	25,3	18,2	0	67	0	32	248	20	3	157	1,29	2,24	5	0	524	3	378	220	291	0

100 g Lebensmittel	Energie		Nährstoffe						Mineralstoffe + Spurenelemente							Vitamine							
	kcal	kJ	Wasser	Eiweiß	Fett	Kohlenhydrate	Cholesterin	Ballaststoffe	Natrium	Kalium	Magnesium	Calcium	Phosphor	Eisen	Zink	A (Retinol)	B (Betacarotin)	E (Tocopherol)	Folsäure	B_1 (Thiamin)	B_2 (Riboflavin)	B_6 (Pyridoxin)	C (Ascorbinsäure)
Inhalt in …			g	g	g	g	mg	g	mg	mg	mg	mg	mg	mg	mg	µg	µg	µg	µg	µg	µg	µg	mg
Schweineherz, gar	108	452	76,4	18,6	3,45	0,490	128	0	78	253	20	6	216	4,22	1,76	7	0	634	4	479	1200	422	4,22
Schweinkotelett mit Fett, gar	210	879	59,5	28,7	10,6	0	74	0	45	240	52	9	134	2,34	1,54	9	0	500	2	504	208	341	0
Schweinekotelett, paniert, gar	260	1088	52,1	24,6	15,9	4,7	105	0,3	94	244	54	19	164	2,1	1,6	24	0	500	3	800	200	500	0
Schweineleber, gar	123	515	71,8	21,3	3,02	2,56	331	0	75	311	21	10	353	15,4	6,18	21000	0	585	141	310	3700	662	18,2
Schweinelunge, gar	102	427	77,2	19,2	2,68	0	314	0	147	238	13	2	226	4,9	1,99	36	0	490	11	63	252	98	10,4
Schweinemagen, gar	152	636	72,3	18,3	8,82	0	190	0	52	148	6	10	99	2,15	1,98	1	0	493	10	89	139	39	3,52
Schweineniere, gar	115	481	75,4	18,2	4,17	0,981	358	0	169	238	17	7	255	9,81	2,67	192	0	444	97	344	2160	539	11,2
Schweineschmalz	883	3694	0,1	0,1	99,7	0	86	0	1	1	1	1	3	0,1	0,1	9	0	1600	0	0	0	0	0
Schweineschnitzel, frisch	107	448	74,7	22,2	1,9	0	70	0	72	290	21	9	170	1,7	2,6	6	0	410	9	800	190	390	0
Schweineschnitzel, natur, gar	203	849	60,3	28,6	9,8	0	91	0	89	272	28	3	202	1,4	2,5	7	0	400	1	1100	300	600	0
Schweineschnitzel, paniert, gar	237	992	52,4	20,7	10,8	13,9	79	0,9	116	215	24	24	162	1,2	1,9	14	0	400	3	700	200	400	0,1
Schweinezunge, gar	197	825	67,8	16,1	14,6	0,594	96	0	94	236	18	10	189	3,28	2,62	5	0	524	8	333	466	333	3,4
Seeteufel, frisch	74	310	82,4	14,9	1,52	0	25	0	109	235	30	20	220	0,32	0,41	7	0	1000	12	25	60	150	1
Seezunge, frisch, gar	98	410	76,8	20,4	1,65	0	60	0	114	279	53	35	199	0,82	0,42	3	0	865	8	54	84	210	0
Sekt	79	331	86,5	0,2	0	3,5	0	0	3	50	8	10	10	0,5	0	0	0	0	1	0	0	0	0

100 g Lebensmittel	Energie		Nährstoffe						Mineralstoffe + Spurenelemente							Vitamine							
	kcal	kJ	Wasser	Eiweiß	Fett	Kohlenhydrate	Cholesterin	Ballaststoffe	Natrium	Kalium	Magnesium	Calcium	Phosphor	Eisen	Zink	A (Retinol)	B (Betacarotin)	E (Tocopherol)	Folsäure	B_1 (Thiamin)	B_2 (Riboflavin)	B_6 (Pyridoxin)	C (Ascorbinsäure)
Inhalt in …			g	g	g	g	mg	g	mg	mg	mg	mg	mg	mg	mg	µg	µg	µg	µg	µg	µg	µg	mg
Sellerie-Knolle, frisch	19	79	90,4	1,7	0,3	2,3	0	4,2	77	321	9	68	80	0,5	0,4	3	0	500	7	0	100	200	8,3
Sellerie-Knolle, frisch, gar	15	63	91,9	1,5	0,3	1,6	0	3,9	35	142	5	64	71	0,4	0,3	2	0	500	2	0	0	100	4,9
Selleriesalat, Sauerkonserve	11	46	94,4	0,9	0,2	1,2	0	2,1	223	165	7	38	42	0,3	0,2	1	0	300	1	0	0	0	2,1
Semmelknödel	168	703	63,5	6,7	6,5	20,3	84	1,2	418	140	17	66	115	1,1	0,8	91	100	1100	8	100	100	100	1,3
Senf	86	360	77,3	6	4	6	0	1	1,25	130	100	120	180	2	0,40	0	30	0	0	0	200	70	0
Senfsoße, einfach	58	243	87,8	6,1	2,9	1,8	14	0,4	237	73	10	15	47	0,8	1,2	70	300	600	0	0	100	0	0,5
Serbisches Reisfleisch, gar	87	364	83,8	6,4	4,9	4,2	22	0,2	58	95	12	42	83	0,5	1,2	10	0	500	2	0	100	100	0,3
Sesam, frisch	560	2343	5,2	17,7	50,4	10,2	0	11,2	45	458	347	738	607	10	7,8	7	0	2500	59	800	200	500	0
Sesamöl	882	3690	0,3	0,2	99,5	0	1	0	2	20	0	10	0	0,1	0	0	0	3500	0	0	100	0	0
Shiitake Pilze, frisch	42	176	83,6	1,6	0,2	12,3	0	2	4	120	14	3	29	0,4	0,5	0	0	100	21	0	200	100	2
Softeis	129	540	10	2,09	2,10	24,9	9	0	33	100	11	85	59	0,14	0,42	24	13	41	4	24	115	28	0,27
Sojaaufschnitt	266	1113	55,8	15,5	21,4	3,1	0	1,6	509	437	21	48	133	2	0,9	12	100	7200	65	0	200	100	2,4
Sojabohnen, geröstet	352	1473	9,2	38,4	19,2	6,1	0	23	4	1470	170	190	500	9	3,6	12	100	1500	173	400	200	300	2,2
Sojabohnen, getrocknet	417	1745	6	35,1	17,4	29,2	0	8,9	6	628	65	346	531	7,8	0,7	100	600	800	60	1000	300	500	34,3
Sojaeiweiß, texturiert (TVP)	245	1025	12,9	50	1,5	7	0	24	60	2100	300	250	740	11	5,6	2	0	100	125	600	400	600	0
Sojafleisch mit Gewürzen, trocken	287	1201	13,2	34,3	1,6	32,6	0	13	792	1123	157	145	406	6	3	25	100	200	74	400	400	400	1,2
Sojamehl, entfettet, entbittert	255	1067	8,4	53	1	7,5	0	24,5	1	2100	300	250	650	11	5,7	3	0	1500	324	1300	300	800	0

100 g Lebensmittel	Energie		Nährstoffe						Mineralstoffe + Spurenelemente							Vitamine							
	kcal	kJ	Wasser	Eiweiß	Fett	Kohlenhydrate	Cholesterin	Ballaststoffe	Natrium	Kalium	Magnesium	Calcium	Phosphor	Eisen	Zink	A (Retinol)	B (Betacarotin)	E (Tocopherol)	Folsäure	B_1 (Thiamin)	B_2 (Riboflavin)	B_6 (Pyridoxin)	C (Ascorbinsäure)
Inhalt in …			g	g	g	g	mg	g	mg	mg	mg	mg	mg	mg	mg	µg	µg	µg	µg	µg	µg	µg	mg
Sojamilch, flüssig	34	142	90,3	3,4	2	0,7	0	2	660	170	24	20	49	0,8	0,5	4	0	1500	8	100	0	100	0
Sojaöl	873	3653	1,4	0	98,6	0	2	0	0	1	0	0	0	0	0,2	583	3500	17000	0	0	0	0	0
Sojasoße	71	297	66,4	8,7	0	8,3	0	0	5720	360	43	19	210	2,7	0,20	0	0	0	11	50	130	170	0
Sojawurst, Konserve	293	1226	55,2	11,1	25,4	5,4	1	1,1	448	169	18	24	41	0,8	0,4	668	3800	3800	8	0	100	0	0,4
Sonnenblumenkerne, frisch	575	2406	6	22,5	49	12,3	0	6,3	2	710	395	100	618	6,3	5,1	3	0	37800	60	1900	200	600	0
Sonnenblumenöl	884	3699	0,2	0	99,8	0	1	0	1	1	1	1	1	0	0	4	0	62500	0	0	0	0	0
Sorbet	139	582	65,8	0,216	0,040	32,1	0	0,440	1	41	4	12	6	0,22	0,07	0	18	48	5	16	9	12	10
Spaghetti Bolognese	226	946	54,7	8,5	8,5	25,5	34	0,5	158	190	16	46	87	0,6	1,2	258	300	600	58	0	100	100	2,6
Spanferkel, gar	177	741	68,3	19,9	10,8	0	70	0	73	282	24	9	147	1,75	3,41	6	0	421	3	867	216	548	0
Spargel, frisch, gar	15	63	94,7	1,7	0,1	1,4	0	1,3	3	103	11	25	41	0,5	0,3	79	500	2000	25	100	100	0	9
Spargel, Konserve	15	63	93,9	1,7	0,1	1,6	0	1,3	217	113	16	26	39	0,5	0,4	68	400	2100	5	0	100	0	4,6
Spargelcremesuppe, kochfertig	66	276	89,2	2,1	5,7	1,7	17	0,2	216	170	11	11	25	0,2	0,3	453	500	400	101	0	100	100	2,4
Speiseeis aus Milch	85	356	81,4	2,29	2,43	13,2	9	0	35	104	9	84	64	0,07	0,29	21	12	49	3	28	118	32	1,18
Spiegelei	221	925	65,8	13,5	18,4	0,8	432	0	304	139	14	57	216	2,1	1,4	256	0	1600	30	100	300	100	0
Spinat, TK, gar	17	71	92,2	2,4	0,3	0,4	0	2,6	48	308	34	116	48	3	0,4	721	4300	1500	9	0	100	100	17,7
Sprotten, frisch, gar	214	895	64,9	16,7	16,6	0	109	0	100	300	30	85	200	1,9	1,5	90	0	1500	5	40	250	230	0,200
Stachelbeeren, frisch	44	184	85,7	0,800	0,200	8,5	0	2,9	2	200	15	30	30	0,63	0,10	0	210	621	8	20	20	15	35

100 g Lebensmittel	Energie		Nährstoffe						Mineralstoffe + Spurenelemente							Vitamine							
	kcal	kJ	Wasser	Eiweiß	Fett	Kohlenhydrate	Cholesterin	Ballaststoffe	Natrium	Kalium	Magnesium	Calcium	Phosphor	Eisen	Zink	A (Retinol)	B (Betacarotin)	E (Tocopherol)	Folsäure	B_1 (Thiamin)	B_2 (Riboflavin)	B_6 (Pyridoxin)	C (Ascorbinsäure)
Inhalt in …			g	g	g	g	mg	g	mg	mg	mg	mg	mg	mg	mg	µg	µg	µg	µg	µg	µg	µg	mg
Stachelbeerkonfitüre	272	1138	31,7	295	0,074	66,2	0	1,07	1	75	6	12	11	0,42	0,05	0	39	115	0	2	2	2	1,29
Stärke	351	1469	12,6	0,400	0,080	85,8	0	1	3	7	2	0	30	0,50	0,60	0	0	0	0	0	8	5	0
Staudensellerie, frisch	17	71	92,3	1,2	0,2	2,2	0	2,5	135	344	12	80	48	0,5	0,1	483	2900	200	6	0	100	100	7
Staudensellerie, gar	14	59	93,3	1,1	0,2	1,6	0	2,4	102	177	7	78	44	0,4	0,1	449	2700	200	2	0	0	0,1	3,2
Steckrübe	22	92	91,6	1,1	0,2	3,7	0	2,4	5	109	7	49	30	0,4	0,1	15	100	200	4	0	0	0	21,2
Steinbutt, frisch, gar	97	406	77,2	19,5	2,08	0	72	0	130	262	49	20	162	0,51	0,24	1	0	649	7	23	126	244	1
Steinpilze, frisch	20	84	87,7	3,6	0,4	0,5	0	6,9	6	341	12	23	85	1	0,7	1	0	200	21	0	400	0	2,5
Steinpilze, getrocknet	149	623	8	27,1	3	4	0	51,8	38	2177	83	165	578	6,4	4,7	8	0	1200	80	200	1900	200	7,5
Steinpilze, Konserve	11	46	92,4	2,1	0,2	0,3	0	3,9	208	166	7	16	45	0,5	0,4	1	0	100	4	0	200	0	0,4
Stilton, Doppelrahmstufe	462	1933	29,2	26	40	0	120	0	930	130	20	360	300	0,3	2,5	408	200	1000	43	100	300	100	0
Stockfisch, TK	333	1393	16,2	75,7	2,91	0	217	0	335	1390	139	70	800	1,91	2,17	39	0	1720	39	179	283	1070	6,09
Streuselkuchen aus Hefeteig	302	1264	32,8	7,48	9,07	46,6	84	2,55	69	205	16	39	101	1,14	0,79	118	47	742	12	54	101	95	0,228
Studentenfutter	484	2330	8,4	15,2	33,1	30,4	0	8,8	13	757	132	81	301	1,9	1,9	5	0	8400	29	200	200	300	0,7
Sultaninen	298	1247	18,8	2,46	0,550	66,2	0	5,4	21	782	15	31	110	0,30	0,10	0	30	600	4	120	55	110	1
Suppe, gebunden	56	234	89,8	4	3,9	1,3	12	0,5	79	100	7	9	46	0,6	1,1	36	200	900	1	0	0	100	9,3
Suppe, gebunden, mit Einlage	56	234	89,8	4	3,9	1,3	12	0,5	79	100	7	9	46	0,6	1,1	36	200	900	1	0	0	100	9,3
Suppengrün, frisch	24	100	90,2	1,5	0,3	3,6	0	3	60	284	18	62	50	1	0,4	486	2500	400	11	100	100	200	11,6

100 g Lebensmittel	Energie		Nährstoffe						Mineralstoffe + Spurenelemente							Vitamine							
	kcal	kJ	Wasser	Eiweiß	Fett	Kohlenhydrate	Cholesterin	Ballaststoffe	Natrium	Kalium	Magnesium	Calcium	Phosphor	Eisen	Zink	A (Retinol)	B (Betacarotin)	E (Tocopherol)	Folsäure	B_1 (Thiamin)	B_2 (Riboflavin)	B_6 (Pyridoxin)	C (Ascorbinsäure)
Inhalt in …			g	g	g	g	mg	g	mg	mg	mg	mg	mg	mg	mg	µg	µg	µg	µg	µg	µg	µg	mg
Suppenhuhn mit Haut, frisch	257	1075	59,8	19	20,3	0	94	0	100	300	30	11	178	1,4	1,1	32	0	300	8	60	170	350	0
Süßkartoffeln (Bataten)	112	469	68,9	1,6	0,6	24,1	0	3,1	4	413	25	35	45	0,9	0,9	1426	8600	4600	12	100	100	300	30
T																							
Tapioka	350	1464	12,2	0,6	0,2	84,9	0	1,8	4	20	3	12	12	1	0	0	0	0	0	0	100	0	0
Tartar/Schabefleisch, frisch	113	473	74,4	21,4	3	0	58	0	66	360	22	6	190	2,16	4,29	20	0	480	3	230	260	190	0
Taube mit Haut, gar	245	1025	59,4	21,6	17,8	0	101	0	90	327	40	45	217	1,98	0,99	8	0	527	7	105	295	554	0
Tee	0,5	2	99,8	0,1	0	0	0	0	1	17	3	8	1	0	0	0	0	0	1	0	0	0	0
Tee, schwarz, mit Zucker	8	33	97,8	0,1	0	2	0	0	1	17	3	8	1	0	0	0	0	0	1	0	0	0	0
Tee, schwarz, mit Milch	2	8	99,4	0,2	0,1	0,2	0	0	3	21	3	12	4	0	0,1	1	0	0	1	0	0	0	0,1
Tee, schwarz, mit Milch und Zucker	10	42	97,5	0,2	0,1	2	0	0	3	21	3	11	4	0	0,1	1	0	0	1	0	0	0	0,1
Teewurst	367	1536	47,6	14,4	34,8	0,20	1250	0,07	832	196	22	10	95	1,00	1,73	4	73	322	2	507	168	291	0,08
Teigwaren mit Ei	352	1473	10,7	12,3	2,78	68,3	94	5	17	164	67	27	191	1,60	1,60	63	0	210	11	170	73	60	0
Teigwaren mit Ei, gar	126	527	68	4,41	0,994	24,4	34	1,88	3	40	21	10	68	0,45	0,60	23	0	79	3	42	19	7	0
Teigwaren ohne Ei, gar	150	632	61,2	5,38	0,517	30,3	0	2,31	1	59	22	10	71	0,51	0,68	0	0	113	10	27	19	23	0
Teigwaren, ohne Ei	348	1456	10	12,5	1,2	70,5	0	5,1	5	200	56	22	165	1,5	1,5	0	0	250	31	90	60	170	0
Teigwaren, Vollkorn mit Ei, roh	333	1393	11	12,5	4,19	60,3	74	10,1	6	347	127	41	383	3,86	3,64	31	10	1640	46	442	173	436	0

100 g Lebensmittel	Energie		Nährstoffe						Mineralstoffe + Spurenelemente							Vitamine							
	kcal	kJ	Wasser	Eiweiß	Fett	Kohlenhydrate	Cholesterin	Ballaststoffe	Natrium	Kalium	Magnesium	Calcium	Phosphor	Eisen	Zink	A (Retinol)	B (Betacarotin)	E (Tocopherol)	Folsäure	B_1 (Thiamin)	B_2 (Riboflavin)	B_6 (Pyridoxin)	C (Ascorbinsäure)
Inhalt in …			g	g	g	g	mg	g	mg	mg	mg	mg	mg	mg	mg	µg	µg	µg	µg	µg	µg	µg	mg
Teigwaren, Vollkorn ohne Ei, roh	323	1351	10,5	13,4	2,5	60,6	0	11,5	5	390	120	34	370	3,9	3	0	0	250	40	670	110	200	0
Teigwaren, Vollkorn ohne Ei, gar	139	582	61,3	5,76	1,08	26,1	0	5,21	1	106	46	14	159	1,32	1,36	0	0	113	13	152	35	23	0
Tilsiter	355	1485	40,3	26,3	27,7	0	95	0	773	100	37	750	500	0,4	3,8	305	200	800	20	100	300	100	0
Tintenfisch, TK, gar	95	397	76,4	18,4	1,17	2,44	150	0	369	255	37	48	200	2,22	1,33	6	0	2330	9	31	212	257	2,52
Toast	253	1059	37	7,36	3,34	47,7	0	2,95	435	125	13	33	106	1,16	0,98	16	21	744	25	93	124	70	131
Toast Hawaii	236	987	56,2	11,3	14,3	15,1	56	1,1	241	133	21	156	153	0,8	1,5	117	0,1	500	5	100	100	100	5,2
Toastbrot mit Schrotanteil	254	1063	34,7	9,13	3,96	44,7	0	5,03	433	280	54	38	237	3,46	2,02	16	22	1010	76	318	214	234	0,13
Tofu, frisch	72	301	86,2	7,8	4,3	0,5	0	0,5	7	42	110	130	110	1,9	0,3	4	0	500	16	100	0	100	0
Tomaten, frisch, gar	20	84	93,6	1,1	0,2	2,9	0	1,1	6	226	15	16	29	0,5	0,2	94	600	1000	10	100	0	100	15,2
Tomaten, Konserve, gar	15	63	94,4	0,9	0,2	2	0	0,9	219	137	11	16	22	0,4	0,2	66	400	800	2	0	0	100	5,6
Tomaten, rot, frisch	18	75	94,3	0,9	0,2	2,6	0	0,9	6	242	13	14	26	0,5	0,2	84	500	800	20	100	0	100	24,5
Tomatencremesuppe	27	113	90,8	1,5	1,7	1,4	1	0,1	1679	79	7	26	52	0,4	0,1	9	100	200	10	0	0	0	1,4
Tomatenketschup	110	460	68,2	2,10	0,300	24	0	0,99	1120	590	19	25	43	1,20	0,10	0	230	400	1	1	90	30	2
Tomatenmark	74	310	76,7	4,5	0,200	12,9	0	2,8	240	1150	48	48	94	1,6	0,70	0	1300	5370	54	220	120	440	38
Tomatenmark, doppelt konzentriert	175	732	50	9,8	2	25,3	0	1,2	60	2655	144	155	299	5,5	1,9	923	5500	9900	96	300	300	600	50
Tomatensaft	15	63	94,9	0,8	0,2	2,1	0	0,1	358	220	13	15	26	0,5	0,2	77	500	800	8	0	0	100	9,9

100 g Lebensmittel	Energie		Nährstoffe						Mineralstoffe + Spurenelemente							Vitamine							
	kcal	kJ	Wasser	Eiweiß	Fett	Kohlenhydrate	Cholesterin	Ballaststoffe	Natrium	Kalium	Magnesium	Calcium	Phosphor	Eisen	Zink	A (Retinol)	B (Betacarotin)	E (Tocopherol)	Folsäure	B_1 (Thiamin)	B_2 (Riboflavin)	B_6 (Pyridoxin)	C (Ascorbinsäure)
Inhalt in …			g	g	g	g	mg	g	mg	mg	mg	mg	mg	mg	mg	µg	µg	µg	µg	µg	µg	µg	mg
Topinambur, frisch	31	130	78,5	2,4	0,4	4	0	12,5	3	478	20	10	78	3,7	0,1	2	0	200	31	200	100	100	4
Tortenguss, Pulver	351	1469	11,9	0,302	0,080	86	0	1,7	3	5	1	2	30	0,50	0,60	0	0	0	0	0	8	5	0
Trappistenkäse, Vollfettstufe	339	1418	43,2	24,2	26,8	0	62	0	600	100	37	750	500	0,4	3,8	327	200	800	20	0	300	100	0
Traubenkernöl	881	3686	0,5	0	99,5	0	0	0	0	1	0	0	0	0	0	0	0	31900	0	0	0	0	0
Traubensaft	72	301	82,1	0,637	0,243	15,5	0	0	2	163	9	18	21	0,48	0,06	0	25	673	3	36	21	61	2,42
Trinkmilch mit Kakao/Schokolade	131	548	70,2	3,4	3,6	20,9	10	0,8	73	173	29	100	99	0,4	0,6	26	0	100	4	0	100	0	1,4
Trinkmilch, Milch, Kuhmilch, entrahmt	36	151	90,4	3,5	0,1	5	2	0	50	150	12	120	100	0,1	0,4	2	0	0	4	0	200	100	1
Trinkmilch, Milch, Kuhmilch, fettarm	49	205	89,2	3,4	1,6	4,9	6	0	50	150	12	120	95	0,1	0,4	14	0	0	4	0	200	100	1
Trinkmilch, Milch, Kuhmilch, vollfett	64	268	87,5	3,3	3,5	4,8	13	0	50	150	12	120	93	0,1	0,4	33	0	100	4	0	200	0	1,7
Trinkwasser (Wasser)	0	0	1000	0	0	0	0	0	1	0	1	5	0	0	0,1	0	0	0	0	0	0	0	0
Tunfisch in Öl, Konserve	347	1452	48,4	17,3	31,3	0	55	0	791	319	29	28	177	0,79	0,64	247	4	13200	9	100	88	330	0,6
Tunfisch, frisch, gar	253	1059	56,9	24,6	17,3	0	81	0	40	352	36	33	218	0,98	0,95	337	0	1250	12	138	129	484	0,69
V																							
Vanilleeis	177	741	66	4	8,8	20,4	119	0	56	118	10	91	110	0,7	0,6	138	0	600	9	100	200	100	1,1
Vanillepudding	127	531	71,7	3,1	3,2	21	22	0	70	131	10	100	84	0,2	0,3	32	0	100	3	0	100	0	0,7

100 g Lebensmittel	Energie		Nährstoffe						Mineralstoffe + Spurenelemente							Vitamine							
	kcal	kJ	Wasser	Eiweiß	Fett	Kohlenhydrate	Cholesterin	Ballaststoffe	Natrium	Kalium	Magnesium	Calcium	Phosphor	Eisen	Zink	A (Retinol)	B (Betacarotin)	E (Tocopherol)	Folsäure	B_1 (Thiamin)	B_2 (Riboflavin)	B_6 (Pyridoxin)	C (Ascorbinsäure)
Inhalt in …			g	g	g	g	mg	g	mg	mg	mg	mg	mg	mg	mg	µg	µg	µg	µg	µg	µg	µg	mg
Vanillesoße, süß	121	506	76,3	5	5,9	11,9	113	0,0	61	136	11	100	120	0,6	0,6	101	0	600	9	0	200	100	0,6
Vinaigrette, einfach	358	1498	53,7	0,4	38,4	3,3	0	0,4	1003	69	10	29	17	0,6	0,2	80	500	2420	3	0	0	0	5,4
Vollkornbrot	188	787	44,1	6,49	0,959	37,6	0	8,68	430	290	56	21	232	2,66	2,41	0	4	1000	36	102	98	152	0
Vollkornbrötchen	222	929	38,1	7,96	1,53	43,3	0	6,64	541	221	95	31	256	2,68	2,09	0	5	1280	23	284	116	243	0
Vollkornbrötchen mit Ölsamen	237	992	36,6	8,61	3,67	41,9	0	6,63	517	243	108	34	272	2,84	2,22	0	6	2920	26	357	119	259	0
Vollkornzwieback für Diabetiker	352	1473	8	20,2	9,1	46,6	0	12,6	224	695	179	77	460	6	4,3	1	0	4900	56	600	600	300	0
Vollmilchpulver	495	2071	1,8	25,3	26,3	38	98	0	370	1200	100	920	720	0,6	2,8	317	200	500	34	300	1400	300	10
W																							
Wachsbohnen, gar	32	134	88,7	1,7	0,2	5,5	0	3,1	6	202	27	50	43	1	0,3	9	100	500	5	100	100	100	12,8
Wachsbohnen, Konserve	26	109	89,6	1,6	0,2	4,3	0	2,9	221	138	22	45	36	0,8	0,3	7	0	500	1	0	1	0	4,9
Wachtel, ohne Speck, gegart	175	732	67	22,4	9,5	0	44	0	46	280	31	15	180	3,97	2,70	73	0	700	8	140	180	670	0
Waffel-Maisbrot, glutenfrei, Diät	336	1406	17,4	4,4	3,5	70,5	0	2,5	455	66	27	22	186	1,4	1,5	25	200	800	2	200	100	0	0
Waffeln	554	2318	9,92	6,16	40,7	41,6	240	0,820	137	96	11	59	176	1,23	0,88	394	187	1600	11	42	132	57	0,26
Waffeln, eiweißarm, glutenfrei, Diät	371	1552	11	0,4	3,4	83,3	0	1,3	3	236	2	2	29	0,5	0,6	0	0	1600	0	0	0	0	0
Waldpilze, gemischt	15	63	88,4	2,1	0,7	0,1	0	7,6	3	429	13	4	121	0,9	0,5	0	0	100	21	100	400	100	5

	Energie		Nährstoffe						Mineralstoffe + Spurenelemente							Vitamine							
100 g Lebensmittel	kcal	kJ	Wasser	Eiweiß	Fett	Kohlenhydrate	Cholesterin	Ballaststoffe	Natrium	Kalium	Magnesium	Calcium	Phosphor	Eisen	Zink	A (Retinol)	B (Betacarotin)	E (Tocopherol)	Folsäure	B_1 (Thiamin)	B_2 (Riboflavin)	B_6 (Pyridoxin)	C (Ascorbinsäure)
Inhalt in …			g	g	g	g	mg	g	mg	mg	mg	mg	mg	mg	mg	µg	µg	µg	µg	µg	µg	µg	mg
Walnüsse, europäisch	655	2741	4,4	14,4	62,5	10,6	0	6,1	2	544	130	87	410	2,5	2,7	8	0	6000	54	300	100	900	2,6
Walnussöl	881	3686	0,5	0	99,5	0	1	0	0	1	0	0	0	0	0	0	0	3300	0	0	0	0	0
Wasser (Trinkwasser)	0	0	1000	0	0	0	0	0	1	0	1	5	0	0	0,1	0	0	0	0	0	0	0	0
Wassermelone	38	117	90,2	0,600	0,200	8,28	0	0,240	1	158	3	11	11	0,40	0,10	0	200	70	5	45	50	70	6
Weichkäse	276	1155	53,6	20,1	21,8	0	54	0	1000	150	20	400	400	0,3	3	297	100	400	42	0	500	200	0
Weichkäse 70 % Fett i. Tr.	408	1707	43,6	13,2	40	0	112	0	700	100	13	250	200	0,2	2	480	200	1200	42	0	300	100	0
Weichkäse, Doppelrahmstufe	363	1519	46,7	16,8	33,2	0	93	0	700	120	16	280	250	0,3	2,6	403	200	1000	44	0	400	100	0
Weichkäse, Dreiviertelfettstufe	209	874	59,8	23	13	0	35	0	700	150	20	600	370	0,3	3,2	153	100	300	41	100	600	200	0
Weichkäse, Fettstufe	267	1117	54,3	22	20	0	46	0	700	150	20	450	350	0,3	2,9	325	200	400	41	100	500	200	0
Weichkäse, Halbfettstufe	179	749	61,8	24,2	9	0	21	0	1095	199	20	597	597	0,3	3	98	100	200	34	0	600	200	1
Weichkäse, Rahmstufe	312	1305	49,9	21,1	25,5	0	72	0	700	150	20	350	300	0,3	3	305	200	800	48	0	500	200	0
Weichkäse, Vollfettstufe	276	1155	53,6	20,1	21,8	0	54	0	1000	150	20	400	400	0,3	3	297	100	400	42	0	500	200	0
Weihnachtsplätzchen	489	2046	5,6	7,78	25,6	56,8	97	3,27	84	156	33	49	150	1,72	0,96	164	101	3180	11	46	94	83	0,288
Weinbrand	238	996	64,9	0	0	2	0	0	2	2	1	0	0	0	0	0	0	0	0	0	0	0	0
Weincreme	149	623	72,2	2,7	8	16,3	62	0,1	18	83	8	31	42	0,6	0,3	104	0	400	3	0	0	0	1,2
Weinsauerkraut, frisch	17	71	90	1,5	0,3	0,8	0	3,5	355	288	14	48	43	0,6	0,3	3	0	200	10	0	100	200	20

100 g Lebensmittel	Energie		Nährstoffe						Mineralstoffe + Spurenelemente							Vitamine							
	kcal	kJ	Wasser	Eiweiß	Fett	Kohlenhydrate	Cholesterin	Ballaststoffe	Natrium	Kalium	Magnesium	Calcium	Phosphor	Eisen	Zink	A (Retinol)	B (Betacarotin)	E (Tocopherol)	Folsäure	B_1 (Thiamin)	B_2 (Riboflavin)	B_6 (Pyridoxin)	C (Ascorbinsäure)
Inhalt in …			g	g	g	g	mg	g	mg	mg	mg	mg	mg	mg	mg	µg	µg	µg	µg	µg	µg	µg	mg
Weinschorle	37	155	93,6	0,1	0	1,3	0	0	17	45	10	25	4	0,3	0,1	0	0	0	1	0	0	0	0
Weintrauben, frisch	71	297	81,3	0,700	0,300	15,6	0	0,800	2	190	9	18	20	0,50	0,06	0	25	666	5	45	25	75	4
Weißbrot	235	983	39,1	7,05	1,28	48,1	0	3	428	95	20	15	74	1,26	0,88	3	4	340	17	76	57	106	1
Weißkraut, frisch	25	105	90,5	1,4	0,2	4,2	0	3	12	208	23	46	28	0,5	0,2	12	100	1700	36	0	0	100	45,8
Weißkraut, frisch, gar	20	84	91,9	1,3	0,2	3	0	2,8	9	108	15	46	26	0,4	0,2	11	100	1800	15	0	0	100	21,4
Weißwein, Auslese	98	410	82,6	0,2	0	5,9	0	0	13	110	11	14	13	0,6	0,2	0	0	0	1	0	0	0	0
Weißwein, halbtrocken	74	309	87,4	0,1	0	2,6	0	0	21	88	9	14	8	0,5	0,2	0	0	0	1	0	0	0	0
Weißwein, trocken	72	301	89	0,2	0	0,1	0	0	2	95	10	10	15	0,6	0,2	0	0	0	1	0	0	0	0
Weißwurst, Münchner	270	1130	58,6	14,5	23,8	0,29	58	0,086	775	233	20	15	126	0,13	1,63	2	59	277	4	394	158	276	0,423
Weizen, Vollkorn	313	1310	13	11,7	2	61	0	10,3	8	381	128	38	341	3,31	2,69	0	20	1350	49	459	107	440	0
Weizen, Vollkornmehl	309	1293	15	11,4	2,36	59,5	0	10	3	337	124	32	345	3,4	3,4	0	10	1500	50	470	170	460	0
Weizenbier, (Weißbier, obergärig)	43	180	92,3	0,3	0	3	0	0	4	35	10	2	10	0	0	0	0	0	4	0	0	0	0
Weizengrieß	326	1364	13,1	9,56	0,790	68,9	0	7,12	1	112	30	17	87	1	3,3	0	0	800	22	120	38	85	0
Weizenkeim	314	1314	2,22	26,6	9,2	30,6	0	17,7	5	837	250	69	1100	7,95	12	0	62	24,7	520	2010	720	492	0
Weizenkeimöl	881	3686	0,5	0	99,5	0	0	0	1	1	1	1	1	0,1	3,8	0	0	147500	0	0	0	0	0
Weizenkleie	172	720	10,2	14,9	4,65	17,5	0	45,4	28	1,39	590	76	1290	12,9	13,3	0	6	2660	330	650	510	729	0
Weizenmehl, Type 1050	334	1397	13,7	11,2	1,75	67,2	0	5,22	2	203	53	14	208	2,91	2,01	0	0	600	22	430	70	243	0

100 g Lebensmittel	Energie		Nährstoffe						Mineralstoffe + Spurenelemente							Vitamine							
	kcal	kJ	Wasser	Eiweiß	Fett	Kohlenhydrate	Cholesterin	Ballaststoffe	Natrium	Kalium	Magnesium	Calcium	Phosphor	Eisen	Zink	A (Retinol)	B (Betacarotin)	E (Tocopherol)	Folsäure	B_1 (Thiamin)	B_2 (Riboflavin)	B_6 (Pyridoxin)	C (Ascorbinsäure)
Inhalt in …			g	g	g	g	mg	g	mg	mg	mg	mg	mg	mg	mg	µg	µg	µg	µg	µg	µg	µg	mg
Weizenmehl, Type 405	337	1410	13,9	9,8	1	70,9	0	4	2	108	20	15	74	1,54	1,04	0	0	300	10	60	30	180	0
Weizenmehl, Type 550	337	1410	13,7	9,84	1,13	70,8	0	4,1	3	126	10	16	113	1,48	1,23	0	0	340	16	110	80	100	0
Weizen-mischbrot	219	916	41	7,11	0,843	44,9	0	4,22	421	157	40	22	130	1,7	1,27	0	0	570	38	158	94	146	0
Wels, frisch, gar	161	674	71	18,1	9,94	0	191	0	19	270	30	34	161	0,60	0,50	11	0	566	22	28	26	167	0,905
Wiener Würstchen	296	1238	55,1	15,2	26,4	0,28	53	0,101	834	249	20	12	131	0,79	1,29	2	84	281	1	503	148	306	22,9
Wiener Würstchen, Konserve	304	1272	54,7	14,4	27,7	0,19	57	0,056	838	257	20	12	132	0,91	1,64	3	21	303	2	469	158	289	22,9
Wildhase, gar	153	640	65,5	29,9	3,56	0	82	0	46	289	25	15	217	2,88	2,24	0	0	118	5	53	58	177	0
Windbeutel mit Sahne und Kirschen gefüllt	315	1318	43,5	7,99	19,6	26,7	183	0,993	102	127	15	51	122	1,34	0,93	240	176	2520	17	54	160	79	1,26
Wirsing, frisch, gar	22	92	91,6	2,8	0,4	1,7	0	2,4	7	129	7	46	51	0,7	0,2	6	0	2600	24	0	0	100	22,8
Worcester Würzsoße	53	222	81,9	1,12	0,330	7,49	0	5,34	3	221	15	30	29	0,99	0,29	0	119	565	7	44	37	47	34,9
Wurst- und Fleischwaren, fettarm, Diät	230	962	62	16,5	18,3	0,2	58	0,1	850	281	24	10	136	0,9	1,6	3	0	300	0	600	200	400	20,7
Wurst-Käsesalat	353	1477	50,1	10,1	34,9	0,7	44	0,3	1041	91	19	301	210	0,5	1,6	112	200	1200	6	100	100	0	27,8
Z																							
Zander, frisch, gar	96	402	75,9	22,3	0,631	0	86	0	47	326	30	33	200	0,74	0,99	1	0	1630	9	148	216	207	0,741
Ziegenfleisch, gar	191	799	62,8	27,1	9,22	0	87	0	44	263	18	9	162	1,75	2,63	32	0	1170	5	88	221	175	0

100 g Lebensmittel	Energie		Nährstoffe						Mineralstoffe + Spurenelemente							Vitamine							
	kcal	kJ	Wasser	Eiweiß	Fett	Kohlenhydrate	Cholesterin	Ballaststoffe	Natrium	Kalium	Magnesium	Calcium	Phosphor	Eisen	Zink	A (Retinol)	B (Betacarotin)	E (Tocopherol)	Folsäure	B_1 (Thiamin)	B_2 (Riboflavin)	B_6 (Pyridoxin)	C (Ascorbinsäure)
Inhalt in …			g	g	g	g	mg	g	mg	mg	mg	mg	mg	mg	mg	µg	µg	µg	µg	µg	µg	µg	mg
Zitronat/ Sukkade	292	1222	26,1	0,353	0,400	70	0	2	2	50	5	40	4	0,30	0,05	0	200	0	4	20	30	60	4
Zitronensaft, frisch	100	418	74,3	0,557	0,425	19,8	0	0,115	2	111	24	10	14	0,43	0,11	0	12	354	3	36	14	42	28,1
Zucchini, frisch	19	79	93,9	1,6	0,4	2	0	1,1	1	200	22	30	23	1,5	0,2	58	300	500	18	100	100	100	16
Zucchini, frisch, gar	19	79	93,9	1,6	0,4	2	0	1,1	1	167	22	32	23	1,4	0,2	58	300	600	8	100	100	100	8,9
Zucker, Rübenzucker, weiß	405	1695	0,120	0	0	99,8	0	0	0	2	0	1	0	0,29	0,02	0	0	0	0	0	0	0	0
Zwetschgen, frisch	43	180	86,3	0,600	0,11	8,80	0	2,3	2	240	8	13	23	0,40	0,10	0	295	610	3	50	30	50	4
Zwieback	365	1527	8,5	9,19	4,3	71,4	0	5,2	263	160	16	42	132	1,5	0,57	0	0	200	0	130	70	90	0
Zwieback, glutenfrei, Diät	436	1824	8	7,5	16,1	64,6	59	1,8	311	122	34	31	267	2,1	1,9	73	200	9200	11	200	200	100	0
Zwiebelkuchen	171	715	64,6	6,64	7,77	18,4	90	1,37	130	150	15	51	104	0,96	0,77	90	30	568	15	102	117	115	1,9
Zwiebeln, frisch	28	117	91	1,3	0,3	4,9	0	1,8	9	135	11	31	42	0,5	0,2	1	0	100	14	0	0	100	8,1
Zwiebeln, frisch, gar	24	100	92	1,3	0,3	3,9	0	1,9	8	76	8	33	43	0,4	0,2	1	0	100	5	0	0	100	4,1

Notizen